MILENIOS DE MÉXICO

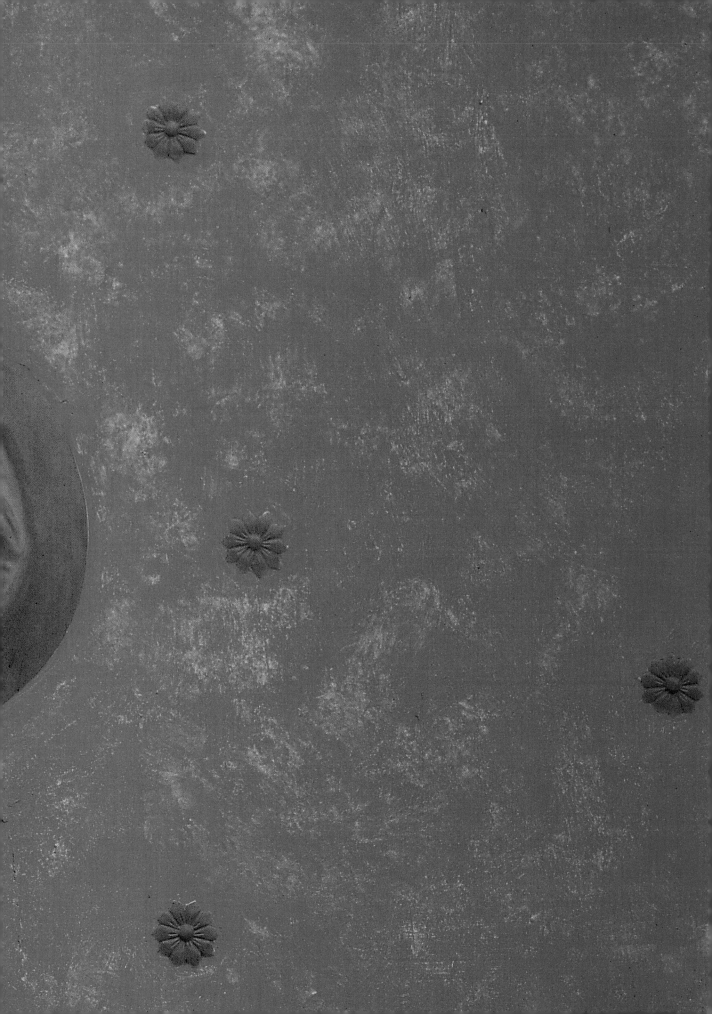

MILENIOS DE MÉXICO

HUMBERTO MUSACCHIO

RAYA
EN EL
AGUA

Milenios de México
Diccionario Enciclopédico de México
D.R. © 1999 Humberto Musacchio

Dirección General: Consuelo Sáizar

D.R. © 1999 Hoja Casa Editorial, S.A. de C.V.
Av. Cuauhtémoc 1430
Col. Santa Cruz Atoyac
03310 México, D.F.
℡ 5605-7600
✆ 5604-9553
✉ mileniosdemexico@mail.internet.com.mx

Producción editorial: Diagrama Casa Editorial S.C.
Diseño: Adriana Díaz
Arte: Víctor Ornelas
Iconografía: Penélope Esparza y Soledad Ribó

Diseño de portada: Ana María Olabuenaga y José Brousset
Fotografía: Flavio Bizzarri

ISBN Obra Completa: 968-6565-34-5
ISBN Tomo I: 968-6565-35-3

Los derechos de autor de las imágenes que aparecen en esta obra se detallan al margen de cada
una y al final del Tomo III.

Impreso en Italia / *Printed in Italy*

DEL AUTOR

Milenios de México es una obra nueva en muchos sentidos. Tiene como base el *Diccionario enciclopédico de México* publicado hace 10 años, pero el cúmulo de cambios introducidos en la redacción, en el orden y en la estructura de numerosas entradas permite decir que se trata de algo distinto. Se han agregado cientos de referencias cruzadas y en muchos casos se ha modificado el orden del texto para hacer más fácil la consulta. Se actualizó la información censal de dos millares y medio de municipios y de las entidades federativas. Igualmente, he querido recoger aquí los profundos cambios experimentados en el mundo desde el derrumbe del muro de Berlín.

Cientos de fichas biográficas han sido corregidas y miles más fueron reescritas para ofrecer al lector lo más importante y reciente de cada personaje. A lo anterior, hemos tratado de incorporar los datos de centenares de hombres y mujeres que en los últimos años han destacado en la política, las artes, las letras, la ciencia, el deporte y otras actividades.

El lector se halla frente a un compendio, presentado alfabéticamente, de la historia y la geografía nacionales; ante el conjunto de los protagonistas de nuestra vida pública, los de ayer y los de hoy. Es éste un recuento de los estados y municipios del país, los accidentes hidrográficos y orográficos, los partidos políticos más representativos, las organizaciones y movimientos sociales que han contribuido a encauzar a la nación, las instituciones que le dan perfil y los proyectos que la han lanzado hacia adelante.

Uno y múltiple, México es la conjunción de etnias, clases y grupos que buscan un lugar acorde con su dignidad y sus intereses. Aquí se encuentra una colección de datos, cifras y señas que dan identidad a cada segmento. Somos producto de una realidad compleja en la que han existido, frecuentemente en tensión, centralistas y federales, monárquicos y republicanos, conservadores y partidarios del cambio. Ver nuestro rostro en el de enfrente nos confirma distintos, pero nos permite advertir los trazos que nos hacen iguales. Indagar en lo que hemos sido es conocernos y reconocernos, nos aporta ejemplos y refuerza las convicciones de cada uno, pero no para suprimir al contrario, sino para avanzar hacia el futuro con armas tan generosas y necesarias como la tolerancia y, mejor aún, el respeto mutuo.

El lector hallará en estas páginas una referencia a todos los países con los que México tiene relaciones diplomáticas o históricas. Por supuesto están aquí los inevitables desencuentros, las intervenciones y las guerras, pero con mayor énfasis están los enriquecedores intercambios de ideas, de gente y de cosas, los principales aportes de los nacidos en otras partes y la situación de sus comunidades en tierra mexicana.

En síntesis, *Milenios de México* es, desde la perspectiva del año 2000, una visión panorámica de lo que somos y de lo que hemos construido los mexicanos. Pretende, a su manera, ser parte del equipaje con que nos adentraremos en el primer siglo de otro milenio.

Como siempre, dedico estas páginas a Natalia, Marusia y Aldo, mis hijos, y amorosamente a Adriana, norte y compañía en el tiempo nuevo.

PRÓLOGO

Toda obra, en especial una de este carácter, se halla en deuda con sus antecesoras. La *enciclopedia*, como lo indica su nombre, tiene la siempre útil pero desmesurada pretensión de encerrar en un círculo la *Paideia*, el conocimiento, para lo cual debe partir de trabajos que ofrecen la información ordenada, dispuesta de manera que permita una rápida y fácil consulta. El parentesco, por lejano que resulte, es inevitable.

En la era moderna, las obras clásicas del género derivaron en forma directa de sus precursoras. La *Encyclopédie* de los franceses se inició en 1745 como una mera traducción de la *Cyclopaedia, or an Universal Dictionary of Arts and Sciences*, del inglés Ephraim Chambers. La visión empresarial del editor Le Breton y el talento de Denis Diderot, coordinador intelectual, transformarían lo proyectado inicialmente en un trabajo distinto, original. William Smellie, responsable de la primera edición de la *Encyclopaedia Britannica* (1768-1771), llegó al extremo de afirmar que había elaborado esta obra con sólo unas tijeras, lo que, si bien constituía una exageración, era en cambio un homenaje a sus precursores.

El enciclopedismo mexicano tiene una historia semejante. Cuenta con un árbol genealógico que hunde sus raíces en los antiguos códices prehispánicos y posthispánicos, pasa por las crónicas testimoniales de la conquista y las historias de religiosos como Las Casas y Motolinía, Sahagún, Diego Durán y José de Acosta, basados directamente en textos indígenas, lo mismo que de Fernando Alvarado Tezozómoc y Fernando de Alva Ixtlilxóchitl, quienes se apoyaron en la tradición oral.

Al igual que en Europa, es en el siglo de las luces cuando se inicia la era moderna del enciclopedismo mexicano. Juan José de Eguiara y Eguren, en plena floración del nacionalismo criollo, escribió su *Bibliotheca mexicana*, de la que se publicó un primer tomo en 1755. Esa obra sirvió de base a José Mariano Beristáin, quien a fines de la misma centuria emprendió la elaboración de su *Biblioteca Hispano-Americana Septentrional*, que salió de las prensas en los últimos años de la colonia para convertirse en punto de referencia indispensable, verdadera piedra de toque de la biobibliografía. Aunque editada en Bolonia y en lengua distinta de la española, pertenece al iluminismo mexicano la obra de Juan Luis Maneiro, *Vidas de algunos mexicanos ilustres*, en la que este jesuita recogió las biografías de 35 miembros de la Compañía, desterrados como él por el decreto borbónico de 1767.

Consumada la separación de España, precariedad económica e inestabilidad política dificultaron la producción intelectual. No obstante, en 1827 aparecieron unas *Semblanzas de los individuos de la Cámara de Diputados de los años 1825 y 1826*. Un folleto semejante se imprimió en 1828, en Nueva York: *Semblanzas de los miembros que han compuesto la Cámara de Diputados del Congreso de la Unión de la República Mexicana en el bienio de 1827 y 1828*. Hay que incluir, en los primeros lustros del México independiente, la abundante confección de calendarios y guías de forasteros que ofrecen interesantes resúmenes del país y sus personajes. Con todo, el único intento de englobar el conocimiento en un conjunto de volúmenes hay que adjudicarlo a la imprenta que tenía el estadounidense Ackerman en la ciudad de México, de donde salió en 1840 una colección que hoy sería considerada como enciclopedia temática, *El Instructor*.

A un grupo de escritores del bando conservador se debe la edición en diez tomos, entre 1853 y 1856, del *Diccionario universal de historia y de geografía*, obra española "refundida y aumentada considerablemente para su publicación en México con noticias históricas, geográficas, estadísticas y biográficas sobre la América en general y especialmente sobre la República Mexicana". Los autores fueron Lucas Alamán, José María Andrade, José María Bassoco, Joaquín Castillo y Lanzas, Manuel Díez de Bonilla, Joaquín García Icazbalceta, Javier Miranda, Emilio Pardo, Fernando Ramírez, Ignacio Rayón, Joaquín Velázquez de León y Manuel Orozco y Berra, quien coordinó esta reelaboración y redactó numerosas entradas, con el auxilio de José María Andrade, Manuel Berganzo y otros autores, elaboró un *Apéndice o Colección de artículos relativos a la República Mexicana*, que apareció en tres volúmenes entre 1855 y 1856. El *Diccionario* de Orozco y Berra, como lo ha llamado más sencillamente el tiempo, es el resultado de la mexicanización de una obra extranjera, lo que no le impidió convertirse en trabajo peculiar, en referencia indispensable para el enciclopedismo nacional, que tuvo un vigoroso crecimiento después de la intervención francesa.

El cubano José María Pérez Hernández figura como autor del *Diccionario geográfico, estadístico, biográfico, de industria y comercio de la República Mexicana*, del que llegaron a salir cuatro tomos, en 1874, que sólo incluyen información de la *A* a la *C*. Pérez Hernández contó con la colaboración de Alfredo Chavero y se basó en la obra de Orozco y Berra. Francisco Zarco, Ignacio Manuel Altamirano, Manuel Acuña, el mismo Chavero, José María Lafragua, Manuel Payno, Ignacio Ramírez, Justo y Santiago Sierra, Pantaleón Tovar, José María Vigil, Guillermo Prieto, Vicente Riva Palacio, Manuel Sánchez Mármol, Rafael de Zayas Enríquez y muchos otros intelectuales, trabajaron a lo largo de varios años para que el editor Eduardo L. Gallo pudiera publicar, entre 1873 y 1874, los cuatro tomos de *Hombres ilustres mexicanos. Biografías de los personajes notables*. A Francisco Sosa hay que abonarle, entre otras aportaciones, *El episcopado mexicano*, libro en el que, en 1877, dio a conocer las biografías de los arzobispos de México.

Concebido con otras pretensiones, pero indispensable como surtidor de diccionarios y enciclopedias nacionales, *México a través de los siglos* es una insuperada historia general. Publicada entre 1884 y 1889, por su magnitud y alcance aún ahora se antoja colosal. El primer tomo lo redactó Chavero; Vicente Riva Palacio, coordinador general, se encargó del segundo; Julio Zárate del tercero; el cuarto fue empezado por Enrique de

Olavarría y Ferrari y lo concluyó Juan de Dios Arias, en tanto que el quinto y último volumen fue escrito por José María Vigil.

El género del "quién es quién" tuvo un cultivador destacado en Irineo Paz, quien olvidó su inclinación pendenciera al escribir las melosas semblanzas de los figurones del boato porfiriano, a quienes metió en *Hombres prominentes de México*, edición trilingüe de 1888, en cuatro tomos que por su belleza debieran figurar en la historia nacional de las artes gráficas. Otro hito del enciclopedismo mexicano lo marcó Antonio García Cubas con el *Diccionario geográfico, histórico y biográfico de los Estados Unidos Mexicanos*, del que aparecieron cinco tomos entre 1888 y 1891.

Joaquín García Icazbalceta se adentró por varios caminos en territorios del enciclopedismo. Además de colaborar con un centenar de fichas para el *Diccionario* de Orozco y Berra, editó documentos fundamentales para mostrar nuestra historia, escribió sobre el pasado mexicano y elaboró una *Bibliografía mexicana del siglo XVI* y unos *Apuntes para un catálogo de escritores en lenguas indígenas de América*. Genaro García y Francisco del Paso y Troncoso prosiguieron la exhumación de textos e hicieron sus propias contribuciones autorales para el conocimiento de México. Cecilio A. Robelo, más centrado en el género que aquí referimos, puso en orden alfabético la información disponible sobre lengua náhuatl, aztequismos, mitología y toponimia e, incluso, llegó a presentar en forma de diccionario la *Constitución de Morelos*.

Durante el porfiriato se escribieron otros libros que cabe situar en esta reseña. De Alejandro Villaseñor y Villaseñor son dos obras básicas: *Gobernantes de México y formas de gobierno* y *Biografías de héroes y caudillos de la independencia* (1910). Del periodista Daniel Cabrera es *Los liberales ilustres mexicanos de la Reforma y la Intervención*. José Francisco Godoy publicó en 1904 una *Enciclopedia biográfica de contemporáneos* y en 1910 fue editado por la viuda de Bouret el *Diccionario de geografía, historia y biografía mexicanas*, en el que Alberto Leduc y Luis Lara y Pardo se encargaron de los artículos históricos y biográficos, mientras que Carlos Roumagnac escribió los geográficos. Leduc, por cierto, murió antes de ver publicada la obra.

Antonio de la Peña y Reyes, quien sirvió a la dictadura de Victoriano Huerta, huyó al extranjero cuando triunfaron los constitucionalistas. Seguramente para sobrevivir, durante su exilio en Cuba intentó la hechura de un *Diccionario biográfico mexicano*, del que apareció en La Habana, en 1915, el primero y único tomo, que incluye entradas de la *A* a la *D*.

En el México posrevolucionario, los *Anales del Museo Nacional de Arqueología, Historia y Etnografía* publicaron unas "Biografías de veracruzanos distinguidos", estudiadas por Margarita Olivo Lara (1929). Por otros medios, Vito Alessio Robles publicó una *Bibliografía de Coahuila* (1927), monografías y otras obras históricas de la cuenca enciclopedista. En esa vertiente, resulta cuantiosa la aportación de Francisco R. Almada, autor de diccionarios históricos, geográficos y biográficos de Chihuahua, Colima y Sonora, así como de trabajos clave sobre personajes de la Reforma y la Revolución Mexicana. Juan B. Iguíniz, fundador de la Academia Mexicana de la Historia, correspondiente de la Real de Madrid, escribió una *Bibliografía biográfica mexicana*, editada en 1930 por la Secretaría de Relaciones Exteriores. En 1939 apareció un *Diccionario histórico, geográfico y biográ-*

fico de Durango, de Pastor Rouaix, y dos años después Héctor F. López Mena, militar almazanista, dio a las prensas su *Diccionario geográfico, histórico, biográfico y lingüístico del estado de Guerrero*. De Pablo C. Moreno es una *Galería de coahuilenses distinguidos* y de Juan Manuel Torrea un *Diccionario geográfico, histórico, biográfico y estadístico de Tamaulipas*. Enrique Cordero y Torres cuenta con una extensa bibliografía referida a Puebla, como el *Diccionario general* de esa entidad y varios trabajos en los que ha recogido lo fundamental de la historia y la biografía del estado.

Otros autores a los que debemos la factura de útiles diccionarios y estudios multibiográficos son Juan de Dios Bojórquez, Luis F. Bustamante, Manuel García Purón y Heriberto García Rivas, Juan López Escalera, Manuel Mestre Ghigliazza, Pablo C. Moreno, Francisco Naranjo, Miguel Sánchez Lamego, Leonardo Pasquel, Miguel Ángel Peral, Jesús Romero Flores y Félix Palavicini, quienes se ocuparon de sus colegas los constituyentes; Valentín López González, investigador de los zapatistas, y el prolífico tabasqueño Pepe Bulnes.

Mención aparte requieren los trabajos de este género en la península de Yucatán, que cuenta con una tradición historiográfica que viene desde la literatura maya, pasa por la *Relación* de Diego de Landa y desemboca en productos espléndidos de esta centuria. De 1907 data la edición de una *Reseña geográfico-histórica y estadística del estado de Yucatán*, de Serapio Baqueiro. Héctor Pérez Martínez, poco antes de ser llamado a ocupar un alto cargo federal, publicó una *Bibliografía del estado de Campeche* (1943), de la que era coautor Juan de Dios Pérez Galaz, a quien se deben numerosas obras de historia local y un *Diccionario geográfico e histórico de Campeche*, editado en 1944, el mismo año en que apareció el primer tomo de la mayor obra regional de este carácter: la *Enciclopedia Yucatanense*, elaborada por un amplio equipo de intelectuales peninsulares a los que coordinó Carlos A. Echánove Trujillo. El octavo y último tomo de esta obra temática apareció en 1947, al año siguiente de que había terminado su periodo como gobernador Ernesto Novelo Torres, quien fue el patrono de esta producción monumental, reeditada durante la gestión de Francisco Luna Kan.

El exilio antifascista rindió nutritivos frutos en la especialidad que aquí referimos: la *Enciclopedia Judaica Castellana*, obra única en su género en el mundo de habla española, y el *Diccionario Enciclopédico UTEHA*, la primera enciclopedia universal escrita en México. La *Judaica*, con Eduardo Weinfel en la dirección e Isaac Babani como gerente, contó con "centenares de colaboradores" y un consejo directivo de 64 miembros entre los que se contaban judaístas de varios países e intelectuales nacidos o avecindados aquí, como Alfonso Caso, Jacobo Glantz, Julio Jiménez Rueda, Alfonso Reyes, Rafael Heliodoro Valle o Paul Westheim. La *UTEHA*, con el género femenino que la costumbre le atribuyó para recalcar su carácter de enciclopedia, es obra que ha de abonarse al exilio español. Apareció en diez volúmenes entre 1950 y 1952. Su editor, José María González Porto, estuvo apoyado por Julio Sanz Sainz en la parte técnica, en tanto que Luis Doporto dirigió el multitudinario equipo que tradujo y elaboró fichas en lo que seguramente fue un duro trabajo. Luis Suárez recuerda que "cuando muchos estaban bajo una misma nave laborando en lo que sería el *Diccionario UTEHA*", don Wenceslao Roces, un día en que los visitó, exclamó: "¡Caramba, esto parece el campo de concentración de la cultura!". En la obra tuvieron una intervención destacada el latinista Juan Sapiña, Agustín Millares Carlo, quien encontró utilidad completa a sus conocimientos de historia, lexicografía, etimologías, bibliografía y otras especialidades; y el biólogo Enrique Rioja-Lo Bianco, quien tuvo a su cargo la parte científica.

También producto del exilio español es el *Diccionario de insurgentes*, de José María Miquel y Vergés, quien trabajó casi un cuarto de siglo en su preparación y no pudo verlo editado, pues murió en 1964, cinco años antes de que la casa Porrúa lo diera al público. El libro *El exilio español en México 1939-1982*, editado por el Fondo de Cultura Económica y la casa Salvat, es una suerte de colofón para esa oleada migratoria. Se trata de una no tan pequeña enciclopedia del transtierro, la que, en diversos apartados, ofrece una relación sucinta de realizaciones y actores.

La década de los años sesenta fue especialmente pródiga. En 1964 apareció el *Diccionario Porrúa de historia, geografía y biografía de México*, obra elaborada bajo la dirección de Ángel María Garibay Kintana para la que "se trabajó durante más de dos años", tiempo mínimo si se atiende a su tamaño y complejidad, en una época en que no se disponía de tecnología electrónica para esta clase de obras. La lista de colaboradores de la primera edición la forman Ignacio Bernal, Juan Bonilla, José Bravo Ugarte, Jesús Carrillo Méndez, Samuel Fastlicht, Justino Fernández, Francisco Larroyo, Miguel León Portilla, Rita López de Llergo, Antonio Magaña Esquivel, Francisco de la Maza, María del Carmen Millán, Daniel Moreno, Salvador Novo, Edmundo O'Gorman, Daniel Olmedo y Germán Somolinos d'Ardois. La quinta edición, de 1986, fue dirigida por Miguel León Portilla. Felipe Teixidor coordinó las cinco ediciones. Otros especialistas se han agregado a la nómina: Virginia Guedea, Alejandra Lajous, Rubén López Reséndez, Daniel Esquivel, Roberto Moreno de los Arcos y José Ortiz Monasterio. El *Diccionario Porrúa*, como señaló el padre Garibay, "Reúne hechos consumados. Personas que han muerto, acontecimientos que quedaron en su punto final" y personajes vivos como ex presidentes y figuras retiradas del espectáculo.

Con prólogo de María del Carmen Millán, en 1967 salió de la imprenta el *Diccionario de escritores de México*, con datos biobibliográficos de los incluidos y amplias referencias hemerográficas sobre su obra. Los autores son Aurora M. Ocampo y Ernesto Prado Velázquez. El primer tomo de una segunda edición, ya como *Diccionario de escritores mexicanos. Siglo XX*, pues dejó fuera a los autores de centurias pasadas, apareció en 1988. Esta nueva versión fue dirigida por Aurora M. Ocampo, quien se apoyó en un equipo formado Myriam Jarmy Sumano, Pilar Mandujano Jacobo, Laura Navarrete Maya, Rocío Olivares Zorrilla, Patricia Ortiz Flores, Armando Pereira y Aurora Sánchez Rebolledo. La tardanza de 21 años se explica, parcialmente, por la falta de recursos adecuados para un trabajo de esta envergadura, como los ahora indispensables equipos computarizados.

"Al cabo de varios años de paciente preparación", Gutierre Tibón publicó en 1966 el primer tomo de la innovadora *Enciclopedia de México*, con la que quiso dar al país "un inventario de sus valores espirituales y económicos", pues incorporaba algunas entradas de lenguaje, especialmente mexicanismos y nahuatlismos, flora y fauna, biografías de personajes vivos y muertos, fichas sobre diversas ciencias, monografías de los estados y artículos que tratan de la relación de México con otros países. Era, en resumen, una obra que intentaba recoger, según palabras del erudito, "del abulón al salario mínimo, del ajonjolí a la vulcanología; de las inversiones extranjeras a la pintura prehispánica, de la ALALC a los enlatados; de la producción de fibras sintéticas a la adivinación en el México antiguo". Tibón sólo pudo editar tres de los diez tomos que había proyectado. En 1969, José Rogelio Álvarez se convirtió en propietario y director de la *Enciclopedia*. Auxiliado por un amplio equipo de especialistas, hizo aparecer en 1976 la edición completa, ya no en diez sino en doce tomos, a los que agregó el *Libro del año* de 1977 y el de 1978. Los catorce volúmenes de la segunda versión, considerablemente aumentada, aparecieron entre 1987 y 1989, ahora como coedición de la propia Enciclopedia y la Secretaría de Educación Pública.

En Estados Unidos se publican regularmente volúmenes del género *who´s who?* que incluyen biografías de mexicanos, en ocasiones a cambio de la compra de ejemplares. También desde el país del norte, el investigador Roderic Ai Camp ha contribuido a enriquecer nuestro conocimiento de los hombres públicos. A él se debe *Mexican political biographies*, cuya primera edición data de 1976. Desde fines de los años setenta han aparecido obras que aumentan el acervo enciclopedista, por ejemplo, los *Almanaques* publicados por Fernando Martí y múltiples estudios locales, entre los que se cuentan varios intentos de *quién es quién* indudablemente útiles, pero por desgracia sin continuidad. Hacen falta más y mejores monografías, diccionarios biográficos por especialidades y regiones, atlas y otras obras geográficas, historias actualizadas de diversas especialidades lo mismo que de movimientos políticos y sociales, así como anuarios, almanaques, directorios, catálogos, resúmenes y otras producciones que se requieren para mantener al día, dotada de fuentes adecuadas, la creación de pretensiones enciclopédicas.

Las carencias, pese a todo, no han impedido que se emprendan trabajos de orden mayor. Sin falsas modestias, el *Diccionario Enciclopédico de México* es heredero de esa tradición y, a la vez, su contribuyente. Es ésta una obra que se reconoce como hija de sus predecesoras, pero resulta también un trabajo original, concebido desde la perspectiva del fin de milenio, en un mundo estrechamente interrelacionado y en un país que se asoma a grandes e impredecibles transformaciones. Las exigencias de ese futuro nos obligan a conocer México y a reconocernos en él.

Antonio Castro Leal, en 1916, lanzó una definición poética y al mismo tiempo terrible: "la enciclopedia es nada más que el panteón de las verdades públicas". Sí, y no, porque si bien intenta resumir las verdades generalmente aceptadas en su tiempo, es víctima de los incesantes cambios que ocurren en todos los órdenes. Alain Rey ha expresado de otra manera esta condición de existencia de las enciclopedias: "es necesario considerarlas –dice– en el seno de una indisoluble vacilación entre un pasado transformable en didactismo y un presente que lo compromete". Ya es bastante problema conocer el pretérito –sobre el que cada día hay nueva luz, otros enfoques, diversos juicios– y exponerlo de modo breve, ordenado y, en lo que cabe, preciso. Más difícil y riesgoso es traducir los signos del presente, extraer lo indispensable de un torrente de información que abruma y amenaza con paralizar la producción de toda obra que se quiera actual. El dilema de los autores del género es parir obras envejecidas o no dejarlas nacer. Optamos por lo primero. Esperamos la comprensión de los lectores.

Hemos querido dar cabida a caudillos indígenas, jefes militares, líderes políticos, empresarios, organizadores obreros, conservadores y rebeldes de todas las épocas; atletas, científicos, artistas y otros personajes no siempre cubiertos de relumbrón, pero todos, indudablemente, moldeadores del país que hoy habitamos.

Han contado los individuos, pero también las corrientes sociales: ortodoxias y heterodoxias, seguimientos y rupturas que han dejado cicatrices notorias en la cara de México, sobre todo cuando se han convertido en acción colectiva, triunfante o derrotada. De la memoria común o del subsuelo de la intuición brotan, una y otra vez, esperanzas, intentos de repetición, emulación de ejemplos que pretenden empujar hacia adelante o jalarnos a tiempos que parecían superados. El pasado, a fin de cuentas, está demasiado presente. Lo está en las comunidades indígenas, sometidas a la embestida feroz de lo que discutiblemente se llama "el progreso". Sus lenguas, sujetas a un implacable proceso de extinción, como lo muestran los censos, tienen todavía la suficiente vitalidad como para estar en cada municipio del país, de lo que aquí damos cuenta. La historia, es sabido, se compone de muchas historias. Sus líneas trazan una espesa madeja de la que es necesario extraer los hilos para hacerla comprensible. Eso hemos intentado en las fichas dedicadas a cada entidad federativa, a los grandes procesos como la conquista, la colonia, la independencia, la reforma o la revolución. Con la indispensable brevedad, hemos tratado de asentar los datos básicos de las grandes culturas precolombinas, su resistencia al coloniaje y, cuando han llegado a nuestro días, su ardua sobrevivencia y sus peculiaridades.

Artes, ciencias, deportes y espectáculos han sido incluidos hasta donde lo permitieron las condiciones de trabajo. No casualmente hemos dedicado una ficha a todos los países con los que México tiene relaciones diplomáticas, así como a Puerto Rico y Chile, naciones con las que la historia nos hermana. De ese modo intentamos, con las limitaciones inherentes a esa pretensión, capturar la presencia de México y los mexicanos en otros rumbos de la tierra y, sobre todo, lo que nos han traído de fuera. Ciertamente abundan y duelen las agresiones, hay querellas pendientes, cuentas que no acaban de saldarse. Pero precisamente ahora, cuando los vientos de la integración internacional parecen irresistibles, con sus grandes riesgos e incierto provecho, cabe hacer una recapitulación de los beneficios recibidos del extranjero, que no son pocos. Solemos tener presente que México fue objeto de conquista para españoles, franceses o estadounidenses. En cambio, recordamos menos a los forasteros que aportaron sus conocimientos, su espíritu emprendedor, su trabajo y aun su vida por el país y sus habitantes. Siempre que contamos con información, incluimos los datos de esos personajes nacidos en otra parte y renacidos aquí, para honra y provecho nuestro.

Somos descendientes de indios y españoles, pero también de angoleños y guineos, de italianos y polacos, de árabes y chinos. El pueblo mexicano es producto de una infinita e inacabada mezcla de sangres. La presencia foreña está en lo que comemos y en lo que cantamos, en las prendas de vestir y en las más refinadas manifestaciones artísticas, en suma, es parte indisoluble y con frecuencia indistinguible de la cultura, de nuestra cultura. México es un país multirracial, plurilingüe, de una religión mayoritaria y de muchos otros cultos igualmente respetables. Las ideas políticas o las novedades tecnológicas, a menudo llegadas de fuera, han encontrado aquí germinación positiva, modificación creadora. En horas difíciles, México se ha mostrado generoso con otros pueblos y al aportar su solidaridad, sin proponérselo, ha acrecentado sus caudales, se ha hecho más grande en todos los órdenes.

ADVERTENCIAS

De acuerdo con las nuevas normas académicas, en el orden alfabético de esta obra las letras *che* y *elle* están integradas dentro de la *ce* y la *ele*, respectivamente, también se ha hecho tradicionalmente con la *erre*, que forma parte de la *ere*. De esta manera, debe buscarse *Chávez* antes de *Ciangherotti*, pero después de *Cetto*; *Llamas* antes de *Loaeza* pero después de *Lizárraga*, en tanto que *Arrangoiz* va luego de *Arozamena*, pero en lugar anterior a *Artaud*.

Tomamos en cuenta, en el caso de personajes, el primer apellido, luego el segundo y otros si los tienen y, por último, separados por una coma, el nombre o los nombres. Así, *García, Gustavo* antecede a *García, Héctor* e igualmente *García, Alejandro* a *García, Belisario de Jesús*. Si hay dos o más apellidos, *García Bacca, Juan David* estará antes que *García Beraza, Felipe*, en tanto que *García Catarines y Mateos, Francisco*, irá después de *García Casanova, Francisco*, pero antes de *García Ceballos, Miguel*. En otro tipo de entradas procedimos de igual modo: *San Vicente* va antes que *Santa Inés* o *Santiago*.

Es importante advertir que el orden alfabético de esta obra no toma en cuenta las preposiciones, los artículos ni las conjunciones. Así, para localizar el apellido *De las Fuentes* deberá buscarse en la F y no en la D, o bien, *García de la Cadena* estará primero que *García Calderón*. Del mismo modo, *López Malo* estará después de *López y Fuentes*. Con apellidos que no son de origen español y se inician con preposiciones tales como *von*, *van*, *du* o *dal*, seguimos el mismo orden. En lo anterior, las excepciones son aquellas de los nombres que empiezan con alguna letra y apóstrofo que la une al apellido, como en *O'Gorman* o *D'Ors*. En el caso de los apellidos que anteponen la palabra *mac*, preferimos incluirlos en la M por la gran disparidad de su ortografía, pues hallamos que se escribe *McCormick*, *Mc Cormick*, *MacCormick*, *Mac Cormick*, *Macormick*, *mac Cormick* y aun *mc Cormick*.

En las fichas dedicadas a accidentes geográficos cuyo nombre va antecedido de las palabras *de, del, de la, de los, de las*, como sierra de Juárez, serranías del Burro, río de la Laja, sierra de los Arados y sierra de las Ventanas, en la mayoría de los casos las entradas quedaron así: *Juárez, de*; *Laja, de la*; y *Ventanas, de las*.

En el caso de algunos personajes, se da el nombre de la provincia o territorio a que pertenecía el sitio de nacimiento o muerte, pero en otros, para hacer más claro el dato, se le sitúa en la entidad federativa a que ahora corresponde dicha población. Cuando se trata de una ciudad que cambió de nombre o a éste se le hicieron añadidos, si hay lugar a confusión se anota la denominación antigua y se señala la actual. Cuando el lugar de origen y el de fallecimiento son distintos pero se hallan en el mismo estado, éste se indica sólo después del segundo. Si el personaje nació o murió en el extranjero sólo se anota el país, aunque ocasionalmente se indica la provincia o ciudad. Generalmente usamos Distrito Federal cuando la referencia es de 1930 o posterior. Si la fecha es anterior dice ciudad de México. En el caso de los nacidos en Tacubaya, Mixcoac o Coyoacán, lugares antes separados de la ciudad de México, cuando hubiera lugar a confusión para los lectores preferimos usar Distrito Federal.

De los biografiados informamos sobre su actividad principal, estudios, desempeño en instituciones de enseñanza e investigación, filiación política cuando se conoce, puestos en organizaciones sociales, cargos públicos de elección o por nombramiento, actividad periodística, obra de investigación, creación o interpretación, según sea el caso, pertenencia a corporaciones académicas, profesionales o humanitarias y, por último, distinciones recibidas. Las fichas de personajes vivos en muchos casos resultaron demasiado amplias. Nos ha guiado en este punto el interés de informar sobre una carrera en gestación, de cuyos resultados sólo el tiempo permitirá seleccionar lo trascendente. El criterio con escritores y artistas jóvenes ha sido muy amplio. De entre ellos algunos destacarán y será útil contar con los datos que aquí damos.

El número de los habitantes y hablantes de lenguas indígenas están tomados del Conteo Nacional de Población de 1995, en tanto que la población económicamente activa corresponde al Sistema Nacional de Información Municipal que se basa en datos censales y en otras fuentes. La suma de habitantes del país está tomada del censo, pero una hecha a partir de los datos municipales o estatales, puede ofrecer diferencias. La causa estriba en los ajustes que se hacen a la información censal en el curso de su procesamiento. En lo que se refiere a hablantes de lenguas indígenas, la información disponible menciona el total de cada municipio, pero en general sólo incluye algunas de las lenguas que se hablan en cada jurisdicción, de ahí que no siempre coincidan las partes con el total.

Los datos sobre la extensión territorial de los municipios corresponden al Sistema Nacional de Información Municipal, de 1998. El origen de cualquier probable inexactitud se halla sobre todo en problemas de límites y los diferentes métodos para calcular superficies. En las entradas de los municipios no ofrecemos todas sus colindancias porque, salvo para el especialista, no ofrecen mayor utilidad y, en cambio, pueden inducir a error por imprecisión de límites o por tratarse de jurisdicciones difíciles de ubicar. Hemos preferido dar algunas referencias que faciliten su localización sobre mapas de carreteras y otras obras cartográficas de empleo común. Lo mismo hicimos con los accidentes geográficos. En entradas aparte hemos incluido algunas cabeceras, centros de población y zonas arqueológicas con denominación diversa a la del municipio, al que remitimos casi en todos los casos. Cuando la cabecera tiene denominación diversa a la del municipio, así lo hacemos constar, a menos que no coincidan las fuentes, en cuyo caso optamos por abstenernos.

Para facilitar la lectura, cuando se trata de citas tomadas de textos escritos en un español anticuado o notoriamente incorrecto, hemos actualizado la ortografía o la sintaxis. No obstante, respetamos la redacción original cuando enriquece el asunto de que trata.

No empleamos tilde en las palabras agudas terminadas en doble consonante, como *Orleans* o *Mayans*. Lo mismo hicimos cuando es indistinto el uso del acento ortográfico, como en *policiaco* u *olimpiada*, lo que preferimos a escribir *policíaco* u *olimpíada*.

En palabras como *psicología, psiquiatría* o *psicoanálisis*, si bien es cada vez más común eliminar la *pe* inicial, optamos por usarla en todos los casos para unificar la ortografía y no vernos obligados a prescindir de ella en el grueso de la redacción y a tener que emplearla cuando se trata de nombres propios, como *Instituto de Psiquiatría*, o de obras: *Tratado de Psicoanálisis*.

Hasta donde es posible en una obra de este tipo, se han evitado las abreviaturas para facilitar la consulta. Sin embargo, se ha echado mano de las siglas más conocidas por el lector mexicano y, en algunos casos, de otras menos usuales por la obligación de ahorrar espacio. Para evitar confusiones, damos en las páginas siguientes una lista de abreviaturas y sus significados.

Cuando se trata de partidos políticos u organizaciones conocidas por alguna sigla, hemos incluido ésta solamente para remitir a la entrada donde figura el nombre completo. Planes, tratados, huelgas y movimientos, salvo excepción, están agrupados para facilitar la consulta. Dos o más personas con nombres y apellidos iguales están incluidas por orden cronológico. Cuando varias fichas no biográficas tienen igual nombre están acomodadas alfabéticamente.

Abreviaturas

AAPAUNAM	Asociaciones Autónomas de Personal Académico de la Universidad Nacional Autónoma de México.	ASA	Aeropuertos y Servicios Auxiliares.
		ASPA	Asociación Sindical de Pilotos Aviadores.
		Auris	Instituto de Acción Urbana e Integración Social.
ACJM	Asociación Católica de la Juventud Mexicana.	Banamex	Banco Nacional de México.
		Bancomer	Banco de Comercio.
AFP	Agencia Francesa de Prensa (*Agence France Presse*).	Bancomext	Banco Nacional de Comercio Exterior.
		Bancrecer	Banco de Crédito y Servicio.
Ags.	Aguascalientes.	Banjidal	Banco Nacional de Crédito Ejidal.
AHMSA	Altos Hornos de México, Sociedad Anónima.	Banobras	Banco Nacional de Obras y Servicios Públicos.
Aladi	Asociación Latinoamericana de Integración.	Banoro	Banco del Noroeste.
		Banpeco	Banco del Pequeño Comercio.
Alalc	Asociación Latinoamericana de Libre Comercio.	Banpesca	Banco Nacional Pesquero y Portuario.
		Banpro	Banco de Promoción y Fomento.
ALDF	Asamblea Legislativa del Distrito Federal.	Banrural	Banco Nacional de Crédito Rural.
AMA	Asociación Mexicana Automovilística.	Bantur	Banco Nacional de Turismo.
AMCT	Asociación Mexicana de Cronistas de Teatro.	Banxico	Banco de México.
		BBC	British Broadcasting Company.
AMIC	Asociación Mexicana de Investigadores de la Comunicación.	BC	Baja California.
		BCH	Banco de Crédito Hipotecario.
ANA	Asociación Nacional Automovilística.	BCS	Baja California Sur.
ANASE	Asociación Nacional de Abogados al Servicio del Estado.	BID	Banco Interamericano de Desarrollo.
		Boletrónico	Servicio Público de Boletaje Electrónico.
ANDA	Asociación Nacional de Actores.	CADAC	Centro de Arte Dramático, Asociación Civil.
ANDSA	Almacenes Nacionales de Depósito, Sociedad Anónima.	Cal.	California.
a.n.e.	Antes de nuestra era.	Camp.	Campeche.
Anfer	Asociación Nacional Femenil Revolucionaria.	Canacintra	Cámara Nacional de la Industria de Transformación.
ANIERM	Asociación Nacional de Importadores y Exportadores de la República Mexicana.	Canaco	Cámara Nacional de Comercio de la Ciudad de México.
ANP	Asociación Nacional de la Publicidad.	CAPFCE	Comité Administrador del Programa Federal de Construcción de Escuelas.
ANUIES	Asociación Nacional de Universidades e Institutos de Enseñanza Superior.	CB	Colegio de Bachilleres.
ARDF	Asamblea de Representantes del Distrito Federal.	CBS	Columbia Broadcasting System.
		CCH	Colegio de Ciencias y Humanidades.
ARM	Acción Revolucionaria Mexicanista.	CCI	Central Campesina Independiente.
ARMO	Servicio Nacional de Adiestramiento Rápido de la Mano de Obra en la Industria.	CDE	Comité Directivo Estatal.
		CDP	Comité de Defensa Popular de Chihuahua.

CECSA	Compañía Editorial Continental, Sociedad Anónima.	CNED	Central Nacional de Estudiantes Democráticos.
CEE	Comisión Estatal Electoral.	CNIA	Comisión Nacional de la Industria Azucarera.
CEE	Comunidad Económica Europea.		
CEESP	Centro de Estudios Económicos del Sector Privado.	CNOP	Confederación Nacional de Organizaciones Populares.
Ceestem	Centro de Estudios Económicos y Sociales del Tercer Mundo.	CNPP	Confederación Nacional de la Pequeña Propiedad.
CEI	Comunidad de Estados Independientes.	CNTE	Coordinadora Nacional de Trabajadores de la Educación.
CEIMSA	Compañía Exportadora e Importadora Mexicana, Sociedad Anónima.	Coah.	Coahuila.
Cemla	Centro de Estudios Monetarios Latinoamericanos.	Cocopa	Comisión de Concordia y Pacificación.
CEMPAE	Centro para el Estadio de los Medios y Procedimientos Avanzados de la Educación.	Cofrinsa	Complejo Frutícola Industrial de la Cuenca del Papaloapan.
		Col.	Colima.
CEN	Comité Ejecutivo Nacional.	Comar	Comisión Mexicana de Ayuda a los Refugiados.
Cenapro	Centro Nacional de Productividad.	Conaculta	Consejo Nacional para la Cultura y las Artes.
Cenart	Centro Nacional de las Artes.		
Cenidiap	Centro Nacional de Investigación, Documentación e Información de Artes Plásticas.	Conacurt	Consejo Nacional de Cultura y Recreación de los Trabajadores.
Cenidi-Danza	Centro Nacional de Investigación, Documentación e Información de Danza.	Conacyt	Consejo Nacional de Ciencia y Tecnología.
		Conai	Comisión Nacional de Intermediación.
Cenidim	Centro Nacional de Investigación, Documentación e Información Musical.	Conafe	Consejo Nacional de Fomento Educativo.
		Conafrut	Comisión Nacional de Fruticultura.
CEPAL	Comisión Económica para América Latina.	Conagusa	Construcciones Navales de Guaymas, Sociedad Anónima.
CEPES	Centro de Estudios Políticos, Económicos y Sociales del PRI.	Conalep	Consejo Nacional de Educación Profesional Técnica.
Cetenal	Comisión de Estudios del Territorio Nacional.	Conapo	Consejo Nacional de Población.
CFE	Comisión Federal Electoral.	Conasupo	Compañía Nacional de Subsistencias Populares.
CFE	Comisión Federal de Electricidad.	Concamin	Confederación de Cámaras Industriales.
CIDE	Centro de Investigación y Docencia Económicas.	Concanaco	Confederación de Cámaras Nacionales de Comercio.
CIESAS	Centro de Investigaciones y Estudios Superiores en Antropología Social.	Concarril	Constructora Nacional de Carros de Ferrocarril.
CIESS	Centro Interamericano de Estudios de Seguridad Social del IMSS.	Coparmex	Confederación Patronal de la República Mexicana.
CIMASS	Centro de Investigación en Matemáticas Aplicadas, Sistemas y Servicios de la UNAM.	Copescal	Comisión de Pesca Continental para América Latina.
		Coplade	Comité de Planeación para el Desarrollo.
CIMMYT	Centro de Investigación y Mejoramiento del Maíz y Trigo.	Coplamar	Coordinación General del Plan Nacional de Zonas Deprimidas y Grupos Marginados.
Cinvestav	Centro de Investigación y de Estudios Avanzados del IPN.	Coppal	Confederación de Partidos Políticos de América Latina.
CMA	Compañía Mexicana de Aviación.		
CNC	Confederación Nacional Campesina.	Coprode	Coordinación de Proyectos de Desarrollo de la Presidencia de la República.
CNCA	Consejo Nacional para la Cultura y las Artes.	Cordemex	Cordeleros Mexicanos.
CNE	Colegio Nacional de Economistas.	Corett	Comisión para la Regularización de la Tenencia de la Tierra.

Covitur	Comisión de Vialidad y Transporte Urbano.	EU	Estados Unidos.
Crea	Consejo Nacional de Recursos para la Atención de la Juventud.	FAO	Organización de las Naciones Unidas para la Agricultura y la Alimentación.
CROC	Confederación Revolucionaria de Obreros y Campesinos.	FCE	Fondo de Cultura Económica.
CROM	Confederación Regional Obrera Mexicana.	FECSM	Federación de Estudiantes Campesinos Socialistas de México.
CT	Congreso del Trabajo.	Ferronales	Ferrocarriles Nacionales de México.
CTK	Agencia de Noticias Checoslovaca (*Ceskoslovenská Tisková Kancelár*).	Fertimex	Fertilizantes Mexicanos.
		Ficorca	Fideicomiso para la Cobertura de Riesgos Cambiarios.
CTM	Confederación de Trabajadores de México.	Fidec	Fideicomiso para el Desarrollo Comercial.
CU	Ciudad Universitaria.	Fidein	Fideicomiso de Conjuntos, Parques, Ciudades Industriales y Centros Comerciales.
CUEC	Centro Universitario de Estudios Cinematográficos.		
CUT	Centro Universitario de Teatro.	Fideurbe	Fideicomiso para Integrar el Desarrollo Urbano de la Ciudad de México.
Chih.	Chihuahua.		
Chis.	Chiapas.	Finasa	Financiera Nacional Azucarera, Sociedad Anónima.
DAAC	Departamento de Asuntos Agrarios y Colonización.		
		FIRA	Fideicomisos Instituidos en Relación con la Agricultura.
DDF	Departamento del Distrito Federal.		
DEM	Diplomado de Estado Mayor.	Fisomex	Fomento Industrial Somex.
DEMN	Diplomado de Estado Mayor Naval.	Flacso	Facultad Latinoamericana de Ciencias Sociales.
Detenal	Dirección General de Estudios del Territorio Nacional.		
		FMI	Fondo Monetario Internacional.
DF	Distrito Federal.	Fobaproa	Fondo Bancario de Protección al Ahorro.
Dgo.	Durango.	Fogain	Fondo de Garantía y Fomento a la Industria Mediana y Pequeña.
Diconsa	Distribuidora Conasupo, Sociedad Anónima.		
		Fomex	Fondo para el Fomento de las Exportaciones de Productos Manufacturados.
DIF	Sistema Nacional para el Desarrollo Integral de la Familia.		
Dina	Diesel Nacional.	Fonacot	Fondo de Fomento y Garantía para el Consumo de los Trabajadores.
e.c.	Era contemporánea.		
EFE	Agencia EFE.	Fonafe	Fondo Nacional de Fomento Ejidal.
ENAH	Escuela Nacional de Antropología e Historia.	Fonapas	Fondo Nacional para Actividades Sociales.
		Fonatur	Fondo Nacional de Fomento al Turismo.
ENAP	Escuela Nacional de Artes Plásticas.	Fonca	Fondo Nacional para la Cultura y las Artes.
ENCB	Escuela Nacional de Ciencias Biológicas.		
ENEF	Escuela Nacional de Educación Física.	Fonei	Fondo de Equipamiento Industrial.
ENEP	Escuela Nacional de Estudios Profesionales de la UNAM.	Fonhapo	Fondo Nacional de Habitaciones Populares.
ENM	Escuela Nacional de Maestros.	FOP	Federación de Organizaciones Populares.
ENP	Escuela Nacional Preparatoria.	Foproba	Fondo de Garantía y Fomento a la Producción, Distribución y Consumo de Productos Básicos.
ENS	Escuela Normal Superior.		
ESCA	Escuela Superior de Comercio y Administración del IPN.		
		Fosoc	Fondo de Garantía y Descuento para las Sociedades Cooperativas.
ESE	Escuela Superior de Economía del IPN.		
ESIA	Escuela Superior de Ingeniería y Arquitectura del IPN.	Fovi	Fondo de Operación y Descuento Bancario a la Vivienda.
ESIME	Escuela Superior de Ingeniería Mecánica y Eléctrica del IPN.	Fovi-Foga	Fondo de Operación y Descuento Bancario a la Vivienda y Fondo de Garantía y Apoyo a los Créditos para la Vivienda.
Esiquie	Escuela Superior de Ingeniería Química e Industrias Extractivas del IPN.		

Fovissste	Fondo para la Vivienda de los Trabajadores al Servicio del Estado.	INEA	Instituto Nacional para la Educación de los Adultos.
FROC	Federación Revolucionaria de Obreros y Campesinos.	INEGI	Instituto Nacional de Estadística, Geografía e Informática.
FSTSE	Federación de Sindicatos de Trabajadores al Servicio del Estado.	Infonavit	Instituto del Fondo Nacional para la Vivienda de los Trabajadores.
GB	Gran Bretaña.	INI	Instituto Nacional Indigenista.
Gro.	Guerrero.	ININ	Instituto Nacional de Investigaciones Nucleares.
Gto.	Guanajuato.		
Hgo.	Hidalgo.	Injuve	Instituto Nacional de la Juventud Mexicana.
IATA	International Air Transport Association.		
ICA	Ingenieros Civiles Asociados.	Inmecafé	Instituto Mexicano del Café.
Icap	Instituto de Capacitación Política del PRI.	INPI	Instituto Nacional de Protección a la Infancia.
Icomos	Consejo Internacional de Monumentos y Sitios.	IPAB	Instituto de Protección al Ahorro Bancario.
IDA	Industrial de Abasto.	IPADE	Instituto Panamericano de Alta Dirección de Empresas.
IEPES	Instituto de Estudios Políticos, Económicos y Sociales del PRI.	IPN	Instituto Politécnico Nacional.
IFAL	Instituto Francés de América Latina.	Iponap	Instituto Político Nacional de Administración Pública, del PRI.
IFE	Instituto Federal Electoral.		
IIMAS	Instituto de Investigaciones en Matemáticas Aplicadas y Sistemas.	ISSFAM	Instituto de Seguridad Social para las Fuerzas Armadas Mexicanas.
ILCE	Instituto Latinoamericano de Comunicación Educativa.	ISSSTE	Instituto de Seguridad y Servicios Sociales de los Trabajadores del Estado.
ILPES	Instituto Latinoamericano de Planificación Económica y Social.	ITAM	Instituto Tecnológico Autónomo de México.
IMAN	Instituto Mexicano de Asistencia a la Niñez.	ITESM	Instituto Tecnológico de Estudios Superiores de Monterrey.
IMCE	Instituto Mexicano de Comercio Exterior.	ITESO	Instituto Tecnológico de Estudios Superiores de Occidente.
Imcine	Instituto Mexicano de Cinematografía.		
IMEP	Instituto Mexicano de Estudios Políticos.	Jal.	Jalisco.
Imer	Instituto Mexicano de la Radio.	km²	Kilómetros cuadrados.
Imevisión	Instituto Mexicano de la Televisión.	LEAR	Liga de Escritores y Artistas Revolucionarios.
IMOP	Instituto Mexicano de Opinión Pública.		
Impecsa	Impulsora del Pequeño Comercio, Sociedad Anónima.	LER	Liga de Economistas Revolucionarios de la República Mexicana.
IMPI	Instituto Mexicano de Protección a la Infancia.	Liconsa	Leche Industrializada Conasupo, Sociedad Anónima.
IMSS	Instituto Mexicano del Seguro Social.	LLE	Liga Leninista Espartaco.
INAH	Instituto Nacional de Antropología e Historia.	LOM	Liga Obrera Marxista.
INAP	Instituto Nacional de Administración Pública.	LOPPE	Ley Federal de Organizaciones Políticas y Procesos Electorales.
		m.	murió.
INBA	Instituto Nacional de Bellas Artes.	MAP	Movimiento de Acción Popular.
INBAL	Instituto Nacional de Bellas Artes y Literatura.	Méx.	Estado de México.
		Mich.	Michoacán.
Inco	Instituto Nacional del Consumidor.	MLN	Movimiento de Liberación Nacional.
Incopse	Instituto Nacional de Contadores Públicos al Servicio del Estado.	MNJR	Movimiento Nacional de la Juventud Revolucionaria del PRI.
Indeco	Instituto Nacional para el Desarrollo de la Comunidad y la Vivienda Popular.	Mor.	Morelos.
		Mun.	municipio.

n.	nació.
Nafin	Nacional Financiera.
Nafinsa	Nacional Financiera, Sociedad Anónima.
Nay.	Nayarit.
NBC	National Broadcasting Corporation.
NL	Nuevo León.
Oax.	Oaxaca.
OEA	Organización de Estados Americanos.
OIEA	Organismo Internacional de Energía Atómica.
OIP	Organización Internacional de Periodistas.
OIT	Organización Internacional del Trabajo.
Oldepesca	Organización Latinoamericana de Desarrollo Pesquero.
OMS	Organización Mundial de la Salud.
ONU	Organización de las Naciones Unidas.
ONUDI	Organización de las Naciones Unidas para el Desarrollo Industrial.
OPS	Organización Panamericana de la Salud.
OTI	Organización de la Televisión Iberoamericana.
PAI	Programa de Apoyo Integral a la Industria Mediana y Pequeña.
PAN	Partido Acción Nacional.
PARM	Partido Auténtico de la Revolución Mexicana.
PCM	Partido Comunista Mexicano.
PDM	Partido Demócrata Mexicano.
Pemex	Petróleos Mexicanos.
PGJDF	Procuraduría General de Justicia del Distrito Federal.
PGJDyTF	Procuraduría General de Justicia del Distrito y Territorios Federales.
PGR	Procuraduría General de la República.
PIDER	Programa de Inversiones para el Desarrollo Económico Rural.
PIPSA	Productora e Importadora de Papel, Sociedad Anónima.
PLM	Partido Liberal Mexicano.
PMS	Partido Mexicano Socialista.
PMT	Partido Mexicano de los Trabajadores.
PNR	Partido Nacional Revolucionario.
POCM	Partido Obrero Campesino Mexicano.
PPS	Partido Popular Socialista.
PRD	Partido de la Revolución Democrática.
PRI	Partido Revolucionario Institucional.
PRM	Partido de la Revolución Mexicana.
Pronarte	Productora Nacional de Radio y Televisión.
Pronase	Productora Nacional de Semillas.
PRT	Partido Revolucionario de los

	Trabajadores.
PS	Partido Socialista.
PSD	Partido Social-Demócrata.
PST	Partido Socialista de los Trabajadores.
PSUM	Partido Socialista Unificado de México.
Pue.	Puebla.
QR	Quintana Roo.
Qro.	Querétaro.
RCA	Radio Corporation of America.
RDA	República Democrática de Alemania.
RFA	República Federal de Alemania.
RTC	Dirección General de Radio, Televisión y Cinematografía.
RU	Reino Unido.
SACM	Sociedad de Autores y Compositores de México.
SAG	Secretaría de Agricultura y Ganadería.
SAHOP	Secretaría de Asentamientos Humanos y Obras Públicas.
SARH	Secretaría de Agricultura y Recursos Hidráulicos.
SCJN	Suprema Corte de Justicia de la Nación.
SCOP	Secretaría de Comunicaciones y Obras Públicas.
SCT	Secretaría de Comunicaciones y Transportes.
SDN	Secretaría de la Defensa Nacional.
Secofi	Secretaría de Comercio y Fomento Industrial.
Secofin	Secretaría de Comercio y Fomento Industrial.
Secogef	Secretaría de la Contraloría General de la Federación.
Secom	Secretaría de Comercio.
Sectur	Secretaría de Turismo.
Sedue	Secretaría de Desarrollo Urbano y Ecología.
Sela	Sistema Económico Latinoamericano.
SEMIP	Secretaría de Energía, Minas e Industria Paraestatal.
SEP	Secretaría de Educación Pública.
Sepafin	Secretaría de Patrimonio y Fomento Industrial.
Sepanal	Secretaría de Patrimonio Nacional.
Sepesca	Secretaría de Pesca.
Servimet	Servicios Metropolitanos del DF.
SG	Secretaría de Gobernación.
SHCP	Secretaría de Hacienda y Crédito Público.
SIC	Secretaría de Industria y Comercio.
Sicartsa	Siderúrgica Lázaro Cárdenas, Las Truchas, Sociedad Anónima.
Sidena	Siderúrgica Nacional.

Sidermex	Siderúrgica Mexicana.
Sin.	Sinaloa.
SLP	San Luis Potosí.
SM	Secretaría de Marina.
SME	Sindicato Mexicano de Electricistas.
SNCA	Sistema Nacional de Creadores de Arte.
SNI	Sistema Nacional de Investigadores.
SNTE	Sindicato Nacional de Trabajadores de la Educación.
SNTMMSRM	Sindicato Nacional de Trabajadores Minero-Metalúrgicos y Similares de la República Mexicana.
Sogem	Sociedad General de Escritores de México.
Somex	Sociedad Mexicana de Crédito Industrial.
Son.	Sonora.
SOP	Secretaría de Obras Públicas.
SPP	Secretaría de Programación y Presupuesto.
SRA	Secretaría de la Reforma Agraria.
SRE	Secretaría de Relaciones Exteriores.
SRH	Secretaría de Recursos Hidráulicos.
SRTPRM	Sindicato Revolucionario de Trabajadores Petroleros de la República Mexicana.
SSA	Secretaría de Salubridad y Asistencia.
Ssa	Secretaría de Salud.
STAUAG	Sindicato de Trabajadores Académicos de la Universidad de Guerrero.
STC	Sistema de Transporte Colectivo (Metro).
STFRM	Sindicato de Trabajadores Ferrocarrileros de la República Mexicana.
STIAS	Sindicato de Trabajadores de la Industria Azucarera y Similares de la República Mexicana.
STIRT	Sindicato de Trabajadores de la Industria de Radiodifusión, Televisión, Similares y Conexos de la República Mexicana.
STPRM	Sindicato de Trabajadores Petroleros de la República Mexicana.
STPS	Secretaría del Trabajo y Previsión Social.
STRM	Sindicato de Telefonistas de la República Mexicana.
STUNAM	Sindicato de Trabajadores de la UNAM.
SUNTU	Sindicato Único Nacional de Trabajadores Universitarios.
SUTERM	Sindicato Único de Trabajadores Electricistas de la República Mexicana.
SUTIN	Sindicato Único de Trabajadores de la Industria Nuclear.
Tab.	Tabasco.
Tabamex	Tabacos Mexicanos.
Tams.	Tamaulipas.
TAPO	Terminal de Autobuses de Pasajeros de Oriente.
TGP	Taller de Gráfica Popular.

Tlax.	Tlaxcala.
TLC	Tratado de Libre Comercio.
TV	Televisión.
U	Universidad
UABJO	Universidad Autónoma Benito Juárez de Oaxaca.
UACh	Universidad Autónoma de Chapingo.
UAEM	Universidad Autónoma del Estado de México.
UAG	Universidad Autónoma de Guerrero.
UAH	Universidad Autónoma de Hidalgo.
UAM	Universidad Autónoma Metropolitana.
UAM-A	Universidad Autónoma Metropolitana, plantel Atzcapotzalco.
UAM-I	Universidad Autónoma Metropolitana, plantel Iztapalapa.
UAM-X	Universidad Autónoma Metropolitana, plantel Xochimilco.
UANL	Universidad Autónoma de Nuevo León.
UAP	Universidad Autónoma de Puebla.
UASLP	Universidad Autónoma de San Luis Potosí.
UAZ	Universidad Autónoma de Zacatecas.
UDUAL	Unión de Universidades de América Latina.
UIA	Universidad Iberoamericana.
UNAM	Universidad Nacional Autónoma de México.
UNCTAD	Conferencia de las Naciones Unidas sobre Comercio y Desarrollo (*United Nations Conference on Trade and Development*).
UNESCO	Organización de las Naciones Unidas para la Educación, la Ciencia y la Cultura.
Unicef	Fondo de las Naciones Unidas para la Infancia.
UNPASA	Unión Nacional de Productores de Azúcar, Sociedad Anónima.
UNS	Unión Nacional Sinarquista.
UNT	Unión Nacional de Trabajadores.
UPD	Unión de Periodistas Democráticos.
UPIICSA	Unidad Profesional Interdisciplinaria en Ingeniería, Ciencias Sociales y Administrativas del IPN.
UPN	Universidad Pedagógica Nacional.
Uramex	Uranio Mexicano.
URSS	Unión de Repúblicas Socialistas Soviéticas.
UV	Universidad Veracruzana.
Ver.	Veracruz.
YMCA	Asociación Cristiana de Jóvenes (*Young Men Christian Association*).
Yuc.	Yucatán.
Zac.	Zacatecas.

AÁCATL ◆ Caudillo que en el siglo VII a.n.e. encabezó al primer grupo nahua en su viaje de Aztlán al valle de México. Se supone que llegó por lo menos hasta Pátzcuaro, donde su tribu conoció el fuego y fueron instituidos los sacrificios humanos.

AATZIN O ATZIN ◆ Uno de los caudillos que dirigieron a las tribus nahuas en su viaje de Aztlán al valle de México. Se le atribuye la unión con Tlatelolco.

AB ABDALÁ PÉREZ, EMILIO ◆ n. en Veracruz, Ver. (1929). Caricaturista. Estudió ingeniería mecánica. Publicó sus primeros cartones en *Sucesos*. Colaboró en *La Garrapata*, *Ser* y otras publicaciones. Autor de la historieta *Waffles, mofles*.

ABAD CARRETERO, LUIS ◆ n. en España (1895-?). Filósofo. Llegó a México al término de la guerra civil española. Colaboró con El Colegio de México. Escribió para Cuadernos Americanos. Autor de las siguientes obras publicadas en México: *Una filosofía del instante* (1954), *Niñez y filosofía* (1957), *Instante, querer, realidad* (1958), *Vida y sentido* (1960), *Bergson y la filosofía del instante* (1960), *Presencia del animal en el hombre* (1962) e *Instantes, inventos y humanismo* (1966).

ABAD Y GARCÍA, DIEGO JOSÉ ◆ n. en Jiquilpan, Mich. y m. en Bolonia, Italia (1727-1779). Jesuita que impartió cátedra de retórica, filosofía y derecho en la Real y Pontificia Universidad de México. Se opuso a la escolástica y al gongorismo. Fue expulsado de México, en 1767. Autor del

Obra de Inmaculada Abarca Martínez

FOTO: REFORMA

poema en latín *De Deo, Deoque Homine heroica* que mereció varias ediciones. Se le atribuye una traducción de la *Eneida*.

ABAD Y QUEIPO, MANUEL ◆ n. y m. en España (1784-1824). Excomulgó a Hidalgo y otros líderes de la insurgencia cuando fue obispo electo de Valladolid (Morelia), dignidad para la que no llegó a recibir confirmación papal. Se unió a la revolución de independencia en 1820 y murió en la cárcel. Publicó *Cartas de un súbdito de la Corona a sus covasallos* y artículos periodísticos.

ABAD DE SANTILLÁN, DIEGO ◆ n. y m. en España (1897-1983). Anarquista, historiador y traductor. Su verdadero nombre era Sinesio Baudilio García Fernández. Estudió medicina en Berlín, donde fundó la Asociación Internacional de los Trabajadores y a la que llevó la representación de la central gremial argentina y de la Confederación General de Trabajadores de México. Consejero de Economía de la Generalitat de Catalunya (1936). Autor de *El organismo económico de la revolución: cómo vivimos y cómo podríamos vivir* (1936), *La revolución y la guerra* (1937) e *Historia de la Revolución Mexicana* (1976, 2 t.).

ABADIÉ VÁZQUEZ, ELÍZABETH ◆ n. en el DF (1960). Piloto aviador comercial titulada en la Escuela de Aviación México (1979-80), con una beca de la Asociación Sindical de Pilotos Aviadores de México. Trabajó en Aeroméxico entre 1980 y 1988, cuando a causa de la quiebra de la aerolínea se incorporó a la Compañía Aeromar. En diciembre de 1989 fue ascendida a comandante

(capitán), con lo que se convirtió en la primera mujer latinoamericana en obtener ese cargo en una línea comercial. Milita en la ASPA y pertenece al Colegio de Pilotos.

ABALÁ ◆ Municipio de Yucatán situado al sur de Mérida. Superficie: 301.45 km^2. Habitantes: 5,328, de los cuales 1,106 forman la población económicamente activa. Hablan alguna lengua indígena 3,764 personas mayores de cinco años (maya 3,762). Indígenas monolingües: 155.

ABARCA, ROQUE ◆ n. en España y m. en Panamá (?-¿1813?). Presidente de la Audiencia de Guadalajara y comandante general de Nueva Galicia. La Academia de San Carlos le otorgó el título de académico de honor. Llamó a integrar un batallón de voluntarios cuando Napoleón invadió España. Reprobó el trato dado al virrey Iturrigaray en 1808 y pese a que éste lo nombró sucesor en el pliego de mortaja, no se atendió la disposición. Rechazó el ofrecimiento de Hidalgo de unirse a la insurgencia. Fue destituido en 1811.

ABARCA CABRERA, AGUSTÍN ◆ n. y m. en Pátzcuaro, Mich. (1844-1891). Estudió en el Seminario de Morelia. Doctor en teología por la Universidad de Santo Tomás de Aquino de Roma (1890). Fue ordenado sacerdote en 1867. Párroco de Pátzcuaro y prebendado de la Catedral. Fundador de la Academia de Santo Tomás de Aquino y restaurador de la enseñanza de la filosofía tomista en Michoacán. Una selección de sus escritos se publicó, con prólogo de Luis María Martínez, en *Museo intelectual* (1930).

ABARCA FERNÁNDEZ, FERNANDO ◆ n. en Teloloapan, Gro. (1945). Maestro normalista. Secretario general de la sección VIII del SNTE (1983-86). Diputado federal del PRI por Chihuahua (1985-88).

ABARCA MARTÍNEZ, INMACULADA ◆ n. en España (1961). Escultora. Estudió en la Facultad de Bellas Artes de San Carlos, de Valencia, España. Reside en México desde 1987. Tomó parte en la catalogación de piezas del museo de Tenango del Valle, Estado de México, y del Templo Mayor. En México expone individualmente desde 1994. Entre sus obras se cuentan *Escollera*, en el edificio Balmori del DF (1990), *Los amigos*, en el parque del tequio, de Oaxaca (1990), y *Fuga en tres*, mural escultórico que se halla en el Auditorio Nacional (1993).

ABARCA VIDAL Y VALDA, ANTONIO ♦ n. en España (?-?). Gobernador de Nueva Galicia (1792-1793) y antes oidor de la Audiencia de México.

ABAROA, EDUARDO ♦ n. en el DF (1968). Escultor. Estudió en la Escuela Nacional de Artes Plásticas de la UNAM. Ha participado en exposiciones colectivas. Becario del Fondo Nacional para la Cultura y las Artes en la especialidad de escultura (1992).

ABAROA ZAMORA, AMÉRICA ♦ n. en Colima, Col. (1933). Avecindada en el Estado de México desde 1970. Lideresa de colonias populares. Mediante una alianza con el PST fue diputada federal (1979-82).

ABASCAL, AMELIA ♦ n. en España (1923). Artista plástica. Llegó a México al término de la guerra civil española. Ha presentado exposiciones en la galería Misrachi. Realizó cuatro murales en el Museo Nacional de Antropología. En 1968 representó a México en el concurso Pintura de América Latina celebrado en Argentina. Emplea ácidos para trabajar relieves sobre metales.

ABASCAL CARRANZA, CARLOS MA-RÍA ♦ n. en el DF (1949). Hijo del anterior. Licenciado por la Escuela Libre de Derecho (1968-72), con cursos de alta dirección de empresa en el Ipade (1980-81). Ha trabajado en Editorial Jus (1966-69) y desde 1969 en Afianzadora Insurgentes, donde empezó como mensajero hasta llegar a director general. Colaboró con Editorial Tradición, para la cual hizo traducciones (1974-82). Ha sido conferencista y profesor de la Unión Social de Empresarios Mexicanos. Fue presidente de la Confederación Patronal de la República Mexicana, delegado patronal ante la Comisión de Vigilancia del Infonavit, vicepresidente del Instituto Mexicano de Doctrina So-

cial Cristiana, presidente de la Fundación para el Desarrollo Sostenible en México y presidente de Vertebra.

ABASCAL CARRANZA, SALVADOR ♦ n. en el DF (1946). Hermano del anterior. Licenciado (1964-67), maestro (1967-68) y doctor en filosofía por la UIA (1988), y contador público titulado en la Universidad del Valle de México (1966-70). Profesor de la UIA (1967-), de La Salle (1967-71) y la Panamericana (1984). Desde 1983 pertenece al PAN, donde ha sido miembro del comité del DF (1986) y del consejo nacional. Ha sido contador de Larley's Products (1970-72), miembro de la primera Asamblea de Representantes del Distrito Federal (1988-91) y diputado federal plurinominal para el periodo 1991-94. Autor de *Filosofía del amor en J. Maritain* (1982), *Juárez marxista* (1984) y *La resistencia civil* (1988). Es miembro del Centro de Investigación de la Libre Empresa, del Instituto de Integración Iberoamericana y de la Sociedad Tomista Mexicana, así como presidente de la Fundación Rafael Preciado Hernández.

ABASCAL INFANTE, SALVADOR ♦ n. en Valle de Santiago, Gto. (1910). Se graduó en la Escuela Libre de Derecho (1930). Formó el Círculo de Estudios Vasco de Quiroga (1932). Participó en la Legión (☛) y en Base (☛), organizaciones católicas de seglares. Fue uno de los principales organizadores de la Unión Nacional Sinarquista (1937-38). Participó en la marcha sinarquista que penetró en Tabasco y que, después de ser recibida a tiros, motivó la orden del presidente Cárdenas para que se respetara el culto católico en esa entidad (mayo de 1938). En enero de 1939, herido el jefe nacional sinarquista, Abascal asumió el liderazgo de la agrupación, que le fue confirmado formalmente en agosto de 1940. Hasta diciembre de 1941 en que se mantuvo como cabeza de la Unión, ésta pasó de 20,000 a 500,000 miembros. De cada uno, el dirigente se propuso hacer "mitad monje y mitad soldado", para lo cual afinó la militarización del conglomerado, sometido a una rígida disciplina, y adoptó

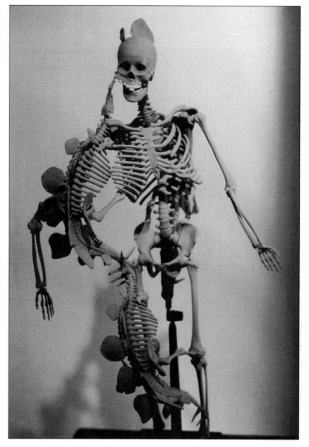

Obra de Eduardo Abaroa

uniformes, himnos y saludos semejantes a los fascistas, aunque hizo públicas sus diferencias con los nazis alemanes al declarar, en 1941, que "Hitler es un enemigo de Dios; su teoría es bárbara, anticristiana y fundamentalmente falsa", por ser "hija legítima de la revolución protestante de Lutero". Escribió largos alegatos contra el comunismo, el liberalismo y los judíos. Relevado del mando en la Unión, encabezó a un grupo que intentó, sin éxito, establecer la colonia de María Auxiliadora, frente a la bahía de María Magdalena, en Baja California Sur. Fracasada la empresa volvió a la capital del país en 1943. Fue traductor y gerente de Editorial Jus (1943-1972) y fundó la Editorial Tradición (1973). Colaboró en *Mañana, Abside, Ovaciones* y otras publicaciones. Autor de *La secta socialista en México, El Papa nunca ha sido ni será hereje, Cinco cartas sobre progresismo* y *Contra herejes y cismáticos*.

ABASCAL Y SOUZA, JOSÉ FERNANDO DE ♦ n. y m. en España (1743-1821). Comandante general, intendente y pre-

Carlos María Abascal Carranza

sidente de la Audiencia de Guadalajara (1801); reprimió cruelmente la sublevación del indio Mariano. Ocupó después los virreinatos del Río de la Plata (1803) y Perú (1804).

ABASOLO ◆ Municipio de Coahuila contiguo a Monclova por el norte, cerca de los límites con Nuevo León. Superficie: 645.9 km². Habitantes: 1,219, de los cuales 242 forman la población económicamente activa.

ABASOLO ◆ Municipio de Guanajuato situado en el suroeste de la entidad. Superficie: 534.9 km². Habitantes: 74,768, de los cuales 16,080 forman la población económicamente activa. Hablan alguna lengua indígena 22 personas mayores de cinco años. En la cabecera municipal, originalmente la Hacienda de Cuitzeo, fue bautizado Miguel Hidalgo y Costilla. En 1532 los terrenos de la hacienda fueron concedidos a Tomás Quesuchihua, hijo del último emperador purépecha. Son famosas las aguas termales del lugar. En el siglo XIX era un caserío llamado Cuitzeo de los Naranjos. En 1852 se elevó a la categoría de

Balneario La Caldera, en Abasolo, Guanajuato

FOTO: FONDO EDITORIAL DE GRUPO AZABACHE

pueblo y data de 1870 la erección municipal como Cuitzeo de Abasolo, en honor del prócer de la independencia Mariano Abasolo. El principal atractivo lo constituye el balneario La Caldera.

ABASOLO ◆ Municipio de Nuevo León situado al norte de Monterrey. Superficie: 76.9 km². Habitantes: 1,945, de los cuales 428 forman la población económicamente activa. La principal fiesta de la cabecera es el 12 de diciembre. Alrededor de esta fecha se realiza una feria regional.

ABASOLO ◆ Municipio de Tamaulipas situado al noreste de Ciudad Victoria, cerca del golfo de México. Superficie: 1,791 km². Habitantes: 14,110, de los cuales 3,814 forman la población económicamente activa. Hablan alguna lengua indígena diez personas mayores de cinco años.

ABASOLO, MARIANO ◆ n. en Dolores y m. en España (1784-1816). Oficial del cuerpo de Dragones de la Reina, participó en las conspiraciones de Valladolid y Querétaro; estuvo junto a Hidalgo al proclamarse la independencia y tomó parte en el movimiento inicialmente como capitán, llegando hasta mariscal de campo. Estuvo en las batallas de Guanajuato, Monte de las Cruces, Aculco y Puente de Calderón. Con los principales líderes de la insurgencia cayó prisionero en Acatita de Baján; fue sentenciado a prisión perpetua fuera de Nueva España.

ABBOT, GORHAM DUMMER ◆ n. y m. en EUA (1807-1874). Autor de *México and the United States: Their Mutual Relations and Common Interests* (1869).

ABEDROP DÁVILA, CARLOS ◆ n. en Monclova, Coah. (1922). Licenciado en economía por la UNAM (1943). Fue presidente de la Asociación Nacional de Importadores y Exportadores de la Re-

FOTO: FONDO EDITORIAL DE GRUPO AZABACHE

Abasolo, Nuevo León

pública Mexicana, de la Cámara Nacional de Comercio de la Ciudad de México (1960-61 y 1964), de la Asociación de Banqueros de México (1978-79 y 1981-82) y del consejo de administración del Banco del Atlántico, de Seguros del Atlántico, Arrendadora del Atlántico, Casa de Bolsa del Atlántico y Fondo Industrial Mexicano hasta su expropiación el primero de septiembre de 1982. Forma parte del consejo de administración de diversas empresas industriales y comerciales.

ABEJA, LA ◆ "Revista bisemanal de conocimientos útiles dedicada a la clase obrera e industrial". El prospecto apareció el 2 de diciembre de 1874 y el número uno del primer tomo salió a la venta con fecha 2 de enero de 1875. Hasta el número 20 figuró como redactor Ildefonso Estrada y Zenea. El primer tomo termina en el número 51 de fecha 30 de junio. El segundo tomo se inicia el 3 de julio, otra vez con el número uno, y termina en el 51, el 29 de diciembre del mismo año. El editor era J. M. Aguilar Ortiz, quien informó que la revista dejaba de aparecer "por no cubrir los gastos que origina su publicación". Insertó textos de divulgación científica, un manual de derecho práctico, cursos de dibujo y física, crítica musical, poesía y narrativa.

ABEJONES ◆ Municipio de Oaxaca situado al noroeste de la capital del estado, en la región Sierra Norte. Superficie: 122. 48 km^2. Habitantes: 967, de los cuales 331 forman la población económicamente activa. Hablan zapoteco 782 personas mayores de cinco años.

ABEYTÚA, ISAAC ◆ n. en España y m. en el DF (1892-1973). Periodista. Hizo estudios de filosofía y letras en Madrid, dirigió periódicos y fue diputado a Cortes en España. Llegó a México en 1938. Naturalizado mexicano. Cofundador de la revista *Tiempo*, colaborador de las revistas *Hoy* y *Mañana* y el diario *El Heraldo de México*. Autor de *La tragedia de Alemania*.

ABITIA, MAYO ◆ n. en el DF (1934). Artista plástico autodidacto. Se inició a mediados de los años setenta. Como escultor trabaja preferentemente el bronce. Expone individualmente desde 1982.

ABITIA GARCÉS, JESÚS H. ◆ n. en Botuchic, Chih., y m. en el DF (1881-1960). Construyó instrumentos musicales de su invención (violo, violeta, violetín y ultrabajo); se desempeñó como fotógrafo y camarógrafo durante la revolución y produjo la película *Carnaval trágico* (1919).

ABITIA GARCÉS, JOSÉ LUIS ◆ n. en Minas Nuevas, distrito de Álamos, Son., y m. en Los Ángeles, EUA (1888-1966). Hermano del anterior. Se unió al maderismo en 1910 y al año siguiente militó bajo las órdenes de Abraham González, quien operaba en Chihuahua. En 1914 entró con Obregón a Guadalajara. En 1918 viajó a Rusia y Polonia. Tuvo gran éxito como médico naturista y estableció un consultorio en Guadalajara. Fue candidato independiente a la Presidencia de la República en 1958. Dirigió los periódicos *México Libre* y

Redención. Cofundador de Prensa Unida de Guadalajara.

ABRAHAM ÁNGEL ◆ n. en El Oro, Edo. de Méx., y m. en la ciudad de México (1905-1924). Pintor. Sus apellidos eran Card Valdés. Discípulo de Adolfo Best Maugard y Manuel Rodríguez Lozano. En la polémica entre los académicos encabezados por Alfredo Ramos Martínez y los "artistas revolucionarios", firmó la "protesta" de éstos el 28 de junio de 1923. De su pintura escribieron Diego Rivera, Rafael Heliodoro Valle y Salvador Novo. Entre sus obras se cuentan *Y la serpiente furiosa perseguía a las mariposas que libaban de un rosal*, acuarela de 1922 que pertenece al Museo de Arte Moderno de Toluca; *Me mato por una mujer traidora*, acuarela que está en la colección del Museo de Bellas Artes de Toluca, *La chica* (1924) y *Retrato* (1923).

ABREU, VÍCTOR ◆ n. en el DF (1952). Nombre profesional del artista plástico Víctor Manuel Cervantes Abreu. Estudió diseño industrial en la UIA (1970-71) y en la Escuela de Artes Aplicadas y Oficios Artísticos, de Barcelona, España. Estudió tapiz en la misma ciudad con Enrique Echenique y Paulina Vergés. Volvió a México en 1977. Expone individualmente desde 1976. Es autor del proyecto *Tetitlancalli* (la casa sobre las rocas), de Las Brisas, en Acapulco, Guerrero (1986).

ABREU BOLIO, ÁLVARO ◆ n. en Campeche, Camp. (1952). Fue expulsado de la Universidad del Sureste por participar en una huelga. Ha publicado poemas en *La Semana de Bellas Artes* y en periódicos regionales.

ABREU GÓMEZ, ERMILO ◆ n. en Mérida, Yuc. y m. en el DF (1894-1971). Escritor. Estudió en la Escuela Nacional de Maestros y fue profesor de la Normal

Superior y la UNAM. Miembro del PCM. Encabezó en Washington la división de filosofía y letras de la Unión Panamericana (1947-60). Colaboró en publicaciones literarias y de información general. Autor de ensayo: *Guía de amantes* (1933), *Semblanza de sor Juana Inés de la Cruz* (1938), *Juan Ruiz de Alarcón: bibliografía crítica* (1939), *Claros versos españoles* (1944), *Sala de retratos* (1946), *Horacio Quiroga* (1951), *Discurso del estilo* (1963), *San Francisco de Asís* (1964), *Don Quijote, genio y figura* (1966), *A un joven novelista mexicano* (1967), *Martín Luis Guzmán* (1968), *Juárez: su vida contada a los niños* (1969), *Arte y misterio de la prosa castellana* (1969) y *La letra del espíritu* (1973); narrativa: *Cuentos de Juan Pirulero* (1939), *Canek* (1940), *Pirrimplín en la luna* (1942), *Quetzalcóatl, sueño y vigilia* (1947), *Naufragio de indios* (1951), *Leyendas mexicanas* (1951), *Tata lobo* (1952), *La del alba sería* (1954), *Cosas de mi pueblo* (1957), *Duelos y quebrantos* (1959), *Leyendas y consejas del antiguo Yucatán* (1961), *Andanzas y extravíos* (1965); y teatro: *La Xtabay* (1919), *El cacique* (1921), *Máscaras* (1921), *Viva el rey* (1921), *Humanidades* (1923), *Pasos de comedia* (1923), *Romance de reyes* (1926), *Un juego de escarnio* (1943) y *Un loro y tres golondrinas* (1945). Ingresó en la Academia Mexicana (de la lengua) en 1963. Premio Eligio Ancona de la Universidad de Yucatán (1970) y Premio Elías Sourasky (1971).

ABREU SANTOS, JUANA INÉS ◆ n. en el DF (1939). Promotora cultural. Cursó historia del arte en la Universidad de Roma (1968-) y estudios latinoamericanos en la UNAM (1972-74). Es diplomada en museonomía por la UIA, en promoción cultural por el INBA y en principios de administración por el IPADE. Fue jefa de Relaciones Públicas del Pabellón de México en la Feria Mundial de Montreal (1967-68), coordinadora de Eventos Especiales en Roma del Consejo Nacional de Turismo (1968-70), intérprete-traductora del Instituto Mexicano del Petróleo (1970-75), directora de Programación del Festival Cervantino (1978) y desde 1978

Carlos Abedrop Dávila

Ermilo Abreu Gómez, en la portada de *Canek, historia y leyenda de un héroe maya*

directora general de Promoción Cultural y Acervo Patrimonial de la Secretaría de Hacienda. Presidenta de la Asociación de Recintos Culturales del Centro Histórico de la Ciudad de México (1990-93).

Acacoyahua, Chiapas

ABÚNDEZ, NORMA PATRICIA ◆ n. en Cuautla, Mor. (1964). Cursó la licenciatura en lengua y literatura hispánicas en la UNAM. Ha colaborado en *El Sol de Cuautla* y la revista *Factor*. Autora de *Extremos poéticos* (poesía, 1992).

ABÚNDEZ CHÁVEZ, BENIGNO ◆ n. en Axochiapan y m. en Cuautla, Mor. (1880-1958). Revolucionario maderista y luego zapatista. En 1920 se unió a la rebelión de Agua Prieta bajo las órdenes de Genovevo de la O. En 1934 fue candidato a gobernador de Morelos y resultó derrotado. Senador de la República (1936-40). Diputado federal (1953-56).

ABURTO ÁVILA, JOSÉ LUIS ◆ n. en el DF (1944). Ingeniero mecánico electricista por la UIA (1962-66) y maestro en investigación de operaciones (1968-69) y

doctor en planificación por la Universidad de Stanford, EUA (1969-72). Miembro del PRI. Ha sido ingeniero en planificación y programación de proyectos industriales de The Rust Engineering (1967-68, EUA); asesor técnico y jefe del Departamento de Proyecciones Económicas de la Coordinadora de la Programación Económica y Social (1972-74) de la Secretaría de la Presidencia (1975-76) y subsecretario de Energía de la SEMIP (1991-94); coordinador del Secretariado Técnico del Comité de Planeación y Organización (1977-80), subgerente de Evaluación y Estudios Económicos (1978-82) y gerente de Estudios de la CFE (1982-). Autor de *Optimal Design of Transportation Networks with Fluctuating Demands: A Case in Multicommodity Network Flows* (EUA, 1972). Coautor de *La industria siderúrgica integrada de México* (1976, 2 t.). Académico de número de la Academia de Ingeniería.

ABURTO VALDÉS, RAFAEL ◆ n. en el DF (1935). Artista plástico. Ingeniero civil por la UNAM, donde fue profesor y jefe de la División de Ingeniería Civil de la facultad respectiva. Se inició como pintor en 1948. Ha hecho grabado y en los últimos años trabaja la escultura de acero. Expone individualmente desde 1989 y una de sus piezas se halla en la Facultad de Ingeniería de la UNAM.

ACACOYAHUA ◆ Municipio de Chiapas situado en el sur del estado, cerca del océano Pacífico y de la frontera con Guatemala. Superficie: 191.3 km². Habitantes: 12,607, de los cuales 2,968 forman la población económicamente activa. Hablan alguna lengua indígena 14 personas mayores de cinco años. En la jurisdicción existe una zona arqueológica.

ACADEMIA DE ARTES ◆ Organismo encargado, por decreto presidencial del 12 de diciembre de 1966, de prestar asesoría a entidades públicas y privadas "en los asuntos relacionados con el estímulo y protección de las artes y la salvaguarda de los bienes culturales", así como "promover el estudio y la investigación de las artes". La instalación for-

mal ocurrió el 12 de junio de 1968. Se compone de hasta 30 miembros repartidos en seis secciones: historia y crítica de arte, música, pintura, escultura, grabado y arquitectura. Entre quienes son o han sido sus miembros, figuran Beatriz de la Fuente, Ida Rodríguez Prampolini, Alfredo Zalce, Manuel Felguérez, Alberto Beltrán, Pedro Ramírez Vázquez, José Villagrán, José Chávez Morado, Teodoro González de León, Sebastián, Raúl Anguiano, Manuel Álvarez Bravo, Carlos Chávez, David Alfaro Siqueiros, Roberto Montenegro, Leopoldo Méndez, Justino Fernández, Blas Galindo, Rufino Tamayo, Mario Pani, Conlon Nancarrow y Rodolfo Halffter. En 1999 forman el Consejo Académico Louise Noelle Gras, Ángela Gurría, Jesús Martínez, Luis Nishizawa, Francisco Serrano y Leonardo Velázquez. La sede de la Academia se halla en el Museo de San Carlos, Puente de Alvarado 50, México, DF.

ACADEMIA IMPERIAL DE CIENCIAS Y LITERATURA ◆ Corporación creada a imitación de la Academia Francesa. Maximiliano de Habsburgo inauguró sus trabajos el 30 de abril de 1864. Su primer presidente fue José Fernando Ramírez y el segundo Leopoldo Río de la Loza. De vida tan precaria como su patrocinador, desapareció en 1866.

ACADEMIA DE LA INVESTIGACIÓN CIENTÍFICA ◆ ☛ *Academia Mexicana de la Ciencia*.

ACADEMIA DE LETRÁN ◆ Grupo de intelectuales que, entre 1836 y 1846, se reunía en el antiguo Colegio de San Juan de Letrán. José María Lacunza fue su iniciador y Andrés Quintana Roo su presidente vitalicio. Entre sus miembros figuraron Guillermo Prieto, José Joaquín Pesado e Ignacio Ramírez. La Academia de Letrán fue centro de debates literarios, políticos y filosóficos.

ACADEMIA MEXICANA ◆ Agrupación creada en 1875 como correspondiente de la Real Academia Española. Se le conoce comúnmente como Academia Mexicana de la Lengua. Entre sus funciones se halla el hacer observaciones y aportar voces al *Diccionario de la lengua española*. Su nombre oficial es Academia Mexicana Correspondiente de la Española. Reúne a hombres de letras y figuras de otras especialidades. La Real Academia Española determinó, el 24 de noviembre de 1870, crear organismos correspondientes "a fin de que con ella cuidaran la pureza de la lengua castellana". Para crear la institución en México, fueron designados académicos correspondientes Sebastián Lerdo de Tejada, entonces presidente, Juan Bautista Ormaechea, José María de Bassoco, Alejandro Arango y Escandón, Casimiro del Collado, Manuel Moreno y Jove, Joaquín Cardoso, José Fernando Ramírez, Joaquín García Icazbalceta y José Sebastián Segura. Ramírez y Moreno y Jove fallecieron antes de la instalación, que ocurrió el 11 de septiembre de 1875. Miguel Alemán, siendo presidente, otorgó un fondo patrimonial a la Academia y posteriormente fue nombrado miembro de la institución.

ACADEMIA MEXICANA DE LA CIENCIA ◆ Corporación fundada en 1959 como Academia de la Investigación Científica por Guillermo Haro, Alberto Sandoval Vallarta, Marcos Moshinsky, José Luis Mateos, Arcadio Poveda, Juan Manuel Lozano, Eugenio Mendoza y Emilio Lluis. El organismo quedó legalmente constituido como asociación civil el 15 de octubre de 1959 con 54 miembros fundadores. Entre sus propósitos están apoyar y estimular el desarrollo científico nacional. Su patrimonio se integró con aportaciones de la SEP, la UNAM, el IPN y el Banco de México. Con los intereses de ese fondo se financia el sistema de becas de la agrupación y se otorgan los premios que anualmente concede en ciencias exactas, naturales y sociales. El primer consejo directivo lo integraron Sandoval Vallarta (presidente), Haro (vicepresidente), Mateos (secretario) y Juan Comas (tesorero). En 1987 la institución contaba con 520 miembros, de los cuales 307 trabajaban en el área de ciencias exactas, 161 en ciencias naturales y 52 en ciencias sociales y humanidades. En 1997 esos mismos rubros tenían 523, 372 y 170 miembros, respectivamente, para un to-

tal de 1,065 científicos, cada uno de los cuales se agrupaba, de acuerdo con su especialidad, en alguna de las diez secciones en que se divide la Academia, que cuenta también con miembros correspondientes de diversos países. La mayoría de los miembros de la corporación pertenece también al Sistema Nacional de Investigadores y 65 por ciento de los calificados como eméritos o de nivel III son académicos. Anualmente la Academia emite una convocatoria para nuevos miembros, mediante la que ingresan, en promedio, 35 científicos. Mantiene un programa editorial y organiza las Olimpiadas Nacionales de la Ciencia. En 1997 adoptó su actual nombre de Academia Mexicana de la Ciencia. El comité directivo 1998-99 lo integran Francisco Bolívar Zapata (presidente), Raúl René Drucker Colín (vicepresidente), Marcelo Lozada Cassou y Ricardo Pozas Horcasitas (secretarios) y José Antonio de la Peña Mena (tesorero).

ACADEMIA MEXICANA DE CIENCIAS PENALES ◆ Organismo creado en 1940 con el fin de procurar la adaptación de "la ley penal a las necesidades de la lucha contra la delincuencia". Reúne a penalistas y criminólogos.

ACADEMIA MEXICANA DE CIRUGÍA ◆ Organismo fundado en 1933 para reunir a los más connotados profesionales de la especialidad. Su primer presidente fue Gonzalo Castañeda y el animador de su fundación Manuel A. Alamilla.

ACADEMIA MEXICANA DE ECONOMÍA POLÍTICA ◆ Organismo fundado el 28 de octubre de 1985 con el lema "La ciencia económica al servicio del pueblo". Sus miembros fundadores fueron Antonio Sacristán Colás, Alonso Aguilar, Fernando Carmona, José Luis Ceceña, Rolando Cordera Campos, Roberto Dávila, David Ibarra Muñoz, Ifigenia Martínez y Ricardo Torres Gaytán, a quienes se sumaron, casi de inmediato, Manuel Aguilera, Carlos Tello Macías, Alfredo Navarrete y Armando Labra. Su secretario es Jorge F. Deschamps Góngora.

ACADEMIA MEXICANA DE LA HISTORIA ◆ Organismo creado, el 27 de junio de 1919, por acuerdo de la Real Aca-

DIRECTORES DE LA ACADEMIA MEXICANA DE LA LENGUA	
JOSÉ MARÍA DE BASOCO	1875-1877
ALEJANDRO ARANGO Y ESCANDÓN	1877-1883
JOAQUÍN GARCÍA ICAZBALCETA	1883-1894
JOSÉ MARÍA VIGIL	1894-1909
IGNACIO MARISCAL	1909-1910
JUSTO SIERRA	1910-1912
JOAQUÍN D. CASASÚS	1912-1916
JOSÉ LÓPEZ PORTILLO Y ROJAS	1916-1923
FEDERICO GAMBOA	1923-1939
ALEJANDRO QUIJANO	1939-1957
ALFONSO REYES	1957-1959
FRANCISCO MONTERDE	1960-1973
AGUSTÍN YÁÑEZ	1973-1980
JOSÉ LUIS MARTÍNEZ	1980-

demia de la Historia de Madrid, como correspondiente de ésta. La instalación formal se realizó el 12 de septiembre del mismo año. De acuerdo con lo dicho por Juan B. Iguíniz, uno de sus fundadores, entre sus objetivos figura el de "emprender estudios serios para ilustrar la historia de México, que durante tres siglos llevó con orgullo el apellido de La Nueva España". Sus primeros 24 miembros fueron Francisco Sosa, el arzobispo Francisco Plancarte y Navarrete, el obispo Ignacio Montes de Oca y Obregón, Luis García Pimentel, Francisco A. de Icaza, el presbítero Mariano Cuevas; Manuel Romero de Terreros y Vinent, marqués de San Francisco; el presbítero Jesús García Gutiérrez, Jesús Galindo y Villa, Luis González Obregón, Juan B. Iguíniz, Genaro Estrada, Francisco Fernández del Castillo, Manuel Mestre Ghigliazza, Nicolás Rangel, Miguel Salinas Alanís, Atanasio G. Saravia, Miguel León Portilla; Ignacio de Villar Villamil, duque de Castro Terreño; Juan Francisco Molina Solís, Primo Feliciano Velázquez, Marcos Becerra, Emeterio Valverde y Téllez, Francisco Elguero y Carlos R. Menéndez. En 1990 los académicos acordaron aumentar a 30 el número de sillas, ocho foráneas y 22 residentes. Han sido directores de la Academia Luis González Obregón, Jesús Galindo y Villa, Manuel Mestre Ghigliazza, Genaro Estrada, Ignacio de Villar Villamil, José Lorenzo Cossío, Atanasio G. Saravia, Alberto María Carreño, Manuel Romero de Terreros y Vinent, Juan B. Iguíniz, Edmundo O'Gorman y Miguel León Portilla, a quien en 1999 acompañaban en la mesa directiva Gisela von Wobeser como secretaria, Andrés Lira González como censor y Josefina Zoraida Vázquez como tesorera. Desde 1953 tiene como sede permanente el edificio que se ubica en el número 21 de la plaza Carlos Pacheco, en el centro de la ciudad de México.

ACADEMIA NACIONAL DE CIENCIAS

◆ Organismo creado por decreto del presidente y académico Pascual Ortiz Rubio, en 1930. Es prolongación de la Sociedad Científica Antonio Alzate, fundada en 1884. La integran 24 miembros de número y diez honorarios extranjeros, entre ellos algunos premios Nobel. Cuenta con un centenar de co-

ACADEMIA MEXICANA DE LA HISTORIA
MIEMBROS DE NÚMERO

Sillón 1			Sillón 9			Sillón 18	
Francisco Sosa	1919-1925		Jesús Galindo y Villa	1919-1937		Ignacio Villar Villamil,	1920-1946
José Lorenzo Cosío	1931-1941		José Ignacio Dávila Garibi	1937-1981		Manuel Toussaint	1946-1955
Alfonso Caso	1945-1971		Moisés González Navarro	1981-		Manuel Carrera Stampa	1956-1978
Ernesto de la Torre Villar	1971-		**Sillón 10**			Josefina Zoraida Vázquez	1978-
Francisco Plancarte y Navarrete	1919-1920		Luis González Obregón	1919-1938		**Sillón 19**	
Francisco Pérez de Salazar	1931-1941		Pablo Martínez del Río	1938-1963		Juan Francisco Molina Solís	1919-1932
Silvio Zavala	1942-		Edmundo O'Gorman	1964-		Jorge Ignacio Rubio Mañé	1932-1988
Sillón 3			**Sillón 11**			Carlos Bosch García	1989-1994
Ignacio Montes de Oca y Obregón	1919-1921		Juan B. Iguíniz	1919-1972		**Sillón 20**	
Francisco Orozco y Jiménez	1921-1930		Francisco López Cámara (declarada			Primo Feliciano Velázquez	1919-1953
Victoriano Salado Álvarez	1930-1931		insubsistente la designación en 1975)	1973		Sergio Méndez Arceo (declarada	
José de Jesús Núñez y Domínguez	1932-1959		Juan Antonio Ortega y Medina	1976-1992		insubsistente la designación en 1972)	1954
Alberto Francisco Pradeau Avilés	1960-1980		**Sillón 12**			Rafael Montejano y Aguiñaga	1973-
Jorge Fernando Iturribarría	1981-1987		Genaro Estrada	1919-1937		**Sillón 21**	
Andrés Lira González	1988-		Vito Alessio Robles	1937-1957		Marcos Becerra	1930-1940
Sillón 4			Jorge Gurría Lacroix	1957-1979		José Cornejo Garza	1945-1977
Luis García Pimentel	1919-1930		Roberto Moreno de los Arcos	1979-		Israel Cavazos Garz	1978-
Federico Gómez de Orozco	1931-1962		**Sillón 13**			**Sillón 22**	
Ángel María Garibay	1962-1967		Francisco Fernández del Castillo	1920-1936		Emeterio Valverde y Téllez	1930-1948
Jesús Reyes Heroles	1967-1985		Rafael García Granados	1936-1956		Carlos Pérez Maldonado	1949-1990
Guillermo Porras Muñoz	1986-1988		Arturo Arnáiz y Freg	1956-1980		**Sillón 23**	
Enrique Krauze	1989-		Elías Trabulse	1980-		Francisco Elguero	1921-1932
Sillón 5			**Sillón 14**			Carlos Pereyra	1933-1942
Francisco A. de Icaza	1919-1925		Manuel Mestre Ghigliazza	1920-1954		José Bravo Ugarte	1942-1968
José López Portillo y Weber	1930-1974		Julio Jiménez Rueda	1954-1960		José Miguel Quintana	1969-1987
Clementina Díaz y de Ovando	1974-		Alfonso Teja Zabre	1961-1962		Luis Weckmann Muñoz	1988-
Sillón 6			Ignacio Bernal y García Pimentel	1962-1992		**Sillón 24**	
Mariano Cuevas	1919-1949		**Sillón 15**			Carlos R. Menéndez (renunció)	1936-
Fernando Ocaranza	1949-1965		Nicolás Rangel	1930-1935		Guillermo Tristchler y Córdoba	1939-1942
Francisco de la Maza	1965-1972		Alberto María Carreño	1935-1962		Joaquín Meade	1949-1971
Luis González y González	1972-		Francisco R. Almada	1963-1989		Carlos Martínez Marín	1971-
Sillón 7			Juan Fidel Zorrilla	1991-		**Sillón 25**	
Manuel Romero de Terreros y Vinent,			**Sillón 16**			Mauricio Beuchot	1990-
marqués de San Francisco	1919-1968		Miguel Salinas Alanís	1930-1938		**Sillón 26**	
Justino Fernández	1969-1972		Toribio Esquivel Obregón	1939-1945		Gisela von Wobeser	1992-
Jorge Alberto Manrique	1973-		Wigberto Jiménez Moreno	1947-1985		**Sillón 27**	
Sillón 8			Enrique Florescano Mayet	1989-		Josefina Muriel	1993-
Jesús García Gutiérrez	1919-1958		**Sillón 17**			**Sillón 28**	
José Joaquín Izquierdo	1959-1974		Atanasio G. Saravia	1920-1959		José Luis Martínez	1993-
José Fuentes Mares	1974-1986		Miguel León-Portilla	1969-		**Sillón 30**	
Ida Rodríguez Prampolini	1989-					José María Muriá	1993-

rresponsables en diversos puntos de la República.

ACADEMIA NACIONAL DE HISTORIA Y GEOGRAFÍA ◆ Organismo creado en 1925 con la finalidad de estudiar los problemas nacionales "desde el punto de vista tanto histórico como geográfico". Tuvo su origen en el grupo estudiantil Unión Juventud de Hispanoamérica. La corporación ha tenido como sede el Observatorio Astronómico de Tacubaya, el local de la Sociedad de Ex Alumnos del Colegio Militar, la Sociedad Mexicana de Geografía y Estadística, la Academia de Derecho Penal, el edificio de las bombas de la Condesa y el actual, en Londres 60, colonia Juárez. La Academia publica un Boletín. En 1999 era presidente Jesús Ferrer Gamboa y secretario Ariosto Otero.

Timbre conmemorativo
del primer centenario de la
Academia Nacional de Medicina

ACADEMIA NACIONAL DE MEDICINA ◆ En 1836 se fundó la primera corporación de este nombre, la cual editaba el Periódico de la Academia de México. Otros antecedentes fueron la Sociedad Filoátrica y la Sociedad Filomédica, la Sociedad de Emulación Médica y la Sociedad de Medicina y Cirugía, todas ellas animadas por Miguel F. Jiménez. En 1851 surge otra Academia de Medicina que preside Leopoldo Río de la Loza. Su precaria vida terminó en 1858. La actual academia tiene su origen en la Sección Médica de la Comisión Científica, Literaria y Artística, creada el 30 de abril de 1864, en plena intervención y con Maximiliano en el trono. La principal finalidad de esta comisión era dar cauce a los trabajos para crear la Academia Imperial de Ciencias y Literatura, organismo constituido a semejanza de la Academia Francesa. Antes de que tal organismo se creara, la Sección Médica se separó de la Comisión y se constituyó en Sociedad Médica de México, a la que en algunos documentos se llama también "Academia". A la restauración de la República decayó la vida de la institución que, integrada mayoritariamente por adictos al imperio, era mal vista por los hombres que habían defendido la independencia nacional. Fue en 1873 cuando Lauro M. Jiménez, mediante una severa aplicación de las normas internas, logró que se reconociera su carácter de corporación científica y ésta pasó a llamarse Academia de Medicina de México. En 1912 adquirió su actual nombre y carácter oficial por decreto del presidente Madero. Tiene su domicilio en el Centro Médico Nacional Siglo XXI.

ACADEMIA DE SAN CARLOS ◆ Nombre con que se conoce popularmente el principal centro de enseñanza de las ar-

Academia de San Carlos

tes plásticas. Fue creada de manera oficial el 4 de noviembre de 1785 como Real Academia de San Carlos, aunque inició sus labores varios años antes. Se le llamó sucesivamente Academia Imperial, Escuela Nacional de Bellas Artes, Academia Nacional de Bellas Artes y, por último, Escuela Nacional de Artes Plásticas. Tiene su sede en una construcción de la calle Academia, atrás del Palacio Nacional, donde antes estuvo el Hospital del Amor de Dios. La Escuela Nacional de Artes Plásticas dividió su planta docente entre el viejo edificio del centro histórico de la ciudad y uno nuevo, construido por la Universidad Nacional en el rumbo de Tepepan. La colección de obras artísticas fue trasladada al Museo de San Carlos, situado en el que fuera el Palacio de los condes de Buenavista.

ACADEMIA NACIONAL DE MEDICINA
PRESIDENTES

Nombre	Año	Nombre	Año	Nombre	Año
CARLOS A. EHRMANN	1864	NICOLÁS LEÓN	1922	DEMETRIO SODI PALLARES	1964
MIGUEL F. JIMÉNEZ	1865, 70 Y 72	GONZALO CASTAÑEDA	1923	MIGUEL JIMÉNEZ SÁNCHEZ	1965
LUIS HIDALGO CARPIO	1867	GABRIEL M. MALDA	1924	LUIS CASTELAZO AYALA	1966
JOSÉ BARCELÓ Y VILLAGRÁN	1868	FERNANDO OCARANZA	1925	RAFAEL CARRAL Y DE TERESA	1967
RAFAEL LUCIO	1869	FRANCISCO BULLMAN	1926	ISAAC COSTERO	1968
FRANCISCO ORTEGA	1871 Y 1874	EVERARDO LANDA	1927	LUIS SÁNCHEZ MEDAL	1969
LAURO M. JIMÉNEZ	1873 Y 1875	FRANCISCO CASTILLO NÁJERA	1928	JOSÉ LAGUNA	1970
AGUSTÍN ANDRADE	1876, 78, 80, 84 Y 86	RAFAEL SILVA	1929	CARLOS R. PACHECO	1971
JOSÉ MARÍA REYES	1877	JOSÉ TORRES TORIJA	1930	RAMÓN DE LA FUENTE	1972
EDUARDO LICEAGA	1879 Y 1907	LUIS RIVERO BORRELL	1931	GUILLERMO SOBERÓN	1973
RAFAEL LUCIO	1881	DEMETRIO LÓPEZ	1932	FERNANDO ORTIZ	
RAFAEL LAVISTA	1882, 94, 96 Y 98	TOMÁS G. PERRÍN	1933	MONASTERIO	1974
MANUEL CARMONA Y VALLE	1883 Y 1892	IGNACIO CHÁVEZ	1934	JESÚS KUMATE	1975
JUAN MARÍA RODRÍGUEZ	1885	FRANCISCO DE PAULA		SILVESTRE FRENK	1976
MANUEL DOMÍNGUEZ	1887	MIRANDA	1935	OCTAVIO RIVERO SERRANO	1977
JOSÉ MARÍA BANDERA	1888	GUSTAVO BAZ	1936	MANUEL QUIJANO	1978
FEDERICO SEMELEDER	1889 Y 1893	IGNACIO GONZÁLEZ GUZMÁN	1937-1938	JAIME WOOLRICH	1979
FRANCISCO DE PAULA		ROSENDO AMOR	1939-1940	CARLOS CAMPILLO SÁINZ	1980
CHACÓN	1890 Y 1895	MANUEL MARTÍNEZ BÁEZ	1941-1942	FELIPE MENDOZA	1981
DEMETRIO MEJÍA	1891 Y 1912	DANIEL GURRÍA URGELL	1943	JORGE CORVERA	1982
JOSÉ RAMOS	1897	MARIO A. TORROELLA	1944	CARLOS GUAL	1983
LUIS E. RUIZ	1899	ABRAHAM AYALA GONZÁLEZ	1945	JOSÉ KUTHY	1984
JOSÉ RAMÓN ICAZA	1900 Y 1909	JOSÉ JOAQUÍN IZQUIERDO	1946	IGNACIO CHÁVEZ RIVERA	1985
JOSÉ TERRÉS	1901, 08 Y 13	SALVADOR ZUBIRÁN	1947	CARLOS MACGREGOR	1986
MANUEL GUTIÉRREZ ZAVALA	1902	CLEMENTE ROBLES	1948	JUAN SOMOLINOS PALENCIA	1987
DOMINGO ORVAÑANOS	1903	RAOUL FOURNIER VILLADA	1949	NORBERTO TREVIÑO	
NICOLÁS RAMÍREZ DE		MANUEL GUEVARA OROPEZA	1950	GARCÍA MANZO	1988
ARELLANO	1904	DONATO G. ALARCÓN	1951	RUBÉN LISKER	1989
MANUEL TOUSSAINT	1905 Y 1910	LUIS GUTIÉRREZ VILLEGAS	1952	FRANCISCO DURAZO QUIROZ	1990
FRANCISCO VÁZQUEZ		SALVADOR ACEVES	1953	ANTONIO FRAGA MORET	1991
GÓMEZ	1906	MAGÍN PUIG SOLANES	1954	ADOLFO MARTÍNEZ PALOMO	1992
JULIÁN VILLARREAL	1911	AQUILINO VILLANUEVA	1955	VÍCTOR MANUEL ESPINOZA	
ULISES VALADÉS	1914	GUILLERMO MONTAÑO	1956	DE LOS REYES	1993
JOAQUÍN G. COSÍO	1915	BERNARDO SEPÚLVEDA	1957	CARLOS CAMPILLO SERRANO	1994
SAMUEL GARCÍA	1916	FEDERICO GÓMEZ S.	1958	HUGO ARÉCHIGA	
RICARDO E. MANUELL	1917	LUIS MÉNDEZ	1959	URTUZUÁSTEGUI	1995
JUAN VELÁZQUEZ URIARTE	1918	EFRÉN C. DEL POZO	1960	PELAYO VILAR PUIG	1996
RICARDO E. CICERO	1919	ISMAEL COSÍO VILLEGAS	1961	JUAN RODRÍGUEZ ARGÜELLES	1997
EMILIO F. MONTAÑO	1920	MIGUEL E. BUSTAMANTE	1962	MANUEL CÁRDENAS LOAEZA	1998
GERMÁN DÍAZ LOMBARDO	1921	ALFONSO ÁLVAREZ BRAVO	1963	MAURICIO GARCÍA SÁINZ	1999

Estatutos de la
Real Academia
de San Carlos ◆

Academia de San Carlos

ACAJETE ◆ Municipio de Puebla situado cerca de la capital del estado, en los límites con Tlaxcala. Superficie: 173.49 km². Habitantes: 47,253, de los cuales 9,338 forman la población económicamente activa. Hablan alguna lengua indígena 3,625 personas mayores de cinco años (náhuatl 3,569).

ACAJETE ◆ Municipio de Veracruz cercano a Jalapa. Superficie: 90.48 km². Habitantes: 7,161, de los cuales 1,958 forman la población económicamente activa. Hablan alguna lengua indígena ocho personas mayores de cinco años.

ACAL ILIZALITURRI, JESÚS ◆ n. y m. en Guadalajara, Jal. (1856-1902). Poeta

y dramaturgo. Colaboró en periódicos tapatíos. Cofundador de las sociedades La Aurora Literaria y La Bohemia Jalisciense. Autor de poesía: *El ángel de la caridad* (dedicada a fray Antonio Alcalde, 1892), *Romancero de Jalisco: narración de los hechos más sobresalientes de la historia del estado, desde la más remota antigüedad hasta nuestros días, así como de sus leyendas y tradiciones* (1901), etcétera; y obras de teatro: *Qué quiere decir cristiano: drama social dividido en tres actos y en verso* (1882) y *El fraile de la calavera* (s.f.).

ACALA ◆ Municipio de Chiapas contiguo a Chiapa de Corzo. Está situado en la parte central de la entidad. Su-

perficie: 295.6 km². Habitantes: 23,553, de los cuales 5,458 forman la población económicamente activa. Hablan alguna lengua indígena 2,028 personas mayores de cinco años (zoque 1,296 y tzotzil 704). Indígenas monolingües: 251. Las cuevas de El Relicario y el balneario Playas del Río Grijalba son sus principales atractivos turísticos.

ACAMAPICHTLI ◆ n. en Azcapotzalco y m. en Tenochtitlan (¿1356-1396?). Primer emperador azteca. Hizo pocas guerras, pues prefirió realizar alianzas con los pueblos vecinos que se mostraban dispuestos. Durante su reinado los mexicas crearon leyes y levantaron las primeras edificaciones de piedra.

ACÁMBARO ◆ Municipio de Guanajuato situado en el sur de la entidad, en los límites con Michoacán. Superficie: 939.2 km². Habitantes: 112,485, de los cuales 26,011 forman la población económicamente activa. Hablan alguna lengua indígena 63 personas. La principal fiesta de la cabecera es el 4 de julio, día de la Virgen del Refugio, con desfile de carrozas, danzas típicas y procesión. Fue fundado por los caciques indios Nicolás de San Luis Montañez y Fernando de Tapia, en 1526. Las construcciones barrocas son el principal atractivo turístico.

ACAMBAY ◆ Municipio del estado de México situado en el noroeste de la enti-

Foto: Salvador Chávez Gradilla

Acaponeta, Nayarit

dad, en los límites con Querétaro. Superficie: 417.25 km². Habitantes: 52,662, de los cuales 10,472 forman la población económicamente activa. Hablan alguna lengua indígena 8,672 personas (otomí 8,651). Indígenas monolingües: 134. En la cabecera municipal hay una iglesia del siglo XVII. La principal fiesta de la cabecera es el 29 de septiembre, día de San Miguel Arcángel, cuando se dan cita las comunidades otomíes con sus danzas y estandartes.

ACANCEH ◆ Municipio de Yucatán situado al sureste de Mérida. Superficie: 153.29 km². Habitantes: 12,495, de los cuales 3,155 forman la población económicamente activa. Hablan alguna lengua indígena 5,886 personas mayores de cinco años (maya 5,883). Indígenas monolingües: 62. Atraen a gran número de visitantes los cenotes y ruinas mayas, principalmente el Palacio de los Estucos.

ACAPETAGUA ◆ Municipio de Chiapas situado en la costa del Pacífico, en la parte sur de la entidad. Superficie: 658.3 km². Habitantes: 25,647, de los cuales 6,196 forman la población económicamente activa. Hablan alguna lengua indígena 61 personas. Las playas de Las Palmas y la Barra de Zacapulco son de fina arena blanca y pendiente suave.

ACAPIOTZIN O ACAPIPIOLTZIN ◆ Hijo de Nezahualcóyotl que ejerció la tutoría sobre Nezahualpilli hasta que éste llegó a la edad de gobernar.

ACAPONETA ◆ Municipio de Nayarit situado en el norte de la entidad, en los límites con Sinaloa y Durango. Superficie: 1,667.7 km². Habitantes: 37,349, de los cuales 10,066 forman la población económicamente activa. Hablan alguna lengua indígena 461 personas mayores de cinco años (cora 166 y tepehuán 149). La principal fiesta de la cabecera es el 12 de diciembre, día de la Virgen de Guadalupe, durante el cual se efectúa una procesión y un desfile de carrozas. Además se ejecutan danzas típicas.

ACAPULCO DE JUÁREZ ◆ Municipio de Guerrero. Superficie: 1,822.6 km². Habitantes: 687,292, de los cuales 187,016 forman la población económicamente activa. Hablan alguna lengua indígena 7,504 personas mayores de cinco años (náhuatl 3,368 y mixteco 2,231). Indígenas monolingües: 88. En la zona arqueológica de La Sabana se han hallado vestigios de una cultura que floreció en los inicios de la era contemporánea. Los españoles lo usaron como puerto desde 1532, cuando salió Diego Hurtado de Mendoza en busca de territorios en el Pacífico sur. El asentamiento de europeos y mestizos se produjo a mediados del siglo XVI. El lugar cobró importancia al descubrirse el camino para regresar de Asia a Nueva España, con lo que se estableció el comercio más o menos regular mediante la Nao de China o Galeón de Filipinas. La llegada de éste atraía a gran número de mercaderes, cantantes, actores, cirqueros, tahúres y prostitutas que daban un ambiente festivo a la ciudad, lo que dio lugar a la feria de Acapulco, que se iniciaba el 20 de enero y solía prolongarse hasta mediados de febrero. Tuvo su mayor esplendor en los siglos XVII y XVIII y, todavía a principios de la pasada centuria, por lo que Humboldt la calificó como la más importante del mundo. La decadencia de la feria se inició con las reformas borbónicas en favor del libre comercio, con lo que el puerto perdió el monopolio del comercio con Asia. Durante la guerra de independencia, cuando los insurgentes mantuvieron su control del camino a la ciudad de México, las embarcaciones se desviaban hacia San Blas y otros puntos menos peligrosos. Durante el siglo XIX fue una plaza fuerte de los liberales, sobre todo por el control que ejercía el caudillo Juan Álvarez sobre la región. Entre 1919 y 1923 tuvo una influencia decisiva el movimiento popular, de orientación socializante, dirigido por Juan R. Escudero (☛). En 1927 el puerto quedó unido a la capital del país por carretera y dos años después se inició el servicio aéreo de pasajeros. Estos hechos significaron su apertura a los visitantes y el surgimiento de la hotelería y otros servicios, los que fueron estimulados decisivamente durante el sexenio del presidente Miguel Alemán, cuando se destinaron cuantiosos recursos federales a la construcción de obras de infraestructura y aumentó considerablemente la planta hotelera, hasta convertir a Acapulco en uno de los principales centros turísticos del mundo, por la belleza de sus paisajes, la variedad de sus playas (Caleta,

Caletilla, Hornos, Revolcadero, Puerto Marqués, Pie de la Cuesta, Condesa, etc.), su bahía y ensenadas, las cercanas lagunas de Tres Palos y Coyuca, la variedad y abundancia de la pesca, el colonial Fuerte de San Diego, las también cercanas zonas arqueológicas de Coyuca, Tecpan y San Jerónimo, sus instalaciones para la práctica de deportes acuáticos; sus canchas de golf, tenis y otras especialidades; sus clubes de yates, centros nocturnos, parques de juegos, teleférico, plaza de toros, lienzo charro, palenque, frontón, establecimientos públicos y privados para la venta de artesanías de todo el país, los clavadistas de La Quebrada y otros atractivos, como la fiesta de San José, que se celebra el 19 de marzo en San Jerónimo, población cercana al puerto donde ese día hay charreadas, conciertos, peleas de gallos, danzas y una gran procesión; el 15 de mayo, día de San Isidro Labrador, en torno del cual se organiza una semana de festejos, sobre todo en Xialtianguis; el día de Santiago Apóstol, 28 de septiembre, en Venta Vieja, Xaltianguis y San Isidro; y, el 12 de diciembre, cuando se festeja a la Virgen de Guadalupe en el puerto con un desfile de niños con vestidos indígenas, carrozas, músicos y danzantes folclóricos. La cabecera, Acapulco, es sede de la Diócesis del mismo nombre, creada por bula del 18 de marzo de 1958; comprende la región costera del estado de Guerrero. Es también puerto con capacidad para un centenar de buques de alto calado y cientos de embarcaciones menores.

ACATEMPAN ◆ Población del municipio de Teloloapan, Guerrero, donde el 10 de marzo de 1821 Agustín de Iturbide y Vicente Guerrero se dieron el abrazo que condujo al Pacto de las Tres Garantías, bajo el cual unieron sus ejércitos para consumar la independencia nacional.

ACATEPEC ◆ Municipio de Guerrero situado en la región de La Montaña, al norte de Cuautepec y al este de Chilpancingo. Superficie: 599 km². Habitantes: 16,017. Hablan alguna lengua indí-

gena 12,256 personas mayores de cinco años (tlapaneco 12,220). Indígenas monolingües: 6,163. Es el municipio número 76 del estado, fue creado en 1993 con territorio de Zapotitlán Tablas y comprende 42 comunidades.

ACATENO ◆ Municipio de Puebla situado en el noreste de la entidad, en los límites con Veracruz. Superficie: 227.07 km². Habitantes: 8,981, de los cuales 2,543 forman la población económicamente activa. Hablan alguna lengua indígena 207 personas mayores de cinco años (náhuatl 183).

ACATIC ◆ Municipio de Jalisco situado al este de Guadalajara y al oeste de Tepatitlán. Superficie: 362.39 km². Habitantes: 17,906, de los cuales 4,389 forman la población económicamente activa. Hablan alguna lengua indígena seis personas mayores de cinco años.

ACATITA DE BAJÁN ◆ Población hoy llamada Baján del municipio de Castaños, Coahuila, donde el 21 de marzo de 1811 fueron aprehendidos los principales jefes insurgentes: Hidalgo, Allende y Abasolo.

ACATLÁN ◆ Municipio de Hidalgo contiguo a Tulancingo y al este de Pachuca. Superficie: 174.7 km². Habitantes: 19,547, de los cuales 4,099 forman la población económicamente activa. Hablan alguna lengua indígena 26 personas mayores de cinco años (otomí 10).

ACATLÁN ◆ Municipio de Puebla situado en el sur de la entidad, cerca de los límites con Oaxaca. Superficie: 483.48 km². Habitantes: 31,814, de los cuales 5,665 forman la población económicamente activa. Hablan alguna lengua indígena 252 personas mayores de cinco años (mixteco 211). La cabecera fue fundada en 1714 y en 1883 tomó el nombre del coronel liberal Mariano D. Osorio, muerto en combate cerca de la población. ATRACTIVOS: la vecina zona

arqueológica de El Zapote y la alfarería, especialmente la de barro negro. Las principales fiestas son el 25 de marzo y el 24 de octubre, cuando se celebra con danzas y procesiones a los arcángeles San Gabriel y San Rafael, respectivamente.

Acapulco de Juárez, Guerrero

ACATLÁN ◆ Municipio de Veracruz situado al norte de Jalapa y al sur de Misantla. Superficie: 20.56 km². Habitantes: 2,644, de los cuales 577 forman la población económicamente activa. Hablan alguna lengua indígena 21 personas mayores de cinco años (totonaco 21).

ACATLÁN DE JUÁREZ ◆ Municipio de Jalisco situado al suroeste de Guadalajara y al noroeste del lago de Chapala. Superficie: 166.68 km². Habitantes: 18,335, de los cuales 4,109 forman la población económicamente activa. Hablan alguna lengua indígena cuatro personas mayores de cinco años. La cabecera, todavía llamada popularmente Santa Ana Acatlán, tiene como principal fiesta la del 26 de julio, en que se festeja a la patrona del lugar con procesiones que se inician al amanecer mientras los grupos de danzantes bailan incesantemente. Una semana antes se inicia una feria con espectáculos populares, fuegos artificiales, exposiciones y otros atractivos.

ACATLÁN DE PÉREZ FIGUEROA ◆ Municipio de Oaxaca situado en el extremo norte del estado, dentro de la región Sierra Norte, en los límites con Veracruz. Superficie: 933.9 km². Habitantes: 44,006, de los cuales 11,667 forman la población económicamente activa. Hablan alguna lengua indígena 4,821 personas mayores de cinco años (mazateco 4,283 y náhuatl 256). Indígenas monolingües: 295. Cuenta con actividad minera, un ingenio y pequeñas empresas de productos lácteos. En la presa Miguel Alemán, que ocupa gran parte del territorio municipal, se pueden practicar diversos deportes acuáticos.

ACATZINGO ◆ Municipio de Puebla situado al este de la capital del estado. Superficie: 125.02 km². Habitantes: 36,660, de los cuales 8,058 forman la población económicamente activa. Existen en la jurisdicción yacimientos de mármol. Hablan alguna lengua indígena 155 personas mayores de cinco años (náhuatl 134). Entre los atractivos que ofrece la cabecera municipal al turismo se cuentan el convento franciscano del siglo XVI, que en la iglesia anexa conserva pinturas y retablos de los siglos XVII y XVIII y un púlpito con lajas de alabastro. La capilla de Dolores está considerada una de las obras artísticas más importantes del periodo colonial. Durante la Semana Santa hay ceremonias religiosas, especialmente el viernes, que atraen a gran número de visitantes.

ACAXOCHITLÁN ◆ Municipio de Hidalgo situado en los límites con Puebla. Superficie: 226.1 km². Habitantes: 33,208, de los cuales 7,932 forman la población económicamente activa. Hablan alguna lengua indígena 11,816 personas mayores de cinco años (náhuatl 11,628). Indígenas monolingües: 545. Los vinos de frutas y las conservas del lugar tienen gran demanda regional.

ACAYUCAN ◆ Municipio de Veracruz situado en el sur del estado, al este de Minatitlán. Superficie: 724.65 km². Habitantes: 79,509, de los cuales 19,730 forman la población económicamente activa. Hablan alguna lengua indígena 3,758 personas mayores de cinco años (popoluca 2,978). En la cabecera municipal se organizó el primer levantamiento contra la dictadura porfirista, mismo que estalló el 5 de septiembre de 1906 en San Pedro Soteapan. Los líderes de la insurrección fueron Hilario C. Salas, Miguel Alemán González, Enrique Novoa, Juan Alfonso y Román Marín.

ACCIÓN CATÓLICA MEXICANA ◆ "Organización especial de los seglares católicos, cuyo propósito es colaborar en las actividades ejecutivas del apostolado jerárquico de la Iglesia bajo la dirección inmediata de los prelados respectivos". Fue fundada con el nombre de Acción Católica en México el 24 de diciembre de 1929, después de convenirse el *modus vivendi* entre la jerarquía eclesiástica y el gobierno del presidente Emilio Portes Gil. Fue organizada por Miguel Darío Miranda. De acuerdo con Hugh G. Campbell, su constitución obedeció al interés del clero moderado por restar influencia a la Liga Nacional Defensora de la Libertad Religiosa (☞), que representaba las posiciones radicales.

ACCIÓN CÍVICA NACIONALISTA ◆ Organización fundada en 1935 por empresarios de Monterrey opuestos a la política laboral de Lázaro Cárdenas. El 5 de febrero de 1936 organizó una manifestación de 60,000 personas y promovió un paro patronal de protesta contra las huelgas obreras. Estuvo afiliada a la Confederación de la Clase Media. Apoyó la rebelión de Saturnino Cedillo.

ACCIÓN FEMENIL NACIONALISTA ◆ Organización derechista creada hacia 1935 para oponerse a la política de Lázaro Cárdenas. Su directora fue Carmen Calero de Pérez, quien en 1937 se vio involucrada en un atentado fallido contra el presidente de la República.

ACCIÓN NACIONAL ◆ ☞ *Partido (de) Acción Nacional.*

ACCIÓN REVOLUCIONARIA MEXICANISTA ◆ Grupo fascista fundado en marzo de 1934 y también conocido como Los Dorados o Camisas Doradas. Su jefe era el general Nicolás Rodríguez, quien había actuado en la revolución bajo las órdenes de Francisco Villa. Su declarado anticomunismo y antisemitismo llevó a los miembros de esta organización a cometer múltiples atentados contra personas, negociaciones, sindicatos y organizaciones democráticas. Demandaba limitar el número de judíos residentes en México, que se les retirara la nacionalidad mexicana y se les confiscaran sus bienes. Recibía subsidios de agentes de Japón y la Alemania nazi. Después de una refriega en el Zócalo capitalino, el 20 de noviembre de 1935, en la que murieron seis personas y medio centenar resultaron heridas, la organización fue puesta fuera de la ley por Lázaro Cárdenas. Sus miembros fueron entonces protegidos por Saturnino Cedillo, cacique de San Luis Potosí. Rodríguez se refugió en Mission, Texas, donde se mantuvo en contacto con Ernst von Merck, agente nazi que fungía como inspector general del ejército cedillista. A principios de 1938, cuando los Camisas Doradas contaban con grupos armados en varios puntos del país, Rodríguez publicó un llamamiento a tomar las armas para derrocar a Cárdenas. A fines de enero algunas partidas cruzaron de Estados Unidos hacia México y atacaron varias poblaciones de la frontera tamaulipeca, pero no pudieron apoderarse de ninguna. En mayo, al estallar la insurrección cedillista, lanzaron sobre las poblaciones fronterizas volantes antisemitas que elogiaban a Hitler. En 1940 murió Rodríguez en El Paso, Texas, y la ARM entró en proceso de extinción, aunque todavía en octubre de 1940 un grupo de Dorados asaltó las oficinas del Partido Comunista Mexicano y asesinó a Rafael Morales Ortega.

ACCIÓN SOCIALISTA UNIFICADA ◆ Agrupación fundada a mediados de los años cuarenta por Valentín Campa, Hernán Laborde, Alberto Bremauntz, José María Suárez Téllez y otros militantes marxistas. Participó en la Mesa Redonda de los Marxistas Mexicanos, en enero de

1947. El 31 de mayo de 1949 firmó, junto con el Movimiento Reivindicador del PCM, un llamamiento a los marxistas, en especial a los miembros del Partido Comunista, para unirse en "el gran partido obrero revolucionario que tanta falta hace al pueblo mexicano". El PCM contestó que "contra los reivindicadores sólo cabe la lucha sin cuartel". Del 22 al 28 de enero de 1950, con el Movimiento Reivindicador, participó en el Congreso de Unidad Marxista celebrado en 1950 en dos periodos de sesiones, del 22 al 28 de enero y 18 al 22 de julio, al final de las cuales ambas organizaciones se fusionaron en el naciente Partido Obrero Campesino Mexicano.

ACEDO SAMANIEGO, JORGE ◆ n. en Cananea, Son. (1946). Técnico en programación. Secretario general de la sección 65 (1971-72 y 1978-80) y secretario de asuntos políticos del comité nacional del Sindicato Nacional de Trabajadores Minero Metalúrgicos (1980-86). Senador suplente (1982-) y diputado federal del PRI por Sonora (1985-88).

ACERINA ◆ n. en Cuba y m. en el DF (1899-1987). Llamado Consejo Valiente Robert. Llegó a México en 1912. Muy joven se inició en la música. Fue timbalero de varios conjuntos y en los años veinte formó su propia orquesta. A partir de entonces se presentó como Acerina y su Danzonera, conjunto que impulsó el gusto por el danzón y se convirtió en imprescindible en el Salón México. Autor de *Nereidas*. Amante de la ópera, compuso el danzón *Rigolettito* basado en *Rigoletto,* de Verdi. Grabó más de 50 discos y se presentó en teatro y televisión.

ACERO VALLARTA, JULIO ◆ n. en Jalostitlán y m. en Guadalajara, Jal. (1855-1898). Abogado. Miembro de las sociedades La Aurora Literaria y La Bohemia Jaliciense. Colaboró en *La República Literaria* y escribió sobre temas jurídicos.

ACEVEDO, JESÚS ◆ n. en Huajuapan de León y m. en Oaxaca, Oax. (?-1929). Abogado y político porfirista. La Legislatura oaxaqueña lo designó gobernador el 4 de mayo de 1911, cargo que no aceptó ante el temor de ser rechazado por los revolucionarios. En 1915 promovió la creación del asilo de ancianos La Hormiga. Se adhirió al Plan de Agua Prieta, en 1920, con la intención de separar a Oaxaca del pacto federal. Al ocupar la capital del estado los separatistas lo nombraron gobernador (4 de mayo de 1920) y desconoció la Constitución de 1917, para arrepentirse días después y jurar su cumplimiento. Renunció el 28 de octubre. Se le involucró en un intento de asesinar al presidente Álvaro Obregón y fue encarcelado durante algunos meses. Al morir ejercía su profesión.

ACEVEDO, JESÚS T. ◆ n. en el DF y m. en EUA (1882-1918). Miembro del Ateneo de la Juventud, colaborador de la revista *Savia Moderna,* arquitecto sin obra física y conferencista elogiado por sus contemporáneos. En 1920 se publicó el libro *Disertaciones de un arquitecto,* en el cual se recogen tres de sus conferencias.

ACEVEDO, JUAN ◆ n. en España (1551-1624). Fraile que vivió 30 años en Yucatán. Escribió *Arte de la lengua de los yucatanos.*

ACEVEDO, MARTÍN ◆ n. en San Ildefonso, Oax. (¿1650?-?). Fraile dominico que escribió *Autos sacramentales en lengua mixteca* y *Dramas alegóricos en lengua chocha.*

ACEVEDO CORTÉS, JOSÉ LUIS ◆ n. en el DF (1944). Artista plástico. Estudió en la Escuela Nacional de Artes Plásticas (1964-69). Profesor del Centro de Artes Plásticas, A.C. (1972-76). Trabaja esculturas en madera, metal y piedra. Expone individualmente desde 1973. Ha participado en muestras colectivas en México y en Cuba.

ACEVEDO ESCOBEDO, ANTONIO ◆ n. en Aguascalientes, Ags. y m. en el DF (1909-1985). Ejerció el periodismo cultural durante medio siglo. Fue tipógrafo, jefe de información del diario *Renacimiento* de Aguascalientes, jefe de redacción de la *Revista de la Universidad* (1946-1953) y de *Arquitectura* (1949-61). Jefe del Departamento de Letras del INBA (1959-1970). Autor de antologías: *Poesía hispanoamericana contemporánea* (1946) y *Letras sobre Aguascalientes* (1963); cuento: *Sirena en el aula* (1935), *En la feria de San Marcos* (1951), *Los días de Aguascalientes* (1952), *Al pie de la letra* (1953) y *Puertas a la curiosidad: miscelánea literaria* (1974); ensayo: *Los cuatro poetas* (1944), *El azufre de México* (1956), *Almanaque literario: espejo del siglo XIX para 1960* (1959), *Letras de los veintes* (1966), *Entre prensas anda el juego* (1967), *Rojas Garcidueñas, escritor versátil* (1970), *Cinco escritores en olvido* (1970), *De la enseñanza y divulgación del arte mexicano* (1970), *La ciudad de México en la novela* (1974), *Rostros en el espejo* (1974) y *En la ola del tiempo* (1974); y teatro: *¡Ya viene Gorgonio Esparza! (el matón de Aguascalientes)* (1944). En 1970 ingresó a la Academia Mexicana (de la lengua). Doctor *honoris causa* de la Universidad de Aguascalientes (1980) y Premio Nacional de Periodismo (1982).

ACEVEDO GARAT, MIGUEL JOSÉ ◆ n. en Cuba (1943). Licenciado en economía (UNAM, 1970) con maestría de la Universidad de Colorado (1976). Representante de México ante el FMI (1976-77). Autor de *El sistema monetario internacional: implicaciones para los países en desarrollo* (1982).

ACEVEDO DE LA LLATA, CONCEPCIÓN ◆ n. en Querétaro, Qro., y m. en el DF (1891-1979). Era conocida como la Madre Conchita. A los 19 años ingresó en la Comunidad de Capuchinas, de la que llegó a ser superiora. En 1926 fue exclaustrada por orden gubernamental y con su comunidad pasó al clandestinaje. En 1928, al ser asesinado Álvaro Obregón, fue acu-

Portada del libro
Los días de Aguascalientes
de Antonio Acevedo
Escobedo

Concepción Acevedo
de la Llata,
la Madre Conchita

sada de complicidad y condenada a 20 años de prisión. Pasó trece de ellos en las islas Marías y otras prisiones. En 1940 fue indultada. Durante su reclusión, por decreto del papa León XIII, dejó los hábitos y contrajo matrimonio con Carlos Castro Balda, preso bajo las mismas acusaciones. Autora de un libro de memorias: *Yo, la madre Conchita* (1986).

ACEVEDO ULLOA, LIBRADO ◆ n. y m. en Guanajuato, Gto. (1859-1931). Educador. Fue director de Educación de Guanajuato (1912). Colaboró en publicaciones periódicas (*El Ateneo Guanajuatense*, *La Opinión Libre* y *El Barretero*). Tradujo obras pedagógicas. Autor de *Lecturas para adolescentes* y otras obras para uso escolar.

ACEVES, CÉSAR ◆ n. en San Cristóbal de Las Casas (1953). Artista plástico que empezó en forma autodidacta. Estudió con el maestro Alberto Pérez Soria (1985-89). Como escultor trabaja plata y madera. Expuso en la Casa de las Imágenes de San Cristóbal. En su obra pública destaca un *Cristo* que se halla en Chalma.

ACEVES, DANIEL ◆ n. en el DF (1964). Luchador y político. Su apellido materno es Villagrán. Licenciado en derecho por la UNAM (1963-86). Fue cabo de la Armada de México (1982). Miembro del PRI desde 1978. En 1984 participó en los XX Juegos Olímpicos, en Los Ángeles, EUA, donde obtuvo una medalla de plata en lucha grecorromana. Ha sido analista de Promoción Deportiva del DDF (1984), secretario de Fomento Deportivo de la Federación de Organizaciones Populares del DF (1985), asesor técnico deportivo del ISSSTE (1986) y miembro da la Asamblea de Representantes del Distrito Federal (1988-91). En 1984 recibió el Premio Nacional del Deporte y en 1985 el Premio al Atleta Latinoamericano.

ACEVES, JOSÉ DE JESÚS ◆ n. en Atotonilco el Alto, Jal. y m. en el DF (1916-1962). Realizó estudios en Francia. Se inició como actor en 1934, con la obra *Ser o no ser* de Celestino Gorostiza. Participó con Fernando Wagner en el Pa-

namerican Theatre (1942). Cofundador de *Proa* en 1942, año en el que se inició como director con *Voz como sangre*, de Luis G. Basurto. Fundó con Antonio Arce el Teatro Caracol (1949) y fue 15 años director de teatro del INBA. Dirigió *El niño y la niebla*, de Rodolfo Usigli, que llegó a 450 representaciones. Cuando murió se representaba *Señoritas a disgusto*, que con su montaje pasó de las 300 representaciones.

ACEVES BARAJAS, PASCUAL ◆ n. y m. en San Francisco del Rincón, Gto. (1907-1965). Escribió *Hermenegildo Bustos y su obra* (1956) y otras biografías de personajes de su entidad.

ACEVES LÁZCANO, RAÚL ◆ n. en Guadalajara, Jal. (1951). Escritor. Licenciado en psicología por el ITESO. Ha colaborado en publicaciones periódicas de Guadalajara. Coautor de las antologías *Poesía reciente de Jalisco* (1989) y *Poesía de América* (1992). Autor de *Presencia indígena en la poesía mexicana contemporánea y otros ensayos* (ensayo, 1992) y de poesía: *Cielo de las cosas devueltas* (1982), *Expedición al ser* (1989), *Las arpas del relámpago* (1990), *Los poemas del colibrí* (1991), *La torre del jardín de los símbolos* (1990).

Miguel Aceves Mejía

ACEVES MEJÍA, MIGUEL ◆ n. en Ciudad Juárez, Chih. (1916). Cantante de música ranchera que se inició como intérprete de melodías románticas en 1940. Poco después se convirtió en figura popular de la radio, se presentó en

teatro y luego en TV. A partir de 1954 ha intervenido en decenas de películas.

ACEVES NAVARRO, GILBERTO ◆ n. en el DF (1931). Pintor. Estudió en La Esmeralda con Ignacio Aguirre y Carlos Orozco Romero. Fue expulsado en 1953. Ha sido profesor del Instituto Regional de Bellas Artes, de Acapulco (1955-57); de la Universidad Femenina de México (1957-61), del Instituto de Intercambio Cultural Mexicano Norteamericano de Los Ángeles, EUA (1956-68) y de la Escuela Nacional de Artes Plásticas de la UNAM desde 1971. Ayudante de Siqueiros en los murales de la Ciudad Universitaria. Desde 1954 expone individualmente en México y en el extranjero. Autor de una docena de murales que se hallan en el DF, Querétaro, Guadalajara, Veracruz, Montreal, Atlanta y Recife: *Canto a la raza* (1961), *Danzas de la vida y la muerte* (1961), *Úrsulo Galván* (1973), *Homenaje a Manuel Tolsá* (1974) y *A Song for Atlanta* (1993), entre otros. Autor de las obras escultóricas *El vuelo*, que está en la biblioteca de la Facultad de Arquitectura de la UNAM (1990) y *El pueblo del sol*, en la avenida Chapultepec de la ciudad de México (1992). Premio Nuevos Valores de la Plástica (1956 y 1957), Premio Salón de la Plástica Mexicana (1958,1964 y 1971) y Premio UNAM 1989.

ACEVES PARRA, SALVADOR ◆ n. en La Piedad, Mich., y m. en el DF (1904-1978). Médico cirujano titulado en la UNAM, donde ejerció la cátedra y fue miembro de la Junta de Gobierno (1964-70). Fue presidente municipal de La Piedad (1927-28). Jefe de Servicio del Hospital General (1938-44) y del Instituto Nacional de Cardiología (1944-1961), del que fue director (1961-65). Subsecretario de Asistencia (1965-1968) y secretario de la Salubridad y Asistencia (1968-1970). Publicó numerosos trabajos sobre su especialidad en revistas mexicanas y extranjeras. Cofundador de la Sociedad Mexicana de Cardiología, de la que fue presidente (1947-49). Miembro del Seminario de Cultura Mexicana.

ACEVES DE ROMERO, GRACIELA ◆ n.

en Guadalajara, Jal. (1931). Estudió en la Escuela Normal de Occidente, de Guadalajara. Es licenciada en educación por la Universidad Pedagógica Nacional. Pertenece al PAN en el que ha sido miembro del consejo regional del Distrito Federal. Fue diputada federal en dos ocasiones (1967-70 y 1979-82).

ACEVES SAUCEDO, ÁNGEL ◆ n. en Izúcar de Matamoros, Pue. (1940). Licenciado en economía por la UNAM (1961-65), maestro en economía por la Universidad de Nueva York (1967-69) y doctor en economía por la Universidad de Harvard (1969-70). En el PRI, partido al que pertenece, fue presidente de la Liga de Economistas Revolucionarios y subdirector (1981-82) y director general del IEPES (1982-88). Ha sido subdirector comercial (1974-75) y director general de Productos Pesqueros Mexicanos (1975-77), gerente general de Industrial de Abastos (1977-79), diputado federal (1979-82, 1991-94 y 1997-200), senador (1982-88), coordinador general de Abasto y Distribución del DDF (1988-90), director adjunto de Nafin (1990-91) y diputado federal plurinominal para el periodo 1991-94. Es miembro de las asociaciones Latinoamericana de Administración Pública y Americana de Economistas, de la Sociedad de Honor en Economía Omicrón-Delta-Épsilon y del Colegio Nacional de Economistas.

ACHA, JUAN ◆ n. en Perú y m. en el DF (1916-1994). Crítico de arte naturalizado mexicano. Su nombre completo era Juan Wilfredo Acha Valdivieso. Estudió ingeniería química en la Technische Hochschule, de Munich. Profesor (1972-76) e investigador de tiempo completo (desde 1976) de la Escuela Nacional de Artes Plásticas de la UNAM. Ejerce la crítica de artes plásticas desde 1959. En 1972 empezó a colaborar en *Diorama de la Cultura*, suplemento del diario *Excélsior*, y en la revista *Plural*. Coordinador del Museo de Arte Moderno (1972-75), Colaboró en el diario *unomásuno*. Colaborador de la *Enciclopedia de arte en América* (1968). Coautor de *El geometrismo mexicano*

(1977), *Ianelli do Figurativo ao Abstracto* (1978), *Negret: nada que ocultar* (1983) y *Teoría social del arte: bibliografía comentada* (1968). Autor de *Art in Latin America Today* (1961), *Arte y sociedad: Latinoamérica, el sistema de producción* (t. I, 1979), *Arte y sociedad: Latinoamérica, el producto artístico y su estructura* (t. II, 1981), *Arte y sociedad: el arte y su distribución* (t. III, 1984), *Arte y sociedad: el consumo artístico y sus efectos* (t. IV, 1988), *Hersúa* (1983), *Introducción a la creatividad artística* (1992) y *Las culturas estéticas de América Latina* (1993).

ACHITÓMETL ◆ n. en Culhuacán y m. ¿en México? (?-1172). Sucedió a Nohualcatzin en el señorío de Culhuacán y fue quien, presuntamente, dio a los mexicas un lugar inhóspito para asentarse.

ACHITÓMETL ◆ n. y m. en Culhuacán (?-1347). Rey de Culhuacán que dio muerte a Acamapichtli y a sus hijos para ascender al trono.

ACHIUTLA ◆ Centro ceremonial de la zona mixteca que fue considerado el principal oráculo mesoamericano.

ACHIUTLA, SAN JUAN ◆ ☞ San Juan Achiutla.

ACHIUTLA, SAN MIGUEL ◆ ☞ San Miguel Achiutla.

ACJM ◆ ☞ Asociación Católica de la Juventud Mejicana.

Gilberto Aceves Navarro

ACLE TOMASINI, ALFREDO ◆ n. en el DF (1949). Licenciado en economía por la UNAM (1968-74) y maestro en economía por la Universidad de Manchester (1974-76). Ha sido secretario particular del secretario de Patrimonio y Fomento Industrial (1976-79), director general de la Comisión Coordinadora de la Industria Siderúrgica de la Secretaría de Patrimonio (1979-82), director técnico de la Comisión Nacional de Salarios Mínimos (1982), jefe de asesores del secretario del Trabajo (1982), director general del Consorcio Minero Benito Juárez Peña Colorada (1982-88), director general de Fertimex (1988-89), subdirector de Aeropuertos y Servicios Auxiliares (1989) y director del Hay Group. Autor de *La empresa pública desde fuera, desde dentro* (1986) y *Planeación estratégica y control total de calidad* (1990). En 1985 recibió el premio del Instituto Nacional de Administración Pública.

ACOLMAN ◆ Municipio del Estado de México situado al noreste del Distrito Federal. Superficie: 52.47 km². Habitantes: 54,468, de los cuales 11,805 forman la población económicamente activa. Hablan alguna lengua indígena 197 personas mayores de cinco años (náhuatl 57 y mixteco 45). En la cabecera, Acolman de Nezahualcóyotl, antes El

Juan Acha

Convento de Acolman

Calvario, existe un convento-fortaleza del siglo XVI con iglesia de estilo plateresco y bóveda renacentista. Hay frescos en la capilla y en el patio del convento. En el atrio hay una cruz de gran valor artístico. Cada 5 de mayo se escenifica la Batalla de Puebla, en la que toman parte los vecinos. El domingo de Pentecostés hay danzas, procesiones y actividades no religiosas en Cuanalán. También se festeja a San Nicolás Tolentino. En la jurisdicción municipal se halla la zona arqueológica de Teotihuacan.

ACOLTZIN VIDAL, JUAN MARIANO ◆ n. en Pachuca, Hgo. (1954). Licenciado en economía por el Instituto Tecnológico Autónomo de México (1972). En el PRI, partido al que pertenece desde 1972, fue secretario particular del director general (1981-82), subdirector estatal (1982-84) y general del IEPES (1984-87), y director del CEPES de Hidalgo (1982-83). Ha sido jefe del departamento de Análisis Financiero de la Secretaría de Hacienda (1977-78), jefe de la Unidad de Control de Gestión de la Secretaría de Programación (1979-81), diputado federal (1982-85) y secretario de Planeación del gobierno de Hidalgo (1987). Presidente del Instituto de Administración Pública del Estado de Hidalgo (1987-).

ACONCHI ◆ Municipio de Sonora situado en el centro de la entidad. Superficie: 358.74 km². Habitantes: 2,264, de los cuales 679 forman la población económicamente activa. El jesuita Bartolomé Castaños fundó la cabecera en 1639 con el nombre de San Pedro Aconchi. El municipio fue incorporado a Arizpe en 1930 y rehabilitado dos años después. El principal atractivo lo constituye una capilla del siglo XVII.

ACOSTA, ANDRÉS ◆ n. en Chilpancingo, Gro. (1964). Escritor. Ha publicado los libros *Afuera están gritando tu nombre* (1991), *No volverán los trenes* (Premio Nacional de Novela Corta Josefina Vicens, 1995) y *El sueño de los cinocéfalos* (1997). Ha obtenido los premios de cuento corto del periódico *El Nacional*, de la revista *Punto de Partida* y el Edmundo Valadés.

ACOSTA, JESÚS ◆ n. y m. en el DF (1893-1963). Caricaturista. Ganó un concurso de cartones convocado por *El Universal*, periódico donde publicó durante muchos años la tira cómica *Chupamirto*.

ACOSTA, JORGE R. ◆ n. en China (1904). Antropólogo egresado de Cambridge. Ha realizado exploraciones en Chichén Itzá, Uxmal, Teotihuacan y, sobre todo, Tula, donde laboró durante 15 años. Ha publicado el resultado de sus investigaciones y trabajos de restauración en revistas especializadas y en *Cuadernos Americanos*.

ACOSTA, JOSEPH ◆ n. y m. en España (1540-1600). Jesuita que visitó México (1586-87) y posteriormente escribió la *Historia natural y moral de las Indias, en que se tratan las cosas notables del cielo, elementos, metales y animales, de las vidas y ceremonias, leyes y gobierno de los indios*.

ACOSTA, JUVENAL ◆ n. en el DF en 1961. Escritor. Reside en San Francisco, EUA, desde 1986, donde es profesor de literatura latinoamericana en el New College of California. Ha traducido poesía mexicana al inglés. Autor de *Tango de la cicatriz* y *El cazador de tatuajes* (1998).

ACOSTA, LEO ◆ n. en Alfajayucan, Hgo. (1932). Grabador. Estudió en La Esmeralda, en la Escuela Nacional de Artes Gráficas y con Henri Deprest en su taller de París. Fundó el Taller Profesional de Grabado de La Esmeralda. Desde 1972 es profesor de artes plásticas. En 1974 abrió su propio taller de litografía. Ha participado en concursos y exposiciones en México y en el extranjero.

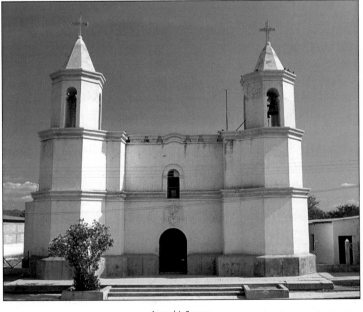

Aconchi, Sonora

ACOSTA, NIEVES E. ◆ n. en Chihuahua, Chih. y m. en Guaymas, Son. (1817-1892). Sacerdote que al aceptar la Constitución de 1857 fue retirado del ministerio por las autoridades eclesiásticas. Combatió con las armas a los conservadores en Sonora y posteriormente ocupó diversos puestos públicos en esa entidad.

ACOSTA, RICARDO ◆ n. en Molango, Hgo. (1908). Agrónomo, director técnico de la Comisión del Maíz, diputado por el Partido de la Revolución Mexicana (1940-1943) y subsecretario de Agricultura (1964-1970). Coautor con Ramón Fernández y Fernández del libro *Política agrícola*.

ACOSTA FUENTES, IGNACIO ◆ n. en Romita, Gto. (1910). Obtuvo el título de abogado en el Antiguo Colegio del Estado de Guanajuato (1941), donde fue profesor. Fue juez mixto en San Francisco del Rincón, Gto., secretario de acuerdos de la séptima sala del Tribunal Superior de Justicia del Distrito y Territorios Federales, juez cuarto penal de la segunda corte en el DF; primer subprocurador (1952-53 y 1958-64) y procurador general de Justicia del Distrito y Territorios Federales (1956-58); subdirector general de Vigilancia de Fondos y Valores de la Secretaría de Hacienda (1964-67); oficial mayor (1967-73) y representante del gobierno de Guanajuato en la ciudad de México (1985-90).

ACOSTA GUAJARDO, MIGUEL ◆ n. en Chihuahua, Chih. y m. en el DF (1891-1947). Revolucionario. Durante la rebelión maderista operó en las huastecas. Fue constitucionalista y estuvo a las órdenes de Álvaro Obregón y Lucio Blanco. Llegó al generalato en 1916. Se adhirió al Plan de Agua Prieta. Combatió la rebelión de Adolfo de la Huerta y obtuvo el grado de general de división en 1923. Fue oficial mayor de la Secretaría de Guerra y Marina, director del Colegio Militar (1925-27). Secretario de Comunicaciones y Obras Públicas con el presidente Abelardo L. Rodríguez (1932-34).

ACOSTA GUTIÉRREZ, LUIS ◆ n. en To-luca, Edo. de Méx. (1931). Pintor paisajista. Profesor de La Esmeralda. Ha participado en un centenar de exposiciones.

ACOSTA JIMÉNEZ, FERMÍN ◆ n. en San Luis Potosí, SLP (1925). Piloto aviador titulado en la Escuela Militar de Aviación (1949) y licenciado en administración militar por la Universidad del Ejército y Fuerza Aérea. Ha sido subdirector de servicios habitacionales del Instituto de Seguridad Social para las Fuerzas Armadas Mexicanas (1975), comandante de las bases aéreas militares de Ixtepec (1979-81), Pie de la Cuesta (1981-83), Zapopan (1983-85), Mérida (1986-87) y Santa Lucía (1988); y comandante de la Fuerza Aérea Mexicana (1988-).

ACOSTA LAGUNES, AGUSTÍN ◆ n. en Paso de Ovejas, Ver. (1929). Licenciado en economía (UNAM) con cursos de posgrado en Nueva York y Ginebra. Gerente administrativo de la Cía. de Luz y Fuerza del Centro (1972-74), asesor de la Alianza de Camioneros de la República Mexicana (1974-76), director de la Casa de Moneda (1978-79), subsecretario de Inspección y Ejecución Fiscal de la SHCP (1979-80) y gobernador de Veracruz (1980-86).

ACOSTA RAMOS, MIGUEL ÁNGEL ◆ n. en Navojoa, Son. (1947). Maestro normalista. Secretario general de la sección VII del SNTE (1980-83), secretario de Organización de la FSTSE (1980-81) y diputado federal (1982-85).

ACOSTA ROMERO, MIGUEL ◆ n. en el DF (1929). Licenciado (1947-51) y doctor en derecho por la UNAM (1973-76), de la que ha sido profesor desde 1963 y director (1981-87) Fue jefe de personal de Central de Fianzas (1954-61), jefe del Departamento Técnico Consultivo de la SEP (1963-65), subdirector jurídico de la Comisión Nacional Bancaria (1966-79), y presidente del Tribunal de lo Contencioso Electoral (1987-). Coautor de *La reforma municipal de la constitución* (1987) y autor de *Teoría general del derecho administrativo* (1973), *Derecho bancario* (1978), *Los municipios de México* (1979), *La banca múltiple* (1981),

Ley de amparo (1983), *Catálogo de ordenamientos jurídicos de la administración pública* (1986), *Derecho laboral bancario: doctrina, legislación y jurisprudencia* (1988) y *Derecho administrativo, segundo curso* (1989). Fue presidente de la Academia Nacional de Derecho Burocrático (1986-89).

ACOSTA RUBÍ DE CELIS, BENITO LEÓN ◆ n. en Guanajuato, Gto., y m. en la ciudad de México (1819-1886). Aeronauta. Se elevó el 3 de abril de 1842. Hizo descensos sobre Pátzcuaro y Querétaro. Fue capitán de caballería e ingeniero de caminos.

ACOSTA URQUIDI, MARICLAIRE ◆ n. en el DF (¿1947?). Licenciada en sociología por la UNAM (1965-70) con maestría en estudios latinoamericanos por la Universidad de Essex, Gran Bretaña (1970-71). Ha trabajado para el Centro de Estudios Internacionales de El Colegio de México (1967-70 y 1972-74), el Cinvestav del IPN (1971-72) y la UNAM, donde ha sido profesora de carrera desde 1974, jefa del Departamento de Sociología (1975-76) y directora de la revista *Voices of Mexico* (1985-86). Fue coordinadora del Programa de Ciencias Sociales para el Nivel Medio Superior de la ANUIES (1975-76). Fundadora, secretaria general (1984-) y directora ejecutiva de la Academia Mexicana de los Derechos Humanos (1986-) y consultora de la Fundación Ford. Ha colaborado en *Diálogos, Revista de la Universidad, El Universal, Notimex, Fem, Radio Educación*, etc. Ha escrito ensayos para libros colectivos. Autora de *Propaganda y opinión pública* (1976), *Programa de ciencias sociales para el nivel medio superior* (1976) y *Aborto y sociedad* (1980). Es integrante de Amnistía Internacional y fue secretaria general (1976-77) y presidenta de la Sección Mexicana (1977-82).

ACOSTA VILLEDA, EDUARDO ◆ n. en el DF (1956). Cursó la carrera de abogado en la ENEP Acatlán (1975-79). Trabaja como litigante laboral. Miembro del Partido Mexicano de los Trabajadores. Diputado plurinominal (1985-88).

Portada de una novela de Andrés Acosta, escritor guerrerense

Acuña, Coahuila

ACTEOPAN ◆ Municipio de Puebla situado en el oeste de la entidad, cerca de los límites con Morelos. Superficie: 39.55 km². Habitantes: 3,149, de los cuales 1,013 forman la población económicamente activa. Hablan alguna lengua indígena 1,153 personas mayores de cinco años (náhuatl 1,151). La principal fiesta de la cabecera es la de San Marcos Evangelista, del 23 al 25 de abril, con fuegos artificiales, música y danzas típicas. Cuenta con recursos minerales.

ACTOPAN ◆ Municipio de Hidalgo situado al norte de Pachuca. Superficie: 280.1 km². Habitantes: 44,233, de los cuales 11,086 forman la población económicamente activa. Hablan alguna lengua indígena 2,684 personas mayores de cinco años (otomí 2,589). Las principales fiestas son el 10 de septiembre y el 12 de diciembre, en que se celebra a San Nicolás Tolentino y la Virgen de Guadalupe, respectivamente. Alrededor de la primera fecha se celebra una feria regional junto a la fiesta religiosa en la que hay procesión, música y danzas típicas, al igual que en diciembre.

ACTOPAN ◆ Municipio de Veracruz situado al nor-noroeste del puerto de Veracruz. Superficie: 822.54 km². Habi-

tantes: 41,884, de los cuales 11,852 forman la población económicamente activa. Hablan alguna lengua indígena 55 personas (náhuatl 35).

ACUAMANALA DE MIGUEL HIDALGO Y COSTILLA ◆ Municipio de Tlaxcala situado en el sur del estado, al sureste de la capital de la entidad. Superficie: 13.2 km². Habitantes: 4,254, de los cuales 1,885 forman la población económicamente activa. Hablan alguna lengua indígena 71 personas mayores de cinco años (náhuatl 67). La cabecera es Acuamanala.

ACUITZE CATÁPEME O ACUITZE CATÁNPEME ◆ Deidad tarasca del agua.

ACUITZIO ◆ Municipio de Michoacán contiguo a Morelia. Superficie: 106.06 km². Habitantes: 10,109, de los cuales 2,132 forman la población económicamente activa. Hablan alguna lengua indígena ocho personas mayores de cinco años (purépecha). El municipio se erigió el 26 de abril de 1956. El nombre significa "lugar de culebras". La cabecera es Acuitzio del Canje.

ACULA ◆ Municipio de Veracruz contiguo a Tlacotalpan y Alvarado. Superficie: 192.47 km². Habitantes: 4,773, de los cuales 1,331 forman la población económicamente activa.

ACULCO ◆ Municipio del Estado de México situado en el nor-noroeste de la entidad, en los límites con Querétaro. Superficie: 482.21 km². Habitantes: 34,378, de los cuales 7,307 forman la población económicamente activa. Hablan alguna lengua indígena 2,321 personas (otomí 2,317). La cabecera es Aculco de Espinoza, donde en 1810 los realistas infligieron una importante derrota a las fuerzas insurgentes. Atractivos: arquitectura colonial y pintura mural contemporánea.

ACULTZINGO ◆ Municipio de Veracruz situado al suroeste de Orizaba en los límites con Puebla. Superficie: 166.97 km². Habitantes: 16,048, de los cuales 3,647 forman la población económicamente activa. Hablan alguna lengua indígena 3,065 personas mayores de cinco años (náhuatl 3,053).

ACUÑA ◆ Municipio de Coahuila situado en el extremo norte de la entidad, en los límites con Estados Unidos. Superficie: 11,487 km². Habitantes: 81,602, de los cuales 20,824 forman la población económicamente activa. Hablan alguna lengua indígena 50 personas. El municipio fue fundado en 1879. La cabecera, Ciudad Acuña, antes Las Vacas y Villa Acuña, se halla en la línea fronteriza, frente a Del Río, Texas, por lo cual recibe a gran número de turistas de ambos lados de la línea divisoria. Fue escenario de una rebelión antiporfirista. Cuenta con centros de diversiones y, cercana, la presa de La Amistad. El 25 de octubre se celebra la Fiesta de la Amistad y de la Buena Vecindad, con corridas de toros, desfile de carros alegóricos y espectáculos populares.

ACUÑA, COSME DE ◆ n. y m. en España (s. XVIII). Vino a México (1786) a impartir cátedra en la Academia de San Carlos y decoró una bóveda del Sagrario Metropolitano (1791), obra que se conservó hasta 1905.

ACUÑA, JESÚS ◆ n. en Saltillo, Coah. y m. en Acámbaro, Gto. (1886-1931). Licenciado en derecho por la Escuela Nacional de Jurisprudencia. Fue magistrado del Tribunal Superior de Justicia de Coahuila. En 1913 se adhirió al Plan de Guadalupe y fue secretario particular de Venustiano Carranza. Gobernador de Coahuila (1914-15) y, en el gobierno constitucionalista, secretario de Gobernación y de Relaciones Exteriores (1915-16). Autor de una memoria de la Secretaría de Gobernación (1913-16).

ACUÑA, MANUEL ◆ n. en Saltillo, Coah. y m. en la ciudad de México (1849-1873). Estudió en la Escuela Nacional de Medicina. Cofundador de la Sociedad Literaria Netzahualcóyotl. Colaboró en *El Renacimiento*, periódico dirigido por Altamirano, *El Libre Pensador*, *El Federalista*, *El Domingo*, *El Búcaro* y *El Eco de Ambos Mundos*. Sus poemas más conocidos son *Nocturno a Rosario* y *Ante un cadáver*. Se suicidó. Sus restos estuvieron en la Rotonda de los Hombres Ilustres antes de ser trasladados a Saltillo en 1917.

ACUÑA, VICENTE ◆ n. en Córdoba, Ver., y m. en Puebla, Pue. (1825-1867). Carpintero. Se enroló en las fuerzas liberales al inicio de las guerras de Reforma. Durante la lucha contra los invasores franceses perdió un brazo en la batalla de Tlapacoyan. Murió con el grado de coronel en la batalla de Puebla.

ACUÑA Y MANRIQUE, JUAN DE ◆ n. en Perú y m. en la ciudad de México (1658-1734). Militar de carrera. Trigésimo séptimo virrey de Nueva España (1722-1734). Durante su gobierno mandó traer de Macao las rejas del coro de la Catedral Metropolitana. Reprimió a los coras, instaló una fundición de cañones en Orizaba y ordenó acelerar el desagüe de las minas de Pachuca. En 1724 intentó desalojar a los ingleses de Belice y fracasó. Reorganizó las guarniciones de las Provincias Internas. Construyó la Aduana y la Casa de Moneda.

ACUÑA Y ROSETE, ELISA ◆ m. en el DF (1946). Militó en el Partido Liberal Mexicano, del que fue dirigente. Con Juana Belén Gutiérrez de Mendoza fundó el periódico *Vésper*. Estuvo presa en la cárcel de Belén, en la ciudad de México, y exiliada en San Antonio, Texas. Integrante del grupo Socialistas Mexicanos (1907). Durante la lucha de facciones se unió al zapatismo.

ACUÑA SANDOVAL, RENÉ ◆ n. en Guatemala (1929). Escritor. Doctor en lengua y literatura españolas por la Universidad de Los Ángeles. Ha sido director de la revista guatemalteca *Artis* y de la estadounidense *Mester*. Es investigador del Centro de Estudios Mayas de la UNAM y director de las colecciones "Biblioteca lingüística" y "Biblioteca de textos mayas". Colaborador de la *Revista de la Universidad*. Autor de los ensayos *Introducción al estudio del Rabinal Achí* (1975), *Las nueve cantigas de Pero Meogo* (1977), *Farsas y representaciones escénicas de los mayas antiguos* (1978), *El teatro popular en hispanoamérica: una bibliografía anotada* (1979); y de los poemarios *Silencio habitado* (1956) y *Posesión de la muerte* (1958). En 1962 realizó una *Antología de la literatura guatemalteca*.

ACUÑA ZUMALACÁRREGUI, SERVIO TULIO ◆ n. en el DF (1937). Licenciado en derecho por la UNAM (1960). Secretario particular del secretario del Trabajo y Previsión Social (1970-72), secretario adjunto del CEN del PRI adscrito a la presidencia (1972-76), secretario general del PRI en el DF (1973-76), representante del gobierno de Veracruz en la capital del país (1974-79), director general de la Comisión de Radiodi-

fusión de la Secretaría de Gobernación (1977-81), subsecretario de Información y Propaganda del CEN del PRI (1981). Recibió la presea al Mérito Jurídico (1979).

ACXOTÉCATL ◆ Señor tlaxcalteca que sirvió con sus fuerzas a Hernán Cortés, quien después lo hizo procesar y ahorcar.

ADAIR ◆ Bahía de Sonora situada cerca de los límites con Baja California. También es llamada López Collado.

ADALBERTO TEJEDA ◆ ☞ *Camarón de Tejeda*.

ADAM ADAM, ALFREDO ◆ n. en el DF (1943). Contador público titulado en la UNAM, donde ha sido profesor desde 1970, director de la Facultad de Contaduría y Administración (1981-89) y miembro de la Junta de Gobierno (1992-). Fue director general de Auditoría Interna de la SARH (1977-82) y desde 1996 es contralor interno de la Secretaría de Salud. Es miembro del Consejo Consultivo de Banamex (1992) y fue miembro del Consejo de Administración de Probursa (1992-95). Escribe para revistas especializadas en asuntos contables y es autor de *La auditoría interna en la administración pública federal* (1980) y *La fiscalización en México* (1987). La biblioteca de la Facultad de Contaduría de la UNAM lleva su nombre desde 1996.

ADAME, ARMANDO ◆ n. en San Luis Potosí, SLP (1948). Licenciado en normal básica titulado en San Luis Potosí y especializado en ciencias sociales en la UNAM. Perteneció al taller literario de Miguel Donoso en San Luis. Ha sido coordinador de talleres literarios en Tampico, Ciudad Madero y Celaya, y profesor de la Universidad Autónoma de Zacatecas, donde fue director de Difusión Cultural (1985-88). Miembro de los consejos de redacción de la revista *Dosfilos* y del editorial de *Diálogo* y *Azogue*. Colaborador de *Encuentro*, *Letras Potosinas*, *Tierra Adentro*, *Cambio*, *Aleph* y *Études Mexicaines*. Autor del volumen de poesía *Era*

Manuel Acuña

Retrato y firma del virrey Juan de Acuña y Manrique

Alfredo Adam Adam

más noche lo que tiene el día (1980).

ADAME, JOSÉ ANTONIO ◆ n. y m. en México (1774-1850). Sirvió en el ejército insurgente al mando de Morelos y Hermenegildo Galeana. Participó en varios combates. Se le encargó la custodia del Congreso de Chilpancingo. Encabezó las expediciones sobre Tepecuacuilco y Taxco. Estuvo en los sitios de Cuautla, Acapulco y El Palmar.

ADAME, RAMÓN ◆ n. y m. en San Luis Potosí, SLP (1815-1884). Estudió abogacía en la capital potosina. Fue juez de letras, magistrado y presidente del Supremo Tribunal de Justicia del estado. Combatió a los invasores estadounidenses. Gobernador de SLP en 1846-48, fue depuesto por oponerse a los Tratados de Guadalupe-Hidalgo. En 1853, cuando San Luis Potosí se unió al Plan de Guadalajara, volvió a la gubernatura por un breve lapso de 1853 a 1854. Fue ministro de la Suprema Corte de Justicia de la Nación (1854-55).

ADAME ALATORRE, JULIÁN ◆ n. en San Francisco de los Adame, Zac., y m. en el DF (1882-1976). Ingeniero topógrafo e hidrógrafo titulado en la Escuela Nacional de Ingenieros. Fue rector del Instituto Científico y Literario de Zacatecas. Diputado al Congreso Constituyente por esa entidad (1916-17) y al Congreso Constituyente de Zacatecas. Gobernador interino del estado (septiembre-octubre de 1917) y presidente municipal de Zacatecas.

ADAME Y ARRIAGA, JOSÉ ◆ n. en Puebla y m. en la ciudad de México (1630-1698). Arcediano de la Catedral Metropolitana. Designado arzobispo de Manila, murió antes de la consagración. Autor de *La Universidad de México ilustrada, mediante escolios a sus constituciones, y un comentario general, teórico y práctico de su erección, patronato, privilegios y costumbres.*

ADAME MACÍAS, ENRIQUE ◆ n. en Villa Cos, Zac. y m. en León, Gto. (1884-1913). Militar incorporado al maderismo. Tomó Parras de la Fuente en 1911. Fue detenido por los sediciosos durante la Decena Trágica. Al salir de prisión trató de unirse a los revolucionarios en el norte del país, pero fue fusilado.

ADAME NIÑO, AMALIA LUCILA ◆ n. en el DF (1948). Economista con licenciatura por la UNAM, maestría por la Universidad de las Américas y cursos de posgrado en Cornell y Harvard, EUA. Presidenta del Frente de Promoción Cívica Nacional (1981-), asesora del IEPES (1981), directora general de Política Económica y Social de la SPP (1979) y directora general del Centro de Capacitación para el Desarrollo de la SPP (1982-).

ADAMS, MARTHA ◆ n. en Alemania y m. en México (1893-1978). Escultora, de madre española y padre sueco, diplomático. Presentó sus primeras exposiciones en EUA a principios de la década de los treinta. Llegó a México en 1937, donde trató a Diego Rivera, quien la impulsó a pintar. Desde 1943 expuso en galerías mexicanas. En 1962 participó en la Bienal de Bellas Artes. Al final de su vida trabajó especialmente cabezas de influencia prehispánica.

ADATO GREEN, VICTORIA ◆ n. en Tuxpan, Ver. (1939). Licenciada en derecho por la UNAM (1956-60). Profesora de la UNAM (1960-82). Pertenece al PRI desde 1970. Fue agente del Ministerio Público (1964-65), subdirectora del Instituto Técnico (1971-74) y del Centro de Adiestramiento del Personal de Reclusorios de la Procuraduría del DF (1973-74), jueza penal del DF (1969-74), magistrada del Tribunal Superior de Justicia del DF (1974-76 y 1976-82), subprocuradora segunda de la Procuraduría de Justicia del DF (1976), procuradora General de Justicia del DF (1982-1985) y ministra de la Suprema Corte de Justicia de la Nación (1985-). Coautora de *Prontuario del proceso penal mexicano* (1980) y autora de *Organización judicial, manual de introducción a las ciencias penales* (1976). Es miembro de la Academia Mexicana de Ciencias Penales.

ADELANTADO ◆ Título dado a los conquistadores españoles que ejercían liderazgo o comisiones militares al igual que poderes políticos. También disponían de facultades para impartir justicia en calidad de representantes del rey.

ADELITA, LA ◆ Canción que entona-ban las fuerzas revolucionarias. Existen varias versiones sobre su origen. Una dice que se conoció en Ometepec, Guerrero, en 1892; otras señalan que proviene de Oaxaca, Chiapas, Campeche o Yucatán. Una más establece que el músico Julián Reyes la escuchó en Culiacán en 1913 y la anotó, interpretándola con su banda en diversos lugares hasta popularizarla. Entre las versiones más aceptadas está una, según la cual Adela Velarde Pérez era una enfermera que a los 14 años (aproximadamente en 1915) prestaba sus servicios a las tropas constitucionalistas en Tampico, Tamaulipas, donde un joven capitán carrancista, Elías Cortázar Ramírez, interpretaba la canción en su honor, en un organillo bucal. Este oficial fue muerto en combate. Según otra de las leyendas se trataba de un sargento villista, Antonio del Río Armenta, con quien tuvo un hijo la enfermera cuando ambos andaban con la División del Norte. Del Río murió en la toma de Torreón (☛ *Velarde Pérez, Adela*). La canción fue conocida por las tropas de las diversas facciones, pero fueron los villistas quienes difundieron la última versión sobre su origen. Después de la lucha armada, por extensión, se llamó *Adelitas* a las soldaderas.

ÁDEM CHAÍN, JOSÉ ◆ n. en Tuxpan, Ver., y m. en el DF (1921-91). Matemático por la UNAM, posgraduado en Princeton (1949-52), donde estudió topología algebraica, rama que con sus trabajos (especialmente con las fórmulas llamadas *relaciones de Adem*) ayudó a desarrollar y en la que fue reconocido internacionalmente. Profesor (1954-60) y miembro de la Comisión Dictaminadora del Instituto de Matemáticas de la UNAM (1954-60), cofundador, profesor y primer jefe del Departamento de Matemáticas (1960), así como asesor académico de la Comisión General del Centro de Investigación y Estudios Avanzados del IPN (1960). Integrante de la Junta Directiva de la UAM. Miembro del Colegio Nacional desde 1960 y doctor *honoris causa* de la Universidad Nicolaíta. Autor de decenas de artículos, especialmente en el *Boletín de la Sociedad Matemática Mexicana*, y de libros: *Algebraic Geometry and Topology* (1957), *Lectures Notes in Mathematics* (1970) y otros. Premio Nacional de Ciencias (1967). Recibió las becas Rockefeller (1950) y Guggenheim (1951).

ÁDEM CHAÍN, JULIÁN ◆ n. en Tuxpan, Ver. (1924). Ingeniero civil y matemático por la UNAM. Especialista en climatología y meteorología con estudios de posgrado en la Universidad de Estocolmo y doctorado en la de Brown (EUA). Profesor e investigador de la UNAM. Director del Instituto de Geofísica (1959-1965 y 1971-1977), fundador y director del Centro de Ciencias de la Atmósfera (1977), coordinador del Centro Multinacional de Ciencias de la Tierra creado por la OEA (1971-76), fundador y presidente de la Unión Geofísica Mexicana (1960-1977). Ha sido profesor invitado en varias instituciones académicas del extranjero. Autor, entre otros trabajos reconocidos internacionalmente, de un modelo termodinámico para la predicción del tiempo a largo plazo, mismo que se emplea en Japón, Europa y EUA. Ha publicado una gran cantidad de textos en libros colectivos y revistas, especialmente en *Anales del Instituto de Geofísica* y *Monthly Weather Review*. Investigador Emérito del SNI (1998). En 1974 ingresó en El Colegio Nacional. Premio Nacional de Ciencias (1976). **Doctor** *honoris causa* por la Universidad Veracruzana. Recibió la medalla Adolfo Ruiz Cortines de la Legislatura del Estado de Veracruz (1994).

ADOMIÁN, LAN ◆ n. en Ucrania y m. en el DF (1905-1979). Músico. Estudió en el Peabody Conservatory de Baltimore y en el Curtis Institute of Music de Filadelfia. Combatió en la guerra civil española dentro de la brigada internacionalista Lincoln. Después de la segunda guerra mundial, perseguido por el macartismo, abandonó Estados Unidos y se naturalizó mexicano. Dirigió la Orquesta Sinfónica Nacional en el Festival de Música Panamericana de 1954. Compuso, entre otras piezas, *Le*

violiniste vert, *Sinfonía no.2 La española*, *Cantata de las ausencias*, *Introducción y danza*, *Las siete hojas de Termarí*, *La balada de Terezín*, *Fin de verano*, *Auschwitz* (con textos de León Felipe), *Sinfonía no.5 a las víctimas del holocausto El bosque de los mártires*, *Tempo di Marcia-1945*, *Little Serenade*, *5 a.m.*, *Cantata elegiaca*, *Dieciséis dibujos para cuarteto de cuerdas*, *Una vida*, *Bar Kochba*, *Le Matin des Magiciens*, *Soledades*, *Israel, suite para orquesta* (en honor del nacimiento del Estado judío), *Tres canciones italianas*, *Ballet de las cazadoras* (1958), *Tamayana y mural para orquesta* (1960), *Cantata de la revolución mexicana*, *Kodesh-Kodashin* y *Dos canciones* (con textos de Teodoro Césarman, 1968). Hizo la música de la película *Tlapa*. Becario de la Fundación Guggenheim (1976). Recibió el Premio Silvestre Revueltas de la UNAM (1975) y el Primer Premio para América Latina del Instituto Goethe de Munich (1975). En 1978 fue galardonado por la Universidad de Haifa.

ADORNO, JUAN NEPOMUCENO ◆ n. y m. en la ciudad de México (1807-1880). Inventor de un arma que podía disparar hasta 70 proyectiles por minuto, un aparato reproductor de documentos, una pianola y un ferrocarril "rapidinámico". Vivió en Europa de 1848 a 1859, donde publicó *Introduction of Harmony of the Universe on Principles of Fisic Harmony Geometry* (Londres, 1851), mismo que publicó en México como *Armonía del Universo sobre los principios de la armonía física y matemática* (1862), cuya segunda parte apareció después de su muerte, libro por el cual se le incluye entre los utopistas y se le considera como un filósofo mexicano original. A él se debe una *Memoria* sobre hidrografía, meteorología e higiene del valle de México (1865), en la cual incluye un recuento de los sismos registrados en la capital durante los tres siglos y medio posteriores a la Conquista. También es autor de *Análisis de los males de México y sus remedios practicables* (1858), de un *Resumen ordenado de sus discursos* (1873) y de *Melographie ou Nouvelle notation musicale*, escrito espe-

La Adelita

cialmente para explicar el funcionamiento de su pianola o piano melógrafo. Elaboró también un proyecto para el desagüe de la capital.

ADRIANO, DIEGO ◆ n. y m. en la ciudad de México (?-?). Indio de la nobleza tlatelolca que tradujo varias obras religiosas del latín y el español al náhuatl. Se dedicó, hacia 1600, a las artes gráficas y llegó a ser considerado maestro impresor.

ADVENTISTAS DEL SÉPTIMO DÍA ◆ Grupo religioso cuyos miembros guardan el sábado y creen en un segundo e inminente advenimiento de Jesucristo. Este culto fue fundado en 1813 por William Miller e introducido en México a fines del siglo pasado. Es, por su número, la segunda comunidad de las llamadas protestantes. Dispone de varias jurisdicciones (misiones) en el país y está regida por una Asamblea Nacional, en ausencia de la cual gobierna el Consejo de la Asociación. Tiene tres centros de culto en el DF y más de un centenar en el resto del país, sobre todo en los estados de la frontera norte. Patrocina obras pías y cuenta con su propia firma editorial.

AFGANISTÁN, ESTADO ISLÁMICO DE

◆ Estado de Asia que limita al norte con Turkmenistán y Uzbekistán, al noreste con Tayikistán y China, al este y al sur con Pakistán y al oeste con Irán. Superficie: 650 mil km². Habitantes: 23, 738,000 (estimación de 1997). La capital es Kabul, que tenía 700,000 habitantes en 1993. Otras ciudades de importancia son Kandahar (225,000 habitantes) y Herat (177,000 habitantes). El pushtu es el idioma del grupo étnico mayoritario, los pushtus o patanes. Los tajiques, segundo conglomera-

persa y en el VII entraron los musulmanes. Hacia el siglo X los chinos controlaron el noreste y dos centurias después entraron los mongoles y lo convirtieron en parte del imperio de Gengis Khan. En 1360 quedó en manos de Tamerlán y su dinastía gobernó hasta principios del siglo XVI, cuando se inició un largo periodo de luchas entre los uzbecos, los persas y los mongoles, quienes se disputaban el control del país. La unificación de los pequeños señoríos en el reino afgano la llevó a cabo el *sha* Ahmad Durrani, en la segunda mitad del siglo XVIII. Durante el siglo XIX rusos y británicos se disputaban la hegemonía sobre el país, que resultaba clave para sus proyectos colonialistas. El acer-

depuesto por una revuelta instigada por los jefes tribales y la Constitución fue derogada. En 1953 se inició un proceso de modernización en las costumbres y la economía, aunque no llegó a afectar la gran propiedad de la tierra. México y Afaganistán establecieron relaciones diplomáticas en 1961. En 1965 el Partido Popular Democrático (PPD) organizó grandes manifestaciones antimonárquicas. En 1973, después de una hambruna que mata a decenas de miles de personas, es derrocado el rey Mohamad Zair y se instaura la república, con Mohamed Daúd en la presidencia. Éste fue derrocado en 1977 por un golpe militar organizado por el PPD, que impone a Nur Mohamed Taraki como presidente. Éste fue derrocado en 1979 por el primer ministro Hafizullah Amín, quien hace frente a las protestas populares con una amplia e indiscriminada represión que alcanza incluso a su partido. El 25 de diciembre ordenó la ejecución de 1,300 presos políticos y eso desató una insurrección encabezada por Babrak Karmal, quien se impuso gracias a la intervención militar de tropas soviéticas. La presencia de fuerzas armadas de la Unión Soviética motivó la protesta de decenas de países, entre ellos México, y dio argumentos para que Estados Unidos y otras naciones intensificaran su apoyo logístico a los grupos armados de oposición. La presencia de tropas de la URSS en suelo afgano, contó con la aprobación de todos los partidos y grupos de la izquierda mexicana, con excepción del Partido Comunista, que reprobó la intervención militar. Hasta 1987, los soviéticos habían sufrido 30,000 bajas en la guerra afgana, que había llevado al exilio a tres millones de civiles. Entre 1988 y 1989 los soviéticos retiran a su ejército de ocupación, pero continúa la guerra civil. En 1991 la ONU propone un plan de paz, pero de las siete facciones en pugna sólo lo aceptan tres, las que forman un gobierno interino. Dos años después son ocho los grupos que firman un acuerdo, pero continúan las hostilidades y aparece en el sur del país otro grupo armado: los *ta-*

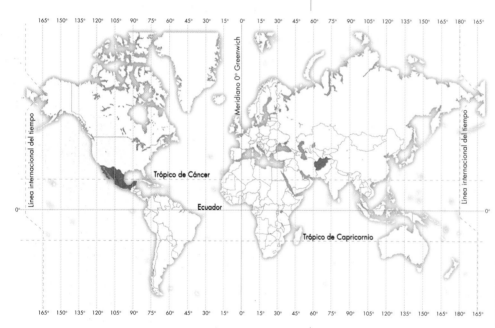

Afganistán

do étnico, hablan dari, una variante del persa y ésta es la lengua que se emplea en las transacciones comerciales. La moneda es el afgani. La casi totalidad de la población es musulmana (99 por ciento) y de ésta, 90 por ciento es sunita y el resto chiíta. *Historia*: hace 2,500 años formó parte del imperio persa. En el siglo IV a.n.e. Alejandro de Macedonia la incorporó al imperio helenístico. Al perder los griegos sus dominios asiáticos pasó a manos de los hindúes, posteriormente de un grupo escita a quien se debe la apertura de la Ruta de la Seda. En el siglo III se convirtió en dominio

camiento diplomático entre el gobierno de Kabul y los rusos dio pretexto a Gran Bretaña para agredir a Afganistán (1839-42 y 1878-80), imponer autoridades y poner bajo su control la política exterior. Al término de la primera guerra mundial se produce la tercera intervención armada de los ingleses, que termina con el reconocimiento de la soberanía de Afganistán (1919), con el emir Amanullah Khan como gobernante, quien reconoció al gobierno soviético, promulgó una nueva Constitución que limitaba el poder de las autoridades tribales y se autodesignó *sha*. En 1929 fue

libanes (estudiantes), grupo señalado como pro pakistaní que en 1996 toma Kabul, ejecuta al presidente Mohammad Najibullah y establece un gobierno basado en los más severos valores islámicos.

AFICIÓN, LA ◆ Diario deportivo del Distrito Federal. El primer número apareció el 24 de diciembre de 1930. Su director fundador fue Alejandro Aguilar Reyes (*Fray Nano*). A su muerte fue sustituido por Antonio Andere (1961-1981) y Juan Francisco Ealy Ortiz (1981-). Está considerado el primero y más antiguo cotidiano deportivo del mundo.

ÁFRICA ◆ Continente del que se trajo un número considerable de esclavos durante la colonia. La cantidad de africanos traída a México es posiblemente de varios cientos de miles, la mayoría de los cuales murieron a consecuencia de la sobreexplotación, las epidemias y la adversidad del clima. La población del centro del país fue exterminada, pues de unos 25 millones de indios que había a la llegada de los españoles, en 1605 sólo quedaban 1,075,000. La despoblación del país fue el pretexto para traer desde África mano de obra esclava. La población mexicoafricana protagonizó grandes revueltas, la principal de las cuales fue acaudillada por Yanga y el angolano Francisco de la Matosa, quienes en las faldas del Pico de Orizaba fundaron una especie de Estado que se mantuvo al margen del poder español durante 30 años (desde alrededor de 1590 a 1618), hasta que fueron derrotados y confinados en San Lorenzo de los Negros, pueblo creado para ellos. Si bien de menor importancia histórica y numérica, hubo otros núcleos de cimarrones en Veracruz y en diversos puntos del país. Aunque la sangre africana se diluyó por el intenso mestizaje, existen todavía grupos de caracteres identificables en algunas regiones, sobre todo en los estados de Veracruz y en la Costa Chica y el centro de Guerrero, donde aún se practican algunas danzas carnavalescas.

AGEA, JUAN ◆ n. en España y m. ¿en la ciudad de México? (1795-¿1855?).

Militar realista. Se adhirió al Plan de Iguala. Ocupó diversos cargos militares y llegó a general de división. Luchó contra los invasores estadounidenses en 1846-47.

AGEA HERMOSA, FRANCISCO ◆ n. y m. en la ciudad de México (1900-1970). Músico. Discípulo de Manuel M. Ponce y Carlos Chávez. Fue un reconocido pianista en los años treinta y cuarenta. Actuó como solista de la Sinfónica Nacional. Profesor desde 1930 y director del Conservatorio Nacional de Música (1945-47). Durante muchos años se encargó de escribir las notas de los programas de manos de la Sinfónica Nacional.

AGIABAMPO ◆ Estero ubicado en los límites de Sonora y Sinaloa. Está comunicado con el golfo de California.

AGRAZ DE LA BRAMBILA, ALFONSO MARÍA ◆ n. y m. en Tecolotlán, Jal. (1879-1935). Estudió música, pero por su precaria salud se dedicó a las faenas agrícolas en la hacienda paterna. En 1974 se publicaron sus poemas bajo el título *La creación del mundo y cántico a la Virgen María*.

AGRAZ DE LA CUEVA, JOSÉ MÁXIMO DE ◆ n. y m. en Tecolotlán, Jal. (1769-1833). Fue alcalde de su pueblo natal. Fue coautor de un plan de estudios para la escuela primaria del lugar: *Ordenanzas de la Escuela de Primeras Letras* (1822).

AGRAZ CURIEL, AMADO ◆ n. y m. en Guadalajara, Jal. (1820-¿1855?). Licenciado en derecho por la Universidad de México (1845). Miembro del Nacional Colegio de Abogados (1842), en cuya Academia de Derecho Teórico Práctico también se tituló (1845). Miembro del Foro de Abogados de Guadalajara (1845). Según Pérez Verdía fue diputado por Jalisco al Congreso Constituyente de 1856-57. Editor responsable de *El País*, órgano del gobierno jalisciense (1856). Colaboró en periódicos tapatíos.

AGRAZ GARCÍA DE ALBA, ABRAHAM ÁNGEL ◆ n. en Tecolotlán, Jal. (1919). Tomó cursos por correspondencia sobre zootecnia de caprinos en la Universidad

de Pensilvania, la cual le otorgó certificado de estudios en 1966. Como experto en ganado caprino ha trabajado para dependencias gubernamentales y organizaciones sociales. Asesor de la FAO (1974-75). Tiene registradas tres patentes de diversos aparatos para la explotación de las cabras. Catedrático de la Escuela Nacional de Agricultura, de la Facultad de Agrobiología Benito Juárez de la Universidad Michoacana y del Centro Lagunero de Productividad, de Torreón, Coahuila. Ha participado en congresos y otros encuentros internacionales sobre la materia y ha escrito decenas de trabajos acerca de temas de su especialidad.

AGRAZ GARCÍA DE ALBA, GABRIEL ◆ n. en Tecolotlán, Jal. (1926). Historiador autodidacto. Fundador y director del periódico regional *Ecos de Provincia*, de Tecolotlán (1956-58). Fundó, organizó y dirigió (1959-65) lo que hoy es el Instituto Cultural Sauzá. Integró el primer archivo militar de Jalisco (en microfilme). Autor, entre otras obras, de *Esbozos históricos de Tecolotlán* (1950), *Ofrenda a México: compendio de geografía, historia y biografías mexicanas* (1958), *Jalisco y sus hombres: compendio de geografía, historia y biografías jaliscienses* (1958), *Historia de la industria Tequila Sauza: tres generaciones y una tradición* (1963), *José Homobono Anaya y Gutiérrez, ejemplar apóstol de Cristo* (1976), *Licenciado don José Reyes Gómez de Aguilar y Solórzano, ilustre tecolotlense que destacó en Guadalajara y Lagos* (1979), *Un gaditano insigne en América: don José*

Figura femenina que alude a la fertilidad, procedente de África (Ghana)

Foto: Jorge Contreras Chacel

Foto: Claudio Contreras

Afromestizos de Veracruz

María Narváez, explorador y cartógrafo de Alaska, de California y del primer mapa de Jalisco (1979), *Bibliografía de los escritores de Jalisco* (t. I y II, 1980) y *Bibliografía general de don José María Vigil* (1981).

AGRAZ GIL, JOSÉ FRANCISCO TOMÁS ◆ n. en Talpa y m. en Ameca, Jal. (1824-1885). Abogado y periodista conservador que firmaba como *Francisco T. Agraz*. Escribió en *El Tiempo*, de la capital, y en periódicos jaliscienses. En volumen aparte se publicaron algunos de sus trabajos jurídicos, referidos a juicios en los que intervino.

AGRAZ GÓMEZ, ANTONIO DANIEL ◆ n. y m. en Guadalajara, Jal. (1866-1902). Abogado. Ocupó diversos puestos en el ramo judicial en Jalisco. Redactor jefe de los periódicos *Diario de Jalisco* (1892) y de *El Continental* (1892-94). Colaboró también en *El Heraldo* de la capital tapatía. Escribió poesías que no llegaron a editarse en formato de libro.

AGRAZ HINOJOSA, SALVADOR F. ◆ n. en Autlán, Jal., y m. en la ciudad de México (1881-1921). Se graduó en Estados Unidos de médico veterinario (1906). Recorrió la República entre 1909 y 1910 como enviado de *El Imparcial*, lo que aprovechó para impulsar la organización antirreeleccionista. Los federales lo aprehendieron en León Gto. y quedó en libertad al triunfo de Madero. Viajó, con fondos propios, por varias ciudades de EUA para explicar los propósitos del nuevo gobierno. De regreso a la capital mexicana trabajó como periodista. Entre 1913 y 1915 estuvo en el servicio diplomático, el que abandonó para incorporarse al constitucionalismo, en el que obtuvo el grado de capitán primero. En 1917 se instaló de nuevo en la capital donde volvió a ejercer el periodismo.

AGRAZ LUNA, JOSÉ DE JESÚS ◆ n. en Zapotitlán, Jal., y m. en Salamanca, Gto. (1893-1965). Graduado de la Escuela Médico Militar (1917) y odontólogo por el Colegio Dental de Colima (1924). Se doctoró en medicina en la Universidad de Manhattan, EUA. Ejerció su profesión en varios estados hasta establecerse definitivamente en Salamanca, donde fundó la escuela para obreros Lázaro Cárdenas.

Escribió poesía: *Canto a Tecolotlán* (1965), *Rincones de la vida* (1965) y *Misterio, De ti aprendí a triunfar, Primer amor*.

AGRAZ MEDRANO, JESÚS ◆ n. en Tecolotlán y m. en Autlán, Jal. (1815-1888). Abogado y político conservador. Ejerció su profesión en Guadalajara. Diputado al Congreso General (1850-51). Sirvió a la intervención francesa y al imperio. Autor de unas *Reflecciones* (sic) *sobre la naturaleza y origen de los males y trastornos que han producido la decadencia de Méjico, sobre la intervención francesa en este país*. (1864).

AGRAZ NIZ, ALEJANDRO ◆ n. en Talpa, Jal., y m. en Santiago Ixcuintla, Nay. (1842-1898). Empresario minero. Fundó con los alemanes Guillermo y Alberto Koch, hermanos del descubridor del bacilo de ese nombre, una empresa para explotar el mineral de El Bramadero, en Talpa. Promovió la introducción del telégrafo y el teléfono en el occidente de Jalisco. Instaló una imprenta en su negocio que editó el periódico *El Eco de las Montañas* (1881-84). Abrió después otras minas y en 1887 escribió un "Informe sobre mineralogía en el estado de Jalisco".

AGRAZ RAMÍREZ DE PRADO, ABRAHAM ◆ n. y m. en Tecolotlán, Jalisco. (1843-1908). Empresario. Producía aceite para las lámparas de alumbrado público de varias ciudades. Escribió varios textos, uno de los cuales publicó su nieto Gabriel en 1972: *Cómo se viajaba en México hace cien años: un viaje interesante en el año 1872 de Guadalajara a México y Puebla y regreso hasta Tecolotlán*.

AGRAZ RAMÍREZ DE PRADO, JUAN SALVADOR ◆ n. en Tecolotlán, Jal. y m. en el DF (1881-1949). Químico. Estudió en La Sorbona con Carnot, Berthelot y Poincaré y con Leibnitz en Leipzig, donde se doctoró con honores. Regresó a México en 1903 y fue catedrático de la Preparatoria y de la Escuela Nacional de Agricultura. En 1908 empezó a trabajar para el Instituto Geológico Nacional. Descubrió un método "para determinar los pesos atómicos de las tierras raras" (1909), mismo que le valió su ingreso

en la Comisión Internacional de Pesos Atómicos, de Ginebra, Suiza. En 1913 inventó un aparato para analizar gases y en 1914 ideó un método para la obtención de hidrocarburos gaseosos. Fundó la cátedra de filosofía de la química en la Escuela de Altos Estudios. Promovió la creación de la Escuela Nacional de Ciencias e Industrias Químicas, de la que fue primer director (1916). Fue cónsul en Hamburgo (1920-21). Fue jefe de rotograbado del diario capitalino *La Prensa*. Intervino en la fundación de la ESIME. Fundó la carrera de ingeniero petrolero en la UNAM. Presidente del primer Instituto Mexicano del Petróleo (1939-¿1941?).

AGRAZ RAMÍREZ DE PRADO, MARÍA IGNACIA ◆ n. en Tecolotlán y m. en Ejutla, Jal. (1846-1914). Profesó como religiosa del Instituto de Adoratrices Perpetuas del Santísimo Sacramento. Una selección de su obra lírica fue publicada en 1976 con el título de *Poesías de María Ignacia Agraz Ramírez de Prado y cartas a ella dirigidas*.

AGRAZ ROJAS, JOSÉ FERNANDO ◆ n. en el DF (1949). Actuario titulado en la UNAM (1968-71) y diplomado en el Instituto Latinoamericano de Planificación Económica y Social, Chile (1972); es maestro en investigación de operaciones por la Universidad de Stanford, EUA (1973-74). Profesor de la UNAM (1975-76), del Instituto Tecnológico Autónomo de México (1976-82) y del IPN (1977). Ha sido jefe del Departamento de Estadísticas Agropecuarias de la Secretaría de la Presidencia (1974-76), coordinador de Estadística y Sistematización (1977-79), subdirector administrativo de Planeación Regional (1979-82) y director general de Programación, Organización y Presupuesto de la Secretaría de Programación (1988-); y director de Presupuesto y Análisis Financieros de la Secretaría de Energía (1983-84). Oficial mayor de la Secretaría de Gobernación (1995) y de la Secretaría de Desarrollo Social (1998-). En 1976 recibió el Premio al Mérito Lázaro Cárdenas.

ÁGREDA, NICOLÁS ◆ n. y m. en España (?-1553). Vicario provincial de San Agustín a partir de 1535 y luego prior de Zempoala. Autor de *Dictamen sobre que a los indios neófitos se les debe ministrar la Sagrada Eucaristía*.

ÁGREDA Y SÁNCHEZ, JOSÉ MARÍA DE ◆ n. y m. en la ciudad de México (1838-1916). Encargado de la Biblioteca Pública de la Catedral Metropolitana, subdirector de la Biblioteca Nacional en 1892 y bibliotecario del Museo Nacional. Formó una de las bibliotecas más completas de México.

AGUA AZUL ◆ Balneario de la ciudad de Puebla a cuyas aguas se atribuyen cualidades terapéuticas.

AGUA BLANCA ◆ Municipio de Hidalgo situado al noreste de Pachuca, en los límites con Veracruz y cerca de los límites con Puebla. Superficie: 97.6 km². Habitantes: 8,959, de los cuales 2,020 forman la población económicamente activa. Hablan alguna lengua indígena 21 personas mayores de cinco años. El municipio, erigido en 1874, se llamó Agua Blanca de Iturbide y con ese nombre apareció todavía en el censo de 1970, actualmente sólo la cabecera municipal se llama así.

AGUA BRAVA ◆ Laguna de Nayarit que de acuerdo con la época del año tiene entre 30 y 40 kilómetros de largo. Desemboca en ella el río Bejuco. Está unida por un canal a la laguna de Teacapan, que se halla en Sinaloa.

AGUA DULCE ◆ Bahía de Sonora situada frente a la isla Tiburón.

AGUA DULCE ◆ Municipio de Veracruz situado en el extremo este del estado, en los límites con Tabasco y en el golfo de México. Superficie: 259.25 km² Habitantes: 46,404, de los cuales 12,432 forman la población económicamente activa. Hablan alguna lengua indígena 492 personas mayores de cinco años (zapoteco 278). Fue erigido el 28 de noviembre de 1988. Era congregación de Coatzacoalcos. En la cabecera, del mismo nombre, se empezó a extraer petróleo en 1928.

AGUA PRIETA ◆ Municipio de Sonora situado en la frontera con Estados Unidos y en los límites con Chihuahua. Su-

perficie: 3,631.53 km². Habitantes: 56,289, de los cuales 13,318 forman la población económicamente activa. Hablan alguna lengua indígena 245 personas mayores de cinco años (zapoteco 89). La cabecera fue un caserío junto a la vía del tren Douglas-Nacozari. En 1903 contaba con fundo legal y se erigió como ciudad en 1942. Fue escenario de un combate entre fuerzas villistas y constitucionalistas. Lugar donde el 23 de abril de 1920 se firmó el Plan de Agua Prieta, mediante el cual los generales Obregón, Calles y De la Huerta desconocieron al presidente Venustiano Carranza.

AGUA VERDE ◆ Bahía de Baja California Sur. Está situada al pie del cerro de la Giganta, frente a las islas de Montserrat y Santa Catalina.

AGUADÉ MIRÓ, JAIME ◆ n. en España y m. en el DF (1882-1943). Médico. Fue alcalde de Barcelona, diputado y subsecretario de Sanidad y ministro del Trabajo durante la República Española. Asilado en México en 1939, donde ejerce su profesión. Escribió *La fatiga obrera* y varias obras en catalán que se publicaron en México.

AGUADO, JOSÉ IGNACIO ◆ n. y m. en León, Gto. (1783-1854). Sacerdote que fundó ochenta escuelas en su curato y creó el Instituto de San Francisco de Sales (después Colegio de la Luz), en Guanajuato, en el cual se impartía enseñanza religiosa y materias como francés y jurisprudencia. Autor de un *Tratado de hermenéutica*, un *Curso de filosofía* y una *Impugnación a las cartas provinciales de Pascal*. Hizo también traducciones del francés.

AGUADO LÓPEZ, EDUARDO ◆ n. en el DF (1955). Maestro en sociología por la UAEM. Ha sido profesor de la Facultad de Ciencias Políticas de la UAEM, del Instituto Superior de Ciencias de la Educación del Estado de México y de El Colegio Mexiquense. Autor de *Conflicto social en el campo mexicano, 1976-1982: la lucha por el espacio de reproducción*, *La educación básica en el Estado de México, 1970-1990: la desigualdad regional* y *Crecimiento demográfico y municipios conurbados a la ciudad de México*.

Agua Prieta, Sonora

AGUALEGUAS ◆ Municipio de Nuevo León situado al este-noreste de Monterrey, en los límites con Tamaulipas. Superficie: 917.6 km². Habitantes: 4,492, de los cuales 1,522 forman la población económicamente activa. El balneario Paseos del Nogalar es su principal atracción turística. En la presa de Agualeguas se puede practicar la pesca. En la cabecera existe un templo del siglo pasado, Nuestra Señora de Agualeguas. En invierno llega gran número de visitantes atraídos por la caza del pato de Canadá.

AGUANAVAL ◆ Río que recorre 400 km por los estados de Zacatecas, Durango y Coahuila hasta llegar a la zona de la Laguna, donde sirve a la agricultura.

AGUAS, MANUEL ◆ n. y m. ¿en México? (?-1872). Fraile dominico que dejó la confesión católica romana para fundar la Iglesia de Jesús o Iglesia Mexicana, de la cual fue obispo y figura principal. Escribió libros y folletos para difundir el nuevo culto.

FOTO: DANTE BUCIO

FOTO: MICHAEL CALDERWOOD

HIMNO DE AGUASCALIENTES
Letra de Esteban Ávila
Música de Miguel Meneses

Si el traidor a la lid nos provoca
¡arma al hombre a vencer o morir!
Que el rehusar si el clarín nos convoca
es afrenta en el mundo vivir.
Cuna ilustre de Chávez y Arteaga,
que a la patria mil héroes les das,
ciudad bella, hermosísima maga,
Dios te otorgue el progreso y la paz.
Nunca el sol de los libres su rayo
ni que airado a tu bóveda azul,
ese sol esplendente de Mayo
que a tu gloria ha prestado su luz.
El alumbre tu senda de flores,
él ¡oh patria! otros triunfos te dé,
y no logren los ciegos traidores
nunca, nunca tu luz obtener.
Del oprobio la mancha execrable
cubra a aquel que la espada empuñó
para hundirla a la madre adorada
y a los viles franceses se unió.
Caiga, caiga la afrenta en su frente
y en su nombre el eterno baldón,
nunca, patria, te muestres clemente,
nunca a Lares le des tu perdón.
Ciñe ¡oh patria! tus sienes divinas
con los lauros que arranca el valor
y al mirar del imperio las ruinas
alza ufana tus himnos a Dios.
Ya no el paso de infames tiranos
a tus hijos pretenda oprimir,
que tu pueblo sea un pueblo
de hermanos donde puedan
los libres vivir.

Felipe González González,
Gobernador Constitucional
de Aguascalientes

Aunque populares en
todo el país, las peleas
de gallos están ligadas
simbólicamente a la
feria de San Marcos,
en Aguascalientes

AGUASCALIENTES ◆ Estado de la República Mexicana situado en la parte occidental del Altiplano. Limita con Jalisco y Zacatecas. Superficie: 5,471 km². Habitantes: 862,720 (1995). Sus once municipios son: Aguascalientes, Asientos, Calvillo, Cosío, Jesús María, El Llano, Pabellón de Arteaga, Rincón de Romos, San Francisco de los Romo, San José de Gracia y Tepezala. Altura máxima: 3,090 m. sobre el nivel del mar; mínima: 1,800 m. La preci-

pitación media anual entre 400 y 555 mm. Dos cadenas orográficas atraviesan la entidad en sus regiones oriental y occidental. La que recorre la porción occidental se llama sucesivamente Sierra Fría, del Pinal, del Pabellón, de Guajolote y del Laurel. En ésta se halla el cerro del Laurel, que es el punto más alto del estado. El río Aguascalientes, que nace en Zacatecas, atraviesa la entidad de norte a sur; otro río de importancia es el Calvillo, que riega el suroeste del territorio estatal. *Historia*: antes de la llegada de los españoles el territorio del estado lo recorrían grupos nómadas chichimecas (cuachichiles, guamares, guaxabanes y zacatecos); la conquista, a partir de 1530, cobró especial ferocidad, pues los españoles al mando de Cristóbal de Oñate asesinaron, violaron y saquearon indiscriminadamente, al extremo de destruir los precarios poblados que existían y reducir a los sitios más inhóspitos a los indios, cuya rebeldía se mantuvo por siglos. En 1575 se fundó el pueblo de Nuestra Señora de la Asunción de las Aguascalientes, con 12 vecinos a los que dotó de tierras. A principios del siglo

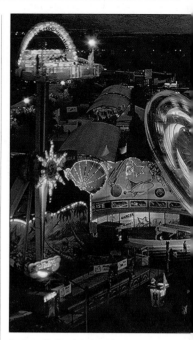

La Feria Nacional de San Marcos, considerada como la más importante del país, se celebra cada año, en los meses de abril y mayo, desde 1827. Originalmente se celebraba en el Parián y, a partir de 1932, incluyó la celebración de los juegos florales, que en 1968 se convirtieron en el premio de poesía de Aguascalientes, el más codiciado del país en ese género literario.

XVII se procedió a cultivar la vid y diversas especies frutales, con tan buen resultado que se generaron excedentes para ser enviados a otras regiones. A mediados de ese mismo siglo se trabajaban géneros de lana y se inició la manufactura de artículos de hierro y madera. A principios del siglo XVIII se fundó Valle de Huejúcar (hoy Calvillo), en terrenos fértiles y bien irrigados que se abrieron al cultivo. De la misma época data la edificación de la villa de los Asientos de Ibarra, centro minero de gran producción en esa centuria, lo que acrecentó la importancia de la ciudad de Aguascalientes, convertida en estación de paso para los convoyes que llevaban minerales a la capital novohispana, lo que hacía de ella un activo centro comercial. En 1785, Aguascalientes quedó convertida en subdelegación tributaria de la intendencia de Zacatecas, lo que originó frecuentes protestas. Con la expulsión de los jesuitas (1767), que tenían gran-

Centro de cómputo en
la Universidad Tecnológica de Aguascalientes

des intereses en la agricultura y la minería, Aguascalientes tuvo una declinación que se acentuó por la hambruna de los años 80 del siglo XVIII y la consecuente epidemia. Sin embargo, en las últimas décadas de esa centuria, diversas obras públicas y la edificación de templos y recintos religiosos, así como la apertura de la Escuela Pía o de Cristo daban muestra de la pujanza aguascalentense. Años antes de 1810 ya se conocían y discutían en

Aguascalientes las ideas independentistas. Pedro Parga, Rafael Iriarte y Valentín Gómez Farías, que aunque nacido en Guadalajara ejerció

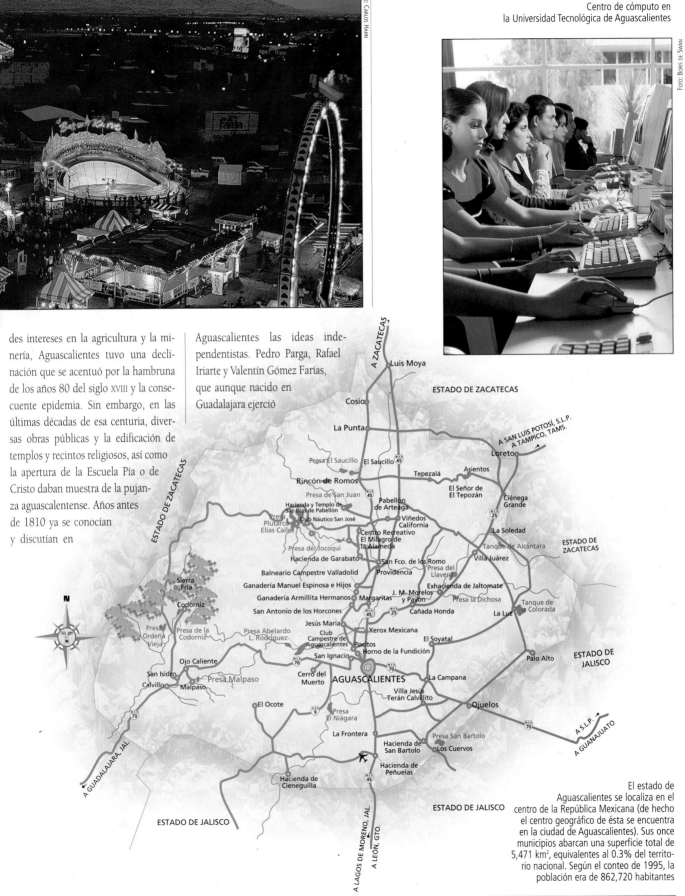

El estado de Aguascalientes se localiza en el centro de la República Mexicana (de hecho el centro geográfico de ésta se encuentra en la ciudad de Aguascalientes). Sus once municipios abarcan una superficie total de 5,471 km², equivalentes al 0.3% del territorio nacional. Según el conteo de 1995, la población era de 862,720 habitantes

FOTO: MICHAEL CALDERWOOD

Vista de la plaza
principal de
Aguascalientes

como abogado e inició su carrera política en Aguascalientes, se cuentan entre los hombres que deseaban la separación de España. Otro aguascalentense, Francisco Primo de Verdad y Ramos, encabezó el movimiento autonomista del ayuntamiento de la ciudad de México, en 1808. Al proclamar Hidalgo la independencia se desató el pánico entre las familias pudientes y el 9 de octubre de 1810 se amotinó el pueblo y detuvo a los españoles. Pedro Parga desde el primer momento se unió a la insurgencia, pues participó en la toma de la alhóndiga de Granaditas y fue comisionado por Hidalgo para cumplir una misión tan delicada como reclutar a milita-

res realistas en Guadalajara. Rafael Iriarte puso en pie una fuerza de 1,500 hombres con los cuales asedió a los españoles antes de unirse a Allende. En Huejúcar y Juchipila operó la guerrilla del padre Calvillo; destacaron también como combatientes Julián Macías (*Botas Prietas*), José Ramírez (*el Rubí*), Máximo Tinajero, José Santos Ugarte, Cenobio Mares, Rafael Muñoz y otros. Después de firmarse el Pacto Trigarante, Gómez Farías hizo jurar la independencia, bandera tricolor en mano, el 6 de julio de 1821. Al aprobarse la división política del México independiente, Aguascalientes quedó como partido del estado de Zacatecas, en cuya jurisdicción se halla-

Estación del ferrocarril
de la ciudad de
Aguascalientes,
inaugurada en 1911

FOTO: CARLOS HAHN

ron Rincón de Romos, Calvillo y Asientos. Durante la primera república federal, Aguascalientes se convirtió en centro textil y la curtiduría cobró cierto relieve. En 1832 aportó 600 hombres a la milicia de Zacatecas, la que combatió al gobierno centralista en la guerra que culminó con el triunfo federalista y la instalación en la Presidencia de la República de Manuel Gómez Pedraza. Posteriormente, al convocarse a elecciones, Santa Anna resultó presidente y Gómez Farías vicepresidente. Éste asumió la presidencia al retirarse Santa Anna a Manga de Clavo y encabezó el movimiento que se conoce como la primera Reforma. Santa Anna, azuzado por los conservadores, hizo caer a Gómez Farías y combatió al gobierno zacatecano que se le oponía, derrotando a sus milicias e imponiendo un gobierno

Foto: Fondo editorial de Grupo Azabache

Arcada en el interior del Palacio de Gobierno de Aguascalientes. Se trata del único edificio del siglo XVII que se conserva en esa ciudad

Foto: Fondo editorial de Grupo Azabache

Monumental plaza de toros en Aguascalientes. Mayor que la original (plaza de toros de San Marcos, 1896). Se construyó en 1974.

Jesús Terán, quien realizó diversas obras públicas, dio impulso a la educación elemental y superior, autorizó el ingreso de los artesanos a la Escuela de Dibujo y fundó el periódico literario *El Crepúsculo*. Durante el año en que Terán gobernó cobraron aliento dos grupos políticos, El Duendil y El Triple, que editaban *El Duende* y *El Látigo*, respectivamente. Ambos partidos se unieron en 1852 en torno al Plan de Jalisco, que prometía la erección del estado de Aguascalientes. En uno de tantos retornos de Santa Anna a la Presidencia, el 20 de abril de 1853, abolió la libertad de prensa y destituyó al gobernador de Aguascalientes, Atanasio Rodríguez, imponiendo como autoridad un jefe militar. En 1855, al triunfar el Plan de Ayutla, volvió al gobierno local Jesús Terán. Durante su mandato apareció uno de los primeros

castrense. Los conservadores de Aguascalientes explotaron entre el pueblo el sentimiento autonomista que se remontaba a la época colonial y solicitaron a Santa Anna la creación de un estado independiente de Zacatecas, lo que el general concedió a medias, convirtiendo a Aguascalientes en territorio federal, el 23 de marzo de 1835, aunque el 30 de marzo de 1836 se transformó en departamento. El 2 de enero de 1848, después de varios meses en que bajo el mandato del gobernador Felipe Cosío, Aguascalientes se fue convirtiendo de hecho en estado independiente, un decreto lo redujo de nuevo a partido de Zacatecas. Fue designado jefe político

"Ladrillos" y "condoches", panes típicos de Aguascalientes

Foto: Fondo editorial de Grupo Azabache

Foto: Boris de Swan

periódicos obreros del país, *El Artesano*, de José María Chávez, así como *El Mentor*, de Esteban Ávila. La Constitución de 1857 dio a Aguascalientes el carácter de estado libre y soberano. La Constitución local fue sancionada en sesión solemne el 29 de octubre de 1857. Cuando se produjo el golpe de Estado de Comonfort, Aguascalientes apoyó a Juárez, y en marzo de 1858 fuerzas de los golpistas ocuparon la entidad e impusieron un gobernador militar. Después de varios cambios en el poder, asumió la gubernatura en 1859 Jesús Gómez Portugal, quien sancionó las Leyes de Reforma. Luego de alternarse nuevamente en el mando las facciones en guerra, los liberales ocuparon la capital del estado y Esteban Ávila fue elegido gobernador. Éste abrió una biblioteca pública y creó la Escuela Normal de Profesores. Cuando Francia desembarcó tropas en Veracruz, Ávila marchó a combatir al frente de uno de los contingentes aportados por la entidad. El 20 de noviembre de 1863 la capital del estado fue ocupada por los invasores, quienes luego marcharon sobre Jerez, donde se había hecho fuerte el entonces gobernador, José María Chávez, quien cayó prisionero y fue fusilado el 5 de abril de 1864. Al triunfo sobre los invasores era gobernador Jesús Gómez Portugal, quien impulsó la enseñanza elemental y abrió la Escuela de Agricultura, transformada posteriormente en Instituto Científico y luego en Escuela Preparatoria y de Comercio. En 1871 fue elegido gobernador el doctor Ignacio T.

Foto: Boris de Swan

Arriba y superior:
paisajes rurales de Aguascalientes

Foto: Boris de Swan

Vista de la empacadora de
La Huerta, agroindustria
de Aguascalientes

Chávez, quien promovió una reforma a la Constitución local a fin de impedir la reelección. Durante el Porfiriato se construyó el teatro Morelos y se realizó gran cantidad de obras públicas. Los tranvías iniciaron su operación en 1883 y la luz eléctrica se introdujo el 15 de septiembre de 1890. En 1895 empezó a trabajar en la capital del estado la Gran Fundición Central Mexicana, entonces la principal del país, propiedad de Salomón Guggenheim. En marzo de 1901 se puso en servicio la línea telefónica directa con Zacatecas y en el mismo año se estableció comunicación por el mismo medio con los municipios más importantes del estado. En 1910 el estado tenía 120,511 habitantes y era gobernado por Alejandro Vázquez del Mercado, quien renunció al enterarse de la dimisión de Porfirio Díaz. Por ser un importante centro de comunicaciones, la ciudad de Aguascalientes fue considerada como un punto estratégico por las facciones en pugna entre 1910 y 1917. Fue asiento del poder nacional a partir del 10 de octubre de 1914 en que se instaló ahí la Convención de Generales y Gobernadores Revolucionarios, misma que se retiró al mes siguiente. En noviembre de ese mismo año, el gobernador Alberto Fuentes efectuó repartos

Una de las numerosas agroindustrias lecheras de la entidad

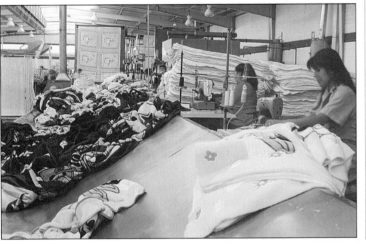

Fábrica Novatex de hilados y tejidos

Plaza Vestir, en Aguascalientes, Ags.

Explotación de ovinos

Las industrias de hilados y tejidos son las más importantes de la región

agrarios provisionales, dio impulso a la educación y retiró la exención de que gozaba la Gran Fundición de los Guggenheim. En julio de 1915, cuando Obregón tomó la plaza, impuso como jefe político a Roque Estrada, quien devolvió a los terratenientes 22 fincas incautadas por gobiernos convencionistas. Después de sucederse en el mando diversos gobernantes, el triunfo de las fuerzas carrancistas permitió la instalación de poderes. El Legislativo fungió como constituyente y el 3 de sep-

tiembre fue promulgada una nueva Constitución local. El 2 de septiembre de 1922 estalló una huelga en la American Smelting Refining Company en la que el gobierno intervino como mediador. Durante la rebelión delahuertista se sublevó en la entidad el coronel Rubén Benjamín Arnáiz, quien fue sometido. En 1925 las fuerzas federales sofocaron un motín acaudillado por sacerdotes. En 1928 se produjeron diversos ataques de la guerrilla cristera "Luis Segura", encabezada por el coronel José L.

Álvarez. Durante la rebelión escobarista se sublevó la guarnición militar, que fue derrotada semanas después. La época de estabilidad se inicia con el gobernador Enrique Osornio Camarena (1932-36), quien dio impulso a las obras públicas, reparó escuelas y estableció un centro de enseñanza nocturna para obreros y campesinos, a cargo de estudiantes. Durante el gobierno de Osornio se abrió la Casa del Campesino y se dio registro a una veintena de sindicatos. Durante el mandato de Juan G. Alvarado (1936-40) un conflicto político culminó con la disolución del Congreso local. En ese periodo, la entidad destinó 5 por ciento de sus ingresos al pago de la empresas petroleras expropiadas por Lázaro Cárdenas. Bajo el gobierno de Alberto del Valle (1940-44) se reformó la Constitución local para aumentar a seis años el periodo de gobierno. Durante el gobierno de Jesús M. Rodríguez (1944-50), Bernabé Ballesteros ganó el concurso para diseñar el escudo del estado, mismo que ahora es oficial, y lleva el lema de la entidad redactado por Alejandro Topete del Valle: *Bona Terra, Bona Gens, Aqua Clara, Clarum Coelum.*

Litografía del arco escarzano a la entrada del jardín de San Marcos. Colección particular

Obra de Abraham Zabludovsky, el teatro de Aguascalientes tiene una capacidad para 1,650 personas

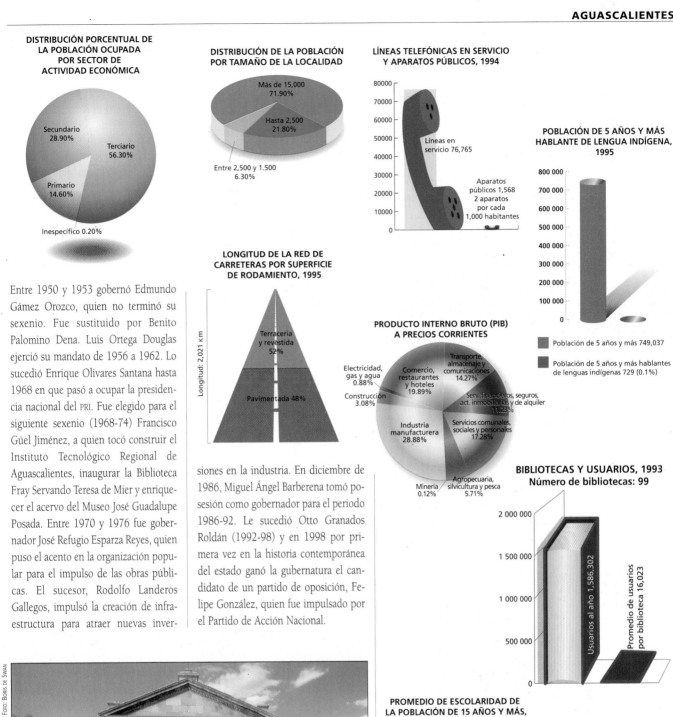

DISTRIBUCIÓN PORCENTUAL DE LA POBLACIÓN OCUPADA POR SECTOR DE ACTIVIDAD ECONÓMICA

- Secundario 28.90%
- Terciario 56.30%
- Primario 14.60%
- Inespecífico 0.20%

DISTRIBUCIÓN DE LA POBLACIÓN POR TAMAÑO DE LA LOCALIDAD

- Más de 15,000 71.90%
- Hasta 2,500 21.80%
- Entre 2,500 y 1.500 6.30%

LÍNEAS TELEFÓNICAS EN SERVICIO Y APARATOS PÚBLICOS, 1994

- Líneas en servicio 76,765
- Aparatos públicos 1,568 2 aparatos por cada 1,000 habitantes

POBLACIÓN DE 5 AÑOS Y MÁS HABLANTE DE LENGUA INDÍGENA, 1995

- Población de 5 años y más 749,037
- Población de 5 años y más hablantes de lenguas indígenas 729 (0.1%)

LONGITUD DE LA RED DE CARRETERAS POR SUPERFICIE DE RODAMIENTO, 1995

Longitud: 2,021 km

- Terracería y revestida 52%
- Pavimentada 48%

PRODUCTO INTERNO BRUTO (PIB) A PRECIOS CORRIENTES

- Transporte, almacenaje y comunicaciones 14.27%
- Electricidad, gas y agua 0.88%
- Comercio, restaurantes y hoteles 19.89%
- Construcción 3.08%
- Serv. financieros, seguros, act. inmobiliarias y de alquiler 11.23%
- Industria manufacturera 28.88%
- Servicios comunales, sociales y personales 17.28%
- Minería 0.12%
- Agropecuaria, silvicultura y pesca 5.71%

BIBLIOTECAS Y USUARIOS, 1993
Número de bibliotecas: 99

- Usuarios al año 1,586,302
- Promedio de usuarios por biblioteca 16,023

Entre 1950 y 1953 gobernó Edmundo Gámez Orozco, quien no terminó su sexenio. Fue sustituido por Benito Palomino Dena. Luis Ortega Douglas ejerció su mandato de 1956 a 1962. Lo sucedió Enrique Olivares Santana hasta 1968 en que pasó a ocupar la presidencia nacional del PRI. Fue elegido para el siguiente sexenio (1968-74) Francisco Güel Jiménez, a quien tocó construir el Instituto Tecnológico Regional de Aguascalientes, inaugurar la Biblioteca Fray Servando Teresa de Mier y enriquecer el acervo del Museo José Guadalupe Posada. Entre 1970 y 1976 fue gobernador José Refugio Esparza Reyes, quien puso el acento en la organización popular para el impulso de las obras públicas. El sucesor, Rodolfo Landeros Gallegos, impulsó la creación de infraestructura para atraer nuevas inver-

siones en la industria. En diciembre de 1986, Miguel Ángel Barberena tomó posesión como gobernador para el periodo 1986-92. Le sucedió Otto Granados Roldán (1992-98) y en 1998 por primera vez en la historia contemporánea del estado ganó la gubernatura el candidato de un partido de oposición, Felipe González, quien fue impulsado por el Partido de Acción Nacional.

PROMEDIO DE ESCOLARIDAD DE LA POBLACIÓN DE 15 AÑOS Y MÁS, POR SEXO, 1995

- Hombres 8.20
- Mujeres 7.50

Promedio 7.85 años

Datos estadísticos del estado de Aguascalientes. Fuente: INEGI.

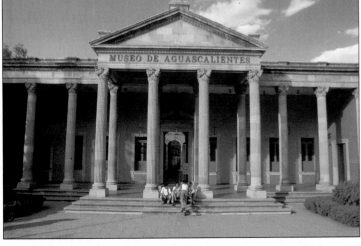

Foto: Boris de Swan

Fachada del Museo de Aguascalientes, ubicado en la calle Zaragoza, en la capital del estado

Foto: Fondo Editorial de Grupo Azabache

Templo de San Antonio, en Aguascalientes, Ags.

AGUASCALIENTES ◆ Municipio de Aguascalientes cuya cabecera es capital del estado. Se ubica al sur de la entidad, en los límites con Jalisco. Superficie: 1,762.5 km². Habitantes: 582,827, de los cuales 160,789 forman la población económicamente activa. Hablan alguna lengua indígena 599 personas mayores de cinco años (náhuatl 135, mixteco 58, maya 51 y otomí 48). La cabecera municipal fue fundada en 1575 como Villa de Nuestra Señora de la Asunción de las Aguas Calientes, nombre debido a la

existencia de manantiales. Fue capital de la República en 1914, durante la estancia de la Convención Revolucionaria (☞). Atractivos: balnearios de aguas termales, arquitectura colonial de varias épocas e interesantes monumentos del periodo independiente, como los edificios levantados por el alarife zacatecano Refugio Reyes; Los Túneles (pasadizos subterráneos) y la Exedra, donde se marca el centro geográfico de la República Mexicana; el Museo Popular José Guadalupe Posada exhibe perma-

nentemente una cuantiosa obra del grabador y el Museo de Aguascalientes, que encierra muestras de la producción de otros destacados artistas locales, como Saturnino Herrán, Gabriel Fernández Ledezma y Jesús F. Contreras. Entre abril y mayo se celebra la Feria Nacional de San Marcos, la más importante del país, que data de 1827. Fue entonces cuando la Legislatura zacatecana autorizó la celebración, para lo cual el ayuntamiento reunió donativos y préstamos e hizo construir, frente al templo de San Diego, la primera cuadra del Parián, donde en 1828 pudo realizarse la feria, que tuvo un carácter puramente local. En 1829 asistieron comerciantes de varios puntos del país y al año siguiente, terminado el Parián, por primera vez las corridas de toros formaron parte de la fiesta. Entre 1837 y 1840 el ayuntamiento decidió no celebrar la feria, para evitar "la suma inmoralidad y fatales consecuencias que se siguen de su continuación", pues "se cometen muchos abusos, ya con relación a la hacienda nacional, por la malicia con que se conducen los introductores y agiotistas, y ya por el vergonzoso disimulo que han tenido que sufrir las autoridades para permitir los juegos públicos que la costumbre o la corrupción han calculado maliciosamente necesarios a esta clase de concurrencias". El gobernador Francisco Flores Alatorre dispuso restituir el festejo, del 11 al 20 de noviembre, inmediatamente antes de la feria de San Juan de los Lagos, a donde debían marchar los visitantes para "que no se nos quede en la población una gran parte de gente vaga, tahúr, soez y viciosa que por desgracia concurre a esta función". Flores Alatorre pidió a la Junta Departamental (eran los tiempos de la República Centralista) un reglamento "para poner un dique a la inmoralidad y corrupción de las costumbres que parece que por una fatalidad se ejercitan entonces en grado heroico, o más bien dicho, con desenfreno". El ayuntamiento no hizo mucho caso a las prevenciones del gobernador y, junto a las actividades comerciales, nuevamente se celebraron corridas de toros, peleas de gallos y juegos de apuesta en mesas instaladas con ese propósito. Las corridas de toros se efectuaban en plazas que se armaban para la feria. El primer coso permanente fue la plaza del Buen Gusto, construida en 1849 en el Paseo de San Marcos. Ya con el nombre, que perduró hasta 1891, de Exposición Anual de Industria, Minería, Agricultura, Artes y Objetos Curiosos, se trasladó en 1851, para celebrarse desde entonces en abril, a la plaza de San Marcos, construida 20 años antes frente al templo del mismo nombre con una balaustrada que se terminó en los meses previos al traslado de la sede del festejo. Por ese tiempo ya era costumbre entregar pergaminos y medallas a todo lo digno de ser premiado. Hacia 1872 contaba con un "Reglamento de Vivanderos" que normaba el establecimiento de puestos y la renta por uso del suelo municipal, que era de cuatro a seis reales diarios por vara cuadrada; asimismo, fijaba los gravámenes para teatro, ópera, circo, títeres, toros, gallos y otras diversiones. Otros reglamentos se expidieron en 1851, 1862 y 1868. La feria no se celebró en 1853 y 1854 ni entre 1864 y 1867, años de la ocupación francesa. A la restauración de la República, el gobierno de Juárez cooperaba con 500 pesos anuales para el festejo. La rebelión de la Noria impidió que el gobierno nacional hiciera dicha aportación. En 1878 Alfredo Chavero exhibió libros y piezas arqueológicas, en tanto que el Gran Círculo de Obreros de México se hizo presente también con libros que al término de la feria fueron entregados a la biblioteca pública de la ciudad. En 1883 no se celebró la feria. Después de la exposición de 1887, con el festejo en decadencia, se resolvió organizar "cuatro exposiciones parciales", una cada cuatro años: bellas artes en 1891, industria en 1895, agricultura en 1899 y minería en 1903. Sólo pudo efectuarse la primera, que fue todo un éxito, coordinada por Jesús Díaz de León, director del periódico *El Instructor*, quien apoyado en la capital del país por el escultor Jesús Contreras, organizó una gran muestra de artes plásticas en la que participaron, entre otros creadores, Alfredo Ramos Martínez, Leandro Izaguirre y el propio Contreras. Fue la última celebración del siglo XIX, aunque la plaza de toros de San Marcos se inauguró en 1896. En el siglo XX hubo varios intentos de instituir nuevamente la feria. En 1924 se eligió a Paz Romo como reina y en 1932 se empezaron a celebrar los juegos florales que en 1968 se convirtieron, por iniciativa de Víctor Sandoval, en el Premio Nacional de Poesía, luego llamado Premio de Poesía Aguascalientes, el más codiciado del país en ese género literario. La importancia que cobró el juego hizo que se levantara un casino que sólo opera durante los días y noches de la feria. En agosto se realiza la Feria de la Uva, patrocinada por las autoridades y las empresas vitivinícolas. Con parte de su territorio se crearon los municipios El Llano y San Francisco de los Romo.

AGUASCALIENTES ◆ Río que nace en la sierra de Palomas, en Zacatecas, atraviesa de norte a sur el estado de Aguascalientes y en los Altos de Jalisco se une al Encarnación para formar el río Verde.

AGUAYO, JOSÉ MARÍA ◆ n. en Guerrero (¿1780-1816?). Insurgente que militó a las órdenes de Morelos. Participó en las batallas de Acapulco y el Veladero y en el sitio de Cuautla tuvo una actuación heroica.

AGUAYO, JUAN ◆ n. en Veracruz y m. en la ciudad de México (¿1800?-1847). Defensor de Veracruz durante el desembarco estadounidense. Murió combatiendo a los invasores en la batalla de Molino del Rey.

AGUAYO, MIGUEL ◆ n. en el DF (1934). Escritor. Licenciado en humanidades clásicas y en literatura española por la Universidad Iberoamericana. Como pintor ha expuesto en diversas ciudades del país. Vive en París desde 1970. Colaborador de las revistas *Ábside*, *Sur*, de Argentina, y *America Monthly* de EUA, y del diario colombiano *El Espectador*. Autor de los volúmenes de poesía *Cantares de sed* (1964), *Los signos del silencio* (1967), *La soledad luminosa* (1976) y *Volver a Venecia* (1985); de las novelas *Trigo verde* (1965) y *Juego de espejos* (1974); de un volumen de *Cuentos* (1965) y de una *Antología de la poesía de Luis G. Urbina* (1977).

AGUAYO, PEDRO BAUTISTA ◆ n. en Sahuaripa y m. en Ures, Sonora (1784-1843). Era funcionario virreinal cuando se consumó la independencia, misma que juró en Sahuaripa. Diputado local en tres ocasiones.

El Perro Aguayo

AGUAYO, EL PERRO ◆ n. en el rancho La Virgen, Zac. (1946). Luchador profesional. Su nombre es Pedro Aguayo. Campesino y panadero analfabeta, comenzó su carrera en el Gimnasio Atlas de la ciudad de México. Durante 14 años practicó lucha grecorromana, deporte en el que fue campeón nacional. Asistió a diversos juegos centroamericanos y panamericanos. Debutó profesionalmente en 1970 en Sayula, Jalisco. Se retiró en 1999.

AGUAYO AXLE, JUAN DE LA CRUZ ◆ n. en Sotula y m. en el camino entre Muna y Ticul, Yuc. (1893-1970). Maestro por el Instituto Científico y Literario de Yucatán. Fundó el Partido Socialista del Sureste con Felipe Carrillo Puerto, con quien realizó giras políticas y traducía al maya sus discursos. En Sonora fundó un centro educativo para indígenas yaquis (1935) y logró levantar la prohibición de los gobiernos federal y estatal para la tala de bosques. Director de los internados indígenas de Chenalhó en Chiapas, Pequetzén y Matlapa en San Luis Potosí, así como Balantún en Yucatán. Dirigió varias misiones culturales en Tlaxcala.

AGUAYO FIGUEROA, ISMAEL ◆ n. en Tlajomulco, Jal. (1921). Abogado. Profesor de varias instituciones educativas de Colima, donde radica desde mediados de los años cuarenta. Diputado federal (1961-64). Ejerce el periodismo. Fue subdirector de *El Porvenir* y director de *El Regional*, órgano del PRI colimense. Autor de *Colima en su centenario como estado libre y soberano 1857-1957* (1958), *Ciclón* (crónica, 1960), *Colima y sus constituciones: análisis histórico-jurídico* (1968) y *Retablo tecomense* (poesía, 1969).

AGUAYO LÓPEZ, JOAQUÍN ◆ n. en Guadalajara y m. en San Juan de los Lagos, Jal. (1888-1970). Sacerdote. Perseguido durante la revolución cristera, invirtió sus apellidos. En 1922 creó una escuela nocturna para obreros en San Juan de los Lagos. En los años cuarenta fundó una sociedad mutualista que llegó a tener 500 socios. Dirigió en 1944 la revista *Alborada*. Escribió, entre otras obras de carácter religioso, un *Compendio de la historia de Nuestra Señora de San Juan de los Lagos* (1948).

Sergio Aguayo Quezada

AGUAYO QUEZADA, SERGIO ◆ n. en La Ribera de Guadalupe, Jal. (1947). Licenciado en relaciones internacionales por El Colegio de México (1975), y maestro (1977) y doctor en relaciones internacionales por la Johns Hopkins University de Washington (1984), de la que fue investigador (1987-88). Profesor e investigador (1977-) y coordinador académico del Centro de Estudios Internacionales de El Colegio de México (1977-81). Ha sido investigador del CIDE, de la Universidad de California, de la Fundación Ortega y Gasset de Madrid y del Instituto Latinoamericano de Estudios Trasnacionales (1988-89). Colaborador de las revistas *Voices of Mexico*, *Refugees* y *Mexico Journal*, y de los diarios *The Wall Street Journal, El Día, unomásuno, La Jornada* y *Reforma*. Coautor de *Guatemalans in Chiapas and Quintana Roo* (1986), *Fleeing the Maelstrom: Central American Refugees* (1986), *Central Americans in Mexico and The United States* (1988), *Escape from Violence: Refugees and Social Conflict in the Third World* (1989); y autor de *El éxodo centroamericano: consecuencias de un conflicto* (1985), *Chiapas y la seguridad nacional mexicana* (1987), *1968: los archivos de la violencia* (1998) y *El panteón de los mitos* (1998). Premio por Contribuciones a la Democracia de la Fundación Nacional para la Democracia en Estados Unidos (1995).

AGUAYO SPENCER, RAFAEL ◆ n. en la ciudad de México (1914). Abogado. Autor de *Siluetas michoacanas*, de dos libros sobre Vasco de Quiroga, del drama *El santo improvisado* (sobre San Felipe de Jesús), *La señora de blanco* y *Cosmovisión de Teilhard de Chardin*. Preparó y anotó la edición de las *Obras completas* de Lucas Alamán.

AGÜERA BUSTAMANTE, FRANCISCO ◆ Grabador dieciochesco. Ilustró libros, realizó imágenes religiosas y colaboró con Alzate en tareas periodísticas. Entre sus obras más conocidas hay planos de la época y una reproducción del Calendario Azteca que data de 1792.

AGÜERO O AGÜEROS, CRISTÓBAL ◆ n. en San Luis de la Paz, Michoacán, y m. ¿en Oaxaca? (1600-¿1668?). Fraile dominico que aprendió el zapoteco y lo enseñó a otros sacerdotes. Autor de *Miscelánea espiritual en idioma zapoteco* (Méx. 1966), *Diccionario de la lengua zapoteca* y *Los evangelios cuadragesimales en lengua zapoteca*.

Saturnino Agüero Aguirre

AGÜERO AGUIRRE, SATURNINO ◆ n. en Parras, Coah. (1933). Licenciado en derecho por la UNAM (1951-55). Miembro del PRI desde 1949. Ha sido representante del gobierno de Coahuila en el DF (1954-59), fundador (1957) y secretario general del Sindicato de Empleados de la Dirección de Pensiones Militares (1957-59), director jurídico de la Junta de Mejoras Materiales de Acapulco (1959-60), presidente del Consejo de Administración de la Compañía de Luz y Fuerza de Guerrero (1959-60), subdirector general de Bienes Muebles de la Secretaría del Patrimonio Nacional (1960-64), jefe de Bienes Muebles del IMSS (1965-66), magistrado (1971-82) y presidente del Tribunal de lo Contencioso Administrativo de DF (1982-88), coordinador del Grupo de Justicia Administrativa del Programa de Reforma Administrativa (1980-81) y presidente del Tribunal Superior de Justicia del DF (1989-96). Autor de *La organización administrativa en México* (1957), *La planeación en México* (1970) y *De lo contencioso administrativo en México* (1981). Premio Maimónides de Ciencias y Humanidades 1991 del Comité Central Israelita de México.

AGÜERO ÁVALOS, ENRIQUE ◆ n. en

San Pedro de las Colonias, Coah. (1934). Ha sido dirigente de agrupaciones de agricultores y ganaderos. Presidente de la Federación de la Pequeña Propiedad de Coahuila (1975), secretario de Asuntos Agrícolas y Ganaderos de la CNOP (1975), secretario de Organización del CEN de la Confederación Nacional de la Pequeña Propiedad (1977-83), secretario general de la Unión de Productores de Algodón de la República Mexicana (1981-83). Diputado federal por Coahuila (1982-85).

AGÜEROS, VICTORIANO ◆ n. en Tlalchapa, Gro. y m. en Francia (1854-1911). Abogado. Colaboró desde los 17 años en los principales periódicos de México (*La Iberia, El Siglo XIX*) y en *La Ilustración Española y Americana*. Dirigió *El Imparcial* (1882) y meses después, cuando tenía apenas 29 años, fundó el diario católico *El Tiempo*, que desapareció en 1912. Editó también *El Tiempo Ilustrado* y publicó libros: *Escritores mexicanos contemporáneos* (1880) y *Artículos literarios* (1897). Dirigió la Biblioteca de Autores Mexicanos que reunió en 78 volúmenes lo más destacado de las letras nacionales de fines del siglo XIX y la primera década del XX.

AGÜEROS Y DE LA PORTILLA, AGUSTÍN ◆ n. y m. en la ciudad de México (1883-1917). Hijo del anterior. Colaboró en las publicaciones de su padre y, a la muerte de éste, las dirigió él mismo. En la revista *Anales del Museo Nacional de Arqueología, Historia y Etnografía* publicó, en 1910, "El periodismo en México durante la dominación española".

AGUIAR RETES, CARLOS ◆ n. en Tepic, Nay. (1950). Estudió en los seminarios de Tepic (1961-69), de Montezuma, EUA (1969-72) y de Tula (1972-73); en el Pontificio Colegio Mexicano y en el Pontificio Instituto Bíblico (1974-78), ambos en Roma. Doctor en teología bíblica por la Pontificia Universidad Gregoriana de Roma (1996). Profesor de la Pontificia Universidad de México (1997-). Fue ordenado sacerdote en 1973. Ha sido rector del Seminario de Tepic (1978-91) y obispo de Texcoco (1997-).

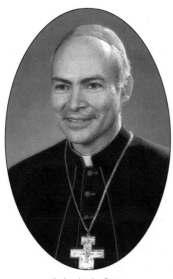

Carlos Aguiar Retes

AGUIAR Y SEIXAS, FRANCISCO ◆ n. en España y m. en la ciudad de México (1632-1698). Obispo de Michoacán (1678-82) y arzobispo de México (1682-1698). Fundador del Seminario Arquidiocesano y de diversas obras pías.

ÁGUILA, HERMANAS ◆ Dúo integrado por las cantantes María Esperanza (n. en Zacatecas, Zac., en 1910, y m. en el DF, en 1991) y Paz Águila, que se inició en Guadalajara en la XED, en 1934, de donde pasaron en ese mismo año a la XEW, donde las llamaron "el mejor dueto de América". En 1935 participaron en la revista musical Rival, del teatro Fábregas, donde el dueto estrenó algunas composiciones de Agustín Lara y de Gonzalo Curiel. Entre otras, popularizaron las canciones *Farolito, Rival, Súplica, El cisne* y *Solamente una vez*. Participaron en las películas *Pito Pérez, Por qué peca la mujer, Sangre en la montaña* y *La rebelión de los fantasmas*. Por sus 50 años de vida artística las Hermanas Águila recibieron el Premio Jalisco.

ÁGUILA, JOSÉ MARIANO DEL ◆ Grabador indígena que vivió en el último tercio del siglo XVIII y a principios del XIX. Estudió en San Carlos y posteriormente en Madrid. Autor de un retrato del virrey Revillagigedo y del escudo de armas del también virrey Branciforte.

ÁGUILA, VICENTE DEL ◆ n. en España y m. en Ahome, Sinaloa (1581-1640). Jesuita que vivió unos 35 años en el no-roeste del país, donde compuso canciones y elaboró vocabularios de las lenguas lugareñas con fines evangelizadores. Autor de una *Relación de la misión de Sinaloa*.

ÁGUILA AZTECA, ORDEN DEL ◆ Es la más alta condecoración que otorga el gobierno mexicano a extranjeros que hayan prestado servicios distinguidos al país o a la humanidad. Fue creada el 29 de diciembre de 1933 y reglamentada al año siguiente. Existe en dos clases (civil y militar) y en cinco grados (collar, placa, banda, encomienda e insignia). Empleada también para corresponder a distinciones otorgadas por naciones extranjeras, suele adjudicarse, en el grado de collar, a jefes de Estado que vienen a este país o a los visitados por presidentes mexicanos.

ÁGUILA MEXICANA, ORDEN IMPERIAL DEL ◆ Condecoración creada por Maximiliano en 1865 para otorgarla a quienes prestaran a su gobierno o a él mismo servicios dignos de recompensa. Tenía seis grados: gran cruz con collar, gran cruz, gran oficial, comendador, oficial y caballero. Por su aportación a la causa extranjera, doce mexicanos colaboracionistas recibieron gran cruz con collar, grado que se destinaba únicamente a reyes y emperadores.

ÁGUILA MEXICANA, LA ◆ Periódico federalista que apareció de 1823 a 1828. Fue fundado por Germán Nicolás Priseette. Informó de los trabajos del Congreso Constituyente y fue órgano oficioso del gobierno de Guadalupe Victoria. Otros directores fueron Juan Wenceslao Sánchez de la Barquera, Lorenzo de Zavala y Juan N. Gómez.

AGUILAR, ALBERTO ◆ n. en el DF (1957). Periodista. Su segundo apellido es Ramírez de Aguilar. Licenciado en economía por la UNAM. Cofundador del diario *unomásuno*, del cual fue reportero de fuentes financieras públicas y privadas (1977-87). Dirigió el suplemento financiero *Don Dinero* (1988). Subdirector editorial de *El Economista* y subdirector del área financiera en Notimex. Se inició en radio en 1991 en el programa *Estrategia empresarial*, en Radio VIP, de donde pasó a Estéreo Mil y Stéreo Rey, donde colabora en *Para empezar* (1993). En Multivisión participa en el programa *Blanco y Negro* (1995-). Es autor de la columna financiera *Nombres, nombres y... nombres*, que se ha publicado en *El Economista* (1989-91), *El Financiero* y *El Norte* (1992-93), *Reforma* (1993-) y otros diarios. Conduce el programa radial *Don Dinero*.

AGUILAR, AMALIA ◆ n. en Cuba (19-23). Bailarina y cantante. Se inició profesionalmente a los diez años de edad. Vino a México a principios de los años cuarenta y se presentó en la XEW. Entre 1945 y 1954 trabajó en 24 películas mexicanas, entre otras: *Pervertida* (1945), *Al son del mambo*, *Calabacitas tiernas*, *Dicen que soy mujeriego*, *Las tres alegres comadres*, *Conozco a los dos* y *Amor perdido*. Se alejó de los escenarios a mediados de los cincuenta, pero regresó en 1965 y se presentó en teatro de revista. Se retiró definitivamente en 1978.

AGUILAR, ANTONIO ◆ n. en El Salto, Hgo., y m. en el DF (1873-1963). Antirreeleccionista. Participó en la insurrección encabezada por Francisco I. Madero. Diputado a la XXVI Legislatura, fue aprehendido después del golpe de Victoriano Huerta. Una vez libre se incorporó al constitucionalismo. Diputado al Congreso Constituyente de 1916-17, en el cual se opuso a la mutilación del Estado de México en favor del Distrito Federal.

AGUILAR, ANTONIO ◆ n. en la hacienda de Tayahua, Zac. (1919). Cantante, caballista y actor. Ganó un concurso de canto en Ohio, EUA. Trabajó en Los Ángeles, California, y en Tijuana. En 1945 abrió un cabaret en la capital del país y en 1950 se inició en la radiodifusora XEW. Ha filmado decenas de películas, entre otras *Ahora soy rico* (1952), *El caballo blanco* (1961) y *El alazán y el rosillo* (1964). Han sido exitosas sus caracterizaciones de populares personajes históricos como Heraclio Bernal y Emiliano Zapata. Hace presentaciones personales en México y en el extranjero con un espectáculo de canciones rancheras y suertes charras.

Antonio Aguilar

AGUILAR, BASILIO E. ◆ n. en Ciudad Guzmán y m. en Guadalajara, Jal. (1857-1903). Abogado. Dirigió el *Diario de Jalisco* (1902-1903). Escribió *Comentarios al Código de Procedimientos Civiles del Estado de Jalisco* y otras obras jurídicas.

AGUILAR, BRUNO ◆ n. en Guadalajara y m. en la ciudad de México (1808-1876). Militar. Hizo una rápida carrera en el Colegio Militar por su habilidad para las matemáticas. Ya en servicio se vio involucrado en una asonada y suspendido. Marchó a Europa a seguir estudios de física. Se le nombró agregado a la Embajada Mexicana en París. Después siguió cursos de artillería en Berlín. En 1841 regresó a México como capitán. Durante la intervención estadounidense era director de la fundición de cañones de Chapultepec. General de brigada en 1856. En 1859 fue comandante del Distrito de Sultepec y en 1860 fue gobernador del Departamento de México y comandante general de Toluca. Conservador en política, presidió la junta que en 1863 se declaró por la intervención francesa. Funcionario militar de Maximiliano hasta la derrota del imperio. Al restaurarse la República se dedicó a la minería.

AGUILAR, CÁNDIDO ◆ n. en Córdoba, Ver. y m. en el DF (1889-1960). Participó en la insurrección encabezada por Francisco I. Madero en noviembre de 1910. Combatió a los zapatistas durante el gobierno de Madero. Se unió al Ejército Constitucionalista al producirse el golpe de Victoriano Huerta. Operó en Veracruz y Oaxaca. Gobernador militar de Veracruz (1916), diputado constituyente (1916-17), secretario de relaciones del gobierno de Carranza en tres ocasiones (1916, 1917 y 1918) y senador de la República (1940-46). Expidió en 1916 una Ley del Trabajo y realizó repartos agrarios en su estado natal; le correspondió declarar la neutralidad mexicana en la primera guerra mundial y desempeñó misiones diplomáticas en EUA y Europa. Se exilió a la muerte de su suegro, Venustiano Carranza, y volvió al país en 1923 para unirse a la asonada delahuertista. A la derrota de este movimiento volvió a abandonar México. Regresó amnistiado en 1939.

AGUILAR, DANTE ◆ n. en Irapuato, Gto., y m. en el DF (1923-1987). Locutor profesional desde 1939. Trabajó para Radiomil y para la XEQ antes de incorporarse a la XEW, estación donde trabajó hasta 1979. Condujo, entre otros, el programa matutino *Cuando en el cielo todavía hay estrellas*. Se le conocía como *el Chamaco* Aguilar. Grabó dos discos de declamación.

AGUILAR, ENRIQUE ◆ n. en Toluca, Méx. (1921). Odontólogo (UNAM). Hizo estudios de posgrado en cuatro centros de estudios de EUA. Presidente del Consejo Nacional de la Federación Odontológica Mexicana (1948); presidente de la Asociación Dental Mexicana (1950-51). Autor de gran número de trabajos especializados.

AGUILAR, ENRIQUE ◆ n. en el DF (1957). Escritor. Su apellido materno es Resillas. Estudió periodismo y comunicación en la UNAM, donde es profesor (1978-81) y coordinador de talleres literarios (1982-84). Ha sido coordinador de actividades especiales de la Dirección de Literatura del INBA (1977-81), redactor y jefe de redacción de *La Semana de Bellas Artes* y secretario de redacción del diario *La Jornada*. Colaborador de las secciones culturales de los principales diarios capitalinos y en 1987 del periódico *unomásuno*. Está incluido en *Jaula de palabras: antología de la nueva narrativa mexicana* (1979). Coautor con Susanne Igler de *Carlota de México* (prólogo y selección, 1998). Autor de *Elías Nandino: una vida no/velada* (biografía, 1986), *Sin permiso* (novela, 1996) y *Ejercicios infalibles para mejorar su técnica amorosa by Amador Laplanche Ph. D.* Tuvo la beca Salvador Novo del Centro Mexicano de Escritores (1978-79).

AGUILAR, FERNANDO ◆ n. y m. en Hermosillo, Son. (1856-1930). Médico. En diez ocasiones diputado local y tres veces gobernador interino de su estado natal (1899, 1905 y 1906).

AGUILAR, FRANCISCO ◆ n. en Durango, Dgo., y m. en la ciudad de México (¿1620?-1699). Rector de la Universidad de México (1688-89). Elegido arzobispo de Manila no llegó a consagrarse. Escribió poesía, epístolas y comentarios sobre derecho canónico y civil.

AGUILAR, FRANCISCO DE ◆ n. en España y m. en la ciudad de México (¿1479?-1571). Soldado de Cortés durante la conquista, después encomendero, comerciante y fraile dominico. En estado religioso cambió su nombre original, Alonso, por el de Francisco, con el cual firmó su *Relación breve de las Indias*, crónica de la conquista escrita en la ancianidad y publicada posteriormente bajo otros títulos (*Historia breve de la Nueva España* y *Relación breve de la conquista de la Nueva España*).

AGUILAR, GILBERTO F. ◆ n. en Puebla y m. en la ciudad de México (1888-1959). Médico. Colaboró en periódicos literarios y publicó varios libros de creación (*Una vida, Carne y alma*, etc.) y otros de carácter histórico sobre medicina (*Hospitales de antaño, Héroes del dolor*). Coautor de *Hospitales de México*. Miembro fundador de la Academia Mexicana de Historia de la Medicina en 1950.

AGUILAR, HIGINIO ◆ n. en Tecamachalco, Pue., y m. en la ciudad de México (1835-1925). Se unió al ejército liberal en 1861. Luchó contra la intervención francesa y el imperio. Obtuvo el grado de general. Combatió la insurrección de 1910. Se sublevó contra Madero en 1912. Apoyó el golpe de Estado de Victoriano Huerta. Después de la rendición del ejército federal en Teoloyucan, operó con los generales Almazán y Argumedo en Puebla y Oaxaca y después en Veracruz con Peláez y Félix Díaz. En 1920 se adhirió al Plan de Agua Prieta y Obregón le reconoció el grado de general de división. En 1923 se unió a la asonada delahuertista y se sometió en 1924.

AGUILAR, JERÓNIMO DE ◆ n. en España y m. en México (¿1489-1531?). El naufragio de una expedición anterior a la Cortés lo arrojó a las costas de Yucatán. Al desembarcar Cortés en la península lo rescató (1519) y a partir de entonces lo empleó como intérprete. Marina o Malinche traducía del náhuatl al maya y él del maya al español. Por sus servicios a la corona española fue premiado con tres encomiendas.

AGUILAR, JORGE *EL RANCHERO* ◆ n. en Piedras Negras, Coah. (1927-1981). Torero. Debutó en la Plaza México, recibió la alternativa en 1951 de manos del portugués Manolo Dos Santos y la confirmó en 1952 en Barcelona y en Madrid, apadrinado por Antonio Caro y Manolo Navarro. Se retiró en 1968. Murió por un infarto durante una tienta.

AGUILAR, JOSÉ DE ◆ n. en San Miguel de Horcasitas, Son., y m. en Hermosillo (1804-1881). Coordinó en Hermosillo el apoyo a la lucha contra la invasión española encabezada por Isidro Barradas (1829) y presidió la junta local de auxilio a los patriotas cuando la intervención estadounidense (1847). Gobernador de Sonora (1848-53), combatió la resistencia indígena y en su lucha contra los apaches contrató a mercenarios extranjeros y puso precio a las cabezas de los indios. En 1856 volvió al gobierno, pero fue derrocado dos meses después; regresó al poder ejecutivo estatal en 1857, juró la Constitución y dejó el puesto nuevamente. Durante la intervención francesa colaboró con el poder imperial, que lo nombró subprefecto.

AGUILAR, LORENZO D. ◆ n. en Monterrey y m. en Pedriceña, municipio de Cuencamé, Dgo. (1889-1912). Estudió en el Colegio Militar pero se dedicó, como civil, a la contaduría. Se incorporó como capitán al ejército maderista para combatir la rebelión de Orozco. Fue aprehendido y fusilado.

AGUILAR, LUIS ◆ n. en Hermosillo, Son., y m. en el DF (1918-1997). Cantante de música ranchera. Desde 1953 Trabajó en el cine, donde compartió créditos con Jorge Negrete, Pedro Armendáriz, Emilio *el indio* Fernández y Pedro Infante. Actuó, entre otras, en las películas *Sota, caballo y rey* (1943), *Caminos de sangre* (1945), *Guadalajara, pues* (1945), *Aquí está Juan Colorado* (1946), *Yo maté a Rosita Alvírez* (1946), *Los cristeros* (1946), *El último chinaco* (1947), *El gallo giro* (1948), *Tres hombres malos* (1948), *Arriba el norte* (1948), *La norteña de mis amores* (1948), *Se la llevó el Remington* (1948), *El charro del Castro* (1949), *Tú, sólo tú* (1949), *Dos gallos de pelea* (1949), *Comisario en turno* (1949), *Primero soy mexicano* (1950), *A toda máquina* (1951), *¿Qué te ha dado esa mujer?* (1951), *Tal para cual* (1952), *Del rancho a la televisión* (1952), *Víctimas del divorcio* (1952), *Nadie muere dos veces* (1952), *Chucho el roto* (1954), *Los bandidos de Río Frío* (1954), *Pies de gato* (1954), *Yo fui novio de Rosita Alvírez* (1954), *Los tres amores de Lola* (1955), *Aquí están los Aguilares* (1956), *Locos por la tele* (1956), *Locura musical* (1956), *Música y dinero* (1956), *El látigo negro, El misterio del látigo negro* y *El látigo negro en el alma del ahorcado* (1957), *La cabeza de Pancho Villa* (1957), *El jinete sin cabeza* (1957), *La marca de Satanás* (1957), *Estampida* (1958), *El regreso del monstruo* (1959), *La máscara de hierro* (1959) y *Juana Gallo* (1960).

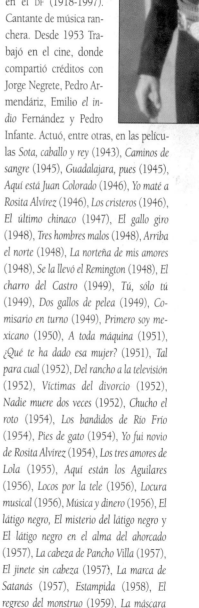

Luis Aguilar

Luis Miguel Aguilar

AGUILAR, LUIS MIGUEL ◆ n. en Chetumal, Q.R. (1956). Estudió lengua y literatura inglesas en la UNAM (1975-79). Fue miembro del consejo de redacción del suplemento *La Cultura en México* de la revista *Siempre!* Desde 1978 redactor de *Nexos* y su director desde 1995. Ha colaborado en *Revista de la Universidad*, *unomásuno*, *La Jornada* y otras publicaciones. Poemas suyos están incluidos en las antologías *Poesía mexicana II: 1915-79*, de Carlos Monsiváis (1979); *Asamblea de poetas jóvenes de México*, de Gabriel Zaid (1980); y *Cupido de lujuria*, de

Luz María Aguilar

Xorge del Campo (1983). Realizó la antología *Cuentos y relatos norteamericanos del siglo XX* (1982). Autor de *La democracia de los muertos: ensayo sobre poesía mexicana* (1988); de los poemarios *Medio de construcción* (1979), *Chetumal Bay Anthology* (1983), *Todo lo que sé* (1990) y *Coleadas* (1992), y del volumen de cuentos *Suerte con las mujeres* (1992).

AGUILAR, LUZ MARÍA ◆ n. Ojinaga, Chih. (1937). Actriz. Ha trabajado en una veintena de películas, la primera de las cuales fue *Las nenas del siete* (1954). Con Sergio Corona hizo en la TV el programa *Hogar, dulce hogar*, que se transmitió durante varios años.

AGUILAR, MAGDALENO ◆ n. en Reforma, Tams. (1900-?). Secretario general de la CNC, dos veces senador (1946-1952 y 1964-1970) y gobernador de Tamaulipas (1941-1945).

AGUILAR, MARCOS DE ◆ n. en España y m. en la ciudad de México (?-1527). Justicia, alcalde mayor y gobernador de Nueva España por legado de Luis Ponce de León, quien había sido enviado por la corona para poner fin a las disputas que dividían a los conquistadores. Gobernó pocos días, pues había llegado muy enfermo a México.

AGUILAR, MARIO ARTEMIO ◆ n. en Chiapa de Corzo, Chis. (1965). Escritor. Licenciado en letras latinoamericanas por la Universidad Autónoma de Chiapas, de la que fue profesor y jefe del Departamento de Literatura. Ha colaborado en *Sinapsis*, *La Ceiba*, *A Duras Páginas* y *Tierra Adentro*. Autor de *El mar es un lago de amor* (poesía, 1992). Fue becario del Instituto Chiapaneco de Cultura (1990).

AGUILAR, MAXIMILIANO ◆ n. en el DF. (1950). Como jugador de waterpolo perteneció al equipo de México que resultó campeón panamericano en 1975 y ocupó el segundo lugar en 1978. Es el entrenador del conjunto nacional de la especialidad.

AGUILAR, MIGUEL ◆ n. en Córdoba, Ver. (¿1895?-?). Pariente de Cándido Aguilar. Participó en la insurrección maderista. Combatió contra el gobierno de Victoriano Huerta. Llegó a teniente co-

ronel. Fue gobernador provisional de Veracruz (1916).

AGUILAR, ÓSCAR ◆ n. en Elota, Sin., y m. en Monterrey (¿1888?-1928). Combatió como maderista en Sonora y Sinaloa. Después militó en las fuerzas villistas. En 1920 se adhirió al Plan de Agua Prieta. En 1928, ya como general brigadier, se pronunció en favor del movimiento antiobregonista del general Serrano. Fue fusilado.

AGUILAR, PONCIANO ◆ n. y m. en Guanajuato, Gto. (1853-1935). Ingeniero civil y geólogo. Fue profesor en el Colegio de Guanajuato durante tres décadas. Diputado a la XXII Legislatura. Perteneció a sociedades científicas de México y de otros países. Descubrió un mineral al que dio su nombre: aguilarita.

AGUILAR, PRIMITIVO ◆ n. en Tabasco y m. en el mar, entre Frontera y Veracruz (188?-1924). Gobernador interino de Tabasco durante poco más de dos meses (1920-1921).

AGUILAR, RAFAEL ◆ n. y m. en Oaxaca, Oax. (1878-1928). Colaboró en varios periódicos locales. Dramaturgo (*Redención, Aires nacionales*, etc.).

AGUILAR, RICARDO ◆ n. en El Paso, EUA (1947). En algunas obras usa su segundo apellido, Melantzon. Estudió lenguas francesa y española en la Universidad de Texas, de la que es profesor, y se doctoró en lenguas romances por la Universidad de Nuevo México. Fundó la Editorial Dos Pasos. Coautor de las antologías *Palabra nueva: cuentos chicanos* (1984) y *Palabra nueva: poesía chicana* (1985). Autor de *Glosario del caló de Ciudad Juárez: primera aproximación* (1985); *Efraín Huerta, Sainz, Luiselli* (ensayo, 1984); *Madreselvas en flor* (cuentos, 1987), *Caravana enlutada* (poesía, 1975), *En son de lluvia* (poesía, 1980) y *A barlovento* (novela, 1999). Premio José Fuentes Mares del gobierno de Chihuahua (1988) y Premio de Creación Literaria de la National Endowment for the Arts (1989).

AGUILAR, SANTIAGO ◆ n. en Huehuetlán el Chico, Pue., y m. ¿en Chilapa? (?-1914). Se unió a las fuerzas zapatistas en abril de 1911. Asistió a la toma de Cuautla en ese año. Acompañó a Zapata en la campaña de Puebla. Firmante del Plan de Ayala. Como general fue enviado a Guerrero a combatir a los federales. Participó en la toma de Chilpancingo y después en la de Chilapa. Murió en combate.

AGUILAR, SILVESTRE ◆ n. y m. en Córdoba, Ver. (1884-1952). Agricultor. En 1906 ingresó en el Partido Liberal Mexicano. Antirreeleccionista en 1910. Firmante del Plan de San Ricardo. Participó en la insurrección maderista. Diputado federal (1912-13). Al golpe de Huerta se incorporó al constitucionalismo. Dirigió el diario veracruzano *La Opinión*. Diputado al Congreso Constituyente de 1916-17. Se exilió a la muerte de Carranza. Volvió al país bajo la presidencia de Lázaro Cárdenas.

AGUILAR, VÍCTOR ◆ n. y m. en Hermosillo, Son. (1842-1918). Hijo del gobernador sonorense Fernando Aguilar. Empresario minero. Fue 25 años tesorero del estado y diputado federal en una ocasión.

AGUILAR ALCÉRRECA, JOSÉ HUMBERTO ◆ n. en el DF (1937). Ingeniero civil (1960) con maestría (UNAM, 1962) y varios cursos de posgrado en México y Estados Unidos. Ingresó al PRI en 1961. Ha sido asesor y funcionario público desde 1959. Diputado federal por el DF (1982-85). Delegado del DDF en Milpa Alta (1985), Cuauhtémoc (1985) y Gustavo A. Madero (1985-88). Director de Administración de Caminos y Puentes Federales de Ingresos (1989-94). Director de Autotransporte Federal de la SCT (1998). Autor de *Hidráulica fluvial* (1967), *La ingeniería al campo* (1975), *Ingeniería de ríos y costas* (1978), *Obras de navegación interior* (1981) e *Historia de la pedagogía y enseñanza de la ingeniería* (1982). Presidente de la Asociación Mexicana de Ingeniería Portuaria (1966-67), del Instituto Mexicano de Estudios Marítimos, Pesqueros y Portuarios (1968-70) y de la Unión Mexicana de Asociaciones de Ingenieros (1979-81).

AGUILAR ALEMÁN, RODRIGO ◆ n. en

Sayula y m. en Ejutla, Jal. (1875-1927). Se ordenó sacerdote en 1903. Ejerció su ministerio en varias poblaciones de Nayarit y Jalisco. Viajó a Roma y Jerusalén (1924-25) y asistió al Congreso Eucarístico de Chicago. Al estallar la rebelión cristera se ocultó. Fue aprehendido y ahorcado por fuerzas gubernamentales. Escribió poesía religiosa: *La obra de un párroco* (1910), *Canción guerrera* (1921), *Epopeya eucarística* (1923); y crónica: *Mi viaje a Jerusalén* (1950).

Jaime Aguilar Álvarez

AGUILAR ÁLVAREZ, JAIME ◆ n. en el DF (1939). Arquitecto. Secretario general (1968-71) y presidente (1971) de Arquitectos Revolucionarios de México. Secretario general de la Federación de Colegios de Arquitectos de la República Mexicana (1970). Miembro de la Academia Mexicana de Arquitectos. Secretario general (1981) y presidente del PRI en el DF (1982-84). Secretario adjunto a la presidencia del comité ejecutivo nacional del PRI. Delegado del DDF en Gustavo A. Madero (1976-77). Diputado federal (1976-79 y 1985-88).

AGUILAR ÁLVAREZ, JOSÉ ◆ n. y m. en la ciudad de México (1902-1960). Fue director del Sanatorio Español y del Hospital Juárez. Director de la Facultad de Medicina (1938-1944) y rector de la

UNAM (1944), puesto al que renunció días después de ser elegido. Fundador de revistas especializadas (*Cirugía, Analecta Médica*), productor de documentales, miembro de varias agrupaciones profesionales y presidente de la Academia Mexicana de Cirugía.

AGUILAR ÁLVAREZ COLUNGA, GUILLERMO ◆ n. en Cuernavaca, Mor. (1958). Licenciado en derecho por la UNAM (1978-83), donde fue investigador del Instituto de Investigaciones Jurídicas (1980-84). Fue director de Análisis Legal de la Oficina de Negociación del TLC (1990-94). Consejero general de la Corte Internacional de Arbitraje de la Cámara de Comercio Internacional, de París (1985-90).

AGUILAR ÁLVAREZ MAZARRASA, GUILLERMO ◆ n. y m. en el DF (1933-1997). Padre del anterior. Ingeniero civil titulado en la UNAM. Presidente del equipo de futbol Pumas (UNAM) desde 1975. Fue presidente de la Federación Mexicana de Futbol.

AGUILAR ANGUIANO, SILVINO ◆ n. en Tingambato, Mich. (1932). Meteorólogo egresado de la escuela militar de la especialidad, con curso de posgrado en la Latin American School, de las fuerzas armadas de EUA en la Zona del Canal de Panamá. Presidente de la Comisión del Sistema Meteorológico Nacional a partir de 1973; representante de México ante la Comisión Meteorológica Mundial y miembro del comité ejecutivo de ésta desde 1974. Director del Servicio Meteorológico Nacional desde 1974.

AGUILAR CABRERA, HOMERO ◆ n. en Pachuca, Hgo. (1931). Compositor de canciones populares. Sus mayores éxitos han sido interpretaciones de la orquesta Sonora Santanera (*El Nido, Pena negra, Enemigos*). También interpreta sus propias composiciones.

AGUILAR CAMÍN, HÉCTOR ◆ n. en Chetumal, QR (1946). Licenciado en comunicación por la UIA y doctor en historia por El Colegio de México. Ha sido investigador de la Dirección de Estudios Históricos del INAH (1980), subdirector de Información del diario *unomásuno* (1982), subdirector del diario *La Jor-*

nada (1984-87) y director de la revista *Nexos* (1982-94). Colaboró en *La Cultura en México*, suplemento de la revista *Siempre!* Coautor de *A la sombra de la revolución* (con Lorenzo Meyer, 1989). Autor de obras históricas y ensayos políticos: *La frontera nómada: Sonora y la revolución mexicana* (1977), *Saldos de la revolución* (1982) y *Después del milagro* (1988); y de creación literaria: *Con el filtro azul* (cuentos, 1979) *La decadencia del dragón* (cuentos, 1983), *Morir en el golfo* (novela, 1985), *La guerra de Galio* (novela, 1991), *Historias conversadas* (1992), *El error de la luna* (1995) y *Un soplo en el río* (novela, 1997). Beca Guggenheim 1989-90. Premio Nacional de Periodismo (1986). Medalla al mérito del gobierno de Quintana Roo (1992). Premio Mazatlán de Literatura (1998).

AGUILAR CERÓN, LUIS ◆ n. en Puebla, Pue. (1934). Líder de trabajadores textiles. Secretario estatal en Puebla de la Federación Revolucionaria de Obreros y Campesinos (1968-). Diputado federal (1982-85).

AGUILAR CORTÉS, MARCO ANTONIO ◆ n. en Morelia, Mich. (1941). Fue diputado local y presidente municipal de Morelia. Diputado federal (1979-1982). Ha ganado varios concursos de oratoria. Escribe para el diario *Excélsior*.

AGUILAR CORONADO, MARCO HUM-BERTO ◆ n. en Poza Rica, Ver. (1963). Estudió ciencias políticas en la Universidad Autónoma de Puebla, donde imparte clases. Pertenece al PAN desde 1982, partido en el que ha sido coordinador de funcionarios (1986-87) en Puebla y coordinador de zona (1988-89), secretario nacional de Organización (1990) y miembro del Consejo Nacional (1991). Diputado federal (1991-94).

AGUILAR COTA, EDUARDO ◆ n. en Mexicali, BC (1939). Licenciado en derecho por la UNAM (1958-62). Ha sido profesor de las universidades de Baja California (1970-74), la Femenina (1975) y la Franco Mexicana (1982). Inició su carrera judicial en 1966. En 1981 se le nombró magistrado del Primer Tribunal Colegiado del Primer Circuito en Materia Administrativa del Distrito Federal. Ministro de la Suprema Corte de Justicia de la Nación desde 1987.

AGUILAR DOMÍNGUEZ, JOSÉ JAVIER ◆ n. en el DF (1944). Licenciado por la Escuela Libre de Derecho (1965-68), tomó un curso de amparo en materia de trabajo en el Instituto de Especialización Judicial (1979). Ha sido oficial judicial del juzgado primero de distrito en materia administrativa del DF (1965-73); dictaminador del Cuerpo Consultivo Agrario del DAAC (1973-74); abogado postulante (1974); segundo (1975-77) y primer secretario (1977-79) del juzgado cuarto de distrito en materia administrativa del DF; secretario de Estudio y Cuenta (1979-82), secretario particular del presidente (1983-85) y secretario general de Acuerdos (1985-) de la Suprema Corte de Justicia de la Nación.

AGUILAR FRANCO, SERAFÍN ◆ n. en Yautepec, Oax. (1923). Pertenece al PRI desde 1958. Secretario general de la CROC en Oaxaca (1974 y 1979-85). Secretario general del Sindicato Nacional de Trabajadores del Autotransporte (1977-83). Diputado local en Oaxaca en dos ocasiones. Diputado federal (1982-85).

AGUILAR GONZÁLEZ, ENRIQUE ◆ n. en Tacámbaro, Mich. y m. en el DF (1903-1957). Educador. Ocupó diversos cargos dentro de la Secretaría de Educación Pública. Creó el Instituto Federal de Capacitación del Magisterio.

AGUILAR DE HERRERA, ESTEBAN DE ◆ n. en Guadalajara, Jal., y m. en la ciudad de México (1605-1668). Jesuita. Rector del Colegio de San Ildefonso. Destacó como orador religioso y varios de sus sermones fueron recogidos por la imprenta. Autor de *Náutica Sacra y viaje prodigioso*.

AGUILAR ISLAS, PABLO ◆ n. en Puebla y m. en el DF (1881-1959). Médico. Ejerció el periodismo para combatir a la dictadura de Porfirio Díaz. Miembro del Partido Liberal Mexicano. Estuvo preso en San Juan de Ulúa. Tomó parte en la revolución y fue diputado federal.

AGUILAR JÁQUEZ, ESTEBAN ◆ n. en Ojinaga, Chih. (1930). Agricultor. Diputado plurinominal por el PAN (1979-1982).

AGUILAR JIMÉNEZ, RUBÉN ◆ n. en Ojinaga, Chih. (1943). Abogado (Universidad Autónoma de Chihuahua). Cofundador del Comité de Defensa Popular (CDP) de Chihuahua, del que es el principal dirigente. Diputado federal por la alianza CDP-PRT (1982-85). Candidato a gobernador de Chihuahua en 1986 por las mismas organizaciones.

AGUILAR Y MAROCHO, IGNACIO ◆ n. en Valladolid, hoy Morelia, Mich., y m. en la ciudad de México (1813-1884). Diputado federal (1846), ministro de Justicia, Negocios Eclesiásticos e Instrucción Pública de Antonio López de Santa Anna (1853-1855). Fue de los que ofrecieron el trono de México a Maximiliano, quien ya en el poder lo nombró embajador en El Vaticano y España. Derrotado el imperio, se dedicó a escribir para periódicos conservadores (*El Universal, La Voz de México* y *La Sociedad Católica*). Miembro de la Academia Mexicana (de la lengua).

AGUILAR MARTÍNEZ, RODRIGO ◆ n. en Valle de Santiago, Gto. (1952). Fue ordenado sacerdote el 25 de julio de 1975 y estuvo adscrito a la diócesis de Morelia. Obispo de Matehuala desde el 31 de julio de 1975.

AGUILAR Y MAYA, JOSÉ ◆ n. en Jerécuaro, Gto. y m. en el DF (1897-1966). Licenciado en derecho por la UNAM, donde impartió clases. Fue miembro de la Academia Mexicana de Legislación y Jurisprudencia. Cuatro veces diputado federal; procurador general de Justicia del Distrito y Territorios Federales (1928-30), tres veces procurador general de la República (1930-1932, 1940-46 y 1955-1958), director general de Seguros de México (1948) y gobernador de Guanajuato (1949-1955). Publicó diversos estudios jurídicos, entre ellos *La suspensión de garantías, Exposición de motivos al nuevo Código Federal de Procedimientos Civiles* y *El Ministerio Político Federal en el nuevo régimen*.

AGUILAR Y MAYA, GUILLERMO ◆ n. en

Guanajuato (1911). Licenciado en derecho por la UNAM. Fue defensor de oficio en el fuero común, diputado federal (1943-46), magistrado del Tribunal Superior de Justicia del Distrito y Territorios Federales (1946-52) y procurador general de Justicia del Distrito y Territorios Federales (1952-56).

AGUILAR MENDOZA, AMÍLCAR ◆ n. en Ejido Nuevo Cardillo, municipio de Camargo, Tams. (1936). Maestro normalista. Estudió filosofía y letras en la UNAM. Miembro de la dirección del PRI en Nuevo León (1984). Secretario general de la sección XXI del SNTE (1984-87). Diputado federal del PRI por Nuevo León (1985-88).

AGUILAR MENDOZA, MARCIANO ◆ n. en Monterrey, NL (1923). Masón. Fue miembro de la dirección del PRI en Tamaulipas. Secretario de acción ganadera de la Confederación Nacional Campesina. Diputado federal suplente (1961-64), diputado local en Tamaulipas (1979) y diputado federal (1970-73 y 1985-88).

AGUILAR MONTES DE OCA, MERCEDES ◆ n. en Toluca, Edo. de Méx. (?). Periodista. Profesora de la UNAM (1972-89), donde se desempeñó como secretaria técnica del Departamento de Comunicación de la ENEP Acatlán (1977-79). Fue reportera de los diarios *El Heraldo de México* (1976-73) y *Cine Mundial* (1974-76), así como del hebdomadario *Revista de Revistas* (1976-79), y conductora de la emisión radiofónica *Desayuno para tres* (1972-74). Ha sido gerente de comunicación social de Caminos y Puentes Federales de Ingresos (1982-84) y directora (1984-88); directora general de Comunicación Social de la Secretaría de Gobernación (1989-93), y directora general de Comunicación Social de la SEP (1994-1996).

AGUILAR MONTEVERDE, ALONSO ◆ n. en Hermosillo, Son. (1922). Licenciado en derecho con cursos de posgrado en economía, disciplina a la que se ha dedicado. Profesor (1958-) e investigador de la UNAM (1962-). Coeditó con Narciso Bassols la revista *Índice*. Presidente del Círculo de Estudios Mexicanos (1956-

58). Coordinador general del Movimiento de Liberación Nacional (1961-1965). Cofundador de Editorial Nuestro Tiempo (1967) y de la revista *Estrategia* (1970), de la que es codirector. Colaboró en la revista *Política* y ha escrito para publicaciones de México y del extranjero. *Teoría y política del desarrollo latinoamericano* (1967), *Dialéctica de la economía mexicana* (1968), *Economía política y lucha social* (1970), *Teoría del capitalismo* (1978) y *Estado, capitalismo y clase en el poder* (1983) son algunos de sus libros. Es coautor, con Fernando Carmona, de *México: riqueza y miseria* (1967); con Jorge Carrión, de *La burguesía, la oligarquía y el Estado* (1970); y con éstos y el doctor Guillermo Montaño de *El milagro mexicano* (1970). Prologó las *Obras* de Narciso Bassols.

AGUILAR MORA, DAVID ◆ n. Chihuahua, Chih., y m. en Guatemala (1940-¿1965?). Estudió economía en la UNAM. Cofundador de la Liga Obrera Marxista (1959). Al dividirse ese grupo participó en la fundación del trotskista Partido Obrero Revolucionario. En 1963 marchó a Guatemala con su compañera, Eunice Campirán, para incorporarse a la guerrilla del Movimiento Revolucionario 13 de Noviembre, organización encabezada por Yon Sosa. Encargado de organizar el frente urbano de la citada agrupación, fue secuestrado por la dictadura guatemalteca en diciembre de

1965. Presumiblemente fue asesinado.

AGUILAR MORA, JORGE ◆ n. en Chihuahua, Chih. (1946). Escritor. Licenciado en letras hispánicas por la UNAM (1974) y doctor en letras por El Colegio de México (1978), donde fue profesor. Fue docente de la UAM. Fue discípulo de Roland Barthes en París. Ha colaborado en diversas publicaciones literarias y en Radio Universidad. Fue miembro del consejo de redacción de *La Cultura en México*, suplemento de *Siempre!* al que renunció junto con Héctor Manjarrez, David Huerta y Paloma Villegas por discrepancias políticas con el resto del equipo. Colaborador de *Diálogos, Revista de la Universidad* y *La Gaceta del Fondo de Cultura Económica*. Autor de novela: *Cadáver lleno de mundo* (1971), *Si muero lejos de ti* (1979) y *Una muerte sencilla, justa, eterna* (1990); poesía: US *Postage Air Mail Special Delivery* (1977), *No hay otro cuerpo* (1977), *Esta tierra sin razón y poderosa* (1985) y *Stabat Mater* (1996); y ensayo: *El texto de un juicio* (1974), *La divina pareja: historia y mito en Octavio Paz* (1978), *Tránsito del cuerpo* (1978), *Un día en la vida del general Obregón* (1983), *La otra Francia* (1986) y *La generación perdida* (1991).

AGUILAR MORA, MANUEL ◆ n. en Chihuahua, Chih. (1938). Estudió la licenciatura en sociología en la Facultad de Ciencias Políticas y Sociales de la UNAM. Ha sido profesor de la UNAM, de la Escuela Nacional de Antropología e Historia y de la Universidad Autónoma de Chapingo. Se inició como militante trotskista en 1959. Cofundador y miembro de la dirección del Partido Revolucionario de los Trabajadores (1976-). Desde 1962 es integrante del comité ejecutivo internacional de la IV Internacional. Coautor de *Interpretaciones de la revolución mexicana* (1979) y *La revolución mexicana contra el PRI* (1991). Autor de *La crisis de la izquierda en México: orígenes y desarrollo* (1979), *El bonapartismo mexicano* (2 t., 1982), *Crisis y esperanza: México más allá de 1984* (1984) y *Huellas del porvenir 1968-1988* (1989).

AGUILAR NARVÁEZ, JOSÉ ANTONIO ◆ n. en el DF (1943). Escritor, pintor y

Jorge Aguilar Mora

FOTO: REFORMA

escultor. Estudió letras españolas y es licenciado en administración por la UNAM. Fue becario del Centro Mexicano de Escritores (1974-75) y del Centro Mexicano de Escultores (1975-76). Ha colaborado en las revistas *Punto de Partida*, *El Cuento* y *El Rehilete*, y en el suplemento *Diorama de la Cultura* del diario *Excélsior*. Coautor de *22 cuentos, 4 autores* (1972) y autor de los volúmenes de cuentos *El hombre frente al futuro* (1974), *El mundo interior* (1978) y *Marina* (1981); y de la novela *El tiempo de Dios* (1993). Preside el Instituto Mexicano de Administración Urbana. En 1969 obtuvo el primer premio del Concurso de Cuento Punto de Partida y en 1973 el Premio Latinoamericano de Cuento.

AGUILAR OLVERA, BELISARIO ♦ n. en Jacala, Hgo. (1938). Ingeniero eléctrico titulado en el IPN (1960-64), institución de la que fue profesor (1976-79). En el Partido Popular Socialista, al que pertenece desde 1959, ha sido secretario general de la Juventud Popular Socialista (1966-70), secretario general del Comité Directivo del Distrito Federal, oficial mayor (1970-73) y miembro del comité central (1970-89). Diputado federal en tres ocasiones (1973-76, 1979-82 y 1988-91).

AGUILAR PANIAGUA, PAULINO ♦ n. en Ciudad Las Casas, Chis. (1918). Empresario en pequeño. Miembro del PAN. Diputado federal (1982-85).

AGUILAR DE LA PARRA, HESIQUIO ♦ n. en Córdoba, Ver. (1945). Licenciado en derecho por la UNAM (1963-67) especializado en administración y economía en la American University de Washington (1968-69). Profesor de la Universidad Anáhuac (1970). Desde 1964 es miembro del PRI. Ha sido subdirector de Aseguradora Agrícola (1971-72), gerente de relaciones públicas de la Comisión Nacional de la Industria Azucarera (1973), secretario particular de los secretarios de Recursos Hidráulicos (1974-76) y de Turismo (1976-77), director general de Administración de la Secretaría de Turismo (1977-79), diputado federal en dos ocasiones (1979-82

y 1985-88), senador suplente (1982-88), director general del Derecho de Autor de la Secretaría de Educación (1983-85) y director general de Turismo del DDF (1988-94).

AGUILAR Y QUEVEDO, ADOLFO ♦ n. y m. en el DF (1921-1992). Licenciado en derecho por la UNAM (1946). Vicepresidente del Comité Penal de la Asociación Internacional de Barras (1975-76) y presidente de la Barra Mexicana-Colegio de Abogados (1981-82). Autor de *La legítima defensa* (1951), *El caso de dos crímenes* (1959), *La inculpabilidad* (1956) y otras obras.

AGUILAR REYES *FRAY NANO*, ALEJANDRO ♦ n. y m. en la ciudad de México (1902-1961). Se inició muy joven en el periodismo deportivo y taurino. Colaboró principalmente en *Deportes y Toros*, *El Universal* y *El Universal Gráfico*. Fundó en diciembre de 1930 y dirigió hasta su muerte *La Afición*, el primer diario deportivo del mundo. Creó ligas deportivas, promovió torneos, manejó boxeadores y dirigió equipos.

AGUILAR DEL RIVERO, DIEGO FERNANDO DE ♦ n. en Zapotlán el Grande, hoy Ciudad Guzmán, Jal., y m. en España (1711-1781). Tomó el hábito franciscano y adoptó el nombre de Antonio. Evangelizó en Coahuila a los apaches hasta que por presiones de la jerarquía se vio obligado a alejarse de los indios. En 1764 marchó a España como procurador de la provincia de Jalisco ante la corona. Escribió cartas en las que informa de su trabajo entre los apaches y de las demandas de éstos.

AGUILAR ROMERO, RAÚL ♦ n. en Toluca, Edo. de Méx. (1942). Profesor normalista titulado en la Escuela Nacional de Maestros (1960-62) y profesor de educación superior titulado en la Escuela Normal Superior (1966-69) con maestría en pedagogía por el Instituto de Psicopedagogía Aplicada (1970-72). Miembro del PRI desde 1964. Ha sido consejero de educación rural de la Secretaría de Educación (1966), asesor de educación de la Confederación Nacional de Organizaciones Populares (1982) y director general de los Servi-

Miguel Óscar Aguilar Ruiz

cios Coordinados de Educación del gobierno de Yucatán (1989-).

AGUILAR RUIZ, MIGUEL ÓSCAR ♦ n. en Comitán, Chis. (1949). Ingeniero en comunicaciones electrónicas titulado en 1971, con posgrado en la UNAM. Perito en incendios y explosivos (1977), subdirector general (1978-82) y director general de Servicios Periciales de la Procuraduría de Justicia del Distrito Federal (1982).

AGUILAR SÁENZ, MANUEL ♦ n. en Rosales, Chih. y m. ¿en México? (1872-1949). Ocupó tres veces la Secretaría General en otros tantos gobiernos de Chihuahua (Fernando Orozco, Luis L. León y Francisco R. Almada). Fue colaborador de la *Revista Moderna* y de la *Revista Azul*. Autor de una *Geografía del estado* (de Chihuahua); escribió poesía, publicó una novela (*De Amor*) y dejó inéditas otras cuatro. Tradujo a Tennyson.

AGUILAR SALDAÑA, JORGE ♦ n. en la ciudad de México (1923). Estudió en la Escuela Militar de Transmisiones (1938-42) y en la Universidad de Nueva York (1956-60). Ha sido funcionario de la Secretaría de Relaciones Exteriores durante más de 25 años. Ahí ocupó el cargo de director general del servicio consular (1972-77). Desde 1977 es cónsul en Nueva Orleans.

AGUILAR Y SANTILLÁN, RAFAEL ♦ n. y m. en la ciudad de México (1863-1940).

Presidente honorario y secretario perpetuo de la Sociedad Antonio Alzate. Autor, entre otras obras, de *Reseñas relativas a la Sociedad Antonio Alzate, Apuntes para el estudio de las lluvias en México, Bibliografía geológica y minera de la República Mexicana*, etc. Colaboró en diversas publicaciones técnicas.

AGUILAR SOLÍS, JOSÉ ÁNGEL ◆ n. en Zacapu, Mich. (1916). Estudió en la Escuela Normal para Varones en Guadalajara. Colaboró en los diarios *Las Noticias* y *El Informador*, de Jalisco, y en *La Prensa*, en el DF. Director del diario *El Demócrata*, de Toluca. Autor de *Yo maté a Villa* y *Yo decapité a Pancho Villa*. Investigador del Instituto de Estudios Históricos de la Revolución Mexicana e integrante del Ateneo del Estado de México. Recibió la presea José María Cos del gobierno del Estado de México (1988).

AGUILAR SUÁREZ, PRIMITIVO ◆ n. en Atasta, Tab., y m. en el mar cerca de Veracruz (1887-1924). Abogado. Era magistrado del Tribunal Superior de Justicia cuando el Senado lo nombró gobernador de Tabasco (1920-21).

AGUILAR TALAMANTES, RAFAEL ◆ n. en Santa Rosalía, BC (1939). Político. Estudió economía y derecho en la UNAM. Militó en la Juventud Comunista de México. Fue organizador y dirigente de la Central Nacional de Estudiantes Democráticos. Dirigió la sección juvenil del Movimiento de Liberación Nacional (1961). Fue preso político por dirigir una huelga estudiantil en la Universidad Nicolaíta (1966-71). A principios de los años setenta se incorporó al Comité Nacional de Auscultación y Coordinación, grupo que abandonó en 1973. En septiembre de ese año encabezó la formación del Partido Socialista de los Trabajadores, que dirigió hasta su cambio de nombre, en 1987, cuando se convirtió en Partido del Frente Cardenista de Reconstrucción Nacional, del que también fue el líder. Desaparecido el PFCRN en 1994, creó el PS en 1996, que también dirigió. Ha sido diputado federal en dos ocasiones (1982-85 y 1988-91).

AGUILAR TINAJERO, NOÉ ◆ n. en el DF (1948). Contador público. Militante del PAN. Diputado federal plurinominal a la LIV Legislatura (1988-91).

AGUILAR DE LA TORRE, MANUEL ◆ n. en Veracruz y m. en Cuernavaca, Mor. (1926-1998). Licenciado en derecho por la UNAM, maestro en periodismo por el Instituto de Cultura Hispánica de Madrid y doctor en filosofía por la Universidad de Roma. Trabajó para *Excélsior* y *El Nacional* desde 1947. Fundador de galerías de arte y de los museos de Arte Contemporáneo de Morelia y de Arte Prehispánico de Guanajuato. Autor de los ensayos *Ergástulas* (1954), *Las cárceles y los sistemas penitenciarios* (1954), *Lo horrible* (1967) y *El dictador* (1967); del libro de cuentos *Tzaráracua* (1957); de las obras de teatro *El árbol de las hojas blancas* (1957), *Un ensayo de Hamlet* (1957) y *La billetera* (1965); de la novela *La hija del agua* (1957) y de los poemarios *Huellas en mí* (1955), *La calle de los peatones tristes* (1957, Premio Nacional del Injuve), *Una semana de amor* (1958), *Poemas de este tiempo* (1962), *Poema a la juventud* (1963), *Dolor por la muerte de un negro* (1968), *Encuentros* (1968), *La voz* (1969), *Poema en el hospital* (1970), *Shalom* (1973), *Golpe de Fango* (1973), *Paralelo mínimo* (1974, con prólogo de Juan Miguel de Mora), *Poemas negros por mi madre ciega* (1980) y *La casa en la montaña* (1991). Premio Iberoamericano de Periodismo (rechazado).

AGUILAR Y URÍZAR, FRANCISCO ◆ n. y m. en Zacatecas, Zac. (1867-1948). Matemático y músico. Ofreció conciertos de piano como solista y compuso un *Ave María* y una romanza: *Aurora*.

AGUILAR VILLANUEVA, LUIS F. ◆ n. en Campeche, Camp. (1938). Doctor en filosofía. Hizo sus estudio de posgrado en la Pontificia Universidad Gregoriana de Roma, Italia, y en la Universidad Estatal de Turingia, Alemania. En la UNAM ha sido profesor, investigador, director general de Personal Académico y secretario de Rectoría (1977-88). Investigador de El Colegio de México (1988-94) y profesor invitado en otros

Luis F. Aguilar

centros de enseñanza superior. Fue presidente de la fundación mexicana Cambio XXI, hoy Fundación Colosio del PRI. Ha sido subsecretario de Desarrollo Político (1994-95) y coordinador de asesores de la Secretaría de Gobernación (1996-97). Forma parte del Consejo Consultivo Ciudadano de la Sedue. Ha escrito en *Nexos, Voz y Voto, La Jornada* y otras publicaciones periódicas y ha publicado un centenar de artículos especializados en revistas de teoría política y administrativa. Autor de *Política y racionalidad administrativa* (1982), *Max Weber: la idea de la ciencia social* (2 t., 1988), *El estudio de las políticas públicas* (1992), *La hechura de las políticas* (1992), *Problemas públicos y agenda de gobierno* (1993) y *La implementación de las políticas* (1993). Miembro del Sistema Nacional de Investigadores.

AGUILAR VILLASEÑOR, JESÚS ◆ n. en Autlán, Jal. (1898-?). Ejerció el periodismo desde muy joven. Participó en la Revolución Mexicana en el bando constitucionalista. Colaboró en diversas publicaciones de Guadalajara, Orizaba y la ciudad de México. Fue jefe de redacción de *Redención* (1926) y de *El Jalisciense*, órgano del Partido Nacional Revolucionario en Jalisco (1938). Fundó en 1920 una revista tapatía que apareció bajo diversos nombres: *Plus Ultra, Labor Nueva* y, desde 1931, *El Mundo*. Autor de *Álbum social tapatío* (s.f.) y poesía: *La campana de Dolores* (1924).

Foto: Cuartoscuro

Adolfo Aguilar Zínser

AGUILAR ZÍNSER, ADOLFO ◆ n. en el DF (1949). Estudió relaciones internacionales en El Colegio de México (1972-75) e hizo la maestría en administración pública en la Universidad de Harvard (1977-78). Ha sido profesor de la UNAM y del CIDE, donde dirigió el Programa de Estudios sobre Centroamérica. Fue coordinador del Departamento de Estudios sobre Comunicación (1980-82), editor de *Informe de Relaciones México-Estados Unidos* (1982-84) y miembro de la Junta de Gobierno del Ceestem (1976-85). Colaborador del diario *unomásuno* (1977-85), de *Excélsior* (1986-94) y de *Reforma* (1994-). Sus textos figuran en libros colectivos sobre el conflicto centroamericano. Coautor de *El desafío mexicano* (1982). En 1986 apareció el libro *Aún tiembla*, del que es coeditor con Cesáreo Morales. Diputado federal externo por el PRD (1994-97) y senador independiente (1997-).

AGUILAR ZÍNSER, ÁNGELES ◆ n. en el DF (1949). Obtuvo el diploma superior del idioma francés en la Facultad de Letras de la Universidad de Montpellier. Formó parte del consejo editorial del diario *unomásuno* (1985-86). Ha sido gerente general (1987), directora general (1988) y accionista mayoritaria (1989) de la revista *Tiempo Libre*. Vicepresidenta para Publicaciones Periódicas de la Caniem (1995). Miembro del consejo directivo de la Asociación Nacional del Libro y de la Fundación Mexicana de Fomento a la Lectura (1996).

Foto: Cuartoscuro

Manuel Aguilera Gómez

Foto: Reforma

Marco Tulio
Aguilera Garramuño

Fundadora de la Asociación Latinoamericana de Editores de Revistas (1998).

AGUILERA, DIEGO DE ◆ n. en España y m. en la ciudad de México (1547-?). Arquitecto. Vino a Nueva España. Trabajó en la construcción de la Catedral Metropolitana, de la que fue obrero mayor y maestro mayor a partir de 1593.

AGUILERA, FRANCISCO ◆ n. en la ciudad de México y m. en Querétaro, Qro. (1655-1704). Jesuita. Autor de *Elogio de la vida admirable, heroicas virtudes y preciosa muerte de la venerable señora Catarina de San Juan* (1688) y de *Elogio de San Francisco Javier, predicado en la ciudad de Puebla* (1689).

AGUILERA ÁLVAREZ, COSME ◆ n. y m. en Puebla, Pue. (1900-1976). Participó en la revolución en las filas constitucionalistas, donde obtuvo el grado de capitán primero. Fue diputado local y federal (1943-46 y 1964-67).

AGUILERA DÍAZ, GASPAR ◆ n. en Parral, Chih. (1947). Poeta. Licenciado en derecho por la Universidad Michoacana de San Nicolás de Hidalgo, de la que fue profesor, jefe de difusión y secretario de Difusión Cultural. Ha colaborado en la revista cubana *Bohemia* y en las mexicanas *Tierra Adentro, Dosfilos, Plural, Punto de Partida y Crítica Política*, así como en *La Cultura en México*, suplemento de *Siempre!*, y en el diario *unomásuno*. Autor de antología: *Un grupo avanza silencioso* (1990, poetas cubanos nacidos entre 1958 y 1972); y poesía: *Informe de labores 1978* (1981), *Pirénico* (1982), *Los siete deseos capitales* (1982), *Zona de derrumbe* (1985), *Los ritos del obseso* (1987), *Homenaje a José Emilio Pacheco* (1988) y *Tu piel vuela a mi boca* (1992).

AGUILERA DORANTES, MARIO ◆ n. en Oaxaca, Oax., y m. en el DF (1907-1999). Educador. Oficial mayor de la Secretaría de Educación Pública (1958-1970). Presidente del Consejo Nacional Técnico de la Educación (1970-1976). Autor de varios trabajos sobre su especialidad (*La educación indígena en México, Las escuelas prácticas de agricultura* y otros).

AGUILERA GARRAMUÑO, MARCO TU-

LIO ◆ n. en Colombia (1949). Escritor. Licenciado en filosofía por la Universidad del Valle de Cali y maestro en literatura por la Universidad de Kansas. Reside en México desde 1975. Desde 1977 trabaja para la Universidad Veracruzana, donde dirige la revista *La Ciencia y el Hombre*. Ha colaborado en revistas y suplementos culturales. Autor de los volúmenes de cuentos *Alquimia popular* (1979), *Aves del paraíso* (1981), *Cuentos para después de hacer el amor* (1983) y *Los grandes y pequeños amores* (1990, Premio de Cuento San Luis Potosí); de los ensayos *La cuadratura del huevo* (1979) y *El arte como problema* (colectivo, 1979); y de las novelas *Breve historia de todas las cosas* (1975), *Paraísos hostiles* (1985), *Mujeres amadas* (1988), *El juego de las seducciones* (1989), *Los placeres perdidos* (1990, ganador en la I Bienal Nacional de Novela José Eustasio Rivera, de Colombia) y *Las noches de Ventura* (1995). Ha obtenido los premios Nacional de Novela de Costa Rica (1975), Nacional de Cuento de Colombia (1978 1980), de Cuento Infantil Juan de la Cabada (1997), Bogotá de Ciencia Ficción (1997) e Internacional de Cuento Gabriel García Márquez (1998), entre otros.

AGUILERA GÓMEZ, MANUEL ◆ n. en Orizaba, Ver. (1936). Licenciado en economía por la UNAM (1954-58), especializado en la Universidad de Sussex. Profesor de la UNAM (1969-85) y del Centro de Estudios Monetarios Latinoamericanos (1983-85). Desde 1959 pertenece al PRI, en el que ha sido dos veces presidente del comité directivo del Distrito Federal. Ha sido subdirector y director general de Estudios Económicos de la SIC (1971-72), director general de Tabamex (1972-77), coordinador general del Programa de Desarrollo Fronterizo de la Secretaría de Programación (1977-78), director general del Instituto Mexicano del Café (1978-82), presidente del Colegio Nacional de Economistas (1979-81), miembro del Instituto de Investigaciones Económicas de la UNAM (1983-85), director general de Renovación Habitacional Popular

(1986-88), secretario general de gobierno del Departamento del Distrito Federal (1988-91), senador por el DF (1991-93), jefe del Departamento del Distrito Federal (1993-94) y diputado a la Asamblea Legislativa del Distrito Federal (1997-2000). En 1975 recibió el Premio Anual de Economía Política Juan F. Noyola del Colegio Nacional de Economistas.

AGUILERA GONZÁLEZ, FRANCISCO MARÍA ◆ n. en Guanajuato, Gto. (1918). Fue ordenado sacerdote el 14 de abril de 1943. Desde 1979 es obispo titular de Macriana de Mauritania y obispo auxiliar de la arquidiócesis de México.

AGUILERA MALTA, DEMETRIO ◆ n. en Ecuador y m. en el DF (1909-1981). Escritor que participó en el Grupo de Guayaquil, núcleo influido por el realismo socialista. Licenciado en derecho por la Universidad de Guayaquil. En su país fue viceministro de Educación y director del Museo Único de Quito. Embajador de Ecuador en México (1979-81). Fue jefe del departamento de castellano de la Unión Panamericana, en Washington. Se estableció en México en 1958. Colaborador del periódico *El Día* y de la *Revista de la Universidad*. Participó en la realización de las películas *Cadena infinita* (1949), *Entre dos carnavales* (1951) y *Dos ángeles y medio*. Preparó, con Manuel Mejía Valera, la antología *El cuento actual latinoamericano* (1973) y realizó la compilación *Hechos y leyendas de nuestra América* (1975). Autor de poesía: *Primavera interior* (1927) y *El libro de los mangleros* (1929); cuento: *Los que se van, cuentos del cholo i del montuvio* (1930); ensayo: *Panamá; folklore* (1930), *Leticia (notas y comentarios de un periodista ecuatoriano)* (1932) y *Los generales de Bolívar* (1966); teatro: *España leal* (1938), *Lázaro* (1940), *Sangre azul* (1944), *No bastan lo átomos* (1954), *El tigre* (1956), *Trilogía ecuatoriana* (1959), *Infierno negro* (1967) y *Teatro completo* (1970); y novela: *Don Goyo* (1933), *Canal Zone: los yanquis en Panamá* (1935), *¡Madrid! Reportaje novelado de una retaguardia heroica* (1936), *La isla virgen* (1942), *Una*

cruz en la sierra Maestra (1960), *La caballeresa del sol: el gran amor de Bolívar* (1964), *El Quijote de El Dorado: Orellana y el río de las Amazonas* (1964), *Un nuevo mar para el rey: Balboa, Anayasi y el océano Pacífico* (1965), *Siete lunas y siete serpientes* (1970), *El secuestro del general* (1973), *Jaguar* (1977) y *Réquiem para el diablo* (1978). Luego de su muerte apareció la novela *Una pelota, un sueño y diez centavos* (1988).

AGUILERA NORIEGA, JORGE ◆ n. en Ciudad Victoria, Tams. (1931). Licenciado en economía por la UNAM (1951-55). Profesor del IPN (1965-66). Miembro del PRI desde 1948. Ha sido subgerente del Banco del Pequeño Comercio (1956-57), tesorero general del gobierno de Tamaulipas (1958-63), coordinador general de Delegaciones de la Conasupo (1973-76), delegado de la Secretaría de Programación en Chiapas (1977), oficial mayor de la Secretaría de Comercio (1978-82), coordinador de la Comisión Nacional de Alimentación de la Secretaría de Programación y Presupuesto (1983-85) y oficial mayor de la Secretaría de Agricultura (1988-). Autor de *Lucha por el constitucionalismo en México* (1981).

AGUILERA ORTIZ, ISIDRO ◆ n. en Uruapan, Mich. (1951). Licenciado en economía por la UNAM (1970-75). Profesor de la Escuela Superior de Archivonomía y Bibliotecología (1973), la Universidad Michoacana de San Nicolás de Hidalgo (1977) y la Universidad Don Vasco (1978-78). Miembro fundador del Partido de la Revolución Democrática (1989) e integrante de su comité nacional. Ha sido asesor del subsecretario de Ganadería de la Secretaría de Agricultura (1975-76); secretario particular del Tesorero de la entidad (1980-82), director de Educación Estatal (1982-83) y director de Profesiones y Servicio Social del gobierno de Michoacán (1983-86). Diputado federal por el Frente Democrático Nacional a la LIV Legislatura (1988-91). Autor de *Acanto* (1981).

AGUILERA RODRÍGUEZ, JOSÉ DE JESÚS ◆ n. en Irapuato, Gto. (1931). Estudió en el Seminario de León. Obtuvo la

licenciatura en teología en la Universidad Gregoriana de Roma, ciudad donde fue ordenado sacerdote en 1955. Obispo de Huejutla (1982-) y obispo emérito.

AGUILERA SERRANO, JOSÉ GUADALUPE ◆ n. en Mapimí, Dgo. y m. en el DF (1852 o 57-1941). Cofundador del Instituto Geológico Nacional, del que fue director (1895-1914). Subsecretario de Fomento de Victoriano Huerta. Elaboró una *Carta geológica de la República Mexicana* (1888). Autor de obras como *Sinopsis de la geología mexicana, Breve explicación del bosquejo geológico de la República Mexicana, Catálogo de las especies minerales y su distribución geográfica en México,* etc.

AGUILILLA ◆ Municipio de Michoacán situado en el suroeste de la entidad. Limita al este y noreste con Apatzingán. Superficie: 1,629.52 km². Habitantes: 20,640, de los cuales 3,941 forman la población económicamente activa. Hablan alguna lengua indígena 21 personas mayores de cinco años. Fue erigido el 22 de junio de 1877.

AGUINACO, JORGE PABLO DE ◆ n. en el DF (1950). Estudió artes plásticas en La Esmeralda y diversos aspectos de la fotografía en Bruselas. Obras suyas se han presentado en exposiciones en Cuba, Brasil, Francia y EUA.

AGUINACO ALEMÁN, VICENTE ◆ n. en el DF (1920). Abogado por la UNAM. Coordinador de la Comisión de Derecho Constitucional y Amparo de la Barra Mexicana de Abogados. Fue secretario de Acuerdos de la Segunda Sala y secretario de Estudio y Cuenta en el pleno de la Suprema Corte, así como presidente de la Suprema Corte de Justicia (¿?-1999).

AGUINAGA, LUIS VICENTE DE ◆ n. en Guadalajara, Jal. (1971). Poeta. Licenciado en letras por la Universidad de Guadalajara. Ha colaborado en *El Zahír, Sábado,*

Vicente Aguinaco Alemán

Tierra Adentro, Umbral y *Trashumante.* Ha publicado los poemarios *Noctambulario* (1989), *Nombre* (1990), *Piedras hundidas en la piedra* (1992) y *El agua circular, el fuego* (1995).

AGUINAGA Y LÓPEZ PORTILLO, FRANCISCO DE ◆ n. en Guadalajara, Jal., y m. en Houston, EUA (1903-1971). Sacerdote. Estudió en México y en Roma. Se especializó en arte sacro, del que llegó a ser eminente conocedor. Autor de *La exposición de arte religioso en la primera gran Feria de Jalisco* (1953).

AGUIÑAGA, JOSÉ OTHÓN DE ◆ n. y m. en Guadalajara, Jal. (1873-1930). Pintor. Fue discípulo de Santiago Rebull en la Academia de San Carlos. En Guadalajara se conservan obras suyas.

AGUIRRE, ARTURO ◆ n. en Saltillo, Coah., y m. en el DF (1865-1933). Violinista. Perteneció al Cuarteto de Cuerdas del Conservatorio y a la Orquesta de la misma institución. Ofreció recitales como solista.

AGUIRRE, BEATRIZ ◆ n. en Arteaga, Coahuila (?). Actriz. Realizó estudios de odontología. Debutó en el cine en la película *La monja alférez,* protagonizada por María Félix. Luego realizó varias cintas más, entre ellas *La trepadora,* al lado de Sara García.

AGUIRRE, ELSA ◆ n. en Chihuahua, Chih. (1930). Actriz y cantante. Ha trabajado en teatro, televisión y en las películas *El sexo fuerte* (1945), *Don Simón de Lira* (1946), *Algo flota sobre el agua* (1947), *El ladrón* (1947), *Los viejos somos así* (1948), *Medianoche* (1948), *Lluvia roja* (1949), *La mujer que yo amé* (1950), *Acapulco* (1951), *La estatua de carne* (1951), *Cantando nace el amor* (1952), *La perversa* (1953), *Estafa de amor* (1953), *Cuidado con el amor* (1954), *La doncella de piedra* (1955), *Vainilla* (1956), *Bronce y morir* (1956), *Pancho Villa y la Valentina* (1958) *Ama a tu prójimo* (1958), *La vuelta del mexicano* (1965), *Casa de mujeres* (1965), *Las figuras de arena* (1969), *Los años vacíos* (1969), *La muerte de un gallero* (1976) y *Albur de amor* (1976). Luego de un retiro de doce años regresó a la actuación en la obra teatral *Las bellas imágenes,* que

Eugenio Aguirre

Beatriz Aguirre

Elsa Aguirre

le valió un premio como mejor actriz de ese año.

AGUIRRE, EUGENIO ◆ n. en el DF (1944). Escritor. Su segundo apellido es Ramírez de Aguilar. Es licenciado en derecho (1971) y maestro en literatura por la UNAM. Ha sido jefe de Publicaciones del IMCE y director de Publicaciones y Medios de la SEP (1986-88). Colabora en publicaciones periódicas. Autor del volumen de *Cuentos de tierra y asfalto* (1984), de la autobiografía *EA de cuerpo entero* (1991) y de las novelas *Jesucristo Pérez* (1973), *Pajar de imaginación* (1975), *El caballero de las espadas* (1978), *Gonzalo Guerrero* (1980), *Valentín Gómez Farías* (1982), *Leona Vicario* (1982), *El testamento del diablo* (1982), *En el campo* (1983), *Pájaros de fuego* (1984), *Segunda persona* (1984), *Cadáver exquisito* (1985), *La suerte de la fea* (1986), *El rumor que llegó del mar* (1986), *Lorencillo, el pirata del pañuelo rojo* (1986), *Amor de mis amores* (1988), y *Pasos de sangre* (1988), *Elena o el laberinto de la lujuria* (1994) y *La fascinación de la bestia* (1995). Presidente de la Asociación de Escritores de México (1984-86). Es director de literatura de la Sogem. Gran Medalla de Plata de la Academia Internacional de Lutecia de Francia (1981) y Premio José Fuentes Mares (1988).

AGUIRRE, FRANCISCO *PANCHO* ◆ n. en Arandas, Jal., y m. en EUA (1913-1979). Fue gerente de la estación XEFO, del Partido Revolucionario Institucional (1946). A partir de entonces compró radiodifusoras hasta crear una importante cadena, en la que destacaba el Nú-

cleo Radio Centro. Creó el Canal 13 de televisión, para el que obtuvo la concesión en el sexenio de Gustavo Díaz Ordaz. Fue empresario del Río Rosa, El Patio, Capri, Impala y otros centros nocturnos. Vicepresidente de la Cámara Nacional de la Radiodifusión (1956-62) y asesor de la Presidencia de la República (1959-64).

AGUIRRE, GABRIEL ◆ n. en Batopilas, Chih. y m. en San Luis Potosí, SLP (1826-1908). Diputado al Congreso de la Unión por Chihuahua (1857), toma las armas dentro de las fuerzas liberales para combatir en la guerra de Reforma. Diputado por SLP. Al ocurrir la intervención francesa de nuevo se alista en las fuerzas nacionales. Al triunfo de la República es diputado y senador por Chihuahua. Ya en pleno porfiriato es gobernador de su estado natal durante unos meses de 1888 y vuelve al Senado. Posteriormente es de nuevo diputado federal por Chihuahua y Michoacán.

AGUIRRE, IGNACIO ◆ n. y m. en Guadalajara, Jal. (1802-1885). Oficial mayor del gobierno de Jalisco. Recopiló una *Colección de leyes indígenas* y editó la *Historia de la conquista del reino de Nueva Galicia,* de Matías de la Mota Padilla.

AGUIRRE, IGNACIO ◆ n. en San Sebastián del Oeste, Jal., y m. en el DF (1900-1990). Muralista y grabador autodidacta. Entre 1915 y 1917 combatió en las filas carrancistas. En 1920 se unió a la rebelión de Agua Prieta. Minero hasta 1921 y empleado gubernamental hasta 1928, fue escenógrafo del teatro de Ulises y optó por dedicarse a la pintura. Tuvo como maestros a Julio Castellanos y a Manuel Rodríguez Lozano. Fundador de la LEAR en 1933 y del Taller de Gráfica Popular en 1937. En los años cuarenta presentó cuatro exposiciones en Nueva York y una en Washington. Fue profesor de dibujo y pintura en la UNAM y en el INBA. Ejecutó murales en las instalaciones de aviación militar de Balbuena (con Frida Kahlo, 1937), en Caltzonzin, Mich. (con Zalce y O'Higgins, 1948), en Santa María Atarasquillo, Mich. (con O'Higgins, 1951) y en un edificio particular en

Campos Elíseos y Temístocles en el DF (1953). Impulsó la Conferencia Latinoamericana por la Soberanía Nacional, la Emancipación Económica y la Paz. Cofundador del Movimiento de Liberación Nacional, de la Editorial Nuestro Tiempo y de la revista *Estrategia*.

AGUIRRE, JAVIER ◆ n. en el DF (1959). Futbolista. Perteneció a los equipos América y Atlante y formó parte de la selección nacional de la especialidad en 57 partidos. Después de la Copa del Mundo 1986 fue contratado por el equipo español Osasuna. En 1988 regresó a México y jugó con el club Guadalajara hasta su retiro. Ha sido director técnico del Atlante y del Pachuca (1999).

AGUIRRE, JESÚS M. ◆ n. en Ures, Son., y m. en Almagres, Ver. (?-1929). Constitucionalista. Se unió a la rebelión de Agua Prieta. Diputado. Se adhirió a los escobaristas y fue fusilado.

AGUIRRE, JOSÉ MARÍA ◆ n. y m. en la ciudad de México (1778-1852). Sacerdote y abogado. Formó parte de la llamada Junta Nacional Legislativa que elaboró las Bases de Organización Política de la República Mexicana, conocidas como Bases Orgánicas de 1843.

AGUIRRE, LAURO ◆ n. en Ciudad Victoria, Tams. y m. en la ciudad de México (1882-1928). Educador. Promovió la creación de la Escuela Nacional de Maestros, abierta en 1925, de la que fue director. Participó en la redacción de la Ley Orgánica de la Educación. Escribió sobre temas educativos.

AGUIRRE ANGUIANO, SERGIO SALVADOR ◆ n. en Guadalajara, Jal. (1943). Licenciado en derecho por la Universidad Autónoma de Guadalajara. Profesor de la Universidad Panamericana (1988-89). Fue apoderado del Banco Nacional de México (1970-), notario asociado en la capital jalisciense (1974-84 y 1987-95), regidor del ayuntamiento de Guadalajara (1985-86), consejero regional del Banco Internacional y asesor de instituciones de crédito. Ministro de la Suprema Corte de Justicia de la Nación (1995-), adscrito a la Segunda Sala, Administrativa Laboral.

AGUIRRE AVELLANEDA, JERJES ◆ n. en Huetamo, Mich. (1940). Licenciado en Sociología por la Universidad de Oriente, Cuba (1965) y maestro en esa especialidad por la UNAM. Profesor de instituciones de enseñanza superior desde 1965. Trabajó en el Centro de Investigaciones Agrarias (1967-68) y presidió el Instituto Mexicano de Sociología (1974-78). Como miembro del PRI fue diputado local en Michoacán (1980-83) y secretario general de la Liga de Comunidades Agrarias de la misma entidad (1983-84). En el sector público fungió como subgerente de Organización de Finasa (1973-74) y director financiero del Fondo Nacional de Fomento Ejidal (1974-75). Presidente del Instituto Michoacano de Cultura (1994). Ha colaborado en *El Día* (1970-74), *Excélsior* (1976-77) y en la *Revista del México Agrario*. Autor de *La organización empresarial en el sector agropecuario de México* (1974), *La política ejidal en México* (1976), *Movimiento campesino y capitalismo en México* (1982) y de *Incentivos y estímulos al sector agropecuario* (1986).

AGUIRRE AYALA, CLEMENTE ◆ n. en Ayo el Chico, Jal. y m. en Guadalajara (1828-1900). Músico. Combatió a los invasores estadounidenses en 1847. A partir de 1848 dirigió numerosas bandas en Guadalajara y San Luis Potosí. Formó a varias generaciones de músicos. Compuso *Luna de octubre, La hija de las musas* y muchas otras obras, entre las que destaca la marcha *Ecos de México*. Autor de una *Colección de jarabes, sones y cantos populares tal como se usan en el estado de Jalisco* (s.f.).

AGUIRRE BARRAGÁN, HÉCTOR ◆ n. en Llano de Enmedio, municipio de Ixhuatlán, Ver. (1936). Médico y ganadero. Presidente de la Asociación Ganadera de Ixhuatlán de Madero, Veracruz. Diputado federal del PRI por Veracruz (1985-88).

AGUIRRE BELTRÁN, GONZALO ◆ n. en Tlacotalpan y m. en Xalapa, Ver. (1908-1996). Cursó estudios de medicina pero se dedicó a la antropología. Fue director de Asuntos Indígenas de la SEP (1946),

rector de la Universidad Veracruzana (1956-63), diputado federal (1961-64), director del Instituto Indigenista Interamericano (1966), subsecretario de Cultura Popular de la SEP (1970-74), director del Instituto Nacional Indigenista (1971-72) y director del Centro de Investigaciones y Estudios Superiores de Veracruz (1995). Fue investigador del CIESAS (1981-). Autor de *El señorío de Cuauhtochco: luchas agrarias en México durante el virreinato* (1940), *La población negra de México, 1519-1810* (1946), *Formas de gobierno indígena* (1953), *Instituciones indígenas del México actual* (1954), *El proceso de aculturación* (1957), *Cuijla, esbozo etnográfico de un pueblo negro* (1958), *Medicina y magia* (1963), *Obra polémica* (1976), *Lenguas vernáculas: su uso y desuso en la enseñanza* (1983), *Antropología médica: sus desarrollos teóricos en México* (1986), *Zongolica: encuentro de dioses y santos patronos* (1986) y *El negro esclavo en la Nueva España* (1995), entre otras obras. Perteneció al Sistema Nacional de Investigadores (1984) y fue nombrado Investigador Nacional Emérito (1993). Premio Nacional de Ciencias y Artes (1979). Doctor *honoris causa* por las universidades Veracruzana (1980) y Autónoma de Puebla (1992). Medalla Belisario Domínguez del Senado de la República (1991).

AGUIRRE BENAVIDES, ADRIÁN ◆ n. en Parras, Coah., y m. en el DF (1879-1968). Fue el mayor de cuatro hermanos nacidos en la misma ciudad. Abogado de Francisco I. Madero. Constitucionalista y luego villista. Diputado federal. Autor de *Madero el impecable*. Recibió la medalla Belisario Domínguez en 1964.

AGUIRRE BENAVIDES, EUGENIO n. en Parras, Coah., y m. en Matamoros (1884-1915). Luchó contra el orozquismo y en 1913 se unió a las fuerzas de Villa, en las que sobresalió por múltiples

Gonzalo Aguirre Beltrán

Javier Aguirre

hechos de armas. Subsecretario de Guerra en el gobierno convencionista de Eulalio Gutiérrez. Fue fusilado.

AGUIRRE BERLANGA, MANUEL ◆ n. en Saltillo, Coah., y m. en el DF (1887-1953). Licenciado en derecho por el Instituto Científico y Literario de San Luis Potosí (1910). Militante antirreeleccionista. Fue funcionario del gobierno de Carranza en Coahuila. Se incorporó al constitucionalismo al producirse el golpe de Victoriano Huerta. Gobernador de Jalisco (1915-16), diputado constituyente (1916-17) y secretario de Gobernación (1917-1920). Retirado de los cargos públicos escribió ensayos históricos (*Génesis de la revolución mexicana*) y jurídicos. Colaboró en diarios de la capital.

AGUIRRE CÁRDENAS, FLAVIO ◆ n. en Guadalajara, Jal. (1901). Licenciado por la Escuela Libre de Derecho (1934). Se inició en el periodismo en el diario capitalino *El Demócrata*. Escribió después para diversas publicaciones, entre otras *El Sol*, órgano de la CROM, y en 1928 ingresó a la redacción de *El Universal*, donde trabajó durante 35 años y escribió más de 2,000 artículos. Fue director general de Afianzadora Mexicana y apoderado legal de organizaciones laborales como el Sindicato Nacional de Redactores de la Prensa, del que cinco veces fue secretario general. Autor de *El problema de la heterogeneidad racial de México* (1929) y *La Ley Federal del Trabajo y el derecho del proletariado: ensayo jurídico* (1934). En 1929 recibió la medalla México, otorgada por la SEP, y una condecoración del gobierno cubano por el primero de sus libros. En 1968 se le concedió la presea Filomeno Mata del Club de Periodistas de México.

AGUIRRE DEL CASTILLO, VICENTE ◆ n. en Tlaxcoapan, Hgo., y m. en el DF (1909-1998). Licenciado en derecho por

Ley Federal del Trabajo y el derecho del proletariado, de Flavio Aguirre Cárdenas

la Universidad Nacional Autónoma de México. Fue gobernador de Hidalgo (1945-51).

AGUIRRE CINTA, RAFAEL ◆ n. en Veracruz, Ver., y m. en el DF (¿1870?-1936). Abogado, terrateniente, banquero y educador. Ejerció la cátedra en México y en varios países centroamericanos. Autor de una *Historia de México* y de una *Historia general de México, desde los primeros tiempos hasta nuestros días*, obras que fueron usadas como texto escolar durante varias décadas.

AGUIRRE COLORADO, ERNESTO ◆ n. en Huimanguillo, Tab. y m. en la ciudad de México (1889-1939). Se incorporó muy joven a la rebelión maderista. Durante la lucha de facciones llegó a general brigadier del constitucionalismo. Dos veces diputado federal (1917-18 y 1920-22).

AGUIRRE ESCOBAR, JUAN ◆ n. en Hda. de Flores, Coah., y m. en Querétaro, Qro. (1874-1954). Carrancista. Diputado al Congreso Constituyente de 1916-17. Llegó a general brigadier.

AGUIRRE Y FIERRO, GUILLERMO ◆ n. en San Luis Potosí, SLP, y m. en el DF (1887-1949). Ejerció el periodismo a partir de 1901 en *El Demófilo*, de San Luis Potosí, y dirigió *El Tecolote* en Aguascalientes, así como *El Heraldo Independiente* y *El Noticioso* (1913). En 1915 se refugió en El Paso. En 1937 se estableció de nuevo en San Luis Potosí y fue director de *Vanguardia*. En la ciudad de México colaboró en *Últimas Noticias*. Autor del poema "El brindis del bohemio", que forma parte de su libro *Sonrisas y lágrimas*.

AGUIRRE FRANCO, FELIPE ◆ n. en Encarnación de Díaz, Jal. (1934). Fue ordenado sacerdote en Guadalajara el 22 de marzo de 1958. Perteneció a la diócesis de Aguascalientes. Obispo titular de Otricoli y auxiliar de Tuxtla Gutiérrez desde el 25 de abril de 1974 y en la actualidad obispo titular de Tuxtla Gutiérrez.

AGUIRRE GARCÍA, LINO ◆ n. en Mexticacán, Jal. (1895-). Séptimo obispo de Sinaloa (1944-59) y primero de Culiacán (1959-69). El Vaticano le concedió el retiro por razones de edad.

AGUIRRE GONZÁLEZ, JOSÉ MARÍA ◆ n. en Higueras, NL y m. en San Luis Potosí, SLP (1803-1863). Abogado. Gobernador de NL en 1846, se opone a la invasión estadounidense. Secretario de Justicia y de Hacienda con el presidente Arista (1851). Gobernador de SLP, es derrocado en 1857 por un golpe militar.

AGUIRRE LÓPEZ, ÓSCAR ◆ n. en Otatitlán, Ver. (1938). Abogado. Fue director general de Egresos de la Secretaría de Hacienda y Crédito Público y director general de Asuntos Jurídicos de la Secretaría de Comunicaciones y Transportes. Secretario general de la Cámara Nacional de Transportes y Comunicaciones (1980-). Diputado federal del PRI por Veracruz (1985-88).

AGUIRRE LORETO, IGNACIO ◆ n. y m. en Guadalajara, Jal. (1810-1883). En 1846 fue diputado local en Jalisco. Escribió para *El Republicano Jalisciense* (1846-48). Dirigió *El País*, órgano del gobierno de Jalisco (1856) y fue coeditor de *El Filopolita* (1869). Desde 1840 se dedicó a compilar documentos sobre la historia de Jalisco, muchos de los cuales aparecieron reunidos en los libros *Colección de acuerdos, órdenes y decretos sobre tierras, casas y solares de los indígenas, bienes de sus comunidades y fundos legales de los pueblos del estado de Jalisco* (6 t., 1856-1882) y *Noticias varias de Nueva Galicia: intendencia de Guadalajara* (1878).

AGUIRRE MARTÍNEZ, JORGE ◆ n. en Austin, Texas, EUA (1941). Hijo del diplomático mexicano Jorge Aguirre Camacho. Estudió ingeniería civil y se doctoró en la Universidad de Texas (1971). Ha sido funcionario de la Secretaría de Agricultura desde 1971. Director general de Usos de Agua y Prevención de la Contaminación de la SARH (1978-). Coautor del libro *Renovación y reúso de agua residual* (Nueva York, 1977) y de *Aguas residuales municipales en la agricultura* (Nueva York, 1981). Miembro de varias asociaciones profesionales y presidente de la Sociedad Mexicana de Ingeniería Sanitaria y Ambiental (1972-).

AGUIRRE PALANCARES, NORBERTO ◆
n. en Pinotepa Nacional, Oax. (1905).
Agrónomo. Diputado federal (1943-46;
1949-52 y 1961-64); rector de la Universidad de Sonora (1953-56); secretario general del gobierno de Oaxaca
(1956-61) y jefe del Departamento de
Asuntos Agrarios y Colonización (1964-
70). Autor de ensayos sobre la cuestión
agraria en México y de una *Síntesis
biográfica de Ricardo Flores Magón.*

AGUIRRE PARTIDA, MARÍA ANTONIA ◆
n. en Guadalajara, Jal. (1934). Estudió
hasta el cuarto año de primaria. Pasó su
juventud en un ambiente de prostitución. Para subsistir hace prendas de
vestir tejidas a mano. Por sugerencia
de Juan de la Cabada escribió el libro
Del oficio (1972), en el cual, según José
de la Colina, narra "una larga, real y
alucinante 'temporada en el infierno', es
decir, en el submundo de la sociedad".

AGUIRRE RADILLO, ENRIQUE ◆ n. en
Tonila, Jal. (1941). Profesor normalista
titulado en la Escuela Normal de Colima
(1956-59) y licenciado en economía por
la UNAM (1963-67). Es miembro del PRI
desde 1963. Ha sido profesor de educación primaria (1963-65), secretario
de trabajo y conflictos de la Sección IX
del Sindicato Nacional de Trabajadores
de la Educación (1964-65), analista del
Banco Nacional de Obras Públicas
(1965-71) subgerente de las empresas
privadas Administración Inmobiliaria
(1971-72) y General de Inmuebles
(1972-77), y director (1987-88) y secretario de Desarrollo Económico del
gobierno de Colima (1988-).

AGUIRRE Y RAMOS, AGUSTÍN ◆ n. en
Mineral de San Sebastián, Jal., y m.
en Culiacán, Sin. (1867-1942). Ocupó
diversos puestos administrativos en la
arquidiócesis de Guadalajara. Obispo de
Sinaloa a partir de 1922.

AGUIRRE RAMOS, ALONSO ◆ n. en
Chihuahua, Chih. (1922). General de
brigada diplomado de Estado Mayor
por la Escuela Superior de Guerra
(1945-48) y de Mando y Estado Mayor
por la Escuela de Mando y Estado Mayor del Ejército de los Estados Unidos
(1958-59) Estudió en el H. Colegio Militar (1937-40). Profesor de las escuelas
Superior de Guerra (1949-51), Médico
Militar (1964-70) y Militar de Transmisiones (1964-70). Es miembro del PRI
desde 1938. Ha sido delegado mexicano
ante la Junta Interamericana de Defensa
(1951-53 y 1961-64), director de la Escuela Superior de Guerra (1973-75),
agregado militar de la embajada mexicana en Canadá (1975-77), subdirector
general del Instituto de Seguridad Social
para las Fuerzas Armadas Mexicanas
(1977), jefe del Departamento de la Industria Militar (1977-83), comandante
de la IV región militar (1983-85), diputado federal (1985-88) y senador por
Chihuahua (1988-91).

AGUIRRE RIVERO, ÁNGEL HELADIO ◆
n. en Ometepec, Gro. (1956). Licenciado en economía por la UNAM (1975-
79). En el PRI, partido al que pertenece
desde 1972, ha sido director general
(1985-86) y presidente del consejo consultivo del CEPES de Guerrero (1988-) y,
en el gobierno de Guerrero, secretario
particular del gobernador (1981-84),
coordinador general de Fortalecimiento
Municipal (1984-85), secretario de Gobierno (1985-87), secretario de Desarrollo Económico y Trabajo (1987-) y
gobernador sustituto (1996-98). Fue
jefe del departamento de Normas de la
Secretaría de Comercio (1977-80), director del Instituto Columbia College
Panamericano (1977-79) y presidente
de la Asociación de Economistas Guerrerenses (1982-84).

AGUIRRE ROMO, MANUEL J. ◆ n. en
Teocaltiche y m. en Guadalajara, Jal.
(1893-1978). Antirreeleccionista en
1910. Se inició en el periodismo en
1911, como corresponsal de *El Regional*
en Guadalajara. En 1919 fundó el diario
El Mensajero. Fue director de los periódicos *La Revancha* de San Pedro de las
Colonias (1920-21) y *El Jalisciense* de
Guadalajara (1932-39), editor de la
Revista Jurídica de la Procuraduría de
Justicia del DF (1923-28). Colaborador
(1929-78) y corresponsal en la capital
de Jalisco del diario capitalino *El Nacional Revolucionario* y colaborador del
diario *El Occidental*, de Guadalajara, y
de la revista *México Gráfico* de la ciudad
de México (1959-78). Autor de teatro:
Honra a tu madre (1935); novela: *Alma
campera* (1940) y *Guadalajara, la ciudad
errante* (1951); poesía: *Once de noviembre* (1936) y *Teocaltiche en mi recuerdo*
(1958); y ensayo: *Cananea, las garras del
imperialismo en las entrañas de México*
(1958), *Hombres de Jalisco: la personalidad polifacética del Lic. José G. Zuno*
(1962), *Morelos el inconmensurable*
(1965), *Mezcala, la isla indómita* (1970)
y *Ensayo histórico de Teocaltiche* (1971).

AGUIRRE SALAS, ANTONIO ◆ n. y m.
en el DF (1912-1979). Estudió ciencias
químicas en la UNAM. Formó parte de la
Unión Nacional de Estudiantes Católicos y participó en el movimiento por la
autonomía universitaria en 1929. Perteneció al PAN en 1939, del que fundó el
primer grupo en Nuevo León y en Baja
California Norte. Fue consejero nacional y regional hasta su muerte.

AGUIRRE SANTIAGO, AMADO ◆ n. en
San Sebastián, Jal., y m. en el DF (1863-
1949). Ingeniero de minas, antirreeleccionista. Escribió en el periódico *El
Kaskabel* hasta que fue clausurado por el
gobernador de Jalisco José López Portillo y Rojas (1912). Apoyó la rebelión
maderista y al producirse el golpe de
Huerta armó a un grupo para unirse a
los carrancistas. Llegó a general (1915).
Fue diputado constituyente, senador
(1916-17), gobernador interino de
Jalisco (octubre de 1916-marzo de
1917) y designado de los territorios de
Quintana Roo (diciembre de 1924 a
mayo de 1925) y de Baja California Sur
(noviembre de 1927 a julio de 1929).
Director del Colegio Militar (1925).
Viajó a Chile en 1926, en calidad de
embajador plenipotenciario, al cambio
de poderes. Subsecretario de Agricultura de Carranza (1917-20), secretario de Comunicaciones y Obras Públicas con Obregón (1921-24) y
subsecretario de Guerra y Marina con
Ortiz Rubio (1931-32). En 1937 obtuvo
el grado de general de división. Autor
de unas *Memorias de campaña* y de otros
textos.

AGUIRRE DEL VALLE, ALFREDO ◆ n. en

Ángel Heladio Aguirre
Rivero

Ramón Aguirre Velázquez

Saltillo, Coah. (1938). Licenciado en derecho por la UNAM con curso de posgrado en Israel. Ha ocupado las carteras de Organización y de Acción Política en la Confederación Nacional de la Pequeña Propiedad (1973-75 y 1983). Asesor del oficial mayor de la Secretaría de Programación y Presupuesto (1979-82). Apoderado jurídico de la Cía. Real del Monte y Pachuca (1977-82). Director general de Catastro Rural de la Secretaría de Reforma Agraria (1982-).

AGUIRRE DEL VALLE, ELOÍSA ◆ n. en Saltillo, Coah. (1934). Profesora titulada en la Escuela Normal de Coahuila (1950-53), especializada en pedagogía en la Escuela Normal Superior de Coahuila (1956-60). Pertenece al PRI desde 1956. Fue directora de una guardería del gobierno de Coahuila (1958-62) y de un jardín de niños en el DF (1974-78). Ha sido investigadora del IMSS-ISSSTE (1971-88), subjefa de Análisis y Evaluación del IMSS (1982-84), jefa del Departamento de Normas del ISSSTE (1984-89) y, en la Secretaría de Educación, directora general de Educación Preescolar (1979-82) y directora general de Educación Inicial y Preescolar (1989-). Autora de *Plan Tiyoli* (1971), *Matemática preescolar* (1971), *Ciencia preescolar* (1975), *Lecto-escritura preescolar* (1975), *Mi libro de salud preescolar* (1987), *Mi libro de ecología preescolar* (1988) y *Mi libro de seguridad preescolar* (1988). Es fundadora del Consejo Directivo del Colegio de Maestros de Educación Preescolar, que presidió (1971-86).

AGUIRRE VELÁZQUEZ, RAMÓN ◆ n. en San Felipe Torresmochas, Gto. (1935). Contador público (UNAM, 1957). Pertenece al PRI desde 1956. Ha sido director general de Egresos (1971-75) y subsecretario de Egresos (1976) de la Secretaría de Hacienda; subsecretario de Presupuesto (1979-81) y secretario de Programación y Presupuesto (1981-82); jefe del Departamento del Distrito Federal (1982-88) y director general de la Lotería Nacional (1988-91). En 1991, siendo gobernador electo de Guanajuato, renunció al cargo. Fundador y presidente del Instituto de Contadores Públicos al Servicio del Estado (1980-82), y presidente del Consejo Ejecutivo de la Asociación Interamericana de Presupuesto Público (1981-82).

AGUJAS ◆ Río de Chihuahua que nace en la vertiente este de la Sierra Madre Occidental. Es afluente del Balleza.

AGURTO, PEDRO ◆ n. en México y m. en Filipinas (?-1608). Obispo de Cebú, en Filipinas (1595). Autor de un *Tratado de que se deben administrar los Sacramentos de Santa Eucaristía y Extremaunción a los indios de esta Nueva España.*

AGUSTÍN, JOSÉ ◆ ☞ *José Agustín.*

AGUSTINAS RECOLETAS DE LA REFORMA DE FRAY LUIS DE LEÓN ◆ Religiosas que tuvieron su primer convento en México en 1598 (el de San Lorenzo), y que después fundaron otros en Puebla, Oaxaca y Guadalajara.

AGUSTINOS ◆ Orden fundada en España a principios del siglo XVI. Los primeros religiosos arribaron a México en 1533. Eran siete frailes que evangelizaron los actuales estados de Guerrero y Michoacán en el sur y la zona otomí, principalmente en los ahora estados de Hidalgo y Puebla. Posteriormente se extenderían hacia otros territorios. Edificaron templos, conventos o meros lugares de paso en Chilapa, Tlapa, Ocuituco, Totoloapan, Yecapixtla, Zacualpan, Tiripetío, Yuririapúndaro, Cuitzeo, Salamanca, Ocuila, Malinalco, Acolman, Actopan, Atotonilco, Epazoyuca, Ixmiquilpan y Molango, entre muchos otros, de los cuales perdura una gran cantidad de construcciones. A principios del siglo XVII se dividieron en dos provincias, las que formalmente perduran: la del Santo Nombre de Jesús y la de San Nicolás Tolentino (México y Michoacán, respectivamente). Su mayor influencia la tuvieron a principios del siglo XVIII, cuando contaban con unos 650 frailes y decenas de recintos religiosos. Las pugnas con la jerarquía eclesiástica y posteriormente la Reforma mermaron tal influencia considerablemente. A lo largo de tres siglos y medio fundaron y sostuvieron colegios; escribieron gramáticas y vocabularios de lenguas indígenas y publicaron crónicas de su actuación en Nueva España. Asimismo, varios de ellos se distinguieron como catedráticos universitarios, sobre todo Fray Alonso de la Veracruz. Ocho obispados novohispanos fueron ocupados por agustinos, de los cuales sólo tres nacieron en México. Hubo también un virrey de esta orden, Payo Enríquez de Rivera.

AGUSTINOS, LOS ◆ Cerro situado a orillas de la presa Solís, cerca de Acámbaro, Guanajuato.

Ahome, Sinaloa

AH PUCH O AH PUH ◆ Dios maya de la muerte. Se le representaba con la osamenta descarnada.

AHOME ◆ Municipio de Sinaloa situado en la costa del Pacífico, en los límites con Sonora. Superficie: 4,342.89 km². Habitantes: 340,454, de los cuales 93,870 forman la población económicamente activa. Hablan alguna lengua indígena 4,460 personas mayores de cinco años (mayo 3,511 y maya 409). La cabecera es Los Mochis y en la jurisdicción municipal se hallan el puerto de Topolobampo y la población de Ahome, que antes fue sede del ayuntamiento. El municipio, erigido en 1916, cuenta con variados medios de comunicación que incluyen el puerto de Topolobampo, la carretera Guadalajara-Nogales y otras de carácter local, así como el Ferrocarril Chihuahua al Pacífico, lo que permite una salida expedita a los productos del lugar, el principal de los cuales es el tomate. Desde la época colonial el municipio fue escenario de la resistencia indígena contra el despojo y la opresión que impusieron los conquistadores. El último caudillo rebelde fue Felipe Bachomo, quien durante la revolución organizó un contingente que se unió a los villistas. Tomó varias veces Los Mochis, donde acabó su vida fusilado. Albert Kinsey Owen, hijo del utopista Robert Owen, propuso a los presidentes Manuel González y Porfirio Díaz la construcción de un ferrocarril de Norfolk a Topolobampo, donde debía erigirse una ciudad y un puerto para la comunicación marítima con Oriente. En 1886 el Congreso de la Unión aprobó el contrato suscrito por el secretario de Fomento de México y la empresa encabezada por Owen para establecer una colonia modelo, la que según Owen y sus compañeros, varios de ellos fourieristas, debía ser un núcleo de cooperación en el cual no existiría la pobreza y la comunidad garantizaría a cada uno de sus integrantes los medios necesarios para su superación física, moral e intelectual. Pese a que llegaron cientos de familias a la llamada *Ciudad del Pacífico*, a principios de los años noventa el proyecto fracasó por la falta de tierras de labor, la adversidad del clima, la escasa profundidad de la bahía y el aislamiento de la colonia, al que contribuyó la prometida pero no concretada construcción del ferrocarril. Diversos historiadores consideran que la comunidad propuesta por Owen constituye el más importante experimento mexicano del socialismo utópico.

AHUACATLÁN ◆ Municipio de Nayarit situado al sureste de la capital del estado, en los límites con Jalisco. Superficie: 466.6 km². Habitantes: 16,128, de los cuales 4,328 forman la población económicamente activa. Hablan alguna lengua indígena 19 personas (huichol 14). La cabecera municipal, del mismo nombre, se halla al pie de la sierra Pajaritos, muy cerca del volcán Ceboruco.

AHUACATLÁN ◆ Municipio de Puebla enclavado en la Sierra Norte. Superficie: 94.4 km². Habitantes: 11,558, de los cuales 3,075 forman la población económicamente activa. Hablan alguna lengua indígena 10,424 personas mayores de cinco años (náhuatl 4,892 y totonaco 4,528). Indígenas monolingües: 2,542. Existen yacimientos minerales (plata, plomo y carbón).

AHUACATLÁN ◆ Río de Nayarit que nace en la sierra de Pajaritos. Corre hacia el oeste-noroeste y después tuerce su curso hacia el sur para tributar sus aguas en el río Ameca.

AHUACUOTZINGO ◆ Municipio de Guerrero situado en la región de La Montaña y contiguo a Chilapa de Álvarez. Superficie: 388.4 km². Habitantes: 22,200, de los cuales 2,864 forman la población económicamente activa. Hablan alguna lengua indígena 6,620 personas mayores de cinco años (náhuatl 3,607). Posee recursos minerales sin explotar. Las grutas de Atlicaliacan constituyen su principal atractivo. La jarciería del lugar es muy solicitada.

AHUALULCO ◆ Municipio de San Luis Potosí situado en los límites con Zacatecas, pocos kilómetros al norte de la capital del estado. Superficie: 681.6 km². Habitantes: 18,745, de los cuales 3,650 forman la población económicamente activa. Su cabecera es Ahualulco del Sonido 13, pues en ella nació Julián Carrillo, creador del sonido 13. El principal atractivo son sus balnearios de aguas termales.

AHUALULCO ◆ Río de Jalisco que nace en la sierra de Pajaritos y vierte sus aguas en el río Atenguillo, tributario del Ameca.

AHUALULCO DE MERCADO ◆ Municipio de Jalisco en la cuenca del río

Ahuacatlán, Puebla

Foto: Carlos Hahn

El Ahuizote de 1874

El Ahuizote de 1874

Ameca. Está situado al oeste de la capital del estado. Superficie: 134.22 km². Habitantes: 19,993, de los cuales 4,847 forman la población económicamente activa. Hablan alguna lengua indígena diez personas mayores de cinco años. Tomó el nombre del insurgente José María Mercado.

AHUATLÁN ◆ Municipio de Puebla situado en la cuenca del río Atoyac, al sur de la capital del estado. Superficie: 193.9 km². Habitantes: 3,296, de los cuales 436 forman la población económicamente activa. Hablan alguna lengua

indígena 90 personas mayores de cinco años (náhuatl 90). El venado y el conejo atraen a gran número de cazadores.

AHUATZI, ARMANDO ◆ n. en Tlaxcala, Tlax. (1950). Pintor. Estudió en la Escuela de Pintura y Escultura La Esmeralda, de la ciudad de México (1968-71). Desde 1977 ha presentado exposiciones, individuales o colectivas, en varias ciudades de México y el extranjero. En 1982 fue inaugurada la Sala Armando Ahuatzi en la Pinacoteca de Tlaxcala.

AHUAZOTEPEC ◆ Municipio de Puebla situado en el norte de la entidad, en los límites con Hidalgo. Superficie: 110.99 km². Habitantes: 8,264, de los cuales 1,823 forman la población económicamente activa. Hablan alguna lengua indígena 17 personas mayores de cinco años (náhuatl 15). Cruzan su territorio varios ríos, algunos de ellos muy caudalosos.

AHUEHUETITLA ◆ Municipio de Puebla situado en el sur de la entidad, cerca de los límites con Oaxaca. Superficie: 108.44 km². Habitantes: 2,523, de los cuales 224 forman la población económicamente activa. Hablan alguna lengua indígena 10 personas. Posee yacimientos inexplotados de oro, plata, cobre y hierro. En torno al tercer viernes de Cuaresma se celebra la principal fiesta del lugar, llamada la Octava, en la cual hay procesiones, cantos y danzas típicas.

AHUÉXOTL ◆ Uno de los jefes mexicas que eligieron a Tenoch como primer gobernante de Tenochtitlan.

AHUIC ◆ Uno de los nombres de la diosa náhuatl del agua con el cual se indica movimiento (significa literalmente "de una parte a otra").

AHUIJILLO ◆ Río de Jalisco y Michoacán que se forma de corrientes que bajan de

las sierras del Ajo y de Coalcomán. Cerca de los límites con Colima se convierte en el Coahuayana.

AHUILTEOTL ◆ Divinidad náhuatl "de los ociosos, vagabundos y juglares, y gente baldía y despreciable", según Torquemada y Robelo.

AHUIZOTE, EL ◆ Semanario satírico publicado entre 1874 y 1876 por Vicente Riva Palacio y otros adversarios del gobierno de Lerdo de Tejada. Tomó su nombre del *ahuízotl*, animal al que describen los cronistas como semejante a una nutria, carnívoro y antropófago que habitaba en aguas dulces. El tiránico emperador azteca Ahuízotl lo tenía por símbolo y se dice que a éste se debe el que en lenguaje figurado se llame ahuizote a una cosa o persona nefasta. Entre los caricaturistas del periódico estaba uno de los más notables grabadores del siglo XIX, José María Villasana.

AHUIZOTE, EL ◆ Semanario publicado en 1911 bajo la dirección de Miguel Ordorica para atacar a Madero. Pedro Malabehar fue jefe de redacción.

AHUIZOTE JACOBINO, EL ◆ Uno de los varios órganos antiporfiristas que editó el periodista y caricaturista Daniel Cabrera. Apareció en 1904.

AHUÍZOTL ◆ Octavo gobernante de Tenochtitlan. Reinó entre 1486 y 1503. Legisló sobre comercio, terminó el Templo Mayor y extendió los dominios mexicas. Murió ahogado, según una ver-

El Ahuizote Jacobino

El Ahuizote Jacobino

sión, o de un golpe en la cabeza, de acuerdo con otra, pero ambas coinciden en que fue en el acueducto que ordenó construir para llevar agua a la ciudad. Fue hermano de Tizoc, tío de Moctezuma Xocoyotzin y padre de Cuauhtémoc.

AHUMADA ◆ Municipio de Chihuahua situado en el norte de la entidad, cerca de los límites con Estados Unidos. Colinda por el sur con el municipio de Chihuahua y por el norte con el de Juárez. Superficie: 17,131.48 km². Habitantes: 12,694, de los cuales 3,564 forman la población económicamente activa. Hablan alguna lengua indígena 20 personas mayores de cinco años. La cabecera es Villa Miguel Ahumada.

AHUMADA, HERMINIO ◆ n. en Soyopa, Son., y m. en el DF (1899-1983). Licenciado en derecho por la UNAM (1930) con estudios de posgrado en la Universidad de París (1930-31). Fue campeón nacional de 100 y 200 metros planos y representó a México en la Olimpiada de 1924. Apoyó activamente a su suegro José Vasconcelos en su campaña por la Presidencia y después lo acompañó al exilio. Era diputado federal y el primero de septiembre de 1944 le tocó responder al informe presidencial de Manuel Ávila Camacho. En esa ocasión dijo: "En política no hay milagros. Los hay en el orden divino y aun dentro de ese orden, aunque los ángeles de la Escala de Jacob tienen alas, no por eso vuelan, sino que antes salen y bajan ordenadamente, de escalón en escalón." Como se apartara del texto aprobado se armó un escándalo en los medios políticos. Participó en la fundación de la Universidad de Sonora (1948). Fue magistrado del Supremo Tribunal de Justicia de Sonora. Editó los *Cuadernos de Herminio Ahumada* con obras ajenas y propias. Tradujo *Yo también soy América*, de Langston Hughes (1968). Autor de poesía: *Tamiahua* (1952), *Pax animae* (1954), *Fuente clara*, *Sombra fiel* (1954), *El mundo acabará en lágrimas* (1964) y *Cantares de San Miguel* (1967); y ensayo: *Fundamentos sociológicos de la raza, José Vasconcelos, Vasconcelos poeta* y *Epistolario de José Vasconcelos*.

AHUMADA, MANUEL ◆ n. en el DF (1956). Caricaturista. Estudió pintura. Publicó sus primeros cartones en *La Garrapata*. Colaborador de *unomásuno* y el suplemento *másomenos*. A partir de 1984 trabaja para *La Jornada*.

AHUMADA, TOMÁS ◆ n. en España y m. en la ciudad de México (1769-1842). Llegó a Nueva España en 1805. En California fundó escuelas, introdujo cultivos y estableció industrias; regresó a la capital en 1831, donde murió diez años después.

AHUMADA PADILLA, ALBERTO JAVIER ◆ n. en Colima, Col. (1925). Ingeniero titulado en la UNAM (1945-49). Pertenece al PRI desde 1949. Ha sido presidente del Consejo Directivo de la Asociación Ganadera de Colima (1962-64), delegado de la Unión Ganadera Regional de Colima ante la Confederación Nacional Ganadera (1974-80), presidente de la Federación Estatal de la Pequeña Propiedad en Colima (1977-), diputado federal (1979-82), senador de la República (1982-88), presidente de la Confederación Nacional de la Pequeña Propiedad (1983-89) y diputado federal por la cuarta circunscripción plurinominal (1988-91).

AHUMADA SAUCEDO, MIGUEL ◆ n. en Colima, Col., y m. en EUA (184-1917). Carpintero. En la guerra contra la intervención y el imperio llegó a capitán. Continuó en el ejército. Adoptó a Victoriano Huerta cuando éste quedó huérfano. Fue prefecto y diputado local en Colima. Se adhirió al Plan de Tuxtepec y en 1892 Porfirio Díaz lo impuso como gobernador de Chihuahua hasta 1903, cuando lo envió con el mismo cargo a Jalisco. En 1911 el dictador lo destacó nuevamente a Chihuahua, donde entregó el poder a Abraham González. Fue diputado a las Cámaras Federales convocadas por Victoriano Huerta. A la caída de éste, se refugió en El Paso, Texas, donde murió.

AHUMADA Y VILLALÓN, AGUSTÍN DE ◆ n. en España y m. en la ciudad de México (?-1760). Gobernó Barcelona antes de ser designado como el cuadragésimo segundo virrey de Nueva

España. Terminó con el negocio del clero poblano consistente en otorgar órdenes a personas dedicadas a la delincuencia. Elevó considerablemente la recaudación fiscal, estimuló la producción minera, mandó limpiar de médanos las calles de Veracruz y continuó los trabajos del desagüe de la capital. Tenía fortuna al llegar a México, pero se dice que su filantropía lo llevó a morir pobre, al extremo de que su viuda debió recibir ayuda del arzobispo para pagar el viaje de regreso a España.

AJA, HERIBERTO ◆ n. en Acatlán, Pue., y m. en Hermosillo, Son. (1880-1950). Educador. Su labor fue reconocida por el estado de Sonora, donde se impuso su nombre a una escuela.

AJACUBA ◆ Municipio de Hidalgo situado al oeste de la capital de la entidad, en los límites con el Estado de México. Superficie: 192.7 km². Habitantes: 13,994, de los cuales 2,859 forman la población económicamente activa. Hablan alguna lengua indígena 17 personas mayores de cinco años.

AJALPAN ◆ Municipio de Puebla situado en el sureste de la entidad, en los límites con Veracruz. Colinda por el oeste con Tehuacán. Superficie: 325.3 km². Habitantes: 42,183, de los cuales 10,087 forman la población económicamente activa. Hablan alguna lengua indígena 20,420 personas mayores de cinco años (náhuatl 20,347). Indígenas monolingües: 7,127.

AJIJIC ◆ Población del municipio de Chapala, a orillas del lago. Es centro de recreo visitado por gran número de turistas. Existe una numerosa comunidad estadounidense.

AJOLOTE O AXÓLOTL ◆ Batracio lacustre considerado por las culturas prehispánicas como encarnación de Xólotl, dios de las mutaciones, los cómicos y los artistas.

AJUCHITLÁN DEL PROGRESO ◆ Municipio de Guerrero situado en la cuenca del Balsas, cerca de los límites con los

Retrato y firma de Agustín de Ahumada y Villalón, cuadragésimo segundo virrey de Nueva España

ILUSTRACIÓN: ELVIA ESPARZA

Ajolote

estados de México y Michoacán. Superficie: 1,983.6 km². Habitantes: 38,107, de los cuales 7,170 forman la población económicamente acti-va. Dispone de cascadas que se emplean para generar energía eléctrica. Hablan alguna lengua indígena 15 personas mayores de cinco años.

AJUCHITLÁN ◆ Río de Guerrero. Afluente del Balsas.

AJUSCO ◆ Sierra que separa los valles de México y Cuernavaca. Tuvo una intensa actividad volcánica en la parte norte, lo que explica la formación de amplios pedregales al sur del Distrito Federal. Se han localizado más de cien cráteres. Los volcanes más importantes, hoy del todo extinguidos, son el Xitle, el Xicalco, el Teutli y el cerro del Ajusco, que es la parte más alta de la cordillera (3,929 metros sobre el nivel del mar).

AJZEN-WAJSFELD, DANIEL ◆ n. en el DF (1950). Cursó la carrera de periodismo en la UNAM. Hizo estudios de lingüística y literatura yidish en la Universidad de Columbia, EUA, y de producción de cine y televisión en la BBC de Londres. Ha colaborado en diversas publicaciones sobre temas judaicos. Dirigió el programa de televisión *Cinco mil años de cultura*. Conduce *La Hora Judía* en la radiodifusora capitalina XELA. Director general del Colegio Hebreo Sefaradí. Autor de *Auxiliares audiovisuales para empresas y escuela* (1981) y *La prensa de los judíos* (1982).

AKIL ◆ Municipio de Yucatán situado en el sur de la entidad, contiguo a Tekax. Superficie: 48.54 km². Habitantes: 8,681, de los cuales 1,949 forman la población económicamente activa. Hablan alguna lengua indígena 5,887 personas mayores de cinco años (maya 5,883). Indígenas monolingües: 650.

ALACRÁN, EL ◆ Semanario que satirizó la pugna por la vicepresidencia entre Bernardo Reyes y los científicos. En una segunda época combatió a Madero (1911). El director era Federico García y Alva y Francisco Zubieta fungía como director artístico. Tenían el apoyo de Justo Sierra.

ALACRANES ◆ Isla del golfo de México situada frente a las costas de Yucatán, al norte del puerto de Progreso.

ALACRANES ◆ Isla del lago de Chapala.

ALADINO ◆ Revista para niños publicada por Francisco Borja Bolado a partir de enero de 1933. La revista apareció por última vez en agosto de 1935.

FOTO: MICHAEL CALDERWOOD

Sierra del Ajusco

ALADRO FERNÁNDEZ, JOSÉ BENIGNO ◆ n. en Pachuca, Hgo. (1948). Licenciado en administración por la UIA. Desde 1968 es miembro del PAN, por el que ha sido candidato a gobernador del estado de Hidalgo y candidato a la presidencia municipal de Pachuca, Hidalgo. Profesionalmente, se ha desempeñado como Administrador de la Sociedad Española de Beneficencia, director del Grupo Malbe, S.A. de C.V., director general de Abarrotes Alfier, S.A. de C.V.; y consejero en Comercial de Maquinaria, S.A. de C.V. Fue diputado federal a la LV Legislatura y senador a la LVI Legislatura. Representante del Grupo Parlamentario del PAN ante la Comisión de Concordia y Pacificación.

ALAHUIXTLÁN ◆ Río que nace al suroeste de la sierra de Sultepec, en el Estado de México, corre hacia el sur, penetra en Guerrero, tuerce hacia el oeste y con curso hacia el suroeste sirve de límite entre ambas entidades hasta que al norte de Arcelia vira nuevamente hacia el oeste y en la población de San Miguel Tecomatlán hacia el sur, hasta tributar en el Balsas.

ALAMÁN Y ESCALADA, LUCAS ◆ n. en Guanajuato, Gto. y m. en la ciudad de México (1792-1853). Estudió química y mineralogía en México, Friburgo y París. En Gotinga cursó griego. Al volver a Nueva España el virrey lo designó secretario de la Junta de Sanidad. Diputado a las Cortes de Cádiz (1821), presentó un *Dictamen sobre el importante ramo de la minería,* mismo que fue aprobado. En Londres, con capitalistas ingleses, creó la Compañía Unida de Minas. Regreso a México en 1823. Ministro de Relaciones Interiores y Exteriores (1823-25, 1830-34 y 1853). Fue enjuiciado por el asesinato de Vicente Guerrero y ganó el litigio. Director de la Junta de Industria (1939). Organizó el Archivo General de la Nación, creó el Museo de Antigüedades e Historia Natural, negoció exitosamente los límites con EUA, creó el Banco de Avío para financiar empresas industriales de particulares y fundó fábricas textiles en Orizaba y en Celaya. En 1839

propuso al presidente Bravo la creación de escuelas de artes y de agricultura. Escribió para periódicos conservadores y monárquicos, como *El Sol, El Tiempo* y *El Universal.* Autor de *Disertaciones sobre la historia de la República Megicana* (3 t., 1849) y cinco para su *Historia de Méjico* (5 t., 1852), base de toda la historiografía mexicana de corte conservador.

ALAMÁN Y GARCÍA CASTRILLO, GIL ◆ n. y m. en la ciudad de México (1825-1882). Hijo del anterior. Sacerdote. Designado obispo el 28 de junio de 1868, renunció sin llegar a consagrarse. También renunció a ser confesor de Maximiliano.

ALAMEDA, JOSÉ ◆ n. en España y m. en el DF (1917-1990). Cronista taurino. Se tituló de abogado en la Universidad Central de Madrid. Trabajó para el bando republicano durante la guerra civil española. Llegó a México en 1940. Se inició en el periodismo y en la radio al año siguiente. Se naturalizó mexicano en 1943. Publicó la columna "Tendido" en *Ultimas Noticias* (1944-) y "Brindis" en *Excélsior* (1946). Fundó los semanarios *Momento* y *DF* (1949). En 1945 empezó una carrera que duraría 30 años como cronista taurino de XEW y en 1952 inició las transmisiones taurinas por televisión. En 1965 participó en la

fundación del diario *El Heraldo de México.* Narrador de Televisión Española desde 1972, ejecutivo de Televisa desde 1975 y jefe de Televisa Europa (1976). Autor de *El toreo, arte católico* (1953), *Los arquitectos del toreo moderno* (1961), *Ensayos sobre estética* (1975), *Seis poemas al valle de México* (1975), *Los heterodoxos del toreo* (1979), *La pantorrilla de Florinda y el origen bélico del toreo* (1980), *José Alameda, el poeta* (disco libro, 1981), *Crónica de sangre* (1981), *Cuatro libros de poesía* (1982), *Retrato inconcluso: memorias* (1982) y *Seguro azar del toreo* (1984).

ALAMEDA, JUAN DE ◆ n. en España y m. en Huaquechula, Puebla (?-1570). Fraile franciscano. Llegó a México en 1528 con Fray Juan de Zumárraga. Se le atribuye el proyecto arquitectónico y la construcción de los conventos de Huejotzingo, Huaquechula y Atlixco, en Puebla.

ALAMILLA, JESÚS T. ◆ n. y m. en la ciudad de México (1847-1881). Caricaturista. Colaboró en *El Padre Cobos, El Ahuizote, Mefistófeles, Fray Diávolo, La Tertulia,* etc. También produjo esculturas.

ALAMILLA, MIGUEL ÁNGEL ◆ n. en el DF (1955). Pintor. Estudió en la Escuela

Arrecife Alacranes, en Yucatán

Retrato y firma de Lucas Alamán y Escalada

Álamos, Sonora

Miguel Ángel Alamilla

Genaro Alamilla Arteaga

de Pintura y Escultura La Esmeralda (1977-82) y en el taller de litografía dirigido por Vlady en La Esmeralda (1981-83). Ha participado en exposiciones colectivas desde 1978 y su primera muestra individual la presentó en 1979. Dirigió un seminario de dibujo para artistas y maestros de artes plásticas en la Casa de la Cultura Monterrey (1986) y fue profesor en La Esmeralda (1986-88). Obtuvo la beca de producción de dibujo y gráfica del INBA (1982). Premio Especial de Dibujo en el XV Concurso Nacional para Estudiantes de Artes Plásticas, tercer lugar en el Concurso de Pintura Sahagún, mención honorífica en el II y III Encuentro de Arte Joven (1982 y 1983) y Premio de Adquisición de la Bienal Nacional de Dibujo del INBA (1986).

ALAMILLA ARTEAGA, GENARO ◆ n. en la ciudad de México (1914). Fue ordenado sacerdote en 1943. Obispo de Papantla (1973-80), obispo auxiliar de la arquidiócesis de México (1980-) y vicario episcopal de la primera zona de pastoral de la arquidiócesis de México (1983). Ha sido secretario general (1973-76) y vocero del Episcopado Mexicano (1978-).

ALAMILLO CARRILLO, J. TRINIDAD ◆ n. en Colima, Col. y m. en Guadalajara, Jal. (1857-1937). Director del *Diario*

Oficial de Colima y de *La Gaceta de Guadalajara*. En esta función introdujo el linotipo en la capital jalisciense. Durante el porfiriato fue prefecto político en la capital colimense, donde expidió una ordenanza que prohibía el uso del calzón de manta y hacía obligatorio el pantalón. Fue varias veces diputado federal (por Querétaro, México, Chihuahua y Coahuila). Gobernador de Colima (1911-13). Reconoció a Victoriano Huerta, pero después de un motín popular que reprimió cruelmente se vio obligado a renunciar. Aprehendido por los revolucionarios, estuvo preso en Guadalajara, pero Villa lo liberó y se fue a Estados Unidos. Regresó a México en los años veinte y se dedicó a atender sus negocios.

ALAMINOS, ANTÓN DE ◆ n. y m. en España (1486-1520). Navegante que acompañó a Colón en sus últimos viajes y tocó tierra mexicana en 1517, 18 y 19 (en esta ocasión Ulúa), en expediciones encabezadas por Hernández de Córdoba y Juan de Grijalva.

ALAMINOS Y PEÑA, LUIS ◆ n. en España y m. en el DF (1902-1955). Durante la guerra civil española participó en el bando republicano. Llegó a México en 1945. Impartió cátedra en el Instituto Luis Vives y trabajó en el Fondo de Cultura Económica. Escribió

ensayos sobre varios temas pedagógicos.

ALAMITOS ◆ Sierra de Coahuila. Su punto más alto está a 2,560 m sobre el nivel del mar.

ÁLAMO ◆ Población de Veracruz, cabecera del municipio de Temapache, centro de una zona agrícola y ganadera.

ÁLAMO ◆ Río que nace en la ladera noreste de la sierra de Picachos, en Nuevo León. Corre hacia el noreste, atraviesa Tamaulipas y descarga en el río Bravo.

ÁLAMO ◆ Sierra del noroeste de Sonora situada al norte de Caborca. La cruza el paralelo 31 y en su extremo sureste pasa el meridiano 112.

ÁLAMO, EL ◆ Población fortificada cercana a San Antonio, Texas, que el 7 de marzo de 1836 cayó en poder de las fuerzas al mando de Santa Anna, que tuvieron cuantiosas bajas. No hubo prisioneros. Los 200 defensores de la plaza, partidarios de la independencia de Texas, meros civiles algunos, aventureros y mercenarios otros, murieron en combate o al ser pasados a degüello. La crueldad de los oficiales santanistas originó una frase, común entre los estadounidenses cuando quieren dar a entender que no debe esperarse clemencia del enemigo: "Acuérdate de El Álamo". La misma expresión se emplea para aludir a la supuesta crueldad de los mexicanos.

ÁLAMOS ◆ Municipio de Sonora situado en el sur de la entidad, en las estribaciones de la Sierra Madre Occidental. Colinda con Sinaloa y Chihuahua. Superficie: 6,947 km². Habitantes: 26,075, de los cuales 6,785 forman la población económicamente activa. Hablan alguna lengua indígena 999 personas mayores de cinco años (guarijío 617 y mayo 324). La cabecera, del mismo nombre, se empezó a poblar a mediados del siglo XVII, bajo el nombre de Real de la Limpia Concepción de los Ángeles y también Real de los Frailes. Durante la intervención francesa fue escenario de dos batallas entre patriotas e imperialistas (en enero y en agosto de 1866). A fines del siglo XIX la minería, que fue la actividad predominante, perdió importancia. La principal línea de ferrocarril de la región pasó lejos de ahí y posteriormente la carretera principal del estado. La arquitectura colonial representa el mayor atractivo de la cabecera municipal, especialmente la Catedral y la Parroquia de la Purísima Concepción, ambas del siglo XVIII. La producción talabartera tiene amplia demanda entre los visitantes.

ÁLAMOS ◆ Río de Sonora que nace en la vertiente occidental de la Sierra Madre Occidental, atraviesa el municipio del mismo nombre y descarga en el río Fuerte, en Sinaloa.

ALANÍS BOYSO, JOSÉ LUIS ◆ n. en Zitácuaro, Mich. (1951). Licenciado en historia por la Universidad Autónoma del Estado de México (1972). Ha sido investigador en el Archivo General de la Nación (1974-79) y en el Archivo General del Estado de México (1980-1982). Autor de *Corregidores de Toluca: apuntes para su estudio, 1590-1810* (1976), *Los archivos municipales del Estado de México* (1979) y *Catálogo y síntesis de documentos manuscritos relativos a pueblos del Estado de México 1542-1823*, escrita con la colaboración de Rodolfo Alanís Boyso y Leopoldo Sarmiento Rea (1978).

ALANÍS CAMINO, FERNANDO ◆ n. en el DF (1934). Abogado (UNAM, 1956). Profesor universitario (1956-). Miembro del PRI desde 1960. Desde 1960 ha trabajado como asesor para la Secretaría de Hacienda y el IMSS. Miembro del Consejo de Administración de Pemex (1964-82). Subsecretario del Deporte de la Secretaría de Educación Pública (1982-85). Secretario ejecutivo del Consejo Nacional de Deporte (1985-).

ALANÍS FUENTES, ÁNGEL ◆ n. en Toluca, Edo. de Méx., y m. en el DF (1895-1983). Licenciado en derecho por la Universidad Nacional (1921), de la que fue profesor (1938-68) y director de la Facultad de Derecho (1948-). Fue revolucionario constitucionalista, diputado federal por el Estado de México (1920-23), procurador general de Justicia del Distrito y Territorios Federales (1923-24 y 1924-25), abogado consultor de la Procuraduría General de la República, agente del Ministerio Público, primer subprocurador de la República, juez de distrito en Morelos (1930-32), magistrado, presidente de la primera sala (1945-51) y presidente interino del Tribunal Superior de Justicia del Distrito y Territorios Federales (1951).

ALANÍS FUENTES GARCÍA, AGUSTÍN ◆ n. en el DF (1930). Licenciado en derecho por la UNAM (1948-1952). Profesor de la UNAM (1950-53 y 1957-65). Miembro del PRI. Fue agente del Ministerio Público (1953-54), director general de Previsión Social (1965-70) y subsecretario del Trabajo y Previsión Social (1970-76); procurador de Justicia del Distrito Federal (1976-82), coordinador general del Programa de Readaptación Social (1985), secretario general de Gobierno de Morelos (1985-88) y director general de Trabajo y Previsión Social del Departamento del Distrito Federal (1988-94). Miembro de las asociaciones Nacional de Abogados e Iberoamericana de Derecho del Trabajo. En 1977 fue premiado por el Colegio Nacional de Abogados.

ALANÍS LUEBBERT, SALVADOR ◆ n. en el DF (1960). Poeta. Ingeniero en química por la UNAM, donde estudia un posgrado en literatura comparada. Dirigió la revista *Helo* (1986), fundó la revista independiente *El vitral* (1988) y trabaja en la editorial Los libros del dragón. Becario del Fonca en la categoría de jóvenes creadores (1995-96). Desarrolló proyectos de poesía intertextual en el Banff Centre for the Arts, en Canadá. Ha colaborado en las revistas *Semestral*, *Mala Vida*, *Artes de México*, *Hablar/Falar de Poesía* y *Sibila*, y en los suplementos *La Jornada Semanal*, *Revista Mexicana de Cultura* y *Hoja por Hoja*. Autor de *Fragilidad de las fronteras* (1998) y *A cielo abierto* (1997, con grabados de Demián Flores). Expuso los hipertextos *Reojo*, *Sugerencia libre* y *Tránsito sagrado*, en el Cenart (1997).

ALANÍS PATIÑO, EMILIO ◆ n. en Ciudad Hidalgo, Mich., y m. en el DF (1905-1998). Agrónomo con posgrado en Roma. Jefe de la Oficina Central de los Censos (1933-37) y titular de la Dirección General de Estadística (1938-1941). Jefe de Investigaciones Industriales del Banco de México (1959-65). Autor, entre otras obras, de *La reforma de los regímenes agrarios* (1936), *Esquema de métodos estadísticos* (1942), *Zonas y regiones económicas de México* (1946) y *El crecimiento de la población urbana* (1952).

ALANIZ, GUSTAVO ◆ n. en la ciudad de México (1921). Pintor. Fundó la Sociedad Mexicana de Acuarelistas, organización que presidió. Fue director de la Escuela Libre de Arte y Publicidad.

ALANIZ GONZÁLEZ, ABELARDO RIGOBERTO ◆ n. en Villa del Carbón, Edo. de Méx. (1961). Estudió ciencia política. Secretario de Acción Juvenil de la Confederación Nacional Campesina. Presidente de Vanguardia Juvenil Agrarista. Diputado federal 1985-88.

ALAPIZCO JIMÉNEZ, DOMINGO ◆ n. en Mocorito, Sin. (1942). Ingeniero mecánico (1964) y maestro en ciencias por el IPN (1970), donde es profesor desde 1965. Miembro del PRI desde 1960. Ha ocupado cargos sindicales y partidarios. Diputado federal por el DF (1982-85).

ALAQUINES ◆ Municipio de San Luis Potosí situado al este de la capital del estado y al oeste de Ciudad Valles. Superficie: 696.3 km². Habitantes: 8,487, de los cuales 2,222 forman la población económicamente activa. Hablan alguna lengua indígena 117 personas (pame 105).

ALAQUINES ◆ Sierra de San Luis Potosí situada al sur de Ciudad del Maíz y al norte de Cárdenas. El paralelo 22 pasa al sur de esta cadena orográfica.

ALARCÓN, ALFONSO G. ◆ n. en Chilpancingo, Gro. y m. en el DF (1884-1953). Médico antirreeleccionista. Participó en la revolución. Fue diputado del Bloque Renovador (1912-13). Rector de la Universidad de Puebla y senador (1952-

Agustín Alanís Fuentes García

Salvador Alanís Luebbert

1953). Autor de obras de pediatría (*Dispepsia transitoria de los lactantes, Motivos de pediatría, etc.*) y de creación literaria: *Cantos sencillos* y *Burla burlando*. Miembro honorario de asociaciones pediátricas de Francia, Cuba y EUA. Recibió distinciones en México y en el extranjero y fundó varias publicaciones especializadas. Fue director de la revista literaria *Don Quijote* (Tampico, 1908-1911).

ALARCÓN, AMALIO ◆ n. y m. en la ciudad de México (1797-1870). Militar de carrera. Gobernador de Tabasco (1842-1843). Estuvo al servicio del emperador Maximiliano.

ALARCÓN, JORGE SONNY ◆ n. en la ciudad de México (1919). Se inició en el periodismo en 1935 en *La Opinión*. De 1947 a 1960 trabajó en *La Afición* y posteriormente en *El Universal* y otras publicaciones. Cronista deportivo de radio desde 1944 y de televisión desde 1952. Sus especialidades son el boxeo, el beisbol y el hipismo.

ALARCÓN, MANUEL ◆ n. y m. en Cuernavaca (1851-1907). Gobernador porfirista de Morelos: interino en 1894, elegido en 1895, toma posesión, pide licencia y vuelve al cargo meses después, reeligiéndose varias veces hasta su muerte.

ALARCÓN, PEDRO ◆ n. y m. en la ciudad de México (¿1700-1752?). Astrónomo y catedrático universitario. Publicó un *Calendario* para cada semestre de 1734 y unas *Efemérides de los movimientos de los planetas durante el periodo de 1713 a 1732* (1748).

ALARCÓN, SOCIEDAD ◆ Agrupación fundada en 1876 por Gustavo Baz, José Peón Contreras, Roberto Esteva y José Martí, su principal animador. El cubano polemizó en una de las reuniones celebradas en el teatro Principal, con Ignacio M. Altamirano, al rechazar éste que se le considerara socio.

ALARCÓN ÁLVAREZ, JORGE R. ◆ n. en el DF (1948). Abogado (Universidad de Guadalajara, 1973). Cursó parcialmente la maestría en historia. Profesor de la Universidad de Guadalajara, en la cual

Manuel Alarcón, en
El Mundo Ilustrado

ha ocupado diversos cargos y es profesor e investigador. Ha colaborado en revistas y en el diario capitalino *El Día*. Autor de *Estructura política de México* (2 t., 1973-76), *Cosío Villegas, una interpretación individualista de la política mexicana* (1977) y *Evolución constitucional de Jalisco, 1824-1976* (1977).

ALARCÓN CATALÁN, LAMBERTO ◆ n. en Chichihualco, Gro., y m. en Ciudad Acuña, Coah. (1905-1981). Escritor. Estudió en las escuelas Racionalista de Chilpancingo y Nacional Preparatoria. Fue miembro del comité ejecutivo de la Liga de Profesionistas Revolucionarios, secretario general del Frente de Escultores y Artistas Revolucionarios, oficial mayor del gobierno de Guerrero, diputado federal (1946-49) y, al momento de su muerte, administrador de aduanas en Ciudad Acuña. Colaboró en los diarios *El Universal* y *El Nacional*, de la ciudad de México, y *El Sol de Hidalgo*, de Pachuca, así como en *México en la Cultura*, suplemento de la revista *Siempre!* Realizó una *Antología de poetas guerrerenses* (1944). Autor de los poemarios *Iniciales* (1931), *Canciones al amor y a la vida* (1948) y *En el corazón: voces del mar* (1970).

Gabriel Alarcón Chargoy

ALARCÓN CHARGOY, GABRIEL ◆ n. en Tianguistengo, Hgo. y m. en el DF (1907-1986). A los 14 años se estableció en Puebla, donde se inició como comerciante. Fue empleado de confianza de William Jenkins, con quien fundó la Cadena de Oro, la empresa con más salas de exhibición cinematográfica en Latinoamérica, misma que vendió parcialmente al Estado en 1960. Creó empresas en el ramo turístico y fundó

en la capital del país el diario *El Heraldo de México*. Fue condecorado en 1979 con la Gran Cruz al Mérito del gobierno español.

ALARCÓN FRAGOSO, FRANCISCO ◆ n. en Mazatlán, Sin. (1926). Miembro del PRI. Ha sido funcionario público. Diputado federal por Sinaloa (1979-82).

ALARCÓN ISLAS, JORGE ◆ n. en Pachuca, Hgo. (1933). Escultor. Maestro en artes plásticas por la ENAP. Ha participado en muestras colectivas desde 1965. En el Polyforum y en la galería Misrachi se han presentado exposiciones individuales de su obra. Ha colaborado con los arquitectos Mario Pani y Pedro Ramírez Vázquez. Entre sus obras se cuentan una estatua de Juárez, en Tabasco; el *Monumento a Morelos*, en San Bartolo, Estado de México; relieve en la fachada del Instituto de Higiene, del DF; relieve en la oficina de Correos de Tapachula, Chiapas; relieve en el edificio de Seguros La República, del DF; grupo escultórico *Juárez* en la Universidad Autónoma de Tabasco; *Monumento a Sor Juana*, en Toluca; y *Monumento a los héroes de Tabasco*, en Villahermosa.

ALARCÓN LÓPEZ, GILDARDO ◆ n. en Veracruz, Ver. (1928). Ingeniero geógrafo (Escuela Naval Militar, 1949) y licenciado en administración militar (Escuela Superior de Guerra, 1962). Vicealmirante diplomado de estado mayor naval. Ha sido comandante de buques de la Armada, comandante del sector naval en Lerma, profesor de escuelas militares desde 1956, director del Centro de Estudios Superiores Navales de la Armada y, hasta 1991, jefe de Operaciones Navales de la Armada.

ALARCÓN MADRIGAL, FLOR BEATRIZ ◆ n. en Ameca, Jal. (1954). Vive en EUA desde la adolescencia. Maestra en artes plásticas. Dentro de la escultura trabaja ónix, mármol y piedra. Expone en México individualmente desde 1970. Fue finalista del Concurso convocado por el IMAN "Enaltecer al Niño" (1975).

ALARCÓN MARTÍNEZ, GUSTAVO JUAN ◆ n. en Monterrey, NL (1947). Licenciado en economía por la UANL

(1965-70), maestro en economía del sector público por el CIDE (1974-76) y doctor por la Universidad de Stanford (1979-82). Profesor de la UIA (1971-72) y la UAM (1975-76). Miembro del PRI desde 1976. Ha sido subdirector de política industrial de la Sepafin (1977-78), director de Política Laboral (1983-84) y subcoordinador de Análisis (1984-87) y director general de Empleo de la Secretaría del Trabajo (1987-88); así como coordinador general de Planeación (1988-89) y secretario técnico de la comisión de vigilancia del ISSSTE (1989-). Autor de *El modelo Warthom para la economía mexicana: examen de la situación económica de México* (1970) y *El costo de la industrialización en la inversión pública en México: matriz de relaciones interindustriales para México* (1971).

ALARCÓN OSORIO, GONZALO ◆ n. en Tianguistengo, Hgo. (1942). Licenciado en derecho por la UNAM (1965). Profesor de la UNAM (1976). Es miembro del E; en 1988 participó en la coordinación general para la modernización del Sector Público. Ha sido jefe del Departamento de Compras de la Secretaría de Obras Públicas (1972), director de Control de la Secretaría de Hacienda (1979), coordinador de Planeación de la Productora Mexicana de Tubería (1981), subdirector de Aeropuertos y Servicios Auxiliares (1985), subdirector general de Tráfico de Ferrocarriles Nacionales (1988) y director general del Servicio Postal Mexicano (1988-).

ALARCÓN DE RICALDE, NORA ◆ n. en el DF (1942). Pintora. Especialista en desarrollo humano y comunicación. Estudiosa del arte maya. Ha trabajado el modelado en barro, cerámica, dibujo, diseño, papel maché y pintura.

ALARCÓN SÁNCHEZ, FRANCISCO ◆ n. en Tlaquiltenango y m. en Jojutla, Mor. (1871-1951). Campesino. Se incorporó a la rebelión maderista en marzo de 1911. Militó en el zapatismo, donde obtuvo el grado de general brigadier. A la muerte de Zapata siguió combatiendo al carrancismo. Se unió al Plan de Agua Prieta con Genovevo de la O. Causó

baja en 1924 y volvió a desempeñarse como agricultor.

ALARCÓN Y SÁNCHEZ DE LA BARQUERA, PRÓSPERO MARÍA ◆ n. en Lerma, Edo. de Méx. y m. en la ciudad de México (1825-1908). Sacerdote. Se negó a reconocer a Maximiliano, pese a que en la época ocupaba cargos de importancia en la Iglesia. Durante el porfiriato promovió el entendimiento con el poder político. Designado arzobispo de México en 1891, fue consagrado en 1892.

ALARCÓN SEGOVIA, DONATO ◆ n. en el DF (1935). Médico cirujano por la UNAM (1959) y maestro en medicina interna por la Universidad de Minnesota (1968), con estudios de posgrado en el Instituto Nacional de la Nutrición (1959-61) y en la Clínica Mayo en Rochester (1961-65). Ha sido jefe del Departamento de Inmunología y Reumatología (1971-92), director (1992-) del Instituto Nacional de la Nutrición Salvador Zubirán, asesor del Instituto de Investigaciones Biomédicas y profesor en la UNAM (1976-), profesor visitante en varias universidades extranjeras y miembro del Sistema Nacional de Investigadores (1984-). Ha escrito alrededor de 400 artículos y un centenar de capítulos en publicaciones científicas internacionales, en las que ha sido citado más de cuatro mil veces. Desde 1994 es miembro de El Colegio Nacional.

ALARDÍN, CARMEN ◆ n. en Tampico, Tams. (1933). Escritora. Maestra en letras por la UNAM especializada en el Goethe Institut de Munich. Ha sido profesora de las escuelas Nacional Preparatoria y Carlos Septién García. Fue reportera de *El Nacional*. Ha colaborado en las revistas *Letras Potosinas*, *Los Universitarios*, *Katharsis* y *Tele-Guía*, y en los diarios *unomásuno* y *Excélsior*. Autora de los ensayos *Ángela Figuera Aymerich* y *Gabriela Mistral* (1980), y de los poemarios *El canto frágil* (1950), *Pórtico labriego* (1953), *Celda de viento* (1957), *Después del sueño* (1960), *Todo se deja así* (1964), *No pude detener a los elefantes* (1971), *Canto por un amor sin fe*

(1976), *Colección de poemas* (1977), *Siete asesinos* (1980), *Las lágrimas de Apolonia* (1980), *Entreacto* (1982) y *La violencia de otoño* (1984), así como de una *Antología* (con prólogo de Dionicio Morales, 1991). Recibió el Premio Xavier Villaurrutia 1984.

ALAS, IGNACIO ◆ n. en Guanajuato y m. en la ciudad de México (1780-1843). Abogado que se unió al movimiento de independencia a fines de 1812. Diputado por Guanajuato al Congreso de Chilpancingo. Triunviro (con Antonio Cumplido y Mier y Terán) en el Poder Ejecutivo insurgente que se formó al disolverse el Congreso. Derrotado Morelos se incorporó a las fuerzas de Nicolás Bravo. Se acogió al indulto en 1817 y tres años después se adhirió al Plan de Iguala e Iturbide lo nombró asesor y auditor de guerra. En el primer gobierno independiente fue comisario general de Hacienda y tesorero general. Bustamante lo designó ministro de Hacienda (1832-33).

ALAS, MANUEL ◆ n. en Mineral del Marqués de Rayas, Gto., y m. en la ciudad de México (1813-1889). Diputado al Congreso General de 1844. Gobernador del Estado de México. En la guerra de los Tres Años combatió a los conservadores.

ALASIO PÉREZ, JORGE ◆ n. y m. en Veracruz, Ver. (?-1914). Uno de los defensores del puerto durante la intervención estadounidense de 1914, en la cual encabezó a un grupo de civiles que penetró en las filas del enemigo. Fue muerto por los invasores.

ALASKA ◆ n. en el DF (1958). Nombre profesional de la cantante Olvido Gara Jova. Radicada en España desde su infancia. Ha sido cantante de los grupos de rock Kaka de Luxe, Los Pegamoides, Dinarama (1984-89) y Fangoria (1991-), con los que ha grabado los discos de larga duración *Las canciones malditas*, *Canciones*

Gonzalo Alarcón Osorio

Carmen Alardín

Donato Alarcón Segovia

profanas (1984), *Deseo carnal* (1985), *No es pecado* (1986), *Diez* (1987), *Fan fatal* (1989) y *Salto mortal* (1991). Como actriz participó en la primera película del realizador español Pedro Almodóvar. En Madrid patrocina una asociación protectora de animales.

Antonio Alatorre

ALATORRE, ANTONIO ◆ n. en Autlán, Jal. (1922). Escritor. Realizó estudios de derecho en la Universidad Autónoma de Guadalajara y en la UNAM; de letras en la UNAM y de filología en El Colegio de México, donde es profesor e investigador desde 1952; fue director del Centro de Estudios Filológicos que cambió su nombre a Centro de Estudios Lingüísticos y Literarios (1953-72) y editó (1952-59) y dirigió *Historia Mexicana* (1952-59) y la *Nueva Revista de Filología Hispánica* (1960). Participó en el espectáculo Poesía en Voz Alta en la Casa del Lago (1958). Hizo análisis literario en la televisión (1978-79). Editó con Juan José Arreola y luego con Juan Rulfo la revista *Pan* en Guadalajara (1945-46). Fue codirector con Tomás Segovia de la *Revista Mexicana de Literatura* (1958-60), miembro del consejo de redacción de *Diálogos* y de *Nexos* (a ésta renunció). Coautor de *Libro jubilar de Alfonso Reyes* (1956) y *Características de la cultura nacional* (1969); y autor de los ensayos *Los 1001 años de la lengua española* (1979), *Más allá del horizonte* (1980) y *Ensayos sobre crítica literaria* (1993). En 1981 ingresó en El Colegio Nacional. Medalla José María Vigil del gobierno de Jalisco

Ignacio R. Alatorre, en *El Mundo Ilustrado*

Javier Alatorre

(1957), beca Guggenheim (1960) y Premio Nacional de Ciencias y Artes 1998.

ALATORRE, CLAUDIA CECILIA ◆ n. y m. en el DF (1948-1995). Actriz, directora y docente. Licenciada en literatura dramática y teatro por la UNAM. Directora de teatro estudiantil de la Preparatoria 6 (1963-66). Autora de las siguientes obras: *Están perdiendo la guerra* (1969), *Edipo de aquí* (1977), *Análisis del drama* (1984), *Todo lo que se infla puede ser ponchado* (1988), *El mundito de la mujer* (1989), *La danza de la muerte y Extraño idilio*.

ALATORRE, IGNACIO R. ◆ n. en Guaymas, Son. y m. en Tampico, Tams. (1832-1899). Militar liberal. Pelea contra las incursiones filibusteras de Walker, en Baja California, y de Raousset de Boulbon, en Sonora. Combate a los franceses durante la intervención. En la batalla de Puebla (5 de mayo de 1862), defiende el cerro de Loreto. En el curso de la guerra tiene una actuación destacada y asiste a la toma de Puebla y al asedio de México. Derrotado el imperio, se pone al lado de Juárez al producirse la asonada del Plan de la Noria, en 1871. Al año siguiente es gobernador de Puebla. En 1873 gobierna interinamente a Yucatán. Defiende al gobierno constitucional de Lerdo contra el pronunciamiento de Tuxtepec, en 1876, pero es derrotado por Porfirio Díaz en Tecoac, después de casi un año de resistencia. Reconciliado con Díaz, desempeñó una misión diplomática en Europa (1882) y en 1890 fue representante extraordinario y plenipotenciario en Centroamérica.

ALATORRE, JAVIER ◆ n. en Navojoa, Son. (1962). Locutor. Su segundo apellido es Soria. Estudió ciencias de la comunicación en la UAM-Xochimilco. En 1979 se inició como ayudante de redacción de Imevisión. Corresponsal de *Tourisme International* (1981-). Fue lector de noticias internacionales del noticiero matutino de canal 13 (1985) y conductor de la emisión a partir de 1986. Desde 1993 conduce *Hechos*, el noticiero nocturno de TV Azteca.

ALATORRE CONTRERAS, MANUEL ROMÁN ◆ n. y m. en Guadalajara, Jal. (1866-1935). Pedagogo. Ocupó diversos cargos del ramo educativo dentro del gobierno de Jalisco, en el que fue subdirector encargado del despacho de Instrucción Pública (1911-1914). Autor de una *Memoria general de la educación pública primaria en Jalisco, y su legislación escolar de 1810 a 1930*.

ALATORRE GÓMEZ, MANUEL ROMÁN ◆ n. en Silao, Gto., y m. en Guadalajara, Jal. (1818-1866). Padre del anterior. Fue director de Instrucción Pública en Jalisco (1859). Colaboró en *El Republicano Jalisciense* y *El País*. Publicó poemas en *La Aurora Poética de Jalisco*. Algunas de sus obras están recogidas en antologías de la época.

ALATORRE GONZÁLEZ, PEDRO LAMBERTO ◆ n. y m. en Guadalajara, Jal. (1862-1925). Médico. Fue profesor de la Facultad de Medicina de Guadalajara. Ayudó económicamente a los magonistas de Cananea en 1906. Fue condecorado por la Academia Francesa de Medicina. Autor de *Elementos de obstetricia* (1895).

ALATORRE URIBE, FEDERICO EUSEBIO ◆ n. y m. en Guadalajara, Jal. (1855-1930). Músico. Estudió idiomas en Guadalajara y Bruselas. En el Conservatorio de Bruselas se tituló como profesor de violín. Fue profesor de idiomas y de música. Escribió poesía en periódicos como *La Autora Literaria, El Siglo XIX, Jalisco Libre*, etc. Dejó inéditas una bibliografía de poetas franceses, unos apuntes sobre lenguas orientales, dos volúmenes de poesías, *Mundo íntimo del hombre* y su autobiografía: *Memorias de Mendo, Méndez y Mendoza*.

ALATRISTE, MIGUEL CÁSTULO ◆ n. en Puebla y m. en Izúcar de Matamoros, Pue. (1820-1861). Después de trabajar en una sastrería, estudió becado la carrera de leyes. Con el batallón Hidalgo combatió la invasión estadounidense. Como consecuencia del triunfo del Plan de Ayutla fue gobernador de Puebla (1857), puesto al que renunció para defender la legalidad juarista contra los alzados del Plan de Tacubaya. Fue fusilado cuando combatía la asonada conservadora, ya con el grado de general.

ALATRISTE, SEALTIEL ◆ n. en el DF (1949). Escritor y editor. Licenciado en administración de empresas (1968-72) y en letras españolas por la UNAM (1969-73) y maestro en estudios latinoamericanos por la Universidad de Cambridge (1975-76) con la tesis *The English Roots of Jorge Luis Borges*. Ha sido director de la editorial Nueva Imagen (1977-84) y coordinador de Actividades Culturales del Instituto Cultural Helénico (1985-86), director de Alianza Editorial Mexicana (1986-89), director del Grupo Editorial Patria (1986-89) y de cuatro firmas del Grupo Santillana (1989-). Ha colaborado en la *Revista de la Universidad, La Cultura en México, La Jornada Semanal* y otras publicaciones. Codirector y coautor de las historietas *México: historia de un pueblo* (1980-82). Autor de las novelas *Dreamfield* (1981), *Por vivir en quinto patio* (1985), *Tan pordiosero el cuerpo* (1987), *Quien sepa de amores* (1990), *En defensa de la envidia* (1992), *Verdad de amor,* Premio Internacional de Novela Planeta-Joaquín Mortiz (1994), *La misma historia* (1995) y *Los desiertos del alma* (1997).

ALATRISTE ÁBREGO, SEALTIEL ◆ n. en Libres, Pue., y m. en el DF (1904-65). Se tituló como contador público auditor por la Escuela Superior de Comercio y Administración (1925) y licenciado en economía por la UNAM (1938), donde fue profesor al igual que en el IPN. Formó parte del Despacho Casas Alatriste. Trabajó para la banca del sector público, fue tesorero del Departamento del Distrito Federal (1947-52), subsecretario del Patrimonio Nacional (1959-64) y director general del IMSS (1964-65). Autor de *Introducción a la técnica de los costos* (1938), *Los bancos capitalizadores de México* (1939) y *Técnica de los costos* (1944). Presidió el Instituto Nacional de Contadores Públicos y el Colegio de Contadores Públicos. Fue vicepresidente del Colegio Nacional de Economistas.

ALAZÁN ◆ Población de Veracruz, contigua a Potrero de Llano, en el munici-

pio de Temapache. Fue importante centro petrolero.

ALAZRAKI, BENITO ◆ n. en el DF (1924). Cineasta. Produjo *Enamorada* (1947) y dirigió *Raíces* (1955, premiada en Cannes), *Café Colón* (1958), *Los pistoleros* (1961), *El Santo contra los zombies* y otras películas. Fue director de Conacine (1979-82).

ALAZRAKI GAYSINSKY, LEÓN ◆ n. en el DF (1944). Licenciado en economía por la UNAM (1964-68) y doctor en economía por la Universidad de París (1969). Miembro del PRI desde 1979. Ha sido investigador de Nafinsa (1964-68), tesorero y subdirector de Finanzas de Finasa (1970-72), asesor técnico del subdirector de Finanzas de Pemex (1972-74), asesor y subdirector de Crédito Externo de la Secretaría de Hacienda (1974-76), director de Finanzas de Fertilizantes Fosfatados Mexicanos (1977), director general de Azúcar, Celulosa y Papel de la Sepanal (1977-82), director general del Banco Continental del DF y del Banco Ganadero de Tampico (1982-83), director del Banco Continental Ganadero (1983-85), asesor del director de Banca Serfín (1985-86) y director general de Operación Energética (1986-88) y de Planeación de la SEMIP (1988-).

Carlos Alazraki

ALAZRAKI GROSSMAN, CARLOS ALEJANDRO ◆ n. en el DF (1947). Publicista. Licenciado en ciencias y técnicas de la comunicación por la Universidad Iberoamericana (1966-70). Colaborador de diversas publicaciones del país. Fundador y director general de Alazraki y Asociados Publicidad. Ha sido presidente de la Asociación Nacional de Agencias de Publicidad (1990-91) y

primer vicepresidente publicitario del Consejo Nacional de la Publicidad.

ALBA, ADOLFO ANTONIO DE ◆ n. y m. en San Luis Potosí, SLP (1917-1989). Colaboró en periódicos del DF y de San Luis Potosí. Traductor. Autor de novelas: *El cauce* (1958), *El temor del hombre* (1967), *El punto oscuro* (1969) y otras; de cuentos y la crónica *Yo acuso: los sucesos de febrero de 1963 en San Luis Potosí* (1963).

ALBA, AURELIO ◆ n. y m. en San Luis Potosí, SLP (1867-1903). Médico. Escribió poesía (*De mi viejo vergel,* s.f.) y *Cuentos potosinos* (1906).

ALBA, JUAN DE ◆ n. en San Luis Potosí, E, y ¿m. en el DF? (1910-¿1974?). Poeta. Autor de *Dios existe: poematrices* (s.f.), *Elegía un gran poeta equívoco* (1947) y *Redondez de la vislumbre* (s.f.).

ALBA, OCTAVIO ◆ n. en España y m. en el DF (1914-1992). Periodista. Licenciado en derecho. Líder estudiantil durante la República, estuvo en un campo de concentración en Orán, África. Llegó a México en 1940. Al año siguiente adquirió la nacionalidad mexicana. Trabajó en *Claridades, Tele-Guía* y *Excélsior*. Fue subdirector de *Ovaciones*. Desde 1953 y hasta su muerte dirigió *Cine Mundial*.

ALBA, VÍCTOR ◆ n. en Cataluña, España (1916). Su verdadero nombre es Pedro Pagés y usa también el seudónimo de Bertillón Jr. Llegó a México después de la guerra civil española, en la cual militó en el bando republicano. Colaboró en la revista *Economía y Finanzas* y trabajó en *Excélsior* hasta 1971. Fue cofundador de las galerías y la librería Excélsior. Posteriormente se fue a vivir a Estados Unidos. Colabora en la revista *Siempre!* En México publicó *Els supervivents, La vida provisional, El militarismo, El líder: ensayo sobre el dirigente sindical, El industrialismo, su historia y sus problemas* (1950), *Historia de la*

Sealtiel Alatriste

José de Alba Cano

mujer (1953), *Judíos laureados con el Premio Nobel* (1955), *Mexicanos para la historia* (1955, entrevistas), *Coloquios de Coyoacán con Rufino Tamayo* (1956), *Historia de la segunda República Española* (1960), *Las ideas sociales contemporáneas en México* (1963), *El sindicato* (1963), *Historia del movimiento obrero en América Latina* (1964), *El nacionalismo* (1965), *El marxismo en España (1919-1939)*, *Historia del* BOC *y el* POUM (1974), *Sísif i el seu temps* (1991, segundo tomo de sus memorias), ampliadas en *Sísifo y su tiempo: memorias de un cabreado, 1916-1956* (1997).

ALBA ALCARAZ, EDMUNDO DE ◆ n. en el DF (1938). Físico (1956-59) y doctor en física por la UNAM (1960-65), donde fue profesor (1959-81) e investigador del Instituto de Física (1965-78). Pertenece al PRI desde 1969. Ha sido asesor de la Comisión Nacional de Energía Nuclear (1965-67) y del Instituto de Investigaciones de la Industria Eléctrica (1967-70); director del Conacyt (1971-73), consejero científico de la embajada mexicana en Washington y de las representaciones ante la OEA y la ONU (1973-76); director general de Investigación Científica de la SEP (1976-82), director general de Investigación y Desarrollo de la SEMIP (1982-88) y director general de la Comisión Nacional de Ecología de la Sedue (1988-). Miembro de la Academia Mexicana de la Ciencia, de la Smithsonian Institution, del Centro Internacional de Física Teórica, de la American Association for the Advancement of Science y de la Sociedad Mexicana de Física.

ALBA ARANDA, JOSÉ H. ◆ n. en Encarnación de Díaz y m. en Guadalajara, Jal. (1887-1972). Sacerdote. Organizó sindicatos católicos en Jalisco. Se exilió en Estados Unidos durante la guerra cristera. Dirigió *La Voz del Obrero* (órgano de los sindicatos católicos de Lagos de Moreno, 1923) y *El Amiguito* (periódico infantil, 1931-1972). Autor de *Cien lecturitas para niños* (2a. ed., 1947), *El gran problema de la prensa católica* (1964) entre otras obras.

ALBA CANO, JOSÉ DE ◆ n. en Lagos de Moreno, Jal. (1920). Escritor. Estudió teatro con Seki Sano (1943-47) y realizó estudios de derecho (1945-48) y de letras inglesas y españolas en la UNAM (1948-50), donde editó el periódico *Guía* (1954). Ha colaborado en diversas publicaciones, entre otras *Novedades, Cuadernos de París* (1965), *La Torre*, de la Universidad de Puerto Rico, *Jueves, El Universal, Revista de Revistas, Revista Mexicana de Cultura* y *Diorama de la Cultura*. Fue redactor de Europa Press. Autor de la novela *Un gobierno con cáncer* (1960) y de las obras de teatro *Todos quieren ser presidentes* (1969), *Un abrigo para mamá* (1971) y *Nezahualkóyotl* (1983).

ALBA FRANCO, AMANDO J. DE ◆ n. en Encarnación de Díaz y m. en Villa Hidalgo, Jal. (1881-1942). Sacerdote y poeta. La mayor parte de su producción se halla dispersa en periódicos y revistas. Autor de *El alma de las cosas* (1918).

ALBA Y FRANCO, JOSÉ GUADALUPE ◆ n. en el rancho Río de los Vázquez, municipio de Unión de San Antonio, Jal., y m. en Zacatecas, Zac. (1841-1910). Sacerdote franciscano. Obispo de Yucatán (1898-1900) y de Zacatecas (1900-1910), donde fundó el Instituto Científico de San José (1908).

ALBA GÓMEZ, FRANCISCO DE ◆ n. en Lagos de Moreno y m. en Guadalajara, Jal. (1870-1897). Poeta. Perteneció al Liceo Mexicano de la capital del país. Autor de *Ideales y realidades* (1898) y *Poesías* (1899).

ALBA GÓMEZ, RAFAEL DE ◆ n. en Zacatecas, Zac. y m. en la ciudad de México (1866-1913). Abogado. Colaboró en varios periódicos de la capital del país y dirigió *El Heraldo* de Guadalajara (1894-95). Autor de la *Reseña geográfica y estadística* de Chihuahua, Coahuila, Nuevo León, Tamaulipas y Veracruz. Obtuvo como poeta la Flor Natural de los Juegos Florales de Zacatecas en 1906. Autor de cuentos y poemas dispersos.

ALBA Y HERNÁNDEZ, IGNACIO DE ◆ n. cerca de San Juan de los Lagos (1890-?). Obispo coadjutor (1939) y titular de la diócesis de Colima (1949). En 1966 renunció al cargo en razón de su edad.

ALBA LEYVA, SAMUEL ◆ n. en Durango, Dgo. (1930). Licenciado en derecho por la UNAM (1952). Ha ocupado diversos cargos en la Procuraduría General de la República, entre otros, secretario particular del procurador (1969-71), segundo subprocurador y coordinador de la campaña contra los estupefacientes (1974-82) y director general de Procedimientos Penales (1985-87). Ministro de la Suprema Corte de Justicia de la Nación (1987-). En 1978 le fue impuesta la Presea al Mérito de la Asociación Nacional de Abogados.

ALBA MARTÍN, ALFONSO DE ◆ n. en Lagos de Moreno, Jal. (1921). Abogado. Diputado federal por el PRI (1967-70). Ha escrito prólogos y ha editado recopilaciones de otros autores. Escribe relatos de tema lugareño: *Entonces y ahora* (1944), *La provincia oculta: su mensaje literario*, con prólogo de Agustín Yáñez (1949); *Antonio Moreno Oviedo y la generación de 1903*, con prólogo de Mariano Azuela (1949); *Al toque de queda: leyendas laguenses* (1953) y *El alcalde de Lagos y otras consejas* (1957).

ALBA MARTÍN, SALVADOR ◆ n. en Lagos de Moreno, Jal. (1926). Director de las escuelas de Arquitectura de la Universidad de Guadalajara y del ITESO. A él se debe la reconstrucción del centro de Guadalajara y una gran cantidad de proyectos para construcciones escolares. Ha recibido varias distinciones en México y en el extranjero, entre ellas el Premio Jalisco de Artes (1962) y el de la VI Bienal de Sao Paulo (1961).

ALBA PEÑA, ARMANDO DE ◆ n. en San Luis Potosí, SLP, y m. en el DF e(1933-1960). Estudió en la Facultad de Filosofía y Letras de la UNAM. Autor de la obra de teatro *De la vida prestada de la rosa* (1959). Dejó inéditos unos *Poemas*.

ALBA PÉREZ, PEDRO DE ◆ n. en San Juan de los Lagos, Jal., y m. en Francia (1887-1960). Estudió medicina. Fue diputado federal por Aguascalientes (1920-22) y dos veces senador (1922-26 y 1952-58), lapsos en los cuales cedió sus dietas al Instituto de Ciencias de Aguascalientes. Director de la Facultad de Filosofía y Letras (1928-29) y de la Escuela Nacional Preparatoria (1929-33) de la UNAM. Organizador y primer rector de la Universidad de Nuevo León (1933-34). Representante de México ante la Comisión Internacional de Cooperación Intelectual, la OIT y la Sociedad de Naciones (1934-35). Trabajó en el Archivo de Indias, en España. Subdirector (1937-46) y director interino (1946-47) de la Unión Panamericana. Embajador en Chile (1947-48) y de nuevo ante la OIT (1948-52). Delegado de México a la Asamblea General de la ONU (1948). Delegado de México ante la UNESCO y miembro de su Consejo Ejecutivo (1958-60). Autor de *Fray Bartolomé de las Casas: padre de los indios* (1924), *Rubén Romero y sus novelas populares* (1936), *Del nuevo humanismo y otros ensayos* (1937), *Breve reseña histórica del movimiento panamericanista* (1940), *De Bolívar a Roosevelt* (1949), *A mitad del siglo XX, crisis de la civilización y decadencia de la cultura* (1957), *Semblanza política del licenciado Adolfo López Mateos* (1958), *Viaje al pasado: memorias* (1958), etc.

ALBA RODRÍGUEZ, ANTONIO DE ◆ n. en San Juan de los Lagos, Jal., y m. en León, Gto. (1901-1958). Sacerdote. Fue párroco de Chapala (1935-52), donde investigó durante 12 años en busca de datos para su libro *Chapala* (1954).

ALBA RODRÍGUEZ, CESÁREO ◆ n. en San Juan de los Lagos, Jal. y m. en Cuba (1898-1958). Jesuita. Ocupó cargos eclesiásticos en México y El Vaticano. Autor de una *Historia de México* (1920).

ALBA ROJA ◆ Periódico de combate publicado en Zacatecas bajo el influjo de la revolución soviética, entre 1918 y 1920. Sus editores fueron Manuel Cervantes, Úrsulo García y Francisco Torres.

ALBA ZAVALA, FAUSTINO ◆ n. en Tlaxcala (1918). Estudió en el Seminario Conciliar de México (1927-30). Ingresó en el Partido Nacional Revolucionario en 1933 y es miembro cofundador del PRM y del PRI. Cofundador de la Alianza de Ferrocarrileros Mexicanos (1931) y

del Sindicato de Trabajadores Ferrocarrileros de la República Mexicana, en el cual ocupó puestos de dirección desde 1941 y fue secretario general (1980-83). Presidente del Congreso del Trabajo (1981). Diputado federal (1979-1982) y senador por Tlaxcala elegido para el periodo (1982-88).

ALBÁNEZ, MELITÓN ◆ n. en El Pescadero, BC, y m. en Michoacán (¿1880?-1917). Minero. Participó en la huelga de Cananea en 1906. Antirreeleccionista. Después del golpe de Victoriano Huerta combatió a los federales. Lugarteniente de Manuel M. Diéguez. Durante la lucha de facciones fue constitucionalista. Jefe de operaciones en Jalisco y Michoacán. Murió en campaña.

ALBANIA, REPÚBLICA DE ◆ Estado de Europa situado frente a los mares Adriático y Jónico. Limita al noroeste y norte con Yugoslavia, al este con Macedonia y al sureste y sur con Grecia. Superficie: 28,748 km². Habitantes: 3,293,000 (estimación para 1997). Tirana, la capital, tiene 243,000 habitantes. Otras ciudades importantes son Durrés (antes Durazzo) con 85 mil habitantes y Shkoder con 82 mil. *Historia:* En el siglo III a.n.e. fue provincia romana (Iliria), luego bizantina, después serbia y búlgara (siglos XIV y XV) y,

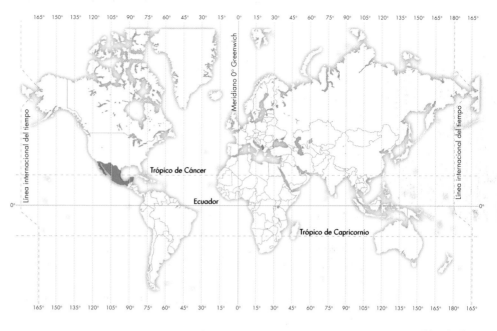

República de Albania

desde 1478, después de una guerra de resistencia que se prolongó medio siglo, posesión otomana. En 1912 fue proclamada su independencia de Turquía. Entre 1914 y 1920 los italianos ocuparon gran parte del territorio albanés. En 1925 Ahmed Zogú fue elegido presidente y éste se autodesignó monarca en 1928, con el apoyo de Mussolini. En 1939 Italia ocupó militarmente el país y lo convirtió en parte del imperio de Víctor Manuel III. La resistencia contra los invasores, encabezada por los comunistas, se extendió por todo el país. La guerra de liberación culminó en 1944 con la retirada de los italianos. En 1945 se constituyó la República Popular bajo la dirección del Partido del Trabajo (comunista) y su líder Enver Hoxha. En 1948 éste rompió con los *revisionistas* yugoslavos y se alineó junto a Stalin. A la muerte de éste, el líder soviético Nikita Jruschov infligió varias ofensas a Hoxha, quien al iniciarse la polémica entre Moscú y Beijing se alineó junto a China y en 1961 se rompieron las relaciones con la URSS. En 1968, después de la invasión de Checoslovaquia, el gobierno albanés se retiró del Pacto de Varsovia. En 1974 se establecen las relaciones diplomáticas con México. Al morir el líder chino Mao Zedong se ini-

Carlos Albert Llorente

cia un proceso de alejamiento entre Tirana y Beijing que culmina en 1978 con la suspensión de la ayuda china a Albania. Los grupos maoístas de todo el mundo sufren la escisión de la tendencia albanesa y lo mismo sucede en México, donde los simpatizantes de Enver Hoxha editan y distribuyen los textos del líder albanés, quien exaltó el culto a Stalin y dirigió la práctica de un socialismo autosuficiente, en el que constitucionalmente se prohibía al Estado aceptar créditos del exterior. El 11 de abril de 1985 murió Enver Hoxha y lo sucedió en el poder Ramiz Alia, quien siguió su línea política hasta 1990, cuando se restablecieron las relaciones con Moscú, se aceptó gradualmente la economía de mercado y fueron legalizados los partidos de oposición. Al año siguiente, en unas elecciones fuertemente impugnadas ganaron los comunistas, pero renunciaron debido a la presión popular. En 1992 dimitió Ramiz Alia y lo sucedió Sali Berisha, primer presidente no comunista en casi medio siglo.

ALBAR CATALÁN, MANUEL ◆ n. en España y m. en el DF (1900-1955). Tipógrafo. Fue vicepresidente del PSOE, diputado a Cortes y director del periódico *El Socialista*. Llegó a México en 1939. Aquí fundó y dirigió el periódico mensual *Adelante*. En 1958 se publicó un volumen donde se reúnen sus cartas, artículos y conferencias.

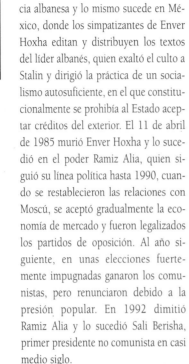

ALBARELLI, AGUSTÍN ◆ n. en Italia y m. en Colima, Col. (1822-1882). Comerciante y agricultor naturalizado mexicano. Diputado local (1861 y 1877). Patrocinó económicamente la resistencia contra la intervención francesa, por lo cual Juárez le confirió el grado de teniente coronel. Alcalde de Colima. Ascendió a coronel por su actuación republicana. Cuando la asonada del Plan de la Noria, se puso a

El Álbum de la Mujer

disposición del gobernador para defender la legalidad juarista.

ALBARRÁN ALCALÁ, BENITO ◆ n. en Toluca, Edo. de Méx. (1903). Empresario y cazador. Fundador y director de empresas industriales, comerciales e inmobiliarias. Colabora en el diario tapatío *El Informador* sobre temas cinegéticos. Ha efectuado cacerías en América, África y Asia. Autor de *Caza mayor en tres continentes* (1961).

ALBARRÁN LÓPEZ, PLUTARCO ◆ n. en Calimaya, Edo. de Méx. (1918). Estudió en el Colegio Militar (1934-38). Hizo cursos de bombardeo en la Fuerza Aérea Mexicana (1943), de especialización en Fort Benning, EUA (1946) y en el Estado Mayor Aéreo en la Escuela Superior de Guerra (1948-49). Estudió literatura en la UNAM (1948) y publicidad en la Escuela de la ANP. Ha impartido enseñanza en planteles militares. Fue comandante del Batallón de Paracaidistas (1946-62). Embajador en Indonesia (1962-67), Ecuador (1968-75), Bolivia (1976-83) y Honduras (1983-). Es general de ala retirado. Ha pertenecido a la Asociación Nacional de Periodistas de Ecuador, al Grupo América y al Instituto de Ciencias Naturales del mismo país. Autor del libro *Táctica de aerotropas* (1948).

ALBARRÁN MARTÍNEZ Y MOLINA, JOSÉ MARÍA ◆ n. en Cutzamala, Gro. (1922). Compositor de música popular. Autor de *Bajo el cielo de Jalisco, Ya tengo mi arioplano, Caballo alazán lucero, Caballo prieto azabache, Que te vas, te vas* y muchas otras canciones de éxito.

ALBARRÁN MACOUZET, MANUEL ◆ n. en el DF (1928). Empresario. Ingeniero químico por la UNAM (1949). Fue gerente general y vicepresidente de Anderson Clayton and Co. (1960) y presidente y gerente general de Embotelladora Nacional hasta 1977.

ALBARRÁN PLIEGO, JOSÉ RAMÓN ◆ n. en Toluca, Edo. de Méx. (1902). Empresario. Estudió en el Instituto de Estudios Científicos y Literarios de Toluca. Consejero de Sidney Ross, Co. y de Aluminio Industrial. Presidente y director general de Fundidora de Aceros Tepeyac. Fundador y primer presidente de

la Asociación de Industriales del Estado de México.

ALBERCAS ◆ Río de Querétaro que nace en la sierra de Jalpan. Es tributario del Santa María, del sistema Moctezuma Pánuco.

ALBERT LLORENTE, CARLOS ◆ n. en el DF (1943). Futbolista profesional desde 1961. Jugó con el equipo Necaxa (1961-70). Seleccionado nacional en 1963. En 1964 integró el equipo representativo de México en la Olimpiada de Tokio. Formó parte de la selección que obtuvo medalla de oro en los Juegos Panamericanos de Winnipeg (1967). Estuvo entre los dirigentes del Sindicato de Futbolistas en 1970. Por su actividad gremial los empresarios del futbol le impidieron seguir jugando profesionalmente. Comentarista de futbol en Canal 13 de televisión (1978-92). Escribe una columna futbolística en el diario *Esto* y varios periódicos de provincia. Ha estado en dos olimpiadas como comentarista deportivo y en tres copas del mundo de futbol. Es director general de Promoción Deportiva del gobierno del Distrito Federal (1997-).

ALBINO ZERTUCHE ◆ Municipio de Puebla situado en el sur de la entidad, en los límites con Guerrero y Oaxaca. Superficie: 58.68 km². Habitantes: 1,665, de los cuales 154 forman la población económicamente activa. Hablan alguna lengua indígena 26 personas mayores de cinco años (náhuatl 25). En la jurisdicción se elaboran sombreros de palma. El nombre del municipio, cuya cabecera es Acaxtlahuacan de Albino Zertuche, se adoptó en honor del héroe liberal que luchó contra la intervención francesa y el imperio.

ALBÍTER BARRUETA, ÁNGEL ◆ n. en Zitácuaro, Mich. (1918). Periodista. Colaboró en *Acción Social, El Demócrata, El Pueblo, Novedades, El Sol de Toluca* y *El Día*. Participó en la fundación del Partido Popular (1948) y del Partido Socialista Unificado de México (1984).

ALBOR, MARIANO ◆ n. en el DF (1941). Abogado. Es egresado de la Universidad Nacional Autónoma de México. Ejerce el magisterio en la Escuela Libre de

Derecho y en las universidades Ibero-americana, Anáhuac y Nacional Autónoma de México. Ha colaborado en los diarios mexicanos *unomásuno* y *El Financiero*, así como en *El Diario Colombiano*, de Bogotá. Fue asesor legal de la Asociación Nacional de Beisbolistas. Autor de *Deporte y derecho* y otros libros.

ALBORES, MIGUEL ◆ n. y m. en Comitán, Chis. (?-?). Militó en la oposición a la dictadura de Porfirio Díaz. Participó en el movimiento antirreeleccionista y reclutó simpatizantes en Guatemala, donde fue detenido. Ya en libertad volvió al país y al producirse el cuartelazo de Victoriano Huerta se incorporó a las fuerzas de Francisco Villa.

ALBORES COUTIÑO, CARLOS ◆ n. en Venustiano Carranza, Chis. (1894-1961). Abogado y militar. Se incorporó al constitucionalismo. Fue diputado suplente. Miembro de la Legión de Honor y de la Asociación de Veteranos de la Revolución.

ALBORES GUILLÉN, ROBERTO ARMANDO ◆ n. en Comitán de Domínguez, Chis. (1943). Licenciado en economía y derecho por la UNAM. Miembro del PRI desde 1964. Trabaja para el sector público desde 1967. Fue director general de Distribuidora Conasupo (1970-73) y subdirector de Filiales (1973-76). En la Secretaría de Comercio fue director general de la Unidad de Desarrollo Comercial de la Frontera (1977-78) y de Difusión y Relaciones Públicas (1978), así como asesor del secretario del ramo. En la Secretaría de Comercio y Fomento Industrial ocupó la Dirección General de Impulsora del Pequeño Comercio (1979-85). En el DDF fue delegado político en Venustiano Carranza (1989-92) y coordinador general del Programa de Mejoramiento del Comercio Popular (1992-94). Diputado federal y gobernador sustituto de Chiapas (1998-). Miembro de la Liga de Economistas Revolucionarios del PRI y del Colegio Nacional de Economistas.

ALBORNOZ, RODRIGO DE ◆ n. y m. en España (?-?) Fue secretario de Carlos V, quien lo envió a Nueva España en 1522 con la presunta misión de esclarecer las acusaciones hechas contra Cortés y establecer el Tribunal de Cuentas. Cortés, al partir a Las Hibueras en 1524, lo designó para integrar, junto con Alonso de Estrada y Alonso de Suazo, el triunvirato que gobernaría en su ausencia. Dos meses y medio después, De Suazo logró sustituir a los otros triunviros, pero Cortés los repuso en el gobierno en enero de 1526, donde permanecieron hasta fines de junio.

ALBORNOZ DE LA ESCOSURA, ÁLVARO DE ◆ n. en España (1936). Su familia lo trajo a México al término de la guerra civil española. Naturalizado mexicano. Economista por la UNAM con estudios de posgrado en Francia. Profesor de la UNAM, Chapingo y la Escuela Superior de Guerra. Trabaja desde los años sesenta para el sector público donde ha sido director adjunto de Azufrera Panamericana y Compañía Exploradora del Istmo y gerente de Planeación de Conasupo. Pertenece a varias corporaciones profesionales. Es autor de *La agricultura en España* (1963), *Trayectoria y ritmo del crédito agrícola en México* (1966), *Los orígenes de la inflación mexicana actual, causales registradas de 1940 a 1970* (1975), *Economía, técnica y humanismo* (1976), *Crédito agrícola por niveles de desarrollo* (1977) y *El sistema bancario y la inflación en México* (1980). Recibió en 1958 la medalla Justo Sierra por ser el mejor alumno de su generación en la UNAM. Premio Nacional de Economía 1965.

ALBORNOZ Y LIMINIANA, ÁLVARO DE ◆ n. en España y m. en el DF (1879-1954). Diputado a Cortes antes de la instauración de la República Española y nuevamente diputado en ésta. Miembro del comité revolucionario de 1930. Ministro de Fomento (1931), ministro de Justicia y embajador republicano en París (1936). Se asiló en México en 1940 y fue de nuevo ministro de Justicia y presidente del Consejo del gobierno republicano español en el exilio. Ejerció el periodismo político y el literario. Autor de *Páginas del destierro* (1941), *Semblanzas españolas* (1953), y *No liras, lanzas*.

ALBORNOZ Y SALAS, ÁLVARO DE ◆ n. en España y m. en el DF (1901-1975). Escritor. Químico titulado en la Universidad Central de Madrid. Colaboró en las revistas humorísticas *Gutiérrez* y *Buen Humor*. Se exilió en México a partir de 1939, luego de la guerra civil española. Colaboró en la revista *Las Españas* y en la *Revista Mexicana de Cultura*, suplemento del diario *El Nacional*. Autor del volumen de cuentos *Matarile* (1941) y de las novelas *Doña Pabla, novela de sonrisas* (1934), *Vampireso español* (1936), *Los niños, las niñas y mi perro* (1951) y *Revoleras, greguerías taurinas* (1957).

ALBUERNE, ROSALINDA ◆ n. en el DF (1947). Grabadora. Trabaja especialmente el aguafuerte y la litografía.

ÁLBUM DE LA MUJER, EL ◆ Semanario que se publicó en la ciudad de México entre 1883 y 1890. Lo dirigió la española Concepción Gimeno de Flaquer y en él colaboraron escritores españoles y mexicanos.

ÁLBUM DE LAS DAMAS ◆ Semanario ilustrado que apareció entre enero de 1907 y junio de 1908, dirigido por Ernesto Chavero.

ÁLBUM MEXICANO, EL ◆ Revista semanal literaria editada por Ignacio Cumplido en 1849. Era ilustrada y reunía a algunos de los mejores escritores de la época, entre otros Payno, J.J. Pesado, Zarco, G. Prieto, Manuel Díaz Mirón y Orozco y Berra.

ALBURQUERQUE, BERNARDO ◆ n. en España y m. ¿en Oaxaca? (?-?). Sacerdote miembro de la Orden de Predicadores. Fue obispo de Antequera (Oaxaca), entre 1562 y 1579. Escribió una *Doctrina cristiana en lengua zapoteca*.

ALCABALA ◆ Impuesto aplicado en Nueva España, a partir de 1574, a todas las operaciones de venta al mayoreo. En el México independiente se le ha dado este nombre a los gravámenes muni-

Roberto Albores Guillén

El Álbum de las Damas

El Álbum Mexicano

Foto: Reforma

Raúl Alcalá

cipales y estatales por movimiento de mercancías. Tales impuestos están prohibidos constitucionalmente desde 1857.

ALCALÁ, ENRIQUE ◆ n. en Tepic y m. en el DF (1876-1943). Licenciado en derecho. En 1917 fue gobernador del estado de Chihuahua.

ALCALÁ, MACEDONIO ◆ n. y m. en Oaxaca (1840-1896). Músico y compositor a quien se debe el vals *Dios nunca muere*.

ALCALÁ, MANUEL ◆ n. ¿en Sayula, Nueva Galicia? y m. en la ciudad de México (¿1653?-1698). Jesuita. Profesor de filosofía, teología y derecho canónico en México, Puebla y Guatemala. Eguiara le considera "uno de los jurisperitos más célebres de su tiempo" e informa que escribió *De Societatis Contractu, De locatione et conductione, De emphiteusi, De pignore et fideijussione* y *De testamentis*. Beristáin y Souza agrega *Disputationes in octavo libro Aristotelis de phisico auditu*, todo según Gabriel Agraz García de Alba, quien añade un *Parecer* de 1694.

ALCALÁ, MANUEL ◆ n. en la ciudad de México (1915). Maestro (1944) y doctor en letras por la UNAM (1948), de la que fue profesor (1940-64). Ha sido director de la Biblioteca Nacional (1957-1965), vicepresidente de la Federación Internacional de Documentación (1962-64), representante de México (1965-70), vicepresidente del Consejo Consultivo (1968-70) y presidente del Comité de Organizaciones no Gubernamentales de la UNESCO (1968-70), embajador en Paraguay (1971-74), director general de Archivo, Biblioteca y Publicaciones de la Secretaría de Relaciones Exteriores (1974-78) y embajador en Finlandia (1978-83). Colaborador de las revistas *Tierra Nueva* (1946), *Filosofía y Letras* (1945-50) y *Cuadernos Americanos* (1952). Autor de los ensayos *Del virgilianismo de Garcilaso de la Vega* (1946), *César y Cortés* (1950), *El cervantismo de Alfonso Reyes* (1964) y *Buñuel, cine e ideología* (1973). *Doctor honoris causa* de la Universidad Nacional de Asunción (1974). En 1962 ingresó a la Academia Mexicana (de la lengua) y en 1983 se convirtió en su secretario perpetuo.

ALCALÁ, RAÚL ◆ n. en Monterrey, NL

(1964). Ciclista. Su apellido materno es Gallegos. Perteneció a los equipos mexicanos que participaron en los juegos Panamericanos de 1982 y Olímpicos de 1984. Se convirtió en profesional en 1986. En ese mismo año participó por primera vez en la Vuelta a Francia, la competencia más importante de ciclismo, en la que al año siguiente ganó el título de mejor novato y obtuvo el tercer lugar en la prueba de montaña. En 1989 se colocó en el octavo lugar en la clasificación general y ganó una etapa. En 1990 ganó la prueba contra reloj de la misma. Es el único mexicano que ha competido en la Vuelta a Francia. Ganó la Ruta México cada vez que participó en ella. Se retiró del ciclismo profesional en 1994.

ALCALÁ DE LEÓN, IGNACIO ◆ n. en Lagos de Moreno, Jal. (1949). Licenciado en economía por la UNAM (1968-73) con posgrado en la London School of Economics (1973), maestría en la Universidad de Colorado (1975) y doctorado en la Universidad de Columbia, EUA, (1977), centros de estudio en los que fue profesor. Entre 1976 y 1979, trabajó para el Chemical Bank y Citibank de Nueva York. Ha sido asesor del Comité Ejecutivo de Finanzas de la ONU para Latinoamérica (1977-79), agregado comercial del consulado de México en Nueva York y representante de Nacional Financiera; ahí mismo (1979-80), director general de Operaciones Bancarias de Nafinsa (1980-82) y director general del Banco del Centro (1982-). Miembro del Domerión Delta, Épsilon, Capítulo Beta de Economía (EUA).

ALCALÁ MARTÍNEZ, RAÚL ◆ n. en Champotón, Camp. (1921). Ingeniero geógrafo por la Escuela Naval Militar (1943). Hizo cursos en artillería naval y guerra antisubmarina en EUA. Ha sido comandante de flotilla y comandante de la Fuerza Naval del Pacífico, jefe del estado mayor de la sexta zona naval militar y comandante de la séptima zona. Subdirector de la Escuela Naval Militar y director del Centro de Capacitación de la Armada de México (1970-71). Agregado naval en las embajadas mexicanas

en Ecuador, Perú y Chile. Director general de Construcciones de Obras y de Dragado de la Secretaría de Marina (1983-). Libros: *Artillería naval, Maniobras de buques* y *Submarinos*. Pertenece a la Asociación Leandro Valle. Tiene el grado de almirante.

ALCALÁ Y OROZCO, JOSÉ MARÍA ◆ n. en Acámbaro, Gto. y m. en España (1757-1819). Sacerdote de ideas liberales. Perteneció a la sociedad secreta de Los Guadalupes, simpatizantes y colaboradores de los insurgentes. Sometido a juicio eclesiástico fue absuelto. En 1813 se le involucró en la conspiración de Mariana Rodríguez del Toro de Lazarín. Fue electo a las cortes por Guanajuato en 1812 y parece que sólo pudo salir a ocupar su curul cuando así convino a Calleja, quien deseaba mantenerlo alejado de México.

ALCALÁ QUINTERO, FRANCISCO ◆ n. en la ciudad de México (1913). Contador público auditor. Profesor de la UNAM y el IPN. Trabajó para el Banco de México. Fue subsecretario de Ingresos en la Secretaría de Hacienda (1964-69) y director general del Banco Nacional de Comercio Exterior (1970-79). Embajador en España (1979-83).

ALCALÁ ZAMORA Y CASTILLO, NICETO ◆ n. en España (1906). Jurista. Llegó a México en 1946. Profesor de la Facultad de Derecho de la UNAM, donde contribuyó a la creación del doctorado y fue director del Seminario de Estudios de Derecho Procesal e investigador del Instituto de Investigaciones Jurídicas. Presidente del quinto Congreso Internacional de Derecho Procesal (México, 1972) y del Instituto Latinoamericano de Derecho Procesal. Autor, entre otras obras, de *Derecho procesal criminal, Derecho procesal penal, Miscelánea procesal, Síntesis de derecho procesal, La protección procesal internacional de los derechos humanos* y *Derecho procesal mexicano, 1946-76* (1976). Investigador emérito de la UNAM, profesor emérito de la Universidad de Madrid y Premio Redenti (Bolonia, 1974).

ALCALDE, AMBROSIO ◆ n. y m. en Jalapa, Ver. (1827-1847). Teniente de infantería cuando se produjo el desembarco estadounidense de 1847 en Veracruz. Al rendirse la guarnición local, Alcalde fue hecho prisionero y poco después liberado, luego de obligarlo a prometer que ya no combatiría a los invasores. De inmediato se incorporó a la guerrilla para continuar la lucha. Fue aprehendido y fusilado.

ALCALDE, CARLOS ◆ n. y m. en la ciudad de México (1871-1917). Caricaturista. Fue aprendiz de José María Villasana. Colaboró en *El Cómico* y fue jefe de dibujantes de *El Imparcial*.

ALCALDE, JOAQUÍN ◆ n. en Jalapa, Ver., y m. en la ciudad de México (1833-1885). Abogado santanista. Varias veces diputado (de la cuarta a la décima legislatura). Fue ministro de Fomento durante la presidencia de José María Iglesias (1876-77).

ALCALDE Y BARRIGA, ANTONIO ◆ n. en España y m. en Guadalajara, Jal. (1701-1792). Fraile dominico. Nombrado obispo de Yucatán en 1762, tomó posesión del cargo al año siguiente, para lo cual aprendió maya a los 62 años de edad. Obispo de Nueva Galicia en 1771, continuó con la tarea social iniciada en Yucatán, la que comprendió múltiples obras pías y una innovadora labor social (por ejemplo, construir más de 150 casas habitación para familias humildes). Fundó el Hospital de Belén, todavía en servicio. En materia de educación se le debe la apertura de gran número de escuelas, para las cuales creó becas, especialmente las destinadas a niñas sin recursos. Promovió la creación de la Universidad de Guadalajara.

ALCALDÍAS MAYORES O CORREGIMIENTOS ◆ División política y administrativa que existió durante la Colonia. Cada una comprendía una ciudad o villa y su respectivo distrito. No eran cargos de elección, por lo cual sus ocupantes, de acuerdo con la importancia de la jurisdicción, eran designados por el mismo rey o sus subordinados (virreyes, audiencias, etc.). En varios aspectos asumían una duplicidad de funciones que lesionaba la autoridad de los ayuntamientos, lo que motivó frecuentes difi-

cultades. A principios del siglo XIX existían en Nueva España 24 alcaldías mayores.

ALCANCÍA ◆ Revista literaria de la que aparecieron cinco números entre enero y mayo de 1933. Edmundo O'Gorman y Justino Fernández fueron sus codirectores. Colaboraron Renato Leduc, Miguel N. Lira, Efrén Hernández, Octavio N. Bustamante, Salvador Novo, Francisco Monterde, Enrique Asúnsolo, Octavio Paz, Nicolás Guillén, Xavier Villaurrutia, Carlos Pellicer, Héctor Pérez Martínez, Mariano Azuela, Agustín Lazo, Juan Marinello y Jorge Cuesta, entre otros.

Revista *Alcancía*

ALCÁNTARA GONZÁLEZ, GALO ◆ n. en el DF (1951). Licenciado en administración de empresas por la Universidad del Valle de México (1976-79). Priísta desde 1968. Se ha desempeñado como jefe del Departamento de Eventos Especiales de la delegación Miguel Hidalgo (1976), jefe de la oficina de Prensa y Difusión (1978), jefe del Departamento de Supervisión de Personal de la Coordinación de Desarrollo Urbano del DDF (1980); secretario particular del senador Patrocinio González Blanco (1982-88) y secretario particular del gobernador de Chiapas (1988-93).

ALCÁNTARA MAGOS, SONIA ◆ n. en la ciudad de Querétaro, Qro. (1949-) Licenciada en derecho y notaria pública por la Universidad Autónoma de Querétaro, donde es profesora. Ingresó al PRI

en 1977. Actualmente es secretaria de asuntos jurídicos del Consejo de Mujeres por el Cambio. En Querétaro ha sido tesorera del Consejo de Notarios del estado, agente del Ministerio Público adscrita a la Procuraduría de Justicia local, subprocuradora de Justicia en funciones por ministerio de ley, secretaria de Gobierno, presidenta del Tribunal Superior de Justicia de la entidad y consejera magistrada del Instituto Federal Electoral. Senadora de la República a las LVI y LVII Legislaturas.

ALCÁNTARA MIRANDA, JESÚS ◆ n. en Acambay, Edo. de Méx. (1922). Político. Es miembro del PRI desde 1949. Ha sido síndico (1952-55) y presidente municipal de Acambay (1958-61), diputado a la Legislatura del Estado de México (1961-64), presidente del consejo de administración de Autotransportes Flecha Roja (1967-87) y de Autobuses de Occidente (1980-87), diputado federal en dos ocasiones (1979-82 y 1985-88), secretario general de la Confederación Nacional de Autotransportistas de la República Mexicana (1981-87) y senador de la República (1988-91). Fue secretario de relaciones de la Cámara Nacional de Comunicaciones y Transportes (1981-83).

ALCÁNTARA SORIA, JUAN MIGUEL ◆ n. en Irapuato, Gto. (1955). Licenciado en derecho por la Escuela Libre de Derecho (1972-77). Profesor de la Escuela Libre de Derecho (1980-84) y de las universidades Panamericana (1985-88) e Iberoamericana (1989-). En el Partido Acción Nacional, al que pertenece desde 1970, ha sido secretario juvenil en Irapuato (1970), miembro del Instituto de Capacitación Política (1983), consejero nacional (1988) y miembro de la Comisión de Orden (1988). Ha sido gerente jurídico de las empresas Teleinformática Instantánea (1976-79) e Informática Instantánea (1979-80), socio del despacho Alcántara y Alessio Robles (1984-89), procurador de Justicia de Guanajuato (1991-96) y diputado federal (1988-91 y 1997-2000).

ALCARAZ, EDUARDO ◆ n. en Chile y m. en el DF (1915-1987). Nombre profesional del actor Alfredo Vergara Morales. Fue cantante antes de iniciarse en el teatro, en Buenos Aires. Llegó a México en 1950. Aquí participó, entre otras, en las películas *La mujer sin lágrimas* (1950), *Escuela de vagabundos* (1954) y *Escuela de rateros* (1956). Además fue actor de teatro, cantante, productor y actor de televisión.

ALCARAZ, JOSÉ ANTONIO ◆ n. en el DF (1938). Estudió en el Conservatorio Nacional, en la Schola Cantorum de París, en el Conservatorio Marcello en Venecia y en el Centro de Ópera de Londres. Fue director artístico de la radiodifusora XEN. Director de la revista *Selemúsica 690* (1958), de la Compañía Micrópera de México (1966-71), de Difusión Cultural de la UAM Xochimilco (1983-86) y de la Escuela de Escritores de la Sogem (1997-99). Trabajó para Radio UNAM (1958-61). Escribe en publicaciones periódicas. Ha sido director escénico de óperas: *El castillo de Barba Azul* y *El prisionero*. Ha hecho música para teatro: *Seis personajes en busca de autor* (1986); y cine: *Los días del amor* y *El muro* (ambas obtuvieron arieles). Dirigió en teatro *Y sin embargo se mueve* (1980). Entre sus obras musicales están *Elegía nocturna* (1958), *Homenaje a García Lorca* (Gran Premio de la Universidad de Teatro de las Naciones, París, 1962), *Arbre d'Or a Deux Tetes* (ópera, 1964-65), *Que es lo que faze aqueste gran roido* (1964), *Yo Celestina.*, (cantata, 1964-65), *Quadrivium* (1975), *De Telémaco*, (canciones, 1981); *Sol de mi antojo* (1983) y *Tablada* (1983). Es autor de *La obra de José Pablo Moncayo* (1975), *Luigi Dellapicolla* (1977), *La música de Rodolfo Halffter* (1977), *George Crumb* (1977), *Hablar de música* (1982), *Con el ahínco de voz pretérita: Angela Peralta* (1983), *Confrontaciones* (1985), *Rodolfo Usigli: una voz que clama en el desierto* (1986) y *Carlos Chávez, un constante renacer* (1997), entre otros libros. Recibió la medalla Mahler por el mejor artículo sobre este compositor publicado en México en 1960. La Unión de Críticos y Cronistas de Teatro le otorgó en 1974 el Premio Manuel M. Ponce.

José Antonio Alcaraz

Josefina Alcázar

ALCARAZ, LORENZO ◆ n. en España y m. en el DF (?-1973). Matemático. Participó en el bando republicano durante la guerra civil española. Llegó a México en 1939. Fue secretario administrativo (1940-57) y director (1957-73) de la Academia Hispanoamericana. Autor de *El niño* (1954).

ALCARAZ, RAMÓN ISAAC ◆ n. en Chucándiro, Mich., y m. en la ciudad de México (1823-1886). Combatió contra la intervención estadounidense en 1847. Antisantanista. Diputado constituyente en 1856-57. Estuvo al lado de Juárez durante la intervención francesa. A la caída del imperio fue director de la Academia Nacional de Bellas Artes, del Monte de Piedad y del Museo Nacional. Miembro de la Academia Mexicana de la Lengua. Escribió artículos y ensayos periodísticos. Autor del libro *Poesías*, varias obras de teatro y unos *Apuntes de gramática general*.

ALCARAZ Y FIGUEROA, ESTANISLAO ◆ n. en Pátzcuaro, Mich. (1918). Sacerdote. Estudió en Morelia y en Estados Unidos. Se ordenó en 1942. Fue designado obispo de Matamoros en 1959, de San Luis Potosí en 1968 y de Morelia en 1972.

ALCARAZ RODRÍGUEZ, JOSÉ DE JESÚS ◆ n. en Coquimatlán, Col. (1898-1945). Músico. Compositor de canciones populares y del vals *Sentimiento*.

ALCARAZ ROMERO, SALVADOR ◆ n. en Huetamo, Mich., y m. en el DF (1880-1949). Ingeniero. Maderista y constitucionalista. Operó en Michoacán durante la lucha de facciones. Delegado a la Convención de Aguascalientes. Diputado constituyente en 1916-17.

ALCARAZ V., CARLOS ◆ n. en el DF (1943). Pintor autodidacta, es también diseñador gráfico e instructor de artes marciales. Ha expuesto en varias ciudades de la república.

ALCÁZAR, JOSEFINA ◆ n. en el DF (1950). Licenciada y maestra en economía por la UNAM (1987), donde obtuvo la medalla Gabino Barreda y cursó el doctorado en sociología (1991-93) y fue coordinadora artística del Laboratorio de Teatro Santa Catarina (1995-96). Hi-

zo estudios de posgrado en la Universidad de Wisconsin (1986-87). Trabajó en un proyecto de investigación en la Universidad de California en La Jolla (1987-88) y ha sido investigadora invitada del Getty Research Institute, de Los Angeles (1998), así comoe investigadora del Centro Nacional de Investigación Teatral Rodolfo Usigli del INBA (1994-). Ha colaborado en *unomásuno* (1988-89) y *La Jornada*. Autora de *Universidad y financiamiento* (VAP, 1984) y *La cuarta dimensión del teatro: tiempo, espacio y video en la escena moderna* (1998).

ALCÁZAR, MIGUEL ◆ n. en el DF (1943). Músico. Estudió en la Escuela Nacional de Música, en el Cleveland Institute of Music y en el Conservatorio Nacional, donde se graduó en 1972. Ha grabado varios discos de música mexicana para guitarra, laúd y guitarra barroca. Primer Premio en el Concurso de Composición de las Asociaciones Guitarrísticas Mexicanas (1963) y obtuvo la presea Beryl Rubinstein Scholarship in Composition, del Cleveland Institute of Music (1964).

ALCÁZAR, RICARDO DE ◆ n. en España y m. en el DF (1887- 1950). Llegó a México muy joven. Dirigió los periódicos *El Día Español* (1918-1922) y *La Voz Nueva* (1927-1931). Autor de poemarios: *Donaire, Cuatro poemas, Nuevo donaire*, etc. Escribió también ensayos destinados a una mayor comprensión de españoles y mexicanos: *El gachupín, problema máximo de México, Unión, fusión y confusión, El cuento y la cuenta del oro de América*, etc. Tradujo a Moliere y Valery.

ALCÁZAR, SALVADOR ◆ n. en Colima, Col., y m. en la ciudad de México (1893-1920). Poeta. Escribió con los seudónimos de Salvator y Max Línder. Fue presidente municipal de Colima en 1919.

ALCÁZAR ÁVILA, MARCO ANTONIO ◆ n. en el DF (1937). Licenciado en relaciones internacionales por El Colegio de México (1966). Miembro del PRI desde 1971. Fue secretario particular del gobernador de Tabasco (1971-72), coordinador general del Plan Chontalpa

(1972-77), director de Estudios Internacionales de la Secretaría de Hacienda (1977-78), subdirector de Planeación de la Comisión Nacional de la Industria Azucarera (1978-80) y gerente general de la empresa privada Alcázar y Ruiz (1980-84). En la Secretaría de Relaciones Exteriores (SRE) ha sido director general de Límites y Ríos (1984-88), embajador de México en Belice (1988-) y director general de Cooperación con Centroamérica y el Caribe de la SRE. Autor de *Las agrupaciones patronales en México* (1969).

ALCEDO Y HERRERA, ANTONIO DE ◆ n. en Ecuador y m. en España (1735-¿1812?). Escribió un *Diccionario geográfico histórico de las Indias Occidentales* y se le atribuye una *Biblioteca americana* de la que existen referencias.

ALCEDO Y HERRERA, DIONISIO ◆ n. y m. en España (1690-1777). Vació las experiencias y conocimientos adquiridos en sus varios viajes por diferentes partes de la América española en libros como *Aviso histórico, político y geográfico con las noticias más particulares de la América meridional* y *Descripción de los tiempos de España en el siglo XVIII, comento anual e histórico de las guerras del presente siglo en la Europa y en la América.*

ALCÉRRECA, AGUSTÍN ◆ n. en la ciudad de México y m. en Puebla, Pue. (1828-1907). Militar de carrera. Combatió a los invasores estadounidenses en 1847. Participó en el bando liberal durante la revolución de Ayutla. Gobernador del Distrito Federal (1857-58). Peleó contra los alzados del Plan de Tacubaya. Fue hecho prisionero y ya en libertad se reincorporó a los ejércitos liberales y prosiguió en lucha contra los conservadores. Asistió a la batalla del 5 de mayo de 1862 y a la defensa de Puebla en 1863. Los invasores lo hicieron prisionero y fue deportado a Francia. Volvió a México en 1865 y se reincorporó al combate contra la intervención y el imperio. Tomó parte en varias batallas y estuvo en el sitio de Querétaro. En 1871 fue ascendido a general.

ALCÉRRECA, FÉLIX MARÍA ◆ n. en Puebla y m. en el DF (1845-1935). Presidió el Colegio de Notarios de México. Fue presidente de la Prensa Asociada, miembro de la Sociedad Mexicana de Geografía y Estadística y del Ateneo Mexicano. Presidente de la Sociedad Filarmónica Ángela Peralta. Dirigió *El Mosaico Musical* y *El Cronista Musical.* Colaboró en *El Polífono.* Fue cofundador de la Orquesta del Conservatorio (1883). Compositor de una *Misa* premiada en la Exposición Internacional de París (1899) y muchas otras piezas de carácter didáctico. Fue varias veces diputado federal.

ALCÉRRECA, VENTURA ◆ n. en Perote, Ver., y m. en la ciudad de México (1834-1898). Estudió arquitectura en San Carlos. Trabajó con Lorenzo de la Hidalga en el Ciprés de Catedral Metropolitana. Fundó en 1868 la Asociación de Arquitectos e Ingenieros Civiles (1868). Se encargó de trazar la línea del ferrocarril de Tlalmanalco.

ALCIATI, ENRICO ◆ n. en Italia (?-?). Llegó a México en la última década del siglo XIX. Maestro de la Academia de San Carlos. Autor de las esculturas del monumento a la Independencia. Se le atribuye la estatua de la corregidora Ortiz de Domínguez, obra del año 1900, que se halla en la plaza de Santo Domingo, aunque informaciones periodísticas de la época se la adjudican a Jesús F. Contreras, que bien pudo ser sólo el fundidor.

ALCÍBAR, JOSÉ DE ◆ n. y m. ¿en la ciudad de México? (?-1810). Pintor. Fue maestro y teniente de director (subdirector) de San Carlos. Hay obras suyas

Óleo de José de Alcíbar
exhibido en el Museo de
Arte Sacro de Chihuahua

en Guadalajara, Querétaro, Aguascalientes, Chihuahua y el Distrito Federal (Museo Nacional de Historia, Catedral Metropolitana y otros lugares públicos).

ALCINA FRANCH, JOSÉ ◆ n. en España (1922). Profesor de arqueología de la Universidad de Madrid. Autor de *Fuentes indígenas de México* (1956), *Floresta literaria de la América indígena* (1957), *Las pintaderas mejicanas y sus relaciones* (1958), *Bibliografía básica de arqueología americana* (1960) y *Manual de arqueología americana* (1965).

ALCOCER, IGNACIO ◆ n. en Saltillo, Coah., y m. en el DF (1870-1936). Médico y antropólogo lingüista. Autor de unos *Apuntes sobre la antigua México-Tenochtitlan* (1935) y de *El español que se habla en México, influencia que en él tuvo el idioma mexicano o náhuatl.* (1936).

ALCOCER, MARIANO ◆ n. en San Luis Potosí, SLP, y m. en el DF (1892-1962). Economista con posgrado en la Universidad de Loyola (EUA). Fundador de la Asociación Católica de la Juventud Mejicana. Presidió Acción Católica Mexicana. Asesor de la Asociación de Banqueros. Autor de *Introducción a la economía social* (1939), *El Plan Marshall* (1949), *El Fondo Monetario Internacional y algunas de sus actividades* (1951), *Medio siglo de evolución bancaria en México* (1951) y del *Manual de la doctrina social de la Iglesia* (t. I y II, 1941 y 1946).

ALCOCER, VÍCTOR ◆ n. en Monterrey, NL, y m. en el DF (?-1984). Actor. Se inició como locutor en radiodifusoras de Nuevo León. Pasó a la XEB, de la capital del país, y en 1942 empezó a actuar en radionovelas en la XEW. Su presentación en el cine fue en la película *El divorcio de mi mujer*. Trabajó en 230 cintas y 60 obras de teatro. Hizo doblajes para televisión.

ALCOCER, VIDAL ◆ n. y m. en la ciudad de México (1801-1860). Se convirtió en soldado insurgente a los trece años. En el Ejército Trigarante se le reconoció el grado de subteniente. En 1847 combatió a los invasores estadounidenses. Su obra mayor fue la fundación de una sociedad de beneficencia que llegó a sostener 33 escuelas en las que estudiaban 7,000 niños pobres.

ALCOCER Y RAMÍREZ, IGNACIO ◆ n. en Guadalajara, Jal., y m. en la ciudad de México (1806-1870). Hijo de Santiago Ramírez Alcocer, diputado al primer Congreso Constituyente. Ingeniero por el Colegio de Minería (1828). Contribuyó al levantamiento topográfico de los estados de México, Hidalgo, Morelos y Guerrero. Director del Colegio de Guanajuato (1867-70). Descubrió en Tulancingo una variedad de la esmeralda, el berilo.

Foto: REFORMA

Jorge Alcocer Villanueva

ALCOCER VILLANUEVA, JORGE ◆ n. en León, Gto. (1955). Licenciado en economía por la UNAM (1974-78) con estudios de maestría (1979-80). Fue profesor de esa casa de estudios (1976-86). Militante del PCM (1978-81). Cofundador y miembro de la dirección del PSUM (1981-87), el PMS (1987-89) y el PRD (1989-90), al que renunció en 1990. Jefe del Grupo de Asesoría Parlamentaria de la diputación comunista y después pesumista (1979-1983). Representante del PMS y el PRD ante la Comisión Federal Electoral (1986-90). Diputado federal (1985-88), coordinador del Centro de Estudios para un Proyecto Nacional Alternativo (1990-98), director fundador de la revista *Voz y Voto* (1994-97), asesor del presidente del IFE para la reforma electoral de 1994 y subsecretario de Desarrollo Político de la Secretaría de Gobernación (1998-). Fundó y dirigió el Centro de Estudios para un Proyecto Nacional, A.C. (1989-). Ha colaborado en *unomásuno, La Jornada, El Universal, Proceso, Reforma* y otras publicaciones. Coordinador del libro *México presente y futuro* (1985). Coautor de *México la búsqueda de alternativas* (1990). *El futuro de la izquierda en México* (1992), *Dinero y partidos* (1993), *México-Estados Unidos, vecinos y socios* (1994) y *Elecciones, diálogo y reforma: México 1994* (1995).

ALCOHÓLICOS ANÓNIMOS ◆ Organización internacional fundada en Estados Unidos en 1935 para proporcionar ayuda a los alcohólicos que quieren mantenerse sobrios. A quienes ingresan no se les pregunta su nombre ni se les imponen cuotas. Basta con presentarse sobrios y con el deseo de dejar de beber. Los grupos, identificados por las letras AA, funcionan mediante sesiones en las que uno de los miembros expone ante los demás sus experiencias como bebedor y durante la abstinencia de alcohol. El primer grupo mexicano se constituyó en el Distrito Federal en 1947. La Organización Mundial de la Salud definió en 1956 al alcoholismo como una enfermedad incurable, progresiva y mortal. De acuerdo con datos de la Secretaría de Salud, en México suman alrededor de siete millones las personas con problemas de alcoholismo (1986). Se estima que 36 por ciento de los delitos, 17 por ciento de los suicidios, 12 por ciento del ausentismo laboral y 15 por ciento de los casos de niños maltratados tienen entre sus causas el consumo excesivo de alcohol. En 1993 había en el país cerca de 14 mil grupos, los que se sostenían de las aportaciones voluntarias de sus aproximadamente 300 mil miembros, de donativos y de la venta de sus propias publicaciones. En 1969 se creó la Central Mexicana de Servicios Generales de Alcohólicos Anónimos, Asociación Civil, a fin de contar con personalidad jurídica. En 1986 se retiraron 1,500 grupos, inconformes porque la Central se había convertido en una especie de órgano superior y sus dirigentes no habían constituido un fideicomiso bancario para manejar sus recursos. Los disidentes, juzgan que el funcionamiento de la Central atenta contra los principios de Alcohólicos Anónimos. En 1987, diez de las 48 áreas de AA en el país se hallaban divididas, situación que con altibajos se ha prolongado. Desde el 15 de junio de 1975 existen los Grupos 24 Horas de Alcohólicos Anónimos, no institucionales, que prestan servicio día y noche. En 1997, dos de cada tres participantes en el programa de AA eran mayores de 34 años y 47.7 por ciento eran casados.

ALCOLEA, LEANDRO M. ◆ n. en Veracruz, Ver., y m. en la ciudad de México (1837-1909). Abogado. Fue diputado local, magistrado del Tribunal Superior de Justicia y gobernador interino de Veracruz (1892).

ALCORIZA, LUIS ◆ n. en España y m. en Cuernavaca, Mor. (1920-1992). Cineasta. Llegó a México como refugiado de la guerra civil española. Se naturalizó mexicano. En 1940 se inició en el cine mexicano como actor en la película *La torre de los suplicios*. Hizo papeles también en *La Virgen Morena* (1942), *El Rayo del Sur* (1943), *San Francisco de Asís* (1943), *El capitán Malacara* (1944) y otras. Desde 1946 ha sido también guionista (*El ahijado de la muerte, Nocturno de amor, Los amores de una viuda*, etc.). Fue asistente de Luis Buñuel en *El gran calavera, Los olvidados, El bruto, Él, La muerte en el jardín, El ángel exterminador*, y otras). En 1960 empezó su carrera como director con *Los jóvenes* (1959), a las que han seguido *Amor y sexo* (1963), *El gángster* (1964), *La puerta* (1968), *El oficio más antiguo del mundo* (1968), *El muro del silencio* (1971), *Presagio* (1974), *Las fuerzas vivas* (1975), *A paso de cojo* (1978), *Han violado a una mujer* (1981), *El amor es un juego extraño* (1983), *Lo que importa es vivir* (1986) y *Día de difuntos* (1988). Fue nominado al Óscar por su película *Tlayucan*, la cual obtuvo la Diosa de Plata (1962), al igual que *Tiburoneros* (1963), *Paraíso* (1970) y otras. Recibió el Ariel por coautoría de historia original y adaptación de *Los olvidados* (1951) y por historia original y direc-

ción de *Mecánica Nacional* (1973). Premio del Festival de Venecia por *Tarahumara* (1965), el Premio de la Crítica del Festival de Mar del Plata por *Los bienamados* (1966) y el Goya de España por *Lo que importa es vivir* (1988). Medalla Salvador Toscano al mérito cinematográfico de la RTC (1992).

ALCORTA, LINO JOSÉ ◆ n. en Veracruz y m. en la ciudad de México (¿1786?-1854). Militar. Reprimió a los polkos y combatió a los invasores estadounidenses. Ministro de Guerra y Marina durante la intervención de EUA (de mayo a septiembre de 1847) y de septiembre de 1853 a enero de 1854, en ambas ocasiones con Santa Anna como presidente. Diputado al Congreso en 1850. Escribió *Noticia histórica de los cuerpos de infantería permanente y activa que actualmente existen en la República* y otros trabajos.

ALCORTA GUERRERO, RAMÓN ◆ n. en Tamuín y m. en San Luis Potosí, SLP (1910-1970). Geógrafo. Impartió cátedra en la Normal Superior, la Escuela Superior de Guerra y la UNAM, donde fue director del Seminario de Geografía de la Facultad de Filosofía y Letras. Fundó, en 1954, la Facultad de Geografía de la Universidad Autónoma de San Luis Potosí. Publicó gran número de trabajos en revistas especializadas. Autor, en colaboración con José Francisco Pedraza, de *Bibliografía histórica y geográfica del estado de San Luis Potosí* (1941), de la sección "Límites, litorales e islas de Yucatán" en la *Enciclopedia Yucatanense* (1944) y de *Caminos de México* (guía de una empresa llantera, 1954), traducida al alemán como *Geographie Mexikos* (1970). Presidió la Sociedad Mexicana de Geografía y Estadística.

ALCOZAUCA ◆ Río de Guerrero que nace en la sierra de Malinaltepec y se une al Zapotitlán para formar el Tlapaneco, afluente del Mezcala.

ALCOZAUCA DE GUERRERO ◆ Municipio de Guerrero situado al este de Chilpancingo, en los límites con Oaxaca. Superficie: 551.6 km². Habitantes: 15,502, de los cuales 3,202 forman la población económicamente activa. Ha-

blan alguna lengua indígena 11,678 personas mayores de cinco años (mixteco 11,653). Indígenas monolingües: 4,737.

ALCUDIA GARCÍA, JOSÉ LUIS ◆ n. en Veracruz, Ver. (1942). Licenciado en economía por la UNAM (1964). Miembro del PRI desde 1962. Trabajó para Nissan Mexicana y otras empresas privadas de 1965 a 1968. Director de Análisis y Concertación de la SPP (1979-82), director general de Operación Energética (1982-86) y subsecretario de Energía de la SEMIP (marzo de 1986-88), director general de Electrometalurgia de Veracruz, S.A. de C.V., (1989-92), director general del Fondo Nacional de los Desarrollos Portuarios (1992-95), representante de la Secretaría de Agricultura asignado a la embajada mexicana en Washington (1995-98), vocal ejecutivo del Centro de Desarrollo Municipal (1998) y coordinador general de Protección Civil de la Secretaría de Gobernación (1999-).

ALDACO, MANUEL DE ◆ n. en España y m. en la ciudad de México (1689-1770). Filántropo vasco que fundó, junto con Ambrosio Meave y Francisco de Echevestre, el Colegio de Niñas de San Ignacio de Loyola, conocido como Colegio de las Vizcaínas.

ALDAMA ◆ Municipio de Chihuahua situado al noreste de la capital del estado. Superficie: 9,835.93 km². Habitantes: 19,998, de los cuales 5,286 forman la población económicamente activa. Hablan alguna lengua indígena 47 personas. La cabecera, Juan Aldama, fue fundada en 1621 por el capitán español Pedro Cano de los Ríos con el nombre de San Gerónimo. En 1717 los jesuitas fundaron la misión de Santa Ana de Chinarras, destruida por los apaches en 1769 y repoblada 14 años después. La erección del municipio data de 1820 y tiene su actual nombre desde 1826. El 11 de abril de 1911, un grupo magonista encabezado por los hermanos Juan y Francisco Portillo se enfrentó a los federales, quienes los derrotaron y fusilaron a sus líderes. El principal atractivo para los turistas lo constituye la pesca

Alcohólicos Anónimos llegó a México en 1947

Iglesia del Presidio de San Carlos en Aldama, Chihuahua

Ignacio Aldama, retrato original publicado en *El Mundo Ilustrado*

deportiva que puede practicarse en la presa Luis L. León.

ALDAMA ◆ Municipio de Tamaulipas situado al norte-noroeste de Tampico y al sureste de Ciudad Victoria, en la costa del golfo de México. Superficie: 3,655.73 km². Habitantes: 28,781, de los cuales 7,282 forman la población económicamente activa. Hablan alguna lengua indígena 231 personas mayores de cinco años (náhuatl 111 y huasteco 91). La erección del municipio data de 1790. En 1947, en playas del municipio, se descubrió el lugar donde depositan sus huevecillos las tortugas lora. A partir de entonces se desató una irracional cacería del quelonio hasta 1966 en que se fundó un campamento para su protección. La veda total se dictó en 1971 y a partir de entonces se ha emprendido una labor sistemática a fin de salvar la especie, de la que sólo sobreviven dos de cada cien ejemplares que nacen.

ALDAMA, IGNACIO ◆ n. en San Miguel el Grande, Gto., y m. en Monclova, Coah. (?-1811). Insurgente como su hermano Juan. Estudió leyes. Era alcalde de San Miguel cuando se declaró la independencia, misma que reconoció al igual que la autoridad de Hidalgo. Posteriormente estuvo con los insurrectos en Guanajuato y Guadalajara. Se dice que colaboró en *El Despertador Americano*. Designado representante en EUA, fue aprehendido y fusilado.

ALDAMA, JUAN ◆ n. en San Miguel el Grande, Gto., y m. en Chihuahua, Chih. (¿1774?-1811). Participó en la conspiración de Valladolid y en la de Querétaro. Al proclamar Hidalgo la independencia, Allende, Abasolo y él eran oficiales del regimiento realista Dragones Provinciales de la Reina. Participó en varias de las grandes batallas (Monte de las Cruces, Puente de Calderón) y, al igual que otros insurgentes con conocimientos militares, aspiraba a imponer la disciplina castrense en las multitudes rebeldes, a las que quería impedir que dispusieran de la propiedad de españoles. Coincidió con Allende y otros líderes en la conveniencia de atacar la ciudad de México, lo que motivó una seria discrepancia con Hidalgo y estuvo entre los que le retiraron el mando militar. En campaña obtuvo los grados de mariscal y teniente general. Fue capturado junto con los otros caudillos independentistas en Acatita de Baján. Fue procesado y fusilado en Chihuahua. Su cabeza fue una de las que se expusieron al pueblo en la alhóndiga de Granaditas. Sus restos se hallan en la Columna de la Independencia.

ALDAMA, JULIO ◆ n. en Nueva Rosita, Coah., y m. en el DF (1931-1989). Nombre profesional del actor y director cinematográfico Augurio Aguado Turrabiates. Participó, entre otras, en las películas *El jinete negro, No me vuelvo a enamorar, Maldita ciudad, Cupido pierde a Paquita, Tres de la vida airada, Amor indio, Los fanfarrones, Variedades de media noche, Bala de plata, La vida de Agustín Lara, Los tres calaveras, Chilam Balam, Pueblo en armas, Cruces sobre el yermo, Tlacayucan,* y *Tiburoneros,* cinta ésta por la que obtuvo el premio a la mejor coactuación masculina en el Festival Internacional del Filme de San Francisco. En televisión participó en la telenovela *El extraño retorno de Diana Salazar*. Dirigió más de 20 películas, entre ellas, *Furia bajo el sol, Primero el dólar, Pancho Cachuchas* y *Los hijos del diablo*.

ALDAMA, MARIANO ◆ n. en Guanajuato y m. en San Blas, Hgo. (1786-1811). Insurgente. Sobrino de Juan. Era oficial realista al estallar la guerra de Independencia. Operó en el estado de Hidalgo hasta su asesinato a traición, mientras dormía.

ALDAMA Y GUEVARA, JOSÉ AGUSTÍN DE ◆ n. y m. en la ciudad de México (?-¿1770?). Sacerdote y catedrático de lengua náhuatl. Autor de *Arte de la lengua mexicana*, libro que mereció varias ediciones.

ALDAMAS, LOS ◆ Municipio de Nuevo León situado al este-noreste de la capital del estado, en los límites con Tamaulipas. Superficie: 778.7 km². Habitantes: 2,245, de los cuales 923 forman la población económicamente activa. La principal fiesta de la cabecera municipal es el 12 de diciembre, con bailes populares, jaripeo, carreras de caballos y peleas de gallos.

ALDANA, JOSÉ MANUEL ◆ n. en Morelia, Mich., y m. en la ciudad de

México (?-1810). Músico. En 1786 era violinista de la Orquesta del Coliseo de México, de la que posteriormente fue maestro y director. Compuso una considerable cantidad de obras mundanas y religiosas, entre las que está una misa en *re* menor que lleva su nombre (*Misa de Aldana*). Dirigió el coro de la Catedral Metropolitana y otros grupos.

ALDANA HERNÁNDEZ, RUPERTO J. ◆ n. en Lagos y m. en Guadalajara, Jal. (1859-1898). Colaboró en diversos periódicos tapatíos de la época. Perteneció a la sociedad literaria la Bohemia Jalisciense. Escribió poesía y una pieza teatral, el monólogo *El duende gris* (1898).

ALDANA MONTAÑO, FRANCISCO JAVIER ◆ n. en Nacozari de García, Son. (1945). Contador público titulado en la Escuela Bancaria y Comercial (1966-71). Ha sido secretario general del comité municipal de Nacozari (1978) y secretario de promoción y gestoría (1982-85), secretario general (1985) y presidente del comité directivo del PRI en Sonora (1985-87), partido al que pertenece desde 1975; presidente municipal de Nacozari (1979-82) y secretario de gobierno de Sonora (1987-90). Renunció a este puesto a causa de las denuncias que lo señalaban como cómplice en el robo de urnas electorales en 1988, lo que se conoció como *Operación manitas*.

ALDANA DEL PUERTO, RAMÓN ◆ n. en Mérida, Yuc., y m. en la ciudad de México (1832-1882). Abogado. Diputado constituyente en 1857. Colaboró en diversos periódicos. Escribió poesía y teatro (*Nobleza de Corazón, Una prenda de venganza, La cabeza y el corazón, Honor felicidad,* etc.).

ALDANA RENDÓN, MARIO ALFONSO ◆ n. en Santiago Ixcuintla, Nay. (1945). Maestro en historia por la Universidad de Guadalajara (1975), de la que ha sido profesor e investigador. Autor de una *Breve historia de la Universidad de Guadalajara,* de *Temas de formación política: política educativa del gobierno mexicano 1867-1940* (1977) y del libro *Desarrollo económico de Jalisco 1821-1940* (1978).

ALDANA Y RIVAS, MANUEL ◆ n. y m. en Mérida, Yuc. (1839-1874). Tipógrafo, editor y periodista. Dirigió *El Monitor,* hebdomadario de la capital yucateca, y fundó en la misma ciudad la *Revista de Mérida.*

ALDANA SÁENZ DE SANTA MARÍA, RAMÓN ◆ n. y m. en Mérida, Yuc. (1862-1917). Colaboró en diversos periódicos meridanos (*El Diario Yucateco, La Revista de Mérida, Pimienta y Mostaza,* etc.) y escribió el poemario *Espuma.*

ALDAY, MARTÍN DE ◆ n. en España y m. en Parral, Chih. (1657-1725). Militar que persiguió a los tarahumaras. Fue gobernador y capitán general de la Nueva Vizcaya (1720-1723).

ALDAY McCORMICK, FRANCISCO ◆ n. en Querétaro, Qro., y m. en Morelia, Mich. (1908-1964). Nombre profesional del poeta José Trinidad Francisco Regis del Sagrado Corazón. Estudió en el Seminario de Morelia. Ordenado sacerdote en 1936, fue canónigo de la catedral de Morelia (1949-64). Colaboró en las revistas *Ábside, La Nación, Trento* y *Viñetas de Literatura Michoacana.* En vida publicó un sólo poemario, *Doce sonetos y diecisiete liras* (1945). Algunos de sus poemas están incluidos en la antología *Jardín moreliano de poetas* y en el álbum discográfico *Poesía religiosa de México* (1969). En 1970 apareció una recopilación de su *Obra poética* y en 1987 una *Antología poética.*

ALDECO Y CEJUDO, MANUEL ◆ n. en Puebla, Pue. (1909). Ingeniero civil por la UNAM (1933). Funcionario del sector público, sector de riego, desde 1938. Ha sido gerente de la Secretaría de Recursos Hidráulicos en Guanajuato (1959-64) y en Aguascalientes (1964-65). Director general de Grande Irrigación (1982-). Miembro de la Asociación de Ingenieros y Arquitectos de México y del Colegio de Ingenieros Civiles.

ALDERETE, JESÚS R. ◆ n. y m. en San Luis Potosí, SLP (1900-1982). Educador. Fue director de Educación Pública de San Luis Potosí. Colaboró en publicaciones literarias de esa entidad. Autor de relatos: *Cuentos de mi provincia* (1939) y *Vidas ajenas* (1965); de la novela *Martín*

Román (1948) y coautor de una *Geografía del estado de San Luis Potosí* (1969).

ALDERETE Y SORIA, MANUEL ◆ n. y m. en la ciudad de México (1789-1814). Abogado que se unió a la insurgencia bajo el mando de Morelos. Fue diputado al Congreso de Chilpancingo y uno de los redactores del "Decreto constitucional para la libertad de la América Mexicana".

ALDUCIN, RAFAEL ◆ n. en San Andrés Chalchicomula (hoy Ciudad Serdán), Pue., y m. en la ciudad de México (1889-1924). Inició su carrera periodística en 1912. Fundó *El automóvil en México,* compró el semanario *Revistas de Revistas* (1915), creado cinco años antes por Luis Manuel Rojas, y fundó el diario capitalino *Excélsior* (1917). Introdujo el rotograbado en 1920 e instituyó el 10 de mayo como "Día de las Madres".

ALE, PEDRO SALVADOR ◆ n. en Argentina (1954). Poeta. Estudió letras en la Universidad de Córdoba. Vino a México en 1977 y desde entonces radica en Toluca. Ha colaborado en el diario *El Sol de Toluca* y en la *Revista de la Universidad Autónoma del Estado de México,* misma que dirigió (1991. Autor de *Conclusión* (1973), *Arado de carne y hueso* (1978), *Violina* (1979), *El hombre habitado* (1980), *Reclamo del vuelo* (1981), *El corazón en la red* (1982), *Autofagia del náufrago* (1982), *Manuscritos de la memoria del sueño* (1983), *Sobre las cicatrices del tiempo* (1984), *De monstruos, biografías y pájaros migratorios* (1985), *El alucinante viaje del afilador de cuchillos* (1986), *Las noches del fuego* (1988), *Navegaciones* (1992) y *Los reinos del relámpago* (1997). En 1985 obtuvo el Premio de Poesía Joven Elías Nandino, en 1986 el Premio Nacional de Poesía Clemente López Trujillo de Mérida y en 1991 el Carlos Pellicer.

ALEGRE, FRANCISCO JAVIER ◆ n. en Veracruz, Ver., y m. en Italia (1729-1788). Sacerdote jesuita. Hablaba por lo menos nueve

Francisco Javier Alegre

Rosa Luz Alegría

lenguas. Catedrático de gramática, filosofía, retórica y derecho canónico, era también versado en matemática, teología e historia. Escribió *Alexandrias* (1775), *Homeri Ilias, latino carmine expressa* (1776) e *Institutionum Theologicarum libri XVIII* (1789). Dejó inéditos otros trabajos. Su obra mayor es la *Historia de la provincia de Jesús en Nueva España*, trabajo iniciado por Francisco de Florencia en el siglo XVII, el cual reestructuró y completó Alegre.

ALEGRE, MANUEL MARÍA ◆ n. en Tlacotalpan, Ver., y m. en el DF (1874-?). Periodista. Militó en el Partido Liberal Mexicano y posteriormente fue cofundador del Partido Democrático. Al triunfo de la rebelión maderista fue gobernador interino de Veracruz (1911). Autor de *Cómo escapar del peligro sajón* (1903).

ALEGRE, RAÚL ◆ n. en Torreón, Coah. (1960). Pateador de futbol americano. Vive desde 1976 en Estados Unidos, donde estudió ingeniería civil en la Universidad de Texas. Se incorporó al deporte profesional en 1982 con el equipo de los Potros de Baltimore, luego de Indianápolis, con los que fue el mejor en su posición en toda la historia de ese conjunto. En 1986 pasó a los Gigantes de Nueva York, con el cual ganó el campeonato de la Conferencia Nacional y el Súper Tazón XXI.

ALEGRÍA, JUAN ◆ n. en Huimanguillo y m. en Villahermosa, Tab. (1855-1939). Agricultor. Durante el porfiriato fue opositor de la dictadura. Se unió a la lucha antirreeleccionista y, al ser asesinado Madero, se convirtió en antihuertista. Dispuso de su fortuna en favor de la revolución. Los carrancistas lo relegaron. Volvió, sin éxito, a trabajar el campo. Murió en la miseria.

ALEGRÍA, JUANA ARMANDA ◆ n. en Tuxtla Gutiérrez, Chis. (1938). Estudió psicología en la UNAM, institución de la que es profesora. Ha colaborado en *El Heraldo Cultural*, suplemento del periódico *El Heraldo de México*, así como en la revista *Siempre!* Autora de *Psicología de las mexicanas* (1974), *Mujer, viento y ventura* (1976), *Emancipación femenina en el subdesarrollo* (1982) y *Diálogo prohibido* (1985).

ALEGRÍA ESCAMILLA, ROSA LUZ ◆ n. en el DF (1945). Hizo estudios de arquitectura y filosofía. Maestra en ciencias (UNAM, 1969) y posgrado en ingeniería de procesos en el Instituto Francés del Petróleo (1970). Coordinadora del Centro de Medios y Procedimientos Avanzados para la Enseñanza (1971-76). Subsecretaria de la Presidencia de la República (1976), subsecretaria de Evaluación de la Secretaría de Programación y Presupuesto y coordinadora general del Sistema Nacional de Evaluación de la Presidencia de la República (1977-1980). Secretaria de Turismo (1980-1982).

ALEGRÍA LÓPEZ, ADOLFO ISAAC ◆ n. en Sayula y m. en la ciudad de México (1846-1898). Estuvo en el ejército hasta 1892. Ejerció el periodismo y muchas de sus colaboraciones estaban firmadas con el pseudónimo de *Satanás*. Escribió poesía (*El alma de mi alma, El suspiro, A Mina* y *La Ilusión*) y las novelas *El libro de Satanás: algo que parece novela y no lo es* (1869), *La luz en las tinieblas* (1870), *Satanás: en el teatro Principal de la ciudad de México en 1881* (1882) y *Algo* (s.f.).

ALEGRÍA VICTORIA, ANTONIO ◆ n. en Sayula y m. en Guadalajara, Jal. (1849-1877). Abogado. Fue miembro de la *Alianza Literaria*. Colaboró en el periódico *Juan Panadero*. Escribió el poemario *Horas de ocio* (1871). Fue, dijo Victoriano Salado Álvarez, "autor de una serie de composiciones aretinescas y escatológicas".

ALEJO DOMÍNGUEZ, CUPERTINO ◆ n. en Xochiapulco, Pue. (1946). Maestro rural titulado en la Escuela Normal Rural Basilio Vadillo en Zaragoza, Pue., especializado en geografía en la Escuela Normal Superior del Estado de Puebla (1968-72). Pertenece al PRI desde 1964. Ha sido secretario general de la sección 23 del SNTE (1972-74 y 1986), regidor de educación del ayuntamiento de Zacapoaxtla (1974 y 1982) y diputado federal (1988-91).

ALEJO LÓPEZ, FRANCISCO JAVIER ◆ n. en Salvatierra, Gto. (1941). Licenciado en economía por la UNAM (1959-63) y doctor por la Universidad de Oxford (1965). Profesor de la UNAM, de El Colegio de México y del ITAM. Pertenece al PRI desde 1962. Ha sido director general del FCE (1972-76), subsecretario de Ingresos de la Secretaría de Hacienda (1975), secretario de Patrimonio Nacional (1975-76), director general del Combinado Industrial Sahagún (1977-78), director de Diesel Nacional (1978-79), embajador en Japón y Corea (1979-82), vicepresidente de Promoción y Desarrollo de la Corporación Financiera Internacional del Banco Mundial (1985-87), director general de ANDSA (1988-90) y embajador en Italia y ante la FAO (1990-). Director de Caminos y Puentes Federales de Ingresos (1995-). Ha sido representante mexicano en distintas reuniones de la CEPAL, la ONU, la Alalc y el Sela. Es miembro del Colegio Nacional de Economistas. En 1971 recibió el Premio Nacional de Economía.

ALEJO TORRE, LUIS LEÓN ◆ n. y m. en Villahermosa, Tab. (1831-1895). Diputado local y federal (1871-75). Colaboró en el *Boletín* de la Sociedad Mexicana de Geografía y Estadística. Escribió *Ecos del corazón* (1860).

ALEMÁN, JULIO ◆ n. en Morelia, Mich. (1935). Actor. Se inició en 1952 en la obra de teatro experimental *Espaldas mojadas*. Profesionalmente empezó en *Corazón arrebatado* (1957). Su inicio en el cine fue en la película *La edad de la tentación* (1958). Ha filmado entre otras cintas *Siempre hay un mañana, La risa de la ciudad, El derecho de nacer, Corazón salvaje* y *El tunco Maclovio*. Desde 1971 trabaja para televisión. Ha actuado en más de 30 obras teatrales (*Nina, Con M de muerte, Modisto de señoras* y *El fantasma de la ópera*). Secretario general de la Asociación Nacional de Actores (1990-94). Fue diputado federal por el PRI (1994-97). Obtuvo el Premio Ónix (1961), la Estrella de Plata al Mérito Cinematográfico (1964), una Diosa de Plata por *El tunco Maclovio* (1970) y la Medalla Virginia Fábregas de la ANDA por 25 años de actuación (1986).

ALEMÁN, MATEO ◆ n. en Sevilla y m.

¿en Chalco? (1574-¿1615?). Después de escribir en España *El pícaro Guzmán de Alfarache* y la *Vida de San Antonio de Padua*, vino a México en 1607 como acompañante del arzobispo y luego virrey García Guerra. Publicó una *Relación* de ese viaje en México (1613) y antes, en 1609, editó una *Ortografía castellana*. También en 1613 apareció el libro *Sucesos de fray García Guerra*.

ALEMÁN, TRANQUILINO ◆ (1830-1869). Aeronauta que realizaba acrobacias durante sus vuelos. Se presentó en Colima, Guadalajara y la ciudad de México, donde fue recompensado por Maximiliano. Murió en Cuernavaca durante un ascenso.

ALEMÁN DÍAZ, PABLO ◆ n. en Huitzuco, Gro. (1942). Se graduó en el H. Colegio Militar (1960-63). Licenciado en contaduría por la Universidad Autónoma de San Luis Potosí (1966-69). Profesor del Colegio Militar y de la Escuela Médico Militar. Ha sido jefe de la sección Pedagógica de Legislación del Colegio Militar (1975), jefe del Departamento de Seguridad Pública del gobierno de Jalisco (1983-88) y director general de la Policía Judicial Federal (1988-). Autor de *Medidas preventivas en caso de desastres* (1986).

ALEMÁN GONZÁLEZ, MIGUEL ◆ n. en Acayucan y m. en Mata de Aguacatilla, Ver. (1884-1929). Participó en el alzamiento antiporfirista de Acayucan, en 1906. Militó en las filas maderistas y posteriormente en el constitucionalismo. Tomó parte en las batallas de Celaya y León. Combatió el levantamiento delahuertista. General de división y diputado al Congreso veracruzano (1927-28). Se unió a la rebelión escobarista que se oponía a la reelección de Obregón. Perseguido, se suicidó. Su hijo Miguel (*ver*) sería presidente de la República.

ALEMÁN Y PEÑA, MANUEL ◆ n. en la ciudad de México y m. en Cuba (1783-1810). Viajó a España en 1804. Al producirse la invasión napoleónica de la península se adhirió a la causa francesa. A su regreso a México, ya como agente confidencial del bonapartismo, fue de-

tenido y ejecutado en La Habana por las autoridades españolas.

Miguel Alemán Valdés

ALEMÁN VALDÉS, MIGUEL ◆ n. en Sayula, Ver. y m. en el DF (1900-1983). Hijo de Miguel Alemán González. (☞) Abogado. Ejerció su profesión en Tampico. Candidato a diputado, senador (1936) y gobernador de Veracruz (1936-39). Secretario de gobernación (1940-45). En 1945 fue designado candidato a la Presidencia de la República por el PRM, partido que en enero del año siguiente se convirtió en PRI. En su periodo presidencial (del primero de diciembre de 1946 al mismo día de 1952) se construyeron o terminaron grandes presas (Álvaro Obregón, en el río Yaqui; Lázaro Cárdenas, en el Nazas; Sanalona, en el río Tamazula, y otras); se pusieron en servicio los ferrocarriles Sonora-California y del Sureste, en tanto que se iniciaron los trabajos del Chihuahua-Pacífico. Se abrieron al tránsito las carreteras Panamericana (Ciudad Juárez-México-Ciudad Cuauhtémoc); la del Istmo de Tehuantepec (Coatzacoalcos-Salina Cruz), y la del Pacífico entre Guadalajara y Nogales, así como la autopista México-Cuernavaca. Se dio impulso a la construcción de centros educativos (se abrieron más de 5,000 escuelas), de los cuales el más importante es la Ciudad Universitaria del DF. El gobierno federal

erigió 14,548 viviendas durante ese sexenio, lo que comprende los conjuntos multifamiliares Presidente Juárez y Presidente Alemán, en la ciudad de México. La cuantía del gasto público, la crisis económica que sufrió Occidente durante la posguerra y una brusca caída en el ingreso de divisas ocasionaron que el peso se devaluara (de 4.80 por dólar a 8.60). Para hacer frente a la situación financiera, el gobierno recurrió al crédito externo y al endeudamiento interno. En materia petrolera aumentó la producción en casi 30 por ciento, se autorizó a extranjeros para realizar trabajos de exploración y se aceptó indemnizar a la compañía El Águila, después de que las acciones de esta empresa habían perdido su valor en la bolsa londinense. En lo referente a asuntos agrarios, se expidieron resoluciones de dotación por un total de 5,330,000 hectáreas y se ejecutaron por 4,900,000; se extendieron casi 67 mil certificados de inafectabilidad agrícola y 678 de inafectabilidad ganadera, lo que junto con las reformas constitucionales del mismo sexenio dio una amplia seguridad a los propietarios privados, pues a partir de este periodo presidencial se amplió la superficie no afectable y se concedió el derecho de amparo contra resoluciones agrarias. Entre la obra jurídica de ese periodo presidencial se cuenta la concesión del voto a las mujeres en elecciones municipales, y la expedición de las leyes Forestal, de Pesca, de Población, de Impuesto sobre Ingresos Mercantiles, de la Industria Cinematográfica y las relativas a minerales radiactivos. En lo referente a derecho autoral, entró en vigor la ley sobre la materia y se reglamentó la publicación de impresos, creándose para el efecto la Comisión Calificadora de Revistas y Publicaciones Ilustradas, encargada de determinar la licitud de tales impresos. En ese sexenio se instituyó el Premio Nacional de Artes y Ciencias y fueron creados los institutos Nacional de Bellas Artes, Nacional Indigenista y Nacional de la Juventud Mexicana. Devolvió su nombre al Departamento del Distrito Federal (que en 1945 había sido llamado Gobierno del Distrito Federal); se encontraron en Chapultepec los restos de los Niños Héroes y se inauguró en Tlalpan el Hospital Manuel Gea González, y en las Lomas de Tecamachalco, las instalaciones de la Secretaría de la Defensa. En su sexenio se produjo un brote de fiebre aftosa en el Distrito Federal y en cuatro estados aledaños, lo que obligó a sacrificar miles de cabezas de ganado. En su gestión se introdujo la televisión en México y la primera transmisión, del Canal 4, fue el primero de septiembre de 1950, con el informe presidencial. Durante ese periodo se dio un notable impulso a la actividad turística, para lo cual se crearon la Dirección General y la Comisión Nacional de Turismo. Con estos antecedentes, en 1961 el entonces presidente Adolfo López Mateos designó a Miguel Alemán presidente del Consejo Nacional de Turismo, cargo que desempeñó hasta su muerte. Alemán fue miembro de la Academia Mexicana de la Lengua, presidente del Instituto Mexicano de Cultura y del Patronato del Museo de San Carlos; recibió el doctorado *honoris causa* de las universidades Nacional Autónoma de México, de Nuevo México, de Kansas City y de Columbia.

ALEMÁN VELASCO, MIGUEL ◆ n. en Veracruz (1933). Hijo del anterior. Licenciado en derecho por la UNAM (1954). Fundador y director de las revistas *Vox Legis* (1947-49) y *Voz* (1950-53). Promotor de la Reseña Mundial de Festivales Cinematográficos (1957-). Director de Teleprogramas Acapulco (1966), coordinador general (1966) y director de noticieros de Telesistema Mexicano (1969), vicepresidente de la Cámara Nacional de la Radiodifusión (1970), apoderado general y vicepresidente de Editorial Panamericana y de

GABINETE DEL PRESIDENTE MIGUEL ALEMÁN VALDÉS	
1 DE DICIEMBRE DE 1946 AL 30 DE NOVIEMBRE DE 1952	
SECRETARÍA DE GOBERNACIÓN:	
HÉCTOR PÉREZ MARTÍNEZ	**1 de diciembre de 1946 al 12 de febrero de 1948**
ERNESTO P. URUCHURTU	**12 de febrero al 30 de junio de 1948**
ADOLFO RUIZ CORTINES	**30 de junio de 1948 al 13 de octubre de 1951**
ERNESTO P. URUCHURTU	**14 de octubre de 1951 al 30 de noviembre de 1952**
SECRETARÍA DE RELACIONES EXTERIORES:	
JAIME TORRES BODET	**1 de diciembre de 1946 al 28 de noviembre de 1948**
MANUEL J. TELLO	**28 de noviembre de 1948 al 30 de noviembre de 1952**
SECRETARÍA DE HACIENDA Y CRÉDITO PÚBLICO:	
RAMÓN BETETA	**1 de diciembre de 1946 al 30 de noviembre de 1952**
SECRETARÍA DE LA DEFENSA NACIONAL:	
GILBERTO R. LIMÓN	**1 de diciembre de 1946 al 30 de noviembre de 1952**
SECRETARÍA DE MARINA:	
LUIS SCHAUFELBERGER	**1 de diciembre de 1946 al 30 de septiembre de 1948**
DAVID COELLO OCHOA	**1 de octubre de 1948 al 21 de octubre de 1949**
ALBERTO J. PAWLING	**21 de octubre de 1949 al 7 de febrero de 1952**
RAÚL LÓPEZ SÁNCHEZ	**7 de febrero al 30 de noviembre de 1952**
SECRETARÍA DE EDUCACIÓN PÚBLICA:	
MANUEL GUAL VIDAL	**1 de diciembre de 1946 al 30 de noviembre de 1952**
SECRETARÍA DEL TRABAJO Y PREVISIÓN SOCIAL:	
ANDRÉS SERRA ROJAS	**1 de diciembre de 1946 al 12 de enero de 1948**
MANUEL RAMÍREZ VÁZQUEZ	**12 de enero de 1948 al 30 de noviembre de 1952**
SECRETARÍA DE SALUBRIDAD Y ASISTENCIA:	
RAFAEL PASCASIO GAMBOA	**1 de diciembre de 1946 al 30 de noviembre de 1952**
SECRETARÍA DE BIENES NACIONALES E INSPECCIÓN ADMINISTRATIVA:	
ALFONSO CASO	**1 de diciembre de 1946 al 1 de diciembre de 1949**
HUGO RANGEL COUTO	**1 de diciembre de 1949 al 1 de agosto de 1951**
ÁNGEL CARVAJAL	**1 de agosto de 1951 al 30 de noviembre de 1952**
SECRETARÍA DE RECURSOS HIDRÁULICOS:	
ADOLFO ORIVE ALVA	**1 de enero de 1947 al 30 de noviembre de 1952**
SECRETARÍA DE COMUNICACIONES Y OBRAS PÚBLICAS:	
AGUSTÍN GARCÍA LÓPEZ	**1 de diciembre de 1946 al 30 de noviembre de 1952**
SECRETARÍA DE ECONOMÍA NACIONAL:	
ANTONIO RUIZ GALINDO	**1 de diciembre de 1946 al 21 de octubre de 1948**
ANTONIO MARTÍNEZ BÁEZ	**21 de octubre de 194 al 30 do noviembre de 1952**
SECRETARÍA DE AGRICULTURA Y FOMENTO:	
NAZARIO ORTIZ GARZA	**1 de diciembre de 1952 al 30 de noviembre de 1952**
DEPARTAMENTO AGRARIO:	
MARIO SOUZA	**1 de diciembre de 1946 al 30 de noviembre de 1952**
DEPARTAMENTO DEL DISTRITO FEDERAL:	
FERNANDO CASAS ALEMÁN	**1 de diciembre de 1946 al 30 de noviembre de 1952**

FOTO: CUARTOSCURO

Miguel Alemán Velasco

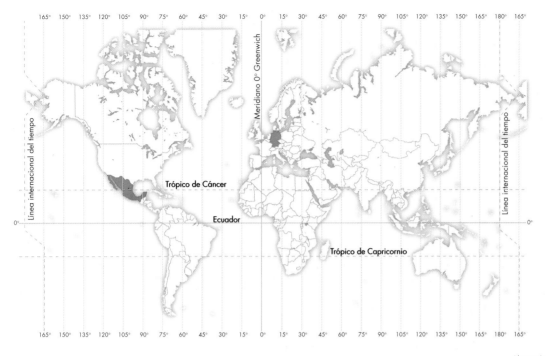

Alemania

Periódicos Unidos de los Estados; vice-presidente, subdirector (1973-86) y presidente de Televisa (1986-99), vice-presidente y subdirector general de No-vedades Editores (1981-), vicepresi-dente ejecutivo del comité conjunto formado por las empresas Televisa y Univisa (1987), embajador de México para asuntos especiales, nombrado por el gobierno de Carlos Salinas (1989-), y gobernador de Veracruz (1998-). Di-rector general de la Fundación Cultural Televisa. Autor de *Aéreo-México*, *Los secretos y las leyes del espacio* (1962), *La carrera espacial* (1966), *El héroe descono-cido* (1966), *Copilli, corona real* (1981) y *La isla de los perros* (1983). Cofundador y vicepresidente de la Academia Mexi-cana de Derecho Espacial (1966).

ALEMANIA ◆ País de Europa que limita con Dinamarca, Polonia, la República Checa, Austria, Suiza, Francia, Luxem-burgo, Bélgica y los Países Bajos. Es una república fe-deral formada por 16 estados. Superficie: 357 mil kilómetros. Habitantes: 82,400,000 (1995). La capital es Ber-lín, que cuenta con tres y

medio millones de habitantes. Otras ciudades importantes son Hamburgo, con un millón 700 mil habitantes, y Munich, con un millón 240 mil. El alemán es el idioma oficial y la moneda es el marco alemán. El actual territorio del país estuvo habitado por pueblos celtas, los que fueron desplazados por tribus germanas. Los romanos ocuparon una franja de tierra al norte del río Rin en el año 55 a.n.e., donde fueron per-manentemente acosados hasta la desin-tegración del imperio, lo que dio lugar al surgimiento de señoríos feudales que posteriormente quedaron bajo el domi-nio de Carlomagno y poco después tuvieron por rey a Luis el Germánico (843). En 936 los germanos conquista-ron Italia y se creó el Sacro Imperio Romano Germánico, gobernado sucesi-vamente por las casas reales de Sajonia, Fran-conia, Suabia, Habsburgo, Baviera,

Timbres postales de Alemania

Luxemburgo y nuevamente Habsburgo, a la cual pertenecía Carlos V (Carlos I de España) que fue también emperador de Nueva España. En su época se produjo la refor-ma religiosa y Alemania quedó dividida en dos regiones, la católica y la protestante, con señores feudales que se maneja-ban autónomamente. En 1589 llegó a México Heinrich Martin, impre-sor e ingeniero hambur-gués que adoptó el nom-bre de Enrico Martínez y trabajó en Nueva España hasta su muerte, como ocurrió con otros alemanes que vinieron a trabajar en las minas mexicanas. En 1615 se presentaron ante las autori-dades novohispanas diez alemanes que solicitaron residencia legal. Uno de los grandes señores feudales, el elector de Brandeburgo, llegó a cobrar la fuerza suficiente para ser reconocido en 1701 como rey de Prusia, el más fuerte Estado alemán junto con Austria. En 1803 llegó a Nueva España el berlinés Alexander von Humboldt, quien a lo largo de un año recorrió el país, hizo mediciones,

Puerta de Brandemburgo
en Berlín, Alemania

dibujó y tomó apuntes de la geografía, la flora y la fauna mexicanas para darlas a conocer en Europa, lo que hizo principalmente en su *Ensayo político sobre el reino de la Nueva España*. Napoleón, mediante su política de conquista, creó la Confederación del Rin, que fue sustituida en 1815, después de la derrota de Francia, por la Confederación Germánica, que comprendía 39 Estados independientes con una sola política exterior. En esta coalición, Prusia y Austria se disputarían la supremacía a lo largo de medio siglo. Al consumarse la independencia, gran número de alemanes vinieron a México y promovieron una mayor migración. Entre éstos destacó Friedrich W. Grube, de quien se dice que tradujo la *Historia* de Clavijero sin que llegara a publicarla. La esposa de Grube, que volvió a su país, publicó allá la novela *Ida hacia México y regreso al hogar*. En la segunda mitad de los años veinte del siglo XIX vino el naturalista Carlos Sartorius, quien se instaló cerca de

Orizaba y se dedicó a cultivar plantas mexicanas que enviaba a los jardines botánicos de Europa. Se le atribuyen algunas obras sobre México, como la que aquí se publicó en 1852 con el título de *Importancia de México para la emigración alemana* y *México: Landscapes and Popular Sketches* (EUA, 1860). Cuñado de Sartorios fue Wilhelm Stein, quien fundó en México una asociación literaria alemana. Desde 1828 hasta su muerte en la capital, en 1836, Wilhelm Schiede estudió la flora mexicana y clasificó diversos ejemplares. De 1829 datan las relaciones diplomáticas entre ambos países, pues en ese año estuvo en México Ludwig Zulzer, enviado confidencial, en tanto que fue en 1832 cuando Thomas Murphy se acreditó como ministro ante las cortes de Prusia y Sajonia. Los primeros acuerdos entre ambas naciones datan de 1829, cuando se firmó un Tratado de Amistad, Comercio y Navegación con Hannover, similar al que tres años después se establecería con las Ciudades Hanseáticas. Como continuara la inmigración de alemanes, en 1844 abrieron el Gimnasio Mexicano y en 1848 fundaron la Deutsches Haus

(casa alemana), que fue un importante centro de cultura alemana hasta la segunda guerra mundial. En 1855 se firmó un Tratado de Amistad con Prusia y en 1859 el presidente Juárez designó a Humboldt "Benemérito de la Patria". Sin embargo, la actitud del representante alemán, barón Wagner, favorable a la intervención francesa, motivó que el gobierno juarista pidiera a Berlín su retiro, en 1862. Durantye la intervención francoaustriaca vinieron numerosos germanoparlantes, entre otros Arturo Schoott, quien elaboró cartas geográficas de la península de Yucatán y el mar Caribe e hizo numerosos dibujos de igleisas de Mérida y otras ciudades yucatecas. En esos años vino también el arqueólogo Teobert Maler, quien puso un estudio fotográrfico en Ticul. En 1870 Prusia derrotó a Francia en la batalla de Sedán y esta victoria facilitó la unificación alemana en torno al emperador Guillermo I y su tiránico canciller, Otto Bismarck. El general mexicano Ángel Martínez, quien se fue a Europa al término de la intervención francesa, se alistó en el ejército prusiano que venció a las fuerzas de Napoleón III y en enero de 1871 entró en París con los vencedores. Después de la intervención francesa, al ser restaurada la República, se reanudó el flujo de inmigrantes alemanes hacia México. En 1870 el periodista judeoalemán Isidoro Epstein, quien antes había creado varios órganos y dirigido *Germania*, fundó *Vorwarts*. A éste siguieron en 1875 *Deutsche Watch* (El Vigía Alemán), dirigido por Mauricio Rahden. De 1883 data *La Familia*, impresa en español por J. F. Jens, quien publicaba lo mismo traducciones de literatura alemana que del náhuatl, en versión de José 'Joaquín Pesado. También en 1883 apareció la *Deutsche Zeitung von Mexiko* (*Gaceta Alemana de México*), de Emilio Ruhland y el mismo Epstein. A Ruhland se le debe la edición del primer *Directorio* de la República. En el curso del porfiriato se incrementaron las relaciones entre ambos países. El Colegio Alemán Alejandro de Humboldt es una institución educativa abierta en

1894. A principios de siglo arribó Karl Friedrich Reiche, quien a lo largo de su vida estudió la flora mexicana y publicó varias obras sobre el tema. También durante el porfiriato visitó México en varias ocasiones el mayista Eduard Seler, a quien se deben los *Comentarios al Códice Borgia* y otros trabajos sobre las culturas precortesianas. En 1903 se fundó la Deutscher Frauenverein (Asociación de Mujeres Alemanas), que contó con el apoyo de Carmen Romero Rubio, esposa del presidente Díaz. De esa agrupación surgirían la Alianza de Jóvenes Alemanes y la Deutscher Bund (Alianza Alemana). En 1910 la representación diplomática alemana acompañó al dictador mexicano en la develación de la estatua de Humboldt que se halla en Isabel la Católica y Uruguay, en la ciudad de México. El monumento fue un regalo del *káiser* Guillermo II. Entre los inmigrantes de los últimos años del siglo XIX y principios del actual llegaron algunos socialdemócratas, como Pablo Zierold, quien fundó en 1911 el Partido Socialista, primer partido marxista de México. En 1912 apareció en Berlín el primer tomo de *Die Nayarit Expedition*, libro en el que su autor, el

nahuatlato Conrado Teodoro Preuss, recogió leyendas, mitos, fábulas y cantos de coras, huicholes y mexicaneros, después de convivir 19 meses con ellos. Preuss escribió también *El mundo espiritual de los huicholes*, que no llegó a publicarse porque el manuscrito fue destruido durante un bombardeo en la segunda guerra mundial. Durante la primera guerra mundial, el gobierno alemán hizo infructuosas gestiones para ganarse a Venustiano Carranza, a fin de

tener un aliado en la retaguardia de Estados Unidos ante la inminente entrada de este país en el conflicto. Al finalizar la guerra, el *Kaiser* se vio obligado a abdicar y se instauró la República de Weimar, llamada así por haberse reunido en esa ciudad el Congreso que aprobó la nueva Constitución. Con los socialdemócratas en el gobierno, se produjo una insurrección revolucionaria: se crearon consejos de obreros y soldados en varias ciudades, incluida Berlín, y se proclamó la República Socialista de Baviera. Ante el auge del movimiento popular, las autoridades socialdemócratas desataron sobre los trabajadores una amplia represión, en el curso de la cual fueron asesinados los líderes espartaquistas Rosa Luxemburgo y Carlos Liebknecht. En 1922 se produjo un frustrado golpe de Estado que tuvo entre sus cabecillas a Adolfo Hitler, quien fue a parar a prisión, donde escribió su libro *Mi lucha*, que se convertiría en el catecismo de los nazis. El mismo Hitler sería primer ministro en 1933 y después de imponer el terror convocaría a unas elecciones amañadas que le permitirían asumir plenos poderes. En los años 20 y 30 los alemanes de México desplegaron una gran actividad. La Asociación Mexicanista Alemana, agrupación de carácter científico, se fundó en 1923. A ella se debe la publicación de la revista *El México Antiguo*. La ultraderecha mexicana creó organizaciones bajo principios y modelos inspirados en el Partido Nacional Socialista Alemán, tales como el Comité Pro Raza, Acción Revolucionaria Mexicana, Patria Justicia y Libertad, la Liga Antichina y Antijudía, la Unión Nacionalista Mexicana, la Legión Nacionalista Mexicana y los Camisas Doradas, caracterizados todos ellos por su rabioso chovinismo, su antisemitismo y la violencia de su actuación. Notables intelectuales mexicanos fueron simpatizantes de los nazis, entre ellos Antonio Caso, Rodulfo Brito Foucher, rector de la UNAM, y José Vasconcelos, quien publicó la revista *Timón* con financiamiento de la embajada ale-

mana. La Asociación Alemana Mexicana Alejandro de Humboldt fue fundada en 1934 y en 1938, por indicaciones del gobierno hitleriano, se fundieron varias agrupaciones en la Deutsche Volksgemeinschaft (Comunidad del Pueblo

Alemán), dentro de la cual hubo una reñida pugna entre nazis y antifascistas. Estos acabaron por imponerse y la sociedad fue disuelta en 1942. Cuatro años antes ya funcionaba en México la Liga Pro Cultura Alemana, primera organización de asilados demócratas. Perseguidos por motivos políticos o raciales, se calcula que en los años del poder nazi llegaron a México unos 1,500 alemanes, los que se sumaron a una comunidad del mismo origen que llegó a tener unos 20,000 miembros. En dicha comunidad se enfrentaron los antifascistas con los filonazis. Estos últimos contaban con

dinero e influencia que les permitían dominar la mayoría de las organizaciones en que actuaban. También publicaban periódicos, como el *N.S. Herold*, con tiraje de 1,100 ejemplares, órgano de la sección mexicana del Partido Nacional Socialista Alemán, y la revista *DMV-Mitteilungen del Deutschen Volksgemeinschaft*, que tiraba 4,000 ejemplares. En la inmigración antifascista vinieron personas de habla alemana de varios países: Otto Rühle, asesor de la Secretaría de Educación en el cardenismo, y su esposa, la psicoanalista Alice Rühle-Gerstel; la física Marietta Blau, quien fuera ayudante de Einstein; Alfons Goldschmidt (*ver*), quien en 1927 había publicado en Berlín *Tras las huellas de los aztecas* y dos años después fundara en la misma ciudad el Instituto de Economía América Latina; los escritores Ludwig Renn, Bodo Uhse, André Simone, Leo Katz y Lios Feuchtwanger, veteranos de la guerra civil española; Hannes Meyer, arquitecto que dirigió la Bauhaus; los periodistas Egon Erwin Kisch y Georg Stibi, quien aquí sería administrador del Taller de Gráfica Popular (1943-46) al igual que Meyer; el pediatra Rudolf Neumann y su esposa la doctora Hilde Neumann; el poeta Paul Mayer; la novelista Anna Seghers y el director de orquesta Ernst Römer, difusor de la música de Mahler, Schönberg y otros autores prohibidos por Hitler. Con estos asilados trabajó el estadounidense hijo de alemán Ralph Roeder, quien se dedicó a obtener apoyo financiero para las actividades antifascistas. En noviembre de 1941 fue fundado en el Distrito Federal el Club Enrique Heine, al que podía pertenecer "todo antihitlerista de habla alemana que actúe en el ámbito artístico, literario y científico", y cuyos fines eran "el fomento del arte, de la literatura y la ciencia alemanas y austriacas amantes de la li-

Retrato y firma de Fernando de Alencastre Noroña y Silva

bertad" y el "fortalecimiento de los lazos con la cultura mexicana del pasado y del presente". El club desapareció en 1946 después de una intensa actividad en la que participaron el crítico de arte Paul Westheim y el músico Carl Alwin, quien fue nombrado secretario general honorario de la CTM. En 1942, los alemanes antinazis residentes en México constituyeron la agrupación Freies Deutschland, que puso obras de teatro, organizó conferencias, cursos y conciertos; editó la revista *Alemania Libre* y otros impresos con el sello El Libro Libre. La expropiación petrolera de 1938 indignó a las potencias occidentales, las que cerraron sus mercados a los hidrocarburos mexicanos. En esa situación México, pese a la política antifascista de Lázaro Cárdenas, se vio obligado a vender crudo a los países del Eje, Italia y Alemania. Como fueran hundidas varias embarcaciones mexicanas, presumiblemente por submarinos nazis, México rompió relaciones con el gobierno de Berlín el 24 de diciembre de 1941 y el 22 de mayo siguiente declaró la guerra a los países del Eje y se incorporó a los aliados. El 24 de mayo de 1942, en un mitin antifascista celebrado en el Zócalo y encabezado por el presidente Ávila Camacho, Ludwig Renn fue uno de los oradores y su discurso, pronunciado en español, fue reproducido por varios periódicos mexicanos. Los habitantes de origen alemán comprobada o presuntamente nazis fueron expulsados del país o confinados en diversos puntos de la República, a fin de impedir que continuaran con su labor de propaganda. Al término de la guerra, en la cual los nazis cometieron innumerables crímenes, entre otros el asesinato de seis millones de judíos y medio millón de gitanos, Alemania permaneció ocupada por las potencias aliadas. En su zona, Estados Unidos, Francia y Gran Bretaña decidieron estimular el funcionamiento de la economía de mercado e instaurar un gobierno dentro de las normas de la democracia representativa. Por otra parte, en la zona ocupada por la Unión Soviética, se implantó un sistema de econo-

mía centralmente planificada y un gobierno de democracia popular. En 1946 se fundó el Comité pro Intercambio Cultural Mexicano-Alemán, con personajes de ambos países. En 1947 Estados Unidos inició la guerra fría, periodo de anticomunismo militante y de franco enfrentamiento con la URSS. Los soviéticos respondieron en 1948 con el cierre de vías terrestres hacia Berlín, que había quedado en la parte soviética como ciudad dividida, al igual que el país, en cuatro jurisdicciones. Al año siguiente se formalizó la situación y en el oeste se constituyó la República Federal de Alemania (RFA), en tanto que en el este fue instaurada la República Democrática de Alemania (RDA); la primera con apoyo de las potencias occidentales y la segunda con el respaldo soviético. El presidente mexicano Miguel Alemán estableció relaciones con la RFA el primero de septiembre de 1952, en tanto que él y tres de sus sucesores en el Poder Ejecutivo se negaron a establecerlas con la RDA. En 1955 se abrió en México el Instituto Cultural Mexicano-Alemán Alexander von Humboldt. Los presidentes mexicanos Adolfo López Mateos, Luis Echeverría, José López Portillo y Miguel de la Madrid visitaron la RFA, el primero en 1964, el segundo en 1974, el tercero en 1980 y el último en 1985, en tanto que han venido a nuestro país los presidentes oestealemanes Heinrich Luebke (en 1966) y Walter Scheel (1977) y en varias ocasiones el canciller Helmut Kohl (1984). Con la República Democrática de Alemania se establecieron relaciones a nivel de embajadores en junio de 1973. En 1989 se produjeron motines populares en la RDA, especialmente en Berlín Oriental, que dieron como resultado la demolición del Muro de Berlín y la reunificación de ambos Estados alemanes, lo que ocurrió plenamente en 1990. En 1992 fue sometido a juicio Erich Honecker, último dirigente de la RDA.

ALENCASTRE NOROÑA Y SILVA, FERNANDO DE ◆ n. en España y m. en la ciudad de México (¿1665?-1717). Virrey en Cerdeña, Perú y Nueva España, donde gobernó entre 1711 y 1716. En el año de su arribo, un sismo produjo grandes daños en la ciudad de México. En 1713 cayó una gran nevada sobre la capital. El frío de esa temporada ocasionó heladas que destruyeron los cultivos, lo que acarreó hambre y una epidemia. Se dice que en tales desgracias hizo gala de su filantropía. Combatió la delincuencia, para lo cual, entre otras medidas, fundó el tribunal y cárcel de La Acordada. Prohibió la fabricación de aguardiente de caña, lo que afectó los intereses del clero regular. Destinó los ingresos del estanco de la nieve a la construcción del acueducto de los Arcos de Belén. Dejó a su sucesor una *Instrucción* sobre el estado que guardaba la Nueva España en ese tiempo.

ALESSIO ROBLES, ÁNGELA ◆ n. en el DF (1921). Estudió ingeniería en la UNAM y planificación urbana en la Universidad de Columbia. Entre sus cargos públicos destacan los ocupados en el área de planeación del gobierno capitalino. Ha recibido distinciones del Grupo Trece Guadalupano, la UNAM, la Asociación Nacional de Periodistas, la Federation International des Professiones Inmobiliares de París y la Britannica Society, entre otras instituciones. Autora de *México-Tenochtitlan 1325* y *Plan rector para el desarrollo urbano del DDF*, ambas publicaciones de 1975.

ALESSIO ROBLES, JOSÉ ◆ n. en Saltillo, Coah., y m. en la ciudad de México (?-1921). Estudió en el Colegio Militar e hizo la carrera de las armas en el ejército porfirista, en el que fue jefe del escuadrón de gendarmes. Luchó contra el maderismo y el constitucionalismo. Al rendirse el ejército de Victoriano Huerta huyó a Estados Unidos. Volvió a México una vez terminada la lucha. Fue asesinado en el centro de la capital por Jacinto B. Treviño.

ALESSIO ROBLES, MIGUEL ◆ n. en Saltillo, Coah., y m. en el DF (1884-1951). Abogado. Participó en la revolución en las filas constitucionalistas. Fue secretario de Justicia en el gobierno convencionista de Eulalio Gutiérrez (noviembre de 1914 a enero de 1915).

Miguel Alessio Robles

Apoyó a Obregón en 1920 contra Carranza. Fue embajador en España, secretario particular de Adolfo de la Huerta cuando ocupó la Presidencia y ministro de Industria, Comercio y Trabajo con Obregón. Se opuso a la candidatura de Calles. Colaboró en el diario *El Universal* y fue director de la revista *Todo*. Autor de varios libros: *Historia política de la revolución* (1938), *Mi generación y mi época* (1949), *A medio camino* (1949), *Contemplando el pasado* (1950) y otros.

ALESSIO ROBLES, VITO ◆ n. en Saltillo, Coah., y m. en el DF (1879-1957). Hermano del anterior. Ingeniero militar e historiador. Teniente coronel del ejército porfirista. Combatió a los yaquis y posteriormente a los maderistas. Con Madero como presidente fue inspector de policía y agregado militar en Italia. A su regreso fue detenido y encarcelado por órdenes de Huerta. Una vez en libertad se incorporó al constitucionalismo, combatió bajo las órdenes de Villa y sirvió a Carranza en EUA. Secretario de la Convención de Aguascalientes. Diputado por el DF y senador por Coahuila. Embajador en Suecia (1925-26). Tomó parte en el alzamiento contra la reelección de Obregón. Se exilió en 1929. A su regreso al país fue catedrático del Colegio Militar y de la UNAM. Colaboró en los diarios *El Universal*, *La Prensa* y *Excélsior*; dirigió *El Heraldo de México* (1920) y *El Demócrata* (1920-23). En su trabajo periodístico usó con frecuencia seudónimos (Pingüino Macho, V. Al-

bores, Tobías O. Soler, etc.). Autor de *Bibliografía de Coahuila* (1927), *Cómo se ha escrito la historia de Coahuila* (1932), *Desfile sangriento* (1936), *Los Tratados de Bucareli* (1937), *Coahuila y Texas en la época colonial* (1938), etc. Miembro de la Academia Mexicana de la Historia a la que ingresó en 1937.

ALESSIO ROBLES FERNÁNDEZ, MIGUEL ◆ n. en el DF (1929). Hijo de Miguel Alessio Robles. Licenciado en derecho con curso de posgrado sobre dirección empresarial en el Instituto Panamericano de Alta Dirección de Empresas. Ha siso presidente de la Concamin (1970-71), director general del Consorcio Minero Peña Colorada (1971-82) y director general de Sidermex (1982-86). Es comendador de la orden de Rio Branco, Brasil. Ha obtenido los premios Justo Sierra y Miguel Lanz Duret.

ALEXANDER, BRÍGIDA ◆ n. en Alemania y m. en el DF (1911-1995). Actriz. Nombre profesional de Brígida Kauffman Rosanstein. Hija de judíos, llegó a México huyendo del nazismo en 1942, ayudada por Albert Einstein. Fue mesera, traductora, defensora de presos políticos, maestra, escritora, productora, pionera de la televisión y adaptadora escénica. En 1950 hizo el primero de una serie de 68 teleteatros basados en obras clásicas. Escribió el libro de relatos *Breve episodio de la vida de una mujer gorda y otros cuentos*.

ALEXANDER, FIONA ◆ n. en Inglaterra y m. en el DF (1948-1982) Radicó en México desde 1970. Estudió arquitectura en Partmonth Politechnic y pintura en la Royal West of England Academy. Becaria del Instituto de Investigaciones Estéticas de la UNAM. Se dedicó al dibujo, el grabado y la escenografía (entre otras para las obras *Él*, *Roberta esta tarde*, *Arturo Ui*, *El tío Vania* y *Exiliados*). Expuso su obra en México, Gran Bretaña, Francia, Alemania Federal y Argentina. Perteneció al Foro de Arte Contemporáneo. En 1977 obtuvo uno de los premios de adquisición en la Bienal Gráfica de Bellas Artes.

ALEXANDER, SUSANA ◆ n. en el DF (¿1939?). Actriz. Nombre profesional de

Susana Alexander

Suzanne Kauffmann Alexander Katz. Debutó profesionalmente en 1961. Actúa en teatro y televisión. A mediados de los setenta estudió dirección de escena en Londres. Ha sido también directora de teatro y ha escrito algunos diálogos y poesía. Dirigió *La divina Sarah* y *Amor y crimen.*

ALFAJAYUCAN ◆ Municipio de Hidalgo situado en el oeste de la entidad, al oeste-noroeste de la capital del estado. Superficie: 467.7 km². Habitantes: 16,552, de los cuales 4,223 forman la población económicamente activa. Hablan alguna lengua indígena 3,032 personas (otomí 3,014). Su principal atractivo es la parroquia del siglo XVI, en la que se conservan frescos de 1569.

ALFARO, LUIS FELIPE NERI ◆ n. en la ciudad de México y m. en Atotonilco (1709-1776). Proyectó el Santuario de Jesús Nazareno de Atotonilco, Gto., y dirigió su construcción.

ALFARO, LUIS R. ◆ n. en Guadalajara, Jal. (1934). Fue actor infantil y participó en la compañía de Aurora Sanjurjo. Locutor, director y productor desde 1950 en estaciones radiodifusoras de Jalisco. Ha colaborado en periódicos tapatíos y es fundador de publicaciones culturales (*Cosmos, Opinión Cultural, Ollin*) y del *Diario Guadalajara* (1965). Autor de poesía: *Las palabras* (1968),

David Alfaro Siqueiros

Voces para una imagen de mujer (1974) y *Voces en contraste* (1975).

ALFARO CÁZARES, JOSÉ ENCARNACIÓN ◆ n. en Ciudad Obregón, Son. (1958). Licenciado en economía (1980). Miembro del PRI desde 1974. En 1976 fundó la Asociación Nacional de Valores Juveniles. Ha sido dirigente juvenil de la CNOP (1977-85), secretario general del Movimiento Nacional de la Juventud Revolucionaria (1982-) y secretario de promoción y gestoría del comité ejecutivo nacional del PRI (1988-). Fue candidato a diputado federal plurinominal por el PRI (1982) y diputado federal (1985-88).

ALFARO GONZÁLEZ COSÍO, RAMÓN ◆ n. y m. ¿en la ciudad de México? (1809-1869). Médico. Escribió un resumen histórico del Hospital de Dementes de San Hipólito.

ALFARO SÁNCHEZ, JORGE ◆ n. en el DF (1955). Ingeniero industrial (1973-77) y maestro en administración por la UNAM (1978-80), de la que fue profesor (1978-81). Desde 1979 pertenece al PRI. Ha sido jefe de Ingeniería y Procesos Industriales (1977) y gerente de Ingeniería Industrial de Servicios Industriales de Nacional de Cobre (1978); subgerente de Diagnóstico Industrial (1980) y gerente de Información Financiera de Fomento Industrial Somex (1981); subgerente de Operación y Control de Empresas Filiales (1983), secretario auxiliar y técnico del director general de Pemex (1985) y secretario de Desarrollo Económico del gobierno del estado de México (1987-).

ALFARO SÁNCHEZ, JOSÉ LUIS ◆ n. en el DF (1953). Hermano del anterior. Licenciado en administración por la UNAM (1972-75), donde fue profesor, y maestro por la Universidad América, de Washington (1980-82). Pertenece al PRI desde 1979. Ha sido promotor de comercio exterior de Banca Serfin (1972-76), supervisor de Auditoría de la SRA (1977-80), asesor en la Contaduría Mayor de Hacienda (1980-82) y director de Control Administrativo de la Secretaría de Hacienda (1983-88); y director general de Administración de

Recursos Humanos de la Secretaría del Trabajo (1989-).

ALFARO SANTACRUZ, MELCHOR DE ◆ n. en Chiapas y m. en Tabasco (1579-¿1650?). Elaboró el primer mapa conocido de Tabasco. Escribió *Relaciones histórico-geográficas de la provincia de Tabasco* y *Relación de la villa de Santa María de la Victoria.*

ALFARO SIQUEIROS, DAVID ◆ n. en Chihuahua, Chih. y m. en Cuernavaca, Mor. (1896-1974). Se dice también que nació en Rancho Tecuán, perteneciente a Santa Rosalía de Camargo. Como estudiante de San Carlos participó en la huelga de 1911 para cambiar los métodos de enseñanza. Fue miembro del estado mayor del general Manuel M. Diéguez (1917-19). Organizó el Congreso de Artistas Soldados en Guadalajara (1918). Viajó a España, donde publicó la revista *Vida Americana* (1921), en la que se publicó el texto "Tres lla-

Poliforum Cultural Siqueiros en
la ciudad de México

las razas blanca y negra y *Nuevo día de las
democracias* (1943). Un año después volvió a México y fundó el Centro Realista de Arte Moderno, en cuya sede pintó *Cuauhtémoc contra el mito*, y el Taller de Ensaye de Pintura y Materiales Plásticos, en el IPN. En el Palacio de Bellas Artes pintó tres grandes paneles: *Nueva democracia, Victoria del fascismo* y *Víctimas de la guerra*. En la ex Aduana de Santo Domingo inició *Patricios y parricidas* en tanto que publicó uno de sus textos más controvertidos: *No hay más ruta que la nuestra*. En 1947 se abrió una exposición de obras de caballete entre las cuales se hallaba su célebre autorretrato, *El Coronelazo*, y uno de sus cuadros más conocidos: *Nuestra imagen actual*. En 1948 pintó *Monumento al general Ignacio Allende*, en San Miguel Allende. Dos años después recibió el segundo premio de la Bienal de Venecia. En 1952 hizo el mural *El hombre, amo y no esclavo de la máquina*, en el IPN, y los dos años siguientes los dedicó a su obra en el Hospital de la Raza: *Por una seguridad completa y al servicio de todos los mexicanos*. En la Ciudad Universitaria del DF trabajó cuatro años en *El pueblo a*

*Siqueiros: Nuestra imagen
actual*, litografía de una
colección particular en Italia

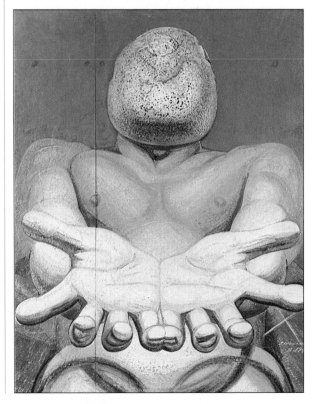

mamientos de orientación actual a los pintores y escultores de la nueva generación". En Europa conoció a Diego Rivera. En 1922, ya en México, pintó el mural *Los mitos* en la Preparatoria. Secretario general del Sindicato de Obreros Técnicos Pintores y Escultores y codirector del periódico *El Machete* (1923). En 1924 fue a Guadalajara, donde ejecutó murales y diseñó los labrados de las puertas del templo de Santo Tomás; colaboró en la creación de organizaciones sindicales y encabezó la Federación Minera y la Federación Obrera de Jalisco, a la que representó ante Confederación Sindical Unitaria de México. En 1931 el gobierno le asignó la ciudad de Taxco como cárcel y al año siguiente lo expulsó del país. En Los Angeles pintó los murales *Mitin obrero*, en la Chouinard School of Art, y *América tropical*, en el Plaza Art Center. En Santa Mónica ejecutó otro mural en un

domicilio particular (*Retrato actual de México*). Expulsado de EUA, marchó a Argentina, donde decoró un bar, para lo cual pintó hasta en el piso, echando mano por primera vez en su carrera de materiales sintéticos. Volvió a México en 1934 y encabezó la Liga Nacional contra el Fascismo y la Guerra. En 1935 trabajó y enseñó en Nueva York y al año siguiente viajó a España, donde le reconocieron su grado militar y ganó, después de tres años en la guerra civil, el grado de teniente coronel. A su regreso a México pintó en el Sindicato Mexicano de Electricistas el mural *Retrato de la Burguesía*, dirigió el primer atentado contra Trotsky y se vio obligado a ir nuevamente al exilio. En Chillán, Chile, realizó el mural *Muerte al invasor* (1941-42) y en La Habana pintó tres más: *Alegoría de la igualdad, Confraternidad de la universidad, la universidad al pueblo*, en el edificio de la Rectoría. En el Centro Médico ejecutó *Apología de la futura victoria de la ciencia médica contra el cáncer* (1958). En 1959 fue a la cárcel acusado de disolución social. Dejó inconclusos los murales de Chapultepec y de la ANDA (*El arte escénico en la vida social de México*). Permaneció hasta 1964 en la cárcel de Lecumberri, donde realizó obra de caballete. Al salir, inició su obra físicamente mayor: *La marcha de la humanidad*, en el Polyforum (1971). Militante comunista de toda la vida, al recibir en 1967 el Premio Lenin de la Paz, decidió donar su importe a Vietnam, en ese momento invadido por más de medio millón de soldados de EUA. Al año siguiente se le entregó en México el Premio Nacional de Artes y demandó la libertad de presos políticos.

ALFÉREZ, ENRIQUE ◆ n. en San Miguel del Mezquital, Zac. (1901). Escultor. Su padre Longines Alférez era *santero* (escultor de santos). Becado por el go-bierno mexicano estudió en Europa. También estudió en el Instituto de Arte de Chicago. Participó en la Revolución Mexicana en las tropas del gobierno revolucionario y con Pancho Villa (1912-23). Desde 1923 radica en Estados Unidos. En El Paso trabajó en un estudio fotográfico. En 1929 llegó a Nueva Orleáns donde hizo figuras para un templo católico. Dio clases en The Arts and Crafts School de Nueva Orleans donde un parque y una calle llevan su nombre. Su obra se encuentra en Chicago, Nueva York, San Luis, Indianápolis, Alabama y Río de Janeiro.

ALFÍN ◆ ☞ *Mejía Barón, Alberto.*

ALFONSO GARCÍA, ESTEBAN ◆ n. y m. en Chiapas (1888-1950). Cofundador de la sociedad artística Grupo Ariel. Compositor de canciones populares: *La pajarera, No debió de morir, Silencio*, etc.

ALFONSO SAMPAYO, JOSÉ LUIS ◆ n. en Juan Galindo, Pue. (1944). Miembro del PRI. En el Sindicato Mexicano de Electricistas ha sido representante pro-pietario en el Departamento Necaxa (1970-73); secretario general (1976-78) y prosecretario de Trabajo (1977-78) de la División Necaxa; secretario del Interior (1988) y miembro de la Comisión Legislativa de Estudios de Contrato Colectivo. Diputado federal por el DF (1988-91).

ALFONZO, JULIA ◆ n. en Comitán, Chis., y m. en el DF (?-1995). Actriz y directora teatral. Estudió y trabajó en la República Socialista de Yugoslavia. Realizó promoción cultural para la *sahop* y para el gobierno de Chiapas. Durante muchos años, su casa fue centro de reunión de intelectuales.

ALGARA, ALEJANDRO ◆ n. en el DF (1933). Cantante. Estudió con Alfonso Mendoza, Noé Quintero y José Pierson. Se inició profesionalmente en 1948. A partir de 1954 se convirtió en uno de los principales intérpretes de Agustín Lara, en especial de las canciones dedi-cadas a ciudades españolas (*Granada, Murcia, Valencia*, etcétera). Ha actuado

Alhóndiga de Granaditas en Guanajuato

en cine y televisión. Ha grabado en México 16 discos de larga duración y ocho en el extranjero.

Alejandro Algara

ALGARRA, MARÍA LUISA ◆ n. en Cataluña, España, y m. en el DF (1916-1957). Dramaturga. Estudió en la Universidad Autónoma de Cataluña. Llegó a México en 1939, luego de la derrota de la República española, y se naturalizó mexicana. Autora de *Judith* (estrenada en 1936), *La primavera inútil* (estrenada en 1944) y *Casandra* (estrenada en 1953). Por su obra *Los años de Prueba* obtuvo el premio Juan Ruiz de Alarcón de la Agrupación de Críticos de Teatro 1954.

ALHÓNDIGA DE GRANADITAS ◆ Almacén y centro de abasto de la ciudad de Guanajuato, acabado de construir en 1809 por órdenes del intendente José de Riaño, donde se atrincheraron las fuerzas realistas y los españoles residentes a fines de septiembre de 1810, cuando fue atacada y tomada por las fuerzas insurgentes de Miguel Hidalgo durante una encarnizada batalla y luego de que un trabajador minero apodado *El Pípila* le prendiera fuego a la puerta del edificio. Posteriormente, una vez ejecutados los principales jefes de la insurgencia, sus cabezas se colgaron de las paredes de este inmueble, hoy convertido en museo.

ÁLICA ◆ Sierra de Nayarit que es un desprendimiento de la Sierra Madre Occidental. Se le da también el nombre de Sierra de Palomas.

ÁLICA, TIGRE DE ◆ ☞ *Lozada, Manuel.*

ALÍS PUERTA, RENÉ ◆ n. en Cuba (1934). Pintor y grabador. Cuenta con más de 150 exposiciones individuales, de ellas unas 30 en México. Ha ejercido la crítica de arte en *El Universal* y otras publicaciones. Director de la Escuela de Artes Plásticas del Centro Cultural Coyoacán. Autor de *XIII xilografías* y de *La racionalización plástica del subconsciente.* Fue nombrado Huésped Distinguido de Veracruz en tres ocasiones. El gobierno de Tamaulipas le otorgó Medalla de Oro.

ALISOS ◆ Río de Sonora que se forma con corrientes que bajan de las sierras de Pinitos y del Pajarito, al sur de Nogales. Corre hacia el sur hasta Santa Ana donde tuerce su curso hacia el oeste-noroeste, se le unen los ríos de las Pedradas, el Altar y el Seco, con los cuales forma el Magdalena, que con el nombre de río de la Concepción desemboca en el golfo de California.

ALJOJUCA ◆ Municipio de Puebla situado al este de la capital de la entidad. Superficie: 130.12 km². Habitantes: 6,589, de los cuales 1,772 forman la población económicamente activa. Hablan alguna lengua indígena nueve personas mayores de cinco años. La laguna del mismo nombre, de origen volcánico, es el principal atractivo del lugar.

ALLANDE, FEDERICO ◆ n. en Huejotitlán y m. en Chihuahua, Chih. (1844-1926). Abandonó los estudios para alistarse en las fuerzas republicanas durante la intervención francesa. Fue diputado local a la XII Legislatura.

ALLANDE, ROSENDO ◆ n. en Huejotitlán y m. en Santo Tomás, Chih. (¿1840?-1894). Combatió a los franceses y al imperio como subteniente del batallón Supremos Poderes.

ALLAZ, TOMÁS GERARDO ◆ n. en Suiza (1916). Etnólogo y escritor francés. Sacerdote católico de la Orden de Predicadores. Realizó estudios universitarios en Lieja, Friburgo, Roma y París (1938-47). Vive en México desde 1963. Trabajó como antropólogo en la región del Petén y practica la antropología sociocultural en zonas marginadas.

Guionista de Radio UNAM desde los años sesenta. Ha colaborado en los diarios *Ultimas Noticias* y *La Jornada,* y en las revistas *Siempre!, Revista de la Universidad, Revista de Revistas, Proceso* y *Mira.* Fue articulista de la agencia Notimex. Autor de *El derecho de los postergados* (1968) y *La Iglesia contra la pared* (1971).

ALLEN ◆ Punta situada en el extremo norte de la bahía de la Ascensión, Quintana Roo, que se halla al norte de Chetumal.

ALLEN, JOSÉ ◆ n. en la ciudad de México (1885-?). Mecánico de oficio. Era obrero de los Establecimientos Fabriles y Militares cuando ingresó al Gran Cuerpo Central de Trabajadores y al grupo Jóvenes Socialistas Rojos en 1919. En agosto de ese año representó a éstos en el Congreso Nacional Socialista, donde se fundó el Partido Socialista de México, una de cuyas fracciones formó en noviembre el Partido Comunista Mexicano, del que Allen resultó elegido secretario general. En febrero de 1921 compartió con Manuel Díaz Ramírez y José C. Valadés la secretaría general del PCM. Escribía con el seudónimo de Alejo Lens. Fue deportado en el mismo año y a su regreso dejó la dirección comunista. En 1924 participó en un mitin de inquilinos en la capital y en 1926 el periódico *El Machete* lo presentó como "secretario de la sección mexicana de la Liga Antiimperialista de las Américas". En 1944 escribió en *La Voz de México,* órgano del PCM, y en 1949 apareció en un acto público de los comunistas. Por esos días administraba un edificio en la capital del país y ahí se pierde su huella. En 1980 el historiador inglés Barry Carr y los mexicanos Rogelio Vizcaíno y Paco Ignacio Taibo II señalaron que desde 1918 trabajaba como agente de la embajada de Estados Unidos. Era nieto de un ingeniero militar que vino a México con las fuerzas invasoras estadounidenses en 1847, se casó con una mexicana y decidió quedarse. En los años veinte Allen estaba casado con una hija del general Roberto Cruz (☞).

ALLENDE ◆ Llano situado en Guanajuato, entre San Miguel de Allende y Dolores Hidalgo.

ALLENDE ◆ Municipio de Coahuila situado al noreste de la entidad, cerca de los límites con Estados Unidos y Nuevo León. Superficie: 198.7 km². Habitantes: 19,917, de los cuales 5,979 forman la población económicamente activa. Hablan alguna lengua indígena 15 personas mayores de cinco años.

ALLENDE ◆ Municipio de Chihuahua situado al sur-sureste de la capital del estado, cerca de los límites con Durango. Superficie: 2,471.31 km². Habitantes: 9,457, de los cuales 3,055 forman la población económicamente activa. Hablan alguna lengua indígena 23 personas (tarahumara 22). En 1565 los evangelizadores franciscanos fun-

Allende, Guanajuato

daron la misión de San Bartolomé. La minería produjo un incremento de la población hasta que la inundación de los socavones obligó a la gente a cultivar el campo para sobrevivir. El nombre actual del municipio le fue conferido por la Legislatura de la entidad en 1825, su cabecera es Valle de Ignacio Allende.

ALLENDE ◆ Municipio de Guanajuato situado al este de la capital de la entidad, en los límites con Querétaro. Superficie: 1,496.3 km². Habitantes: 118,769, de los cuales 28,840 forman la población económicamente activa. Hablan alguna lengua indígena 279 personas (otomí 184). En la jurisdicción se halla la localidad de Atotonilco, donde hay una iglesia del siglo XVIII, de cuya sacristía tomó Miguel Hidalgo el estandarte con la imagen de la Guadalupana, que fue bandera de los insurgentes. La cabecera es San Miguel de Allende (antes San Miguel el Grande y en la época prehispánica Itzcuinapan), lugar donde nacieron Ignacio Allende y otros próceres independentistas. La arquitectura colonial y del siglo XIX ha convertido a San Miguel en un importante centro turístico del país y en asentamiento de extranjeros. Las principales festividades son durante la Semana Santa; la conmemoración de la independencia, 15 y 16 de septiembre; y el 29 del mismo mes, cuando se celebra a San Miguel, patrono de la cabecera.

ALLENDE ◆ Municipio de Nuevo León situado en la parte central del estado, pocos kilómetros al sureste de Monterrey. Superficie: 156.2 km². Habitan-

Ruinas de la fábrica de hilado en Allende, Chihuahua

tes: 23,053, de los cuales 6,951 forman la poblción económicamente activa. Hablan alguna lengua indígena 15 personas mayores de cinco años. En la cabecera se celebra una feria regional en marzo, la cual ofrece variados atractivos. En la misma población se halla la parroquia de San Pedro Apóstol, construida en el siglo XIX, lo mismo que la hacienda del Fraile, situada trece kilómetros al noroeste. En la jurisdicción se encuentra un molino movido por agua, al pie del cerro de Los Cavazos, en cuya cima está la ermita de la Virgen de la Luz.

ALLENDE, IGNACIO ◆ n. en San Miguel el Grande, Gto. y m. en Chihuahua, Chih. (1769-1811). Practicó el toreo y la charrería. En 1795 se incorporó al Regimiento Provincial de Dragones de la Reina. Fue destacado a la capital, a Jalapa y a Sonora. Volvió a San Miguel con el grado de capitán. Participó en la conspiración de Valladolid en 1809 y en la de Querétaro. Organizó a las primeras tropas insurgentes, que comprendían unos 400 elementos de a caballo y otros tantos de infantería. El estado mayor estaba formado por oficiales del Regimiento Provincial de Dragones de la Reina. Con esa fuerza, los insurgentes se apoderaron de las principales plazas de Guanajuato y marcharon después sobre Valladolid. En el curso de los combates se adhirió una multitud indisciplinada y prácticamente inerme. Recibió en Acámbaro el grado de capitán general. Después de las batallas de Monte de las Cruces y Aculco, la insurgencia se dividió en dos fuerzas, una al mando de Hidalgo, que marchó a Valladolid, y otra, con Allende como jefe, que tenía por misión defender Guanajuato, donde los independentistas fueron derrotados. Allende llevó entonces su tropas a Guadalajara, donde se reunió nuevamente con Hidalgo. Después de la batalla del Puente de Calderón los insurgentes marchan a Zacatecas. Ahí se le confirió a Allende el mando absoluto de los ejércitos de la independencia. Cinco días más tarde, los líderes de la insurgencia fueron detenidos en Acatita de

Ignacio Allende

Baján y luego conducidos a Monclova y Chihuahua, donde después de un breve juicio Allende fue ejecutado.

ALLENDE RODRÍGUEZ, SEBASTIÁN ◆ n. en Tequila, Jal., y m. en el DF (1893-1947). Estudiaba derecho en la Escuela de Jurisprudencia de Guadalajara cuando se incorporó a la revolución constitucionalista (1914). Fue jefe del Estado Mayor de la División de Occidente comandada por Manuel M. Diéguez. Combatió al huertismo y posteriormente a los villistas. Diputado constituyente por Jalisco (1916-17). Era coronel cuando pidió licencia en el ejército para terminar la carrera de abogado. Se tituló (1918) y de inmediato se reincoporó a filas. Nuevamente diputado a las legislaturas XXXIV y XXXV. En el curso de ésta dio muerte a su colega Manuel H. Ruiz. Gobernador de Jalisco (abril de 1932 a febrero de 1935).

ALMADA, ADOLFO ◆ n. en Álamos y m. en Basiroa, Son. (1839-1919). Se anuló su elección como diputado federal (1875) por su rivalidad con el gobernador Pesqueira, pero logró llegar al Congreso al triunfar el golpe porfirista de 1876.

ALMADA, ANTONIO ◆ n. y m. en Álamos, Son. (1786-1846). Varias veces diputado local y miembro de la comisión que dictaminó los términos de la separación de Sonora y Sinaloa, antes integrados en el estado de Occidente. Fue también alcalde de Álamos (1834).

ALMADA, BALDOMERO MELO ◆ n. en Huatabampo y m. en Hermosillo, Son. (1913-1988). Beisbolista. Fue el primer mexicano contratado por las Ligas Mayores estadounidenses, en 1933. Jugó para los *Medias rojas* de Boston, los *Senadores* de Washington, los *Cafés* de San Luis y los *Dodgers* de Brooklin. Volvió a México hacia 1940 y jugó para los *Algodoneros* de la Unión Laguna.

ALMADA, BARTOLOMÉ ◆ n. en Álamos, Son., y m. ¿en la ciudad de México? (1817-1872). Juarista. Diputado federal en 1862 y 72. Autor de unas *Memorias*.

ALMADA, CARLOS F. ◆ n. en Guasave, Sin. (1951). Licenciado en administración por la Universidad Autónoma de Sinaloa (1974). Doctorado en administración pública en la Universidad de Droix, Francia (1979). Desde 1970 es miembro del PRI. Trabajó para el ayuntamiento de Culiacán, Sinaloa, coordinador de Promoción Industrial de la SIC (1975-76), secretario técnico del Programa Nacional Indicativo en Administración Pública del Conacyt (1979-80), director adjunto del Banco Obrero y vicepresidente de Inmobiliaria Obrera (1980-81), secretario de Administración en el gobierno del estado de México (1981-86), oficial mayor de la SEMIP (1986-88), director general del Instituto Internacional de Ciencias Administrativas (1988-), director general del Registro Federal de Electores (1989-94), coordinador de Comunicación Social de la Presidencia de la República (1994-96), embajador en Portugal (1996-98) y subsecretario de Asuntos Religiosos (1999-). Fue secretario ejecutivo del Instituto Nacional de Administración Pública (1979-80). Es Premio Nacional en esa especialidad por su obra *Administración pública estatal en México* (1980).

ALMADA, FÉLIX ◆ n. en Álamos, Son., y m. en Chínipas, Chih. (1840-1889). Militar liberal. Combatió a los conservadores en la Guerra de Reforma y luchó en diversos frentes contra los invasores franceses. Diputado federal en 1875. Presidente municipal de Chínipas (1887-88).

Carlos F. Almada

ALMADA, FRANCISCO R. ◆ n. en Chínipas y m. en General Trías, Chih. (1896-1989). Fue tres veces alcalde de Chínipas entre 1918 y 1922, otras tantas legislador local (1922-24, 1928-30 y 1947-50), en dos ocasiones diputado federal (1924-26 y 1932-34) y gobernador interino de Chihuahua en 1928 y en 1930. Autor de decenas de obras, entre las cuales están su *Diccionario de historia, biografía y geografía chihuahuenses* (1928), *Diccionario de historia, biografía y geografía del estado de Colima* (1939), *La imprenta y el periodismo en Chihuahua* (1943), *Gobernantes del estado de Chihuahua* (1951), *Diccionario de historia, biografía y geografía sonorenses* (1952), *Hombres de Nuevo León y Coahuila en la defensa de Puebla y prisioneros en Francia en 1862* (1962), *La revolución en el estado de Chihuahua* (1964-65), *La revolución en el estado de Sonora* (1971), *La invasión de los filibusteros de Crabb al estado de Sonora* (1973). En 1963 ingresó en la Academia Mexicana de la Historia Correspondiente de la Española.

ALMADA, GREGORIO ◆ n. en Álamos, Son., y m. ¿en Costa Rica? (1819-¿1969?). Educador. Fundó el Liceo de Sonora (antes Seminario Anglo-Español). Tradujo la *Aritmética* de Gorir. Como prefecto de Sinaloa y en otros cargos sirvió al imperio de Maximiliano, quien lo nombró Caballero de la Orden de Guadalupe.

ALMADA, JOSÉ MARÍA ◆ n. en Álamos, Son. y m. en Mazatlán, Sin. (1791-1867). Propietario de minas. Cofundador de La Autora de Occidente, primer periódico de Sonora. Vicegobernador y gobernador interino del estado de Occidente (1828 y 1829). Reprimió a los indios mayos.

ALMADA, JOSÉ MARÍA T. ◆ n. en Álamos y m. cerca de Guaymas, Son. (1822-1866). Hijo del anterior. Prosiguió con el exterminio de indígenas. Sirvió al imperio como prefecto de Sonora y fue ejecutado cuando pretendía huir de los republicanos.

ALMADA, LUIS G. ◆ n. en Torreón, Coah., y m. en Acapulco, Gro. (1933-1971). Estudió contabilidad y publicidad. Se dedicó a la caricatura. Dirigió revistas de humor como *Sic, Mano* y *La Mosca*. Colaboró en *La Gallina, Ovaciones, Diario de la Tarde, Novedades de Acapulco* y *Mañana*. Firmaba sus trabajos como Almada o sólo ponía una A.

ALMADA, MARIO ◆ n. en la ciudad de México (1923). Ha participado como actor en más de 60 películas. Dirigió las cintas *Todo por nada, Nido de águilas, El tesoro de Atahualpa, Los jinetes de la bruja* y *Por eso*. También ha sido productor cinematográfico.

ALMADA, PEDRO J. ◆ n. en Mineral de Aldama, municipio de Álamos, Son., y m. en el DF (1883-1960). Se incorporó al constitucionalismo en 1913. General de división en 1930. Fue presidente del Supremo Tribunal Militar, inspector general de policía del DF y senador. Escribió libros autobiográficos: *Con mi cobija al hombro, Mis memorias revolucionarias* y *Noventa y nueve días de jira con el presidente Cárdenas*.

ALMADA, VICENTE ◆ n. en Magdalena, Son., y m. en el DF (1885-1940). Ingeniero militar. Apoyó el golpe de Victoriano Huerta y combatió a los constitucionalistas. Jefe de Obras Públicas del DDF (1929-30).

ALMADA GAXIOLA, JORGE RAÚL ◆ n. en el DF (1945). Contador público titulado en la Universidad La Salle (1965-69). Ha sido contador de costos de Grupo ICA (1970-72), jefe del departamento de Control Presupuestal de la Secretaría de Programación (1977-79), director de Programación y Presupuesto del Fondo para la Vivienda de los Trabajadores al Servicio del Estado (1980-82), coordinador de asesores del oficial mayor de la Secretaría de Gobernación (1983-84), secretario de finanzas del comité directivo guanajuatense del PRI (1985), partido al que pertenece desde 1960; y secretario de Planeación del gobierno de Guanajuato (1985-). Autor de *La vida y la sociedad* (1969).

ALMADA Y REYES, ANTONIO ◆ n. en España y m. en Álamos, Son. (1761-1810). En los años 80 del siglo XVIII llegó a México. Se dedicó con fortuna a la minería y fundó la dinastía Almada.

ALMADA VILLELA, JUAN ANTONIO ◆ n. en Mazatlán, Sin. (1952). Escultor. Estudió la carrera de ingeniero mecánico administrador por el ITESM (1976). Participa en exposiciones colectivas desde 1976 y ha presentado muestras individuales en Monterrey y el DF, desde 1978. Su obra más conocida es la escultura ambiental suspendible que se halla en el edificio de las Instituciones, en Monterrey. En 1981 obtuvo mención honorífica en el V Salón de la Plástica Sinaloense.

ALMAGUER ZÁRATE, MIGUEL ÁNGEL ◆ n. en San Miguel de Allende, Gto. (1956). Licenciado en administración por el Tecnológico de Celaya (1975). Es miembro del Partido Acción Nacional desde 1985; fue presidente del comité distrital de Celaya. Ha sido regidor del ayuntamiento de Celaya (1985-88) y diputado federal (1988-91).

ALMANZA, CLEOFAS ◆ n. en San Luis Potosí y m. en la ciudad de México (1850-1916). Pintor. En la Academia de San Carlos tuvo como maestro a Velasco, de quien tomó diversos elementos que incorporó a sus paisajes. Se conservan obras suyas en el Museo Nacional de Historia y en colecciones particulares.

ALMANZA, HÉCTOR RAÚL ◆ n. en San Luis Potosí, SLP (1912). Abogado y novelista. Ingresó en el servicio exterior mexicano en 1955. Ha colaborado en las revistas *Letras Potosinas* y *Siempre!* Autor de *Gotas* (1938), *Huelga blanca* (1950), *Candelaria de los Patos* (1952), *Brecha en la roca* (1955), *Pesca brava* (1960), *Detrás del espejo* (1962) y *Ya despunta la aurora* (1986).

ALMANZA, JOSÉ MARIANO ◆ n. en la ciudad de México y m. en España (?-¿1820?). Ocupó puestos menores en el gobierno colonial. De julio de 1807 a julio de 1808 dirigió el *Jornal Económico-Mercantil de Veracruz*, periódico fundado un año antes por Manuel López Bueno.

ALMANZA, MATEO ◆ m. cerca de Pachuca, Hgo. (?-1915). Revolucionario villista. Fue comandante de la capital de la República durante la estancia del gobierno convencionista. Murió en combate.

ALMARAZ, JOSÉ ◆ n. y m. en el DF (1886-1948). Participó, como presidente, en la comisión que redactó el Código Penal para el Distrito y Territorios Federales, llamado también Código Almaraz, primero que excluyó expresamente la pena de muerte.

ALMARAZ MONTAÑO, GUSTAVO ◆ n. en el DF (1947). Licenciado en derecho por la Universidad Autónoma de Guadalajara. En el PRI, partido al que pertenece desde 1970, fue director estatal de Baja California (1981) y coordinador del IEPES para Baja California, Baja California Sur, Sonora y Sinaloa (1982). Ha sido secretario de acción social de la CNOP en Tijuana (1976), secretario particular del gobernador de Baja California, Roberto de Lamadrid (1979); director fundador de la Escuela de Humanidades de la Universidad Autónoma de Baja California (1986) y senador de la República (1988-91).

ALMAZÁN, MARCO AURELIO ◆ n. en la ciudad de México (1922). Periodista. Hizo estudios inconclusos de ingeniería y filosofía en la UNAM. Fue editor de la revista South de Nueva Orleans. Ezutor de *El rediezcubrimiento de México* y autor de *El arca de José* (1944), *La vuelta al mundo con ochenta tías, Claroscuro, El cañón de largo alcance, Eva en camisón, Cien años de humedad, Café, cognac y puro, Píldoras anticonceptistas, Episodios nacionales en salsa verde* (1970), *El jibarito y la loma* (1972), *El libro de las tragedias* (1972), *La dicha que el gallo tiene* (1977), *Los gormondios de Marfesia* (1978), *Sufragio en efectivo, no devolución* (1978), *Pitos y flautas* (1980), *Los unos vistos por los otros* (1980), *Casos y cosas de antaño y hogaño* (1982), *Real y verdadera historia de los inventos* (1983), *Desfile de modas* (1983), *De aquí, de allá y de acullá* (1984) e *Y sigue la mata dando* (1989). Escribió también la obra teatral *Don Baldomero murió virgen*.

ALMAZÁN, PASCUAL ◆ n. en la ciudad de México y m. en Puebla, Pue. (1813-1886). Abogado e ingeniero. Diputado (1847), gobernador interino de Puebla (1855), oficial mayor de la Secretaría de Fomento (1858). Por colaborar con Ma-

ximiliano, al triunfo de la República fue confinado a Puebla, donde publicó *Caminos, ferrocarriles y canales*, que fue libro de texto para los estudiantes de ingeniería. Escribió también una novela, *Un hereje y un musulmán* (1870) y el poema *Estifelio* (1874).

ALMAZÁN CADENA, ANTONIO ◆ n. en Río Verde, SLP (1933). Maestro en geografía por la Normal Superior, de la que ha sido catedrático. Autor de una *Síntesis geográfica del estado de San Luis Potosí* (1971). Miembro del Ateneo Nacional de Investigaciones Geográficas y de la Academia Nacional de Cultura del Sindicato Nacional de Trabajadores de la Educación.

ALMAZÁN NIETO, CELESTINO ◆ n. en Río Verde, SLP (1928). Doctor en filosofía y letras por la Universidad de Salamanca, España (1959). Autor de un *Estudio filológico de los himnos mozárabes* (1959).

ALMAZÁN NIETO, ENRIQUE ◆ n. en Cerritos, SLP (1914). Maestro normalista. Ha colaborado en diversos periódicos. Autor de poesía: *Junto al surco* (1943) y *Hoz y martillo* (inédito); y de piezas teatrales: *Venganza campesina* y *La Valentina*.

ALMEIDA, LOURDES ◆ n. en el DF (1952). Fotógrafa. Ha expuesto colectivamente en decenas de países. Muestras individuales de su obra se han presentado en la ciudad de México, Guadalajara, Guanajuato y San Felipe Torresmochas. Ha colaborado en publicaciones periódicas, entre otras *Zoom, Le Magazine de l'image, Foto Zoom* y *México en el Arte*, donde se encargó de los retratos de la sección "La vida secreta de especies singulares". Trabajos suyos figuran en *26 fotógrafos independientes, Soma, Fotografías del movimiento magisterial, Sueños privados, vigilias públicas, Agenda mujeres en el arte 84-85* y *Agenda UAM 1981*.

ALMEIDA, LUIS ◆ n. en el DF (1946). Arquitecto por la UNAM (1970). Hizo estudios en el Centro Universitario de Estudios Cinematográficos, en la Academia de San Carlos y en La Sorbona, de París, donde cursó semiótica. Maes-

Familia Arellano Arellano, por Lourdes Almeida

tro en diseño industrial por la Universidad de Florencia, Italia. Profesor de diseño gráfico de la Universidad Anáhuac. Fue gerente general de Imprenta Madero (1984). Entre sus trabajos de diseño y comunicación gráfica están los realizados para la Societé Look, de París (1974), el Centro Mexicano de Estudios en Farmacodependencia (1975-76), la campaña del PRI por la Presidencia de República (1976 y 1982), las elecciones presidenciales en Costa Rica (1977), el Festival Cervantino (1979, 80, 81 y 86), el gobierno federal, el Festival de Lille, Francia (1986), el Centro Cultural Arte Contemporáneo (1987) y otras instituciones y empresas. Diseñó la revista *Ciencia y Desarrollo*, del Consejo Nacional de Ciencia y Tecnología (1978). Sus trabajos se han publicado en México, Gran Bretaña y Japón. Representó a México en la Expo-Marca Latinoamericana (1982). Miembro fundador de Quórum, Consejo Mexicano de Diseñadores (1985), del que fue elegido vicepresidente en 1986. Obtuvo mención honorífica con sus diseños incluidos en el libro Emblemas y logos de México (1985). Premio al Arte Editorial por su trabajo para la Exposición Italia Diseño (1986).

ALMEIDA, MANUEL TIBURCIO ◆ n. y m. en Mérida, Yuc. (1816-1845). Fue uno de los iniciadores de la litografía en

Obra de Marco A. Almazán

Yucatán. Inventó un aparato para hacer velas y otro para cortar jabón.

ALMEIDA DURÁN, LUIS RAÚL ◆ n. el DF (1934). Licenciado en economía por la UNAM (1956-60) con maestría por la Universidad de Minesota (1966-67). Académico de la CEPAL (1965-74) y profesor del IPN (1967-68). Es miembro del PRI desde 1970. Ha sido director adjunto de la Comisión Económica para América Latina (1962-75), director general adjunto de la empresa Mexinox (1985-87), director de finanzas de la Sindicatura de Aeroméxico (1988) y director general de Programación y Presupuesto Energético e Industrial de la SPP (1989-92) y luego de la Secretaría de Hacienda (1992-94).

ALMEIDA JIMÉNEZ, PEDRO ◆ n. y m. en Mérida, Yuc. (1774-1838). Diputado al Congreso Constituyente de Yucatán. Autor del poema *Un mejicano: el pecado de Adán* (1838).

ALMEIDA MERINO, ADALBERTO ◆ n. en Bachíniva, Chih. (1916). Fue consagrado sacerdote en 1943. Catedrático y padre espiritual del Seminario Conciliar de Chihuahua. En 1956 fue designado obispo de Tulancingo, en 1962 de Zacatecas y en 1969 de Chihuahua.

ALMEIDA PÉREZ, JAIME ◆ n. en Chihuahua, Chih. (1949). Hizo la licenciatura en ciencias y técnicas de la información en la Universidad Iberoamericana (1971). Estudió producción de televisión en la BBC de Londres (1971). En Televisa ha sido reportero, cronista deportivo, jefe de la sección de espectáculos de Televisa, coordinador de producciones especiales de la misma empresa y conductor del programa Estudio 54. Ha fungido como jefe de producción de televisión del PRI (1976) y fue director general de Comunicación Social de la Secretaría de Asentamientos Humanos y Obras Públicas (1977-82).

ALMEJAS ◆ Bahía de la costa oeste de Baja California Sur. Está situada entre los paralelos 24 y 25 y entre los meridianos 111 y 112. La cierran las islas Creciente y Margarita. Se comunica con la bahía Magdalena.

ALMELA CASTELL, JUAN ◆ ☞ Deniz, Gerardo.

ALMENDÁRIZ, ALONSO ◆ n. en España y m. en Irimbo, Mich. (?-1618). Fraile mercedario. Fue obispo de Cuba y Michoacán. Fundó en la ciudad de México el colegio de San Simón.

ALMENDÁRIZ, SEBASTIÁN ◆ m. en la ciudad de México (?-1696). Mariano Beristáin lo considera el redactor, entre 1686 y 1696, de las *Gacetas* que, sin periodicidad, editó la viuda de Calderón entre 1686 y 1696. El mismo bibliógrafo le atribuye la autoría de una *Relación de las operaciones y sucesos felices de la armada de Barlovento*, aparecida en 1895.

ALMENDARO, JOSÉ PABLO ◆ n. y m. en Puebla, Pue. (1880-1955). Ejerció el periodismo en su ciudad natal con el seudónimo de Mauricio Bray. Escribió sobre Las iglesias de Puebla. Es autor de dos novelas (*Nachán*, de 1926, y *Juan Willis*, de 1941; así como de una obra teatral: *Jorge Leona* (1900).

ALMEYRA, GUILLERMO M. ◆ n. en Argentina (1928). Doctor en historia por la Universidad de París. Es periodista desde 1948 y ha colaborado en *La Tarde, El Mundo, Observador Económico*, AFP, *Il Manifesto, A Siniestra, unomásuno, La Jornada, Radio Educación* y *Canal 13*. Editor de la revista de la FAO en español (1975-79). Vivió en México en los setenta y ochenta. Coordinador de Estudios Latinoamericanos de la Facultad de Ciencias Políticas de la UNAM. Fundador de las revistas *Coyoacán* y *Cuadernos del Sur* (Argentina). Ha publicado los libros *Después de Perón, guerra civil* (1975), *Polonia: obreros y sindicatos* (1982), *La década trágica* (1982) y *Guevara, il pensiero ribelle* (1993).

ALMÍNDEZ CHIRINO O CHIRINOS, PEDRO ◆ n. en España (?-?). Uno de los conquistadores de Nueva Vizcaya. A partir del 29 de diciembre de 1524 integró, con Gonzalo de Salazar, Alonso de Suazo, Rodrigo de Albornoz y Alonso de Estrada el equipo que gobernó la Nueva España en ausencia de Hernán Cortés, quien había marchado a las Hibueras. En complicidad con los dos primeros dejó fuera del gobierno a los dos restantes. Pos-

INDICE

DE LAS IGLESIAS

de la Puebla de los Angeles

Datos cronológicos y estadísticos extractados de las obras de los principales autores que tratan de la materia

POR

J. P. ALMENDARO

(MAURICIO DE BRACY AUTOR DE NACHÁN)

4420

INSTITUTO "DR. MORA"
ADQ. 4420
FECHA 30 ABR. 1987
PROC. F. Conde

Obra de José Pablo Almendaro

teriormente eliminaron a Suazo y el diunvirato adoptó una actitud despótica y trató de apoderarse de los bienes robados por Cortés a los indios, para lo cual torturaron y ahorcaron a su administrador. Enterado Cortés mandó la orden de destituirlos y aprehenderlos, documento que llegó a la capital el 28 de enero de 1526. Chirinos huyó y posteriormente, hallado en Tlaxcala, fue detenido y llevado a la ciudad de México, de donde se le envió a España en 1532.

ALMODÓVAR, LUCAS ◆ n. ¿en España? y m. en México (?-¿1550?). El primero o uno de los primeros médicos de México. Se le atribuye la autoría de una *Farmacopea prontuaria*.

ALMOINA MATEOS, JOSÉ ◆ n. en España y m. en el DF (1903-1960). Exiliado al término de la guerra civil es-

Jaime Almeida

pañola, residió en la República Dominicana y a partir de 1945 en México, donde fue asesinado por pistoleros del dictador Rafael Leónidas Trujillo. Autor de *Rumbos heterodoxos en México* (1947), *Yo fui secretario de Trujillo* (1950), *Juan de Zumárraga: regla cristiana breve* (1951), *Panorama del romanticismo en España e Hispanoamérica*, *Salvador Díaz Mirón y su poética* (1958), *El movimiento musical en España e Hispanoamérica del siglo XVIII al XIX*. Prologó una edición mexicana de la *Ilíada* (1960) y dejó inconcluso un ensayo antropológico sobre la danza.

ALMOLOYA ◆ Municipio de Hidalgo situado en el sureste de la entidad, en los límites con Puebla y Tlaxcala. Superficie: 282.7 km². Habitantes: 10,340, de los cuales 2,355 forman la población económicamente activa. Hablan alguna lengua indígena nueve personas mayores de cinco años.

ALMOLOYA DE ALQUISIRAS ◆ Municipio del estado de México situado al suroeste de Toluca, cerca de los límites con Guerrero. Superficie: 152.41 km². Habitantes: 13,667, de los cuales 2,229 forman la población económicamente activa. Hablan alguna lengua indígena 24 personas mayores de cinco años. El municipio fue erigido en 1858.

ALMOLOYA DE JUÁREZ ◆ Municipio del Estado de México que colinda por el este con Toluca. Superficie: 484.71 km². Habitantes: 96,662, de los cuales 21,831 forman la población económicamente activa. Hablan alguna lengua indígena 663 personas mayores de cinco años (mazahua 439 y otomí 85). En su territorio se construyó el Centro Federal de Readaptación Social, primer penal de alta seguridad de México.

ALMOLOYA DEL RÍO ◆ Municipio del Estado de México situado al sureste de Toluca. Superficie: 12.49 km². Habitantes: 7,729, de los cuales 1,896 forman la población económicamente activa. Hablan alguna lengua indígena 35 personas mayores de cinco años.

ALMONTE, EUSEBIO S. ◆ n. en Cutzamala y m. en Mezcala, Gro. (1871-1910). Médico opositor a la dictadura de Porfirio Díaz. Fundó el periódico *El Eco del Sur* en 1897. Acusado de participar en un levantamiento fue fusilado.

ALMONTE, JUAN NEPOMUCENO ◆ n. cerca de Valladolid, Mich. y m. en España (¿1803?-1869). Hijo de José María Morelos, llevó el apellido de su madre, Brígida Almonte. Siendo niño, fue nombrado general brigadier por el Congreso de Chilpancingo. En 1815 marchó a estudiar a EUA. Volvió a México a la caída de Iturbide y desempeñó cargos diplomáticos ante los gobiernos sudamericanos, en Londres (1824 y 1856) y en Francia, donde en 1859, a nombre del gobierno conservador, suscribió el Tratado Mon-Almonte, que Juárez no reconocería por considerarlo lesivo para México. En política interior empezó como partidario de Vicente Guerrero y después de Antonio López de Santa Anna, a quien acompañó en la campaña de Texas, y acabó conservador y monárquico. Ministro de Guerra con Bustamante (1839-41) y dos veces con Paredes Arrillaga (1846), el que también le dio la cartera de Hacienda que ocupó sólo unos días en diciembre. En 1861 decidió radicar en Europa, donde intervino para que le fuera ofrecida la corona a Maximiliano. Regresó a México en 1862 y se autonombró "jefe supremo", cargo que nadie le reconoció, ni siquiera la fuerza intervencionista francesa a la que acompañaba. Formó parte de la regencia tripartita que gobernó en tanto llegaba Maximiliano, a quien sirvió como enviado ante Napoleón III para que éste no retirara sus tropas de México. Publicó tres obras: *Noticia estadística sobre Texas*, un *Catecismo de geografía universal* y una *Guía de forasteros y repertorio de conocimientos útiles*.

ALMUDÍ, JUAN ◆ n. en España (1914). Escritor. Licenciado en derecho por la Universidad de Barcelona. Participó en la guerra civil española. Vino exiliado a México en 1954 y aquí vive desde entonces. Fue subdirector de la revista *Apunte* y redactor del departamento de prensa de la UNAM. Ha colaborado en los diarios *El Sol de México* y *El Nacional*. Autor de las novelas *Maniobras de otoño* (1974) y *Llegaron los anarquistas* (1979), y de los ensayos *Vida y muerte de la inquisición en México* (1973), *Los más grandes espías de la historia* (1973), *Un astro nos visita* (1973), *¿Vive aún Adolfo Hitler?* (1974), *La Altántida* (1976) y *Momias y momificaciones* (1976). Miembro fundador de la Asociación de Escritores de México.

ALO ◆ Sierra del suroeste de Jalisco, cerca de los límites con Colima y Michoacán.

ALONSO, ANTONIO F. ◆ n. en San Luis

Juan Nepomuceno Almonte

Capilla del siglo XVII en Almoloya de Juárez, Estado de México

Foto: DAR

Cachirulo

Enrique Alonso maduro

Enrique Alonso,
desde los tiempos de
Cachirulo hasta hoy

Ernesto Alonso

Potosí, SLP, y m. en el DF (1872-1955). Médico por la Escuela Nacional de Medicina. Se especializó en oftalmología en París y Berlín. Fue director del Instituto Científico y Literario de San Luis Potosí y en la capital se desempeñó como profesor de la Escuela de Altos Estudios, en tanto que ejercía su profesión. Practicó la primera extracción quirúrgica del cristalino transparente como medio para combatir la miopía. Colaboró en *La Prensa Médica* y otras publicaciones especializadas. Autor de *El lenguaje, la ciencia y la educación verbalista* (1926), *Importancia de la ciencia médica: el papel social del médico (sindicalismo médico)* (1928), *Los problemas de la filosofía y de la ciencia* (1934), *La doctrina de Marx, la igualdad de los hombres y la filosofía científica* (1940) y *La selección humana eugenésica* (1946).

ALONSO, BRUNO ◆ n. en España y m. en el DF (1888-?). Fue diputado y comisario general de la Marina de Guerra de la República Española. Llegó a México en 1942. Escribió *La flota republicana y la guerra civil de España (memorias de su comisario general)* (1944).

ALONSO, ENRIQUE ◆ n. en Mazatlán, Sin. (1923). Nombre artístico de Enrique Fernández Tallaeche. Era niño cuando fue traído a la capital por su familia. Contador público por la UNAM (1948). En 1948 se inició en el teatro de revista junto a Lupe Rivas Cacho y María Conesa. Poco después formó una compañía de teatro infantil que puso su obra *La princesita encantada*, donde aparecía el personaje Cachirulo, con el que cobraría celebridad en la televisión en el programa *Teatro Fantástico*, que se trasmitió semanalmente, en forma ininterrumpida, entre 1955 y 1969. Autor de *María Conesa* (1987, prólogo de Carlos Monsiváis), obra biográfica en la que resume su larga convivencia con la *Gatita Blanca*, y *Conocencias* (1999), que reúne sus colaboraciones en el suplemento *Sábado* del diario *unomásuno*.

ALONSO, ERNESTO ◆ n. en Aguascalientes, Ags. (1920). Hijo de Justo Ramírez y Rosa Alonso. Actor. Julio Bracho le sugirió adoptar el nombre con que es conocido. Se inició en el cine como extra en 1937 y en 1940 tuvo su primer papel, en la película *Historia de un gran amor*. A partir de entonces ha filmado gran número de películas, entre ellas *La gallina clueca* (1941), *La virgen que forjó una patria* (1942), *Marina* (1944), *El monje blanco* (1945), *San Felipe de Jesús* (1949), *Otra primavera* (1949), *Trotacalles* (1951), *La cobarde* (1952), *Orquídeas para mi esposa* (1953), *Una mujer de la calle* (1954), *Con quién andan nuestras hijas* (1955), *Ensayo de un crimen* (1955) y *La torre de marfil* (1957). Para la televisión ha producido unas 30 telenovelas, entre ellas *El carruaje, Aprendiendo a amar, Mundos opuestos, La Constitución, La tierra, El derecho de nacer, La tormenta, Bodas de odio, De pura sangre, Quiéreme siempre, Muchacha italiana viene a casarse, Paloma, La hiena, Corazón salvaje, Yara, El precio de la fama, Los caudillos, Herencia maldita, El maleficio* y *Senda de gloria*.

ALONSO, JOSÉ ◆ ☞ *José Alonso.*

ALONSO, VICENTE EL INDIO ◆ n. en Zacualpan y m. en Cerro Grande, Col. (¿1882?-1917). Perseguido por las autoridades porfiristas debido a su rebeldía contra el despojo de tierras indígenas, se unió a la revolución. Militó en el villismo y sirvió a la Convención. El carrancismo lo consideró como uno de sus enemigos y lo persiguió, acusándolo de bandolero. Fue muerto por la traición de una mujer llamada Ramona. Se cuenta que dejó un enorme tesoro que ha sido buscado inútilmente.

ALONSO ALCOCER, PRIMITIVO ◆ n. en Chetumal, QR. (1950). Funcionario del gobierno de Quintana Roo y secretario auxiliar del gobernador de la entidad Jesús Martínez Ros. Diputado federal del PRI (1979-82).

ALONSO ESCÁRCEGA, EDUARDO ◆ n. en Texcoco, Méx. y m. en el DF (1913-1995). Realizó estudios de ingeniería. Participó en el Seminario de Estudios Marxistas para los Trabajadores y editó la revista *México Socialista* (1932-34). Militante de las Juventudes Socialistas Unificadas de México. Promovió la huelga de las haciendas de Lombardía y

Nueva Italia, Michoacán, estado donde fue maestro rural, creó una escuela para obreros textiles y otra, en Uruapan, de enseñanza artística para purépechas. En 1934 participó en la fundación de la LEAR. Pintor, aprendió de los indios michoacanos la técnica de aplicación de la laca. En 1936 fue nombrado maestro federal de artes plásticas. Expuso su obra en la Biblioteca Nacional (1936). Cofundador de la Alianza de Trabajadores al Servicio del Estado, del IMSS (1943) y del sindicato de esta institución, donde trabajó hasta jubilarse en 1971. Dirigió el órgano sindical *Flama*. Creó y dirigió las revistas *Pulso* y *Cuentalia* (1949) y fue cofundador de *El Día* (1962), donde ocupó la gerencia general. Militó en el MLN. Colaboró en *Solidaridad* (1965). En 1971 se incorporó a la Junta Directiva Nacional de la Asociación de Jubilados y Pensionados del IMSS y fundó y dirigió su órgano, *Vieja Guardia*. Promovió en 1972 la organización del Consejo Nacional de Pueblos Indígenas, del que fue asesor general y editor del periódico *De pie y en lucha*. Cofundador (1979) del Movimiento Unificador Nacional de Jubilados y Pensionados, del que fue dirigente nacional hasta su muerte.

ALONSO ESPINOSA, HÉCTOR ◆ n. en Puebla, Pue. (1936). Ingeniero geólogo por la UNAM (1959) con cursos de posgrado en Italia y Nueva Zelanda. Miembro del PRI desde 1966. Funcionario de la Comisión Federal de Electricidad desde 1958. Gerente de Proyectos Geotermoeléctricos de la misma CFE (1982-). Pertenece a corporaciones profesionales de México y de Nueva Zelanda.

ALONSO FLORES, JESÚS ◆ n. en Aguascalientes, Ags., y m. en Puebla, Pue. (1835-1903). Militar. Combatió a los conservadores durante las guerras de Reforma. Luchó contra la intervención y el imperio. Hecho prisionero por los franceses en Puebla, en 1863, pudo fugarse y se reincorporó al combate. Al triunfo de la República trabajó en la judicatura militar.

ALONSO IZAGUIRRE, SANTIAGO ◆ n. en España y m. en el DF (1892-1978).

Ingeniero industrial. Ocupó puestos públicos en el gobierno de Euzkadi durante la guerra civil española, en la que militó en el bando republicano. Entró como exiliado a Francia y fue internado en campos de concentración. Llegó a México en 1942. Durante 30 años fue jefe de traducciones técnicas de la Editorial Hispano Americana.

ALONSO MUÑOZ, MANUEL ◆ n. en el DF (1929). Tomó un curso de periodismo y gerencia periodística en la Universidad de Columbia (1945). Fue reportero de la agencia United Press Internacional (1943), de los diarios *El Universal* y *La Prensa*, y de las revistas *Multitudes* y *Cartel* (1946). Corresponsal de *Visión* y *O'Cruzeiro* (1952). Asesor de relaciones públicas en empresas privadas. Fue secretario de prensa y propaganda del PRI en el DF (1975-76). Ha sido subdirector de Relaciones Públicas de la Presidencia de la República (1970-76), director de Información y Prensa de la Comisión Federal de Electricidad (1976-80), coordinador de Comunicación Social de la Presidencia de la República durante el gobierno de Miguel de la Madrid (1982-88), director general adjunto (1989-90) y director general de la Lotería Nacional y cónsul de México en Nueva York (1990-94). Vicepresidente de Relaciones Públicas de Televisa (1995-97). Director general del diario capitalino *unomásuno* (1998-). Tradujo al español a Curzio Malaparte. Pertenece a las asociaciones Internacional de Comunicadores y Mexicana de Profesionales en Relaciones Públicas. Hasta 1984 había recibido condecoraciones de 27 países.

ALONSO Y PATIÑO, LUIS ◆ n. y m. en Durango, Dgo. (1867-1920). Médico antiporfirista. Fue gobernador interino (1911) y constitucional de Durango (1912).

ALONSO RAYA, AGUSTÍN MIGUEL ◆ n. en Salvatierra , Gto. (1954). Se tituló en la Escuela Normal del Mexe, Hidalgo, con estudios de sociología y diplomado en análisis político por la UIA y en relaciones laborales por la UAM. Secretario general de la FECSM (1974-). En el SNTE ha sido fundador y coordinador

nacional del Movimiento Democrático Nuevo Sindicalismo (1989-1996), secretario de promociones económicas del CEN (1990-), presidente del III Congreso Extraordinario de la Sección XVII (1992), secretario de derechos laborales y organización de telesecundarias (1995-) y delegado al primer congreso de la Internacional de Educación, celebrado en Zimbabwe (1995). Cofundador (1973) y miembro del comité central del PST (1975-87); cofundador y miembro del consejo nacional y del comité ejecutivo del PMS (1987-89) y cofundador del PRD. Diputado federal en dos ocasiones (1985-88 y 1997-2000). Ha colaborado en *El Día*, *El Universal*, *El Nacional*, *AM* y otras publicaciones.

ALONSO SANDOVAL, JOSÉ LUIS ◆ n. en San Pedro de las Colonias, Coah. (1937). Maestro normalista graduado en la Escuela Normal de Coahuila (1951-55) y licenciado en derecho titulado en 1964. En el PRI fue director juvenil en el DF (1967), secretario de organización de la CNOP (1973-75), secretario de organización del CEN y presidente del comité directivo del DF. Diputado federal (1970-73), subdirector administrativo de la Comisión para la Regularización de la Tenencia de la Tierra (1981-82), delegado de la Secretaría de Educación en Tamaulipas (1983-84) y delegado del DDF en Gustavo A. Madero (1985). Fue diputado del Frente Democrático Nacional (1988-91).

ALONZO CALLES, MIGUEL ◆ n. en Mérida, Yuc. (1943). Ingeniero mecánico y eléctrico titulado en la UNAM con maestría por la Universidad de Standford. Profesor de la Universidad Militar Latinoamericana y de la UNAM (1970-83). Fue secretario técnico del consejo consultivo del IEPES del PRI (1982-83). Ha sido subgerente de Investigaciones y Operaciones de la Conasupo (1974-76), subdirector de Programación de la Secretaría de Comercio (1977-78), director general de Planeación de la SEP (1978-80), director general del Instituto Nacional para la Educación de los Adultos (1981-83), director de Consultoría y Diseño Técnico (1984) y gerente general de Leche Industrializada

Conasupo (1985-). Ha colaborado en la revista *Ciencia y Desarrollo* del Conacyt. Presidente de la Academia de Ingenieros Industriales (1978-80).

ALONZO ROMERO, MIGUEL ◆ n. en Tekax, Yuc. y m. en el DF (1887-1964). Diputado al Congreso Constituyente de 1916-17. En 1920 era de nuevo representante popular. Fue también alcalde de la ciudad de México y representante diplomático de México en China y Japón.

ALOTENGO ◆ Albufera de Oaxaca situada cerca de Pinotepa Nacional y de los límites con Guerrero. La laguna tiene 14 km. de largo y en ella descarga el arroyo Piedra.

ALPATLÁHUAC ◆ Municipio de Veracruz situado al sur de Jalapa y al oeste del puerto de Veracruz. Superficie: 75.67 km². Habitantes: 8,985, de los cuales 2,081 forman la población económicamente activa. Hablan alguna lengua indígena nueve personas mayores de cinco años.

ALPÍZAR RUZ, ARTEMIO ◆ n. y m. en Mérida, Yuc. (1883-1938). Educador. Fue tres veces jefe del Departamento de Educación de Yucatán (1920, 1923 y 1926).

ALPONTE, JUAN MARÍA ◆ ☞ *Ruiz García, Enrique.*

ALPOYECA ◆ Municipio de Guerrero situado al este de Chilpancingo y en los límites con Oaxaca. Colinda con Tlapa de Comonfort. Supericie: 155.4 km². Habitantes: 5,293, de los cuales 1,191 forman la población económicamente activa. Hablan alguna lengua indígena 441 personas mayores de cinco años (mixteco 251).

ALPUCHE, WENCESLAO ◆ n. en Tihosuco y m. en Tekax, Yuc. (1804-1841). Diputado local y federal (1836). Escribió poesía y drama.

ALPUCHE E INFANTE, JOSÉ MARÍA ◆ n. en Campeche, Camp. y m. en la ciudad de México (1780-1840). Político federalista. Una de las principales figuras de la logia yorkina. Diputado y senador por Tabasco. Los españoles lo encarcelaron en La Habana (1824-25), acusado de preparar un complot que coincidiría con la frustrada expedición de Antonio López de Santa Anna para liberar a

Cuba. Escribió en los principales periódicos liberales de su época: *La Águila Mexicana*, *El Correo de la Federación*, *La Gaceta* y *El Federalista*.

ALPUCHE PINZÓN, GRACILIANO ◆ n. y m. en Mérida, Yuc. (1920-90). Ingresó en el ejército a los 16 años. Llegó a general de división. Fue director de Artillería en la Secretaría de la Defensa Nacional, agregado militar en las embajadas mexicanas en Bolivia, Argentina, Uruguay y Paraguay; senador por Yucatán (1976-82) y gobernador de Yucatán (1982-84), cargo al que renunció.

ALQUISIRAS ASCENCIO, PEDRO ◆ ☞ *Ascencio, Pedro.*

ALTAMIRA ◆ Laguna de Tamaulipas situada en el municipio del mismo nombre. Recibe aguas del río Tamesí.

ALTAMIRA ◆ Municipio de Tamaulipas contiguo a Tampico y Ciudad Madero. Superficie: 1,361.73 km². Habitantes: 113,810, de los cuales 24,596 forman la población económicamente activa. Hablan alguna lengua indígena 1,147 personas mayores de cinco años (náhuatl 956 y huasteco 429). La cabecera, del mismo nombre, fue fundada en 1749. Atractivos: numerosas lagunas.

Altamira, Tamaulipas

ALTAMIRA, MANUEL ◆ n. en Puebla, Pue., y m. en el DF. (1948-1985). Periodista. Se desempeñó profesionalmente en Puebla, Monterrey y el DF. En Nuevo León, siendo gobernador de la entidad Alfonso Martínez Domínguez, sufrió una agresión que lo mantuvo hospitalizado durante un año (1979-80). Estuvo después en el diario capita-

Planta de Pémex en Altamira, Tamaulipas

lino *unomásuno*. Su trabajo cobró relevancia cuando destacó como cronista de *La Jornada* (1984-1985). Murió durante el sismo del 19 de septiembre de 1985.

ALTAMIRA Y CREVEA, RAFAEL ◆ n. en España y m. en el DF (1866-1952). Doctor en derecho por la Universidad de Madrid (1887). En 1909 visitó México e impartió conferencias. Fue uno de los juristas que elaboraron el proyecto para crear el Tribunal de la Haya. Juez del mismo entre 1921 y 1940. El ascenso del fascismo en España y el resto de Europa lo hizo venir a América en 1939. Vivió en EUA y a partir de 1945 en México, donde fue catedrático de la UNAM y colaboró en *Cuadernos Americanos, Hoy, Universidad*, etc. Escribió *España en América* (1908), *Las huellas de España en América* (1924), *Interpretación histórica de dos hechos esenciales en la colonización española de América* (1929), *Técnica de la investigación en la historia del derecho indiano* (1939), *Los cedularios como fuente de conocimiento del derecho indiano* (1945) y *Diccionario castellano de palabras jurídicas y técnicas tomadas de la legislación indiana* (1951). En 1947 obtuvo el Primer Premio de Historia de América del Instituto Panamericano de Geografía e Historia.

En ese año fue propuesto para el Premio Nobel de la Paz.

ALTAMIRANO ◆ Municipio de Chiapas situado al este de la capital de la entidad. Limita con Ocosingo por el norte y Comitán por el sur. Superficie: 1,120.3 km². Habitantes: 21,077, de los cuales 4,139 forman la población económicamente activa. Hablan alguna lengua indígena 10,105 personas (tzeltal 5,460 y tojolabal 4,645). En la jurisdicción municipal se hallan las zonas arqueológicas de Guadalupe Victoria y Santa Elena Poco-Unic, la cascada del río Tzaconejá y la finca Chiptic, construcción levantada por frailes dominicos en los siglos XVI y XVII. El 20 de febrero hay una gran fiesta en la cabecera con danzas, juegos pirotécnicos y otros atractivos. El 4 de noviembre es la celebración de San Carlos Borromeo, con cantos y danzas típicas.

ALTAMIRANO, ENRIQUE ◆ n. en Hidalgo del Parral, Chih. (1944). Estudió artes plásticas en San Carlos y trabajó en el taller de Ignacio Asúnsolo. Hizo cursos de fotografía (1971), fundición artística (1975), grabado y litografía en el Taller de Bransen, en París (1975). Fue director de la Escuela de Escultura y Dibujo Augusto Rodin, en Chiahuahua (1966), jefe de la Sección de Artes Plásticas de la Universidad Autónoma de Chihuahua (1968), director de educación artística del Instituto Nacional de Protección a la Infancia (1969) y maestro de escultura en el Taller de Santo Domingo, en el DF, desde 1975. Entre sus obras están los bustos del presidente Adolfo López Mateos (1962) y de los gobernadores chihuahuenses Jesús Lozoya (1962) y Óscar Flores Sánchez (1970); los monumentos a *Abraham González* de Salaices, Chih. (1965) y *A Cuauhtémoc* de Ciudad Cuauhtémoc, Chih. (1977); la *Fuente de las aves* de Lázaro Cárdenas, Mich. (1979), *Raíz humana* (1981) y *Metamorfosis efímera del Quijote* (1981), ambas en Chapultepec, DF.

ALTAMIRANO, FERNANDO ◆ n. en Querétaro y m. en Villa de Guadalupe, Hgo. (1848-1907). Estudió medicina y destacó como farmacólogo y botánico. Fue director del Instituto Médico Nacional. Regidor de los ayuntamientos de la ciudad de México y de Villa de Guadalupe, Hgo. Clasificó alrededor de 15 mil especies vegetales mexicanas. Escribió más de 250 trabajos, tradujo al español la *Historia Natural de Nueva España*, de Francisco Hernández, y asesoró la edición de la obra de José Mariano Mociño, realizada por el botánico suizo A.P. Candolle.

ALTAMIRANO, IGNACIO MANUEL ◆ n. en Tixtla, Gro. y m. en Italia (1834-1893). Discípulo de Ignacio Ramírez en el Instituto Literario de Toluca. Estudió abogacía en el Colegio de Letrán. Tomó parte en la revolución de Ayutla, en 1854, y combatió a los conservadores durante la guerra de Reforma. Al término de ésta fue diputado. Militó en las filas juaristas contra la intervención y el imperio. Estuvo entre los vencedores en importantes batallas, incluida la de Querétaro, y terminó la guerra con el grado de coronel. A la restauración de la República, con Zarco y Ramírez actuó en la oposición a la presidencia de Juárez, a quien exigía mayor apego al ideario liberal. Colaboró en las principales publicaciones de la época y fue cofundador de *El Correo de México* (1867) y *El Rena-*

cimiento (1869), *El Federalista* (1871), *La Tribuna* (1875) y *La República* (1880). En *El Renacimiento*, sin renunciar a su radicalismo, realizó una eficaz labor de conciliación en el campo de la cultura, convirtiendo en colaboradores a los grandes intelectuales del último tercio del siglo XIX mexicano. Como crítico y catedrático propugnó una apertura a la literatura universal y un especial aprecio por lo propio. Como creador, publicó poesía

Ignacio Manuel Altamirano

(*Rimas*, 1871), cuentos y novelas, entre las cuales destacan *Clemencia*, por su modernidad, *Navidad en las montañas*, la más importante obra del utopismo mexicano, y *El Zarco*. Murió mientras cumplía una misión consular en Europa.

ALTAMIRANO, JOSÉ J. ◆ n. en Taretan y m. en Ziracuaretiro, Mich. (1860-1900). Músico y compositor de canciones populares.

ALTAMIRANO, MANLIO FABIO ◆ n. en Jalapa, Ver. y m. en el DF (1892-1936). Abogado. Organizador y dirigente de núcleos obreros y campesinos en Veracruz. Activo obregonista. Fue cuatro veces diputado federal. En 1929 era gerente de *El Nacional Revolucionario*, órgano del Partido de la Revolución Mexicana. En 1934 fue elegido senador. Con apoyo del ala izquierda cardenista contendió en las elecciones para gobernador de Veracruz, en las cuales resultó triunfador. Siendo gobernador electo fue asesinado en el café Tacuba.

ALTAMIRANO, TEODORO EL *ROJO* ◆ n. en Juchitán, Oax. (1931). Su apellido materno es Robles. Ingeniero químico industrial titulado en el IPN (1953-57).

Profesor de los institutos tecnológicos del Istmo (1969-71) y de Zacatepec (1972-80). Perteneció al PRI. Fue síndico del municipio de Juchitán (1960-62 y 1969-71), secretario general del Sindicato de Trabajadores Salineros (1965-68), asesor del comité municipal priísta en Juchitán (1966-74), asesor del comité municipal de la CTM ahí mismo (1970-76), director del Instituto Tecnológico Agropecuario de Comitancillo (1981-82) y diputado a la Legislatura de Oaxaca (1984-86). Durante los últimos años setenta y los primeros ochenta, encabezó a los priístas de Juchitán que sostuvieron encuentros violentos con los militantes de la Coalición Obrera, Campesina, Estudiantil del Istmo. En 1987 se incorporó al Partido Auténtico de la Revolución Mexicana, organización por la que fue diputado federal a la LIV Legislatura (1988-91) y se incorporó al Frente Democrático Nacional. Autor de *Química general* (1970) y *Química inorgánica* (1973).

ALTAMIRANO CONDE, GUILLERMO ◆ n. en Cuicatlán, Oax. (1941). Químico. Ha ocupado puestos de dirección en el Sindicato Nacional de Trabajadores del Seguro Social desde 1961. Diputado federal del PRI por el XXII distrito del DF (1985-88).

ALTAMIRANO CUADROS, LUIS ◆ n. en el DF (1936). Ha sido secretario general de la Sección XIII de la Federación de Trabajadores del DF y del Sindicato de Trabajadores de Hoteles, Similares y Servicios Conexos en el DF de la Confederación de Trabajadores de México. Diputado federal (1985-88).

ALTAMIRANO DIMAS, GONZALO ◆ n. en Cuautitlán, Edo. de Méx. (1948). Licenciado en derecho por la UNAM (1968-72), de la cual es profesor. Pertenece al PAN, del que ha sido consejero nacional y miembro del comité ejecutivo nacional. Ha sido también diputado federal en tres ocasiones (1976-79, 1985-88 y plurinominal para el periodo 1991-94) y miembro de la Asamblea de Representantes del Distrito Federal (1988-91). Colaborador de los diarios *Excélsior* (1976-79), *El Nacional* (1990-91) y *unomásuno* (1990-).

ALTAMIRANO FLORES, AGUSTÍN ◆ n. en el DF (1946). Escultor. Estudió en La Esmeralda, donde tuvo por maestro a Francisco Zúñiga. Trabajó en el taller de Federico Canessi. Ha trabajado proyectos para un monumento a Tupac Amaru, en Perú; a Benito Juárez, en Puerto Rico, y a Emiliano Zapata, en Tabasco. Donó a la Escuela de Ingeniería y Arquitectura del Politécnico una escultura alusiva al movimiento estudiantil de 1968. Ha presentado exposiciones individuales en México y Puerto Rico. Con la escultura *Impotencia* obtuvo en 1965 el Primer Lugar en el Concurso del Instituto Nacional de Bellas Artes y en 1967 también el Primer Lugar en el Concurso de Escultura de La Esmeralda.

ALTAMIRANO HERRERA, RAFAEL ◆ n. en Querétaro y m. en el DF (1909-1959). Abogado. Era senador por Querétaro para el periodo 1958-1964 cuando fue asesinado en una oficina del Senado.

ALTAMIRANO TOLEDO, CARLOS ◆ n. en Ixtaltepec, Oax. (1946). Licenciado en economía por el IPN (1967-71) con posgrado de la Facultad de Derecho de la UNAM (1977-78). Pertenece al PRI desde 1979. Trabaja para el sector público desde 1976. Ha sido subdirector de Estadística Fiscal de la Secretaría de Hacienda (1978-79), director general de Política Económica y Social (1979-82), director de Análisis y Estudios Presupuestarios (1982), director general de Contabilidad Gubernamental (1982-85) y director general de Política Presupuestal (1985-) de la Secretaría de Programación y Presupuesto.

ALTAMIRANO Y VELASCO, FERNANDO DE ◆ n. en la ciudad de México y m. en Guatemala (?-1657). A partir del 6 de diciembre de 1616, primer conde de Santiago de Calimaya. Era descendiente de los virreyes De Velasco. Murió mientras se desempeñaba como gobernador, capitán general y presidente de la Audiencia de Guatemala.

ALTAMURA ◆ Isla de Sinaloa situada en la costa del golfo de California. La atraviesa el paralelo 25 y se halla al oeste del meridiano 108. Cierra la bahía de Santa María, también llamada de Altamura.

ALTAR ◆ Desierto de Sonora que ocupa la porción noroeste del estado. Se extiende al norte de bahía Kino y Hermosillo hasta la frontera con Arizona, Estados Unidos, donde continúa. Limita por el oeste con el río Colorado y el golfo de California y por el este con la sierra Madre Occidental. Lo atraviesan numerosas corrientes, muchas de ellas estacionales, con las cuales se forma el distrito de riego del río Altar, que permite aprovechar tierras con fines agrícolas.

ALTAR ◆ Municipio de Sonora situado en la frontera con EUA. Limita con Caborca por el oeste. Superficie: 3,944.9 km². Habitantes: 7,134, de los cuales 1,866 forman la población económicamente activa. Hablan alguna lengua indígena 28 personas (pápago 10). La cabecera fue fundada en 1755, como presidio militar, por el capitán Bernardo de Urrea, quien le llamó Santa Gertrudis del Altar. Después el nombre cambió a Nuestra Señora de Guadalupe del Altar y en 1828 a Villa Figueroa. Desde 1932 tiene su actual denominación. En la jurisdicción municipal se puede practicar la caza. El 12 de octubre es la principal fiesta municipal y el 12 de diciembre se celebra a la Virgen de Guadalupe.

Desierto de Altar en Sonora

ALTAR ◆ Río de Sonora que descarga sus aguas en el río Magdalena, poco más abajo de la población de Altar, donde se

une al río Seco. En él se halla la presa Cuauhtémoc, que sirve al distrito de riego del río Altar.

ALTATA ◆ Bahía de Sinaloa situada al suroeste de Culiacán. Está comunicada por el sureste con la bahía del Pabellón y la cierra la península de Redo.

ALTEPEXI ◆ Municipio de Puebla situado en el sureste de la entidad, contiguo a Tehuacán. Superficie: 63.78 km². Habitantes: 13,741, de los cuales 3,669 forman la población económicamente activa. Hablan alguna lengua indígena 9,138 personas mayores de cinco años (náhuatl 9,104). Indígenas monolingües: 102. El nombre significa en náhuatl "agua en la roca partida". Una cascada cercana a la cabecera y el balneario de aguas sulforosas son los principales atractivos.

ALTIERI SARUBBI, ITALO ◆ n. en Teziutlán, Pue. (1924). Contador público (1941-45) y licenciado en administración de empresas (1957-58) por la UNAM, institución de la que fue profesor e investigador (1955-68). Es miembro del PRI desde 1951. Ha sido director del Presupuesto del Departamento del Distrito Federal (1951), tesorero y secretario de Finanzas del gobierno de Puebla (1969), asesor del gobernador de Puebla (1981) y, en la Secretaría de Hacienda y Crédito Público, director de

Foto: MICHAEL CALDERWOOD

Bahía de Altata, en Sinaloa

Coordinación Fiscal (1978) y titular de la Coordinación General con Entidades Federativas (1979 y 1989-94). Autor de *La reforma administrativa de la tesorería del estado de Puebla* (1971) y *Manual de administración municipal* (1974).

ALTIPLANICIE MEXICANA ◆ Meseta que se inicia por el sur en el Eje Volcánico y ocupa todo el territorio comprendido entre la Sierra Madre Occidental y la Sierra Madre Oriental hasta la frontera con Estados Unidos. Está dividida en dos grandes porciones aproximadamente en el paralelo 24. Al sur se hallan la Altiplanicie Meridional, la Meseta de Anáhuac, la Mesa Central y la Mesa Central del Sur; al norte se encuentran la Meseta Central del Norte y la Región de los Bolsones.

ALTO LUCERO DE GUTIÉRREZ BARRIOS ◆ Municipio costero de Veracruz situado al noroeste de Jalapa. Superficie: 725.48 km². Habitantes: 27,331, de los cuales 8,449 forman la población económicamente activa. Hablan alguna lengua indígena 18 personas mayores de cinco años. En su jurisdicción se halla la planta nuclear de Laguna Verde.

ALTOLAGUIRRE, MANUEL ◆ n. y m. en España (1905-1959). Poeta. Miembro de la generación del 27. Abogado. Por su filiación republicana, al término de la guerra civil española se vio empujado al exilio. Vivió en Cuba y llegó a México en 1943 y refundó la revista *Litoral*, que hacía en España. Fundó Producciones

Ysla, firma con la que produjo *La casa de la Troya* (Carlos Orellana, 1947), *Yo quiero ser tonta* (Eduardo Ugarte, 1950), *Doña Clarines* (Ugarte, 1950) y *Cautiva del pasado* (Ugarte, 1952). También escribió el guión y produjo *El puerto de los siete vicios* (Ugarte, 1951) y *Vuelta al paraíso* (Gilberto Martínez Solares, 1959); escribió, produjo y dirigió *El cantar de los cantares* (1959) y *Golpe de suerte* (1959); y coescribió con Juan de la Cabada y produjo *Subida al cielo* (Luis Buñuel, 1951), por cuyo guión ganó el Premio de la Crítica del Festival de Cannes. Por su labor cinematográfica también obtuvo en 1952 el Águila de Plata. Colaboró en *Contemporáneos*, *El Hijo Pródigo* y la *Revista Mexicana de Cultura*. Autor de la obra de teatro *Las maravillas* (1954), del ensayo *Navidad, villancicos, pastorelas, posadas, piñatas* (1945), y de los poemarios *Más poemas de las islas invitadas* (1944), *Nuevos poemas de las islas invitadas* (1946), *Fin de un amor* (1949) y *Poemas de América* (1955), entre otras obras.

ALTOLAGUIRRE MÉNDEZ, PALOMA ◆ n. en Inglaterra. (1935). Hija del anterior y de la poeta Concha Méndez. Pintora y grabadora nacionalizada mexicana. Estudió artes plásticas en México, país al que llegó en 1943. Desde 1977 expone individualmente en ciudades de México, Estados Unidos, España y Japón. Participó en las bienales de 1977, 1979 y 1981 del Instituto Nacional de

Bellas Artes, en el XI Festival Mundial de la Juventud y los Estudiantes de La Habana, Cuba (1978), en la Trienal Latinoamericana de Buenos Aires, Argentina, y en decenas de muestras colectivas en varios países. Trabaja el grabado en metal y en acrílico.

ALTOS, LOS ◆ Población situada en la frontera con Estados Unidos. Pertenece al municipio de Reynosa, Tamaulipas.

ALTOS, LOS ◆ Región del noreste de Jalisco con elevaciones hasta de aproximadamente 2,000 metros sobre el nivel del mar.

ALTOS DE TOPIA ◆ Sierra de Durango situada al sur de la sierra de la Canela, en el macizo de la sierra Madre Occidental.

ALTOTONGA ◆ Municipio de Veracruz situado al noroeste de Jalapa y al sur de Martínez de la Torre, cerca de los límites con Puebla. Superficie: 375.08 km². Habitantes: 48,827, de los cuales 13,056 forman la población económicamente activa. Hablan alguna lengua indígena 725 personas mayores de cinco años (náhuatl 701).

ALTZAYANCA ◆ ☞ *Atlzayanca*, municipio de Tlaxcala.

ALVA, MANUEL M. ◆ n. en Jalapa y m. en Veracruz, Ver. (1833-1878). Abogado liberal. Combatió a los conservadores en la guerra de los Tres Años y después a los franceses y al imperio. Escribió la novela *La trinitaria* (1851).

ALVA CALDERÓN, JUAN CARLOS ◆ n. en Pachuca, Hgo. (1948). Abogado. Ha sido secretario general de la Liga de Comunidades Agrarias de Hidalgo, auxiliar del gobernador Jorge Rojo Lugo, director de la Comisión Agraria Mixta de Hidalgo y diputado federal del PRI por el mismo estado (1985-88).

ALVA DE LA CANAL, RAMÓN ◆ n. y m. en el DF (1898-1985). Pintor y grabador. Estudió en San Carlos. Animador de las escuelas de Pintura al Aire Libre de Santa Anita y Coyoacán. Profesor de San Carlos desde 1920. Miembro del Sindicato de Obreros Técnicos Pintores y Escultores (1923-). Participó en el movimiento estridentista y colaboró en *Horizonte* (1925-28). En 1928, en la ciudad de México, con Fermín Revueltas, Fernández Ledesma y Fernando Leal forma el grupo 30-30. Participó en las misiones culturales de la SEP (1929-). Cofundador del teatro Guiñol y director de los grupos del Teatro Infantil. Expuso por primera vez en 1952 (librería Juárez del DF). Bellas Artes lo envió en 1953 a Jalapa a fundar una escuela de arte, de la que fue director hasta 1977. En su obra mural están *La conquista*, en la preparatoria (1922), uno en Coyuca de Catalán, Guerrero, y otros en Villahermosa, Tabasco; los 26 paneles del Monumento a Morelos, en Janitzio (iniciados en 1934), los cuatro paneles que de la antigua sede de la Secretaría de Marina, en Lomas de Sotelo (1946), dos en la desaparecida biblioteca Cervantes de la capital y los de la Facultad de Derecho de la Universidad Veracruzana (terminados en 1977), entre otros. Ingresó en la Academia de Artes en febrero de 1985, poco antes de morir.

ALVA Y FRANCO, JOSÉ GUADALUPE DE JESÚS ◆ ¿n. en la ciudad de México y m. en Zacatecas? (1841-1910). Fraile franciscano. A principios de 1899 fue consagrado obispo de Yucatán y en diciembre del mismo año fue trasladado a la Diócesis de Zacatecas, de la que tomó posesión en marzo de 1900.

ALVA GUADARRAMA, RAMÓN ◆ n. en Veracruz, Ver. (1892-?). Pintor. Enseñó a los artistas de la escuela mexicana la técnica del fresco, en la que auxilió al pintor Luis Monroy, en 1911, para la ejecución de *Las cuatro mujeres fuertes de la Escritura*, en las pechinas de la iglesia de Tenancingo. Ejecutó la decoración de varias pulquerías. Miembro fundador del Sindicato de Obreros Técnicos Pintores y Escultores de México (1923). Ayudante de Diego Rivera en Chapingo (1925). Realizó murales en la escuela Pro-Hogar, en la colonia capitalina del mismo nombre, en la Escuela Melchor Ocampo de Coyoacán y en la entrada sureste del mercado Abelardo L. Rodríguez de la ciudad de México.

ALVA IXTLILXÓCHITL, FERNANDO DE ◆ n. ¿en Teotihuacan? y m. en la ciudad de México (¿1572?-1650). Descendiente directo de los monarcas acolhuas y mexicas. Gobernador de Texcoco en 1612 y de Tlalmanalco en 1613. Sirvió como intérprete en el Juzgado de Indios de la capital. Recopiló y tradujo al español un número desconocido de relaciones y otros textos de las antiguas culturas mesoamericanas. Escribió *Relaciones históricas de la nación tulteca* o *Relación de todas las cosas que han sucedido en Nueva España, y de muchas cosas que los tultecas alcanzaron*. Se le atribuye una *Historia general de la nación chichimeca*.

ALVA IXTLILXÓCHITL, JOSÉ BARTOLOMÉ DE ◆ n. en San Juan Teotihuacan y m. en Chapa de Mota (1607-1670). Hijo del anterior. Sacerdote. Tradujo al náhuatl piezas breves de Lope de Vega y *El gran teatro del mundo*, de Pedro Calderón de la Barca. Autor de *Confessionario mayor y menor en lengua mexicana y pláticas contra las supersticiones de idolatría, que el día de hoy han quedado a los naturales desta Nueva España e instrucción de los santos sacramentos* (edición en español y náhuatl, 1634).

ALVA VALLADARES, GABRIEL ◆ n. en Guadalajara, Jal. (1925). Contador público por la UNAM. Miembro del PRI. Fue subdirector de Caminos y Puentes Federales de Ingresos, director general de Auditoría de la Secretaría de Industria y Comercio, coordinador de delegaciones administrativas de la Secretaría de Comercio, coordinador de la Oficialía Mayor de la Secretaría de Agricultura y director general de administración de la Secretaría de Gobernación (1982-).

ALVA VALLES, JOSÉ MARÍA ◆ n. en Chihuahua, Chih. (1921). Ingeniero y licenciado en administración militar. Ha impartido cátedra en centros de educación castrense y ocupado diversos cargos en la Secretaría de la Defensa. Comandante del regimiento de ingenieros de servicios y director general de Ingenieros (1982-). General de división ingeniero constructor, diplomado del Estado Mayor. Ha recibido seis condecoraciones del Ejército Mexicano.

ALVARADO ◆ Municipio de Veracruz situado al sureste de Jalapa y al sursureste del puerto de Veracruz. Superficie del municipio: 840.63 km². Habitantes: 48,409, de los cuales 14,832 forman la población económicamente activa. Hablan alguna lengua indígena 211 personas mayores de cinco años (chinanteco 106 y zapoteco 40). Atractivos: además de la desembocadura del río Papaloapan, cuenta con una laguna de 32 km de largo por unos cuatro de ancho. En 1847 fue rechazado un desembarco de infantes de marina de EUA. La fiesta de Carnaval es especialmente animada y empieza el miércoles de ceniza. A los alvaradeños se atribuye una gran soltura de lenguaje.

Portada de las *Obras históricas* de Fernando de Alva Ixtlilxóchitl editadas por la UNAM

Foto: Michael Calderwood

Hermosa vista de Alvarado, Veracruz

ALVARADO, ALBERTO M. ◆ n. y m. en Durango, Dgo. (1864-1939). Dirigió la orquesta de la ópera de Ángela Peralta. Se le atribuyen más de mil composiciones, entre ellas la ópera *Mañana*, bien recibida en Nueva York; el poema sinfónico *El Príncipe de Asturias*, ejecutado en Madrid y París; oberturas, fantasías, polkas, poemas, valses, marchas, etcétera.

ALVARADO, FRANCISCO ◆ n. en la ciudad de México y m. en Teposcolula, Oax. (1569-1603). Autor de un *Vocabulario en lengua misteca* (México, 1593), que es el más antiguo de los que se conocen.

ALVARADO, IGNACIO ◆ n. en la ciudad de México y m. en Veracruz, Ver.? (1829-1904). Médico. Juarista, suspendió su cátedra durante la época del imperio, para reiniciarla al triunfo de la República. Impulsó la concepción positivista de la educación. Coautor de un estudio sobre la lepra (con Rafael Lucio), investigó también sobre la circulación. Fruto de un largo trabajo de campo es su obra *La fiebre amarilla en Veracruz*.

Portada de *La fiebre amarilla en Veracruz*, de Ignacio Alvarado

ALVARADO, JOSÉ ◆ n. en Lampazos, NL, y m. en el DF (1911-1974). Periodista. Su apellido materno era Santos. Abogado titulado en la UNAM. Se inició en el periodismo en 1926, en la *Revista Estudiantil*, cuando era estudiante en Monterrey. Participó en la gesta por la autonomía universitaria y en la campaña vasconcelista (1929). Profesor de la Escuela Nacional Preparatoria (1936-

60). Miembro fundador del Partido Popular (1948), perteneció a su primer comité nacional. Fue rector de la Universidad Autónoma de Nuevo León (1962-63). Colaboró en las revistas *Barandal* (1931-32), *Taller* (1938-41), *Cuadernos del Valle de México, Romance, Claridad, Partido, Letras de México, La Voz, Cuadernos Americanos* y *Tierra Nueva*, así como en los periódicos *El Popular*, donde publicó su columna "Calaveras"; *El Nacional*, con la sección "Un día con otro"; y *Combate* (1946). Al final de su vida escribía en *Siempre!* y *Excélsior*. Autor de los libros de relatos *Memorias en un espejo* (1953) y *El Personaje* (1955). Luego de su muerte aparecieron las recopilaciones *Tiempo guardado* (1976), *Escritos* (1976), *El retrato muerto: cuentos* (1977), *Luces de la ciudad* (1978) y *Visiones mexicanas y otros escritos* (1985). En 1969 obtuvo el Premio de Periodismo del Club Libanés de México.

ALVARADO, LORENZO ◆ n. en Tlaxcala, Tlax. (1906). Escultor. Estudió en San Carlos con Fidias Elizondo y Luis Ortiz Monasterio. Profesor de la Escuela Nacional de Artes Plásticas y de la Universidad Femenina. Evolucionó del academicismo al abstraccionismo. Entre sus obras están la *Virgen de los Ángeles* en la iglesia del mismo nombre, en el DF; *La Piedad*, en Guatemala; *Xicoténcatl*, en Tlaxcala; y un *Cristo*, en El Paso, Texas.

ALVARADO, PEDRO DE ◆ n. en España y m. cerca de Nochistlán, en los límites entre Zacatecas y Jalisco (1485-1541). Su primer viaje a México lo hizo con Juan de Grijalba, en 1518. Regresó con las fuerzas de Cortés, entre las cuales se distinguió por su crueldad, especialmente durante las matanzas de Cholula y del Templo Mayor de Tenochtitlan. Cubrió la retirada de Cortés durante la *Noche Triste*. Encabezó la conquista de Guatemala, tras ello volvió a México, de paso hacia España, donde pidió y le fue concedido el gobierno del territorio conquistado. Murió mientras reprimía en Jalisco la rebelión de caxcanes y tecos.

ALVARADO, SALVADOR ◆ n. en Culiacán y m. en el rancho El Hormiguero, en Chiapas (1880-1924). Re-

volucionario. Antirreeleccionista desde 1909. Perseguido, huyó a EUA, de donde regresó para incorporarse a la rebelión maderista. Combatió el orozquismo y, después del golpe de Victoriano Huerta, operó en Sonora a las órdenes de Álvaro Obregón. A fines de 1914 era comandante militar de la [ciudad] de México. Recuperó Puebla y en febrero de 1915 fue nombrado gobernador de Yucatán. En ese cargo liberó a los campesinos mayas de la servidumbre y prohibió los azotes, la tutela, la retención de los hijos y el confinamiento; normó el trabajo doméstico y patrocinó la realización de un Congreso Feminista. Creó 300 bibliotecas y más de un millar de escuelas; abrió en Mérida la Casa del Obrero Mundial, expidió una Ley del Trabajo, creó juntas de conciliación y un tribunal de arbitraje; cerró cantinas, prostíbulos e iglesias. Entregó el poder el primero de enero de 1918. En 1919, en la capital del país, fundó el diario *El Heraldo de México*. Participó en la rebelión de Agua Prieta y fue secretario de Hacienda (1920). En 1923 se unió al levantamiento delahuertista y derrotado salió del país. A su regreso fue asesinado. Publicó *Mi actuación revolucionaria en Yucatán* (1918) y *La reconstrucción de México: un mensaje a los pueblos de América* (1919). Dejó una *Carta al pueblo de Yucatán* y *Mi sueño*, que salieron al público hasta 1955.

ALVARADO ALVARADO, SILVERIO RICARDO ◆ n. en Ozuluama, Ver., y m. en Ciudad Nezahualcóyotl, Edo. de Méx. (1917-1998). Maestro normalista (1930). Miembro del PNR-PRM-PRI desde 1937, partido en el que fue miembro del comité ejecutivo nacional (1978-80). Fue secretario general del Sindicato de Estibadores, Cargadores y Similares, de Cobos, Tuxpan, Veracruz (1940-44); secretario general de la Federación de Trabajadores Obreros y Campesinos de la Región del Norte de Veracruz (1940-46); secretario general de la Confederación Única de Trabajadores de Veracruz (1947-52) y diputado local (1950-53 y 1962-65). A partir de 1952 ocupó diversos cargos en la CROC hasta llegar al car-

Retrato y firma de Pedro de Alvarado

go de máximo dirigente presidente del CEN (1970-71 y 1974-75) y presidente de la comisión política nacional (1975-80). Presidente del Congreso del Trabajo (1975). Presidente del Comité Nacional Mixto de Protección al Salario (1975). Secretario de acción política de la CROM (1983-86). Diputado federal por Veracruz (1967-70, 1973-76 y 1982-85). Senador por Veracruz (1976-82). Fue secuestrado y asesinado.

ALVARADO ARÁMBURU, ALBERTO ANDRÉS ◆ n. en La Paz, BCS y m. en el DF (1923-1996). Estudió los dos primeros años de la carrera de medicina en la UNAM. Diputado federal (1964-67), delegado del DDF en Tláhuac y Alvaro Obregón, senador de la República (1976-81) y gobernador de Baja California Sur (1980-86). Fue asesinado durante un asalto.

ALVARADO CARRILLO, MARÍA ELISA ◆ n. en Nazas, Dgo. (1925). Contadora privada. Miembro del PRI desde 1948. Dirigente de colonos desde 1980. Diputada federal del PRI por el estado de México (1982-85).

ALVARADO HERNÁNDEZ, RODOLFO ◆ n. en Teziutlán, Pue. (1933). Militar de carrera. Sirvió en el Estado Mayor Presidencial de José López Portillo. Fue director de Servicios Urbanos y asesor del jefe del Departamento del Distrito Federal, Carlos Hank González. Diputado federal del PRI por el estado de Puebla (1979-82).

ALVARADO IBARES, JAVIER ◆ n. en Acapulco, Gro. (1952-). Médico cirujano. Pertenece al PAN, en el cual ha ocupado los cargos de secretario general del comité municipal en Cuautla y secretario de acción electoral del Comité Directivo Estatal del PAN en Morelos. En 1988 fue candidato a diputado federal por el III Distrito Electoral Federal con cabecera en Cuautla, Mor. Fue diputado local suplente de 1988 a 1991, en 1994, candidato a diputado local por el XII Distrito Local de Cuautla, Mor. Senador de la República a las LVI y LVII legislaturas.

ALVARADO JACCO, JUAN ◆ n. en Tula, Hgo. (1931). Contador privado. Ha ocupado diversos cargos en el PRI. Diputado

local por Nezahualcóyotl en el Estado de México (1976-78). Presidente municipal de Neza (1982-84) y diputado federal (1979-82 y 1985-88).

ALVARADO LANG, CARLOS ◆ n. en La Piedad, Mich., y m. en el DF (1905-1961). Grabador. Estudió en San Carlos, de donde fue profesor y director (1942-44 y 1945-49). Su primera exposición individual fue en 1931. Cofundador de la Sociedad Mexicana de Grabadores en 1947 y al año siguiente miembro de la Sociedad para el Impulso de las Artes Plásticas. Catedrático de La Esmeralda (1950) y director (1955-61). Trabajó maderas, linóleos y aguafuertes. Escribió, para la revista *Anales* del Instituto de Investigaciones Estéticas, el estudio "El grabado a la manera negra". En 1955 obtuvo el Primer Premio en el segundo Salón Nacional de Grabado.

ALVARADO TEZOZÓMOC, FERNANDO O HERNANDO ◆ n. y m. en la ciudad de México (152?-1610). Nieto de Moctezuma II. Escribió en español la *Crónica mexicana* y en náhuatl la *Crónica Mexicayotl*, ambas obras destinadas a hacer la exaltación de los mexicas, desde su salida de Aztlán hasta 1531, la primera, y, la segunda, hasta la llegada de Cortés a Tlaxcala.

ALVARADO ZAVALA, JOSÉ ANTONIO ◆ n. en Zacapu, Mich. (1943). Poeta. Estudió en la Universidad Michoacana de San Nicolás de Hidalgo y en la UNAM. Ha publicado poemas en las revistas *Plural* y *La Palabra y el Hombre*. Autor de *Habitación sin muros* (1969), *Para la hora del té* (1973), *Ejercicio del sueño* (1982), *Algo ha quedado roto desde entonces* (1983), *Respuesta a un interrogatorio de barandilla y otros textículos* (1984).

ÁLVAREZ, ALFREDO ◆ n. en Teziutlán, Pue., y m. en la ciudad de México (1872-1929). Antirreeleccionista desde 1909. Intendente de residencias presidenciales en el gobierno de Madero. Diputado federal por Puebla (1912-13). Al producirse el golpe de Victoriano Huerta se unió al constitucionalismo. Al término de la lucha armada reorganizó la Dirección General del Timbre.

ÁLVAREZ, ALFREDO JUAN ◆ n. en Tampico, Tams. (1940). Licenciado en

letras españolas por la UAP (1977) y doctor en filosofía por la Universidad de París (1983). Fue investigador del Instituto Nacional de Investigación Educativa de la SEP (1977-78). Trabajó para el Sistema de Universidad Abierta de la UNAM, institución donde impartió un curso de posgrado sobre la filosofía política de Sartre (1982). Ha sido jefe de publicaciones de libros-guía para telesecundarias (1967); director del estudio del Instituto Nacional de la Juventud Mexicana sobre la mujer joven en México (1975); consejero de las editoriales Grijalbo y Roca y creador y director de Juan Pablos Editor, S.A. (1972). Ha colaborado en el periódico *El Día* y en suplementos culturales. Autor de poesía: *Canciones de la ciudad* (1961); novela: *La hora de Babel* (1981); y ensayo: *La apasionada mística de León Bloy* (1967), *Sade y el sadismo* (1972), *Palabra y creación* (1977), *Las literaturas totales* (1978), *La mujer joven en México* (1979) y *Prolegómenos a una filosofía del miedo* (1983).

ÁLVAREZ, BERNARDINO ◆ n. en España y m. en la ciudad de México (¿1514?-1584). Arribó como soldado a Nueva España alrededor de 1535 y fue enviado a combatir contra los indios en Zacatecas. Dedicado a la vida galante y al juego cayó en prisión. Logró fugarse y fue a Lima, donde se hizo de una inmensa fortuna. A su regreso a México tomó los hábitos y se dedicó al cuidado de enfermos. Fundó la Orden Hospitalaria de los Hipólitos. Creó de su peculio una casa para dementes, socorrió a los enfermos, abrió escuelas para niños humildes y realizó diversas obras pías, entre las cuales destaca el hospital de San Hipólito, anexo al templo del mismo nombre, en la casa que todavía existe en la avenida Hidalgo, hoy ocupada por varios establecimientos comerciales.

ÁLVAREZ, DIEGO ◆ n. en Guadalajara y m. en la ciudad de México (?-1824). Erudito que asesoró a arzobispos y virreyes. Se dice que escribió 23 volúmenes sobre muy diversas materias, aunque sólo publicó un folleto (*Práctica de la teología mística*). Se sabe de comentarios suyos sobre disciplinas religiosas, fisiología, botánica, derecho, mineralogía, filosofía, física y química.

ÁLVAREZ, DIEGO ❖ n. en Coyuca de Benítez, Gro. y m. en la hacienda La Providencia, Gro. (1812-1899). Liberal. Hijo de Juan Álvarez. Luchó contra los invasores estadounidenses en 1847. Participó en la rebelión del Plan de Ayutla. Combatió la intervención francesa y el imperio de Maximiliano. Llegó a general de división. Fue gobernador de Guerrero durante los gobiernos de Sebastián Lerdo de Tejada y de Manuel González.

ÁLVAREZ, HERMINIO ❖ n. en San Luis Potosí y m. en la ciudad de México (?-1922). Revolucionario constitucionalista. Gobernador de San Luis Potosí en 1914 y 1915.

ÁLVAREZ, IGNACIO ❖ n. cerca de Sombrerete y m. ¿en Zacatecas, Zac.? (1836-1885). Abogado y periodista. Publicó *Estudios sobre la historia general de México* (1875-76).

ÁLVAREZ, JAVIER ❖ Pintor del siglo XIX. Discípulo de Landesio en San Carlos. En varios de sus cuadros reprodujo edificios de gran valor arquitectónico.

ÁLVAREZ, JAVIER ❖ n. en el DF (1956). Músico. Estudió en el Conservatorio Nacional de Música, en la Escuela Vida y Movimiento, en la Universidad de Wisconsin (1980-82), Royal College of Music (1982-84) y The City University de Londres (1984). Ha realizado estudios de composición, clarinete y electroacústica. Autor de las obras *Amor es más laberinto*, para solistas, coro y orquesta; *Luz Caterpilar*, para piano y cinta; *Temascal*, para maracas y cinta; *Lluvia de toritos*, para flauta; y *Características*, para flauta, oboe, violoncello y piano, entre otras. Premio Lan Adomian, Premio Performing Rights Society Arthur Bliss Memorial (Londres) y menciones honoríficas en el Concurso de Música Electroacústica 3 de Bourges, Francia (1985 y 1986).

ÁLVAREZ, JOAQUÍN ❖ n. en San Juan del Río, Dgo., y m. en San Felipe, Chih. (?-1918). En 1910 se incorporó a la rebelión maderista. Fue comandante de los Dorados de Villa.

ÁLVAREZ, JOSÉ JUSTO ❖ n. y m. en la ciudad de México (1821-1897). Militar liberal. Combatió a los conservadores y luchó contra la intervención francesa. Gobernador de Tabasco (1857). Autor de *Itinerarios y derroteros de la República Mexicana* (1856).

ÁLVAREZ, JUAN ❖ n. en Atoyac, Gro. y m. en la hacienda La Providencia, Gro. (1790-1867). A los veinte años se alistó como soldado raso en las fuerzas de Morelos. Participó en importantes combates y fue herido en varias ocasiones. Después del repliegue insurgente, él y Vicente Guerrero dirigieron la guerra de guerrillas. Proclamado el Plan de Iguala, tomó por asalto Acapulco. Terminó la guerra de independencia como comandante. Combatió a Iturbide hasta su derrocamiento. Federalista, apoyó la candidatura de Guerrero y posteriormente su gobierno. En los años treinta y cuarenta luchó contra los conservadores y aumentó notablemente su poder, al extremo de que una gran extensión del Estado de México, que entonces comprendía al actual territorio de Guerrero, no reconocía más poder que el suyo. Se ofreció a combatir a los franceses en 1838, durante la guerra de los Pasteles, y luchó contra la intervención estadounidense en 1847. En 1849, al crearse el estado de Guerrero, fue nombrado gobernador interino y luego lo fue constitucional (1850). En 1854, a la victoria del Plan de Ayutla, se convirtió en presidente de la República (4 de octubre de 1855 al 15 de septiembre de 1856) y convocó al Congreso Constituyente que aprobó la Constitución de 1857. Intervino activamente en la guerra de los Tres Años en defensa de la Reforma. Al producirse la intervención francesa volvió al campo de batalla con su División del Sur. Murió poco después del triunfo de las armas republicanas sobre el imperio de Maximiliano.

ÁLVAREZ, LOURDES ❖ n. en el DF (1946). Estudió pintura y escultura en el taller de Carlos Orozco Romero (1965-72), en La Esmeralda (1969-72), en el taller de Francisco Zúñiga (1970-71), en el Art Institute de Chicago (1971), en el taller de Zadkine, en París (1973), y con José L. Ruiz (1973-76). Trabajó en talleres de Francia e Italia. Participa en exposiciones colectivas desde 1966 y ha presentado muestras individuales de su trabajo desde 1974 en México, Francia, Italia, España y Estados Unidos. Sus obras más conocidas son las esculturas que se hallan en las plazas del Politécnico en Tepepan y Culhuacán, así como la *Pirámide Roja* (1984), que estuvo frente al Museo Nacional de Antropología, en Chapultepec, DF.

Don Juan Álvarez

GABINETE DEL PRESIDENTE JUAN ÁLVAREZ (4 DE OCTUBRE AL 11 DE DICIEMBRE DE 1855)	
RELACIONES EXTERIORES	
MELCHOR OCAMPO	6 AL 30 DE OCTUBRE DE 1855
MANUEL MARÍA ARRIOJA	31 DE OCTUBRE AL 11 DE DICIEMBRE DE 1855
GOBERNACIÓN	
JOSÉ GUADALUPE MARTÍNEZ	4 AL 21 DE OCTUBRE DE 1855
FRANCISCO DE PAULA CENDEJAS	22 DE OCTUBRE AL 11 DE DICIEMBRE DE 1855
JUSTICIA: BENITO JUÁREZ	6 DE OCTUBRE AL 9 DE DICIEMBRE DE 1855
FOMENTO	
MIGUEL LERDO DE TEJADA	4 DE OCTUBRE AL 11 DE DICIEMBRE DE 1855
GUERRA Y MARINA	
MANUEL MARÍA DE SANDOVAL	4 AL 9 DE OCTUBRE DE 1855
IGNACIO COMONFORT	10 DE OCTUBRE AL 10 DE DICIEMBRE DE 1855
MANUEL MARÍA DE SANDOVAL	11 DE DICIEMBRE DE 1855
HACIENDA	
GUILLERMO PRIETO	6 DE OCTUBRE AL 6 DE DICIEMBRE DE 1855
JOSÉ MARÍA URQUIDI	7 AL 11 DE DICIEMBRE DE 1855

Luis H. Álvarez

ÁLVAREZ, LUIS H. ◆ n. en Camargo, Chih. (1919). Político. Su nombre completo es Luis Héctor Álvarez Álvarez. Licenciado en administración de empresas por la Universidad de Texas en Austin. Se dedicó a la agricultura y la ganadería y posteriormente trabajó en la industria textil hasta su jubilación en 1983. Milita en el PAN desde 1955, partido del que fue candidato a la gubernatura de Chihuahua (1956), a la Presidencia de la República (1958) y a senador (1982) y del que fue presidente nacional (1987-91). Fue presidente municipal de Chihuahua (1983-86). Encabezó en 1986 la Caravana por la Democracia, entre las ciudades de Chihuahua y Querétaro, y ayunó 40 días en protesta por lo que calificó como actividades fraudulentas del PRI y el gobierno en el proceso electoral de ese año en su entidad natal. Senador de la República (1994-), participó activamente en las negociaciones del Congreso de la Unión relacionadas con el levantamiento zapatista.

ÁLVAREZ, MANUEL ◆ n. en Teocaltiche, Jal. y m. en la ciudad de México (1798-1866). Militar realista. Se adhirió al Plan de Iguala. Partidario de Santa Anna. Combatió la intervención estadounidense. Jefe político y militar de Colima (1853-54). Se pronunció por el Plan de Ayutla y después por el de Navidad.

ÁLVAREZ, MANUEL ◆ n. en Almoloyan y m. en Colima, Col. (1800-1857). Ocupó diversos cargos en la administración pública colimense. En 1850 y 51 aparece como encargado de la Junta Política del territorio y, en 1853, primer vocal del citado organismo. Jefe político y militar en 1855. En 1857, jurada la Constitución, el Congreso local le nombra gobernador provisional y posteriormente se convierte en gobernador constitucional. En agosto del mismo año es asesinado durante un alzamiento de los conservadores. En su honor, Almoloyan se convirtió en Villa de Álvarez.

ÁLVAREZ, MANUEL F. ◆ n. y m. en la ciudad de México (1842-1926). Su nombre completo era Manuel Francisco Álvarez Valiente. Arquitecto e ingeniero civil. Estudió en la Academia de San Carlos (1857-63). Dirigió la construcción del camino a Río Frío. Formó parte de la comisión que trazó la ruta del túnel del desagüe del valle de México. Fue regidor del Ayuntamiento de México (1874-75), director de la Escuela Nacional de Artes y Oficios para Varones (1877-1905), para la que adaptó el ex convento de San Lorenzo. Autor de *Las ruinas de Mitla y la arquitectura* (1900), *El doctor Cavallari y la carrera de ingeniero civil en México* (1906), *El Palacio de Minería* (1910), *Higiene de la ciudad de México, sus alrededores, plazas, calles y la altura de sus edificios* (1910), *La enseñanza de la arquitectura en el extranjero y en México* (1914), *La plaza de la Constitución: memoria histórica y artística, y proyecto de reformas* (1916), *Las pinturas de la Academia de Bellas Artes: su mérito artístico y su valor comercial* (1917), *Algunos datos sobre la cimentación, piso de la ciudad de México y nivel del lago de Texcoco a través de los siglos* (1919), *La cultura plástica de México* (1924) y *La hidrografía del valle de México y las obras para su desagüe* (1926). Presidió la Sociedad Científica Antonio Alzate y la Asociación de Ingenieros y Arquitectos. Oficial de la Academia de Francia (1902).

ÁLVAREZ, MARÍA BOETTIGER DE ◆ ☞ *Boettiger, María Álvarez de.*

ÁLVAREZ, MELCHOR ◆ n. Argentina y m. en la ciudad de México (1769-1847). Militar realista. Fue enviado a Nueva España en 1813 para combatir la insurgencia. Fue gobernador, intendente y capitán general de Oaxaca (marzo de 1813 a agosto de 1816). Se adhirió al Plan de Iguala y el imperio le otorgó el grado de general de división. Jefe político de Querétaro en 1821 y de Yucatán el 22. Presidió el Tribunal Superior de Guerra y Marina y fue ministro de la Suprema Corte Militar.

ÁLVAREZ, RAMÓN ◆ n. y m. en Morelia, Mich. (1830-1882). Combatió en las filas liberales durante la guerra de los Tres Años. Director del *Periódico Oficial* de Michoacán. Cultivó la poesía romántica.

ÁLVAREZ, SOFÍA ◆ n. en Colombia y m. en el DF (1913-1985). Cantante y actriz. Llegó a México cuando tenía 13 años. Fue empleada del Monte de Piedad. En 1931 fue extra en la película *Santa*, al año siguiente se presentó en la estación de radio XEW y en 1933 se inició en el escenario como vicetiple del teatro Iris. Trabajó en unas 50 películas, entre otras *Ahí está el detalle, La barca de oro, México de mis recuerdos, El sombrero de tres picos, Ángeles del arrabal y Soy charro de Rancho Grande*. Hizo presentaciones personales en casi todos los países americanos y en España. Tuvo varios programas de televisión. Era llamada la reina de la opereta.

ÁLVAREZ, SOFÍA ◆ n. en el DF (1958). Actriz. Estudió historia del arte en la Universidad Iberoamericana. Trabajó en doblaje desde los cinco años de edad. Colaboró en el programa *Los cuentos de María Luisa* en el Canal 11 de televisión, también ha trabajado en Televisa, Imevisión, Radio Educación y Radio UNAM. Escribió el libro *El cuento para no bañarse* con ilustraciones de Eduardo Palomo.

ÁLVAREZ DE ABREU, DOMINGO PANTALEÓN ◆ n. en Canarias y m. en Puebla (1683-1763). Obispo de Puebla durante los últimos 20 años de su vida. Amplió el Colegio Palafoxiano.

ÁLVAREZ DE ABREU, MIGUEL ANSELMO ◆ n. en Canarias y m. en Oaxaca, Oax. (?-1773). Fue obispo de Oaxaca desde 1765. Participó en el Concilio IV Mexicano y escribió obras religiosas.

ÁLVAREZ ACOSTA, MIGUEL ◆ n. en San Luis Potosí, SLP (1907). Escritor. Profesor normalista (1925) y licenciado en derecho (1931). Fue director de la Escuela Superior de Xilitla, secretario general del Sindicato Nacional de Maestros (1929), agente del MP (1931-32), presidente del Tribunal Superior de Justicia de San Luis Potosí (1935-37), director del diario potosino *Vanguardia* (1937-38), gobernador sustituto de San Luis Potosí (1938), magistrado del Tribunal Fiscal de la Federación (1942-54), director del INBA (1954-58), embajador (1958), encargado del Organismo de Promoción Internacional de

Sofía Álvarez

Cultura de la SRE (1964-70), y subsecretario de Radiodifusión de la SCT (1972-74). Colaboró en los diarios *El Universal* (1956-71) y *El Nacional* (1959-64), así como en las revistas *Letras Potosinas* y *Espiral*. Autor de novela: *Xilitla: lugar de caracoles* (1950), *Muro blanco en roca negra* (1952) y *La frontera plural* (1979); poesía: *Romances* (1935), *El coloquio de las cumbres* (1939), *Hogar adentro* (1940), *Epístola del remoto lugareño* (1943), *Nave de rosas antiguas* (1952) y *Los pozos sagrados* (1954); cuento: *Pausa breve, cuentos y leyendas* (1950); y ensayo: *Hidalgo* (1939), *A la luz de Casals* (1958), *Amistad y cultura* (1960), *Juárez* (1964), *Rostro y viaje de los días* (1971) y *Las distancias limítrofes* (1971), entre otras obras. Con *Muro blanco en roca negra* ganó en 1951 el Premio de Novela en el concurso convocado por el diario *El Nacional*.

ÁLVAREZ ALBORES, HUMBERTO ◆ n. y m. en Chiapas (1906-1948). Compositor de canciones populares: *Ironía, Caravana de amor, Lejos de ti* y *Chiapas*, entre otras.

ÁLVAREZ ALTAMIRANO, PRISCILIANO ◆ n. en La Piedad, Mich. y m. en Querétaro, Qro. (1830-1907). Autor del libro *Selección de autores clásicos castellanos* que sirvió de texto por varias décadas.

ÁLVAREZ Y ÁLVAREZ, JOSÉ ◆ n. en Zamora, Mich., y m. en Cuernavaca, Mor. (1885-1970). General revolucionario constitucionalista. Fue diputado al Congreso Constituyente de 1917, donde participó en el ala izquierda y colaboró en la redacción de los artículos 27 y 123. Jefe del Estado Mayor Presidencial durante el gobierno de Calles. Autor de ensayos sobre la Constitución y la Revolución. Escribió también *El problema religioso de México* (1934) y *El Ejército Nacional ante la militarización de obreros y campesinos* (1938).

ÁLVAREZ Y ÁLVAREZ, RAFAEL ◆ n. en Zamora, Mich. y m. en la ciudad de México (1887-1954). Gobernador de Michoacán en 1920. Posteriormente fue diputado federal y presidió la Beneficencia Pública y el Patronato del Nacional Monte de Piedad.

ÁLVAREZ AMAYA, JESÚS ◆ n. en la ciudad de México (1926). Grabador y pintor. Discípulo de Ramón Alva de la Canal. Estudió en la Escuela de Arte para Trabajadores número 1. Asistente de Diego Rivera en el estadio de Ciudad Universitaria y en el Teatro de los Insurgentes, DF. Produce obra de caballete desde los años cuarenta, época en la que también se inició en el grabado en el Taller de Gráfica Popular. Animador y coordinador del TGP desde 1967, ha participado en innumerables exposiciones de grabado mexicano presentadas en cientos de ciudades de México y del extranjero. Obras suyas se hallan en museos de varios países. Su primera exposición individual de pintura fue en 1948. Ha ejecutado murales en Chichén Itzá (1950), Mexicali (1952), Misantla, Ver. (1957), Martínez de la Torre (1958), en el Centro Postal Mecanizado del DF (1975), en Tuxtla Gutiérrez, Chiapas (1986), en la biblioteca de la SEP en Tijuana, Baja California (1987), y en la Procuraduría General de la República (1988). Ha ilustrado libros de León Felipe (*El Siervo*, 1958), Ermilo Abreu Gómez (*Juárez: su vida contada a los niños*, 1969) y Vicente Magdaleno (*Polvo lunar*, 1973).

ÁLVAREZ DE AMBER, CONCEPCIÓN ◆ n. en Temascaltepec, Edo. de Méx., y m. en el DF (1895-1960). Estudió en la Normal de Maestros y en la Facultad de Altos Estudios de la UNAM. En su libro autobiográfico *Así pasó mi vida* (1962) describe el ambiente estudiantil de su tiempo y dejó notas sobre algunos maestros que alcanzaron celebridad.

ÁLVAREZ AMÉZQUITA, JOSÉ ◆ n. y m. en el DF (1911-1985). Médico titulado en la UNAM (1935), institución de la que fue profesor (1938-58). Fue jefe del Servicio de Cirugía del Hospital Juárez (1948), director general de Asistencia Médica de la Secretaría de Salubridad (1949-52), director general de Servicios Médicos de la Secretaría del Trabajo (1956-58) y secretario de Salubridad y Asistencia en el gobierno de Adolfo López Mateos (primero de diciembre de 1958 al 30 de noviembre de 1964). Fundador y presidente de la Asociación Me-xicana de Hospitales y presidente de la Asociación Nacional de Cirujanos.

ÁLVAREZ ARGÜELLES, ROBERTO ◆ n. en el DF (1947). Contador público por el IPN (1964-69) con cursos de posgrado en el IPN y en la UNAM. Profesor de la UNAM. Miembro del PRI desde 1979. Ha sido auditor del despacho Casas Alatriste (1966-68), gerente de Auditoría y Consultoría de Price Water House y Cía. (1968-78), subgerente de planeación financiera de Guanos y Fertilizantes (1978), auditor general del IMSS (1978-79), director de Operación y Revisión Directa (1979-80) y de Auditoría Fiscal de la Secretaría de Hacienda (1980-83), contralor general de la Secretaría de Comercio (1983-88) y comisario A, para el Distrito Federal, de la Secretaría de la Contraloría (1988). Autor de *El muestreo estadístico en auditoría* (1974) y *Las negociaciones de México con el gatt*.

Roberto Álvarez Argüelles

ÁLVAREZ ARREGUI, FEDERICO ◆ n. en España (1927). Al término de la guerra civil española se reunió con su familia en Cuba, donde terminó el bachillerato, estudió dos años de ingeniería y participó en el movimiento universitario. Llegó a México en 1947. Licenciado en letras hispánicas y doctor en filosofía por la UNAM, donde es profesor de tiempo completo. Publicó crítica literaria en el suplemento de la revista *Siempre!* de 1959 a 1965. Miembro del consejo de redacción de la *Revista Mexicana de Literatura* (1964-65). Vivió de nuevo en Cuba (1965-71) y en España (1971-82), donde colaboró en la prensa clandestina del Partido Comunista Español, del que era miembro del comité central. Dirigió la oficina madrileña del Fondo de Cultura Económica. En 1982 volvió a México y dirigió hasta principios de 1986 la revista *México en el Arte*, órgano del Instituto Nacional de Bellas Artes. Ha publicado numerosos artículos y ensayos literarios. Autor de *Romanticismo en Hispanoamérica: voces españolas de hoy* (en colaboración con Manuel Durand, 1966).

ÁLVAREZ BADILLO, RAMÓN ◆ n. en Progreso de Obregón, Hgo. (1955). Estudió en el Seminario Mayor de Tula,

Lola Álvarez Bravo

Hidalgo, y en el Instituto Tecnológico Regional de Pachuca. Secretario general del Sindicato del Patrimonio Indígena del Valle del Mezquital (1981). Director nacional juvenil de la FSTSE (1983-).

ÁLVAREZ BÉJAR, ROGELIO ALEJANDRO ◆ n. en Manzanillo, Col. (1947). Licenciado en economía (1971) y doctor en sociología por la UNAM (1986). Profesor de la Universidad Anáhuac (1971-74) y de la UNAM (1971-) y profesor invitado de la Universidad de California en Berkeley (1981-82). Ha sido presidente del Colegio de Profesores (1975-77) y secretario general de la Facultad de Economía (1986-) de la UNAM. Militó en la organización Punto Crítico. Ha colaborado en *Cuadernos Políticos, Foro Universitario, Investigación Económica* y otras publicaciones. Autor de *La crisis global del capitalismo en México: 1968-1987* (1987). En 1987 recibió la Medalla Gabino Barreda de la UNAM por haber obtenido el promedio más alto en el doctorado.

ÁLVAREZ BERNAL, MARÍA ELENA ◆ n. en Zamora, Mich. (1930). Maestra normalista. Licenciada y maestra en ciencias políticas por la UNAM. Pertenece al PAN desde 1957, partido en el que ha sido presidenta de la Sección Femenina Nacional (1964-67), consejera y miembro del Comité Regional del DF, secretaria Nacional de Capacitación (1986-92) e integrante del Comité Ejecutivo Nacional y del Consejo Nacional (1987-). Dos veces diputada federal (1979-82 y 1997-) y senadora federal. Fue dirigente de la Juventud Católica Femenina Mexicana (1945-57). Ha publicado *Alternativa democrática, Municipio y democracia, Relaciones Iglesia-Estado* y *Logros y retos del PAN.*

ÁLVAREZ BORBOA, TEÓFILO ◆ n. en Higuera de los Monzones, Sin., y m. en el DF (1891-1962). Profesor normalista titulado en la Escuela Nacional de Maestros (1910). Se incorporó a la Revolución en 1914 en el ejército de Álvaro Obregón. Fue constitucionalista y villista. En 1920 se adhirió al Plan de Agua Prieta. General brigadier desde 1934. Fue oficial mayor de la Secretaría de Gobernación, con Juan de Dios

Bojórquez como titular (1934-35), comandante de la VII Zona Militar, Sonora y Sinaloa (1951-57) y senador de la República (1958-62).

ÁLVAREZ BRAVO, LOLA ◆ n. en Lagos de Moreno, Jal. y m. en el DF (1907-1993). Fotógrafa. Fue esposa y discípula de Manuel Álvarez Bravo. Impartió cátedra sobre su especialidad. Fue jefa de fotógrafos de la Secretaría de Educación y, en los años cincuenta, directora de la Galería de Arte Contemporáneo de la ciudad de México. La obra de los muralistas fue uno de sus grandes temas de trabajo, lo mismo que la arqueología nacional y la vida popular. Su archivo contiene cerca de 7,000 negativos. El gobierno federal compró parte de su archivo de fotografías murales en 1951. El Museo de Arte Moderno de Nueva York posee algunas obras suyas, lo mismo que diversas instituciones nacionales. Su exposición *La familia del hombre* ha recorrido las principales capitales del mundo. Algunas de sus fotografías fueron reunidas en los volúmenes *Escritores y artistas de México* (1982), *Reencuentros* (1989) y *Lola Álvarez Bravo, fotografías selectas.*

ÁLVAREZ BRAVO, MANUEL ◆ n. en la ciudad de México (1902). Se inició como fotógrafo hacia 1922, y en 1925 ganó su primer premio en la Feria Regional de Oaxaca. En 1929 participó en una exposición colectiva en el Palacio de Bellas Artes. Fue amigo de Edward Weston y Tina Modotti. En 1931 el Museo de Arte Moderno de Nueva York adquirió algunas de sus obras. En 1932 se abrió su primera exposición individual en la galería Posada. El texto del catálogo lo escribió Xavier Villaurrutia. En 1935 se exponen en México y Nueva York trabajos suyos y de Cartier-Bresson. En 1938 André Breton organizó una muestra de su trabajo en París. Miembro del Sindicato de la Producción Cinematográfica desde 1943, fue su secretario del interior de 1958 a 1959. En 1959 participó en la fundación del Fondo Editorial de la Plástica Mexicana. Sus obras están en los principales libros sobre fotografía contemporánea y en las mejores colecciones, como la que posee

la Casa Eastman, de Rochester. Una valiosa colección de fotos antiguas de su propiedad la donó al Estado en 1972 con el fin de integrar el patrimonio inicial del Museo de la Fotografía. En 1975 se publicó en Nueva York un portafolio de 15 de sus fotografías y al año siguiente aparecieron 20 de sus fotos en el *Libro del año* de la Creative Camera International de Londres. En 1979 fue invitado de honor en los X Encuentros Internacionales de Fotografía de Arles, Francia. Premio Elías Sourasky (1974), Premio Nacional de Artes (1975), Premio Internacional de Fotografía Hugo Erfurth (1991) y Premio Leica Life Time Achievement (1995).

Manuel Álvarez Bravo

ÁLVAREZ-BUYLLA DE ALDANA, RAMÓN ◆ n. en España (1919). Médico fisiólogo titulado en las universidades de Rostov y Turkmenia, y doctor por la Academia de Ciencias de la URSS (1946). Llegó a México en 1947 y se naturalizó mexicano en 1951. Ha sido catedrático, investigador y jefe del laboratorio de Fisiología del Instituto Politécnico Nacional, director de Enseñanza Técnica Superior en el DF (1953), jefe de los Laboratorios de Investigación del Instituto Nacional de Neumología (1961) y profesor del Cinvestav del IPN desde 1961. Ha representado a México en congresos internacionales de su especialidad. Autor de numerosos artículos y ensayos aparecidos en publicaciones especializadas. Ha sido profesor visitante de las universidades de Oxford (1971), California (1972) y Gueen's, de Jamaica (1977). Obtuvo la beca Guggenheim en 1951 y la Rockefeller en 1952. En 1972 se le otorgó el Premio Alfonso Rivera de la Sociedad Mexicana de Nutrición y Endocrinología, y en 1978 el Premio Elías Sourasky.

ÁLVAREZ CANTÓN DE UBIARCO, PEDRO ◆ n. en Guadalajara, Jal. y m. en la ciudad de México (1745-1833). Fue conocido como Pedro Cantón. Jesuita. Doctor en teología por la Universidad de Bolonia. En 1806 regresó a Nueva España. Provincial de la Compañía de Jesús en 1816. Escribió un *Diccionario castellano y latino sacado del Zurín y de los mejores diccionarios latinos y españoles* y un *Léxico castellano-francés*.

ÁLVAREZ DEL CASTILLO Y LABASTIDA, ENRIQUE ◆ n. en Guadalajara, Jal. (1923). Licenciado (1942-47) y doctor en derecho por la UNAM (1950-51), casa de estudios donde fue profesor. Desde 1942 es miembro del PRI, al que representó en la Comisión Federal Electoral (1978). Ha sido secretario general del IMSS (1964-66), oficial mayor del Comité Organizador de la XIX Olimpiada (1966-70), director administrativo (1970-71) y gerente general de la Compañía de Luz y Fuerza del Centro (1972-73), secretario general de la UAM (1974-76), diputado federal (1976-79), ministro de la Suprema Corte de Justicia (1980-83), gobernador de Jalisco (1983-88), titular de la Procuraduría General de la República (1988-91) y director general de Banobras (1991-). Autor de *La legislación obrera* (1961), *Segundo curso de derecho del trabajo* (1963), *Los derechos sociales mexicanos* (1978) y *Reformas a la Ley Federal del Trabajo, 1979* (1979). Fue presidente de la Academia Iberoamericana de Derecho del Trabajo y de la Seguridad Social (1982-85).

ÁLVAREZ DEL CASTILLO Y LAMADRID, MANUEL ◆ n. y m. en Guadalajara, Jalisco (1860-1887). Cofundador de la sociedad La Aurora Literaria (1876) y del periódico del mismo nombre. En 1881 dirigió la publicación de *El Kaskabel*. Se tituló de abogado dos años después. Escribió en *Don Nacho, Juan Panadero, La Gaceta Jalisciense, El Clarín* y *Occidente*. Cofundador de *La República Literaria*, donde publicó la mayor parte

de su producción. En 1882 fue uno de los fundadores de La Bohemia Jalisciense. Escribió cuentos y ensayos sobre temas históricos.

ÁLVAREZ DEL CASTILLO Y ROJAS, JOSÉ ANTONIO ◆ n. en Guadalajara, Jal. (1892). Padre de Enrique Álvarez del Castillo y Labastida. Periodista. Colaboró en *Juventud* (1911) y otras publicaciones. Dirigió *El Estado de Jalisco*, periódico oficial (1923).

ÁLVAREZ DEL CASTILLO VELASCO, JESÚS ◆ n. y m. en Guadalajara, Jal. (1881-1966). Empresario. Estudió química y contabilidad en EUA. Fundó *El Informador* (1917), diario que dirigió hasta su muerte. Fue accionista en empresas editoriales, inmobiliarias, de la construcción y del ramo de empaques. Recibió las Palmas Académicas de Francia, el premio María Moors Cabot de la Universidad de Columbia, EUA, y la medalla López Cotilla del gobierno de Jalisco.

ÁLVAREZ DEL CASTILLO VELASCO, JUAN MANUEL ◆ n. en Guadalajara, Jal. (1894). Abogado por la Escuela de Jurisprudencia de Jalisco (1914). Durante la Revolución (1914-17) participó en el constitucionalismo. Fue presidente municipal de León, Gto., secretario general de Gobierno del DF, uno de los secretarios particulares del presidente sustituto Adolfo de la Huerta y cuatro veces diputado. Militó en el Partido Liberal Nacionalista. Se incorporó al servicio exterior en 1923 y fue representante de México en Berlín, Washington, Lima, Santo Domingo, Oslo, Lisboa, Buenos Aires, Bogotá y Ottawa. Coautor de *El conflicto municipal de la ciudad de México* (1919), *México y el Perú* (1934), *Apuntes de derecho internacional* (1935) y *Memorias* (1960). Miembro del Instituto de Derecho Internacional Americano y vocal directivo de la Academia Mexicana de Derecho (1962-). El gobierno de Jalisco le impuso la medalla Ignacio L. Vallarta en 1957.

ÁLVAREZ DEL CASTILLO VILLASEÑOR, MIGUEL ◆ n. y m. en Guadalajara, Jal. (1858-?). Abogado (1883). Con Manuel M. Flores fundó el periódico de sátira política *Don Nacho* (1879). Fue redac-

tor de *Un periódico* (1882), *El Clarín* (1884-85), *El Abate Benigno* (1889-90) y el *Diario de Jalisco*. Fundó *La Gaceta Municipal* (1893).

ÁLVAREZ DEL CASTILLO ZULOAGA, JORGE ◆ n. en Guadalajara, Jal. (1917). Estudió en la Universidad Autónoma de Guadalajara. Es aficionado al golf, la fotografía y la cacería. Heredó de su padre, Jesús Álvarez del Castillo Velasco, importante participación en varias empresas, incluida la que edita el diario tapatío *El Informador*, en el cual figura como director desde 1966.

ÁLVAREZ DE CASTRO, ANTONIO ◆ n. y m. en España (¿1610-1680?). Doctor en cánones por la Universidad de Sigüenza, título que revalidó en la Real y Pontificia Universidad de México. En 1662 fue nombrado presidente de la Audiencia de Guadalajara y gobernador de la Nueva Galicia. Su actitud despótica afectó los intereses de otros españoles influyentes y en 1670 fue destituido. Escribió una defensa de su caso hacia 1670 o 1671, misma que debió ser exitosa, pues a su regresó a España fué consejero de Indias.

ÁLVAREZ CONSTANTINO, JESÚS ◆ n. en Chilchota, Mich. (1914). Profesor normalista titulado en la Escuela Normal de Morelia (1932). Ha sido director del periódico *Renovación* y de la *Gaceta Municipal*, ambos de La Piedad de Cavadas. Autor de las novelas *El centauro* (1942) y *El Quijote adolescente* (1955), y de los ensayos *La educación de la comunidad* (1952), *Gramática funcional del español* (1977), *El pensamiento mítico de los aztecas* (1977) y *Monografía de Michoacán* (1981).

ÁLVAREZ ENCARNACIÓN, JOSÉ ROGELIO ◆ n. en Guadalajara (1922). Hizo estudios en la UNAM y la Escuela Nacional de Antropología e Historia. Fue campeón nacional de velocidad, salto largo y lanzamiento de bala. Militó en las Juventudes Unificadas de México y en la Confederación de Jóvenes Mexicanos (1937-39). Cofundador, en 1940, de la Agrupación Revolucionaria de Estudiantes y director de su órgano, *Arde*. Periodista, ha colaborado en *El*

Enrique Álvarez del Castillo

Popular, Revista de América, Mañana, Historia Mexicana y otras publicaciones. Fue jefe de información del semanario *Tiempo* (1943-45 y 1946-52). Encabezó la organización del Congreso de Crítica a la Revolución Mexicana (1945). Dirigió la colección *Jalisco en el Arte*. Subdirector administrativo (1963-65) y director de la paraestatal Diesel Nacional (1965-66). En la SEP fue director de Divulgación, fundó y dirigió la revista *El Maestro* y coordinó *La educación pública en México 1964-70*. Coordinador general de Difusión de los XIX Juegos Olímpicos (1967-68). Autor de folletos: *Dos renuncias, dos actitudes* (1945, con Fernando de Rosenzweig), *Este México, Cada Ciudadano un voto, Ezequiel Padilla*, etc. En 1969 adquirió la empresa editora de la *Enciclopedia de México*, obra que coordinó a partir de entonces y editó completa en 1977. Coordinador de *Imagen de la gran capital* (1985), *Todo México* (1985), *Enciclopedia de la Iglesia Católica en México* (t. I, 1982) y *Las leyendas de los 32 estados del país* (1998, 4 t.). Autor de *Summa mexicana* (1991). Medalla Ramón Corona del gobierno de Jalisco (1958). Miembro de la Academia Mexicana de la Lengua.

ÁLVAREZ ESCOTO, JORGE ALFONSO ◆ n. en Zapotlanejo, Jal. (1947). Abogado por la Universidad de Guadalajara (1972) con estudios de filosofía (1974). Trabaja para el sector judicial desde 1974. Juez primero de distrito en materia administrativa (1980-).

ÁLVAREZ ESPARZA, ANTONIO ◆ n. en Guadalajara, Jal. (1944). Licenciado en derecho por la Universidad de Guadalajara (1961-66). Profesor de la UNAM (1967 y 1977-). Miembro del PRI desde 1959. Ha sido oficial mayor (1982) y secretario de acción política y social de la CROC; secretario general del ayuntamiento de Tlaquepaque (1974-76 y 1979-82), regidor del ayuntamiento de Guadalajara (1983-85), diputado a la Legislatura de Jalisco (1983-86) y diputado federal (1988-91). Autor de *Estabilidad en el empleo* (1986), *Las relaciones jurídicas de los servidores del Estado y sus municipios* (1987).

ÁLVAREZ DE LA FUENTE, FRANCISCO JAVIER ◆ n. en Río Grande, Zac. (1951). Abogado. Presidente del Partido Demócrata Mexicano en Tamaulipas (1981-). Diputado plurinominal del PDM (1982-85).

ÁLVAREZ FUENTES, JORGE ◆ n. en el DF (1950). Licenciado en filosofía por la UNAM (1972-78). Ha sido profesor de la UNAM, la UIA, el ITAM y la Universidad de Ottawa (1990-92). En la Secretaría de Relaciones Exteriores ha sido director de Publicaciones en la Dirección General de Archivo, Biblioteca y Publicaciones (1982-87), agregado para Asuntos Culturales y Medio Ambiente en la embajada de México en Canadá (1987-92), director general del Programa de Cooperación para Centroamérica y el Caribe (1992-95), director general del Archivo Histórico Diplomático (1995-98), presidente de la Asociación del Servicio Exterior Mexicano (1997), ministro del servicio exterior y director general de la Academia Diplomática del Instituto Matías Romero (1997-). Prologó los libros *De cara al Mundo: imágenes de la diplomacia mexicana 1910-1930* y *Bandera al viento: imágenes de la diplomacia mexicana 1930-1952* y compiló el volumen *Genaro Estrada: la diplomacia en acción* (1987).

ÁLVAREZ GARCÍA, AUGUSTO H. ◆ n. en Mérida, Yuc. y m. en el DF (1914-1995). Arquitecto. Fundador del Departamento de Arquitectura y Urbanismo de la UIA. Entre sus obras se cuentan la Escuela de Comercio y Administración de la UNAM (1950), el Aeropuerto Internacional Benito Juárez (en colaboración con Enrique Carral y Manuel Martínez Páez, 1950), la Torre Latinoamericana (1950), la Universidad Iberoamericana de la Campestre Churubusco (1961), el Banco de Cédulas Hipotecarias (1961), el Centro Nacional de Investigación y Enseñanza Agrícola de Chapingo (1964), el edificio de Seguros la Provincial (1966), el CIMMYT de Texcoco (1969), los edificios de IBM (con Enrique Carral, 1971) y el BCH; edificio de la Mitra capitalina (1972-73), el Museo de Arte Contemporáneo

Carrillo Gil (1974), la Biblioteca de la UIA (1974-75); y en colaboración con Juan Sordo Madaleno y José Adolfo Wiechers el Centro Bancomer (1980), el edificio Parque Reforma (1981-83) y la sede de Transportación Marítima Mexicana de Periférico Sur (1983-84). Premiado seis veces en otros tantos concursos nacionales. Primer premio en la Bienal de Sao Paulo por el edificio de Seguros La Libertad, de Dinamarca y Liverpool, en el DF (1961). Premio Anual 1992 de la Academia Mexicana de Arquitectos. Premio Nacional de Arquitectura 1984.

ÁLVAREZ GARCÍA, MIGUEL ◆ n. en Colima, Col. (1880-?). Nieto de Manuel Álvarez, primer gobernador de Colima, y gobernador de esa entidad él mismo (1919-1923).

ÁLVAREZ GARCÍA, VICTORIANO VALENTÍN ◆ n. en Puebla, Pue. (1948). Contador público por la Universidad Iberoamericana. Fue dirigente de la CNOP en la ciudad de Puebla. Fue delegado del comité ejecutivo nacional del PRI en Jalisco. Diputado federal del PRI por Puebla (1979-82).

ÁLVAREZ GARÍN, RAÚL ◆ n. en el DF (1942). Licenciado en física y matemáticas por el Instituto Politécnico Nacional (1964-67) y maestro en estadística e investigación de operaciones por la UNAM (1975-77), instituciones de las que ha sido profesor. Perteneció a la Juventud Comunista hasta 1967. Miembro del comité nacional de huelga durante el movimiento estudiantil de 1968 (☞), por lo que estuvo preso (1968-71) y fue exiliado político (1971). Cofundador del grupo Punto Crítico (1972) y director de la revista del mismo nombre (1976-90). Cofundador del Partido de la Revolución Democrática (1989) y diputado federal por ese partido (1991-94). Coordinó la publicación de los libros *Los procesos de México 68* (1971), *Tiempo de hablar: alegato de defensa, procesos de México 68* y *La estela de Tlatelolco* (1998).

ÁLVAREZ GONZÁLEZ, MANUEL ◆ n. en la ciudad de México (1914). Mecánico electricista. Ha ocupado diversos cargos en el PRI. Secretario general del Sindicato Nacional de la Industria de la Carne; secretario adjunto de organización de la Confederación de Trabajadores de México, diputado federal (1961-64, 1967-70 y 1982-85).

ÁLVAREZ GONZÁLEZ, SALVADOR ◆ n. en Durango, Dgo. (1883-?). Publicó poemas en *Jalisco Libre* (1908-1909) y escribió la pieza teatral *La loca del cementerio* (1905), interpretada en España por Virginia Fábregas. Se ignora fecha y lugar de su muerte.

ÁLVAREZ GUERRERO, ALEJANDRO ◆ n. en la ciudad de México (1925). Ingeniero químico titulado en la UNAM. Ha sido subgerente (1953) y director general de Condumex (1970-72), y presidente de la Confederación de Cámaras Industriales (1972-73). Fue presidente del Instituto Mexicano de Ingenieros Químicos.

ÁLVAREZ HERRERA, GABRIEL ◆ n. en el DF (1951). Licenciado en economía por la UNAM (1970-74). Pertenece al PRI desde 1978. Ha sido subdirector de planeación de la Secretaría del Trabajo (1980-81), director de Integración e Informática de la Secretaría de Programación (1984-88) y director general de Programación e Informática de la Secretaría de Pesca (1988). Autor de *El Sela* (1976) y *El empleo: un objetivo importante* (1980).

ÁLVAREZ HERRERA, NATIVIDAD ◆ n. en Santa María del Oro, Dgo., y m. en el DF (?-1955). Era institutriz de los hijos de Venustiano Carranza. Se unió al constitucionalismo y participó en agrupaciones femeniles. Fundó la Confederación Femenil Mexicana que en 1933 ingresó al Partido Nacional Revolucionario.

ÁLVAREZ ICAZA, JOSÉ ◆ n. en la ciudad de México (1921). Se tituló como ingeniero civil en la UNAM (1945). Dirigió la Congregación Mariana de la Sagrada Familia. En noviembre de 1958, con su esposa Luz Longoria Gama, fundó el Movimiento Familiar Cristiano, que ambos presidieron hasta 1964, cuando ocuparon la presidencia del Secretariado para Latinoamérica de la misma organización. En 1967 la pareja ocupó la secretaría general de la Confederación

Internacional de Movimientos Familiares Cristianos. Dos años antes, Paulo VI los nombró auditores laicos del segundo Concilio Vaticano. Poco después el mismo Papa designó a Álvarez Icaza miembro del Consejo de Laicos de Roma, ciudad donde creó la Comisión Vida de la Familia. En 1964, en México, fundó el Centro Nacional de Comunicación Social (Cencos), que fungió como vocero episcopal hasta 1969, después de que el Centro difundió los hechos en torno al movimiento estudiantil del año anterior. En 1972, como presidente del Cencos, asistió al Encuentro Latinoamericano de Cristianos por el Socialismo, en Chile. En 1977 ingresó al PMT y fue miembro de su dirección (1978-87). Cofundador y miembro de la dirección del PMS (1988-89). Colaborador de *El Universal*.

ÁLVAREZ ICAZA, MARÍA ANGÉLICA ◆ n. y m. en el DF (1887-1977). Su nombre original era María Concepción Álvarez Icaza. En 1905 ingresó al monasterio católico de la Visitación de Santa María en Morelia, en el que adoptó el nombre de María Angélica. Permaneció en el convento hasta principios de 1916, cuando, con el resto de las monjas, lo abandonó para dirigirse a España. Se estableció en Madrid y en Cádiz. Volvió a México en 1948 y fundó un Convento de la Visitación en la ciudad de México. Cuatro años después de su muerte sus restos se trasladaron al monasterio michoacano en el que había estado recluida. En 1988 el Vaticano abrió su proceso de beatificación.

ÁLVAREZ LIMA, JOSÉ ANTONIO ◆ n. en Apizaco, Tlax. (1942). Licenciado en ciencia política y administración pública por la UNAM (1966). Ha sido profesor universitario. Miembro del PRI desde 1966. Secretario particular del secretario general del comité ejecutivo nacional del PRI (1972-73), subdirector de Noticieros del Canal 13 de televisión, subdirector de Canal 11 (1977), subdirector de información de la Secretaría de Programación y Presupuesto (1978-79), subdirector de delegaciones federales de la Secretaría de Educación Pública (1979),

José Antonio Álvarez Lima

director de Radio Educación (1980-82), presidente de la Comisión de Medios Masivos del Instituto de Estudios Políticos, Económicos y Sociales del PRI (1981), presidente del Colegio Nacional de Licenciados en Ciencias Políticas y Administración Pública (1981-82), diputado federal (1982-85), director de *La República*, órgano del PRI (1983), embajador de México en Colombia (1986-87), director general de la Cadena Imevisión (1988-92) y gobernador constitucional de Tlaxcala (1992-98).

ÁLVAREZ LOMELÍ, MARÍA CRISTINA ◆ n. en Altotonga, Ver. (1925). Profesora normalista y con maestría en lingüística por la Escuela Nacional de Antropología e Historia. Investigadora del Centro de Estudios Mayas del Instituto de Investigaciones Filológicas de la UNAM desde 1970. Autora de *Textos coloniales del libro de Chilam Balam y textos glíficos del Códice de Dresde* y de un *Diccionario de elementos del maya yucateco colonial*.

ÁLVAREZ LÓPEZ, MANUEL ◆ n. en Colima, Col. y m. ¿en el DF? (1885-1960). Estudió la secundaria en el Seminario Conciliar de Colima. Se incorporó a la insurrección maderista en 1911. Fue cónsul general de México en Buenos Aires y Río de Janeiro, senador de la República (1946-52) y gobernador de San Luis Potosí (1955-59). Instrumento del cacique Gonzalo N. Santos, durante su gobierno se desconoció el triunfo de Salvador Nava en la alcaldía de San Luis, hecho que provocó una oleada de movilizaciones populares en contra suya y de su protector, hasta que el Senado de la República desconoció los poderes

José Álvarez Icaza

estatales y nombró gobernador interino a Francisco Martínez de la Vega.

ÁLVAREZ LUNA, EDUARDO ◆ n. en Uruapan, Mich. (1930). Ingeniero agrónomo por Chapingo (1953), maestro en ciencias por la Universidad de California (1954) y doctor en ciencias por la Universidad de Cornell, EUA (1960). Funcionario de la Secretaría de Agricultura desde 1957. En 1977-82 fue director general del Instituto Nacional de Investigaciones Agrícolas de la Secretaría de Agricultura y Recursos Hidráulicos.

ÁLVAREZ MENDIOLA, RUBÉN ◆ n. en el DF (1962). Periodista. Licenciado en economía por la UNAM (1989-93). Fue redactor de la Sección Internacional del diario *unomásuno* (1979-83), cofundador y reportero de *La Jornada* (1984-89), corresponsal de Notimex en Washington (1989-92) y director general de la misma agencia de noticias (1992-94). Coautor del libro *La guerra sin censura* (1991).

Griselda Álvarez
Ponce de León

ÁLVAREZ NOLASCO, ERNESTO ◆ n. en Ahome, Sin. (1920). Estudió la preparatoria en la Universidad de Guadalajara (1935-37). Trabajó para los diarios *Novedades, El Popular* y *Diario de la Tarde* y las revistas *Tiempo, Hoy, Mañana* y *Siempre!* (1939-58). Miembro del PRI desde 1952, partido del que fue delegado en varios estados de la República, secretario general de la Federación de Organizaciones Populares de Sinaloa y secretario de prensa y propaganda del comité ejecutivo nacional (1974-76). Ha sido diputado federal en dos ocasiones (1961-64 y 1967-70), director general de Información y Relaciones Públicas de la Secretaría de Gobernación (1976-79), director general de Relaciones Públicas de la Presidencia de la República (1979-82) y director general de Información y Relaciones Públicas de la Secretaría de Educación (1982-88).

ÁLVAREZ ORDÓÑEZ, JOAQUÍN ◆ n. en el DF (1932). Arquitecto titulado en la UNAM (1950-55) con maestría en urbanismo por la UNAM (1985-87). Entre 1960 y 1961 realizó cursos de posgrado en Europa y Asia patrocinado por la Secretaría de Patrimonio Nacional. Es

miembro del PRI. Ha sido jefe del departamento del planificación del Departamento del DF (1954-55), vocal ejecutivo de la Comisión Constructora e Ingeniería Sanitaria de la SSA (1964-70), diputado federal (1979-82 y 1988-91), director general de obras públicas del DDF (1970-76), secretario técnico de la Comisión Conurbada del Centro del País (1983-88) y subdirector general de Obras y Patrimonio Inmobiliario del IMSS (1991-). Presidente del Colegio de Arquitectos de México (1968-69), presidente de la Federación Nacional de Arquitectos de la República Mexicana, presidente de la Academia Mexicana de Arquitectura (1975-78) y vicepresidente de la Asociación Mundial de Grandes Metrópolis (1987-).

ÁLVAREZ OROZCO, AURELIO ◆ n. en Tepexpan, Edo. de Méx. (1945). Contador público titulado en la UNAM (1963-67), con maestría en administración en el Instituto Teconólogico de Estudios Superiores de Monterrey (1977-78). Profesor de la UNAM (1980-86). Miembro del PRI desde 1961. Ha sido gerente general de administración de Productos Pesqueros Mexicanos (1971-76), subdirector administrativo del Hospital Infantil de México (1977-80), subdirector de Presupuesto, Salud y Asistencia de la SPP (1981-82) y director general de Administración de Recursos Financieros (1982-88) y de Programación, Organización y Presupuesto de la SARH (1988-). Autor de *La prospectiva de los hospitales pediátricos en México hacia 1990* (1980).

ÁLVAREZ ORTEGA, EDUARDO ◆ n. en el DF (1954). En 1972 inició sus estudios en el Conservatorio Nacional de Música, donde fundó la Sociedad Coral (1974) y el coro Axis Mundi, con el que se presentó en varios lugares del país. Fue discípulo de Robert Vasca, Francisco Savín y Efrem Kurtz. En 1977 fue designado director asistente de la Orquesta Sinfónica de Minería, de la que fue violinista y gerente general. Director asistente de la Orquesta Sinfónica de San Antonio (1978). Violinista (1980-82) y director asistente de la Filarmónica de la Ciudad

de México (1983-85). En 1982 estuvo becado en la Academia Musicale Chigiana, de Siena, Italia, donde hizo un curso de perfeccionamiento en conducción orquestal con Franco Ferrara. Director titular y fundador de la Orquesta Sinfónica Profesional de la Iniciativa Privada (1987-).

ÁLVAREZ PASTOR, JOAQUÍN ◆ n. en España y m. en DF (1885-1950). Doctor en filosofía y letras por la Universidad de Madrid, con posgrados en Alemania y Francia. Exiliado al término de la guerra civil española, vino a México. Fundador (1940), catedrático y director del Instituto Luis Vives. Impartió cátedra en la Escuela Nacional Preparatoria y la Facultad de Filosofía de la UNAM y en la Universidad Femenina. Autor de *Deber y honor, Ética de nuestro tiempo* y *La huella de Cervantes*.

ÁLVAREZ PONCE DE LEÓN, GRISELDA ◆ n. en Guadalajara, Jal. (1913). Estudió en la Escuela Nacional de Maestros (1938) y en la Escuela Normal de Especialización (1949-51). Licenciada en letras españolas por la UNAM (1976). Directora general de Acción Social de la SEP (1961-64), directora general de Trabajo Social de la SSA (1965-70), directora general de Servicios de Beneficencia del IMSS (1976), senadora (1976-79), gobernadora de Colima (1979-85) y directora del Museo Nacional de Arte (1986-88). Ha colaborado en numerosas publicaciones. Autora de cuento: *La sombra niña* (1966) y *Tiempo presente* (1970); teatro: *La sombra niña;* ensayo: *La inmortalidad en las obras de Jorge Luis Borges* (1976), *Algunas mujeres en la historia de México* (1980), *Apuntes para amigos de las letras* (1980); poesía: *Cementerio de pájaros* (1956), *Dos cantos* (1959), *Desierta compañía* (1961), *Letanía erótica para la paz* (1963), *La sombra niña* (1965), *Anatomía superficial* (1967), *Estación sin nombre* (1972) y *Sonetos terminales* (1997); entrevista: *Diez mujeres en la poesía mexicana del siglo XX* (1974); y *Cuesta arriba: memorias de la primera gobernadora* (1993). Ganó un concurso del diario *Excélsior* con su poema *Ante tu nombre, madre;* en 1956 y 1958 obtuvo sendas flores naturales en la Feria del

Maíz, de Guadalajara, y el Concurso de Canto a la Provincia; y en 1970 ganó el premio Sor Juana Inés de la Cruz. Recibió la medalla Belisario Domínguez del Senado de la República (1996). Desde 1998 es miembro del consejo de la CNDH.

ÁLVAREZ RÁBAGO, MANUEL ◆ n. en Uruapan, Mich. y m. en el DF (1884-1966). Subteniente del ejército porfirista en 1902. En 1911 se incorporó a la rebelión maderista y operó en Michoacán a las órdenes de Marcos V. Méndez. En 1913 se unió al constitucionalismo bajo las órdenes de Cenobio Moreno. Teniente coronel en 1914. Al año siguiente militó en la Brigada Ocampo que comandaba Heriberto Jara. Combatió al zapatismo y al felicismo en Veracruz hasta 1918. En 1920 se adhirió al Plan de Agua Prieta. En 1923 combatió la rebelión delahuertista. Dos años después era general brigadier. Entre 1927 y 1932 fue jefe de la guarnición de Tuxtla Gutiérrez, Chiapas, estado que gobernó interinamente al autonombrarse por la muerte de Luis P. Vidal (1927). En 1937 combatió el alzamiento de Saturnino Cedillo. General de brigada en 1939 y de división en 1947.

ÁLVAREZ RENTERÍA, MANUEL *MACISTE* ◆ n. en Tequila, Jal. y m. en el DF (1892-1960). Músico. Compositor de canciones populares como *Angelitos negros* (con letra de Andrés Eloy Blanco), *Virgencita de Talpa, Me sobra corazón*, etc. Actuó en películas mexicanas y estadounidenses. Cofundador del Sindicato Mexicano de Autores, Compositores y Editores de Música, hoy Sociedad de Autores y Compositores de México. Fue directivo de la Sección de Compositores del Sindicato de Trabajadores de la Producción Cinematográfica.

ÁLVAREZ SANTULLANO, LUIS ◆ n. en España y m. en el DF (1879-1952). Pedagogo. Exiliado al término de la guerra civil española llegó a México a principios de los años cuarenta. Oficial mayor de El Colegio de México. Escribió *Tres novelas asturianas* y ensayos sobre educación: *La autonomía y libertad en la educación, Hacia una escuela mejor, Los estudiantes, La escuela duplicada y De la escuela a la universidad.*

ÁLVAREZ SOBERANIS, JAIME ◆ n. y m. en el DF (1942-1995). Abogado por la Universidad Iberoamericana (1964), de la que fue profesor y funcionario. Subdirector (1973-75) y director general del Registro Nacional de Transferencia de Tecnología de la Secretaría de Comercio (1975-78), jefe de Contratos del Infonavit (1978-79), director general de Cooperación Técnica Internacional de la SRE (1979-82), subdirector general de Promoción Fiscal de la Secretaría de Hacienda (1982) y director general de Inversiones Extranjeras de la Secofi. Autor de *La regulación de las invenciones y marcas y de la transferencia tecnológica* (1979). Miembro de la Barra Mexicana-Colegio de Abogados.

ÁLVAREZ SUÁREZ, FRANCISCO ◆ n. y m. en Campeche, Camp. (1838-1916). Músico. Promovió la creación de la Sociedad Filarmónica de Campeche (1874) y en el periódico *Armonía* publicó un *Diccionario de voces musicales* (1882). Autor de *Estudio elemental de la música* (1894), *Ensayos literarios* (1862) y trabajos históricos sobre Campeche.

ÁLVAREZ TENA, VICTORINO ◆ n. en Puruándiro, Mich., y m. en Celaya, Gto. (1920-1987). Fue ordenado sacerdote en 1943. Primer obispo de la diócesis de Apatzingán (1962) y obispo de Celaya desde 1974 hasta su muerte.

ÁLVAREZ DE TOLEDO, JOSÉ ◆ n. en Cuba y m. ¿en España? (?- ?). Militar de carrera. Fue diputado a Cortes por Santo Domingo. En 1811 obtuvo ayuda de James Monroe para intervenir en la lucha por la independencia mexicana. Mediante intrigas quitó el mando a Gutiérrez de Lara en Texas y mantuvo contacto con Morelos. En 1815 desembarcó cerca de Cazones, donde operaba Guadalupe Victoria, quien recibió de él artillería y munición. Volvió a Estados Unidos y se entrevistó con el representante español, a quien informó ampliamente sobre el estado de la lucha insurgente en México. Indultado por Fernando VII, obtuvo una pensión y el nombramiento de embajador en Nápoles.

ÁLVAREZ DE TOLEDO, JUAN BAUTISTA ◆ n. y m. en Guatemala (1655-1726).

Sacerdote franciscano. Obispo de Chiapas de 1708 a 1714, cuando fue trasladado a Guatemala. En 1723 fue promovido a la sede de Guadalajara, a la que renunció.

ÁLVAREZ DEL TORO, FEDERICO ◆ n. en Tuxtla Gutiérrez, Chis. (1953). Compositor y director de orquesta sinfónica. Estudió en el Conservatorio Nacional de Música y la Escuela Nacional de Música de la UNAM. En 1977 asistió al curso superior de guitarra impartido por Leo Brouwer. En 1978 grabó su primer disco. Hizo la música para la película *La banda de los Panchitos* (1986). Compositor de las piezas de cámara *Desolación, Grave y Espacios vacíos*; de la obra sinfónica *El espíritu de la tierra*, del *Oratorio en la cueva de la marimba* y de la cantata *Mitl*. En 1980 la Orquesta Sinfónica del Estado de México estrenó y grabó su composición para orquesta, cinta magnetofónica y cuatro solistas. Compuso especialmente las canciones del disco *Mujeres* (1988), interpretadas por Tania Libertad, Amparo Ochoa y Betsy Pecanins. En 1986 recibió la Medalla Tuchtan de Oro, del ayuntamiento de Tuxla Gutiérrez y la Unión de Cronistas de Teatro y Música le otorgó un premio por su "sobresaliente actividad creadora". Pertenece al Sistema Nacional de Creadores de Arte.

ÁLVAREZ DEL TORO, MIGUEL ◆ n. en Colima, Col., y m. en Tuxtla Gutiérrez, Chis. (1917-1996). Zoólogo. Fue colector de aves para la Academia de las Ciencias Naturales en Filadelfia (1938). Fue electo miembro del Comité para Estudios Tropicales de la Universidad de Michigan (1959) y del Comité para la Conservación de las Aves de la American Ornithologist's Union. Director y fundador del Instituto de Historia Natural de Tuxtla Gutiérrez, Chiapas, donde creó el zoológico del lugar, uno de los más interesantes del país y que lleva su nombre. Autor de 14 libros entre los que destacan *Los animales silvestres de Chiapas* (1952) y *Las aves de Chiapas* (1971), y de más de 70 artículos en que asentó 50 años de investigación. Doctor *honoris causa* del Colegio de Posgra-

Federico Álvarez del Toro

duados de Chapingo y de la Universidad Autónoma de Chiapas. En 1989 le fue otorgado el Premio J. Paul Getty de Ecología, que entrega el Fondo Mundial para la Naturaleza.

ÁLVAREZ TOSTADO ALONSO ORTIZ, EZEQUIEL ♦ n. en Guadalajara, Jal., y m. en el DF (1886-1948). Asociado con Jorge Stahl abrió en Guadalajara el Salón Verde, una de las primeras salas cinematográficas de esa ciudad, e instaló unos estudios. En 1900 resultaron premiados en París algunos retratos elaborados por el procedimiento del carbón. Poco después trabajó como reportero gráfico del diario capitalino *El Imparcial*. Fue jefe del departamento de fotograbado de la empresa editora de las revistas *Artes y Letras* y *El Mundo Ilustrado* (1909-13). Con Alfredo Chavero fundó la Compañía Periodística Nacional (1913-14), de la que fue director artístico. Se exilió en Cuba de 1914 a 1915. A su regreso trabajó en el periódico carrancista *El Pueblo*, y en 1916 se incorporó como jefe de fotograbado a *Revista de Revistas*. En 1916 se asoció para fundar su propio taller de fotograbado, bajo la razón social de Tostado Grabador, al que varios periódicos capitalinos encargaban el procesamiento de sus ilustraciones. Dueño único en 1919, tomó cursos de perfeccionamiento y actualización en el extranjero. En 1931 transformó su empresa en cooperativa, misma que dirigió hasta su muerte. Entre sus escritos están *Cómo se hace una tricromía* (1924) y un *Estudio breve del Cannabis indica* (1935).

ÁLVAREZ DEL VAYO, JULIO ♦ n. en España y m. en Suiza (1891-1972). Fue embajador de España en México (1931), tres veces diputado socialista y en dos ocasiones ministro de Relaciones Exteriores de la República Española (1936-39). En México publicó su libro *La guerra empezó en España* (1940).

ÁLVAREZ DEL VILLAR, JOSÉ ♦ n. en Zamora, Mich. (1908). Biólogo. Obtuvo la maestría en ciencias por las universidades de Alabama y Michigan, y el doctorado por la Escuela Nacional de Ciencias Biológicas. Impartió cátedra en diversos centros de estudio. Considerado como la máxima autoridad mexicana en especies de agua dulce, su bibliografía incluye más de medio centenar de trabajos sobre el tema.

ÁLVAREZ DEL VILLAR, PEDRO ♦ n. en Perú (1928). Estudió letras inglesas y españolas en la Universidad de San Marcos (Lima). Llegó a México en 1958. Ha sido reportero, jefe de información y director del suplemento *Diorama de la Cultura* en el diario *Excélsior*; cofundador de la agencia noticiosa *Latin*, director y gerente del *Diario de México,* director de las revistas *Interviú* y *Quecosaedro*, así como editor de *Época*.

ÁLVAREZ ZAMORA, MARÍA EDMÉE ♦ n. en San Buenaventura y m. en Chihuahua, Chih. (¿1905?-1988). Profesora normalista y maestra en letras (1945) y en ciencias de la educación (1953) y doctora en letras por la UNAM (1955). Trabajó en la Comisión Nacional de Libros de Texto Gratuitos desde 1962. Autora de *El teatro romántico de José Peón Contreras* (1945), *La lengua española a través de selectos autores mexicanos* (1954), *La lengua española a través de selectos autores de México y otros países de Hispanoamérica* (1955), *La educación en Chihuahua* (1956), *Literatura mexicana e hispanoamericana* (1957), *La enseñanza de la lengua y literatura españolas* (1965) y *Literatura universal a través de autores selectos* (1969). Escribió prólogos para obras de Andersen, Grimm, Güiraldes, Martínez Sierra, Guillén de Castro, Fernando Calderón y Perrault, de la colección *Sepan cuantos...* de Editorial Porrúa.

ÁLVARO OBREGÓN ♦ Delegación del Distrito Federal que limita por el norte con Miguel Hidalgo, por el este con Benito Juárez y Coyoacán, por el sur con Tlalpan y Magdalena Contreras, y por el oeste con Cuajimalpa. Superficie: 96.15 km². Habitantes: 676,930. Hablan alguna lengua indígena 7,166 personas (náhuatl 1,950, otomí 1,180, mixteco 855, zapoteco 735, mazahua 694, mazateco 338 y mixe 131). El núcleo delegacional está formado por el antiguo pueblo de San Ángel, llamado en la época prehispánica Tenamitla, Tenanitla o Tenanitlan (*junto a la muralla o lugar amurallado*). A fines del siglo XVI se edificaron el templo de Tlacopac, la capilla de San Sebastián Chimalistac y la iglesia de San Jacinto. En 1615 se puso la primera piedra del convento carmelita de San Ángelo Mártir, que castellanizado daría nombre a la población de San Ángel, en torno a la cual se crearon grandes huertas que surtían a la ciudad de México de frutas. La aristocracia virreinal, atraída por la belleza del paisaje, se mandó construir casas de campo en esa jurisdicción, lo que se hizo hasta principios del presente siglo. De ahí la solidez y elegancia de las viejas construcciones sanangelinas, entre las cuales destacan, además de las citadas, el convento y templo de El Carmen, que guardan pinturas de Villalpando y objetos de valor estético e histórico; el antiguo casco de la hacienda de Goycoechea (Santa Catarina y Palmas) y la Casa de los Condes de Oploca o Casa Blanca (Hidalgo 43) y la Casa del Obispo Madrid (Juárez 1), las tres del siglo XVII; las casas del Mirador, también llamada del Risco (plaza de San Jacinto), de Fagoaga (Amargura 15), de los Delfines (Lazcano 18) y de los Mariscales de Castilla (Plaza del Carmen 23), todas del siglo XVIII; y varias construcciones de la pasada centuria y de principios del siglo XX, entre éstas el monumento a Álvaro Obregón, del escultor Ignacio Asúnsolo, inaugurado en 1935. Hechos sobresalientes en la historia de la delegación son la rebeldía del Batallón de San Patricio, que se negó a seguir combatiendo en favor de Estados Unidos durante la intervención de 1847. La mayoría de los soldados irlandeses que integraban ese batallón fueron fusilados por los invasores, y otros sometidos a tormento y aun marcados con fierro al rojo vivo. En la Plaza de San Jacinto una casa les está dedicada a los mártires irlandeses. En 1928, en el restaurante La Bombilla fue asesinado Álvaro Obregón, en el mismo lugar donde ahora se halla el monumento a su memoria. Abierto al público en Revolución y Altavista se encuentra el

Museo Carrillo Gil, que guarda una de las más importantes colecciones artísticas de México, donadas por Alvar y Carmen T. de Carrillo Gil. El municipio de San Ángel perteneció sucesivamente al Estado (1824), al departamento (1836) y al distrito de México (1843); en 1854 pasó a formar parte del Distrito Federal; el Estatuto Provisional del Imperio Mexicano lo comprendió dentro del partido de Coyoacán, en el Departamento del Valle de México (1865); a la restauración de la República (1867) volvió a quedar en la jurisdicción del Distrito Federal y por decreto de 1899 formó parte de la prefectura de Coyoacán; en 1903 desaparecieron las prefecturas y el 23 de febrero de 1916 Álvaro Obregón, "en ejercicio de las facultades extraordinarias" conferidas por Venustiano Carranza, suprimió el Distrito Federal y dio por erigido el estado del Valle de México, al cual pertenecía el municipio de San Ángel, hasta que la entrada en vigor de la Constitución de 1917 restituyó el Distrito Federal. La reforma constitucional aprobada en agosto de 1928 suprimió los municipios y San Ángel se convirtió en delegación del Distrito Federal. En la ley Orgánica del Distrito Federal, aprobada el 31 de diciembre de 1931, San Ángel cambió su nombre por Villa Álvaro Obregón, que se simplificaría por Álvaro Obregón en la Ley Orgánica de 1970.

ÁLVARO OBREGÓN ◆ Municipio de Michoacán situado cerca de la capital de la entidad, en los límites con Guanajuato. Superficie: 209.51 km². Habitantes: 19,633, de los cuales 4,572 forman la población económicamente activa. El municipio fue erigido el 18 de febrero de 1930.

ALVEAR ACEVEDO, CARLOS ◆ n. en la ciudad de México (1920). Licenciado en derecho y maestro en historia por la UNAM. Profesor de enseñanza superior. Militó en la Asociación Católica de la Juventud Mexicana (1942-54) y el Movimiento Familiar Cristiano. Ha sido director de la Escuela de Periodismo Carlos Septién García (1960-61), jefe de redacción de la revista La Nación,

órgano oficial del PAN (1960-61), presidente del tercer Congreso de la Unión Latinoamericana de Prensa Católica (1966), agrupación de la que es fundador (1958); director fundador del Instituto de Formación Integral de la Juventud (1968-69) y director de la Escuela de Comunicación de la Universidad Intercontinental (1976-84). Ha colaborado en Excélsior (1961-87). Autor de El catolicismo en México, Historia de México, Curso de historia general, Historia mundial contemporánea, Síntesis de historia mexicana, La educación y la ley, La iglesia en la historia de México, Episodios de la revolución mexicana, La Guerra del 47, ¿Tiene sentido la vida?, Temas de hoy, Fe y cultura, Manual de historia de la cultura, Breve historia del periodismo, Introducción a la historia del arte, Corrientes sociales y políticas, Visión de México, Medio milenio de evangelización y Lázaro Cárdenas. Fue vicepresidente de la Fundación Pro Difusión Cultural del Medio Milenio (1985-89).

ALVELÁIS, RÓMULO ◆ n. y m. en Chihuahua, Chih. (1864-1942). Abogado. Fue presidente del Supremo Tribunal de Justicia del estado, secretario de gobierno (1921-24) y cinco veces gobernador interino de la entidad (en 1921, en dos ocasiones en 1922 y otras dos en 1923).

ALVELÁIS POZOS, LUIS ◆ n. en San Luis Potosí, SLP (1916). Poeta. Maestro normalista titulado en 1935, con estudios de ingeniería petrolera realizados en la UNAM. Ha colaborado en Excélsior. Autor de Himno de la Escuela Nacional de Ingeniería (1954), Nochebuena (1954), Oración a la virgen morena (1954), Rimas eróticas (1954), Ramón López Velarde: homenaje lírico (1959), La flor y la espiga (1967), Canciones de tierra y paraíso (1967), Cartas a mí mismo (1968), Romances intemporales: A la Escuela Nacional Preparatoria (1968), Urnas líricas (1968), Epístola victorial a Juárez (1973), Vendimia de mi muerte (1977), Acordes para un canto a México (1979), El bálsamo y la cruz: mural lírico de don Vasco de Quiroga (1979), El candelabro de los siete brazos: homenaje lírico a la raza

zapoteca (1979), Del ámbar fugitivo (1979), Para inventar el alba (1980), La palabra encendida (1982), Los poemas del hombre (1982) y Las rutas de los pájaros (1982). Premio Nacional de Poesía de San Luis Potosí (1981), Premio Latinoamericano de Poesía de Buenos Aires (1981), primer lugar del Certamen de Literatura de la Universidad del Norte en Antofagasta (1982); Premio Latinoamericano de Poesía de Colima (1985) y Premio Casa de las Américas 1992 por Yolteotl, poema en náhuatl.

ALVERDE, VICENTE ◆ n. en el DF (1939). Escritor. Se ha dedicado a la publicidad. Fue encargado de las librerías Salandra y Reforma de la ciudad de México. Colaborador de El Corno Emplumado, Cuadernos del Viento y Pájaro Cascabel, y del periódico El Día. Autor del volumen de cuentos Una de vaqueros (1978) y de los poemarios Aquí a nuestro lado (1974), Los levantes (1979) y Estar contigo (1979).

ALVÍREZ, MANUEL TEODOSIO ◆ n. y m. en Morelia, Mich. (1804-1866). Abogado por la Universidad de México (1827). Fue diputado local, magistrado del Supremo Tribunal de Justicia de Michoacán y profesor del Colegio de San Nicolás. Autor de Reflexiones sobre los derechos episcopales que prohíben el juramento de la Constitución (1857).

ALWIN, CARL ◆ n. en Alemania y m. en México (1891-1945). Músico. Fue discípulo de Engelbert Humperdinck y de Richard Strauss, y director de la Ópera de Viena (1920-38). Desterrado por los nazis, llegó a México como asilado político (1940). El Comité de Fundación de la Ópera de México le encargó integrar un grupo de artistas, con los cuales dirigió la primera representación en el país de La flauta mágica, La novia vendida y Salomé. En 1942 se le comisionó para formar una orquesta teatral. Fue director musical de la Ópera Nacional de México. La Confederación de Trabajadores de México lo designó secretario general honorario.

ALZALDE ARELLANO, RICARDO ◆ n. en Torreón, Coah. (1907). Líder campesino. En 1937 se trasladó a Baja California. Ha sido secretario general de la Liga de Comunidades Agrarias y Sindicatos Campesinos de Baja California (1948-49), diputado federal en dos ocasiones (1949-52 y 1958-61), y director de asuntos agrarios de Baja California.

ALZATE Y RAMÍREZ, JOSÉ ANTONIO ◆ n. en Ozumba, Edo. de Méx. y m. en la ciudad de México (1737-1799). Bachiller en teología, matemático, astrónomo, físico y hombre versado en ciencias naturales. De su peculio reunió una amplia biblioteca, montó un observatorio astronómico y un laboratorio para otras investigaciones. Realizó exploraciones arqueológicas y reunió una colección de objetos prehispánicos. Introdujo mejoras en la explotación agrícola e instaló y experimentó un pararrayos. Es autor de folletos, mapas, planos y todo un *Atlas eclesiástico del arzobispado de México* (1767). Fue uno de los más notables periodistas mexicanos del siglo XVIII, pues publicó el *Diario literario de México* (1768), *Asuntos varios sobre ciencias y artes* (1772-73), *Observaciones sobre la física, historia natural y artes útiles* (1787-88) y su *Gaceta de literatura de México* (1788-1795). También escribió artículos, entre 1784 y 1797, para la *Gaceta de México*, que imprimía entonces Manuel Antonio Valdés. Anotó profusamente la *Historia antigua de México*, de Clavijero, y en varias ocasiones prestó su asesoría científica al gobierno virreinal. Sus *Observaciones del planeta Venus a su paso por el disco del Sol* fueron traducidas al francés. Fue miembro de la Sociedad Económica Vascongada, de la Academia de Ciencias de París y del Jardín Botánico de Madrid. Sus intereses fueron hasta el campo del derecho y de la moral, como lo muestra su dicho sobre los *pipiltzitzintlis* (cáñamo narcótico que hoy se conoce como marihuana), de los cuales opina que "son malos por prohibidos, no prohibidos por malos".

ALZATI ARAIZA, FAUSTO ◆ n. en Guanajuato, Gto. (1953). Licenciado en derecho por la UNAM (1995) y doctor en economía política por la Universidad de Harvard (1997), donde fue profesor (1985-87). Catedrático del ITAM, del

FOTO: REFORMA

Carlos Amador

Instituto Matías Romero y de El Colegio de México, del que fue investigador (1987-89). Fue miembro del PRI. Ha sido regidor y oficial mayor del ayuntamiento de Guanajuato (1973-76), coordinador de investigación de la Dirección General de Difusión Fiscal de la Subsecretaría de Ingresos de la Secretaría de Hacienda (1976-78), secretario ejecutivo del Patronato de Hacienda para Actividades Sociales (1978-80), director de Planeación de la Dirección General de Política Energética de la SEMIP (1983), subdirector de Investigación del Instituto de Capacitación e Investigación para el Desarrollo, de Nacional Financiera (1989) y secretario técnico de la Comisión para la Planeación del Desarrollo Tecnológico y Científico, coordinador sectorial de la SPP (1990-94), director general del Conacyt (1991-93) y secretario de Educación Pública (1994-95), cargo al que renunció al saberse que, entonces, no tenía ningún grado académico. Formó parte del gobierno guanajuatense de Vicente Fox. Ha colaborado en *Journal of Hispanic Politics, Cambridge Energy Research Associates, Gaceta de la Comisión Federal de Electricidad y Examen*. Coautor de *México y sus estrategias internacionales* (1989) y de *Interdependencia* (1990). Editor de *México en la economía internacional* (1990).

ALZOLA, DOMINGO DE ◆ n. en España y m. en Atoyac, Jal. (1532-1590). Sacerdote dominico. Fue preconizado obispo de Guadalajara en 1582 y tomó posesión al año siguiente. Asistió al tercer Concilio Mexicano en 1585.

ALZOLA, JOSÉ ◆ n. en España y m. en la ciudad de México (1824-1853). Sacerdote jesuita. Fundó los colegios de San Juan Nepomuceno, en Puebla, y el de Mascarones, en la capital. Superior de la provincia de México (1877).

AMACUECA ◆ Municipio de Jalisco situado al sur-suroeste de la capital del estado. Superficie: 131.79 km². Habitantes: 5,068, de los cuales 1,294 forman la población económicamente activa.

AMACUZAC ◆ Municipio de Morelos situado al sur de Cuernavaca, en el suroeste del estado, en los límites con Gue-

rrero. Superficie: 92.27 km². Habitantes: 15,823, de los cuales 3,263 forman la población económicamente activa. Hablan alguna lengua indígena 93 personas mayores de cinco años (náhuatl 83). Cerca de la cabecera municipal está la presa y central hidroeléctrica de Amacuzac, sobre el río del mismo nombre.

AMACUZAC ◆ Río de Morelos y Guerrero. Nace en las grutas de Cacahuamilpa, cuya sierra atraviesa subterráneamente. Recibe el caudal de los ríos Choapa, Chalma, Yautepec, Cuautla y Huautla. Descarga sus aguas en el Balsas.

AMADO YÁÑEZ, CARLOS ◆ n. en San Cristóbal de Las Casas, Chis. (1944). Abogado por la Escuela de Derecho de Chiapas (1967). Hizo un curso de derecho comparado en la UNAM. Trabaja para el sector público desde 1964. Juez octavo de distrito en materia administrativa (1980-).

AMADOR, CARLOS ◆ n. en San Luis Potosí (1924). Trabajó como mensajero de Emilio Azcárraga Vidaurreta en 1936. Fue maestro de ceremonias sustituto en el cine Alameda. Animador y locutor de XEQ desde los 15 años de edad. Estuvo en Buenos Aires, donde trabajó en Radio Belgrano. A su regreso a México se incorporó a la radiodifusora XEW. Trabajó en Cuba. De nuevo en México fundó la revista *Tele-Guía* (1951). En los años cincuenta dirigió varios programas en televisión, el más exitoso de los cuales fue *Reina por un día*. Como productor de cine hizo *La edad de la inocencia, Buenas noches Año Nuevo, Casa de mujeres* y *Adulterio*. Asociado con Televisa y Mario Moreno produjo *Cantinflas show*. Es distribuidor de películas y dueño de varias salas de exhibición.

AMADOR, ELÍAS ◆ n. cerca de Fresnillo, Zac., y m. en la ciudad de México (1848-1917). Liberal. Adolescente aún, combatió la intervención francesa y el imperio, guerra en la que obtuvo el grado de coronel. Convertido al protestantismo, colaboró en el periódico *La Antorcha Evangélica*. Identificaba al clero católico con el partido conservador, por lo cual lo hizo objeto de una crítica persistente en *El Demócrata, El Pueblo Liberal* y *El Centinela*. También escribió para publicaciones satíricas (*El Leperito* y *El Peladito*) con el pseudónimo de *Antipas* o el anagrama *Ismael O. Rada*. Fue director del *Periódico Oficial* de Zacatecas. Diputado federal por su estado en 1911. En la capital se encargó de las publicaciones del Museo Nacional de Arqueología, Historia y Etnografía. Autor de un *Bosquejo histórico de Zacatecas* en tres tomos, el primero de los cuales apareció en 1882. Escribió también artículos y ensayos en *Anales del Museo Nacional*, entre los que destaca el texto "Los caudillos de la independencia ante el patíbulo".

AMADOR, JUAN VALENTÍN ◆ n. en Cuba y m. en San Luis Potosí (1781-1851). Militar realista que se adhirió al Plan de Iguala. Combatió la invasión de Barradas y después la secesión de Texas.

AMADOR, SEVERO ◆ n. en Villa de Cos, Zac., y m. en la ciudad de México (1886-1931). Hijo de Elías Amador. Estudió pintura en San Carlos con José María Velasco, Santiago Rebull y Germán Gedovius. Obtuvo una beca para continuar sus estudios en París pero una decepción amorosa le impidió viajar. Después abrió una academia de artes plásticas en Aguascalientes, donde fue maestro de Saturnino Herrán. Posteriormente se dedicó a la literatura. Volvió a la capital y formó parte del Grupo Bohemio. Escribió poesía: *Carbunclos* (1908), *Cantos de la sierra* (1918), *Las baladas del terruño* (1931); narrativa: *Confesión* (1905), *Bocetos provincianos* (1907).

AMADOR DURÓN, MARIO ARMANDO ◆ n. en la ciudad de México (1924). Licenciado en derecho por la Universidad de Loyola, EUA (1946). Hizo un curso sobre derecho del espacio en la Universidad de Buenos Aires (1969). Pertenece al servicio exterior desde 1945. Ha sido canciller (1945-46) y vicecónsul en el consulado en Nueva Orleans, vicecónsul en San José de Costa Rica, tercer secretario de las embajadas en Panamá y Suecia (1953-59), segundo secretario en Líbano (1959), primer secretario en los Países Bajos (1960-65), consejero en la República Federal de Alemania y Austria (1966-

67), representante de México y gobernador suplente del Organismo Internacional de Energía Atómica (1966-67), ministro consejero en las embajadas en Argentina, Guatemala y Portugal (1968-71), cónsul general en Amberes (1981-85) y embajador en Haití (1971-74 y 1985-88), Paraguay (1974-78), Hungría (1978-81) y Rumania (1988-). Miembro de la Academia Mexicana de Derecho Internacional.

AMADOR GARCÍA, JOSÉ ◆ n. ¿en Colima, Col.? (1900-?). Educador. Fue diputado al Congreso local, director de Educación del estado y gobernador interino de Colima (24 de febrero al primero de marzo de 1937).

AMADOR GONZÁLEZ, MARÍA DOLORES ◆ n. en Lagos de Moreno (1868-?). Pedagoga y escritora. Fue directora de la Escuela Superior de Niñas de Lagos de Moreno. Escribió cuentos: *La prometida* y poemas: *Dos rivales, El reparto, Deuda de gratitud*.

AMADOR Y HERNÁNDEZ, RAFAEL ◆ n. en Acatlán, Pue. y m. en Huajuapan de León, Oax. (1856-1923). Estudió en el Seminario Palafoxiano de Puebla y en Roma. Promovió ante El Vaticano la erección de la diócesis de Huajuapan, de la cual fue el primer obispo.

AMADOR LEAL, ALBERTO ◆ n. en Huauchinango, Pue. (1951). Ingeniero químico industrial titulado en el IPN (1972-76). Miembro del PRI desde 1972. Ha sido jefe del Departamento (1978) y subtesorero de Convenios del Instituto Mexicano del Seguro Social (1978-81), delegado del IMSS en Tlaxcala (1981-83), subdirector de Consultoría y Servicios del Instituto Nacional de Productividad (1983), director general de Capacitación y Productividad de la Secretaría del Trabajo y Previsión Social (1983-85), delegado en Tamaulipas (1985-87) y director de Integración Presupuestal de la Secretaría de Programación (1987), y diputado federal (1988-91). En 1980 presidió la Federación de Asociaciones Civiles de Puebla.

AMADOR MOYRÓN, MATÍAS ◆ n. en La Paz, BCS (1944). Licenciado en derecho por la UNAM (1964-74). Ha sido agente

del Ministerio Público (1974), presidente del Tribunal Superior de Justicia de Baja California Sur (1975), diputado a la Legislatura de Baja California Sur (1977-80), presidente municipal de La Paz (1981-83), presidente del comité directivo bajacaliforniano del PRI (1984-87), partido al que pertenece desde 1964; y procurador general de Justicia de Baja California Sur (1987). En 1975 presidió el Colegio de Abogados de Baja California Sur.

AMAJAC O AMAJAQUE ◆ Río de Hidalgo. Recibe las aguas de los ríos del Oro, del Milagro y de Velasco. Descarga en el río Moctezuma, afluente del Pánuco.

AMANALCO ◆ Municipio del Estado de México situado al oeste de Toluca, contiguo a Valle de Bravo y cerca de los límites con Michoacán. Superficie: 81.20 km². Habitantes: 18,885, de los cuales 3,723 forman la población económicamente activa. Hablan alguna lengua indígena 1,434 personas (otomí 1,424). Región boscosa y fría donde se hallan dispersos algunos grupos otomíes y mazahuas. Cultivo del maguey. En la cabecera se encontraron huellas de hombres prehistóricos. La cabecera, desde 1875, se llama Amanalco de Becerra en honor del sacerdote José María Becerra, a quien se considera benefactor.

AMANCIO ARMIJO, GERARDO ◆ n. en Torreón, Coah. (1959). Escritor. Licenciado en comunicación por la UIA. Ha trabajado en la Dirección General de Bibliotecas de la SEP, como jefe del Departamento de Fomento a la Lectura en Adultos y como jefe del Departamento de Promoción y Difusión de la Dirección de Literatura del INBA (1989). Ha colaborado en *unomásuno, Blanco Móvil* y *Pregonarte*. Ha publicado *Delito del orden común* (1988) y *Piezas de la memoria imperfecta* (1991).

AMAO GONZÁLEZ, HUGO ◆ n. en San Antonio, BCS (1945). Profesor normalista. Fue militante de la Juventud Comunista (1961) y líder estudiantil. Miembro del Movimiento Revolucionario del Magisterio. Militante del Partido Comunista Mexicano (1962-67). Secretario de conflictos (1964-66) y secretario general de la sección XXXVII del SNTE (1966-68). Ingresó al PST en 1973, donde fue secretario de finanzas. Diputado federal (1979-82).

AMARA CALVILLO, LUIGI FERDINANDO ◆ n. en el DF (1971). Poeta. Licenciado en filosofía por la UNAM. Ha colaborado en revistas y suplementos como *Punto de Partida, Semestral, Revista Mexicana de Cultura, Viceversa, Etcétera* y *Fe de Erratas.* Obtuvo la beca de Jóvenes Escritores del INBA. Ha publicado los poemarios *El decir y la mancha* (ganador de la Primera Bienal Metropolitana de Poesía de la UNAM, 1994) y *El cazador de grietas* (o *La habitación vacía y otros poemas,* Premio Nacional de Poesía Joven Elías Nandino, 1998). Ganó el Certamen Internacional de Poesía Manuel Acuña, de Coahuila, en 1996.

AMARGOSA ◆ Sierra de Chihuahua, situada al sureste de Ciudad Juárez, paralela a la frontera con Estados Unidos. Toma el nombre de la vegetación de amargoso (*Castela tortuosa*) que la cubre.

AMARILLAS VALENZUELA, JOSÉ ◆ n. en Pótam, Son., y m. en Mazatlán, Sin. (1878-1959). Indio yaqui. Se incorporó a la lucha contra Victoriano Huerta bajo las órdenes de Lino Morales. Con Obregón participó en toda la campaña del noroeste. Fue jefe de operaciones militares en varios estados. Llegó a general de división.

Foto: *El Mundo Ilustrado*

José Amarillas Valenzuela (derecha) en compañía de los jefes yaquis Villa (izquierda) y Tetabiate (centro)

AMARO, JOAQUÍN ◆ n. en Corrales de Ábrego, municipio de Sombrerete, Zac., y m. en Pachuca, Hgo. (1889-1952). Militar. Su apellido materno era Domínguez. Se incorporó a la insurrección maderista en febrero de 1911. Al año siguiente combatió a los zapatistas. Al producirse el golpe de Victoriano Huerta se incorporó al constitucionalismo y operó como guerrillero en Michoacán. Apoyó a la Convención durante poco tiempo y, al mando de un cuerpo conocido como los *Rayados,*

formó parte del ejército de Álvaro Obregón que derrotó a la División del Norte en la segunda batalla de Celaya. Luchó contra zapatistas (1916) y villistas (1918). En 1920 se unió al Plan de Agua Prieta. Cuatro años después luchó contra la rebelión delahuertista en el Bajío. Fue secretario de Guerra y Marina en los gobiernos de Plutarco Elías Calles (1924-28), Emilio Portes Gil (1928-29 y 1929-30) y Pascual Ortiz Rubio (1930-31); director del H. Colegio Militar (1931-35) y director general de Educación Militar de la Secretaría de la Defensa Nacional (1935-36). Está considerado como el modernizador de las fuerzas armadas mexicanas (☞ *Ejército*). Autor del estudio *Problemas de nuestra defensa nacional* (1943).

AMARO GAMBOA, JESÚS ◆ n. en Tixkokon, Yuc. (1903). Profesor normalista y contador privado titulado en 1926, y doctor en medicina por la UNAM (1936). Profesor del IPN (1937-71). Fue rector de la Universidad Autónoma del Sureste (1936-37). Ha colaborado en los diarios *Novedades del Sureste, Diario del Sureste* y *Diario de Yucatán,* así como en las revistas *Orbe* y *Revista de la Universidad de Yucatán.* Autor del ensayo *Yucatán: sueño sin fin* (1972) y de los volúmenes de cuento *Yacabó su camino con la muerte* (1954), *La palabra entonces* (1972), *Y nunca de*

Jesús Amaro Gamboa

YUCATÁN: SUEÑO SIN FIN

(CRÓNICA DE UNA UTOPÍA)

Editorial "América"

Portada de *Yucatán: sueño sin fin,* de Jesús Amaro Gamboa

su corazón (1972). En 1926 obtuvo el Premio Benet de Estados Unidos y en 1938 ganó los juegos florales de Zacatecas.

AMARO SANTANA, FELIPE ◆ n. en Cozumel, QR (1938). Licenciado en derecho por la Universidad de Yucatán (1964-69). Profesor del Instituto Tecnológico de Quintana Roo (1971). Pertenece al PRI. Ha sido secretario de Previsión Social del Sindicato Nacional de Trabajadores de Salubridad y Asistencia (1967), asesor de la CTM (1969), delegado de la Secretaría de Industria y Comercio en Quitana Roo (1969), asesor jurídico de la CNC (1971), jefe de la oficina de la Secretaría de Hacienda (1972) y oficial mayor del gobierno del territorio de Quintana Roo (1973), delegado en Sinaloa (1975), Nayarit (1976) y Campeche de la CNOP (1985); primer senador de la República por Quintana Roo (1974-76), presidente municipal de Cancún (1978-81) y procurador general de justicia del gobierno de Quintana Roo (1987).

AMATÁN ◆ Municipio de Chiapas situado al norte de Tuxtla Gutiérrez, en los límites con Tabasco. Superficie: 109.3 km². Habitantes: 15,187, de los cuales 3,865 forman la población económicamente activa. Hablan alguna lengua indígena 1,819 personas mayores de cinco años (tzotzil 1,494 y zoque 265). El principal atractivo turístico es el balneario del mismo nombre, localizado cerca de la cabecera.

AMATÁN ◆ Río que nace en Chiapas, cruza el municipio de Amatán de sur a norte y penetra en Tabasco donde se convierte en Tacotalpa, uno de los afluentes del Grijalba.

AMATENANGO DE LA FRONTERA ◆ Municipio de Chiapas situado al sureste de Tuxtla Gutiérrez, en la frontera con Guatemala. Superficie: 171.4 km². Habitantes: 23,200, de los cuales 5,717 forman la población económicamente activa. Hablan alguna lengua indígena 813 personas (mame 494 y jacalteco 220). Región montañosa, con varios ríos y lluvias abundantes.

Amatenango del Valle, Oaxaca, conocido como el pueblo de las alfareras

AMATENANGO DEL VALLE ◆ Municipio de Chiapas situado al este de Tuxtla Gutiérrez y contiguo a San Cristóbal de Las Casas y Comitán. Superficie: 236 km². Habitantes 6,775, de los cuales 2,066 forman la población económicamente activa. Hablan alguna lengua indígena 4,101 personas mayores de cinco años (tzeltal 4,074). Indígenas monolingües: 524. En la jurisdicción existe una zona arqueológica. Hay fiestas religiosas los días 29 y 30 de abril, el 25 de julio y el 13 de diciembre.

AMATEPEC ◆ Municipio del Estado de México situado al suroeste de Toluca, en los límites con Michoacán. Superficie: 540.93 km². Habitantes: 28,207, de los cuales 4,808 forman la población económicamente activa. Hablan alguna lengua indígena 48 personas mayores de cinco años.

AMATITÁN ◆ Municipio de Jalisco situado al noroeste de Guadalajara. Limita con Zapopan y Tequila. Superficie: 207.44 km². Habitantes: 11,317, de los cuales 2,629 forman la población económicamente activa. El municipio se halla en la zona productora de agave tequilero.

AMATITLÁN ◆ Municipio de Veracruz situado al sureste del puerto de Veracruz y contiguo a Cosamaloapan. Superficie: 169.44 km². Habitantes: 7,541, de los cuales 2,186 forman la población económicamente activa.

AMATLÁN DE CAÑAS ◆ Municipio de Nayarit situado en el extremo sursuroeste del estado, en la frontera con Jalisco. Superficie: 765 km². Habitantes: 12,601, de los cuales 3,317 forman la población económicamente activa. Hablan alguna lengua indígena 26 personas mayores de cinco años (huichol 14).

AMATLÁN DE LOS REYES ◆ Municipio de Veracruz que colinda por el norte con Córdoba. Superficie: 148.88 km². Habitantes: 36,219, de los cuales 10,057 forman la población económicamente activa. Hablan alguna lengua indígena 447 personas mayores de cinco años (náhuatl 405).

AMATLÁN TUXPAN ◆ Municipio de Veracruz situado al norte de Tuxpan y contiguo a Tamiahua. Superficie: 200.7 km². Habitantes: 27,096, de los cuales 7,492 forman la población económicamente activa. Hablan alguna lengua indígena 999 personas mayores de cinco años (huasteco 882).

AMATZINAC ◆ Río que forman el Jantetelco y el Nexapa en los límites entre Morelos y Puebla, estado que recorre en su porción suroeste, con dirección norte-sur, hasta verter sus aguas en el Mezcala, en los límites con Guerrero.

AMAVISCA, JESÚS ◆ n. en Nuri y m. en Álamos, Son. (1837-1875). Caporal de hacienda que se incorporó a la Guardia Nacional de Sonora para combatir la intervención francesa. Durante el repliegue republicano organizó una guerrilla para resistir a los invasores. Fue alcalde de Nuri.

Amaxac de Guerrero, Tlaxcala

AMAXAC DE GUERRERO ◆ Municipio de Tlaxcala situado en el centro del estado, al noreste de la capital de la entidad. Superficie: 13.5 km². Habitantes: 7,120, de los cuales 1,617 forman la población económicamente activa. Hablan alguna lengua indígena 143 personas mayores de cinco años (náhuatl 125).

AMAYA, ALBERTO ◆ n. en Durango, Dgo. y m. en el DF (1856-1930). Músico. Fue violinista concertino de varias orquestas. De su amplia y variada obra como compositor destacan la cantata *Independencia*, ganadora de un concurso en 1909, y su ópera en dos actos *Querétaro*, obra póstuma con libreto de Heriberto Frías. En 1905 obtuvo otro premio en un concurso de oberturas. Escribió *Técnica para violín*.

AMAYA, ARMANDO ◆ n. en Puebla, Pue. (1935). Escultor. Estudió arquitectura en Puebla y artes plásticas en La Esmeralda, del Distrito Federal. Fue ayudante de Francisco Zúñiga y Alfredo

Foto: Reforma

Armando Amaya

Zalce, con quienes colaboró en los trabajos del Centro Médico Nacional. Ha sido maestro de La Esmeralda y coordinador del área de escultura. Lily Kassner señala que su obra es de carácter figurativo y sus temas fundamentalmente indígenas.

AMAYA, JUAN GUALBERTO ◆ n. en Santa María del Oro, Dgo. (¿1890?-). Se unió al constitucionalismo tras el cuartelazo de Victoriano Huerta. Combatió después a los villistas. Se adhirió a la rebelión de Agua Prieta. Llegó a brigadier. Fue gobernador de Durango para el periodo 1928-32, pero en 1929 se unió a la asonada escobarista. Derrotada ésta dejó el gobierno y se le desconoció el grado militar. Se asiló en Estados Unidos. Al volver al país se retiró. Autor de *Los gobiernos de Obregón y Calles y regímenes peleles derivados del callismo* (1947).

AMAYA, MANUEL ◆ n. en Candela, Coah. y m. en el DF (?-1932). Funcionario porfirista. Era diputado de la legislatura que disolvió Victoriano Huerta. Constitucionalista en 1913. Diputado al Congreso Constituyente de 1917. Coordinador de la campaña de Ignacio Bonillas a la Presidencia. Escobarista en 1929.

AMAYA BRONDO, ABELARDO ◆ n. en Ciudad Juárez, Chih., y m. en el DF (1919-1995). Ingeniero agrónomo por Chapingo (1941). Especializado en irrigación en Israel y en operación de dis-

tritos de riego en la República Federal de Alemania. Trabajó para el gobierno en el sector hidráulico desde 1941. Fue director general de distritos de riego (1965-70) y subsecretario de Operación Hidráulica de la Secretaría de Recursos Hidráulicos (1970-76). Subsecretario de Operación de Agricultura de la Secretaría de Agricultura y Recursos Hidráulicos (1976-82).

AMAYA RIVERA, CARLOS ◆ n. en Ciudad Obregón, Son. (1939). Abogado por la UNAM. Profesor en el Instituto Técnico de Sonora, donde ha sido juez de primera instancia en Álamos y juez penal y civil en Ciudad Obregón. Dirigente local del Partido Acción Nacional. Diputado federal (1979-82).

AMAYA RODRÍGUEZ, FEDERICO ◆ n. en Villa de Iturbide, NL, y m. en el DF (1903-1992). Estudió en el Colegio Militar. Fue jefe del Estado Mayor Presidencial (1936). Agregado militar en varios países centroamericanos. Jefe de Licencias y Espectáculos Públicos del DF (1945-46). Ayudante técnico de la Dirección General de Pemex (1946-48). Comandante de cinco zonas militares y de la Brigada Mecanizada del Campo Militar número uno. Embajador de México en Paraguay (1953) y Yugoslavia. Jefe de Tránsito del DF. Director general del Instituto de Seguridad Social para los Trabajadores de las Fuerzas Armadas Mexicanas (1977-78). Senador del PRI por Nuevo León (1976-82).

AMAYA RODRÍGUEZ, FEDERICO ◆ n. en Cuernavaca, Mor. (1932). Hijo del anterior. Estudió en el Colegio Militar y en la Escuela Militar de Ingenieros (1956). Miembro del PRI desde 1961. Comisionado en la campaña por la presidencia del licenciado Miguel de la Madrid (1981-82). Director técnico de Agroindustrias (1968-70), director general de Proyectos y Construcciones (1970-74) y vocal ejecutivo del Comité de Contratación de Obras y Estudios de la SARH (1980-82). Gerente general de Servicios Ejidales (1974-76) y director general de la Comisión Reguladora de la Tenencia de la Tierra (1977-) de la Secretaría de la Reforma Agraria. Au-

tor de *Llamamientos para la planeación, programación y presupuestación de la regularización de la tenencia de la tierra* (1978), *Seguimiento, control y autoevaluación de programas* (1979) y *Regularización, su carácter social y la normatividad para cumplirla* (1980).

AMAYA SAMARRÓN, ANDRÉS CERROS ◆ n. en San Luis Potosí, SLP, y m. en el DF (1921-1993). Masajista. Llegó a la capital del país en 1940. Trabajó con boxeadores y luego con los clubes de futbol España, Zacatepec, Necaxa y América (desde 1962). Durante 20 años fue masajista de la Selección Mexicana, a la que acompañó en las Copas del Mundo de 1962, 1966 y 1970.

AMAYA TOPETE, JESÚS ◆ n. en Ameca, Jal., y m. en el DF (1889-1976). Estudió contaduría en Guadalajara. Pasó en 1906 a la ciudad de México y participó en la huelga de trabajadores del comercio (1916). En los años 20 presidió la Unión de Empleados de la Compañía Telegráfica Mexicana y el Sindicato de Colonos de Peralvillo, filiales de la CROM. Se inició en el periodismo en 1904 en Guadalajara, en *Juan Panadero* y *All Right*. Fundó y dirigió *Renovigo*, periódico editado en esperanto (1934-47). Fundó la Editorial Lumen (1931). Residió en Cuautla de 1959 a 1974. Escribió una novela (*El fuereño*, 1935), obras históricas (*Los conquistadores Fernández de Híjar y Bracamonte*, 1952; *El padre Hidalgo y los suyos*, 1952; *Hidalgo en Jalisco*, 1954; *Atlas mexicano del siglo XVI: expediciones y conquistas de México, Estudio de rutas* (1956); *Atlas mexicano de la conquista: historia geográfica en 40 cartas* (1958); *Cédulas reales de 1537 y 1609 relativas a la fundación de Valladolid hoy Morelia* (1956) y una *Historia de la fundación de Fresnillo*. También es autor de *La madre de Dios: génesis e historia de Nuestra Señora de Guadalupe* (1931). A él se debe el *Bokabulario Esperanto-Hispano-Amerikano* (1934).

AMAYTE KAUIL ◆ Divinidad maya de los rincones celestiales.

AMBIA MARTÍNEZ, GENARO ◆ n. en el DF (1931). General de brigada. Ingeniero constructor por el Colegio Militar y maestro en seguridad nacional por el Colegio de Defensa Nacional (1982), tomó un curso en la Escuela del Ejército de Estados Unidos en la zona del Canal de Panamá (1956). Ha sido profesor en la Escuela del Ejército de Estados Unidos en la zona del Canal de Panamá (1956), en el IPN (1958), en la ENP (1960) y en la Escuela Militar de Ingeniería (1962). Jefe de las secciones de Construcción (1959), de Estudios y Proyectos (1961) y de Control e Inspección (1969) de la Dirección General de Ingeniería; subdirector de la Escuela Militar de Ingeniería (1964) y director general del Servicio Cartográfico de la Secretaría de la Defensa.

AMBRÍS, ISAAC H. ◆ n. en Valle de Bravo, Edo. de Méx. (1942). Pintor. Estudió en la Academia de San Carlos y en la Universidad de las Américas. Expuso por primera vez de manera individual en el Youth Museum de Maco, Georgia, EUA, en 1968. Desde entonces ha expuesto en San Francisco, Los Ángeles, Berkeley, Basel, Brasilia, San Juan de Puerto Rico, Nueva York y Madrid.

AMBRIZ, LOURDES ◆ n. en el DF (1961). Soprano. Estudió en la Escuela Nacional de Música con Roberto Bañuelos y Leszek Zawadka (1978-80). En 1981 ganó el concurso Carlo Morelli y fue becada por el Instituto Nacional de Bellas Artes para estudiar en EUA. Ha cantado en Brasil, Cuba, Canadá, Estados Unidos y México.

AMBROSIO VELASCO, DONACIANO ◆ n. en San Pedro Yeloixtlahuaca, Pue., y m. en el DF (1935-1990). Licenciado en derecho por la UNAM (1964-68). Consejero estatal y nacional del PAN. Fue síndico de Huajuapan de León (1981-83) y diputado federal elegido a la LIV Legislatura (1988-91).

AMEALCO ◆ Sierra de Querétaro y Guanajuato, situada en los límites con el estado de Michoacán.

AMEALCO DE BONFIL ◆ Municipio de Querétaro situado en el extremo sur de la entidad, en los límites con los estados de México, Michoacán y Guanajuato. Superficie: 682.1 km². Habitantes: 50,407, de los cuales 11,250 forman la población económicamente activa. Hablan alguna lengua indígena 12,217 personas ma-

Amealco de Bonfil, Querétaro

yores de cinco años (otomí 12,194). Indígenas monolingües: 1,138.

AMECA ◆ Municipio de Jalisco situado al oeste de Guadalajara. Limita al noroeste con Nayarit. Está enclavado en la sierra de Quila y regado por el río Ameca. Superficie: 685.73 km². Habitantes: 56,343, de los cuales 14,264 forman la población económicamente activa. Hablan alguna lengua indígena 54 personas mayores de cinco años (popoluca 20 y náhuatl 20).

AMECA ◆ Río de Jalisco y Nayarit que sirve de límite natural entre ambos estados. Lo forman varios arroyos que descienden de las sierras de Ameca y Pajaritos. Recibe las aguas de los ríos Ahualulco, Atenguillo, Ahuacatlán y, cerca de su desembocadura, del Mascota. Descarga su caudal en la bahía de Banderas. Recibe también el nombre de río Pigintos.

AMECAMECA ◆ Municipio del Estado de México situado al este del DF, en los límites con Puebla, en las estribaciones del Popocatépetl y el Iztacíhuatl. Superficie: 168.65 km². Habitantes: 41,671, de los cuales 10,138 forman la población económicamente activa. Hablan alguna lengua indígena 114 personas mayores de cinco años (náhuatl 26 y otomí 13). La cabecera, hoy Amecameca de Juárez, fue una importante población prehispánica. Los españoles le dieron el título de villa en 1527. Atractivos: el territorio del municipio está en una región boscosa y la iglesia y

el convento de la cabecera son del siglo XVI, con pinturas dieciochescas, algunas atribuidas a Baltazar de Echave Orio.

AMELA ◆ Laguna de Colima situada en el municipio de Ixtlahuacán, en las llanuras de Tecomán, al sureste de la población del mismo nombre, cerca de los límites con Michoacán. Cuando las lluvias son abundantes se une con la laguna de Chanchopa, de la que sólo la separa un angosto brazo de tierra.

AMELIO, SONIA ◆ n. en el DF (1947). Crotalista. Estudió piano, actuación y danza. Ha actuado en el cine (*Crepúsculo de un dios*, *El niño Tizoc*, *Tacos al carbón*, *Es que somos muy pobres*). Por el desempeño de su papel en *Un dorado de Villa* ganó una Diosa de Plata en 1968. Como crotalista ha ofrecido recitales en televisión y teatro, tanto en México como en las más importantes capitales. El compositor mexicano Manuel Enríquez le escribió *Tripartita al estilo antiguo*, para crótalos y orquesta, y el soviético Aram Jachaturian compuso especialmente para ella *La viuda valenciana*. Algunas de sus actuaciones como recitalista han quedado grabadas en discos.

AMENDOLLA, LUIS ◆ n. en Mérida, Yuc., y m. en DF (1896-1954). En la ciudad de México fue redactor de *Revista de Revistas*, *El Universal Ilustrado y ABC*; fue director de la revista *Más*. Fue autor de libretos de teatro, en los años veinte y treinta, época de auge de la revista política (*¡Hasta Obregón!* y, con Tirso Sáenz,

Sonia Amelio

Lourdes Ambriz

Amecameca, Estado de México

¿Quiere usted ser millonario?). Escribió el libro *Vez y envés de Hernán Cortés*.

AMÉRICA ◆ Porción de la Tierra que limita por el norte con el océano Glacial Ártico, al sur con el océano Antártico, al oeste con el Pacífico y al este con el Atlántico. Comprende porciones insulares como las Aleutianas, el norte de Canadá y Groenlandia; las Bahamas y las Antillas; las Marianas, las Galápagos y las Malvinas, con lo cual totaliza entre 42 y 44.5 millones de km². El continente está dividido en dos grandes superficies de forma aproximadamente triangular, con la parte más ancha hacia el norte y la más angosta apuntando hacia el sur. Entre los dos triángulos se halla la cintura continental, el istmo de Panamá, de apenas unos cincuenta km de ancho. La longitud del territorio americano se calcula entre 16 y 18 mil kilómetros. Su población estimada en 1997 era de unos setecientos ochenta millones de habitantes. Desde hace miles de años han llegado al continente grupos humanos de otras partes del mundo, de Asia y Oceanía principalmente, tanto por las islas Aleutianas como por el estrecho de Behring, cuando no a través del Pacífico, sobre todo en el sur. Se han encontrado huellas del paso de los escandinavos por la costa este del norte de América, antes de la llegada de Cristóbal Colón, quien encabezó a un grupo de europeos que pisaron tierra americana en 1492. El nombre del continente se debe a que un cartógrafo de principios del siglo XVI, Martin Waldseemüller, lo llamó América, en honor del navegante italiano Amerigo Vespucci. Otros nombres usuales para esta masa de tierra son Continente Americano, Hemisferio Occidental y Nuevo Mundo.

AMÉRICA ◆ Equipo de futbol fundado en 1916. Nació de la unión de los equipos Récord y Colón. Siempre ha competido en la liga de Primera División. En 1959 fue adquirido por el empresario Emilio Azcárraga. Ganó cuatro campeonatos de liga y uno de copa en el futbol aficionado. En la liga profesional de futbol mexicano ha obtenido ocho campeo-

El equipo America, fundado en 1916, ha obtenido ocho campeonatos de liga

natos: (1965-66, 1970-71, 1975-76, 1983-84, 1984-85, Prode-85, 1987-88 y 1988-89), cinco torneos de copa (1953-54, 1954-55, 1963-64, 1964-65 y 1973-74) y cuatro de campeón de campeones (1954-55, 1975-76, 1987-88 y 1988-89). En torneos internacionales ha ganado cuatro campeonatos de Concacaf (1978, 1987, 1991 y 1993) y dos copas interamericanas (1978 y 1991).

AMÉRICA MEXICANA ◆ Expresión utilizada para referirse a México. Fue usual en la prensa insurgente y otros documentos independentistas. Todavía en los años veinte y treinta del siglo XIX solía emplearse esa expresión.

AMÉRICA. REVISTA ANTOLÓGICA ◆ Publicación literaria aparecida en agosto de 1940. Su creación fue promovida por Roberto Guzmán Araujo, Manuel Lerín, Agustín Rodríguez Ochoa, Marco Antonio Millán, Armando Salazar y José Pavía Crespo, así como por los refugiados españoles Juan B. Climent, Carlos Sainz de la Calzada, Tomás Ballesta, Jesús Bernárdez y Juan B. Vilatela. El consejo de colaboración lo formaron, entre otros, Alfonso Reyes, Enrique Díez-Canedo, Pedro de Alba, Benjamín Jarnés, Alfonso Teja Zabre e Isabel de Palencia. Fungieron como corresponsales Federico de Onís, Victoria Ocampo, Germán Arciniegas, Luis Jiménez de Azúa, Gonzalo Zaldumbide y Mariano Picón Salas. El consejo director estuvo integrado por Guzmán Araujo, Rodríguez Ochoa, Cli-

ment, Ballesta, Sainz de la Calzada y Pavía Crespo. Otros colaboradores fueron Leopoldo Zea, Francisco Giner de los Ríos, Alí Chumacero, Jorge González Durán, Natalio Vázquez Pallares, Agustín Mateos Muñoz, Luis Recasens Siches, Juan José Domenchina, César Garizurieta, Andrés Henestrosa, Gabriel López Chiñas, Pablo Neruda, Octavio Paz, Efrén Hernández, León Felipe, Manuel Altolaguirre, Concha Méndez, Luis Enrique Délano, Margarita Michelena, Pita Amor, Ramón Rubín, Rosario Castellanos, Luisa Josefina Hernández, Emilio Carballido, Sergio Magaña, Jaime Sabines, Salomón de la Selva, Rubén Salazar Mallén, Octavio N. Bustamante, Emma Godoy, Rodolfo Usigli, Carmen Toscano, Magdalena Mondragón, José Gorostiza, Rafael Solana y Juan Rulfo, de quien se publicó la mayor parte de los cuentos de *El llano en llamas*. A partir del número 13, de agosto de 1942, la revista apareció regida por un comité presidido por Guzmán Araujo, con Marco Antonio Millán como secretario de redacción, puesto del que pasó a director en 1947. La publicación desapareció en 1957.

AMERICAN STAR, THE ◆ Órgano de los invasores estadunidenses publicado durante la ocupación de la ciudad de México (septiembre de 1847 a mayo de 1848). Fungieron como sus editores John Peoples (posiblemente un seudónimo) y R. Barnard. Fue el primer periódico en inglés aparecido en la capital.

AMÉRIGO, FEDERICO ◆ n. en España y m. en el DF (?-1971). Estudió derecho en la Universidad Central de Madrid. Llegó a México en 1942. Fue gerente de producción de la película *Nazarín*, de Luis Buñuel (1958); gerente de producción de *Sonatas* (1959); jefe de producción de *El gallo de oro* (1964); productor ejecutivo de *Pedro Páramo* (1966). Estuvo encargado de producir la cinta sobre los XIX Juegos Olímpicos.

AMERO, EMILIO ◆ n. en Ixtlahuaca, Edo. de Mex., y m. en el DF (1901-1976). Litógrafo, muralista, fotógrafo, cineasta y profesor de arte. Figura poco comentada en la historia del arte mexicano porque pasó la mayor parte de su vida en EUA y se conservan muy pocas obras suyas. En Nueva York se comprometió a filmar *Viaje a la luna*, guión de Federico García Lorca a quien conoció en 1928 y del que llegó a realizar algunas escenas en el DF. En 1929 hizo el corto abstracto *777*. Desarrolló y perfeccionó la técnica del fotograma inventada por Man Ray. En 1923 se interesó con Jean Charlot por la litografía, pero no fue sino hasta 1930, a su regreso de Estados Unidos, cuando su taller se convirtió en el principal centro de producción de este tipo de grabado, por el que pasaron Gabriel Fernández Ledesma, Carlos Orozco Romero, Carlos Mérida, Alfredo Zalce, Francisco Díaz de León y otros artistas. Volvió a establecerse en Estados Unidos, donde pasó un largo periodo de su vida.

AMEZCUA, JENARO ◆ n. y m. en el DF (1887-¿1948?). Hizo estudios castrenses. Militó en el Partido Liberal Mexicano y en el Antirreeleccionista, lo que le costó ser encarcelado en Huajuapan de León durante casi un año. Pasó por el Partido Democrático que en 1911 apoyó la candidatura de Bernardo Reyes. A fines de ese año se unió al zapatismo como teniente coronel del Ejército Libertador del Sur. En marzo de 1913 Zapata lo envió a operar en Oaxaca. Firmó el Acta de Ratificación del Plan de Ayala en 1914 y en ese año asistió como delegado de Zapata a la Convención. Fue oficial mayor encargado del despacho de la Secretaría de Guerra y Marina en el gabinete convencionista de Francisco Lagos Cházaro (1915). General de brigada en 1916. En 1917, en La Habana, escribió en los periódicos *La Discusión, Solidaridad, El Mundo* y otros. Precisamente en *El Mundo* dio a conocer fragmentos de una carta de Zapata en la que éste dice: "Mucho ganaríamos, mucho ganaría la humana justicia, si todos los pueblos de nuestra América y todas las naciones de la vieja Europa comprendiesen que la causa del México revolucionario y la causa de Rusia la irredenta son y representan la causa de la humanidad, el interés supremo de todos los pueblos oprimidos." Durante su estancia en Cuba publicó el libro *A los pueblos de Europa y América*. En 1920 regresó a México y se retiró a la vida privada.

AMEZCUA DROMUNDO, CUAUHTÉMOC ◆ n. en el DF (1938). Profesor de secundaria. Militante del PPS desde 1957, en ese partido ha sido secretario general de la unidad Jorge Dimitrov (1965), secretario general en el DF (1979-84), oficial mayor de la fracción parlamentaria (1976) y de la dirección nacional (1977) y miembro del comité central (1973) y de la dirección nacional (1982-). Tres veces diputado federal (1979-82 y plurinominal en 1985-88 y para el periodo 1991-94).

AMEZCUA FIGUEROA, JOSÉ LUIS ◆ n. en Guadalajara, Jal., y m. en el DF (1893-1970). En 1910 estuvo unos meses en el Colegio Militar. En 1910 se incoporó a la rebelión maderista. Al triunfo de la revuelta ingresó en la Escuela Militar de Aspirantes de Tlalpan, de donde salió en 1913 como subteniente. Desertó del ejército huertista en 1914 y se adhirió al constitucionalismo, con el cual asistió a varios combates y logró el grado de teniente coronel. Participó en la rebelión de Agua Prieta. En 1921 fue jefe del estado mayor de Manuel Ávila Camacho. Durante la lucha contra el alzamiento delahuertista obtuvo el generalato. Jefe del Departamento de Aviación en 1929, al año siguiente asistió a un curso en la Escuela Superior de Guerra de Turín, Italia, donde permaneció hasta 1933. Jefe de redacción de la página militar de *El Nacional* (1935). Agregado militar en la embajada mexicana en Washington (1937-38) y después, hasta 1939, en Argentina y Chile, con residencia en Santiago. Ministro plenipotenciario ante el gobierno de Japón (1941). Comandante de la segunda División de Infantería (1944-45). Director de la Escuela Superior de Guerra (1944-45). Colaboró en *El Universal, El Legionario* y la *Revista del Ejército*.

AMEZCUA MANJARREZ QUEVEDO, JOSÉ ◆ n. en San Cristóbal de Las Casas, Chis. (1932). Licenciado en derecho por la Universidad Michoacana de San Nicolás de Hidalgo (1954-60), de la que fue profesor (1959), y maestro en derecho especializado en criminología por la UNAM (1960-61). Pertenece al PRI desde 1951. Ha sido defensor de oficio (1951 y 1956), juez municipal (1954), agente del Ministerio Público en Michoacán (1960), juez de Apatzingán (1960) y Uruapan (1963), director de servicios periciales de la Procuraduría General de Justicia de Durango (1962), subdirector general de·servicios periciales de la PJDF (1972), jefe del departamento jurídico de la CNPP (1978), subdirector jurídico de reclusorios del DDF (1981), subdirector de seguridad de la Secretaría de Gobernación (1984) y director general de asuntos jurídicos de la Secretaría de Marina (1989-).

AMÉZQUITA Y GUTIÉRREZ, JOSÉ PERFECTO ◆ n. en Ciudad Fernández, SLP, y m. en Puebla, Pue. (1835-1900). Obispo de Tabasco (1886) y de Puebla (1896).

AMIEVA, CELSO ◆ n. en España y m. en el DF (1911). Militó en el ejército republicano durante la guerra civil española y al triunfo del franquismo (1939) se refugió en Francia, donde en 1944 se incorporó a la resistencia contra la ocupación nazi. Al término de la guerra fue director de las residencias de niños españoles de Sain Gion (1946) y de niños judíos en Cessieu. En esos años colaboró en las revistas *Ataque* de Perpignan, *Ahora* de Toulouse, *L'Espagne Republicaine* de París y *Don Quijote* de

Rodez. Llegó a México en 1953. Escribió el guión para *Pueblo en armas*. Ejerció el periodismo en *El Nacional, El Día, Excélsior* y la Agencia de Prensa Novosti. En 1967 salió del país. Autor del volumen de cuentos *El cura de Tresviso* (1957), del ensayo *Los vencedores de Negrín* (1976), y de los poemarios *Los poemas de Llanes* (1955), *Versos del maquís* (1960), *La almohada de arena* (1960), *Poeta en la arena* (1964) y *El paraíso incendiado* (1966).

Amnistía Internacional

AMIEVA HUERTA, JUAN ◆ n. en Córdoba, Ver. (1958). Licenciado y maestro en economía, es candidato a doctor en economía por la Universidad de Colorado en Boulder. Ha sido gobernador temporal en las reuniones anuales del Banco Centroamericano de Integración Económica, del Banco de Desarrollo del Caribe y en la reuniones anuales del Fondo Común de los Productos Básicos. Economista del Departamento de Política Fiscal del FMI, jefe de la delegación mexicana ante el Comité de Política Económica de la OECD, miembro del Consejo Asesor Técnico del CEESP, director general de Asuntos Hacendarios Internacionales de la Secretaría de Hacienda, director general del Instituto Mexicano del Mercado de Capitales, director de la Escuela de Economía de la Universidad Anáhuac del Norte y subdirector de Proyecciones Econométricas de la SHCP. Es secretario de Finanzas y Planeación del gobierno de Veracruz.

AMILPA, FERNANDO ◆ n. en Jojutla, Mor. y m. en el DF (1898-1952). Fue carrancista. Dirigente sindical desde principios de los veinte. Participó en la CROM y la dejó junto con Fidel Velázquez. Cofundador de la CTM, ocupó la secretaría general entre 1947 y 1950, perdiendo la elección en este año ante Fidel Velázquez. Diputado federal (1937-40) y senador por Morelos (1940-46).

AMÍMITL ◆ Deidad náhuatl de la pesca. Se le denominaba también Opochtli.

AMÍMITL ◆ Uno de los caudillos aztecas fundadores de Tenochtitlan.

AMIXTLÁN ◆ Municipio de Puebla situado en el norte de la entidad. Super-

ficie: 33.17 km². Habitantes: 4,273, de los cuales 1,058 forman la población económicamente activa. Hablan alguna lengua indígena 2,977 personas mayores de cinco años (totonaco 2,955).

AMNISTÍA INTERNACIONAL ◆ Organización imparcial e independiente que tiene como fin la defensa de los derechos humanos. Fue fundada en Londres en mayo de 1961. Su atención está puesta en las víctimas de detenciones, torturas, desapariciones, abusos físicos o psicológicos y otros fenómenos violatorios de los derechos humanos. De acuerdo con sus documentos básicos, "busca la liberación de los presos de conciencia, o sea, de las personas encarceladas en cualquier parte del mundo a causa de sus convicciones, color, sexo, origen étnico, idioma o religión, que no han recurrido a la violencia o abogado por ella"; "propugna la realización de juicios expeditos e imparciales para todos los presos políticos y trabaja en defensa de aquellas personas recluidas sin cargos o juicio previo"; "se opone sin excepciones a la imposición de la pena de muerte y a la tortura, y a toda pena o trato cruel, inhumano o degradante impuesto a cualquier categoría de presos". La labor de Amnistía Internacional se basa en la Declaración Universal de los Derechos Humanos adoptada por las Naciones Unidas. Éstos incluyen el derecho a la libertad de expresión, conciencia y religión; el derecho a no ser sometido a detención o prisión arbitrarias; el derecho a un juicio imparcial; el derecho a la vida, a la libertad y a la seguridad personales; y el derecho a no ser torturado. A fines de 1986 la organización contaba con medio millón de miembros individuales, suscriptores y simpatizantes que contribuyen a su sostenimiento en más de 160 países y territorios. Cuenta con 3,600 grupos locales que atienden más de 50,000 casos. Amnistía Internacional recibió el Premio de Derechos Humanos de las Naciones Unidas y el Premio Nobel de la Paz 1977 por su contribución al "afianzamiento de las bases de la libertad y la justicia y, por ello, también de la paz en el mundo". La

Sección Mexicana se creó en 1972.

AMO MORALES, JULIÁN ◆ n. en España (1908). Abogado. Militó en el bando republicano durante la guerra civil española. Llegó a México en 1939. Profesor en la Universidad Motolinía. Ha trabajado para la Secretaría de Relaciones Exteriores. Colaboró en diversos periódicos. En México ha publicado *Método de trabajo intelectual* (1939), *Anuario bibliográfico mexicano de 1940: catálogo de catálogos e índice de periódicos* (1942) y *Anuario bibliográfico mexicano de 1941 y 1942: bibliografía de bibliografías y bibliotecas de la capital* (1944). Autor, en colaboración con Charmion Shelby, de *La obra impresa de los intelectuales españoles en América, 1936-1945* (Stanford, EUA, 1950).

AMO RODRÍGUEZ, LUZ DEL ◆ n. en España (1937). Maestra en letras modernas por la UNAM (1964), realizó estudios de posgrado en literatura francesa (Universidad de París, 1960-61, y Universidad de Leiden, 1967-68) y de actuación y producción teatral en la Universidad del Teatro de las Naciones (Francia, 1964-65). Fue actriz del grupo teatral de la Escuela Nacional de Arquitectura de la UNAM. Colaboró en varios programas de la Casa del Lago y Radio UNAM (1957-63). Funcionaria en dos ocasiones de organismos internacionales con sede en La Haya y París (1967-71). De nuevo en México trabajó en cargos de coordinación o administración de proyectos editoriales en la Secretaría del Trabajo (1973-76), la SEP (1977-78) y la Secretaría de Relaciones Exteriores (1983-89). Integrante de la comisión editorial (1976) y de la Subsecretaría de Asuntos Internacionales (1982) del PRI, miembro del consejo editorial de *Línea* (órgano teórico de ese partido), jefa de redacción de *La República*, órgano del PRI, y directora de la colección de libros *De la política exterior*. Es representante cultural de México en España con rango diplomático de ministra (1992-).

AMOLES ◆ ☞ *Pinal de Amoles.*

AMOR, GUADALUPE PITA ◆ n. en la ciudad de México (1917). Poetisa. Estudió en colegios católicos del DF y Monterrey. Trabajó para cine y teatro.

Ha colaborado en *México en la Cultura* y *Revista Mexicana de Cultura*, suplementos de los diarios *Novedades* y *El Nacional*, respectivamente, así como en la revista *Siempre!* Autora de *Yo soy mi casa* (1946), *Puerta obstinada* (1947), *Círculo de angustia* (1948), *Poesía* (1948), *Polvo* (1949), *Poesías completas* (1951), *Décimas a Dios* (1953), *Otro libro de amor* (1955), *Antología poética* (1956), *Sirviéndole a Dios, de hoguera* (1958), *Todos los siglos del mundo* (1959), *Como reina de barajas* (1966), *Fuga de negras* (1966), *El zoológico* (1975), *Las amargas lágrimas de Beatriz Sheridan* (1981), *Ha mí me ha dado en escribir sonetos* (1981), *Pita y otros monstruos* (1983), *Sonetos* (1983), *Soy dueña del universo* (1984), *La manzana de Martha Chapa* (1986) y *La sombra del mulato* (1988). También ha publicado cuentos: *Yo soy mi casa* (1957) y *Galería de títeres* (1959). Ha ofrecido recitales en diversos foros de la capital y de provincia. En TV hizo el programa *La señora de la tinta* (Canal 11). En 1986 realizó una serie de presentaciones en las que alternó como declamadora con Susana Alexander.

Guadalupe *Pita* Amor,
por Roberto Montenegro

AMOR, PABLO ◆ n. en el DF (1951). Pintor. Fue discípulo de Gilberto Aceves Navarro en la Academia de San Carlos (1973) y posteriormente trabajó en su taller. Tomó un curso de cartel con Wiktor Gorka (1974) y otro de arte moderno con Xavier Moyssén en la UNAM (1975). Expone colectivamente desde 1974. Su primera muestra individual se presentó en 1978.

AMOR, ROSENDO ◆ n. en Guadalupe, Zac., y m. en el DF (1879-1970). Médico cirujano. Director de la Escuela Nacional de Medicina (1916-1920). Presidente de la Academia de Medicina en 1938 y 1939.

AMOR PONIATOWSKA, PAULA ◆ n. en Francia (1908). Hija de padres mexicanos que coincidieron con el exilio de Porfirio Díaz, fue bautizada como María de Lourdes Paulette Amor Yturbe. Casó, en 1930, con Jean Evermont Poniatowski Sperry, príncipe de Polonia, con quien procreó a Elena y Kitzia Poniatowska y a Jan Poniatowski. Llegó a México en 1941. Fundó, junto con Isidro Fabela, la Sociedad Protectora de Animales. Coautora, con Elena Poniatowska, del libro autobiográfico *No me olvides* (1996).

AMORÓS, ROBERTO ◆ n. en Coatepec, Ver. y m. en el DF (1914-1973). Abogado. Secretario general del SNTE. Oficial mayor y subsecretario de la Presidencia de la República. Gerente de Talleres Gráficos de la Nación, de la Cooperativa de Vestuario y Equipo, de Ferrocarriles Nacionales de México (1952-58) y de la Compañía Exportadora e Importadora Mexicana (CEIMSA), a la que cambió la razón social por Conasupo. Entre 1958 y 1964 publicó *Derecho de clase*, *La oncocercosis, enfermedad profesional* y *La industria del café*.

AMOZOC ◆ Municipio de Puebla que limita por el este con la capital del estado. Superficie: 183.7 km². Habitantes: 54,699, de los cuales 9,157 forman la población económicamente activa. Hablan alguna lengua indígena 614 personas mayores de cinco años (náhuatl 365). El municipio fue fundado a mediados del siglo XVI. La iglesia de Santa María de la Asunción se erigió hacia 1570 por frailes franciscanos y en 1924 se incendió. Artesanías: sarapes, artículos de montar y juguetes de barro. La expresión "acabó como el rosario de Amozoc", empleada para referirse a reuniones que terminan en violencia colectiva, se originó en 1797, cuando una ceremonia de bendición de los Cristos que se celebraba anualmente en la pa-

Paula Amor Poniatowska

rroquia finalizó en riña colectiva, por la intransigencia del sacristán, de acuerdo con una versión, o debido a la tradicional rivalidad entre los barrios, según dice otra. Ambas versiones coinciden en que los rijosos se golpearon con los Cristos que llevaban. El intendente de Puebla, Manuel Flon de la Cadena, prohibió que continuara celebrándose ese ritual.

AMOZURRUTIA, JOSÉ ◆ n. en el DF (1950). Músico. Ingeniero químico graduado en 1972, estudió piano, con Joaquín Amparán, y composición y fue miembro del coro de la Escuela Nacional de Música (1976-77). Participó en el segundo ciclo de Jóvenes Compositores de la UNAM con la obra *Pieza para piano número 7* y en el Ciclo de la computadora para el proceso de composición, en Radio Universidad. Autor de las obras *Movimiento para sonata* (1978), *Sonante* para piano (1979), *Intersión* para cuarteto de cuerdas

Obra de Pablo Amor

(1981) y la música para la película *Hotel Villa Goerne* (1981).

AMPARÁN, FRANCISCO JOSÉ ◆ n. en Torreón, Coah. (1957). Escritor. Ingeniero químico industrial titulado en el Instituto Tecnológico de La Laguna. Profesor de la Universidad Iberoamericana Unidad Laguna. Ha colaborado en las revistas *Dosfilos*, *La Parda Grulla*, *El Cuento* y *Tierra Adentro*, así como en los periódicos *El Siglo de Torreón* y *La Opinión*. Coautor de *Nos llamarán a todos* (1984) y autor de *El silencio cayendo* (1982), *Sonata en ocre y azul* (1983), *La luna y otro testigos* (1984), *Los once y sereno* (1985), *Cantos de acción a distancias* (1988). En 1982 obtuvo el Premio de Artes de Querétaro; en 1983 el Premio de Cuento de *El Porvenir*; también en 1983 el Premio Latinoamericano de Cuento; y en 1986 el Premio Nacional de Cuento del INBA-Gobierno de San Luis Potosí.

AMPARÁN CORTÉS, JOAQUÍN ◆ n. en Gómez Palacio, Dgo., y m. en el DF (1903-1996). Músico y pedagogo. Estudió piano con Francisco de P. Huerta (1910). En 1914 llegó a la ciudad de México, donde ingresó a la Academia Mexicana de Piano de Luis Moctezuma (1916) y al Conservatorio Nacional de Música (1922), donde estudió con Lamberto Castañares. Debutó en 1919, con el *Concierto para piano* de Mendelssohn bajo la batuta de Julián Carrillo. En el Conservatorio cubrió la cátedra de piano de Manuel M. Ponce (1926). Fue becado a Europa, donde estudió con Leonid Kreutzer en Berlín (1927), Alfred Cortot en París (1928) y se matriculó en el Conservatorio de Leipzig (1929). Regresó al país en 1931 y desde entonces impartió la cátedra de piano en el Conservatorio Nacional, institución de la que fue subdirector (1946-47) y director (1960). También fue profesor de la Escuela Nacional de Música de la UNAM. Ofreció numerosos conciertos como solista, bajo la dirección de Chávez y Revueltas.

AMPUDIA, PEDRO ◆ n. en Cuba y m. en la ciudad de México (1803-1868). Llegó al país con O'Donojú, virrey que no llegó a tomar posesión (1821). Se adhirió al Plan de Iguala y fue enviado a combatir contra los realistas que resistían en San Juan de Ulúa. Actuó en la defensa de México contra la invasión de Barradas (1829). Fue destacado a Texas y a Yucatán para luchar contra los separatistas en ambos estados. Tomó parte en las batallas de Monterrey y La Angostura contra los invasores estadounidenses, en 1846, en su calidad de general en jefe y gobernador de Nuevo León. Volvió a la gubernatura de este estado, designado por Santa Anna, en 1853-54. Combatió a los conservadores durante la guerra de Reforma. Bajo el imperio aceptó servir a Maximiliano.

AMPUDIA MALACARA, RICARDO ◆ n. en el DF (1928). Licenciado en comunicación por la UNAM y maestro en esa misma área por la Universidad de Stanford y por la Pasiple Western University. Pertenece al PRI desde 1975 donde fue subdirector del órgano informativo *La República* y subdirector de Asuntos Internacionales. Director de prensa extranjera de la Presidencia de la República (1985-88), subdirector del Fonatur (1989-90), cónsul en Houston (1990-92) y director general de protocolo de la Secretaría de Relaciones Exteriores (1992).

Ricardo Ampudia Malacara

AMTMANN OBREGÓN, CARLOS ◆ n. en la ciudad de México y m. en Jiutepec, Mor. (1918-1998). Ingeniero químico por la UNAM. Fue vicepresidente ejecutivo y presidente del Consejo Nacional de la Publicidad, presidente del Consejo Latinoamericano de Ejecutivos de Ven-

tas, director de la Cámara Nacional de la Industria de Laboratorios Químico-Farmacéuticos, director y vicepresidente de K. R. Amtmann y vicepresidente de Laboratorios Miles de México.

AMUZGOS ◆ Grupo étnico que vive en la Costa Chica de Guerrero y Oaxaca. Su idioma tiene semejanzas con el mixteco. Viven en una pobreza extrema, con altos índices de morbilidad y mortalidad, sobre todo infantil. Practican rudimentariamente la agricultura y la pesca, o bien se dedican al pequeño comercio, sobre todo ambulante u ocasional. Producen géneros con el llamado telar de cintura. El culto católico ha adoptado entre ellos algunas peculiaridades, como el acompañamiento de las ceremonias con instrumentos de percusión primitivos. Han preservado algunas de sus danzas tradicionales (la del Machomula, la del Tigre) y pocos de sus mitos sobreviven.

ANÁHUAC ◆ En náhuatl, "lo que está cerca del agua", "junto al agua". Al valle de México también se le conoce como valle de Anáhuac por los lagos hoy desaparecidos. Por extensión, el término se usa también como sinónimo de México.

ANÁHUAC ◆ Municipio de Nuevo León situado en el extremo norte de la entidad, en los límites con Estados Unidos. Superficie: 4,121.6 km². Habitantes: 18,278, de los cuales 5,445 forman la población económicamente activa. Hablan alguna lengua indígena once personas mayores de cinco años. En la cabecera, Ciudad Anáhuac, la principal fiesta es el 12 de diciembre, con peregrinación, música y danzas típicas.

ANÁHUAC, MESA DE ◆ Planicie conocida también como Mesa Central (☞).

ANAHUACALLI ◆ Nombre dado al Museo Diego Rivera por el propio pintor, quien se encargó del proyecto arquitectónico, la construcción y decoración del edificio, ubicado al sur de Coyoacán, en el DF. Contiene obra y colecciones que Rivera donó al pueblo de México. El nombre significa "casa de Anáhuac" o "casa de México".

ANALCO ◆ Lienzo mixe que data del siglo XVI. Describe una matanza realizada por los conquistadores y sus aliados, hacia 1522, en lo que hoy es la Sierra de Juárez. Se conocen reproducciones. El original se halla extraviado.

ANARQUISMO ◆ Doctrina y movimiento social que se propone sustituir al Estado por la cooperación generalizada y voluntaria de los ciudadanos. Esta teoría se nutrió del utopismo y de las corrientes de pensamiento que preconizaban la libertad del individuo, la supremacía de la razón y el igualitarismo. Los más célebres exponentes del anarquismo son el francés Pierre-Joseph Proudhon (1809-1965) y los rusos Mijail Bakunin (1814-1876) y Piotr Kropotkin (1842-1921), así como el italiano Ericco Malatesta (1853-1932). En México los historiadores asocian la llegada de las ideas anarquistas con la creación de las primeras organizaciones obreras de ayuda mutua, alrededor de 1850. Sin embargo, el primer escritor a quien en rigor puede llamarse anarquista es el griego Plotino C. Rhodakanaty, quien llegó al país en 1861 y en ese mismo año publicó su *Cartilla socialista*, donde exponía lo que debía ser una comuna agrícola. En 1863, Rhodakanaty había logrado formar un círculo de estudios que se llamó Grupo de Estudiantes Socialistas. Los más destacados integrantes de ese núcleo fueron Francisco Zalacosta, Santiago Villanueva y Hermenegildo Villavicencio. El grupo buscaba contacto con los trabajadores y, para lograrlo, desplegó una intensa actividad organizativa que tuvo prontos resultados: en 1865 revivió la Sociedad Particular de Socorros Mutuos, agrupación creada en 1853; reorganizó la Sociedad Mutua del Ramo de Sastrería y, con obreros de Tlalnepantla y la ciudad de México, fundó la Sociedad Mutualista del Ramo de Hilados y Tejidos del Valle de México, que los días 10 y 11 de junio de 1865 inició una huelga, la que reprimió el gobierno imperial causando varios heridos. Una de las demandas era la reducción de la jornada de trabajo, que entonces era de 13 horas para las mujeres y de 14 para los varones.

Otras organizaciones creadas por iniciativa ácrata o con su respaldo fueron las de carpinteros y canteros, así como núcleos mutualistas que asumían tareas sindicales, como fue el caso de los tejedores de Miraflores o los obreros de la compañía La Fama Montañesa, que en julio de 1868 realizaron una huelga que terminó victoriosamente. De especial importancia fue el surgimiento de la Asociación Socialista de Tipógrafos Mexicanos, pues de esta manera se obtenía el respaldo de un gremio clave para las tareas de difusión. En 1866 nació la Sociedad Agrícola Oriental y Rhodakanaty fundó en Chalco una comuna donde echó a andar una escuela. En ella estudió Julio Chávez López, quien escribió: "soy socialista porque soy enemigo de todos los gobiernos, y comunista, porque mis hermanos quieren trabajar las tierras en común". A fines de los años sesenta, Chávez López, apoyado por Zalacosta, había organizado el más importante alzamiento campesino del México prerrevolucionario, que se extendió por los estados de México, Hidalgo, Veracruz y Morelos. Las autoridades juaristas decidieron aplastar la revuelta y recurrieron a la táctica de "tierra quemada", las detenciones masivas, las deportaciones y otras medidas que culminaron con el fusilamiento de Chávez López. La derrota del movimiento campesino no significó el fin del auge anarquista. Rhodakanaty y sus discípulos habían estimulado la formación de no pocas organizaciones gremiales y de empresa. Por otra parte, se dio vida por entonces a La Social, agrupación clandestina que se proponía, según el propio Rhodakanaty, "destruir la relación entre el Estado y el sistema económico para la reorganización de la propiedad, la abolición de la política y de los partidos". La Social era de hecho un partido en el que militaban, además de los mencionados, otros activistas como Ricardo Velatti, Pedro Ordóñez, Benito Castro y Agapito Silva. En 1869 se estableció el Círculo Proletario, que funcionaba como organización abierta, una especie

de centro de estudios y propaganda ácrata. Al Círculo se integraron los hombres más activos de las mutualidades, entre ellos Rafael Pérez de León, Evaristo Meza y dos periodistas que jugarían un papel de primera importancia en los años siguientes: Juan de Mata Rivera y José María González. A partir de la restauración de la República, los liberales se incorporaron al trabajo de organización obrera. Sin embargo, los anarquistas se habían adelantado, pues no abandonaron sus actividades ni cuando eran objeto de la represión imperial. El 16 de septiembre de 1870, en una asamblea a la que asistieron delegados de los trabajadores organizados, se fundó el Gran Círculo de Obreros de México (☞), la primera central obrera que surgía en el país. Villanueva presidía esta agrupación en la que coexistían dos tendencias: la liberal, que mantenía relaciones con las autoridades, y la anarquista, que planteaba "la abolición de todos los sistemas de gobierno". A un año de creado el Gran Círculo murió Villanueva y su lugar en la presidencia lo ocupó Epifanio Romero, de la corriente gobiernista, que aceptó recibir dinero del presidente Sebastián Lerdo de Tejada. La nueva relación entre los representantes obreros y el Estado originó un debilitamiento de los anarquistas, que bregaron duramente para recuperar el terreno perdido. En 1871 se publicó el primer número de *El Socialista*, órgano de las diversas corrientes obreras, con Juan de Mata Rivera como editor. Desde sus páginas, los anarquistas apoyaron las huelgas de la época, entre otras la de los mineros de Real del Monte en 1872. Otros periódicos de tendencia obrerista aparecieron en esos años. El más importante de ellos, además de *El Socialista*, fue *El Hijo del Trabajo*, dentro del cual el sastre José María González, atento lector de Proudhon, se constituyó en la figura más descollante por el tono apasionado de sus artículos, en los que mencionaba a la Internacional como una especie de tribunal al que tendrían que rendir cuentas todos los burgueses de la tierra. De Mata Rivera y Zalacosta fueron los principales impulsores del movimiento agrario durante la década de los años setenta, el cual desembocó en la formación del Gran Comité Central Comunero en 1878, donde confluyeron los representantes de las comunidades agrarias afectadas por la desamortización, especialmente por la Ley Lerdo. El Gran Comité tuvo un radio de influencia que abarcó las entidades contiguas a la capital y otras tan alejadas como Coahuila, Chihuahua, Durango, San Luis Potosí y Michoacán. El Comité promovió grandes levantamientos y fue censurado y reprimido por las autoridades, que en 1880 presumiblemente fusilaron a Zalacosta. Contemporáneos de Mata y Zalacosta fueron Tiburcio Montiel, que organizó una Liga Agraria de la República Mexicana, y Alberto Santa Fe, a quien se debe un manifiesto agrario conocido como la *Ley del Pueblo*, que tuvo entre sus adeptos al general Miguel Negrete, simpatizante de los anarquistas. En las ciudades, los organizadores anarquistas fueron capaces de remontar la desventajosa situación de 1872 y, para 1876, al crearse el Congreso General Obrero de la República Mexicana, hicieron sentir su presencia en el aspecto programático, cada vez más lejos del mutualismo, y varios ácratas fueron elegidos para puestos de dirección. Pero la unidad lograda fue precaria desde el inicio del Congreso, no sólo entre liberales y antigobiernistas sino entre los mismos ácratas. Las discrepancias más graves se hicieron evidentes en 1880, con motivo de la elección presidencial. Mientras los liberales se inclinaban en su mayoría por respaldar al candidato porfirista, Manuel González, otros núcleos del Congreso, especialmente el de Zacatecas, proponían apoyar al gobernador de esa entidad, Trinidad García de la Cadena. Por su parte, los anarquistas fieles a la ortodoxia antipolítica se oponían a cualquier candidato, por juzgar pernicioso todo gobierno. La notoria división en el seno del Congreso era

una muestra de debilidad obrera. Porfirio Díaz lo entendió así y permitió la existencia de periódicos y grupos moderados, pero fue intransigente con quienes mantenían posiciones radicales. De las filas del ejército, donde el anarquismo llegó a tener como simpatizantes a generales tan influyentes como Negrete y el propio García de la Cadena, ninguna ayuda podía llegar. Los militares socializantes habían sido eliminados. Las ideas anarquistas acabaron siendo de consumo interno para grupos pequeños y moderados, como el Club Nacional de Obreros Libres o la Junta Privada de las Sociedades Mutualistas de México, que en el nombre llevaba la timidez. El anarquismo, al igual que otras corrientes obreras, se esfumó de la escena pública, pero no murió. Se mantuvo en hibernación durante la noche porfirista. Reaparecería transformado en los primeros años del siglo XX, en las huelgas de Cananea y Río Blanco, en la prensa magonista y en el grito de "tierra y libertad". Ese anarquismo era fiel a su raíz proletaria y no perdía ocasión de ratificar su animosidad contra el Estado. Pero ya no proponía la formación de idílicas comunas, a la manera proudhoniana, sino que veía la solución para los problemas sociales en los obreros de la gran industria, en su organización y combatividad. Por eso se le llamó anarcosindicalismo. Los primeros brotes, todavía en pleno porfirismo, fueron en Cananea y Río Blanco, dos puntos de concentración obrera. Encarcelados, perseguidos o desterrados, los hermanos Flores Magón, Ricardo y Enrique, trataban de aclarar y precisar en sus periódicos el papel que correspondía al proletariado. Su labor educativa fue sobrepasada por la fuerza incontenible de la Revolución. En medio del movimiento armado, los anarquistas se orientaron lo mejor que pudieron, pero algunos perdieron la brújula. Si la fundación de la Casa del Obrero Mundial representó un gran éxito en 1912, poco después adoptarían por mayoría la decisión de combatir a Zapata y sus ejércitos

campesinos, continuadores del anarquismo agrario de Chávez López, Zalacosta y Santa Fe. De vuelta a la Casa del Obrero Mundial, los anarquistas encabezaron la primera y única huelga general habida en México, en 1916. El gobierno de Venustiano Carranza mostró toda su dureza contra los huelguistas y los doblegó por la fuerza. En 1919 fue clausurada la Casa y varios militantes anarquistas se incorporaron a la naciente Confederación Regional Obrera Mexicana, organización sindical obregonista. Quienes se mantuvieron fieles a su credo organizaron la Confederación General de Trabajadores (CGT), que encabezó las grandes batallas inquilinarias, campesinas y obreras de los años veinte. La CGT nació de la alianza de anarquistas y comunistas, al calor de la triunfante revolución soviética. Pero tal alianza fue azarosa y breve. Los núcleos anarcosindicalistas se mantuvieron activos hasta principios de los treinta, pero la fuerza de otras concepciones, el surgimiento de nuevos agrupamientos obreros y, sobre todo, el aplastante predominio del Estado y su ideología convirtieron al anarquismo en un conjunto de pequeñas sectas que, alborozadas, presenciaron la efímera primavera del 1936 español. Después de la derrota republicana, un buen número de ácratas españoles vino a México, pero la anarquía no logró ir más allá de minúsculos experimentos y periódicos sin vida regular, aunque eso sí, siempre en combate contra el socialismo "autoritario", como llaman al marxismo por oposición a su proyecto de sociedad sin gobierno, a su idea *libertaria* del mundo. El 5 de agosto de 1958 la Federación Anarquista de México publicó un manifiesto de apoyo a telegrafistas, maestros y ferrocarrileros. En 1991, en Ocotepec, Morelos, se realizó un primer Encuentro Nacional de Anarquistas con delegaciones invitadas de EUA, España y Chile, al que asistieron Ricardo Mestre, Enrique Krauze y Fernando Savater, entre otros.

ANAYA, ALFONSO ◆ n. en Monterrey, NL (1926). Dramaturgo. Licenciado en derecho por la Escuela Libre de Derecho (1950). Fue abogado del DDF, guionista de los noticiarios cinematográficos *Cine Verdad, Cine Revista* y *Cine Selecciones*; de los anuncios de la Lotería Nacional (1953-54) y de la fotonovela *Locos por el sexo*. Ha colaborado en las revistas *Personas* (1976) y *Cine Guía* (1982). Para televisión ha escrito *Noticiero en broma* (Canal 4, 1953-54), *Aventuras de Numonil y Liponil* (Canal 4, 1953-54), *Teatro Colgate* (Canal 2, 1957-60) y *La señorita Robles y su hijo* (Canal 2, 1982); y para radio *Sopóperas* (XEW, 1957-60). Autor, entre otras, de las obras de teatro *Despedida de soltera* (1955), *Mis tres amantes* (1956), *¡Viva la paz!* (1960), *Lío de faldas* (1962), *Sin novedad en el segundo frente* (1964), *El piso de la sirenas* (1965), *Las mangas del chaleco* (1966), *Baby shower o una fiesta embarazosa* (1967), *Las golfas* (1968), *El quelite* (1969), *El adulterio es para adultos* (1970), *Historia de un par de piernas* (1972), *A oscuras y en la alcoba* (1972), *Las del talón* (1974), *Raras costumbres* (1975), *Desnudas al vapor* (1976), *Lázara, acuéstate y anda* (1978), *¡Ah, qué buena está mi ahijada!* (1979), *Las taloneras* (1980), *Nadie es profeta en su cama* (1981), *Sábanas calientes* (1982), *¿Cuánto?* (1983) y *Señoritas divorciadas* (1983).

ANAYA, ARMANDO ◆ n. y m. en Puebla, Pue. (1862-1937). Pianista y compositor. Fundó la Academia de Piano en la ciudad de Puebla (1934).

ANAYA, HÉCTOR ◆ n. en el DF (1940). Estudió sociología en la UNAM, dirección escénica en el INBA y nutrición en Holanda. Ha sido fotógrafo de prensa, reportero y redactor de diarios y revistas. Dirigió la *Revista de Geografía Universal* y *Geo*. En Radio UNAM fue conductor del *Noticiario de la UNAM* (1961) y productor de *Las grandes tesis universitarias* (1964). Produjo el *Cancionero político* en XERH (1982). En televisión ha sido comentarista, entrevistador y coordinador de *Siempre en domingo* (1970-72), *También en sábado* (1972), *Cada noche* (1973-74), *Operación convivencia* (1974-75),

Nuestra gente (1975-76) y *Para gente grande* (1982-87); libretista de *Lo que piensa una mujer* (1960), *El programa del Conacyt* (1975) y *Cápsulas culturales* (1982-84). Fue coordinador de Extensión Universitaria de la UAM-Azcapotzalco (1984-87). Autor de *La adivinanza* (teatro, 1960), *Los monitos: juicios y prejuicios* (1964), *Filicidio y parricidio: una encuesta sobre la autoridad* (1966) *Intereses juveniles* (1967), *Los parricidas* (1968), *La mujer en México* (1975), *Si yo fuera presidente* (1975), *El estereotipo masculino* (1985), *El libro consentido* (cuentos, 1985), *Los machos están fatigados* (1987), *El suicida* (1990, guión cinematográfico premiado en 1987), *Memoria del eclipse* (ensayo, 1992) y *El sentido del amor* (novela, 1995). Obtuvo en 1969 el premio de cuento de *El Nacional*, mismo que rechazó como protesta por la represión al movimiento estudiantil de 1968.

ANAYA, LUCAS JOSÉ ◆ n. en Puebla y m. en la ciudad de México (1716-1771). Sacerdote jesuita. Autor de *Descenso y humillación de Dios para ascenso y exaltación del hombre* y *En honor del venerable indio Juan Diego*, obra redactada en verso.

ANAYA, PEDRO MARÍA ◆ n. en Huichapan, en el actual estado de Hgo., y m. en la ciudad de México (1795-1854). Militar realista. Se adhirió al Plan de Iguala (1821). Ministro de Guerra con José Joaquín de Herrera (1845). Diputado. Presidente interino de la República (del 2 de abril al 30 de mayo de 1847 y del 8 de noviembre de 1847 al 8 de enero de 1848). Durante la invasión estadounidense de 1847, defendió hasta la última bala el ex Convento de Churubusco, donde fue hecho prisionero. Al morir era director general de Correos.

ANAYA, ROMEO LACANDÓN ◆ n. en Cahuare, Chis. (1946). Boxeador desde los 22 años. Fue campeón nacional de peso gallo (1971) y campeón mundial de la misma división (1973-74). Se retiró en 1983.

ANAYA Y ARANDA, BUENAVENTURA ◆ n. y m. en Lagos, Jal. (1857-1897). Abogado. Editor de *El Siglo XX* (1896). Presidente del Supremo Tribunal de Justicia (1889-90) y por ese motivo gobernador interino de Jalisco en dos ocasiones (1889 y 1890).

ANAYA Y DÍEZ DE BONILLA, GERARDO ◆ n. en Tepexpan, Edo. de Méx., y m. en San Luis Potosí, SLP (1881-1958). Hizo la carrera eclesiástica en Roma y se ordenó sacerdote en 1904. Fue rector del Seminario de México. Obispo de Chiapas (1920-1941) y de San Luis Potosí (1941-58). Opuesto a la Revolución, fue encarcelado en San Juan de Ulúa en 1915.

ANAYA GUTIÉRREZ, ALBERTO ◆ n. en Aguascalientes, Ags. (1946). Licenciado en economía (1969) y en derecho por la UNAM (1988); maestro en administración (1979) y en investigación (1981) por la Universidad Autónoma de Nuevo León, donde ha sido profesor (1972-88). Fundador del

Portada de *El sentido del amor* de Héctor Anaya

Alberto Anaya

Pedro María Anaya

GABINETES DEL PRESIDENTE PEDRO MARÍA ANAYA		
(2 DE ABRIL AL 30 DE MAYO DE 1847 Y 8 DE NOVIEMBRE DE 1847 AL 8 DE ENERO DE 1848)		
Relaciones Interiores y Exteriores		
MANUEL BARANDA	2 DE ABRIL AL 2 DE MAYO DE 1847	
Justicia		
FRANCISCO SUÁREZ IRIARTE	2 DE ABRIL AL 12 DE MAYO DE 1847	
JOSÉ MARÍA DURÁN	13 AL 16 DE MAYO DE 1847	
LUIS DE LA ROSA	16 AL 19 DE MAYO DE 1847	
Guerra y Marina		
IGNACIO GUTIÉRREZ	2 DE ABRIL AL 20 DE MAYO DE 1847	
JUAN RONDERO	12 DE ABRIL AL 20 DE MAYO DE 1847 Y	
	13 DE NOVIEMBRE DE 1847 AL 8 DE ENERO DE 1848	
Relaciones Interiores y Exteriores		
M. DE LA PEÑA Y PEÑA	14 DE NOVIEMBRE DE 1847 AL 8 DE ENERO DE 1848	
Justicia		
LUIS DE LA ROSA	14 DE NOVIEMBRE DE 1847 AL 8 DE ENERO DE 1848	

Frente Popular Tierra y Libertad, en Monterrey (1973). Miembro fundador del Partido del Trabajo (1990), del que es coordinador de la Comisión Política Nacional. Diputado federal a las LIV y LVI legislaturas y senador a las LVI y LVII.

ANAYA GUTIÉRREZ, JOSÉ HOMOBONO ◆ n. en la hacienda de Pegueros, municipio de Tepatitlán, Jal., y m. en Chilapa, Gro. (1836-1906). Fue ordenado sacerdote en 1860. Preconizado obispo de Sinaloa en 1898 tomó posesión al año siguiente. Fue trasladado a la diócesis de Chilapa (1902) donde permaneció hasta su muerte. Autor de una *Disertación sobre el espiritismo* (1871).

ANAYA HERMOSILLO, JUAN PABLO ◆ n. en Lagos, Jal. y m. en la ciudad de México (1785-1850). Insurgente. Se unió a las fuerzas de Hidalgo en Guadalajara. Combatió a los realistas en Puente de Calderón. Acompañó a los líderes de la independencia a Saltillo. Operó luego bajo las órdenes de Rayón y Morelos. Éste lo envió a Estados Unidos en busca de pertrechos. En Nueva Orleans combatió a los ingleses. Volvió al país y disolvió la Junta de Taretan, acción que le costó ser llevado a juicio ante la Junta de Uruapan, que a punto estuvo de fusilarlo. En 1817 atacó Maravatío por órdenes de Rayón. Fue indultó en 1818 y en 1821 se adhirió al Plan de Iguala. En 1823 se le reconoció el grado de general de brigada. Diputado al Congreso de la Unión, firmó el Acta Constitucional de 1824. Con Gómez Pedraza como presidente fue ministro de Guerra (enero de 1833). Gobernador de Tabasco (1840) y senador. Escribió una *Representación que los antiguos liberales hacen al Soberano Congreso Constituyente* (1823).

ANAYA JIMÉNEZ, GONZALO ◆ n. en Juchique de Ferrer, Ver. (1942). Contador privado. Ha sido diputado local y secretario general de la Liga de Comunidades Agrarias en Veracruz. Diputado federal por el PRI (1979-82).

ANAYA, JOSÉ VICENTE ◆ n. en Villa Coronado, Chih. (1947). Escritor. Hizo estudios de sociología y literatura en la UNAM. Impartió un curso de literatura mexicana en la Universidad de Berkeley, California, en 1978. Tuvo la beca INBA-Fonapas (1981). Trabajó como editor en la SEP (1973-79) y Siglo XXI (1979). Fue jefe del Departamento Editorial de la UAEM y jefe de redacción de la *Revista de la UAEM* (1982-84); coordinador del Departamento de Publicaciones de la ENAH, reportero de *El Economista* (1988-89), jefe de redacción de la revista *Memoranda* (1987-93). Coordina talleres literarios. Fundador y codirector de la revista *Alforja de Poesía*. Realizó la antología *Largueza del cuento corto chino* (1981). Coautor del reportaje *Avándaro* (1971) y de la antología *Pájaros de calor* (1976). Autor de los libros de poesía *Los valles solitarios nemorosos* (1971), *Morgue* (1981), *Punto negro* (1981) y *Híkuri (y otros poemas)* (1989); y de los ensayos *Piratas/poetas y notas de navegación* (1982), *Cayeron del cielo: los poetas beats* (1987), *Breve destello intenso: el haikú clásico en Japón* (1992), *Poetas en la noche del mundo* (1997) y *Los poetas que cayeron del cielo* (1998). Prologó *El corazón preso,* de Concha Urquiza (1985). Premio Plural de Poesía (1980) y Premio Tomás Valles Vivar (1989).

ANAYA SARMIENTO, RENÉ ◆ n. en el DF (1950). Médico cirujano por la UNAM (1980). Periodista, ha sido colaborador de la *Revista de Geografía Universal* (1976), redactor y asesor científico de la revista *Mamá* (1979-82), redactor científico de la revista *Geo* (1979-82), guionista del programa radiofónico del INI (1981), autor de la página "De Médico, poeta y loco" en el diario *Tribuna de Campeche* (1982), argumentista de la historieta *Fantomas* (1982), editorialista de *Ovaciones* (1982- 90), libretista del Canal 8 de televisión (1983), autor de la sección "Con ciencia y paciencia" de la revista *Claudia* (1983), colaborador de *Buena Vida* (1986-89) y *Geomundo* (1988-89), autor de las secciones "Salud" y "Ciencia y Tecnología" de la revista *Contenido* (1988-90) y reportero del semanario *Punto* (1988-). Ha asistido a diversos congresos de periodismo científico y ha dictado conferencias en la UNAM. Fue coordinador de la *Agenda Universitaria 1988* y la *Agenda Capitalina 1989.* Premio José Ignacio Bartolache del Club de Periodistas (1990).

ANAYA SOLÓRZANO, SOLEDAD ◆ n. en Guadalajara, Jal., y m. en el DF (1895-1978). Educadora. Profesora titulada en la Normal Católica de Guadalajara (1913) y licenciada en letras por la UNAM (1930). Hizo un curso en la Universidad de Columbia, EUA (1925). Fue directora de Educación Primaria y Superior del DF (1915-23). Participó en la fundación del sistema de segunda enseñanza, del que sería profesora a partir de 1929. Fue directora de la secundaria ocho, Presidente Mazarik, en el DF (1930-43); vocal del Consejo Técnico de Educación (1930-31), directora general de Segunda Enseñanza de la SEP (1944-46), directora fundadora de la Escuela Normal Superior de la Federación de Escuelas Particulares (1946-49), directora del Centro Educativo Rafael Dondé (1949-64), asesora de la Comisión Nacional del Libros de Texto Gratuito (1959-72) y directora de la escuela secundaria Héroes de la Libertad (1964-78). Autora de *El poeta latino Horacio, imitador y original* (1920), *Literatura española* (1941), *Las actividades escolares no académicas y su función educativa* (1943), *Mujeres en la obra de Cervantes* (1947) y *Cómo organizar y administrar una escuela secundaria* (1956). Presea Manuel López Cotilla del gobierno de Jalisco (1956).

ANCIRA, CARLOS ◆ n. Monterrey, NL, y m. en el DF (1929-1987). Actor. Su segundo apellido era Negrete. También se dice que nació en la capital del país. Estudió en la Escuela de Arte Teatral del INBA con maestros como Seki Sano, Earl Sennet y Enrique Ruelas (1946). Participó en miles de programas de televisión, más de medio centenar de películas y unas cien piezas teatrales de autores como Juan Ruiz de Alarcón, Lope de Vega, Maquiavelo, Chejov, Kafka, Strindberg, Arthur Miller, Beckett y Ionesco. A lo largo de 25 años representó *Diario de un loco* en México, Centroamérica, Estados Unidos, la Unión Soviética, Cuba y España. Obtuvo cinco premios como actor de televisión, cua-

Carlos Ancira

Carlos Ancira en *Zaratustra* dirigido
por Alejandro Jodorowski

tro de teatro y uno de cine. Al morir trabajaba en *El lobo solitario*. Autor de las obras teatrales *Nezahualcóyotl, coyote hambriento* (1947), *Pasto rojo* (1950), *Después nada* (1954), *El mundo vacío* (1958), *Imágenes* (1973), *En un último peldaño* y *Somos humanos*.

ANCIRA GONZÁLEZ, GONZALO G. ◆ n. en Coahuila y m. en Guadalajara, Jal. (1851-1903). Dibujante, litógrafo y pintor. Estudió en México y Estados Unidos. Desde muy joven residió en Guadalajara. Hizo retratos al óleo. Fue dueño de una imprenta reputada como la mejor de occidente en la producción de litografías. Autor de unos *Apuntes sobre dibujo natural y lineal.* (1882).

ANCONA, ELIGIO ◆ n. en Mérida, Yuc. y m. en la ciudad de México (1836-1893). Abogado liberal. Fundó los periódicos *La sombra de Morelos, La Píldora* y *Yucatán*, todos suprimidos por la censura. Durante el imperio fue confinado a Cozumel. Gobernador de Yucatán, diputado federal, y magistrado de la Suprema Corte desde 1891 hasta su muerte. Autor de *Historia de Yucatán desde los tiempos más remotos hasta nuestros días* (4 vols., 1878-1881). Escribió novelas: *La mestiza* (1861), *Filibustero* (1864), *La cruz y la espada* (1864), *Los mártires del Anáhuac* (1870) y *El conde de Peñalva* (1879); obras de teatro: *Nuevo método de casar a una joven* (1862), *La caja de hierro, Las alas de Icaro* (1880) y otras.

ANCONA ALBERTOS, ANTONIO ◆ n. en Yucatán y m. en el DF (1883-1954).

Hijo del anterior. Fue secretario de José María Pino Suárez cuando éste fue gobernador de Yucatán (1911), diputado federal a la XXVI Legislatura (1911-13), cofundador, con Salvador Alvarado, y director, del diario *La Voz de la Revolución* de Mérida; diputado al Congreso Constituyente de 1916-17, senador de la República (1920), y gobernador provisional de Yucatán (1920) y del territorio de Quintana Roo. Se inició en el periodismo en *El Peninsular*, de Mérida (1904-07), y más tarde publicó en *El Peninsular de Mérida* (1904-15), *Diario de Mérida* y *El Nacional*, donde tuvo una columna, "Apuntes de Actualidad", que firmó con el pseudónimo de *Mónico Neck*. Es autor de la novela *En el sendero de las mandrágoras* (1920). En 1963 apaeció la antología de su obra periodística *Mónico Neck*.

ANCONA ALBERTOS, JOAQUÍN ◆ n. y m. en Mérida, Yuc. (1893-1971). Periodista. Fundó el *Diario del Sureste*. Autor de *El Universo*.

ANCONA HORRUYTINER, IGNACIO ◆ n. y m. en Mérida (1865-1912). Periodista. Fue jefe de redacción de *El Peninsular*. Publicó poesía en la prensa diaria.

ANCONA TELLAECHE, JOSÉ MANUEL ◆ n. en Villahermosa, Tab. (1936). Licenciado en derecho por la UNAM (1954-58) diplomado en administración en la Universidad de Michigan (1970). Miembro del PRI desde 1958. Ha sido jefe de Gobierno del Departamento del Distrito Federal (1966-70), cónsul general en San Juan de Puerto Rico, Detroit y Río de Janeiro (1972-78), subdirector de Asuntos Consulares de la SRE (1978-79), coordinador de la dirección conjunta del Banrural (1979-82) y magistrado presidente de la primera sala del Tribunal Federal de Conciliación y Arbitraje (1984-). Autor de *Naturaleza jurídica del Tribunal Federal de Conciliación y Arbitraje* (1986). Pertenece a la Federación de Abogados de México, de la que fue presidente (1960-71).

ANCHONDO, REBECA ◆ n. en Hacienda Corralitos, Nuevo Casas Grandes, Chih. (1927). Ha sido presidenta muni-

cipal suplente de Nuevo Casas Grandes, diputada al Congreso local de Chihuahua y diputada federal por el PRI (1979-82).

ANCHONDO PAREDES, VÍCTOR ◆ n. en Matachic, Chih. (1956). Licenciado en derecho por la Universidad Autónoma de Chihuahua (1977), de la que es profesor desde 1979. Fue abogado postulante y notario público. En el gobierno de Chihuahua ha sido subprocurador general de Justicia, asesor jurídico de la Contaduría General del Congreso, secretario del ayuntamiento de Chihuahua y secretario general de gobierno.

ANDA DE ALBA, JOSÉ GUADALUPE DE ◆ n. en San Juan de los Lagos, Jal., y m. en el DF (1880-1950). Escritor. Era jefe de estación de los Ferrocarriles Nacionales en 1914, cuando se incorporó a la Revolución. Fue diputado federal (1918), senador de la República (1930) y oficial mayor de la Contaduría Mayor de Hacienda (1936-40). Autor de las novelas *Los cristeros: la guerra santa en los Altos* (1937), *Los bragados* (1942) y *Juan del riel* (1943).

ANDA Y ANDA, LORENZO DE ◆ n. en Nuevo León, Tams. (1937). Licenciado en administración de empresas y doctor en derecho. Es miembro del PRI, cuyo CEPES de Nuevo León dirigió. Ha sido rector de la Universidad Autónoma de Nuevo León, delegado regional de la Secretaría de Relaciones Exteriores y cónsul general de México en Ottawa. Autor de los ensayos *La mecánica de la intriga* y *Los grupos de presión en México*, así como de las novelas *Cesante* (1976) y *El invento* (1978).

ANDA GUTIÉRREZ, CUAUHTÉMOC DE ◆ n. en el DF (1938). Licenciado en economía y administración de empresas por el IPN, especializado en administración en la Universidad de Wisconsin, y maestro en economía por la Universidad de Texas. Es miembro del PRI. Ha sido director de la Escuela Superior de Economía (1974-77) y secretario general y de apoyo del IPN, y diputado federal en dos ocasiones (1979-82 y 1988-91). Colaborador del periódico *Excélsior* y de la revista *Siempre!*

ANDA GUTIÉRREZ, RAÚL DE ◆ n. y m. en el DF (1909-1997). Actor, director y productor cinematográfico. Se dedicó profesionalmente a la charrería desde fines de los años veinte. Actuó en *Santa* (1931), *Águilas frente al sol* (1932), *Vámonos con Pancho Villa* (1935), *El tesoro de Pancho Villa* (1936), *La Valentina* (1938), *La virgen de la sierra* (1938), *Rancho alegre* (1940) y *Allá en el Bajío* (1941), entre otras. Produjo *Caminos de sangre* (1945), *Campeón sin corona* (1945), *Río escondido* (1947), *El suavecito* (1950), *El diablo a caballo* (1954) y *Mi mujer necesita marido* (1958); produjo, actuó y dirigió *La tierra del mariachi* (1938), *El Charro Negro* (1940), *La vuelta del Charro Negro* (1941), *La venganza del Charro Negro* (1941) y *El Charro Negro en el norte* (1949); y produjo y dirigió *Con los dorados de Villa* (1939), *Del rancho a la capital* (1941), *Amanecer ranchero* (1942), *Aquí está Juan Colorado* (1946), *Los cristeros* (1946), *Yo maté a Rosita Alvirez* (1946), *Dos gallos de pelea* (1949), *La gaviota* (1954), *Bataclán mexicano* (1955), *Estampida* (1958), *El pozo* (1964), *Sucedió en Jalisco* (1970) y *Guerra de sexos* (1978).

ANDA JACOBSEN, MIGUEL DE ◆ n. en Atotonilco el Alto, Jal. (1927). Ha colaborado en *Excélsior* y *El Mexicano*. Profesor de literatura en la Universidad Autónoma de Baja California (Ensenada). Autor de poesía. Miembro correspondiente de la Academia de la Lengua desde 1975.

ANDA PEDROZA, GUSTAVO DE ◆ n. en San Juan de los Lagos, Jal. (1912). Director fundador de *La Batalla*, órgano del Bloque Obrero Marxista (1937), fundador del Sindicato Único de Trabajadores del DF (1938) y secretario general del mismo (1940-41). Director de *Estatuto*, periódico de los trabajadores al servicio del Estado (1939-49). Editor y redactor de *Mundo, socialismo y libertad* (1943-45). Perteneció al servicio exterior (1941-46). A partir de 1946 se dedicó a la pesca comercial hasta 1959, en que fue designado sucesivamente jefe de la zonas pesqueras de Campeche, Baja California y Sonora. En 1962 volvió al

periodismo, como colaborador de *Excélsior, Impacto* y *El Sol de México*. Fundó y dirigió *Resumen del pensamiento libre de México* (1965-74), *Nuevo Resumen* (1975-) y *Tierras y Montes*, órgano de la Unión de Propietarios de Montes, A.C. (1973-). Ha usado los pseudónimos de Arturo Pedroza, Juan Segovia, Julio Temblador y Dr. Ramón Pedroza. Autor de *Las cuerdas políticas del henequén* (1965),*¿Hacia dónde lleva Echeverría a México?* (1973), *El cardenismo, desviación totalitaria de la revolución mexicana* (1974), *La máquina infernal 1968* (1976) y *La ofensiva contra las escuelas particulares: los comunistas aplican la sicopolítica* (1977), entre oros títulos.

ANDA PEDROZA, MARÍA LUISA DE ◆ n. en San Juan de los Lagos, Jal. (1909). Profesora normalista. Agente de viajes. Su hermano Gustavo le publicó el libro *Yo estuve en la Unión Soviética* (1977), en el cual expone sus impresiones de viaje bajo el pseudónimo de Fernanda de Alba.

ANDA TEMBLADOR, JOSÉ SILVERIO DE ◆ n. y m. en San Juan de los Lagos, Jal. (1838-1907). En su tierra natal dirigió los periódicos *La voz de la juventud* (1875-76), *El Anunciador* (1886), *El Album de los Niños* (1890-92), *La Voz de la Niñez* (1894-1904), *La Juventud* (1905) y *El Eco de la Opinión* (1906). Escribió fábulas, algunas de las cuales se publicaron en los periódicos que dirigió. De su poesía se editaron *Ecos perdidos* (1877) y *María: corona poética a la inmaculada Madre de Dios.* (1885). Publicó también monólogos: *El último insurgente* (1898), *El tiempo es oro* (1901) y *¡Todo por la patria!* (1902).

ANDERE, ANTONIO ◆ n. en Zacatlán, Pue. (1918). Periodista. Hizo estudios de medicina. Se inició en el diario deportivo *La Afición* (1934), del que fue director (1961-81). Cronista de radio desde 1937 y de televisión desde 1951. Su especialidad es el boxeo. Escribe también sobre futbol. Director del diario *Esto* (1981-).

ANDERE, CHANTAL ◆ n. en el DF (1973). Actriz y cantante. Hija de José María Fernández Unsaín y Jacqueline

Andere. Trabaja en programas de revista y en telenovelas. En teatro ha actuado en *Ai'va Lolita, parece que tuvo cuates*, de Alfonso Anaya, dirigida por Polo Ortín (1980), *Polo, pelota amarilla*, de Jesús González Dávila, dirigida por Wildebaldo López (1983) y *La palomilla*, de Godspell, dirigida por Julissa (1987).

ANDERE, JACQUELINE ◆ n. en el DF (1938). Actriz. Nombre profesional de María Esperanza Andere Aguilar. Estudió en la Academia de la ANDA. Ha protagonizado numerosas películas y telenovelas. En teatro se inició en 1956 con *Llama el inspector*, de Priestley. Ha trabajado en *Drácula*, de Bram Stoker (1956), *Una gota de miel*, de Delaney, dirigida por Xavier Rojas, que le valió el premio a la revelación como actriz joven de la Asociación de Críticos de Teatro (1962), *Romeo y Julieta*, de Shakespeare, y *Moby Dick*, de Melville, en ambos casos dirigida por Ignacio Retes (1963); *La gatomaquia*, de Lope de Vega, dirigida por José Luis Ibáñez (1965); *El eclipse de los dioses*, de Osborne, con dirección de Xavier Rojas (1965); *Corona de Sombras*, de Usigli, con dirección de Rafael López Miarnau (1977); *Can Can*, de Burroughs, dirigida por Fernández Unsaín (1979); y *Un tranvía llamado deseo*, de T. Williams, dirigida por Marta Luna (1983). Inició su carrera cinematográfica en *El ángel exterminador* de Luis Buñuel, actuación que le valió una Diosa de Plata como actriz revelación, mismo premio que volvió a obtener, ya como primera actriz, en *Trampas del amor* y *La señorita*. Dirigió la puesta en escena de *Pepsi, la cariñosa*, de Bruno (1989).

ANDERSON NEVÁREZ, HILDA JOSEFINA ◆ n. en Mazatlán, Sin. (1940). Profesora normalista. Desde 1958 pertenece al PRI, en el que fue secretaria de acción femenil del comité ejecutivo nacional (1971-73), secretaria general fundadora de la Agrupación Nacional Femenil Revolucionaria (1973-77) y subsecretaria general del CEN. Ha sido secretaria de finanzas (1962-68) y secretaria de relaciones del Sindicato de Trabajadores de la Industria de Radio y

Televisión (1968-72), secretaria general de la Federación de Organizaciones Femeniles de la República Mexicana de la CTM, secretaria de acción social adjunta de la CTM (1974-80), senadora de la República (1976-82) y diputada federal en cuatro ocasiones (1964-67, 1970-73, 1982-85 y 1988-91). Miembro de la Comisión para la Mujer de la Organización Internacional del Trabajo. Autora de *Juana María* (1965) y *Anadel* (1968). En 1981 el Congreso de Sinaloa le otorgó la medalla Agustina Ramírez.

ANDONEGUI LUNA, ERNESTO ◆ n. en el DF (1940). Licenciado en administración por la UNAM (1962), maestro en finanzas públicas por la Universidad de Texas (1965) y maestro y doctor en administración pública por la UNAM (1969). Ha sido profesor de la UNAM. Miembro del PRI desde 1957, partido en el que ha desempeñado diversas comisiones. Fue secretario coordinador de federaciones de la CNOP (1970-72). Fue director de Administradores Asociados (1962-81) y diputado federal del PRI por el Estado de México (1982-85). Miembro del Colegio de Licenciados en Administración, presidente de la Generación 58 de Licenciados en Administración y de la Unidad Política de Licenciados en Administración.

ANDRADE, AGUSTÍN ◆ n. en París y m. en la ciudad de México (1836-1886). Su padre era diplomático mexicano. Estudió medicina en París y en México. Fundador del primer dispensario oftalmológico. Se le debe la inven-

ción y diversas mejoras al instrumental de su especialidad. Inició en México la aplicación de tratamientos y se le atribuye la primera administración intravenosa de suero fisiológico. Presidente de la Academia Médica de México en cuatro ocasiones (1876,1878,1883 y 1885).

ANDRADE, ATENÓGENES ◆ n. en Mazamitla y m. en Guadalajara, Jal. (1832-1908). Abogado liberal. Era secretario de gobierno en Colima (1862-64) cuando se unió a Juárez en ese estado, del que fue gobernador en 1864 (6 al 30 de abril). Al morir era diputado al Congreso local de Jalisco.

ANDRADE, CAYETANO ◆ n. en Moroleón y m. en Guanajuato, Gto. (1890-1962). Médico titulado en el Colegio de San Nicolás (1914). Director de medicina escolar en Michoacán. En Morelia fundó el semanario literario *Policromía*, (1908). Fue jefe de redacción de la revista *Flor de Loto* (1909-11), militante maderista, director fundador del semanario *El Girondino* (1911-12) y del diario *El Renovador* (1915-16), miembro del Partido Liberal Silvista, director del periódico carrancista *El Combate* (1916), diputado al Congreso Constituyente de 1916-17, diputado federal en dos ocasiones (1918-19 y 1923-24), diputado a la Legislatura de Guanajuato (1928-32), jefe del Departamento de Propaganda de la SSA (1955-58) y director general del *Diario Oficial* de la Federación (1958-62). Colaboró en el diario *El Nacional*. Publicó una *Antología de escritores nicolaítas* (1940). Autor de los ensayos *En marcha hacia el progreso* (1916), *Estudio sobre la literatura nicolaíta* (1940) y *Anecdotario nicolaíta* (1941); y de los poemarios *Lumbre fatua* (1915), *Cantares de la provincia* (1919), *Remansos* (1938) y *Tramonto* (1955).

ANDRADE, DANIEL ◆ n. en Jonacatepec, Mor., y m. en el DF (?-1913). En 1911 se incorporó a la revolución en

Chantal Andere

Hilda Anderson Nevárez

las fuerzas zapatistas. Firmante del Plan de Ayala el 28 de noviembre de 1911. En 1912 fue ascendido a coronel. Operó en Puebla, Tlaxcala, Hidalgo y el Estado de México. Murió durante un combate en la villa de Guadalupe.

ANDRADE, FRANCISCO ◆ n. y m. en Hermosillo, Son. (1807-1846). Militar de carrera. Fue gobernador de Sonora (abril-junio y noviembre de 1845). Reprimió a los seris, a quienes quitó a sus hijos para repartirlos entre familias de Ures.

ANDRADE, JOSÉ MARÍA ◆ n. en Apan, Hgo. y m. en la ciudad de México (1807-1883). Editor y librero. Su establecimiento, frente al Zócalo, fue centro de reunión de las celebridades literarias de mediados del siglo XIX. Vendió su biblioteca a Maximiliano y a la muerte de éste se envió a Europa, donde fue rematada.

ANDRADE, JUAN JOSÉ ◆ n. en la ciudad de México y m. en Mazatlán (1796-1853). Militar realista. En 1821 se adhirió al Plan de Iguala. Gobernador militar de Puebla (1830-33) y de Sinaloa (1843). Combatió la secesión de Texas y después la invasión estadounidense.

ANDRADE, RAFAEL M. ◆ n. en Orizaba, Ver. y m. en la ciudad de México (1806-1858). Militar realista. Se adhirió al Plan de Iguala. Combatió a los estadounidenses durante la intervención de 1847. General en 1854.

Jacqueline Andere

Rosario Andrade

Yolanda Andrade

ANDRADE, ROSARIO ◆ n. en Veracruz, Ver. (?). Cantante de ópera. Estudió canto desde los 16 años, asistió al Conservatorio de Santa Cecilia en Roma (Italia). Estuvo siete años en el Metropolitan Opera House de Nueva York, donde alternó con Plácido Domingo y Vyacheslav Polozov. Ganó el premio Treviso en Roma, Italia (1987).

ANDRADE, VICENTE DE PAUL ◆ n. y m. en la ciudad de México (1844-1915). Sacerdote y bibliógrafo. Su *Ensayo bibliográfico mexicano del siglo XVII* (1894) es la principal de cientos de obras que escribió. Como editor publicó crónicas, relaciones y otras obras históricas de diversos autores.

ANDRADE, YOLANDA ◆ n. en Villahermosa, Tab. (1950). Fotógrafa. Realizó sus estudios en el Club Fotográfico de México y en Rochester, Nueva York. Trabaja profesionalmente en casas editoriales y revistas diversas como *Vanidades*, *TV y Novelas* y *Cosmopolitan*. Miembro del Consejo Mexicano de Fotografía. Ha montado exposiciones individuales y colectivas, entre las que se encuentran *En busca del rostro perdido*, *Imágenes*, *Fotógrafos en el Istmo* y *Escenas*. Su obra aparece en la colección *Historia del arte mexicano*. Publicó el libro *Los velos transparentes: las transparencias veladas* (con prólogo de Carlos Monsiváis, 1988). Obtuvo la beca de la Fundación Guggenheim (1994).

ANDRADE Y BALDOMAR, JOSÉ ANTONIO DE ◆ n. en Veracruz, Ver. (1762-?). Militar realista. Combatió a los insurgentes. En 1821 se adhirió al Plan de Iguala y quedó como "gobernador y jefe superior político" de Nueva Galicia hasta 1822 en que fue elegido diputado al Congreso General y marchó a la ciudad de México. Se ignora dónde y cuándo murió.

ANDRADE BERZABÁ, ANDRÉS ◆ n. en Villahermosa, Tab. (1939). Licenciado en ciencias políticas y administración pública por la UNAM. Posgrado en administración pública en Francia. Ha sido profesor del IPN. Miembro del PRI desde 1960. Fue director general de Administración del Departamento de Pesca (1978-79), director general de Organización y Métodos de la Coordinación General de Estudios Administrativos de la Presidencia (1980-82) y coordinador general de Planeación e Informática del ISSSTE. Miembro de la Academia Nacional de Derecho Administrativo y Administración Pública, del Colegio de Licenciados en Ciencias Políticas y Administración Pública y del Instituto Mexicano de Administración Urbana.

ANDRADE GRESSLER, GUILLERMO ◆ n. en Orizaba, Ver., y m. en el DF (1930-1981). Estudió contabilidad y derecho en la UNAM, de donde egresó en 1971. A partir de 1968 destacó como abogado defensor de estudiantes, profesores, obreros, campesinos, guerrilleros y otros presos políticos. Logró rescatar vivos a algunos *desaparecidos* también por motivos políticos.

ANDRADE GUZMÁN, MARTA ◆ n. en Nogales, Son. (1920). Profesora titulada en la Escuela Normal Rural de Actopan (1936) y en la Escuela Nacional de Maestros, especializada en la Escuela Normal Superior (1949) y el Clermont Pomona College, EUA (1941). En el PRI, partido al que pertenece desde 1939, fue secretaria de acción femenil (1953) y secretaria general del comité del Distrito Federal (1977), y coordinadora de la Comisión de Asistencia Social del comité ejecutivo nacional (1989). Ha sido secretaria de acción femenil de la Confederación Nacional de Organizaciones Populares (1950), diputada federal en tres ocasiones (1958-61, 1967-70 y 1976-79), primera mujer en ocupar la presidencia de la Cámara de Diputados (1965), gobernadora de la Villa Olímpica durante los Juegos de la XVI Olimpiada, celebrados en la ciudad de México (1968), subdirectora de Habitación Popular (1970); delegada en Iztapalapa (1972) y directora de Acción Social y Cultural del DDF (1979); senadora suplente (1982-88) y miembro

José Luis Andrade Ibarra

de la Asamblea de Representantes del Distrito Federal (1988-91).

ANDRADE IBARRA, JOSÉ LUIS ◆ n. en Amatitlán, Jal. (1939). Profesor normalista. Miembro del PRI, donde fue secretario de acción social del comité ejecutivo nacional. Se inició en las actividades políticas en 1968, dentro del Sindicato Nacional de Trabajadores de la Educación, en el que fue secretario de trabajo y conflictos de la sección bajacaliforniana y secretario general del comité ejecutivo nacional (1977-80). Diputado local en Baja California y federal por la misma entidad (1979-82).

ANDRADE PARRAGA, MANUEL ◆ n. en Huauchinango, Pue. (?-1869). Militar de carrera. Fue diputado al Congreso local de Puebla (1861). Combatió la intervención francesa y el imperio. Fue gobernador de Tlaxcala durante la guerra de Reforma. Murió asesinado.

ANDRADE Y PASTOR, MANUEL ◆ n. y m. en la ciudad de México (1809-1848). Médico. Fue director de la Escuela Nacional de Cirugía. Como director del Hospital de Jesús dio atención a los invasores heridos durante la intervención estadounidense de 1847, lo que le causó la muerte al adquirir una severa infección.

ANDRADE SÁNCHEZ, EDUARDO ◆ n. en Coatzacoalcos, Ver. (1948). Licenciado en derecho por la UNAM, de la que es profesor desde 1975. Comentarista deportivo de radio y televisión desde 1965. Fue jefe de información deportiva de Televisa (1973-76). Desde 1965 es miembro del PRI. Diputado federal (1976-79), presidente de la Confederación Deportiva Mexicana (1977-79), subdirector de Prestaciones Económicas del ISSSTE (1979-82), director general de Información y Difusión de la Secretaría del Trabajo (1982); director general de Administración (1982-83) y de Comunicación Social de la PGR (1982-85); abogado general de la UNAM (1985-87), director general de Asuntos Jurídicos de la Sedue (1988-), subprocurador de Justicia del DF, procurador de Justicia de Veracruz y senador de la República (1994-2000). Coautor de *Los derechos sociales del pueblo mexicano* (1978). Autor de *Introducción a la ciencia política* (1983) y *Reforma Política de 1996 en México*.

ANDRÉ LAGUNA, SANTIAGO ◆ n. y m. en la ciudad de México (1890-1959). Diplomático y periodista. Fundó *El Globo*. Colaboró en *El Universal* y *Excélsior*.

ANDREA ◆ n. en Inglaterra y m. en el DF (1940-1995). Escultora. Su apellido era Córdoba. De madre austríaca y padre mexicano diplomático. Vivió en Portugal, Estados Unidos y México. Estudió dibujo y pintura con Ernesto Kubli (1954-56), Ernesto Silva Santamaría (1957) y Gilberto Aceves Navarro (1956-58). Entre 1960 y 1961 asistió a un curso de artes plásticas en la Universidad de Artes Aplicadas de Viena, bajo la dirección de Heinz Leinfellner. Se dedicó a la escultura. Fue museógrafa del Museo de Arte Moderno. Desde 1962 expuso individualmente en México y en Austria.

ANDREA FARELLO, PEDRO FRANK DE ◆ n. en Canadá y m. en el DF (1912-1989). Escritor. Doctor en letras por la Universidad de Laval, Quebec, y doctor en letras por la UNAM. Llegó a México en 1941. Fue director de la editorial Los Presentes. En 1950 estableció Ediciones de Andrea. Dirigió la colección de libros Biblioteca Mínima Mexicana (1955). Cofundador, con Miguel Ángel Ceballos, de *Diorama de la Cultura*, suplemento del diario *Excélsior*. Colaboró, además, en los suplementos literarios de los periódicos *Novedades* y *El Nacional*, así como en las revistas *Filosofía y Letras*, *Nivel*, *Revista de Occidente* y *Cuadernos Americanos*. Autor de *Commedia dell'arte et le début de Molière* (1941), *Quevedo, Saavedra, Fajardo y su "ars gubernandi"* (1944), *Miguel Ángel Asturias: anticipo bibliográfico* (1959), *Miguel Ángel Asturias en México: ensayo bibliográfico* (1969) y *Demetrio Aguilera Malta: bibliografía* (1969), *Carlos Solórzano: bibliografía* (1970) e *Historia literaria de Hispanoamérica*.

ANDRÉS JORGE ◆ n. en San Juan y Martínez, Cuba (1960). Escritor y editor. Ha sido profesor de literatura inglesa y latinoamericana. Vive en México desde 1991. Integrante de la Unión de Escritores y Artistas de Cuba. Es director editorial de *National Geographic* (edición en español). Ha publicado el libro de cuentos *A ciegas en el paraíso* (1991) y las novelas *Pan de mi cuerpo* (Premio Joaquín Mortiz de Primera Novela, 1997) y *Te devolverán las mareas* (1999).

ANDRÉS IBARRA, RAFAEL ◆ n. y m. en San Luis Potosí, SLP (1903-1956). Hijo de Félix Andrés Lámbarri. Poeta y cronista taurino. Estudió en el Colegio Francés de México. Tomó parte en varios grupos teatrales. En su ciudad natal escribió crónica taurina bajo los pseudónimos de Merlín, Tumbalero, Rejonazo y Duende de Villerías. Tradujo a Oscar Wilde. Dejó inédito un volumen de poesías y publicó *Sangre brava: romances taurinos* (1949).

ANDRÉS LÁMBARRI, FÉLIX ◆ n. y m. en San Luis Potosí, SLP (1873-1927). Fue tenedor de libros y administrador. En el periódico *El Estandarte* y otros escribió crónicas taurinas bajo el pseudónimo de Rigores.

ANDREU ALMAZÁN, LEÓNIDES ◆ n. en Olinalá, Gro. y m. en el DF (1896-1963). Durante la fase armada de la revolución combatió en las filas zapatistas. Gobernador de Puebla (1929-33). Jefe del Departamento de Salubridad Pública con Lázaro Cárdenas como presidente.

ANDREU ALMAZÁN, JUAN ◆ n. en Olinalá, Gro., y m. en el DF (1891-1965). Estudiaba medicina en Puebla cuando se incorporó a la rebelión maderista en 1910. Al año siguiente, enemistado con Madero, se alió circunstancialmente al zapatismo. Al producirse el golpe de Victoriano Huerta apoyó al dictador hasta la caída de éste. Se exilió durante varios años. Regresó al país en 1920 para tomar parte en el alzamiento del Plan de Agua Prieta. Triunfantes los sonorenses, le dieron el grado de general de división. En 1923 combatió la revuelta delahuertista y en 1929 la escobarista. Con el presidente Ortiz Rubio fue secretario de Comunicaciones y Obras Públicas (1930-32). En 1940 lanzó su candidatura a la Presidencia de la República por el Partido Revolucionario de Unificación Nacional. Según las autoridades, perdió las elecciones ante el candidato oficial Manuel Ávila Camacho. Residió varios años en el extranjero y regresó a vivir en Acapulco, Guerrero. En algunos documentos su apellido aparece como Andrew.

ANDÚJAR, MANUEL ◆ n. y m. en España (1913-1994). Participó en la guerra civil española en el bando republicano. Al triunfo de los fascistas salió hacia Francia, donde permaneció en el campo de concentración de Saint-Cyprien. Llegó a México en 1939, en el buque *Sinaia*, a bordo del cual editó un periódico. Cofundador, con Juan José Arana, de la revista *Las Españas*. Más tarde trabajó para las editoriales Fondo de Cultura Económica y Joaquín Mortiz. Colaboró en el diario *El Popular*, en las revistas *Diálogos* y *Revista de la Universidad*, y en el suplemento *Revista Mexicana de Cultura* del diario *El Nacional*. Regresó a España en 1967. Realizó la antología *Cartas son cartas* (1968). Coautor de *Encuentros con Pío Baroja* (1973), *El exilio español de 1939* (1976) y *Homenaje a Pablo Iglesias* (1979). Autor de *Saint-Cyprien, plage: campo de concentración* (1942), *Partiendo de la angustia y otras narraciones* (1944), *Cristal herido* (1945), *Llanura* (1947), *La literatura castellana en el destierro* (1949), *El vencido* (1949), *El destino de Lázaro*

Eduardo Andrade

FOTO: CUARTOSCURO

Angangueo, Michoacán

Angélica María

(1959), *La propia imagen* (1961), *El primer juicio final, Los aniversarios* y *El sueño robado* (teatro, 1962) *Campana y cadena* (1965), *La sombra del madero* (1966), *Los lugares vacíos* (1971), *La franja luminosa* (1973), *Historias de una historia* (1973), *La propia imagen* (1977), *Fechas de un retorno* (1979) y *Andalucía e Hispanoamérica: crisol de mestizajes* (1982). En 1995 se editó póstumamente su antología general *Lares y penares*.

ANESAGASTI Y LLAMAS, JAIME ◆ n. en España y m. en Campeche, Camp. (1863-1910). Se ordenó sacerdote en 1886. Como párroco de Tonalá, Jal. reedificó la capilla de la Soledad, construyó el santuario del Sagrado Corazón (1893-99), fundó un asilo, una escuela y un museo arqueológico ya desaparecido. Hizo levantar monumentos dedicados al papa Pío IX, a Cihuapilli, reina de Tonallan, y a misioneros que evangelizaron la región. Obispo de Campeche a partir de 1909. Autor de unas *Brevísimas notas de la historia antigua y moderna de Tonalá* (1899).

ANFOSSI, AGUSTÍN ◆ n. en Italia y m. en el DF (1889-1966). Sacerdote maris-

ta. Fungió en México como educador desde 1905. Obtuvo la maestría en matemáticas en la UNAM, de la que fue profesor, al igual que del Centro Universitario México y otros centros educativos. Escribió libros para enseñanza media (*Álgebra, Geometría analítica, Historia de México*, etcétera). También fue autor de unos *Apuntes de historia de México*.

ANGAMACUTIRO ◆ Municipio de Michoacán situado al norte-noroeste de Morelia, en los límites con Guanajuato. Superficie: 294.86 km². Habitantes: 16,062, de los cuales 3,657 forman la población económicamente activa. El municipio fue erigido el 10 de diciembre de 1831. La cabecera es Angamacutiro de la Unión.

ANGANGUEO ◆ Municipio de Michoacán situado al este de Morelia, en los límites con el Estado de México. Superficie: 125.45 km². Habitantes: 9,705, de los cuales 2,211 forman la población económicamente activa. Fue un importante centro minero hasta el siglo XIX y todavía se extraen plata y otros metales. La erección del municipio data del 10 de diciembre de 1831. El nombre significa "dentro del bosque" o "a la entrada de la cueva".

ANGANGUEO ◆ Sierra situada en los límites de los estados de México y Michoacán. Separa la cuenca del río Zitácuaro del Valle de Toluca.

ÁNGEL, ABRAHAM ◆ ☞ *Abraham Ángel.*

ÁNGEL, CÉSAR DEL ◆ n. en Ojite, Ver. (1940). Su nombre completo es César Augusto del Ángel Fuentes. Hizo estudios de licenciatura en la Escuela Nacional de Economía de la UNAM. Ha sido miembro del PRI, del Consejo Nacional de Auscultación y Organización, del Partido Socialista de los Trabajadores, del Partido Mexicano de los Trabajadores (1987), del Partido Mexicano Socialista (1987) y del Partido del Frente Cardenista de Reconstrucción Nacional (1988-). Era representante de la Confederación Nacional Campesina en Guerrero, durante el gobierno de Raymundo Abarca Alarcón, cuando fueron asesinados 22 copreros y unos 150 resultaron

heridos. Las autoridades lo señalaron como responsable y, herido, lo aprehendieron. Estuvo dos años en la cárcel (1967-69), pese a que era diputado federal por el PRI (1967-70). Volvió a la Cámara de Diputados como diputado por el PST (1985-88). Dirigente del Movimiento Nacional de los 400 Pueblos que en 1991 se separó del PRI, fue sentenciado a 7 años de prisión (1992) acusado de invasión de tierras, abigeato y robo de frutos. En 1996 se le concedió la preliberación y en 1998 la libertad anticipada.

ÁNGEL ALBINO CORZO ◆ Municipio de Chiapas situado en la zona centro-sur de la entidad. Superficie: 1,940.1 km². Habitantes: 24,094, de los cuales 5,954 forman la población económicamente activa. Hablan alguna lengua indígena 393 personas (tzotzil 317). Se llamó Jaltenango hasta el 11 de junio de 1980, en que por decreto adoptó su actual nombre. Se puede practicar la pesca y los deportes acuáticos en la presa La Angostura.

ÁNGEL DE LA GUARDA ◆ Isla del golfo de California situada entre los meridianos 113 y 114. Su extremo sur toca el paralelo 29 y el norte llega al paralelo 29: 35. Mide 76 km. de largo y 21 en la parte más ancha.

ÁNGEL R. CABADA ◆ Municipio de Veracruz situado al sureste del puerto de Veracruz y contiguo a San Andrés Tuxtla y Tlacotalpan, en la costa del golfo de México. Superficie: 497.63 km². Habitantes: 34,312, de los cuales 9,061 forman la población económicamente activa. Hablan alguna lengua indígena 64 personas mayores de cinco años (náhuatl 39).

ÁNGELES ◆ Bahía del estado de Baja California situada en el golfo de California. Se halla frente a la isla Ángel de la Guarda. Tiene una amplia variedad de especies marinas, especialmente ostras.

ÁNGELES, ALBERTO ◆ n. en Mezquititlán y m. en Pachuca, Hgo. (1890-1925). Ingeniero militar graduado en 1912. Viajó a Japón enviado por el gobierno. Se unió a los villistas y en 1915 representó a la Convención en Guatemala. Publicó poesía en periódicos hidalguenses.

ÁNGELES, FELIPE ◆ n. en Molango o en Zacualtipán, Hgo., y m. en Chihuahua, Chih. (1869-1919). Hijo de un coronel que combatió contra estadounidenses y franceses en 1847 y en 1862. Estudió en el Colegio Militar y en EUA y Europa se capacitó en artillería. Director del citado Colegio durante la presidencia de Madero, quien le dio el grado de general brigadier. Combatió la rebelión orozquista y después fue enviado a reprimir al zapatismo. Detenido y desterrado durante la asonada de Victoriano Huerta. Regresó a México clandestinamente y Carranza lo designó subsecretario de Guerra. Las dificultades con Carranza y sus generales lo llevaron a incorporarse a la División del Norte, donde se convirtió en un hombre clave de las fuerzas villistas, pues además de sus reconocidas aptitudes militares demostró talento político. Fue gobernador militar de Coahuila (1914) y de Nuevo León del 15 de enero al 15 de febrero de 1915. Logró convencer al caudillo suriano de enviar representantes a la Convención de Aguascalientes. Después de la batalla de Celaya las fuerzas de Villa se retiraron hacia el norte y él se exilió. En Estados Unidos formó la Alianza Liberal Mexicana. Se declaró partidario del marxismo y juzgó al liberalismo como cosa del pasado. Expuso su desacuerdo con la Constitución de 1917 y le opuso la Carta Magna de 1857, a la que consideraba más adecuada para la situación del país. A fines de 1918 regresó al país a reunirse con Villa, antes de lo cual lanzó una proclama que se conoce como Plan de Río Florido. El reencuentro con el jefe de la División del Norte duró menos de medio año. Las fuerzas villistas habían iniciado la desbandada y de hecho hacían una guerra de guerrillas. Ángeles se separó con un pequeño grupo y después de huir durante algún tiempo fue aprehendido, sometido a juicio y fusilado.

ÁNGELES ÁNGELES, LUIS ◆ n. en Chapulhuacán, Hgo. (1950). Licenciado en economía por la UNAM (1968-72)

Ángel de la Guarda

Foto: Juan Morín

y maestro por el CIDE (1974-76), con estudios de doctorado. Profesor de la UNAM (1978-80) y la UAM (1978-87). Fue investigador invitado del Oxford Institute for Energy Studies (1984). Ha sido jefe del Departamento de Estudios Especiales de la SPP (1977-78) y director general de la Coordinación de Apoyo a la Política Económica del gabinete económico (1986-87). Fue articulista y jefe de la sección económica del diario *unomásuno* (1977-83); editor de la sección de economía de las revistas *Hoy*, *Respuesta* (1982-83), *Punto* (1983-84) y *Tiempo* (1986-87). Ha escrito en *La Jornada* y *El Financiero* (1985-87). Coautor de *Las devaluaciones de 1982* (1982), *La nacionalización de la banca* (1982), *Banca y crisis* (1983) y *La deuda en América Latina* (1987); y autor de *Crisis y coyuntura de la economía mexicana* (1983), *Petróleo en México: experiencia y perspectivas* (1984) e *Introducción a la economía* (1984). Presidente de la Asociación de Periodistas y Economistas (1985-87) y del Colegio Nacional de Economistas.

ANGÉLICA MARÍA ◆ n. en Nueva Orleans, EUA (1944). Cantante y actriz. Se apellida Hartman Ortiz. Hija de la productora Angélica Ortiz. Estudió bachillerato. Se inició en el teatro como actriz infantil en *Mala semilla* (1955). Ha filmado decenas de películas, comenzando con *Pecado* (en la que actuó de niño).

En 1959 empezó a cantar baladas y en 1962 grabó su primer disco dirigida por Armando Manzanero. Como intérprete ha obtenido éxito en México y otros países. Ha recibido más de un centenar de premios nacionales e internacionales por su desempeño como cantante y actriz, entre otros el que otorga a la mejor actriz la Unión de Críticos y Cronistas de Teatro (1988). Se le conoció como la novia de México.

Foto: Juan Morín

Ángeles, Baja California

ANGLERÍA, PEDRO MÁRTIR DE ◆ n. en Italia y m. en España (?-1526). Estudió humanidades pero se dedicó a la carrera militar bajo la protección de influyentes personajes. En 1487 fue a España por invitación del embajador español ante El Vaticano y ahí, después de combatir en Granada, tomó los hábitos, ordenándose sacerdote en 1492. Bajo la protección de los Reyes Católicos ocupó diversos cargos y pudo tratar a los grandes navegantes de la época, por lo cual, al ser designado miembro del Consejo de Indias, en 1524, poseía un amplio conocimiento de las cosas americanas, el que acrecentó por su contacto con la documentación de la empresa conquistadora. Escribió en latín *De Orbe Novo Decades* (Décadas del Nuevo Mundo), obra publicada parcialmente a partir de 1508.

ANGOLA, REPÚBLICA POPULAR DE ◆

Estado suroccidental de África situado en la costa del Atlántico. Limita al norte y noreste con la República Democrática del Congo, al este con Zambia y al sur con Namibia. Cabinda, provincia separada por Zaire del resto del territorio angolano, limita al norte con el Congo. Superficie: 1,246,700 km². Habitantes: 12,000,000. La capital es Luanda (2,000,000 de habitantes). Otras ciudades importantes son Huambo, Lobito y Benguela. El idioma oficial es el portugués y se hablan varias lenguas de origen bantú. La moneda es el nuevo kwanza. Los portugueses se apoderaron de la región costera del país a fines del siglo XV e hicieron del esclavismo su principal fuente de riqueza, en complicidad con el señor del Congo. En 1512 ya eran 5,000 seres humanos los que se

exportaban anualmente a Europa y, principalmente, a las posesiones portuguesas y españolas en América. En 1544 el monarca congolés renunció a su apelativo cristiano (Diego I), adoptó el nombre de Nzanga Mbemba e inició un proceso de reafricanización, lo que confinó a los enclaves portugueses de la costa la trata de esclavos, que aumentaba o disminuía de acuerdo con los avances y retrocesos del colonialismo lusitano. Entre 1580 y 1640 el rey de España lo era también de Portugal y sus colonias, por lo que ese lapso fue el de mayor intercambio entre Angola y Nueva España. Sao Paulo de Loanda, factoría fundada en 1575 y ahora capital angolana, hasta 1591 *exportó* de mil a 1,500 negros por año, cantidad que en el siglo XVII fue de ocho mil a diez mil seres humanos por año, de los cuales, por prerrogativa de la Corona española, 700 debían ser enviados a la Nueva España. La cifra debió ser mayor, pues se permitía incluir un número indeterminado, sin registro, para sustituir a los que morían durante el viaje. Estos sustitutos fueron 15 por ciento del total a partir de 1605. Al comercio *legal* debe agregarse el contrabando de esclavos. El traficante debía inscribir su *mercancía* ante las autoridades y pagar impuestos por el otorgamiento de licencia, el derecho de *aduanilla* y el de *almojarifazgo*. De ahí que,

como señala Gonzalo Aguirre Beltrán en *La población negra de México*, "para evadir estos derechos y los obstáculos que ofrecía el registro monopolizador de Sevilla, los colonos cooperaron abierta o escondidamente con los contrabandistas de ébano", lo que debió suceder desde los inicios de la Nueva España e involucró incluso a los virreyes, como se sabe en el caso de Rodrigo Pacheco y Osorio, que protegía al negrero clandestino Manuel Solís. A los esclavos traídos de África hay que agregar los negros criollos nacidos en Cuba y otras posesiones españolas, muchos de los cuales pasaron a Nueva España, urgida de fuerza de trabajo por el exterminio de la población indígena. Respecto del origen tribal, Aguirre Beltrán señala que eran musorongos (llamados aquí longos), bambas (de Ba-Mbamba), bembas (de Mpemba), los llamados negros de Banguela o umbundu (de U-Mbundu), mondongos y los llamados negros de Angola (corrupción de Ndongo), más conocidos por su lugar de origen: cabanga, cabaza, cabeza, cangungo, cazongo, coanza, hanga, manga, ocarimba, quibuna, quizama y quitamba. A fines del siglo XVI, hay quien estima que la población negra de Nueva España era más numerosa que la española, misma que sumaba alrededor de un diez por ciento del total. El rígido sistema de castas que imperaba en Nueva España tendía a mantener a los indios separados de otros sectores sociales. De ahí que los hijos de indios o indias tenidos con miembros de otras castas fueran asimilados a éstas, lo que favoreció un intenso mestizaje y la extendida presencia de sangre negra, en alta proporción angolana, entre los mexicanos. A lo anterior contribuyó el que, desde principios del siglo XVII, por razones mercantiles se exigiera que los esclavos fueran "de excelente calidad y de edad joven", generalmente menores de 25 años, esto es, con amplia capacidad reproductiva. Los angolanos y sus descendientes protagonizaron grandes rebeliones, entre las cuales destacan la de Yanga (), cuyo lugarteniente era el angoleño Francisco

República Popular de Angola

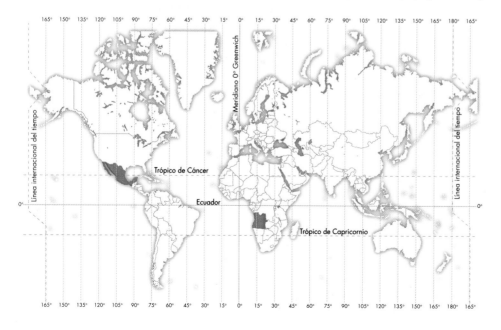

de la Matosa, y otra, producida en la ciudad de México, cuando el sepelio de una esclava, asesinada a golpes por su amo, se convirtió en el inicio de una manifestación que apedreó la casa del español homicida y luego se concentró frente al palacio virreinal y el edificio de la Inquisición. En los meses siguientes continuó el estado de rebeldía y los negros de la capital novohispana eligieron como reyes a Pablo y María, una pareja de angolanos que debía encabezar la insurrección cuyo estallamiento, según las confesiones arrancadas bajo tortura, debía producirse el Jueves Santo de 1612. De acuerdo con la versión de las propias autoridades, la conspiración se descubrió "cuando dos negreros portugueses que conocían la 'lengua angoleña' oyeron de pasada a unos negros que estaban discutiendo en el mercado de la ciudad de México" (Jonathan I. Israel en *Razas, clases sociales y vida política en el México colonial*). Aunque los indios tenían formalmente más derechos que la población afromexicana, de entre ésta se reclutaba a capataces, guardaespaldas y otros servidores personales de los españoles, lo que en la práctica se traducía en mayor libertad de movimiento para los negros de las ciudades, entre los cuales había un considerable número de libertos. Esta situación propició que al intensificarse el mestizaje se fueran perdiendo los rasgos característicos de los que habían llegado como esclavos y de las castas. Entre los próceres de la independencia mexicana no pocos tenían sangre africana, como Morelos y Guerrero. En 1878 fue abolido en Angola el tráfico de esclavos, pero subsistió el trabajo forzado. En 1951 Portugal convirtió formalmente a sus colonias en "provincias", pero en éstas la población blanca mantuvo sus privilegios sobre la base de estimular las diferencias étnicas y las rivalidades tribales. Pese a la severa represión que se ejercía sobre todo brote anticolonialista, en 1956 surgió el Movimiento Popular de Liberación de Angola (MPLA), dirigido por Antonio Agostinho Neto, que abogó por unificar a todos los grupos étnicos y tribales en contra de

los opresores. Años después, bajo la jefatura de Holden Roberto, se creó el Frente Nacional de Liberación de Angola (FNLA), del que en 1966 se desprendió una facción que constituyó la llamada Unión para la Independencia Total de Angola (Unita), dirigida por Jonás Savimbi. El MPLA se lanzó a la lucha armada en 1961 y se iniciaron 14 años de guerra por la liberación angolana, proceso que culminó en 1975, después de que triunfó en Portugal la Revolución de los Claveles contra la dictadura de Marcelo Caetano. Lisboa reconoció entonces la independencia de las colonias africanas. En Angola, el MPLA llamó a las otras organizaciones a formar un gobierno unificado, pero el FNLA y Unita proclamaron la erección de una República Popular Democrática que no pasó de los grupos armados apoyados por Estados Unidos, China y Sudáfrica. El MPLA designó entonces presidente a Agostinho Neto y se reinició la guerra, no sólo contra las bandas de Holden Roberto y Jonás Savimbi, sino contra fuerzas regulares de Zaire y Sudáfrica que llegaron a 200 kilómetros de Luanda, donde fueron detenidas por tropas cubanas, llegadas a Angola pese a la estrecha vigilancia de Estados Unidos. En 1976 la Organización de Unidad Africana y la ONU reconocieron como legítimo al gobierno de Neto, con el cual México estableció relaciones en el mismo año, si bien se retrasaría indefinidamente la designación de embajadores. En mayo de 1977 fue sofocado un intento de golpe de Estado y en el mismo año el MPLA se declaró marxista-leninista y se agregó la denominación de Partido del Trabajo. En 1979 murió Neto y al año siguiente el ejército de Sudáfrica invadió nuevamente el territorio angolano para retirarse al poco tiempo, después de causar graves daños materiales y la muerte de 400 personas. Al año siguiente Sudáfrica repitió la operación y el saldo fue de 700 víctimas. En 1984 Angola y Sudáfrica firmaron un acuerdo para poner término al conflicto entre ambos Estados. En 1991 el MPLA abandonó el marxismo-leninismo y firmó con la Uni-

Ruinas de la ex hacienda La Esperanza en Angostura, Sin.

ta un acuerdo de paz. En 1992 se celebraron elecciones presidenciales en las que triunfó el candidato del MPLA, lo que provocó una reacción violenta de la Unita y el reinicio de la guerra civil en 1993. Un año después se firmó otro acuerdo de paz y en el desarme de las facciones beligerantes intervino la ONU, en un proceso que en 1998 no había concluido.

ANGÓN, ENRIQUE ◆ n. en Tecpan de Galeana y m. en Tlapa, Gro. (1806-1882). Militar liberal. Combatió, ya como general, la intervención francesa y el imperio.

ANGOSTURA ◆ Municipio costero de Sinaloa que limita por el sureste con Culiacán. Superficie: 1,447.63 km². Habitantes: 47,095, de los cuales 13,302 forman la población económicamente activa. Hablan alguna lengua indígena 28 personas mayores de cinco años (mayo 16). El municipio fue erigido en 1916. En su litoral de 80 kilómetros se hallan las playas de Santa María la Reforma y Colorada. Cuenta con las islas Saliaca, Tachichilte, Altamura, de la Garrapata y otras menores.

ANGOSTURA ◆ Desfiladero cercano a Saltillo donde se libró una reñida batalla entre las fuerzas mexicanas al mando de Santa Anna y los invasores estadounidenses dirigidos por Zacarías Taylor, quien obtuvo una victoria relativa, pues uno de cada tres de sus hombres resultó muerto o herido. Sin embargo, Santa Anna se negó a contraatacar, pese a que un triunfo parecía seguro.

El artista plástico Ricardo Anguía

ANGUÍA, RICARDO ◆ n. en el DF (1951). Artista plástico. Estudió en la Escuela Nacional de Pintura y Escultura La Esmeralda (1968-76). Expuso por primera vez en 1972. Ha obtenido el Premio Especial de Pintura en el IX Concurso Nacional para Estudiantes de Artes Plásticas (1974), el primer lugar en la categoría pintura dentro del concurso convocado por el Instituto Nacional de la Juventud Mexicana (1975) y mención honorífica en el Gran Prix Internationale D'Art Contemporaine de Mónaco (1982). En 1985 presentó en el Palacio de Bellas Artes de la capital del país la exposición "Pinto mi Calavera".

ANGUIANO, MARTÍN DE ◆ n. y m. en Colima, Col. (?-?). Primer alcalde constitucional de Colima y jefe político del territorio en 1826. En el mismo año echó a andar la primera imprenta colimense.

Detalle de *Crepúsculo* (1968), óleo de Raúl Angiano

ANGUIANO, RAÚL ◆ n. en Guadalajara, Jal. (1915). Estudió en la Escuela Libre de Pintura de Guadalajara (1930-34) y La Esmeralda (1934-67). Secretario general del Sindicato de Profesores de Artes Plásticas (1936). En 1937 ingresó en la LEAR (☞) y 1938 se incorporó al Taller de Gráfica Popular (☞). En 1939 publicó el portafolios de seis litografías *Dichos populares*. En 1941, en Nueva York, tomó un curso en The Art Student League. Miembro fundador de la Sociedad de Artistas de México (1941), la Sociedad para el Impulso de las Artes Plásticas (1948) y el Salón de la Plástica Mexicana (1952). Entre sus murales están: *Revolución y contrarrevo-*

Raúl Anguiano

lución (Morelia, 1936), *Represión porfirista, El fascismo destructor del hombre y la cultura y Las nuevas generaciones* (Centro Escolar Revolución del DF, 1937); y *Retratos de líderes agrarios: Morelos, Zapata, Domingo Arenas y Úrsulo Galván Montes* (Confederación Campesina Emiliano Zapata de Puebla, 1937), *La evolución del comercio en México* (Canaco del DF, 1955); *Nacimiento de la selva* (Laboratorios Hormona, 1962); *La creación del hombre en el mundo maya, La batalla de los mayas, Deidades de Mesoamérica, Escenas palatinas de Palenque y Ritos mayas* (Museo Nacional de Antropología, 1963-64); *Historia de los colorantes en México* (Fábricas Onix-Mex de Tlalnepantla, 1964); *El bautismo de Cristo* (iglesia de San Marcos, de Tonila, Jalisco (1965); *Ballet* (hotel Olimpia, de Kingston, 1970); *La creación en el mundo prehispánico, La creación en la colonia y La comunicación en el mundo moderno* (Publicidad Ferrer, 1971-78); *Sor Juana Inés de la Cruz, Miguel Hidalgo y Costilla y General Lázaro Cárdenas* (dibujos monumentales al carbón en la SRE, 1979); *La primavera* (casa de Eulàlio Ferrer, 1986), *Trilogía de la nacionalidad* (PGR, 1988) e *Historia y leyenda de Coyoacán* (Centro Cultural Raúl Anguiano, 1997). Participó en las bienales de Venecia (1958) y Tokio (1955, 1957 y 1959). Publicó *Mawairra: un viaje al mundo de los huicholes*. Primer Premio en el Salón de Invierno del Salón de la Plástica Mexicana (1954 y 1955),

Medalla de Oro del Salón Panamericano de Porto Alegre, Brasil (1958), diploma de honor en la Exposición Internacional del Libro de Arte de Leipzig (1959), Placa de Oro del gobierno de Jalisco en el Año de las Artes Plásticas (1964) y Premio Jalisco (1988), entre otros.

ANGUIANO EQUIHUA, VICTORIANO ◆ n. en Parangaricutiro, Mich. y m. en el DF (1908-1958). Abogado. Diputado federal (1934-36). Rector de la Universidad Michoacana de San Nicolás de Hidalgo (1940-43), puesto en el que enfrentó exitosamente un intento del gobernador Félix Ireta Viveros de desconocer a las autoridades de esa casa de estudios. En 1950 fue candidato por el Partido Popular a la gubernatura de Michoacán. Autor de *Lázaro Cárdenas, su feudo y la política nacional* (1951), obra que critica al ex presidente.

ANGUIANO LIMÓN, JOSÉ DE LOS ÁNGELES ◆ n. en Encarnación de Díaz, Jal. y m. en la ciudad de México (1840-1921). Fue conocido como Ángel Anguiano. Estudió en San Carlos, donde se tituló de ingeniero y arquitecto. Trabajó como ingeniero de caminos. Astrónomo autodidacta, recibió orientación de Francisco Díaz Covarrubias. En 1876 fue designado director del Observatorio Astronómico que debía instalarse en Chapultepec, lo que sucedió bajo su gestión en 1877 para ser inaugurado al año siguiente. En 1883 le tocó trasladar la institución al ex Palacio del Arzobispado en Tacubaya. Encabezó en 1882 los trabajos de observación del paso de Venus por el disco del Sol. Transformó a la institución dotándola de aparatos modernos. En 1899 fue designado presidente de la Comisión Geodésica. Escribió una *Memoria* del Observatorio, editó el *Boletín* de la institución (1890-99) y publicó el *Anuario* que se publicó desde 1881 hasta 1899. Autor de *Morelia en 1872: su historia, su topografía y su estadística* (1873) y un *Tratado de cosmografía* (1887).

ANGUIANO MARTÍNEZ, HERMENEGILDO ◆ n. en Parangaricutiro, Mich. (1933). Licenciado en economía por la UNAM (1959) y doctor por la Universidad de Edimburgo, Escocia (1964). Ha sido profesor de la UNAM, el IPN y la Universidad Anáhuac. Miembro del PRI desde 1965. Trabaja para el sector público desde 1956. Ha sido diputado federal en dos ocasiones (1982-85 y 1988-91). Miembro de la Asociación Americana de Economistas, de la Sociedad Internacional de Estudios de Seguridad Social y de la Sociedad Mexicana de Planeación.

ANGUIANO PÉREZ, JESÚS ◆ n. en el DF (1936). Escultor. Estudió en La Esmeralda y otras escuelas. Trabaja metal, madera y otros materiales. Ha obtenido dos premios en sendos concursos de escultura de la Asociación Dental Mexicana (1965 y 1970) y otro del Instituto Mexicano del Seguro Social (1974).

ANGUIANO ROCH, EUGENIO ◆ n. en el DF (1938). Hijo de Victoriano Anguiano Equihua. Licenciado en economía por la UNAM (1962) con estudios de posgrado en Leeds y Sussex (1966-67). Profesor de la UNAM (1963-70) y El Colegio de México (1977-79) e investigador en Harvard (1978-79). Miembro del PRI desde 1970. Ha sido subdirector general de Documentación del Informe Presidencial de la Secretaría de la Presidencia (1971), embajador en Costa Rica (1971-72), China (1972-75 y 1982-87) y Vietnam (1975); asesor de Teléfonos de México (1976), director en jefe de Asuntos Económicos (1979-80), miembro de la Comisión Consultiva de Política Exterior de la SRE (1980-82) y embajador en Argentina (1987-89), en Austria y ante los organismos internacionales con sede en Viena (1990-1992) y en Brasil (1992). Coautor de *Opciones de política económica en México después de la devaluación* (1977) y autor de *México: la política exterior del nuevo régimen* (1978) y *Cooperación económica internacional: diálogo o confrontación* (1981). Miembro de la American Economic Association y del Colegio Nacional de Economistas.

ANGUIANO ROCHA, LUIS ◆ n. en Atoyac, Jal. (¿1850?-?). Periodista. En Guadalajara fue dueño de una imprenta donde editó el *Boletín de Noticias* (1865-66) y dirigió *El Noticioso* (1866).

ANGUIANO VALADEZ, ADOLFO ◆ n. en Guadalajara, Jal. (1917). Escritor. Hermano del pintor Raúl Anguiano. Hizo estudios de homeopatía, filosofía y economía. Autor de poesía: *Estatuas de sangre* (1948), *Soy americano* (1953), *Juárez* (1954), *Venid, Repúblicas hermanas* (1954), *Poemas y cantares* (1956), *Espigas* (1958), *México eterno* (1963), *Letras* (1967), *Poemares, 20 libélulas y una rosa* (1970), *Ara solar* (1974), *El corazón de Quetzalcóatl* (1978) y *Epopeya anahuacana* (1985), entre muchos otros; cuento: *El brujo* (1975) y *La serpiente se mordió la cola* (1977); y ensayo: *Homenaje a Juan Bautista Villaseca* (1970), *El mundo de los sueños: lenguaje y significación* (1975), *La llave de los sueños* (1981), *Lo que usted desea saber de los sueños* (1982), y *Aprenda a analizar sus sueños* (1982).

ANGUIANO VALADEZ, ARMANDO ◆ n. en Guadalajara, Jal. (1922). Pintor. Hermano del anterior. Estudió en la Escuela Nocturna de Arte (1935). Ha expuesto en las principales ciudades de la República Mexicana. También ha escrito poesía, *Paz y bien* (1960).

ANGULO, APOLONIO ◆ n. en Guadalajara, Jal., y m. en la ciudad de México (¿1830?-1885). Militar liberal. Combatió la intervención francesa y el imperio, pese a que, prisionero, se vio obligado a firmar el Acta de Sumisión, después de lo cual se escapó de sus captores para reincorporarse a las fuerzas juaristas. Tres veces diputado por Jalisco (1858, 1861 y 1867).

ANGULO, MAURO ◆ n. en Santa Ana Chiautempan, Tlax., y m. en el DF (1894-1948). Procurador de Justicia del estado de Puebla. Diputado federal en dos ocasiones (1928-30 y 1943-46) y senador por Tlaxcala (1946-48). Fue asesinado.

ANGULO, MELQUIADES ◆ n. en Allende, Chih., y m. en el DF (1889-1966). Ingeniero civil por la Universidad Nacional de México. Fue oficial mayor, secretario de gobierno y gobernador provisional de Chihuahua (1919 y 1920). Fue destituido por los seguidores del Plan de Agua Prieta. Volvió a la vida pública en los años treinta y fue subsecretario y secretario de Comunicaciones y Obras Públicas del presidente Lázaro Cárdenas (1939-40).

ANGULO, RAFAEL ◆ n. en Encarnación, hoy de Díaz, Jal., y m. en la ciudad de México (1840-1921). Ingeniero. Estudió en la capital del país. Trabajó en el Observatorio Astronómico Nacional bajo la guía de Ángel Anguiano, a quien sucedió como director en la institución (1899-1902).

ANGULO COSÍO, ANÍBAL ◆ n. en La Paz, BCS (1949). Fotógrafo. Estudió artes plásticas en la Normal Superior. Fue director del Taller de Fotografía de la Escuela Nacional de Artes Plásticas (1971-73), miembro del Salón de la Plástica Mexicana desde 1976. Cofundador del Consejo Mexicano de Fotografía. Ha presentado una decena de exposiciones individuales en México y en el extranjero. Ha obtenido diversos premios por su trabajo.

ANGULO GONZÁLEZ, JOAQUÍN DE ◆ n. y m. en Guadalajara, Jal. (1796-1861). Abogado. Fue secretario de Gobierno (1846-47), gobernador interino (1846-48) y constitucional de Jalisco (1847-52). Durante su interinato organizó la resistencia contra los invasores estadounidenses. Se opuso al desmembramiento del territorio nacional. Adherido al Plan de Ayutla en 1855, contribuyó al avenimiento entre Comonfort y Manuel Doblado. Era primer vocal del Consejo de Gobierno en ese año y le correspondía sustituir en la gubernatura a Santos Degollado, pero éste se negó a entregarle el mando. Magistrado de la Suprema Corte de Justicia desde 1857.

ANGULO GONZÁLEZ, JOSÉ LEONARDO ◆ n. y m. en Guadalajara, Jal. (1804-1876). Hermano del anterior. Abogado. Tomó las armas para combatir a los invasores estadounidenses y alcanzó el grado de general brigadier. Fue vicegobernador de Jalisco.

ANGULO SUÁREZ, APOLONIO ◆ n. en Guadalajara y m. ¿en la ciudad de México? (1832-1885). Hijo del anterior.

Eugenio Anguiano Roch

Abogado. Participó en el bando liberal durante la guerra de los Tres Años y obtuvo el grado de coronel. Diputado por Jalisco (1861). Combatió la intervención francesa y el imperio. Cayó prisionero en 1866 y fue obligado a firmar el Acta de Sumisión al Imperio. Se le confinó en Cocula, Jalisco, y de ahí se fugó para reincorporarse a la lucha. En 1867 fue elegido nuevamente diputado federal. Miembro del Colegio de Abogados de México desde 1868.

ANGULO VILLASEÑOR, JORGE ◆ n. en la ciudad de México (1925). Escultor. Estudió en La Esmeralda y en la Escuela Nacional de Artes Plásticas. Realizó trabajos en el antiguo Museo de Arqueología de la capital. En 1967 participó en la III Bienal de Escultura del Instituto Nacional de Bellas Artes.

Nedda G. de Anhalt

ANHALT, NEDDA G. DE ◆ n. en Cuba (1934). Escritora, traductora y periodista. Es mexicana por naturalización desde 1968. Estudió derecho en la Universidad de La Habana y letras en el Sarah Lawrence College de EUA. Maestra en estudios latinoamericanos por la Universidad de las Américas, donde ha sido profesora. Colaboradora de *Vuelta* y otras publicaciones. Coautora de la antología *La fiesta innombrable: trece poetas cubanos* (1992) y autora de *El correo del azar* (cuento, 1984), *Los premios* (1987), *El banquete* (1991), *Cine: la gran seducción* (1991), *Rojo y naranja sobre rojo: once entrevistas a escritores cubanos en el exilio* (1991), *Allá, donde ves la neblina: un acercamiento a la obra de Sergio Galindo* (ensayo, 1992), *Nueve ensayistas en busca de su autor* (ensayo, 1992), *Crítica apasionada* (1994) y *Cuentos inauditos* (1994).

Ikram Antaki

ANIEVAS, JOSÉ IGNACIO ◆ n. y m. en la ciudad de México (?-1875). Político conservador. Ocupó la subsecretaría de Relaciones y la de Gobernación. Autor dramático (*Valentina, Seducción* y *La hija del senador o los odios políticos*).

ÁNIMAS, DE LAS ◆ Bahía de Baja California, situada en el golfo de California, al sur de bahía de los Ángeles y de la isla Ángel de la Guarda.

ÁNIMAS, DE LAS ◆ Isla de Baja California Sur, situada en el golfo de California, al norte de la isla San José y del paralelo 25.

ÁNIMAS TRUJANO ◆ Municipio de Oaxaca situado en el centro del estado, al sur y próximo a la capital de la entidad. Superficie: 12.76 km². Habitantes: 2,514, de los cuales 652 forman la población económicamente activa. Hablan alguna lengua indígena 102 personas mayores de cinco años (zapoteco 49 y mixteco 26). El municipio se llamó San Juan Bautista Ánimas Trujano, nombre por el cual aún se le refiere.

ANITÚA, FANNY ◆ n. en Durango, Dgo., y m. en el DF (1887-1968). Contralto. Estudió en México y en Italia. En 1909 se presentó en el teatro Nacional de Roma y al año siguiente en la Scala de Milán y el Colón de Buenos Aires. En 1912 actuó en la sala Plezel de París y regresó a México a formar la compañía de Ópera de Bonci. Recorrió varios países y en 1921 el secretario de Educación, José Vasconcelos, la nombró directora honoraria del Conservatorio Nacional. En 1942 se estableció de nuevo en México, donde se dedicó a la enseñanza. Al morir formaba parte del Seminario de Cultura Mexicana.

ANLEN LÓPEZ, JESÚS ◆ n. en Terán, Chis. (1945). Licenciado en derecho por la UNAM (1964-68), donde es profesor (1979-). En el PRI, partido al que pertenece desde 1964, fue secretario general de la Dirección Juvenil (1966), secretario de Organización (1970) y oficial mayor del comité ejecutivo nacional (1987-88). Ha sido secretario particular del director general de Obras Públicas del DDF (1974-76), gerente de Programas de Supervisión de Conasupo (1982), subdelegado jurídico y de gobierno de la Delegación Venustiano Carranza del DDF (1986-87) y diputado federal (1988-91). Colaborador del diario *Excélsior* (1978-). Autor de *Origen y evolución de los partidos políticos en México* (1972).

ANOM ◆ El primer padre, según los mayas. Personaje semejante al Adán bíblico.

ANSALDO Y FERRARI, MATEO ◆ n. en Italia y m. en la ciudad de México (1689-1749). Sacerdote jesuita. Profesó en Tepotzotlán en 1729. Fue provincial de la Compañía de Jesús (1739-43). Escribió semblanzas de personajes de la Compañía.

ANTAKI, IKRAM ◆ n. en Siria (1945). Estudió literatura comparada, lingüística y se doctoró en antropología social por la Universidad de París. Radica en México desde 1975. Ha colaborado en los diarios *El Día*, *Excélsior, unomásuno* y *El Nacional*. Para el Canal 11 hizo el programa *Si de Oriente te hablan*. Escribió un texto sobre prácticas y ritos guerreros para el Museo del Hombre, de París, y es autora del ensayo de antropología rural *Deir atier* (en francés, 1973). Sus poemas han sido publicados por la editorial Al Farabi y en las revistas árabes *Al Tarik* y *Al Carmel*, órgano éste de la Unión de Escritores Palestinos. Autora de poesía: *Las aventuras de Hanna, en buena salud hasta su muerte* (en árabe, 1975), *Las aventuras de Hanna en la historia* (1984), *Poemas de los judíos y de los árabes* (1989), *La pira o el libro de Abu Hayyan* (1990) y *Epiphanios* (1992); de ensayo: *La cultura de los árabes* (1989), *La tercera cultura, nuestras raíces islamo-árabes* (1990), *El libro de la casa tierra* (1991), *Segundo renacimiento: pensamiento y fin de siglo* (1992), *El pueblo que no quería crecer* (1996), *Simbiosis de Cultura: los inmigrantes y su cultura en México* (en colaboración, 1993) y *El consumo al final del milenio* (en colaboración, 1997); de las novelas *El secreto de Dios* (1992) y *El espíritu de Córdoba* (1994); y de las enciclopedias temáticas de divulgación *El banquete de Platón* (primera serie 1996 y segunda serie 1998). Premio Magda Donato 1989 (entregado en 1991 por *La cultura de los árabes*). Premio Libro del Arte del Año 1990 por *La tercera cultura*.

ANTEBI, PAUL ◆ n. en Palestina y m. en el DF (1908-1978). Ingeniero químico por el Instituto de Química de París (1927-31). Orientado hacia la química farmacéutica, fue trabajador del Grupo Roussell, de Francia, para el cual abrió varias plantas en ciudades francesas y españolas. En 1934 se le comisionó para abrir instalaciones de esa empresa en México. En 1942 se independizó y fundó la empresa Laboratorios Carnot, que dirigió hasta su muerte. En 1950 creó el Premio Carnot, que en 1978 se convirtió en Premio Eduardo Liceaga. En los años cincuenta fue uno de los impulsores del establecimiento del IFAL y presidió la campaña por la construcción del Liceo Franco-Mexicano. Financió becas para que médicos mexicanos estudiaran en Francia. En 1960 se naturalizó mexicano. Miembro de los patronatos del Colegio Hebreo Sefaradí y del Centro Deportivo Israelita y consejero del Banco Mercantil Mexicano. Sus colecciones de objetos prehispánicos y de pintura mexicana de caballete fueron donadas a la nación.

ANTENA ◆ Revista literaria de la que aparecieron cinco números entre julio y noviembre de 1924. La dirigió Fracisco Monterde. Entre sus colaboradores estuvieron Mariano Azuela, Jorge Cuesta, el Dr. Atl, Genaro Estrada, Enrique Fernández Ledesma, Luis Garrido, Enrique González Martínez, Luis González Obregón, José Gorostiza, Manuel Horta, Julio Jiménez Rueda, Alfonso Junco, Hernán Laborde, León Felipe, Miguel N. Lira, María Enriqueta, Salvador Novo, Bernardo Ortiz de Montellano, Gilberto Owen, Carlos Pellicer, Alfonso Reyes, Jaime Torres Bodet, Julio Torri, Artemio de Valle-Arizpe y Xavier Villaurrutia.

ANTEQUERA ◆ Nombre que dieron los españoles a Oaxaca en 1527. Fue cabecera de la alcaldía del mismo nombre. En 1532, por disposición de la Corona española, la ciudad vuelve a llamarse Oaxaca, aunque en 1535 se erige la diócesis de Antequera. En 1786, la ciudad es capital de la intendencia de Antequera, lo que explica la sobrevivencia de esa denominación de la ciudad, a la que todavía se llama la vieja Antequera.

ANTICOLI, ESTEBAN ◆ n. en Italia y m. en Puebla, Pue. (1833-1899). Sacerdote jesuita. Vino a México en 1872 y fue desterrado al año siguiente. Volvió en 1878 y residió en Puebla y Guadalajara. Escribió *La Virgen del Tepeyac, patrona principal de la nación mexicana: compendio histórico-crítico.* (1884).

ANTIGUA, LA ◆ Municipio de Veracruz situado al noroeste del puerto de Veracruz. Superficie: 106.93 km². Habitantes: 23,529, de los cuales 6,888 forman la población económicamente activa. Hablan alguna lengua indígena 42 personas mayores de cinco años. La cabecera es José Cardel.

ANTIGUA, LA ◆ Barra de Veracruz donde desemboca el río La Antigua.

ANTIGUA, LA ◆ Río de Veracruz. Nace muy cerca del Pico de Orizaba. Recibe primero el nombre de Chichiquila, luego Jacomulco, Pescados y, por último, La Antigua. Capta las aguas de los ríos Santa María, Paso de Ovejas y San Juan. Desemboca en el golfo de México junto a la población de la Antigua, al nortenoroeste del puerto de Veracruz.

ANTIGUA Y BARBUDA ◆ País situado en el noreste del mar Caribe. Está formado por las islas de ese nombre y Redonda, que pertenecen al grupo de Sotavento, en las Pequeñas Antillas. Superficie: 442 km². Habitantes: 64,500 (estimación en 1997). La capital, St. John's, se halla en Antigua y tenía 22,342 habitantes en 1991. El idioma oficial es el inglés. Cristóbal Colón llegó a Antigua en 1493. Los británicos se apoderaron de Barbuda en 1628 y de Antigua en 1667. Exterminados los indios caribes, fueron *importados* esclavos procedentes de África para trabajar en los campos de caña de azúcar. Desde mediados del siglo XIX, aunque abolida formalmente la esclavitud, la población negra fue tratada como inferior por los británicos y sometida a las faenas más rudas. Al término de la segunda guerra mundial se inició un proceso de progresiva autonomía para las posesiones inglesas del Caribe, a las que Londres siguió considerando colonias. En 1966 una nueva Constitución estableció el autogobierno para asuntos internos, en tanto que la Corona británica siguió a cargo de las relaciones exteriores. La independencia de Gran Bretaña se obtuvo en 1981. El gobierno del nuevo Estado, encabezado por Vere Cornwall Bird, apoyó en 1983 la invasión estadounidense de Granada. Al año siguiente se establecieron relaciones diplomáticas con México.

FOTO: MICHAEL CALDERWOOD

Río La Antigua, en Veracruz

ANTIGUO MORELOS ◆ Municipio de Tamaulipas situado en el sur de la entidad, en los límites con San Luis Potosí, y contiguo a El Mante. Superficie: 712.29 km². Habitantes: 9,816, de los cuales 2,728 forman la población económicamente activa. Hablan alguna lengua indígena 30 personas mayores de cinco años (huasteco 13).

Billete de uso corriente en Antigua y Barbuda

ANTILLÓN, FLORENCIO ◆ n. y m. en Guanajuato, Gto. (1830-1903). Militar liberal. Combatió contra los invasores estadounidenses, participó en la guerra de los Tres Años y, ya retirado como general, volvió a filas para luchar contra los franceses y el imperio. Juárez lo nombró gobernador en 1867 y al año siguiente resultó elegido, al igual que en 1871 y 1875. Se mantuvo en el cargo hasta 1877, cuando capituló en favor de los porfiristas. Hizo edificar el teatro Juárez en el lugar donde estuvo el hotel Emporio.

ANTIRREELECCIONISTA, EL ◆ Órgano del Centro Antirreeleccionista fundado en 1909. Inicialmente fue semanario y sus directores fueron, sucesivamente, Paulino Martínez y José Vasconcelos. En septiembre de 1909 se convirtió en diario, editado por una sociedad mercantil y dirigido por Félix F. Palavicini. Su domicilio estaba en Nuevo México (Artículo 123) número 48. Entre sus colaboradores se contaron Francisco I. Madero, José Vasconcelos, Federico González Garza y Roque Estrada; el secretario de redacción era Joaquín Piña y el "repórter", Matías Oviedo. Juan Palavicini era administrador. Adquirió la primera rotativa *Duplex* (semirrotativa "en la que se emplea papel de rollos, pero la cama es plana, de modo que las formas imprimen directamente y no se requiere estereotipia", dice Félix F. Palavicini) que hubo en México. Hacia octubre de 1909 el periódico fue clausurado por la policía y detenidos Juan Palavicini, Oviedo, Eduardo F. Bienvenu y Piña, quien se convirtió en delator. Félix F. Palavicini se ocultó hasta fines de noviembre, cuando obtuvo el amparo. A mediados de julio de 1910 las autoridades devolvieron la imprenta y Palavicini la entregó a Rafael Martínez (*Rip-Rip*), quien en ella publicó *El Constitucional*.

ANTÓN, DAVID ◆ n. en San Miguel de Allende, Gto. (1926). Escenógrafo. Estudió artes plásticas en La Esmeralda y se dedicó a la pintura hasta mediados de los años cincuenta, cuando se inició como escenógrafo en la obra *Escuela de cortesanos*, dirigida por Wilberto Cantón. Ha producido la decoración para un millar de puestas escénicas, entre ellas *Los poseídos*, *No me olvides en diciembre*, *El malentendido*, *Las Leandras*, *Espectros*, *El mercader de Venecia*, *La jaula de las locas*, *Chin, chun, chán* y *José el soñador*. Cofundador de la Sociedad Nacional de Escenógrafos (1988). Ha recibido decenas de premios por su trabajo, entre otros el Julio Castellanos de la Unión de Críticos y Cronistas de Teatro por su labor en *El candidato de Dios* y *La casa de Bernarda Alba* (1986). Cofundador de la Sociedad Nacional de Escenógrafos (1988).

ANTÓN LIZARDO ◆ Población del municipio de Alvarado, Veracruz (☛).

ANTÓN LIZARDO ◆ Punta situada junto a la población del mismo nombre y al sureste de Boca del Río, en el municipio de Alvarado, Veracruz, al norte del paralelo 19.

ANTÓN MACÍN, JOSÉ LUIS ◆ n. en el DF (1944). Ingeniero mecánico electricista titulado en la UNAM (1968). Ha sido profesor en la Facultad de Ingeniería de la UNAM desde 1974. Fue director general de Maquinaria y Transportes de la Secretaría de Asentamientos Humanos y Obras Públicas (1981-82). Director general de Desarrollo Tecnológico de la Secretaría de Comunicaciones y Transportes (1982). Miembro de la Academia Mexicana de Ingeniería y de la Asociación Mexicana de Ingenieros Industriales. Fue presidente de la Asociación de Ingenieros Universitarios Mecánicos Electricistas (1983-84).

ANTONINOS ◆ Orden religiosa cuyos primeros monjes llegaron a México en 1628. Fundaron el hospital para leprosos contiguo a la ermita de San Antón. La orden fue suprimida en 1787.

ANTONIO CARVAJAL ◆ ☛ *Apetatitlán de Antonio Carvajal*.

ANTONIO ESCOBEDO ◆ Municipio de Jalisco situado al oeste-noroeste de la capital del estado, en la cuenca del río Ameca. Limita con Tequila. Superficie: 104.94 km². Habitantes: 8,948, de los cuales 2,206 forman la población económicamente activa.

ANTONIORROBLES ◆ n. y m. en España (1896-1983). Pseudónimo literario de Antonio Robles Soler. Durante la guerra civil española estuvo en el bando republicano. Llegó en 1939 a México, donde fue profesor de literatura infantil en la Escuela Nacional de Maestros y la Normal Oral. Aquí publicó la mayor parte de su obra: *Aleluyas de Rompetacones; cien cuentos y una novela* (1939), *De literatura infantil* (1942), *¿Se comió el lobo a Caperucita?* (1942), *Un gorrión en la guerra de las fieras* (1942), *El refugiado Centauro Flores* (1944), *Ocho estrellas y ocho cenzontles; La bruja doña Paz* (1963), *Historias de Azulita y Rompetacones* (1968), *El niño de la naranja; Albéniz, genio de Iberia; Granados; Un poeta con dos ruedas* (1971). Recibió el premio del Comité Angloamericano pro Naciones Unidas (1955), uno del INBA y el del Concurso Nacional de Literatura de España, país al que regresó en 1970. En el mismo año de su muerte se puso su nombre al premio de literatura infantil que convocó International Board and Books for Young People (IBBY México).

ANTORCHA, LA ◆ Revista fundada por José Vasconcelos que apareció entre 1924 y 1925. Samuel Ramos fue su director y Antonieta Rivas Mercado fungió como mecenas. Después de la elección presidencial de 1929, al marchar Vasconcelos al destierro, publicó algunos números en París.

ANTÚNEZ, DE ◆ Llanos de Michoacán situados en la porción centro-suroeste de la entidad, al sur de Apatzingán. Son atravesados por el río Tepalcatepec y el paralelo 19.

ANTÚNEZ, ROCÍO ◆ n. en Uruguay (1946). Profesora titulada en el Instituto de Profesores Artigas de Montevideo. Llegó a México en 1976 y aquí se graduó como maestra en letras por la UNAM. Profesora del Centro de Enseñanza para Extranjeros de la UNAM. Ha sido coordinadora del taller de análisis literario del Instituto Regional de Bellas Artes de Morelos. Colaboradora de las revistas *Casa del Tiempo*, *Plural* y *Texto Crítico*, y de los suplementos *La Cultura* *en México*, de *Siempre!*, y *Sábado*, de *unomásuno*. Autora de *Felisberto Hernández: el discurso inundado* (1984), que ganó el Premio de Ensayo Literario José Revueltas del Instituto Nacional de Bellas Artes en 1984. Becaria INBA de ensayo (1981-82).

ANTÚNEZ OVIEDO, LUIS MANUEL ◆ n. en Morelia, Mich. (1946). Licenciado en administración (1969), en derecho (1972) y maestro en administración pública (1974) por la UNAM. Miembro del PRI desde 1964. Director general de Programación, Presupuestación e Informática de la Secretaría de Turismo (1980), de Estudios Sectoriales de la Coordinación General de Estudios Administrativos de la Presidencia (1980-82), subdirector de Isssteservicio (1982-83) y coordinador general de Control de Gestión del ISSSTE (1983-88). Presidente de la Asociación Mexicana de Profesionales y Técnicos (1972-74). Miembro del Colegio Mexicano de Abogados. Presidente del Colegio Nacional de Licenciados en Administración (1980-82).

ANTUÑANO, ESTEVAN DE ◆ n. en Veracruz, Ver. y m. en Puebla, Pue. (1792-1847). Empresario. Realizó estudios en España e Inglaterra, país que entonces estaba a la cabeza del desarrollo industrial. Regresó a México e instaló la primera de sus fábricas textiles en Puebla, donde durante varios años se dedicó a producir el hilo con que los artesanos hacían la manta. Posteriormente, con maquinaria importada y técnicos extranjeros fue cubriendo nuevas etapas del proceso textil hasta llegar a la fabricación y comercialización de telas. Más de una vez sufrió desastres, como el hundimiento de buques en los que transportaba maquinaria. Arriesgó su capital, pero también respaldó la idea de Lucas Alamán de crear el Banco de Avío, que significaba para los empresarios crédito barato en un país donde privaba la usura. En una amplia obra económica dispersa en folletos, cartas y otros papeles, expresó las ideas capitalistas más avanzadas en el México de su época, las

que en 1837 resumió en un conjunto de propuestas dirigidas al gobierno en un folleto, en el cual propone todo un programa que comprende la creación de juntas directivas de industria (ahora se les llamaría cámaras), colonización de las costas para aumentar la producción agrícola y diversificación y mejoramiento de cultivos, así como introducción de nuevas especies vegetales y animales, a fin de garantizar el abastecimiento de insumos a la industria; recompensas a los autores de inventos para el desarrollo tecnológico; creación o ampliación de la infraestructura de comunicaciones; elaboración de estadísticas y cartas geográficas para conocer los recursos y necesidades del país; medidas contra el atesoramiento y la usura; combate al contrabando; reducir el número de días feriados; mejorar el sistema fiscal; disposiciones contra el consumo de bebidas alcohólicas; establecimiento de una industria de bienes de producción y una política proteccionista para la industria, que es, decía, "el más eficaz estímulo, la única garantía que pueden tener los mexicanos para adelantar en las artes mecánicas, moviéndolos a empresas tan costosas como arriesgadas y desconocidas". Señalaba también que "las rebeliones, la ignorancia y la pobreza serán compañeras del pueblo de México hasta en tanto no haya abundante ocupación útil y honesta".

ANTUÑANO Y MAURER, FRANCISCO DE ◆ n. en Puebla y m. en el DF (?-1991). Historiador y bibliófilo. Bibliotecario general de la Fundación Alemán especializada en historia de México y secretario de asamblea de La Sociedad Defensora del Tesoro Artístico de México. Colaboró en *Excélsior*, *Tiempo de México* y en el *Boletín del Centro Histórico de la Ciudad de México*. Editó los facsímiles *Memorias de la Revolución de México y la expulsión de Francisco Javier Mina*, *Relación de la Conquista de la Nueva España* y *Crónica de la Conquista Española*. Autor de *La ciudad de México, 75 años, 50 años de la industria automotriz*.

ANUNCIACIÓN, JUAN DE LA ◆ n. en España y m. en la ciudad de México (1514-1594). Fraile agustino. Rector del Colegio de San Pablo. Autor de obras bilingües (español y náhuatl) como una *Doctrina cristiana*, un *Catecismo*, etcétera.

ANUNCIACIÓN, JUAN DE LA ◆ n. en España y m. en la ciudad de México (1691-1764). Fraile carmelita. Su nombre secular era Juan González del Río. Estuvo seis años en Puebla, de donde pasó al convento de San Ángel. Estudió filosofía escolástica en el Colegio de San Joaquín, en Tacuba. Residió dos años en Valladolid y en 1720 se estableció en el convento de la Purísima Concepción de Toluca. Autor de un *Cuaderno de varios versos*, fechado en 1718.

ANZA, ANTONIO M. ◆ n. y m. en la ciudad de México (1847-1925). Estudió arquitectura en San Carlos e ingeniería en la Escuela Nacional de Ingenieros, donde fue profesor. Construyó el Pabellón Mexicano para la Exposición Universal de París de 1889, la Penitenciaría de Lecumberri (1892-1896), hoy Archivo General de la Nación, y la escalera monumental que sube al Castillo de Chapultepec.

ANZA, JUAN BAUTISTA DE ◆ n. en Presidio Fronteras y m. en Arizpe, Son. (1734-1788). Militar realista. Realizó exploraciones por los territorios que hoy pertenecen a los estados de California y Nuevo México, en EUA, a donde llevó un grupo de familias con el fin de colonizar tierras amenazadas por el expansionismo anglosajón. Fundó un presidio en San Francisco. Reprimió las insurrecciones de los seris en Sonora. Fue gobernador de Nuevo México (1777-84). Escribió un *Diario* de su viaje a la Alta California.

ANZAR MARTÍNEZ, ROBERTO ◆ n. en Ciudad Cuauhtémoc, Col., y m. en el DF (1945-1995). Licenciado en derecho por la UNAM (1968-72). Fue procurador de pueblos (1974) y secretario de capacitación y organización para la producción (1974-76), secretario general del Comité Regional Campesino de Ciudad Cuauhtémoc (1978), delegado en Guanajuato (1979-80) y Puebla (1984) y secretario de Fomento de Industria Rural de la CNC (1984-86); secretario general de la Liga de Comunidades Agrarias y Sindicatos Campesinos de Colima (1985), presidente del comité directivo colimense del PRI (1985-88) y senador de la República (1988-94).

ANZORENA, JOSÉ MARÍA ◆ n. en Valladolid (hoy Morelia), Mich. y m. cerca de Zacatecas (1770-1811). Insurgente. Intendente de Michoacán por designación de Hidalgo. Ante el acoso realista se reunió en Guadalajara con los insurrectos y marchó con las fuerzas de Rayón hacia el norte, donde murió.

ANZÚRES RIONDA, MARÍA ◆ n. en el DF (1948). Cantante y escritora. Estudió teatro en la Escuela de Arte Teatral del INBA. Es licenciada en psicología de la literatura por la Universidad de París y en periodismo por la Escuela Superior de Periodismo de París. Se dedica al llamado *canto nuevo* desde 1976. Ha colaborado en las revistas *Última Moda*, *Claudia* y *Contenido*, y en los periódicos *El Nacional*, *Excélsior* y *Novedades*. Está incluida en *Poetas de México* (1978). Autora de los ensayos *Sociología del folclor mexicano* (1966), *Mamá ponme un nombre indígena* (1986), *Arte ritual otomí: espíritus de la naturaleza* (1987) y *El coyote en las culturas indígenas* (1987); y de las obras de teatro *El aniversario* (1960) y *El generalito* (1965).

AÑO CRISTIANO ◆ Publicación periódica dirigida por Juan Bautista Morales, *El Gallo Pitagórico* (☞), a partir de 1835. Se opuso a los cultos protestantes.

AÑO NUEVO, EL ◆ Anuario de literatura publicado por Ignacio Rodríguez Galván de 1837 a 1840. Recogió la producción de los miembros de la Academia de Letrán.

APACHES ◆ Indios de la nación atabasca que hasta el siglo XVI se desplazaban libremente por el suroeste de Estados Unidos y el norte de México. Navajos, mezcaleros, chiricaguas o chiricagües, coyoteros, gileños, tontos, faraones, lipanes y llaneros son las tribus apaches más conocidas, aunque sus nombres les fueron impuestos por los colonizadores y en algunos casos no hay total certeza de que se trate de grupos pertenecientes a la misma etnia. Tal confusión persistió durante mucho tiempo con los comanches, hasta que se demostró que no había tanta identidad como se creyó durante siglos. Nómadas, recolectores y cazadores, los apaches fueron sometidos a un confinamiento progresivo por el avance de los conquistadores españoles desde el sur y de los colonos anglosajones por el este. Despojados de las tierras donde habían vivido por siglos, cada vez con menos posibilidades de supervivencia, sometidos a maltratos y humillaciones, se rebelaron en defensa de su existencia. La guerra para detener el genocidio se inició desde el siglo XVI, pero se fue recrudeciendo a medida que se estrechaba su territorio por la codicia de los blancos, empeñados en hacer suyas las llanuras y los yacimientos minerales de la región apache. Las breves treguas que concedían los blancos estaban destinadas a proteger sus actividades económicas, pero una vez que éstas se consolidaban se reiniciaba la hostilidad contra hombres, mujeres y niños indígenas. Los conflictos entre los mismos blancos, pese a que con frecuencia hacían de los indios víctimas de uno y otro bando, por lo menos permitían a éstos cierto respiro, pues dejaban de ser el enemigo principal. Varias veces sucedió que se hicieran generosos ofrecimientos a los apaches, nunca cabalmente cumplidos, con lo cual éstos aceptaban asentarse en lugares indicados por los colonizadores a cambio de alimentos, lo que sucedía especialmente en épocas de clima severo, cuando se reducían las posibilidades de obtener buena caza y suficiente recolección. Tal fue el caso de la paz pactada desde fines del siglo XVIII hasta principios de los años treinta de la pasada centuria, cuando el gobierno dejó de entregar las raciones debido a la desastrosa situación económica del país. El teniente coronel José Ignacio Ronquillo dirigió las operaciones y logró pacificarlos no tanto por las armas como mediante promesas que se negó a reconocer, lo que originó un nuevo brote de rebeldía, ante lo cual el sector más racista de la población blanca de Chihuahua respondió con el Plan del Carmen, que promovía abiertamente el exterminio y el pillaje, lo que, al menos formalmente, no fue autorizado por el gobierno estatal. Sin embargo, las actividades bélicas fueron intensas, pues a fines de los años treinta se descubrieron importantes yacimientos que atrajeron más pobladores blancos al estado y, por consiguiente, se estimulaba el desplazamiento de apaches y comanches, lo que el gobierno de José María Irigoyen de la O apoyó mediante planes que comprendían la imposición de gravámenes extraordinarios para sostener la guerra. Al producirse la intervención estadounidense los apaches dejaron de ser el blanco principal. Luego de firmarse los Tratados de Guadalupe, Ángel Trías se convirtió en gobernador constitucional de Chihuahua. Una de sus principales preocupaciones fue reforzar la frontera, no para evitar ataques de EUA sino para impedir el paso de apaches y comanches, a quienes odiaba al extremo de que fijó una recompensa por cada cabellera de indio muerto que se entregara a las autoridades, lo que desató una extensa cacería no sólo de apaches sino de todos los indios de Chihuahua y de estados vecinos. A principios de la década de los cincuenta, los apaches pacificados que vivían en Janos fueron objeto de una agresión de tropas sonorenses, con el pretexto de un supuesto ataque sufrido en su estado. Las guerras entre liberales y conservadores o de los republicanos contra los imperialistas y los franceses ocasionaron una notoria disminución de la hostilidad contra los indios durante los años cincuenta y sesenta. Sin embargo, al triunfo de la República, el gobierno federal concedió al de Chihuahua un subsidio de cinco mil pesos mensuales para reiniciar la lucha contra los apaches, que se recrudeció a lo largo de estos años pese a la habilidad estratégica del cacique Victorio, quien fue derrotado en Tres Castillos, donde resultó muerto el 15 de octubre de 1880.

Pero esta victoria de las autoridades no significó el fin de la rebeldía indígena, al frente de la cual se hallaron también los célebres caudillos Cochise y Gerónimo. En 1881 llegaron al estado refuerzos federales y los gobiernos de México y Estados Unidos firmaron un acuerdo que autorizaba el paso de tropas que fueran en persecución de los indios. A lo largo de todo un lustro, cruzando la frontera entre ambos países, atravesando los límites de Sonora y Chihuahua, los apaches ofrecieron una última y desesperada resistencia en la que participaron todos los hombres aptos y hasta los niños. Los gobiernos de México y Estados Unidos, las autoridades locales y los hacendados lanzaron contra ellos ejércitos, milicias y guardias blancas hasta exterminar a los pocos cientos de familias que huían por la sierra Madre Occidental, a las que localizaron por el rastro de cadáveres que dejaban a consecuencia del hambre, las enfermedades y el frío de las alturas. En 1886 las autoridades consideraron liquidado el *problema apache*. En Estados Unidos los sobrevivientes fueron encerrados en los campos de concentración llamados "reservaciones". En México, la etnia había sido exterminada.

APAN ◆ Municipio de Hidalgo situado en el sureste de la entidad, en los límites con Puebla y Tlaxcala, dentro de la región de los Llanos de Apan. Superficie: 346.9 km². Habitantes: 37,170, de los cuales 9,968 forman la población económicamente activa. Hablan alguna lengua indígena 58 personas mayores de cinco años. La principal actividad es el cultivo del agave y es muy apreciado el pulque de la localidad. En la cabecera municipal está una iglesia del siglo XVII que encierra tesoros artísticos como el retablo mayor, de estilo churrigueresco.

APAN, DE ◆ Llanos de Hidalgo situados en el sureste de la entidad.

APARICIO, SEBASTIÁN DE ◆ n. en España y m. Puebla, Pue. (1502-1600). Llegó a México en 1533. Se instaló en el hoy estado de Puebla. Dueño de una hacienda, enseñó a los indios a montar a caballo, pese a la prohibición real.

Después se dedicó al negocio del transporte de carga, para lo cual empleó carretas tiradas por bueyes e hizo mejoras al camino de México a Veracruz. Tomó el hábito franciscano en 1574. Se le atribuye una vida ejemplarmente casta, por lo cual fue beatificado por Pío VI en 1789.

APARICIO RAMÍREZ, MANUEL ◆ n. en Puebla y m. en la ciudad de México (1781-1867). Ejerció el periodismo. Autor de *Los conventos suprimidos de México*.

APASEO ◆ Río que nace en Querétaro, en la vertiente suroeste de la sierra Pinal de Zamorano, cruza la capital del estado, continúa hacia el oeste, entra en Guanajuato, pasa al sur de Celaya donde se le une el río de la Laja y descarga en el Lerma cerca de la población de Valtierrilla.

APASEO EL ALTO ◆ Municipio de Guanajuato situado en el este-sureste de la entidad, en los límites con Querétaro. Limita al norte con Apaseo el Grande. Superficie: 451.1 Habitantes: 54,364, de los cuales 10,990 forman la población económicamente activa. Hablan alguna lengua indígena 26 personas mayores de cinco años. En la cabecera se conserva en magnífico estado una casona del siglo XVIII.

APASEO EL GRANDE ◆ Municipio de Guanajuato situado en el este-sureste de la entidad, en los límites con Querétaro. Limita al sur con Apaseo el Alto. Superficie: 367.3 km². Habitantes: 62,848, de los cuales 15,452 forman la población económicamente activa. Hablan alguna lengua indígena 20 personas mayores de cinco años. El municipio es la puerta del corredor industrial de Guanajuato.

APATZINGÁN ◆ Municipio de Michoacán situado al suroeste de Morelia. Superficie: 805.71 km². Habitantes: 114, 837, de los cuales 27,278 forman la población económicamente activa. Hablan alguna lengua indígena 326 personas mayores de cinco años (purépecha 198). Existía como población antes de la conquista. El primer ayuntamiento fue

Apaseo el Grande, Guanajuato

constituido en 1617 y se le erigió municipio el 10 de diciembre de 1831. El nombre significa "lugar de cañitos" o "lugar de comadreja". Es el centro de actividad de la cuenca del río Apatzingán-Tepalcatepec. La cabecera municipal se llama Apatzingán de la Constitución porque ahí se sancionó, el 22 de octubre de 1814, el *Decreto constitucional para la libertad de la América Mexicana*, también conocido como *Constitución de Apatzingán*. El ayuntamiento local conserva la casa donde se reunió el Congreso bajo la protección de José María Morelos. La cabecera también es sede de la diócesis de Apatzingán, creada por el papa Juan XXIII en 1962.

APATZINGÁN ◆ Río de Michoacán que se forma de los escurrimientos de la vertiente sur de la sierra del mismo nombre. Es tributario del río Tepalcatepec.

Apatzingán, Michoacán

Casa en Apatzingán, Michoacán, en la cual se reunió el Primer Congreso Mexicano, bajo la protección del cura Morelos

APATZINGÁN ◆ Sierra de Michoacán también conocida como de Uruapan. Se halla al norte del paralelo 19, al oeste y suroeste de la población de Uruapan y al norte y este de Apatzingán. En el norte se localiza su mayor altura, el Pico de Tancítaro, a 3,845 metros sobre el nivel del mar. Su parte más baja es al sur, donde limita con el río Tepalcatepec.

APAXCO ◆ Municipio del Estado de México situado en los límites con Hidalgo, al noreste de Toluca. Superficie: 86.20 km². Habitantes: 21,134, de los cuales 4,977 forman la población económicamente activa. Son hablantes de alguna lengua indígena 35 personas mayores de cinco años. La cabecera, Apaxco de Ocampo, cuenta con industria cementera. La erección del municipio data de 1870.

APAXTLA ◆ Municipio de Guerrero situado en la zona centro-norte de la entidad, en la cuenca del Balsas. Superficie: 857.1 km². Habitantes: 13,677, de los cuales 2,050 forman la población económicamente activa. Hablan alguna lengua indígena 97 personas mayores de cinco años (náhuatl 94). La cabecera municipal es Apaxtla de Castrejón.

APAXTLA ◆ Río de Guerrero que nace en la vertiente sur de la sierra de Teloloapan. Es tributario del Balsas.

APAZAPAN ◆ Municipio de Veracruz situado en el centro de la entidad, al sureste de Jalapa y al noroeste del puerto de Veracruz. Superficie: 65.8 km². Habitantes: 3,952, de los cuales 1,163 forman la población económicamente activa.

APENES, OLA ◆ n. en Noruega y m. en el DF (1898-1943). Ingeniero en comunicaciones que realizó investigaciones antropológicas. Publicó artículos sobre culturas prehispánicas y un libro: *Mapas Antiguos del Valle de México* (1944).

APETATITLÁN DE ANTONIO CARVAJAL ◆ Municipio de Tlaxcala situado en el centro de la entidad, al este de la capital del estado. Superficie: 15.4 km². Habitantes: 10,894, de los cuales 2,554 forman la población económicamente activa. Hablan alguna lengua indígena 136 personas mayores de cinco años (náhuatl 121). La cabecera es Apetatitlán.

APIZACO ◆ Municipio de Tlaxcala situado en la zona centro-norte de la entidad. Superficie: 79.2 km². Habitantes: 62,617, de los cuales 14,812 forman la población económicamente activa. Hablan alguna lengua indígena 329 personas mayores de cinco años (náhuatl 155 y totonaco 123).

APODACA ◆ Municipio de Nuevo León contiguo a San Nicolás de los Garza, muy cerca de Monterrey. Superficie: 183.50 km². Habitantes: 219,153, de los cuales 37,489 forman la población

Apizaco, Taxcala

económicamente activa. Hablan alguna lengua indígena 416 personas mayores de cinco años (náhuatl 182). Las principales fiestas son 15 y 16 de septiembre, con feria popular, peleas de gallos y juegos de azar; y el 4 de octubre la fiesta de San Francisco de Asís, patrono de la cabecera, Ciudad Apodaca.

APODACA ANAYA, ATALA ◆ n. en Tatalpa y m. en Guadalajara, Jal. (1884-1977). Educadora. Se tituló como profesora por la Escuela Normal para Señoritas de Guadalajara (1903). Fue militante del antirreeleccionismo y, después del golpe de Victoriano Huerta, del constitucionalismo. Carranza la nombró presidenta de la Comisión de Estudio y Propaganda Nacionalista. Fue reconocida por la Secretaría de la Defensa Nacional como veterana de la revolución. Su labor principal fue como pedagoga. Fue directora de Educación Federal en Jalisco (1946-54). El gobierno jalisciense le impuso en 1957 la insignia Manuel López Cotilla. Autora de *Morelos en la leyenda heroica* (1952), *Globalización de la enseñanza* (1953) y otros textos pedagógicos.

APODACA Y LORETO, SALVADOR ◆ n. en Guadalajara, Jal., y m. en Monterrey, NL (1769-1844). Sacerdote. Obispo de Nuevo León en 1843. Sostuvo escuelas y hospitales.

APORO ◆ Municipio de Michoacán situado en el noreste de la entidad, al este de Morelia, cerca de los límites con Estado de México. Superficie: 97.01 km². Habitantes: 2,611, de los cuales 604 forman la población económicamente activa. La erección del municipio data del 12 de enero de 1927.

APOZOL ◆ Municipio de Zacatecas situado en el sur de la entidad, cerca de los límites con Jalisco. Superficie: 502.17 km². Habitantes: 7,492, de los cuales 1,537 forman la población económicamente activa.

APPENDINI DE BIGOLA, MARÍA ◆ n. en Rumania y m. en el DF (1895-1946).

Profesora normalista. En 1916 llegó al país, enviada por la Sociedad Dante Alighieri de Roma, para asumir la dirección de la escuela mexicana del mismo nombre, donde permaneció hasta 1927. Escribió, con su hermana Ida, una *Gramática italiana* (1943).

APPENDINI DAGASSO, IDA ◆ n. en Rumania y m. en el DF (1898-1956). Fue traída a México de diez años. Profesora normalista y maestra en letras españolas por la Universidad Nacional (1928) y doctora en literatura italiana por la UNAM, donde impartió cátedra y fue investigadora. Hizo cursos de pedagogía en Pomona, California (1926). Jefa del Departamento de Italiano en la Facultad de Filosofía y Letras y de Enseñanza de Historia en Escuelas Secundarias en la Secretaría de Educación Pública. Directora de la Escuela Dante Alighieri (1928-32). Con su hermana María escribió una *Gramática italiana* para uso escolar y con Silvio Zavala una *Historia universal* para estudiantes de enseñanza media. Hizo también traducciones del italiano. Autora de *La literatura italiana en los primeros 50 años del siglo XX*. Fundó dos becas literarias. Fue vicepresidenta honoraria del Instituto Italiano de Cultura.

APPENDINI DE VARGAS, GUADALUPE ◆ n. en Aguascalientes, Ags. (1932). Sobrina de la anterior. Profesora normalista titulada en la Escuela Nacional de Maestros. Ejerce el periodismo desde 1960 y desde 1961 es reportera de *Excélsior*. Fue representante del gobierno de Aguascalientes en el Distrito Federal (1990-92). Autora de *Europa 63*, *Ramón López Velarde: sus rostros desconocidos* (1971, segunda edición en 1990), *La vida en México 1840, 1841* (1974), *Historia de la Universidad Nacional Autónoma de México* (1981), *A la memoria de Ramón López Velarde* (1988), *Jesús Terán: la diplomacia de la Reforma* (1991), *Homenajes a Jesús Terán* (1991), *Aguascalientes, 46 personajes en su historia* (1992) y *Refranes populares de México* (1997). Pertenece al grupo Veinte Mujeres y un Hombre, a las Damas Combonianas, a la Sociedad Defensora del

Tesoro Artístico de México y al Seminario de Cultura Mexicana. Ha recibido el título de "Hija Predilecta" de Aguascalientes y Zacatecas. En 1978 recibió la presea Eduardo J. Correa del Centro Cultural Eduardo Gámez Orozco de Aguascalientes, y en 1981 fue condecorada por el gobierno italiano.

APRA ◆ Sigla de la organización política Alianza Popular Revolucionaria Americana, fundada el 7 de mayo de 1924 en la ciudad de México por el peruano Víctor Raúl Haya de la Torre, quien inspirado por la Revolución mexicana se propuso encabezar un movimiento continental antiimperialista. Pese a los deseos de su fundador, APRA limitó su actividad al territorio de Perú, donde sus militantes fueron perseguidos durante décadas, puestos fuera de la ley de 1933 a 1956 y ejecutados seis mil de ellos. Inicialmente de tendencias marxistas, su política experimentó cambios que acabaron por oponerlo a los comunistas. Convertido en Partido Aprista, con Alan García como candidato, llegó por primera vez a la Presidencia de Perú en 1985.

APULCO ◆ Municipio de Zacatecas situado en el sur de la entidad, en los límites con Jalisco. Superficie: 212.27 km². Habitantes: 4,695, de los cuales 882 forman la población económicamente activa. Hablan alguna lengua indígena siete personas mayores de cinco años. La cabecera es San Pedro Apulco.

APUNTADOR, EL ◆ Publicación ilustrada con litografías aparecida en 1841 en la ciudad de México. Sus asuntos principales eran el teatro y la literatura. José María Lafragua y Casimiro del Collado la dirigieron.

AQUILA ◆ Municipio de Michoacán situado en la costa del Pacífico. Superficie: 2,552.91 km². Habitantes: 19,411, de los cuales 4,632 forman la población económicamente activa. Hablan alguna lengua indígena 2,173 personas mayores de cinco años (náhuatl 2,102). El municipio fue erigido el 20 de julio de 1909.

AQUILA ◆ Municipio de Veracruz si-

tuado en los límites con Puebla, al oeste-suroeste de Orizaba. Está ubicado entre las cumbres de Acultzingo y Maltrata. Pertenece a la cuenca del río Blanco. Superficie: 35.37 km². Habitantes: 1,624, de los cuales 393 forman la población económicamente activa. Hablan alguna lengua indígena 46 personas mayores de cinco años.

El Apuntador

AQUILES SERDÁN ◆ Municipio de Chihuahua, contiguo a la capital del estado. Superficie: 651.12 km². Habitantes: 3,742, de los cuales 1,320 forman la población económicamente activa. Hablan alguna lengua indígena 14 personas mayores de cinco años. En 1562 una expedición al mando de Diego del Castillo descubrió los minerales del lugar, que inicialmente se llamó Santa Eulalia, actual nombre de la cabecera. La explotación en gran escala se inició hasta 1707, cuando se denunciaron nuevos hallazgos.

AQUINO, EDMUNDO ◆ n. en Zimatlán, Oax. (1939). Estudió en la Escuela Nacional de Artes Plásticas de México, en la Escuela Nacional Superior de Bellas Artes de París y en la Slade School of Fine Arts de Londres. Expone individualmente desde 1957. Muestras de su trabajo se han exhibido en Estados Unidos, España y Francia. Ha participado en muestras colectivas en una decena de países. Hasta 1982 había recibido cinco premios por su trabajo.

FOTO: DANTE BUCIO

Guadalupe Appendini
de Vargas

AQUINO, MARCOS DE ◆ Pintor indio del siglo XVI a quien Francisco del Paso y Troncoso atribuye el lienzo de la Virgen de Guadalupe.

AQUISMÓN ◆ Municipio de San Luis Potosí situado en el sureste de la entidad, contiguo a Ciudad Valles y cerca de los límites con Querétaro. Superficie:

602.8 km². Habitantes: 38,063, de los cuales 9,008 forman la población económicamente activa. Hablan alguna lengua indígena 21,627 personas mayores de cinco años (huasteco 20,401). Indígenas monolingües: 2,687. El 28 y el 29 de septiembre se festeja a San Miguel Arcángel con danzas de la Huasteca.

AQUIXTLA ◆ Municipio de Puebla situado en el norte de la entidad y separado de la capital del estado por Tlaxcala. Superficie: 190.09 km². Habitantes: 7,541, de los cuales 1,795 forman la población económicamente activa. Hablan alguna lengua indígena 256 personas mayores de cinco años (náhuatl 252). La cascada de Tepexcanal es el principal atractivo.

ÁRABE, SAJARAHUÍ DEMOCRÁTICA, REPÚBLICA ◆ País situado en la costa atlántica de África del norte, frente a la islas Canarias y al sur de Marruecos, al oeste de Argelia y al oeste y norte de Mauritania. Superficie: 286,000 km². Habitantes: 283,000 (estimación para 1995). Capital: El Aaiún. El árabe es el idioma oficial y se habla también español. La mayoría es de religión musulmana. Fue un territorio en el que se movían tribus nómadas desde varios siglos antes de la llegada de los europeos. En 1884 España se apoderó de una zona costera. En 1934, de acuerdo con Francia, los españoles penetraron hasta Smara, base

República Árabe Sajarahuí Democrática

de los rebeldes argelinos y mauritanos. La presencia de tropas españolas en esa ciudad no logró la sumisión de los sajarahuíes, que continuaron luchando contra los invasores teniendo como aliado al Ejército de Liberación Nacional de Marruecos. Al obtener su independencia este país (1956), los sajarahuíes continuaron operando contra las tropas de ocupación, que contaron incluso con apoyo de la aviación francesa. En 1958 el gobierno de Madrid creó la "provincia" del Sájara Español. A partir de entonces se intensificó el proceso colonizador, debido a que entraron en explotación los yacimientos de fosfatos de Bu Craa, lo que generó una acelerada urbanización, pues la población de las ciudades pasó de 10 por ciento en 1959 a 84 por ciento en 1974. En 1967 se fundó el movimiento anticolonial As Muslim y al año siguiente el Movimiento de Liberación del Sájara, lo que impulsó grandes manifestaciones pacíficas por la independencia del país. Reprimida la lucha legal, en 1973 se fundó el Frente Popular de Liberación de Saguia al Hamra y Río de Oro, que se conocería como Frente Polisario. este se lanzó de inmediato a la acción armada y mantuvo una permanente hostilidad sobre las tropas españolas. El gobierno de Francisco Franco, en vista de los continuos éxitos sajarahuíes, optó por negociar la independencia, para lo cual fomentó la creación de un llamado Partido de la Unión Nacional Sajarahuí, al que pretendía cederle el poder. El monarca de Marruecos, al advertir la inminente salida de los españoles, reclamó presuntos derechos sobre el territorio del Sájara y ordenó la invasión militar. Las autoridades españolas, que veían en un arreglo con el rey Hassán la posibilidad de continuar explotando las riquezas sajarahuíes, acabaron por *ceder* a Marruecos y Mauritania el territorio en disputa, sin tomar en cuenta a la población. Al retirarse el ejército español de ocupación, el Frente Polisario, con amplio apoyo social, declaró la independencia y proclamó la constitución de la República. La respuesta de Marruecos fue el bombar-

deo sobre la población civil y el inicio de la guerra contra el Polisario, cuya actividad paralizó la explotación de fosfatos y causó severos daños a la economía de Marruecos y Mauritania, lo que obligó a este país a firmar la paz con la República Árabe Sajarahuí Democrática (RASD). Al retirarse Mauritania ocupó su lugar Marruecos con el creciente apoyo militar de Francia y Estados Unidos. Sin embargo, las tropas marroquíes sufrieron severas derrotas en 1979 y 1980, año en que 26 países africanos reconocieron a la RASD y la ONU pidió el retiro de las tropas de Hassán. A fines de su sexenio, el presidente mexicano José López Portillo estableció relaciones a nivel de embajadores con la RASD, que en 1984 era reconocida por 57 países y fue aceptada como miembro con plenos derechos en la Organización de Unidad Africana, lo que motivó el retiro de Marruecos.

ARABIA SAUDITA, REINO DE ◆ Estado del suroeste de Asia (Oriente Medio) que ocupa la mayor parte de la península Arábiga. Limita por el norte con Jordania, Irak y Kuwait; al noreste con el golfo Pérsico, Qatar y los Emiratos Árabes Unidos; al este con Omán y al sur con Yemen. Superficie: 2,150,000 km². Habitantes: 19,072,000 (estimación de 1997). La sede de los poderes reales es Riad (1,800,000 habitantes en 1991) y la capital administrativa es Jeddah o Yidá (1,800,000 habitantes en 1991). La lengua oficial es el árabe. Otras ciudades importantes son La Meca, Taifa y Medina, donde Mahoma fundó el más antiguo de los Estados musulmanes y desde el cual se lanzó a la conquista de amplios territorios que llegaron por el oeste hasta España y por el este hasta la India. Al llegar los portugueses (siglo XVI), la península era considerada dominio de los turcos. En realidad, fue durante siglos un conjunto de pequeños señoríos relativamente independientes. En el siglo XIX los ingleses los fueron convirtiendo en "protectorados", lo que no impidió las guerras entre ellos y que Turquía continuara como la principal potencia en el área.

Durante la primera guerra mundial varias tribus árabes combatieron al lado de las potencias occidentales y los turcos perdieron totalmente la península. Al término del conflicto Inglaterra se halló con que varios clanes habían cobrado beligerancia en la región, entre ellos el Rachidi, que encabezado por Abd al-Aziz ibn Saud unificó a varios señoríos en lo que en 1932 se llamó formalmente Arabia Saudita, nación gobernada mediante un rígido sistema de castas. Alineado desde entonces con Estados Unidos, ha tenido más de un conflicto con su principal aliado, entre otros motivos por la política hacia Israel y el embargo petrolero de 1973. En 1975 los ingresos del país por la venta de hidrocarburos sumaban 30,000 millones de dólares, mucho más de lo que gastaba el país. De ahí que buena parte de esos ingresos fueran a parar a los bancos occidentales, que a su vez los colocaron como créditos en países del Tercer Mundo, lo que contribuyó en no escasa medida al problema de deuda externa que afrontan hoy los países pobres. Los contactos diplomáticos entre los gobiernos de México y Arabia Saudita se iniciaron en Washington en 1952. Fue en 1981 cuando se establecieron los respectivos embajadores en las capitales de ambas naciones. En 1991, Arabia Saudita fue tomada como base militar para las operaciones de la guerra del Golfo contra Irak.

ARAGO, JUAN ◆ n. en Francia y m. en la ciudad de México (1788-1836). Oficial de artillería del ejército francés dado de baja por sus ideas liberales y su filiación republicana. En Nueva Orleans, en 1817, se unió a la fuerza expedicionaria de Francisco Javier Mina, con la que combatió a los realistas. A la caída de Mina sus hombres lo eligieron comandante, grado que ratificó la Junta de Jaujilla. Enfermo, se acogió al indulto en 1819. En 1821 se adhirió al Plan de Iguala. Al declararse Iturbide emperador, pasó a la oposición y formó parte del Plan de Casa Mata. Participó activamente en la logia yorkina. Dentro de los cargos militares que ocupó destacan el

de director general del Cuerpo de Ingenieros (1833) y el de comandante general del Estado de México, ya como brigadier. Cuatro estados de la República lo designaron Ciudadano Benemérito.

ARAGÓN, ALFREDO ◆ n. en la ciudad de México y m. en Francia (1885-1936). Periodista. Colaboró en los diarios capitalinos *El Universal* y *El Globo* y en *L'Echo du Mexique*, que se editaba en París, y en la *Revue des Nations*, de Ginebra. Miembro de la Sociedad Astronómica de Francia, de la Sociedad de Sociología de París y la Asociación Internacional de Historia de Francia y la Sociedad de Americanistas de París. Cónsul en Burdeos, segundo secretario de la legación mexicana y cónsul general de México en París. Participó en la revolución y tuvo el grado de teniente coronel del ejército constitucionalista, en el que fue subjefe de Estado Mayor de Carranza (1913). Autor de *Le Désarmement de l'Armée Fédérale* (1915), *Scénes de la Revolution Mexicaine* (1916) y *Le Trafic International par le Mexique* (1917), obras publicadas en París.

ARAGÓN, ANGÉLICA ◆ n. en el DF (1953). Actriz. Hija del compositor José Ángel Espinoza *Ferrusquilla* y de la actriz Lilia Aragón. Estudió en Londres (1973-80) artes escénicas y la licenciatura en estudios orientales y africanos. Colaboró con The National Theatre Company y The Royal Shakespeare Company en Inglaterra. En Nueva York fue discípula de Patrick Swanson. En México ha actuado en *Zaratustra*, *Mata a tu prójimo como a ti mismo*, *Aprendiendo a ser señora*, *El próximo año a la misma hora* y *Loco amor*. Ha intervenido en películas mexicanas y estadounidenses: *Guerrilla salvaje*, *Sansón y Dalila*, *On Wings of Eagles*, etc. Ha tenido éxito en sus incursiones en el género de la telenovela con *El hogar que yo robé*, *La fiera*, *Principessa*, *Vivir un poco* y *Mirada de mujer*. En cine ha participado, entre otras, en las películas *Un paseo por las nubes* (1994), *Cilantro y perejil* (1997) y *Sexo, pudor y lágrimas* (1999). También ha participado en programas de radio.

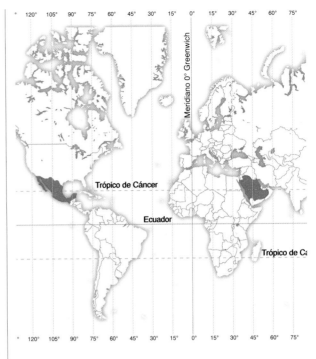

Reino de Arabia Saudita

Recibió el Premio Virginia Fábregas de la Unión de Críticos y Cronistas de Teatro como la mejor actriz de 1986 por su trabajo en *Loco amor*.

ARAGÓN, ENRIQUE ◆ n. en Zacatecas, Zac., y m. en Colima, Col. (1844-1867). Militar liberal. Combatió la intervención francesa y el imperio. Era capitán cuando murió a consecuencia de las heridas que recibió en combate durante el asedio imperialista a Colima.

ARAGÓN, ENRIQUE O. ◆ n. y m. en la ciudad de México (1880-1942). Médico especializado en psicología. Fue director de la Facultad de Filosofía y Letras y retor interino de la UNAM (1934). Autor de *Las conexiones psicofísicas*, *El fondo emocional de la historia* y *La psicología militar*.

ARAGÓN, LILIA ◆ n. en el DF (1938). Actriz. Participó en el grupo Poesía en Voz Alta de la Casa del Lago de la UNAM, donde hizo teatro experimental. En escena ha sido dirigida por Margarita Xirgú, José Estrada, Héctor Azar, Juan Ibáñez, José Solé y Alejandro Jodorowsky. Ha trabajado en obras como *Divinas palabras*, de Valle-Inclán (1966), *Los argonautas*, de Sergio Magaña (1967), *Medea*, de Eurípides (1977), *El ritual de la salamandra*, de Hugo Argüelles

Lilia Aragón

(1981), y otras. En los años setenta, en La Edad de Oro, con Óscar Chávez, inició en cabaret el género de *sketch* de crítica política. En 1977 abandonó la ANDA con cientos de compañeros para formar el Sindicato de Actores Independientes, que desapareció en 1985. Premio María Douglas de la Asociación Mexicana de Críticos de Teatro por *Los caracoles amorosos* (1989). Secretaria general de la Asociación Nacional de Intérpretes (1995-).

ARAGÓN, LUIS Y. ◆ n. en Chihuahua. Chih. (1930). Estudió pintura y escultura en La Esmeralda. Expone individualmente desde 1959. Existen obras suyas en la capital del país: *Fuente de las salamandras, Ecos Kan, Escultura cinética* (Centro de Convivencia de San Juan de Aragón), *Huellas del futuro*; en el rstado de México: *La barca de la vida* (Centro de Pensiones Eva Sámano de López Mateos) y *La medicina del principio o Una visión del Códice De la Cruz-Badiano* (en el Centro Médico Siglo XXI), así como *Al educador indoamericano, Avasallamientos y mitos de la región* (Toluca), *Muro de los tlacuilos* (Palacio Municipal de Naucalpan), *Visión del Mictlán* en el metro Barranca del Muerto y *Da Mish* en el Centro Ceremonial Otomí de Temoaya. En 1986 terminó un mural escultórico de 30 por cinco metros sobre el origen de la ciudad de Irapuato.

Sergio Aragonés

ARAGÓN, PILAR ◆ n. en Tampico, Tams. (1949). Escultora. Estudió en San Carlos, en Buenos Aires con Líbero Badi y en París con Cardot. Trabaja bronce y madera. Ha expuesto individualmente desde 1972 en Argentina y México.

ARAGÓN, J. ROSARIO ◆ n. en Jonacatepec, Mor. y m. ¿en Toluca? (¿1836-1870?). Militar liberal. Peleó contra los conservadores, los franceses y el imperio. Restaurada la República, se alzó contra Juárez. Fue aprehendido y fusilado.

ARAGÓN ECHEGARAY, ENRIQUE ◆ n. en la ciudad de México (1906). Arquitecto. Entre sus proyectos más conocidos están los monumentos a Álvaro Obregón (en San Ángel), a los Niños Héroes (Chapultepec y Pachuca, Hgo.),

a la Madre (Sullivan), a la Independencia (Dolores Hidalgo), el obelisco y el teatro Ángela Peralta de Polanco, así como los edificios de la Secretaría de Recursos Hidráulicos (en Reforma), la aseguradora La Nacional (DF), y de la Canacintra (Mixcoac); la iglesia de la Ascensión (Peñón de los Baños) y el santuario de la Virgen de las Lágrimas, en Siracusa, Italia; el monumento a Martí (La Habana) y el que se mandó erigir Francisco Franco en Burgos. Es autor, entre otros libros, de *Los monumentos hablan, Los siete pecados capitales del urbanismo* (1948), *México, ciudad multiforme* (1953), y una *Historia del urbanismo mexicano* (1965). Escribió también *Silueta y color de Lagos* (1949).

ARAGÓN Y LEÓN, AGUSTÍN ◆ n. en Jonacatepec, Mor., y m. en el DF (1870-1954). Ingeniero y geógrafo. Diputado federal en el porfiriato. Militó después en el Partido Antirreeleccionista. Subsecretario de Fomento en el gobierno de la Convención. Fue presidente perpetuo de la Academia Nacional de Ciencias.

ARAGÓN MENDIA, ADOLFO ◆ n. en San José del Cabo, BCS (1942). Licenciado en derecho por la UNAM (1968). Miembro del PRI desde 1972. Trabaja para el sector judicial desde 1969. Juez primero de distrito en materia administrativa en Guadalajara, Jalisco (1980-81), magistrado del tribunal unitario del quinto circuito de Hermosillo, Sonora (1981), presidente del Tribunal Superior de Justicia de Baja California Sur (1981-84) y magistrado del Tribunal Colegiado del Primer Circuito (1984-). Miembro de la Comisión Nacional de Tribunales Superiores de Justicia.

ARAGONÉS, SERGIO ◆ n. en España (1937). Caricaturista. A los cuatro años fue traído a México, país del que adquirió la nacionalidad. Estudió arquitectura en la UNAM. Se inició profesionalmente en 1953 en la revista *Ja-já*. Colaboró luego en *Mañana, Sic* y otras publicaciones de la capital. Formó parte del grupo de pantomima de Alejandro Jodorowsky (1959-61). Trabajó como payaso en un circo acuático. Emigró en 1962 a Estados Unidos, donde empezó como ilus-

trador de la revista *Mad*, de la que ha llegado a ser uno de sus principales caricaturistas. Autor de la historieta *The Groo chronicles*. Ha publicado el libro *Aragonerías* (1981). Se han editado diez libros con sus trabajos.

ARAI, ALBERTO TERUO ◆ n. y m. en la ciudad de México (1915- 1959). Arquitecto titulado en la UNAM (1940), donde cursó el doctorado en filosofía y fue profesor. Catedrático de la Normal Superior. Cofundador de la Unión de Arquitectos Socialistas (1939). Con Enrique Guerrero fue ganador del concurso para edificar la sede de la CTM (1939). Fue jefe del Departamento de Arquitectura del INBA (1953-59). Colaboró en la revista *Letras de México*. Construyó los frontones de la Ciudad Universitaria del DF, el edificio de la Facultad de Odontología de la Universidad Veracruzana, en el puerto de Veracruz y el mercado Primero de Mayo de Pachuca (1946). Autor, entre otros, de *Voluntad cinematográfica* (1937), *Nuevo urbanismo* (1940) y *Filosofía de la arquitectura* (1944). Después de su muerte aparecieron *La arquitectura de Bonampak* (1960) y *Cartas de viaje a las ruinas de Bonampak* (1960).

ARAI, KINTA ◆ n. en Japón y m. en el DF (1878-1951). Doctor en filosofía y en derecho. Diplomático de carrera. Embajador de Japón en México en dos ocasiones. Trató de salvar la vida de Madero mediante gestiones realizadas sin éxito ante Victoriano Huerta. En su segunda estancia en México como embajador publicó en *El Universal* un "Diario de la Decena Trágica". Al finalizar su misión diplomática decidió establecer su residencia en México, donde agregó el náhuatl a las diez lenguas que ya dominaba. Aquí escribió el libro *Relaciones entre Japón y México de los siglos XVI al XX*.

ARAIZA, EVARISTO ◆ n. en Altar, Son. y m. en el DF (1884-1965). Ingeniero. Hizo carrera como empresario. Presidente del Consejo de Administración del Banco de México y director de la Fundidora de Fierro y Acero de Monterrey (1936-1964).

ARAIZA, FRANCISCO ◆ n. en el DF (1950). Tenor lírico. Estudió administración de empresas antes de dedicarse al canto, para el que se preparó en México, con Irma González y Érika Kubacsek, y Alemania Federal, con Karl Böhm. Su primer éxito fue en el Festival de Salzburgo, cuando interpretó el Tanino de *La flauta mágica*, de Mozart, bajo la dirección de Herbert von Karajan. Se ha presentado en México, Milán, Chicago, Colonia, Madrid, Bruselas, San Francisco, Houston, Roma, Praga, Nueva York, Munich, Viena, París y Tokio. Recibió el título de Cantante de Cámara de la ópera estatal de Viena y ganó el premio Orfeo de Oro por la grabación de *El barbero de Sevilla*.

ARAIZA, RAÚL ◆ n. en Minatitlán, Ver. (1935). Cineasta. Ha hecho series para televisión. Director de las películas *Cascabel* (1976), *En la trampa* (1978), *Fuego en el mar* (1979), *Lagunilla mi barrio* (1980) y *Toña Machetes* (1983).

ARAIZA ARANDA, JOSÉ MARÍA ◆ n. en Guadalajara, Jal., y m. en el DF (1877-1938). Se ordenó sacerdote en 1902. En el Seminario Conciliar de San José fungió como profesor de José Garibi Rivera. Dirigió la agrupación de obreros católicos de Guadalajara (1902-1907). Durante la revolución pasó a la ciudad de México.

ARAIZA CABRALES, JUAN ◆ n. en Villahermosa, Tab. (1926). Licenciado en derecho por la Universidad Juárez Autónoma de Tabasco (1952-58). Es miembro del PRI desde 1942. Ha sido regidor de Villahermosa (1955-58), jefe de la oficina de registro de sindicatos de la Junta Local de Conciliación y Arbitraje del DF (1960-73), auxiliar proyectista de la Quinta Sala del Tribunal Superior de Justicia del DF (1961-79), secretario de Trabajo y Conflictos (1974-77) y general del Sindicato Único de Trabajadores del Gobierno del Distrito Federal (1977-80), diputado federal (1979-82), secretario de Organización de la Federación de Sindicatos de Trabajadores al Servicio del Estado (1980-89) y miembro de la Asamblea de Representantes del Distrito Federal (1988-91).

ARAIZA CORONA, FRANCISCO ◆ n. y m. en Autlán, Jal. (1865-1920). Hizo

estudios inconclusos de ingeniería. Fundó una imprenta en Autlán en la que se hicieron varios periódicos regionales (*El Grano de Oro*, *El Grano de Arena* y otros). Formó parte de grupos literarios y escribió poesía recogida en la *Antología de poetas autlenses*, de José María Casillas.

ARAIZA LÓPEZ, ÓSCAR RAÚL ◆ n. en Oaxaca, Oax. (1923). Técnico en administración y comercio. Ejerció el periodismo en *Novedades*, *El Popular* y la revista *Reflejos* (1942-47). Ingresó al servicio exterior mexicano en 1947. Cónsul general en Hamburgo desde 1981. Fue condecorado por 25 años en el servicio exterior. Recibió la Cruz al Mérito de la República Federal de Alemania.

ARAMBERRI ◆ Municipio de Nuevo León situado en el sur de la entidad, en los límites con Tamaulipas. Superficie: 2,839.5 km². Habitantes: 15,691, de los cuales 4,075 forman la población económicamente activa. En la jurisdicción están el balneario de aguas termales Puerto de los Borregos, las pinturas rupestres de la cueva de Gardel, las grutas del Campanario de Santa Teresa y la laguna de la Ascensión, donde puede practicarse la pesca y en sus alrededores la caza. La principal festividad de la cabecera es la Feria de la Ascensión, del primero al 10 de mayo. El 25 de julio se festeja a Santiago Apóstol.

ARAMBERRI, JOSÉ SILVESTRE ◆ n. en Dr. Arroyo y m. en el rancho El Canelo, SLP (1825-1864). Ingeniero y agricultor. Se alistó en el bando liberal durante la revolución de Ayutla. Peleó contra los conservadores durante la guerra de Reforma y alcanzó el grado de general de brigada. Gobernador de Coahuila y Nuevo León (1859). Durante la intervención francesa estuvo con Juárez en su presidencia itinerante hasta Matehuala. De ahí se dirigió a su rancho, donde murió.

ARÁMBULA, JOSÉ MARÍA ◆ n. en Tomóchic y m. en Estación Reforma, Chih. (?-1917). En 1912 se unió a la escolta personal del general Francisco Villa. Combatió a los orozquistas. Formó parte de los Dorados. Murió en combate contra los carrancistas.

ARÁMBULA, MANUEL ◆ n. en Parral, Chih., y m. en Torreón, Coah. (?-1916). Revolucionario villista. Participó en la toma de Ciudad Juárez en noviembre de 1913. Se incorporó a los Dorados. Murió durante la batalla de Torreón.

ARÁMBURO CRISTERNA, GERMINAL ◆ n. en El Rosario, Sin. (1942). Estudió hasta preparatoria. Desde 1963 es miembro del PRI, en el que ha desempeñado diversas comisiones y ocupado cargos. Fue oficial del registro civil y juez menor en Escuinapa. Fue dirigente juvenil de la CNOP (1965-69) y secretario de Federación de Organizaciones Populares de Sinaloa. Presidente Municipal de Escuinapa, Sinaloa (1978-80). Diputado federal por el cuarto distrito de Sinaloa (1982-85).

ARAMONI, ANICETO ◆ n. en Minatitlán, Ver. (1916). Psicoanalista. Fue discípulo de Erich Fromm. Profesor de la UNAM. Coautor de *Humanismo y pediatría* (1968), *La guerra de los sexos* (1969), *Jóvenes y viejos* (1970), *Psicoanálisis y sexualidad* (1970), *5000 años de fracaso* (1971), *In the Name of Life* (1971), *Hombre en conflicto* (1972), *Erich Fromm y el psicoanálisis humanista* (1981) y *Cuatro neurosis en busca de argumento* (1983). Autor de *Psicoanálisis*

Francisco Araiza

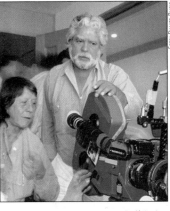

Raúl Araiza

Hacienda de la Soledad en Aramberri, Nuevo León

de la dinámica de un pueblo (1965), *¿Nuevo psicoanálisis?* (1970), *En busca de la verdad* (1971), *Mister Psicoanálisis* (1973), *El hombre: un ser extraño* (1979), *La neurosis, una actitud y una fórmula ineficiente frente a la existencia* (1983), *Viaje al espacio interior y otros ensayos* (1984), *El hombre vertical: la religión de hoy* (1984), *El mexicano ¿un ser aparte?* (1984), *La neurosis, criatura del hombre* (1985); y de las novelas *Alí el maldito* (1977) y *Voy solo hacia el silencio* (1980).

ARANA, FEDERICO ◆ n. en Tizayuca, Hgo. (1942). Rocanrolero, escritor, científico, pintor y caricaturista. Biólogo titulado en la UNAM con estudios de oceanografía en España. Publicó la tira cómica *Ornitóteles* en *Novedades* y en *másomenos*, suplemento del diario *unomásuno* y tiene dos libros de caricaturas con el mismo personaje: *Ornitóteles, el pájaro filósofo* (1976) y *El perro mundo de Ornitóteles* (1984). Ha presentado exposiciones de pintura en México, Suiza, EUA, Francia y Alemania. Hizo la música de varias películas. Ha formado parte, siempre como guitarrista, de los grupos de rock Los Sonámbulos, Los Sinners y Naftalina. Es fundador de los conjuntos *folcloroides* (según su expresión) Los Inkapaches, Los Jumiles y Cantos Nobles. Autor de novelas: *Las jiras* (1973), *Delgadina* (1978) y *Yo mariachi* (1991); relatos: *Enciclopedia de latinoamericana omnisciencia* (1977); obras de divulgación científica: *Método experimental para principiantes* (1975), *Los seres vivos como unidad* (1979), *Diversidad de los organismos* (1980), *Conti-*

Federico Arana

nuidad y evolución de la vida (1980), *Ecología para principiantes* (1982) y *Fundamentos de biología* (1990); libros sobre música: *La música dizque folklórica* (1976), *Roqueros y folkloroides* (1983), *Huaraches de ante azul: historia del rock mexicano* (4 t., 1985) y *Los cien más cachondos rocanroleros de las lenguas españolas* (1992); la pieza teatral *Huitzilopochtli vs. los rocanroleros de la noche* (1988) y el recetario *Comer insectos* (1991). Premio Xavier Villaurrutia (1973).

ARANA, JOSÉ RAMÓN ◆ n. y m. en España (1906-1974). Participó en la guerra civil española dentro del bando republicano. Al triunfo fascista se refugió en Francia, donde fue recluido en un campo de concentración. A principios de los años 40 llegó a México y fundó la revista *Las Españas* con Manuel Andújar. Usó el pseudónimo de Pedro Abarca. Dedicado al comercio de libros, Simón Otaola lo convirtió en personaje de la novela *La librería de Arana*. En México publicó *A tu sombra lejana* (1942), *El cura de Almuniaced* (1950), *Veturian* (1951), *Antonio Machado y Pablo Casals* (1957), *Esta hora de España* (1962), *De pereza mental* (1967) y *Cartas a las nuevas generaciones españolas* (1968).

ARANA POZOS, JOSÉ RAMÓN ◆ n. en Toluca, Edo. de Méx. (1950). Licenciado en derecho por la UAEM (1969-73) especializado en la UNAM (1976-78). Miembro del PRI desde 1963. Ha sido secretario del Ministerio Público Federal (1969-71), inspector (1972) y procurador de la Defensa del Trabajo en el Estado de México (1973-75), secretario de Servicios Escolares y de Relaciones Públicas de la UAEM (1977), secretario del oficial mayor del DDF (1977-81), diputado al Congreso local mexiquense (1984-87) y secretario del Trabajo y Previsión Social del gobierno del Estado de México (1987).

ARANCIBIA Y HORMAEGUI, JOSÉ IG-NACIO DE ◆ n. en España y m. en Monterrey, NL (1767-1821). Sacerdote. Obispo de Linares, Nuevo León (1818-1821).

ARANDA, ANASTASIO ◆ n. y m. en la ciudad de México (1823-1892). Militar liberal. Encargado del despacho de la Secretaría de Guerra con el presidente Juárez en 1865.

ARANDA, PEDRO ◆ n. en Comanja, Jal., y m. en Encinillas, cerca de Chihuahua, Chih. (1750-1813). Se adhirió a la insurgencia bajo las órdenes de Mariano Jiménez, quien le dio el grado de mariscal de campo y lo nombró gobernador de Coahuila. Fue aprehendido y sentenciado a diez años de prisión. Murió en la cárcel.

ARANDA, SILVESTRE ◆ n. en Lagos de Moreno, Jal., y m. en San Luis Potosí, SLP (1820-1869). Militar liberal. Peleó en la guerra de Reforma y combatió la intervención francesa y el imperio. Como general de brigada participó en el triunfo de Querétaro.

ARANDA, VICENTE ◆ n. en la Hda. de Cuachichinola, municipio de Mazatepec, y m. en Jojutla, Mor. (?-1926). Se incorporó al zapatismo en 1911. Estuvo en el licenciamiento de tropas en Cuernavaca, pero volvió a tomar las armas cuando Zapata lanzó el Plan de Ayala. Acompañó a Zapata a Chinameca. En 1920 se adhirió al Plan de Agua Prieta. En 1921 fue elegido diputado federal por Morelos. Fue presidente municipal de Jojutla.

ARANDA Y CARPINTEIRO, DIEGO ◆ n. en Puebla, Pue., y m. en Sayula, Jal. (1776-1853). Fue ordenado sacerdote en 1800. Doctor en cánones por la Universidad de Guadalajara (1810), de la que fue rector. Diputado a Cortes (1813) y al Congreso Constituyente de Jalisco (1823-24). Obispo de Guadalajara (1836-53). Ordenó terminar la Casa de Misericordia (Hospicio Cabañas), la iglesia parroquial del Sagrario y las torres de la Catedral tapatía (las anteriores habían sido destruidas por un sismo en 1818). Hizo construir el panteón de Belén. Durante la intervención estadounidense de 1847 publicó una *Protesta* contra "el Decreto de ocupación de bienes eclesiásticos" de ese año, pero posteriormente emitió una pastoral condenando la invasión y un *Edicto expedi-*

FOTO: CUARTOSCURO

do con motivo de estar amenazada la integridad nacional (mayo de 1847). Se dice que cooperó con fuerte suma para combatirlos. Participó activamente en política dentro del bando conservador y se opuso a que se gravaran los ingresos del clero. Prohibió la lectura de ediciones no autorizadas de la *Biblia*.

ARANDA DÍAZ MUÑOZ, PEDRO ◆ n. en León, Gto. (1933). Fue consagrado sacerdote en 1956. Fue director espiritual del Seminario de León y diocesano del Centro de Pastoral Social. Obispo de Tulancingo desde 1975.

ARANDA LUNA, JAVIER ◆ n. en el DF (1958). Estudió periodismo y estética en la UNAM (1979-82). Asistió al taller de literatura de Juan García Ponce (1982-83). Cofundador y reportero de *La Jornada* (1984-90), colaborador de *La Jornada Semanal* (1984-), subcoordinador de la sección cultural de *El Nacional* (1990-91); colaborador desde 1990, editor y columnista de *Vuelta* (1993-96); conductor del programa radial *Vuelta al Aire* (1995-98), coordinador de Literatura de Editorial Clío (1995-) y conductor del programa *El Lugar sin Límites* en Eco-Televisa (1998). Ha escrito para *Nexos*, *El Financiero*, *El Ángel*, *La Cultura en México* y otras publicaciones. Coautor de *Los amorosos* (1991), *El sexo en México* (1993), *Adiós a la nostalgia* (1994) y *La máquina de escribir* (1997). Autor de *Biblioteca personal* (1989).

ARANDA OROZCO, MARÍA TERESA ◆ n. en León, Gto. (1954). Pertenece al PAN, partido en el que ha sido miembro del CDE (1989-), secretaria de Promoción Política de la Mujer, de Acción Ciudadana y presidenta del Cabildo Popular de Puebla (1990-). Diputada federal (1991-94).

ARANDA OSORIO, EFRAÍN ◆ n. en Motozintla, Chis. (1906). Licenciado en derecho por la UNAM (1932). Diputado federal a la XXXVII Legislatura. Senador por Chiapas (1942-46) y gobernador del mismo estado (1952-58). Trabajó en el servicio exterior.

ARANDA VALDIVIA, MANUEL G. ◆ n. en Purísima del Rincón y m. en Gua-

najuato, Gto. (1869-1952). Ingeniero de minas. En 1912 era jefe político del distrito de Guanajuato. Diputado federal suplente a la XXVI Legislatura. Presidente municipal de Guanajuato (1914). Diputado al Congreso Constituyente de 1916-17. Ocupó puestos públicos menores. Fue candidato a gobernador de Guanajuato en 1932 y dos veces diputado local.

ARANDA VELASCO, SILVINO ◆ n. en Cuernavaca, Mor. (1929). Licenciado en economía por el Instituto Tecnológico de México (1948-51) y doctor en economía por la Universidad Central de Madrid (1952-53). Pertenece al PRI desde 1951. Ha sido gerente (1952-64), director general (1964-67) y asesor de la Bolsa Mexicana de Valores (1968-70); director general de Difusión Fiscal de la Secretaría de Hacienda (1973-75), director general de Difusión y de Administración de la Sepanal (1975-76), subdirector financiero de Diesel Nacional (1977-79), director general y vicepresidente de la Comisión Nacional de Valores (1979-82), director general del Instituto Nacional para el Depósito de Valores (1982-86), director general de Seguros y Valores de la Secretaría de Hacienda (1986-88) y director general de la Afianzadora Mexicana (1988-).

ARANDAS ◆ Municipio de Jalisco situado al este de Guadalajara, en los límites con Guanajuato. Superficie: 1,778.76 km². Habitantes: 70,901, de los cuales 16,874 forman la población económicamente activa. Hablan alguna lengua indígena 35 personas.

ARANDAS ◆ Sierra del oriente de Jalisco, al sur-sureste de la sierra de Tepatitlán y al este-noreste del lago de Chapala.

ARANGO, DOROTEO ◆ ☞*Villa, Francisco.*

ARANGO, IGNACIO ◆ n. y m. en Morelia, Mich. (1801-1872). Tipógrafo. De su imprenta salieron textos conservadores y obras de literatos michoacanos.

ARANGO, LUIS ◆ n. y m. en Morelia, Mich. (?-1858). Hermano del anterior. Se unió a las fuerzas de Morelos en 1811. Tipógrafo de oficio, muy probablemente construyó la imprenta con ti-

Arandas, Jalisco

pos de madera en la cual, en Sultepec, se editó *El Ilustrador Nacional*, en abril de 1812. Se sabe que fue impresor de otros periódicos y documentos insurgentes en Oaxaca, Chilpancingo y otras ciudades. En 1821 se hizo cargo de la Imprenta de las Tres Garantías, en Acámbaro y en Valladolid. En el México independiente continuó en el ejercicio de su profesión.

ARANGO Y ESCANDÓN, ALEJANDRO ◆ n. en Puebla, Pue., y m. en la ciudad de México (1821-1883). Abogado con estudios en Madrid, París y México. Sirvió a los gobiernos conservadores y al imperio. Al triunfo de la República, fue encarcelado y luego desterrado. Él y Antonio Escandón, su primo, donaron a la capital un monumento a Colón. Miembro de la Academia de Letrán y segundo director de la Academia Mexicana (de la lengua, de 1877 a 1883). Polígloto, amante de las lenguas muertas, hizo traducciones del francés y del italiano. Costeó la edición de una *Gramática hebrea* y colaboró en la preparación de otra del griego. Publicó un texto sobre la Virgen María en ocho idiomas, entre ellos latín y hebreo. Tradujo *El Cid*, de

Corneille, y *La conjuración de los Pazzi*, de Alfieri. Autor de un *Ensayo histórico sobre Fray Luis de León*, aparecido bajo formato de libro en 1866, publicó también *Versos* (1876) y *Algunos versos* (1879).

ARANGUREN CASTIELLO, FERNANDO ◆ n. ¿y m.? en Guadalajara, Jal. (1936-1973). Empresario. Licenciado en administración de empresas por la Universidad de Notre Dame, EUA, con estudios de especialización en artes gráficas en Chicago. Trabajó en las empresas privadas Artes Gráficas y Aranguren y Compañía. Fue presidente de Centro Patronal de Jalisco. Miembro de los consejos de administración del Banco Nacional de México y del Actibanco de Guadalajara. Perteneció a la Unión Social de Empresarios Mexicanos. Murió asesinado.

Alfonso Arau

ARANGUREN SAINZ, ESTEBAN ◆ n. en España (1902). Llegó en los años veinte a México y ejerció el periodismo en *Las Noticias de Guadalajara*, *Bandera de Provincias* y otras publicaciones. Al estallar la guerra civil fue a España como corresponsal de *Las Noticias* y participó en diversas actividades dentro del campo republicano. Regresó a México en 1939 y se dedicó a los negocios. En el diario *El Occidental* de Guadalajara publicó poesía. Autor de *El rapto, La señal* (1965), *El leñador y Bajo un cielo autumnal* (1967).

ARANO BRAVO, RAMÓN ◆ n. en Cosamaloapan, Ver. (1938). Beisbolista. Ingresó a la Liga Mexicana en 1958. Su primer equipo fue Petroleros de Poza Rica. Apodado *Tres Patines*, es líder absoluto de victorias (334), ponches (2,380) y blanqueadas (57) en dicha liga, en la que ha jugado 31 temporadas y ha lanzado 4,770 entradas. Terminó su carrera con los Cafeteros de Córdoba.

ARAOS, PABLO J. ◆ n. y m. en Campeche, Camp. (1834-1899). Ejer-

Sergio Arau Corona

ció el periodismo en publicaciones locales. Escribió poesía que apareció en periódicos campechanos.

ARAQUISTÁIN, LUIS ◆ n. en España y m. en Suiza (1886-1959). En su país de origen dirigió el semanario *España*, antes a cargo de Ortega y Gasset, y después fundó y dirigió *Leviatán*, órgano del Partido Socialista Obrero Español. Fue diputado a Cortes, subsecretario de Trabajo (1931 y 1936), embajador en Berlín (1932) y en París (1936). Autor del libro *La revolución mexicana*.

ARAU, ALFONSO ◆ n. en el DF (1932). Realizó estudios de medicina. Fue bailarín clásico y moderno antes de integrar con Sergio Corona un dueto cómico y musical (Corona y Arau). Radicó en Cuba de 1961 a 1964, donde creó el Teatro Municipal de La Habana y fue conductor de programas de televisión. En 1961, cuando la invasión de mercenarios a Playa Girón, solicitó al Congreso mexicano autorización, que le fue negada, para empuñar las armas en defensa de la revolución cubana. En Francia estudió pantomima con Marcel Marceau y Jacques Lecoc. A su regreso a México actuó en teatro: *Paren el mundo que quiero bajarme* (1966) y *Locuras felices* (escrita por él mismo), que se presentó en varias ciudades del extranjero. Trabajó en la película *En este pueblo no hay ladrones* (1964), dirigida por Alberto Isaac con guión de Gabriel García Márquez. Actuó y dirigió en 1969 la cinta *El Águila Descalza*, que obtuvo los principales premios cinematográficos de México. Produjo y dirigió *Caltzonzin inspector* (1973, premiada en Nueva York y El Cairo), una versión de *El inspector* de Gogol con los personajes de la historieta *Los supermachos*, de Rius. Dirigió también *Caribe, Estrella y Águila* (documental, 1977), *Mojado power* (1980, premiada en Biarritz y Huelva) y *Chido guan (el tacos de oro)*. Tuvo otras actuaciones cinematográficas en *Pedro Páramo, El Topo, La pandilla salvaje* (dirigida por Sam Peckimpah), *Corre, puma, corre, Tívoli, El rincón de las vírgenes, El día que murió Pedro Infante, Carros usados* y *Dos pillos tras la esmeralda perdida*. Su

mayor éxito como director cinematográfico es *Como agua para chocolate*; también ha dirigido *Un paseo por las nubes*.

ARAU CORONA, SERGIO ◆ n. en el DF (1951). Hijo de Alfonso Arau y de la bailarina Magda Corona. Estudió periodismo, cine y música. Fue ayudante de Rogelio Naranjo en *El Universal*. Como caricaturista ha hecho trabajos para *Siete, La Garrapata* (que editó, en su segunda época), *Quecosaedro, El Gallo Ilustrado, másomenos, Horas Extras* y *La Jornada*. Ha sido guitarrista de los grupos de rock La Ley de Herodes, Botellita de Jerez y Los Mismísimos Ángeles, entre otros. Firma sus trabajos como *Arau*. Inventó el término *Art-Nacó*. Ha expuesto óleos con arcángeles con máscaras de luchadores en Los Ángeles y Boston en EUA. Autor del libro *La netafísica* (1990).

ARAUJO, JOSÉ GUADALUPE ◆ n. y m. en Morelia, Mich. (1816- 1896). Ocupó diversos cargos en el gobierno local. Poeta y cronista lugareño.

ARAUJO ARAUJO, EMILIO ◆ n. en Tuxtla Gutiérrez. Chis., y m. en el DF (1892-1953). Abogado. Diputado constituyente (1916-17). Presidente municipal de Tuxtla Gutiérrez (1918). Senador (1938-40). Gobernador interino de Chiapas en dos ocasiones. Dirigente del Partido Democrático Mexicano que en 1946 tuvo a Ezequiel Padilla como candidato a la Presidencia.

ARAUJO DE LA TORRE, HUGO ANDRÉS ◆ n. en Villa de Llera de Canales, Tams. (1947). Licenciado en economía por la UNAM, de la que fue profesor, así como de la Universidad Autónoma de Coahuila. Perteneció al grupo Punto Crítico. Cofundador del MAP (1981) y del PSUM, del que fue miembro del comité central (1981). En 1987 pasó al PRI y participó en la campaña presidencial de Carlos Salinas de Gortari, quien lo hizo secretario general de la Confederación Nacional Campesina. En ese puesto fue coordinador del Sector Agrario del PRI y miembro del Consejo Político Nacional del mismo partido. Diputado federal (1991-94) y senador (1994-2000). Asesor de organizaciones económicas campesinas en La Laguna, San Luis Potosí y Tamaulipas.

ARAUZ, ÁLVARO ◆ n. en España y m. en el DF (1911-1970). Profesor normalista. Estudió medicina. Salió de España a la caída de la República y vino a México en 1943. Fue jefe de prensa de la embajada de Francia en México. Realizó una larga tarea como escritor, traductor y editor de obras dramáticas. También fue director de teatro, conductor de los programas radiofónicos *La guerra al día* y *El minuto cultural de Álvaro Arauz*, y periodista de *El Nacional*. Abrió la primera librería especializada en teatro y editó colecciones de teatro español, mexicano y contemporáneo. Autor de ensayo: *La guerra al día* (1943), *Sobre el Greco, Goya y Picasso* (1943), *Nuevas crónicas de guerra* (1944) *Notas sobre Lope de Vega y Calderón* (1951), *Tirso y don Juan* (1954) y *Teatro romántico español* (1970); poesía: *Madrugada de cal* (1939); y teatro: *La reina sin sueño* (1958), *La carroza del virrey* (1959), *Medias palabras* (1965), *Morir de pie* (1966), *Doscientas veinte madrugadas* (1966), *Una tarde de 1588, Los leales* (1968), *Castilla vuelve a Castilla y Proceso a don Juan*.

ARBEU ◆ Teatro capitalino construido por el arquitecto Apolonio Téllez Girón, en lo que fue el nunca concluido templo de San Felipe Neri, en la calle del mismo nombre (hoy República de El Salvador). Fue inaugurado en 1875. Estuvo abierto hasta 1954. El nombre se le puso como homenaje a Francisco Arbeu (☞). Fue después taller mecánico, hasta que en 1968 se instaló ahí la biblioteca Miguel Lerdo de Tejada, de la Secretaría de Hacienda, decorada en los años setenta por el pintor Vlady.

ARBEU, FRANCISCO ◆ n. en Guatemala y m. en la ciudad de México (1796-1870). Empresario que tendió la línea del tren México-Tlalpan. Hizo construir el teatro Iturbide y antes el Santa Anna, que se conoció posteriormente como Gran Teatro Nacional.

ÁRBOL Y BONILLA, ALFREDO ◆ n. en Zacatecas, Zac. (1901-?). Fue clarinetista en bandas militares durante la revolución. En 1923 se fue a EUA, donde tocó el mismo instrumento en bandas y orquestas sinfónicas. A su retorno a México fue fagotista en la Banda de Policía de la Ciudad de México, primer fagot en la Orquesta de Cámara de la SEP, en la Sinfónica de la Universidad y en la Nacional.

ÁRBOL DE LA NOCHE TRISTE ◆ Ahuehuete ubicado en la calzada México-Tacuba, en Popotla, donde se dice que Cortés lloró su derrota ante los mexicanos, el 30 de junio de 1520. El árbol tuvo verdor hasta la década de los años sesenta. Por los incendios, la contaminación y el descuido sólo ha quedado parte del tronco.

ARCADIA, LA ◆ Sociedad literaria de Mérida, Yuc., fundada en 1905. Antonio Mediz Bolio, Luis Rosado Vega y otros intelectuales peninsulares figuraron entre sus miembros.

ARCADIA MEXICANA, LA ◆ Sociedad literaria creada en la ciudad de México probablemente en 1805, cuando aparecen las primeras referencias a la agrupación en *El Diario de México*, donde publicaban sus miembros, entre los cuales se contaban Manuel Martínez de Navarrete, Manuel Sánchez de Tagle, Juan Wenceslao Sánchez de la Barquera, Juan María Lacunza, José Mariano Rodríguez del Castillo y Agustín Pomposo Fernández de San Salvador, casi todos ocultos tras de seudónimos y anagramas, a la usanza de la época. Para mediados de 1812 la sociedad prácticamente había desaparecido (☞ Literatura).

ARCARAZ TORRAS, LUIS ◆ n. en la ciudad de México y m. en San Luis Potosí, SLP (1910-1963). Director de una orquesta con la que recorrió Estados Unidos y varios países del Caribe. Hizo música para el cine. Actuó en diez cintas. Compositor de canciones populares como *Viajera, As de corazones rojos, Quinto patio* y *Prisionero del mar*.

ARCE, FORTUNATO G. ◆ n. en España y m. en Guadalajara, Jal. (1838-1905). Médico. Combatió en las filas liberales contra la intervención francesa y el imperio.

ARCE, FRANCISCO ◆ n. en Irapuato, Gto. (1790-?). Militar realista. Combatió

Árbol de la Noche Triste

en España contra los ejércitos de Napoleón. A su regreso a México luchó contra la insurgencia, pero en 1821 se adhirió al Plan de Iguala. Participó en el Plan de Casa Mata contra el imperio de Iturbide y en 1846 se incorporó a la lucha contra los invasores estadounidenses.

ARCE, DAVID N. ◆ ¿n. y m. en el DF? (1913-1966). Fue secretario de la Biblioteca Nacional de México y editor y colaborador del *Boletín de la Biblioteca Nacional*. También publicó en *México en la Cultura*, suplemento del diario *Novedades*. Autor de *Ética y estética de la danza* (1949), *Humanidad y comedia en Balzac* (1950), *Presencia y prosa de Alfredo Maillefert 1849-1941* (1950), *Ala y antorcha de José Vasconcelos* (1951), *José Rubén Romero; conflicto y logro de un romanticismo* (1952), *Natural y sobrenatural de Sor Juana* (1952), *Sobre lo existencial y algunos "ismos"; ensayo de respuesta y amago bibliográfico* (1954), *Caudal y herencia del padre Alfonso Méndez Plancarte* (1955), *Girándula* (crónicas periodísticas) (1955), *Estos y "Aquellos días" de Alfonso Reyes*

En el *Diario de México* del 20 de octubre de 1805 se hace una irónica referencia a los integrantes de La Arcadia Mexicana

(1956), *Tambor de plata* (1956), *Leopoldo Ramos, poeta en ascensión* (1957), *Bibliografía de José Vasconcelos* (1958), *Sin tregua y con fervor: la obra de Jaime Torres Bodet* (1959), *Poesía y mensaje de Elías Nandino* (1959), *La biblioteca universitaria, su estructura, su funcionamiento y sus problemas* (1960), *Nómina bibliográfica de Salvador Novo* (1963), *Desaventura y pasión de Carlota* (1963) y *Fray Diego de Chávez de Camino y Parajes* (1965).

ARCE, JOSÉ ANTONIO ◆ n. en Chihuahua, Chih. y m. ¿en la ciudad de México? (1784-¿1838?). Militar realista que se adhirió al Plan de Iguala. Fue gobernador interino de Chihuahua en 1825, constitucional de 1827 a 1830 y de facto de 1830 a 1832. Senador (1832-36) y diputado federal de 1836 hasta su muerte.

ARCE, JULIO G. ◆ n. en Guadalajara, Jal. y m. en Culiacán, Sin. (1870-1926). Periodista. Hijo de Fortunato González de Arce y Refugio Gómez, fue registrado como Julio Fortunato Arce, pero firmaba como Julio G. Arce. Se inició en el periodismo en Guadalajara. Residió luego en Mazatlán, donde fue redactor de *El Correo de la Tarde*, y luego en Culiacán, ciudad en la que fundó la revista literaria *Bohemia Sinaloense* (1897) y dirigió el diario *Mefistófeles* (1906). Regresó a Jalisco para dirigir *La Gaceta de Guadalajara* (1912) y volvió a Culiacán para ponerse al frente del periódico *Hispano-América*.

ARCE, MARIANO ◆ n. en Querétaro, Qro., y m. en la ciudad de México (?-1816). Escultor. Fue discípulo de Tolsá. Entre sus obras más conocidas se cuentan *La Piedad*, en la iglesia de San Francisco, en Querétaro, y el *Santiago* de la Catedral Metropolitana.

ARCE, MIGUEL ◆ ¿n. en Jalisco? (¿1860-1935?). Escritor. Probablemente ejerció el periodismo en el sur de EUA, entre los mexicanos exiliados. Escribió la novela *¡Ladrona!*, que fue editada en Los Ángeles por primera vez y cuya segunda edición data de 1928. En 1985 fue publicada por el INBA en la colección El Estanquillo Literario.

ARCE OTAROLA, FRANCISCO O. ◆ n. en Guadalajara, Jal., y m. en la ciudad de México (1831-1903). En 1847 Estudió en el Colegio de Minería de Guadalajara. Combatió a los invasores estadounidenses (1847). En 1857 era ayudante de Comonfort y participó en el golpe de Estado del propio presidente. Regresó al bando liberal y combatió a los conservadores durante la guerra de los Tres Años. El 5 de mayo de 1862 asistió a la defensa de Puebla y a partir de entonces combatió la intervención hasta caer prisionero de los franceses (mayo de 1864). Se fugó en junio de 1866 y se reincorporó al combate. En mayo de 1867 asistió al sitio y ocupación de Querétaro como general de brigada. En 1868 Juárez lo envió a pacificar Guerrero, después de lo cual fue nombrado gobernador (1869-73). Se adhirió al Plan de Tuxtepec en 1876 y fue nombrado comandante militar y gobernador de Sinaloa (junio de 1876 a enero de 1877). Diputado federal (1881-82) y de nuevo gobernador de Guerrero (1885-93), puso su nombre y el de su esposa Celia a la población y municipio de Arcelia (antes Arroyo Grande). Senador (1894-98) y magistrado del Supremo Tribunal Militar (1889-1903).

ARCE PANTOJA, JOEL ◆ n. en Durango, Dgo. (1959). Abogado por la Universidad Autónoma de Zacatecas. Pertenece al PAN desde 1985, partido en el que ha sido vocero oficial (1987-91), secretario de Comunicación (1987-1993) y delegado ante la CEE (1988-89) en Zacatecas. Diputado federal (1991-94).

ARCE RINCÓN, MANUEL FRANCISCO ◆ n. en el DF (1941). Licenciado en administración por la UNAM (1959-63) y maestro por la Universidad de Columbia (1964-66). Profesor de la Universidad Anáhuac (1966-67) y de la UNAM (1966-87). Pertenece al PRI. Ha sido jefe de Planeación Financiera de Aurrerá (1966-68), gerente general de la empresa Grupo de Industrias (1969-72), director general de Arce y Asociados (1971-73), director general de

Grupo Consultor ACM (1974-82), director general de Servicios Metropolitanos del DDF (1983-88) y subdirector administrativo de la CFE (1988-). Presidente del Colegio de Licenciados en Administración de Empresas (1969-71). Fue becario de la Ford Motor Company (1974).

ARCE TAPIA, ALBERTO ◆ n. y m. en Guadalajara (1878-1956). Licenciado (1902) por la Escuela de Jurisprudencia de Guadalajara, de la que fue director (1933). Diputado local (1911). Trabajó para Álvaro Obregón (1914). Escribió un *Manual de derecho internacional privado mexicano* (1955).

ARCELIA ◆ Municipio de Guerrero, en los límites con el Estado de México. Pertenece a la cuenca del Balsas. Superficie: 725.1 km². Habitantes: 32,793, de los cuales 6,247 forman la población económicamente activa. Hablan alguna lengua indígena 337 personas mayores de cinco años (náhuatl 330). El nombre de la población, antes Arroyo Grande, se lo puso el gobernador Francisco O. Arce para perpetuar su memoria y la de su esposa Celia.

ARCEO CASTRO, JAIME JESÚS ◆ n. en Cumuato, Mich. (1942). Ingeniero electricista titulado en el IPN (1963-66) con maestría en administración por la Universidad Tecnológica de México (1977-79). Profesor de la UNAM (1979-81). Miembro del PRI desde 1968. Ha sido superintendente divisional de Comunicaciones de la CFE (1967-70); jefe de Importaciones y Tráfico (1971), jefe de Compras (1972) y subgerente de Abastecimiento del metro capitalino (1973-76); jefe de Telecomunicaciones del IMSS (1979-83), director general de Telégrafos Nacionales (1983-88) y director general del Servicio de Transportes Eléctricos del DDF (1988). Fue presidente del Colegio de Ingenieros Mecánicos Electricistas (1979-81) y vicepresidente de la Sociedad Mexicana de Ingenieros (1986-87).

ARCHIVO GENERAL DE LA NACIÓN ◆ Su fondo se inició desde la época del virrey Antonio de Mendoza, pero fue hasta 1790 cuando el virrey Juan Vicente de Güemes elaboró un proyecto de Archivo General, debidamente reglamentado, que se llevó a la práctica. En 1823, el ministro de Relaciones Interiores y Exteriores, Lucas Alamán, fundó el Archivo General y Público de la Nación. En 1846, el también ministro Lafragua le impuso un reglamento. La Constitución de 1917 lo incluyó como dependencia de la Secretaría de Gobernación y le dio su actual nombre. Más de una vez el fondo ha sufrido daños y mermas por incendios, inundaciones y otros percances, así como por sustracciones, lo que fue facilitado por los frecuentes cambios de domicilio de otras épocas. A partir de 1982 se le destinó como sede la ex cárcel de Lecumberri, acondicionada para dar cabida al antiguo fondo y a otros archivos públicos y privados que le fueron cedidos, lo que aumentó considerablemente su acervo. En 1988 se anunció que la humedad de Lecumberri estaba dañando los acervos y en agosto de 1999 se anunció su traslado a un lugar contiguo a la ex Hacienda de la Concepción, a 10 minutos del centro de Pachuca.

ARCIGA, JOSÉ IGNACIO ◆ n. en Pátzcuaro, Mich. y m. en la ciudad de México (1830-1900). Arzobispo de Michoacán desde 1869 hasta su muerte.

ARCINIEGA O ARZINIEGA, CLAUDIO ◆ n. en España y m. en la ciudad de México (¿1529-1592?). Arquitecto. A él se debe el proyecto original de la Catedral Metropolitana, cuya obra dirigió durante los primeros 20 años de construcción (1573-92). Se le atribuye el primer palacio virreinal y el edificio de la Real y Pontificia Universidad de México, el hospital contiguo a San Hipólito, la iglesia de la Purísima o de Jesús Nazareno e innumerables construcciones religiosas (templos, ermitas, conventos, etcétera). Destacó también en el ramo de ingeniería sanitaria. Se le atribuye una caja de agua que estuvo donde después se construyó la fuente del Salto del Agua; diseñó en 1564 la fuente de Churubusco, en el manantial de Acuecuexco. En 1565 era el encargado de autorizar la apertura de caños y a lo largo

de varias décadas se le consideró un especialista en acueductos. Desde 1580 propuso la apertura del túnel de Nochistongo, mismo que empezaría a construir a la vuelta del siglo Enrico Martínez.

ARCINIEGAS, GERMÁN ◆ n. en Colombia (1901). Escritor y periodista. Fue profesor de la Universidad de Columbia en Nueva York, dos veces ministro de Educación en su país, embajador en Italia, Venezuela e Israel. Durante 25 años dirigió *Nivel*, publicación literaria continental. Ha escrito los libros *El estudiante de la mesa redonda* (1930), *Biografía del Caribe, Este pueblo de América, Entre la libertad y el miedo, El mundo de la bella Simonetta, Los pinos nuevos, Diario de un sonámbulo enamorado, América ladina* (1993), *El caballero de El Dorado* y *Bolívar y Santander: vidas paralelas* (1995). Premio Internacional Alfonso Reyes (1996).

ARCO, DEL ◆ Sierra de Chihuahua situada en el noroeste de la entidad, al sur de Nuevo Casas Grandes y al este, noreste y norte de la laguna de Bavícora.

ARDENAS O ARDEÑAS, JUAN DE ◆ n. en Bélgica y m. en la ciudad de México (1591-1644). Su nombre era originalmente Jean de Ardennais. Llegó a Nueva España en 1616 y marchó hacia el noroeste en misión evangelizadora, la que cumplió especialmente con los yaquis, cuya lengua llegó a dominar. Pasó sus últimos años en la capital del virreinato, donde murió de una enfermedad contagiosa, cuando atendía a los afectados por la peste.

ARDILA, MARIO ◆ n. en Colombia y m. en el DF (1942). Músico, cantante y actor de nacionalidad mexicana. Ha acompañado a Óscar Chávez como guitarrista. Trabajó en el Café Colón (1975-80) y desde 1981 hasta su muerte formó parte del elenco de bar Guau.

ARDUENGO PINEDA, LORENZO ◆ n. en Jalapa, Ver. (1946). Estudió en la Escuela Superior de Teatro, Cine y Televisión de Lodz, Polonia. Director de la Escuela para Estudiantes Extranjeros de la Universidad Veracruzana. Pasó al

español el guión de *El ángel azul* y es cotraductor de la novela *Madre Juana de los Ángeles*. Colabora con textos críticos y de creación en revistas y suplementos literarios.

AREÁN, JUAN CARLOS ◆ n. en el DF (1961). Compositor de música sinfónica. Estudió la maestría en composición en el Mannes College of Music. De sus obras como compositor, once han sido estrenadas en Nueva York, México y los festivales de Aspen y de Washington, D.C. Autor de *Música para un tercer otoño, Inward cycles, Concierto para guitarra y orquesta de alientos,* etc. En 1986 estrenó *Canto de amor, vida y esperanza para Frida Kahlo*. Becario del Consejo Nacional Para la Cultura y las Artes (1989-90).

ARECHEDERRETA Y ESCALADA, JUAN BAUTISTA DE ◆ n. en Guanajuato, Gto., y m. en Querétaro, Qro. (1771-1835). También se le menciona como Arrechederreta. Medio hermano por parte de madre de Lucas Alamán. Sacerdote. Diputado a las Cortes españolas en 1814. Capellán de honor de Iturbide durante el primer imperio. Senador por Guanajuato (1834). Rechazó el obispado de Michoacán. Autor de unos *Apuntes históricos* sobre México.

ARÉCHIGA, ESTEBAN ◆ n. en Tepic y ¿m. en Guadalajara, Jal.? (?-?). Diputado al Congreso Constituyente de Jalisco (1824) y miembro suplente del Senado local. Fue vicegobernador del estado (1830 y 1844) y diputado al Congreso de la Unión.

ARÉCHIGA, HUGO ◆ n. en Culiacán, Sin. (1940). Médico cirujano por la UNAM y doctor en ciencias fisiológicas y biofísica por el IPN. Ha sido Research Fellow en el California Institute of Technology y profesor visitante en 47

Germán Arciniegas

universidades del extranjero, entre las que se cuentan Stanford y Harvard en EUA y Liverpool y Oxford en Inglaterra. Jefe de la división de posgrado de la Facultad de Medicina de la UNAM. Premio de la Academia de la Investigación Científica en Ciencias Naturales (1979). Recibió la beca Guggenheim (1981). Pertenece al Sistema Nacional de Investigadores. Es autor, entre otros, de los libros *Ciencia, universidad y medicina* y *La investigación científica y tecnológica*.

ARÉCHIGA FERNÁNDEZ, MANUEL DE JESÚS ◆ n. en Juchitlán y m. en Guadalajara, Jal. (1903-1984). Estudió música en Roma y en esa ciudad se ordenó sacerdote en 1931. Un año antes dirigió un concierto ante el papa Pío XI. A su regreso a México (1938) fundó la agrupación Amigos de la Música, misma que reorganizaría más tarde la Orquesta Sinfónica de Guadalajara, de la que Aréchiga fue director, lo mismo que de la Escuela Superior Diocesana de Música Sagrada. Fue primer organista de la Catedral tapatía.

ARELLANO, JOAQUÍN IGNACIO ◆ n. en la ciudad de México y m. en Chihuahua, Chih. (1800-1851). Médico. Ocupó diversos cargos públicos y fue diputado federal por Chihuahua.

ARELLANO, JOSÉ DE JESÚS ◆ n. en Monterrey, NL (1973). Futbolista. Mediocampista del equipo Guadalajara, es apodado *el Cabrito*. Participó en el torneo de futbol de los Juegos Olímpicos en Atlanta (1996) y en el Campeonato Mundial de Francia (1998).

ARELLANO AGUILAR, GERARDO DE JESÚS ◆ n. en el DF (1953). Licenciado en derecho por la UAEM (1980-85). Profesor del Instituto Técnico Humanista de Toluca (1983-84) y del Centro Superior de Comercio (1985-86). Es gerente general de Almacenes América (1977-) y director general del Bufete Jurídico Arellano y Asociados (1986-). Ingresó al Partido Acción Nacional en 1973, en el cual ha sido delegado a la Comisión Estatal Electoral del Estado de México (1984-87), secretario de Acción Electoral (1984-87) y secretario general del comité mexiquense (1987-88), así

como consejero estatal y nacional (1984-). Fue electo diputado federal a la LIV Legislatura (1988-91).

ARELLANO BELLOC, FRANCISCO ◆ n. en Río Verde, SLP, y m. en el DF (1900-1972). Abogado. Inició sus estudios en la capital del país y los terminó en Morelia. Fue dos veces secretario general de Gobierno, una de ellas con Lázaro Cárdenas; fundó la Academia Michoacana de Ciencias, Letras y Poesía y publicó la revista *Mástiles*. Fue también secretario general de Gobierno en Sonora, diputado federal por San Luis Potosí, apoderado legal de Petróleos Mexicanos y asesor de la ONU en legislación sobre hidrocarburos. Coautor, con Torres Bodet, Villaurrutia y otros escritores, de *Ocho poetas*.

ARELLANO FISCHER, JOSÉ ◆ n. en la ciudad de México (1911). Director de la Escuela Nacional de Artes Plásticas (1962-66). Tiene una extensa obra como grabador, parte de la cual ha sido recogida en ediciones prologadas respectivamente por Manuel Toussaint, Justino Fernández, Diego Rivera, Antonio Castro Leal y Luis Ortiz Monasterio.

ARELLANO MELENDRES, JESÚS ◆ n. en Ayo el Chico, Jal., y m. en el DF (1919-1979). Periodista y poeta. Estudió en los seminarios Conciliar de San José, en Guadalajara (1937-40), y Montezuma, en Nuevo México (1940-43). Fundó y dirigió las revistas literarias *Fuensanta* (1948-54), *Litterae* (1952), *Poesías y letras* (1953), *Metáfora* (1955-58) y *Letras de ayer y hoy* (1965). Colaboró en diarios: *El Nacional*, *Diario del Sureste*, *El Día* y *Novedades* y en revistas literarias. Realizó una *Antología de los 50 poetas contemporáneos de México* (1952) y otra de *Poetas jóvenes de México* (1955). Autor del volumen de cuentos *Por un vaso de agua* (1950), de los ensayos *Algunos académicos de la lengua* (1958) y *Cómo presentar originales* (1970), así como de los poemarios *La señal de la luz* (1950), *Ahora y en la aurora* (1951), *Poemas de amarga posesión* (1953), *Nuevo día* (1956), *Diálogo* (1960), *Poemes Choisis* (1961), *A golpes de palabra* (1962), *Camino libre* (1962),

Limpia la madrugada (1965), *Palabra de hombre: poemas 1956-1966* (1966), *Manifiesto fulgor* (1967), *La frente al frente* (1968), *Clamor* (1970), *El canto del gallo* (1972) y *Vía libre*. En 1963 fue jurado del Grand Prix International de Poésie en las Biennales Internationales de Poésie.

ARELLANO Y RUIZ ESPARZA, RAFAEL ◆ n. en Aguascalientes, Ags., y m. en la ciudad de México (1850-1919). Diputado local, gobernador sustituto (1881-83) y constitucional (1895-99). Estimuló las actividades mineras en Aguascalientes.

ARELLANO SOTA, CARLOS ERNESTO ◆ n. en el DF (1940). Médico veterinario zootecnista por la UNAM (1963) y maestro en ciencias por la Universidad de Wisconsin (1967). Investigador del Laboratorio de Patología Aviaria (1961-63). Jefe de Investigadores del Laboratorio de Diagnóstico Animal del Plan Lerma (1964-65). Codirector por México del proyecto de investigación sobre rabia paralítica en el ganado de la FAO (1967-71). Fue subdirector general (1971-73) y director general (1974-75 y 1982-) del Instituto Nacional de Investigaciones Pecuarias de la SARH. Director general de la Campaña Nacional contra la Garrapata (1976-82). Miembro de la Academia Veterinaria Mexicana y de la Sociedad Mexicana de Veterinaria y Zootecnia. Recibió en 1983 el trofeo Good Doctor de la Asociación Mundial de Laboratorios de Diagnóstico Veterinario.

ARENA ◆ Punta de Baja California Sur, situada en el extremo este de la entidad, muy próxima al Trópico de Cáncer, en el golfo de California.

ARENA, DE LA ◆ Río de Oaxaca que nace en la vertiente sur de la sierra Madre del Sur, en la parte meridional de la sierra de Yucuyagua. Corre con dirección noreste-suroeste hasta Pinotepa Nacional, donde tuerce hacia el sur para desembocar en el océano Pacífico, muy cerca del meridiano 98.

ARENAL, EL ◆ Municipio de Hidalgo situado en la porción centro-sur de la entidad, contiguo a Actopan y cerca de

Pachuca. Superficie: 125.9 km². Habitantes: 14,046, de los cuales 3,236 forman la población económicamente activa. Hablan alguna lengua indígena 222 personas mayores de cinco años. En la cabecera existe el Santuario de las Maravillas, lugar de peregrinación y sede de una de las ferias más concurridas del estado.

ARENAL, EL ◆ Municipio de Jalisco, contiguo a Zapopan. Superficie: 181.81 km². Habitantes: 13,574, de los cuales 3,068 forman la población económicamente activa. En sus localidades se cultiva el agave azul y se produce tequila.

ARENAL, ANGÉLICA ◆ n. en Aguascalientes, Ags., y m. en el DF (1909-1989). Su segundo apellido era Bastar. Esposa de David Alfaro Siqueiros. Fue ayudante de su marido en los murales del castillo de Chapultepec y en los del Poliforum Cultural Siqueiros. Autora de *Páginas sueltas con Siqueiros*.

ARENAL, LUIS ◆ n. en Teapa, Tab., y m. en Cuernavaca, Mor. (1909-1985). Pintor y escultor. Estudió en La Academia de San Carlos. En 1933 fue socio fundador y secretario general de la LEAR, así como codirector de su órgano, *Frente a Frente.*, Fundador del Taller de Gráfica Popular (1937). Cuñado y colaborador artístico y político de David Alfaro Siqueiros, con quien participó en el asalto a la casa de Trotsky en Coyoacán con el fin de asesinar al viejo bolchevique. Ejecutó murales en el hospital Belleview de Nueva York, en el Palacio de Gobierno de Chilpancingo, en el Casino de Acapulco y en escuelas públicas del estado de Guerrero. Su obra mayor es la cabeza colosal de Juárez que se halla al oriente de la capital, cerca de la salida a Puebla.

ARENAL ALONSO, ENRIQUE ◆ n. en el DF (1953). Licenciado en derecho por la Universidad La Salle (1974-79). Pertenece al PRI desde 1975. Ha sido jefe del Departamento de Reglamentos, Decretos y Acuerdos Presidenciales de la Secretaría de Patrimonio y Fomento Industrial (1979-80), subdirector general de Control y Evaluación de la Secretaría del Trabajo (1981), agente del Ministerio Público Federal (1982-84) y director de Control de Estupefacientes (1985-88) y director general de Relaciones Internacionales de la PGR (1988-).

ARENAL FENOCHIO, JAIME MANUEL DEL ◆ n. en el DF (1953). Abogado por la Escuela Libre de Derecho, de la que también es docente e investigador. Es especialista en derecho indiano, materia en la que ha cursado especializaciones. Recibió la beca del Instituto Cultural Hispano Mexicano para estudiar en Madrid. Miembro del Instituto Internacional de Historia del Derecho Indiano (1992).

ARENAL PÉREZ, LUCAS ADRIÁN DEL ◆ n. en Pachuca, Hgo. (1952). Administrador de empresas por la Universidad La Salle y maestro en administración pública por la Universidad del Valle de México. Ha impartido clases en la Universidad Estatal de Hidalgo (1979-). Pertenece al PAN desde 1983, partido en el que ha sido secretario del Comité Municipal de Pachuca (1983-85) y delegado estatal del CEN (1985-88), consejero nacional (1985-94). Diputado federal (1991-94).

ARENALES, RICARDO ◆ ☞ *Osorio Benítez, Miguel Ángel*.

ARENAS, FRANCISCO JAVIER ◆ n. en Tetecala, Mor. (1917). Licenciado en derecho por la UNAM. Ha colaborado en *Revista Mexicana de Cultura*, suplemento del diario *El Nacional*. Coautor de *Cuentos para mayores* (1966) y autor de las novelas *Resaca* (1957), *Cosas del camino* (1960) y *La flota* (1963).

ARENAS, JOAQUÍN ◆ n. en España y m. en la ciudad de México (?-1827). Religioso de la orden de San Diego dedicado a actividades delictivas, entre otras la falsificación de moneda, por lo cual fue procesado. En 1827 se le detuvo cuando promovía una rebelión para restaurar el poder español sobre México. Su aventura estaba presumiblemente patrocinada por el propio Fernando VII y sectores influyentes de los españoles residentes en México, especialmente clérigos y latifundistas. La rebelión estaría encabezada por un enviado de la Corona y como tal apareció Juan Clímaco o Climasco Velasco, aunque según todas las apariencias detrás del plan se hallaba Eugenio de Aviraneta, agente confidencial español que había entrado a territorio mexicano en 1825. Se hicieron aprehensiones en gran número y entre los fusilados estuvo el propio Arenas.

ARENAS, PEDRO DE ◆ ¿n. y m. en Nueva España? (?-?). Por referencias se sabe que vivió en la segunda mitad del siglo XVI y principios del XVII. Autor del *Vocabulario manual de las dos lenguas castellana y mexicana*, del que se hizo gran número de ediciones a partir de 1611.

ARENAS, ROSITA ◆ n. en Venezuela (?). Actriz naturalizada mexicana. Esposa del actor mexicano Abel Salazar. Ha actuado en unas 80 películas, entre otras en *El bruto* (Luis Buñuel, 1952), *María del mar* (Fernando Soler, 1952), *El señor fotógrafo* (Miguel M. Delgado, 1952), *La sombra de Cruz Diablo* (Vicente Oroná, 1954), *Escuela de rateros* (Rogelio A. González, 1956), *La momia azteca* (Rafael Portillo, 1957), *La maldición de la momia azteca* (Portillo, 1957), *La momia azteca contra el robot humano* (Portillo, 1957), *Aventuras de Carlos Lacroix* (Zacarías Gómez Urquiza, 1958), *El misterio de la cobra* (Gómez Urquiza, 1958) y *El derecho a la vida* (Mauricio de la Serna, 1958). Se retiró en 1961. En 1989 actuó en la telenovela *Senda de gloria* y después participó en los programas televisivos *Luz y sombra* y *La edad de oro*.

ARENAS BETANCOURT, RODRIGO ◆ n. y m. Colombia (1919-1995). Escultor con estudios en Colombia y en México (San Carlos y La Esmeralda), a donde llegó a principios de los años cuarenta. Trabajó como escenógrafo, reportero, fotógrafo y maestro, en Yucatán, dentro de las Misiones Culturales de la SEP. Se afilió al Partido Comunista Mexicano. También fue profesor de la Universidad Obrera y de la Escuela de Artesanías de

EMILIANO ZAPATA el INTRANSIGENTE de la REVOLUCION

FRANCISCO JAVIER ARENAS

Obra de Francisco Javier Arenas

Pepe Arévalo

Juan Arévalo Gardoqui

la Ciudadela. En 1965 volvió a Colombia y posteriormente radicó en Roma, como parte de la misión diplomática de su país. En México, país al que regresaba periódicamente, produjo innumerables piezas para las galerías y obras de carácter público como *La enfermedad y la salud* (concreto en el Hospital de la Raza, 1952); *Prometeo* (bronce y basalto, en la CU del DF, 1953); *Cuauhtémoc* (bronce y basalto, SCOP, 1954); cabezas de próceres mexicanos distribuidas por todo el país (1959-61); el monumento a la Batalla del 5 de Mayo, en Puebla (ganado por concurso y realizado con los arquitectos Jorge Bravo y Fernando Peña en 1962) y el *Juárez* del Fuerte de Guadalupe, del mismo año. Premio Nacional de Artes Plásticas de Colombia (1972), país que le concedió la Cruz de Boyacá por servicios distinguidos. Autor del libro autobiográfico *Crónicas de la errancia, del amor y de la muerte* (1974). En 1987 fue secuestrado en Colombia.

ARENAS GARCÍA, CARLOS ◆ n. en Morelia, Mich. (¿1920?). Licenciado en derecho por la Universidad Michoacana de San Nicolás de Hidalgo (1955). Perteneció al Círculo Literario Juventud. Ha sido director de las revistas literarias *La Espiga y el Laurel* (1947) y *La Cigarra* (1954), y secretario general de la Universidad Michoacana (1961-62). Colaborador de las revistas *Fuensanta* y *América*. Autor del volumen de cuentos *Sucedió en Morelia* (1964) y de los poemarios *Poemas para matar el tiempo* (1949) y *Cuaderno de poesía* (1955).

ARENAS GUZMÁN, DIEGO ◆ n. y m. en el DF (1891-1977). Periodista. Se inició en *El Constitucional*, órgano maderista, lo que le costó ir a la cárcel. Participó en la revolución en la facción carrancista y fue jefe de redacción de su órgano oficioso, *Pueblo*, en 1915. Fue sometido a jurado popular el 10 de agosto de 1928, acusado de escribir artículos sediciosos y resultó absuelto. Fue director del periódico anticardenista *El Hombre Libre* (1929-42), pero luego dirigió el *Diario Oficial* (1947-56) y *El Nacional* (1956-62). Colaboró hasta su muerte en diver-

sos diarios y revistas de la capital. Autor de la novela *El señor diputado* (1918) y de los libros de historia *El porqué del crimen* (1912), *La consumación del crimen* (1935), *Croniquillas de divulgación histórica* (1946), *Del maderismo a los tratados de Teoloyucan* (1955), *La revolución tiene la palabra* (1961-63), *El periodismo en la revolución mexicana* (1965), *50 retablos de la vida porfiriana* (1966) y *La revolución mexicana* (1969). Luego de su muerte apareció su *Historia de la Cámara de Diputados de la XXVI Legislatura* (1984).

ARENAS LÓPEZ, DONATO ◆ n. en Panindícuaro y m. en Morelia, Mich. (1878-1907). Poeta. Fundó la sociedad literaria Martínez de Navarrete. Entre sus obras están *Sursum* y *Último cáliz*.

ARENAS PÉREZ, CIRILO ◆ n. en Santa Inés Zacatelco, Tlax., y m. en Puebla, Pue. (1885-1920). Campesino revolucionario. Alcanzó el grado de general en las fuerzas de Zapata. A principios de 1914 era general y en agosto tomó la capital de Tlaxcala. Se pasó al constitucionalismo con su hermano Domingo en diciembre de 1916. Murió fusilado.

ARENAS PÉREZ, DOMINGO ◆ n. en Santa Inés Zacatelco, Tlax., y m. en la Hda. de Huexocoapan, municipio de Atlixco, Pue. (1888-1917). Obrero textil. Se incorporó a la revolución en 1910. A la muerte de Madero se unió al zapatismo. En diciembre de 1916 se pasó a las fuerzas de Carranza, quien le dio el grado de general de división. Efectuó repartos agrarios en Tlaxcala y Puebla. Murió ejecutado por sus antiguos compañeros.

ARENAS RODRÍGUEZ, ALFREDO MANUEL ◆ n. en el DF (1937). Ingeniero agrónomo zootecnista titulado en la Universidad de Arizona. En el Partido Acción Nacional, al que ingresó en 1968, ha sido consejero estatal y nacional (1969-89), presidente del comité estatal de Baja California (1978-81) y miembro de la comisión política (1984-87). Regidor de Mexicali (1980-83), es diputado federal a la LIV Legislatura (1988-91). Pertenece a la Cámara de Comercio de Mexicali.

ARÉVALO, EDUARDO ◆ n. en Cuba y

m. en Yucatán (¿1815-1867?). Político conservador. Apoyó la intervención francesa y el imperio. Se apoderó de Villahermosa (entonces San Juan Bautista) y se autodesignó gobernador (1863). Derrotado por las fuerzas liberales huyó a Yucatán, donde se unió a las fuerzas republicanas y murió en combate contra los imperialistas.

ARÉVALO, PEPE ◆ n. en el DF (1940). Músico. Se inició profesionalmente en 1954. Fue pianista de Silvestre Méndez y otros conjuntos. En los años setenta formó el grupo Pepe Arévalo y sus Mulatos con el que hizo famoso al Bar León y la canción *¡Oye Salomé! (Falsaria)*.

ARÉVALO GARDOQUI, JUAN ◆ n. en la ciudad de México (1922). Estudió en el Colegio Militar (1940-43). Es licenciado en administración militar por la Escuela Superior de Guerra (1949). Miembro del PRI desde 1957. Jefe de Seguridad de la campaña electoral del después presidente Adolfo López Mateos, de quien fue jefe de ayudantes. Ha sido director general de Caballería y secretario de la Defensa Nacional en el gobierno de Miguel de la Madrid (primero de diciembre de 1982 al 30 de septiembre de 1988). Autor de un *Manual para el manejo de la carabina automática ligera en las unidades de caballería* (1974).

ARÉVALO PÉREZ, LUIS ◆ n. en el DF (1933). Contador público por el IPN (1955). Profesor de la Universidad Femenina y el Politécnico. Trabajó como perito contador de la PGR (1965-68); en la Secretaría de Hacienda fue subdirector administrativo de la Dirección General de Egresos (1968-70) y administrador de la Aduana del Aeropuerto del DF (1970-71); director general de Administración de la SCT (1972-76), director general de Contabilidad Gubernamental de la SPP (1977-79), asesor de la Contraloría General (1980-82) y tesorero general de Pemex (1982-). Miembro del Colegio de Contadores Públicos de México.

ARÉVALO SEGURA, JUAN ◆ n. y m. en San Luis Potosí, SLP (?-1895). Era empleado público cuando se incorporó al ejército juarista para combatir la intervención francesa y el imperio. A partir de 1867 publicó en San Luis Potosí el periódico *El Republicano.*

ARÉVALO VARGAS, LUCÍA ◆ n. en el DF (1945). Profesora normalista con estudios de comunicación, antropología, didáctica y organización de personal. Profesora de la Universidad de Guadalajara y otros centros de enseñanza. Autora de una *Historia de la provincia de Ávalos: virreinato de la Nueva España* (1979).

ARÉVALO VERA, GUSTAVO ◆ n. en la ciudad de México y m. en Tlaxcala, Tlax. (1890-1963). Participó en la rebelión maderista desde 1910. Combatió al gobierno golpista de Victoriano Huerta dentro del constitucionalismo. Fue director del Archivo de Historia Militar y de la Confederación Deportiva Mexicana.

ARGELIA ◆ Estado de África situado en el norte del continente, en la costa del mar Mediterráneo. Limita al este con Túnez y Libia; al sureste con Níger; al noroeste con Mali y Mauritania y al oeste con la República Árabe Sajarahuí Democrática y Marruecos. Superficie: 2,381,741 km². Habitantes: 30,200,000. La capital es Argel (2,168,000 habitantes en 1995). Otras ciudades importantes son Orán, Constantine y Annaba. La religión predominante es el islamismo. La lengua oficial es el árabe, que tiende a desplazar el uso del francés como parte del proceso de descolonización. *Historia:* dominio turco desde principios del siglo XVI, el país fue gobernado de hecho por los señores locales. España, después de la expulsión de los árabes, los persiguió por el norte de África con fines de conquista. A ese cálculo obedeció la expedición organizada y capitaneada en 1509 por el cardenal Francisco Jiménez de Cisneros, quien conquistó Orán para el trono de Madrid, aunque España debió librar varias guerras para conservarla hasta 1791. La plata extraída de México sirvió para sostener el enclave colonial de Orán y destacados personajes novohispanos, entre ellos los hijos de Cortés, fueron enviados a combatir a Argelia, lo que en el siglo XVI ese consideraba un castigo. En 1830, Francia intervino militarmente y dos años después la resistencia contra los invasores había cobrado

gran fuerza bajo la conducción de Abd al Kadir, quien infligió varias derrotas al ejército ocupante hasta obligar a Francia a reconocerlo como gobernante argelino. Pese al tratado, Francia envió en 1840 nuevos contingentes que reiniciaron la guerra de conquista y en 1847 apresaron y desterraron a Abd al Kadir. En 1857 y 1871 se produjeron nuevas insurrecciones que fueron aplastadas a sangre y fuego por las fuerzas colonialistas. En 1873, Francia *reparte* las tierras de las tribus y promueve así el latifundismo en favor de terratenientes europeos. Hacia 1918 se reinicia la resistencia contra los ocupantes. Francia trata de contener el movimiento concediendo participación a los argelinos en las asambleas locales, pero la guerrilla se afianza en el sur. Durante la segunda guerra mundial las hostilidades son contra los alemanes. En 1942, Charles de Gaulle establece en Argel el gobierno de Francia. Derrotados los nazis, renace la lucha insurgente. Los franceses responden con la matanza de 45,000 argelinos. Los partidos independentistas participan sin éxito en las elecciones controladas por las autoridades francesas. En 1954 se funda el Frente de Liberación Nacional que encabeza la lucha armada. El gobierno de París envía 500,000 soldados expertos en contrainsurgencia, los que libran una guerra sucia e indiscriminada en la que hombres, mujeres y niños son víctimas de la represión, lo que motiva una ola de protesta mundial. En México diversos grupos expresan su repudio a la actuación francesa y las grandes ciudades se llenan de pintas solidarias con la causa argelina. Después de ocho años de asesinatos, torturas, cárcel y persecución contra los argelinos, Francia reconoce su derecho a la independencia. En 1962 se constituye un gobierno provisional que llama a elecciones para la Asamblea Constituyente y Ahmed Ben Bella resulta primer ministro. El nuevo gobierno afronta una situación desesperada: 600,000 franceses se fueron con toda la riqueza que pudieron llevarse y 500,000 argelinos regresan del exilio a un país devastado por la guerra. En 1964, México y

Argelia establecen relaciones diplomáticas. En 1965, Ben Bella fue depuesto y un Consejo Revolucionario, con Houari Boumediene al frente, asumió el poder. A la muerte de Boumediene, después de un interinato cubierto por Rabah Bitat, se hizo cargo de la presidencia Chadli Benjedid, quien visitó México en 1985. En 1992 el Frente Islámico de Salvación (FIS), grupo religioso fundamentalista convertido en partido político, ganó las elecciones parlamentarias y adquirió una fuerza inusitada, lo que provocó la renuncia del presidente Benjedid y la toma del poder por parte de un grupo castrense que anuló los comicios y declaró ilegal al FIS. Así se inauguró en Argelia una larga época de asesinatos masivos y selectivos cometidos por grupos fundamentalistas, especialmente el FIS y el Grupo Islámico Armado. En 1997 se calculaba que cinco años de atentados habían provocado 60,000 muertos, principalmente civiles.

ARGENSOLA, BARTOLOMÉ LEONARDO DE ◆ n. y m. en España (1562-1631). Sacerdote. Escribió sobre la conquista de México, en tono favorable a Cortés y los españoles, en su obra *Primera parte de los Anales de Aragón.* Hay una edición de lo referido a México hecha por Joaquín Ramírez Cabañas.

ARGENTINA ◆ Estado situado en el sur de América, en las costas del océano

Argelia

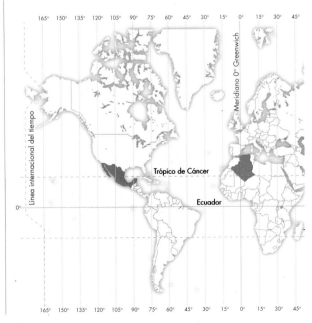

Atlántico. Limita al sur y al oeste con Chile, al noroeste con Bolivia, al norte con Paraguay y al noreste con Brasil y Uruguay. Superficie: 2,779,221 km². Habitantes: 36,100,000. La capital es Buenos Aires (2,998,006 habitantes en 1995). Otras ciudades importantes son Córdoba, Rosario, Mendoza y La Plata. Su moneda es el peso. La lengua oficial es el español. La *Gaceta* y el *Diario de México* informaron con amplitud de las invasiones inglesas a Buenos Aires de 1806 y 1807. Después, por la prensa insurgente se conoció en México el movimiento independentista de las Provincias de Buenos Aires. En 1812, en el *Semanario Patriótico Americano*, uno de los órganos de las fuerzas de Morelos, en la "Carta de un americano al español" que escribió Fray Servando Teresa de Mier, el mexicano exaltaba la decisión autonomista de los platenses y señalaba la dignidad con que había actuado la representación argentina a las Cortes de Cádiz. En 1815, el mexicano José Lanz conoció a Bernardino Rivadavia y lo acompañó de regreso a Argentina, donde dirigió una escuela de matemáticas. Cuenta Alfonso Reyes que Hipólito Bouchard, francés de origen, pero capitán de la armada argentina, hizo un viaje entre 1817 y 1819, en el cual se impuso la "estupenda hazaña marítima destinada a limpiar de barcos españoles las costas americanas del Pacífico" y, en "cumplimiento de la Constitución argentina que había jurado, liberaba a los esclavos dondequiera que aportaba y podía". Atacó el puerto de Monterrey, en la Alta California, bloqueó San Blas, donde capturó un navío español, fondeó en las islas Marías y entró en un Acapulco que halló desierto. En 1813 llegó a Nueva España el argentino Melchor Álvarez (☞), oficial realista enviado para combatir la insurgencia, pero que en 1821 se adhirió al Plan de Iguala. Iturbide le otorgó el grado de general de división, fue jefe político de Querétaro y de Yucatán, presidió el Tribunal Superior de Guerra y Marina y fue ministro de la Suprema Corte Militar. En los albores del México independiente anduvo por aquí

el poeta tucumano José Antonio Miralla, "predicador de la hermandad americana —dice Alfonso Reyes—, hombre de portentosa memoria e improvisador al modo de los payadores que pedía la emancipación de Cuba". Murió en la ciudad de Puebla en 1825. Guadalupe Victoria, primer presidente de México, comunicó al Congreso, en 1826, que el jefe de las Provincias Unidas del Río de la Plata le había hecho llegar un mensaje en el que le manifestaba la más firme y cordial amistad. El mismo Reyes afirma que los coroneles Díaz y Villanueva (no da los nombres de pila) pelearon junto a los mexicanos contra la intervención estadounidense en 1847. En 1849, el bonaerense Bernabé León de la Barra, padre del presidente mexicano Francisco León de la Barra, se instaló en Baja California y participó en la defensa del territorio nacional contra los filibusteros encabezados por William Walker. Más tarde participó en la revolución de Ayutla, en las fuerzas del general Santos Degollado; militó en las filas liberales durante la guerra de los Tres Años y combatió la intervención francesa y el imperio. Otro nativo de Buenos Aires, Edelmiro Mayer, quien en Estados Unidos había servido en las fuerzas de Lincoln durante la guerra de Secesión, vino en 1865 y se incorporó al ejército republicano, derrotó a las formaciones contrainsurgentes de Dupin y asistió al sitio de Querétaro. En 1867, el Congreso de Argentina, mediante la Ley 521, impuso el nombre de Juárez a un partido. Para corresponder, el Congreso de Puebla llamó Cholula de Rivadavia a uno de sus distritos (1875). En 1880 ya existía un cónsul argentino en México y en 1889, Porfirio Díaz recibía las acreditaciones de Vicente G. Quesada, el primer representante diplomático de Argentina. También Alfonso Reyes cuenta que "el espíritu mexicano no fue ajeno a la primera modelación del niño Ricardo Güiraldes", pues tuvo como preceptor a Lorenzo M. Ceballos, diplomático, hombre de fortuna y personaje conocido y citado por Castelar. Presuntamente, Ceballos fue despojado de sus

bienes por Porfirio Díaz, quien lo desterró. Fue a Argentina y ahí empezó a trabajar para los Güiraldes hacia 1897 y se llegó a decir que los libros de Ricardo eran nietos suyos, lo que resultaría extraño en *Don Segundo Sombra*, de no ser porque el autor de esta obra admiraba en el mexicano la "nobleza de carácter, aquel temple y voluntad invencibles". En 1901 se había instalado una legación mexicana en Buenos Aires, la que tres lustros después se convertiría en embajada. En ella moriría Amado Nervo, cuando era ministro de México. En 1909 las relaciones diplomáticas se empobrecieron, pues la Cancillería argentina designó un mero encargado de negocios, Juan Agustín García. Éste, que vino con la encomienda de establecer algún intercambio, advertía que el comercio entre las dos naciones era posible "y aun necesario para salvaguardar los intereses de ambos países, de los cuales México resulta especulado por los grandes mercados mundiales que acaparan sus mercancías para venderlas después; y la Argentina se ve obligada a comprar productos mexicanos en mercados revendedores". Diremos —concluía el diplomático argentino— "que a la postre lucran con ambos, comprando barato al primero y vendiendo caro al segundo". Las gestiones de García dieron pronto resultado, pues en 1910 partieron de Buenos Aires hacia México dos cargamentos de cereales, lo que llevó al representante argentino a sugerir a su gobierno elevar el rango de las relaciones mediante el nombramiento de un ministro y establecer una línea subsidiada de vapores para incrementar el comercio, lo que se frustró por el estallido de la insurrección maderista. Al triunfo de ésta, el diario porteño *La Prensa* comentó: "La revolución ha terminado y con ello comienza una nueva era para México". El mismo diario destacó "el ejemplo que da México a las democracias del mundo". *La Prensa* bonaerense condenó el golpe de Estado de Victoriano Huerta y el asesinato de Madero y Pino Suárez y *La Prensa* señaló: "Estados Unidos tiene buena cuota de responsabilidad en los lamentables sucesos que se desarrollan en México, por su política de financiar insurrecciones promovidas por capitalistas norteamericanos a costa de la tranquilidad del país". En 1914, al producirse en Veracruz el desembarco de tropas estadounidenses, Argentina, Brasil y Chile integraron lo que se llamó el grupo ABC o simplemente "el ABC". Éste ofreció mediar, hecho que elogió *El Diario Español* de la capital platense, según el cual había surgido una fuerza "para recordar a los yanquis la necesidad de no alterar la paz con sus impunes manejos imperialistas". *La Gaceta de Buenos Aires,* menos optimista, advirtió sobre los riesgos de hacerle el juego al país agresor, y dijo que Argentina debió condenar la intervención de Estados Unidos antes de ofrecer la mediación. El ABC, presuntamente instigado por Washington, propuso integrar un "gobierno provisional", pero Venustiano Carranza respondió que "para el ejército constitucionalista, el llamado gobierno del general Huerta constituye una violación. a las leyes constitucionales mexicanas". El triunfo del constitucionalismo quitó toda función a los mediadores, pese a lo cual, en la Conferencia Panamericana de Niagara Falls, reunida en Washington en agosto de 1915, las delegaciones de Estados Unidos y los países del grupo ABC, insistieron en "pacificar" a México, para lo cual acordaron enviar a los jefes militares y civiles de este país una nota exhortándolos a llegar a un acuerdo para "constituir un gobierno provisional" que convocara a elecciones. En todo este proceso tuvo una actuación protagónica el representante de Buenos Aires ante la Casa Blanca, Rómulo Naón, lo que le mereció la condena casi unánime de la prensa de su país, que vio claramente que Estados Unidos usaba a la diplomacia argentina para sus propios fines. Ángel Acuña, representante del gobierno carrancista, se dirigió a los asistentes a la conferencia en términos que mostraban la improcedencia de la consulta: "sus excelencias —dijo— habrán podido notar en las contestaciones que han recibido a su

nota dirigida a los jefes militares y civiles, que el Primer Jefe es la única autoridad que podría resolver, sobre el asunto que fue sometido a la consideración de aquellos". Carranza demandó a la conferencia su reconocimiento como gobierno de facto y ante la contundencia de los hechos, la Cancillería argentina ordenó a su representante en la conferencia reconocer a Carranza, lo que llevó a Naón a pasar a otro extremo, pues se convirtió en promotor del reconocimiento al gobierno constitucionalista de México, lo que se logró al término de la conferencia, el 10 de octubre, e hizo que el representante argentino presentara el asunto como una victoria de la diplomacia argentina. Esa política exterior que servía a intereses ajenos fue severamente modificada al llegar a la presidencia argentina Hipólito Irigoyen, quien en la primera guerra mantuvo la neutralidad de su país, al igual que México. En mayo de 1917, Irigoyen, con el apoyo de México, promovió la celebración de una Conferencia Latinoamericana de Países Neutrales que debía celebrarse en Buenos Aires en enero de 1918. La convocatoria tuvo la férrea oposición de Washington y finalmente debió cancelarse, pues sólo se acreditó el representante mexicano, Luis Cabrera. A fines de julio de 1916 llegó a Buenos Aires Isidro Fabela, ministro plenipotenciario de México ante los gobiernos de Argentina, Brasil, Chile y Uruguay. Fabela fue recibido fríamente por el gobierno, pero encontró una gran receptividad en el Partido Socialista, entre estudiantes universitarios y en la la prensa porteña, ante la cual declaró que la Revolución Mexicana había sido no sólo desvirtuada, sino calumniada en el mundo entero y denunció como responsables a "la prensa y el gobierno norteamericano que miran, como nunca, propicia la oportunidad para efectuar una intervención armada a mi país". Una ganancia adicional fue la estrecha amistad que estableció Fabela con Manuel Ugarte, a quien presumiblemente había conocido en México, y con José León Suárez, presidente del Ateneo Hispanoamericano,

quien de acuerdo con Pablo Yankelevich (*La diplomacia imaginaria: Argentina y la revolución mexicana 1910-1916,* SRE, México, 1994), fue el primero en introducir el tema de la Revolución Mexicana en su cátedra de la Facultad de Derecho, en la Universidad de Buenos Aires. En contraste, en septiembre de 1916, en México tuvo una calurosa recepción oficial el representante argentino Manuel Malbrán, quien pese a todo no mostró suficiente comprensión del proceso mexicano. Con mayor entusiasmo aún fue recibido, en abril de 1917, Manuel Ugarte, el "más ferviente propagandista de la unión latino-americana, con gran descontento de algunos personajes de Estados Unidos, que creen ver en el escritor argentino un peligro cada vez más concreto y cada vez más cercano", dijo aquí la revista *Pegaso.* Ugarte vino esa vez invitado por la Universidad de México a dar unas conferencias. Había estado aquí por lo menos dos veces, en 1900 y 1912. Luego de su primera visita escribió en París que, después de cuatro meses en Estados Unidos, "anemiado por el egoísmo brutal de un pueblo de mercaderes", venir a México le proporcionó "el placer de repatriarme casi, porque hay grandes analogías entre los dos países" (Argentina y México). En ese texto, Ugarte recuerda a sus amigos de la *Revista Moderna,* especialmente a José Juan Tablada, "el supremo poeta que realiza el imposible de ser parisiense sin haber salido de México". Alfonso Cravioto definió a Ugarte como "cuentista y croniquero, crítico y erudito, pensador y sociólogo, tribuno, lírico y apóstol, pero poeta siempre y siempre artista". Le dio una cálida bienvenida y dijo que era "extranjero sólo en convención de geografía, pero muy nuestro en la lucha iniciada y en el ideal glorioso". También en 1917, probablemente a sugerencia de Ugarte, Editorial Cvltura publicó *Poesías,* de Leopoldo Lugones, seleccionadas y prologadas por Antonio Castro Leal. Genaro Estrada, en la reseña que hizo del libro, decía que "era necesario y es saludable para la difusión de la personalidad de Lugones [...] el sutil

Moneda de Argentina

Argentina

Raúl Alfonsín, expresidente
de Argentina

lunático a quien tanto comenta y de quien tan desacertadamente se burla en voz baja la mayoría letrada pero incomprensiva, por esa exactitud ideológica y visual, que no alcanza, y que el poeta pone en todos sus giros insólitos y en sus hallazgos desacostumbrados". Lugones, colaborador asiduo de la *Revista Moderna*, era un hombre enterado de nuestra producción literaria. Por ejemplo, en un comentario que escribió al libro *Oro y negro*, de Francisco M. Olaguíbel, decía que éste "se ha librado muy joven de la democracia, de la república, del endecasílabo oratorio y tantas otras epidemias que han hecho estragos en su hermoso país". En las tareas de acercamiento entre ambos países. Amado Nervo y Alfonso Reyes tuvieron un mérito reconocido en ambos países. Esa tarea continuó por caminos ajenos a la diplomacia. En el campo editorial, Daniel Cosío Villegas, fundador del Fondo de Cultura Económica, pidió a Arnaldo Orfila Reynal, a quien conoció en sus mocedades en un congreso de estudiantes latinoamericanos, que se hiciera cargo de la oficina del FCE en Buenos Aires, en la inteligencia de que era entonces el mercado más competido de Latinoamérica y se requería un hombre conocedor del medio para difundir con éxito el libro mexicano. El mismo Orfila vendría después a dirigir el Fondo en México. Cuando por presiones del presidente Díaz Ordaz se vio obligado a renunciar, un nutrido grupo de intelectuales mexicanos le dio su respaldo moral y económico para crear Siglo XXI Editores. El cine fue otro vehículo eficaz para incrementar el conocimiento mutuo. Las figuras mexicanas de la cinematografía (Pedro Vargas, Jorge Negrete o Tito Guízar) adquirieron cele-

bridad en Argentina y aquí se contaron entre los favoritos del público personajes del espectáculo como Hugo del Carril, Luis Sandrini, Libertad Lamarque o Rosita Quintana, a quienes precedió Carlos Gardel, que contó con multitudes de admiradores de su música. La estancia de Juan Domingo Perón en el poder llevó al exilio a un grupo de opositores, algunos de los cuales recibieron asilo en México. En los años cincuenta vivió en México Ernesto *Che* Guevara (☞). En las sucesivas dictaduras militares, el número de refugiados políticos fue variable, de acuerdo con la dureza de las condiciones de aquel país. Dos presidentes mexicanos han visitado Argentina: Adolfo López Mateos (1960) y Luis Echeverría (1974), quien se hizo acompañar del más numeroso grupo de intelectuales que haya visitado Argentina. Poco después, al cambiar las condiciones políticas, el ex presidente Héctor J. Cámpora, su hijo Héctor Pedro y el líder peronista Manuel Abal Medina se asilaron en la embajada mexicana en Buenos Aires (marzo de 1976). Pese a reiteradas gestiones de la Cancillería mexicana al ex mandatario del país platense, no se le permitió salir hasta diciembre de 1979, seriamente afectado por una enfermedad, de la que murió en Cuernavaca un año después. Con ese motivo, las autoridades militares extendieron a Héctor Pedro Cámpora un salvoconducto que le permitió venir al sepelio, en tanto que Medina siguió teniendo por cárcel la sede mexicana en Buenos Aires. En 1974 se inició la más nutrida migración de perseguidos políticos, muchos de los cuales vinieron a México hasta sumar, en 1981, alrededor de 11,000. Entre éstos la mayoría poseía una calificación profesional (escritores, médicos, científicos, periodistas, músicos, pintores, catedráticos de las más diversas disciplinas), por lo que al integrarse a la vida mexicana contribuyeron a formar una generación de universitarios mexicanos, aportaron nuevos enfoques a la actividad literaria y artística, desarrollaron investigaciones de interés general y crearon una obra que

enriqueció la cultura nacional. Durante la investigación de un secuestro, en 1981, la policía detuvo a decenas de asilados (hombres, mujeres y niños), varios de los cuales fueron interrogados y torturados en presencia de agentes del gobierno militar de Buenos Aires. Roberto Guevara de la Serna, hermano del *Che*, y Julio Santucho, dirigente del Partido Revolucionario de los Trabajadores, permanecieron una larga temporada en prisión. En abril de 1982, con amplio respaldo popular, el gobierno dictatorial argentino se lanzó a la recuperación de las islas Malvinas, en poder de Gran Bretaña. México apoyó la reclamación de soberanía del gobierno bonaerense sobre el archipiélago y condenó la actitud de Inglaterra, que hizo un amplio despliegue de fuerza sobre el territorio en disputa. Los militares argentinos, inclementes en la represión de civiles, mostraron su completa ineptitud al enfrentarse a un ejército regular. Después de la total derrota de las fuerzas armadas, con los militares sumidos en el absoluto desprestigio, a fines de 1983 se celebraron elecciones, en las que resultó elegido presidente Raúl Alfonsín. Con él se inició el regreso de los exiliados en México, llamados allá *argenmex*, quienes han fungido como excelentes embajadores culturales. El mismo Alfonsín, quien en octubre de 1985 recibió del Estado español el Premio Príncipe de Asturias por su labor sobresaliente en la cooperación iberoamericana, decidió donar los 15 mil dólares del premio a las víctimas del terremoto que sacudió a la capital mexicana en septiembre del mismo año. Sobre las diferencias entre argentinos y mexicanos, Jorge Luis Borges, simbólicamente, llegó a decir: "Yo estuve en México y no tuve ninguna dificultad de entenderme con nadie."

ARGOS MAGAZINE ◆ Publicación miscelánea con acento en asuntos literarios. Aparecieron seis números en la ciudad de México entre el 5 de enero y el 10 de febrero de 1912. Enrique González Martínez fue el director y Genaro Estrada el gerente.

ARGUDÍN, LUIS ◆ n. en el DF (1955).

Pintor. Estudió artes plásticas en el Atlantic College de Londres, Inglaterra, donde obtuvo la maestría en estética. Es profesor de La Esmeralda y de la UNAM. Ha presentado exposiciones de su obra en México y en varios países de Europa, entre ellas *Con las dos manos* (1982), *Tribulatio* (1983), *Obra reciente* (1984), *Oils on paper* (1984), *Del taller y sus construcciones* (1988), *Tábula rasa* (1989), *Vanitas* (1991), *Los prodigios del Vanitas* (1992) e *In ictu oculi* (1993).

ARGUDÍN, YOLANDA ◆ n. en el DF (1945). Escritora. Licenciada en letras por la UNAM con estudios de posgrado en universidades de España, Grecia, Italia y Gran Bretaña. En 1979, con Yamilé Paz Paredes y Antonio Castañeda, fundó la editorial La Gárgola. Directora de la escuela "John Dewey". Ha colaborado en las revistas *Mañana* y *Gaceta Universitaria* y en los diarios *El Nacional* y *El Día*. Coautora, con María Luisa Argudín, de *Historia del teatro en México* (1985); y autora de *El judas y otros cuentos* (1964), *La cinta de Moebius* (1978), *Moira* (1979), *Esperando a los bárbaros* (1979), *Exhilire* (1981), y *Anatema de un Upir* (1983), así como del ensayo *Diario vivo de una escuela activa* (1970).

ARGUDÍN ESTRADA, HÉCTOR ◆ n. en Chacaltianguis, Ver. (1921). Ingeniero geógrafo por la Escuela Naval Militar, de la que luego fue subdirector técnico. Hizo cursos en el Centro de Estudios Superiores Navales y en el Colegio Interamericano de Defensa. Ha sido comandante de diversas embarcaciones, del sector naval de La Paz, BCS, y de la XVIII y V zonas navales. Director del Centro de Estudios Navales. Agregado naval de la Embajada de México en Italia. Jefe del Estado Mayor de la Armada (1982). Es vicealmirante. Autor de *Seguridad nacional*.

ARGUDÍN VELRIVERO, ANTONIO ◆ n. en Veracruz, Ver. (1953). Escritor. Estudió letras en la Universidad Veracruzana y literatura dramática en la UNAM y en la Escuela de Arte Teatral del INBA. Ha sido coordinador del Instituto de Investigación Estética y Creación

Literaria y jefe de redacción de la revista *Tramoya* de la Universidad Veracruzana. Colaborador de *La Palabra y el Hombre*, *Revista de la Universidad de México*, *El Gallo Ilustrado*, *Revista de Bellas Artes* y del *Diorama de la Cultura* del periódico *Excélsior*. Jefe de redacción de la revista *Tramoya*. Está incluido en las antologías *Teatro joven de México* y *Más teatro joven*. Su pastorela *Las peripecias de un costal* (1979), ha sido puesta en escena varias veces. En 1981 se publicó *La comadreja y sus comadres*, obra para niños. Autor de *La luna y la tinta* (poemas, 1976) y *Ríos que vienen del mar* (relatos, 1983).

ARGUEDAS URBINA, SOL ◆ n. en Costa Rica (1928). Llegó a México hacia 1944. Estudió historia en El Colegio de México, ballet en la Escuela de Danza del INBA (1945-55), física y matemáticas en la UNAM y antropología en el Institut d'Enthologie de París. Doctora en ciencias políticas por la UNAM (1988), institución de la que es profesora. Ha colaborado en las revistas *Política*, *Punto Crítico*, *Cuadernos Americanos*, *Siempre!*, *Plural*, *El Corno Emplumado*, *Revista de Bellas Artes* y *Revista de la Universidad de México*; en *México en la Cultura*, suplemento del diario *Novedades*, y *La Cultura en México*, suplemento de *Siempre!*; y en el periódico *El Día*. Coautora de *Tres culturas en agonía* (1969) y autora de *Cuba no es una isla* (1962), *¿Qué es la izquierda mexicana?* (1962), *Chile hacia el socialismo* (1973), *Una teología para ateos* (1975) y *El Estado benefactor, ¿fenómeno cíclico?* (1988), así como de la novela *Los parientes pobres* (1968). En 1959 obtuvo el segundo lugar del Concurso de Cuento del Ateneo Español de México y en 1960 el primer premio de un concurso del diario *Novedades*.

ARGÜELLES, HUGO ◆ n. en Veracruz, Ver. (1932). Dramaturgo. Su segundo apellido es Cano. Estudió cinco años medicina y tres años letras en la UNAM y tres en la Escuela de Arte Teatral del INBA, donde fue profesor. Cofundador de la Escuela de Bellas Artes de la UAP (1962). Fue secretario del interior del Sindicato de Escritores Cinematográ-

ficos. Ha colaborado en *Excélsior* y en publicaciones culturales. Entre sus obras están *Los prodigiosos* (editada y premiada en 1957 por la revista *Estaciones* y estrenada en 1961; recibió el Premio Juan Ruiz de Alarcón 1961 de la Asociación de Críticos de Teatro), *Tema y variaciones* (1958), *Los cuervos están de luto* (1958; Premio Nacional de Teatro 1958, Premio Bellas Artes 1969 y, llevada al cine, Premio Pecime a la mejor película del año en 1963), *La costra* (1960), *El tejedor de milagros* (Premio Pecime a la mejor película en 1962, estrenada en teatro en 1964), *Doña Macabra* (serie de televisión premiada transmitida y premiada en 1963 y llevada al cine en 1970), *La galería del silencio* (1967), *Concierto para guillotina y cuarenta cabezas* (1967), *La ronda de la hechizada* (puesta por Juan José Gurrola en 1967 y seleccionada para inaugurar la Olimpiada Cultural en 1968), *Alfa de alba* (1969), *Medea y los visitantes del sueño* (puesta en Cuba en 1969 con actores mexicanos y dirigida por José Solé), *La dama de la luna roja* (1970), *El gran inquisidor* (1973), *Calaca* (1975), *Los caracoles aman sobre las tumbas* (1980), *El ritual de la salamandra* (Premio Sor Juana Inés de la Cruz 1981; película realizada en 1981), *El retablo del gran relajo* (1981), *La dama del diablo* (1982), *El cocodrilo solitario del panteón rococó* (1982), *Los amores criminales de las vampiras Morales* (Premio Sor Juana 1983 de la Unión de Críticos y Cronistas de Teatro), *Los gallos salvajes* (1983) y *Trilogía colonial* (1993). Dirige un taller de dramaturgia. *Las pirañas aman en Cuaresma*, *La primavera de los escorpiones*, *Las figuras de arena*, *Doña Macabra*, *Los amantes fríos* y *One way* son algunos de sus guiones cinematográficos.

Luis Argudín

Hugo Argüelles

Argos Magazine

ARGÜELLES, JUAN DOMINGO ◆ ☞
Domingo Arguelles, Juan.

ARGÜELLES BRINGAS, GONZALO ◆ n. en Orizaba, Ver., y m. en el DF (1877-1942). Pintor. En San Carlos fue discípulo de Félix Parra y José María Velasco. Entre 1903 y 1906 estudió en Europa. El Museo de San Carlos conserva óleos y acuarelas de su producción.

ARGÜELLES BRINGAS, ROBERTO ◆ n. en Orizaba, Ver. y m. en la ciudad de México (1875-1915). Escritor a quien Nervo llamó "el futuro gran poeta de México". Colaboró en *Revista Moderna, Savia Moderna, Nosotros, Revista de Revistas, Cosmos, México, Vida Moderna*, etc. En 1986 se publicó *Lira ruda*, libro que reúne su obra completa con prólogo, selección y bibliografía de Serge I. Zaitzeff.

ARGÜELLES DÍAZ-GONZÁLEZ, ANTONIO ◆ n. en el DF (1959). Licenciado en economía y estudios germánicos por la Universidad de Stanford, California. Ha sido profesor en la Universidad Anáhuac. Subdirector de Financiamientos Bilaterales, oficial mayor y secretario particular del titular en la SHCP, y oficial mayor y secretario particular del titular de la Secofi. Es director del Colegio Nacional de Educación Técnica Profesional. Compiló el volumen *La competitividad de la industria mexicana frente a la convivencia internacional* (1995).

ARGÜELLES DORANTES, ÓSCAR MANUEL ◆ n. en Matamoros, Tams. (1954). Licenciado en ciencias de la comunicación por el ITESM (1975), maestro en publicidad por la Universidad de Texas en Austin (1978) y maestro en administración pública por la Universidad de Harvard (1993). Miembro del PRI desde 1975. Entre 1978 y 1982 y de 1988 a 1991 trabajó para la Coordinación General de Comunicación Social de la Presidencia de la República, donde llegó a ser director de Coordinación y Relaciones Públicas. Fue gerente ejecutivo de Relaciones Públicas de Banco Mexicano Somex (1984-87), asesor del director de Servimet del DDF (1991-93), encargado por la delegación gubernamental de relaciones con la prensa de la Comisión para

la Paz y la Reconciliación en Chiapas (1994), director ejecutivo de Comunicación Corporativa de Grupo Serfín (1895-96) y director general de Comunicación Corporativa de TV Azteca.

ARGÜELLES NÁJERA, CARLOS ◆ n. y m. en el DF (1880-1966). Militó en el Partido Antirreeleccionista desde 1909. Tomó parte en la rebelión maderista (1910-11). En 1920 fue tesorero de la campaña electoral de Álvaro Obregón por la Presidencia de la República. Diputado por el DF a la XXVI, XXIX y XXX legislaturas.

ARGÜELLO, SOLÓN ◆ n. en Nicaragua y m. en el trayecto del tren de México a Querétaro (1879-1913). Poeta. Ejerció el periodismo en la capital del país y en Mazatlán. Participó en manifestaciones maderistas durante la Decena Trágica. En un viaje a Monclova prometió a Alfredo Breceda dar muerte al dictador Victoriano Huerta. Al llegar a la ciudad de México, pese a que iba disfrazado de ferrocarrilero, fue aprehendido por la policía huertista que lo asesinó entre los kilómetros 60 y 62 del Ferrocarril Central. Autor de *El grito de las islas* (1906), *El libro de los símbolos e islas frágiles* (1909) y *Cosas crueles* (1913).

ARGÜELLO LÓPEZ, HÉCTOR ◆ n. en Villahermosa, Tab. (1953). Licenciado en derecho por la UNAM. Milita en el PRI desde 1970, donde ha desempeñado los cargos de secretario de Organización, secretario de Divulgación Ideológica, secretario general y presidente del comité estatal en Tabasco. Como integrante del sector campesino ha sido secretario general de la Liga de Comunidades Agrarias y Sindicatos Campesinos de Tabasco. Ha sido también delegado general del CEN del PRI en Oaxaca. Subdelegado de la Secretaría de la Reforma Agraria en Villahermosa y coordinador general del Programa de Desarrollo de la Zona Costera en Tabasco. Diputado local en Tabasco, diputado federal (LV Legislatura) y senador (LVI y LVII Legislaturas).

ARGUMEDO, BENJAMÍN ◆ m. en Durango (¿1876?-1916). Se dice que nació en El Gatuño, hoy Congregación Hidalgo, Coahuila; en San Juan de

Guadalupe, Durango; o en Matamoros Laguna, Coahuila. Sastre y talabartero. Se incorporó a la revolución en 1910 en la fuerzas de Pascual Orozco cuando éste era antirreeleccionista y después, cuando se alzó contra Madero. En 1913, después del cuartelazo de Victoriano Huerta, aceptó combatir bajo mando federal. Posteriormente se sometió al gobierno convencionista e infligió varias derrotas a los carrancistas, pero la victoria correspondió a Villa en Zacatecas. Al capitular el ejército federal en Teoloyucan, prosiguió la guerra por su cuenta. A fines de 1915 se había adherido al gobierno convencionista. En febrero los carrancistas lo aprehendieron cuando se retiraba enfermo y lo fusilaron.

ARIAS, APOLONIO ◆ n. y m. en la ciudad de México (1864-1935). Músico. Destacó como fagotista, instrumento del que fue ejecutante en varias bandas mexicanas y extranjeras. Trabajó con la Orquesta Sinfónica Nacional. Formó en 1889 una orquesta típica mexicana que fue la primera en su género y después dirigió otras dos.

ARIAS, EMMANUEL ◆ n. en el DF (1935). Violinista graduado en la Escuela Superior de Música (1944), donde fue alumno de Francisco Contreras y donde hizo estudios de composición con Raquel Bustos; estudió también con Jesús Zárate, Rafael Galindo, Herbert Froehlich, Boris Jankoff y Henryk Szering. Miembro de la Orquesta Sinfónica Nacional (1956-) y de la Orquesta de Cámara del Patronato de la misma. Ha sido solista de las orquestas sinfónicas de Morelia y Guanajuato, así como de la Orquesta de Cámara de la Escuela Nacional Preparatoria. Profesor en Santa Cruz Acalpixca, en ese pueblo formó una orquesta infantil que se presentó en Bellas Artes. Autor, entre otras, de las obras: "Eusónicas", el poema sinfónico "Juárez", "Sonoralias" y "Tlahuizcalli". En 1972 fue premiado en el Concurso Nacional de Composición.

ARIAS, FRANCISCO ◆ n. en Veracruz, Ver., y m. en EUA (1876-1916). Estudió en la Escuela Nacional de Agricultura de San Jacinto. En su estado ejerció profe-

Benjamín Argumedo

sionalmente y se inició en el periodismo. Fundó en Coatzacoalcos el diario antirreeleccionista *La Opinión*, que luego publicó en el puerto de Veracruz. Diputado a la XXVI Legislatura por Veracruz. Fue encarcelado durante varios meses al ser disuelto el Congreso por Victoriano Huerta. Regresó a Veracruz para continuar editando *La Opinión* hasta que el periódico fue clausurado por Huerta. Lo editó de nuevo a la entrada de los constitucionalistas hasta que Carranza lo prohibió. Se exilió en Europa y murió cuando estaba en Nueva York.

ARIAS, JOAQUÍN ◆ n. ¿en Celaya, Gto.?, y m. en Acatita de Baján, Coah. (¿1769?-1811). Participó en la conspiración de Querétaro junto a Hidalgo, Allende y otros próceres de la independencia. Se entregó a las autoridades el 10 de septiembre y denunció a sus compañeros. Iniciado el movimiento se unió en Celaya a los insurrectos. Participó en las batallas de Aculco y Monte de las Cruces. Acompañó a los principales líderes en su viaje al norte y murió a consecuencia de las heridas que recibió en Acatita de Baján.

ARIAS, OLGA ◆ n. en Toluca, Edo. de Méx. (1923). Escritora. Vive en Durango desde 1942. Fue directora del departamento de extensión universitaria de la Universidad Juárez de Durango. Ha colaborado en la revista *La Salamandra* y en el suplemento cultural del diario *El Nacional*. Autora de novela: *La que todos amaron* (1947), *Un día* (1972), *La mansión* (1976) y *Clara* (1979); ensayo: *Calendario duranguense* (1969), *Homenaje a las mujeres de Durango* (1979) y *Homenaje a los generales Arrieta* (1982); cuento: *Toribio* (1962), *El portillo* (1965), *Daguerrotipos* (1970), *Tres judíos y otros cuentos* (1970), *Cuentos para Eugenio* (1970), *Señales de humo* (1982) y *Casa encantada* (1983); y poesía: *Tres poemas* (1952), *Cristal adentro* (1957), *Trilogía* (1958), *Sonata* (1960), *Felipe pescador* (1960), *Deliaíza* (1960), *El grito* (1960), *Libro de espejos* (1961), *Fragmentario* (1963), *El elegido* (1964), *Sobreviviente* (1965), *Espirales* (1967), *Jesús* (1969), *Testimonios* (1971), *Nocturnes* (París,

1971), *Canciones infantiles* (1972), *El laúd estelífero* (1973), *Aquelarre* (1974), *El tapiz de Penélope* (1976), *Del vals recuerdo* (1977), *La estrella cautiva* (1978), *Zenzontle* (1979), *Mariposcence* (1980), *Abanico* (1981), *Opalos* (1982) y *Poesía* (1982), entre otros títulos.

ARIAS, JUAN DE DIOS ◆ n. en Puebla, Pue. y m. en la ciudad de México (1828-1886). Se inició en el periodismo a los 16 años en *El Centinela* y después colaboró en *La Orquesta* y otros órganos satíricos. Fundó *La Pata de Cabra* (1856). Diputado constituyente (1856-57). Se alistó en el ejército liberal y combatió la intervención francesa y el imperio. Fue oficial mayor de la Secretaría de Relaciones y trabajó en la misión mexicana en Washington. Autor de *El Ejército del Norte durante la intervención francesa* (1967).

ARIAS APARICIO, EDUARDO ◆ n. en León, Gto. (1938). Ingeniero mecánico (1963) y maestro en administración (1970) por el Instituto Tecnológico de Estudios Superiores de Monterrey. Fue gerente de las empresas privadas Fibras Químicas (1963-82) e Hidroline de México (1982-86). Ha sido presidente y secretario general del comité neoleonés del Partido Acción Nacional, diputado a la Legislatura de Nuevo León (1985-88) y diputado federal (1988-91).

ARIAS ARREDONDO, JUAN ◆ n. en Concepción de Buenos Aires, Jal., y m. en el DF (1888-1964). Militar porfirista. Combatió la rebelión encabezada por Madero. Apoyó al gobierno golpista de Victoriano Huerta. Tras la capitulación del ejército federal se adhirió al constitucionalismo y luchó contra las fuerzas de Villa y Zapata. Obtuvo licencia a partir de 1919 para estudiar radiotelegrafía, electricidad e ingeniería eléctrica. Contribuyó a reprimir la asonada delahuertista (1923-24). Impartió cátedra en escuelas militares. Al morir era coronel.

ARIAS BARRASA, RAÚL ◆ n. en Mazatlán, Sin., y m. en el DF (1910-1967). Periodista especializado en temas militares. Colaboró en *El Popular*, *El Nacional*, *El Dictamen* y *Tiempo*.

ARIAS BERNAL, ANTONIO ◆ n. en Aguascalientes, Aguascalientes y m. en

Portadas de la revista *Siempre!* diseñadas por Antonio Arias Bernal

el DF (1913-1960). Estudió pintura en San Carlos. Dejó la escuela y empezó su carrera de caricaturista en *México al Día* y *Todo*. Después colaboró en *Excélsior*, *Vea* y *Mañana*. Fundó con otros periodistas las revistas humorísticas *Don Ferruco*, *El Apretado* y *Don Timorato*. En 1958 fue declarado Hijo Predilecto de Aguascalientes. Recibió en EUA el premio María Moors Cabot de la Universidad de Columbia (1959). *El Brigadier* fue uno de sus pseudónimos. Fue portadista de la revista *Siempre!* hasta el día de su muerte.

ARIAS BERNAL, MARÍA ◆ n. y m. en la ciudad de México (1884-1923). Profesora. Militante antirreeleccionista desde 1909. Después del asesinato de Madero creó con otras mujeres el Club Lealtad, que realizaba manifestaciones antihuertistas, defendía presos políticos y hacía propaganda revolucionaria. Fue aprehendida en dos ocasiones. En 1914, Obregón le entregó un arma y se le apodó María Pistolas.

ARIAS CAMPOS, PEDRO ◆ n. en el DF (1936). Licenciado en administración de empresas por la UNAM (1958). Miembro del PRI desde 1983. Ha sido jefe del Departamento Comercial (1966) y tesorero general del Banco Agrario de La Laguna (1967), director de banca gobierno de Crédito Mexicano (1982) y subdirector financiero (1983-88) y director general del Fondo de Fomento y Garantía para el Consumo de los Trabajadores, *Fonacot* (1988). Autor de *México, inversión pública federal 1925-1963* (1963).

ARIAS DURÁN, MANUEL ◆ n. y m. en Mérida (1828-1893). Médico. Promovió en Mérida la creación de la Casa de Maternidad, abierta en 1887.

ARIAS MICHEL, ROGACIANO ◆ n. en Autlán de la Grana y m. en Guadalajara, Jal. (1879-1970). Estudió inglés en la Universidad de Santa Clara, California, literatura inglesa en la San Francisco High School of Commerce y comercio en Healdi Business College. Radicó en Estados Unidos de 1931 a 1956. Escribió poesía que está recogida en antologías. Con prólogo de José Guadalupe Zuno Hernández se publicó en 1968 una *Recolección poética* de su obra.

ARIAS MURRUETA, GUSTAVO ◆ n. en EUA (1932). Arquitecto graduado en la UNAM. Artista plástico. Estudió grabado con Yukio Fukasawa e Isamu Ishikawa. Se dedica también a la escultura. Expone desde principios de los años sesenta en México y el extranjero. Cuentan con obra suya museos de México, Cuba, Estados Unidos, Chile, y Japón.

ARIAS PÉREZ, FERNANDO ◆ n. en Ciudad Guzmán, Jal. (1948). Licenciado en ciencias de la comunicación por el Instituto Tecnológico de Estudios Superiores de Monterrey (1969-74). Miembro del PRI desde 1974. Ha sido reportero de la cadena radiofónica Notisistema (1973-78), director de difusión (1978), subjefe (1979-82) y jefe de prensa del gobierno de Jalisco (1983-88); jefe de prensa del ayuntamiento de Guadalajara (1983) y director general de la Unidad de Comunicación Social de la Procuraduría General de la República (1989-).

ARIAS SÁNCHEZ, J. JESÚS ◆ n. en Tonaya, Jal. (1896). Se incorporó a la revolución en enero de 1915. Obtuvo licencia de 1920 a 1923, cuando volvió a las armas para combatir la asonada delahuertista. Después luchó contra los cristeros. Llegó al generalato en 1946. Fue director general de Caballería (1958-59), puesto en el que fundó la *Revista Ecuestre Militar*. Presidente de la Federación Ecuestre Mexicana (1959-60). Fue jefe de varias zonas militares.

ARIAS SOLÍS, CRISTÓBAL ◆ n. en Churumuco, Mich. (1954). Licenciado en derecho por la Universidad Michoacana de San Nicolás de Hidalgo (1972-77). En 1974 se incorporó al PRI, partido del que fue presidente del comité directivo estatal de Michoacán (1986). En el gobierno de Cuauhtémoc Cárdenas, en Michoacán, se desempeñó como director de Asuntos Agrarios (1981) y secretario general de Gobierno (1983). En 1987 se unió a la Corriente Democrática del PRI, abandonó ese partido a fines de año y se sumó al Frente Democrático Nacional. En 1988 fue electo senador de la República (1988-91) y en 1989 participó en la fundación del Partido de la Revolución Democrática, a cuyo comité nacional pertenece. Diputado federal (1982-85 y 1991-94) y de nuevo senador de la República (1994-97 y 1997-2000). Es miembro de la Asociación Cívica Lázaro Cárdenas y del Círculo de Estudios Lázaro Cárdenas.

ARIAS ZEBADÚA, JORGE LUIS ◆ n. en Tuxtla Gutiérrez, Chis. (1945). Licenciado en derecho por la UNAM (1964-70). Profesor de la Universidad Autónoma de Chiapas (1976-79). Es miembro del PRI desde 1962. Ha sido abogado en el ISSSTE (1968) y en la Secretaría de la Presidencia (1970), subdirector jurídico de la Procuraduría General de Justicia del Distrito Federal (1972-74), coordinador del Ministerio Público Federal en Chiapas (1974-76), secretario general de la Universidad Autónoma de Chiapas (1976), presidente de la Junta Especial de Conciliación y Arbitraje en Chiapas (1976-81) y procurador general de Justicia de Chiapas (1988-).

ARICEAGA, ALEJANDRO ◆ n. en Toluca, Edo. de Méx. (1949). Escritor. Ha sido redactor de la Oficina de Prensa del Instituto Nacional de Bellas Artes, fundador y coordinador del Centro Toluqueño de Escritores, jefe de Ediciones del Instituto Mexiquense de Cultura (1985-93). Fundador y coordinador del suplemento *Vitral* (1980-89). Colaborador de las revistas *TunAstral* y *Siempre!*, de los periódicos *El Nacional* y *El Universal*. Autor de la novela *Clima templado* (1983) y de *Cuentos Alejandrinos* (1968), *La otra gente* (relatos, 1973), *La identidad secreta del camaleón antiguo* (cuentos, 1980), *A corto plazo* (prosas varias, 1980) y *Ciudad tan bella como cualquiera* (relatos, 1983). Hizo la selección, introducción y notas de la antología *Estado de México, donde nadie permanece: poesía y narrativa 1690-1900* (1990). En 1980 y 1983 recibió el Premio Estatal de Narrativa del Estado de México.

ARICÓ, JOSÉ ◆ n. y m. en Argentina (1931-1991). Intelectual marxista que difundió en su país natal las obras y el pensamiento de Antonio Gramsci. A mediados de los años setenta, perseguido por la dictadura argentina, se asiló en México y regresó a Argentina diez años después. Fue profesor de la Universidad Autónoma de Puebla, escribió en *El Machete* y otras publicaciones y colaboró con la editorial Siglo XXI. Autor de *Los usos de Gramsci*.

ARIDJIS, ANA ◆ n. en Morelia, Mich. (1966). Estudió en la Normal de Morelia y letras hispánicas en la UNAM. Ha colaborado en *La Jornada Semanal*, *Vuelta*, *Revista Universidad de México*, *Tierra Adentro*, *Jitanjáfora*, *Ventana Errante* y otras publicaciones. Autora de poesía: *El submarino de Mariana* (1991) y *Ecos para descifrar una fogata* (1991).

ARIDJIS, HOMERO ◆ n. en Contepec, Mich. (1940). Escritor. Estudió letras españolas en la UNAM y periodismo en la Escuela Carlos Septién García. Perteneció al taller de Juan José Arreola. Ha sido jefe de redacción de *Diálogos* (1965-66), fundador de la revista *Correspondencias* (1966), agregado cultural en

Cristóbal Arias

Ana Aridjis

Homero Aridjis

FOTO: CUARTOSCURO

FOTO: REFORMA

FOTO: CUARTOSCURO

la embajada mexicana en los Países Bajos (1974-76) y embajador de México en Suiza (1976-79), director del Instituto Michoacano de Cultura y coordinador del primer Festival Internacional de Poesía (Morelia, 1981). Es fundador del Grupo de los Cien. Escribe en *Reforma*. Coautor de las antologías *Poesía en movimiento 1915-1966* (1966), *Seis poetas latinoamericanos de hoy* (1972), *Nostalgia de la muerte: siete poetas mexicanos de este siglo* (1974); y autor de la *Antología del Primer Festival Internacional de Poesía* (1981). Autor de poesía: *La musa roja* (1958), *Los ojos desdoblados* (1960), *Antes del reino* (1963), *Mirándola dormir* (1964), *Gambito del caballo de Troya* (1966), *Ajedrez-navegaciones* (1969), *Los espacios azules* (1969), *Quemar las naves*

(1975), *Sobre una ausencia* (1976), *Vivir para ver* (1977), *Construir la muerte* (1981), *Exaltación de la luz* (1983), *La difícil ceremonia* (1983) y *Memorias del nuevo mundo* (1988); narración: *La tumba de Filidor* (1961), *Perséfone* (1967), *El poeta niño* (1971), *El encantador solitario* (1973), *Noche de Independencia* (1978), *Playa nudista y otros relatos* (1982) y *El último Adán* (1986); teatro: *Espectáculo del año 2000* (1981); y novela: *1492, vida y tiempos de Juan Cabezón de Castilla* (1985) y *Los hombres que cayeron del cielo* (1988). Es presidente del PEN Internacional (1998-). En 1964 obtuvo el Premio Xavier Villaurrutia (1964) y Premio Internacional Novedades y Diana (1988). Fue becario del Centro Mexicano de Escritores

(1958) y de la Fundación Guggenheim (1966-67 y 1979-80).

ARIO ◆ Municipio de Michoacán contiguo a Santa Clara y Tacámbaro, al suroeste de Morelia. Superficie: 623.35 km². Habitantes: 31,254, de los cuales 7,285 forman la población económicamente activa. Hablan alguna lengua indígena 34 personas (purépecha 25). El nombre, de origen chichimeca, significa "lugar entre dos climas". El municipio fue erigido el 10 de diciembre de 1831. La cabecera es Ario de Rosales, en honor del insurgente Víctor Rosales, quien murió en la defensa de esta población contra las fuerzas realistas.

ARIO DE RAYÓN ◆ Población del municipio de Zamora, Mich.

ARISTA, MARIANO ◆ n. en San Luis Potosí, SLP, y m. en alta mar, entre Lisboa y Marsella (1802-1855). Militar realista. Se adhirió al Plan de Iguala. Era general brigadier cuando fue desterrado en 1833. En 1836 retorna al país y ocupa diversos cargos militares. Se le ordena marchar a la recuperación de Texas, pero es retirado del frente. En 1846 comanda el Ejército del Norte y después de dar la batalla de Palo Alto se repliega a Matamoros. Secretario de Guerra y Marina (1848-49). En enero de 1851 el Congreso lo nombra presidente constitucional y es el primero en recibir pacíficamente el poder. Intenta imponer orden en las finanzas y combate la corrupción, lo que le acarrea serias dificultades y acaba por privarlo del apoyo del Congreso, ante el cual presenta su renuncia después de dos años en el cargo. Se exilia voluntariamente en Europa y, enfermo, muere a bordo de una embarcación que debía llevarlo a Francia.

ARISTARCO UNIVERSAL, EL ◆ Periódico aparecido en Mérida a partir del 2 de abril de 1813. Era uno de los órganos de los liberales *sanjuanistas*. De este periódico, según Manuel González Ramírez, aparecieron 37 números y por lo menos inicialmente era redactado por Lorenzo de Zavala.

Retrato y firma de Mariano Arista

GABINETE DEL PRESIDENTE MARIANO ARISTA
(15 DE ENERO DE 1851 AL 6 DE ENERO DE 1853)

RELACIONES INTERIORES Y EXTERIORES

MARIANO YÁÑEZ	16 de enero al 28 de abril de 1851
J. M. ORTIZ MONASTERIO	29 de abril al 9 de junio de 1851
MARIANO MACEDO	10 de junio al 10 de septiembre de 1851
JOSÉ FERNANDO RAMÍREZ	11 de septiembre de 1851 al 3 de marzo de 1852
JOSÉ URBANO FONSECA	4 al 19 de marzo de 1852
JOSÉ FERNANDO RAMÍREZ	20 de marzo al 2 de septiembre de 1852
JOSÉ MIGUEL ARROYO	3 de septiembre al 22 de octubre de 1852
MARIANO YÁÑEZ	23 de octubre al 10 de diciembre de 1852
JOSÉ MIGUEL ARROYO	11 de diciembre de 1852 al 5 de enero de 1853

JUSTICIA

JOSÉ MARÍA AGUIRRE	16 de enero al 2 de septiembre de 1851
JOSÉ MARÍA DURÁN	3 al 10 de septiembre de 1851
JOSÉ URBANO FONSECA	11 de septiembre de 1851 al 2 de septiembre de 1852
JOSÉ MARÍA AGUIRRE	3 de septiembre al 26 de octubre de 1852
JOSÉ MARÍA DURÁN	27 de octubre al 12 de diciembre de 1852
PONCIANO ARRIAGA	13 de diciembre de 1852 al 5 de enero de 1853

GUERRA Y MARINA

MANUEL ROBLES PEZUELA	16 de enero de 1851 a 18 de junio de 1852
MANUEL MARÍA SANDOVAL	19 de junio al 21 de septiembre de 1852
PEDRO MARÍA ANAYA	22 de septiembre de 1852 al 5 de enero de 1853

HACIENDA

MANUEL PAYNO	16 al 28 de enero de 1851
JOSÉ LUIS HUICI	29 de enero al 16 de febrero de 1851
J. ESTEVA Y GONZÁLEZ	17 de febrero al 28 de marzo de 1851
JOSÉ MARÍA AGUIRRE	29 de marzo al 28 de abril de 1851
MARIANO YÁÑEZ	29 de abril al 24 de mayo de 1851
MANUEL PIÑA Y CUEVAS	26 de mayo al 1 de septiembre de 1851
MARCOS ESPARZA	2 de septiembre de 1851 al 13 de septiembre de 1852
GUILLERMO PRIETO	14 de septiembre de 1852 al 5 de enero de 1853

Francisco Ariza

ARISTEGUI, CARMEN ◆ n. en el DF (1964). Periodista. Estudió comunicación en la UNAM. Ha conducido los programas *Monitor financiero* de Canal 13 y *Para empezar* y *En blanco y negro* de Multivisión. Consejera electoral del DF (1997-).

ARISTI, RICARDO ◆ n. y m. en la ciudad de México (1890-1943). Periodista. Hizo la crónica parlamentaria en los años veinte y treinta para *Excélsior*, *El Nacional* y *La Prensa*.

ARIVECHI ◆ Municipio de Sonora situado en el este de la entidad, dentro del municipio de Sahuaripa. Superficie: 723.8 km². Habitantes: 1,548, de los cuales 521 forman la población económicamente activa. Hablan alguna lengua indígena 11 personas mayores de cinco años (pima). La cabecera fue fundada en 1637 por el misionero jesuita Pedro Méndez, quien le puso por nombre San Francisco Javier de Arivechi. Formó

Arivechi, Sonora

parte de Sahuaripa entre 1930 y 1932, cuando se erigió nuevamente como municipio. La fiesta de Navidad se celebra con pastorelas y feria popular.

ARIZA, CARLOS ◆ n. en Cuernavaca Morelos y m. en Huitzilac, Mor. (1892-1927). Revolucionario zapatista. Fue ejecutado por apoyar la candidatura del general Francisco Serrano a la Presidencia de la República.

ARIZA, FRANCISCO ◆ n. en Ameca, Jalisco (1935). Nombre profesional del bailarín Francisco Anaya. Estudió ballet en la escuela de la ANDA (1948-50) y en la Academia de la Danza Mexicana. Asistió a la Academia de San Carlos. Se inició profesionalmente en 1950, en el teatro Iris, con la compañía de Nelsy Dambré. Perteneció a las compañías de Nana Gollner y Paul Petroff (1951-52) y al Ballet Concierto de Sergio Unger (1953). En 1954, con Pedro Espinosa de los Monteros, fundó el Ballet de México, compañía de la que fue bailarín principal, director y coreógrafo. Estudió en la American School of Ballet y estuvo becado por el Robert Joffrey Ballet. Fue miembro del Ballet Folclórico del IMSS, el Ballet Concierto de México (1959-60 y 1963-67), el Ballet Internacional del Marqués de Cueva (1962-63), el Ballet Clásico de México (1963) y el Ballet de Sonia Amelio (1968); y primer bailarín de la Compañía Nacional de Danza (1970-80).

ARIZA BRACAMONTES, HUMBERTO GUILLERMO ◆ n. en Jalapa, Veracruz (1929). Licenciado en derecho por la Universidad Veracruzana (1955). Desde 1951 es miembro del PRI. Ha trabajado para el Poder Judicial desde 1959. Juez segundo de Distrito en Veracruz, Ver. (1980-85).

ARIZA DÁVILA, GUSTAVO ◆ n. y m. en Puebla, Pue. (1903-1944). Abogado. Fue diputado local, secretario general de Gobierno y gobernador interino de Puebla (1936). Fue también presidente del Tribunal Superior de Justicia. Murió asesinado.

ARIZCORRETA, MARIANO ◆ n. y ¿m? en Toluca, Edo. de Méx. (1801-1859). Estudió derecho en el Colegio de San Ildefonso de la ciudad de México. En el México independiente fue miembro de la logia yorkina, diputado federal (1829), gobernador provisional (1848) y constitucional del estado de México (1849). Inicialmente se opuso a la segregación del sur de la entidad, pero finalmente él y el Congreso local aceptaron la separación de los distritos de Acapulco, Taxco y Chilapa con los que se creó el estado de Guerrero. En 1855 se adhirió al Plan de Ayutla y fue diputado al Congreso Constituyente de 1857.

ARIZMENDI, ALBERTO BABY ◆ n. en Torreón, Coahuila, y m. en Los Ángeles (1909-1945). Boxeador. Campeón nacional gallo (1931) y mundial, versión de la Comisión Atlética del estado de Nueva York (1934), título que perdió al desaparecer dicha comisión. Peleó tres veces con el tricampeón mundial Henry Armstrong, a quien ganó los dos primeros combates, pero perdió el último cuando estaba en disputa el título mundial de peso gallo.

ARIZMENDI, ROBERTO ◆ n. en Aguascalientes, Aguascalientes (1945). Estudió sociología y periodismo. Coordinó el taller literario de la Universidad de Tamaulipas (1972-73). Profesor de la Universidad Autónoma Metropolitana y asesor del subsecretario de Educación Superior e Investigación Científica. Autor del estudio *Planeación y administración educativas*. Como poeta se halla incluido en el volumen *Cincuenta y tres poemas del 68 mexicano*. Autor de los poemarios *Las cartas del tiempo* (1979), *Historias compartidas* (1985), *Rastreando por la vida* (1987), *Oficio de amar* (1988) y *Repaso de la vida* (1990) y del epistolario *Todos los días son octubre* (1989). Fue primer lugar en los Juegos Florales Carlos Pellicer de Jalapa, Veracruz (1977), con *Constancia del tiempo*.

ARIZMENDI HERNÁNDEZ, JUAN ◆ n. en Gómez Palacio, Dgo. (1944). Médico veterinario por la Universidad Juárez de Durango (1972). Miembro del PRI desde 1973, en el que ha desempeñado diversas comisiones. Secretario de acción ganadera (1975-78), oficial mayor (1978-80) y secretario de la Liga de

Comunidades Agrarias de Durango (1979-82). Secretario de acción ganadera de la Confederación Nacional Campesina (1980-). Fue diputado local (1978-81) y federal por Durango (1982-85).

ARIZMENDI JIMÉNEZ, ENRIQUE ◆ n. en Guanajuato, Gto. (1943). Licenciado en derecho por la UNAM (1967). Miembro del PRI, en el que ha desempeñado diversas comisiones. Trabaja para el sector público desde 1968. Subdirector técnico (1973-76) y subdirector general (1976-83) de la Dirección General de Asuntos Jurídicos de la Secretaría de Comercio. Director de área (1983-84) y director general de Asuntos Jurídicos de la Secretaría de Comercio y Fomento Industrial (1984-).

ARIZMENDI MEJÍA, ELENA ◆ m. en el DF (?-1949). Fundadora de la Cruz Blanca Neutral por la Humanidad, organización que auxilió a los heridos durante la revolución.

ARIZMENDI TAPIA, FELIPE ◆ n. en Chiltepec, municipio de Coatepec Harinas, Edo. de Méx. (1940). En 1952 ingresó al Seminario Conciliar de Toluca, del que fue profesor y rector (1981-91). Fue ordenado sacerdote en 1963. Ha sido párroco de San Andrés Cuencoxtitlán (1967-80), vicario general de la Diócesis de Toluca (1981-91) y obispo de Tapachula, Chiapas (1991-).

ARIZONA ◆ Territorio que perteneció a México hasta la intervención estadounidense de 1846-47. Los tratados de Guadalupe-Hidalgo y la venta de La Mesilla que le fueron impuestas a México, hicieron de Arizona un territorio de EUA, que a partir de 1863 tuvo gobierno propio y, en 1912, fue convertido en estado con una superficie de 295,024 km². La capital es Phoenix. Se explotan importantes yacimientos minerales.

ARIZONA ◆ Departamento creado por Maximiliano al dividir el imperio en 50 circunscripciones. Su territorio ocupaba la parte noroeste del actual estado de Sonora y la capital era Altar.

ARIZPE ◆ Municipio de Sonora situado en el norte de la entidad, cerca de la frontera con Estados Unidos. Limita con Nacozari, Cananea y Cumpas. Superficie: 2,806.78 km². Habitantes: 3,641, de los cuales 1,283 forman la población económicamente activa. La cabecera fue fundada en 1646 por el jesuita Jerónimo de la Canal. A fines del siglo XVIII se convirtió en ciudad debido a su importancia como centro minero. Fue capital de la intendencia de Sonora-Sinaloa. Al convertirse ésta en estado, en 1824, dejó de ser capital, pero volvió a serlo entre 1832 y 1838. Al mediar el siglo XIX había decaído notoriamente la minería, la que, sin embargo, todavía se practica. Atractivos: arquitectura colonial e instalaciones mineras. En 1865 las fuerzas republicanas pusieron sitio a la ciudad. Los imperialistas se rindieron y fueron hechos prisioneros.

ARIZPE NARRO, ENRIQUE ◆ n. en Piedras Negras, Coah. (1932). Licenciado en derecho por la Escuela de Leyes de Coahuila (1955). Se incorporó al sector judicial desde 1956. Magistrado del Tribunal Colegiado del VII Circuito en Veracruz, Ver. (1972), del VIII Circuito en Torreón, Coah. (1973-74), del IX Circuito en San Luis Potosí, SLP (1975-91) y del IV Circuito en Monterrey, NL (1991-).

ARIZPE SCHLOSSER, LOURDES ◆ n. en el DF (1944). Licenciada en etnología (1970) y doctora en antropología por la ENAH, donde ha sido profesora. En la UNAM ha ejercido la docencia y la investigación y en 1991 fue designada directora del Instituto de Investigaciones Antropológicas. Hasta 1998 fue directora de cultura de la UNESCO. Ha colaborado en los diarios *unomásuno* y *La Jornada*, así como en publicaciones especializadas. Autora de *Parentesco y economía en una sociedad nahua* (1990), *La mujer en el desarrollo de México y de América Latina* (1990) y *Desarrollo y educación para las mujeres en América Latina y el Caribe: nuevos contextos* (1991).

ARJONA, MANOLO ◆ n. en España (1924). Bailarín. Llegó a México en 1939 a bordo del *Sinaia*. Aquí estudió baile flamenco, al que se dedicó profesionalmente haciendo pareja con Anita Durán. El dueto se presentó en México y en

Felipe Arizmendi Tapia

otros países americanos. Autor de *Método de castañuela, Método de palma, Método de zapateado*, etc.

ARJONA, RICARDO ◆ n. en Guatemala (1964). Cantautor. Hizo estudios normalistas en su ciudad natal. En 1985 participó en el festival OTI en Argentina. Ha desarrollado su carrera musical en México, que comenzó con el disco *Déjame decir que te amo*. Otro de sus éxitos fue "Señora de las cuatro décadas".

ARJONA AMÁBILIS, ROLANDO ◆ n. en Mérida, Yuc. (1920). Pintor. Ha hecho murales en el DF (Dirección General de Rehabilitación), Zimapán, Hgo. (Hotel Fundición), Monclova, Coah. (AHMSA) y el Museo de Culiacán, ciudad donde también ha ejecutado esculturas cívicas.

ARJONA DE PINELO, JOSEFA ◆ n. en Veracruz, Ver., y m. en Monterrey, NL (1875-1948). Militó en el Partido Liberal Mexicano. Fundó clubes antirreeleccionistas. Fue miembro del Gran Círculo Liberal Veracruzano. En 1907 participó en la huelga de Río Blanco. Trasladada al DF con su marido, José Edilberto Pinelo, ambos ingresaron en el grupo Socialistas Mexicanos.

ARLEGUI, JOSÉ ◆ n. en España y m. en San Luis Potosí (1686-1750). Sacerdote franciscano. Trabajó para la Inquisición. Se le atribuye la construcción del convento de San Francisco, en Durango, y la capilla de la Virgen de los Remedios, en San Luis Potosí. Autor de una *Crónica de la provincia de N.S.P.S. Francisco de Zacatecas* (1737).

Ricardo Arjona

ARLEGUI, JOSÉ MARÍA ◆ n. en Filipinas y m. en la ciudad de México (1783-¿1854?). Militar realista. Se adhirió al Plan de Iguala. Combatió a los estadounidenses durante la intervención de 1846-47.

ARMADA ◆ ☞ Marina.

ARMADILLO DE LOS INFANTE ◆ Municipio de San Luis Potosí situado en la porción centro-sur de la entidad, cerca de la capital del estado. Superficie: 568.4 km². Habitantes: 5,523, de los cuales 1,358 forman la población económicamente activa. Hablan alguna lengua indígena 14 personas mayores de cinco años.

ARMAND, FRANCISCO M. ◆ n. y m. en San Luis Potosí, SLP (1893-1968). Periodista. Participó en la revolución (1914-15). En Matehuala fundó el semanario Acción Obrera. Colaboró en La Nación y La Prensa. Editó Mercurio

(1921). Trabajó en El Heraldo, Excélsior y El Popular. Fue jefe de redacción de La Prensa y El Sol de México, subdirector de ABC y director de El Sol de Durango. Autor de Por tierras de Morelos: estudio sintético sobre el agrarismo mexicano y De la revolución.

ARMAS Y ROSALES, JOSÉ MARÍA ◆ n. en La Jabonera, Zac., y m. en Tulancingo, Hgo. (1834-1898). Sacerdote y abogado. Obispo de Tulancingo a partir de 1891.

ARMENDARES SAGRERA, SALVADOR ◆ n. en Cataluña, España (1925). Médico por la UNAM (1950) con cursos de posgrado en Inglaterra. Ocupó diversos cargos en el Instituto Mexicano del Seguro Social (IMSS) hasta 1978. Trabajó para el Instituto de Investigaciones Antropológicas de la UNAM. Autor de Citogenética humana normal y patológica (1968), Síndrome de Turner, diagnóstico y manejo terapéutico (1979) y otras obras. Fue presidente de la Sociedad de Pediatría del IMSS (1965-67), de la Asociación Mexicana de Genética Humana (1972-74) y de la Asociación de Investigación Pediátrica (1979-81). Recibió el Premio Nestlé de Pediatría (1961 y 1963), el Premio Doctor Alfonso Rivera de la Sociedad Mexicana de Nutrición y Endocrinología (1970) y el Premio Eduardo Liceaga de la Academia Nacional de Medicina (1971).

ARMENDÁRIZ, EMMA TERESA ◆ n. en el DF (1928). Estudió en la Escuela de Arte Teatral de Bellas Artes, en la Academia de Actores de Dimitrios Sarrás y con Seki Sano. Estudió música con José López Alavés y Antonio Gómez; y dramaturgia con Luisa Josefina Hernández. Compuso la música del ballet Cacto. Como actriz, se inició profesionalmente en 1953 con la obra La soga, dirigida por Enrique Ruelas. Desde entonces ha trabajado con Virgilio Mariel, Salvador Novo, André Moreau, Julián Soler, José Solé y Nancy Cárdenas. Fundó en 1958 con Rafael López Miarnau el Teatro Club, que durante once años presentó en el teatro Orientación 37 obras dirigidas por López Miarnau y actuadas por ella. Ha colabo-

rado en El Economista. Coautora de Rosario Castellanos: el verso, la palabra y el recuerdo (1984). Preparó la antología Algunas obras del teatro mexicano contemporáneo (1994). Autora de Conversando con Mozart (cuentos, 1980); de El fantasma de Canterville (adaptación de la obra de Oscar Wilde, 1981) y de Quisiera arrancarme el corazón (Premio Nacional de Teatro CNCA-IMSS 1991 y Premio El Heraldo a la mejor obra de 1992). Ha recibido una decena de premios como actriz.

ARMENDÁRIZ, PEDRO ◆ ¿n. y m. en Chihuahua? (1782-¿1850?). Uno de los militares realistas que sentenciaron a muerte a los caudillos de la independencia. Dirigió personalmente el fusilamiento de Hidalgo. En 1845 era magistrado del Supremo Tribunal Militar.

ARMENDÁRIZ, PEDRO ◆ n. en la ciudad de México y m. en EUA (1912-1963). Actor. Estudió en Estados Unidos. A partir de 1935 apareció en más de un centenar de películas mexicanas y extranjeras, entre otras Rosario (1935), Las cuatro milpas (1937), El indio (1938), Con los Dorados de Villa (1939), Mala hierba (1940), Del rancho a la capital (1941), La isla de la pasión (1941), Soy puro mexicano (1942), Flor silvestre (1943), Distinto amanecer (1943), La guerra de los pasteles (1943), María candelaria (1944), Las abandonadas (1944), Bugambilia (1944), La perla (1945), Enamorada (1946), Maclovia (1948), En la hacienda de La Flor (1948), El hijo de Juan Charrasqueado (1948), Vuelve Pancho Villa (1949), Vagabunda (1949), La malquerida (1949), Rosauro Castro (1950), Carne de presidio (1951), Los tres alegres compadres (1951), El rebozo de Soledad (1952), El bruto (1952), La rebelión de los colgados (1954), La escondida (1955), El Zarco (1957), Así era Pancho Villa (1957), Los salvajes (1957), La cucaracha (1958), Pancho Villa y la Valentina (1958), Los desarraigados (1958), Los hijos desobedientes (1958), Cuando ¡Viva Villa! es la muerte (1958), Café Colón (1958) y El tejedor de milagros (1961). Por sus actuaciones obtuvo la Palma de Oro en Cannes (1946), el León

Pedro Armendáriz

de Oro en Venecia (1947) y dos veces el Ariel mexicano (1952 y 1953).

ARMENDÁRIZ, PEDRO ◆ n. en el DF (1940). Actor. Hijo del anterior. Arquitecto titulado en la UNAM. Ha participado, entre otras, en las películas *Los cañones de San Sebastián*, *Los invencibles*, *La pasión según Berenice*, *Cadena perpetua* y *El tres de copas*. Ha trabajado también en televisión.

ARMENDÁRIZ, RAMÓN ANTONIO ◆ n. en Ciudad Guerrero, Chih. (1958). Poeta. Arquitecto titulado en la Universidad Autónoma de Coahuila. Es miembro de consejo de redacción de la revista *Dosfilos*. Ha colaborado en *La Parda Grulla*, *Palabras sin arrugas* y *Nueva Cultura*. Coautor de *Ahora mismo hablaba* (1981), *Que la parda grulla es anarquista* (1982) y *Muestra de poesía chihuahuense* (1986); y autor de *En vertical: el horizonte tendido* (1982) y *Cuarto creciente* (1987).

ARMENDÁRIZ DELGADO, ARTURO ◆ n. en Ciudad Camargo, Chih., y m. en el DF (1939-1990). Licenciado en derecho por la UNAM. Ingresó al PRI en 1960. Fue secretario del ayuntamiento (1962-65) y presidente municipal de Ciudad Camargo (1974-77), diputado a la Legislatura de Chihuahua (1977-80), jefe de Gobernación de Chihuahua (1986-88) y diputado federal (1988-90). Presidió la Barra de Abogados Benito Juárez de Ciudad Camargo.

ARMENDÁRIZ ECHEGARAY, MANUEL BENITO ◆ n. en el DF (1940). Licenciado en derecho por la UNAM con posgrado en economía en la London School of Economics, de Londres, y maestro en economía por la Universidad de Yale. Profesor de la UNAM (1966-73), del ITAM (1966-73) y de El Colegio de México (1966-73). Miembro del PRI desde 1969. Trabajó en el Banco de México (1958-74). Ha sido embajador ante la FAO (1975-76), representante ante los organismos internacionales en Ginebra, Suiza (1976-77), director en jefe de Asuntos Económicos Internacionales de la SRE (1977-78), representante ante el Consejo Económico y Social (1979-80), subdirector (1980-82)

y director general del IMCE (1982-84). Miembro del Colegio Nacional de Economistas y de la Liga de Economistas Revolucionarios del PRI .

ARMENDÁRIZ MOLINA, IGNACIO ◆ n. en Acámbaro, Gto. (1928). Ingeniero petrolero por la Escuela Nacional de Ingeniería de la UNAM (1955). Miembro del PRI desde 1980. Coordinador de Explotación de Petróleos Mexicanos (1982-88). Presidente de la Asociación de Ingenieros Petroleros de México (1981-82). Miembro del Colegio de Ingenieros Petroleros y de la Sociedad Mexicana de Ingenieros.

ARMENGOD, RAMÓN ◆ n. Veracruz, Ver., y m. en la carretera México-Acapulco (1910-1976). Actor y cantante. Inició su carrera en el teatro Lírico al lado de Roberto Soto (1931). Fue contratado como parte del elenco de la XEW (1932). Grabó el disco *Par de ases* a dúo con Jorge Negrete, junto a quien se presentó en la NBC de Nueva York en 1936. Grabó *Rayando el sol* con Emilio Tuero y *El corrido del niño Fidencio* con Tito Guízar.

ARMENIA ◆ República de Asia situada en la región del Cáucaso. Limita con Turquía, Irán, Irak, Georgia y Azerbaiyán. Superficie: 30,000 km². Habitantes: 3,600,000. Su capital es Ereván (1,226,000 habitantes en 1994). Otras ciudades importantes son Kumayri (163,000 habitantes en 1991) y Kirovakan (76,000 habitantes). El armenio es el idioma oficial, y también se hablan ruso y kurdo. La moneda es el dram. *Historia*: en el actual territorio armenio floreció hace 2,800 años el reino de Urartu, que a fines del siglo VI a.n.e. fue conquistado por Ciro el *Grande*. El dominio persa fue interrumpido en el siglo IV a.n.e. por Alejandro Magno, pero a la muerte de éste, Seleuco I anexó el territorio al reino sirio. Hacia el año 189 a.n.e. los romanos derrotaron a los sirios y Armenia se dividió en dos reinos, Occidental y Oriental, ambos independientes y cada uno regido por Zariadres y Artaxias. Tiempo después se impuso la hegemonia de los partos en Oriente y después de detener el avance romano,

Armenia se convirtió en una potencia de Asia Menor. A fines del siglo I a.n.e. los romanos derrotaron al emperador armenio Tigranes y empezó un periodo de pugnas con los persas, hasta que en el año 387 éstos se quedaron con la parte oriental y Roma con la parte occidental, donde se introdujo el cristianismo, que hasta el presente es la religión predominante entre los armenios. En el siglo V, al decaer el poderío romano, lo persas impusieron su dominio en todo el territorio. El imperio bizantino logró conquistar Armenia hacia el año 624, pero antes de 20 años los árabes tomaron para sí el territorio armenio y empezaron la islamización, que daría lugar a interminables conflictos religiosos. A fines del siglo IX, Ashod I independizó Armenia de Bagdad, pero dos siglos después bizantinos y turcos se alternaron en el poder y se produjo una gran migración que estableció en Cilicia el reino de la Armenia Menor, que hasta el siglo XIV se mantuvo como un bastión de la cristiandad en Oriente. Turcos y persas se disputaron el territorio armenio, hasta que en los siglos XV y XVI se lo dieron. En 1827, Persia cedió parte del territorio armenio a Rusia y medio siglo después hizo lo mismo Turquía. De este modo, Armenia quedó dividida en tres grandes porciones. Desde fines del siglo XIX hasta 1916, creció entre los armenios el sentimiento independentista y se sucedieron las acciones revolucionarias, brutalmente reprimidas en la parte turca, donde se produjeron grandes matanzas que ocasionaron una nueva emigración. Al término de la primera guerra mundial el país quedó bajo dominio ruso, pero después de la revolución bolchevique Moscú renunció a imponer por la fuerza su hegemonía y retiró a sus tropas. En 1920, por el Tratado de Sevres, Europa reconoció la independencia de Armenia, pero poco después Turquía recuperó una parte del territorio y en la otra se proclamó la República Socialista Soviética de Armenia, que en 1922 se incorporó a la Unión de Repúblicas Socialistas Soviéticas (☞). En 1991, mediante un referendo, los armenios votaron por separarse de la Unión Soviética y se unieron a la Comunidad de Estados Independientes (formada por países ex soviéticos). Su primer presidente, Levon H. Ter-Petrosian, fue elegido en ese año. México estableció relaciones diplomáticas con Armenia en enero de 1992. En el mismo año se produjo un conflicto con Azerbaiyán por el territorio de Nagorno-Karabaj. Tras un cese de hostilidades en 1994, la lucha por Nagorno se reinició en 1997. Tras la dimisión del presidente reelecto en 1996, Ter-Petrosian (febrero

1998), Robert Kocharian, líder del movimiento independentista y primer presidente de Karabaj, fue elegido presidente en elecciones extraordinarias.

ARMENTA, MARTÍN ◆ n. en Cocula, Jal., y m. en el DF (1927-1987). Trompetista. Fundó con César Sosa el grupo cómico-musical *Los Xochimilcas*, que dirigido por él se presentó en la mayoría de los países latinoamericanos, Japón, Estados Unidos y algunas ciudades europeas.

ARMENTA ORTIZ, RAFAEL ◆ n. en Tecpan de Galeana, Gro. (1932). Licen-

ciado en derecho por la UNAM (1957). Miembro del PRI. Ha sido oficial mayor (1966-67) y secretario de uniones regionales (1969-72) de la Liga de Comunidades Agrarias de Guerrero. Diputado local (1969-72), presidente municipal de Tecpan de Galeana (1975-77), coordinador agrario en Guerrero (1978-80), asesor del Programa IMSS-Coplamar (1980-81) y diputado federal (1982-85).

ARMENTA SCOTT, RODOLFO ARMANDO ◆ n. en Mexicali, BC (1953). Licenciado en economía por la UNAM (1973-77). Profesor de la Universidad Autónoma de Baja California (1976-81). Fundador y miembro del secretariado del Partido de la Revolución Democrática (1988-). Ha sido asesor del Sindicato de Trabajadores del Campo de Baja California (1977-78), secretario de organización del Sindicato de Trabajadores de la Universidad Autónoma de Baja California (1978-81), asesor de la Cooperativa de Producción Pesquera Vicente Guerrero (1978-81), jefe de organización del Fondo Nacional de Habitaciones Populares (1986-87) y diputado federal (1988-91).

ARMERÍA ◆ Municipio costero de Colima contiguo a Manzanillo. Superficie: 341.6 km². Habitantes: 28,015, de los cuales 8,357 forman la población económicamente activa. Hablan alguna lengua indígena 77 personas mayores de cinco años (purépecha 38 y náhuatl 26). El municipio fue erigido en 1967. La cabecera, Ciudad de Armería, fue fundada como puesto militar en la época colonial, de ahí su nombre. Perteneció a la jurisdicción de Manzanillo.

ARMERÍA ◆ Río que se forma en Jalisco con las aguas del Tuxcacuesco y el Ayuquila. Corre hacia el sur, donde le tributan el Comala y el Colima. Toma el nombre de la población colimense cerca de la cual pasa y descarga en Boca de Pascuales, en el Pacífico, después de atravesar de norte a sur el estado de Colima.

ARMIENTA CALDERÓN, GONZALO MANUEL ◆ n. en Culiacán, Sin. (1924). Licenciado en derecho por la UAS (1941-

FOTO: FONDO EDITORIAL GRUPO AZABACHE

Río Armería

46), de la que fue rector (1970-72), doctorado por la UNAM (1958-60). Miembro del PRI desde 1946. Ha sido agente de Ministerio Público (1948-50), juez de primera instancia (1948-50), subprocurador general de Justicia de Sinaloa (1951-52), jefe del Departamento Fiduciario de Sociedad Mexicana de Crédito Industrial (1968-69), jefe de Contratos del Infonavit (1972-78), subsecretario de la SRA (1979-81), director general de Fondos y Valores de la Secretaría de Hacienda (1982), coordinador general de delegaciones de la Sedue (1982-84), magistrado (1958-63 y 1985-86), presidente del Tribunal Fiscal de la Federación (1986-88), director general de Asuntos Jurídicos de la Secretaría de Gobernación (1988-), subsecretario de Asuntos Agrarios de la SRA (1994-95) y magistrado del Tribunal Superior Agrario. Autor de *El proceso tributario en el derecho mexicano* y *Las nuevas bases constitucionales y legales del sistema judicial mexicano* (1987). Presidente del Instituto Mexicano de Derecho Procesal (1975-) y rector honorario de la Escuela Libre de Derecho de Sinaloa (1973).

ARMILLAS, PEDRO ◆ n. en España (1914). Participó en la guerra civil española dentro del bando republicano. Llegó a México en 1939. Estudió en la Escuela Nacional de Antropología, de la que fue profesor (1941). Se desempeñó como arqueólogo del Instituto Nacional de Antropología e Historia (1942) y director del Periodo Indígena del Programa de Historia de América del Instituto Panamericano de Geografía e Historia. Publicó trabajos en revistas especializadas y en *Cuadernos Americanos*. Poco después salió del país. Radicado en Estados Unidos y luego en España continuó sus investigaciones sobre las culturas mesoamericanas.

ARMILLITA ◆ ☞ *Espinosa Saucedo, Juan.*

ARNAIZ, ROSENDO ◆ n. en San Martín de las Pirámides, estado de México, y m. en el DF (1890-1945). Fundó el Club Deportivo Internacional y fue un promotor del deporte. Encabezó a las delegaciones mexicanas que asistieron a los Juegos Olímpicos de París (1924), Amsterdam (1928) y Berlín (1936). Organizó el primer maratón de la ciudad de México y participó en la fundación de las federaciones nacionales de beisbol, ciclismo, atletismo y boxeo, así como del Comité Olímpico Mexicano. Recibió condecoraciones de los gobiernos de México, Panamá y Chile por sus aportes a la cultura física.

ARNAIZ AMIGO, AURORA ◆ n. en España (?). Llegó a México al término de la guerra civil española (1939). Doctora por la Escuela de Altos Estudios Mercantiles de España. Facultad de Derecho de la UNAM, donde ha sido catedrática de derecho constitucional y de teoría general del Estado; directora del Seminario de Teoría General del Estado, presidenta del Colegio de Profesores de esa especialidad y secretaria general de la Asociación de Colegios de Profesores de la Facultad de Derecho. Es consejera de la Academia Mexicana de Derecho Mercantil, presidenta honoraria y fundadora de la Procuraduría Femenina de lo Familiar y presidenta honoraria y asesora emérita del Colegio de Abogados de México.

ARNAIZ Y FREG, ARTURO ◆ n. y m. en la ciudad de México (1915-1980). Historiador y economista. Hijo de Rosendo Arnaiz. Estudió medicina, sin llegar a titularse, e historia en la UNAM (1936-42). Licenciado en economía también por la UNAM. (1962), donde fue profesor. Fue catedrático de la Normal Superior y El Colegio de México. Autor de *Estudio biográfico del doctor José María Luis Mora* (1934), *Biografía de D. Andrés Manuel del Río* (1936), *Síntesis histórica de México* (1960), *Madero y Pino Suárez en el cincuentenario de su sacrificio* (1963) y muchas otras obras. Realizó antologías de José María Luis Mora y de Lucas Alamán y colaboró en periódicos y revistas de la capital. Al morir donó su colección de 35 mil libros a la biblioteca Lerdo de Tejada. Miembro de la Academia Mexicana de la Historia desde 1956.

ARNAUDA, EDELMIRO EL *PICAO* ◆ n. en Cuba y m. en Morelia, Mich. (1929-1997). Futbolista. Jugó en diversos equipos de Segunda y Primera División del futbol mexicano. Como entrenador, dirigió al Zacatepec, al Morelia y al Atlante (1982-87).

AROCHE PARRA, MIGUEL ◆ n. en Tlapa de Comonfort, Gro. (1915). Profesor normalista desde 1937. A principios de los años treinta ingresó al PCM, del que fue miembro del comité central. Expulsado a principios de 1948, fue cofundador del Movimiento Reivindicador del Partido Comunista Mexicano y dos años después del Partido Obrero Campesino Mexicano, del que fue secretario general. Por su participación en el Movimiento Ferrocarrilero de 1958-59 (☞), fue preso político de 1959 a 1967. En 1963, en la cárcel ingresó al PPS tras la disolución del POCM. En 1969 se retiró del PPS y fue cofundador del Movimiento de Acción y Unidad Socialista, en el que militó hasta su disolución en 1981. Militante del Frente Democrático Nacional, en 1988 fue elegido diputado federal a la LIV Legislatura (1988-91). Cofundador del PRD (1989). Fundador y jefe de redacción de *La Verdad*. Fue colaborador del diario *Excélsior* (1977-87). En 1969 publicó una *Antología poética del movimiento del 68*. Autor de *La derrota ferrocarrilera de 1959: apuntes para una política sindical proletaria* (1961), *Unidad antiimperialista, unidad proletaria* (1962), *28 poemas de amor y vida* (1967), *el Che, Genaro y las guerrillas* (1973) y *Los secuestros de Figueroa, Zuno y la muerte de Lucio Cabañas* (1974).

AROS O PAPIGÓCHIC ◆ Río de Chihuahua situado en el este de la entidad. Lo forman varios arroyos que bajan de la sierra Tarahumara. Corre con dirección sureste-noroeste, llena la presa Abraham González, en el distrito de Riego del Papigochic, sigue su trayecto hasta penetrar en Sonora, donde se une al río Yaqui en la vertiente este de la sierra de Oposura.

AROUESTY ROBERT, CARLOS ◆ n. y m. en el DF (1936-1994). Fotógrafo y poeta. Usó el seudónimo de Vlad Tappes. Como fotógrafo expuso en el Museo de Arte Moderno y en el Palacio de Bellas Artes. En 1988 se presentó una muestra de su trabajo en la Novena Muestra Internacional de Fotografía en Bulgaria. También se dedicó a la publicidad y recibió el Premio Nacional de la Publicidad en varias ocasiones. Autor de *En los ojos grises* (1982), *No viva solo* (1983) y *Por si hace falta* (1984).

ARQUITECTURA ◆ La arquitectura monumental del México antiguo se empieza a producir cuando existen gobiernos fuertes y una organización social capaz de coordinar y encauzar el esfuerzo colectivo, con un considerable grado de especialización laboral y una acentuada división del trabajo. Para que apareciera la gran arquitectura mesoamericana fue necesario que se dispusiera de la tecnología adecuada. Se sabe de la existencia de herramientas de piedra que hacían las veces de martillos, cuñas, picos, desbastadores y pulidores; de sogas, canastos y otros elementos de jarciería y cestería; y de utensilios de madera como barretas y palancas. Sin embargo, a falta de tecnología para los trabajos pesados o en serie, era indispensable el concurso de grandes masas de personas. Para el arquitecto Ricardo de Robina, "la arquitectura prehispánica corresponde en su totalidad a un desarrollo unitario que, visto en su conjunto, responde a cuatro etapas básicas de desenvolvimiento". A la primera, al periodo preclásico (2000 a 100 años a.n.e.) corresponden Uaxactún, Cuicuilco, La Venta y Tres Zapotes, donde ya la técnica constructiva se aúna a un cierto refinamiento estético. La segunda etapa, llamada clásica, abarca

Foto: Carlos Hahn

Detalle de la Casa de los Azulejos

los 100 últimos años anteriores a nuestra era y los primeros nueve siglos de la era contemporánea y es cuando se producen las más altas manifestaciones arquitectónicas de nuestra antigüedad, especialmente en la zona maya, en Oaxaca y en el altiplano, con manifestaciones estilísticas diferenciadas, pero dentro de una concepción estética semejante, lo que permite hablar de un estilo común a toda Mesoamérica, donde se imponen los espacios externos y los volúmenes y las formas tienen una gran similitud. A esta etapa pertenecen Bonampak, Teotihuacán, Xochicalco, El Tajín, Monte Albán, Edzná, Labná, Kabah, Palenque y Uxmal, entre otros lugares. La tercera etapa, llamada postclásica, se halla, dice Robina, "impregnada de un barroquismo descriptivo de la forma decorativa". En ella se desarrollan recursos como el pilar y las columnatas, en tanto que se produce una cierta ligazón entre el espacio interior y el exterior, aunque el primero siempre será ínfimo si se le compara con el volumen de los inmuebles y los grandes espacios abiertos en medio de los cuales se hallan los edificios. Caraterísticas de este periodo son Tula, Mitla, Calixtlahuaca y Palenque, así

como las construcciones de la era maya-tolteca de Uxmal y Chichén Itzá, de principios del presente milenio. El cuarto y último periodo, abruptamente interrumpido por la conquista, tiene su más alta expresión en Tenochtitlan, donde privaba una monumentalidad acorde con el gran poder que tuvieron los mexicas. Robina observa que en el altiplano predomina la línea recta, en tanto que entre los mayas abunda la línea ondulante sin llegar nunca al uso del círculo. De las culturas mixteca y totonaca señala que en Mitla y El Tajín es llevada al extremo la tendencia a entretejer y jugar con las líneas rectas. Después de la conquista, el temor a las insurrecciones indígenas llevó a los españoles a construir iglesias y conventos fortificados, con altas bardas y frecuentemente protegidos con muros y torres almenadas. Para Manuel Toussaint se trata de la última expresión de la Edad Media, cuando en Europa estaba desapareciendo el feudalismo pero en México empezaban los repartos y encomiendas. Para la segunda mitad del siglo, las construcciones religiosas debían ceñirse a un orden dictado por el virrey Antonio de Mendoza, según el cual los conventos debían tener adosada la iglesia de altísimo imafronte y suntuosa portada, frente a la cual se abría una gran explanada, a la manera prehispánica, en la cual se acomodaban los indios asistentes a la capilla abierta. La portada del templo veía al poniente y en ocasiones había otra portada que apuntaba al norte. El área propiamente conventual, edificada al sur de la iglesia, se levantaba en torno del claustro, primero en uno y después en dos pisos. En la parte baja se distribuían las oficinas, el refectorio, la sala de reuniones o *de profundis,* cocina, bodega y caballerizas, en tanto que arriba estaban las celdas y la biblioteca. En las primeras construcciones coloniales, los techos acañonados cedieron pronto su lugar a las bóvedas góticas u ojivales en las que se observan nervaduras y en ocasiones un tejido de los relieves. El más alto ejemplo de este arte lo ofrece el interior de la Catedral de Guadalajara, con sus columnas que en la

Foto: Boris de Swan

Detalle barroco en Taxco, Guerrero

parte superior se prolongan en las nervaduras del techo. Para finales del siglo XVI, es marcada la influencia renacentista, que tiene manifestaciones puristas o de una sencillez extrema, ajustada a las normas clásicas, como puede observarse en la capilla abierta de Teposcolula o en la portada principal, muros y columnatas del templo de Tecalli que se atribuye al arquitecto Claudio de Arciniega, quien proyectó la Catedral de México. Otros ejemplos de arte renacentista puro lo ofrecen los conventos de Molango, Acolman y Cuilapan, la basílica de Zacatlán de las Manzanas, la Casa del Deán, en Puebla, la puerta del claustro de Santo Domingo de Oaxaca o las puertas del templo de Tlalmanalco o la fachada lateral de la iglesia de Metztitlán, construida por los agustinos, además, por supuesto, de las grandes catedrales cuya construcción se inició en el siglo XVI. De entre éstas, destaca como ejemplo de arquitectura renacentista la

Foto: Carlos Hahn

Palacio de Gobierno de Aguascalientes

Foto: Fondo Editorial Grupo Azabache

Portales de Herrería en Campeche

Catedral de Puebla, proyectada y comenzada por Francisco Becerra en 1575. Aparejado al estilo renacentista, considerado a veces como un freno para éste, floreció en Nueva España el estilo plateresco, que tiene ese nombre por las similitudes que guardaba con el trabajo de los orfebres de la platería. El plateresco, que en México se prolongaría más allá del siglo XVI, se caracteriza por su recargada decoración, la que toma elementos anteriores al renacimiento, tanto góticos como populares, mozárabes e italianizantes. Una alta muestra de este estilo es la Casa de Montejo, de Mérida, Yucatán, la Casa de Mazariegos, en San Cristóbal de Las Casas, o el Palacio de Gobierno de Tlaxcala, lamentablemente alterado. Entre las construcciones de los franciscanos abundan las muestras de plateresco, como ocurre sobre todo en Huejotzingo, Puebla, pero también en los conventos e iglesias levantados en Michoacán, como las portadas de Zacapu, Tzintzuntzan, Jacona y Uruapan. Los agustinos plasmaron obra de este estilo, como la portada del convento medieval de Acolman, de 1560, que se repite en el templo de Yuririapúndaro y en Cuitzeo, con variantes en Erongarícuaro y el hospital de Uruapan, Xochimilco y Calpan, Actopan e Ixmiquilpan, Tlalmanalco y Chimalhuacán, que tiene influencia mudéjar. Pese a la cercanía histórica de la presencia árabe en la península, en Nueva España hubo pocas expresiones de mudejarismo. Entre las más importantes hay que citar los pilares ochavados y los alfarjes, techos de madera como el que se conserva en la iglesia de San Francisco, en Tlaxcala. La mejor muestra mudéjar fue la llamada Casa del Judío, que se mantu-

vo en pie durante tres siglos, por donde ahora está el hospital Juárez de la ciudad de México. Más populares fueron los relieves de argamasa, también mudéjares, que hasta hace poco se podían observar en la Casa de las Ajaracas, de Argentina y Guatemala, o renovados como en la casa de Jerónimo López, en Uruguay y Cinco de Febrero, en la ciudad de México, o en varias construcciones de Coyoacán. Puebla es una ciudad que enriqueció su arquitectura con elementos del arte mudéjar, lo que es un caso único. Una reacción contra los excesos del plateresco fue el estilo herreriano, llamado así a partir del nombre del arquitecto español Juan de Herrera, quien aclimató en España los valores arquitectónicos del renacimiento italiano, con un mayor acento en la sobriedad. En Nueva España obedecieron a

Detalle de la zona arqueológica de Mitla del Posclásico

Foto: Carlos Hahn

esta concepción las portadas del lado norte de la Catedral de México, en buena medida la Catedral de Puebla, la portada de San Pedro y San Pablo, iglesia que es obra de Diego López de Arbaiza, y una muestra de herreriano tardío, pues es ya de los años sesenta del siglo XVII: la iglesia capitalina de Santa Clara. Además de los citados, entre los nombres de arquitectos de ese tiempo que han llegado hasta nosotros se cuentan el del franciscano Juan de Mérida, el laico Pedro del Toro, los agustinos Juan Metl y Juan de Utrera, Francisco Becerra, parcial autor del convento de Tepoztlán, y el lego portugués Antonio de Barbosa, alarife en Cuilapan; y Toribio de Alcaraz, que proyectó como Catedral de Michoacán un templo de planta pentagonal con cinco fachadas y otras tantas capillas de las cuales sólo queda el templo de Nuestra Señora de la Salud. En esta nómina hay que incluir al alarife Pedro de Aulestia, quien no proyectó, pero sí se encargó de la construcción de la Catedral de Mérida hasta que fue sustituido por Juan Miguel de Agüero, quien en 1598 culminó la edificación. Se sabe que, después de 1585, Martín Casillas se puso al frente de las obras de la Catedral de Guadalajara, la que terminó para que fuera consagrada en 1618, cuando el inmueble tenía torres distintas de las

actuales, de peculiar forma cónica, obra de principios del siglo XIX. La conquista espiritual motivó que la Corona española ordenara construir templos y monasterios en los cuales los costos se dividían a partes iguales entre la autoridad civil, los indios y la orden religiosa respectiva. Al parecer esta disposición había sido derogada en el siglo XVII, pues para entonces son particulares quienes asumen plenamente el mecenazgo de estas obras. De este modo los inmuebles ya no tienen que ajustarse a las disposiciones de la autoridad, sino al capricho del patrono y

Hotel Stouffer Presidente en el Distrito Federal

aun a las limitaciones del terreno. Surgen entonces templos con el eje principal paralelo a la calle, como ocurre en la capital del virreinato con La Encarnación (terminada en 1648 y actualmente parte de la Secretaría de Educación), la de Balvanera (1671), Santa Catalina de Siena (1623) y en numerosas iglesias de otras ciudades. Una característica de muchos templos adjuntos a conventos femeninos es la presencia de rejas que separan el espacio de la feligresía del exclusivo de las monjas, como puede verse en Santa Teresa la Nueva. Cobran carta de naturaleza las parroquias con planta de cruz latina, una gran cúpula sobre el crucero y un par de torres sobre la fachada. Esta planta será casi única en los siglos XVII y XVIII y hasta bien entrado el XIX. En 1649, el obispo don Juan de Palafox y Mendoza dedica la Catedral de Puebla, que

en su última etapa tuvo como arquitecto al valenciano Mosén Pedro García Ferrer, quien le agregó al inmueble una cúpula que no estaba prevista en el proyecto original. La construcción de la Catedral de México continuó, primero a cargo del artífice Luis Gómez de Trasmonte (1640-1661) y luego del alarife Melchor Pérez de Soto. Las portadas, los altares, el coro y la sillería serán plenamente barrocos, como lo serán las muchas iglesias cuya puerta de entrada será de arco de medio punto, flanqueado por columnas o pilastras dobles o sencillas y sobre la puerta una ventana o un relieve. En las casas señoriales las pilastras, en algunos casos, se prolongan hacia arriba y sobre la puerta hay un balcón y encima de éste el escudo de armas. Los acabados en los muros exteriores eran frecuentemente de tezontle en la ciudad de México, de azulejo en Puebla o simplemente enjarrados, pero puertas y ventanas están enmarcados de cantera gris. Cumplido el primer tercio del siglo XVII, surgió en Nueva España un estilo que corres-

Detalle de El Tajín

pondía al gusto de los nuevos ricos de la época: el barroco, vocablo tomado del italiano *barocco*, quiere decir bizarro, impuro, mezclado y también audaz, valiente, como suele decirse de quien no teme al ridículo de aceptar y usar lo nuevo. El barroco se deriva del orden clásico, pero lo adultera y lo transforma progresivamente, al grado de que Manuel Toussaint habla de tres tipos de barroco: el primero o sobrio, el segundo o rico y el tercero al que llama exuberante. Aunque discutible, la división de Toussaint es útil para fines prácticos. El barroco del primer momento tiene como exponentes la iglesia de Jesús María, de Pedro Briseño, acabada en 1621; el templo de San Lorenzo, de escuetas líneas, o la cercana iglesia de la Concepción, terminada en 1655, y la igualmente cercana Santa Clara, de influencia herreriana, como ya se dijo; San Jerónimo, Betlemitas y, entre otras construcciones capitalinas, el convento de San Ángel, de fray Andrés de San Miguel, también de la primera mitad del siglo XVII. En Puebla pertenecen al barroco sobrio las portadas de la Santísima y San Agustín, la iglesia de la Concepción y el exterior de San Ildefonso. En Oaxaca hay muestras de un sobrio tardío en San José (1728), la Defensa (1792) y el convento de los Siete Príncipes que se construyó entre 1744 y 1782. Querétaro tiene como altos ejemplos de este barroco a Santa Rosa, Santa Clara y la Compañía. En San Luis Potosí está San Francisco; en Morelia, Las Rosas o Las Monjas, y en Chalco la parroquia franciscana. El barroco rico surge a mediados del siglo XVII. Entre sus exponentes están Santa Teresa la Antigua (1678-84), San Bernardo (1690), San Agustín (1691), La Profesa, del arquitecto Pedro de Arrieta (1720), San Juan de Dios (1727), Corpus Christi (1724) y los claustros de la Merced y San Francisco, en tanto que en Puebla son representativos del barroco de la segunda época Santo Domingo, San Cristóbal, los interiores de San Ildefonso; las catedrales de Durango (1713) y Chihuahua (siglo XVIII); en Oaxaca San Felipe, La Compañía, San Agustín y sobre todo la

Soledad (1695); y en Guadalajara Santa Mónica, Jesús María, Santa María de Gracia y el templo de Tlaquepaque. El barroco exuberante, caracterizado por una decoración que cubre todo espacio disponible, tiene sus primeras manifestaciones en el actual estado de Puebla: San Ildefonso, San Cristóbal y la Capilla del Rosario (1690), en la Angelópolis; el templo recubierto de cerámica de San Francisco Acatepec y la cercana iglesia de Santa María Tonantzintla; en Oaxaca, el interior de Santo Domingo y la capilla del Santo Cristo de Tlacolula; el santuario de Ocotlán, en Tlaxcala; el camarín de Tepotzotlán y el de San Miguel Allende; y la Catedral de Zacatecas, que data de 1752. En esta época, los edificios gubernamentales, como el Palacio Virreinal, distribuyen las oficinas alrededor de grandes patios con arcadas. Los colegios tienen como característica grandes muros con ventanas muy altas, con el fin, se supone, de aislar las aulas del ruido y las distracciones externas. Lo anterior se observa en San Ildefonso, el Colegio de Niñas (hoy Club de Banqueros), el edificio Carolino, ahora modificado, y otras instituciones educativas de origen colonial. Entre las clases medias de entonces se hace común la casa alargada, con cochera, patio angosto, dos pisos y atrás, para los servicios,

otro patio más pequeño al que se llama azotehuela. Para familias más modestas existe la casa de taza y plato, que consta

Hotel Marquis
en el Distrito Federal

Torre ejecutiva en la ciudad de México

Arquitectura moderna en el *campus* de la Universidad Iberoamericana en Santa Fe, ciudad de México

Detalle, Casa de los Perros, Guanajuato

de un solo cuarto a la calle con un entrepiso o tapanco. En la ciudad de México, las casas de vecindad de ese tiempo constan generalmente de un zaguán que lleva hasta un patio en torno del cual estaban las viviendas. Si la vecindad era de dos pisos, al fondo del patio contaba con una escalera que se abría con los dos brazos pegados al muro del fondo, en el cual se hallaba un altar dedicado generalmente a la Virgen de Guadalupe. En el segundo y tercer cuartos del siglo XVIII florece en Nueva España el estilo churrigueresco, llamado así por el arquitecto español José Benito de Churriguera, lo que es del todo injusto, pues éste se caracterizó por su defensa del orden clásico, en tanto que el churrigueresco es, precisamente, la ruptura con los cánones tradicionales, al extremo de alterar las formas estructurales aparentes.

Para Manuel Toussaint es un estilo diferente al barroco, pero la mayoría de los tratadistas lo consideran su etapa final y más recargada, de ahí que también le llamen "ultrabarroco". Además de su regodeo en las formas decorativas, el churrigueresco se caracteriza porque da formas propias de otros materiales a la piedra y por el uso del estípite, columna cuadrada en forma de pirámide invertida y trunca. El estípite fue introducido en Nueva España por Jerónimo de Balbás, arquitecto que llegó hacia 1718 para realizar el altar de los Reyes y el desaparecido ciprés de la Catedral. Iglesias típicamente churriguerescas de la ciudad de México son el Sagrario, la Santísima, San Francisco, la Santa Veracruz y la Enseñanza, que se atribuye al arquitecto Francisco de Guerrero y Torres. En Querétaro están Santa Clara y Santa Rosa, que tiene en su fachada unos interesantes contrafuertes; en Puebla la fachada lateral de San Francisco, San José y Santa Catarina; en Guanajuato, San Diego, la Compañía y la Valenciana o la fachada de la iglesia de Dolores, donde ofició el cura Hidalgo. En San Luis Potosí, la capilla de Aranzazu o Aranzazú, como decimos en México; en Saltillo, la Catedral; en Hidalgo, las parroquias de Atilalaquia y Apan o la capilla del Carmen, en Ixmiquilpan; en Guadalajara, la parroquia de Aranzazú y, en Lagos de Moreno, la parroquia; la parroquia de Tlalpujahua; en Yucatán, las iglesias de Sotuta, Telchac, el convento franciscano de Valladolid y varios inmuebles más. Por sobre todos, destacan Santa Prisca de Taxco, San Martín de Tepotzotlán y el santuario de Ocotlán, en Tlaxcala. En la ciudad de México abundan las construcciones para usos civiles construidas o terminadas en el siglo XVIII, como el Palacio Virreinal, entonces de sólo dos pisos; el Palacio de la Diputación o del Ayuntamiento, también de dos plantas; la real Aduana de Santo Domingo, la Casa de Moneda; los colegios de San Ildefonso, las Vizcaínas y de Cristo; el hotel de Cortés; el hospital contiguo a San Hipólito y el de San Juan de Dios, hoy museo Franz Mayer; las casas de los condes de Miravalle, de los Azulejos, la de los condes de Santiago de Calimaya, la de San Mateo de Valparaíso, hoy Banamex; la de los condes de Heras y Soto; la del marqués de Jaral de Berrio o Palacio de Iturbide; las del Mayorazgo de Guerrero, en Correo Mayor y Moneda; y la Casa de los Mascarones. También datan del siglo XVIII los palacios de Gobierno de Jalisco y Aguascalientes.

Aunque no fue inaugurada oficialmente hasta 1785, en 1781 se abrió la Academia de San Carlos, donde por primera vez se impartió en México la carrera de arquitectura, bajo la dirección de José Antonio González Velázquez. La Academia es producto del siglo de las luces, cuando el racionalismo se instaló como el rector del trabajo intelectual y aun de la vida social y política para poner el orden, la simetría y las proporciones exactas como normas de la creación artística. Se trataba de la restauración del orden clásico: el neoclásico. Las grandes figuras de esta escuela, además del director de la Academia, son Ignacio Castera, José Agustín Paz, Miguel Costansó, José Damián Ortiz de Castro y, sobre todo, Manuel Tolsá. Proyectado por González Velázquez y edificado por Costansó es el edificio de La Ciudadela; Ortiz de Castro terminó las torres y dejó inconclusa la fachada de la Catedral. A su muerte le sucedió Tolsá, a quien se debe el acabado de la cúpula, especialmente la linternilla, el cuerpo central de la fachada, las balaustradas y flameros de torres y naves, así como la ornamentación de las torres. De Tolsá es también el Palacio de Minería, la casa de los Condes de Buenavista, la Casa del Apartado, el ciprés de la Catedral de Puebla y el Hospicio Cabañas de Guadalajara. De Francisco Eduardo Tresguerras es la iglesia del Carmen, de Celaya, altares, pórtico y cúpula de San Francisco en la misma ciudad, la fuente de Neptuno de Querétaro y la Casa Rul de Guanajuato; de Castera y Paz es el templo de Loreto, de José Gutiérrez el Sagrario de Guadalajara; de José Manzo los interiores de la Catedral de Puebla. En resumen, el neoclasicismo dejó obra abundante, pero lamentablemente es, también, uno de los tres momentos más destructores de nuestra historia arquitectónica, sólo superado por la rabia depredadora de la conquista y la saña de los próceres de la Reforma contra las construcciones religiosas. En el altiplano y el Bajío, la fiebre neoclásica arrasó con innumerables monumentos barrocos y en algunas zonas prácticamente no hubo

Balaustras de la plaza de San Marcos en Aguascalientes

iglesia a la que no se impusieran en sus interiores las formas del orden clásico, como ocurrió incluso en la Catedral de México, donde fue demolido el ciprés barroco. Tal furia se manifestó incluso en el exterior de valiosos edificios, como en Jesús María, al que se impusieron portadas inmensas, fuera de escala, con pesadas columnas, frontones curvos, macetones y guirnaldas que nada tienen que ver con el resto del inmueble, pero al que le imponen una majestad de la que carece el templo. El neoclásico cerró el periodo colonial y con su exagerada monumentalidad expresó los excesos de la época que terminaba. El régimen colonial murió, pero las reminiscencias del neoclásico estarían presentes a lo largo del siglo. A partir de 1810 se inició más de medio siglo de guerras civiles. La inestabilidad y la pobreza de la nación impedirían el florecimiento de las artes y, a la más costosa de ellas, la arquitectura, se le permitiría levantar muy pocas obras. Una de ellas es el teatro Nacional o teatro de Santa Anna (1844), obra de Lorenzo de la Hidalga, que también construyó el mercado del Volador, la plazuela de Guardiola y el basamento o

zócalo de un monumento a la independencia que nunca llegó a terminar, pero que dio nombre a la principal plaza del país. Todas estas obras han desaparecido y la cúpula de Santa Teresa la Antigua es lo único que nos queda de quien es nuestro gran arquitecto del siglo XIX. En 1856 llegó a México Javier Cavallari, contratado como director de arquitectura de San Carlos. Él dio a la Academia la apariencia exterior que ahora tiene y realizó en su interior reformas de mérito. Sin embargo, lo más importante fue que fundió las carreras de arquitectura e ingeniería para dar solidez técnica a la formación de los constructores, lo que logró, a costa quizá de la creatividad de sus discípulos. Entre los grandes arquitectos del porfiriato estuvieron algunos talentos extranjeros y unos pocos mexicanos formados en la Escuela de Bellas Artes de París, como Emilio Dondé, que levantó el templo de San Felipe de Jesús en Madero; Antonio Rivas Mercado, autor del teatro Juárez de Guanajuato y de la Columna de la Independencia; Mauricio M. Campos, quien construyó la embajada rusa y el inmueble que hoy ocupa la Asamblea Legislativa del DF. De

los extranjeros destaca Adamo Boari, el constructor del Palacio de las Bellas Artes, proyectado dentro del estilo *art nouveau* y concluido por Federico Mariscal con interiores y diversos aspectos exteriores *art déco*, y del Correo, mezcla de gótico isabelino y renacentista italiano. Boari también proyectó el Templo Expiatorio de Guadalajara, que se concluiría hace muy pocos años. Otro italiano que dejó obra duradera fue Silvio Contri, a quien se deben el Palacio de Comunicaciones, hoy Museo Nacional de Arte, y el edificio de High Life. Del porfiriato y las primeras décadas del siglo XX queda un amplio muestrario de estilos donde se mezclan el mudéjar con el neocolonial, el afrancesamiento de las casas con mansarda, elemento para las grandes nevadas, con las torres y otros elementos medievales. De ese catálogo destacan los edificios del Buen Tono, obra de Miguel Ángel de Quevedo, y el Vizcaya, de Roberto Servín. De Federico Mariscal es

Apatzingán, Michoacán

Foto: Boris de Swan

Balcón en Querétaro

Las casas de adobe son la construcción más tradicional del campo mexicano

Foto: Boris de Swan

la neogótica sexta Delegación de Policía, de Revillagigedo y Victoria; de Manuel Gorozpe el edificio del DDF que al ponerle otro piso imitó el estilo colonial y la Sagrada Familia, de apariencia neogótica. Para los años veinte, la mezcla de estilos parece encaminarse por tres grandes caminos: el nacionalista, que hurga en el pasado en busca de un expresión propia; el *art déco* o "estilo internacional", que paradójicamente propicia una combinación de la moda europea con elementos aztecoides o de presunta inspiración maya; y el funcionalismo, que tiende a una sencillez extrema. Para estimular la búsqueda mexicanista entra en vigor un reglamen-

to de construcción (1923) que otorga estímulos fiscales a los proyectos de este carácter, pues el secretario de Educación, José Vasconcelos, al calor de la joven Revolución exalta "un estilo macizo y noble en las proporciones y en la estructura, refinado y sutil en la ornamentación, donde parece expresarse lo que quiere ser nuestra propia alma nueva". En la segunda mitad de la década y en la siguiente, esa legislación beneficia a los partidarios del *art déco*, que llenarían los muros de magueyes, elotes, grecas tipo Mitla y otros motivos autóctonos en relieve, y más adelante a los seguidores del llamado estilo colonial californiano. Aunque desde el porfiriato se había intentado construir de acuerdo con la idea de un estilo nacional, lo que hizo desde 1919 el yucateco Manuel Amábilis, en los veinte cobra fuerza la tendencia neocolonial que alterna el tezontle y la cantera en numerosas fachadas. De este modo, Ángel Torres Torija levanta el edificio Gaona (1922), Manuel Ortiz Monasterio construye el edificio de Vizcaínas 12 (1923); se edifica la Biblioteca Cervantes, del Departamento de Construcciones de la SEP, el Centro Escolar Benito Juárez, de Carlos Obregón Santacilia o el Estadio Nacional, de Villagrán (1924). El *art déco* se caracteriza por el predominio de las líneas rectas, su acento en lo decorativo,

las esquinas ochavadas de puertas y ventanas, las entradas abocinadas y los volúmenes verticales proyectados hacia el frente. De esta corriente abundan las muestras en las colonias Roma, Hipódromo y Condesa de la capital y en el centro de prácticamente toda ciudad importante del país. Dignas de mención son obras como el interior del Palacio de Bellas Artes, de Federico Mariscal (1932-34); la Secretaría de Salud (1926) y el Monumento a la Revolución, de Obregón Santacilia (1933-38); el Frontón México, de J. Capilla (1929); el edificio Ermita, de Juan Segura (1930); la estación de bomberos de Revillagigedo e Independencia, de Vicente Mendiola (1928); la Central Telefónica Victoria, de Fernando y Miguel Cervantes (1931); el edificio Martí de Francisco Serrano (1931), autor del edificio de departamentos de Sonora y Amsterdam (1930); el "rascacielos" de La Nacional, de Manuel Ortiz Monasterio (1932); o la sede de la YMCA de Morelos y Humboldt, de B.H. Adam (1933). A fines de los años veinte, con menos ruido se abre paso el racionalismo funcionalista, proyectado al mundo desde la Bauhaus y que según Antonio Toca se caracteriza por la sencillez y economía de construcción, facilidad de mantenimiento y adecuación ambiental. La primera muestra importante de esta tendencia arquitectónica es el Hospital de Huipulco (1929), de José Villagrán, quien en 1937 levanta el hospital de Cardiología. Atenido a los mismos principios, también en 1929 Juan O'Gorman edifica la Casa-Estudio de Diego Rivera y en los años siguientes numerosas escuelas. En la misma línea, pero con mayores preocupaciones sociales, trabajó Juan Legarreta, quien construyó casas de interés social que todavía rinden un noble servicio. En los años veinte surge un arquitecto que hará época por la cantidad e importancia de sus construcciones: Mario Pani, a quien se debe el Conservatorio Nacional de Música o la Escuela Nacional de Maestros y que dirigió el proyecto de conjunto de la Ciudad Universitaria y la Unidad

Nonoalco-Tlatelolco. Durante el sexenio cardenista, al calor de los aires izquierdizantes de la época, se constituye la Unión de Arquitectos Socialistas, en la que figuran Enrique Yáñez de la Fuente, quien años después levantaría el hospital de la Raza, y Alberto T. Arai, creador del frontón cerrado de la Ciudad Universitaria. El arquitecto más activo del decenio es Antonio Muñoz García, a quien se encarga la Suprema Corte, el mercado Abelardo L. Rodríguez y el Centro Escolar Revolución, antes de que abandone los templos cívicos para construir la iglesia de Cristo Rey, en Portales, y la del Inmaculado Corazón de María, en la colonia del Valle de la capital. De 1938 a 1949 vive en México Hannes Meyer, el segundo de los tres directores que tuvo la Bauhaus. Su larga estadía entre nosotros es desaprovechada por celos mezquinos e intereses burocráticos. Pese a todo, funda y dirige un taller de urbanismo en el Politécnico, elabora grandes proyectos que no se concretan y trabaja en la construcción de escuelas. Tampoco tuvo mucha suerte entre nosotros Félix Candela, republicano español que llegó al término de la guerra civil y dejó más enseñanzas que construcciones, unas y otras de alto mérito, como la iglesia de la Medalla Milagrosa y el Palacio de los Deportes. Ignacio Díaz Morales y sobre todo Luis Barragán sublimaron el racionalismo hasta convertirlo en lo que llamaron una "arquitectura emocional", quizá por su extraordinaria plasticidad, producto de una estudiada sencillez que hacía de cada rincón una composición perfecta. Aunque empezaron su carrera en los treinta, es en los cuarenta cuando Raúl Cacho Álvarez sienta plaza de constructor de hospitales y Enrique de la Mora de sus variados talentos; Max Cetto edifica casas y Enrique del Moral trabaja con Mario Pani en el mayor muestrario de arquitectura mexicana de fines de esa década y principios de la siguiente: la Ciudad Universitaria, donde además de los citados, que también firmaron el proyecto del edificio de la Rectoría, se integraron grupos dirigidos por las lumi-

narias del momento, como Juan O'Gorman, que encabezó el equipo de arquitectos que se encargó de la Biblioteca Central; José Villagrán, del que construyó la Escuela de Arquitectura; Raúl Cacho, de la Facultad de Ciencias; Enrique de la Mora, de la Facultad de Filosofía y Letras; Alonso Mariscal y Ernesto Gómez Gallardo, de la Escuela de Jurisprudencia; Kladimir Kaspé y José Hanhausen, de la Escuela de Economía; Augusto H. Álvarez y Ramón Marcos, de Comercio y Administración; Max Amábilis, de Ciencias Políticas; Enrique Yáñez, de Ciencias Químicas; Francisco J. Serrano, de Ingeniería; Carlos Reygadas, de Odontología; y Alberto T. Arai, de los frontones. En algunos equipos figuraban en segundo plano nombres de quienes después se convertirían en protagonistas, como Juan Sordo Madaleno, que trabajó en el Instituto de Geología, Pedro Ramírez Vázquez, de la Escuela de Medicina; Fernando Barbará Zetina, en Veterinaria; o Guillermo Rossell, en Químicas. Inmediatamente después de la Ciudad Universitaria se emprendió otro proyecto faraónico: el conjunto SCOP (sede de la Secretaría de Comunicaciones y Obras Públicas). Fue la obra mayor de un arquitecto que destacó también como funcionario, Carlos Lazo. Con él colaboraron Raúl Cacho y Augusto Pérez Palacios; Juan O'Gorman y José Chávez Morado ejecutaron los murales en mosaico de piedra y la obra escultórica fue del colombiano-mexicano Rodrigo Arenas Betancourt. En los años cincuenta ganaron prestigio Julio de la Peña, quien se reveló como creador de plazas y espacios públicos; Augusto H. Álvarez, autor de la Torre Latinoamericana; Francisco Artigas, quien hizo numerosas casas en el pedregal de San Ángel; Enrique Carral, constructor del edificio de General Electric de Ejército Nacional; Gabriel Chávez de la Mora, con sus construcciones religiosas, línea en la destacará en la siguiente década Alberto González Pozo. Desde los cincuenta también trabaja Eduardo Padilla Martínez Negrete, quien ha

realizado su obra fuera de la ciudad de México, sobre todo en Monterrey. En los sesenta cobraron relevancia Antonio Attolini, quien levantó el edificio de oficinas de la AMA, en Reforma y Prado Sur; Héctor Mestre, que construyó el hotel Fiesta Palace; y Ricardo Legorreta, a quien se debe el hotel Camino Real, una de las obras mayores de nuestra arquitectura. Un creador de grandes obras es Pedro Ramírez Vázquez, a quien se debe el Museo Nacional de Antropología, el Estadio Azteca y la Basílica de Guadalupe, por mencionar sólo tres de sus obras más importantes. En los setenta, Juan José Díaz Infante empieza a levantar grandes edificios: la delegación Venustiano Carranza (1972-73), la TAPO (1976-78) y Bufete Industrial (1979-80), a los que seguirán el Club Asturiano (1982-84) y sobre todo la Bolsa Mexicana de Valores. En el mismo decenio, David Muñoz Suárez hace el nuevo edificio de la Lotería Nacional, la UAM-Xochimilco y el Palacio de Gobierno de Chiapas; Enrique García Formentí crea el Centro de Convenciones de Acapulco, en tanto que Agustín Hernández y Manuel González Rul construyen el nuevo Colegio Militar. El estudio del mismo Hernández, en Bosques de las Lomas, es una obra relevante de la arquitectura mexicana. En esos años, en Guadalajara, Alejandro Zohn empieza a cosechar lo sembrado durante muchos años de trabajo constante y dedicado. En la UNAM, Orso Núñez y Arcadio Artís Espriú levantan los edificios del Centro Cultural Universitario y Arturo Treviño colabora en la Biblioteca Nacional. Un caso aparte es el dúo formado por Teodoro González de León y Abraham Zabludovsky, quienes iniciaron su colaboración a fines de los sesenta, pero es en los setenta cuando empiezan a crear obras que se convierten en monumentos urbanos, como

Página publicitaria bilingüe del ingeniero Daniel Garza, especialista de obras de arquitectura, en la revista *El Mundo Ilustrado* del 19 de septiembre de 1897

FOTO: BORIS DE SWAN

Templo del Carmen, San Luis Potosí

FOTO: DANTE BUCIO

Vista interior de las arcadas del exconvento de Santo Domingo, en Oaxaca, abierto nuevamente al público despues de su restauración

Portada de *Río subterráneo* de Inés Arredondo

la Delegación Cuauhtémoc (1972-73), el Infonavit (1973-75), El Colegio de México (1974-75), la Universidad Pedagógica (1983) y otros que ofrecen amplias perspectivas en espacios restringidos y un uso novedoso de los materiales, como el concreto martelinado de los acabados. Al separarse, González de León y Zabludovsky siguen creando obras que revelan su origen común, pero a las que cada uno imprime un sello inconfundible. La literatura sobre la materia ha cobrado importancia en los años noventa, con la crítica que ejercen Manuel Larrosa y Gustavo López Padilla, los ensayos de Víctor Jiménez, Louise Noelle, Enrique X. de Anda Alanís, Antonio Toca Fernández, Juan Palomar Verea, Carlos González Lobo y Alberto González Pozo; así como por el número creciente de libros entre los cuales destacan la *Historia de la arquitectura mexicana*, de Ramón Vargas Salguero, y la *Arquitectura mexicana del siglo XX*, obra coordinada por Fernando González Gortázar, escritor, escultor y arquitecto a quien debemos, entre otras, una obra maestra como es la fuente de la *Hermana Agua*, en Guadalajara.

AROZAMENA, AMPARO ◆ n. en el DF (?). Actriz. Su segundo apellido es Sánchez. Comenzó a trabajar en el teatro de revista desde los cinco años. A los trece, como segunda tiple, efectuó una gira por Argentina. En Chile trabajó cinco años en teatros de zarzuela. Actuó en las revistas *Vámonos con Pancho Villa, Recordar es vivir* y *Rival* con música de Agustín Lara, donde alternó con Joaquín Pardavé, los hermanos Soler, *Borolas, Cantinflas, Resortes, Clavillazo, Harapos* y *Periquín*. Posteriormente ha trabajado en teatro, cine y televisión.

AROZAMENA, EDUARDO *EL NANCHE* ◆ n. y m. en el DF (1877-1951). Actor, padre de la anterior. Montó operetas y zarzuelas aquí y en España. Trabajó en el cine mudo mexicano (*La soñadora*, 1917) y después en el sonoro aquí y en Hollywood. También se presentó en teatro durante varias décadas.

ARRANGOIZ Y BERZÁBAL, FRANCISCO DE PAULA ◆ n. en Jalapa y m. en España (1812-1889). Representó a Santa Anna en Washington, donde se encargó de la redacción del Tratado de La Mesilla. Cobró una comisión por los diez millones que produjo esa enajenación del territorio nacional y le fue retirada la confianza de Santa Anna. Fue uno de los agentes conservadores que prepararon en Europa el establecimiento del imperio, al que representó en diversas misiones diplomáticas, hasta su rompimiento con Maximiliano a causa de las medidas liberales de éste. Escribió *Apuntes para la historia del segundo imperio* (1869) y *Méjico desde 1807 hasta 1867* (1871).

ARREDONDO, ARTURO ◆ n. en Tapachula, Chis. (1938). Estudió ciencias de la comunicación en la UNAM. Ha sido crítico de cine en varios diarios y revistas. Coautor de los volúmenes de cuentos *Letras no euclidianas* (1979) y *Más allá de lo imaginado* (1991). Autor de *Gozoología mayor* (cuentos, 1991).

ARREDONDO, BENJAMÍN ◆ n. y m. en Celaya, Gto. (1837-1906). Médico. Era estudiante cuando encabezó un movimiento contra la reelección del gobernador Aristeo Mercado. Escribió poesía en las revistas *Crisálida, Crisantema* y *El Bohemio*, órgano fundado a fines del siglo XIX por la Sociedad Manuel Navarrete, de Morelia.

ARREDONDO, ELISEO ◆ n. en Villa Nava, Coah., y m. en la ciudad de México (1870-1923). Jurista. Militó en el antirreeleccionismo y, al producirse el golpe de Huerta, en el carrancismo. Diputado federal (1912-13). Secretario de Gobernación del gobierno constitucionalista (agosto-noviembre de 1914); enviado confidencial de Carranza a Washington (toma posesión en marzo de 1915 y al reconocer Washington el gobierno *de facto* de Carranza se convierte en embajador). Cesado como embajador por el secretario de Relaciones Exteriores, Cándido Aguilar, en febrero de 1917, después de que no acató la orden de volver a México. Posteriormente desempeñó otras misiones diplomáticas.

ARREDONDO, INÉS ◆ n. en Culiacán, Sin., y m. en el DF (1928-1989). Su nombre completo era Inés Camelo Arredondo. Estudió biblioteconomía, letras españolas y arte dramático en la UNAM, donde se graduó como maestra en letras españolas. Fue profesora de la Facultad de Filosofía y Letras de la UNAM. Investigadora de El Colegio de México. Perteneció al grupo editor de la *Revista Mexicana de Literatura*. Escribió para diversos suplementos culturales y revistas literarias. Fue maestra de análisis de texto dramático de varias generaciones de actores y directores. Coautora del guión cinematográfico *Mariana* (1968). Autora de los volúmenes de cuentos *La señal* (1965), *Río subterráneo* (1979) y

Opus 123 (1983), y del ensayo *Acercamiento a Jorge Cuesta* (1982). En 1990 apareció una selección de sus cuentos llamada *Inés Arredondo para jóvenes*. Obtuvo el Premio Xavier Villaurrutia 1965. Recibió un doctorado *honoris causa* por la Universidad Autónoma de Sinaloa y la Medalla Fray Bernardino de Balbuena. Becaria de la Farfield Foundation de Nueva York (1962) y del Consejo Nacional para la Cultura y las Artes (1988-89).

ARREDONDO, JOAQUÍN DE ◆ n. en España y m. en Cuba (¿1778?-1837). Militar realista. Combatió a los insurgentes durante diez años en los ahora estados de Tamaulipas y Nuevo León. Se apoderó de la imprenta de campaña de las fuerzas de Mina y la hizo llevar a Monterrey. En 1821, consumada la independencia, se retiró a San Luis Potosí y luego salió hacia Cuba.

ARREDONDO, RICARDO ◆ n. en Apatzingán y m. en Morelia, Mich. (1946-1991). Pugilista, su segundo apellido era Garibay. Su carrera profesional empezó en 1966. Obtuvo el título de peso superpluma del Consejo Mundial de Boxeo el 10 de octubre de 1971, al vencer a Yoshiaki Numata, en Japón. Defendió su título con buen éxito en cinco ocasiones. El 28 de febrero de 1974 fue derrotado por Kuniaki Shibata.

ARREGUI, DOMINGO LÁZARO DE ◆ n. en España y m. en Tepic, Nay. (?-1637). Sacerdote, hacendado y esclavista. Autor de *Descripción de Nueva Galicia*, escrita en 1621 y publicada en Sevilla en 1946 con prólogo de John van Horne, quien descubrió el manuscrito con Francois Chevalier en la Biblioteca del Palacio Real de Madrid.

ARREGUÍN, ENRIQUE ◆ n. en Morelia, Mich. (1907). Médico. Fue rector de la Universidad Nicolaíta, presidió el Consejo Nacional de la Educación Superior y la Investigación Científica y ocupó la Subsecretaría de Educación Pública durante el sexenio de Lázaro Cárdenas.

ARREOLA, FEDERICO ◆ n. en Monterrey, NL (1956). Periodista. Su segundo apellido es Castillo. Estudió economía en el ITESM. Ha sido profesor de la UANL e investigador de la Universidad Regiomontana. Participó en la campaña de Luis Donaldo Colosio, candidato del PRI a la Presidencia de la República (1994). Fue articulista de los diarios *El Porvenir*, *El Norte*, *El Financiero* y *El Economista*. Es director general del *Diario de Monterrey*, de la revista *Milenio* (1997) y del Grupo Editorial Multimedios. Autor de *¿Por qué Monterrey?* (1984), *La tecnología en Monterrey* (1989) y de las biografías de *Roberto Garza Sada, Isaac Garza, Lorenzo H. Zambrano Gutiérrez y José Calderón Penilla* aparecidas en la colección Los Hombres de Nuevo León (1994).

ARREOLA, GERARDO ◆ n. en Pachuca, Hgo. (1953). Estudió periodismo en la UNAM. Ha sido jefe de la sección internacional del cotidiano capitalino *El Día*, corresponsal de la agencia checoslovaca de prensa CTK, articulista (1984-90) y coordinador de redacción del diario *La Jornada* (1988-90). Integrante del consejo editorial de la *Revista Mexicana de Comunicación*. En la agencia Notimex ha sido coordinador de la oficina regional de Notimex en Europa, con sede en Madrid (1990-94), corresponsal en La Habana (1996-98) y jefe de Información Internacional (1998-). Ha ocupado diversos cargos en la Asociación Mexicana de Corresponsales Extranjeros y pertenece a la Unión de Periodistas Democráticos. Es autor del libro *Las ciudades perdidas* (1974).

ARREOLA, JUAN JOSÉ ◆ n. en Zapotlán el Grande, hoy Ciudad Guzmán, Jal. (1918). Escritor. Estudió teatro en la ciudad de México y en París (1944) e hizo papeles de comparsa en la Comedia Francesa. Estudió filología en El Colegio de México (1946). Fue jefe de circulación de *El Occidental* (1943). En Guadalajara editó *Eos*, con Arturo Rivas Sainz (1943) y dirigió con Antonio Alatorre la revista *Pan* (1945). Fue corrector en el FCE (1946-49) y participó en Poesía en Voz Alta en la Casa del Lago (1956), de la que luego fue director. Hizo programas para Radio Universidad. Coordinó las ediciones de la Presidencia de la República (1961-66). Fundó y dirigió la colección Los Presentes y editó Libros y Cuadernos del Unicornio. Es también fundador y director de la revista *Mester* y las ediciones del mismo nombre. A partir de los años sesenta trabajó sucesivamente en los canales 11 y 13 de televisión y después en la empresa Televisa. Preparó la antología *Poesía en voz alta* (1968). Coautor de *Zoo en cuarta dimensión* (1973) y autor de *Gunther Stapenhorst* (1946), *Varia invención* (1949), *Cinco cuentos* (1951), *Confabulario* (1952), *La hora de todos* (1954) *Bestiario* (1958), *La feria* (1963), *Cuentos* (1969), *Palindroma* (1971), *Mujeres, animales y fantasías mecánicas* (1972), *La palabra educación* (1973), *Y ahora la mujer: ensayos* (1974), *Inventario* (1976), *Mi confabulario* (1979), *Confabulario personal* (1981), *Tres cuentos* (1982), *Luz azul* (1983) y *Ramón López Velarde: el poeta, el revolucionario* (1998). En 1969 apareció una *Antología de Juan José Arreola* y en 1975 *Ahora la mujer*, recopilación de entrevistas y epístolas preparada por Jorge Arturo Ojeda. Ha recibido los premios Jalisco de Literatura (1953), del Festival Dramático del INBA por su obra *La hora de todos* (1955), Xavier Villaurrutia 1963, por su novela *La feria*; Azteca de Oro a la mejor revelación televisiva de 1975, Nacional de Periodismo (1977), Nacional de Lingüística y Literatura (1979), UNAM (1987), de Literatura Latinoamericana y del Caribe Juan Rulfo (1992) y el Iberoamericano Ramón López Velarde en narrativa (1998).

Juan José Arreola

ARREOLA, MODESTO ◆ n. en Monterrey y m. en Linares, NL (1837-1864). Militar liberal. Luchó contra la intervención francesa y el imperio.

ARREOLA AYALA, ÁLVARO ◆ n. en el DF (1957). Licenciado y maestro en sociología y candidato a doctor en historia por la UNAM, donde ha sido profesor (1987 y 1992-) e investigador del Instituto de Investigaciones Sociales (1989-). Profesor de El Colegio Mexiquense (1990-). Es consejero del Instituto Electoral del Estado de México. Colaborador de El Financiero (1994-99), de Bucareli Ocho, suplemento político de El Universal (1998-) y de las revistas Milenio (1998-) y Cambio (1998-). Preparó la edición de Legislación electoral del estado de México, siglos XIX y XX (2 t., 1999). Coautor de Municipios en conflicto (1985), La vida política mexicana en la crisis (1987), Estadistas, caciques y caudillos (1987), Las elecciones federales de 1988 en México (1989), Votos y mapas: estudios de geografía electoral en México (1993), Las elecciones en México (1994), Estado de México: perspectivas para la década de los noventa (1994), Pobreza, política social y participación ciudadana (1995), Desarrollo municipal, retos y posibilidades (1998) e Historia general del Estado de México (1999). Autor de La sucesión en la gubernatura del Estado de México: en el vaivén de la pluralidad y el unipartidismo 1917-1993 (1995) y 175 años de legislación electoral mexiquense 1824-1999 (1998).

ARREOLA CORTÉS, RAÚL ◆ n. en Pátzcuaro, Mich. (1917). Estudió en la Escuela Normal de Morelia (1944) y en la Normal Superior del DF (1950-52). Licenciado y maestro en historia por la Universidad Michoacana de San Nicolás de Hidalgo (1966), donde imparte cátedra. Fue director del periódico Lucha Roja, de la Federación de Jóvenes Socialistas de Michoacán (1936). Preparó las Obras completas de Melchor Ocampo (5 tt., 1985-86). Autor de Apuntes de un aprendiz (poesía, 1940), Canto a Moscú (poesía, 1943), José Rubén Romero: vida y obra (1946), Historia de la Escuela Normal de Morelia (1947), El padre de la patria (1958), Morelos (teatro, 1959), El maestro Rébsamen y la educación en Michoacán (1962), Síntesis

Guillermo Arriaga

histórica de la Universidad Michoacana (1966), Epitacio Huerta, soldado y estadista liberal (1967), Miguel N. Lira: vida y obra (1967), Jesús Sansón Flores, poeta revolucionario (1968), Melchor Ocampo, paladín de la revolución liberal (1968), El ala rota (poesía, 1971), Pablo Neruda en Morelia (1972), Infancia y juventud de Juárez (1972), Miguel N. Lira, el poeta y el hombre (1977) y La poesía en Michoacán (1979), entre otras obras.

ARREOLA MENDOZA, JOSÉ MARÍA ◆ n. en Zapotlán el Grande (hoy Ciudad Guzmán) y m. en Guadalajara, Jal. (1870-1961). Sacerdote. Dirigió los observatorios astronómicos de los seminarios de Ciudad Guzmán y Colima. Impartió cátedra en centros de enseñanza religiosa y en instituciones públicas de educación superior. Donó su biblioteca a la Universidad de Guadalajara. Escribió trabajos sobre meteorología, vulcanología y lingüística en revistas especializadas. Es autor de Nueva teoría sobre vulcanismo y descripción de un nuevo evaporómetro (1902), Las erupciones del volcán de Colima en febrero y marzo del corriente año (1903) y Jeroglíficos de apellidos españoles (1922).

ARREOLA PÉREZ, JESÚS ALFONSO ◆ n. en Saltillo, Coah. (1936). Profesor titulado en la Escuela Normal del Estado de Coahuila (1951-54), con licenciatura en ciencias sociales por la Escuela Normal Superior de la Universidad Autónoma de Coahuila y maestría en lengua y literatura por la Escuela Normal Superior, de la que además fue profesor (1968-88). Ha sido coordinador del Fondo de Educación Básica de la Secretaría de Educación Pública (1985-87), secretario general adjunto en Coahuila del PRI (1986), partido al que pertenece desde 1953; y director general de Educación Pública del gobierno de Coahuila (1971-81 y 1987-). Autor de Problemática de la educación rural (1968), Alessio Robles y los historiadores de Coahuila (1979), Marco histórico de la administración pública en Coahuila (1981) y Monografía del estado de Coahuila (1983).

ARRIAGA ◆ Municipio de Chiapas situado en los límites con Oaxaca. Super-

ficie: 653.3 km². Habitantes: 39,164, de los cuales 10,493 forman la población económicamente activa. Hablan alguna lengua indígena 377 personas (zapoteco 301). La parte costera del municipio se halla en la albufera llamada Mar Muerto, en el golfo de Tehuantepec. Del primero al 6 de mayo se celebra una feria regional y otra del 12 al 18 de septiembre.

ARRIAGA, CAMILO ◆ n. en San Luis Potosí, SLP, y m. en el DF (1862-1945). Ingeniero civil. Diputado local al Congreso de San Luis Potosí (1887) y luego federal (1890-1898). Defensor de las Leyes de Reforma. Fundó, con Antonio Díaz Soto y Gama y José María Facha, el Club Liberal Ponciano Arriaga (1900), que en 1901 celebró una reunión con representantes de otros clubes liberales, en la cual acordaron constituir el Partido Liberal Constitucionalista. Después de una agresión, Arriaga y sus compañeros fueron detenidos y llevados a la ciudad de México, donde permanecieron hasta 1903. Aún así no quiso pasar a la oposición contra Porfirio Díaz y sus compañeros decidieron dejarlo. Marchó a EUA donde los Flores Magón lo invitaron a colaborar en Regeneración, lo que hizo. Regresa a México en 1908 y vuelve a ser aprehendido. En 1910, plenamente incorporado al antirreeleccionismo, vuelve a ser detenido por su participación en un complot contra Díaz. Al triunfo del maderismo declina un puesto que le ofrecía el gobierno. Después del cuartelazo de Huerta se exilia nuevamente en EUA, de donde vuelve en 1920. Durante su vida participó en organismos antifascistas de apoyo a la República Española y la Unión Soviética. Ejerció el periodismo en El Demófilo y El Heraldo de México, entre otras publicaciones.

ARRIAGA, GUILLERMO ◆ n. en la ciudad de México (1926). Bailarín y coreógrafo. Estudió danza con Guillermina Bravo, Waldeen, Ana Mérida, José Limón, Merce Cunningham y Ana Sokolow; música con Pedro Michaca; música folclórica con Vicente T. Mendoza y Marcelo Torreblanca; teatro con Ignacio Retes, Seki Sano y Fernando Wagner; arqueología con Diego Rivera y Miguel Covarrubias; historia del arte con José Rojas Garcidueñas, y artes escénicas con Julio Prieto y Antonio López Mancera. Maestro, coreógrafo y primer bailarín de la Academia de la Danza Mexicana y del Ballet de Bellas Artes (1949-73), cofundador, con Alexandro Jodorowsky, del primer grupo mexicano de mimos, fundador del Ballet Mexicano y del Ballet Popular de México (1957-64), director escénico del Ballet Folklórico de México (1961-63), director general del Conjunto Folklórico del IMSS (1963-64), jefe de la Oficina de Programas Artísticos Foráneos de los XIX Juegos Olímpicos (1968), director del Conjunto Típico Tamaulipeco (1969-), jefe del Departamento de Radio (1969-70) y gerente de Promoción y Publicidad de Musart (1970-73); y de Peerles (1975-80); gerente de programación del Fonapas (1980-82), director de Danza del INBA (1983-88) y asesor del Festival Cervantino (1989-91). Entre sus coreografías se cuentan: *El sueño y la presencia* (1951), *La balada mágica* (1952), *Antesala* (1952), *Zapata* (1953), *Cuauhtémoc* (1954), *Huapango* (1954), *Romance* (1954), *Fronteras* (1955) y *Fauno 63* (1963). Premio Latinoamericano de la Danza de la revista chilena *Ballet* (1953), coreógrafo y bailarín más destacado (Venezuela, 1957), Premio del Festival Musical de Israel (1964) y Premio Nacional de Danza José Limón (1996).

ARRIAGA, J. ISAAC ◆ n. en Puruándiro y m. en Morelia, Mich. (1890-1921). Estudió medicina en el Colegio de San Nicolás, del que fue expulsado en 1909 por su oposición al porfirismo. Perteneció a la Sociedad Literaria Melchor Ocampo Manzo y escribió poemas y cuentos en la revista *Flor de Loto*. Participó en la insurrección maderista y al golpe de Victoriano Huerta se incorporó al constitucionalismo. Fue diputado federal. Cofundador del Partido Socialista Michoacano. Murió asesinado.

ARRIAGA, JOSÉ JOAQUÍN ◆ n. en Puebla y m. en la ciudad de México (1831-1896). Ingeniero. Perteneció a varias asociaciones científicas del país y a la Academia de Ciencias Naturales de Filadelfia. Fundó la *Revista Universal* y dirigió *La ciencia recreativa*, colección "dedicada a los niños y a las clases trabajadoras". El primero de doce tomos, presumiblemente escritos por él, se imprimió en México en 1874.

ARRIAGA, PONCIANO ◆ n. y m. en San Luis Potosí, SLP (1811-1863). Abogado federalista. Se opuso a Santa Anna. Diputado federal en 1843 y 46. Dirigió durante la intervención estadounidense de 1847 el periódico *El Estandarte de los Chinacates* y sirvió en el apoyo logístico a las fuerzas mexicanas. Se opuso a los pacifistas que aceptaron la pérdida de territorios. Ministro de Justicia, Negocios Eclesiásticos e Instrucción Pública del presidente Mariano Arista (1852-53). Santa Anna, a su regreso al poder, lo destierra. Vuelve al país al triunfo del Plan de Ayutla, después de establecer un estrecho contacto con Juárez y otros liberales en EUA. En 1856 es elegido diputado por distritos de ocho entidades para el Congreso Constituyente, el que preside en sus inicios, lo mismo que la Comisión de Constitución, por lo que resulta el principal redactor del proyecto y uno de los más activos defensores de la nueva ley, contra los que deseaban readoptar la de 1824. Permaneció junto a Juárez cuando el golpe de Comonfort. En 1862 (junio-octubre) fue gobernador interino de Aguascalientes y en 1863 del Distrito Federal. Autor de numerosos folletos: *Por ignorancia o por malicia se ha fallado una injusticia* (1842), *Sobre una pretendida traición a México* (¿1854?), *Voto particular del C. Ponciano Arriaga sobre el derecho de propiedad* (1859) y otros.

Retrato y firma de Ponciano Arriaga

ARRIAGA CORREA, ALBERTO F. ◆ n. en Guadalajara, Jal., y m. en el DF (1858-1905). Militar porfirista y escritor. Autor de poesía: *Algunos versos* (1895) y *Romances vulgares*; novelas: *El pecado de Magdalena, Una cana al aire* (1896) y *Una herencia forzosa*; y obras de teatro: *Tal para cual* (1894).

ARRIAGA RIVERA, AGUSTÍN ◆ n. en Morelia, Mich. (1925). Licenciado en economía por la UNAM (1951-56). Profesor de la UNAM (1949-51) y de la Universidad Michoacana (1952). Es dirigente de la masonería. Miembro del PRI, del que fue presidente de la Comisión Nacional Juvenil (1949-50) y director nacional juvenil (1950-52). Ha sido subdirector de Acción Social de la SEP (1950-52), diputado federal (1952-55), presidente de la Junta Federal de Mejoras Materiales en Tamaulipas (1955-59), director general del Injuve (1959-62) y gobernador de Michoacán (1962-68). Durante su gestión reprimió dos movimientos de los universitarios nicolaítas. Al terminar su gestión se dedicó a los negocios: presidió el consejo de administración de la Fábrica de Plásticos Saeta (1970-73) y el consejo de distribución automotriz del Grupo Corporativo Sol (1976-89). En 1988 volvió al gobierno, como director general del Fondo Nacional para los Desarrollos Portuarios, y en 1989 fue nombrado director del Fideicomiso de Formación y Capacitación para el Personal de la Marina Mercante Mexicana.

FOTO: CUARTOSCURO

Agustín Arriaga Rivera

ARRIAGA RUIZ, RIGOBERTO ◆ n. en Pénjamo, Gto. (1929). Ejidatario. Perteneció al PPS desde 1962, partido en el que fue secretario de política campesina (1962-65) y miembro del Comité Central (1976). Secretario de organización (1949-53) y secretario general (1953-65) de la Federación de Obreros y Campesinos del Valle de Culiacán. Miembro fundador, secretario de Problemas Campesinos (1969) y secretario de Organización (1990) de la Alianza Nacional de Trabajadores. Regidor del ayuntamiento de Culiacán, Sin. (1965-69). Diputado federal (1991-94).

ARRIETA, JOSÉ AGUSTÍN ◆ n. en Santa Ana Chiautempan, Tlax. y m. en Puebla, Pue. (1803-1874). Pintor costumbrista. Estudió en la Sala de Dibujo de Puebla. Profesor de la Academia de Bellas Artes de Puebla y primer conserje del Congreso del Estado de Puebla. Es muy conocido su cuadro *Interior de pulquería*, retrato de personajes populares de mediados del siglo XIX. Se conservan obras suyas en museos públicos y colecciones particulares de Puebla.

ARRIETA, PEDRO DE ◆ n. en Pachuca y m. en la ciudad de México (?-1738). Arquitecto. En 1691 fue nombrado "maestro mayor de arquitectura" y en 1720 "maestro mayor de la Catedral y del Real Palacio". Constructor de la Colegiata de Guadalupe (1695-1709), de Santa Teresa la Nueva (1701-1704), de la Profesa (1714-20), de Corpus Christi y el Palacio de la Inquisición (1732-37) en la capital, así como de la iglesia de Santiago, de Tuxpan, Veracruz. Introdujo innovaciones en el barroco mexicano y en 1735 fue uno de los redactores de las *Ordenanzas* de su gremio.

ARRIETA JIMÉNEZ, DARÍO LUIS ◆ n. en Iguala, Gro. (1944). Licenciado en

La Colegiata de Guadalupe fue construida por Pedro de Arrieta

administración de empresas por la Facultad de Comercio de la UNAM (1968), de la que ha sido profesor, al igual que de la Escuela Superior de Comercio y Administración del Politécnico y de las universidades Anáhuac e Iberoamericana. Fue director de Asistencia Social de la SSA (1976) y coordinador de Telecomunicaciones y Transportes Aéreos de Pemex (1982-).

ARRIETA LEÓN, DOMINGO ◆ n. en Canelas y m. en Durango, Dgo. (1874-1961). Arriero, minero y campesino. Militante antirreeleccionista. En 1910 se incorporó a la rebelión maderista. Al triunfo del movimiento era coronel. Cuando se produjo el golpe de Huerta se adhirió al Plan de Guadalupe y con su hermano Mariano opera en Durango y toma la capital del estado con la ayuda de Tomás Urbina. En la lucha de facciones milita en el carrancismo y como general de brigada combate a Villa. Gobernador de Durango (agosto de 1917 a mayo de 1920). Fiel a Carranza durante la rebelión de Agua Prieta, desconoció al gobierno de Adolfo de la Huerta y lo combatió con las armas. Siendo presidente Obregón le concedió la amnistía y le reconoció el grado. Senador de la República (1936-40). Murió como divisionario.

ARRIETA LEÓN, EDUARDO ◆ n. en Canelas, Dgo. (1879-?). Se incorporó a la revolución con sus hermanos Domingo y Mariano en 1910, aunque su expediente le reconoce antigüedad desde 1914.

ARRIETA LEÓN, MARIANO ◆ n. en Canelas, Dgo. (1866-?). Arriero y minero como su hermano Domingo, con quien encabezó el levantamiento maderista de 1910 en Durango. En 1913 se alzó en armas contra el dictador Victoriano Huerta. Durante la lucha de facciones se mantuvo dentro del carrancismo. Fue gobernador de Durango en 1915. Alcanzó el grado de general de brigada.

ARRIETA MATEOS, DARÍO L. ◆ n. en Guerrero y m. en el DF (?-1988). Ingeniero. Fue gobernador sustituto en Guerrero (1954-1957). Fue presidente de El Colegio de Ingenieros Agrónomos (1961-64).

ARRILLAGA, BASILIO MANUEL ◆ n. y m. en la ciudad de México (1791-1867). Sacerdote jesuita. Rector del Colegio Carolino (hoy Universidad Autónoma de Puebla) en 1822. Diputado por el DF en 1835-36, es coautor de las Siete Leyes Constitucionales. En 1836 aparece como cofundador de una Academia de Historia que habría de desaparecer junto con el gobierno que la prohijó. Senador (1838-42). Miembro de la Junta Nacional Legislativa por designación de Santa Anna en 1842-43, participa en la elaboración de las llamadas Bases Orgánicas. Rector de la Universidad (1844-1849) y del Colegio de San Ildefonso desde 1863 hasta 1865, cuando Maximiliano, quien lo había nombrado, lo cesó. Formó parte de la Junta de Gobierno que instaló el mariscal francés Forey al ocupar la capital.

ARRIOJA, MANUEL MARÍA ◆ n. y m. en Puebla (1840-1900). Abogado. Peleó contra los franceses durante la intervención. Vicerrector del Colegio del estado (1860). Alcalde constitucional de Puebla y gobernador interino de Puebla (1885). Ejerció el periodismo en *La Idea Liberal*, *El Bien Público* y *El Club Rojo*, entre otros. Escribió el drama *Fatalidad* y las novelas *Sor Ángela* y *Sor Matilde*.

ARRIOJA, MIGUEL MARÍA ◆ n. en Puebla y m. en la ciudad de México (1807-1867). Fue representante diplomático de México ante varios gobiernos germánicos europeos. Ministro de Relaciones Exteriores con el presidente Juan Álvarez (octubre-diciembre de 1855).

ARRIOLA, ARMANDO ◆ n. en la ciudad de México (1895). Actor. Se inició profesionalmente desde niño. Trabajó en el teatro Principal y formó parte de las cooperativas del teatro Ideal y el Fábregas con las hermanas Blanch, Sara García y otros actores. Miembro fundador de la ANDA. Trabajó en *El cuadrante de la soledad*, de José Revueltas, dirigido por Ignacio Retes (1950), en *Historia de una escalera*, de Buero Vallejo, y en *La familia Barret*, de Besier, ambas con dirección de Luis G. Basurto, y en muchas otras obras.

ARRIOLA, JUAN JOSÉ DE ◆ n. en Guanajuato, Gto. y m. en Puebla, Pue. (1698 o 1715-1768). Sacerdote jesuita. Fue abogado de las audiencias de México y Guadalajara, así como comisario de la Inquisición. Escribió poesía (*Canción a un desengaño*) y la comedia *No hay mayor mal que los celos*.

ARRIOLA ADAME, JOSÉ ◆ n. y m. en Guadalajara, Jal. (1890-1962). Abogado. Estudió literatura, música e historia en Guadalajara y en París. Fundó sociedades artísticas en Jalisco. Compositor de *Romanza sin palabras* y otras obras. Hizo traducciones del francés y colaboró en *Bandera de Provincias*. Fue presidente de la Alianza Francesa de Guadalajara. Recibió la Legión de Honor y las Palmas Académicas de Francia.

ARRIOLA BARRENECHEA, SALVADOR DE JESÚS ◆ n. en el DF (1948). Licenciado en economía por el ITAM (1967-71), hizo estudios de posgrado en el GATT (1973). Miembro del PRI desde 1979. Ha sido funcionario de la CEPAL (1971-73), subdirector de la oficina de Países y Organismos Internacionales de la SIC (1975-76), subdirector de la oficina de Organismos Internacionales y Regionales de la Secretaría de Comercio (1977), subgerente de Fideicomisos de Nafinsa (1977) y subdirector (1978-80), director general de Asuntos Hacendarios Internacionales de la Secretaría de Hacienda (1981-?), miembro del Consejo Asesor de Presidentes del BID (1981-?), director ejecutivo por México en el Banco de Desarrollo del Caribe y embajador de México en Uruguay (1990-).

ARRIOLA Y FONSECA, AGUSTÍN DE ◆ n. en San Gaspar de Tecolotlán, Jal., y m. en Italia (1708-1776). Jesuita. Vivió casi 20 años entre los yaquis, para los cuales fundó escuelas. Salió de Nueva España al decretarse la expulsión de la Compañía de Jesús. Escribió un *Informe de la misión de Rahún*.

ARRIOLA HARO, IGNACIO ◆ n. en Guadalajara, Jal. (1930). Estudió cine, televisión y teatro en Roma. Jefe del Departamento de Cultura de la Universidad Autónoma de Querétaro y director de Actividades Estéticas de la Universidad Autónoma de Guadalajara. Autor de obras dramáticas: *Pandora y el ruiseñor* (1967) y *Seis piezas teatrales* (1974).

ARRIOLA RICO, JUAN DE ◆ n. y m. en Guadalajara, entonces Nueva Galicia (1653-1718). Sacerdote. Doctor en teología por la Real y Pontificia Universidad de México, de la que fue candidato a rector en 1682. Escribió *Vida de la esclarecida virgen y solitaria anacoreta Santa Rosalía: versos a Santa Rosalía*, obra que Méndez Plancarte publicó en 1955 como *Décimas de Santa Rosalía*.

ARRÓNIZ, JOAQUÍN ◆ n. en Cosamaloapan y m. en Orizaba, Ver. (1838-1870). Periodista liberal. Fundó en Orizaba *El Diablo Predicador* y durante la intervención francesa *El Ferrocarrilero*, en el cual criticó a las autoridades imperiales, por lo que fue a prisión. Después del triunfo republicano publicó *La Geringa* (sic) y *El Eco de Orizaba*. Autor de una *Biografía de fray Alonso de Molina*, *Ensayo de una historia de Orizaba* (1867), *Geografía especial de México* (1868) y otras obras.

ARRÓNIZ, MARCOS ◆ n. en Orizaba, Ver., y m. cerca de Texmelucan, Pue. (?-1858). Militar conservador. Fue capitán de lanceros de la guardia de Santa Anna. Fundador del Liceo Hidalgo (1850). Escribió poesía en *La Ilustración Mexicana*, *El Presente Amistoso*, *La Guirnalda Poética* y otras publicaciones de la época. Autor de poemas, cuentos, una biografía de Sor Juana, un *Manual de biografía mexicana o galería de hombres célebres de México* (1857) y otro *Manual del viajero en México o compendio de la historia de la ciudad de México* (1858). Murió al ser asaltado durante un viaje.

ARRÓNIZ, OTHÓN ◆ n. en Jalapa, Ver. (1921). Licenciado en filosofía y letras por la Universidad de Lausana y doctor en filología románica por la Universidad de Madrid. Fue director de la Facultad de Filosofía y Letras de la Universidad Veracruzana (1961-64). Es investigador del Centro de Estudios Literarios de la UNAM. Colabora en revistas especializadas. Autor de *Alfonso de Ulloa, servidor de don Juan Hurtado de Mendoza* (1968), *La influencia italiana en el nacimiento de la comedia española* (1969), *Teatros y escenarios del Siglo de Oro* (1977), *El Colegio del Espíritu Santo en el siglo XVI* (1978), *Teatro de evangelización en Nueva España* (1979), *El despertar científico en América: la vida de Diego García del Palacio* (1980) y *La batalla naval de San Juan de Ulúa: 1568* (1982). Ha escrito también la obra teatral *Yanga* (estrenada en 1971).

ARROYO, ANTONIO ◆ n. en Ocotepec y m. en Cuapiaxtla, Pue. (?-1816). Se incorporó a las fuerzas insurgentes en las postrimerías de 1811. Operó en Puebla y Tlaxcala. Tomó Tepeaca y Tehuacán. Morelos y otros jefes independentistas lo miraban con descofianza debido a su indisciplina y afán de buscar provecho personal. Murió asesinado por su lugarteniente.

ARROYO, ISAAC ◆ n. en Guanaceví, Dgo., y m. en Ciudad Juárez, Chih. (?-1924). Participó en la insurrección maderista. En 1912 combatió a los orozquistas y en 1913 a Victoriano Huerta. Durante la lucha de facciones militó en el villismo como general. Asistió como delegado a la Convención de Aguascalientes.

ARROYO, JOSÉ MIGUEL ◆ n. y m. en la ciudad de México (¿1810?-1875). Conservador. Oficial mayor de Relaciones Exteriores, encargado del despacho en dos ocasiones con el presidente Arista en 1852 y en 1852-53; con el presidente Juan B. Ceballos dos veces en 1853; con el presidente Manuel María Lombardini en 1853; con Santa Anna en 1853; con Martín Carrera en 1855; con Miramón en 1859; con J. Ignacio Pavón en 1860 y en el mismo año de nuevo con Miramón. Con Maximiliano fue subsecretario de Negocios Extranjeros encargado del despacho en 1863-64 y de julio a septiembre de 1866.

ARROYO, MIGUEL ◆ n. en Huamantla, Tlax. (1967). Ciclista conocido como el *Halcón de Huamantla*. Participó en el *Tour* de Francia, el *Giro* de Italia y otras competencias del circuito europeo de

Miguel Arroyo

ciclismo durante la década de 1990 con el equipo belga ADR. Ganó la Ruta México.

ARROYO DE ANDA Y ANGUIANO, AGUSTÍN ◆ n. en Sayula, Jal., y m. en la ciudad de México (1853-1917). Abogado. Fue diputado federal en el porfiriato. Dirigió el periódico *El Minero Mexicano* (1888) y colaboró, entre otros, en los diarios *El Monitor Republicano*, *El Federalista* y *La Voz de México*. Publicó algunos de sus alegatos jurídicos.

ARROYO DE ANDA Y GÓMEZ, ANDRÉS ◆ n. y m. en Guadalajara, Jal. (1879-1899). A los 15 años se inició en el periodismo y publicó también su primer poema ("Crepúsculo"). Dirigió *El Jalisciense* (1897) y *Germinal* (1899). Fue el triunfador en un concurso de sonetos a Hidalgo en 1897. Autor de varios opúsculos de poesía: *Notas de arte: mi cuarto a espadas*; *El crimen del herrero*; y *De vuelta del combate*. Hizo también una antología de poetas jaliscienses: *Selección lírica*. Todos los títulos aparecieron en 1899, año en que se suicidó el que fuera llamado "Poeta Niño".

ARROYO DE ANDA Y REYES, FRANCISCO ◆ n. y m. en Guadalajara, Jal. (1853-189?). Abogado. Escribió poesía cívica y religiosa (*La cruz*, 1879). Autor de piezas dramáticas: *El verdugo*, sobre un argumento de Balzac (1882); *Don Beltrán de la Cueva* (1883); *El fraile de la calavera* (s.f.). Dirigió la elaboración de un *Diccionario Universal de Historia*, cuya publicación, inconclusa, se inició en 1883.

ARROYO DE ANDA Y REYES, RAFAEL ◆ n. en Sayula y m. en San Pedro Tlaquepaque, Jal. (1846-1878). Periodista conservador. Fundó *La Civilización* (1868-72) y colaboró en otras publicaciones antiliberales (*Club Jalisciense*, *La Prensa Libre*, *Juan Panadero*). Sufrió una agresión en 1872 y señaló como culpable al gobernador Ignacio L. Vallarta. Fue redactor de *La Alianza Literaria*, órgano de la sociedad del mismo nombre (1875-76). Diputado federal en 1876.

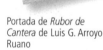

Portada de *Rubor de Cantera* de Luis G. Arroyo Ruano

Romárico Arroyo

Fue condecorado por El Vaticano, debido a un texto en que defendía la infalibilidad papal. El escrito se tradujo y publicó en Francia y en Italia.

ARROYO DE ANDA Y VILLAGÓMEZ, JOSÉ FRANCISCO ◆ n. en el Mineral de San Sebastián, Jal., y m. en Guadalajara. Jal. (1775-1847). Sacerdote. Promotor de obras pías. Difundió las ideas de fray Servando Teresa de Mier. Representante por Guadalajara a las Cortes de España (1820-21). Cinco veces diputado local en Nuevo León y presidente del Congreso Constituyente de la entidad.

ARROYO CH., AGUSTÍN ◆ n. en Pueblo Nuevo, Gto., y m. en el DF (1892-1969). Se inició en el periodismo en la ciudad de Guanajuato, donde a fines del porfiriato colaboró en *Crisálida* y fundó *La Redacción* y *Chin Chun Chan*. Encarcelado por sus opiniones, al salir de prisión escribió en *El Observador*, de la capital guanajuatense; *La Metralla* y *Vida Nueva*, de Celaya, y *El Correo*, de Chihuahua. Exiliado por su militancia antirreeleccionista, continuó su actividad periodística en *El Paso Morning Times*. Durante la insurrección maderista obtuvo el grado de coronel. Al regresar a México dirigió *El Popular*, de León, y *El Baluarte*, de la capital, donde colaboraba en *El Monitor*. En 1914 se incorporó al constitucionalismo. Fue diputado local y federal (1919-24). Miembro fundador del Partido Nacional Revolucionario. Gobernador de Guanajuato (1927-31), subsecretario de Gobernación (1935-36), jefe del Departamento Autónomo de Prensa y Publicidad del gobierno federal (1937-38), jefe del Departamento del Trabajo (1939-40), presidente de PIPSA (1960-61) y director de *El Nacional* (1962-68). El libro *Fuego graneado* reúne algunos de sus textos periodísticos y sus cuentos están en *Cuando Agustín mató al diablo*.

ARROYO FLORES, ALFONSO ◆ n. en Misantla, Ver. (1929). Profesor normalista (1947). Desde 1950 es miembro del PRI. En el Sindicato Nacional de Trabajadores de la Educación ha sido presidente de la Comisión Nacional de Becas (1968-71), secretario de Créditos a

la Vivienda (1971-74), secretario general de la sección XXXII (1972-75), secretario de organización (1974-77), secretario de trabajo y conflictos de primarias (1977-80) y oficial mayor (1980-83). Contralor de la FSTSE (1983-86). Diputado federal por el V distrito de Veracruz (1982-85).

ARROYO MARROQUÍN, ROMÁRICO DANIEL ◆ n. en Tulancingo, Hgo. (1942). Ingeniero civil titulado en la UNAM (1963-67) y maestro en ciencias por la Universidad de Stanford (1969-70). Es miembro del PRI desde 1967. Director de planeación y transporte de la empresa Ipesa Consultores (1970-73), director adjunto (1973-76) y director general del Fondo Nacional de Fomento al Turismo (1976-77), director general de la Compañía Minera Cananea (1978-82), subsecretario de Minas e Industria Básica de la SEMIP (1982-87), y director general de Astilleros Unidos (1987-88); subsecretario (1994-98) y secretario de Agricultura y Ganadería (1998-). Pertenece al Colegio de Ingenieros Civiles y a la Sociedad Mexicana de Ingenieros.

ARROYO RUANO, LUIS G. ◆ n. en Cuerámaro, Gto. (1913). Se ordenó sacerdote en 1936. En 1963 se estableció en Guadalajara. Colaboró en la revista *Ábside*. Profesor de la Universidad Autónoma de Guadalajara. Autor de poesía: *Paisajes de mi parroquia: Indaparapeo de la Paz, Mich.* (1957), *Asombro de luces* (1959), *Clamor de los símbolos* (1960), *Rubor de cantera* (poemas dedicados a Morelia; s.f.) y *Esencias de México* (s.f.).

ARROYO SECO ◆ Municipio de Querétaro situado en el norte de la entidad, en los límites con Guanajuato y San Luis Potosí. Superficie: 717.2 km². Habitantes: 13,203, de los cuales 2,911 forman la población económicamente activa. Hablan alguna lengua indígena 13 personas mayores de cinco años.

ARRUZA, CARLOS ◆ n. y m. en el DF (1920-1966). Nombre taurino de Carlos Ruiz Camino o Arruza Camino. Recibió la alternativa de manos de Armillita en 1940. Fue una figura reconocida en los ruedos de México, España, Francia y Sudamérica. Toreó gran número de corridas junto a Manolete. Dejó el traje de luces en 1953 y tres años después se convirtió en rejoneador, actividad en la que se mantuvo hasta principios de los años sesenta.

ARRUZA, MANOLO ◆ n. ¿en el DF? (1955). Torero. Hijo del anterior. Como novillero debutó en Aracena, España, en 1972. En 1973 tomó la alternativa en Guadalajara y la confirmó en Madrid en 1975.

ARS ◆ Revista literaria dirigida por Juan Velázquez Chávez. Juan Rejano fue secretario de redacción. Se publicaron cuatro números entre enero y abril de 1942.

ARTAUD, ANTONIN ◆ n. y m. en Francia (1896-1947). Escritor. En 1924, en París, se unió al grupo surrealista. Dirigió el tercer número de *La Révolution Surréaliste* y la Central Surrealista (1925). Polemizó con André Breton. Vino en 1936 a México, donde dictó conferencias, escribió para diversas publicaciones y vivió con los tarahumaras, quienes lo introdujeron en el uso ritual del peyote. Durante su estancia declaró que quería "estudiar la vida real de México en todos sus aspectos. No es la cultura de Europa lo que he venido a buscar aquí, sino la cultura y la civilización mexicanas originales. Me declaro discípulo de esa originalidad y quiero extraer enseñanzas de ella". En 1937 volvió a Europa, pasó por clínicas psiquiátricas, vio publicados sus libros y recibió un homenaje. Entre sus obras se cuentan *Au pays des Tarahumaras* (1945) y *Les Tarahumaras* (1955).

ARTE ◆ Revista literaria que se publicó en Mocorito, Sinaloa, del primero de julio de 1907 al 31 de mayo de 1909. Aparecieron 17 números. Era dirigida por Enrique González Martínez y Sixto Osuna. José Sabás de la Mora era el propietario y editor. Fueron sus colaboradores Porfirio Barba Jacob (Ricardo Arenales), Mariano Azuela, Ángel de Campo

Arte, revista literaria

Micrós, Balbino Dávalos, Salvador Díaz Mirón, Enrique Fernández Ledesma, Amado Nervo, Joaquín Arcadio Pagaza, José Juan Tablada, Luis G. Urbina y Efrén Rebolledo. Publicó textos de Rubén Darío, Leopoldo Lugones, Máximo Gorki, Mark Twain, Ramón del Valle-Inclán, Edmundo de Amicis, Pío Baroja, Enrique Díez-Canedo, Anatole France, Pierre Loti, Antonio y Manuel Machado y Giovanni Papini.

ARTEAGA ◆ Municipio de Coahuila situado en los límites con Nuevo León y contiguo a Saltillo. Superficie: 1,818.6 km². Habitantes: 18,907; de los cuales 5,474 forman la población económicamente activa. Hablan alguna lengua indígena siete personas mayores de cinco años.

ARTEAGA ◆ Municipio de Michoacán situado en el sur de la entidad, en los límites con Guerrero, en la cuenca del Balsas. Superficie: 3,935.41 km². Habitantes: 23,921, de los cuales 4,831 forman la población económicamente activa. Hablan alguna lengua indígena 36 personas mayores de cinco años. El municipio fue erigido el 17 de junio de 1894. La cabecera es Arteaga de Salazar.

ARTEAGA, GUALTERIO ◆ n. en Monterrey, NL (1890-?). Participó en la rebelión maderista. Al producirse el golpe de Victoriano Huerta se unió a las fuerzas de Pedro Rodríguez Triana y Felipe Ángeles. En la lucha de facciones se mantuvo dentro del villismo. Fue herido en Celaya en 1915. En 1923 se adhirió al levantamiento delahuertista.

ARTEAGA, JOSÉ MARÍA ◆ n. en la ciudad de México y m. en Uruapan, Mich. (1827-1865). Combatió a los invasores estadounidenses en 1847. En 1848 se alistó en el ejército regular, donde hizo una carrera que lo llevó a general de brigada durante la guerra de Reforma. Gobernador de Querétaro en dos ocasiones (1856 y 1860-62), cargo que dejó la segunda vez para luchar

Manolo Arruza

contra los franceses. En 1864 es gobernador militar de Jalisco y general de división. En Michoacán, donde realizó varias campañas militares, fue aprehendido por tropas imperialistas y fusilado.

ARTEAGA, JOSÉ SIMEÓN ◆ ¿n. y m. en Oaxaca? (?-?). Fue catedrático del Instituto de Ciencias y Artes del estado. Participó en el levantamiento que derrocó al gobernador de Oaxaca, José

Arteaga, Coahuila

López Ortigoza, y formó parte, con Luis Fernández del Campo y Benito Juárez, del triunvirato que asumió el Poder Ejecutivo de la entidad del 11 de agosto al 11 de septiembre de 1846, fecha en la cual se convirtió en gobernador único por designación del general Mariano Salas, presidente de la República, pese a que el nombramiento fue rechazado por la Junta Legislativa del estado. Nombró a Juárez regente de la Corte de Justicia y convocó a elecciones para diputados al Congreso de la Unión. Fue destituido en febrero de 1847 por los conservadores en medio de un motín dirigido por el clero. Los liberales volvieron al poder en octubre, pero designaron a otro gobernador, por lo cual el 6 de octubre Arteaga renunció al cargo que no desempeñaba.

ARTEAGA, RENÉ ◆ n. en El Salvador y m. en el DF (1928-1978). Periodista. Profesor normalista. Estudió letras en la UNAM, donde luego sería maestro de periodismo. En 1951 participó en una campaña de recolección de firmas por la paz y Diego Rivera lo pintó en uno de sus murales junto a Efraín Huerta y Enrique González Martínez. Durante el gobierno de Jacobo Arbenz se estableció en Guatemala y fue secretario de la Casa de la Cultura. Después del golpe de Estado que derrocó a Arbenz, volvió a México y se dedicó al periodismo. Trabajó en *Novedades*, *El Día*, *Excélsior*, Canal 13 y *unomásuno*. Destacó en la *fuente* financiera. Sus crónicas de las convenciones bancarias se consideran ejemplares por su capacidad de observación y lo ilustrativo de sus detalles. Acuñó frases que después de su muerte repiten los periodistas capitalinos en sus lugares de reunión.

Artes de México

ARTEAGA GUTIÉRREZ, RODOLFO ◆ n. en Coalcomán, Mich. (1935). Ingeniero egresado de Chapingo, se especializó en el Instituto Didáctico de Derecho de Ciencias y Humanidades y en la Universidad Agronómica Escuela Nacional de Guardas Forestales y de Caza. Fundador del PRD, fue primer presidente de su comité en Campeche (1989-93).

En la actualidad es consejero estatal en Campeche y consejero nacional de ese partido. Ha sido diputado local y coordinador de la fracción parlamentaria en el Congreso de Campeche. Diputado federal (1997-2000).

ARTEAGA DE LEÓN, ANDRÉS ◆ n. en el Distrito de Sánchez Román, Zac. (1886-?). Profesor normalista con estudios de derecho. Director de la escuela de Juchipila, de donde salió después de ser encarcelado por el jefe político porfirista de la población. Diputado constituyente (1916-17). Fue secretario del Supremo Tribunal de Justicia, oficial mayor del gobierno estatal, magistrado y gobernador interino de Zacatecas.

ARTEAGA Y RINCÓN GALLARDO, MATEO JOSÉ DE ◆ n. en la Hhacienda de Ciénega del Rincón, hoy municipio de Lagos de Moreno, Jal., y m. en Puebla, Pue. (1726-1794). Sacerdote. Doctor en cánones por la Real y Pontificia Universidad de México (1751), de la que fue consiliario. Abogado de las audiencias de México y Guadalajara y de reos de la Inquisición. Fue cura de Aguascalientes, donde concluyó el templo de San Marcos e hizo construir la capilla de San Miguel y la parroquia de San José. Murió como arcediano de la Catedral de Puebla.

ARTEAGA V., TERESA ◆ n. en la ciudad de México (1880-?). Militó en el Partido Liberal Mexicano, del que fungió como enlace entre diversos clubes. Aportó fondos para el sostenimiento del periódico magonista *Regeneración*. Fue la compañera de Enrique Flores Magón.

ARTES DE MÉXICO ◆ Revista de artes plásticas, artesanías, museos y otros temas. El número uno apareció en 1953, con diseño de Vicente Rojo y bajo la dirección de Miguel Salas Anzures, quien la condujo hasta 1980, lapso en el que aparecieron 200 números. Se suspendió la publicación hasta que en 1988 se anunció que reaparecería bajo la dirección de Alberto Ruy Sánchez, con quien continúa en 1999.

ARTETA Y ERRASTI, AURELIO BIBIANO DE ◆ n. en España y m. en el DF (1879-1940). Pintor. Fue Premio Nacio-

nal de Pintura en España (1930), donde obtuvo otras distinciones. Se mantuvo al lado de la república durante la guerra civil. En 1939 llegó como refugiado político a México. Aquí hizo retratos y decoró casas habitación.

ARTHENACK, JUAN ◆ n. y m. en la ciudad de México (1891-1940). Estudió pintura en San Carlos, pero se dedicó a la caricatura en *El Imparcial* y a la elaboración de tiras cómicas para *El Universal* y *Excélsior*. Su mayor éxito lo obtuvo con *Adelaido el Conquistador*, tira que convirtió en revista de historietas de gran tiraje. Creó también la publicación *El Turco*, en 1931, cuyo nombre aludía a Plutarco Elías Calles, quien se presentaba en la portada del número uno ofreciendo Baja California al Tío Sam. La revista fue confiscada y no volvió a aparecer.

ARTIGAS, FRANCISCO ◆ n. en la ciudad de México (1916). Arquitecto. Estudió en la Escuela Nacional de Ingeniería de la UNAM. Fue director general del CAPFCE (1966-72). Ha proyectado y construido numerosas casas habitación, el Club de Golf Avándaro y la capilla de Valle de Bravo, México (1959), el hotel Posada-Vallarta, de Puerto Vallarta (1962) y la sede del Comité Administrador del Programa Federal de Construcción de Escuelas, en Vito Alessio Robles y avenida Universidad, en la ciudad de México (1967). Miembro académico emérito de la Sociedad de Arquitectos de México (1970).

ARTIGAS B., FRANCISCO ◆ n. en la ciudad de México (1894-?). Militante antirreeleccionista desde 1909, participó en la insurrección maderista en San Martín Texmelucan. Al producirse el golpe de Victoriano Huerta se incorporó al constitucionalismo en las fuerzas del general Lucio Blanco. General brigadier en diciembre de 1914. Jefe de la policía del DF (1915). Acompañó a Carranza en 1920. Alcanzó el grado de general de brigada.

ARTÍS ESPRIÚ, ARCADIO ◆ n. en el Distro Federal (1946). Arquitecto por la UNAM. Ha cursado estudios de dibujo y escultura, con Michael Baxte y Francesc Espriu en París, Francia. Entre sus obras están la Sala de Conciertos Neza-hualcóyotl (en colaboración), de los teatros Juan Ruiz de Alarcón y Sor Juana Inés de la Cruz, de las salas Miguel Covarrubias y Carlos Chávez, así como los cines José Revueltas y Julio Bracho en el Centro Cultural Universitario de la UNAM, que diseñó junto con Orso Núñez. También ha proyectado los edificios de la Escuela de Cirugía de la UNAM, Campus Acatlán; de la Escuela Nacional de Enfermería, de la Escuela Nacional de Artes Plásticas, del Centro de Apoyo y Observatorio Astronómico en Ensenada, BC, del Instituto de Física de la UNAM en Ensenada, BC, del Instituto de Física y Matemáticas de la UNAM en Cuernavaca Morelos, y de varias casas, unidades habitacionales y proyectos turísticos en México y España.

ARVIDE, ISABEL ◆ n. en el DF (1951). Escritora y periodista. Su segundo apellido es Limón. Estudió los dos primeros años de la carrera de medicina en la UNAM. Fue reportera (1977-82 y 1987) y columnista de *El Sol de México* (1980-88), columnista de *Ovaciones* (1983-84) y colaboradora del programa de televisión *Hoy Mismo* (1983-86). Corresponsal en Irak, fue expulsada de ese país al comienzo de la guerra contra Irán. Directora fundadora del semanario *Análisis político de la información* (1984), titular de la Coordinación General de Comunicación Social del gobierno de Chiapas (1988) y directora de la revista *7 Cambio* y de la Editorial Siete (1989). Dirigió el diario *Summa*, propiedad de Televisa, durante 72 días de 1994, de donde fue despedida "por sus críticas publicadas en diversos medios". Ha colaborado en *Impacto* y *Excélsior*. Autora de poesía: *Persistencia nocturna* (1977), *Esta vez de madrugada*; novela: *Al final del túnel* (1982), *Los últimos héroes* (1984), *Los papeles del coronel* (1984), y trabajos periodísticos: *La verdadera historia de Camarena, 23 diálogos con gobernadores, La decisión presidencial* (1993) y *Crónica de una muerte anunciada* (1994). En 1984 recibió el Premio Nacional de Periodismo en la rama de artículo de fondo.

ARVIDE, NICANOR ◆ n. en España y m. en el DF (1893-1956). Ingeniero. Llegó a México después de la guerra civil española. Proyectó y dirigió el fraccionamiento Lomas de Becerra en la capital del país, donde fundó la primera planta de concreto mezclado y la empresa Mexicana de Tubos de Albañal.

ARVIZU, FRANCISCO ◆ n. en Hermosillo, Son. y m. en la ciudad de México (1838-1895). Militar liberal. Combatió a los conservadores en Sinaloa durante la guerra de Reforma y luchó contra los franceses y el imperio. Se opuso al Plan de la Noria. En 1887, en Nogales, ordenó a sus hombres que rescataran a un teniente mexicano ebrio que pedía ayuda al otro lado de la frontera. La justicia militar lo condenó a muerte, pero la sentencia fue de 20 años de prisión en la cárcel de Tlatelolco, donde murió.

ARVIZU, JUAN ◆ n. en Querétaro, Qro., y m. en el DF (1900-1985). Tenor. Vivió en Nueva York, donde fue el primer latinoamericano en grabar discos. En 1930 trabajó en el programa inaugural de la XEW, estación en la que fue una de las principales figuras de la canción por más de tres décadas. Se retiró en 1980.

ARVIZU, MARÍA ELENA ◆ n. en La Colorada, Son. (1917-1989). Actriz. Estudió en la academia de la Asociación Nacional de Actores. Debutó en la obra *Gigoló* que duró más de dos años en cartelera en el Teatro Gante. También actuó en las comedias *Garconniere, La última noche con Laura, Señorita a disgusto, Cada quien su vida, Los desorientados, La emperatriz en vacaciones, Póker de señoritas, El oro y la paja, A la caza del amor, Te juro Juana que tengo ganas y Las cartas de Mozart*. Participó en 15 películas y varias telenovelas.

ARVIZU ARCAUTE, PERFECTO ◆ n. en Querétaro, Qro. (1884-?). Se graduó como maestro calígrafo en Nueva York. Fue director del Colegio Civil (hoy Universidad Autónoma de Querétaro) y ocupó diversos puestos públicos. Escribió en caligrafía Palmer con garigoleos de estilo francés el texto original de la Constitución de 1917.

Casa en Jardines del Pedregal, Obra de Francisco Artigas

ARVIZU HERNÁNDEZ, HÉCTOR ◆ n. en el DF (1939). Ingeniero civil titulado en el IPN (1957-60) con maestría en vías terrestres por la UNAM (1961-64) y con posgrados en Francia (1967-68) y Suecia (1970). Profesor de la UNAM (1968-73). Miembro del PRI desde 1962. Ha sido asesor del Ministerio de Obras Públicas de Colombia (1970), jefe de la delegación de la SOP en el estado de México (1974-77), director general de Autotransporte Federal de la SCT (1982-88) y director de operación de Caminos y Puentes Federales de Ingresos (1988-). Fue presidente de la Asociación Mexicana de Vías Terrestres y del Colegio de Ingenieros Civiles de México.

ARVIZU LARA, ORLANDO ◆ n. en San Felipe Orizatlán, Hgo. (1944). Estudió locución en la Escuela de Periodismo Carlos Septién García (1969-71). Desde 1970 es miembro del PRI, en el que fue secretario de información y propaganda del CEN (1989-91). Ha sido director del programa radiofónico *Noti-76* de la XEX (1976), director de comunicación social de la SRA (1976); subdirector (1976) y director general de prensa de la Secretaría de Turismo (1977-79), comentarista de los canales 8 y 13 de televisión, coordinador de Educación para Adultos en Hgo. (1981), vocal ejecutivo del Plan de Habilitación de la Huasteca Hidalguense (83-84), diputado federal (88-91) y senador por Hidalgo (91-97). Autor de *Honor a quien honor merece*.

ARVIZU MARABOTO, MANUEL ◆ n. en Tuxpan, Ver. (1934). Periodista. Licenciado en letras españolas por la Universidad de Guanajuato. Trabajó en la cadena de periódicos García Valseca en el Bajío (1955-59), en *La Prensa* (1961-67), en *Excélsior* y *Últimas Noticias* (1967-76), como fundador asociado en *unomásuno* (1977-89) y como columnista en *El Financiero* (1989-92). Fue director alterno del programa *Panorama*, de Canal 4 (1968-69). Es autor de los logotipos del IMCE, Notimex, Datalex y PROA, del diseño y las medidas mecánicas de *unomásuno*, *El Metropolitano*, *The Economic Journal of Mexico*, *Extempo* y *Mexican Ports News*. En 1983 era portadista de la revista *Tiempo*.

ARVIZU MARÍN, EDUARDO ANTONIO ◆ n. en el DF (1953). Licenciado en periodismo por la Escuela Carlos Septién García (1975-79). Pertenece al PRI desde 1979. Ha sido reportero de los diarios *El Heraldo de México* (1975-76) y *El Universal* (1977-86), agregado de prensa de la embajada mexicana en España (1983-86) y director de Comunicación Social de Fertilizantes Mexicanos (1987-88) y de la Secretaría de Salud (1988-).

ARZAC, JOSÉ MARÍA GERÓNIMO ◆ n. en Zapotlán el Grande, hoy Ciudad Guzmán, Jal., y m. en Almoloyan, hoy Villa de Álvarez, Col. (1780-1840). Fue ordenado sacerdote en 1795. Organizó una partida en 1812 para combatir al grupo insurgente de Ignacio Sandoval. En 1823, durante el imperio de Iturbide, propuso al ayuntamiento de Colima separarse de Jalisco. En 1824 llegó a la capital del país como diputado al Congreso Constituyente, lo que aprovechó para gestionar el título de ciudad para Colima y el de puerto para Manzanillo.

ARZAC, JOSÉ RAMÓN ◆ n. en Almoloyan y m. en Manzanillo, Col. (1831-1880). Sobrino del anterior. Fue ordenado sacerdote en 1856. Cura interino de Colima (1859-1865). Sobre los restos del templo parroquial inició en 1865 la erección de la iglesia que sería Catedral de Colima. Llevó una imprenta a esta ciudad y editó el periódico *La Esperanza*. Promovió la creación de la diócesis coli-

mense. Autor de *Catecismo para uso del pueblo en que se hace una ligera comparación del protestantismo con el catolicismo y combaten las leyes que el gobierno liberal ha dado en México contra la Iglesia Católica* (1877).

ARZAC, RUPERTO ◆ n. en Villa de Álvarez y m. ¿en Colima?, Col. (1798-?). Fue vocal de la diputación territorial de Colima en 1845 y gobernador en 1848.

ARZAC RIQUELME, MARGARITA ◆ n. en el DF (1936). Pedagoga. Hizo la carrera de concertista de piano en el Conservatorio Nacional de Música (1953-57). Licenciada en educación por la Universidad de las Américas (1976) y maestra en educación por la Universidad Iberoamericana (1977-81), donde tomó cursos de administración escolar, hizo los estudios del doctorado en filosofía (1987) y ha sido profesora e investigadora (1983-89). Directora fundadora del Colegio Hamilton (1962-84) y del Nuevo Colegio Eton (1990-). Es coautora de la investigación que originó el libro *Tendencias oficiales de la educación en México* (t. II al V). En 1968 recibió el título de "Ciudadana Honoraria de Texas", por su contribución a la educación bilingüe en ese estado de EUA.

ARZAMENDI PIÑA, RICARDO GENARO ◆ n. en la ciudad de México (1929). Estudió derecho en las universidades de Costa Rica y Panamá. Pertenece al servicio exterior desde 1951. Fue cónsul general de Tokio (1977-83) y cónsul general en Guatemala (1983-). Ha sido condecorado por Perú y España y recibió otra presea por 25 años de servicios en la Secretaría de Relaciones Exteriores.

ARZATE BELTRÁN, ALBERTO ◆ n. en el DF (1945). Licenciado en administración de empresas por la Universidad del Valle de México (1972). Trabajó para compañías privadas de 1965 a 1975. Tesorero general de Nacional Hotelera (1975-77), jefe del Departamento de Control Financiero (1977-80) y subtesorero del Instituto Mexicano del Seguro Social (1980-82). Director general de Administración de Recursos Humanos y Servicios Sociales de la Secretaría del Trabajo (1982-85).

ASADERO ◆ Barra de Nayarit situada en el océano Pacífico, al noroeste de San Blas, frente a las islas Marías.

ASAI, JUAN MANUEL ◆ n. en el DF (1954). Estudió periodismo en la UNAM. Perteneció al Taller de Poesía Sintética. Ha colaborado en *As de Corazones Rotos*, *Nexos*, *Revista de la Universidad* y *La Semana de Bellas Artes*. Coautor de *Doce modos* (1976) y autor de *Tiro al blanco* (1979).

ASAMBLEA LEGISLATIVA DEL DISTRITO FEDERAL ◆ Órgano legislativo del DF creado en 1988 con el nombre de Asamblea de Representantes del DF, sólo tenía atribuciones para emitir reglamentos y bandos. Careció de facultades legislativas hasta 1994, luego de una reforma constitucional. Tras la Reforma Política, aprobada en 1996, cambió su nombre por el actual y se llamó a sus integrantes diputados.

ASAMBLEA NACIONAL DEL MOVIMIENTO URBANO POPULAR ◆ Organización constituida en 1989 por la Coordinadora Nacional del Movimiento Urbano Popular, la Coordinadora Única de Damnificados, la Unión General Obrero Campesina y Popular y la Unión de Cuartos de Azotea e Inquilinos del DF. Se propone agrupar al movimiento urbano popular con independencia de cualquier partido o institución gubernamental y mejorar la vida en las ciudades. Apoya los proyectos de autoconstrucción de vivienda, la formación de grupos de trabajo, productivos y de abasto. Sus miembros son colonos, transportistas, comerciantes ambulantes y en pequeño. Cuenta con afiliados en varias entidades federativas. Se le conoce por la abreviatura Anamup.

ASBAJE Y RAMÍREZ, JUANA DE ◆ ☞ *Juana Inés de la Cruz*.

ASCENCIO, PEDRO ◆ n. en Acuitlapan, Gro., o en Tlatlaya, Edo. de Méx., y m. en Las Milpillas, Mor. (¿1778?-1821). No hay certeza sobre su nombre, pues para unos es Pedro Ascencio Alquisiras, para otros Alquisiras Ascencio y también le llaman Pedro de la Ascensión Alquiras. Ascencio y Ascensión aparecen también como Ascensio y As-

Carta de la viuda de Pedro Ascencio pidiendo una pensión

censión. Indio tlahuica, trabajaba como comerciante al estallar la guerra de independencia. Se incorporó a los insurrectos y actuó bajo las órdenes de Rayón y de Morelos en la región donde se unen los estados de México, Guerrero y Michoacán. Su carrera militar fue abundante en hazañas debidas a su habilidad, rapidez de movimientos y valor. A la muerte de Morelos, al igual que Guerrero, mantuvo viva la lucha independentista. Los realistas echaron mano de todos los recursos, incluida la quema de cultivos y de pueblos, para privar de apoyo logístico al guerrillero. Sin embargo, el prestigio de Ascencio, que hablaba tres lenguas vernáculas, crecía ante cada agresión del enemigo contra su pueblo. Entre los fracasos infligidos a las fuerzas colonialistas, se cuentan por lo menos dos batallas ganadas a Iturbide. Al ser marginado de los arreglos que condujeron a la firma del Plan de Iguala, Ascencio siguió combatiendo, y en junio de 1821, al tratar de cortar el paso de abastecimientos al enemigo, se entabló un combate en el que, como siempre, iba al frente de sus hombres. Un machetazo lo mató.

ASCENCIO HERRERA, PABLO ◆ n. en el rancho El Nopal, municipio de Jesús María, y m. en Guadalajara, Jal. (¿1870?-1947). Abogado. Vivió en Arandas, Jalisco, donde fundó el Partido Liberal y luego el Antirreeleccionista. Editor del periódico de consejos útiles *El Progreso*. En Guadalajara publicó *La Prensa*, en el que defendió el voto femenino. Fue notario público y director del Registro Público de la Propiedad en Jalisco. Autor de un volumen de poesía: *Mis versos* (1944).

ASCENCIO LEÓN, RENATO ◆ n. en León, Gto. (1939). Sacerdote católico. Estudió en los seminarios de León y de Roma. Profesor (1965-68), vicerrector y rector del Seminario Diocesano de León (1970-74). Ha sido canónigo del Cabildo Cardenalicio (1976), párroco del templo de Nuestra Señora de la Soledad de Irapuato (1977-81), vicerrector del Pontificio Colegio Mexicano de Roma (1981-83), párroco del templo del Señor

de la Salud de León (1984-88), prelado de Madera (1988-) y obispo de Ciudad Juárez.

ASCENCIO ROSALES, PABLO ◆ n. en el rancho El Nopal, municipio de Jesús María, Jal. (1904). Licenciado en derecho por la Universidad de Guadalajara (1933), donde ha impartido cátedra. Ocupó diversos puestos públicos, entre ellos el de subsecretario de Gobierno encargado del despacho (1963-64). Autor de la novela *El líder* (1945).

ASCENCIO ZAVALA, JOSÉ ◆ n. y m. en Guadalajara, Jal. (1885-1969). En 1903 ingresó en la orden de los franciscanos, de la que se separó en 1909. Coleccionista de crónicas referentes a órdenes religiosas. Autor de *Cronistas franciscanos* (1944), *Origen de los colegios apostólicos* (1947), *Arquitectura colonial en México* y *La orden franciscana, la agustiniana y dominicana en México: sus monasterios en el siglo XVI* (inéditos).

ASCENSIÓN, LA ◆ Municipio de Chihuahua situado en el norte de la entidad, contiguo a Juárez, en la frontera con EUA. Superficie: 11,006.06 km². Habitantes: 19,676, de los cuales 4,975 forman la población económicamente activa. Hablan alguna lengua indígena 36 personas mayores de cinco años. Formó parte del ahora contiguo municipio de Janos y luego del de Galeana. La cabecera la fundaron mexicanos procedentes de Estados Unidos en 1871 con ayuda del gobierno estatal. La hoy cabecera fue el rancho Ojo de Federico. En la jurisdicción municipal se halla la población de Palomas, desde la cual Francisco Villa lanzó el ataque contra Columbus el 9 de marzo de 1916. El principal atractivo para los visitantes es la abundante caza menor (zorra, venado, jabalí, coyote y conejo).

ASCENSIÓN, DE LA ◆ Bahía de Quintana Roo situada en el Caribe, al sur-suroeste de Cozumel, en el municipio de Carrillo Puerto.

ASCENSIÓN BRAVO, WULFRANO ◆ n. en Tehuacán, Pue. (1923). Campesino. Desde 1963 es miembro del PRI. Secretario de la Confederación Nacional Campesina en Tehuacán (1963, 68 y

77). Regidor del ayuntamiento de Tehuacán (1968-72), diputado local (1975) y diputado federal por el VI distrito de Puebla (1982-85).

ASCHER OVED, DAISY ◆ n. en el DF (1944). Fotógrafa. Estudió en la Universidad Anáhuac, en el Club Fotográfico de México y en la Escuela de Arte. Se inició profesionalmente en 1967. En 1972 estableció la Escuela de Fotografía Daisy Ascher. Expuso por primera vez en 1973, en la galería Itati de la ciudad de México. Trabaja retrato y desnudo femenino. Ha publicado en las revistas *Cosmopolitan*, *Proceso*, *Plural*, *Caballero*, *Eros*, *Él*, *Foto Guía*, *Foto Mundo*, *La Regla Rota*, *Vanidades*, *Siempre!*, *Nueva Vida*, *Playboy* y *Playgirl*, en los diarios *El Sol de México* y *La Jornada*, y en *Sábado*, suplemento de *unomásuno*. Fotógrafa de Editorial Posada y las disqueras CBS, RCA, Víctor y Polydor. Ha incursionado en el video. Fotografías suyas se han expuesto en Nueva York, Querétaro, San Miguel Allende y Washington. Autora de los libros *Revelando a José Luis Cuevas*, *Cien retratos* (con textos de Juan Rulfo, Fernando Benítez y Carlos Monsiváis, 1981) y *Sombras silenciosas* (1983).

ASIAIN, AURELIO ◆ n. en el DF (1960). Escritor. Fue secretario de redacción de la revista *Vuelta*. Colabora en suplementos y revistas culturales. Pertenece al consejo editorial de *Letras Libres*. Autor de *República de Viento* (poesía, con prólogo de Octavio Paz; Premio Internacional

Aurelio Asiain

de Poesía de la Fundación Loewe a la Creación Joven 1990).

ASIENTOS ◆ Municipio de Aguascalientes situado en el este de la entidad, contiguo a la capital del estado y en los límites con Zacatecas. Superficie: 508 km². Habitantes: 35,762, de los cuales 7,946 forman la población económicamente activa. En 1695 los españoles descubrieron algunas vetas minerales y los gambusinos se congregaron en terrenos pertenecientes a la hacienda de Nuestra Señora de los Dolores del Carro, fundo que más tarde se conocería como Real de Minas de Nuestra Señora de Belén de los Asientos de Ibarra. Este último nombre se le dio por el descubridor de algunos minerales. En la población de Viudas de Oriente subsiste una explotación minera cada vez menos importante. En la jurisdicción existen balnearios de aguas termales y el centro turístico de la presa El Llavero. En la cabecera se han conservado algunas obras de arquitectura colonial, entre otras la parroquia de Guada-

Sierra de Asientos

lupe, del siglo XVIII, donde hay cuadros de José de Alcíbar. Las principales celebraciones son el día del minero y la fiesta del Señor de Tepozán. Del 24 al 26 de enero se realiza una feria regional.

ASIENTOS ◆ Sierra de Aguascalientes y Zacatecas, de vegetación propia de zonas semiáridas y elevaciones hasta de 2,678 metros.

ASOCIACIÓN DE BANQUEROS DE MÉXICO ◆ Agrupación de propietarios y representantes de bancos fundada en 1928 por iniciativa del Centro Bancario de Monterrey. Participaron en su constitución 32 de las instituciones bancarias que entonces operaban en el país. En 1981 reunía a más de 300 instituciones financieras. En 1982, al pasar la banca a manos del Estado, desapareció su razón de ser. Después de la nacionalización de las firmas bacarias, se creó la Asociación Mexicana de Bancos, que desapareció luego de la reprivatización para dejar el lugar a la Asociación de Banqueros de México, que tiene su sede en el ex Colegio de Niñas, de Bolívar y 16 de Septiembre en la capital del país.

ASOCIACIÓN CATÓLICA DE LA JUVENTUD MEJICANA ◆ Organización creada en 1913, en la que se fundieron varias agrupaciones. Su principal antecedente fue el Club Católico de Estudiantes, fundado en 1911 por Jorge Prieto Laurens y Luis B. Beltrán como filial del Partido Nacional Católico. En 1925 la ACJM proporcionó la principal fuerza a la Liga Nacional de Defensa de la Libertad Religiosa (☞), que coordinó

la oposición de derecha contra el gobierno de Calles. Después de establecido el *modus vivendi* entre la Iglesia y el Estado (1929), la jerarquía eclesiástica ordenó disolver la asociación, lo que provocó la protesta de los líderes de la propia ACJM y de numerosos sacerdotes, de manera especial Bernardo Bergoend y el arzobispo de Durango, José María González y Valencia. Se dispuso entonces reorganizarla bajo la autoridad de Miguel Darío Miranda y encuadrarla dentro de Acción Católica Mexicana. A principios de 1930, por influencia de Bergoend, algunos de los líderes de la original ACJM formaron el grupo Juventud Cívica, opuesto al *modus vivendi*, pero el grueso de la organización se mantuvo obediente al clero moderado. A fines de 1932, los *acejotemeros* más radicales hallaron un medio de participación más idóneo en la Legión (☞), lo que debilitó aún más a la Liga. Lo mismo sucedió a fines de 1934, al confiarse a los jesuitas la creación de Base (☞). Entre los que fueron prominentes *acejotemeros* se cuentan los periodistas René Capistrán Garza, Armando Téllez Vargas y Fernando Díez de Urdanivia.

ASOCIACIÓN CÍVICA GUERRERENSE ◆ Organización política creada en 1959. Su dirigente fue el profesor Genaro Vázquez Rojas. En 1966 dio a conocer los objetivos de lucha: libertad política, planificación de la economía, nacionalización de la minería, respeto a las organizaciones sindicales, reforma agraria integral que comprendiera el reparto de

ASOCIACIÓN DE BANQUEROS DE MÉXICO PRESIDENTES	
ALBERTO MASCAREÑAS	1928-1932
SALVADOR UGARTE	1935-1936, 1944-1945 Y 1957-1958
LUIS G. LEGORRETA	1936-1937 Y 1943-1944
ANÍBAL DE ITURBIDE	1948-1949 Y 1955-1956
ALFONSO DÍAZ GARZA	1949-1950 Y 1953-1954
AGUSTÍN LEGORRETA LÓPEZ NEGRETE	1954-1955 Y 1959-1960
ROLANDO VEGA	1961-1962 Y 1969-1970
MANUEL ESPINOSA YGLESIAS	1962-1966 Y 1971-1972
MANUEL CORTINA PORTILLA	1970-1971 Y 1975-1976
CARLOS ABEDROP DÁVILA	1978-1979 Y 1981-1982
MANUEL SÁNCHEZ LUGO	1982-1984
JOSÉ JUAN DE OLLOQUI	1984-1985
GUSTAVO PETRICCIOLI	1985-1986
ERNESTO FERNÁNDEZ HURTADO	1986-1987
FERNANDO SOLANA	1987-1988
FRANCISCO VIZCAYA	1988-1989
JAIME CORREDOR ESNAOLA	1989-1990
HUMBERTO SOTO	1990-1991
ÓSCAR ESPINOSA VILLARREAL	1991-1992
RICARDO GUAJARDO TOUCHÉ	1992-1993
ROBERTO HERNÁNDEZ RAMÍREZ	1993-1994
JOSÉ MADARIAGA LOMELÍN	1994-1996
ANTONIO DEL VALLE RUIZ	1997-1998
CARLOS GÓMEZ	1998-

latifundios y el rescate de la riqueza forestal; alfabetización y "desarrollo cultural del pueblo". En noviembre de 1966, Vázquez Rojas fue detenido en el Distrito Federal y conducido a la cárcel de Iguala, de donde lo liberó un comando armado el 22 de abril de 1968. Poco después se anunció que desaparecía esta agrupación para constituir la Asociación Cívica Nacional Revolucionaria.

ASOCIACIÓN CÍVICA NACIONAL REVOLUCIONARIA ◆ Organización creada en 1969. Tuvo como base los cuadros de la disuelta Asociación Cívica Guerrerense y adoptó el nuevo nombre para hacer referencia al ámbito de su lucha, que pretendía ser nacional y no meramente estatal. Su núcleo dirigente lo constituyó el grupo guerrillero que operaba en las montañas de Guerrero, bajo el mando de Genaro Vázquez Rojas. En 1971 esta Asociación anunció que se proponía "el derrocamiento de la oligarquía de grandes capitalistas y terratenientes proimperialistas gobernantes" y el "establecimiento de un gobierno de coalición compuesto de obreros, campesinos, estudiantes e intelectuales progresistas" para "lograr la plena independencia política y económica de México" y la "instauración de un orden social de vida nuevo en beneficio de las mayorías trabajadoras del país". Entre las operaciones más espectaculares del grupo se contaron los secuestros de prominentes empresarios, entre otros el de Jaime Castrejón Díez, a cambio de los cuales exigía dinero para financiar sus actividades, la libertad de presos políticos y la difusión de sus comunicados. El gobierno del presidente Echeverría envió 25 mil soldados a combatir contra los guerrilleros, en tanto que para restarles base social desplegó una intensa actividad política que comprendió la construcción de obras de infraestructura y la concesión de créditos a los campesinos. Con la muerte de Vázquez Rojas, en febrero de 1972, prácticamente desapareció la Asociación, que fue reorganizada en los años ochenta para actuar en la legalidad, de acuerdo con las nuevas condiciones políticas del país.

ASOCIACIÓN INTERNACIONAL DE TRABAJADORES ◆ ☞ *Internacional.*

ASOCIACIÓN MEXICANA DE ESTUDIOS PARA LA DEFENSA DEL CONSUMIDOR ◆ Organización que empezó a funcionar en 1971 bajo la presidencia de Arturo Lomelí. Su función es estudiar los productos y servicios que requiere el consumidor y los hábitos de éste. Los estatutos de esta asociación civil fueron redactados y aprobados en 1972 por nueve especialistas. Requisitos para ser miembro de número son un alto nivel de estudios, ser graduado de alguna especialidad y colaborar activamente con información. Sus miembros consumidores son todos los suscriptores de la *Guía del Consumidor*, órgano de la agrupación que también edita libros (cinco volúmenes de *La biblioteca del consumidor*) y folletos, ha producido programas de radio. Varios de sus integrantes participaron en la redacción de la Ley Federal de Protección al Consumidor. Actualmente la integran 43 miembros.

ASOCIACIÓN MEXICANA DE PERIODISTAS ◆ Agrupación creada el 17 de marzo de 1947. Entre sus fundadores están Renato Leduc, el *Brigadier* Antonio Arias Bernal, René Tirado Fuentes, Carlos León y René Capistrán Garza. Fueron miembros, entre otros, Filomeno Mata hijo, Ermilo Abreu Gómez, Antonio Caram, Eduardo del Río *Rius* y Edmundo Jardón Arzate, quien fue su último secretario general. La agrupación desapareció a fines de los años sesenta.

ASOCIACIÓN MEXICANA DE PERIODISTAS DE RADIO Y TELEVISIÓN ◆ Agrupación fundada en 1953. En la primera mesa directiva figuraron Edmundo Valadés (presidente), Jacobo Zabludowsky (secretario general) y Alfredo Ruiz del Río (tesorero).

ASOCIACIÓN NACIONAL DE ACTORES ◆ Organización sindical de los actores y otros trabajadores de espectáculos. Fue fundada en 1934 en el teatro Virginia Fábregas del Distrito Federal, mediante la fusión de la Unión de Variedades y la Unión Mexicana de Actores, que a su vez sucedió al Sindicato de Actores (fundado en 1922). Entre sus fundadores estu-

vieron Virginia Fábregas, María Tereza Montoya, Leopoldo Beristáin, Ernesto Finence, Jorge y Ernesto Mondragón, Sara García, Polo Ortín y los hermanos Domingo, Julián y Andrés Soler. Constituye la sección VII del Sindicato de Trabajadores de la Producción Cinematográfica, aunque tiene capacidad contractual en centros de trabajo donde este sindicato carece de injerencia. En 1974 se creó el Sindicato de Empleados y Trabajadores de la ANDA, que realizó una huelga en el mismo año. En marzo de 1977, la reelección de Jaime Fernández (declarada ilegal por las autoridades federales en noviembre) motivó la salida de numerosos miembros que en mayo formaron la Coalición de Actores Independientes, transformada posteriormente en Sindicato de Actores Independientes (☞).

ASOCIACIÓN REVOLUCIONARIA ESPARTACO ◆ Grupo marxista constituido a fines de 1964 mediante la fusión de la Liga Leninista Espartaco (☞), dirigida por Enrique González Rojo, y el Partido Revolucionario del Proletariado (☞), de Guillermo Rousset y Santiago González. En 1965 pasó a llamarse Asociación Revolucionaria Espartaco del Proletariado Mexicano. El órgano del comité central era *Perspectiva Revolucionaria* y también publicó *Prensa Obrera*. A fines de 1965 sufrió dos escisiones, una encabezada por Lourdes Quiñones y Rolando Maganda, y la otra protagoniza-

ASOCIACIÓN NACIONAL DE ACTORES SECRETARIOS GENERALES	
FERNANDO SOLER	1934-1935
ÁNGEL T. SALAS	1935-1938
JORGE MONDRAGÓN	1938-1941
MARIO MORENO	1942-1944
JORGE NEGRETE	1945-1946 Y 1950-1953
JULIÁN SOLER	1947-1949
RODOLFO LANDA	1953-1966
JAIME FERNÁNDEZ	1966-1982
DAVID REYNOSO	1982-1986
IGNACIO LÓPEZ TARSO	1986-1990
JULIO ALEMÁN	1990-1994
HUMBERTO ELIZONDO	1994-1998
AARÓN HERNÁN	1998-

da por Enrique González Rojo y Santiago González. La fracción restante, de tendencia maoísta, se fusionó en el Partido Mexicano del Proletariado (☞).

ASOCIACIÓN SINDICAL DE PILOTOS AVIADORES ◆ Organización gremial fundada el 4 de agosto de 1958. Reúne a los pilotos de líneas aéreas nacionales. Obtuvo su registro sindical en 1960. Está afiliada al Congreso del Trabajo, a la Organización Iberoamericana de Pilotos y a la Federación Internacional de Asociación de Pilotos de Líneas Aéreas, corporaciones que han sido presididas en diversas ocasiones por secretarios generales de la ASPA. Tuvo como antecedente la Liga de Pilotos de Transportes creada en 1936 y desaparecida en 1945.

ASOCIACIÓN DE TRADUCTORES PROFESIONALES ◆ Organización fundada en 1980 por traductores mexicanos y presidida por Alejandro Zenker. Está afiliada a la Federación Internacional de Traductores desde 1981. En 1982 participó en la fundación de la Sociedad Iberoamericana de Estudios sobre la Traducción. Por su iniciativa se creó el Premio Alfonso X a la traducción literaria, que desde 1982 otorga el Instituto Nacional de Bellas Artes, y el Premio Nacional a la Traducción Estudiantil, que otorga el gobierno del estado de Hidalgo. En 1986 fue la organización anfitriona del primer Congreso de Traductores del Norte de América. Publicó dos números de la revista *Reflexiones* (1981-82) y desde mayo de 1986 inició la edición de *El Traductor*.

ASPA ◆ ☞ *Asociación Sindical de Pilotos Aviadores.*

ASPE, MERCEDES ◆ n. en el DF (1948). Pintora. Estudió con Maurice Daumoin, en Inglaterra, y en la Academia de San Carlos, donde fue discípula de Luis Nishizawa. Hasta 1989 había presentado una veintena de exposiciones. Ha coordinado talleres infantiles de arte y artesanías.

ASPE ARMELLA, PEDRO CARLOS ◆ n. en el DF (1950). Licenciado en economía por el ITAM (1974) y doctor en economía por el Instituto Tecnológico de Massachusetts (1978), del que ha sido profesor (1977-78), al igual que del CEMLA (1978) y el ITAM (1978-82 y 1995-), donde fue director de la maestría (1978-82). Ocupó la cátedra Lionel Robbins 1992 en la London School of Economics. En el PRI, partido al que pertenece desde 1980; fue asesor económico del presidente del IEPES (1982). Ha sido coordinador del Centro de Investigación Económica del Tecnológico de México (1973-74), asesor y coordinador de asesores del secretario de Hacienda (1978-82), presidente del INEGI (1982-85), subsecretario de Planeación y Control Presupuestal (1985-87), secretario de Programación y Presupuesto en el gobierno de Miguel de la Madrid (1987-88), y secretario de Hacienda y Crédito Público en el sexenio de Carlos Salinas (1988-94). Coeditor de *Financial Policies and the World Capital Market: The Problem of Latin American Countries* (1982) y autor de *The Political Economy of Income Distribuition in Mexico* (1983). En 1979 ganó el segundo lugar del Premio Nacional de Economía.

ASSAD ÁVILA, ALBERTO ◆ n. en Huejutla, Hgo. (1946). Estudió derecho en la UNAM. Pertenece al PRI. En el SNTE ha sido secretario de Fomento (1970-73), de Actas (1973-76), general de la sección 15 (1976-79); secretario del Comité Nacional de Vigilancia (1977-80) y secretario de propaganda (1980-83) y de vivenda del comité ejecutivo nacional. Diputado federal a la LIV Legislatura (1988-91).

ASSORREY, JUAN MANUEL ◆ n. y m. en Toluca (1769-1832). Su apellido aparece también como Assorey. Ingresó al Colegio de San Ildefonso de la ciudad de México en 1782. En 1790 era bachiller y consiliario de la Real y Pontificia Universidad de México. Era secretario del ayuntamiento de Toluca en 1814. En 1821 firmó el Acta de Adhesión al Plan de Iguala que se firmó en Toluca. Fue diputado al Congreso Constituyente 1823-24.

ASTACINGA ◆ Municipio de Veracruz situado al sur de Orizaba, en los límites con Puebla. Superficie: 69.09 km². Habitantes: 5,240, de los cuales 938 forman la población económicamente activa. Hablan alguna lengua indígena 4,251 personas mayores de cinco años (náhuatl 4,243). Indígenas monolingües: 1,027.

ASTEY VÁZQUEZ, LUIS ◆ n. en Guadalajara y m. en el DF (1922-1998). Investigador. Licenciado en derecho por la Universidad Autónoma de Guadalajara. Realizó estudios en La Sorbona y en la Escuela Práctica de Altos Estudios, ambas en París. Trabajó en el Departamento de Humanidades del ITESM (1945-1973). Fue profesor del ITAM (1972) y de la UNAM, e investigador de El Colegio de México. Publicó las traducciones *El poema de la creación; Enuma elish; Humanidades, sofistas, dioses y literatura; La teogonía hesiódica; Cuaderno de humanidades; Sponsus: un drama medieval latino-románico; El danielis ludus de la Catedral de Beauvais; Dramas latinos medievales del ciclo de Navidad; El pergamino Vindel; Las leyendas de Rosvitha de Gandershein,* y *Los dramas de Hilario;* y el libro *Procedimientos de edición para la Biblioteca Novohispana.* Miembro de la Academia Mexicana. Premio Arnaldo Orfila Reynal de la Feria del Libro de Guadalajara.

ASTIE BURGOS, WALTER ◆ n. en el DF (1945). Licenciado en relaciones internacionales por la UNAM (1962-67) con maestría de la Universidad del Sur de California, EUA; realizó estudios en Lovaina, Bélgica (1979). Profesor de la UIA (1976). Ingresó al Servicio Exterior Mexicano en 1967. Ha sido primer secretario de la misión mexicana ante la FAO (1977-78), consejero de la embajada en el Reino Unido (1978-79), ministro de la embajada en Bélgica y ante la Comunidad Económica Europea (1979-82), ministro de la embajada en Estados Unidos (1982-86) y director general para América del Norte de la SRE (1986-).

ASTRO MORELIANO ◆ Órgano de los yorkinos michoacanos, aparecido entre 1829 y 1830 (12 números). Está consi-

Pedro Aspe Armella

derado el primer periódico de Morelia, aunque por esa época apareció *El Michoacano Libre* en la misma ciudad.

ASTOR, RAÚL ◆ n. y m. en Argentina (1919-1995). Actor cuyo nombre era Raúl Spangenberg Parera. Trabajó como locutor en Buenos Aires. Radicado en México, desarrolló una carrera de 35 años en Televisa. Produjo y participó en diversas telenovelas, películas y programas humorísticos. Fue director, durante cinco años, de Televisa Argentina.

ASTRONOMÍA ◆ Las culturas prehispánicas llegaron a poseer el más exacto calendario de su tiempo. Miguel León-Portilla resalta la importancia de las tablas de eclipses incluidas en el *Códice de Dresde* y cita el *Libro de los coloquios*, donde se menciona reverencialmente a "los que se dedican a observar el curso y proceder ordenado del cielo", a "quienes ordenan cómo cae un año, cómo siguen su camino la cuenta de los destinos y los días y cada una de las veintenas (los meses). De esto se ocupan, a ellos les toca hablar de los dioses". En la época colonial, el primer mexicano que destacó internacionalmente en este campo fue Carlos de Sigüenza y Góngora, quien fue elogiado por John Flamsteed, director del Observatorio de Greenwich, y por Jean-Dominique Cassini, director a su vez del Observatorio de París. Sigüenza fue invitado por Luis XIV a establecerse en Francia y Carlos II de España lo designó "cosmógrapho y mathematico regio". Otro astrónomo novohispano reconocido en el extranjero fue Joaquín Velázquez de León, a quien científicos españoles y franceses le solicitaron copia de sus trabajos. Antonio León y Gama, su contemporáneo, estudió las obras de Newton, Lalande y Bernoulli. Por sus observaciones del eclipse solar de 1771, Lalande lo llamó "sabio astrónomo". José Antonio Alzate, a consecuencia de su trabajo sobre tránsitos y eclipses, en el que tuvo la colaboración de José Ignacio Bartolache, fue designado socio correspondiente de la Academia de París. En el siglo XIX fue Francisco Díaz Covarrubias la principal figura de la astronomía me-

xicana. Le tocó encabezar la expedición científica que viajó a Japón, a observar el paso de Venus por el Sol, y a él se le debe la fundación del Observatorio Astronómico de Chapultepec (1878) y la Sociedad Humboldt. De la misma época es José Árbol y Bonilla, creador del Observatorio de la Universidad de Zacatecas y autor del primer texto latinoamericano de cosmografía, quien adquirió relevancia por sus observaciones del paso de Venus por el disco solar en 1882. El Observatorio Nacional, trasladado poco después de su fundación a Tacubaya, tuvo como directores a Agustín Anguiano, Valentín Gama (1910-15) y Joaquín Gallo (1915-46). Éste implantó el servicio telefónico de la hora del Observatorio, misma que adquirió carácter oficial en 1920. La institución pasó a formar parte de la Universidad en 1929, al conquistar ésta su autonomía. En los años treinta, Luis Enrique Erro gestionó ante Lázaro Cárdenas la erección de un observatorio en Tonantzintla, Puebla. El presidente aprobó el proyecto y Erro se trasladó en 1939 a Harvard, donde lo alcanzó Carlos Graef. Ahí elaboraron el plan básico que luego contó con el apoyo del también presidente Manuel Ávila Camacho. En 1942, con Erro como director y Graef en calidad de director asistente, el Observatorio trasladó su sede a Tonantzintla, donde en lugar del viejo refractor ecuatorial de 40 centímetros de diámetro se instaló un telescopio reflector de un metro de diámetro. Con él y la cámara Schmidt de 70 centímetros se registró el hallazgo de los objetos Herbig-Haro, los que acrecentaron la celebridad del mexicano Guillermo Haro, quien sucedió a Erro como director. Haro tuvo en 1966 una intervención decisiva para la creación del Instituto de Astronomía y al año siguiente promovió la búsqueda del mejor lugar de la República para montar un nuevo centro de observación celeste. Los estudios llegaron a la conclusión de que el sitio óptimo se hallaba en la cima de la sierra de San Pedro Mártir, en Baja California, a 2,830 metros de altura. Las ventajas del

lugar eran obvias, pues mientras en Tonantzintla sólo se disponía anualmente de 40 noches propicias para hacer mediciones exactas, en San Pedro Mártir son aproximadamente 200 noches. En 1971 se instalaron los primeros instrumentos, en un tiempo en que Arcadio Poveda abogaba por la construcción de instrumental astronómico en el país. La tendencia a valerse de una tecnología propia se anotó un éxito al iniciar José de la Herrán en el Instituto de Astronomía de la UNAM, en 1973, el diseño del telescopio para San Pedro Mártir. Resultado del trabajo de un equipo de

Raúl Astor

científicos mexicanos fue la fabricación del telescopio llamado *Mextel*, de 2.12 metros de diámetro, de estructura ligera, con un espejo primario, "el más corto en distancia focal y el más ligero construido hasta entonces, colocado en una celda de diseño ultraligero y soportado en ella a base de colchones de aire". Las innovaciones permitieron reducir el peso a sólo 35 toneladas, la mitad del que tienen artefactos similares, en tanto que el costo fue de apenas 40 por ciento de lo que se habría pagado de haberse construido en el extranjero. Tales innovaciones ya han sido adoptadas en otros países y han revolucionado la construcción de estos aparatos. Paralelamente se trabajó en la producción de otros instrumentos, entre los cuales cobró relevancia el detector bidimensional ultrasensible denominado *Mepsicrón*, desarrollado en el mismo Instituto por Claudio Firmani, italiano que trabaja en México, y Elfego Ruiz, quienes han construido un instrumento de amplias aplicaciones en diversas ramas de la ciencia. En 1979 culminaron los trabajos de un numeroso grupo de científicos con la inauguración del telescopio Mextel del Observatorio de San

FOTO: REFORMA

Pedro Mártir, dirigido por Miguel Roth. En 1962, con la creación del Departamento del Espacio Exterior, del Instituto de Geofísica de la UNAM, se iniciaron oficialmente las investigaciones en este campo. En 1976 el nombre de ese centro se transformó en Departamento de Estudios Espaciales, con el que trabaja coordinadamente el Instituto de Astronomía, sobre todo en el uso de técnicas para detectar la radiación electromagnética. A fines de los años setenta, el Instituto de Astronomía, con datos proporcionados por los satélites Explorador Ultravioleta, Einstein y Exosat, inició la publicación de trabajos relacionados con rayos X, ultravioleta y extremo ultravioleta provenientes de fuentes galácticas y extragalácticas. El citado Mepsicrón, de Firmani y Ruiz, fue utilizado en la exploración del cometa Giacoby-Zinner (1986) y pronto se empleará a bordo de satélites.

ASTUDILLO BELLO, AUSENCIO ◆ n. en Tixtla, Guerrero. (1936). Profesor normalista. Miembro del PRI. Secretario general de la sección XIII y de la sección XIV del Sindicato Nacional de Trabajadores de la Educación. Diputado federal por el X distrito de Guanajuato (1982-85).

ASUNCIÓN, DE LA ◆ Bahía de Baja California Sur situada en el océano Pacífico, en el noroeste de la entidad, al sur de la sierra Pintada.

ASUNCIÓN CACALOTEPEC ◆ Municipio de la región Sierra Norte de Oaxaca situado al este de la capital del estado. Superficie: 108.45 km². Habitantes: 2,631, de los cuales 498 forman la población económicamente activa. Hablan alguna lengua indígena 2,340 personas mayores de cinco años (mixe 2,338). Indígenas monolingües: 565. La cabecera no cuenta con caminos que permitan el tránsito de vehículos.

ASUNCIÓN CUYOTEPEJI ◆ Municipio de Oaxaca, ubicado en la Mixteca, al norte de Huajuapan de León. Superficie: 76.55 km². Habitantes: 845, de los cuales 86 forman la población económicamente activa.

ASUNCIÓN IXTALTEPEC ◆ Municipio de Oaxaca ubicado en la región del istmo.

Limita con Juchitán e Ixtepec. Superficie: 547.33 km². Habitantes: 15,337, de los cuales 4,012 forman la población económicamente activa. Hablan alguna lengua indígena 7,865 personas mayores de cinco años (zapoteco 6,865). Indígenas monolingües: 299.

ASUNCIÓN NOCHIXTLÁN ◆ Municipio de Oaxaca situado en la Mixteca, al noroeste de la capital del estado. Superficie: 820.35 km². Habitantes: 12,299, de los cuales 2,534 forman la población económicamente activa. Hablan alguna lengua indígena 1,886 personas mayores de cinco años (mixteco 1,812 y zapoteco 33). Constituyen un atractivo para los visitantes la alfarería y los tejidos de palma e ixtle. Cerca de la cabecera hay petroglifos y el 15 de agosto es la principal fiesta religiosa.

ASUNCIÓN OCOTLÁN ◆ Municipio de Oaxaca ubicado en la región de los Valles Centrales, al sur de la capital del estado. Superficie: 12.76 km². Habitantes: 3,892, de los cuales 907 forman la población económicamente activa. Hablan alguna lengua indígena 3,420 personas mayores de cinco años (zapoteco 3,404). Indígenas monolingües: 83. En la jurisdicción se produce mezcal y se elaboran productos artesanales de carrizo. La principal fiesta de la cabecera es el 13 de agosto.

ASUNCIÓN TEPEZOYUCA, LA ◆ Población del municipio de Ocoyoacac, cercana a Toluca, Estado de México.

ASUNCIÓN TLACOLULITA ◆ Municipio de Oaxaca, ubicado en el este de la región Sierra Sur, al sureste de la capital del estado y al oeste de Tehuantepec. Superficie: 244.96 km². Habitantes: 958, de los cuales 263 forman la población económicamente activa. Hablan alguna lengua indígena 120 personas mayores de cinco años (zapoteco 99). Ubicada en una región montañosa, el paisaje forma parte de los atractivos del lugar, que incluyen petroglifos y una pintoresca fiesta que se celebra el 13 de agosto.

ASÚNSOLO, ENRIQUE ◆ n. en Durango y m. en el DF (1901-1960). Escritor. Abogado titulado en 1923. Fue jefe del departamento jurídico de Nacional

Financiera. Colaboró en la revista *El Hijo Pródigo*. Autor de la obra de teatro *Antístenes o el hijo pródigo* (1945) y de los poemarios *Centena del desamor* (1935), *Ausencias en Roma* (1935), *Dieciséis ejercicios* (1936) y *Elegía del angelito* (1940).

ASÚNSOLO, IGNACIO ◆ n. en Hidalgo del Parral, Chih., y m. en el DF (1890-1965). Escultor. Estudió en San Carlos mediante una beca que le fue suspendida por asistir a una manifestación en favor del general Bernardo Reyes. Fue maderista y después combatió en la División del Norte. Estudió en España y en Francia, de donde volvió llamado por Vasconcelos, quien le encargó las esculturas del patio central (*Sor Juana, Rubén Darío, Amado Nervo y Justo Sierra*) y el frontispicio de la SEP (*Minerva, Apolo y Dionisio*). Esculpe en 1923 su *Gabriela Mistral* y después, en el Monumento a los fundadores del Instituto Científico y Literario del Estado de México, *Plenitud de la vida* y *Senectud*. En 1933 gana el concurso para hacer el Monumento a Obregón y el monumento a *La Patria*, en el alcázar de Chapultepec. En 1937 inicia el *Monumento al Soldado* que está frente a la Secretaría de la Defensa Nacional. Durante la guerra civil española ejecuta *Bombardeo en España* y *Milicianos fusilados*, a fin de reunir fondos para los republicanos. Fue director de la Academia de San Carlos (1947-54). En 1952 se inauguró su obra más controvertida: la estatua que se mandó hacer el entonces presidente Miguel Alemán frente a la torre de la Rectoría, en la Ciudad Universitaria, misma que después de ser dinamitada varias veces por los estudiantes fue retirada. Suyo también es el *Monumento Ecuestre a Francisco Villa* (1957). Trabajó innumerables piezas que hoy se hallan en colecciones públicas y privadas.

ASÚNSOLO, MARÍA ◆ n. en EUA y m. en Cuernavaca, Mor. (1916-1999). Prima de Dolores del Río. Nacida en Estados Unidos, falsificó su acta de nacimiento, eligiendo Chilpancingo como su lugar de nacimiento. Fue una activa militante antifascista durante los años treinta y cuarenta, durante los cuales participó en actividades en favor de la República Española y los países democráticos agredidos por el ·Eje. También realizó campañas contra la discriminación racial y en favor de los desvalidos. Inspiró a escritores y artistas plásticos. Rivera, Siqueiros, Juan Soriano, Ignacio Asúnsolo, Jesús Guerrero Galván, María Izquierdo, Jesús Escobedo, Raúl Anguiano, Federico Cantú, Emiliano di Cavalcanti, Luis Ortiz Monasterio y otros creadores hicieron retratos suyos. Una copia del retrato que le hizo Guerrero Galván fue encontrada en una iglesia de pueblo, donde se le adoraba como imagen de Santa Catarina. Tuvo una galería de arte frente al jardín Pasteur, de Reforma e Insurgentes.

ASUNTOS VARIOS SOBRE CIENCIAS Y ARTES ◆ Periódico científico que editó Antonio Alzate. Se publicaron siete números entre el 26 de octubre de 1772 y el 4 de enero de 1773, cuando el gobierno virreinal lo prohibió.

ATARJEA ◆ Municipio de Guanajuato situado en el noreste de la entidad, en los límites con Querétaro. Superficie: 374.7 km². Habitantes: 5,282, de los cuales 1,111 forman la población económicamente activa.

ATASTA ◆ Laguna de Campeche situada al oeste de la laguna de Términos y al este de la laguna de Pom, con la que forma un mismo sistema.

ATEMAJAC DE BRIZUELA ◆ Municipio de Jalisco situado al oeste del lago de Chapala y al suroeste de Guadalajara. Superficie: 191.57 km². Habitantes: 5,695, de los cuales 1,336 forman la población económicamente activa.

ATEMAJAC DEL VALLE ◆ Población del municipio de Zapopan que forma parte del núcleo urbano de Guadalajara.

ATEMPAN ◆ Municipio de Puebla situado al noreste de la capital de la entidad, cerca de los límites con Veracruz. Superficie: 34.45 km². Habitantes: 17,995, de los cuales 3,074 forman la población económicamente activa. Hablan alguna lengua indígena 8,654 personas mayores de cinco años (náhuatl 8,634). Previo permiso se puede

practicar la caza del jabalí y otras especies. La fiesta de San Francisco, el 4 de octubre, atrae a gran número de visitantes.

ATENANGO DEL RÍO ◆ Municipio de Guerrero situado en los límites con Puebla. Pertenece a la cuenca del Amacuzac. Superficie: 398.8 km². Habitantes: 8,606, de los cuales 1,020 forman la población económicamente activa. Hablan alguna lengua indígena 821 personas mayores de cinco años (náhuatl 808).

ATENCINGO ◆ Población creada en torno al ingenio azucarero del mismo nombre, en el municipio de Chietla, Puebla.

ATENCO · ◆ Municipio del Estado de México, situado al este del Distrito Federal y contiguo a Texcoco y Ecatepec. Superficie: 139.67 km². Habitantes: 27,988, de los cuales 5,656 forman la población económicamente activa. Hablan alguna lengua indígena 86 personas (náhuatl 45). Su cabecera es San Salvador Atenco.

ATENCO ◆ Nombre de la primera ganadería de América fundada en 1528 por Juan Gutiérrez Altamirano, conde de Calimaya, primo hermano de Hernán Cortés, en el municipio de Santiago Tianguistenco. De toros encastados cuyo origen sanguíneo son las reses bravas de Navarra, en 1910 arribaron toros de Pablo Romero y en 1950 reses de San Diego de los Padres. Su último gran refresco fue en 1977 con astados de José Julián Llaguno. Ahora es propiedad de José Antonio y Carmina Pérez de la Fuente.

ATENEO COLIMENSE ◆ Agrupación cultural fundada en Colima, Col., en 1932. Miguel Galindo fue su primer presidente y Mariano Velasco el secretario.

ATENEO CHIHUAHUENSE ◆ Fundado en Chihuahua, Chih., en 1909, tuvo un inicio de gran actividad que se desvaneció ante las necesidades planteadas por la revolución. Se intentó revivirlo sin éxito en 1922.

ATENEO ESPAÑOL DE MÉXICO ◆ Organización creada por un grupo de

españoles republicanos asilados en México. Al momento de su creación se propuso defender la tradición cultural española, solidarizar a los españoles en el destierro y contribuir a la liberación de España y al establecimiento en su suelo de un régimen republicano, libertario y democrático. La sesión inaugural fue el 16 de marzo de 1949. Fungía como presidente Joaquín D'Harcourt, como vicepresidente Ceferino Palencia y José Luis de la Loma como secretario. Víctor Trapote organizó la sección de artes plásticas, Adolfo Vázquez Humas-

Atasta, Campeche

FOTO: FONDO EDITORIAL GRUPO AZABACHE

qué la de ciencias físico-matemáticas y biológicas, Mariano Granados la de humanidades, Antonio Espina la de literatura y Adolfo Salazar la de teatro, cine y música. El Ateneo Ramón y Cajal se incorporó en pleno y se constituyó en sección de ciencias médicas. Desde entonces se han organizado conferencias, debates, recitales y exposiciones. En su antigua sede de la calle Morelos número 26 alojó a numerosas organizaciones del exilio español y dio cabida a la Tribuna Libre de México y prácticamente a cuanta agrupación lo solicitara, actitud que benefició a núcleos de refugiados de diversos países latinoamericanos. En los años cincuenta eran más de 900 las familias afiliadas. En 1967 el número de socios era de 750 y en 1980 inferior a 400. En la lista de socios de honor del Ateneo figuran Rafael Altamira, Alfonso Reyes, Lázaro Cárdenas, Rómulo Gallegos, Isidro Fabela, Jesús Silva Herzog, Manuel Martínez Báez, Pablo Casals, Manuel Márquez, Juan Ramón Jiménez, Constancio Bernaldo de Quiroz, Rafael Sánchez de Ocaña, Emilio Herrera Linares, José Giral Pereira, Jaime Torres Bodet, Arturo Rosenblueth, David Alfaro Siqueiros, José Andrés de Oteyza, Enrique González Martínez, José Rubén Romero, León Felipe y Augusto Pi Suñer. José Puche Álvarez y José Luis de la Loma aparecen como presidentes de honor. En 1999 se eligió una mesa directiva encabezada por Leonor Sarmiento Pubillones.

ATENEO FUENTE ◆ Centro de estudios superiores de Saltillo fundado en 1867. Fue la base de la actual Universidad Autónoma de Coahuila. El nombre del Ateneo es en homenaje a Juan Antonio de la Fuente, ministro de Relaciones Exteriores con el presidente Juan B. Ceballos, tres veces secretario de la misma cartera con Comonfort y dos con Juárez.

ATENEO DE LA JUVENTUD ◆ Grupo cultural que adoptó este nombre en 1910. Antes había figurado como Sociedad de Conferencias y organizó sendos ciclos de charlas en 1907 y 1908. Como Ateneo de la Juventud realizó otro programa de conferencias con motivo del centenario de la independencia nacional. El origen del grupo se remonta a las reuniones que celebraban Alfonso Reyes, Pedro Henríquez Ureña y José Vasconcelos en el domicilio de Antonio Caso. A este núcleo se incorporaron otros jóvenes con inquietudes intelectuales y de ahí se pasó a la publicación de la revista *Savia Moderna* (1906), en la cual varios de los futuros ateneístas colaboraron. Desaparecida esta publicación, Jesús T. Acevedo convocó a sus amigos para fundar la Sociedad de Conferencias, que ese mismo año (1907), en el Casino de Santa María, ofreció su primer ciclo con charlas de Alfonso Cravioto, Antonio Caso, Pedro Henríquez Ureña, Rubén Valenti, Ricardo Gómez Robelo y el propio Acevedo. En 1908 los expositores fueron Genaro Fernández MacGregor, Isidro Fabela y Max Henríquez Ureña, hermano de Pedro, así como Acevedo, Caso y Valenti, quienes repitieron. Al año siguiente, Caso cubrió toda la ruta con sus discursos críticos contra el positivismo. Para 1910 los ponentes fueron Reyes, Pedro Henríquez Ureña, Carlos González Peña, José Escofet, Vasconcelos y el infaltable Caso. El Ateneo, propiamente dicho, se fundó el 28 de octubre de 1909, con Caso como secretario. Según Vasconcelos, los ateneístas eran, además de Caso y él mismo, Martín Luis Guzmán, Alfonso Reyes, Julio Torri, Pedro y Max Henríquez Ureña, Enrique González Martínez, Antonio Mediz Bolio, Alfonso Cravioto, Isidro Fabela, Diego Rivera, Julián Carrillo, Manuel M. Ponce, Rafael López, Roberto Argüelles Bringas, Eduardo Colín, Joaquín Méndez Rivas, Rafael Cabrera, Carlos González Peña, Manuel de la Parra, Mariano Silva y Aceves, Jesús Acevedo y Federico Mariscal. En realidad la lista es incompleta, pues otras figuras se acercaron al Ateneo (los pintores Saturnino Herrán y Angel Zárraga, los abogados José María Lozano y Nemesio García Naranjo, además de algunos conferenciantes citados que no están en la lista de Vasconcelos. La agrupación se transfor-

mó más tarde en Ateneo de México. A sus miembros, especialmente a Caso, se debe la fundación de la Universidad Popular Mexicana que, bajo la rectoría de Alfonso Pruneda, quería atraer a la masa inculta a los salones de conferencias o ir a buscarla a las fábricas, las calles y a todo lugar donde se pueda hallar un público atento. La aportación del Ateneo a la cultura, de acuerdo con diversos autores, se resume en su oposición al conformismo y las ideas prevalecientes durante el porfiriato. Sus integrantes ejercieron la crítica de la filosofía comtiana, del decadentismo en las artes plásticas, del amaneramiento literario y del servilismo que privaba en la creación intelectual. Difundieron a gran cantidad de autores que antes habían leído ellos mismos, entre otros a los clásicos, olvidados por el utilitarismo que se sintetiza en el lema positivista de Orden y Progreso, divisa de la dictadura. Su rebeldía anunció la insurrección generalizada que se desataría en noviembre de 1910. Por eso y por su propia valía, casi todos sus miembros obtendrían reconocimiento público en la política, la cátedra o la creación. De ahí que se haya querido repetir la fórmula. El 25 de junio de 1919, la *Revista Nueva* anunciaba que, "debido a la iniciativa de los señores Jaime Torres Bodet, Bernardo Ortiz de Montellano y José Gorostiza Alcalá", se llevaría "a cabo la primera junta preliminar para la formación de un Ateneo de la Juventud". La idea era noble, pero extemporánea. La revolución había terminado.

ATENEO MEXICANO ◆ Institución constituida en 1840 a semejanza del Ateneo Científico, Literario y Artístico de Madrid. Entre sus fundadores estuvieron Andrés Quintana Roo, José Justo Gómez de la Cortina, Juan Bautista Morales y otros intelectuales mexicanos de la época, quienes fueron convocados por Ángel Calderón de la Barca, primer representante diplomático de España en el México independiente. Mediante cátedras gratuitas, conferencias, una biblioteca pública y su propio periódico, esta institución divulgó el conocimiento hasta que la intervención estadounidense impidió su funcionamiento.

ATENEO MEXICANO, EL ◆ Órgano de la sociedad del mismo nombre redactado por los propios miembros de ésta. Apareció entre 1844 y 1845.

ATENEO MEXICANO DE CIENCIAS Y ARTES ◆ Sociedad literaria y científica fundada en 1882. Vicente Riva Palacio fue su primer presidente.

ATENEO MEXICANO DE MUJERES ◆ Sociedad fundada en abril de 1934 por "escritoras, periodistas, maestras, arqueólogas, abogadas y militantes del arte y la política". Se proponía "Reunir, en una organización ajena a todo credo político o religioso, el mayor número posible de mujeres representativas de la cultura femenil de México, en las órdenes social, científica, literaria y artística en general", con objeto de "formar un frente único que pueda oponerse a los prejuicios, vulgaridades y estrecheces del medio ambiente, a fin de cultivar la vida del espíritu y buscar su mejoramiento intelectual". De acuerdo con sus estatutos, su acción debía proyectarse "de manera preferente hacia el elemento femenino de toda la República y hacia las clases proletarias del país, con el fin de orientar y educar el gusto popular". Realizó concursos, recitales y ciclos de conferencias; asimismo, participó en actividades tales como congresos, ferias del libro y programas de radio, entre otros una serie de diez conferencias en pro de la paz por XEFO (1939). Adela Formoso de Obregón Santacilia, creadora de la Universidad Femenina de México, fue su presidenta (1934-48), Leonor Llach fungió como secretaria del interior y en la mesa directiva figuró María Aurelia Reyes, quien firmaba como *Arlette*. Emmy Ibáñez, por su parte, fundó la editorial Mi Mundo, que publicó obras de las ateneístas. Socias de la organización fueron, entre otras, de acuerdo con una relación de 1940, Guadalupe Jiménez Posada, Adela Artela de Allen, Flora Catalina, Rosa Luisa Coyula, Emma de Domínguez Vice, Margarita L. de Gil, Emma P. de Hidalgo, Guadalupe G. de Joseph, Rosminda L. de Lund,

Luisa E. C. de Miguel, María C. de Naranjo, Martha Cándano de Romero, Julia N. de Sabido, Josefina Velázquez Peña y Beatriz Palavicini de MacGregor; otra lista del mismo año menciona a Magda Mabarak, Esperanza Zambrano, Rosa Selsi, Emilia Enríquez de Rivera, María Ríos Cárdenas, Luz Vera, Mathilde Gómez, Guadalupe Jiménez Posadas, Julia Nava de Ruisánchez, Concepción Gómez de Carasso, Trinidad Soto y Galindo, Concepción Hidalgo de García, Angelina Elizondo de García Naranjo, María Boettinger de Álvarez, María Elena Sodi de Pallares, Ana R. de Cuatáparo, Laura Palavicini, Enriqueta de Parodi, Fredy Mirsky, Otilia Meza, Adela Formoso de Obregón Santacilia, Tina Vasconcelos de Bergés y Adela Artela de Allen. En 1942 figuraban en la sociedad algunas de las mencionadas, además de Carmen G. Basurto, Dolores Bolio, Rosa de Castaño, Catalina D'Erzell, Mimí Derba, Teresa Farías de Isassi, María Luisa *Loreley* Garza, Mathilde Gómez, Enriqueta Gómez, Eulalia Guzmán, Ana de Gómez Mayorga, Ana María Hernández, Asunción Izquierdo de Albiñana, Juana Manrique de Lara, Julia Martha, Lázara Meldiú, Margarita Mondragón, Esther *Indiana* Nájera, María Luisa Ocampo, Virginia Ochoa y Bezares, Esperanza Peña Monterrubio, Laura de Pereda, Concha Ponce, Clotilde Quirarte, Antonia Victoria Ramos, A. I. Ramírez Garrido, María Ríos Cárdenas, María Luisa Ross, Concepción Sada, Margarita Sánchez Prado, Rosario Sansores, Rasa Seldi, Tina Sierra, Blanca Lydia Trejo, Rosario Uriarte, Rebeca Uribe, Margarita Urueta, Rosa del Valle, Adela Velázquez Schiaffino, Esperanza Velázquez Bringas y Concepción de Villarreal. Durante los primeros seis años las reuniones se celebraron en el domicilio de la presidenta, Colima 286. En enero de 1940 se inauguró la sede ubicada en la calle de Donceles 70 que dos años después se trasladó a Uruguay 27, en el Distrito Federal. El órgano de la sociedad fue la revista *Ideas*, de la que aparecieron 40 números entre agosto de 1944 y noviembre de 1947, bajo la

dirección de Graciana Álvarez del Castillo (secretaria general y finalmente vicepresidenta del Ateneo) y Josefina Zendejas. En *Ideas* se publicó una colaboración de Simone de Beauvoir.

ATENEO RAMÓN Y CAJAL ◆ Organización fundada por médicos españoles asilados en México. En su creación participaron más de 200 profesionales a principios de los años cuarenta. La agrupación desapareció al incorporarse al Ateneo Español de México, en 1949, donde constituyó la sección de ciencias médicas.

ATENEO VERACRUZANO ◆ Sociedad cultural establecida en 1933 en el puerto de Veracruz, con Francisco Broissin Abdalá como su animador y presidente.

ATENGO ◆ Municipio de Jalisco situado en el valle de Ayuquilla, en la porción centro-oeste de la entidad, al oeste-suroeste de Guadalajara. Superficie: 412.42 km². Habitantes: 5,289, de los cuales 1,067 forman la población económicamente activa. Hablan alguna lengua indígena 11 personas mayores de cinco años.

ATENGO ◆ Río que nace en Zacatecas, corre por el norte de Jalisco y pasa a Nayarit, donde se une al Hauynamota, afluente del Santiago.

ATENGUILLO ◆ Municipio de Jalisco situado en la cuenca del río Ameca, en la porción centro-oeste de la entidad, al oeste de Guadalajara. Superficie: 662.55 km². Habitantes: 4,444, de los cuales 918 forman la población económicamente activa. En la jurisdicción hay yacimientos minerales. La cabecera, también llamada Atenguillo, se halla junto al río del mismo nombre.

ATENGUILLO ◆ Río de Jalisco. Nace en la Sierra de Cacoma, recibe las aguas del Guachinango y a su vez es tributario del Ameca.

ATENQUIQUE ◆ Población del municipio de Tuxpan, en el estado de Jalisco. Se fundó entre los años de 1700 y 1750. Hoy su vida gira en torno a la empresa papelera Compañía Industrial de Atenquique. En 1793, cuando sólo era un mesón, pernoctó ahí Miguel Hidalgo, al ir a tomar posesión del curato de

Colima. La misma finca alojó en marzo de 1858 a Benito Juárez y sus ministros, cuando se dirigían a Manzanillo. Los generales Miguel Miramón y Leonardo Márquez, quienes los perseguían al frente de un poderoso ejército, se enfrentaron en la barranca de Atenquique a las fuerzas liberales comandadas por Santos Degollado, Pedro Ogazón y Leandro Valle, el 2 de julio de ese año, y después de una sangrienta batalla resultaron derrotados los conservadores.

ATEQUIZA ◆ Población del municipio de Ixtlahuacán de los Membrillos, Jalisco (☞).

ATEXCAL ◆ Municipio del sur de Puebla en los límites con Oaxaca. Superficie: 395.46 km². Habitantes: 3,026, de los cuales 778 forman la población económicamente activa. Hablan alguna lengua indígena 11 personas mayores de cinco años (náhuatl 8). En la jurisdicción municipal se practica la caza de venado y especies menores. La cabecera es San Martín Atexcal y la principal fiesta es el 11 de noviembre.

ATHIÉ CARRASCO, JOSÉ ◆ n. en la ciudad de México (1925). Licenciado en derecho por la UNAM (1947). Profesor del Centro Superior de Estudios Navales (1966-70). Miembro del PRI desde 1963. En la Secretaría de Marina fue jefe de la Oficina de Operación Portuaria (1956-58) y asesor legal de la dirección de Obras Marítimas (1959-64), jefe del Departamento Jurídico Central (1965) y

director general de Asuntos Jurídicos (1966-76). Jefe del Departamento Jurídico de la Comisión Federal de Electricidad (1976-).

ATHIÉ FLORES, KAMEL ◆ n. en Torreón, Coah. (1945). Licenciado en economía por el IPN (1971), realizó estudios de posgrado en planificación de desarrollo regional en la CEPAL (1971). Profesor en la UNAM y en Chapingo. Ha trabajado para la Secretaría de la Presidencia (1973-77), jefe del Departamento de Desarrollo Rural de la Dirección de Inversiones Públicas de la SPP (1978-80), subdirector de Presupuesto de Infraestructura de la Dirección General de Presupuesto Agropecuario (1980-82), director de Programación y Presupuesto para el Desarrollo Agropecuario y Forestal de la SPP (1983-88), gerente general de Banrural Norte (1989-90), director adjunto de Planeación Estratégica de Banrural (1990-95), delegado estatal de la Secretaría de Desarrollo Social en Chihuahua (1995-98) y secretario de Planeación y Evaluación de Chihuahua (1998-).

ATHIÉ MORALES, MARIO ◆ n. en el DF (1954). Escultor. Trabaja diversos materiales, sobre todo bronce y fibra de vidrio. Ha mostrado su trabajo en exposiciones colectivas desde 1974. Una obra suya participó en la Bienal Internacional de Ravena, Italia (1979).

ATIL ◆ Municipio de Sonora situado al norte de Hermosillo y al este de Caborca, cerca de los límites con Estados Unidos. Superficie: 400.43 km². Habitantes: 777, de los cuales 219 forman la población económicamente activa. La cabecera fue fundada en 1751 con el nombre de Ati por el misionero Jacobo Sedelmeyer. Entre 1930 y 1934 perteneció al municipio de Altar. El 4 de octubre se celebra la principal fiesta de la localidad.

ATITALAQUIA ◆ Municipio del estado de Hidalgo contiguo a Tula. Se halla al oeste de Pachuca, cerca de los límites con el Estado de México. Superficie: 64.2 km². Habitantes: 19,794, de los cuales 4,710 forman la población económicamente activa. Hablan alguna lengua indígena 41 personas mayores

de cinco años (otomí 211).

ATIZAPÁN ◆ Municipio del Estado de México situado al oeste del Distrito Federal y al sureste de Toluca. Colinda con Almoloya del Río y Tianguistenco. Superficie: 28.73 km². Habitantes: 7,147, de los cuales 1,525 forman la población económicamente activa. Hablan alguna lengua indígena 33 personas mayores de cinco años (náhuatl 14). Su cabecera municipal es Santa Cruz Atizapán.

ATIZAPÁN DE ZARAGOZA ◆ Municipio del Estado de México contiguo a Naucalpan, al norte del Distrito Federal. Forma parte del área metropolitana del Valle de México. Superficie: 74.95 km². Habitantes: 427,444, de los cuales 101,408 forman la población económicamente activa. Hablan alguna lengua indígena 2,736 personas mayores de cinco años (náhuatl 890 y otomí 710). La cabecera es Ciudad López Mateos, antes Atizapán de Zaragoza. El municipio se llamó Zaragoza. En la jurisdicción se halla La Colmena, población surgida en torno a la fábrica textil del mismo nombre donde los obreros se fueron a la huelga el 6 de diciembre de 1872, en protesta por la disminución de sus jornales. Volvieron a labores en enero del año siguiente, después de que la empresa firmó el "reconocimiento de la sociedad" de los trabajadores y se permitió que una comisión de éstos vigilara las cuentas y el cumplimiento de las tarifas. El 15 de mayo de 1865 los trabajadores, unidos con sus colegas de la fábrica San Ildefonso, de Tlalnepantla, habían creado la Sociedad Mutua del Ramo de Hilados y Tejidos del Valle de México. El 9 de junio esta agrupación inició una huelga en La Colmena, la que fue secundada al día siguiente por los obreros de San Ildefonso. El día 19 intervino la gendarmería imperial, que abrió fuego contra los trabajadores, hiriendo a varios de ellos y deteniendo a 50. La tradición combativa de los textileros se manifestó nuevamente en febrero de 1874, cuando se negaron a pagar a la empresa el alquiler por las viviendas que ocupaban. Nuevamente se empleó contra ellos a la

Atizapán de Zaragoza

Escuadra del club de futbol Atlante

fuerza pública, pero la intervención del Gran Círculo de Obreros de México, al cual estaban afiliados, logró un acuerdo para que no pagaran durante tres meses. En marzo lanzan un llamamiento a sus colegas del valle de México invitándolos a luchar por la abolición del trabajo nocturno y el establecimiento de un mismo horario en todas las fábricas del país. En abril organizan una reunión en el ex templo de San Pedro y San Pablo, en la ciudad de México, a la que asisten 58 representantes de 14 sociedades, quienes constituyen la Unión de Tejedores de las Fábricas Unidas del Valle de México, que acuerda luchar por la abolición del trabajo nocturno y la jornada máxima de 10 horas. Obstaculizado por los líderes del Gran Círculo, el movimiento no tuvo el éxito esperado. Los obreros de La Colmena, fieles a su tradición combativa, iniciaron otra huelga el 16 de julio de 1911.

ATL, DR. ◆ ☞ *Dr. Atl.*

ATLACOMULCO ◆ Municipio del Estado de México situado al norte de Toluca, cerca de los límites con Michoacán, en la cuenca del Lerma. Superficie: 272.34 km². Habitantes: 65,018, de los cuales 14,406 forman la población económicamente activa. Hablan alguna lengua indígena 11,511 personas (mazahua 11,360 y otomí 151). La cabecera se llama Atlacomulco de Fabela, en honor del diplomático Isidro Fabela.

ATLAHUILCO ◆ Municipio de Veracruz, ubicado al sur de Orizaba, en las Cumbres de Acultzingo, cerca de los límites con Puebla, en la cuenca del río Blanco. Superficie: 64.98 km². Habitantes: 7,295, de los cuales 1,345 forman la población económicamente activa. Hablan alguna lengua indígena 6,064 personas mayores de cinco años (náhuatl 6,062). Indígenas monolingües: 2,328.

ATLAMAJALCINGO DEL MONTE ◆ Municipio de Guerrero situado en el este de la entidad, cerca de los límites con Oaxaca. Superficie: 199.4 km². Habi-

tantes: 7,599, de los cuales 894 forman la población económicamente activa. Hablan alguna lengua indígena 6,069 personas mayores de cinco años (mixteco 4,291). Indígenas monolingües: 2,335.

ATLANGATEPEC ◆ Municipio de Tlaxcala situado en la porción centro-norte de la entidad. Superficie: 135.1 km². Habitantes: 4,666, de los cuales 1,064 forman la población económicamente activa. Hablan alguna lengua indígena 23 personas mayores de cinco años (náhuatl 21).

ATLANTE ◆ Equipo de futbol fundado en 1919 en las calles de la colonia Roma con el nombre de Sinaloa. Posteriormente cambió su nombre por el de Lusitania, U-53, Atlántida y, finalmente, Atlante. Formado por carpinteros, yeseros y albañiles, "que ni siquiera tenían balones", se le llamó *el equipo del pueblo*. Obtuvo tres títulos de la Liga Nacional o Spalding (1924-25, 1925-26 y 1926-27). Ingresó oficialmente a la primera división en 1929. En 1935, José Manuel Núñez, entonces jefe de policía y tránsito de la ciudad de México, adquirió el equipo, del que después han sido propietarios Fernando González *Fernandón* (1968), el IMSS (1978), el DDF (1982), José Antonio García (1987) y

Atlacomulco, Estado de México

Televisa. Ha ganado cuatro títulos de liga (1932, 1940-41, 1946-47 y 1992-93), tres campeonatos de copa (1941-42, 1949-50 y 1950-51) y tres de campeón de campeones (1941-42, 1949-50 y 1950-51).

ATLAPEXCO ◆ Municipio de Hidalgo, situado en el noreste de la entidad, cerca de los límites con Veracruz. Superficie: 84.8 km². Habitantes: 17,101, de los cuales 3,881 forman la población económicamente activa. Hablan alguna lengua indígena 12,458 personas mayores de cinco años (náhuatl 12,445). Indígenas monolingües: 2,433.

ATLATLAHUACAN ◆ Municipio de Morelos situado en el norte-noreste de la entidad. Limita por el sur con Cuautla y por el norte con el Estado de México. Superficie: 47.07 km². Habitantes: 12,544, de los cuales 2,352 forman la población económicamente activa. Hablan alguna lengua indígena 315 personas mayores de cinco años (mazateco 172 y mixteco 104).

ATLAUTLA ◆ Municipio del Estado de México, situado en las estribaciones del Popocatépetl, en los límites con Puebla. Superficie: 134.92 km². Habitantes: 22,634, de los cuales 4,679 forman la población económicamente activa. Hablan alguna lengua indígena 48 personas mayores de cinco años. La cabecera es Atlautla de Victoria. El municipio fue fundado en 1874.

ATLEQUIZAYAN ◆ Municipio de Puebla situado en el norte de la entidad, cerca de los límites con Veracruz. Superficie: 22.08 km². Habitantes: 2,531, de los cuales 669 forman la población económicamente activa. Hablan alguna lengua indígena 2,202 personas (totonaco 2,198). Indígenas monolingües: 633. El municipio se llamó Ignacio Allende, nombre con el que aún se le conoce en la región.

ATLIXCO ◆ Municipio de Puebla, contiguo a la capital del estado. Superficie: 229.22 km². Habitantes: 112,480, de los cuales 28,731 forman la población económicamente activa. Hablan alguna lengua indígena 3,703 personas mayores de cinco años (náhuatl 3,581). A la lle-

gada de los españoles, existían dos señoríos menores. En 1579 se fundó la villa de Carrión (hoy la ciudad de Atlixco), que hasta 1650 fue el centro de la más próspera región cerealera de Nueva España. La villa, a principios del siglo XVIII, pasó a formar parte del ducado de Atlixco y a fines de esa centuria, cuando ya había pasado su mejor época, la alcaldía mayor de Atlixco quedó bajo la jurisdicción de la intendencia de Puebla. En el lugar se produjeron combates entre insurgentes y realistas durante la guerra de independencia y después, durante la intervención estadounidense, fue capital del estado de Puebla (entre mayo y noviembre de 1847 y en febrero y marzo de 1848). Durante la guerra de Reforma la ciudad fue ocupada alternativamente por conservadores y liberales y al triunfo de éstos se inició un nuevo auge de la región, por la incorporación al cultivo de tierras que antes eran de manos muertas y, sobre todo, por la apertura de factorías, que en medio siglo convirtieron a Atlixco en uno de los principales centros textiles de la República. En 1985 el municipio contaba con una variada agricultura y una avicultura moderna, industrias textil y aceitera, comercio y otros rubros económicos que, en conjunto, generaban 6.15% del producto estatal bruto. La cabecera municipal ofrece diversos atractivos al visitante, especialmente construcciones religiosas y civiles de los siglos XVI a XIX y principios del presente. El balneario de Axocopan es muy frecuentado y el 29 de septiembre, en el cerro San Miguel, se celebra la fiesta de origen prehispánico llamada Atlixcáyotl.

ATLIXTAC ◆ Municipio de Guerrero, situado al este de Chilpancingo, en la región de la Montaña. Superficie: 694 km². Habitantes: 18,883, de los cuales 3,242 forman la población económicamente activa. Hablan alguna lengua indígena 10,513 personas mayores de cinco años (tlapaneco 7,268 y náhuatl 3,227). Indígenas monolingües: 5,419. Constituyen un atractivo para el turismo las artesanías de lana y palma.

ATLIXTAC ◆ Río de Guerrero que nace en la sierra de Tenango, en la sierra Madre del Sur, cerca de la población de Atlixtac, corre hacia el norte y va a desembocar en el Mezcala, poco antes de su confluencia con el Amacuzac.

ATLZAYANCA ◆ Municipio de Tlaxcala situado en el este de la entidad. Limita por el norte con el estado de Puebla. Superficie: 151.10 km². Habitantes: 12,563, de los cuales 3,141 forman la población económicamente activa. Hablan alguna lengua indígena 18 personas mayores de cinco años.

ATOLINGA ◆ Municipio de Zacatecas situado en la porción sur de la entidad, en los límites con Jalisco. Superficie: 367.56 km². Habitantes: 3,476, de los cuales 914 forman la población económicamente activa.

ATONAL, ENRIQUE ◆ n. en Guadalajara, Jal. (1947). Estudió comunicación. Ha publicado poemas en revistas y suplementos culturales. Se encargó de la dirección de Radio Educación de 1972 a 1976 y convirtió a esta emisora en la más atractiva entre los jóvenes y la intelectualidad por su novedosa concepción de los programas periodísticos, la transmisión de música no comercial, la revaloración de figuras artísticas y la apertura a las opiniones y críticas del público. Asimismo, sus locutores y comentaristas siguieron de cerca los fenómenos sociales de los años setenta y se abrió un espacio para los movimientos alternativos, tales como el feminismo, la ecología y la música hasta entonces marginal. En 1980 se estableció en París, donde es productor de programas en español para Radio Francia Internacional. Dirigió la puesta en escena de *Santamar: tu alma por el rock* (teatro, 1994).

ATONDO Y ANTILLÓN, ISIDRO DE ◆ n. en España y m. ¿en Acapulco? (1630-1690). Encabezó la expedición que en 1673 se proponía tomar posesión de la Baja California. En La Paz fueron hostilizados y se retiraron a Sinaloa. Luego volvieron a la península, pero decidieron asentarse en San Bruno, en la parte oriental de lo que hoy es Baja California

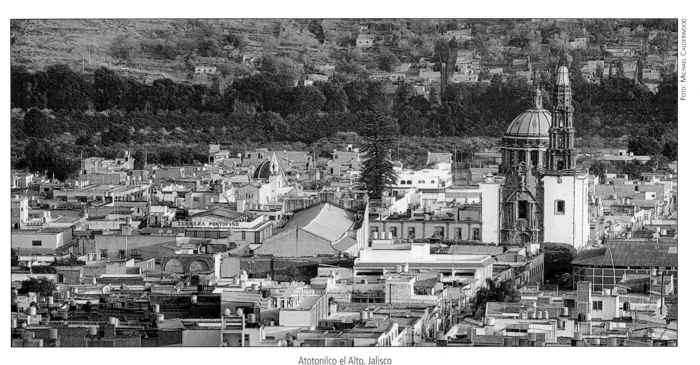

Atotonilco el Alto, Jalisco

Sur. Entre los miembros de la expedición iba como cartógrafo el jesuita Eusebio Kino.

ATOTONILCO ◆ Población del municipio de Allende, Guanajuato.

ATOTONILCO ◆ Población del municipio de Ciudad Fernández, San Luis Potosí.

ATOTONILCO ◆ Población del municipio de Ixtacuixtla, Tlaxcala.

ATOTONILCO ◆ Población del municipio de Tepalcingo, Morelos. Su balneario de aguas termales constituye uno de los principales atractivos turísticos de la región. Atotonilco significa precisamente "lugar de agua caliente".

ATOTONILCO ◆ Población del municipio de Tlaxco, Tlaxcala.

ATOTONILCO ◆ Sierra de Durango, situada en el noreste de la entidad, que prolonga al noroeste la sierra del Rosario. Separa la meseta de la Zarca del bolsón de Mapimí.

ATOTONILCO ◆ Sierra de Jalisco situada al sur de Guadalajara. Cierra por el noroeste la cuenca del lago de Chapala.

ATOTONILCO EL ALTO ◆ Municipio de Jalisco, situado al este de Guadalajara y al noreste del lago de Chapala. Superficie: 638.15 km². Habitantes: 49,638, de los cuales 12,864 forman la

población económicamente activa. Hablan alguna lengua indígena 36 personas mayores de cinco años (purépecha 19). En 1986 fueron hallados entre las poblaciones de Palo Dulce y Ciénega del Pastor, en el lecho de un arroyo seco, los restos de un mamut con colmillos de dos metros de largo.

ATOTONILCO EL GRANDE ◆ Municipio de Hidalgo situado al norte de Pachuca. Superficie: 426.6 km². Habitantes: 26,213, de los cuales 6,312 forman la población económicamente activa. Hablan alguna lengua indígena 108 personas mayores de cinco años (otomí 92).

ATOTONILCO DE TULA ◆ Municipio de Hidalgo, situado en el suroeste de la entidad, en los límites con el Estado de México. Superficie: 30.2 km². Habitantes: 22,607, de los cuales 4,774 forman la población económicamente activa. Hablan alguna lengua indígena 45 personas mayores de cinco años. En la cabecera municipal hay un convento franciscano de fines del siglo XVI. Es una construcción religiosa fortificada.

ATOTONILQUILLO ◆ Población del municipio de Chapala, Jalisco.

ATOTONILQUILLO EL BAJO ◆ Población del municipio de Villa Corona, Jalisco.

Balneario en Atotonilco, Morelos

Foto: Michael Calderwood

Río Atoyac, en Guerrero

ATOYAC ◆ Municipio de Jalisco situado al oeste del lago de Chapala y al suroeste de Guadalajara. Superficie: 253.50 km². Habitantes: 9,263, de los cuales 2,177 forman la población económicamente activa. Hablan alguna lengua indígena 178 personas mayores de cinco años (huasteco 108). El principal atractivo es la laguna de Atoyac, que casi desaparece durante el estiaje.

ATOYAC ◆ Municipio de Veracruz situado al este de Córdoba. Superficie: 171.09 km². Habitantes: 23,450, de los cuales 6,216 forman la población económicamente activa. Hablan alguna lengua indígena 62 personas mayores de cinco años (náhuatl 23). La cabecera está en la ruta del ferrocarril de Córdoba al puerto de Veracruz.

ATOYAC ◆ Río de Guerrero que nace en la ladera sur de la sierra Madre del Sur, pasa junto a la población de Atoyac de Álvarez y desemboca en el Pacífico, al oeste de la laguna Mitla.

ATOYAC ◆ Río de Oaxaca que nace al norte del valle de Etla, al noroeste de la ciudad de Oaxaca. Corre hacia el sur hasta la sierra de Miahuatlán, donde tuerce su curso hacia el oeste para unirse al río Verde.

ATOYAC ◆ Río de Puebla. Nace en la sierra de Puebla, corre hacia el sur, pasa junto a la ciudad de Puebla, llena la presa de Valsequillo, bordea la sierra de Tentzo, recibe las aguas de los ríos Xamilpan y Huehuetlán y describe un curso noreste-suroeste antes de unirse al río Mixteco, con el cual forma el Mezcala.

ATOYAC ◆ Río de Veracruz que nace en las laderas del Pico de Orizaba, cruza el estado con dirección oeste-este y se une al Jamapa para descargar en el golfo de México, junto a la población de Boca del Río, al sur del puerto de Veracruz. Una característica de esta corriente es que seis kilómetros de su recorrido los realiza bajo tierra.

ATOYAC DE ÁLVAREZ ◆ Municipio de Guerrero, situado al noroeste de Acapulco. Superficie: 1,688.4 km². Habitantes: 62,039, de los cuales 14,736 forman la población económicamente activa. Hablan alguna lengua indígena 505 personas mayores de cinco años (náhuatl 234). Genera 2.88 por ciento del producto bruto estatal. Los días de Todos los Santos y Fieles Difuntos los dolientes acuden a los panteones y se hacen acompañar con música, lo que constituye un espectáculo para los tu-

ristas. La fiesta principal es el 12 de diciembre, en la que se realizan procesiones con danzas y cantos típicos.

ATOYATEMPAN ◆ Municipio de Puebla situado en el centro del estado, al este-sureste de la capital de la entidad. Superficie: 21.69 km². Habitantes: 5,136, de los cuales 1,072 forman la población económicamente activa. Hablan alguna lengua indígena 925 personas mayores de cinco años (náhuatl 920).

ATRAVESADA ◆ Sierra del istmo de Tehuantepec, en los límites entre Chiapas, Veracruz y Oaxaca, estado al que pertenece en su mayor parte. Con esta formación cobra nuevamente altura el territorio nacional, después de que las grandes cordilleras bajan hasta el nivel del mar, al final de la sierra de los Mixes. La sierra Atravesada también es conocida como de Niltepec.

ATTOLINI, JOSÉ ◆ n. y m. en el DF (1916-1957). Licenciado en economía y maestro (1944) y doctor en letras por la UNAM (1948). Profesor de la Escuela Normal Superior, la Escuela de Bellas Artes y la UNAM. Fue miembro del Instituto de Investigaciones Económicas de la UNAM. Desempeñó diversos cargos públicos. Al morir era director de Almacenes Nacionales de Depósito. Colaboró, entre otras, en las revistas *Crisol* (1938), *Ruta* (1938-39), *Letras de México* (1947), *América Indígena* (1948) e *Investigación Económica* (1957). Autor de ensayo: *Fundamentos para una nueva interpretación de la historia del arte y la literatura* (1944), *Problemas económico-sociales de Veracruz* (1947), *Breve historia de la lingüística* (1948), *Economía de la cuenca del Papaloapan: agricultura* (1949), *Economía de la cuenca del Papaloapan: bosques, fauna, pesca, ganadería e industria* (1950) y *Las finanzas de la Universidad a través del tiempo* (1951); poesía: *Desamor* (1938), *Saudades* (1939), *Mito* (1942) y *Testimonio* (1957); cuento: *Vagido* (1941) y *Honor y gloria* (1957); y teatro: *Kupra* (1944), *Vertedero* (1944), *Suburbio* y *Vecindad*. Luego de su muerte apareció el volumen de poesía y cuento *Premoniciones* (1958).

ATZACÁN ◆ Municipio de Veracruz, contiguo a Orizaba. Superficie: 80.61 km². Habitantes: 15,518, de los cuales 3,505 forman la población económicamente activa. Hablan alguna lengua indígena 11 personas mayores de cinco años.

ATZALA ◆ Municipio de Puebla, situado al suroeste de la capital del estado y cerca de los límites con Morelos. Superficie: 34.45 km². Habitantes: 1,995, de los cuales 244 forman la población económicamente activa. En la cabecera se producen sombreros de palma.

ATZALAN ◆ Municipio de Veracruz situado al norte-noroeste de Jalapa y contiguo a Misantla, cerca de los límites con Puebla. Superficie: 543.7 km². Habitantes: 46,124, de los cuales 12,524 forman la población económicamente activa. Hablan alguna lengua indígena 90 personas mayores de cinco años.

ATZITZIHUACÁN ◆ Municipio de Puebla situado al suroeste de la capital del estado en los límites con Morelos. Superficie: 127.57 km². Habitantes: 11,177, de los cuales 2,304 forman la población económicamente activa. Hablan alguna lengua indígena 75 personas mayores de cinco años (náhuatl 73). Su cabecera es Santiago Atzitzihuacán.

ATZITZINTLA ◆ Municipio de Puebla, situado al este de la capital del estado, en los límites con Veracruz. Superficie: 94.4 km². Habitantes: 7,361, de los cuales 1,692 forman la población económicamente activa. El 13 de junio es la fiesta principal en la cabecera.

AUB, MAX ◆ n. en Francia y m. en el DF (1903-1972). Escritor. Estudió en el Instituto de Valencia, en España (1915-20). Fue director del Teatro Universitario de Valencia (1935-36), agregado cultural de la embajada española en París (1936-38), director del periódico socialista *Verdad* (1936-37) y secretario del Consejo Nacional de Teatro de España (1938-39). A la derrota de la República Española se exilió en Francia, donde permaneció detenido tres años en campos de concentración. Llegó a México en 1942. Aquí fue profesor del Instituto Cinematográfico (1943-51) y de la UNAM (1949-). Vocal ejecutivo de Televisión Universitaria (1958) y creador de la serie discográfica *Voz Viva de México* (1958). Argumentista y guionista de películas, entre las que se encuentra *Distinto amanecer* (Julio Bracho, 1943), que en 1945 obtuvo el Gran Premio de la Cinematografía Francesa. Colaboró en publicaciones culturales. En su cuantiosa obra escrita están *Cuentos mexicanos (con pilón)* (1959), *El zopilote y otros cuentos mexicanos* (1964), *Sala de espera* (ensayo, 3 t., 1949-51), *Poesía mexicana (1950-60)* (1960), *Guía de narradores de la Revolución Mexicana* (1969), *Notas mexicanas* (1970), *Ensayos mexicanos* (1974) y *Conversaciones con Buñuel* (1985), *La uña* (novela, 1977) y *Campo de los almendros* (novela, 1981), *Canciones de la esposa ausente* (poesía, 1953), *Versiones y subversiones* (poesía, 1971), *De algún tiempo a esta parte* (teatro, 1949), *Las vueltas* (teatro, 1965) y *El cerco* (1968).

AUBANEL VALLEJO, GUSTAVO ◆ n. y m. en Tijuana, BC (1904-1987). Médico cirujano y partero. Miembro del PRI. Presidente municipal de Tijuana (1954-56), diputado federal (1961-64, 1967-70), gobernador sustituto (1964-65) y senador (1970-76). Es coautor de la Constitución Política del estado de Baja California.

AUBIN ◆ Códice posterior a la conquista en el que se narra la historia de los mexicanos desde su salida de Aztlán hasta los primeros años del siglo XVII. Está escrito en náhuatl con caracteres latinos. Se atribuye a varios *tlacuilos*. El nombre del códice fue tomado del coleccionista Joseph Marius Alexis Aubin, quien estuvo en México entre 1821 y 1840 y fue su poseedor hasta mediados del siglo XIX. El mismo Aubin reunió una importante colección de documentos sobre las culturas prehispánicas. El códice se conserva en la biblioteca del Museo Británico.

AUDIENCIA ◆ Institución judicial española aparecida en el siglo XIII. Con la conquista se impuso también en las colonias hispanoamericanas. Era, de hecho, un tribunal al que se recurría por desacuerdo con fallos dictados en instancias menores. Las audiencias estaban integradas por *oidores* en número que variaba de acuerdo con la importancia de su jurisdicción, pues las había virreinales, pretoriales y subordinadas. El veredicto de las primeras sólo podía ser modificado por el Consejo de Indias. La Audiencia de México, la de mayor rango en Nueva España, se creó en 1527. Inicialmente tuvo jurisdicción sobre todo el virreinato, pero posteriormente perdió los territorios del sureste en favor de la Audiencia de los Confines (Guatemala) y, en 1548, al crearse la de Guadalajara, se le restaron los reinos de Nueva Galicia, Nueva Vizcaya, Nuevo México, la Baja y la Alta California, y otras regiones. En los dominios españoles, y aun en la península, cada audiencia se consideraba autónoma y sus fallos inapelables. La única excepción fue en Nueva España, pues la Audiencia de México continuó como supremo tribunal de apelaciones sobre la de Guadalajara, siempre que hubiera empate en ésta o los negocios litigados rebasaran los 500 pesos. Otras atribuciones de las audiencias eran las de contraloría sobre los funcionarios coloniales y los ayuntamientos, así como, presuntamente, la

Max Aub

protección de los indios. También estaba facultada para ejercer el gobierno en ausencia de la autoridad designada por el rey.

AUDIFRED, ANDRÉS ◆ n. y m. en la ciudad de México (1895-1958). Estudió pintura en las Escuelas al Aire Libre de Churubusco y Coyoacán. Fue aprendiz en *El Imparcial* y *El Heraldo*. Colaboró en *El Globo, El Universal, El Universal Ilustrado* y *Zig-Zag*.

AUDIRAC, JAVIER ◆ n. en el DF (1945). Estudió cine en el Centro Universitario de Estudios Cinematográficos y psicología en la UNAM. Ha realizado documentales sobre arte colonial y acerca de la obra de Fernando Leal y Ramón Alva de la Canal. Miembro del taller de poesía Punto de Partida. Colabora en revistas y suplementos culturales. Autor de *Poemas adolescentes* (1972), *Poemas* (1982), *Los desposeídos* (1984) y *Los espacios prohibidos* (1992).

AUDIRAC GÁLVEZ, LUIS ◆ n. en Teziutlán, Pue. (1898-). Carrancista a partir de 1914. Se inició en el periodismo en Saltillo y en 1931 fundó y dirigió en su tierra natal *El Regional*. Colaboró en *El Universal*. Diputado a la XLI Legislatura poblana entre 1959 y 1963. Autor de obras históricas, biográficas y económicas sobre Teziutlán y la Sierra Norte de Puebla. Publicó una *Antología poética de Teziutlán*.

AUICANIME ◆ Diosa maléfica de los tarascos.

AULESTIA DE ALBA, PATRICIA ◆ n. en Ecuador (1943). Bailarina. Tiene nacionalidad mexicana. Estudió en la Escuela de Danza del Conservatorio Nacional de Música de Chile, en Buenos Aires con María Ruanova, en Nueva York en la Martha Graham School, en la American School of Ballet, en el Ballet Russe de Montecarlo y en el American Ballet Center, y en México con Nelsy Dambré y Nellie Hapee. Actuó como primera figura en el Ballet Nacional de Chile, el Ballet de Arte Moderno de Santiago y Ballet Clásico 70. Fundadora y directora de la Compañía de Danza Patricia Aulestia (1964), Grupo Folclórico Ecuatoriano (1965-67), Ballet Nacional

Ecuatoriano (1967-70) y del Ballet Neoclásico de América Latina (1992). Se inició como coreógrafa en 1964. Ha trabajado como promotora cultural para Conacurt, Fonapas y otras instituciones. Directora fundadora del Centro de Información y Documentación de la Danza, del INBA (1986-), y ha representado a México en reuniones internacionales desde 1983. Recibió la Medalla de Oro de la Olimpiada Cultural (1968) y el Premio de la Unión de Cronistas de Teatro y Música (1987).

AURA, ALEJANDRO ◆ n. en el DF (1944). Actor, dramaturgo y poeta. Fue becario del Centro Mexicano de Escritores (1964-65). Dirigió *Volantín*, revista del Instituto Nacional de la Juventud. Como actor y director escénico ha trabajado en teatro, cabaret y televisión. Condujo desde 1988 el programa de televisión *Entre amigos* y desde 1989 *En su tinta*, ambos transmitidos por Imevisión y *Un poco más* en Canal Once. Ocupó hasta 1993 la dirección de teatro de la Dirección de Actividades Culturales de la UNAM. Director general del Instituto de Cultura de la Ciudad de México (1998-). Colaborador de las revistas *Cuadernos del Viento, La Palabra y el Hombre, Pájaro Cascabel* y *Revista de la Universidad*; de los suplementos *México en la Cultura*, de *Novedades*, y *La Cultura en México*, de *Siempre!* Está incluido en la antología *Poesía joven de México* (1967). Coautor de *El presente es perpetuo* (1982). Autor de poesía: *Sol de agua* (1966), *La calle de los coloquios* (1969), *Alianza para vivir* (1969), *Varios desnudos y dos docenas de naturalezas muertas* (1971), *Volver a casa* (1974), *Tambor interno* (1975), *Hemisferio Sur* (1982), *Cinco veces* (1988) y *Poeta en la mañana* (1991); novela: *La patria vieja* (1986), y teatro: *Las visitas* (1979), *Salón Calavera* (1982) y *XE Bubulú* (en colaboración con Carmen Boullosa, 1984). Ha recibido el Premio Cultural de la Juventud (1969), el Premio Latinoamericano de Cuento de Puebla (1972) y el Premio Nacional de Poesía Aguascalientes (1973).

AURORA DE LA LIBERTAD, LA ◆ Primer diario de Puebla. Lo fundó el goberna-

dor Patricio Furlong en 1832 y lo dirigió Mariano Grajales. El periódico desapareció al año siguiente.

AUSTIN, STEPHEN FULLER ◆ n. en Virginia y m. en Texas (1793-1836). Vivió en su primera juventud en Misuri, donde fue diputado y entró en contacto con Henry Clay, quien sería uno de los más ardientes promotores de la agresión a México. Tenía alrededor de 30 años cuando se estableció en Texas, donde promovió la colonización por estadounidenses. En 1824 fue nombrado juez y teniente coronel por las autoridades mexicanas. En 1833 viaja a la capital del país y Gómez Farías ordena su aprehensión al comprobársele que trabajaba en pro del separatismo. En la cárcel escribe su folleto *Exposición al público sobre los asuntos de Tejas*, en el que tacha de falsedad el "que los pueblos de Téjas han intentado y desean su separación de la república megicana, que han desobedecido al gobierno, que no quieren someterse a las leyes y otras imputaciones". Sin embargo, al salir de la cárcel y del país, en junio de ese año, desembarca en Nueva Orleans y se dirige a Texas, donde trabaja en favor de la secesión. Meses después se proclamaría la República de Texas, donde poseía la más grande concesión de tierras otorgadas para colonización, aptas para fines especulativos que no pudo llevar a cabo, pues murió al año siguiente de la "independencia" que propugnó.

AUSTRALIA ◆ País de Oceanía que ocupa la isla-continente de Australia. Su nombre oficial es Comunidad Australiana. Superficie: 7,682,300 km². Habitantes: 18,400,000, de los cuales sólo uno por ciento son aborígenes. El inglés es el idioma oficial y el dólar australiano la unidad monetaria. La mayoría de la población es cristiana (anglicana, católica romana, metodista y de otros cultos). La capital es Canberra (331,800 habitantes en 1995) y otras ciudades importantes son Sidney (3,772,700 habitantes), Melbourne (3,198,200) y Perth (1,239,400). *Historia:* españoles y portugueses tocaron sus costas desde el siglo XVI. En la primera mitad del siglo XVII fue explo-

Alejandro Aura

rada por el holandés Abel J. Tasman, quien dio su nombre a la isla de Tasmania. En 1770 James Cook tomó posesión del territorio en nombre de la Corona británica, que lo convirtió en prisión para los reos con sentencias de trabajos forzados. En la centuria siguiente se inició un proceso de colonización que continúa hasta la fecha. La afluencia de europeos se incrementó a partir de 1851, al descubrirse oro en Victoria. En 1901 las colonias se convirtieron en estados y se agruparon en la Comunidad Australiana, que forma parte de la Mancomunidad Británica de Naciones, con parlamento propio y la jefatura de Estado depositada en el monarca inglés, quien nombra un gobernador. Australia participó con los aliados en la segunda guerra mundial. En 1950 intervino en Corea y en 1965 en Vietnam. En 1966 se establecieron relaciones diplomáticas entre México y Australia. En 1973 visitó México el primer ministro Gough Whitlam y en 1981 John Malcolm Frazer. En 1983 llegó al poder el Partido Laborista, que inició una política de mayor independencia respecto de las potencias occidentales y protestó por las pruebas atómicas de Francia en el atolón de Mururoa. La comunidad mexicana en Australia pasó de sólo 12 personas en 1966, a cerca de 500 en 1987.

Timbres de Australia

AUSTRIA, REPÚBLICA FEDERAL DE ◆

Estado de Europa que limita al norte con Alemania y la República Checa; al noreste con Eslovaquia, al este con Hungría; al sur con Eslovenia e Italia y al oeste con Suiza y Liechtenstein. Superficie: 83,856 km². Habitantes: 8,200,000. La capital es Viena (1,539, 848 habitantes en 1991). El idioma oficial es el alemán y la moneda el chelín o schilling. En el siglo II el actual territorio austriaco fue conquistado por los romanos. Carlomagno lo incorporó a su

imperio. En el siglo IX fue convertido en dominio húngaro. En la siguiente centuria fue germanizado y en el siglo XII se constituyó el ducado de Austria. Entre 1521 y 1522 tuvo por monarca, al igual que México, a Carlos I de España y V de Alemania. Entre 1613 y 1619 la austriaca Ana María von Rieder, esposa de Diego Fernández de Córdoba, marqués de Guadalcázar, fue virreina de la Nueva España. En 1804 culminó la unificación de los señoríos en el Imperio de Austria, con Francisco II como emperador. Después de las guerras napoleónicas, Austria emergió como centro de la política europea con Clemente Lotario Wenceslao Metternich como orientador de los gobiernos aristocráticos y enemigo declarado de las tendencias liberales. La política de Metternich fue sepultada por las revoluciones de 1848. La tradicional rivalidad con Francia se redujo en la segunda mitad de los años cincuenta, cuando el emperador Francisco José envió a su hermano Maximiliano a París con un extenso informe para Napoleón III. Cuando éste vio la posibilidad de obtener territorios en América, estuvo de acuerdo en que el propio Maximiliano fuera a ocupar el trono que le ofrecían los conservadores mexicanos. Francisco José puso como condición que su hermano renunciara a sus pretensiones sobre la corona austriaca y

lo apoyó con un contingente militar que operó en México a las órdenes de los franceses. El respaldo al imperio "mexicano" no pudo ser mayor por la guerra que se desató con Prusia y que terminó en un triunfo de ésta en 1865. Aun así, el gobierno de Francisco José promovió a principios de 1866 el reclutamiento de un contingente de mercenarios, mismo que no fue enviado a México ante el inminente rompimiento de relaciones que planteó Estados Unidos si soldados austriacos cruzaban el océano, hecho que Washington consideraría una amenaza a su seguridad nacional. Al enterarse Francisco José de que su hermano estaba a punto de caer en Querétaro, pidió al gobierno de Estados Unidos, no al de México, que protegiera la vida de Maximiliano, pretensión que Juárez rechazó por constituir una injerencia inadmisible. Después del ajusticiamiento en el cerro de las Campanas, vino a México el vicealmirante Tegetthoff a solicitar los restos en nombre de la madre del Habsburgo. El gobierno de Benito Juárez exigió una petición oficial de las autoridades austriacas. Cumplido este requisito se entregó el cadáver a Tegetthoff, quien salió del país por Veracruz y sólo rindió honores a Maximiliano una vez que había dejado aguas mexicanas. Para entonces (1867) se había formado el Im-

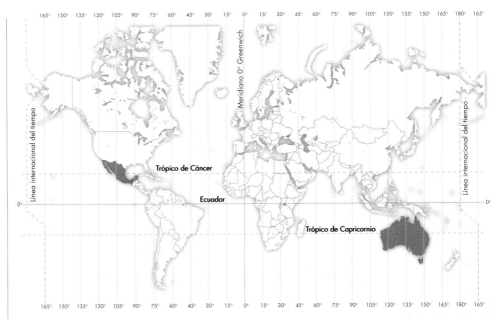

República Federal de Austria

Timbres de Austria

perio Austro-Húngaro con el mismo Francisco José como emperador. Éste desató la primera guerra mundial, al término de la cual se desmembró el imperio y en Austria se estableció la República. En 1920 México y Austria restablecieron las relaciones diplomáticas. En medio de una prolongada crisis económica y política, Viena se convirtió en uno de los principales centros de la cultura europea. El 11 de julio de 1936 el gobierno firmó un tratado con Berlín en el que Austria era mencionada como "Estado alemán". El 12 de febrero siguiente Hitler presentó al primer ministro austriaco un *Diktat* que de hecho ponía a Austria bajo la autoridad de Berlín. El 12 de marzo de 1938 tropas alemanas penetraron en Austria y se produjo el *Anschluss* o anexión. En menos de 24 horas 16,000 nazis ocuparon todo puesto de importancia en las corporaciones policiacas y tres días después había empezado una gigantesca purga para poner la administración pública al servicio de Hitler, quien entró en Viena el día 14, aclamado por 250,000 personas. El cardenal arzobispo de Viena, Innitzer, pidió a los obispos austriacos adherirse al nuevo orden, pese al anticatolicismo de los militantes nazis. Paralelamente a la imposición de la dictadura nazi y la incorporación de Austria a las actividades militares, se inició la persecución de judíos, nacionalistas austriacos, socialistas, comunistas y homosexuales. En sólo dos semanas se hicieron 70,000 arrestos y el primero de abril salió el primer embarque de prisioneros rumbo al campo de exterminio de Dachau. Con el país dominado por el terror se realizó un referéndum que ratificó la adhesión a Alemania. El primero de junio el gobierno hitleriano procedió a hacer una nueva división política y hasta el nombre de Austria fue suprimido. El 19 de marzo, en la Sociedad de Naciones, México fue el único país en protestar por la anexión. Isidro Fabela, representante mexicano ante esa organización, señaló: *"Coacta voluntas, voluntas non est"*. Por su parte, el canciller Eduardo Hay recordó al embajador alemán que México consideraba

ilegal e inaceptable la invasión de países débiles por países poderosos. Con la ocupación nazi de su país, miles de austriacos antifascistas marcharon al exilio y de ellos decenas, quizá cientos, vinieron a México, donde se incorporaron a las agrupaciones democráticas de germanoparlantes. A fines de la segunda guerra mundial los refugiados en México editaban en alemán la revista *Austria Libre*. En 1945 el ejército soviético entró en Viena y el país quedó bajo el control de las potencias aliadas. En 1955 Austria reasumió su soberanía bajo un estatuto de neutralidad del que fueron garantes las mismas potencias. Hacia 1966 se fundó el Centro Austriaco de México con el fin de difundir los valores culturales austriacos y realizar tareas filantrópicas.

AUTLÁN ◆ Municipio de Jalisco situado en el suroeste de la entidad, cerca de los límites con Colima. Superficie: 927.32 km². Habitantes: 47,694, de los cuales 13,640 forman la población económicamente activa. Hablan alguna lengua indígena 50 personas mayores de cinco años. La cabecera municipal, Autlán de Navarro, asentamiento que existía antes de la conquista, es sede de la diócesis del mismo nombre.

AUTRAGNE, PAUL ◆ n. en Francia y m. en el DF (1932-1993). Pintor autodidacta. En 1956 conoció en EUA a Arnaldo Orfila Reynal, quien lo invitó a ilustrar algunos libros para el Fondo de Cultura Económica. Al año siguiente llegó a México, donde participó en la museografía del Museo Nacional de Antropología. Inspirado por el fauvismo en sus primeros trabajos, terminó haciendo obras a lápiz cuyos temas fundamentales eran las perversiones sexuales, el demonismo y la mitología. Llamó *Biografías pictóricas* a este conjunto de piezas, en las que aparecen personajes bíblicos, el marqués de Sade, Leopold von Sacher Masoch y Guilles de Rais, entre otros. Murió en la pobreza.

AUZA, MIGUEL ◆ n. en Sombrerete, Zac., y m. en la ciudad de México (1822-1892). Abogado. Diputado local y después representante por Zacatecas al Congreso Constituyente (1856-57).

Combatió durante la guerra de Reforma en las filas liberales. Gobernador interino de Zacatecas en 1858. Luchó contra la intervención francesa y el imperio. Al triunfo de la República fue magistrado de la Suprema Corte de Justicia y colaboró en algunos periódicos de la época.

ÁVALOS, ABELARDO ◆ n. en Puebla y m. en el DF (1856-1936). Militar porfirista. Elaboró el proyecto para crear la colonia penal de las islas Marías, donde fue el primer director (1906-1907). También fue agregado militar en Centroamérica (1880-82) y jefe político de la isla de la Pasión o Clipperton cuando ésta pertenecía a México. Sirvió a Victoriano Huerta y después ocupó puestos menores en el gobierno federal.

ÁVALOS, ALONSO DE ◆ n. en España (?-?). Primo de Cortés que nació a fines del siglo XV. Llegó a México en 1523 y sojuzgó a los grupos indígenas que ocupaban lo que hoy es la región suroeste de Jalisco. En esos dominios creó la provincia de Ávalos que tuvo por capital a Sayula.

ÁVALOS CASTRO, PABLO ◆ n. en Ciudad Victoria, Tams. (1947). Profesor normalista titulado en la Escuela Normal Rural de Tamatlán (1969), especializado en ciencias sociales en la Escuela Normal Superior de Tamaulipas (1988). Profesor y director de escuelas secundarias (1968-88). Es miembro del Partido Auténtico de la Revolución Mexicana desde 1983, en el que ha sido secretario de organización del comité directivo en Guerrero (1985-88). Fue diputado a la LIV Legislatura (1988-91).

ÁVALOS ZAVALA, SANTIAGO ◆ n. ¿en el DF? y m. en Querétaro, Qro. (?-1990). Ingeniero por el IPN (1964-69) especializado en comunicación y electrónica. Miembro fundador del Partido Popular, luego PPS, del que fue secretario general en el DF. Fue uno de los fundadores de Radio Universidad. Ejerció la docencia en Colombia y fue presidente de Unidad Latinoamericana.

AVECILLA, CEFERINO R. ◆ n. en España y m. en el DF (1880-1946). Dramaturgo. Llegó a México como asilado político al término de la guerra civil española, donde estuvo en el bando republicano. Aquí colaboró en varias revistas y fue crítico teatral de *Excélsior*. A su producción mexicana pertenecen las obras *Noche de feria* (1941), *El teatro* (1943-45), *Opiniones* (1946) y *La condenada* (1946).

AVELEYRA ARROYO DE ANDA, LUIS ◆ n. en la ciudad de México (1926). Maestro en ciencias antropológicas por la UNAM con estudios de posgrado en Barcelona. Fue director del Departamento de Prehistoria del INAH (1954-56) y director del Museo Nacional de Antropología (1956-60). Trabaja para el Instituto de Investigaciones Históricas de la UNAM desde 1960. Participó con Helmut de Terra en el descubrimiento de los restos fósiles del hombre de Tepexpan, en 1947, y después hizo diversos hallazgos que permitieron saber de la presencia humana en América en época mucho más antigua a la supuesta hasta entonces. Es autor entre otras obras de *Prehistoria de México* (1952), *El segundo mamut fósil de Santa Isabel Iztapan, México, y artefactos asociados* (1955), *Antigüedad del hombre en México y Centroamérica: catálogo razonado de localidades y bibliografía selecta (1867-1961)* y *Los cazadores primitivos de Mesoamérica* (1967).

AVELEYRA ARROYO DE ANDA, TERESA ◆ n. en la ciudad de México (1920). Licenciada en letras españolas por la UNAM con estudios de posgrado en las universidades de Perusa y París (1955). Es profesora e investigadora de El Colegio de México. Autora de los ensayos *Antígona y Lady Macbeth, interpretación comparativa* (1961), *El humorismo de Cervantes en sus obras menores* (1962), *Lo intelectual y lo emotivo en la obra de dos poetas del Siglo de Oro* (1966), *Neocursilería* (1967), *Cervantes humorista* (1967), *Autobiografía sentimental de Alonso Quijano* (1970) y *Cartas de Polonia* (1982); del volumen de cuentos *Pueblo limpio, cuentos de la montaña* (1962), del libro de relatos *Crónica del viaje futuro* (1981), del poemario *Al viento submarino, libro del mar por dentro* (1966) y de la novela *Hasta la tercera y cuarta generación* (1990). En 1962 obtuvo el primer lugar del Concurso Literario Cervantes del Instituto Tecnológico y de Estudios Superiores de Monterrey.

AVENDAÑO, HUGO ◆ n. en Tuxpan, Ver., y m. en el DF (1928-¿?). Barítono. Se inició en el canto profesional en 1955 en radio y televisión. Dominaba varios géneros. Mediante presentaciones en casi todos los países de América contribuyó a popularizar la canción mexicana. Se retiró en 1976.

AVENDAÑO MARTÍNEZ, ROBERTA *LA TITA* ◆ n. en el DF y m. en Guadalajara, Jal. (1947-1999). Luchadora social. Concluyó la normal de profesores y cursó estudios de derecho en la UNAM. Como profesora normalista participó en el movimiento encabezado por Othón Salazar. Fue delegada de la Facultad de Derecho ante el Consejo Nacional de Huelga en 1968. Luego de la matanza del 2 de octubre en la plaza de las Tres Culturas en Tlatelolco, junto con otros 300 participantes del movimiento estudiantil, fue condenada a prisión, acusada de lesiones, homicidio, robo, despojo, ataques a los agentes de la autoridad, acopio de armas, incitación a la rebelión y a la sedición. Salió en libertad bajo protesta del penal de Santa Martha Acatitla el 24 de enero de 1971. Fue profesora del CCH Oriente. Radicó en Colima, donde trabajó en el Centro de Readaptación Social para menores. Publicó el libro *Testimonios de la cárcel, de la libertad y del encierro* (1998).

AVENDAÑO Y LOYOLA, ANDRÉS DE ◆ n. en España y m. ¿en Yucatán? (?-?). Fraile franciscano. Se sabe de su presencia en Yucatán a principios del siglo XVIII. Escribió un *Diccionario de la lengua de Yucatán*, otro *Diccionario de nombres de personas, ídolos, danzas y otras antigüedades de los indios de Yucatán* y uno más, llamado *Diccionario botánico y médico de Yucatán*, así como diversas obras sobre los indios de la península y su lengua, la mayor parte perdidas.

AVIACIÓN ◆ En 1784, al año siguiente del histórico ascenso de los hermanos Montgolfier en París, el mexicano José

Primeros intentos de aviación en México (1914)

María Alfaro hizo volar en Jalapa un globo aerostático. A partir de entonces se sucedieron los vuelos y surgieron cada vez más aeronautas nacionales que competían con los venidos del extranjero, como Adolfo Theodore, cuyo vuelo causó tanta expectación en 1833 que las autoridades emitieron unas *Órdenes para la tranquilidad pública durante la elevación del globo aerostático*. Dos años después estuvo en México el francés Eugéne Robertson, quien realizó varias ascensiones en el Valle de México. Tres viajeros del aire se unieron en 1844 para fundar la empresa Aerostática Mexicana Impulsora de la Aviación Benito León, que hizo construir el primer aeroplano mexicano, mismo que el ingeniero ruso Santiago Poveregsky terminó en 1912, aparato que no llegó a volar. Por su parte, los hermanos Eduardo y Juan Pablo Aldasoro realizaron vuelos con su planeador, jalado por un automóvil. Mientras esto sucedía, Alberto Braniff, de 25 años de edad, hijo de una acauda-lada familia mexicana y reconocido deportista, se hallaba en Bayona, Francia, donde pagó 50 francos para que lo llevaran a efectuar un vuelo de 10 minutos. No era su primera experiencia aérea. Antes había ascendido en México con De la Cantolla, pero el artefacto movido por una hélice era otra cosa. Entusiasmado, se dirigió a París para encargar a André Voisin que le construyera un aparato, el cual pagó de su peculio, lo embarcó junto con él para México y Porfirio Díaz, que veía en el asunto un motivo más para su glorifi-

Roberta Avendaño Martínez

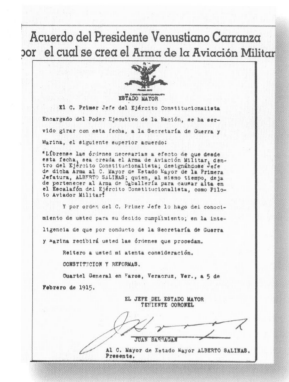

Acuerdo del Presidente Venustiano Carranza por el cual se crea el Arma de la Aviación Militar

En 1915 Carranza acuerda la creación del Arma de la Aviación Militar

cación, ordenó dar facilidades al piloto e hizo construir una pista en los llanos de Balbuena, donde el 8 de enero de 1910 Braniff puso a trabajar el motor hasta 12,000 revoluciones por minuto y se elevó lo suficiente para mantenerse en el aire a lo largo de kilómetro y medio. En el mismo año, Ernesto Pugibet, dueño de la compañía cigarrera El Buen Tono, hizo traer otro aparato de Francia y, con Miguel Lebrija como piloto, lo usó para la propaganda de su empresa. Una Decena de la Aviación se realizó en ese año con la participación de algunas celebridades, como el francés Roland Garros. El interés fue en aumento y al año siguiente se celebró la Semana de la Aviación en México, a la que asistieron pilotos nacionales y extranjeros y el público pudo ver algunos de los aparatos más avanzados de la época. El presidente Francisco I. Madero voló en esa ocasión en el artefacto del francés Dyot. En el mismo año Martín Mendía efectuó vuelos a bordo de un Duperdussin que un cronista de *El Imparcial* encontró "semejante a un libélula". Mendía fue después a Europa, donde cobró fama en la fuerza aérea de Francia durante la primera guerra mundial. En 1913, los citados Lebrija y Villasana buscaban dar eficacia bélica al avión. Al segundo se le atribuye la construcción de un helicóptero y el haber sido el primer mecánico de aviación que hubo en México. En la guerra contra el ejército huertista y durante la lucha de facciones el avión fue empleado como arma ofensiva y de reconocimiento. El 5 de febrero de 1915, con los cinco primeros pilotos que habían estudiado en la Moissant International School de Long Island, Nueva York, Venustiano Carranza fundó el Arma de Aeronáutica, la cual quedó bajo el mando de Alberto Salinas Carranza, quien a su vez creó la Escuela Nacional de Aviación y los Talleres Nacionales para las Construcciones Aeronáuticas, la primera encargada de formar pilotos, y los Talleres para construir aviones y partes. La primera revista de aviación fue *Tohtli* (hijo de Ehécatl, dios del viento), órgano de esta escuela, y el número uno apareció en enero de 1916. El primer titulado fue Samuel C. Rojas, el 21 de febrero de 1918. Para 1917 los Talleres podían construir aviones, motores y hélices. De éstas, la mejor fue la llamada *Anáhuac*, tecnológicamente superior a las importadas y con la cual se impuso la marca de altura en vuelos americanos el 14 de noviembre de 1916, cuando se llegó a 17,250 pies sobre el nivel del mar. Terminada la lucha armada se inició el desarrollo de la aviación civil. El 6 de julio de 1917, entre Pachuca y la ciudad de México, se efectuó el primer vuelo con carga postal en el mundo. El aparato salió de los llanos de Venta Prieta tripulado por el teniente Horacio Ruiz Gaviño y llegó a la capital 50 minutos después del despegue. El éxito de la misión estimuló a los inversionistas y en 1919 la Secretaría de Comunicaciones recibió la primera solicitud para operar las rutas México-Toluca y México-Pachuca. Por razones que se desconocen la concesión no fue otorgada. Al año siguiente, el Departamento de Ferrocarriles de la misma Secretaría instaló una Mesa de Sección Técnica encargada de tramitar las solicitudes y otorgar las concesiones. En el mismo Departamento surgió la Oficina de Navegación Aérea, que creó Villasana. La comunicación aérea era una necesidad nacional y en diciembre de 1920 el gobierno convocó a un concurso para crear el servicio de transporte de pasajeros y carga entre México, Tuxpan y Tampico. El concurso lo ganó la Compañía Mexicana de Transportación Aérea, que en 1921 empezó a operar. La segunda concesión fue para un señor Bulnes y la tercera para los ciudadanos estadounidenses William Mallory y George L. Rihl, que constituyeron la Compañía Mexicana de Aviación, la más antigua de las empresas aéreas en operación. Su principal campo de actividades eran los vuelos al servicio de las empresas petroleras, las cuales le encargaban llevar el pago de la nómina hasta los propios campos, donde se dejaba caer una bolsa con el dinero. En los años veinte los mexicanos David Borja y Alfredo Lezama unían la ciudad de México con diversos puntos fronterizos. En 1925 Charles Lindberg hizo el primer vuelo entre México y Nueva York. Poco después Willey Post hizo el recorrido Washington-México. En mayo de 1928 Emilio Carranza voló desde San Diego, California, hasta el Distrito Federal. Días después Roberto Fierro hacía el recorrido Mexicali-México en 14 horas 50 minutos. El 11 de junio Emilio Carranza inició vuelo hacia Washington, pero sólo llegó a Mooresville, Carolina del Norte, debido al mal tiempo. A su regreso pereció cerca de Nueva York. Durante el mes de agosto Fierro viajó a Cuba, Belice, Guatemala, El Salvador, Honduras y Costa Rica. En septiembre Gustavo León, llevando como mecánico a Ricardo González Figueroa, voló de la capital a quince ciudades del país en una nave de construcción nacional diseñada por el general Juan F. Azcárate. En el mismo año Joaquín González Pacheco y el alemán Fritz Bieler salieron de Windsor, Canadá, a la ciudad de México, a la que llegaron después de un escala en Soto la Marina, Tamaulipas. Para 1929, la empresa Pan American Airways estableció vuelos re-

Timbre mexicano con el tema de la aviación

gulares que comunicaban a la capital del país con varias ciudades de Estados Unidos. En enero había adquirido la Compañía Mexicana con el beneplácito del gobierno de EUA, interesado por razones estratégicas en controlar el tránsito aéreo entre el propio territorio estadounidense y el canal de Panamá. Parte de esa política consistió en subsidiar el transporte de paquetes postales con dos dólares por milla-hora, lo que benefició a Mexicana hasta 1935. Por otra parte, también en 1929, Pablo Sidar, en misión oficial, viajó a países de Centro y Sudamérica. Sidar murió, junto con Carlos Rovirosa, en el intento de un viaje sin escalas entre México y Buenos Aires. A partir de 1931 las ciudades de México y La Habana quedaron unidas por un vuelo regular. En 1932 Pan American adquirió en México la empresa Aerovías Centrales y en 1935 la fusionó con la Compañía Mexicana de Aviación, con el estadounidense Wilbur Morrison como gerente. Un año antes de esa fusión se estableció Aeronaves de México, que inició operaciones en la ruta México-Acapulco con aviones de cinco pasajeros. Desde 1928 Mexicana ya transportaba pasajeros entre México y Tampico y poco después extendió este servicio a Veracruz, Minatitlán, Villahermosa, Campeche y Mérida. Para obtener ésta y otras concesiones fue determinante la actuación de Gustavo Espinosa Mireles y Roberto V. Pesqueira, quienes se encargaban de las relaciones de la empresa con las autoridades. Tan

grande era su influencia, que para obtener la concesión de la ruta México-Guatemala amenazaron al gobierno de ese país con cancelar el permiso para volar sobre México a la firma Pickwick, que tenía el monopolio de los vuelos México-Guatemala. Hasta entonces las empresas, especialmente la Compañía Mexicana de Aviación, empleaban mayoritariamente pilotos de nacionalidad estadounidense. En 1936, con Lázaro Cárdenas en la Presidencia y el general Francisco J. Múgica como secretario de Comunicaciones, se expidió un decreto que obligaba a las líneas aéreas a emplear en sus vuelos exclusivamente pilotos mexicanos. También en 1935 se formó la Liga de Pilotos de Transportes de Líneas Aéreas para oponerse a la política discriminatoria de Mexicana de Aviación, que otorgaba a extranjeros los principales puestos de la empresa. En 1938 Francisco Sarabia estableció marcas de velocidad entre Los Ángeles y México y en las rutas de la capital a Mérida, Chetumal y Guatemala. En 1939 voló en tiempo récord a Nueva York y, en el viaje de regreso, se estrelló en el río Potomac. Durante la segunda guerra mundial la aviación entró en un periodo de acelerado desarrollo. A fines de 1944, meses antes de la derrota nazi, entró en operación el Messerschmidt Sturvogel, el primer avión sin hélice, de retropropulsión. Durante el conflicto México intervino junto a los países aliados y en 1944 envió a Manila el Escuadrón 201, integrado por 129 efec-

tivos, que realizó 96 misiones en guerra, seis salidas defensivas y 785 salidas ofensivas, lo que incluye escolta y acompañamiento. Nueve elementos fueron reportados como muertos o desaparecidos en combate: José Espinoza Fuentes, Fausto Vega Santander, Mario López Portillo, Pablo Rivas Martínez, Héctor Espinoza Galván, Javier Martínez Valle y Crisóforo Salido Grijalva. En 1945 la Liga de Pilotos dirigió una huelga que culminó con la firma de un convenio laboral con Mexicana, pese a la participación de esquiroles, el sabotaje político de los dirigentes del Sindicato Nacional de Trabajadores de Aviación y Similares (trabajadores de tierra) y una costosa campaña difamatoria en la prensa diaria. El precio que debieron pagar los pilotos fue que, ante las presiones de la empresa, el presidente Ávila Camacho decidiera cancelar el registro de su organización sindical. En 1943 Aeronaves de México cubría las rutas entre la capital y los principales puntos entre Acapulco y Hermosillo. Un año antes había iniciado una serie de adquisiciones que le dieron el control sobre las empresas Transportes Aéreos del Pacífico, Taxis Aéreos Nacionales, Aeronaves de Michoacán, Líneas Aéreas Unidas de México y Aerovías Reforma. En 1949 se registró la última hazaña no comercial de la aviación mexicana, cuando Xavier Garagarza y Carlos Panini, a bordo de un DC-3 propiedad de éste, volaron durante 12 horas 25 minutos, pese a que la autosuficiencia de la nave era de sólo siete horas. Llevando la gasolina en el lugar donde antes estuvieron los asientos lograron llegar hasta Natal, en Brasil, y de ahí cruzaron el Atlántico para aterrizar por fin en Dakar, Senegal. Para fines de los años cincuenta el deterioro de las condiciones laborales había llegado a un punto crítico. Los pilotos, privados de organización por Ávila Camacho, decidieron crear un nuevo instrumento de resistencia. Así nació, el 4 de agosto de 1958, la Asociación Sindical de Pilotos Aviadores (ASPA). Las autoridades se negaron a registrarla y en 1959 los miembros de la

Foto: MICHAEL CALDERWOOD

La aviación en México se ha desarrollado a velocidad extraordinaria

ASPA hicieron estallar una huelga en las empresas Mexicana y Aeronaves, en busca de la firma de contrato colectivo con cada una de las compañías y reconocimiento del sindicato. El gobierno del presidente López Mateos requisó las empresas y dejó abierto el conflicto hasta que, a fines de ese año, al convertirse Aeronaves en empresa paraestatal, ésta firmó el contrato que demandaban los pilotos. En enero de 1960 las autoridades registraron a la ASPA, después de que el Congreso había adicionado la Ley Federal del Trabajo con el capítulo de tripulaciones aéreas. A mediados de 1960 Mexicana también firmó contrato, mediante el cual empezó a valorarse debidamente a los trabajadores mexicanos y se inició la remoción de funcionarios extranjeros. En 1953 se había fundado la empresa Servicio Aéreo Gómez Méndez, que comunicaba Guerrero con Guadalajara, el D.F. y Tuxpan, Veracruz. Aerovías Guest se fusionó con Aeronaves en 1959, la que, como ya se dijo, en ese mismo año se convirtió en empresa estatal. Un lustro después cubría una red nacional e internacional de casi 45 mil kilómetros. Roberto Fierro fundó en 1961 Aero Safari, compañía que operaba en la península de Yucatán y que en 1966 se fusionó con Aero Taxis para constituir Aeromaya, empresa que llegó a operar en las rutas de Servicios Aéreos Gómez Méndez para cubrir en 1968 una franja de territorio entre los paralelos 17 y 21, desde Acapulco y Guadalajara hasta Mérida. Como Aeromaya constituyera una amenaza potencial para las dos mayores empresas nacionales, en 1969 se le cancelaron rutas y poco después fue absorbida por Aeronaves Alimentadoras, filial de Aeronaves de México. En 1963 la aviación comercial mexicana adquirió sus primeros *jets*. Pese a la medida, que parecía evidenciar la prosperidad de las empresas nacionales, la Compañía Mexicana atravesaba por una aguda crisis después de cuarenta años de expansión y buenos negocios. En 1967 el industrial Crescencio Ballesteros adquirió el paquete de acciones de Pan American, la empresa vendió al gobierno diez de los aeropuertos que había construido y se adoptaron drásticas medidas para reducir gastos y elevar la eficiencia. En 1968 Manuel Sosa de la Vega fue nombrado director general. Después de perder 3,200,000 dólares en 1967, en 1968 ganó 624,000 dólares y en el lustro 1968-1972 las utilidades tuvieron un promedio de dos millones de dólares anuales. Por su parte, Aeronaves de México, con Javier Pérez y Bourás como director general, fundó en 1968 Aeronaves Alimentadoras, una empresa filial que desapareció años después por incosteabilidad. En 1965 se creó la empresa estatal Aeropuertos y Servicios Auxiliares que administra y opera las terminales aéreas del país, vende combustible y lubricantes y se encarga de las maniobras de carga y descarga de las aerolíneas que lo solicitan. Durante 1984 se registró la llegada de 222,808 vuelos nacionales comerciales, 159,551 particulares y 78,106 oficiales, con 11,977,387 pasajeros, 368,904 y 240,627 respectivamente. Las salidas fueron 223,982, 157,839 y 78,310 en vuelos nacionales, con 11,331,414 pasajeros, 359,731 y 241,001 respectivamente. De los vuelos internacionales que llegaron 43,627 fueron comerciales, con 3,465,208 pasajeros y 22,946 particulares con 64,832 pasajeros. Las salidas internacionales sumaron 43,523 vuelos comerciales con 3,644,631 pasajeros y 24,918 particulares con 70,384 pasajeros. Las empresas nacionales en 1984 transportaron 17,448 millones de pasajeros-kilómetro, 2,837 toneladas de correspondencia, 97,871 de mercancías y 110,950 de equipaje. México pertenece a la Organización Internacional de Aviación Civil, con sede en Montreal, que tiene una oficina regional en el Distrito Federal. En 1987 las empresas Mexicana (antes Compañía Mexicana de Aviación) y Aeroméxico (antes Aeronaves de México) pertenecían a la Asociación Internacional de Transporte Aéreo, más conocida como IATA. Durante el mismo año, los 54 aeropuertos comerciales del país realizaron más de un millón de operaciones, lo que representó el movimiento de 17 millones de pasajeros, de los que 14 millones fueron transportados por las dos empresas citadas. En 1988, a raíz de un conflicto laboral, Aeroméxico se declaró en quiebra. El 27 de abril la Secretaría de Comunicaciones resumió así la labor de esa línea durante más de medio siglo: "logró extender el servicio aéreo hacia decenas de poblaciones de primera y mediana importancia en el territorio mexicano, así como enlazar a nuestro país con Norteamérica, Sudamérica y Europa". La empresa se reconstituyó poco después y en 1999 operaba como la principal aerolínea mexicana.

ÁVILA, ANDRÉS ◆ n. en Piedras Negras, Coah., y m. en EUA (?- 1917). Revolucionario. Militó en la División del Norte y formó parte de los "dorados", guardia personal de Francisco Villa, quien le encomendó diversas misiones.

ÁVILA, ARTURO ◆ n. y m. en la ciudad de México (1890-1941). Actor de teatro de revista conocido como *Gandolín*. Escribió guiones que se representaron en el teatro Apolo, carpa de la colonia Guerrero. Sus libretos hacían una abierta sátira de los desatinos gubernamentales y convertían en blanco de su humorismo a las principales figuras políticas del momento.

ÁVILA, ELEUTERIO ◆ n. en Mérida, Yuc., y m. en la ciudad de México (¿1835?-1886). Abogado. Desempeñó cargos públicos menores. En el primer periodo presidencial de Porfirio Díaz fue oficial mayor de Relaciones Exteriores, encargado del despacho entre la salida de José María Mata y la designación de Miguel Ruelas (del 17 de septiembre de 1878 al 26 de enero del año siguiente).

ÁVILA, FIDEL ◆ n. en Satevó y m. en Ciudad Juárez, Chih. (1875-1954). Militó a las órdenes de Villa desde la rebelión maderista de 1910. Al triunfo de ésta volvió a la vida civil, pero tomó de nuevo las armas para combatir el alzamiento orozquista. Luchó contra el gobierno golpista de Victoriano Huerta. Gobernador de Chihuahua (1914). Delegado villista a la Convención de

Aguascalientes. El 20 de diciembre de 1915 se rindió a los carrancistas en Ciudad Juárez.

ÁVILA, JUAN B. ◆ n. en Puebla, Pue., y m. en el DF (1864-1943). Ingeniero militar porfirista. Dirigió la construcción del ferrocarril de Santa Cruz a Peto, que permitió el aplastamiento de los últimos focos de rebeldía maya. Sirvió al gobierno golpista de Victoriano Huerta y a la derrota de éste se unió a las fuerzas de Francisco Villa. Después de las batallas de Celaya y León se retiró a la vida privada.

ÁVILA, JULIÁN DE ◆ n. y m. en Guerrero (¿1775?- 1827). Posiblemente originario de la Costa Grande guerrerense, se unió a las fuerzas de José María Morelos a fines de 1810. Participó en diversas batallas y se retiró (entre 1814 y 1815) a causa de padecimientos causados por las heridas que recibió en combate.

ÁVILA, MIGUEL DE ◆ n. en Tecpan, Gro., y m. en Morelia, Mich. (1785-1842). Sobrino del anterior. Participó en innumerables combates y se mantuvo en pie de guerra hasta aceptar el indulto, tres meses antes de firmarse el Plan de Iguala, tras de lo cual volvió a las armas en el ejército Trigarante.

ÁVILA, ROBERTO *BETO* ◆ n. en Veracruz, Ver. (1924). Beisbolista. Jugó la segunda base. En 1948 fue contratado por un equipo estadounidense de la Liga Internacional. Al año siguiente pasó a los *Indios* de Cleveland de las Grandes Ligas, con los que fue campeón de bateo de la Liga Americana en 1954. En ese mismo año participó en la Serie Mundial, misma que perdieron los *Indios*. En 1959 fue transferido a los *Orioles* de Baltimore y más tarde jugó para los *Medias Rojas* de Boston y los *Bravos* de Milwaukee.

ÁVILA BELLO, ELSA FLOR ◆ n. en el DF (1963). Alpinista desde 1980. Esposa de Carlos Carsolio. Estudió ingeniería. Ha sido la primera mujer latinoamericana en escalar El Capitán (1982), en Yosemite, y El Diamante (1983), en las Rocallosas; primera mujer en escalar la pared más grande del mundo, la Nan-

ga Parbat (1985), en el Himalaya; primera latinoamericana y mujer más joven en escalar más de ocho mil metros en el Shisma Pangma (1987), en China y el Makalu (1988). Acompañó a su esposo en la ascensión del Everest (1989) aunque por 12 metros no alcanzó la cima. En 1990 fue la primera mujer en alcanzar la cumbre del Poincenot, en la Patagonia. Coautora con Carlos Carsolio de *Encuentro con el Himalaya* (1991). Premio Nacional de la Juventud en el Deporte (1985).

ÁVILA CAMACHO, MANUEL ◆ n. en Teziutlán, Pue., y m. en el rancho La Herradura, municipio de Naucalpan, Edo. de México (1897-1955). A los 17 años se incorporó al constitucionalismo, en el que sirvió sobre todo en puestos administrativos, lo que no impidió que obtuviera sucesivos ascensos, hasta llegar a teniente coronel en 1918. Con ese grado fue jefe del estado mayor de la brigada Sonora, que comandada por el general Lázaro Cárdenas combatió la rebelión encabezada por Manuel Peláez. Ya como coronel y jefe del estado mayor de la Columna Expedicionaria participa en la represión de los yaquis. En 1924 lucha contra los delahuertistas en Morelia y Guanajuato, lo que le significa el ascenso a general. Entre 1926 y 1929 combate a los cristeros y en este último año va a Sonora, otra vez bajo las órdenes de Cárdenas, a sofocar el alzamiento escobarista. En 1932 es jefe de zona militar y en diciembre de 1934, al asumir la presidencia Lázaro Cárdenas, es oficial mayor de la Secretaría de Guerra y Marina. En 1935, al morir el general Andrés Figueroa, titular del ramo, lo sustituye en el cargo, desde el cual actúa contra el alzamiento del general Saturnino Cedillo. En 1939 es designado candidato del PNR a la Presidencia de la República, con fuerte oposición dentro del mismo partido, que de hecho se escinde, al mantener Juan Andrew Almazán su candidatura independiente. Ávila Camacho tomó posesión del cargo en diciembre de 1940. Su gobierno se significó por el afán de

Manuel Ávila Camacho

Roberto *Beto* Ávila

reconciliar a las personas y facciones revolucionarias en pugna, así como por su interés en ganar la confianza de Estados Unidos y, en lo interno, del clero católico, los empresarios y otros sectores resentidos con la política progresista del sexenio anterior. Con esos fines reunió en 1942 a todos los ex presidentes vivos (Adolfo de la Huerta, Calles, Portes Gil, Ortiz Rubio, Abelardo L. Rodríguez y Lázaro Cárdenas); se dijo creyente, eliminó la educación socialista, puso en manos del gobierno la última palabra sobre el registro de partidos políticos de oposición y la calificación de las elecciones; convino en enviar 50 mil trabajadores migratorios a EUA y en que el gobierno de Washington enrolara en sus filas a otros mexicanos residentes en aquel país; aceptó pagar indemnizaciones a las empresas petroleras que fueron expropiadas por Cárdenas; acabó con la administración obrera en los Ferrocarriles Nacionales; combatió el ejido colectivo y protegió a los terratenientes; obligó al Senado a retirar sus objeciones ante el nombramiento de tres ministros de la Suprema Corte; impuso, militarmente cuando lo creyó necesario, la obligación de sembrar caña en las zonas cercanas a los ingenios; y, en general, desplegó una política que favoreció la especulación y la carestía, en tanto que hubo mano dura contra los obreros en los conflictos laborales, especialmente contra los trabajadores de Materiales de Guerra, los cuales fueron baleados por

Elsa Ávila

GABINETE DEL PRESIDENTE MANUEL ÁVILA CAMACHO
(1 DE DICIEMBRE DE 1940 AL 30 DE NOVIEMBRE DE 1946)

SECRETARÍA DE GOBERNACIÓN:

MIGUEL ALEMÁN VALDÉS	1 DE DICIEMBRE DE 1940 AL 18 DE JUNIO DE 1945.
PRIMO VILLA MICHEL	18 DE JUNIO DE 1945 AL 30 DE NOVIEMBRE DE 1946.

SECRETARÍA DE RELACIONES EXTERIORES:

EZEQUIEL PADILLA	1 DE DICIEMBRE DE 1940 AL 10 DE JULIO DE 1945.
MANUEL J. TELLO	10 DE JULIO AL 31 DE AGOSTO DE 1945.
FRANCISCO CASTILLO NÁJERA	1 DE SEPTIEMBRE DE 1945 AL 30 DE NOVIEMBRE DE 1946.

SECRETARÍA DE HACIENDA Y CRÉDITO PÚBLICO:

EDUARDO SUÁREZ	1 DE DICIEMBRE DE 1940 AL 30 DE NOVIEMBRE DE 1946.

SECRETARÍA DE LA DEFENSA NACIONAL:

P. MACÍAS VALENZUELA	1 DE DICIEMBRE DE 1941 AL 11 DE SEPTIEMBRE DE 1942.
LÁZARO CÁRDENAS	11 DE SEPTIEMBRE DE 1942 AL 27 DE AGOSTO DE 1945.
FRANCISCO L. URQUIZO	1 DE SEPTIEMBRE DE 1945 AL 30 DE NOVIEMBRE DE 1946.

SECRETARÍA DE AGRICULTURA Y FOMENTO:

MARTE R. GÓMEZ	1 DE DICIEMBRE DE 1940 AL 30 DE NOVIEMBRE DE 1946.

SECRETARÍA DE COMUNICACIONES Y OBRAS PÚBLICAS:

JESÚS B. DE LA GARZA	1 DE DICIEMBRE DE 1940 AL 28 DE SEPTIEMBRE DE 1941.
MAXIMINO ÁVILA CAMACHO	29 DE SEPTIEMBRE DE 1941 AL 17 DE FEBRERO DE 1945.
PEDRO MARTÍNEZ TORNELL	18 DE FEBRERO DE 1945 AL 30 DE NOVIEMBRE DE 1946.

SECRETARÍA DE EDUCACIÓN PÚBLICA:

LUIS SÁNCHEZ PONTÓN	1 DE DICIEMBRE DE 1940 AL 12 DE SEPTIEMBRE DE 1941.
OCTAVIO VÉJAR VÁZQUEZ	12 DE SEPTIEMBRE DE 1941 AL 30 DE DICIEMBRE DE 1943.
JAIME TORRES BODET	23 DE DICIEMBRE DE 1943 AL 30 DE NOVIEMBRE DE 1946.

SECRETARÍA DE ECONOMÍA NACIONAL:

FRANCISCO XAVIER GAXIOLA	1 DE DICIEMBRE DE 1940 AL 30 DE JUNIO DE 1944.
GUSTAVO P. SERRANO	1 DE JULIO DE 1944 AL 3º DE NOVIEMBRE DE 1946.

SECRETARÍA DEL TRABAJO Y PREVISIÓN SOCIAL:

IGNACIO GARCÍA TÉLLEZ	1 DE DICIEMBRE DE 1940 AL 16 DE ENERO DE 1943.
MANUEL R. PALACIOS	16 DE ENERO AL 28 DE FEBRERO DE 1943.
FCO. TRUJILLO GURRÍA	1 DE MARZO DE 1943 AL 30 DE NOVIEMBRE DE 1946.

SECRETARÍA DE ASISTENCIA PÚBLICA:

GUSTAVO BAZ	1 DE DICIEMBRE DE 1940 AL 14 DE OCTUBRE DE 1943.

DEPARTAMENTO DE SALUBRIDAD:

VÍCTOR FERNÁNDEZ MANERO	1 DE DICIEMBRE DE 1940 AL 14 DE OCTUBRE DE 1943.

SECRETARÍA DE SALUBRIDAD Y ASISTENCIA:

GUSTAVO BAZ	15 DE OCTUBRE DE 1943 AL 30 DE NOVIEMBRE DE 1946.

DEPARTAMENTO DE LA MARINA NACIONAL:

HERIBERTO JARA	1 DE DICIEMBRE DE 1940 AL 30 DE NOVIEMBRE DE 1946.

DEPARTAMENTO AGRARIO:

FERNANDO FOGLIO MIRAMONTES	1 DE DICIEMBRE DE 1940 AL 30 DE NOVIEMBRE DE 1946.

DEPARTAMENTO DEL DISTRITO FEDERAL:

JAVIER ROJO GÓMEZ	1 DE DICIEMBRE DE 1940 AL 30 DE NOVIEMBRE DE 1946.

la fuerza pública en 1941. En lo que se refiere a la obra material de Ávila Camacho, ésta se distinguió por el impulso a las obras de infraestructura (apertura de distritos de riego, carreteras, etc.) y el impulso a la creación de industrias nuevas (metalúrgica, fertilizantes, aparatos domésticos). Durante su sexenio se crearon la Compañía Nacional Reguladora y Distribuidora (más tarde CEIMSA y luego Conasupo) y el Instituto Mexicano del Seguro Social, hecho que produjo manifestaciones de oposición de la derecha y algunos sectores empresariales. En 1941 inauguró en el Distrito Federal el edificio de la Suprema Corte de Justicia de la Nación y el de las oficinas de Tránsito y de la Central Calificadora; un año después inauguró el Hospital Central Militar y la ampliación de Insurgentes Sur y de la carretera a Cuernavaca y cambió el nombre de San Jerónimo Aculco por el de San Jerónimo Lídice (en acatamiento a una resolución de la ONU que tenía la finalidad de perpetuar el nombre del poblado checoslovaco de Lídice, destruido por los nazis); en 1943 inauguró el Hipódromo de las Américas y al año siguiente, la Hemeroteca de la UNAM. En 1942, bajo presión gubernamental, las más importantes organizaciones obreras (CTM, CROM, SME, ferrocarrileros, minerometalúrgicos y otros) aceptaron formar parte del Consejo Nacional Obrero, antecedente del Congreso del Trabajo. En 1945, ante las necesidades planteadas por la guerra, se firmó el Pacto Obrero-Industrial entre el citado Consejo y algunas organizaciones patronales. En materia de política exterior, el ingreso del país en la segunda guerra mundial, debido a varias agresiones de las potencias del Eje, si bien fue más simbólico que real, contribuyó al restablecimiento de relaciones con dos de las naciones aliadas (Gran Bretaña y la URSS) y a que México fuera uno de los Estados fundadores de la ONU. Durante el periodo avilacamachista también surgieron el Instituto Nacional de Cardiología, el Observatorio Astrofísico de Tonantzintla y El Colegio Nacional. Asimismo, el gobierno estableció el Premio Nacional para reconocer a los mexicanos distinguidos en los campos de la ciencia, las artes y las letras. Al término de su gestión, Ávila Camacho se retiró a atender negocios particulares.

ÁVILA CAMACHO, MAXIMINO ♦ n. en Teziutlán y m. en Atlixco, Pue. (1881-1945). Hermano del anterior. Fue carrancista y posteriormente estuvo al lado de los generales del Plan de Agua Prieta. En 1929 se le otorgó el grado de general de brigada y en 1940 el de división. Ocupó la jefatura de varias zonas militares. Siendo Manuel secretario de Guerra y Marina, él fue gobernador de Puebla (1937-41) hasta que pasó a ocupar la cartera de Comunicaciones y Obras Públicas en el gabinete avilacamachista. Se contaba entre los candidatos a suceder a su hermano.

ÁVILA CAMACHO, RAFAEL ◆ n. en Teziutlán y m. en la ciudad de México (1904-1975). Hermano de los anteriores. Estudió en el Colegio Militar. Diputado Federal (XXXVI Legislatura). Alcalde de Puebla (1939-1941). Oficial mayor de la Secretaría de Economía Nacional en el gabinete de Manuel, su hermano (1942). Gobernador de Puebla (1951-1957).

ÁVILA ESCALANTE, ALONSO ◆ n. y m. en Mérida, Yuc. (1872-1917). Médico. Realizó estudios e investigaciones sobre la lepra. Perteneció a agrupaciones científicas y literarias de la península. Colaboró en publicaciones de Mérida y fundó y dirigió la *Revista Médica de Yucatán*.

ÁVILA GONZÁLEZ, CONCEPCIÓN ◆ n. en el DF (1943). Fundadora y dirigente del Comité Pro Defensa de Presos, Perseguidos, Desaparecidos y Exiliados Políticos (1974-).

ÁVILA PÉREZ, MANUEL ◆ n. en el DF (1935). Estudió en el Colegio Militar y licenciatura y maestría en administración militar en la Escuela Superior de Guerra (1962) y en el Colegio de Defensa (1982). Ha sido profesor de instituciones militares de educación. Pertenece al PRI. Ha sido jefe del Grupo de Asuntos Internacionales (1963), del Grupo de Asuntos Bilaterales (1967), de la Subsección de Planes de Guerra Combinados (1970), jefe de la Sección V del Estado Mayor (1973), comandante del segundo y tercero regimientos de Artillería (1976-77), comandante del segundo batallón de Transportes (1977-82), comandante del primer regimiento de Transportes Pesados (1983), director general de Educación Física y Deportes (1983), oficial mayor y subsecretario (1998) de la Defensa Nacional.

ÁVILA SALAZAR, MANUEL ◆ n. en el DF (1933). Licenciado en economía por

la UNAM (1958). Miembro del PRI desde 1951. Fue profesor normalista. Trabajó para diversas empresas privadas. Fue subgerente de Promociones y Ventas y gerente de Adquisiciones de la Constructora de Carros de Ferrocarril (1962-66), gerente de Adquisiciones de Diesel Nacional (1967-69), director de Adquisiciones del Complejo Sahagún (1969-70), subgerente general de Ferrocarriles Nacionales (1970-73), gerente de Operaciones Industriales de Conasupo (1973-74), gerente general de Maíz Industrializado Conasupo (1974-82) y gerente general de Bodegas Rurales Conasupo (1982-).

ÁVILA VILLARREAL, ABELARDO ◆ n. en Jalpan, Qro., y m. en el DF (1907-1967). Grabador. Fue pastor en su infancia. Becado por el gobierno estudió artes plásticas en la Academia de Bellas Artes de Querétaro (1921-26), en la Academia de San Carlos (1926-30), en la Escuela de Artes del Libro y en la Normal Superior de la ciudad de México. Fue discípulo de Germán Gedovius, Francisco Díaz de León y Koloman Sokol. Participó en el movimiento por la autonomía universitaria y resultó lesionado en una de las refriegas de aquellos días. Era consejero universitario alumno por San Carlos y en sus últimos años lo sería como representante de los profesores de esa institución. Impartió cátedra de dibujo y grabado en diversos centros escolares. Miembro fundador de la Sociedad Mexicana de Grabadores y de la Sociedad Internacional de Grabadores en Madera. En 1958 obtuvo el primer premio en el Salón Nacional de Pintura y Grabado del INBA.

AVILÉS, ALEJANDRO ◆ n. en La Brecha, Sin. (1915). Periodista y poeta. De formación autodidacta. Profesor de la UIA y la Escuela de Periodismo Carlos Septién García, de la que fue director (1963-85). Fundador y director del diario *El Debate* de Los Mochis (1941) y de las revistas capitalinas *Acento* y *Mundo Mejor*. Dirigió *La Nación* (1948-63), órgano del PAN, de cuyo comité en el DF fue secretario general (1946-49). Ha colaborado en *Excélsior*, *El Universal*, *Proceso* y otras

publicaciones. Fundó y dirigió el primer noticiero cultural de la radio mexicana en XELA. Presidente de la Unión Católica Latinoamericana de Prensa (1966-69) y vicepresidente de la Federación Mundial de Periodistas Católicos (1968-1971). Está incluido en *Ocho poetas mexicanos* (1955). Coautor de *Rosario Castellanos, el verso, la palabra, el recuerdo* (1984). Autor de poesía: *Madura soledad* (1948), *El libro de Eva* (1959), *Los claros días* (1975), *Don del viento* (1978), *La vida de los seres* (1980) y *Obra poética* (1994). Recibió el Premio Latinoamericano de Prensa, el Premio de Poesía IV Centenario de la Fundación de Saltillo (1977) y el Premio Nacional de Letras Ramón López Velarde (1980).

AVILÉS, HERNANDO ◆ n. en Puerto Rico y m. en el DF (1914-1986). Cantante. Fundador, junto con Chucho Navarro y el Güero Gil, del trío Los Panchos que se hizo famoso en los años 50 con boleros y canciones románticas.

AVILÉS, JAIME ◆ n. y m. en el DF (1929-1998). Licenciado en derecho por la UNAM. Cronista taurino, acostumbraba firmar sus textos como Lumbrera. Escribió en *Redondel, Siempre!, El Financiero, La Jornada* y *Cine Mundial*. Escribió los libros *Crónica de crónicos o a qué plaza fui* (1992) y *Mis cincuenta años en la México* (inédito).

AVILÉS, JAIME ◆ n. en el DF (1954). Periodista, hijo del anterior. Fue candidato a diputado por el PSUM (1982). Ha sido reportero de *El Día, Proceso* y *La Jornada*. Cofundador del diario *unomásuno* (1977), desde el cual revolucionó la crónica periodística al combinar un tratamiento literario de los hechos narrados con un novedoso humorismo; ignoró las llamadas normas del periodismo *objetivo* al recurrir a la ficción para dar mayor fuerza a la realidad descrita y al crear personajes. Se han representado sus obras teatrales *El reino de Interpelandia* (pastorela, 1988) y *Adiós a Gorbachov* (1992). Coautor del volumen de cuentos *Zeppelín compartido* (1975) y, con Gianni Miná, de *Marcos y la insurrección zapatista* (1998). Algu-

Manuel Ávila Pérez

Jaime Avilés hijo

nos de sus trabajos periodísticos están recogidos en el libro *A ustedes les consta: antología de la crónica en México*, de Carlos Monsiváis, y *La ciudad de México*, de Emmanuel Carballo y José Luis Martínez. Autor de *La rebelión de los maniquíes* (crónicas y reportajes, 1991).

AVILÉS, JOSÉ JOAQUÍN ◆ n. en Sinaloa, Sin., y m. en la ciudad de México (1796-1852). Abogado. Diputado federal (1822), senador (1824) y magistrado de la Suprema Corte de Justicia en varias ocasiones (en 1825 y antes de morir). Fundó varias logias masónicas del rito yorkino.

Foto: Cuartoscuro

Susana Avilés

AVILÉS, SUSANA ◆ n en el DF (1957). Pintora. Licenciada en artes plásticas por la UNAM. Discípula de Gilberto Aceves Navarro, Francisco Capdevilla y Adolfo Mexiac. Becada, hizo estudios de posgrado en París (1978-83). Expone desde 1975 y su obra se ha presentado, individual y colectivamente, en ciudades de México y Francia.

AVILÉS, URIEL ◆ n. en Zitácuaro, Mich., y m. en el DF (1885-1956). Obrero tipógrafo. En 1909 publicó el periódico antiporfirista *La Idea*. Fue simpatizante del Partido Liberal y del Antirreeleccionista. Se unió a la revolución constitucionalista al producirse el golpe de Estado de Victoriano Huerta. Fue cuatro veces diputado federal (al Congreso Constituyente de 1916-17 y sucesivamente a las legislaturas vigésima séptima a vigésima novena). Fundó periódicos en Zitácuaro (*Libre Prensa* y *El Ariete*), en Morelia (*El Día*) y en Puebla (*La Gaceta*).

Foto: Cuartoscuro

Víctor Avilés

AVILÉS, VÍCTOR ◆ n. en Mazatlán, Sin. (1953). Su nombre completo es Víctor Manuel Avilés Castro. Licenciado en comunicación por la UIA (1972-76). Asistió a un seminario sobre la sociedad estadounidense y su historia en la Universidad de California en La Jolla (1991). Fue redactor de la Sección Internacional de *El Sol de México* (1976-77), fundador y reportero de *unomásuno* (1977-84), fundador, reportero, subjefe y jefe de Información de *La Jornada* (1984-89), jefe de la Sección Urbana de *El Nacional* (1989), corresponsal y di-

Foto: Fernando Luna

René Avilés Fabila

rector regional de Notimex para EUA y Canadá (1989-90), ministro de información y difusión de la embajada mexicana en Washington (1993-97) y coordinador nacional de Comunicación Social del Instituto Federal Electoral (1997-).

AVILÉS FABILA, RENÉ ◆ n. en el DF (1940). Licenciado en ciencias políticas por la UNAM (1962-66) con estudios de doctorado en la Universidad de París (1970-72). Profesor de la UNAM y la UAM. Fue miembro del PCM (1973-80). Becario del Centro Mexicano de Escritores (1965-66). Perteneció al taller de Juan José Arreola. Fue jefe de publicaciones del Injuve (1967-68), jefe de información del Comité Organizador de los XIX Juegos Olímpicos (1967-68), subdirector de Relaciones Públicas del FCE (1974-75), director general de Difusión Cultural de la UNAM (1985-86), asesor de cultura y director del Comité Interino de Ediciones Gubernamentales del DDF (1986-89) y jefe de Extensión Cultural de la UAM-Xochimilco (1999-). Ha colaborado en publicaciones periódicas. Codirector de *Historia y Sociedad* (1977-81) y director de *El Búho*, suplemento de *Excélsior* (1986-98) que recibió el Premio Nacional de Periodismo en 1991. Autor de las novelas *Los juegos* (1967), *El gran solitario de*

RENÉ AVILÉS FABILA

Tantadel
La canción de Odette

Segunda Serie
LECTURAS 11 MEXICANAS

Portada de *Tantadel* y *La canción de Odette* de René Avilés Fabila

palacio (1971), *Tantadel* (1975) y *La canción de Odette* (1982); de cuento: *Alegorías* (1969), *Hacia el fin del mundo* (1969), *La lluvia no mata las flores* (1970), *La desaparición de Hollywood* (mención en el concurso Casa de las Américas, 1972), *Nueva utopía (y los guerrilleros)* (1973), *Fantasías en carrusel* (1978), *Los oficios perdidos*, 1983), *Los fantasmas y yo* (1985), *Todo el amor* (1986), *Los animales prodigiosos* (1990), *Borges y yo* (1991) y *Cuentos de hadas amorosas* (1998), entre otras obras.

AVILÉS ISUNZA, CÁNDIDO ◆ n. en Culiacán, Sin., y m. en el DF (1881-1980). Participó en la rebelión maderista (1910-11). Diputado local (1912-13). Al caer Madero, las autoridades huertistas lo encarcelaron. En 1914 se fugó de la prisión para unirse a los constitucionalistas. Diputado por Sinaloa al Congreso Constituyente (1916-17). En 1933 fue director del penal de las islas Marías.

AVILÉS PARRA, SERGIO ◆ n. y m. en el DF (1924-1975). Escritor. Licenciado en derecho por la UNAM. Fue empleado del Instituto Nacional Indigenista. Colaboró en *Excélsior*, *Novedades*, *El Nacional* y otras publicaciones de la capital. Autor de la novela *El tiempo muerto en el tiempo* (1950) y de los volúmenes de narraciones breves *Urdimbre* (1973) y *Trama* (inédito).

AVILÉS ROJAS, RENÉ ◆ n. y m. en el DF (1911-1979). Estudió en la Escuela Nacional de Maestros (1933). Fue profesor de primarias, secundarias y del Instituto de Capacitación del Magisterio. Dirigió el *Boletín de la Sociedad Mexicana de Geografía y Estadística*, a la que perteneció, y la publicación *Informaciones* del Instituto de Amistad e Intercambio Cultural México-URSS, del que fue secretario general. Colaborador de publicaciones periódicas. Autor de *Siete cuentos* (1932), *Ensayos absurdos* (1934), *Una teoría estética* (1935), *La ciudad encantada* (1942), *La doble historia del doctor*

Vigil (1944), *Usted y el niño* (1945), *El amor y el odio en la educación mexicana* (1946), *Leonora* (1949), *Benito Juárez, el hombre ejemplar* (1957), *La azotea del amanecer* (1961), *Del maestro y el discípulo* (1964), *Realidad educativa de la niñez mexicana* (1965), *Francisco Zarco, héroe del periodismo mexicano* (1966), *Enrique C. Rébsamen, "Quetzalcóatl" de la educación* (1967), *Las estrellas rojas* (1968), *Artículos pedagógicos* (1969), *Educación y revolución* (1971), *Bibliografía de Benito Juárez* (1972), *Juárez y la educación en México* (1972), *Páginas escogidas de Ignacio Manuel Altamirano* (1978), entre otras obras. Fundó la Sociedad de Amigos del Libro Mexicano (1953).

AVIÑA, EUGENIO ◆ n. en Jalisco y m. en Cuernavaca, Mor. (1868-1947). Gobernador sustituto de Colima (mayo de 1911). Combatió al gobierno de Madero y al de Victoriano Huerta. General en 1914, envió representante a la Convención. Militó después en el zapatismo. Se adhirió al Plan de Agua Prieta en 1920 y se le reconoció el grado.

AVIÑA BÁTIZ, EDUARDO ◆ n. y m. en Guadalajara, Jal. (1930-1993). Abogado por la Universidad de Guadalajara (1955). Diputado al Congreso de Jalisco (1959-62, 1968-71 y 1989-91), presidente municipal de Guadalajara (1965-67) y diputado federal en dos ocasiones (1979-82, 1991-93).

AVIÑA GUERRA, KONRADO ◆ n. en el DF (1950). Artista plástico. Estudió en La Esmeralda (1970-71) y en San Carlos (1971-79). Trabaja para el Departamento de Artes Visuales de la OEA. Expone individualmente desde 1974. Ha presentado muestras de su trabajo en ciudades de América y Europa. Existen obras suyas en el Instituto Nacional de Bellas Artes, el Museo de Arte Moderno de Morelia, en la sede de la OEA en Washington y en el Museo de Arte de Berlín. En 1975 obtuvo el Primer Lugar en Gráfica del concurso convocado por la Academia de San Carlos. Al año siguiente fue premiado en el Concurso Nacional de Estudiantes de Artes Plásticas.

AVIÑA ZEPEDA, JAIME GUILLERMO ◆ n. en el DF (1943). Doctor en medicina quirúrgica por la UNAM (1962-68) especializado en oftalmología en la Universidad Panamericana (1968) y en el Hospital de Nuestra Señora de la Luz (1969-70). Profesor ahí mismo (1970-76) y en la UNAM. Cofundador del grupo Pro Vida (☞), fue además su primer presidente (1978-81) y como tal encabezó la campaña contra la despenalización del aborto. También participó en la creación de Desarrollo Humano Integral A.C. Apoyado por el Partido Acción Nacional, contendió en las elecciones legislativas de 1988 y fue diputado federal a la LIV Legislatura (1988-91). Pertenece a la Sociedad Mexicana de Oftalmología, al Centro Mexicano de Estrabismo y al Colegio Internacional de Cirujanos.

AVIRANETA E IBARGOYEN, EUGENIO DE ◆ n. y m. en España (1790-?). Vino a México en 1825. Formó parte de la logia escocesa. Escribió en *El Veracruzano Libre* y otros periódicos borbonistas. Durante su estancia en México estuvo ligado a la conspiración antiindependentista de Joaquín Arenas. Expulsado de México en 1828, estuvo en Nueva Orleans, donde se le supo ligado al espionaje español. Después, en La Habana, presentó un informe sobre la situación mexicana y posteriormente un proyecto para reconquistar el país. Vino como secretario político en la fallida expedición de Barradas. Pudo salvar la vida y regresar a La Habana, donde fungió como testigo de cargo contra el frustrado reconquistador. Al regresar a España gozó de ciertos favores de la familia real. Falleció en la segunda mitad del siglo XIX. Las *Memorias de un hombre de acción*, de Pío Baroja, están inspiradas en la vida de este aventurero.

AVITIA, FRANCISCO *EL CHARRO* ◆ n. en Pilar de Conchos, Chih., y m. en el DF (1915-1995). Cantante. A los nueve años decidió cantar junto a su padre, que tocaba el acordeón. En Chihuahua, en el Cutis Bar, cantó junto a otro entonces desconocido: Jorge Negrete. En 1948 se estableció definitivamente en

el DF, donde pernoctó durante 14 meses en una banca de la Alameda Central. Tomó lecciones de canto con José Pierson. Ricardo López Méndez lo apodó *el Charro*. *El Indio* Fernández lo invitó a trabajar en el cine, donde apareció en *Si fuera una cualquiera*, *Soy mexicano* y *El Tigre Enmascarado*. Grabó más de 70 discos de larga duración, en los que se caracterizó por su peculiar interpretación de corridos, entre los que sobresalen *El airioplano*, *Máquina 501*, *El camisa de fuera* y *El preso de San Juan de Ulúa*.

Jaime Aviña Zepeda

AXAPUSCO ◆ Municipio del Estado de México situado en los límites con Hidalgo y Tlaxcala. Superficie: 284.83 km². Habitantes: 17,848, de los cuales 4,058 forman la población económicamente activa. Hablan alguna lengua indígena 46 personas mayores de cinco años.

Francisco *el Charro* Avitia

AXAYÁCATL ◆ n. y m. en México-Tenochtitlan (¿1453?-1483). Hijo de Moctezuma Ilhuicamina y padre de Moctezuma Xocoyotzin. Sexto emperador azteca, gobernó desde 1469 hasta su muerte. Condujo a sus ejércitos a

Axapusco, Estado de México

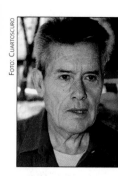

Leopoldo Ayala

importantes victorias y sometió a varios pueblos hostiles, entre ellos el reino de Michoacán. Fracasó en su intento de dominar Tlaxcala. Durante su reinado se adoptó el calendario Tonalámatl, que quedó inscrito en la Piedra del Sol.

AXOCUAPAN ◆ Cabecera del municipio de Tlaltetela, Veracruz (☞).

AXOCHIAPAN ◆ Municipio de Morelos situado en el extremo sureste de la entidad, en los límites con Puebla. Superficie: 147.45 km². Habitantes: 28,908, de los cuales 6,767 forman la población económicamente activa. Hablan alguna lengua indígena 227 personas mayores de cinco años (náhuatl 201). Las principales fiestas son el día de San Pablo (25 de enero) y el de Santiago Apóstol (25 de julio), ambas con feria, danzas, música de bandas y peregrinaciones. Cerca de la cabecera hay una laguna y el balneario de aguas termales Los Amates.

AXTLA DE TERRAZAS ◆ Municipio de San Luis Potosí situado en el sureste de la entidad y contiguo a Tamazunchale. Superficie: 123 km². Habitantes: 31,110, de los cuales 7,620 forman la población económicamente activa. Hablan alguna lengua indígena 17,444 personas mayores de cinco años (náhuatl 17,401). Indígenas monolingües: 606. Hasta 1981 se llamó Villa Terrazas. La cabecera es Alfredo M. Terrazas.

AXUTLA ◆ Municipio de Puebla situado al sur de la capital del estado, cerca de los límites con Oaxaca y Guerrero. Superficie: 146.7 km². Habitantes: 1,114, de los cuales 317 forman la población económicamente activa. La cabecera se halla junto al río Mixteco, cerca de su confluencia con el río Atoyac.

AY, MANUEL ANTONIO ◆ n. en Chichimilá y m. en Valladolid, Yuc. (?-1847). Indio que participó en una conspiración previa al estallido de la guerra de Castas. Compartía con otros líderes la exigencia de una disminución de los impuestos que pesaban sobre los indígenas y, en particular, era partidario de sacar a los blancos de las tierras que por siglos pertenecieron a los mayas. Descu-

bierta la conspiración, Ay fue aprehendido y fusilado 24 horas después, el 26 de julio, para escarmiento de una multitud de indios que se congregó en Valladolid. Esos mismos indios se levantarían en armas poco tiempo después.

AYACTLACATZIN ◆ n. y m. en Cuauhtitlán, en lo que hoy es el Estado de México (1404-1495). Último emperador de Cuauhtitlán.

AYAHUALULCO ◆ Municipio de Veracruz situado al suroeste de Jalapa, en los límites con Puebla. Superficie: 148.06 km². Habitantes: 20,931, de los cuales 4,924 forman la población económicamente activa. Hablan alguna lengua indígena ocho personas mayores de cinco años.

AYALA ◆ Municipio de Morelos contiguo al de Cuautla. Superficie: 303.63 km². Habitantes: 64,821, de los cuales 14,709 forman la población económicamente activa. Hablan alguna lengua indígena 1,401 personas mayores de cinco años (náhuatl 733, mixteco 314 y tlapaneco 228). En la cabecera municipal, Villa de Ayala, Otilio Montaño y José Trinidad Ruiz redactaron el documento conocido como Plan de Ayala, que se proclamó el 28 de noviembre de 1911 en Ayoxustla y que marcó el rompimiento de Zapata con Madero y dio cuerpo programático al agrarismo, uno de los ejes de la lucha revolucionaria y bandera política de los gobiernos mexicanos hasta los años setenta.

AYALA, AGUSTÍN ◆ n. en La Piedad Cabadas, Mich. (1929). Sacerdote. Estudió en el Seminario de Morelia y en Montezuma Seminary de Nuevo México. Profesor del Instituto Las Casas, de Comonfort. Algunos de sus poemas están incluidos en la *Antología de poetas montezumenses* (1959). Autor de los poemarios *Cristo de rinconcillo: sonetos a un Cristo de mezquite* (1962), *Fulgor errante* (1962) y *Nevado fuego* (1963).

AYALA, ALFONSO ◆ n. en la ciudad de México (1921). Paisajista. Fue ayudante de Orozco. Cofundador del grupo Paisajistas de México.

AYALA, ARMANDO J. ◆ n. en la ciudad de México y m. en Palmira, Zac. (1905-

1927). Creador de grupos de la Liga de Defensa de la Libertad Religiosa. Organizó una partida cristera que combatió en el Ajusco y después fue enviado al occidente del país, donde murió en combate.

AYALA, FRANCISCO ◆ n. cerca de Cuautla y m. en Yautepec, Mor. (¿1760?-1812). Hacendado que se incorporó al movimiento de Independencia despues de ser hostilizado por los realistas, quienes asesinaron a su mujer. Morelos le dio el grado de coronel y bajo las órdenes de Galeana estuvo en el sitio de Cuautla. Se hallaba en la vanguardia cuando fue roto el cerco. Después, enfermo, fue aprehendido por tropas colonialistas que lo fusilaron.

AYALA, JUAN ANTONIO ◆ n. en España (1925). Licenciado en filosofía por el Colegio Xavier de Oña y doctor en filosofía por la Universidad de Madrid (1950), especializado en estudios clásicos en The Magdalene College de Oxford (1950-52). Profesor de las universidades de El Salvador (1952-57), de Nuevo León (1957-64), de Colorado (1964-76) y de Las Américas en Puebla (1980-82). Fue director de la revista *Armas y letras*. Autor de *Cifra de la humanidad* (1955), *Lydia Nogales (un suceso en la historia literaria de El Salvador* (1955), *El pensamiento clásico en la obra de Alfonso Reyes* (1960) e *Imagen de la lengua española* (1963).

AYALA, LEOPOLDO ◆ n. en el DF (1944). Escritor. Licenciado en ciencias sociales por el IPN, donde es profesor, y en letras españolas por la UNAM. Realizó estudios de lingüística en la ENAH. Fue becario del Centro Mexicano de Escritores (1965-66). Ha sido director de la Galería de Arte Edward Munch (1968-78). Colaborador de las revistas *Mester, Siempre!, Cuadernos del Viento, Oposición, Tribuna Israelita, Revista de la Universidad, Revista de Revistas* y *La Palabra y el Hombre* entre otras, de los periódicos *Excélsior, El Universal* y *La Prensa*. Coautor de *Poesía joven de México* (1966). Autor de los poemarios *El domador* (1962), *El herrero del cuerpo* (1966), *Vivirás América* (1971), *10 de* *corpus* (1971) e *Y lo nuestro es la lucha* (1986). Escribió también los textos didácticos *Taller de lectura y redacción* (1975), *Ortografía para todos* (1977) y *Mi primer libro* (1978), y realizó la antología *Poesía en América* (1984).

AYALA, LOLITA ◆ n. en el DF (¿1947?). Periodista y locutora llamada Dolores Ayala Nieto. Hizo secundaria y bachillerato en Estados Unidos. En París estudió francés, historia del arte y música. En Roma aprendió italiano. Fue traductora del Centro Organizador de Congresos. Se inició en la televisión en 1971 con el *Teleperiódico Notimex*, del Canal ocho. Durante siete años fue reportera. Trabajó en los noticieros *En Punto* (1972-74) y *En Contacto Directo*, así como en los programas *Caleidoscopio, Nuestras realidades, Adivine mi chamba* y *Cada noche*, con Luis Spota. Trabajó para el noticiero *24 Horas* desde 1975, el cual dirigió en 1987, en compañía de Abraham Zabludovsky. Posteriormente se hizo cargo de *Muchas Noticias,* que conduce hasta la fecha. Premio Nacional de Periodismo. Presea Ciudad de México.

AYALA, PEDRO DE ◆ n. en Guadalajara, España, y m. en Guadalajara, Jal. (¿1502?-1569). Obispo de Guadalajara Jal. designado en 1559 y consagrado en 1562. Gestionó exitosamente el cambio de la sede episcopal y de la capital de Nueva Galicia de Compostela a Guadalajara, donde inició la construcción de la Catedral. Por su ineptitud para gobernar, abandonó la sede y se refugió en Zapotlanejo. En 1566 se hallaba en Tzintzuntzan, Michoacán Volvió a Guadalajara a principios de 1567.

AYALA ALMEIDA, JOEL ◆ n. en San Luis Río Colorado, Son. (1948). Estudió economía en la UNAM. Fue secretario general del Sindicato Nacional de Trabajadores de la Secretaría de Salubridad y Asistencia y de la Secretaría de Salud; secretario de Conflictos y secretario general (1998-) de la Federación de Sindicatos de Trabajadores al Servicio del Estado. Diputado federal por el XIII distrito del DF (1979-1982).

AYALA ANGUIANO, ARMANDO ◆ n. en León, Gto. (1928). Periodista. Estudió cine en la Universidad del Sur de California y ciencias políticas en la Universidad de París. Fue reportero de la Cadena García Valseca (1951-54). Corresponsal de la revista estadounidense *Visión* en París y Buenos Aires (1955-61). En 1963 creó la revista *Contenido*, una versión mexicana de *Selecciones del Reader's Digest*, con la cual ha competido exitosamente, y para la cual ha realizado varios reportajes históricos y políticos. Autor de las novelas *Las ganas de creer* (1958), *El paso de la nada* (1960) y *Unos cuantos días* (1965); y de los libros *México ante los aztecas* (1967), *Conquistados y conquistadores* (1967), *El día que perdió el PRI* (1976), *México de carne y hueso* (1978, 6 t.), *Cómo conquisté a los aztecas* (1979), *México en crisis: el final del sistema* (1982), *JLP: secretos de un sexenio* (1984) y *Zapata y las grandes mentiras de la revolución mexicana* (1998), entre otros. Becario del Centro Mexicano de Escritores (1962). En 1977 obtuvo, junto con Fernando Martí, el Premio Internacional de Periodismo EFE por un extenso reportaje sobre la corrupción en México. Premio Juan Pablos al mérito editorial en 1990.

AYALA AYALA, RAFAEL ◆ n. en Coatepec Harinas, Edo. de Méx., y m. en Tehuacán, Pue. (1913-1985). Fue ordenado sacerdote en 1952. Obispo de Tehuacán desde 1962.

AYALA BLANCO, JORGE ◆ n. en el DF (1942). Crítico de cine. Estudió ingeniería química industrial en el IPN y lengua francesa en la Universidad de París. Fue becario del Centro Mexicano de Escritores (1965-66). Es profesor en el Centro Universitario de Estudios Cinematográficos, el Centro de Capacitación Cinematográfica y la Universidad Autónoma Metropolitana. Se inició como crítico cinematográfico en 1963, en el suplemento *México en la Cultura* del diario *Novedades* (1963-69), y luego ha colaborado en *Excélsior* (1969-73), en *La Cultura en México*, suplemento de *Siempre!* (1969-87); y en

el periódico *El Financiero* (1989-). Ha sido coeditor de *La Semana en el Cine* (1963-66) y secretario de redacción de la *Revista de Bellas Artes* (1966-67). Coautor de *Cartelera cinematográfica 1930-1949* (1980). Autor de *Cine norteamericano de hoy* (1966), *El cine norteamericano: un clasicismo viviente* (1968), *La aventura del cine mexicano* (1968), *La búsqueda del cine mexicano* (1974), *Falaces fenómenos fílmicos* (1981), *Cartelera cinematográfica 1950-1959* (1983), *La condición del cine mexicano* (1986) y *La disolvencia del cine mexicano* (1991).

AYALA CASTAÑARES, AGUSTÍN ◆ n. en Mazatlán, Sin. (1925). Licenciado en biología por la UNAM y maestro en ciencias por la Universidad de Stanford, donde acreditó los estudios de doctorado en geología. En la UNAM ha sido profesor, investigador (1956-), del Instituto de Geología, donde fundó el Laboratorio de Micropaleontología y Ciencias Marinas que dirigió de 1960 a 1967; director del Instituto de Biología (1967-72), coordinador de la Investigación Científica (1973-80) y director del Instituto de Ciencias del Mar y Limnología (1981-87). Desde 1968 es miembro de la Comisión Oceanográfica de la UNESCO, de la que ha sido vicepresidente (1973-77) y presidente (1977-82). Autor de 56 trabajos científicos sobre micropaleontología, geología marina y política científica. Presidente del Colegio de Biólogos (1961-64), presidente de la Sociedad Mexicana de Historia Natural (1967-69) y presidente de la Academia de la Investigación Científica (1975-76). Doctor *honoris causa* por la Universidad de Burdeos, Francia (1988).

AYALA ESPINOSA, CARLOS ◆ n. en Saltillo, Coah. (1941). Licenciado en economía por la Universidad Autónoma de Nuevo León (1964), de la que fue profesor e investigador. Miembro del PRI. Trabajó para empresas privadas. Auditor general (1970) y tesorero del gobierno de Coahuila (1971-75). Presidente de la Comisión de Fomento Industrial de Coahuila (1973-75).

Armando Ayala Anguiano

Joel Ayala Almeida

Jorge Ayala Blanco

Coordinador general de la Comisión Permanente de Tesoreros de los Estados de la Secretaría de Hacienda (1974-75). Coordinador de Programas Especiales de Somex (1980-82). Gerente de Administración y Control Comercial (1982-83) y coordinador ejecutivo de Comercio Interior de Pemex (1983-).

AYALA GARCÍA, LUIS ◆ n. en Chavinda, Mich. (1940). Licenciado en derecho por la Universidad Michoacana de San Nicolás de Hidalgo. Fue regidor del ayuntamiento de Mexicali y secretario general de la Liga de Comunidades Agrarias de Baja California (1967-70). Diputado federal por el tercer distrito de Baja California (1979-82).

AYALA GASTÉLUM, ROBERTO ◆ n. y m. en el DF (1936-1988). Licenciado en derecho por la UNAM (1958). Miembro del PRI desde 1956. Fue gerente general de la Compañía Transportadora Conasupo (1969-70), director general de Precios de la Secretaría de Industria y Comercio (1970-76), director general de Comercio Interior (1976-78), director general de Desarrollo Comercial de la Frontera de la Secretaría de Comercio (1978-80), vocal ejecutivo de la Comisión Nacional del Maíz (1980-82) y director general de Almacenes Nacionales de Depósito (1982-88).

AYALA GONZÁLEZ, ABRAHAM ◆ n. en San Pedro de las Colonias, Coah., y m. en el DF (1898-1958). Médico. Miembro fundador de la Asociación Mexicana de Gastroenterología. Presidente de la Academia Nacional de Medicina (1944 y 1945). Dos veces director del Hospital General. Jefe del Departamento de Salubridad en el gabinete de Lázaro Cárdenas (del 1 de diciembre de 1934 al 15 de junio de 1935).

AYALA PÉREZ, DANIEL ◆ n. en Abalá, Yuc., y m. en Veracruz, Ver. (1908-1975). Hizo estudios musicales en Mérida antes de instalarse en la capital del país, donde ingresó al Conservatorio Nacional (1927). Ahí tuvo entre sus maestros a Revueltas, Huízar y Baqueiro Foster. Para sostener sus estudios trabajó como violinista en varias orquestas, incluso en el Salón México. Ha trabaja-

do con la Orquesta Sinfónica Nacional y la Sinfónica de México. Tiene diversos escritos sobre música maya. Fue miembro del grupo de "Los Cuatro" junto con Salvador Contreras, José Pablo Moncayo y Blas Galindo. Entre sus composiciones están *Tribu*, poema sinfónico, y *Kayil Chaac* (canto a la lluvia), ambos estrenados por Carlos Chávez, el primero en México y el último en Nueva York, en 1934 y 35, respectivamente; *Paisaje*, estrenado dos años después por Revueltas; *Cuatro canciones*, con textos de Juan Ramón Jiménez, además de música incidental para ballet, música para coros y solistas, *lieder*, piezas para piano, ensambles, y 32 trabajos sinfónicos.

AYALA TORRES, JOSÉ HOMERO ◆ n. en Monterrey, NL (1950). Técnico electricista. Miembro del PRI desde 1967. Ha sido líder sindical (1973-81), secretario de Acción Juvenil de la Federación Revolucionaria de Obreros y Campesinos (1973-). Diputado federal por el cuarto distrito electoral de Nuevo León (1982-85).

AYAPANGO ◆ Municipio del estado de México situado al este del Distrito Federal. Limita con Amecameca. Superficie: 57.47 km². Habitantes: 4,858, de los cuales 1,176 forman la población económicamente activa. Hablan alguna lengua indígena doce personas mayores de cinco años. El municipio fue fundado en 1868. En la cabecera hay construcciones que datan de la época colonial. De especial interés es la parroquia, edificada en el siglo XVIII.

AYAPIN ◆ m. en Culiacán, Sin. (1539). Cacique indígena de la región de Petatlán, Sinaloa. Encabezó la resistencia contra los conquistadores, a los que infligió varias derrotas. Cayó prisionero de los españoles, quienes lo descuartizaron y ejecutaron en la plaza que hoy está junto a la Catedral.

AYAQUICA RANGEL, FORTINO ◆ n. en Tochimilco y m. en Atlixco, Pue. (1874-1960). Era obrero textil al iniciarse la rebelión maderista, a la que se incorporó en 1910. Militó a las órdenes de Zapata hasta la muerte de éste y después con Gildardo Magaña. Se adhirió al Plan

de Agua Prieta y en agosto de 1920 se le confirió el grado de general de división.

AYENSA, ALFONSO ◆ n. en España (1906). Estudió derecho en la Universidad Central de Madrid. Participó en el bando republicano durante la guerra civil española. Llegó a México en 1952. Ha sido director del Servicio Bibliográfico y Archivo Técnico del Banco de México, profesor de técnica de la investigación documental en la UNAM, asesor del Consejo Nacional de Ciencia y Tecnología y responsable de la edición en francés de la *Revista de Comercio Exterior*. Autor de *Bibliografía industrial de México*, obra en 18 tomos, y de *Introducción bibliográfica a la ciencia de la ciencia* (1979). Ha elaborado 25 volúmenes de bibliografía sobre ciencia y tecnología industrial.

AYER, EDWARD EVERETT ◆ n. y m. en EUA (1841-1927). Bibliófilo. Reunió una cuantiosa colección de documentos sobre los pueblos norte y mesoamericanos. Donó su biblioteca a la Newberry Library, de Chicago, Illinois.

AYESTERÁN, ANTONIO ◆ n. en España y m. en la ciudad de México (1821-1878). Militar conservador. Fue gobernador de Jalisco (1852) y de Puebla (julio de 1859 a marzo de 1860).

AYMAMÍ BAUDINA, LLUIS ◆ n. en Barcelona, España (1899-). Llegó a México al término de la guerra civil española, donde participó en el bando republicano. Fue presidente del Orfeó Català (1945), corresponsal del periódico *Catalunya* de Buenos Aires y director de *El Poble Català* (1942). Difundió la cultura catalana en México.

AYMAMÍ PUIG, JORGE ◆ n. en España y m. en el DF (1920-1985). Hijo del anterior. Militó en el bando republicano durante la guerra civil española. Al término de ésta se asiló en la Unión Soviética, donde estudió ingeniería y se alistó en el Ejército Rojo para luchar contra la invasión nazi. Fue condecorado por su participación en la batalla de Stalingrado. Llegó en 1946 a México y se dedicó al periodismo. Trabajó en los diarios *Esto* y *Novedades*. Entre 1959 y 1966 vivió en Cuba. Ahí figuró entre los fundadores de la agencia Prensa Latina. A su regreso a México fue editorialista y subdirector del periódico *El Día* hasta 1979. Fungió como comentarista en programas noticiosos del Canal 11 de televisión. Colaboró también en *El Universal* y *Excélsior*.

AYO EL CHICO ◆ ☞ *Ayotlán.*

AYOCUAN ◆ Señor de Tepexic (hoy Tepexi de Rodríguez, Puebla) a la llegada de los españoles. Se le atribuye la autoría de poemas.

AYOQUEZCO DE ALDAMA ◆ Municipio de Oaxaca situado en el centro del estado, al sur-suroeste de la capital de la entidad. Superficie: 58.69 km². Habitantes: 5,750, de los cuales 1,282 forman la población económicamente activa. Hablan alguna lengua indígena 616 personas mayores de cinco años (zapoteco 606). Tiene yacimientos de plomo. Cerca de su cabecera, Santa María Ayoquezco de Aldama, se han encontrado ruinas de una ciudad zapoteca, en la parte alta de un cerro: el conjunto arqueológico tiene diversas edificaciones, templos, un juego de pelota y otras construcciones.

AYORA, JUAN DE ◆ n. en España y m. en Filipinas (?-1581). Sacerdote. Estuvo al frente del provincialato franciscano de Michoacán. En 1877 se embarcó para Filipinas. Autor de *Arte y diccionario de la lengua mexicana* y de *Arte y diccionario de la lengua tarasca.*

AYOTLA ◆ Población del municipio de Ixtapaluca donde en 1858, ya iniciada la guerra de Reforma, se produjo un pronunciamiento militar encabezado por el conservador Miguel M. de Echegaray, quien no tuvo eco, pues las fuerzas ya estaban definidas. En la misma localidad hay una importante planta textil.

AYOTLÁN ◆ Municipio de Jalisco situado en el este de la entidad, al noreste del lago de Chapala, en los límites con Michoacán. Superficie: 518.57 km². Habitantes: 33,851, de los cuales 7,712 forman la población económicamente activa. Pertenece a la cuenca del Lerma y su cabecera se halla en el valle de La Barca. Se llamó Ayo el Chico, nombre por el que aún se le conoce.

AYOTOXCO DE GUERRERO ◆ Municipio de Puebla situado en el norte de la entidad cerca de los límites con Veracruz. Superficie: 130.12 km². Habitantes: 7,093, de los cuales 1,689 forman la población económicamente activa. Hablan alguna lengua indígena 2,088 personas mayores de cinco años (náhuatl 2,075). Posee yacimientos minerales.

AYOTZINTEPEC ◆ Municipio de Oaxaca situado en el centro de la región del golfo. Superficie: 169.69 km². Habitantes: 5,087, de los cuales 1,076 forman la población económicamente activa. Hablan alguna lengua indígena 2,897 personas mayores de cinco años (chinanteco 2,800). Indígenas monolingües: 71. En la jurisdicción hay ruinas de la cultura chinanteca.

AYUQUILA ◆ Río de Jalisco también conocido como San Pedro. Nace en la sierra de Cacoma o de Vélez. Corre hacia el sureste para unirse al Tuxcacuesco cerca de la población de Tolimán, donde toma el nombre de río Armería, que penetra en Colima.

AYUTLA ◆ Municipio de Jalisco situado al suroeste de Guadalajara. Superficie: 884.62 km². Habitantes: 13,472, de los cuales 3,411 forman la población económicamente activa. Hablan alguna lengua indígena diez personas mayores de cinco años.

AYUTLA ◆ Río de Guerrero también conocido como Nexpa. Nace en la ladera sur de la sierra Madre del Sur, al norte de la población de Ayutla de los Libres. Corre hacia el sur y desemboca en el Pacífico, entre las lagunas de Chautengo y Tecomate.

AYUTLA DE LOS LIBRES ◆ Municipio de Guerrero, situado al este de Acapulco. Superficie: 735.4 km². Habitantes: 50,561, de los cuales 9,361 forman la población económicamente activa. Hablan alguna lengua indígena 13,728 personas mayores de cinco años (mixteco 10,474 y tlapaneco 3,060). Indígenas monolingües: 6,194. En la cabecera, ciudad a orillas del río Ayutla o Nexpa, se proclamó, el primero de marzo de 1854, el Plan de Ayutla (☞), respaldado por varios dirigentes liberales, principal-

mente por Juan Álvarez e Ignacio Comonfort. La llamada Revolución de Ayutla, que siguió a la proclamación del plan, significó el fin de los gobiernos de Antonio López de Santa Anna y, al triunfar los liberales, se convocó al Congreso Constituyente de 1856-57. La principal festividad religiosa es el 12 de diciembre, con danzas típicas.

AZANZA, JOSÉ MIGUEL DE ◆ n. y m. en Francia (1746-1826). Fue secretario de la embajada de España en San Petersburgo y encargado de negocios en la de Berlín. Ministro de Guerra de su país entre 1793 y 1796. Virrey de Nueva España (1798-1800). Reprimió las rebeliones indígenas y la conspiración de los machetes (1800). Ordenó la colonización de la Alta California y la fundación del pueblo de la Candelaria de Azanza, a orillas del lago Salado, en lo que hoy es Utah, EUA. Durante la intervención napoleónica en España sirvió a los franceses. Murió en Burdeos.

AZAR, HÉCTOR ◆ n. en Atlixco, Pue. (1930). Escritor y director teatral. Licenciado en derecho (1959) y maestro en letras españolas y francesas por la UNAM (1953), donde ha sido profesor (1954-64), jefe del Departamento de Teatro (1957-62 y 1970-72), director de los teatros El Caballito y de Ciudad Universitaria (1959), director fundador del Centro Universitario de Teatro (1962), director de la Compañía de Teatro Universitario (1963-65) y de la Casa del Lago (1967-70), fundador del Foro Isabelino (1968) y de la revista *La Cabra* (1971) e investigador del Centro de Investigaciones Literarias. Fue jefe del Departamento de Teatro del INBA (1965-67), director fundador del grupo Teatro Espacio 15 (1970), de la Compañía Nacional de Teatro

Retrato y firma de José Miguel de Azanza

Foto: NORMA A. GARCÍA

Héctor Azar.

(1973-75) y del Centro de Arte Dramático A.C. (1975-). Colabora en publicaciones culturales. Autor de poesía: *Estancias* (1950), *Ventanas de Francia* (1951) y *Días santos* (1954); novela: *Las tres primeras personas* (1977); ensayo: *La universidad y el teatro* (1970), *Teatro y educación* (1971), *El espacio C* (1971), *Zoon theatrikon* (1978), *El teatro con adolescentes* (1979), *La tragedia griega en el teatro mexicano* (1980), *Funciones teatrales* (1982), *Cómo acercarse al teatro* (1988) y *Altamirano y el teatro* (1995); memorias: *De cuerpo entero* (1991); prosa: *Palabras habladas* (1990); crónica: *A la luz de la Puebla* (1992), y teatro: *Picaresca* (1958), *La apassionata* (1958), *El alfarero* (1958), *La venganza del compadre* (1959), *El milagro y su retablo* (1959), *El corrido de Pablo Damián* (1960), *Olímpica* (1962), *Inmaculada* (1963), *Higiene de los placeres y los dolores* (1968), *La cabeza de Apolo* (1971), *La cantata de los emigrantes* (1972), *Las alas sin sombra o la historia de Víctor Rey* (1981), *Adán retorna* (1982) y *La incontenible vida del respetable señor Ta Kah Brown* (1990), entre otras. Con *Divinas palabras* (1964) y *Olímpica* (1965), la Compañía de Teatro Universitario fue premiada en el Festival de Nancy. Fue becario del Centro Mexicano de Escritores (1958). Doctor *honoris causa* por la UAP (1991). Premio Xavier Villaurrutia. Desde 1986 es miembro de la Academia Mexicana (de la lengua).

AZCAPOTZALCO ◆ Delegación situada en el noroeste del Distrito Federal. Limita con los municipios de Naucalpan y Tlanepantla, estado de México, y las delegaciones Gustavo A. Madero, Cuauhtémoc y Miguel Hidalgo. Superficie: 33.5 km². Habitantes: 455,131, de los cuales 210,528 forman la población económicamente activa. Hablan alguna lengua indígena 3,049 personas mayores de cinco años (náhuatl 882, otomí 609, zapoteco 539 y mixteco 228). El nombre significa "en el hormiguero". *Historia*: hay huellas de grupos étnicos que se asentaron en el lugar, en la orilla noroccidental del lago de Texcoco, a fines del primer milenio de la era presente. Sobre el origen del que fuera centro de la cultura tepaneca, se dice que el cacique Matlacóhuatl la fundó hacia 1152 y que núcleos de filiación matlatzinca guiados por Acolhua llegaron entre 1200 y 1230, época en que se inicia el auge del señorío tepaneca, en el cual se adoraba a las deidades teotihuacanas y se empleaba el calendario solar. Fue gobernado por Chiconcuahtzin (1222-48), por Texcapotzin (1248-83) por Acolhuacatzin (1283-1343) y por Tezozómoc (1343-1427), en cuyo reinado se extendió la zona de influencia de los tepanecas sobre todo el valle de México y buena parte de los actuales estados de México, Hidalgo, Morelos, Puebla y Guerrero. Tezozómoc, quien autorizó el asentamiento de los aztecas en el valle de México, designó sucesor a su hijo Tayautzin o Teayautzin, quien fue asesinado por su hermano Maxtla, quien se apoderó de los tronos de Azcapotzalco y Texcoco que antes había ocupado su padre. Maxtla perdió Texcoco al recuperarlo el heredero legítimo del reino, Netzahualcóyotl, quien aliado con los tenochcas derrotó a los tepanecas y ejecutó personalmente a Maxtla. De esa manera el señorío pasó a depender de Tlacopan, reino aliado de mexicas y acolhuas. Los artesanos tepanecas gozaron de gran prestigio durante los siglos XIV y XV, al extremo de que los españoles llamaron "el pueblo de los plateros" a Azcapotzalco, donde mandaron fundir los metales preciosos robados durante el pillaje. Bajo el nuevo orden, los españoles trataron de aprovechar a los gobernantes locales en su beneficio. Así sucedió en Azcapotzalco, donde la aristocracia fue iniciada en la nueva religión y el tlatoani recibió el nombre de Diego de León. Al morir éste en 1555 correspondía el señorío a su hijo Diego Osorio, pero el virrey lo sustituyó con uno de los principales debido a que el heredero tenía sólo 12 años. En 1550 Francisco de Montejo se dijo dueño de una encomienda que incluía la población y el consejo de Indias ratificó las pretensiones de ese conquistador, por lo que su hija Catalina disfrutó hasta 1582 de la explotación de tierras e indios, quienes debían pagar a la Corona un tributo de ocho reales y media fanega. La encomienda se le otorgó a principios del siglo XVII al segundo Luis de Velasco y sus herederos. En ese tiempo se establecieron en la localidad dos obrajes y después, de acuerdo con la política española de control sobre la población indígena, se convirtió a Azcapotzalco en congregación con jurisdicción sobre Tlanepantla, Santa María Nativitas, Tecpan y Cahualtitlan. Hasta principios del siglo XVIII la ciudad de México se abastecía de agua desde los manantiales de Santa Fe, Chapultepec y Azcapotzalco. En 1653 un sismo causó graves daños a la iglesia construida por los dominicos a mediados del siglo XVI. A mediados del mismo siglo XVII los artesanos del lugar seguían disfrutando de reconocimiento, sobre todo los que fundían clavos y campanas. Al empezar el siglo XVIII Azcapotzalco contaba con unos 3,000 habitantes, todavía con su propio gobernador de la "república de indios", que comprendía 27 barrios. Desde el siglo XVI la Compañía de Jesús tenía grandes propiedades en el actual territorio de la delegación. Luego de la expulsión (1767), los terrenos los compró Pedro Romero de Terreros y el sitio pasó a llamarse Hacienda del Rosario. A fines del siglo XVIII ya existía el pueblo de Camarones. En 1821 ahí se libró la última batalla por la independencia. Consumada ésta, por disposición del

Parque Tezózomoc en Azcapotzalco

FOTO: BORIS DE SWAN

Congreso quedó Azcapotzalco como municipalidad del Distrito Federal. En 1853 contaba con 5,000 habitantes. Al año siguiente la población recibió el título de villa. En 1878 un viajero describió la localidad como "un montón de ruinas". En 1899 el municipio, junto con Tacuba, quedó dentro de la prefectura de Azcapotzalco de Porfirio Díaz. Durante la dictadura de Díaz muchas familias pudientes se hicieron construir casas de campo, de las que algunas subsisten. En 1903 era una de las 13 municipalidades del DF. Siete años después tenía 10,785 habitantes y sus límites eran el estado de México, la municipalidad de Guadalupe Hidalgo, México y la de Tacuba. En 1928 sólo quedaban México, Tacubaya y Mixcoac como municipios y Azcapotzalco pasó a ser una de las 13 delegaciones del Distrito Federal. En 1929 se creó el fraccionamiento industrial Vallejo en cinco millones de metros cuadrados que antes fueron pastizales. En 1941 la división política del Distrito Federal comprendía la ciudad de México y 11 delegaciones, entre ellas Azcapotzalco. En 1944 el presidente Ávila Camacho expidió el decreto que formalizó la situación del fraccionamiento industrial que habría de convertirse en la principal concentración industrial del país. En 1970 Azcapotzalco continúa como delegación dentro de las 16 que desde entonces componen el Distrito Federal. En 1986 la delegación aportaba el 21 por ciento del producto nacional bruto no agropecuario, generado en las zonas industriales de Vallejo, Pantaco, Xochimancas, Del Gas y San Antonio, donde se concentran 1,300 fábricas. La población permanente estimada para el mismo año fue de 716,000 habitantes y la flotante de 300,000. Es una de las zonas más contaminadas del país y sólo un 4% de su territorio lo ocupan áreas verdes. En diciembre de 1986 un área que comprende 65 manzanas fue declarada zona de monumentos históricos por decreto presidencial, con lo cual quedó protegida la arquitectura colonial y del siglo XIX.

AZCÁRATE, LEONOR ◆ n. en el DF (1955). Dramaturga, periodista y guionista. Licenciada en letras hispánicas por la UNAM con estudios de teatro en el CADAC. Miembro de los talleres de dramaturgia de Hugo Argüelles y Vicente Leñero. Fue coordinadora de publicaciones de la SEP. Colaboradora de *El Buscón*, *Revista del Consumidor*, *Revista Científica y Tecnológica* y *El Cuento*, y del diario *unomásuno*. Coautora de *La Pareja* (1986) y autora de *Obras en un acto* (1987), *El sueño de los peces* (1988), *Fauna rock* (1988), *Una nariz muy larga y un ojo saltón* (Premio de Teatro para Niños INBA-Baja California, 1989), *Pasajero de medianoche* (1993), *Margarita resucitó, Tierra caliente* y *La coincidencia* (publicadas en un volumen, 1994) y *Trabajo sucio* (1994). Escribió también el volumen de relatos *La isla interior* (1982).

AZCÁRATE, MIGUEL MARÍA ◆ n. y m. en la ciudad de México (1803-1877). Militar. Fue gobernador del Distrito Federal. Autor de un *Catecismo práctico criminal de juicios militares* (1834) y de *Noticias estadísticas sobre los efectos del consumo introducido a esta capital en el quinquenio de 1834 a 1838* (1939).

AZCÁRATE ESTRADA, ERNESTO ◆ n. en el DF (1957). Escultor. Estudió en La Esmeralda (1964-79) y en la Universidad de Seattle. Trabajó en los talleres del escultor Rafael Guerrero Morales (1977-88) y de la pintora Pat Gisborn, en Eugene, Oregón. En 1983 fundó el Instituto de Artes Plásticas de Taxco, del que fue subdirector en 1985. Ha participado en nueve exposiciones colectivas en la república. Mención honorífica en la primera Bienal de Escultura del Crea (1978, San Miguel de Allende). Segundo lugar (premio especial presidente Nobutaka Shikanai) en escultura figurativa en el concurso Rodin (Museo Hakone de Tokio, 1990), con la obra *Estudio de mujer;* la obra ganadora fue expuesta en el Museo Utsukushi Gahara, de Tokio.

AZCÁRATE Y LEDEZMA, JUAN FRANCISCO ◆ n. y m. en la ciudad de México (1767-1831). Abogado. Fue consiliario de la Real y Pontificia Universidad de México. Durante la invasión napoleónica de España era regidor honorario del ayuntamiento de la capital novohispana. Al producirse el motín de Aranjuez, en junio de 1808, propuso que el ayuntamiento en pleno fuera a ver al virrey Iturrigaray para manifestarle su fidelidad a Fernando VII, prisionero de los franceses, y proponerle no reconocer a ningún gobierno peninsular. Era, de hecho, la independencia de México. Sin embargo, la Audiencia no estuvo de acuerdo y se dedicó a conspirar junto con los españoles que se sentían perjudicados o amenazados por tal medida. El 15 de septiembre fue destituido el virrey y al día siguiente Azcárate fue a la cárcel, donde permaneció hasta diciembre de 1811. En 1821 fue uno de los integrantes de la Soberana Junta Provisional Gubernativa, a invitación de Iturbide, y en tal carácter firmó el acta de independencia. Posteriormente fue nombrado representante de México en Londres, cargo que no pudo asumir por la caída del imperio. Fue ministro del Supremo Tribunal de Guerra.

Leonor Azcárate

AZCÁRATE PINO, JUAN FRANCISCO ◆ m. en el DF (1898-1987). General de división. Ingresó en 1913 al ejército constitucionalista y participó en 63 hechos de armas. Fue jefe del Regimiento de Carabineros de San Luis Potosí, jefe del Tercer Regimiento de la Brigada Escobedo, jefe nato del Departamento de Aeronáutica, jefe del estado mayor presidencial, agregado militar de la embajada mexicana en Estados Unidos, ministro en Alemania Federal, director de la Remonta y Veterinaria y jefe del estado mayor de la comandancia de la región militar del Golfo. Fue director de la revista *Jalisco*. Veterano de la revolución, fue condecorado con 'las medallas al mérito técnico militar de primera clase, mérito deportivo militar de cuarta clase y de perseverancia de primera a quinta clases.

AZCÁRRAGA, ESTEBAN DE ◆ n. en España y m. en Mérida, Yuc. (?-1648). Capitán general y gobernador de Yucatán desde 1645 hasta su muerte.

AZCÁRRAGA, NICOLÁS DE ◆ m. en Zacatecas, Zac. (?-1686). Estudió en la ciudad de México. En España recibió el nombramiento de gobernador propietario del Nuevo Reino de León. En ese puesto (1667-76) solicitó a la Corona escudo de armas para la ciudad de Monterrey y reprimió violentamente varias rebeliones indígenas.

AZCÁRRAGA JEAN, EMILIO ◆ n. en el DF (1968). Empresario. Hijo de Emilio Azcárraga Milmo. Licenciado en relaciones industriales por la UIA y por el Lakefield College, de Ontario. Posgraduado en administración por la Universidad Estatal de San Diego. Es presidente de Televisa (1997-).

AZCÁRRAGA MILMO, EMILIO ◆ n. y m. en el DF (1930-1997). Empresario. Hijo de Emilio Azcárraga Vidaurreta. Miembro del PRI. Fue accionista mayoritario, entre otras, de las estaciones radiofónicas XEX, XEW y XEQ de la televisora por cable Cablevisión, de la cadena televisiva Univisión (para el público hispanohablante de EUA, que se vio obligado a vender en 1986), la distribuidora Protele en Estados Unidos, de la distribuidora de videocintas Videovisa, de la arrendadora Videocentro, de la maquiladora de videocasetes Univisa, de las salas cinematográficas Televicine, de las compañías disqueras Mélodi y Raff, de los equipos de futbol América, Atlante y Necaxa, del diario deportivo estadounidense *The National* (editado simultáneamente en Nueva York, Chicago y Los Ángeles), de *Ovaciones*, así como de diversos centros nocturnos y discotecas, hoteles, compañías de seguros y de bienes raíces y plantas industriales. Tenía un muelle privado en el World Financial Center de Manhattan. Fue presidente de la empresa Televisa hasta 1987, cuando asumió igual cargo en Univisa, Inc. y, posteriormente, del comité ejecutivo conjunto de ambas empresas, cargo que desempeñó hasta su muerte.

AZCÁRRAGA TAMAYO, GASTÓN ◆ n. en la ciudad de México (1929). Empresario. Estudió economía en Harvard. Preside Chrysler de México (Fábricas Automex) y otras empresas.

AZCÁRRAGA VIDAURRETA, EMILIO ◆ n. en Monterrey, NL, y m. en EUA (1895-1972). Estudió en México y Estados Unidos. Se dedicó a diversas actividades hasta 1925 en que trabaja para la firma grabadora Mexico Music Co., concesionaria de Radio Corporation of America (RCA). Con capital de Mexico Music Co. (75%) y como parte de la cadena radiofónica de la empresa estadounidense National Broadcasting Company, en 1930 fundó XEW, primera de un conjunto de estaciones que formarían el mayor consorcio radiofónico que tuvo por cabeza a La XEW-NBC: XEH, de Monterrey NL., XEFI, de Chihuahua; XEI, de Morelia; XEFE,, de Nuevo Laredo; XEU, de Veracruz; XEFB, de Monterrey; XEE, de Durango; XECZ, de San Luis Potosí; XEHF, de Nogales Son.; XEAN, de Matamoros; XEHB, de Hermosillo; XEBO, de Irapuato; XEP, de Ciudad Juárez; XEBX, de Sabinas; XEBI, de Aguascalientes; XEMU, de Piedras Negras; y XECL, de Mexicali. En 1938 funda XEQ y como en el caso anterior crea o agrega estaciones a su cadena, que aparece como asociada de la Columbia Broadcasting System (XEQ-CBS). En 1951 inicia sus transmisiones el canal 2 de televisión. En 1955 se unió a los concesionarios de los canales 4 y 5, Rómulo O'Farrill y Jorge González Camarena, para fundar Telesistema Mexicano. Promovió la construcción de los Estudios Churubusco (1944) y con su capital levantó los cines Apolo, Arcadia, Bahía, Bucareli, Estadio y Popotla. Fue miembro del primer Consejo Directivo del IMSS y de la Comisión Consultiva de Radiodifusión. Ocupó dos veces la presidencia de la Asociación Interamericana de Radiodifusión (1950 y 1964). Al morir, era presidente del principal consorcio de radio y televisión, productor y exportador de bienes y servicios en esa rama económica y en decenas más.

AZCUÉ MANCERA, CARLOS ◆ n. y m. en la ciudad de México (1901-1956). Abogado y empresario. Fue consejero de la Cámara Minera de México y del Banco Internacional. Presidente de Financiera Mexicana.

AZERBAIYÁN ◆ República de Asia situada a orillas del mar Caspio. Limita con Rusia, Georgia, Armenia e Irán. Superficie: 87,000 km². Habitantes: 7,700,000. Capital: Bakú (1,087,000 habitantes en 1994). Otras ciudades importantes son Gyandzha (282,200 habitantes en 1991) y Sumgait (236,200 habitantes). El azerbayano es el idioma oficial, y también se hablan ruso y armenio. La moneda es el manat. *Historia*: el actual territorio azerbaiyano estuvo poblado por los caspios, lo dominaron los persas y entre los siglos VII y VIII fue conquistado por los árabes hasta que en el siglo XIII fueron derrotados por mongoles y persas. En 1813 Rusia adquirió una porción del territorio actual y 15 años después el resto, con lo que todo el país quedó incorporado al imperio ruso. Durante la revolución rusa de 1905 se produjeron los primeros brotes de nacionalismo, pero fue seis años después cuando se formó con apoyo turco el primer partido antirruso. Al término de la primera guerra mundial se frustró el intento de crear con Armenia y Georgia la República Transcaucásica y el país quedó bajo el control británico hasta que se reconoció su independencia. El dominio soviético se inició en 1920, cuando el país fue ocupado por el Ejército Rojo, que lo incorporó a la República Transcaucásica hasta 1936, cuando la nueva Constitución soviética lo convirtió en una de las repúblicas de la URSS. En 1990, al comenzar la disolución de la Unión Soviética, los azeríes, musulmanes chiítas, pugnaron por la anexión del sur del país a Irán, lo que motivó la intervención militar de Moscú. En 1991 Azerbaiyán se separó de la Unión Soviética y se unió a la Comunidad de Estados Independientes, de la que se aparta al año siguiente. En enero de 1992 México estableció relaciones diplomáticas con Azerbaiyán. Ese

FOTO: ARMANDO HERRERA

Emilio Azcárraga Vidaurreta

Emilio Azcárraga Milmo

FOTO: CUARTOSCURO

Emilio Azcárraga Jean

mismo año se produjo un conflicto con la vecina Armenia por el territorio de Nagorno-Karabaj. Tras un cese de hostilidades en 1994, la lucha por Nagorno se reinició en 1997.

AZLOR Y ECHEVERS, MARÍA IGNACIA ◆ n. en la hacienda de San Francisco de los Patos (hoy General Cepeda), Coah., y m. en la ciudad de México (1715-1767). Fundó y dirigió el convento y escuela para niñas de la Compañía de María y costeó la erección del templo de La Enseñanza en la ciudad de México.

AZLOR Y VIRTO DE VERA, JOSEPH DE ◆ m. en San Francisco de los Patos, Coah. (1677-1734). Ostentó el título de Marqués de Aguayo. Fue gobernador de Coahuila y Texas. Recuperó para la corona española (1721-22) los territorios de Texas que habían ocupado los franceses. Fundó cuatro presidios y diez misiones.

AZNAR BARBACHANO, LUIS ◆ n. y m. en Mérida, Yuc. (1826-1849). Escribió poesía y dos comedias: *Los frutos de la ambición* y *A casamiento al revés, resultado atravesado*.

AZNAR BARBACHANO, TOMÁS ◆ n. en Mérida, Yuc., y m. en Campeche, Camp. (1825-1896). Abogado liberal. Participó en la represión de los mayas durante la guerra de castas. Diputado federal de 1857 a 1862. Vicegobernador de Yucatán en 1862, 1864, 1867 y 1870. Rector del Instituto Campechano (1859-64 y 1867-70). Cofundador de periódicos como *El Hijo de la Patria* y *La Nueva Época*.

AZNAR Y LUEBBERT, ALFONSO ◆ n. en el DF (1939). Contralmirante. Ingeniero geógrafo por la Escuela Naval Militar Antón Lizardo, de Veracruz (1958-62) y maestro en estado mayor naval por el Centro de Estudios Superiores Navales (1978-79). Pertenece al PRI desde 1983. Jefe del Departamento de Contabilidad (1973-78), subdirector general del Centro de Capacitación de la Armada (1982), director de Adquisiciones (1983-88) y director general de personal (1989-) de la Secretaría de Marina.

AZNAVURIAN APAJIAN, AVEDIS ◆ n. en el DF (1943). Estudió ciencias y se doctoró en biología en la UNAM. Ha dado clases en la UNAM, en la UIA, en la Escuela Nacional Preparatoria y en la UAM. Ha sido jefe de Contaminación del Aire de la Secretaría de Salud, investigador del Programa de Genética y Radiobiología de la Comisión Nacional de Energía Nuclear y en el Instituto de Ciencias de la Salud de la Universidad de Monterrey. Rector de la UAM-Xochimilco (1990).

AZORÍN, JOSÉ ◆ ☞ *Hernández Azorín, José*.

AZORÍN IZQUIERDO, FRANCISCO ◆ n. en España y m. en el DF (1885-1975). Arquitecto. En España fue diputado y ocupó diversos cargos durante la República. Vino a México en 1939. Autor de *El problema escolar en Puebla*, *El primer milagro de la Catedral angelopolitana*, *La destrucción de Lídice*, un *Diccionario enciclopédico de esperanto en cinco idiomas* y una *Terminología de arquitectura en cinco idiomas*.

AZORÍN POCH, ÁNGEL ◆ n. en España (1927). Fue traído en 1939 a México, donde se tituló como arquitecto en la UNAM. Ha ejercido su profesión en empresas privadas. Ganador del concurso de proyectos para un monumento a Lázaro Cárdenas (1972). Miembro de la Sociedad y del Colegio de Arquitectos de México.

AZOYÚ ◆ Municipio de Guerrero situado en el sureste de la entidad, en la costa del Pacífico, cerca de los límites con Oaxaca. Superficie: 784.6 km². Habitantes: 32,409, de los cuales 6,403 forman la población económicamente activa. Hablan alguna lengua indígena 1,703 personas mayores de cinco años (tlapaneco 732, mixteco 658). Las principales fiestas son el 8 de mayo y el 29 de septiembre, en ambas se celebra a San Miguel Arcángel con música y danzas tradicionales. En los años cuarenta fueron hallados en la cabecera municipal dos códices escritos en fecha cercana a la conquista (*Códice Azoyú I* y *Códice Azoyú II* o *Códice Ortega*) .

AZPEITIA Y PALOMAR, MANUEL ◆ n. y m. en Guadalajara, Jal. (1862-1935). Fue consagrado sacerdote en 1885. Doctor en derecho canónico por la Aca-

demia Pontificia de Guadalajara (1892). Obispo de Tepic (1919). Debido a sus actividades en favor de los cristeros, fue desterrado en 1927 por el presidente Calles. Regresó en 1929.

AZPÍROZ, MARÍA ELENA ◆ n. en el DF (1957). Estudió historia en la Universidad Autónoma Metropolitana. Participó en el taller literario de la revista *Punto de Partida*, de la UNAM, dirigido por Miguel Donoso. Ha colaborado en *Tierra Adentro*, *Punto de Partida* y *Revista de Bellas Artes*. Está incluida en el volumen colectivo *Ahora las palabras*. Autora de los volúmenes de cuentos *Las ventanas* (1981) y *Tríptico* (1984), y del libro de entrevistas *El campo en el México moderno: nueve ex secretarios hablan sobre las políticas de desarrollo rural* (1988).

AZPÍROZ Y MORA, MANUEL ◆ n. en Puebla, Pue., y m. en EUA (1836-1905). Fue diputado al Congreso Constituyente de 1856-57. Combatió a los conservadores y luchó contra la intervención francesa y el imperio. Participó con el grado de comandante en la toma de Chihuahua en 1868. Fungió como fiscal en el juicio a Maximiliano y sus secuaces, para quienes pidió la pena de muerte. De este litigio escribió *Causa de Maximiliano de Habsburgo y de Miramón y Mejía*. En el gobierno de Juárez fue oficial mayor de la Secretaría de Relaciones Exteriores y actuó dos veces como encargado del despacho (1868 y 1871). Ocupó la subsecretaría en el mismo ramo con Porfirio Díaz y también en dos ocasiones se encargó del despacho (1890 y 1898). Fue jefe político del distrito de Puebla en 1871-72. Ocupó también la presidencia municipal de Puebla. Murió cuando era embajador de México en Washington (1899-1905). Autor de *La*

Foto: REFORMA

Avedis Aznavurian Apajian

Manuel Azpíroz y Mora

libertad civil como base del derecho internacional privado.

AZTECA, KID ◆ ☞ Villanueva Páramo, Luis.

AZTECAS ◆ Miembros de la última de las siete tribus nahuatlacas que llegó al valle de México a fines del siglo XIII y fundó, hacia 1324, México-Tenochtitlan, por lo cual también eran llamados mexicas o tenochcas. Se dice que arribaron después de una larga y penosa peregrinación iniciada en Aztlán, sitio que algunos estudiosos consideran inexistente y otros ubican en regiones tan alejadas como la Alta California. Sin embargo, varias opiniones coinciden en que Aztlán pudo estar en el norte del actual estado de Nayarit, precisamente en la isla de Mezcaltitán o Mexcaltitán, situada en la laguna del mismo nombre. Al llegar al Valle de México fueron menospreciados, pues por la crueldad de sus ritos se les consideraba semisalvajes, y debieron conformarse con habitar donde indicaban los señores de los pueblos dominantes. Según la tradición, fue en el año uno pedernal (1324 o 1325) cuando localizaron el lugar en que, de acuerdo con las profecías, habían de asentarse: un islote donde estaría un águila sobre un nopal devorando una serpiente. Una vez decidida la fundación de México-Tenochtitlan, Aatzin, Ahuéxotl, Oceloapan y Tenoch deliberaron para elegir de entre ellos a quien sería el primer gobernante de la nueva ciudad-Estado. Tenoch fue el elegido con la aprobación de los principales jefes militares y gobernó durante más de medio siglo (1325 a 1376). Se mostró hábil con los todavía amenazantes vecinos y acordó someterse al señor de Azcapotzalco, para lo cual

Timbres mexicanos con motivos aztecas

aceptó pagarle tributo y participar en sus guerras. En torno del islote fueron creándose chinampas para ampliar la ciudad, misma que fue dividida en cuatro barrios. Hubo un grupo que se inconformó con la distribución y decidió, previo permiso de Tezozómoc, rey usurpador de Texcoco, instalarse en lo que después se conocería como Tlatelolco. En 1376, al morir Tenoch, gobernante teocrático, fue sucedido por Acamapichtli en la misma función y con atribuciones semejantes. Sin embargo, seis años después fue convertido en *hueytlatoani* o emperador, pues los aztecas decidieron adoptar una forma de gobierno semejante a la de sus vecinos, posiblemente para manifestar legitimidad ante los señoríos que los menospreciaban. Acamapichtli prosiguió la política exterior de Tenoch y pactó alianzas cada vez más ventajosas, pese a que tuvo que pagar tributos mayores. En lo interior, promovió la elaboración de leyes, se construyó el Templo Mayor y se erigieron las primeras casas de piedra. Con su aprobación, los notables eligieron a su hijo Huitzilíhuitl para sucederlo. En 1396, a su muerte, debió ratificarse la elección anterior para que se produjera el ascenso al trono de Huitzilíhuitl, quien apenas contaba con 16 años. Este emperador creó el *tlatocan* o consejo real, se rodeó de asesores e instituyó un orden de sucesión familiar. Para neutralizar al poderoso señorío de Azcapotzalco, se casó con una hija de su monarca. Posteriormente, como producto de segundas nupcias, nació Moctezuma Ilhuicamina. Durante su reinado se introdujeron los primeros telares para trabajar el algodón, lo que permitió a los aztecas dejar la burda vestimenta de fibras de maguey. Quiso construir grandes obras de agua potable, pero fue desautorizado por los notables. Prosiguió con la política de alianzas y sumisión, en tanto que mandaba levantar una empalizada que constituyó la primera fortificación de la ciudad. En 1417, fallecido Huitzilíhuitl, ascendió al trono Chimalpopoca, quien tenía 20 años de edad. Simultáneamente, su hermano

Tlacaélel se convirtió en sumo sacerdote, con lo cual quedaron separados los poderes religioso y político-militar. Chimalpopoca embelleció la ciudad y emprendió diversas obras. Apoyó a Tezozómoc, señor de Azcapotzalco, cuando éste se apoderó de Texcoco y destronó a Nezahualcóyotl. Posteriormente, al morir el monarca de Azcapotzalco y asumir el poder su heredero Tayautzin, su hermano Maxtla se rebeló. Chimalpopoca apoyó al primero y fue derrotado junto con él, por lo cual murió (en 1427), aunque no se sabe con precisión si fue ejecutado por Maxtla o se suicidó. Itzcóatl le sucedió en el poder y con él se inician las grandes conquistas de los ejércitos aztecas, entonces al mando de Moctezuma Ilhuicamina. Itzcóatl era un guerrero. Puso especial empeño en la reorganización de sus fuerzas armadas, instituyó grados militares, condecoraciones y estímulos para sus jefes victoriosos. Simultáneamente, protegió a los pensadores y los artistas. Apoyó a Nezahualcóyotl en su lucha por liberar a Texcoco de la opresión de Maxtla, a quien vencieron. Azcapotzalco y Tacuba quedaron desde entonces como posesiones mexicas y Tenochtitlan se convirtió en la principal potencia dentro del Valle de México, así como en un imperio cuyos territorios llegaron entonces hasta el actual estado de Morelos. En 1440, al morir Itzcóatl, Moctezuma Ilhuicamina se convirtió en emperador. Fue un rey guerrero que llevó las fronteras de su imperio hasta el golfo de México y por el sur hasta Oaxaca. También legisló sobre educación y moral pública. Convirtió en su consejero a Nezahualcóyotl, quien le recomendó levantar un dique para evitar inundaciones. Éste se construyó a lo largo de tres leguas para evitar que se

Caballero águila azteca
en timbre mexicano

mezclaran las aguas del lago de Texcoco con las de Tenochtitlan. Igualmente hizo construir un acueducto de Chapultepec a la ciudad. Con él, el Gran Teocalli o Templo Mayor, que no alcanzó a ver terminado, se convirtió en la más alta construcción del Valle de México. Después de varios años de hambruna, al llegar las buenas cosechas, ordenó la construcción de silos donde guardó alimentos. El sucesor de Moctezuma, quien murió en 1469, fue su hijo Axayácatl, quien personalmente marchó a la conquista de Tehuantepec antes de coronarse y desde ahí llevó hasta Tenochtitlan a un numeroso grupo de prisioneros, los que fueron sacrificados el día de su coronación. Hizo la guerra a diversos pueblos de los ahora estados de México, Puebla, Veracruz y Michoacán y sus tropas llegaron hasta lo que hoy es Centroamérica. Durante su reinado se adoptó el calendario Tonalámatl, que se grabó en la Piedra del Sol. A la muerte de Axayácatl le siguió en el poder Tízoc, quien reinó de 1481 a 1486. Continuó algunas obras de su antecesor e instituyó un sistema de correos. Como sucesor fue nombrado Ahuízotl, quien dio término al Templo Mayor, en cuya inauguración se hicieron sacrificios humanos por decenas de miles a lo largo de cinco días. Durante su reinado, en 1499, Tenochtitlan sufrió una gran inundación, después de lo cual Ahuízotl mandó extender el dique construido por Moctezuma Ilhuicamina. Ahuízotl murió en 1502 y el trono fue ocupado por Moctezuma Xocoyotzin, conocido también como Moctezuma II o el Joven. Este emperador adoptó un comportamiento despótico, concedió mayores privilegios a la aristocracia y, a la manera de los monarcas absolutos, obligó a ésta a radicar en la corte. Bajo su reinado

Tenochtitlan vivió su máximo esplendor, pues fueron construidos grandes palacios y otras edificaciones. Asimismo, se crearon museos, un jardín botánico y el zoológico del emperador. La capital azteca fue embellecida y se le mantuvo limpia. Acobardado por la superstición, Moctezuma Xocoyotzin no ofreció resistencia a los conquistadores españoles, a quienes se entregó ante la indignación de su pueblo, que lo apedreó cuando salió a pedir que no se combatiera a los invasores. A consecuencia de esa pedrada murió el 28 de octubre de 1520. Fue sucedido por Cuitláhuac, su comandante militar, quien junto con el jefe de sus ejércitos, el joven señor tlatelolca Cuauhtémoc, organizó sus fuerzas y derrotó a los españoles en la batalla de la Noche Triste. Los invasores huyeron y durante los meses siguientes la capital azteca se dedicó a preparar la defensa ante otro previsible ataque, al mismo tiempo que se combatía una epidemia de viruela que en diciembre de 1520 acabaría con la vida del emperador. Entonces asumió el trono Cuauhtémoc, a quien le correspondió encabezar la resistencia ante los frecuentes ataques que ordenaba Cortés desde Texcoco y, posteriormente, durante el sitio que los españoles pusieron a la capital azteca desde enero de 1521 hasta el 13 de agosto del mismo año, cuando cayó el último baluarte indígena (☞ *Conquista*).

AZTIAZARÁN, JOAQUÍN M. ◆ n. en Tepic, Nay., y m. en Guaymas, Son. (1821-1885). Abogado. Se adhirió al imperio y en su calidad de prefecto de

Timbre postal que representa la fundación
de Tenochtitlan en 1325

Ures fue jefe político del departamento de Sonora. Ejecutado Maximiliano, se alineó con el gobernador Pesqueira y fue dos veces diputado local. Vicegobernador de Sonora entre 1871 y 1875, fungió como gobernador suplente en varias ocasiones. Posteriormente fue senador.

AZTLÁN ◆ Lugar de donde se supone que salieron los aztecas para marchar hacia el Valle de México. Algunos estudiosos opinan que tal sitio no existe, otros señalan su ubicación dentro del mismo Valle de México y algunos más lo sitúan en el norte de la República y aun en la costa oeste de Estados Unidos y hasta de Canadá. Sin embargo, la hipótesis más aceptada indica que Aztlán o Aztatlán, (del náhuatl *áztlat*, garza, lugar de las garzas), se halla en el noroeste de Nayarit y más precisamente en la isla de Mezcaltitán, que se encuentra en la laguna del mismo nombre.

AZUARA, AMADO ◆ n. en Moltotepec y m. en Huejutla, Hgo. (¿1885?-1934). Revolucionario constitucionalista. Operó a las órdenes de Pablo González. En 1915 tomó Tulancingo. En 1920 se adhirió a la rebelión de Agua Prieta. Fue gobernador constitucional de Hidalgo (1921-24).

AZUARA OLASCOAGA, JUAN ENRIQUE ◆ n. en el DF (1952). Licenciado en derecho por la UNAM (1971-75). En el PRI, partido al que pertenece desde 1976, fue asesor jurídico del IEPES (1975-76). Ha sido subdirector de Análisis Jurídico Administrativo de la Presidencia de la República (1979-82), director jurídico de presupuesto y contratos (1983) y director jurídico consultivo de la Secretaría de Programación (1983-87), y director general jurídico de la Secretaría de la Contraloría General de la Federación (1988-).

AZÚCAR ◆ Producto de la caña de azúcar, planta traída por los conquistadores poco después de la caída de Tenochtitlan. Los primeros trapiches se instalaron en el sur de Veracruz. Para mediados del siglo XVI existían también en los ahora estados de Morelos, México,

Jalisco y Michoacán. De ese tiempo datan las primeras exportaciones del dulce. Durante la centuria siguiente se reglamentó la producción, pese a lo cual se crearon grandes haciendas, frecuentemente propiedad de órdenes religiosas, cuya actividad giraba en torno de los trapiches, la producción de azúcar y derivados como el aguardiente. La industria sufrió altibajos debido a las disposiciones de la metrópoli sobre las cuotas de exportación que correspondían a sus colonias, lo que ocasionaba fenómenos de sobreoferta interna con la consecuente caída de los precios y la incosteabilidad de la producción, en la que durante toda la Colonia tuvo un papel preponderante la mano de obra esclava. La abolición de la esclavitud en el México independiente y la inestabilidad política del país en el siglo XIX ocasionaron una larga crisis que sólo se superó durante el porfiriato, aunque en los últimos años del gobierno de Díaz cayeron los precios internacionales. Durante la revolución se redujeron drásticamente los volúmenes producidos. Al término de la lucha armada, algunos caudillos crearon grandes fortunas en esta rama económica, que tuvo un crecimiento más o menos sostenido durante varias décadas. Para mantener altas cifras de producción durante la segunda guerra mundial, el presidente Manuel Avila Camacho promulgó el decreto que faculta al Estado para delimitar las zonas en que sólo puede cultivarse caña, lo que benefició a los dueños de ingenios pero causó serios perjuicios a los campesinos. A principios de los años sesenta, Cuba, primer productor mundial, salió del mercado azucarero por presiones de Estados Unidos. Los productores mexicanos se beneficiaron de este hecho. Al terminar la década México se mantenía como exportador de azú-

Foto: Jorge García

Azúcar

car, mieles y otros productos de la caña. En los siguientes quince años se vivió una larga crisis que las empresas atribuyeron al bajo precio interno del azúcar, pero que tenía detrás causas muy diversas, por ejemplo, el deterioro y la obsolescencia de la maquinaria y el equipo de producción, pues las utilidades de la industria se destinaban a financiar inversiones en otros sectores, como el inmobiliario, o simplemente al consumo suntuario. El Estado, en los últimos lustros, ha adquirido gran número de ingenios, pero el principal problema ha sido el costo de rehabilitación de la planta industrial. Desde diciembre de 1970 se decretan aumentos periódicos al azúcar, artículo básico en la alimentación popular, y ante la insuficiencia para satisfacer la demanda interna se tuvo que recurrir a las importaciones. En 1984, según estimación de Somex, la producción de azúcar fue de 3.045 millones de toneladas y la importación de 251 mil toneladas. En 1985 y 1986 la producción satisfizo la demanda interna con 3.228 y 3.427 millones de toneladas, en tanto que los excedentes exportados fueron de 66 mil y 111 mil toneladas, respectivamente. En 1988 la exportación tuvó un monto de 159.4 millones de dólares, el que sólo sería superado en 1996, cuando se exportó azúcar por un total de 220 millones de dólares.

AZÚCAR, DEL ◆ Presa cuyo nombre oficial es Marte R. Gómez. Se halla en Tamaulipas, en los límites con Nuevo León. La alimenta el río San Juan, afluente del Bravo.

AZUELA, MANUEL DE LA ◆ n. en España y m. en Fronteras, Son. (1733-1790). Militar. Fue gobernador sustituto de Sonora y Sinaloa (1763 y 1773). Reprimió la rebelión de los indios mayos en 1767.

AZUELA, MARIANO ◆ n. en Lagos de Moreno, Jal., y m. en el DF (1873-1952). Escritor. Hijo de Evaristo Azuela y Paulina González. Médico titulado en la Escuela de Medicina de Guadalajara (1899). Durante sus años estudiantiles escribió "Impresiones de un

estudiante", textos que publicó en un periódico local y que más tarde se convertirían en su primera novela, *María Luisa*, que publicó en Lagos de Moreno, en donde instaló una farmacia y publicó también *Lo que se esfuma*. Fue jefe político de Lagos durante el gobierno de Francisco I. Madero. Se incorporó como médico a las fuerzas villistas en 1914. En ese año el gobernador de Jalisco, Julián Medina, lo nombró director de Instrucción General del estado. Al ocupar Guadalajara los carrancistas sirvió como médico militar a las fuerzas de la Convención. En 1915 se refugió en El Paso, Texas, donde vendió por 20 dólares para su publicación la más famosa de sus novelas, *Los de Abajo*. En 1916 se instaló en la capital del país. Autor de novela: *María Luisa* (1907), *Los fracasados* (1908), *Mala Yerba* (1909), *Andrés Pérez, maderista* (1911), *Sin amor* (1912), *Los de abajo* (aparecida en el folletín del diario *El Paso del Norte* entre octubre y diciembre de 1915 y como libro en 1916), *Los caciques* (1917), *Las Moscas, Domitilo quiere ser diputado y De cómo al fin lloró Juan Pablo* (1918), *Las tribulaciones de una familia decente* (1918), *La Malhora* (1923), *El desquite* (1925), *La luciérnaga* (1932), *El camarada Pantoja* (1937), *San Gabriel de Valdivias, comunidad indígena*, (1938), *Regina Landa* (1939), *Avanzada* (1939), *Nueva burguesía* (1941), *La marchanta* (1944), *La mujer domada* (1946), *Sendas perdidas* (1949), *La maldición* (1955) y *Esa sangre* (1956); cuento: *Tres cuentos* (1955); ensayo: *Pedro Moreno, el insurgente* (1935), *Precursores* (1935), *El padre don Agustín Rivera* (1942), *Divagaciones literarias* (1948), *Madero* (1960) y *Páginas autobiográficas* (1974). Los textos de sus charlas literarias están agrupados en el libro *Cien años de novela mexicana* (1947); en 1969 apareció una recopilación de su *Epistolario y archivo*, y en 1979 un volumen con sus *Novelas escogidas*. Varias de sus obras se han llevado al teatro y al cine, algunas adaptadas por él mismo. Miembro fundador de El Colegio Nacional (1943). En 1942 recibió el Premio de Literatura y en 1949 el Premio Nacional de Artes y Ciencias. *Los de abajo* es la novela más vendida en la historia de la literatura mexicana y ha sido traducida a decenas de idiomas.

AZUELA ARRIAGA, ARTURO ◈ n. en el DF (1938). Escritor. Nieto del anterior e hijo de Salvador Azuela Rivera. Matemático, maestro en matemáticas (1965), licenciado en historia (1971) y maestro en historia por la UNAM (1973), institución donde imparte cátedra desde 1966. Profesor de las universidades estadounidenses de Berkeley y Columbia y de las francesas de Montpellier y París. Ha sido subdirector de Literatura y subdirector general del Instituto Nacional de Bellas Artes (1981-82), director de la Casa del Lago (1978), director de la *Revista de la Universidad* (1978-82), director general de asuntos del personal académico (1979), coordinador del Programa de Universidad Abierta (1982-85) y director de la Facultad de Filosofía y Letras de la UNAM (1986-90); y director de la *Revista Mexicana de Cultura*, suplemento del diario *El Nacional* (1989-). Coordinó el libro colectivo *Universidad nacional y cultura* (1990). Coautor de *Educación por la ciencia* (1980). Autor de las novelas *El tamaño del infierno* (1973), *Un tal José Salomé* (1975), *Manifestación de silencios* (1979), *La casa de las mil vírgenes* (1983), *El don de la palabra* (1984), *El matemático* (1988) y *Estuche para dos violines* (1994). Recibió el Premio Villaurrutia 1974, el Premio Nacional de Novela 1978, el Premio Libro de Otoño, en España, en 1983 y el Premio Carlos V de Bélgica 1995. Fue presidente de la Asociación de Escritores de México (1981-82). Miembro del Seminario de Cultura Mexicana y de la Academia Mexicana (de la lengua) desde 1986.

AZUELA GÜITRÓN, MARIANO ◈ n. en el DF (1936). Nieto del escritor Mariano Azuela. Licenciado en derecho por la UNAM (1954-58). Fue profesor de la Universidad Iberoamericana (1963-83)

Ha sido investigador fiscal de la Secretaría de Hacienda (1957-59), secretario de estudio y cuenta de la Suprema Corte de Justicia (1960-71), magistrado (1971-83) y presidente del Tribunal Fiscal de la Federación (1981) y ministro de la Suprema Corte de Justicia de la Nación (1983). Autor de *Derecho, sociedad y Estado*.

AZUELA RIVERA, MARIANO ◈ n. en Lagos de Moreno, Jal., y m. en el DF (1904-1993). Hijo del escritor Mariano Azuela. Licenciado en derecho por la Escuela Nacional de Jurisprudencia de la Universidad Nacional de México (1927), de la que fue profesor desde sus años de estudiante. Doctor en derecho *Ex officio* al crearse la División de Estudios Superiores del mismo centro docente. Magistrado fundador del Tribunal Fiscal de la Federación (1937-51), que presidió de 1948 a 1951. Ministro de la Suprema Corte de Justicia (1951-57 y 1960-72). Fue senador de la República (1958-60). Autor de discursos y de *Introducción al estudio del amparo* (1968). En 1957 recibió la medalla Ignacio L. Vallarta del gobierno de Jalisco, la presea Jalisco Mariano Azuela (1989) y fue nombrado ciudadano distinguido por el cabildo de Lagos de Moreno (1991).

AZUELA RIVERA, SALVADOR ◈ n. en Lagos de Moreno, Jal., y m. en el DF (1902-1984). Hermano del anterior. Fue expulsado de la Universidad Nacional en 1923 por encabezar una huelga estudiantil. Participó en la campaña por la Presidencia de José Vasconcelos (1929). Se estableció en Morelia, Michoacán, donde fue secretario particular del gobernador y secretario de la Normal de Maestros de la Universidad Michoacana. De regreso en México fue director de la Facultad de Filosofía y Letras (1930). Doctor en derecho por la UNAM (1950) y *doctor honoris causa* por la Universidad Michoacana (1953). En 1957 recibió la medalla Manuel López Cotilla del gobierno de Jalisco. Miembro del Seminario de Cultura Mexicana desde 1952 y presidente del mismo desde 1955. Director de la Facultad de Filo-

sofía y Letras de la UNAM (1954-58). Miembro de la Academia Mexicana de la Lengua desde 1964. Director del Fondo de Cultura Económica (1964-66). El gobierno francés le otorgó las Palmas Académicas. Colaboró en los diarios capitalinos *Novedades* y *El Universal*. Escribió ensayos para obras colectivas, folletos y prólogos. Autor de *Francisco Giner de los Ríos* (1936), *Universidad y humanismo* (1937), *La idea liberal de José María Luis Mora* y *Meridiano de México: de la vida provincial y capitalina* (1977).

AZUETA, JOSÉ ◈ n. en Acapulco, Gro., y m. en Veracruz, Ver. (1895-1914). Estudió en la Escuela Naval Militar. En 1913 era teniente de artillería. Al producirse la intervención estadounidense de 1914 por el puerto de Veracruz, combatió heroicamente a los invasores y resultó con tres heridas que le causaron la muerte. Mientras agonizaba, el comandante enemigo le ofreció los servicios de un cirujano, mismos que rechazó diciendo: "Que se larguen esos perros".

AZUETA PINILLOS, MANUEL ◈ n. en Villa Cuauhtémoc y m. en Veracruz, Ver. (1862-1929). Estudió en la Escuela Naval Militar de Veracruz, de la que era director cuando el desembarco estadounidense de 1914. Organizó a los alumnos para la defensa en la que murió su hijo José. Al morir era vicealmirante.

AZUL ◈ Río de Chiapas que nace en la región Lacandona, corre hacia el sur y tuerce luego al oeste para descargar en el Jataté, cerca de la frontera con Guatemala.

AZUL ◈ Río de Guerrero que nace al sur de Chilapa, corre hacia el sur y descarga en el Omitlán, afluente del río Papagayo.

AZUL ◈ Sierra de Coahuila situada al este de Monclova y al oeste de la mesa de Cartujanos, cerca de los límites con Nuevo León. La atraviesa el paralelo 27.

AZUL ◈ Sierra de Tamaulipas que forma parte de las estribaciones de la sierra del mismo nombre. La cruza el trópico de Cáncer. Se halla al sureste de Ciudad Victoria.

Arturo Azuela

Timbre postal con la imagen de José Azueta

JUAN SEBASTIAN BARBERA

BARRA
MEXICANA
1922   1972

JUSTINIANO

C
40

CORREOS MEXICO

BABÍCORA ◆ Laguna de Chihuahua situada al este y sureste de la sierra del Arco y al norte de la sierra de Chávez. Recibe las aguas de varios arroyos.

BABLOT, ALFREDO ◆ n. en Francia y m. en la ciudad de México (?-1892). Liberal francés llegado a México en 1849. Dos años después fundó *Le Daguerréotype*, que se convirtió en *El Telégrafo*, periódico satírico que fue clausurado por Antonio López de Santa Anna. Al producirse el autogolpe de Estado del presidente Ignacio Comonfort (1857) marchó con Benito Juárez, con quien estuvo a punto de ser fusilado por los conservadores en Guadalajara. Sirvió a la República en misiones confidenciales ante los imperialistas, así como en Estados Unidos y Francia. En este último país escribió en varios periódicos en favor de la causa mexicana. Al triunfo de la República dirigió *El Federalista* y participó en la creación de sociedades mutualistas. Fallecido Juárez, promovió la erección de un monumento al prócer. Con gran influencia en un sector de la prensa, fue importante partidario de la reelección presidencial de Sebastián Lerdo de Tejada. El triunfo del alzamiento de Tuxtepec lo obligó a refugiarse en sus negocios. Actor de la vida cultural de la época, se dedicó también a la crítica literaria y musical. Fue director

Laura Baca Olamendi

del Conservatorio Nacional de Música desde 1881 hasta su muerte.

BACA ◆ Municipio de Yucatán situado al noreste de Mérida y al oeste de Motul. Superficie: 118.78 km². Habitantes: 4,876, de los cuales 1,336 forman la población económicamente activa. Hablan alguna lengua indígena 1,294 personas mayores de cinco años (maya 1,285).

BACA, LUIS ◆ n. en Durango, Dgo., y m. en la ciudad de México (1826-1855). Estudió música en México y en Francia. Escribió diversas composiciones, entre ellas las óperas **Leonor** y *Juana de Castilla*. Su obra más célebre es el *Ave María*, estrenada en la iglesia de Loreto, en París. Retornó a México tres años antes de su muerte.

BACA, MANUEL ◆ n. en Parral y m. en ciudad Guerrero, Chih. (?-1916). En 1910 participó en la insurrección maderista bajo las órdenes de Pascual Orozco hijo. Al rebelarse éste contra Madero se unió a las fuerzas de Villa y perteneció a la escolta de los Dorados. Murió en combate.

BACA DÍAZ, ANTONIO ◆ n. en Zitácuaro, Mich. (1929). Ingeniero agrónomo titulado en la Escuela Nacional de Agricultura de Chapingo (1948-54). Pertenece al PRI (1965-). Fue director general de los Fideicomisos Instituidos

en Relación con la Agricultura (FIRA) del Banco de México. Coautor de *Las formas de cooperación en la agricultura* (1982). Es miembro del Colegio de Ingenieros Agrónomos de México.

BACA CALDERÓN, ESTEBAN ◆ n. en Santa María del Oro, Nay., y m. en Nuevo Laredo, Tams. (1876-1957). Su nombre era Esteban Baca Ojeda. Fue profesor de primaria en Tepic, Mazatlán y Guadalupe de los Reyes. Se instaló en Cananea hacia 1905 y militó en el Partido Liberal. Formó parte del núcleo dirigente de la huelga de Cananea (1906), por lo que se le mantuvo encarcelado en San Juan de Ulúa hasta que, en 1911, la revolución maderista lo puso en libertad. Regresó a Cananea y dirigió la Escuela de Varones de Buenavista. Combatió a Victoriano Huerta y en el curso de la lucha armada ocupó dos veces la gubernatura de Colima (diciembre de 1914 a enero de 1915 y marzo-abril de 1917). Diputado constituyente por Jalisco (1916-17). Gestionó la erección del estado de Nayarit. En 1920 se adhirió al Plan de Agua Prieta. Gobernador provisional de Nayarit (1929-30). Fue tres veces senador, dos por Nayarit y una por Jalisco. Autor de *Juicio sobre la guerra del yaqui y génesis de la huelga de Cananea* (1956). En 1955 recibió la medalla Belisario Domínguez.

BACA OLAMENDI, LAURA ◆ n. en el DF (1962). Licenciada en sociología por la UAM-Azcapotzalco (1984) y doctora en historia de las instituciones y de las doctrinas políticas por la Universidad de Turín, Italia (1994). Profesora-investigadora de la Universidad Anáhuac, el Instituto José María Luis Mora y otras instituciones. Autora de *Diálogo y democracia* (1997), *Los intelectuales y los dilemas políticos en el siglo xx* (compiladora, 2 t., 1997) y *Los intelectuales y el poder* (1998). Pertenece al Sistema Nacional de Investigadores.

BACA ORTIZ, SANTIAGO DE ◆ n. en Santiago Papasquiaro, Dgo., y m. en Durango, Dgo. (1790-1829). Fue gobernador de Durango (1826-29), donde figuró como precursor de la Reforma al ganar para el Estado funciones que el

Foto: Michael Calderwood

Bacalar, Quintana Roo

Foto: Fondo Editorial de Grupo Azabache

Panorámica de Bacanora, Sonora

clero tenía monopolizadas. Realizó obras públicas y durante su mandato se instaló en la entidad una fábrica de vidrio y una fundidora. Los conservadores lograron someterlo a proceso y murió en la cárcel.

BACADÉHUACHI ◆ Municipio de Sonora situado en el este de la entidad, cerca de los límites con Chihuahua. Superficie: 1,530.97 km². Habitantes: 1,380, de los cuales 339 forman la población económicamente activa. La cabecera municipal, donde se halla la iglesia de Loreto, construida en el siglo XVI, fue fundada en 1645 como San Luis de Bacadéhuachi por el misionero jesuita Cristóbal García. El territorio estaba habitado por ópatas. En 1930 el municipio fue incorporado a Bacerac y se le rehabilitó en 1931.

BACALAR ◆ Laguna de Quintana Roo, contigua a la bahía de Chetumal, alimentada por corrientes subterráneas.

BACALAR CHICO ◆ Canal limítrofe de Quintana Roo y Belice que comunica la bahía de Chetumal con el mar de las Antillas.

BACAMUCHI ◆ Río de Sonora que nace en la sierra de Cananea. Corre hacia el sur. Es afluente del río Sonora.

BACANORA ◆ Municipio de Sonora situado al este de Hermosillo y al norte de Cajeme, cerca de los límites con Chihuahua. Superficie: 903.17 km². Habitantes: 1,237, de los cuales 429 forman la población económicamente activa. En la cabecera, fundada en 1627 en territorio de ópatas jobos por el jesuita Pedro Méndez, se halla la iglesia de San Ignacio de Loyola, que data del siglo XVII. El municipio fue incorporado a Bacanora en 1930 y en 1932 fue rehabilitado. En la jurisdicción se produce el aguardiente llamado bacanora, una de las bebidas típicas de Sonora.

BACATETE ◆ Sierra de Sonora, conocida también como sierra del Yaqui. Se extiende de norte a sur, al noroeste de Ciudad Obregón y al este de Guaymas.

BACERAC ◆ Municipio de Sonora situado en el noreste de la entidad, en los límites con Chihuahua, sobre la margen occidental del río Bavispe. Superficie: 1,275.81 km. Habitantes: 1,535, de los cuales 393 forman la población económicamente activa. La cabecera fue fundada en 1645 por el misionero jesuita Cristóbal García. En 1696 los ópatas protagonizaron una rebelión contra la esclavitud a que eran sometidos hom-

bres y niños en las minas. Pablo Quilme, líder de la insurrección, fue ahorcado por los españoles.

BACKAL, ALICIA G. DE ◆ ☞*Gojman Goldberg, Alicia.*

BACOACHI ◆ Municipio de Sonora situado al norte de Hermosillo, cerca de la frontera con Estados Unidos. Colinda con Cananea. Superficie: 1,260.65 km. Habitantes: 1,693, de los cuales 487 forman la población económicamente activa. La actual cabecera fue una población de ópatas teguimas, quienes le llamaban Cuchibacoachi. El capitán Simón Lazo de la Vega la convirtió en localidad de españoles en 1649.

BÁCUM ◆ Municipio costero de Sonora. Limita con Guaymas y Cajeme. Superficie: 1,409.7 km. Habitantes: 21,662, de los cuales 5,577 forman la población económicamente activa. Hablan alguna lengua indígena 1,621 personas mayores de cinco años (yaqui 1,396 y mayo 180). Indígenas monolingües: 53. Antes de la llegada de los españoles era un centro ceremonial yaqui. Misioneros franciscanos fundaron la cabecera en 1617. En este lugar nació el cacique Cajeme. En 1868 fuerzas del ejército federal asesinaron en la iglesia a

Casa de la Cultura y parroquia de Badiraguato, Sinaloa

120 indios que demandaban la paz. Actualmente es un importante centro agrícola del noroeste del país.

BACH, FEDERICO ◆ n. en EUA (1948). Escultor naturalizado mexicano. Estudió con Federico Canessi, Antonio Castellanos y Octavio Ponzanelli; en Suiza con Pierre Ramseyer, en la Academia Neuchatel, y trabajó en el taller de Pierre y Dominique Juned; y en Vancouver, donde ejecutó una escultura monumental en piedra (*Mantra*, 1975) y colaboró con el Equipo Wolfang. En 1976 se internó en un monasterio budista zen en Japón, donde realizó *Tren* (1976). Fue asistente de Xavier Guerrero. En 1979 presentó en el Distrito Federal una exposición de escultura y dibujo caligráfico. Frente al estadio Azteca se halla una pieza suya: *Tao de ardilla* (1974).

BACHÍNIVA ◆ Municipio serrano de Chihuahua situado al oeste de la capital y al norte de Cuauhtémoc. Superficie: 1,691.94 km. Habitantes: 7,242, de los cuales 2,285 forman la población económicamente activa. Hablan alguna lengua indígena 41 personas mayores de cinco años (tarahumara 36). Misioneros jesuitas se asentaron en 1660 y llamaron a la población Santa María de Nativitas de Bachíniva. En la jurisdicción se halla la presa Las Chepas, donde se puede practicar la pesca y algunos deportes acuáticos.

BADIANO ◆ Códice originalmente escrito en náhuatl por el médico indio Martín de la Cruz y traducido al latín presuntamente por Juan Badiano. Su nombre es *Libellus de Medicinalibus Indorum Herbis* y se le conoce también como *Códice Barberini, Códice Herbario, Codex Barberianus* y *Manuscrito Martín de la Cruz*. Fue dedicado al hijo de Antonio de Mendoza, primer virrey de Nueva España. Es un herbario con dibujos de las plantas medicinales que incluye la forma de administrarlas. Se trata del más antiguo escrito sobre medicina del continente. El códice fue obsequiado a Carlos I de España, cuando se le solicitó apoyo económico para el Colegio de la Santa Cruz de Tlatelolco, donde fue elaborado; permaneció en la biblioteca de San Lorenzo de El Escorial hasta que, a fines del siglo XVIII, lo obtuvo el cardenal Francesco Barberini. En 1902 pasó de la biblioteca Barberini a El Vaticano. En 1940 el investigador estadounidense Charles U. Clark logró que la Universidad Johns Hopkins lo imprimiera facsimilarmente; en 1960 hubo otra edición facsimilar realizada por el IMSS. Estuvo en posesión de El Vaticano hasta 1990, cuando Juan Pablo II lo regresó a México.

BADILLO, ROMÁN ◆ n. en Otumba, Edo. de Méx., y m. en el DF (1895-1963). Se tituló de abogado en la Escuela Libre de Derecho (1925). Fue profesor de derecho agrario en la UNAM, magistrado del Tribunal Superior de Justicia de Veracruz y secretario general de gobierno en Querétaro, en el periodo de Saturnino Osornio. Colonizó la población de Caborca, Sonora. Colaboró durante 30 años en el diario capitalino *El Universal*. Escribió el ensayo *Conciliación del derecho agrario con el derecho de propiedad* (1932) y la novela *Y los peones fosforecieron* (1942).

BADILLO ORTIZ, JOSÉ GONZALO ◆ n. en Pachuca, Hgo. (1936). Licenciado en derecho por la UNAM. Profesor de la UAH. Fue secretario adjunto de la secretaría general (1969) y secretario del interior de la CNOP (1980), subsecretario de prensa (1977), subsecretario de acción social (1978) y secretario adjunto del CEN del PRI (1979). Ha sido juez de lo civil en Pachuca (1959), secretario particular del gobernador de Hidalgo (1963), subdelegado del DDF en Venustiano Carranza (1972), diputado federal en dos ocasiones (1967-70 y 1985-88), oficial mayor de la Cámara de Diputados (1982-85) y director general de administración de personal de la SARH (1988-).

BADILLO SOTO, CARLOS ◆ n. en Rodeo, Dgo. (1947). Licenciado en derecho por la Universidad Juárez del Estado de Durango. Editó el periódico *Jurado Popular*. Autor de cuento: *En aquel jardín de rosas negras* (1982), *Tres caras tiene una moneda* (1989) y *El señor de la guerra* (1992); ensayo: *Continuismo y demagogia* (1973) y *Manual para gobernar Durango* (1974); y novela: *El dios descalzo* (1967), *Les toca morir mañana* (1968), *La región de las amarguras* (1971), *Los candidatos del diablo* (1972), *¡Belmonte, hijo!* (1975), *La muerte comienza al nacer* (1976), *El destape* (1981), *Mátalos en caliente* (1985), *Cuando los valientes venían del norte* (1990), *El jinete mestizo* (1993).

BADIRAGUATO ◆ Municipio de Sinaloa situado en los límites con Chihuahua y Durango. Superficie: 5,864,65 km². Habitantes: 40,298, de los cuales 7,621 forman la población económicamente activa. Hablan alguna lengua indígena 20 personas (tepehuan 13).

BADIRAGUATO ◆ Arroyo de Sinaloa que nace en la vertiente oeste de la sierra Madre Occidental. Corre hacia el sur y desemboca en la presa Adolfo López Mateos.

BADÚ, ANTONIO ◆ n. en Real del Monte, Hgo., y m. en el DF (1914-1993). Cantante y actor de cine. Se inició profesionalmente en 1932, en la radiodifusora XEFO. En 1935 ingresó en el elenco del programa La Hora Azul de la XEW. Entre sus mayores éxitos como cantante están *Hipócrita, Sortilegio y Azul*. Trabajó en 39 películas, entre ellas *Padre mercader* (1938), *Adiós mi chaparrita* (1939), *Por una mujer* (1940), *La feria de las flores* (1942), *Me he de comer esa tuna* (1944), *Adiós, Mariquita linda* (1944), *Ramona* (1946), *Paco el elegante* (1951), *Las coronelas* (1954), *Los mu-*

jeriegos (1957) y *El día de la boda* (1967), en varias de las cuales estuvo acompañado de las más populares figuras de la cinematografía mexicana. Se retiró en 1985.

BAEGERT, JUAN JACOBO ◆ n. y m. en Alemania (1717-1777). Llegó a México en 1750 y se dedicó a evangelizar en la Baja California. Escribió en alemán *Noticias de la península americana de California*.

BAENA, FEDERICO ◆ n. y m. en el DF (1917-1996). Compositor de música popular. Estudió música en la UNAM (1937-44). Como violinista fue discípulo de Rodolfo Halffter, Jam Kumsa y Vladimir Vulman. Musicalizó películas como *Monte de piedad* y *Los hijos de nadie*. Suyas son las canciones *Que te vaya bien*, *Vete por favor*, *Vagabundo*, *Cuatro palabras*, *En qué quedamos por fin* y éxitos del intérprete Javier Solís como *Cuatro cirios*, *Yo vivo mi vida* y *Árbol sin hojas*. Resultó triunfador en el primer Festival Mexicano de la Canción con *Ay, cariño*.

BAENA, JUAN DE ◆ n. en España y m. en Charo, Mich. (?-1643). Fraile agustino. Escribió una *Gramática de la lengua matlalzinga*.

BÁEZ, CARMEN ◆ n. en Morelia, Mich. (1908). Maestra normalista. Hizo estudios en la Facultad de Filosofía y Letras de la UNAM. Colaboró en *El Nacional*. Fue directora general de Cinematografía (1962-64). En 1928 publicó el poemario *Canciones de la tarde*. Desde 1938 han aparecido obras suyas en antologías de cuentos mexicanos y en 1957 recogió en un libro su producción narrativa (*La roba-pájaros*).

BÁEZ, EDMUNDO ◆ n. en Aguascalientes y m. en el DF (1914-1990). Estudió medicina e incluso fundó el Hospital Floresta, pero desde 1940 se dedicó a la literatura. Publicó poesía en las revistas literarias *Taller Poético*, *Letras de México* y *El Hijo Pródigo*. Autor de *Ausentes* (teatro, 1940), *El rencor de la tierra* (teatro, 1942), *Un alfiler en los ojos* (1950), *Razón del sueño* (1949) y *El Macho*. En televisión adaptó *Canasta de cuentos mexicanos*, *Los miserables*, *Los bandidos de Río Frío* y *Juan Cristóbal*,

Antonio Badú

entre otras, que se transmitieron por el Canal 13. Escribió la telenovela *Quinceañera*, que fue transmitida por el Canal 2. Como guionista de cine ganó el premio español Don Quijote por *Doña Diabla*, un Ariel por *El niño y la niebla* y el Águila de Plata de Pecime por *Mi esposa y la otra*.

BÁEZ-CAMARGO GONZÁLEZ, GONZALO ◆ n. en Oaxaca, Oax., y m. en el DF (1899-1983). Participó en la facción carrancista durante la revolución. Estudió en el Seminario Evangélico Unido (metodista) y en la Facultad de Altos Estudios de la Universidad Nacional. Se dedicó a partir de 1928 al periodismo. Usó varios pseudónimos, pero se hizo conocido como *Pedro Gringoire*. Articulista de *Excélsior* desde 1929. Autor del poemario *Improntas bíblicas* y de obras antinazis y anticomunistas.

BÁEZ RODRÍGUEZ, FRANCISCO ◆ n. en el DF (1954). Licenciado en economía por la UNAM y doctor en economía y comercio por la Università degli Studi di Modena, Italia (1979). Profesor de la UAS (1978-80) y la UNAM (1980-91). Miembro de la dirección estatal del PMT en Sinaloa (1978-80), del comité nacional del MAP (1981) y coordinador del Centro de Cómputo Electoral del PSUM (1985). Ha sido colaborador, entre otras publicaciones, de *Nexos*, *unomásuno*, *Etcétera* y *La Jornada*, diario del que

fue fundador (1984). Coordinador de Deportes y Ciudad, coordinador de Gestión Periodística (1989), director de Ediciones (1900-92) y director general encargado de *El Nacional* (1992). Director general de Datavox (1988-91). Director de Programación de Televisión Azteca (1993). Fundador y subdirector general del periódico *La Crónica de Hoy* (1996-).

BÁEZ RODRÍGUEZ, JAIME ◆ n. en ciudad Victoria, Tams. (1942). Licenciado en derecho por la UNAM (1960-65) diplomado en administración pública por la Universidad de Alacalá de Henares, España (1970). Ha sido presidente de la Sala de Inafectabilidad (1974-75) y de la Sala de Tierras del Cuerpo Consultivo Agrario de la SRA (1975-76); diputado federal (1979-82), oficial mayor (1979-81) y delegado en Tamaulipas de la CNC (1980), presidente del comité directivo estatal del PRI en Tamaulipas (1981-83), senador suplente (1982-86) y propietario (1986-88), diputado a la Legislatura de Tamaulipas (1984-86) y director general de Asuntos Jurídicos de la Secretaría de Pesca (1989-).

BÁEZ ZACARÍAS, JAVIER ◆ n. en San Luis Potosí, SLP (1958). Licenciado en letras españolas por la Universidad de Guanajuato. Estudió la maestría en literatura iberoamericana en la UNAM. Perteneció al taller literario de Ignacio Betancourt. Ha colaborado en *Tinta Fresca*, *El Cuento* y *Diálogo*. Fue editor de *Dos Filos*. Autor de *Para asuntos comerciales* (cuentos, 1987) y *Nunca a Niní* (cuentos, 1993). Premio Hispanoamericano de Cuento INBA-Casa de la Cultura de Campeche (1986).

BAEZA AGRAZ, MIGUEL ◆ n. en Acatlán de Juárez y m. en Guadalajara, Jal. (1891-1973). Médico cirujano por la Universidad de Guadalajara (1915) con estudios de posgrado en París y Madrid. Ejerció profesionalmente en Guadalajara, donde fundó y presidió la Sociedad de Cirugía (1935) y la de Cancerología. Creó y dirigió la revista *Horizontes* (1939). Recibió las Palmas Académicas de Francia.

BAEZA ALZAGA, JOAQUÍN ◆ n. y m.

en Guadalajara (1862-1950). Se tituló en la Escuela de Medicina de Guadalajara (1893), a la que sirvió como profesor y mediante el donativo de una parte de su biblioteca. Estableció el dispensario La Gota de Leche. Fue cofundador, en 1900, de la Sociedad Médica-Farmacéutica de Guadalajara, la que se transformaría en la actual Asociación Médica de Jalisco. Creó un laboratorio destinado a producir linfa para combatir la viruela y en 1923 lo transformó en el Instituto Vacunógeno. Cofundador y primer presidente de la Sociedad Jalisciense de Pediatría (1940). Fue redactor del *Diario de Jalisco*, editó el *Boletín de Higiene y de Policía Sanitaria* (1905), la *Revista de Guadalajara* (1918-21) y la *Revista de Higiene y Salubridad* (1940); dirigió *Salubridad y Asistencia en Jalisco* (1957-60) y colaboró en otras publicaciones. Autor de una *Cartilla contra la viruela* (1912), de un *Proyecto de ley para la protección en México a los niños en su primera infancia* (1918) y del folleto *Higiene Social: la gota de leche y los consultorios para niños de pecho* (1918).

BAEZA MELÉNDEZ, FERNANDO ◆ n. en ciudad Delicias, Chih. (1942). Abogado. Hizo sus estudios en la Universidad Iberoamericana y en la UNAM. Perteneció al PAN y en 1964 se convirtió en miembro del PRI. Ha sido secretario particular del gobernador de Chihuahua (1971-74), presidente municipal de Ciudad Delicias (1974-76), oficial mayor (1976-82) y primer subprocurador General de la República (1982-85), diputado federal (1985) y

Fernando Baeza Meléndez

gobernador de Chihuahua para el periodo 1986-92. Pertenece al Colegio de Abogados, a la Academia Nacional de Derecho Administrativo y a la Asociación Mexicana de Abogados.

BAGDAD ◆ Puerto fronterizo del golfo de México perteneciente al municipio de Matamoros, Tamaulipas.

BAGOT, FRANCOIS ◆ n. en Francia (1940). Grabador. Estudió en École Nationale Supérieure des Arts Décoratifs (1959-). Reside en México desde 1970 y tiene nacionalidad mexicana. Trabaja aguatinta y mezzotinta, entre otras técnicas. Entre las carpetas que ha producido se cuentan *La evolución del hombre*, *La conquista* y *Tierra metálica*. Ha expuesto en diversas ciudades de Francia, México y España.

BAGRES ◆ Sierra de San Luis Potosí situada en los límites con Guanajuato. Prolonga hacia el norte la sierra Gorda y hacia el sureste la sierra de Juárez.

BAGUER, FRANCOIS ◆ n. en Cuba y m. en el DF (1897-1974). Al triunfo de la revolución cubana se trasladó a México, donde fungió como crítico y director teatral. Autor de un *Manual de reportaje*. Fue condecorado por el gobierno mexicano con la Orden del Águila Azteca. Una agrupación de críticos concede un premio que lleva su nombre, el cual fue rechazado en 1984 por Emilio Carballido debido a la filiación política de Baguer.

BAHÁ'I ◆ Comunidad religiosa monoteísta. Cree en la unidad del género humano y pugna por la paz mundial. Reconoce a todas las religiones como verdaderas y como originadas de un mismo Dios. Sus miembros no ingieren bebidas alcohólicas. La era Bahá'i se inició en 1844, cuando su fundador, el persa Mirza Alí Mohammad, tomó el título de Bab ud Din, nombre que significa "puerta hacia la fe", y se proclamó el heraldo o imán que anunciaría la llegada de un profeta mayor que iniciaría una era de paz y justicia. Bab ud Din fue fusilado en Irán en 1850 y su discípulo Mirza Husayn Alí anunció que él era el imán del que hablaba su maestro y tomó el nombre de Bah'u'llah o Gloria de Dios, quien escribió tres obras para sus adeptos: *Palabras ocultas*, *Siete valles* y *El libro de Iquan*. Los seguidores del bahaísmo dedican al ayuno el último mes de su calendario, creen en la unidad de Dios y la unidad de sus profetas, sostienen que la revelación divina es un proceso continuo y progresivo y

predican la unidad e integridad del género humano. Este culto exhorta a obedecer a las autoridades civiles, pregona la igualdad de derechos entre los sexos, condena los prejuicios y las supersticiones y afirma la armonía esencial de su religión con la ciencia, rechaza la mendicidad, prescribe la monogamia y desaconseja el divorcio. Las comunidades de cada país están agrupadas en una asamblea espiritual nacional y cuentan con un protector. Su centro administrativo está en Haifa, Israel. En México existen desde 1959 como asociación civil y a fines de 1992 decían contar en el país con 12 mil adeptos, cinco mil de ellos en el Distrito Federal. En 1985 fueron expulsados del municipio de Felipe Carrillo Puerto, Quintana Roo.

BAHAMAS, COMUNIDAD DE LAS ISLAS ◆ Estado del continente Americano situado sobre el archipiélago del mismo nombre, al este de Estados Unidos y al norte de Cuba y Haití. Ocupa unos 230,000 km². del océano Atlántico, de los cuales 13,939 corresponden a las áreas terrestres, que comprenden siete islas habitadas, unas 200 sin población y unos 2,000 cayos y arrecifes. Habitantes: 287,000 (estimación de 1997). La capital es Nassau (172,196 habitantes en 1990) y se encuentra en la isla Nueva Providencia. El inglés es el idioma oficial y algunos núcleos hablan criollo. La isla de San Salvador o Guanahaní (hoy Watling) fue el primer territorio americano que tocó Cristóbal Colón en 1492. Estaba habitada por indios lucayos, de ahí que durante algún tiempo se conociera al conjunto de islas como Lucayas. La población indígena fue diezmada por el tráfico de esclavos. Cuando fracasó la trata de carne humana los conquistadores abandonaron el territorio, interesados en hallar metales preciosos de los que carecía el archipiélago. En 1648 se estableció el primer grupo de ingleses, al que seguirían otros. Los piratas, sobre todo británicos, usaron las islas como refugio desde fines del siglo hasta el último tercio del XVIII. Al producirse la independencia de Estados Unidos, algunos terratenientes de ese país abrieron plantaciones y se trasladaron con todo y esclavos a las Bahamas. Con la abolición de la esclavitud en los dominios ingleses, se inició la decadencia de la agricultura. Otro periodo de auge se vivió en los años veinte, cuando por la llamada *ley seca* se desarrollaron la producción alcoholera y el turismo. La ley seca fue derogada en Estados Unidos, pero el turismo se convirtió desde entonces en la principal fuente de ingresos del país. Durante la segunda guerra mundial Estados Unidos instaló una base militar en Freeport, la que mantiene en su poder hasta la fecha. En 1953 surgió el Partido Liberal Progresista, que agrupó a la población negra en torno a una plataforma independentista. En 1964 se aprobó la primera Constitución, mediante la cual Bahamas obtuvo cierta autonomía administrativa. En 1967 llegó al gobierno el PLP y por primera vez sólo hubo negros en el gabinete. En 1969 el país adoptó su actual nombre y cuatro años después Londres reconoció su independencia, si bien la jefa de Estado continúa siendo la reina Isabel II. En 1974 se establecieron relaciones diplomáticas con Cuba, lo que ocasionó actos terroristas de cubanos radicados en Estados Unidos. Entre México y Bahamas existen relaciones diplomáticas formales desde 1977. En febrero de 1981 hizo una visita oficial a México el entonces primer ministro bahamés Lynden O. Pindling.

BAHÍA DE BANDERAS ◆ Municipio de Nayarit situado en el sur del estado, en los límites con Jalisco y en litorales del océano Pacífico. Superficie: 773.3 km². Habitantes: 47,077, de los cuales 12,385 forman la población económicamente activa. Hablan alguna lengua indígena 152 personas mayores de cinco años (náhuatl 86). Su cabecera es Valle de Banderas. Municipio de reciente creación, creado con parte del territorio de Compostela.

BAHREIN, ESTADO DE ◆ País situado sobre un archipiélago del golfo de Bahrein, entre Arabia Saudita y la pe-

Bagdad, Tamaulipas

nínsula de Qatar, frente al golfo Pérsico o Arábigo. Superficie: 669 km²., distribuidos en unas 30 islas, islotes, cayos y arrecifes. Habitantes: 620,000 (estimación para 1997). En la mayor de las islas, que da nombre al archipiélago, se halla la capital, Manama, con 140,401 habitantes en 1992. Otra ciudad importante es Rifa (45,956 habitantes en 1992). La moneda es el dinar y el idioma oficial el árabe. El territorio fue ocupado por los portugueses durante el siglo XVI. En 1602 fueron desalojados por los persas. Se constituyó en país independiente en 1783, con población mayoritariamente utubí y jeques de la dinastía Al Jalifa, los que en 1861 se pusieron bajo protección inglesa. Ciento diez años después se declaró la independencia y Bahrein ingresó en la Naciones Unidas (1971). La Constitución fue aprobada por la Asamblea Nacional en 1973. En agosto de 1975, México y Bahrein establecieron relaciones diplomáticas. En el mismo año el emir Isa Bin Al Jalifa disolvió la Asamblea, hecho que motivó la protesta de la Unión Interparlamentaria Mundial. En los años ochenta el país ha hecho frente a serias dificultades económicas motivadas por la baja de precios del petróleo, su principal recurso.

BAILLERES, RAÚL ◆ n. en Silao, Gto., y m. en el DF (1895-1967). Empresario. Fundó Crédito Minero y Mercantil

(Cremi), Crédito Hipotecario y Crédito Afianzador. Accionista mayoritario de El Palacio de Hierro, Industrias Peñoles, Cervecería Moctezuma y Manantiales Peñafiel. Fue uno de los patrocinadores del Instituto Tecnológico de México. Adquirió un importante paquete de acciones de Metalúrgica Mexicana Peñoles. Presidente de la Asociación de Banqueros de México (1941-42).

BAJA ◆ Punta de Baja California Sur situada en el golfo de California, al norte de Santa Rosalía y al sur de la bahía de Santa Ana.

BAJA ◆ Punta de Sonora situada al sur de bahía Kino y al norte de punta Alesna, en el golfo de California.

BAJA CALIFORNIA ◆ Península del noroeste del país con una anchura media de 100 km. Se inicia su desprendimiento del territorio continental aproximadamente en el paralelo 32 y desciende hacia el sureste hasta rebasar el paralelo 23. Está rodeada por el océano Pacífico y el golfo de California. A todo lo largo se halla una cadena orográfica que en su recorrido de norte a sur adquiere diversos nombres: sierra de Juárez, de San Pedro Mártir, de San Borja, de Santa Lucía, de la Giganta y de San Lázaro. Otras estribaciones importantes son las sierras de Santa Rosa y Santa Isabel, entre los paralelos 29, 30 y 31; las sierras de Santa Clara y Pintada, entre los paralelos 27 y 28; y, en el extremo sur, las sierras Novillos, del Triunfo, de la Laguna y de la Trinidad. Las principales elevaciones son el Pico de San Lázaro (2,165 metros), las Tres Vírgenes (2,050 metros) y la Giganta (1,740 metros). El territorio cuenta con decenas de corrientes superficiales, aunque pocas tienen agua todo el año. Por lo anterior y la escasa precipitación pluvial, el territorio es árido, sobre todo en el norte, y semiárido. Antes de la llegada de los españoles estuvo poblado por etnias de pescadores, cazadores y recolectores (pericúes, guaycuras y seris), así como por otros grupos que alcanzaron diversos grados de civilización, como los cucapás, que eran agricultores, y tribus de yumanos, como los creadores de la cultura comundú, de la que se conocen pinturas rupestres, cerámica y restos de centros ceremoniales. Los primeros españoles llegaron hacia 1533, pero fue Hernán Cortés quien, en 1535 y 1536, encabezó sendas expediciones con el fin de conquistar esta tierra, que inicialmente creyeron era una isla. Entre los exploradores de la península y el golfo de California destaca Sebastián Vizcaíno, quien encabezó una expedición entre 1602 y 1603, en la cual el puerto de Santa Cruz recibió su nombre definitivo: La Paz. Durante todo el siglo XVII se efectuaron intentos de colonización, pero fue hasta 1697 cuando los jesuitas fundaron la primera misión permanente, Loreto, que se convirtió en base de operaciones para la actividad de los españoles. Con altibajos, se extendió la evangelización. Los frailes introdujeron nuevos cultivos e impulsaron la ganadería, en tanto que los laicos se dedicaron a ocupaciones más rentables, como la minería, el comercio de perlas, la prostitución y el trafico de aguardiente. De manera simultánea, las enfermedades llevadas por los españoles, la sobreexplotación y la crueldad de los conquistadores diezmaron a la población indígena al grado de exterminar a varios grupos étnicos. En 1767 la expulsión de los jesuitas, quienes fueron sustituidos por los franciscanos, coincidió con el empeño de la

corona española por conquistar y poblar los territorios de la Nueva o Alta California, para lo cual, como había sucedido en el resto de Nueva España, se envió tanto fuerzas militares como destacamentos de religiosos. La Vieja California sirvió como base de operaciones, pero esto no le dio mayor importancia jurídica, pues de ser una provincia, en 1776 pasó a convertirse en territorio dependiente de la Comandancia y Capitanía General de las Provincias Internas. Cuando ésta se dividió en tres comandancias, en 1785, las Californias quedaron bajo la jurisdicción de una de ellas y, en 1787, de la Comandancia General de las Provincias Internas de Occidente, hasta que cinco años después quedaron bajo el mando directo del propio virrey, si bien la Alta y la Baja California fueron nuevamente separadas en 1804 y cada una pudo contar con su propio gobierno. Durante la independencia no se produjeron movimientos en favor de la insurrección. Fue hasta febrero de 1822 cuando Fernando de la Toba hizo la declaración de independencia. Los primeros gobernadores fueron José María Argüello y Fernando de la Toba, a quienes sucedió como jefe político José Manuel Ruiz. Promulgada la Constitución de 1824, ambas Californias formaron un territorio bajo el gobierno de José María de Echandía, con sede en San Diego, al que sucedieron Manuel Victoria y José Mariano Monterde, quien trasladó la capital a La Paz en 1829. El territorio californiano se vio afectado por los vaivenes del naciente país y el cambio de autoridades. En 1835, Miguel Martínez fue nombrado jefe político y dos años después ocupaba el cargo Luis del Castillo Negrete, quien cedió el puesto a Francisco Padilla y éste a Francisco Palacios Miranda. Uno de los objetivos de la agresión estadounidense de 1846-47 era la Alta California. De ahí que los agentes de Washington se mostraran muy activos, como por ejemplo un tal John G. Fremont, quien pretendió apoderarse de Monterrey sin conseguirlo. Semanas después desembarcaban los infantes de

la marina estadounidense en este punto para avanzar desde ahí sobre San Diego, Los Ángeles y otras poblaciones estratégicas. Los civiles ofrecieron una heroica resistencia, alistándose en el ejército regular o mediante una guerra de guerrillas que se prolongó casi cuatro meses. De esta manera, los patriotas propinaron severos golpes a los invasores, pese a la inactividad y en ocasiones cobardía de la oficialidad santanista. Entre los mexicanos que se distinguieron están Mauricio Castro, Manuel Pineda, José Antonio Mijares y los guerrilleros Sérvulo Varela, que operó en el norte, y José Matías Moreno, quien desplegó sus actividades en torno a La Paz. En 1853 la península padeció los ataques del filibustero estadounidense William Walker, quien se apoderó de La Paz, Cabo San Lucas y Ensenada, poblaciones que sometió al pillaje y desde las cuales se declaró jefe del gobierno de una supuesta república de Sonora y Sinaloa. Fue expulsado de cada una de esas localidades y cuando intentaba marchar sobre Sonora, un grupo de voluntarios mexicanos lo hostilizó hasta obligarlo a retirarse a territorio estadounidense, donde fue detenido, sujeto a proceso y declarado inocente (el mismo aventurero cometería después fechorías semejantes en Nicaragua y en Honduras con protección de autoridades de su país). Durante las luchas entre conservadores y liberales, éstos lograron imponerse y en más de una ocasión constituyeron valiosa retaguardia para el partido del progreso. Lo mismo sucedió durante la intervención francesa y el imperio, que lograron establecer su hegemonía durante un periodo relativamente breve. Restaurada la República, los principales sobresaltos para la vida peninsular eran los causados por el enfrentamiento con los indios, a quienes se despojó de sus tierras en un proceso largo y violento. Posteriormente, ya en el porfiriato, el descubrimiento de algunos fundos mineros y, sobre todo, la apertura al capital estadounidense, contribuyeron a la colonización del territorio. En este aspecto jugó un papel de primera importancia la empresa deslindadora The International Company of Mexico, más conocida como La Internacional, creada en Hartford, Connecticut, y a la cual se le otorgó en concesión casi la mitad de la península. Los proyectos de esta firma, iniciados en 1886, dieron impulso especialmente al puerto de Ensenada, que contó con una nueva urbanización y fue comunicado con San Diego por teléfono, telégrafo y una línea de vapores. Para dar publicidad a su negocio, La Internacional inició la publicación de dos periódicos, *La Voz de la Frontera* y *The Lower California*, lo que atrajo a inversionistas de ambos lados de la frontera. El auge de Ensenada motivó que el territorio de Baja California, dividido hasta entonces en dos partidos con capital en La Paz, quedara separado en dos distritos, cada uno con su capital y Ensenada lo fue del norte. Al finalizar la década de los ochenta, La Internacional, con serios problemas económicos, cedió sus concesiones e intereses a una empresa británica, la Mexican Colonization Company, a la que se llamó La Inglesa. Esta compañía, al cabo de dos décadas, controlaba no sólo la urbanización de Ensenada y otros negocios locales que compró a La Internacional, sino también empresas mineras, bancarias, agrícolas, ganaderas y de servicios, lo cual le dio un notorio predominio sobre la economía regional con la complicidad de las autoridades porfiristas, aunque no faltaron protestas de la Cámara de Comercio local por la actividad monopolista de La Inglesa. En medio de todo, de esa actividad algún beneficio resultó para la población bajacaliforniana, por ejemplo la edición de nuevos periódicos como *El Fronterizo*, *El Correo del Norte* y, sobre todo, *El Progresista*, que contribuyeron a definir las peculiaridades de la cultura local. A principios de siglo, un caserío antes insignificante experimentaría un acelerado crecimiento por la introducción de la agricultura de riego: Mexicali, localidad bautizada por el jefe político del distrito norte, Agustín Sanginés, quien quiso unir en ese

nombre los de México y California. El valle de Mexicali, con su clima mediterráneo y las aguas del río Colorado, se convirtió en un nuevo polo de atracción para inversionistas estadounidenses y trabajadores mexicanos, quienes así contribuían al poblamiento del territorio. En 1910, a través de la frontera llegaba la propaganda antiporfirista, especialmente la prensa de los hermanos Flores Magón, en ese tiempo asilados en Los Ángeles. Fueron éstos los que, seguros de que el movimiento maderista no implicaría un cambio de fondo, pidieron a sus partidarios organizar la lucha armada por separado, a fin de garantizar la implantación del socialismo. Con ese propósito, el Partido Liberal Mexicano formó un contingente integrado por combatientes internacionalistas mexicanos y de otros países, especialmente estadounidenses que militaban en agrupaciones obreras y que hicieron suyo el combate contra la dictadura de Porfirio Díaz. Los expedicionarios iniciaron operaciones el 29 de enero de 1911, al atacar con éxito Mexicali. A partir de ahí eslabonaron varios triunfos, mientras en el resto del país se desenvolvía la ofensiva popular contra la tiranía porfirista. Los sectores anexionistas de Estados Unidos, en los que estaban prominentes políticos y diarios como *Los Angeles Times*, *The San Francisco Chronicle* o *The San Diego Union*, veían en la guerra de Baja California la posibilidad de ganar nuevos territorios para la Unión Americana. De ahí que apoyaran abiertamente la participación de aventureros, mercenarios y gente de baja ralea que se mezcló con los magonistas, quienes pronto acabarían chocando con sus presuntos aliados. Cuando el maderismo se había impuesto en la mayor parte del país haciendo huir al dictador, el gobierno mexicano protestó por la impunidad con que se reclutaba en EUA a mercenarios para traerlos a crear una supuesta república independiente que más tarde, según los planes de los agentes estadounidenses, quedaría bajo la jurisdicción del gobierno de Washington. Debilitado por sus cons-

Picacho del Diablo

tantes choques contra los mercenarios, el magonismo acabó por sucumbir ante el ejército federal. En Estados Unidos, Ricardo Flores Magón y otros miembros del PLM fueron detenidos y procesados. Igualmente, los militantes obreros estadounidenses, entre los cuales estaba el periodista John Kenneth Turner, fueron hostilizados durante años por el gobierno de su país. En cambio, los mercenarios recibieron un tratamiento de héroes en la prensa de EUA y hubo casos en que sus delitos fueron ensalzados en el cine y el teatro. Durante la revolución, la península estuvo en manos de diversas facciones. En 1915 se produjo un ataque de filibusteros al mando de Harry Chandler, quien fracasó. Al término de la lucha armada, correspondió al gobierno federal designar a los gobernadores de los dos territorios, norte y sur, en que se dividió la península. La pacificación interior coincidió con el inicio del auge de Tijuana (☞), ciudad que se benefició con la afluencia de turistas que iban en busca de la diversión que la ley seca y otras disposiciones les negaban en su país. La música mexicana, la fiesta brava y otros atractivos hicieron de Tijuana el principal centro turístico de México, pues se calcula en unos 30 millones el número de visitantes que recibe anualmente.

Alejandro González Alcocer,
gobernador de Baja California

ESTADOS UNIDOS DE AMÉRICA

MEXICALI

Tecate
La Rumorosa
Tijuana
El Valle
Agrícola
Rosarito
Laguna Salada
Primo Tapia
Central
Geotérmica
de Cerro Prieto
Misión de
San Miguel
Real del
Castillo
Cañón de
Guadalupe
Ojos Negros
Ensenada
Parque
Nacional
Constitución
de 1857
Punta Banda
La Bufadora
El Maneadero
Bodegas de
Santo Tomás
Misión de Santo Tomás
Misión de San Vicente Ferrer
Colonet
San Felipe
Punta Colonet
Misión de
San Telmo
Parque Nacional
San Pedro Mártir
Valle de
los Gigantes
Misión de Santo Domingo
Misión de
San Pedro Mártir
San Quintín
Cabo de
San Quintín
Misión
del Rosario
Misión de
San Fernando
Bahía
San Lu
Cataviñá
Misión de Sant
Las Arrastras
Misi
de C
Chapala
Parador Punta Prieta

Son

Golfo de Ca

Desierto Central

N

El precioso espectáculo de las
dunas bajacalifornianas es un
paisaje típico de la
península

Foto: JUAN MORIN

BAJA CALIFORNIA ◆ Estado de la República que ocupa la porción norte de la península del mismo nombre, a partir del paralelo 28, que lo separa de Baja California Sur; al norte limita con Estados Unidos y el río Colorado lo separa de Sonora. Comprende islas que están frente a sus costas en el océano Pacífico y el golfo de California, entre las cuales Ángel de la Guarda y San Lorenzo son las mayores. La extensión territorial, incluyendo las islas, es de 69,921 km². De acuerdo con el conteo nacional de población de 1997, la entidad tiene 2,241,029 habitantes distribuidos en cinco municipios: Ensenada, Tecate, Tijuana, Mexicali, la capital desde 1916, y Playas de Rosarito, el de más reciente erección. Su población económicamente activa es de 58.9 por ciento de los mayores de 12 años. Contribuye con 2.94 por ciento al producto interno bruto nacional. Su tasa de alfa-

La actividad en el puerto
de Ensenada es muy
importante para la
economía del estado

betismo es de 95.8 por ciento entre los mayores de 15 años. Hablan alguna lengua indígena 22,912 personas mayores de cinco años (mixteco 10,909, zapoteco 2,422, purépecha 1,553, triqui 1,329 y náhuatl 1,106), de las que 852 no hablan español. Es el segundo estado con el porcentaje más elevado de inmigración, con 49.5 por ciento. Por decreto del entonces presidente Miguel Alemán, de fecha 31 de diciembre de

(Mar de Cortés)

Isla Ángel
de la Guarda

Bahía de
los Ángeles

Isla P
Isla
Isla S
Isl

Misión de
Santa Gertrudis

California Sur

Los sahuaros, plantas propias
del desierto son muy comunes
en el estado

La vid, sostén y esencia del
campo bajacaliforniano, se
da gracias a las bondades
del clima

En San Felipe se puede apreciar una gran cantidad de focas y aves marinas

El cultivo de la calabaza es una actividad económica de gran trascendencia para los campos de Mexicali

Foto: Juan Morin

Foto: Juan Morin

Los viñedos de Baja California producen vinos de la mejor calidad

1951, se convirtió en estado de la Federación el antiguo territorio norte de Baja California. El gobernador Alfonso García González convocó al Congreso Constituyente que culminó sus trabajos el 16 de agosto de 1953, fecha en que se promulgó la Constitución local. Los diputados constituyentes fueron Celedonio Apodaca, Evaristo Bonifaz, Miguel Calette, Aurelio Corrales, Francisco Dueñas, Alejandro Lamadrid y Francisco H. Ruiz. Braulio Maldonado fue el primer gobernador constitucional y tomó posesión el primero de diciembre de 1953. Después de él han gobernado la entidad Eligio Esquivel Méndez (1959-64), Gustavo Aubanel Vallejo (1964-65), Raúl Sánchez Díaz (1965-71), Milton Castellanos (1971-77), Roberto de Lamadrid (1977-83) y Xicoténcatl Leyva Mortera (1983-89). En 1989, por primera vez en la historia moderna de México, el país tuvo un gobernador de oposición, pues ganó las elecciones en Baja California Ernesto Ruffo Appel, del PAN, quien gobernó de 1989 a 1995. Le sucedió otro panista, Héctor Terán Terán, quien murió en 1998 en el cargo y el Congreso del estado nombró para sucederlo a Alejandro González Alcocer, también de Acción Nacional, el 7 de octubre de 1998.

POBLACIÓN DE 5 AÑOS Y MÁS HABLANTE DE LENGUA INDÍGENA, 1995

2 000 000
1 750 000
1 500 000
1 250 000
1 000 000
750 000
500 000
250 000
0

Población de 5 años y más 1,844,268

Población de 5 años y más hablantes de lenguas indígenas 22,912 (1.24%)

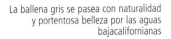

La ballena gris se pasea con naturalidad
y portentosa belleza por las aguas
bajacalifornianas

La Cervecería Tecate en Baja California es una
de las más importantes del país

PROMEDIO DE ESCOLARIDAD DE LA POBLACIÓN DE 15 AÑOS Y MÁS, POR SEXO, 1995

AÑOS

| Hombres | Mujeres |
| 8.20 | 7.80 |

Promedio 8.00 años

DISTRIBUCIÓN PORCENTUAL DE LA POBLACIÓN OCUPADA POR SECTOR DE ACTIVIDAD ECONÓMICA

Secundario 36.50%
Terciario 55.20%
Primario 7.80%
Inespecífico 0.50%

DISTRIBUCIÓN DE LA POBLACIÓN POR TAMAÑO DE LA LOCALIDAD

Más de 15,000
83.50%

Entre 2,500 y 15,000
7.90%

Hasta 2,500
8.60%

PRODUCTO INTERNO BRUTO (PIB) A PRECIOS CORRIENTES

Agropecuaria, silvicultura y pesca 3.10%
Electricidad, gas y agua 2.17%
Construcción 3.59%
Minería 0.26%
Transporte, almacenaje y comunicaciones 9.61%
Comercio, restaurantes y hoteles 30.12%
Serv. financieros, seguros, act. inmobiliarias y de alquiler 15.73%
Industria manufacturera 19.64%
Servicios comunales, sociales y personales 17.50%

LÍNEAS TELEFÓNICAS EN SERVICIO Y APARATOS PÚBLICOS, 1994

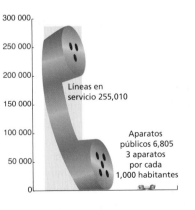

Líneas en servicio 255,010

Aparatos públicos 6,805
3 aparatos por cada 1,000 habitantes

BIBLIOTECAS Y USUARIOS, 1993
Número de bibliotecas: 190

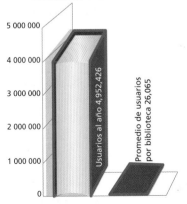

Usuarios al año 4,952,426

Promedio de usuarios por biblioteca 26,065

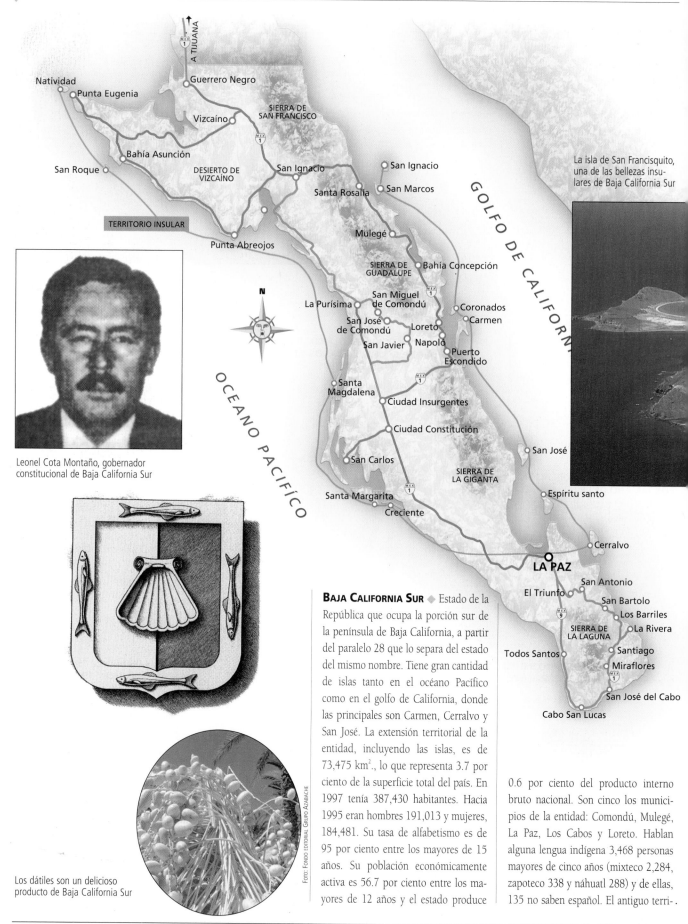

Natividad
Punta Eugenia
A TIJUANA
Guerrero Negro
SIERRA DE SAN FRANCISCO
Vizcaíno
Bahía Asunción
San Roque
DESIERTO DE VIZCAÍNO
San Ignacio
San Ignacio
Santa Rosalía
San Marcos
TERRITORIO INSULAR
Mulegé
Punta Abreojos
SIERRA DE GUADALUPE
Bahía Concepción
San Miguel de Comondú
La Purísima
Coronados
Carmen
San José de Comondú
Loreto
San Javier
Napoló
Puerto Escondido
Santa Magdalena
Ciudad Insurgentes
Ciudad Constitución
San José
San Carlos
SIERRA DE LA GIGANTA
Santa Margarita
Espíritu santo
Creciente
Cerralvo
LA PAZ
San Antonio
El Triunfo
San Bartolo
Los Barriles
La Rivera
SIERRA DE LA LAGUNA
Todos Santos
Santiago
Miraflores
San José del Cabo
Cabo San Lucas

GOLFO DE CALIFORNIA

OCÉANO PACÍFICO

N

La isla de San Francisquito, una de las bellezas insulares de Baja California Sur

Leonel Cota Montaño, gobernador constitucional de Baja California Sur

Los dátiles son un delicioso producto de Baja California Sur

Foto: FONDO EDITORIAL GRUPO AZABACHE

BAJA CALIFORNIA SUR ◆ Estado de la República que ocupa la porción sur de la península de Baja California, a partir del paralelo 28 que lo separa del estado del mismo nombre. Tiene gran cantidad de islas tanto en el océano Pacífico como en el golfo de California, donde las principales son Carmen, Cerralvo y San José. La extensión territorial de la entidad, incluyendo las islas, es de 73,475 km²., lo que representa 3.7 por ciento de la superficie total del país. En 1997 tenía 387,430 habitantes. Hacia 1995 eran hombres 191,013 y mujeres, 184,481. Su tasa de alfabetismo es de 95 por ciento entre los mayores de 15 años. Su población económicamente activa es 56.7 por ciento entre los mayores de 12 años y el estado produce 0.6 por ciento del producto interno bruto nacional. Son cinco los municipios de la entidad: Comondú, Mulegé, La Paz, Los Cabos y Loreto. Hablan alguna lengua indígena 3,468 personas mayores de cinco años (mixteco 2,284, zapoteco 338 y náhuatl 288) y de ellas, 135 no saben español. El antiguo terri-.

torio de Baja California Sur fue convertido en estado de la Federación por decreto del 3 de octubre de 1974, publicado en el *Diario Oficial* el día 8 del mismo mes. El gobernador Félix Agramont Cota convocó al Congreso Constituyente que se encargó de elaborar la Constitución que entró en vigor el 9 de enero de 1975. El primer gobernador constitucional fue Ángel César Mendo-

za Arámburu, quien ejerció su mandato del 4 de abril de 1975 al mismo día de 1981. Le sucedieron Alberto Alvarado Arámburu (1981-1987), Víctor Manuel Liceaga Ruibal (1987-93), Guillermo Mercado Romero (1993-99) y Leonel Cota Montaño, quien contendió por el Partido de la Revolución Democrática y resultó elegido gobernador para el periodo (1999-2005).

FOTO: FONDO EDITORIAL GRUPO AZABACHE

El corredor turístico une Los Cabos con el resto de la península

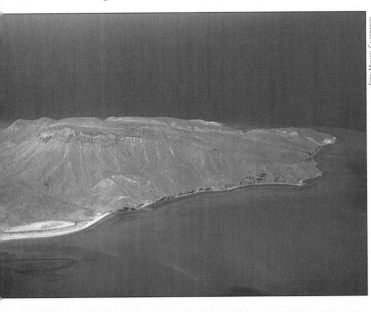

FOTO: MICHAEL CALDERWOOD

FOTO: FONDO EDITORIAL GRUPO AZABACHE

La infraestructura hotelera del estado recibe numerosos visitantes nacionales y extranjeros

PROMEDIO DE ESCOLARIDAD DE LA POBLACIÓN DE 15 AÑOS Y MÁS, POR SEXO, 1995

AÑOS

Hombres
8.00

Mujeres
7.70

Promedio 7.85 años

DISTRIBUCIÓN PORCENTUAL DE LA POBLACIÓN OCUPADA POR SECTOR DE ACTIVIDAD ECONÓMICA

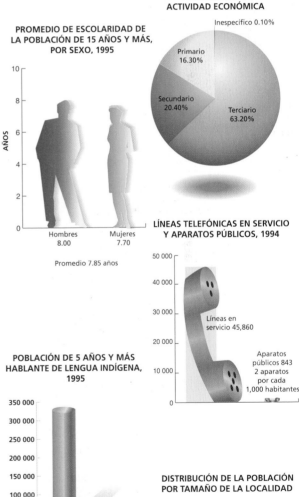

Inespecífico 0.10%

Primario 16.30%

Secundario 20.40%

Terciario 63.20%

LÍNEAS TELEFÓNICAS EN SERVICIO Y APARATOS PÚBLICOS, 1994

50 000
40 000
30 000
20 000
10 000
0

Líneas en servicio 45,860

Aparatos públicos 843 2 aparatos por cada 1,000 habitantes

POBLACIÓN DE 5 AÑOS Y MÁS HABLANTE DE LENGUA INDÍGENA, 1995

350 000
300 000
250 000
200 000
150 000
100 000
50 000
0

Población de 5 años y más 331,643

Población de 5 años y más hablantes de lenguas indígenas 3,648 (1.10%)

LONGITUD DE LA RED DE CARRETERAS POR SUPERFICIE DE RODAMIENTO, 1995

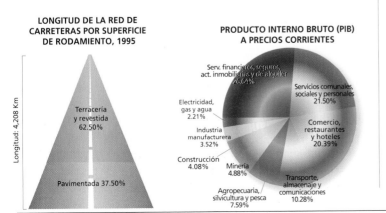

Longitud: 4,208 Km

Terracería y revestida 62.50%

Pavimentada 37.50%

PRODUCTO INTERNO BRUTO (PIB) A PRECIOS CORRIENTES

Serv. financieros, seguros, act. inmobiliarias y de alquiler 26.64%

Servicios comunales, sociales y personales 21.50%

Electricidad, gas y agua 2.21%

Industria manufacturera 3.52%

Construcción 4.08%

Minería 4.88%

Comercio, restaurantes y hoteles 20.39%

Transporte, almacenaje y comunicaciones 10.28%

Agropecuaria, silvicultura y pesca 7.59%

DISTRIBUCIÓN DE LA POBLACIÓN POR TAMAÑO DE LA LOCALIDAD

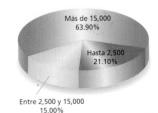

Más de 15,000 63.90%

Hasta 2,500 21.10%

Entre 2,500 y 15,000 15.00%

BAJÍO, EL ◆ Región situada en el suroeste de la Altiplanicie Mexicana. Siempre delimitada arbitrariamente, comprende el territorio no montañoso del estado de Guanajuato y sus alrededores, lo que incluye la llanura situada al oeste de la ciudad de Querétaro, los valles de Morelia y de La Piedad, en Michoacán, y las llanuras del este de Jalisco, de donde provienen precisamente los sones abajeños, base de la música de mariachi. Tradicionalmente se le consideró como la más importante región agrícola del país. La captación de aguas del río Lerma, principal corriente del Bajío, para beneficio del Distrito Federal, aceleró la erosión de las tierras y paulatinamente ha descendido la producción. Es una zona de variados atractivos turísticos y es atravesada por un corredor industrial que va de Querétaro hasta Guadalajara.

Estela del señor de Balancán en el Museo José Gómez Panaco, en Yucatán

BAJONERO GIL, OCTAVIO ◆ n. en Charo, Mich. (1940). Grabador. Estudió en la Academia de San Carlos (1960-64). Perteneció al Taller de Gráfica Popular (1962-65). En 1969 fundó el Taller de Grabado Molino de Santo Domingo, mismo que dirigió hasta 1975. En 1972 creó el Taller de Grabado del Instituto Allende, en San Miguel Allende, Guanajuato. Desde 1974 es profesor de la Escuela de Pintura y Escultura La Esmeralda, de la que fue subdirector (1982-85). Expone individualmente desde 1966. Ha sido incluido en muestras colectivas en México, Francia y Gran Bretaña. En 1972 participó en la Bienal de Cracovia, Polonia, y en 1974 en la de San Juan, Puerto Rico. Ha formado a numerosos grabadores mexicanos y extranjeros. Pinta y trabaja la escultura. En 1968 recibió el Primer Premio de Grabado en el tercer Concurso Nacional de Pintura, Grabado y Escultura del Instituto Nacional de la Juventud Mexicana.

BAL Y GAY, JESÚS ◆ n. en España (1905). Músico y musicólogo. Llegó a México en 1938. Trabajó para la Casa de España, institución que fue la base de El Colegio de México. Impartió cátedra en el Conservatorio Nacional de Música. Fue jefe de la Sección de Investigaciones Musicales del Instituto Nacional de Bellas Artes y director de programación de Radio Universidad. Escribió para los diarios *El Universal* y *Excélsior* y para revistas mexicanas y extranjeras. Cofundador de *Ediciones Mexicanas de Música* y de la revista *Nuestra Música*. Regresó a España en 1967. En su obra publicada en México, se cuentan *Romances y villancicos españoles del siglo XVI* (1939), *El cancionero de Upsala* (1944), *La generación gallega de 1925* (1954), *Chopin* (1959), *Tienos* (1960), *Debussy* (1962), *La dulzura de vivir* (1964) y el *Cancionero folklórico de México* (1975).

BALAM, BENITO ◆ n. en el DF (1956). Poeta. Licenciado en ciencias políticas por la UNAM. Ha colaborado en los periódicos *Diario del Sureste* y *Excélsior*, así como en las revistas *La Causa del Pueblo*

y *La Ruta*. En 1981 realizó, en Japón y en japonés, una *Antología de los poetas rebeldes*. Preparó la antología *Tlatelolco, 15 años después* (1983). Autor de *Poesía fundamental* (1980), *Los que viven golpeando las piedras* (1982), *Composición para el canto patrio* (1985), *Egología del sueño* (1986), *La cólera del agua* (1987) y *Desde los siglos de maíz rebelde* (1988).

BALANCÁN ◆ Municipio de Tabasco, situado en el este de la entidad, contiguo a Campeche. Hace frontera con Guatemala. Superficie: 3,237.87 km². Habitantes: 54,089, de los cuales 13,115 forman la población económicamente activa. Hablan alguna lengua indígena 437 personas mayores de cinco años (chol 178, chontal de Tabasco 65 y maya 63). La cabecera se llama Balancán de Domínguez. En la jurisdicción hay una zona arqueológica con ruinas de los siglos VII y VIII.

BALANZARIO DÍAZ, DANIEL ◆ n. en la ciudad de México (1928). Profesor normalista egresado de la Escuela Nacional de Maestros (1943-46) y licenciado en derecho por la UNAM (1956). Miembro del PRI desde 1943. Trabajó para empresas privadas. Ha sido auxiliar de la secretaría particular del secretario de Educación (1950-52), asesor y director general de Asuntos Jurídicos de la misma dependencia (1953-54), subdirector del Museo Pedagógico (1967-68), coordinador editorial de la Secretaría del Trabajo (1974-76), diputado federal (1982-85) y delegado del DDF en Xochimilco.

BALBÁS, JERÓNIMO DE ◆ n. y m. en España (?-?). Escultor y arquitecto. Nació hacia el último cuarto del siglo XVII y murió después de 1760. Había ejecutado diversas obras en España cuando en 1718 llegó a México, donde permaneció hasta mediados del siglo XVIII. Se le considera el introductor del estilo churrigueresco, también llamado barroco estípite por el empleo de columnas con base más angosta que la parte superior. Sus obras principales las ejecutó en la Catedral Metropolitana y son los altares de los Reyes y del Perdón, así como el Mayor o Ciprés, desaparecido al mediar la centuria pasada. El Altar del Perdón resultó muy dañado en un incendio ocurrido en 1967, lo que motivó su mayor cuidado y una restauración concluida años después. Además de las esculturas relieves y otros adornos de sus retablos, proyectó y en algunos casos también ejecutó fachadas y obras menores.

BALBOA, PRAXEDIS ◆ n. en ciudad Victoria, Tams. (1900-1980). Licenciado en derecho por la Universidad Nacional. Diputado federal en tres ocasiones. Fundó el periódico *La Tribuna* en su estado natal. Fue subdirector técnico de Petróleos Mexicanos y gobernador de Tamaulipas (1963-69). Autor de *Apuntes de mi vida* (1975).

BALBONTÍN, JUAN MARÍA ◆ n. en Armadillo, SLP, y m. en la ciudad de México (?-1883). Se tituló como profesor de primaria en la ciudad de México. Fue diputado. Introdujo la litografía y la fotografía en San Luis Potosí, donde abrió una academia de dibujo. Fracasó en el intento de elevarse en un globo aerostático (1840). Colaboró en *El Siglo XIX*.

BALBONTÍN, MANUEL ◆ n. y m. en la ciudad de México (1824-1894). Militar liberal. Combatió la invasión estadounidense. Se adhirió al Plan de Ayutla. Luchó contra la intervención francesa y el imperio. Autor de unas *Memorias* y de una obra sobre la guerra contra Estados Unidos.

BALBUENA ESTRADA, FRANCISCO DE ◆ n. en Guadalajara, Jal., y m. ¿en Puerto Rico? (1568-?). Sacerdote ordenado en la ciudad de México en 1617. Autor de las *Quintillas* laudatorias que figuran en los prólogos a la *Grandeza mexicana* de su medio hermano Bernardo. Desde 1624 residió en Puerto Rico, donde se cree que murió.

BALBUENA SÁNCHEZ DE VELASCO, BERNARDO DE ◆ n. en España y m. en Puerto Rico (1562-1627). Su padre, quien residió en México desde 1522, al término de una estancia de cinco años en España, lo trajo al país en 1564. La familia radicó en San Pedro de Lagunillas, cerca de Compostela, del ahora estado de Nayarit, y a partir de 1568 en Guadalajara, donde Balbuena pasó su infancia y primera juventud, según Gabriel Agraz García de Alba. Estudió después artes y teología en la Universidad de México. Se ordenó sacerdote hacia 1585. Desde sus años estudiantiles participó en certámenes literarios y fue vencedor en seis. Ejerció como sacerdote en varias plazas. En Culiacán prometió a la señora Isabel de Tobar una descripción de la capital de Nueva España, misma que escribió al regresar a la ciudad de México y que tituló *Grandeza mexicana*, editada dos veces en 1604. En 1606 marcha a España, donde publica la novela *El siglo de oro en las selvas de Erífile*, apadrinada por Lope de Vega y Francisco de Quevedo y Villegas. Termina en la península su poema épico *El Bernardo o Victoria de Roncesvalles*, pero no lo ve publicado hasta 1624. En 1610, con los papeles que lo acreditan como abad de Jamaica, va a tomar posesión, lo que hace después de pasar tres meses en Santo Domingo. En 1619 es nombrado obispo de Puerto Rico y seis años después, durante una incursión de piratas holandeses pierde en un incendio su casa y biblioteca. Dejó inéditas *Cosmografía universal*, *Divino Cristiades*, *Alteza de Laura* y *Nuevo arte de poesía*. Lope de Vega, en *Laurel de Apolo*, le dice: "¡Qué bien cantaste al español, Bernardo! / ¡Qué bien al Siglo de Oro! / Tú fuiste su prelado y su tesoro, / Y tesoro tan rico en Puerto Rico, / Que nunca Puerto Rico fue tan rico".

BALCÁRCEL, BLAS ◆ n. y m. en la ciudad de México (¿1835?-1899). Ingeniero que participó en el proyecto del Ferrocarril Mexicano. Liberal, se opuso al imperio y a la intervención francesa. Fue ministro de Fomento de los presidentes Juárez (1861 y 1867-72) y Lerdo de Tejada (1872-76).

BALCÁRCEL, JOSÉ LUIS ◆ n. en Guatemala (1932). Licenciado, maestro y doctor en filosofía por la UNAM (1957-67). Ha sido profesor de las universidades de Michoacán, Guadalajara, Puebla y, desde 1963, de la Nacional Autónoma de México, donde es profesor de la Facultad de Filosofía e investigador del Centro de Estudios Latinoamericanos. Es presidente de la Comisión Dictaminadora del Centro Universitario de Estudios Cinematográficos desde 1979. Ha colaborado en *Excélsior, unomásuno, Cuadernos Americanos, Le Monde Diplomatique, Plural, Casa de las Américas,* de Cuba; *Ensaio,* de Brasil, y *Nicaraguac,* de Nicaragua. Autor de *Fundamentación científica de la estética,* que forma parte del libro *La filosofía y las ciencias sociales* (1976); de *La necesidad de la soberanía y la cuestión cultural,* ensayo aparecido en *Nuestra América en lucha por su verdadera independencia* (1981); y *El movimiento obrero en Guatemala,* que está en el segundo tomo de la *Historia del movimiento obrero en América Latina* (1985).

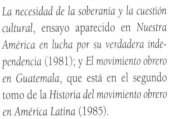

Bernardo de Balbuena
Sánchez de Velasco

BALCHACÁ ◆ Laguna de Campeche situada al sur de la laguna de Términos, con la que se halla comunicada. La forma el río Chumpán.

BALDERAS, GABRIELA ◆ n. en Tapachula, Chis. (1963). Poeta. Estudió lengua y literatura hispánicas en la UNAM. Cursó un diplomado en la Sogem. Ha participado en diversos talleres de poesía con Juan Bañuelos, Homero Aridjis, Carlos Illescas y Óscar Oliva. Colaboradora de *Blanco Móvil, El Cocodrilo Poeta, Cultura Sur, El Nacional Dominical, Periódico de Poesía, Punto de Partida, Sábado, Tierra Adentro, Los Universitarios* y *Utopía.* Está incluida en la antología *Poetas de Tierra Adentro II* (1994). Es autora de *Estaciones del viento* (1993). Fue becaria del Centro Mexicano de Escritores (1990-91).

BALDERAS, LUCAS ◆ n. en San Miguel Allende y m. en la ciudad de México (1797-1847). Militar realista. Se adhirió al Plan de Iguala. Participó en el levantamiento popular de La Acordada. Combatió a los invasores estadounidenses. Murió en la batalla de Molino del Rey.

BALDERAS REYES, ALBERTO ◆ n. y m. en el DF (1910-1940). Torero. Actuó exitosamente en México y en España. Murió por una cornada que recibió en la plaza El Toreo.

BALEDÓN, RAFAEL ◆ n. en Campeche, Camp. (1919). Actor y director. Estudió medicina en la UNAM. Se inició en el cine al lado de *Cantinflas* en la película *Águila o sol* (1937). Hizo en XEW radio y posteriormente en televisión varios programas con su esposa Lilia Michel. Ha actuado en telenovelas y dirigido algunas como *Yesenia*. Dirigió el programa de televisión *La telaraña*. Ha dirigido cerca de un centenar de filmes, entre otros *Una piedra en el zapato* (1955), *Los Salvajes* (1957), *Guitarras de medianoche* (1958), *Un hombre en la trampa* (1963), *Yo amo, tú amas, nosotros.* (1975), *El hombre del puente* (1978), *Chicoasén* (1979) y *Naná*.

Rafael Baledón

BALLENAS ◆ Bahía de Baja California Sur en el Pacífico. Está situada frente a la laguna de San Ignacio, al sur del paralelo 27 y al oeste del meridiano 113.

BALLENAS ◆ Canal marino situado entre el estado de Baja California y la isla Ángel de la Guarda. En la costa peninsular, en el sur del canal, se hallan las bahías de los Ángeles y de las Ánimas, que reciben cada año una gran cantidad de cetáceos.

BALLESCÁ, SANTIAGO ◆ n. en España y m. en la ciudad de México (1856-1913). En la capital de México fundó una empresa que editó *México a través de los siglos* y otras obras de autores mexicanos.

BALLESTER, JOSEFINA ◆ n. en España (1925). Al término de la guerra civil española marchó al exilio. Llegó a México en 1940. Aquí estudió pintura y grabado con maestros como Mario Reyes y Vicente Gandía. Ha participado en muestras colectivas en México, Cuba y Canadá. Individualmente ha expuesto en varias ciudades mexicanas. En 1973 obtuvo el tercer premio de grabado para estudiantes de artes plásticas.

BALLESTER, ROSA ◆ n. en España (1919). Llegó a México en 1940 y se naturalizó en 1950. Estudió pintura y grabado con Mario Reyes, José Renau y Vicente Gandía. Ha expuesto en dos ocasiones en Puerto Vallarta.

BALLESTER CONVALIA, PABLO DE ◆ n. en Barcelona, España, y m. en Naucalpan, Edo. de México (1927-1984). Estudió letras clásicas en la Universidad de Atenas y teología y letras de Bizancio en la Universidad de Estambul. Fue ordenado diácono en 1953 y sacerdote al año siguiente en la Catedral de Atenas. Designado archimandrita, se le envió al Patriarcado Ecuménico de Constantinopla, en Estambul, Turquía, donde tradujo los textos litúrgicos ortodoxos al castellano. En 1960 llegó a México, donde fue obispo de la Iglesia Ortodoxa Griega para los países mesoamericanos. Impartió cátedra en varias instituciones mexicanas de enseñanza superior y fue investigador del Centro de Estudios Clásicos de la UNAM. Fundador y director del Instituto Cultural Helénico, donde se representaron obras de los clásicos que él tradujo. Autor de *El Concilio de Elvira* (1949), *Los catalanes en la Acrópolis durante el siglo XVI* (1953), *El regreso de mí...* (1954), *Sagrada liturgia de Crisóstomo* (1961), *Nuestro Dios, vuestro Dios y Dios*. En 1966 fue condecorado por Constantino II de Grecia.

BALLESTEROS, JOSÉ MARÍA ◆ n. en Oaxaca, Oax., y m. en la ciudad de México (1825-1882). Abogado. Combatió en el bando liberal durante la revolución de Ayutla y en la guerra de los Tres Años. Obtuvo el grado de general. Diputado local (1861-62). Porfirio Díaz lo designó gobernador de Oaxaca el 16 de febrero de 1864. Se mantuvo en el cargo hasta febrero del año siguiente, cuando cayó la capital del estado en manos de los franceses y fue hecho prisionero y conducido a Puebla. Se fugó de la cárcel y se reincorporó a filas (1864-65). Luchó contra la intervención francesa y el imperio. Se retiró del servicio en 1867 para reincorporarse en 1871, debido a su oposición al Plan de la Noria. En enero de 1876 se unió al Plan de Tuxtepec y al año siguiente fue diputado. Al morir era miembro del Congreso de la Unión.

BALLESTEROS, JOSÉ RAMÓN ◆ n. en Toluca, Edo. de Méx. (1901). Estudió preparatoria, contaduría y folclor. Desde 1940 ha escrito en el diario *La Afición* y otras publicaciones sobre charrería. Jefe de redacción de la revista *Charrería Nacional*. Secretario de la Academia Folclórica Mexicana. Autor de *Origen y evolución del charro mexicano* (1972).

BALLESTEROS IBARRA, CRESCENCIO ◆ n. en Guadalajara, Jal., y m. en el DF (1915-1997). Ingeniero civil por la Universidad de Guadalajara (1935). Trabajó para el sector público y posteriormente fundó una constructora y otras empresas. En 1967 compró a la firma estadounidense Pan American su paquete de acciones de Mexicana de Aviación y adquirió el control de esta aerolínea, de la que fue presidente del Consejo de Administración. Habiendo tomado a Mexicana en virtual quiebra, para 1968 logró que operara con utilidades y en 1972 se informó que la ganancia anual era, en promedio, superior a dos millones de dólares. Fue miembro del patronato de la Universidad Iberoamericana y presidente vitalicio de UIAC.

BALLESTEROS USANO, ANTONIO ◆ n. en España y m. en el DF (1896-1974). Pedagogo. Estudió en España en la Escuela Superior del Magisterio. Trabajó al servicio del gobierno republicano durante la guerra civil española. Al término de ésta vino a México (1939). Fue profesor de las escuelas normales Superior, de Varones y de Pachuca. Fundó y codirigió la revista *Educación y Cultura* y escribió para *Romance*. Autor de *Historia general de la educación*, *La adolescencia*, *Organización escolar*, *Los problemas de la educación de los adultos* y otras obras de su especialidad.

BALLET FOLKLÓRICO DE MÉXICO ◆ Compañía de danza fundada en 1952 por Amalia Hernández, su directora y coreógrafa. Empezó con sólo ocho personas y hoy agrupa a más de 300, entre bailarines, músicos y técnicos. Tiene una compañía residente que se presenta regularmente en el Palacio de las Bellas Artes y otra que ha estado en los escenarios de medio centenar de países. Este grupo se propone recuperar las danzas más representativas del pasado y del presente de México, las que son debidamente adaptadas a las exigencias escénicas. Hasta 1997 había ofecido más de 5,000 funciones.

BALLET INDEPENDIENTE ◆ Compañía fundada por Raúl Flores Canelo en 1966 con miembros del Ballet Nacional de México y del Teatro de la Danza de Xavier Francis. Al año siguiente se presentó en el Palacio de Bellas Artes ya con un estilo de danza abierto a las diferentes corrientes y técnicas de la época. A la fecha ha formado a cinco generaciones de bailarines y coreógrafos con maestros de las escuelas de Martha Graham, Louis Falco, Alwin Nicolais y la escuela cubana de ballet. Entre los coreógrafos que han trabajado ahí se cuentan Aurora Bosh, John Fealy, Ana Sokolow, Lorna Burdsall, Michel Descombey, Paricia Ladrón de Guevara, Jaime Hinojosa, Gerardo Delgado y el propio Raúl Flores Canelo. En 1976 el INBA le otorgó un presupuesto fijo y un local, pero en 1978, diferencias de criterio dividieron a la compañía y hubo dos con el mismo nombre, una dirigida por Flores Canelo y otra por Gladiola Orozco y Michel Descombey que finalmente cambiaría su nombre a Ballet Teatro del Espacio. A la muerte de Raúl Flores Canelo, Magnolia Flores quedó al frente del grupo y Manuel Hiram en la dirección técnica y artística. La compañía se integra por 36 personas, ha realizado alrededor de 1,115 presentaciones y ha estrenado 178 coreografías.

BALLET NACIONAL DE MÉXICO ◆ Compañía de danza fundada en 1948 por Guillermina Bravo (☞), quien es desde entonces su directora y principal coreógrafa. El grupo se define por "la convicción de hacer una danza para el pueblo", lo que dio origen al desarrollo de una línea estética netamente nacionalista. Su repertorio comprende "arquetipos universales y héroes nacionales, leyendas populares y mitos de ayer y hoy". Desde 1991 tiene su sede en la ciudad de Querétaro, en el Centro Nacional de Danza Contemporánea, donde prosigue su función de formadora de bailarines y coreógrafos.

BALLETO ◆ Punta situada en la costa este de la isla María Madre, frente al estado de Nayarit.

BALLEZA ◆ Municipio de Chihuahua situado en el sur de la entidad, en los límites con Durango. Superficie: 7,073.58 km². Habitantes: 16,884, de los cuales 3,695 forman la población económicamente activa. Hablan alguna lengua indígena 6,061 personas mayores de cinco años (tarahumara 6,023 y tepehuán 31). Indígenas monolingües: 1,590. En 1640 los misioneros José Pascual y Nicolás Cepeda fundaron la actual cabecera con el nombre de San Pablo de Tepehuanes. La erección municipal data de 1820. Diez años después recibió su actual nombre en honor del sacerdote insurgente Mariano Balleza. En los ríos San Juan y Agujas se practica la pesca deportiva. Las principales fiestas son el 25 de enero y el 24 de junio, en ambas se festeja a San Pablo. En 1985 se estimaba una población de 14,686 personas en la jurisdicción.

BALLEZA ◆ Río de Durango y Chihuahua. Lo forman arroyos que bajan de los Altos de la Tarahumara, donde inicia un recorrido hacia el norte hasta unirse al Conchos.

BALLEZA, GERÓNIMO ◆ n. en Valladolid (hoy Morelia) y m. ¿cerca de Monclova? (1792-?). Insurgente. Fue detenido en Acatita de Baján con los líderes de la insurgencia. Se le condenó a trabajos forzados en una hacienda cercana a Monclova, donde se cree que murió.

BALLEZA, MARIANO ◆ n. en Valladolid, hoy Morelia, Mich., y m. cerca de Durango, Dgo. (?-1812). Sacerdote. Era vicario de la parroquia de Dolores, donde oficiaba el cura Hidalgo. Fue detenido en Acatita de Baján cuando acompañaba a los líderes de la insurgencia. Se le fusiló en la Hacienda de San Juan de Dios después de permanecer más de un año en prisión.

BALLI GONZÁLEZ, ALFREDO ◆ n. en el DF (1939). Licenciado en administración de empresas por la Universidad Iberoamericana. Actividades en empresas privadas: director general de Música Industrial y Comercial (1963-69), gerente general de Electropura (1969-73), director de Radio Tamaulipas (1973-74), director general del grupo Insalmar (1978-80) y subdirector de Banamex (1980-82). En 1983 fue designado director general de Nacional Hotelera.

BALLINAS MAYES, ARMANDO ◆ n. en Jiquilpan, Mich. (1945). Licenciado en derecho por la UNAM (1967). Profesor de la Facultad de Derecho (1971-79). Miembro del PRI desde 1964, donde fue director del Instituto de Capacitación Política para dirigentes juveniles (1969-70). Fue jefe del Departamento de Capacitación Ciudadana (1971-72) y del Departamento de Relaciones con Organismos Juveniles del Injuve (1973-74). Director de Relaciones Públicas del CEMPAE (1975-76) y subdirector de Fortalecimiento Industrial de la Comisión para el Desarrollo de Franjas Fronterizas de la SPP (1978-81). Diputado federal por Michoacán (1982-85). Autor de *La juventud y la democracia en México* (1978).

BALLVÉ, FAUSTINO ◆ n. en Barcelona, España, y m. en el DF (1887-1958). Abogado. Estudió en las universidades de Barcelona, Alemania e Inglaterra. Republicano, llegó a México al término de la guerra civil española (1939). Revalidó su título e impartió cátedra en el Instituto Tecnológico de México y en la Facultad de Derecho de la UNAM. Aquí hizo traducciones y publicó *Función de la tipicidad en la dogmática del delito* (1951), *Libertad y economía* (1954), *Esquema de metodología jurídica* (1956), *Diez lecciones de economía* (1956) y *Formulario procesal civil* (1958). Fue miembro de la International Law Association y de la Sociedad de Derecho Comparado de Berlín.

BALMIS, FRANCISCO JAVIER DE ◆ n. y m. en España (1753-1819). Médico. Llegó por primera vez a Nueva España hacia 1780 y en el ejercicio de su profesión supo de tratamientos nativos contra la sífilis, sobre lo cual redactó un *Tratado*. Introdujo la vacuna contra la viruela en un segundo viaje. Escribió también una *Instrucción sobre la introducción y conservación de la vacuna* y tradujo del francés otra obra sobre el asunto.

BALMORI, CARLOS ◆ ☛*Jurado, Conchita*.

BALMORI, SANTOS ◆ n. y m. en el DF (1899-1992). Artista plástico. Su apellido materno era Picazo. Pasó su infancia y juventud en España, Argentina, Uruguay y Chile, donde ingresó a los 16 años en la Academia de Bellas Artes de Santiago. En España estudió con Sorolla, Moreno Carbonero y Romero de Torres. Marchó luego a París a continuar su aprendizaje y asistió a la Academia de la Grand Chaumiére. Colaboró con Henry Barbusse en la revista *Monde* (1926-33). Fue amigo de Romain Rolland, Panait Istrati, Tagore, Unamuno y Gandhi, quien le posó para un retrato. Viajó por Europa, presentó varias exposiciones y obtuvo cinco premios en concursos internacionales de cartel. A su regreso a México fue miembro fundador de la Liga de Escritores y Artistas Revolucionarios (1933) y trabajó dentro de una línea realista, misma que abandonó en busca de otras formas de expresión. Fue profesor de San Carlos y La Esmeralda, director de la Academia de Danza Moderna de Bellas Artes (1954-59) y de la Escuela 4 de Iniciación Artística (1960). Autor de *Análisis y desarrollo de la forma, Áurea mesura: la composición en las artes plásticas* (1979) y *Las técnicas de la expresión plástica: el dibujo, su aprendizaje y su ejercicio* (1979). Entre las distinciones que recibió se cuentan dos premios del Salón de la Plástica Mexicana (1974 y 1985).

BALSA, CÉSAR ◆ n. en España (1923). Su segundo apellido es Carralero. Empresario del sector turístico. Llegó al país en 1948 y se naturalizó mexicano en 1950. Administró los restaurantes Tampico, Lincoln, Caballo Bayo y María Candelaria. Fundó el Focolare, el Jacaranda, el Can Can y La Ronda (1953). Adquirió el Hotel del Prado, construyó los hoteles El Presidente y María Isabel, en el que fue socio de Antenor Patiño. Creó y presidió Nacional Hotelera y posteriormente la cadena de hospederías BalsaAra. Posteriormente ha hecho inversiones en otros giros y forma parte de los consejos de administración de importantes compañías. En 1966, el Advertising Club, con sede en Nueva York, lo designó "El Anfitrión de México".

BALSAS ◆ Río de Guerrero que sirve en cientos de kilómetros de su curso como límite con Michoacán hasta su desembocadura en el océano Pacífico. Nace de la confluencia de los ríos

Balsa Cesar

Mezcala y Cocula. En la presa del Infiernillo recibe las aguas del Tepalcatepec. La cuenca de ambas corrientes es de 112,300 km^2, sólo menor a la del Bravo y a la del sistema Lerma-Santiago. Su escurrimiento medio anual es de 13,186 millones de metros cúbicos y su

Río Balsas, en Guerrero

Banco de México

curso se calcula en 850 kilómetros, superado únicamente por el Bravo.

BALTAZAR, JUAN ◆ n. en Suiza y m. en México (1697-1760). Sacerdote jesuita. Llegó a México en el primer cuarto del siglo XVIII. Por un largo periodo se dedicó a la evangelización en el noroeste del país. Dominó el náhuatl, lengua en la que dejó una colección de sermones. Escribió unas *Memorias de la conquista de la Pimería* y otra sobre las misiones de la Alta California. Es autor también de *Ceremonias en lengua mexicana.*

BALTAZAR ALVEAR, F. GUILLERMO ◆ n. en Irapuato, Gto. (1941). Licenciado en derecho por la Universidad de Guanajuato (1963). Se especializó en derecho constitucional en la UNAM (1971-72). Fue representante patronal ante la Junta de Conciliación y Arbitraje de León, Gto. (1962-63). Durante su carrera judicial, iniciada en 1964, ha sido juez de distrito en San Luis Potosí (1976), juez segundo de distrito en materia civil en el DF (1976-78), magistrado fundador del Tribunal Colegiado de Morelia, Mich. (1978), del Tribunal Colegiado en materia civil del DF (1978-81) y magistrado y presidente del

Tribunal Colegiado del noveno circuito de San Luis Potosí (1981-).

BALUARTE ◆ Río de Durango y Sinaloa, también conocido como Rosario, que se desprende de la sierra de Ventanas, en la vertiente oeste de la sierra Madre Occidental. Corre hacia el sur hasta aproximadamente el paralelo 23, donde enfila hacia el océano Pacífico, para desembocar entre las lagunas de Lagartero y Caimanero, después de pasar por las poblaciones de Rosario y Chametla.

BALZARETTI, FERNANDO ◆ n. y m. en el DF (1946-1998). Actor. Estudió en la Escuela de Bellas Artes con Alejandro Jodorowsky y Julio Castillo. Fue profesor de la UNAM y del centro de Educación Artística de Televisa. Trabajó en *Plaza Sésamo* y las telenovelas *Mundo de juguete, Ángeles sin paraíso, La gloria y el infierno, Acapulco, cuerpo y alma, Cañaveral de pasiones* y *Huracán.* Actuó en 136 obras de teatro, como *Macbeth, La cueva de Salamanca* y *La noche de Cortés.* Participó en casi medio centenar de películas: *El principio, El jardín de los cerezos, Sandino, Longitud de guerra, Una luz en la escalera* y *Sucesos distantes.* En 1988 recibió un Ariel por su actuación

en *Muelle rojo.* Premio Óscar Ortiz de Pinedo de la AMCT por *Jacques y su amo* (1989).

BANÁMICHI ◆ Municipio de Sonora situado en el centro de la entidad, al norte de Hermosillo. Superficie: 773.06 km². Habitantes: 1,600, de los cuales 494 forman la población económicamente activa.

BANCA ◆ La historia moderna de la banca mexicana se inicia en 1864, cuando ante el gobierno imperial de Ma-

ximiliano de Habsburgo, se registró el London Bank of Mexico and South America, al que durante un siglo se conocería como Banco de Londres y México, que engendró al grupo Serfín. El inicio de operaciones de esta firma británica fue el primero de agosto de

1864 y un año después el entonces llamado Banco de Londres, México y Sudamérica contaba con sucursales en Veracruz, Tampico, Guanajuato, Zacatecas, San Luis Potosí, Morelia, Matamoros, Puebla, Colima y Durango. Asimismo, contaba con oficinas en Cuba y Canadá. Esta firma emitió papel

Billete de 500 pesos del Banco del Estado de Chihuahua, 1913

moneda a partir de 1865, pero su mérito principal fue introducir el empleo del cheque como medio de pago. En 1871 surgió el Banco de Socorros para Labradores y Artesanos Pobres, muy a tono con los vientos proudhonianos del socialismo de la época. Sin embargo, este banco no era otra cosa que una especie de montepío cuyo destino se desconoce. En 1875 el gobierno de Chihuahua autorizó la apertura del Banco de Santa Eulalia, de capital estadounidense, al que fijó algunas condiciones que se consideran el origen de la reglamentación de estas empresas. En la misma entidad surgieron en 1883 el Banco de Chihuahua, del alemán Enrique Muller; el Banco Minero de Chihuahua, de Inocente Ochoa, y el Banco Mexicano de Chihuahua, de un grupo financiero del que formaba parte el gobernador Luis Terrazas. En la capital de la República se autorizó la apertura, en 1881, del Banco Nacional Mexicano, sociedad de capital francés y mexicano (Antonio Mier y Celis, León Stein y Félix Cuevas hicieron aportaciones). El gobierno se comprometió a no aceptar pagos con billetes que no fueran emitidos por el Nacional y a manejar sus fondos con la intermediación de esta empresa. Inversionistas españoles crearon en 1882 el Banco Mercantil, Agrícola e Hipotecario. Un año después se constituyó el Banco de

Empleados, una firma pequeña. Durante la crisis de 1884 el Monte de Piedad, que funcionaba como emisor, se vio orillado a suspender pagos, lo que originó retiros de pánico en el Nacional y el Mercantil, que para hacer frente a la situación se fusionaron el 6 de abril del mismo año, de donde surgió el Banco Nacional de México, al que garantizó el gobierno condiciones de monopolio, pues se obligaría a la competencia a cumplir con ciertos requisitos y no se autorizaría la apertura de nuevos bancos emisores. Por esos días, se incluyó en el Código de Comercio una primera reglamentación general sobre las instituciones bancarias, las que sólo podrían operar previa concesión del gobierno. También, para la emisión de moneda, se les exigía respaldar el monto de lo que hicieran circular con una garantía de 33 por ciento en títulos de la deuda pública o en efectivo, además de otro 33 por ciento que debía guardar el propio banco. El Banco de Londres y México recurrió al amparo y sin que el juicio llegara a término, influyentes personajes del porfiriato dieron una solución al asunto, la que de alguna manera adquirió carácter legal en el Código de Comercio de 1889, que establecía la obligación para los bancos de regirse por contratos bilaterales con el Poder Ejecutivo, lo que de hecho daba facultades discrecionales a la Secretaría de Hacienda. Un año después nacen el Banco Yucateco y el Mercantil de Yucatán. En 1890 el de Durango y en 91 los de Nuevo León y Zacatecas. También se extendieron concesiones para la apertura, que no llegó a producirse, de otras instituciones financieras en diversos puntos de la República. Por disposición del Código de Comercio, las condiciones en que operaba cada empresa, fijadas por Hacienda, eran distintas y habían creado un notorio desorden. En 1896 se expidió una ley federal de instituciones de crédito que estimuló la creación de bancos en los estados de México, Sonora, Coahuila, San Luis Potosí, Sinaloa y Veracruz. Las firmas de

provincia crearon el Banco Central Mexicano, que dio circulación federal a las emisiones de cada entidad y lo convirtió en rival del Nacional y el de Londres. Por otra parte, como sucedería repetidamente, se ponía en riesgo el dinero depositado por el público, pues los personajes más influyentes de cada banco eran, asimismo, quienes se beneficiaban de la mayor proporción de los créditos sin respaldar debidamente tales préstamos en su favor. De ahí que en 1908, una nueva legislación obligara a los bancos a no prestar a una sola persona física o moral "más del 10 por ciento del capital pagado". En 1911 operaban 24 bancos de emisión, dos hipotecarios y cinco refaccionarios. La inescrupulosidad con que se manejaban los bancos, originó que en diciembre de 1912 sólo tuvieran 92 millones para respaldar los 304 millones que sumaban sus emisiones y depósitos. El desorden hacendario creado por Victoriano Huerta incrementó sus dificultades y en 1913 no pudieron restituir los fondos a sus depositantes ni responder cabalmente por sus emisiones. Huerta los autorizaba a imprimir más papel moneda y les imponía préstamos forzosos para financiar su guerra antipopular. De ahí que Carranza declarara fraudulentos los billetes del Banco Nacional de México y prohibiera su circulación, pues contribuían al sostenimiento de la dictadura a costa de un mayor sacrificio popular. Fue por esos días cuando se hicieron toda clase de emisiones, lo que dio lugar a la existencia de un descomunal circulante y al rechazo popular del papel moneda. Entonces, el ingenio popular bautizó a los billetes como *bilimbiques*. Al dominar el constitucionalismo la mayor parte del país, el gobierno de Carranza ordenó la revisión de las cuentas de cada banco, de donde resultó que de 24 firmas emisoras 15 estaban en bancarrota y los restantes, si bien se ajustaban a la ley, atravesaban por una situación harto precaria. Por decreto del 15 de septiembre de 1916 el gobierno incautó la banca y dispuso de sus existencias en metálico. Álvaro

Obregón, por decreto del 31 de enero de 1921, la devolvería a sus antiguos dueños, si bien las empresas insolventes ya no volvieron a abrir. Días después de asumir Plutarco Elías Calles la Presidencia se crean el Banco de México, que quedaría como único emisor, y la Comisión Nacional Bancaria. Asimismo, se aprueba la Ley Nacional de Instituciones de Crédito y Establecimientos Bancarios. El redactor de esa ley fue Manuel Gómez Morín, miembro del consejo de administración del Banco de Londres y México. Fue también en 1924 cuando se efectuó la primera Convención Nacional Bancaria. La segunda sería en 1928, cuando se crea la Asociación Nacional Bancaria, una especie de sindicato de los banqueros. En 1929 son fundados el Banco de Comercio y el Banco Español Mexicano, más tarde sólo Mexicano. En 1931, una devaluación ocasiona nuevamente retiros motivados por el pánico y quiebra la financiera Crédito Español de México. En 1935 el Banco de México deja de efectuar operaciones directas con el público y queda facultado para controlar al resto de los bancos, que son obligados a entregar una parte de sus depósitos a la banca central, lo que se llama encaje legal. El 15 de noviembre de 1937, con Eduardo Suárez como secretario de Hacienda, queda prohibido a los trabajadores bancarios organizarse para su defensa en sindicatos. Entre 1940 y 1960 aumentó de 114 a 462 el número de firmas que operaban en el sistema bancario, en tanto que sus activos totales aumentaron 34 veces en ese periodo, pasando de 846 millones a más de 28 mil millones. En la década de los cuarenta se inicia la asociación de los bancos con instituciones financieras e hipotecarias, lo que les permite ampliar su radio de acción y sus intereses. En esos años las actividades principales de la banca eran los depósitos a la vista, las cuentas de ahorro y los préstamos y descuentos comerciales, mientras que en los años cincuenta el mayor volumen de operaciones se efectúa con valores de renta fija y crece la importancia de los préstamos de avío e hipotecarios. En 1959 se ponen en circulación las tarjetas de crédito extranjeras, pero será hasta 1968 cuando aparezca en el mercado la primera tarjeta de crédito bancario. En los años sesenta se inicia el proceso de computarización de las operaciones. Los años sesenta están marcados por una acelerada expansión de las actividades bancarias. A partir de entonces, los valores de renta fija son el principal instrumento de ahorro, pues permitieron captar cuatro mil 500 millones en 1960 y 37 mil millones en 1967. Si bien en esos años empezaron a realizar operaciones bancarias con el público varias instituciones del sector público, las más beneficiadas fueron las de particulares. Las empresas financieras e hipotecarias privadas que en 1960 manejaban 49 por ciento del mercado, para 1967 habían aumentado su participación a 79 por ciento. En lo que se refiere al destino de la captación bancaria, en 1967 la industria y el comercio recibieron 84.6 de los créditos, en tanto que a las actividades agropecuarias sólo se canalizó 15.4 por ciento. A partir de 1970 se acelera la fusión de empresas bancarias, financieras e hipotecarias, lo que en ciertos aspectos les permitía operar como *banca múltiple*, en contra de las disposiciones legales que obligaban a cada empresa del ramo financiero a cubrir sólo ciertas actividades. Las reformas a la ley bancaria publicadas el 2 de enero de 1975 legalizan una situación de hecho y deja en exclusiva el mercado del dinero a grandes compañías. En 1974 se instalan los primeros "cajeros automáticos". En ese año existían 99 bancos de depósito y 72 sociedades financieras, al 31 de diciembre de 1980 existían sólo 32 grupos de banca múltiple en los cuales se habían fundido prácticamente la totalidad de las empresas del sistema bancario, entre las cuales sobresalían dos, Bancomer y Banamex, que controlaban más de la mitad del mercado. Las firmas mexicanas más importantes contaban con oficinas en el extranjero que facilitaban las tareas especulativas, la fuga de capitales y la llamada *dolarización*. Por otra parte, cada grupo de banca múltiple intervenía y decidía en un número creciente de empresas que habían dejado sus acciones en manos de los bancos. De esta manera, el siempre influyente grupo de los banqueros se convirtió de hecho en rector de la economía nacional. El resultado de esa gestión lo resumió el ex presidente José López Portillo, llamándole "sin solidaridad

Cheque del Banco Nacional de México de 1943, con valor de cincuenta centavos

nacional y altamente especulativa", en la fuga de capitales que cuantificó en 54 mil millones de dólares, en tanto que la deuda externa ascendía a 80 mil millones de dólares. La banca privada fue señalada como la principal responsable de esa pérdida de recursos sociales y como resultado, el citado López Portillo decretó su nacionalización el día primero de septiembre de 1982. En el sexenio siguiente se pagó una cuantiosa indemnización a los antiguos dueños y se puso a la venta la tercera parte de las acciones de la banca nacional. Durante la presidencia de la República de Carlos Salinas de Gortari (1988-1994), la banca nacionalizada volvió por completo a manos privadas y se constituyó el Fondo Nacional de Protección al Ahorro (Fobaproa), que sustituyó el encaje legal y empezó a adquirir de la banca deudas de difícil cobro. En 1993 se aprobó la ley que concede al Banco de México autonomía en política monetaria. Después de la crisis financiera que se desató en diciembre de 1994, se incrementó la adquisición por el Fobaproa de documentos incobrables y en junio de 1999 se estimaba su monto en más de 60 mil millones de dólares y hasta en 80 mil según algunas estimaciones. En diciembre de 1998, los partidos PAN y PRI acordaron en el Congreso de la Unión convertir en deuda pública los pasivos adquiridos por el Fobaproa, con lo que se formalizaba pagar a los bancos los papeles de deudores insolventes. Pese a lo anterior, los activos bancarios eran para entonces inferiores en un 20 por ciento a sus pasivos.

BANCALARI BASAURI, AGUSTÍN ◆ n. y m. en Guadalajara, Jal. (1861-1937). Ingeniero agrimensor por la Escuela de Ingenieros (1881). Fue director del Liceo de Varones de Guadalajara (1893-95), de la Escuela de Artes y Oficios (1895-1905 y 1908-) y de la Preparatoria de Jalisco. Trazó la ruta de los ferrocarriles de Guadalajara a los pueblos del Rincón, Guanajuato, y a Chamela, Jalisco. En 1896 elaboró y editó un plano de Guadalajara y en 1898 dirigió los trabajos para dotar a la capital jalisciense del agua de los manantiales San Rafael, San Andrés y La Purísima. Fue director de la Beneficencia Pública. En 1920 fue miembro

Punta Banda, Baja California

de la comisión encargada de levantar un nuevo plano de Guadalajara. Colaboró en *La Aurora Literaria* (1877) y fue redactor de *El Ateneo Jalisciense* (1907). Autor de *Nociones de sistema métrico decimal* (1889), *Sistema nacional de pesas y medidas* (1903) y de libros de texto, entre ellos *Lecciones de aritmética*.

BANCO DE AVÍO ◆ Institución crediticia para el fomento de la industria nacional, creada por ley del 16 de octubre de 1830 con un capital de un millón de pesos. El autor de la idea fue Lucas Alamán, empresario que formó parte de varios gabinetes. La finalidad del banco era proporcionar, en condiciones ventajosas, créditos a particulares para la introducción de maquinaria y equipo que permitiera la producción en gran escala y la competitividad de las mercancías mexicanas frente a las extranjeras. Se pretendía beneficiar principalmente a los ramos textil y papelero, así como introducir mejoras en la agricultura, la ganadería y otras actividades primarias con la finalidad de producir suficientes insumos para la industria. Asimismo, se hizo venir a decenas de técnicos de Europa y Estados Unidos. En 1842, un decreto de Santa Anna hizo desaparecer la institución, a la que se privó de los recursos acordados en el decreto que le dio vida. El militarismo de la época absorbió partidas que debieron destinarse al banco y algunos empresarios "consumieron inútilmente los fondos que se les facilitaron".

BANCO DE AVÍO DE MINAS ◆ Institución crediticia para el fomento de la minería. Su creación es consecuencia de las Ordenanzas Reales de Minería de 1783. Se dice que llegó a manejar hasta cinco millones de pesos. Favoritismo en el otorgamiento de créditos, desorden administrativo y otros problemas originaron su desaparición en los inicios del México independiente.

BANCROFT, HUBERT HOWE ◆ n. y m. en EUA (1832-1918). Bibliófilo y mecenas. Reunió una importante colección de documentos sobre la costa americana del Pacífico, desde Alaska hasta Centroamérica. El fondo se halla en la

Universidad de California bajo el nombre de *Bancroft Library*, la que incluye parte de las bibliotecas de Alfredo Chavero y José María de Andrade. Esta última fue adquirida por Maximiliano y llevada a Europa después de su muerte. De su peculio, Bancroft pagó a un grupo de investigadores que trabajó en la elaboración de 39 volúmenes sobre la citada porción de la costa americana, los que publicó con su firma. Asimismo, publicó una *Vida de Porfirio Díaz* (1887) y *Recursos y desarrollo de México* (1893).

BANDA ◆ Punta de Baja California que cierra por el sur la bahía de Todos Santos, al sur de Ensenada, junto a la Bufadora.

BANDA, FERNANDO ◆ n. en Colima, Col., y m. en Guadalajara, Jal. (1874-1959). Médico. Se le eligió senador en 1920. Fundó en la capital de Jalisco la Cruz Roja, la Cruz Blanca y el sanatorio de la Beata Margarita. Cofundador y rector de la Universidad de Guadalajara.

BANDA FARFÁN, RAQUEL ◆ n. en San Luis Potosí, SLP (1928). Maestra rural de los 15 a los 19 años. Después estudió letras en la UNAM. Colaboradora de periódicos y revistas de México y otros países. Ha publicado libros de cuentos: *Escenas de la vida rural* (1953), *La cita* (1957), *Un pedazo de vida*, con prólogo de Julio Torri (1959), *El secreto* (1960), *Amapola* (1964) y *La luna en ronda* (1971). También es autora de novelas: *Valle verde* (1957) y *Cuesta abajo* (1958).

BANDA LEO, LONGINOS ◆ n. en Colima y m. en Guadalajara, Jal. (1821-1898). Redujo su apellido materno que era León. Fue secretario de gobierno en Colima (1844-46) y diputado por ese territorio al Congreso General (1846-49). Volvió a representar a Colima en la Convención Federal que se reunió en Guadalajara (diciembre de 1857) para oponerse al golpe de Estado de Comonfort. Bajo la intervención francesa, Maximiliano lo nombró alcalde mayor de Guadalajara (1866), cargo que él aceptó. Restaurada la República, ocupó diversos cargos en el gobierno de Jalisco. Encabezó en 1862 la primera expedición del México independiente a las islas Revillagigedo. Fue redactor de *El Filopolita* (1868). Publicó ensayos estadísticos sobre Colima y Jalisco, trabajos sobre matemáticas y otras materias de las que fue catedrático en instituciones educativas.

BANDA LEÓN, NICOLÁS ◆ n. y m. en Guadalajara, Jal. (1838-1892). Hermano del anterior. Pintor e impresor. Editó un *Calendario* con su nombre *para el año bisiesto de 1864, arreglado al meridiano de Guadalajara.*

BANDA SALAZAR, PEDRO ◆ n. en ciudad Victoria, Tams. (1933). Pintor. Estudió en la Escuela de Pintura y Escultura La Esmeralda (1955). Expuso colectivamente por primera vez en 1955, en el Salón Nuevos Valores, en la ciudad de México, y de manera individual en 1962, en las Galerías Chapultepec. Su obra se ha presentado en Los Ángeles, Bogotá, México DF, París, Sacramento, San Antonio, San Diego, Sao Paulo, Santiago de Chile, Tokio, En 1961 ganó el Premio Nacional de Paisaje.

BANDAL FERNÁNDEZ, ELISEO ◆ n. en Tlatlauqui, Pue., y m. en el DF (1899-1968). Educador. Estudió en la Normal de la ciudad de México. Destacó como promotor de la escuela rural y promovió la sindicalización de los profesores. Fue jefe de la Oficina de Misiones Culturales de la Secretaría de Educación (1927-34), donde también ocupó el cargo de subdirector general de Educación Superior e Investigación Científica (1944-47). Autor de *Método de globalización, La técnica de la escuela Winetca* y otras obras.

BANDALA PATIÑO, ABRAHAM ◆ n. en Papantla, Ver., y m. en la ciudad de México (1838-1916). Militar de carrera. Participó en la guerra de los Tres Años en el bando liberal. Combatió la intervención francesa y el imperio. Durante el porfiriato fue gobernador de Tabasco (1887-88) y (1892-1911).

BANDERA ◆ El empleo de un distintivo nacional de los mexicanos se remonta a la guerra de Independencia, cuando Hidalgo tomó un estandarte de la Guadalupana en la iglesia de Atotonilco y lo adoptó como la bandera de los insurrectos. Sin embargo, en el México precolombino, por lo menos los ejércitos aztecas y tlaxcaltecas usaban emblemas y también los tenían los barrios de Tenochtitlan. Algunos eran de tela, con dibujos bordados y decorados con plumas, y otros eran arreglos plumarios. Los conquistadores trajeron dibujado y decorado el escudo de armas de la monarquía española y los propios estandartes de la fuerza expedicionaria. Durante la colonia el trono español concedió a la nobleza y a las ciudades la autorización para emplear escudos con los blasones que concedían los propios

Estandarte de 1864

monarcas. Los gremios y otras corporaciones contaban también con estandartes. Los lienzos con tales escudos y distintivos flameaban durante los fastos civiles y religiosos y su empleo era objeto de un detallado protocolo. Durante la guerra de Independencia, además del estandarte adoptado por Hidalgo, se usaron otras banderas. La más conocida es una blanca, atribuida a Morelos, que en el centro tiene un águila coronada que descansa sobre un nopal situado encima de tres arcos, en los cuales aparecen las letras VVM, que según algunos autores significa "Viva la Virgen María" y, de acuerdo con otros, "Viva la Victoria Mexicana". Esta bandera, rectangular, tenía cuadros azul claro en los bordes a distancias iguales a su ancho, lo que sugiere las almenas de una fortaleza, imagen guerrera que está presente en la heráldica desde la alta Edad Media. Se conoce un emblema tricolor empleado por las fuerzas insurgentes en Veracruz, Puebla y Oaxaca desde 1813. Tiene las franjas dispuestas en forma semejante a la del pabellón actual y la sigla SIERA, que sig-

Bandera veterana del Batallón Patrio

nifica, según Carolina Baur, "Supremo Insurgente Ejército República Americana", lo cual ponen en duda diversos historiadores. Verde, blanco y rojo fueron también los colores empleados por las fuerzas que se fusionaron mediante la firma del Plan de Iguala. La disposición de los colores en el emblema del Ejército Trigarante no fue en franjas verticales sino diagonales, con una estrella cada una y en el centro las palabras "Religión, Independencia y Unión". Se dice que Iturbide, quien ordenó en Iguala la hechura de la bandera al sastre José Magdaleno Ocampo, quiso simbolizar con el blanco la pureza de la religión, con el verde el movimiento insurgente y con el rojo la participación española. Una vez confeccionada, la insignia trigarante fue adoptada por el ejército independentista el 24 de febrero de 1821. Algunas banderas de la época tenían también una corona en el centro. A la consumación de la independencia, la Soberana Junta Provisional Gubernativa decretó, el 2 de noviembre de

Bandera de Porfirio Díaz

Decretos de San Sebastián

Bandera de la Guardia Nacional

La bandera tricolor ondea con orgullo en los aires de México

1821, que la bandera del Imperio Mexicano sería rectangular, con tres franjas verticales: verde la del extremo izquierdo, roja la del derecho y blanca la central, con el águila coronada y de alas abiertas. El ave aparece en las monedas de la época con la cabeza vuelta hacia la derecha. El Congreso Constituyente, en 1823, acordó quitar la corona al águila. Desde entonces la disposición de los colores no ha tenido cambio, pero el ave, que recuerda la fundación de México-Tenochtitlan y, por tanto, de la nacionalidad, ha tenido gran número de variantes en la forma de las orlas, en el dibujo del nopal y del islote, que a veces está sobre agua y a veces no, y en la incorporación de la serpiente en 1823, pues no aparece en el pabellón iturbidista. Asimismo, durante los dos imperios la cabeza del ave figuraba coronada, a veces de frente y en ocasiones de perfil o tres cuartos, con las alas desplegadas o recogidas. Durante la guerra de los Tres Años, en las banderas conservadoras el águila miraba hacia la derecha, en tanto que en las liberales veía hacia la izquierda. Durante el porfiriato el ave figuraba con las alas muy

desplegadas y casi de frente. Carranza decretó, el 20 de noviembre de 1916, que el águila apareciera mostrando el perfil izquierdo, sobre un islote rodeado de agua y con orlas de encino y laurel. El 5 de febrero se autentificaron los modelos de los símbolos nacionales y se depositaron copias en el Archivo General de la Nación. Benito Ricardo Ramírez, un empleado bancario, con varios compañeros de trabajo organizó un homenaje a la bandera el 24 de febrero de 1935. Ahí, los presentes juraron que pugnarían por establecer de manera oficial ese festejo. En 1942, por acuerdo presidencial, se designó al 24 de febrero como Día de la Bandera. El presidente Manuel Ávila Camacho izó la enseña tricolor en la Plaza de la Constitución ante 80 mil niños que entonaron el *Canto a la Bandera* del poeta Rafael López y el músico Julián Carrillo. Rediseñado el Escudo, el 23 de diciembre de 1967 se emitió la Ley sobre las características de los símbolos nacionales, publicada en el *Diario Oficial* el 17 de agosto de 1968. El 24 de febrero de 1985 entró en vigor la nueva *Ley sobre el Escudo, la Bandera y el Himno Nacionales*, donde se estableció como Día de la Bandera el 24 de febrero, fecha en que se proclamó el Plan de Iguala en 1821. De esta manera se dio carácter oficial a una celebración que se remonta a los últimos días de la guerra de Independencia.

BANDERA, JOSÉ MARÍA ◆ n. en Pachuca, Hgo., y m. en la ciudad de México (1832-1920). Médico que destacó en la oftalmología e incursionó en otras especialidades. Presidió la Academia Nacional de Medicina en 1887. Escribió en publicaciones especializadas.

BANDERA Y MATA, GABINO ◆ n. en Iguala, Gro., y m. en la ciudad de México (1888-1926). Era estudiante de medicina cuando marchó a Estados Unidos para unirse a Francisco I. Madero, quien lo comisionó para organizar la insurrección en Gue-

Estandarte del regimiento de lanceros de Nuevo León y Coahuila

rrero. Con Madero en la Presidencia se le envió a conferenciar con Zapata, labor en la que fracasó. Al producirse el golpe de Estado de Victoriano Huerta salió del país. Regresó para unirse al constitucionalismo y combatió en la Huasteca. Fue delegado a la Convención de Aguascalientes y diputado al Congreso Constituyente de 1917.

BANDERA DE PROVINCIAS ◆ Revista quincenal de cultura aparecida en Guadalajara, Jalisco, en mayo de 1929. Los directores fueron Alfonso Gutiérrez Hermosillo y Agustín Yáñez. El nombre se le impuso porque, según los editores, "se persiste en hacer el silencio alrededor de la provincia. Y las provincias gritan". En el primer

Bandera de provincias

número se insertó un *Manifiesto* del "grupo sin número y sin nombre" que formaban Yáñez, Gutiérrez Hermosillo, Esteban A. Cueva, José G. Cardona Vera y Emmanuel Palacios. Entre los colaboradores figuraron Efraín González Luna, Julio Jiménez Rueda, Francisco González León, Antonio Gómez Robledo, José Guadalupe Zuno, Agustín Basave, José Cornejo Franco, Luis Barragán, Alfredo R. Plascencia, Rafael Delgado,

Banderas, bahía en el Pacífico

José Arriola Adame, Genaro Estrada y varios integrantes de los Contemporáneos. Se publicaron traducciones de Waldo Frank, Upton Sinclair, James Joyce (un capítulo del *Ulises* vertido al español por González Luna), a Claudel y a Kafka. La revista desapareció en 1930.

BANDERA SOCIALISTA ◆ Órgano informativo del Partido Revolucionario de los Trabajadores que apareció por primera vez el 7 de octubre de 1976, quince días después de haberse fundado esta formación política. Fueron sus directores Jaime González (1976-79), Héctor de la Cueva (1979-82), Edgar Sánchez (1982-84), José Martínez Cruz (1984-85) y Sergio Rodríguez (1985-). Fue de periodicidad mensual, quincenal, semanal y en 1987 nuevamente quincenal hasta desaparecer en los años noventa.

BANDERAS ◆ Bahía de la costa del océano Pacífico, en los límites de Jalisco y Nayarit. La cierran por el norte punta Mita y por el sur el cabo Corrientes. En el punto más al este se halla la población de Puerto Vallarta, situada junto a la desembocadura del río Ameca.

BANDERAS, JUAN M. ◆ n. en Tepuche, municipio de Culiacán, Sin., y m. en la ciudad de México (1872-1919). Mató en un duelo con pistola a un estadounidense que se había distinguido por su crueldad con los mexicanos. Fue perseguido hasta que logró la protección de un influyente cacique, Fortunato de la Vega, quien se lo mandó como guardaespaldas a su sobrino, el gobernador sinaloense Diego Redo. Se afilió al antirreeleccionismo y al estallar la insurrección de 1910 organizó y encabezó un contingente. Asistió a la toma de Culiacán. Al triunfo de la revuelta, Madero le dio el grado de general y lo nombró jefe de la Junta Revolucionaria de Sinaloa. Fue gobernador sustituto del estado (1911). Dejó el cargo por presiones del secretario de Gobernación, acusado de dar muerte al coronel porfirista Luis G. Morelos, conocido por su crueldad. Marchó a la capital del país a responder de los car-

gos y al llegar fue puesto en prisión. Durante la Decena Trágica escapó y se incorporó al zapatismo. Asistió como observador a la Convención de Aguascalientes. Se unió después al villismo para operar en su estado natal. Fue derrotado y a fines de 1915 se entregó a los carrancistas. Le apodaban *el Agachado*. Se hallaba desarmado cuando lo asesinó en la pastelería El Globo el coronel y diputado Miguel A. Peralta.

BANDERILLA ◆ Municipio del estado de Veracruz contiguo a Jalapa. Superficie: 22.21 km². Habitantes: 33,798, de los cuales 6,673 forman la población económicamente activa. Hablan alguna lengua indígena 99 personas mayores de cinco años (náhuatl 39).

BANEGAS GALVÁN, FRANCISCO ◆ n. en Celaya, Gto., y m. en Querétaro, Qro. (1867-1932). Promotor de la creación del Partido Católico Nacional. Fue designado obispo de Querétaro en 1919. Escribió *Vida y martirio de San Felipe de Jesús* (1896), *Galileo* (1909) y otras obras.

BANDIDA, LA ◆ ☞*Olmos, Graciela.*

BANGLADESH, REPÚBLICA POPULAR DE ◆ País de Asia situado al norte del golfo de Bengala. Limita con la India y Birmania. Superficie: 143,998 km². Habitantes: 125,340,000 (estimación para 1997). La lengua oficial es el bengalí, la religión predominante es la islámica (83 por ciento) con minorías hinduistas, budistas y cristianas. La capital es Dacca (6,105,160 habitantes en 1991). Otras ciudades importantes son Chittagong (2,040,663 habitantes) y Khulna (877,388 habitantes). Cuatro siglos antes de nuestra era ya existía el reino banga, de donde provienen los términos Bangla y Bengala. A partir del año 250 a.n.e. fue anexado a la India, si bien tradicionalmente conservó cierta autonomía. El dominio británico sobre la península del Indostán, iniciado en las costas en el siglo XVI y que cubrió todo el territorio a mediados del siglo XIX, afrontó la primera gran insurrección moderna en 1857-58, durante la llamada rebelión de los cipayos (soldados hindúes al servicio de Inglaterra), misma que se inició en Dacca. Ahí mismo surgió en 1906 la Liga Musulmana India, movimiento independiente de la población islámica, separada de los hinduistas agrupados por el Congreso Nacional Indio que dirigía Gandhi. Atizados los odios raciales y religiosos por los ingleses, al retirarse éstos en 1947 dejaron dividido el territorio indostánico en dos Estados, India y Paquistán, arguyendo que lo hacían por respeto a la diversidad de cultos de los habitantes. En India quedó la población hinduísta y en Paquistán los musulmanes. Como éstos fueran mayoría en el oeste y noroeste de la península, así como en el este de la misma, India quedó en medio de las dos grandes porciones en que se dividió Paquistán, lo que constituía una arbitrariedad de los colonialistas y auguraba futuros conflictos, favorables a los intereses económicos de Inglaterra. Separada de Paquistán por dos mil kilómetros de territorio indio, la región de Bengala Oriental recibió poca atención de los gobernantes, lo que fortaleció las tendencias autonomistas. La situación se agravó durante la dictadura del general Ayub Khan, quien desató una feroz represión sobre los bengalíes. Éstos ofrecieron una tenaz resistencia y se agruparon en torno a la Liga Awami, que proclamó la independencia de Bangla Desh (Bengala Libre), el 11 de marzo de 1971. El conflicto creció y la India intervino en contra de Paquistán. El 16 de diciembre de 1971 se rindieron las fuerzas de Ayub Khan y el gobierno provisional bengalí manifestó su intención de fundar un Estado libre, democrático, socialista y laico. Un año después, ya con el líder awami Mujibur Rahman como primer ministro, entró en vigor la nueva Constitución, aprobada por la Asamblea Nacional. En el mismo año el país obtuvo su ingreso en la Comunidad Británica de Naciones y en la ONU, se nacionalizó la banca y gran parte de la industria. En 1974 los militares propaquistaníes derrocaron a Mujibur Rahman y Washington y Pekín reconocieron al nuevo gobierno, que sólo hasta fin de año tuvo una cabeza reconocible: el general Ziaur Rahman, quien en enero de 1975 dio a Bangladesh la denominación de "república islámica" y una nueva Constitución que le daba poderes dictatoriales. En julio de ese año México estableció relaciones diplomáticas con el gobierno de Rahman, quien se hizo elegir presidente en 1978, después de poner fuera de la ley a los partidos de oposición. Fue derrocado en mayo de 1981. Al año siguiente se produjo otro cuartelazo que llevó al poder al general Hossain Mohamed Ershad, quien cerró el parlamento, suspendió la vigencia de la Constitución, procedió a poner en manos de particulares las empresas estatales, sujetó la economía a los dictados del Fondo Monetario Internacional, prohibió de hecho las huelgas y cerró seis universidades. En 1984 se autonombró presidente y se mantuvo en el poder hasta 1990. Al año siguiente le sucedió como jefe de Estado Abdur Rahman Biswas. En 1996, la primera ministra Jaleda Zia, del PNB o Partido Nacionalista de Bangladesh, es obligada a renunciar y en las elecciones de junio triunfa la Liga Awami.

BANGS, SAMUEL ◆ n. y m. en EUA (¿1790-1850?). Formó parte de la expedición internacionalista de Francisco Javier Mina, en la cual trabajó como impresor de proclamas y del *Boletín de la División Ausiliar de la República Mexicana*, que redactaba el cubano Joaquín Infante. Aprehendido por los realistas fue llevado a Monterrey junto con la imprenta que operaba y ahí se dedicó a ejercer su oficio. Está considerado el primer impresor de Tamaulipas, Nuevo León, Coahuila y Texas.

BANQUELLS, RAFAEL ◆ n. en Cuba y m. en el DF (1917-1990). Su nombre completo era Rafael Banquells Garafulla y Dinazar Núñez. Se naturalizó mexicano en 1972. Actor, guionista y director. Hijo de actores, en su infancia fue apuntador, tramoyista, utilero y taquillero. Pionero de las telenovelas mexicanas. Al término de la guerra civil española, donde había actuado en la cinta *Nuestra Natacha*, llegó a México. Trabajó en numerosas obras de teatro, series radiofónicas, programas de televisión y cientos de películas, entre las cuales están *Cuando escuches este vals*, *Los hijos de don Venancio*, *Enrédate y verás*, *No matarás* (1940), *La mujer legítima* (1945), *Una mujer con pasado* (1948), *Reportaje* (1953), *Amor y pecado* (1955), *Ensayo de un crimen* (1955), *Pulgarcito* (1957), *Gutierritos* (1959), *Vidita negra* y *La alegría de vivir* (1965). Se hizo popular en México como personaje principal de la radionovela *Gutierritos*, que también protagonizó en la televisión y el cine. Actuó en *Cita a los 25 años*, *Mujeres*, *Aló aló, número equivocado*, *Los hijos naturales* y *El día que secuestraron al Papa*, entre otras obras de teatro; y en las telenovelas *Humillados y ofendidos*, *Días sin luna* (que dirigió) y *Los ricos también lloran*, entre otras. Dirigió las obras teatrales *El diario de Ana Frank*, *Mamá nos quita a los novios*, *Jesucristo Superestrella*, *Todo se vale* y *Vidita salvaje* y también algunas telenovelas y teleseries. Cofundador del Sindicato de Actores Independientes. En 1986 recibió la Medalla Eduardo Arozamena por 50 años de actuación, de la Asociación Nacional de Actores.

BAÑUELAS, ROBERTO ◆ n. en Ciudad Camargo, Chih. (1931). Cantante de ópera, compositor, dibujante, pintor y escritor. Estudió en el Conservatorio Nacional de Música. Forma parte de la Compañía de Ópera de Bellas Artes y se ha presentado en escenarios alemanes, entre otros en el teatro de la Ópera de Berlín, donde ha tenido hasta 40 presentaciones por año. Ha colaborado en *Revista de Bellas Artes*, *El Cuento*, *El Búho* y *Hoy*. Es autor del libro de cuentos *Ceremonial de cíclopes* (1993). Ganó el premio Valles Vivar de Bellas Artes en 1991, otorgado por Fomento Cultural de Chihuahua.

BAÑUELOS, JUAN ◆ n. en Tuxtla Gutiérrez, Chiapas (1932). Poeta. Estudió derecho y letras en la UNAM. Colaboró en publicaciones chiapanecas antes de venir a la capital, donde han aparecido sus poemas en prácticamente todos los suplementos culturales y revistas literarias de importancia. En 1960 publicó *Puertas al mundo* que figura en el volumen colectivo de poesía *La espiga amotinada* (☞), nombre del grupo al que perteneció y con el que publicó otro libro común: *Ocupación de la palabra* (1965). Individualmente ha publicado *Espejo humeante* (1968), *No consta en actas* (1971) y *Destino arbitrario* (1982). En 1986 apareció la antología *La guitarra azul* y en 1987, realizada por él y Carmen Alardín, se publicó una selección de sus *Poesías*. En 1992 se editó *Donde muere la lluvia*, volumen de su poesía preparado por Marco Antonio Campos. Existe un disco con su voz en la colección Voz Viva de México, de la UNAM. Sus poemas han sido traducidos a varias lenguas. En 1968 recibió el Premio Nacional de Poesía de Aguascalientes y en 1984 el Premio Chiapas, cuyo monto donó a los refugiados guatemaltecos. Durante el movimiento estudiantil de 1968, los jóvenes escribían en los muros sus poemas o los reproducían en hojas sueltas que re-

partían en las calles. En 1994-97 formó parte de la Comisión Nacional de Intermediación (Conai) para trabajar por la paz en Chiapas.

BAÑUELOS, JUAN FÉLIX ◆ n. en Jalisco (1878-?). Revolucionario villista. En 1920 se adhirió al Plan de Agua Prieta. Obtuvo el grado de general de brigada. Fue gobernador de Quintana Roo (1931-35) y Zacatecas (1936-40).

BAÑUELOS, RAÚL ◆ n. en Guadalajara, Jal. (1954). Escritor. Estudió letras en la Universidad de Guadalajara, donde ha sido profesor e investigador. Coordina taleres de creación poética. Autor de poesía: *Tan por la vida* (1978), *Menesteres de la sangre* (1979), *Por el chingo de cosas que vivimos juntos* (1979), *Poema para un niño de edad innumerable* (1980), *Puertas de la mañana* (1983), *Cantar de forastero* (1988), *Cuaderno de miniaturas* (1992), *Casa sí* (1994) y *Junturas* (1996). Está en el libro colectivo *De tres en tres* (1986) y prologó *El Telegrama* (1988).

BAÑUELOS, ROSARIO ◆ n. en Durango, Dgo. (1948). Médica cirujana egresada de la Universidad Juárez del Estado de Durango. Maestra en biología por el Instituto Nacional de la Nutrición y en medicina social por la UAM-Xochimilco.e Escribe en *Sábado* y *El Sol de México*. Autora de *Reencarnación de la yegua malquerida* (poesía, 1992).

BAÑUELOS CABEZUD, IGNACIO ◆ n. y m. en La Paz, BCS (?-1959). Periodista. Fundó *El Eco de California*, órgano antihuertista reprimido por los representantes del dictador. Fue decano de la prensa peninsular.

BAOS ◆ Sierra situada en los límites de Durango y Chihuahua. Al oeste está bordeada por el río Florido y, Parral, el importante centro minero, que se halla a pocos kilómetros al oeste. Se le conoce también como sierra de Peñoles.

BAQUEIRO ANDUZE, OSWALDO ◆ n. en Mérida, Yuc., y m. en el DF (1902-1945). Periodista y escritor. Autor de *Geografía sentimental de Mérida: las piedras que hablan* (1937), *Los mayas, fin de una cultura* (1941) y otras obras.

BAQUEIRO FOSTER, GERÓNIMO ◆ n.

en Campeche, Camp., y m. en el DF (1898-1967). Estudió música y trabajó como intérprete en Mérida y la ciudad de México. En el Conservatorio Nacional de Música fue discípulo de Julián Carrillo. Entre sus composiciones está el lieder *La mañana de la cruz*, con letra de Juan Ramón Jiménez. Ejerció la crítica musical durante cuatro décadas en diversas publicaciones, especialmente en el diario *El Nacional*, donde colaboró hasta su muerte. Sus artículos aparecieron reunidos en *Geografía de la canción mexicana*. Escribió también un *Curso completo de solfeo* (1965), una *Historia de la música en México* y otras obras. Dirigió la *Revista Musical Mexicana* entre 1942 y 1943.

Juan Bañuelos

BAQUEIRO PREVE, SERAPIO ◆ n. en Dzitbalchén y m. en Mérida, Yuc. (1838-1900). Fue gobernador interino de Yucatán en 1883 y director del *Diario Oficial* del estado en 1861. Entre sus obras destaca el *Ensayo histórico de las revoluciones de Yucatán*, aparecido entre 1840 y 1864.

BARAHONA, DORELIA ◆ n. en España (1959). Escritora, pintora y ceramista. Vivió en Costa Rica y radica en México. Autora de *De qué manera te olvido* (1990, Premio Juan Rulfo de Primera Novela en 1989).

BARAJAS, ALBERTO ◆ n. en el DF (1913). Doctor en matemáticas (UNAM, 1947). La Fundación Guggenheim lo becó en 1944-45. Director de la Facultad de Ciencias (1947-57) y maestro emérito de la UNAM. Presidente del Consejo Consultivo de la Comisión Nacional de Energía Nuclear (1956-72). Ha publicado ensayos y el resultado de sus investigaciones en revistas científicas de México y el extranjero. Autor de *Métrica de un sistema en rotación en la relatividad general* (1943) y otras obras.

BARAJAS, BENJAMÍN ◆ n. en Villa Madero, Mich. (1965). Licenciado en

Obra *Ensayo histórico de las revoluciones de Yucatán* de Serapio Baqueiro Preve, en edición de 1871

letras hispánicas por la UAM-Iztapalapa, maestro en literatura hispanoamericana por la UNAM, donde es profesor, y doctor por El Colegio de México. Ha colaborado en *La Jornada Semanal* y *Casa del Tiempo*. Autor de los poemarios *Divagando en la voz* (1987) y *Tadrio* (1992).

Joaquín Baranda

BARAJAS, CARLOS ◆ n. en Guanajuato, Gto., y m. en la ciudad de México (1875-1918). Médico. Estudió en la ciudad de México y en París. Se le consideró el más destacado venerólogo mexicano de su tiempo. Dejó inconclusa una *Anatomía descriptiva*. Escribió también *Leyendas y paisajes guanajuatenses* (1916) y otras obras. Durante la primera guerra mundial apoyó la causa de Francia en la revista *Verdún*. El gobierno de ese país le otorgó las Palmas Académicas.

BARAJAS, CARLOS ◆ n. en el DF (1941). Pianista. Estudió en la Academia de Música de Viena (1959-62). Ofrece recitales desde los ocho años. En 1974 se presentó en el Carnegie Hall y en 1980 actuó con la Vermont Simphony. Premio Ernestina Hevia del Puerto de la Asociación Musical Daniel (1954). En 1981 resultó triunfador en el primer Concurso Internacional de Piano, de México, DF.

BARAJAS DURÁN, RAFAEL ◆ ☞*Fisgón, El*.

BARAJAS MORENO, PEDRO ◆ n. en la hacienda de la Daga, en Lagos, Jal., y m. en San Luis Potosí, SLP (1795-1868). Doctor en teología por la Universidad de México (1831). Fue redactor del periódico *El Defensor de la Religión* (1827-30). Se opuso activamente a las reformas decretadas por Valentín Gómez Farías y en 1833 fue desterrado de Jalisco. En 1835 fue elegido diputado por Jalisco al Congreso General, en el que permaneció siete años y ocupó dos veces la presidencia de ese órgano. Primer obispo de San Luis Potosí, nombrado en 1854 y consagrado al año

Pedro Barajas Moreno

siguiente. En 1857 se opuso a la Constitución y fue desterrado de la entidad. En 1860 regresó a su diócesis y se reincorporó a sus actividades políticas en favor del partido conservador. Juárez lo expulsó del país en enero de 1861, lo que aprovechó para viajar por Europa. En Roma asistió a la canonización de San Felipe de Jesús y fue recibido varias veces por Pío IX. Volvió a México al amparo de las armas francesas en 1863. Promovió la firma de un concordato entre El Vaticano y Maximiliano, quien lo condecoró en dos ocasiones. En enero de 1867 formó parte de la Junta de Notables, convocada para decidir la suerte del imperio. Al triunfo de la República, el gobernador de San Luis Potosí le prohibió volver a su sede eclesiástica, lo que pudo hacer hasta julio de 1868, cuando el presidente Juárez extendió la autorización. Murió en diciembre de ese año.

BARANDA ◆ Códice de la cultura mixteca que trata de la conquista de ese territorio. Data de aproximadamente 1630, aunque refiere hechos de un siglo antes.

BARANDA, JOAQUÍN ◆ n. en Mérida, Yuc., y m. en la ciudad de México (1840-1909). Abogado liberal. Fue encarcelado en Sisal durante el imperio. Al restaurarse la República fue dos veces diputado, gobernador sustituto y luego electo de Campeche, cargo al que renunció al producirse el golpe militar que llevó al poder a Porfirio Díaz. Varias veces senador. Formó parte del gabinete del presidente Manuel González como secretario de Justicia e Instrucción Pública (1882-84). Con Porfirio Díaz en la Presidencia fue durante un mes (diciembre de 84 a enero de 85) secretario de Relaciones Exteriores y luego (1884-1901) ocupó la cartera de Justicia e Instrucción Pública. Académico de la Lengua. Escribió *Recordaciones históricas* (1907).

BARANDA, MANUEL ◆ n. en Guanajuato, Gto., y m. en la ciudad de México (1789-1860). Político conservador. Fue gobernador de Guanajuato (1833-35), miembro de la Junta de

Notables que elaboró las Bases Orgánicas de 1843 y secretario de Justicia en los gobiernos de Antonio López de Santa Anna, Valentín Canalizo y José Joaquín de Herrera (17 de julio de 1843 al 6 de diciembre de 1844) y de Relaciones Interiores y Exteriores en los gabinetes de Santa Anna y Pedro María Anaya (21 de marzo al 17 de junio de 1847).

BARANDA, MARÍA ◆ n. en el DF (1962). Estudió psicología en la UNAM (1980-84). Trabajó como editora en Los Libros del Rincón, de la SEP (1990-91) y en Ediciones El Equilibrista (1991-93). Fue redactora de *Casa del Tiempo* (1988-89). Ha colaborado en *Vuelta, Comala, Los Universitarios, La Jornada Semanal, El Semanario Cultural de Novedades* y otras publicaciones. Es coautora, con Francisco Hinojosa, de *Joaquín y Maclovia se quieren casar* (1987). Autora de los poemarios: *El jardín de los encantamientos* (1990), *Fábula de los perdidos* (1991), *Ficción de cielo* (1995), *Los memoriosos* (1995), *Moradas imposibles* (1997, Premio Villa de Madrid 1998) y *Nadie, los ojos* (1999). Premio Punto de Partida (1986) y Premio Efraín Huerta (1995). Tuvo la beca INBA (1988-89) y la de jóvenes creadores del Fonca (1990-91), que en 1994 le dio el apoyo a proyectos culturales.

BARANDA GARCÍA, ALFREDO ◆ n. en el DF (1944). Licenciado en derecho por la UNAM (1964-69) y maestro en economía por El Colegio de México (1969-71) y en administración por la Universidad de Harvard. Profesor del Centro de Estudios Monetarios Latinoamericanos y del Instituto Tecnológico Autónomo de México. Durante nueve años trabajó en el Banco de México (1971-80). Ha sido director de Política del Sistema Financiero de la Secretaría de Hacienda (1980-81); secretario de Finanzas (1982-86) y gobernador sustituto del Estado de México (1986-87); embajador en España (1987-89), director general de Teléfonos de México (1989-91), procurador federal del Consumidor (1991-94), coordinador general de Puertos y Marina Mercante (1995-96) y director general de Aeropuertos y Servicios Auxiliares (1996-).

BARANDA GARCÍA, PEDRO ◆ n. en el DF (1948). Licenciado en derecho por la UNAM (1969-73). Hizo cursos de posgrado en las universidades británicas de Birmingham (1973-74) y Cambridge (1974). Miembro del PRI desde 1978. Ha sido subdelegado del DDF en Azcapotzalco (1979-80), director jurídico del Fondo Nacional para los Desarrollos Portuarios (1980-82); director general de Asuntos Jurídicos (1982-85), secretario particular del secretario (1985-86) y oficial mayor de la Secretaría de Turismo (1986-88); y delegado de la Secretaría de la Contraloría ante la Secretaría de Turismo, la SCT y la Sedue (1988-).

BARANDAL ◆ Revista literaria fundada y dirigida por Rafael López Malo, Arnulfo Martínez Lavalle, Octavio Paz y Salvador Toscano. El primer número está fechado en agosto de 1931 y el séptimo y último en marzo de 1932. Ahí se publicaron textos firmados por Julio Prieto, Marinetti, Enrique Ramírez y Ramírez, Waldo Frank, Carlos Pellicer, Huizinga, Valéry, Novo, Einstein, Xavier Villaurrutia, Manuel Moreno Sánchez, José Alvarado y Juan Marinello.

BARAZÁBAL, MARIANO ◆ n. en Taxco, Gro., y m. en la ciudad de México (1772-?). Poeta del grupo llamado la Arcadia Mexicana. Firmaba con su nombre o con los pseudónimos *M.B.*, *El Aplicado*, *Bazla-bara*, *Álbaro María Bazán* y *Anfriso*. En el *Diario de México* publicó unos 150 poemas, la mayoría de circunstancias, y alrededor de 40 fábulas, una de las cuales, escrita en agosto de 1811, disgustó a la censura y le costó 152 días de cárcel, pese a los frecuentes elogios que hacía Barazábal de Fernando VII. Fue un poeta muy popular en su tiempo. En diciembre de 1812 aparecieron sus últimas colaboraciones en el *Diario*.

BARBA GONZÁLEZ, SILVANO ◆ n. en Valle de Guadalupe, Jal., y m. en el DF (1895-1967). Licenciado en derecho por la Escuela de Jurisprudencia de Guadalajara (1920), de la que fue profesor. Fundó el Partido Liberal Jalisciense. Diputado local durante dos periodos consecutivos (1921-24). Procurador de Justicia del estado (1925), secretario de gobierno y gobernador provisional de Jalisco (1926-27). Rector de la Universidad de Guadalajara (1928-1929). En el gabinete del presidente Lázaro Cárdenas fue jefe del Departamento del Trabajo (1934-35) y secretario de Gobernación (1935-36). Presidente del PNR (1936-38). Gobernador constitucional de Jalisco (1939-43). Jefe del Departamento de Asuntos Agrarios y Colonización (1944-46). Senador por Jalisco (1952-58). En julio de 1965 fue designado presidente de la Comisión de Honor y Justicia del PRI. Autor de *El reeleccionismo dentro de la revolución* (1930), *La lucha por la tierra* (5 t., 1956, 1960, 1963, 1964 y 1966), *La rebelión de los cristeros* (1967) y *Licenciado y general Pedro Ogazón* (1967).

BARBA HERNÁNDEZ, ALFREDO ◆ n. en Tepatitlán, Jal. (1944). Líder obrero. Miembro del PRI desde 1962. Ha sido secretario general del Sindicato Nacional del Gas y del Sindicato Nacional Textil del Ramo de la Costura (1982). Diputado federal (1982-85).

BARBA ISLA, JORGE CONSTANTINO ◆ n. en ciudad Madero y m. en Reynosa, Tams. (1937-1989). Se tituló como técnico mecánico en el Tecnológico de Ciudad Madero. Pertenece al PRI desde 1960. En la sección 36 del Sindicato de Trabajadores Petroleros de la República Mexicana ha sido secretario de la Comisión de Honor y Justicia (1972-73), de Organización y Estadística (1974-75), de Trabajo (1977-81), del Interior (1982-83) y secretario general (1986-87), así como presidente del Patronato de Obras y Desarrollo (1975-76). Fue diputado federal a la LIV Legislatura (1988-91).

BARBA JACOB, PORFIRIO ◆ ☞*Osorio Benítez, Miguel Ángel.*

BARBA DE PIÑA CHAN, BEATRIZ ◆ n. en la ciudad de México (1928). Antropóloga. Fue subdirectora del Museo de las Culturas (1965-70). Investigadora de la Dirección de Etnología y Antropología Social del INAH. Colaboradora de la *Enciclopedia de México* y autora de *Alhajas mexicanas* (1974), *La expansión de la magia* (1980), *El arte de China* (1983), *Ambiente social y mentalidad mágica* (1984) y de textos aparecidos en volúmenes colectivos y revistas especializadas.

BARBA RUBIO, JOSÉ ◆ n. en Guadalajara, Jal. (1914). Dermatólogo. Se graduó en la Facultad de Medicina de la UNAM (1939). Hizo estudios de posgrado en Argentina y Brasil. Profesor de la Facultad de Medicina de la Universidad de Guadalajara desde 1945. Director del Instituto Dermatológico de Guadalajara (1945-), rector de la Universidad de Guadalajara (abril de 1953 a noviembre de 1954), jefe de Salud Pública de Jalisco (mayo de 1956 a mayo de 1959), miembro del Buró de Expertos en Lepra de la Organización Mundial de la Salud (1967-72 y 1972-77). *Doctor honoris causa* por la Universidad de Morelos (1953). Recibió la insignia Mariano Bárcena del Congreso de Jalisco (1957), la de comendador de la Orden de Damiao de Belo Horizonte, Brasil; el diploma Jesús Delgadillo y Araujo, presea de oro de la Universidad de Guadalajara (1969) y el premio Castellani-Reiss de la Sociedad Internacional de Dermatología Tropical, con sede en Nueva Orleans (1979).

BARBACHANO PONCE, MANUEL ◆ n. en Mérida, Yuc., y m. en el DF (1924-1994). Productor cinematográfico. En 1952 fundó la empresa Teleproducciones, elaboradora de los noticiarios *Tele Revista* y *Cine Verdad* (1954). Creó, en los años sesenta, el *Noticiero EMA* y *Cámara Deportiva*. En 1953 produjo la película *Raíces*, dirigida por Benito Alazraki, que obtuvo el premio de la Federación Internacional de la Prensa Cinematográfica en el Festival de Ca-

Foto: Dante Bucio

Alfredo Baranda García

Manuel Barbachano Ponce

nnes, Francia (1954). En 1956 fue el productor de la cinta *Torero* (Carlos Velo), que también obtuvo reconocimiento en el extranjero. Otras de sus producciones son *Nazarín* (Luis Buñuel, 1958), *Sonatas* (Juan Antonio Bardem, 1959), *El gallo de oro* (Roberto Gavaldón, 1964), *Amor, amor, amor*, sobre relatos de Carlos Fuentes, Juan García Ponce y Juan de la Cabada (1965); *Los bienamados* (Juan José Gurrola y Juan Ibáñez, 1965), *Pedro Páramo* (Carlos Velo, 1966), *María de mi corazón* (Jaime Humberto Hermosillo, 1979) y *Frida* (Paul Leduc, 1984), todas ellas con reconocimientos internacionales.

BARBACHANO PONCE, MIGUEL ◆ n. en Mérida, Yuc. (1930). Realizó estudios de derecho y de letras en la UNAM, institución de la que fue profesor. Dirigió los noticiarios cinematográficos *Cine-Verdad* y *Telerrevista*, el episodio "Lola de mi vida" de la película *Amor, amor, amor*, que obtuvo el segundo lugar en el Festival Experimental de Cine (1965). Ha sido crítico cinematográfico de *Excélsior* (1976-77) y pro-

ductor del Canal 13 (1974-82). Trabajó en los guiones de tres cintas con el italiano Cesare Zavattini. Autor de las obras teatrales *El hacedor de dioses* (estrenada en 1954), *Examen de muertos* (estrenada en 1955), *Las lanzas rotas* (1959), *Los pájaros* (1961), *Retorna Orestes* y *Once lunas y una calabaza*; de las novelas: *El diario de José Toledo* (1964) y *Los desterrados del limbo* (1971); del volumen de cuentos *La utopía doméstica* (1980), del ensayo *El cine mundial en tiempo de guerra 1930-1945* (1991) y de un libro de *Críticas* (1988).

BARBACHANO Y TARRAZO, MIGUEL ◆ n. en Campeche y m. en Mérida, Yuc. (1807-1859). Gobernador de Yucatán (1844-46 y 1847-53). Se le recuerda porque para satisfacer su ambición política engañó y dividió a los mayas para hacerlos pelear entre sí. Como fracasara en este último intento, promovió la cacería de indios en toda la península, pues las autoridades pagaban cinco pesos por cada cadáver. A los prisioneros los vendió el gobernador como esclavos en Veracruz y La Habana.

BARBADILLO Y VICTORIA, FRANCISCO DE ◆ n. en España y m. en la ciudad de México (?-1726). Fue gobernador y capitán general del Nuevo Reino de León (1719-23).

BARBADOS ◆ Estado que ocupa la isla del mismo nombre, en el extremo oriental de las Antillas Menores y fuera del arco que forman éstas. Se halla al este de la isla San Vicente y al norte de Tobago, frente a las costas de Venezuela. Superficie: 430 km². Habitantes: 265,000 (estimación para 1997). La capital es Bridgetown (6,070 habitantes en 1990). La lengua oficial es el inglés. La isla fue habitada por indios arauacos y caribes. Los españoles llegaron en 1518 y la llamaron isla de las higueras barbadas. La escasa población india fue exterminada por las enfermedades traídas por los europeos, la sobreexplotación y la trata de esclavos. Los españoles la abandonaron y en 1625 empezaron a establecerse los ingleses, que quince años después ya eran unos

40,000. La introducción del cultivo de la caña de azúcar hizo necesaria la introducción de esclavos, que fueron traídos de África o trasladados desde otras posesiones británicas en el Caribe. La esclavitud fue abolida en 1834, pero la economía basada en el monocultivo y la gran propiedad de la tierra se mantuvo sin cambio. La situación política tampoco fue alterada. Sobre una población mayoritariamente negra gobernaba un pequeño núcleo de blancos. En 1938 se funda el Partido Laborista, cuyo líder, Grantley Adams, se convirtió en 1951 en primer ministro del gobierno local. La corona británica aceptó conceder una relativa autonomía en 1961 y cinco años después Barbados se convirtió en nación independiente, con la reina Isabel II como jefa de Estado y el país incorporado a la Comunidad Británica de Naciones. Barbados en septiembre de 1972 estableció relaciones diplomáticas con México y ambas naciones coincidieron en foros internacionales como la OEA. A partir de 1981 se produjo un viraje en la política internacional de este país, que estrechó sus relaciones con Washington y fue visitado por Ronald Reagan en abril de 1982. Durante la invasión a Granada (1983) el gobierno laborista permitió el uso de su territorio nacional como base de operaciones de Estados Unidos y facilitó hombres para la ocupación del país vecino, con lo que la Casa Blanca quiso dar la apariencia de una operación multilateral.

BARBARÁ ZETINA, FERNANDO ◆ n. en la ciudad de México (1925). Arquitecto. Estudió en la UNAM, donde fue profesor durante 42 años. Tomó cursos de posgrado con Mies van der Rohe en el Instituto Tecnológico de Illinois, con Walter Gropius en la Universidad de Harvard y Alvar Aalto en el Instituto Tecnológico de Massachusetts. Ha sido catedrático de la UIA y la Universidad Autónoma de Guadalajara. Fue jefe de la Oficina de Edificios de la SCOP y miembro de la Comisión Reguladora del Crecimiento de la Ciudad de México. Autor de *Materiales y procedimien-*

Foto: Archivo Clío

tos de construcción (1955), *Japón 60, el país, el hombre, su arquitectura* (1966) y otros libros. Miembro emérito de la Academia Nacional de Arquitectura.

BARBERA DURÓN, JUAN SEBASTIÁN ◆ n. en el DF (1964). Artista plástico, estudió en los talleres libres de la ENAP (1978-85) con los maestros Gilberto Aceves Navarro, Carlos Olachea, Jesús Martínez, Pedro Ascencio, Luis Nishisawa y Juan Berruecos; se especializó en el taller del pintor Ernesto Alcántara (1986). Diseñador industrial por la UAM (1985-89). Trabajó en el taller de Juan Sánchez Juárez en Nueva York (1989) y ha participado en varios proyectos de diseño industrial y gráfico. Ha expuesto individual o colectivamente desde 1985 en ciudades de México y España.

BARBERENA VEGA, MIGUEL ÁNGEL ◆ n. en la ex hacienda de Los Cuatro, mun. de Jesús María, y m. en Rancho Marquitos, mun. de Pabellón de Arteaga, Ags. (1928-1999). Ingeniero naval geógrafo titulado en la Escuela Naval Militar (1947-51), ingeniero mecánico (1955-57) y maestro en ingeniería nuclear por la Universidad de Michigan (1957-58), posgraduado en desarrollo en la UNAM (1962), y doctor en ciencias por la Universidad de Sinaloa (1964). Profesor en varias instituciones de enseñanza superior. Miembro del PRI desde 1947, partido del que fue secretario de organización (1973-74) y secretario general (1974-75). Director fundador del Instituto de Ciencias de la Universidad Veracruzana (1961-62), director del Centro Nacional de Cálculo del IPN (1963-64), director general de Ferrocarriles en Operación (1964-70) y subsecretario de Comunicaciones y Transportes (1976-81), senador de la República (1970-76), diputado federal (1985-86) y gobernador de Aguascalientes (1986-92). Era contraalmirante de la Armada de México.

BARBOSA, MACARIO G. ◆ n. en Colima, Col., y m. en Pihuamo, Jal. (1882-1957). Promovió que el 24 de febrero fuera dedicado a la celebración del Día de la Bandera, para lo cual mantuvo correspondencia con gobernadores de todas las entidades y creó en la capital colimense un comité para apoyar sus gestiones, las que finalmente fueron exitosas.

BARBOSA, MANUEL ◆ n. en Erongarícuaro y m. en Morelia, Mich. (1830-1906). Combatió a los invasores estadounidenses. Participó en la guerra de los Tres Años contra los conservadores y después en la resistencia contra la intervención francesa y el imperio. Escribió *Apuntes para la historia de Michoacán* (1905).

BARBOSA CANO, FABIO ◆ n. en ciudad Las Casas, Chis. (1942). Licenciado en economía y pasante de la maestría de historia de México por la UNAM, donde es profesor e investigador. Cofundador de la Liga Comunista Espartaco y del Movimiento de Izquierda Revolucionaria Estudiantil. Fue preso político de 1966 a 1973, acusado de participar en la voladura de la estatua de Miguel Alemán en la Ciudad Universitaria del DF y en otras actividades. Fue miembro del PCM desde 1972 hasta la desaparición de ese agrupamiento político. Cofundador del Sindicato de Personal Académico de la UNAM (1973) y miembro de su primer comité ejecutivo. Ha colaborado en publicaciones periódicas. Autor de *La CROM, de Luis N. Morones a Antonio J. Hernández* (1980), *La lucha interna en el partido oficial PNR-PRM, 1933-38* (1980) y *Los petroleros.* Coautor de *Historia del comunismo en México* (1985). Es miembro fundador del consejo general del Centro de Estudios del Movimiento Obrero y Socialista (CEMOS).

BARBOSA ESPINOZA, MARÍA ALBERTINA ◆ n. en Durango, Dgo. (1944). Profesora egresada de la Escuela Normal Básica de Durango especializada en la Escuela Normal Superior de Durango; tomó cursos en la Universidad de Nueva York y en la de Oglethope, de Atlanta, EUA. Pertenece al PRI, en el que ha ocupado, entre otros cargos, el de directora del centro de Capacitación Política de Durango (1980-81) y el de secretaria general de la Asociación Nacional Femenil Revolucionaria en Durango (1981-). Ha sido diputada federal en dos ocasiones (1982-85 y 1988-91).

BARBOSA GONZÁLEZ, SANTIAGO ◆ n. en Pihuamo, Jal., y m. en Colima, Col. (1875-1935). Educador. Fue director de la Escuela Normal de Colima y de Educación Pública de esa entidad, donde fundó la Sociedad de Estudios Históricos y la revista *Colima Cultural.*

BARBOSA HELDT, ANTONIO ◆ n. en Colima, Col. (1908-1973). Profesor normalista. Fue secretario general del Sindicato de Maestros. Fue subdirector de Escuelas del Calendario B y oficial mayor de la Secretaría de Educación Pública. Autor de *Gobernantes de México, La mujer en las luchas de emancipación de México* y *Juárez y el triunfo de la República.* Murió en un accidente de carretera cuando era gobernador electo del estado de Colima.

BARBOSA LLAMAS, MAXIMINO ◆ n. en Casimiro Castillo, Jal. (1960). Agricultor y político. Como miembro del PRI, fue candidato a diputado local plurinominal en 1995. En 1997 aceptó ser candidato por el PRD. En 1998 contendió por la dirección perredista en Jalisco, perdió y abandonó el partido. Diputado federal (1997-2000). Es uno de los dirigentes del movimiento de deudores El Barzón.

BARBOSA OCAMPO, RAMÓN ◆ n. y m. en Guadalajara, Jal. (1816-1877). Abogado y político conservador. Colaboró en publicaciones de Guadalajara, donde fue redactor de *La Tarántula,* periódico satírico antiliberal. En Colima fundó el semanario *La Verdad* (1870). Murió siendo el decano de los notarios de Guadalajara.

BARBOSA RODRÍGUEZ, PORFIRIO ◆ n. en Morelia, Mich. (1948). Ingeniero civil por la Universidad Michoacana (1965-70). Ha sido contratista de la Comisión del Río Balsas (1971), coordinador regional del programa IMSS-Coplamar en Veracruz y Guerrero

Obra *Entre flores* de Juan Sebastián Barbera

Miguel Ángel Barberena Vega

(1979), director de Obras Públicas y secretario de Urbanismo y Obras Públicas en Michoacán (1980-86); director de Regularización Territorial (1997-98) y oficial mayor (1998-99) del gobierno del Distrito Federal.

BARCA, LA ◆ Municipio de Jalisco situado en el este de la entidad, en la cuenca del lago de Chapala y en los límites con Michoacán. Superficie: 379.48 km². Habitantes: 57,334, de los cuales 11,954 forman la población económicamente activa. Hablan alguna lengua indígena 60 personas mayores de cinco años (purépecha 42). La cabecera municipal es un asentamiento de población que data de la época prehispánica, cuando tenía el nombre de Chichinahuatengo. En 1553 los españoles le llamaron Santa Mónica de la Barca.

Manuel de la Bárcena

BARCA, PLAN DE LA ◆ Planicie que ocupa el este y el norte del lago de Chapala. Se le conoce también como ciénega de Chapala o valle de Coynán. Las ciudades de Ocotlán y La Barca están dentro de esta región, tradicionalmente conocida por su riqueza agropecuaria y en los últimos lustros por su actividad industrial.

BARCELATA, LORENZO ◆ n. en Tlalixcoyan, Ver., y m. en el DF (1898-1943). Intérprete y compositor de música popular. Dirigió la XEFO, estación radiodifusora del Partido Nacional Revolucionario. Hizo música para cine y actuó en películas como *Allá en el rancho grande, Jalisco nunca pierde*, etc. Es autor del vals *María Elena*, del *Himno del agrarista, La iguana, El coconito* y otras melodías que han conservado su popularidad a lo largo de varias décadas.

BARCELÓ RODRÍGUEZ, VÍCTOR MANUEL ◆ n. en Emiliano Zapata, Tab. (1936). Estudió en la Escuela Nacional de Maestros (1953-55) y licenciado en economía por la UNAM (1958-62). Miembro del PRI desde 1953. Ha sido subdirector de Fomento a las Exportaciones de la SIC, embajador en Colombia (1971-72) y representante de

México ante el Consejo Económico y Social de la ONU (1973-79); director general de la Fábrica Nacional de Maquinaria y Herramientas (1979-82), senador suplente (1982-88); director general del Instituto de Capacitación Agraria (1981-85) y subsecretario de Organización y Desarrollo Agrario de la SRA (1985-88); vocal ejecutivo de la Comisión Coordinadora para el Desarrollo Rural del DDF (1988-94); secretario de Gobierno (1994-99) y gobernador interino de Tabasco (1999-). Autor de *México en la integración económica latinoamericana* (1968), *América Latina: integración o dependencia* (1973), *Política mundial del siglo XXI* (1974) y *México, su crisis económica* (1982). Pertenece al Colegio Nacional de Economistas y a la Liga de Economistas Revolucionarios, de la que fue vicepresidente (1959).

BÁRCENA, ANDREA ◆ n. en el DF (1950). Estudió en la Escuela Nacional de Educadoras (1968); es licenciada en psicología por la UNAM (1978) y es maestra en ciencias, especialidad de educación, por el Centro de Investigación y Estudios Avanzados del IPN. Ha sido educadora en jardines de niños y profesora en escuelas normales. Ejerce en forma privada la psicoterapia materno-infantil. Trabajó como divulgadora científica en el Conacyt (1974-80). Colaboradora de *Proceso, Fem, La Jornada, Punto* y *El Universal*. Autora de *Ideología y pedagogía en el jardín de niños* (1988). Es representante en México del Club Internacional para los Derechos de la Infancia.

BÁRCENA, JOSÉ DE LA ◆ ¿n. y m. en Durango? (1810-¿1875?). Fue gobernador de Durango (1856-58 y 1874). Adoptó un comportamiento liberal en su primer periodo de gobierno y aplicó una política acorde con el movimiento de Reforma. Al estallar la asonada de Tacubaya reconoció a Zuloaga.

BÁRCENA, MANUEL DE LA ◆ n. en España y m. en la ciudad de México (1769-1830). Sacerdote. Firmó el Acta de Independencia de México en su calidad de miembro de la Suprema Junta Provisional Gubernativa, en 1821, y

formó parte de la Regencia en 1822.

BÁRCENA COQUI, MARTHA ELENA ◆ n. en Veracruz, Ver. (1957). Licenciada en comunicación por la UIA (1975-79), donde ha sido profesora desde 1984, con estudios de posgrado en el Instituto Matías Romero (1978-79 y 1979-80) y en Cestem y la Academia de Derecho Internacional de La Haya (1985-87). Bachiller en filosofía por la Universidad Gregoriana de Roma (1985-87). Fue bailarina de la Compañía Nacional de Danza del INBA (1975-77). Pertenece al Servicio Exterior Mexicano desde 1979 y en 1999 tenía el rango de ministro. En la SRE ha sido jefa del Departamento de Trabajadores Migratorios (1979-81), directora de Organismos Especializados de la ONU (1983-85), cónsul para asuntos turísticos, comerciales y culturales del Consulado de México en Barcelona (1989-90) y delegada de México a reuniones internacionales. Colabora en *Proa* y *Fronteras*. Autora de *Historia del Servicio Consular Mexicano* y de *Experiencias y tendencias en la cooperación internacional: el caso de México*.

BÁRCENA IBARRA, ALICIA ISABEL ◆ n. en el DF (1952). Bióloga (1971-75) y maestra en ciencias por la UNAM (1975-79), maestra en ecología por el Instituto Nacional de Investigación sobre Recursos Bióticos (1979-82) y maestra en administración por la Universidad de Harvard (1987-88). Profesora de la UNAM y de la Universidad Autónoma Metropolitana (1977-79). Pertenece al PRI. Ha sido miembro del consejo académico de la UAM-Iztapalapa, investigadora en el Instituto Nacional de Investigación sobre Recursos Bióticos (1978-82), subsecretaria de Ecología de la Secretaría de Desarrollo Urbano (1982-86) y directora del Instituto Nacional de la Pesca (1988-). Coautora de una *Introducción al método científico en biología* (1982). Forma parte de la Sociedad Botánica de México.

BÁRCENA RAMOS, MARIANO DE LA ◆ n. en Ameca y m. en Guadalajara, Jal. (1842-1899). Estudió en la Academia de San Carlos (1864-65). En 1866 ingresó en la Escuela Nacional Preparatoria, donde fue discípulo de Gabino Barreda y Leopoldo Río de la Loza. Pasó a la Escuela de Minas. Era estudiante de ingeniería cuando Maximiliano le otorgó la Orden de Guadalupe (1866). En 1871 lo fue de la Sociedad Mexicana de Historia Natural. Descubrió y clasificó especies vegetales y dio nombre a dos especies fósiles. Se le debe el conocimiento de una variedad de mercurio. Realizó exploraciones en el volcán El Ceboruco, de las cuales dejó varios testimonios. Fundó en 1877 y dirigió hasta su muerte el Observatorio Meteorológico. En 1888 fue nombrado secretario de Gobierno de Jalisco y al año siguiente, a la muerte de Ramón Corona, gobernador del estado (noviembre de 1889 a octubre de 1890). Al término de su mandato fue senador. Escribió tratados de geología, paleontología y litología, una *Noticia geológica del estado de Aguascalientes*, *Las obsidianas de México*, *Datos para el estudio de las rocas mesozoicas de México y sus fósiles* y, sobre el llamado Hombre del Peñón, una *Noticia acerca del hallazgo de restos humanos prehistóricos en el valle de México*.

BÁRCENAS, RICARDO ◆ n. en la ciudad de México (1907). Pintor. Fue director de la Academia de San Carlos y de la Escuela de Artes y Publicidad, institución que fundó en 1938. En su producción hay obras de caballete y pintura mural (*Industrias de Michoacán*).

BÁRCENAS, VICTORINO ◆ n. en Tlapa, Gro., y m. en Michapa, Mor. (?-1927). Militó en la revolución en el Ejército Libertador del Sur. Se sometió a la amnistía carrancista y después cooperó en el asesinato de Emiliano Zapata. En 1927 se adhirió al movimiento cristero y murió a consecuencia de las heridas que recibió en un combate cerca de Iguala.

BARCLAY, GUILLERMO ◆ n. en Jalapa, Ver. (1939). Escenógrafo. Hizo estudios de derecho y letras en la Universidad Veracruzana, de artes plásticas en La Esmeralda y escenografía en la Escuela de Arte Teatral del INBA. Estuvo becado dos años y medio en la Universidad del Teatro de las Naciones. Fue coordinador de la Unidad del Bosque. Presentó siete exposiciones individuales de sus grabados. Ha colaborado con Rafael López Miarnau, Guillermina Bravo y, sobre todo, con Manuel Montoro. Ha hecho cerca de 300 escenografías para ópera, ballet y teatro, cine (*Pedro Páramo*) y telenovelas (*Yesenia*). Entre sus trabajos se cuentan los elaborados para las puestas en escena de *Sacco y Vanzetti*, *El malentendido*, *La flauta mágica*, *Nadie sabe nada* y *Emigrados*.

BARCO, MIGUEL ◆ n. en España y m. en Italia (1706-1790). Jesuita. Trabajó como evangelizador en el noroeste. Escribió una *Noticia y estado de la misión de San Javier en California, y de sus pueblos Santa Rosalía, San Miguel, San Agustín, San Pablo y Los Dolores*.

BARDASANO, JOSÉ ◆ n. y m. en España (1910-1979). Pintor. Radicado en México desde su juventud, obtuvo con un retrato el segundo lugar en la Exposición Nacional de Bellas Artes de 1934. Dos años después resultó premiado en un concurso de cartel de la Cámara del Libro. En la misma década viajó por Europa. Participó en la guerra civil española en el bando republicano, donde se dedicó a pintar carteles en favor de la causa democrática. En 1939 volvió a México y abrió una escuela de artes plásticas donde impartía clases. Presentó varias exposiciones e ilustró libros. A fines de los años sesenta regresó a Europa.

BARGALLÓ ARDEVOL, MODESTO ◆ n. en Cataluña, España, y m. en el DF (1894-1981). Llegó a México al término de la guerra civil española, donde estuvo en el bando republicano. Fue profesor del Instituto Politécnico Nacional. Colaboró en el *Diccionario Porrúa de historia, biografía y geografía de México*. Autor de *La minería y la metalurgia en la América española durante la época colonial* (1955), *Las ferrerías de los primeros años del México independiente* (1965), *La química inorgánica* (1965), *Andrés Manuel del Río y su obra científica* (1966) y *La amalgamación de los minerales de plata en Hispanoamérica colonial* (1966).

BARILLAS, MANUEL LIZANDRO ◆ n. en Guatemala y m. en la ciudad de México (1844-1907). Presidente de Guatemala de 1886 a 1892. Disfrutaba de asilo político en México cuando fue asesinado por pistoleros a sueldo de un general de su país de origen, los que fueron fusilados por el crimen.

BARJAU, LUIS ◆ n. en Jalpa de Méndez, Tab. (1943). Licenciado en antropología y maestro en etnología por la ENAH con estudios de posgrado en Italia. Investigador del INAH y del Centro de Estudios de la Revolución Mexicana Lázaro Cárdenas. Director de etnohistoria del INAH (1998-). Ha colaborado en *Punto de Partida*, *Nexos*, *El Financiero*. y uno*más*uno. Autor de ensayo: *La gente del mito* (1989), *Tezcatlipoca* (1992) y *El mito mexicano de las edades* (1994); de poesía: *Cuaderno originario* (1982) y *Tantas veces enero* (1993); y novela: *El ángel de piedra* (1995). Es miembro del Sistema Nacional de Investigadores.

BARKIN, DAVID ◆ n. en EUA (1943). Estudió economía en la Universidad de Columbia y se doctoró en esa especialidad en la Universidad de Yale. Reside en México desde 1975. Es profesor de economía de la Universidad Autónoma Metropolitana e investigador y director de proyecto del Centro de Ecodesarrollo desde 1975. Ha impartido cátedra en otras instituciones de enseñanza superior de México y del extranjero. Ha sido asesor económico de la ONU. Coautor, con Timothy King, de *Desarrollo económico regional: enfoque por cuencas hidrológicas en México* (1970), con Gustavo Esteva, de *Inflación y democracia: el caso de México* (1979), con Adrián Zavala, de *Desarrollo regional y reorganización campesina* (1978) y con Blanca Suárez, de *El complejo de granos en México* (1980), *El fin del principio* (1983), *El fin de la autosuficiencia alimentaria* (1985) y *Porcicultura: producción de traspatio, otra alternativa* (1990). Autor de *Los cambios en la agricultura de Tierra Caliente 1950-1960* (1965). Premio Juan F. Noyola del Colegio Nacional de Economistas (1978).

BARLOVENTO, ARMADA DE ◆ Flota

naval española creada en Veracruz en 1638. Su función era defender los territorios y embarcaciones españolas de los ataques piratas. A principios del siglo XVIII había logrado imponer cierto orden en el golfo de México y el mar de las Antillas, extensiones en las que operaba.

BARLOW, ROBERT H. ◆ n. en EUA y m. en el DF (1918-1951). Antropólogo. Realizó investigaciones en México, principalmente en el estado de Guerrero y en Tlatelolco. Editó la revista *Tlalocan* y en ella y en *Memorias de la Academia Mexicana de la Historia* publicó el resultado de sus investigaciones. Con Byron McAfee elaboró el *Diccionario de elementos fonéticos en escritura jeroglífica* (1949).

Timbre mexicano que hace referencia a la Barra Mexicana-Colegio de Abogados

BARNÉS, FRANCISCO ◆ n. en España y m. en el DF (1877-1947). Fue ministro de Instrucción Pública de España en 1933 y 1936. Vino a México al término de la guerra civil en su país. Trabajó como profesor de El Colegio de México. Participó en la creación del Museo de Historia de Chapultepec.

BARNÉS DE CASTRO, FRANCISCO ◆ n. en el DF (1946). Se tituló de ingeniero químico en la UNAM (1963-67). Maestro en ciencias (1968-70) y doctor por la Universidad de Berkeley (1970-73). En la UNAM ha sido profesor (1973-), jefe de la División de Ciencias Básicas y Tecnología de la ENEP Zaragoza (1976-78), secretario de la Facultad de Química (1978-79) y rector (1997-). Durante su rectorado intentó aumentar hasta cuatro mil veces el monto de las cuotas de inscripción y colegiatura, lo que produjo la huelga estudiantil más prolongada en la historia de esa casa de estudios. Fue gerente de planeación tecnológica de Alfa Industrias (1979-81), director técnico de Petrosomex (1981-82), director general de la Industria Química y Petroquímica Secundaria de la SEMIP (1983-88), y director general del Instituto Mexicano del Petróleo (1989-96).

BARNEY, ROBERTO ◆ n. y m. en Colima, Col. (1842- 1914). Fue cónsul de la República de Hawai en Manzanillo de 1894 a 1896, dos veces diputado a la legislatura local y gobernador interino de Colima del 16 de marzo al primero de abril de 1913.

BARNEY ARAUJO, EMILIO ◆ n. en Durango, Dgo., y m. en el DF (1909-1963). Músico. Recopiló y difundió canciones de la revolución. Compositor del *Corrido de Durango* y de melodías que llegaron a tener gran popularidad.

BAROCIO BARRÓN, ALBERTO ◆ n. en Montemorelos, NL, y m. en el DF (1890-1966). Se tituló en la Escuela Nacional de Ingenieros (1914), de la que fue director (1925). Profesor de la Escuela Superior de Ingeniería Mecánica y Eléctrica. Participó en la defensa de Veracruz contra los invasores estadounidenses. Fue villista y luego carrancista. Ocupó diversos puestos en el sector público. Subsecretario de Bienes Nacionales (1952-58).

BAROJAS BELTRÁN, HUGO ◆ n. en ciudad Obregón, Son. (1944). Licenciado en economía por la UNAM (1962-66) especializado en la Universidad de Bradford, RU (1979) y en el Massachusetts Institute of Technology (1981). Profesor de la UNAM (1970-88) e investigador del CIDE (1974). Es miembro del PRI desde 1973. Ha sido director general de Turborreactores de la Secretaría de Energía (1982-85) y, en la SPP, director de Programación y Presupuesto de Educación y Cultura (1986-87) y de Salud y Seguridad Social (1987-88), y director general de Servicio Civil (1988-). Autor de *La economía del estado de Puebla* (1968), *La economía del estado de Veracruz* (1968) y *La economía del estado de Sonora* (1972). Pertenece al Colegio Nacional de Economistas.

BARÓN Y MORALES, TOMÁS ◆ n. en Tlatizapán, Mor., y m. en León, Gto. (1828-1898). Fue obispo de Chilapa, Gro. (1876-82) y de León, Gto. (1882-98).

BARONA ROJAS, ANTONIO ◆ n. en Ahuatepec y m. en Cuernavaca, Mor. (1886-1915). Se incorporó a la revolución en abril de 1911. Al producirse la ruptura entre Madero y Zapata apoyó a este último y siguió bajo sus órdenes cuando hubo que combatir al huertismo. Gracias a su actuación se retrasó el primer ataque federal, cuando hostilizó a Huerta cerca de Tres Marías. Más adelante su valentía fue decisiva para romper el sitio de Cuernavaca, pues

Barra de Navidad, Jalisco

encabezó el ataque cuerpo a cuerpo que le permitió tomar el cerro de la Herradura. Operó también en el Distrito Federal y en los estados de México, Hidalgo, Puebla y Tlaxcala. Murió asesinado por hombres de Genovevo de la O.

BARONI, ALDO ◆ n. en Italia y m. en el DF (1887-1972). Vino a México en 1908 y trabajó en *El Diario*, en el cual publicó una entrevista con Emiliano Zapata. Se decía amigo de Madero y al producirse el golpe de Victoriano Huerta salió huyendo de la capital. En Saltillo, Carranza le dio el grado de mayor y como tal firmó el Plan de Guadalupe. Después del asesinato de Carranza se fue a La Habana. Regresó a México en 1937 y a partir de entonces escribió en *Excélsior, Últimas Noticias* y los periódicos de la Cadena García Valseca, en los que destacó por su anticomunismo.

BAROYECA ◆ Sierra de Sonora situada al este y noreste de Ciudad Obregón. Limita por el oeste con la presa Álvaro Obregón. Al sureste se halla la presa Mocúzari. Es una de las estribaciones de la sierra Madre Occidental.

BARQUERA O SÁNCHEZ DE LA BARQUERA, JUAN MARÍA WENCESLAO ◆ n. en Querétaro, Qro., y m. en la ciudad de México (1779-1840). Estudió derecho en San Ildefonso, donde se tituló de abogado en 1809. Desde 1806 se incorporó a la redacción de *El Diario de México* donde publicó poesía bajo diferentes pseudónimos: *Barueq, Arbueraq, El Zagal Quebrara* y *B.* También destacó como articulista político. En 1808, retirado Jacobo de Villaurrutia de la dirección del periódico, Barquera fue su animador indiscutible, aunque Nicolás de Calera y Taranco figuraba formalmente como editor. En ese papel se mantiene en los difíciles años de 1810 a 1814, cuando asume la dirección del *Diario.* Barquera perteneció a Los Guadalupes, sociedad que apoyaba la causa independentista desde la propia capital del virreinato, por lo que fue hostilizado por las autoridades coloniales. Posteriormente publicó *El*

Mentor Mexicano, El Correo de los Niños y *La Mosca Parlera.* Consumada la independencia se hizo cargo de la *Gaceta Oficial,* fue diputado al Congreso local de la provincia de México (1822) y senador por el estado de México (1835-37).

BARQUET RODRÍGUEZ, ALFREDO FARID ◆ n. en Orizaba, Ver. (1948). Licenciado en derecho por la UNAM (1970-74), de la que fue profesor (1971-78). Miembro del PRI desde 1966. Ha sido subdirector general de Inspección Federal del Trabajo de la Secretaría del Trabajo (1971-76), director general de Servicios Sociales (1977) y de Participación Ciudadana de la Procuraduría General de Justicia del Distrito Federal (1977-82), y procurador general auxiliar de Asesoría, Conciliación y Quejas (1983-85) y procurador federal de la Defensa del Trabajo (1985-).

BARRA MEXICANA-COLEGIO DE ABOGADOS ◆ Corporación de juristas fundada en 1922. Edita la revista *Foro.*

BARRA DE NAVIDAD ◆ Población del mun. de Cihuatlán, Jalisco (☛).

BARRAGÁN, JOSÉ FLORENCIO ◆ n. en Valle del Maíz, hoy ciudad del Maíz, SLP, y m. en la ciudad de México (1758-1812). Militar de carrera, a fines del siglo XVIII participó en numerosas campañas de exterminio contra los indios en la provincia de Nuevo Santander. Entre 1808 y 1810, radicado en Río Verde, organizó la sociedad secreta De los Capas Blancas, quienes apoyaban el movimiento independentista. Condecorado por la corona española en 1810 y nombrado diputado a las Cortes en 1812, murió presuntamente envenenado por órdenes del virrey Calleja, quien sospechaba de su filiación insurgente.

BARRAGÁN, JUAN BAUTISTA ◆ n. en Valle del Maíz, hoy Ciudad del Maíz, y m. en San Luis Potosí, SLP (1826-1882). Abogado y educador. Diputado al Congreso Constituyente de 1857, fue secretario de gobierno y gobernador sustituto (1869) de San Luis Potosí. Diputado local en 1877, fue ministro del Supremo Tribunal de Justicia. Al

morir era director del Instituto Científico y Literario del estado.

BARRAGÁN, JUANA LA BARRAGANA ◆ (¿1780-1820?). Heroína insurgente que organizó y dirigió una partida militar. Participó en el sitio de Cuautla y en otras acciones bajo las órdenes de Morelos. Se ignora el lugar en que nació y el de su fallecimiento.

BARRAGÁN, LUIS ◆ n. en Guadalajara, Jal., y m. en el DF (1902-1988). Arquitecto. Ingeniero civil titulado en la Universidad de Guadalajara. Viajó por Europa, donde entró en contacto con Le Corbusier y Ferdinand Bac, quien le muestra los jardines mediterráneos de España, Francia e Italia. A su regreso a México atiende por cinco años los negocios familiares sin dedicarse a la arquitectura. En 1936 se traslada al Distrito Federal e inicia su periodo lecorbusiano, nutrido de realizaciones para la

Las Torres de Satélite, gran obra de Luis Barragán y Mathías Goeritz

Luis Barragán

vivienda en renta, unifamiliar y departamental. Con Max Cetto, construyó el edificio para estudios de pintores en la Plaza Melchor Ocampo, considerado una de las piezas maestras de la vivienda mexicana. En 1945, con Alberto Bustamante, formó la constructora Jardines del Pedregal de San Ángel, en donde se encargó del plan urbanístico y de los proyectos de fuentes, jardines y plazas que hicieron del fraccionamiento, con dicho nombre, una de sus grandes aportaciones a la arquitectura nacional e internacional. Debido al origen volcánico del terreno, se asesoró de Gerardo Murillo (el *Doctor Atl*) para optimizar su diseño y del artista alemán Mathias Goeritz para realizar la escultura de una serpiente colocada en la plaza principal. A partir de 1952 trabajó en la reconstrucción del convento de las Capuchinas Sacramentarias, en Tlalpan. En 1955 se encargó de los aspectos urbanísticos del fraccionamiento Jardines del Bosque, de Guadalajara. Luego proyectó la jardinería del hotel Pierre Marqués, en Acapulco. Con Mathías Goeritz creó las torres de Ciudad Satélite en 1957. Simultáneamente proyectó la urbanización del fraccionamiento Las Arboledas, en Naucalpan, y tomó parte en el diseño del Club de Golf La Hacienda. Después de ocuparse en otros trabajos urbanísticos fue a La Jolla, EUA, donde intervino

Miguel Barragán

en el proyecto de una plaza. Entre sus últimas obras están el estudio de Francis Ford Coppola, en Los Ángeles, y el Faro del Comercio, en Monterrey, Nuevo León. En 1976, el Museo de Arte Moderno de Nueva York presentó una exposición de sus fotografías y en 1985 el Museo Tamayo montó una amplia exposición-homenaje de su obra. Fue galardonado con los premios Nacional de Artes (1976), Pritzker (1980) y Jalisco (1980). La Academia Nacional de Arquitectura lo nombró Académico Emérito en 1978 y la American Academy and Institute of Arts and Letters de Nueva York lo designó Miembro Honorario.

BARRAGÁN, MANUEL L. ◆ n. y m. en Monterrey, NL (1889-1980). Fue director del diario capitalino *Excélsior* (1927). Al dejar este periódico obtuvo la concesión de una firma refresquera. Fundó el Banco Popular de Edificación y Ahorro, del que fue director.

BARRAGÁN, MIGUEL ◆ n. en Valle del Maíz, SLP, y m. en la ciudad de México (1789-1836). Se inició en la carrera de las armas en el ejército realista y combatió a Morelos en 1813. Se adhirió al Plan de Iguala y entró con el Ejército Trigarante a la ciudad de México. Cayó en prisión por oponerse a la coronación de Iturbide. Liberado a la caída del imperio, fue nombrado comandante de Veracruz, donde le tocó ocupar el fuerte de Ulúa al capitular la última fuerza que los españoles mantenían en territorio mexicano. Se unió al Plan de Montaño y fue aprehendido en la hacienda de Manga de Clavo, propiedad de Santa Anna. Desterrado en 1827 regresó al país en 1833 y Santa Anna lo designó ministro de Guerra, cargo en el que continuó durante la presidencia interina de Gómez Farías hasta febrero de 1834. En enero de 1835 asumió la Presidencia en sustitución de Santa Anna y murió en el cargo.

BARRAGÁN BARRAGÁN, JOSÉ ◆ n. en Quitupan, Jal. (1943). Estudió humanidades clásicas en la Universidad Pontificia de Salamanca, el bachillerato en la Universidad Gregoriana de Roma

y licenciatura y doctorado (1972) en derecho en la Universidad de Valencia, España, donde ha sido profesor. Ha sido investigador del Instituto de Investigaciones Jurídicas de la UNAM (1973-) y director del Instituto de Investigaciones Jurídicas de la Universidad de Guadalajara. Consejero del Instituto Federal Electoral (1997-). Colaborador del *Diccionario jurídico mexicano* (1993). Autor de *El juicio de amparo mexicano y el recurso de contrafuero* (1975), *Introducción al federalismo mexicano: la formación de los poderes en 1824* (1978), *Temas del liberalismo gaditano* (1978), *La primera ley de amparo de 1861* (1980), *Algunos documentos para el estudio del origen del juicio de amparo* (1980), *Principios del federalismo mexicano 1824* (1984), *Juan A. Mateos* (1984), *El laberinto de la ilegalidad de la Comisión Nacional de Derechos Humanos* (1990), *Los derechos humanos en México* (1994), *El proceso de formación del Senado mexicano* (1994) y otras obras. Pertenece al Sistema Nacional de Investigadores (1984-).

BARRAGÁN CAMACHO, SALVADOR ◆ n. en ciudad Madero, Tams. (1932). Líder Obrero. Fue secretario general de la Sección Uno y dos veces secretario general nacional (1978-84 y 1988-89) del Sindicato de Trabajadores Petroleros de la República Mexicana, así como diputado federal por el V distrito electoral de Tamaulipas (1964-67) y senador de la República por esa entidad (1982-88).

BARRAGÁN LÓPEZ, HELIOS ◆ n. en Tancanhuitz, SLP (1935). Profesor normalista especializado en física y química en la Normal Superior de México. Desde 1956 es miembro del PRI, en el que presidió el comité estatal potosino. Ha sido secretario general de la sección 26 (1960, 1965 y 1973) y secretario de pensiones y jubilaciones del Sindicato Nacional de Trabajadores de la Educación; secretario de organización de la Federación Obrera Popular (1974) y secretario de la Federación de Sindicatos de Trabajadores al Servicio del Estado en San Luis Potosí (1975).

Barranco Chavarría, Alberto

Fungió como delegado de México ante la Federación Internacional de Sindicatos (1977). Diputado local (1978-81) y federal por San Luis Potosí (1982-85).

BARRAGÁN DE PALACIO, IGNACIO ♦ m. en el DF (?-1985). Empresario. Fue presidente de Hexaquimia. Vicepresidente de la Concamin, presidente de la Canacintra (1982-83 y 1983-84) y representante patronal ante el Infonavit.

BARRAGÁN RODRÍGUEZ, JUAN ♦ n. en Río Verde, SLP, y m. en el DF (1890-1974). Descendiente de Miguel Barragán, quien fuera presidente de la República. Era estudiante cuando se unió a la revolución maderista. Fue jefe del estado mayor de Venustiano Carranza (1914 y 1917). Gobernador de San Luis Potosí (1917-19). Al triunfo de la rebelión de Agua Prieta marchó al exilio. Volvió en 1927 para unirse al alzamiento de Arnulfo R. Gómez. Al fracasar la asonada salió de nuevo del país. Cofundador de la Asociación Venustiano Carranza de Hombres de la Revolución (1951) y del Partido Auténtico de la Revolución Mexicana (1954), del que fue secretario general (1953-64) y presidente (1964-74). Fue diputado de partido a las XLVI y XLVIII legislaturas. Escribió una *Historia del ejército y de la revolución constitucionalista* (1946).

BARRAGÁN DE TOSCANO, REFUGIO ♦ n. en Tonila y m. en ciudad Guzmán, Jal. (1843-1916). Empezó a escribir a los 14 años. Colaboró en periódicos de Colima y Guadalajara, donde dirigió el quincenario *La Palmera del Valle* (1888-1889). En la ciudad de México ejerció el magisterio. Es autora de obras de teatro: *La hija del capitán* (1866), *La diadema de perlas o Los bastardos de Alfonso XI* (1873), *Libertinaje y virtud o El verdugo del hogar* (1881); de libros de poesía: *La hija de Nazaret* (1880), *Celajes de Occidente* (1880); novelas: *Premio del bien y castigo del mal* (1891), *La hija del bandido o Los subterráneos del Nevado*; obras infantiles: *Luciérnagas: lecturas amenas para niños* (1905) y *Diálogos, monólogos y comedias para niños* (obra publicada póstumamente). Uno de sus hijos, Salvador Toscano, fue de los iniciadores del cine mexicano.

BARRANCO, GABRIEL ♦ n. y m. en Orizaba, Ver. (1796-1886). Fue obligado por la leva a incorporarse al ejército realista (1810-1812). En 1813, devuelto a la vida civil, se inició como pintor. Pintó obras de caballete con temas religiosos, varias de las cuales se encuentran en la Parroquia de Orizaba. Maximiliano conoció algunas de sus obras durante una visita a esa ciudad y le otorgó una condecoración que rehusó por no considerarse digno de ella. Hizo también copias de Rubens.

BARRANCO CHAVARRÍA, ALBERTO ♦ n. en el DF (1949). Licenciado en periodismo por la Escuela de Periodismo Carlos Septién García y licenciado en filosofía por la UNAM, instituciones de las que es profesor (desde 1975 y desde 1983, respectivamente). Fue director de la revista *Comercio* (1984-85). Ha colaborado en las revistas *Hoy, Actividad Industrial, México Desconocido, Obelisco, Vogue, Golden Pent House, México-Tenochtitlan, Diversión* y *Revista de Revistas*, y en los periódicos *Excélsior, El Nacional, Ovaciones, Últimas Noticias, Novedades*, desde 1984, en *La Jornada*, escribió la columna "Empresa", y más tarde colaboró con *Reforma*. Autor de *Las cosas de la ciudad* (mención honorífica en el Premio Bellas Artes de Periodismo Cultural 1984), *Ciudad desnuda* (1988) y *Ciudad de la nostalgia* (crónicas, 1988). En 1988 recibió el Premio José Joaquín Fernández de Li-

zardi del Club de Periodistas de México.

BARRAZA, JOSÉ LORETO ♦ n. en Santiago Papasquiaro y m. en Durango, Dgo. (1787-1843). Sacerdote. Fue diputado federal (1825-27) y local (1836-43).

BARRAZA ALLENDE, ENRIQUE ♦ n. en Torreón, Coah. (1948). Licenciado en economía por la Universidad de Nuevo León (1965-70) y maestro en economía por la Universidad de Chicago (1972-75). Profesor del ITAM (1976-78), de Chapingo (1979) y la Universidad Anáhuac (1980). Es miembro del PRI. Ha sido asesor de Nacional Financiera (1977-79), subdirector de Análisis Monetario Macroeconómico de la Secretaría de Hacienda (1979-82), director de Análisis Macroeconómico de la SPP (1983) y director general de Asuntos Fronterizos de la Secretaría de Comercio (1989-).

BARRAZA SÁNCHEZ, RAFAEL ♦ n. en Durango, Dgo. (1928). Fue consagrado sacerdote en 1951. Obispo auxiliar de la arquidiócesis de Durango (1980) y obispo de Mazatlán (1981-).

BARREDA, GABINO ♦ n. en Puebla, Pue., y m. en la ciudad de México (1818-1881). Hizo estudios de derecho, química y medicina. Se alistó en los servicios de sanidad de las fuerzas mexicanas durante la intervención estadounidense y participó en combate. En 1851 viajó a París donde se convirtió en discípulo de Comte. A su regreso se dedicó a la enseñanza. Durante el imperio fue a Guanajuato, donde ejerció la medicina. Restaurada la República fue llamado por el ministro juarista de Justicia, Antonio Martínez de Castro, para formar parte de una comisión que elaboró la ley de educación primaria que la hacía obligatoria, laica y gratuita. Creó la Escuela Nacional Preparatoria que estuvo bajo su dirección (1867-1878) y elaboró el respectivo plan de estudios. Mediante su actuación en las instituciones de enseñanza y a través de la Sociedad Metodófila que él organizó,

Gabino Barreda

introdujo en México el positivismo, que se convirtió en doctrina oficial no sólo de la educación sino del Estado. El libro *Opúsculos, discusiones y discursos* (1877) reúne parte de su obra.

BARREDA, OCTAVIO G. ◆ n. en la ciudad de México y m. en Guadalajara, Jal. (1897-1964). Su segundo nombre era Gabino. Era estudiante universitario cuando participó en la fundación de las revistas literarias *Gladios* (1916) y *San-Ev-Ank*, en las que se encargó de la administración. Editó y financió *Letras de México* (1937-47) y *El Hijo Pródigo* (1943-46). Fue redactor de los diarios *El Demócrata* y *Noticias*. Trabajó para el Estado, principalmente en el servicio exterior, de 1923 a 1959. Hizo traducciones del inglés y el francés (obras de D.H. Lawrence y Saint-John Perse, entre otros autores). Escribió poemas, algunos de los cuales aparecieron en publicaciones periódicas, como *Sonetos a la Virgen* (1937). Prologó libros de César Garizurieta, Ermilo Abreu Gómez y José Guadalupe de Anda. Su obra principal, sin embargo, fue la promoción de nuevos autores en las revistas que animó.

Luis de la Barreda Solórzano

BARREDA MORENO, LUIS DE LA ◆ n. en el DF (1925). Estudió en el H. Colegio Militar (1943-47). Fue agente federal (1947-54), subjefe (1959-60) y jefe del departamento de control (1960-66); subdirector (1966-72) y titular (1972-78) de la Dirección Federal de Seguridad y como tal participó en la represión de los grupos guerrilleros en la primera mitad de los años setenta. Más tarde fue director general de Seguridad Pública del gobierno de Veracruz (1986-88) y director general de Recursos Materiales y Servicios Generales de la Secretaría de Gobernación (1988-94).

BARREDA SOLÓRZANO, LUIS DE LA ◆ n. en el DF (1950). Doctor en derecho por la UNAM, especialista en derecho penal. Ha sido profesor y coordinador de la maestría en política criminal en la UNAM y jefe del Departamento de Derecho de la UAM-Azcapotzalco. Catedrático de la maestría latinoamericana en ciencias penales de la Universidad de Zulia, Venezuela. Tercer visitador de la CNDH (1992-1993); presidente fundador de la Comisión de Derechos Humanos del Distrito Federal (1993-). Autor de *La tortura en México* (1989), *El delito de aborto: una careta de buena conciencia* (1991), *La lid contra la tortura* (1995), de *Justicia penal y derechos humanos* (1997), *Civismo 1* (libro de texto para secundaria, 1998), *Los derechos humanos* (1999) y *El alma del Ombudsman* (1999).

BARREDO PEREIRA, RAFAEL ◆ n. Mérida, Yuc. (1926). Licenciado en derecho por la Universidad de Yucatán (1952). Ha sido profesor de las universidades de Yucatán y Juárez de Tabasco. Fue líder sindical del Poder Judicial en Yucatán (1959-62 y 1966-68). Asesor de la dirección de asuntos jurídicos de la Confederación Nacional Campesina. Trabajó para el Ministerio Público y el servicio exterior mexicano. Inició su carrera en la judicatura en 1957. Ha sido magistrado de tribunales colegiados en Villahermosa, Tab. (1975-77), Veracruz, Ver. (1979-80), de Mérida (1983), Oaxaca (1983) y nuevamente de Veracruz (1983-).

BARREIRO, LUIS ARTURO ◆ n. en el DF (1938). Se tituló como arquitecto en la Universidad Iberoamericana. Se inició en la escultura en forma autodidacta y después trabajó con Saúl Moreno y Augusto Escobedo. Piezas suyas se hallan en el Museo de Arte Mexicano de Plovdif, Bulgaria; en el Museo del Estado de México, el Instituto Don Bosco y en la Escuela de Marina Mercante de Mazatlán.

BARREIRO PERERA, MARIO ◆ n. en el DF (1945). Licenciado en actuaría por la UNAM (1971). Es funcionario público desde 1972. Fue director de Control de Estímulos Fiscales de la Secretaría de Hacienda (1976-79), coordinador ejecutivo de la Subsecretaría de Programación (1979-82), director general de la Industria Paraestatal del Azúcar, Papel e Industrias Diversas (1982-83) y subsecretario de la Industria Paraestatal de Transformación de la Secretaría de Energía, Minas e Industria Paraestatal (1983-). Es miembro del Instituto para el Fomento de la Planeación.

BARRENECHEA, JOSÉ ANDRÉS ◆ n. en el DF (1947). Periodista. Se inició profesionalmente a los 15 años en el diario *Últimas Noticias*, del que fue jefe de información y redacción (1983-87). Para este cotidiano logró una entrevista con Paul Getty. En 1967 fue designado director de *Lunes de Excélsior*. En el diario *Excélsior* ha sido jefe de la Sección Deportiva (1976-83), subdirector de Información (1987-88), subdirector general (1988-) y director. En la cooperativa editora de esas publicaciones ha presidido la Comisión de Conciliación y Arbitraje, el Consejo de Administración y el Consejo de Vigilancia.

BARRERA, APOLONIO ◆ n. en Abasolo Viejo y m. en Allende, Coah. (1876-1932). En 1907 fue detenido por sus actividades antiporfiristas. Se adhirió al maderismo y al producirse el golpe de Victoriano Huerta combatió en las filas carrancistas.

BARRERA, ATILANO ◆ n. en Abasolo Viejo y m. en Villa de Acuña, Coah. (1871-1915). Militó en el Partido Liberal. Fue desterrado de Coahuila en 1906 y encarcelado de 1907 a 1909 por sus actividades contra la dictadura de Díaz. Se adhirió al maderismo en 1910. Cayó prisionero y fue liberado al triunfo de la insurrección. Era presidente del Congreso de Coahuila cuando éste desconoció al gobierno golpista de Victoriano Huerta. Delegado a la Convención de Aguascalientes.

BARRERA, JOSÉ ◆ n. ¿en Tlatizapán, Mor.? y m. ¿en Guerrero? (¿1780-1820?). Insurgente que combatió a las órdenes de Galeana y Morelos. Después de la muerte de éste posiblemente se incorporó a la guerrilla.

BARRERA, JUAN DE LA ◆ n. y m. en la ciudad de México (1828-1847). Militar desde los 12 años. Participó en su primer hecho de armas en 1841. Cadete del Colegio Militar en 1843. Durante la invasión estadounidense cayó combatiendo en la defensa de Chapultepec. Es uno de los Niños Héroes.

BARRERA, PANTALEÓN ◆ n. en Hopelchén y m. en Mérida, Yuc. (1816-1876). Escritor. Con el pseudónimo de *Napoleón Trebarra* publicó la novela *Chan Santa Cruz* (1864).

BARRERA AGUILAR, ANTONIO DE LA ◆ n. en Hermosillo, Son., y m. en el DF (1889-1959). Residió desde niño en la capital del país, donde obtuvo el título de licenciado en derecho por la Escuela Nacional de Jurisprudencia. Participó en la revolución como maderista y después del golpe de Victoriano Huerta, cayó prisionero de los federales. Se fugó para incorporarse a las fuerzas de Lucio Blanco. Fue delegado del general Andrés Saucedo a la Convención de Aguascalientes y diputado constituyente por el distrito de Izúcar de Matamoros, Puebla (1917). En 1919 se dio de baja en el ejército y a partir de entonces ocupó diversos cargos públicos. Fundó la Asociación de Constituyentes.

BARRERA BUENROSTRO, HONORATO ◆ n. en Jamay y m. en Ocotlán, Jal. (1870-1951). Estudió por correspondencia en la Escuela Nacional de Agricultura de Chapingo, que le extendió título de avicultor. Colaboró en periódicos de Guadalajara, Morelia y San Luis Potosí. Obtuvo premios y menciones en concursos de poesía. Autor de *Florial* (1899) y *Andamio de marfil* (1947). Dejó inédita la novela *El Remington sin funda*.

BARRERA FUENTES, FEDERICO ◆ n. en Saltillo, Coah. (1913). Periodista. En Saltillo, siendo estudiante de primaria, escribió en los periódicos escolares *Minerva* y *Alma de Juventud*; en la preparatoria dirigió *El Ateneo*. En 1928 trabajó en *El Diario del Norte*, que dirigió en 1940. En 1929 llegó al Distrito Federal a estudiar derecho y fue reportero de *La Palabra, El Día, El Nacional* y *La Prensa*, diarios donde

cubrió casi todas las fuentes. Fue embajador de México en Filipinas, Guatemala, Colombia y Barbados (1968-79). En la década de los cincuenta dirigió *ABC* (revista que fundó con su hermano Luis y que luego se transformó en diario, 1951-65) y en los ochenta dirigió *El Norte*. Regresó en 1990 a *El Nacional* y ha sido colaborador de *Tiempo, Revista de Revistas, El Universal* y de *Siempre!* Reportero de la Cámara de Diputados desde los años treinta, el Congreso lo designó decano de los cronistas parlamentarios. Premio Nacional de Periodismo en 1992.

BARRERA FUENTES, LUIS ◆ n. en Saltillo, Coah., y m. en el DF (?-1991). Periodista. Hermano del anterior. Fue reportero de *Excélsior* y de *Últimas Noticias*. Miembro del Club Primera Plana.

BARRERA GONZÁLEZ, LUIS ◆ n. en Arandas, Jal. (1920). Licenciado en derecho por la UNAM (1943). Trabajó para el sector público desde 1958. Fue secretario particular del director de la Comisión Federal de Electricidad (1972-73), secretario auxiliar del secretario de Hacienda (1973-75), director general del Nacional Monte de Piedad (1976-77) y de la Lotería Nacional (1977-82).

BARRERA GRAF, JORGE ◆ n. en Toluca, Méx., y m. en el DF (1919-1992). Licenciado en derecho por la UNAM (1943). Fue profesor de la Facultad de Derecho. Ejerció la abogacía. Autor de *Tratado de derecho mercantil* (1957), *El derecho mercantil en la América Latina* (1963) e *Inversiones extranjeras* (1975). Fue miembro de la Barra Mexicana-Colegio de Abogados. El gobierno mexiquense le otorgó la presea Al Mérito Cívico Isidro Fabela en 1983.

BARRERA RIVERA, MÓNICA MARÍA ◆ n. en el DF (1958). Ingeniera electrónica titulada en la UIA (1976-80) y maestra en administración (1980-82) y administración pública por el Instituto Tecnológico y de Estudios Superiores de Monterrey (1982-84). Es miembro del PRI desde 1976. Ha sido coordinadora de Control de Gestión de la Coordinación General de Modernización de la Admi-

nistración Pública Federal (1985) y directora de Informática de la Secretaría de Programación (1985-88) y contralora interna de la Secretaría de la Contraloría General de la Federación (1988-).

BARRERA VÁZQUEZ, ALFREDO ◆ n. en Maxcani y m. en Mérida, Yuc. (1900-1980). Mayista. Fue profesor de la Universidad de Yucatán. Colaborador de la *Enciclopedia yucatanense* y director del *Diccionario maya Cordemex* (1974-79). Autor de una *Cartilla maya-español de alfabetización* (1946) y de la *Nomenclatura etnobotánica maya* (1976). Tradujo al español textos clásicos mayas.

BARRERA VELÁZQUEZ, HEBERTO ◆ n. en Villa del Carbón, estado de Méx. (1945). Médico veterinario zootecnista titulado en la UNAM (1966-70) y licenciado en derecho por la UAEM (1979-84). Fue presidente del comité directivo estatal mexiquense del PRI (1985-87), partido al que pertenece desde 1958. Ha sido presidente municipal de Villa del Carbón (1973-75), diputado a la Legislatura mexiquense (1975-78), secretario del Comité Regional Campesino de Jilotepec (1977-78), secretario general de la Liga de Comunidades Agrarias y Sindicatos Campesinos del Estado de México (1978-81), diputado federal en dos ocasiones (1979-82 y 1988-91), senador suplente (1982-88) y director general de gobernación (1983-85) y subsecretario de Gobierno del estado de México (1987).

BARRETO, CIPRIANO ◆ n. en León, Gto. (194 1). Caricaturista. Estudió ingeniería civil. Colaboró en la revista *Por qué?* en los años sesenta y principios de los setenta. Publicó dos libros de cartones.

BARRETO, ISIDORO ◆ n. en Tonila y m. en ciudad Guzmán, Jal. (1843-1909). Radicó desde muy joven en Colima, donde fue diputado a seis legislaturas locales, tres veces prefecto político y gobernador interino del estado en 1908.

Juan de la Barrera

Jorge Barrera Graf

BARRETO NÚÑEZ, VIRGINIA ◆ n. y m. en Guadalajara, Jal. (1903-1973). Maestra normalista. Hizo periodismo literario en *El Informador* de Guadalajara. Autora del libro *Juego de sombras y otros relatos* (1944).

BARRETO RANGEL, GUSTAVO ◆ n. en Colima, Col. (1933). Licenciado en derecho por la Universidad de Colima (1962-67) y doctor en criminología clínica por la Universidad de Roma (1970). Profesor de las universidades de Colima (1965-67) y de Guadalajara (1973-75). Es miembro del PRI desde 1966. Ha sido miembro del Consejo de Prevención Social Municipal de Guadalajara (1974-75), investigador de criminología (1976-78), secretario general (1976-78) y director general del Instituto Nacional de Ciencias Penales (1985-88); y subprocurador de Control de Procesos de la Procuraduría General de Justicia del Distrito Federal (1988-).

BARRI, LEÓN ◆ n. en ciudad Guerrero y m. en Chihuahua, Chih. (1900-1953). Periodista. Hizo estudios en México y en Francia. Dirigió en 1924 *El Azote*, periódico de El Paso, Texas. Escribió en *Adelante, El Independiente, El Heraldo* y otras publicaciones. Fue miembro de la Liga Defensora de la Libertad Religiosa, organización civil del movimiento cristero. Presidió la ACJM (1932-37) y la Unión Católica Mexicana (1938). Dirigente estatal del PAN.

BARRIENTOS, JUAN JOSÉ ◆ n. en Jalapa, Ver. (1944). Maestro en lengua y literatura españolas por la Universidad Veracruzana, doctor en lingüística y literatura hispánicas por El Colegio de México, maestro en lingüística por la Universidad de Heidelberg y doctor por la Escuela de Altos Estudios en Ciencias Sociales de París. Ha sido investigador de la Universidad Veracruzana y lector de la Universidad de París IV y de la Universidad de Toulouse-le-Marail, donde también fue profesor. Ha colaborado en las revistas *Vuelta, Casa del Tiempo, Revista de la Universidad y Enfoques*, así como en los periódicos *Diario de Xalapa* y *Gráfico* de la capital veracruzana y en *Sábado*, suplemento de *unomásuno*. Es autor de *Borges y la imaginación* (1986), trabajo que obtuvo el Premio de Ensayo Literario José Revueltas 1985. Pertenece al Sistema Nacional de Investigadores.

BARRIENTOS Y BARRIENTOS, FRANCISCO ◆ n. en Jalacingo, Ver., y m. en Puebla, Pue. (1852-1916). Abogado por el Colegio del Estado de Puebla, del que fue profesor y director. Ocupó diversos cargos públicos en esa entidad, donde fue candidato a gobernador en dos ocasiones y ocupó interinamente el Ejecutivo en 1913.

BARRIENTOS Y CERVANTES, BARTOLOMÉ ◆ n. y m. en la ciudad de México (¿1720?-1797). Doctor en cánones por la Real y Pontificia Universidad, profesor de la misma y consiliario en 1757.

BARRIENTOS LOMELÍN, PEDRO DE ◆ n. en la ciudad de México y m. en Durango, Dgo. (¿1600?-1658). Estudió en Salamanca. Ocupó diversos cargos en la Catedral Metropolitana. Obispo de Durango a partir de 1656. Rector de la Universidad de México en 1630-31, 1634-35 y 1641-42, año en que el virrey lo designó maestrescuela de la misma casa de estudios. Autor de una *Apología de los privilegios concedidos por la Silla Apostólica a los regulares de Indias*.

BARRIENTOS PARRA, ADOLFO ◆ n. en el DF (1952). Ingeniero en comunicaciones y transportes por el IPN (1971-75). Priísta desde 1973, ha sido representante nacional de técnicos y profesionistas del SRTPRM y profesor en la UNAM (1986-88). Diputado federal por el DF (1988-91).

BARRIERE, CARLOS H. ◆ n. en Guadalajara, Jal. (1853-?). Destacó como fotógrafo y realizó una exposición de sus trabajos. Fue redactor del semanario *Las Clases Productoras*, órgano de la sociedad tapatía del mismo nombre. Autor de un *Tratado de pronunciación y lectura francesa* (1898) que sirvió como libro de texto.

BARRIGA, CARLOS ◆ n. en Colombia (1956). Asistió al Centro Universitario de Estudios Cinematográficos de la UNAM. Autor de *Demasiado tarde para despertar* (1986), obra que obtuvo mención honorífica en el Concurso de Novela Juan Rulfo de 1982.

BARRIGA FERNÁNDEZ, BENJAMÍN ◆ n. en el DF y m. en Monterrey (1949-1999). Ingeniero mecánico por la UNAM. Perteneció al PRI. Trabajó en el departamento de Actualización de Programas de Estudio de la SEP, en proyectos agroindustriales de la Dirección General de Planeación (1972-73), en la gerencia de Personal de la Compañía de Luz y Fuerza (1973-78), asesor de precios en la Secom (1979-81), asesor de Empresas Filiales y Fideicomisos de Nafinsa (1981-82), subdirector de Planeación General de Siderúrgica Mexicana (1983-84), director de Apoyo Técnico y de Análisis (1984-85) y Evaluación (1985-88) de la Secogef, director de Administración (1989-90) y director industrial de la Concarril (1990-92), subdirector de Recursos Materiales de Ferronales en la SCT (1992-1994) y director general de Programación, Organización y Presupuesto de la SSA (1994-98).

BARRIGA RIVAS, ROGELIO ◆ n. en Tlacolula, Oax., y m. en el DF (1911-1961). Abogado y escritor. Autor de novelas: *La Guelaguetza, Cárcel de Mujeres, Si yo fuera diputado*, etc. Varias de sus obras fueron llevadas al cine.

BARRIGA ZAVALA, JOSÉ ◆ n. en Coeneo, Mich., y m. en el DF (1892-1949). Fue diputado a la Legislatura de Michoacán (1922) y diputado federal (1924). Autor de poemas.

BARRIGUETE ANDRADE, SEBASTIÁN ◆ n. en San Pedro Palominos, Son., y m. en el DF (1890-1964). Causó alta como subteniente del ejército federal en 1912 y el gobierno maderista lo envió a combatir a las fuerzas de Pascual Orozco. Después del golpe de Victoriano Huerta pasó a las filas revolucionarias. Se adhirió al Plan de Agua Prieta. General de Brigada en 1930.

BARRIGUETE CASTELLÓN, ARMANDO ◆ n. en el DF (1930). Psicoanalista. Médico cirujano titulado en la UNAM (1958) y psiquiatra general graduado (1965) y diplomado en el Hospital Central Militar (1968), instituciones donde ha sido catedrático. Miembro desde 1968 y profesor desde 1969 de la Asociación Psicoanalítica Mexicana, la que presidió de 1974 a 1976. Fue director ejecutivo de la *Revista Latino-Americana de Psicoanálisis* (1972-83). Ha sido tesorero del Consejo Coordinador de Asociaciones Psicoanalíticas de América Latina (1974-76), presidente del Fórum Panamericano para el Estudio de la Adolescencia (1973-75), presidente del Colegio Mexicano de Psicoanálisis (1974-76), presidente del Consejo Pedagógico de la Especialidad de Psiquiatría del Hospital Central Militar (1974-76), director fundador del Instituto Mexicano de Psicoterapia para la Adolescencia (1976-), presidente de la Sociedad Mexicana de Neurología y Psiquiatría (1978-79), director por América Latina del Comité de Credenciales de la International Society from Adolescent Psychiatry (1985-) y director del Instituto de Psicoanálisis de la Asociación Psicoanalítica Mexicana (1988-). Tiene inéditos los trabajos *La adolescencia: nueva fórmula de salud mental* y *La Iglesia y el Ejército: un punto de vista psicoanalítico.*

BARRIO DE LA SOLEDAD, EL ◆ Municipio de Oaxaca contiguo a Ixtepec y Matías Romero, en la región del istmo de Tehuantepec. Superficie: 233.48 km². Habitantes: 13,041, de los cuales 3,121 forman la población económicamente activa. Hablan alguna lengua indígena 488 personas (zapoteco 354).

BARRIO TERRAZAS, FRANCISCO ◆ n. en Chihuahua, Chih. (1950). Estudió contaduría pública y la maestría en administración de empresas en la Universidad Autónoma de Chihuahua, donde ha impartido cátedra (1973-76). Ha tomado cursos de administración general y filosofía empresarial. Profesor del Instituto Tecnológico Regional de Chihuahua (1972-74). Miembro del PAN desde 1982. Fue administrador regional (1972-76) y contador general del Infonavit en Chihuahua (1976-77), director de sistemas de la alcaldía de Ciudad Juárez (1977-78), gerente general de Mercados Amigo (1978-81), director de Consultores en Planeación del Norte (1981-83) y presidente del Centro Empresarial de Ciudad Juárez (1981-83). Presidente

municipal de Ciudad Juárez (1983-86) y gobernador constitucional del estado de Chihuahua (1992-98).

BARRIOS, ÁNGEL ◆ n. en Texcoco, Méx., y m. en Iguala, Gro. (1874-1940). Estudió en el Colegio Militar y en la Escuela Nacional de Ingenieros. Licenciado por el ejército se dedica a la ingeniería en Oaxaca, donde en 1904 es dirigente del Partido Liberal Mexicano. Preso por sus ideas políticas en 1906. Se incorporó a la campaña presidencial de Madero en 1910 y el 14 de noviembre de ese año se levantó en armas. Es derrotado y aprehendido. Al triunfo de la insurrección salió de la cárcel militar de Tlatelolco, adonde lo habían llevado sus captores. Se incorpora al zapatismo y en 1913 es jefe de operaciones en el estado de México. Delegado a la Convención de Aguascalientes en 1914. Él y otros generales, al ser asesinado Zapata, lanzan un manifiesto anunciando que combatirán a Carranza hasta el final. Se adhirió al Plan de Agua Prieta y en 1920 asistió a los combates de Aljibes y San Andrés contra las fuerzas carrancistas en retirada. Fue candidato a gobernador del estado de México en 1921.

BARRIOS, ARTURO ◆ n. en Naucalpan, Méx. (1964). Corredor. Se graduó como ingeniero mecánico en la Universidad de Boulder, EUA. Adquirió la nacionalidad estadounidense. El 18 de agosto de 1989 impuso récord mundial en la carrera de 10 mil metros, en Berlín, con un tiempo de 27: 13.81. Ganó en 1991 y 1992 la carrera internacional de San Silvestre, en Sao Paulo; en ambos triunfos impuso marcas. Participó en las olimpiadas de Barcelona en 1992 donde obtuvo el quinto sitio en la prueba de 10 mil metros.

BARRIOS CABALLERO, MODESTO ◆ n. en la ciudad de México (1913). Escultor. Estudió en la Academia de San Carlos con Fidias Elizondo. Ha expuesto individualmente en la capital del país y en Saltillo, Coahuila. Entre sus obras se cuentan los monumentos a Morelos, en Guadalajara; a Hidalgo, en Matamoros; a Morelos, en Montevideo, Uruguay; a Fernández de Lizardi, en Cha-

pultepec; el *Ariel* que estuvo muchos años frente a Chapultepec y ahora en los estudios Churubusco; y el monumento a la *Familia Obrera*, de Tlalnepantla, estado de México. Recibió el Primer Premio de Escultura en la Exposición de la Flor de la delegación Benito Juárez del Distrito Federal.

BARRIOS GÓMEZ, AGUSTÍN ◆ n. en Orizaba, Ver., y m. en el DF (1893-1955). Licenciado en derecho por la Universidad Nacional. Fue abogado postulante. Ejerció el periodismo en publicaciones de la casa *Excélsior* y en estaciones de radio.

BARRIOS GÓMEZ MÉNDEZ, AGUSTÍN ◆ n. y m. en el DF (1925-1999). Licenciado en derecho por la UNAM con estudios de posgrado en la Universidad de Columbia. Miembro del PRI desde 1956. Fue colaborador del diario *Novedades* desde 1948, comentarista de temas de actualidad en la radiodifusora XEW desde 1949 y en la televisión privada desde 1952. En 1965 fue elegido vicepresidente de *El Heraldo de México* y en 1975 se le designó director editorial de Televisa. Embajador en Canadá y concurrente en Bahamas (1977-83), embajador en Suiza (1983-87) y cónsul general de México en Nueva York (1990-92). Con Demetrio Bilbatúa realizó documentales turísticos. Autor de *México en 1968* (1968). Fue miembro de la Academia Mexicana de Derecho Internacional, de la Asociación Canadiense de Radio y Televisión y de la Asociación Mundial de Periodistas. Premio Nacional de Periodismo (1974 y 1975). Fue cofundador del Museo Nacional de San Carlos.

BARRIOS HONEY, CARLOS ◆ n. en Toluca, estado de Méx. (1929). Miembro del PRI desde 1950. Ha ocupado diversos puestos públicos en el gobierno del estado de México. Fue director del Archivo General de Notarías del Distrito Federal. Diputado federal por el estado de México (1982-85).

BARRIOS DE LOS RÍOS, ENRIQUE ◆ n. en Zacatecas, Zac. (¿1868?-?). Abogado. Ejerció el periodismo en Guadalajara en el *Diario de Jalisco* y *La Libertad* (1900-

Francisco Barrio Terrazas

FOTO: DANTE BUCIO

1903); editó la publicación literaria *Hojas Populares* (1917). Usó el seudónimo *Almavis Estars*. Autor de *Paisajes de Occidente* (1906) y *De vacaciones*, obra que apareció cuando vivía en la capital del país (1925). Se ignora el lugar y fecha de su muerte.

BARRIOS DE LOS RÍOS, JOSÉ MARÍA ◆ n. en Zacatecas, Zac., y m. en Cananea, Son. (1864-1903). Abogado. Fundó en Zacatecas el periódico literario *La Fusta* (1885). En la capital del país colaboró en el periódico católico *La Voz de México* (1889-92). Fue juez en La Paz, Baja California Sur, donde creó *El Peninsular, El Correo de La Paz* y la *Revista Jurídica* (1893-96). Radicado en Guaymas, escribió en *El Imparcial* y dirigió *El Comercio* en el mismo puerto (1897). Trasladó su residencia a Santiago Ixcuintla, Nayarit, donde creó *El Trópico* (1898-99). En Guadalajara fue redactor del *Diario de Jalisco*, colaboró en otros órganos y fundó *La Legalidad*. Fue desterrado de Jalisco por sus opiniones políticas y se estableció en Cananea, donde murió. Autor de *El país de las perlas* y *Cuentos californios* (1908).

BARROETA, GREGORIO ◆ n. y m. en San Luis Potosí, SLP (1826-1906). Se tituló en la Escuela Nacional de Medicina (1861). Sirvió a los invasores franceses y al imperio de Maximiliano. Descubrió una nueva especie botánica llamada en su honor *Viola barroetana*.

BARRÓN, LUIS ◆ n. en San Luis de la Paz, Gto. (1938). Estudió dibujo y pintura en la Escuela Nacional de Pintura, Escultura y Grabado-La Esmeralda, donde fue discípulo, entre otros, de Benito Messeguer y Lorenzo Guerrero. Ha expuesto sus obras en México, Praga y Budapest.

BARRÓN ALTAMIRANO, FÉLIX ◆ n. y m. en Guadalajara, Jal. (1827-1876). Abogado. En 1863 fue presidente del ayuntamiento de Guadalajara. Al ser restaurada la República figuró en el Congreso local. Gobernador sustituto de Jalisco (julio-septiembre de 1871). Fue candidato al cargo en 1874 pero no obtuvo mayoría. Fue también director del Liceo de Varones de Guadalajara y diputado federal.

Javier Barros Sierra

BARRÓN Y SOTO, JULIÁN ◆ n. en Veta Grande y m. en Zacatecas, Zac. (1879-1941). Destacó como cantor sagrado. Autor de la música de himnos y otras composiciones religiosas.

BARROS, HUMBERTO ◆ n. en Tlalanguitepec, Pue., y m. en Juanacontla, Ver. (1897-1927). Estudió en el Colegio Militar. Después del golpe de Victoriano Huerta se unió al carrancismo, donde obtuvo el grado de general. Fue diputado federal. En 1927 se adhirió al levantamiento de Arnulfo R. Gómez y Francisco Serrano. Murió fusilado.

BARROS HORCASITAS, BEATRIZ ◆ n. en el DF (1947). Maestra normalista, licenciada en psicología y relaciones internacionales por la UNAM con estudios de maestría en ciencias políticas. En la UNAM ha sido profesora, subdirectora de Fomento Editorial, secretaria particular del rector, subdirectora y directora de Radio Universidad, que con ella obtuvo el Premio Nacional de Periodismo. Fue directora de Publicaciones de la Comisión Nacional de Derechos Humanos. En la Secretaría de Gobernación ha sido directora de Servicios Sociales, directora de Comunicación en Población, coordinadora técnica de Comunicación y Cultura de Pronam y directora de Difusión del Instituto Nacional de Estudios Históricos de la Revolución Mexicana. Ha colaborado en *unomásuno, El Siglo de Torreón* y otras publicaciones. Coautora de *Historia del colonialismo en América*. Premio de entrevista del Club de Periodistas de México.

BARROS SIERRA, JAVIER ◆ n. y m. en la ciudad de México (1915- 1971). Nieto de Justo Sierra. Ingeniero y maestro en Ciencias por la UNAM con estudios de filosofía. Cofundador de la empresa Ingenieros Civiles Asociados (1947) y gerente de Estructuras de ésta (1950-). Tuvo a su cargo la construcción de varios edificios de la Ciudad Universitaria. Director entre 1955 y 1958 de la Escuela Nacional de Ingeniería de la UNAM, promovida a Facultad al crearse la División de Estudios Superiores en ese lapso, en el cual también fundó el Instituto de Ingeniería. Fue secretario de Obras Públicas en el gabinete de Adolfo López Mateos (1958-64). En 1965, al crearse el Instituto Mexicano del Petróleo, fue designado director general. De ahí salió en 1966 para asumir el cargo de rector de la UNAM, con la institución en medio de una grave crisis. Durante su gestión promovió nuevos planes y programas de estudio, la aplicación de otras formas de evaluación y la apertura de centros de enseñanza e investigación. En el área de difusión cultural dio impulso a la Orquesta Sinfónica de la Universidad, incrementó la actividad de la Casa del Lago y la *Revista de la Universidad* adoptó una línea editorial abierta a los jóvenes y se crearon las revistas *Punto de Partida* y *Controversia*. En 1968, después de que la fuerza pública penetró violentamente en las preparatorias uno y tres, con saldo sangriento, encabezó la marcha de protesta de los estudiantes de la Universidad y el Politécnico. Después, cuando el gobierno de Gustavo Díaz Ordaz ordenó la ocupación militar de la Ciudad Universitaria, presentó su renuncia, misma que no le fue aceptada. Sin pedirlo, pues señaló que él no había llamado a la fuerza pública, logró que ésta abandonara los recintos universitarios. Posteriormente, cuando el gobierno diazordacista atacó una manifestación inerme que se celebraba el 2 de octubre en Tlatelolco, con saldo de cientos de muertos según la prensa internacional, el rector condenó la agresión. En 1970 rechazó la posibilidad de una reelección que se le ofrecía.

BARROS SIERRA, JOSÉ ◆ n. y m. en el DF (¿1911?-90). Nieto de Justo Sierra. Abogado, se dedicó a la crítica musical. Se inició profesionalmente en el periódico *El Universal*, en 1928. Desde los años setenta hasta su muerte colaboró en el cotidiano *Excélsior* con la columna "Música, ópera, ballet".

BARROS SIERRA, MANUEL ◆ n. en la ciudad de México y m. en EUA (1916-1967). Licenciado en derecho por la UNAM (1940). Fue subdirector general de la Unión Nacional de Productores de Azúcar (1962-64) y de finanzas de

Petróleos Mexicanos (1964-66). Director ejecutivo del Banco Interamericano de Desarrollo. Representó a México en reuniones internacionales.

BARROS VALERO, CRISTINA ◆ n. en el DF (1946). Licenciada (1964-70) y maestra en letras españolas por la UNAM (1976) con estudios pedagógicos. Desde 1964 ejerce la docencia en instituciones de educación media y superior. Fue secretaria de Extensión Académica de la Facultad de Filosofía y Letras de la UNAM (1974-75), editora del *Boletín* de la misma Facultad, y coordinadora académica (1977-80). Directora general del Colegio Madrid (1980-1988). Pertenece al PRD (1989-). Fue traductora de la *Enciclopedia Grolier.* Colaboradora del diario *La Jornada.* Coautora, con Marco Buenrostro, de *¡Las once y serenooo!: tipos mexicanos siglo XX.* Autora de *La carrera de lenguas y literaturas hispánicas: una contribución a su análisis* (1978) y de una *Antología de Justo Sierra.* Fue becaria del Programa de Formación Académica de la UNAM (1973-74).

BARROS VALERO, JAVIER ◆ n. en el DF (1949). Licenciado en ciencia política y administración pública por la UNAM (1968-72), donde fue profesor y jefe del Departamento de Administración Pública de la Facultad de Ciencias Políticas. Maestro en política y administración por la London School of Economics and Political Science (1973-74). Miembro del PRI desde 1970. Ha sido secretario ejecutivo del Instituto Nacional de Administración Pública (1976), secretario particular de Fernando Solana en la Secretaría de Turismo (1976-77), director general de Educación para Adultos (1978) y director general de Publicaciones y Bibliotecas de la SEP (1979-82); director general del INBA (1982-87), cónsul general de México en San Francisco (1987-88), subsecretario de Relaciones Exteriores (1988-94) y subsecretario de Educación. Es miembro del Colegio de Licenciados en Ciencias Políticas y Administración Pública.

BARROSO CHÁVEZ, JOSÉ ◆ n. en la ciudad de México (1925). Empresario. Presidió la Cámara Nacional de la In-

dustria Cerillera y la Cámara Nacional de la Industria Textil. Ha sido presidente del Consejo Nacional (1964-70) y presidente vitalicio de la Cruz Roja Mexicana (1966), cargo al que renunció en 1999. Fue presidente de la Federación Mundial de la Cruz Roja (1965-69 y 1969-73). Después de los sismos de septiembre de 1985 promovió la creación del Centro Cívico de Solidaridad A.C., del que fue presidente.

BARROSO GUTIÉRREZ, ERNESTO ◆ n. en el DF (1931). Empresario. Ingeniero químico por la UNAM (1951) con cursos de posgrado en Alemania, Suiza y EUA. Ha participado en la fundación y dirección de diversas empresas (Plasticolor, Procesos Plásticos, Hidrocarburos Parafínicos y otras). Organizador y dirigente de cámaras empresariales. Ha sido miembro del Consejo Técnico del Fondo de Equipamiento Industrial del Banco de México y vicepresidente del Colegio Nacional de Ingenieros Químicos.

BARTILOTTI PEREA, PEDRO LUIS ◆ n. en Villahermosa, Tab. (1936). Hizo estudios de medicina y se tituló como licenciado en economía por la UNAM (1961). Desde 1956 es miembro del PRI, en el que ha desempeñado diversas comisiones y cargos directivos. Presidente del Comité Nacional de la Juventud (1962-63) y del Comité Nacional de Propaganda de la CNOP (1964). Fue diputado federal suplente (1964-67) y titular por el primer distrito del DF (1967-70 y 1982-85); oficial mayor de la Gran Comisión de la Cámara de Diputados (1964-67), director general del Banco del Pequeño Comercio (1970-76), director del Fonapás y del DIF en Tabasco (1980-82), delegado del DDF en Gustavo A. Madero (1988), coordinador de asesores del subsecretario de Turismo (1989-92), secretario de Fomento (1992-93) y secretario de Gobierno de Tabasco (1994).

BARTLETT BAUTISTA, MANUEL ◆ n. en Tenosique, Tab., y m. en el DF (1894-1963). En 1913 fue expulsado del Instituto Juárez de Tabasco por protestar en una velada contra el golpe de Victoriano Huerta. En la Universidad

Nacional prosiguió sus estudios hasta graduarse de licenciado en derecho (1920). Diputado local (1921-22). Fue juez de distrito en Veracruz, Toluca, Puebla y el DF. En 1938, ya como ministro de la Suprema Corte de Justicia, emitió el fallo contra las empresas petroleras, lo que desató el proceso que culminó en la expropiación. Después de ser cuatro veces aspirante al cargo, llegó a gobernador constitucional de Tabasco (enero de 1953 a marzo de 1955). El alza en las tarifas del transporte urbano ocasionó una protesta estudiantil que desembocó en motines populares. Se formó un Comité de Salud Pública y el general Miguel Orrico de los Llanos fue enviado a Villahermosa, a donde llegó acompañado de Nicolás Reinés Berazaluce y Carlos A. Madrazo. Orrico fue nombrado gobernador sustituto "por licencia que le concedió la XLI Legislatura local al titular".

Pedro Luis Bartilotti Perea

BARTLETT DÍAZ, MANUEL ◆ n. en Puebla, Pue. (1936). Hijo del anterior. Licenciado en derecho por la UNAM (1959) posgraduado en la Universidad de París (1959-61) y doctor en derecho por la UNAM (1967-68) con posgrado en la Universidad Victoria, GB (1968-69). Profesor de la UNAM (1962-66). En el PRI, partido al que pertenece desde 1963, fue director de la revista *La República,* coordinador general de la campaña presidencial de Miguel de la Madrid y secretario general del comité ejecutivo nacional (1981-82), y precandidato a la Presidencia de la República (1987). Ha sido subdirector general (1969) y director general de Gobierno de la Secretaría de Gobernación (1970-76), secretario de la Comisión Electoral Federal (1970-76), director de Asuntos Políticos de la Secretaría de Relaciones Exteriores (1976-79), asesor del secretario de Programación y Presupuesto Miguel de la Madrid (1979-81), secretario de Gobernación en el gobierno de De la Madrid (1982-88), presidente de la Comisión Federal Electoral (1982-88), secretario de Educación Pública en el gobierno de Carlos Salinas (1988-92) y gobernador constitucional de Puebla (1993-99).

FOTO: DANTE BUCIO

Manuel Bartlett Díaz

BARTOLACHE Y DÍAZ DE POSADAS, JOSÉ IGNACIO ◆ n. en Guanajuato, Gto., y m. en la ciudad de México (1739-1790). Se doctoró en medicina en 1772. Tres años antes se había publicado su primer libro, *Lecciones matemáticas*, pues se aplicó también al estudio de esta ciencia, así como de la filosofía. Junto con Alzate y Velázquez de León hizo observaciones astronómicas en 1769 y en 1771. De la primera quedó un opúsculo que sólo firmó Alzate. El sábado 17 de octubre de 1772 se publicó el primer número del *Mercurio Volante con Noticias Importantes y Curiosas sobre Varios Asuntos de Física y Medicina*, segundo periódico ilustrado de la Nueva España y primero dedicado expresamente a la medicina. En él hizo un elogio orgulloso de las cosas y las personas de México al que llamó "mi nación"; criticó el estado de la educación novohispana, rechazó el culteranismo, abogó por "lo que llamamos vulgo", planteó la igualdad del hombre y la

Lecciones matemáticas... de José Ignacio Bartolache y Díaz de Posadas editadas en 1769

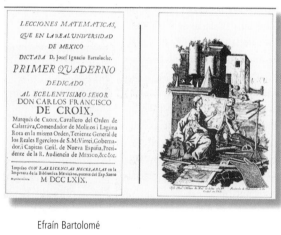

Efraín Bartolomé

mujer, reivindicó los valores terapéuticos de la mariguana, hizo el elogio de Newton, pugnó por la comprobación práctica del conocimiento y realizó una notable labor como divulgador del saber. Bartolache también colaboró en los periódicos de Alzate. En 1774 elaboró unas pastillas a base de fierro, lo que le valió agrias polémicas con sus colegas, pero que vendió durante más de 20 años. En defensa de su medicamento publicó un folleto en español y otro en náhuatl (*Instrucción para el buen uso de las pastillas marciales o fierro sutil*). A partir de 1777 se reconoció su talento y se convirtió en asesor de las autoridades. Para ellas escribió una *Instrucción que puede servir para que se cure a los enfermos de las viruelas epidémicas que ahora se padecen en México desde fines del estío en el año corriente de 1779*. En sus últimos años dedicó sus ocios a una obra que apareció póstumamente: *Opúsculo guadalupano* (1790), en la cual da una versión iluminista del asunto.

BARTOLÍ, JOSEP ◆ n. en España, y m. en EUA (1910-1995). Pintor. Fue caricaturista y dibujante político de la mayoría de las revistas catalanas de izquierda, fundó y presidió el Sindicato de Dibujantes de Cataluña (1936) y fue profesor de la Escuela Superior de Bellas Artes de Cataluña. Durante la guerra civil peleó en el bando republicano. Al término del conflicto permaneció en un campo de concentración en Francia del que escapó sólo para ser aprehendido por los nazis y llevado a un campo de concentración en Alemania. Se exilió en México en 1942. Cofundó y codirigió aquí la revista *Mundo* (1943-45), que planteaba la creación de los Estados Unidos Socialistas Europeos. Vivió después en Estados Unidos, donde fue dibujante de la revista *Holiday*. Perseguido por el macartismo regresó a México en la década de los cincuenta y cofundó la galería Prisse, donde exponía regularmente. Viajó luego a Francia, donde cofundó la revista *Gauche* y fue ilustrador del Club Francés del Libro. Tanto en México como en EUA y Europa fue asesor en

decoración y vestuario para la industria cinematográfica. Regresó a España en 1978. Coautor de *Campos de concentración 1939-1943* (1944). Autor de *Calibán* (1971). Premio Mark Rothko de Artes Plásticas en 1973 y becario del Instituto MacDowell.

BARTOLOMÉ, EFRAÍN ◆ n. en Ocosingo, Chis. (1950). Poeta. Licenciado en psicología por la UNAM. Es psicoterapeuta y profesor universitario. Asistió a los talleres literarios de Alejandro Aura y de Juan Bañuelos. Autor de *Vivir en la ciudad* (1981), *Ojo de jaguar* (1982, segunda edición en 1990), *Donde los podemos observar* (1982), *Ciudad bajo el relámpago* (1983), *Música solar* (1984), *Cuadernos contra el ángel* (1987), *Mínima animalia* (1991), *Música lunar* (1991), *Cantos para la joven concubina y otros poemas dispersos* (1991), *Agua lustral: poesía 1982-1987* (1993), *Corazón del monte* (1995), *Diario de guerra* (1996) y *Partes un verso a la mitad y sangra* (1996, Premio Internacional de Poesía Jaime Sabines). Premio de Poesía Tuchtlán (Chiapas, 1980), Premio Ciudad de México (1982), Premio Nacional de Poesía de Aguascalientes (1984), Premio de Poesía Querétaro (1987), Premio Carlos Pellicer (1992) y Premio de Poesía Gilberto Owen (1993).

BARTOLOZZI RUBIO, SALVADOR ◆ n. en España y m. en la ciudad de México (1882-1950). Pintor, cartelista y director de teatro infantil. Llegó a México después de la guerra civil de España, donde militó en el bando republicano. Aquí se encargó del Teatro Infantil de Bellas Artes, elaboró escenografías y, en 1949, se abrió una exposición de su pintura: *Madrid en el recuerdo*. En 1946 obtuvo un Ariel por el diseño del vestuario para la película *Pepita Jiménez*.

BARTRA, AGUSTÍ ◆ n. y m. en Barcelona, España (1908-1982). Vino a México al término de la guerra civil española. Aquí dirigió la revista catalana *Lletres* (1944-48). Hizo una *Antología de la poesía norteamericana* (1952). De su propia obra publicó en México *Odiseo* (1955), una recopilación de narrativa, poesía y textos dramáticos; *Cristo de*

200,000 brazos (1958), *Quetzalcóatl* (1960), *Deméter* (1961), *Marsias y Adila* (1962), *Ecce Homo* (1964), *La luna muere con agua* (1968) y *Cartel para los muros de mi patria* (1969). En 1969-70 ocupó la cátedra Juan Ramón Jiménez de Poesía Hispanoamericana en la Universidad de Maryland y al término de ésta decidió volver a Cataluña, donde fue recibido con manifestaciones de entusiasmo. En Barcelona en 1971 se publicaron sus *Obras completas*. Recibió tres veces la beca Guggenheim. En 1984 la Universidad de Puebla editó *El gallo canta para los dos*, una selección de su trabajo de los últimos años, y en 1991 apareció *La luz en el yunque* (poesía).

Agustí Bartra

BARTRA, ARMANDO ◆ n. en España (1941). Escritor. Fue traído a México en 1948. Estudió filosofía en la UNAM. Ha usado el seudónimo de Carlos Méndez. Colaborador de la *Enciclopedia de México*. Escribe para los suplementos *La Jornada del Campo* y *Ojarasca* del diario *La Jornada*. Hizo el prólogo, la selección y las notas de *Regeneración 1900-1918: la corriente más radical de la revolución mexicana de 1910 a través de su periódico de combate* (1972). Coautor de *Puros cuentos: la historia de la historieta en México 1874-1934* (1988) y *Las milpas de la ira* (1995), entre otras obras. Autor de *La renta capitalista de la tierra* (1979), *La explotación del trabajo campesino por el capital* (1979), *El comportamiento económico de la producción campesina* (1982),

Los herederos de Zapata: movimientos campesinos postrevolucionarios en México 1920-1980 (1985), *The Seduction of the Innocents: The First Tumultuous Moments of Mass Literacy in Postrevolutionary Mexico* (1994), *El periodismo gráfico en las dos primeras décadas del siglo* (1994), *Guerrero bronco* (1996) y *1968, el mayo de la revolución* (1999).

BARTRA, ELI ◆ n. en el DF (1947). Hija de Agustí Bartra y Ana Muriá. Licenciada y maestra por La Sorbona (1973) y doctora en filosofía por la UNAM (1990). Profesora de la ENAH (1976) y de la UAM-Xochimilco (1977-), donde es jefa del área de investigación Mujer, Identidad y Poder. Militante feminista desde 1972, perteneció al Movimiento de Liberación de la Mujer y al Colectivo La Revuelta. Fue asistente editorial de la revista *Artes Visuales* y ha colaborado en *La Revuelta* (1975-76), *unomásuno* (1977-83), *Fem* y *La Jornada Semanal*. Coautora de *La revuelta: reflexiones, testimonios y reportajes de mujeres de México* (1983) y *Otro modo de ser: mujeres mexicanas en movimiento* (1991). Autora de *Mujer, ideología y arte* (1987) y *En busca de las diablas* (1995).

BARTRA, ROGER ◆ n. en el DF (1942). Hijo de Agustí Bartra. Antropólogo titulado en la Escuela Nacional de Antropología e Historia y doctor en sociología por la Universidad de París. Desde 1971 es investigador del Instituto de Investigaciones Sociales de la UNAM y ha sido profesor visitante en universidades de EUA. Ha sido miembro del consejo editorial de *The Journal of Peasant Studies*, *Latin American Perspectives*, *Cuicuilco*, *Revista Mexicana de Sociología* y *Perfiles Latinoamericanos*. Codirector de la revista *Historia y Sociedad* (1976-79), director de *El Machete* (1979-80) y director de *La Jornada Semanal* (1989-1995). Es autor de *El modo de producción asiático* (1969), *Breve diccionario de sociología marxista* (1973), *Estructura agraria y clases sociales en México* (1974), *El poder despótico burgués* (1978), *Las redes imaginarias del poder político* (1981), *El reto de la izquierda* (1982), *Campesinado y poder político en México* (1982), *La democracia*

Portada de *La luz en el yunque* de Agustí Bartra

ausente (1986), *La jaula de la melancolía* (1987) *El salvaje en el espejo* (1992), *Oficio mexicano: miserias y esplendores de la cultura* (1993), *El salvaje artificial* (1997), *El siglo de oro de la melancolía: textos españoles y novohispanos sobre las enfermedades del alma* (1998) y *La sangre y la tinta: ensayos sobre la condición postmexicana* (1999). Miembro del Sistema Nacional de Investigadores (1984-). Diosa de Plata por el libreto de Mezquital (1976). Becas Guggenheim y Tinker (1985). Premio Universidad Nacional en 1996.

BASADRE, JOSÉ IGNACIO DE ◆ n. en Veracruz, Ver., y m. en la ciudad de México (1799-1865). Militar realista. Se adhirió al Plan de Iguala. Diputado federal en 1828 y senador en 1832. Ministro de Guerra y Marina con el presidente Canalizo durante 13 días (1844). El Congreso lo acusó de responsabilidad por una agresión que sufrió la Asamblea Departamental de Querétaro y trocó el juicio por el destierro voluntario, no sin antes publicar un manifiesto "a sus compatriotas" en el que intentaba su defensa. Combatió contra los estadounidenses en 1847 y durante la ocupación francesa se unió al gobierno juarista en San Luis Potosí (octubre de 1863).

Roger Bartra

BASAGOITI, JOSÉ MARÍA ◆ n. en la ciudad de México (1922). Empresario. Trabajó desde 1947 en Cigarros la Tabacalera Mexicana, de la que se retiró como presidente del consejo de administración en diciembre de 1987, ocasión en la que fue elegido presidente honorario vitalicio. Fue presidente de la Unión Social de Empresarios Mexicanos y de la Confederación Patronal de la República Mexicana, así como vicepresidente latinoamericano de la Unión Internacional de Dirigentes Cristianos de Empresa. Miembro del PAN desde 1984.

BASALENQUE, DIEGO DE ◆ n. en España y m. en Charo, Mich. (1577-1651). Sacerdote. Fue provincial de Michoacán. Escribió *Arte y vocabulario de la lengua matlacinga*, *Arte de la lengua tarasca* (1614) y una *Historia de la provincia de San Nicolás Tolentino de Michoacán*. (1673).

BASÁÑEZ, MIGUEL ◆ n. en Tuxpan, Ver. (1947). Licenciado en derecho por la UNAM (1965-69) y maestro en administración pública por la Universidad de Warwick, Inglaterra (1973-74). Candidato a doctor en filosofía política por la Universidad de Londres (1990). Profesor de la UIA (1970-71), la UNAM (1974-76 y 1981-82), la UAEM (1985-86) y el ITAM (1989-). Ha sido jefe de asesores del secretario de la Reforma Agraria (1976-78), director general de Evaluación de la Presidencia (1980-82), secretario particular del gobernador del estado de México (1982-85), procurador general de Justicia de la misma entidad (1985-86), secretario particular del titular de la SEMIP (1986-88), presidente de Prospectiva Estratégica, A.C. (1988-), director del Centro de Estudios de Opinión Pública (1989-) y representante para México y Centroamérica de la World Association for Public Opinion Research (1989-). Ha colaborado con artículos y encuestas en *Evaluación, Revista Mexicana de Sociología, The Mexican Forum, Foro Internacional, Excélsior* y otras publicaciones. Autor de *La lucha por la hegemonía en México* (1981), *La composición del poder: Oaxaca* (1987), *El pulso de los sexenios: 20 años de crisis en México* (1990) y *La composición del poder: Estado de México* (1991).

BASASEÁCHIC ◆ Cascada de Chihuahua formada por uno de los afluentes del río Papigochic. El salto tiene más de 300 metros de altura. Se ubica cerca de Yepachic y de Ocampo, a donde se llega por buenas carreteras desde Chihuahua y Ciudad Cuauhtémoc.

BASAVE AGUIRRE, LEONARDO ◆ n. en el DF (1942). Licenciado en administración de empresas por la UNAM (1965) con posgrado en la Universidad de Florida (1974-77). Miembro del PRI y asesor del Instituto de Estudios Políticos Económicos y Sociales en 1970 y 1976. Ha sido subdirector de Descentralización Administrativa (1972-73), jefe de las asesorías en reforma administrativa (1973-76), subdirector (1975-76) y director general de Administración (1977-81) de la Secretaría de Hacienda. Director general del Fideicomiso Fondo de Habitaciones Populares (1977-82). Vocal ejecutivo del Fondo de la Vivienda para los Trabajadores al Servicio del Estado (1982-). Autor de *Diagnóstico de la función informativa en el sector privado en México*. Miembro de la Asociación Interamericana de Planificación, la Asociación Interamericana de Administración Pública, del Colegio de Licenciados en Administración y otras corporaciones profesionales.

BASAVE DEL CASTILLO NEGRETE, AGUSTÍN ◆ n. en Guadalajara, Jal., y m. en Monterrey, NL (1886-1961). Estudió en las universidades de Notre Dame y Harvard. Se tituló de arquitecto en el Instituto de Drexel, Filadelfia, en 1907. Fue profesor de la Escuela Libre de Ingenieros (1912-1920) y de la Preparatoria de Jalisco (1913-33), de la que fue director (1916-20) y la Universidad de Occidente (1928-33). Proyectó y dirigió más de 200 construcciones. Se inició en el periodismo en 1912. Colaboró en *Excélsior, El Informador de Guadalajara* y otras publicaciones. En 1936 se estableció en Monterrey, donde fue director del periódico *El Norte* (1944-56) y colaborador hasta su muerte. Fundó la Alianza Francesa de Monterrey y fue catedrático de la Universidad Labastida y el Tecnológico. Autor de *El hombre y la arquitectura* (1918), *Ensayos críticos* (estudio sobre Enrique González Martínez, 1918), *Viejos temas* (1920), *Breve historia de la literatura castellana* (1925-26), *Resumen de historia de la literatura universal* (1933), *Cuadros cronológicos: arte, letras, filosofía* (1947), *Quién es cada quien en Monterrey: diccionario biográfico de los actuales y más destacados profesionistas y hombres de negocios de Monterrey* (1948), *Renacentistas italianos* (1953), *Calíope: veinte epopeyas* (1959) y *Juicios y ensayos literarios* (pról. de Elías Nandino, 1975). Coautor de *Constructores de Monterrey* (1945). Recibió la medalla José María Vigil del gobierno de Jalisco (1953).

BASAVE DEL CASTILLO NEGRETE, CARLOS ◆ n. en Guadalajara, Jal., y m. en el DF (1863-1947). Hermano del anterior. Estudió en la Escuela Nacional Preparatoria. En 1900 editó en Guadalajara el periódico satírico *El Revalúo*, en defensa de los terratenientes. Fue cofundador de *El Paladín* en el mismo año. Fue partidario de Bernardo Reyes y en 1908 concurrió a la fundación del reyista Partido Democrático. Colaboró con Carranza como presidente de la Junta Directiva de los Ferrocarriles Nacionales de México. Reunió una importante biblioteca sobre historia de México, la que su familia vendió a la Secretaría de Educación Pública. Una sala de la biblioteca México, donde se halla parte del fondo que él integró, lleva su nombre.

BASAVE FERNÁNDEZ DEL VALLE, AGUSTÍN ◆ n. en Guadalajara, Jal. (1923). Licenciado en derecho por la UANL (1946) y doctor por la de Madrid (1948). Profesor de la UANL, donde fue director de la Facultad de Filosofía y Letras (1961-64 y 1964-67). Director general del Instituto Regiomontano de Cultura Hispánica. Ha colaborado en *Excélsior* y otros periódicos. Autor de *Sensaciones, sentimientos, reflexiones, ciudades y paisajes* (1948), *Miguel de Unamuno y José Ortega y Gasset: un bosquejo valorativo* (1950), *Capítulos de filosofía de la historia* (1950), *Breve historia de la* filosofía griega (1951), *Existencialistas y existencialismo* (1958), *La filosofía de José Vasconcelos* (1958), *Ideario filosófico 1953-1961* (1961), *Teoría de la democracia: fundamentos de filosofía democrática* (1964), *El romanticismo alemán* (1964), *Metafísica de la muerte* (1965), *Visión de Andalucía* (1966), *Pensamiento y trayectoria de Blas Pascal* (1973) y de *Tratado de filosofía-amor a la sabiduría como propedéutica de salvación* (1995), entre otras obras. Rector emérito de la Universidad Regiomontana y profesor emérito de la UANL. En junio de 1963 ingresó en la Academia Mexicana (de la lengua). Pertenece a la Academia Mexicana de la Lengua y al Seminario de Cultura Mexicana. Presidente de la Sociedad Mexicana de Filosofía (1994). Premio Internacional de Filosofía Altheia (1996).

BASCÁN ◆ Río que nace en la región de las Montañas del Norte de Chiapas. Corre con dirección sureste-noroeste y se une al Encanto para formar el Tulijá, afluente del Macuspana.

BASCH, SAMUEL ◆ n. y m. en Austria (1837-1916). Llegó a México en 1866 para servir como médico de cámara a Maximiliano, a quien se dice que le aconsejó abdicar. Volvió a Europa con el cadáver del emperador y allá publicó el libro *Recuerdos de México* (1870).

BASE ◆ Organización de católicos creada a fines de 1934 para hacer frente al recrudecimiento de la persecución religiosa. Bajo control de la jerarquía moderada, acabó por desplazar a la radical e insubordinada Liga Nacional Defensora de la Libertad Religiosa (☛). Estuvo bajo la dirección de una junta de legos, a la que los miembros solían referirse como "el alto mando". El consejero eclesiástico, el jesuita Eduardo Iglesias, cumplía funciones de enlace con la jerarquía. Reunió a los militantes más probados de la Legión (☛). El delegado apostólico Leopoldo Ruiz y Flores recomendó a esta sociedad "no emplear la violencia, a menos que se tuviera la certeza de pisar en terreno firme". Sus miembros, agrupados en pequeños y disciplinados núcleos sin comunicación entre sí para evitar la represión, estaban

organizados gremial y geográficamente. Según Juan Ignacio Padilla, uno de sus miembros más destacados, al ingresar a la Base "el camino elegido fue el patriotismo, pacífico o violento, de acuerdo con lo que la batalla exigiera. Si era necesario matar, uno mataría para cumplir con los deberes de un tiranicida". A fines de 1936 la organización había entrado en crisis. Los militantes más radicales se incorporaron a las guerrillas cristeras, algunos abandonaron toda actividad y otros propusieron crear una nueva agrupación, que fue la Unión Nacional Sinarquista, fundada en mayo de 1937 (*Cfr.*: Campbell, Hugh G., *La derecha radical en México 1929-1949*).

BASES CONSTITUCIONALES ◆ Texto redactado por la Junta Provisional de Gobierno y aprobado por el Segundo Congreso Mexicano o primer Congreso Constituyente, el 24 de febrero de 1822. Las *Bases* dictaban que la religión católica era "la única del Estado, con exclusión de alguna otra"; que la nación "adopta para su gobierno la monarquía moderada constitucional con la denominación de Imperio Mexicano"; establecía la separación de poderes (Legislativo, Ejecutivo y Judiciario); declaraba "la igualdad de derechos civiles en todos los habitantes libres del imperio" y llamaba "al trono del imperio, conforme a la voluntad general, a las personas designadas en el tratado de Córdoba". Este párrafo fue derogado por la misma asamblea a fin de permitir la coronación legal Iturbide, a quien reconoció como emperador el 19 de mayo. Como el Congreso se negara a dividirse en dos cámaras y asumiera facultades legislativas, y no sólo constituyentes, pronto entró en conflicto con Iturbide, quien lo disolvió el 31 de octubre e instaló en su lugar la Junta Nacional Instituyente, que en febrero de 1823, por 21 votos contra 17, aprobó el *Reglamento Político Provisional del Imperio*, propuesto por el mismo Iturbide para que rigiera en tanto se elaboraba la Constitución.

BASES ORGÁNICAS O BASES DE ORGANIZACIÓN POLÍTICA DE LA REPÚ-

BLICA MEXICANA ◆ Documento constitucional elaborado y aprobado en junio de 1843 por la Junta de Notables designada por Nicolás Bravo en sustitución del Congreso Constituyente de 1842, mismo que disolvió. El documento entregaba a Santa Anna un poder total, lo que agudizó las tensiones políticas y propició la intervención estadounidense que llevó, en 1847, a la pérdida de la mitad del territorio nacional.

Bases orgánicas de la República Mexicana publicadas en 1845

BASICH LEIJA, ZITA ◆ n. en San Luis Potosí, SLP, y m. en el DF (1918-1988). Artista y promotora cultural. Trabajó hasta su jubilación para el Museo Nacional de Antropología, del que fue una de las principales impulsoras. Ahí editó reproducciones de códices y otras obras. Ilustró libros. Fue orfebre y montó varias exposiciones con sus obras de platería. Estuvo encargada de las actividades de difusión cultural del Colegio Nacional de Arquitectos (1953-56) y el Departamento de Danza del INBA (1955-59). Diseñó vitrales para la Divina Providencia (DF, 1966), la Santa Cruz (SLP, 1967) y la Basílica de la Virgen de Guadalupe (Madrid, 1965), templos construidos por el arquitecto Enrique de la Mora. Autora de la selección y transcripción de ilustraciones de *Testimonios sobre la medicina de los antiguos mexicanos* (1980). Pertenecía a la Academia Potosina de Ciencias y Artes.

Guía para el uso del Códice Florentino de Zita Basich Leija

BASILIO, LIBRADO ◆ n. en Coscomatepec, Ver. (1918). Escritor y editor. Ha hecho traducciones del latín, griego e italiano. Fundó en 1951 la revista *Dédalo*, de vida efímera. En 1954 inició la publicación de *El Caracol Marino*, uno de los órganos literarios más antiguos del país, que dirigió hasta 1986. Fue el primer jefe del Departamento Editorial de la Universidad Veracruzana (1953-55) y creador de la colección Biblioteca (1953). En 1953 fundó *Universidad Veracruzana*, órgano de esa casa de estudios, de la que fue profesor hasta 1975. Autor de *Canciones de un amor adolescente y otros poemas* (1956), *Amor diverso y uno* (1960), *Himnario y confesión de amor* (1985). En 1987 el Instituto Nacional de Bellas Artes le organizó un homenaje y al año siguiente apareció su *Poesía original.*

BASSI, SOFÍA ◆ n. en Camerino Z. Mendoza, Ver., y m. en el DF (1913-1998). Nombre profesional de la escritora y pintora autodidacta Sofía Celorio Mendoza. Expuso por primera vez en 1964. Existen obras suyas en museos de México, Bulgaria, EUA, Suecia, Panamá, Colombia e Israel. Recluida en el penal de Acapulco, ejecutó ahí un mural junto con José Luis Cuevas, Francisco Corzas, Rafael Coronel y Alberto Gironella. Otros murales suyos están en el Salón de la Fama de los Astronautas, en Houston, y en la Facultad de Derecho de la UNAM. Ilustró libros y realizó escenografías. Colaboró en *El Universal* y en *Siempre!* Autora de *El color del aire* (novela, 1966), *El hombre leyenda* (novela), *Alas de petate*, *El sexto dedo* y *Bassi: prohibido pronunciar su nombre* (1978). Entre las distinciones que recibió se cuentan la Cruz de la Orden de Malta (Nueva York, 1965) y el trofeo Il Prefetto di Terni, Premio San Valentino de Arte Figurativo (Italia, 1971).

BASSÓ BERTOLIAT, ADOLFO ◆ n. en Campeche, Camp., y m. en la ciudad de México (?-1913). Capitán de fragata. Estudió en las escuelas navales de Campeche y Veracruz. Participó en el movimiento antirreeleccionista. Fue intendente de la residencia presidencial durante el gobierno de Madero. Al producirse el golpe de Estado de Victoriano Huerta fue detenido y asesinado.

BASSOCO, JOSÉ MARÍA ◆ n. en España y m. en la ciudad de México (1795-1877). Militar realista miembro de la aristocracia colonial. Primer director de la Academia Mexicana (de la lengua) (1875-1877). Colaboró en *El Siglo*

XIX y otros periódicos de la época. Publicó *Noticias biográficas del eximio Sr. D. Lucas Alamán.* (1853) y redactó algunas entradas del *Diccionario Universal de Historia y Geografía* (1853).

BASSOLS, NARCISO ◆ n. en Tenango del Valle, estado de Méx., y m. en el DF (1897-1959). Licenciado en derecho por la Universidad de México, donde fue uno de los *Siete Sabios* (◆) y director de la Facultad de Derecho (1929). Secretario general del gobierno del estado de México (1925-27). Redactó la Ley Agraria (1927) y se encargó de liquidar los bancos de emisión, cuando el Banco de México asumió en exclusiva esa función (1930-31). Fue secretario de Educación (1931-32 y 1932-34), de Gobernación (1934) y de Hacienda (1934-35). En el mismo sexenio fue embajador en Londres y ante la Sociedad de Naciones. A su regreso a México fundó la Editorial Revolucionaria que publicó obras de avanzada en el campo de las ciencias sociales. Volvió a Europa como representante de la CTM y estuvo en España y Oslo, donde obtuvo solidaridad de las organizaciones sindicales para la expropiación petrolera. Ministro de México en Francia (1938-40). En 1940 rechazó el cargo de ministro de la Suprema Corte de Justicia que le ofreció Ávila Camacho. Dirigió la Liga de Acción Política y su órgano *Combate* (1940). Fue candidato a diputado de la Liga por el DF (1943). Cofundador (1947) y vicepresidente del Partido Popular (1947-49). En París, representante de Lázaro Cárdenas en la fundación del Consejo Mundial de la Paz (1949). Asesor del presidente Ruiz Cortines, renunció por su desacuerdo con la devaluación monetaria de 1954. En 1964 se publicaron sus *Obras*, con textos de presentación de Jesús Silva Herzog, padre, Alonso Aguilar Monteverde y Manuel Meza Andraca.

BASSOLS BATALLA, ÁNGEL ◆ n. en la ciudad de México (1925). Hijo del anterior. Geógrafo con estudios en la URSS, EUA, Francia e India. Desde 1957 es profesor de la Escuela Nacional (luego Facultad) de Economía de la UNAM

investigador, a partir de 1959, del Instituto de Investigaciones Económicas. Cuenta con una extensa bibliografía en la que hay creación literaria, crónica y, desde luego, obras de su especialidad, entre ellas *La división económica regional de México* (1967), su *Geografía económica de México* (1970), libro de texto en escuelas de enseñanza media y superior; *México: formación de regiones económicas* (1983), *Veinticinco años en la geografía de México* (1985) y *Temas de un momento crítico* (ensayo, 1996). Presidente de la Asociación Mexicana de Geógrafos Profesionales (1967-69).

BASSOLS BATALLA, NARCISO ◆ n. en la ciudad de México (1922). Hermano del anterior. Ingeniero químico con maestría en matemáticas (1947). Trabajó para Petróleos Mexicanos hasta su jubilación en los años setenta. Colaborador de *Política*, *El Día* y otras publicaciones. Fundó y dirigió *Índice* (1951-53), *Guión* (1956-60) y *Nuevo Índice* (1973). Autor de *El pensamiento político de Álvaro Obregón* (1967), entre otras obras de tema histórico y social.

BASTARRACHEA SABIDO, JORGE ◆ n. en Mérida, Yuc. (1945). Licenciado en administración de empresas (1969) y en sociología por la UNAM (1974). Profesor del Instituto Tecnológico Autónomo de México (1976-78). Miembro del PRI desde 1970. Ha sido subtesorero de Recursos Humanos (1978-80) y tesorero general del Instituto Mexicano del Seguro Social (1980-82), oficial mayor de la Secretaría del Trabajo y Previsión Social (1982-88) y vocal ejecutivo del Fondo para la Vivienda de los Trabajadores al Servicio del Estado (1988-). Pertenece al Colegio de Sociólogos de México.

BASTIAN, JEAN-PIERRE ◆ n. en Francia (?). Doctor en historia por El Colegio de México. Compilador de *Protestantes, liberales y francmasones: sociedades de ideas y modernidad en América Latina, siglo XIX* (1993). Autor de *Los disidentes: sociedades protestantes y revolución en México, 1872-1911* (1993) y *Protestantismos y modernidad latinoamericana* (1994).

Narciso Bassols

BASTIDA FLORES, IGNACIO ◆ n. y m. en Yautepec, Mor. (?-1930). Se incorporó al zapatismo desde 1911. En 1920 se adhirió al Plan de Agua Prieta y fue incorporado al ejército regular. Murió asesinado cuando se dedicaba a las labores del campo.

BASULTO, HILDA ◆ n. en Argentina (?). Escritora. Vivió en México entre 1973 y 1988. Doctora en bibliotecología por la Universidad de Buenos Aires y por la UNAM. Realizó estudios de sociología industrial. Fundadora y directora del Centro Universitario de Corrección Idiomática de la Facultad de Ciencias Químicas de la UNAM. En Argentina publicó *Expresión moderna y correcta*, *Problemas ortográficos*, *Breviario de redacción moderna* y *Ética laboral*, y en México escribió *Curso de redacción dinámica*, *Tratado completo de ortografía*, *Ortografía actualizada*, *Manual de ortografía actualizada*, *Diccionario comercial*, *Mensajes idiomáticos* y *Diccionario de verbos*. Presidió el Instituto Cultural Argentino-mexicano.

BASURTO, ARTEMIO ◆ m. en el DF (?-1933). Participó en la revolución y en el Ejército Constitucionalista obtuvo el grado de coronel. Fue diputado federal por el distrito de El Oro, estado de México.

BASURTO, LUIS G. ◆ n. y m. en el DF (1920-90). Abogado con estudios de letras españolas (UNAM) y técnica cinematográfica (Hollywood). Desde los años treinta colaboró en *Excélsior* y *El Heraldo*. Conductor de programas y comentarista de la televisión estatal donde, al igual que en la prensa, trató temas relacionados con la escena. Hizo adaptaciones para cine con Xavier Villaurrutia. Dentro del arte dramático fue empresario, director, actor y autor de más de 30 obras. Se inició como dramaturgo con *Los diálogos de Suzette*, estrenada en 1940 por Rodolfo Usigli. Sus piezas de mayor éxito son *Miércoles de ceniza* (Premio Juan Ruiz de Alarcón 1956), *Con la frente en el polvo* (escenificada durante dos años: 1968-70) y, sobre todo, *Cada quien su vida*, que salvo breves intervalos se ha representado

Luis G. Basurto

a lo largo de 20 años, ha sido adaptada para el cine y, producto de su popularidad, ha motivado parodias, chistes y refranes. Fue coordinador del Teatro Popular de México y de la compañía de la Asociación Nacional de Actores, así como director de la Compañía de Repertorio del INBA. Llevó a los escenarios textos de otros autores, entre ellos *El taller del orfebre*, de Karol Wojtyla, pontífice de la Iglesia Católica. En 1986, cuando festejaba sus 45 años como dramaturgo, llegó a 200 representaciones su última obra, *El candidato de Dios*. Obtuvo decenas de premios, entre ellos cuatro veces el Juan Ruiz de Alarcón, de la Unión de Críticos y Cronistas de Teatro. Fue secretario del Interior de la Unión Nacional de Autores y vicepresidente de la Sociedad General de Escritores de México.

BASURTO, RAÚL ◆ n. y m. en la ciudad de México (1898-1962). Empresario de la rama inmobiliaria desde 1917. Fraccionador de las Lomas de Chapultepec, Chapultepec Polanco y Ampliación Polanco, entre otras colonias. Fundó el Banco Hipotecario, Fiduciario de Ahorros (1942). Un elegante edificio de la colonia Hipódromo tiene su nombre.

BASURTO CORTÉS, RICARDO ◆ n. en el DF (1947). Licenciado en economía por la UNAM (1967-71). Profesor de la Universidad Autónoma Metropolitana (1974-75). Ha sido subjefe de Mercados Internacionales de la Secretaría de Hacienda (1975-77), asesor del presidente José López Portillo (1977-82), director de Normatividad y Supervisión Pro-

gramática y Presupuestaria de la Secretaría de Programación (1983-86), gerente de análisis del Banco Nacional de Obras Públicas (1986-89) y director general de Seguros y Valores de la Secretaría de Hacienda (1989-).

BASURTO ROMERO, JORGE ◆ n. en el DF (1938). Doctor en ciencias sociales por la UNAM y la Universidad de París. Ha hecho cursos de posgrado en la Facultad Internacional de Derecho Comparado, de Estrasburgo, El Colegio de México y la London School of Economics and Political Science. Profesor e investigador de la UNAM. Fue coordinador del Centro de Estudios Históricos del Movimiento Obrero Mexicano. Autor de *El proletariado industrial en México 1850-1930* (1975) y *El conflicto internacional en torno al petróleo de México* (1977).

BATAILLE, LEÓN ◆ n. en Francia (1915). Nombre profesional de León Schklowski Verbitzky, periodista de padres rusos. Llegó a México en noviembre de 1931. Estudió en la Escuela Nacional Preparatoria y en la Universidad Michoacana de San Nicolás de Hidalgo. Fue miembro de la Federación de Jóvenes Comunistas y de las Juventudes Socialistas Unificadas de México. Participó en la Federación de Estudiantes Revolucionarios y fue cofundador de la Confederación de Jóvenes Mexicanos. Colaboró o perteneció a la redacción de *El Machete*, *La Voz de México*, *El Informador*, *Mañana*, *Hoy*, *Novedades*, *El Popular*, *Nosotros* y *Tiempo*. Volvió a Francia en 1946, donde se mantuvo como corresponsal de *El Popular*. Cuando su amigo Enrique Ramírez y Ramírez fundó el periódico *El Día*, volvió a escribir para publicaciones mexicanas. Autor de *Memorias de un extranjero que pronto dejó de serlo: México: 1931-1946* (1987).

BATALLA, LA ◆ Publicación pronazi aparecida entre 1939 y 1942. Entre sus redactores figuraban Arturo Sotomayor, José María Lozano y Guillermo Cházaro Lagos. Colaboraron José Vasconcelos, Andrés Serra Rojas, Salvador Azuela y Raúl Cervántes Ahumada.

Batallones rojos de la Casa del Obrero Mundial

FOTO: FABRIZIO LEÓN

Enrique Bátiz

BATALLA, LA ◆ Órgano teórico del trotskista Partido Revolucionario de los Trabajadores. El primer número corresponde a diciembre-enero de 1982-83. Directora: Lucinda Nava Alegría. El número 19 es de octubre-noviembre de 1987 y en el consejo de redacción figuraban Manuel Aguilar Mora, Arturo Anguiano, Adolfo Gilly, Roberto Iriarte, Enrique Laviada, Humberto Martínez Brizuela, Alfonso Moro, Telésforo Nava, Hiram Núñez, Octavio Rodríguez Araujo, Pedro Gómez y Luis Ortega. Guillermo Almeyra y Ernest Mandel aparecían como colaboradores.

BATALLA, DIÓDORO ◆ n. en Veracruz, Ver., y m. en la ciudad de México (1867-1911). Licenciado por la Escuela Nacional de Jurisprudencia (1886). Durante la presidencia de Manuel González participó en el movimiento estudiantil contra el pago de la deuda inglesa. Tuvo fama de buen orador. Fundó en el puerto de Veracruz el periódico *El Intransigente*. En 1901 fundó y presidió la Asociación Liberal Reformista, de la que fue vicepresidente Jesús Flores Magón. Fue diputado. Militó en el Partido Democrático que en 1908 lanzó la candidatura de Bernardo Reyes. Fue cofundador del Partido Nacional Antirreeleccionista.

BATALLA DE BASSOLS, CLEMENTINA ◆ n. en la ciudad de México y m. en Guadalajara, Jal. (1894-1987). Fue esposa de Narciso Bassols (☛). En 1920 se tituló como licenciada en derecho por la Universidad Nacional de México. Su tesis profesional versó sobre *El trabajo de la mujer en México*. Fue una activa defensora de la igualdad de derechos para ambos sexos y destacó como luchadora por el sufragio femenino.

BATALLÓN DE SAN PATRICIO ◆ ☛*Irlanda*.

BATALLONES ROJOS ◆ Contingentes obreros proporcionados al carrancismo por la Casa del Obrero Mundial (☛). Se integraron seis de 700 hombres cada uno. Las mujeres fueron organizadas en el Batallón Sanitario Ácrata. Combatieron a los ejércitos campesinos de Villa y Zapata a partir de marzo de 1915.

BATES, JOSÉ FRANCISCO ◆ n. ¿en Mérida? y m. en Tekax, Yuc. (1778-1846). Formó parte del grupo de los *Sanjuanistas*, favorable a la independencia. Se le atribuye la introducción de la imprenta en la península. De su prensa, confiscada en 1814 por el gobierno, salieron los periódicos *Clamores de la Fidelidad Americana Contra la Opresión*, de José Matías Quintana, y *El Aristarco Universal*, de Lorenzo de Zavala. Por sus ideas políticas estuvo prisionero en San Juan de Ulúa (1814-1817).

BATIS, HUBERTO ◆ n. en Guadalajara, Jal. (1934). Maestro en letras españolas por la UNAM donde es investigador del Centro de Estudios Literarios, como antes lo fue de El Colegio de México. Fundó (1960) y dirigió con Carlos Valdés la revista *Cuadernos del Viento* (1960-68). Ha sido director de la *Revista de Bellas Artes* (1965-71), coeditor de la colección SEP-setentas (1970-76), jefe redacción del suplemento *La Cultura en México* del semanario *Siempre!*, secretario de extensión académica de la Facultad de Filosofía y Letras (1976-78) y director del Centro de Estudios Literarios de la UNAM (1978-79), conductor, con Emmanuel Carballo, del programa *Crítica de las Artes* (Radio UNAM, 1980-81); y jefe de redacción (1977-86) y director de *Sábado*, suplemento del diario *unomásuno* (1986-99) y subdirector de ese periódico (1985-99). Autor de unos *Índices de El Renacimiento, semanario literario mexicano 1869* (1963), del folleto *Análisis, interpretación y crítica de la literatura* (1972), del volumen de cuentos *En las ataduras* (1960) y de los ensayos *Teoría, análisis y crítica literaria* (1972), *¿Qué es la literatura?* (1974), *Estética de lo obsceno* (1983) y *Lo que Cuadernos del Viento nos dejó* (1984).

BÁTIZ, ENRIQUE ◆ n. en el DF (1942). Músico. Su apellido materno es Campbell. Concertista de piano desde los cinco años. Estudió en México, en la Escuela Julliard de Nueva York (1965) y en el Conservatorio de Varsovia. Ha sido director fundador de la Orquesta Sinfónica Juvenil de México (1970) y de la Orquesta Sinfónica del Estado de México (1971-83 y 1990-); fue también director artístico de la Filarmónica de la Ciudad de México (1983-89). Ha grabado 126 discos, 41 con la Royal Phillarmonic Orchestra, 12 con la London Phillarmonic Orchestra, 9 con la London Symphony Orchestra, 3 con la London Phillarmonia, 19 con la Filarmónica de la Ciudad de México, 2 con la Royal Liverpool Orchestra, uno con la Orquesta de la Toscana, de Italia, y 39 con la Orquesta Sinfónica del Estado de México. Premio de la asociación Music Trades en Inglaterra en 1984. Tres veces artista del año por la Unión Mexicana de Cronistas de Teatro y Música. Presea Estado de México 1994 en artes y letras Sor Juana Inés de la Cruz. Es el primer director de orquesta que graba todas las obras sinfónicas de Joaquín Rodrigo y el ciclo de nueve *Bachianas Brasileñas* de Heitor Villa-Lobos.

BÁTIZ, BERNARDO ◆ n. en el DF (1936). Su apellido materno es Vázquez. Licenciado en derecho por la UNAM (1954-58). Profesor de sociología y teoría del Estado en la UNAM y la Universidad Iberoamericana. Ejerce la abogacía. En el PAN, partido al que pertenece desde 1962, ha sido miembro de los consejos Regional del DF (1968 y 1981) y Ejecutivo Nacional (1971), secretario general (1972-75), consejero nacional (1972-) y secretario de organización (1981-). Diputado federal en tres ocasiones (1970-73, 1982-85 y 1988-91), fue coordinador de la fracción panista en la LII Legislatura. Autor del volumen de cuentos *Cronicuentos* (1993). Pertenece a la Barra Mexicana-Colegio de Abogados.

BÁTIZ, JAVIER ◆ n. en Tijuana, BC (1944). Músico de blues y rock. Formó parte de los grupos TJ's y Los Finks. Fue maestro de guitarra de Carlos Santana. Hace música para cine y televisión. Ha intervenido en las películas *El señor doctor*, *El terrón de azúcar* y *Princesa y vagabunda*.

BÁTIZ ZUK, MARTHA BEATRIZ ◆ n. en el DF (1971). Escritora y actriz. Estudió letras inglesas en la UNAM; actuación en el Núcleo de Estudios Teatrales y en la Webber Douglas Academy of Dramatic Art, en Londres. Asistió al taller literario de Daniel Sada. Ha actuado en obras de teatro en México e Inglaterra y en la telenovela *Confidente de secundaria*. Ha colaborado en *Etcétera*, *Memoranda*, *Excélsior*, *Mexico City Times*, *Universitarios* y *unomásuno*. Sus cuentos se incluyen en la colección *Intitulable* (1996) y en la *Antología de letras y dramaturgia de Jóvenes Creadores del Fonca*. Es autora de *Las siete Marías* (1995) y de *Ellas solas* (teatro, 1997). Becaria del INBA (1993-94), del Centro Mexicano de Escritores (1994-95) y del Fonca para Jóvenes Creadores (1995-96). Ganadora del segundo Concurso Internacional de Cuento La Guadalupana (1993). Accésit del Premio Internacional de Cuento Miguel de Unamuno en 1996, por "La primera taza de café".

BATOPILAS ◆ Municipio de Chihuahua, situado en el sur de la entidad, en los límites con Sinaloa. Superficie: 2,064.64 km². Habitantes: 11,109, de los cuales 2,418 forman la población económicamente activa. Hablan alguna lengua indígena 3,406 personas mayores de cinco años (tarahumara 3,373). Indígenas monolingües: 479. El asentamiento de población data de 1708, cuando Pedro de la Cruz descubrió su famoso mineral, hoy casi inactivo. La actual cabecera se llamó San Pedro de Acauasaina, luego San Pedro de Alburquerque y Deza, en 1711 San Pedro de Alburquerque y Batopilas para quedar finalmente con el nombre que ahora tiene. La erección municipal data de 1862.

BATOPILAS ◆ Río de Chihuahua que nace en la vertiente occidental de las Cumbres del Gato, corre con dirección sureste-noroeste y en la población de Batopilas, al sur de la barranca del Cobre, cambia su curso para dirigirse al sur y unirse al río Verde o San Miguel, afluente del Fuerte.

BATRES, LEOPOLDO ◆ n. y m. en la ciudad de México (1852- 1926). Estudió antropología en París. Realizó exploraciones en Monte Albán, Mitla, la isla de Sacrificios y Teotihuacán. Autor de un *Cuadro arqueológico y etnográfico de la República Mexicana* (1885) y de obras donde da cuenta de sus investigaciones.

BATRES GARCÍA, HERIBERTO ◆ n. en Matamoros, Tams., y m. en el DF (1937-1996). Licenciado en derecho por la UNAM (1955-60), de la que fue profesor. Desde 1960 militó en el PRI, en el que ocupó el puesto de secretario de acción electoral del comité ejecutivo nacional (1981-82). Fue jefe del departamento jurídico de las aseguradoras La Unión y América Banamex (1970), subdirector (1970-81) y director general de Gobierno de la Secretaría de Gobernación (1985-87), subsecretario técnico de la Comisión Federal Electoral (1976-79), diputado federal por el tercer distrito de Tamaulipas (1982-85), secretario de acción electoral del CEN de la CNOP (1982-84) y secretario general de Gobierno de Tamaulipas (1987). Fue miembro del Colegio Mexicano de Abogados.

BATRES GUADARRAMA, MARTÍ ◆ n. en el DF (1967). Es licenciado en derecho por la UNAM, donde fue consejero técnico estudiantil. Creó el taller de pintura y dibujo David Alfaro Siqueiros (1983). Fue miembro del PCM, del PSUM y el PMS. Participó en el Frente Nacional en Defensa del Salario y Contra la Carestía (1982). Fundó la Unión de Vecinos de la colonia Doctores y la Unión Popular Nueva Tenochtitlan (1984). Fue asesor del Sindicato Nacional de la Industria del Hierro y el Acero (1986). Participó en el movimiento estudiantil de 1986-87 y fue miembro del Consejo Estudiantil Universitario e integrante de la comisión organizadora del Congreso Universitario. Es cofundador del Partido de la Revolución Democrática

Ruinas de la mansión de Alexander R. Shepherd, dueño de minas en Batopilas, Chihuahua, de 1880 a 1910

(1989), asesor parlamentario de ese partido (1991), secretario de ecología y de asuntos electorales del comité ejecutivo estatal, presidente del perredismo en Benito Juárez (1996). Miembro de la Asamblea Legislativa del Distrito Federal (1997-2000), en la cual es coordinador de la fracción perredista y presidente de la Comisión de Gobierno. Ha colaborado en unomásuno y otras publicaciones periódicas.

BATRES GUADARRAMA, LENIA ◆ n. en el DF (1969). Hizo estudios de derecho en la UNAM. Fue militante del PSUM y cofundadora del PMS y del PRD (1969), partido del que fue asesora de su fracción parlamentaria, integrante de comités delegacionales, delegada a congresos nacionales y representante de la preparatoria 6 al Consejo Estudiantil Universitario de 1986-87. Diputada federal (1997-2000).

BATUC ◆ Sierra situada en el centro de Sonora, al este de Hermosillo y al oeste del río Moctezuma, que corre paralelo a ella.

BAUCHE GARCIADIEGO, MARIO ◆ n. en Guadalajara, Jal. (1918). Licenciado en derecho por la Universidad Autónoma de Guadalajara (1941) con posgrado en la Universidad de Minesota. Gerente general de Televisión Tapatía. Colabora en el diario *El Informador* y en otros periódicos de provincia. Ha escrito ensayos en publicaciones especializadas. Autor de *Operaciones bancarias, activas, pasivas y complementarias* (1967).

BAÚL, DEL ◆ Cerro de Guerrero situado en la parte sureste de las Cumbres de la Tentación, al oeste de la sierra Campo Morado, al norte-noreste de Atoyac y al oeste del paralelo 100.

BAUM, VICKY ◆ n. en Austria y m. en EUA (1887-1960). Vivió en Guanajuato y recorrió algunos estados de la República, principalmente Chiapas. Su novela *El ángel sin cabeza* está ambientada en México.

BAUTISTA, DANIEL ◆ n. en Estación El Salado, SLP (1952). Deportista. Reside en Monterrey, NL, desde 1954. En la especialidad de marcha fue ganador de medallas de oro en los Juegos Centroamericanos y del Caribe de Medellín (1978), Panamericanos de México y San Juan (1975 y 79) y en la Olimpiada de Montreal (1976). Primer lugar en el campeonato mundial de Milton Keynes, Inglaterra (1977), y Eschborn, Alemania (1979). Impuso dos marcas mundiales de caminata: en 20 kilómetros (1979) y en la hora contra reloj (1980).

Foto: Dante Bucio

Daniel Bautista

BAUTISTA, GABRIELA ◆ n. en el DF (1967). Licenciada en ciencias de la comunicación (1991) por la UAM-Xochimilco. Fotógrafa desde 1992, ha colaborado, entre otros medios, en los diarios *ABC* y *El Mundo* de España, *El Nacional* de Argentina, *El Nacional* de Venezuela, *El Espectador* de Colombia y en México, en *La Jornada Semanal, El Financiero, Sábado, Proceso, Viceversa, Kena, Tierra Adentro, Nitrato de Plata, Época, Revista Mexicana de Cultura, El Mundo, Quimera, Imagen, Ovaciones en la Cultura* y *Reforma*, así como para las editoriales Alfaguara, Planeta, Grijalbo, FCE y Selector. Sus fotografías ilustran los libros *La luna de miel según Eva* (de Beatriz Escalante) y *Reverso de la palabra*

Templo de Nuestra Señora de la Concepción, en Baviácora, Sonora

Foto: Fondo Editorial Grupo Azabache

(de Miguel Ángel Quemáin). Fue jefa de prensa del Festival del Centro Histórico de la Ciudad de México (1991-95) y de las Jornadas Alarconianas en Taxco (1996), y secretaria de redacción de la *Revista Mexicana de Cultura* (1995-98). Subdirectora de Monitoreo del gobierno del DF (1997-).

BAUTISTA, HILDA ◆ n. en el DF (1956). Poetisa. Estudió filosofía en la UNAM. Ha colaborado en diversas publicaciones literarias. Autora de *Pincel de sueños*.

BAUTISTA, MIGUEL ◆ n. en el DF (1935). Periodista y crítico literario. Hizo estudios de filosofía en la UNAM. Es bibliotecario. Ha colaborado en la *Revista Mexicana de Cultura, Diorama de la Cultura, El Gallo Ilustrado, Mira, Comala, Revista Universidad Nacional Autónoma de México* y otras publicaciones culturales.

BAUTISTA CASTILLO, GONZALO ◆ n. y m. en Puebla (1896-1952). Médico ligado al movimiento de los hermanos Serdán. Fue presidente municipal de Puebla, diputado local y cuatro veces federal, senador y gobernador de la entidad (1941). Suprimió la pena de muerte en el estado. Se le atribuye la frase "Los periodistas sólo saben atacar al gobierno para que les dé dinero, pero yo no estoy dispuesto a regalar el dinero del pueblo". Autor de *El último caudillo, La angustia del poder* y *Problemas del estado de Puebla*.

BAUTISTA MATÍAS, FÉLIX ◆ n. en Cuetzala del Progreso, Gro. (1941). Profesor de enseñanza media por la Escuela Normal Superior de Chilpancingo (1964-74). Pertenece al PFCRN desde 1990 en el que ha sido comisario político, delegado en Colima (1990-91) y presidente estatal en Guerrero (1991). Diputado Federal (1991-94).

BAUTISTA O'FARRIL, GONZALO ◆ n. en Puebla, Pue. (1922). Médico. Rector de la Universidad Autónoma de Puebla (1953-54). Diputado federal (1961-64) y senador (1964-70). Electo presidente municipal de Puebla para el periodo 1972-75, renuncia para ocupar la gubernatura dejada vacante por Rafael

Moreno Valle, pero la ocupa sólo unos días, pues la policía ataca la Universidad local y mueren cinco estudiantes, lo que ocasiona su renuncia el 3 de mayo de 1972. Entre sus obras científicas están *Problemas del metabolismo de los azúcares, Alergia por alimentos, Bacteriología intestinal* y *Virosis intestinal con especial referencia al virus de la poliomielitis.*

BAVIÁCORA ◆ Municipio de Sonora, situado en el centro de la entidad, cerca de Hermosillo. Superficie: 858.96 km². Habitantes: 3,692, de los cuales 1,195 forman la población económicamente activa. Hablan alguna lengua indígena 12 personas mayores de cinco años. En 1637 el conquistador Pedro de Perea se impuso a los ópatas que habitaban la zona. Dos años después el jesuita Bartolomé Castaños fundó la misión de Nuestra Señora de la Concepción de Baviácora, que después contó con ayuntamiento. En 1930 el municipio fue incorporado a Arizpe y rehabilitado al año siguiente. La principal fiesta de la cabecera es el 3 de diciembre, cuando se celebra a San Francisco Javier con cantos y bailes típicos, todo enmarcado dentro de una feria regional.

BAVIERA NAVARRO, JOSÉ ◆ n. en España y m. en el DF (1911-1981). Actor. Fue director de Cinematografía del gobierno republicano español. Al término de la guerra civil vino a México (1940), donde trabajó en teatro con las hermanas Blanch y actuó en las películas *Jesús de Nazaret, Casa de mujeres, Historia de un gran amor, Morelos, La barraca, Chucho el Roto, El ángel exterminador* y otras que suman alrededor de 200. Obtuvo un *Ariel* por coactuación en 1946. Participó también en programas de televisión como actor y director. Su última presentación en los escenarios fue en 1980 en la obra *Los empeños de una casa.*

BAVISPE ◆ Municipio de Sonora, situado en el noreste de la entidad, en los límites con Chihuahua y cerca de la frontera con Estados Unidos. Superficie: 2,475.82 km². Habitantes: 1,396, de los cuales 540 forman la población económicamente activa. En 1645 el jesuita Cristóbal García fundó una misión, con el nombre de San Miguel Bavispe, donde hoy se halla la cabecera. Del 29 de septiembre al 3 de octubre se realiza una feria regional. Se festeja también a San Miguel Arcángel con procesiones, fuegos artificiales, danzas y cantos típicos.

BAVISPE ◆ Río de Sonora. Nace en territorio de Chihuahua, al sur del paralelo 30, corre hacia el norte-noroeste hasta acercarse al paralelo 31 y regresa al sur donde alimenta la presa de La Angostura, continúa su curso y al recorrer el costado este de la sierra de Oposura se une al río Papigochic, con el que forma el Yaqui.

BAY, ALEJO ◆ n. en Álamos, Son. (1891). Desertó del ejército federal para unirse al constitucionalismo. Se adhirió al Plan de Agua Prieta y ocupó en el Congreso una curul (1920). Administrador de la Aduana de Veracruz (1920-23) y gobernador de Sonora (1923-27). Durante su gestión se estableció el cierre dominical del comercio y se promulgó la ley de divorcio. Senador por Sonora de 1928 a 1929, cuando participó en el frustrado alzamiento inspirado en el Plan de Hermosillo. Abandonó el país y regresó durante el sexenio de Lázaro Cárdenas. Fue tesorero de Sonora (1939-40) y senador por la misma entidad (1940-46).

BAYLÓN CHACÓN, ÓSCAR ◆ n. en Chihuahua. Chih. (1918). Ingeniero agrónomo. Residente en Baja California desde 1949. Ha sido senador de la República (1976-82) y gobernador interino del estado (1989).

BAYÓN, DAMIÁN ◆ n. en Argentina y m. en Francia (1915-1995). Crítico de arte. Radicó en París desde 1948. Vivió en México, país al que viajaba con frecuencia. Autor de varios libros de crítica de arte, entre ellos *La aventura plástica de Hispanoamérica* (1975), *Historia del arte colonial sudamericano* (1989), *La transición a la modernidad* (1989), *El Greco o la estética del rayo* (1990) y *Pensar con los ojos: ensayos de arte latinoamericano* (1993), y de las memorias *Un príncipe en la azotea* (1994) y *Ulises*

en tercera clase (1994). La mayoría de sus libros fueron editados en México.

BAZ, GUSTAVO ◆ n. en la ciudad de México y m. en Francia (1852-1904). Diputado federal en 1876 y 1886. Murió en el cumplimiento de una misión diplomática. Colaboró en varios periódicos del último cuarto del siglo XIX. Autor de *Poesías* y *Vida de Benito Juárez* (1874), *Notas estéticas* (1888), así como de los dramas: *Fernanda, Conjuración de México* y *Celos de mujer*, estrenados en 1874 el primero y 1876 los dos últimos.

BAZ PALAFOX, DIEGO ◆ n. en Guadalajara, Jal., y m. en la ciudad de México (1843-1928). Licenciado en derecho por la Universidad de Guadalajara (1865). Director de la Biblioteca Pública de Jalisco (1872-76). Redactor de *La Alianza Literaria* (1876), órgano de la sociedad del mismo nombre, y de *El Eco Social* (1878). A partir de 1880, cuando fue elegido diputado por Jalisco, se trasladó a la capital del país. Autor de *La belleza y el arte: nociones de estética* (1905).

BAZ Y PALAFOX, JUAN JOSÉ ◆ n. en Guadalajara, Jal., y m. en la ciudad de México (1820-1887). Político liberal. Se tituló de abogado en la Academia de Derecho del Ilustre Nacional Colegio de Abogados (1841). En 1838 combatió a los franceses en la guerra de los Pasteles. En 1841 participó en una rebelión contra Santa Anna. Fue redactor del *Diario de Gobierno* (1842-43) y cofundador de *El Ateneo Mexicano*, gobernador del Distrito Federal (1847, 1855-57, 1861-63 y 1867-69), jefe político de Taxco y

Juan Baz y Palafox

secretario de Juan Álvarez. Combatió a los invasores estadounidenses en Churubusco, Molino del Rey y Chapultepec. Diputado por Veracruz al terminar la guerra, fue desterrado por Santa Anna. Regresó en 1855, al triunfo del Plan de Ayutla, y fue consejero de Estado por Colima y diputado constituyente (1856-57). Combatió a los conservadores en la guerra de los Tres Años. En Morelia fundó el periódico *La Bandera Roja* (1859). Diputado (1861) y al gobierno del Distrito Federal. Durante la intervención francesa organizó en Nueva York una fuerza expedicionaria, pero el contingente naufragó frente a Florida. Regresó a México y asistió a la batalla del 2 de abril. Como máxima autoridad de la capital ordenó abrir las calles de Independencia y Cinco de Mayo; fundó el asilo del Tecpan de Santiago y la Escuela Industrial de Huérfanos. Ministro de Gobernación con el presidente Lerdo de Tejada (agosto-noviembre de 1876). Volvió al Congreso como representante de Hidalgo (1884-87). En 1861 publicó un volumen con una selección de artículos publicados en *La Bandera Roja*. Escribió sobre la nacionalización "de los bienes llamados eclesiásticos" y reunió en un libro sus *Discursos pronunciados en el Congreso General* (1875).

BAZ PRADA, GUSTAVO ◆ n. y m. en el DF (1894-1987). Existe la versión de que nació en Tlalnepantla, Estado de México. Inició sus estudios de medicina en 1913. Al año siguiente se unió al zapatismo y en diciembre fue habilitado como general y ciudadano para que pudiera ocupar la gubernatura del Estado de México (diciembre de 1914 a octubre de 1915). En ese puesto impulsó la educación y repartió tierra en propiedad. Al triunfo constitucionalista dejó las armas y terminó la carrera de medicina en 1920. Viajó a EUA y Europa para hacer estudios de posgrado. En 1935 fue simultáneamente director de las escuelas Nacional de Medicina y Médico Militar. Presidente de la Academia de Medicina (1936). Rector de la UNAM (junio de 1938 a diciembre de 1940). Secretario de Asistencia y des-

Gustavo Baz Prada

pués de Salubridad y Asistencia (1940-46), director del Hospital de Jesús (1950-57), director general de la Industria Nacional Química-Farmacéutica (1952-57), gobernador constitucional del Estado de México (1957-63). Presidente del Patronato del Hospital de Jesús (1964-70) y senador (1976-82). Practicó más de 26,000 intervenciones quirúrgicas, incluidas tres a otros tantos presidentes de la República. Doctor *honoris causa* por la UNAM (1941). En 1978 recibió la medalla Belisario Domínguez que otorga el Senado de la República. El municipio de Tlalnepantla de Baz adoptó ese nombre en su honor.

BAZ VIAUD, BEN HUR ◆ n. en la ciudad de México (1906). Pintor. Estudió pintura (1923-25) y arquitectura en la Academia de San Carlos (1925-26). Expuso por primera vez de manera individual en 1926, en el Salón de Té de México Music S.A. Al año siguiente se trasladó a Nueva York, donde vive desde entonces. Se naturalizó estadounidense y en los primeros años cuarenta perteneció al ejército de ese país (1942), para el cual ha realizado dos murales, uno en el Keesler Field Theatre de Mississipi y otro en Richmond. Colabora en las revistas *Harper's Bazar, Mentor Magazine, Woman's Home Comany, Squire, Colliers, Time* y *Newsweek*. Se ha dedicado al diseño e ilustración de revistas. Dejó de pintar por una afección ocular. En 1987 expuso en San Miguel de Allende, Morelia, Monterrey y Villahermosa, así como en el Palacio de Bellas Artes de la ciudad de México.

Carlos Bazdresch Parada

Portada del libro
Boceto para un palabrario
de Norma Bazúa

BAZ VIAUD, EMILIO ◆ n. y m. en el DF (1918-1991). Pintor. Hermano del anterior. Estudió arquitectura y pintura en la Academia de San Carlos (1938-42), donde fue discípulo de Manuel Rodríguez Lozano. "Tiene talento el muchacho", opinó de él Diego Rivera. Expuso sólo en cuatro ocasiones: en 1951 en la galería Clardecor, en 1952 en la Galería Carl Barnet de Dallas, en 1984, con un grupo de artistas plásticos vinculados a la escuela mexicana,

en el Palacio de Bellas Artes, y en 1987, junto con su hermano Ben Hur, en una muestra que se presentó en San Miguel de Allende, Morelia, Monterrey, Villahermosa y la ciudad de México. Vivió una larga temporada en EUA y estuvo recluido en un monasterio, en Cuernavaca, durante un breve lapso.

BAZAINE, AQUILES ◆ n. en Francia y m. en España (1811-1888). Mariscal que a partir de 1863 estuvo al frente de las tropas de Napoleón III durante la ocupación francesa. Aquí contrajo matrimonio con Josefa Peña Azcárate. En 1870, durante la guerra franco-prusiana, capituló en Metz, pese a que contaba con 1,500 piezas de artillería y 175 mil hombres. Acusado de traición, fue sometido a corte marcial y sentenciado a muerte (1870). Se le conmutó la pena por cadena perpetua y en 1874 huyó a España.

Aquiles Bazaine

BAZALDÚA BAZALDÚA, ELEAZAR ◆ n. en Galeana, NL (1937). Ha ocupado puestos en el sector campesino del PRI, partido al que pertenece desde 1955, entre otros los de secretario de zonas áridas de la Confederación Nacional Campesina (1980), secretario de Acción Agraria en Nuevo León (1980-82), secretario general de la Liga de Comunidades Agrarias y Sindicatos Campesinos de Nuevo León (1980-82). Ha sido regidor (1972-73) y presidente municipal de Galeana (1977-79), diputado federal suplente (1973-76) y dos veces propietario (1982-85 y 1988-91).

BAZALDÚA VÁZQUEZ, FABIÁN ◆ n. en Tierra Blanca, Gto. (1933). Trabajador electricista. Es miembro del PAN, en el que ha sido miembro del consejo nacional. Diputado federal (1982-85).

BAZÁN Y CARAVANTES, AGUSTÍN EDUARDO DE ◆ ¿n. en Guadalajara, Jal., y m. en Tepic, Nay.? (¿1838?-?). Abogado. Ejerció su profesión y se dedicó al estudio de la filología. Publicó una gramática hebrea y fue autor de *Amores y desdenes* (1873) y otras obras de poesía. Se sabe que en 1903 vivía en Tepic.

BAZDRESCH PARADA, CARLOS ◆ n. en el DF (1940). Licenciado en economía por la UNAM y maestro en economía por El Colegio de México. Hizo estudios de maestría y doctorado en economía en Harvard. Ha sido analista del Banco de México, subdirector de Programación Económica y Social de la Secretaría de la Presidencia, y gerente de Programación y Evaluación de Proyectos de Nacional Financiera. Director del Centro de Investigación y Docencia Económicas (1989-94) y director general del Consejo Nacional de Ciencia y Tecnología (1994-).

BAZÚA, NORMA ◆ n. en Los Mochis, Sin. (1928). Poeta. Estudió letras en la UNAM, donde fue profesora. Autora de *De ser, amor y muerte* (1962, prologado por Carlos Pellicer), *Momentos* (1986), *Como dibujando las distancias* (1986, Premio Jomar), *Boceto para un palabrario* (1986), *Flor simultánea al fruto* (1988), *Tengo miedo de sacudirle la raíz al sueño* (1990), *A manera de pretexto el mar* (1990) y *Poundianas para la escena* (1991).

BEALS, CARLETON ◆ n. y m. en EUA (1893-1979). Estudió en la Universidad de California (1916). Vino a México en 1918 y aquí fue profesor del Colegio Americano, ejerció el periodismo y se relacionó con algunos *slackers* (estadounidenses que habían huido del reclutamiento). Ingresó en el Partido Comunista Mexicano, del que en mayo de 1920 era tesorero. Al año viajó a Italia, supuestamente con los fondos del PCM, donde se dedicó al periodismo.

Regresó en 1923 y estuvo de nuevo en territorio nacional de 1925 a 1928. En 1937 formó parte del Comité Dewey, que absolvió a León Trotsky (☞) de los cargos que se le habían hecho en la Unión Soviética, pero unos meses después, en la revista *Futuro*, de Vicente Lombardo Toledano, acusó a Trotsky de "intervenciones en la vida de México desde los días de la primera guerra mundial" y más tarde escribió *The case of Leon Trotsky report of hearing on the charges made against him in the Moscow Trials*. *El Nacional* publicó por entregas, bajo el título de "México desconcertante", su *Southwestland in Mexico*, textos que aparecieron agrupados en el volumen *Panorama mexicano* (1941). En los años sesenta colaboró en las revistas *Política* y *Siglo Veinte*. Autor de *Mexican Maze* (1923), *Brimstone and Chili* (1927), *Porfirio Díaz* (1932) y *Glass Houses* (1938), obras en las que también se refiere a México.

BEAMONTE ADUNA, TOMÁS MANUEL ◆ n. y m. en el DF (1919-1996). Ingresó al ejército a los 14 años. Estudió en el Colegio Militar (1937-39), en la Escuela Superior de Guerra y en la Universidad Militarizada Latinoamericana (1944), de la que fue director general. Se retiró del Ejército Mexicano en 1967 por motivos de salud. En 1977 fundó la Universidad Latinoamericana, institución en la que fue rector y vicerrector de la escuela preparatoria.

BEAN, ELLIS PETER ◆ n. en EUA y m. cerca de Jalapa, Ver. (1773-1846). Fue aprehendido por las autoridades coloniales en Texas y acusado de practicar el contrabando. Estuvo en las cárceles de San Antonio, San Luis Potosí, Chihuahua y Acapulco. De ésta escapó y se unió a la insurgencia. Combatió bajo las órdenes de Morelos, Bravo y Rayón. Obtuvo el grado de coronel. Autor del volumen de memorias *Les aventures au Mexique et au Texas du colonel Peter Ellis Bean 1783-1866*.

BEAR, JOSÉ MARÍA ◆ n. en la ciudad de México y m. en Chihuahua, Chih. (1802-1857). Abogado. Magistrado y presidente del Supremo Tribunal de

Justicia de Chihuahua (1833). En tal calidad fue gobernador interino (agosto de 1836). Ejerció el periodismo. Fue hostilizado por Santa Anna. De nuevo presidente del Supremo Tribunal de Justicia de Chihuahua juró la Constitución de 1857.

BEAS PÉREZ, SERGIO MANUEL ◆ n. en Guadalajara, Jal. (1946). Licenciado en derecho por la Universidad de Guadalajara (1968). Empresario transportista. Director general y presidente de Ómnibus de Oriente (1975-). Presidente en Jalisco del Comité Estatal de Autotransporte Federal (1977-). Miembro del PRI desde 1971. Diputado federal (1982-85).

BEATOS Y SANTOS MEXICANOS ◆ El único santo mexicano es San Felipe de Jesús. Entre los beatificados por el Vaticano se encuentran Sebastián de Aparicio, Bartolomé Laurel y Bartolomé Gutiérrez (estos dos fueron martirizados en Japón), Miguel Agustín Pro Juárez (1988) y los llamados Niños Mártires de Tlaxcala, Cristóbal (1414 o 15-1527), Antonio y Juan (1516), los cuales denunciaron ante los conquistadores a sus padres, quienes se mantenían fieles a sus antiguos ritos. Por tal acción los niños fueron apaleados y la Iglesia Católica los considera mártires.

BEAUMONT, PABLO ◆ n. en Madrid y m. ¿en México? (?- ?). Médico. Impartió cátedra en la Real y Pontificia Universidad de México. Tomó el hábito franciscano y nombrado cronista escribió *Tratado del agua mineral llamado de San Bartolomé* (1772) y la *Chrónica de la Provincia por Antonomasia Apostólica de los gloriosos apóstoles San Pedro y San Pablo de Michoacán* (impresa en el siglo XIX).

BEAUREGARD, LUIS A. ◆ n. en Cosamaloapan, Ver., y m. en Tehuacán, Pue. (1872-1918). Educador. Fue discípulo de Rébsamen y Laubscher. Egresado de la Normal de Jalapa. Fundó y dirigió en Saltillo la Normal de Coahuila y la revista *El Magisterio*; en Campeche, la Academia Normal para Señoritas; y en Mérida, la Escuela Modelo. Fue director de Educación Popular en Veracruz.

BEAUREGARD, SERGIO ◆ n. en Orizaba, Ver., y m. en el DF (1925-1988). Locutor. Su primera apellido era Ramírez. Trabajó en radio y televisión. Fue conductor del programa televisivo *La hora de los locutores*.

BECERRA, BELISARIO ◆ n. en Veracruz y m. en el DF (1886-1959). Abogado. Fue maderista y luego villista. Participó en la defensa de Veracruz durante la invasión estadounidense de 1914. Obtuvo el grado de general brigadier. Dirigió la revista jurídica *Los tribunales* y la Barra de Abogados.

Obra de Belisario Becerra

BECERRA, FRANCISCO ◆ n. en España y m. en Perú (1545-1601). Arquitecto. Vino a Nueva España en 1575. Terminó la iglesia de Santo Domingo en la ciudad de México. En Puebla proyectó e inició la construcción de la Catedral y trabajó en otras edificaciones. Salió de México en 1581.

BECERRA, JOSÉ ◆ n. y m. en Guadalajara, Jal. (1936). Boxeador. Su segundo apellido era Covarrubias. Se inició como pugilista en 1953. Derrotó a Alphonse Halimi el 8 de julio de 1958 para obtener el campeonato mundial de peso gallo, al que renunció en 1960. Durante su carrera sostuvo 78 peleas, de las que 42 ganó por nocaut y 29 por decisión. En 1987 trabajaba como entrenador en Guadalajara.

BECERRA VENENO, JOSÉ ◆ n. en Guadalajara, Jal. (1944). Frontenista. Comenzó a practicar el frontenis en 1950 en su ciudad natal. En 1956 participó en los campeonatos nacionales juveniles. Durante su carrera, ganó 17 campeonatos nacionales individuales y 14 en la modalidad de dobles, además ganó nueve campeonatos mundiales.

BECERRA, JOSÉ CARLOS ◆ n. en Villahermosa, Tab., y m. en Italia (1937-1970). Poeta. Su apellido materno era Ramos. Realizó estudios de arquitectura y de letras en la UNAM. Asistió al taller de Juan José Arreola. Colaboró en las revistas *Amaru*, *El Corno Emplumado*, *Cuadernos del Viento*, *Cuadernos de Bellas Artes*, *Diálogos*, *Revista Mexicana de Literatura*, *Revista de la Universidad*, así como en los suplementos *El Gallo Ilustrado*, de *El Día*, y *La Cultura en México*, de *Siempre!* Está incluido en *Poesía joven de México* (1967). Autor de los poemarios: *Oscuras palabras* (1965), *Relación de los hechos* (1967) y *El otoño recorre las islas: obra poética 1961-1970* (1973), y del volumen de narrativa *Fotografía junto a un tulipán* (1970). Escribió guiones para radionovelas. Recibió un pre-

Manuel Becerra Acosta, fundador de *Excélsior*

Portada de un libro de José Carlos Becerra

mio literario en Villahermosa y el Premio Nacional de Poesía Aguascalientes (1966). Fue becario del Centro Mexicano de Escritores (1967-68). Disfrutaba la beca Guggenheim cuando murió.

BECERRA, LUCIANO ◆ n. en Tampico, Tams., y m. en Batopilas, Chih. (¿1830?-1889). Era cadete del Colegio Militar al producirse la intervención estadounidense. Combatió contra los invasores en Molino del Rey y asistió a la defensa del Castillo de Chapultepec.

BECERRA, MARCOS E. ◆ n. en Teapa, Tab., y m. en el DF (1870-1940). Educador. Fue diputado federal y secretario general de Gobierno en Tabasco. Era secretario de Instrucción Pública en esa entidad, con el gobernador Manuel Mestre Ghigliazza, cuando renunció en protesta por el asesinato de Madero y Pino Suárez. Vivió después en Chiapas, donde ocupó cargos públicos. Escribió poesía (*Musa breve* y *Canto a Morelos*), una gramática y, entre otras obras, *Nombres geográficos indígenas del estado de Tabasco* y un libro similar dedicado a Chiapas, así como el volumen *Rectificaciones i adiciones al Diccionario de la Real Academia Española*, terminado en 1927 y aparecido en 1954, libro que constituye la primera crítica global y sistemática al trabajo de los académicos. Es también autor de *Por la ruta histórica de México, Centroamérica i las Antillas* (3 tt., 1986-87). Fue miembro de la Sociedad Mexicana de Geografía y Estadística, de la Academia Nacional de Ciencias Antonio Alzate y de la Academia Mexicana de la Historia (1930-40). Presidente de la Academia Náhuatl (1937-38).

BECERRA ACOSTA, MANUEL ◆ n. en Chihuahua, Chih., y m. en el DF (1881-1968). Periodista. Fue director de *El Universo* y *El Norte*, de Chihuahua; *La Verdad*, de Los Ángeles; *La Vanguardia*, órgano carrancista editado en Orizaba junto con el Doctor Atl; *La República* (1916), con Raziel Cabildo en la ciudad de México; y *Excélsior* (1963-67), del que fue fundador.

BECERRA ACOSTA, MANUEL ◆ n. en el DF (1932). Periodista. Fue

reportero, editorialista, columnista político, secretario de redacción y subdirector de *Excélsior*, periódico del que salió el 8 de julio de 1976. Encabezó a los periodistas y escritores que crearon en 1977 el diario *unomásuno*, del cual fue director hasta 1989. Ha publicado poemas. Es autor de memorias: *Las primeras aventuras* (1983) y *Dos poderes* (1985); relatos: *Triple función* (1987); teatro: *Sucesión en familia: comedia en cuatro actos y un posfacio* (1988) y novela: *Ni Romeos ni Julietas* (1996).

BECERRA Y CASTRO, ANTONIO ◆ n. en Zacoalco, Jal., y m. en el DF (1860-1948). Hizo estudios inconclusos de medicina en Guadalajara, donde colaboró en *La Aurora Literaria* (1877), *La República Literaria*, *Juan Panadero*, *El Hijo de Juan Panadero* (1885), *El Abate Benigno* (1889), el *Diario de Jalisco*, *Jalisco Ilustrado* (1891), *El Combate* (1894) y *Flor de Lis* (1897). Dirigió el periódico oficial *El Estado de Jalisco* (1901-1903). Perteneció a las sociedades literarias tapatías, tradujo una obra de Sudermann y dirigió el Club Dramático Desiderio Guzmán, que promovió el teatro en Jalisco (1905). Se trasladó a la ciudad de México y colaboró con el presidente Madero. En 1914 se incorporó al constitucionalismo y acompañó a Carranza a Veracruz. Fue practicante y activo difusor del espiritismo. Autor de poesía: *A la ciencia*

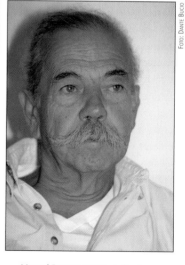

Manuel Becerra Acosta, exdirector de *unomásuno*

(1885), *Al héroe de la caridad* (1893) y *Los casos pequeños y otros poemas* (1943). Escribió el monólogo *El fin de la carrera* (1890) y la zarzuela *Dos siglos en una noche* (1905).

BECERRA DE CELIS, MARÍA CONCEPCIÓN ◈ n. en El Salto de Juanacatlán y m. en Guadalajara, Jal. (1906-1973). Pedagoga. Obtuvo el título de profesora normalista en Guadalajara. Autora de *Teatro y poemas infantiles* (1938), *Didáctica general y relaciones humanas*. En 1973 se le otorgó póstumamente la medalla Ignacio M. Altamirano por su labor en el magisterio.

BECERRA FABRE, RÓMULO ◈ n. en Macuspana y m. en Villahermosa, Tab. (1850-1920). Diputado federal y senador (1912) por Tabasco, donde ocupó la secretaría general de Gobierno y fue director de Instrucción Pública y del Instituto Juárez.

BECERRA GAYTÁN, ANTONIO ◈ n. en Chihuahua, Chih. (1933). Contador privado, profesor normalista y maestro en psicología por la Escuela Normal Superior José R. Medrano. Cofundador del Movimiento Revolucionario del Magisterio (1958). Ingresó al Partido Comunista Mexicano en 1961. Candidato del Frente Electoral del Pueblo a senador (1964). Cofundador de la Central Campesina Independiente (1964). Secretario general del PCM en Chihuahua (1964-79) y miembro del comité central de ese partido desde 1979 hasta su fusión en el Partido Socialista Unificado de México, a cuyo comité central perteneció. Fue diputado federal (1979-82), candidato a gobernador de Chihuahua (1986) y precandidato a la Presidencia de la República por el Partido Mexicano Socialista (1987), organización de la que fue cofundador.

BECERRA GONZÁLEZ, JOSÉ DE JESÚS ◈ n. y m. en Guadalajara, Jal. (1910-1966). Médico por la Universidad de Guadalajara (1932). Colaboró en el *Diario de Durango* (1937-40). Escribió *Poemas a la vida y al amor* (1965) y las novelas *Juan Cercas* (1947), *El dólar viene del norte* (1947), *Veinte años no es una vida: la simple historia de un médico*

simple (1959), *El burro de oro y La muralla del odio* (1961), *Rosa de fuego* (1964) y *La borrasca* (1966). Dejó inéditos un volumen de relatos y cinco novelas. *El dólar viene del norte* fue publicada originalmente en la revista *Vida Latina*, de Chicago, y en 1954 obtuvo el premio Jalisco.

BECERRA GONZÁLEZ, MARÍA ◈ n. en Guadalajara, Jal. (1909). Hermana del anterior. Hizo el bachillerato y la carrera de profesora en la Escuela Normal de Jalisco. Licenciada en derecho por la Universidad de Guadalajara (1932). Estudió economía en la UNAM, donde se doctoró en derecho (1961) y es profesora desde 1963. Autora de *Derecho minero de México y vocabulario con definición de conceptos jurídico-mineros* (1963) y *Principios de la Constitución Mexicana de 1917* (1967).

BECERRA Y JIMÉNEZ, JOSÉ MARÍA LUCIANO ◈ n. en Jalapa, Ver., y m. en Puebla, Pue. (1784-1854). Político conservador y sacerdote. Fue rector del Colegio de San Pablo de Puebla. Mandó fortificar Acatzingo, Puebla, de donde era párroco, para rechazar los ataques insurgentes. Fue diputado a Cortes por Puebla (1820-23) y por Veracruz al Congreso Constituyente (1823-24). Senador también por Veracruz. Formó parte del Congreso Constituyente en 1836. Ministro de Justicia y Negocios Eclesiásticos con el presidente Paredes Arrillaga (1846). Fue preconizado obispo de Chiapas en 1839 y consagrado en 1848, y designado en 1852 para similar cargo en la diócesis de Puebla, el que asumió al año siguiente. Santa Anna le concedió la Orden de Guadalupe. Autor de sermones, pastorales y de un *Voto particular en el proyecto de la acta constitutiva* (1823).

BECERRA LÓPEZ, JOSÉ LUIS ◈ n. en el DF (1931). Periodista. Se inició profesionalmente en *La Semana Ilustrada* en 1951. Fue redactor y reportero gráfico del diario *La Afición* (1952-54). Fundador y director de *Minuto* (1954-58). Jefe de Prensa y Relaciones Públicas del gobierno de Tabasco, donde desempeñó otros cargos (1958-64). Asesor de pren-

sa del Comité Ejecutivo Nacional de PRI y director de su órgano *La República* (1965). Fundador y director de la agencia capitalina Trans Press (1966). Director administrativo de la organización Ejecutivos de Prensa y de la Asociación Mexicana de Periodistas (1967). Fundador de la Agencia Mexicana de Información, de la que ha sido presidente y director general desde entonces, salvo en 1977 cuando fue director general de Información de la Presidencia de la República.

José Luis Becerra López

BECERRA VILLALOBOS, JOSÉ ◈ n. y m. en Lagos de Moreno, Jal. (1864-1942). Poeta. Dirigió las revistas *La Patria de Rosas Moreno* (1892) y *Páginas Literarias* (1905). Durante la Revolución se adhirió a la facción villista. La mayor parte de su obra se halla en antologías y es autor de *Cadencias* (1910) y *Mirando al cielo* (editado póstumamente).

BECERRIL STRAFFON, RODOLFO ◈ n. en Cuernavaca, Mor. (1943). Licenciado en economía por la UNAM (1961-65), donde ha sido profesor, con posgrado en la Escuela Central de Planeación y Estadística de Varsovia (1966-67) y doctorado por la Universidad de París (1970-73). Desde 1966 es miembro del PRI en el que fue responsable de la revista *La República* (1986-88) y miembro del consejo editorial de *Línea* (1987-). Ha sido director general de Estudios Económicos de la SIC (1975-76), director general de Fonart (1977-86) y secretario de desarrollo económico del gobierno de Morelos (1988-90), diputado federal (1990-91) y senador (1994-). Es consultor en asuntos culturales de la Organización de Estados Americanos y de la ONU. Colaborador de la revista *Comercio Exterior* (1968-70), de los diarios *unomásuno*, *El Universal* y *La Jornada*; de Radio Educación (1978-79) y de los canales 11 y 13 de televisión (1982). Coautor de *Problemática artesanal* (1979), *Antología de textos sobre arte popular* (1982), *Los artesanos nos dijeron*, (1982) *Transnacionales, agricultura y alimentación* (1982) y *El sector social de la economía* (1989); y autor de *Testimonios de hoy* (1981). Ha sido presidente de la Asociación Mexicana de Amigos de Polonia y del Colegio Nacional de Economistas (1975-77) y vicepresidente del VI Congreso Mundial de la Asociación Económica Internacional (1980).

BECERRIL VALDÉS, ISIDRO ◆ n. en San Andrés Timilpan, Edo. de México (1889-?). Estudió en el Instituto Científico y Literario de Toluca y en la Escuela Normal para Maestros de la capital del país. Fue diputado constituyente local. Publicó en Toluca el periódico *El Matlatzinco* (1918-19), y en la ciudad de México, *Renovación* (1924). Autor del libro *Capitalización y socialización escolares: principios fundamentales para una verdadera y permanente reforma educativa* (1929) y de los folletos *La conspiración de Querétaro* (1929) y *La cooperativa escolar y aprender haciendo* (1970).

BECKER ARREOLA, JUAN GUILLERMO ◆ n. en Canatlán, Dgo. (1931). Licenciado en economía por la UNAM (1949-53), de la que fue profesor. Pertenece al PRI desde 1952. Ha sido jefe de las oficinas de Radio, Teléfonos y Televisión, y jefe de Autotransportes de la Secretaría de Comunicaciones (1955-59), director general de Industrias (1961-62 y 1970-74), director general de Normas (1963-67) y subsecretario de Industrias de la Secretaría de Industria y Comercio (1974-76), subdirector financiero del Instituto del Fondo Nacional para la Vivienda de los Trabajadores (1976-82), director general de Diesel Nacional (1983-85), director general de Siderúrgica Mexicana (1985-88) y director del Fideicomiso de Fomento Minero (1989-93). Es miembro del Colegio Nacional de Economistas.

BECKMAN GUNNAR, HUGO ◆ n. en Suecia y m. en el DF (1904-1967). Ingeniero civil y piloto aviador. En 1929 llegó a México y comenzó a trabajar para la compañía Ericcson, donde fue jefe, subgerente y gerente del Departamento de Tránsito. Al fundarse Teléfonos de México, fue su primer director general (1947), cargo en el que permaneció 20 años, durante los cuales mexicanizó la empresa. En 1948 adquirió la nacionalidad mexicana.

BEDOYA, ALFONSO INDIO ◆ n. en Vícam, Son., y m. en el DF (1900-1957). Actor cinematográfico. Trabajó en México y en Hollywood. La película que le dio mayor popularidad fue *Adiós Nicanor*.

BEGNÉ GUERRA, ALBERTO ◆ n. en el DF (1963). Licenciado en derecho por la UNAM y maestro en relaciones internacionales por el Instituto Universitario Ortega y Gasset. Profesor del CIDE y del ITAM, donde coordina el Diplomado en Derecho e Instituciones Electorales. Presidente de la Comisión Ejecutiva de Iniciativa XXI, agrupación política nacional. Fue secretario técnico del CAPFCE (1987-88), asesor del secretario técnico del Gabinete de Política Exterior de la Presidencia de la República (1990-91), socio y director de BGR Consultores (1991-96) y director ejecutivo de Capacitación Electoral del IFE (1996-98). Ha colaborado en *Nexos*, *El Nacional* y *Crónica*. Pertenece al consejo editorial de *Voz y Voto*, revista de la que fue subdirector. Coautor de *Sistemas políticos, partidos y elecciones: estudios comparados* (1994) y *Elecciones, diálogo y reforma* (1994). Fue ganador del Certamen Carlos Pereyra de Ensayo Político convocado por la Fundación Nexos.

BEIRUTE, JORGE ◆ n. en Costa Rica y m. en el DF (1928-1972). Hizo estudios inconclusos de medicina en la Universidad de Puebla. Actuó en obras de teatro y en más de medio centenar de filmes. Ganó gran popularidad al interpretar a San Martín de Porres en la telenovela del mismo nombre.

BEISBOL ◆ Deporte de origen estadounidense que se practica en México desde fines del siglo XIX. En 1899 se organizó en la ciudad de México la primera liga, que tuvo corta vida. Otras ligas surgieron en diversos estados del país en los últimos años del porfiriato. En ese tiempo los electricistas comenzaron a practicar en los llanos de la Piedad, situados al sur del río del mismo nombre. Hasta ahí llegaban también las novenas formadas por ferrocarrileros, y así pastizal se convirtió en el más importante centro beisbolero de la ciudad. La Compañía Mexicana de Luz

y Fuerza Motriz, con apoyo en un financiamiento gubernamental, hizo levantar en ese lugar una tribuna de madera y una cerca que rodeó el campo. El conjunto, con un costo de 800 pesos, fue llamado Parque Delta. Ahí se presentó el primer equipo de grandes ligas que vino a México, Medias Blancas de Chicago, que ofreció algunos juegos de exhibición en 1910. Después de la Revolución cobró nuevo auge este deporte, que se practicaba en improvisados campos, tanto en la capital como en diversos puntos del país. En 1925 se fundó la Liga Mexicana de Beisbol y el primer equipo campeón fue el del LXXIV Regimiento de Puebla. Los ganadores de las siguientes temporadas fueron Ocampo de Jalapa (1926), Gendarmería (1927), Policía (1928), Chiclets Adams (1929), Comintra (1930), Tráfico (1931), Obras Públicas (1932) y nuevamente Comintra en 1933, año en que por primera vez un mexicano jugó en las ligas mayores, cuando Baldomero *Melo* Almada se puso la franela de los Medias Rojas de Boston. Dos años después José Luis *Chile* Gómez firmó con los Filis de Filadelfia. En el torneo mexicano los siguientes campeones fueron Monte de Piedad (1934) y Agrario (1935). En 1937 el campeonato de la Liga Mexicana salió de la capital, al coronarse el equipo Águila de Veracruz, que repetiría la hazaña al año siguiente. En 1938 los Cafeteros de Córdoba resultaron monarcas. En 1940 y 1941 el campeón fue el Veracruz, y al año siguiente el Unión Laguna de Torreón. En 1942 marchó a jugar en grandes ligas otro mexicano: Jesús *Jesse* Flores, quien vistió el uniforme de los Cachorros de Chicago y de los Atléticos de Filadelfia. Durante los años cuarenta el beisbol mexicano se benefició de la discriminación racial, pues los jugadores negros a quienes les estaba vedado actuar en grandes ligas vinieron a México. La presencia de éstos y de grandes beisbolistas cubanos atrajo también a algunas estrellas *blancas* de Estados Unidos. De esta manera, por el Parque Delta pasaron Max Lanier, Salvatore Maglie,

Beisbol

Martín Dihígo, Lázaro Salazar, Joshua Gibson, Mickey Owen, Jimmy Fox y hasta el ya entonces retirado Babe Ruth, quien con 53 años a cuestas vino a pegar dos jonrones en un juego de exhibición. Otros campeones de la Liga Mexicana fueron Industriales de Monterrey (1943), el equipo capitalino Azules del Veracruz (1944), los Alijadores de Tampico (1945 y 46), los Industriales de Monterrey (1947, 48 y 49), nuevamente el Unión Laguna (1950), Azules (1951), Águila de Veracruz (1952) y Tecolotes de Nuevo Laredo (1953 y 54). Roberto *Beto* Ávila reinició el éxodo de jugadores mexicanos hacia las ligas mayores. Ávila se alistó en 1949 con los Indios de Cleveland, con los que ganó la corona de bateo en 1954 y el campeonato de la Liga Americana, lo que le permitió llegar a la serie mundial de ese año. Entre 1951 y 1954 salieron también hacia Estados Unidos Procopio Herrera, Felipe *Clipper* Montemayor, Vinicio García y Guillermo Luna, que jugaron con Cafés de San Luis, Piratas de Pittsburgh, Orioles de Baltimore y Cardenales de San Luis, respectivamente. En 1952 se derrumbó una tribuna del viejo Parque Delta y al año siguiente, por decreto presidencial, el estadio pasó a manos del Instituto Mexicano del Seguro Social. De 1925 a 1944 había sido propiedad del Departamento del Distrito Federal, y entre 1944 y 1951 perteneció a una sociedad donde la figura principal era el empresario Jorge Pasquel, quien lo vendió nuevamente al DDF. Al pasar a poder del Seguro Social se decidió construir nuevas instalaciones. Para la temporada de 1954 sólo estaban terminadas las tribunas de sol, por lo que el campeonato se jugó con el *home* en el actual jardín derecho, junto al entubado río de la Piedad, convertido ya en Viaducto Miguel Alemán. En 1955 fue terminada la edificación del Parque Deportivo del Seguro Social, con cupo para 25 mil espectadores, y para inaugurarlo se jugó una serie entre los Gigantes de Tokio y una selección mexicana que ganó todos los juegos. En la temporada de ese año se presentó el equipo capitalino Tigres que obtuvo el campeonato. Al año siguiente la corona la obtuvieron los Diablos Rojos. Los dos equipos del Distrito Federal, Diablos y Tigres, eran propiedad de Héctor y Alejo Peralta, pese a que en el beisbol organizado se halla expresamente prohibido que dos hermanos posean diferentes equipos en una misma liga. Fue en 1955 cuando la Liga Mexicana, con categoría AA, pasó a depender del beisbol estadounidense. Esto les permitió a los clubes convertirse de hecho en sucursales de los equipos de grandes ligas y obtener de éstos los refuerzos necesarios. Los campeones de la Liga Mexicana en 1957 y 1958 fueron los Leones de Yucatán y los Tecolotes de Nuevo Laredo. En 1958 tres mexicanos se presentaron en grandes ligas: Marcelino Solís con los Cachorros de Chicago, Benjamín *Papelero* Valenzuela y Rubén Amaro con los Cardenales de San Luis. Amaro llegó a obtener el Guante de Oro de la liga Nacional, trofeo que se concede al mejor jugador defensivo. En el mismo año la Liga Mexicana y la de Texas crearon la Asociación Panamericana, en la que los equipos de ambas ligas se enfrentaban y al final se realizaba una serie entre los campeones de los dos organismos. La inferioridad del beisbol nacional y los altos costos acabaron con el experimento. Otros campeones de la Mexicana han sido Petroleros de Poza Rica (1959), Tigres (1960), Águila (1961), Sultanes de Monterrey (1962),

La novena beisbolera de la YMCA, un domingo de julio de 1900

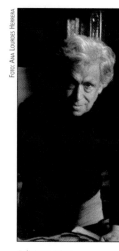

Feliciano Béjar

Pericos de Puebla (1963), Diablos Rojos (1964), Tigres (1965 y 66), Charros de Jalisco (1967), Diablos (1968), Broncos de Reynosa (1969), Aguila (1970), Charros (1971), Cafeteros (1972), Diablos (1973 y 74), Alijadores (1975), Diablos (1976), Tecolotes (1977), Rieleros de Aguascalientes (1978), Pericos de Puebla (1979) y Saraperos de Saltillo (1980). Precisamente en la temporada de 1980 se inició un movimiento laboral entre los jugadores de la Liga Mexicana que los llevó a constituir, el 12 de mayo de ese año, la Asociación Nacional de Beisbolistas (Anabe), con Ramón *Abulón* Hernández como presidente. Se planteó a los equipos el cumplimiento de las disposiciones legales en materia de trabajo y los dueños respondieron con sanciones para los jugadores. El primero de julio, ante los espectadores que llenaron el parque del Seguro Social, los beisbolistas iniciaron una huelga en defensa de sus derechos. En los días siguientes intervinieron las autoridades de la República y representantes de los dueños y los jugadores firmaron un convenio que daba exclusividad de contratación a la Anabe. El pacto no fue respetado por los equipos y las autoridades nada hicieron para que se cumpliera lo acordado. En esta circunstancia, los jugadores decidieron organizar otra liga que arrancó, con el simbolismo propio de la fecha, el primero de mayo de 1981. La Liga Nacional inició sus actividades con ocho equipos, algunos de ellos integrados como cooperativas. Posteriormente, las autoridades pusieron obstáculos a la Anabe, al extremo de no permitirles jugar en el Parque del Seguro Social y confinarlos a algunas plazas de provincia. La Liga Mexicana, con apoyo del gobierno, continuó en actividad, pero el público se alejó del espectáculo y su atención se centró en la grandes ligas, a las que habían ido muchos otros mexicanos: Jorge Rubio a Cardenales de San Luis (1966), Aurelio Rodríguez a los Angelinos de California (1967), Héctor Torres a los Astros de Houston (1968), Carlos Treviño a los Angelinos (1968), Vicente Romo y Horacio Piña a los Indios

(1968), José Peña a los Rojos de Cincinati (1969), Miguel A. Puente a los Gigantes de San Francisco (1970), Francisco Estrada a los Mets de Nueva York (1971), Jorge Orta a los Medias Blancas de Chicago (1972), Celerino Sánchez a los Yanquis de Nueva York (1972), Sergio Robles a los Orioles de Baltimore (1972), Rodolfo Hernández y Cecilio Acosta a los Medias Blancas (1972), Maximino León a los Bravos de Atlanta (1973), Mario Mendoza a los Piratas (1973), Francisco Barrios a los Medias Blancas (1974), Luis Gómez a los Mellizos de Minesota (1974), Aurelio López a los Reales de Kansas City (1974), Isidro Monge a los Angelinos (1975), Carlos López al mismo equipo en 1976, Andrés Mora a los Orioles (1976), Enrique Romo a los Marineros de Seattle (1977), Alejandro Treviño a los Mets (1978), Germán Barranca a los Reales (1979), Fernando Valenzuela a los Dodgers de Los Ángeles (1980), Salomé Barojas y Ernesto Escárrega a los Medias Blancas (1982), Alfonso *Houston* Jiménez a los Mellizos (1983), Ángel Moreno a los Angelinos (1983), Teodoro Higuera a los Cerveceros de Milwaukee (1985) y Alfonso Pulido a los Yanquis (1986). Aurelio López y Fernando Valenzuela han lanzado y ganado en juegos de serie mundial, y el segundo ha sido considerado durante varias temporadas el mejor lanzador zurdo de grandes ligas. Él y Teodoro Higuera fueron los mejores zurdos en las ligas Nacional y Americana, respectivamente, durante 1986. En 1999 suman decenas los jugadores mexicanos en las ligas mayores, donde brillan Vinicio Castilla como bateador y varios lanzadores.

BÉISTEGUI, CONCEPCIÓN ◆ n. en Guanajuato, Gto., y m. en la ciudad de México (1820-1870). En su testamento dispuso que con su legado se erigiera el hospital para pobres al que se puso su nombre (1886).

BÉISTEGUI, MATÍAS ◆ n. en Guanajuato y m. en la ciudad de México (1816-1862). Médico. Se le atribuye la primera transfusión sanguínea practicada en el país.

BÉJAR, FELICIANO ◆ n. en Jiquilpan, Mich. (1920). Artista plástico. Ha hecho dibujo, grabado, pintura, escultura y escenografía. La primera muestra de su trabajo se presentó en Nueva York en 1947. Sus más de 125 exposiciones, individuales o colectivas, se han presentado en México, EUA, Australia y varios países europeos. En su casa hizo construir un teatro al aire libre (1962) donde se han presentado obras teatrales y espectáculos multidisciplinarios de improvisación. Ha sido colaborador de *El Universal* (1988-95), de *Quehacer Político* (1995-) y de *México Hoy* (1998-). La UNESCO produjo en 1964 la película *El mundo de Feliciano Béjar* que se estrenó en Nueva York. Autor de una serie de esculturas ("Magiscopio") que fueron el tema de las cintas *Trough the Magiscope* (1968) y *Aphrodisiac* (1971), de Ian Hugo. En 1975 Álvaro Covacevich realizó el filme *El mundo mágico de Feliciano Béjar*. Premio de Escultura 1973 del Salón de la Plástica Mexicana. Sus obras están en las colecciones de más de 75 museos de México, Brasil, Estados Unidos, Canadá, Colombia, Francia, Israel y Gran Bretaña.

BEJARANO, JULIO ◆ n. en España y m. en el DF (1893-1965). Doctor en medicina por la Universidad Central de Madrid (1915). Ejerció su profesión en España y se especializó en dermatología. Estuvo becado en el Instituto Pasteur de Francia, país que le concedió la Legión de Honor (1930). Durante la guerra civil española fue jefe de los servicios de sanidad del Ejército Republicano. Llegó a México en 1939 donde publicó *El problema social de la lepra* (1940) y *Enfermedades venéreas* (1940).

BEJARANO MARTÍNEZ, RENÉ JUVENAL ◆ n. en el DF (1957). Economista por la UAM-Iztapalapa. Cofundador del PRD (1989), del que es consejero nacional. En el PMT fue secretario de Organización de los Trabajadores de la Educación (1975-81), en el PSUM fue coordinador del Comité de la Rama Nacional de Maestros (1981-85) y en el PRS, integrante de la presidencia colectiva (1985-88). Dirigente de la Coordinadora Nacional de Trabajadores de la Educación desde 1979, representante de la Coordinadora Única de Damificados (1985-89) e integrante del Comité Ejecutivo de la sección 10 del SNTE. Diputado federal (1991-94) y director general del Gobierno del DF (1998-).

BEJARANO VALADEZ, ARMANDO LEÓN ◆ n. en Cuautla, Mor. (1917). Se graduó como médico en la UNAM (1939). Gobernador de Morelos (1976-82). Cuando había dejado el cargo, la Procuraduría General de la República procedió a demandarlo por peculado. En 1990 fue absuelto pues la demanda caducó. Durante varios años estuvo escondido probablemente en Costa Rica o España.

BEJUCAL DE OCAMPO ◆ Municipio de Chiapas situado en la porción sur de la entidad, cerca de la frontera con Guatemala. Superficie: 82 km². Habitantes: 6,126, de los cuales 1,694 forman la población económicamente activa. Hablan alguna lengua indígena 67 personas mayores de cinco años (mame 67).

BEJUCO ◆ Río de Guerrero y Oaxaca formado por afluentes que nacen en las sierras de Pajaritos y de Coycoyán. Es tributario del río Grande que desemboca en el océano Pacífico, en bahía Dulce, cerca de Marquelia, Guerrero.

BEJUCO ◆ Río de Nayarit que nace en la vertiente occidental de la sierra de Huanacaxtle y desemboca en la laguna de Teacapan.

BEJUCOS ◆ Río que nace en la sierra de Sultepec, en el Estado de México, entra en Guerrero y vierte sus aguas en el Cutzamala, afluente del Balsas.

BELARÚS O BIELORRUSIA, REPÚBLICA DE ◆ Estado europeo que limita al norte y este con Rusia, al sureste y sur con Ucrania, al suroeste y oeste con Polonia, y al noroeste con Lituania y Letonia. Superficie: 207,600 km². Habitantes: 10,300,000. Su capital es Minsk (1,695,000 habitantes en 1995). Otras ciudades importantes son Gomel o Homel (514,000 habitantes en 1995) y Vitebsk (373,000 habitantes). El bielorruso y el ruso son los idiomas oficiales. La moneda es el rublo bielorruso. *Historia*: entre los siglos VI y VII de nuestra era, tribus eslavas se asentaron en el actual territorio de Belarús, donde dieron origen a diversos principados y, al correr de los siglos, fundaron las ciudades de Polotsk (862), Turov (980), Brest (1017) y Minsk (1067). Belarús fue dominada en el siglo XII por la ciudad-Estado de Kiev. En 1240, al ser Kiev dominada por los tártaros, Belarús quedó bajo la hegemonía de Lituania. En el siglo XVI domina Belarús una aristocracia católica de origen lituano-polaco, que no es bien mirada por la mayoría ortodoxa bielorrusa; no obstante, la imposición católica termina por convertir a la mayoría de la población. En el siglo XVII diversas revueltas campesinas contra los terratenientes polacos son aplastadas. A finales del siglo XVIII, Rusia domina Belarús y vuelve a imponer el cristianismo ortodoxo, que antes había sido casi eliminado por los católicos polacos. Empujados por la miseria, entre 1896 y 1915 más de un millón y medio de bielorrusos emigran a Rusia, Estados Unidos o América del Sur. En 1918, en las postrimerías de la primera guerra mundial, en territorio bielorruso se firmó el armisticio ruso-alemán, con el Tratado de Brest-Litovsk. En 1921 el territorio de Belarús queda dividido entre Polonia y la Unión Soviética (☞). En 1991 Belarús se independiza de la URSS y se une a la Comunidad de Estados Independientes (formada por países ex soviéticos). México estableció relaciones diplomáticas con Belarús en 1992.

BELAUNZARÁN Y UREÑA, JOSÉ MARÍA DE JESÚS ◆ n. y m. en la ciudad de México. (1772-1857). Obispo de Linares (1831-38). Escribió contra la Reforma de Gómez Farías una *Exposición*. Santa Anna, de quien fue consejero, le otorgó la Orden de Guadalupe.

BELDA, JOAQUÍN ◆ n. y m. en España (1883-1936). Escritor de obras galantes. Vino a México en 1925 y conoció la vida del hampa de la capital. Con dichas experiencias escribió la novela *El Fifí de Plateros* (1925), editada en el país por la imprenta de Manuel León Sánchez.

BELFRAGE, CEDRIC ◆ n. en Inglaterra y m. en Cuernavaca, Mor. (1905-1990). Abandonó sus estudios en Cambridge y se dedicó al periodismo como crítico teatral y de cine. Mientras trabajaba en Hollywood como reportero, se sumó al movimiento de solidaridad con la República Española. En 1941 se incorporó al ejército británico

República de Belarús o Bielorrusia

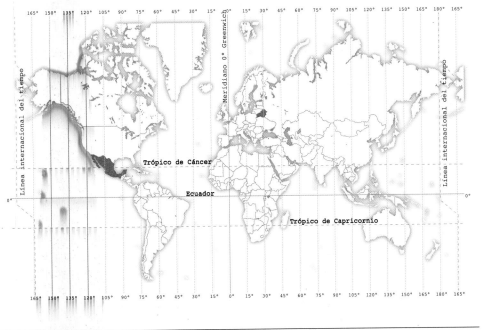

como oficial de inteligencia. Tras recibir una beca de la Fundación Guggenheim en 1948, fundó el semanario independiente y de izquierda *The National Guardian* que todavía se publica, donde defendió a las víctimas del macartismo. En 1955 fue encarcelado y deportado como extranjero pernicioso. Desde entonces fue corresponsal viajero de aquel diario en Europa, la URSS, China, África y Cuba. En 1962 decidió establecerse en México. Tradujo a varios autores latinoamericanos al inglés, entre ellos a Eduardo Galeano y Gregorio Selser. Autor de diez libros de novela, crónica y ensayo, el último de los cuales *The American Inquisition* (1973) es un recuento de la persecución macartista.

BÉLGICA, REINO DE ◆ Estado de Europa que limita con Holanda, Alemania, Luxemburgo y Francia. Se encuentra en el extremo sur del Mar del Norte. Superficie: 30,520 km². Habitantes: 10,200,000. La capital es Bruselas (948,422 habitantes en 1996). Otras ciudades importantes son Amberes, Gante y Lieja. Francés, flamenco y alemán son idiomas oficiales. Debido a que Carlos V era también monarca de Bélgica, desde los primeros años de la colonia llegaron a Nueva España misioneros de ese país, entre los cuales el más célebre es fray Pedro de Gante. A lo largo de toda la dominación ibérica se

Timbres postales
del Reino de Bélgica

Reino de Bélgica

mantuvo la presencia de religiosos belgas. Constituido como reino independiente en 1830, las relaciones con México se establecieron ocho años después. Éstas se suspendieron durante la intervención francesa, a la que el rey Leopoldo II, suegro de Maximiliano, apoyó con el envío de un contingente que, supuestamente, sería la escolta de la emperatriz Carlota, pero que tomó parte en acciones de guerra bajo órdenes francesas. El apoyo de la Corona belga a la aventura napoleónica motivó la protesta de la Corporación Flamenco Democrática, que en una carta enviada a Juárez en julio de 1865, lo llama "legítimo representante de la nación mexicana", reprueba la conducta intervencionista "del gobierno belga, opuesta a la voluntad nacional" y le expresa que "los belgas comprenden y admiran la heroica resistencia que oponen los mexicanos al usurpador y no dudan que lograrán al fin libertar a su patria de la dominación extranjera". La misiva estaba firmada por E. Coremaus, presidente, y W. Haginaer y J. Lederc, secretarios de la Corporación, a quienes respondió Lerdo de Tejada en nombre del presidente Juárez. En su contestación les manifiesta el agradecimiento de los mexicanos y condena al gobierno belga por

haber "creído que se podían explotar impunemente las desgracias de un pueblo". Lerdo señala que "es honroso para la Bélgica, que en ella misma se rebele la conciencia y se levante la voz de muchos de sus libres ciudadanos para protestar contra esa conducta de iniquidad". En octubre del mismo año, más de 200 belgas, desde las cárceles del ejército republicano de México, protestan contra la matanza de prisioneros de guerra ordenada por los imperialistas " Si no estuviéramos en

manos de un ejército republicano —dicen los belgas—, el acto del coronel Méndez podría provocar una sangrienta represalia. Nosotros protestamos con el más intenso fervor contra ese acto indigno y confiamos que el nombre belga no se mezclará por mucho tiempo en esta guerra inicua". Al triunfo de las armas nacionales, desde Bruselas escribe la Asociación El Pueblo a Benito Juárez y le dice: "Habéis cumplido con vuestro deber durante esta gran lucha que acaba de terminar con la victoria de la República Mexicana." Los demócratas belgas piden a Juárez felicitar al pueblo por su triunfo "sobre el bandidaje" y anexan a la carta una proclama dirigida a los mexicanos, en la que se exalta el "brillante éxito del valor moral llevado al

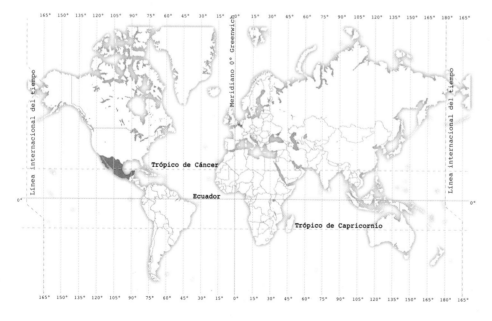

Monedas de uno y cinco francos
(de 1951 y 1968, respectivamente)
del Reino de Bélgica

más intrépido esfuerzo, al rechazar las piraterías de Europa, que no os han llevado nunca sino cadenas"; se elogia la confiscación de los bienes eclesiásticos y la abolición del juramento religioso y "todas esas plagas de las viejas sociedades". Firman D. Brismeé, C. Otterbeín, L. V. Verrycke, Eugéne Strens, C. de Paepe, B. Delesalle y Simón Katz. La reanudación de nexos diplomáticos entre las dos naciones no se produjo sino hasta

Timbres postales del Reino de Bélgica

1879. Entre 1908 y 1960 el Congo (ahora Zaire) fue posesión belga. Durante la Revolución Mexicana Bélgica reconoció como legítimo al gobierno de Victoriano Huerta. Las relaciones con el Estado posrevolucionario no se reanudaron formalmente sino hasta 1924. Durante las dos guerras mundiales el territorio de Bélgica fue ocupado por los nazis. En la segunda se formó en Londres un gobierno belga en el exilio y México envió un representante (1946). Desde 1954 ambas naciones acreditaron embajadores.

BELICE ◆ País de la cuenca del Caribe que limita con Guatemala y el estado mexicano de Quintana Roo. Se le conoce también como Honduras Británica. Superficie: 22,965 km². Habitantes: 200,000. La capital es Belmopán (6,490 habitantes en 1996) y la ciudad más importante es la antigua capital, Belice (52,670 habitantes en 1994). La lengua oficial es el inglés. Enclavado en la zona maya, la conquista española hizo depender el territorio de la Capitanía General de Guatemala, pero sin que se produjera su colonización por lo inhóspito de la región. Desde mediados del siglo XVII se convirtió en refugio de piratas, y los ingleses fundaron varios asentamientos de población, lo que produjo un diferendo con la Corona española que se prolongó hasta 1783, cuando los go-

biernos de Londres y Madrid firmaron el Tratado de Versalles, que reconocía el derecho inglés para explotar económicamente el territorio, rico en el entonces bien cotizado palo de tinte. El mismo documento no daba derechos de colonización al trono británico, pero éste de hecho tomó posesión del territorio con las fronteras actuales. Después de la guerra de Independencia, Londres se negó a reconocer la soberanía de México o de la Confederación Centroamericana sobre Belice, lo que ratificó en perjuicio de Guatemala al disolverse la Confederación, en 1838. Veinticuatro años más tarde, Inglaterra formalizaría el añejo despojo al considerar a Honduras Británica como colonia, bajo la jurisdicción del gobernador de Jamaica, situación que se mantuvo hasta 1884, cuando Londres envió un gobernador. Guatemala mantiene una prolongada disputa por ese territorio, en tanto que la posición reiterada por México ha sido respetar la autodeterminación del pueblo beliceño y rechazar la injerencia de terceros en la definición de su soberanía. Después de la segunda guerra mundial, cuando cobraron auge los movimientos de liberación nacional, Inglaterra se vio obligada a conceder diversos grados de autonomía a sus antiguas colonias, aunque casi en todos los casos manteniéndolas como parte de la Comunidad Británica de Naciones y dependientes de la Corona inglesa. Tal fue el caso de Honduras Británica, colonia a la que se reconoció en 1954 el derecho a elegir representantes (diputados). Diez años después obtuvo una relativa autonomía, aprobó una Constitución y los diputados pudieron nombrar de entre sí al primer ministro, quien funge como jefe de gobierno, en tanto que la Corona británica delega la jefatura de Estado en un gobernador. En 1970 la sede del poder fue trasladada a Belmopán. A partir de 1974 el país se denomina oficialmente Belice. Guatemala sigue considerándolo como departamento ocupado por los ingleses. En 1991 Belice se convirtió en miembro de la OEA.

BELINA SWIONTKOWSKI, LADISLAO ◆ n. en Polonia y m. en la ciudad de México (1840-1890). Médico que llegó a México en 1874. Inventó un aparato para efectuar transfusiones de sangre y empleó el hipnotismo con fines terapéuticos.

BELISARIO DOMÍNGUEZ ◆ ☞*Medalla Belisario Domínguez.*

BELKIN, ARNOLD ◆ n. en Canadá y m. en el DF (1930-1992). Pintor y grabador. Vino a los 18 años y en 1958 se naturalizó mexicano. Impartió cátedra en las universidades Motolinía y de las Américas. Presentó medio centenar de exposiciones individuales, la primera de ellas en el Instituto Cultural Anglo-Mexicano, en 1952. Fue premiado por la Asociación Mexicana de Críticos de Teatro por la escenografía de *Terror y miseria del Tercer Reich* (1960). Ejecutó una veintena de murales, entre otros *El pueblo no quiere la guerra* (Instituto Politécnico Nacional, 1952), *A nuestra generación corresponde decidir* (Centro Pedagógico Infantil 1963, destruido), *Todos somos culpables* (Prisión de Santa Marta Acatitla 1961, restaurado en 1986), *Identidad y futuro* (Colegio Madrid, 1988) y *El hombre y el cosmos: génesis de un nuevo orden* (UAM-Xochimilco, 1988). Fue director del Museo del Chopo de la UNAM (1983-85). Autor del libro *Contra la amnesia* (1987). En 1963 obtuvo el Premio Anual de Pintura del Salón de la Plástica Mexicana; en 1965 recibió mención de honor en el Premio Casa de las Américas; en 1975 se le otorgó el Premio II Bienal de Grabado

Arnold Belkin

Latinoamericano, en San Juan de Puerto Rico, y en 1984 el Gran Premio Wilfredo Lam en la primera Bienal de La Habana, Cuba. Fue becario y miembro asociado de la Mac Dowell Colony, de New Hampshire, EUA.

BELL, RICARDO ◆ n. en Gran Bretaña y m. en EUA (1858-1911). Fue traído a México a los nueve años y cuatro después ya había ganado experiencia como payaso en el Circo de Ciarini. En 1881 se presentó en el Circo Teatro Orrin con números músicales de gran éxito. En 1906 fundó su propia empresa, el circo Bell. Inició la primera dinastía de circueros mexicanos.

BELLA VISTA ◆ Municipio de Chiapas situado en la zona sur del estado, cerca de la frontera con Guatemala. Superficie: 114.3 km². Habitantes: 16,803, de los cuales 4,158 forman la población económicamente activa. Hablan alguna lengua indígena 271 personas mayores de cinco años (mame 177, jacalteco 49 y kanjobal 43). En los ochenta se asentaron en la jurisdicción miles de guatemaltecos, quienes se refugiaron en México de las persecuciones de su gobierno En 1986 iniciaron el regreso a su patria y algunos han sido trasladados a otros puntos de la República Mexicana.

BELLAS ARTES, PALACIO DE ◆ Principal escenario de México y sede del Instituto Nacional de Bellas Artes hasta 1985. El edificio, inicialmente llamado Teatro Nacional, fue proyectado por el arquitecto italiano Adamo Boari en 1904. La construcción se inició en 1905 sobre el predio que ocupó el convento de Santa Isabel. Calculado para terminarse en 1910, los trabajos se retrasaron porque la cimentación, efectuada por la empresa neoyorkina Milliken Brothers, no soportó el peso de la estructura metálica, fabricada por la misma firma. Después las obras se interrumpirían por la situación revolucionaria. Boari abandonó el país después de seis años de esperar los fondos necesarios para reiniciar la construcción. En su desesperación llegó a proponer que se alquilaran los terrenos aledaños para la instalación de negocios temporales. Un

particular pidió se le permitiera usar la parte construida para realizar funciones de cine. La solicitud fue rechazada. El gobierno también rechazó la oferta de las firmas Gorham y Tiffany de terminar el edificio, pues estaba muy reciente el desembarco estadounidense en Veracruz. Se hicieron dos intentos para continuar las obras, uno en 1919 con Venustiano Carranza y que continuó Obregón hasta 1921 y otro en 1928, en el que las autoridades hicieron una colecta pública para financiar la obra, pero sólo reunieron 62,587 pesos. Por esos días la compañía Empire Productions lo requirió para sala de ensayos y el empresario Roberto Riveroll para alojar una sala de conciertos, cine, restaurante, salón de baile, cabaret y una cantina, lo que tampoco se aceptó. En 1930, el presidente Ortiz Rubio nombró jefe de la obra al arquitecto Ignacio Mariscal, Alberto J. Pani se hizo cargo de los aspectos de ingeniería y Antonio Muñoz, autor de los proyectos de la Suprema Corte y el mercado Abelardo L. Rodríguez, colaboró en la parte arquitectónica con Mariscal, quien alteró considerablemente el diseño del exterior y sustituyó casi por completo el del interior, lo que se evidencia de modo especial con los motivos *art déco*, propios de los años veinte y treinta y, por tanto, ausentes en el proyecto de Boari. El 7 de julio de 1932 se reiniciaron los trabajos de construcción. Como ya se contaba con la obra escultórica, ésta se integró en la idea de conjunto de Mariscal, lo que hizo más evidente la mezcla de estilos. Los desnudos de Antonio Boni quedaron en las fachadas laterales, los ornamentos de Leonardo Bistolfi en el frente; claves, guirnaldas, florones, máscaras y otros detalles se deben a Gianetti Fiorenzo; del húngaro Geza Maroti es el conjunto de la cúpula (cuatro figuras que representan la comedia, el drama, la tragedia y el drama lírico), el águila que corona la construcción y el plafón principal, donde aparece Apolo con las musas Calíope, Clío, Terpsícore, Erato, Polimnia, Urania, Talía, Euterpe y Mel-

Palacio de Bellas de Artes de la ciudad de México

pómene; la herrería exterior es obra del mexicano Luis Romero, del español Agustín Querol son los pegasos que rematarían las esquinas: dos que conducen al genio dramático y otro par al genio lírico rumbo al Parnaso. Estas esculturas quedaron finalmente en altos postes frente al palacio. En los interiores se usó ónix de Oaxaca y granito noruego; los mármoles fueron traídos de Yautepec el sepia claro, de Durango el rojo, los blancos nacionales de Guerrero y Veracruz, y el de los exteriores fue importado de Carrara, Italia. Hierro y bronce de los antepechos de los palcos es de la casa francesa Edgar Brandt. El telón rígido de 22 toneladas, ideado para proteger de un incendio en el escenario a las dos mil personas que pueden acomodarse sentadas en la sala, es una composición de un millón de cristales hecha por la firma Tiffany de Nueva York. La maquinaria del foro la instaló el ingeniero alemán Albert Rosenberg. El teatro se inauguró el 29 de septiembre de 1934 con un concierto de la Orquesta Sinfónica de México y la representación de *La verdad sospechosa* de Juan Ruiz de Alarcón. Los espacios concebidos como un gran salón de baile se convirtieron en museo de cinco salas: Nacional, Diego Rivera, Fernando Gamboa, Paul Westheim y Justino Fernández, en tanto que en la última

planta se halla el Museo Nacional de Arquitectura. Existe además la sala Manuel M. Ponce, dotada con butaquería, proyectores y equipo de iluminación, así como la sala Adamo Boari, de sillería movible, que se emplea para conferencias y presentaciones de libros. El palacio exhibe permanentemente murales de Diego Rivera (*El hombre controlador del universo*), José Clemente Orozco (*Khatarsis*), David Alfaro Siqueiros (*La nueva democracia* de 1945 y *Tormento y apoteósis de Cuauhtémoc* de 1956), Rufino Tamayo (*Nacimiento de una nueva nacionalidad* de 1951 y *El México de hoy* de 1952), Jorge González Camarena (*La humanidad liberándose* de 1963) y Manuel Rodríguez Lozano (*La piedad en el desierto* pintado en Lecumberri y trasladado en 1966). En 1994, con motivo del sexagésimo aniversario de su inauguración, se construyó la plaza del Palacio de Bellas Artes con dos fuentes que incluía el proyecto original y los cuatro pegasos que siempre acompañaron el edificio; bajo la plaza funciona un estacionamiento público.

BELLATÍN, MARIO ◆ n. en el DF (1960). Escritor. Parte de su vida vivió en Perú, de donde son originarios sus padres y donde estudió teología en la Universidad Pontificia de Lima. Licenciado en comunicación por la

Universidad de Lima. En La Habana, Cuba, tomó cursos de guionismo y cinematografía en la escuela de cine de Gabriel García Márquez. Es director de la Facultad de Filosofía de la Universidad del Claustro de Sor Juana en el DF. Autor de *Mujeres de sal* (1986), *Canon perpetuo* (1993), *Salón de Belleza* (1996), *Efecto invernadero* (1997), *Poeta ciego* (1998) y *Damas chinas* (1999).

BELLINGHAUSEN, HERMANN ◆ n. en el DF (1953). Su segundo apellido es Zinser. Médico por la UNAM (1973-78). Hizo estudios de letras y música. Es profesor de ecología humana en la Facultad de Medicina de la misma Universidad. Colaborador de *Solidaridad, Punto, unomásuno, La Jornada* y otras publicaciones. Editor de *Nexos* (1979-). Coautor de *El desafío mexicano* (1982), *México en 500 libros* (1983) y *El obrero mexicano* (1984). Coordinador de *El nuevo arte de amar* (1990). Autor del volumen de poesía *La hora y el resto* (1981) y *Crónica de multitudes* (1987). Rechazó el Premio Nacional de Periodismo.

Hermann Bellinghausen

BELLIZZIA CASTAÑEDA, PASCUAL ◆ n. en Frontera, Tab. (1936). Licenciado en derecho por la UNAM con posgrado en la Universidad de París. Miembro del PRI. Ha sido senador por Tabasco y presidente municipal de Villahermosa.

BELLO Y ACEDO, JOSÉ MARIANO ◆ n. y m. en Puebla, Pue. (1869-1950). Empresario. Heredó una valiosa colección de objetos artísticos que enriqueció considerablemente. A su muerte la donó a la Academia de Bellas Artes de Puebla para formar el Museo José Luis Bello González, al que se sumó el acervo de Rodolfo Bello y Acedo.

BELLO Y GONZÁLEZ, JOSÉ LUIS ◆ n. en Veracruz, Ver., y m. en Puebla, Pue. (1822-1907). Padre del anterior. Empresario textil. Combatió en 1847 la invasión estadounidense. De convicciones liberales, en 1862, durante la intervención francesa, organizó hospitales de sangre para auxiliar a los heridos. En 1863 ocultó en su casa y ayudó a escapar a Porfirio Díaz y a Felipe Berriozábal. Administró gratuitamente

Obra de Ernesto Bello
Martínez

la Beneficencia Pública del estado y patrocinó obras altruistas. Reunió una importante colección de arte que heredó a sus hijos.

BELLO MARTÍNEZ, ERNESTO ◆ n. y m. en Teziutlán, Pue. (1873-1951). Fundó en Teziutlán los periódicos *La Voz de la Juventud, El Correo de la Sierra, La Tribuna, El Ciudadano* y la revista literaria *Hoja de Acanto*. Tradujo a Buffon. Escribió poesía (*Facetas*, 1909), narrativa (*Bocetos del terruño*) y sendas monografías de Teziutlán y Puebla.

BELLO RIVERA, RUBÉN ◆ n. en Poza Rica, Ver. (1936). Ingeniero industrial por la Escuela Militar de Ingenieros (1964). Maestría en ingeniería nuclear en la Escuela Superior de Física y Matemáticas del Instituto Politécnico Nacional (1969), con la tesis *Determinación de las condiciones de falla catastrófica para el recipiente a presión de la planta nucleoeléctrica de Laguna Verde*. Trabajó para la Comisión Federal de Electricidad (1972-1983). Director general del Instituto Nacional de Investigaciones Nucleares (1983-). Miembro del PRI. Pertenece a corporaciones profesionales de México y del extranjero. Posee la condecoración al mérito técnico de primera clase (1979).

BELLO RUIZ, RAFAEL ◆ n. en Tecpan de Galena, Gro. (1926). Fue consagrado sacerdote en 1950. Fundó y dirigió el Seminario de Acapulco, donde era párroco. Obispo de Acapulco desde 1976 y arzobispo a partir de 1984.

BELLOC, EMIGDIO MIGUEL ◆ n. en Fresnillo, Zac., y m. en San Luis Potosí, SLP (¿1892?-1955). Hizo el bachillerato en la Escuela Nacional para Ciegos, de la capital del país; estudió canto y piano en el Conservatorio Nacional de Música y filosofía en Nueva York, becado por el gobierno maderista. En EUA también se especializó en afinación de piano, órgano y armonio. Volvió a Zacatecas en 1921 y fue profesor de música de la Normal. Fundó escuelas para ciegos en Zacatecas, Guadalajara (1924), Aguascalientes (1925), San Luis Potosí (1928) y Saltillo (1931). Escribió un fascículo

Alberto Beltrán

de cuentos que contiene *La ciega Delfa, El ciego Miguel, víctima de la ingratitud y el desprecio*, etcétera.

BELLOT CASTRO, FEDERICO ◆ n. en el DF (1943). Contador público por la Universidad del Valle de México (1967). Ha tomado cursos de posgrado en México y Brasil. Fue gerente financiero de Operadora Nacional de Ingenios (1971) y representante de empresas pesqueras del sector público. Consejero propietario del Banco del Centro (1983) y director general de Productora Nacional de Redes (1983-).

BELLOT CASTRO, JOSÉ ◆ n. en el DF (1940). Contador público titulado en la UNAM. Fue auditor general de Petróleos Mexicanos (1975-76), oficial mayor del Departamento de Pesca (1977) y director general de Productos Pesqueros Mexicanos (1977-82).

BELOFF O BELOVA, ANGELINA PETROVNA ◆ n. en Rusia y m. en el DF (1879-1969). En la ciudad donde nació, San Petersburgo (denominada Leningrado entre 1924 y 1991) hizo sus primeros estudios. Conoció a Diego Rivera en Brujas, Bélgica, donde estaba becada para estudiar grabado. Fue compañera de Diego en París entre 1911 y 1921. Separada del pintor, conservó amigos que la invitaron a probar suerte en México, adonde llegó en 1932, con una amplia experiencia como dibujante, cartelista y grabadora. También había trabajado algunas pinturas cubistas. Aquí se dedicó sobre todo a pintar niños y naturalezas muertas. En 1947 participó en la fundación de la Sociedad Mexicana de Grabadores. Dos años antes de su muerte el Instituto Nacional de Bellas Artes organizó una muestra retrospectiva, y en 1986, en coincidencia con el centenario de Diego Rivera, presentó otra exposición de 128 obras, incluidos algunos de los libros que ilustró.

BELTRAMI, GIACOMO COSTANTINO ◆ n. y m. en Italia (1779-1855). Visitó México en los años veinte del siglo XIX. En 1830 publicó el libro *Le Mexique*, donde recogió las experiencias de su viaje.

BELTRÁN, ALBERTO ◆ n. en la ciudad de México (1923). Estudió en la Escuela

Libre de Arte y Publicidad (1939) y en la Academia de San Carlos (1949). Como caricaturista e ilustrador su carrera se inició en *El Popular*. Trabajó también en *El Nacional, Excélsior, Novedades, Diario de la Tarde, La Prensa, La República, El Maestro*, etc., y dirigió *Ahí va el golpe* y *El coyote Emplumado*, publicaciones creadas por él. Cofundador de *El Día*, donde fue subdirector gráfico desde 1962 y actualmente director artístico y presidente del consejo editorial. Formó parte del Taller de Gráfica Popular (1945-60), organismo que presidió en 1958 y 59. Ha sido director técnico de la Escuela Libre de Arte y Publicidad (1960), del Taller de Artes Plásticas de la Universidad Veracruzana (1965-67) y director general de Arte Popular de la SEP (1971-76). Ha ejecutado varios murales para museos y escuelas de Jalapa: *Quetzalcóatl y el hombre del tiempo de hoy, Los doce Tajines y las nubes, Tajín, dios de los huracanes los rayos y las tormentas*, entre otros. En 1988 terminó otro mural en la Procuraduría General de la República. Autor de *Tus códices*, para que los niños conozcan la historia y de *Comentarios Gráficos* (1990) con textos de Socorro Díaz, Elena Poniatowska y Froylán López. Elabora para la SEP y el INI manuales de alfabetización, material didáctico, monografías de antropología, una película documental, cartillas de alfabetización en lenguas indígenas y algunos libros de texto gratuito. Miembro fundador de la Academia Nacional de Artes desde 1966. Ha recibido los premios de Carteles sobre Alfabetización (1953), Nacional de Grabado del INBA (1956), Primer Premio de Grabado en la Primera Bienal Interamericana de Pintura y Grabado (1958), Nacional de Periodismo, categoría Cartones (1976), tercer lugar en el Concurso Satira para la Paz, otorgado por el gobierno de la URSS y el Premio Nacional de Ciencias y Artes (1985). Obras suyas figuran en las colecciones de importantes museos americanos y europeos.

BELTRÁN, JUAN JOSÉ ◆ n. en Mazatlán, Sin. (1945). Pintor. Estudió en el IPN y con maestros particulares. En 1970

ingresó a los talleres del Molino de Santo Domingo donde, impartió clases de grabado hasta 1979. Ese año fundó el taller de grabado del Centro Deportivo Israelita e instaló su taller en la Casa de los Tres Patios, donde imparte clases de grabado en metal y dibujo. Desde 1973 ha expuesto individual y colectivamente. Ha participado en las bienales Curitiba en Brasil, de Berha en Bulgaria, en Puerto Rico, Holanda y Japón.

BELTRÁN, LOLA ◆ n. en Rosario, Sin., y m. en el DF (1929-1996). Nombre profesional de Lucila Beltrán Ruiz, cantante de música ranchera. Se inició muy joven en su actividad. El programa de la radiodifusora XEW *Así es mi tierra* la hizo conocida en todo el país. Entre sus mayores éxitos están *Cucurrucucú paloma*, de Tomás Méndez, y *El rey*, de José Alfredo Jiménez. También cantó música de Tata Nacho, Rubén Fuentes y Juan Gabriel. Chabuca Granda le llamó la *Grande*. Actuó en decenas de películas. En los últimos años disminuyó su actividad. Fueron muy celebradas sus presentaciones en el Palacio de Bellas Artes y el teatro Olympia de París. En 1994 celebró sus 40 años de trayectoria con un recital en el Palacio de Bellas Artes. Presea Ciudad de México 1991.

BELTRÁN, NEFTALÍ ◆ n. en Alvarado, y m. en Veracruz, Ver. (1916-1996). Poeta. Perteneció al servicio exterior mexicano durante treinta años, en los cuales estuvo en Brasil, Portugal, Holanda, Italia y Polonia. Reunió una importante colección de grabados extranjeros de tema mexicano. Colaboró en publicaciones literarias como *Letras de México, Taller* y *Taller Poético* y dirigió la revista *Poesía*. Hizo treinta guiones cinematográficos (*La red, La intrusa,* etc.). Autor de *Veintiún poemas* (1936), *Dos sonetos* (1937), *Canto del viento* (1937), *Poesía* (1941), *Soledad enemiga* (1944), *Algunas canciones* (1953), *Veintiún poemas dispersos* (1986), *Poesía 1936-1977* (1978), *La muerte construida* (1978), *Fotografía* (1982), *Veintiún poemas dispersos* (1986) y *Diez décimas* (1996). Después de su muerte se publicó su *Poesía completa (1936-1996)*.

BELTRÁN, ROSA ◆ n. en el DF (1960). Estudió letras hispánicas en la UNAM y la maestría y el doctorado en literatura comparada en la Universidad de California. Ha escrito sobre autores de los siglos XIX y XX para Editores Mexicanos Unidos y para el CNCA. Editora de El Colegio de México y de la editorial Grijalbo. Colaboradora de *Diálogos, El Faro, La Jornada Semanal, Mester, Proceso, Revista Mexicana de Cultura, Revista de la Universidad, Tierra Adentro, Los Universitarios* y *Vuelta*. Jefa de redacción de *La Jornada Semanal* (1998-). Es autora de los libros de relatos: *La espera* (1986) y *Amores que matan* (1997); de la novela *La corte de los ilusos* (1995, Premio Planeta-Joaquín Mortiz); y del ensayo *América sin americanismos: el lugar del estilo en la época* (1996). Obtuvo la beca Jóvenes Escritores del INBA (1985), creadora intelectual del CNCA (1990-91), beca Jóvenes Creadores del Fonca (1991-92), becaria del Centro Mexicano de Escritores (1993-94). Miembro del Sistema Nacional de Creadores de Arte (1997-).

BELTRÁN CASTAÑARES, JOAQUÍN ◆ n. en Zacatecas, Zac., y m. ¿en el DF? (1856-1946). Estudió en el Colegio Militar, del que fue director en dos ocasiones. Durante la presidencia de Madero sofocó en Veracruz el alzamiento de Félix Díaz, a quien hizo prisionero. Era general de división en 1914. Fue gobernador sustituto del Estado de México. Autor de *La intromisión yanqui y La toma de la plaza de Veracruz el 23 de octubre de 1912*. Recibió condecoraciones de Francia y Japón.

BELTRÁN CASTILLO, ENRIQUE ◆ n. y m. en el DF (1903-1994). Estudió ciencias naturales en la Universidad Nacional y se doctoró en la Universidad de Columbia (1933). La Escuela Normal Superior lo declaró maestro *ex officio* en ciencias biológicas, y las universidades de Michoacán y La Habana le otorgaron el doctorado *honoris causa*. Fue subsecretario Forestal y de la Fauna de la Secretaría de Agricultura y Ganadería (1958-64), y presidió reuniones internacionales de científicos. Director ho-

Lola Beltrán

norario vitalicio del Instituto Mexicano de Recursos Naturales Renovables y profesor emérito de la Escuela Nacional Preparatoria. Fue maestro fundador del IPN. En su hemerografía figuran centenares de artículos aparecidos en publicaciones especializadas. Es autor de ensayos incluidos en volúmenes colectivos y de más de 20 libros, entre los cuales se cuentan *Lamarck, intérprete de la naturaleza* (1945), *Problemas biológicos: ensayo de interpretación materialista dialéctica* (1945), *Los recursos naturales de México y su conservación* (1946), *La protección de la naturaleza* (1949), *Guión para el estudio de la conservación* (1958) y de los conocidos textos de *Biología* para los tres años de secundaria, en los cuales colaboraron otros especialistas. Medalla al Mérito Ciudadano de la ARDF. Premio al Mérito Ecológico 1993 del gobierno federal.

BELTRÁN GONZÁLEZ, ALBERTO ◆ n. en la ciudad de México (1918). Técnico en artes plásticas y publicidad comercial titulado en la Academia de San Carlos (1936-39). Fue presidente de la Unión Mexicana de Pintores Independientes (1957). Milita en el Partido Auténtico de la Revolución Mexicana desde 1966, donde ha sido secretario de prensa y difusión regional del comité ejecutivo nacional (1966-70), representante de Pachuca (1978), delegado especial en Tamaulipas y Veracruz (1979-85) y tesorero nacional (1986-88). Ha sido gerente general de Rótulos ABO (1950-87), jefe de relaciones públicas de la Asociación Nacional de Pilotos y diputados federal (1988-91).

BELTRÁN DE GUZMÁN, NUÑO ◆ n. y m. en España (1485 a 1490-1544). Estudió en la Universidad de Alcalá. En 1525 el rey lo designó gobernador de Pánuco, a donde llegó en mayo de 1526. Como la provincia careciera de metales preciosos y estuviera escasamente poblada, el representante de la Corona se dedicó a secuestrar indios, los que vendía en las Antillas y canjeaba por ganado. A fines de 1528 dejó este cargo para ocupar el de presidente de la Real Audiencia de México. Persiguió a los seguidores de Cortés y trató por diversos medios de impedir el regreso de éste, quien se hallaba en Madrid defendiéndose de diversos cargos. Entró en conflicto con el clero y sus desatinos como funcionario lo pusieron en riesgo de ser procesado, por lo que decidió marchar a la conquista del occidente del país, a lo que procedió haciendo gala de crueldad. Hizo matar por los perros a varios caciques, incendió cerca de un millar de poblaciones y en Michoacán dio muerte al Caltzontzin. En Centispac dijo tomar posesión en nombre del rey de las provincias comprendidas desde los actuales estados de México y Michoacán hasta Sinaloa, bajo el nombre de "Conquista del Espíritu Santo de la Mayor España". Fundó El Teul, Xalisco (hoy población de Jalisco, Nayarit), la Villa del Espíritu Santo de la Mayor España (Tepic), Coluacán y Compostela. Envió a Pedro Almíndez Chirino a Zacatecas y Sonora, a Gonzalo López a Durango y a Juan de Oñate a Nochistlán, con la misión de fundar la villa de Guadalajara, en honor de la ciudad española donde nació el propio Beltrán. A los territorios conquistados los denominó Provincia de Castilla de la Mayor España, y después la Corona los llamó Reino de Nueva Galicia. A fines de

1536 dejó a Oñate como gobernador y regresó a la provincia de Pánuco, recogió su botín y volvió a la capital de Nueva España, con el fin de prepararse para regresar a Europa. El 12 de enero de 1537 fue sometido a juicio de residencia y puesto en prisión por Diego Pérez de la Torre, quien tenía nombramiento real de gobernador de Nueva Galicia. Enviado a España en 1540 tuvo por cárcel la ciudad de Torrejón de Velasco, donde murió.

BELTRÁN ORTEGA, ARTURO ◆ n. en Chilpancingo, Gro. (1926). Médico cirujano titulado en la UNAM (1942-47), posgraduado en oncología en el Hospital General de México (1949-51) y en cirugía ginecológica en el Memorial Hospital de Nueva York (1953-55). Profesor del Instituto Nacional de Cancerología (1974-) y de la UNAM (1980). Pertenece al PRI desde 1970. Ha sido encargado del Departamento de Oncología del Hospital Juárez (1960-70) y jefe del Servicio Cabeza y Cuello (1959-72), jefe de la División de Cirugía (1972-82), miembro del Consejo Técnico (1972-) y director general del Instituto Nacional de Cardiología (1982-). Es miembro de la Sociedad Mexicana de Estudios Oncológicos (1959-) y de las academias Mexicana de Cirugía (1976-) y Nacional de Medicina (1977-).

BELTRÁN Y PUGA Y ESPAÑA, FERNANDO ◆ n. en Guadalajara, Jal., y m. en el DF (1876-1947). Se tituló en la Escuela Nacional de Ingenieros. Trabajó en la restauración de los monumentos indicadores de la frontera entre México y EUA. En mayo de 1906 el gobierno federal lo designó comisionado de la Sección Mexicana ante la Comisión Internacional de Límites entre México y Estados Unidos, cargo que le ratificaron los gobiernos de Madero y Victoriano Huerta. En septiembre de 1914 fue cesado por Venustiano Carranza. Durante su gestión se acordó construir la presa El Elefante y fundamentó la reclamación mexicana sobre el territorio de El Chamizal. Por el estado de guerra civil, se les adeudaban a él y sus colaboradores varios meses de sueldos, los que

cubrió de su peculio. En 1920 todavía gestionaba que se le retribuyera por esos gastos. Fue vocal y fundador de la Comisión Nacional de Caminos, vocal secretario y fundador de la Comisión Nacional Bancaria, director de la Comisión Nacional de Tarifas de la Secretaría de Hacienda, director de la revistas *Obras Públicas del Departamento Central*, coautor del proyecto original del Auditorio Nacional y director de la Comisión de Irrigación y Fomento (luego Secretaría de Recursos Hidráulicos), donde fundó la biblioteca (1922). Autor de una *Memoria documentada del juicio de arbitraje del Chamizal* (1911).

BELTRÁN Y PUGA Y ESPAÑA, ROBERTO ◆ n. en Querétaro, Qro., y m. en Guadalajara, Jal. (1880-1960). Ciego de nacimiento. Fue llevado en su infancia a Guadalajara, donde residió de por vida. Ahí enseñó música en el Asilo para Ciegos, donde fue maestro de Ernesto Hill Olvera. Fue desde 1948 director de la Casa del Niño Ciego. Por esa época se inició como crítico musical del diario jalisciense *El Occidental*.

BELTRÁN Y PUGA Y MARCAIDA, EMILIA ◆ n. en Guadalajara, Jal., y m. en la ciudad de México (1849-1901). Escribió en diversos periódicos bajo los pseudónimos de *Ella*, *Aspasia*, *Helvia* y *Marcaida*. Con su nombre polemizó sobre temas guadalupanos. Promovió el traslado de los restos de Francisco González Bocanegra al Panteón Civil. Donó colecciones de historia de México a varias bibliotecas del país. Autora de unos *Apuntes biográficos de fray Francisco Frejes* que aparecieron en la *Historia breve de la conquista de los Estados independientes del imperio mexicano.* (1878); de una *Biografía del ilustrísimo y reverendísimo Sr. obispo Fr. Antonio Alcalde* (1885) y unos *Apuntes biográficos del general de división Ramón Corona* (1885).

BELTRONES RIVERA, MANLIO FABIO ◆ n. en Villa Juárez, Son. (1952). Licenciado en economía por la UNAM (1970-74). Profesor de la UNAM (1974). En el PRI, partido al que pertenece desde 1968, fue secretario adjunto (1983-86) y secretario de promoción y gestoría del

Portada de la biografía de Nuño Beltrán de Guzmán escrita por Fausto Marín Tamayo

Firma de Nuño Beltrán de Guzmán

Manlio Fabio Beltrones

comité ejecutivo nacional (1987-88) y presidente del comité directivo estatal de Sonora (1987-88). Ha sido jefe del Departamento de Delegaciones del Registro Nacional de Electores (1975-76), secretario particular del subsecretario de Gobernación (1977-82), diputado federal por Sonora (1982-85), secretario de Gobierno de Sonora (1985-87), subsecretario de Gobierno, Desarrollo Político y Derechos Humanos de la Secretaría de Gobernación (1988-91) y gobernador de Sonora (1991-).

BENAVENTE, TORIBIO DE ◆ ☞*Motolinia*.

BENAVIDES, ALONSO DE ◆ n. en Portugal y m. en la ciudad de México (1600-1664). Fraile franciscano. Llegó a México hacia 1620. Evangelizó en la región de Nuevo México. Recogió sus experiencias y conocimiento de las tribus de esa zona en un informe presentado al monarca español en 1630. El texto, de muy largo título, se conoce sencillamente como *Memorial de Alonso de Benavides* y ha sido traducido al inglés.

BENAVIDES, HIGINIO ◆ n. y m. en Guadalajara, Jal. (1855- 1890). Impresor. Era cuñado de Remigio Carrillo, director del periódico *Juan Panadero*. Al morir éste se encargó de la publicación (1879-1890). Cofundador de la primera asociación de periodistas de la capital jalisciense (1885).

BENAVIDES JR., JOSÉ ◆ n. y m. en el DF (?-1945). Cineasta. Se inició en el cine como asistente de Chano Urueta (*Una mujer en venta, El signo de la muerte*), Gilberto Martínez Solares (*Hombres del aire*), Roberto O'Quigley (*Madre a la fuerza*) y Arcady Boytler (*El tesoro de Pancho Villa, Celos, Así es mi tierra, Águila o sol, El capitan Aventurero*). Empezó como director con *La feria de las flores*, donde también se inició Pedro Infante, a la que siguieron: *En un burro tres baturros* (1939), *Pobre diablo* (1941), *El zorro de Jalisco* (1941), *Alejandra* (1942), *Tierra de pasiones* (1943), *Tres hermanos* (1944), *Diario de una mujer* (1945), *Las dos huérfanas* (1945), *Un corazón burlado* (1945), *Rosa del Caribe* (1945) y *La reina de la opereta* (1945).

BENAVIDES, MANUEL ◆ n. en España y m. en el DF (1895-1947). Militó en el bando republicano durante la guerra civil española. Llegó a México en 1939. Fue secretario de redacción de la revista *Reconquista de España*. Autor de *La revolución fue así; Los nuevos profetas* (1942); *La escuadra la mandan los cabos* (1944), *Guerra y revolución en Cataluña* (1946).

BENAVIDES, RAFAEL ◆ n. en Soto La Marina, Tams., y m. en la ciudad de México (1829-1912). Militar de carrera. Luchó contra los invasores estadounidenses en 1847. Se adhirió al Plan de Ayutla de 1854. En 1858 se alzó en armas por la causa conservadora y al producirse la invasión francesa volvió a las filas republicanas y combatió la intervención francesa y el imperio. Al triunfo de la República, ya como general, fue a Europa. Fungió como representante diplomático de México en Berlín (1873). Fue autor y traductor de obras militares.

BENAVIDES, SUSANA ◆ n. en el DF (1943). Bailarina. Estudió con Nelsy Dambré, Fedor Lensky, Nina Popva, Aurora Bosh, Nellie Happee y Job Sanders. Se inició profesionalmente en 1957 dentro del Ballet Concierto, del que fue primera solista a partir de 1959. En tal calidad trabajó en el Ballet Clásico de México. Cofundadora y *prima ballerina* de la Compañía Nacional de Danza (1973-). Ha sido bailarina invitada de varias compañías mexicanas y del extranjero. Le tocó hacer una variación con Mijail Barishnikov e hizo pareja con Bill Martin Viscont, Lázaro Carreño, Fernando Bujones y otras figuras reconocidas internacionalmente. En 1971 recibió Medalla de Oro del Instituto Nacional de Bellas Artes. Representó a México en el Festival Internacional de Danza de La Habana (1974 y 1976). Fue considerada la Mejor Bailarina del Año por la Unión de Críticos y Cronistas de Teatro (1982) y recibió un trofeo de la revista *Opera Popular*, de Miami, EU (1982). Se retiró en 1988.

BENAVIDES GUERRA, FELIPE DE ◆ n. en Pesquería Chica y m. en Monterrey,

NL (1886-1970). Empresario. Creó en los estados del norte la cadena de 72 farmacias que llevan su nombre.

BENECKE, ESTEBAN ◆ n. en Alemania y m. en la ciudad de México (1808-1877). Llegó a México hacia 1840. Se le atribuye la introducción de formas de facturación avanzadas y la creación de la Cámara Nacional de Comercio e Industria en la capital.

BENEDICO, AUGUSTO ◆ n. en España y m. en el DF (1909-1992). Actor. Su nombre era Augusto Pérez Lías. Licenciado en derecho por la Universidad de Barcelona. Participó en el bando republicano durante la guerra civil española. Llegó a México en 1939. Se inició en el teatro de aficionados bajo la dirección de Cipriano Rivas Cherif. Su primera actuación profesional fue en *Esquina peligrosa*, de Priestley. Después trabajó en *Que no quemen a la dama*, de León Felipe; *Viaje de un largo día hacia la noche*, de O'Neill; *Un enemigo del pueblo*, de Ibsen; *Después de la caída*, de Miller, y en decenas de obras dramáticas. Su presentación en el cine fue en 1949 en la película *La venenosa* (1949). Actuó en *Dicen que soy comunista* (1951), *El ángel exterminador, Pedro Páramo* y muchas otras. Participó en telenovelas y teleteatros y formó parte de la Compañía Nacional de Teatro del Instituto Nacional de Bellas Artes. En 1986 recibió la Medalla Virginia Fábregas de la ANDA por 25 años de trabajo escénico.

BENEDICTINOS ◆ Orden religiosa fundada en el año 529 por Benito de Nursia. En Monte Casino, Italia, se halla el principal y más antiguo monasterio de la congregación, aunque es célebre también el de Cluny, en París, cuya erección data del siglo X. Se cree que en 1526 llegaron a México los primeros religiosos de esta orden, quienes formaron una cofradía para venerar a la Virgen de Montserrate, para lo cual construyeron un templo e intentaban levantar también un monasterio, pero lo prohibieron las autoridades eclesiásticas. En 1593 les fue devuelta la iglesia y se reabrió al culto. Otros frailes llegados en 1602 fundaron el priorato

José Benavides Jr.

de Montserrate, que fue admitido por el arzobispo Pérez de la Serna doce años después. La orden fue suprimida a principios de 1821 por las autoridades españolas. Aunque siempre fueron pocos, hubo nueve obispos de la orden durante la colonia. Los benedictinos se desempeñaron con eficacia en la evangelización, que combinaban con el estudio, la recreación y el trabajo. A ellos se debe la introducción de la ciruela y el copiado de importantes manuscritos históricos. Durante su estancia en Nueva España sostuvieron un dispensario y otras obras pías. En 1902 regresaron al país y desde entonces han abierto varios conventos, siempre dispuestos a brindar hospitalidad, como disponen las normas de la orden. Del viejo priorato de Montserrate se conserva la iglesia, pero el monasterio fue destruido parcialmente por la ampliación de la avenida Izazaga y el edificio, cuyas arcadas interiores son visibles desde la calle, es ahora sede de la Asociación Nacional de Charros. En los años 60, en el monasterio de Santa María Ahuacatitlán, el prior Gregorio Lemercier (☞) sometió a los miembros de su comunidad a psicoanálisis, lo que motivó una larga polémica en el seno de la Iglesia y dio tema para varios libros, entre ellos la obra *Pueblo rechazado*, de Vicente Leñero, que se llevó al cine.

BENESKI, CARLOS DE ◆ n. en Polonia y m. en Saltillo, Coah. (1790-1836). Militar de carrera. Vino a México durante el imperio de Iturbide, quien le dio el grado de teniente coronel y luego lo acompañó en Europa y de regreso a México. En 1829 participó en la campaña contra el desembarco de Isidro Barradas.

BENIN, REPÚBLICA DE ◆ Estado de África antes llamado Dahomey. Está situado en la costa del Atlántico, en la parte norte del golfo de Guinea. Limita al oeste con Togo, al noroeste con Burquina Faso, al norte con Níger y al este con Nigeria. Superficie: 112,622 km^2. Habitantes: 5,900,000. La capital es Porto Novo (177,660 habitantes en 1992). Otra ciudad importante es Cotonú (533,212 habitantes en 1992). El francés es el idioma oficial pero se hablan diversos dialectos (fon, fulani, mine, yoruba y masi). Casi la mitad de la población es de la etnia adja, aunque los yorubas y baribeis son también núcleos importantes. Cuatro de cada cinco personas practican ritos africanos, 12 por ciento, de la población es musulmana y 8 por ciento católica. *Historia*: en el siglo XVIII florecieron los reinos de Hogbonu, en la costa, y Abomey, en el interior, los que se fortalecieron mediante el tráfico de esclavos en favor de grupos de europeos dedicados a esta actividad. En la segunda mitad del si-

glo XIX el país entró en decadencia al perder su importancia el comercio de seres humanos. Francia decidió apoderarse de Benin y en 1891 desembarcó sus tropas, las que al año siguiente se habían apoderado de la capital, si bien la resistencia perduró hasta 1894. El líder de la lucha contra los invasores, Benhanzin, murió deportado en Martinica. Los ocupantes, que llamaron Dahomey al territorio conquistado, lo convirtieron oficialmente en colonia en 1911. Después de la segunda guerra mundial surgieron brotes de oposición a la presencia francesa. Pese a la prohibición de integrar organizaciones políticas, se creó la Liga de Derechos Humanos que se opuso a los trabajos forzados y otras medidas impuestas por la potencia ocupante. El líder de la Liga, Louis Hunkanrin, encabezó un movimiento popular contra el alza de impuestos al aceite de coco y la respuesta de los franceses fue una amplia represión en la que se quemaron cientos de aldeas y unas cinco mil personas resultaron asesinadas por los colonialistas. En 1959 el gobierno de París, ante el avance de las luchas de liberación nacional en África, le concedió el estatuto de Estado autónomo dentro de la llamada Comunidad Francesa. La independencia se obtuvo en 1960 y en 1964 se aprobó una nueva Constitución. Herencia de los años de coloniaje fue la inestabilidad política de la joven república, en la que se sucedieron los gobiernos *de facto* hasta 1972, cuando el mayor Matías Kerekou encabezó un golpe de Estado que tuvo como bandera acabar con la corrupción. En 1974 Kerekou decretó la nacionalización de los bancos y la industria petrolera, y se creó un sistema de partido único, el cual adoptó el marxismo-leninismo como doctrina. A partir de entonces se han producido varios intentos golpistas. Las relaciones diplomáticas con México, a nivel de embajadores, se establecieron en 1975. Dos años después un grupo de mercenarios intentó apoderarse del país con el velado apoyo de Francia. En 1984 una prolongada sequía agudizó la

República de Benin

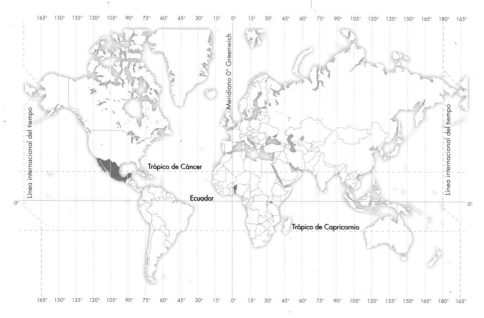

crisis en que se debate el país, cuya economía se basa en la agricultura.

BENÍTEZ, FERNANDO ◆ n. en la ciudad de México (1912). Su segundo apellido es Gutiérrez. Periodista. Se inició como reportero y editorialista en *Revista de Revistas* (1933-36) y en *El Nacional*, el cual dirigió (1947-48) enriqueciéndolo con el primero de los grandes suplementos culturales *La Semana en la Cultura*. Fundador y director de los periódicos *Daily News* y *Diario de la Tarde,* y de los suplementos *México en la Cultura,* de *Novedades* (1949-61); *La Cultura en México*, del semanario *Siempre!* (1962-70); *Sábado,* de *unomásuno* (1977-86); y *La Jornada Semanal,* de *La Jornada* (1987-88). Desde sus primeras publicaciones congregó a un selecto grupo de poetas, narradores y críticos, inauguró nuevas formas de tratamiento periodístico de los hechos culturales, incluyó entrevistas exhaustivas, formatos modernos, publicitó a los artistas e intelectuales e implantó nuevas técnicas de promoción para libros, obras de teatro, exposiciones, etc. Impartió cursos de periodismo en la Facultad de Ciencias Políticas de la UNAM (1967-1985). Presidió la sección mexicana del Pen Club Internacional (1969-70) y fue embajador de México en la República Dominicana. Autor de relatos *Caballo y Dios* (1945); novelas: *El rey viejo* (1959) y *El agua envenenada* (1961), traducidas ambas al inglés, francés, polaco, serbocroata y ukraniano; teatro *Cristóbal Colón* (1951); y de libros calificados por él como periodísticos: *La ruta de Hernán Cortés* (1950), *La vida criolla en el siglo* XVI o *Los primeros mexicanos* (1953), *China a la vista* (1953), *Ki, drama de una planta y un pueblo* (1956), *La batalla de Cuba* (1960, con Enrique González Pedrero), *La ruta de la libertad* (1960), *Viaje a la Tarahumara* (1960), *La última trinchera* (1963), *Los hongos alucinantes* (1964), *Los indios de México* (4 t., 1967-79, Premio Mazatlán 1969), *En la tierra mágica del peyote* (1968), *Viaje al centro de México* (1976), *Veracruz, nuestra primera ciudad* (1976), (1982), *Lázaro Cárdenas y la revolución mexicana* (1977), *Entrevistas con un solo tema: Lázaro Cárdenas* (1979), *Historia de la ciudad de México 1325-1982* (3 t., 1982, Premio en la Feria del Libro de Arte de Leipzig, Alemania 1983), *Los demonios en el convento* (1985), *La nao de China* (1989), *El libro de las destrucciones* (1989) y *1992: ¿Qué celebramos, qué lamentamos?* (1992). Maestro emérito de la UNAM y doctor *honoris causa* por la Universidad de Guadalajara. Ha recibido numerosos reconocimientos a su trabajo, entre ellos, una condecoración del gobierno de Francia por su labor periodística durante la guerra (1947), la Medalla Manuel Gamio al mérito indigenista (1979), los premios Nacional de Artes y Ciencias (1978), Nacional de Antropología (1980), Nacional de Periodismo (1986), Universidad Nacional (1989). La ARDF le otorgó la Medalla al Mérito Ciudadano 1992.

BENÍTEZ, GRACIANO G. ◆ n. en Yanhuitlán, Oax. (¿1903?). Participó en la Revolución dentro de las filas constitucionalistas. Al término de la lucha armada se instaló en San Jerónimo Tabiche, Oaxaca, donde fue minero. Ahí dirigió en 1923 una exitosa huelga contra la empresa Asarco, pero dos años después, ante los intentos de asesinarlo, se trasladó a la ciudad de México e ingresó al Partido Comunista. Regresó a su tierra y fundó el Partido Socialista Yanhuitleco, publicó el periódico mecanografiado *La Saeta* y fue presidente municipal (1929-30). En 1931, en la ciudad de Oaxaca, organizó la sección local de la Confederación Sindical Unitaria de México y encabezó tomas de tierras. Integrante de la dirección de la Liga de Comunidades Agrarias Úrsulo Galván (1932-35). En 1935 fue elegido miembro del comité central y del buró político del PCM. Dos años después su partido lo envió al Soconusco para evitar que los nazis enviaran armas a Saturnino Cedillo. En los años cuarenta fue representante obrero ante la Junta Federal de Conciliación número 15, participó en luchas agrarias, asesoró huelgas y dirigió la Alianza Revolucionaria de Obreros y Campesinos de Oaxaca. Acusado de 27 delitos por su intervención en el movimiento ferrocarrilero, estuvo en prisión (1959-61). Fundador y primer secretario de asuntos indígenas de la Central Campesina Independiente (1963). Ha estado 19 veces en la cárcel por motivos políticos.

BENÍTEZ, JOSÉ MARÍA ◆ n. cerca de Taxco, Gro., y m. en la ciudad de México (1800-1872). Médico. Fue profesor, consiliario y bibliotecario de la Universidad de México, sobre la que escribió un informe en 1857. De convicciones liberales, rechazó la condecoración de la Orden de Guadalupe que le ofrecía Maximiliano. Al triunfo de la República, Juárez lo designó director de la Biblioteca Nacional (1867-72).

BENÍTEZ, JOSÉ MARÍA ◆ n. en Huanusco, Zac., y m. en el DF (1900-1967). Participó en la fundación de la Alianza de Ferrocarrileros y del Sindicato Nacional Ferrocarrilero. Ejerció el periodismo. Escritor de la tendencia llamada proletaria. Autor de poesía y narrativa: *Gesto de hierro, Marcha roja, Ciudad*, etc. En 1941 obtuvo el Premio Lanz Duret de novela.

BENÍTEZ, JUSTO ◆ n. en Ejutla, Oax., y m. en la ciudad de México (1833-1900). Fue oficial mayor de Benito Juárez en el gobierno de Oaxaca. Secretario de Porfirio Díaz durante la intervención francesa, fue hecho prisionero por los invasores. Salió desterrado hacia Estados Unidos y volvió a retomar las armas. Ministro de Hacienda en el primer periodo presidencial de Díaz (febrero a mayo de 1877).

BENÍTEZ CARRASCO, MANUEL ◆ n. en España (1922). Declamador y poeta. Autor de los poemarios *De ayer y hoy, México sonoro y mágico, Mi barco, El oro y el barco, La muerte pequeña* y *Aires de Andalucía.* En México y en España ha grabado decenas de discos con textos propios y ajenos.

BENÍTEZ DELORME, CARLOS ◆ n. en Guadalajara, Jal., y m. en el DF (1897-1949). Fue profesor de geografía en escuelas públicas de la capital del país. Escribió una *Geografía humana, social y económica* (1934) que ha merecido decenas de ediciones.

Fernando Benítez

BENÍTEZ DURÁN, MARGARITO ◆ n. en Zitácuaro, Mich. (1944). Pintor. Desde 1971 es miembro del Partido Demócrata Mexicano, en el que ha ocupado las secretarías nacionales de finanzas (1973 y 1977-78), organización (1974-76), organizaciones especiales (1979-81) y acción campesina (1982-83). Ha sido también consultor nacional de esa agrupación política. Presidente de la Confederación Nacional de Usuarios de Servicio Público y Contribuyentes (1979-81). Diputado federal (1982-85).

BENÍTEZ IBARRA, JOSÉ R. ◆ n. y m. en Guadalajara, Jal. (1880-1957). Se tituló en la Escuela Libre de Ingenieros de Guadalajara (1905). Ocupó diversos cargos públicos en Guadalajara y la ciudad de México, entre ellos el de director del Museo Nacional de Arqueología, Historia y Etnografía (1930) y el de director de Monumentos Nacionales (1931-33). Fue director del Instituto de Geografía y Estadística de la Universidad de Guadalajara (1946-57). En 1891 fundó en la capital del país el semanario *El Títere*. En la capital jalisciense colaboró en *El Correo de Jalisco* y, desde 1918 hasta su muerte, en *El Informador*, con la columna "Como me lo contaron te lo cuento". Autor de una extensa bibliografía en la que se hallan *Iglesias de México*, escrita con Manuel Toussaint (1927), *Historia gráfica de la Nueva España* (1929), *Alonso García Bravo, planeador de la ciudad de México y su primer director de Obras Públicas* (1933), *Bagatelas del Folklore* (1940), *El traje y el adorno en México* (1946) y *Los hospitales y los médicos de Nueva Galicia* (1975).

BENÍTEZ LARIOS, CARLOS DANIEL ◆ n. en Guadalajara, Jal., y m. en el DF (1851-1931). Abogado. Fue tres veces diputado local. Ejerció el periodismo en *La Unión Jalisciense* (1878), *Un Periódico* (1882) y *El Jalisciense*, del que fue codirector (1885) y director (1886-88).

BENÍTEZ LUMBIER, ESTEBAN ◆ n. en Parral, Chih., y m. en la ciudad de México (1834-1918). Estudió medicina en la capital del país. Militó en el bando liberal durante las guerras de Reforma. Combatió la intervención francesa y el imperio.

BENÍTEZ MELÉNDEZ, JESÚS LUIS ◆ n. y m. en el DF (1949-1980). Escritor autodidacto. A los 14 años empezó a escribir en un periódico de Tlalnepantla. Asistió al taller de Juan José Arreola (1967). Fue reportero de la Agencia Mexicana de Noticias (1968-69). Colaboró en las secciones literarias de los principales diarios capitalinos. Publicó cuentos, poemas, ensayos y reseñas en suplementos y revistas. Tuvo la beca de narrativa de Bellas Artes (1975-76) y la beca INBA-Fonapas (1978-79). Autor de *A control remoto y otros rollos* y *Las motivaciones del personal*.

BENÍTEZ NUNGARAY, EULOGIO ◆ n. en Guadalajara, Jal. (¿1812?-?). Periodista. Fungió como editor responsable del órgano satírico *El Payaso* que dirigió en Guadalajara Irineo Paz. Escribió poesía.

BENÍTEZ TREVIÑO, HUMBERTO ◆ n. en Zacualpan, Edo. de México (1945). Licenciado en derecho por la UAEM, de la que es profesor, con maestría y doctorado por la UNAM. Es también antropólogo por la Escuela Nacional de Antropología e Historia. Miembro del PRI. Fue director de Desarrollo Social de Auris (1972-73), subdirector de Legislación Tributaria de la Secretaría de Hacienda (1976-77), coordinador de la Defensoría del Oficio del DDF (1978-80), subdirector general de Reclusorios (1980-81), director general de Boletrónico (1981), delegado político del DDF en Benito Juárez (1981-82), director del Registro Patrimonial de la Secretaría de la Contraloría (1985-87) y, desde 1987, coordinador de asesores del titular de la misma dependencia; director general de Administración de la Secretaría de Turismo (1988-89), procurador general de Justicia del Estado de México (1989-93) y subprocurador de Averiguaciones Previas de la PGR (1993-94). En la PJDF ha sido agente del Ministerio Público, agente visitador y primer agente auxiliar (1969-72) y procurador general de Justicia del Distrito Federal (1994).

BENÍTEZ VÁZQUEZ, DANIEL ◆ n. en Amacueca, Jal. (1892-). Era estudiante del Liceo de Varones de Guadalajara

cuando fue sancionado por sus actividades antirreeleccionistas. Licenciado en derecho por la Escuela Oficial de Leyes de Jalisco (1914), de la que fue profesor. Se adhirió al constitucionalismo. Entre 1916 y 1918, con Adolfo de la Huerta como gobernador de Sonora, fue procurador general de Justicia, oficial mayor del Poder Ejecutivo local y presidente del Supremo Tribunal de Justicia. Al triunfo del Plan de Agua Prieta fue subsecretario de Gobernación en el gabinete delahuertista (1920) y después, en el periodo presidencial de Álvaro Obregón, oficial mayor y subsecretario de Gobernación. Fue secretario de gobierno del territorio norte de Baja California (1921), diputado federal por el distrito de Autlán y gobernador constitucional de Jalisco del primero de marzo al 22 de abril de 1927, cuando fue destituido por el Congreso local. En 1940 volvió a la actividad política como almazanista. Perseguido por el gobierno se ocultó hasta que pudo reintegrarse a sus actividades profesionales. Posteriormente rechazó la invitación del PAN para ser candidato a una diputación. Autor de un manifiesto *Al pueblo de Jalisco* (1940), en el que declara traidor a Almazán.

BENÍTEZ ZENTENO, RAÚL ◆ n. en San Rafael Atlixco, Méx. (1932). Licenciado en sociología por la UNAM (1957) con posgrado en el Centro Latinoamericano de Demografía de la ONU (1958). Profesor de la Facultad de Ciencias Políticas y miembro del Instituto de Investigaciones Sociales de la UNAM, del que fue director. Cofundador de la maestría en demografía de El Colegio de México. Autor de *La estadística en el marco de la investigación sociológica* (1961), *La población rural y urbana de México* (1962), *Cambios demográficos y la población de México* (1968). Premio Nacional de Economía (1970) y Premio Nacional de Demografía (1990).

BENITO JUÁREZ ◆ Delegación política del Distrito Federal. Superficie: 27.12 km², que representan 1.88 por ciento del total del DF. Habitantes: 369,956 (1995), de los cuales 246,946 forman la población económicamente activa, dedicada principalmente al comercio y los servicios, la producción manufacturera y la construcción. Hablan alguna lengua indígena 4,549 personas mayores de cinco años (náhuatl 1,370, zapoteco 634, otomí 617 y mixteco 446). Colinda con las delegaciones Cuauhtémoc, Miguel Hidalgo, Álvaro Obregón, Coyoacán, Iztacalco e Iztapalapa. Dentro de la actual jurisdicción, creada en 1970, en la época prehispánica existieron asentamientos de población de relativa importancia como Mixcoac, Actipan, Tlacoquemécatl, Xoco, Ticomán, Ahuahuetlán, Acachinaco y otros. Sobre ellos los conquistadores fundaron villas y pueblos, de los cuales los más importantes fueron Santo Domingo Mixcoac, La Piedad, Santa Cruz Atoyac, Actipan, San Juan Maninaltongo, Santa María Nonoalco y Xoco. Además de las actividades agropecuarias, existía en Mixcoac desde el siglo XVI una factoría textil (obraje de paños) y se trabajaba en varias ladrilleras, las que en el siglo XVII, al construirse la Calzada de la Piedad (hoy avenida Cuauhtémoc), mandaban su producción a la ciudad de México. Un acueducto atravesaba la actual delegación a lo largo de lo que ahora es la avenida División del Norte. En el siglo XVIII Santa Cruz y San José eran los principales ranchos y Los Portales, San Borja y Nalvarte (después Narvarte) las haciendas más renombradas. A lo largo del siglo XIX los poblados de la actual delegación proveyeron de alimentos y otras mercancías a la ciudad de México, frecuentemente asolada por rebeliones y alzamientos militares. En 1851 el predio El Cerezo le fue cercenado a la hacienda de San Borja. Ahí se crearía años después el llamado parque de la Lama, donde está el ex Hotel de México. De mediados de siglo data el origen del rancho de Xola y de las haciendas de Xoco y Nonoalco. La hacienda de la Castañeda absorbió lo que fuera la neoclásica casa de campo de los condes de la Cortina. El rancho de los Álamos, donde se halla la colonia del mismo nombre, fue creado en 1856 con la adquisición de terrenos que pertenecían a

la hacienda de Narvarte, que fue propiedad de la familia Escandón. En 1857 se erigió el municipio de Mixcoac, que contaba con poco más de 1,500 habitantes. Durante la asonada de Tacubaya, en 1859, los vecinos de Mixcoac y San Pedro de los Pinos ofrecieron resistencia a los militares conservadores, quienes ordenaron pasarlos a degüello junto con un grupo de practicantes de medicina que se había presentado a asistir a los heridos. Durante varias décadas, en el aniversario de la matanza, los habitantes de San Pedro de los Pinos hacían una misa y una procesión en honor de los llamados Mártires de Tacubaya. Bajo el imperio, los actuales barrios de Nonoalco, Santa Lucía y Becerra quedaron dentro del estado del Valle de México. En la segunda mitad del siglo pasado los tranvías comunicaron la ciudad de México con Mixcoac, mediante vías que corrían a lo largo de la actual avenida Revolución. Las comunicaciones mejoraron en el porfiriato, al introducirse los ómnibuses tirados por mulas y posteriormente los tranvías eléctricos, primero de México a Tacubaya y posteriormente hasta Mixcoac. En 1910 se abrió la ruta de tranvías México-Xochimilco y de esa manera se enlazó el sur con el centro del Distrito Federal. Por ese tiempo se hizo pública la calzada que unía varios ran-

chos y que hoy se conoce como avenida Coyoacán. Otra ruta importante era la calzada de los Guardas, después Insurgentes, que tenía el mayor movimiento entre el actual Viaducto y el pueblo de San Ángel. Con la división política de 1903 la mayor parte del actual territorio de la delegación quedó dentro de la prefectura de Tacubaya, y las poblaciones de Tacubaya y Mixcoac se convirtieron en cabeceras municipales, donde los personajes pudientes se construyeron casas de campo. A principios de siglo fue fraccionado el rancho de San Pedro de los Pinos, lo que dio lugar a la colonia de ese nombre. A partir de entonces se crearon los fraccionamientos California, Del Valle y otros menores. Los dos primeros, ahora conocidos como colonia Del Valle, se crearon en terrenos que pertenecían al rancho de Amores y la hacienda de San Borja, respectivamente. Durante la presidencia de Madero se autorizaron los fraccionamientos El Zacate y Albert, sobre terrenos de Actipan y La Ladrillera. Terminados los años violentos de la Revolución, en los veinte la avenida Eugenia adoptó tal nombre en honor de Eugenia Ojeda de Castelló, esposa del director del Banco de México. Por otra parte, la vieja calzada de Santa Cruz a Mixcoac pasó a llamarse Félix Cuevas. En esa época la actual co-

Delegación Benito Juárez, México, D.F.

lonia Del Valle estaba prácticamente deshabitada y constituida por grandes llanos. Sin embargo, el gobierno promovió la creación de fraccionamientos mediante la dotación de servicios urbanos. Así surgieron las colonias Moderna, Portales, Santa Cruz, Álamos, Niños Héroes, Independencia y La Piedad. En el maximato, cuando cobraron auge los negocios inmobiliarios, el gobierno adquirió terrenos colindantes a la ladrillera La Noche Buena y creó el parque Luis G. Urbina, más conocido como Parque Hundido. En 1928, la mayor parte del territorio delegacional formaba parte del municipio de General Anaya o estaba bajo la directa jurisdicción del Departamento Central, que absorbió las municipalidades de Tacubaya y Mixcoac. En el sexenio de Lázaro Cárdenas se crearon los fraccionamientos El Reservado, sobre el rancho Nápoles; Porfirio Díaz-Insurgentes, hoy colonia Noche Buena-Mixcoac, en terrenos de La Ladrillera; y Narvarte, que en 1940 se fusionó con La Piedad; todas debieron esperar hasta los años sesenta para acabar de poblarse. Desde 1936 se abrió el California Dancing Club, que rápidamente se convirtió en un centro de baile frecuentado, si bien menos célebre que el Salón México o el Colonia. En 1945 se inauguró la Ciudad de los Deportes y el espectáculo del futbol se trasladó del viejo Parque Asturias al Olímpico. La Plaza México, llamada "la más grande del mundo", multiplicó el número de asientos del desaparecido Toreo de la Condesa. En 1949 se erigió el Conjunto Urbano Presidente Alemán, y en 1954 se puso en servicio el Centro scop. Por esa época, sobre los terrenos del antiguo Parque Delta se construyó el parque de beisbol del Seguro Social y al sur se abrió el Teatro de los Insurgentes, decorado por Diego Rivera. La avenida Universidad acortó la ruta hacia la entonces flamante Ciudad Universitaria, el pestilente río de la Piedad quedó cabalmente entubado en el tramo que pasa junto a la delegación, la calzada de Tlalpan se convirtió en vía rápida y otro río desapareció para dejar su lugar al Anillo Periférico. Pocos años después el río Churubusco fue ocultado bajo el pavimento y, en División del Norte, Vértiz y Municipio Libre, surgió el Parque de los Venados, frente al cual, tres lustros después, se construiría el edificio delegacional. Hasta ese parque se llevó la estatua ecuestre que se hallaba en la glorieta del Riviera, llamada así extraoficialmente, sólo porque ahí se encuentra un salón de baile con ese nombre. El parque fue rebautizado como Francisco Villa, pero el pueblo continúa llamándolo "de los Venados". En la década de los sesenta se inició la construcción del Hotel de México y, como parte de él, de la Capilla Siqueiros, que al inaugurarse, en 1972, tendría como nombre definitivo Polyfórum Cultural Siqueiros. La alberca Olímpica y el gimnasio Juan de la Barrera se inauguraron en 1968, el rector de la Universidad Nacional Autónoma de México, encabezó una manifestación que recorrió las avenidas Insurgentes, Félix Cuevas y Universidad. La primera línea del Metro cruzó la delegación en 1970 (por la calzada de Tlalpan). En la década de los setenta se terminó la línea tres que atraviesa Benito Juárez de norte a sur, y en 1985 se puso en servicio el tramo de la ruta siete que recorre la delegación desde San Pedro de los Pinos hasta Barranca del Muerto. Las avenidas Revolución y Patriotismo se convirtieron en vías de un solo sentido y se abrieron ejes viales, todo lo cual alteró la fisonomía de la delegación.

BENITO JUÁREZ ◆ Municipio de Guerrero situado frente al Pacífico, al oeste de Acapulco. Superficie: 284.9 km². Habitantes: 16,377, de los cuales 4,254 forman la población económicamente activa. Hablan alguna lengua indígena 50 personas mayores de cinco años. La cabecera es San Gerónimo de Juárez.

BENITO JUÁREZ ◆ Municipio de Quintana Roo situado en el norte de la entidad, al noroeste de la isla de Cozumel. Superficie: 1,663.72 km². Habitantes: 311,696, de los cuales 68,053 forman la población económicamente activa. Hablan alguna lengua indígena 47,583 personas mayores de cinco años (maya 45,907). La cabecera municipal es Ciudad Cancún (☛ *Cancún*), principal centro turístico del Caribe mexicano.

BENITO JUÁREZ ◆ Municipio del estado de Veracruz situado al oeste de Tuxpan, en los límites con Hidalgo. Superficie: 217.15 km². Habitantes: 15,334, de los cuales 3,201 forman la población económicamente activa. Hablan alguna lengua indígena 11,811 personas mayores de cinco años (náhuatl 11,793). Indígenas monolingües: 2,850.

BENITO JUÁREZ ◆ Municipio de Tlaxcala de reciente creación, situado al norte de Españita, en los límites con Hidalgo. Habitantes: 4,432. Fue creado con parte del territorio de Lázaro Cárdenas.

BENITO JUÁREZ ◆ Municipio de Zacatecas situado al norte-noroeste de la

Cancún, el más importante punto turístico del Caribe mexicano, se encuentra en Benito Juárez, Quintana Roo

capital de la entidad, en los límites con Jalisco. Superficie: 363.75 km². Habitantes: 4,264, de los cuales 1,000 forman la población económicamente activa.

BENITO JUÁREZ ◆ Municipio de Sonora creado el 26 de diciembre de 1996. Se localiza al sureste de Hermosillo, en litorales del golfo de California. Tiene 21,561 habitantes, distribuidos en ocho localidades y de los cuales 5,330 forman la población económicamente activa. Era conocido como Villa Juárez, y pertenecía al municipio de Etchojoa. La agricultura es la principal actividad económica, generando 3,411 empleos. Son de interés turístico las playas de la isla Huivulai.

BENITO Y MANPEL, JOSÉ DE ◆ n. en España (1901-). Abogado. Fue funcionario de la República Española. Llegó a México en 1942. Ejerció el periodismo y fue catedrático de la UNAM. Aquí publicó entre otras obras *Hernán Cortés* (1944), *Estampas de España e Indias* (1945). Volvió a España.

BENJAMÍN ◆ n. en Acámbaro, Gto. (1943). Grabador y escultor. Estudió en La Esmeralda (1958-63) y en Francia (1968) e Italia. Creador de tendencia geometrista. Ha hecho escenografías para espectáculos de danza. Desde 1966 expone individualmente en México. Ha presentado muestras de su trabajo en Colombia, Italia y Francia. Su obra forma parte del acervo del museo de la Casa de las Américas en Cuba, en el Museo de Arte Latinoamericano Contemporáneo en Nicaragua, en el Centro de Arte y Comunicación en Argentina, en el Museo de la Solidaridad Chilena, en el Museo de Arte Mexicano en Bulgaria y en el Museo de Arte Moderno de México.

BENJAMÍN HILL ◆ Municipio de Sonora situado al norte de Hermosillo. Superficie: 857.7 km². Habitantes: 6,119, de los cuales 1,713 forman la población económicamente activa. Hablan alguna lengua indígena 17 personas mayores de cinco años. La cabecera, del mismo nombre, es un centro ferroviario por el que pasa el FC del Sudpacífico y de donde parte el FC Sonora-Baja California.

BENLLIURE, JOSÉ LUIS ◆ n. en España y m. en el DF (1928-1994). Fue traído a México al término de la guerra civil española. Arquitecto por la UNAM, donde fue profesor y fundó el taller Max Cetto. También tomó clases con Juan de la Encina. Fue docente de la UAM-Xochimilco. Entre sus obras se encuentran los proyectos del Conjunto Aristos, el anexo del museo San Carlos, la nueva Villa de Guadalupe, la Cámara de Comercio y la plaza del Palacio de Bellas Artes en el DF, así como la remodelación del atrio de Santo Domingo, en Oaxaca. Fue vicepresidente del Ateneo Español.

BENNET, MANUEL ◆ n. en EUA (1921). Artista plástico. Estudió en la High School of Music and Art de Nueva York, luego con Jacob Paul Daniels y después en la School of Advertising Art. Llegó a México en 1951 y asistió a La Esmeralda hasta 1954. Colaboró con Alfonso Caso en la edición de los manuscritos mixtecos del Códice Bodley (1959). Durante los años cincuenta se dedicó a la escultura y posteriormente a otras actividades, sobre todo al dibujo, el grabado y el diseño. Expone individualmente desde 1976.

BENOTTO, GIACINTO ◆ n. en Italia y m. en el DF (1907-1990). Participó en competencias de ciclismo en su país. En 1931 instaló con sus hermanos un taller de reparaciones que se convirtió en una importante fábrica que en 1948 llegó a producir 100,000 bicicletas. Quebró en 1952 y vino a México, donde residió desde entonces. En Guadalajara fundó la empresa productora de las bicicletas Cóndor (1953) y en la capital del país la compañía fabricante de las Benotto (1958), que en 1986 exportaba 150,000 unidades y cubría el mercado nacional con otras 120,000. Sobre sus aparatos se han ganado diez campeonatos mundiales y deportistas como Ole Ritter y Francesco Moser han impuesto marcas de la hora. Patrocinó equipos mexicanos profesionales, juveniles (Benotto-Piccolino) y de veteranos, y financió al corredor Raúl Alcalá en sus inicios como profesional. Recibió el trofeo Olimpic en Monterrey en 1989.

BERBER EQUIHUA, LUIS ◆ n. en Morelia, Mich. (1943). Director y compositor. Discípulo de Ignacio Mier Arriaga, Miguel Bernal Jiménez, Hermann Scherchen y Romano Picutti, a quien sustituyó en la dirección de los Niños Cantores de Morelia. Durante seis años dirigió a los Niños Cantores de Texas y el coro de la UNAM (1970-74), labor por la que recibió el premio de la Unión Mexicana de Cronistas de Teatro y Música en 1971. Director del coro Convivium Musicum y de la Ópera de Bellas Artes.

BERDEJA, JUAN B. ◆ n. y m. en Tecpan (hoy de Galeana), Gro. (?-1877). Militar. Combatió las intervenciones estadounidense y francesa.

BERENDT, KARL HERMANN ◆ n. en Alemania y m. en Honduras (1817-1878). Médico. Realizó investigaciones en la zona maya. Escribió: *Analytical Alphabet for the Mexican y Central American Languages* (1869) y una *Cartilla en lengua maya para la enseñanza de los niños indígenas* (1871).

BERENGUER, FLOR ◆ n. en San Nicolás de los Garza, NL (1963). Locutora. Licenciada en ciencias políticas por la Universidad de Reading, Inglaterra. Trabajó en el reclusorio de Santa Martha Acatitla. En 1985 Jacobo Zabludowsky la invitó al programa *Contrapunto* de Televisa. Luego fue contratada por la misma empresa para trabajar en noticiarios. En 1988 condujo programas culturales para Canal 13 de Imevisión. Desde 1992 se dedica a realizar programas en la radio. En 1994 conducía *Informativo Panorama* y *En voz alta*.

BERENGUER DE MARQUINA, FÉLIX ◆ n. y m. en España (1736-1826). Fue gobernador y capitán general de Filipinas. En 1799 fue designado virrey de Nueva España y tomó posesión del cargo al año siguiente, después de ser hecho prisionero por los ingleses cuando se dirigía a México. Dispuso reforzar las defensas en Veracruz para hacer frente a incursiones británicas y las del norte para contener el avance estadounidense. Terminó con la conspiración aparentemente encabezada por Francisco Antonio Vázquez y reprimió

Retrato y firma del virrey Félix Berenguer de Marquina

las rebeliones del indio Mariano, en Nayarit, y la del también indio Pedro Martín, en Teocelo, Ver. Ocupado en las actividades militares, su obra material se redujo a una fuente sin agua que recibió el nombre de la Pila Seca y mereció una cuarteta satírica: *Para perpetua memoria / nos dejó el señor Marquina / una pila en que se orina; / y aquí se acaba su historia.*

BERGAMÍN, JOSÉ ◆ n. y m. en España (1895-1983). Perteneció al bando republicano durante la guerra civil de España, donde presidió la Alianza de Escritores Antifascistas para la Defensa de la Cultura y organizó el segundo Encuentro Internacional de Escritores, en Valencia (1937). Al triunfo del franquismo se exilió en México, donde fue catedrático universitario y director de la Editorial Séneca. Fundó la revista *España Peregrina* (1940), órgano de la Junta de Cultura Española. En 1943 editó *El Pasajero*, periódico literario del que aparecieron tres números. Tradujo al castellano obras de autores católicos como él. Vivió después en Caracas, Montevideo y París. Regresó a España en 1958 y fue nuevamente expatriado en 1963. Regresó definitivamente a Madrid en 1970. Pertenecen a su obra editada en México *Detrás de la cruz* (1941), *El pozo de la angustia* (1941), *Caballito del diablo* (1942), *El pasajero, peregrino español en América* (1943), *La hija de Dios y la niña guerrillera* (1945). Está incluido en *Poesía española de México*, de la colección de discos Voz Viva, de la UNAM .

BERGANZA ESCORZA, FRANCISCO JAVIER ◆ n. en Apan, Hgo. (1967). Cantautor. Utiliza el nombre profesional de Francisco Xavier. Estudió en la Escuela de Periodismo y Arte en Radio y Televisión de Héctor Pérez Verduzco. En 1986 grabó en Madrid su primer disco, *Sólo por ti.* En 1992 grabó *Te deseo, amor.* Diputado federal por el PAN (1997-2000) y candidato a gobernador de Hidalgo por el mismo partido (1999).

BERGER, MAGDA ◆ n. en el DF (1938). Artista plástica. Estudió con Matusha Corkidi y Robin Bond. Expone individualmente desde 1977 en México y Es-

tados Unidos. En 1974 obtuvo el Primer Premio en el concurso de escultura convocado por el Club de Golf Bellavista.

BERGOEND, BERNARDO ◆ n. en Francia y m. en el DF (1871-1943). Vino a México a los veinte años. Fundó la Asociación Católica de la Juventud Mexicana (1913) y escribió *La nacionalidad mexicana y la Virgen de Guadalupe.*

BERGOSA Y JORDÁN, ANTONIO ◆ n. y m. en España (1764- 1817). Obispo de Oaxaca de 1801 a 1813 cuando fue trasladado al arzobispado de la capital, del que fue depuesto en 1815. Según él, los insurgentes eran demonios que tenían "alas, cuernos, uñas, picos y cola" y calificó a Miguel Hidalgo de "protoapoderado de Satanás". Le correspondió degradar a Morelos.

BERISTÁIN, ARTURO ◆ n. en la ciudad de México (1953). Actor. Estudió en la escuela de la ANDA y en el INBA. Ha actuado en una veintena de películas (*El castillo de la pureza, El mar*), en telenovelas y obras de teatro, entre las que sobresale la ópera para actores *Leoncio y Lena*, de Bruchner.

BERISTÁIN, IGNACIO ◆ n. en el DF (1942). Entrenador de box. Dirigió al equipo olímpico mexicano de la especialidad. En 1988 dos de sus discípulos eran campeones mundiales, Gilberto Román en peso supermosca y Daniel Zaragoza en supergallo. Dirige el gimnasio Vicente Saldívar.

BERISTÁIN, JOAQUÍN ◆ n. y m. en la ciudad de México (1817-1839). Músico. A los 17 años era violonchelista de las orquestas de la Colegiata de Guadalupe y del teatro Principal, mismas que llegó a dirigir. Fundó con Agustín Caballero la Academia de Música. Compuso, entre otras piezas, la obertura *La Primavera* y una *Misa.*

BERISTÁIN, LEOPOLDO ◆ n. en la ciudad de México y m. en Tijuana, BC (1875-1948). Nieto del anterior. Conocido por el público como el *Cuatezón.* Intervino en zarzuelas, operetas y posteriormente en teatro de revista, donde obtuvo popularidad.

BERISTÁIN, VICENTE ◆ n. en Puebla y m. en la Hda. de Atlamajac, Pue. (?-1814).

Hermano de Mariano Beristáin de Souza. Se unió al movimiento por la independencia en abril de 1912, cerca de Texcoco. Ocupó Pachuca e hizo instalar una fábrica de cañones en Real del Monte. Atacó sin éxito Tulancingo y en Zacatlán instaló una fábrica de armas e implementos militares y una casa de moneda. Perdida la plaza de Zacatlán por Osorno, Beristáin intentó recuperarla, lo que no consiguió y fue motivo para que el primero ordenara fusilarlo, pues ya mediaban profundas diferencias entre ellos.

BERISTÁIN DÍAZ, HELENA ◆ n. en la ciudad de México (1927). Maestra en biblioteconomía (1959) y en letras (1963), y doctora en letras por la UNAM (1968). Profesora de la UNAM (1963-83). Es investigadora del Instituto de Investigaciones Filológicas de la UNAM desde 1978 y miembro del Sistema Nacional de Investigadores desde 1984. En 1960 estudió restauración de libros, becada por el gobierno italiano. Ha colaborado en la revista *Rueca.* Coautora del libro de texto *Español: cuarto curso* (1967). Autora de *Reflejos de la revolución mexi-*

Leopoldo Beristáin

cana en la novela (1963), *Cantos sencillos* (poesía, 1965), *Método de restauración de libros y documentos* (1968), *Gramática estructural de la lengua española* (1975), *Guía para la lectura comentada de textos literarios* (1975), *Español* (1976), *Análisis estructural del relato literario* (1982), *Diccionario de retórica y poética* (1985), *Imponer la gracia* (1987) y *Análisis e interpretación del poema lírico* (1989).

BERISTÁIN ITURBIDE, JAVIER ◆ n. en el DF (1944). Pertenece al PRI desde 1963. Director de la Escuela de Economía, director y rector del ITAM. Ha sido analista de organismos descentralizados y empresas de participación estatal, de la dirección del INEGI y de la Dirección Financiera del DDF. Secretario de Planeación y Evaluación del DDF (1991-97). Director de la empresa Afore XXI (1998-).

BERISTÁIN DE SOUZA, JOSÉ MARIANO ◆ n. en Puebla, Pue., y m. en la ciudad de México (1756-1817). Estudió teología en la Universidad de México y se doctoró en 1776. Viajó por lo menos en dos ocasiones a España. Ocupó en México diversos cargos eclesiásticos, entre ellos el de deán de la Catedral Metropolitana. Político contradictorio, oportunista y adulador, difamó la causa insurgente y a sus líderes en folletos y periódicos de la época, lo que le valió ser condecorado por Fernando VII con la Orden de Isabel la Católica en grado de comendador. Escribió *Biblioteca Hispano Americana Setentrional*, cuyos tres volúmenes se publicaron entre 1816 y 1821. Pese a los defectos que han señalado los críticos, esa obra constituyó la base para los estudios sobre bibliografía mexicana a lo largo de un siglo y todavía hoy la citan los especialistas.

BERLANDIER, JEAN LOUIS ◆ n. en Suiza y m. en Matamoros, Tams. (1805-1851). Botánico. Llegó a México en 1826. Realizó investigaciones sobre la flora del noreste del país, incluido Texas, y formó parte de la Comisión de Límites que encabezó el general Mier. Adoptó la ciudadanía mexicana.

BERLANGA, DAVID G. ◆ n. en Arteaga, Coah., y m. en la ciudad de México (1884-1915). Educador. Estudió en México y posteriormente en Alemania y Francia, gracias a una beca gubernamental. Volvió de Europa a ocupar la Dirección de Instrucción Pública en San Luis Potosí. Después del golpe de Victoriano Huerta se incorporó a la revolución en las filas carrancistas, donde llegó a ser teniente coronel. Secretario de la Convención, entró en conflicto con los villistas y fue fusilado en la ciudad de México.

BERLANGA, MARÍA TERESA ◆ n. en Ensenada, BC (1948). Pintora. Socióloga por la UNAM (1965-70). Estudió en La Esmeralda del INBA (1967-72). Posgraduada en artes visuales por el Hornsey College of Art en Inglaterra (1979-82) y maestra en pintura por la UNAM (1988-90). Ha expuesto individual y colectivamente en la ciudad de México y Brasil.

BERLANGA DE MARTÍNEZ, ANA MARÍA ◆ n. en Montemorelos, NL, y m. en el DF (1880-1935). Educadora. Trabajó en diversos planteles educativos antes de ser directora de la Escuela Normal de Profesoras de San Luis Potosí, cargo en el que permaneció hasta 1913, cuando se incorpora a la actividad revolucionaria. En 1918 fue directora de la Escuela Nacional de Sordomudos y luego de la Normal de Profesoras.

BERLIÉ BELAUNZARÁN, EMILIO ◆ n. en Aguascalientes, Ags. (1939). Fue consagrado sacerdote en 1966. Ha sido director profesor y director espiritual del Seminario Mayor. Impartió clases en la Universidad de Aguascalientes, donde fue vicario y provicario general de la diócesis. Obispo de Tijuana (1983-1995) y arzobispo de Yucatán (1995-).

BERLÍN VALENZUELA, FRANCISCO ◆ n. en Jalapa, Ver. (1940). Licenciado (1964) y doctor en derecho por la UNAM (1979), de donde es profesor desde 1966. Miembro del PRI, en el que fue director juvenil nacional (1967-68) y delegado ante la Comisión Electoral del Distrito Federal. Ha sido secretario general de Gobierno en Veracruz (1968-74) y diputado federal (1985-88). Autor de *Derecho electoral* y *Teoría y praxis política electoral*. Pertenece a la Asociación Nacional de Abogados al Servicio

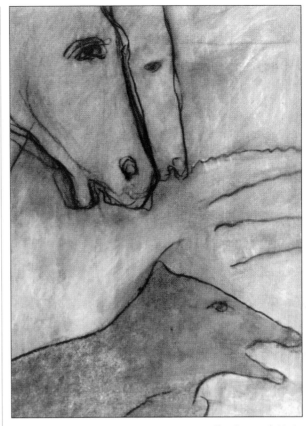

Obra *Rupestre* de María Teresa Berlanga

del Estado, a la Asociación Nacional de Doctores en Derecho, a la Barra Mexicana-Colegio de Abogados y a la Sociedad Mexicana de Planeación. Presidente del Instituto Nacional de Derecho Electoral.

BERMAN, SABINA ◆ n. en el DF (1955). Licenciada en psicología por la UIA. Estudió dirección en el CADAC y en el Centro Universitario de Teatro. Coautora con José Gordon de *Volar: la tec-*

Sabina Berman

Foto: Ana Lourdes Herrera

nología maharishi del campo unificado (1987). Autora del volumen de poesía *Lunas* (1988) y de las obras dramáticas *La víspera del alba,* después llamada *Muerte súbita* (1988), *Yankee* (antes *Bill*), *Rompecabezas, Águila o Sol, El suplicio del placer, Un actor se repara* y *Herejía* (antes *Anatema*); estas siete aparecidas en el volumen *Teatro de Sabina Berman* (1985), así como de la obra infantil *La maravillosa historia del chiquito Pingüica* (1982), *La bobe* (1990), *Entre Villa y una mujer desnuda* (1993), *En el nombre de Dios* (1993), *Un grano de arroz* (1995), *Amante de lo ajeno* (1997), *Molière* (1999) y *El suplicio del placer* (1999, que incluye también *El gordo, la pájara y el narco*). Entre los premios que ha obtenido se cuentan el Latinoamericano de Cuento (1975), cuatro veces el Nacional de Obras de Teatro, el Celestino Gorostiza de teatro para niños (1986), dos veces el premio Rodolfo Usigli al mejor dramaturgo del año por *La Grieta* (1998) y por *Molière,* que además ganó el Juan Ruiz de Alarcón (1999); y en 1981 un Ariel por la historia original de la película *La tía Alejandra* (1980). Ha tenido becas del Sistema Nacional de Creadores del Fonca (1992-95) y de la fundación Mc Arthur-Rockefeller (1994).

BERMEJO, MANUEL M. ◆ n. y m. en el DF (1865- 1962). Músico. Estudió con Carlos J. Meneses y Luis Moctezuma. Ofreció recitales de piano. Fue profesor del Conservatorio Nacional, de la Facultad de Música y de otros centros de enseñanza. Cofundador de la Escuela Libre de Música. Difundió la cultura musical a través de la radio. Escribió poesía: *Predilectas, Carmen saeculare, El poema sin nombre* y *Poema de amor;* piezas dramáticas: *Sacher Masoch, El concierto de Grieg* y *Más allá del delirio;* libretos de ópera y obras didácticas: *El sentido común en el aprendizaje de piano, Prolegómenos de la música, Ensayo crítico sobre la obra de Carlos J. Meneses* y *Quod libet audiendi o diez pláticas ingenuas que podrían presumir como rudimentos de estética musical.* Compuso numerosas obras musicales: *La leyenda encantada, La fronda y la jaula,* etc.

Magie Bermejo

BERMEJO, MARGIE ◆ n. en Argentina (1949). Cantante. Estudió en la Escuela de Arte Teatral del INBA. Se ha presentado en diversos foros y festivales de México, España y EUA. Su repertorio abarca el canto nuevo hispanoamericano, el jazz y la canción popular. En 1990 presentó el espectáculo *Mi voz quema* y *Vox Urbis.* Ha grabado los discos *Las cosas sencillas, Morir amando, La eterna desventura de vivir* y *Sobre/Vivir.*

BERMEJO, MILI ◆ n. en Argentina (1951). Cantante. Trabajó en los inicios de Radio Educación. Comenzó su carrera en México tras lo cual se fue, en 1980, al Berklee College of Music de Boston donde estudió cinco años y actualmente da clases. En esa escuela formó el grupo Latin Jazz, con Dan Greespan, su marido, con quien también ha formado un dúo. Ha grabado el disco *Identidad* (1991).

BERMÚDEZ DE CASTRO, CARLOS ◆ n. en Puebla, Pue., y m. en Filipinas (1669-1729). Se doctoró en la Universidad de México. Arzobispo de Manila (1725-28).

BERMÚDEZ DE CASTRO, DIEGO ANTONIO ◆ n. en Puebla, Pue. (1695-1744). Sobrino del anterior. Estudió letras y sirvió en la curia poblana como notario. Fue impresor e historiador. Escribió *Theatro angelopolitano o Historia de la ciudad de Puebla de los Angeles,* incluido por Nicolás León en su *Bibliografía Mexicana del siglo XVIII* (1908).

BERMÚDEZ DÁVILA, CARLOS HUMBERTO ◆ n. en San Luis Potosí, SLP (1932). Estudió en el Colegio Militar. Licenciado en administración militar por la Escuela Superior de Guerra. Ha desempeñado diversas comisiones en la Secretaría de la Defensa Nacional. Fue jefe de ayudantes del presidente Luis Echeverría Álvarez (1970-76), subjefe (1976-82) y jefe del Estado Mayor Presidencial (1982-). Miembro del PRI, de cuyo presidente fue secretario auxiliar (1963-64). Fungió como coordinador de logística y seguridad durante la campaña del candidato priísta a la Presidencia Miguel de la Madrid (1981-82). Coordinó las actividades de la reunión Norte-Sur de Cancún (1982). Coautor de *Táctica de artillería* (1962). General de división diplomado de estado mayor.

BERMÚDEZ FLORES, RENATO DE JESÚS ◆ n. en el DF (1936). Licenciado en derecho por la UNAM (1954-58). Contralmirante. Ha sido profesor en el Colegio Militar (1969), en el Centro de Estudios Superiores Navales (1970) y en la Universidad Intercontinental (1987). En la Secretaría de Marina se ha desempeñado como jefe de sección penal (1961-63), asesor jurídico en seguridad social (1963), jefe de Servicios Económicos (1964-65), jefe del Departamento de Justicia Naval (1965-76), asesor jurídico (1979-89) y director general de Justicia Naval (1989-). En la Secretaría de Comunicaciones y Transportes fue jefe del Departamento de Contratos (1976-79). Autor de *Seguridad social militar* (1964), *Legislación militar* (1974), *Derecho internacional marítimo* (1986) y *Nociones de derecho militar* (en prensa en 1990).

BERMÚDEZ LIMÓN, CARLOS GERARDO ◆ n. en Tampico, Tams. (1935). Licenciado en economía por la UNAM (1958) con estudios de posgrado en la Universidad de Yale y el Departamento del Tesoro de EUA. Fue profesor en centros de enseñanza superior. Ha sido director del Centro de Investigación del Desarrollo de la Secretaría de Hacienda (1963-65), director general de PIPSA (1968-70 y 1982-) y presidente de los consejos de administración de Productora Nacional de Papel Destintado y Pronapade Fiber (1968-76). Fue director del Centro de Estudios Económicos del Sector Privado (1965-68), presidente de Asesores Empresariales y otras firmas particulares. Articulista de *El Sol de México* (1976-82). Fue presidente de la Liga de Economistas Revolucionarios del PRI (1969-71).

BERMÚDEZ NATERA, MARÍA ELVIRA ◆ n. en Durango, Dgo., y m. en el DF (1912-1988). Madre de Beatriz Reyes Nevares. Licenciada por la Escuela Libre de Derecho (1939). Entre 1941 y 1970 trabajó en el Poder Judicial Federal, primero como defensora de oficio y después como actuaria de la Suprema Corte. Desde 1947 ejerció el periodismo literario en los suplementos de *El Nacional*, *Excélsior* y *Novedades* y en las revistas *Cuadernos Americanos*, *La Palabra y el Hombre*, *Nivel* y otras publicaciones mexicanas y extranjeras. Ha preparado y prologado las antologías *Los mejores cuentos policiacos mexicanos* (1955), *Cuentos fantásticos mexicanos* (1963) y *Narrativa mexicana revolucionaria* (1974). Autora de ensayos sobre temas sociales: *La vida familiar del mexicano* (1955) y *La familia* (1962); de la novela *Diferentes razones tiene la muerte* (1953) y cuentos: *Alegoría presuntuosa* (1971), *Cuentos herejes* (1984), *Detente sombra* (1985), *Muerte a la zaga* (1985) y *Encono de hormigas* (1987). Perteneció a la Asociación de Escritores de México, a la Comunidad Iberoamericana de Escritores y al Instituto Internacional de Literatura Iberoamericana.

BERMÚDEZ OLVERA, ENRIQUE ◆ n. y m. en el DF (1926-1998). Locutor. Estudió en la Vocacional 2 del IPN. Se inició como locutor profesional en 1949 en la XEW y trabajó en otras ocho estaciones. Fue diputado federal. Locutor oficial (1964-70) y asesor de la Presidencia de la República (1972-82). Fue presidente de la Asociación Nacional de Locutores de México. Participó en las películas *Ángel o Demonio*, *Cortesana*, *Yugo*, *Sergio y soy alcohólico* y *La rebelión de los punks*. Recibió el Micrófono de

Oro de la Asociación Nacional de Locutores en 1997.

BERMÚDEZ RIVERA, EFRAÍN ◆ n. en el DF (1942). Contador público por la UNAM (1960-64), donde ejerció el magisterio (1970-73). Profesor (1985 y 87), consejero (1975, 78 y 79-84), contador general (1975-78), director de Planeación y Desarrollo (1985) y candidato a rector de la UAG (1987). Fue miembro de los comités centrales del PCM, el PSUM y el PMS. Ha sido secretario general del STAUAG (1979-84) y cofundador del SUNTU (1980). Fue auditor del despacho Tanjián-Gutiérrez Bernal (1964-65), de la Comisión Federal de Electricidad (1965-66), contador general de la Compañía Industrial Fervi (1966-67), auditor del IMSS (1967-69), auditor y contador independiente (1969-73), director general de Organización y Administración de la empresa comunal Industrial de Mármol y Ónix Primo Tapia, en Tequistlán, Oaxaca (1973-74) e investigador del Fondo Nacional de Fomento Ejidal (1974).

BERNAL ◆ ☛*Cadereyta de Montes.*

BERNAL, ALEJANDRA ◆ n. en el DF (1972). Estudió filosofía en la Universidad de Navarra. Se graduó en la Escuela de Escritores de la SOGEM y estudió arquitectura en la UNAM. Autora de la novela *Tránsito obligatorio* (1996, Premio Juan Rulfo de Primera Novela). Becaria del Centro Mexicano de Escritores (1995-96).

BERNAL, HERACLIO ◆ m. en Cerro del Pelón, municipio de Cosalá, Sin. (1855-1888). Guerrillero. No hay acuerdo sobre el lugar de su nacimiento, que algunos sitúan en Santiago Papasquiaro, Dgo., y otros en El Chaco, Sin. Su familia, juarista, emigró al mineral de Guadalupe de los Reyes. Ahí se le atribuyó injustamente un delito por el que fue encarcelado. Puesto en libertad, inició una vida al margen de la ley que lo llevó nuevamente a la cárcel, de la que salió al triunfo del Plan de Tuxtepec, cuando los caudillos Francisco Cañedo y Jesús Ramírez Terrón lo ganaron para su causa y lo pusieron al mando de las mismas tropas que lo habían aprehendido. Sin

embargo, al desatarse la pugna por la gubernatura, hubo un rompimiento entre los dos líderes y Bernal se separó de ellos. Posteriormente, Ramírez Terrón lo invitó a participar en un levantamiento antiporfirista y aceptó marchar con sus hombres sobre Mazatlán, que cayó en sus manos el 26 de junio de 1880. Levantó otras poblaciones y volvió a la sierra, donde mantuvo en jaque a las fuerzas estatales y federales. En 1885, el general Trinidad García de la Cadena, quien fuera candidato de los obreros a la Presidencia de la República, lo hizo participar en otro movimiento antiporfirista, en el que se anotó sonados éxitos hasta que declinó la insurrección. En un manifiesto que lanzó en enero de 1887, como jefe del Movimiento Restaurador de la Constitución de 1857, Bernal declaró que los soldados porfiristas "roban, incendian, talan por dondequiera que pasan, sacrificando vidas y burlándose del pudor y la honra de las familias". En el mismo documento agrega: "Me importan poco las calificaciones que se han hecho de mí. Todos los revolucionarios han sido llamados bandidos. Sin embargo, no me he enriquecido con los despojos de nadie; tampoco he metido a mi casa los dineros de la República". Al año siguiente, traicionado a cambio de una recompensa, fue ejecutado.

BERNAL, IGNACIO ◆ n. y m. en Hermosillo, Son. (1833-1900). Político liberal. Tomó las armas para intervenir en las guerras de Reforma. Combatió la intervención francesa y el imperio. A la restauración de la República ocupó cargos públicos en Sonora.

BERNAL, MANUEL ◆ n. en Almoloya de Juárez, Edo. de México, y m. en el DF (1901-1975). Abandonó los estudios de medicina para dedicarse al canto. Se incorporó al coro de la ópera de Bellas Artes. Estuvo entre los fundadores de la radiodifusora XEW, en la que cantó y fue locutor. Condujo programas infantiles para los que creó el personaje el *Tío Polito*, que estuvo en el aire durante varias décadas. Acompañó a Francisco Gabilondo Soler en el programa de *Cri-Crí* y cobró fama como declamador.

Manuel Bernal

BERNAL, NICOLÁS T. ◆ n. en San Ignacio, Sin., y m. en el DF (1892-1987). Su nombre completo era Nicolás Tomás Bernal Manjarrez. Conoció en la adolescencia a Rafael Buelna y Heriberto Frías. En 1909 marchó a Estados Unidos a estudiar electricidad. En San Francisco se incorporó al Partido Liberal Mexicano (1910). Trató a Emma Goldman, John Kenneth Turner, Karl Liebknecht y otros revolucionarios. Encabezó una red de distribución del periódico magonista *Regeneración*. En Los Ángeles conoció y trató a Ricardo Flores Magón y se convirtió en uno de sus hombres de confianza. Fue detenido y secuestrado por la policía estadounidense, que lo encerró en un congelador hasta creerlo muerto (1921). Regresó a México y aquí trabó contacto con Buenaventura Durruti al paso de éste por el país. Luchó por la libertad de Flores Magón y a su muerte pasó a ser editor de sus obras y difusor del pensamiento anarquista. Participó en la Confederación General de Trabajadores y se retiró de ella cuando sus líderes le dieron una orientación gobiernista. En los años setenta donó su colección de *Regeneración* a la biblioteca de la Secretaría de Hacienda. Autor de unas *Memorias* (1982). En 1979, junto con Jesús Silva Herzog y Carlos Chávez, recibió la Medalla Miguel Hidalgo.

BERNAL, RAFAEL ◆ n. la ciudad de México y m. en Suiza (1915-1972). Escritor. Su segundo apellido era García Pimentel. Trabajó para radio y televisión. Fue militante de la Unión Nacional Sinarquista y se le acusó de encapuchar la estatua de Juárez (diciembre de 1948). Ingresó en 1961 al servicio exterior. Colaboró en *Excélsior*, *Novedades* y otras publicaciones. Autor de biografía: *Gente de mar* (1950); ensayo: *México en*

Miguel Bernal Jiménez

Filipinas: estudio de una transculturación (1965); poesía: *Federico Reyes, el cristero* (1941) e *Improperio a Nueva York y otros poemas* (1943); teatro: *El cadáver del señor García* (1947), *La carta* (1950), *Antonia* (1950), *Soledad* (1950), *El ídolo* (1952), *La paz contigo o el martirio del padre Pro* (1955) y *Nancy Brown* (adaptación de un cuento de Somerset Maugham, 1956); cuento: *Trópico* (1946); y novela: *Memorias de Santiago Oxtotilpan* (1945), *Tres novelas policiacas* (1946), *El extraño caso de Aloysus Hands* (1946), *Un muerto en la tumba* (1946), *Su nombre era muerte* (1947, probablemente la primera novela mexicana de ciencia ficción), *El fin de la esperanza* (1948), *Caribal* (1956), *Tierra de gracia* (1963) y *El complot mongol* (1969), uno de los libros clave del género policiaco en México. Obtuvo flores naturales por su obra poética y la pieza teatral *Antonia* fue premiada en las Fiestas de la Primavera. *La carta* fue la primera composición dramática transmitida por la televisión mexicana (8 de agosto de 1950).

BERNAL Y GARCÍA PIMENTEL, IGNACIO ◆ n. en Francia y m. en el DF (1910-1992). Antropólogo. Nació en París durante un viaje de sus padres. Bisnieto de Joaquín García Icazbalceta. Estudió en la Escuela Libre de Derecho (1932-34) y en la Escuela Nacional de Antropología e Historia (1943-47). Doctor en letras por la UNAM (1950). Ocupó puestos públicos y diplomáticos desde 1955, cuando fue director de Cooperación Intelectual de la SEP. Fue director general del INAH (1968-70) y del Museo de Antropología (1962-68 y 1970-76), participando en su diseño y construcción. Colaboró en publicaciones especializadas y dirigió algunas de ellas (*Tlalocan*, el *Boletín del INAH*). Le correspondió presidir reuniones internacionales de especialistas. Sus trabajos publicados, individuales o colectivos, suman cerca de 270, entre artículos, ensayos y libros, entre los cuales están *Urnas de Oaxaca* (1952), *Archaeology of the Mixteca* (1958, con Alfonso Caso), *México, pintura precolombina* (1958), *Tenochtitlán en una isla* (1959), *Bibliografía*

de arqueología y etnografía: *Mesoamérica y norte de México* (1962), *Mexican Art* (1964), *El Museo Nacional de Antropología* (1967), *Esculturas asociadas del Valle de Oaxaca* (1973), *Arqueología ilustrada y mexicanista en el siglo XVIII* e *Historia de la arqueología en México* (1980). Perteneció a diversas asociaciones científicas extranjeras y recibió dos doctorados *honoris causa* concedidos por universidades de EUA, condecoraciones otorgadas por los gobiernos de Francia, Italia, Alemania y Gran Bretaña. Fue miembro de las Academias Mexicana de la Lengua, Mexicana de la Historia y de El Colegio Nacional. Recibió el Premio Nacional de Ciencias y Artes en 1969.

BERNAL GARCÍA PIMENTEL, JOAQUÍN ◆ n. en la ciudad de México y m. en República Dominicana (1922-1989). Se tituló de abogado en la Escuela Libre de Derecho. Pertenece al PRI (1962-). Miembro del servicio exterior mexicano desde 1948, fue director general de Protocolo de la Secretaría de Relaciones (1971, 1979 y 1982-88) y embajador en Etiopía (1966), Israel (1970), Portugal (1974), Argentina (1977), Checoslovaquia (1978), Filipinas (1980) y República Dominicana (1989). Recibió condecoraciones de más de una decena de países.

BERNAL JIMÉNEZ, MIGUEL ◆ n. en Morelia, Mich., y m. en León, Gto. (1910-1956). Músico. Estudió en el Colegio de Infantes de Morelia y en el Instituto Pontificio de Música Sagrada de Roma (1928-33). En 1936 fue nombrado director de la Escuela de Música Sagrada de Morelia y de su coro. Creó la Sociedad de Amigos de la Música, el Conservatorio de las Rosas y el conjunto de los Niños Cantores de Morelia, para el que contrató a Romano Picutti, director de los Niños Cantores de Viena. A su muerte era director de la Escuela de Música de la Universidad de Nueva Orleans en EUA. Fundó la revista *Schola Cantorum* (1941). Autor de *Morelia colonial* (1936), *El archivo musical del Colegio de Santa Rosa de Santa María de Valladolid* (1939) y *La técnica de los compositores* (2 t., 1950), *La disciplina coral* y *El acompañamiento del canto gregoriano*. Compuso música profana y religiosa: la ópera *Tata Vasco* (con textos de M. Muñoz, estrenada en 1949), el *Cuarteto virreinal*; su *Retablo Virreinal o Concertino para órgano y orquesta*, 1950), *Los tres galanes de Juana, Sinfonía México* (1946), *Ángelus* (1950), *Navidad en Pátzcuaro* (1953), *Sinfonía Hidalgo* (1953) y *Navidad en tierra azteca* (1954); música coral como *Gloria* y *Te deum jubilar*; el ballet *El Chueco*, así como himnos, misterios, misas y gran número de piezas para órgano. Recibió la presea Generalísimo Morelos del gobierno de Michoacán.

BERNAL LADRÓN DE GUEVARA, DIANA ROSALÍA ◆ n. en el DF (1957). Licenciada en derecho por la UIA (1974-78), donde fue profesora, al igual que en el ITAM. Ha sido directora de Publicaciones del Tribunal Fiscal de la Federación (1981-82), secretaria de estudio y cuenta de la segunda sala de la Suprema Corte de Justicia de la Nación (1984-87), juez tercero de Distrito en Materia Administrativa del DF (1987-94), magistrada del sexto Tribunal Colegiado de Circuito en Materia Administrativa del DF (1994), del segundo Tribunal Colegiado en Materia de Trabajo (1995-97) y delegada del gobierno del Distrito Federal en Iztacalco (1997-). Autora del ensayo "Las notificaciones en el derecho fiscal", incluido en *Tribunal Fiscal de la Federación: 45 años al servicio de México*.

BERNAL MATUS, MIGUEL ◆ n. en el DF (1931). Violinista. Discípulo de Henryk Szeryng en el Conservatorio Nacional (1954). Es profesor del INBA y miembro de solistas de Bellas Artes. Ha sido *concertino* de la Orquesta Sinfónica de Guanajuato (1955), subdirector de la Orquesta Sinfónica de Xalapa (1957). Fundó las orquestas de cámara de la Universidad de San Nicolás de Hidalgo en Morelia (1962), de la ciudad de México (1968), de la Casa del Lago (1974) y de la Universidad de Puebla (1981). Estableció la Asociación de Concertistas Mexicanos (1975). Dirige la Orquesta Sinfónica de Coyoacán, misma que fundó en 1985.

BERNAL MIRANDA, BENITO ◆ n. en

Álamos y m. en Nogales, Son. (1886-1974). Antirreeleccionista. Participó en la insurrección maderista. Combatió a los orozquistas en Sonora (1912). Al producirse el golpe de Estado de Victoriano Huerta se incorporó al constitucionalismo. Sirvió a las órdenes de Obregón y Arnulfo R. Gómez. En 1920 se adhirió al Plan de Agua Prieta. Presidió el grupo Unificación Nacional de Veteranos de la Revolución. Fue alcalde de Navojoa y senador de la República por Sonora, electo para el periodo 1970-76 que no pudo concluir.

BERNAL NAVARRETE, ARTURO ◆ n. en Zitácuaro, Mich., y m. en el DF (1886-1945). Telegrafista. Al producirse el golpe de Victoriano Huerta se unió a las fuerzas revolucionarias. Participó en hechos de armas bajo las órdenes de Joaquín Amaro. Apoyó el Plan de Agua Prieta. Llegó a general de brigada en 1929 y fue gobernador de Baja California Norte (1930).

BERNAL PÉREZ, MARCELINO ◆ n. en San Mateo Atenco, Méx. (1962). Futbolista. Se desempeña en la posición de mediocampista. Ha integrado los equipos Toluca, Monterrey y Pachuca. Con la selección mexicana jugó la Copa América de 1995 y el Mundial de Futbol en Estados Unidos en 1994.

BERNAL SAHAGÚN, VÍCTOR MANUEL ◆ n. en Aguascalientes, Ags., y m. en el DF (1941-1995). Licenciado en economía por la UNAM, donde fue profesor e investigador. Asesor en investigación de la UAM-Xochimilco y en el Instituto Latinoamericano de Estudios Transnacionales. Formó parte del consejo editorial de *Estrategia, Historia y Sociedad* y de *Investigación Económica*. En *Excélsior* escribía la columna "Contradicciones". Autor de *Anatomía de la publicidad en México* (1974) y de *El impacto de las empresas multinacionales en el empleo y los ingresos en México* (1976). Miembro de la Academia Mexicana de Economía Política.

BERNAL VARGAS, JORGE ◆ n. en Apizaco, Tlax. (1930). Fue consagrado sacerdote en 1957. Consultor de la Pontificia Comisión para América Latina. Administrador apostólico (1970) y obis-

po prelado de la ciudad de Chetumal.

BERNALDO DE QUIRÓS Y PÉREZ, CONSTANCIO ◆ n. en España y m. en el DF (1873-1959). Jurista. Estudió en las universidades de Madrid y París. Participó en el bando republicano durante la guerra civil española. Al triunfo del franquismo pasó a Francia. Estuvo en República Dominicana y en Cuba. Llegó a México en 1945, donde fue profesor de la UNAM. Colaboró en *Criminalia* y otras publicaciones especializadas. Autor de *El bandolerismo en España y México: desde el comienzo de la era cristiana hasta la banda del automóvil gris* (1959). Fue miembro de la Academia Mexicana de Ciencias Penales.

BERNALDO DE QUIRÓS Y VILLANUEVA, JUAN ◆ n. en España (1907). Agrónomo. Trabajó para el gobierno republicano durante la guerra civil española. En 1945 llegó a México, donde fue funcionario del Instituto Mexicano del Seguro Social. Autor de *El seguro social en Iberoamérica* (1945).

BERNARD, MIGUEL ◆ n. en Brownsville, EUA, y m. en el DF (1873-1939). Estudió en el Colegio Militar, del que fue profesor. General de brigada en 1914. Fue director de la Escuela Superior de Ingeniería Mecánica y Eléctrica y del Instituto Politécnico Nacional. Ocupó el cargo de oficial mayor encargado del despacho de la Secretaría de Industria y Comercio.

BERNÁRDEZ, MARIANA ◆ n. en el DF (1965). Dirige el Departamento de Documentación del Centro de Información y Promoción para la Literatura del INBA. Autora de los poemarios *Tiempo detenido, Labrar en la tinta, Rictus, Nostalgia de vuelo* y *Luz derramada* (1993).

BERNÁRDEZ GÓMEZ, JESÚS ◆ n. en España (1915). Participó en el bando republicano durante la guerra civil española. Llegó al país en 1939 y adoptó la nacionalidad mexicana en 1946. Fungió como secretario (1953-68) y presidente (1968-72) del Centro Republicano. Fue profesor de escuelas primarias, secundarias y de la Escuela Normal Superior. Catedrático fundador del Colegio Madrid. Asesoró la selección de personal docente al crearse la Universidad Pedagógica Nacional. Autor de libros de texto.

BERRENDO, DEL ◆ Llano de Baja California Sur situado al sur-sureste de la bahía de Sebastián Vizcaíno, entre los paralelos 27 y 28. La planicie es atravesada por el meridiano 114.

BERRIOZÁBAL ◆ Municipio de Chiapas contiguo a Tuxtla Gutiérrez. Superficie: 300.6 km². Habitantes: 26,301, de los cuales 5,970 forman la población económicamente activa. Hablan alguna lengua indígena 816 personas mayores de cinco años (tzotzil 735). El municipio fue erigido en 1898. La presa Nezahualcóyotl ocupa parte de su territorio que también es irrigado por el río Grijalva.

Felipe Berriozábal

BERRIOZÁBAL, FELIPE ◆ n. en Zacatecas, Zac., y m. en la ciudad de México (1829-1900). Ingeniero. Combatió contra los invasores estadounidenses en 1847. Participó en la revolución de Ayutla y en la guerra de los Tres Años dentro de las filas liberales. Luchó contra la intervención francesa y el imperio. Ocupó una vez la gubernatura del Estado de México y en dos ocasiones la de Michoacán. Fue ministro de Guerra y Marina de Juárez (1863), de José María Iglesias (1876) y de Porfirio Díaz (1896-1900).

José Manuel Berruecos Villalobos

BERRONDO, MANUEL ◆ n. en el DF (1947). Físico. Fundador y director de la revista especializada *Kinan*. Premio de la Academia de la Investigación Científica. (1980).

BERROSPE DÍAZ, JOSÉ DE JESÚS ◆ n. en La Manzanilla de la Paz, Jal. (1945). Maestro normalista y licenciado en educación preescolar y primaria por la UPN (1976-79). Desde 1987 pertenece al PFCRN, en el que ha sido secretario de Finanzas (1988-89) y secretario de organización (1989-90) del Comité Estatal de Guadalajara, secretario del Sindicato de Trabajadores de la Educación de Guadalajara (1990-91). También militó en el PST (1970-72). Presidente municipal de Tizapán el Alto, Jal. (1985-88) y diputado federal (1991-94).

BERRUECO, LUIS ◆ n. y m. en Puebla, Pue. (?- ?). Pintor de la primera mitad del siglo XVIII. Existen obras suyas en la Pinacoteca de la Universidad Autónoma de Puebla, en la iglesia de Santa Clara y San Francisco así como en la Catedral de Puebla.

BERRUECOS, JUAN ◆ n. en el DF (1949). Pintor y grabador. Estudió en San Carlos y en la Escuela Regional de Bellas Artes de Burdeos, Francia. Ha presentado exposiciones en diversas ciudades mexicanas, en París y Bordeaux.

BERRUECOS TÉLLEZ, PEDRO ◆ n. en el DF (¿1907?). Primo del periodista Eduardo Téllez Vargas. Médico por la UNAM, de la que fue profesor. Se especializó en audiología y foniatría. Trabajó en el Manicomio General, en el Hospital de la Cruz Roja Mexicana, en el Leprosario de Zoquiapan y en el Sanatorio Español. En 1951 fundó el Instituto Mexicano de Audición y Lenguaje y en los años sesenta fundó el primer Servicio de Audiología y Foniatría del país en el Hospital General.

BERRUECOS VILLALOBOS, JOSÉ MANUEL ◆ n. en el DF (1943). Médico veterinario zootecnista por la UNAM, donde es director de la Facultad de Veterinaria. Se doctoró en genética en Estados Unidos. Fue funcionario de la Secretaría de Agricultura. Se ha especializado en la investigación sobre variedades enanas de ganado. Su trabajo le permitió obtener el borrego criollo tropical llamado Tabasco o *pelibuey*. En los años ochenta, en el rancho Tanleón, de Tamuín, San Luis Potosí, produjo una variedad enana de ganado bovino, dos veces más productiva que las reses de tamaño normal y con mayor capacidad de reproducción. Premio Universidad Nacional (1998.)

BERTHIER EGUILUZ, HÉCTOR ◆ n. en la ciudad de México (1920). Piloto militar con estudios en México y EUA. Fue comandante de la Fuerza Aérea (1976-82). Ha recibido condecoraciones de la Secretaría de la Defensa Nacional, la Legión de Honor y la Medalla al Mérito Militar de Guatemala.

BERTRÁN CUSINÉ, JOSÉ ◆ n. en España y m. en el DF (1907-1974). Empresario. Trabajó para el bando republicano durante la guerra civil española. En 1938 llegó al país y adoptó la nacionalidad mexicana en 1940. Fundó las empresas Bertrán Cusiné, Compañía Constructora El Águila, Aceros Ecatepec y Formex-Ybarra.

BERUMEN, JOSÉ DE JESÚS ◆ n. en Zacatecas y m. en San Luis Potosí, SLP (¿;1932?). Editó la revista literaria *Crisálida* (1912-13) y unos folletos con "calaveras" titulados *Siluetas Provincianas*.

BERUMEN, PATRICIA ◆ n. en el DF (1948). Licenciada en comunicación por la Universidad Iberoamericana. Trabajó para la Dirección General del Derecho de Autor de la Secretaría de Educación. Coordinó un taller literario en el Centro de Readaptación Social de Tepepan. Ha sido reportera del noticiero *24 horas* y guionista de televisión de la Secretaría de Educación y de los canales 7, 11 y 13. Colaboradora de las revistas *Fem* y *El Cuento*, y de los periódicos *Ovaciones, El Heraldo de México* y *unomásuno*. Coautora, con Rocío Villagarcía, del reportaje-novela *Carlota: el mundo clandestino del aborto* (1977) y autora del volumen de cuentos *Sin permiso* (1985).

BERZABAL, BALTAZAR DE ◆ n. en España y m. en Oaxaca (1726-?). Llegó a Nueva España en 1743. Fue corregidor de Oaxaca y alcalde mayor de Guanajuato (1769-1774).

BESPALOVA, MARINA ◆ n. en el DF (1970). Estudió lengua y literatura hispánicas. Trabaja para el Fondo de Cultura Económica. Autora del libro de cuentos *Donde el polvo se posa* (1994).

BEST MAUGARD, ADOLFO ◆ n. en la ciudad de México y m. en Grecia (1891-1965). Convivió con Diego Rivera en París, de donde volvió en 1914, dedicándose al estudio del arte popular. Hizo 2,000 dibujos de objetos prehispánicos para un libro de Frank Boas. Viajó nuevamente y a su regreso, en 1923, se integró al movimiento artístico mexicano que impulsaba José Vasconcelos desde la Secretaría de Educación. Publicó su *Método de dibujo* (1923), para simplificar la enseñanza de esta disciplina, y su *Método de arte mexicano*

(1923), en el que vaciaba su investigación sobre los principios del arte de este país y su similitud con las formas estéticas de otras culturas antiguas. Como pintor introdujo nuevos elementos técnicos que recogió en su libro *Simplified Human Figure* (1936). También es autor de *Creative Design* (1936). Sus cuadros, sin títulos, son una exploración de los estados anímicos. Best también incursionó en el cine al lado de Serguei Eisenstein.

BESTARD VÁZQUEZ, JOAQUÍN ◆ n. en Mérida, Yuc. (1935). Escritor. Ha sido coordinador del taller literario de la Universidad Autónoma de Yucatán. Autor de las novelas *Un tigre con ojos de jade* (1966), *Neurosis* (1969), *Viejo cocodrilo ¡llora!* (1976), *La calle que todos olvidan* (1980, Premio Nacional de Novela Querétaro del INBA), *De la misma herida* (1983), *Trazar un sueño en el espejo* (1989, Premio Nacional de Novela Querétaro del INBA) y *La obsesión de Germán Ortiga* (1990); y de los volúmenes de cuentos *La tierra silenciosa* (1967) y *Los tiempos dorados de Tránsito* (1985, Premio Regional de Cuento de la Frontera Sur). Medalla Yucatán 1985.

BETANCOURT O BETANCUR, AGUSTÍN ◆ n. y m. en la ciudad de México (1620-1700). Fraile franciscano. Escribió *Arte para aprender la lengua mexicana* (1673) y *Teatro mexicano: descripción breve de los sucesos ejemplares, históricos, militares y religiosos del Nuevo Mundo* (1698), además de otras obras religiosas y crónicas de la provincia de su orden.

BETANCOURT, ALBERTO ◆ n. en Mazatlán, Sin., y m. en Colima, Col. (1862-1918). Educador. Gobernador interino de Colima (1900-1901).

BETANCOURT, CARLOS I. ◆ ? n. en Zacapoaxtla, Pue., y m. en el DF (1888-?). Ingeniero. Político cercano a Maximino Ávila Camacho. Fue oficial mayor de la Secretaría de Comunicaciones y Obras Públicas. Gobernador constitucional de Puebla (1945-51).

BETANCOURT, CÁSTULO ◆ n. y m. en Matehuala, SLP (?-1914). Se tituló en la Escuela Nacional de Medicina y ejerció su profesión en Matehuala, donde dirigió el periódico *El Gallo Cantador* (1910-12) y fue el primer presidente municipal después del porfirismo.

BETANCOURT, IGNACIO ◆ n. en San Luis Potosí, SLP (1948). Escritor. Estudió psicología educativa. Actor y promotor teatral. Ha coordinado talleres de creación literaria en varias ciudades de la República. Se ha desempeñado como responsable del área de literatura en las universidades de Guerrero, Sinaloa y Chapingo. Perteneció a los consejos editoriales de *Torre de Papel* y *Dosfilos*. Coautor del volumen de cuentos *Declaro sin escrúpulos* (1978). Autor de poesía: *Lugares comunes* (1975); cuento: *De cómo Guadalupe bajó a la montaña y todo lo demás* (1976) y *El muy mentado curso* (1983); y teatro: *Filantropofagia* (1969), *Lapsus Linguae* (1971), *Triciclo despintado* (1972), *Salomón* (1973), *Los buenos propósitos* (1973), *El gran circo de los hermanos Gandalla* (1974), *Impaciente Job* (1975), *Luchas y mitotes en el Nuevo Mundo* (1980) y varias adaptaciones. Obtuvo el Premio Nacional de Cuento en 1976 y el Premio Punto de Partida en poesía en 1974.

BETANCOURT, JUAN MANUEL ◆ n. en Veracruz y m. en Jalapa, Ver. (1860-1898). Abogado. Ejerció la docencia y fundó el periódico veracruzano *La Opinión del Pueblo* y colaboró en otros de la capital. Redactó *La Gaceta Orizabeña* (1883) y fundó *La Bandera Veracruzana* para apoyar la gestión del gobernador Juan de la Luz Enríquez. Organizó con Rébsamen la Normal Veracruzana. Fue diputado local en dos ocasiones y una vez federal.

BETANCOURT, PEDRO DE SAN JOSÉ ◆ n. en España y m. en Guatemala (1626-1667). Fraile franciscano fundador de la orden hospitalaria de Betlemitas (1656).

BETANCOURT Y MORENO, JULIO ISIDORO ◆ n. en Matehuala y m. en San Luis Potosí, SLP (1870-1930). Licenciado en derecho (1888) por el Instituto Científico y Literario de San Luis Potosí, del que fue profesor de historia (1913-15). Fue dos veces ma-

Autorretrato de Adolfo Best Maugard

gistrado del Supremo Tribunal de Justicia del estado. Colaboró en periódicos potosinos y dirigió el *Boletín Judicial* (1922), órgano del Poder Judicial de la entidad. Autor de *Rasgos biográficos de los descendientes de don José Antonio Betancourt y doña Agustina de la Rosa Ferrer, vecinos de la ciudad de San Luis Potosí* (2 t., 1905 y 1910) y *San Luis Potosí, sus plazas y calles: notas históricas* (1921).

BETANCOURT Y TORRES, RÓMULO ◆ n. en Irapuato, Gto., y m. en Mérida, Yuc. (1858-1901). Hizo estudios sacerdotales en el Seminario Tridentino de Morelia, del que llegó a ser vicerrector, y fue ordenado en 1885. Fue canónigo de la Catedral de México (1898-1900) y obispo de Campeche (1900-1901).

BETANCOURT VILLASEÑOR, AMADEO ◆ n. en Jiquilpan, Mich., y m. en el DF (1866-1953). Se tituló en la Escuela Nacional de Medicina en 1905. Ejerció de manera privada su profesión hasta 1934 en que trabajó para el sector público y llegó a ser una autoridad en higiene industrial. Diputado al Congreso Constituyente de 1916-17 por el distrito de Jiquilpan. Integró también la XXVII Legislatura y su suplente fue Lázaro Cárdenas.

BETANZOS, DOMINGO DE ◆ n. y m.

en España (1480-1549). Fraile dominico. Era licenciado en derecho civil cuando llegó a Nueva España en 1526. Gestionó exitosamente para su orden la erección de la provincia de Santiago (México), de la que fue provincial.

BETETA, GREGORIO ◆ n. y m. en España. (?-1562). Vino a México como evangelizador en 1533. Escribió una *Doctrina cristiana en lengua zapoteca*.

BETETA MONSALVE, MARIO RAMÓN ◆ n. en la ciudad de México (1927). Hijo de Ignacio María Beteta Quintana. Licenciado en derecho por la UNAM (1943-47) y maestro en economía por la Universidad de Wisconsin (1949-50). Profesor de la UNAM (1951-65) y del Centro de Estudios Monetarios Latinoamericanos (1955-64). Pertenece al PRI desde 1962. Ha sido subgerente (1951-54), gerente (1961-64) y subdirector del Banco de México (1965); director general de Crédito (1965-70), subsecretario (1970-75) y secretario de Hacienda en el gobierno de Luis Echeverría (26 de septiembre de 1975 al 30 de noviembre de 1976); director de Banco Mexicano Somex (1976-82), director general de Petróleos Mexicanos (1982-87), gobernador constitucional del Estado de México (1987-89) y director general de Multibanco Comermex (1989-). Autor de *Tres aspectos del desarrollo económico de México* (1963). Pertenece a la Barra Mexicana de Abogados y a la Liga de Economistas Revolucionarios del PRI. Ha recibido condecoraciones de los gobiernos de Brasil, España, Francia, Inglaterra, Italia, Japón, Jordania, Líbano y Suecia.

Mario Ramón Beteta

Ramón Beteta Quintana

Ignacio María Beteta

BETETA QUINTANA, IGNACIO MARÍA ◆ n. en Hermosillo, Son., y m. en el DF (1898-1988). Participó en la revolución. Fue subjefe del Estado Mayor Presidencial de Lázaro Cárdenas y embajador en Ecuador, Panamá y Perú. Estudió en la Academia de San Carlos y desde 1954 se montaron exposiciones de su obra, que le ganaron un amplio reconocimiento como acuarelista. Profesor de la Escuela Nacional de Arquitectura y otros centros de enseñanza de artes plásticas.

BETETA QUINTANA, RAMÓN ◆ n. y m. en el DF (1901-1965). Licenciado en derecho y doctor en filosofía (UNAM). Fue subsecretario de Relaciones Exteriores (1936-40), subsecretario de Hacienda y Crédito Público (1941-45), secretario de Hacienda del presidente Miguel Alemán (primero de diciembre de 1946 al 30 de noviembre de 1952), embajador en Italia (1952-58) y director de *Novedades* (1958-65). Autor de varios libros entre los que está *El desarrollo económico de México en los últimos años* (1953), donde justifica su actuación al frente de la política hacendaria del país.

BETLEMITAS ◆ Orden religiosa creada en 1656 en Guatemala por Pedro de San José Betancourt. En 1674 llegaron a México los primeros miembros de esa orden hospitalaria. Veinte años después contaban, junto a su convento de la calle de Tacuba, con un hospital de 19 camas, para cumplir con la norma de atender a los enfermos, ayudar a los pobres y enseñar a los niños. Al ser suprimida la orden por las Cortes, en 1821, contaban en Nueva España con 20 instituciones hospitalarias y una decena de escuelas por donde pasaron miles de niños.

BEUCHOT, MAURICIO ◆ n. en Torreón, Coah. (1950). Filósofo. Dirige el Centro de Estudios Clásicos. Académico de número de la Academia Mexicana de la Historia (1990). Autor de *Panorama de la historia de la filosofía novohispana*.

BEVERIDO, MALIYEL ◆ n. en Jalapa, Ver. (1964). Poeta. Coautora de *Azoro de voces* (1986) y autora de *Las cualidades de la noche* (1986) y *Sámago* (1988), con el que ganó el segundo lugar del Premio de Poesía Joven Elías Nandino en 1987.

BEYE DE CISNEROS, AGUSTÍN JOSÉ ◆ n. y m. en la ciudad de México (1762-1833). Fue bibliotecario de la Universidad de México en 1786 y Abad de Guadalupe en 1833.

BEYE DE CISNEROS, FRANCISCO ◆ n. y m. en la ciudad de México (1751-1812). Doctor en cánones y en leyes. Fue rector de la Real y Pontificia Universidad de

México en dos ocasiones (1783-84 y 1786-87). Se le involucró en el movimiento autonomista de 1808, encabezado por Iturrigaray, y el virrey Garibay ordenó su aprehensión, pese a que era abad de Guadalupe desde el año anterior.

BEYE DE CISNEROS, JOSÉ IGNACIO ◆ n. y m. en la ciudad de México (1759-1817). Licenciado en leyes y doctor en cánones por la Real y Pontificia Universidad de México. En noviembre de 1787 fue electo rector, pero la validez del procedimiento estuvo a discusión, pues algunos miembros del claustro consideraron que su hermano y antecesor, Francisco, había echado mano de recursos impropios, como cerrar las puertas del claustro antes de que se reunieran todos los consiliarios. Después de varias sesiones la mayoría consideró válida la elección y este Beye terminó su periodo en noviembre de 1788. Participó en el movimiento autonomista de 1808. En 1810 se le eligió diputado a las Cortes de Cádiz. Autor de dos folletos en los que defendió a Iturrigaray de las acusaciones que le lanzara Juan López Cancelada.

BEYE DE CISNEROS, MANUEL IGNACIO ◆ n. y m. en la ciudad de México (1718-1787). Doctor en cánones por la Real y Pontificia Universidad de México, de la que fue rector cuatro veces consecutivas (1758-59, 1759-60, 1760-61 y 1761-62) y personaje influyente a lo largo de varias décadas. Para su tercero y cuarto rectorados necesitó la dispensa del virrey, pues la constitución 9 de la Universidad impedía la reelección antes de que pasaran dos periodos. Durante su gestión se estableció la biblioteca universitaria. Fue miembro del Cabildo, abogado de la Real Audiencia y fundador del Colegio de Abogados.

BEYER, HERMANN ◆ n. en Alemania y m. en EUA (1880-1942). Arqueólogo con estudios en su país y en Francia. Catedrático de la Universidad Nacional de México. Fundó la Asociación Alemana Mexicanista (1919) y, como resultado de sus investigaciones, escribió *El llamado Calendario Azteca* (1921) y *Simbolismo del México antiguo* (1965).

BIAGI, FRANCISCO ◆ n. en Tamaulipas (1930). Parasitólogo. Estudió medicina. Realizó su servicio social en la selva chiclera de Campeche donde identificó la leishmania mexicana causada por el mosco *papalotilla* (*lutzomya olmeca*) en 1952. Fue jefe del Departamento de Microbiología y Parasitología de la UNAM (1961-68). Trabajó para la OMS en Ginebra. Publicó más de 300 investigaciones que se citan en numerosos libros. Autor de *Enfermedades parasitarias* (1960).

BIANCHI, ALBERTO G. ◆ ? n. y m. en la ciudad de México (¿1850?-1904). Dramaturgo. Escribió, entre otras piezas teatrales, *Vampiros sociales* y *Los martirios del pueblo*. La representación de ésta, el 22 de abril de 1876, causó un escándalo y ocasionó la detención del autor, quien a fines de junio obtuvo el amparo de la Suprema Corte y al salir de la cárcel de Belén fue nuevamente aprehendido. *El Socialista* dijo que "la clase obrera, especialmente, se ha sentido muy directamente herida. Un drama en que se pintaba el cuadro de sus dolores, determinó la prisión del escritor por joven, apasionado de la libertad". Colaboró en la *Revista Universal* y perteneció a sociedades literarias. Fue propuesto como delegado al Congreso Obrero de 1876, pero no llegó a ser acreditado por su encarcelamiento. En ese mismo año, al triunfo del Plan de Tuxtepec, fue secretario general de Gobierno de Puebla.

BIART, LUCIANO ◆ n. y m. en Francia (1829-1897). Naturalista. Viajó por varios países americanos. Residió una temporada en Orizaba, Veracruz, donde ejerció como farmacéutico. Escribió *Escenas de la vida mexicana* (1849-1862) y *Aventuras de un joven naturalista en México*, entre otras obras.

BICHIR, ALEJANDRO ◆ n. en Torreón, Coah. (?). Director. Egresó de la Escuela de Arte Teatral del INBA, en cuyo grupo de teatro Trashumante debutó. Fue maestro de teatro en el Colegio de Bachilleres. Dirige la compañía Teatro Clásico 21. Ha puesto en escena las obras *La excepción y la regla* (1968), *La llorona*

(1969), *Estado de secreto* (1970), *In Ticitezcatl o El espejo encantado* (1972), *Malcolm contra los eunucos* (1973), *Santa Juana de los mataderos* (1974), *Hombre y muchacho* (1976), *Dreyfus* (1976) y *El desdichado en fingir* (1988).

BICHIR, BRUNO ◆ n. en el DF (1968). Actor. Hijo del anterior y de Maricruz Nájera. Desde temprana edad incursionó en el teatro. Ha participado en *El soldadito de plomo* (1976), *¡Ah, soledad!* (1980), *Drácula* (1989), *Piel de cemento* (1991) y *Malcolm contra los eunucos* (1994).

BICHIR, DEMIÁN ◆ n. en el DF (1964). Actor. Hijo de Alejandro Bichir y hermano del anterior. Debutó a los cinco años en *El Periquillo Sarniento*. Después estelarizó *El soldadito de plomo* (1976), *Luces de Bohemia* (1977), *Acapulco madame* (1978), *¡Ah, soledad!* (1980), *La muralla china* (1980) y *Malcolm contra los eunucos* (1994). En el cine ha actuado en *Cilantro y perejil* y *Sexo, pudor y lágrimas*. En televisión ha participado en las telenovelas *Nada personal* y *Demasiado corazón*.

BICHIR, ODISEO ◆ n. en el DF (1963). Actor. Hijo de Alejandro Bichir y de la actriz Maricruz Nájera y hermano de los anteriores. Debutó profesionalmente a los diez años de edad en la obra teatral *Inmaculada*. Por su actuación en *El niño y la niebla* (1975, de Rodolfo Usigli) estuvo nominado por los críticos de teatro como revelación infantil; ha participado en las obras *¡Ah, soledad!* (1980), *Las adoraciones* (1983) y *Malcolm contra los eunucos* (1994). Participó en el programa *Nosotros los niños*, del Canal 13, así como en las telenovelas *Mamá campanita*, *La fiera*, *J. J. juez*, *Principessa*, *Monte calvario*, *El pacto de amor* y *Lágrimas negras*. En cine ha actuado, entre otras cintas, en *Rojo amanecer* (1990).

BIEBRICH TORRES, CARLOS ARMANDO ◆ n. en Sahuaripa, Son. (1940). Licenciado en derecho por la Universidad de Sonora. Líder juvenil del PRI en ese estado, secretario particular del gobernador Luis Encinas Johnson, diputado federal (1967-70), subsecretario de Gobernación (1970-73) y gobernador de Sonora desde septiembre de 1973 hasta octubre

Familia Bichir

de 1975, cuando fue destituido por una matanza de campesinos en el valle del Yaqui. Acusado de enriquecimiento inexplicable y otros delitos, huyó del país cuando fue sometido a juicio. En marzo de 1977 obtuvo el amparo y a partir de ese mismo año se inició en la docencia en la Facultad de Derecho de la UNAM. Poco después se le declaró exonerado de los cargos.

Demián Bichir

BIERCE, AMBROSE ◆ n. en EUA y m. ¿en México? (1842-¿1914?). Escritor. Ejerció el periodismo en su país y en Inglaterra. Vino a México como corresponsal de guerra y desapareció durante la revolución cuando se dirigía a conocer a Pancho Villa. Carlos Fuentes lo convirtió en protagonista de la novela *Gringo viejo*. De su vasta producción, el *Diccionario del diablo* (1911) es probablemente la obra más conocida en México.

BILBATÚA RODRÍGUEZ, DEMETRIO ◆ n. en España (1935). Cineasta. Fue traído a México en 1945. Tiene nacionalidad mexicana. Ha realizado unos 600 cortos documentales. Entre las distinciones que ha obtenido por su trabajo se cuentan el *Ariel* por *Presencia de México en Europa* (1961) y *Valle sagrado de Urubamba* (1981); y el *Heraldo de Plata* por *Alas de Progreso* (1969), *Hoy es mañana* (1971) y *Ciudad envenenada* (1972); el *Teponaztli* por *México espectacular*

Demetrio Bilbatúa

(1968), *Alas de progreso* (1969), *Aquí México* (1969), *Mil rostros de México* (1972), *Caribe mexicano* (1975), *Safari en México* (1975), *Puebla ciudad musical* (1975), *Convento de Santa Catalina* (1976), *Continente de la esperanza* (1979), *Las rutas de México* y *Desarrollo integral de la familia* (1981). En 1974, por *Mil rosarios de México*, ganó el premio al mejor documental en los festivales Mundial del Filme Turístico y del Folclore en Alemania Federal y en el International Nontheatrical Events de Nueva York; primer lugar por *The Sea of Cortes* en el International Film TV Festival of New York (1967), el que en 1975 reconoció *Fiestas tapatías* como el mejor documental. El First International Film Festival on the Human Environment, de Montreal, Canadá, le extendió diploma por su participación en la cinta ecologista *Una sola tierra* (1973). Diploma Salvador Toscano del Congreso Mundial de la Prensa Filmada por sus veinte años al servicio del periodismo fílmico (1973). Primer lugar en el Tour Film de Checoslovaquia por *Mil rostros de México* (1974). Diploma de honor en el Festival del Mar de Okinawa, Japón, por *Quintana Roo* (1975). En 1981 recibió el premio a la mejor realización de filmes turísticos por *Sinfonía de México* en el XV Festival International du Film de Tourisme Tarbe, de Pyrénées, Francia.

Roberto Javier
Blancarte Pimentel

BIRMANIA ◆ ☞*Myanmar.*

BISMARK ◆ ☞*Mier Borrego, Antonio.*

BLADE DESUMVILA, ARTURO ◆ n. en España (1907). Estuvo en el bando republicano durante la guerra civil española. Llegó a México en 1942. Dirigió la revista *La Humanitat*, trabajó en *España Nueva* y fue colaborador de *Pont Blau* y *La Nostra Revista*. Autor de *Geografía espiritual de Catalunya* (1944) y *Benissanet* (1953).

BLAIR RIVAS MERCADO, DONALD ANTONIO ◆ n. en el DF (1919). Hijo de Alberto Blair y Antonieta Rivas Mercado. Estudió ciencias políticas y administración de empresas en EUA. Se alistó en el ejército de EUA para combatir en la segunda guerra mundial. Participó en los desembarcos de Sicilia y Normandía y estuvo a las órdenes del general Patton. En 1995 era presidente de la empresa Learning Systems International de México. Fue condecorado con la Estrella de Plata, del gobierno de EUA, y la Orden del General De Gaulle, de Francia.

BLANCA ◆ Punta de Sonora situada en el golfo de California, al sur de la isla de Tiburón y al norte de la bahía de Guaymas, entre las puntas Alesna y San Pedro.

BLANCA, LA ◆ ☞ *General Pánfilo Natera.*

BLANCARTE, ÓSCAR ◆ n. en El Rosario, Sin. (¿1952?). Director de cine egresado del CUEC (1972). Ha dirigido las cintas *Llanto de gaviota* (1972, trabajo de tesis), *Centro del Espacio Escultórico* (1976), *El milagro del campo* (1977), premio de la ONU y del Consejo Nacional de Población), *Owen, un poeta olvidado* (1979), con los que ganó un Ariel y una Diosa de Plata), *Que me maten de una vez* (1985, premio como director debutante) y *El jinete de la Divina Providencia* (1988). Dos guiones suyos, *Al soplo de la ira* (1982) e *¿Y después del 68?* (1986), fueron premiados por la Sogem.

BLANCARTE PIMENTEL, ROBERTO JAVIER ◆ n. en Mazatlán, Sin. (1957). Licenciado en relaciones internacionales por El Colegio de México (1981) y doctor en nuevo régimen por la Escuela de Altos Estudios en Ciencias Sociales, de París (1988). En la SRE fue jefe de los departamentos de Negociaciones Eco-

nómicas Internacionales (1982) y de Organismos Económicos de Naciones Unidas (1984-85). Investigador (1989-) y coordinador académico de El Colegio Mexiquense (1990-), así como coordinador académico de la Fundación Nexos (1991-). Colabora en *La Jornada* y en la revista *Este País*. Artículos suyos se han incluido en los libros *Quel avenir pour la démocratie en Amérique Latine?* (1989), *Más allá del carisma* (1990), *México: auge, crisis y ajuste* (1991), *México en 1992* (1992) y *La diversidad cultural de México* (1992). Autor de *El poder, salinismo e Iglesia Católica: ¿una nueva convivencia?* (1991) e *Historia de la Iglesia Católica en México de 1938 a 1982; la doctrina católica ante las cuestiones sociales y políticas* (1992). Coordinó el tercer tomo del *Diccionario biográfico e histórico de la Revolución Mexicana en el Estado de México* (1991) e *Historia general del Estado de México, siglo XX* (1993). Miembro del Sistema Nacional de Investigadores (1989-), de la Sociedad Internacional de Sociología de las Religiones, de la Association Francaise de Sciences Sociales sur l´Amérique Latine, de la Society for the Scientific Study of Religion y de la Religious Research Association.

BLANCO ◆ Bahía de Baja California situada en la costa del Pacífico, en la parte norte de la bahía Sebastián Vizcaíno.

BLANCO ◆ Bajo de Campeche situado en el golfo de México, al norte de la sonda de Campeche y frente a los límites entre Campeche y Yucatán.

BLANCO ◆ Cerro de Guanajuato situado al oeste-noroeste de la laguna de Yuriria, al sur de Salamanca.

BLANCO ◆ Río que nace en la vertiente este de la sierra Madre Oriental, en el estado de Tamaulipas, corre hacia el este para entrar en territorio de Tamaulipas. Es afluente del Purificación.

BLANCO ◆ Río de Veracruz que se forma con los arroyos que descienden por el este de la sierra Madre Oriental. De trayecto sinuoso y grandes caídas, permite la generación de electricidad en varios puntos de su recorrido. Corre al sur del paralelo 19 y desemboca en el sistema lacustre de Alvarado.

BLANCO, ALBERTO ◆ n. en el DF (1951). Ingeniero químico. Estudió filosofía en la UIA y la UNAM y es maestro en estudios orientales por El Colegio de México (1975). Perteneció a los grupos de rock La Comuna (1970-77) y Las Plumas Atómicas (1982-85). Ha expuesto sus dibujos en el DF en seis ocasiones (1981-87). Fundador y coeditor de la revista El Zaguán (1975-77). Autor de los libros infantiles: Un cuento de Navidad (1984), Mandalas para iluminar (1985), Pájaros, pájaros (1990), The Desert Mermaid/La sirena del desierto (1992) y Angel's Kite/La estrella de Ángel (1994); de los poemarios Pequeñas historias de misterio ilustradas (1978), Giros de faros (1979), El largo camino hacia ti (1980), Antes de nacer (1983), Tras el rayo (1985), Un año de bondad (1986), Cromos (1987, Premio Carlos Pellicer 1988), Canto a la sombra de los animales (1988, Premio Nacional de Literatura José Fuentes Mares 1989), Triángulo amoroso, Cuenta de los guías y Materia prima (1992), Despertar de los sentidos (1994), Dawn of the Senses (1995) y El corazón del instante (1998); y de los ensayos Las voces del mar (1997) y Las voces del ser (1998). Becario del Centro Mexicano de Escritores (1977-78), INBA-Fonapas (1981-82) y de la Fundación Fulbright (1991). Miembro del Sistema Nacional de Creadores de Arte (1994-2000).

BLANCO, ANDRÉS ELOY ◆ n. en Venezuela y m. en el DF (1897-1955). Poeta de amplia producción que se inició en 1919 con El huerto de la epopeya. Firme opositor del dictador Juan Vicente Gómez, éste ordenó que fuera recluido en prisión y posteriormente confinado en los Andes (1929-34). Fue diputado por Caracas y en 1946 presidió la Asamblea que aprobó una nueva Constitución venezolana. En 1948, durante la efímera presidencia de Rómulo Gallegos, fue ministro de Relaciones Exteriores. Al producirse el golpe de Estado que acabó con ese gobierno del partido Acción Democrática, Blanco se asiló en EUA, Cuba y, por último, en México, donde publicó el poemario Giraluna, signado por el exilio.

BLANCO, BERNARDO ◆ n. en Múzquiz, Coah. (1892-?). Antirreeleccionista. Al producirse el golpe de Estado de Victoriano Huerta se adhirió al constitucionalismo y firmó, junto con su hermano Lucio, el Plan de Guadalupe. En los años treinta era funcionario de la Secretaría de Gobernación en Piedras Negras.

BLANCO, CUAUHTÉMOC ◆ n. en el DF (1973). Futbolista, su segundo apellido es Bravo. Ha sido delantero de los equipos Necaxa y América. Integrante de la selección mexicana que participó en los Juegos Olímpicos de Atlanta (1996), en las copas América de 1997 y 1999 y en el campeonato mundial de Francia (1998).

BLANCO, JOSÉ JOAQUÍN ◆ n. en el DF (1951). Licenciado en lengua y literatura hispánicas por la UNAM (1977). Investigador del INAH. Colaborador de La Cultura en México, unomásuno, Nexos, La Jornada y otras publicaciones. Fue jefe de redacción de la Revista Universidad de México. Autor de poesía: La ciudad tan personal (1976), Poesía ligera (1976), La siesta en el parque (1982), Poemas escogidos (1984), Elegías (1992) y Garañón de la luna (1995); relato Otra vez la playa (1970); crónica y ensayo: Se llamaba Vasconcelos (1977), Crónica de la poesía mexicana (1977), Retratos con paisaje (1979), La paja en el ojo (1980), Función de medianoche (1981), Crónica de la literatura reciente en México 1930-1980 (1982), Mariano Azuela: una crítica a la revolución mexicana (1982), Empezaba el siglo en la ciudad de México (1983), José Revueltas (1985), Esplendores y miserias de los criollos: la literatura en la Nueva España (1989), Las intensidades corrosivas: ensayos de literatura mexicana (1990), Crónicas, paisajes y personajes de la Ciudad de México (1990), Un chavo bien helado (1990), Los mexicanos se pintan solos (1990), Sentido contrario (1993), Letras al vuelo: estudios de literatura mexicana (1992), Se visten novias (somos insuperables) (1993) y Crónica literaria (1996); y novela: La vida es larga y además no importa (1979), Las púberes canéforas (1983), Calles como incendios

(1985), Cuando todas las muchachas se pusieron medias nylon (1987), El castigador (1993) y Mátame y verás (1994). Obtuvo el Ariel por el guión de la película Frida (1985). Becario del Centro Mexicano de Escritores (1973-74). Miembro del SNCA (1997-).

BLANCO, JOSÉ DE LA LUZ ◆ n. y m. cerca de ciudad Guerrero, Chih. (?-1913). Fue simpatizante del Partido Liberal Mexicano y después se adhirió al antirreeleccionismo. En Temosachic se incorporó a la insurrección maderista levantando en armas a un grupo de vecinos. Participó en diversos combates y obtuvo el grado de general. Estuvo a las órdenes de los generales José Garibaldi y Francisco Villa. Murió cuando combatía a los rebeldes orozquistas.

BLANCO, JULIÁN ◆ n. cerca de Chilpancingo y m. en Acapulco, Gro. (¿1857?-1916). Participó en un alzamiento contra Porfirio Díaz en 1893. En 1909 intervino en la campaña maderista. En 1911 se levantó en armas y colaboró en la toma de Chilpancingo. Posteriormente hizo la guerra a los zapatistas por órdenes de Madero. Sin embargo, después del golpe de Estado de Huerta, estableció con Zapata una alianza que terminó al desatarse la guerra de facciones. Gobernador de Guerrero de diciembre de 1914 a agosto de 1915. Fue asesinado.

BLANCO, LÁZARO ◆ n. en ciudad Juárez, Chih. (1939). Fotógrafo. Estudió arquitectura en la Escuela Nacional de Arquitectura (1957) y física en la Facultad de Ciencias (1958-63), ambas de la UNAM; y didáctica en la Michigan State University (1967) y el Instituto Politécnico Nacional (1968). Cofundador del Grupo 366x6 (1976) y del Consejo Mexicano de Fotografía (1977). Coeditor de Imagen histórica de la fotografía en México. Desde 1966 expone individual y colectivamente en México. Coordinador del Fondo Internacional de Fotografía para los XIX Juegos Olímpicos (1968). Fundador del taller de fotografía de la Casa del Lago (1968). Participó en la primera Muestra de Fotografía Latinoamericana, de la que fue

Cuauhtémoc Blanco

organizador (1978); en Hecho en Latinoamérica, que a partir de 1979 se presentó en Venecia y otras ciudades europeas; y en la primera Bienal de Fotografía de México. Sus gráficas están en varios volúmenes colectivos y en *Luces y tiempos* (1987). Tercer lugar en el National Newspaper Snapshot (1968). Desde 1966 pertenece al Club Fotográfico de México.

BLANCO, LUCIO ◆ n. en Nadadores, Coah., y m. en Nuevo Laredo, Tams. (1879-1922). Campesino. Militante antirreeleccionista desde 1909, tomó parte en el movimiento armado que encabezó Madero. Asesinado éste, se unió al constitucionalismo y firmó el Plan de Guadalupe. Tomó parte en diversos hechos de armas y, al ocupar Matamoros ya como general, inició el reparto agrario en el noreste del país, lo que irritó a Carranza y fue causa de que lo trasladara a Hermosillo, donde Obregón le dio el mando de la caballería del Cuerpo de Ejército del Noroeste. En esa calidad realiza varias hazañas guerreras. Es delegado a la Convención de Aguascalientes que elige presidente a Eulalio Gutiérrez. Éste le designa ministro de Gobernación y ejerce el cargo durante la primera quincena de enero de 1915. Combate entonces al constitucionalismo, pero diferencias con los villistas lo llevan a exiliarse en EUA. Regresa al país al avenirse con Carranza, pero al producirse el movimiento de Agua Prieta se exilia de nuevo. Antiobregonista, intenta en 1922 encabezar una insurrección, pero es fusilado. Existe una versión de que fue secuestrado en Laredo, Texas, en tanto que otra asegura que su aprehensión se produjo cuando cruzó el río Bravo.

BLANCO, MANUEL ◆ n. en el DF y m. en Mérida, Yuc. (1943-1998). Periodista y escritor. Nieto de Lucio Blanco. Se inició en el periodismo en 1967. Colaboró en suplementos y revistas literarias. Dirigió por 20 años la sección cultural de *El Nacional*. Colaborador de *Diorama de la Cultura, México en la Cultura, Sucesos, Revista de Revistas, Dí* y *El Financiero*. Autor de los volúmenes

Manuel Blanco

de cuentos *Natalia y jardín de lluvia* (1978) y *Cantos de enloquecido amor* (1982), de la novela corta *Viva mi desgracia* (1973), del libro de crónicas y reportajes *La tierra tiembla* (1985), de *Ciudad en el alba* (periodismo, 1994) y *Nueva tradición de la danza* (1996). En 1995 se publicó *Raíces del tiempo o Manuel Blanco en la mira* con textos sobre él y su obra. En 1982 obtuvo el premio El Gallo Pitagórico que otorgan los periodistas que asisten al Festival Cervantino. En 1986, por sus crónicas sobre el sismo que sacudió a México en septiembre de 1985, recibió mención honorífica en el concurso latinoamericano de periodismo José Martí de la agencia Prensa Latina. En 1998 ganó el premio del Club de Periodistas por el suplemento *Huellas Urbanas*.

BLANCO, SANTIAGO ◆ n. en Campeche, Yuc., y m. en la ciudad de México (1815-1883). Militar. Combatió la invasión estadounidense de 1847. Se opuso a los liberales durante la revolución de Ayutla y en la guerra de los Tres Años. Partidario de la intervención francesa y el imperio. Era diputado por Campeche al morir y lo fue también en 1850-51. Ministro de Guerra con los presidentes Juan Bautista Ceballos (1853) y López de Santa Anna (1854-55).

BLANCO AGUINAGA, CARLOS ◆ n. en España (1925). Al término de la guerra civil española fue llevado a Francia y luego traído a México. Maestro en literatura por el Mexico City College y doctor por la UNAM. Es profesor de letras hispanoamericanas en universidades de Estados Unidos. Cofundador y director de la revista *Presencia* (1948). Sus poesías han aparecido en publicaciones periódicas. Se encargó de editar la obra completa del poeta transterrado Emilio Prados, para la cual escribió un ensayo. Coautor de *Historia social de la literatura española* (1979) y autor de *Unamuno, teórico del lenguaje* (1954), *El Unamuno contemplativo* (1959) y otras obras.

BLANCO CÁCERES, OTHÓN P. ◆ n. en Ciudad Victoria, Tams., y m. en el DF (1868-1959). Estudió en el Colegio Militar y sirvió en la marina de guerra.

En 1900 se hallaba en un buque escuela en el Pacífico cuando fue llamado a la ciudad de México. Se le ordenó elaborar un plan para fortificar la desembocadura del río Hondo, en la península de Yucatán. Propuso, y se aprobó, la construcción de una barcaza a la que se llamó Chetumal, dotada de cañones, puente fortificado y un mástil con lugar para el vigía. La embarcación sirvió lo mismo para impedir el paso del contrabando que para resistir los ataques de los rebeldes mayas. Blanco estableció una relación respetuosa con las autoridades beliceñas, hizo un amplio reconocimiento de las zonas rebeldes, convenció a un grupo de mexicanos refugiados en Corozal, Belice, de que volvieran a territorio mexicano y con ellos fundó una colonia en Payo Obispo, población que se convertiría en Chetumal. La actividad de Blanco impidió el aprovisionamiento de los mayas y facilitó el avance de las tropas federales que tomaron Chan Santa Cruz en mayo de 1901, con lo que finalizó la guerra de castas. Blanco, ascendido a capitán de fragata en 1909, desempeñó diversas misiones oficiales durante el porfiriato, varias de ellas en Yucatán. Fue jefe del Departamento de Marina de la Secretaría de Guerra con Venustiano Carranza. Luego sirvió a la Convención para incorporarse de nuevo al constitucionalismo. Era contraalmirante cuando pasó a retiro, en 1935.

BLANCO Y ELGUERO, BUENAVENTURA ◆ n. en España y m. en Oaxaca, Oax. (?-1764). Obispo de Antequera (Oaxaca) desde 1754 hasta su muerte. Llegó a Nueva España y tomó posesión de la diócesis en 1755.

BLANCO DE ESTRADA, MIGUEL ◆ n. en Campeche, Camp., y m. en la ciudad de México (1809-1877). Militar conservador. Combatió la invasión estadounidense de 1846-47. Tres veces diputado (por San Luis Potosí, Yucatán y Sonora), senador por Sonora (1875-77) y gobernador de Sinaloa (1854). Formó parte de la Junta de Notables que ofreció el trono de México a Maximiliano.

BLANCO LABATUT, LUCIANO ◆ n. en

Francia y m. en Guadalajara, Jal. (1833-1908). Fue traído muy joven a México. Se tituló como ensayador en la Escuela de Minas. Fue profesor del Liceo de Varones de Jalisco y director del plantel (1907-1908). Director de la Casa de Moneda de Guadalajara (1870-1890). Fue vicepresidente de la Sociedad de Ingenieros de Jalisco y redactor del *Boletín* de esta corporación.

BLANCO LIMÓN, MANUEL ◆ n. y m. en la ciudad de México (¿1840?-1905). Estudió ingeniería en la capital del país. Ingresó en el ejército republicano en 1865 y combatió la intervención francesa y el imperio. Luchó contra el alzamiento del Plan de la Noria. En 1876 se adhirió al Plan de Tuxtepec. Apoyó la candidatura de Ignacio L. Vallarta para gobernador de Jalisco y tomó parte en hechos violentos el día de la elección. En Guadalajara colaboró en los periódicos *El Filopolita* y *La Idea de Occidente*. Autor de la novela *El capitán Armando: memorias de un soldado de la Reforma* (1872).

BLANCO MENDOZA, HERMINIO ALONSO ◆ n. en Chihuahua, Chih. (1950). Licenciado en economía por el Instituto Tecnológico y de Estudios Superiores de Monterrey (1966-71) y maestro (1973) y doctor en economía por la Universidad de Chicago (1973-78). Fue profesor de la Universidad de Texas (1980-85). Pertenece al PRI desde 1985. Ha sido asesor del Secretario de Hacienda (1978-80) y del presidente Miguel de la Madrid (1985-88), subsecretario de Comercio Exterior de la Secretaría de Comercio (1988-90), jefe de la Oficina de Negociación del TLC (1990-94) y secretario de Comercio y Fomento Industrial (1994-).

BLANCO MOHENO, ROBERTO ◆ n. en Cosautlán, Ver. (1920). En su juventud fue boxeador, futbolista y novillero. Ha escrito una veintena de libros sobre asuntos históricos (*Cuando Cárdenas nos dio la tierra, Crónica de la revolución mexicana, Pancho Villa que es su padre, Tlatelolco*, etc.) y novelas (*Un son que canta en el río*). Incursionó en el género dramático (*Jicaltepec*) y tiene un disco grabado con canciones y textos suyos.

Ha recorrido el país como conferencista. Se inició en el periodismo desde muy joven y ha sido colaborador de gran número de diarios y revistas, así como de la televisión comercial. Fue diputado del PRI por el Distrito Federal (1979-82), pero renunció antes de concluir su periodo. Autor de *Ya con ésta me despido: mi vida, pero la de los demás* (1986) y *Antimitología política de México* (1989).

BLANCO MÓVIL ◆ Publicación surgida en 1985 como boletín gratuito de las actividades culturales del foro de la librería Gandhi, y que en 1988 se convirtió en revista literaria. Algunas de sus secciones son "Nuestros escritores", "Inéditos", "Libros al trasluz", "Francotirador", "Poetas de hoy" y "Bajo la lupa". Han colaborado en ella Guillermo Samperio, Esther Seligson, Evodio Escalante, Óscar de la Borbolla, Christopher Domínguez, David Martín del Campo, Adolfo Castañón, Ángeles Mastretta, Margarita Pinto, Daniel Sada y Arturo Arias, entre otros. Su director es el poeta Eduardo Mosches.

BLANCO SÁNCHEZ, JAVIER ◆ n. en Guadalajara, Jal. (1926). Licenciado en derecho por la UNAM. Miembro del PAN, del que ha sido dirigente juvenil (1949-54), integrante del comité ejecutivo nacional (1950-79) y del consejo nacional así como líder en el Distrito Federal. Ejerce el periodismo desde 1949. Ha colaborado en *La Nación, ABC, Impacto* y otras publicaciones. Escribe actualmente para la sección editorial del diario capitalino *Excélsior*. Diputado federal en cuatro ocasiones (1961-64, 1967-70, 1973-76 y 1982-85).

BLANCO WHITE ◆ n. en España y m. en Inglaterra (1775-1841). Escritor liberal cuyo nombre original era José María Blanco y Crespo. Exiliado en Londres publicó el periódico *El Español* (1810-1813), en el cual Fray Servando Teresa de Mier publicó sus *Cartas de un americano*, en las que defiende ampliamente la idea de la independencia total de México y sus concepciones antimonárquicas. La primera de esas cartas fue reproducida en el *Semanario Patriótico*

Americano, uno de los órganos de la insurgencia. La influencia de Blanco White en el liberalismo mexicano fue estudiada por Reyes Heroles.

BLANCORNELAS, JESÚS ◆ n. en Tijuana, BC (1937) Periodista. Dirige el semanario *Zeta*, de Tijuana. Especializado en escribir sobre temas del narcotráfico, en 1997 fue víctima de un atentado que lo tuvo al borde de la muerte. Autor de *Una vez nada más* (ensayo, 1997). Ha recibido los premios A la Libertad de Prensa (1996) y María Moors Cabot (1998), otorgados por instituciones estadounidenses, y el Nacional de Periodismo de México (1994).

BLANCH, ANITA ◆ n. en España y m. en el DF (1910-1984). Llegó a México en 1923. Adquirió la nacionalidad mexicana. Trabajó en programas de radio, sobre todo en la larga serie *Los Pérez García*, que se transmitió por XEW. Se presentó en teatro y su primera actuación en el cine mexicano fue en *Luponini de Chicago* (1935). Desde entonces participó en unas 75 cintas, algunas de ellas muy exitosas, como *¡Ay qué tiempos señor don Simón!, La barraca, El abanico de lady Windermere, Misericordia, Alejandra, Tlayucan, Presagio, Magdalena* y *Un tipo a todo a dar*. Recibió en 1962 la *Diosa de Plata* por su coactuación en *Tlayucan*.

BLANCH, ISABELITA ◆ n. en España y m. en el DF (?-1985). Actriz. Hermana de la anterior, con quien formó en 1930 una compañía teatral que recorrió las principales ciudades de México. Actuó en unas 1,500 obras de teatro, en cine, radio y televisión.

BLANCHARD, MARÍA ◆ n. en España y m. en Francia (1881-1932). Pintora. Se le sitúa como integrante de la Escuela de París. Presentó a Diego Rivera con Angelina Beloff y pasó con ellos los años más difíciles de su estancia en la capital francesa, lo que constituyó un estímulo para el artista guanajuatense.

BLANES, TOMÁS DE ◆ n. en España y m. en Jiquipilas, Chis. (¿1555?-1612). Fraile dominico. Obispo de Chiapas en 1608, fue preconizado en 1609, año en que debió llegar a Nueva España.

Herminio Blanco

Jesús Blancornelas

BLANQUEL FRANCO, EDUARDO ◆ n. en el DF y m. en EUA (1931-1987). Estudió historia en la UNAM, donde obtuvo la maestría y ejerció la docencia. Fue profesor de las universidades Iberoamericana, de los Andes (Venezuela) y de Texas en Austin (EUA). Escribió para publicaciones especializadas, así como en la revista *Nexos* y el diario *Lã Jornada* (1985-87). Dirigió el semanario de recopilación hemerográfica *Tiempo de México* (1984-86). Colaborador de la *Historia Mínima de México* del Colegio de México (1973), la *Historia de México Salvat* (1974), la *Enciclopedia Salvat* (1976) y la obra *Así fue la revolución mexicana* (1985). Autor de *Ricardo Flores Magón, precursor de la revolución* (tesis), *Nuestras historias* (1979) y del prólogo y la selección de textos de *Ricardo Flores Magón* (1985). En 1986 recibió la Medalla UNAM por 30 años de docencia.

BLANQUET, AURELIANO ◆ n. en Morelia, Mich., y m. en la barranca de Chavaxtla, Ver. (1849-1919). Militar porfirista. Combatió la insurrección encabezada por Madero. Durante el gobierno de éste continuó en el ejército y fue quien aprehendió al presidente. Victoriano Huerta lo hizo general de división y ministro de Guerra y Marina (1913-14). En 1914 se exilió en Cuba. Volvió en 1918 con la intención de combatir al gobierno del ya presidente Venustiano Carranza. Murió cuando era perseguido.

BLASCO Y FERNÁNDEZ DE MOREDA, FRANCISCO ◆ n. en España (1908). Jurista. Fue fiscal del Tribunal Supremo de Justicia de la República Española. Llegó a México en 1941. Fue profesor de la Universidad Veracruzana. Colaboró en *Criminalia* y otras publicaciones jurídicas. Autor de *Tomás Moro criminalista: su ideario político-penal* (1943).

BLASCO Y NAVARRO, TOMÁS ANTONIO ◆ n. en España y m. en Guadalajara, Jal. (1730-?). Era niño cuando fue traído a México. Fraile dominico. Doctor en teología por la Universidad de Guadalajara (1806), de la que fue profesor. Se opuso a la causa independentista y escribió contra Hidalgo. En

1821 se mostró adicto al Plan de Iguala y formó parte de la Sociedad Patriótica de Guadalajara. Autor de una *Canción elegíaca sobre los desastres que ha causado en el Reyno de Nueva Galicia, señaladamente en su capital Guadalaxara, la revelión del apóstata Sr. Miguel Hidalgo y Costilla, capataz de la gavilla de Insurgentes* (1811) y *La independencia* (loa al Ejército Trigarante, 1821).

BLASIO, JOSÉ LUIS ◆ n. y m. en la ciudad de México (1842-1923). Fue colaborador de la intervención francesa y el imperio. Marchó a Europa con Carlota. Escribió *Maximiliano íntimo* (1905).

BLÁZQUEZ, IGNACIO ◆ n. y m. en Puebla, Pue. (1830-1886). Ingeniero civil y estudioso de la historia natural. Autor de *Lecciones familiares de historia natural*, una biografía de Maximiliano y un *Diccionario enciclopédico*, entre otras obras.

BLENGIO Y MOLINA, JOAQUÍN ◆ n. y m. en Campeche, Camp. (1834-1901). Médico. Escribió poesía: *Sonetos* (1897).

BLOM, FRANS FERDINAND ◆ n. en Dinamarca y m. en San Cristóbal de Las Casas, Chis. (1893-1963). Arqueólogo graduado en la Universidad de Copenhague y maestro en letras por la Universidad de Harvard (1925). Llegó a México en 1919. Director del Instituto de Investigaciones Centroamericanas de la Universidad de Tulane. Enviado por esa institución y por las fundaciones Wenner y Carnegie efectuó expediciones en la selva Lacandona, donde trazó los primeros mapas de la zona. Con apoyo del gobierno mexicano fue uno de los primeros arqueólogos que trabajaron en las ruinas de Palenque, en los años veinte. Autorizado por el INAH, en los años cincuenta realizó excavaciones cerca de San Cristóbal y descubrió el sitio arqueológico de Moxviquil. Naturalizado mexicano poco antes de morir, legó a la nación su casa con las colecciones de arte que había reunido a lo largo de su vida y una biblioteca de 10 mil volúmenes sobre Chiapas. Coautor de *Pueblos y templos* (1927, con Olivier la Farge) y *La selva Lacandona* (1957, con su esposa, Gertrude Blom). Autor

de *La conquista de Yucatán* (1936).

BLOM, GERTRUDE ◆ ☞*Duby, Gertrude*.

BLOQUE OBRERO Y CAMPESINO ◆ Se constituyó en febrero de 1929 para contender en las elecciones federales de ese año. Su candidato a la Presidencia de la República fue Pedro V. Rodríguez Triana. Este agrupamiento fue creado por el Partido Comunista Mexicano, la Liga Nacional Campesina, la Confederación Sindical Unitaria de México y otras organizaciones. Miembros de la primera mesa directiva fueron Úrsulo Galván, presidente; Diego Rivera, vicepresidente; Isaac Fernández, Valentín Campa, Donaciano López y Rodolfo Fuentes López como secretarios. Publicó el periódico *Bandera Roja*.

BLOQUE DE OBREROS INTELECTUALES ◆ Asociación de escritores y artistas con tendencias políticas de izquierda. Creado en 1922, fue su animador Juan de Dios Bojórquez y entre sus miembros estuvieron Miguel Othón de Mendizábal y Francisco Rojas González. El órgano de la agrupación era *Crisol*.

BLOQUE DE UNIDAD OBRERA ◆ Frente de centrales y sindicatos obreros constituido en marzo de 1955. Inicialmente pertenecieron a él la CTM, la CGT, la CROM, la FSTSE y sindicatos de rama como petroleros, ferrocarrileros, minero-metalúrgicos, telefonistas, textiles y otros. La represión contra diversos movimientos laborales en la segunda mitad de los años cincuenta disminuyó su peso político real. En el sexenio del presidente Adolfo López Mateos (1958-64) fue usado para manifestaciones gobiernistas. Con escasa presencia al iniciarse el periodo presidencial de Gustavo Díaz Ordaz, desapareció para dar paso a la constitución del Congreso del Trabajo.

BLOSTEIN, MIRTA ◆ n. en Argentina (?). Bailarina. En 1968 fundó su Grupo de Cámara. Perteneció al Ballet de San Marcos, de Lima (1976-77). Vive en México desde 1977. Es profesora de la Escuela Nacional de Danza Contemporánea del Instituto Nacional de Bellas Artes.

BLUE DEMON ◆ n. en Los Temporales, municipio de Hualahuises, NL (1922).

Blue Demon

FOTO: DANTE BUCIO

Luchador. Su nombre es Alejandro Muñoz Moreno. Fue saxofonista y obrero ferrocarrilero. Se inició en la lucha libre bajo la dirección de Rolando Vera. En 1946 se coronó campeón de aficionados en Nuevo León. Dos años después, en la Arena México de la ciudad de México, inició su carrera como profesional. En 1953 le ganó el campeonato mundial welter de la National Wrestlin Aliance a *Santo, el Enmascarado de Plata*, con quien mantuvo una gran rivalidad. Ocasionalmente formó pareja con *Black Shadow*, de quien, se dijo, era hermano. Se retiró en 1988. Actuó en 33 películas, entre otras, *Blue Demon: el demonio azul* (1964), *Blue Demon contra el Hombre Lobo* (1964), *Blue Demon contra las fuerzas del más allá* (1964), *Blue Demon contra las diabólicas* (1966). *Las sombras del murciélago* (1966), *Destructor de espías* (1966), *Blue Demon contra los cerebros infernales* (1966), *Blue Demon contra los muertos* (1968), *Santo y Blue Demon contra Drácula y el Hombre Lobo* (1969), *El mundo de los muertos* (1969), *Las momias de Guanajuato* (1970), *El Triángulo de las Bermudas* (1970), *Vuelven los campeones justicieros* (1971), *Drácula y el Hombre Lobo* (1972), *La patrulla cósmica* (1973), *Santo y Blue Demon contra el doctor Frankenstein* (1973), *El retorno de Alma Grande* (1974), *Terror en la Casa Blanca* (1976) y *El crimen amarillo* (1983). Sobre él se escribió el libro *Blue Demon: memorias de una máscara* (1999).

BOARI, ADAMO ◆ n. y m. en Italia (?-1928). Arquitecto. Vino a México a fines del siglo XIX. Obras construidas con base en sus proyectos son el Santuario de la Virgen del Carmen, en Atotonilco, Jalisco; el Templo Expiatorio, en Guadalajara; y en la capital el edificio de Correos y el Palacio de Bellas Artes (☛). Impartió cátedra en San Carlos. Se dice que había sido ganador del concurso de proyectos arquitectónicos para levantar el palacio legislativo, pero que a última hora el jurado se decidió por un favorito de los *científicos*, por lo cual, como compensación, le ofrecieron los proyectos del Correo y Bellas Artes.

El Palacio de Bellas Artes en construcción; obra de Adamo Boari

BOAS, FRANZ ◆ n. en Alemania y m. en EUA (1858-1942). Fue catedrático de la Escuela Internacional de Arqueología y Etnología (1910-1911). Estableció las relaciones entre la población del noreste de Asia y los primeros habitantes de América. Escribió artículos y ensayos sobre México.

BOBES ORTEGA, EVELINA ◆ n. y m. en el DF (1913-1966). Escritora. Autora de *Otoño estéril* (Premio Lanz Duret de novela, 1950), *La ciudad y la música* (1951) y *El viento de noviembre* (1965).

BOCA DEL RÍO ◆ Municipio de Veracruz situado en la desembocadura del río Jamapa y junto al puerto de Veracruz. Superficie: 42.77 km². Habitantes: 135,060, de los cuales 48,828 forman la población económicamente activa. Hablan alguna lengua indígena 866 personas mayores de cinco años (náhuatl 291 y zapoteco 239). La cabecera es muy frecuentada por el turismo que busca la comida regional y la música jarocha.

BOCANEGRA, GERTRUDIS ◆ n. y m. en Pátzcuaro, Mich. (1760-1817). Su segundo apellido era Mendoza. Trabajó como enlace de los insurgentes, entre los cuales militaban su marido y su hijo. Muertos éstos, ella misma se unió a la guerrilla. Fue aprehendida y fusilada por los realistas.

BOCANEGRA, JOSÉ MARÍA ◆ n. en Labor de la Troje, Ags., y m. en la ciudad de México (1787-1862). Abogado. Diputado en 1822 y 1827. Secretario de Relaciones Interiores y Exteriores de Guadalupe Victoria y Vicente Guerrero en 1829. Presidente interino en diciembre de ese año, después de cinco días fue desplazado por el triunvirato golpista de Lucas Alamán, Quintanar y Vélez. Secretario de Hacienda con Gómez Farías y Santa Anna (1833); ministro de Relaciones Exteriores (1837) y de Hacienda (1838) con Bustamante; nuevamente de Relaciones Interiores y Exteriores con Santa Anna (1841-42, 1843 y 1844), Nicolás Bravo (1842-43) y Valentín Canalizo (1843-44). Escribió unas *Memorias para historia de México independiente (1822-1846)*, publicadas póstumamente.

BOCCANERA, JORGE ALEJANDRO ◆ n. en Argentina (1952). Poeta y dramaturgo. Radicó en el DF (1977-84). Formó parte del consejo editorial de *Plural* y colaboró en *Excélsior*. Es jefe de redacción de la revista *Crisis* en Argentina. Autor de las antologías *La novísima poesía latinoamericana* (1978), *La nueva poesía amorosa de América Latina* (1978), *El poeta y la muerte* (1981), *Voces y fragmentos, poesía joven argentina*

José María Bocanegra

(1981), *Marimba y otros poemas* (1985); de los poemarios *Los espantapájaros suicidas* (1974), *Contraseña* (1976), *Noticias de una mujer cualquiera* (1976), *Los ojos del pájaro quemado* (1980), *Palabra de mujer* (1982) y *Polvo para morder* (1985); del ensayo *Gelman* (1985); y de la obra teatral *Arrabal amargo* (1982). Premio Casa de las Américas 1976 y Premio Nacional de Poesía Joven de México Francisco González León 1977 por *Música de fagot y piernas de Victoria*.

La Bohemia Literaria

BOCHIL ◆ Municipio de Chiapas, situado en la región centronorte del estado, al norte de la capital de la entidad. Superficie: 362.7 km². Habitantes: 19,949, de los cuales 4,133 forman la población económicamente activa. Hablan alguna lengua indígena 6,457 personas mayores de cinco años (tzotzil 6,401 y tzeltal 56). Indígenas monolingües: 1,346. Las artesanías textiles cuentan con buena demanda.

BOCOYNA ◆ Municipio de Chihuahua, situado en la sierra Tarahumara, al suroeste de la capital del estado, cerca de los límites con Sonora y Sinaloa. Superficie: 2,801.81 km². Habitantes: 25,824, de los cuales 5,893 forman la población económicamente activa. Cuenta con explotación maderera y una considerable ganadería. Hablan alguna lengua indígena 5,196 personas mayores de cinco años (tarahumara 3,186). Indígenas monolingües: 5,186. El ferrocarril Chihuahua al Pacífico atraviesa el territorio, que se halla en promedio a 2,200 metros sobre el nivel del mar y en algunos puntos llega a 3,000 metros. Las temperaturas en invierno pueden ser hasta de 27 grados centígrados bajo cero. La cabecera fue fundada en 1702, con el nombre de Nuestra Señora de Guadalupe de Bocoyna, por misioneros jesuitas. Se erigió el municipio el 20 de noviembre de 1911.

BOETTIGER DE ÁLVAREZ, MARÍA ◆ n. en Catemaco, Ver., y m. en el DF

Juan de Dios Bojórquez

(1876-1945). Tía del escritor Carlos Fuentes. En la capital de la República colaboró en los periódicos *El Demócrata*, *El Globo* y *El Universal*. Escribió novelas (*Soy rebelde*, *El desertor, la cita*) y poesía *Alma* (1928), *Rosas en mi huerto*(1936). Perteneció al Ateneo Mexicano de Mujeres.

BOHEMIA LITERARIA, LA ◆ Sociedad fundada en 1868 en la ciudad de México. Tuvo unos cuatro años de vida y entre sus miembros figuraban Ignacio M. Altamirano, Guillermo Prieto, Manuel M. Flores, Manuel Acuña y José T. Cuéllar. *La Linterna Mágica* era el órgano del grupo.

BOHEMIA SINALOENSE ◆ Revista literaria fundada en Culiacán, Sin., en 1897. Enrique González Martínez y Victoriano Salado Alvarez figuraron entre sus colaboradores.

BOHÓRQUEZ, ABIGAEL ◆ n. en Caborca y m. en Hermosillo, Son. (1937-1995). Dirigió el Departamento de Literatura del Organismo de Promoción Internacional de Cultura de la SRE (1965-70), mediante el cual difundió la obra de creadores jóvenes. Impartió talleres de poesía en el IMSS, el Consejo Tutelar de Menores y en diversas casas de cultura. Autor de poesía: *Ensayos poéticos* (1955), *Poesía i teatro* (1957), *Fe de bautismo* (1960), *Acta de confirmación* (1966); *Canción de amor y muerte por Rubén Jaramillo* (1967), *Las amarras terrestres* (1969), *Memoria en la alta milpa* (1975), *Digo lo que amo* (1976), *Desierto mayor* (1980), *Heredad* (1981), *Abigaeles* (1990), *Poesía en limpio* (1991), *Navegación en Yoremito* (1993) y póstumamente *Poesida* (1996). Es también autor de piezas de teatro: *Nocturno del alquilado y la tórtola* (1965), *La madrugada del centauro* (1967), *Hoguera en el pañuelo* (1968), *Caín en el espejo* (1968), *Ángeles son que ya viene el alba* (auto a la manera pastoril), *Coyote de ayuno* (documental escénico en un acto), *El aguijón de la abeja*, *Los Kebbler* (tragedia), *El círculo hacia Narciso: la vocación del orgullo* (melodrama), *La fauna* (farsa), *Muchacho de septiembre*, *Nocturno bajo cero* (reportaje dramático), *Quechilotzin Stran-*

ger (farsa), *Tal vez nunca o mañana* (comedia), *La estirpe y los documentales escénicos en un acto*, *Hermano Pablo, Maese*, *In memoriam, Federico y Claro en la selva*. Ganó los Juegos Florales de Mazatlán Clemencia Isaura en 1993 por el poemario *Églogas y canciones del otro amor*.

BOHÓRQUEZ Y BOHÓRQUEZ, ENRIQUE ◆ n. en España (1903). Estuvo del lado republicano durante la guerra civil española. Llegó a México al término de ésta. Trabajó como cronista taurino en los periódicos *Esto* y *Claridades*. Transmitió por una estación radiofónica la historia del toreo. Autor de *El sentimiento del toreo* (1962) y otras obras.

BOHR, JOSÉ ◆ n. en Alemania y m. en Noruega (1901-1994). Cineasta. Fue pianista y produjo en Chile cortometrajes informativos. Vino a México en 1931 y aquí actuó y codirigió *La sangre manda* (1932), actuó y dirigió *Mariguana, el monstruo verde* (1936). Otras de sus películas son *Por mis pistolas*, *El rosario de Amozoc* y *Canto de mi tierra*.

BOJÓRQUEZ, JUAN DE DIOS ◆ n. en San Miguel de Horcasitas, Son., y m. en el DF (1892-1967). Ingeniero agrónomo. Revolucionario constitucionalista. Diputado constituyente (1916-17), diputado federal (1920) y senador (1964-67). Fue secretario de Gobernación con los presidentes Abelardo L. Rodríguez (octubre y noviembre de 1934) y Lázaro Cárdenas (diciembre de 1934 a junio de 1935). En 1922 promovió la creación del Bloque de Obreros Intelectuales (☞). Dirigió la revista literaria *Crisol* (1929-38). En su extensa obra hay novelas (*Yórem Tamegua*), ensayos políticos e históricos, etcétera.

BOJÓRQUEZ CASTILLO, RAMIRO ◆ n. en Champotón, Camp., y m. en Mérida, Yuc. (1891-1996). Estudió la primaria en su pueblo natal. A los 18 años se trasladó a Campeche para trabajar en una planta eléctrica y ser gerente de la compañía chiclera La Tuxpeña.Comerciante y empresario, fue designado secretario del gobernador Ángel Castillo Lanza. De 1928 a 1931, asumió la gubernatura interina de Campeche, des-

Sierra Bolaños

pués de lo cual se estableció definitivamente en Mérida.

BOJÓRQUEZ PATRÓN, ALBERTO ◆ n. en Motul, Yuc. (1938). Cineasta. Ha dirigido *Los meses y los días* (1971), *Lo mejor de Teresa* (1977), *Adriana del Río, actriz* (1978) y *Retrato de una mujer casada* (1979).

BOKER, ROBERTO ◆ n. en Alemania y m. en la ciudad de México (1843-1912). Durante el imperio de Maximiliano (1865) creó la Ferretera Mexicana Roberto Boker, que se instalaría en 1896 en un edificio hecho ex profeso en Isabel la Católica y 16 de Septiembre, ya como Casa Boker. Ese inmueble fue el primero de estructura metálica que se instaló en México y lo inauguró Porfirio Díaz. Fue proyectado por los arquitectos De Lemos y Cordes de Nueva York y construido por el ingeniero mexicano Gonzalo Garita. La fachada del inmueble está recubierta por cantera de Pachuca. Actualmente se le considera Monumento Histórico.

BOKOBÁ ◆ Municipio de Yucatán situado al este de Mérida y al sur de Motul. Superficie: 48.54 km². Habitantes: 1,989, de los cuales 533 forman la población económicamente activa. Hablan maya 888 personas mayores de cinco años.

BOLA DE NIEVE ◆ n. en Cuba y m. en el DF (1911-1971). Cantante y pianista. Nombre profesional de Ignacio Villa y Fernández. Estudió piano en Guanabacoa. Llegó a México en 1932 acompañando a Rita Montaner y pasó aquí largas temporadas en las que alternó con Agustín Lara, María Greever y Guty Cárdenas. Trabajó en la compañía de Ernesto Lecuona. Entre su música, de estilo inconfundible e inmersa en el mundo de la santería y de la música y danzas bembé, puede contarse *Drumi mobila, Carlota te morí* o *Manda conmigo papé*. También fueron populares sus interpretaciones a la música de Eliseo Grente *Yambambó* y *Drume negrita*, de Nicolás Guillén *Vito Manue*, boleristas tradicionales como José Sabre Marroquín, Mario Ruiz Armengol o María Greever, su *Flor de la canela* de Chabuca Granda y canciones nacionales españolas, italianas, estadounidenses y afroantillanas.

BOLADO DEL REAL, MARÍA DEL CARMEN ◆ n. en Tampico, Tams. (1939). Pertenece al PAN desde 1990. Presidenta de Acción Cívica Femenina del Sur de Tamaulipas. Diputada federal por el V Distrito de Tamaulipas (1991-94) y senadora (1994-2000). Es consejera de la Coparmex y de la Unión Social de Empresarios Mexicanos.

BOLAÑO E ISLA, AMANCIO ◆ n. en España y m. en el DF (1895-1971). Era licenciado en filosofía y letras cuando llegó a México, en 1936. Fue profesor de la Universidad Nacional Autónoma de México, donde se doctoró en letras (1947). Autor de *Breve manual de fonética elemental* (1956) y *Manual de historia de la lengua española* (1959), entre otras obras. Profesor emérito de la UNAM (1965) y miembro de la Academia Mexicana desde 1969.

BOLAÑO, ROBERTO ◆ n. en Chile (1953). Escritor. Vino por vez primera a los 15 años, volvió a Chile en 1971 y tras el golpe militar regresó a México por razones políticas en 1974. Aquí residió tres años durante los cuales fundó el Movimiento Infrarrealista (1975) junto a Bruno Montané y Mario Santiago, coeditó la revista *Rimbaud* y colaboró en publicaciones literarias como la *Revista Mexicana de Cultura*. Desde 1977 vive en España. Es autor de *Literatura nazi en América* (1996). Escribió los libros de poesía *Gorriones cogiendo altura* (1975), *Reinventando el amor* (1976), *Muchachos desnudos bajo el arcoiris de fuego* (antología, 1979), *Regreso a la Antártida* (1983), *El último salvaje* (1993) y *Los perros románticos* (1995); y las novelas *Consejos de un discípulo de Morrison a un*

Foto: Claudio Contreras

fanático de Joyce (1984), *La senda de los elefantes* (1993), *Estrella distante* (1996), *Llamadas telefónicas* (Premio de la Municipalidad de Santiago de Chile, 1997), *La pista de hielo* (1998) ·y *Los detectives salvajes* (Premio Herralde de Novela 1998 y Premio Rómulo Gallegos 1999).

BOLAÑOS ◆ Municipio de Jalisco situado en el norte de la entidad, en los límites con Nayarit. Superficie: 1,134.75 km². Habitantes: 5,032, de los cuales 1,291 forman la población económicamente activa. Hablan alguna lengua indígena 2,045 personas mayores de cinco años. Indígenas monolingües: 255. La cabecera se halla junto al río Bolaños, en el extremo norte del cañón del mismo nombre, lo que representa un atractivo turístico.

BOLAÑOS ◆ Río de Jalisco. Está formado por la confluencia de los ríos Colotlán y Mezquitic, corrientes que se originan en Zacatecas. Después de recorrer de norte a sur el cañón de Bolaños, en los límites con Nayarit se une al río Grande de Santiago.

BOLAÑOS ◆ Sierra situada en el norte de Jalisco y el extremo sur de Zacatecas. La Mesa de Estanzuela la delimita por el este y por el oeste el cañón de Bolaños, que por decenas de kilómetros la separa de la sierra de Pinabete.

BOLAÑOS, AVELINO ◆ n. en Chacaltianguis y m. en Tlacotalpan, Ver. (1878-?). Profesor normalista. Escribió *En el Correo de Sotavento*. Fue jefe de Educación Pública en Veracruz durante el gobierno de Cándido Aguilar (1915).

BOLAÑOS, JOAQUÍN ◆ (¿?) Franciscano de la Propaganda Fide. Fue residente del colegio del Seminario de Guadalupe en Zacatecas y examinador sinodal del obispado del Nuevo Reino de León. Autor de *La portentosa vida de la muerte* (1792), quizá la primera novela criolla mexicana. También publicó *Sentimientos de una exercitante concebidos en el retiro de los ejercicios espirituales* (1793) y *Salud y gusto para todo el año o Año Josefino* (1793).

BOLAÑOS, JOSÉ PEPE ◆ n. y m. en el DF (1931-1994). Cineasta. Dirigió, entre otras, las películas *La soldadera* con Sil-via Pinal, una adaptación de *Pedro Páramo* de Rulfo con el actor John Gavin, *El hombre de la media luna* y *Arde, baby, arde*.

BOLAÑOS CACHO, GILBERTO ◆ n. en Oaxaca, Oax., y m. en el DF (1898-1971). Se tituló en la Escuela Nacional de Medicina (1925). Desde 1926 hasta su muerte fue jefe de los Servicios Médicos de la Comisión de Box del DF y desde 1943 del Hipódromo de las Américas. Coordinador general de la misma área en los XIX Juegos Olímpicos. Fue un especialista en medicina deportiva reconocido internacionalmente. Promo-·vió la creación del Tribunal para Menores y fue su director. Escribió sobre delincuencia juvenil.

BOLAÑOS CACHO, MIGUEL ◆ n. en Oaxaca y m. en EUA (1869-1928). Abogado a los 20 años, se instaló en el estado de Chihuahua, donde fue secretario de juzgado, asesor militar con grado de coronel, diputado local, redactor del Periódico Oficial, profesor del Instituto Científico y Literario y secretario general de Gobierno del estado. Desempeñó diversos cargos judiciales en Oaxaca, la ciudad de México y San Luis Potosí. Gobernador interino de Oaxaca de junio a noviembre de 1902 y constitucional del 19 de agosto de 1912 al 13 de julio de 1913. En este periodo afrontó el movimiento soberanista que pretendía la separación de Oaxaca del pacto federal, reconoció al golpista Victoriano Huerta y reunió dinero, armas y hombres supuestamente para rechazar el desembarco estadounidense en Veracruz, pero en realidad para sostener la actividad contrarrevolucionaria de Huerta. El 13 de julio renunció obligado por los soberanistas y se exilió en EUA, donde murió. Publicó en Oaxaca los periódicos literarios *La voz de la juventud* y *La palabra* (1888-89) y en Chihuahua *La justicia* y la *Revista universal* (1891-93). Dirigió el *Boletín de la Sociedad Mexicana de Geografía y Estadística* y colaboró en publicaciones de la capital. Escribió poesía: *El poema del siglo* (1900), *Ritmos, sonetos y sonatas*, etc., así como *Ensayos jurídicos* (1907),

Los derechos del hombre (10 tomos), *La colonización de México*, discursos y artículos varios así como *Reforma al juicio de amparo*, obra premiada en 1906 por el Antiguo y Nacional Colegio de Abogados.

BOLAÑOS ESPINOSA, DEMETRIO ◆ n. en Oaxaca, Oax., y m. en el DF (1898-1986). Se inició como periodista en 1920 en el *Diario del Istmo*, de la ciudad de Oaxaca. Instalado en la capital del país trabajó para *El Universal* durante 64 años. Destacó como cronista parlamentario. Fue diputado por Oaxaca y asesor del presidente Gustavo Díaz Ordaz. Premio Nacional de Periodismo 1983.

BOLAÑOS MORA, JOSÉ LUIS ◆ n. en el DF (1963). Ingeniero industrial por el IPN (1986). Miembro del PRI desde 1981, en su Frente Juvenil Revolucionario en el DF ha sido secretario general (1986), de Organización (1987), de Acción Política (1987) y subcoordinador (1987). Miembro plurinominal de la primera Asamblea de Representantes del DF (1988-91). Ganó en 1987 el premio Alfredo V. Bonfil.

BOLAÑOS QUEZADA, SERGIO LUIS ◆ n. en Ciudad Madero, Tams. (1932). Contador privado. Trabajó en Pemex entre los 14 y 19 años. En 1951 renunció para emprender negocios propios. Para 1965 controlaba varias compañías que dieron origen al grupo Serbo. Junto con el dirigente sindical de Pemex, Joaquín Hernández Galicia *La Quina*, compró cinco barcos que integraron la compañía Petroflota, la que en 1984-85 tuvo ganancias por 7 mil millones de pesos. También recibió contratos para construir viviendas para el Infonavit, el Fovissste, la UNAM y el Sindicato Mexicano de Electricistas. En enero de 1989, con Hernández fue acusado de delitos fiscales y encarcelado, pero quedó libre en 1992.

BOLAÑOS VÁZQUEZ, JAVIER ◆ n. en Puebla, Pue. (1946). Licenciado en derecho por la UNAM (1976). Fue secretario particular del subsecretario del Trabajo (1976-78) y diputado federal por Puebla (1982-85). Pertenece desde

1967 al PRI, en el que ha desempeñado comisiones y ocupado diversos cargos, como el de subsecretario de acción electoral del comité ejecutivo nacional (1978-79) y presidente del comité estatal de Puebla (1981-82).

BOLAÑOS VELÁZQUEZ, GASPAR ◆ n. en Morelia, Mich., y m. en el DF (1884-1931). Participó en la revolución constitucionalista. Fue diputado por Teocaltiche, Jalisco, al Congreso Constituyente de 1916-17. Trabajó después para el gobierno federal.

BOLDÓ, JORDI ◆ n. en España (1949). Pintor. Hijo de Nuria Boldó. Adquirió la nacionalidad mexicana en 1957. Ha expuesto individual y colectivamente en México y otros países. Su obra forma parte del Museo de Arte de Querétaro, del Museo Iconográfico del Quijote en Guanajuato, del Instituto Colimense de Cultura, del Museo de Arte Contemporáneo Alfredo Zalce de Morelia y en el DF de los museos Cuevas, del Chopo, Carrillo Gil, del Arzobispado y de la UAM. Recibió la beca del Programa de Fomento a Proyectos Culturales de Querétaro (1995) y la de fomento a Proyectos y Coinversiones Culturales del Fonca (1998). Primer premio de adquisición de la Muestra Plástica de Querétaro. Primer lugar de la Bienal Internacional Juguete Arte Objeto del Museo Cuevas (1995). Premio Nacional en Pintura de la Fundación Cultural Álica, de Nayarit (1995). Primer lugar en la segunda Bienal de Pintura de Occidente Alfonso Michel, en Colima (1995). Premio Comex 1997.

BOLDÓ, NURIA ◆ n. en España y m. en el DF (1929-1997). En 1950 llegó a México con su familia. Tras un tiempo de estancia en Guatemala, regresó en 1966. En 1970 fue detenida, acusada de pertenecer a un grupo guerrillero, y pasó encarcelada cuatro años en Santa Martha Acatitla. En 1974 se adhirió al PCM, del que fue expulsada. En 1984 fundó la editorial Joan Boldó i Climent en el DF, que publicaba a poetas jóvenes de los estados. Posteriormente la empresa se trasladó a Querétaro y a Tequisquiapan. Fundó la librería y cafetería La

Pajarita de Papel en el Distrito Federal.

BOLETÍN DE LA DIVISIÓN AUXILIAR DE LA REPÚBLICA MEXICANA ◆ Periódico de la fuerza internacionalista que, encabezada por Francisco Javier Mina, se proponía contribuir al logro de la independencia nacional. El primer número está fechado en Soto la Marina (Tamaulipas), el 26 de abril de 1817. Se cree que llegaron a publicarse más de tres números. Lo redactaba el cubano Joaquín Infante y el estadounidense Samuel Bangs era el impresor.

BOLIO ONTIVEROS, EDMUNDO ◆ n. en Izamal, Yuc., y m. en el DF (1889-1970). Profesor normalista. Antirreeleccionista. Fundó y dirigió la Unión Obrera de Yucatán (1913) y fue cofundador del Partido Socialista de Yucatán y del Partido Socialista del Sureste. Diputado federal a las legislaturas XXVII y XXIX. Fue a la cárcel por adherirse a la rebelión de Agua Prieta. Fungió como jefe de Educación Pública en Yucatán. Cultivó la poesía, el cuento y el ensayo sobre diversos temas: *La instrucción pública en Yucatán desde los tiempos pretéritos hasta 1910, De la cuna al paredón* (biografía de Carrillo Puerto), etc. Autor de un *Diccionario histórico, geográfico y biográfico de Yucatán* (1944).

BOLIO Y TORRECILLAS, PEDRO ◆ n. y m. en Mérida, Yucatán, Yuc. (1763-1848). Colaboró en estudios sobre la realidad yucateca de su tiempo. Intendente de Yucatán (1820).

BOLÍVAR, RAMÓN ◆ n. en Villahermosa, Tab. (1953). Poeta. Arquitecto titulado en la UNAM. Ha sido profesor en el Instituto de Cultura de Tabasco y en la Universidad del mismo estado. Fue vicepresidente de las Jornadas Internacionales Carlos Pellicer. Autor de la antología *Al sur del milenio: poesía joven de la frontera sur* (1993); de los libros infantiles de cuento *Nuestra casa* (1987) y *Libros del rincón* (1988); y de los poemarios *Punto por punto* (1984), *Cuaderno de notas* (1986), *Al este de tus hombros* (1987), *El solar de mi casa* (1987), *Rumor como de labios* (1991) y *Con lágrimas de flores de tristeza (ante el espejo de tus ojos)* (1993).

BOLÍVAR, SIMÓN ◆ n. en Caracas, Venezuela, y m. en Santa Marta, Colombia (1783-1830). Contribuyó decisivamente o dirigió la lucha por la independencia de seis de los actuales países latinoamericanos, por lo cual se le llama El Libertador. Gobernó la República de Gran Colombia, fundada en 1819 por el Congreso de Angostura y posterior-

Durante su estancia en México, Simón Bolívar se hospedó en la casa que muestra la ilustración

FOTO: *El Mundo Ilustrado*

Timbres de Bolivia

República de Bolivia

mente segregada en tres países: Ecuador, Colombia y Venezuela. Visitó México en 1799, de paso para España. En el poco tiempo que permaneció en la capital trató al virrey Azanza y a personas como María Ignacia Rodríguez de Velasco y Osorio, la célebre *Güera* Rodríguez. Se hospedó en casa de la hermana de ésta, la marquesa María Josefa Rodríguez de Velasco, esposa del oidor Guillermo de Aguirre. Años más tarde, el joven neogranadino se convertiría en una figura de proyección mundial que tendría presente a México, primero en la lucha liberadora de Hidalgo y Morelos, después por los riesgos que implicaba la firma de los Tratados de Córdoba, que abrían la puerta para la venida de un monarca extranjero. Apenas consumada la independencia mexicana envió un representante diplomático, Miguel de Santa María. A la caída de Iturbide, Bolívar manifestó su congratulación a los mexicanos y propuso la firma de un Tratado de Unión, Liga y Confederación Perpetua, lo que ocurrió en octubre de 1823. El 18 de marzo de 1824, el Congreso de México le confirió por aclamación el nombramiento de ciudadano mexicano. Este pacto y la celebración en 1826 del Congreso de Anfictionía, en Panamá, formaban parte de la estrategia bolivariana para defender la integridad y soberanía de las na-

ciones de Hispanoamérica, a las que amenazaban las potencias europeas y el expansionismo estadounidense. Bolívar tenía en la mira la constitución de una gran república que agrupara a todos los países hispanoamericanos.

BOLÍVAR G., JOSÉ IGNACIO ◆ n. en España (1924). Licenciado en química por la UNAM (1946) con posgrado en la Universidad de Harvard. Ha sido catedrático (1948-), consejero técnico (1958-60) y funcionario de la Escuela Nacional de Ciencias Químicas (hoy Facultad de Química) de la UNAM. Miembro del consejo editorial de la revista *Ciencia* (1945-81), fundador y director de la *Revista de la Sociedad Química de México* (1965-75) y editor de la *Revista Iberoamericana de Educación Química* (1966-74). Ha creado varias empresas del ramo químico-farmacéutico. Miembro de la Sociedad Mexicana de Historia Natural (1940-74), de la American Chemical Society (1956-74), cofundador (1956), secretario y presidente (1966-67) de la Sociedad Química de México; cofundador y representante de México ante la Federación Latinoamericana de Asociaciones Químicas (1962-68) y presidente de la Cámara Nacional de la Industria Farmacéutica (1965). Autor de *Aislamiento de fracciones globulínicas de caballos inmunizados contra la difteria* (1947) y coautor del libro *Química general e inorgánica*, edición Modesto Bargalló, 1962.

BOLÍVAR Y PIELTÁIN, CÁNDIDO ◆ n. en España y m. en el DF (1897-?). Naturalista. Estudió en la Universidad Central de Madrid. Fue secretario de la Presidencia de la República Española (1936-39). Llegó a México en 1939. Profesor del Instituto Politécnico Nacional. Trabajó para la Secretaría de Salubridad y la UNESCO: Miembro del consejo de redacción de la revista *Ciencia* y director de ésta (1944). Formó una colección de entomología tropical. Autor de *Costumbres de los insectos* y otros trabajos científicos.

BOLÍVAR Y URRUTIA, IGNACIO ◆ n. en España y m. en el DF (1850-1944). Entomólogo. Padre del anterior. Licen-

ciado en derecho y doctor en ciencias naturales. Creó la Sociedad Española de Historia Natural y fue decano de la Facultad de Ciencias de la Universidad de Madrid. Al llegar a México, en 1939, era miembro de las academias españolas de la lengua y de las ciencias y socio honorario de corporaciones científicas de Europa y América. Aquí ingresó a la Sociedad Mexicana de Historia Natural y fundó y dirigió la revista *Ciencia*. A lo largo de su vida publicó más de 300 trabajos, descubrió unos doscientos géneros y más de mil especies. La UNAM le otorgó el doctorado *honoris causa*.

BOLÍVAR ZAPATA, FRANCISCO GONZALO ◆ n. en el DF (1948). Doctor en Química por la UNAM, donde ha sido investigador desde 1973, director del Centro de Investigación sobre Ingeniería Genética y Biotecnología (1982), posteriormente Instituto de Biotecnología, y coordinador de la Investigación Científica. Ha contribuido en las áreas del desarrollo de vehículos moleculares para la clonación y expresión de material genético y en el aislamiento, caracterización y manipulación de genes y vías metabólicas tanto de interés básico como industrial. Ha publicado 120 investigaciones en revistas y en libros y tiene más de 10 mil citas bibliográficas en libros y revistas. Fue miembro del grupo de investigadores que lograron producir por técnicas de ingeniería genética, proteínas humanas (somatostaina e insulina) en bacterias (EUA, 1997). Es miembro del Sistema Nacional de Investigadores desde 1984 y de El Colegio Nacional desde 1994 y presidente de la Academia Mexicana de Ciencias. Doctor *honoris causa* por la Universidad de Leija, Bélgica (1994). Ha recibido el Premio Universidad Nacional (1990), el Premio Príncipe de Asturias (1991), el Premio Nacional de Ciencias y Artes en el campo de Ciencias Físico-Matemáticas y Naturales (1992), el Premio TWAS (Third World Academy of Sciences) en el área de la Biología (1997).

BOLIVIA, REPÚBLICA DE ◆ Nación de Sudamérica limitada al norte y al este por Brasil; al sur por Paraguay y Ar-

La Paz, sede del gobierno de la República de Bolivia

gentina; y al oeste por Chile y Perú. Superficie: 1,098,581 km². Habitantes: 7,957,000 (1998). La Paz, sede del gobierno, se halla a 3,630 metros sobre el nivel del mar. En Sucre, la capital constitucional, radica la Corte Suprema de Justicia. El intercambio con México se inició en 1833, cuando el presidente boliviano Andrés de Santa Cruz envió al gobierno mexicano un paquete que contenía la Constitución y algunas leyes menores del país andino. En las tres décadas siguientes las relaciones se redujeron a una correspondencia ocasional. En 1867, enterados los bolivianos del triunfo sobre el imperio de Maximiliano, llegó a México como representante extraordinario Quintín Quevedo, quien se encargó de abrir el respectivo consulado. Fue Porfirio Díaz el primer presidente mexicano que tuvo un gesto más que formal de solidaridad con Bolivia, cuando retiró la representación en Chile, a raíz de la guerra que privó a Bolivia de salida al mar (1879). Al presidente Manuel González le correspondió abrir el primer consulado mexicano en La Paz (1882). En el largo periodo de Porfirio Díaz hubo intentos de un mayor intercambio, especialmente al firmarse tratados entre ambos paí-

ses (postal y comercial). Con Carranza, el ministro mexicano en Lima fue también representante en La Paz. Álvaro Obregón, a quien Washington le regateó el reconocimiento, lo obtuvo en 1921 de Bolivia. Plutarco Elías Calles envió a Emilio Portes Gil como representante mexicano a las fiestas del centenario de la independencia boliviana y en esa estancia las relaciones se elevaron a nivel de embajadores. Durante los periodos presidenciales de Abelardo L. Rodríguez y Lázaro Cárdenas, México fungió como mediador en la guerra del Chaco (1933-35), que le significó a Bolivia la pérdida de ese territorio en favor de su adversario, Paraguay. El presidente boliviano Gualberto Villarroel hizo dos visitas de Estado a México en 1943 y 1946. En México los sectores democráticos siguieron con atención y simpatía la revolución boliviana de 1952, especialmente sus planteamientos sobre la cuestión agraria. En la misma década de los años cincuenta, los pintores Miguel Alaudia, Solón Romero y Jorge Pantoja iniciaron una renovación de la plástica de su país en la cual influyó decisivamente el muralismo mexicano. En los años sesenta los acontecimientos bolivianos fueron objeto de

Edificio de la Bolsa Mexicana de Valores

una gran difusión. Mermada considerablemente por la revolución de 1952, la tradicional influencia militar en la vida política boliviana volvió a manifestarse en toda su brutalidad en 1964, cuando un nuevo golpe de Estado llevó al poder al diunvirato formado por Alfredo Ovando y René Barrientos. Éste, en 1966, quedó solo en la conducción del país hasta 1969. En esos años, cuando los movimientos estudiantiles sacudían al mundo, la ejecución en Ñancahuazú del guerrillero Ernesto Che Guevara, símbolo de la rebeldía, dio pie para una amplia denuncia del militarismo, la represión y la pobreza de las masas en Bolivia, lo que tuvo fuerte repercusión en México. Durante los años setenta y hasta 1985 algunos presidentes civiles se alternaron con un desfile de gobiernos castrenses, lo que produjo una oleada de emigración. México se benefició con la presencia de algunos de esos exiliados como Mario Guzmán Galarza, dos veces embajador, o René Zavaleta Mercado, quien aquí ocupó la dirección de la Facultad Latinoamericana de Ciencias Sociales y desplegó una intensa actividad intelectual hasta su muerte, ocurrida en 1984. Asimismo, al ser asesinado el líder obrero Marcelo Quiroga Santacruz, el gobierno de México ofreció asilo a su viuda y a sus hijos.

BOLLAND, LUIS ♦ n. en Austria y m. en la ciudad de México (1844-1925). Ingeniero. Vino a México en 1865. Por orden de Maximiliano trazó y dirigió las obras del Paseo del Emperador, que al ser restaurada la República se conoció como Paseo de la Reforma, en la capital del país. Posteriormente trabajó para empresas mineras.

BOLSA ♦ Centro de compra y venta de valores o mercancías. Adoptó en italiano el nombre de *borsa* (bolsa, bolsillo), pues el plural de esta palabra (*borse*) tiene mucha semejanza con el apellido flamenco Van der Burse, que era el del negociante renacentista en cuya casa, en Brujas, se reunían los mercaderes de Génova, Venecia y otras ciudades-Estado a intercambiar sus productos. De ahí que a los valores que se negocian en la

Actividad financiera en la Bolsa Mexicana de Valores

bolsa se les llame bursátiles. Existen bolsas de mercancías, que en México y los países de tradición española son conocidas también como lonjas, y bolsas de valores, donde se intercambian papeles negociables. Las primeras tienen la característica de que las mercancías no están en el local donde se negocia y en algunos casos tampoco existen, pues se trata de compras por adelantado. Con las bolsas de valores sucede algo semejante, pues, por ejemplo, una acción no otorga el derecho a tomar físicamente y de inmediato la parte proporcional de la empresa que la emitió. La ganancia, para quienes concurren a la bolsa, se obtiene de vender a mayor precio los valores adquiridos previamente o esperar a que paguen los rendimientos convenidos. Los centros bursátiles modernos surgieron en el siglo XIX, cuando se extendió la existencia de las sociedades por acciones y para que éstas fueran realizadas se requería de una bolsa de valores. En México, donde existían desde el siglo XVI las casas de lonja y contratación, principalmente con la compra y venta de títulos de minas, los corredores trabajaban de pie o alquilaban algún coche tirado por caballos. La primera empresa de bolsa autorizada por el gobierno en 1887 fue

establecida por los señores Aspe y Labadié. En ese tiempo, a los corredores se les llamaba *coyotes*. Por esas fechas, en la pastelería de la viuda de Genin, en la calle de Plateros, se congregaban los suscribientes de acciones y escrituradores. La bolsa, como entidad organizada, surgió el 31 de octubre de 1894 y cerró sus puertas en abril de 1896. Su funcionamiento se regularizó en 1907, cuando por primera vez la Bolsa Privada de México, que tal era su denominación, se concentró en un solo lugar, en el edificio de Seguros La Mexicana, cotizando tres emisiones públicas y ocho privadas: los bancos Nacional de México, de Londres y México e Internacional Hipotecario; la Compañía Industrial de Orizaba, la Cervecería Moctezuma, la Fábrica de Papel San Rafael, Peñoles, Real del Monte, Esperanza de Oro, San Rafael Trompillo y la Cigarrera El Buen Tono. En 1910 cambió su denominación a Bolsa Mexicana de Valores y se trasladó al número 33 de la calle Isabel La Católica. En 1933 el Estado la definió como institución auxiliar de crédito, pues sus operaciones permiten a las empresas allegarse fondos. Entonces cambió su nombre por el de Bolsa de Valores de México. Una nueva reglamentación, en 1975, estableció con mayor claridad y precisión las normas a que debía someterse el mercado bursátil. Las bolsas de Guadalajara, Monterrey y la capital de la República quedaron agrupadas bajo una misma razón social, como Bolsa Mexicana de Valores, Sociedad Anónima de Capital Variable. En 1986 la Bolsa, según el economista Jorge Alcocer, estaba constituida "como sociedad anónima sujeta a un régimen de concesión, bajo la supervisión directa de la Comisión Nacional de Valores y sus accionistas son las casas de bolsa". En 1985, de acuerdo con un reporte de las secretarías de Hacienda y Programación y Presupuesto, "la colocación de valores gubernamentales entre empresas y particulares ascendió a 506.6 mil millones de pesos. De ese total correspondieron 342.5 mil millones a Cetes (Certificados de Tesorería), 139.1 a Petrobonos y 25 mil millones a bonos de reconstrucción". Por su parte, los particulares obtuvieron aproximadamente 100 mil millones de pesos por la colocación de sus valores mediante el mercado bursátil. En octubre de 1987, después de un periodo de auge sin precedente, se produjo una drástica caída de los valores.

BOLSÓN ◆ Nombre que reciben las depresiones geográficas en algunas partes de México. ☞*Mapimí, bolsón de.*

BOLTON, HEBERT EUGENE ◆ n. y m. en EUA (1870-1953). Historiador. Dirigió la Biblioteca Bancroft de la Universidad de California. Entre sus obras están su *Guide to Materials for the History of the United States in the Principal Archives of Mexico* (1913) y *Texas in the Middle Eighteenth Century* (1921).

BOLTVINIK KALINKA, JULIO ◆ n. en Puebla, Pue. (1944). Licenciado en economía por la UNAM (1966) y maestro en economía por El Colegio de México (1967-69) y en desarrollo económico por la Universidad de East Angli, Gran Bretaña (1972-73). Profesor de centros de enseñanza superior. Trabaja para el sector público desde 1971, donde ha sido subdirector de Formulación de Planes y Programas (1973-75) y director de Planeación del Consejo Nacional

de Ciencia y Tecnología (1975-76), director general de Programación de la Secretaría de Programación y Presupuesto (1976-78), subdirector (1978) y director general de Planeación de la Secretaría de Turismo (1978-80), director de Integración Programática (1983) y director general de Programación Financiera (1985-) de la Secretaría de Energía, Minas e Industria Paraestatal. Miembro del PRI desde 1974. Es coautor de *El desafío mexicano* (Océano, 1982) y coordinador y coautor de *Situación actual y perspectivas al año 2000* (1982).

BONAMPAK ◆ Centro arqueológico de Chiapas, cercano a Yaxchilán, a pocos kilómetros de la frontera con Guatemala. Fue descubierto en 1946 por el antropólogo Carlos Frey y el fotógrafo GG Healy. Es un conjunto ceremonial maya del siglo VI. Se concede la mayor importancia a las pinturas encontradas en el interior de un templo, pues por su nitidez y vivos colores han permitido tener una idea más exacta de la vestimenta, la fisiología y la vida de los mayas. Se calcula que los frescos datan del siglo VIII.

BONASSO, MIGUEL ◆ n. en Argentina (1940). Periodista. Se inició profesionalmente a los 18 años en Buenos Aires, donde fue jefe de redacción de *Análisis* y *Semana Gráfica*, jefe de prensa de la campaña electoral del Frente Justicialista de Liberación, asesor del presidente Héctor J. Cámpora, fundador del diario *Noticias* (1973) y director de este órgano hasta que fue cerrado por la dictadura argentina en septiembre de 1974. Pasó a la clandestinidad y fue secretario de prensa del Movimiento Peronista Montonero en 1977, año en que vino como asilado político a México. Aquí ha sido corresponsal de publicaciones de Colombia, Argentina y Venezuela, editor de la agencia Alasei, profesor de la Universidad Iberoamericana (1984-86), presidente de la Asociación de Corresponsales Extranjeros (1985-86), colaborador de *La Cultura en México* y del semanario *Proceso.* Autor de *Recuerdo de la muerte* (1984).

BONAVÍA Y ZAPATA, BERNARDO ◆ n. y m. en España (?-?). Militar. Estuvo en México de 1786 a 1817. Fue gobernador de Texas sin tomar posesión, co-

Bonampak, Chiapas

FOTO: CLAUDIO CONTRERAS

Héctor Bonilla

Rubén Bonifaz Nuño ha vertido al castellano obras de numerosos autores clásicos, como, por ejemplo, la *Guerra gálica* de Julio César

JULIO CÉSAR
GUERRA GÁLICA
VERSIÓN DE RUBÉN BONIFAZ NUÑO

rregidor de la ciudad de México, gobernador de la provincia de México (1788), del reino de Nueva Vizcaya (1796-1813) y gobernador de las Provincias Internas de Occidente (1813-17). Fue condecorado por su lucha contra la independencia mexicana.

BONAVIT, JULIÁN ◆ n. y m. en Morelia, Mich. (1872-1953). Médico. Ocupó diversos cargos en instituciones de salud. Escribió *Fragmentos de la historia del Colegio Primitivo y Nacional de San Nicolás de Hidalgo* (1910).

BONET BONELL, JUAN ◆ n. en España y m. en el DF (1902-1970). Doctor en derecho y en filosofía y letras. Fue funcionario del gobierno republicano durante la guerra civil española. Al triunfo de los fascistas pasó a Francis, donde fue detenido por la Gestapo y encarcelado en Fort du Ha (1941-43) y luego trasladado a los campos de concentración de Sacsenhausen, Alemania y, Mauthausen, Austria. Liberado en 1945 vuelve a Francia y permanece hospitalizado dos años. En 1947 viaja a México, donde es director del Instituto Luis Vives desde 1948 hasta su muerte.

BONET MARCO, FEDERICO ◆ n. en España (1906). Entomólogo. Llegó a México como asilado político en 1941. Fue profesor de la UNAM y del Instituto Politécnico Nacional. Autor de ensayos aparecidos en *Ciencia*, *Revista de la Sociedad Mexicana de Historia Natural* y otras publicaciones.

BONFIGLIO MARTÍNEZ, ÓSCAR ◆ n. en Ortiz, mun. de Guaymas, Son., y m. en el DF (1905-1987): Militar de carrera. Destacó como jugador en el equipo de futbol Guerra y Marina, que más tarde se convirtió en Marte y fue campeón mexicano en 1929. Le apodaban el *Yori*. Formó parte de la primera selección nacional de futbol, la que asistió a los Juegos Olímpicos de Amsterdam (1928) y al Campeonato Mundial de Futbol de Montevideo (1930), donde se convirtió en el primer portero en recibir un gol y un tiro de *penalty* en copas del mundo. En 1931 una fractura terminó con su carrera como jugador. Cinco años después fue designado entrenador del equipo Guadalajara y luego directivo del Atlante.

BONFIL, ALFREDO V. ◆ n. en Querétaro, Qro., y m. cerca de Veracruz, Ver. (1936-1973). Licenciado en derecho por la UNAM. Ocupó diversos cargos en el PRI y en la Confederación Nacional Campesina, de la que era secretario general al morir en un accidente de aviación nunca aclarado. Fue diputado federal (1970-73).

BONFIL VIVEROS, RAMÓN GUILLERMO ◆ n. en Tetepango, Hgo., y m. en Cuernavaca, Mor. (1905-1997). Educador. Estudió en la Escuela Normal de Maestros y se tituló como abogado en la UNAM. Hizo estudios en México, Francia y Suiza. Fue director de varias escuelas normales, diputado y subsecretario de Educación Primaria y Normal (1970-76). Cofundador del Sindicato Nacional de Trabajadores de la Educación. Hasta su muerte, dirigió la Academia Mexicana de la Educación. El senado de la República le otorgó la Medalla Belisario Domínguez en 1993.

BONIFAZ NUÑO, ALBERTO ◆ n. en Niltepec, Oax. (1911). Escritor. Ha colaborado en publicaciones literarias. Es autor de las novelas *La cruz del sureste* (1954), *Las cinco ciudades* (1969) y *El alba de oro* (1980); de cuentos: *Juego de espejos* (1959) y *El último castillo* (1972); de teatro: *El derecho del señor* (1960) y del volumen de ensayos *El paraíso vendido* (1976).

BONIFAZ NUÑO, RUBÉN ◆ n. en Córdoba, Ver. (1923). Poeta. Licenciado en derecho y doctor en letras por la UNAM, en donde ha sido profesor, investigador, coordinador de Humanidades y director-fundador del Instituto de Investigaciones Filológicas. Escribió el texto de presentación para el libro del pintor *Ricardo Martínez* (1965). Ha traducido a Catulo, Virgilio, Homero y otros clásicos, entre ellos los incluidos en su *Antología de la lírica griega* (1988). Es autor de un extensa obra lírica: *La muerte del ángel* (1945), *Poética* (1951), *Ofrecimiento romántico* (1951), *Imágenes* (1953), *Los demonios y los días* (1956), *El manto y la corona* (1958), *Canto llano a Simón Bolívar* (1959), *El doloroso sentir* (1960), *Fuego de pobres* (1961), *Siete de espadas* (1966), *El ala del tigre* (1969), *La flama en el espejo* (1971), *Tres poemas de antes* (1978), *De otro modo lo mismo, poesía 1945-1971* (1979), *As de oros* (1981), *Antología personal* (1983), *Albur de amor* (1987), *Pulsera para Lucía Méndez* (1989) y *Del templo de su cuerpo* (1992). Es autor, además, de numerosos ensayos: *Imagen de Tláloc* (1987), *Escultura azteca en el Museo Nacional de Antropología e Historia* (1989), *Olmecas: esencia y fundación: hipótesis iconográfica y textual* (1992) y *Cosmogonía antigua mexicana* (1995), entre otros. Miembro de las academias Mexicana de la lengua (1963) y Latinitati Inter Omnes Gentes Fovendae de Roma (1984). Premio Nacional de Letras (1974), Premio Latinoamericano de Letras Rafael Heliodoro Valle (1984), Premio Jorge Cuesta (1985) y Premio Internacional Alfonso Reyes (1985). Miembro de El Colegio Nacional desde 1972.

BONIFAZ EZETA, ÁNGEL ◆ n. en Toluca, Edo. de Méx. (1935). Licenciado en derecho por la UNAM. Es autor del estudio *Contribución del derecho a la reforma agraria mexicana* (1963) y de las novelas *Los mitos del confeso* (1977) y *Falso testimonio* (1981).

BONILLA, HÉCTOR ◆ n. en el DF (1939). Nombre profesional del actor Hermilio Bonilla y Rebentua. Estudió en la Escuela de Bellas Artes. Ha trabajado en telenovelas como *Viviana* y *Paloma*. En cine tiene filmadas 30 películas, entre ellas: *Una vez un hombre*, *Siempre hay una primera vez*, *Narda y el verano*, *Tres amigos* y *Rojo amanecer* (1990). En 1974 obtuvo un Ariel por su actuación en *Meridiano 100* (1974). Dentro del teatro ha participado en 70 obras de teatro, entre otras *Puños de oro*, *Los argonautas, El diluvio que viene* y *¿Mi vida es mi vida?* Escribió y dirigió *La lucha se hace* (1986). En 1986 recibió la Medalla Virginia Fábregas por 25 Años de Actuación, de la Asociación Nacional de Actores.

BONILLA, JUAN CRISÓSTOMO ◆ n. en Tetela de Ocampo, Pue., y m. en Veracruz, Ver. (1835-1884). Maestro rural. Se incorporó al ejército liberal para combatir la intervención francesa. Por méritos en campaña obtuvo el grado de general. Fue jefe político del Distrito Federal y gobernador de Puebla (1878-80).

BONILLA, JUAN CRISÓSTOMO ◆ n. en Puebla, Pue., y m. en el DF (1868-1949). Hijo del anterior. Abogado por el Colegio del Estado (hoy Universidad Autónoma de Puebla), del que fue rector. Procurador de Justicia, secretario general de Gobierno y gobernador interino de Puebla (1933) en sustitución de Juan Andreu Almazán. Magistrado del Tribunal Superior y procurador de Justicia de la entidad en Querétaro. Secretario general de Gobierno en Morelos.

BONILLA, MANUEL ◆ n. ¿en Culiacán? y m. en Mazatlán, Sin. (1867-1957). Se tituló de ingeniero en EUA. Trabajó para empresas privadas y para el gobierno de Sinaloa. Apoyó a José Ferrel como candidato a gobernador de Sinaloa. Se adhirió al maderismo en 1910 y creó y dirigió el Club Antirreeleccionista de Culiacán. Al frente del periódico *El Correo de la Tarde* se opuso a la dictadura, lo que le costó ser encarcelado durante seis meses. Participó en la insurrección maderista. Fue secretario de Comunicaciones en el gobierno constituido por Madero en Ciudad Juárez (10 de marzo al 21 de mayo de 1911) y ocupó el mismo cargo con el presidente Francisco León de la Barra (26 de mayo al 6 de noviembre de 1911). Con Madero en el Poder Ejecutivo Federal continuó en la misma cartera (6 de noviembre de 1911 a 27 de noviembre de 1912) y luego pasó a la de Fomento, que ocupó hasta el 18 de febrero de 1913, cuando presidente y vicepresidente pasaron a ser prisioneros de Victoriano Huerta. Al consumarse el golpe de Estado se incorporó al constitucionalismo, del que se separó para unirse a Francisco Villa, quien le encargó la cuestión agraria. Derrotada la División del Norte se exilió en EUA. En 1929 fue partidario de la candidatura presidencial de José Vasconcelos. Escribió *De Aztlán a México, Peregrinación de los nahuas* y un *Estudio de petroglíficos sinaloenses*.

BONILLA BAGGETTO, MANUEL ◆ n. en España (1919). Estudió biblioteconomía y archivonomía. Colaboró en la organización del segundo Congreso de Escritores Antifascistas realizado en Valencia (1937). Al término de la guerra civil española estuvo prisionero en campos de concentración. Llegó a México como asilado político en 1947. Colaboró en la revista *Las Españas* y participó en las actividades del Ateneo Español de México. Fundó varias librerías con su nombre.

BONILLA CHÁVEZ, JAVIER ◆ n. en Pachuca, Hgo. (1940). Licenciado en economía por la UNAM (1960-66), de la que fue profesor (1967-81). En el PRI, al que pertenece desde 1961, se desempeñó como asesor del director general de IEPES (1981-82) y subdirector de Estudios Regionales del CEPES de Hidalgo. Ha sido secretario técnico del Colegio Nacional de Economistas (1970), jefe del Departamento de Análisis de la Actividad Económica (1974-76), subdirector de Relaciones Económicas Básicas (1976-79), director de Memoria e Informe Presidencial de la Secretaría de Hacienda (1979-81), delegado de la Secretaría de Programación en Hidalgo (1983-88), secretario de Planeación del gobierno de Hidalgo (1984-85), consejero técnico de la CNC de Hidalgo (19-87-89) y diputado federal (1988-91).

BONILLA DORANTES, ADOLFO ◆ n. en Tlaxco, Tlax. (1880-?). Antirreeleccionista. Participó en la insurrección encabezada por Madero (1911). Durante la lucha de facciones fue convencionista y obtuvo el grado de general. Se adhirió al Plan de Agua Prieta (1920). Combatió la asonada delahuertista. Presidente del Jurado Militar de Puebla (1927). Gobernador de Tlaxcala (1933-37).

BONILLA FERNÁNDEZ, ALONSO DE ◆ n. en España y m. en Perú (?-¿1600?). Fue fiscal de la Inquisición en la Nueva España. Radicado en Lima fue consagrado arzobispo de México, pero no llegó a tomar posesión.

BONILLA GARCÍA, JESÚS JAVIER ◆ n. en el DF (1937). Licenciado en economía por el Instituto Tecnológico de México (1956-60). Hizo estudios de posgrado en el Instituto de Estudios Sociales de Holanda (1962-63). Profesor de la UNAM, la Escuela Nacional de Antropología e Historia y de la Universidad Iberoamericana. Miembro del PRI desde 1963. Ha sido subdirector general de Estadística (1964-72) y director general de Estudios Económicos de la Secretaría de Industria y Comercio (1972-73), presidente de la Comisión Nacional de Salarios Mínimos (1973-76 y 1982-88), subsecretario de Planeación Educativa de la Secretaría de Educación (1977), subdirector general de Servicios Institucionales del Seguro Social (1978-82), subsecretario B de la Secretaría del Trabajo (1988-91), director general de Conasupo (1991-95) y secretario de Trabajo y Previsión Social (1995-98). Es miembro del Colegio Nacional de Economistas.

BONILLA MARÍN, GABRIEL ◆ n. en España y m. en el DF (1889-1965). Doctor en derecho por la Universidad Central de Madrid. Fue presidente del Consejo de Estado de la República Española. Llegó a México como asilado político en 1939. Fungió como abogado consultor de la Presidencia de la República durante los gobiernos de Lázaro Cárdenas y Manuel Ávila Camacho. Trabajó como funcionario de la Secretaría del Trabajo. Impartió cátedra en la Escuela Nacional de Economía de la UNAM.

BONILLA SIERRA, RAMIRO ◆ n. en Mexquitic, Jal. (1939). Hizo estudios de ingeniería en el Instituto Tecnológico de Guadalajara y se tituló como profesor en la Escuela Normal de Jalisco (1964). A los diez años resultó ganador en el concurso de cuento convocado por el diario tapatío *El Occidental*. Fundó y dirigió el semanario *Las Últimas Noticias de Zapopan* (1961-65). Autor de *Poesías* (1977). Varios poemas suyos están en *Quince poetas mexicanos*, de Ignacio Villaseñor Villaseñor (1968).

BONILLA VÁZQUEZ, IGNACIO ◆ n. en Apizaco, Tlax., y m. en el DF (1901-1970). Militar de carrera. Ocupó cargos públicos: director gene-

ÓSCAR DE LA BORBOLLA

Nada es para tanto

Portada de la novela
Nada es para tanto
de Óscar de la Borbolla

ral de Pesca (1952-58), senador por Tlaxcala (1964-68) y gobernador de esa entidad, elegido para el periodo 1969-1975.

BONILLAS, IGNACIO ◆ n. en Hermosillo, Son., y m. en EUA (1858-1924). Ingeniero titulado en Boston. Instalado en Sonora, donde ocupó diversos cargos públicos durante el porfirismo, participó en la guerra de exterminio contra los apaches. Maderista en 1910 y diputado local (1911-13), promovió el desconocimiento del gobierno golpista de Victoriano Huerta. Ocupó la cartera de Comunicaciones en el gabinete de Carranza (1914-17). Embajador en Washington (1917-20). Sin ascendiente sobre los principales líderes revolucionarios, su candidatura a la Presidencia, apoyada por Carranza, motivó la rebelión de Agua Prieta. Después del asesinato de don Venustiano se exilió en Estados Unidos.

BONPLAND, AMADO ◆ n. en Francia y m. en Brasil (1773-1857). Botánico. Acompañó a Humboldt a través de la Nueva España y colaboró en su investigación sobre la flora americana.

BORBOLLA, ÓSCAR DE LA ◆ n. en el DF (1952). Licenciado y maestro en filosofía por la UNAM y doctor en filosofía por la Universidad Complutense de Madrid. Profesor de la UNAM y asistente de Eduardo Nicol. Ha colaborado en la revista *Plural* y en los suplementos *Revista Mexicana de Cultura*, de *El Nacional*; y *Sábado*, de *unomásuno*. En 1999 era asesor del secretario de Educación Pública. Autor del poemario *Los sótanos de Babel* (1986); de los libros de cuentos *Vivir a diario* (1982), *Las esquinas del azar* (1987) y *Las vocales malditas* (1988); de las novelas *Nada es para tanto* (1991), *Asalto al infierno* (1993), *Todo está permitido* (1994) y *La vida de un muerto* (1998), así como de los volúmenes *Ucronías* (1990), donde compiló algunas de sus columnas aparecidas desde 1985, con ese mismo título, en el diario *Excélsior* y *La historia de hoy a la mexicana* (1996).

BORBÓNICO ◆ Códice pintado sobre 36 hojas de papel amate. Se le considera

anterior a la caída de Tenochtitlan. Contiene una descripción del año mexica y de las fiestas religiosas. Se halla en París, en la biblioteca del Palacio Borbón.

BORDA, JOSÉ DE LA ◆ n. en Francia y m. en Cuernavaca, Mor. (¿1700?-1778). Llegó a México en 1716. Trabajó en la minería con su hermano Francisco, en Taxco, y se asoció con Manuel Aldaco, en Tlalpujahua. En 1748 descubrió la veta de San Ignacio, en Taxco, con lo cual dio su primer gran golpe de suerte. Cerca de la ruina y después de trabajar sin éxito en Real del Monte y Zacatecas, en este lugar descubre una nueva veta que le permite rehacer su fortuna. En vida contribuyó al sostenimiento de obras pías y a él se debe la magnificencia de la iglesia de Santa Prisca, en Taxco. El jardín Borda, de Cuernavaca, fue construido con la cuantiosa herencia que dejó a su hijo.

BORDES, CÉSAR ◆ n. en El Salvador y m. en el DF (¿1924?-1994). Bailarín. Nombre profesional de Salvador Bordes. Estudió danza con Nina Sestokova, Sergio Franco y Sergio Unger. En 1943 se integró al Ballet de la Ciudad de México que dirigía Gloria Campobello. En La Habana fue miembro de los grupos de Ana Leontieva y Nina Berchinina, donde el Coronel de Basil lo contrató para actuar con el Original Ballet Russe con el que se presentó en México, Sudamérica y EUA. En Nueva York fue solista en la comedia musical *Carrousel* y primer bailarín en *Annie Get Your Gun*. De regreso a México, hizo pareja con Lupe Serrano, con quien encabezó la compañía de Nelsy Dambré; bailó en la compañía de José Limón y en el primer programa de la televisión mexicana sobre danza, *Un instante de danza*. Dio clases en la escuela de Katherine Dunham en Nueva York y con Nelsy Dambré en El Salvador. Fue asistente general y gerente de la Compañía Nacional de Danza, jefe de la Dirección de Danza de la Dirección Cultural del DDF.

BORDES MANGEL, ENRIQUE ◆ n. en Guanajuato, Gto., y m. en Tijuana, BC (1886-1935). Padre del anterior. Hizo estudios de derecho. En la última década del porfiriato participó en actividades de oposición a la dictadura, por lo que fue aprehendido y encarcelado en Mapimí, Durango. Intervino en la dirección de la huelga de Río Blanco (1907), de donde pudo huir. Reapareció en Torreón, donde publicó el periódico *Juventud Liberal*, cerrado por las autoridades. En Atoyac, Veracruz, en compañía de Cándido Aguilar, fracasó en un intento de alzamiento, cinco meses antes de que estallara la insurrección maderista, de la que fue uno de los organizadores. A la caída de Díaz fue líder del Partido Constitucional Progresista (1911) y ocupó cargos en el gobierno capitalino. Era diputado al registrarse el golpe de Estado de Victoriano Huerta, quien lo hizo encarcelar (1913). Secretario de Gobierno en Hidalgo (1914), delegado a la Convención Revolucionaria (1915), sus diferencias con Villa lo obligaron a exiliarse en EUA. Diputado federal (1920-22 y 1926-28), embajador en Honduras y en El Salvador (1922-25). Se opuso a la reelección de Álvaro Obregón y se incorporó a la asonada escobarista (1928). Derrotado, se instaló en Los Ángeles, California, donde colaboró en *La Opinión*. Volvió a México en 1935.

BORDES MANGEL Y CERVANTES, ENRIQUE ◆ n. en el DF (1922). Fotógrafo. Hijo del anterior. Hizo estudios de ingeniería eléctrica. Se enroló en el Ejército Mexicano (1939-40) y fue extra de cine. Ingresó a la Academia de San Carlos, pero convencido por Ricardo Razetti, entró como ayudante general en el estudio fotográfico que éste compartía con Manuel y Lola Álvarez Bravo. Comenzó a publicar trabajos fotoperiodísticos en la revista *México*. Tras una temporada en Nueva York, colaboró en la revista *Política*, en 1946. Sus temas favoritos son los movimientos sociales y políticos en México. Ha colaborado en *Mañana, Siempre!, Excélsior, ABC, Cine Mundial* y *El Nacional*. En el extranjero, sus fotografías han sido publicadas por *Modern Screen, Magazine des Affaires, Echo Veedette, Zeit im Bild de Dresden, Frai Welt* de Berlín y *Pravda*.

BORGAS MORENO, NICOLÁS ◆ n. y m. en General Zaragoza, NL (1887-1987). Trabajaba como minero en Matehuala, SLP, cuando se incorporó a la insurrección maderista. En 1913 tomó de nuevo las armas para combatir al gobierno de Victoriano Huerta. Durante la lucha de facciones se mantuvo dentro del villismo, en el que obtuvo el grado de capitán. Operó en San Luis Potosí, Tamaulipas, Tlaxcala, Guanajuato y La Laguna. Al disolverse la División del Norte (1917) volvió a la vida civil. Fue presidente municipal de General Zaragoza (1952-55).

BORGE MARTÍN, MIGUEL ◆ n. en Cozumel, QR (1943). Ingeniero titulado en el IPN (1962-65), maestro por la Universidad Brown, EUA (1971-73) y doctor por Universidad de París (1978-80). Profesor de la UNAM, el IPN, la Universidad Iberoamericana y el Centro de Estudios Científicos y Tecnológicos de Quintana Roo. Ha sido presidente de la Junta Estatal de Agua Potable (1975-77), administrador de los Programas de Inversiones para el Desarrollo Económico Rural (1981-82), coordinador general de Coplamar (1981-82) y secretario de Desarrollo Económico del gobierno de Quintana Roo (1981-82); director del Centro de Estudios Políticos, Económicos y Sociales del PRI de Quintana Roo (1980-82), senador de la República (1982-86), delegado del CEN de la CNOP en el Estado de México(1983-87) y gobernador de Quintana Roo elegido para el periodo 1987-93. Pertenece a la Asociación Mexicana de Ingenieros en Aeronáutica y al Colegio de la especialidad, así como a la Sociedad Mexicana de Ingenieros. Obtuvo mención honorífica en el Premio de Economía Banamex (1973).

BORGIA ◆ Códice náhuatl pintado sobre 39 hojas de piel de venado. Es de finales del siglo XV. Se estima que proviene de la región situada entre Tehuacán, Puebla, y Teotitlán del Camino, Oaxaca. Es de tipo calendárico. Se considera un documento de gran calidad artística por composición, dibujo y riqueza de color. Se halla en la Biblioteca Apostólica del Vaticano.

BORGRAF RUEBENS, DIEGO DE ◆ n. en Bélgica y m. en Puebla, Pue. (?-1686). Pintor. Llegó a México en 1642. En Puebla realizó su obra e instruyó aprendices. Se conservan obras suyas en lugares públicos de Puebla, Tlaxcala y Cholula, así como en una colección privada en el DF. Entre lo que se considera mejor de su producción está el *San Diego de Alcalá apareciéndose a Santa Teresa en éxtasis, La muerte de San Javier* y *Las Purísimas*.

BORJA, ALONSO DE ◆ n. en España y m. en el DF (¿1480?-1542). Fraile agustino. Llegó a México en 1533. Evangelizó en los ahora estados de Guerrero e Hidalgo, donde aprendió el nahua y el otomí.

BORJA, ENRIQUE ◆ n. en el DF (1946). Futbolista. Se inició profesionalmente en el equipo Universidad (1963), de donde pasó al América. Fue campeón individual de goleo del futbol mexicano en tres ocasiones (1971-72, 1972-73 y 1973-74). Entre 1966 y 1974 alineó en la Selección Mexicana en 64 partidos internacionales. Formó parte del equipo Resto del Mundo. Al retirarse de las canchas se dedicó a administrar sus negocios y fue designado vicepresidente de la empresa Televisa. Es presidente del club Nexaca y de la liga de Primera División Profesional de México.

BORJA MARTÍNEZ, FRANCISCO ◆ n. en el DF (1932). Licenciado en derecho por la UNAM (1950-54); realizó estudios sobre moneda y crédito en el Centro de Estudios Monetarios Latinoamericanos (1957). Profesor de la Universidad Iberoamericana (1957-87), del Centro de Estudios de Comercio Exterior (1962-64) y de la Escuela Libre de Derecho (1984-87). Ha sido secretario particular del primer subsecretario de Industria y Comercio (1959-70) y subdirector general (1982-85) y director general adjunto del Banco de México (1985-88). Es miembro de la Academia Mexicana de Derecho Bursátil, de la Academia de Arbitraje Comercial Internacional y de la Academia de Legislación y Jurisprudencia correspondiente de la de España. Ha sido condecorado por el gobierno de Brasil.

BORJA SORIANO, MANUEL ◆ n. y m. en la ciudad de México (1873-1963). Notario de la capital. Presidió en cinco ocasiones el Consejo de Notarios. Autor de *Los sistemas del Registro Público* (1932) y *Teoría general de las obligaciones* (1938), texto consultado por varias generaciones de estudiantes de derecho.

BOROBIO, OLGA ◆ n. en Veracruz, Ver. (¿1954?). Periodista. Estudió ciencias y técnicas de la comunicación. Se inició en 1975 en la televisión comercial. En 1979 pasó a un canal del Estado donde dirigió el noticiario *Primera Edición*. Ha conducido el programa informativo *Desde temprano* y realiza diversos trabajos periodísticos.

BORODIN, MIJAIL MARCOVICH ◆ n. en Rusia y m. en Siberia, URSS (1884-1951). Fue militante del Bund (partido socialista judío), del que pasó en 1903 al Partido Obrero Social Demócrata Ruso, en el que cambió su apellido Gruzenberg por Borodin. Al triunfar la Revolución Soviética de 1917 pertenecía al Partido Bolchevique. En 1918 estableció una estrecha relación con el personal del consulado mexicano en Moscú, del que obtuvo pasaportes para él y otros revolucionarios. En abril de 1919, con un nombramiento de cónsul, vino a México para gestionar el establecimiento de relaciones diplomáticas con su país. Aquí, donde también fue conocido como Brandywine y Alexandrescu, divulgó la *Plataforma* de la Internacional Comunista; se entrevistó con el canciller Hilario Medina y con el presidente Venustiano Carranza; platicó con Felipe Carrillo Puerto y Francisco J. Múgica; y contribuyó decisivamente para el que el Partido Nacional Socialista se transformara en Partido Comunista Mexicano (☞), adherido a la Internacional, de la que se creó, también a instancias suyas, el Buró Latinoamericano con sede en la ciudad de México. En diciembre emprendió el retorno a Rusia. Su nombre quedó asociado a la leyenda del *oro de Moscú*, pues se dice que al salir de Europa traía consigo un millón de dólares en joyas que habían sido de la zarina, las que le fueron robadas en Santo Do-

mingo sin que se haya establecido con precisión su paradero. Enviado por Stalin, fue corresponsable del desastre del Partido Comunista de China en 1927. Desapareció en 1949 durante una ola de arrestos contra la intelectualidad judía de la Unión Soviética y murió en un campo de trabajos forzados.

BÓRQUEZ, FLAVIO A. ◆ n. en Navojoa, Son., y m. en la ciudad de México (1869-1928). Maderista y luego carrancista. Diputado constituyente por Sonora (1916-17). Senador (1917-20). Era secretario de Gobierno de Sonora cuando firmó el Plan de Agua Prieta. Secretario de Gobernación durante la presidencia de Adolfo de la Huerta (1920). Gobernador sustituto de Sonora (junio de 1920 al 1 de enero de 1921 y 23 de mayo al 31 de agosto de 1923). Contralor de la nación (1921-23).

BORRÁS, LEOPOLDO ◆ n. en Comitán, Chis. (1941). Estudió periodismo en la UNAM, donde ha sido profesor desde 1972 y funcionario del área de prensa. Asistió a un curso de especialización en el Instituto Yugoslavo de Periodismo (1961-63). Ha sido colaborador de *Diario de la Nación* (1969), *Novedades* y *Diario de la Tarde* (1961-69), reportero de Notimex, XEB , Televisa y el Canal 13. Participó en la fundación de las revistas *Ciencia y Desarrollo* y *Comunidad Conacyt*. Colabora en diversas publicaciones de la capital y de provincia, entre otras *El Gallo Ilustrado*, *México en la Cultura* y *Geografía Universal*. En 1993 realizó una serie de programas radiofónicos para indígenas de Chiapas y Guatemala. Coautor de *Exposición narrativa* (1974) y autor de cuento: *Un millón de fantasmas* (1974); poesía: *Balada de amor y muerte* (1980), *Canto de amor a unos zapatos viejos* (1985) y *Poema ecológico* (1993); y ensayo: *Literatura y poder* (1982), *Historia del periodismo mexicano, Del ocaso porfirista al derecho a la información* (1983), *Comunicación rural, teórica y práctica* (1983) y *Géneros periodísticos* (1984).

BORREGO, DOMINGO ◆ n. en Tacotalpa, Tab., y m. en Puebla, Pue. (1860-1936). Fue oficial mayor de la Secreta-

ría de Gobernación en 1887, puesto del que fue destituido (1887) al negarse a apoyar la reelección de Porfirio Díaz, de quien fue opositor. En 1906 cayó en prisión por dirigir un levantamiento popular. Antirreeleccionista en 1910, al triunfo de la rebelión maderista fue gobernador interino de Tabasco (abril-agosto de 1911). Más tarde sería procurador de Justicia de Puebla. Murió en la miseria.

BORREGO, GENARO ◆ n. en Calera y m. en Zacatecas, Zac. (1880-1950). Licenciado en derecho por el Instituto de Ciencias de Zacatecas (1906). Hizo carrera judicial en su estado natal y en 1917 fue secretario de Gobierno del gobierno estatal.

BORREGO, IGNACIO ◆ n. en Durango, Dgo., y m. en el DF (?-1931). Maderista en 1910. Diputado federal (1911-13), fue detenido por las autoridades huertistas al producirse el golpe militar de Victoriano Huerta. Colaboró con Carranza durante la estancia de éste en la capital. Al desatarse la lucha de facciones fue secretario de Relaciones Exteriores en el gobierno convencionista de Francisco Lagos Cházaro (1915).

BORREGO ESCALANTE, SALVADOR ◆ n. en la ciudad de México (1915). Estudió historia y filosofía en la UNAM. Trabajó para *Excélsior* y *Últimas Noticias*, donde fue reportero, secretario de redacción y jefe de redacción (1936-65). En la Cadena García Valseca fue asesor, fundador de los periódicos *El Sol de Guadalajara* y *El Sol de México*, reorganizador de varias publicaciones de la empresa y jefe de la redacción central (1965-74). Fundador y director de la Academia Teórico-Práctica de Periodismo García Valseca (1949). Autor de *Periodismo trascendente* (1951), *América peligra, Derrota mundial* (1953), *Cómo García Valseca fundó y perdió 37 periódicos y cómo Eugenio Garza Sada trató de recuperarlos y perdió la vida* (1984), *Arma económica, México futuro, Puzzling neighbors: A Historical Guide to Understand Modern Mexico, ¿Qué pasa con EU?, Inflación empobrecedora, deflación empobrecedora, tenazas del supracapitalismo*

(1980), *Juventud 1977-2006*, *Dogmas y crisis*, *Años decisivos 1988-1999*, *Metas políticas*, *Diálogos* (1990), *Yatrogenia: daño causado por el médico* (1990), *Neoliberalismo* (1996) y *Panorama* (1998).

BORREGO ESTRADA, GENARO ◆ n. en Zacatecas, Zac. (1949). Licenciado en Relaciones Internacionales por la Universidad Iberoamericana (1966-69). En el PRI, al que pertenece desde 1969, fue delegado general en Colima (1983) secretario del Interior de la CNOP (1983), oficial mayor del CEN (1984). y secretario general del mismo (1993). Ha sido jefe del Departamento de Desarrollo del IMSS (1973-76), secretario particular del subsecretario de Patrimonio y Fomento Industrial (1976-77) y del secretario de Programación y Presupuesto (1977-79); director de Fomento Industrial de Hidalgo (1981), secretario auxiliar del candidato del PRI a la Presidencia de la República (1981-82), diputado federal (1982-85) gobernador constitucional de Zacatecas, elegido para el periodo 1986-1992, y es, desde 1994, director general del IMSS. Es presidente de la Asociación Nacional de Licenciados en Relaciones Industriales.

BORREGO SUÁREZ DEL REAL, GENARO ◆ n. en Zacatecas, Zac., y m. en el DF (1919-1967). Padre del anterior. Licenciado en derecho por el Instituto de Ciencias de Zacatecas (1945), del que fue rector en 1960. Trabajó como abogado postulante y fue director de Gobernación y presidente del Supremo Tribunal de Justicia del mismo estado.

BORUNDA, JOSÉ IGNACIO ◆ n. en el Edo. de Méx. (¿1775?-?). Abogado. Autor de una *Clave general de interpretación de los jeroglíficos mayas* y de un *Diccionario geográfico etimológico de las provincias mexicanas*.

BOSCH GARCÍA, CARLOS ◆ n. en España y m. en el DF (1919-1994). Historiador. Hijo de Pedro Bosch-Gimpera. Estudió en las universidades de Narbona, Autónoma de Cataluña y de Oxford. Vino al término de la guerra civil española y se naturalizó mexicano en 1944. Antropólogo titulado en la Escuela Nacional de Antropología e Historia

(1945), es maestro (1945) y doctor en historia por la UNAM (1960), donde ha sido profesor, investigador y funcionario. Fue redactor del *Boletín Bibliográfico de Antropología Americana* y de la *Revista de Historia de América*. Autor de *La esclavitud prehispánica entre los aztecas* (1944), *Problemas diplomáticos del México independiente* (1947), *Materiales para la historia diplomática de México* (1957), *Técnica de investigación documental* (1958), *Historia diplomática de México con los Estados Unidos 1820-1848* (1961), *La tesis profesional* (1966), *Las bases de la política externa de los Estados Unidos* (1969), *Latinoamérica, una interpretación global de la dispersión en el siglo XIX* (1978), *México frente al mar: la controversia histórica entre la novedad marinera y la tradición terrestre* (1979), *El mester político de Poinsett en México* (1980), *Documentos de la relación entre México y Estados Unidos de América* (5 t., 1983-92), *Tres ciclos de navegación mundial se concentraron en América* (1985), *El descubrimiento y la integración iberoamericana* (1991) y *México en la historia 1770-1865* (1993). En 1989 ingresó a la Academia Mexicana de la Historia.

BOSCH GARCÍA, PEDRO ◆ n. en Barcelona, España (1922-1999). Llegó a México en 1941 y adquirió la nacionalidad al año siguiente. Licenciado en economía por la UNAM con posgrado en la Universidad Americana de Washington. Fundador, director y profesor del Departamento de Economía del Mexico City College (1946). Catedrático de la Escuela Nacional de Economía de la UNAM desde 1953. Ha sido funcionario del sector público. Trabajó como economista para el Fondo Monetario Internacional (1946). Ejecutivo de la empresa transnacional Celanese (1965), de Industrias Químicas de México y de otras empresas. Miembro del Colegio Nacional de Economistas y del Instituto Nacional de Administración Pública. Autor de *El control de las empresas del Estado en México* (1947) y de *El intervencionismo del Estado en la vida económica de México* (1966).

BOSCH-GIMPERA, PEDRO ◆ n. en

Barcelona, España, y m. en el DF (1891-1974). Licenciado en derecho y en filosofía y letras por las universidades de Barcelona (1910) y de Madrid (1912). En Alemania se especializó en arqueología e historia clásica. Fue rector de la Universidad de Barcelona (1933-39) y ministro del gobierno autónomo de Cataluña durante la guerra civil española. A la caída de la República fue a Londres, donde trabajó como profesor de la Universidad de Oxford (1939-40). Llegó al país en 1941 y adoptó la nacionalidad mexicana en 1942. Catedrático de la UNAM, de la Escuela Nacional de Antropología y del Mexico City College. Profesor honorario fundador de la Facultad de Humanidades de la Universidad de San Carlos de Guatemala (1945). Fue jefe de la División de Filosofía y Humanidades de la UNESCO (1945-66). Impartió cursos y conferencias en diversos países de Europa y América. Entre su obra escrita o publicada en sus años mexicanos se cuentan *El poblamiento antiguo y la formación de los pueblos de España* (1945), *El hombre primitivo y su cultura* (1945), *Todavía el problema de la cerámica ibérica* (1958), *Cataluña, Castilla, España* (1960), *El problema indoeuropeo* (1960), *L'Amérique avant Christophe Colomb* (1967), *Paleontología de la península Ibérica* (1974), *Prehistoria de Europa: las razas prehistóricas de las culturas de Europa* (1975). Doctor honoris causa por la Universidad de Heidelberg (1936) e investigador emérito por la UNAM (1967). Premio Fray Bernardino de Sahagún (1972).

BOSCH GIRAL, CARLOS ◆ n. en el DF (1950). Matemático por la UNAM, doctorado en Francia (1975). Investigador y profesor de la UNAM y del ITAM. Se ha dedicado a difundir las matemáticas. En 1973 montó la exposición *Puntos, números y otras cosas* y ha hecho audiovisuales, conferencias, exposiciones e, incluso, una pantomima. Organiza desde 1987 las Olimpiadas Nacionales de Matemáticas. Premio Nacional de Divulgación de la Ciencia 1995 de la Sociedad Mexicana para la Divulgación de la Ciencia y la Técnica.

Genaro Borrego Estrada

Paternal, fotografía de
Enrique Bostelmann

BOSQUE, EL ◆ Municipio de Chiapas,
situado en el norte de la entidad. Superficie: 241 km². Habitantes: 16,744, de
los cuales 3,332 forman la población
económicamente activa. Hablan alguna
lengua indígena 19,498 personas mayores de cinco años (tzotzil 10,492).
Indígenas monolingües: 4,375. En marzo se celebra el Carnaval en forma peculiar, lo que atrae a gran número de visitantes.

BOSQUES SALDÍVAR, GILBERTO ◆ n.
en Chiautla, Pue., y m. en el DF (1892-
1995). Estudió en el Instituto Normal
de Puebla. Antirreeleccionista desde
1909, participó en los preparativos del
levantamiento de Aquiles Serdán. Al
producirse el golpe de Estado de Victoriano Huerta, en 1913, organizó la
resistencia civil. Al año siguiente reclutó
a un grupo de voluntarios para enfrentar a los invasores estadounidenses en
Veracruz, donde poco después se incorporó al constitucionalismo. Fue diputado al Congreso Constituyente de 1916-
17, secretario de Gobierno de Puebla
(1921-22), diputado federal (1922-24 y
1934-37); jefe de Prensa (1929) y jefe
de Enseñanza Técnica para Mujeres de

la SEP (1932-34), secretario de prensa y
propaganda del PRM (1937-39) y presidente del Centro de Estudios Pedagógicos Hispanoamericanos (1938). En
Francia, como cónsul en París y encargado de negocios ante el gobierno de
Petain (1939-43), tuvo una destacada
actuación en solidaridad con los republicanos españoles. Cuando México declaró la guerra a los países del eje, fue
hecho prisionero por los nazis. Al término de la guerra reanudó su carrera diplomática como embajador en Portugal
(1946-50), Finlandia y Suecia (1950-
53) y Cuba (1953-64). Ejerció el periodismo desde los años veinte, fue colaborador de la estación radiofónica XFO
(1930-32), jefe de redacción de la revista *Economía Nacional* (1930) y director del diario *El Nacional* (1938). Es
autor de una *Historia oral de la diplomacia mexicana*, cuyo segundo volumen
apareció en 1988.

BOSTELMANN, ENRIQUE ◆ n. en Guadalajara, Jal. (1939). Fotógrafo. Estudió
en la Bayerische Staatslehranstalt der
Photographic de Munich (1958-60). Se
inició profesionalmente en 1960. Profesor del Centro Paul Coremans de la ciu-

dad de México. Pertenece al Foro de
Arte Contemporáneo y al Consejo Mexicano de Fotografía, del que fue vicepresidente (1983-86). Expuso por primera vez en 1967 en la Galería JWT de
Nueva York. Desde entonces su obra se
ha presentado en unas 50 ocasiones: en
Aguascalientes, Arezzo, Barquisimeto,
Bogotá, Buenos Aires, Cali, Caracas, Ferrara, Guayaquil, Maracaibo, México,
DF, Modena, Morelia, Oaxaca, Panamá,
Peruggia, Puebla, Querétaro, Quito, Roma y San Luis Potosí. Autor de los libros
de gráficas *América, un viaje a través de
la injusticia* (prólogo de Carlos Fuentes,
1970), *El paisaje de México* (1972), *Estructura y biografía de un objeto* (1979) y
Juan de la Mancha (idea y texto de
Mónica Kardel).

BOTAS Y DÍAZ, GABRIEL ◆ n. en Cuba y m. en el DF (1890-1968). Editor.
Junto con su padre, Andrés, administró
la librería Botas, que fue sede de una
animada tertulia intectual. Se encargó
completamente de la librería desde
1916, primero en la calle de Vergara
(hoy Bolívar) y luego en Justo Sierra 52.
La empresa también editaba libros y
bajo el sello de Editorial Botas se publi-

Gabriel Botas y Díaz

caron unos tres mil títulos, entre otros de Ramón P. Buxó, Mariano Azuela, Gregorio López y Fuentes, Federico Gamboa, José Vasconcelos, Mauricio Magdaleno y Julio Jiménez Rueda.

BOTELLA PASTOR, VIRGILIO ◆ n. en España (1906). Estudió jurisprudencia. Fue representante de la República Española ante la Sociedad de Naciones (1937). Al término de la guerra civil en su país pasó a Francia, donde fue internado en campos de concentración. Vino luego a México, donde publicó su novela *Por qué callaron las campanas* (1953). Funcionario de la UNESCO desde 1965.

BOTSWANA, REPÚBLICA DE ◆ Estado de la porción sur de África que limita al norte con Zambia, al noreste y este con Zimbabwe, al sur y sureste con Sudáfrica y al oeste y norte con Namibia. Superficie: 581,730 km². Habitantes: 1,570,000 en 1998. La capital es Gaberones (156,803 habitantes en 1993). El idioma oficial es el inglés y se habla también la lengua setswana. Enclavado en una zona estratégica para los intereses coloniales de las potencias europeas, el actual territorio del país acabó por convertirse (1885) en el protectorado británico de Bechuanalandia, mismo que en 1891 fue incorporado a la colonia del Cabo por el trono de Inglaterra. Durante el siglo XX los blancos sudafricanos controlaron de hecho la economía, lo que originó un progresivo deterioro en el nivel de vida de la población. Londres concedió en 1961 y 1965 sucesivas ampliaciones de la relativa autono-

mía de que tradicionalmente disfrutó el país. En ese último año la capital se instaló en Gaberones y en 1966 se constituyó en Estado, como parte de la Mancomunidad Británica de Naciones, y sustituyó el nombre colonial de Bechuanalandia por el actual de Botswana, que se convirtió en república en el mismo año. Los sucesivos gobiernos han procurado romper con la dependencia económica respecto de Sudáfrica. Las relaciones diplomáticas con México se establecieron en 1975.

BOTTERI, MATEO ◆ n. en Yugoslavia y m. en Orizaba, Ver. (1808-1877). Naturalista. Vino a México como integrante de una expedición científica patrocinada por la Academia de Ciencias de París, en 1850. Al término de su trabajo decidió radicar en Orizaba donde impartió cátedra en el Colegio Civil.

BOTURINI BENADUCCI, LORENZO ◆ n. en Italia y m. en España (1702-175?). Llegó a Nueva España en 1736 con el fin de cobrar la pensión de la condesa de Moctezuma. Con el total respaldo del gobierno colonial, que ordenó poner a su disposición todos los documentos que pudieran ser de su interés, trabajó durante ocho años en la formación de un acervo que permitiera elaborar la más documentada historia de la América española. Por alguna causa perdió el apoyo de las autoridades virreinales, fue aprehendido y procesado. Después de unos meses se le remitió a España donde fue nombrado cronista real de las Indias y se ordenó devolver-

le su colección, que le había sido confiscada, todo lo cual rechazó. Pese a todo, escribió *Idea de una nueva historia general de la América Septentrional: fundada sobre material copioso de figuras, símbolos, caracteres, y jeroglíficos, cantares y manuscritos de autores indios, últimamente descubiertos* (1746). Asimismo, elaboró el *Catálogo del Museo Indiano*, que daba cuenta del material recopilado en México. Esta obra circuló en Nueva España, pues en 1780, "Francisco Beye de Cisneros dijo que el mismo Boturini asentaba en su índice que corre impreso, tener hecha una vasta colección de documentos y mapas antiguos de la gentilidad de los indios de estos reinos, suficiente para escribir una Historia General de ellos." (Carreño, Alberto María. *Efemérides de la Real y Pontificia Universidad de México según sus libros de claustros.* UNAM , 1963, t. II, p. 709).

BOULLOSA, CARMEN ◆ n. en el DF (1954). Estudió lengua y literatura hispánicas en la UIA y la UNAM . Hizo ediciones artesanales que expuso en México y en el extranjero. Ha colaborado en las principales publicaciones literarias. Autora de teatro: *Vacío* (1979), *Trece señoritas* (1983), *XE bululú* (en colaboración con Alejandro Aura, 1984), *Los totoles* (1985), *Aura y las once mil vírgenes* (1986), *Mi versión de los hechos* (ilustrado por José Luis Cuevas, 1987), *Cocinar hombres* (1987) *Propusieron a María* (1987), *Teatro herético* (1988) y *Roja doméstica* (1988); poesía: *El hilo olvidado* (1978), *La memoria vacía* (1978), *La infiel* (1979), *Ingobernable* (1979), *Lealtad* (1980), *Abierta* (1983), *La voz* (1983), *Método completo de recreo sin acompañamiento* (1983), *La salvaja* (1988), *Soledumbre* (1992) y *La delirios* (1998); cuento: *La Midas* (1986) y *Papeles irresponsables* (1989, Premio Xavier Villaurrutia); y novela: *Mejor desaparece* (1987), *Antes* (1989), *Llanto, Son vacas, somos puercos* (1991), *El médico de los piratas* (1992), *La milagrosa* (1993, premio Liberaturpresis, Alemania), *Duerme* (1994), *Quizá* (1994), *Treinta*

Carmen Boullosa

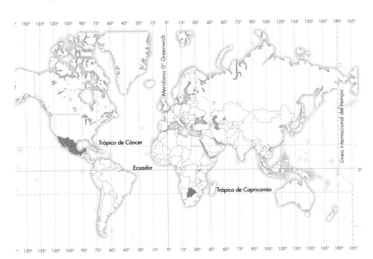

años (1994) y *Cielos de la tierra* (1997). Ha recibido las becas Salvador Novo (1975-76), INBA-Fonapas (1979-80), del Centro Mexicano de Escritores (1980-81) y de la Fundación Guggenheim (1992). Pertenece al SNCA desde 1993. Recibió el premio Anna Seghers 1997 en Alemania.

BOUQUET, CARLOS ◆ n. en Cotija, Mich., y m. en Nogales, Son. (1900-1929). Militante cristero. Entre 1916 y 1918 sirvió en el ejército de EUA. Era dueño de un cine trashumante cuando se incorporó a la rebelión cristera en Tatalpa (1926). Entre sus hechos de guerra destacan la toma de Tingüindín y la de Manzanillo. Fue aprehendido y fusilado en la frontera.

BOURGUES, HÉCTOR ◆ n. en el DF (1942). Médico (UNAM), doctorado en nutrición en EUA. Ha impartido cátedra sobre su especialidad en varias instituciones educativas mexicanas, donde también ha trabajado como investigador (Instituto Nacional de Nutrición, Universidad Iberoamericana). Es vicepresidente de la Sociedad Mexicana de Nutrición y Endocrinología y presidente de la Sociedad Latinoamericana de Nutrición.

BOURLAG, NORMAN ERNEST ◆ n. en EUA (1914). Genetista botánico. Llegó a México en 1944 y desde entonces se dedicó a mejorar las especies cerealeras, trabajo en el que obtuvo grandes éxitos, pues las nuevas variedades de grano permitieron elevar considerablemente los rendimientos por hectárea. Al contribuir de esta manera a la lucha contra el hambre, fue llamado "Padre de la Revolución Verde", en atención a que sus descubrimientos constituían una verdadera revolución en la agricultura. En 1966, por iniciativa suya, se creó el Centro Internacional de Mejoramiento de Maíz y Trigo (CIMMYT), cerca de Texcoco, el que luego contó con estaciones en diversos puntos del país. Entre sus principales descubrimientos se cuentan el *trigo enano*, de alto rendimiento, y el *triticale*, híbrido rico en proteínas que, a su vez, contienen aminoácidos en los que son muy pobres

otros cereales. Recibió el Premio Nobel de la Paz en 1970.

BOURS CASTELO, EDUARDO R. ◆ ☞*Robinson-Bours Castelo, Eduardo.*

BOWDITCH, CHARLES PICKERING ◆ n. y m. en EUA (1842-1921). Tradujo al inglés obras sobre la cultura maya en Yucatán, donde realizó investigaciones. Autor de *The Numeration Calendar Systems and Astronomical Knowledge of the Mayas* (1910).

BOY, TOMÁS ◆ n. en el DF (1953). Futbolista. Jugó con el Atlético Español, el Potosino y el Universitario de Nuevo León. Como seleccionado nacional participó en el campeonato mundial de 1986. Ha sido director técnico del Monterrey y del Morelia.

BOYER, CHARLES ◆ n. en EUA (1943). Físico radicado en México desde 1974. Catedrático de la UNAM. Premio en Ciencias Exactas de la Academia de la Investigación Científica.

BOYTLER, ARCADY ◆ n. en Rusia y m. en el DF (1895-1965). Trabajó con Stanislavsky y con Meyerhold. Salió de su país huyendo de la Revolución bolchevique. Llegó a México hacia 1930. Realizador cinematográfico. En 1932 codirigió, con Raphael J. Sevilla, y actuó el cortometraje *El espectador impertinente*. En ese mismo año filmó su primera cinta, *Mano a mano* y, al año siguiente, de nuevo con Sevilla como codirector, realizó *La mujer del puerto*, con Andrea Palma y Domingo Soler. Luego dirigió *El tesoro de Pancho Villa* (1935), *Celos* (1935), *Águila o sol* (1937), *Así es mi tierra* (1937), *El capitán aventurero* (1938) y *Amor prohibido* (1944). Con él hicieron su presentación en el cine varios personajes que alcanzaron la celebridad, como *Cantinflas*, Víctor Manuel Mendoza y Andrea Palma.

BOZZANO, AUGUSTO ◆ n. en Italia (1901). Estudió en la Universidad de Pisa y en las academias de Florencia y Pietrasanta. Nacionalizado mexicano. En 1942 presentó una exposición en el Círculo de Escultores de México. Sus obras se hallan en Italia, Francia, Brasil, Estados Unidos, Uruguay y Venezuela. Es autor del tragaluz de la oficina cen-

tral del Banco Nacional de México, de monumentos a Jorge Negrete, Juárez y Elvira Quintana. Suyos son también el busto de Manuel J. Othón y el monumento al maestro que se encuentran en Chapultepec y el monumento a la madre de Los Mochis, Sin.

BRACAMONTES, FEDERICO ◆ n. en Tapalpa, Jal. (1927). Licenciado en derecho por la UNAM con posgrado en La Sorbona. Ha encabezado empresas del ramo de las artes gráficas. Fundador y director de los periódicos *Diario de México*, *Diario de Nezahualcóyotl* y *Diario de Morelos*. Escribió *Nueva era, nuevo estilo en la política mexicana* (1970). Durante el sexenio de Gustavo Díaz Ordaz, en la primera plana del *Diario de México* se publicó una foto de ese presidente con algunos miembros de su gabinete y otra de unos antropoides; como los pies de grabado fueron cambiados, el periódico tuvo que cerrar hasta que llegó el cambio de mandatario. Bracamontes recibió en 1975 el Premio Nacional de Ciencias y Técnicas de la Comunicación Humana y en 1979 el Premio Nacional de Periodismo en Información. Sus periódicos cerraron nuevamente en 1982 y reaparecieron en 1988.

BRACAMONTES, LUIS ENRIQUE ◆ n. en Tapalpa, Jal. (1922). Su apellido materno es Gálvez. Ingeniero civil (1941-45) con maestría en física por la UNAM (1942-45) de la que fue profesor (1941-51). Pertenece al PRI desde 1938. En 1950 fue gerente de obras durante la construcción de Ciudad Universitaria de la capital del país. Ha sido subsecretario (1952-58 y 1956-64) y secretario de Obras Públicas en el gobierno de Luis Echeverría (primero de diciembre de 1970 al 30 de noviembre de 1976), y director general del Instituto Mexicano del Transporte, de la Secretaría de Comunicaciones (1988-). Fue presidente de la empresa privada denominada Constructora Raudales, la que ejecutó las obras de la presa de Malpaso. Tiene el título de *benefactor* del Pentatlón Militar Deportivo Universitario. Fue presidente de la Academia Mexicana de Ingeniería (1986-89). Ha sido condecorado por los gobiernos de Alemania Federal, Colombia, Cuba, Nicaragua y Suecia.

BRACHO, ÁNGEL ◆ n. en el DF (1911). Asistió a los cursos nocturnos para obreros de la Escuela Nacional de Artes Plásticas (1928-34). Fue miembro de la Liga de Escritores y Artistas Revolucionarios (1934-37). Trabajó para las Misiones Culturales de la Secretaría de Educación. Cofundador del Taller de la Gráfica Popular (1937). Formó parte de la Sociedad para el Impulso de las Artes Gráficas (1948). En su obra muralista se cuentan *Vitaminas* (1934, hoy parcialmente destruido) en el mercado Abelardo L. Rodríguez; el fresco *El agua* (1936, destruido) en el Palacio Municipal de Tezcatlán, Oaxaca; *Libertad sindical* (1938), en el Sindicato de Trabajadores de Los Mochis, Sinaloa; y, en colaboración con Alfredo Zalce, *Las luchas sociales en el estado de Puebla* (1938), en el Instituto de Puebla. Autor del álbum de litografías *El rito del Sol de la tribu de los huicholes* (1940). En 1979 la Casa de la Cultura de Michoacán montó una amplia exposición-homenaje de su obra. Primer premio en el Concurso Latinoamericano de Grabado de Buenos Aires (1960).

BRACHO, CARLOS ◆ n. en Cozautlán, Ver., y m. en el DF (1899-1966). Escultor. Estudió en la Academia de San Carlos y posteriormente viajó a París, donde vivió entre 1923 y 1933. Participó en el Salón de Otoño de 1925 con las esculturas *El Abrazo* y *Cabeza india*. De regreso a México se integró al grupo de creadores nacionalistas. Entre sus obras están *El campesino se apodera de la tierra* (1925), *La raza* (1937), el *Salvador Díaz Mirón* de la SEP, el *Monumento a Úrsulo Galván*, en la tumba de éste en Jalapa, Ver., el busto de *Juan Sebastián Bach* (1942) en el Conservatorio Nacional de Música, la cabeza en basalto de *Silvestre Revueltas* (1938) que se halla en el Palacio de Bellas Artes y la estatua sedente de *Manuel Crescencio Rejón* (1952), en la Suprema Corte de Justicia.

BRACHO, CARLOS ◆ n. en Aguasca-

lientes, Ags. (1937). Actor. Su nombre completo es Carlos Enrique Bracho González. Fue discípulo de Andrés Soler en el Instituto Cinematográfico, Teatral y de Radio-Televisión de la Asociación Nacional de Actores (1959-61). Perteneció al taller literario de Juan José Arreola (1964-65). Fue secretario de Cultura y Deportes de la ANDA (1972), presidente de la agrupación Artistas Asociados (1972), director de la galería de arte Edward Munch, donde organizó exposiciones y actos de contenido político entre 1968 y 1973, y director de las campañas de 1973 y 1974 del Teatro Popular de México. Ha actuado en más de 50 obras teatrales, entre ellas *El gesticulador*, *Antígona* y *El luto embellece a Electra*. *Los caudillos* y *El retrato de Dorian Gray* son algunas de las 15 telenovelas en que ha intervenido. En el cine trabajó en *Cananea*, *Claudia y el deseo*, *La generala* y una decena más de películas. Desde 1982 dirige la Compañía de Teatro Globo Rojo. Practica la fotografía y ha presentado varias exposiciones de su producción. Fue miembro del Partido Mexicano de los Trabajadores y en 1987 candidato a la gubernatura del estado de México por una coalición de organizaciones de izquierda. Miembro fundador de los partidos Mexicano Socialista (1987-89) y de la Revolución Democrática (1989); abandonó este último en 1999. Fue diputado federal a la LIV Legislatura (1988-91).

BRACHO, CORAL ◆ n. en el DF (1951). Poeta. Su apellido materno es Carpizo. Estudió letras. Formó parte del equipo que elaboró el *Diccionario del español de México*, en El Colegio de México. Colabora en publicaciones literarias como *Punto de Partida*, *Revista de la Universidad*, *La Cultura en México* y *La Gaceta del Fondo de Cultura Económica*, y perteneció al comité de redacción de la revista *La Mesa Llena*. Autora de *Peces de piel fugaz* (1977), *Poema* (1978), *El ser que va a morir* (Premio Nacional de Poesía de Aguascalientes 1981) y *La voluntad del ámbar* (1998). En 1989 apareció el volumen *Bajo el destello líquido*, que reunió sus primero y tercer poemarios.

Fue becaria del Instituto Nacional de Bellas Artes (1977).

BRACHO, DIANA ◆ n. en el DF (1943). Actriz. Sobrina de Andrea Palma e hija de Julio Bracho, quien la presentó en el cine en *San Felipe de Jesús* (1949). Estudió letras inglesas en Estados Unidos. A principios de los setentas, de regreso en México, fue profesora y redactora publicitaria. Estudió actuación con José Luis Ibáñez. Vivió en Inglaterra entre 1975 y 1977, donde actuó en los grupos experimentales de la Universidad de Oxford. Ha intervenido en más de 24 películas, entre otras *El castillo de la pureza* (1972, donde debutó), *El Santo Oficio* (1973), *El cumpleaños del perro* (1974), *Actas de Marusia* (1975), *Chin Chin el teporocho* (1975), *Las Poquianchis* (1976), *La tía Alejandra* (1978), *El héroe desconocido*, *El secreto de Romelia* (1988) y en las producciones extranjeras *El jugador de ajedrez*, *Max Domino*, *Los perros de la guerra*, *El niño del tambor*, *El cumpleaños del perro*, *Emilson*, *Antonieta*, *Wings of the Eagle* y *El Aleph*. Obtuvo sendos Arieles por su trabajo en *El castillo de la pureza* y *El infierno de todos tan temido* (1979). Actúa regularmente

Cabeza de Silvestre Revueltas en basalto, obra de Carlos Bracho

Diana Bracho

FOTO: DANTE BUCIO

en telenovelas y participó en la teleserie *Los miserables*. Trabajó en la escenificación de *Santísima*, pieza de Sergio Magaña, en *Las dos Fridas* y en diversas obras de teatro. Ganó también una diosa de plata por *El castillo de la pureza*.

BRACHO, JULIO ◈ n. en Durango, Dgo. (1909). Director escénico. Fundó los teatros Orientación, de los Trabajadores y de la Universidad. Escribió en *El Nacional* y en *Revista de Revistas*. Fue una de las principales figuras de la renovación teatral mexicana de los años treinta. En 1934 intervino en la filmación de *Redes*, pero fue en 1941 cuando formalmente se inició su carrera de cineasta con la película *¡Ay que tiempos señor don Simón!* Desde entonces ha realizado más de 30 películas, entre ellas *Historia de un gran amor*, (1942); *La virgen que forjó una patria* (1942), *Distinto amanecer* (1943), que está en la colección del Museo de Arte Moderno de Nueva York; *La corte del faraón* (1943), *Crepúsculo* (1944), *Canta claro* (1945), *El monje blanco* (1945); *La mujer de todos* (1946), *Don Simón de Lira* (1946), *El ladrón* (1947), *Rosenda* (1948), *Felipe de Jesús* (1949), *La posesión* (1949), *Inmaculada* (1950), *Historia de un corazón* (1950), *La ausente* (1951), *Paraíso robado* (1951), *Rostros olvidados* (1952), *Mujeres que trabajan* (1952), *La cobarde* (1952), *Llévame en tus brazos* (1953), *Reto a la vida* (1953), *María de la voz* (1954), *Canasta de cuentos mexicanos* (1954); *Señora ama* (1954), *La mafia del crimen* (1957), *México lindo y querido* (1958), *Una canción para recordar* (1958), *¡Yo sabía demasiado!* (1959), *Cada quien su vida* (1959); *La sombra del caudillo* (1960), merecedora de varios premios internacionales.

BRACHO, RAFAEL ◈ n. en Sombrerete, Zac., y m. ¿en Durango? (1786-1844). Abogado. Durante el juicio a Hidalgo y otros próceres de la Independencia pidió para ellos, como fiscal que era de la Nueva Vizcaya, la pena de muerte. Fue el primer gobernador de Durango en el México independiente.

BRADBURN, JOHN DAVIS ◈ n. en EUA y m. ¿en la ciudad de México? (?-?).

Formó parte de la fuerza expedicionaria de Francisco Javier Mina, con quien desembarcó en Soto La Marina, Tams. Estuvo en varios combates y a la muerte del caudillo español operó en Michoacán. Posteriormente actuó bajo las órdenes de Guerrero. Solicitó y obtuvo el indulto en diciembre de 1820. Colaboró con Iturbide y se adhirió al Plan de Iguala. En 1830 hizo un estudio, por órdenes del gobierno federal, de la situación texana. Hostilizado por los colonos esclavistas, se vio obligado a huir en 1832. Volvió a la capital y luego participó como oficial del ejército mexicano en las guerras de Texas. En 1849 resultó ganador en el concurso para ponerle letra a un *Himno Nacional Mexicano* cuya música había compuesto el pianista austriaco Henri Herz, quien lo estrenó en ese mismo año sin que llegara a popularizarse.

BRADING, DAVID A. ◈ n. en ¿Inglaterra? (1936). Historiador especializado en temas mexicanos. Ha sido profesor o investigador en la Escuela de Altos Estudios en Ciencias Sociales de París y en las universidades de Tokio, Cambridge, Yale y Berkeley. Autor de *Mineros y comerciantes en el México borbónico* (1971), *Los orígenes del nacionalismo mexicano* (1973), *Haciendas y ranchos en el Bajío* (1978), *Mito y profecía en la historia de México* (1986), *Caudillos y campesinos en la Revolución Mexicana, Memoria mexicana* (1987) y *Una iglesia asediada: el obispado de Michoacán, 1794-1810* (1994).

BRADÚ, FABIENNE ◈ n. en Francia (1954). Doctora en letras romances por la Universidad de París. Investigadora del Instituto de Investigaciones Filológicas de la UNAM desde 1979. Colaboradora de *Sábado*, *Revista de la Universidad*, *Gaceta del Fondo*, *Vuelta* y *Letras Libres*. Es autora de *Señas particulares: ensayo sobre escritores del siglo XX* (1987), *Ecos de Páramo* (1989), *Antonieta: una biografía de Antonieta Rivas Mercado* (1991), *Damas de corazón* (1994) y *Breton en México* (1996).

BRAGAÑA, RAMÓN ◈ n. en Cuba y m. en Puebla, Pue. (?-1985). Beisbo-

lista. Llegó a México en 1927, con la selección Cuban Stars. En la temporada de 1939 jugó todas las posiciones del equipo Anáhuac. Fue *pitcher* de los *Azules* de Veracruz de la Liga Mexicana (1940-51), equipo con el que ganó 179 partidos. También dirigió al Veracruz, en 1944, y ganó 30 juegos en esa temporada. Es el segundo máximo ganador de la Liga Mexicana, con 210 encuentros victoriosos.

BRAGAR, PHILIP F. ◈ n. en ¿EUA? (1925). Pintor radicado en México desde 1954. Estudió en La Esmeralda, donde fue discípulo, entre otros, de Raúl Anguiano, Ignacio Aguirre y Benito Messeguer. Recibió la beca del Sistema Nacional de Creadores en 1990 y 1994.

BRAILOWSKY KLIPSTEIN, SIMÓN ◈ n. y m. en el DF (1948-1998). Médico cirujano por la UNAM (1972), doctorado en ciencias de la vida y de la salud por la Universidad de París (1987). Fue neurofisiólogo clínico en el Instituto Nacional de Pediatría, investigador del Instituto de Fisiología Celular de la UNAM (1988-98), e investigador visitante en las universidades de Nueva York, California-Davis, Hebrea de Jerusalén, de Estrasburgo y del Centro Nacional de la Investigación Científica, de Francia. Coautor, con Donald G. Stein y Bruno Will, de *Lés Dépaenages du Cervacu* (1991), publicado en español en 1992 como *El cerebro averiado: plasticidad cerebral y recuperación funcional*, y en 1995 en inglés, como *Brain Repair*). Autor de *Las sustancias de los sueños* (1997) y *Epilepsia, la enfermedad sagrada* (1998). Investigador nacional, recibió la beca Guggenheim (1994-95) y fue miembro de las academias Nacional de Medicina y Mexicana de Ciencias.

BRAMBILA, JOSÉ MARÍA ◈ n. y m. en Guadalajara, Jal. (1830- 1879). Tipógrafo. Era miembro del ayuntamiento de Guadalajara y como tal firmó el manifiesto en que ese órgano llamaba a los ciudadanos a luchar contra los invasores y anunciaba su propósito de proporcionar auxilio económico a las familias de los defensores de Puebla caídos en combate o deportados.

Fabienne Bradú

BRAMBILA Y ARRIAGA GARCÍA DE ALBA, SALVADOR DE LA ◆ n. en Tecolotlán, Jal. (1744-¿1806?). Se tituló de abogado en la Real Audiencia de México (1775) y de licenciado (1773) y doctor en cánones (1774) por la Real y Pontificia Universidad de México, de la que fue profesor, consiliario y rector (1777-78). Obtuvo la reelección en el cargo por mayoría de votos, pero el claustro apareció dividido cuando debía prestarle juramento de obediencia y el virrey anuló la designación por juzgar que existían irregularidades de procedimiento. Sacerdote ordenado hacia 1768, Brambila fue párroco en Ixtlán (1803-1803), donde lo sustituyó Francisco Severo Maldonado, y en 1806 era cura de Villa Purificación donde probablemente murió.

BRAMBILA CORRAL, ALEJANDRO ◆ n. en Guadalajara, Jal., y m. en la ciudad de México (1857-1928). Ingeniero agrónomo por la Escuela Nacional de Agricultura y Veterinaria (1889), de la que fue catedrático en San Jacinto y en Chapingo. Ocupó diversos cargos públicos en el ramo de la agricultura. Autor de un *Tratado práctico de topografía* (1912) y de un *Estudio agrícola y económico del sistema de riego "Río Salado"* (1930).

BRAMBILA GARCÍA, CRESCENCIANO ◆ n. en El Limón, Jal. (1914). Fue ordenado sacerdote en 1939. Durante sus estudios en el seminario de Montezuma, EUA, fue discípulo de José Bravo Ugarte, con quien colaboró en *Diócesis y obispos de la Iglesia mexicana 1519-1939*. Hacia 1940 fue enviado como profesor al Seminario de Colima y ocupó el curato de Manzanillo, donde fundó el periódico *Patria y Mujer* (1942). En 1950 se le designó comisionado de Estadística y Archivo de la diócesis de Colima. Fue director del Observatorio Meteorológico de Colima. Autor de *El nuevo obispado de Autlán* (1962), *El obispado de Colima: apuntes históricos, geográficos y estadísticos* (1964) y *El seminario de Colima* (con un directorio del obispado, 1966).

BRAMBILA PELAYO, ALBERTO M. ◆ n. en ¿Ayutla? y m. en Guadalajara, Jal. (1884-1974). Fundó y presidió el Grupo Central de Ortógrafos Revolucionarios (Guadalajara, 1927) que proclamó la emancipación respecto de la Academia Española. Dio por fundada la *ortografía rasional* y editó el periódico *Ortográfico*, (1931-57). Autor, entre otras obras, de *Flores campestres: verso i prosa* (1915), *Nubes de otoño: verso i prosa* (1922), *Embrollos i desembrollos* (1926), *Céfiros del Pindo* (1928), *Ortografía rasional mejicana* (1928), *Exalasiones: piezas literarias.* (1929), *arpejios.* (1930), *lira jocunda* (1931), *kartiya de ortografía rasional mejikana* (1932), *mis primeras abenturas de amor.* (1936), *Lenguaje popular en Jalisco* (1957), *Pétalos: miscelánea.* (1962), *Crítica sobre lenguaje y rasgos ortográficos.* (1963), *Detalles de mi vida íntima* (1964), *La sonrisa: miscelánea* (1965), *Marmaja: miscelánea.* (1965), *Monografía gramatical y curiosidades numéricas.* (1972) y *Lluvia de palabras* (1975). En 1956 recibió la presea José María Vigil y en 1957 el Premio Jalisco.

BRAMBILA SÁNCHEZ, SALVADOR ◆ n. en Teocuitatlán y m. en Guadalajara, Jal. (1868-?). Licenciado en derecho por la Escuela de Jurisprudencia de Guadalajara (1896). Colaboró sobre temas literarios en diversas publicaciones tapatías y de la ciudad de México. Dirigió *El Siglo XX* a partir de su fundación, en 1895, y posteriormente adquirió este periódico. También dirigió *El Noticiero* (1896-). Escribió poesía: *Desencanto, Muerte de Ofelia y Enlutadas.* (1896).

BRANIFF, ALBERTO ◆ n. y m. en la ciudad de México (1884-1966). Pionero de la aviación mexicana. Fue piloto de automóviles y se elevó en globos aerostáticos. En 1909, en Bayona, Francia, fue pasajero aéreo durante 10 minutos. Entusiasmado, pidió en París a Gabriel Voisin que le construyera un artefacto volador, mismo que trajo en barco a Veracruz y en ferrocarril a la ciudad de México, donde lo ensambló. Porfirio Díaz ordenó que le construyeran una pista y el 8 de enero de 1910 viajó por el aire a lo largo de kilómetro y medio sobre los llanos de Balbuena, lo que constituyó el primer vuelo sobre territorio mexicano. Al mes siguiente el avión quedó destruido en un accidente.

BRANIFF, TOMÁS ◆ n. en EUA y m. en la ciudad de México (1850-1905). Ingeniero. Dirigió la última etapa de la construcción del Ferrocarril Mexicano. Encabezó ésta y otras empresas y formó parte de la Compañía Mexicana de Gas y Luz Eléctrica y el Banco de Londres y México.

BRASDEFER HERNÁNDEZ GLORIA ◆ n. en el DF (1941). Licenciada en derecho por la UNAM con cursos de posgrado sobre administración agrícola en Argentina (1967-69) y Chapingo (1970). Profesora de la Facultad de Ciencias Políticas y Sociales de la UNAM desde 1969. Ha sido delegada ejecutiva del Programa de México para el Año Internacional de la Mujer (1975-76), directora general de Programación (1977-78) y oficial mayor de la Secretaría del Trabajo (1978-82), oficial mayor de la Secretaría de Pesca (1982-88), miembro de la Asamblea de Representantes del Distrito Federal (1988-91) y diputada federal (1991-94). Autora de *La empresa pública en México* (1975). Pertenece a la Asociación Nacional de Abogados y a la Academia Mexicana de Derecho Agrario. Cofundadora del Instituto Latinoamericano de Administración Pública.

BRASH GUILLAUMÍN, JORGE ◆ n. en Jalapa, Ver. (1949). Estudió psicología en la Universidad Veracruzana y en la Universidad Americana de Washington. Fue director de la colección Cuadernos del Caballo Verde de la Universidad Veracruzana. Colaborador de la revista *La Palabra y el Hombre* y del periódico *Dictamen* de Jalapa. Autor del poemario *Danzas inútiles del agua* (1985).

BRASIL, REPÚBLICA FEDERATIVA DE ◆ Estado de América del Sur situado en la porción este del continente. Super-

Firma de Salvador de la Brambila y Arriaga García de Alba, y dibujo que lo representa en la época en que estuvo al frente de la parroquia de Ixtlán, Nueva Galicia, de 1800 a 1803

Tomás Braniff

ficie: 8 millones 512 mil km². Habitantes: 165,851,000 en 1998. Es, por su extensión, el quinto país del mundo y el mayor de Latinoamérica. Ocupa cerca de la mitad del área de Sudamérica. Limita por el norte con Colombia, Venezuela, Guyana, Surinam y la Guayana Francesa; al este con el océano Atlántico, al sur con Uruguay y al oeste con Argentina, Paraguay, Bolivia y Perú. La capital, Brasilia, tenía 1,492,542 habitantes en 1995. A la llegada de los europeos, en el año 1500, habitaban el territorio brasileño caribes, araucos, tupíes y tapuyas. Pedro Álvarez Cabral desembarcó en Bahía en 1500 y tomó posesión de esas tierras en nombre del rey de Portugal. Para mediados del siglo XVI, el territorio contaba con gobernador y se hallaba dividido en 15 capitanías que, a diferencia de las establecidas en posesiones españolas, eran hereditarias. Por esos años se inició la importación de esclavos africanos y se fundaron Sao Paulo (1554) y Río (1565), que sería capital del Virreinato a partir de 1763. En el siglo XVII los holandeses se apoderaron de siete capitanías, pero fueron expulsados por los colonos portugueses. En 1777, el arbitraje papal estableció los límites entre las posesiones españolas y las portuguesas en América. El primer movimiento por la independencia lo encabezó en 1769 Joaquín José da Silva Xavier, apodado *Tiradentes*. En 1807, cuando las tropas napoleónicas invadieron Portugal, el príncipe Juan, quien luego se convertiría en Juan VI, pero entonces era regente por la demencia de su madre, instaló la corte en Río. Volvió a Portugal después de anexar Uruguay a sus posesiones y dejó en la regencia de Brasil a Pedro, su primogénito, quien en 1822 lanzó el Grito de Ypiranga, declaró la independencia y se autodesignó rey con el nombre de Pedro I. Éste envió un representante al Congreso de Tacubaya, en 1827, donde continuaron las deliberaciones iniciadas en Panamá, sin reconocer por ello la independencia de México, lo que sucedió hasta 1831. El monarca abdicó en 1831 en favor de su

primogénito, de cinco años, quien a los 14 fue declarado mayor de edad para gobernar como Pedro II. En 1833 el Imperio del Brasil designó al doctor Duarte da Ponte Ribeiro encargado de negocios en México, después de que otros dos diplomáticos habían sido designados para el cargo, sin que llegaran a embarcarse para cumplir su misión. Cuenta Alfonso Reyes que después de la intervención francesa, el coronel Manuel Ismael Zevada se estableció en Minas Gerais, donde hizo grandes negocios e introdujo un juego de azar que resultaría muy popular en Brasil: el *jogo do bicho*. La esclavitud fue abolida en 1888, lo que afectó los intereses de los propietarios de grandes haciendas productoras de café y azúcar. Éstos se rebelaron y un golpe militar derribó al rey. La Constitución de 1891 estableció un régimen republicano y laico, lo que motivó el beneplácito de México, que nunca tuvo buenas relaciones con la monarquía; ambos gobiernos proceden al establecimiento de nexos diplomáticos, de lo que se encarga la legación mexicana en Buenos Aires. A partir de entonces, en los foros internacionales surgen frecuentes coincidencias entre las cancillerías. En 1918 Brasil envía a México un encargado de negocios y al año siguiente Aarón Sáenz va a Río de Janeiro con el mismo carácter. Es en 1922 cuando las relaciones se elevan al nivel de embajada entre el naciente Estado revolucionario y el régimen liberal-oligárquico de Brasil que, en 1924, terminado el auge de las exportaciones, se mostró incapaz de resolver los proble-

mas populares y se produjo la *Rebelión de los Tenientes*, encabezada por el joven oficial Luis Carlos Prestes, llamado el *Caballero de la Esperanza*, quien sería el principal líder comunista durante medio siglo. El levantamiento fue sofocado, pero la caída en los precios internacionales del café, como antes los del caucho, agudizaron la crisis económica y política que desembocó en el golpe militar que llevó al poder a Getulio Vargas, en 1930. Cinco años después Vargas haría frente exitosamente a otra insurrección, también acaudillada por Prestes, quien pasaría en la cárcel la siguiente década. Promulgada la Constitución de 1934 y aplastado el levantamiento popular, se acentuaron los rasgos fascistas del régimen de Vargas, que en 1937 anunció su *Estado Novo* e intensificó la represión contra los opositores. Sin embargo, las potencias del eje Roma-Berlín-Tokio estaban muy lejos y buscó el acercamiento con EUA. De esta manera, Brasil se incorporó a la segunda guerra y envió el único contingente latinoamericano a Europa. Fue en ese tiempo (1942) cuando se abrió en Río el Instituto Brasil-México. Al término de la guerra, sin embargo, Vargas fue víctima de un golpe militar que contó con el visto bueno de la embajada estadounidense. Pese a todo, los golpistas se vieron obligados a ceder el poder y resultó elegido Gaspar Dutra, quien liberó a los presos políticos, entre ellos Prestes, cuya madre se había refugiado algún tiempo en México, en tanto que otros brasileños pasaban por este país rumbo a Estados Unidos o a Europa.

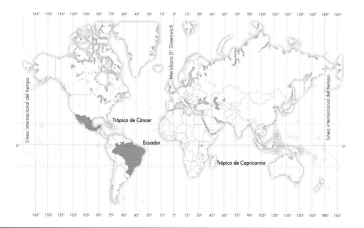

Alineado con EUA, el gobierno brasileño se incorporó de lleno a la *guerra fría* y en 1948 proscribió al Partido Comunista, lo que fue causa de otra oleada de exiliados, varios de los cuales vinieron a México. En tales condiciones, un hombre como Getulio Vargas, mal visto por Washington a causa de su nacionalismo, obtuvo el suficiente apoyo interno para triunfar en las elecciones de 1950. Durante su segunda época en el poder desplegó una política populista que incluyó un alza general de salarios y cierto rechazo verbal al imperialismo, lo que motivó la suspensión de las inversiones estadounidenses y presiones cada vez mayores de la oligarquía y los militares, que aprovecharon la notoria corrupción y el conocido autoritarismo del gobernante. Asediado y sin haber obtenido el respaldo popular, Vargas se suicidó en 1954. El presidente constitucional que siguió fue Juscelino Kubitschek, quien para construir Brasilia sumió a su país en una inflación que produjo mayor deterioro de las finanzas públicas y del nivel de vida de las masas. Recibió la visita del presidente mexicano Adolfo López Mateos en los primeros días de 1960. Durante ese viaje de López Mateos, México ingresó en la Asociación Latinoamericana de Libre Comercio, a la que también pertenece Brasil. En el mismo año, el político conservador Janio Quadros obtuvo una clara victoria electoral gracias a su prestigio de administrador eficiente y enemigo de la corrupción. Incapaz de llevar a cabo su programa de gobierno, renunció y ocupó su lugar el vicepresidente Joao Goulart, quien se propuso llevar a la práctica una política que incluía la siempre postergada reforma agraria y una actitud independiente en las relaciones exteriores. México y Brasil resistieron las presiones estadounidenses para adoptar sanciones contra la Revolución cubana, promovieron la desnuclearización de América Latina y concertaron acuerdos comerciales de mutuo beneficio. El primero de abril de 1964 un golpe militar depuso al presidente Goulart y se inició un periodo de

Río Bravo

20 años de gobiernos castrenses, cuya intolerancia política ocasionará una nueva emigración. En estos años se asilaron en México o visitaron el país gran cantidad de intelectuales, entre ellos Celso Furtado, quien fuera cercano colaborador de Goulart y cuya obra influiría notablemente en los economistas mexicanos. Francisco Juliao, dirigente campesino, se estableció en México y trabajó en la cátedra y el periodismo a lo largo de varios años como colaborador del semanario *Siempre!* El escritor Eric Nepomuceno, radicado aquí en los años setenta, ejerció el periodismo y publicó varios libros. Por razones muy ajenas a la política, figuras del espectáculo y del deporte visitan frecuentemente el país o vienen a instalarse aquí durante largas temporadas. Desde los años setenta son frecuentes los encuentros entre los jefes de ambos Estados.

BRASSEUR DE BOURBOURG, CARLOS ESTEBAN ◆ n. y m. en Francia (1814-1874). Vino a México en varias ocasiones, la primera en 1848. Recorrió con fines antropológicos diversas partes del país, tradujo al francés el *Popol Vuh* y el *Rabinal Achí*, publicó el *Códice Tronao*, escribió en cuatro tomos una *Historia de las naciones civilizadas de México y América Central anteriores a Cristóbal Colón* y el único tomo de la obra *Viaje por el Istmo de Tehuantepec junto con el*

estado de Chiapas y la república de Guatemala.

BRAVO ◆ Río que marca la frontera entre México y Estados Unidos desde el paralelo 31 47' hasta su desembocadura en el golfo de México, después de recorrer unos 2,090 km. Recibe también el nombre de Grande del Norte. De su cuenca, superior a los 430,000 km², la parte mexicana ocupa 241,509 km², lo que la hace, por mucho, la mayor del país. Se origina en las montañas Rocallosas, en EUA. Los ríos Conchos, Salado, San Juan, San Carlos y otros menos caudalosos son los afluentes mexicanos. Las presas Anzaldúas y Falcón fueron construidas en el curso del Bravo y sirven a los dos países limítrofes.

BRAVO, EMILIANO O EMILIO ◆ n. en Orizaba, Ver., y m. en el DF (1862-1941). Educador. Fue discípulo de Enrique Rébsamen. Colaboró en periódicos infantiles y publicaciones educativas. Dirigió el *Boletín Mensual de Instrucción Pública* (1913-14). Fue director de la Normal de Jalisco y ocupó diversos cargos en el sector educativo. Gabriel Agraz García de Alba sostiene que nació en Jalisco.

BRAVO, FILOMENO ◆ n. en Colima y m. en Minatitlán, Col. (1839-1877).

Militar. Inicia su carrera como liberal. Se pasa a las filas conservadoras durante la guerra de los Tres Años. Encargado de aprehender a Juárez y a sus colaboradores en Guadalajara, se dice que él y sus soldados, conmovidos por un discurso de Guillermo Prieto, no efectúan la captura. Después, detenido por los liberales en Zacatecas, Juárez, en reciprocidad le salva la vida. Al servicio del imperio y de los franceses, es dado de baja supuestamente por galantear a Carlota. Vuelve con los liberales y participa en algunas batallas. En 1871 participa en el intento golpista del Plan de la Noria. Muerto Juárez derriba al gobernador de Colima y ocupa su puesto como sustituto en 1873 y constitucionalmente en 1875-79. En 1877 se opone inicialmente al Plan de Tuxtepec y después, cuando intenta adherirse, es visto con desconfianza y destituido. Murió en una revuelta.

BRAVO, GUILLERMINA ◆ n. en Chacaltianguis, Ver. (1923). Bailarina y coreógrafa. Estudió en la Escuela Nacional de Danza y en el Conservatorio Nacional de Música. Fue discípula de Waldeen y bailarina de su grupo (1940-45). Fundó y dirigió la Academia de la Danza Mexicana (1946) y dos años después creó el Ballet Nacional, que todavía dirige y con el cual se ha presentado en decenas de países. En 1991 el Ballet Nacional se asentó en Querétaro y Bravo creó ahí el Centro y el Colegio Nacional de Danza Contemporánea. Entre su amplia producción de coreografías se cuentan *El zanate*, *Fuerza motriz*, *Recuerdo a Zapata*, *Alturas de Machu Pichu*, *Danza sin turismo*, *El demagogo*, *El bautizo*, *Homenaje a Cervantes*, *Matka* (premio a la mejor coreografía para teatro), *La ópera de los tres centavos* (premio de la Asociación de Críticos y Cronistas de Teatro 1975 y 1977) y *Trazo sobre un toro de Creta*. En la parte de diseño han colaborado con ella artistas como Leopoldo Méndez, Gabriel Fernández Ledesma o Julio Prieto. Ha recibido el Medeam, en la Olimpiada Cultural (1968), el Premio Nacional de Ciencias y Artes (1979) y el Nacional de

Danza José Limón (1989), del INBA. *Doctora honoris causa* por la Universidad Veracruzana en 1996.

BRAVO, IGNACIO A. ◆ n. en ¿Guadalajara, Jal.?, y m. en EUA (1835-1918). Militar. Participó en las guerras de Reforma en el bando liberal. Fue de los soldados que salvaron la vida a Juárez en Guadalajara. Durante la intervención francesa asistió a la batalla del 5 de mayo de 1862. Luego del sitio de 1863 fue hecho prisionero y deportado a Francia. Regresó al país y se reincorporó a la lucha contra el imperio. Estuvo entre los sitiadores de Querétaro en 1867. En 1876 se adhirió al Plan de Tuxtepec. Llegó al generalato en 1884. En 1893 reprimió una sublevación en Guerrero. Fue enviado en 1899 a someter a los mayas. El 5 de mayo de 1901 entró en Chan Santa Cruz, capital de los rebeldes, lo que le valió el ascenso a divisionario y, a partir de diciembre de 1903, el poder político del territorio de Quintana Roo, cercenado a Yucatán en 1902. En el nuevo territorio federal, al que la dictadura enviaba a los opositores condenados a trabajos forzados, Bravo amasó una inmensa fortuna medrando con la miseria de los prisioneros y los indios, con el contrabando, la prostitución y toda clase de negocios, en los que tenía una alta participación de los dividendos. La capital del territorio se llamó Santa Cruz de Bravo (hoy Felipe Carrillo Puerto). Al triunfo del maderismo fue destituido y enviado a la capital. Apoyó el cuartelazo de Victoriano Huerta y en 1913 participó en combates contra los villistas. Acabó sus días exiliado en El Paso, Texas.

BRAVO, LEONARDO ◆ n. en Chilpancingo, Gro., y m. en la ciudad de México (1764-1812). Padre de una familia de ricos hacendados, se negó a apoyar la causa realista. Las autoridades virreinales lo hostilizaron a él, a sus hermanos y a su hijo, por lo que decidió unirse a la causa de la independencia. Pronto se convirtió en hombre de confianza de Morelos, quien descargaba en él las tareas organizativas y, al crear la provincia de Tecpan, lo nombró admi-

nistrador. Enseñó a los insurrectos a preparar pólvora, fabricar parque y dar servicio a los armamentos y otros enseres de guerra; capacitó personal de intendencia, prestó especial atención a los aspectos logísticos y fungió como un moderno oficial de zapadores. Tomó parte en diversos hechos de armas: Chilpancingo, Tixtla, Chilapa, Izúcar, Cuautla. Fue hecho prisionero por las fuerzas españolas y conducido a la capital, donde fue sentenciado a muerte. Morelos ofreció infructuosamente la vida de 800 prisioneros para que le conmutaran la pena, pero las autoridades se negaron a negociar y lo ejecutaron.

BRAVO, MÁXIMO ◆ n. en Chilpancingo y m. en Chichihualco, Gro. (?-1835). Hermano del anterior. Se adhirió a la causa independentista al mismo tiempo que sus hermanos. Realizó una exitosa campaña en Costa Grande, fue jefe de plaza en Chilpancingo y después acompañó al Congreso hasta Tehuacán. A la caída de Morelos se refugió en las montañas del sur y participó en algunas acciones bajo el mando de Guerrero. Al consumarse la independencia se quedó en la hacienda familiar hasta su muerte.

BRAVO, MIGUEL ◆ n. en Chilpancingo, Gro., y m. en Puebla, Pue. (?-1814). Hermano de los dos anteriores. Se unió junto con ellos a las filas insurgentes. Operó en Tixtla y Chilapa bajo las órdenes directas de Morelos, quien le confirió diversas comisiones, en algunas de las cuales fracasó al extremo de comprometer la estrategia del generalísimo. Cayó prisionero en la acción de Chila y llevado a Puebla, donde lo fusilaron.

BRAVO, NICOLÁS ◆ n. y m. en Chilpancingo, Gro. (1786-1854). Se adhirió a la causa de la independencia con sus tíos y su padre, Leonardo Bravo. Asistió a importantes acciones de Morelos y participó en el sitio de Cuautla con acierto. Nombrado comandante militar de Veracruz, allí le avisan de la ejecución de su padre y como respuesta indulta a 300 prisioneros, contrariando las órdenes de Morelos de fusilarlos. Los indultados se unieron voluntariamente a los insurrectos. En Veracruz se desempeñó exitosamente para después cruzar el país hacia el occidente, donde asistió a la batalla de Valladolid. En 1816, un año después del fusilamiento de Morelos, se retiró a la hacienda familiar cerca de Chilpancingo, donde en 1817 fue aprehendido. Sentenciado a muerte, el virrey Apodaca le conmutó la pena y en 1820 fue indultado. Al año siguiente se adhirió al Plan de Iguala. Fue miembro, con Miguel Valentín, Agustín de Iturbide, Isidro Yáñez y Manuel de Heras Soto, el marqués de Casa de Heras, de la Segunda Regencia del Imperio Mexicano (11 de abril al 18 de mayo de 1822), cuerpo que ejerció el poder ejecutivo del país hasta la coronación de Iturbide. Al saberse relegado por la antigua oficialidad realista, marchó con Guerrero al sur. A la caída de la monarquía escoltó a Iturbide hasta Veracruz y el 31 de marzo de 1832, con Guadalupe Victoria y Pedro Celestino Negrete, y más tarde también con Miguel Domínguez, Mariano Michelena y Vicente Guerrero, integró el Supremo Poder Ejecutivo (31 de marzo de 1823 al 10 de octubre de 1824). Al instaurarse la República se convirtió en uno de los líderes de la logia escocesa, partido conservador y centralista opuesto a los yorkinos. En las elecciones de 1828, como el Congreso designara presidente a Manuel Gómez Pedraza, gracias a las maniobras y sobornos de los escoceses, el pueblo y los militares federalistas se amotinaron. Guerrero se consideró despojado y apoyó el levantamiento, por lo cual salió Bravo a combatirlo. En Tulancingo se encontraron cada uno al frente de sus respectivas fuerzas y Bravo, derrotado y prisionero, fue sometido a juicio y condenado a destierro, por lo cual se fue a Guayaquil. Regresó en 1829 a conspirar contra el gobierno y combatir a Guerrero. En 1833 comandó el Ejército del Norte y después de la desastrosa campaña de Texas volvió a su hacienda, donde permaneció hasta 1839, cuando fungió como presidente interino durante diez días (10 al 19 de julio de 1839). Del 26 de octubre de 1842 al 4 de marzo de 1843 sustituye a

Antonio López de Santa Anna en la Presidencia, declara disuelto el Congreso de mayoría liberal y federalista e integra una Junta de Notables encargada de elaborar las llamadas Bases Orgánicas. Después de regresarle la Presidencia a Santa Anna, éste lo envía a reprimir a los indios de la montaña guerrerense y, en 1846, participa en la asonada conocida como Plan de San Luis Potosí, que convierte en presidente a Mariano Paredes Arrillaga, quien lo designa gobernador del estado de México y después de diversas entidades donde debía preparar la defensa contra la invasión estadounidense. Paredes sale de la capital y le encarga la Presidencia, en la que sólo permanece una semana (28 de julio al 4 de agosto de 1846). Derribado por el levantamiento de Mariano Salas, participó sin embargo en acciones de guerra contra los invasores y sufrió varias derrotas hasta caer prisionero en Chapultepec. Puesto en libertad por los estadounidenses fue gobernador y comandante militar de Puebla (1848) y luego se retiró a la vida privada. Su muerte se ha atribuido a envenenamiento.

BRAVO, RAMÓN ◆ n. en Piedras Negras, Coah., y m. en Isla Mujeres, QR (1925-1998). Su segundo apellido era Prieto. Hizo estudios de leyes en la UNAM y en Roma un curso de periodismo, oficio al que se dedicó durante dos décadas. Como deportista jugó futbol americano con el equipo de la Universidad, integró los conjuntos de natación que representaron a México en dos Juegos Centroamericanos y del Caribe, unos Panamericanos y dos Olimpiadas (1948 y 1952), sin embargo, la especialidad en la que obtuvo reconocimiento internacional fue en el buceo y, dentro de éste, en la fotografía submarina, actividad en la que se inició en 1955, primero en la especialidad de tomas fijas y después como camarógrafo de cine, función que desempeñó en películas como *Cazadores de tiburones*, *El triángulo de las Bermudas*, *Asesino de los mares* y otras. Se encargó también del guión de *La cueva de los tiburones dormidos* y de *Tintorera*, historia de la que hi-

zo una novela. Otro de sus filmes, *La siesta del tiburón*, fue seleccionado para el Festival Internacional de Cine Marítimo y de Exploración, de Tolosa, Francia (1981). Durante varios años se transmitió en televisión su programa *El mundo marino de Ramón Bravo*. Obtuvo el premio italiano Mauricio Zarra en dos ocasiones (1957 y 1960), el Premio Sea Ruvers, en Boston (1976) y un amplio reconocimiento en el Ciclo Internacional de Cine Submarino, de España, en 1980 y 1981.

BRAVO, ROBERTO ◆ n. en Villa Azueta, Ver. (1947). Hizo estudios de economía y letras españolas en la Universidad Veracruzana y en la UNAM. Asistió al taller de cuento de la revista *Punto de Partida*. Tuvo la beca literaria del INBA-Fonapas (1980-81). En 1986 coordinó el taller literario de la Casa de la Cultura de San Luis Potosí. En 1985 realizó la antología de narradores jóvenes *Itinerario inicial*. Coautor de *Esta historia pasa de aquí a su comienzo* (1976) y autor de *Ahora las palabras* (1978), *No es como usted dice* (1981), *Cuentos* (1984), *Brisa del sur* (1984) y de la autobiografía *RB de cuerpo entero* (1991). Premio Nacional de Cuento de San Luis Potosí (1980).

BRAVO, VÍCTOR ◆ n. y m. en Chilpancingo. Gro. (¿1767?-1844). Tío de Nicolás. Insurgente. Asistió a varias acciones de guerra y en un momento de la lucha independentista le tocó operar en los alrededores de la capital. A la muerte de Morelos se retiró a su hacienda. Al morir se le reconocía como general de brigada.

BRAVO ADAMS, CARIDAD ◆ n. en Villahermosa, Tab., y m. en el DF (1904-1990). Estudió en Puerto Rico, vivió en México en los años treinta y en Cuba las siguientes dos décadas hasta el triunfo de la revolución castrista. En la radio habanera fue un éxito su programa "La novela del aire", en el que durante más de veinte años presentó adaptaciones de novelas clásicas, románticas, rosas y populares, así como obras propias. Por

Retrato y firma de
Nicolás Bravo

ese programa recibió seis trofeos de la Asociación Cubana de Crítica Radiofónica, ocho medallas de oro y seis de plata de la Asociación de Anunciantes de Cuba y el Premio García Huerta. Ejerció el periodismo en México, donde se recuerda su entrevista a Carmen Serdán. Ha escrito gran número de guiones para radionovelas y telenovelas, algunas de ellas exitosas, como *La mentira, Corazón salvaje, Estafa de amor, Herencia maldita, Lo imperdonable, La intrusa* y *Bodas de odio,* muchas de ellas llevadas al cine. Autora de los poemarios *Pétalos sueltos* (1920), *Reverberación* (1931), *Trópico* (1935) y *Marejada*; de dos obras de teatro y de casi 50 novelas. Perteneció al Ateneo Mexicano de Mujeres (☞). Nombrada Hija Distinguida de Tabasco, recibió la Medalla Nezahualcóyotl de la Sociedad General de Escritores de México, de la que fue cofundadora.

Caridad Bravo Adams

BRAVO AGUILERA, LUIS ◆ n. en el DF (1935). Licenciado en economía por la UNAM (1953-57) y maestro por la Universidad de Harvard (1959-61). Profesor de la Universidad Iberoamericana (1962) y de la UNAM (1962-66). Es miembro del PRI desde 1963. Ha sido director general de Industrias de la Secretaría de Industria y Comercio (1964-70), subdirector general (1970-76) y director de Aranceles de la Secretaría de Hacienda (1976), director de Aranceles y Asuntos Fronterizos de la Secretaría de Comercio (1977-82), subsecretario de Comercio Exterior de la Secretaría de Comercio y Fomento Industrial (1982-88) y director de Bancomer (1988-). Coautor de *Opciones de política económica en México* (1977). Pertenece al Colegio Nacional de Economistas. Obtuvo el segundo lugar en el Premio Nacional de Comercio Exterior.

Víctor Bravo Aguja

BRAVO AHÚJA, VÍCTOR ◆ n. en Tuxtepec, Oax., y m. en Cuernavaca, Mor. (1918-90). Estudió ingeniería aeronáutica y física en el IPN, la UNAM y EUA. Doctor en educación por la Universidad de París. Fue rector del Tecnológico de Monterrey en los años cincuenta. Subsecretario de Enseñanza Técnica y Superior de la SEP (1958-68), gobernador de Oaxaca (1968-70) y secretario de Educación (1970-76). Escribió obras sobre las materias de su especialidad, un ensayo histórico acerca de la educación técnica (1910-1960) y el volumen *Influencia del pensamiento francés en el desarrollo histórico de México* (1964).

BRAVO AHÚJA RUIZ, VÍCTOR EDUARDO ◆ n. en Monterrey, NL (1947). Hijo del anterior. Matemático titulado en la Universidad de París (1966-69), maestro en física y matemáticas por la Universidad de Grenoble (1969-73), maestro en sociología por la UNAM y doctor en sociología por El Colegio de México (1973-76). Ha sido director de Publicaciones del Seguro Social (1982-87), director del Instituto Sedue (1988) y director general de Normas e Insumos de Vivienda de la Secretaría de Desarrollo Urbano (1989-). Premio de Administración Pública (1981).

BRAVO GARZÓN, ROBERTO ◆ n. en Veracruz, Ver. (1934). Licenciado en derecho (1952-56) y maestro en filosofía (1955-60) por la Universidad Veracruzana, maestro en economía por El Colegio de México (1964-65) y diplomado en programación por el Centro Nacional de Cálculo del IPN (1965). En la UV ha sido profesor (1956-), secretario de la Facultad de Filosofía (1961-63), secretario particular del rector (1963-64), fundador y director de la Escuela de Economía (1966-69), secretario general (1970-72), director de Posgraduados (1972-73) y rector (1973-80). Desde 1969 es miembro del PRI, del que fue coordinador del Centro de Estudios Políticos, Económicos y Sociales de Veracruz (1969-72). Coordinador de asesores de la subsecretaría de Educación Superior de la SEP (1981-82) y del subsecretario de Energía de la SEMIP (1983-88); diputado y vicepresidente del Congreso local veracruzano (marzo de 1990). Autor de *Viento bajo las aguas* (1962), *Análisis socioeconómico del estado de Veracruz* (1967) y *Análisis de la Universidad Veracruzana de 1958 a 1970* (1971). Fue presidente de la Alianza Francesa de Jalapa (1973-80) y vocal del Consejo Consultivo de la UDUAL (1975-76).

BRAVO IZQUIERDO, DONATO ◆ n. en Coxcatlán, Pue., y m. en el DF (1890-1971). Era obrero textil y participó en la huelga de la fábrica de Santa Rosa en 1907. Antirreeleccionista en 1910, participó en la insurrección maderista con las fuerzas de Zapata, a quien siguió después de su rompimiento con Madero. Se pasó luego al carrancismo y fue diputado constituyente (1916-17). En 1920 se adhirió al Plan de Agua Prieta. Fue de nuevo diputado y senador por Puebla y gobernador sustituto de la entidad (1927-29). General de división en 1942. Presidente del PRI del DF y embajador en Bélgica. Autor de *Lealtad militar* y *Un soldado de la República* (1965).

BRAVO JIMÉNEZ, MANUEL ◆ n. en la ciudad de México (1917). Profesor normalista (1934), licenciado en economía por la UNAM (1936-40) y maestro en ingeniería industrial por la Universidad de Columbia (1944-45). Se ha dedicado a la docencia y al servicio público. Fue director del Servicio Nacional de Adiestramiento Rápido de Mano de Obra en la Industria (ARMO, 1953-80), del Centro Nacional de Productividad (1965-80) y de la Universidad Pedagógica Nacional (1982-1986). Autor de *La planeación industrial de México* (1950). Pertenece a la Academia Mexicana de la Educación y fue presidente de la Sociedad Mexicana de Planificación (1969-71).

BRAVO MENA, LUIS FELIPE ◆ n. en León, Gto. (1953). Licenciado en derecho por la Universidad de Guanajuato (1973), especializado en filosofía política y social en la Universidad Panamericana. Fue analista de política nacional del Centro de Estudios Sociales del Consejo Coordinador Empresarial (1978-83) y director de estudios del entorno político de la Coparmex (1983-86). Panista desde 1969, ha sido miembro del Comité Juvenil de Acción Nacional en León, jefe de campaña en el XVII distrito del estado, asesor político del comité de campaña presidencial de Manuel J. Clouthier (1988), candidato a la presidencia municipal de Naucalpan (1990), diputado federal plurinominal

(1991-94), candidato a gobernador del estado de México (1993), senador (1994-2000), miembro del CEN y presidente nacional del PAN (1999-). Forma parte de la Comisión de Concordia y Pacificación para Chiapas, del Parlamento Latinoamericano y de la Organización de Parlamentarios para Acción Global.

BRAVO RAMÍREZ, FRANCISCO JAVIER ◆ n. en Jiquilpan, Mich. (1947). Licenciado en derecho (1965-69) especializado en derecho constitucional y administrativo en la UNAM (1978-79), donde fue profesor (1977-79). En el PRI, al que pertenece desde 1967, fue subsecretario de acción social del comité ejecutivo nacional (1988). Ha sido subdirector general de Programas Especiales de la SEP (1978), subcoordinador general del Infonavit (1980), secretario particular del director de Ázucar, S.A. (1982), director de Operaciones de Desarrollo Dirigido de Somex (1984), jefe de la Unidad de Seguimiento de Proyectosde la Secretaría de Energía (1987) y director general de Personal de la SPP (1989). Autor de *Michihuacán* (1975), *El artesano en México* (1976) y *Perspectivas de desarrollo de la industria azucarera* (1983).

BRAVO DE LA SERNA, MARCOS ◆ n. en España (¿1630?-1681). Designado obispo de Chiapas en 1673, fue consagrado en 1674 y tomó posesión en 1676.

BRAVO UGARTE, JOSÉ ◆ n. en Morelia, Mich., y m. en el DF (1898-1967). Sacerdote jesuita. Ejerció el magisterio en Guadalajara y en la capital del país. Colaboró en la revista *Ábside*. En su amplia obra están *Diócesis y obispos de la Iglesia mexicana (1519-1539)* (1941), *Historia de México* (3 t., 1941-44), *Cuestiones históricas guadalupanas* (1946), *Historia sucinta de Michoacán* (1962), *La ciencia en México* (1965), *Periodistas y periódicos mexicanos* (1966) e *Instituciones políticas de la Nueva España* (1967).

BREA, DE LA ◆ Sierra de Guerrero situada al norte de Acapulco. Es una de las estribaciones de la sierra Madre del Sur.

BRECEDA MERCADO, ALFREDO ◆ n. en Matamoros, Coah., y m. en el DF (1886-1967). Antirreeleccionista desde 1909. En Río Yaqui se incorporó a la insurrección maderista (1910) y ganó en combate el grado de capitán de caballería. Al producirse el golpe militar de Victoriano Huerta se levantó en armas. Fue firmante del Plan de Guadalupe (1913), secretario particular de Carranza y oficial mayor encargado del despacho de la Secretaría de Gobernación (1916). Gobernador de San Luis Potosí (abril a junio de 1917), de Coahuila (agosto a diciembre de 1917) y del Distrito Federal (enero a agosto de 1918 y enero y febrero de 1919). Diputado a la XXVIII Legislatura. Representante diplomático mexicano en Suecia y Panamá. Recibió condecoraciones de Suecia y Cuba. Autor de *México revolucionario* (2 t., 1920 y 1941).

BRECEDA MERCADO, ENRIQUE ◆ n. en Matamoros, Coah., y m. en Veracruz, Ver. (?-1931). Hermano del anterior. Revolucionario. Participó en la insurrección maderista. Cuando Victoriano Huerta usurpó la Presidencia se unió al constitucionalismo. Militó a las órdenes de Obregón. Fue diputado por Coahuila.

BREESKIN, ELÍAS ◆ n. en Polonia y m. en Guanajuato, Gto. (¿1909?-1963). Violinista. En Europa desarrolló una carrera exitosa como concertista. Vino en 1943, se naturalizó mexicano y fue profesor. Entre sus discípulos estuvieron Salvador Zambrano e Hiram Dordelly, así como sus hijos Elías y Olga. Estuvo preso en las Islas Marías, donde compuso una sinfonía.

BREESKIN, OLGA ◆ n. en el DF (1951). Bailarina y violinista. Hija del anterior. Su segundo apellido es Torres. Estudió música y danza. En 1961 formaba parte de un trío clásico con su padre y su hermano; con ese trío grabó cuatro discos de larga duración entre 1963 y 1966. En 1968 trabajó como violinista en algunos restaurantes y grabó y vendió algunos discos. Se dio a conocer masivamente en el programa de televisión *Siempre en Domingo*, donde dejó de ser sólo violinista para convertirse en *vedette*. En 1969 ganó el concurso Reina de la Prensa Nacional de la Asociación Nacional de Periodistas y al año siguiente actuó en la película *Los desalmados*. En 1972 formó un grupo de danzas folclóricas hawaianas. Fue conductora del programa de televisión *Esta noche es Olga*, ha actuado en unas 15 películas, algunas obras de teatro, diez telenovelas y más de 50 programas musicales. En 1987 grabó *Soy una infiel*, su primer disco como cantante. Autora del libro *La hermosura no tiene edad* (1994).

BREHM, MAURICIO ◆ n. en la ciudad de México y m. León, Gto. (1927-1986). Poeta. Durante ocho años fue enfermero en Santiago Tianguistenco y pasó 27 años en la Compañía de Jesús como hermano coadjutor. Fue profesor de secundaria y entrenador de equipos de futbol. Colaboró en *El Universal* y en la revista *Jesuitas de México*. Algunos de sus poemas se han publicado póstumamente en *Etcétera* y *La Jornada*. Autor de *Del silencio y la palabra* (1991). Un libro suyo, *Literatura latinoamericana*, fue texto en las preparatorias de la UNAM en los años sesenta y setenta.

BREHME, HUGO ◆ n. en Alemania y m. en el DF (1882-1954). Fotógrafo. Llegó a México en 1905. Desempeñó su oficio durante la Revolución. Al término de la lucha armada recorrió el país y formó una importante colección de vistas de diferentes ciudades y accidentes geográficos, algunas de las cuales fueron incluidas en su libro *México pintoresco* (1923).

BREMAUNTZ MARTÍNEZ, ALBERTO ◆ n. en Morelia, Mich. (1897). Abogado. Fue designado rector provisional de la Universidad Michoacana de San Nicolás de Hidalgo en marzo de 1963, después de que Eli de Gortari había renunciado por la imposición gubernamental de una nueva ley orgánica. Se opuso a que la primera Conferencia Nacional de Estudiantes Democráticos fuera celebrada en el recinto universitario. Autor de *La educación socialista en México* (1943), *Por una justicia al servicio del pueblo* y *La batalla ideológica de México*.

Foto: FABRIZIO LEÓN

Luis Felipe Bravo Mena

Olga Breeskin

BREMAUNTZ MONGE, ALBERTO ◆ n. en Morelia, Mich. (1932). Ingeniero químico por la UNAM (1955) y maestro en ciencias por el Instituto Tecnológico de Massachusetts (1957). Profesor de la UNAM y el Politécnico. Trabaja desde 1958 para el sector público, donde ha sido director general de empresas paraestatales como Sosa Texcoco, Poliestireno y Derivados, Solventes de Tehuantepec y otras. Subdirector de Transformación Industrial de Petróleos Mexicanos (1982-). Consultor de las Naciones Unidas y de la Comisión Económica para América Latina (1965-66). Pertenece a varias corporaciones profesionales. Fue presidente de la Sociedad Química de México (1981-82). Premio Banamex de Ciencia y Tecnología (1977), Premio Nacional de Química Andrés Manuel del Río (1980) y Premio Nacional de Ciencias Químicas (1986).

BREMER, JUAN JOSÉ ◆ n. en el DF (1944). Su apellido materno es Martino. Licenciado en derecho por la UNAM (1962-66). Desempeñó varios cargos en el PRI, partido al que pertenece. Ha sido secretario privado del presidente Luis Echeverría (1972-75), subsecretario de la Presidencia (1975-76), director general del Instituto Nacional de Bellas Artes (1976-82), embajador en Suecia (1982), subsecretario de Cultura de la Secretaría de Educación Pública (1982-85), diputado federal (1985-88), embajador en la Unión Soviética (1988-90), en la República Federal de Alemania (1990-) y en España. Renunció a la dirección general del INBA después de que apareció en el órgano del instituto un texto considerado ofensivo para la esposa del entonces presidente de la República. Pertenece al Instituto Nacional de Abogados.

BRENER, PABLO ◆ n. en la ciudad de México (1927). Empresario. En 1953 fundó la empacadora de carnes Fud, que vendió en 1980. Dueño mayoritario de la Compañía Mexicana de Aviación, de los hoteles Camino Real, Calinda y el complejo Las Hadas, de casas de bolsa y de cambio, la textilera Texel y de tres importantes ingenios azucareros. La re-

vista estadunidense *Fortune* calculó su fortuna, en 1990, en mil millones de dólares.

BRENNAN HANSON, JUAN ARTURO ◆ n. en el DF (1955). Hizo estudios de ingeniería electromecánica en la Universidad Iberoamericana y de cine en el Centro de Capacitación Cinematográfica, en las especialidades de dirección y fotografía (1979). Trabajó como adaptador y traductor de programas de televisión (1976-80). Ha hecho fotografía fija para diversas instituciones y empresas, tales como la Enciclopedia Británica y la Filmoteca de la UNAM. Fungió como sonidista del documental *Semana Santa entre los mayos*. Ha sido asistente de producción, dirección y cámara, así como musicalizador y guionista de cine y televisión. Crítico de música de los diarios *unomásuno* (1978-83) y de *La Jornada* (1983-). Ha colaborado en publicaciones cinematográficas, musicales y literarias. Autor de *Galería*, música para coreografía (1979), de *Espejismos, Eolo, Límite*, composiciones estrenadas en 1981, 1982 y 1984 respectivamente. Con Gabriel García Márquez escribió el guión de *El año de la peste*, mismo que fue premiado con el Ariel y la Diosa de Plata (1979).

BRENNER DUCHAN, ANITA ◆ n. en Aguascalientes, Ags., y m. en Ojuelos, Jal. (1905-1974). En 1915 fue llevada por su familia a Estados Unidos. Durante una breve estancia en México (1922-25) conoció a Diego Rivera y comenzó a reunir información sobre arte mexicano. Doctora en antropología por la Universidad de Columbia (1929), hizo estudios de etnografía con Franz Boas. Fue becaria de la Fundación Guggenheim (1930-31). Corresponsal en México de la revista *Fortune* (1938). Radicó en Nueva York hasta 1944, cuando se instaló definitivamente en México. Colaboró en *The Nation, The New York Times, Harper's* y otras publicaciones estadounidenses, y fue jefa de redacción de *The Brooklin Eagle*. Autora de *Idols Behind Altars* (1929, con fotografías de Edward Weston y Tina Modotti), *Your Mexican Holiday* (1932), *The Boy Who*

Could Do Anything (1942), *El viento que barrió México* (1943) y *I Want to Fly* (1943). Promotora del arte mexicano, llevó a Estados Unidos la obra de varios pintores y la difundió en las galerías y mediante publicaciones como *Mexican Folkways* y *Mexico this Month*, que mereció ser premiada por la Secretaría de Turismo de México.

BREÑA GARDUÑO, FRANCISCO ◆ n. en el DF (1930). Ha pertenecido a los órganos directivos de diversas agrupaciones empresariales. Fundador y presidente honorario de la Asociación Nacional de Abogados de Empresa (1970-72). Fue representante patronal en la delegación mexicana a la OIT (1974-76). Autor del *Reglamento para los empleados de instituciones bancarias* vigente hasta la nacionalización de las firmas bancarias.

BREÑA SÁNCHEZ, GABRIELA ◆ n. en el DF (1958). Licenciada en comunicación por la UNAM (1977-80). Ha tomado cursos de posgrado en periodismo y política en la Universidad de Guadalajara (1979) y en la UAP. Ha trabajado en la redacción de noticieros de Radio Educación y en los periódicos *Cambio* y *Los Universitarios*. Ha sido coordinadora de Radiodifusoras Foráneas del Imer (1990-91), directora de Frontera Norte del Programa Cultura de las Fronteras (1991-92), coordinadora de Proyectos con los Estados del Instituto Nacional de Bellas Artes (1992-97) y directora general de Programas de Población del Consejo Nacional de Población (1997-).

BRETON, ANDRÉ ◆ n. y m. en Francia (1896-1966). Escritor. Participó en la corriente dadaísta (1920-22). Fundador del movimiento surrealista (1924). Fue miembro del Partido Comunista Francés desde 1927 hasta 1935, cuando denuncia que el régimen soviético, bajo la dirección de Stalin, "se convierte en la negación misma de lo que debería ser y de lo que fue". En 1938 viene a México y dicta conferencias en la Universidad Nacional y otros centros de cultura. Con Diego Rivera firma el manifiesto llamado *Por un arte revolucionario inde-*

Juan José Bremer

pendiente, redactado con Trotsky, y llama a constituir la Federación Internacional del Arte Revolucionario Independiente. Recorre el país, entra en contacto con gran número de artistas mexicanos y promueve la obra de algunos de ellos, como Frida Kahlo, a quien presenta en París y Nueva York como pintora surrealista. Se le atribuye haber dicho que "México es un país surrealista", frase que no se halla en sus escritos aunque sí corresponde a su idea del país.

BRETÓN ESCAMILLA, EDUARDO RAFAEL ◆ n. en Huamantla, Tlax. (1946). Contador público titulado en la Escuela Bancaria y Comercial (1964-69). Profesor de la Universidad Autónoma de Tlaxcala. En el PRI, partido al que pertenece desde 1975, fue secretario de acción electoral (1988-89). Ha sido diputado a la Legislatura de Tlaxcala, director de Egresos de la Tesorería (1976-81) y director de Presupuesto (1981-86), oficial mayor (1986) y secretario de Comunicaciones y Transportes del gobierno de Tlaxcala (1989). Fue vicepresidente del Instituto Nacional de Contadores Públicos al Servicio del Estado en esa entidad (1985-86).

BRETÓN FIGUEROA, ALONSO ◆ n. en Mazatlán, Sin. (1949). Ingeniero civil titulado en la UNAM (1974). Miembro del PRI. Ha sido coordinador de Programas Especiales Rurales de Diconsa (1979), director de la Unidad de Fomento Cooperativo (1980) y director general de Admnistración de la SRA (1981); asesor del oficial mayor (1986-87) y director general de Recursos Materiales y Servicios Generales de la Sedue (1988-). Pertenece a la Sociedad Mexicana de Ingenieros.

BRICEÑO, WENCESLAO ◆ n. en Oxkutzkab, Yuc., y m. en la ciudad de México (1833-1914). Abogado. Fue gobernador de Tabasco en 1882.

BRIMMER, GABY ◆ n. en el DF (1947). Escritora. Estudió periodismo en la UNAM. Domina el idioma inglés. Padece una parálisis cerebral que sólo le permite mover algunos músculos de la cara, penosamente el cuello y el pie iz-

quierdo, con el que opera una máquina de escribir. Estudió la primaria en una escuela para minusválidos y, a partir de la secundaria, continuó su formación en escuelas públicas, a donde la acompañó siempre su nana Florencia Sánchez Morales. Es autora de dos libros de poemas, del volumen de cuentos *Disfraces* y, en colaboración con Elena Poniatowska, de su autobiografía *Gaby Brimmer* (1979), que fue llevada al cine en 1987.

BRINTON, DANIEL GARRISON ◆ n. y m. en EUA (1837-1899). Médico y abogado que en México realizó importantes estudios en el campo de la antropología. Tradujo del español al inglés textos literarios escritos originalmente en náhuatl. Autor, entre otras obras, de *The Symbol of the Cross in America* (1885), *Prehistoric Chronology of America* (1887), *Cronicles of the Mayas* (1887), *Observations on the Chinantec Language of Mexico and the Mazatec Language and its affinitties* (1892), etc.

BRIOSO Y CANDIANI, MANUEL ◆ n. en Oaxaca, Oax., y m. en el DF (1859-1945). Abogado. Dirigió el *Periódico Oficial* de Oaxaca. Escribió una antología de poetas oaxaqueños y la novela *Siempreviva* (1921). Autor de *La evolución del pueblo oaxaqueño desde la adopción del Plan de Ayutla hasta el fin de la guerra de Reforma: ensayo de una historia científica* (1945).

BRISEÑAS DE MATAMOROS ◆ Municipio de Michoacán situado frente a La Barca, Jal., con el río Lerma de por medio. Superficie: 90.54 km². Habitantes: 9,831, de los cuales 2,397 forman la población económicamente activa. Hablan alguna lengua indígena seis personas mayores de cinco años. La erección municipal data del 28 de julio de 1950.

BRISEÑO, GUILLERMO ◆ n. en el DF (1945). Rocanrolero. Ingeniero químico titulado en la UNAM. Como músico se inició en 1961, cuando formó el grupo de rock Masters. Fue pianista ocasional de los Belmonts, los Slippers, Los Locos del Ritmo y Los Sinners, entre otros. En 1966 reunió el conjunto Cinco a Priori. Colaboró con los grupos Antiguo Testamento, Fuerza Bruta y los Gay Croo-

ners. En 1970 integró La Cosa Nostra. Viajó a Estados Unidos y tocó con Little Richard. Grabó luego en Panamá y EUA. Regresó a México en 1975 y desde entonces ha fundado los grupos Briseño, Carrasco y Flores; Briseño, Hebe, Carrasco y Flores, El Séptimo Aire y Briseño y la Banda de Guerra. En 1980 funda un taller de rock en el Museo del Chopo y al año siguiente en Puebla. Condujo el programa *Musicalísimo* en el Canal 13. Durante 1984 se presentó en varias ocasiones con Alejandro Lora en los espectáculos "Briseño y Lora" y "Briseño a l'ora de Lora". Ha participado en dos ocasiones en el Festival Internacional Cervantino. Hizo la música para un espectáculo de la Compañía Nacional de Danza y para la obra de Alejandro Aura *El pirata sin rabia*. Con sus grupos ha grabado los discos de larga duración *Briseño, Viaje (ud.) al espacio visceral* y *Está valiendo el corazón*; como solista: *El conexionista* (1990). Musicalizó *Romeo y Julieta* para la puesta en escena del Teatro Laboratorio Campesino e Indígena de Tabasco.

BRISEÑO ORTEGA, MANUEL ◆ n. en La Barca, Jal. (¿1856?-?). Licenciado en derecho por la Escuela de Jurisprudencia de Guadalajara (1881). Fue diputado local en Jalisco. Dirigió el periódico *El Intransigente* (1891) en la capital tapatía. Fungió como asesor de la Suprema Corte de Justicia Militar en la ciudad de México (1897). Se ignora lugar y fecha de su muerte.

BRITO, CÉSAR ◆ n. en Huimanguillo y m. en Acachapán, Tab. (?-1929). Participó en la insurrección maderista. En 1913, al producirse el golpe de Estado de Victoriano Huerta, tomó de nuevo las armas dentro de las filas constitucionalistas. Murió durante la asonada de 1929.

BRITO ALONZO, ÁLVARO HERNANDO ◆ n. en Tizimín, Yuc. (1940). Profesor normalista por la Escuela Nacional de Maestros (1958) y licenciado en derecho por la UNAM (1963). Secretario general de la sección IX (1978-81) y secretario de finanzas del SNTE (1980). Fundador y director de la revista *Van-*

André Breton

Guillermo Briseño

FOTO: ARTURO CERVANTES

guardia Revolucionaria, órgano de la corriente sindical del mismo nombre (1979-). Diputado suplente por Yucatán (1979-82) y propietario (1982-85).

BRITO FOUCHER, RODULFO ◆ n. en Villahermosa, Tab., y m. en el DF (1899-1970). Licenciado en derecho por la Universidad de México (1923), de la que fue profesor (1927-35) y rector (1942-44). Fue gobernador de Campeche durante la rebelión delahuertista (1924). Estuvo exiliado casi tres años. Dirigió la "expedición punitiva" de 21 jóvenes que en julio de 1935 fueron a Tabasco, donde tuvieron un enfrentamento armado con las fuerzas de Tomás Garrido Canabal. En esos hechos perdió la vida Manuel Brito Foucher, hermano de Rodulfo, pero significó el fin del cacicazgo garridista. Nuevamente exiliado, estudió en Estados Unidos y en Alemania. Regresó al país a principios de los años cuarenta. Durante su gestión como rector de la UNAM hizo frente a un movimiento estudiantil que lo obligó a renunciar (ver *Huelga universitaria de 1944*).

BRITO GÓMEZ, CARLOS ◆ n. en Coatzacoalcos, Ver. (1934). Licenciado en derecho por la UNAM (1954-60). Miembro del PRI desde 1958. Fue agente del Ministerio Público del Distrito Federal (1961-69), secretario de Gobierno del estado de Veracruz (1974-80) y diputado federal por la misma entidad (1982-85).

BRITO DE MARTÍ, ESPERANZA ◆ n. en el DF (1932). Periodista autodidacta. Hija de Rodulfo Brito Foucher. Inició su carrera en 1963. Ha sido colaboradora de las revistas *Siempre!, Kena* y *Claudia*, y del diario *Novedades* (1963-83); coordinadora editorial de Publicaciones Continentales de México, que edita las revistas *Vanidades, Buenhogar* y *Cosmopólitan* (1972-76); presidenta fundadora del Movimiento Nacional de Mujeres (1972), cofundadora de la Coalición de Mujeres Feministas (1976), editoria del almanaque de México (1977-84) y directora de la revista *Fem*. Participó en la fundación del Centro de Apoyo a Mujeres Violadas. En 1973 recibió el Premio Nacional de Periodismo.

BRITO ROSADO, EFRAÍN ◆ n. en Mérida, Yuc. (1912). Licenciado en derecho por la UNAM (1936). Fue campeón nacional e internacional de oratoria en 1928, presidente de la Federación Estudiantil Universitaria (1930-31), secretario de la embajada de México en España (1937) y encargado de negocios de México en Brasil (1937). Ha sido presidente de la comisión de estudios legislativos (1942) y director de Acción Juvenil de la Secretaría de Educación (1943), diputado federal por Yucatán (1943-46 y 1949-52) y senador de la República (1952-58). Trabajó como editorialista y columnista del diario *Crítica* en Buenos Aires (1938-39). Ha colaborado en los periódicos *El Heraldo de México, Novedades* y *Excélsior*. Es miembro de la Asociación Nacional de Abogados.

BRIZIO, ARTURO ◆ n. en el DF (1956). Abogado y árbitro de futbol. Su segundo apellido es Carter. Comenzó su carrera arbitral en 1976 y se hizo profesional al año siguiente, para retirarse en 1998. Arbitró más de 500 partidos en la primera división mexicana, entre ellos diez finales. Participó dos veces en la Copa América (1995 y 1997) y en dos campeonatos mundiales: Estados Unidos 1994 y Francia 1998. Recibió cinco veces la presea Silbato de Oro. Tras su retiro se convirtió en comentarista deportivo para la televisión.

BRIZUELA, ANASTASIO ◆ n. y m. en Colima, Col. (1788-1831). Era militar realista cuando se firmó el Plan de Iguala, al que se adhirió. En su calidad de comandante militar, instó al ayuntamiento de la Villa de Colima a segregarse de Jalisco, lo que fue aceptado por el Congreso federal en enero de 1824.

BRIZUELA DÍAZ, JOSÉ ◆ n. en Venezuela y m. en la ciudad de México (1645-1722). Médico titulado en la Real y Pontificia Universidad de México. Impartió cátedra en la misma casa de estudios y ejerció en la capital novohispana; miembro del protomedicato. Autor de unos *Escolios al libro de medicina que escribió el venerable Gregorio López, protohermitaño de la Nueva España* (1674).

BRODY SPITZ, TOMÁS ◆ n. en Alemania y m. en el DF (¿1922?-1988). Físico. Perseguido por judío, salió de la Alemania nazi en 1938 y, alejado de su familia, se estableció en Escocia. Trabajó en la industria bélica inglesa durante la segunda guerra mundial y estudió un año de ingeniería en la Universidad de Cambridge. Luego del triunfo de los aliados se estableció en Suiza (1947) y se tituló como ingeniero químico en la Universidad de Lausana. Llegó a México en 1953. Fue investigador del Insittuto de Física de la UNAM y asesor de la Comisión Nacional de Energía Atómica. Profesor de las facultades de Ciencias y Filosofía y Letras de UNAM y de la Universidad de Oxford. Autor de numerosos trabajos sobre lluvia radioactiva, teoría de la probabilidad, química cuántica y filosofía de la ciencia. Murió asesinado.

BROID ZAJMAN, ISAAC ◆ n. en el DF (1952). Estudió arquitectura en la UIA. Es maestro en diseño urbano por el Politécnico de Oxford, Inglaterra. Entre sus proyectos realizados en la ciudad de México destacan la línea A del metro ligero en la calzada Ignacio Zaragoza, el Centro de la Imagen, en La Ciudadela (en colaboración con Abraham Zabludovsky); las Oficinas Corporativas de Telcel, Lago Alberto 366; la Biblioteca Guillermo Bonfil Batalla, en Cuicuilco; y la Casa Vázquez, en Coyoacán; así como la Casa Sodi-Ambrosi en Puerto Escondido, Oaxaca.

BROOK, CLAUDIO ◆ n. y m. en el DF (1927-1995). Su segundo apellido era Marnat. Locutor y actor de teatro, cine y televisión. Trabajó en la embajada británica y fue cantante, futbolista (del equipo juvenil del Atlante) e hizo doblajes para televisión (como en el "Show de Dick van Dike") antes de dedicarse a la actuación. Debutó en teatro en 1952 en la obra *La soga*. Actuó en obras de teatro y películas en México, Estados Unidos, España, Inglaterra, Italia y Francia, donde alternó, entre otros, con Richard Burton, Brigitte Bardot, Raúl Julia y Anthony Hopkins. Participó, entre otras, en las obras teatrales *Don Qui-*

jote de la Mancha, Cantando bajo la lluvia y *Casa de muñecas*. Actuó en las cintas *El ángel exterminador*, *La joven*, *La Vía Láctea*, *Simón del desierto* y *Robinson Crusoe* (dirigidas por Luis Buñuel), *El asesinato de Trotsky*, *Viva María*, *Póker de asesinos*, *El castillo de la pureza*, *El Santo Oficio*, *El jardín de la tía Isabel*, *Frida*, *Memoriales perdidos* (Ariel al mejor actor, 1985), *Un hombre en guerra*, *Romero*, *Los motivos de Luz* y *La bestia acorralada*. Participó también en las telenovelas *Teresa*, *Viviana*, *Retrato de familia*, *El vuelo del águila* y *La pasión de Isabela*.

BROS, CAMILO ◆ n. en el Edo. de México y m. en San Luis Potosí, SLP (¿1812?-1888). Radicó en la ciudad de México, donde tradujo la ópera *Puritanos* que Guillermo Prieto puso en verso, lo mismo que el melodrama *Las cárceles de Edimburgo*, publicado en *El Museo Teatral*. Con este mismo escritor redactó *El Museo Popular* (1840-41). Titulado como ingeniero topógrafo y de minas se estableció en San Luis Potosí hacia 1845. En 1847, con el grado de coronel auxiliar, organizó un cuerpo de caballería para combatir a los invasores estadounidenses. Fue oficial mayor (1848) del gobierno de la entidad. Durante la guerra de los tres años se adhirió a los conservadores y ocupó la secretaría general de Gobierno con los generales Vélez y Miramón. Desterrado por los liberales en 1861, volvió a la capital potosina para ser regidor del ayuntamiento. Posteriormente se dedicó a los negocios. Escribió sobre temas de su especialidad en *La Unión Democrática*, el *Boletín Minero de Fomento* y *El Minero Mexicano*. Autor de una *Gramática francesa* (¿1842?) para el Colegio Militar, la que después convirtió en *Gramática hispanofrancesa* (1845), libro de texto en escuelas públicas.

BRUN, JOSEFINA ◆ n. en el DF (1944). Licenciada en teatro y literatura dramática por la UNAM. Estudió danza. Dirigió las puestas en escena de *El sueño del ángel*, de Carlos Solórzano, y *Honorarios*, de Demetrio Aguilera Malta. Ha sido redactora de la revista *La Cabra* (1971-) y directora de la revista *Escénica*

Obra arquitectónica de
Isaac Broid Zajman

(1982-). Trabaja, con Solórzano, en la *Enciclopedia mundial del teatro contemporáneo* de la UNESCO.

BRUNEI DARUSSALAM ◆ Nación asiática situada en el noroeste de la isla de Borneo, en las costas del mar Meridional de China. Limita con Malasia. Superficie: 5,765 km². Habitantes: 315,000 en 1998. La capital, Bandar Seri Begawan, tenía 21,484 habitantes en 1991. Su idioma oficial es el malayo, aunque también se hablan chino e inglés. Su moneda es el dólar de Brunei. *Historia*: Brunei era una monarquía que comprendía los territorios de Borneo y Sarawak, actualmente partes de Malasia. Los mercaderes persas y árabes conocieron la zona en el siglo XII y la utilizaron como puerto comercial, dada su privilegiada ubicación. A principios del siglo XV Brunei, parte del imperio hindújavanés de Majapahjit, estaba completamente islamizado. A mediados de ese siglo se convierte en un sultanato independiente. En 1839 un aventurero inglés, James Brooke, se apoderó de Sarawak y paulatinamente ocupó porciones de Brunei. En 1888 ya era un protectorado británico. Durante la segunda guerra mundial el país fue ocupado por

los japoneses y al término del conflicto volvió a ser protectorado británico bajo un gobierno que abarcaba también a Sarawak. El imperio británico le otorgó ciertas libertades al sultanato. En 1962 el sultán Omar Alí Saifuddin manifiesta su intención de anexarse a Malasia, lo que provoca una protesta del partido nacionalista Raayat Brunei; el líder del partido, A. M. Azahari, proclam la independencia del Estado de Calimantán del Norte, sostenido por el pueblo en armas; el gobierno de Brunei lo derrota y expulsa del país; a partir de esa fecha se estableció un estado de emergencia y se prohibieron todos los partidos políticos. Finalmente, la anexión a Malasia no se produjo y, en 1984, Brunei se convirtió en Estado independiente. En 1990, al negarse Filipinas a mantener bases militares de EUA en su territorio, Brunei se ofreció como huésped. En septiembre de 1991 México y Brunei establecieron relaciones diplomáticas.

BRUNET, GABRIEL ◆ n. en el DF (1933). Aunque estudió en la Academia de San Carlos y en La Esmeralda, se considera un pintor autodidacta. Expuso colectivamente por primera vez en 1965, en el Palacio de Bellas Artes. Indi-

Claudio Brook

vidualmente desde 1977 en México, Valle de Bravo, La Paz, Guadalajara y Monterrey. Participó en la primera Bienal Iberoamericana de Pintura (1978).

BRUSHWOOD, JOHN S. ◆ n. en EUA (1920). Profesor de español de la Universidad de Missouri. Ha colaborado en la revista *Historia Mexicana*. Autor de "An Introductory Essay on Modernism" en *Swam Cygnets Owl* (1956) y prologuista y compilador de la antología de novela latinoamericana decimonónica *La barbarie elegante* (1988).

BUCARELI Y URSÚA, ANTONIO MARÍA DE ◆ n. en España y m. en la ciudad de México (1717-1779). Militar. Fue gobernador de Cuba y en ese cargo ordenó la construcción del fuerte El Morro. Virrey de Nueva España de 1771 hasta su fallecimiento, redujo los ejércitos novohispanos y procuró hacerlos más eficaces. Reprimió las rebeliones de apaches, pimas y seris y ordenó la deportación a Cuba, con todo y familia, de los que cayeran prisioneros. Durante su mandato se fundó el puerto de San Francisco, en la Alta California. Gestionó con éxito la libertad de comercio entre Nueva España, Guatemala, Perú y Nueva Granada. Creó el Monte de Piedad y le correspondió abrir el Hospital de Pobres. Inició la construcción del fuerte de San Diego, en Acapulco, y terminó el de Perote. Publicó una *Colección de todas las provindencias de su gobierno*.

Retrato y firma de Anastasio Bustamante

BUCIO CONTRERAS, DANTE ◆ n. en el DF (1960). Fotógrafo. Fue dos años reportero gráfico de *El Universal* y diez de *Excélsior*, donde fue subjefe del Departamento de Fotografía. Jefe y editor de Fotografía de la revista *Época*. Trabaja para la SEP en la elaboración de libros y colabora en revistas. Ha obtenido 13 premios en México y en el extranjero y está incluido en dos libros de fotoperiodismo.

BUCIO NATERAS, VIRGILIO ◆ n. en Tuxpan, Mich. (1936). Ingeniero civil titulado en la Universidad Autónoma de Nuevo León, con maestría en la UNAM

(1966). Pertenece al PRI desde 1955. Ha sido subdirector de Obras de Caminos Rurales (1972-82), director de Obras (1983-88) y director general de Construcción y Conservación de Obra Pública de la Secretaría de Comunicaciones (1988-). Es miembro del Colegio de Ingenieros Civiles de México, de la Sociedad Mexicana de Ingenieros y de la Asociación Mexicana de Ingenieros y Arquitectos.

BUCIO VARGAS, RODOLFO ◆ n. en el DF (1955). Estudió la licenciatura y la maestría en filosofía en la UNAM, en donde ha sido profesor. Participó en los talleres literarios de Gerardo de la Torre, René Avilés, Julieta Campos, Jorge Arturo Ojeda y José Agustín. Da clases en la UAM-Xochimilco. Ha colaborado en las revistas *Casa del Tiempo*, *Papalotl*, *Los Universitarios* y *Tierra Adentro*, y en los periódicos *Excélsior* y *El Nacional*. Coautor de *Relatos del norte* (1983). Autor de cuento: *Escalera al cielo* y *Las últimas aventuras de Platón, Diógenes y Freud* (1982). En 1981 obtuvo el primer lugar en el Concurso de Cuento de la UAM por "Historia de familia". Becario del INBA-Fonapas (1982-83) y del Centro Mexicano de Escritores (1985-86).

BUCTZOTZ ◆ Municipio de Yucatán situado al oeste de Tizimín y al este de Motul. Superficie: 545.45 km². Habitantes: 7,748, de los cuales 2,033 forman la población económicamente activa. Hablan alguna lengua indígena 2,770 personas mayores de cinco años (maya 2,267).

BUCH, ELISA ◆ n. en el DF (?). Poeta. Estudió sociología en el Instituto Universitario de Ciencias de la Educación. Autora de *Voces alzadas* (1994).

BUCHANAN, WALTER C. ◆ n. en San Luis de la Paz, Gto., y m. en el DF (1906-1977). Ingeniero mecánico electricista por el IPN, del que fue profesor, lo mismo que de la UNAM. Hizo cursos de posgrado en la Universidad de Ohio. Trabajó para diversas estaciones de radio e instaló el Canal 11 de televisión (1959). En el sexenio del presidente Ruiz Cortines fue subsecretario (1952-55) y secretario de Comunicación y

Obras Públicas (1955-58). En el gabinete de Adolfo López Mateos fue titular de la Secretaría de Comunicaciones y Transportes (1959-64). En este cargo propuso y logró que se creara la Comisión Nacional del Espacio Exterior (1961).

BUDIB LICHTLE, JORGE RODOLFO ◆ n. en Puebla, Pue. (1947). Licenciado en administración por la Universidad Autónoma de Puebla (1966-70). Pertenece al PRI desde 1969. En Puebla fue secretario particular del gobernador (1972) y vocal del Consejo de Seguridad Pública. También fue consejero de Banpaís y Banamex (1984). Diputado federal en dos ocasiones (1985-88 y 1991-94) y senador (1997).

BUELNA, EUSTAQUIO ◆ n. en Mocorito y m. en Culiacán, Sin. (1830-1907). Abogado liberal. Combatió a los conservadores durante la guerra de los Tres Años y después luchó contra la intervención francesa y el imperio. Fue diputado al Congreso de la Unión, gobernador de Sinaloa y ministro y presidente de la Suprema Corte de Justicia. Durante su periodo como gobernador fundó el Colegio Rosales (1873), base de la actual Universidad Autónoma de Sinaloa. Autor de *Compendio histórico, geográfico y estadístico de Sinaloa* (1877), *Apuntes para la historia de la guerra de la intervención francesa en Sinaloa* (1884), *Peregrinación de los aztecas y nombres geográficos indígenas del estado de Sinaloa* (1892), *La Atlántida y la última Tule*, *La constitución de la atmósfera o leyes que rigen la densidad, peso, altura y temperatura del aire* y otros trabajos. Se encargó de la publicación del *Arte de la lengua cahíta*, obra de un jesuita anónimo que Buelna atribuyó a Juan B. de Velasco. Editó también *Luces del otomí*, gramática de otro jesuita anónimo a la que agregó un prólogo.

BUELNA, RAFAEL ◆ n. en Mocorito, Sin., y m. Morelia, Mich. (1891-1924). Sobrino del anterior. En Nayarit tomó parte en la insurrección maderista. Al triunfo de ésta (1913) reinició sus estudios en el Colegio Rosales, de donde había sido expulsado en 1909 por sus actividades antirreleccionistas y su apoyo a José Ferrel, candidato a gobernador de Sinaloa. Después del cuartelazo de Victoriano Huerta (1913) organizó un contingente en el mismo estado, con el que se apoderó de Tepic y se convirtió en general y comandante de la plaza. A su paso por esta ciudad, Obregón, general en jefe, lo envió a la retaguardia y Buelna, sintiéndose ofendido, mandó fusilar al sonorense. Ambos debieron retirar sus órdenes por mediación de amigos mutuos. Obregón siguió su campaña y Buelna se lanzó sobre Orendáin, donde se apoderó de todos los trenes federales. Asistió como constitucionalista a la Convención de Aguascalientes, pero como Carranza desconociera los acuerdos de ese organismo, optó por unirse a Villa y luego de combatir bajo sus órdenes hubo un rompimiento que lo llevó a exiliarse en EUA y en Cuba, de donde volvió en 1920. Se opuso a Obregón y en 1924 se unió a la rebelión delahuertista. Derrotó a la columna que comandaba Lázaro Cárdenas, lo hizo prisionero y después de ordenar se le atendieran sus heridas lo puso en libertad. Tomó Salvatierra, Acámbaro y Morelia, donde murió a consecuencia de las heridas que recibió en combate. Lo apodaban *Granito de Oro*. Inspirado en su vida, Óscar Liera escribió la obra teatral *El oro de la Revolución Mexicana*.

BUEN, RAFAEL DE ◆ n. en España y m. en el DF (1891-1966). Oceanógrafo y biólogo. Trabajó para el bando republicano durante la guerra civil española. Llegó a México como asilado político en 1939. Pasó una temporada en Costa Rica y volvió al país en 1944. Prestó sus servicios en la Secretaría de Marina y luego pasó a Guatemala y Venezuela. Volvió en 1962 a fundar y dirigir la Facultad de Altos Estudios de la Universidad Nicolaíta. Escribió una *Biología* (1944) y otras obras.

BUEN LÓPEZ DE HEREDIA, SADI DE ◆ n. en España (1921). Llegó a México al término de la guerra civil española. Naturalizado en 1943. Médico por la UNAM con estudios de posgrado en cen-

tros de enseñanza estadounidenses. Se especializó en oftalmología en el Hospital General (1970-71), donde fue jefe de Patología Ocular (1975-). Ha impartido cátedra en la UNAM desde 1957 y ocupado puestos directivos en varias instituciones hospitalarias. Miembro de asociaciones científicas. Editor del *Boletín* de la Asociación Mexicana de Patólogos (1961-62), director de *Anales* de la Sociedad Mexicana de Oftalmología (1977-79) y autor de más de cien trabajos aparecidos en revistas científicas de México y del extranjero y del libro *Anatomía patológica de los traumatismos oculares* (1971).

BUEN LOZANO, FERNANDO DE ◆ n. en Barcelona, España, y m. en Chile (1895-1962). Naturalista. Obtuvo asilo político en México en 1939. Impartió cátedra en la Universidad Nicolaíta (1939-43). Fue asesor técnico de la Estación Limnológica de Pátzcuaro y de la Dirección General de Pesca (1943). Se estableció después en Uruguay y Chile.

BUEN LOZANO, DEMÓFILO DE ◆ n. en España y m. ¿en Panamá? (1890-1946). Jurista. Perteneció al bando republicano durante la guerra civil española, al término de la cual vino a México, donde fue secretario del procurador de Justicia del Distrito y Territorios Federales (1940-41) e impartió cátedra en la UNAM. Marchó después a Panamá.

BUEN LOZANO, NÉSTOR DE ◆ n. en España (1925). De familia republicana, vino a México al término de la guerra civil española. Licenciado (1950) y doctor en derecho (1965) por la UNAM, de donde ha sido profesor e investigador. Fue rector de la Universidad Luis Vives y es abogado general de la Universidad Iberoamericana desde 1973. Ha impartido conferencias y cursos en diversos centros de enseñanza superior de México y del extranjero. Participa en congresos nacionales e internacionales de juristas, especialmente en la rama laboral y de seguridad social. Ha trabajado para el sector público. Participó en la redacción del anteproyecto de Código Civil de Guanajuato (1955) y asesoró a

la Comisión Redactora del Código Penal Tipo (1958). Ha colaborado en los diarios *El Universal* y *La Jornada*. Dirige desde 1954 el Bufete De Buen. Autor de *La decadencia del contrato* (1966), *Derecho del trabajo* (1974), *La reforma del proceso laboral* (1980) y *Estado de malestar* (1997). Pertenece a la Academia Mexicana de Derecho del Trabajo, a la Academia Mexicana de Derecho Procesal del Trabajo, a la Academia Iberoamericana de Derecho del Trabajo y de la Seguridad Social y al Instituto de Estudios del Trabajo, de España. Es maestro emérito de la Universidad de Tamaulipas (1980).

BUEN LOZANO, ODÓN DE ◆ n. en España y m. en el DF (1923-1982). Republicano. Vino a México al término de la guerra civil española (1940). Estudió en la Facultad de Ingeniería de la UNAM, donde fue profesor desde 1956 y ocupó la jefatura de la División de Ingeniería Eléctrica. Trabajó para la Compañía Mexicana de Luz y Fuerza y en la Comisión Federal de Electricidad, de la que fue, durante tres años, subdirector general.

BUEN Y DEL COS, ODÓN DE ◆ n. en España y m. en el DF (1863-1945). Oceanógrafo. Doctor en ciencias naturales por la Universidad de Madrid (1887). Fundó y dirigió el Instituto Español de Oceanografía. Llegó a México como asilado político al término de la guerra civil española. Aquí fue profesor de la UNAM. Entre las distinciones recibidas por su desempeño profesional se cuentan el título de profesor honorario de la Universidad de San Marcos de Lima (1896), *doctor honoris causa* de la Universidad de Burdeos, Francia, presidente de honor de la Sociedad Zoológica de Francia, presidente de la Unión Internacional de Oceanografía y del Congreso Oceanográfico Iberoamericano, y vicepresidente de los congresos

Néstor de Buen Lozano

FOTO: ANA LOURDES HERRERA

internacionales de zoología de Mónaco, Budapest, Padua y Lisboa.

BUENAVENTURA ◆ Municipio de Chihuahua situado al norte-noroeste de la capital del estado. Superficie: 8,938.17 km². Habitantes: 19,198, de los cuales 5,552 forman la población económicamente activa. Hablan alguna lengua indígena 27 personas mayores de cinco años. La actual jurisdicción municipal dependió de Casas Grandes y luego (1760) de Galeana. Adquirió su actual categoría en 1820. La cabecera, hoy del mismo nombre y antes San Buenaventura, se fundó en 1678.

BUENAVISTA ◆ Municipio de Michoacán situado en los límites con Jalisco. Superficie: 712,59 km². Habitantes: 38,625, de los cuales 9,188 forman la población económicamente activa. Hablan alguna lengua indígena 25 personas mayores de cinco años (tarasco 23). La erección municipal data del 5 de diciembre de 1927. La cabecera es Buenavista Tomatlán.

BUENAVISTA ◆ Río de Michoacán que se forma con escurrimientos del Pico de Tancítaro. Corre de norte a sur, paralelo a la ladera oeste de la sierra de Apatzingán. Es afluente del Tepaltepec.

BUENAVISTA ◆ Sierra de Tamaulipas situada al sureste de Ciudad Victoria y al noreste de Ciudad Mante. Se halla al oeste-suroeste de la sierra de Tamaulipas.

BUENAVISTA DE CUÉLLAR ◆ Municipio de Guerrero contiguo a Taxco e Iguala, en los límites con Morelos. Superficie: 284.90 km². Habitantes: 11,683, de los cuales 2,749 forman la población económicamente activa. Hablan alguna lengua indígena 49 personas mayores de cinco años (náhuatl 41).

BUENDÍA, MANUEL ◆ n. en Zitácuaro, Mich., y m. en el DF (1926-1984). Periodista. Su apellido materno era Tellezgirón. Asistió a la Escuela Libre de Derecho. Fue profesor de la UNAM y la Escuela de Periodismo Carlos Septién García. Se inició en el periodismo en *La Nación*, órgano del PAN. En 1954 ingresó como reportero en el diario capitalino *La Prensa*, del que fue director (1960-63) y donde empezó a publicar en 1958

Manuel Buendía

su columna política *Red privada*. Pasó en 1964 a *El Día*, donde hasta 1977 aparecieron sus columnas *Para control de usted* y *Concierto político*, las que firmaba como J.M. Tellezgirón. Fundó y dirigió el semanario *Crucero* (1964-65). Fue director general de Prensa y Relaciones Públicas del DDF (1971) y del Conacyt (1973-76). Reinició la publicación de *Red privada* en *El Sol de México*, donde los domingos aparecía su columna *Sol y sombra* (1977-78). Brevemente publicó su *Red privada* en *El Universal* y luego en *Excélsior* (1978-84), en tanto que la Agencia Mexicana de Información la distribuía para 80 diarios de los estados. Murió asesinado. Fue comentarista del programa radiofónico *Onda política* (1978) y de las emisiones de televisión *Del hecho al dicho* y *Día con día*. Autor de *Red privada* (1981), *La CIA en México* (1983), *La ultraderecha en México* (1984), *Ejercicio periodístico* (1985), *Los petroleros* (1985), *La santa madre* (1985), *Los empresarios* (1986), *El humor* (1987), *Pensamiento y acción de la derecha poblana* (1986) y *El oficio de informar* (1987). Premio Nacional de Periodismo (1977).

BUENO, JOSÉ LUIS ◆ n. en Tuxpan, Jal. (1903). Productor cinematográfico. Estudió contaduría en Guadalajara. Se trasladó a la ciudad de México en 1924 y en 1930 fundó una empresa distribuidora de películas estadounidenses e inglesas, con la cual produjo *Chucho el roto* (Gabriel Soria, 1934). A ésa siguieron *Janitzio* (Carlos Navarro, 1934), *Los muertos hablan* (Soria, 1935), *Mater nostra* (Soria, 1936), *Cielito lindo* (Roberto O'Quingley, 1936), *Ave sin rumbo* (O'Quingley, 1937), *Noches de gloria* (Rolando Aguilar, 1937), *Padre de más de cuatro* (O'Quingley, 1938), *Luces de barriada* (O'Quingley, 1939), *Madre a la fuerza* (O'Quingley, 1939), *El monje blanco* (Julio Bracho, 1945), *La señora de enfrente* (Gilberto Martínez Solares, 1945), *El sexo fuerte* (Emilio Gómez Muriel, 1945), *Chucho el roto* (Miguel M. Delgado, 1954), *Pulgarcito* (René Cardona, 1957), *La llorona* (Cardona, 1959), *Las memoria de mi general* (Mau-

ricio de la Serna, 1960), *Pueblito* (Emilio Fernández, 1961), *Guadalajara en verano* (Bracho, 1964), *Cuernavaca en primavera* (Bracho, 1965) y *Los ángeles de Puebla* (Francisco del Villar, 1966). También dirigió *Cuando escuches este vals* (1944).

BUENO, MIGUEL ◆ n. en la ciudad de México (1923). Doctor en filosofía por la UNAM, donde ha sido profesor (desde 1944) e investigador a partir de 1955. Fue asesor de varias dependencias gubernamentales. Director general del Instituto Nacional de Bellas Artes (1970-71). Ha colaborado en publicaciones especializadas, como *Paideia*, y en diversos diarios capitalinos. En *Excélsior* publicó durante varios años la columna *Paideia*. Es autor de una veintena de libros entre los cuales están *La filosofía de la cultura* y una *Teoría formal de la música*, en la que desarrolla las ideas sobre las cuales se basa su labor de crítico musical, que firma como *Hans Sachs*.

BUENO SORIA, ISAAC ◆ n. en San Luis Potosí, SLP (1943). Ingeniero mecánico electricista titulado en la UNAM (1963-68). Profesor de la Escuela Nacional de Estudios Profesionales-Acatlán de la UNAM (1977-78). Pertenece al PRI desde 1968. Ha sido jefe del Departamento de Tierras de Interés Turístico de la Secretaría de Turismo (1977-78), secretario de acción educativa (1983-86) y de acción agraria del comité ejecutivo nacional de la Confederación Nacional Campesina (1986-88), subdirector (1984) y director general de Gobernación del Estado de México (1985-86), y diputado federal a la LIV Legislatura (1988-91). Es miembro de la Sociedad Mexicana de Ingenieros.

BUENOS AIRES ◆ Llanos de Baja California situados al sur de la sierra de San Pedro Mártir. El límite este lo constituye la sierra de Santa Isabel.

BUENOS AIRES ◆ Sierra de Sonora que corre entre los ríos Sonora y Fronteras. La limita por el norte la sierra de los Ajos y por el sur la de Nacozari.

BUENROSTRO HERNÁNDEZ, CÉSAR ◆ n. en Tula de Allende, Hgo. (1933).

Ingeniero civil por la UNAM, posgraduado en Francia. Ha desarrollado proyectos en la presa El Infiernillo (1956-57), de abastecimiento de agua potable para Nueva York y en el sistema de navegación del río San Lorenzo en EUA (1957), la integración del Programa Nacional para el Aprovechamiento de Minerales no Metálicos (1975), diseñó e integró el Sector Agua Potable y Alcantarillados en la SAHOP (1976-77). Fue representante del secretario, gerente general en el Estado y valle de México y vocal ejecutivo de la SRH (1972-73), responsable del diseño curricular de la división de ciencias básicas e ingeniería en la UAM-Xochimilco (1975), gerente de Proyectos Silvícola-Industriales de la Presidencia de la República (1980-82); director de producción de Productos Pesqueros Mexicanos (1977), de Fomento Industrial Federal (1977-80), de Maderas Moldeadas de Durango (1978-80), de la Comisión de Fruticultura de la SARH (1982-84), del Fideicomiso de las Frutas Cítricas y Tropicales (1982-84) de Nafinsa y de la Consultoría Interdisciplinaria en Planeación y Desarrollo (1985). Fue miembro fundador del Movimiento de Liberación Nacional (1961); de la Corriente Democrática del PRI (1987), del Frente Democrático Nacional (1988) y del PRD (1988-). Es secretario de Obras y Servicios del gobierno del DF (1997-).

BUENROSTRO OCHOA, EFRAÍN ◆ n. en Jiquilpan, Mich., y m. en el DF (1896-1973). Hizo estudios inconclusos de ingeniería. Fue secretario de Gobierno de Michoacán, subtesorero de la Nación, subsecretario de Hacienda y, en el gabinete de Lázaro Cárdenas, secretario de Economía (1938-40). En el sexenio de Manuel Ávila Camacho fue gerente y director general de Petróleos Mexicanos (1940-46).

BUENROSTRO Y OLGUÍN, MANUEL ◆ n. y m. en la ciudad de México (1814-1894). Abogado. Fue varias veces diputado al Congreso General y representó a Zacatecas en el Constituyente de 1856-57. Ministro de la Suprema Corte de Justicia desde 1876.

BUENTELLO MALO, PATRICIA ◆ n. en el DF (1937). Licenciada en derecho por la UNAM (1959) y maestra en criminología por el Instituto de Criminología de Francia. Trabaja para el sector público desde 1960. Presidenta del Consejo Tutular para Menores Infractores del Distrito Federal (1982-85) y directora general de Servicios Coordinados de Prevención y Readaptación Social (1985-).

BUEY ◆ Isla situada en el golfo de México, en la desembocadura del río Usumacinta, frente a las costas de Tabasco.

BUFA, LA ◆ Cerro contiguo a la ciudad de Zacatecas. En su cima, a 2,660 metros de altura sobre el nivel del mar, se halla el Santuario de la Bufa, construcción que data del siglo XVIII. Fue objetivo militar y ahí se produjo una batalla, en 1872, en la cual Sóstenes Rocha derrotó a los alzados del Plan de la Noria.

BUFADERO ◆ Gruta marina de Huatulco, Oaxaca, donde las olas, al chocar con las paredes, ascienden hasta salir por la parte superior.

BUFAS ◆ Cerros situados en la sierra de Guanajuato, muy cerca de la ciudad del mismo nombre.

BUFAS ◆ Sierra de Jalisco y Michoacán, situada en el Eje Volcánico, al sur de las elevaciones que rodean el lago de Chapala.

BUIL, JOSÉ ◆ n. en Celaya, Gto. (1953). Escritor y cineasta. Estudió periodismo en la UNAM y luego pasó al Centro de Capacitación Cinematográfica. Ha escrito en *La Semana de Bellas Artes*, *Punto* y otras publicaciones periódicas del Distrito Federal. Fue miembro de la redacción de la revista *Tintero*. Coautor de *Doce modos* (1975) y *Ahí viene la plaga* (1984). Produjo y dirigió la película *¡Adiós, adiós, ídolo mío!*, para lo cual hizo una amplia investigación sobre la persona y el mito de *Santo el enmascarado de plata*. Su crónica literaria sobre una presentación de Carlos Fuentes, aparecida en *Nexos*, fue juzgada ofensiva por los amigos de éste, quienes le impidieron colaborar en las revistas y suplementos que controlaban. Dirigió *La leyenda de una máscara*

(1989), *ópera prima* que fue exhibida fuera de competencia en el Festival Internacional de San Sebastián y en el Festival de La Habana en 1990; y *La línea paterna* (1997).

BUIRA SEIRA, ARIEL ◆ n. en Chihuahua, Chih. (1940). Licenciado (1960-63) y maestro en economía por la Universidad de Manchester (1964-66); realizó estudios de especialización en la Universidad de París (1963) y en el Fondo Monetario Internacional (1972). Profesor de El Colegio de México (1966-68), del Instituto Tecnológico Autónomo de México (1967-68) y del Instituto Tecnológico de Estudios Superiores de Monterrey (1969-70). Ha sido coordinador del Centro de Estudios Económicos y Demográficos de El Colegio de México (1966-68), funcionario (1970-75) y director ejecutivo del Fondo Monetario Internacional (1978-82), y subdirector (1982-85) y director de Organismos y Acuerdos Internacionales del Banco de México (1985-). Coautor de *El endeudamiento externo de los países en desarrollo* (1978), *Politics and Economics of External Debt Crisis* (1985) e *Incomes Policy* (1987); y autor de *Cooperación económica internacional: diálogo o confrontación* (1981).

BULE, LUIS ◆ n. y m. en Sonora (1867-1913). Cacique yaqui que encabezó importantes luchas de su pueblo durante el porfirismo. Pacificado en 1908, al producirse el golpe de Estado de Victoriano Huerta tomó de nuevo las armas con el grado de mayor y cayó en combate contra los federales.

BULGARIA, REPÚBLICA DE ◆ Estado de Europa oriental. Limita al norte con Rumania, al este con el mar Negro, al sureste con Turquía, al sur con Grecia, al suroeste con Macedonia y al oeste con Yugoslavia. Superficie: 110,912 km². Habitantes: 8,336,000 en 1998. La capital es Sofía, que tenía más de un millón de habitantes en 1996. Otras ciudades importantes son Plovdif y Varna. La moneda es el lev y la lengua oficial el búlgaro, aunque también se habla turco. Sofía fue fundada por los tracios hacia el siglo VI a.n.e. Posteriormente llegaron los macedonios, fundadores de Filipópolis, hoy Plovdif. En los primeros años de la presente era, el actual territorio búlgaro fue ocupado por los romanos. Los eslavos llegaron en el siglo VI y consumaron un intenso mestizaje. Un siglo después se constituyó el primer Estado búlgaro y el rey Boris se convirtió al cristianismo. Durante los siglos IX y X se promovió desde el trono la adopción de la cultura bizantina y en la primera de estas centurias los religiosos Cirilo y Metodio dieron forma al alfabeto llamado cirílico. Precisamente a fines del anterior milenio, el país fue ocupado por rusos y bizantinos que disputaron entre sí hasta que Bulgaria se convirtió en una provincia de Bizancio y, como tal, se mantuvo hasta 1185, cuando se funda el segundo Estado búlgaro bajo la dinastía Asen. En 1396 Bulgaria, por la fuerza militar turca, se convierte en parte del imperio otomano, situación que perdurará hasta la segunda mitad del siglo XIX, cuando surgen movimientos nacionalistas, el más importante de los cuales se desencadena en 1876, después de que los turcos habían aplastado un levantamiento de las fuerzas independentistas, que se reorganizaron bajo el mando de Vasil Levski, quien con apoyo de los rusos logra sacar a los antiguos ocupantes y constituye un principado relativamente autónomo. Debido a la estra-

tégica ubicación de Bulgaria, en México la prensa publica noticias sobre ese país desde la pasada centuria; si bien se hace evidente más de una confusión con los nombres, como en *El Monitor Republicano*, en el que se confunde a Rumenia con Rumania. En la década de los ochenta, en México los hermanos Abravanel publican el periódico *El Sábado Secreto*, destinado a los judíos de los países balcánicos, a quienes se informa sobre las facilidades que ofrece el país a los inmigrantes. De 1890 es la tesis llamada *La intervención europea en México y la aceptación de la corona mexicana por el archiduque Maximiliano de Austria*, presentada en la Universidad de Berna, Suiza, por el búlgaro Todor Yankov. El nombre de México suena en Bulgaria en 1903, al estrenarse ahí el concierto de Ricardo Castro para chelo y orquesta. A partir de 1912 Bulgaria se ve involucrada en las guerras de los Balcanes y luego en la primera conflagración mundial, donde participa al lado de los imperios centrales, cuya derrota le hace perder el acceso al mar Egeo. El mexicano Francisco León de la Barra (☞) presidió en París el Tribunal Arbitral Anglo-Franco-Búlgaro. La primera oleada migratoria de Bulgaria hacia México, motivada por las crisis económicas y después por el ascenso del fascismo en Europa, se produce en el periodo de entreguerras. En

1933, la detención en Alemania de Jorge Dimítrov por los nazis es objeto de una amplia denuncia de la prensa de izquierda. Su liberación es saludada por la misma prensa y su retrato, ya como dirigente de la III Internacional, aparecerá junto al de Stalin en los principales actos del Partido Comunista Mexicano. De Dimítrov se publicó en México una selección de escritos políticos. En 1936 México y Bulgaria firmaron un Tratado de Amistad. Por esos años, México tuvo un cónsul honorario en Sofía. En 1938 hubo contactos entre ambos gobiernos con la finalidad de establecer relaciones al más alto nivel, gestión que no prosperó por el estallido de la segunda guerra mundial, durante la cual la monarquía se alineó con los países del Eje, aunque no declaró la guerra a la Unión Soviética y el pueblo búlgaro protegió tenazmente a los judíos, pese a las presiones y amenazas de los nazis. En la revista *Ruta*, del 15 de marzo de 1939, se publicó una "Carta de Bulgaria" firmada por Ludmia Stoyanov, quien informa de la lucha del Frente de Escritores de Izquierda contra las tendencias fascistas, pese a "la censura implacable, la interdicción de casi todos los periódicos de izquierda". El texto traza también el mapa político de la literatura búlgara de la época y menciona a los representantes de las principales tendencias. México, al declarar la guerra a los países del Eje y sus aliados, rompió relaciones diplomáticas con el gobierno de Sofía. En 1943 un levantamiento popular fue aplastado por los fascistas. Al año siguiente, el Ejército Rojo ocupa el país y se constituye un gobierno de mayoría comunista que en 1946 obliga a la abdicación del monarca y la erección de la república. Durante los años cuarenta y cincuenta se produce una segunda oleada migratoria, primero de judíos amenazados por la barbarie nazi y después, al término de la guerra, por el temor al comunismo de las capas sociales acomodadas. En 1955 Bulgaria ingresa en el Pacto de Varsovia y en la ONU. Por entonces se presenta en la capital mexicana una exposición de grabado búl-

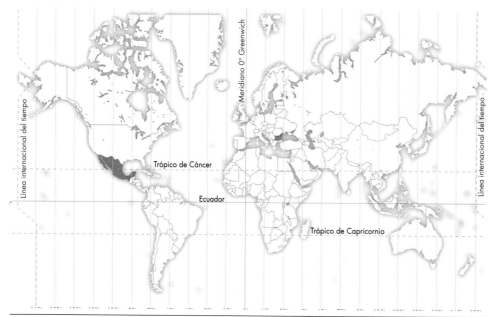

garo y en 1957 aparece en búlgaro la novela *Frontera junto al mar*, de José Mancisidor. En 1965 se frustra un golpe de Estado. Tres años después aparece una antología de poesía latinoamericana que incluye a los mexicanos Pellicer, Paz, Castellanos, Sabines y Montes de Oca. Sor Juana, Efraín Huerta, Thelma Nava y muchos otros poetas mexicanos han sido vertidos al búlgaro en diferentes antologías. En 1969 se editan en Sofía sendas novelas de autores mexicanos, *Los de abajo*, de Mariano Azuela, y *La muerte de Artemio Cruz*, de Carlos Fuentes, escritor del que posteriormente se traducirían al búlgaro *La región más transparente* (1979), *Cantar de ciegos* (1982) y *Aura*. Las relaciones diplomáticas con México se reanudaron en 1974. Dos años después aparecería en caracteres cirílicos *Pedro Páramo*, de Juan Rulfo, autor del que desde 1973 se conocían cuentos traducidos, entre otros, por Rumen Stoyánov. Del mismo Rulfo se publicó un volumen de cuentos bajo el título de uno de ellos: *¡Diles que no me maten!* (1982), con prólogo de Nikola Indzhov, quien fuera agregado cultural de la embajada búlgara en México y estudioso de la literatura mexicana. De Juan José Arreola es ampliamente conocido su cuento *El guardagujas*, que existe en varias traducciones. El presidente José López Portillo visitó Sofía en mayo de 1978 y en abril del año siguiente recibió a Todor Yívkov, su homólogo búlgaro. Durante los últimos años se han intensificado las relaciones culturales entre ambos países y suman decenas los mexicanos que han estudiado en Bulgaria. En 1978 apareció en México *Diez cuentos búlgaros*, con prólogo de Augusto Monterroso. A esa traducción siguieron títulos como *Historia de Bulgaria* (1979), *Obras escogidas* de Todor Yivkov, la novela *Tabaco*, de Dimiter Dimov (1980), una *Antología de la poesía búlgara* (1980), *El teatro búlgaro* (1981), otra selección de relatos aparecida en *El Día* con presentación de Emmanuel Carballo (1981), *Pegaso herido*, selección de nueva poesía búlgara (1985) y otras obras. De autores mexicanos, Miguel Guardia y Aurora Marya Saavedra, es el libro de estampas de viaje *Las rosas y los días* (1981). En 1978 se publicó en Sofía una antología de poesía maya y mexica, con traducción de Rumen Stoyánov (☞), quien, además de la obra de Rulfo, ha vertido al búlgaro cuentos de Francisco Rojas González, poemas de Octavio Paz y otros autores mexicanos. *Los albañiles*, de Vicente Leñero, se editó en Sofía en 1979. Cuatro años después se publicó *Me llamaban el coronelazo*, de Siqueiros, pintor muy apreciado en Bulgaria. En 1985 apareció en búlgaro *El quinto sol*, libro que reúne poesía maya y azteca, traducida por Nikola Idzhov y con prólogo del mismo Stoyánov. Cine, artes plásticas, música y otras manifestaciones artísticas de uno y otro país empiezan a ser objeto de mutuo conocimiento. En 1987 se anunció que se construirá en Sofía la Plaza de la Amistad México-Búlgara, en la cual se instalarán tres estelas escultóricas del artista mexicano José Chávez Morado. En 1989, por razones económicas, México cerró su embajada en Bulgaria. La caída del muro de Berlín y la desintegración soviética generaron cambios profundos en la estructura política búlgara: en 1990 perdió el poder absoluto el Partido Comunista, que se transformó en Socialista y ganó las elecciones, pero en ese mismo año diversas manifestaciones y movilizaciones populares obligan a la renuncia tanto del presidente como del primer ministro, ambos ex comunistas. A partir de entonces se han sucedido numerosos gobiernos de distintas filiaciones políticas.

BULIT, MARÍA DE LAS MERCEDES ◆ n. en Argentina (1952). Estudió escultura. Colabora como dibujante en la revista *Medio Oriente Informa*. Ha sido profesora de artes plásticas. Trabaja como diseñadora gráfica. Obtuvo mención en el certamen Poesía Joven de México (1979).

BULNES, FRANCISCO ◆ n. y m. en la ciudad de México (1847-1924). Pepe Bulnes, cronista de Villahermosa, Tabasco, afirma que nació en España. Ingeniero. Impartió cátedra en la Escuela Nacional Preparatoria y en la Escuela Nacional de Ingenieros. Asesoró a Porfirio Díaz en diversas materias y éste lo hizo diputado federal y senador. Fue un periodista muy leído por la gente acomodada y se convirtió en el principal vocero de la contrarrevolución. Político reaccionario y racista, escribió libros en los que manejaba poco escrupulosamente los hechos históricos: *1874: un mexicano en el lejano oriente*, *El verdadero Juárez* (1904), *Juárez y las revoluciones de Ayutla y Reforma* (1905), *El verdadero Díaz* (1920) y otros.

BULNES SÁNCHEZ, JOSÉ *PEPE* ◆ n. en Villahermosa, Tab., y m. en el DF (1895-1987). Autodidacto. Se incorporó a la revolución en 1914, alcanzó el grado de mayor y se dio de baja en 1920, al negarse a apoyar la rebelión de Agua Prieta. Se inició en el periodismo como colaborador del diario capitalino *El Universal* (1920-27). Ha escrito también para *El Globo* y el *El Dictamen* del puerto de Veracruz, donde residió entre 1927 y 1934. Se estableció en el Distrito Federal en 1934. Autor de *Tipos tabasqueños* (1935), *Cuentos crueles* (1938), *Hechos y sucedidos* (1939), *Izquierdazos* (1940), *Casos y cosas de Tabasco* (1942), *Con Alemán por el sureste* (1946), *Tabascosas* (1950), *Agenda tabasqueña* (1955), *Cárdenas, Tabasco* (1969), *Pino Suárez* (1969), *Sánchez Mármol* (1974) y *Gobernantes de Tabasco: 65 años de episodios nacionales* (1979). Recibió la Condecoración al Mérito Revolucionario y la Medalla Francisco Zarco por su trayectoria periodística (1968). En 1979 fue nombrado Cronista de Villahermosa.

BULOJIL ◆ Río que forma varios escurrimientos de las Montañas del Norte de Chiapas. Corre hacia el noroeste, tuerce luego al noreste y se une en Tabasco al río Chinal, afluente del Macuspana.

BUÑUEL, JEANNE RUCAR DE ◆ n. en Francia y m. en el DF (1910-1994). Gimnasta, fue campeona olímpica. Fue elegida Miss Europa. Casó con Luis Buñuel, a quien acompañó en el exilio. Radicó en Estados Unidos y en México.

Portada de las memorias
Mi último suspiro de Luis
Buñuel

Los olvidados, película
dirigida por Luis Buñuel en
1950

Luis Buñuel

BUÑUEL, LUIS ◆ n. en España y m. en el DF (1900-1983). En Madrid hizo estudios de ingeniería, entomología, historia y filosofía y letras. En París incursionó en el teatro. En 1929 se incorporó al movimiento surrealista, al que pertenecen sus filmes *Un perro andaluz* (1929) y *La edad de oro* (1930). Durante la guerra civil española trabajó para los republicanos y realizó el documental *Madrid 1936* o *España leal en armas* y otras cintas. En 1939 se instaló en Estados Unidos, donde no tuvo suerte. Vino en 1946 y en 1950 se naturalizó mexicano. Aquí filmó, entre otras, las películas *Gran Casino* (1946), *El gran calavera* (1949), *Los olvidados* (1950), *Susana, carne y demonio* (1950), *Cuando los hijos nos juzgan* (1951), *Una mujer sin amor* (1951), *Subida al cielo* (1951), *El bruto* (1952), *Las aventuras de Robinson Crusoe* (1952), *Él* (1952), *Abismos de pasión* (1953), *La ilusión viaja en tranvía* (1953), *Ensayo de un crimen* (1955), *Nazarín* (1958) y *El ángel exterminador* (1962). Es autor de la autobiografía *Mi último suspiro* (1982). Obtuvo varios Arieles por dirección y adaptación y uno de oro por su aporte a la cinematografía mundial; dos Diosas de Plata

(1962), el premio Fipresci; el premio a la mejor dirección, el Gran Premio Internacional y la Palma de Oro de Cannes; recibió el premio de la crítica internacional, el premio Fiaf, en Basilea, Suiza; el Premio Humor Negro, en París, el Jano de Oro, el León de Plata del Festival de Venecia, el Premio Internacional Milán (1976), la Concha de Oro del Festival de San Sebastián (1977), el Premio Nacional de Ciencias y Artes de México (1977), el Gran Premio del Festival de Moscú (1979) y la Medalla de Bellas Artes de España (1981).

BUO ◆ ☛*Bloque de Unidad Obrera.*

BUREAU, DOMINGO ◆ n. y m. en Veracruz, Ver. (1834-1903). Empresario y político conservador. Apoyó la intervención francesa y el imperio. Maximiliano le dio diversos cargos públicos, entre otros el de comisario imperial (gobernador) de Yucatán (fines de 1865-66). Se exilió al triunfo de la República y volvió al país al amparo de la amnistía decretada por Juárez. Creó el cuerpo de bomberos del puerto de Veracruz, de donde fue alcalde en 1880.

BURGOA, FRANCISCO DE ◆ n. en Oaxaca y m. en Zaachila, Oax. (1600-1681). Fraile dominico. Provincial de su orden a partir de 1649 y vicario general desde 1657. Escribió *Palestra historial de virtudes y ejemplares apostólicos, fundada del celo del insigne héroe de la sagrada orden de predicadores de este Nuevo Mundo de la América en las Indias Occidentales* (1670) y *Geographica descripción de la parte septentrional del polo Ártico de la América y nueva Iglesia de Indias Occidentales y sitio astronómico de esta provincia de predicadores de Antequera Valle de Oaxaca.*

BURGOA ORIHUELA, IGNACIO ◆ n. en la ciudad de México (1918). Abogado. Asesor jurídico de la UNAM (1970), jefe de la División de Estudios Superiores de la Facultad de Derecho de esa casa de estudios (1977) y presidente de la Federación Nacional de Colegios de Abogados (1979). Es cofundador (1979) del Instituto Mexicano del Amparo, mismo que preside desde 1980. Ejerce el periodismo en diarios capitali-

Ignacio Burgoa Orihuela

nos. Maestro emérito por varias universidades de México. Autor de *El juicio de amparo* (1943), *Las garantías individuales* (1944), *El amparo en materia agraria* (1964), *El Estado* (1970), *Derecho constitucional mexicano* (1973), *Diccionario de derecho constitucional, garantías y amparo* (1984), *Antología de su pensamiento 1934-1986* (1986) y *Memorias: epítome autobiográfico* (1987), entre otras obras.

BURGOS ◆ Municipio de Tamaulipas situado en los límites con Nuevo León, al norte de Ciudad Victoria. Superficie: 2,241.62 km². Habitantes: 5,953, de los cuales 1,741 forman la población económicamente activa. La cabecera, Abasolo, fue fundada en 1749.

BURGOS ◆ Río de Tamaulipas que nace en la sierra de San Carlos, corre hacia el noreste para tributar en el San Fernando.

BURGOS, JUAN DE DIOS ◆ n. en Mérida, Yuc., y m. en Chihuahua, Chih. (1822-1885). Abogado liberal. Fue diputado a la primera Cámara elegida de acuerdo con la Constitución de 1857. Acompañó a Juárez en su peregrinaje. Al triunfo de la República fue de nuevo diputado.

BURGOS GARCÍA, ENRIQUE ◆ n. en Querétaro, Qro. (1946). Licenciado en derecho por la Universidad Autónoma de Querétaro (1963-67), de la que fue profesor. Desempeñó diversos cargos en el comité directivo estatal queretano del PRI, partido al que pertenece desde 1966. Ha sido agente del Ministerio Público (1969-70), presidente municipal de San Juan del Río (1970-73), secretario particular del gobernador de

Querétaro (1979-85), asesor jurídico de la Federación de Trabajadores del Estado de Querétaro (1984), diputado a la Legislatura queretana (1985-88), senador (1988-91), gobernador de Querétaro (1991-97), coordinador general de delegaciones de la Secretaría de Desarrollo Social (1998-99) y director del DIF (1999-).

BURGOS MONTES, INOCENCIO ◆ n. en España y m. en el DF (1928-1979). Fue traído a México en 1939, al término de la guerra civil española. Aquí colaboró en las revistas *Clavileño* (1948), *Segrel* e *Ideas de México*. Ganó un premio del Instituto Francés de América Latina con un ensayo sobre Baudelaire. Pintó murales en Guanajuato y la capital del país. Escribió poesía, fundó talleres de artesanías en Cuautla y en Mérida y, desde 1950, expuso su obra de caballete en México, Cuba, España y Yugoslavia.

BURGOS PINTO, JUAN ◆ n. en Guasave, Sin. (1947). Licenciado en economía por la Universidad de Sinaloa (1967-72). En el PRI, partido al que pertenece desde 1965, fue secretario general (1984) y presidente del comité directivo de Sinaloa (1987-88). Ha sido jefe de promoción social (1975) y director de comunidades del ayuntamiento de Culiacán (1979), delegado de la Secretaría de Hacienda en Sinaloa (1980), presidente municipal de Guasave (1987), subdirector de gobernación (1978), secretario general de Gobierno de Sinaloa (1988-1990), y director general de gobierno de la Secretaría de Gobernación (1995-1997).

BURGUEÑO, FAUSTO ◆ n. en Cosalá, Sin. (1943). Licenciado en economía por la Universidad de Sinaloa (1970) y maestro y doctor en la misma especialidad por la UNAM (1978), de la que es profesor. Ha sido secretario (1981-86) y director del Instituto del Investigaciones Económicas (1986-). Colabora en *Investigación Económica*, *Problemas del Desarrollo* y otras publicaciones académicas. Coautor de *Los estudiantes, la educación y la política* (1972) y autor de *Acumulación de capital, Estado y crisis* (1986).

BURKART, JOSÉ ◆ n. en Alemania y m. ¿en México? (1798-¿1870?). Técnico minero. Vino a México en 1824 y escribió en su lengua nativa *Residencia y viajes en México de 1825 a 1834* (1836). Hizo también una *Descripción del distrito de minas de Tlalpujahua* (1869).

BURKE, ULICK RALPH ◆ n. en Irlanda y m. en viaje a Perú (1845-1895). Publicó en 1894 una biografía de Benito Juárez.

BURNS, ARCHIBALDO ◆ n. en la ciudad de México (1914). Escritor y cineasta. Estudió arte dramático con Seki Sano. En 1937 colaboró en la adaptación cinematográfica de *Refugiados en Madrid* y dos años después en *La noche de los mayas*. Dirigió la obra teatral *La paloma de Amuy*. Entre las películas que ha dirigido están *Perfecto Luna* (1959), *Juego de mentiras* (1967), *Juan Pérez Jolote* (1973), *El reventón* (1976) y *Oficio de tinieblas* (1978). Autor de las novelas *Fin* (1954), *En presencia de nadie* (1964), *El cuerpo y el delito* (1966) y *La imagen oculta* (1987).

BURNS, JUAN T. ◆ n. en ¿Batopilas, Chih.? (1884-?). Participó en la insurrección maderista. Fue secretario de Abraham González. Durante la lucha de facciones estuvo en el bando constitucionalista. Fue cónsul general de México en Nueva York y Tokio. Autor de *Dios en ti*, *El divino pirata* y *El pulpo*.

BURQUINA FASO, REPÚBLICA POPULAR DEMOCRÁTICA DE ◆ Estado de África antes conocido como Alto Volta. Está situado al norte del golfo de Guinea. Limita al oeste y al norte con Mali, al noreste con Níger, al sur con Benin, Togo, Ghana y Costa de Marfil. Superficie: 274,000 km². Habitantes: 6,580,000 (estimación para 1984). La capital es Uagadugú (247,870 habitantes en 1980). Bobo-Dioulasso es otra ciudad importante (150,000 habitantes). Treinta por ciento de la población es musulmana, 10 por ciento cristiana y el resto practica ritos tradicionales africanos. El idioma oficial es el francés y se hablan varias lenguas locales. La etnia predominante es la mossi, que se asentó en el país desde el ini-

Río Burgos, en Tamaulipas

cio del presente milenio y creó varios señoríos, entre los cuales destacaron Yatenga y Uagadugú, que resistieron los embates de otras etnias y el empuje de los árabes por el norte. En 1896 las tropas francesas ocuparon Uagadugú en medio de una tenaz resistencia que llegó a la insurrección general en 1916. En 1919 Francia erigió sobre el territorio la colonia que llamó del Alto Volta. En 1932 pasó a formar parte de la llamada África Occidental Francesa, y el territorio altovoltense fue desmembrado en favor de tres colonias vecinas. Después de la segunda guerra mundial se restableció la unidad territorial. En 1958 Francia concedió una autonomía condicionada a sus colonias y dos años después Alto Volta se erigió en república independiente, a lo que accedió París en tanto que el gobierno local, representante de los terratenientes y los empresarios ligados a la exportación, garantizaba ampliamente los intereses de Francia. En 1966 el coronel Sangoule Lamizana dio un golpe de Estado y en 1970 se hizo elegir presidente, ya bajo una nueva Constitución, misma que suspendió en 1974 para asumir nuevamente poderes dictatoriales que conservó durante cuatro años, periodo en el que se establecen las relaciones diplomáticas con México. En 1978, nuevamente se hizo elegir presidente para ser derrocado dos años después. En 1982, en medio de una aguda crisis económica, se produjo otro golpe de Estado para instalar un nuevo gobierno militar que

Enrique Burgos García

Fausto Burgueño

sería desplazado por el mismo método al año siguiente, cuando asumió el poder el mayor Jean Baptiste Ouedraogo, quien contaba con apoyo de Francia. Ouedraogo fue a su vez derrocado por un grupo de jóvenes militares radicales, con Thomas Sankara a la cabeza. Estos, en 1984, dan al país su nombre actual, que significa "patria de hombres dignos". El nuevo gobierno ejerce una política independiente en materia internacional e intenta adoptar algunas reformas, lo que se ve obstaculizado por las duras condiciones económicas del país, uno de los 25 más pobres del mundo. Entre 1984 y 1985 la hambruna azota a la población y el jefe de Estado denuncia que las potencias occidentales condicionan políticamente la ayuda en alimentos.

BURRO, DEL ◆ Serranías de Coahuila que se extienden al sur de la frontera con Estados Unidos, al noroeste del lomerío de Peyotes y al este de Boquillas del Carmen. Están atravesadas por el paralelo 29 y el meridiano 102.

BURROUGHS, WILLIAM SEWARD ◆ n. y m. en EUA (1914-1997). Escritor de la *beat generation*. Estudió arqueología y etnología en Harvard (1936), y trabajó como reportero, detective privado, extra de cine y exterminador de plagas. Huyó de Estados Unidos, cuyo gobierno lo estaba procesando por ser drogadicto y homosexual, y vino a México en 1949.

En 1951 mató a su esposa, pero sólo estuvo preso en Lecumberri durante 13 días. Intentó naturalizarse mexicano, pero los trámites burocráticos lo hicieron desistir y afirmar "México no es sencillo ni idílico [sino] tétrico y caótico, con el especial caos de un sueño". Vivió después en Brasil, Marruecos, Francia e Inglaterra. Regresó en los años setenta a EUA, donde estuvo internado varias veces en hospitales siquiátricos. Dedicó los últimos años de su vida a la fotografía, la escultura y la pintura. Autor de las novelas *Junkie: confesiones de un drogadicto irredento* (1953, publicada en México con el seudónimo de William Lee), *El almuerzo desnudo* (1959, llevada al cine en 1991), *The Soft Machine* (1961), *The Yage Letters* (1963), *Nova Express* (1964), *The Wild Boys* (1971), *Exterminator* (1973), *Cities for the red night* (1981), *Queer* (1985) y *Tornado Alley*, así como del libreto de la obra musical *The Black Rider* (1981). Sobre su vida, Jorge García-Robles escribió *La bala perdida: William S. Burroughs en México (1949-1952)* (1996).

BURUNDI, REPÚBLICA DE ◆ Estado de África situado en la porción centro-este del continente. Limita al norte con Ruanda, al este y sur con Tanzania y al oeste con la República Democrática del Congo. Superficie: 27,834 km². Habitantes: 6,600,000. La capital es Buyumbura (300,000 habitantes en

1994). Los idiomas oficiales son el francés y el kirundi. El suajili lo emplean amplios sectores de la población. El país era habitado por los hutus (watusis) cuando en el siglo XV llegaron los tutsis (bantúes). A partir de entonces ambos grupos étnicos han vivido en permanente rivalidad, misma que fue atizada por los europeos en su afán de apoderarse del territorio. En 1885 el país pasó a formar parte, junto con Ruanda, de la llamada África Oriental Alemana. Durante la primera guerra mundial los belgas desplazaron a los alemanes y en 1919 la Sociedad de Naciones formalizó el poder de Bruselas sobre Ruanda y Burundi, que fueron nuevamente separadas. Posteriormente Burundi fue anexado al llamado Congo Belga. Terminada la segunda guerra mundial, las Naciones Unidas le otorgaron al gobierno de Bruselas la administración de Ruanda y Burundi. En este país, en la década de los cincuenta, surgen movimientos nacionalistas, el más importante de los cuales es el encabezado por Luis Ruagasore, cuyo partido ganó las elecciones de 1960 y lo llevó a ser primer ministro. Sus ideas anticolonialistas despertaron la desconfianza de la administración colonial y poco después fue asesinado. En 1962 Bélgica otorga una relativa autonomía a Burundi, ya separado de Ruanda, aunque ligados ambos países por un pacto económico, y se convierte en un reino con Mwambutsa IV, de la etnia tutsi, en el trono. Después de cuatro años de guerra civil, la monarquía es derrocada y se instaura la República. Al frente del nuevo gobierno queda Michael Micombero, de la etnia tutsi, quien ordena el asesinato de cientos de miles de hutus. A fines de 1976 un nuevo golpe militar, con el teniente coronel Jean Baptiste Bagaza como líder, instala un nuevo gobierno, regido por un Consejo Supremo Revolucionario. Se promete acabar con los enfrentamientos raciales y se procede a efectuar una reforma agraria, en tanto que se legalizan los sindicatos. Se transforma al partido único, la Unión para el Progreso Nacional, el cual logra aprobar

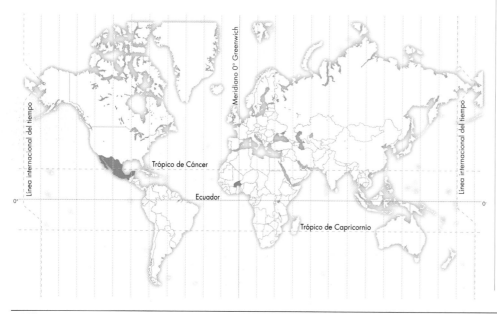

una Constitución nacional que da iguales derechos a hombres y mujeres, norma las relaciones étnicas para evitar nuevos choques raciales y pretende la modernización del país en todos los órdenes. Sin embargo, los enfrentamientos y matanzas de hutus y tutsis han continuado hasta la fecha. México mantiene relaciones diplomáticas con Burundi.

BUSCÓN, EL ◆ Revista bimestral de cultura y política. Aparecieron 15 números entre noviembre de 1982 y abril de 1985. Ilán Semo fue su director; Francisco Valdés Ugalde su subdirector. La jefatura de redacción la ocuparon Gilberto Meza (hasta el número 5) y Christopher Domínguez Michael hasta el cierre de la revista. Formaron su cuerpo de redacción Mariángeles Comesaña, Daniella Grollova, Francisco Javier Guerrero, David Huerta, Héctor Manjarrez, Enrique Montalvo, Juan Manuel Sandoval, Rafael Santiago y Verónica Volkow. El diseño estuvo a cargo de María Shelley, hasta el número 12, y de Juan Berruecos el resto. Colaboraron Roger Bartra, Arnaldo Córdova, Federico Campbell, Francisco Segovia, Juan García Ponce, Enrique Semo, Carlos Montemayor, Jorge G. Castañeda, Abraham Nuncio, Carlos Monsiváis, Antonio García de León y Carlos Pereyra, entre otros.

BUSQUETS, NARCISO ◆ n. y m. en el DF (1931-1988). Actor. Se inició en el cine desde niño en la película *Historia de un gran amor* (1937). Filmó decenas de películas, entre otras *Allá en el rancho chico* (1937), *Corazón de niño* (1939), *Los dos pilletes* (1942), *Dulce madre María* (1942), *Los cuatro juanes, El gallo de oro* (1964), *Pedro Páramo* (1966), *Los cuervos están de luto, Los bandidos, La soldadera, Robachicos, Cadena Perpetua, El jardín de los cerezos* y *Longitud de guerra*. Intervino en numerosos doblajes para la televisión y el cine, como en el caso de Toshiro Mifune en *Ánimas Trujano* (1961). Trabajó en radio y su voz se convirtió en una de las más identificables en las radionovelas de la XEW. En 1987 recibió la medalla Eduardo

Arozamena de la Asociación Nacional de Actores, por 50 de actuación. En 1988 fue premiado por la Asociación Mexicana de Críticos de Teatro por su trabajo en *Todos eran mis hijos*.

BUSSON LODOZA, ALFONSO ◆ n. en Zacatecas, Zac., y m. en EUA (1890-1929). Ejerció el periodismo en la capital mexicana antes de trasladarse a Estados Unidos para fundar *El Correo de los Ángeles* y *El Eco de México*. Actor cinematográfico, murió cuando se iniciaba una filmación. Antes, en México, había sido el Hipólito de la primera versión de *Santa* (1918).

BUSTAMANTE ◆ Municipio de Nuevo León situado al norte de Monterrey, en los límites con Coahuila. Superficie: 558 km². Habitantes: 3,308, de los cuales 936 forman la población económicamente activa. En la cabecera, donde se produce un pan de sabor peculiar y artesanías de palma y madera, se halla el templo de San Miguel Arcángel, que data del siglo XIX. A seis kilómetros están las grutas de Bustamante, que constituyen el principal atractivo turístico. Un kilómetro hacia el oeste puede contemplarse el paisaje del cañón de Bustamante. Diez kilómetros más adelante está el ojo de agua de San Lorenzo donde hay un balneario. Las principales fiestas de la cabecera son el 6 de agosto, día del Señor de Tlaxcala, y el 29 de septiembre, cuando se festeja a San Miguel Arcángel.

BUSTAMANTE ◆ Municipio de Tamaulipas situado al suroeste de Ciudad Victoria, en los límites con San Luis Potosí y Nuevo León. Superficie: 1,382.68 km². Habitantes: 8,819, de los cuales 1,941 forman la población económicamente activa. La cabecera, del mismo nombre, fue fundada en 1749 y antes se llamó San Miguel de los Infantes.

BUSTAMANTE, ANASTASIO ◆ n. en Jiquilpan, Mich., y m. en San Miguel Allende, Gto. (1770-1853). Médico y militar realista. Combatió a los insurgentes y alcanzó el grado de coronel. Iturbidista, a la consumación de la independencia fue miembro de la Junta

Provisional Gubernativa. Vicepresidente en 1928, dos años después traicionó al presidente Vicente Guerrero y con el apoyo de los alzados del Plan de Jalapa dio un golpe de Estado y se apoderó del Poder Ejecutivo (1830). En ese cargo cesó a empleados públicos que no le eran incondicionales, desterró a los más connotados miembros del partido yorkino, expulsó al embajador estadounidense, mandó apalear periodistas y creó una policía secreta. La prensa independiente lo llamó *Brutamante*. El asesinato de Guerrero, ordenado y pagado por él, motivó protestas y alzamientos que lo obligaron a renunciar al poder y a exiliarse en Europa (1833). En 1836 fue llamado para combatir en la guerra de Texas. Desechada la Constitución de 1824 y aprobadas las Siete Leyes que creaban la República centralista, los conservadores lo hicieron otra vez presidente, del 19 de abril de 1837 al 20 de marzo de 1839. En ese periodo presidencial le tocó afrontar la intervención francesa de 1838-39, el ataque del general guatemalteco Miguel Gutiérrez,

Retrato y firma de
Anastasio Bustamante

Calabazas de Castilla de la región de Bustamante, Nuevo León

quien al frente de sus fuerzas invadió Chiapas (1839) y el alzamiento de Urrea en el noreste del país, que lo obligó a pedir licencia en marzo de ese año. Volvió a la Presidencia en julio y en ella se mantuvo hasta septiembre de 1841. En esos años se establecieron relaciones con España y se reanudaron con EUA. Yucatán se separó del país y en medio de una creciente inconformidad fue destituido por otros golpe de Santa Anna. Se exilió de nuevo y regresó en 1845. Presidente del Congreso en 1846.

BUSTAMANTE, ANDRÉS ♦ n. en el DF (1959). Actor. Estudió la carrera de comunicación en la UNAM. Se inició en el teatro con la obra *El usurpador de sombras* (1985). Ha destacado por su comicidad en el programa de televisión *Entre amigos, El Güiri-Güiri* y por sus números cómicos durante las transmisiones de las olimpiadas y mundiales de futbol de Televisión Azteca. Editó la revista *güiri-güiri* y participa en noticiarios radiofónicos.

BUSTAMANTE, CARLOS MARÍA DE ♦ n. en Oaxaca, Oax., y m. en la ciudad de México (1774-1848). Estudió abogacía y ejerció tal profesión durante varios años. En 1805, financiado por Nicolás de Galera y Taranco, con Jacobo de Villaurrutia edita el *Diario de México*, primer cotidiano del país que, pese a la prohibición de publicar noticias políticas y la censura personal del virrey Iturrigaray, logró ventilar asuntos de interés público mediante la inserción de cartas de los lectores, la publicación de noticias y la crítica de la vida cotidiana que ejercía el propio Bustamante bajo el seudónimo de el *Proyectista*. El vasallaje que se hacía público por la corona española, indispensable para garantizar la sobrevivencia del periódico, no impedía al *Diario* exaltar lo mexicano frente a la aplastante presencia de la metrópoli, tarea en la que Bustamante tiene el mayor mérito. El y Villaurrutia reunieron en su periódico a los más destacados escritores de la época (Navarrete y los poetas de la Arcadia, Lizardi, Barquera, Quintana Roo y muchos más); en sus páginas se publicaron tex-

Carlos María de Bustamante

FOTO: ANA LOURDES HERRERA

Andrés Bustamante

tos de personajes como Calleja e Iturbide; se habló de hombres tan señalados como Hidalgo, antiguo conocido de Bustamante, y se difundió, con el cuidado requerido, la superioridad del bonapartismo sobre las monarquías absolutas. Durante el movimiento autonomista de 1808, poco y mal, pero el *Diario* informó de la gesta encabezada por Primo Verdad, maestro y protector de Bustamante. Villaurrutia, su coeditor, jugó un importante papel en esos hechos, al extremo de ser desterrado de Nueva España. Durante el gobierno del virrey Lizana, a quien Bustamante llamó su benefactor, ya como único director del *Diario* despliega una interesante campaña en favor del liberalismo. En 1812, al promulgarse la libertad de imprenta que traía aparejada la Carta de Cádiz, Bustamante, sin dejar su trabajo en el *Diario*, redactó y editó un periódico satírico: *El Juguetillo*. Al cesar la vigencia de dicha libertad, Bustamante tuvo que ocultarse y posteriormente huyó para unirse con los insurgentes. Morelos le asigna tareas militares pero opta por hacer lo que sabe y trabaja en la prensa independentista. Es redactor del *Correo Americano del Sur* y escribe para el *Semanario Patriótico Americano*, órgano teórico donde se expresan las ideas más avanzadas de los insurrectos. En el Congreso de Chilpancingo participa como representante por la ciudad de México, pues al huir era regidor electo. Redacta el discurso que lee Morelos en la apertura de esa asamblea y se convierte en una especie de secretario ejecutivo de ella. Posteriormente, López Rayón lo envía a EUA en busca de ayuda, pero no puede abandonar el país por diversas peripecias que incluso lo convirtieron en prisionero de los realistas. De nuevo con los insurgentes, se entera de la caída de Morelos. Anda a salto de mata un tiempo hasta que se ve obligado a pedir el indulto en marzo de 1817. Intenta salir del país pero es apresado por los realistas que lo encierran en San Juan de Ulúa, de donde sale para tener a Veracruz por cárcel en febrero de 1819. Firmado el Plan de Iguala, se in-

corpora a las fuerzas de Santa Anna y ya en México, en 1822, es diputado al Congreso, que lo elige su presidente. Desaprueba la coronación de Iturbide y sale de la capital. Publica entonces la *Abispa de Chilpancingo*, periódico en el que se dedica a revisar la guerra de independencia. Al ser derrocado Iturbide, regresa a la ciudad de México y es elegido diputado al nuevo Congreso. Ahí se opone al federalismo que queda establecido en la Constitución de 1824. A partir de entonces escribe en *El Sol* y otros periódicos en favor del centralismo. Su ligereza para tratar los hechos históricos da pie a enconadas polémicas en las cuales sus adversarios lo tildan repetidamente de loco y mitómano. Entre 1837 y 1841 es uno de los cinco miembros del Supremo Poder Conservador. Rechaza en 1843 ser consejero de Santa Anna y continúa escribiendo en medio de una atroz miseria que le impide grabar un epitafio en la tumba de su mujer, muerta en 1846. Al iniciar Estados Unidos su guerra de agresión contra México, viejo y enfermo se ofrece como soldado para combatir a los invasores. Autor de más de cien obras, entre éstas se cuentan su *Cuadro histórico de la revolución de la América Mexicana, comenzada el 15 de septiembre de 1810, El nuevo Bernal Díaz del Castillo, o sea historia de la invasión de los anglo-americanos en México* y otros textos históricos y costumbristas.

BUSTAMANTE, GABINO F. ♦ n. en ¿Querétaro, Qro.?, y m. en la ciudad de México (1816-1871). Médico liberal. Fue presidente municipal de la ciudad de México (1861) y gobernador del Distrito Federal del 17 de marzo al 15 de junio de 1871.

BUSTAMANTE, IGNACIO ♦ n. en Banámichi y m. en Arizpe, Son. (1770-1839). Gobernador de Sonora y Sinaloa en cuatro ocasiones, entre 1813 y 1819. Jefe político de la misma jurisdicción (1821-1822) y varias veces gobernador constitucional sustituto entre 1832 y 1836.

BUSTAMANTE, JOAQUÍN DE ♦ n. y m. en Chihuahua, Chih. (1801-1863).

Gobernador de Chihuahua (1844) y antes alcalde de la capital de ese estado (1834 y 1843).

BUSTAMANTE, JOSÉ MARÍA ◆ n. en Toluca, Edo. de Méx., y m. en la ciudad de México (1777-1861). Músico. Compuso la obertura *México libre* para celebrar la consumación de la independencia de México (1821).

BUSTAMANTE, JUAN C. ◆ n. en ¿Valle de San Francisco?, hoy Villa de Reyes, y m. en Vanegas, SLP (1818-1893). Al producirse la invasión estadunidense se unió a las fuerzas de Arista y más tarde a las de Vidaurri. En 1864 Juárez lo designó gobernador y comandante militar de San Luis Potosí, cuando el estado estaba prácticamente ocupado por los franceses. En 1866 tomó la ciudad de San Luis Potosí y ésta fue declarada capital de la República (1867). Desde ahí proveyó a las tropas que mantenían el sitio de Querétaro. Gobernador constitucional de San Luis Potosí (1867-68), renunció cuando fue acusado de malversación de fondos.

BUSTAMANTE, MARÍA LIDIA MARIS ◆ n. en el DF (1949). Estudió artes plásticas en la Escuela Nacional de Pintura y Escultura La Esmeralda del INBA (1968-73). Es profesora del IPN, de La Esmeralda y de la UAM-Azcapotzalco. Formó parte del No-Grupo (1979-85). Fundó el grupo de arte feminista Polvo de Gallina Negra (1983). Ha presentado seis exposiciones individuales y ha participado en más de 100 colectivas en México, Canadá, EUA, Bélgica y Alemania con dibujo, pintura, mural, grabado y formas no tradicionales. Presentó varios performances en televisión. También ha creado arte-correo, arte objeto y libros de artista. Participó en la Muestra Internacional de Arte Correo en la Bienal de Sao Paulo, Brasil (1982) y en la Bienal de San Juan en Puerto Rico (1993). Coordina la publicación del *Primer Iinventario de las formas pías en México de 1922 a 1992*. Becaria del Fonca (1990-91). XIX Premio Internacional de Dibujo de la Fundación Joan Miró de España (1981).

BUSTAMANTE, ROSALÍO ◆ n. en San Luis Potosí, SLP, y m. en Tampico, Tams. (1881-1963). En 1901 se afilió al Club Liberal Ponciano Arriaga. Hostilizado por las autoridades se trasladó a la ciudad de México. Colaboró en *El Hijo del Ahuizote* y fue redactor de *El Diario del Hogar* y el *Daily Record*. Residió en Estados Unidos. En 1907 volvió a la capital potosina y luego se estableció en Tampico, donde colaboró en *El Correo, El Mundo* y *El Faro*. Ocupó diversos puestos públicos.

BUSTAMANTE FERNÁNDEZ, JORGE ◆ n. en Chihuahua, Chih. (1938). Licenciado en derecho por la UNAM, maestro (1970) y doctor en sociología por la Universidad de Notre Dame (1975). Profesor de El Colegio de México. Desde 1986 es titular vitalicio de Notre Dame. Autor de más de cien publicaciones de carácter científico sobre los temas de migración mexicana a los Estados Unidos, relaciones entre ambos países y problemas de la frontera norte del país. Director del Centro de Estudios Fronterizos del Norte de México y director de El Colegio de la Frontera Norte. Para realizar sus investigaciones se hizo pasar por "espalda mojada" y trabajó como indocumentado, fue golpeado en Texas, encarcelado en Falfurrias y luego expulsado de Estados Unidos. En el noroeste de San Luis Potosí continuó su investigación sobre la emigración y sus consecuencias en las relaciones familiares. Ha escrito en *unomásuno* (1977-83), *La Opinión*, de Los Ángeles y *Excélsior*. Colaboró en los guiones de las películas *Juan sin tierra* (1977), *Raíces de sangre* (1977) y *¡Vámonos pa'l norte!* (1979). Autor de *Los mojados* (1971), *Los chicanos, minoría nacional explotada* (1973), *Inmigración de mexicanos a los Estados Unidos* (1975), *Indocumentados: mitos y realidades* (1979), *Visión del México contemporáneo* (1980), *La frontera norte, integración y desarrollo* (1981), *United States-México Relations: Economy and Social Aspects* (1983) y *Mexico-United States Relations: Conflicts of Conyugence* (1986). En 1988 recibió el Premio Nacional de Artes y Ciencias, en la rama de historia, ciencias sociales y filosofía.

BUSTAMANTE MORENO, LUIS FELIPE ◆ n. en Ojuelos, Jal., y m. en el DF (1885-1950). En la capital de San Luis se inició en el periodismo y dirigió el semanario *El Eco Potosino* (1909) y *El Estandarte* (1912). En 1913, a causa de sus críticas a Victoriano Huerta, fue detenido y llevado a la ciudad de México, donde estuvo a punto de ser fusilado. Puesto en libertad tomó parte en actividades de la Casa del Obrero Mundial y luego se incorporó al constitucionalismo. Perteneció al estado mayor del general Jacinto B. Treviño (1915) y fue mayor de órdenes de la brigada Integridad Nacional, con la que asistió a combates contra los villistas. De vuelta en el Distrito Federal colaboró en *El Imparcial, El Universal, La Prensa* y otras publicaciones, en algunas de ellas con el pseudónimo *Luis del Oro*. Involucrado en la asonada de Arnulfo R. Gómez se exilió en Los Ángeles, California, donde fue reportero del diario *La Opinión* (1928-35). Autor de *Savia roja: socialismo mexicano* (1914); *Del Ebano a Torreón: colección de reportazgos de guerra* (1915); *La defensa de El Ebano: los libertarios* (1915); *Margot: drama socialista* (¿1916?); *El anarquismo científico* (1916); *Bajo el terror huertista* (1916), *Perfiles y bocetos revolucionarios* (1917), *Quién es el coronel Juan B. Barragán* (1917) y una cronología 1913-34 aparecida como *Historia de la revolución mexicana* en el *Almanaque Nacional* (1938).

BUSTAMANTE PULIDO, PERFECTO G. ◆ n. en Guadalajara, Jal. (1844-?). Se tituló en la Escuela de Medicina de Guadalajara (1870), de la que fue catedrático hasta 1882. Fue cirujano mayor del Hospital Civil y director del Hospital de Belén hasta 1900. Desde 1875 resultó elegido varias veces diputado al Congreso local de Jalisco. Fue miembro de la Sociedad Médica de Guadalajara y cofundador de la primera agrupación de periodistas de esa ciudad (1885). Dirigió los periódicos *Anales de Sociedad Pablo Gutiérrez* (1885), *El Jalisciense* (1885-) y *El Investigador Médico* (1890-). En 1901 se hallaba en la

Perfecto G. Bustamante Pulido

ciudad de Mazatlán, en Sinaloa.

BUSTAMANTE Y SEPTIÉN, BENIGNO ◆ n. en Querétaro, Qro., y m. en la ciudad de México (1784-1858). Científico. Fue vicegobernador de Guanajuato (1827-33), senador (1833-34) y diputado (1841) por la misma entidad. Levantó cartas geográficas de diversas zonas del país, mejoró el teodolito, descubrió y coleccionó ejemplares de la flora mexicana, escribió sobre botánica y zoología y experimentó procedimientos para mejorar la agricultura.

BUSTAMANTE VELA, DIÓGENES ◆ n. en Ojinaga, Chih. (1938). Cursó la licenciatura en derecho en la Universidad Autónoma de Chihuahua y en la UNAM (1957-59). Tiene estudios de pedagogía. Desde 1954 es miembro del PRI, en el que ha sido líder juvenil en Chihuahua (1955), dirigente municipal en Ojinaga (1962), secretario general (1974, 1976 y 1979) y presidente del comité estatal. Fue presidente municipal de Ojinaga (1965-68), diputado local (1974-77), secretario particular del gobernador (1979-80), director de Economía de Chihuahua (1980), director general de Tránsito en el mismo estado (1980-81) y diputado federal (1982-85).

BUSTANI HID, JOSÉ ◆ n. en el DF (1935). Licenciado en economía por la UNAM (1954-58). Hizo estudios de posgrado en el IPADE. Profesor de la UNAM, el Politécnico y otros centros de enseñanza superior. Miembro del PRI desde 1954. Ha sido subdirector de Estudios de la Dirección General de Egresos de la Secretaría de Hacienda (1971-74), director general de Administración de la Secretaría del Trabajo (1974-75), director general de Vigilancia de Fondos y Valores de la Secretaría de Hacienda (1975-76), director general de Administración (1976-77) y oficial mayor de la PGR (1977-78); director de Adquisiciones de Banca Somex (1979), director general de Administración de Personal del Gobierno Federal (1979-81) y oficial mayor de la SPP (1981-82); oficial mayor (1982-83) y secretario general de Desarrollo Social del DDF

Juan Bustillo

(1983-86). Miembro del Colegio de Economistas.

BUSTEROS, RAÚL ◆ n. en el DF (1953). Su segundo apellido es García. Estudió economía en la UNAM y cine en el Centro Universitario de Estudios Cinematográficos. Ha sido vendedor de enciclopedias, diseñador de muebles, guionista de televisión, crítico de cine y productor de radio. Produjo el programa *Alrededor del cine* en Radio Universidad, produjo y dirigió comerciales y documentales comerciales, dirigió porgramas culturales para la televisión educativa y ha sido coguionista con los directores de cine José Luis García Agraz y Felipe Cazals. Colaborador de *Dicine*. Ha realizado los cortometrajes *José* (1976) y *Tres historias de amor* (1978), y el largometraje *Redondo* (1985), que ganó el Ariel a la mejor *ópera prima* en 1985, participó en el sexto Foro Internacional de la Cineteca Nacional (1986), participó en el Festival de Amiens, se exhibió en el Centro George Pompidou y fue invitada a la Semana del Cine Latinoamericano en Madrid. Con sus dos primeros trabajos participó en el Festival de La Habana, en la Semana de Cine en Madrid y como invitado especial en el Festival de San Sebastián (1978).

BUSTILLO ORO, JUAN ◆ n. en la ciudad de México (1904). Cineasta. Licenciado en derecho por la UNAM (1930). Formó parte del grupo que lanzó la candidatura de Vasconcelos a la Presidencia de la República (1929) y fundó, con Mauricio Magdaleno, el grupo teatral Teatro de Ahora. Ha ejercido el periodismo desde 1925. Su inicio en el cine fue en 1927, cuando dirigió la cinta *Yo soy tu padre*, y desde entonces ha realizado unas sesenta películas, entre las cuales están *Dos monjes* (1934), *Monja, casada, virgen y mártir* (1935), *El misterio del rostro pálido* (1935), *Malditas sean las mujeres* (1936), *El rosal bendito* (1936), *Nostradamus* (1936), *Amapola del camino* (1937), *Huapango* (1937), *La honradez es un estorbo* (1937), *La tía de las muchachas* (1938), *Cada loco con su tema* (1938), *Caballo a caballo* (1939), *En*

tiempos de don Porfirio (1939), *Ahí está el detalle* (1940), *Al son de la marimba* (1940), *Mil estudiantes y una muchacha* (1941), *Cuando los hijos se van* (1941), *El ángel negro* (1942), *El que tenga un amor* (1942), *El sombrero de tres picos* (1943), *México de mis recuerdos* (1943), *Cuando quiere un amor* (1944), *Canaima* (1945), *Lo que va de ayer a hoy* (1945), *No basta ser charro* (1945), *Los maderos de San Juan* (1946), *En tiempos de la inquisición* (1946), *Dos de la vida airada* (1947), *¡Fíjate que suave!* (1947), *Sólo Veracruz es bello* (1948), *Las mañanitas* (1948), *Cuando los padres se quedan solos* (1948), *El colmillo de Buda* (1949), *Las tandas del Principal* (1949), *Vino el remolino y nos alevantó* (1949), *El hombre sin rostro* (1950), *La loca de la casa* (1950), *Casa de vecindad* (1950), *Acá las tortas* (1951), *La huella de unos labios* (1951), *Por ellas aunque mal paguen* (1952), *Esos de Pénjamo* (1952), *La sobrina del señor cura* (1954), *Padre contra hijo* (1954), *El asesino X* (1954), *La mujer ajena* (1954), *Las engañadas* (1954), *Del brazo y por la calle* (1955), *El medallón del crimen* (1955), *Los hijos del Rancho Grande* (1956), *Las aventuras de Pito Pérez* (1956), *Donde las dan las toman* (1957), *El último mexicano* (1959) y *México de mis recuerdos* (versión de 1963). Coautor, con Mauricio Magdaleno y Fernando de Fuentes, del guión de *El compadre Mendoza* (De Fuentes, 1933). Autor de *Germán de Campo: una vida ejemplar* (1930), *Tres dramas mexicanos* (1933), *San Miguel de las espinas* (1942), *Mi hijo el mexicano* (1966), *Lo cómico en el cine mudo* (1970), *Vientos de los veintes* (1973) y *México de mi infancia* (1976).

BUSTILLOS ◆ Laguna de Chihuahua, situada al este de la capital del estado y cercana a Ciudad Cuauhtémoc.

BUSTO, EMILIANO ◆ n. en el Mineral de San Nicolás, Gto., y m. en la ciudad de México (1844-1897). Combatió contra los conservadores en la guerra de los Tres Años y acompañó a Juárez hasta la frontera. Fue oficial mayor de Hacienda. Autor de un *Diccionario Enciclopédico Mejicano*.

BUSTO, FRANCISCO DEL n. en Orizaba, Ver., y m. en Tehuacán, Pue. (?-1822). Sacerdote. Tradujo a Racine. Escribió poesía, en su mayor parte extraviada. Autor del *Poema de la gracia*.

BUSTOS, HERMENEGILDO n. y m. en Purísima del Rincón, Gto. (1832-1907). Pintor. De familia indígena. Ejerció, entre otros, los oficios de nevero y carpintero. En su juventud, durante medio año estudió pintura en León, pero la mayor parte de su aprendizaje fue autodidacta. Sus cuadros de mayor tamaño son los que ejecutó para la parroquia de su pueblo (*El nacimiento de Cristo, La última cena, Jesús ante Pilatos y El Purgatorio*). Pintó también bodegones y sobre todo retratos, que están considerados como lo mejor de su producción.

BUSTOS CERECEDO, CARLOS n. en Chicontepec, Ver., y m. en el DF (1911-1973). Se tituló como profesor en la Escuela Normal Enrique Rébsamen. Como su hermano Miguel, fue miembro del grupo Noviembre, de la ciudad de Jalapa (1932-33) y de la Liga de Escritores y Artistas Revolucionarios (1934-1938). Ocupó diversos cargos gubernamentales, como director del Instituto Federal de Capacitación del Magisterio (1950-64). Autor de poesía: *Avance en la madrugada* (1938) y de la novela *Juan Feliciano* (1967).

BUSTOS CERECEDO, MIGUEL n. en Chicontepec, Ver., y m. en el DF (1912-90). Educador, escritor y poeta estridentista. Militante del Partido Comunista. Fue miembro del grupo Noviembre de Jalapa (1932-33) y de la Liga de Escritores y Artistas Revolucionarios (1934-38). Colaboró en la revista *Ruta* en sus dos épocas (1933 y 1938-39) y publicó *Cono* (1938), *Letras de Ayer y Hoy* y *El Ojo Literario*. Ha escrito para los diarios capitalinos *El Nacional, El Popular, El Día* y en *Punto y Aparte*, de Jalapa. Autor de narrativa: *Un sindicato escolar* (1936), *Un camino abierto* (1957) y *En los cuernos de un cacique* (1978); y poesía: *La noche arrodillada* (1933), *Tres poemas revolucionarios* (1935), *Hambre* (1937), *Re-*

Laguna Bustillos, en Chihuahua

moto amor (1942), *Elegías para recordar un amor* (1950), *Oración a Enrique González Martínez* (1952), *Palabras para cultivar un amor.* (1958), *Memoria de tus pasos* (1961), *Amoroso diseño* (1965), *Tiempos de odio* (1967), *En el caos del sueño* (1968), *Las voces apagadas* (1973), *Cicatrices del viento* (1977), *Los fueros de la ignominia* (1986) y *Áspero contraste* (1987). Hizo el prólogo para las obras completas de José Mancisidor y Lorenzo Turrent Rozas.

BUTLER, WILLIAM n. en Irlanda y m. en EUA (1818-1899). Llegó a México en 1873 como pastor de la Iglesia Metodista. Al año siguiente sustituyó como obispo a Gilbert Haven, quien había llegado en 1872. Su experiencia mexicana la recogió en el libro *Mexico in Transition from the Power of Political Romanism to Civil and Religious Liberty* (1892), en el cual denunció que entre 1873 y 1892 fueron asesinados 58 fieles por fanáticos a quienes azuzaban los sacerdotes católicos.

BUTRAGUEÑO, EMILIO *EL BUITRE* n. en España (1959). Futbolista desde 1981. En España jugó en el Aficionado (1981-82, fuerzas básicas del Real Madrid), en el Castilla (1982-84) y en el

Real Madrid (1984-94), equipo con el que ganó seis campeonatos de la liga española, dos copas UEFA, dos veces la Copa del Rey y cuatro veces la Supercopa. Se hizo acreedor a un Pichichi. Fue integrante de la selección española que participó en los campeonatos mundiales de 1986 y 1990. Vino a México y jugó en el Atlético Celaya (1995-98) hasta su retiro del futbol profesional.

BUTZE, GERMÁN n. y m. en el DF (1912-1984). Su segundo apellido era Oliver. Historietista. En 1935 creó *Los Supersabios*.

BUXÓ, JUAN n. en España (¿1830?-1895). Vino a México en 1852 y fue cofundador de la Librería Madrileña, que estuvo abierta hasta principios del siglo XX. Introdujo el fotograbado (1893).

BUZETA, PEDRO ANTONIO DE n. en España (1675-?). Fraile franciscano. Proyectó y dirigió las obras para introducir el agua potable en Veracruz (1723-24) y Guadalajara (1731-40). Escribió una *Relación de los terremotos sucedidos en Guadalajara en los días 25 y 26 de junio de 1739* (1739). Se cree que murió en España.

Artemio Caamal
Hernández

Caamal Hernández, Artemio ◆ n. en Tixmeuac, Yuc. (1946). Se tituló como profesor de educación indígena en el Instituto de Capacitación del Magisterio de Mérida. Desde 1967 es miembro del PRI, en el que ha sido coordinador del Programa Nacional de Desarrollo de las Comunidades Indígenas (1986). En la Confederación Nacional Campesina ha ocupado los puestos de secretario del Consejo Supremo Maya (1980), secretario de la Liga de Comunidades Agrarias (1981) y secretario de acción indigenista del comité ejecutivo nacional (1983). En Quintana Roo fue presidente municipal de José María Morelos (1979) y diputado local (1984). Senador de la República (1982-88). Autor de *Hablo a mi pueblo* (1975) y *Geografía poética*.

Caamaño, Juan B. ◆ n. y m. en la ciudad de México (¿1835?-1895). Militar. Combatió a los conservadores. Luchó contra la intervención francesa, en cuyo curso fue gobernador de Michoacán (1864). En 1866 defeccionó y Maximiliano le dio un cargo. Al triunfo de la República pasó dos años confinado en Chihuahua. Participó en los alzamientos de la Noria y Tuxtepec. Porfirio Díaz lo hizo gobernador de Chihuahua (1877), jefe de policía de la capital (1881-85) y diputado al Congreso de la Unión (1885).

Juan de la Cabada

Cabada, Juan de la ◆ n. en Campeche, Camp., y m. en el DF (1903-1986). Estudió en Mérida, Yuc. Vivió en La Habana algunos años. A su regreso trabajó en los campos petroleros antes de radicar en la capital, donde se incorporó al Partido Comunista Mexicano y trabajó activamente en su prensa (*El Libertador, El Machete*, etc.). Participó en la organización de las protestas por el asesinato de su compañero y amigo Julio Antonio Mella. Intervino en la creación de la Federación Sindical Unitaria de México y fue detenido varias veces durante el callismo. En los años treinta fue cofundador de la Liga de Escritores y Artistas Revolucionarios y su presidente (1935-36). Viajó a España durante la guerra civil y asistió al Con-

greso Internacional en Defensa de la Cultura. Hizo guiones para cine, entre otros *El brazo fuerte* (1958), editado en 1963. Julio Bracho filmó en 1955 *María la voz*, película basada en uno de sus cuentos. Como cuentista figura en las principales antologías del género. Su primer libro de cuentos fue *Paseo de mentiras* (1940), al que siguió *Incidentes melódicos del mundo irracional* (1944). Su producción, que se hallaba en gran parte dispersa, ha sido reunida en las *Obras completas* que empezó a publicar la Universidad Autónoma de Sinaloa en 1979. Otras publicaciones son *La guaranducha* (1970), *Antología personal* (1986), *Cuentos y sucedidos* (1983) y *Cuentos rescatados* (1991).

Cabadas, José María ◆ n. en Zamora y m. en Morelia, Mich. (1795-1844). Sacerdote. Organizó a los vecinos para construir el puente de La Piedad (hoy de Cabadas), que ha sido objeto de leyendas y canciones. Inició la construcción de la Catedral de Zamora y se le atribuye la introducción del pararrayos en Guadalajara.

Cabal Peniche, Carlos Efraín de Jesús ◆ n. en Mérida, Yuc. (1956). Hizo estudios universitarios en la ciudad de México (1976-80). A mediados de los años ochenta adquirió o estableció en Campeche las empresas Expomar, Novelty, Mariscos Procesados, Varaderos del Golfo, Ships TSM, Fletes San Cristóbal, Kam Bull, Parque Corcab y Grupo Marmolero del Norte; en Tabasco adquirió los hoteles Manzur y Caballero, una farmacia y un edificio en construcción que terminó. Adquirió el equipo de béisbol local y numerosos inmuebles; abrió la cadena de tiendas Tu Casa y en 1988 participó en la creación de la Platanera San Carlos, En 1991 compró el Banco de Cédulas Hipotecarias que transformó en Banco Unión. Constituyó el Grupo Empresarial Agrícola Mexicano, compró Del Monte Fresh Produce y el paquete mayoritario de acciones de los hoteles Camino Real. Fundó en Villahermosa el diario *El Sureste* y adquirió Banca Cremi. Acusado de fraude fiscal y otros delitos se fue del

país. Localizado en Australia, en 1999 estaba sujeto a juicio de extradición.

Caballero, Agustín ◆ n. en Ixtapalucan y m. en Amecameca, Edo. de Méx. (1815-1886). Músico. En 1838 fundó con Joaquín Beristáin una academia de música. Creó la Sección Filarmónica de la Junta de Fomento de Artesanos (1844). Fundó una compañía de ópera (1848). Estuvo entre los integrantes del Club Filarmónico que a fines de 1865 transformaron esta agrupación en la Sociedad Filarmónica Mexicana. Con el patrocinio de ésta y la planta docente y organización de la citada academia y de otra, la de Luz Oropeza, se creó el Conservatorio Nacional, en 1868, del que Caballero fue elegido como primer director, aunque no asumió formalmente su cargo porque, como sacerdote que era desde 1859, se negó a protestar la Constitución.

Caballero, Arquímedes ◆ n. en Tampico, Tams. (1918). Profesor por la Escuela Normal Preparatoria de Ciudad Victoria, Tamaulipas (1934-37). Se especializó en matemáticas en la Normal Superior del DF, de la que fue jefe de matemáticas (1956-57) y director (1957-66). Miembro del PRI desde 1940. Fue miembro del comité ejecutivo nacional de la Confederación Nacional de Organizaciones Populares (1981-82). En la Secretaría de Educación Pública ha sido jefe del Departamento de Secundarias Nocturnas (1950-57), director de Educación Media (1970-76), presidente del Consejo Nacional Técnico de la Educación (1976-80), subsecretario de Educación Básica (1980) y subsecretario de Educación Media (1981-). Autor de *Geometría analítica* (1982) y de otros textos escolares.

Caballero, Cristián ◆ n. y m. en el DF (1913-1986). Su nombre era Eulalio M. Ortega Serralde. Nieto de Francisco González Bocanegra y padre de Claudio Lenk. Se tituló como abogado, pero se negó a ejercer la profesión. Impartió cátedra en el Conservatorio Nacional y series de conferencias sobre iniciación

Arquímedes Caballero

musical e historia de la ópera. Fue cantante de ópera y director de orquesta. Escribió guiones para radio, trabajó como actor en este medio de difusión y dirigió el programa *Veladas literario-musicales de XEW*. En la televisión hizo *Ópera miniatura* con los títeres de Rosete Aranda. Autor de los libros *Historia de la música* y *Educación de la voz*. Escribió dos obras teatrales y colaboró en diversas publicaciones sobre temas musicales. Obtuvo la Medalla Virginia Fábregas por 25 años como actor.

CABALLERO, JOSÉ ◆ n. en el DF (1955). Su nombre completo es José Teodoro Caballero Betanzo. Estudió actuación y dirección con Héctor Mendoza, Ludwik Margules, Luis de Tavira y Juan José Gurrola en el Centro Universitario de Teatro de la UNAM (1976), del que ha sido profesor y director. Actuó en *Un amigo encarnizado* e *In memoriam*, dirigido por Julio Castillo y Héctor Mendoza (1975). *El pelícano*, de Strindberg, fue la primera obra que dirigió, en 1974. Otras de sus puestas en escena son *Un día de octubre*, de George Kaiser (1976); *La madrugada*, de Juan Tovar (1979); *Bill*, de Sabina Berman (1980); *La ginecomaquia*, de Hugo Hiriart (1981); *El destierro*, de Tovar (1982); *Las adoraciones*, del mismo autor (1983); *Gaspar*, de Peter Handke (1983); *Manga de Clavo*, también de Tovar (1985); *Loco amor*, de Sam Shepard (1986)r *La marquesa de Sade*, de Mishima (1988), y *Yo, la divina Sarah*, de Tito Vasconcelos (1989).

CABALLERO, LUIS ◆ n. y m. en Jiménez, Tams. (1880-1934). Maderista primero y constitucionalista después, combatió junto a Lucio Blanco. Fue gobernador militar de Tamaulipas a mediados de 1915 y después presidente del Tribunal Superior Militar.

CABALLERO, LUIS ◆ n. en Morelia, Mich., y m. en la ciudad de México (1851-1915). Abogado. Porfirio Díaz lo hizo varias veces diputado.

CABALLERO, MANUEL ◆ n. en Tequila, Jal., y m. en la ciudad de México (1849-1926). Periodista. Se le considera iniciador del reportaje en el periodismo mexicano. Trabajó en los diarios capitalinos *El Siglo XIX* y *El Monitor Republicano*. Fundó en Guadalajara *El Mercurio Occidental* y *La Estrella Occidental*. En la capital creó *El Entreacto*, periódico de espectáculos, colaboró con poemas en la *Revista Moderna* y editó el *Almanaque Histórico Artístico* y el *Primer Almanaque Mexicano de Arte y Letras*. Dirigió la segunda época de la *Revista Azul*.

CABALLERO, PRAXEDIS W. ◆ n. en Mier, Tams. (1885-?). Era ferrocarrilero cuando empezó a participar en las filas antirreeleccionistas. En 1913 se levantó contra el gobierno golpista de Victoriano Huerta y llegó a coronel. Participó en la asonada de Adolfo de la Huerta (1923) y fue partidario de la candidatura presidencial de Francisco Serrano (1927). En 1934 era miembro de la Confederación de Partidos Revolucionarios Independientes.

CABALLERO, VIRGILIO ◆ n. en Tampico, Tams (1942). Su segundo apellido es Pedraza. Egresado de la Escuela Nacional de Maestros y antropólogo por la ENAH. Profesor de la Escuela de Periodismo Carlos Septién (1977-80). Desde los seis años y hasta los 17, condujo en XEB el programa infantil *La legión del amanecer*. Dirigió la revista *Tlatoani* (1965-66). Fue reportero y jefe de redacción de *México* y *Fausto*. Colaborador del periódico *El Día*. Reportero, coordinador de noticieros de televisión y jefe de redacción en Notimex (1971-75). Creó el primer programa televisivo de orientación al consumidor, *Una canasta llena de*. Fue el iniciador de los programas de debate político con *Del hecho al dicho* en el Canal Once (1977-80) y *Onda política*, que se transmitió en XEB de 1979 a 1990. Ha sido director de Comunicación Social del DIF, el Crea y la Secretaría de Turismo. Dirigió el Sistema Sonorense de Radio y Televisión (1983) y fue fundador del Sistema Quintanarroense de Comunicación Social (1984-87). En 1994 dirigió *Chicanos*, en Canal 22. Es reportero del equipo periodístico del Canal 40 (1997). Premio Nacional de Periodismo 1979. Pertenece a la Asociación Mexicana de Investigadores de la Comunicación y a la Fundación Manuel Buendía.

CABALLERO BAZÁN, JOSÉ ◆ n. en el DF (1935). Diplomático. Desde 1955 pertenece al Servicio Exterior Mexicano. Ha sido canciller de la misión permanente ante la ONU (1955), canciller, vicecónsul y agregado de la embajada en Estados Unidos (1956-64), embajador en Jamaica (1970-76) e Indonesia (1976-80), director general de Pasaportes y Servicios Consulares (1980-85) y de Protección y Servicios Consulares de la Secretaría de Relaciones Exteriores (1985-86), embajador en Hungría (1986-88), jefe de Protocolo en la Cancillería (1988-91) y embajador en Checoslovaquia (1991) y en Nueva Zelanda (1997). Ha recibido condecoraciones de Brasil, Jamaica e Indonesia.

CABALLERO CÁRDENAS, JOSÉ LUIS ◆ n. en San Miguel de Allende, Gto. (1931). Licenciado en derecho por la UNAM (1953-56). Ha sido cantante, jefe del Departamento Jurídico de la Asociación Nacional de Actores (1961-64), vicepresidente de la Asociación Nacional de Intérpretes (1972-74) y desde 1971 uno de los dirigentes de la Sociedad de Autores y Compositores de Música. Trabajó para el Poder Judicial (1962-82). Miembro del PRI desde 1965. Diputado federal por Guanajuato (1982-85). Pertenece al Instituto Iberoamericano de Derechos de Autor.

CABALLERO ESCAMILLA, RAÚL ◆ n. en Marín, NL (1919). Licenciado en derecho por la Universidad de Nuevo León. Ingresó al PRI (entonces PRM) en 1945. Trabaja para la CTM desde 1943. Secretario de la Federación de Trabajadores de Nuevo León (1971-) y miembro del comité ejecutivo nacional de la CTM (1980-). Ha sido presidente de la Junta Local de Conciliación y Arbitraje de Nuevo León (1943-48), oficial del Registro Civil, agente del Ministerio Público Federal (1957-58), regidor del Ayuntamiento de Monterrey (1969 y 1974), legislador local en Nuevo León (1949 y 1970), diputado federal en dos ocasiones (1976-79 y 1988-91) y senador de la República (1982-88).

Francisco Cabañas

Lucio Cabañas

CABALLERO PERAZA, JUAN ENRIQUE
◆ En. en Acapulco, Gro. (1959). Médico cirujano por la Universidad La Salle, psicólogo por la UNAM. Pertenece al PANR desde 1988, partido en el que ha sido secretario del Comité Municipal de Acapulco (1989), presidente de la Delegación Municipal de Acapulco (1990), secretario de Organización Estatal en Guerrero (1990) y consejero nacional (1990-93). Diputado federal (1991-94). Es autor del *Manual de medicina turística* (1998).

CABALLERO REYES, JUAN DE DIOS ◆ n. en Canatlán, Dgo. (1931). Fue consagrado sacerdote en 1954. En Durango fue rector del Seminario y canciller de la Curia. Obispo de Huejutla desde 1978.

CABALLEROS DE COLÓN ◆ Organización católica integrada exclusivamente por hombres mayores de 18 años. Declara que sus principios son "caridad, unión, fraternidad y patriotismo". Fue fundada en Estados Unidos por el sacerdote Michael J. McGivney en 1882. En México el primer núcleo de la orden (consejo) fue establecido en 1905 por estadounidenses radicados en la capital del país. En 1910 se empezó a emplear el español en las sesiones. En los años veinte se disolvieron varios consejos al incorporarse sus miembros a la guerra cristera. Después de ésta, las fricciones que subsistieron con las autoridades obligaron a actuar dentro de cierta confidencialidad. El nombre de la orden tiene por objeto exaltar los ideales caballerescos y recordar que el cató-lico Cristóbal Colón fue quien "descubrió, exploró y colonizó el Continente Americano", según declaró en 1986 el dirigente de la organización, llamado diputado de Estado, Rafael M. Villa. El cardenal Ernesto Corripio Ahumada es el capellán de la orden. La organización cuenta en el mundo con aproximadamente millón y medio de miembros. Las esposas de los caballeros integran la agrupación Colombinas de María, los jóvenes de 13 a 18 años son Escuderos de Colón y las mujeres de 13 a 24 años Damas Isabelinas. Entre los miembros más distinguidos de la orden se cuentan el agente de pompas fúnebres Eusebio Gayosso, el historiador Juan B. Iguíniz, el arquitecto Federico Mariscal y el escritor Julio Jiménez Rueda.

CABALLITO, EL ◆ ☞ *Tolsá, Manuel.*

CABALLOS MESTEÑOS, LLANO DE LOS ◆ Planicie de Chihuahua situada en el noreste de la entidad, que se adentra en territorio de Coahuila, cerca de la frontera con Estados Unidos. Se prolonga por el este en los llanos de Chilicote y por el sur en los llanos de los Gigantes, ambos limitados por el río Conchos. Por el norte cierra la planicie el río Bravo y por el este la sierra del Burro.

CABAÑAS, FRANCISCO ◆ n. en la ciudad de México (?). Boxeador. Fue el primer medallista olímpico mexicano al ganar la presea de plata en Los Ángeles (1925). A lo largo de su carrera deportiva sostuvo más de 140 peleas, aunque sólo 10 como profesional. Durante 35 años dio clases de pugilismo en la policía, el Cuerpo de Bomberos, el IPN y la YMCA.

CABAÑAS, LUCIO ◆ n. en El Porvenir, municipio de Atoyac de Álvarez, y m. en la sierra de Guerrero (1938-1974). Hizo la carrera de profesor en la Escuela Normal Rural de Ayotzinapa. Fue secretario general de la Federación de Estudiantes Socialistas de México (1962) y miembro del Movimiento de Liberación Nacional y del Partido Comunista Mexicano. En 1961 tomó parte en el movimiento popular que llevó al desconocimiento del gobernador guerrerense Caballero Aburto. Contribuyó a la organización de los trabajadores del agro en la Costa Chica guerrerense. Por sus actividades políticas, en 1965 fue trasladado a Durango (1965), pero debido a las protestas de sus paisanos fue reinstalado en su puesto de profesor en Atoyac, donde encabezó las protestas contra funcionarios corruptos. Como respuesta, en mayo de 1967 policías y pistoleros de los caciques regionales ejecutaron una matanza en Atoyac. Cabañas fue amenazado de muerte y decidió, de acuerdo con su partido, formar un grupo de autodefensa. Perseguido, se remonta a la sierra y luego de retirarse formalmente del PCM integra un grupo guerrillero, núcleo del Partido de los Pobres que fundó poco tiempo después. Rechazó una diputación que le ofrecía el PRI y en mayo de 1974 secuestró a Rubén Figueroa Figueroa, candidato del PRI a la gubernatura de Guerrero, quien tuvo que pagar un cuantioso rescate. Éste fue liberado por fuerzas militares, en septiembre de ese año, después de un enfrentamiento con los guerrilleros. Poco después, en la región del Ocotal, según el parte militar, murió Cabañas.

CABEZAS, GREGORIO Z. ◆ n. en Veracruz, Ver. (1917). Escritor. Autor de *Acuarelas, Delta* (1979), *Ecos, cuentos y poemas* (1980), *Ratos, relatos y poemas* (1982), *Momentos* (1983), *Yucatán, abolengo de América* (1985), *Recuerdos y presencias* (1986), *Entre el Río Grande, la sierra y el mar* (1987) y *Olas* (1987).

CABINHO, EVANIVALDO CASTRO ◆ n. en Brasil (1950). Futbolista. A los 16 años debutó en el Palmeiras de Brasil, país en el que también jugó para el América de São Paulo y el Flamengo. Con el Portuguesa ganó el campeonato de copa, la liga paulista y el campeonato de goleo con 46 anotaciones (1973). En 1975 llegó a México, donde jugó con los Pumas de la UNAM, el Atlante y el León. Entre 1975 y 82 ganó ocho campeonatos de goleo, lo que es una marca, al igual que los 311 goles anotados en campeonatos, 289 en temporada regular y 22 en liguillas durante doce años.

CABO CORRIENTES ◆ Municipio de Jalisco situado en el extremo oeste de la entidad, en la costa del océano Pacífico y en los límites con Nayarit. Superficie: 2,001.06 km². Habitantes: 8,744, de los cuales 2,356 forman la población económicamente activa. Hablan alguna lengua indígena 10 personas mayores de cinco años. La cabecera es El Tuito.

CABO VERDE, REPÚBLICA DE ◆ Nación situada en el archipiélago del mismo nombre, 620 kilómetros al oeste de la costa occidental de África. Superficie: 4,033 km². Habitantes: 408,000 en 1998. La capital es Praia (61,644 habitantes en 1990). Se habla portugués y criollo. Ocupada por los portugueses en 1462, fue a lo largo de varios siglos estación de paso para el tráfico de esclavos. En 1951 la dictadura de Portugal la convirtió en provincia de ultramar. A mediados de los años cincuenta cobró forma el sentimiento independentista y en 1956 se constituyó el Partido Africano para la Independencia de Guinea Bissau y Cabo Verde (PAIGC). Hacia 1961 se desató la lucha guerrillera contra los colonialistas en Guinea Bissau y los caboverdianos, tradicionalmente unidos a esa otra colonia portuguesa, prestaron su concurso en la lucha de liberación, en tanto que en las islas se empleaban otras formas de resistencia. En 1974, después de la *Revolución de los Claveles* que derrocó a la dictadura en Portugal, el nuevo gobierno de ese país y las fuerzas independentistas acordaron pacíficamente la separación de ambas naciones. En 1975 se integró una asamblea nacional y los ciudadanos votaron mayoritariamente (92 por ciento) por mantener la unión con Guinea Bissau. En ambos países fueron elegidos gobernantes del mismo partido, el PAIGC, y se empezó a discutir la forma de integrar a las dos naciones en una confederación. En 1980 se produjo un golpe de Estado en Guinea Bissau y se cancelaron las negociaciones con Cabo Verde, donde el PAIGC se convirtió en Partido Africano para la Independencia de Cabo Verde y quedó separado del guineano. En 1982 se pro-

FOTO: FONDO EDITORIAL DE GRUPO AZABACHE

Iglesia de Nuestra Señora de la Purísima Concepción de Caborca, Sonora

dujo un reacercamiento, pero hasta 1985 no se habían reanudado las negociaciones para integrar una confederación. Cabo Verde padece una sequía que se ha prolongado durante más de 15 años, por lo que requiere de la solidaridad internacional para evitar la hambruna. Las relaciones diplomáticas con México las atiende el embajador caboverdiano en Washington.

CABORA, SANTA DE ◆ ☞ *Urrea, Teresa.*

CABORCA ◆ Municipio de Sonora situado en el noroeste de la entidad, en la costa del golfo de California y en los límites con Estados Unidos. Superficie: 10,721.84 km². Habitantes: 64,605, de los cuales 18,881 forman la población económicamente activa. Hablan alguna lengua indígena 325 personas mayores de cinco años (mixteco 73). En la cabecera, Heroica Caborca, en 1857 se libró una batalla entre fuerzas mexicanas y el grupo de filibusteros comandado por Henry A. Crabb, quien fue fusilado junto con varios de sus compañeros de aventura. Entre sus atractivos turísticos se cuentan el templo de la Virgen de la Concepción, que data de 1803, el templo Mormón, la biblioteca y la plaza principal.

CABOS, LOS ◆ Municipio de Baja California Sur situado en el extremo de la península. Superficie: 3,451.51 km². Habitantes: 71,031, de los cuales

15,606 forman la población económicamente activa. Hablan alguna lengua indígena 608 personas mayores de cinco años (náhuatl 207). Fue erigido en 1981 en territorio, que se restó a La Paz; su cabecera municipal es San José del Cabo.

CABRAKÁN ◆ Dios de los sismos entre los mayas.

CABRAL, JUAN G. ◆ n. en el mineral de Piedras Prietas, Son., y m. en el DF (1883-1946). Estudió en la Universidad de Arizona, de donde fue a trabajar a Cananea. Ahí participó en la huelga de 1906. Antirreeleccionista, formó parte de la rebelión encabezada por Madero. Al producirse el golpe de Estado de Huerta, nuevamente se levantó en armas y encabezó una columna del ejército obregonista con la que llegó hasta la ciudad de México. Designado gobernador de Sonora (septiembre de 1914), no llegó a tomar posesión del cargo. Rompió con Carranza y asistió a la Convención. Compitió con Eulalio Gutiérrez por la Presidencia de la República. Dejó el país en 1919 y volvió en 1923. Fue representante de México en Panamá, Perú y Ecuador; jefe del Departamento del Distrito Federal (1932) y subsecretario de Gobernación (1934). Al morir era general de división.

CABRAL DEL HOYO, ROBERTO ◆ n. en Zacatecas, Zac. (1913). Poeta. Escribió y produjo programas de radio para las

Juan G. Cabral

principales radiodifusoras nacionales. Fue subdirector de Radio Educación (1948-49). Director de Servicios Turísticos del Departamento de Turismo (1959-64). Ha trabajado para el Fondo de Cultura Económica, donde fue jefe de Publicidad y Relaciones Públicas. Colaborador de *Ábside*, la *Gaceta del FCE*, *El Búho* y otras publicaciones literarias. Autor de *Poesía* (1941), *De tu amor y de tu olvido y otros poemas* (1948), *Por merecer la gracia* (1950), *Contra el oscuro viento* (1959), *Tres de sus palabras* (1962), *Palabra* (1964), *Potra de nácar* (1966), *De mis raíces en la tierra, Rastro en la arena* (antología, 1970), *19 de junio* (1971), *Obra poética* (1980), *Reflexiones poéticas en San Ángel* (1985), *3 sonetos a Francisco García Salinas* (1986), *24 sonetos de Roberto Cabral del Hoyo* (1986), *Estas cosas que escribo* (1988-1990), *Camino caminado* (1991), *Codicilos* (1992) y *Casa sosegada* (poesía completa, 1993). Premio Iberoamericano Ramón López Velarde en poesía 1998.

Roberto Cabral de Hoyo

Luis Cabrera

CABRAL SOTO, JAVIER ♦ n. en Zacatecas, Zac. (1951). Médico cirujano titulado en la Universidad de Guanajuato (1969-75), maestro en salud pública por la Escuela de Salud Pública de México (1977-78) y en administración de la atención médica por la UNAM. Es miembro del PRI. Ha sido coordinador de los programas de la jefatura del Servicio Médico Familiar (1982-84), coordinador de los programas del Departamento de Modelos Estadísticos Aplicados a la Población del Instituto Mexicano del Seguro Social (1984-86) y jefe de los servicios coordinados de salud del gobierno de Zacatecas (1986-).

CABRERA, ÁNGELES GELES ♦ n. en el DF (1930). Escultora. Estudió en las academias de San Carlos, en México (1944-47), y de San Alejandro, de La Habana (1947-49), así como en La Esmeralda. Expone individualmente desde 1949 y ha participado en muestras colectivas en México, Estados Unidos, Japón y Cuba. Con Ángela Gurría, Juan Luis Díaz, Mathias Goeritz y Sebastián integró el grupo Gucadigose, con el cual trabajó cinco esculturas para el Perifé-

rico de Villahermosa, Tab. (1976). En 1949 obtuvo el Primer Premio en el XXXI Salón de Artes de La Habana y en 1981 el de la Muestra Banamex de Escultura. Obras suyas se hallan en museos y galerías mexicanas, y en el Museo de Arte Moderno de Tel Aviv, Israel. En 1977 se editó el libro *Geles Cabrera* con texto de Paul Westheim.

CABRERA, ANTONIO ♦ n. en San Luis Potosí, SLP, y m. en la ciudad de México (1847-1925). Fue impresor y bibliotecario en la capital potosina. Ahí puso una librería y, más tarde, otra en la ciudad de México. Entre 1886 y 1918 editó el *Almanaque Potosino*.

CABRERA, BLAS ♦ n. en España y m. en el DF (1878-1945). Físico. Fue rector de la Universidad Central de Madrid y de la Universidad de Verano en Santander, director y fundador del Instituto Nacional de Física y Química. Formó parte del Comité Científico de las Conferencias Solvay, a instancias de Einstein y de Marie Curie. Vino a México en 1941, al término de la Guerra Civil Española, donde introdujo la física cuántica y fundó la revista *Ciencia* y el Instituto de Matemáticas. También asesoró a los constructores de Sosa Texcoco. Impartió cátedra en la UNAM.

CABRERA, DANIEL ♦ n. en Zacatlán y m. en Tomatlán, Pue. (1858-1914). Fue profesor de dibujo en San Carlos y caricaturista. Fundó en 1898 *El Hijo del Ahuizote*, órgano antiporfirista que dirigió por temporadas, pues sus frecuentes encarcelamientos por motivos políticos lo obligaban a dejar la dirección en manos de los Flores Magón y de otros periodistas que eran arrestados casi con tanta frecuencia como él. El dictador ordenó cerrar ese periódico en 1903 y, para asegurar el cumplimiento de sus órdenes, mandó destruir los talleres. Después, con otros periodistas, Cabrera hizo *El Colmillo Público* (1908) y, por último, *El Ahuizote Jacobino*. Después de un centenar de veces en prisión, enfermo, se retiró del periodismo. Autor de *Los liberales ilustres mexicanos de la Reforma y la Intervención*.

CABRERA, ENRIQUE ♦ n. en la ciudad

de México y m. en la URSS (1918-1964). Médico. Sobrino nieto del anterior e hijo de Luis Cabrera. Hizo descubrimientos de gran importancia para el desarrollo de la cardiología. Escribió numerosos ensayos sobre su especialidad, entre otros *Teoría y práctica de la electrocardiología* (1959). Un hospital de La Habana lleva su nombre como reconocimiento a la solidaridad prestada a Cuba durante los primeros años de la revolución socialista en ese país.

CABRERA, ENRIQUETA ♦ n. en el DF (1943). Estudió antropología social en la ENAH. Fue profesora de la UNAM, donde participó en la fundación del SPAUNAM. Militó en el Sindicato de Trabajadores Electricistas de la República Mexicana, fue secretaria del interior y tesorera del Sindicato Único de Trabajadores del Instituto Nacional de Energía Nuclear y de la sección nuclear del Sindicato Único de Trabajadores Electricistas de la República Mexicana. Fue responsable de prensa del Sindicato Único de Trabajadores de la Industria Nuclear, en el que dirigió el órgano *Fusión*. Colaboró en la revista *Solidaridad*. En el periódico *El Día* fue articulista, editorialista, corresponsal en Francia y enviada especial para Europa (1985-88), subdirectora editorial, subdirectora de Información y subdirectora general, así como presidenta de la Cooperativa Publicaciones Mexicanas, editora del diario, y directora del suplemento *El Gallo Ilustrado* (1988-92). Primera mujer que dirigió el diario *El Nacional* (1992-98). Compiladora y coautora de *Respuestas a Santa Fe II* (1989), *Golfo Pérsico, visiones y reflexiones* (1991) e *Historias desde la cárcel* (1993). Cónsul general de México en París (1999-).

CABRERA, LUIS ♦ n. en Zacatlán, Pue., y m. en el DF (1876-1954). Abogado por la Escuela Nacional de Jurisprudencia (1901). A los 16 años se inició en el periodismo al lado de su tío Daniel Cabrera, que llegó a confiarle la dirección de *El Hijo del Ahuizote* durante sus encarcelamientos. Después estuvo en *El Noticioso*, *La Patria*, *El Diario del Hogar* y otros. Usó los seudónimos de *Juan Tenorio* y *Blas Urrea*, que llegó a ser muy popular. Apoyó la candidatura de Bernardo Reyes a la vicepresidencia. Al triunfo de la rebelión antirreeleccionista fue elegido diputado federal y se le nombró director de la Escuela Nacional de Jurisprudencia de la Universidad Nacional (1912). Después del cuartelazo de Victoriano Huerta, se convirtió en agente confidencial del constitucionalismo en EUA. Secretario de Hacienda de Carranza (1914-17 y 1919-20). Redactó la Ley Agraria de 1915 y fue diputado a la XXVII Legislatura. Representante viajero del gobierno mexicano en Sudamérica (1918). Opositor de Obregón, Calles y Ortiz Rubio, quien lo expulsó del país en 1931. Al volver rechazó la candidatura presidencial que le ofrecía el Partido Antirreeleccionista (1933) y volvió a ejercer el periodismo. Autor de poesía (*Musa peregrina*, 1929) y de obras sobre la revolución, especialmente en torno a la cuestión agraria: *El balance de la revolución*, *Veinte años después*, etcétera.

CABRERA, MARIANO ◆ n. en Puebla, Pue., y m. en la ciudad de México (1838-1907). Combatió a los conservadores durante la guerra de los Tres Años. Luchó contra la intervención francesa y el imperio. Fue gobernador provisional de Zacatecas en 1867.

CABRERA, MIGUEL ◆ n. en Oaxaca, Oax., y m. en la ciudad de México (1695-1768). Pintor. Trabajó para el arzobispo de México y la Compañía de Jesús. Fundó la que se cree fue la primera Academia de Pintura de Nueva España. Hizo cuatro grandes óvalos para el crucero de la Catedral Metropolitana, decenas de telas para La Profesa, el *Viacrucis* de la Catedral de Puebla, escenas de las vidas de San Antonio y Santa Clara en el templo capitalino de San Francisco; en Taxco trabajó *Los martirios de Santa Prisca y San Sebastián*; hizo en Zacatecas dos murales, precisamente en el convento de Guadalupe y muchas obras más, pues según los expertos se caracterizó más por el enorme volumen de sus obras que por la originalidad y calidad de ellas. En el Museo Nacional de Historia se conserva un *Autorretrato* y se considera su mejor obra un retrato de *Sor Juana* que le ordenó el arzobispo Rubio y Salinas. Escribió *Maravilla americana y conjunto de las raras maravillas observadas con la dirección de las reglas de el arte de la pintura* (1756).

CABRERA, MOISÉS ◆ n. en Juchitán, Oax. (1939). Escultor. Estudió en la Escuela Superior de Ingeniería y Arquitectura del Politécnico, en San Carlos y La Esmeralda. Ha participado en exposiciones colectivas en México, Suiza y Estados Unidos. Es autor del Monumento a los Niños Héroes de la ciudad de Oaxaca.

CABRERA, ROSARIO ◆ n. y m. en el DF (1901-1975). Estudió desde los 15 años en la Academia de San Carlos con Saturnino Herrán, Leandro Izaguirre, Germán Gedovius y Mateo Herrera. Considerada la primera gran pintora mexicana del siglo XX. En 1920 participó en una exposición conmemorando la independencia y recibió de José Vasconcelos, rector de la UNAM, la medalla de plata por las más altas calificaciones de su generación. Un año después montó su primera muestra individual, elogiada por Diego Rivera. Participó en el grupo vanguardista ¡30-30! En 1924 se trasladó a París, Francia, para continuar sus estudios. En 1928 decidió dejar de pintar. Después de 47 años, en 1965, realizó el cuadro *Granadas*. Recibió la Medalla Ignacio Manuel Altamirano del gobierno mexicano (1970).

CABRERA, SUSANA ◆ n. en Colombia y m. en el DF (1924-1996). Actriz. Hija de actores de teatro. Comenzó como *vedette* a los 18 años. Pronto se dedicó a la comedia al lado de su primo *Pompín* Iglesias y otros. Participó en las películas *Casa de mujeres* y *El hombre de papel*. Recibió la Medalla Virginia Fábregas de la ANDA (1976).

CABRERA ACEVEDO, GUSTAVO ◆ n. en el DF (1932). Licenciado en actuaría por la UNAM, con estudios en el Centro Latinoamericano de Demografía, de Chile, y la Universidad de Princeton. En El Colegio de México ha sido profesor (1964-81), editor de la revista *Demografía y Economía* (1968-69), director del Centro de Estudios Económicos y Demográficos (1970-76), secretario general (1893-85) y director del actual Centro de Estudios Demográficos y de Desarrollo Urbano (1991-96). Codirector de la maestría de la Facultad de Economía de la Universidad Veracruzana (1973-75), secretario general del Consejo Nacional de Población (1977-82), Ha colaborado en las publicaciones *Revista de Comercio Exterior*, *Espejo*, *Cahiers des Ameriques Latines*, *Revista Latinoamericana*, de Moscú, *Ciencia y Desarrollo*, *Comunidad Conacyt*, *Planificación*, *Trimestre Económico* y *Demografía y Economía*. Coautor de *Proyecciones de la población de México, 1960-1980* (1966), *Tablas de mortalidad en México, 1930-1960* (1968), *La migración interna en México* (1970), *Consideraciones sobre políticas de población* (1974) y *La problemática demográfica en México* (1975). Autor de *Migración y fuerza de trabajo en México* (1975) y *México: trabajo, población y productividad humana* (1976). Pertenece desde 1986 al Sistema Nacional de Investigadores. Premio de Economía del Banco Nacional de México (1971). Premio Nacional de Demografía (1987). Miembro de El Colegio Nacional. Presidente de El Colegio Nacional de Actua-rios (1978-80), de la Sociedad Mexicana de Demografía (1981-83) y de la Asociación Mexicana de Población (1983-93).

CABRERA DE ARMIDA, CONCEPCIÓN CONCHITA ◆ n. y m. en el DF (1862-1937). Llamada "la mística de México". Inspiradora de las congregaciones católicas Hermanas de la Cruz, del Sagrado Corazón y Misioneros del Espíritu Santo. En el Vaticano se estudia su proceso de beatificación. Escribió más de 200 volúmenes, de los cuales se publicaron (sin mencionar su nombre) unos 46, entre ellos *Cuenta de conciencia*, *Tratados de vicios y virtudes* y *A mis sacerdotes*.

CABRERA CADERWALL, INGRID ◆ n.

Miguel Cabrera

en el DF (1959). Escritora. Estudió alemán en el Europa Kassel Kolleg. Asistió a talleres literarios coordinados por Germán Dehesa, Germán Galindo y Juan Carlos Muciño. Fue alumna de Mempo Giardinelli y Felipe San José. Colaboró en los programas televisivos *Desayunos* y *Sopa de Letras*; en las revistas *Brecha*, *El Cuento*, *Leben* y *El Seminario*. Es autora de los relatos *La concha de la resurrección* (1989) y *La nave nueva* (1994). Obtuvo el Premio de la revista *El Cuento* (1984), el primer lugar en el Premio de Literatura-Rock Sultans of Swing (1985) y el primer lugar en los XXVIII Juegos Florales Nacionales de Ciudad del Carmen (1989). Becaria del Centro Mexicano de Escritores (1982-83). En 1990 inició un taller literario en San Miguel Allende, Guanajuato.

CABRERA CARRASQUEDO, MANUEL ◆ n. y m. en Oaxaca (1885-1955). Militar de carrera, operó bajo las órdenes de Felipe Ángeles durante la revolución. En 1952, cuando era ya general de brigada, fue gobernador sustituto de Oaxaca, cargo en el que se mantuvo hasta su muerte.

CABRERA COSÍO, LUIS ◆ n. en la ciudad de México (1917). Hijo de Luis Cabrera. Ingeniero civil titulado en la UNAM (1936-40), donde fue profesor (1939-45). Es miembro del PRI desde 1951. Ha sido jefe de Ejecución de la Dirección de Obras Marinas de la Secretaría de Marina (1954-60) y director general de Límites y Ríos Internacionales (1964-84), y comisionado de Límites y Aguas entre México y Guatemala de la Secretaría de Relaciones Exteriores (1984-).

CABRERA JASSO, CIPRIÁN ◆ n. en Emiliano Zapata, Tab. (1950). Licenciado en psicología por la UNAM. Fue jefe de edición de *Edición*. Ha sido jefe del Centro de Investigaciones del gobierno de Tabasco. Colaborador de *Plural* y otras publicaciones. Coautor de *Mar de sombras* (1986) y autor de los poemarios *Trilogía de sombras* (1985), *Quinteto de cámara* (1986), *Kasandra* (1988), *Diario de muertos* (1989), *La*

ventisca (1990), *Diez poemas para encontrar un poco de luz* (1991), *Las devastaciones del barbasco* (1992); de los libros de cuentos *Entre la luz de la luna y el retrato* (1988) y *Las once fantasías y un viaje al país de la noche* (1992); del libro de ensayo *Escudriños* (1991) y de la antología *El flamenco y otros poemas* (1994).

CABRERA LOBATO, ALFONSO ◆ n. en Zacatlán, Pue., y m. en el DF (1884-1959). Médico graduado en 1910. Sobrino de Daniel Cabrera. Administrador de *El Hijo del Ahuizote*. Diputado federal durante el maderismo, tras el cuartelazo huertista estuvo en prisión; director de Sanidad Militar del gobierno carrancista en Veracruz; diputado constituyente (1916-17). Cofundador de la Escuela Médico Militar. Gobernador de Puebla (1917). Dirigió el Hospital Militar durante los sexenios de Cárdenas y Ávila Camacho y fue profesor en la UNAM.

CABRERA LÓPEZ, ROGELIO ◆ n. en Santa Catarina, Qro. (1951). Estudió humanidades, filosofía y teología en el Seminario Conciliar de Querétaro. Licenciado en teología por la Pontificia Universidad Gregoriana de Roma y en sagrada escritura por el Pontificio Instituto Bíblico de Roma. Fue ordenado sacerdote en la parroquia de Santa Catarina en 1978. Ha sido prefecto de Estudios del Seminario Mayor de Querétaro, asistente Diocesano del Movimiento Familiar Cristiano, párroco de las parroquias de Nuestra Señora de la Paz y de Nuestra Señora del Socorro. Desde 1996 es obispo de la diócesis de Tacámbaro, Mich.

CABRERA MORALES, ALFONSO ◆ n. en el DF (1948). Licenciado en derecho por la UNAM (1968) especializado en ciencias penales ahí mismo (1983). Profesor de la UNAM (1984-85) y del Instituto de Formación Profesional de la Procuraduría General de Justicia del Distrito Federal (1987-88). Pertenece al PRI desde 1981. Ha sido jefe del departamento jurídico (1975-77), subdirector jurídico (1977-79) y subdirector general de la Dirección Federal de Segu-

ridad de la Secretaría de Gobernación (1979-82); agente del Ministerio Público en el DF (1985-86), gerente de seguridad de Aeroméxico (1987-88), director general de la Policía Bancaria e Industrial (1988-89) y director general de Reclusorios y Centros de Readaptación Social del DDF (1989-).

CABRERA MUÑOZ LEDO, JESÚS ◆ n. en Apaseo el Grande, Gto. (1928). Estudió en las universidades de Guadalajara (1940) y Central de Madrid. Diplomado en ciencias políticas por el Instituto de Altos Estudios Internacionales de Francia (1942-52), especializado en organismos internacionales en la ONU de Suiza (1952). Profesor de El Colegio de México (1965-75). Miembro del PRI desde 1953. Fue senador de la República (1976-80). En la Secretaría de Relaciones Exteriores, en la que trabaja desde 1953, ha sido subdirector general de Organismos Internacionales, director general de Relaciones Culturales, director en jefe para Asuntos de Culturales y Cooperación Científica Internacional, y embajador en Australia, Nueva Zelanda y Fiji (1981-86) y en Costa Rica (1986-). Editor de la revista *Senado Mexicano* (1978). Autor de *En campaña por Guanajuato* (1976). Pertenece a la Academia Mexicana de Historia y Geografía. Ha sido condecorado por los gobiernos de Bélgica, El Salvador, Guatemala, Francia, Italia y Yugoslavia.

CABRERA Y QUINTERO, CAYETANO DE ◆ n. y m. en la ciudad de México (1698-1775). Doctor en derecho. Hizo traducciones del latín, griego y hebreo. Escribió obras guadalupanistas: *El patronato disputado* (1741) y *Escudo de armas de México*, en la cual trata de las epidemias de la época.

CABRERA SOLÍS, JESÚS ALFREDO ◆ n. en Torreón, Coah. (1945). Licenciado en economía por la UNAM (1964-68). Profesor de la Universidad Iberoamericana (1971-73). Es miembro del PRI desde 1969. Entre 1968 y 1974 trabajó en la Comisión Federal de Electricidad. Ha sido director de Tecnología y Capacitación y subdirector general de Actividades Productivas de la SPP (1975-

78), director general de Fomento Cooperativo de la Secretaría del Trabajo (1978-83), director general de Servicios Sociales y Desarrollo de la Comunidad Rural de la Secretaría de Agricultura (1983-84) y director general de los Centros de Integración Juvenil (1984-).

CACAHOATÁN ◆ Municipio de Chiapas contiguo a Tapachula, en los límites con Guatemala. Superficie: 173.9 km². Habitantes: 35,738, de los cuales 9,335 forman la población económicamente activa. Hablan alguna lengua indígena 591 personas mayores de cinco años (mame 520).

CACAHUAMILPA ◆ Sierra situada en los límites de Morelos, Guerrero y el Estado de México, en el sur del Eje volcánico, con elevaciones superiores a los 1,200 metros sobre el nivel del mar. Los ríos San Jerónimo y Chontalcuautlán la recorren subterráneamente. Cerca de su salida a la superficie, donde forman el Amacuzac, está la barranca de Limotitla, por donde se entra a las grutas de Cacahuamilpa, consideradas las más grandes del país. Dichas cavernas se hallan en el cerro de la Corona, cerca del poblado de Cacahuamilpa, y fueron dadas a conocer en 1834. Frente al acceso se construyó un templo prehispánico y otro dentro. De consistencia caliza, el agua de lluvia ha formado innumerables estalactitas y estalagmitas que adoptan formas caprichosas. La altura es variable y en algunos puntos alcanza más de 40 metros, en tanto que el ancho es de hasta 50 metros, con varias salas, una de las cuales tiene 100 metros de largo. Las grutas fueron objeto de varias expediciones científicas en el siglo pasado y actualmente constituyen uno de los principales atractivos turísticos de la región.

CACALCHÉN ◆ Municipio de Yucatán contiguo a Motul. Superficie: 76.64 km². Habitantes: 6,064, de los cuales 1,679 forman la población económicamente activa. Hablan alguna lengua indígena 2,275 personas mayores de cinco años (maya 2,271). En la jurisdicción hay una importante zona arqueológica. En la cabecera existe un convento construido sobre ruinas mayas en el siglo XVI. La principal fiesta es el 8 de diciembre, día de la Inmaculada Concepción.

CACAMA ◆ n. en Texcoco y m. en Tenochtitlan (?-¿1520?). Nieto de Nezahualcóyotl e hijo de Nezahualpilli, quien lo designó heredero. Fue señor de Texcoco desde 1516 hasta su muerte. Su hermano Ixtlilxóchitl se negó a reconocerlo como monarca y fundó su señorío en el norte, en tanto que Cacama, con el reconocimiento de Moctezuma Xocoyotzin, conservó la capital y el resto del reino. A la llegada de los españoles hizo esfuerzos por mantener con ellos buenas relaciones y lo mismo aconsejó hacer a Moctezuma. Después, probablemente a causa del asesinato de su hermano Nezahualquenzin a manos de los conquistadores, procuró la alianza con los atemorizados caciques de otros señoríos para combatir a los invasores. Descubierta la conspiración, fue sometido a tortura y asesinado.

CACARIA ◆ Sierra de Durango situada al norte de la capital del estado. Prolonga, hacia el sur, la sierra de la Magdalena. Tiene elevaciones cercanas a los 2,000 metros sobre el nivel del mar y en ella nace el río de la Sauceda, nombre que también se da a esta sierra.

CACAXTLA ◆ Zona arqueológica del municipio de Nativitas, Tlaxcala, descubierta en 1975 por el investigador Pedro Armillas. Se halla en la región tlaxcalteco-cholulteca. Es un conjunto de construcciones superpuestas, dispersas en 12 mil metros cuadrados, que datan de siete épocas. Los edificios tienen similitudes con la arquitectura de Teotihuacan, en tanto que las cuatro pinturas murales de la zona evidencian influencia maya. El mural llamado de la Batalla tiene 22 metros de largo y es considerado el más grande y mejor conservado de la época prehispánica. En 1987 la zona fue abierta al público, después de colocar un enorme techo, a fin de proteger el conjunto.

CÁCERES CARENZO, RAÚL ◆ n. en Halachó, Yuc. (1938). Estudió en la Escuela de Arte Dramático del Instituto Nacional de Bellas Artes. Es fundador del Teatro Infantil Yucateco. En 1970 se estableció en Toluca. Ha actuado y dirigido teatro. Ha colaborado en las secciones culturales de *Siempre!*, *Diario del Sureste*, *El Nacional*, *El Día*, *El Sol de Toluca*, *El Universal*, *Revista de la Universidad* y otras publicaciones. Autor de *El primer mestizaje* (1964), *Lectura de la luz* (1972), *Para decir la noche* (1973), *La noche de los muertos* (1974), *Vuelo blanco* (1979), *Ritual maya* (1986) y *La flama del tiempo*. Preparó y anotó *La*

Mural en Cacaxtla

Foto: Carlos Hahn

Peña de Bernal en Cadereyta de Montes, Querétaro

pasión a solas, obra poética de Laura Méndez de Cuenca (1984), *El valle de la luz*, obra de Joaquín Arcadio Pagaza (1990), y *Ángel María Garibay, el poeta* (1992). Ha sido ganador de los Juegos Florales del Centenario de la Escuela Nacional Preparatoria (1969), de Tuxtla Gutiérrez (1970), de Culiacán (1981) y de Toluca (1997). En 1986 obtuvo el Premio de Poesía Antonio Mediz Bolio del Gobierno de Yucatán.

CÁCERES LÓPEZ, CARLOS ◆ n. en Simojovel y m. en Tuxtla Gutiérrez, Chis. (1893-1972). Ejerció el periodismo. Fue director de *Chiapas Nuevo*, periódico de Tuxtla Gutiérrez. Autor de una extensa obra entre la que se encuentran: *Chiapas. Síntesis geográfica e histórica* (1946), *Historia general del estado de Chiapas* (1958) y *Chiapas y su aportación a la República durante la Reforma e intervención francesa* (1964).

CACHO VÁZQUEZ, JOSÉ IGNACIO ◆ n. en el DF (1936). Contador público ti-

tulado en la UNAM (1954-58), institución de la que fue profesor (1953-62). Es miembro del PRI desde 1972. Ha sido gerente general del Banco Nacional Cinematográfico (1976-78), jefe del Departamento de Ingresos del ISSSTE (1981-82), director general de Auditoría de Ingresos del Sector Central de la Contaduría Mayor de Hacienda (1985-87), subdirector general de Mercadotecnia del Fonatur (1988) y auditor general de la Secretaría de Desarrollo Urbano y Ecología (1988-). Pertenece al Instituto Nacional de Contadores Públicos al Servicio del Estado.

CACOMA ◆ Sierra de Jalisco situada en el oeste de la entidad. Se extiende de norte a sur sobre la Sierra Madre Occidental. La limita por el norte el río Mascota y por el sur el Purificación, que la separa de la sierra Manatlán.

CADAC ◆ ☛ *Centro de Arte Dramático.*

CADENA, AGUSTÍN ◆ n. en Ixmiquilpan, Hgo. (1963). Escritor. Estudió letras en la UNAM. Ha sido becario del INBA (1991-92) y del Fonca (1992-93). Es autor de los libros *Orgía de palomas* (poesía, 1993), *Ritos de inocencia* (relatos, 1994), *La lepra de san Job* (novela, 1995), *Para enterrar la memoria* (prosas, 1995), *Primera sangre* (poesía, 1995) y *Tan oscura* (novela, 1999). Premio Universidad Veracruzana 1992.

CADENA, LONGINOS ◆ n. en Puebla, Pue., y m. en el DF (1862-1933). Periodista y pedagogo. Escribió para los periódicos conservadores *La Voz de México, El Tiempo, El País* y otros. Autor de libros de texto, ensayos sobre educación, narraciones, etcétera.

CADENA MORALES, MANUEL ◆ n. en Texcoco, Edo. de Méx. (1949). Ingeniero agrónomo especialista en irrigación titulado en la Escuela Nacional de Agricultura (1963-73), posgraduado en la Universidad Autónoma de Chapingo (1973-74). Ha sido gerente de ventas de Guanos y Fertilizantes de México (1976-80), director general de Azufrera Panamericana y Compañía Exploradora del Istmo (1980-88) y director general

de Fertimex (1988-). Es miembro de la Sociedad Mexicana de Ingenieros, del Colegio de Ingenieros Agrónomos, de la Confederación Agronómica Mexicana y de la Sociedad Mexicana de la Ciencia del Suelo.

CADENA Y SOTOMAYOR, MELCHOR DE LA ◆ n. y m. en la ciudad de México (1539-1607). Doctor en filosofía por la Universidad de México, de la que fue rector (1573-74). Designado obispo de Chiapas murió antes de ser consagrado. Elaboró una relación de los conquistadores y sus descendientes.

CADEREYTA DE JIMÉNEZ ◆ Municipio de Nuevo León situado al sureste de Monterrey. Superficie: 1,004.4 km². Habitantes: 62,440, de los cuales 17,099 forman la población económicamente activa. Hablan alguna lengua indígena 72 personas mayores de cinco años (náhuatl 24).

CADEREYTA DE MONTES ◆ Municipio de Querétaro situado en los límites con el estado de Hidalgo. Superficie: 1,131 km². Habitantes: 51,641, de los cuales 10,917 forman la población económicamente activa. Hablan alguna lengua indígena 784 personas mayores de cinco años (otomí 754). Desaparecido el municipio de Bernal pasó a formar parte de Cadereyta hasta 1941, cuando se erigió Ezequiel Montes. En la cabecera la principal fiesta es el 1 de febrero, cuando se festeja a la Virgen de Belén con cantos y danzas tradicionales. Por la misma fecha se realiza una feria con exposición de productos regionales como dulce de leche y de calabaza, bailes, espectáculos artísticos y peleas de gallos. En este valle se alza la peña de Bernal, un monolito de origen volcánico de 300 metros de altura, la tercera más alta del mundo. Ahí se han encontrado petroglifos y restos humanos de gran antigüedad.

CAFÉ ◆ Semilla del cafeto, planta rubiácea del género *Coffea*. La especie más común, la *arábica*, es originaria de la región de Abisinia, en Etiopía. De ahí se llevó en el siglo XV al mundo árabe, donde a partir de entonces se prepara la infusión mundialmente apreciada por su carácter estimulante. El cultivo y consumo del café pasó a Europa en el siglo XVI. A fines de la centuria siguiente los holandeses iniciaron su explotación en Java (1690) y la Guayana, en tanto que Gabriel M. de Clieu lo introdujo en las posesiones antillanas de Francia y, de acuerdo con una versión, en Centroamérica y México. Se sabe que en el primer tercio del siglo XVIII se empezó a cultivar en las Antillas españolas y hay indicios, según Eduardo Deschamps, de que para 1785 ya era una bebida popular en Nueva España, donde a partir de 1792 se eximió de impuestos la introducción de equipo para los molinos. Alejandro de Humboldt, quien estuvo en México un año a partir de marzo de 1803, escribió que el consumo de café era "muy raro en México. En todo el país —decía— no se consumen anualmente más que cuatrocientos o quinientos quintales" y una cantidad semejante

se destinaba a la exportación (un quintal equivale a 100 libras o 46 kilogramos). El barón alemán recomendaba incrementar la producción cafetalera, lo que daría al gobierno de Madrid "una utilidad líquida del doble que le da en el día toda la América Española". Parece que se escuchó el consejo de Humboldt, pues al consumarse la independencia se cultivaba la mata en los actuales estados de Chiapas, Oaxaca, Tabasco, Michoacán y Veracruz, donde solamente Bernardo Herrera tenía medio millón de plantas. Desde entonces el café ha sido un producto de exportación que a la vez cuenta con amplio mercado interno. Antes de la intervención francesa y el imperio se exportaban 1,322 quintales (1860). Al restaurarse la República se pusieron en práctica diversas medidas para estimular su cultivo y para 1874 la producción registrada fue de 63,450 quintales, de los cuales se exportaron

Café

16,616. Al terminar el siglo XIX la producción se había elevado a 28,782 toneladas. En la primera mitad del siglo XX la producción anual promedio fue de 50,000 toneladas, pero en la década de los años cincuenta se superó la marca de 100,000 toneladas anuales. Para 1970 la producción registrada fue de 185,293 toneladas. Diez años después, el Instituto Mexicano del Café, creado en 1958, reportó que había captado 1,873,969 quintales, de los cuales se exportaron 1,111,683. En 1985 el volumen captado fue de 2,755,000 y la exportación de 1,730,598 quintales. Un año antes, las ventas al exterior de café crudo en grano tuvieron un total de 424.4 millones de dólares, en tanto que las de café tostado sumaron 50.9 millones de dólares. En el ciclo 1988-89 el café se cultivaba en 560,343 hectáreas, mientras que en 1999 la superficie cultivada era de 690 mil hectáreas distribuidas en 12 estados de la República. En el país existen 300 mil productores del grano, pero su importancia económica se extiende a la fabricación y distribución de maquinaria y equipo, insumos, dulcería, industria gastronómica, restaurantes y cafeterías. Chiapas es la entidad con mayor superficie dedicada al cultivo del cafeto: 228,254 hectáreas. Chiapas y Veracruz

Cafetales en Tapachula

suman el 60 por ciento de la producción nacional. Para el ciclo 1999-2000 se esperaba una cosecha de seis millones de sacos de 60 kilos cada uno, la mayor cosecha de nuestra historia, lo que sitúa a México en el cuarto lugar mundial. La cosecha total en el planeta es de 78 millones de sacos (1999). Casi 80 por ciento de las exportaciones cafeteras de México son a Estados Unidos y Canadá. El consumo interno del grano en 1998 fue de un millón 2000 mil sacos, inferior al consumo promedio de los 15 años anteriores, que fue de un millón 350 mil sacos, pero se espera que suba hasta dos millones hacia el año 2003. El consumo anual *per capita*, que en 1994 era de 914 gramos por habitante, en 1998 era de 734 gramos.

CAFETERÍAS ◆ Los primeros lugares públicos para tomar café se abrieron en Londres a mediados del siglo XVII. En París, durante la siguiente centuria, se pusieron en servicio unos 200 establecimientos de este tipo, los cuales eran

FOTO: *EL MUNDO ILUSTRADO*

Cafetería Colón

centros de discusión política. Debido precisamente a la influencia francesa sobre la corte española, en México se tiene noticia de que a fines del siglo XVIII existían ya algunos expendios de bebidas elaboradas a base de café. Según Salvador Novo, el primero en abrir (1785) estuvo en la esquina de las actuales calles de Tacuba y Monte de Piedad. Otro de esa época, más célebre, fue el Café de Manrique (1789), situado en la calle del mismo nombre, hoy República de Chile, donde estuvo hasta 1911. En los primeros años del siglo XIX fueron, como hasta el presente, punto de reunión de intelectuales, centro de debates políticos y lugar a donde acudían en busca de sus conocidos los necesitados de un préstamo. Además de café sólo, con leche o con aguardiente, en ellos se servía comida, chocolate, atole y con frecuencia helados. En las mesas se podía jugar dominó o ajedrez, posteriormente algunos ofrecieron como atractivo bolos y otros juegos. Escritores puritanos de la época se escandalizaban ante la atrevida indumentaria de las *currutacas* y la vida bohemia de los contertulios. En las primeras décadas del México independiente existían el elegante Café de la Gran Sociedad, el de Medina, en Plateros, el del Comercio, el de Veroly, más famoso por sus helados italianos que por el café mismo, y que luego de cambiar de dueño (1842) se llamaría La Sociedad del Progreso, lugar donde lo mismo había gente pomadosa que rancheros ensombrerados con sus mujeres de trenzas y rebozo. Más antiguos eran el Café del Águila de Oro, mentidero de los centralistas, en la actual calle 16 de Septiembre, y el Café del Sur, en la misma avenida, donde según Guillermo Prieto "la concurrencia iba muy de acuerdo con el destartalado café: militares retirados, vagos consuetudinarios, abogados sin bufete, politiqueros sin ocupación, clérigos mundanos y residuos de covachuelas, sacristías, garitas y juzgados civiles y criminales". El mismo autor cita las conversaciones sobre teatro y toros, li-

teratura y juego de pelota. Durante la ocupación estadounidense de la capital, la canción *La pasadita* hacía mofa de las prostitutas, llamadas entonces "Margaritas", que entretenían a la soldadesca invasora en el café La Bella Unión:

Sólo las mujeres
tienen corazón
para hacer alianza.
con esa nación;
ellas dicen: vamos,
pero no es verdad
y a la pasadita
tan-darín-darán.
Todas esas niñas
de la Bella Unión
bailan muy alegres
danza y rigodón;
parecen señoras
de gran calidad,
y a la pasadita
tan-darín-darán.

Entre los que se mantuvieron abiertos buena parte del siglo pasado están el Café del Cazador (1835-1900), el de las Cuatro Naciones y el muy afrancesado Café del Bazar, de clientela cosmopolita, llamado el "*non plus ultra* de los establecimientos de ese ramo" por Orozco y Berra. Otros eran el Gran Café de las Escalerillas (atrás de Catedral), el Nacional (frente a la Alameda) y el de Consalvi, en la calle del Coliseo Viejo, frecuentado por italianos. Junto al Café del Progreso estaba El Infiernillo, igualmente popular, como el Mariscala, el de los bajos de Minería, el de Puente de Balvanera y otros también democráticos. El Café y Restaurant Parisién y el Recreo Mexicano, en plena Alameda Central, llegaron a ser muy frecuentados. Durante la intervención francesa existieron el Café de la Aurora y el Imperial. En esa época el Café de la Bella Unión se convirtió en el lugar de moda y en él su propietario N. Fulcheri dio a conocer la crema chantilly y el queso crema, en medio de un europeísmo que le mereció críticas de los republicanos. Tan célebre como el anterior fue el Café del Hotel Iturbide, del francés I. de la Raillere, cuya parroquia estaba formada por galos, belgas, austriacos y otros militares participantes en la invasión. Competía con los anteriores el Café de la Concordia, en las actuales calles de Madero e Isabel la Católica, propiedad del italiano Antonio Omarini, admirador de Garibaldi, quien a la restauración de la República agasajó a connotados liberales como Ignacio Ramírez e hizo de su negocio el centro de reunión de artistas e intelectuales de fin de siglo. En 1906 desapareció y Luis G. Urbina le dedicó una especie de oración fúnebre en la que decía que por su puerta "habían salido cuatro o cinco generaciones de picarescas aventuras, de goces trasnochadores, de idilios efímeros, de amoríos risueños". Contemporáneo del Concordia, pero más barato, era el Restaurant y Café del Teatro de Iturbide, situado donde luego se construiría la Cámara de Diputados. La inauguración del Café Cantante, en 1869, atrajo la atención de Altamirano, Prieto y otros periodistas que dedicaron sabrosas crónicas a la inauguración. En el mismo año se abrió un nuevo Café Nacional y desapareció el de la Gran Sociedad, que estuvo donde a fines de siglo se construyó la Casa Boker y desde 1977 se instaló una cafetería de la cadena Sanborn's. En el último tercio del siglo XIX se abrieron varios cafés con billares y el puritanismo de cierta prensa vio en ellos centros de perdición, idea que perseguiría a los billares durante un siglo. El viejo Café del Progreso, para hacer honor al nombre, en julio de 1875 introdujo una innovación: el servicio a cargo de meseras, lo que dio pie para diversos comentarios en la prensa de la época. Una crónica de Juan Pablo de los Ríos en *El Eco de Ambos Mundos* decía: "Las meseras han sido para ese café como la sangre regeneradora para los anémicos, pues han devuelto la vida al referido establecimiento. Según las tendencias de los elegantes del gran mundo, el traje más a propósito para las *meseras* sería el que usó nuestra madre Eva". El periodista agregaba que al permitir que las mujeres ingresaran a este oficio se las alejaba de la prostitución. Pese a la polémica que despertó, o gra-

cias a ella, otros cafés contrataron meseras. En 1880, cuando se habían abierto el Café Oriental, en la avenida Cinco de Mayo, y el Gran Café Restaurant en pleno Zócalo, el del Progreso se transformó en Café y Restaurant Inglés, el que hacia 1910 era "peña de toreros, cómicos y calaveras", señala Clementina Díaz y de Ovando, quien informa que en 1882 se anunciaban 44 cafés en la *Nueva Guía de México*. El fracaso del primer Café Cantante no impidió que se abrieran otros establecimientos que ofrecían algún espectáculo, por lo general de poca categoría. Si bien fue abierto a la circulación 15 años antes, en 1887 el Paseo de la Reforma fue formalmente inaugurado. Las familias pudientes se mandaron construir ahí sus residencias y la llamada buena sociedad recorría cotidianamente el tramo que va de la avenida Juárez a la glorieta de Colón. Frente a ésta, donde luego se levantó el edificio de la Secretaría de Recursos Hidráulicos, se abrió en 1889 el Café Colón, que se mantuvo como lugar favorito de la *gente bien* hasta los años del maximato. Las razones del éxito pueden buscarse en su afrancesamiento. Para Gutiérrez Nájera la tarde en ese bebedero era "como desprendida de un parisiense boulevard". La principal competencia del Colón la constituía el Café de la Unión, con elegante decoración *art nouveau*. Para superar a sus rivales el Colón adquirió un refrigerador y en 1893 ofrecía cervezas heladas. En 1904 se puso en servicio el Café Restaurant de Chapultepec, donde luego se instaló el Museo de la Flora y la Fauna y hoy se halla el Museo de Arte Moderno. La negociación, conocida simplemente como "Café de Chapultepec", era una construcción *art nouveau* de estructura metálica bajo la cual se congregaba "la *high life*", según el comentario de *El Mundo Ilustrado*, cuyo cronista no ocultaba su asombro porque había pinturas, gobelinos y "vidrieras artísticas" junto a "salones para fumar, tocadores para damas, elegantes retretes", flores, "elegante vajilla y cristalería que despi-

Cafetería 5 de mayo

de chispazos de luz". En 1903 se estableció en México la firma de los hermanos Walter y Frank Sanborn, quienes abrieron al público su primera fuente de sodas en 1903, en la calle Filomeno Mata. Hasta ahí llegaron los zapatistas retratados por Casasola cuando los ejércitos de la Convención ocuparon la capital. En 1918 el Sanborn's se trasladó al Palacio de los Azulejos, de donde había sido desalojada la Casa del Obrero Mundial. Los muros frontales de la escalera fueron decorados por José Clemente Orozco y lo mismo haría Rufino Tamayo al inaugurarse, en los años cuarenta, la sucursal de Reforma y Lafragua. También a fines de siglo se inauguró La Flor de México, pastelería donde por muchos años se pudo tomar un aceptable brebaje sobre las mesas de metal con cubierta de mármol, desechadas en los años setenta, cuando la cafetería se trasladó a la calle Gante y se convirtió en una imitación servil de establecimientos estadounidenses. Otro lugar con tradición es el Café Tacuba, durante varias décadas frecuentado por políticos y gente de pro. Ahí, el 25 de junio de 1936, asesinaron a Manlio Fabio Altamirano, gobernador electo de Veracruz. El extinto Partido Comunista

Mexicano nació en 1919 en un café llamado El Chino, para unos situado por el rumbo de la Merced, aunque puede tratarse del que se halla en Antonio Caso, del cual Renato Leduc afirmaba que cuando él despertó ese establecimiento ya estaba ahí. El mismo Renato, para evacuar su despacho de la misma calle, solía invitar a sus amigos "con el Chino", lo que hizo a fines de 1974 con quienes fundaría en abril siguiente la Unión de Periodistas Democráticos. Entre 1923 y 1925, el Café de Nadie fue la ciudadela del estridentismo (☞). Situado en la avenida Jalisco, hoy Álvaro Obregón, en él se daban cita Manuel Maples Arce, Germán List Arzubide, Leopoldo Méndez, Silvestre y Fermín Revueltas, Germán Cueto, Edward Weston, Tina Modotti, Jean Charlot y, ocasionalmente, David Alfaro Siqueiros. John Dos Passos, Vladimir Mayakovsky y Serguei Eisenstein fueron alguna vez a ese expendio de brebajes. Arqueles Vela tituló a una de sus novelas, precisamente, *El Café de Nadie* y lo mismo hizo Alva de la Canal con un cuadro más cubista que estridentista. Sin embargo, tal movimiento no impidió que otro de los cofrades, Luis Quintanilla (*Kin-tani-lla*), escribiera:

¡Qué solo estoy
en el café de la serenidad!

El más célebre de los cafés mexicanos del siglo XX es el París, cuyo domicilio ha cambiado de Gante a Cinco de Mayo. En los años treinta y cuarenta fue obligado punto de reunión de los notables. Por ahí pasaron los grandes pintores de la escuela mexicana, el grupo de los Contemporáneos y los jóvenes escritores que se dieron a conocer en la revista *Taller*, una entre las muchas publicaciones literarias que se proyectaron y editaron sobre sus mesas. Ahí se dieron cita los grandes personajes del surrealismo, comunistas como Eluard y Neruda junto a sacerdotes como el arzobispo José María Martínez, quien acompañaba el brebaje con unos puros enormes, y aristócratas como el destronado rey Carol de Rumania; republicanos españoles y judíos escapados de los cam-

pos de concentración, los que sorbían sobre la mesa sus desgracias al mismo tiempo que expresaban su admiración ante el traje multicolor y la belleza morena de Estela Ruiz, la tehuana de los antiguos billetes de 10 pesos. En ese café, que ha merecido un libro entero y muchos artículos periodísticos, lanzó Pedro Rendón su candidatura a la Presidencia de la República, con la promesa de que si el voto popular lo favorecía iba a construir un atoleducto, a fin de resolver los problemas nutricionales de los mexicanos. Algunos se lo tomaron en serio y cooperaron para la campaña, nunca realizada, del gran bohemio. Al éxodo antifranquista se debe la apertura de varios cafés (La Parroquia, El Papagayo, el Betis) o el repunte de algunos ya existentes, en cuyas mesas se bebieron nostalgias y se repitió, a lo largo de siete lustros, el consabido "¡Mañana cae Franco!". Juan Rejano, el poeta comunista, al llegar a México vio las cafeterías como "establecimientos melancólicos, amodorrados". De ahí que otros españoles traídos por el exilio se dedicaran, dice Rejano, "a rehacerlos, que era tanto como rehacer su hogar", pues fue Galdós, según se cree, quien señaló que "el café tenía en política más importancia que un ministerio, y en literatura, más que una biblioteca". Por eso el ministro de Gobernación de la República trashumante llegó a despachar en el Café Latino, domiciliado en la calle de López. El Campoamor, situado frente a la fuente de la *ranita* y el Reloj Otomano, fue el escenario de muchas travesuras del pintor Abelardo Ávila, hablantín que ahí se fingió mudo para conquistar a una mesera. El Campoamor desapareció en los años sesenta para que en su lugar se construyera un banco. A media cuadra, en Bolívar, estaban el viejo Do Brasil, más apreciado por el grano que se podía llevar a casa que por la infusión que ahí se expendía. Frente a él se abría la pequeña puerta del Tupinamba, que se supone más viejo que la insurrección maderista. Se llamó en sus orígenes La Moderna y "era un saloncito más bien reducido, muy limpio y confortable y

con más aspecto francés que mexicano o español", según cuenta el multicitado Renato. En aquellos años la clientela la formaban "viejos abogados y notarios porfirianos", con los que "se entremezclaban algunos sacerdotes vestidos de civil, sobrevivientes del ateísmo y la clerofobia revolucionaria". Tan selecta parroquia fue desplazada por aficionados al futbol y taurófilos que cortejaban a las grandes figuras y eludían las embestidas de innumerables maletillas, víctimas casi siempre de las cornadas del hambre. La afluencia de nueva clientela hizo crecer el local hasta convertirse en una enorme galería a la que, cuando el centro de la ciudad se inundaba, lo que sucedió hasta los años cincuenta, los más fieles parroquianos llegaban en chalupa o sobre los hombros de algún *tameme*. En los años sesenta el Tupinamba cambió de dueños y de nombre para quedar en Esla. En medio del ceceo de los españoles y la grita de los italianos, también en los cuarenta, en el Gran Premio se reunían las figuras de la pantalla. En el Chufas, de la calle Dolores, todavía abierto, había siempre una mesa donde se escuchaban las voces más conocidas de la XEQ y otras estaciones de radio. En la esquina de Independencia y Revillagigedo estaba el Continental, que los domingos por la noche mostraba sobre los grandes espejos los marcadores futboleros de México y de España. De la misma época es la nevería Chiandoni, de la colonia Roma, donde los italianos acudían en busca del *espresso*. Esta firma tiene una sucursal en la colonia Nápoles donde se conversa en la lengua de Dante. La década de los cincuenta vio nacer la Zona Rosa, donde el Kinneret albergaba la tertulia que componían Carlos Fuentes, Octavio Paz, Carlos Monsiváis, Juan García Ponce, Fernando Benítez, José Luis Cuevas y otros creadores. Ahí mismo se podía ver a Alejandro Jodorowsky y a un chamaco llamado José Agustín. Éste, en sus años preparatorianos, se reunía con René Avilés Fabila, Agustín Granados y otros grillos universitarios en el Jos, en la calle Guatemala, o en el Café

Moneda, a un costado del Palacio Nacional. Ya funcionaban entonces el Sanborn's del Hotel del Prado, separado del presuntuoso Pam-Pam sólo por un pasaje y desde septiembre de 1985 unidos en su desaparición, lo mismo que el cercano Sorrento, donde en un rincón se reunía la peña que animó León Felipe hasta su muerte, después de la cual sus amigos hicieron colocar una placa que lo recordaba. En los años sesenta los noctámbulos podían esperar el amanecer en el Greco, de Aquiles Serdán y Pensador Mexicano, donde cenaban las estrellas del teatro Blanquita, o en el café La Habana, mentidero de periodistas y escenario de escritores en cierne, quienes asestaban poemas o sablazos con la misma falta de misericordia. En el Sanborn's de Lafragua se cocinó *Gazapo*, la novela de Gustavo Sáinz. La sucursal que la cadena Kikos tenía en la avenida Juárez era el Kikos por antonomasia, lugar frecuentado por los periodistas veteranos, aprendices de jilguero y parejitas que hacían rugir la sinfonola. En Reforma, cerca de *Excélsior*, el Café de Fiore tenía mesas con vista al pavimento por donde pasaron las grandes manifestaciones de 1968. En Insurgentes Sur estaba el Café de las Américas, junto al cine del mismo nombre, con mesas casi en la banqueta que los dueños, precavidos, prefirieron encerrar cuando convirtieron el lugar en restaurante de mayores pretensiones. Más adelante, cerca de Félix Cuevas, estaba La Veiga, con sus mesas separadas de la banqueta por un seto, muy al gusto de los intelectuales sin dinero para viajar a París. En el mismo decenio de los sesenta vivieron sus mejores momentos los cafés de la Ciudad Universitaria, especialmente los del ala de humanidades, donde lo mismo se fraguaba una relación amorosa que una conspiración, se resolvían problemas académicos o nutricionales. Fue en esa época cuando los viejos cafés de chinos empezaron a desaparecer con todo y cucarachas o a transformarse, en manos de descendientes poco afectos al oficio paterno, en calcas de los plastificados

Vips, Toks, Linnys y Dennys, donde se sirve un café al gusto estadounidense, sin cuerpo y sin alma. Desparramada la ciudad en todos sentidos, algunos intelectuales se refugiaron en Polanco y decidieron reunirse en el Sanborcito, frente al parque del Reloj. Otros, los más, emigraron al sur y animaron la cafetería de la librería Gandhi, y después la del Parnaso, con sus mesas en el jardín de Coyoacán, para deleite de artistas y escritores que se atiborran bajo un toldo que medio los protege de las agresiones del sol y la lluvia. Entre las pérdidas que ocasionó el terremoto de 1985 está la desaparición del hotel Regis. Cuenta Ricardo Cortés Tamayo que su cafetería, desde los años treinta, vio pasar a los periodistas que iban a vaciar el sobre de su sueldo en el bar anexo y a los concurrentes a los célebres baños de vapor que con un buen desayuno acababan de reponerse. Fue la sede una peña en la que confluían los figurones del cine: ahí el *Indio* Fernández *descubrió* a Columba Domínguez; Julio Bracho, Mauricio Magdaleno y Juan Bustillo Oro urdían proyectos; Gabriel Figueroa, Emilio Gómez Muriel y Miguel Delgado proyectaban películas con la asesoría literaria de Xavier Villaurrutia, Salvador Novo y los hermanos Gorostiza, todo mientras los ángeles de la celebridad revoloteaban en torno a la mesa de Pedro Armendáriz, María Félix, Jorge Negrete y Pedro Infante. Otra víctima del sismo fue el café Super Leche, de San Juan de Letrán, donde meses antes de su desmoronamiento los parroquianos fueron desvalijados y poco después se produjo un conato de incendio al arder su marquesina. Barato y accesible, durante varias décadas su barra de mármol y sus gabinetes de cuero fueron refugio de medianoche para literatos sin editor, estudiantes pobres y conspiradores que soñaban con una revolución, como un corpulento cubano apellidado Castro Ruz y un fotógrafo pesetero de origen argentino al que apodaban, sencillamente, *Che*.

CAHUACÁN ◆ Río de Chiapas que se forma en las laderas del volcán Tacaná,

en la frontera con Guatemala; corre paralelo al Suchiate, con dirección norte sur, y desemboca en el océano Pacífico.

CAHUACÁN ◆ Barra de Chiapas que se halla en la desembocadura del río Cahuacán (☞).

CAHUANTZI, PRÓSPERO ◆ n. en Santa María Yxtulco, Tlax., y m. en Chihuahua, Chih. (1834-1915). Se alistó en el ejército liberal durante la revolución de Ayutla. Combatió en la guerra de los Tres Años y luchó contra la intervención francesa y el imperio, para lo cual organizó su propia fuerza. Se adhirió al Plan de Tuxtepec. En 1884 Manuel González le confirió el grado de coronel. Porfirio Díaz lo hizo gobernador de Tlaxcala, puesto en el que lo mantuvo desde 1885 hasta 1911. Murió en la Penitenciaría de Chihuahua.

CAIGNET, FÉLIX B. ◆ n. y m. en Cuba (1892-1976). Escritor. Considerado el creador del melodrama en los medios electrónicos de comunicación. En 1948 se difundió por primera vez su melodrama *El derecho de nacer* producido por la emisora CMQ. Dicho guión tuvo dos adaptaciones para cine y una para telenovela en México. También autor de la radionovela *La serpiente roja* (1937).

CAIMANERO, EL ◆ Laguna situada en Sinaloa, al sureste de Mazatlán y al noroeste de Escuinapa. La cruzan el paralelo 23 y el meridiano 106. La flanquean los ríos Presidio, por el norte, y Baluarte, por el sur. También se le llama Caimanera.

CAJEME ◆ Municipio de Sonora situado en la costa del golfo de California, al sur de Guaymas y al norte de Navojoa. Superficie: 4,037.11 km². Habitantes: 345,222, de los cuales 99,390 forman la población económicamente activa. Hablan alguna lengua indígena 2,422 personas mayores de cinco años (yaqui 1,221, mayo 786 y maya 113). Fue creado en 1927 con territorio que perteneció a Cócorit, municipio que después le fue anexado. Su cabecera se llamó Cajeme hasta 1928 en que se le impuso el nombre de Ciudad Obregón. Dotado con un amplio sistema de riego que aprovecha las aguas del río Yaqui,

Próspero Cahuantzi

retenidas en la presa Álvaro Obregón (antes Oviachic), la agricultura constituye la principal actividad y, dentro de ésta, los cultivos de exportación. Dispone también de una ganadería diversificada, un comercio activo y una industria en expansión. Las actividades agropecuarias cuentan con el respaldo de centros de investigación, asesoría técnica, apoyo financiero, una compleja red de comunicaciones y una amplia organización de los agricultores, lo que permite altos rendimientos, comercialización ágil y rentabilidad creciente. La Fiesta del Yaqui se celebra el 16 de julio con juegos pirotécnicos, música y danzas.

Félix Caignet

CAJEME, JOSÉ MARÍA LEYVA ◆ n. ¿en Hermosillo? y m. en Médanos, Son. (1839-1887). Cacique de los yaquis. Obtuvo el grado de capitán en los Batallones Republicanos de Sonora, en los cuales contribuyó a la represión de indios rebeldes (1866, 67 y 73). Posteriormente, el gobierno le dio el título de alcalde mayor del río Yaqui (1874), con la esperanza, dice el historiador Héctor Aguilar Camín, "de que su identidad étnica, sus dotes de mando y su lealtad al gobierno, le permitieran mantener a las tribus pacíficas y sometidas al poder estatal". En ese papel se convirtió en una figura respetada por los suyos, a quienes protegía de los abusos del blanco. Como las autoridades se negaron a entregarle a unos hombres que habían cometido delitos contra su pueblo, se rebeló. Derrotado en una batalla en 1875, pudo proseguir su guerra porque una asonada militar amenazaba al gobernador. *Cajeme*, además de recurrir entonces a la amplia democracia de las asambleas, que poseían una autoridad superior a la suya, vigorizó también las tradicionales formas de gobierno y de impartir justicia de yaquis y mayos. Para sostener la guerra estableció un amplio sistema administrativo que incluía la recaudación de impuestos, especialmente entre los comerciantes que empleaban el río o transitaban por la zona bajo su dominio. Hizo explotar las salinas del litoral y cobraba en efectivo

el rescate del ganado que sus bien armadas tropas tomaban de las haciendas. Después de un decenio de real independencia indígena, que de hecho llegó a ser aceptada por las autoridades sonorenses, un grupo de blancos intentó matar a *Cajeme*. Al no encontrarlo vejaron a su familia e incendiaron su casa. Los indios, que hasta entonces se habían mantenido dentro de lo que era su territorio, rompieron las hostilidades. Dos años después cayó *Cajeme*, ejecutado en un caserío de la desembocadura del Yaqui, pero la rebeldía continuó durante cuatro decenios.

CAJÉN, DOMINGO ◆ n. en España y m. en Tepic, Nay. (?-1860). Aventurero que operó en Durango con la banda de los Tulises. Los conservadores, a cambio de su apoyo, lo designaron gobernador de esa entidad, cargo que ocupó en dos ocasiones en 1860, ambas por pocos días. Repudiado por sus compañeros de armas huyó para entregarse a los liberales. Fue fusilado.

CAJIGA ESTRADA, GERARDO ◆ n. en el DF (1968). Licenciado en economía por el ITAM (1988-1991). Secretario Técnico del gobernador de Oaxaca (1992). Secretario técnico del presidente del CEN del PRI (1993). Miembro de la Asamblea General, secretario particular del director general y director de Afiliación y Cobranza (1996) del IMSS y oficial mayor de la Secretaría de Gobernación desde mayo de 1999. Premio Nacional de la Juventud 1988. Premio Nacional de Ensayo Político 1989. Coautor de los libros *Sucesión Presidencial y Transición Democrática* (1993) y *Pobreza* (1994).

CAJITITLÁN ◆ Laguna de Jalisco situada al sur de Guadalajara y al norte del lago de Chapala, junto a la población del mismo nombre, en el municipio de Tlajomulco.

CAJONES, CAJONOS O CAXONOS ◆ Río de Oaxaca que nace en la sierra de Juárez, corre hacia el norte hasta convertirse en el río Playa Vicente, el que en los límites con Veracruz se une al río Chiquito para formar el Tesechoacán, afluente del Papaloapan.

CAL Y BRACHO, ANTONIO ◆ n. en España y m. en Puebla, Pue. (?-1833). Llegó a México en 1795 y estableció su residencia en Puebla, donde fue boticario mayor del Hospital de San Pedro y creó el jardín botánico abierto en 1820.

CAL Y MAYOR GURRÍA, RAFAEL ◆ n. en San Nicolás, Chis., y m. en el DF (1892-1942). Participó en la Revolución y llegó al generalato. Se unió a la rebelión de Agua Prieta en 1920. Fue diputado y jefe de policía de la capital del país.

CAL Y MAYOR GUTIÉRREZ, IGNACIO MOISÉS ◆ n. en Tuxtla Gutiérrez, Chis. (1927). Licenciado en derecho por la UNAM (1946-50). Miembro del PRI desde 1942. Ha sido actuario del Juzgado de Distrito en Tuxtla Gutiérrez (1955), segundo y primer secretario del Juzgado de Distrito en Tapachula, Juzgado Segundo de Distrito en Materia Penal en el DF y Juzgado de Distrito en Acapulco (1956-60), juez de distrito en Saltillo (1961-67) y magistrado en Saltillo, Torreón y Veracruz; en la Suprema Corte de Justicia ha sido Secretario de Estudio y Cuenta (1960-61), magistrado en el Segundo Tribunal Colegiado del Primer Circuito en Materia Civil, decano de los magistrados de circuito y ministro (1991-).

CALABOZO ◆ Río que sirve de límite entre Hidalgo y Veracruz. Nace en las estribaciones de la sierra Madre Oriental, corre hacia el norte y noroeste hasta unirse al río del Hule, cerca de Platón Sánchez, para formar el Tempoal.

CALAKMUL ◆ Municipio de Campeche situado en el sureste de la entidad. Fue creado el 31 de diciembre de 1996. Superficie: 13,839.11 km^2. Habitantes: 18,902. La cabecera es Xpujil. Su erección, el primero de enero de 1997, revivió una añeja disputa por una porción de 4,800 kilómetros que Quintana Roo reclama, controversia que aún persiste. En un área de 30 kilómetros cuadrados, desde la década de los ochenta se descubrieron al menos seis mil edificaciones prehispánicas de una ciudad maya perdida hasta entonces y que podría

Calaveras de azúcar, deliciosa y burlona tradición del Día de Muertos en México

haber abarcado más de 70 kilómetros, lo que ha despertado gran interés científico y turístico en la zona.

CALAMAHUÉ O CALAMAJUÉ ◆ Bahía de Baja California situada en el golfo de California, al sur de la bahía San Luis Gonzaga. Desemboca en ella el arroyo del mismo nombre.

CALATAYUD, JUAN JOSÉ ◆ n. en Córdoba, Ver. (1936). Pianista de jazz con formación clásica. Comenzó sus estudios en su ciudad natal y los completó en el Conservatorio Nacional de Música. Empezó como jazzista tocando en diversos cafés en 1965. Fundó el conjunto 3.1416 y otros grupos del género de jazz. Ha compuesto música incidental para teatro y danza y aparece como solista en distintas orquestas sinfónicas. Ha grabado 10 discos de larga duración y tres discos compactos.

CALAVERAS ◆ Los aztecas empleaban los cráneos humanos, se supone que de sus enemigos, como objetos litúrgicos en el culto a Coatlicue. El *tzompantli*, artefacto semejante a un ábaco en el que las calaveras estaban ensartadas como cuentas, se hallaba en la plaza mayor y debió tener una función ritual, muy ajena al deseo de inspirar temor, pues los pueblos prehispánicos no concebían la existencia de un infierno a la manera cristiana. Durante la colonia, pese a la prohibición que pesaba sobre los ritos considerados paganos, sobrevivió el culto a los muertos y adquirieron legitimidad sus expresiones festivas, sobre todo en el Altiplano, donde se elaboran esqueletos de cartón desde fecha imprecisable. Asimismo, parece corresponder a una tradición oral la hechura de epitafios en verso, en los cuales se da por muerto a un personaje o cosa, se dice por qué murió y en ocasiones se cuenta cómo le fue después de que supuestamente terminó su vida en la tierra. Tales epitafios, lo mismo que las caricaturas (descarnadas, huesudas, cadavéricas) de los mismos personajes, reciben el nombre de *calaveras*. En esa tradición destaca la monja jerónima conocida como la Madre Matiana del Espíritu Santo, quien vivió hacia fines del siglo XVI y principios del XVII, a la que se atribuyen *profecías* o epitafios que se transmitieron de boca en boca. La censura colonial impidió la libre circulación de calaveras en la prensa. Las más antiguas de que se tiene conocimiento aparecieron en *El Socialista*, periódico de Guadalajara que editaba en 1849 el médico italiano José Indelicato, quien publicó de un órgano conservador:

*Los solos que lo leyeron
fueron sus redactores;
ni tuvo más subscriptores
que aquellos que lo escribieron
Y en medio de tanta gana
de escribir y de gastar,
murió cual muere un juglar
hijo de una cortesana*

Por la misma época, en los últimos días de noviembre de cada año, circulaba en Guadalajara el periódico llamado *La Madre Matiana*, mismo que después se editó en la capital de la República y fue célebre por ofrecer exclusivamente *calaveras* en las que satirizaba a los personajes del momento, sobre todo a los políticos prominentes. La tradición de representar a la muerte dejó de ser propia sólo de una época del año. Manilla y Posada, grabadores que trabajaban para la prensa popular de la época, ilustraban los acontecimientos con figuras humanas descarnadas. Sin embargo, lo que ha persistido son los periódicos de consumo popular que circulan inmediatamente antes del día de los muertos, como los elaborados desde hace varias décadas por el Taller de Gráfica Popular, que para esa ocasión cuenta con el con-

Juan José Calatayud

La calavera catrina

curso de escritores hábiles para versificar. Las calaveras de azúcar, decoradas con filigrana del mismo material y a veces con algunos toques de pintura, son para regalar y llevan el nombre del agasajado, que así puede comerse a la muerte y demostrar que no le teme. Otra costumbre es que los niños salgan a la calle, en el día de Muertos, a pedir su *calavera*, un donativo que quizá tenga relación con el que piden los chamacos en los países anglosajones en la noche de brujas o *Halloween*.

CALAVERAS, TRÍO ◆ Agrupación musical integrada por Raúl Prado (1914-1989), Miguel Bermejo (1913-1996) y Pepe Saldívar (?-1975). Es el trío más antiguo de México. Se iniciaron profesionalmente en 1937 en el cine Máximo al lado de Roberto Soto, Lucha Reyes, Emilio Tuero y la orquesta de Luis Alcaraz. Participaron en más de 20 películas acompañando a Jorge Negrete. Sus giras artísticas los han llevado por América, Europa, África y Medio Oriente. Han

FOTO: MICHAEL CALDERWOOD

Mezcla muy mexicana: la música popular y la muerte, a través de estas figuras de mariachis-calaveras

grabado 40 discos en México, Venezuela, Argentina y España, entre ellos, *La malagueña, Dos arbolitos, Flor Silvestre, Flor de azalea* y *Rancho alegre*. Recibieron el trofeo Águila Dorada.

CALCAHUALCO ◆ Municipio de Veracruz situado al norte de Orizaba y contiguo a Huatusco, en los límites con Puebla. Superficie: 164.51 km² Habitantes: 10,556, de los cuales 2,267 forman la población económicamente activa. Hablan alguna lengua indígena 44 personas mayores de cinco años (náhuatl 42).

CALCÁNEO BECERRA, ANGELITA ◆ n. en Villahermosa, Tab. y m. en el DF (1902-1996). Estudió en el Conservatorio Nacional con Manuel M. Ponce. Difusora con Esperanza Pulido de la nueva música mexicana, sobre la cual investigó y descubrió autores. En 1948, a la muerte de Ponce, fundó la Asociación Musical Manuel M. Ponce que año con año efectúa una temporada conmemorativa en el Palacio de Bellas Artes.

CALCÁNEO DÍAZ, ANDRÉS ◆ n. en Frontera y m. en San Juan Bautista, hoy Villahermosa, Tab. (1874-1914). Licenciado en derecho y poeta. Editó con Mestre Ghiliazza la *Revista de Tabasco* (1906), de oposición al gobernador porfirista Abraham Bandala, por lo que estuvo en prisión nueve meses, acusado de promover un motín. Al triunfo made-

rista fue diputado local y luego miembro del Congreso que redactó y aprobó la Constitución tabasqueña de 1914. Fue secretario de Gobierno de los mandatarios huertistas de la entidad, Agustín A. Valdés y Alberto Yarza Gutiérrez (1913-14). Fue fusilado por los carrancistas sin formación de causa. Publicó en 1908 su obra *Covadonga* y póstumamente apareció el libro *Algunos versos* (1923).

CALDER, ALEXANDER ◆ n. y m. en EUA (1898-1976). Escultor. Realizó, mediante varillas y placas de metal, articuladas y pintadas, diversos *móviles* (desde 1923) y luego derivó hacia lo que llamó *stábiles* (a partir de 1943), piezas grandes y fijas, en blanco y negro. Autor de *El sol rojo* (1968), escultura de acero que se halla en la explanada del estadio Azteca.

CALDERÓN, ALTAGRACIA *LA CABRA* ◆ n. en Teziutlán y m. en Puebla, Pue. (¿1831-1910?). Combatió en la guerrilla del general Mauricio Ruiz contra los franceses hasta que, en la capitulación de Papantla, cayó prisionera. Fue liberada en 1867 cuando Díaz tomó Puebla. Participó en el alzamiento del Plan de la Noria y tomó parte en varios combates.

CALDERÓN, BERNARDO ◆ m. en la Cd. de México (?-¿1640?). Impresor. Los primeros trabajos que llevan su nombre son de 1631. Se le supone discípulo de la segunda generación de

FOTO: CARLOS HAHN

La calaca en Metepec durante la celebración del Día de Muertos

impresores. Fundó una dinastía que tuvo la mejor época al heredar el negocio su mujer, Micaela de Benavides, conocida simplemente como la viuda de Calderón. González Obregón dice que quien manejaba la imprenta era el bachiller Antonio, hijo de ambos, aunque en pocos trabajos figuró su nombre.

CALDERÓN, CELIA ◆ n. y m. en el DF (1921-1967). Grabadora y pintora. Estudió en la Academia de San Carlos y en la Escuela de Artes del Libro. Perteneció al Taller de Gráfica Popular y a la Sociedad para el Impulso de las Artes Plásticas (1942). Fue cofundadora de la Sociedad Mexicana de Grabadores (1947). Presentó su primera exposición individual en el Palacio de Bellas Artes en 1951. Perfeccionó sus conocimientos de grabado en Londres, becada por el INBA y el Consejo Británico (1951-52).

CALDERÓN, GERMAINE ◆ n. en el DF (1950). Escritora. Licenciada en letras hispánicas por la UNAM, de cuya Escuela para Extranjeros es profesora. Ha colaborado en las revistas *Manatí, Tercera Imagen* y *Mundo Nuevo*, en el diario *El Heraldo de México* y en *Sábado*, suplemento de *unomásuno*. Autora de los poemarios *Nuevo decálogo* (1974), *De espaldas* (1975) y *En el pulgar del viento* (1975), del ensayo *El universo poético de Rosario Castellanos* (1980) y de la obra de teatro *En voz alta* (1981). En 1972 ganó el Premio León Felipe de poesía.

CALDERÓN, ISAAC ◆ n. en Numarán, Mich., y m. en Salvatierra, Gto. (1860-1915). Músico. Estudió en Querétaro. Era admirado por su percepción. Dirigió la Banda de la Gendarmería Montada de la capital, para la que hizo adaptaciones de *La Pastoral* y otras composiciones sinfónicas. Cuando las fuerzas de la Convención tomaron la ciudad de México, el general Villa la incorporó a sus ejércitos y en ellos los músicos debieron tomar las armas en más de una ocasión. Antes de morir fusilado, Calderón compuso *Las tres pelonas*, en honor de otras tantas hijas de Villa que fueron rapadas. Autor de la obertura *Patria*.

CALDERÓN, JOSÉ MARÍA TOMÁS ◆

n. y m. en Puebla, Pue. (1780-1834). Militar realista. Se adhirió al Plan de Iguala. En Puebla fue gobernador interino (1823) y luego constitucional (1825-1828). Diputado constituyente (1824). Al morir era general de división.

CALDERÓN, LUIS ◆ n. en Puebla, Pue., y m. en la Cd. de México (1834-1894). Abogado y escritor. Reformó los códigos de Veracruz. Autor de una *Monografía del estado de Puebla*, de poesías y de las novelas *Memorias de ultratumba* y *Los novios*.

CALDERÓN, PACO ◆ n. en el DF (1959). Caricaturista. Estudió comunicación en la UIA (1981-) y en el Jesus College de la Universidad de Cambridge, Inglaterra. Se inició profesionalmente en *El Heraldo* (1977-92). Es cartonista de *El Norte*, de Monterrey (1983), *Reforma*, de la ciudad de México (1993), y *Mural*, de Guadalajara (1998-). Fue el primer mexicano en hacer cartón político animado por computadora para televisión (1988). Hizo un folleto de propaganda para la campaña de Manuel J. Clouthier a la Presidencia de la República (1988). Se han hecho cinco libros con sus cartones. Conduce con Jaime Almeida el programa radiofónico *Con el pie derecho* y colabora con sus cartones en el noticiero Hechos, de TV Azteca.

CALDERÓN DE LA BARCA, ÁNGEL ◆ n. en Argentina y m. en España (1790-1861). Fue el primer representante diplomático de España en México con título de enviado extraordinario y ministro plenipotenciario (diciembre de 1839 a enero de 1842). Escritor, se relacionó con la intelectualidad de la época y promovió la fundación del Ateneo Mexicano (1840). Su esposa, con quien se casó en Estados Unidos, fue la célebre Marquesa Calderón de la Barca.

CALDERÓN DE LA BARCA, FRANCES ERSKINE INGLIS, MARQUESA DE ◆ n. en Escocia y m. en España (1804-1882). Esposa del primer representante diplomático de España en el México independiente, con quien llegó en diciembre de 1839 para permanecer aquí hasta enero de 1842. Con la correspondencia sostenida por ella con su

familia se formó el libro *La vida en México durante una residencia de dos años en ese país*, en el cual describe con minuciosidad hechos, personajes, modas, pasiones y costumbres del México de la época. La obra muestra también la evolución sufrida por las ideas y los sentimientos de la autora hacia el país y su gente. A su regreso a Estados Unidos abandonó el protestantismo y abrazó la religión católica. Al quedar viuda se recluyó en un convento, del que salió poco después para dedicarse a servir a la familia real española. En 1876 el monarca Alfonso XII le otorgó el título de marquesa de Calderón de la Barca.

Paco Calderón

CALDERÓN DE LA BARCA GALINDO, MANUEL ◆ n. en la Cd. de México (1924). Licenciado en economía por la UNAM (1956-60), donde fue profesor (1962-63). Miembro del PRI. Ha sido gerente de Finanzas de la CFE (1968-70), director adjunto de Nafinsa (1970-74); director general de Finanzas y gerente de Transacciones Financieras (1976) y subdirector financiero de Sicartsa (1977); coordinador general del Programa Nacional de Desarrollo de Franjas Fronterizas y Zonas Libres de la SPP (1979); subdirector de Finanzas de la Comisión Nacional de la Industria Azucarera (1980-81), director general de Productos Químicos Vegetales Mexicanos (1982), director general corporativo del Banco Regional del Norte (1982-85) y del Banco Monterrey (1983-85); contralor interno de la Secretaría de Hacienda (1985-86) y director general de Banpaís (1986-). Pertenece al Colegio Nacional de Economistas.

CALDERÓN Y BELTRÁN, FERNANDO ◆ n. en Guadalajara, Jal., y m. en Villa de Ojocaliente, Zac. (1809-1845). Político liberal y dramaturgo. Se le considera iniciador del romanticismo mexicano junto con Ignacio Rodríguez Galván. A los 18 años vio representar una obra suya en Guadalajara, donde perteneció a la sociedad literaria "La Estrella Polar". Llegó a la Ciudad. de México en 1837 y se relacionó con escritores de la Academia de Letrán. *A ninguna de las tres* es su obra más conocida por el público de hoy, pues continúa representándose. Con prólogo de Manuel Payno publicó Ignacio Cumplido sus *Obras poéticas* en 1844. El resto de su producción se imprimió póstumamente: en 1854 se editaron sus piezas dramáticas *A ninguna de las tres*, *Ana Bolena* y *Hernán o la vuelta del cruzado*; *El torneo* apareció en 1865 y sus *Poesías líricas* y *Obras completas* en 1882.

CALDERÓN DE BENAVIDES, ANTONIO ◆ n. y m. en la Cd. de México (1630-1668). Sacerdote. Bachiller por la Universidad de México, de la que fue consiliario y profesor. Trabajó en la imprenta que fuera de su padre, Bernardo Calderón.

CALDERÓN CECILIO, CARLOS RUBÉN ◆ n. en Peto, Yuc. (1943). Profesor titulado en la Escuela Normal Rural Gregorio Torres Quintero (1961-64) posgraduado en la Escuela Normal Superior de México (1972-77), de la que fue investigador (1972-77). Desde 1960 pertenece al PRI. Ha sido presidente municipal de Peto (1970), diputado a la Legislatura de Yucatán (1971-74), secretario de acción educativa (1976) y secretario general de la Liga de Comunidades Agrarias y Sindicatos Campesinos de Yucatán (1977), secretario de acción y colonización ejidal (1978) y diputado federal en tres ocasiones (1976-79, 1982-85 y 1988-91).

CALDERÓN HERNÁNDEZ, MARIO ◆ n. en Timbinal, Gto. (1951). Escritor. Licenciado en lengua y literatura hispánicas por la UNAM. Es profesor del Colegio de Bachilleres. Fue becario del INBA-Fonapas (1982-83). Ha colaborado en las revistas *La Adivinanza* y *Plural*. Coautor de los libros de poesía *Espejo de insolación* (1981) y *19 grados bajo cero y van dos* (1980). Autor de cuento: *Si te llamaras Federico* (1979); y de los poemarios *Después del sueño* (1976), *Viaje a la otra parte del mundo* (1979) y *Lascas y poemas* (1984).

CALDERÓN HINOJOSA, FELIPE DE JESÚS ◆ n. en Morelia, Mich. (1962). Hijo de Luis Calderón Vega. Licenciado en derecho por la Escuela Libre de Derecho (1980-85). Fue abogado del Mul-

Felipe Calderón Hinojosa

tibanco Comermex (1982-88). Milita en el PAN desde 1980, en el cual ha sido consejero nacional (1984), secretario nacional juvenil (1987-89), miembro del comité ejecutivo nacional y del comité del DF (1987-90), delegado ante la Comisión Federal Electoral (1989-91), secretario de Estudios Nacionales (1991) y presidente del comité nacional (1996-99). Durante su presidencia, el PAN ganó las gubernaturas de Nuevo León, Querétaro, Baja California y Aguascalientes y perdió la de Chihuahua. Miembro de la Asamblea de Representantes del Distrito Federal (1988-91) y diputado federal plurinominal para el periodo 1991-94.

CALDERÓN HINOJOSA, JUAN LUIS ◆ n. en Morelia (1961). Hijo de Luis Calderón Vega. Ingeniero civil por la Universidad Michoacana de San Nicolás de Hidalgo (1978-83). Pertenece al PAN desde 1979, partido en el que ha sido secretario juvenil (1980-82) y secretario de organización (1982-93) en Michoacán. Regidor del ayuntamiento de Morelia (1987-89). Diputado federal (1991-94).

CALDERÓN HINOJOSA, LUISA MARÍA GUADALUPE ◆ n. en el DF (1956). Hija de Luis Calderón Vega. Licenciada en psicología por el Instituto Tecnológico de Estudios Superiores de Occidente (1976-81). Profesora del Instituto Valladolid, del Centro de Estudios Vasco de Quiroga y de la Universidad Michoacana de San Nicolás de Hidalgo. Fue terapeuta del Instituto de Atención de Menores con Problemas de Adaptación (1976-78) y psicóloga de los Centros de Integración Juvenil de Jalisco (1978-81). Milita en el PAN desde 1974. En ese partido fue secretaria de capacitación y estudios del comité michoacano (1982-86) e integrante del consejo nacional (1987-). Ha sido diputada a la Legislatura de Michoacán (1983-86) y diputada federal (1988-91).

CALDERÓN LARA *EL CHARRAS*, EFRAÍN ◆ n. en Mérida, Yuc. (1947-1974). Estudió la licenciatura en derecho. Era asesor del Frente Sindical Independiente cuando lo secuestraron.

Fue torturado hasta la muerte y su cadáver fue hallado en la carretera entre Chetumal y Felipe Carrillo Puerto, Quintana Roo. Los asesinos, ocho policías yucatecos, fueron detenidos y consignados días después del crimen. Confesaron que una empresa constructora, cuyo sindicato asesoraba Calderón Lara, les pagó por "sustraer del ambiente" al litigante.

CALDERÓN PUIG, EMILIO ◆ n. en Frontera, Tab., y m. en el DF (1912-1986). Diplomático. Ingresó en el servicio exterior en 1934. Embajador de México en EUA (1940-41), Guatemala (1943), Inglaterra (1945-47), Bélgica (1965-71), Portugal (1971-73), Yugoslavia (1976-77), Panamá (1979), Rumania (1979-80) y Argentina (1980-86). Fue subsecretario de Relaciones Exteriores (1964-65).

CALDERÓN ROMERO, FRANCISCO ◆ n. en España y m. en Guadalajara, Jal. (?-1672). Fue presidente de la Audiencia de Guadalajara y en esa función prohibió que se marcara a los indios en la frente y construyó el puente que llevó su nombre, donde se libró en enero de 1811 una batalla entre insurgentes y realistas.

CALDERÓN SALAZAR, JORGE ALFONSO ◆ n. en La Cruz, Sin. (1949). Licenciado en economía por la UNAM (1966-70) y diplomado en ciencias sociales por la Escuela de Altos Estudios en Ciencias Sociales, Francia. Profesor de la UNAM y de la Universidad Autónoma de Chihuahua. Pertenece al PRD desde 1989. Diputado federal (1991-94). Ha publicado *Dinámica y economía social de México* (1974), *Ensayos sobre imperialismo y socialismo* (1983), *Estado, reforma agraria y autogestión campesina* (1985), *Agricultura, industrialización y autogestión campesina* (1986), *La cuestión económica en las organizaciones autogestivas* (coautor, 1990), *Reforma agraria y colectivización ejidal en México* (1990), *México, crisis y dependencia* (1990) y *Reforma agraria, alimentación y desarrollo agroindustrial* (1991). Premio de economía agrícola 1985 de la UNAM. Premio Nacional de Ciencias Sociales 1986 de la UACH.

CALDERÓN TINOCO, ROBERTO ◆ n. en Uruapan, Mich. (1946). Fue dirigente de la Unión Nacional Sinarquista en Michoacán. Desde 1971 perteneció al Partido Demócrata Mexicano, del que fue secretario juvenil (1972), presidente del comité nacional (1975) y miembro de la consultoría nacional. Oficial mayor del municipio de Uruapan (1969-71) y diputado federal plurinominal (1985-88).

CALDERÓN VEGA, LUIS ◆ n. y m. en Morelia, Mich. (?-1989). Abogado. Expulsado del Colegio de San Nicolás, participó en la fundación de la Escuela Libre de Derecho de Michoacán y más tarde, cuando el gobierno michoacano clausuró esa institución, se trasladó a la ciudad de México, donde estudió en la Escuela Nacional de Jurisprudencia. Dirigió las revistas *Vértice* y *Proa*, y fue presidente de la Unión Nacional de Estudiantes Católicos durante la huelga universitaria de 1933 (☛). Participó en la fundación del Partido Acción Nacional (1939), a cuyos consejos nacional y ejecutivo nacional perteneció. Fue diputado federal de ese partido a la LI Legislatura (1979-82). Colaboró en *Excélsior*.

CALDERÓN VELARDE, ALFONSO GENARO ◆ n. en Calabacillas, Chih., y m. en San José de Gracia, Sin. (1913-1990). Miembro del PRI desde 1936. Trabajó como electricista en la United Sugar Company de Los Mochis. Fue secretario del comité ejecutivo de la sección 53 de la Unión Mexicana de Mecánicos y Similares de la República Mexicana (1932), secretario general de la Unión de Obreros y Campesinos del Norte de Sinaloa (1934); fundador (1937), secretario general de la sección 12 (1937-43), jefe de los servicios médicos (1943) y secretario de conflictos del Sindicato de Trabajadores de la Industria Azucarera y Similares (1943-45); diputado federal en dos ocasiones (1946-49 y 1967-70); secretario de promoción y organización sindical (1967-74) y secretario general sustituto de la CTM (1980-90); presidente municipal de Ahome (1962-65), secretario general de la Federación de Trabajadores de

Sinaloa (1966-74), senador de la República (1970-74), gobernador de Sinaloa (1974-80) y subsecretario de Fomento Pesquero de la Secretaría de Pesca (1982-85).

CALDERS, PERE ◆ n. y m. en España (1913-1994). Escritor. Vino en 1939, al término de la guerra civil, en la que combatió dentro del bando republicano. En México vivió durante 22 años (1939-62). Es autor del libro de cuentos *Crónicas de la verdad* (1955).

CALENDARIOS ◆ Las culturas del México prehispánico disponían de una medición del tiempo más exacta que la europea. Los mayas tenían dos calendarios: el civil de 18 meses con 20 días cada uno y cinco días "aciagos" y el calendario sagrado de 260 días, repartidos en 13 meses también de 20 días. Tenían además registro del ciclo solar del planeta Venus, de 584 días, el que representaba a Kukulkán. El calendario civil y el religioso coincidían cada 52 años y los tres sistemas calendáricos cada 104. Los aztecas, siguiendo a los mayas, tenían un calendario anual con 18 meses de 20 días cada uno a los que agregaban al final cinco de mal agüero en que, a semejanza del sábado judío, no se debía realizar más tarea que la religiosa. Se dice que para ajustar el calendario con el año solar los sabios mexicas introdujeron un día más cada cuatro años. Los "siglos" aztecas eran de 52 años. Los calendarios prehispánicos contenían la medición del tiempo, las celebraciones y datos relacionados con la agricultura. Se conservan calendarios de esa época, el más famoso de los cuales es el Azteca, llamado también Piedra del Sol. Los hay asimismo pintados sobre piel o papel amate. Al llegar los conquistadores todavía se empleaba en Europa el calendario juliano, llamado así porque Julio César lo implantó en el año 45 a.n.e., al modificar el ciclo de 12 meses de 30 días que había establecido Numa Pompilio. En 1582 el retraso en el conteo respecto de los ciclos solares era de casi diez días, por lo que el papa Gregorio XIII ordenó considerar el 5 de octubre como día 15 del mismo mes y dispuso

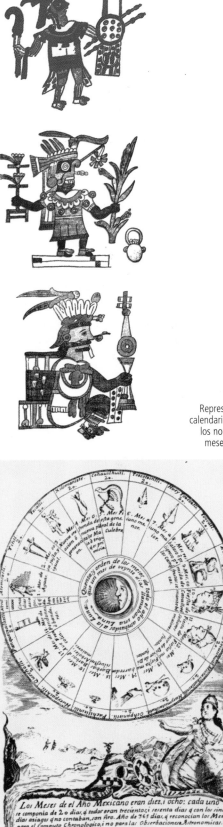

Representación del calendario azteca con los nombres de los meses en náhuatl

eliminar tres de cada cuatro años bisiestos seculares. Ese calendario, empleado actualmente en todo el mundo, fue adoptado por España, que lo impuso en sus posesiones. No se conocen calendarios editados durante el virreinato. Puede ser que la rígida censura, la carestía y escasez del papel impidieran su publicación. En 1826 se inició la publicación del *Calendario de Galván*, luego llamado *Calendario del más antiguo Galván*, a fin de distinguirlo de otras publicaciones que ostentaban un nombre parecido. También de Galván fue el *Calendario de las Señoritas Megicanas*, hoy pieza codiciada por los bibliófilos por la calidad de su impresión y sus ilustraciones, que se publicó entre 1838 y 1843. Hubo muchos otros de carácter político como el *Calendario de la Democracia*, el de *Pedro Urdimalas* (contra Santa Anna) o el *Calendario Histórico de Maximiliano*, publicado poco después de la muerte del austriaco y donde se intenta una cuidadosa defensa del imperio, insertando las cartas en que Víctor Hugo y Garibaldi pedían el indulto para el Habsburgo. En el siglo XX se popularizaron los almanaques llamados americanos, de pared, con una gran ilustración bajo la cual se anuncian firmas comerciales y, colgadas, las hojas con los meses del año. Es de consignarse que tales calendarios, al servir a la decoración doméstica, dieron oportunidad a que algunos pintores crearan una obra original y extraordinariamente difundida, como es el caso de Jesús Helguera.

CALERA ◆ Municipio de Zacatecas situado entre Fresnillo y la capital del estado. Superficie: 346.86 km². Habitantes: 27,454, de los cuales 5,665 forman la población económicamente activa. Hablan alguna lengua indígena 21 personas mayores de cinco años.

CALERO QUINTANA, VICENTE ◆ n. y m. en Mérida, Yuc. (1817-1853). Fue diputado al Congreso de la Unión. Ejerció el periodismo en la península y en la capital. Cofundador de *El Registro Yucateco*, *El Museo Yucateco* y *El Mosaico*. Fue uno de los redactores del *Diccionario universal de historia y geografía* dirigido por Orozco y Berra.

CALERO Y SIERRA, MANUEL ◆ n. en Paso del Toro y m. en Veracruz, Ver. (1868-1929). Diputado porfirista. Ministro de Fomento y luego de Justicia en el gabinete de Francisco León de la Barra (1911) y de Relaciones Exteriores con Madero (1911-12). Embajador en Washington (1912-13). Era miembro del Senado al disolver Victoriano Huerta este cuerpo. Escribió *Cuestiones electorales* (1908) y *Un decenio de política mexicana* (1920).

CALIFORNIA ◆ Estado de la llamada Unión Americana situado en la costa del Pacífico. Su extensión es de 411,015 km². Conocido como Alta California, perteneció a México hasta 1847, cuando Estados Unidos se apoderó de él mediante la fuerza de las armas. La fundación de las principales ciudades (Los Ángeles, San Francisco, San Diego y Sacramento, la capital) data del virreinato. En San Diego se hallaba la sede de la diócesis de ambas Californias, creada en 1836. Después de los tratados de 1848, México rechazó la autoridad religiosa del obispo de San Diego, por lo cual se creó el vicariato de Tijuana, hoy obispado.

CALIFORNIA ◆ Golfo del océano Pacífico situado entre la península de Baja California y las costas de Sonora y norte de Sinaloa. Se le ha conocido con diversos nombres: mar Rojo, Bermejo,

FOTO: FONDO EDITORIAL DE GRUPO AZABACHE

Calimaya, Estado de México

golfo Arábigo, seno Lauretano y, sobre todo, mar de Cortés, que todavía se usa. Tiene casi 1,200 km de largo por una anchura que va de 90 a casi 200 km. Su profundidad menor es de unos 500 metros, en el norte, y la máxima, en la boca, llega a los 3,000 metros. Yaqui, Mayo y Fuerte son algunos de los ríos que desembocan en este golfo, donde se hallan, entre otros, los puertos de Mazatlán, Guaymas y La Paz. De las islas del golfo, Ángel de la Guarda y Tiburón son las mayores. México ha luchado porque todos los países respeten la fauna que año con año arriba a las aguas del golfo con fines de reproducción.

CALIHUALA ◆ Municipio de Oaxaca situado en la región de la Mixteca, cerca de los límites con Guerrero, al suroeste de Huajuapan de León. Superficie: 132.69 km². Habitantes: 1,298, de los cuales 273 forman la población económicamente activa. Hablan mixteco 327 personas mayores de cinco años. Indígenas monolingües: 100. Destaca por su producción de mezcal y de tejidos, muy apreciados en la región.

CALIMAYA ◆ Municipio del Estado de México situado cerca de la capital de la entidad. Se halla en las faldas del Nevado de Toluca. Superficie: 228.61 km². Habitantes: 31,902, de los cuales 6,697 forman la población económicamente activa. Hablan alguna lengua indígena 31 personas mayores de cinco años (otomí 16 y mazahua 15). La cabecera, Calimaya de Díaz González, se fundó en 1558 y el municipio fue erigido en 1824.

CALKINÍ ◆ Municipio de Campeche situado en el extremo norte de la entidad, en los límites con Yucatán. Superficie: 1,966.57 km². Habitantes: 43,799, de los cuales 10,562 forman la población económicamente activa. Hablan alguna lengua indígena 24,977 personas (maya 24,977). Los indígenas monolingües son: 2,436.

CALLEJA GARCÍA, JUAN MOISÉS ◆ n. en la Cd. de México (1918). Licenciado en derecho por la UNAM,

donde ha sido profesor. Miembro del PRI, partido al que representó en la Comisión Federal Electoral. Fue ministro y presidente de la cuarta sala de la Suprema Corte de Justicia de la Nación y secretario general del IMSS (1994). Diputado federal en tres ocasiones (1964-67, 1970-73 y 1985-88).

CALLEJA ORTEGA, ROBERTO ◆ n. en el DF (1950). Licenciado en periodismo y comunicación social por la UNAM (1968-73). Es miembro del PRI desde 1973. Ha sido director del programa *La hora nacional* y de la estación Radio México (1977-80), director de comunicación social del Registro Nacional de Electores (1980-82), subdirector de prensa y relaciones públicas del DDF (1982-83), jefe del departamento de difusión de Pemex (1983-84), director de Análisis y Control de la PGR (1984-88) y director general de Servicios a la Comunidad de la PJDF (1989-). En 1978 recibió el premio Calendario Azteca de Oro al mejor productor de radio.

CALLEJA DEL REY, FÉLIX MARÍA ◆ n. y m. en España (1755-1828). Militar realista. Fue enviado a Nueva España en 1789. Derrotó a las fuerzas insurgentes de Hidalgo y de Morelos haciendo gala de crueldad. Conspiró contra el virrey Venegas hasta ocupar su cargo, en el que permaneció entre 1813 y 1816. Regresó a España en septiembre de 1816. En 1812 había publicado dos poemas cívicos en el *Diario de México*, "interesantes como muestras de la literatura realista" de ese periódico, señala Ruth Wold.

CALLEROS ÁVILA, JUAN DE DIOS ◆ n. en Vicente Guerrero,

Retablo de la iglesia de Calkiní, Campeche

Dgo. (1928). General de brigada diplomado de Estado Mayor. Estudió en el H. Colegio Militar (1951); es licenciado en administración militar por la Escuela Superior de Guerra (1969) y maestro en administración militar por el Colegio de la Defensa Nacional (1984). En el ejército mexicano ha sido jefe del Estado Mayor de las IV (1977), XXXIII (1978-82) y XXII zonas militares (1984), comandante de las XXXIII (1985-86) y

Retrato, firma y escudo del virrey Félix María Calleja del Rey

Foto: Michael Calderwood

Calpan, Puebla

XXXVI zonas militares (1987), y director general de el Servicio Militar Nacional (1988-).

CALLES, PLUTARCO ELÍAS ◆ ☞ *Elías Calles, Plutarco.*

CALLES LÓPEZ NEGRETE, MARIO ◆ n. en la Cd. de México (1923). Médico cirujano por la UNAM. Se especializó en pediatría en el Children's Hospital de California y en el Hospital Infantil de México. Fue subsecretario de Salubridad (1976-80) y secretario de Salubridad y Asistencia (1980-82). Autor del libro *Inmunizaciones.*

CALLES PARDO, ÁUREO LINO ◆ n. en Huimanguillo, Tab., y m. en el DF (1887-1957). Era juez municipal en Huimanguillo cuando se unió al constitucionalismo. Llegó a general de división (1942). Por designación del Senado, desaparecidos los poderes en el estado, fue gobernador interino de Tabasco del 24 de julio de 1935 al 31 de marzo de 1936. Su corta gestión estuvo dedicada principalmente a terminar con los últimos reductos del cacicazgo de Tomás Garrido Canabal. Subsecretario de la Defensa Nacional (1946-52).

CALMÉCAC ◆ Escuela predominantemente religiosa de los pueblos nahuas. En ella se preparaba a los futuros sacerdotes. Rígida y austera, era primor-

dialmente una escuela de disciplina y renunciamiento. Además de las materias específicamente religiosas se capacitaba a los educandos en otras disciplinas del campo de las humanidades (artes, historia, derecho, etc.). Para el ingreso, a partir de los 15 años de edad, tenían preferencia los hijos de las castas aristocrática y sacerdotal, aunque se daba cabida a niños procedentes de otros estratos sociales, siempre y cuando sus padres pudieran pagar la educación.

CALNALI ◆ Municipio de Hidalgo situado en el noroeste de la entidad, al sur de Huejutla. Superficie: 190.2 km². Habitantes: 16,129, de los cuales 3,896 forman la población económicamente activa. Hablan alguna lengua indígena 5,321 personas mayores de cinco años (náhuatl 5,315). Indígenas monolingües: 891.

CALOCA, LAURO G. ◆ n. en Teúl de González Ortega y m. en Zacatecas, Zac. (1884-1956). Abogado. Participó en la revolución en las fuerzas villistas y zapatistas. Fue diputado, senador y secretario de Gobierno en Puebla. Con José Vasconcelos como secretario de Educación fue uno de los creadores de la escuela rural. Dirigió los periódicos *La Voz* (1913) y *El Independiente* (1920),

ambos en Zacatecas. Autor de creación literaria: *Celajes y penumbras, El lirio de la fuente y Gotas de eternidad.*

CALOTMUL ◆ Municipio de Yucatán situado en el este de la entidad y contiguo a Tizimín. Superficie: 361.5 km². Habitantes: 3,991, de los cuales 1,020 forman la población económicamente activa. Hablan alguna lengua indígena 2,479 personas mayores de cinco años (maya 2,475). Indígenas monolingües: 146.

CALPAN ◆ Municipio de Puebla situado al oeste de la capital del estado. Superficie: 53.59 km². Habitantes: 12,625, de los cuales 2,389 forman la población económicamente activa. Hablan alguna lengua indígena 1,663 personas mayores de cinco años (náhuatl 1,648). En la cabecera se halla un convento del siglo XVI, con portada plateresca y cuatro capillas posas.

CALPULALPAN ◆ Localidad del municipio de Jilotepec, Estado de México, donde en 1860 fueron derrotadas las fuerzas de Miramón por los liberales, en la batalla que decidió la guerra de los Tres Años.

CALPULALPAN ◆ Municipio de Tlaxcala situado en el extremo oeste de la entidad, en los límites con los estados de Hidalgo, México y Puebla. Superficie: 276.2 km². Habitantes: 34,779, de los cuales 7,967 forman la población económicamente activa. Hablan alguna lengua indígena 81 personas mayores de cinco años (náhuatl 52). La cabecera, del mismo nombre, se halla a 2,580 metros sobre el nivel del mar.

CALPULALPAN DE MÉNDEZ ◆ Municipio de Oaxaca situado en el noreste del estado, al noreste de la capital de la entidad. Superficie: 19.14 km². Habitantes: 1,337, de los cuales 340 forman la población económicamente activa. Hablan alguna lengua indígena 96 personas mayores de cinco años (zapoteco 83). Se llamó San Mateo Calpulalpan. En algunos documentos oficiales se le menciona como Capulalpan.

CALPULLI ◆ Barrio del México prehispánico fundado en lazos de parentesco, amistad y afinidad. Contaba para su gobierno con un consejo (*teachcauh*). Éste se hallaba integrado por los hombres más respetables, los que generalmente ganaban tal ascendiente por sus hazañas guerreras, su experiencia, sabiduría y servicios prestados a la comunidad. De ahí que fueran personas ancianas o con la suficiente madurez como para ser aceptados por sus gobernados. El consejo estaba facultado para repartir la tierra (en usufructo, como en el caso del ejido) y asignar tareas dentro del trabajo comunal, ya fuera en beneficio del propio barrio o del gobierno central, que estaba representado por una burocracia encargada de recabar los impuestos y vigilar la oportuna ejecución de las labores en beneficio del poder principal. Cada barrio tenía deidades particulares o predilectas, a semejanza de los santos patronos del mundo católico. Asimismo, disponía de una escuela (telpochcalli), donde se instruía a los educandos en diversos oficios, especialmente en artes guerreras, pues cada ciudadano debía ser un soldado. Niños, ancianos y minusválidos tenían el sustento garantizado por la comunidad.

CALTEPEC ◆ Municipio de Puebla situado en el sur de la entidad, en los límites con Oaxaca, al sur de Tehuacán. Superficie: 473.28 km². Habitantes: 4,837, de los cuales 1,051 forman la población económicamente activa. Hablan alguna lengua indígena siete personas mayores de cinco años.

CALTZONTZIN ◆ Título que recibía el monarca tarasco.

CALVA, JOSÉ RAFAEL ◆ n. en el DF y m. en EUA (1953-1997). Escritor. Su segundo apellido era Jiménez. Estudió ciencias y técnicas de la comunicación en la Universidad Iberoamericana. Colaboró en *Tierra Adentro*, *Revista Mexicana de Cultura*, *Sábado* y *La Palabra y el Hombre*. Fue becario del INBA-Fonapas (1982-83). Escribió textos sobre música en *Pauta*. Autor del ensayo *Julián Carrillo y micro-tonalismo: la visión de Moisés* (1985), del volumen de cuentos *Variaciones y fuga sobre la clase media* (1980), de la novela *Utopía gay* (1984) y de la novela corta *El*

jinete azul (1985). Dejó inéditas las novelas autobiográficas *Genio y figura* y una nueva versión de *Utopía gay*. En 1978 ganó el Premio de Cuento de *La Palabra y el Hombre* y en 1979 el segundo lugar del Certamen "50 Años de *El Nacional*", en la rama de novela.

CALVILLO ◆ Municipio de Aguascalientes situado en los límites con Zacatecas y Jalisco. Superficie: 995.4 km². Habitantes: 51,658, de los cuales 12,886 forman la población económicamente activa. Hablan alguna lengua indígena 40 personas (huichol 25). Fue fundado como San José de Huajúcar en 1771 y

desde 1825 lleva su actual nombre para honrar a José Calvillo, su benefactor. En la jurisdicción hay balnearios de aguas termales, tres presas donde se practica la pesca deportiva, dos caídas de agua con altura superior a 50 metros y zonas aptas para la caza. Las principales fiestas religiosas son en mayo y diciembre.

CALVILLO ◆ Río de Aguascalientes y Zacatecas. Lo forman los arroyos La Labor y de Texas que bajan de la Sierra Fría por el sur, atraviesa el valle de Calvillo, entre las sierras Fría y del Laurel, entra en Zacatecas y desemboca en el Juchipila.

Buenos frutos del campo en Calvillo, Aguascalientes

CALVILLO, ANA LUISA ◆ n. en Cd. Nezahualcóyotl, municipio de Nezahualcóyotl, Estado de México. (1970). Licenciada en ciencias de la comunicación por la UNAM (1997). Directora de Educación y Cultura del municipio de Nezahualcóyotl (1998-). Ha colaborado en *La Troje* y en las publicaciones capitalinas *Generación*, *Mira* y *unomásuno*. Pertenece al taller literario Poetas en Construcción, de Ciudad Nezahualcóyotl. Está incluida en la antología de escritores necenses *Imágenes del polvo*. Autora de *José Agustín, una biografía de perfil*.

CALVILLO, MANUEL ◆ n. en San Luis Potosí, SLP (1918). Abogado y poeta. Ha sido catedrático e investigador en la UNAM y El Colegio de México. Colaboró en *Ábside, Tierra Nueva, Letras de México* y *Cuadernos Americanos*. Autor de *Estancia en la voz* (1942), *Primera vigilia terrestre* (1953) y *Libro del emigrante*, aparecido en *Revista de la Universidad* (1957) e incluido (fragmento) en *Poesía en movimiento*.

CALVILLO, TOMÁS ◆ n. en Tecate, BC (1955). Es licenciado en relaciones internacionales por El Colegio de México. Es miembro del consejo de redacción de la revista *El Zaguán* y colabora en diversas publicaciones literarias. Coautor, con Javier Sicilia, de *La revelación y los días* (1988), y autor del volumen de poesía *Reunión* (1984).

CALVILLO MADRIGAL, SALVADOR ◆ n. en Morelia, Mich. (1901). Fue colaborador de los periódicos *El Día* y *El Nacional*, cuyo suplemento dirigió. Ha escrito cuento: *Estas cosas* (1944), *La palabra ignorada* (1949), *¿Una copa conmigo?* (1951), *Adán el importante* (1952), *Pan de alegría* (1954), *El tío Sebastián* (1954) y *En familia* (1957); teatro: *Amanecer* (1945); novela: *Una rama en la hoguera* (1966); y ensayo: *La revolución que nos contaron* (1950), *Dilucidario* (1956) y *Una hora de tres minutos* (1959). Según Xorge del Campo, la película *Enamorada* se basó en su cuento *La palabra ignorada*.

CALVO, ARMANDO ◆ n. en Puerto Rico y m. en el DF (1919-1996). Actor.

Armando Calvo

Vivió en Madrid y adquirió la nacionalidad española. Se inició profesionalmente a los cinco años en *Barro pecador*. Llegó a México en 1944. Aquí trabajó en más de 150 obras teatrales y 120 películas. Formó parte de la compañía de María Tereza Montoya en obras como *El gran galeote* y *Don Juan Tenorio*. Su papel estelar en la película *La mujer de todos* (1946), le valió un gran reconocimiento. Pionero del video en México, trabajó en el Canal 4 de Televicentro. Autor de *Para ti, joven actor* (1990). Recibió la Medalla Eduardo Arozamena de la ANDA por sus 50 años como actor (1986) y el premio de la Asociación Mexicana de Críticos de Teatro como mejor actor de comedia en *Crónica de una suegra* (1988).

CALVO, CARLOS ◆ n. en Argentina y m. ¿en Francia? (1824-1906). Jurista. Se solidarizó con la causa mexicana durante la invasión francesa. Envió a Juárez un ejemplar de su *Tratado de derecho internacional teórico y práctico de Europa y América Latina* (5 t., 1868). Autor de *Anales históricos de la revolución en América Latina* (6 t., 1864-71).

CALVO, JOSÉ JOAQUÍN ◆ n. en España y m. en Chihuahua, Chih. (1798-1838). Militar de carrera. Llegó a Nueva España en 1816. Se adhirió al Plan de Iguala en 1821. Se retiró del servicio en 1828 y trabajó dos haciendas de su propiedad en Chihuahua. Fue llamado a filas en 1831. En septiembre de 1834 asumió la gubernatura en esa entidad, la que gobernó hasta su muerte.

CALVO, MANOLO ◆ n. en España y m. en el DF (1927-1987). Actor. Su nombre completo era Manuel Calvo Lespier. Llegó a México cuando tenía 18 años. Dirigió representaciones teatrales en televisión (*Estudio K, Puerta al suspenso, La novela semanal*). Intervino como actor en la serie *Teatro familiar*. Participó en películas (*La vorágine, Lo que le pasó a Sansón, Las rosas del milagro* y otras). Durante casi 20 años hizo el Don Juan en la representación del Tenorio y a Jesús en la Pasión que se escenificaba en el ex Convento de Churubusco.

CALVO ADAME, EFRÉN PATRICIO ◆

n. en el DF (1952). Licenciado en relaciones comerciales por el IPN (1970-73) y doctor en administración comercial por la Universidad de Boconi, Italia. Profesor e investigador de la Escuela Superior de Comercio y Administración del IPN (1978-79). Es miembro del PRI desde 1973. Ha sido consejero comercial de México en el Caribe (1975), Cuba (1979) e Italia (1982), cónsul comercial en Italia (1983-86) presidente ejecutivo de la empresa gubernamental Ocean Garden Products (1989-90) y cónsul general de México en Sao Paulo (1990-). Autor de *El Caribe. El gran mercado desconocido* (1978) y *Algunas recomendaciones para el establecimiento de una estrategia de inversión entre Italia y México* (1987). Pertenece al Colegio Nacional de Licenciados en Relaciones Comerciales.

CALVO ZAPATA, FRANCISCA VICTORIA *PAQUITA* ◆ n. en el DF (1944). Estudió en la Facultad de Derecho de la UNAM (1959-1963), donde fundó el grupo político Patricio Lumumba. Participó en círculos de estudios marxistas con José Revueltas. En enero de 1972 se le aprehendió acusada de participar en 1971, como militante del Frente Urbano Zapatista, en un asalto bancario y en el secuestro de Julio Hirschfeld Almada, entonces director de Aeropuertos y Servicios Auxiliares. Fue amnistiada en 1977. En 1981 participó en la fundación del Movimiento de Acción Popular, grupo que participó en la creación del Partido Socialista Unificado de México, a cuyo comité central perteneció. Dejó esta organización en 1985 en la escisión encabezada por Alejandro Gascón Mercado.

CALVO ZARCO, EFRAÍN ◆ n. en el DF (1953). Estudió en la Escuela Nacional de Ciencias Biológicas del Instituto Politécnico Nacional. Ingresó en 1973 al Grupo Comunista Internacionalista, del que fue miembro hasta su fusión en el Partido Revolucionario de los Trabajadores, de cuyo comité central formó parte desde 1982. En 1983 integró la dirección regional del Valle de México y al año siguiente el comité político, dirección nacional del PRT. Diputado federal (1985-88).

CALZADA ÁGUILA, JOSÉ ◆ n. en Teapa y m. en Villahermosa, Tab. (¿1870?-1918). Participó en la insurrección maderista y combatió a Victoriano Huerta. Presidió la Junta Revolucionaria de Villahermosa. Al morir era director del Instituto Juárez de esa ciudad.

CAMACHO, JOAQUÍN ◆ n. en Jantetelco y m. en Cuautla, Mor. (1780-1812). Insurgente. Combatió bajo las órdenes de Matamoros. Murió en el sitio de Cuautla.

CAMACHO, SEBASTIÁN ◆ n. y m. en Veracruz, Ver. (1791- 1847). Abogado conservador. Diputado por Veracruz al Congreso General y al Constituyente local de dicho estado. Secretario de Relaciones Exteriores con el presidente Guadalupe Victoria (30 de noviembre de 1825 al 8 de julio de 1826) y ministro del mismo ramo con Anastasio Bustamante (21 de mayo al 21 de septiembre de 1841) y Javier Echeverría (22 de septiembre al 10 de octubre). Fue también senador de la República, gobernador de Veracruz (1831) e integrante de la Junta de Notables de 1843. Tradujo a Constant.

CAMACHO Y ÁVILA, DIEGO ◆ n. en España y m. en Guadalajara, Jal. (1652-1712). Arzobispo de Manila (1697-1706) y obispo de Guadalajara (1707-1712), donde fundó la Casa de las Recogidas.

CAMACHO CABRERA, JORGE ◆ n. en Salina Cruz, Oax. (1946). Líder obrero. Pertenece al PRI desde 1966. Ha sido secretario del interior (1976-77) y del trabajo (1980-81 y 1986-87), y secretario general de la sección 38 del Sindicato de Trabajadores Petroleros de la República Mexicana (1982-83); presidente municipal de Salina Cruz (1984-86) y diputado federal (1988-91).

CAMACHO GAOS, CARLOS ◆ n. en el DF (1951). Licenciado en economía por el Instituto Tecnológico Autónomo de México (1969-74) y doctor en economía por la Universidad de Georgetown (1976-79). Profesor del ITAM (1979-). Es miembro del PRI desde 1980. Ha sido

jefe de la oficina de Estudios Económicos del Fondo Nacional de Fomento al Turismo (1974-76), director de Estudios de Impuestos Directos de la Secretaría de Hacienda (1979-28), director general de Estadística del INEGI (1982-84), coordinador técnico de la Secretaría de Turismo (1984-88) y director general de Inversiones Extranjeras de la Secretaría de Comercio (1988-94) y secretario de Pesca de la Semarnap (1994-).

CAMACHO Y GARCÍA, RAFAEL SA-BÁS ◆ n. en Etzatlán, Jal., y m. en Querétaro, Qro. (1826-1908). Doctor en derecho por la Universidad de Guadalajara. Se ordenó sacerdote en 1851. Se opuso activamente a la Constitución de 1857, por lo que sufrió destierro. Fue obispo de Querétaro desde 1885 hasta su muerte.

CAMACHO Y GARCÍA, RAMÓN ◆ n. en Etzatlán, Jal., y m. en Querétaro, Qro. (1818-1884). Hermano del anterior. Recibió las órdenes sacerdotales en 1841. Activo opositor de la Constitución de 1857, marchó al destierro en 1859. Obispo de Querétaro desde 1868 hasta su muerte.

CAMACHO GUZMÁN, RAFAEL ◆ n. en Querétaro, Qro., y m. en el DF (1916-1998). Hizo estudios de ingeniería agrícola. Locutor desde 1942. Cofundador y secretario general del Sindicato de Trabajadores de la Industria de la Radiodifusión, Televisión, Similares y Conexos de la República Mexicana (1961-70). Fue delegado obrero por México ante la Organización Internacional del Trabajo, secretario de organización del Congreso del Trabajo y presidente del Consejo Ejecutivo de la Organización Regional Interamericana del Trabajo. Fue miembro de la mesa directiva del Consejo Nacional de la Publicidad, senador (1976-79) y gobernador de Querétaro (1979-85).

CAMACHO MARTÍNEZ, ALFONSO RA-FAEL ◆ n. en Guamúchil, Sin. (1958). Reside en el Estado de México desde 1981. Licenciado (1981) y maestro en biología marina por el IPN, y diplomado en Administración de Restaurantes por

la Universidad Iberoamericana. Militante del PRI, colaboró en la campaña de Alfredo del Mazo por la gubernatura y fue jefe de prensa de las campañas de César Camacho Quiroz por la presidencia municipal de Metepec (1990) y de Arturo Montiel por la gubernatura del Estado de México (1999). Se ha desempeñado como director de Relaciones Públicas (1986-87) y director de Información de la Dirección de Comunicación Social de la Secretaría de Energía, Minas e Industria Paraestatal (1987-88). En el gobierno del Estado de México ha sido secretario particular del director general de Prensa y Difusión (1981-83) y del coordinador general de Comunicación Social (1983-86); secretario particular adjunto del gobernador (1995) y coordinador general de Comunicación Social (1995-99).

CAMACHO MORELOS, JESÚS ◆ n. en el DF (1944). Escritor y cineasta. Trabajó diez años haciendo doblajes y montando exposiciones de fotografía y grabado. Realizó dos cortometrajes, *Pandemónium* y *Un entierro de verdad*, premiados en Bélgica. Ha colaborado en *El Heraldo de México*, *Novedades* y *Excélsior*. Autor de *Pandemónium* (novela, 1965), *Cuando los perros viajan a Cuernavaca* (1967, novela llevada al cine por Archibaldo Burns como *El reventón*, *Champiñones alucinantes* (cuento, 1969), *Yo te amo, Liza Minelli* (1975), *La bicicleta embarazada* (novela, 1977) y *Se gratificará espléndidamente* (poesía, 1982).

CAMACHO Y MOYA, VICENTE ◆ n. en Guadalajara, Jal., y m. en el DF (1886-1934). Recibió las órdenes sacerdotales en 1909. Nombrado obispo de Tabasco en 1930, no pudo ocupar su cargo debido al terrorismo antirreligioso impuesto por el cacique Tomás Garrido Canabal, quien clausuró la Catedral de Esquipulas, en Villahermosa, e instaló en ella la Escuela Racionalista Francisco Ferrer Guardia de 1931 a 1934, cuando optó por demolerla.

CAMACHO QUIROZ, CÉSAR ◆ n. en Metepec, Edo. de Méx. (1959). Licenciado en derecho por la UAEM, donde ha sido profesor de derecho constitucional

César Camacho Quiroz

Foto: Fabrizio León

Manuel Camacho Solís

y económico, así como de sistema jurídico de la administración pública en las facultades de Jurisprudencia y Ciencias Políticas. Fue abogado postulante. Miembro del PRI, en el que se ha desempeñado como coordinador de ejecución del Movimiento Nacional de Juventud Revolucionaria (MNJR), subdirector de divulgación ideológica, secretario de acción social, subdirector de estudios políticos del Centro de Estudios Políticos, Económicos y Sociales, delegado en diversos municipios, secretario general adjunto y coordinador de asesores del comité directivo estatal mexiquense. En el gobierno del Estado de México ha sido asesor jurídico de la Dirección de Promoción Social, director del Consejo Mexiquense de Recursos para la Atención de la Juventud (Crea) y subdirector de Gobernación. Presidente municipal de Metepec (1991-93), secretario general de Gobierno (1993-95) y gobernador del Estado de México (1995-99). Ha escrito para publicaciones especializadas en asuntos políticos y jurídicos. Fue vocal consejero del Instituto de Administración Pública y miembro fundador del Instituto de Derecho Electoral y Estudios Políticos del Estado de México. Pertenece al Colegio de Abogados del Estado de México.

CAMACHO SALINAS, JUAN CARLOS ◆ n. en Monterrey, NL (1948). Profesor normalista. Miembro del PRI. Ha sido secretario general de la Sección XXI del Sindicato Nacional de Trabajadores de la Educación, secretario general de la

Confederación de Organizaciones Populares de Nuevo León y diputado federal (1979-82).

CAMACHO SOLÍS, MANUEL ◆ n. en el DF (1946). Licenciado en economía por la UNAM (1970) con maestría en asuntos públicos por la Universidad de Princeton, EUA. Fue profesor investigador del Centro de Estudios Internacionales de El Colegio de México (1973-81). Desde 1965 y hasta 1995 fue miembro del PRI, en el que fue secretario de relaciones de la dirección nacional juvenil (1965), secretario de la comisión nacional de ideología (1981-82), subdirector de estudios políticos del IEPES (1981-82) y coordinador de la comisión de rectoría del Estado (1982). En el gobierno federal ha sido secretario particular del subsecretario de Planeación Comercial de la Secretaría de Comercio (1977), asesor del director general de Nafinsa (1978), subsecretario de Desarrollo Regional de la Secretaría de Programación (1982-86), secretario de Desarrollo Urbano y Ecología (1986-88) y jefe del Departamento del Distrito Federal (1988-93), secretario de Relaciones Exteriores (1993-94) y comisionado para la Paz y la Reconciliación en Chiapas (1994). Fundó y dirige el Partido del Centro Democrático, que obtuvo su registro en 1999. Colabora en publicaciones periódicas. Coautor de *México y Argentina vistos por sus jóvenes* (1972) y autor de "El futuro inmediato", último volumen de *La clase obrera en la historia de México* (1980). En 1969 obtuvo el Primer Premio en el concurso Cómo ve la Juventud al México de Hoy, convocado por Siglo XXI Editores.

CAMACHO SOLÍS, RAFAEL EDGARDO ◆ n. en el DF (1947). Médico cirujano titulado en la UNAM (1969-74); realizó estudios de psicología de la adolescencia y de comunicación pedagógica en la Universidad Iberoamericana (1975). Es miembro del PRI desde 1977. Ha sido delegado de Instituto Nacional para la Educación de los Adultos en Baja California Sur (1981-85), asesor técnico de

Fomento a la Salud de los Trabajadores, dependencia del Instituto Mexicano del Seguro Social (1987-88) y director general de Fomento a la Salud de la Secretaría de Salud (1989-).

CAMACHO SUÁREZ, EDUARDO ◆ n. en el DF (1957). Periodista. Fue reportero de la sección de Espectáculos de *El Día*. Trabaja desde 1976 para la sección cultural de *Excélsior*, de la que es coordinador (1987-). Ha participado en programas de televisión y ha sido comentarista de información cultural en Radio Chapultepec y Radio ACIR. Trabajos suyos están incluidos en *La muerte de Juan Rulfo. Testimonios periodísticos* (1987), *Borges y los otros* (1987) y *Perestroika: más democracia, más socialismo* (1990). Autor de *La última hoja del calendario* (reportaje novelado, 1995), *El Punto Jé* (1996), *Fin de mi diario* (1997), y *El hijo del punto Jé* (1999).

CÁMARA, TOMÁS DE LA ◆ m. en la Cd. de México (?-1584). En 1583 era doctor y "alcalde de esta Corte". Fue rector de la Real y Pontificia Universidad de México (1583-1584). Durante su rectorado obtuvo del claustro poder para gestionar la compra de terrenos y levantar en ellos el edificio de la casa de estudios.

CÁMARA AMERICANA DE COMERCIO ◆ Organización empresarial estadounidense de personas físicas y morales avecindadas en México. Fue fundada en 1917 para defender los intereses de sus agremiados. Su nombre en inglés es *American Chamber of Commerce of Mexico*. Su órgano es la *Mexican American Review*.

CÁMARA BARBACHANO, FERNANDO ◆ n. en Mérida, Yuc. (1919). Antropólogo (ENAH) doctorado en la Universidad de Chicago (1950). Fue subdirector general del Instituto Nacional de Antropología e Historia y director del Instituto Yucateco de Antropología fundado por él. Ha impartido cátedra en centros de estudios de México y el extranjero. Ha publicado ensayos en español, inglés y francés: *Aspectos sociales y culturales de la América indígena* (1954), *Problemas antropológicos y* *culturales de Yucatán* (1959), *Semblantes mexicanos* (1968) y otros.

CÁMARA DE COMERCIO BRITÁNICA
◆ Organización fundada en 1922. Tiene estatuto de asociación civil. De acuerdo con el acta de asamblea del 30 de junio de 1980, tiene como fines "promover e impulsar el comercio entre la Gran Bretaña y México; propagar el prestigio de las instituciones británicas, sobre todo las de carácter económico, en México; tratar con las autoridades, con los organismos descentralizados, con las sociedades, ya sean de carácter público o privado, y con individuos de la República Mexicana" en todo lo relativo a lo anterior, "procurándose, cuando se considere útil o necesario, el apoyo del representante de su Majestad Británica"; proporcionar a los miembros "el apoyo y la ayuda, que no sean de carácter pecuniario, que necesiten para el mejor desarrollo y éxito de sus empresas"; "tomar las medidas de carácter legal y entablar las acciones", en casos de interés general o particular relacionados con los intereses británicos; y dar a los asociados "cualesquiera otros servicios que soliciten, que estén de acuerdo con los objetivos" de la Cámara. "La asociación no ejecutará acto alguno de carácter político o religioso". Publica la revista mensual *Intercambio*.

CÁMARA DE DIPUTADOS ◆ ☞ *Poder Legislativo*.

CÁMARA MEXICANO-ALEMANA DE COMERCIO E INDUSTRIA ◆ Organización fundada hacia 1930 con el fin de apoyar "a las autoridades, cámaras y asociaciones en sus esfuerzos por promover las relaciones económicas bilaterales". En 1986 contaba con más de 500 socios y se declaraba como "una institución que pertenece a la iniciativa privada" y que "forma parte del sistema de la Confederación Alemana de Cámaras de Comercio e Industria en Alemania y las 42 cámaras alemanas establecidas en los cinco continentes". Entre sus funciones está representar los intereses de sus miembros "ante las instancias oficiales y privadas", proporcionándoles información, realizan-

do gestiones o mediante asesoría. Tiene un presidente que encabeza un consejo directivo formado por 16 representantes de otras tantas empresas. La Cámara cuenta con bolsa de trabajo y el Centro Mexicano-Alemán de Capacitación Industrial y Comercial, A.C. Publica la revista *Cooperación* y el boletín *Wirtschaftsnotizen aus Mexiko*.

CÁMARA MINERA DE MÉXICO ◆ Se creó el 15 de mayo de 1906, por lo que se considera la más antigua de las cámaras industriales del país. En 1927 fue reestructurada y adoptó el nombre de Cámara Nacional de Minería. El 18 de diciembre de 1936 se disolvió para de nuevo constituirse legalmente el 31 de mayo de 1937 bajo su actual denominación. Está integrada "por las personas físicas o morales que estén explotando lícitamente negocios mineros o metalúrgicos", cuyos intereses representa. Tiene como fines la promoción y el fomento de la actividad minerometalúrgica. Es órgano de consulta del Estado en el área de su competencia. La Asamblea General, constituida por todos los socios activos, es la autoridad suprema, que elige un Consejo Directivo, cuyo número de integrantes no es menor de 15 ni mayor de 20 miembros, y un Comité Ejecutivo. El presidente de la Cámara es elegido por el Consejo Directivo. Publica la revista *Minería Caminex*, bimestral.

CÁMARA NACIONAL DE COMERCIO DE LA CIUDAD DE MÉXICO ◆ Organización fundada en 1874. Agrupa a "todo comerciante o prestador de servicios comerciales o turísticos cuyo capital contable, activo total o ingresos anuales sean de $10,001.00 en adelante". Tiene como objetivos "fomentar el espíritu de agrupación gremial entre comerciantes, pugnando porque se eleve la ética de los mismos en sus transacciones y actividades, procurar que en casos de emergencia se evite el alza inmoderada de los precios y las especulaciones injustificadas; unificar usos, costumbres y prácticas comerciales; actuar como amigable componedor y árbitro entre sus socios o entre éstos y sus proveedores o los particu-

lares, con motivo de operaciones mercantiles, siempre que los interesados acepten someterse al arbitraje. brindar a sus socios los servicios que tenga establecidos o en el futuro establezca (y) fomentar de la manera más efectiva el turismo". La máxima autoridad es la asamblea. Cuenta para su administración con un consejo directivo, una junta directiva y el director general. El presidente del consejo lo es de la Cámara y debe ser mexicano por nacimiento. Forma parte de la Confederación de Cámaras Nacionales de Comercio. Tiene jurisdicción sobre el Distrito Federal, excepto en las delegaciones Gustavo A. Madero y Álvaro Obregón. Publica la revista *Comercio*, creada en 1974. Su domicilio está en Paseo de la Reforma casi esquina con Donato Guerra. ☞ *Confederación de Cámaras Nacionales de Comercio*.

CÁMARA NACIONAL DE LA INDUSTRIA CINEMATOGRÁFICA ◆ Organismo patronal que agrupa a las personas físicas y morales relacionadas con la producción, distribución y exhibición de películas. Fue fundada en 1943. Tiene por objeto representar y defender los intereses de sus agremiados. Su lema es "Por un cine con imaginación". Sus presidentes son elegidos para permanecer 12 meses en el cargo con opción a ser reelegidos una sola vez en asamblea general.

CÁMARA NACIONAL DE LA INDUSTRIA DE TRANSFORMACIÓN ◆ Organización fundada el 5 de diciembre de 1941. La integran "todas aquellas empresas industriales que no estén agrupadas en cámaras específicas o genéricas conforme a su actividad". Tiene jurisdicción en todo el territorio nacional, con excepción de Jalisco y Nuevo León, que cuentan con sus propias agrupaciones. Sus objetivos son "representar los intereses generales de la industria asociada; fomentar el desarrollo de la industria nacional; participar en la defensa de los intereses de sus asociados, relacionados con sus actividades industriales y prestar a los mismos los servicios que señalan los Estatutos; ser órgano de consulta del gobierno; ejercer el derecho de petición y solicitar a las autoridades, según el caso, la expedición, modificación o derogación de las leyes y disposiciones administrativas relativas al desarrollo de las actividades industriales". La máxima autoridad interna es la asamblea general. Cuenta con una comisión ejecutiva encabezada por un presidente. La administración tiene un director general. La revista *Transformación* es el órgano de la Cámara.

CÁMARA DE SENADORES ◆ ☞ *Poder Legislativo.*

CÁMARA ZAVALA, GONZALO ◆ n. y m. en Mérida, Yuc. (1864-1967). Promotor de la enseñanza rural. Autor de *Catálogo histórico de Mérida* (1950) y *Catálogo de 18 hombres ilustres de Yucatán* (1951).

CAMARENA, DANIEL ◆ n. en Nochistlán, Zac., y m. en Lagos, Jal. (¿1780?-1811). Se unió a la insurgencia probablemente a fines de septiembre de 1810. El 12 de octubre ocupó Nochistlán. Operó en el sur de Zacatecas y norte de Jalisco. Apresado en Jalpa fue remitido a Lagos donde lo fusilaron los realistas.

CAMARENA, JESÚS ◆ n. en Arandas y m. en Guadalajara, Jal. (?-1884). Diputado al Congreso de la Unión en 1846 y 1856. Gobernador de Jalisco en 1858 y 1871.

CAMARENA ADAME, LIDIA ◆ n. en el DF (1941). Licenciada en economía por la UNAM con estudios de posgrado en Brasil, Alemania Federal, Holanda e Inglaterra. Ha impartido cátedra en centros de enseñanza superior. Fue asesora de la Presidencia de la República y directora de Administración y Finanzas de Productos Pesqueros Mexicanos (1979-82). En 1983 fue sujeta a proceso, acusada de haber cometido fraude maquinado durante su gestión en el último de los puestos citados. Salió de prisión en 1988.

CAMARENA BOLAÑOS, MARCELINO ◆ n. en Guadalajara, Jal. (1927). Médico cirujano por la Universidad de Guadalajara (1951) y maestro en ciencias médicas por la UNAM (1950). Se

especializó en pediatría en la propia UNAM y en cirugía pediátrica en el Hospital Infantil. Entre los cargos que ha ocupado se cuentan el de director del Hospital Infantil de Coyoacán (1962-65), coordinador general (1965-67) y subdirector general de los Servicios Médicos del Distrito Federal (1967-69) así como director general de Asistencia Social de la Secretaría de Salubridad (1980-82). Autor de más de 50 trabajos aparecidos en revistas médicas. Miembro de la Academia Mexicana de Pediatría. Fue vicepresidente de la Confederación Nacional de Pediatría.

CAMARENA CASTRO, PORFIRIO ◆ n. en Iguala, Gro. (1942). Licenciado en economía por la UNAM, donde ha sido profesor. Miembro del PRI, en el que fungió como representante obrero ante el consejo consultivo del IEPES y presidente del comité directivo estatal de Guerrero. Ha sido director adjunto del Banco Obrero, asesor, secretario adjunto de Acción Política y secretario general de la Federación de Trabajadores del Estado de Guerrero (1988) de la CTM, secretario de asuntos económicos del Congreso del Trabajo, tres veces diputado federal (1979-82, 1985-88 y 1991-94) y dos veces senador (1994-97 y 1997-).

CAMARENA LARRIVA, ALFONSO ◆ n. en Colima, Col. (1951). Ingeniero geofísico titulado en el IPN. Es miembro del PRI desde 1976. Investigador de la Universidad de Chihuahua (1975), profesor de la Escuela Superior de Ingeniería y Arquitectura del IPN (1977) y profesor de la Universidad Autónoma de Nuevo León (1978-79). Ha sido superintendente general del Sistema de Alejamiento y Tratamiento de Aguas Residuales de Tijuana (1985-86) y director general de Infraestructura Urbana de la Sedue (1987-).

CAMARGO ◆ Municipio de Chihuahua situado en el este-sureste de la entidad, en los límites con Coahuila. Superficie: 16,066.01 km². Habitantes: 46,386, de los cuales 13,676 forman la población económicamente activa. Hablan alguna lengua indígena 84 personas mayores

de cinco años (tarahumara 71). La cabecera se fundó en 1687 como Santa Rosalía y a partir de 1897 se llama Ciudad Camargo en honor del insurgente Ignacio Camargo. En territorio del municipio se unen los ríos Conchos y Florido. Cuenta con tres lagunas (Jaco, Gigantes y de los Esclavos). En la jurisdicción se practican la pesca y la caza así como diversos deportes acuáticos. A cuatro kilómetros de la cabecera existe el balneario Ojo Caliente, que cuenta con aguas termales, y rumbo a La Boquilla está Los Filtros, importante centro de recreo.

CAMARGO ◆ Municipio de Tamaulipas situado en los límites con Estados Unidos y Nuevo León. Superficie: 840.34 km². Habitantes: 15,309, de los cuales 4,822 forman la población económicamente activa. Hablan alguna lengua indígena 26 personas mayores de cinco años. En la población de Santa Gertrudis se produjo una batalla entre las fuerzas del general Mariano Escobedo y las del conservador Olvera, defensor del imperio que fue derrotado el 16 de junio de 1866. La cabecera es Ciudad Camargo.

CAMARGO, IGNACIO ◆ n. en Celaya, Gto., y m. en Chihuahua, Chih. (1782 u 83-1811). Insurgente. Destacó como organizador. Participó en las batallas de Guanajuato, Las Cruces, Aculco y Calderón. Aprehendido en Acatita de Baján fue llevado a Chihuahua y ejecutado.

CAMARGO, TONY ◆ n. en el DF (1921). Cantante de son tropical. Se inició hacia 1940 en el cabaret La Conga. Luego se integró a la banda de Chucho Rodríguez y de ahí pasó a cantar con las orquestas de Rafael de Paz, Leo Acosta, Dámaso Pérez Prado y otras. Cantó a dúo con Benny Moré. Sus mayores éxitos fueron *El año viejo, La pastora, El Partido de la Mitad* y *El negrito del batey*, entre otras. Compuso *Bárbaro del ritmo*, en honor de Moré.

CAMARGO ROJAS, OCTAVIANO ◆ n. en Querétaro, Qro. (1943). Líder sindical. Pertenece al PRI desde 1963. Ha sido secretario general del sindicato de la empresa Singer (1971-73), secretario general del Sindicato de Trabajadores de la Industria Metálica de Querétaro, secretario de asuntos políticos (1972) y de trabajo y conflictos de la Federación Estatal de la CTM en Querétaro (1976, 1981 y 1987-93), regidor del municipio de Querétaro (1979-82), diputado a la Legislatura queretana (1982-85) y diputado federal (1988-91).

CAMARILLO CARBAJAL, MARÍA TE-RESA ◆ n. en el DF (1936). Licenciada en periodismo por la UNAM, donde fue redactora de la Dirección General de Información (1957-64) y es investigadora desde 1971. Ha colaborado en la preparación de exposiciones hemerográficas. Colabora en diversas publicaciones con textos históricos sobre la prensa mexicana. Es coautora de los catálogos: *La prensa en México. Siglo XIX* (1984), *La prensa infantil en México 1839-1984* (1984), *México 1810. Testimonios de la revolución de independencia* (1985); y, con María del Carmen Ruiz Castañeda e Irma Lombardo, de *La prensa. Pasado y presente de México* (1987). Autora de *Representantes diplomáticos de México en Washington 1822-1973* (1974) y *El sindicato de periodistas, una utopía mexicana. Las agrupaciones de periodistas en la ciudad de México 1872-1929* (1989). Preparó y prologó *El periodismo mexicano hoy* (1990) y coordinó la investigación que dio por resultado el libro *Memoria periodística del terremoto. 19 de septiembre-10 de octubre de 1985* (1987). Preparó la edición de *Hemerografía del periodismo mexicano*, libro que dejó inconcluso Rafael Carrasco Puente y que apareció en 1989.

CAMARILLO OCHOA, JESÚS ELEAZAR ◆ n. y m. en Atlixco, Pue. (1923-1999). Líder sindical. Miembro del PRI desde 1940. Fue secretario general del Sindicato de la Fábrica La Concepción (1946-52), secretario de actas (1949) y secretario general (1967-73) de la Federación Sindicalista de Obreros y Campesinos, Cámara del Trabajo, de la Confederación Regional Obrera Mexicana de Atlixco. Fue dos veces diputado local en Puebla (1966-69 y 1975-78) y en cuatro ocasiones diputado federal (1970-73, 1979-82, 1985-88 y 1997-1999).

CAMARILLO ROA DE PEREYRA, MA-RÍA ENRIQUETA ◆ n. en Coatepec, Ver., y m. en el DF (1869-1968). En 1895 publicó sus primeros versos en un periódico de la capital y al año siguiente un cuento. Fue concertista y maestra de piano, instrumento para el que hizo algunas composiciones. Escribió poesía: *Las consecuencias de un sueño* (1902), *Rumores de mi huerto* (1908), *Rincones románticos* (1922), *Álbum sentimental* (1926), etc.; novela: *Mirlitón* (1918), *Jirón del mundo* (1919) y *El secreto* (1922); cuento y novela corta: *Sorpresas de la vida* (1921), *Entre el polvo de un castillo* (1924), *El misterio de su muerte* (1926), *Enigma y símbolo* (1926), *Lo irremediable* (1927), *La torre de seda* (1927), *Cuentecillos de cristal* (1928) y *El arca de colores* (1929); memorias: *Brujas, Lisboa, Madrid* (1930) y *Del tapiz de mi vida*; y las antologías *Rosas de la infancia*, destinadas a los alumnos de enseñanza primaria. Hizo traducciones del francés.

Camargo, Chihuahua

CAMARÓN DE TEJEDA ◆ Municipio de Veracruz situado al este de Córdoba y al oeste del puerto de Veracruz. Superficie: 174.38 km². Habitantes: 5,716, de los cuales 1,501 forman la población económicamente activa. Hablan alguna lengua indígena 10 personas mayores de cinco años. Su cabecera es Villa Adalberto Tejeda. A las siete de la mañana del 30 de abril de 1863 se enfrentaron ahí una fuerza francesa al mando del capitán Jean Danjou y un cuerpo de caballería de la Brigada del Centro al mando del coronel Francisco de Paula Milán, gobernador y comandante del estado de Veracruz. Tres horas y media después los invasores fueron conminados a rendirse, pero Danjou, quien moriría poco después, respondió que tenían munición bastante para combatir. A las dos y media también había muerto el subteniente Napoleón Vilain, quien dejó el mando a otro subteniente, Maudet Clément, quien mortalmente herido rechazó otra propuesta de rendición. Los franceses lanzaron una última carga a bayoneta calada y fracasaron. El combate siguió todo el día hasta que sólo quedaban tres sobrevivientes heridos, quienes debido a su valentía recibieron atención médica y toda clase de consideraciones por parte de los mexicanos. Desde entonces, el 30 de abril es el día de la Legión Extranjera.

CAMARONERA ◆ Laguna situada en el extremo norte del sistema lacustre de Alvarado, Veracruz.

CAMBOYA, REINO DE ◆ País situado en el sureste de Asia, en las costas del golfo de Tailandia. Limita al oeste y norte con Tailandia, al norte con Laos y al oeste y suroeste con Vietnam. Extensión: 181,035 km². Habitantes: 10,716,000 en 1998. La lengua oficial es el jemer (*khmer*), aunque también se hablan el vietnamita, el chino y el francés. Religión: la población es mayoritariamente budista. La capital es Pnom Penh (920,000 habitantes en 1994), otra ciudad importante es Battambang (45,000 habitantes en 1990). *Historia:* El imperio Jemer se desarrolló en la mayor parte de la península

Página de una obra de María Enriqueta Camarillo Roa de Pereyra

indochina del siglo IX al siglo XIII de nuestra era. Luego de la separación de Tailandia y Vietnam, el país quedó con su actual territorio. Fue ocupado en 1863 por los franceses, quienes en 1887, después de derrotar la resistencia encabezada por Si Vhota, lo hicieron formar parte de la llamada Unión Indochina. En 1941, durante la segunda guerra mundial, lo invadieron los japoneses, quienes dejaron la administración del país en manos de los representantes del gobierno francés de Vichy. El rey Norodom Sihanouk proclamó la independencia en 1945. Al término de la segunda guerra mundial los franceses volvieron a ocupar el país, que adquirió el estatuto de monarquía autónoma, el que pasó a ser Estado asociado de la Unión Francesa en 1949. Presionados por la ofensiva vietnamita, los franceses sacaron sus tropas en 1953, con lo cual la independencia fue completa. En 1955 abdicó al trono Sihanouk en favor de su padre, Norodom Suramarit. El ex monarca organizó el Partido Popular Socialista, con el que salió vencedor en las elecciones y asumió la jefatura del gobierno de Camboya, nombre colonial del país, que se declaró neutral durante la intervención militar de Estados Unidos en Vietnam. Sin embargo, al ser bombardeado su territorio por el gobierno de Vietnam del Sur, impuesto por Washington, rompió relaciones con EUA. En 1960

murió el rey Suramarit y la jefatura de Estado quedó en manos de Sihanouk. En 1970 un golpe de Estado preparado y dirigido por la Agencia Central de Inteligencia de EUA lo derrocó. Asumió el poder el general Lon Nol, quien a cambio de 1,600 millones de dólares permitió la operación de tropas de Estados Unidos en el territorio de Camboya, donde las fuerzas que combatían la invasión se unieron en el Jemer Rojo. Sihanouk, instalado en Pekín, organizó un gobierno en el exilio y el Frente Unido Nacional de Kampuchea. Esta última palabra, tomada de la lengua jemer, se convirtió en el nombre oficial del país. En 1972 los insurgentes controlaban 85 por ciento del territorio camboyano. En abril de 1975, Pnom Penh, la capital, fue tomada por las fuerzas del Jemer Rojo. A fines de ese año la nación se convirtió en República Democrática de Kampuchea. A pesar de que en 1976 un plebiscito ratificó a Sihanouk y Khieu Samphan como jefes de Estado y de gobierno, respectivamente, Pol Pot, líder del Jemer Rojo, se adueñó del poder y cerró las fronteras con la intención de imponer un "socialismo" total; la población urbana fue trasladada al campo para aumentar la producción agrícola, desapareció la moneda, cerraron los bancos, los disidentes fueron encerrados en gigantescos campos de concentración y se realizaron "purgas" políticas y asesinatos masivos, todo lo cual tuvo como consecuencias la hambruna, epidemias y una disminución drástica de la población. Tras desconocer las fronteras con Vietnam, el gobierno kampucheano invadió aquel país a fines de 1977. Mientras en el mundo se levantaron las protestas contra el genocidio perpetrado por Pol Pot y su gobierno, tachado repetidas veces de "bárbaro", fue creado en el exilio el Frente Unido para la Salvación de Kampuchea, en diciembre de 1978. Las fuerzas de esta organización, con el apoyo del ejército vietnamita, entraron al país, derrocaron a Pol Pot y proclamaron la República Popular de Kampuchea, el 11 de enero de 1979, con Heng Samrin al frente de un gobierno que tuvo que enfrentar su virtual desconocimiento por la ONU y a las guerrillas del Jemer Rojo, que con apoyo chino combatían desde la frontera con Tailandia. En 1991 las facciones en lucha (el Jemer Rojo, el gobierno provietnamita y los leales a Sihanouk) acuerdan la paz y Sihanouk regresa, como presidente, tras 13 años de exilio. En 1994 el Jemer Rojo, debilitado políticamente, se repliega a las montañas y un año después se le consideraba casi extinto.

CAMBRE, MANUEL ◆ n. en Tlaquepaque y m. en Guadalajara, Jal. (1840-1911). Director del Archivo General de Jalisco. Autor de numerosas obras históricas, entre ellas *La guerra de Tres Años en el estado de Jalisco* (1892) y *Gobiernos y gobernantes de Jalisco, desde la declaración de independencia de Nueva Galicia, hasta el día* (1910).

CAMELO MARTÍNEZ, JULIO ◆ n. en Monterrey, NL (1937). Licenciado en economía por la UNAM. Miembro del PRI. Ha sido secretario general de Gobierno de Nuevo León (1971), presidente municipal de Monterrey (1971-73), diputado federal (1973-76), secretario particular del procurador y director general de Relaciones Públicas e Información de la PGR (1976-79), vocal ejecutivo de Promotora Conasupo para el Desarrollo Social (1979-82), director general del Fideicomiso para Obras

Sociales a Campesinos Cañeros (1983-84), secretario ejecutivo de la Cámara Nacional de la Industria Azucarera y de la empresa Azúcar, S.A. (1984), subsecretario de Planeación e Infraestructura de la SRA (1985); coordinador general para la Descentralización Educativa (1986-87) y subsecretario de Planeación Educativa de la SEP (1987-88); director general de Algodonera Comercial Mexicana (1989-90) y coordinador de Recursos Humanos de Pemex (1991).

CAMELO TORRES, SALVADOR ◆ n. en el DF (1943). Estudió ciencias políticas y letras españolas en la UNAM. Fue agregado cultural de la embajada de México en Nicaragua (1972). Creador de Ediciones Mosquito. Autor de ensayo: *José Enrique Rodó* (1967); y poesía: *Algunos poemas* (1973), "Poemas" en *Toma 4* (1980), *Instancia y otros poemas* (1984) e *Instancias* (1992).

CAMERINO Z. MENDOZA ◆ Municipio de Veracruz situado entre Orizaba y los límites con Puebla. Superficie: 37.84 km². Habitantes: 37,819, de los cuales 9,808 forman la población económicamente activa. Hablan alguna lengua indígena 4,345 personas mayores de cinco años (náhuatl 4,304). Indígenas monolingües: 1,032. La cabecera se llama Ciudad Mendoza.

CAMERO CARDIEL, RICARDO ABRAHAM ◆ n. en Cd. Madero, Tams. (1931). Político. Fue presidente de las Juventudes Liberales Maderenses del PRI (1950-52), partido al que ingresó en 1949. Ha sido secretario del Interior (1967-70), presidente del Consejo General de Vigilancia (1973-76), presidente de la Comisión Revisora del Contrato Colectivo (1977-79), secretario general (1979) y director general de Tiendas y Abasto del Sindicato de Trabajadores Petroleros de la República Mexicana (1979-); diputado federal a la XLV legislatura (1961-64) y senador de la República (1988-94).

CAMERÚN, REPÚBLICA DEL ◆ Estado de África situado en el extremo noreste del golfo de Guinea. Limita al noroeste con Nigeria, al norte y este con Chad, al este con la República Centroafrica-

na, al este y al sur con el Congo y, al sur, con Gabón y Guinea Ecuatorial. Superficie: 475,442 km². Habitantes: 14,305,000 en 1998. La capital es Yaundé (un millón de habitantes en 1991). La población está integrada por unos 200 grupos étnicos, la mayoría de origen bantú. Se habla francés, inglés y un centenar de lenguas locales. Cincuenta por ciento de la población practica ritos tradicionales africanos y el resto son musulmanes y cristianos. *Historia*: importante centro bantú desde el siglo II, entró en contacto con los portugueses en 1472, quienes mantuvieron nexos comerciales con el país a lo largo de varios siglos. Su nombre proviene del francés Cameroun, del español Camarones y, a su vez, del acortamiento de Rio dos Camaroes en portugués. Así llamaron los portugueses, en 1472, al actual río Wouri, debido a la abundancia de dichos crustáceos en él. Se aplicó posteriormente a una montaña cercana, hoy monte Camerún, y luego a la región circundante. En 1884 fructificaron las negociaciones emprendidas por representantes del káiser y los jefes de los grupos étnicos dualas de la región costera aceptaron convertir el país en protectorado de Alemania, el que se extendió al norteño emirato de Adamahua en 1894. Entre 1897 y 1901 se mantuvo una cruenta guerra entre alemanes y dualas por el comercio costero. A partir de entonces se inició la colonización del territorio camerunés, para lo cual se empleó toda clase de violencia y el despojo de tierras y otros bienes en perjuicio de la población local. Al orientar la producción agrícola hacia el mercado externo, por primera vez en dos siglos se presentó la hambruna. Antes de que finalizara la primera guerra mundial, Francia e Inglaterra, enemigos de Alemania, ocuparon el país, que les sirvió de retaguardia durante la segunda guerra mundial. Al término de ésta emergió un fuerte movimiento independentista encabezado por la Unión Popular de Camerún, que echó mano de todo tipo

Roderic Ai Camp

de protesta legal dentro de la parte francesa. La Unión fue proscrita en 1956 y la lucha pasó al plano militar. Los independentistas crearon zonas liberadas y resistieron la ofensiva del ejército francés hasta 1960, cuando los franceses decidieron otorgar la autonomía al país, cuyo gobierno pusieron en manos de un líder islámico favorable a sus intereses. En 1961 los ingleses se retiraron después de un plebiscito que determinó la reunificación del país. Alhadi Ahmadú Ahidjo, gobernante impuesto por los franceses, reprimió ferozmente a la oposición, en especial a los miembros de la Unión Popular, mientras se reelegía una y otra vez. Alhadi renunció en 1982 y asumió la presidencia Paul Viya, que había sido primer ministro de Alhadi, quien al entrar en conflicto con su antiguo subordinado intentó un golpe de Estado que se frustró por la intervención popular en agosto de 1983. Al año siguiente, en medio de un creciente deterioro del gobierno, hubo otro cuartelazo igualmente frustrado, lo que motivó una reorganización de los mandos militares y la administración pública, si bien la política continúa bajo el sistema de partido único (la Unión Nacional de Camerún), en tanto que la oposición carece de existencia legal. Firmas francesas controlan casi la mitad del comercio exterior. Hasta 1984 el nombre oficial fue República Unida de Camerún.

CAMHAJI SAMRA, SALOMÓN ◆ n. en el DF (1944). Ingeniero civil (1965) y maestro en ingeniería por la UNAM (1970), donde ha sido profesor, con cursos de posgrado en Chapingo (1965) y la Escuela Wharton, de EUA (1977). Pertenece al PRI. Ha sido director del Desarrollo Científico de Ipesa Consultores (1967-72), director técnico del grupo ISRRC-Ipesa (1972-76); director

general de la Promotora Viplan (1974-75); director adjunto del Fideicomiso Acapulco (1976-77) y asesor del subsecretario de Turismo (1977-78); director de Planeación y Desarrollo de la Compañía Minera de Cananea (1978-82) y director general de Minera Carbonífera Río Escondido de la SEMIP (1982-88).

CAMILOS ◆ Congregación religiosa fundada en Roma en 1586 e introducida en México en 1755, donde permaneció hasta entrado el siglo XX, cuando murieron los últimos religiosos residentes en el país.

CAMISAS DORADAS ◆ Nombre que se dio a los integrantes de la organización pronazi Acción Revolucionaria Mexicanista (☛).

CAMISAS ROJAS ◆ Organización integrada en 1933 bajo el patrocinio del político tabasqueño Tomás Garrido Canabal. Estructurada en grupos de choque, éstos ejecutaban agresiones contra sacerdotes y monjas, cerraban templos, quemaban imágenes religiosas y agredían a los feligreses. En diciembre de 1934 dispararon sobre un grupo de católicos en la plaza de Coyoacán, en el Distrito Federal. Después de esta fechoría el presidente Lázaro Cárdenas ilegalizó la agrupación. ☛ *Garrido Canabal, Tomás.*

CAMOCUAUTLA ◆ Municipio de Puebla situado en el norte de la entidad, cerca de los límites con Veracruz. Superficie: 21.69 km^2. Habitantes: 2,012, de los cuales 556 forman la población económicamente activa. Hablan alguna lengua indígena 1,705 personas mayores de cinco años (totonaco 1,704). Indígenas monolingües: 729. Cuenta con yacimientos de carbón mineral.

CAMP, RODERIC AI ◆ n. en EUA (1935). Politólogo. Autor de *Mexican Political Biographies*, *La formación de un gobernante. La socialización de los líderes políticos en el México Post-Revolucionario* (1981), de *El sucesor* (1993) y de *Cruce de Espadas* (1998).

CAMPA, GUSTAVO E. ◆ n. y m. en la Cd. de México (1863-1934). Músico. Estudió en el Conservatorio Nacional.

Discípulo de Melesio Morales. Fundó el Instituto Musical. Dirigió la *Gaceta Musical*. Entre sus composiciones están *Misa solemne*, *Episodio lírico* y la ópera *El rey poeta*, dedicada a Nezahualcóyotl.

CAMPA, VALENTÍN ◆ n. en Monterrey, NL (1904). A partir de 1920 fue obrero y en 1925 ya era dirigente sindical en Ciudad Victoria. Le apodan *El Bolchevique* en 1926. Miembro del Partido Comunista Mexicano (1921-). Codirigente de la Federación Obrera de Nuevo León (1927), cofundador de la Confederación Sindical Unitaria de México (1929), de la que fue secretario general en 1930, año en que asistió en Moscú al Congreso de la Internacional Sindical Roja. En 1932, bajo el pseudónimo de Esteban Franco, organiza huelgas en Puebla y Monterrey. Candidato a gobernador de Nuevo León por el Bloque Obrero y Campesino y el PCM (1934). Cofundador del Comité de Defensa Proletaria (1935) y de la Confederación de Trabajadores de México (1936). En 1940 con Hernán Laborde fue expulsado del PCM y fundó Acción Socialista Unificada. En 1947 participa a nombre de ASU en la Mesa Redonda de los Marxistas Mexicanos. Secretario de Educación y Organización del Sindicato de Trabajadores Ferrocarrileros (1943-48), a fines de 1949 fue encarcelado por oponerse a la imposición de líderes gobiernistas en el mismo sin-

Valentín Campa

dicato. En 1951, desde la cárcel, participó en la fundación del Partido Obrero y Campesino. Con Demetrio Vallejo encabezó el movimiento ferrocarrilero de 1958-59. Reprimido éste va a la cárcel hasta julio de 1970, en que ambos líderes son liberados. Estando en prisión, el ala del POCM a la que pertenecía se fundió en el PCM y en este partido formó parte de la dirección y fue candidato presidencial (1976). Diputado federal (1979-82). Al fusionarse el PCM con otras organizaciones para formar el PSUM, fue miembro de la dirección del nuevo partido y lo mismo ocurrió al crearse el PMS y el PRD. Articulista de *Excélsior* desde 1976. Autor de *¿Qué es la carestía?* y *Mi testimonio. Memorias de un comunista mexicano* (1978).

CAMPA CIFRIÁN, ROBERTO ◆ n. en el DF (1957). Abogado por la Universidad Anáhuac y economista por el ITAM. Ha sido profesor en la Universidad Anáhuac. Desde 1976 milita en el PRI, donde ha sido oficial mayor (1990), secretario de organización (1991), secretario general adjunto (1994) y presidente del comité directivo estatal del DF (1997). Ha sido integrante de la II Asamblea de Representantes del DF, diputado federal (1994-97), director de Planeación Económica del DDF (1982-84), secretario técnico del Comité de Reconstrucción del Área Metropolitana (1985), subdelegado en Iztapalapa (1986) y director de la Profeco (1997-99).

CAMPANA, DE LA ◆ Sierra situada en los límites entre Durango y Coahuila. Es un lomerío que se eleva al norte de Tlahualilo, en el Bolsón de Mapimí.

CAMPANA DE DOLORES ◆ Esquilón que, según la tradición, la noche del 15 al 16 de septiembre de 1810, por órdenes de Miguel Hidalgo, llamó a rebato en la población de Dolores, Gto. Una vez reunida la gente, Hidalgo proclamó la independencia de México y llamó a todos los presentes a tomar las armas para defenderla. A ese acto se le llamó el *Grito de Dolores* y se conmemora la noche del 15 de septiembre de cada año, cuando el Presidente de la República hace repicar la misma campana y

lanza vivas a México y a la independencia. El esquilón, llamado originalmente de San Joseph, pesa 785 kilogramos y mide 1.60 m. de alto por 1.05 de diámetro y 9 cm. de grosor. Fue colocado en la parroquia de Dolores en 1768, donde permaneció hasta 1896 en que fue trasladado a un nicho construido sobre el balcón central del Palacio Nacional. En 1985 se le llevó a todos y cada uno de los estados de la República, junto con otros símbolos patrios. Existen 32 réplicas de la campana, mismas que se hallan en los palacios de gobierno de las 31 entidades federativas y en la parroquia de Dolores. Ésta la hace tañer cada presidente en uno de sus seis años de gobierno, cuando se traslada a dar el Grito a la que fue la sede del curato de Hidalgo.

CAMPANARIO ◆ Cerro de Veracruz situado en el extremo sureste de la sierra de los Tuxtla.

CAMPANAS, DE LAS ◆ Cerro de las orillas de Querétaro donde el 19 de julio de 1867 fueron fusilados Maximiliano de Habsburgo y los generales conservadores Tomás Mejía y Miguel Miramón. En 1901 los partidarios del depuesto emperador construyeron una capilla en su honor cerca de la cumbre, donde en 1962 se levantó el monumento que recuerda el triunfo de la República, el que en el centro sostiene una estatua colosal de Benito Juárez.

CAMPBELL, ALBERTO H. ◆ n. y m. en EUA (1836-1899). Durante un viaje por el norte y el noroeste del país ejecutó grabados y dibujos en los que recogió bellezas naturales y arquitectónicas de esas entidades.

CAMPBELL, FEDERICO ◆ n. en Tijuana, BC (1941). Hizo estudios de derecho y filosofía en la UNAM y de periodismo en el colegio Malacaster, de Saint Paul, Minnesota, EUA. Becado por el World Press Institute trabajó en el diario *The Hartford Courant*, de Hartford, Connecticut (1966-67). Asistió al taller literario de Juan José Arreola (1964-66). En 1968 obtuvo la beca del Centro Mexicano de Escritores, que no disfrutó por hallarse en Washington

Roberto Campa Cifrián

como corresponsal de Notimex. Fundador y director de la revista *Mundo Médico* (1973-77) y de la editorial La Máquina de Escribir (1977), en la que publicó los primeros 16 títulos. Reportero de *Proceso* (1977-91). Presidió el Comité Editorial de la UAM-Xochimilco (1983-). Escribe y conduce programas de radio y ha elaborado guiones de cine. Ha colaborado en *Marcha, Amaru, Quimera, La Jornada Semanal, Milenio* y otras publicaciones. Coautor y compilador de *La sombra de Serrano* (1980). Autor de las entrevistas *Infame turba* (1972) y *Conversaciones con escritores* (1972); de las novelas *Pretexta* (1979) y *Todo lo de las focas* (1982); de los ensayos *La memoria de Sciascia* (1989), *Máscara negra* (1994), *La invención del poder* (1994) y *Periodismo escrito* (1995); del libro de cuentos *Los Brothers* (1984) y de la antología narrativa *Tijuanenses* (1989). Beca Guggenheim (1995).

Federico Campbell

CAMPECHE ◆ Estado de la República situado en la parte suroriental de la península de Yucatán. Limita al norte con Yucatán, al este con Quintana Roo y Belice y, al sur, con Guatemala y Tabasco. Superficie: 56,798 km^2 (2.9 por ciento del territorio nacional). Habitantes: 668,715 (1997). Su población en 1995 representaba 0.7 por ciento del total nacional. Hablan alguna lengua indígena 89,180 personas mayores de cinco años (maya 72,938, chol 7,321, kanjobal 1,808, mame 1,715 y tzeltal 1,472) y de ellas, 4,648 no dominan el español. Tiene once municipios: Calakmul, Calkiní, Campeche, Candelaria, Carmen, Champotón, Escárcega, Hecelchakán, Holpechén, Palizada y Tenabo. El territorio es plano con lomeríos originados en Quintana Roo que se extienden a lo largo de un tramo de la frontera con Yucatán. Las alturas mayores no pasan de 300 metros. En la frontera con Tabasco o cerca de ella están los ríos

José Antonio González Curi, Gobernador Constitucional de Campeche

Instituto Campechano

San Pedro y Palizada, brazos del Usumacinta. El primero desemboca en el
golfo de México y el otro en la laguna
del Este, para que de ahí pasen las
aguas a la laguna de Términos, donde
también descarga el Chumpán, corriente originada en Tabasco que aumenta
su caudal con varios arroyos. Más al
este, todavía en el sur del estado, se
localiza el sistema Caribe-Candela-
ria, la cuenca mayor de la entidad,
que desemboca también en la
laguna de Términos, después
de unirse con el río Mamantel.
Fuera de esta región, llamada
de Ríos y Lagunas, sólo hay una
corriente permanente en la
entidad: el río Champo-
tón, que desemboca
junto al puerto del mis-
mo nombre. La laguna
de Términos es una al-
bufera que mide más
de 80 kilómetros
de largo por un
ancho que llega
hasta los 50 kiló-

metros. Está casi totalmente cerrada por
las islas de la Aguada y del Carmen.
Frente a ésta se encuentra Ciudad del
Carmen, segundo centro urbano del
estado y un puerto de gran actividad
económica, sobre todo a raíz de los
descubrimientos petroleros de la sonda de Campeche. Tiene una costa de

Foto: Fondo Editorial de Grupo Azabache

Edzná atestigua la herencia prehispánica
viva en tierras campechanas

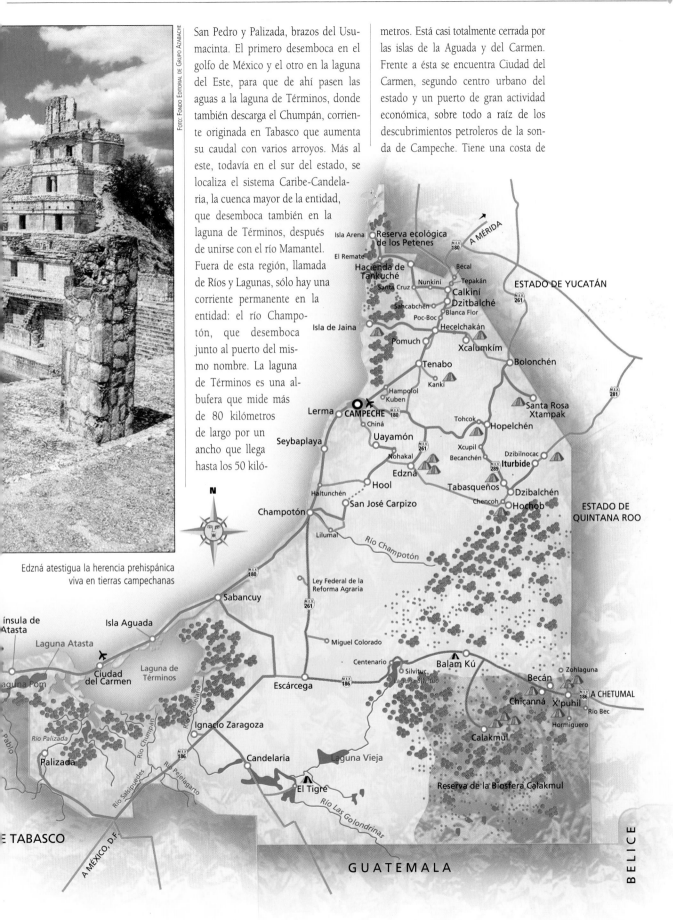

443

La Reserva Hampopol, espectáculo natural característico del trópico campechano

523 km, que incluye las islas mencionadas, así como el arrecife Arenas, Cayo Arcas, el estero Celestún, las islas de Piedra y Jaina, la ensenada de Champotón, el banco Sabancuy, la

península de Palmar y las lagunas de Atasta y Pom. La actividad petrolera sigue siendo la predominante y junto a ella se han desarrollado el comercio y los servicios. La entidad cuenta con más de 420 mil hectáreas abiertas al cultivo, pero de éstas sólo 8,500 son de riego y el resto de temporal. Ganadería, avicultura, apicultura y las explotaciones

forestales son otras fuentes de riqueza. En 1996 la entidad aportó 1.22 por ciento del producto interno bruto y, en 1995, 56.6 por ciento de la población económicamente activa era de 12 años y más (35.88 por ciento en el sector primario, 18.05 en el secundario y 45.75 en el terciario). Existen tres áreas naturales protegidas: la reserva de la biosfera de Calakmul (de 723,185 has.), el área de protección de la laguna de Términos (con 705,147 has.) y el área de los Petenes (382,395.17 has.). *Historia*: la separación de Yuca-

tán para crear el estado libre y soberano de Campeche se proclamó en 1857. El hecho fue formalizado el 18 de mayo del año siguiente. La Constitución local se aprobó el 7 de junio de 1861 y se promulgó el día 30 del mismo mes. El Congreso de la Unión votó en favor de la erección del nuevo estado y Benito Juárez promulgó el decreto correspondiente el 19 de febrero de 1862, ratificado un año después, luego de que las legislaturas estatales lo aprobaran. Se concretaba así la aspiración de ciertos sectores

A la sombra de los flamboyanes campechanos la vida parece transcurrir con dulce parsimonia

Playa de Payucán, conjunción tropical

campechanos que habían planteado el asunto desde la época virreinal. Los límites y la extensión de la entidad han cambiado tres veces, a causa de la creación del territorio de Quintana Roo, su desaparición y su restauración, bajo los gobiernos de Porfirio Díaz, Ortiz Rubio y Lázaro Cárdenas, respectivamente. Los problemas limítrofes concluyeron hasta 1940. Entre los principales promotores de la soberanía campechana están Tomás Aznar Barbachano, Pedro y Perfecto de Baranda, Francisco y Rafael Carvajal, Leandro y

Miguel Domínguez e Irineo Lavalle. Convertirse en estado le permitió a Campeche marginarse relativamente de la guerra de castas, iniciada en 1847, pues la zona más hostil a las autoridades blancas eran el este y el sureste de la península. La escisión se consumó después de varios enfrentamientos con las autoridades de Mérida. A partir de agosto de 1860 y durante todo el año de 1861 fuerzas campechanas ocuparon la capital yucateca. En 1862 los franceses ocuparon la isla del Carmen, desembarcaron tropas y hostilizaron el puerto de Campeche. Yucatán, que se había declarado neutral en la guerra contra los franceses, de hecho constituía una base logística de los invasores, por lo cual las autoridades campechanas enviaron tropas a Mérida con la intención de poner toda la península bajo su control. Estas fueron derrotadas y un ejército yucateco cruzó la frontera con el nuevo estado, mientras los franceses mantenían sitiada y hostilizada la capital campechana, que tuvo que rendirse ante el doble ataque. El imperio reunificó a las dos entidades y les asignó un jefe político que con apoyo armado impuso su orden. Carlota visitó la península en 1865 y fue recibida con gran pompa por las viejas familias conservadoras de Mérida y Campeche.

Los barcos pesqueros desarrollan una actividad de vital trascendencia en la vida y el trabajo de los campechanos

En los últimos días de 1866, una expedición republicana proveniente de Tabasco, al mando de Pablo García, cruzó todo el estado y ocupó Campeche. En enero de 1867, reorganizadas las fuerzas patriotas en Campeche, al mando de Manuel Cepeda Peraza, avanzaron sobre Mérida, libraron una dura batalla en Hecelkachán, de la que salieron vencedores, y tomaron Mérida el primero de junio, después de aislarla de otras poblaciones. Al reimplantarse la legalidad republicana, Pablo García fue elegido gobernador por el Congreso. Renunció en 1870 y Tomás Aznar Barbachano tomó el puesto, siendo desconocido por un Congreso que integraron representantes de la oposición. Después de algunas escaramuzas, Aznar se refugió

Las plataformas petroleras tienen una gran importancia en el ámbito económico del estado

La palma jipijapa, típica de la flora de Campeche, recorre todos los matices del verde

tucionalistas al mando del general Salvador Alvarado, continuó la tarea legislativa de Mucel Acereto en materia fiscal, civil, educativa y agraria. En 1917 se eligió un Congreso local que aprobó la nueva Constitución del estado. Mucel gobernó hasta 1919 cuando lo sucedió Enrique Arias Solís, quien fue destituido al triunfar el Plan de Agua Prieta. En medio de cambios en el gobierno y nuevas asonadas se continuó con el reparto agrario. Surgió la Liga de Resistencia, filial del Partido Socialista del Sureste. Sofocada la rebelión delahuertista, Rodulfo Brito Foucher fue designado gobernador durante algunas semanas de 1924 hasta que el 19 de abril retomó Ángel Castillo Lanz la gubernatura, quien fue elegido para el periodo 1923-27. Le sucedió Silvestre Padrón Silva, quien en diciembre de 1928 fue destituido. Ramiro y Fausto Bojórquez fueron los siguientes gobernadores, a quienes sucedió (1931-35) Benjamín Romero Esquivel, quien limitó a tres el número de ministros de cada culto e impulsó el cooperativismo. Eduardo Mena Córdoba gobernó de 1935 a 1939. Héctor Pérez Martínez (1939-43) desarrolló una importante labor educativa y cultural, impulsó la reforma agraria y legisló para mejorar la impartición de justicia. Entre 1943 y 1949 gobernó

en Mérida y en 1870 Joaquín Baranda fue elegido como nuevo gobernador. En 1876, después de dos reelecciones, fue destituido por los alzados del Plan de Tuxtepec. Durante el porfiriato Campeche, a diferencia de otras entidades, seguiría viviendo en la inestabilidad política. Entre 1876 y 1911, cuando sale Porfirio Díaz del país, hubo en el estado 25 gobernantes. A fines de 1910 las autoridades reprimieron algunos brotes de rebeldía, coincidentes con el llamado maderista a las armas. En 1911, Manuel Castilla Brito encabezó una columna de insurrectos

que entró por Belice y se apoderó de gran parte del estado. Firmado un armisticio se convirtió en gobernador y lo fue hasta 1913, en que se alzó en armas contra el gobierno golpista de Victoriano Huerta. En septiembre de 1915 entraron las fuerzas carrancistas a Campeche y Joaquín Mucel Acereto fue designado gobernador. Éste hizo entrar en vigor la Ley Agraria de enero de 1915 y adoptó diversas medidas en beneficio de los trabajadores (cierre de las tiendas de raya, descanso semanal obligatorio, etcétera). Después de una insurrección que aplastaron los consti-

El fuerte de San Miguel servía como defensa

DISTRIBUCIÓN PORCENTUAL DE LA POBLACIÓN OCUPADA POR SECTOR DE ACTIVIDAD ECONÓMICA

Secundario 18.10%

Terciario 45.80%

Primario 35.90%

Inespecífico 0.20%

DISTRIBUCIÓN DE LA POBLACIÓN POR TAMAÑO DE LA LOCALIDAD

Hasta 2,500 28.80%

Más de 15,000 52.90%

Entre 2,500 y 15,000 18.30%

PROMEDIO DE ESCOLARIDAD DE LA POBLACIÓN DE 15 AÑOS Y MÁS, POR SEXO, 1995

AÑOS

Hombres 7.10

Mujeres 6.30

Promedio 6.70 años

POBLACIÓN DE 5 AÑOS Y MÁS HABLANTE DE LENGUA INDÍGENA, 1995

- Población de 5 años y más 560,461
- Población de 5 años y más hablantes de lenguas indígenas 89,180 (15.91%)

LÍNEAS TELEFÓNICAS EN SERVICIO Y APARATOS PÚBLICOS, 1994

Líneas en servicio 33,042

Aparatos públicos 917 Un aparato por cada 1,000 habitantes

LONGITUD DE LA RED DE CARRETERAS POR SUPERFICIE DE RODAMIENTO, 1995

Longitud: 3,579 Km

Terracería y revestida 33.10%

Pavimentada 66.90%

PRODUCTO INTERNO BRUTO (PIB) A PRECIOS CORRIENTES

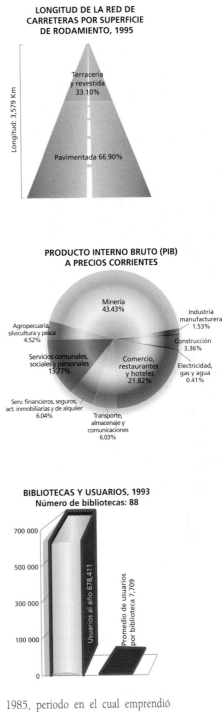

Minería 43.43%

Industria manufacturera 1.53%

Agropecuaria, silvicultura y pesca 4.52%

Construcción 3.36%

Servicios comunales, sociales y personales 13.77%

Comercio, restaurantes y hoteles 21.82%

Electricidad, gas y agua 0.41%

Serv. financieros, seguros, act. inmobiliarias y de alquiler 6.04%

Transporte, almacenaje y comunicaciones 6.03%

BIBLIOTECAS Y USUARIOS, 1993
Número de bibliotecas: 88

Usuarios al año 678,411

Promedio de usuarios por biblioteca 7,709

Eduardo J. Lavalle Urbina y le sucedieron Manuel J. López Hernández (1949-55) y Alberto Trueba Urbina (1955-61), que promovió se aprobara una nueva Constitución local. De 1961 a 1967 el Ejecutivo se depositó en José Ortiz Ávila, quien fomentó la educación, creó infraestructura, estimuló la producción, fundó un amplio sistema de servicios médicos y, en su afán modernizador, derribó monumentos históricos o arquitectónicos. De 1967 a 1973, en que renunció, fue gobernador Carlos Sansores Pérez. El gobernador sustituto fue Carlos Pérez Cámara y le siguió Rafael Rodríguez Barrera (1973-79). Eugenio Echeverría Castellot gobernó a Campeche de 1979 a

FOTO: FONDO EDITORIAL DE GRUPO AZABACHE

ataques de los piratas a la costa de Campeche

1985, periodo en el cual emprendió grandes obras para ganarle terreno al mar, pese a que Campeche tiene una densidad demográfica varias veces inferior al promedio nacional. Abelardo Carrillo Zavala fue elegido para gobernar de 1985 a 1991. Jorge Salomón Azar García gobernó durante el periodo 1991-97. En 1997, José Antonio González Curi tomó posesión para el periodo que finaliza en el año 2003.

Campeche, capital y puerto de altura

José Campillo Sainz

CAMPECHE ◆ Municipio del estado del mismo nombre. La cabecera, sede de los poderes estatales y puerto de altura, se halla frente a la bahía de Campeche, en el golfo de México, y limita con Tenabo, Hopelchén y Champotón. Superficie: 3,410.64 km². Habitantes: 204,533, de los cuales 54,673 forman la población económicamente activa. Hablan alguna lengua indígena 14,530 personas mayores de cinco años (maya 12,062 y mame 1,020), de las cuales 115 no saben español. En la jurisdicción se halla la zona arqueológica de Edzná. La cabecera, que está comunicada por ferrocarril, carretera, mar y aire, se llamó Campeche de Baranda entre 1892 y 1902. Es sede de la diócesis del mismo nombre. La ciudad conserva parte de las murallas, de ocho metros de altura en promedio, que se empezaron a construir a principios del siglo XVII con fines defensivos. De poco sirvieron en 1678, cuando la ciudad fue tomada y saqueada por piratas, por lo cual se construyeron, entre 1686 y 1704, ocho baluartes artillados a los que unían las murallas. En el porfiriato se inició la demolición de los altos muros y en 1987 quedaban solamente unos 600 metros de los casi tres kilómetros que protegían la ciudad.

CAMPERO DE SOBREVILLA, JOSÉ ◆ n. en España y m. en Mérida, Yuc. (?-1662). Fue designado gobernador de Yucatán en 1657 y asumió el cargo en 1660, el que conservó hasta su muerte.

CAMPESINO, PILAR ◆ n. en el DF (1945). Estudió psicología y literatura. Es guionista de teatro y cine. Firma también como Pilar Retes y Ly Seter. Autora de las obras *Los objetos malos* (1967, Mención de honor en el Festival de Primavera del INBA), *Verano negro* (1968), *La partida* (1989) y *Octubre terminó hace mucho tiempo* (1974); y del guión cinematográfico *Chin-Chin, el teporocho*, basada en la novela de Armando Ramírez. Becaria del Centro Mexicano de Escritores (1968-69).

CAMPILLO, SANTIAGO ◆ n. en San Miguel de Horcasitas, Son., y m. ¿en Tepic? (1806-1878). Hacendado. Fue presidente municipal de Guaymas y durante el imperio prefecto de ese puerto y después de Sonora, con sede en Ures. Al triunfar los republicanos en la entidad huyó a Estados Unidos. Regresó después a México protegido por Manuel Lozada y radicó en Tepic.

CAMPILLO GARCÍA, JOSÉ I. ◆ n. en el DF (1950). Licenciado en derecho por la UNAM (1969-74), con maestría por la Universidad de Birmingham (1974-75). Miembro del PRI desde 1969. Ha sido subdirector general Jurídico del Registro Nacional de Transferencia de Tecnología, gerente de Planeación del Sistema Conasupo, secretario técnico del Gabinete de Comercio Exterior de la Presidencia de la República, miembro del grupo negociador para el ingreso de México al GATT, magistrado numerario de la primera Sala Civil del Tribunal Superior de Justicia del DF y subsecretario de Regulación y Fomento Sanitario de la SSA. Ha escrito en *El Financiero*, *El Día* y *El Sol de México*. Autor de *La otra doctrina social de la Iglesia* (1990).

CAMPILLO SAINZ, JOSÉ ◆ n. y m. en el DF (1917-1998). Licenciado en dere-cho por la UNAM con posgrado en Roma. Fue presidente de las siguientes agrupaciones: Asociación de Industriales Latinoamericanos (1967-68), Asociación Mexicana de Higiene y Seguridad, Asociación Mexicana de Minería (1940-62), Barra Mexicana de Abogados, Cámara Minera de México (1958-64), Cámara Nacional de la Industria del Hierro y del Acero, del Comité Coordinador de Actividades Internacionales de la Iniciativa Privada, de la Confederación de Cámaras Industriales y del Consejo Nacional de la Publicidad. Director del Centro Nacional de Productividad, subsecretario de Industria (1970-73), secretario de Industria y Comercio (1974-76) y director general del Infonavit desde 1976. Recibió condecoraciones de varios países. Autor de *Derechos fundamentales de la persona humana*. *Derechos sociales* (1952), *Legislación sobre el uranio* (1955), *Los recursos naturales no renovables* (1960) y *Los trabajos regulares en las minas*.

CAMPILLO SEYDE, ARTURO ◆ n. en Paso del Macho, Ver., y m. en el DF (1884-1958). Inició su carrera militar en el ejército porfirista. Se mantuvo después en las fuerzas felicistas. Se adhirió en 1920 al Plan de Agua Prieta. Fue diputado y senador por Veracruz y gobernador del territorio de Quintana Roo (1930-31). En 1940 fue candidato al gobierno de Veracruz.

CAMPIRÁN VILLICAÑA, EUNICE ◆ n. en Toluca, Edo. de Méx., y ¿m. en Guatemala? (1942-¿1966?). Militante trotskista. Estudió relaciones internacionales en la UNAM. Perteneció al comité central de la Liga Obrera Marxista y del Partido Obrero Revolucionario. Acompañó a David Aguilar Mora a Guatemala. Cuando éste fue secuestrado por la fuerza pública de ese país, Eunice regresó a México y organizó una campaña para exigir respeto a su vida y su presentación. En marzo de 1966 volvió a Guatemala, fue aprehendida y desde entonces desapareció. Se presume que fue asesinada.

CAMPO, ÁNGEL DE ◆ n. y m. en la ciudad de México (1868-1908).

Escritor. Dejó los estudios de medicina para contribuir al sostenimiento de su familia. Alternó su empleo en la Secretaría de Hacienda con el periodismo, en el que escribía con los pseudónimos de *Micrós* y *Tic-Tac*. Hizo personalmente tres recopilaciones de sus artículos: *Ocios y apuntes* (1890), *Cosas vistas* (1894) y *Cartones* (1897). Otros libros formados con sus textos periodísticos aparecieron después de su muerte: *Pueblo y canto* (1939), *Ángel de Campo (Micrós, Tic-Tac). El Drama de su vida. Poesía y Prosa selecta* (1946), *Crónicas y relatos inéditos* (1969), *Apuntes sobre Perico Vera y otros cartones de azul* (1984), relatos publicados en la *Revista Azul* (1894-96); y *Las Rulfo y otros chismes del barrio* (1985). Su novela *La rumba*, aparecida originalmente por entregas en *El Nacional*, entre 1890 y 1891, se editó por primera vez como libro en un tiraje de 50 ejemplares hecho en 1951 por Elizabeth Helen Miller. Fernando Tola de Habich, estudioso de su obra, considera que sólo se ha publicado una tercera parte de ella.

CAMPO, GERMÁN DE ◆ n. y m. en la ciudad de México (1904-1929). Era uno de los líderes estudiantiles de la Escuela Nacional de Jurisprudencia cuando se unió a la campaña de Vasconcelos (1929). Fue asesinado por pistoleros del gobierno cuando participaba como orador en un mitin.

CAMPO, XORGE DEL ◆ n. en el DF (1945). Estudió en la Facultad de Filosofía y Letras de la UNAM y en El Colegio de México. Ejerce el periodismo desde 1966. Ha sido subjefe de prensa de la Secretaría de Turismo (1979-81) y coordinador editorial de *El Nacional* (1983-85). Director de las editoriales Luzbel y Fin de Siglo (1982-86). Colaborador de *La Gaceta de la UNAM, El Universal, El Periódico, El Heraldo de México* y *Excélsior*. Autor de poesía: *Fogata de zarzas en la aurora* (1966), *Animal de amor* (1972), *El libro rojo de Xórgeres* (1981), *El diablo Eros* (1983), *Flauta de ceniza* (1985) y *Relámpago de nardos* (1987); de novelas: *Fusil en llamas* (1983) y *Caramelo* (1987);

cuentos: *Hospital de sueños* (1979); antologías: *Narrativa joven de México* (1969), *Poesía femenina de América Latina* (1973), *Poesía joven de Chile* (1975), *Cupido de lujuria* (1983), *Cuentistas y novelistas de la revolución mexicana* (8 t., 1985), *El cuento del futbol* (1986), *Cuentos campesinos de Alfonso Fabila* (1986), *Poesía proletaria de México* (1986) y *Los poetas malditos de México* (1987); y de ensayos y reportajes: *La pornografía* (1975), *Historia de la prostitución en México* (1976), *El alcoholismo en México* (1977), *La pobreza urbana en México* (1977), *Qué es la guerra* (1977), *La epidemia baudeleraiana: los poetas malditos en México* (1983) y *Los días que despertaron a México* (1989).

CAMPO MORADO ◆ Sierra de Guerrero que atraviesa el macizo principal de la sierra Madre del Sur. Se halla en el centro del estado, al norte de Acapulco y al sur del río Balsas.

CAMPOBELLO, GLORIA ◆ n. en Hidalgo del Parral, Chih., y m. en el DF (1919-1968). Fue bailarina desde mediados de los años 30 hasta los 50. Hizo coreografías y espectáculos dancísticos, algunos de ellos con su hermana Nellie, con quien es autora de *Ritmos indígenas de México* (1940) y con la cual fundó el Ballet de la Ciudad de México. Bailó por última vez el 17 de junio de 1958.

CAMPOBELLO, NELLIE ◆ n. en Villaocampo, Dgo., y m. en Progreso de Obregón, Hgo. (1900-1986). Nombre profesional de Francisca Luna Moya. Bailarina, coreógrafa e investigadora de las danzas autóctonas. Fundadora del Ballet de la Ciudad de México y de la Escuela Nacional de Danza (1932). Realizó giras por España, Francia y Alemania. Está considerada una de las principales figuras de la narrativa de la Revolución Mexicana. Autora de poesía: *Yo, versos por Francisca* (1928); y narrativa: *La procesada de la duquesa* (1912), *Cartucho, relatos de la lucha en el norte de México* (1931), *Vámonos con Pancho Villa, Los hombres del norte, Las manos de mamá* (1937) y *Apuntes sobre la vida militar de Francisco Villa* (1940). Con su hermana Gloria escribió *Ritmos indíge-*

Nellie Campobello

nas de México (1940). En 1960 se hizo una edición de sus obras completas bajo el título de *Mis libros*. En 1997 apareció *Nellie Campobello*, biografía de Irene Matthews.

CAMPODÓNICO, RODOLFO ◆ n. en Hermosillo, Son., y m. en EUA (1866-1926). Músico. Compuso alrededor de un millar de piezas, entre ellas gran número de valses, el más conocido de los cuales es *Club verde*.

CÁMPORA, HÉCTOR JOSÉ ◆ n. en Argentina y m. en Cuernavaca, Mor. (1909-1980). Odontólogo. Candidato a la presidencia argentina que, a nombre de Juan Domingo Perón, vetado por los militares, fue elegido presidente el 11 de marzo de 1973. Ya en el poder, convocó a nuevas elecciones que permitieran el acceso de Perón a la presidencia. Tras la muerte de éste fue, involuntariamente, cabeza de un Partido Peronista Auténtico impulsado por la guerrilla de los Montoneros. Tras el golpe de Estado de 1973 se exilió en México.

CAMPOS, JOSÉ E. ◆ n. en Puebla, Pue., y m. en el DF (1875-1940). Periodista. Trabajó en *El Diario* y *El Imparcial*. Fue secretario, jefe de redacción y director de *Excélsior* desde su fundación hasta 1924. Luego editó un periódico en San Antonio, Texas. Dirigió *El Siglo de Torreón*, y *La Prensa*, de la ciudad de México.

CAMPOS, JULIETA ◆ n. en Cuba (1932). Escritora. Llegó en 1954 y se naturalizó mexicana. Doctora en letras por la Universidad de La Habana con estudios de posgrado en la Sorbona. Ha sido investigadora de la UNAM. Fue traductora del FCE y Siglo XXI. Integrante del Consejo Editorial de *Vuelta*. Colaboradora de las principales publicaciones literarias. Dirigió la *Revista de la Universidad* (1981-85). Coautora, con Enrique González Pedrero, de *Las voces de la naturaleza* (1982). Autora de ensayo: *La imagen en el espejo* (1965), *El oficio de leer* (1971), *Función de la novela* (1973), *La herencia obstinada* (1982), *Bajo el signo de Ix Bolon* (1988), *El lujo del sol* (1988), *Un heroísmo secreto* (1989), *¿Qué hacemos con los pobres?* (1995) y *Tabasco: un jaguar despertado* (1996); novela: *Muerte por agua* (1965, publicada como *Reunión de familia* en 1998), *Tiene los cabellos rojizos y se llama Sabina* (1974, Premio Xavier Villaurrutia) y *El miedo de perder a Eurídice* (1979); relatos: *Celina o los gatos* (1968); y teatro: *Jardín de invierno* (1988). En 1998 apareció el libro *Reunión de familia* con varias de sus obras. Becaria del Centro Mexicano de Escritores (1966-67). Fue presidenta del Pen Club de México.

FOTO: PAULINA LAVISTA

Julieta Campos

CAMPOS, MARCO ANTONIO ◆ n. en el DF (1949). Escritor. Trabaja como promotor cultural en la UNAM donde dirige el *Periódico de Poesía*. Colabora en la revista *Proceso* y otras publicaciones. Conduce un programa literario en Radio Universidad. Fue jefe de redacción de la revista *Punto de Partida*. Colaborador de *Vuelta*, *La Semana de Bellas Artes* y *Revista de la Universidad*. Ha hecho traducciones de poesía francesa e italiana. Coautor del libro de cuentos *Noticias contradictorias* (1972). Autor de cuento: *La desaparición de Fabricio Montesco* (1977), *No pasará el invierno* (1985) y *Desde el infierno y otros cuentos* (1987); novela: *Que la carne es hierba* (1982) y *Hemos perdido el reino* (1987); ensayo: *Señales en el camino* (1983) y *Siga las señales* (1990); poesía: *Muertos y disfraces* (1974), *Una señal en la sepultura* (1978), *Hojas de los años* (1981), *La muchacha que vino del sol* (1985), *Monólogos* (1985) y *Un recuerdo por la bandera de Utopía. 1968* (1988);

antologías: *Poemas sobre el movimiento estudiantil de 1968* y *Narraciones sobre el movimiento estudiantil de 1968* (ésta con Alejandro Toledo); y entrevista: *De viva voz* (1982). En 1972 recibió el Premio Diana Moreno Toscano y en 1992 el premio Xavier Villaurrutia.

CAMPOS, RUBÉN M. ◆ n. en Guanajuato o en Ciudad Doblado, Gto., y m. en el DF (1874 o 1876-1946). Publicó sus primeros textos literarios en la revista *El Plectro*, de León, Gto. Se trasladó muy joven a la capital del país donde colaboró en *El Demócrata*, *Vida Moderna*, *El Universal* y, entre otras, en la *Revista Moderna*. Fue redactor de la *Gaceta Musical*. Escribió libretos para varias óperas; poesía: *La flauta de Pan*, (1900); relatos: *Cuentos mexicanos* (1897), *Las alas nómadas* (1922); novela: *Claudio Oronoz* (1906); trabajos de investigación: *El folklore y la música mexicana* (1928), *El folklore literario de México* (1929), *El folklore musical de las ciudades* (1930), *Aztlán, tierra de garzas* (1936), *La producción literaria de los aztecas* (1936) y *Tradiciones y leyendas mexicanas* (1938).

CAMPOS, SALVADOR ◆ n. en el DF (1944). Licenciado en derecho por la UNAM. Ingresó al servicio exterior mexicano en 1970. Ha sido comisionado en las embajadas mexicanas en Bélgica, Luxemburgo y Rumania; ministro de la embajada en Washington, cónsul general en París y embajador de México en Marruecos (1990-).

CAMPOS, SEBASTIÁN I. ◆ n. en Veracruz y m. en Orizaba, Ver. (1840-1891). A los nueve años trabajaba como aprendiz en la imprenta de Ignacio Cumplido, en la ciudad de México. Participó en la revolución de Ayutla, luchó contra los conservadores en la guerra de los Tres Años y combatió la intervención francesa y el imperio. Fue secretario de Gobierno de Veracruz (1864). Enfermo, fue a curarse al puerto de Veracruz, donde intentó comprar pertrechos de guerra a las tropas francesas que se habían concentrado para su retirada. Al descubrirse que deseaba los implementos de guerra

para los republicanos de Sotavento, el mando francés ordenó su aprehensión, pero logró huir. A la restauración de la República se instaló en Orizaba, donde dirigió *El Pensamiento Libre*, periódico liberal (1890-91). Autor de *Recuerdo histórico de la ciudad de Veracruz y costa de Sotavento del estado durante las campañas* (1895).

CAMPOS ALATORRE, CIPRIANO ◆ n. en Tatalpa, Jal., y m. en el Edo. de México (1906-1934). Maestro rural. Escribió un libro de cuentos: *Los fusilados* (1934).

CAMPOS BRAVO, MARIO RODOLFO ◆ n. en el DF (1946). Estudió odontología en la UNAM (1964-68), donde fue profesor. Miembro del PRI. Ha sido vicepresidente de la Asociación Nacional de Cirujanos Dentistas y secretario general del Sindicato Nacional de Trabajadores del ISSSTE (1983-); secretario de la comisión de promoción deportiva, de la comisión política nacional y de la comisión nacional de asuntos médicos de la Federación de Sindicatos de Trabajadores al Servicio del Estado (1977-83); secretario de la comisión de trabajo y legislación del Congreso del Trabajo (1984-85) y diputado federal (1985-88). Autor de *Primera visita del paciente infantil al consultorio dental* y *La odontología social*. Pertenece a la Federation Dentaire Internationale. Presidente de la Federación Interamericana de los Trabajadores de la Salud y Seguridad Social (1984-).

CAMPOS DÍAZ Y SÁNCHEZ, MANUEL ◆ n. en Gómez Palacio, Dgo., y m. en el DF (1917-1995). Escritor y periodista. Trabajó en la estación radiofónica XEDT de Gómez Palacio y en el diario *El Siglo de Torreón*. Fue locutor de las emisoras XEQK, de la ciudad de México, y XEKJ, de Acapulco, y jefe de pista y director artístico del Circo Unión. En 1947 comenzó a colaborar como epigramista en *Últimas Noticias* y en 1951 se convirtió en reportero y epigramista de *Excélsior* y de *Revista de Revistas*, donde trabajó 48 años y escribió unos 15 mil epigramas. Autor de *Flores de papel* (1945), *Versos perversos* (1968) y *Versos* *satánicos* (1990). En 1978 recibió el Premio Nacional de Periodismo.

CAMPOS ELGUERO, MAURICIO M. ◆ n. y m. en la ciudad de México (1878-1912). Arquitecto. Entre sus obras se cuentan el edificio que ocupa la Embajada de Rusia y la actual sede de la Asamblea Legislativa del Distrito Federal, en Donceles y Allende.

CAMPOS GONZÁLEZ, JORGE ◆ n. en el DF (1952). Se graduó como ingeniero agrónomo en Canadá. Desde 1979 pertenece al PRI, donde ha sido secretario del secretario de Capacitación Política del CEN (1981-83). Secretario de senador (1983-85), secretario privado del gobernador de Querétaro (1985-87) y oficial mayor del gobierno del mismo estado (1987-).

CAMPOS GUTIÉRREZ, ROSA MARÍA ◆ n. en Jalapa, Ver. (1942). Licenciada en ciencias y técnicas de la información. Ha sido reportera de la televisión privada y del diario *Ovaciones*. Fue jefa de Prensa y Relaciones Públicas del Sistema de Transporte Colectivo y diputada federal por el XXII distrito de Veracruz (1979-82). Pertenece al grupo de periodistas *Veinte mujeres y un hombre*. Autora de *Al encuentro del gurú* (1995).

CAMPOS HERNÁNDEZ, ALBERTO ◆ n. en Fresnillo, Zac. (1951). Sacerdote. En 1998 Juan Sandoval Íñiguez, arzobispo de Guadalajara, lo consagró obispo de San José de Amazonas en Perú.

CAMPOS ICARDO, SALVADOR ◆ n. en el DF (1944). Abogado por la UNAM y maestro en integración europea por la CEE. Ingresó al servicio exterior en 1970. Ha sido jefe de Información Consular (1970), de Tratados Internacionales (1971) y director general para América Latina en la Secretaría de Relaciones Exteriores. Ministro encargado de Asuntos Políticos en Washington (1977-81), encargado de Negocios en Brasil (1978) y ministro de Asuntos Políticos en París. Fue ascendido a embajador en 1982 y ha estado acreditado en Marruecos (1989-95), Grecia (1995-98). Actual director para Europa de la SRE.

CAMPOS KUNHARDT, JUAN ◆ n. y m.

en Guadalajara, Jal. (1874-1942). Se tituló como médico en 1899. Fue director de la Escuela de Medicina y rector de la Universidad de Guadalajara.

CAMPOS LÓPEZ, RAFAEL ◆ n. en Teziutlán, Pue. (1920). Médico cirujano titulado en la UNAM (1942-47). Es miembro fundador del Partido Popular (1948), más tarde Popular Socialista (1961), del cual fue secretario general en Puebla. Ha sido presidente municipal de Teziutlán (1972-75) y dos veces diputado federal (1977-79 y 1988-91).

CAMPOS NAVARRETE, JORGE ◆ n. en Acapulco, Gro. (1966). Futbolista. Ha jugado con los equipos Pumas de la UNAM, Atlante y Cruz Azul en el futbol mexicano y en el Galaxie de Los Ángeles y el Chicago Fire en la liga estadounidense. Como portero de la selección nacional empezó en 1991 y ha jugado 119 partidos, entre ellos en los torneos de la Copa América de 1993, 1995 y 1999, los Juegos Olímpicos de Atlanta 1996, varias copas Confederaciones y los mundiales de futbol de EUA en 1994 y de Francia en 1998.

CAMPOS ORTIZ, OCTAVIO ◆ n. en el DF (1957). Licenciado en periodismo y comunicación por la UNAM (1975-79). Profesor de la ENEP-Acatlán (1980-85). Ha sido investigador de la Dirección General de Estudios Administrativos de la Secretaría de la Presidencia (1976), reportero del Infonavit (1977-80), jefe de prensa de la Secretaría de Gobernación (1980-82), Caminos y Puentes Federales de Ingresos (1982-83) y el Instituto Mexicano del Seguro Social (1983-84); y responsable de las unidades de comunicación social de la Secretaría de Gobernación (1984-88) y de la Procuraduría General de Justicia del Distrito Federal (1989-). Coautor de *México a través de los informes presidenciales: la administración pública* (1976).

CAMPOS ORTIZ, PABLO ◆ n. y m. en el DF (1899-1963). Diplomático. Representó a México en Chile, Ecuador, EUA, Honduras, Holanda y Nicaragua. Oficial mayor de la Secretaría de Relaciones Exteriores y encargado del despacho en ausencia del titular, Ezequiel Padilla, y

del subsecretario, Manuel Tello, del 18 de abril al 7 de julio de 1945.

CAMPOS PONCE, XAVIER ◆ n. en la ciudad de México (1908). Periodista. Fue uno de los fundadores de *La Prensa* y ha colaborado en gran número de publicaciones. Autor, entre otras obras, de *Efectos económicos de la publicidad* (1952) y *Los yanquis y Sandino* (1962).

CAMPOS SALAS, OCTAVIANO ◆ n. y m. en San Luis Potosí, SLP (1916-1998). Economista (UNAM) con estudios de posgrado en EUA. Ejerció como maestro rural y después como profesor de la Escuela Nacional de Economía. Secretario general del Sindicato Nacional de Trabajadores de la Enseñanza de la República Mexicana (1938-40). Director de la Escuela Nacional de Economía y simultáneamente del Instituto de Estudios Políticos, Económicos y Sociales del PRI (1963-64). Secretario de Industria y Comercio (1964-1970). Embajador en Alemania Federal. Autor de *El sentido dinámico en el México económico de nuestros días* (1965). Otros textos suyos han aparecido en revistas especializadas y en libros colectivos. Perteneció a El Colegio Nacional de Economistas, que presidió entre 1957 y 1959.

CAMPOS VEGA, JUAN GUALBERTO ◆ n. en Mérida, Yuc. (1950). Economista por el IPN. Militó en el PPS desde 1972, en el que fue miembro del Comité Central (1978-81) y de la Comisión Nacional de Política Electoral (1979-85). Ha sido diputado local (1988-90) y dos veces diputado federal (1982-85 y 1991-94).

CAMPOSECO, VÍCTOR MANUEL ◆ n. en Tapachula, Chis. (1943). Piloto y escritor. Estudió en el Colegio del Aire, de Zapopan. Es diplomado en literatura por el ITAM e hizo los estudios de maestría en letras modernas en la UIA. Es piloto de la línea Aeroméxico. En la Asociación Sindical de Pilotos Aviadores se ha desempeñado como secretario de prensa y del interior y fue secretario general interino (1997-98). Ha colaborado en *El Financiero*, *Punto*, *El Nacional*, *Mira* y otras publicaciones. Coautor de *Reconversión industrial y lucha sindical*

Octaviano Campos Salas

(1989). Autor de *Side Step. Crónica de un crimen colectivo* (Premio Nacional de Crónica, 1994) y de la novela *Correo de Hiroshima* (1995). Fue becario del Consejo para la Cultura y las Artes del estado de Morelos (1995-96).

CAMPOSECO CADENA, MIGUEL ÁNGEL AUGUSTO ◆ n. en el DF (1939). Abogado. Fue secretario particular del vocal de la Comisión Constructora de la Secretaría de Salubridad y de Rodolfo González Guevara cuando éste era líder de la mayoría en la Cámara de Diputados. Fue secretario auxiliar del Movimiento Nacional de la Juventud Revolucionaria. Diputado federal por el PRI capitalino (1979-82).

CAMPUZANO, ANTONIO ◆ n. y m. en la ciudad de México (1810-1866). Militar. Combatió la intervención estadounidense y la incursión filibustera de 1854. Santanista y conservador, se puso al servicio del imperio y de los franceses.

CAMPUZANO, JUAN R. ◆ n. en Tixtla y m. en Chilpancingo, Gro. (1912-1989). Su primer apellido era Rodríguez. Estudió en la Escuela Nacional de Maestros y en la Normal Superior. En la Universidad de Buenos Aires asistió a un curso de teatro becado por la UNESCO. Ejerció la docencia en centros de enseñanza de Guerrero y el DF. Colaboró en periódicos de Guerrero y el Distrito Federal. Fue jefe de redacción de *Nuestro Partido*, órgano nacional del PRI. Fundó y dirigió en Acapulco el tabloide *Pueblo* (1940), en Iguala, *Realidades* (1947), el diario *Trópico de Iguala* (1962) y *El Garabato* (1963); en Chilpancingo, *El Diario de Guerrero* (1949), *El Pípila* (1950) y *Animal Político* (1962); y en la capital del país, *El Constitucionalista* (1949), *Paralelo 20* (1949), *Normal* (1950), *Boletín de Enseñanza Normal* (1950), *Benito. Revista para Niños y Jóvenes* (1951) y *El Correo de la SALM* (1963). Fue diputado al Congreso local de Guerrero (1952-54) y director estatal de Turismo. Autor de novelas: *La sombra íntima* (Premio Ciudad de México 1946), *La ciega* (Premio del Certamen Anual del Estado de

Guerrero), *Sirena del Balsas* (Premio del Certamen Anual del Estado de Guerrero 1952), y *La voz de la tierra* (Premio de los Terceros Juegos Florales del Estado de Guerrero 1961); cuentos: *La hija del caporal* (1944), *Jesusón* (Premio Nacional de la SEP 1945), *El psicologeador* (Premio de la Revista *Nosotros* 1947), *Cara de Perro* (Premio de la Revista *Tricolor* 1948), *El rapto* (Premio del Diario *El Nacional* 1948), *Una investigación* (Premio de la Revista *Salud* 1949), *Rafael* (Premio de la Revista *Cuentalia* 1952), *Amparo* (Premio del Concurso Internacional del diario *El Nacional* 1954), *La parota* (Premio de los Juegos Florales de la Tierra Caliente del Estado de Guerrero 1959) y *Cuentos para niños y para hombres* (1964); ha escrito *Cartas a mis hijos* (1963) y semblanzas de Miguel Hidalgo (Premio Nacional del Diario *Novedades* 1953), Altamirano (1955), Cuauhtémoc (Premio del Certamen de Periodismo del Congreso de Prensa del Estado de Guerrero 1955), Vicente Guerrero (1956), Felipe Carrillo Puerto (1956), Hermenegildo Galeana (1956), Juan Álvarez (1957), y *Cinco héroes de Guerrero* (1961). Cofundador del grupo literario Vórtice, de la Tribuna de México, de la Liga de Escritores y Artistas Revolucionarios y otras organizaciones. Desde 1953 fue miembro de la Sociedad Mexicana de Geografía y Estadística.

CAMPUZANO FERNÁNDEZ, MANUEL ◆ n. en la ciudad de México (1925). Médico cirujano titulado en la UNAM (1943-48) y maestro en gastroenterología por el Instituto de la Nutrición (1951-53) con posgrado en cirugía en la Lahey Clinic, de EUA (1956-57). Profesor de la UNAM. Ha sido secretario del Sindicato de Trabajadores (1964-79), jefe de la División de Cirugía (1964-82) y director general del Instituto Nacional de Nutrición Salvador Zubirán (1982-). Es miembro de la Asociación Mexicana de Cirugía, miembro honorario de la Asociación Costarricense de Hospitales y de la Asociación Peruana de Cirugía. Fue presidente de la Asociación Mexi-

cana de Gastroenterología (1976).

CANADÁ ◆ Estado de América del Norte que limita al sur con Estados Unidos, al este con el océano Pacífico, al noreste con Alaska, al norte con el océano Ártico y al este con el Atlántico. Es miembro de la Mancomunidad Británica de Naciones. La jefa de Estado es la reina Isabel de Inglaterra. Se rige por un gobierno parlamentario y federal. Superficie, con islas, lagos y ríos: 9,976,137 km². Habitantes: 30,200,000. El territorio está dividido en diez provincias: Nueva Escocia, Nuevo Brunswick, Quebec, Ontario, Manitoba, Columbia Británica, Isla del Príncipe Eduardo, Alberta, Saskatchewan y Terranova, así como los territorios del Yukón, del Noroeste y Nunavut. La capital es Ottawa. Las principales ciudades son Montreal, Toronto, Vancouver, Winnipeg, Hamilton, Edmonton y Quebec. La población se concentra en una octava parte del territorio nacional, principalmente en el sureste. El idioma oficial es el inglés, pero hay más de cinco millones de francoparlantes, especialmente en la provincia de Quebec. A la llegada de los europeos, el norte del territorio estaba habitado por esquimales y el sur por hurones, algonquinos e iroqueses. Hay rastros de expediciones vikingas, entre otras la encabezada por Leif Ericson, quien hacia el año 1000 debió tocar las costas de Terranova. En 1497 arribó Juan Sebastián Cabot y entre 1534 y 1541 Jacques Cartier realiza varios viajes y toma posesión de Nueva Francia (en la ahora provincia de Quebec). Poco después, por el occidente, el navegante español Juan de Fuca llega hasta el canal que ahora lleva su nombre y que separa al territorio estadounidense de la isla de Vancouver. Se creyó entonces que mediante ése y otros canales se unían los océanos Pacífico y Atlántico. Hacia 1582 otro navegante bajo bandera española, Francisco Gali, toca la costa occidental y llega cerca del paralelo 50, posiblemente a la isla de Nutka. En 1602 Antonio Flores creyó ver el estrecho de Fuca, sin que llegara a probarlo. Es hasta el siglo XVII cuando en el este se produce la colo-

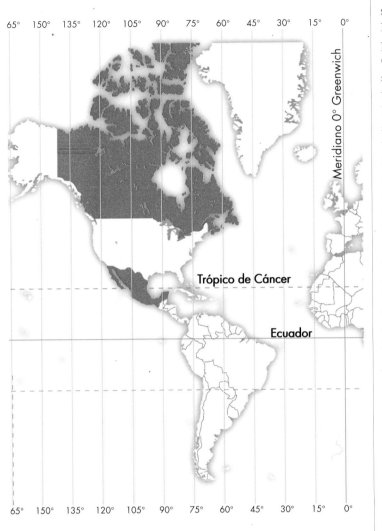

65° 150° 135° 120° 105° 90° 75° 60° 45° 30° 15° 0°

Meridiano 0° Greenwich

Trópico de Cáncer

Ecuador

65° 150° 135° 120° 105° 90° 75° 60° 45° 30° 15° 0°

México mantiene estrechas relaciones comerciales y culturales con Canadá

lado de ellos, ingleses y estadounidenses *compraban* territorios al jefe indio Macuina. En ocasiones el pago era con pólvora y fusiles, lo que alarmó a la Corona española al extremo de enviar a sus abandonadas posesiones, en 1789, una expedición al mando de Estevan Martínez, quien después de bautizar una saliente de tierra como punta Estevan, nombre que conserva hasta ahora, se dedicó a ejercer funciones policiacas contra los comerciantes portugueses e ingleses que encontró. Como su proceder afectaba los intereses económicos de los indios, éstos protestaron. Martínez apaciguó a Macuina con regalos, pero el cacique Quelequem reiteró su protesta, a la cual respondió el español, dice José Mariano Mociño, con "la bárbara resolución de mandarlo matar de un fusilazo, con lo que su cadáver quedó flotando sobre las aguas". El crimen no parece haber tranquilizado a los indios, pues en 1790 se envió a Francisco de Eliza a relevar al "asesino Piloto de San Blas, fama que se le tiene (a Martínez) en el Archipiélago del Norte", según el mismo Mociño. Con Eliza iba Pedro Alberni, mezcla de diplomático, juglar e ingeniero civil, quien lo mismo construyó pozos y acueductos que compuso un himno bi-

nización en gran escala, primero de franceses, encabezados por Samuel de Champlain, quien visitó Nueva España (1600-1601), y posteriormente de británicos, que acaban por pelear entre sí a fines de ·esa centuria y en la siguiente, hasta que en 1763 Francia reconoce a Canadá como posesión inglesa. Once años después Londres concedió una relativa autonomía a la Nueva Francia, que se divide en 1791 en dos provincias: Quebec y Ontario. En 1774 resurgió el interés de Madrid por el norte del continente y Juan Pérez llegó a Nutka, donde intercambió baratijas por pieles de nutria y, como era costumbre, declaró que aquel territorio pertenecía a la corona

española. Cuatro años después llega hasta ahí el inglés James Cook y, al igual que los españoles, intercambia baratijas por pieles de nutria y declara que aquel territorio pertenece a la Corona británica. De esta manera, como diría Humboldt más tarde, se creaban los "imaginarios derechos que los europeos se habían figurado adquirir sólo con plantar crucecitas, dejar letreros colgados de los troncos o ramas de los árboles o enterrando vasijas y botellas". El juego continuó al año siguiente, cuando Bruno Hezeta, Juan de Ayala y Juan de la Bodega y Quadra se presentaron en la costa occidental canadiense y bautizaron algunos lugares con nombres españoles. Al

Edificio principal del Victoria College de la Universidad de Toronto, en Canadá.

Billetes de Canadá con la imagen de la reina Isabel II de Inglaterra; al fondo, la bandera de la hoja de maple

Ya en 1787, Ruiz y Cañete, quien conocía la obra sobre los viajes del capitán Cook y hallaba semejanzas entre las vestimentas y el arte de esa isla con los que se conocían de los antiguos mexicanos, publicó un análisis comparativo del náhuatl y el nutkense. El sabio Antonio Alzate apoyó las conclusiones de Ruiz y Cañete y compartió con él la idea de que ambas lenguas, y por consecuencia los dos pueblos, pertenecían a un tronco común. Mociño, más cauto, no llegó a dar por sentado un parentesco tan íntimo entre los primitivos canadienses y mexicanos, aunque sí escribió un diccionario que pretendía probar la cercanía de los dos idiomas. Mociño, en sus *Noticias de Nutka*, hizo una relación pormenorizada de la región y sus habitantes, misma que sólo se difundió en su totalidad hasta 1913. Hombre sensato, advirtió que España no podría mantener su

Timbre canadiense

precario control sobre Nutka. Los hechos no tardaron en darle la razón. Los peninsulares no llegaron a colonizar esas tierras ni a tener hegemonía real sobre ellas. Humboldt escribió que "algunos tinglados puestos en la playa, un miserable baluarte defendido por algunos pedreros y algunas berzas plantadas en una cerca han estado a punto de excitar una guerra sangrienta entre la España y la Inglaterra". No fueron necesarias las armas para delimitar las fronteras. Por el tratado de El Escorial, España renunció a todo derecho sobre la costa occidental de América del Norte a partir del paralelo 48. A pesar de lo anterior, el asunto no había quedado claro, como lo demuestra el desacuerdo entre Vancouver y Bodega y Quadra. El 11 de enero de 1794 se firmó otro convenio que ratificaba el anterior y, de paso, puso como límite a

las posesiones españolas el paralelo 42. Específicamente, Madrid renunció a Nutka, que hasta entonces, al menos en teoría, pertenecía a la gubernatura de la Alta California. Los tratados no impidieron que la actual isla de Vancouver apareciera como el extremo norte del reino de la Nueva España hasta la consumación de la independencia. Pero el Canadá "mexicano" había dejado de existir. En 1812, después de una guerra con Estados Unidos, Gran Bretaña acordó con ese país las fronteras definitivas de Canadá. La independencia de EUA primero y de los países latinoamericanos después causó una prolongada agitación que no llegó a concretarse en un movimiento autonomista. Londres, en 1848, concedió a Nueva Escocia la facultad de darse un gobierno propio y al año siguiente hizo extensivo ese reconocimiento a Canadá, que entonces era sólo una provincia. En 1867 las provincias forman una confederación y adoptan la forma jurídica de dominio británico con autonomía relativa. Durante las siguientes décadas se van incorporando nuevos territorios a la confederación. En 1886 México y Canadá firmaron un tratado de extradición y en 1895 una delegación mexicana asistió a una reunión multilateral celebrada en Canadá. Diez años después ambas naciones acordaron que la carga de un país a otro fuera transportada por una empresa británica. Este acuerdo se renovó en 1909 y 1912 y su promotor fue A. W. Donly, quien fungía en la capital mexicana como comisionado comercial de Canadá desde 1905. Donly salió del país en 1911 y el servicio marítimo se suspendió en 1913. En 1900 llegó a México John Hubert Cornyn, nativo de Quebec, quien además de ejercer el magisterio durante cuatro décadas, se convirtió en un reconocido experto en lengua y literatura náhuatl, de la que tradujo varias obras al inglés y publicó diversos estudios. También se le debe el libro *Díaz y México*, aparecido en 1910. Los contactos oficiales entre ambos Estados se restablecieron en 1920, cuando intercambiaron representantes comer-

lingüe (en español y la lengua de los nativos) para honrar al enojado Macuina y así ganarse de nuevo su voluntad. Alberni, de alguna manera, logró que los indios entonaran su canción cada vez que veían un buque español y hasta la guarnición estaba obligada a repetir la melodía en cada una de sus operaciones. Pese al talento musical de Alberni, los británicos se negaron a formar parte de sus coros y después de que el capitán Meares presentó en Londres su versión de los hechos ante la Cámara de los Comunes, ésta aprobó que se declarase la guerra a España, la que sólo pudo evitar una convención firmada en El Escorial, en 1791, entre "los excelentísimos señores conde de Floridablanca y Thithevert, plenipotenciario inglés, quienes acordaron que se restituiría a los súbditos británicos las porciones de terreno de que habían sido desposeídos en Nutka" y se les indemnizaría por otras pérdidas. Al año siguiente, George Vancouver en persona se entrevistó en Nutka con Juan Francisco de la Bodega y Quadra. Éste demandó el reconocimiento inglés de la soberanía española sobre esas tierras y el otro respondió con la pretensión de que se aceptara que pertenecían a Su Majestad Británica. Como era de esperarse, no se pusieron de acuerdo y el caso se remitió, dice Xavier Lozoya, a sus respectivas cortes. Con Bodega y Quadra había arribado a la costa canadiense una expedición científica salida de Nueva España, que incluía a los mexicanos Mociño y Atanasio Echeverría, el primero médico y botánico, y dibujante el segundo. El interés por Nutka no era nuevo en México.

ciales. Después de participar en la primera guerra mundial en apoyo de Gran Bretaña, Canadá ingresó en la Sociedad de Naciones (1927). Cuatro años después Londres reconoció el derecho canadiense a manejar libremente su política exterior y a no estar bajo la jurisdicción del parlamento británico. En 1931 se negoció un convenio comercial mexicano canadiense que no llegó a firmarse. Al romperse las relaciones entre Londres y Berlín (1939), Canadá se incorpora a la segunda guerra mundial en el bando aliado. Durante el conflicto bélico las relaciones con México cobraron importancia y el 27 de abril de 1944 se establecieron relaciones diplomáticas. Dos años después se firmó un acuerdo bilateral sobre comercio. En 1950 Canadá es uno de los países que intervienen en Corea. Un año antes Terranova pasó a formar parte del territorio canadiense. En 1956 los presidentes de México y EUA (Ruiz Cortines y Eisenhower) así como el primer ministro de Canadá (St. Laurent) asistieron a la llamada reunión de "Los Tres Grandes de Norteamérica", en White Sulphur Spring. El presidente Adolfo López Mateos hizo una visita de Estado a Canadá en 1959 y al año siguiente el primer ministro John Diefenbaker correspondió con una estancia oficial en la capital mexicana. Como resultado de estos contactos, en 1961 se firmó un acuerdo de aerotransporte con México. En 1967, el entonces presidente francés Charles de Gaulle visita Canadá y ante una gran concentración en Montreal grita: "¡Viva Quebec libre!" Diez años después el gobierno de esta provincia adopta el francés como primer idioma oficial (en el gobierno y en la educación). La separación del resto de Canadá es rechazada por los quebequenses en un referéndum celebrado en 1980. El presidente Luis Echeverría y el primer ministro canadiense intercambiaron visitas en 1973 y 1976, respectivamente. En 1973 se establece el Programa de Intercambio de Jóvenes y Técnicos Especialistas, tres años después se firma un acuerdo cultural y en 1977 entra en vigor un Tratado de Transferencia de Infractores. El mandatario mexicano José López Portillo estuvo en Canadá en 1980 y 1981. Las visitas fueron correspondidas por el primer ministro Pierre Elliot Trudeau en 1981 y 1982, año en que la reina Isabel II amplía la autonomía canadiense, pero ella queda como jefa de Estado, facultada para designar a un gobernador que la representa, el que a su vez nombra a los integrantes del Senado y al primer ministro. En este caso la costumbre lo lleva a designar en ese cargo al líder del partido mayoritario, pues tiene que responder ante la Cámara de los Comunes (diputados), que es directamente elegida por voto popular. De 1980 data el Tratado de Cooperación Industrial y de Energía entre México y Canadá y, de 1981, el Acuerdo sobre el Suministro y Compra de Productos Agrícolas. Durante la década de los ochenta han visitado México un promedio de 300,000 canadienses. El turismo mexicano (70,000 en 1981) es el séptimo en importancia para Canadá. En 1984 el presidente Miguel de la Madrid hace una visita de Estado a Canadá, con la intención de incrementar las relaciones entre ambos países. En 1981 la inversión acumulada canadiense sumaba 132.1 millones de dólares estadounidenses (1.3 por ciento de la inversión extranjera directa), lo que da a Canadá el octavo lugar en este renglón. En los últimos años algunos centros de estudio de Canadá han mostrado interés por las manifestaciones artísticas mexicanas y se han hecho ediciones tanto de autores reconocidos como de jóvenes. En 1993 el Senado canadiense ratificó el Tratado de Libre Comercio con México y Estados Unidos, mismo que entró en vigor el primer día de 1994. En 1995 otro referendo decide que Quebec siga siendo una provincia canadiense y no un nuevo Estado, aunque esta vez los separatistas quebequenses estuvieron a pocos puntos porcentuales de obtener la independencia. En 1996, durante una visita del presidente Ernesto Zedillo a Ottawa, México y Canadá unen esfuerzos diplomáticos para oponerse a la ley estadounidense Helms-Burton, que pretende imponer sanciones a las empresas que hagan negocios con Cuba sobre propiedades de Estados Unidos confiscadas por el gobierno revolucionario. Entre 1994 y 1998, casi 300 ciudadanos mexicanos fueron a Canadá en calidad de asilados políticos. La representación diplomática de Canadá en México es la más importante del área latinoamericana y en el Distrito Federal se halla una oficina del gobierno de Quebec. En 1997, a raíz de unas declaraciones suyas a la revista *Milenio*, en las que despotricaba contra la corrupción en México, el embajador canadiense Marc Perron fue retirado de su misión diplomática.

Timbres de Canadá, al centro, Monedas de uso corriente en Canadá

CANALE, ANTONIO ◆ n. en Hermosillo, Son. (1901-). Licenciado en derecho por la Universidad Nacional. Trabajó para el Poder Judicial. Secretario del Gobierno de Sonora (septiembre de 1943 a febrero de 1946), fungió como gobernador interino durante la ausencia de Abelardo L. Rodríguez (1944-46). Senador por Sonora (1946-52).

CANALE, FRANCISCO C. ◆ n. en Guaymas, Son., y m. en el DF (1873-1934). Se tituló en la Escuela Nacional de Medicina (1897), en la que impartió cátedra. Fue diputado federal, miembro

GABINETES DEL PRESIDENTE VALENTÍN CANALIZO	
(4 DE OCTUBRE DE 1843 AL 4 DE JUNIO DE 1844)	
RELACIONES INTERIORES Y EXTERIORES	
JOSÉ MARÍA DE BOCANEGRA	4 de octubre de 1843 al 4 de junio de 1844
JUSTICIA:	
MANUEL BARANDA	4 de octubre de 1843 al 4 de junio de 1844
GUERRA Y MARINA	
JOSÉ MARÍA DÍAZ NORIEGA	4 al 24 de octubre de 1843
JOSÉ MARÍA TORNEL	26 de octubre de 1843 al 26 de marzo de 1844
JOSÉ MARÍA DÍAZ NORIEGA	27 de marzo al 10 de abril de 1844
JOSÉ MARÍA TORNEL	11 de abril al 4 de junio de 1844
HACIENDA:	
IGNACIO TRIGUEROS	4 de octubre de 1843 al 4 de junio de 1844
(21 DE SEPTIEMBRE AL 6 DE DICIEMBRE DE 1844)	
RELACIONES INTERIORES Y EXTERIORES	
M. CRESCENCIO REJÓN	21 de septiembre al 6 de diciembre de 1844
JUSTICIA:	
MANUEL BARANDA	21 de septiembre al 6 de diciembre de 1844
GUERRA Y MARINA	
ISIDRO REYES	21 de septiembre al 23 de noviembre de 1844
IGNACIO BASADRE	24 de noviembre al 6 de diciembre de 1844
HACIENDA	
IGNACIO TRIGUEROS	21 de septiembre al 28 de octubre de 1844
ANTONIO DE HARO Y TAMARIZ	29 de octubre al 6 de diciembre de 1844

Valentín Canalizo

de la Academia Nacional de Medicina y de la Academia Mexicana de la Lengua, de la que fue tesorero (1915-34). Autor de un *Tratamiento de las hemorragias.*

CANALES, ANTONIO ◆ n. en Monterrey, NL, y m. ¿en Tamaulipas? (¿1800-1852?). Abogado y militar. Combatió a los estadounidenses durante la intervención de 1846-47. Fue gobernador de Tamaulipas (1851).

CANALES, BENITO ◆ n. en Puruándiro, Mich., y m. en Moritas, Gto. (1880-1912). Campesino. En EUA, a donde fue de *bracero*, se ligó a los magonistas, con quienes participó en la ocupación de Baja California en 1911. Huyó de nuevo a EUA y a su regreso, ante el incumplimiento de las promesas agrarias de Madero, se levantó en armas. Varios corridos cantan sus hazañas y cuentan que quitaba a los ricos para dar a los pobres.

CANALES, CÉSAR ELPIDIO ◆ n. en Lampazos, NL, y m. en Pedriceña, Dgo. (1885-1912). Periodista revolucionario. Miembro del Partido Liberal Mexicano.

Pasó una temporada encarcelado en San Juan de Ulúa. Ante la preponderancia de los porfiristas en el gobierno de Madero, se levantó en armas y murió en combate.

CANALES, SERVANDO ◆ n. en Camargo y m. en Matamoros, Tams. (1830-1881). Hizo la guerra de guerrillas a los invasores estadounidenses en 1847. Participó en el bando liberal en las guerras de Reforma y combatió contra la intervención francesa y el imperio. Se adhirió al Plan de Tuxtepec. Convertido en cacique gobernó Tamaulipas desde 1867 hasta su muerte.

CANALES CLARIOND, FERNANDO DE JESÚS ◆ n. en Monterrey, NL (1946). Licenciado por la Escuela Libre de Derecho (1969) y maestro en administración de empresas por el Tecnológico de Monterrey (1972). Estudió lengua y civilización francesas en la Universidad de París (1973) y sociología de las relaciones industriales en el Instituto de Estudios Sociales de La Haya. Profesor de derecho en la UANL. Participa en los consejos de administración de varias empresas. Fue presidente de la Cámara de Comercio de Monterrey y de la Federación de Cámaras de Comercio de Nuevo León (1977-79) y vicepresidente de la Confederación de Cámaras Nacionales de Comercio. Desde 1978 pertenece al PAN, en el que ha sido miembro (1980-93) y presidente del comité directivo estatal (1990-93), e integrante del Consejo Nacional (1987-90). Diputado federal (1979-82) y gobernador de Nuevo León (1997-). Colaborador de *El Porvenir*. Autor de *La sociedad unimembre* y *El mercado de valores*. Es consejero del Club de Industriales, del Consejo Coordinador Empresarial, del Centro Patronal de Nuevo León, del Movimiento de Promoción Rural y del Centro Cultural Alfa. Miembro de la Comisión Bilateral Independiente México-Estados Unidos.

CANALES FERNÁNDEZ, JUAN CARLOS ◆ n. en Puebla, Pue. (1959). Licenciado en lengua y literatura hispánicas por la UAP. Profesor de preparatoria y catedrático de la Universidad Iberoamericana de Puebla, coordinador del taller

periodístico de la Universidad de las Américas. Colaborador de las revistas *Arcano 17, Dos Filos, Encuentro, Momento, Nueva Cultura* y *Nueva Era*. Coautor de *Antología* (1997). Autor de *Soy a mi manera* (1986). Becario del Centro Mexicano de Escritores (1987-88).

CANALES NAJJAR, TRISTÁN MANUEL ◆ n. en el DF (1952). Licenciado en derecho por la UNAM. Ha sido tesorero de la Cámara de Diputados, oficial mayor del Senado, secretario de Finanzas, subsecretario general del PRI y subsecretario de Desarrollo Político de la Secretaría de Gobernación (1993-94). Diputado federal (1979-82). Dirige el área de noticieros y programas informativos de TV Azteca (1998).

CANALIZO, VALENTÍN ◆ n. en Monterrey, NL, y m. en la Cd. de México (1794-1850). Militar realista. Se adhirió al Plan de Iguala y en el México independiente militó en el bando conservador. Gobernador de los estados de México y Puebla (1842). Estuvo al servicio de Santa Anna, a quien apoyó en sus pretensiones dictatoriales, y fue su presidente sustituto de octubre de 1843 a junio de 1844 y de septiembre a diciembre de 1844, cuando fue destituido y apresado por sus propios soldados. Se exilió en España para volver hasta 1846, durante la intervención estadounidense, y formó parte del gabinete de Gómez Farías, como ministro de Guerra y Marina, entre diciembre de ese año y febrero del siguiente. Impuso un régimen de mano dura contra la población civil. Negoció para detener el motín de los polkos, lo que consiguió antes de marchar a Veracruz para hacer frente a los invasores, ante quienes abandonó dos posiciones vitales sin combatir y sufrió una severa derrota en Cerro Gordo.

CANANEA ◆ Municipio de Sonora cercano a la frontera con Estados Unidos. Superficie: 3,041.73 km². Habitantes: 29,315, de los cuales 7,866 forman la población económicamente activa. Hablan alguna lengua indígena 56 personas mayores de cinco años (náhuatl 23). Fue erigido en 1901. Es un importante centro minero desde el último tercio del siglo XVIII. A fines del siglo XIX se estableció la Cananea Minning Company, que no prosperó, y después la Cananea Copper Company que luego pasó a integrarse en la Cananea Consolidated Copper Company, en la que el principal accionista era William C. Greene, coronel retirado del ejército de EUA. En 1906 estalló una huelga contra la empresa Cananea Consolidated Cooper Company, debido a la discriminación salarial en favor de los empleados extranjeros y el maltrato y sobreexplotación a que eran sometidos los obreros mexicanos. El cese de labores se inició en una de las minas y los trabajadores buscaron extender la huelga a otros centros de trabajo de la misma empresa, lo que fue respondido por la compañía con una agresión a balazos que desató la violencia. Acompañado de una considerable escolta, Rafael Izábal, gobernador del estado, salió por tren a Cananea y en el camino autorizó que una fuerza armada estadounidense cruzara la frontera y con ella llegó a la población minera, donde la presencia de uniformados extranjeros resultó ofensiva y se produjo un nuevo encuentro. Un oficial de rurales de Sonora, Emilio Kosterlisky, ordenó que los estadounidenses volvieran de inmediato a su país y el día 4, con la llegada de tropas federales, se sometió a los obreros, quienes decidieron retornar a sus labores, en tanto que varios de sus dirigentes eran enviados a San Juan de Ulúa. De los mineros hubo 19 muertos y una veintena de heridos. Entre los detenidos trasladados a Ulúa se hallaban los militantes del Partido Liberal Mexicano, Manuel M. Diéguez y Esteban Baca Calderón, miembros de la Unión Liberal Humanidad, organizadora de la huelga.

CANANEA, SIERRA DE ◆ Sierra de Sonora situada entre la población del mismo nombre y la frontera con Estados Unidos. Es una de las estribaciones de la sierra Madre Occidental. Se le conoce también como sierra del Cobre.

CANATLÁN ◆ Municipio de Durango contiguo a la capital del estado y situado en su mayor parte en la sierra Madre Occidental. Superficie: 4,133.1 km². Habitantes: 34,854, de los cuales 8,043 forman la población económicamente activa. Hablan alguna lengua indígena 36 personas mayores de cinco años (tepehuan 13). La erección municipal data de principios del siglo XVII, cuando se fundó la parroquia de la cabecera, Canatlán de las Manzanas. En 1923 se estableció un grupo de menonitas en tierras que les dio en concesión el presidente Álvaro Obregón. Ajenos al uso de máquinas por la severidad de sus normas religiosas, los menonitas, exentos del servicio militar, constituyen un caso peculiar por su vestimenta y sus carretas para el transporte. En todo el país es apreciado el queso que producen. Entre agosto y septiembre se celebra la Feria de la Manzana, una de las más importantes de la región.

CANAVATI TAFICH, JESÚS RICARDO ◆ n. en Monterrey, NL (1943). Psicólogo por la UIA. Pertenece al PRI, en el que ha sido presidente del CEPES de Nuevo León (1985-88), presidente de la comisión nacional de financiamiento y consolidación patrimonial (1988-) y coordinador general ejecutivo de la CNOP (1997-99). Se ha desempeñado como contralor general (1968-69) y subdirector administrativo del metro de la ciudad de México (1969-70); coordinador de la Dirección de Información y Análisis Estadísticos del DDF (1971-73), contralor general del ayuntamiento de Monterrey (1973-74), director de Fomento Metropolitano de Monterrey (1974-79), presidente municipal de San Nicolás de los Garza, NL (1979-82), dos veces diputado federal (1985-88 y 1997-2000), senador de la República (1988-90), subsecretario de Vivienda de la Sedue (1990-92), jefe de Análisis Sectorial (1992-93) y subsecretario de Desarrollo Urbano e Infraestructura de la Sedesol (1994-95).

CANCINO CASAHONDA, ENOCH ◆ n. Tuxtla Gutiérrez, Chis. (1928). Médico cirujano por la UNAM (1946-52), donde ha sido profesor. Miembro del PRI desde 1957, del que fue director del Centro de Estudios Políticos, Económicos y Sociales de Chiapas (1978-79) y presidente del comité estatal durante la campaña electoral de Miguel de la Madrid (1981-82). Ha sido jefe de los Servicios Coordinados de Salud Pública en Chiapas (1965-71), secretario general de Gobierno de Chiapas (1979-81), diputado federal (1982-85) y presidente municipal de Tuxtla Gutiérrez, cargo al que renunció en 1991. Escribe poesía: *Con las alas del sueño* (1952), *La vid y el labrador* (1957), *Ciertas canciones* (1964), *Estas cosas de siempre* (1970) y *La vieja novedad de las palabras* (antología de su producción lírica 1951-82, aparecida en 1986); ensayo biográfico: *Fray Matías de Córdoba, autor de la independencia de Chiapas* (1982) y otros textos: *Tedios y memorias* (1982). Su poesía ha sido traducida al inglés. Es miembro de la Sociedad Mexicana de Salud Pública y académico de la lengua desde 1974. Por su poema *Perfiles de barro* se le concedió el Premio Ciudad de México (1956). En 1979 recibió el Premio Chiapas.

Jesús Ricardo Canavati Tafich

Imágenes de Cananea, Sonora. Arriba, antigua cárcel de Cananea; abajo, las industrias extractivas a principios del siglo XX

CANCIÓN POPULAR ◆ Entre los aztecas y en otras culturas del altiplano, los músicos y cantantes gozaban de diversos privilegios, entre otros la exención de tributos. Su oficio era esencialmente religioso, pero además de la veneración de sus dioses, entre ellos las deidades del canto, referían también las gestas de su pueblo, en una mezcla de mito e historia, de noticia y de leyenda, como sucedía con el romance español traído por los conquistadores y muy pronto aclimatado en México, pues se conoce una copla dedicada a Hernán Cortés después de la derrota de la Noche Triste: .

Triste estaba y muy penoso,
triste y con gran cuidado
La una mano en la mejilla
y la otra en el costado

Como parte de la campaña de cristianización, los frailes europeos procuraron incorporar músicos y cantantes indígenas a los oficios religiosos y aun se pidió a Carlos V que se les concedieran prerrogativas semejantes a las que disfrutaban en el viejo orden. Los sacerdotes tuvieron tanto éxito que en 1561 una cédula de Felipe II consideraba excesiva la cantidad de cantantes indígenas y ordenaba disminuir su número. Gracias a los trovadores indios se dieron a conocer himnos religiosos, se fomentó desde el siglo XVI la elaboración de instrumentos europeos de acompañamiento y el romance adquirió peculiaridades novohispanas mientras se difundía por todo el territorio conquistado. De especial importancia en la difusión de la música cantada fue la entonación colectiva de los motetes llamados *Misterios*, que tenían simultáneamente un carácter religioso profano: .

Eres bella y gentil como la palma.
que se mece en las márgenes del río; .
purísima el creador te forjó el alma,.
más pura que las gotas de rocío.

La pegajosa melodía de algunas de estas composiciones hacía que, según Gerónimo de Mendieta, los indios las canturrearan en sus casas y centros de reunión, fuera de los servicios religiosos. La producción mexicana de instrumentos (violas, guitarras, arpas y otros de cuerda o flautas, trompetas y otros de viento), así como el carácter mundano del romance facilitaron la elaboración de música bailable, ya fuera sólo instrumental o también cantada, tanto en español como en náhuatl o en tarasco. En la segunda mitad del siglo XVI hubo un autor enjuiciado por la Inquisición, que lo condenó a no escribir más coplas. A él se debe el *Cancionero general de las obras del poeta Pedro de Trejo*, que tal era su nombre, donde hace referencia a la zarabanda, que se consideraba motivadora de actitudes licenciosas, quizá por el doble sentido de algunas letras. De acuerdo con ciertos estudiosos, la zarabanda está emparentada con el *cuecuecheuycatl*, danza en que los hombres se disfrazaban de mujeres. También se atribuye origen mexicano a la chacona, música cantada y bailable que se cree nació en el actual Tampico y que llegó a gozar de gran popularidad en España y sus posesiones durante el siglo XVII. En la creación de cantos populares tuvo un papel determinante la población de origen africano, que se reunía en la plaza principal de México a cantar y bailar piezas como *La Bamba*, nombre acarreado por los esclavos procedentes del reino de M'Bamba (☞ *África*). Asimismo, existen referencias sobre un ritmo de origen guineano llamado cumbé, probable antecedente de las actuales cumbias. En la misma centuria, junto a *balonas, guastecas y oleadas* se cantaban algunos corridos. A lo largo de toda la colonia, sobre todo en el siglo XVIII, los villancicos fueron las composiciones religiosas más acentuadamente populares, quizá porque no despertaban las iras de la Inquisición. Hubo incluso algunos certámenes de composición en los cuales se debía poner música a letras de dominio público. Entre los letristas del género destaca Sor Juana Inés de la Cruz, en tanto que José de Agurto y Loayza, Juan García de Céspedes y Juan de Vaeza Saavedra se distinguieron como compositores de éstas y otras obras de entretenimiento. A Manuel de Zumaya o a Antonio Salazar se atribuye la hechura musical del más antiguo villancico mexicano que se conoce. El afrancesamiento dieciochesco, que se extendió hasta los primeros años del siglo XIX, introdujo diversos ritmos y canciones, pero fue la llamada *tonadilla escénica*, canción para animar los entreactos, el género que más influyó en el desarrollo de la música nacional, al extremo de que Vicente T. Mendoza afirma que es el origen de un 60 por ciento de la música genuinamente mexicana. Piezas traídas de España, generalmente ligeras, de melodía contagiosa, pronto fueron entonadas por el público. Después el pueblo les adaptó diversas letras, algunas de las cuales cobraron una amplia celebridad entre los insurgentes:

Divina Guadalupana:
Con esos preciosos dedos,
échale la bendición
al señor cura Morelos.

A la consumación de la Independencia, reordenadas las clases sociales, en las casas de postín se oían arias de óperas europeas y melodías traídas de ultramar. El grueso del pueblo, en cambio, se refugió en sus fiestas, en fondas y palenques donde cantaba y bailaba el jarabe y se podían escuchar corridos que contaban historias de hombres hazañosos lo mismo que canciones de amor: .

El limón ha de ser verde
para que tiña morado,
el amor para que dure
ha de ser disimulado.

Pregoneros y músicos ambulantes anunciaban mercancías o simplemente difundían sus producciones a cambio de unas monedas. En las fondas se reunían mecapaleros, aguadores, arrieros y otros proletarios, en tanto que los palenques eran lugar de reunión de rancheros y políticos que iban a apostar, a oír las melodías en boga y a cantarlas ellos mismos:

Ándele maistro aguador,
no suelte a la chaparrita,
no se agorzome, siñor,
que estamos en Santa Anita.

A partir de los años cuarenta, las salas de concierto reconocen la dignidad de la música popular. Son generalmente artistas extranjeros los que recogen aires populares. Así, el cellista alemán Maximiliano Bohrer ofrece en 1844 una fantasía, *El carnaval de México*, con arreglos de sones nacionales y españoles. Más audaz fue el austriaco Henri Herz, quien en 1849, en el teatro Nacional, "introdujo la música mexicana más sandunguera, más bulliciosa, más subversiva, el *jarabe*", dice Manuel Payno. "Al principio el público creyó que era Bellini o Rossini quienes hablaban en el piano, y guardó ese respetuoso silencio que indica que en todas partes del mundo se tributa al genio una veneración religiosa; pero apenas fue reconocido el jarabe nacional cuando del cielo del teatro brotó un torrente de aplausos, una tempestad de alegría que comunicó su electricidad a los palcos y al patio". Guillermo Prieto también reseñó el efecto de los sones en la elegante sala: "El público los reconoció y quiso prorrumpir en aplausos; pero se contuvo por no perder una sola de aquellas notas mágicas; después de *Los enanos* con sus saltitos provocativos y sensuales, picarescos, luego, como columpiándose, la última armonía se reposaba para hacer brotar el carcajeo del *butaquito*, con sus mil modulaciones incendiarias y festivas. Eran nuestras costumbres, eran nuestros afectos populares, ardientes como nuestro sol, expresivos como nuestro carácter, pero embellecidos: se cerraban los ojos y se veían chinas salerosas con sus piececitos breves, con la cintura insurgente, con sus ojos revolucionarios". Mientras los asistentes a las salas descubrían los aires nacionales, el pueblo continuaba con sus canciones: .

Anoche me confesé
con un fraile carmelita
y me dio de penitencia
que besara tu boquita.

Hubo también canciones de origen extranjero que hoy forman parte del folclor nacional, como *Las golondrinas*, que originalmente se conoció como *La golondrina*, con letra del español Francisco Martínez de la Rosa sobre música de

autor anónimo, y que después conoció otras versiones hasta llegar a la que hoy es universalmente identificada como mexicana. La lucha contra la intervención estadounidense dio lugar a composiciones jocosas como *La pasadita*, que en 1847 satirizaba a la soldadesca invasora y a las *Margaritas*, mujeres que los aceptaban: .

Ya las Margaritas
hablan en inglés,
les dicen ¿me quieres?
y responden: "yes".
Mi entende de monis.
Mucho güeno está
y a la pasadita
tan-darín-darán.
Los yanquis malvados
no cesan de hablar
que habrán de acabar
con esta nación.
Yo les digo: nones,
jamás llegarán
y a la pasadita
tan- darín-darán.

Durante la pugna entre liberales y conservadores afloró el ingenio de ambos bandos en coplas y estribillos. Para conjurar el miedo a las excomuniones, los partidarios de la Reforma hacían demoler los conventos al ritmo de canciones como *Cangrejos al compás, zas, zas, zas*. De esta manera se ilustra la tenaz y costosa pretensión del bando reaccionario, que pidió a Napoleón III su intervención para imponer el llamado imperio de Maximiliano. Contra la injerencia extranjera, en años donde los enemigos eran franceses, en los campamentos guerrilleros se cantaba *La china*, con reminiscencias de otra época: .

Soy chinaca y mi contento
es vivir en libertad
y puedo decir ufana
de mi patria bajo el sol,
que soy pura mexicana,
nada tengo de español.

La china fue reformada durante la revolución y se le conoció como *La chinita maderista*. La más célebre canción de la época es *Mamá Carlota*, cuyos versos escribió el general republicano Vicente Riva Palacio en cuanto se enteró de que

la emperatriz había salido a Europa. Sus coplas de inmediato se popularizaron entre las tropas mexicanas: .

De la remota playa
te mira con tristeza
la estúpida nobleza
del mocho y el traidor.
En lo hondo de su pecho
ya sienten su derrota:
adiós, mamá Carlota,
adiós, mi tierno amor.

A fines del siglo XIX, en el occidente del país ya eran populares los conjuntos abajeños, más tarde conocidos como mariachis, y la música folclórica contaba con figuras reconocidas, como Antonio Zúñiga, "un rápsoda que iba de ciudad en ciudad", dice Rubén M. Campos, "componiendo y cantando, acompañándose al piano o a la guitarra, pues era un excelente improvisador. Sus canciones y sus composiciones para baile recorrían la República reproducidas por los organillos, los vendedores de ante y las cantantes de las ferias". En estas fiestas "la voz viva la llevaban las cantadoras, que iban de feria en feria para cantar en las plazas de gallos, bien vestidas, pues eran *chinas*, mujeres del pueblo que vestían vistosamente y entre pelea y pelea de gallos alegraban a la concurrencia y enseñaban a la gente moza las canciones nuevas compuestas por los cancioneros". Los vendedores de ante eran también grupos de cancioneros trashumantes con voces masculina y femenina acompañadas de arpa. Zúñiga compuso *El sombrero ancho*, el más popular de los sones del siglo XIX, que dos músicos concertistas llevaron a Alemania, donde en Berlín lo interpretaron con un éxito tal –refiere Campos–, que "repetido a petición general fue cantado por todos los concurrentes". Otras composiciones de Zúñiga, quizá por su mayor éxito en el medio urbano, ganarían la batalla del tiempo, como la que empieza con los versos: .

Marchita el alma, triste el pensamiento,
mustia la faz, herido el corazón.

En el porfiriato adquiere mayor relevancia el más tradicional de los géneros mexicanos: el corrido. Las composiciones de mayor difusión están dedicadas a tragedias amorosas (*Rosita Alvírez*) o a héroes populares a los que la autoridad llama bandidos (caso prototípico es Heraclio Bernal). Debidamente adaptadas, algunas canciones cobraron amplia popularidad durante la revolución. Tales son los casos de la melodía *La Valentina*, que antes de 1910 ya era canto de los trabajadores ferroviarios, *La Adelita* y aun *La cucaracha*. De *Las tres pelonas*, de Isaac M. Calderón, hay diversas versiones. Una de ellas afirma que se compuso en honor de Villa y tres de sus hijas, rapadas a consecuencia de alguna enfermedad. De cualquier manera, esas canciones pasaron a la historia como representativas de la Revolución Mexicana y así se conocen en el mundo:

> *Villa salió de Parral*
> *a defender su partido,*
> *por eso los federales*
> *lo trataban de bandido.*

De acuerdo con el mismo Campos, el bolero "es nacional en su origen y en su reforma, pues de nuestras antiguas seguidillas que había perfeccionado y reducido a principios el diestro D. Pedro de la Rosa en el año 1740, se formó el bolero". De aquí lo tomó Martín Zarezo, quien lo llevó a España, donde los manchegos dieron nombre al baile. Parece que de la península ibérica pasó a La Habana y de ahí nuevamente a México, ya en la segunda mitad del siglo XIX, para desgajarse en varios géneros que han tenido amplia popularidad, entre otros el danzón y, desde luego, el bolero moderno. Donde mayor influencia llegó a tener el bolero cubano fue en Yucatán. Ahí los trovadores lo injertaron con la música tradicional y el resultado fueron melodías que a principios de este siglo eran conocidas en toda la República. En la misma península arraigó otro producto musical de importación, el bambuco colombiano, traído en 1908 por Adolfo Marín y Pedro León Franco (el *Pelón Santa Marta*. Entre los principales exponentes de la canción yucateca del último siglo están Cirilo Baqueiro, Fermín Pastrana, Antonio Hoil, Alfredo Tamayo, Filiberto

Romero, Ricardo Palmerín, Guty Cárdenas, Pepe Domínguez, Pastor Cervera, Luis Demetrio y Armando Manzanero. Con la llegada de la radio la canción popular queda sujeta a una extensión dictada por el interés comercial. Decenas de cuartetas son eliminadas en los corridos y las fórmulas de éxito son repetidas hasta su agotamiento. Algunos compositores hacen virtud de la limitación radiofónica y obtienen sonados éxitos: Ignacio Fernández Esperón, Manuel M. Ponce y Alfonso Esparza Oteo son músicos con preparación académica que no desdeñan la canción popular y obtienen grandes éxitos, como *La borrachita* o *Nunca, nunca, nunca* del primero; *Estrellita* de Ponce o *Golondrina mensajera* y *Carta de amor* del último. La radio, a cambio, da a los compositores la posibilidad de llegar simultáneamente a todo el país. Con el advenimiento del cine sonoro y, sobre todo, a partir del extraordinario éxito de *Allá en el Rancho Grande*, la canción ranchera se convierte en la favorita ya no sólo de los mexicanos sino de todos los pueblos latinoamericanos. Ya no se trata de compositores anónimos o conocidos en un ámbito reducido, sino de autores con fama nacional y hasta internacional que ven en peligro sus derechos. Como consecuencia, crean en 1939 una asociación para procurar el pago de sus regalías. Al lado del mundo mercantil, la canción popular transita por otros parajes. Paco Ignacio Taibo II aporta datos que demuestran "la enorme importancia que el movimiento obrero mexicano (y en particular la tendencia anarcosindicalista) dio a la canción como parte de su cultura". Taibo cita a Luis Araiza: "en la manifestación y en todos los actos sociales del proletariado se escuchan las notas vibrantes de *La marsellesa, Hijo del pueblo* y *La internacional*", himnos venidos de otros países que se aclimatan rápidamente en México y se entonan en las escuelas durante los años treinta y hasta bien entrados los cuarenta. Junto a los cantos de origen foráneo surgen los propios o se ponen letras nacionales a melodías

populares, como a *La Adelita*, que en la versión anticapitalista dice:

> *A luchar camaradas proletarios*
> *contra toda tiranía y toda maldad,*
> *porque estamos ya cansados de los amos*
> *y hoy queremos nueva vida y libertad.*

En esta melodiosa lucha de clases, la canción proletaria urbana no pudo competir con las fuerzas del mercado. Radio, cine, discos, sinfonolas y luego la televisión y el caset convierten lo popular en comercial o, más precisamente, lo comercial en popular. Con frecuencia se trata de celebridades efímeras, fabricadas por el interés mercantil. Sin embargo, algunos compositores sobreviven al artificio de la fama y el gusto popular los relaciona con sus canciones: Agustín Lara, Joaquín Pardavé, Víctor Cordero (*Juan Charrasqueado*), José Ángel Espinosa *Ferrusquilla* y José Alfredo Jiménez son los que acaparan el éxito durante varias décadas. Con ellos destacan los autores de boleros (Roberto Cantoral es el más conocido), que tienen en los tríos de guitarristas a sus mejores intérpretes. En la segunda mitad de los años cincuenta se introduce comercialmente el rock, por lo general en traducciones inocentes pero bien adaptadas a la música, y algunas baladas se convierten en canciones populares. Por esos años se inicia el éxito, que perduraría hasta los ochenta, de la Sonora Santanera, orquesta que renueva el tradicional gusto del pueblo por los ritmos llamados afroantillanos. Surge a mediados de los sesenta el interés por el folclor latinoamericano y el llamado nuevo canto, expresiones fuertemente politizadas que a lo largo de 20 años han ganado adeptos entre la juventud universitaria, de donde salen intérpretes como Los Folkloristas y compositores de mérito, entre ellos Guadalupe Trigo. Como parte de ese movimiento, Óscar Chávez desempolva viejas canciones mientras los intelectuales descubren el valor de Salvador *Negro* Ojeda y del mayor folclorista urbano: *Chava* Flores. En el paso de los sesenta a los setenta se empezó a hablar de un "rock mexicano", existencia que confirmaría su clientela, en un principio sólo de estratos medios y después integrada mayoritariamente por la juventud de los barrios marginales. Junto al fenómeno social se halla la irrupción de compositores que en sus canciones narran la represión policiaca contra los jóvenes, el fracaso de la pareja y la falta de perspectivas para quienes están por llegar a la edad adulta. Entre estos compositores se cuentan los integrantes de grupos de rock como El Tri y Botellita de Jerez y el solista Jaime López. En una línea estrictamente comercial, brilla Juan Gabriel, en cuyas composiciones se recoge la herencia de la canción romántica, la tonada ranchera, la rumba y el rock. Entre las diversas vertientes de la canción actual, el corrido se mantiene vigente en las zonas marginales de la sociedad. Según Carlos Monsiváis, "el corrido sobrevive fundamentalmente gracias a un hecho, la delincuencia que, sin serlo, adquiere para quienes de ella se benefician las características de *bandolerismo social*, y que hoy, lo aceptemos o no, se concentra y despliega en el tráfico de marihuana". Pone como ejemplos *La banda del carro rojo, Camelia la texana* y los corridos dedicados a Rafael Caro Quintero. En esta narcorrenovación del corrido, Monsiváis advierte que la excepción está en la vida, hazañas y muerte de los guerrilleros "Lucio Cabañas y Genaro Vázquez Rojas, de enorme presencia en la producción de corridos en el estado de Guerrero". Pero el género sobrevive y, para él, "ayuda a explicar la persistencia del corrido su arraigo en la frontera norte, confluencia y cruce de tradiciones de todos los pueblos y las regiones de la República, y cruce y confluencia de una industria cultural que allí prueba sus productos más deleznables e industrializa al máximo la tradición, *embotellando la mexicanidad*. De la frontera norte, con las modificaciones inevitables, el corrido se devuelve al resto del país, sin atender esquelas o dolientes".

CANCÚN ♦ Centro turístico del municipio de Benito Juárez, Quintana Roo. Está situado en la isla del mismo nom-

bre, de 13 km², en el mar de las Antillas o Caribe. Durante la segunda guerra mundial se construyó ahí un aeropuerto para fines bélicos, mismo que fue abandonado al término de la contienda. A mediados de los años cincuenta hubo algunos proyectos destinados a aprovechar los atractivos naturales del lugar, pero el punto de destino más cercano para los turistas siguió siendo Isla Mujeres hasta que, en 1968, se iniciaron los estudios para convertir a Cancún en centro turístico, para lo cual el gobierno se propuso dotarlo de infraestructura, labor que se inició en 1970 cuando entró en vigor el Plan Global de Cancún. Un año después empezaron a llegar visitantes, cuando las instalaciones eran todavía muy precarias. En 1973 se estableció el vuelo directo con la ciudad de México y en 1974 era ya uno de los lugares más atractivos para el turismo nacional e internacional, generador de ingresos tan importante que hubo de erigir un nuevo municipio, Benito Juárez, que lo contuviera con Puerto Juárez como cabecera. Hoy dispone de instalaciones hoteleras y recreativas de lujo, lo que permite la celebración de convenciones y otros actos. Ahí se ha recibido a jefes de Estado o bien han sido llevados para que admiren las bellezas naturales. En 1983 fue sede de la Reunión Norte-Sur.

CANDAMEÑA ♦ Río del oeste de Chihuahua. que Nace en la sierra Tarahumara, corre hacia el suroeste y cerca de los límites con Sonora se une al Mori para formar uno de los brazos del río Mayo.

CÁNDANO, MAURO ♦ n. en Tianguistengo, Hgo., y m. en el DF (1855-1938). Militar porfirista. Fue gobernador interino de Chihuahua en 1899. Retirado del ejército desde 1902, se reincorporó a él para apoyar el golpe de Estado de Victoriano Huerta.

CANDEL LÓPEZ, PILAR ♦ n. en España y m. en el DF (1916-1987). Periodista. Estudió filosofía y letras en la Universidad de Zaragoza. Llegó a México al término de la guerra civil española (1939). Fundó una academia de mode-

los. Colaboró para diversas publicaciones, entre otras el diario *Novedades*, donde escribió las columnas "Compras" y "Elegancias". En la televisión hizo programas sobre modas, tema en el que llegó a ser considerada una autoridad.

CANDELA ♦ Municipio de Coahuila contiguo a Monclova y situado en los límites con Nuevo León. Superficie: 2,305.5 km². Habitantes: 1,713, de los cuales 563 forman la población económicamente activa. Hablan alguna lengua indígena siete personas.

CANDELA ♦ Río de Coahuila y Nuevo León que nace en la sierra de la Gloria, corre hacia el noroeste, bordea por el sur la sierra Azul, cruza la mesa de Cartujanos y al oeste de la población de Anáhuac vierte sus aguas en el río Salado, afluente del Bravo.

CANDELA, FÉLIX ♦ n. en España, y m. en EUA (1910-1997). Arquitecto. Estudió en la Escuela Superior de Arquitectura y en la Academia de Bellas Artes de San Fernando, en Madrid. Participó en la guerra civil española en el bando republicano. Llegó a México en 1939 y se naturalizó mexicano en 1941. Catedrático de la UNAM (1953-70) y de la Universidad de Harvard (1961-62). Participó en el equipo que proyectó la Ciudad Universitaria de la capital. Entre sus obras están el Pabellón de Rayos Cósmicos (1951), la fábrica Pinedo (1951), la iglesia de la Medalla Milagrosa (1954), el mercado de Jamaica (1955), la capilla de Nuestra Señora de la Soledad o capilla del Altillo en Coyoacán (1955), el viejo edificio de la Bolsa Mexicana de Valores en la calle de Uruguay en el DF (1955), el restaurante Los Manantiales, en Xochimilco (1956), la Capilla Abierta de Cuernavaca (1959) y el Palacio de los Deportes (1968). En 1971 pasó a residir en EUA, contratado como maestro de tiempo completo de la Universidad de Illinois y en 1978 adquirió la nacionalidad estadunidense. Premio Auguste Perret, Medalla de Oro del Instituto de Ingenieros Estructurales (1961) y doctor honoris causa por la Universidad Politécnica de Madrid (1994).

Río Candelaria, en Campeche

CANDELARIA ◆ Río del sur de Campeche que nace en Guatemala y ya en territorio mexicano recibe las aguas del río Caribe para convertirse en el más largo (402 km) y caudaloso del estado y formar la mayor cuenca de la entidad (21,300 km²). Forma varios saltos y después de unirse con el Mamantel desemboca en la laguna de Panlao, de donde pasa a la laguna de Términos.

CANDELARIA ◆ Municipio de Campeche situado al sur del estado. Fue creado en junio de 1998. Superficie: 5,518.55 km². Habitantes: 34,743.

CANDELARIA ◆ Sierra de Zacatecas que se extiende de noroeste a sureste. Se halla al sur de los límites con Coahuila y al oeste de San Luis Potosí.

CANDELARIA LOXICHA ◆ Municipio de Oaxaca, situado en el distrito de Pochutla, en la región de la Sierra Sur, al norte de Puerto Ángel y Pochutla. Superficie: 86.76 km². Habitantes: 8,124, de los cuales 2,108 forman la población económicamente activa. Hablan alguna lengua indígena 3,975 personas mayores de cinco años (zapoteco 3,959). Indígenas monolingües: 549. La panela y el mezcal del lugar son considerados de los mejores que se producen en la región.

CANDELAS, SERGIO ◆ n. en Zacatecas,

Federico Canessi

Zac. (1935). Periodista y escritor. Ha sido jefe de prensa de la Secretaría de Patrimonio y Fomento Industrial, jefe de información del CEN del PRI, director de prensa del gobierno de Zacatecas (1980), subdirector de prensa del INBA, secretario de información y relaciones públicas del gobierno de Aguascalientes (1985-86) y coordinador de comunicación social del gobierno de Zacatecas. Fue reportero de la revista *Tiempo* y el diario *El Sol de México* (1969-77). Autor de la novela *Escalerilla 23* (1988).

CANDIA GALVÁN, ISIDRO ◆ n. en Sanctórum, Tlax., y m. en el DF (1898-1974). Fue diputado local (1933), diputado federal, gobernador interino y constitucional de Tlaxcala (1937-41) y jefe del Departamento de Asuntos Indígenas (1940-46).

CANDOLLE, AGUSTÍN PYRAMUS DE ◆ n. y m. en Suiza (1778-1841). Botánico. Colaborador de Cuvier y Lamarck. La *Flora mexicana*, obra de su colega mexicano José Mociño, se conoce en buena parte gracias a que coordinó el copiado de 1,200 de sus láminas.

CANEK, JACINTO ◆ n. en Campeche y m. en Mérida, Yuc. (?-1761). Estudió latín e historia en Mérida, en el Convento Grande, de donde fue expulsado. Cambió sus apellidos Uc de los

Santos por el nombre del último emperador de los itzáes que opuso resistencia a los conquistadores. Después de trabajar como panadero y desempeñar otros oficios, el 20 de noviembre de 1761 llamó a los mayas a la rebelión contra el blanco que los explotaba y azotaba. En su primera batalla obtuvo un triunfo, pero el gobierno colonial mandó refuerzos para combatirlo y al cabo de unas semanas fue derrotado y aprehendido. El 14 de diciembre de ese mismo año se le mutiló y su cadáver fue incinerado. Igual suerte corrieron sus lugartenientes y cientos de sus seguidores fueron quemados vivos. Ha permanecido en las leyendas de los indios yucatecos.

CANELA ◆ Sierra de Durango situada en la sierra Madre Occidental, en los límites con Chihuahua. Al noreste tiene los Altos de la Tarahumara y al suroeste los Altos de Topia. Se le localiza entre los paralelos 25 y 26 y los meridianos 106 y 107.

CANELAS ◆ Municipio de Durango situado en la sierra de la Canela, en el oeste de la entidad, cerca de los límites con Chihuahua y Sinaloa. Superficie: 683.4 km². Habitantes: 4,555, de los cuales 1,052 forman la población económicamente activa. Fue fundado en 1660 por un español así apellidado.

CANESSI, FEDERICO ◆ n. y m. en el DF (1906-1977). Estudió en la Escuela Nacional Preparatoria, en San Carlos y, becado, en Nueva York y Chicago. Después de viajar por Europa regresó a México en 1930 y en ese mismo año ganó el concurso para el monumento a los mártires de Río Blanco, convocado por la CROM. Con el danés Eric Mosse decoró en 1931 el teatro Orientación. Durante el sexenio de Lázaro Cárdenas radicó en Michoacán, donde ejecutó varias obras. Trabajó en escenografías y diseños para algunos ballets. Fue miembro de la Liga de Escritores y Artistas Revolucionarios (1934-38) y cofundador del Partido Popular (1948). Colaboró con Siqueiros en las escultopinturas de la torre de Rectoría, en la Ciudad Universitaria. Entre su producción escultórica se cuenta el *Monumento a la* *bandera* de Iguala (1940) y otro similar en Dolores Hidalgo (1950); los bustos de Lombardo Toledano (1952), Carmen Serdán (1957), José María Luis Mora (1962), B. Traven (1967) y Lázaro Cárdenas (1969); las cabezas de Hidalgo para la UNESCO, en París (1963), de Heriberto Jara, para la redacción de *El Día* (1967); y la monumental de Lázaro Cárdenas, de 25 m. de altura, colocada entre Arcelia y Ciudad Altamirano, Guerrero; el relieve sobre piedra de la presa de Malpaso, Chiapas, de 261 m. de largo por 31 de alto (1964) y los monumentos a la familia (Tlatelolco), a Salvador Alvarado (Mérida), a Adolfo de la Huerta (Hermosillo), Mahatma Gandhi (Chapultepec), a Salvador Allende (Ciudad Sahagún), a Felipe Ángeles (Pachuca), al Padre Kino y al general Zaragoza (Tijuana). Distinciones: miembro fundador de la Academia de las Artes, Premio de Escultura de la Academia de San Carlos (1940), Gran Premio Internacional de Escultura en Bruselas (1958) y Premio Elías Sourasky (1976).

CANO, FANNY ◆ n. en Huetamo, Mich., y m. en España (1945-1983). Nombre artístico de María Cano Damián. Actriz. Fue reina de la porra universitaria. Se inició en el cine con la película *El cielo y la tierra* (1962). Trabajó después en *Entrega inmediata* (1963), *Dile que la quiero* (1963), *Frente al destino, Los reyes del volante, Escuela para solteras* (1964), *Despedida de soltera* (1965), *Juventud sin ley* (1965), *Los perversos* (1965), *Un largo viaje hacia la muerte* (1967), *Flor de durazno, Zona roja, La leyenda del enamorado, La Güera Rodríguez* y *Una leyenda de amor* (1980), entre otras. Actuó también en telenovelas. Murió en un accidente de aviación.

CANO, JUAN ◆ n. en la Cd. de México y m. en Michoacán (?-¿1652?). Abogado. Catedrático, consiliario y decano de la Real y Pontificia Universidad de México, de la que fue designado rector (1637-38) por el virrey Lópe Díez de Armendáriz, debido a la renuncia del elegido por el claustro, Iñigo de Argüello Carvajal. En 1652 el visitador Pedro

de Gálvez lo incluyó entre los acusados de otorgar grados sin apego a las normas universitarias. La relación se refiere a él como "canónigo de Mechuacan" y lo cita entre los finados.

CANO, JUAN ◆ n. y m. en la Cd. de México (1809-?). Tapicero y platero. En 1847 combatió la invasión estadounidense, durante la cual cayó dos veces prisionero y alcanzó el grado de teniente. En 1849 volvió a la tapicería y al año siguiente organizó a un grupo de carroceros, los que destruyeron 59 coches importados de Inglaterra, cuyo bajo precio desplazaba a los productores nacionales. Estuvo en la cárcel por este hecho. En 1857 pidió al presidente Comonfort la creación de una escuela de artes y oficios, que resultó ser la de San Jacinto. En 1861 solicitó y obtuvo de Juárez el Colegio de San Pedro y San Pablo para sede de las organizaciones obreras y de talleres para capacitar artesanos. Fundó la Gran Familia Artística y con Epifanio Romero el Conservatorio Artístico-Industrial (1867), del cual nombraron presidente y vicepresidente honorarios a Benito Juárez y Francisco Mejía. En 1868, al frente del Conservatorio, se unió a la Sociedad Artístico Industrial, de la que se retiró en 1870 por su desacuerdo con el socialismo revolucionario. Aceptó subsidios gubernamentales y llegó a pedir a Juárez su parecer sobre la organización de los obreros y éste le contestó: "en mi concepto los artesanos pueden arreglar su asociación a la manera que estimen conveniente para el perfeccionamiento de sus respectivas artes y oficios". En diciembre de 1870, con Epifanio Romero y otros líderes gobiernistas, dividió la Sociedad del Ramo de Sombrereros y fundó la Sociedad Unionista de Sombrerería. En 1873 figuraba en la facción lerdista del Gran Círculo de Obreros de México.

CANO, NICOLÁS ◆ n. en Guanajuato y m. en el DF (1880-1942). Minero. Organizador sindical. Participó en la insurrección maderista y después militó en el constitucionalismo. Fue jefe del Departamento de Trabajo en Guanajua-

to con el gobernador José Siurob Ramírez (1915-16). Diputado al Congreso Constituyente (1916-17), donde formó parte del ala izquierda, condenó la represión carrancista contra las huelgas obreras y colaboró en la redacción del artículo 123. Formó parte del Grupo Marxista Rojo (1918). Fundó y dirigió el Partido Comunista Revolucionario Mexicano (1921), grupo que actuaba en el estado de Guanajuato y que a fines de 1924 se unió al Partido Comunista Mexicano, en el que Cano fue miembro de la dirección. Pocos años después, por diferencias sobre política local, abandonó el PCM.

CANO Y CANO, JUAN CRISÓSTOMO ◆ n. en Mérida, Yuc., y m. en la Cd. de México (1815-1847). Hizo estudios militares en escuelas de EUA y Francia, donde fue un alumno sobresaliente. Participó en hechos de armas a partir de 1839. Fue acusado por Santa Anna de intentar la restauración del federalismo y hostilizado por ese motivo. Diputado por Yucatán a la Junta de Representantes de los Departamentos (1846). Murió en la defensa de Chapultepec contra los invasores estadounidenses.

CANO ESCALANTE, FRANCISCO ◆ n. en Esperanza, Pue. (1931). Contador público por la Escuela Bancaria y Comercial (1954). Miembro del PRI, en el que ha sido promotor del voto del sector privado. Presidente de la Cámara Nacional de Comercio de la Ciudad de México y del Centro de Estudios Económicos del Sector Privado (1966-1967), del Comité Permanente de Presidentes de los Organismos Nacionales del Sector Privado Latinoamericano (1966-68) y de la Confederación de Cámaras Nacionales de Comercio (1967-68). Director general de Impulsora de la Cuenca del Papaloapan (1969-72) y de la Comisión Nacional de la Industria Azucarera (1972-76). Presidente del consejo de administración de Financiera Internacional (1972-73) y del comité técnico del Fondo de Garantía y Fomento a la Producción, Distribución y Consumo de Productos Básicos (1981). Coordinador general de Programas para Productos Básicos de la Presidencia de la República (1980-82). Subsecretario de Regulación y Abastos de la Secretaría de Comercio y Fomento Industrial (1982-88). Autor de *Manual de productos básicos* (1982).

CANO LUEBBERT, SERGIO LUIS ◆ n. en Matamoros, Tams. (1928). Licenciado en economía por la UNAM (1954), donde fue profesor (1957-69). Hizo cursos de posgrado en la Comisión Económica para América Latina (Santiago de Chile, 1956) y en el Instituto Panamericano de Alta Dirección de Empresas (1981-82). Miembro del PRI desde 1951 y subdirector del IEPES en 1963-64. Trabaja para el sector público desde 1954. Director adjunto de Nacional Financiera y director general del Fondo Nacional de Fomento Industrial (1974-84). Director general del Fondo de Garantía y Fomento a la Industria Mediana y Pequeña (1984-). Autor de *Comercio exterior y desarrollo*. Es miembro de la Academia de Derecho Internacional, del Colegio Nacional de Economistas y de la Asociación Nacional de Planificación.

CANO Y SANDOVAL, JUAN ◆ n. en la Cd. de México y m. en Mérida, Yuc. (1630-1695). Fue rector de la Universidad de México (1672-73). Obispo de Yucatán desde 1683 hasta su muerte.

CANO VÁZQUEZ, LUIS ◆ n. en España y m. en el DF (1908-1980). Licenciado en derecho por la Universidad de Salamanca. Participó en el bando republicano durante la guerra civil española. Llegó a México en 1939 y adquirió la nacionalidad mexicana en 1941. Se dedicó a los negocios y estuvo entre los fundadores de varias empresas: Industrias Guardiola, Productos H-24, Química Lucava, etc. Presidió la Asociación de Industriales del Estado de México, perteneció al Patronato del Instituto de Estudios Superiores del Estado de México, fue tesorero del Museo de San Carlos y presidente del Patronato de Mejoras Materiales y Sociales de Naucalpan.

CANO VÉLEZ, JESÚS ALBERTO ◆ n. en Magdalena, Son. (1950). Licenciado en economía por la Universidad de Guadalajara (1969-74). Investigador del Centro de Investigación Económica y Social de la Universidad de Guadalajara (1975) y profesor de la Universidad de Sonora (1975-77). Es miembro del PRI desde 1965. Ha sido coordinador de Industrial Rurales de Sonora de la Secretaría de la Presidencia (1977), jefe de la Unidad de Organización y Control Interior de las Administración Fiscal Noroeste (1981) y del Departamento de Política Crediticia de la Secretaría de Hacienda (1982) y director general de finanzas y contraloría (1983-88) y de servicios de la SPP (1988-).

CANOAS ◆ Punta de Baja California situada en el litoral del Pacífico, al oeste del meridiano 115 y al norte del paralelo 29.

CANOAS ◆ Sierra de Durango limitada al norte por el río San Juan, que la separa de los Altos de Tarahumara, y al sur por la confluencia de los ríos Tepehuanes y Papasquiaro. Corre paralela a las sierras del Oso y Guanaceví.

CANSAHCAB ◆ Municipio de Yucatán contiguo a Temax y Motul. Superficie: 146.9 km². Habitantes: 4,848, de los cuales 1,192 forman la población económicamente activa. Hablan alguna lengua indígena 1,432 personas mayores de cinco años (maya 1,430).

CANSECO, AGUSTÍN ◆ n. en Zimatlán, Oax., y m. en el DF (?-1899). Licenciado en derecho por el Instituto de Ciencias y Artes de Oaxaca. Fue presidente municipal de la capital oaxaqueña, diputado local, secretario general y gobernador interino de Oaxaca (febrero-mayo de 1886 y febrero de 1887 a diciembre de 1888). Durante su gestión se abrió la biblioteca del citado Instituto y se puso en servicio el acueducto Huayapan-Oaxaca. Al morir era senador.

CANSECO, MIGUEL ◆ n. en el DF (1976). Pintor. Ha expuesto su obra en los museos de Arte Moderno y Carrillo Gil de la ciudad de México. Primer lugar en dibujo de la IV Bienal Internacional de Arte Miniatura en Quebec, Canadá.

CANTAMAYEC ◆ Municipio de Yucatán situado en el sur de la entidad, al sureste de Mérida y al norte de Peto. Limita con Mayapán, Sotuta, Teabo y Yaxcabá. Superficie: 502.02 km². Habitantes: 2,034, de los cuales 519 forman la población económicamente activa. Hablan maya 1,670 personas mayores de cinco años. Existen 385 indígenas monolingües.

CANTINFLAS ◆ ☛ *Moreno, Mario.*

CANTO, MIGUEL ◆ n. en Mérida, Yuc. (1948). Boxeador. Fue campeón mundial de peso mosca del Consejo Mundial de Boxeo entre 1975 y 1979. En 1997 ingresó al Salón de la Fama del propio CMB.

CANTO Y AGUILAR, TEODOSIO ◆ n. en Cansahcab y m. en Mérida, Yuc. (1825-1907). Militar. Reprimió a los mayas. Se adhirió al Plan de Tuxtepec y Porfirio Díaz lo hizo general. Fue varias veces gobernador sustituto (de 1878 a 1880 y de 1882 a 1886) e interino de mayo de 1881 a enero de 1882.

CANTO CANTÚ, ROGERIO ◆ n. en el DF (1937). Licenciado en economía por la UNAM (1957-66) y en administración de empresas por el ITAM (1962-67). Pertenece al PRI desde 1957. Ha sido jefe de prensa de la PGR (1958), gerente de ventas de Concarril (1964), agente general de compras de Ferronales (1970), gerente de Almacenes y Transportes de Diconsa (1973), subdirector de Administración y Finanzas del Inco (1976), asesor del oficial mayor de la SPP (1979) y secretario particular del gobernador de Hidalgo (1988-).

CANTOLLA Y RICO, JOAQUÍN DE LA ◆ n. y m. en la Cd. de México (1837-1914). Viajó en globos aerostáticos a partir de 1863. Su última ascensión, con Alberto Braniff, fue días antes de su muerte. Causó sensación en la sociedad de su época por la audacia de que hacía gala y ocurrencias, como ascender con todo y el caballo en que estaba montado.

CANTÓN, MIGUEL ◆ n. en Mérida, Yuc., y m. en el DF (1895-1973). Participó en el bando zapatista durante la revolución (1913-14). Cofundador del Partido Socialista del Sureste (1916), en el que ocupó los puestos de secretario general y presidente. Fue oficial mayor en el gobierno de Felipe Carrillo Puerto y gobernador interino a la muerte de éste. Diputado federal a la XXX Legislatura. Después ocupó cargos menores en el gobierno federal.

CANTÓN, WILBERTO ♦ n. en Mérida, Yuc., y m. en el DF (1923-1979). Cursó derecho en la UNAM y estudió francés en París. Fue jefe de los departamentos de Teatro (1963) y Literatura (1971) del INBA, donde dirigió *Cuadernos de Bellas Artes*. Se inició en el periodismo siendo estudiante de la UNAM, donde dirigió las revistas *Espiga*, *México y la Universidad* (con Luis Echeverría). Profesionalmente fue director de *Voz* (1950), *Diario del Sureste* (1953), *Auge* (1955) y *La Hora de México* (1957). En el DF colaboró en los principales diarios y fue presidente de la Asociación de Críticos Teatrales (1955-56). Autor de poesía: *Segunda estación* (1943) y *Dos poemas* (1955); novela infantil: *América es mi patria* (1955); ensayo: *La ciudad de México*. *Águila y sol de su vida* (1946), *Posiciones* (1950), *Porfirio Díaz, héroe de la República* (1966), etc.; y piezas dramáticas: *Cuando zarpe el barco* (1946), *Saber morir* (1950), *Escuela de Cortesanas* (1953), *Nocturno a Rosario* (1957), *Pecado mortal* (1957), *Tan cerca del cielo* (1959), *Inolvidable* (1961), *Todos somos hermanos* (1962), *Nota roja* (1963), *Murió por la patria* (1963), *Nosotros somos Dios* y *Los malditos*, obra estrenada en 1958 en Guadalajara, debido a la prohibición que impusieron las autoridades para representarla en la capital. Esta pieza obtuvo en Nueva York el Premio Especial de la Crítica (1972). Por *La República, Sociedad Anónima*, recibió en 1978 el Premio Nacional de Obras de Teatro del INBA. Otras distinciones son el Primer Premio en los Juegos Florales de la Universidad de Sonora (1942) y la Medalla Yucatán (1970).

CANTÓN Y CÁMARA, RODULFO GREGORIO ♦ n. en Mérida, Yuc., y m. en Francia (1833-1909). Fundador y director del Conservatorio de Música y Declamación de Mérida. Alcalde de esa ciudad y gobernador interino de Yucatán (1902). Intervino en la construcción de los ferrocarriles Mérida-Peto y Mérida-Campeche.

CANTÓN MARÍN, LUIS MIGUEL ♦ n. en Progreso, Yuc., y m. en Tuxtla Gutiérrez, Chis. (1938-1990). Sacerdote ordenado en 1964. Fue rector del Seminario de Mérida y obispo de Tapachula (1984-90). Murió en un accidente de aviación.

CANTÓN MÁRQUEZ, LUIS ♦ n. en Villahermosa, Tab., y m. en el DF (1924-1992). Periodista. Padre de Miguel y Óscar Cantón Zetina. A los 16 años publicó en Villahermosa la revista *Juventud*. Se inició profesionalmente en el diario *La Prensa*, de la ciudad de México, donde fue conocido como el *Chino* Márquez. En 1958, invitado por Carlos A. Madrazo, volvió a su tierra a fundar *Diario de Tabasco* (1958) e hizo el programa de radio *Telerreportaje*. En el DF fundó y dirigió el semanario *La Hora* (1965). En Villahermosa fundó *Rumbo Nuevo* (1973) y *Tabasco Hoy* (1987) y en el DF *Rotativo* (1973).

CANTÓN ROSADO, FRANCISCO ♦ n. en Valladolid y m. en Mérida, Yuc. (1833-1917). Combatió a los mayas durante la guerra de castas. Partidario de la intervención francesa y el imperio. Gobernador de Yucatán desde fines de 1867 hasta principios de 1869. Procesado y absuelto, se unió al Plan de la Noria. Porfirio Díaz lo premió con el grado de general y los cargos de diputado federal y nuevamente gobernador (1898-1902).

CANTÓN ZETINA, MIGUEL ♦ n. en Villahermosa, Tab. (1951). Periodista. Empezó su carrera como reportero en *Diario de Tabasco* (1966), donde fue linotipista, formador de planas y jefe de información (1970). Director general de *La Extra de Diario de Tabasco* (1972). En la ciudad de México ha sido reportero del diario *La Prensa* (1972-76), autor de la columna "Quehacer Político" del diario *Rotativo* (1976-81), director de *El Vespertino* (1978), director-fundador de la revista *Quehacer Político* (1981-), director del diario *Juicio* (1985) y direc-

tor fundador de *México Hoy* (1998). Antes había fundado en Villahermosa los diarios *Tabasco Hoy* (1987) y el vespertino *La Extra* (1993). Primer Lugar en Periodismo en la Feria de Tabasco (1972), Valor Juvenil Nacional, distinción otorgada por el gobierno de la República (1973). Recibió del ITESM el título Empresario del Año (1997).

CANTÓN ZETINA, ÓSCAR ♦ n. en Villahermosa, Tab. (1953). Licenciado en comunicación por la UNAM con curso de posgrado en la Universidad de Birmingham, Inglaterra. Desde 1970 es miembro del PRI, en el que ha desempeñado diversas comisiones. Fue secretario particular del director de Fertimex y diputado federal por el segundo distrito de Tabasco (1982-85).

CANTORAL, ROBERTO ♦ n. en Tampico, Tams. (1936). Compositor. Formó parte de Los Tres Caballeros, grupo con el que se presentó en diversos países de América, Europa y Medio Oriente. Entre sus canciones figuran *El preso número nueve, Crucifijo de Piedra, Regálame esta noche, Al final, El triste, La barca* y *El reloj*, de la que se han vendido más de 20 millones de discos y ha sido grabada en decenas de idiomas. Ha recibido premios en México, Estados Unidos, Brasil, Bulgaria, Italia y otras naciones. Es presidente de la Sociedad de Autores y Compositores de México (1987) y presidente para Latinoamérica de la Confederación de Sociedades Autorales (1991), así como miembro del Consejo de Administración de la Federación Internacional de Sociedades Autorales. En 1992 renunció como presidente de la Federación Mexicana de Sociedades Autorales, misma que se separó de la SACM.

CANTÚ, ARTURO ♦ n. en Monterrey, NL (1936). Periodista. Cursó la carrera de filosofía en la UNAM. Imparte cursos en diversas universidades. Fue subdirector general de Programación de la SPP (1977), subdirector y director general de Estudios Socioeconómicos de Coplamar (1978-82), ministro de la embajada de México en Nicaragua (1983-84) y coordinador de asesores del director

Roberto Cantoral

general del ISSSTE (1986-88). Ha colaborado en *unomásuno*, *La Jornada* y *El Día*, donde coordinó la página cultural. En *El Nacional* fue articulista y dirigió el suplemento sabatino *Lectura* (1989-94). Autor de *El problema del bachillerato* (1964). Editor de *Evolución de la civilización contemporánea*, 24 vols. (1963-65). Dirigió las investigaciones *Mínimos de bienestar*, 6 vols. (1980), *Necesidades esenciales y estructura productiva en México* (1982) y *Necesidades esenciales en México*, 5 vols. (1982).

CANTÚ, ESTEBAN ◆ n. en Linares, NL, y m. en Mexicali, BC (1881-1966). Militar porfirista. Sirvió a Victoriano Huerta y después al constitucionalismo. En 1915 se autodesignó gobernador del distrito norte de Baja California y en 1917 Carranza lo ratificó en el cargo, en el que permaneció hasta el triunfo del Plan de Agua Prieta (1920), cuando se exilió en Estados Unidos.

CANTÚ, FEDERICO ◆ n. en Cadereyta de Jiménez, NL, y m. en el DF (1908-1989). Artista plástico. Su apellido materno era Garza. Estudió en la Escuela de Pintura al Aire Libre de Coyoacán (1922-23) y en Francia. Su primera exposición fue en Los Ángeles (1928). Pocos años después presentó otra muestra de su trabajo en Nueva York, promovido por Alma Reed. Residente en México a partir de 1934, con breves intervalos en el extranjero, se dedicó a la obra de caballete y ejecutó varios murales (parroquia de San Miguel Allende, biblioteca Benjamín Franklin, iglesia de la Purísima, en Monterrey, Museo Regional de Morelia, Seminario de Misiones de Tlalpan, ex convento de San Diego, etc.). Grabador desde los años cuarenta, realizó una cuantiosa obra en esta especialidad. Asimismo, ejecutó vitrales y celosías (capilla del Seminario). Se inició en la escultura en los años cincuenta y trabajó gran número de relieves en la siguiente década: Unidad Independencia, carretera Linares-Monterrey, emblema del IMSS, Unidad de Pediatría del Centro Médico Nacional, Unidad Cuauhtémoc del Seguro Social (dañado, según denunció el

artista en 1986), El Colegio de México, parque Valle Verde de Monterrey y otros.

CANTÚ, GERARDO ◆ n. en Nueva Rosita, Coah. (1924). Estudió en la Escuela de Artes Plásticas de la UANL (1950-52), en La Esmeralda (1952-55) y en la Academia de Artes Plásticas de Praga, Checoslovaquia (1958-61). Asistió al taller de Clot Bramsen y a la *Courriere Frelau*, en París (1977). Ha sido profesor en varios centros de educación media y superior. Realizó obras de carácter didáctico en los Museos Nacional de Antropología y de la Ciudad de México (1963-64). Residió en París (1961-62), Madrid (1965-66) y La Habana (1966-67). Ha presentado muestras individuales de su trabajo como dibujante, pintor y grabador desde 1964. Obras suyas han participado en exposiciones colectivas en México, Checoslovaquia, Francia, España, Estados Unidos y Puerto Rico. En su obra mural se cuentan *Rebelión campesina* (Cadereyta, NL, 1958), *Homenaje a Lázaro Cárdenas* (DF, 1972), *Beso robado en primavera* (Monterrey, 1973), *La montaña siempre nuestra* (Monterrey, 1977), *El oro negro* (Monterrey, 1979) y *Tecnología ayer y hoy* (DF, 1982). Entre las distinciones que ha obtenido están el Premio Regional Galería de Arte, de Monterrey (1958 y 1963) y cinco premios del Salón de la Plástica Mexicana.

CANTÚ, OSIRIS ◆ n. en Monterrey, NL (1952). Su nombre completo es Osiris Samuel Cantú Ramírez. Médico cirujano titulado en la UNAM (1971-74). Militante de los partidos Revolucionario Socialista, Socialista Unificado de México y Mexicano Socialista (1987-89), en el que presidió el departamento de derechos humanos y perteneció al consejo nacional. Ha sido investigador de la UNAM (1984) y diputado federal (1988-91). Autor de *Cuarto aniversario de la derrota del fascismo* (1986). Pertenece al Movimiento Mexicano por la Paz.

CANTÚ CERNA, NAPOLEÓN ◆ n. en Monterrey, NL (1936). Licenciado en derecho por la UANL (1952-57), donde fue profesor (1962-63), y maestro en

derecho por la Universidad de Nueva York (1957-58). Miembro del PRI desde 1955. Ha sido secretario particular del gobernador de Baja California Sur (1959-61), director jurídico del ayuntamiento de Monterrey (1970), secretario general de gobierno de Nuevo León (1970-71), diputado local (1970-73), procurador general de justicia de Nuevo León (1985-88) y diputado federal (1988-91).

CANTÚ DOMÍNGUEZ, ODILÓN ◆ n. en Apaxtla, Gro (1957). Maestro normalista (1972-76). Fue miembro del PFCRN, en el que se desempeñó como comisario distrital y secretario de organización en el Estado de México. Fue secretario nacional de la Central Campesina Cardenista. Diputado Federal (1991-94).

CANTÚ ESCALANTE, JESÚS ◆ n. en Monterrey, NL (1952). Economista por el ITESM (1969-73), posgraduado en economía bancaria en el Banco di Roma, Italia. Ha sido catedrático del ITESM y de la Universidad de Monterrey. Ha colaborado en *El Diario de Yucatán*, *El Siglo de Torreón*, *El Siglo de Durango*, *El Mañana* de Nuevo Laredo, *El Informador* de Guadalajara, *Noroeste* de Sinaloa y *El Financiero* del Noroeste. Fue jefe de información 1976-78 y director del diario regiomontano *El Porvenir* (1982-91), director fundador de la agencia Teleinformación Periodística (1978-82). Analista en Radio Nuevo León y Canal 28. Desde 1991 es consultor privado del *Noroeste* de Sinaloa, *El Mañana* de Nuevo Laredo, Radio Nuevo León y Electrónica y Comunicación. Miembro de la sección mexicana Club de Roma.

CANTÚ DE LA GARZA, JORGE ◆ n. y m. en Monterrey, NL (1937-1998). Poeta. Estudió derecho en la Universidad de Nuevo León. Colaboró en *Katharsis*, *Apolodionis*, *Salamandra*, *Aquí Vamos* y *El Porvenir*, diario del que fue director. Coautor de la antología *Diecinueve poetas contemporáreos* (1989) y autor de *El desertor* (1959), *Celebraciones y epitafios* (1982), *De vida irregular* (1986) y *Ajuste provisional* (1991). Becario del Centro Mexicano de Escritores (1987-1988).

CANTÚ PEÑA, FAUSTO ◆ n. en Matamoros, Tams. (1942). Estudió economía en el Tecnológico de Monterrey, donde fue profesor. Fue gerente de Nacional Financiera y director general del Instituto Mexicano del Café (1971-76). Estuvo en prisión acusado de malos manejos en el último de los cargos citados. Alberto Carbot escribió *Café para todos* (1989), libro en el que Cantú Peña da su versión de los hechos.

CANTÚ ROBERT, ROBERTO ◆ n. en Veracruz, Ver., y m. en el DF (1897-1959). Periodista. Fundó la publicación *Cinema Reporter* que le sobrevivió más de diez años.

CANTÚ ROSAS, CARLOS ENRIQUE ◆ n. ¿en Nuevo Laredo, Tams.? (1940). Licenciado en derecho. Fue dirigente juvenil del PRI en Tamaulipas. En 1973 pasó al Partido Auténtico de la Revolución Mexicana, del que fue líder nacional (1985-). Presidente municipal de Nuevo Laredo (1974-75), diputado federal por el primer distrito electoral de Tamaulipas (1985-88) y diputado federal plurinominal para el periodo 1991-94.

CANTÚ SEGOVIA, ELOY ◆ n. en Monterrey, NL (1952). Licenciado en ciencias jurídicas por la Universidad de Monterrey (1970-75), maestro en métodos modernos de gestión pública por el Instituto Internacional de Administración Pública, Francia (1975-76) y doctor en derecho constitucional por la Universidad de París II (1975-79). Profesor de la UANL, la UIA y la Universidad Anáhuac. Desde 1971 es miembro del PRI, en el que ha sido secretario general del MNJR en Nuevo León (1973-75), subdirector general del CEPES neoleonés (1985) y presidente del comité directivo estatal. Ha sido subdirector de fomento al desarrollo organizacional de la Secretaría de la Presidencia (1980); director general de programación, organización y sistemas (1981-82), director de Estudio y Seguimiento de la Descentralización de la SPP (1983-85); secretario de Programación y Desarrollo del gobierno de Nuevo León (1985-1990); comisionado del Instituto Nacional de Migración y oficial mayor de la Secretaría de

Gobernación (1993-94),. Diputado federal (1991-94) y senador (1994-2000).

CANÚN SERRANO, NINO ◆ n. en Puebla, Pue. (1947). Realizó estudios de ingeniería química. Ha trabajado como publicista, fue director para América Latina de Canada Dry y trabajó en Publicidad Ferrer. En 1979 comenzó su carrera como locutor en Radio ABC. En 1985 fue conductor, en Canal 11, de *Enlace con la comunidad*. Posteriormente trabajó en Radio Fórmula, donde comenzó un proyecto de radio hablada de 24 horas al día en la XEDF (1986-88). Trabajó en Canal 13 y en Televisa, donde hizo el programa de discusión *Y usted, ¿qué opina?*, que se transmitió por Cablevisión, Canal 9 y el Canal 2. Después ha trabajado en Radiorama y en otras emisoras con programas en los que hay una amplia participación del público.

CANUTILLO ◆ Río de Durango que se forma con escurrimientos de las sierras del Oso y de Guajolotes. Corre hacia el norte y tributa en el río Florido, cerca de los límites con Chihuahua.

CAÑADA MORELOS ◆ ☞ Morelos *Cañada*, municipio de Puebla.

CAÑADAS DE OBREGÓN ◆ Municipio de Jalisco situado en el noreste del estado y contiguo a Teocaltiche. Superficie: 453.9 km². Habitantes: 4,907, de los cuales 1,114 forman la población económicamente activa. Se llamó Villa Obregón.

CAÑAS ◆ Río que nace en Durango, en la vertiente oeste de la sierra Madre Occidental. En un tramo sirve de límite entre Nayarit y Sinaloa; se adentra después en esta entidad, donde descarga en la laguna de Teacapan.

CAÑEDO, JUAN DE DIOS ◆ n. en la Hda. del Cabezón, Jal., y m. en la Cd. de México (1786-1850). Diputado suplente a las Cortes de Cádiz (1813), diputado al Congreso Constituyente (1823-24), senador por Jalisco (1825-26 y 1827-28), diputado por la misma entidad (1831-32), representante de México en Sudamérica y miembro de varios gabinetes: ministro de Relaciones Exteriores con Victoria (marzo de 1828 a enero de 1829), ministro del Interior

con Santa Anna (abril a mayo de 1839) y con Anastasio Bustamante de Relaciones Exteriores (julio de 1839 a octubre de 1840) y del Interior (enero-febrero de 1840). Fue asesinado.

CAÑEDO, ROBERTO ◆ n. en Guadalajara, Jal. y m. en el DF (1918-1998). Actor. Participó en obras teatrales, programas de radio y televisión. Inventó un apuntador electrónico y una manera de proyectar cine a la luz del día. En el cine trabajó en cientos de películas, entre ellas *Los hijos de don Venancio, El Cristo de mi cabecera, Maclovia* (1948), *La malquerida* (1949), *Crimen y castigo* (1959), *Negro es mi color* (1950), *Soy mexicano, de acá de este lado* (1950), *Pecado, Borrasca en las almas* (1953), *La Rosa Blanca* (1953), *La fuerza de los humildes* (1954), *El diario de mi madre* (1956), *La fiévre monté á el pao* (de Luis Buñuel, 1959), *Los ambiciosos* (1959), *Pedro Páramo* (1966), *El derecho de nacer* (1966) y *Pueblerina*, que le valió un Ariel por su actuación (1948). En 1997 recibió el *Ariel de oro* por su trayectoria.

Roberto Cañedo

CAÑEDO Y ARRÓNIZ, ANASTASIO ◆ n. y m. en Guadalajara, Jal. (1805-1875). Periodista liberal. Fue diputado por Jalisco al Congreso Constituyente de 1856-57.

CAÑEDO Y ARRÓNIZ, JOSÉ IGNACIO ◆ n. en Compostela, Nay. (entonces parte de Jalisco), y m. en Guadalajara, Jal. (1795-1848). Político conservador. Gobernó Jalisco en 1829-30 y 1831-32.

CAÑEDO DE LA BÁRCENA, GUILLERMO ◆ n. en Guadalajara, Jal. y m. en el DF (1921-1997). Empresario. Manejó distribuidoras de automóviles. Fue presidente de los clubes de futbol Zacatepec (1951-60) y América (1960-81), de la Federación Mexicana de Futbol (1961-70), de la Organización de Televisión Iberoamericana y de los comités organizadores de las copas del mundo de 1970 y 1986. Fue vicepresidente de la Federación Internacional de Futbol Asociación desde 1962 y de la empresa Televisa.

Nino Canún Serrano

CAÑEDO BELMONTE, FRANCISCO ◆ n. en Mazatlán y m. en Culiacán, Sin. (1840-1909). Combatió la intervención

Foto: Dante Bucio

Manuel Capetillo

Foto: Dante Bucio

Joaquín Capilla

francesa y el imperio. Se adhirió al alzamiento de Tuxtepec. Durante el porfiriato llegó a general, fue senador por Sinaloa y gobernador de ese estado en varias ocasiones. Fue procesado por el asesinato del periodista José Cayetano Valdés y lo absolvió el Gran Jurado. Ofreció una cuantiosa recompensa por Heraclio Bernal, quien lo combatió durante varios años. Existe la versión de que nació en 1839 en Bayona, Nayarit.

CAÑEDO DE LA CUESTA, ESTANISLAO ◆ n. en Perú y m. en la Cd. de México (1833-¿1871?). Combatió la intervención francesa y el imperio como jefe del estado mayor de Comonfort, hasta la muerte de éste, y después. Diputado por Jalisco al reinstalarse el Congreso, votó la resolución que pedía al gobierno mexicano reconocer a los insurgentes cubanos como parte beligerante en la guerra contra los colonialistas españoles. En 1870 es comisionado por Juárez para mediar entre el gobernador José Antonio Gómez Cuervo y la legislatura de Jalisco.

CAÑITAS DE FELIPE PESCADOR ◆ Municipio de Zacatecas contiguo a Fresnillo. Superficie: 905.97 km². Habitantes: 9,069, de los cuales 1,590 forman la población económicamente activa. La cabecera está a más de 2,000 metros sobre el nivel del mar. El 9 de marzo de 1929 se produjo en la estación de ferrocarril un combate entre fuerzas escobaristas encabezadas por el general Francisco Urbalejo y tropas leales al gobierno, comandadas por Hermenegildo Carrillo, quien puso en fuga a los alzados.

CAPARROSO VALENCIA, AMADO ALFONSO ◆ n. en Villahermosa, Tab. y m. en el DF (1907-1989). Político, periodista y escritor. Ocupó diversos cargos en la Secretaría de Hacienda y Crédito Público. Autor de *Tal cual era*, biografía de Tomás Garrido Canabal, del cual fue secretario particular y con quien compartió el exilio.

CAPDEVILLA, FEDORA ◆ n. en Cuba y m. en el DF (1914-1971). Actriz naturalizada mexicana en 1951. Vino en 1939 y se presentó junto a José Mojica. Regresó a radicar en 1946 y trabajó en teatro y televisión.

CAPETILLO, MANUEL ◆ n. en Guadalajara, Jal. (1926). Estudió para técnico azucarero en el Instituto Politécnico Nacional. Matador de toros desde 1948. En los años cincuenta alternó con las principales figuras de la fiesta brava. Sostuvo una prolongada rivalidad profesional con Joselito Huerta. Se retiró varias veces de los ruedos, la última en 1968. Su celebridad en la fiesta brava lo hizo llegar al cine, en el que en 1954 se inició como galán en la película *Contigo a la distancia*, en la que trabajó con Ana Bertha Lepe y Rosa de Castilla bajo la dirección de Gilberto Martínez Solares. Se dedicó también a la agricultura.

CAPETILLO, MANUEL ◆ n. en el DF (1937). A los 16 años ingresó a un monasterio benedictino en Morelos y permaneció ahí cuatro años. Continuó sus estudios en el Centro Universitario México y en la Escuela Nacional de Arquitectura de la UNAM. Participó en el taller de la revista *Punto de Partida*, dirigido por Julieta Campos. Es guionista de radio y televisión. Ha colaborado en *Diorama de la Cultura*, la *Revista Mexicana de Cultura*, *El Gallo Ilustrado*, el *Semanario Cultural de Novedades*, *Sábado*, *Comala*, *El Cuento*, *Vuelta*, *Revista de la Universidad* y *Plural*. Está incluido en varias antologías de narrativa. Coautor de *22 cuentos, cuatro autores* (1970). Autor de relato: *Los tres visitantes* (1975); novelas: *El cadáver del tío* (1971), *La plaza de Santo Domingo* (1977), *La galería dorada* (1983), *Monólogo de Santa María* (1985) y *El retorno de Andrés y otros viajes*

(1996); teatro: *Los experimentos* (1972); y ensayo *Danza y literatura* (1977) y *El final de los tiempos* (1993). Premio de Cuento de la Universidad Veracruzana (1969). Fue becario del Centro Mexicano de Escritores (1972-73) y pertenece al Sistema Nacional de Creadores de Arte (1993-).

CAPETILLO ROBLES, ALONSO ◆ n. en Veracruz, Ver., y m. en Huitzilac, Mor. (1897-1927). Periodista. Diputado federal por el Partido Cooperativista Nacional. Fue asesinado junto con el general Francisco J. Serrano y su comitiva pese a que se dijo agente callista. Escribió *La rebelión sin cabeza*.

CAPILLA, JOAQUÍN ◆ n. en la Cd. de México (1927). Clavadista. Obtuvo medalla de bronce en plataforma en los Juegos Olímpicos de Londres (1948); medalla de plata en la misma especialidad en Helsinki (1952) y de oro en plataforma y de bronce en trampolín en la Olimpiada de Melbourne (1956).

CAPISTRÁN, JESÚS ◆ n. en Tlaltizapán, Mor., y m. en el DF (1878-1935). Se incorporó a la rebelión maderista, bajo las órdenes de Zapata, en mayo de 1911. General de división en 1914. En la reunión de Huautla, muerto Zapata, Gildardo Magaña fue elegido como sucesor del caudillo y Capistrán quedó como segundo, lo que no aceptó y se acogió a la amnistía de los carrancistas. Fue senador suplente por Morelos.

CAPISTRÁN, MIGUEL ◆ n. en Córdoba, Ver. (1937). Inició estudios de arquitectura y se tituló en letras hispánicas en la UNAM, donde ha sido investigador del Instituto de Investigaciones Bibliográficas. Colaborador de *Revista de la Universidad*, de la *Revista de Bellas Artes* y de *La Cultura en México*, suplemento de *Siempre!* Coeditor, con Luis Mario Schneider, de los *Poemas y ensayos de Jorge Cuesta* (1964) y, con el propio Schneider y Alí Chumacero, de las *Obras de Xavier Villaurrutia* (1966). Autor de los ensayos: *Prosa de José Gorostiza* (1969), *Crítica cinematográfica de Xavier Villaurrutia* (1970) y de *Los Contemporáneos por sí mismos* (1994). Fue becario de El Colegio de México

(1963-64) y del Centro Mexicano de Escritores (1967-68).

CAPISTRÁN, PRÓCULO ◆ n. en Tlaltizapán, Mor., y m. en Las Pilas, Pue. (?-1914). Revolucionario zapatista. Firmante del Plan de Ayala. Obtuvo el grado de general por méritos en campaña. Murió en combate.

CAPISTRÁN GARZA, RENÉ ◆ n. en Tampico, Tams., y m. en el DF (1898-1974). Licenciado en derecho por la Universidad Nacional. Cofundador y presidente de la ACJM; dirigente de la Liga Nacional Defensora de la Libertad Religiosa y uno de los jefes de las fuerzas armadas cristeras. En los años veinte estuvo exiliado en San Antonio, Texas, y La Habana. Fue director de los periódicos *Novedades* (1938-), *Prensa Gráfica* y *Atisbos* y de la revista católica *Futuro*. Escribió para *El Universal*, *El Sol* e *Impacto*. Autor de *La virgen que forjó una patria*, que fue llevada al cine, *Sentido cristiano de la Revolución Mexicana* y *Andanzas de un periodista* (1958). En referencia a su militancia política, escribió en 1950: "Nos desayunamos con Porfirio; comimos con Huerta; pero la revolución nos negó la merienda y hubimos de acostarnos. en la hamaca incómoda de una reacción inútil, estéril y bravucona. ¿Con qué derecho exigimos a los revolucionarios que olviden nuestro *Te Deum* a Huerta, nuestra alegría por el deceso de Madero, nuestras traiciones y otras cosas más, si nosotros sabemos mantener nuestros rencores ancestrales?" (citado por Abraham García Ibarra en *Apogeo y crisis de la derecha en México*.

CAPUCHINAS ◆ Orden de religiosas mendicantes de la regla franciscana. Llegaron las primeras cinco a Nueva España en 1665. Erigieron conventos y templos en la ciudad de México (San Felipe de Jesús, 1673), la Villa de Guadalupe (1780), Puebla (1703), Querétaro (1717), Oaxaca (1744) y Lagos de Moreno (1756).

CAPULALPAN ◆ ☛ *Calpulalpan de Méndez*.

CAPULHUAC ◆ Municipio del Estado de México situado al este de Toluca y al oeste del Distrito Federal. Superficie: 37.48 km². Habitantes: 25,900, de los cuales 6,225 forman la población económicamente activa. Hablan alguna lengua indígena 37 personas mayores de cinco años (otomí 20 y náhuatl 17). La cabecera, llamada Capulhuac de Mirafuentes, está a casi 2,600 metros sobre el nivel del mar.

CARABIAS LILLO, JULIA ◆ n. en el DF (1954). Bióloga por la UNAM, donde fue integrante del Consejo Universitario (1989-93). Militó en el Movimiento de Acción Popular (1981) y en el Partido Socialista Unificado de México (1986-). Fue presidenta del Instituto Nacional de Ecología. Es titular de la Secretaría de Ecología, Recursos Naturales y Pesca (1994-). Es miembro del Sistema Nacional de Investigadores.

CARÁCUARO ◆ Municipio de Michoacán situado en la cuenca del Balsas, al sur de Morelia y cerca de los límites con el Estado de México. Superficie: 421.6 km². Habitantes: 10,459, de los cuales 1,986 forman la población económicamente activa. La cabecera se llama Carácuaro de Morelos en honor del caudillo de la independencia, quien fue cura del lugar durante once años, hasta que se incorporó a la insurgencia. La erección municipal data de 1855.

CARÁCUARO ◆ Río de Michoacán que nace al sur de la sierra de Ozumatlán. Corre hacia el sur, pasa junto a la población de Carácuaro de Morelos y kilómetros adelante se une al río Tacámbaro, afluente del Balsas.

CARAM MAFUD, ANTONIO ◆ n. en Tapachula, Chis. (1929). Se inició en el periodismo en 1957 como autor de artículos y epigramas en *Novedades* y *Diario de la Tarde*. Cofundador de la oficina mexicana de la agencia Prensa Latina (1959), de la que fue administrador, reportero y redactor. Ha sido colaborador de los diarios capitalinos *El Nacional*, *El Universal*, *El Periódico de México* y, desde 1973, de *Ovaciones*. Ha escrito también para publicaciones como *Sucesos*, *Política*, *Oposición*, *Así es*, *Siempre!* y otras. Jefe de redacción de *La Garrapata* en su primera época (1968) y codirector en la segunda (1969-70). Fue miembro de la Asociación Mexicana de Periodistas y cofundador (1975), secretario general (1975-77) y presidente (1977-82) de la Unión de Periodistas Democráticos. Como representante gremial ha asistido a reuniones convocadas por la Federación Latinoamericana de Periodistas y la Organización Internacional de Periodistas. Miembro de los partidos Comunista Mexicano (1962-80), Socialista Unificado de México (1980-87) y Mexicano Socialista (1987-). Desde 1979 es profesor del Taller de Prácticas Periodísticas de la Facultad de Ciencias Políticas y Sociales de la UNAM.

CARAVEO, MARCELO ◆ n. en San Isidro, Chih., y m. en EUA (1885-1955). Participó con Villa en la insurrección maderista. Se unió luego a la rebelión de

Foto: Dante Bucio

Julia Carabias Lillo

Foto: Fondo Editorial de Grupo Azabache

Templo de San Bartolo, en Capulhuac, Estado de México

Emilio Carballido

Orozco y combatió en favor de Victoriano Huerta. En 1920 se unió a los generales triunfantes del grupo sonorense. Gobernador de Chihuahua (1928-29). Participó en el alzamiento escobarista. Derrotado, se exilió hasta 1940 en que volvió al país y a cargos públicos menores.

CARAVEO AGÜERO, JAVIER HUMBERTO ◆ n. en Chihuahua, Chih. (1945). Arquitecto por la UNAM y maestro en planeación urbana por la Universidad de Stanford con cursos de posgrado en la UNAM. Trabajó para el grupo ICA (1970-74). Colaboró en el Centro de Estudios Políticos, Económicos y Sociales del PRI (1976). Fue subdirector de Centros de Población de la Zona Norte de la SAHOP (1976-79), coordinador del Plan de Desarrollo Urbano (1979), director general de Planificación (1980-83) y director general de Desarrollo Urbano del DDF (1983).

CARBAJAL, ANTONIO ◆ n. ¿en Durango? y m. en la Cd. de México (¿1820?-1872). Militar liberal. Combatió a los conservadores en la guerra de Tres Años y después luchó contra la intervención y el imperio. Gobernador de Durango (1863-65).

CARBAJAL, ENRIQUE ◆ ☞ *Sebastián*.

CARBAJAL, JOSÉ MARÍA ◆ n. en Béjar, Texas, y m. en Soto la Marina, Tams. (1810-1874). Militar liberal. Combatió la intervención francesa y el imperio. Juárez lo designó gobernador de Tamaulipas (1866) y luego lo depuso por capitular en condiciones inadmisibles para el mando republicano.

CARBAJAL, TONY ◆ n. y m. en el DF (1921-1995). Actor. Iniciador de la televisión mexicana, participó en los teleteatros y telenovelas que se grababan en el piso 13 del edificio de la Lotería Nacional, como *La gloria quedó atrás* y *Murallas blancas*. Contribuyó a fundar nueve televisoras en la República. Delegado de radio de la ANDA (1949). Fundador del doblaje en México. En el teatro participó en las obras *La muerte de un viajante*, *Un día de éstos* de Rodolfo Usigli, *Yocasta o casi* de Salvador Novo, *La vidente* con Dolores del Río, *La tem-*

pestad, *La casa de té de la luna de agosto* con la que se inauguró el teatro Insurgentes, *El sueño de la razón* y *El candidato de Dios*, de Luis G. Basurto, entre otras. Escribió la antología *Rutas del destino*.

CARBAJAL ESPINO, LUIS ◆ n. en Tlaxcala, Tlax. (1937). Médico cirujano titulado en la UNAM (1961) especializado en cirugía en el Hospital General de Tlaxcala (1965). Fue rector de la Universidad Autónoma de Tlaxcala (1976). Ha sido director de Centros de Salud (1968), secretario de Salud (1986) y oficial mayor del gobierno de Tlaxcala (1987-).

CARBAJAL RODRÍGUEZ, JESÚS ANTONIO LA TOTA ◆ n. en el DF (1929). Futbolista. En 1948 asistió a los Juegos Olímpicos de Londres como integrante de la representación mexicana. Se inició profesionalmente en el mismo año dentro del equipo España. En 1950 pasó al club León, donde permaneció 17 años como portero titular. Hasta 1998 fue el único jugador que había participado en cinco Copas del Mundo (Brasil 1950, Suiza 1954, Suecia 1958, Chile 1962 e Inglaterra 1966). Entrenador desde 1966, ha dirigido a los equipos León, Curtidores, Atletas Campesinos, Irapuato y Morelia. Comentarista de televisión en los campeonatos mundiales en los años 1978, 1982 y 1986. En 1963 detuvo cuatro tiros penales en un encuentro.

CARBALLIDO, EMILIO ◆ n. en Córdoba, Ver. (1925). Maestro en letras y arte dramático por la UNAM. Profesor titular de la Universidad Veracruzana. Fue director de la Escuela de Arte Teatral del INBA. Es autor de cuento: *La caja vacía* (1962), *El poeta que se volvió gusano y otros cuentos* (1978), *Un cuento de Navidad y el censo* (1980); relatos infantiles: *Los zapatos de fierro* (1983), *El pizarrón encantado* (1984), *La historia de Sputnik y David* (1991); novelas: *La veleta oxidada* (1956), *El norte* (1958), *Las visitaciones del diablo* (1965), *El sol* (1970), *El tren que corría* (1984), *Un error de estilo* (1991); piezas teatrales: *Rosalba y los llaveros* (1950), *Palabras*

cruzadas o La danza que sueña la tortuga (1954, Primer Premio de *El Nacional*), *Felicidad* (1954, Primer Premio en el Festival Dramático del DF, Premio Juan Ruiz de Alarcón 1957 y Casa de las Américas 1962), *La hebra de oro* (1955, Premio del Concurso Teatral de la UNAM), *El día que se soltaron los leones* (1959, Primer Premio de *El Nacional*), *El relojero de Córdoba* (1960, Premio de los Críticos No Asociados, Premio Juan Ruiz de Alarcón 1968), *Medusa* (1963, Premio Festival de las Artes en La Habana), *Te juro Juana que tengo ganas* (1965, Trofeo El Heraldo de México 1969, Premio de la AMCT 1984), *Yo también hablo de la rosa* (1966, Trofeo El Heraldo de México), *Rosa de dos aromas* (1986), *Norah* (1992), *Flor de abismo* (1994), *La prisionera* (1995), *Luminaria* (1998) y muchas otras. Por *El Águila descalza* compartió la *Diosa de Plata* (1971) por su libreto y el *Ariel* (1972) por historia original. Miembro de la Academia Mexicana (de la lengua). Becario del Instituto Rockefeller (1950) y del Centro Mexicano de Escritores (1951-52 y 1955-56).

CARBALLO, EMMANUEL ◆ n. en Guadalajara. Jal. (1929). Hizo estudios de derecho en la Universidad de Guadalajara. En la UNAM fue profesor y coordinador de Literatura en la Dirección de Difusión Cultural (1954-60). Secretario de redacción de la *Gaceta del FCE*. Ha conducido programas de radio y televisión. Presidente del Instituto José Martí (1963-65), director literario de Empresas Editoriales (1964-68) y fundador y director general de Editorial Diógenes (1966-). En Guadalajara editó y dirigió *Ariel* (1949-53) y *Odiseo* (1952). Ha colaborado en las principales publicaciones periódicas. Codirigió con Carlos Fuentes la *Revista Mexicana de Literatura* (1955-58) y con Alfredo Leal Cortés el suplemento *Artes, Letras y Ciencias de Ovaciones* (1964-67). Director de Difusión Cultural de la UAP (1973-74), coordinador editorial de *El Sol de México* (1974-75), director de *Cuadernos de Comunicación* (1975-78), codirector de *El Gallo Ilustrado* (1981-

84) y coordinador cultural de *Punto* (1982-). Ha preparado antologías de narrativa. Autor de poesía: *Amor se llama* (1951) y *Eso es todo* (1972); *Notas de un francotirador* (1991); cuento: *Gran estorbo la esperanza* (1954); artículos y ensayos: *Ramón López Velarde en Guadalajara* (1953), *Los dueños del tiempo* (1965), *Agustín Yáñez* (1966), *Jaime Torres Bodet* (1968), *La narrativa mexicana de 1910 a 1969* (1979), *Revueltas en la mira* (1984), y *Martín Luis Guzmán, escritor de dos épocas* (1985); y entrevista: *Diecinueve protagonistas de la literatura mexicana del siglo XX* (1965) y *Protagonistas de la literatura hispanoamericana del siglo XX* (1987). Premio Jalisco en 1990. Becario del Centro Mexicano de Escritores (1954-55) y de El Colegio de México (1955-57).

CARBALLO, MARCO AURELIO ◆ n. en Tapachula, Chis. (1942). Hizo estudios de economía. Fue reportero de *El Diario de México* (1964), la agencia PIMSA (1965-66), *El Sol de México* (1967), *El Heraldo de México* (1968), los diarios de la casa *Excélsior* (1969-76) y *Proceso* (1976). Fue cofundador y jefe de información de *unomásuno* (1977-1980), director de información de *El Nacional* (1994-95) y *Nafinotas* (1996) y jefe de información del semanario *Siempre!* (1981-1997). Es subdirector del semanario *Época*. Coautor de la novela *El hombre equivocado* (1988), y autor de cuento: *La tarde anaranjada* (1976), *Historia de la carmelita descalza que engatusó a Feldespato el cándido y otros cuentos* (1980), *La novela de Betoven y otros relatos* (1986) *Los amores de Maluja y otros cuentos* (1994), *Un perro en el metro y otras crónicas* (1996), *Mario (pero no Vargas Llosa) y Bruno (pero no Giordano)* (1999) y *Una triste figura y otros relatos* (1999); del libro de escritos diversos: *En letras se rompen géneros* (1993); autobiografía: *MAC* (1992); y novela: *Polvos ardientes de la segunda calle* (1990), *Crónica de novela* (1992), *Mujeriego* (1996) y *Vida del artista inútil* (1999). Premio Chiapas de Literatura Rosario Castellanos 1994. Premio Nacional de Periodismo y de Información 1997-98.

Premio Nacional de Crónica José Pagés Llergo 1998.

CARBALLO MILLÁN, ROGELIO ◆ n. en Tuxpan, Ver. (1925). Se tituló como contador público en la UNAM (1946-50). Miembro del PRI desde 1954. Ha sido subdirector general de Crédito (1970-72), director de Deuda Pública (1973-76) y subdirector general de Crédito Público de la Secretaría de Hacienda (1978-79), director general de Control y Auditoría Gubernamental de la Secretaría de Programación (1979-81), asesor del Instituto de Empresa Pública de Ljubljana, Yugoslavia (1981), diputado federal por el segundo distrito de Veracruz (1982-85), director del Fideicomiso Liquidador de Instituciones de Crédito y Organizaciones Educativas (1986-88) y director general de Banpesca (1988). Pertenece al Instituto Nacional de Contadores Públicos al Servicio del Estado y a la Asociación Fiscal Internacional.

CARBÓ ◆ Municipio de Sonora contiguo a la ciudad de Hermosillo. Superficie: 1,692.66 km². Habitantes: 4,994, de los cuales 1,336 forman la población económicamente activa. Hablan alguna lengua indígena 41 personas mayores de cinco años (mixteco 22). Se erigió el 30 de junio de 1933 con territorio que antes perteneció a San Miguel de Horcasitas. El nombre se le dio en honor del militar oaxaqueño José Guillermo Carbó (☞).

CARBÓ, JOSÉ GUILLERMO ◆ n. en Oaxaca, Oax., y m. en Hermosillo, Son. (¿1837?-1885). Militar liberal. Combatió en la guerra de los Tres Años y luchó contra la intervención y el imperio. Se opuso al Plan de la Noria y al de Tuxtepec hasta que cayó prisionero. Cuatro veces diputado. Porfirio Díaz lo nombró jefe militar de Sonora y luego lo fue de la zona que incluía también a Sinaloa, Nayarit y Baja California. Ciudadano sonorense por decreto de la Legislatura local (1879).

CARBONEL CHAURO, VICENTE ◆ n. en España (1914). Licenciado en ciencias exactas por la Universidad de Madrid. Ha sido profesor de matemáti-

cas del Colegio Madrid, del Instituto Luis Vives, de escuelas secundarias, de la Nacional Preparatoria y de la Vocacional 5 del Instituto Politécnico Nacional. Ha recibido diversos reconocimientos por su actividad pedagógica.

CARBONELL, SANTIAGO ◆ n. en Quito, Ecuador (1960). Pintor de nacionalidad española. Creció y estudió en Barcelona. Su obra, de carácter hiperrealista, la ha expuesto en museos y galerías de México, España y otros países. Reside en Querétaro.

CARBONERA, LA ◆ Población del municipio de Santiago Tenango, Oaxaca (☞).

CARDENALES ◆ Han sido ocho los mexicanos elevados al cardenalato: José Mariano Garibi Rivera (1958), Miguel Darío Miranda y Gómez (1969), José Salazar López (1973), Ernesto Corripio Ahumada (1979), Juan Jesús Posadas Ocampo (1991), Adolfo Suárez Rivera (1995), Juan Sandoval Íñiguez (1995) y Norberto Rivera Carrera (1998). El guanajuatense Juan Cayetano Gómez de Portugal y Solís murió días antes de que se anunciara su promoción (1850). Francisco Antonio de Lorenzana, quien había sido arzobispo de México, fue creado cardenal en 1772, pero era nativo de España, donde hizo sus estudios, y al momento de ser investido encabezaba la arquidiócesis de Toledo, luego de haber pasado seis años en la capital mexicana.

CÁRDENAS ◆ Municipio de San Luis Potosí situado al este de la capital de la entidad. Superficie: 376.5 km². Habitantes: 18,321, de los cuales 4,434 forman la población económicamente activa. Hablan alguna lengua indígena 127 personas mayores de cinco años (pame 91).

CÁRDENAS ◆ Municipio de Tabasco situado en la costa del golfo de México y en los límites con Veracruz. Superficie: 1,970.32 km². Habitantes: 204,810, de los cuales 44,261 forman la población económicamente activa. Hablan alguna lengua indígena 872 personas mayores de cinco años (náhuatl 249, zapoteco 177, chontal de Tabasco

Foto: DANTE BUCIO

Marco Aurelio Carballo

119 y maya 117). La cabecera, Heroica Cárdenas, se fundó a fines del siglo XVIII como San Antonio de los Naranjos. Adoptó su actual nombre en honor del escritor José Eduardo de Cárdenas y Romero. La principal fiesta se celebra entre el 4 y el 13 de junio, en honor de San Antonio de Padua, con procesiones, danzas y cantos típicos, feria regional, bailes populares y otros atractivos.

Guty Cardenas

CÁRDENAS, ALEJANDRO ◆ n. en Hermosillo, Son. (1974). Atleta de velocidad. Hizo estudios de derecho en la Universidad Tecnológica de México. En 1995, en los Juegos Panamericanos de Mar del Plata, obtuvo bronce en decatlón e impuso marca en 1996 con 7,614 puntos. Especializado en la carrera de 400 metros planos, es poseedor de la marca mexicana en la distancia con 44.92 segundos obtenido en los Juegos Panamericanos de Winnipeg 1999. En ese año obtuvo medalla de bronce en el Mundial bajo Techo de Maebashi e igual presea en el Campeonato Mundial de Atletismo en Sevilla. También posee el récord mexicano en 200 metros planos (20.63 segundos). Trofeo al mejor atleta del año de la Federación Mexicana de Atletismo (1999).

CÁRDENAS, ANA LUISA ◆ n. en el DF (1960). Licenciada en economía por el Instituto Politécnico Nacional. Participó en los movimientos estudiantiles de la década de los 70. Diputada por el DF (1997-2000).

CÁRDENAS, CÉSAR AUGUSTO ◆ n. en San Luis Potosí, SLP, y m. en Saltillo, Coah. (1936-1971). Licenciado en derecho por el Ateneo Fuente (1959) y en filosofía (1969). Fundó en Saltillo la Universidad Jaime Balmes (1961). Autor de un *Breve tratado sobre la analogía* (1970).

Nancy Cárdenas

CÁRDENAS, DIEGO DE ◆ n. y m. en España (1581-1654). Gobernador y capitán general de Yucatán de 1621 a 1628.

CÁRDENAS, GUTY ◆ n. en Mérida, Yuc., y m. en el DF (1905-1932). Compositor y cantante. A los 15 años hizo la canción *Rayito de sol*. Manuel Horta, Ignacio Fernández Esperón y el *Chango*

Cabral lo animaron a trasladarse a la ciudad de México, donde en 1927 ganó el Festival de la Canción del teatro Lírico (1928). Vendió a fines de los años veinte 25,000 ejemplares de un disco con las canciones *Yo sé que nunca* y *Flor*. En 1929, en Washington, cantó ante el presidente estadounidense Hoover. Actuó en varias películas en Hollywood. Se presentó en gran parte de Latinoamérica. Cantó en la inauguración de la radiodifusora XEW. Autor de *Golondrina viajera, Para olvidarte a ti, Caminante del Mayab* (letra de Antonio Mediz Bolio), *Quisiera preguntar a la distancia* (letra de Ricardo el *Vate* López Méndez). Murió en un pleito de cantina.

CÁRDENAS, JORGE M. ◆ n. en Veracruz, Ver., y m. en Chihuahua, Chih. (1894-1929). Se incorporó a la fuerzas de Victoriano Huerta en 1913. Fue diputado local en Chihuahua y gobernador de esta entidad del 4 de octubre al 3 de noviembre de 1925. Fungió como presidente del Partido Liberal Progresista y como tal dirigió la campaña de Marcelo Caraveo por la gubernatura de Chihuahua (1928).

CÁRDENAS, JOSÉ ◆ n. en el DF (1949). Periodista. Licenciado en comunicación por la UIA. En 1969 se inició en el periodismo como reportero de Telesistema Mexicano. Fue reportero de los noticiarios *Diario Nescafé* y *Hoy Domingo*, de Jacobo Zabludovsky; director de Programación de Radio ABC (1970), jefe de Radio y Televisión del ILCE (1971), conductor de noticiarios de Televisión Independiente de México, Canal 8 (1971-73); conductor de los noticiarios *Punto Final, En contacto directo* y *En Punto* de Televisa (1973-77), de 24 Horas de XEW Radio (1974-76), de los programas políticos de la Comisión de Radiodifusión (1977-78) y de *Imágenes de Nuestro Mundo*, de Pronarte (1977-78); reportero de *La Hora 25* del Canal 13 (1977-78), reportero y conductor de noticiarios de Canal 13 (1978-81), conductor de programas especiales de RTC (1981-88), conductor de noticiarios de Imevisión (1983-85 y 1991-92), de programas del Cepropie (1985-88),

conductor de la serie *Esta Semana*, TV Mexiquense (1987-89) y director de Programas Informativos de Canal 40 (1992-94). En radio ha conducido los noticiarios de las emisoras Estéreo Cien (1987-1990), Radio ACIR (1991-), XEQ (1996), Radio 13 (1996-) y Radio Fórmula (1998-). Ha escrito en periódicos y revistas.

CÁRDENAS, JUAN ◆ n. en España y m. en la Cd. de México (1563-1609). Médico y botánico. Autor de *Problemas y secretos maravillosos de las Indias* (1591).

CÁRDENAS, NANCY ◆ n. en Parras, Coah. y m. en el DF (1934-1994). Autora y directora teatral. Doctora en literatura por la UNAM (1960), donde fue jefa de producción de Radio Universidad. Militó en el Partido Comunista. Fue locutora de la XEW y la XEQ (1954-59). A inicios de los setenta, formó parte del movimiento Teatro Independiente. Promovió la realización de la Marcha del Orgullo Gay (1978-) y la Semana Cultural Gay (1982-). Colaboró en las revistas *Política* y *Vogue* y en suplementos culturales. Entre las obras teatrales que dirigió se cuentan *Picnic en el campo de batalla* (1961), *El efecto de los rayos gamma sobre las caléndulas* (1970), *Aquelarre* (1972), *Cuarteto* (1974), *Los chicos de la banda* (1974), *La Isla* (1975), *La Dorotea* (1978), *Las amargas lágrimas de Petra von Kant* (1980, Premio El Heraldo), *El pozo de la soledad* (1985), *Sida, así es la vida* (1988) y *Quisiera arrancarme el corazón* (1992). Autora de teatro: *El cántaro seco* (1960), *Ella se estuvo en el tapanco* (1960), *La vida privada del profesor Kabela* (1963), *El día que pisamos la luna* (1981), *Las hermanitas de Acámbaro* (1983), *Sexualidades I* (1992) y *Sexualidades II* (1993); ensayo: *El cine polaco* (1962), *Aproximaciones al teatro de vanguardia* (1965). En cine dirigió *México de mis recuerdos*. Tras su muerte se publicó *Cuaderno de amor y desamor* (1994). Premio de la Asociación de Críticos de Teatro a la mejor dirección (1970, 72 y 74). Becaria del Centro Mexicano de Escritores (1967-68).

CÁRDENAS, OLIMPO ◆ n. en Ecuador

y m. en Colombia (1919-1991). Cantante. Nombre profesional de Olimpo León Cárdenas Moreira. En 1953 llegó a Colombia con el Trío Emperador. Fue discípulo de Carlos Rubiera Infante junto con Julio Jaramillo, Alsy Acosta y Lucho Bowen. Llegó a México en 1957, donde residió 10 años y grabó 20 discos. Murió mientras cantaba su canción más popular, *Tu duda y la mía*, en el parque Scarpetta de Bogotá.

CÁRDENAS, RAÚL ◆ n. en el DF (1930). Hizo estudios de contaduría. Como futbolista profesional jugó en los equipos España (1948), Guadalajara, Marte, Puebla, Zacatepec y Necaxa. Fue campeón con el último en 1964-65 y en dos ocasiones con el Zacatepec (1954-55 y 1957-58). Seleccionado nacional entre 1952 y 1962, representó a México en tres copas del mundo. Como entrenador del Cruz Azul (1966-75) obtuvo cuatro campeonatos de liga y uno de copa, así como dos títulos de la Concacaf. Con el América conquistó el campeonato 1975-76, el de la Concacaf y el Interamericano (1978). Entrenador nacional en el Mundial de Futbol de México en 1970 y en 1981-82.

CÁRDENAS, SERGIO ◆ n. en Cd. Victoria, Tams. (1951). Director de orquesta. Su segundo apellido es Tamez. Se inició como director a los 14 años. Estudió en el Westminster Choir College, de Princeton, EUA, y en Salzburgo, donde a los 24 años se convirtió en director de la Orquesta Sinfónica de la Escuela Superior de Música Mozarteum. Tomó cursos con Herbert von Karajan, Celibidache y otros. Ha dirigido importantes orquestas de países europeos y latinoamericanos. Primer director mexicano participante en el Festival de Salzburgo y la Semana Internacional Mozart. Ha sido director de la Orquesta Sinfónica Nacional (1979-83), de la Filarmónica del Bajío (1987-92) y de la Sinfónica de Querétaro (1992-). En 1985 obtuvo por concurso la dirección de la Orquesta Sinfónica de Hof, Alemania Federal. Recibió la Medalla Lilli Lehmann de la Fundación Internacional Mozarteum y el Premio Joachim Win-

kler de la Escuela Superior de Música Mozarteum.

CÁRDENAS, VÍCTOR MANUEL ◆ n. en Colima, Col. (1952). Poeta. Hizo estudios de historia en la UNAM. Asistió al taller literario de Juan Bañuelos. Formó parte del grupo editor de la revista *Cantera*. Director de la Biblioteca Central de Colima. Ha colaborado en publicaciones periódicas como *Tierra Adentro* y *Plural*. Autor de *Primer libro de las crónicas* (1983), que contiene los poemarios *A la hora del fuego*, *Visión de asas* (Premio Nacional de Poesía Joven de México, 1981) y *Zona de tolerancia* (1989) y *Ahora llegan los aviones* (1994). Con la beca INBA-Fonapas 1979-80 escribió *Peces y otras cicatrices*, obra aparecida en 1984.

CÁRDENAS AREGUYÍN, LORENZO ◆ n. en Cd. Victoria, Tams. (1937). Fue ordenado sacerdote en 1962. Ha sido rector del Seminario de Tampico, auxiliar del obispo de Tehuacán (1978-80) y obispo de Papantla desde 1980.

CÁRDENAS Y BREÑA, JOSÉ EDUARDO ◆ n. y m. en Cunduacán, Tab. (1765-1821). Sacerdote y poeta. Diputado a las Cortes de Cádiz en 1810, donde firmó con otros representantes americanos una *Exposición* sobre los motivos del movimiento insurgente. Autor de un *Romance endecasílabo en elogio de Carlos IV* (1791).

CÁRDENAS GARCÍA, JUAN JACINTO ◆ n. en San Marcos Tlazalpan, Edo. de Méx. (1941). Maestro normalista (1961) y licenciado en derecho por la UNAM. Fue profesor de primaria (1962) y del Instituto Politécnico Nacional (1973). En 1970 ingresó al E, partido en el que ha sido miembro del Comité Central (1982), secretario de política sindical (1982-84) y secretario de prensa del comité directivo (1986-90). Diputado federal (1991-94).

CÁRDENAS GONZÁLEZ, ENRIQUE ◆ n. en Cd. Victoria, Tams. (1927). Hizo estudios de contaduría. Miembro del PRI, del que fue secretario de acción social del comité ejecutivo nacional. Fue locutor y concesionario de radio, presidente municipal de Ciudad Victoria,

senador de la República (1970-72), subsecretario de Investigación y Ejecución Fiscal (1972-74) y gobernador constitucional de Tamaulipas (1975-81).

CÁRDENAS GONZÁLEZ, JORGE ◆ n. en Cd. Victoria, Tams. (1925). Ingeniero mecánico electricista. Miembro del PARM. En Matamoros ha sido presidente de la Junta de Mejoras Materiales, de la delegación de la Cruz Roja y del propio municipio. Diputado federal por el tercer distrito electoral de Tamaulipas (1985-88).

CÁRDENAS GRACIA, JAIME ◆ n. en Parras de la Fuente, Coah. (1960). Doctor en derecho por la UNAM y por la Universidad Complutense de Madrid (España). Consejero del Instituto Federal Electoral (1996-). Ha publicado los libros *El contractualismo y su proyección jurídico política* (1991), *Crisis de legitimidad y democracia interna de los partidos políticos* (1992), *Transición política y reforma constitucional en México* (1994), *Una constitución para la democracia. Propuestas para un nuevo orden constitucional* (1996) y *Partidos políticos y democracia* (1996).

CÁRDENAS HERNÁNDEZ, RAYMUNDO ◆ n. en Villanueva, Zac. (1950). Ingeniero químico por la Universidad Autónoma de Zacatecas, donde ejerció la docencia. Fue miembro del comité central y dirigente estatal del Partido Comunista Mexicano (1979-80); cofundador y miembro del comité central del PSUM (1980-87); cofundador y miembro del comité central del PMS (1987-89); y cofundador y miembro del comité ejecutivo nacional del PRD (1989-). Diputado local (1983-86) y diputado federal (1991-94).

CÁRDENAS JIMÉNEZ, ALBERTO ◆ n. en Zapotlán el Grande, Jal. (1958). Ingeniero electricista y electrónico por el Tecnológico de Ciudad Guzmán, maestro en organización industrial y doctor por la Escuela Técnica Superior de Ingenieros Industriales de la Universidad Politécnica de Madrid. Jefe de la división de estudios superiores y catedrático en el Tecnológico de Ciudad

Guzmán. Pertenece al PAN, partido en el que ha sido secretario de estudios del comité directivo municipal de Ciudad Guzmán, miembro del comité directivo estatal y del consejo estatal. Miembro de la Federación de Municipios Libres, A.C. Fue presidente municipal de Ciudad Guzmán. Gobernador de Jalisco (1995-2001).

CÁRDENAS *MAERA*, VICENTE ◆ n. y m. en el DF (1909-1986). Se inició en el toreo como peón de brega de Juan Silveti. Fue novillero y matador, actividad en la que destacó en España entre 1929 y 1938. Después de cortarse la coleta fue banderillero hasta los años sesenta, cuando que se retiró definitivamente de los ruedos.

CÁRDENAS DE LA PEÑA, ENRIQUE ◆ n. en el DF (1920). Se tituló de médico en la UNAM. Durante 36 años ejerció su profesión en el IMSS, donde fue director de unidad médica, jefe de la oficina cultural y asesor de la subdirección general médica. Inició sus investigaciones históricas en 1953. Desde 1997 ocupa la silla VI de la Academia Mexicana (de la Lengua). Ha publicado los libros *Veracruz y Sáinz de la Baranda en la vida de México*, *Educación naval en México*, *Semblanza marítima de México independiente y revolucionario*, *Guerra de Independencia*, *Historia de la medicina en la ciudad de México*, *Gobernantes de México*, *Estampas vivas*, *Camino del Rey poeta*, *Tierra caliente*. *Escondite de culebras*, *El teléfono*, *Sobre las nubes del Mayab*, *La oración de Maimónides*, *Formación y destino*. *Temas médicos de la Nueva España* y *Sitio del viento*, entre otros. Pertenece a la Academia Nacional de Historia y Geografía de México, a la Asociación Mexicana de Médicos Escritores, a la Academia Nacional de Medicina y al Sistema Nacional de Investigadores.

CÁRDENAS PEÑA, JOSÉ ◆ n. y m. en San Diego de la Unión, Gto. (1918-

Lázaro Cárdenas del Río

1963). Poeta. Trabajó para el servicio exterior. Cofundador, en Buenos Aires, de la revista *Correspondencia México-Argentina* (1947). Colaboró con las principales publicaciones literarias de México. Autor de *Sueño de sombras* (1940), *Llanto subterráneo* (1945), *La ciudad de los pájaros* (Buenos Aires, 1947), *Conversación amorosa* (1950), *Retama del olvido y otros poemas* (1954), *Adonáis o la elegía del amor y Canto de Dionisio* (1961) y *Los contados días* (1964).

CÁRDENAS PINELO, AUGUSTO ◆ ☞ *Cárdenas, Guty*.

CÁRDENAS DEL RÍO, LÁZARO ◆ n. en Jiquilpan, Mich., y m. en el DF (1895-1970). A partir de los 14 años aprendió el oficio de impresor. En 1913 los revolucionarios ocuparon Jiquilpan y le ordenaron imprimir un manifiesto que cayó en manos de los federales, quienes destruyeron el taller y lo sometieron a persecución. A principios de julio se incorporó a la revolución bajo las órdenes del general Guillermo García Aragón, cuya fuerza fue dispersada poco después. Cárdenas llegó a Guadalajara donde trabajó en una planta cervecera. Volvió a Jiquilpan y al entrar en la población los insurrectos se unió nuevamente a ellos. Participó en varios hechos de armas y a fines de 1914 marchó a Sonora, donde se puso a las órdenes del general Plutarco Elías Calles, con quien ganó en combate el grado de teniente coronel. En 1918 participó en la represión de la rebeldía yaqui. En 1920 se adhirió al Plan de Agua Prieta y enviado en persecución de Carranza se encontró con Rodolfo Herrero, asesino del ex primer jefe de la revolución, y lo aprehendió y llevó a la capital para someterlo a proceso, pero Herrero fue premiado por el crimen. En el mismo año ascendió Cárdenas a general brigadier y, enviado a Michoacán, fue gobernador interino durante tres meses. Combatió la rebelión delahuertista y, herido, cayó prisionero de Rafael Buelna, quien decidió ponerlo en libertad. Recuperado físicamente y sofocado el alzamiento, evitó que se fusilara a los cabecillas de-

tenidos, a quienes permitió salir del país. En 1925, ya como general de brigada, fue jefe del Sector Militar de Tampico. Combatió a los cristeros y en 1928 se convirtió en divisionario y gobernador constitucional de Michoacán. En 1929 pidió licencia para reintegrarse al combate anticristero. Combatió la asonada escobarista. Volvió al gobierno de Michoacán y después de unos meses fue llamado a la presidencia del Partido Nacional Revolucionario. Secretario de Gobernación de Ortiz Rubio (28 de agosto al 15 de octubre de 1931). Volvió a Michoacán hasta completar su periodo. Durante los lapsos en que gobernó su estado se abrieron cientos de escuelas, tanto por cuenta del gobierno como de los empresarios y terratenientes, a quienes hizo cumplir con el precepto constitucional que los obligaba a sostener establecimientos educativos. Del primero de enero al 15 de junio de 1933 ocupó la Secretaría de Guerra y Marina en el gabinete de Abelardo L. Rodríguez. Presidente de la República (1934-40). Empezó a gobernar con un gabinete de hombres leales a Plutarco Elías Calles, el llamado *Jefe Máximo de la Revolución*. El país vivía una intensa agitación laboral por los desastrosos efectos de la gran depresión de 1929-33. El respeto de Cárdenas por los sindicatos permitió que el movimiento obrero planteara sus demandas sin cortapisas. Los sectores patronales orquestaron una protesta a la que se sumó Calles, quien reprobó las huelgas y a quienes las sostenían, las organizaciones obreras y sus líderes, a los que acusó de estar "jugando con la vida económica del país". Asimismo, amagó a los trabajadores con la intervención del ejército, lo que implicaba público menosprecio por la autoridad del presidente en funciones. El día 13 de mayo, Cárdenas respondió "a los representantes del sector capitalista" que las huelgas "lesionan momentáneamente la economía del país", pero "contribuyen con el tiempo a hacer más sólida la situación económica". Al día siguiente pidió la renuncia a todos los miembros de su gabinete y el 19 Calles salió a residir en Estados Unidos. Como la agitación de los grupos callistas y fascistas persistía, se creó el Comité Nacional de Defensa Proletaria y en septiembre las organizaciones obreras advirtieron que irían a la huelga general si regresaba Calles. Los partidarios de éste, a su vez, formaron la Alianza Nacional de Trabajadores Unificados, que al retornar el *Jefe Máximo* al país hizo estallar un paro en Puebla y Tlaxcala para expresarle su apoyo. Calles fue recibido en el aeropuerto por Joaquín Amaro y otros generales, los cuales fueron destituidos por Cárdenas, quien sin recurrir a la violencia echó mano de todos los recursos a su alcance para garantizar el respeto a la institución presidencial. De esta manera fueron desaforados cinco senadores y varios diputados, se declararon desaparecidos los poderes en siete entidades, el Congreso local de Tamaulipas destituyó al gobernador y Calles fue expulsado del país el 10 de abril de 1936. El 11 de febrero de 1936, el general Cárdenas hizo una defensa de su política y señaló que "la presencia de pequeños grupos comunistas no es un fenómeno nuevo ni exclusivo de nuestro país. Su acción en México no compromete la estabilidad de nuestras instituciones ni alarma al gobierno ni debe alarmar a los empresarios". México condenó la invasión de Abisinia (Etiopía) por Italia y la anexión de Austria a Alemania. Al estallar la guerra civil española dio a la República y a sus autoridades todo la ayuda posible contra los militares golpistas, defendió la legalidad y condenó la injerencia militar de la Alemania nazi y la Italia fascista en España. Al término de la guerra, México dio asilo a unos 40 mil republicanos españoles. En junio de 1937 decretó la nacionalización de los ferrocarriles y entregó su administración a los obreros. Expidió la Ley de Indulto General del 5 de febrero de 1937 que benefició a 10 mil mexicanos perseguidos y exiliados. Al año siguiente, el 18 de marzo, nacionalizó las empresas petroleras, después de que éstas se negaron a acatar las leyes

GABINETES DEL PRESIDENTE LÁZARO CÁRDENAS
del 1 de diciembre de 1934 al 30 de noviembre de 1940

GOBERNACIÓN:

JUAN DE DIOS BOJÓRQUEZ	1 de diciembre de 1934 al 15 de junio de 1935
SILVANO BARBA GONZÁLEZ	18 de junio de 1935 a 25 de agosto de 1936
SILVESTRE GUERRERO	25 de agosto de 1936 al 4 de enero de 1938
IGNACIO GARCÍA TÉLLEZ	4 de enero de 1938 al 30 de noviembre de 1940

RELACIONES EXTERIORES:

EMILIO PORTES GIL	1 de diciembre de 1934 al 15 de junio de 1935
JOSÉ ÁNGEL CENICEROS	16 de junio al 30 de noviembre de 1935
EDUARDO HAY	1 de diciembre de 1935 al 30 de noviembre de 1940

GUERRA Y MARINA:

PABLO QUIROGA	1 de diciembre de 1934 al 15 de junio de 1935
ANDRÉS FIGUEROA	18 de junio al 17 de octubre de 1935
MANUEL ÁVILA CAMACHO	17 de octubre de 1935 al 1 de noviembre de 1937

DEFENSA NACIONAL:

MANUEL ÁVILA CAMACHO	1 de noviembre de 1937 al 23 de enero de 1939
JESÚS AGUSTÍN CASTRO	23 de enero de 1939 al 30 de noviembre de 1940

HACIENDA Y CRÉDITO PÚBLICO:

NARCISO BASSOLS	1 de diciembre de 1934 al 15 de junio de 1935
EDUARDO SUÁREZ	18 de junio de 1935 al 30 de noviembre de 1940

EDUCACIÓN PÚBLICA:

IGNACIO GARCÍA TÉLLEZ	1 de diciembre de 1934 al 15 de junio de 1935
GONZALO VÁZQUEZ VELA	17 de junio de 1935 al 30 de noviembre de 1940

ECONOMÍA NACIONAL:

FRANCISCO J. MÚJICA	1 de diciembre de 1934 al 1 5 de junio de 1935
RAFAEL SÁNCHEZ TAPIA	18 de junio de 1935 al 31 de diciembre de 1937
EFRAÍN BUENROSTRO	1 de enero de 1938 al 30 de noviembre de 1940

COMUNICACIONES Y OBRAS PÚBLICAS:

RODOLFO ELÍAS CALLES	1 de diciembre de 1934 al 15 de junio de 1935
FRANCISCO J. MÚJICA	18 de junio de 1935 al 23 de enero de 1939
MELQUIADES ANGULO	24 de enero de 1939 al 30 de noviembre de 1940

AGRICULTURA Y FOMENTO:

TOMÁS GARRIDO CANABAL	1 de diciembre de 1934 al 15 de junio de 1935
SATURNINO CEDILLO	11 de junio de 1935 al 16 de agosto de 1937
JOSÉ G. PARRÉS	16 de agosto de 1937 al 30 de noviembre de 1940

ASISTENCIA PÚBLICA:

ENRIQUE HERNÁNDEZ ÁLVAREZ	3 de enero al 22 de enero de 1938
SILVESTRE GUERRERO	24 de enero de 1938 al 30 de noviembre de 1940

DEPARTAMENTO DE SALUBRIDAD:

ABRAHAM AYALA GONZÁLEZ	1 de diciembre de 1934 al 15 de junio de 35
JOSÉ SIUROB	15 de junio de 1935 al 4 de enero de 1938
LEÓNIDES ANDRÉU ALMAZÁN	17 de enero de 1938 al 4 de agosto de 1939
JOSÉ SIUROB	5 de agosto de 1939 al 30 de noviembre de 1940

DEPARTAMENTO AGRARIO:

GABINO VÁZQUEZ	1 de diciembre de 1934 al 30 de noviembre de 1940

DEPARTAMENTO DEL TRABAJO:

SILVANO BARBA GONZÁLEZ	1 de diciembre de 1934 al 15 de junio de 1935
GENARO V. VÁZQUEZ	18 de junio de 1935 al 20 de junio de 1937
ANTONIO I. VILLALOBOS	21 de junio de 1937 al 21 de enero de 1940
AGUSTÍN ARROYO C.	21 de enero al 30 de noviembre de 1940

DEPARTAMENTO CENTRAL:	
AARÓN SÁENZ	del 1 de diciembre de 1934 al 15 de junio de 1934
COSME HINOJOSA	18 de junio de 1935 al 3 de enero de 1938
JOSÉ SIUROB	4 de enero de 1938 al 22 de enero de 1939
RAÚL CASTELLANOS	23 de enero de 1939 al 30 de noviembre de 1940.

mexicanas. Como el gobierno británico exigiera un trato de privilegio para sus súbditos, México rompió relaciones con Londres. Washington propuso someter el asunto a arbitraje y Cárdenas se negó rotundamente, pues aceptarlo significaba someter la Constitución y la soberanía mexicanas al juicio de personas o gobiernos extranjeros. En mayo del mismo año se levantó en armas el general Saturnino Cedillo, cacique de San Luis Potosí, a quien Cárdenas había llevado a su gabinete. El alzamiento fue rápidamente aplastado. Repartió 18.3 millones de hectáreas para beneficios de más de un millón de campesinos, impulsó la educación, constitucionalmente llamada "socialista", y adoptaba medidas en favor de los trabajadores, de quienes recibió amplio apoyo. La Confederación de Trabajadores de México se constituyó en febrero de 1936, la Federación Nacional de Trabajadores del Estado, que dos años después sería la FSTSE, en septiembre de 1936, y la Confederación Nacional Campesina en agosto de 1938. Impidió la sindicalización de los trabajadores bancarios, se opuso a que los campesinos se incorporaran a la CTM y estableció la separación de los trabajadores del sector público y del privado en diversos apartados del artículo 123 de la Constitución. La congelación de tarifas de los ferrocarriles (bajo administración obrera) o el asilo concedido a Trotsky fueron motivo de diferencias entre el gobernante y los líderes de las grandes organizaciones obreras. En el sexenio se creó la Comisión Federal de Electricidad, se construyeron presas de riego, se legisló en materia de crédito agrícola, comunica-

ciones, trabajo, asuntos agrarios, amparo, etc. Transformó al PNR en PRM (1938). Cárdenas entregó la Presidencia el primero de diciembre de 1940. A fines de 1941, al romper México con los países del Eje, Cárdenas fue designado comandante de la Zona del Pacífico, una de las dos en que se dividió la República, y el 11 de septiembre de 1942 fue nombrado secretario de la Defensa Nacional. Concluida la segunda guerra mundial, en agosto de 1945, se retiró del gobierno. En el sexenio de Miguel Alemán fue nombrado vocal de las comisiones del Tepalcatepec y el Balsas, mismas que se fundieron en la Comisión del Balsas en 1960, dependencia federal que continuó bajo sus órdenes. En 1954 reprobó el derrocamiento del presidente guatemalteco Jacobo Arbenz. En 1955 recibió el Premio Stalin de la Paz. Simpatizante del Movimiento 26 de Julio y de la revolución cubana, en 1961 se ofreció como voluntario cuando era inminente un ataque, también financiado y dirigido por EUA, contra la patria de José Martí. En 1961 fue uno de los convocantes a la Conferencia Latinoamericana por la Soberanía Nacional, la Emancipación Económica y la Paz y el inspirador del Movimiento de Liberación Nacional creado en agosto de ese año. En los años sesenta condenó la ocupación estadounidense de Vietnam. En 1969 se le designó presidente del Consejo de Administración de la Siderúrgica Las Truchas.

CÁRDENAS RODRÍGUEZ, ANTONIO ◆ n. en General Cepeda, Coah., y m. en el DF (1903-1969). Estudió en la Escuela Militar de Aplicación Aeronáutica y en el Colegio Militar. En 1927 se le ex-

tendió la primera licencia de piloto aviador civil y de inmediato pasó a trabajar en el servicio postal. También participó (1927-29) en las campañas del Yaqui en Sonora y contra los cristeros en Jalisco y Colima. En 1936 hizo vuelos de reconocimiento para Ferrocarriles Mexicanos en el tendido de vías para el sureste del país. Voló a norte y Sudamérica en misiones de buena voluntad. En 1943 fue comisionado a servir en el frente de África del Norte en el 97 grupo de bombardeo pesado de la Fuerza Aérea estadounidense y entre 1944 y 45 fue jefe de la Fuerza Aérea Expedicionaria Mexicana (Escuadrón 201), que con base en Filipinas participó en la segunda guerra mundial. Jefe de la Fuerza Aérea Mexicana (1946-53). General de división en 1952. Autor de *Mis dos misiones* y *Alas sobre América*.

CÁRDENAS RODRÍGUEZ, HÉCTOR ◆ n. en Monterrey, NL (1936). Licenciado en derecho por la Universidad Autónoma de Nuevo León (1953-58) y maestro en ciencias políticas por la Universidad de París (1960-62). Se incorporó al servicio exterior en 1963. Ha sido cónsul en Filadelfia (1969-71), consejero de la embajada en Washington (1971-73), ministro en las Moscú (1973-77) y Londres (1977-81), embajador en Senegal concurrente en Gambia y Cabo Verde (1981-85) y en Arabia Saudita concurrente en Jordania, Omán y Kuwait (1985-88), director general para Asia y África (1988-93) y director general para el Pacífico de la SRE (1993-1995). Embajador en Egipto (1995-). Autor de *Las relaciones mexicano-soviéticas. Antecedentes y primeros contactos diplomáticos 1789-1927* (1974). Ha sido condecorado por los gobiernos de Senegal y Yugoslavia.

CÁRDENAS SAMADA, CORNELIO ◆ n. y m. en Mérida, Yuc. (1888-1957). Músico. Compuso zarzuelas como *Mirza* (libreto de Mediz Bolio), operetas (*El marquesito enamorado* y óperas (*Chichén Itzá, Ya Yaax Can*).

CÁRDENAS SARMIENTO, ROGELIO ◆ n. en el DF (1952). Licenciado en economía por la Universidad Anáhuac

(1971-75), en la que ha sido profesor (1980-84); realizó estudios de posgrado en la Universidad de Cambridge (1975-77) y la maestría en desarrollo económico en la de Sussex (1977-78). Ha sido asesor del director general de Centros Conasupo de capacitación campesina (1972-75), consultor en el Instituto del Petróleo de París (1979-80), subdirector de Finanzas de la Dirección General de Infraestructura Agropecuaria de la SARH (1980-82) y desde 1981 director del diario *El Financiero*.

CÁRDENAS SOLÓRZANO, CUAUHTÉMOC ◆ n. en la Cd. de México (1934). Hijo de Lázaro Cárdenas del Río. Ingeniero civil titulado en la UNAM (1957), con estudios en Francia, Alemania e Italia. Formó parte de la dirección del Movimiento de Liberación Nacional (1961-64). Fue miembro del PRI. Presidente del consejo técnico consultivo de la CNC (1966-68) y presidente del consejo consultivo del IEPES del PRI (1975). Trabajó como proyectista de la Comisión del Balsas (1969-70) y subdirector de la siderúrgica Las Truchas (1970-74). Senador de la República (1976), subsecretario Forestal y de la Fauna de la SAG (1976-80) y gobernador de Michoacán (1980-86). En 1987 figuró entre los dirigentes de la Corriente Democrática del PRI, partido del que salió en ese año para ingresar en el Partido Auténtico de la Revolución Mexicana. En 1988 fue candidato presidencial de esta organización y de otras agrupadas en el Frente Democrático Nacional, del cual fue coordinador nacional. Cofundador del PRD (1989), en el que fue coordinador y presidente desde 1993. En 1994 fue nuevamente candidato presidencial junto con la Alianza Democrática Nacional. Presidente de la Fundación para la Democracia (1996). Primer jefe de gobierno del Distrito Federal, elegido por voto popular (1997-99). Autor de *La esperanza en marcha. Ideario político* (1998).

CÁRDENAS ZEPEDA, RAFAEL ◆ n. en San Fernando, Tams., y m. en el DF (1890-1956). Revolucionario carrancista. Fue diputado al Congreso de la Unión y gobernador provisional de Tamaulipas del 4 al 8 de mayo de 1920.

CARDEÑA RODRÍGUEZ, JESÚS BENJAMÍN ◆ n. en Tizimín, Yuc. (1949). Ingeniero agrónomo especialista en bosques titulado, en la Escuela Nacional de Agricultura en Chapingo (1969-75). Ha sido jefe del Programa Forestal de Michoacán (1980-82) y director general de Control y Vigilancia Forestal (1983-85), de Normatividad Forestal (1985-88) y de Política y Protección Forestal de la Secretaría de Agricultura (1989-). Es miembro de la Sociedad para el Desarrollo Integral Forestal.

CARDERO GARCÍA, MARÍA ELENA ◆ n. en el DF (1943). Licenciada en economía por la UNAM (1961-65), maestra en ciencia política por la Universidad de Essex, Inglaterra (1967-69) y doctora en economía por la UNAM (1982-83). Ha sido investigadora del Bancomext (1961-66), del Plan General del Gasto Público de la Secretaría de la Presidencia (1966-67) y del Instituto de Investigaciones Sociales. Fue directora general de Relaciones Económicas Bilaterales en el Continente Americano (1990-), dirigió la unidad de Seguimiento y fue uno de los cuatro miembros negociadores de la mesa de energía del TLC y fungió como coordinadora general de Asuntos Económicos de la SRE. Coautora de *La banca, pasado y presente* (1983) y autora de *Patrón monetario y acumulación, nacionalización y control de cambios en México* (1984) y *El sistema capitalista contemporáneo* (1986).

CARDIEL REYES, RAÚL ◆ n. en Saltillo, Coah. (1915). Licenciado en derecho por la Universidad Autónoma de San Luis Potosí y licenciado y maestro en filosofía por la UNAM, donde en varias ocasiones ha sido director interino de la Facultad de Ciencias Políticas y Sociales. Fue secretario general de la ANUIES (1954-57) y subsecretario de Educación Pública (1976-82). Autor de la pieza teatral *Universitarios* (1952) y de ensayos: *Los filósofos modernos en la independencia latinoamericana* (1964), *El ideario humanista en 1789* (1966), *El sentido ideológico en la Constitución de 1917*

(1967), *Los jóvenes y la época actual* (1970), *Bajo el signo de Jano* (1968), *Pasado y presente* (1977), *La filosofía política del México actual* (1980), *La marca del tiempo* (1987), *Meditaciones de Picolino, filósofo trashumante* (1991) y *El próximo orden mundial* (1996). Es maestro emérito de la UNAM. En 1989 fue elegido presidente del Centro Mexicano de Escritores.

CARDINALI, GIULIA ◆ n. en Italia (1928). Escultora. Estudió en Milán. En 1957 produjo una escultura y el proyecto de iluminación del cine Ariel (DF), y en 1960 se encargó de la iluminación y decoración del cine Internacional, para el que hizo una escultura de madera ahuecada. En la fábrica Metalver, de Veracruz, Ver., se halla otra de sus esculturas. En 1965 expuso individualmente en el Instituto Francés de América Latina de la capital del país.

CARDINI GONZÁLEZ, ALEJANDRO ◆ n. y m. en el DF (1935-1994). Gastrónomo. Su padre, del mismo nombre, creo la *ensalada César*, único premio gastronómico de México. Fue director de Comunicación Social del Instituto Mexicano de la Radio (1982-88) y director de Cultura de la delegación Venustiano Carranza (1994). Creó el centro nocturno La cueva de Amparo Montes e hizo festivales para impulsar la música popular.

Cuauhtémoc Cárdenas

CARDONA, GERÓNIMO ◆ n. en Cuba y m. en la Cd. de México (1799-1867). Militar realista. Vino a México en 1812. Se adhirió al Plan de Iguala (1821). Gobernador de Coahuila (abril de 1845 a febrero de 1846). Luchó contra la invasión estadounidense (1847). En 1863 estuvo entre los firmantes del *Acta de la Ciudad de México*, en la que declaraba aceptar "gustosa y agradecidamente la intervención generosa" de los franceses.

CARDONA, PATRICIA ◆ n. en Costa Rica (1949). Periodista. Hizo estudios de filosofía en su país natal y de danza contemporánea y ballet clásico en EUA. Ha asistido a los seminarios de la Escuela Internacional de Antropología Teatral. Crítica de danza de *El Día*

Patricia Cardona

(1974-77) y *unomásuno* (1977-), diario en el que coordinó la sección cultural (1984-88) y codirigió el suplemento *Dosmiluno*. Coautora de *Caballo de plata* (manual de coreografía). Autora de *La danza en México en los años 70*, *La nueva cara del bailarín mexicano* (crítica, 1990), *Anatomía del crítico* (1991, con fotografías de Christa Cowrie), y *La percepción del espectador* (1994).

CARDONA, RAMÓN ♦ n. en Zacatecas, Zac., y m. en el DF (1885-1955). Músico. Estudió en México y en Alemania, donde también se dedicó a la enseñanza y ofreció conciertos, lo mismo que en Canadá y EUA. En 1913 recibió la Medalla Gustav Holaender.

CARDONA, RENÉ ♦ n. en Cuba y m. en el DF (1905-1988). Cineasta. Era estudiante de medicina en La Habana cuando, perseguido por el dictador Gerardo Machado, se exilió en Estados Unidos, donde trabajó al lado de Rodolfo Valentino y fue ayudante de Griffith y Von Stronheim. A partir de *Un mundo nuevo* y *Allá en el rancho grande* (1937) actuó en más de 150 películas mexicanas, como *Jesusita en Chihuahua* (1942), *Cartas marcadas* (1946) y *También de dolor se canta* (1950). Alternó con Tito Guízar, Pedro Infante, Pedro Armendáriz y otras figuras. Se inició aquí como director, con una adaptación hecha por él mismo de *Don Juan Tenorio* (1937), en la que también fue el protagonista. Siguió con *Allá en el rancho chico* (1937). Hasta 1940 había rodado diez filmes, entre ellos *Adiós mi chaparrita* (1939). Fue productor de cintas de gran éxito internacional como *La isla de los hombres solos* (1973 y *Sobrevivientes de los Andes* (1975). Miembro fundador de la Asociación Nacional de Actores. Fue premiado en el Festival de Venecia por *Pulgarcito*.

CARDONA ARIZMENDI, ENRIQUE ♦ n. en Guanajuato, Gto. (1934). Licenciado en derecho por la Universidad de Guanajuato (1952-56), de la que fue profesor. Pertenece al PRI desde 1956.

Alfredo Cardona Peña

rafael cardona

Por nosotros y por la ciudad

colección realidad nacional, 5
UNIVERSIDAD AUTONOMA DE SINALOA

Libro de Rafael Cardona publicado en 1990

Ha sido agente del Ministerio Público en Guanajuato (1956-57) y el Distrito Federal (1958-62), juez penal (1962-63), rector de la Universidad de Guanajuato (1970-73), procurador general de justicia de Guanajuato (1975-80), secretario de conflictos del Sindicato Académico de la Universidad de Guanajuato (1983-86) y presidente del Supremo Tribunal de Justicia de Guanajuato (1988-). Autor de *Apuntamientos de derecho penal* (1978) y *Código penal comentado* (1980). Fue presidente de la Sociedad Guanajuatense de Criminología (1989).

CARDONA MARINO, ARTURO ♦ n. en Coacayula de Álvarez, Gro. (1930). General de brigada diplomado de Estado Mayor. Estudió en el H. Colegio Militar (1950). Licenciado en administración militar por la Escuela Superior de Guerra; realizó estudios en el Colegio Interamericano de Defensa en EUA. Ha sido asesor del director general de Normas de la SIC (1960-63), comandante del primer batallón de infantería del Ejército Mexicano (1979-82) y subjefe operativo (1982-88) y jefe del Estado Mayor Presidencial (1988-94).

CARDONA PEÑA, ALFREDO ♦ n. en Costa Rica y m. en el DF (1917-1995). Escritor y periodista. Residió en México desde 1939. Se inició en el periodismo en 1940, como reportero político del diario *Novedades*. Colaboró en diarios y publicaciones literarias. Su obra poética producida en México incluye *El mundo que tú eres* (1944), *Valle de México* (1949), *Bodas de tierra y mar* (1950), *Poemas numerales* (1950), *Los jardines amantes* (1952), *Recreo sobre las barbas* (1953), *Zapata* (1954), *Poema nuevo* (1955), *Primer paraíso* (1955), *Poesía de pie* (1959), *Poemas del retorno* (1962), *Lectura de mi noche* (1963), *Cosecha mayor* (antología, 1964), *Confín en llamas* (1969), *Asamblea plenaria* (1978) *Viñetas terminales* (1987), *Oaxaca en el mundo* (con ilustraciones de Francisco Toledo, 1988) y *Segunda asamblea plenaria*. Autor de narrativa: *La máscara que hablaba* (1944), *El secreto de la reina Amaranta* (1946) y *La muerte cae en un

vaso* (1962). Escribió semblanzas, crónicas y ensayos. De su extenso trabajo periodístico destaca *El monstruo en su laberinto. Conversaciones con Diego Rivera 1949-50* (1969) y *La entrevista literaria y cultural* (1978). Ganó certámenes de poesía en México, Costa Rica y República de El Salvador. Premio Centroamericano (Guatemala, 1948), el Continental (Washington, 1951), el Nacional de Poesía (1963), el Nacional Magón, el Nacional Manuel Gómez Zeledón de Costa Rica (1963, 85 y 86) y el de Cuento Alfonso Reyes, de la California Hispanic Cultural Society de Los Angeles (1989).

CARDONA SANDOVAL, RAFAEL ♦ n. en el DF (1950). Periodista. Sobrino del anterior. Fue reportero de *La Prensa*, *Ultimas Noticias*, *Excélsior*, *El Sol de México*, Televisa, Canal 13 y del diario *unomásuno*, donde escribía la columna "Ciudad y Gobierno". Director de Prensa Internacional (1982-83) y Nacional (1984-88) de la Presidencia de la República. Trabajó como locutor oficial en cadenas nacionales de radio y televisión (1980-82). Director general de la revista *Epoca* (1991-97) y director del diario *unomásuno* (1997-). Coautor de *La batalla por Nicaragua* (1980) y autor de *México y el Club de Roma* (1975), *Por nosotros y por la ciudad* (1980) y *El espejo de los días* (1996). Premio Ciudad de México 1981.

CARDONAL ♦ Municipio de Hidalgo situado en el centro de la entidad, al noroeste de Pachuca. Superficie: 462.6 km². Habitantes: 18,481, de los cuales 3,865 forman la población económicamente activa. Hablan alguna lengua indígena 10,228 personas mayores de cinco años (otomí 10,264). Indígenas monolingües: 891. Es centro minero desde el siglo XVI. En la jurisdicción se hallan las grutas de Tonaltongo, que junto con las construcciones coloniales representan el principal atractivo turístico.

CARDOSO, JOAQUÍN ♦ n. ¿en Puebla? y m. en la Cd. de México (¿1803?-1880). Abogado. Fue diputado, senador, ministro de la Suprema Corte y director de la Biblioteca Nacional.

CARDOSO COMPARÁN, ANTONIO ◆ n. en Morelia, Mich., y m. en San Luis Potosí, SLP (?-1772). Sacerdote. Doctor en teología por la Universidad Pontificia de México (1727). Autor de *Cursus Philosophicus, Praelectiones Philosophicae et Theologicae,* un *Poema a la Natividad de Cristo y Sermones.*

CARDOSO TORRES, ALICIA ◆ n. en Morelia, Mich. (1935). Escultora. Estudió en la Escuela Popular de Bellas Artes de Morelia (1953-57). Trabajó con Federico Canessi. Expone desde 1957.

CARDOSO VALDÉS, EDUARDO ◆ n. en el DF (1950). Licenciado en derecho por la UNAM (1968-72). Es miembro del PRI desde 1981. Ha sido jefe de los departamentos Legal (1973) y de Dictámenes y Reconsideraciones del Registro Nacional de Transferencia y Tecnología (1974) y director general de la Unidad Coordinadora de Protección al Consumidor de la SIC (1976); delegado en Puebla, Tlaxcala e Hidalgo (1981-82), jefe del Departamento Legal (1983) y coordinador general de delegaciones del Infonavit (1983-88); y presidente del Consejo Tutelar para Menores Infractores del Distrito Federal de la Secretaría de Gobernación (1988-).

CARDOZA, LYA ◆ n. en Alemania y m. en el DF (?-1988). Era niña cuando fue traída a México. Hija de Jacobo Kostakowsky y, desde 1947, esposa de Luis Cardoza y Aragón. Tradujo más de 20 libros para diversas editoriales mexicanas. Trabajó 16 años para Radio Universidad. Ejerció el periodismo en *México en la Cultura, La Cultura en México, Revista de la Universidad* y *Casa de las Américas.* Publicó su columna "Cajón de sastre" en *Sábado,* suplemento del diario *unomásuno,* y en *Libros,* suplemento de *La Jornada.* Tradujo una veintena de obras, entre ellas *Democracias y tiranías en Centroamérica y el Caribe,* de William Krehm; *Al norte de México,* de Carey McWilliams; *Las vidas de los niños,* de George Dennison; *El pensamiento marxista y la ciudad,* de Henri Lefebvre; *Del cubismo al suprematismo. El nuevo arte pictórico,* de Kasimir Ma-

levich; *El sol y su influencia,* de MA Ellison; *Fronteras de la astronomía,* de Fred Hoyle; *El mundo en 1984,* de Nigel Calder (en colaboración); y *El arte egipcio: los visionarios de la arquiectura,* de Michel Ragon.

CARDOZA Y ARAGÓN, LUIS ◆ n. en Guatemala y m. en el DF (1904-1992). Residió en México de 1932 a 1944 y de 1952 en adelante. Ejerció la crítica de arte. Colaboró en *Contemporáneos* (1929) y trabajó en el diario *El Nacional* (1936-44). Autor de poesía: *Pequeña sinfonía del Nuevo Mundo* (1948) y *Quinta estación* (1972). En 1979 se publicaron sus *Poesías completas y algunas prosas.* Su primer volumen de cuentos, *Maelstrom* (1926), fue prologado por Ramón Gómez de la Serna. Su libro *Guatemala, las líneas de su mano* (1955) es una respuesta al ataque mercenario que derribó al presidente guatemalteco Jacobo Arbenz. Escribió también *Miguel Ángel Asturias (casi una novela)* (1992) y *Tierra de belleza convulsiva* (1992). Sobre arte mexicano son *Rufino Tamayo* (1934), *La nube y el reloj* (1940), *Pintura mexicana contemporánea* (1953), *Orozco* (1959), *México, pintura activa* (1961), *Arte mexicano de hoy* (1964), *José Guadalupe Posada* (1965), *Círculos concéntricos* (2a. ed. 1980), *Ojo voz* (1988). Sus memorias, bajo el nombre de *El río,* aparecieron en 1986. En 1979 recibió la Orden del Águila Azteca, máxima condecoración que entrega el Estado mexicano a un extranjero. En la ceremonia, el escritor declaró: "No digo que México es mi segunda patria; no hay patrias segundas. Sí hay algo igualmente precioso: la Tierra Elegida. México ha sido la venturosa tierra de mi elección". En 1986 recibió la Orden de la Independencia Cultural Rubén Darío del gobierno de Nicaragua. *Doctor honoris causa* por la Universidad de San Carlos en Guatemala (1992).

CAREAGA MEDINA, GABRIEL ◆ n. en el DF (1943). Licenciado en sociología por la UNAM (1968). Hizo estudios de maestría en El Colegio de México. En la UNAM es profesor de la Facultad de Ciencias Políticas y Sociales, donde fue

director de Difusión (1970-71), de Extensión Universitaria (1979-81) y de la *Revista de Ciencias Políticas* (1970-75 y 1979-81). Ha colaborado en *Revista de Revistas, Revista de la Universidad, Revista de Bellas Artes, unomásuno, Revista Mexicana de Cultura, La Cultura en México, Excélsior, El Universal* y *Siempre!* Autor de *Los intelectuales y la política en México* (1971), *Los intelectuales y el poder* (1973), *Mitos y fantasías de la clase media en México* (1974), *Biografía de un joven de clase media* (1976), *Erotismo, violencia y política en el cine* (1981), *Intelectuales, poder y revolución* (1982), *Los espejismos del desarrollo. Entre la utopía y el progreso* (1983), *Estrellas de cine. Los mitos del siglo XX* (1984), *La ciudad enmascarada* (1985), *El siglo desgarrado. Crisis de la razón y la modernidad* (1988), (1992) y *Sociedad y teatro moderno en México* (1994).

Luis Cardoza y Aragón, ilustre guatemalteco y mexicano

CARIBE ◆ Mar conocido también como de las Antillas, pues el archipiélago de este nombre lo separa del océano Atlántico. Limita con la costa norte de América del Sur y la oriental de Centroamérica, así como con el este de la península de Yucatán, desde el cabo Catoche hasta el canal de Bacalar, a lo largo de la costa de Quintana Roo. Se comunica con el océano Pacífico a través del canal de Panamá.

CARIBE ◆ Río del sur de Campeche. Es afluente del Candelaria.

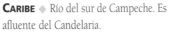
Mar Caribe mexicano

CARICATURA ◆ Palabra de origen italiano que significa *carga* y se emplea para designar figuras deformadas con intención satírica. En México las primeras expresiones caricaturescas se remontan al siglo XVI, cuando se producen clandestinamente naipes donde se alteran las imágenes de la realeza. El género sirvió también para fines de evangelización. Más tarde se caricaturizó la vida frívola y muy probablemente hubo manifestaciones de crítica política, pero la implacable censura destinó a la hoguera tales producciones. Por el mismo motivo, en México no se publicaron caricaturas en los periódicos del siglo XVIII. Fue hasta 1826 cuando apareció el primer cartón que expresamente hacía una sátira política. Se trata de *Tiranía*, que se publicó en el periódico *El Iris* y que puede atribuirse al introductor de la litografía en México, el italiano Claudio Linati, quien era coeditor del periódico. La convicción requerida para hacer este trabajo identifica a la caricatura con el compromiso social. Desde luego, en los siglos XIX y XX no escasean los caricaturistas que adulan al poderoso, pero de ellos son pocos los que han logrado trascender.

De 1844, cuando Santa Anna terminó uno de sus periodos en la Presidencia, es una caricatura anónima que denuncia la corrupción, el militarismo y las exacciones de ese gobernante. En 1845 se inicia la publicación de *Don Simplicio*, editado por Ignacio Ramírez, Guillermo Prieto y Manuel Payno, liberales que lo presentaban como un periódico "burlesco, crítico y filosófico". Tuvo tres épocas y la última de ellas terminó cuando la soldadesca estadounidense había invadido México. También en 1845 se editó *El Gallo Pitagórico*, libro en el que Juan Bautista Morales recogió su obra periodística, ilustrada con grabados franceses. En 1846, en Yucatán, aparece *Don Bullebulle*, del grabador Gabriel Vicente Gahona, más conocido como *Picheta*. En esa época se publica *El Tío Nonilla* (1849-50), "periódico político, enredador, chismográfico y de trueno". En 1856, en el *Calendario Caricato*, nuevamente el objeto de crítica es Santa Anna, quien el año anterior había sido derrocado después de hacerse tratar como Alteza Serenísima y llegar al extremo de sus dislates. Uno de los periódicos más importantes para el género se empezó a publicar en 1861:

La Orquesta. En ella destacan Santiago Hernández (cadete defensor de Chapultepec en 1847), Alejandro Casarín, Jesús T. Alamilla y, sobre todo, Constantino Escalante, uno de los grandes grabadores mexicanos, crítico de la intervención francesa, quien en 1863 fue trasladado en una jaula de Pachuca a la capital del país, donde permaneció en prisión hasta el año siguiente. *La Orquesta*, desaparecida en 1873, ofrece uno de los grandes ejemplos de periodismo independiente, pues lo mismo mostró sus discrepancias con Juárez que se opuso al imperio y la intervención. Otras publicaciones de esos años son *Juan Diego*, *Rasca Tripas*, *El Padre Cobos*, *El Máscara* y, por encima de todos, *El Ahuizote*, cuyo número uno salió el 5 de febrero de 1874. Figura como responsable *Homobono Pérez* (evidentemente un seudónimo) y como editores J.M. Villasana y Cía. De tono combatiente, ejercen una simpática y durísima crítica contra el excesivo poder del presidente (Lerdo), la corrupción, la turbiedad en el otorgamiento de contratos y concesiones, el militarismo, la adulación y otras lacras de la política nacional. Su antilerdismo, sin embargo, sirvió a los porfiristas que al año siguiente encabezaron la triunfante asonada del Plan de Tuxtepec. Villasana, por sus servicios, fue enriquecido por Díaz, quien además lo hizo diputado. Pese a lo anterior, *El Ahuizote* hizo escuela, pues se le consideró como ejemplo de periodismo combativo. Tan es así, que durante el porfiriato se usó ese nombre para varios órganos de combate: *El Hijo del Ahuizote*, *El Nieto del Ahuizote*, *El Ahuizote Jacobino*, *El Bisnieto del Ahuizote*, etc. Editor de varios de éstos fue Daniel Cabrera, redactor y caricaturista, quien se rodeó de colaboradores valientes que más de una vez fueron a prisión con él. Entre ellos se cuenta un nieto del héroe insurgente el *Pípila*, llamado Jesús Martínez Carrión, con quien fundó *El Colmillo Público*. Martínez Carrión fue muchas veces a la cárcel y en su último encierro, los celadores intencionalmente le arrojaron

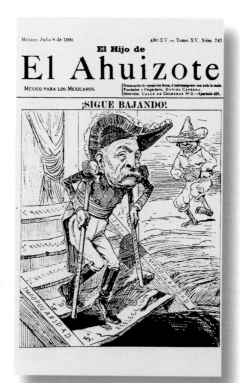

Caricaturas de hogaño y antaño

la cobija piojosa de un preso muerto de tifo, enfermedad que contrajo y causó su deceso. Los dos caricaturistas mayores de la época son Manuel Manilla y José Guadalupe Posada. Si bien el segundo hizo cartones, en realidad ambos eran ilustradores de reportajes, crónicas y otros textos que publicaba el editor Antonio Vanegas Arroyo. Pero hay en su trabajo, especialmente el de Posada, una intención irónica que los sitúa como humoristas de primera línea. Otros caricaturistas participaron en la prensa de combate bajo la dictadura. Algunos de ellos eran asalariados en la prensa comercial, como Eugenio Olvera Medina, cartonista de *El Imparcial*, y Álvaro Pruneda, quien empleaba el pseudónimo de *Pérez Brincos* en sus cartones de oposición. Una vez derribado el dictador por la rebelión maderista, el país disfrutó de una amplia libertad de expresión que fue aprovechada por los empresarios de la vieja prensa, quienes deseaban restaurar el antiguo régimen. Al servicio de su causa infamante estuvieron los mejores caricaturistas del momento: José Clemente Orozco, Ernesto García Cabral, Santiago R. de la Vega y Atenedoro Pérez y Soto, quienes atacaron al gobierno sin cortapisas. Después del asesinato de Madero, Orozco se incorporó al constitucionalismo y colaboró en su órgano, *La Vanguardia*; Cabral, dibujante de excepción, se fue becado a París y otros siguieron haciendo su trabajo, sólo que entonces se dedicaron a realizar cartones que ensalzaban al dictador e intentaban denigrar a los jefes revolucionarios. A la caída de Huerta, Pérez y Soto se exilió en Cuba y De la Vega huyó a Estados Unidos. En los años que siguen al triunfo revolucionario no abunda la buena caricatura. En la década de los veinte es apreciable el trabajo de Orozco en *El Machete*, periódico comunista para el que también hicieron cartones David Alfaro Siqueiros, Diego Rivera y otros artistas. A fines de ese decenio se va a Nueva York Miguel el *Chamaco* Covarrubias, quien se convierte en colaborador indispensable de

Vanity Fair y otras publicaciones igualmente importantes, donde obtiene un amplio reconocimiento, especialmente por sus excelentes retratos de los personajes de la vida política y social. Cabral, por su parte, tiene entonces su época más productiva y original. Con Manuel Horta edita, a partir de 1929, la revista *Fantoche*, en la que hacen sus primeras armas varios caricaturistas, de los cuales sólo descuellan Armando Guerrero Edwards, creador de la tira cómica *Chicharrín y el Sargento Pistolas*, y *Era*, pseudónimo de Alfredo Zalce, quien llegaría a ser una relevante figura del muralismo. En el mismo año que *Fantoche* se creó el diario *El Nacional*, del que Salvador Pruneda sería cartonista editorial hasta principios de los años ochenta. En 1931 se imprimió el número uno y único de *El Turco*, revista dirigida por el caricaturista Juan Arthenack, que fue confiscada por las autoridades, pues criticaba al llamado "Jefe Máximo". Por ese tiempo vuelve a la caricatura Andrés C. Audiffred, con gran facilidad para captar los tipos populares, quien muy joven se iniciara en el periódico porfirista *El Imparcial*. Durante el sexenio de Lázaro Cárdenas hay una amplia libertad de prensa y, si bien es aprovechada por los enemigos de las reformas, permite un relativo auge de la caricatura. De quienes surgen en ese periodo, el más destacado es *Chon*, cartonista de *Combate*, semanario dirigido en 1941 por Narciso Bassols. *Chon* no es otro que el pintor comunista José Chávez Morado, quien incursionó brevemente en la caricatura. En 1944 se edita el primer número de *Don Timorato*, que reúne a un grupo destacado en el género, entre otros Freyre, *Fa-Cha*, Guerrero Edwards y Arias Bernal. En la misma revista se inician Abel Quezada, Alberto Isaac, Leonardo Vadillo, Jorge Carreño y Alberto Huici. Al término de la guerra civil española llegaron a México como refugiados *Guasp*, Gamoneda y otros caricaturistas. En los años cuarenta empezó a destacar en el género Gabriel Vargas, autor de la tira *Sopas de perico* y de la exitosa historieta *La familia Burrón*, que ha merecido la atención de sociólogos y comunicólogos. Otra publicación importante para la caricatura fue *El Apretado* (1951), dirigida por Renato Leduc, en la que trabajaban Arias Bernal, Quezada, Huici, Raúl Prieto y Alejo Vázquez Lira. En ese tiempo se inició en la caricatura el grabador Alberto Beltrán, que continuaba así con la tradición del Taller de Gráfica Popular en el campo de la caricatura de combate, a la que habían hecho aportaciones significativas sus principales integrantes. Cuando Estados Unidos se empeñó en derribar al gobierno guatemalteco de Jacobo Arbenz y después, cuando lo consiguió y había que *ablandar* a la opinión pública para que aceptara el hecho, hubo caricaturistas mexicanos que se pusieron al servicio de Washington, en lo que *Rius* llama "el momento más negro y vergonzoso que ha tenido en México" el género, pues "cada caricatura publicada les era muy bien pagada por la embajada (de EUA). El requisito era que fuera contra Guatemala". Quienes se prestaron a servir para tales fines, agrega *Rius*, fueron llamados "los Siete de la Embajada": García Cabral, Freyre, Audiffred, *Guasp*, Arias Bernal, *Fa-Cha* y Medina de la Vega. En los años cincuenta se iniciaron Eduardo del Río *Rius* y Sergio Aragonés. El primero ha sido un cartonista de combate, creador de historietas y exitoso divulgador de temas histórico-políticos. Cuenta con una amplia bibliografía y varios de sus libros han sido traducidos a otros idiomas. Con su crítica frontal y profunda contribuyó decisivamente a renovar el tono y los temas de la caricatura mexicana en los años sesenta, cuando cualquier referencia al Presidente en turno (y entonces lo fueron López Mateos y Díaz Ordaz), si se consideraba negativa, era inadmisible y motivo de severas represalias que llegaban hasta

La caricatura, una forma de denuncia

las golpizas, como le sucedió a *Rius*. Aragonés empezó en 58 en la revista *Sic* y pronto se fue a Estados Unidos, donde se convirtió en ilustrador de *Mad* y hoy es uno de los más cotizados dibujantes humorísticos. Durante los años sesenta las revistas *Siempre!*, *Política*, *Sucesos* y otras dieron cabida al humor gráfico de combate, lo que permitió transformar el gusto de los lectores y apreciar de otra manera el trabajo de los caricaturistas. *Rius*, Naranjo, *Helioflores* y *AB* se agruparon para crear, en 1968, *La Garrapata*, la más importante publicación mexicana de humor político de esa época, a la que después se incorporó el periodista Antonio Caram. Por ella pasaron casi todos los *moneros* ahora reconocidos, entre otros *Magú*, que se consolidó en la década siguiente. Entre los exiliados chilenos que llegaron después del golpe de Pinochet se cuenta José Palomo, conocido por su tira *El Cuarto Reich*. A fines de los setenta, Pedro Álvarez del Villar publicó *Quecosaedro* y se creó, bajo la coordinación de *Magú*, el suplemento *másomenos* del diario *unomásuno*. En la última hornada de dibujantes humorísticos han ganado reconocimiento Efrén, el *Fisgón*, Ahumada, De la Torre y los editores de *Galimatías* (*Jis*, *Trino*, Haro y Falcón). Desde 1976 se creó la especialidad de caricatura dentro del Premio Nacional de Periodismo. Entre quienes han recibido tal distinción se cuentan Naranjo, Beltrán, *Helioflores*, *Magú*, Alberto Isaac, Carreño, Abel Quezada, Gabriel Vargas, Efrén, *Rius*, el *Fisgón* y Helguera. En 1987 se inauguró el Museo de la Caricatura, creado por la Sociedad Mexicana de Caricaturistas bajo el patrocinio del gobierno capitalino. El museo se halla en lo que fuera el Colegio de Cristo, en Donceles 99, en el Distrito Federal. En 1993 empezó a aparecer en la capital el diario *Reforma*,

Carlos I

Retrato y fima de Carlos III

Yo El Rey

en el que publica desde entonces, Francisco Calderón, un cartonista editorial que ya trabajaba para *El Norte* y *El Heraldo*. Durante 1994 y 1995 se publicó *El Chahuistle*, por un equipo encabezado por *Rius*, el que por diferencias con el editor decidió poner casa aparte y en 1996 fundó *El Chamuco*, revista en la que están el ya citado *Fisgón*, Helguera, Patricio y José Hernández.

CARICHI ◆ Municipio de Chihuahua situado al suroeste de la capital de la entidad. Superficie: 2,782.08 km². Habitantes: 8,118, de los cuales 2,425 forman la población económicamente activa. Hablan alguna lengua indígena 2,726 personas mayores de cinco años (tarahumara 2,717). Indígenas monolingües: 746. La cabecera fue un poblado tarahumara llamado Guerucarichic donde, en 1675, los misioneros jesuitas, Tomás de Guadalajara y José Tardá, fundaron una misión.

CARICHIC ◆ Sierra de Chihuahua, situada al suroeste de la capital del estado. Se extiende al sur de la laguna de los Mexicanos. Está atravesada por el paralelo 28.

CARLOS ◆ n. y m. en el DF (1925-1994). Ventrílocuo. Nombre profesional de Carlos Sánchez Monroy. Comenzó su carrera como merolico, pero tras ganar un concurso de aficionados en el teatro Tívoli se dedicó profesionalmente a la ventriloquía. En la televisión mexicana obtuvo popularidad con los muñecos Neto y Titino. También compuso algunas canciones que tuvieron éxito. Participó en las películas *El hombre de papel* y *El sargento Pérez*.

CARLOS I ◆ n. en Bélgica y m. en España (1500-1558). Rey de España desde 1516 y de Alemania, como Carlos V, desde 1519. Hijo de Felipe el Hermoso y Juana la Loca, de la Casa de Austria. Abdicó en 1556. El actual territorio mexicano formó parte de sus dominios. Durante su reinado se creó y organizó el virreinato de Nueva España y se fundó la Real y Pontificia Universidad de México.

CARLOS II ◆ n. y m. en España (1661-1700). Llamado el *Hechizado*. Hijo de

Felipe IV. Último monarca español de la Casa de Austria, pues murió sin sucesión. El territorio mexicano formó parte de sus dominios. Durante su reinado (1665-1700) hubo en Nueva España ocho virreyes, los que afrontaron grandes levantamientos indígenas en Durango (1670), Nuevo México (1680), Coahuila (1687) y Chihuahua (1691); el asedio de los corsarios en ambas costas y el asalto y saqueo de Veracruz por los piratas de Lorencillo (1683), una escasez de alimentos que ocasionó una insurrección popular en la capital novohispana, en la cual se incendiaron el edificio del Ayuntamiento y el Palacio Virreinal (1692); y el movimiento estudiantil de 1696 en contra de los abusos de los alguaciles, que culminó al prendérsele fuego a la picota de la Plaza Mayor. Este monarca español expidió una cédula para que se enseñara el castellano a los indios, a quienes autorizó para que nuevamente pudieran consumir pulque (1697) e impuso la pena de muerte para los salteadores de caminos (1700).

CARLOS III ◆ n. y m. en España (1716-1788). Hijo de Felipe V. Rey de España de 1759 a 1788, en el apogeo del despotismo ilustrado. El territorio mexicano formó parte de sus dominios. Durante su reinado hubo nueve virreyes en Nueva España, los que afrontaron rebeliones indígenas en Sonora (1761-67), Nueva Vizcaya (1771), Coahuila (1771) y Puebla (1780); huelgas de mineros en Guanajuato (1766) y en Pachuca (1771) y los motines que produjo la expulsión de los jesuitas (1767). Cedió Panzacola y Belice a los ingleses y ordenó convertir las milicias en fuerzas regulares del ejército para hacer frente a la permanente amenaza británica. Realizó una amplia reforma en la administración colonial. Autorizó el libre comercio entre las colonias y la metrópoli, pero prohibió el tráfico de artículos de otra procedencia. Hubo hambrunas y epidemias. Aplicó gravámenes a la Iglesia, expulsó a los jesuitas y, restó facultades al Santo Oficio. Apoyó la guerra de independencia de

Estados Unidos. Por orden suya se creó la Academia de San Carlos e hizo reunir en Madrid toda la documentación útil para la *Historia general de Indias*.

CARLOS IV ◆ n. y m. en Italia (1748-1819). Hijo de Carlos III. El territorio mexicano formaba parte de sus dominios. Perdió en favor de Francia la Luisiana, que entonces era parte de Nueva España, y cedió a Gran Bretaña los territorios situados al norte del paralelo 42, que comprendían el Oregón (los actuales estados de Oregon y Washington en la llamada Unión Americana) y la isla-archipiélago de Vancouver, en Canadá. Autorizó la apertura de la Universidad de Guadalajara. Reinó de 1788 a 1808, cuando dejó el trono a su hijo Fernando y éste, dos meses después, a Napoleón Bonaparte, que había ocupado la península. Napoleón lo cedió a su hermano José Bonaparte. Estos hechos produjeron una gran inestabilidad en las colonias, lo que dio inicio a los movimientos de independencia. En la ciudad de México, Francisco Primo de Verdad encabezó una tentativa de autonomía que se frustró por la ineptitud del virrey Iturrigaray, a quien destituyeron los españoles. El monumento conocido como *El Caballito*, escultura realizada por Manuel Tolsá, fundida en 1803, que desde 1979 se halla frente al Palacio de Minería, es la estatua ecuestre de este monarca español. Durante su

reinado hubo en Nueva España cinco virreyes.

CARLOS, FLAVIO F. ◆ n. en Venado, SLP, y m. en el DF (1861-1944). Músico. Organista de la parroquia de Ahualulco (1884-1888), donde fungió como maestro de Julián Carrillo. En San Luis Potosí formó una orquesta con la que se presentó en Estados Unidos. Profesor del Conservatorio Nacional desde 1920 hasta su muerte. Autor de *Teoría de la transposición* (1897) de *Lectura musical*.

CARLOS A. CARRILLO ◆ Municipio veracruzano erigido el 30 de noviembre de 1997. Cuenta con 19,221 habitantes, distribuidos en 29 localidades. Se ubica al este de Minatitlán, de cuyos terrenos orientales fue creado, y al oeste de Las Choapas, en los límites con Oaxaca.

CARLOS HERNÁNDEZ, JESÚS ANTONIO ◆ n. en Cd. Juárez, Chih. (1947). Licenciado en derecho por la UNAM (1966-70). Profesor de la Universidad Obrera de México (1967-68) y del Centro de Estudios Científicos y Tecnológicos (1973-74). En el Partido Popular Socialista, al que pertenece desde 1969, ha sido secretario de asuntos internacionales de la Dirección Nacional Juvenil (1969-74), secretario general del comité de Teziutlán (1973-76), secretario general del comité estatal de Puebla (1976-86), profesor de la Escuela Nacional de Cuadros (1982-) y miembro de la dirección nacional del

comité central (1986-). Fue presidente municipal de Teziutlán (1975-77) y diputado a la Legislatura de Puebla (1978-81 y 1984-87). Es diputado federal a la LIV Legislatura (1988-91).

CARLOTA ◆ n. y m. en Bélgica (1840-1927). Hija del rey Leopoldo I de Bélgica y de María Luisa de Orleans. Fue casada con Maximiliano de Habsburgo por convenir así a los intereses de las casas reinantes de Bélgica y Austria. En 1864 llegó con su marido a México como emperatriz. Volvió a Europa en 1866 y pidió a Napoleón III más créditos y la permanencia de sus tropas en México, a fin de sostener a Maximiliano en el trono. El gobernante francés, en serios conflictos con sus vecinos, le negó toda ayuda. Se entrevistó después con el Papa, a quien le rogó que intercediera en favor del Habsburgo. Sin éxito en su misión, afectada de sus facultades mentales, acabó de enloquecer y después de residir en varios castillos murió bajo la protección de su familia.

CARMELITAS ◆ Orden religiosa fundada en Palestina hacia el siglo XII. A mediados del siglo XV se creó la orden femenina del mismo nombre. Los primeros frailes vinieron a México a principios del siglo XVI. Para 1531 ya habían edificado un monasterio, posiblemente provisional, pues otro grupo, llegado en 1585, recibió como sede la ermita franciscana de San Sebastián, donde permanecieron poco más de 20 años. Este núcleo estaba integrado por descalzos, pues las reformas que introdujo San Juan de la Cruz en 1564 hicieron la regla más severa. En 1586 se erigió la Provincia de San Alberto que comprendía las tierras novohispanas. Se establecieron en Puebla, Orizaba, el Bajío, el occidente y el sur del país. En

Carlos IV

Carlota

FOTO: MICHAEL CALDERWOOD

Isla del Carmen, en Campeche

la capital construyeron el templo de Chimalistac y el monasterio del Desierto de los Leones. A ellos se debe, en considerable medida, la evangelización de las Californias, donde investigaron sobre la flora y la fauna de la región. A fines del siglo XVIII, cuando la orden masculina había decaído en forma notoria, experimentaba cierto auge la de mujeres carmelitas, cuya regla se hizo más rigurosa con las reformas introducidas por Santa Teresa de Avila en 1562. Del siglo XVIII datan los conventos de Teresa la Nueva, en la capital, y del Carmen, en Querétaro. En el siglo XIX hubo esfuerzos por dar nuevo auge a la orden, pero los proyectos se cancelaron con la exclaustración dictada por la Reforma.

CARMEN ◆ Isla del golfo de California situada frente al puerto de Loreto. Tiene unos 33 km. de largo por hasta 13 de ancho. Longitudinalmente la atraviesa una serie de elevaciones cuya altura máxima es cercana a los 500 metros. Cuenta con yacimientos de sal.

CARMEN ◆ Isla de Campeche que separa la laguna de Términos del golfo de México. Cuenta con más de 150 km². de superficie; en su parte más larga tiene 39 kilómetros y en la más ancha aproximadamente siete y medio. En su territorio se hallan Puerto Real y Ciudad del Carmen.

Rosa Carmina

CARMEN ◆ Municipio de Campeche situado en la costa del golfo de México. Superficie: 9.720.09 km². Habitantes: 156,587, de los cuales 38,542 forman la población económicamente activa. Hablan alguna lengua indígena 4,151 personas (chol 1,731 y maya 1,225). La cabecera, Ciudad del Carmen, es puerto de altura y está situada en el extremo suroeste de la isla del mismo nombre, en la laguna de Términos, comprendida dentro de la jurisdicción municipal. Cuenta con astilleros para embarcaciones pequeñas y suficientes instalaciones para apoyar la actividad pesquera, pues es el primer productor de camarón en el país. Es la principal base de operaciones para extraer la riqueza petrolera de la sonda de Campeche, que se empezó a explotar a fines de los años setenta, lo que causó un brusco aumento de la población y, por consecuencia, del costo de la vida. Durante la principal fiesta, del 14 al 16 de julio, se celebra a la Virgen del Carmen con cantos y danzas como las *vaquerías*. Hay también torneos de pesca deportiva.

CARMEN ◆ Municipio de Nuevo León situado al norte de Monterrey. Superficie: 131.4 km². Habitantes: 6,168, de los cuales 1,635 forman la población económicamente activa. Hablan alguna lengua indígena 25 personas mayores de cinco años (náhuatl 13).

CARMEN ◆ Laguna de Tabasco situada al este del meridiano 94. Con la laguna Machona forma una misma albufera cerrada por la barra de Santa Ana.

CARMEN ◆ Río de Chihuahua que nace en la Sierra Madre Occidental. Surte la presa Las Lajas o López Mateos y de Tlaxcala, situado en el extremo este de la entidad, en los límites con Puebla. más adelante desemboca en la laguna de Patos.

CARMEN TEQUEXQUITLA, EL, ◆ Municipio de Tlaxcala. Superficie: 62.2 km². Habitantes: 11,817, de los cuales 2,315 forman la población económicamente activa. Hablan alguna lengua indígena 14 personas mayores de cinco años. La cabecera es Tequixquitla, antes El Carmen.

CARMINA, ROSA ◆ n. en Cuba (1930). Rumbera. Llegó a México en 1946 para estelarizar la película *Una mujer del Oriente,* dirigida por Juan Orol. Durante su carrera participó en más de 100 cintas. *Rumba, poesía y canto,* espectáculo que protagonizó, alcanzó las mil representaciones en 1991. La ANDA le entregó la medalla Virginia Fábregas por sus 25 años de actuación (1986).

CARMONA GARDUÑO, CARLOS ◆ n. en el DF (1944). Contador público titulado en la UNAM (1964-68). Profesor del Instituto Superior de Estudios Comerciales (1968-). Pertenece al PRI desde 1977. Ha sido director de Contraloría de la SEP (1977-81), director corporativo de Finanzas en la división de Productos Domésticos de Banco Mexicano Somex (1983), director general de Recursos Financieros de la SEP (1983-85) y director general de Programación, Organización y Presupuesto de las secretarías de Turismo (1985-88) y de Relaciones Exteriores (1988-). Es miembro del Colegio de Contadores Públicos y del Instituto Mexicano de Contadores Públicos; fue vicepresidente del Instituto de Contadores Públicos al Servicio del Estado (1984-86).

CARMONA JIMÉNEZ, TOMÁS ◆ n. en la Cd. de México (1918). Miembro fundador del PAN (1939), a cuyo comité ejecutivo nacional perteneció (1964 y 1979). Fue secretario del interior (1952) y secretario general del Sindicato La Acción de Obreros y Obreras de la Fábrica de Hilados y Tejidos La Hormiga (1956). Miembro de la Asamblea de Representantes del Distrito Federal (1988-91).

CARMONA NENCLARES, FRANCISCO ◆ n. en España y m. en el DF (1901-1976). Filósofo. Participó en el bando republicano durante la guerra civil española. Llegó a México en 1942. Fue profesor de la Normal Superior y de las universidades autónomas de México y Sinaloa. En España colaboró con Ortega y Gasset en la *Revista de Occidente* y en México escribió para *Excélsior* y otras publicaciones. Escribió para la *Historia*

Universal de la Literatura editada en México (19 t., 1941-43). Autor de *España tríptico obra* (1958) e *Historia como revolución* (1962).

CARMONA DE LA PEÑA, FERNANDO ◆ n. en Saltillo, Coah. (1924). Economista (UNAM) con estudios de posgrado en Gran Bretaña, EUA y Suiza. Ha sido profesor de la Escuela Nacional de Economía (luego Facultad), investigador del Instituto de Investigaciones Económicas y director del mismo (1968-74), donde fundó la revista *Problemas del Desarrollo* (1969). Desde los años cincuenta ha estado ligado a organismos pacifistas y de amistad con otros pueblos. Fue miembro del Movimiento de Liberación Nacional. Cofundador de Editorial Nuestro Tiempo y de la revista *Estrategia*, de la que también es codirector. Es coautor con Alonso Aguilar de *México: riqueza y miseria* (1967) y con el mismo Aguilar, Guillermo Montaño y Jorge Carrión de *El milagro mexicano* (1970); de *El Estado mexicano* (1980), *México: el curso de una larga crisis* (1983) y otros libros. Autor de *El drama de América Latina. El caso de México* (1964), *Dependencia y cambios estructurales* (1971) y *Nicaragua: la estrategia de la victoria* (1980).

CARMONA RIVERA, MOISÉS ◆ n. en Acapulco, Gro., y m. en la carretera México Querétaro (1902-1991). Siendo obispo, discrepó de los cambios al rito católico y con un grupo de seguidores se mantuvo oficiando en latín. Simpatizó con la corriente del obispo francés disidente, Marcel Lefevre hasta que éste se puso a las órdenes del Vaticano. Fue excomulgado por el papa. Oficiaba en la parroquia de la Divina Providencia en Acapulco.

CARMONA Y VALLE, MANUEL ◆ n. y m. en la Cd. de México (1831-1902). Oftalmólogo con estudios de posgrado en Francia. Introdujo en México el empleo del oftalmoscopio. Presidente de la Academia de Medicina en dos ocasiones (1882 y 1891) y director de la Escuela de Medicina (1882-1902). Fue alcalde de la capital y senador por el DF. Autor de *Lecciones sobre clínica*.

CARMONA VERDUZCO, ERNESTO ◆ n. en la Cd. de México y m. en Guadalajara, Jal. (1896-1986). Beisbolista. En su juventud jugó la primera base. Dirigió el equipo Williams (1921) y fundó y dirigió el Estado Mayor (1922-25), que fue campeón de la Ciudad de México. En 1925 fundó la Liga Mexicana de Beisbol, en la que llevó al campeonato a los conjuntos Obras Públicas (1932) y Monte de Piedad (1934). Condujo a la selección mexicana de ese deporte a sendos triunfos sobre Cuba, en La Habana, durante los II Juegos Centroamericanos y del Caribe (1930) y el Campeonato Mundial *Amateur* de 1943. Fundó con Salvador Lutteroth el Club México (*Diablos Rojos*) en 1940 y lo dirigió hasta 1951, con excepción de 1943 y 1948. A principios de los años sesenta, retirado de la pelota profesional, se estableció en Guadalajara, donde se dedicó a enseñar beisbol a los niños.

CARNAVAL ◆ Fiestas que culminan el último martes antes de Cuaresma. Su origen se remonta a las bacanales y saturnales de la antigüedad. Con el predominio cristiano sobre Roma se intentó limitar su carácter orgiástico. Según las disposiciones del papado se iniciaban el día de Reyes para culminar la noche anterior al miércoles de Ceniza. Las festividades alcanzaron su máximo esplendor en el Renacimiento, cuando el propio papa Pablo II estableció la obligatoriedad de algunas actividades, como carreras en las que se obligaba a participar a los judíos, a quienes se hacía objeto de toda clase de humillaciones. En Mesoamérica, durante la época prehispánica, también se hacían festejos estacionales durante los cinco días inútiles (nemonteni) del año nuevo agrícola, que se iniciaba en febrero en honor a Xipe-Totec. La introducción en México de las fiestas de carnestolendas se atribuye a fray Juan de Alameda, quien a mediados del siglo XVI quiso sustituir en Huejotzingo, Puebla, la vieja celebración de la fertilidad que se realizaba en fecha coincidente con el carnaval europeo. En Veracruz, en ese mismo siglo, los bailes y la música po-

pular se dieron como manifestación de rebeldía en contra de las imposiciones de la moral dominante, pues extramuros de la ciudad, negros, mulatos, soldados y marinos danzaban disfrazados con vestimentas y adornos demoniacos, en claro desafío a la Iglesia y al Estado. Como consecuencia, el tribunal del Santo Oficio prohibió la danza del *Chuchumbé*. Ya arraigadas en el México virreinal, las fiestas eran mascaradas en que hombres y mujeres salían a la calle disfrazados, generalmente con antifaz, en montura, quienes la tenían, y a bordo de carros alegóricos los que pertenecían a corporaciones. Se estilaban los *alcanciazos*, que no eran otra cosa que estrellar bolas de barro huecas o cascarones de huevo rellenos de ceniza, harina o flores en la cabeza de los descuidados. Se ingerían bebidas embriagantes en grandes cantidades y se consumían estimulantes. Los cronistas hablan de hombres vestidos de mujer y de damas en atuendo masculino, lo que es corriente en algunos carnavales contemporáneos. Los participantes bailaban en las calles acompañados de toda clase de instrumentos. Como era frecuente que al amparo de la multitud y los disfraces se hiciera a las autoridades coloniales objeto de burla, carnavales y otras mascaradas, fueron reglamentadas en 1539, exigiéndose licencia para poder efectuarlas. No parece que la norma haya cobrado vigencia en el caso de las carnestolendas, favorecidas por la Iglesia, en tanto que permitían excesos que estaban absolutamente prohibidos durante los días de Cuaresma. Lo cierto es que con el paso de los años se fue coartando la libertad de esas fiestas. En el México independiente, el Carnaval pasó por algunos años de auge en los cuales se rompía todo recato: monjas, sacerdotes y santos eran objeto de parodias lúbricas, en tanto que ricos y pobres salían a la calle

Manuel Carmona y Valle

disfrazados de animales, personajes del momento, moros, romanos, príncipes y princesas. Guillermo Prieto narra que las carnestolendas "se reducían a retozos más o menos groseros, con el pretexto de quebrarse cascarones de tizar, de salvado, miel y aguas pestilentes; y, entre la gente bien educada lanzar flores, aguas de olor y *agasajos*, consistentes en fracciones pequeñas de papel de colores, mezcladas con partículas de oro volador". En la ciudad de México, la gran fiesta callejera confluía en el Paseo de la Viga, donde desfilaban engalanados los carruajes de las familias adineradas. A las damas se arrojaban flores y piropos y los jóvenes pudientes se citaban en la fiesta que se daría en casa de algún conocido o en los teatros Vergara y Arbeu, en tanto que el pueblo se quedaba a seguir la fiesta en medio de los puestos de pulque y fritangas hasta avanzadas horas de la noche. Los últimos reductos del carnaval capitalino fueron los teatros, pero los excesos y pleitos consiguientes acabaron en la ciudad de México con la tradición, que continúa viva en gran parte del país, incluso en las zonas rurales del Distrito Federal. Los carnavales más célebres son los de Veracruz y Mazatlán, que invariablemente eligen a su reina de la belleza y su respectivo consorte, el que originalmente era apuesto y musculoso, pero, debido a las exigencias de la diversión, pasó a caracterizarse por su comicidad y ninguna gracia física. De ahí que se le llame *rey feo*.

CARNER, JOSEP ◆ n. en Barcelona, España, y m. en Bélgica (1884-1970). Fue representante diplomático de la República Española en Bruselas y París. Al término de la guerra civil vino a México, donde fue copresidente de la Junta de Cultura Española y miembro del gobierno en el exilio de la Generalitat de Cataluña. Cofundador de la revista *España Peregrina*. Aquí fue profesor de literatura y traductor. Autor de *Nabi* (1940), *Antología poética mínima* (1946), *Llunyania* (1952) y *Lligam* (1961). Sus *Obras completas* fueron publicadas en Barcelona (1957).

CARNERO CHECA, GENARO ◆ n. en Perú y m. en el DF (1910-1980). Periodista. Hizo estudios en la Escuela Nacional de Ingenieros de Lima. Desterrado de su país, llegó a México en 1936. Aquí militó en la Federación de Jóvenes Comunistas y en las Juventudes Socialistas Unificadas de México, junto a Carlos A. Madrazo, Luis Echeverría, José Revueltas y Enrique Ramírez y Ramírez. En 1939 asistió, como delegado fraternal por Perú, al Congreso de Unificación de la Juventud Revolucionaria de México. En 1943, cuando era secretario de prensa y propaganda y miembro del buró político, fue expulsado del PCM. En el mismo año fundó, con Ramírez y Ramírez y Jorge Cruickshank, el grupo El Insurgente. Salió a Perú en 1946 y regresó deportado en 1950. Se incorporó al Partido Popular y a partir del número 2 colaboró en la revista *Siempre!* (1953-80). Volvió en 1956 a Lima y desde ahí enviaba colaboraciones a los diarios *El Popular* y *El Día* y a la revista *Política*. En 1963 fundó el Frente de Liberación Nacional de Perú y dos años después el gobierno de Belaúnde Terry intentó sentenciarlo a muerte, pero se salvó por una sonora campaña internacional en defensa de su vida. Regresó a México en 1975 a preparar el Congreso en el que se creó, en el Distrito Federal, la Federación Latinoamericana de Periodistas, de la que fue secretario general con sede en México, donde vivió desde entonces. Su libro *Los peces infernales* (1979) recoge parte de su biografía mexicana. Premio Nacional de Periodismo de Perú (1964) y Premio Mundial de Periodismo (1969) de la Organización Internacional de Periodistas.

CARNÉS, LUISA ◆ n. en España y m. en el DF (1909-1964). Escritora. En España se inició en el periodismo y publicó sus dos primeras novelas (*Peregrinos del Calvario* y *Natacha*. Comunista, participó en el bando republicano durante la guerra civil en su país. Vino a México con su esposo Juan Rejano en 1939. Aquí colaboró en diversas publicaciones, sobre todo en los suplementos

culturales de *El Nacional* y *Novedades*. En el diario *La Prensa* usó el seudónimo de Clarita Montes. Aquí publicó la biografía *Rosalía de Castro, raíz apasionada de Galicia* (1940), la novela *Juan Caballero* (1956). Póstumamente aparecieron sus obras de teatro *Cumpleaños* (1965) y *Los vendedores de miedo* (1966).

CARNIADO, ENRIQUE ◆ n. en Toluca, Edo. de Méx., y m. en el DF (1895-1957). Abogado por la Escuela Libre de Derecho. Ocupó diversos puestos públicos. Colaboró como epigramista en *El Universal*, bajo el pseudónimo de *Piloto*, con la columna "Vuelo en Picada". Escribió poesía: *Canicas* (1928), *Alma párvula* (1935), *Flama* (1955); obras de teatro: *El muchacho pajarero* (1954), *Tres comedias blancas* (1955); novela: *Salamandra* (1957). Autor del estudio *La formación profesional en México* (1950). En 1917 sus poemas *Canto a Hidalgo* y *Quetzalcóatl* fueron premiados en Toluca y la ciudad de México, respectivamente. En 1928 ganó otro premio en Toluca con su cuento *La bizca*. Su obra lírica apareció reunida como *La poesía de Enrique Carniado* (1969).

CARNICERITO, JOSÉ GONZÁLEZ LÓPEZ ◆ n. en Guadalajara, Jal., y m. en Portugal (1905-1947). Torero. Se inició en los años veinte en el Toreo de la ciudad de México. En 1930 fue a España donde recibió la alternativa de Domingo Ortega, en la plaza de Murcia, y se la confirmó en Madrid Manolo Bienvenida. Murió de una cornada en el ruedo de Villaviciosa.

CARO, MANUEL ◆ n. en Tlaxcala, Tlax., y m. en Puebla, Pue. (1761-1820). El más brillante de una familia de pintores. Obras suyas son *La venida del Espíritu Santo sobre los apóstoles* (1793) que se encuentra en el edificio Carolino de la UAP y *Don Juan de Palafox adorando a la Virgen de Ocotlán* (1894).

CAROCHI, HORACIO ◆ n. en Italia y m. en Tepotzotlán, Edo. de Méx. (1579-1662). Jesuita llegado a México en 1605. Aprendió varias lenguas indígenas y escribió *Arte de la lengua mexicana* (1646).

CARPIO, MANUEL ◆ n. en Aguascalientes, Ags., y m. cerca de Villa del Carbón, Edo. de Méx. (1877-1929). Periodista. Dirigió en Mérida *La Voz de la Revolución* durante el gobierno de Salvador Alvarado. En los años veinte fue diputado, senador y gobernador constitucional de Aguascalientes, cargo que ocupaba al morir en un accidente.

CARPIO HERNÁNDEZ, MANUEL ◆ n. en Cosamaloapan, Ver., y m. en la Cd. de México (1791-1860). Doctor en medicina (1832) y filosofía (1853) por la Universidad de México, de la que fue consiliario. Fue catedrático de la Escuela Nacional de Medicina (1833-60) y de la Academia de San Carlos (1855). Conservador en política, fue diputado al Congreso General por el Estado de México (1824) y presidente de ese cuerpo. Diputado a la Legislatura local de Veracruz (1828). Fue miembro de la Junta Departamental de México durante la República centralista y nuevamente diputado al Congreso General (1846 y 1848). Fundador y presidente de la primera Academia de Medicina y director del *Periódico* de esa institución (1842). Miembro de la Sociedad Filoiátrica (1845) y de la Nueva Academia de Medicina (1857). Perteneció desde 1841 al Ateneo Mexicano y fue su vicepresidente en 1846. Miembro de la Sociedad Mexicana de Geografía y Estadística (1849) y animador de otras corporaciones de la época. Tradujo a Hipócrates (*Aforismos y pronósticos*, 1823) y fue autor de artículos especializados. También escribió poesía en publicaciones periódicas, la que reunió y editó en un volumen José Joaquín Pesado en 1849.

CARPIO SUÁREZ, FERMÍN ◆ n. en el DF (1944). Licenciado en administración de empresas por el Instituto Tecnológico Autónomo de México (1962-66). Es miembro del PRI desde 1983. Ha sido gerente organizacional de Bancomer (1976-78), director de asesores en Planeación Integral (1979-80) y subdirector general de actividades socioculturales de la UNAM (1981-82), coordinador ejecutivo del Instituto Nacional de Geografía y Estadística (1982-85),

coordinador ejecutivo de la subsecretaría de Planeación y Control Presupuestal (1985-87) y director general de Programación, Organización y Presupuesto de la Secretaría de Hacienda (1988-).

CARPIZO MCGREGOR, JORGE ◆ n. en Campeche, Camp. (1944). Licenciado en derecho por la UNAM (1967), maestro por la Universidad de Londres y doctor en derecho constitucional y administrativo también por la UNAM. Ha sido profesor de la Facultad de Derecho, secretario (1967-69) y director (1978-84) del Instituto de Investigaciones Jurídicas, subdirector de Asuntos Jurídicos (1970-71), asesor de la Secretaría General Auxiliar (1972), secretario del Tribunal Universitario, presidente de la Comisión Técnica de Estudios y Proyectos Legislativos, abogado general (1973-77), presidente del Consejo Técnico de Humanidades (1977-78), investigador nacional honorario (1984-92) y rector de la Universidad Nacional Autónoma de México (1985-88). Presidente fundador de la Comisión Nacional de Derechos Humanos (1988-1993), procurador General de la República (1993-94) y secretario de Gobernación (1994). Coautor de *Pensamiento contemporáneo mexicano* (1991) y *El voto de los mexicanos en el extranjero* (1998). Autor de *La Constitución mexicana de 1917* (1969), *Estudios constitucionales* (1980) y *Discursos y afirmaciones 1985-88* (1988). En 1986 recibió el Premio René Cassin de la Tribuna Israelita.

CARR, BARRY ◆ n. en Inglaterra (1944). Historiador especializado en historia de la clase obrera mexicana. Es investigador en la Universidad de La Trobe, Australia. Colabora en *Nexos*, *Memoria* y otras publicaciones. Escribió *El movimiento obrero y la política en México 1910-1929* (1976). En 1987 preparaba otro libro sobre los orígenes del socialismo mexicano.

CARRAL Y DE TERESA, RAFAEL ◆ n. y m. en la Cd. de México (1912-1993). Médico. Cofundador de la Sociedad Mexicana de Cardiología. Presidente de la Academia Nacional de Medicina

(1967). Publicó artículos y ensayos en revistas especializadas. Autor de *Semiología cardiovascular*.

CARRANCÁ Y RIVAS, RAÚL ◆ n. en el DF (1932). Abogado. Fue director del Seminario de Derecho Penal de la Facultad de Derecho de la UNAM. Ha colaborado en diversos diarios de la capital y desde 1967 escribe para *El Día*. Dirigió la *Revista Mexicana de Derecho Penal* y dirige *Criminalia*, órgano de la Academia Mexicana de Ciencias Penales. Autor de *Don Juan a la luz del derecho penal* (1969), *La readaptación social de los sentenciados* (1971), *El drama penal* (1981), *El caso Trotsky* (1994) y otras obras de su especialidad.

Foto: Dante Bucio

Jorge Carpizo McGregor

CARRANCÁ Y TRUJILLO, CAMILO ◆ n. en Mérida, Yuc., y m. en el DF (1893-1942). Ocupó diversos cargos públicos. Escribió *José Martí, la clara voz de México*, *Las polémicas de Martí en México* y otras recopilaciones y ensayos sobre el apóstol de la independencia cubana.

CARRANCÁ Y TRUJILLO, RAÚL ◆ n. en Campeche, Camp., y m. en el DF (1897-1968). Abogado. Le tocó juzgar a Ramón Mercader del Río, asesino de León Trotsky. Presidió el Tribunal Superior de Justicia del Distrito y Territorios Federales. Colaboró en diarios capitalinos y publicaciones especializadas. Autor de estudios jurídicos: *Derecho penal mexicano* (1938), *Teoría del juez penal mexicano* (1944), *Principios de sociología criminal y de derecho penal* (1955), *Código penal anotado* (1962), etc. Escribió también las novelas *Pérez* (1933) y *Camaradas* (1941).

CARRANCO, JULIO ◆ n. en Durango, Dgo., y m. en Chihuahua (1829-1866). Fue jefe de la policía de Durango. Sirvió a la intervención francesa. Colaboró con el bandolero Domingo Cajén. Maximiliano lo designó prefecto imperial (gobernador) del departamento de Chihuahua. Los republicanos lo aprehendieron y fue ajusticiado.

CARRANCO ÁVILA, ALVARO HUM-

BERTO ◆ n. en Tepecoacuilco de Trujano, Gro., y m. en Nogales, Son. (1924-1985). Diplomático. Se incorporó al servicio exterior mexicano en 1944. Fue embajador en Nigeria (1978-79).

CARRANZA, EMILIO ◆ n. en Ramos Arizpe, Coah., y m. en EUA (1905-1928). Estudió en la Escuela Militar de Aviación de Balbuena (1921-26). En 1927 voló sin escalas a Ciudad Juárez. Al año siguiente lo hizo a Nueva York y murió cuando intentaba el regreso a bordo del *Excélsior*.

CARRANZA, JESÚS ◆ n. en Cuatro Ciénegas, Coah., y m. en Xamboam, Oax. (1858-1915). Hermano de Venustiano Carranza. Hacendado. Se opuso a la reelección del gobernador coahuilense José Ma. Garza Galán en 1890. En 1908 fue partidario de Bernardo Reyes. En 1911 ingresó al Partido Antirreeleccionista en su tierra natal. Participó en la rebelión maderista. Combatió a los orozquistas y huertistas hasta la rendición de éstos. El gobierno constitucionalista lo envió a Oaxaca a someter a los federales que no habían depuesto las armas. Fue aprehendido y fusilado.

CARRANZA, JOSÉ MARÍA ◆ n. en Pátzcuaro, Mich., y m. en Querétaro, Qro. (¿1750?-1813). Educador franciscano. Fue provincial de San Pedro y San Pablo. Publicó poemas y el *Discurso sobre el establecimiento de una escuela pública gratuita de primeras letras para los niños pobres* (1788).

CARRANZA, VENUSTIANO ◆ n. en Cuatro Ciénegas, Coah., y m. en Tlaxcalantongo, Pue. (1859-1920). Hacendado. Estudió la preparatoria. Alcalde de Cuatro Ciénegas (1887 y 1894-98). Senador y gobernador interino de Coahuila durante el porfiriato. Se adhirió al antirreeleccionismo y ocupó la cartera de Guerra en el gabinete provisional que Madero formó en Ciudad Juárez. Gobernador constitucional de Coahuila (1911-1913). El 26 de marzo de 1913 mediante el Plan de Guadalupe desconoció al dictador Victoriano Huerta y se hizo llamar primer jefe del ejército constitucionalista, nombre que pone a su menguada fuerza militar. Por de

creto se otorgó facultades para acuñar moneda, contratar empréstitos y adoptar otras medidas en favor de la Revolución. Participó en varios combates en Coahuila y Durango y luego cruzó la Sierra Madre Occidental e instaló su gobierno en Hermosillo con el apoyo de los caudillos sonorenses. Cruzó la sierra en sentido inverso y en abril de 1914 estableció su gobierno en la capital de Chihuahua, entidad dominada por los villistas. En el mismo mes desembarcó en puertos del golfo de México la infantería de marina estadounidense. Después de producirse desavenencias con Francisco Villa, las divisiones del Norte y el Noreste acordaron reformas al Plan de Guadalupe, como la convocatoria a una convención revolucionaria y el veto a los jefes constitucionalistas para ser candidatos a la Presidencia de la República. Al triunfo del constitucionalismo, Carranza se estableció en la ciudad de México como mero encargado del Poder Ejecutivo que ni siquiera nombra secretarios de Estado sino subsecretarios y oficiales mayores encargados del despacho. En septiembre convoca a la Convención de Generales y Gobernadores Revolucionarios y, trasladada la asamblea a Aguascalientes, se distancia de Villa y Zapata y desconoce la Convención. Zapata y Villa apoyan al gobierno convencionista y ocupan la capital, en tanto que Carranza se instala en Veracruz, que desalojan horas antes las tropas estadounidenses. En el puerto expide leyes y decretos en materia agraria, laboral, fiscal y civil y nombra comandante en jefe a Álvaro Obregón, quien inicia su victoriosa campaña, que en seis meses le permite dominar el centro del país y sus principales enclaves ferroviarios. En febrero de 1916, Villa ataca Columbus y Carranza autoriza la entrada de tropas estadounidenses que persiguen infructuosamente al guerrillero. En abril obtiene el reconocimiento de Washington y vuelve a la capital. En agosto reprime la primera y única huelga general habida en la ciudad de México. El 16 de septiembre convocó a elecciones para inte

grar el Congreso Constituyente, y el primero de diciembre lo declaró instalado. Para atacar el desorden monetario, emitió 500 millones de pesos llamados "infalsificables", puso en liquidación los bancos e incautó sus existencias en metálico. El 31 de enero de 1917 asistió a la clausura del Congreso Constituyente, el 5 de febrero promulgó la nueva Constitución y el 6 convocó a elecciones federales en las que resultó elegido presidente de la República. Puso énfasis en el combate al bandolerismo, reorganizó el ejército y redujo el número de efectivos. Impulsó el reparto agrario, normalizó las actividades económicas, aumentó la recaudación fiscal y garantizó el abasto a las ciudades. Echó a andar obras públicas (presas, caminos y vías férreas), lo que permitió contrarrestar parcialmente el desempleo e infundir confianza. Ante la primera guerra mundial se declaró neutral, lo que no impidió que los jóvenes mexicanos residentes en Estados Unidos fueran reclutados para enviárseles al frente, hecho que motivó reiteradas protestas del gobierno mexicano. Pretendió imponer como sucesor en la Presidencia de la República a Ignacio Bonillas, lo que causó la rebelión militar del Plan de Agua Prieta. Obligado a abandonar la ciudad de México, en su huida fue asesinado por su propia guardia, al mando del general Rodolfo Herrero, a quien recompensaron los alzados.

CARRANZA CASTELLANOS, EMILIO ◆ n. en el DF (1931). Ingeniero electricista por el IPN. Fue jefe de la Oficina de Alumbrado del DDF (1960-65) y durante su gestión se iluminó buena parte del DF. Jefe del departamento de Instalaciones de la Secretaría de Obras Públicas, donde dirigió los proyectos de iluminación, sonido y aire acondicionado de la olimpiada México 68 e instaló los sistemas VASI de ayuda visual de iluminación en los principales aeropuertos del país. Fue director de las empresas Lumínica y Carranza y Cía. Trabaja para Industrias Sola Basic. Ha publicado los libros *Resumen histórico de la Aero-*

Venustiano Carranza

Jesús Carranza

navegación (1976), *Crónica del alumbra-do de la ciudad de México* (1978), *Luminotecnia y sus aplicaciones* (1981), *Camino a la esclavitud* (1986) y *Resumen histórico de los gobernantes de México* (1989). Presidente de la Sociedad Mexicana de Ingeniería e Iluminación (1981-82).

CARRANZA PALACIOS, JOSÉ ANTO-NIO ◆ n. en Oaxaca, Oax. (1941). Ingeniero civil (1963) y posgraduado por el ITESM (1973). Profesor de la UABJO (1967-69) y del Instituto de Investigación e Integración Regional de Oaxaca (1969). Dirigió el Instituto Tecnológico Regional de Oaxaca (1968-70). Desde 1965 es miembro del PRI. Ha sido director general de proyectos del gobierno de Oaxaca (1970), director general de Planeación Educativa (1970-77) y de Programación (1978), coordinador nacional del programa *Primaria para todos* (1978-79) y subsecretario de educación e Investigación Tecnológica de la SEP (1979-82); subdirector general de Servicios Institucionales del IMSS (1982-84), director general del Instituto Nacional de Pesca (1984-86) y director general del Consejo Nacional de Población (1988-). Coautor de *La obra educativa* (1976).

CARRASCO, ADA ◆ n. y m. en el DF (1912-1994). Actriz. Estudió en el Taller de Arte Dramático de Seki Sano. Debutó en Bellas Artes con *La cúlta dama*, dirigida por Salvador Novo. También actuó en *La dama de las Camelias*, *Bodas de sangre* y *La casa de Bernarda Alba*. Alternó con figuras como Manolo Fábregas, Enrique Rambal Jr., Rafael Banquells y Oscar Ortiz de Pinedo. En el cine participó en *Dos mulas para la hermana Sarah* (con Shirley McLaine), *Los cañones de San Sebastián* (con Anthony Quinn), *Los bravos* (con Gregory Peck), *La mesera y Renzo el gitano*. Participó en *La casa de piedra*, primer programa transmitido al aire en la televisión mexicana, dirigida por Luis de Llano Palmer, y en diversas telenovelas.

CARRASCO, ALFREDO ◆ n. en Culiacán, Sin., y m. en el DF (1875-1955). Músico. Estudió en Guadalajara, donde

GABINETES DE VENUSTIANO CARRANZA 20 de agosto de 1914 al 21 de mayo de 1920	
RELACIONES EXTERIORES:	
ISIDRO FABELA	21 de agosto al 26 de noviembre de 1914
JESÚS URUETA	12 de diciembre de 1914 al 18 de junio de 1915
JESÚS ACUÑA	24 de junio de 1915 al 21 de abril de 1916
CÁNDIDO AGUILAR	24 de abril al 30 de noviembre de 1916
ERNESTO GARZA PÉREZ	1 de mayo de 1917 al 4 de febrero de 1918
CÁNDIDO AQUILAR	4 de febrero al 9 de noviembre de 1918
ERNESTO GARZA PÉREZ	9 de noviembre de 1918 al 19 de marzo de 1919
SALVADOR DIEGO FERNÁNDEZ	19 de marzo al 19 de mayo de 1919
ERNESTO GARZA PÉREZ	19 al 31 de mayo de 1919
SALVADOR DIEGO FERNÁNDEZ	1 de junio al 12 de octubre de 1919
HILARIO MEDINA	13 de octubre de 1919 al 31 de marzo de 1920
ALBERTO C. FRANCO	1 de abril al 21 de mayo de 1920
GOBERNACIÓN:	
ELISEO ARREDONDO	21 de agosto al 26 de noviembre de 1914
RAFAEL ZUBARÁN CAPMANY	26 de noviembre de 1914 al 24 de junio de 1915
JESÚS ACUÑA	24 de junio de 1915 al 2 de marzo de 1916
MANUEL AGUIRRE BERLANGA	1 de mayo de 1916 al 21 de mayo de 1920
JUSTICIA SECRETARÍA:	
M. ESCUDERO Y VERDUGO	8 de septiembre de 1914 al 18 de agosto de 1915
ROQUE ESTRADA	18 de agosto de 1915 al 9 de agosto de 1916
P. MORALES Y MOLINA	10 de septiembre de 1916 al 30 de abril de 1917
JUSTICIA DEPARTAMENTO:	
MIGUEL ROMÁN	3 de mayo de 1917 al 2l de mayo de 1920
INSTRUCCIÓN PÚBLICA:	
FÉLIX F. PALAVICINI	25 de agosto de 1914 al 26 de septiembre de 1916
ALBERTO CRAVIOTO	26 de septiembre al 18 de noviembre de 1916
JUAN LEÓN	18 de noviembre de 1916 al 28 de febrero de 1917
DEPARTAMENTO UNIVERSITARIO:	
JOSÉ NATIVIDAD MACÍAS	3 de mayo de 1917 al 21 de mayo de 1920
FOMENTO Y COLONIZACIÓN:	
PASTOR ROUAIX	26 de agosto de 1914 al 30 de abril de 1917
AGRICULTURA Y COLONIZACIÓN:	
PASTOR ROUAIX	1 de mayo de 1917 al 19 de mayo de 1920
INDUSTRIA, COMERCIO Y TRABAJO:	
ALBERTO J. PANI	1 de mayo de 1917 al 21 de enero de 1919
LEÓN SALINAS	22 de enero al 21 de mayo de 1919
PLUTARCO ELÍAS CALLES	21 al 29 de mayo de 1919
LEÓN SALINAS	29 de mayo al 15 de octubre de 1919
PLUTARCO ELÍAS CALLES	15 de octubre de 1919 al 21 de febrero de 1920
LEÓN SALINAS	21 de febrero al 2 de abril de 1920
COMUNICACIONES Y OBRAS PÚBLICAS:	
IGNACIO BONILLAS	21 de agosto de 1914 al 15 de enero del 1915
ALBERTO J. PANI	16 de enero al 2 de mayo de 1915
M. RODRÍGUEZ GUTIÉRREZ	2 de mayo de 1915 al 21 de mayo de 1919
HACIENDA:	
FELÍCITOS VILLARREAL	20 de agosto al 18 de septiembre de 1914
CARLOS M. EZQUERRO	18 al 30 de septiembre de 1914
JOSÉ J. REYNOSO	30 de septiembre al 21 de noviembre de 1914
RAFAEL NIETO	21 de noviembre al 14 de diciembre de 1914

GABINETES DE VENUSTIANO CARRANZA 20 de agosto de 1914 al 21 de mayo de 1920	
Luis Cabrera	14 de diciembre de 1914 al 1 de mayo de 1917
Rafael Nieto	1 de mayo de 1917 al 5 de abril de 1919
Luis Cabrera	6 de abril de 1919 al 20 de mayo de 1920
Aureliano Mendívil	20 al 23 de mayo de 1920
Guerra y Marina:	
Eduardo Hay	21 de agosto al 7 de septiembre de 1914
Jacinto B. Treviño	8 al 26 de septiembre de 1914
Ignacio L. Pesqueira	27 de septiembre de 1914 al 12 de marzo de 1916
Álvaro Obregón	13 de marzo de 1916 al 1 de mayo de 1917
Jesús Agustín Castro	3 de mayo de 1917 al 6 de abril de 1918
Juan José Ríos	7 de abril de 1918 al 18 de febrero de 1920
Francisco L. Urquizo	22 de febrero al 21 de mayo de 1920
Departamento de Salubridad:	
José María Rodríguez	3 de mayo de 1917 al 10 de septiembre de 1919
Gobierno del Distrito Federal:	
Alfredo Robles Domínguez	16 de agosto al 19 de septiembre de 1914
Heriberto Jara	20 de septiembre al 20 de noviembre de 1914
Miguel Rodríguez R.	21 al 24 de noviembre de 1914
Vicente Navarro	25 de noviembre al 3 de diciembre de 1914

fue organista de la Catedral. Compositor de música sinfónica en la que destaca su *Gran misa de réquiem*, estrenada en 1943. Escribió también música popular. Se le conoce ampliamente por *Adiós*, danza que se convirtió en bolero y ha tenido innumerables intérpretes que la presentan como *El adiós de Carrasco*.

CARRASCO, ENRIQUETA *QUETA* ♦ n. y m. en el DF (1913-1996). Actriz. Hermana de Ada Carrasco. Actuó en las películas *El muro de la ciudad*, *Juana Gallo* (con María Félix), *La casa del farol rojo*, *Una noche embarazosa* (con Lando Buzanca), *Damas del cuarto* y *Ojos verdes* (con Omar Scharif y Ryan O'Neil). Participó en numerosas telenovelas y programas cómicos de la televisión mexicana.

CARRASCO, GONZALO ♦ n. en Otumba, Edo. de Méx., y m. en Puebla, Pue. (1859-1936). Pintor. Estudió en la Academia de San Carlos. Ingresó en la Compañía de Jesús (1884) y continuó sus estudios de pintura en España, donde se ordenó sacerdote jesuita en 1891. Como jesuita ocupó diferentes puestos en los colegios y residencias de su orden en Michoacán, Puebla, Coa-

huila y la ciudad de México, donde también dejó obra pictórica. Rector del Colegio de Tepotzotlán (1912-14); huyó del carrancismo y vivió en Estados Unidos hasta 1919. Entre sus obras figuran una *Última cena* (en Tepotzotlán), *La conquista de Paraguay*, *Jesús en el huerto*, *San Luis Gonzaga en la peste de Roma* (premiado en San Carlos, 1883), *Job en el estercolero*; *El primer milagro* (Basílica de Guadalupe), *Cuadro de las congregaciones* (Congregación de San Luis Gonzaga, 1905), *Apoteosis de San Juan Bosco* y *Cristo mitis et festivis* (ambos en Puebla). Ejecutó los murales del templo jesuita de la Sagrada Familia en la ciudad de México.

CARRASCO, HONORATO ♦ n. en Puebla, Pue., y m. en el DF (1890-1959). Ingeniero con estudios en EUA. Cofundador de la Confederación Patronal de la República Mexicana, de la que fue gerente y editor de su órgano: *Patronal*.

CARRASCO, JOSÉ ♦ n. en Tomochic y m. en Uruachic, Chih. (¿1850?-1892). Líder tarahumara a quien llamaban *San José*. Murió durante la represión que ordenó Porfirio Díaz contra los seguidores de Teresa Urrea, conocida como la Santa de Caborca.

CARRASCO, JUAN ♦ n. en Puerta de Canoas y m. en El Guamuchilito, Sin. (1876-1922). Lo llamaban el *Calero* por el oficio que aprendió en el negocio familiar. Se incorporó a la revolución a fines de 1910 y obtuvo el grado de general de brigada. Contendiente a la gubernatura de Sinaloa en 1920, debió retirar su candidatura por su filiación carrancista. Fue fusilado. Un corrido recuerda sus hazañas guerreras.

CARRASCO, JUAN B. ♦ n. ¿en San Miguel el Grande, Gto? y m. en Chihuahua, Chih. (?-1811). Se unió a la lucha insurgente desde su inicio. Obtuvo el grado de brigadier. Participó en diversas batallas en Guanajuato. Subalterno de Jiménez, asistió al combate de Agua Nueva y entró en Saltillo. Enviado a Monterrey, recibió esta plaza por la adhesión del gobernador a los insurrectos. De ahí marchó a reunirse con los líderes independentistas que marchaban a EUA. Cayó prisionero en Acatita de Baján, llevado a Chihuahua y fusilado.

CARRASCO, PATRICIO ♦ n. y m. en Puebla, Pue. (1849-1912). Abogado. Editó *Tribuna Forense* y las publicaciones literarias *La Lira Poblana* y *El Búcaro*.

CARRASCO, SALVADOR ♦ n. y m. en el DF (1903-1972). Actor. Fue de los iniciadores de la radio mexicana. Escribió argumentos para cine y televisión. Cofundador de la Asociación Nacional de Autores. Cobró gran popularidad con su personaje el *Monje Loco*.

CARRASCO ALTAMIRANO, DIÓDORO HUMBERTO ♦ n. en Cuicatlán, Oax. (1954). Licenciado en economía por el Instituto Tecnológico Autónomo de México (1981-82) con estudios de desarrollo económico en la Universidad Autónoma Metropolitana (1981-82). Ha sido catedrático de la UNAM. Desde 1972 es miembro del PRI, en el que fue director general del Centro de Estudios Políticos, Económicos y Sociales de Oaxaca (1986-88). Ha sido jefe del Departamento de Estudios Económicos de la Comisión del Río Balsas (1977), subdirector de Planeación Agroindustrial de la Secretaría de Agricultura (1978-83); subdirector general de Información y

Productos Básicos y secretario particular del titular de la Secretaría de Comercio (1984-85); secretario de planeación; coordinador del Comité de Planeación para el Desarrollo (Coplade) y del Programa Solidaridad del gobierno de Oaxaca (1986-), senador (1991), gobernador de Oaxaca (1992-98), subsecretario de Gobierno (1998-99) y secretario de Gobernación (1999-). Fue coordinador del suplemento político-económico de la revista *Tiempo* (1985-86). Coautor de *Trasnacionales, agricultura y alimentación* (1982). Pertenece al Colegio Nacional de Economistas, donde fue secretario del Exterior y vicepresidente. Miembro de la Liga de Economistas Revolucionarios de la República Mexicana.

CARRASCO BRISEÑO, BARTOLOMÉ ◆ n. en Tlaxco, Tlax., y m. en Oaxaca, Oax. (1918-1999). Fue consagrado sacerdote en 1945. Rector del Seminario Palafoxiano de Puebla y del Colegio Mexicano de Roma (1967). Presidente de la región pastoral pacifico sur del Episcopado Mexicano. Obispo de Huejutla (1963-71), de Tapachula (1971-76) y quinto arzobispo de Oaxaca (1976-1993). Fue uno de los impulsores en México, junto con Samuel Ruiz, Arturo Lona y Sergio Méndez Arceo, de la teología de la liberación. Publicó los libros *Pueblo* (1979) y *Amo a la iglesia* (1993).

CARRASCO CARRORENA, PEDRO ◆ n. en España y m. en el DF (1883-1966). Físico y astrónomo. Fue director del Observatorio Astronómico de Madrid. Republicano, se asiló en México después de la guerra civil española (1939). Fue profesor de la Normal Superior, del Politécnico y de la Facultad de Ciencias de la UNAM, donde impartió cátedra durante 25 años. Autor de *Filosofía de la mecánica*, *El cielo abierto*, *Optica instrumental* (1940) *La nueva física*, *Una excursión por el Universo* (1952) y *Meteorología*. Recibió el título de Maestro Honorario y la medalla Justo Sierra de la UNAM.

CARRASCO ORTIZ, LORENZO ◆ n. en Juchitán, Oax., y m. en el DF (¿?-1997). Arquitecto. En sus trabajos arquitectó-

nicos mezcló conceptos y temas de edificios prehispánicos. Editó y publicó la revista *Espacios* en sus dos épocas (la primera con Guillermo Rossell).

CARRASCO PALACIOS, DIÓDORO ◆ n. en Huajuapan de León, Oax. (1927). Estudió comercio en el Instituto de Ciencias y Artes de Oaxaca (1942-45). Ingresó al PRI en 1952. Ha sido secretario del presidente municipal de Cutlatán (1953), diputado a la Legislatura de Oaxaca (1953-56), secretario general de la Liga de Comunidades Agrarias y Sindicatos Campesinos de Oaxaca (1968-73), secretario de Acción Agraria de la Confederación Revolucionaria de Obreros y Campesinos (1970-74), delegado del Instituto de Seguridad y Servicios Sociales de los Trabajadores del Estado en Oaxaca (1979), gerente de Agroindustrias Conasupo (1980-82) y diputado federal en tres ocasiones (1967-70, 1973-76 y 1988-91).

CARRASCO PIZANA, PEDRO ◆ n. en España (1921). Republicano. Se asiló en México al término de la guerra civil española. Aquí estudió en la Escuela Nacional de Antropología e Historia y en la Facultad de Filosofía y Letras de la UNAM. En Estados Unidos hizo cursos de posgrado en las universidades de Columbia, California y Nueva York. Es catedrático de ésta. Autor de *Un dios otomí que pierde el nombre* (1944), *Los otomíes* (1950), *Tarascan Folk Religion* (1953), *Ethnohistory of Yucatan* (1953), *Some Aspects of Peasan Society in Middle America and India* (1957), *The Civil-Religions Hierarchy* (1961), etcétera.

CARRASCO PUENTE, RAFAEL ◆ n. y m. en la Cd. de México (1902-1985). Fue director de la Hemeroteca Nacional. Autor de *La caricatura en México* (1953) y de *La prensa en México* (1962), ficheros biográficos con textos sobre la materia de diversos autores. Dejó inédita una *Hemerografía del periodismo mexicano*, que preparada por la investigadora María Teresa Camarillo, se publicó en 1989.

CARRASCO QUEIJEIRO, NANCY ◆ n. en el DF (1957). Investigadora. Estudió medicina en la UNAM y en el Instituto

Roche de Biología Molecular en EUA. Ha impartido clases en la UNAM. Trabajó en el Instituto de Biología y en el Instituto de Fisiología Celular. En el Albert Einstein College de la Yeshiva University de EUA, donde actualmente trabaja, realizó importantes descubrimientos acerca de la función del yodo en el cuerpo humano, lo que permite tratar enfermedades del tiroides. Premio Melini de Italia (1996).

CARRASCO XOCHIPA, LUCÍA ◆ n. en Santa Cruz Tecamachalco, Tlax (1948). Maestra normalista y licenciada en pedagogía gradual por la Escuela de Mejoramiento Profesional del Magisterio. Pertenece al PRI, donde ha trabajado en la Confederación Nacional Campesina. Ha sido tesorera y presidenta municipal del ayuntamiento de Panotla, diputada local y senadora (1994-2000).

CARRASCOSA, MANUEL ◆ n. en Comitán, Chis., y m. en el DF (1840-?). Abogado. Presidente municipal de Comitán y dos veces diputado federal. Fue partidario de Porfirio Díaz y apoyó el Plan de Tuxtepec. Gobernador constitucional de Chiapas (1887-91). Murió en los años veinte.

CARRASQUILLA, PATRICIA ◆ n. en el DF (1971). Pintora. Egresó de La Esmeralda. Es profesora de la UAM-Xochimilco. Ha participado en cerca de 30 exposiciones colectivas e individuales. En 1999 ejecutó un mural en Tulkarem, Palestina, el primero ejecutado por un artista extranjero mediante un apoyo de la UNESCO.

CARREÑO, JORGE ◆ n. en Tehuacán, Pue., y m. en el DF (1929-1987). Caricaturista. Estudió pintura. Se inició en 1944 como dibujante de historietas. Trabajó para los diarios *La Prensa* y *Novedades*. Hizo desde 1961 las portadas de la revista *Siempre!* Dirigió la revista *Ni hablar*, de tono humorístico. Expuso su obra, especialmente las portadas de *Siempre!*, en Estados Unidos, Canadá y diversos países de Centro y Sudamérica. En 1989 apareció una recopilación de su obra, prologada por Alberto Domingo, llamada *Carreño, caricaturista, arte e ingenio*. Entre las distinciones que obtuvo se cuentan el Primer Premio de Caricatura otorgado por el Comité Olímpico Mexicano (1968), Primer Premio del concurso organizado con motivo del Campeonato Mundial de Futbol (1970), tercer lugar en el certamen de caricaturistas celebrado en Canadá y Premio del Certamen Nacional del Club de Periodistas (1973) y Premio Nacional de Periodismo (1978).

José Carreño Carlón

CARREÑO, JUAN TROMPO ◆ n. y m. en el DF (1908-1940). Futbolista. Jugó con los equipos Atlante y Asturias. Formó parte de la selección nacional que compitió en los Juegos Olímpicos de Amsterdam (1928) y en la Copa del Mundo celebrada en Uruguay (1930). Anotó los dos primeros goles de México en esas competencias internacionales (a España en 1928 y a Francia en 1930).

CARREÑO, MADA ◆ n. en España (?). Escritora y crítica de arte. Durante la guerra civil publicó en algunos periódicos de Madrid, Barcelona y Valencia.

Alberto María Carreño Escudero

Llegó a México en 1939, luego de la derrota de la República española. Colaboradora de *Excélsior*, *Revista de Revistas*, *Jueves de Excélsior*, *Hoy*, *Mañana* y *Siempre!* Autora de los libros *Charla sobre Azorín* (1967), *Poesía abierta* (1968), *Los diablos sueltos* (novela, Premio Magda Donato en 1975), *Cuentos clásicos infantiles* (1988-1993), *La pulga Cecilia* (1996), *Azulejos. Pensamientos para vivir con alegría* (1997) y *Memorias y regodeos* (1999). Albacea del fondo y organizadora del Premio Magda Donato. Premio de periodismo José Pagés Llergo en crónica (1998).

CARREÑO CARLÓN, JOSÉ RAMÓN ◆ n. en Los Mochis, Sin. (1942). Licenciado en derecho por la UNAM (1960-

64). Profesor del ITAM (1970-71), de la UAP (1972-73) y de la UNAM (1973-75). Pertenece al PRI, del que fue secretario de divulgación ideológica del CEN (1988). En la Secretaría de la Presidencia fue jefe del Centro de Documentación e Información (1972-74), subdirector general de Estudios Administrativos (1974-75), director de Documentación e Informe Presidencial (1975-76), director de Estudios Socioeconómicos del Plan Nacional de Zonas Deprimidas y Grupos Marginados (1978-82) y director general de Comunicación Social (1992-94). Diputado federal por el DF (1982-85), presidente del Consejo Consultivo del Programa Nacional de Solidaridad (1991) y embajador en los Países Bajos (1994-95). Ha sido redactor, reportero y jefe de la sección internacional del periódico *El Día* (1964-70), articulista de *unomásuno* (1978-83), comentarista de Radio Educación (1978), colaborador de la revista *Nexos* (1978-), comentarista del programa radiofónico "Onda Política" (1981), subdirector de *El Universal* (1985), codirector de *Punto* (1985-88), articulista (1983-85), subdirector de *La Jornada* (1986-88) y director general de *El Nacional* (1988-1992). Autor de *La reforma administrativa* (1975). Premio Nacional de Periodismo 1987.

CARREÑO ESCUDERO, ALBERTO MARÍA ◆ n. y m. en la Cd. de México (1875-1962). Estudió en la Escuela Superior de Comercio. Trabajó para el servicio exterior durante el porfiriato. Se dedicó a la enseñanza durante más de medio siglo. Secretario particular del arzobispo metropolitano Pascual Díaz (1929-35), participó en las negociaciones para poner fin al conflicto cristero y posteriormente defendió el convenio de 1929 ante la derecha ultramontana. En 1918 ingresó en la Academia Mexicana (de la lengua), de la que fue secretario perpetuo. Miembro de la Academia Mexicana de la Historia, en la que ocupó la dirección (1958-62). Presidió la Sociedad Mexicana de Geografía y Estadística. Fue vicepresidente del Instituto Cultural Hispano

Mexicano. Investigador del Instituto de Historia de la UNAM, casa de estudios que le otorgó el doctorado *honoris causa* en 1953. Ejerció el periodismo y dirigió la revista *Divulgación Histórica*. Reunió en treinta volúmenes los archivos de Porfirio Díaz. Sus *Obras diversas* se publicaron en 13 volúmenes, el último de los cuales apareció en el año de su muerte. En su extensa obra se cuentan *Jefes del ejército mexicano en 1847* (1914), *Los españoles en el México independiente* (1942) y *Efemérides de la Real y Pontificia Universidad de México según sus libros de claustros* (1963).

CARREÑO GÓMEZ, FRANCO ◆ n. en Alaquines, SLP, y m. en el DF (1898-1987). Abogado. Fue secretario de gobierno de San Luis Potosí, ministro de la Suprema Corte de Justicia de la Nación y profesor de la Facultad de Derecho de la UNAM. Colaboró en varios periódicos de la capital del país. Autor de *La ruta de las almas* (noveleta, 1924) y *Don Miguel Hidalgo, capitán general y protector de la nación* (1953).

CARREÑO LIMÓN, LUIS ◆ n. en el DF (1958). Caricaturista. Estudió dibujo en La Grande Chaumiere, de París, Francia (1976-77). Ha trabajado para los diarios *Avance* (1978-80), *Novedades* (1984-96) y El Universal (1997-). Hizo caricaturas para los programas de televisión *Antena 5* (1981) y *60 Minutos* (1981-84). Colabora en diversas publicaciones y desde 1987 es portadista de *Siempre!* Ha presentado exposiciones de su obra desde 1993. Ha obtenido dos premios del Club de Periodistas (1988 y 1992) y el Premio Nacional de Periodismo (1991).

CARREÓN, DONACIANO ◆ n. en Zinapécuaro, Mich., y m. en el DF (1873-1944). Editor de revistas literarias como *El ensayo*. En su imprenta aprendió el oficio tipográfico Lázaro Cárdenas. Sirvió a la Revolución. Fue diputado federal.

CARRERA, MAURICIO ◆ n. en el DF (1959). Periodista egresado de la UNAM (1983). Ha sido profesor de ENEP Aragón, editor de noticias en Radio Universidad y su corresponsal en Francia y Japón , coordinador editorial de Intercambio Académico de la *Revista de la Universidad*. Colaborador de *unomásuno, La Jornada, Quimera* y *La Opinión*. Autor de los libros de entrevistas *Las de cajón y otras preguntas* (1992) y *El demonio del arte* (1996), y de la novela *El club de los millonarios* (1996). Premio Nacional de Periodismo Cultural Fernando Benítez por *Abe y Hemingway: un recuerdo de la buena lucha* (1996). Obtuvo el Primer Premio en el concurso de cuento Otto Raúl González (1994) y ganó el XXIV Concurso Latinoamericano de Cuento Edmundo Valadés (1995). Becario del Centro Mexicano de Escritores (1987-88) y del INBA (1985).

CARRERA SABAT, MARTÍN ◆ n. en Puebla, Pue., y m. en la Cd. de México (1806-1871). Su padre, coronel realista, lo incorporó al ejército virreinal a los nueve años y a los 12 contaba con grado. Se adhirió al ·Plan de Iguala. Ocupó diversos cargos militares. Estando en San Luis Potosí fue llamado para reprimir la insurrección popular de La Acordada. Llegó a general de división en 1853. Conservador en política, fue miembro de la Junta Nacional Legislativa que redactó las Bases Orgánicas (1843). Senador de la República (1844-45). Combatió contra los estadounidenses durante la intervención (1847). Gobernador de la capital (1853-55). Presidente interino de la República (agosto-septiembre de 1855). Autor de un manual de *Uso y prácticas de maniobra de artillería ligera de montaña* (1831).

CARRERA STAMPA, MANUEL ◆ n. y m. en el DF (1917-1978). Licenciado en derecho, maestro en historia, geografía y ciencias de la educación y doctor en ciencias históricas por la UNAM (1939-40). Estudió también en El Colegio de México y en diversos centros estadounidenses de enseñanza. Fue catedrático en instituciones de educación superior. Colaborador de *Excélsior* y *El Nacional*. Escribió en revistas académicas. Autor de *Mapas y planos relativos a México en The National Archives de EUA: 1766-1849* (1947), *Neoclasicismo de la platería mexicana: Manuel Tolsá y su*

influencia (1947), *Archivalia mexicana* (1952), *Las ferias novohispanas* (1953), *Guía artística de la Cd. de México y sus delegaciones* (1955), *Notas de bibliografía mexicana contemporánea* (1960) y otras obras. Miembro de la Academia Mexicana de la Historia y de otras corporaciones.

CARRERA TORRES, ALBERTO ◆ n. en Tula, Tams. (1888- 1917). Profesor normalista. Hizo estudios de derecho. Miembro del Partido Liberal Mexicano desde 1905. Participó en la insurrección maderista. Se levantó en armas contra el gobierno de Victoriano Huerta. A la caída de éste se le envió a licenciar a las tropas revolucionarias de la península de Yucatán (1914). Después se adhirió a la Convención. Murió fusilado por los carrancistas.

CARRETAS, DE ◆ Llanos de Chihuahua situados en el extremo noroeste de la entidad, en la frontera con Estados Unidos.

CARRETO, HÉCTOR ◆ n. en el DF (1953). Poeta. Estudió cine en la Casa del Lago y letras hispánicas en la Facultad de Filosofía y Letras de la UNAM. Colabora en publicaciones literarias de la capital. Becario INBA-Fonapas (1978-79). Codirector de Ediciones Liberta Sumaria. Coautor de *Lejos de las naves* (1978) y autor de *Naturaleza muerta* (1980), *La espada de San Jorge* (1983) y *Habitante de los parques públicos* (1990). En 1979 obtuvo el Premio de Poesía Efraín Huerta, en 1981 el Premio Raúl Garduño de Tuxtla Gutiérrez, en 1983 el Premio Carlos Pellicer y en 1990 el X Premio de Poesía Luis Cernuda.

CARRETO FERNÁNDEZ DE LARA, CARLOS VÍCTOR ◆ n. en Puebla, Pue. (1941). Licenciado en ciencias económico-administrativas por la Universidad Autónoma de Puebla (1958-61). Desde 1964 es miembro del PRI, en el que fue secretario general adjunto del comité directivo de Puebla (1985). Participó en la lucha de la Tendencia Democrática bajo la dirección de Rafael Galván. Luego se alió a los enemigos de ésta y fue secretario de organización (1971-73) y secretario general de la sec-

ción 92 (Puebla) del Sindicato Único de Trabajadores Electricistas de la República Mexicana (1973-74); asesor del comité ejecutivo nacional (1982-85) y secretario de fomento y desarrollo de la Federación de Trabajadores de Puebla de la CTM (1987-90). Ha sido diputado federal en dos ocasiones (1982-85 y 1988-91).

CARRETÓN ◆ Sierra de Nayarit. Es una de las estribaciones de la sierra Madre Occidental. Está limitada al norte por el valle de Tepic, al sur por el río Ameca y al oeste por el valle de Compostela.

CARRIEDO, ADALBERTO ◆ n. y m. en Oaxaca (1872-1911). Médico. Diputado en 1910. Fundó el periódico *El Sol* en su ciudad natal. Autor de narrativa (*El indio de Noyoo* y poesía (*Por los muertos, Año Nuevo,* etc.).

CARRILLO, ADOLFO R. ◆ n. en Sayula, Jal., y m. en EUA (1865-1926). Periodista. Editó en Guadalajara *La Picota* (1877) y *La Unión Mercantil* (1878). Desterrado de Jalisco se instala en la capital del país, donde escribe en los órganos de oposición. Por sus artículos antiporfiristas pasa nueve meses en la cárcel de Belén y tres en San Juan de Ulúa. Al quedar en libertad marcha a Cuba, Estados Unidos y Europa. A su regreso a Estados Unidos se establece en San Francisco (1889). Sirvió al antirreeleccionismo. En 1914 fue agente comercial en el consulado de México en Los Ángeles. Publicó *México Libre* en la misma ciudad. Se le atribuyen unas *Memorias* apócrifas de Lerdo de Tejada.

CARRILLO, ÁLVARO ◆ n. en Cacahuatepec, Oax., y m. en la carretera México-Cuernavaca (1920-1969). Estudió agronomía en Chapingo y luego se dedicó a componer canciones que obtuvieron gran popularidad, entre otras *Cancionero, Sabor a mí, El Andariego, La señal* y *La mentira,* de la que se hizo una telenovela y luego fue llevada al cine. Fue secretario del Consejo de la Sociedad de Autores y Compositores de Música y secretario general de la Sección de

Martín Carrera Sabat

Foto: Armando Herrera

Álvaro Carrillo

Compositores del Sindicato de Trabajadores de la Producción Cinematográfica.

CARRILLO, FLORENTINO ◆ n. en Matehuala, SLP, y m. en Durango, Dgo. (1838-1887). Militar de carrera. Combatió la intervención francesa y el imperio. General en 1871. Gobernador militar de Durango (marzo-septiembre de 1872).

CARRILLO, JULIÁN ◆ n. en Ahualulco, SLP, y m. en el DF (1875-1965). Su segundo apellido era Trujillo. Fue el menor de 19 hermanos. Estudió música en San Luis Potosí, México y Leipzig. Volvió a México en 1905. Fue director del Conservatorio Nacional (1913-14). A la caída del gobierno golpista de Victoriano Huerta (1914) fue a Estados Unidos y ahí escribió la partitura para la proyección de la película *Intolerancia*, de David W. Griffith. En 1920 volvió al país y a la dirección del Conservatorio. Descubrió el sonido 13, producto de sus investigaciones sobre los microtonos, mediante las cuales demostró la posibilidad de dividir infinitamente los sonidos. Construyó instrumentos para la ejecución de sus composiciones, realizadas dentro de la nueva teoría y fundó la Orquesta Sinfónica del Sonido 13. En un texto publicado en *Marcha* explicó: "Sonido 13, en el sentido literal de la palabra, fue el primero que rompió el ciclo clásico de los doce sonidos existentes, a la distancia de un dieciseisavo de tono (que fueron los intervalos logrados por mí en mi experimento entre las notas

Julián Carrillo

Sol y La de la cuarta cuerda del violín), y cuya fórmula matemática es 1.0072; pero ahora, Sonido 13 es un nombre que abarca el total de mi revolución que ha conquistado en su desarrollo una multiplicidad de intervalos musicales jamás soñados; que ha inventado y construido nuevos instrumentos que han sido tocados en conciertos en los centros más linajudos, tanto en Europa como en América y que, además, ha planteado una reforma total de las teorías clásicas tanto de música como de física musical; que ha escrito los libros técnicos para su desarrollo, inventando un nuevo sistema de escritura." En 1942 hizo la música coral que acompaña la aparición de la Guadalupana en la cinta *La Virgen Morena*, de Gabriel Soria, con lo que introdujo el microtonalismo en el cine. Entre sus obras figuran *Concertino*, *Balbuceos*, *Horizontes*, *Preludio a Cristóbal Colón*, tres sinfonías, dos misas, una ópera y otras composiciones, varias de ellas grabadas en el extranjero con los más reconocidos intérpretes. Autor de *Discursos sobre la música* (1914), *Tratado sintético de armonía* (1915), *Génesis de la revolución jusical del Sonido 13* (1940), *Apuntes autobiográficos* (1945) y *Sonido 13. Fundamento científico e histórico* (1948).

CARRILLO, LAURO ◆ n. en Sahuaripa, Son., y m. en EUA (1849-1910). Empresario. Fue gobernador sustituto de Chihuahua (1887) y constitucional (1888-92). Porfirio Díaz lo hizo también senador por el mismo estado y por Morelos, así como diputado al Congreso de la Unión por Puebla.

CARRILLO, LILIA ◆ n. y m. en el DF (1930-1974). Pintora. Estudió con Manuel Rodríguez Lozano y después en La Esmeralda de México y la Grand Chaumiere de París (1953-55). Participó en la exposición inaugural del Museo de Arte Moderno (1964), ejecutó murales en la Casa de la Paz y estuvo entre los autores del mural colectivo que se pintó, durante el movimiento estudiantil de 1968, sobre las láminas que cubrían la semiderruida estatua de Miguel Alemán, en la Ciudad Universitaria. Ex-

puso en México y en el extranjero.

CARRILLO, MANUEL ◆ n. y m. en el DF (1906-1989). Fotógrafo. Su apellido materno era Palacios. Fundador del Club de Leones. En 1955 se inició como fotógrafo e ingresó en el Club Fotográfico de México, del que fue presidente. Expuso individualmente por primera vez en 1968 y en 1977 presentó su primera muestra en el Palacio de Bellas Artes. En 1985, diferentes colecciones de su obra recorrían países de América, Europa y Asia. Premio Nacional de Fotografía. En 1967 obtuvo el Premio Internacional de Fotografía en Nueva York.

CARRILLO, MARCOS ◆ n. en Cosamaloapan, Ver., y m. en Torin, Son. (1837-1892). Militar de carrera. Combatió la intervención francesa y el imperio. Fue gobernador militar de Veracruz. Participó en la represión de los yaquis.

CARRILLO, RAFAEL ◆ n. en Zinapécuaro y m. en Morelia, Mich. (1822-1877). Abogado liberal. Luchó contra la intervención francesa y el imperio. Fue elegido gobernador constitucional de Michoacán en 1871. En 1875 volvió al cargo por poco tiempo.

CARRILLO, REMIGIO ◆ n. y m. en Guadalajara, Jal. (1844-1879). Tipógrafo. Combatió la intervención francesa y el imperio. Editó a partir de 1871 el periódico antijuarista *Juan Panadero*, que dirigió Felipe de Jesús Pedroza. Diputado en 1875-76.

CARRILLO Y ANCONA, CRESCENCIO ◆ n. en Izamal y m. en Mérida, Yuc. (1837-1897). Obispo de Yucatán desde 1887 hasta su muerte. Fundó el Museo Yucateco y la Universidad Católica de Mérida (1885). Escribió una *Historia antigua de Yucatán* (1881) y *El obispado de Yucatán* (1895).

CARRILLO ARENA, GUILLERMO ◆ n. en el DF (1941). Arquitecto por la UNAM (1958-62). Desde 1962 es miembro del PRI. Ha sido presidente de las juntas federales de Mejoras Materiales de San José del Cabo, La Paz y Santa Rosalía, BCS (1965-66); director general de Proyectos de la Comisión Constructora e

Ingeniería Sanitaria de la SSA (1967-70); jefe de Proyectos (1970-76) y subdirector general de Obras y Patrimonio Inmobiliario del IMSS (1983-85); subdirector técnico del Infonavit (1975-78), director general del Fideicomiso Acapulco de la SAHOP y simultáneamente delegado fiduciario especial del Fideicomiso Acapulco de Banobras (1979-82); secretario de Desarrollo Urbano y Ecología (1985-86), puesto que dejó después de las insistentes denuncias que varios periodistas hicieron de su comportamiento autoritario con los damnificados del sismo de 1985 y su presumible responsabilidad en el derrumbe del hospital Juárez, cuya construcción estuvo a su cargo. El libro *Museo nacional de horrores*, de Raúl Prieto (1986), refiere la carrera pública de este personaje.

CARRILLO ARMENTA, ALBERTO MARCOS ◆ n. en Guadalajara, Jal. (1954). Licenciado y maestro en comunicación por el ITESO, donde ha sido profesor (1975-77). Pertenece al PFCRN desde 1987, partido en el que ha sido director de *Insurgencia Cardenista*, órgano informativo del Comité Central (1987-88). Fue delegado nacional del PST (1980-82). Diputado federal (1991-94).

CARRILLO AZPEITIA, RAFAEL ◆ n. en Ortiz, municipio de Guaymas, Son., y m. en el DF (1903-1995). Hizo estudios de bachillerato en el DF. Cofundador (1920) y dirigente de la Federación de Jóvenes Comunistas (1923-24). Fue delegado al Congreso de la Intenacional Juvenil Comunista celebrado en Moscú (1923). Cofundador de la CGT (1921). Combatió la rebelión delahuertista (1923-24). Secretario general del PCM (1924-29). Miembro del comité ejecutivo de la Internacional Comunista (1928-35) y de su buró latinoamericano. Por sus actividades políticas fue encarcelado en octubre de 1930. Abogó por la adhesión de los comunistas al gobierno de Cárdenas y al líder obrero Vicente Lombardo Toledano. Maestro de secundaria (1937-40 y 1954-61). En 1940 fue expulsado del PCM y se convirtió en colaborador de Lombardo en el

diario *El Popular* y en la Universidad Obrera, donde dirigió la revista *Futuro* (1944) y fue secretario general de ese centro docente (1946-53). Cofundador del Partido Popular y su representante ante la Comisión Electoral Federal (1949-52). Salió del PP en 1954 e ingresó al PRI en 1960. Asesor de Jesús Reyes Heroles (1954-85). Colaborador de *El Día*. Miembro del comité técnico del Fondo Editorial de la Plástica Mexicana (1959). Director de la Biblioteca del Congreso (1967-70). Auxiliar de dirección y articulista de *El Nacional* (1968-73). Director de la Comisión Editorial del PRI (1973-75). Ha sido director de la *Revista de la Universidad de Colima* y asesor del Ceshmo. Autor de *La pintura mural de la revolución mexicana* (1960), *José Guadalupe Posada, ilustrador de la vida nacional* (1963), *Lo efímero y lo eterno del arte popular mexicano* (primer tomo), *Los lienzos de Tuxpan* (1975), *Pintura mural de México* (1981) y *Ensayo sobre la historia del movimiento obrero mexicano 1823-1912* (1981), entre otras obras.

CARRILLO Y CÁRDENAS, SILVIANO ◆ n. en Pátzcuaro, Mich., y m. en Culiacán, Sin. (1861-1921). Fue ordenado sacerdote en Guadalajara (1884). Obispo de Culiacán promovido en julio de 1920 y consagrado en febrero de 1921. Tomó posesión en marzo.

CARRILLO CAREAGA, JORGE AURELIO ◆ n. en el DF (1954). Ingeniero industrial titulado en la Universidad Iberoamericana (1972-75) y maestro en administración por la Universidad de Wisconsin (1977-78). Ha sido subdirector de Estudios Estratégicos (1979-81) y de Programas de Mediano Plazo de la Secretaría de Programación (1981-82), director general de la Industria Paraestatal Metalmecánica de la SEMIP (1983-85), director de operación de Diesel Nacional (1986-88) y director general de Dina Camiones (1988-).

CARRILLO CASTRO, ALEJANDRO ◆ n. en el DF (1941). Hijo de Alejandro Carrillo Marcor. Licenciado en derecho (1965) y doctor en administración pública (1981) por la UNAM, de la que ha

sido profesor. Desde 1959 pertenece al PRI, donde fue presidente del IEPES (1986). Fue secretario particular del oficial mayor (1967-70), secretario técnico de la Comisión de Administración Pública (1967-70), director general (1971-73) y coordinador general de Estudios Administrativos de la Secretaría de la Presidencia (1977-82); secretario general del Conacyt (1973-76), director general de ISSSTE (1982-89), cónsul general en Chicago (1989-1992), embajador de México ante la OEA (1992), coordinador de la Comisión Mexicana de Ayuda a Refugiados de la Secretaría de Gobernación (1995-96), delegado político del DDF en Cuauhtémoc (1996-97), coordinador de Comunicación Social del Gobierno Federal (1997-98) y comisionado del Instituto Nacional de Migración (1998-). Colabora en *Excélsior*. Autor de *Las empresas públicas en México* (1976), *La reforma administrativa en México* (1980) y *La inversión extranjera en México*. Presidente de la Academia Nacional de Derecho Administrativo (1979-82) y de la Asociación Latinoamericana de Administración Pública (1982-).

Alejandro Carrillo Castro

CARRILLO FLORES, ALBERTO FABIÁN ◆ n. en Salamanca, Gto. (1944). Miembro del PRI. Ha ocupado diversos cargos en el Sindicato de Trabajadores de la Industria Química, Petroquímica, Carboquímica y Similares de la República Mexicana. En 1985 era secretario general de la Sección Salamanca de esa organización. Fue secretario de organización de la Federación Regional de Obreros y Campesinos (1981-84). Diputado federal por Guanajuato (1985-88).

CARRILLO FLORES, ÁNGEL ◆ n. en la Cd. de México (1913). Hijo de Julián Carrillo. Ingeniero civil. Colaboró con su hermano Nabor en trabajos de física de suelos. En 1969 fue nombrado director del Centro Regional de Construcciones Escolares para América Latina. Ha descollado en el campo de las edificaciones educativas, por lo cual se le otorgó el título de *Planificador del Año* en 1973.

CARRILLO FLORES, ANTONIO ◆ n. y m. en el DF (1909-1986). Hermano del anterior. Licenciado (1929) y doctor en derecho por la UNAM (1950), donde fue profesor y director de la Escuela Nacional de Jurisprudencia. Corredactor de la Ley Orgánica de la UNAM (1945) y miembro de la Junta de Gobierno de esa casa de estudios (1947-1952). Director de Nacional Financiera (1945-52), presidente de la Comisión Nacional de Valores (1946-47), secretario de Hacienda y Crédito Público (1952-58), embajador en EUA (1958-64), secretario de Relaciones Exteriores (1964-70), rector del Instituto Tecnológico de México (1971-72), director del Fondo de Cultura Económica (1971-72), embajador en la URSS (1972-79) y diputado federal (1979-82). Le otorgaron varios doctorados *honoris causa* y en 1972 ingresó en El Colegio Nacional. Entre sus obras están *México y el Tercer Mundo* (1971), *¿Qué son los derechos del hombre?* (1973) y *Diálogos sobre población* (1974).

CARRILLO FLORES, NABOR ◆ n. y m. en el DF (1911-1967). Hermano del anterior. Ingeniero civil con maestría en la UNAM y doctorado en Harvard, donde fue discípulo de Arthur Casagrande (quien adoptó la tesis de Carrillo como libro de consulta para sus alumnos) y K. Terzaghi, con quien trabajó después en el control del hundimiento de Long Beach-San Pedro, California. En Harvard desarrolló algunas hipótesis todavía vigentes, como la referente al *anillo de masa* acerca de la gravedad, básica en los vuelos orbitales. Se le reconoció como autoridad mundial en mecánica de suelos. Creó y presidió los Laboratorios Nacionales de Fomento Industrial, institución destinada a producir una tecnología propia para los problemas de la industria mexicana. En la UNAM fue jefe del Departamento de Investigación

Científica (1944), coordinador de Investigaciones Científicas (1945-52) y rector de esa casa de estudios (1953-61). Vocal ejecutivo de la Comisión Nacional de Energía Nuclear (1956-67). En 1965 propuso y dirigió el Proyecto Texcoco para regenerar el lago de Texcoco, librar de tolvaneras al área metropolitana del valle de México, crear áreas verdes con variedades vegenetale resistentes al salitre y aprovechar integralmente el agua que se genera en la cuenca. El lago artificial que se creó, refugio de miles de aves migratorias, lleva su nombre. Recibió 18 doctorados *honoris causa*, la beca Guggenheim y el Premio Nacional de Ciencias (1957).

CARRILLO GAMBOA, EMILIO ◆ n. en el DF (1937). Hijo de Antonio Carrillo Flores. Licenciado en derecho por la UNAM (1954) con posgrado en la Universidad de Georgetown, EUA. Miembro del PRI desde 1962. Director general de la empresa Teléfonos de México (1982-87), embajador en Canadá (1987-91) y presidente del consejo de administración de Teleindustria Ericsson (1991-).

CARRILLO GIL, ÁLVAR ◆ n. en Pichén, Yuc. y m. en el DF (1898-1974). Médico cirujano titulado en la Universidad Nacional de México. Se especializó en pediatría en la Universidad de París (1931). En sus últimos veinte años de vida se dedicó a la pintura. Reunió una de las más importantes colecciones de arte mexicano contemporáneo, con obras de Orozco, Siqueiros, Rivera, Gunther Gerzo, Wolfgang Paalen y otros creadores, la que alojó en un edificio construido ex profeso que legó a la nación, el Museo de Arte Contemporáneo Carrillo Gil. Colaboró ocasionalmente en publicaciones capitalinas. Autor de los libros *Orozco y Siqueiros*.

CARRILLO GONZÁLEZ, DAVID ◆ n. en Villaldama, NL (1920). Caricaturista. Inició sus estudios de arte en Monterrey, mismos que prosiguió en la Academia de San Carlos del DF gracias a una beca de la Secretaría de Educación. Publicó su primera caricatura en *Revista de Revistas* (1939). Ha colaborado en *El*

Universal, Diversiones, Todo, La Afición, Excélsior y *Nosotros*. Autor de los libros *Monos, monitos y monotes, Recordar es reír I, II y III* e *Historia de la caricatura I y II*. Tlacuilo de oro como mejor caricaturista (1981). Premio Nacional de Periodismo (1985).

CARRILLO MARCOR, ALEJANDRO ◆ n. en Hermosillo, Son., y m. en el DF (1908-1998). Hijo de diplomático, pasó parte de su juventud en el extranjero. Licenciado en derecho por la UNAM (1934), donde fue profesor. Fundador y director de la Preparatoria Gabino Barreda y secretario de la Universidad del mismo nombre y de la Obrera de México. Es uno de los fundadores de la CTM, de la que fue secretario de Educación (1940-42). Miembro del PRI, en el que dirigió el órgano *Línea*. Representó a México en reuniones internacionales y visitó una veintena de países al frente de misiones de buena voluntad. Embajador en la República Árabe Unida (1959-60). Fue secretario general del DDF (1946-52). Diputado en dos ocasiones (1940-43 y 1964-67) y senador (1970-75). Gobernador sustituto de Sonora (1975-79). Se inició como periodista en 1929, cuando hizo en Nueva Orleans la revista *Nueva Patria*. Colaboró en diversas publicaciones y dirigió la *Revista de Cultura Moderna* y los diarios *El Popular* (1938-1946) y *El Nacional* (1968-1975). Autor de *Defensa de la revolución en el parlamento* (1943) y *Apuntes y testimonios* (1989).

CARRILLO DE MENDOZA Y PIMENTEL, DIEGO ◆ n. y m. en España (?-¿1624?). Tenía los títulos de marqués de Gelves y conde de Priego. Virrey de Nueva España, a donde llegó el 21 de septiembre de 1621. Ante la hambruna de 1623 se dice que, de su peculio, hizo repartir maíz entre los indigentes. Persiguió a los salteadores de caminos. Suspendió las obras del desagüe de Huehuetoca y en ese año la ciudad padeció una fuerte inundación. Acusó al arzobispo de México de venal y lo envió a San Juan de Ulúa, pero sus custodios lo liberaron en las afueras de la capital, a donde volvió para encabezar, en enero de 1624, la destitución del virrey, cuyo cargo asumió. Carrillo volvió ese mismo año a España.

CARRILLO OLEA, JORGE ◆ n. en Jojutla, Mor. (1937). Estudió en el H. Colegio Militar (1954-57); tomó un curso de orientación en la Escuela Militar de Clases (1960) y otro de blindaje en Fort Knox, EUA (1967-68). Es licenciado en administración militar por la Escuela Superior de Guerra (1962-65) y tiene el grado de general. Miembro del PRI desde 1962. Ha sido jefe de la sección segunda del Estado Mayor Presidencial (1970-74), subsecretario de Investigación y Ejecución Fiscal de la Secretaría de Hacienda (1974-75), director de Astilleros Unidos (1976-82), subsecretario de Gobernación (1982-88), director general del Centro de Investigación y Seguridad Nacional (1988-90), coordinador de lucha contra el narcotráfico de la PGR (1990) y gobernador de Morelos (1994-98).

CARRILLO PRIETO, IGNACIO ◆ n. en el DF (1947). Licenciado en derecho por la UNAM (1965-69) y en filosofía por la UIA (1965-68), especializado en derecho social por la Université Catholique de Louvain-La Néuvre, Bélgica (1971-72). En la UNAM ha sido profesor e investigador desde 1967, director general de Estudios y Proyectos Legislativos (1979), director general de Asuntos Jurídicos (1979-81), abogado general (1981-83) y asesor del rector (1983-89). En la administración pública fue director de Documentación y Estudios Legislativos de la PGR (1983-88), coordinador para la Reforma Legislativa del Estado de Guerrero (1988); director general jurídico (1988) y director general del Instituto Nacional de Ciencias Penales de la PGR (1988). Autor de *El personal académico en la legislación universitaria* (1976), *Cuestiones jurídicas políticas en Francisco Suárez* (1977), *El conflicto laboral en la UNAM en 1977* (1980), *Derecho de la seguridad social* (1981), *La ideología jurídica en la constitución del Estado mexicano* (1981), *Apuntes sobre la tortura* (1987), *El patio*

de los juristas (1988) e *Ideología jurídica y legislación social* (1989).

CARRILLO PUERTO ◆ Municipio de Veracruz contiguo a Paso del Macho, al este de Córdoba y al suroeste del puerto de Veracruz. Superficie: 246.76 km². Habitantes: 13,992, de los cuales 3,264 forman la población económicamente activa. La cabecera es El Tamarindo.

CARRILLO PUERTO, FELIPE ◆ n. en Motul y m. en Mérida, Yuc. (1872-1924). Era editor de *El Heraldo de Motul* en 1907, cuando fue encarcelado por "ultraje a funcionarios públicos". En 1911, en Mérida, al repeler un ataque mató a su agresor y nuevamente fue a la cárcel, donde permaneció hasta marzo de 1913. Trabajó como jefe de circulación en la *Revista de Yucatán* y al ser cerrada ésta por el gobernador carrancista Eleuterio Ávila huyó a Nueva Orleans. En 1915 era coronel y miembro de la comisión agraria del zapatismo. Al disolverse el Ejército del Sur volvió a Yucatán, donde el gobernador Salvador Alvarado ordenó su encarcelamiento por zapatista, pero poco después lo liberó y Carrillo, buen orador en maya, se convirtió en eficaz propagandista de las medidas revolucionarias de Alvarado. En mayo de 1917 asumió la presidencia del Partido Socialista Obrero, que ya como Partido Socialista del Sureste (PSS) obtuvo el triunfo y él presidió la legislatura local (1918). Al año siguiente se convocó de nuevo a elecciones locales y los carrancistas cometieron fraude, la sede del PSS fue destruida y sus militantes sometidos a persecución. Carrillo se exilió y regresó en 1920 para adherirse al Plan de Agua Prieta. Combatió en la batalla de Pinos Cuates, Zacatecas. Al triunfo de los aguaprietistas, Carrillo Puerto militó brevemente en el Partido Comunista Mexicano y formó parte del Buró Latinoamericano de la Internacional Comunista. En julio de 1920 regresó a Yucatán, logró que el gobierno federal desconociera los poderes de la entidad y fue elegido diputado al Congreso de la Unión. Gobernador en 1922, pronuncia su primer discurso ofi-

cial en maya, en el cual dice: "Bien sabemos que el trabajo existió antes que el capital, por lo que es de justicia que quienes todo lo producen tengan derecho a la posesión de todo lo existente." Repartió 664,835 hectáreas en beneficio de 34,796 familias, construyó caminos, ordenó restaurar centros arqueológicos, encabezó una extensa campaña de alfabetización, hizo publicar en maya la Constitución y otros textos, expidió una Ley de Educación Racionalista, fundó la Universidad Racional del Sureste, creó el Museo Histórico y Arqueológico y abrió la Vocacional de Artes y Oficios. En el primer año de su gobierno funcionaban 417 escuelas primarias en el estado. Promovió la presencia de los indios y las mujeres en los cargos públicos, expidió la Ley del Patrimonio Familiar y la de Inquilinato. Fue asesinado durante la rebelión delahuertista.

CARRILLO SILVA, RAÚL ENRIQUE ◆ n. en La Paz, BCS (1935). Médico cirujano titulado en la UNAM (1953-58) con maestría en salud pública y administración médica en la Escuela de Salud Pública de México (1963), de la que es profesor. En el PRI, partido al que pertenece desde 1958, fue director general de CEPES (1965-69) y presidente del comité directivo de Baja California Sur (1969-71), delegado del CEN en Chiapas, Morelos y Sinaloa y subdirector del CEPES del DF (1978-79). Ha sido jefe de los servicios coordinados de salud pública (1962-68), representante del gobierno en el DF (1971-72), secretario particular del gobernador (1973-74), secretario de desarrollo (1974) y secretario general de gobierno de Baja California Sur (1987-88); director de seguridad e higiene en el trabajo de la CFE (1977-80), jefe de los sevicios coordinados de seguridad pública de Oaxa-

Retrato y firma de Diego Carrillo de Mendoza y Pimentel

ca (1981-82); y director general de Apoyo a la Coordinación Regional (1984-85) y de Prevención de Accidentes y Atención a la Salud en Casos de Desastre de la Ssa (1986-87); y senador de la República (1988-94).

CARRILLO SUASTE, FABIÁN ◆ n. y m. en Mérida, Yuc. (1822-1894). Periodista. Se inició en *Don Bullebulle* y *El Registro Yucateco*. Después colaboraría en una decena de publicaciones. Reunió textos periodísticos en el libro *Colección literaria*.

CARRILLO TORRES, FRANCISCO ◆ n. en Comala, Col. y m. en Mexicali, BC (1896-1952). Se incorporó a la Revolución en 1913. Integró la primera escuadrilla de aviación de la Secretaría de Guerra en 1923. Ya como coronel fue candidato a la gubernatura de Colima. El Congreso local lo declaró gobernador electo pero no llegó a asumir el cargo, pues se declaró la desaparición de poderes en el estado, como parte del conflicto entre Calles y Cárdenas.

CARRILLO ZAVALA, ABELARDO ◆ n. en Palizada, Camp. (1939). Contador privado por las Academias Unidas de Campeche (1959). Miembro del PRI desde 1955. Ha sido secretario general de la Federación de Trabajadores de Campeche de la CTM (1969), diputado federal en tres ocasiones (1970-73, 1976-79 y 1982-85), secretario adjunto de producción y abasto de la CTM (1980-86), secretario de trabajo del Sindicato de Trabajadores de la Música de la República Mexicana (1981-87) y gobernador constitucional de Campeche (1985-91). Es doctor *honoris causa* en derecho por la Universidad de Sherman, Texas.

CARRINGTON, LEONORA ◆ n. en Inglaterra (1917). Escritora y pintora. Estudió en Londres, Florencia y París. Era mujer de Max Ernst cuando se incorporó al surrealismo en 1936. Recluido Ernst en un campo de concentración marcha a España. Es internada en una clínica psiquiátrica de la que logra huir y va a Lisboa. En esta ciudad conoce a Renato Leduc, con quien se casa y viene a México (1942). Poco

Leonora Carrington

Jorge Carrión

después se le otorgó la ciudadanía mexicana y, divorciada de Leduc, decide quedarse. Pintora destacada, ha expuesto en galerías de México, Estados Unidos y Europa. *El mundo mágico de los mayas* se llama un mural suyo ejecutado en el Museo Nacional de Antropología (1964). Hasta 1980 calculaba haber hecho más de mil pinturas, cientos de dibujos, acuarelas, temples, esculturas y tapices. Es autora de los libros *La dame ovale* (1939) y *En bas* (1945) así como de las obras dramáticas *The Flannel Night Shirt* y *Penélope*. En 1974 apareció el libro *Leonora Carrington*, con textos de ella misma y de Juan García Ponce.

CARRIÓN, BENJAMÍN ◆ n. y m. en Ecuador (1897-1980). Embajador ecuatoriano en México en dos ocasiones. Fue ministro de Instrucción Pública en su país. Pasó largas temporadas en México. Autor de una vasta obra ensayística y de creación, escribió las novelas *El desencanto de Miguel García* (1929) y *Por qué Jesús no vuelve* (1963).

CARRIÓN, JORGE ◆ n. en San Andrés Tuxtla, Ver. (1913). Médico cirujano por la UNAM. Hizo estudios de posgrado en Argentina y se especializó en psiquiatría. Fue director del Instituto Nacional de Pedagogía e investigador del Instituto de Investigaciones Económicas. Perteneció al Movimiento de Liberación Nacional. Ha escrito para *Política*, *Excélsior*, *Estrategia* y otras publicaciones. Coautor de *La corrupción* (1967), *Tres culturas en agonía* (1969), *El milagro mexicano* (1970), *La burguesía, la oligarquía y el Estado* (1972), *La mujer: explotación, lucha, liberación* (1976), *Problemas del capitalismo mexicano* (1978) y *La reforma política y la izquierda* (1979). Autor de *Mito y magia del mexicano* (1952) y *Pedro Santacilia, el hombre y su obra* (1983).

CARRIÓN BELTRÁN, LUIS ◆ n. en San Andrés Tuxtla, Ver., y m. en el DF (1942-1997). Escritor. Estudió periodismo en la Universidad Patricio Lumumba de Moscú, URSS. Fue guionista de cine y televisión. Fundador de la productora cinematográfica Marco Polo. Fue redactor de la revista *Política* y colaborador de

Revista Mexicana de Cultura, *¿Por Qué?* y *Estrategia*, así como de la agencia cubana de noticias Prensa Latina. Impartió clases en la Escuela de Escritores de la Sogem. Coautor de los guiones de las cintas *El Cambio* (Alexandro Jodorowsky, 1971), *Los albañiles* (Jorge Fons, 1979), *El infierno de todos tan temido* (Sergio Olhovich, 1980), *Así es Vietnam* (Fons, 1981), *El templo mayor* (Fons, 1982), *Diego* (Fons, 1986) y *El hombre mono* (Fons, 1986); y autor del guión de *La otra virginidad* (Juan Manuel Torres, 1974). En 1970 realizó el prólogo y la selección de textos de Ernesto *Che* Guevara, *El libro verde olivo*. Coautor de los ensayos *El socialismo es así* (1985) y *Cultura, historia y luchas del pueblo mexicano* (1986); y autor del reportaje *Avándaro* (1971), del volumen de cuentos *Es la bestia* (1973) y de las novelas *El infierno de todos tan temido* (1975), que obtuvo el Premio Hispanoamericano de Primera Novela del Fondo de Cultura Económica, y *Otros te llaman* (1987).

CARRIÓN BOGARD, ULISES ◆ n. en San Andrés Tuxtla, Ver., y m. en Holanda (1941-1989). Profesor egresado de la Escuela Normal Veracruzana. Estudió letras españolas en la Universidad Veracruzana y filosofía en la UNAM. Tomó cursos en la Sorbona y en la Universidad de Leeds. Trabajó en la Dirección de Educación de Veracruz y en la biblioteca de la Casa del Lago (1962). Desde 1967 vivió en Holanda y fundó la galería In-Out Center, la editorial In-Out Productions y el taller de libros de artista Other Books and So. Colaboró en *La Palabra y el Hombre*, la *Revista Mexicana de Literatura*, la *Revista de la Universidad*, *La Cultura en México*, *Diálogos*, *Plural* y en el periódico *Novedades*. Coautor de *Cuentos de San Andrés Tuxtla* (1995). Autor de los libros de relatos *La muerte de Miss O* (1966) y *De Alemania* (1970); del ensayo *García Moreno. El Santo del patíbulo* (1965) y del guión teatral *Tú sin vino* (1963). Tras su muerte, se editó el libro *Quant aux livres* (1997) y Martha Hellion montó la exposición *El arte de los libros de artista* en Oaxaca. Becario del Centro Mexicano de Escritores (1963-1964).

CARRIÓN HERNÁNDEZ, JOAQUÍN ◆ n. en el DF (1939). Ingeniero civil por la UNAM (1962), donde hizo cursos de posgrado. Fue miembro del comité ejecutivo del Sindicato Nacional de Electricistas, Similares y Conexos de la República Mexicana. Trabaja desde 1961 para la Comisión Federal de Electricidad, en la que ha sido subgerente de Estudios Civiles (1972-75), subgerente de Construcción de Plantas Hidroeléctricas (1975-77), gerente general de Estudios e Ingeniería Preliminar (1977-80), subdirector de Construcción (1980-88) y director general (1988-). Pertenece al Colegio de Ingenieros Civiles y otras corporaciones profesionales.

CARRIÓN RODRÍGUEZ, EUGENIO PACELLI FRANCISCO ◆ n. en el DF (1950). Licenciado en administración de empresas por la UNAM (1968-72), maestro en economía por El Colegio de México (1973-75), maestro en teoría económica por la University College de Inglaterra (1976-77) y doctor en economía de la energía por la Universidad de Grenoble (1980). Profesor de la UNAM y de la UAM-Azcapotzalco. Ha sido subdirector de estudios económicos de la Secretaria de Patrimonio (1979), subgerente de estudios del mercado petrolero internacional de Petróleos Mexicanos (1983-86), director general de precios y tarifas federales de la Secretaría de Hacienda (1986-88) y oficial mayor de la Secretaría de Comercio (1988-). Autor de *El sector de energética, estadística básica y balances de energía* (1978). En 1975 recibió el Premio Nacional de Comercio Exterior del IMCE.

CARRIÓN SOS, VICENTE ◆ n. en España (1923). Vino a México en 1938 con el grupo de los Niños de Morelia (☞). Maestro en lengua y literatura moderna inglesa por la UNAM. Fue profesor de literatura hispanoamericana en el Instituto Rice de Houston y en la Universidad de esa ciudad estadounidense (1948-51). Catedrático del Me-

xico City College y maestro fundador de la Escuela de la Ciudad de México (1954), subdirector (1958-69) y director de esa institución desde 1969. Ha trabajado en el curso de matemáticas que imparte la Telesecundaria de la Secretaría de Educación Pública.

CARRIZAL ◆ Punta de la costa de Colima situada al oeste de la bahía de Manzanillo.

CARRIZAL ◆ Río de Guerrero que nace en la vertiente sur de la sierra Madre del Sur y forma el río Tecpan, que desemboca en el océano Pacífico, cerca de la población del mismo nombre.

CARRIZAL ◆ Río de Michoacán que se forma con escurrimientos de la sierra de Coalcomán y del Espinazo del Diablo. Sigue una trayectoria norte-sur y desemboca en el océano Pacífico.

CARRIZAL ◆ Río de Oaxaca, también conocido como Otates, que se forma en la vertiente este de la sierra de Miahuatlán, corre hacia el poniente y luego hacia el noreste hasta formar el Tequisistlán, afluente del río Tehuantepec.

CARRIZAL ◆ Río de Tamaulipas que se forma en la vertiente este de la sierra de Tamaulipas, corre con dirección noroeste-sureste y desemboca en el Golfo de México, en el punto llamado Barra del Tordo. Efectúa su recorrido al sur del trópico de Cáncer y al norte del paralelo 23.

CARRIZAL ◆ Sierra de Nuevo León situada al norte del paralelo 26, cerca de los límites con Coahuila, entre las sierras de Gomas e Iguana.

CARRIZAL ◆ Sierra de Sonora situada al sur de la localidad fronteriza de El Sásabe, al suroeste de Nogales y al noreste de Caborca. Se le conoce también como sierra de San Juan.

CARRIZO ◆ Río de Colima también conocido como San José. Se forma con escurrimientos del cerro del Peón, corre hacia el oeste y en los límites con Jalisco se une al río Cihuatlán.

CARRO, NELSON ◆ n. en Uruguay (1952). Su segundo apellido es Rodríguez. Estudió en Cine Universitario del Uruguay, la Cinemateca Uruguaya y Cine Club del Uruguay (1970-73).

Miembro del consejo administrativo de Cine Universitario del Uruguay (1971-75) y miembro del consejo directivo de Cinemateca Uruguaya (1974-76). Radicado en México desde 1977, ha sido colaborador del diario *unomásuno* (1977-91), miembro del consejo de redacción de la revista *Imágenes* (1979-80), redactor de las carteleras de la revista *Tiempo Libre* (1980-91), presentador del programa *Tiempo de Filmoteca* en el Canal 8 (1982), miembro del consejo de redacción (1983-88) y director (1989-) de la revista *Dicine*, jefe del Departamento de Documentación de la Filmoteca de la UNAM (1985-86), jefe de la biblioteca de la Dirección de Actividades Cinematográficas de la UNAM (1987) y comentarista del programa *Festival de Cine* del CNCA en Canal 11 (1991). Coautor, con Tomás Pérez Turrent, Emilio García Riera y Klaus Eder, de *Arturo Ripstein, filmemacher aus Mexico* (1989). Autor de *El cine de luchadores* (1984).

CARSO ◆ Grupo financiero fundado por Carlos Slim en 1965, año en que adquirió la Embotelladora Jarritos del Sur y empezó a constituir las empresas Inversora Bursátil (Inbursa), Inmobiliaria Carso (1966), Constructora Carso (1966), Promotora del Hogar, S. S. G. Inmobiliaria (1968), Mina de Agregados Pétreos el Volcán, Bienes Raíces Mexicanos (1969) y Pedregales del Sur (1972). El nombre proviene de la unión de las primeras sílabas de los nombres del empresario y de su esposa Soumaya. En 1976 se constituyó formalmente la sociedad Grupo Carso que adquirió Cigatam y la Tabacalera Mexicana. Entre 1982 y 1984, debido a la crisis económica, el grupo adquirió "muy por debajo de su valor real" Reynolds Aluminio, Sanborns, Nacobre y sus subsidiarias, Anderson Clayton y Segumex; además, "mexicanizó patrimonial y operativamente" Luxus, Euzkadi, General Tire, Aluminio y Condumex. En 1990, junto con South Western Bell, France Telecom y algunos inversionistas mexicanos, ganó la licitación para privatizar Teléfonos de México. A la fecha, además de las mencionadas empresas, ha adquirido las compañías Pirelli, Alcoa, Continental, Pastelerías El Globo y otras.

CARSOLIO LARREA, CARLOS MIGUEL ◆ n. en el DF (1963). Montañista. Ingeniero civil graduado en la UAM. Ha escalado tres veces la pared del Capitán, en Yosemite, y dos veces el Diamante, en las Rocallosas; primer mexicano en escalar la pared del Aconcagua; en julio de 1985 llegó a la cima del Nanga Parbat, en los montes Himalaya, por una ruta nueva y sin emplear oxígeno. En 1987 subió al Shisma Pangma, en China; en 1988, el Makalu. En 1989 escaló el Everest también sin oxígeno. En 1990 alcanzó la cima del Fitz Roy, en la Patagonia. Fue el primer mexicano que escaló una altura de más de 8,000 metros. A la fecha ha conquistado 14 cumbres de más de 8 mil metros, siendo el tercer alpinista de la historia en lograrlo, entre ellas el K2 (1993), Kanchenjunga (1992), Lhotse (1994), Cho-Oyu (1994), Dhaulagiri (1995), Manaslu, Annapurna (1995), Hidden Peak, Broad Peak, Shisha Pangma y Gasherbrum II (1995), además de las mencionadas arriba. Coautor, con Elsa Ávila, de *Encuentro con el Himalaya* (1991). Premio Nacional de la Juventud (1984) y Premio Nacional del Deporte (1985). En 1986 recibió el trofeo Luchador Olmeca.

Foto: ANA LOURDES HERRERA

Carlos Miguel Carsolio

CARTA DE CÁDIZ ◆ ☛ *Constitución Política de la Monarquía Española.*

CARTA DE DERECHOS Y DEBERES ECONÓMICOS ENTRE LOS ESTADOS ◆ Documento aprobado por la Asamblea General de la Organización de las Naciones Unidas, el 12 de diciembre de 1974. Fue propuesto por el presidente mexicano Luis Echeverría ante la conferencia de la UNCTAD, celebrada en Santiago de Chile en 1972. La ONU recibió la propuesta y nombró una comisión encargada de elaborar el proyecto respectivo. Como las potencias occidentales se opusieran, México, con el respaldo de 91 países, presentó el documento que finalmente se aprobó por 120 votos en favor, seis en contra y 10 abstenciones. En el texto se asienta el "respeto irrestricto del derecho que cada pueblo tiene a adoptar la estructura económica que le convenga e imprimir a la propiedad privada las modalidades que dicte el interés público", la "renuncia al empleo de instrumentos y presiones económicas para reducir la soberanía política de los Estados", la "supeditación del capital extranjero a las leyes del país al que acuda", la "prohibición expresa a las corporaciones transnacionales de intervenir en los asuntos internos de las naciones", la "abolición de las prácticas comerciales que discriminan las exportaciones de los países no industrializados", el establecimiento de "ventajas económicas proporcionales, según los niveles de desarrollo", la concertación de "acuerdos que garanticen la estabilidad y el precio justo de los productos básicos", la "amplia y adecuada transmisión de los avances tecnológicos y científicos, a menos costo y con mayor celeridad a los países atrasados" y otorgar "mayores recursos para el financiamiento del desarrollo, a largo plazo, bajo tipo de interés y sin ataduras". Como es obvio, tales principios no se aplican en el trato entre naciones y, lejos de eso, la condición de los países pobres ha empeorado en los últimos años.

CARTEL ◆ ☛ *Diseño gráfico.*

CARTIER-BRESSON, HENRI ◆ n. en Francia (1908). Fotógrafo. En 1934 y 1964 visitó varias veces México, donde retrató la extrema miseria, las prostitutas y los alcohólicos. Creó la agencia fotográfica Magnum.

CARTUJANOS ◆ Meseta situada en los límites de Nuevo León y Coahuila, entre las sierras Azul y de Lampazos. Pierde anchura conforme avanza hacia el sur hasta desaparecer donde se unen las sierras Iguana y del Carrizal.

CARÚS PANDO, LAUREANO ◆ n. en España y m. en Morelia, Mich. (1902-1975). Fue propietario del hotel Diligencias, en el puerto de Veracruz, de Veladoras Fénix y otras empresas del ramo de la parafina. Presidió el Centro Asturiano y fundó el Nuevo Parque Asturias en el DF.

CARVAJAL, ANTONIO J. ◆ n. y m. en la Cd. de México (1847-1914). Médico. Asistió al Congreso Internacional de Medicina celebrado en Moscú en 1897. La mayor parte de su obra escrita se halla en la *Gaceta Médica de México.*

CARVAJAL, BERNARDINO ◆ n. y m. en Oaxaca, Oax. (1818-1881). Sacerdote dominico. Colgó los hábitos para ser oficial mayor del gobierno de Juárez en Oaxaca (1856). Desempeñó cargos administrativos en el gobierno republicano durante la intervención francesa y el imperio, a los que combatió como periodista.

CARVAJAL, FRANCISCO S. ◆ n. en Campeche, Camp., y m. en el DF (1870-1932). Secretario de Relaciones Exteriores del 10 al 15 de julio de 1914 en el gabinete de Victoriano Huerta, quien le entregó el poder y lo convirtió de esta manera en Presidente de la República el 15 de julio de 1914. El 13 de agosto siguiente, al entrar en la capital las fuerzas revolucionarias, dejó el cargo.

CARVAJAL, JOSÉ MARÍA ◆ n. en Béjar, Texas, y m. en Soto la Marina, Tams. (1810-1874). Combatió en la guerra de Texas de 1836, contra la intervención

---

GABINETES DEL PRESIDENTE FRANCISCO S. CARVAJAL
14 de julio al 13 de agosto de 1914

RELACIONES EXTERIORES:
RAFAEL DÍAZ ITURBIDE.

GOBERNACIÓN:
JOSÉ MARÍA LUJÁN.

JUSTICIA:
EDUARDO PRECIAT CASTILLO

INSTRUCCIÓN PÚBLICA:
RUBÉN VALENTI.
JOSÉ REFUGIO VELASCO.

FOMENTO:
PASTOR ROUAIX.

COMUNICACIONES:
ISAAC BUSTAMANTE.

HACIENDA:
GILBERTO TRUJILLO.

GUERRA Y MARINA:
JOSÉ REFUGIO VELASCO.

estadounidense de 1846-47 y contra la intervención francesa y el imperio de Maximiliano. Fue gobernador republicano de Tamaulipas en 1866.

CARVAJAL, JUAN ◆ n. en Guadalajara, Jal. (1934). Maestro en filosofía por la Universidad Autónoma de Guanajuato (1967), donde impartió clases (1967-69). También ejerció la docencia en la Universidad Autónoma de San Luis Potosí (1972-73). Ha sido asesor de publicaciones, jefe de Publicaciones del Instituto de Investigaciones Sociales e investigador del Instituto de Investigaciones Bibliográficas (1989-) de la UNAM. Ha colaborado en las publicaciones *Revista de la Universidad*, *Revista de Bellas Artes*, *Diagonales*, *Diorama de la Cultura*, *México en la Cultura*, *La Cultura en México* y *Sábado*. Fue miembro del consejo de redacción de la *Revista Mexicana de la Literatura*. Autor de los libros *Arte mexicano antiguo* (1980, Gran Águila de Oro de la Feria Internacional de Niza en 1980 y Medalla de Plata de la Feria de Frankfurt en 1981), *Un poema del mar* (poesía, 1986) y *Occidentalmente* (ensayo, 1989).

CARVAJAL, LUIS DE ◆ n. en España y m. en la Cd. de México (¿1565?-1596). Llamado el *Mozo*. Llegó a Nueva España en 1580. Presunto heredero de la gubernatura del Nuevo Reino de León, por derecho real concedido a su tío Luis de Carvajal y de la Cueva, llamado el *Viejo*. Procesado en dos ocasiones por la Inquisición por judío y judaizante, fue absuelto la primera vez y, después de ser supliciado, se le condenó a la hoguera en la segunda ocasión. La pena cambio por muerte a garrote vil. Escribió una autobiografía cuyo original fue robado del Archivo General de la Nación en los años treinta, después de que Alfonso Toro la transcribiera, lo que permitió publicarla.

CARVAJAL BERNAL, ÁNGEL ◆ n. en San Andrés Tuxtla, Ver., y m. en el DF (1901-1985). Licenciado en derecho por la UNAM. Fue gobernador sustituto de Veracruz (1948-50) y en el gabinete del presidente Adolfo Ruiz Cortines secretario de Gobernación (1952-58).

Ángel Carvajal Bernal

Posteriormente se le designó ministro de la Suprema Corte de Justicia.

CARVAJAL CAVERO, JOSÉ SEGUNDO ◆ n. en Mérida, Yuc., y m. en Campeche, Camp. (1791-1866). Ingeniero militar graduado en España. Regresó a Nueva España en 1815. Se adhirió al Plan de Iguala en 1821. En 1823 la diputación provincial lo designó jefe político de Yucatán. Militante centralista, en 1829 participó en una asonada que lo convirtió en gobernador militar y al año siguiente declaró que Yucatán se separaba de la Federación. En 1831 aceptó el federalismo y la entidad se reincorporó al Pacto Federal. El Congreso local lo declaró en ese mismo año gobernador constitucional. Fue derrocado en noviembre de 1832.

CARVAJAL CAVERO, MANUEL ◆ n. y m. en Mérida, Yuc. (1790-¿1855?). Hermano del anterior. Fue miembro del grupo de los Sanjuanistas, junto con Lorenzo de Zavala y José Matías Quintana. Fue diputado local (1828 y 1849), secretario de Gobierno (1834, 1835 y 1837-40) y varias veces gobernador sustituto durante el régimen de su hermano José Segundo (1829-32).

CARVAJAL Y DE LA CUEVA, LUIS DE ◆ n. en Portugal y m. en la Cd. de México (1537-1590). Llamado el *Viejo*. Llegó a Nueva España en 1567, después de un viaje en el que capturó en Jamaica tres buques de corsarios ingleses, mismos que entregó a Martín Enríquez, quien viajaba a la ciudad de México para tomar posesión del virreinato. Se instaló en Tampico, de donde había sido nombrado alcalde. Capturó a 67 de los piratas de John Hawkins, los que murieron en un auto de fe en 1574 acusados de herejes. Participó en combates contra los indios, ganando el respeto de las autoridades coloniales, quienes le reconocían como el pacificador de la Huasteca. Sus batallas contra los indios insumisos lo llevaron a descubrir lo que después sería el Nuevo Reino de León, de donde fue gobernador a partir de 1580, después de un viaje a España en el cual el rey le concedió ese título y lo autorizó para traer un grupo de parientes y amigos. Fundó Monterrey, Cerralvo y Monclova. En 1589, cuando su poder parecía mayor, fue acusado de judío y judaizante ante la Inquisición, que después de torturarlo lo condenó a seis años de destierro, al que no pudo salir por morir en prisión.

CARVAJAL DÁVILA, ROGELIO ◆ n. en el DF (1955). Poeta. Licenciado y maestro en letras españolas por la UNAM, con estudios en la Universidad de Cambridge (1976). Becario del INBA-Fonapas (1978-79). Fundador de Axel Editora. Ha sido editor (1977-78), director editorial (1979-88) y director general de Editorial Grijalbo (1989-94) y Editorial Océano (1995-). Colaborador de las revistas *Vuelta*, *Plural*, *Nexos* y *La Semana de Bellas Artes*, y de *Sábado*, suplemento del diario *unomásuno*. Está incluido, entre otras, en la *Antología de poesía mexicana del siglo XX*, de Carlos Monsiváis (1980), y en *Asamblea de poetas jóvenes de México* (1980), de Gabriel Zaid. Coautor de *El cuello de la botella* (1976) y *Escarabajos y chimeneas* (1977), y autor de *Para hablar con los muertos* (1978). Premio Punto de Partida en poesía (1977) y mención especial en el Premio Nacional de Poesía Joven Elías Nandino (1980).

CARVAJAL MORENO, GUSTAVO ◆ n. en San Andrés Tuxtla, Ver. (1940). Licenciado en derecho (1958-61) y en administración de empresas por la UNAM (1962-65), donde fue profesor, director del plantel Antonio Caso de la Escuela Nacional Preparatoria (1966-70) y director general de Información y Relaciones (1970-73). Fue coordinador de la campaña del candidato presidencial (1975-76), secretario general (1978) y presidente del comité ejecutivo nacional del PRI (1979-81), partido al que pertenece desde 1958. Ha sido agente del Ministerio Público (1963), subdirector de investigaciones de la Procuraduría General de Justicia del DF (1964), subdirector de Investigaciones y secretario particular del titular de la Procuraduría General de la República (1964-67), subgerente jurídico de Guanos y Fertilizantes de México (1973), secretario particular del presidente electo José López Portillo (1976), subsecretario A de la Secretaría del Trabajo (1978), secretario de la Reforma Agraria (1981-82) y director general de Tabamex (1988-). Autor de *El municipio mexicano* (1963), *Nociones de derecho positivo mexicano* (1968), *Introducción al estudio del derecho constitucional* (1970), *Manual de derecho constitucional* (1981). En 1981 fue condecorado por el gobierno de Panamá.

CARVAJAL SANDOVAL, GUILLERMO ◆ n. en Ciudad Altamirano, Gro. (1926). Doctor en bioquímica por la Escuela Nacional de Ciencias Biológicas del IPN (1966), de la cual es profesor y decano. Fue subdirector general de investigación del Instituto Nacional de Enfermedades Respiratorias (1984-95). Profesor fundador de la División de Estudios de Posgrado de la Facultad de Química de la UNAM. Ha publicado más de setenta trabajos de investigación científica. Fundador (1957) y presidente (1963-65) de la Sociedad Mexicana de Bioquímica, presidente de la Sociedad Mexicana de Microbiología (1971-73) y de la Academia de la Investigación Científica (1977-79). Miembro titular de la Academia Nacional de Medicina desde 1983. Ha recibido los premios Nacional de Química Andrés Manuel del Río (1965), Carnot de la Academia Nacional de Medicina (1965), Miguel Otero de Investigación Biomédica de la SSA (1975), del Fondo para la Investigación Medicafarmacéutica (1967) y el Premio Dr. Galo Soberón y Parra de investigación médica (1985, otorgado por el gobierno de Guerrero).

CARVALLO GARNICA, SERGIO ◆ n. en el DF (1941). Ingeniero agrónomo por Chapingo (1957-63) con doctorado en administración por la Universidad de Purdue (1976-78). Trabajó como especialista en agroindustrias para varias instituciones públicas. Ha sido gerente general de Beneficiadora de Coco (1979-82), director general de Economía Agrícola (1983) y de Integración y Desarrollo (1983-84) de la Secretaría de Agricultura y Recursos Hidráulicos. Director general de Productora Nacional de Semillas (1984-).

CASA DE CONTRATACIÓN DE LAS INDIAS ◆ Organismo administrativo de la Corona española establecido en Sevilla en 1503, a semejanza de la *Casa da India* de Portugal. Originalmente su objeto era monopolizar el flete, almacenamiento y venta de las especias que se esperaba obtener del continente americano. Como no se consiguieran tales productos, se ampliaron sus facultades y así quedó bajo su control todo el comercio con América, los permisos, organización y dotación de flotas así como los trámites migratorios de los viajeros. Veía de los casos mercantiles suscitados en el intercambio con ultramar y de asuntos criminales ocurridos durante las travesías. Fue también, a partir de 1508, escuela de navegación y cartografía que llegó a estar bajo la dirección de Américo Vespucio. Como Sevilla era puerto fluvial se dificultaba el movimiento de las embarcaciones, por lo cual fue trasladada a Cádiz en 1717. Desde el siglo XVII perdió terreno ante el contrabando, estimulado por la propia institución del monopolio real. La corrupción, a la que no parece haber escapado en ningún momento, acabó de restarle eficacia. La autorización, dictada por Carlos III, para el libre comercio de las colonias con la metrópoli y de las colonias españolas entre sí, le quitó sus principales funciones y Carlos IV la suprimió en 1790.

CASA DE ESPAÑA ◆ Centro cultural abierto el 18 de julio de 1937. Por iniciativa de Daniel Cosío Villegas, el gobierno de Lázaro Cárdenas invitó a México a un grupo de intelectuales españoles entre los que se contaban Ramón Menéndez Pidal, Juan Ramón Jiménez, José Moreno Villa y el rector de la Universidad de Madrid, José Gaos. Los primeros, por diversas causas, no pudieron venir. Los segundos, en cambio, encabezaron al grupo de estudiosos a quienes se ofrecía albergue y posibilidades de trabajo mientras se daba término, como se esperaba, a la asonada fascista que había ocasionado la guerra civil. Alfonso Reyes fungió como presidente de la Casa, Cosío Villegas fue el secretario y Eduardo Villaseñor consejero. La institución recibió subsidios de la Secretaría de Educación Pública, la Universidad Nacional, el Fondo de Cultura Económica y el Banco de México. Los transterrados se ganaban la vida como profesores, traductores y conferencistas. Fue la primera institución académica de México donde se implantó el sistema de profesorado de tiempo completo. Al caer la República y venir a México los refugiados por decenas de miles, la Casa organizó la solidaridad con los recién llegados, sobre todo con los médicos.

CASA MATA, PLAN DE ◆ ☞ *Plan de Casa Mata.*

CASA DEL OBRERO MUNDIAL ◆ Creada como "Centro de divulgación doctrinaria de ideas avanzadas", su función principal fue de promotora de la organización sindical y de la intervención de los trabajadores en la vida pública. Se fundó en la capital por militantes del grupo anarquista Luz y representantes de varios gremios obreros, quienes a propuesta del colombiano Juan Francisco Moncaleano habían acordado crear la Escuela Racionalista, a semejanza de la Escuela Moderna de

Barcelona de Francisco Ferrer Guardia. Para iniciar los cursos contaban con un local, en Matamoros 105, amueblado por el carpintero Pioquinto Roldán. Sin embargo, la intervención de Moncaleano en un mitin, en el que criticó al procurador del DF, Carlos Trejo y Lerdo de Tejada, ocasionó su deportación y que fueran aprehendidos ocho activistas. Liberados éstos, el 17 de septiembre de 1912 se efectuó una reunión a la que asistieron representantes del citado grupo anarquista, la Unión de Canteros Mexicanos, el Sindicato de Conductores de Carruajes, la Gran Liga de Sastres y algunos trabajadores de la empresa textil La Linera. Ahí se resolvió emplear el local de Matamoros en tareas de beneficio obrero y la primera actividad pública, "un mitin de orientación libertaria", se celebró el domingo 22 de septiembre de 1912. Nacida como "Biblioteca, Escuela y Casa del Obrero", conocida sencillamente como "Casa del Obrero", en ella confluyeron no sólo los anarquistas que fueron sus principales promotores, sino también militantes del Partido Socialista de México (marxista) y del Partido Socialista Obrero, masones, intelectuales de filiación liberal-revolucionaria, utopistas y todo interesado en la superación de los trabajadores. La Casa fue local para conferencias y debates, así como centro de educación obrera y de organización sindical. Contaba con el semanario *Lucha* y en ella circulaba ampliamente la literatura anarquista y, en menor medida, la de autores marxistas. El 7 de febrero de 1913 cambió la sede a la calle Estanco de Hombres (ahora Paraguay) 44. En este año adopta el lema "Salud y revolución social". En abril se decidió realizar un acto público para conmemorar el primero de mayo, llamar a la institución Casa del Obrero Mundial, para recalcar su internacionalismo, así como adoptar la bandera rojinegra como emblema. El primero de mayo 25 mil personas desfilaron del Zócalo al Hemiciclo a Juárez y por la noche se efectuó un mitin en el teatro Xicoténcatl. El desfile contó con el concurso de los gremios,

los partidos mencionados y las bandas de Policía y de Artillería, lo que evidencia la aprobación de las autoridades para la marcha, pese a que el periódico maderista *Nueva Era* había pedido que se pusiera coto a la agitación que irradiaba la Casa. Al término de un mitin en el Hemiciclo la columna se dirigió a la Cámara de Diputados, donde se entregó un pliego de demandas a los legisladores Gerzayn Ugarte y Serapio Rendón. Éste era simpatizante de la Casa y llegó a ser su conferenciante. Posteriormente los marchistas fueron al jardín de Santa Catarina, donde se rindió homenaje al ferrocarrilero Jesús García, el héroe de Nacozari. Al producirse el golpe de Victoriano Huerta, la Casa convocó a un acto público en el Teatro Lírico, el 25 de mayo, pero el local fue cerrado por la policía y los asistentes decidieron celebrarlo en el Hemiciclo. Soto y Gama, Pioquinto Roldán y los diputados Hilario Carrillo y Serapio Rendón fueron oradores. Todos condenaron el golpe militar y Rendón llamó a seguir el camino revolucionario. Al finalizar el acto se cantó *La Marsellesa* y *La Internacional*. El gobierno de Huerta ordenó aprehender a un grupo de miembros de la Casa y ordenó la deportación de cinco de ellos que eran extranjeros, entre los cuales estaba el poeta José Santos Chocano. El primero de marzo de 1914 la sede se instaló en Leandro Valle número 5. El día 27 de ese mes la policía clausuró el local y aprehendió a varios militantes, a quienes envió a la cárcel de Belén. Rendón sería asesinado el 22 de agosto en la cárcel de Tlalnepantla. En julio pasan por México los anarquistas argentinos Rodolfo González Pacheco y Fito M. Foppa, quienes llevan una carta de la Casa del Obrero Mundial al Congreso Anarquista de Londres en la que se informa de la represión huertista y se señala que "la conmoción mexicana es una revolución que tiene mucho de económica, pero no es la revolución social que estamos esperando". La reapertura de la Casa y la liberación de sus miembros se produjo a la caída del dictador. El 21 de agosto

se realizó un acto con el cual se reiniciaron actividades. A mediados de septiembre, el administrador y el tesorero de la Casa, Jacinto Huitrón y Luis Méndez, en calidad de delegados se entrevistan con Zapata "buscando la unidad de los trabajadores de la ciudad con los del campo". El primero de enero de 1915 se publica *Idea y Acción*, órgano doctrinario del Grupo Cultural Casa del Obrero, con Rafael Quintero como director y Huitrón como responsable. En febrero de 1915, el gobierno constitucionalista incauta la Compañía Telefónica y Telegráfica, para evitar que continúe la huelga del Sindicato Mexicano de Electricistas, con el cual rechazó negociar la empresa. Las autoridades entregaron al sindicato la administración de la empresa y como gerente quedó Luis N. Morones. En el mismo mes, el gobierno entrega 15 mil pesos para ser repartidos entre los obreros por la Casa. El mismo día del reparto se había convocado a una asamblea destinada a definir la posición frente a las diversas facciones revolucionarias. En la reunión los internacionalistas aclaran que la función del proletariado no reconoce fronteras ni causas patrióticas. Otros señalan que la Casa debe mantenerse ajena a la pugna de facciones y los carrancistas, ante la falta de apoyo para su causa, optan por suspender la asamblea. Después citan, para el 10 de febrero, a una reunión secreta de 67 miembros de la Casa que consideran afines. Pese a todo se produce un reñido debate. Los que defienden la independencia del proletariado frente a los carrancistas señalan que adherirse a éstos "equivale a ser instrumento de una nueva casta, y llevarla al triunfo no serviría más que para aumentar el predominio y la fortuna de nuevos ricos", se reitera el espíritu internacionalista que anima a la Casa y se exhorta a mantener la neutralidad. Sin embargo, la mayoría carrancista hace votar la resolución que incorpora a los trabajadores urbanos al constitucionalismo. Se acuerda también cerrar la Casa, "suspender los trabajos de organización societaria" y convocar a un mitin destinado a ganar adeptos para el carrancismo. Debidamente preparado, el mitin se celebra en el Teatro Ideal el 11 de febrero, pero aun ahí surgen defensores de la independencia obrera. Un grupo de estudiantes y obreros abuchea a los oradores y logra que se conceda la tribuna a Aurelio Manrique, quien dice: "Obreros: ¿a qué vais a la revolución? ¿A que os mutilen, a que os asesinen, a dejar vuestras vidas en el montón de cadáveres ignorados? ¿Para qué? ¿Para regresar mancos, cojos, ciegos o paralíticos, inútiles para servir a vuestras familias y a vuestra patria? No, trabajadores. debéis negaros rotundamente a ser carne de cañón en la horrible matanza, ya que no es otra cosa la revolución que el matadero de seres humanos." Los carrancistas abuchean y tratan de linchar al orador, quien tiene que salir protegido del teatro. El día 13 salen a Veracruz los dirigentes carrancistas de la Casa a entrevistarse con el primer jefe del constitucionalismo, quien censura duramente la ideología anarquista y rechaza la incorporación de los obreros a su bando. Al día siguiente se organiza la integración de las mujeres al carrancismo con la formación del cuerpo de enfermería llamado Grupo Sanitario Ácrata. Carranza es convencido por sus colaboradores de lo importante que resulta contar entre sus subordinados a los obreros y el 17 se firma el Pacto entre el Constitucionalismo y la Casa del Obrero Mundial, que se obligaba así a aportar contingentes, que fueron llamados *batallones rojos*, para la lucha contra los ejércitos campesinos de Villa y Zapata. La única organización obrera que mantuvo su independencia fue el Sindicato Mexicano de Electricistas. En 1916 es admitido en el Comité Revolucionario de la Casa un periodista de la revista *Survey*, John Murray, agente de Samuel Gompers, líder gangsteril de la estadounidense *American Federation of Labor*. La misión de Murray, cumplida exitosamente, será ganar la adhesión de los dirigentes obreros menos firmes, lo que lograría con Luis Napoleón Morones, Samuel O. Yúdico y otros perso-

najes que al constituirse la CROM, en 1917, fungirán como sus líderes. Estando los *batallones rojos* en Orizaba, sus dirigentes se dividen y quedan desplazados Jacinto Huitrón y Rosendo Salazar, entre otros. Durante ese periodo, mientras los obreros formaban en la tropa carrancista, sus dirigentes recorrían diversas zonas del país en busca de reclutas. Al amparo de las armas constitucionalistas resultó relativamente fácil abrir nuevas sedes de la Casa del Obrero Mundial, y así se fundaron las de Tampico, Hermosillo, Mérida, Guadalajara, Orizaba, Colima, Oaxaca, Pachuca, Morelia, Monterrey, Querétaro y San Luis Potosí. En septiembre de 1915 la Casa de la capital reabre sus puertas en Motolinía 9 y elige un nuevo comité que encabeza Samuel O. Yúdico como secretario general. En octubre se funda la Escuela Racionalista y se crea el Ateneo Obrero. Poco después Carranza les permite mudarse a la Casa de los Azulejos. En medio de una oleada de huelgas, en enero de 1916 los sindicatos afiliados a la Casa se integran en la Federación de Sindicatos Obreros del Distrito Federal. Poco después Carranza ordena disolver los *batallones rojos*. Por esos días, debido a la creciente miseria de los trabajadores, se desata una oleada de huelgas. El día 19 el general Pablo González publica un manifiesto con acusaciones y amenazas contra los trabajadores huelguistas y la Casa del Obrero Mundial. Al terminar enero, quinientos elementos de tropa al mando del mismo militar desalojan a los obreros de la Casa de los Azulejos. El primero de febrero Carranza gira órdenes de aprehender a los delegados de la Casa capitalina enviados a provincia para informar de la agresión de que fueron objeto. En marzo, a iniciativa de la Federación de Sindicatos Obreros del DF, se realiza en el puerto de Veracruz el Primer Congreso Obrero Nacional, al que asisten representantes de 73 organizaciones laborales, las que acuerdan constituir ahí mismo la Confederación del Trabajo de la Región Mexicana, la cual resulta encabezada por Herón Proal. El primero de

mayo de 1916 la manifestación obrera es ametrallada desde un auto tripulado por soldados. En julio, la Federación de Sindicatos del DF acuerda ir a la huelga general con la demanda de que los salarios sean pagados en oro o su equivalente, pues la moneda carrancista se recibía a sólo dos centavos por peso. Se integran tres comités de huelga, con el fin de que si uno es reprimido, como suponen los trabajadores, otro lo sustituya. El estallamiento de la huelga se produce el 31 de julio a las cuatro de la mañana. El mismo día Carranza recibe con insultos a los dirigentes de la huelga, los hace aprehender y ordena someterlos a un consejo de guerra, bajo la acusación de traidores a la patria, para lo cual desempolva la ley del 25 de enero de 1862, cuando el país se hallaba invadido por los franceses. Al resultar aprehendido el líder electricista Luis Velasco, del segundo comité de huelga, mediante presiones acepta dar la contraseña para que se restablezca el suministro de energía eléctrica, a las tres de la mañana del dos de agosto, con lo cual se rompe la huelga. Hubo necesidad de un segundo consejo de guerra, pues el primero declaró absueltos a los acusados cuando el fiscal militar, coronel Antonio Villalobos, en la instrucción presentada declaró improcedente la aplicación de la ley del 25 de enero de 1862. Los detenidos eran Ernesto Velasco, Luis Harris, Federico Rocha, Ausencio S. Venegas, César Pandelo, Alfredo Pérez Medina, Esther Torres, Ángela Inclán, Reinaldo Cervantes Torres, Leonardo Hernández, Casimiro del Valle y Timoteo García. Villalobos fue dado de baja del ejército y encarcelado. El fallo del segundo consejo, emitido el 27 de agosto de 1916, fue absolutorio para once de los procesados, pero no para Velasco, a quien se declaró "reo de la pena de muerte". La sentencia le fue conmutada, en abril de 1917, por 20 años de cárcel, pero la protesta obrera y la intervención de Álvaro Obregón obligaron a liberarlo el 18 de febrero de 1918. Ese día una manifestación obrera desfiló, con él a la cabeza, desde Lecumberri hasta el

Zócalo. No hubo mitin en la Casa del Obrero Mundial, pues el segundo comité de huelga, a sugerencia de Álvaro Obregón, había decidido cerrarla el dos de agosto de 1916. En la misma sesión desapareció la Federación de Sindicatos Obreros del DF, con la confianza de sus dirigentes depositada en Obregón, el futuro Presidente de la República.

CASADOS, GALDINO H. ◆ n. en Tuxpan y m. en Veracruz, Ver. (1879-1934). Tomó parte en la insurrección maderista en 1911. Se alzó en armas contra el gobierno golpista de Victoriano Huerta (1914). Combatió a los ejércitos de la Convención (1915). Diputado constituyente por Cosamaloapan (1916-17). En 1920 fue ascendido a coronel.

CASADOS JUÁREZ, MANUEL ◆ n. y m. en Tantima, Ver. (1821-1864). Participó en el bando liberal durante las guerras de Reforma, en las que obtuvo el grado de coronel. Organizó una guerrilla para combatir a los franceses. Murió asesinado por éstos.

CASALS, ASUNCIÓN ◆ n. y m. en España (1900-1975). Actriz. Se asiló en México al término de la guerra civil española. Trabajó en el cine mexicano: *Regalo de Reyes* (1942), *Dulce madre mía* (1942), *El médico de las locas* (1943), *Rosa de las nieves* (1944), *El niño de las monjas* (1944), *Porfirio Díaz* (1944), *La morena de mi copla* (1945), etc. Volvió a España hacia 1950.

CASANOVA, DELIA ◆ n. en Poza Rica, Ver. (1948). Actriz. Su nombre es Delia Margarita Casanova Mendiola. Estudió en la Escuela de Arte Teatral del INBA (1968-70). Ha participado, entre otras, en las obras de teatro *Sueño de una noche de verano* (1969), *La casa de Bernarda Alba* (1970), *Antígona* (1970), *La danza del urogallo múltiple* (1971), *Apostasía* (1972), *Premática de los excesos* (1973), *Gas en los poros* (1974), *Los señores Macbeth* (1975), *Esperando al zurdo* (1976), *Los hijos de Sánchez* (1976), *Radio city* (1977), *Broadway* (1977), *Los signos del zodiaco* (1978), *Y sin embargo se mueven* (1980), *La dama boba* (1982), *Mariana Pineda* (1982), *La verdad sospechosa* (1984), *Loa a los doce vanidosos* (1984),

Sra. Klein (1990), *Secretos de familia* (1991) y *Juicio suspendido* (1993); y en las películas *El apando* (1975), *Cuartelazo* (1976), *El viaje* (1976), *El esperado amor desesperado* (1976), *Llovizna* (1978), *El infierno de todos tan temido* (1979), *Anacrusa* (1979), *Viva Tepito* (1980), *Gemelos alborotados* (1981), *Alsino y el cóndor* (1982), *El día que murió Pedro Infante* (1983), *Caminando sobre la luna* (1985), *Los motivos de Luz* (1985), *Esperanza* (1987), *Mentiras piadosas* (1988), *El reajuste* (1988) y *El bulto* (1988). También ha actuado en teleteatros y telenovelas. Premio María Tereza Montoya de la Asociación Mexicana de Críticos de Teatro por la obra *Dulces compañías* (1988).

CASANOVA, RODOLFO CHANGO ◆ n. en la Cd. de México (1920). Boxeador. Fue campeón nacional de peso pluma. Derrotó a dos campeones mundiales de esa división sin que estuviera en juego el título. Cuando lo disputó perdió la pelea.

CASANOVA CASAO, PEDRO ◆ n. en Cárdenas, Tab., y m. en Veracruz, Ver. (1890-1975). Antirreeleccionista desde 1906. Miembro del Partido Liberal Tabasqueño durante el gobierno de Madero. Secretario particular del general constitucionalista Carlos Greene Ramírez desde 1913 hasta 1919. Diputado local en 1919, cuando se aprobó la Constitución del estado. Gobernador interino de Tabasco (de febrero a mayo y de julio a diciembre de 1922). Desaforado en 1923, se instaló por el resto de su vida en Veracruz, donde Heriberto Jara lo nombró juez y Adalberto Tejeda lo designó ministro del Tribunal Superior de Justicia del estado.

CASAR, EDUARDO ◆ n. en el DF (1952). Escritor. Estudió letras hispánicas en la UNAM, donde es profesor de literatura. Fue becario del Instituto Nacional de Bellas Artes y subdirector de Relaciones Internacionales de esta dependencia. Autor de *Noción de travesía* (1980) y *Palabras de exilio: una contribución a la historia de los refugiados españoles en México* (1980). Premio Nacional de Ensayo Literario (1976).

CASAR PÉREZ, JOSÉ IGNACIO ◆ n. en

el DF (1954). Cursó estudios de Economía en la Facultad de Economía de la Universidad Nacional Autónoma de México y en la Universidad de Glasgow, en esta última obtuvo el grado de *Master of Arts*. Fue catedrático investigador (1979-86) en el Departamento de Economía y subdirector del Departamento de Economía Mexicana del CIDE. Investigador (1986-93) en el Instituto Latinoamericano de Estudios Transnacionales del que fue director(1988-1993). Ha pertenecido al consejo editorial de revistas especializadas como *El Trimestre Económico* y *Economía Mexicana*, entre otras. Ha sido consultor de la CEPAL y del Banco Mundial (1986-1993). Coordinador General de Planeación y Evaluación de la Jefatura del DDF (1995-97). Coordinador de asesores del secretario de Turismo (997-). Es miembro de número de la Academia Mexica-na de Economía Política.

Delia Casanova

CÁSARES, AGUSTÍN ◆ n. en Jumiltepec, municipio de Ocuituco, Mor., y m. en Tepecopulco, Edo. de Méx. (?-1918). Zapatista. Participó en la insurrección de 1910. En mayo de 1911 asistió a la toma de Cuautla. Firmante del plan de Ayala. Operó en las faldas del Popocatépetl. Murió en combate.

CÁSARES NICOLÍN, DAVID ◆ n. y m. en el DF (1917-1971). Abogado. Se tituló en la Escuela Libre de Derecho, de la que fue rector. Figuró como miembro de la Junta de Gobierno del Instituto Tecnológico Autónomo de México y abogado de importantes empresas mexicanas.

CÁSARES ROSAS, ADOLFO ◆ n. en Puebla, Pue. (1941). Licenciado en administración de empresas por la Georgetown University, EUA (1960) y por el Instituto Tecnológico Autónomo de México (1962). Ingresó al PRI en 1965. Ha sido presidente de la Unión Social de Empresarios Mexicanos (1972-75), vicepresidente de la Cruz Roja Mexicana 1974-75), presidente del

Eduardo Casar

Fernando Casas Alemán

Bartolomé de las Casas

consejo de administración de la empresa Plaza Dorada (1980), vicepresidente del consejo consultivo de Bancrecer (1981) y secretario de Economía del gobierno de Puebla (1987).

CASARÍN, ALEJANDRO ◆ n. en la Cd. de México y m. en EUA (1840-1907). Combatió la intervención, fue aprehendido por los invasores y deportado a Francia. Escritor, músico y artista plástico. Realizó las esculturas conocidas como los *Indios Verdes*.

CASARÍN, HORACIO ◆ n. en la Cd. de México (1919). Futbolista. Se inició profesionalmente en 1936, con el club Necaxa. Jugó con varios equipos mexicanos y con el Barcelona, de España. Anotó 256 goles en campeonatos nacionales de liga, lo que constituye una marca sólo superada por Carlos Hermosillo. Fue 36 veces seleccionado. Se retiró como jugador en 1957. Ha ocupado cargos directivos en el medio futbolístico, y fue director técnico de la selección nacional juvenil que obtuvo el segundo lugar en el mundial de Túnez (1977) y del equipo profesional Atlante (1982).

CASARÍN, JOAQUÍN V. ◆ n. en Puebla, Pue., y m. en el DF (1874-1949). Militar de carrera. Estudió en el Colegio Militar. En 1912 pertenecía al Estado Mayor del presidente Madero. Al producirse el cuartelazo de Victoriano Huerta se incorporó al constitucionalismo. Partidario de la Convención en 1915 y carrancista en 1916. Fue comandante militar e inspector general de policía en la capital del país, jefe de caballería y presidente del Consejo de Guerra. General de brigada desde 1928.

CASAS ◆ Municipio de Tamaulipas contiguo a Ciudad Victoria. Superficie: 4,085.2 km². Habitantes: 4,959, de los cuales 1,311 forman la población económicamente activa. Hablan alguna lengua indígena cinco personas mayores de cinco años.

CASAS, BARTOLOMÉ DE LAS ◆ n. y m. en España (1474-1566). Fraile dominico. En 1502 llegó a América y se estableció en la isla La Española. Estuvo en Nueva España por primera vez en 1531. En 1544 fue designado obispo de Chiapas. Tomó posesión en 1545 y al año siguiente salió nuevamente a España, donde en 1550 renunció al obispado. Echó mano de sus influencias en la corte madrileña y a él se deben las llamadas Nuevas Leyes de 1542, de efímera vigencia, que ofrecían una relativa protección a los indios. Defendió a éstos de los abusos de los encomenderos y aun llegó a proponer la introducción de esclavos negros para ocuparlos en los trabajos más fatigosos. Debatió en España sobre la naturaleza de los indios y combatió a los que aseguraban que no tenían alma ni pleno uso de razón. Por su defensa de los naturales de América ha sido llamado *Padre de los indios*. En su extensa obra censuró la crueldad y los abusos de los conquistadores y encomenderos, por lo cual sus críticos le atribuyen la *leyenda negra de España*. Escribió relaciones destinadas a la Corona española que se conocen como *Tratados*, el primero de los cuales es más conocido como *Brevíssima relación de la destrucción de las Indias*, editado originalmente en 1552. También es autor de una *Historia de las Indias 1492-1520* (1875).

CASAS, GONZALO DE LAS ◆ n. y m. en España (?-?). Vivió en Nueva España algunos años, donde fue encomendero y alcalde ordinario de la ciudad de México. Escribió *Noticias de los chichimecas*, publicado en México, en 1903, como *Guerra de los chichimecas*. También es autor de un *Arte para criar seda en la Nueva España* (1581) y una inédita *Defensa de la conquista*.

CASAS, IGNACIO MARIANO ◆ n. y m. en Querétaro, Qro. (1719-1773). Arquitecto. Proyectó el templo de Santa Rosa y el de San Agustín junto con el convento del mismo nombre, que durante décadas fue sede de la Dirección de Correos. Se le atribuye la Casa de los Perros, todo en la ciudad de Querétaro.

CASAS, JUAN BAUTISTA ◆ n. ¿en Béjar, Texas? y m. en Monclova, Coah. (?-1811). Se incorporó a la insurgencia en 1811. Nombrado gobernador de Texas por Mariano Jiménez, fue fusilado.

CASAS, MANUEL ◆ n. en Cusihuiráchic y m. en San Miguel Bavícora, Chih. (?-1917). Participó en la insurrección de 1910 bajo las órdenes de Villa. Fue miembro de la escolta de *dorados*. Murió en combate contra los carrancistas.

CASAS ALATRISTE, ROBERTO ◆ n. en Teziutlán, Pue., y m. en el DF (1892-1967). Contador. Diputado en dos ocasiones. Profesor de varias materias y director de la Escuela Nacional de Comercio y Administración (1933-34). Socio fundador y presidente (1933-34 y 1947-48) de la Asociación de Contadores Públicos de México. Miembro de la Junta de Gobierno de la UNAM (1952-62). Fundador y director de publicaciones periódicas: *Finanzas y Contabilidad* y *Revista de Divulgación Financiera y Contable* (1934-54). La Facultad de Comercio y Administración de la UNAM lo designó profesor emérito y la tercera Conferencia Interamericana de Contabilidad le dio el título de contador emérito americano.

CASAS ALEMÁN, FERNANDO ◆ n. en Córdoba, Ver., y m. en el DF (1905-1968). Licenciado en derecho por la Universidad Nacional. Fue secretario de Gobierno en Veracruz durante el mandato de Miguel Alemán y gobernador sustituto (1939-40). Subsecretario de Gobernación (1940-45) y coordinador de la campaña presidencial del mismo

Alemán (1945-46). Senador por Veracruz (1946), renunció a su escaño para ocupar la jefatura del Departamento del Distrito Federal (1946-52). Fue embajador de México en varios países de Europa y Asia.

CASAS CAMPILLO, CARLOS ◆ n. en Córdoba, Ver. y m. en el DF (1916-1994). Fundador de la microbiología en México. Estudió ciencias biológicas en el IPN y posgrado en la UNAM y en la Universidad de Rurgers en EUA. Su formación, bajo la dirección de los doctores Selman Waskman y Robert Starkey, descendía directamente de la de Louis Pasteur. Fue docente y director de la Escuela Nacional de Ciencias Biológicas del IPN. Creó el laboratorio de microbiología de la empresa Syntex y el Departamento de Biotecnología y Bioingeniería del Cinvestav. Miembro del Colegio Nacional. Premio Nacional de Ciencias.

CASAS GRANDES ◆ Municipio de Chihuahua situado en el noroeste de la entidad, en los límites con Sonora. Superficie: 3,719.3 km². Habitantes: 10,394, de los cuales 3,019 forman la población económicamente activa. Hablan alguna lengua indígena nueve personas mayores de cinco años (tarahumara 4). En su jurisdicción se halla la zona arqueológica de Casas Grandes o Paquimé, descubierta por Cabeza de Vaca en la primera mitad del siglo XVI, cuando estaba habitada por indios querechos que ignoraban todo lo referente a los constructores de ese conjunto urbano. Consta de casas comunales de varios pisos, explanadas, acueductos, pirámides y otras edificaciones que se extienden sobre una superficie de dos kilómetros. Su erección se atribuye a algún grupo de la cultura del Salado. La erección municipal data de 1661. Origi-nalmente fue misión y se llamó San Antonio de Casas Grandes. La principal fiesta es el 13 de junio, día de San Antonio. Abundan especies para la caza, como el venado bura o cola blanca, puma, lobo, coyote, zorra y especies menores.

CASAS GRANDES ◆ Río del noroeste de Chihuahua. Lo forman varios escurrimientos de la vertiente este de la sierra Madre Occidental. Corre hacia el norte y cerca de la frontera con Estados Unidos tuerce el curso hacia el este y luego, al sur de Palomas, hacia el sur hasta desembocar en la laguna de Guzmán. Se le conoce también como río Corralitos.

CASAS GUZMÁN, FRANCISCO JAVIER ◆ n. en el DF (1945). Licenciado en administración de empresas por la Universidad La Salle (1964-68). Realizó estudios en el Instituto Panamericano de Alta Dirección de Empresas (1970-71) y en el Instituto de Desarrollo Económico del Banco Mundial, EUA (1976). Profesor de la Universidad La Salle (1970-76). Ha sido subgerente general de la empresa privada Financiera Anáhuac (1973-75), subdirector de Inversiones Industriales (1977-78) y director general de operación de minas y energía de la Secretaría de Patrimonio (1978-82), gerente de abastecimientos de la Comisión Federal de Electricidad (1982-88), oficial mayor de la Secretaría de la Contraloría General de la Federación (1988) y subsecretario de Operación Energética de la SEMIP (1996-). Es miembro de la Academia Mexicana de Derecho Internacional y de la Sociedad Mexicana de Licenciados en Administración.

CASAS MEDINA, PEDRO ◆ n. en Coatepec de las Bateas, Edo. de Méx., y m. en Cuernavaca, Mor. (?-1921). Se incorporó a la revolución en 1912. Operó bajo las órdenes del general zapatista Genovevo de la O. Combatió a maderistas, huertistas y carrancistas. Se adhirió al Plan de Agua Prieta (1920). Al morir, asesinado por Francisco Mariaca, era general de brigada.

CASAS DEL REAL, MANUEL ◆ n. en Zacatecas, Zac. (1950). Licenciado en derecho por la UNAM (1972). Ingresó al PRI en 1970. Ha sido apoderado jurídico del Sindicato Trabajadores del Seguro Social (1970-78), jefe del departamento de Normas (1978) y asesor del Instituto de Seguridad y Servicios Sociales de los Trabajadores del Estado (1980), gerente de operaciones de Conasupo (1984), director de ISSSTE en Zacatecas (1986) y oficial mayor del gobierno zacatecano (1986-).

CASASOLA, AGUSTÍN VÍCTOR ◆ n. y m. en la Cd. de México (1874-1932). Fue reportero de los periódicos capitalinos *El Imparcial, El Globo, El Universal* y *El Tiempo.* Fundador de la Asociación Mexicana de Periodistas (1903) y de la Asociación de Fotógrafos de Prensa (1911), de la cual fue presidente. A fines de 1912, asociado con Ignacio Herrerías, fundó la Agencia Mexicana de Información Gráfica. Trabajó como fotógrafo para los diarios *El Independiente* y *El Demócrata.* Reunió un archivo fotográfico que fue enriquecido por sus hijos, quienes lo vendieron al Estado y ahora forma

Agustín Víctor Casasola

parte del Archivo Histórico Fotográfico, del Instituto Nacional de Antropología e Historia, con sede en Pachuca. En 1921 publicó su *Álbum histórico gráfico,* con imágenes del porfiriato y la revolución, mismo que se convirtió en la *Historia gráfica de la Revolución Mexicana.*

CASASOLA LÓPEZ, AGUSTÍN EL NEGRO ◆ n. y m. en el DF (1930-1995). Fotógrafo. Nieto del anterior. En 1946 comenzó a trabajar como fotorreportero y luego como jefe de fotografía de *Novedades.* En 1973 se integró al equipo de fotógrafos del presidente Luis Echeverría. Fue jefe de fotógrafos de la Presidencia durante los periodos del anterior, de José López Portillo y de Miguel de la Madrid. Organizó el Archivo Casasola de fotografía.

CASASÚS, JOAQUÍN D. ◆ ? n. en Frontera, Tab., y m. en EUA (1874-1932). Abogado y empresario. Logró que se reconociera la soberanía mexicana sobre el Chamizal. Embajador de México en Washington (1905-1907). Perteneció a asociaciones culturales que contribuyó a sostener de su peculio. Tradujo a Longfellow y a varios autores latinos. Escribió poesía y narrativa, así como obras de economía.

CASAVANTES, JESÚS JOSÉ ◆ n. en Cd. Guerrero y m. en Chihuahua, Chih. (1809-1883). Ejerció un prolongado cacicazgo en la región donde nació. Se opuso a los conservadores, a la intervención francesa y al imperio. Juárez lo designó gobernador de Chihuahua en 1864, puesto que ocupó brevemente.

CASCIARO, PEDRO ◆ n. en España y m. en el DF (1916-1995). Hijo de un catedrático universitario que fue presidente provisional del Frente Popular durante la guerra civil española. Estudió arquitectura y matemáticas en la Universidad Central de Madrid. Doctor en derecho canónico. Fue ordenado sacerdote en 1946 y nombrado monseñor por Juan Pablo II en los años 80. En 1935, aún estudiante, conoció a Josemaría Escrivá de Balaguer, fundador del *Opus Dei*, organización a la que se incorporó ese mismo año. Enviado por Escrivá, vino a México a fundar el Opus Dei (1949-1958). En 1966 se estableció definitivamente en el país, donde impulsó el desarrollo de la Escuela Femenina de Montefalco y el Centro Agropecuario Experimental El Peñón en Morelos, el Centro Cultural Obrero en Sinaloa, el Instituto de Mandos Intermedios en Monterrey, el Instituto Panamericano de Alta Administración de Empresas en Monterrey y la Universidad Panamericana. Publicó el libro de memorias *Soñad y os quedaréis cortos*.

Joaquín D. Casasús

Roberto Casillas Hernández

CASELLAS LEAL, ROBERTO ◆ n. en Mérida, Yuc. (1922). Licenciado en derecho por la UNAM (1940-45) con posgrado en el Institut d'Hautes Ètudes Internationales de la Universidad de París (1950-51). Profesor de la Escuela de Verano de la UNAM (1962-63). Ejerció la abogacía en 1953-57 y 1958-59. Fue

director general de Relaciones Públicas del Comité Organizador de la XIX Olimpiada (1966-68) y delegado de México a la Conferencia Unidroit (EUA, 1972). En la SRE ha sido jefe de los departamentos de Posguerra (1947) y de Tratados y Condecoraciones (1949-50); secretario particular del subsecretario (1960-63) y subdirector de Prensa (1963-66); ministro en las representaciones mexicanas en la RFA (1972-73) y Estados Unidos (1973-75); y embajador en Nicaragua (1976-77), Israel (1977-79), Checoslovaquia (1979-81), los Países Bajos (1981-86) y Turquía (1986-). Autor de *Escrito para leerse* (1965), *Cuentos de todas partes* (1972), *Valija diplomática* (1981), *El héroe* (1982) y *Harina de otro costal* (cuento, 1991).

CASIANO BELLO, ELIUD ÁNGEL ◆ n. en Orizaba, Ver. (1932). Estudió en el Colegio Militar. Es licenciado en administración militar por la Escuela Superior de Guerra. Miembro del PRI. Ha sido jefe de la Sección Primera y Detall del Estado Mayor Presidencial, director de Limpia y Transportes del DDF, subjefe del Estado Mayor de la Dirección de Policía y Tránsito del DF, director de Terrenos Nacionales de la Secretaría de la Reforma Agraria, vocal ejecutivo del Padrón Nacional Agrario, coordinador de logística y seguridad en las campañas electorales por la presidencia de Gustavo Díaz Ordaz, Luis Echeverría y José López Portillo y coordinador de seguridad en la de Miguel de la Madrid. Coordinador de actividades de jefes de Estado en visita a México. Subjefe administrativo del Estado Mayor Presidencial (1984-). Autor de *Transmisión de poderes del Ejecutivo Federal*. Es general brigadier diplomado del Estado Mayor (1984).

CASILLAS, JAIME ◆ n. en San Miguel el Alto, Jal. (1936). Cineasta. Su segundo apellido es Rábago. Hizo estudios de letras españolas en la UNAM. Fue crítico de teatro de *El Nacional* y subdirector de Información de la agencia Amex. Autor de la obra teatral *Opus uno* (Premio Nacional del INBA, 1958) y del argu-

mento del filme *El jardín de la tía Isabel* (1971). Ha dirigido las películas *Chicano* (1975), *Pasajeros en tránsito* (1976), *Memoriales perdidos* (1985), *Tierra de rencores* (1986) y *La leyenda del manco* (1987), entre otras. En 1985 ganó dos premios Ariel por mejor argumento y mejor guión de ideas en *Memoriales perdidos*.

CASILLAS, RAMÓN ◆ n. en Hermosillo y m. en Ures, Son. (1837-72). Combatió la intervención francesa y el imperio. Murió a consecuencia de heridas que recibió en combate.

CASILLAS, TOMÁS DE ◆ n. en España y m. en Cd. Real, hoy San Cristóbal de Las Casas, Chis. (1507-1567). Sacerdote dominico. Llegó a Nueva España en 1545. Al año siguiente fundó el convento de su orden en Ciudad Real. En 1550 fue designado obispo de Chiapas.

CASILLAS HERNÁNDEZ, ROBERTO ◆ n. en Aguascalientes, Ags. (1930). Doctor en derecho. Desde 1958 es miembro del PRI, en el que ha sido secretario auxiliar del comité ejecutivo nacional (1964-65). Fue presidente de la Junta Federal de Mejoras Materiales de Chetumal (1959-60), subdirector de Control Externo de Juntas de Mejoras Materiales de la Secretaría del Patrimonio Nacional (1961-64), gerente general de Almacenes Nacionales de Depósito (1977-78) y secretario particular del presidente José López Portillo (1976-82). Senador por Aguascalientes (1982-88). Autor de *La decisión presidencial*, *Crisis en nuestra estructura política* (1969), *La Constitución en sus diversas épocas 1814-1970* (1973), *Fuerzas de presión en la estructura política del Estado* (1975), *El poder político* (1978) y *Gustavo Díaz Ordaz: ideario* (1983). Es miembro de la Barra Mexicana-Colegio de Abogados y de otras corporaciones profesionales y académicas.

CASILLAS ONTIVEROS, OFELIA ◆ n. en Toluca, Edo. de Méx. (1938). Profesora normalista titulada en el Instituto Nacional de Capacitación del Magisterio y licenciada en psicología por la Universidad Iberoamericana. Pertenece al PRI desde 1960, en el que fue secretaria general de la Asociación Nacional Femenil Revolucionaria (1977-79) y subsecretaria de acción electoral del comité ejecutivo nacional (1982). Ha sido directora femenil juvenil de la CNC (1963-64), secretaria de acción social (1965-66) y femenil de la Federación de Organizaciones Populares del DF (1967-77), coordinadora nacional femenil del CEN de la CNOP (1980), diputada federal en tres ocasiones (1973-76, 1979-82 y 1985-88), jefa de los Centros Femeninos de Trabajo del DF (1970-76), subdelegada del Departamento del Distrito Federal en Iztapalapa (1983-84) y miembro de la Asamblea de Representantes del Distrito Federal (1988-91). Autora de *Criterios de la mujer ante la crisis* (1985).

CASILLAS RODRÍGUEZ, LUIS REY ◆ n. en Guadalajara, Jal. (1907). General de División. Ha sido jefe del Estado Mayor del cuerpo de Guardias Presidenciales, comandante de varias zonas militares y presidente de la Asociación Nacional Revolucionaria Leandro Valle. Diputado federal del PRI por el XII distrito de Jalisco (1979-82).

CASIMIRO CASTILLO ◆ Municipio de Jalisco situado en el suroeste de la entidad, cerca de los límites con Colima. Superficie: 455,13 km². Habitantes: 20,909, de los cuales 6,061 forman la población económicamente activa. Hablan alguna lengua indígena 16 perso-

Alfonso Caso

nas mayores de cinco años.

CASO, ALFONSO ◆ n. y m. en el DF (1896-1970). Su segundo apellido era Andrade. Estudió la licenciatura en derecho y la maestría en filosofía en la Universidad Nacional, en donde fue catedrático por 20 años, director de la Escuela Nacional Preparatoria (1928-30) y rector (1944-45). Director del Museo Nacional de Arqueología, Historia y Etnografía (1933-34) y del Instituto Nacional de Antropología e Historia (1939-44). Cofundador de la Escuela Nacional de Antropología e Historia (1939). Trabajó 17 años en la exploración de Monte Albán, donde en 1932 descubrió la Tumba 7 que contenía el tesoro arqueológico más rico encontrado en América. Fue el creador de una metodología científica para las exploraciones arqueológicas y un promotor de que las culturas mesoamericanas se integraran a la historia universal. Fue secretario de Bienes Nacionales e Inspección Administrativa (1946-48) en el gabinete presidencial de Miguel Alemán, quien en 1949 lo designó director del Instituto Nacional Indigenista, cargo en el que permaneció más de 20 años. Autor de casi 300 publicaciones científicas y de los libros *Urnas de Oaxaca* (1952, con Ignacio Bernal), *El pueblo del sol* (1953), *Los calendarios prehispánicos* (1967), *El tesoro de Monte Albán* (1969), *Reyes y reinos de la Mixteca* (1976, considerada su mayor obra, ya que reúne 40 años de investigación sistemática). Recibió el doctorado *honoris causa* de varias universidades de México y del extranjero. Miembro de honor de las sociedades Americanistas, en París y Royal Anthropological Institute, entre otras; de las academias Mexicana de Historia y British Academy; miembro fundador de El Colegio Nacional y Premio Nacional de Ciencias y Artes (1960).

CASO, ANTONIO ◆ n. y m. en el DF (1883-1946). Abogado. Se dedicó a las disciplinas filosóficas. Combatió al positivismo, doctrina oficial de la educación porfiriana. Cofundador de la revista *Savia Moderna* (1906) y del Ateneo de la Juventud (1909-10). Primer secretario

(1910) y rector (1920-23) de la Universidad Nacional de México, director de la Escuela Nacional Preparatoria (1909) y de la Facultad de Altos Estudios (1930-32). Desempeñó una misión diplomática especial en varios países sudamericanos. Expositor de reconocida brillantez, defendió en los años 30 la libertad de cátedra y sostuvo una prolongada polémica con su ex discípulo Vicente Lombardo Toledano, la que publicada como libro se tituló *Idealismo versus materialismo dialéctico*. Fue simpatizante y propagandista del fascismo italiano y de los nazis alemanes. Autor de una obra muy abundante, algunos de sus libros tuvieron varias ediciones (los que eran textos obligatorios para sus discípulos, como la *Sociología genética y sistemática*). Fue miembro del Colegio Nacional y de la Academia Mexicana de la Lengua.

Obra de Antonio Caso

CASO, MARÍA LOMBARDO DE ◆ n. en Teziutlán, Pue., y m. en el DF (1900-1964). Escritora. Esposa de Alfonso Caso. Autora del volumen de cuentos *Muñecos de niebla* (1955) y de las novelas *Una luz en la otra orilla*, (1959) y *La culebra tapó el río* (1962).

CASO LOMBARDO, ANDRÉS ◆ n. en la Cd. de México (1924). Hijo de Alfonso Caso. Licenciado en economía por la UNAM (1946-50), donde fue profesor (1963-66). También ha sido catedrático del Instituto de Administración Pública (1968-77) y de la Escuela Nacional de Administración Pública de Brasil (1973). Miembro del PRI, donde ha sido presidente de las comisiones de reforma administrativa (1964) y de recursos humanos (1970) del Instituto de Estudios Políticos, Económicos y Sociales, del que es asesor (1972-) y miembro del consejo consultivo (1982-). Fue jefe de personal (1953-55) y director general de administración de la Secretaría de Comunicaciones y Obras Públicas (1956-58), director de Servicios Administrativos (1959-64), secretario ejecutivo de la Comisión Técnica de Vías

Generales de Comunicación (1965) y oficial mayor de la Secretaría de Obras Públicas (1970-76); gerente de personal de Petróleos Mexicanos (1966-70), asesor sobre reforma administrativa del presidente de la República (1976-82), contralor general de la Comisión Federal de Electricidad (1976-80), director general de Productora Mexicana de Tuberías (1980-82), director general de Aeropuertos y Servicios Auxiliares (1982-86), director general de Ferrocarriles Nacionales (1986-88) y secretario de Comunicaciones y Transportes en el gobierno de Carlos Salinas de Gortari (1988-1993). Presidente de la Asociación Latinoamericana de Administración Pública (1972-78). En 1968, con Jorge de la Vega Domínguez, fungió como representante extraoficial del gobierno ante el movimiento estudiantil.

Beatriz Caso Lombardo

CASO LOMBARDO, BEATRIZ ◆ n. en la Cd. de México (1933). Hija de Alfonso Caso y María Lombardo. Cursó diversas materias en la Facultad de Filosofía y estudió cerámica en la Academia de Bellas Artes de París. Escultora autodidacta. Ha presentado exposiciones individuales en México y en Estados Unidos. En 1981 participó en una muestra colectiva en la galería José María Velasco. Entre sus obras se cuentan la cabeza monumental de Juárez en Guelatao, Oaxaca; los altorrelieves en bronce de *Alfonso Caso*, de Monte Albán, Oaxaca, y de *María Lombardo de Caso*, en María Lombardo, Oaxaca; el busto de Sor Juana que está en la sede de la OEA, en Washington; la escultura de *Rosario Castellanos* en la Rotonda de los Hombres Ilustres, en el DF, y el *Monumento a la migración azteca*,

Daniel Castañeda

en Aztlán, Nayarit. En 1979 apareció el libro *Beatriz Caso*, de Mario Monteforte Toledo.

CASO MUÑOZ, CONCEPCIÓN ◆ n. y m. en el DF (1914-1989). Hija de Antonio Caso. Doctora en lingüística por la UNAM (1988). Fue profesora en diversas instituciones del país y del extranjero. Investigadora del Instituto de Investigaciones Filológicas de la UNAM. Miembro del Seminario Mexicano de Cultura. Autora de *La zoología poética de Rubén Darío* (1988, tesis de doctorado).

CASSORLA RUIZ, ELIANE ◆ n. en Marruecos (1953). Fotógrafa de nacionalidad francesa. Estudió en el Colegio de Estudios Superiores de La Cépierre, en la Chambré de Métiers y en la Escuela Técnica Privada de Fotografía y Audiovisual de Tolosa, Francia (1972-74). Llegó a México en 1975. En ese año fundó con Frederic Teyseyre el Departamento de Fotografía de la Universidad Autónoma de Chiapas, donde es profesora. Fue asesora de proyectos audiovisuales del Instituto Matías Romero de la Secretaría de Relaciones Exteriores (1978-79). Estuvo en su país en 1980-81. A su regreso se encargó del Departamento de Fotografía del periódico *Número Uno*, de Tuxtla Gutiérrez, en el que permaneció hasta 1983. Desde 1984 trabaja para el Instituto de Historia Natural de Chiapas y colabora en diversas publicaciones. Expone desde 1973. Autora del material gráfico del libro *Así era Chiapas*, de Miguel Álvarez del Toro (1985). Sus fotos están incluidas en *Landscape Architecture* (1987) y el *World Wildlife Fund Conservation Year Book* (1986). El gobierno de Chiapas le entregó sendos premios de periodismo en 1982 y 1985.

CASTAINGTS TEILLERY, JUAN ◆ n. en Aguascalientes, Ags. (1942). Licenciado en economía por la UNAM, maestro en ciencias por la Escuela Nacional de Agricultura y doctor en ciencias económicas por la Universidad de París. Profesor de la Universidad Autónoma Metropolitana. Director fundador de la revista *Economía, Teoría y Práctica*, de la UAM-Iztapalapa. Ha publicado más de 300

artículos especializados. Ha colaborado en *Excélsior*, *Crisol* y *Proceso*. Autor de *La articulación de modos de producción. El caso de México* y *Dinero, valor y precios: un análisis estructural cuantitativo sobre México*. En 1987 obtuvo el premio a la mejor investigación en ciencias sociales de la UAM y en 1987 fue nombrado *profesor distinguido* de esa institución.

CASTAÑEDA, ANTONIO ◆ n. en el DF (1938). Poeta. Estudió teatro en la UNAM. Asistió a talleres literarios dirigidos por Hugo Argüelles y Juan José Arreola. Dirige la editorial Cuadernos de Estraza. Colaborador de los diarios *El Día* y *Excélsior*, y de los suplementos *Revista Mexicana de Cultura* de *El Nacional* y *La Cultura en México*, de *Siempre!* Autor de *Lejos del ardinamiento* (1969), *Recopilación tardía* (1975), *Enigma personal* (1976), *Traslación de dominio* (1978), *La fruta simple* (1978), *Por instantes los prodigios* (1981), *Espejo con memoria* (1983), *Reticencias* (1983), *Relámpagos que vuelven* (1985), *El binomio de la rosa* (1988), *Instantes de la flama (obra reunida 1969-96)* (1997) y *Apocalípticas* (1998). En 1985 ganó el Premio Nacional de Poesía de Aguascalientes.

CASTAÑEDA, DANIEL EL VATE ◆ n. y m. en la Cd. de México (1898-1957). Tradujo a poetas franceses. Escribió poesía *Las islas del sueño* (1927), *Arcillas mexicanas* (1934), *Gesta de la revolución* (1936), *Gran corrido a la Virgen de Guadalupe* (1941), *Ritmos de danza* (1944), *Barquitos de papel* (1947), *Motivos mexicanos* (1950) y *Crisantemos de ausencia* (1950); ensayo: *Técnica literaria y musical* (1943), *Acordes disonantes* (1948) y *Teoría del ritmo* (1951); y, en colaboración con Vicente T. Mendoza, *Instrumental precortesiano* (1933).

CASTAÑEDA, FELIPE ◆ n. en La Palma, Mich. (1933). Escultor. Estudió en La Esmeralda (1958-63). Raúl Anguiano y Francisco Zúñiga fueron sus maestros. Trabaja bronce, madera, ónix y otros materiales. Su tendencia es figurativa. Ha expuesto individualmente, en México y Estados Unidos, desde 1970. Con otros artistas ejecutó varias esculturas para la Secretaría de la Defensa Nacional.

CASTAÑEDA, JORGE G. ◆ ? n. en el DF (1953). Doctor en historia económica por la Universidad de París (1978). Profesor de la UNAM. Fue investigador de la Fundación Carnegie, en Washington, EUA (1985-87). Estuvo afiliado al Partido Comunista Mexicano. Ha sido colaborador de *Oposición, El Machete, Proceso, unomasuno, La Jornada, Los Angeles Times* y otras publicaciones. Coautor de *El economismo dependiente* (1978). Autor de *Nicaragua: contradicciones de una revolución* (1980), *Los últimos capitalismos* (1982), *México: el futuro en juego* (1987), *La casa por la ventana* (1993), *Sorpresas te da la vida. México 1994* (1994) y *La vida en rojo* (1998).

CASTAÑEDA, JOSÉ SOTERO DE ◆ n. en Etúcuaro, Mich., y m. en la Cd. de México (1780-1844). Insurgente. Fue auditor de guerra de Morelos y diputado por Nueva Vizcaya al Congreso de Chilpancingo. Corredactor de la Constitución de Apatzingán. Aceptó el indulto en 1817. En 1836 fue nuevamente diputado. Al morir era ministro de la Suprema Corte de Justicia.

CASTAÑEDA, MARCELINO ◆ n. en Durango y m. en la Cd. de México (1800-1877). Político conservador. Gobernador de Durango (1837-39 y 1847-48). Dos veces ministro de Justicia en el gabinete del presidente José Joaquín de Herrera (1848-49). Diputado al Congreso Constituyente (1856-57).

CASTAÑEDA, PILAR ◆ n. en el DF (1941). Estudió en la Escuela Nacional de Artes Plásticas. Discípula de Antonio Rodríguez Luna (pintura y dibujo), Moreno Capdevilla (grabado) y Elizabeth Catlett (escultura). Profesora en la Universidad Iberoamericana y otras instituciones. En 1969 fundó el Centro Activo de Arte Infantil. Ha expuesto individualmente desde 1971 en México y Estados Unidos. Ha recibido el premio Nuevos Valores del Salón de la Plástica Mexicana (1962), el Primer Premio de Pintura de la Escuela Nacional de Artes Plásticas (1964), el Primer Premio de Pintura de Guadalajara, Jalisco (1964) y el Premio de la Prensa en el Salón de Pintura Mexicana Contemporánea de Chihuahua, Chih. (1964).

CASTAÑEDA, SALVADOR ◆ n. en Ejido de San Isidro, municipio de Matamoros, Coah. (1946). Escritor. Estudió geología en la UNAM y agronomía en la Universidad Patricio Lumumba de Moscú (1965-70). De regreso en México se retiró de la Juventud Comunista, a la que pertenecía desde los años sesenta, y se incorporó al grupo guerrillero Movimiento de Acción Revolucionaria (MAR). Por sus actividades políticas estuvo preso de 1971 a 1978, cuando resultó beneficiado por una amnistía. Fue becario del INBA-Fonapas en narrativa (1979-80) y asistió a talleres literarios coordinados por Gustavo Sáinz, Arturo Azuela y Augusto Monterroso. Director de la revista *Expediente abierto* (1991-), del Centro de Investigaciones Históricas de los Movimientos Armados del que es miembro fundador. Desde 1979 trabaja en la Dirección de Literatura del INBA. Ha colaborado en *Tierra Adentro, Excélsior, La Semana de Bellas Artes, El Nacional, Comala, La Onda* y *Sábado*. Autor de *Los diques del tiempo: diario desde la cárcel* (1992), *La Patria Celestial* (1993) y *El de ayer es Él* (1996). En 1980 recibió el Premio Grijalbo con su novela *¿Por qué no dijiste todo?*

CASTAÑEDA, SONIA ◆ n. en el DF (¿?). Bailarina. En 1951 se graduó de la Escuela de Danza de las hermanas Campobello. Estudió en el Metropolitan Opera House de Nueva York en EUA con Anthony Tudor y Margaret Craske (1958-59). Debutó profesionalmente en *Orfeo en los infiernos* dirigida por Guillermo Keys (1953). Al año siguiente fue nombrada primera bailarina del Ballet Concierto de México en la Ópera de Monterrey bailando el *Cisne negro* dirigida por Felipe Segura y Sergio Unger. En 1955 fue primera bailarina huésped en El Salvador. Miembro del Taller de Danza del IMSS (1957-58). Fue bailarina huésped del Ballet Nacional de México con obras de Guillermina Bravo y Lin Durán. En 1960 formó parte del Ballet Nacional de Cuba de Alicia Alonso, compañía con la que realizó giras por Europa y Asia. Primera bailarina del Ballet de Cámara de Nellie Happee (1961-63) y del Ballet Clásico de México del INBA que la nombró Primera Bailarina Mexicana (1963-72). Fundó el grupo Génesis. Recibió un homenaje del Cenidi Danza José Limón del INBA por sus 40 años de vida artística en 1991.

CASTAÑEDA Y ÁLVAREZ DE LA ROSA, JORGE ◆ n. y m. en el D.F. (1921-1997). Licenciado en derecho por la UNAM (1938-42). Ejerció la abogacía entre 1943 y 1950. Ha sido profesor de la Escuela Libre de Derecho (1958), de la UNAM (1959-60), de la Universidad de Columbia (1961-62), de El Colegio de México (1966-67 y 1969-70), de la Academia de Derecho Internacional de Holanda (1970) y del Instituto de Altos Estudios Internacionales de la Universidad de París (1973). En 1950 ingresó mediante examen de oposición al servicio exterior. Ha sido consejero jurídico (1955-58), ministro plenipotenciario (1959-62), director general de Organismos Internacionales (1959-60), representante alterno de México ante la ONU (1961), embajador en Egipto (1962-65), director en jefe (1965-70), representante permanente ante organismos internacionales con sede en Ginebra (1971-75), subsecretario (1976), secretario de Relaciones Exteriores (1977-82) y embajador en Francia (1983-). Ha escrito ensayos sobre derecho internacional en publicaciones especializadas y libros colectivos. Autor de *México y el orden internacional* (1956), *Valor jurídico de las resoluciones de las Naciones Unidas* (1967) y *La no proliferación de las armas nucleares en el orden universal* (1969). Es doctor *honoris causa* por las universidades de Leningrado, Alexander von Humboldt; de Dalhouise, Halifax, Nova Scottia y Canadá. Ha recibido condecoraciones de más de 20 países.

CASTAÑEDA CEBALLOS, JUAN DIEGO ◆ n. en Ameca, Jal. (1951). Licenciado en derecho por la UNAM. Ha sido secretario del Movimiento Nacional de la Juventud Revolucionaria en Jalisco y director de Inafectabilidad de la CNOP.

Jorge G. Castañeda

Diputado federal del PRI por el VI distrito de Jalisco (1979-82).

CASTAÑEDA Y ESCOBAR, GONZALO ◆ n. en Zacualpan, Edo. de Méx., y m. en el DF (1869-1947). Se tituló en la Escuela Nacional de Medicina (1893). Ejerció su profesión en Pachuca y Real del Monte, donde estudió las enfermedades de los mineros. Entre 1908 y 1910 estuvo en Europa, donde asistió a conferencias y cursos. A su regreso trabajó en varias instituciones de salud y fue catedrático de las escuelas Nacional de Medicina y Médico Militar. Presidió la Academia Nacional de Medicina (1922) y fundó la Academia Mexicana de Cirugía de la que fue el primer presidente (1933). Escribió cientos de artículos y ensayos en publicaciones especializadas y es autor de *El arte de hacer clientela. El hecho mexicano* (1933), un *Tratado de clínica general* (1938), otro de *Clínica interpretativa sindronómica y biológica* (1941) y un *Ideario clínico en aforismos y frases breves* (1946).

CASTAÑEDA GUTIÉRREZ, RICARDO IGNACIO ◆ n. en el DF (1931). Médico cirujano. Fue secretario general del Sindicato Nacional de Trabajadores de la Secretaría de Salubridad. Diputado federal del sector popular del PRI por el DF (1979-82).

CASTAÑEDA GUZMÁN, LUIS ◆ n. en Oaxaca, Oax. (1914). Abogado. Ha sido secretario general del comité estatal del PAN en Oaxaca (1979-), precandidato a la presidencia de ese partido y diputado plurinominal (1979-82).

CASTAÑEDA ITURBIDE, ALFREDO ◆ n. en el DF (1938). Pintor. Arquitecto por la UNAM (1964). Expone individualmente desde 1969 en distintas galerías de México y EUA. Obras suyas forman parte de las colecciones del Museo de Arte Moderno, Galería de Arte Mexicano, Museo de Monterrey, en México; y del Phoenix Art Museum, Friends of Mexican Art, University of Texas Art Museum y Tamarind Institute Albuquerque, EUA.

CASTAÑEDA JIMÉNEZ, HÉCTOR FRANCISCO ◆ n. en Autlán, Jal. (1948). Licenciado en ciencias políticas (1967-71) y en derecho por la UNAM (1975-80), y maestro en administración pública por la UNAM (1984-88). Profesor de la Universidad de Guadalajara (1984-87). Es miembro del PRI desde 1964. Ha sido oficial del Ejército Mexicano (1966-88), diputado federal (1976-79), delegado en Sinaloa (1978) y Colima de la Confederación Nacional Campesina (1979), director (1979) y director general de Organización de la Secretaría de la Reforma Agraria (1980), secretario general de Gobierno de Jalisco (1983-88), subprocurador de Procedimientos Penales (1988) y de Averiguaciones Previas (1988-91) de la Procuraduría General de la República. Autor de *México, 75 años de revolución* (1986), *70 años de vigencia de la Constitución de 1917* (1986), *La administración pública en Jalisco* (1987), *La leyes estatales de seguridad pública* (1987), *Jalisco en México* (1988), *La procuración de justicia en Jalisco* (1988), *La impartición de justicia en México* (1988), *Tres estudios sobre la procuración de justicia y seguridad pública en México* y *Aspectos socioeconómicos del lavado de dinero en México* (1991).

CASTAÑEDA RAMÍREZ, JUAN ARNULFO ◆ n. en Aguascalientes, Ags. (1942). Estudió en el Instituto Aguascalentense de Bellas Artes (1962-63) y en La Esmeralda (1964). En 1967 participó en la Exposición de Escultura en Chatarra del Museo de Arte Moderno. Obtuvo el Primer Premio de Escultura en La Esmeralda (1968).

CASTAÑEDA RIVAS, CÉSAR ◆ n. en Colima, Col. (1949). Licenciado en derecho por la UNAM (1962-66), especializado en ciencias penales (1970-71). Miembro del PRI. Ha sido asesor jurídico de la XLIX Legislatura federal (1973-76), magistrado y presidente del Supremo Tribunal de Justicia de Colima (1979-81), director general de Asuntos Jurídicos de la Sedue (1985-86), y magistrado (1986-88) y presidente del Tribunal de lo Contencioso Administrativo del Distrito Federal (1989-).

CASTAÑIZA, JOSÉ MARÍA ◆ n. y m. en la Cd. de México (1744-1816). Sacerdote. En 1816 fue el encargado de restablecer en México la Compañía de Jesús.

CASTAÑIZA LARREA GONZÁLEZ DE AGÜERO, JUAN FRANCISCO DE ◆ n. en la Cd. de México y m. en Durango, Dgo. (1756-1825). Cuatro veces rector de la Real y Pontificia Universidad de México (1796-97, 1797-98, 1812-13 y 1813-14). Desde 1816 hasta su muerte fue obispo de Durango, donde fundó el colegio de San Luis Gonzaga.

CASTAÑO ALVARADO, GUILLERMO ◆ n. en la Cd. de México (1908). Fue alumno de San Carlos (1919-24), donde tuvo entre sus maestros a Germán Gedovius y Félix Parra. Continuó sus estudios en Estados Unidos con Cottini, Mestrovic y Baker. Tomó después cursos en la Escuela de Diseño Industrial de Nueva York y en 1944 asistió a un taller de cerámica en la Universidad de Ohio. En 1946 abrió una fábrica de cerámica en Tlalnepantla y es profesor de varias instituciones desde 1949. Expone individualmente desde 1930. Por su actividad como ceramista y escultor obtuvo el premio español Oro Verde.

CASTAÑO ASMITIA, DANIEL ◆ n. y m. en el DF (1934-1992). Licenciado en derecho por la UNAM (1952-56). Es miembro del PRI, en el que desempeñó diversas comisiones, entre otras, la de asesor de la Comisión de Renovación Moral (1982). Fue secretario particular del oficial mayor del Departamento del DF (1964-66), prosecretario (1966-73), jefe del Departamento Jurídico (1973-76) y secretario del consejo de administración (1973-76) de la Compañía de Luz y Fuerza del Centro; subdirector de Invenciones y Marcas de la Secretaría de Industria y Comercio (1970); subdirector (1975-78) y director general de Protección al Consumidor (1978-82) de la Secretaría de Comercio y director general del Instituto del Consumidor (1982-85).

CASTAÑO DE LA FUENTE, DANIEL ◆ n. en Monclova, Coah. (1925). Médico. Miembro del PRI. Ha sido asesor médico de los sindicatos de Minero-Metalúrgicos, Único de Electricistas y de los trabajadores de Fertimex. Fue coordinador de Servicios Médicos de la Comisión Federal de Electricidad. Diputado federal por Coahuila (1985-88).

CASTAÑO GARCÍA, LUIS ◆ n. y m. en la Cd. de México (1922-1967). Se tituló de abogado en la UNAM, donde fue catedrático de la Facultad de Derecho y de la Escuela Nacional de Ciencias Políticas y Sociales. Estudió periodismo en la Universidad de Iowa. Escribió para *Novedades* y diversas publicaciones especializadas. Fundó varias revistas desde sus días de estudiante. Autor de *El régimen legal de la prensa en México* (1962) y otros libros.

CASTAÑO MENESES, VÍCTOR MANUEL ◆ n. en el DF (1960). Físico por la UNAM donde dirige el Departamento de Física Aplicada y Tecnología Avanzada del Instituto de Física de la UNAM. Tiene un posdoctorado en la Universidad de Nueva York (EUA). Ha desarrollado polímeros (hules) biodegradables, impermeabilizantes que no contienen solventes, métodos para obtener cerámica a partir de cascarillas de arroz y biomateriales destinados a implantes en cuerpos vivos. Premio de Ciencias Exactas 1995 de la OEA.

CASTAÑO RAMÍREZ, GUILLERMO ◆ n. en el DF (1938). Estudió artes plásticas en San Carlos (1955-59) y Estados Unidos. Ejerce la docencia desde 1957. En 1966 fue becado por el gobierno de Estados Unidos. Desde 1966 expone individualmente en México y EUA. Son obra suya los monumentos a la Bandera, en La Concordia, Chis., y al Correo, en la ciudad de Oaxaca. Ha obtenido el Primer Lugar en Escultura Cerámica, (DF, 1964), segundo lugar en el concurso de escultura convocado por la OEA (MAM, 1965), primer lugar en el Concurso Ford (DF, 1967), primer lugar en la exposición realizada en el Auditorio Nacional (1969), primer lugar en escultura otorgado por la Home Builders Association, de San Antonio, Texas (1973), el Frankhoma Award of Sculpture, de Oklahoma, EUA (1973) y el Silver Award of Best Educational, de EUA (1975).

CASTAÑÓN, ADOLFO ◆ n. en el DF (1952). Escritor. Estudió letras en la UNAM, en la que fue profesor e investigador del Instituto de Investigaciones Filológicas. Desde 1976 trabaja para el Fondo de Cultura Económica, donde ha sido redactor de *La Gaceta del FCE* y gerente de Producción desde 1985. Ha colaborado en *Nexos, Vuelta, La Cultura en México, Revista de la Universidad, El Ángel, Letras Libres* y otras publicaciones mexicanas y extranjeras. Ha escrito epílogos y prólogos y ha preparado y anotado antologías de Jorge Cuesta, Jesús Reyes Heroles y Alfonso Reyes. Autor de cuento: *Fuera del aire* (1978) y *El pabellón de la límpida soledad* (1988); sátira: *El reyezuelo* (1983); ensayo: *Cheque y carnaval* (1983), *Alfonso Reyes, caballero de la voz errante* (1988), *El mito del editor y otros ensayos* (1993), *Arbitrario de literatura mexicana* (1993), *La gruta tiene dos entradas* (1994), *Lugares que pasan* (1998); y poesía: *Sombra pido a una fuente* (1992), *La otra mano del tañedor* (1996), *Cielos de Antigua* (1997), *Recuerdos de Coyoacán* (1998) y *Tránsito de Octavio Paz 1914-1988* (1998). En 1976 obtuvo el Premio Diana Moreno Toscano. Premio Mazatlán de Literatura 1995.

CASTAÑÓN LEÓN, NOÉ ◆ n. en Berriozábal, Chis. (1948). Licenciado en derecho por la UNAM (1967-70). Desde 1965 es miembro del PRI. Fue asesor jurídico del Departamento de Turismo (1973-74) y de la Secretaría de Agricultura y Ganadería (1979). En 1968 inició su carrera judicial hasta llegar a ministro de la Suprema Corte de Justicia de la Nación en 1986.

CASTAÑÓN ROMO, ROBERTO ◆ n. en el DF (1947). Médico cirujano titulado en la UNAM (1965-70) y maestro en salud pública por la Escuela de Salud Pública (1973) y en planeación social de países en desarrollo por la Universidad de Londres (1979-80). Profesor de la UNAM (1969-). Es miembro del PRI desde 1965. Ha sido director de sistemas de evaluación (1978) y director general de Planeación de la Secretaría de Salubridad (1979), director general

de normas médicas de la Secretaría de Salud (1983), comisario de la Secretaría de la Contraloría General de la Federación (1984) y director general de Servicios Médicos del Departamento del Distrito Federal (1985-). Autor de *Educación de pregrado en medicina y enfermería* (1977), *Proceso de planificación de la salud* (1979), *Investigación de servicios de salud en México* (1980) y *The Mexico City Earthquake* (1986). Fue director ejecutivo, vicepresidente y presidente de la Asociación Mexicana de Hospitales (982-84 y 1986). Es miembro de la Asociación de Médicos Mexicanos.

CASTAÑÓN VÁZQUEZ, SAMUEL ◆ n. en Pinos, Zac., y m. en Aguascalientes, Ags. (1884-1959). Carpintero. Militó en el antirreeleccionismo. Diputado al Congreso Constituyente de 1916-17. Al término de la lucha armada volvió a su oficio.

CASTAÑOS ◆ Municipio de Coahuila situado en el este de la entidad, en los límites con Nuevo León. Limita al norte con Monclova. Superficie: 2,921.6 km². Habitantes: 21,924, de los cuales 5,719 forman la población económicamente activa. Hablan alguna lengua indígena seis personas. Dentro de su jurisdicción se halla Baján, donde el 21 de marzo de 1811 fueron aprehendidos los principales líderes de la insurgencia.

CASTAÑOS, FERNANDO ◆ n. en Durango, Dgo., y m. en Veracruz, Ver. (1888-1956). Abogado. En 1910 se unió a la rebelión maderista. Fue secretario del gobernador Mariano Arrieta (noviembre de 1915 a enero de 1916) y gobernador de Durango él mismo (del 28 de enero al 28 de febrero de 1916). Diputado por Cuencamé al Congreso Constituyente de 1916-17. Fue secretario de Gobierno con Gabriel Gavira y Carlos Osuna y ministro de la Suprema Corte de Justicia de la Nación.

CASTAÑOS, GABRIEL ◆ n. en Tepic, Nay., y m. en Guadalajara, Jal. (1839-1905). Ingeniero. Construyó el teatro Neryo, de Tepic, y las torres de la Basílica de Zapopan. En Guadalajara dirigió la Escuela de Ingenieros (1882) y encabezó las obras de introducción de agua potable.

CASTAÑOS, JOSÉ MARÍA ◆ n. en Tepic, Nay., y m. en Guadalajara, Jal. (1826-1887). Fue diputado federal y ministro de Hacienda de Benito Juárez de mayo a junio de 1861.

CASTAÑOS MARTÍNEZ, CARLOS MANUEL ◆ n. en Orizaba, Ver. (1931). Ingeniero agrónomo titulado en la Escuela Nacional de Agricultura (1948-58) y especializado en la Universidad de California (1956). Profesor de las universidades de Baja California (1956-59) y Sonora (1978) y de Chapingo (1963-68). Ha sido delegado en Durango (1968-72) y en Sonora (1972-76), representante general en Sonora, Puebla y Jalisco de la Secretaría de Agricultura (1976-78), director técnico de la Coalición de Ejidos del Valle del Yaqui (1978), y secretario técnico (1962-65) y rector de la Universidad Autónoma de Chapingo (1987-). Autor de *El cleóptero kapra* (1965), *Asistencia técnica programada en base a perfiles de desarrollo vegetativo* (1980), *Testimonios de un agrónomo* (1981), *Los ejidos colectivo en 1976: la lucha por la tierra en el valle del Yaqui* (1982) y *Organización campesina: la estrategia truncada* (1987). Forma parte de las sociedades mexicanas de Entolomología, Fitogenética y de Ciencias del Suelo.

CASTAÑOS MARTÍNEZ, LEÓN JORGE ◆ n. en Durango, Dgo. (1938). Ingeniero agrónomo por Chapingo (1953-59) y maestro en bosques por la Universidad Estatal de Oregon, EUA. Miembro del PRI. Ha sido director general de Desarrollo Forestal (1973-80), subsecretario Forestal y de la Fauna (1980-85) y secretario ejecutivo de la Comisión Nacional Forestal (1986-). Autor de *Desarrollo forestal. Una estrategia* y *Contribución del subsector forestal a la sociedad mexicana* (1982). Pertenece a la Academia Nacional de Ciencias Forestales, a la Asociación Mexicana de Profesionales Forestales y la Sociedad de Agronomía Mexicana. Presidente de la Sociedad para el Desarrollo Forestal Integral. Premio Nacional Forestal (1982).

CASTAS ◆ Durante la dominación española México vivió bajo una estratificación racial conocida como *sistema de castas*, la que junto con la riqueza y las influencias determinaba en la vida civil, militar y religiosa las oportunidades de empleo y ascenso social, así como el otorgamiento de concesiones y distinciones. Dentro de tal sistema el lugar más alto, y por tanto dominante, lo ocupaban los españoles, a quienes seguían los criollos, americanos hijos de peninsulares o de criollos. Dentro de éstos tenía más peso el hijo de peninsulares que el de nacidos en Nueva España. Algunos señores indios y sus descendientes mantuvieron privilegios propios de la realeza. Los indígenas, en general, estaban tutelados por leyes que no protegían a otros sectores oprimidos y explotados. Las castas y sus nombres despectivos se referían específicamente a la diversidad del mestizaje. Si bien carecían de base legal o de reconocimiento oficial, existían clasificaciones que muestran elocuentemente el carácter racista de la sociedad virreinal, discriminatoria de acuerdo con el grado de pigmentación de la piel: al hijo de español y mestizo le llamaban castizo; al de español y negra, mulato; de español y mulata, morisco; de español y morisca, chino o albino; de español y china, saltapatrás. Las diversas combinaciones que se producían en las generaciones posteriores al primer mestizaje tenían nombres igualmente despectivos y que no siempre expresaban el lugar exacto que correspondía a cada uno en la escala social: lobo, zambayo, cambujo, albarazado, barcino, coyote, chamizo, allitestás, jíbaro, calpamulato, tentenelaire, notentiendo, etcétera.

CASTELÁN FLORES, ADOLFO ◆ n. en Pachuca, Hgo. (1931). Doctor en derecho por la UNAM. Ha sido procurador de Asuntos Agrarios, magistrado del Tribunal Superior de Justicia, consejero del Cuerpo Consultivo Agrario y diputado federal por Hidalgo (1979-82).

CASTELAZO DE LOS ÁNGELES, JOSÉ RAFAEL ◆ n. en el DF (1945). Licenciado en ciencias políticas por la UNAM (1970) y maestro en ciencias políticas por la Universidad de Manchester (1973-74). Profesor de la UNAM (1974-) y de El Colegio de México (1984-). Es miembro del PRI desde 1967. Ha sido coordinador de prensa del Banco Nacional de Crédito Rural (1979-80), director general de Recursos Humanos (1980-84) y de Organización de la Ssa (1984-85), jefe de la Unidad de Análisis de la Presidencia de la República (1985-86), director general de Recursos Materiales y Servicios Generales de la Sedue (1986-88), delegado del DDF en Iztacalco (1988-), embajador en Costa Rica (1997) y delegado federal de la Secretaría del Trabajo en el Estado de México (1998). Coordinador de *El desafío municipal* (1982) y autor de *Apuntes sobre la teoría de la administración pública* (1977), *Nuestra clase gobernante* (1984) y *Técnicas y especialidades en administración de personal público* (1986). Fue presidente del Instituto Nacional de Administración Pública (1986-88).

CASTELLANO JIMÉNEZ, RAÚL ◆ n. en Las Esperanzas, Coah., y m. en el DF (1902-1992). Licenciado en derecho por la Universidad de Guadalajara (1923-28). Profesor de la UNAM, de la Escuela Práctico Militar de Guadalajara y de la Universidad Michoacana de San Nicolás de Hidalgo. Miembro del PRI (entonces PNR) desde 1930. Miembro fundador de la CNC. Ha sido magistrado del Tribunal Superior de Justicia (1929-30), secretario de gobierno de Baja California Sur (1931), procurador de Justicia del Distrito y Territorios Federales (1934-37), secretario del presidente Lázaro Cárdenas (1938), jefe del Departamento del Distrito Federal (1939-40), asesor de la Presidencia de la República (1959-63 y 1991), asesor del gobernador de Michoacán, Cuauhtémoc Cárdenas (1980-82) y del candidato a la presidencia Miguel de la Madrid (1981-82); ministro de la Suprema Corte de Justicia de la Nación (1962-72), senador de la República (1982-88), miembro de la primera Asamblea de Representantes del Distrito Federal (1988-89), embajador de México en Cuba (1989-). Autor de *Melchor Múzquiz,*

Raúl Castellano Jiménez

insurgente republicano (1979). Presidente de la Asociación Cívica Lázaro Cárdenas. En 1989 rechazó la Medalla Belisario Domínguez, que otorga el Senado de la República, por considerar tal honor contrario a su condición de funcionario.

CASTELLANOS, FERNANDO ◆ n. en Zamora y m. en Cuanajo, Mich. (1889-1918). Licenciado en derecho por la Escuela de Jurisprudencia de Morelia (1911). Fue diputado a la XXVI Legislatura por Veracruz (1911-13). Diputado al Congreso de Michoacán que aprobó una nueva Constitución local (1918). Colaboró en *La Actualidad*, de Morelia, y en *El Heraldo*, de Zamora. Autor del volumen de sonetos *Rosas de abril*.

CASTELLANOS, GILBERTO ◆ n. en Ajalpan, Pue. (1945). Profesor normalista. Ha colaborado en las revistas *Punto de Partida* y *Tierra Adentro*. En 1982 recibió el Premio Latinoamericano de Poesía, INBA-Gobierno de Colima, por su libro *El mirar del artificio*.

CASTELLANOS, JESÚS ◆ n. y m. en Cuba (1879-1912). Escritor y ensayista. Llegó a México en 1896, con estudios no concluidos de derecho, filosofía y letras en la Universidad de La Habana. En el país se afilió a los clubes México y Cuba, Morelos y Maceo e Hijos de Baire. Asistió a clases de dibujo en la Academia de San Carlos y a la Escuela Nacional Preparatoria como alumno supernumerario. A su regreso a Cuba (1898) se graduó de doctor en derecho (1904) y fue abogado de oficio y fiscal. También creó y fomentó el Ateneo de La Habana, la Sociedad de Fomento al Teatro Cubano y la Sociedad de Conferencias. Fue fundador y primer director de la Academia Nacional de Artes y Letras (1910).

CASTELLANOS, JULIO ◆ n. y m. en la Cd. de México (1905-1947). Artista plástico. Instado por Saturnino Herrán, de quien fue discípulo, hizo estudios en San Carlos. En 1918 viajó a Estados Unidos donde trabaja para la firma Pathé e intenta convertirse en escenógrafo. Regresa en 1922 y colabora con Manuel Rodríguez Lozano. En 1925

viaja con éste a Buenos Aires, donde presenta su primera exposición y conoce a Borges y otros intelectuales. Al retornar a México se incorpora al Teatro de Ulises, para el que hace algunas escenografías. En 1928 la revista *Contemporáneos* patrocina una exposición colectiva con obras de Castellanos, Abraham Ángel, Tamayo, Carlos Mérida y Rodríguez Lozano. Fue maestro de dibujo en San Carlos, director de la Galería de Arte de la UNAM en los años treinta y jefe del Departamento de Artes Plásticas del INBA en la década siguiente. Produjo retratos y una obra de caballete en la que destacan, según el crítico Olivier Debroise, *El día de San Juan, Los ángeles robachicos* y *El bohío maya*. En la Escuela Melchor Ocampo, en Coyoacán, pintó el mural *El Cielo y el infierno* (1933) y dejó inconcluso otro que inició en una escuela de Peralvillo. Sus escenografías, para los principales escenarios del México de su tiempo, "marcan una época de esta actividad entre nosotros", dijo Carlos Pellicer. En 1946 compartió con Frida Kahlo el Premio Educación Pública. Su cuadro *Los ángeles robachicos* se halla en el Museo de Arte Moderno de Nueva York.

CASTELLANOS, MARCOS ◆ n. y m. cerca del lago de Chapala (?-1826). Sacerdote. Se incorporó en 1810 a la insurgencia. Derrotó a los realistas en diversos combates en los alrededores del lago de Chapala y a fines de 1812 ocupó la isla de Mexcala, donde resistió hasta 1818 los embates de las fuerzas virreinales, las que acabaron por destruir e incendiar los poblados ribereños para impedir el aprovisionamiento de los patriotas, quienes se vieron obligados a capitular. Indultado, Castellanos vivió en Ajijic, Jalisco, donde se cree que murió.

CASTELLANOS, ROSARIO ◆ n. en la Cd. de México y m. en Israel (1925-1974). Escritora. Maestra en filosofía por la UNAM, hizo cursos de posgrado en España. Fue redactora en el Instituto Nacional Indigenista y jefa de información y prensa de la UNAM, donde también fue profesora. Colaboró en *Excélsior* y otras publicaciones. Embajadora

de México en Israel (91-74). Autora de poesía: *Apuntes para una declaración de fe* (1948), *Trayectoria del polvo* (1948), *Dos poemas* (1950), *De la vigilia estéril* (1950), *Presentación al templo* (Madrid, 1951), *El rescate del mundo* (1952), *Poemas 1953-1955* (1957), *Al pie de la letra* (1959), *Salomé y Judith* (1959), *Lívida luz* (1960), *Materia memorable* (1969), *La tierra de enmedio* (1969), *Álbum de familia* (1971), *Poesía no eres tú. Obra poética 1948-1971* (1972) y *Bella dama sin piedad y otros poemas* (1984); teatro: *Tablero de damas* (1952) y *El eterno femenino* (1975); novela: *Balún Canán* (1957, Premio Chiapas 1958) y *Oficio de tinieblas* (1962, Premio Sor Juana Inés de la Cruz); cuento: *Ciudad real* (1960, Premio Xavier Villaurrutia 1961), *Retrato de familia, Los convidados de agosto* (1964), y *Antología de la prosa de Rosario Castellanos* (Caracas, 1971); ensayo y artículos periodísticos: *Sobre cultura femenina* (1950), *La novela mexicana contemporánea y su valor testimonial* (1966), *Mujer que sabe latín.* (1974), *El uso de la palabra* (1974) y *El mar y sus pescaditos* (1975). Beca del Instituto de Cultura Hispánica, de Madrid, y del Centro Mexicano de Escritores (1953-54). Recibió los premios Elías Sourasky (1972) y Carlos Trouyet (1973).

Julio Castellanos

CASTELLANOS AYALA, JAVIER ◆ n. en el DF (1945). Licenciado en economía por la UNAM (1963-67) con estudios de posgrado en el CEMLA (1972-73) y en el BID (1974). Miembro del PRI desde 1971. Ha ocupado cargos en el sector público desde 1973, entre otros el de director general de Política Presupuestal (1981-82), el de coordinador general de Control de Gestión (1982-83) y el de subsecretario de Control Presupuestal y Contabilidad de la Secretaría de Programación y Presupuesto (1983-85). Fue director corporativo de planeación, presupuesto e información de Sidermex (1986-88) y director general de Azufrera Panamericana y de la Compañía Exploradora del Istmo (1989-).

CASTELLANOS BASICH, ANTONIO ◆

Rosario Castellanos

n. en el DF (1946). Estudió en La Esmeralda. Ha colaborado con Federico Canessi y los arquitectos Pedro Ramírez Vázquez y Enrique de la Mora. Expone desde 1967, cuando obtuvo mención honorífica en la tercera Bienal de Escultura en el Museo de Arte Moderno. Entre sus obras se cuentan los monumentos al Pochteca, a Juárez y a los Héroes de la Independencia en Naucalpan, México; la celosía escultórica de la iglesia del Perpetuo Socorro, en el DF; el monumento a Salvador Allende, en ciudad Sahagún; el busto del Dr. Atl, en la Rotonda de los Hombres Ilustres, y el Monumento a fray Antón de Montesinos, en Santo Domingo, República Dominicana, obra realizada en 1982.

CASTELLANOS Y CASTELLANOS, LEONARDO ◆ n. en Ecuandureo, Mich., y m. en Villahermosa, Tab. (1862-1912). Fue obispo de Tabasco desde 1908 hasta su muerte.

CASTELLANOS CORONADO, ABRAHAM ◆ n. en Nochistlán, Oax., y m. en Pachuca, Hgo. (1871-1918). Educador. Estudió en Orizaba, donde abrió la Escuela Nocturna, y en la Normal de Jalapa, en la cual fue discípulo de Enrique Rébsamen. Fundó la Normal de Oaxaca y posteriormente, en la capital, impartió clases y ocupó un puesto menor en la Dirección de Educación, a cargo de Rébsamen. Director de Educación de Colima (1910) y diputado federal por Oaxaca (1912-13). Después del golpe militar de Victoriano Huerta es encarcelado y en prisión escribe el folleto *Al caer el sol*. Disuelto el viejo ejército va a Yucatán y ahí Salvador Alvarado lo envía a EUA para ponerse al día en asuntos pedagógicos. Vuelve a México y se establece en Pachuca, ciudad en la que funda la Escuela Rébsamen. Escribió *Organización escolar* (1896), *Enrique Rébsamen: noticias biográfico-críticas* (1904), *Procedencia de los pueblos americanos* (1904), *Guía metodológica para la lectura escolar mexicana* (1916), *La enseñanza del lenguaje* (1907) y otras obras sobre temas de educación.

CASTELLANOS COUTIÑO, HORACIO ◆ n. en Venustiano Carranza, Chis.

Horacio Castellanos Coutinho

(1930). Jurista. Miembro del PRI, en el que ha desempeñado diversas comisiones. Fue abogado practicante entre 1955 y 1970. Fue director de Asuntos Jurídicos y Legislación de la Presidencia de la República (1970-72), procurador de Justicia del Distrito y Territorios Federales (1972-76) y senador por Chiapas (1976-82).

CASTELLANOS DOMÍNGUEZ, ABSALÓN ◆ n. en Comitán de Domínguez, Chis. (1923). Militar de carrera. Estudió en el Colegio Militar, del que fue director. Dirigió también la Escuela Militar de Clases. Ha sido comandante de varias zonas y del campo militar número uno. Es general de división. Gobernador de Chiapas para el periodo 1982-88.

CASTELLANOS HERRERA, ULISES ◆ n. en el DF (1968). Fotógrafo. Licenciado en periodismo y comunicación colectiva por la UNAM (1987-88). Ha hecho estudios de teatro, cerámica, fotografía, cuento y guión cinematográfico. Ha sido asistente del director (1983-84), coordinador de laboratorios y asesor técnico (1984-86) en la agencia Casa de las Imágenes y director de la Comisión de Comunicación Gráfica de la primera Reunión Internacional de Jóvenes por la Paz y Lucha Contra las Drogas (1989). Ha expuesto individualmente en México y Veracruz. Ha colaborado en la *Revista Mexicana de Comunicación*, *Mira*, *Tú*, *Gaceta de la* UNAM, *Generación*, *unomásuno*, *El Universal*, *El Universal Gráfico*, *Excélsior* y *La Jornada*. Primer lugar en fotografía en blanco y negro en el Festival Nacional de Producciones Audiovisuales, Gráficas y Escritas *Icoquih*, de la UNAM (1990); ganó el concurso de la revista *Mira* en junio de 1990.

CASTELLANOS LÓPEZ, MARCO ANTONIO ◆ n. en Coatzacoalcos, Ver. (1925). Odontólogo titulado en la Universidad Autónoma de Puebla (1944-49). Es miembro del PARM desde 1976; en la elecciones de 1988 fue coordinador del Frente Democrático Nacional en el XV distrito electoral de Veracruz. Ha sido secretario general de las secciones 2 y 26 del Sindicato de Trabajadores de la Secretaría de Salubridad y

Asistencia (1961-62), secretario de previsión social de la Federación de Sindicatos de Trabajadores al Servicio del Estado en Coatzacoalcos (1963-64), miembro de la Junta Federal de Agua Potable y Alcantarillado (1969-79), presidente municipal de Coatzacoalcos (1976-79) y diputado federal por Veracruz (1988-91). Fue presidente de la Unión Médica del Istmo (1964-65 y 1967-69).

CASTELLANOS MARTÍNEZ, GUILLERMO ◆ n. en Tijuana, BC (1960). Licenciado en derecho por la Universidad Autónoma de Baja California (1980-84). Es miembro del PRI desde 1977. Ha sido secretario de turismo y secretario general de la Confederación Revolucionaria de Obreros y Campesinos en Tijuana (1986-), diputado a la Legislatura de Baja California (1986-88) y diputado federal (1988-91).

CASTELLANOS MARTÍNEZ BÁEZ, RAÚL ◆ n. en el DF (1933). Abogado. Ha sido director de Prensa y Relaciones Públicas de Altos Hornos de México, oficial mayor del gobierno de Michoacán, presidente de la Comisión Estatal Electoral en la misma entidad, donde también se ha desempeñado como presidente de la Junta de Pensiones, director de Fomento Turístico y de Servicio General. Fue director de Difusión de la Lotería Nacional. Diputado federal del PRI por Michoacán (1985-88).

CASTELLANOS QUINTO, ERASMO ◆ n. en Santiago Tuxtla, Ver., y m. en el DF (1879-1955). Se tituló de abogado en Orizaba. Destacó como profesor de literatura española y universal en la Escuela Nacional Preparatoria, uno de cuyos planteles lleva su nombre. Son célebres sus conferencias sobre *El Quijote*. Escribió poesía: *Del fondo del Abra* (1919) y *Poesía inédita* (1962). Recibió en 1947 un premio como cervantista distinguido.

CASTELLANOS SÁNCHEZ, MIGUEL ◆ n. en Mérida, Yuc., y m. en la Cd. de México (1830-1904). Combatió la intervención francesa y el imperio. Fue gobernador de Yucatán (1873-74) y al morir lo era de Morelos.

CASTELLANOS TENA, FERNANDO ◆

n. en Zamora, Mich. (1917). Licenciado (1939-43) y doctor en derecho (1956-57) por la UNAM, donde es catedrático de las facultades de Ciencias Políticas (1951-57) y de Derecho (1951-), director de la Preparatoria 8 (1965-68) y de la División de Estudios Superiores de la Facultad de Derecho (1970-73). Miembro del PRI desde 1935. Fue secretario particular del subsecretario de Salubridad (1949-50), agente del Ministerio Público Federal, magistrado de circuito (1968-74) y ministro de la Suprema Corte de Justicia de la Nación (1974-). Coautor de *Lineamientos elementales de derecho penal* (1979) y *Estudios sobre el decreto constitucional de Apatzingán* (1964). Autor de *Panorama del derecho mexicano* (1965). En 1988 fue nombrado profesor emérito de la UNAM.

CASTELLANOS TOVAR, ROBERTO ♦ n. en San Diego de la Unión, Gto. (1923). Miembro del PRI desde 1950. Ha sido secretario general del Sindicato Nacional Gastronómico, secretario general de la Unión de Empleados de Restaurantes, Cantinas y Hoteles (1958), diputado federal por el DF (1979-82), secretario general de la Federación Revolucionaria de Obreros y Campesinos del DF (1986-88) y miembro de la Asamblea de Representantes del DF (1988-91). Fue director de la revista *Mundo Gastronómico* (1974) y presidente de la Asociación Internacional de Bartenders (1974).

CASTELLOT BATALLA, JOSÉ ♦ n. en Campeche, Camp., y m. en el DF (1856-1938). Empresario. Fue diputado federal a varias legislaturas, senador (1898) y gobernador de Campeche (1902).

CASTELLOT MADRAZO, GONZALO ♦ n. en Campeche, Camp. (1922). Locutor. Ha sido secretario general del sindicato de la XEX (1947) y del Sindicato de Trabajadores de la Televisión (1950); secretario del interior del Sindicato de Artistas de Telesistema Mexicano (1955); secretario general del Sindicato Industrial de Artistas de Televisión, Radio, Similares y Conexos de la República Mexicana (1960), y del Sindicato Industrial de Trabajadores y Artistas de Televisión y Radio, Similares y Conexos

de la República Mexicana, puesto al que renunció en 1987. Diputado federal (1961-63, 1979-82 y 1985-88).

CASTERA, PEDRO ♦ n. y m. en la Cd. de México (1838-1906). Combatió la intervención francesa y el imperio. Al triunfo de las armas nacionales fue diputado y ejerció el periodismo. Dirigió *La República*. Autor de novelas folletinescas: *Los maduros, Carmen*, etcétera.

CASTIELLO, JAIME ♦ n. en Guadalajara, Jal., y m. en Zimapán, Hgo. (1898-1937). Sacerdote jesuita. Estudió en Gran Bretaña, Alemania y España. Fue maestro y guía de diversas organizaciones de católicos laicos. Autor de *La psicología de la educación clásica* (1944).

CASTILLA, LOS CUATES ♦ Dúo de cantautores integrado por los hermanos mellizos José (n. en Veracruz, Ver., y m. en el DF, 1912-1994) y Miguel Ángel (n. en Veracruz, Ver., y m. en el DF, 1912-1993) Díaz Mirón y González de Castilla. Sobrinos nietos de Salvador Díaz Mirón. Creadores del falsete. Fundadores de la XEB y de la XEW (1930), donde alternaron con Roberto Soto, Pedro Vargas, Gonzalo Curiel, los hermanos Martínez Gil y Joaquín Pardavé. Dieron giras por América, Asia y Europa. En París realizaron el primer programa piloto para la televisión (1937). Compusieron más de mil canciones, entre ellas *Bajo la luz de la luna* (tema de la película *Volando a Río de Janeiro* con Ginger Rogers y Fred Astaire), *El pastor, Mi segundo amor, Soñar, Martirio, Plegaria, Guadalupana, Cuando ya no me quieras, Flor silvestre, Tardes de Lima* y *Muñequita de quince años*.

CASTILLA, LUIS DE ♦ n. en España y m. en la Cd. de México (1502-¿1582?). Protegido de Hernán Cortés. Vino a México por primera vez en 1530. La minería y las encomiendas le permitieron amasar una fortuna que se consideró la mayor de Nueva España. Fue procurador y alférez real de la ciudad de México. El municipio Pinotepa de Don Luis, Oaxaca, lleva este nombre porque era parte de una de sus encomiendas.

CASTILLA BRITO, MANUEL ♦ n. en Campeche y m. en Mamantel, Camp.

(?-?). Antirreeleccionista desde 1910. Participó en la insurrección encabezada por Madero. Gobernador constitucional de Campeche (septiembre de 1911 a junio de 1913), aceptó en principio la autoridad de Victoriano Huerta, pero en junio de 1913 lo desconoció y se alzó en armas. Perseguido, salió a Belice y ahí se embarcó a Nueva Orleans. Regresó en octubre y Carranza lo designó comandante militar del estado. Obtuvo el grado de general brigadier.

CASTILLA SORIA, VINICIO VINNY ♦ n. en Oaxaca, Oax. (1967). Beisbolista. Jugó en los Yanquis de la Liga Monte Albán, luego con los Diablos Rojos de Oaxaca y con los Saraperos de Saltillo de la Liga Mexicana. Seleccionado nacional. Desde 1992 juega con el equipo *Rockies* de Colorado en la Liga Nacional de los Estados Unidos, donde posee la marca de mayor número de jonrones para un mexicano y fue tercer mejor bateador de la liga en 1998.

CASTILLEJOS PERAL, SILVIA ♦ n. en Texcoco, Edo. de Méx. (1957). Estudió literatura en la Universidad Autónoma Metropolitana (1980-84) y tomó un curso de guionismo en Televisa (1987). Ha hecho guiones de radio. Fue comentarista en el programa de televisión *Letras vivas* de Canal 13 (1984-87). Articulista del diario *unomásuno* desde 1982. Sus textos de creación literaria han aparecido en *El Cuento, El Buscón, Sábado* y otras publicaciones. Ha trabajado como editora en las universidades autónomas Metropolitana y de Chapingo. Es coautora del libro de cuentos *Reunión* y autora de *La internacional Sonora Santanera. Biografía de un grupo musical* (1987), que obtuvo mención honorífica en el Premio Nacional de Testimonio 1985 del Instituto Nacional de Bellas Artes, y del volumen de cuentos *Debe ser una broma* (1989). Recibió el Premio de Periodismo de la UAM por una entrevista con Elena Poniatowska (1983). En la misma casa de estudios obtuvo mención honorífica en el género de poesía por su trabajo *Frío de arcángel* (1985). Su guión *Aura en el espejo* mereció mención honorífica en el Concurso

Nacional de Telenovela convocado por Televisa (1986).

CASTILLERO, JOSÉ MARIANO ◆ n. en San Andrés Chalchicomula, Pue., y m. en la Cd. de México (1790-1844). Diputado al Congreso Constituyente de 1823-24 y miembro de la comisión redactora de la Constitución. Fue rector del Colegio Carolino. Al morir era senador de la República.

CASTILLERO MANZANO, SILVIA EUGENIA ◆ n. en el DF (1963). Estudió letras en la Universidad de Guadalajara y literatura en La Sorbona de París, Francia. Profesora de la Universidad de Guadalajara y en la Universidad François Rabelais, de Tours, Francia. Recibió las becas de jóvenes creadores del Fonca (1993-94) y de la Universidad de Guadalajara en París (1994-98). Ha sido incluida en las antologías *Un día con otro* (1987), *Flor de poesía en Guadalajara* (1988), *Poesía reciente de Jalisco* (1991), *10 poetas jóvenes de México* (1996) y *Escritores latinoamericanos en París. Fin de Milenio* (1998), y es autora de los libros *Entre dos silencios. La poesía como experiencia* (ensayo, 1992), *Como si despacio la noche* (poesía, 1993), *Nudos de luz* (poesía, 1995) y *Zooliloques* (edición bilingüe, 1997).

CASTILLO, ALBERTO ◆ n. en el DF (1969). Escritor. Estudió literatura hispánica en la UNAM y se diplomó en letras en la Sogem. Ha colaborado en *Pregonarte, La Jornada Semanal* y *Sábado*. Autor de *El edipo imaginario* (premio Punto de Partida, incluido en la antología *Teatro joven de México*, 1993) y de *Letargo de la Bahía* (1993).

CASTILLO, ANA ◆ n. y m. en el DF (1927-1996). Bailarina. Introductora en México de la metodología de la Real Academia Inglesa de Ballet. Fundó la Academia de Balé de Coyoacán (1949). En 1980 creó un sistema para la formación de bailarines profesionales basado en las escuelas inglesa y cubana. En 1983 estableció grupos de danzaterapia para niños discapacitados. Medalla Una vida en la danza del INBA (1990). También se le hizo un homenaje en el Palacio de Bellas Artes (1994) y en ese

mismo año, la presidencia de la Real Academia Inglesa de Ballet le hizo un reconocimiento.

CASTILLO, ANTONIO DEL ◆ n. en Huetamo, Mich., y m. en la Cd. de México (1820-1895). Ingeniero. Cofundador de la Escuela Práctica de Minas de Fresnillo. Director de la Escuela Nacional de Ingenieros (1881-95), puesto desde el cual fundó el Instituto Geológico Nacional. Descubrió la castillita (guanajuatita), la livingstonita y la guadalcazarita. Autor de un *Cuadro de la mineralogía mexicana* (1864) y de *Clasificación de los mamíferos fósiles del valle de México* (1869).

CASTILLO, APOLINAR ◆ n. en Oaxaca, Oax., y m. en la Cd. de México (?-1902). Político porfirista. Vivió desde la adolescencia en Veracruz, estado del que fue gobernador (1880-83). Al morir era senador.

CASTILLO, APOLONIO ◆ n. en Tecpan de Galeana y m. en Acapulco, Gro. (1923-1957). Fue varias veces campeón nacional de natación. A bordo de un yate dio la vuelta al mundo. Murió cuando intentaba rescatar los cuerpos de unas personas ahogadas.

CASTILLO, CARLOS DEL ◆ n. y m. en el DF (1882-1957). Músico. Estudió en México y en Alemania. Ofreció recitales de piano en Europa y a su regreso abrió la Academia Juan Sebastián Bach en la que se dedicó a la enseñanza. Director del Conservatorio Nacional (1920-24). Colaboró en *El Universal* y otras publicaciones. Fundó y dirigió las revistas *Música* (1909-11), *Música y Músicos* (1912-13) y el *Boletín* de su propia academia (1941-57).

CASTILLO, CRISPINIANO DEL ◆ n. y m. en Guadalajara, Jal. (1802-1888). Abogado. Ministro de Justicia con Santa Anna del 10 de octubre de 1841 al 21 de febrero de 1842. Sirvió a los invasores franceses y al imperio.

CASTILLO, CRISTÓBAL L. ◆ ? n. y m. en Tuxtla Gutiérrez, Chis. (1856-1932). Ingeniero militar. Fue diputado local y jefe político durante el porfiriato. Diputado por Chiapas al Congreso Constituyente (1916-17). Fue también tesorero

estatal y senador.

CASTILLO, DANTE DEL ◆ n. en Orizaba, Ver. (1946). Cursó la carrera de ingeniero metalúrgico en el IPN, en donde participó en los talleres de teatro organizados por el Departamento de Difusión Cultural y dirigidos por Emilio Carballido, Juan Tovar y Andrés González Pagés, entre otros. Estudió dirección escénica en la Escuela de Arte Teatral del INBA y composición dramática y análisis de texto con Emilio Carballido y Luisa Josefina Hernández. Ha dirigido y actuado varias piezas teatrales. Colaborador de *El Día, Excélsior, El Heraldo* y *Tramoya*. Autor del guión cinematográfico *La torre acribillada* (1975, Mención Especial en el segundo concurso de guiones de la SOGEM) y de las obras de teatro *La caja misteriosa* (1975, Primer Premio de Pastorelas), *Las muñecas* (1975), *El desempleo, Riesgo, vidrio, Mulata con magia y plata, El gerente, La zorra ventajosa y alevosa, Se vistió de novia, Adán, Eva y la otra, El pollito fanfarrón* y *Luzca para ti la luz perpetua* (1989). Becario del Centro Mexicano de Escritores (1971-72).

CASTILLO, ERIC DEL ◆ n. en el DF (1935). Actor. Nombre profesional de José Eduardo Eric del Castillo Negrete Galván. Se inició en el cine en los años sesenta. Ha participado en películas como *El extra* (1962), *Tarahumara* (1964) y *María Isabel* (1967). Ha participado en numerosas obras de teatro y telenovelas. Padre de la actriz Kate del Castillo.

CASTILLO, EUSEBIO ◆ n. en Villahermosa, Tab., y m. en el rancho Angustias, Chis. (1834-1897). Albañil. Participó en las guerras de Reforma y luchó contra los invasores franceses y el imperio. Fue gobernador de Tabasco.

CASTILLO, FELIPE NERI ◆ n. en la Cd. de México y m. en Puebla, Pue. (1867-1918). Colaboró en diversos periódicos de Puebla y ahí fundó *El Domingo*, hebdomadario de letras y artes (1902-03). Autor de *Poesías* (1889), *Romances de Invierno* (1894) y *Brisas y nubes* (1908).

CASTILLO, FLORENCIO DEL ◆ n. en Costa Rica y m. en Oaxaca, Oax. (1778-1834). Fue diputado a las Cortes de

Cádiz (1811-14) que llegó a presidir. Al volver a América radicó en Oaxaca. Diputado por la provincia de Costa Rica al Congreso Constituyente de 1822. Fue miembro del Consejo de Estado nombrado por Iturbide. Presidió la Junta Directiva del Instituto de Ciencias y Artes de Oaxaca. Al morir era obispo de Oaxaca.

CASTILLO, FLORENCIO MARÍA DEL ◆ n. en la Cd. de México y m. en Veracruz, Ver. (1828-1863). Ejerció el periodismo. En *El Monitor Republicano* fue jefe de redacción. Fue diputado a la primera Legislatura, disuelta por el golpe de Estado de Comonfort, y a la segunda. Combatió a los conservadores durante la guerra de los Tres Años. Fue presidente del ayuntamiento de la capital al triunfo de los liberales. Tomó las armas contra los invasores franceses, quienes lo aprehendieron y encerraron en San Juan de Ulúa, de donde salió para morir en un hospital del puerto de Veracruz. Autor de una amplia obra narrativa en la que predominan las novelas cortas (*La corona de Azucenas, Hasta el cielo, Dolores ocultos, Expiación, Botón de rosa*. Su novela más amplia es *Hermana de los ángeles* (1854).

CASTILLO, GERMÁN ◆ n. en el DF (1944). Estudió en la Escuela de Arte Teatral del INBA (1970). Profesor en el INBA, la Universidad Veracruzana, el CUT, el Centro de Capacitación Cinematográfica y la UNAM. Ha dirigido numerosas puestas en escena, entre otras, *Antígona*, de Bertolt Brecht (1970); *Romeo y Julieta*, de William Shakespeare (1971); *La luna pequeña y la caminata peligrosa*, de Augusto Boal (1972); *Apocalipsis*, de Ernesto Cardenal (1972); *Las voces*, de Federico Steiner (1973); *Muerte sin fin*, de José Gorostiza (1975); *Los señores Macbeth*, adaptación suya del texto de Shakespeare (1976); *La escuela de las mujeres*, adaptación suya de la obra de Molière (1977 y 1982, Premio Alfonso Icaza); *Los signos del zodiaco*, de Sergio Magaña (1977); *Los empeños de un engaño*, de Juan Ruiz de Alarcón (1979); *Santísima*, de Sergio Magaña (1980); *La rosa de oro*, de Carlos Olmos

(1981); *Séptimo mandamiento, no robarás tanto*, de Darío Fo (1981); *A ninguna de las tres*, de Fernando Calderón (1983); *México 1930* (1985); *La casa de Bernarda Alba*, de García Lorca (1985); *Examen de maridos*, de Juan Ruiz de Alarcón (1986); *Seis personajes en busca de autor*, de Luigi Pirandello (1986) y *El decamerón*, adaptación suya de la novela de Giovanni Boccacio (1986). Colabora en publicaciones literarias. Autor de las piezas *De dos en fondo, a ninguna parte* (1982), *Ahí viene Pedro Infante, que cante, que cante* (1990); del ensayo *Usigli: censor de la realidad mexicana* (1992) y de los volúmenes de poesía *Paso común* (1975) y *Combustión interna* (1979). En 1987 fue nombrado director de Teatro del INBA. Becario del Centro Mexicano de Escritores (1964-65) y del Fonca (1990-91 y 1993-94). Pertenece al Sistema Nacional de Creadores de Arte (1997-).

CASTILLO, HEBERTO ◆ n. en Ixhuatlán de Madero, Ver. y m. en el DF (1928-1996). Su apellido materno es Martínez. Ingeniero civil titulado en la UNAM (1953), donde fue profesor (1949-68). Registró varios procedimientos de construcción, entre ellos el sistema llamado *tridilosa*, y patentó varios inventos. Fue presidente de Constructora Indé (1956-58), secretario particular de Lázaro Cárdenas (1959-64), coordinador del Movimiento de Liberación Nacional (1959-64). Por su participación como representante magisterial durante el movimiento estudiantil de 1968 fue perseguido y encarcelado de 1969 a 1971. Miembro fundador de los comités nacionales de Auscultación y Coordinación (1971-73) y de Auscultación y Organización (1973-74), cofundador y presidente del PMT (1974-87), diputado federal (1985-88), cofundador del PMS y candidato de este partido a la Presidencia de la República (1987-88) y cofundador del PRD (1989). Colaboró en *Siempre!, Excélsior, El Universal, Proceso* y *La Jornada*. Coautor, con Francisco José Paoli Bolio, de *¿Por qué un nuevo partido?* (1975), con Rius de *Huele a gas* y con Rogelio Naranjo de *Cuando el petróleo se acaba*. Autor de *Análisis y diseño estruc-*

tural, Nueva teoría de las estructuras (1964), *Cárdenas el hombre, Libertad bajo protesta* (1971), *Desde la trinchera que fue Excélsior* (1976), *Breve historia de la revolución mexicana, Pemex sí, Peusa no; El principio del poder, La investigación, Apuntes para el quehacer político, y Si te agarran te van a matar* (1983). Doctor *honoris causa* de la Universidad de Perú.

CASTILLO, IGNACIO B. DEL ◆ n. en Orizaba, Ver., y m. en el DF (1886-1966). Colaboró con Genaro García en la edición de *Documentos inéditos o muy raros para la historia de México*. Autor de *Cuauhtémoc. Su ascendencia, su edad, su descendencia* (1907) y, entre otras obras, de una *Bibliografía de la revolución mexicana de 1910 a 1917*.

CASTILLO, JESÚS CHUCHO ◆ n. en Nuevo Valle de Moreno, Gto. (1944). Boxeador. Debutó como amateur en 1961 y como profesional en 1962. Venció a José Medel el 29 de abril de 1967 para convertirse en campeón nacional de peso gallo. En la misma categoría obtuvo el campeonato del Consejo Mundial de Boxeo, en octubre de 1970, al ganar a Rubén Olivares en el decimocuarto asalto. Este mismo le quitó el título en abril del año siguiente, cuando lo venció por decisión. Se retiró en 1976. Antes y después de su carrera pugilística ha sido comerciante.

CASTILLO, JOAQUÍN ◆ n. en el DF (1943). Fue mariscal de campo del *Universidad* del futbol americano colegial de México (1964-69). y más tarde asistente de *Cóndores* y *Águilas Reales*. Desde 1975 es comentarista de deportes de los Canales 7 y 13 de televisión y comentarista deportivo en programas de radio.

CASTILLO, JUAN DIEGO ◆ n. en España y m. en la Cd. de México (1744-1793). Botánico. Investigó sobre la vegetación de Nueva España. Autor de *Flora mexicana* y de *Plantas descritas en el viaje de Acapulco*.

CASTILLO, JULIO ◆ n. y m. en el DF (1944-1988). Director teatral. Estudió teatro en el Instituto Nacional de Bellas Artes. Fue discípulo de Alejandro Jodorowsky y Héctor Mendoza. Trabajó co-

Foto: Fabrizio León

Heberto Castillo

mo actor en *Fando y Lis* y otras obras. A los 24 años, en 1968, dirigió *Cementerio de automóviles*, de Fernando Arrabal, lo que le valió un premio. En 1980 su puesta en escena de *Vacío* le mereció nuevas distinciones. Con el mismo Mendoza y Luis de Tavira fundó el Centro Universitario de Teatro. Realizador de la película *Apolinar* (1972). Dirigió también las telenovelas *La señora joven, Cosa juzgada, Caminemos* y *Lo blanco y lo negro*. En 1985 recibió el Premio al Mejor Director de la Agrupación de Periodistas Teatrales por su trabajo en *De película*; y en 1987 y 1988, el Premio José de Jesús Aceves a la mejor dirección, de la Asociación Mexicana de Críticos de Teatro por *De la calle* y *Dulces compañías*, respectivamente. En 1988, también por su montaje de *De la calle*, recibió el premio al mejor director latinoamericano en el Festival Latino de Nueva York.

CASTILLO, LUIS ◆ n. en el DF (1921). Boxeador. Se inició en 1936. Sostuvo más de 250 peleas profesionales, un centenar de ellas en el extranjero. En La Habana obtuvo el campeonato centroamericano de peso mosca. Fue doble campeón nacional, mosca y gallo, y monarca de Norteamérica también en peso gallo. En esa categoría, infructuosamente, peleó tres veces con Carlos Ortiz por el cetro mundial (dos en 1944 y otra en 1946). Llegó a pelear hasta dos veces en un día y tres en una semana. Conocido como el *Duende de la Merced*, por su fortaleza física los cronistas lo llamarían también el *Acorazado de Bolsillo*. Se retiró en 1956.

CASTILLO, MARTÍN ◆ n. y m. en España (?-1690). Fraile franciscano. En Nueva España fue provincial de la orden. Escribió en castellano una gramática griega y otra hebrea, editadas en Francia.

CASTILLO, NICANDRO ◆ n. en Xochiatipan, Hgo., y m. en el DF (1914-1997). Músico. Su segundo apellido era Gó-

mez. Profesor normalista titulado en la Escuela Normal Rural de Actopan. Fue maestro rural en la Huasteca hidalguense (1930-32). Entre 1933 y 1937 perteneció al grupo *Los Trovadores Huastecos*, dirigido por Pedro Galindo, con el que realizó diversas giras en Estados Unidos. En 1938 fundó el conjunto *Los Plateados*, con el que se presentó en la radiodifusora XEW en 1939. Trabajó en varias películas al lado de Jorge Negrete y Pedro Infante. Se retiró en 1949 y desde entonces fue administrador de un cine en Reinosa, recaudador de rentas en Hidalgo, presidente municipal de Xochiatipan (1959-62), administrador del Centro Ganadero de Obregón, Sonora (1962-64); pequeño empresario ganadero (1964-) y diputado federal suplente (1988-91). Entre sus sones se cuentan *Las tres huastecas, El cantador, La calandria, Sueño, La media bamba, El Cielito lindo huasteco, El cuervo con el perico, Pachuca, Corazoncito, El Chihuahua, El framboyán, El cuerudo, El viejo alegre* y *El fureño*. Miembro fundador de la Sociedad de Autores y Compositores de México, que en 1987 le otorgó la medalla por medio siglo como compositor.

CASTILLO, PATRICIO ◆ n. en Chile (1940). Actor. Radica en México desde 1964. Fue discípulo de Seki Sano. Ha tomado parte en más de 60 obras de todos los géneros teatrales (*Los argonautas, El tejedor de milagros, Electra, El diluvio que viene, Loco amor*, etc.). Ha dirigido puestas en escena. Pertenece a la Compañía Nacional de Teatro desde su fundación.

CASTILLO, PORFIRIO DEL ◆ n. en Puebla, Pue., m. en el DF (1884-1957). Profesor normalista. Antirreeleccionista desde 1909. Fue miembro del Club Regeneración de Aquiles Serdán. Escribió en *México Nuevo* contra la dictadura de Porfirio Díaz. Participó en la insurrección maderista. A la caída de Madero se levantó en armas contra Victoriano Huerta. Fue varias veces secretario de Gobierno (1914) y gobernador de Tlaxcala (1915). Diputado al Congreso Constituyente (1916-17) por Chalchicomula, Puebla. Volvió a ser diputado a

la XXIX y XXX legislaturas. Jefe de Gobernación en Hidalgo (1941).

CASTILLO, RAFAEL DEL ◆ n. y m. en San Luis Potosí, SLP (1847-1917). Periodista. Colaboró en publicaciones potosinas: *La Ilustración, La Fe, El Estandarte, Las Novedades* y *El Correo de San Luis*. Dirigió *La Unión Democrática* y *El Periódico Oficial* (1986-89). Autor del *Almanaque potosino para el año bisiesto de 1880* (1879), *Crónica de salón* (1886) y la serie *Tipos Sociales* con sus títulos *Doña Consuelo* (1886), *Los que lloran* (1886), *La carpeta verde* (1886) y *La muerte de una copa* (1886); *Algunos apuntes sobre la instrucción primaria en el estado* (1890), *Guía del viajero en San Luis Potosí* (1891) y una *Cartilla geográfica descriptiva del estado de San Luis Potosí* (1891).

CASTILLO, RAFAEL DEL ◆ n. en Córdoba, Ver. (1935). Licenciado en derecho por la UNAM. Actuó como futbolista profesional en el Morelia, cuando este club se hallaba en segunda división (1959). Ha sido presidente de la Comisión Disciplinaria (1976-79), secretario general (1979) y presidente (1979-86) de la Federación Mexicana de Futbol. Autor de *¡Viva el futbol!*

CASTILLO, RICARDO ◆ n. en Guadalajara, Jal. (1954). Poeta. Sus textos han aparecido en las principales publicaciones literarias del país. Fue becario INBA-Fonapas (1979-80). Participó en las Jornadas Internacionales de Poesía (DF, 1982) y en el segundo Festival Internacional de Poesía (Morelia, 1983). Ha colaborado en las revistas *Vuelta, Revista de la Universidad, Plural* y *La Gaceta del Fondo*, así como en *La Cultura en México*, suplemento de *Siempre!* Autor de *El pobrecito señor X* (1976), *El pobrecito señor X y la oruga* (1980), *Concierto en vivo* (1982), *Como agua al regresar* (1982), *Nicolás el camaleón* (1989, Premio de Poesía de la Universidad de Querétaro 1990) y *Borrar los nombres* (1992). En 1980 recibió el Premio Carlos Pellicer por obra poética publicada.

CASTILLO, ROSA ◆ n. en Jalisco (1910). En 1944 ingresó en La Esmeralda, donde fue discípula de Federico

Cantú, Carlos Orozco Romero, Alfredo Zalce, Luis Ortiz Monasterio, Francisco Zúñiga y Feliciano Peña. En 1952 presentó una exposición individual de su obra en el DF. Cofundadora de los Talleres de Artesanías de la Ciudadela (1955). Colaboró con Zúñiga en las esculturas que éste ejecutó para el Seguro Social. En 1958 obtuvo el Premio Adquisición del Salón Anual de Escultura del Salón de la Plástica Mexicana; en 1962 obtuvo el Primer Premio por *La Venta* en la primera Bienal de Escultura de Bellas Artes; y en 1965 el Premio de Adquisición del Instituto de Arte de México, de la ciudad de Chihuahua, por *Cabeza de niño chamula*.

CASTILLO, SEVERO DEL ◆ n. y m. en la Cd. de México (1824-1872). Militar conservador. Ministro de Guerra en el gabinete de Miramón (14 de febrero al 29 de abril de 1859). Gobernador militar de Jalisco (1860). Escribió la novela *Cecilio Chi*, basada en ese personaje de la Guerra de Castas de Yucatán, estado al que le envió el gobierno imperial.

CASTILLO COLMENARES, ALFREDO ◆ n. en Oaxaca, Oax. (1949). Abogado por la Universidad Benito Juárez de Oaxaca. Pertenece al PAN desde 1973, partido en el que ha sido secretario de prensa en Oaxaca, secretario de Comunicación Social y Secretario General (1989-92). Notario público en Oaxaca (1975). Diputado federal (1991-94). Pertenece a la Asociación Nacional del Notariado.

CASTILLO Y COS, MARTÍN ◆ n. en Jalapa, Ver., y m. en la Cd. de México (¿1828?-1899). Fue cónsul de los gobiernos conservadores en Estados Unidos. Partidario de la intervención francesa, sirvió a Maximiliano como ministro de Negocios Extranjeros (octubre de 1865 a julio de 1866). Acompañó a Carlota en su viaje a Europa.

CASTILLO COSTA, SERGIO RAFAEL ◆ n. en el DF (1948). Licenciado en derecho por la UNAM (1965-69) y maestro en administración pública por la London School of Economics (1970-71). Es miembro del PRI desde 1965. Ha sido jefe del Departamento de Organización

de la Presidencia de la República (1977), secretario particular del secretario de Comercio (1979-80), subdirector general del IMCE (1980-82), director técnico y de gestión del Banco BCH (1985-86) y director general de asuntos jurídicos de la SEMIP (1986-). Autor de *El comercio exterior de México* (1983) y *El arbitraje comercial internacional* (1983). Fue presidente de la Academia de Arbitraje y Comercio Internacional (1980-83).

CASTILLO CUBILLO, FAUSTINO ◆ n. en España y m. en el DF (1913-1996). Fotógrafo. Exiliado en México por la Guerra Civil Española, junto con su hermano Pablo y con los hermanos Cándido, Julio y Francisco Souza Fernández, decidieron llamarse Los Hermanos Mayo, nombre con el que se dedicaron al fotoperiodismo y registraron parte importante de la historia de este país.

CASTILLO DÍAZ, GUSTAVO ◆ n. en Molango, Hgo., y m. en el DF (1914-1987). Pediatra. Estudió en la UNAM, donde fue profesor y consejero universitario. Fue diputado federal por Hidalgo y fundador del Hospital Infantil de México.

CASTILLO FRANCO, ARMANDO DEL ◆ n. en Durango, Dgo., y m. en la carretera México-Cuernavaca (1918-1992). Licenciado en derecho. Fue dirigente juvenil del PRI, en dos ocasiones secretario de Gobierno de Durango, dos veces diputado federal (1949-52 y 1979-80) y gobernador constitucional de Durango (1980-86).

CASTILLO GAMBOA, ROLANDO ◆ n. en Matamoros, Tams. (1949). Licenciado en derecho por la Universidad Autónoma de Nuevo León, de la que ha sido profesor y coordinador del Departamento Jurídico. Miembro del PRI, en el que ha desempeñado diversas comisiones. Ha sido subdirector general de Fomerrey (1982-83) y secretario general de la Federación de Organizaciones Populares de Nuevo León (1982-85). Diputado federal (1985-88).

CASTILLO IGLESIAS, LUIS ◆ n. y m. en España (1904-1981). Educador. Republicano. Se asiló en México al término de la guerra civil española (1939). Fue

profesor de historia y geografía en la Normal Superior, el Colegio Franco Español y la Escuela Nacional Preparatoria. Director de la secundaria (1950) del Colegio Madrid y luego director general de esa institución (1968-76). Volvió a España en 1980.

CASTILLO JUÁREZ, LAURA ITZEL ◆ n. en el DF (1957). Hija de Heberto Castillo. Arquitecta por la UNAM. Participó en el proyecto del Centro Médico Siglo XXI y la iglesia de la colonia Teopanzolco, en Morelos. Ha colaborado en *Siempre!* y *La Jornada*. Cofundadora del PMT y de la Asociación Nacional de Jóvenes (1980-83). Cofundadora del PMS (1987) y del PRD (1989), del cual es consejera nacional desde 1991 e integrante del comité ejecutivo nacional desde 1993. Miembro de la Asamblea de Representantes del DF (1991-94). Coordinó la campaña a la gubernatura de Veracruz del PRD (1993). Diputada federal (1997-99) y delegada en Coyoacán (1999-). Es miembro de número del Colegio Mexicano de Arquitectos y socia de la Sociedad de Arquitectos Mexicanos. Autora de *Pobreza, desperdicio y deterioro ecológico* (1992), *Desarrollo sustentable: realidad o utopía* (1995), *Plan ambiental para el Distrito Federal 1997-2000* (1998) y *El desarrollo sustentable y la ciudad de México* (1998).

CASTILLO Y LANZAS, JOAQUÍN MARÍA DE ◆ n. en Jalapa, Ver., y m. en la Cd. de México (1801-1878). Político conservador. Estudió en Inglaterra, Escocia y España. En 1825 editó el periódico *El Mercurio*, en Alvarado, y después dirigió el *Diario de Veracruz*. Tradujo a Lord Byron y escribió poesías que aparecieron reunidas en el volumen *Ocios juveniles* (1835). Encargado de negocios de México ante el gobierno de Washington (1833-37). Ocupó la cartera de Relaciones Exteriores en los gabinetes de Mariano Paredes Arrillaga (enero-julio de 1846), Félix Zuloaga (julio-diciembre de 1858 y 24 al 31 de enero de 1859), Manuel Robles Pezuela (diciembre-enero de 1858-59), Mariano Salas (21 a 23 de enero de 1859) y Miguel Miramón (primero y 2 de febrero de 1859).

CASTILLO LARRAÑAGA, JOSÉ ◆ n. en Oaxaca, Oax., y m. en el DF (1899-1964). Fue diputado federal (1927-28), director de la Facultad de Derecho de la UNAM y presidente del Tribunal Superior de Justicia del Distrito y Territorios Federales (1959). Coautor de *Instituciones de derecho procesal civil*.

CASTILLO LEDÓN, AMALIA GONZÁLEZ CABALLERO DE ◆ n. en Santander Jiménez, Tams., y m. en el DF (1898-1986). Obtuvo el título de maestra normalista y la licenciatura en letras por la UNAM. En el sexenio de Lázaro Cárdenas colaboró con la esposa de éste en la creación de la Asociación de Protección a la Infancia. Fundadora de la Comedia Mexicana y del Teatro de Masas, instituciones dedicadas a la difusión del arte dramático. Fundadora y presidenta del Ateneo Mexicano de Mujeres y del Club Internacional de Mujeres; vicepresidenta de la Comisión Internacional de Mujeres (1944-53); integrante de la delegación mexicana ante la ONU (1945-50); fundadora de la Alianza de Mujeres de México (1952), ministra plenipotenciaria de México ante Suecia y Finlandia (1953-56) y posteriormente embajadora en los mismos países (1956-59), en Suiza (1959) y en Austria (1965). Subsecretaria de Educación para Asuntos Culturales (1959-64). Fue la primera mexicana que estuvo al frente de una embajada y de una subsecretaría. Escribió ensayo: *Cuatro estancias poéticas*; y drama: *Cuando las hojas caen* (1929), *Cubos de noria, Coqueta, Bajo el mismo techo, Peligro-Deshielos* y *La mujer escondida* (1963).

Amalia González Caballero de Castillo Ledón

CASTILLO LEDÓN, LUIS ◆ n. en Santiago Ixcuintla, Nay., y m. en el DF (1880-1944). Trabajó como periodista en publicaciones de Guadalajara donde dirigió *El Monitor de Occidente*. Prosiguió su carrera en la capital del país, en la que fue cofundador de *Savia Moderna*, revista que dio origen al Ateneo de la Juventud. Diputado federal (1912-13). Al golpe de Victoriano Huerta se incorporó al constitucionalismo y fue redactor de *La Vanguardia*. Cofundador del Ateneo de México. Varias veces di-

rector del Museo de Arqueología, Historia y Etnografía. Gobernador de Nayarit (1930-31). Autor de poesía: *Lo que miro y lo que siento* (1916); ensayo literario: *Antigua literatura indígena mexicana* (1917), *Orígenes de la novela en México* (1922); y obras históricas: *La fundación de la ciudad de México* (1925), *La conquista y colonización española en México, su verdadero carácter* (1932), *Hidalgo, la vida del héroe* (2 t., 1949), trabajo al que se dedicó durante treinta años. Escribió también una monografía del chocolate, semblanzas de personajes y textos sobre diversas instituciones, hechos y lugares históricos.

CASTILLO LENARD, GERÓNIMO ◆ n. y m. en Mérida, Yuc. (1804-1866). Periodista. Colaboró en las principales publicaciones de la península de Yucatán. Fundó y dirigió el *Boletín Comercial de Mérida y Campeche* (1841-42), el *Registro Yucateco* (1845-49) y *El Mosaico* (1849-50). Fue diputado federal y senador. Autor del ensayo *Carácter, costumbres y condiciones de los indios de Yucatán* y de la novela *Un pacto y un pleito*. Inició la elaboración de un *Diccionario de Yucatán*, del que sólo publicó el primer tomo.

CASTILLO LÓPEZ, JESÚS ◆ n. y m. en Cuernavaca (1906-1998). Fue gobernador de Morelos (1942-46), el último en cubrir un periodo de cuatro años ya que posteriormente se amplió el periodo.

CASTILLO MENA, IGNACIO ◆ n. en Dinamita, Dgo. (1929). Licenciado en derecho por la UNAM (1947-50) con la tesis *La Rebelión*. Profesor de la UNAM. Perteneció al PRI, en el que fue director de acción juvenil (1954-59) y de asuntos jurídicos del CEN (1966-68). Ha sido subdirector de Profesiones de la SEP (1959-61), director de Relaciones Públicas de la Secretaría de Comercio (1964-66), representante del gobierno de Durango en el DF, presidente de la Junta Local de Conciliación y Arbitraje (1971-76), presidente del Tribunal Superior de Justicia de Durango y senador de la República (1976-82). En 1986 se incorporó a la Corriente Democrática del PRI y al año siguiente se

sumó al Partido del Frente Cardenista de Reconstrucción Nacional. Perteneció al Frente Democrático Nacional. Elegido diputado federal a la LIV Legislatura (1988-91), participó en la fundación del PRD y fue miembro del comité ejecutivo nacional y coordinador de la diputación federal. Abandonó ese partido en 1991 y aceptó ser embajador de México en Ecuador. Escribe en la revista *Siempre!* Autor de *De espaldas al pueblo* (1991) y de *Nuestra América. Tópicos de interés e inquietud* (1998).

CASTILLO MIRANDA, WILFRIDO ◆ n. en el DF (1909). Ingeniero químico y contador por la UNAM. Primer director de la Escuela Nacional de Comercio y Administración. Impartió clases en la UNAM (1938-70), institución en la que inició la carrera de licenciado en administración de empresas (1957), fue auditor en dos periodos, miembro de la Junta de Gobierno y fue nombrado profesor emérito (1973). Desde 1943 dirige el despacho de contadores públicos que lleva su nombre. Fundador del Colegio Mexicano de Contadores Públicos. Reconocido como maestro distinguido por el Instituto Mexicano de Contadores Públicos.

CASTILLO MOTA, JUAN JOSÉ ◆ n. en Guadalajara, Jal. (1928). Licenciado en derecho por la UNAM (1948-52). Profesor de la Escuela Militarizada México, la Preparatoria del Magisterio y la Universidad Femenina de México. Miembro del PRI desde 1950. Ha sido agente del Ministerio Público en el DF (1953-58), apoderado de la CEIMSA (1954-60), diputado federal suplente (1961-64), jefe de la Oficina Jurídica (1961-63) y apoderado general de Conasupo (1964), secretario privado del secretario general del DDF (1964-71), jefe de Supervisión de ANDSA (1971-73), asesor del secretario de Gobernación (1980-81), diputado federal (1985-88) y miembro de la Asamblea de Representantes del Distrito Federal (1988-91). Fue secretario de la Asociación Nacional de Abogados al Servicio del Estado (1984).

CASTILLO NÁJERA, FRANCISCO ◆ n. en Durango, Dgo., y m. en el DF (1886-

1954). Médico. Estudió en México, Francia, Bélgica y EUA. En 1915 se incorporó al carrancismo y participó en varios combates contra zapatistas y villistas. Llegó a general brigadier. Ocupó varios cargos públicos en el área de salubridad y al morir presidía la Comisión Nacional de Seguros. Fue representante de México en China (1922-24), Bélgica (1927-1930), Holanda (1930), Suecia (1932), Francia (1933-35) y EUA (1935-45), país donde fungió como embajador. Presidió el Consejo de la Sociedad de Naciones (1933) y encabezó la representación mexicana ante la ONU en 1946. Secretario de Relaciones Exteriores en el gabinete de Ávila Camacho (octubre de 1945 a noviembre de 1946). Tradujo *Un siglo de poesía belga* (1931). Autor del corrido *El gavilán* (1934) y de los poemarios *Albores* (1906) y *Treguas líricas* (1945). Fue presidente de la Academia Nacional de Medicina (1927) y miembro de la Academia Mexicana de la Lengua, a la que ingresó con el discurso *Algunas consideraciones sobre el español que se habla en México* (1936).

CASTILLO NÁJERA, ORALBA ◆ n. en el DF (1946). Licenciada en filosofía por la UNAM. Profesora de la Universidad Michoacana de San Nicolás de Hidalgo y de la Escuela Nacional de Antropología e Historia. Trabaja en la editorial Domés. Colaboradora de la revista *Por Esto* y de los diarios *Ovaciones, Excélsior, El Día* y *Correo del Sur,* de Cuernavaca. Coautora de *Sin permiso* (1984) y autora de la novela *Perfume de gardenias* (1982) y del volumen de entrevistas *Renato Leduc y sus amigos* (1987).

CASTILLO NEGRETE, EMILIO DEL ◆ n. en Guadalajara, Jal., y m. en la Cd. de México (1832-1893). Abogado. Ejerció el periodismo. Autor de una *Galería de oradores de México en el siglo XIX* y de obras históricas y biográficas.

CASTILLO PERALTA, RICARDO ◆ n. en Sahuaripa, Son. (1939). Licenciado en derecho. Miembro del PRI, que lo comisionó como delegado en Campeche. Ha sido secretario general de la Liga de Comunidades Agrarias de Sonora, se-

cretario particular de Alfredo V. Bonfil y coordinador de la Confederación Nacional Campesina; director de coordinación de la Secretaría de Agricultura y del Banrural. Dos veces diputado por Sonora (1976-79 y 1982-85).

CASTILLO PERAZA, CARLOS ENRIQUE ◆ n. en Mérida, Yuc. (1947). Licenciado en filosofía por la UNAM (1968-71) graduado con la tesis *El socialismo pluralista de Pierre-Joseph Proudhon,* especializado en filosofía medieval en la Universidad de Friburgo, Suiza (1972-76). Profesor del Centro Universitario Montejo de Mérida (1976-78) y de la Universidad La Salle (1972-82 y 1987-). Militó en el PAN (1967-98), en el que fue director del Instituto de Estudios y Capacitación Política (1979-82), secretario de relaciones internacionales del CEN (1979-82), consejero nacional (1979-), director de la revista *Palabra* (1987) y presidente del partido (1993-96). Diputado federal en dos ocasiones (1979-82 y 1988-91). Ha colaborado en *Ovaciones, La Jornada, Reforma, El Universal* y *Proceso.* Coautor de *Estudios sobre valores* (1980), *Religión y cultura* (1981) e *Iglesia y cultura* (1983). Autor de *Antología de textos de historia de Yucatán* (1978), *Filosofía y ámbitos culturales* (1984) y *El agro-antropólogo* (1989). En 1988 recibió el Premio La Salle a la mejor investigación filosófica. Presidió la ACJM. Es miembro del Movimiento Internacional de Intelectuales Católicos.

CASTILLO PERAZA, JOAQUÍN ◆ n. y m. en Mérida, Yuc. (1830-1902). Abogado y periodista. Partidario de la intervención francesa y el imperio. Autor de *Ensayos poéticos* (1862) y *Rimas y prosa* (1887).

CASTILLO PESADO Y MONTERO, ENRIQUE MANUEL ◆ n. en el DF (1944). Estudió relaciones industriales en la UIA. Cronista de sociales. Trabajó en *Excélsior* y *El Heraldo de México.* Fue editor de la sección *Estilo de vida* en *El Sol de México.* Dirige la sección *Nuestro mundo,* del diario *El Universal.* Codirige el semanario *Entrelíneas de la Información Política.* Dirige la compañía de comuni-

cación Interdifussion. Autor de *Revelaciones de Castillo-Pesado* y coautor de *Platillo Ciudad de México.* Recibió un premio del Club de Periodistas.

CASTILLO Y PIÑA, JOSÉ ◆ n. en Valle de Bravo, Edo. de Méx., y m. en el DF (1888-1964). Fue ordenado sacerdote en 1911. Fundó el Colegio de Niñas de Mixcoac. Colaboró en *Excélsior.* Autor de *La cuestión social en México* (1921), *La mutualista católica, o sea, un breve estudio sobre el mutuo socorro que podrán prestarse los enfermos de una parroquia en un centro obrero* (1922), *Poesías* (1923), *Cuestiones sociales* (1934), *Cuestiones históricas* (1935), *Los oasis del camino* (1936), *Mis recuerdos* (1941), *Oro en polvo* (1943), *Cuestiones palpitantes* (1945), *Tonantzin* (1945), *Hombres y lugares célebres de México* (1948) y *Oro, incienso y mirra* (1955).

Carlos Castillo Peraza

CASTILLO RENTERÍA, JOSÉ DE JESÚS ◆ n. en la Cd. de México (1927). Fue consagrado sacerdote en 1951. Fue párroco en Nuevo Laredo, Tamaulipas. Es obispo de Tuxtepec desde abril de 1979.

CASTILLO ROJAS, ALFREDO ◆ n. en el DF (1943). Licenciado en ciencias políticas (1960-64) y doctor en administración por la UNAM, donde fue profesor (1970-71). Pertenece al PRI desde 1962. Ha sido director general de Métodos y Sistemas en la Secretaría de Patrimonio Nacional (1970-76), de Informática en la de Patrimonio y Fomento Industrial (1976-82) y de administración en la de Pesca (1982-86); comisario B de la Secretaría de la Contraloría General de la Federación (1986-88) y director de Recursos Materiales y Servicios Generales del DDF (1988-94). Coautor de *La empresa pública: ensayo de un diccionario de política y administración pública* (1978) y autor de *Importancia económica y administrativa de la empresa pública en México.* Presidió el Colegio de Licenciados en Ciencias Políticas y Administración Pública.

CASTILLO SANTIAGO, FIDENCIO ◆ n. en Etzatlán, Jal. (1907). En 1937 ingresó en La Esmeralda, donde fue discípulo de Rómulo Rozo y Oliverio Martínez. Estuvo dos años en la Academia de San Carlos como alumno de Armando Valdés Peza y Jesús Guerrero Galván. También han sido sus maestros Federico Cantú y Francisco Zúñiga. En 1971 expuso individualmente en el Salón de la Plástica Mexicana, del que es fundador. Entre sus obras se cuentan el *Monumento al general Miguel Cástulo Alatriste*, en Izúcar de Matamoros, Puebla; el busto de Hahnemann que está en la Escuela Homeopática del Politécnico; el medallón con las efigies de Lenin y Stalin y el escudo de la Unión Soviética en la embajada de este país en México. En 1959 obtuvo el Primer Lugar en Escultura en el Concurso para Maestros de Artes Plásticas convocado por Bellas Artes y en 1964 el Primer Premio del Salón de Escultura Contemporánea celebrado en la ciudad de Chihuahua.

CASTILLO DE TEAYO ◆ Municipio de Veracruz situado en al suroeste de Tuxpan y al noroeste de Poza Rica, en los límites con Hidalgo. Superficie: 447.46 km². Habitantes: 19,335, de los cuales 4,760 forman la población económicamente activa. Hablan alguna lengua indígena 1,767 personas mayores de cinco años (náhuatl 1,388 y otomí 315). Se llama Castillo de Teayo por la pirámide situada en la plaza principal de la cabecera municipal, que fue centro de una colonia militar mexica desde la que, en 1487, Moctezuma Ilhuicamina inició un ataque contra huastecos y totonacos.

CASTILLO TIELEMANS, JOSÉ ◆ n. en San Cristóbal de Las Casas, Chis., y m. en el DF (1911-1990). Licenciado en derecho por la UNAM. Fue vocal secretario de la Comisión Nacional de Colonización, senador (1958-64) y gobernador constitucional de Chiapas (1964-70).

CASTILLO UDIARTE, ROBERTO ◆ n. en Tecate, BC (1951). Estudió letras inglesas e hispánicas en la UNAM. Es profesor del Colegio de Bachilleres de Tijuana. Fue miembro del consejo de redacción de la revista *El Ultimo Vuelo*, de la Universidad Estatal de San Diego, California. Autor de *Pequeño bestiario y otras miniaturas* (1982) y *Plus cola de lagarto* (1985). Premio de Poesía Tijuana (1984).

CASTILLO VELASCO, JOSÉ MARÍA ◆ n. en Ocotlán, Oax., y m. en la Cd. de México (1820-1883). Abogado y periodista liberal. Escribió para *El Monitor Republicano*, publicación que dirigió en varias ocasiones. Diputado al Congreso Constituyente de 1856-57, en el cual fue miembro de la comisión redactora. Combatió la intervención francesa y el imperio. Fue secretario de Gobernación del presidente Benito Juárez (marzo de 1871 a junio de 1872).

CASTILLÓN ÁLVAREZ, PABLO ◆ n. en Hermosillo, Son. (1942). Licenciado en derecho por la UNAM (1961-65). Miembro del PAN. Se dedica al ejercicio privado de su profesión. Diputado federal (1982-85).

CASTILLÓN GARCINI, ALEJANDRO ◆ n. y m. en el DF (1941-1990). Licenciado en economía por la UNAM (1961-65) y maestro en desarrollo económico por la Universidad de Nápoles (1966-67). Tomó cursos en la Universidad de Oxford (1968). Profesor de la UNAM (1969-76). Ha sido jefe de la Oficina de Financiamiento del Sector Público (1972-73) y subgerente de Economía Internacional del Banco de México (1975-76), director general de Política Económica y Social en la SPP (1976-79) y de Fomento Pesquero en la Secretaría de Pesca (1979-81), jefe de asesores del gobernador mexiquense Alfredo del Mazo (1981-83), subdirector general de Crédito Público de la Secretaría de Hacienda (1983-87) y embajador de México en Uruguay y representante permanente ante la Asociación Latinoamericana de Integración (1987-1990). Autor de *Análisis de la deuda exterior de México* (1964), *El desarrollo y la estabilidad* (1968), *La reforma del sistema monetario internacional* (1973), *La política activa de tasas de interés* (1976) y *La política de relaciones económicas con el exterior de México* (1976).

CASTORENA URSÚA Y GOYENECHE, JUAN IGNACIO MARÍA DE ◆ n. en Zacatecas, Zac., y m. en Mérida, Yuc. (1688-1733). Doctor en derecho canónico por la Real y Pontificia Universidad de México y en teología por la de Ávila, España. Fue apoderado de la Universidad de México en España (1697-1700), miembro del claustro (1701), profesor de sagrada escritura (1701-21) y rector de la misma casa de estudios (1702-03). Amigo y admirador de Sor Juana Inés de la Cruz, defendió el derecho de ésta a cultivar la literatura, por lo cual la poetisa le dedicó una décima: *Favores que son tan llenos, /No sabré servir jamás, /Pues debo estimarlos más /Cuanto los merezco menos: /De pagarse están ajenos /Al mismo agradecimiento; /Pero ellos mismos, intento, /Que sirvan de recompensa, /Pues debéis a mi defensa /Lucir vuestro entendimiento.* A la muerte de Sor Juana, estando en España, donde ya se conocían tres libros de la monja, hizo publicar otro: *Fama y obras póstumas del fénix de México, décima musa, poetisa americana Sor Juana Inés de la Cruz* (1700). Creó de su peculio el Colegio de Niñas de Zacatecas conocido como de Los Mil Ángeles. Fundó la *Gaceta de México*, primer periódico de información general aparecido en Nueva España, mismo que salió al público mensualmente entre enero y junio de 1722. En su *Gaceta*, Castorena exaltó los valores novohispanos y dio muestras de un incipiente nacionalismo mexicano. Escribió también una veintena de opúsculos sobre temas religiosos, entre los cuales están *El Abraham académico* (1696), *México plausible. Historia de las demostraciones de júbilo con que la Catedral de México celebró las victorias del señor Felipe V en Brihuega y Villaviciosa* (1711), *El minero más feliz. Elogio del venerable fray Juan Angulo, religioso lego de San Francisco, de Zacatecas* (1728), etc. Propuesto para obispo de Yucatán en 1728, al año siguiente el Papa lo designó para ocupar el puesto y en 1730 se consagró en la Catedral de Puebla. Murió en el desempeño del cargo.

Detalles de obras de
Casimiro Castro

Diseño de portada

CASTORENA ZAVALA, JOSÉ DE JESÚS

◆ n. en Jaripito, Gto. (1901). Licenciado en derecho por la Universidad Nacional. Fue oficial mayor de la Secretaría del Trabajo y gobernador interino de Guanajuato (septiembre de 1947 a octubre de 1948). Autor de *El problema municipal en México* (1926), *Derecho de huelga en México* (1931), *Manual de derecho obrero* (1932) y *Tratado de derecho obrero* (1942).

CASTREJÓN, MARTÍN ◆ n. y m. en

Ario de Rosales, Mich. (1879-1920). Estudió en el Colegio de San Nicolás. Fue magonista y luego antirreeleccionista. Se unió al carrancismo al producirse el golpe militar de Victoriano Huerta. Envió representante a la Convención. Lo eligieron diputado al Congreso Constituyente por dos distritos, pero asistió con la representación de Ario de Rosales. Murió al intentar un alzamiento contra los generales de Agua Prieta.

CASTREJÓN CASTREJÓN, ADRIÁN ◆

n. en Apaxtla, Gro., y m. en el DF (1894-1954). Revolucionario zapatista. Acompañó al caudillo suriano a Chinameca y resultó herido. Se adhirió al Plan de Agua Prieta y se le reconoció el grado de general. Estudió posteriormente en el Colegio Militar. Combatió la asonada delahuertista en 1924 y luego el movimiento cristero (1926-28). Gobernador constitucional de Guerrero (1933-36). Fundó el Frente Zapatista con otros veteranos.

CASTREJÓN DIEZ, JAIME ◆ n. en Tax-

co, Gro. (1931). Licenciado en bacteriología por la Universidad de California en Los Ángeles (1950-54), maestro por la Universidad de Bristol (1954-56) y doctor en microbiología por la Universidad de Tulane (1961-62), donde fue profesor (1964-64). Catedrático de la UNAM (1977-87). Fue presidente del CEPES guerrerense del PRI (1966), partido al que perteneció desde 1956 y al que renunció en 1998. Ha sido presidente municipal de Taxco (1966-69), rector de la Universidad de Guerrero (1969-1971), presidente de la ANUIES (1970-72); miembro de la junta directi-

va (1970-72) y vocal ejecutivo del programa indicativo de educación del Conacyt (1975-77); director general de Coordinación Educativa de la SEP (1971-76), miembro de la junta directiva del Colegio de Bachilleres (1980-87) y diputado federal (1988-91). En 1971 fue secuestrado por la guerrilla de Genaro Vázquez Rojas (☞). Escribió la columna "Praxis" en *El Universal*. Autor de *Historia de las universidades estatales* (1975), *La escuela del futuro* (1975), *Educación permanente* (1975), *Educación superior en México* (1979), *La educación superior en China* (1979), *La república imperial en los ochenta* (1981), *El concepto de universidad* (1982) y *Estudiantes de bachillerato y sociedad* (1985). Es miembro de la Academia Nacional de Historia y Geografía. En 1987 obtuvo el Premio Juan Ruiz de Alarcón del gobierno de Guerrero.

CASTRO, ANDRÉS ◆ n. en España y m.

en Toluca, actualmente en el Estado de México. (?-1577). Sacerdote franciscano. Vino a México en 1542. Aprendió náhuatl y matlatzinca, lengua ésta de la que preparó un *Arte y diccionario*.

CASTRO, ARTURO EL BIGOTÓN ◆ n. y

m. en el DF (1918-1975). Cómico. Se inició en las carpas, pasó al teatro de revista y luego al cine, donde apareció junto a *Resortes* en varias películas. Hizo populares series de televisión como *La criada bien criada* y *Los Beverly de Peralvillo*.

CASTRO, BENITO ◆ n. en Celaya, Gto.,

y m. ¿en la Cd. de México? (1846-?). Fue ayudante del pintor Nicolás Zubal-

Obras de Casimiro Castro, mediados del siglo XIX

dúa, quien lo llevó a estudiar en la Academia de San Carlos de la capital del país (1864). Era pastor protestante cuando fue acusado de conspirar contra Maximiliano y encarcelado (1865). Puesto en libertad al triunfo de la República, en 1868 se unió al grupo socialista de Santiago Villanueva. Miembro fundador de La Social y del Gran Círculo de Obreros de México (1871), en el que integró la primera mesa directiva como segundo secretario. Fue redactor del periódico *El Socialista*, colaboró en *El Hijo del Trabajo* y fue cofundador de *El Obrero Internacional*. Destacó por su defensa de los indios.

CASTRO, CASIMIRO ◆ n. y m. en la

Cd. de México (1826-1889). Fue uno de los iniciadores del dibujo publicitario en México, pues trabajó carteles y catálogos. Pintó retratos y ejecutó grabados para *La Ilustración Mexicana*. Es el autor de las ilustraciones de *México y sus alrededores* y *El Ferrocarril Mexicano*.

CASTRO, CESÁREO ◆ n. en Cua-

trociénegas, Coah., y m. en la Cd. de México (1856-1944). Antirreeleccionista. Se unió a la rebelión maderista y combatió el alzamiento encabezado por Pascual Orozco. Al golpe de Victoriano Huerta militó en el constitucionalismo. Firmante del Plan de Guadalupe. Gobernador provisional de Puebla de mayo a julio de 1916. Al triunfo del Plan de Agua Prieta se exilió en Estados Unidos. Volvió al país en 1929. Al morir era general de división.

CASTRO, DOLORES ◆ n. en Aguasca-

Dolores Castro

lientes, Ags. (1923). Licenciada en derecho con maestría en lengua y literatura españolas (UNAM) y posgrado en estilística e historia del arte en la Universidad de Madrid. En la UNAM fue cofundadora de Radio Universidad, colaboradora de la Dirección de Difusión Cultural y profesora fundadora de la ENEP-Acatlán. Fue jefa de redacción de las revistas *Barcos de Papel* y *Poesía de América*. Conductora del programa *Poetas de México*, del Canal 11 (1983-86). Profesora del Colegio de Bachilleres y de géneros literarios en la Escuela Carlos Septién García (1970-). Colaboradora de *Siempre!*, *Fuensanta* y *La palabra y el hombre*. Autora de poesía: *El corazón transfigurado* (1949), *Dos nocturnos* (1950), *Siete poemas* (1952), *La tierra está sonando* (1959), *Cantares de vela* (1960), *Soles* (1977) y *Qué es lo vivido* (Premio de Poesía Sinaloa, 1980). Publicó la novela *La ciudad y el viento* (1962). En 1991 se editaron sus *Obras completas*. Fue incluida en la antología *Ocho poetas mexicanos*, de Alfonso Méndez Plancarte. Premio de poesía de la UNAM en 1946.

CASTRO, EUSEBIO ♦ n. en Villa del Carbón, Estado de Méx. (1914). Estudió filosofía en la Universidad Gregoriana de Roma y obtuvo el doctorado en la materia en la UNAM. Es especialista en letras clásicas. Profesor de la Facultad de Filosofía y jefe del Departamento de Filosofía de la Escuela Nacional Preparatoria. Colaboró en *México en la cultura*, suplemento de *Novedades*. Autor de un *Manual de etimología grecolatina de la lengua española* (1967), *Olímpica 68* (1968), *Manual de ética* (1969), *Lógica* (1970), *Pantología* (1970) y *Segunda Olímpica* (1970).

CASTRO, FELIPE ♦ n. en la Cd. de México y m. en Guadalajara, Jal. (1832-1907). Pintor. Estudió en San Carlos con Pelegrín Clavé. En México trabajó en el decorado de la cúpula de La Profesa. En Guadalajara ejecutó gran número de obras religiosas (en Capuchinas, Catedral, Santa Teresa, El Carmen, Jesús María) y a él se debe las *Famas* y las *Horas* del teatro Degollado, retratos

de personajes históricos y otras obras.

CASTRO, FRANCISCO DE ASÍS ♦ n. en la Villa de San Francisco de los Pozos y m. en San Luis Potosí, SLP (1860-1933). Médico por el Instituto Científico y Literario de San Luis Potosí (1888). Publicó los periódicos *La Juventud* (1880), *El Pensamiento* (1880), que en el mismo año se convirtió en *El Pensamiento Católico*. Dirigió el *Periódico Oficial* de San Luis Potosí (1893-1912). Además de numerosos artículos sobre la historia y los personajes potosinos, con los cuales formó los volúmenes *Pruebas de imprenta*, *Reminiscencias potosinas* y *Catálogo biográfico potosino*; escribió poemas: *Hojas de un libro* (1882); una novela: *Los amores de la gleba* (1914); relatos: *Cuentos de la montaña* (1886) y *La noche del Viernes Santo* (1886); y el volumen de poesía y narrativa *Pompas de jabón* (1900).

CASTRO, JESÚS AGUSTÍN ♦ n. en Ciudad Lerdo, Dgo., y m. en la ciudad de México (1887-1953). Conductor de tranvías. Participó en la insurrección encabezada por Madero, combatió a los orozquistas y después del golpe de Estado de Victoriano Huerta se unió al constitucionalismo. Fue gobernador militar de Chiapas (1915-1916), donde expidió la Ley de Obreros (1914) y la Ley Agraria de enero de 1915. Posteriormente ocupó la gubernatura de Oaxaca (marzo de 1916 a marzo de 1917). Fue secretario de Guerra y Marina de Carranza (mayo de 1917 a abril de 1918), gobernador constitucional de Durango (1920-24), senador por ese estado (1924-28) y secretario de la Defensa Nacional en el gabinete de Lázaro Cárdenas (enero de 1939 a noviembre de 1940).

CASTRO, JOSÉ AGUSTÍN DE ♦ n. en Valladolid (Morelia), Mich., y m. en la Cd. de México (1730-1814). Autor de una *Miscelánea de poesías sagradas y humanas* (3 t., 1808 y 1810), obra comentada en el *Diario de México*. En ella se incluyen dos piezas teatrales de corte costumbrista: *El charro* y *Los remendones*, en las que aparecen personajes populares y se emplea su lenguaje.

CASTRO, JOSÉ ANTONIO ♦ n. en la Cd. de México y m. en Guadalajara, Jal. (?-1853). Pintor. Padre de Felipe Castro. Estudió en la Academia de San Carlos. Fue director de la Academia de Bellas Artes de Guadalajara. Existen obras suyas en la iglesia de San Agustín de esa ciudad.

CASTRO, JUAN DE DIOS ♦ n. en Zumpango, Méx. (1651-?). Jesuita. Autor de *Arte o gramática de la lengua otomí* y de un *Vocabulario de la lengua otomí*.

CASTRO, JUAN S. ♦ n. en Ayo el Chico y m. en Guadalajara, Jal. (¿1860?-1920). Abogado. Ejerció el periodismo. Fue director del *Diario de Jalisco*. Autor del poema *Delirios de un loco* y de la novela *Fray Antonio de la Concepción*.

CASTRO EL SOLDADO, LUIS ♦ n. y m. en el DF (1912-1990). Torero. Su segundo apellido era Sandoval. Estudió hasta cuarto año de primaria. Trabajó en el rastro del Distrito Federal antes de dedicarse al toreo, en el que se inició en 1928 como banderillero. Novillero en 1932, en México recibió la alternativa de Cagancho en 1933. En España, su rivalidad con Lorenzo Garza centró la atención de los aficionados en los años treinta, cuando actuaron más de un centenar de veces mano a mano. El público de Madrid lo hizo dar la vuelta al ruedo después de que puso un excelente par de banderillas. En México continuó su duelo con Garza en la década siguiente. Hizo grandes faenas a los toros Perlito, Silveti y a Famoso, de la ganadería de San Mateo. Fue el primero en matar un toro en Cuatro Caminos. Actuó también en Portugal. Dejó temporalmente el traje de luces en los años cincuenta, pero su retiro definitivo fue en 1962. Fue también asesor de los jueces de plaza en la México.

CASTRO, MANUEL ANTONIO ♦ n. en Morelia, Mich., y m. en la Cd. de México (1787-1854). Doctor en matemáticas. Autor de una *Trigonometría esférica* y unos *Apuntes de matemáticas*.

CASTRO, MIGUEL ♦ n. en Chilapa, Gro., y m. en Puebla, Pue. (1849-1929). Abogado. Fue secretario general de Gobierno y gobernador interino de

Guerrero en varias ocasiones. Posteriormente ocupó diversos cargos en la judicatura.

Castro, Nils ◆ n. en Panamá (1937). Cursó el bachillerato en Universidad Militar Latinoamericana. Realizó estudios de letras e historia del arte en México y en Cuba. Profesor de universidades de Cuba y Panamá, y conferencista en instituciones de educación superior de Perú y Chile. Colaborador y amigo de Omar Torrijos, participó en la fundación del Partido Revolucionario Democrático, cuyos documentos fundamentales redactó. Fue asesor de varios presidentes panameños en educación, cultura y política exterior. Realizó en su país la reforma universitaria de 1980 y formó parte del grupo de negociadores del Grupo Contadora. Ha sido fundador, secretario ejecutivo (1986-89) y vicepresidente de la Copppal (1989-). Se asiló en México a fines de (1989-96), a raíz de la invasión estadounidense en Panamá y regresó como embajador (1997-99). Fue director de la revista cubana *Santiago*. Ha sido miembro de los consejos de redacción de *Plural* y de la peruana *Revista Latinoamericana de Crítica Literaria*. Colaborador de *El Día*, *Siempre!* y *La Jornada*. Autor, entre otras obras, de *Estructuralismo y marxismo* (1973), *Sobre educación superior* (1976), *Cultura nacional y cultura socialista* (1977), *Justo Arosamena, patria y federación* (1977) y *Como pez en el agua* (1989).

Castro, Pedro Pablo ◆ n. y m. en San Luis Potosí, SLP (1850-1911). Sacerdote. Ejerció el periodismo. Coeditor de *La Aurora* (1874), *La Familia Católica* (1884-85) y *El restaurador* (1886). Publicó algunos de sus sermones.

Castro, Ricardo ◆ n. en Durango, Dgo., y m. en la Cd. de México (1864-1907). Músico. Estudió con Melesio Morales. Muy joven actuó como concertista en Estados Unidos. En 1895 fundó la Sociedad Filarmónica. Patrocinado por el diario *El Imparcial* ofreció una serie de conciertos en México. En 1902 fue a Europa a perfeccionar sus estudios de piano y composición. Ofre-

ció recitales en París y Amberes. Al retornar a México fue designado director del Conservatorio Nacional, cargo que asumió el 10 de enero de 1907. Anunció entonces un plan para reorganizar la enseñanza de la música, pues en Europa también había estudiado organización de conservatorios. Su muerte prematura impidió que llevara a la práctica su proyecto. Entre sus obras se hallan las óperas *La leyenda de Rudel*, *Satán Vencido* y *La Atzimba*; dos sinfonías, el poema sinfónico *Oithoma*, valses, mazurcas, polonesas y muchas otras composiciones para piano solo.

Castro, Rosa ◆ n. en Venezuela (¿1920?). Llegó a México en los años cuarenta. Hizo papeles secundarios en varias películas (*Bajo el cielo de México*, *El hijo de Cruz Diablo*, *Vértigo*. Ha escrito para los diarios *Excélsior*, *Novedades* y *El Día* y para las revistas *Hoy*, *Mañana* y *Siempre!*, de la que fue cofundadora. Entrevistó a los revolucionarios Camilo Cienfuegos, Ernesto *Che* Guevara y Fidel Castro. Es cofundadora en 1946 de la agrupación Periodistas Cinematográficos de México, de la que fue presidenta. Autora de los libros *La explosión humana*, *Los fracasos escolares* y otros.

Castro, Rosa María de ◆ n. en el DF (1964). Periodista. Licenciada en comunicación por la UIA. Conductora de noticiarios y programas informativos de Imevisión. En Televisión Azteca es productora ejecutiva del programa *Hechos del mediodía*.

Castro, Verónica ◆ n. en el DF (1952). Actriz. Su segundo apellido es Sainz. Cursó la licenciatura en relaciones internacionales en la UNAM. Es sobrina del cómico Fernando Soto *Mantequilla*. Formó parte de un grupo de danza, que ella misma dirigía, con el que se presentó en el programa de televisión *Variedades de media tarde*. Actuó en las obras teatrales *Coqueluche*, *La idiota* y *La mujer del año*. Ha participado, entre otras, en las telenovelas *Los ricos también lloran* y *Rosa Salvaje* (1987). Conductora de los programas *Mala noche no* (1988), *Ahí está* (1989) y *La movida* (1991). Trabajó durante cinco años

en la televisión de Argentina e Italia. En 1988 obtuvo una Diosa de Plata por su actuación en la cinta *Chiquita pero sabrosa*.

Castro Agúndez, Jesús ◆ n. en El Rosarito, hoy municipio de San José del Cabo, y m. en La Paz, BCS (1906-1984). Profesor normalista (1926). Fue director del Centro Escolar Revolución (1935). Director de Educación de Baja California (1946-52), director general de Internados de la Secretaría de Educación Pública (1953-61), director de Acción Social del gobierno de Baja California Sur y presidente del PRI en ese territorio (1965-69), cronista de BCS (1970-) y senador de la República (1970-76). Autor de *Más allá del Bermejo* (1963), *Patria chica*, *El encanto del caudel* (1975), *El estado de Baja California Sur* (1975) y *Un viajero inolvidable* (1981).

Castro Araoz, Miguel de ◆ n. en España y m. en Mérida, Yuc. (1743-1820). Militar. Fue gobernador de la provincia de Tabasco (1793-1810) y de Yucatán, interinamente en 1811 y como titular a partir de 1815. Durante su gestión en Tabasco trasladó la capital de Tacotalpa a San Juan Bautista. En 1820 fue obligado por los liberales a jurar la Constitución gaditana y a restablecer la diputación provincial. Dejó el gobierno en el mismo año.

Castro Bustos, Miguel ◆ n. y m. en Tepic, Nayarit (1942-1992). Intervino en movimientos estudiantiles desde fines de los años cincuenta. Participó en la toma de la rectoría de la UNAM en 1972, en el movimiento que exigía el pase automático de las preparatorias populares a las escuelas profesionales. Políticos ligados al gobierno mexicano le consiguieron asilo en Panamá, de donde fue expulsado y enviado a México. Aquí estuvo preso y salió de la cárcel con la amnistía de 1978.

Castro Cancio, Jorge de ◆ n. en Papantla, Ver., y m. en el DF (1877-1950). Fue director de Educación Se-

Himno sinfónico, arreglado por Ricardo Castro (1884)

cundaria de la Secretaría de Educación Pública (1935-39). Escribió textos de historia y *La industria vainillera* (1924).

CASTRO Y CASTRO, FERNANDO ◆ n. en la Cd. de México (1925). Licenciado en derecho por la UNAM (1943-47). Tomó cursos de administración y finanzas (1960-61 y 1970-71). Miembro del PRI. Ha sido subdirector del Banco del Pequeño Comercio (1959), secretario general de la Comisión Nacional Consultiva de Pesca (1962-64), oficial mayor de la Secretaría de Marina (1964-70), director en jefe de la SRE (1970-75), director de Asuntos Internacionales ante la OIT (1976-77), director general de Fertica (1977-79), gerente de Promoción y Divulgación de Conasupo (1979-82) y subsecretario de Infraestructura Pesquera (1982-85) y subsecretario de la Secretaría de Pesca (1985-). Autor de *Ensayos sobre convenios bilaterales de pesca. Práctica y legislación en México y el régimen del mar; Pensamiento, personas y circunstancias en 30 años de servicios* (1979) y *Arte e historia en un hogar mexicano* (1981).

CASTRO CASTRO, JOSÉ ADALBERTO ◆ n. en San Eligio, Sin. (1950). Licenciado en administración por la UNAM (1969-73) y en derecho por la UAEM (1983-86), y maestro en finanzas públicas por el Instituto Nacional de Administración Pública (1977-79). Es miembro del PRI desde 1965. Ha sido gerente de relaciones del Banco Mercantil de Monterrey (1970-72), jefe del Departamento de Auditoría Administrativa de la SCT (1977-79), gerente regional, en Culiacán, del Banco Obrero (1979-81), subdirector de Auditoría de la SPP (1981), director del Instituto de Seguridad Social del Estado de México y Municipios (1982-86) y director general de Organización, Programación y Presupuesto (1986-88) y de Administración de la SEMIP (1988-).

CASTRO Y CASTRO, JUVENTINO ◆ n. en Nuevo Laredo, Tams. (1918). Licenciado en derecho y en letras por la UNAM (1936-40), de la que fue profesor

(1969). Miembro del PRI desde 1946. Ha sido secretario particular del subsecretario de Gobernación (1979-82), director general Jurídico y Consultivo (1982-87) y director general de Amparo de la PGR (1995); director general de Asuntos Jurídicos de la PJDF (1988-) y ministro de la Suprema Corte de Justicia de la Nación (1995-98). Autor de *La suplencia de la queja deficiente en el juicio de amparo* (1953), *Ensayos constitucionales* (1977), *Hacia el amparo evolucionado* (1977), *El sistema del derecho de amparo* (1979), *Lecciones de garantías y amparo* (1981), *El Ministerio Público en México* (1982) y *La Suprema Corte de Justicia ante una ley injusta. Un fallo histórico respecto al llamado "anatocismo"* (1998).

CASTRO DUARTE, ROLANDO DE ◆ n. y m. en el DF (1942-1998). Actor. Debutó en la obra *La hora de la libertad* (1961). Fue locutor de la BBC de Londres y de Radio UNAM. Actuó en *Coloquio nocturno* (1962), *Crepúsculo otoñal* (1962), *La venganza del pescador* (1962), *María Tudor* (1962), *Hedda Gabler* (1969), *La víctima* (1969), *No se sabe cómo* (1975), *Amor y crimen en la casa de Dios* (1978), *Claudia* (1983) y *Tirano Banderas* (1992). Trabajó con Ignacio López Tarso, José Solé, Susana Alexander y otros.

CASTRO ESTRADA, JORGE ◆ n. en Santiago Ixcuintla, Nay. (1936). Contador público titulado en la UNAM (1955-59) y maestro en administración por el IPADE (1978-79). Profesor de la Universidad La Salle (1965-66). Es miembro del PRI desde 1960. Ha sido contralor general del metro de la ciudad de México (1983-84) y secretario de la Contraloría General de Sonora (1985-). Pertenece al Instituto Nacional de Contadores Públicos al Servicio del Estado.

CASTRO FIGUEROA Y SALAZAR, PEDRO DE ◆ n. en España y m. en la Cd. de México (168?-1741). Militar de carrera, obtuvo el grado de capitán general de los ejércitos. En 1740 fue nombrado virrey de Nueva España. Durante el viaje su embarcación fue atacada por los ingleses. Pudo salvar su vida pero

perdió su equipaje y acreditaciones. El 30 de junio llegó a Veracruz y desde ahí escribió al arzobispo de México, quien certificó que se trataba del trigésimo noveno virrey. Ya en el cargo dispuso el mejoramiento de las minas zacatecanas y ordenó desazolvar y fortificar el puerto de Veracruz, al cual asignó un fuerte contingente militar en previsión de un ataque inglés. Como fuera personalmente a supervisar las obras, contrajo disentería hemorrágica, padecimiento que le resultó fatal.

CASTRO JUSTO, JUAN JOSÉ ◆ n. en San Luis Acatlán, Gro. (1952). Miembro del PRI, en el que fue miembro de la dirección del MNJR (1975-77), presidente del comité del XXXVIII Distrito Electoral (1980-83), secretario general de Comisión Política en Guerrero (1991-92) y delegado del CEN en Zacatecas (1998). Secretario general de la Liga de Comunidades Agrarias y del sector campesino del DF (1984-) y de Guerrero (1992-96). Diputado local (1990-93) y tres veces diputado federal (1985-87, 1991-94 y 1997-).

CASTRO LEAL, ANTONIO ◆ n. en San Luis Potosí, SLP, y m. en el DF (1896-1981). Doctor en derecho por la UNAM y por la Universidad de Georgetown, EUA. Formó parte de los Siete Sabios. Rector de la Universidad Nacional de México (1928-29), coordinador de Humanidades (1952-54) y de los cursos de Extensión Universitaria de la UNAM (1955-63). Jefe del Departamento de Bellas Artes y primer director del Palacio de Bellas Artes (1934-). Embajador de México ante la UNESCO y miembro del Consejo Ejecutivo de esta organización (1949-1954). Diputado al Congreso de la Unión (1958-61). Fundador y director de la *Revista de Literatura Mexicana* (1940). Autor de creación literaria: *El laurel de San Lorenzo* (1950) y, entre otros, de los ensayos: *Juan Ruiz de Alarcón, su vida y su obra* (1943), *La poesía mexicana moderna* (1953). *El pueblo de México espera. Estudio sobre la radio y la televisión* (1966), *Díaz Mirón, su vida y su obra* (1970) y *Francisco de la Maza, historiador y crítico de arte* (1970).

Retrato y firma de Pedro Castro Figueroa y Salazar

Antonio Castro Leal en retrato al óleo de Montalaña Alva

Su obra más difundida es la que realizó como antologador y prologuista: *Las cien mejores poesías (líricas) mexicanas* (1914), *Poesías de Leopoldo Lugones* (1917), *Las cien mejores poesías mexicanas modernas* (1939), *Poesías completas de Salvador Díaz Mirón* (1941), *Poesía de Francisco Terrazas* (1941), *La novela de la revolución mexicana* (1960), *Luis G. Urbina, 1864-1934* (1964), *La novela del México colonial* (1964), *Las cien mejores poesías de Amado Nervo* (1969) y otros libros. Perteneció al Seminario de Cultura Mexicana, El Colegio Nacional y la Academia Mexicana (de la lengua).

CASTRO LEÑERO, ALBERTO ♦ n. en el DF (1951). Artista plástico. Estudió comunicación gráfica (1971-74) y artes visuales (1974-78) en la Escuela Nacional de Artes Plásticas de la UNAM. Estuvo becado en la Academia de las Bellas Artes de Bolonia, Italia (1978-79). Expone desde 1974. En 1979 montó una muestra de *Pittura e disegni* en Bolonia. Ha participado en colectivas en Polonia, Cuba, Colombia, Ecuador, Japón, Yugoslavia e Italia. Fue ilustrador de la revista *El Machete* (1979-80). Obtuvo el Primer Premio de Pintura Fonapas (1978), el Primer Premio de Pintura y el Segundo Premio de Cartel en el concurso Fiestas de Primavera y Otoño del Departamento del Distrito Federal. Becario del Consejo Nacional para la Cultura y las Artes (1989-90). En 1982 expuso en el Museo de Arte Moderno del DF y en 1987 y en 1999 en el Palacio de Bellas Artes.

CASTRO LEÑERO, FRANCISCO ♦ n. en el DF (1954). Artista plástico. Hermano del anterior. Miembro del Sistema Nacional de Creadores. Ha expuesto en el Museo de Arte Contemporáneo y en el Carrillo Gil del DF.

CASTRO LEÑERO, JOSÉ ♦ n. en el DF (1953). Artista plástico. Hermano de los anteriores. Estudió comunicación gráfica (1973-74) y artes visuales (1975-79) en la UNAM. Tomó un curso de serigrafía en el INBA (1982-83) y participó en el Taller de Producción del Self-Help Graphics de Los Angeles (1986). Ilus-

trador en el Departamento de Literatura de Bellas Artes (1977-). A partir de 1976 ha presentado en decenas de exposiciones individuales y colectivas, en México y otros países. En 1983 publicó *Trayecto*, carpeta con 13 serigrafías, y en 1985 *Ciudad al paso*, carpeta con seis serigrafías y texto de Juan García Ponce. Primer Premio de Grabado (1976), primero de Pintura y segundo de dibujo (1978) en los concursos nacionales para Estudiantes de Artes Plásticas; Primer Premio en el Concurso de Pintura Sahagún (1981) y Premio de Pintura en el IV Encuentro Nacional de Arte Joven (1984).

CASTRO LEÑERO, MIGUEL ♦ n. en el DF (1956). Artista plástico. Hermano de los anteriores. Estudió en La Esmeralda. Participó en el taller de grabado del Centro de Investigación y Experimentación Plástica del INBA. Desde 1977 participa en exposiciones colectivas en México y en el extranjero. Su primera exposición individual fue en 1980. Ha trabajado como ilustrador. Premios Adquisición en gráfica y en pintura del Salón Nacional de Artes Plásticas (1981), Premio Adquisición del segundo Encuentro Nacional de Arte Joven de Aguascalientes (1982) y Premio de la quinta Bienal Iberoamericana de Arte (1985).

CASTRO LÓPEZ, FLORENTINO ♦ n. en Guasave, Sin. (1949). Licenciado en derecho por la Universidad Autónoma de Sinaloa (1962-72). Profesor de las universidades autónomas de Sinaloa (1972-74), Puebla (1974-75) e Hidalgo (1979-84), así como del ITAM (1982-). Perteneció al PCM. Es miembro del PRI desde 1973. Ha sido gerente de Relaciones Industriales de la Constructora Nacional de Carros de Ferrocarril (1975-77) y de Renault de México (1977-78); director de Relaciones Laborales (1979-80) y de Relaciones Industriales de Diesel Nacional (1981-82); subdelegado del DDF en Álvaro Obregón (1983), delegado en Hidalgo (1983-85) y jefe de los Servicios de Orientación del IMSS (1986-87), director general de Socicultur (1988-92), delegado en Izta-

palapa (1993-94), diputado federal (1994-97) y subprocurador de la Procuraduría Federal del Consumidor (1998).

CASTRO Y LÓPEZ, LUIS ♦ n. y m. en San Luis Potosí, SLP (1892-1960). Abogado. En 1911 fundó *Plan de San Luis*, periódico maderista, y posteriormente *El Jarocho* (Veracruz) y *La Semana* (SLP). Colaboró en órganos antiporfiristas y, desterrado en Cuba, escribió para el *Diario de la Marina*. Fue diputado federal. Escribió poesía: *Sangre nueva* (1912), *Obeliscos* (1917), *Cuauhtémoc* (1918), *Medallones* (1936), *Los niños, las flores y los pájaros* (1936), *Recitales poéticos* (1942, 43 y 44), *Oro viejo* (1947), *Poesías escogidas* (1949), etc. Autor del drama *Víctima de su culpa* (1916).

CASTRO LOZANO, JUAN DE DIOS ♦ n. en Torreón, Coah. (1942). Estudió contaduría (1954-57) y para profesor normalista (1960-63). Licenciado (1976) y maestro (1985) en derecho por la Universidad Autónoma de Coahuila. Es catedrático de diversas instituciones educativas desde 1962. En su carrera judicial ha sido secretario de acuerdo y trámite (1975-76) y juez civil y penal (1977-79). Ingresó al PAN en 1963. Forma parte del consejo nacional de ese partido desde 1967, es miembro del Comité Ejecutivo Nacional y en 1981 fue elegido miembro de la comisión de orden. Tres veces diputado federal (1979-82, 1985-88, 1991-94) y senador (1994-2000). Autor de *El incidente de suspensión en el juicio de amparo.*

CASTRO MORALES, EFRAÍN ♦ n. en Puebla, Pue. (1936). Médico cirujano titulado en la Universidad de Puebla (1954-60) y licenciado en antropología física por la Escuela Nacional de Antropología e Historia (1964-73). Profesor de la Universidad Autónoma de Puebla (1961-71). Pertenece al PRI desde 1970. Ha sido director del Instituto Poblano de Antropología e Historia (1965), director del Centro Regional de Puebla-Tlaxcala (1970) y director de Monumentos Históricos del DF (1977) e investigador del INAH (1982-87); y secretario de Cultura del gobierno de Puebla (1987-). Autor de *Breve historia de la Universidad de Puebla* (1958), *Las primeras bibliografías hispanoamericanas* (1961), *Palacio Nacional. Historia del edificio, evolución arquitectónica* (1974), *La Biblioteca Palafoxiana de Puebla* (1981) y *Gabino Barreda y su obra educativa* (1984).

CASTRO OBREGÓN, LUIS ◆ n. en el DF (1964). Licenciado en ciencias políticas y administración pública por la UIA (1984-87) con estudios de doctorado en comunicación política en la Universidad Complutense de Madrid. Profesor de la UIA, donde fue 12 años coordinador del diplomado en análisis político. Ha sido jefe de Evaluación de Normas de la Sedue (1986-87), subdirector de Participación Social en la delegación Iztacalco del DDF (1988), asesor de la secretaria general del SNTE (1989-94), subdelegado de Cultura y Desarrollo Social del DDF en Coyoacán (1995-97) y miembro directivo del Consejo Nacional Técnico de la Educación. Ha escrito para el *Diario de Yucatán*, *Análisis XXI* y otras publicaciones. Es corresponsal en Europa del Sistema de Radio y Televisión de Veracruz.

CASTRO OJEDA, RUBÉN ◆ n. en San José del Cabo, BCS (1943). Profesor normalista. Se especializó en la Normal Superior (1973-78). Desde 1965 es miembro del PRI, del que fue dirigente en Huatabampo, Sonora. Fue secretario de la sección 28 del Sindicato Nacional de Trabajadores de la Educación (1980-83). Diputado federal por el VI distrito de Sonora (1982-85).

CASTRO PACHECO, FERNANDO ◆ n. en Mérida, Yuc. (1918). Artista plástico. Trabajó el grabado y la pintura en su tierra antes de viajar al DF, en 1943. Participó en medio centenar de exposiciones individuales y colectivas, en México y en el extranjero. En 1980 expuso en la Sección Anual de Invitados del Museo de Bellas Artes. Cofundador del Salón de la Plástica Mexicana (1949). Director de La

Fernando Castro Pacheco

Esmeralda (1961-73). Se dedicó a la ilustración de libros, el grabado, el dibujo, la pintura y la cerámica. En el Palacio de Gobierno de Mérida, Yucatán, se hallan sus murales más conocidos, ejecutados entre 1971 y 1974 (*Cosmogonía maya*, *Personajes y hechos históricos de Yucatán*, *Alvarado*, *Reforma agraria*, *El hombre en marcha*, *Las manos del cortador de henequén*, *La lucha eterna de México* y *El hombre en la historia de Yucatán*. Otros murales suyos se hallan en el Palacio de Gobierno de Querétaro. Entre las distinciones que recibió se cuentan el segundo premio de grabado en el concurso del DDF (1947), el Premio de Pintura del Salón de la Plástica Mexicana (1954 y 1961), el Premio de Grabado del mismo Salón (1955) y las medallas Yucatán y Eligio Ancona otorgadas por el gobierno de su estado natal.

CASTRO PADILLA, CARLOS ◆ n. y m. en la Cd. de México (1889-1938). Estudió canto en México y en Europa. Revolucionario constitucionalista, formó parte del estado mayor del general Pablo González. A partir de 1915 se profesionalizó como cantante de ópera. Fundó y dirigió la *Revista Artística*.

CASTRO PADILLA, MANUEL ◆ n. y m. en la Cd. de México (1897-1940). Hizo la música y los libretos de exitosas revistas teatrales como *El país de los cartones* (1919), con texto de Pablo Prida y Carlos M. Ortega; *Aires nacionales* (1921) y *En tiempos de don Porfirio* (1938), que se llevó al cine. Hizo también los temas de varias películas, entre ellas *El compadre Mendoza*, *En tiempos de don Porfirio*, etc. Presidió la Unión Mexicana de Autores. Es autor de la canción *El Santo Señor de Chalma* y *Cielito lindo* se halla registrada a su nombre. Fue asesinado por unos pistoleros.

CASTRO RUIZ, MANUEL ◆ n. en Morelia, Mich. (1918). Consagrado sacerdote en 1943. Fue rector del Seminario de Morelia y obispo auxiliar de Yucatán (1965-69). Fue arzobispo de la misma arquidiócesis (1969-1995). Tras su retiro en 1995 fue nombrado arzobispo emérito.

CASTRO RUZ, FIDEL ◆ n. en Cuba (1927). Doctor en derecho por la Universidad de La Habana. En su país fue candidato a diputado por el Partido Ortodoxo (1952). Después del golpe de Estado de Fulgencio Batista (1952) organizó un grupo revolucionario que intentó tomar por asalto el cuartel Moncada (26 de julio de 1953). La operación fracasó y en ella murieron 80 insurrectos, en tanto que la mayoría de los sobrevivientes fueron a prisión. La defensa de Fidel Castro ante el tribunal es un alegato que se conoce como *La historia me absolverá*, discurso que se convirtió en el programa de la revolución cubana. Amnistiado, en julio de 1955 vino a México, donde organizó y entrenó a un grupo que tenía por objeto derrocar al dictador cubano. Descubiertos los preparativos, los expedicionarios fueron detenidos en 1956. Puestos en libertad por gestiones de Lázaro Cárdenas, a fines de noviembre de ese año 80 hombres salieron de Tuxpan, Veracruz, a bordo del pequeño yate *Granma*, y el 2 de diciembre desembarcaron en Cuba. Doce rebeldes lograron llegar a las partes altas de la isla y desde ahí organizaron sus fuerzas, inicialmente en núcleos guerrilleros y después en un improvisado pero eficaz ejército que derrotó a las fuerzas gubernamentales y entró en La Habana el primero de enero de 1959. Castro se convirtió entonces en la principal figura de una revolución que desembocó en el socialismo, pese al boicoteo de Estados Unidos y el resto de los gobiernos latinoamericanos, menos el de México. Ha sido primer ministro, comandante en jefe de las fuerzas armadas y desde 1976 presidente de la República. Ha visitado México en varias ocasiones.

CASTRO VALLE, ALFONSO ◆ n. y m. en el DF (1914-1989). Diplomático. Ingresó al servicio exterior mexicano en 1932. Fue tercer secretario (1942-45) y segundo secretario de la embajada en China (1945-47); segundo secretario, primer secretario y subdirector de ceremonial (1947-51) y consejero de la delegación mexicana ante la Organización de Naciones Unidas (1951-54); cónsul general de México en Hamburgo (1954-56) y en Rotterdam (1956-59) y embajador en Japón e Indonesia (1959-62), en Checoslovaquia (1966-71), en Turquía (1971-73) y en Suecia (1973-74).

CASTRO DEL VALLE, MANUEL ✦ n. en el DF (1944). Ingeniero civil titulado en la UNAM (1962-69) y maestro en administración de empresas por la Universidad de las Américas (1974-81), de la que fue profesor (1980), así como de la Universidad del Valle de México (1986). Pertenece al PAN desde 1964, del que fue consejero regional en el DF (1972-76). Ha sido gerente de desarrollo de mercados de la empresa privada Vitrofibras (1968-82). Miembro de la Asamblea de Representantes del Distrito Federal (1988-91).

CASTRO VERDUZCO, JOSÉ LUIS ✦ n. en San José del Cabo, BCS (1931). Pescador y buzo. Miembro del PRI. Fue secretario general de la Federación Revolucionaria de Trabajadores de Ensenada (1962-63) y dirigente de cooperativas pesqueras, en las que ha ocupado el cargo de presidente del consejo de administración de la Federación Nacional Cooperativa Pesquera de México (1972-74, 1975-77 y 1977-79). Secretario de acción cooperativa de la Confederación Nacional de Organizaciones Populares (1979-80). Diputado federal por Baja California (1982-85).

CASTRO VIDAL, RUFFO ✦ n. en Celso Sabanilla, municipio de Centro, Tab. (1910). Poeta. Autor de *Por los caminos del viento*, *Lámpara de luceros*, *Amashito*, *Sandalias de horizontes* y *La noche del hombre* (1990).

CASTRO VILLAGRANA, JOSÉ ✦ n. en Zacatecas, Zac., y m. en el DF (1888-1960). Médico. Fue presidente de la Academia Mexicana de Cirugía (1942-44) y director de la Escuela Nacional de Medicina (1950-54).

CASTROVIDO GIL, ROBERTO ✦ n. en España y m. en el DF (1904-1982). Jurista. Republicano. Se asiló en México al término de la guerra civil. Presidió tres años el Comité Técnico de Ayuda a los Refugiados. Trabajó para la firma Ediap-

sa y fundó en 1948 la librería Góngora.

CASTRUX, JESÚS CASTRUITA ✦ n. en Torreón, Coah. (1931). Caricaturista. Trabaja para el diario *Ovaciones*, donde se inició en 1950. Estudió artes plásticas. En 1985 expuso acuarelas y en 1987 su obra como grabador.

CATALÁN, NICOLÁS ✦ n. en Chilpancingo, Gro. (1780-?). Se incorporó a la lucha independentista en noviembre de 1810. Militó bajo las órdenes de Nicolás Bravo y Vicente Guerrero, con quien mantuvo la resistencia de los insurrectos hasta la firma del Plan de Iguala. Entró en la capital con el ejército Trigarante.

CATÁN, DANIEL ✦ n. en el DF (1949). Músico. Estudió filosofía en Sussex y música en Southampton, Inglaterra, y Princeton, EUA, donde se doctoró e impartió cátedra. Fue discípulo de James K. Randall, Benjamin Boretz y Milton Babbitt. Profesor del Conservatorio Nacional de Música. Ha ejercido la crítica musical en publicaciones periódicas (*Diálogos*, *Sábado*, *Pauta*. Fundó y dirigió la Orquesta Camerata de Nueva España (1977). Director artístico de la estación radiofónica XELA (1982-). Algunas de sus composiciones son: *Quinteto* (1972), *Variaciones* (pieza para piano, 1973), *Hetaera esmeralda* (obra para obtener la maestría en Princeton, 1976), *Ocaso de medianoche* (composición para orquesta y voz, 1977), las óperas *Encuen-tro en el ocaso* (1979) y *El árbol de la vida* y *Mariposa de obsidiana*, sobre un texto de Octavio Paz (1984); una *Cantata* con texto de San Juan de la Cruz (1981) y el ballet *Ausencia y flor* (1984). Compuso las óperas *La hija de Rapaccini* (1994, sobre el original de Octavio Paz) y *Florencia en el Amazonas* (1995). Autor de los libros *Don Giovanni* y *Partitura inacabada* (1990). En 1973 recibió el Primer Premio de Música de la Universidad de Southampton.

CATARINA DE SAN JUAN ✦ n. en India y m. en Puebla, Pue. (¿1600?-1688). Raptada por piratas cuando niña, fue convertida en esclava y remitida desde Filipinas a México. Vivió en Puebla, donde se le atribuyeron milagros. El Vaticano se negó a canonizarla. La inquisi-

ción prohibió que se adorase su imagen. Se dice que la vestimenta que portaba al llegar al país inspiró el traje llamado de *china poblana*.

CATAZAJÁ ✦ Municipio de Chiapas situado en el norte de la entidad, en los límites con Tabasco. Superficie: 621 km². Habitantes: 15,689, de los cuales 4,111 forman la población económicamente activa. Hablan alguna lengua indígena 238 personas mayores de cinco años (chol 183). En la laguna estacional de Catazajá, principal atractivo turístico, se practica la pesca, especialmente de julio a diciembre.

CATEDRAL METROPOLITANA ✦ Principal templo católico de México. Se halla en la Plaza de la Constitución del Distrito Federal. Su construcción, basada en un proyecto arquitectónico del español Claudio de Arciniega, se inició en 1573 sobre una modesta iglesia. A la primera época, de estilo herreriano (variante española de la concepción clásica), corresponde sobre todo la fachada norte. La obra se terminó en 1813 bajo la dirección del neoclásico Manuel Tolsá. El edificio mide 110 metros de largo (norte-sur) por 54.5 de ancho (oriente-poniente). Consta de una nave central, dos procesionales y dos que ocupan las capillas. Tiene 51 cúpulas, 74 arcos y 40 columnas. Bóvedas y muros son de piedra y el piso, colocado en 1950, es de mármol de Tepeaca, Puebla. Dispone de cinco grandes altares, 14 capillas, coro,

La Catedral Metropolitana, según Casimiro Castro (s. XIX)

Sagrario de la Catedral, en ilustración de Casimiro Castro (s.XIX)

crujía, sala capitular, sacristía, dos vestidores y cinco puertas principales. Las torres y la cúpula tienen 67 metros de altura. La torre oriental tiene 18 campanas y la occidental siete, una de las cuales es la *Santa María de Guadalupe*, de 13 toneladas de peso. Atrás del coro está el Altar del Perdón, de madera tallada y dorada en estilo churrigueresco. Se incendió en 1967 y fue restaurado a lo largo de diez años. La capilla de Los Ángeles, en el área poniente, es un monumento barroco que data de principios del siglo XVIII; tiene un retablo central con tallas del Espíritu Santo, Jesucristo, San José, la Virgen María y los arcángeles San Miguel, San Gabriel y San Rafael; los retablos laterales, del pintor Juan Correa, representan las Jerarquías Angélicas, San Pablo rumbo a Damasco, San Pedro en prisión, la Oración del Huerto, la Escala de Jacob y su lucha con el Ángel, San Rafael y Tobías; en los nichos centrales están el Ángel de la Nación y el Ángel de la Guarda. Le sigue la churrigueresca Capilla de San José, que guardó los restos de Hidalgo, Morelos y otros próceres de la independencia nacional hasta su traslado a la Columna. La Capilla de la Virgen de la

Soledad tiene un retablo que es presidido por una imagen de esa Virgen; ahí se halla un cuadro de Correa, *Jesús ante Caifás*, y otro de Echave: *Resurrección de Lázaro*; en esta capilla, el 12 de marzo de 1660, el virrey Francisco Fernández de la Cueva sufrió un atentado a puñaladas a manos de Manuel de Ledesma, quien fue ahorcado. La Capilla del Señor del Buen Despacho o San Eligio fue la más rica de todas durante la colonia, pues estaba dedicada al patrón de los plateros. A principios del siglo XIX fue reconstruida para darle carácter neoclásico. Junto a la puerta lateral oeste están una pila de ónix para agua bendita, un confesionario de madera tallada y cuatro pinturas de Miguel Cabrera. Junto a esta puerta se hallan las escaleras que conducen a la cripta, reconstruida para evitar el hundimiento del edificio. Después de la puerta oeste, siguiendo por el costado occidental, se halla la Capilla de Nuestra Señora de los Dolores, con una escultura de la Virgen, obra de Terrazas, que tuvo Maximiliano en el Palacio Nacional y fue donada a la Catedral por Porfirio Díaz. Sigue la Capilla de San Felipe de Jesús, donde están los restos de Agustín de Iturbide; los

retablos son de madera recubierta con hoja de oro: el central es churrigueresco y clásicos los laterales; el nicho central lo ocupa una escultura del santo mexicano y las pinturas, atribuidas a Ibarra, ilustran escenas de su vida. A la izquierda se halla una imagen de Santa Rosa de Lima y abajo otra de la Virgen de la Caridad del Cobre traída de Cuba en los años sesenta de este siglo; se discute si San Felipe de Jesús fue bautizado con aguas de la pila que se encuentra en el exterior de esta capilla. En el norte de la construcción está la Sala Capitular, donde se reúne el Cabildo Metropolitano; se halla bajo una bóveda de nervaduras góticas; en ella pueden admirarse las pinturas *La Venida del Espíritu Santo* y *El Triunfo de la Fe*, de Rodríguez Juárez y Alcíbar, respectivamente. En el mismo sector está el Altar del Señor del Veneno, un Cristo negro que fue trasladado de Portacoeli a la Catedral; se dice que adquirió su actual pigmentación después de que un hombre envenenado le besó los pies y la imagen absorbió el tóxico. Al fondo de la nave central se alza el churrigueresco Altar de los Reyes, proyectado y ejecutado por Jerónimo de Balbás entre 1728 y 1737. Mide 25.5 metros de altura y la madera tallada tiene un recubrimiento de oro de 22 kilates; en el medallón central está una imagen de Dios Padre del que cuelgan estalactitas de oro que protegen las estatuas de los Santos Reyes; las pinturas del centro son de Rodríguez Juárez y los retablos de los lados, realizados en fecha posterior, son de Luis Juárez. El Altar de la Virgen de Zapopan alberga una réplica, traída en 1949, de la imagen que veneran los tapatíos. La Sacristía cuenta con una bóveda de nervadura gótica, puertas y cajoneras talladas; en los muros hay lienzos de Juan Correa (*Nuestro Señor entrando a Jerusalén el Domingo de Ramos* y *La Ascensión* y Cristóbal de Villalpando (*El Apocalipsis, La Iglesia militante* y *El triunfo de la Iglesia*). La Capilla de las Reliquias tiene retablos barrocos y en el centro un Cristo llamado "de los Conquistadores", probablemente del siglo XVII, pero que se cree fue donado por Carlos V; hay también pinturas de Juan de Herrera y otros objetos interesantes. *El martirio del apóstol* y otras obras de Echave están en la Capilla de San Pedro, donde se hallan también pinturas de Aguilar (sobre la Sagrada Familia); en este recinto estuvieron los restos de fray Juan de Zumárraga hasta su traslado a la cripta. Hay lienzos de Ibarra, Cabrera, Nicolás y Juan Rodríguez en la Capilla de Nuestra Señora de La Antigua, cuya imagen, copia de la que existe en Sevilla, se halla en medio del retablo central; ahí también se encuentra la escultura del *Niño cautivo*, que recuerda a un infante raptado por los árabes y muerto en Argel. En la Capilla de la Virgen de Guadalupe, de altar neoclásico, está una imagen de la patrona del Tepeyac pintada por Labastida en los primeros años del siglo XIX; a la izquierda está una escultura de San Juan Bautista y al fondo la puerta que lleva a la Sacristía de los Canónigos. La Capilla de la Concepción tiene como principal imagen la de esta Virgen y pinturas de Ibarra, Echave y Pereyns. La losa pertenece al sepulcro del franciscano Antonio Margil de Jesús, evangelizador del norte de México. Justicia, Fe, Esperanza y Caridad están representadas en relieve en la Capilla de San Isidoro, donde está, asimismo, una *Santísima Trinidad* de Cabrera y una *Crucifixión* de autor desconocido; mediante una puerta labrada se pasa al Sagrario. La Capilla de las Angustias de Granada, situada bajo la torre oriental, cuenta con tres retablos churriguerescos: *La última cena*, de Alcíbar, y *Tobías y San Rafael*, de Martín de Vos. El coro, obra barroca de Juan de Rojas, se incendió junto con el Altar del Perdón y fue restaurado en los años setenta: cuenta con dos cuerpos de sitiales; tenía un *Apocalipsis* de Juan Correa; la reja original había sido fabricada en China y los antiguos órganos, de cedro y 335 flautas cada uno, fueron tocados por primera vez en 1736. El templo tuvo un primer Altar Mayor, de Antonio Maldonado, que se inauguró en 1673. En 1718 se encomendó el remozamiento a Jerónimo

Foto: Michael Calderwood

Catemaco, Veracruz

de Balbás, quien sustituyó las antiguas columnas salomónicas por estípites y agregó un tabernáculo de plata. Este altar fue llamado *Ciprés*. En 1783 fue renovado por Isidoro Vicente de Balbás. En 1845 el Cabildo ordenó destruir el Ciprés y en 1850 se inauguró otro, basado en un proyecto neoclásico del arquitecto Lorenzo de la Hidalga. Esta obra también desapareció en 1941. El Sagrario Metropolitano, anexo a la catedral, se construyó entre 1749 y 1768. Es cabalmente churrigueresco y, sin negarle valor estético, algunos críticos señalan que rompe con la armonía de la construcción catedralicia.

CATEMACO ◆ Laguna de Veracruz situada muy cerca del meridiano 95. Ocupa una cavidad de origen volcánico en la sierra de los Tuxtla y su diámetro mayor es de aproximadamente 11 km.

CATEMACO ◆ Municipio de Veracruz contiguo al de San Andrés Tuxtla. Superficie: 710.67 km². Habitantes: 44,321, de los cuales 10,656 forman la población económicamente activa. Hablan alguna lengua indígena 220 personas mayores de cinco años (popoluca 100 y náhuatl 77). La laguna del mismo nombre, en la que se practican deportes acuáticos, constituye su principal atractivo turístico. La cabecera municipal, en la ribera del lago, fue fundada en 1774. La principal fiesta de esta población es el 15 de julio, día en que llegan peregrinos de varios estados a celebrar durante

dos días a la Virgen del Carmen con cantos y danzas.

CATHERWOOD, FREDERICK ◆ n. en Inglaterra y m. en el mar cerca de Canadá (1799-1854). Arquitecto y dibujante. Viajó por la zona maya de Yucatán y Centroamérica junto con Stephens en 1839 y 1840. Volvieron al año siguiente y descubrieron Palenque y Tulum. Con sus dibujos integró el libro *Views of Ancient Monuments in Central America, Chiapas and Yucatan* (1944) e ilustró *Incidents of Travel in Central America, Chiapas and Yucatan* e *Incidents of Travel in Yucatan*, de Stephens.

CATLETT, ELIZABETH ◆ n. en EUA (1919). Llegó en 1946 y se naturalizó mexicana en 1962. Estudió en EUA y en La Esmeralda. Ha sido profesora en San Carlos donde fue jefa del Colegio de Escultura (1955-66). Perteneció al taller de Gráfica Popular. Entre sus últimas obras destacan el *Louis Armstrong*, bronce de tres metros ejecutado para la ciudad de Nueva Orleans, y el relieve en el mismo material que se halla en el edificio de Ingeniería Química de la Howard University, de Washington, EUA. Ha ofrecido una veintena de exposiciones individuales en México, EUA y la RDA. En 1978 Juan Mora dirigió la película *EC. La obra de Elizabeth Catlett*. Entre los premios que ha recibido por su obra como escultora se cuentan el de la Golden Jubilee Exhibition (1941), el Xipe Totec de la segunda Bienal de Escultura del

Sierra de Catorce

Real del Catorce, cabecera de Catorce, San Luis Potosí

INBA (1964), el de la Atlanta University Annual (1965), dos de la Howard University (1971 y 76) y el de la Conferencia Nacional de Artistas de EUA "por sus contribuciones a la promoción y desarrollo del artista y el arte negro" (1975). Obtuvo también el Diploma en Grabado de la Primera Exposición Nacional (México, 1958) y el premio del Salón de la Plástica Mexicana 1985. En 1975, como parte de las celebraciones por el Año Internacional de la Mujer, se efectuó la Semana Elízabeth Catlett, en Berkeley, California. Con sus obras se han editado *Seis reproducciones* (EUA, 1972) y *Cinco reproducciones* (México, 1974). Elton Fax la incluyó en *Seventeen Black Artists* (EUA, 1971).

CATOCHE ◆ Cabo de Quintana Roo situado en el punto más al norte de la península de Yucatán. Marca la división entre el golfo de México y el Caribe.

CATORCE ◆ Municipio de San Luis Potosí situado al oeste de Matehuala, en la parte norte de la entidad y en los límites con Zacatecas. Superficie: 1,178.6 km². Habitantes: 11,138, de los cuales 2,898 forman la población económicamente activa. Hablan alguna lengua indígena ocho personas mayores de cinco años. La cabecera, conocida como Real de Catorce, se halla a 2,757 m. sobre el nivel del mar. Desde el último tercio del siglo XVIII fue un importante centro minero. Durante el imperio de Maximiliano estuvo en funciones una casa de moneda. que acuñó más de seis millones de pesos. A fines del siglo XIX se agotaron las vetas y el lugar se fue despoblando hasta casi convertirse en pueblo fantasma. Durante el auge la población del Real llegó a ser de unos 40 mil habitantes. El turismo es atraído por las construcciones coloniales aún en pie. El 4 de octubre se celebra la fiesta de San Francisco de Asís, a la que asisten miles de peregrinos que veneran una imagen del siglo XVI. Cantos y danzas típicos forman parte de la fiesta.

CATORCE ◆ Sierra del norte de San Luis Potosí que corre paralela al meridiano 101 y es atravesada por el trópico de Cáncer. Prolonga hacia el norte la sierra de Coronado.

Rafael Cauduro

CAUDURO, RAFAEL ◆ n. en el DF (1950). Pintor. Estudió la carrera de arquitectura y diseño industrial en la Universidad Iberoamericana (1968-72). Vive en Cuernavaca. Desde 1976 ha participado en 33 exposiciones colectivas y 23 individuales, en la ciudad de México, Cuernavaca, Toluca, Monterrey, San Juan de Puerto Rico, Long Beach, Riverside, San Francisco, Norfolk, Beverly Hills, Miami, Caracas y Nueva York. Entre sus obras se cuentan los cuadros *Azulejos poblanos* (1984), *Botiquín con máscara* (1985), *Calvin Klein con Rembrandt* (1986), *Dos asesinatos* (1987), *El águila violada* (1988), *Agujero en el muro* (1989), *Ángel caído* (1988), *Ché, un icono* (1998), *El colapso de San Sebastián* (1998); el timbre postal conmemorativo del primer astronauta mexicano (1985), los murales *Comunicaciones* (1986, en Vancouver, Canadá) y *Metro de Londres* y *Metro de París* en la estación Insurgentes del Metro en el DF (1990) y la portada para el libro de texto gratuito (1988).

CAVALIERI, FRANCISCO JOSÉ ◆ n. en Italia y m. en Puebla, Pue. (1821-1878). Sacerdote jesuita. Llegó a México durante el imperio de Maximiliano. Coeditor de *El Amigo de la Verdad*, hebdomadario poblano. Fundó en Puebla el Colegio Pío de Artes y Oficios.

CAVALLARI, JAVIER ◆ n. y m. en Italia (1810-1879). Arquitecto. Estuvo en México entre 1856 y 1864 para impartir clases de su especialidad en San Carlos, donde promovió la modificación de los planes de estudio a fin de fundir las carreras de ingeniería y arquitectura. A él se debe la construcción del Salón de Actos y el remozamiento de la fachada de la Academia de San Carlos.

CAVAZOS, ALBERTO ◆ n. en Monterrey, NL (1940). Artista plástico. Estudió en España. Ha presentado unas 40 exposiciones individuales en México, EUA, España, Costa Rica y Brasil.

CAVAZOS, ELOY ◆ n. en Villa Guadalupe, NL (1950). Su nombre completo es Eloy Américo Cavazos Ramírez. Era novillero a los 14 años y matador de toros a los 16, pero desde 1958 formaba parte de la Cuadrilla Infantil de Monterrey que se presentó en diversos cosos de la República. El 28 de agosto de 1966, en Monterrey, con Manolo Martínez como testigo, Antonio Velázquez le dio la alternativa, que confirmó en la México el 14 de enero de 1968 y en la Monumental de Madrid en 1971. Se ha presentado exitosamente en los principales cosos de América y Europa. Después de despedirse de los ruedos en 1982, volvió a vestir traje de luces en 1987. Se calcula que ha tomado parte en unas mil 400 corridas. En 1977, en un solo día, se presentó en cuatro plazas: San Luis de la Paz, Dolores, San Miguel Allende y Celaya. En ese mismo año sumó 127 actuaciones. En los años noventa continuaba toreando.

CAVAZOS GARZA, ISRAEL ◆ n. en Guadalupe, NL (1923). Historiador egresado de El Colegio de México. Fue director de los archivos del Congreso del estado de Nuevo León, Municipal de Monterrey, General del Estado y la Biblioteca Universitaria Alfonso Reyes. Cofundador del Museo Regional de Nuevo León (1956). Catedrático de la UANL, el ITAM, el ITESM y la UNAM, donde es también investigador. Colaborador de periódicos de Monterrey y publicaciones especializadas como *Historia mexicana*, *Letras potosinas* y *Vida universitaria*. Autor de *Mariano Escobedo* (1949), *La virgen del Roble, historia de una tradición regiomontana*, *El Señor de la Expiración del pueblo de Guadalupe*, *El muy ilustre ayuntamiento de Monterrey desde 1596*, *Nuevo León en la independencia* (1953), *Cedulario autobiográfico de pobladores y conquistadores de Nuevo León* (1964), *Catálogo y síntesis de los protocolos del Archivo Municipal de Monterrey de 1599 a 1801* (1973, 6 v.), *Diccionario biográfico de Nuevo León* (1984) y *Breve historia de Nuevo León* (1994). Miembro del Seminario de Cultura Mexicana. Ingresó en la Academia Mexicana de la Historia en 1978. Cronista de Monterrey (1992-) y Premio Nacional de Ciencias y Artes 1995.

CAVAZOS LERMA, MANUEL ◆ n. en Matamoros, Tams. (1946). Licenciado en economía por el ITESM (1963-68) y maestro en la misma especialidad por la London Schoool of Economics (1969-72). Ejerció la docencia en el ITESM (1968) y el ITAM (1972-81). Profesor e investigador del CEMLA (1978-79). Miembro del PRI desde 1972. Fue secretario de Planeación del Desarrollo de la CNOP (1983-85). Ha sido jefe de la Oficina de Estudios Monetarios y Financieros (1962-76) y coordinador del Área de Asuntos Internacionales del Banco de México (1977), director de Política Económica Internacional de la SPP (1980-81), diputado federal en dos ocasiones (1982-85 y 1988-91) y oficial mayor de la Secretaría de Gobernación (1985-88). Coautor de *50 años de banca central* (1976) y autor de *Tamaulipas, estudio socioeconómico* (1974). Fue presidente de la Liga de Economistas Revolucionarios del PRI (1984-85).

CAVO, ANDRÉS ◆ n. en Guadalajara, Jal., y m. en Italia (1739-1803). Sacerdote jesuita. Expulsada de México la Compañía de Jesús, radicó en Italia, donde escribió su *Historia civil y política de México*, que comprende el periodo que va de 1521 a 1766. Entre 1836 y 1838 fue editada en México bajo el título de *Los tres siglos de México bajo el gobierno español hasta la entrada del Ejército Trigarante* (4 t). Bustamante le agregó la parte que comprende hasta 1821.

CAXCANES ◆ Grupo indígena que habitaba al norte de los Tecueches, al sur del actual territorio del estado de Zacatecas, en la región de Nochistlán. Se resistieron al dominio español en el territorio de la Nueva Galicia mediante constantes levantamientos. Desde 1537 la rebeldía se intensificó, pues ya no quisieron servir a los españoles ni pagarles tributo. En 1541, tras liberar a Tenquitatl, principal cabecilla de la región, en la batalla de Xochitepec, miles de caxcanes de Tlaltenango, Juchipila, Nochistlán, Jalpa y Zacatecas, junto con algunos coras y tepehuanos, saquearon y quemaron pueblos y casas de españoles, refugiándose en el peñol de Nochistlán. Cristóbal de Oñate, gobernante de Nueva Galicia, pidió ayuda al capitán Pedro de Alvarado, quien llegó a Guadalajara el 12 de junio y se dirigió de inmediato al peñol, donde fue rechazado en sus dos primeras acometidas y obligado a huir. En una escabrosa subida, un caballo cayó sobre Alvarado, quien quedó herido de muerte y expiró en Guadalajara el 4 de julio. Varios frailes, entre ellos fray Juan de Esperanza y fray Antonio de Cuéllar, fueron muertos por la rebelión indígena. El 28 de septiembre, las fuerzas indígenas comandadas por Tenamaztle atacaron Guadalajara, pero los españoles pudieron defenderse con éxito. Aun así, Oñate decidió cambiar la ciudad a un sitio mejor resguardado. El primero de octubre, el virrey de Mendoza, con más de mil soldados españoles y 35 mil indígenas, salió de la ciudad de México rumbo al peñol. Tras algunos enfrentamientos en Michoacán, pacificó el pueblo de Coyna (Tototlán) donde se pasó a cuchillo a todos los indios, incluidos mujeres y niños. Ante el requerimiento del virrey de que se rindieran y entregaran, Tenamaztle contestó en los mismos términos, pidiendo a los españoles que se regresaran a Castilla, pues éstas, dijo, eran sus tierras. Tras algunas deserciones de los indios tecos y tecuexes y del cacique de Jalpa, los españoles pusieron sitio al peñol y sometieron a Tenamaztle. Al percibir la derrota inminente, muchos sitiados se tiraron de lo alto del cerro para evitar el destino de los más de mil 700 prisioneros que fueron hechos esclavos. Los sobrevivientes se refugiaron en el cerro del Mixtón, rescataron a Tenamaztle y prosiguieron el combate. Algunos pobladores del Teul informaron a las tropas del virrey de un paso para escalar el Mixtón. Tras una lucha sangrienta y un sitio prolongado, las tropas españolas alcanzaron la victoria el 16 de diciembre. Muchos guerreros y sus familias se

Eloy Cavazos

Eloy Cavazos

refugiaron en la sierra, incluido Tenamaztle, pero los restantes fueron hechos esclavos, lapidados, ahorcados, formados y sometidos al disparo de un cañón. En toda la región fueron quemadas aldeas, destruidos los campos y huertos y arrancadas las magueyeras como un escarmiento ejemplar. Existe la hipótesis de que Tenamaztle presentó sus protestas por los agravios, reclamando justicia y libertad para su pueblo ante el Rey y el Real Consejo de Indias, en Valladolid, España.

CAXHUACÁN ◆ Municipio de Puebla situado al noreste de la capital del estado, en los límites con Veracruz. Superficie: 20.41 km². Habitantes: 3,501, de los cuales 853 forman la población económicamente activa. Hablan alguna lengua indígena 2,717 personas mayores de cinco años (totonaco 2,708). Indígenas monolingües: 330.

CAZALS, FELIPE ◆ n. en España (1937). Cineasta. Hijo de republicanos españoles, era niño cuando fue traído a México. Estudió en Francia en el Instituto de Altos Estudios Cinematográficos. Cofundador de la cooperativa Cine Independiente de México (1969). Debutó con los cortometrajes *¡Que se callen!* (sobre León Felipe, ganador del Premio Mar del Plata), *El sortilegio irónico* (sobre Leonora Carrington, ganador del festival de cortometrajes de Río de Janeiro) y *Alfonso Reyes*. En su filmografía están *La manzana de la discordia* (Gran Premio del Festival de Benalmádena, España, 1968), *Familiaridades* (1969), *Emiliano Zapata* (Dios de Plata 1970), *El jardín de la tía Isabel* (1971), *Aquellos* años (Premio Especial del Festival de Moscú, 1972), *Los que viven donde sopla el viento suave* (1973, Premio del Festival de Bilbao, 1974), *Canoa* (1975, Premio Especial del Festival de Berlín, 1976), *El apando, Las Poquianchis, La Güera Rodríguez, El año de la peste* (1978, Ariel a mejor película y mejor director 1979), *El gran triunfo, Las siete Cucas* (Premio al mejor director del Festival de Panamá, 1981), *Rigo es amor, Bajo la metralla* (nueve Diosas de Plata y ocho Arieles), *Los motivos de Luz* (Premio Especial del Festival de Cine de San Sebastián, 1985), *El tres de copas, Los inocentes, La furia de un dios, Burbujas de amor, Desvestidas y alborotadas, Kino* y la serie de diez capítulos en video *Luces de la ciudad*. Premio Jabega-Homenaje del Festival de Málaga (1987). Premio Coral por trayectoria del Festival de La Habana (1993). Primer Premio para guión no filmado del Festival de La Habana por *Los niños de Morelia* (1997).

CÁZARES Y MARTÍNEZ, JOSÉ MARÍA ◆ n. en La Piedad, Mich., y m. en Guadalajara, Jal. (1832-1909). Abogado y sacerdote. Obispo de Zamora (1878-1908). A manos de un sacerdote, sufrió un atentado contra su vida en 1887.

CAZÉS MENACHE, DANIEL ◆ n. en el DF (1939). Lingüista por la ENAH (1963) y doctor por la UNAM (1967-69) y la Sorbona (1973). Profesor e investigador de instituciones de enseñanza superior. Cofundador y coordinador de la Sección de Investigaciones Lingüísticas del Centro de Cálculo Electrónico de la UNAM (1963-67), del Seminario de Estudios de la Escritura Maya en la Coordinación de Humanidades de la UNAM (1967-70), del equipo de investigaciones en lingüística amerindia del Centro Nacional de Investigación Científica de Francia (1970) y del Colegio de Antropología de la UAP (1979-81). Fue secretario general de la UAP (1981-85). Desde 1994 coordina el Seminario Permanente de Entidades Federativas-Creación de Alternativas de la UNAM. Produjo y dirigió la película *Día de Muertos en San Juan Atzingo* (1976) y fue responsable de las cintas *Ayer maravilla fui (la CROM en Atlixco)* (1980) y *Días de vecindad* (1981). Miembro del PCM (1978-80) y fundador del PSUM (1981-). Miembro de la Coordinación Nacional de Alianza Cívica. Cofundador de la revista *El Machete* (1979-80). Ha colaborado en *unomásuno, La Jornada* y *El Universal*, entre otras publicaciones. Autor de los libros *El pueblo matlatzinca de San Francisco Oxtotilpan y su lengua* (1967), *Los revolucionarios* (1971) y *Epigraphie maya et linguistique mayanne*

(1976), *La reestructuración de la UAP* (1984), del ensayo "Antropología y poder en México" en *Historia general de la antropología mexicana* (1987), del prólogo a *Sucesión rectoral y crisis en la izquierda. La UAP en 1981* (4 t., 1981-85), coordinador de *Relato a muchas voces. Memorial del 68, de Una crónica del 68, de Volver a nacer. Memorial del 85* y de *Memorial de Chiapas. Pedacitos de historia*, entre otros.

CAZONES ◆ Río que nace en la vertiente oriental de la sierra Norte de Puebla, cruza la Huasteca veracruzana, donde recibe el caudal del río Acuatempan y desemboca en el golfo de México, en el lugar conocido como Barra de Cazones, al noroeste de Tecolutla y al sureste de Tuxpan. Se le conoce también como San Marcos.

CAZONES DE HERRERA ◆ Municipio costero de Veracruz contiguo a Tuxpan y Papantla. Superficie: 106.11 km². Habitantes: 23,621, de los cuales 5,857 forman la población económicamente activa. Hablan alguna lengua indígena 2,330 personas mayores de cinco años (totonaco 2,288). El río Cazones desemboca en la Barra del mismo nombre, que constituye el principal atractivo turístico.

CCC ◆ ☛ *Centro de Capacitación Cinematográfica.*

CCI ◆ ☛ *Central Campesina Independiente.*

CEBALLOS, ALICIA ◆ n. en el DF (1961). Pintora. Diseñadora gráfica por la Universidad Autónoma de Guadalajara. Desde 1974 radica en la capital de Jalisco. Obra suya forma parte de la exhibición permanente del Museo de Monterrey y de la Fundación Cultural Bancomer. A partir de 1983 expone regularmente en museos y galerías del país y el extranjero. Beca de Jóvenes Creadores del Fonca (1992).

CEBALLOS, CIRO B. ◆ n. y m. en la Cd. de México (1873-1938). Ejerció el periodismo en *El Imparcial* y *El Universal*. Dirigió *El Intransigente*. Fue redactor de la *Revista Moderna*. Autor de *Clarobscuro* (1896), *Croquis y sepias* (1898), *En Turania. Semblanzas y crítica* *literaria* (1902), *Aurora y ocaso. 1867-1911* (1912) y la novela *Un adulterio* (1903).

CEBALLOS, ÉDGAR ◆ n. en Mérida, Yuc. (1949). Dramaturgo, director e investigador teatral. Trabajó en el diario *Avance* de Mérida. Dirige el Centro de Documentación Teatral de Escenología, A.C. Edita la colección y dirige la revista del mismo nombre y la revista de investigación teatral *Máscara*. Coautor con Sergio Jiménez de *Teoría y praxis del teatro en México* y *Técnicas y teorías de la dirección escénica*; de la traducción y notas de *El autor sobre la escena* de Meyerhold; del *Diccionario Enciclopédico Básico del Teatro en México* (1996); de los ensayos: *Las técnicas de actuación en México, Principios de dirección escénica* y *Principios de construcción dramática*; y de las obras *El traje* (1975), *Vieja crónica contada de nuevo* (1976), *Edipo Reyes* (1976), *Colón* (1992), *Los muchachos terribles* (1993), *Balada para buitres sentimentales* (1994) y *A la vuelta de la esquina* (1995). Premio Cuauhtémoc de Artes 1987. Premio Nacional de Teatro 1987. Premio del Fideicomiso para la Cultura México-Estados Unidos 1993. Premio Nacional de Dramaturgia Manuel Herrera Castañeda (1999).

CEBALLOS, JOSÉ ◆ n. en Durango, Dgo., y m. en la Cd. de México (1831-1893). Militar. Combatió a los invasores franceses y al imperio. General de división en 1873. Defendió el gobierno de Lerdo contra los golpistas del Plan de Tuxtepec. Se exilió en EUA y en Guatemala, donde se le nombró director de la Escuela Politécnica. Reconciliado con Porfirio Díaz volvió a México, donde fue diputado y gobernador del DF de 1884 hasta su muerte.

CEBALLOS, JUAN BAUTISTA ◆ n. en Durango, Dgo., y m. en Francia (1811-1859). Abogado liberal. Diputado en 1842 y 1851. Fue presidente de la Suprema Corte de Justicia de mayo de 1852 a 1856, con excepción del breve periodo en que ocupó la Presidencia de la República (5 de enero al 4 de febrero de 1853). Miembro del Congreso Constituyente de 1856-57.

CEBALLOS DOSAMANTES, JESÚS ◆ n. en Monterrey, NL, y m. en la Cd. de México (1850-1916). Periodista. Colaboró en el diario *La Patria*. Con sus artículos y sus libros se convirtió en cabeza de una corriente de ideas dentro del cauce general del positivismo porfiriano. Autor de *El perfeccionismo absoluto* (1888), *Ciencia y religión del porvenir* (1897) y *La gran mistificación maderista* (1911).

CEBALLOS MALDONADO, JOSÉ ◆ n. en Puruándiro y m. en Uruapan, Mich. (1919-1995). Escritor. Se tituló como médico cirujano en la Universidad Autónoma de Guadalajara. Autor de libros de cuentos: *Blas Ojeda* (1963) y *Del amor y otras intoxicaciones* (1974); y novelas: *Bajo la piel* (1966), *Después de todo* (1969), *El demonio apacible* (1985) y *Fuga a ciegas*. Luego de su muerte se publicó su *Obra completa*.

CEBORUCO ◆ Volcán del sur de Nayarit, situado cerca de los límites con Jalisco. Tiene 2,164 m. de altura y su última erupción data de 1870.

CEBREROS MURILLO, JOSÉ ALFONSO ◆ n. en Culiacán, Sin. (1947). Licenciado en economía por la UNAM (1967). Ha sido investigador del CIDE (1975-76), subsecretario de Patrimonio Nacional (1976), secretario de Fomento Pesquero del Departamento de Pesca (1977), subsecretario de Programación de la SPP (1977), director general de Banpesca (1980-82), coordinador de la Comisión Nacional de Alimentación de la Secretaría de Programación (1984-87) y coordinador de asesores del secretario de Agricultura (1988-). Coautor de *La planeación universitaria* (1970) y *The European Economic Comunity and Mexico* (1987).

CEBRIÁN Y AGUSTÍN, PEDRO ◆ n. y m. en España (1687-1752). Cuadragésimo virrey de Nueva España. Llegó a México el 3 de noviembre de 1742. Fue quien ordenó la aprehensión y deportación a España de Lorenzo Boturini por falta de permiso para realizar su investigación sobre México. En 1743 se le ocurrió enviar los caudales con destino a la metrópoli en el galeón *Nuestra Señora de Covadonga*, que hacía el viaje a

Filipinas, y la embarcación cayó en manos de corsarios ingleses. Al año siguiente sofocó con lujo de fuerza un motín ocurrido en Puebla. Durante su mandato fue reparado el acueducto de Chapultepec al Salto del Agua, restauró la calzada de San Antonio Abad y dispuso fueran empedradas diversas calles de la capital. Renunció al cargo por su precaria salud en 1745 y entregó el puesto en julio de 1746.

CECCHI, EMILIO ◆ n. y m. en Italia (1884-1966). Escritor. Aprovechando sus vacaciones como profesor visitante en Berkeley, EUA, visitó el país entre 1930-31, resultado de lo cual escribió *México* (1931), prologado por Ítalo Calvino, descripción intensa y equilibrada del país, sus cosas y sus habitantes.

Retrato y firma de Pedro Cebrián y Agustín

CECEÑA GÁMEZ, JOSÉ LUIS ◆ n. en Mazatlán, Sin. (1917). Profesor normalista y licenciado en economía por la UNAM (1942), con estudios de posgrado en la Universidad Americana de Washington (1946). Profesor de la Facultad de Economía (antes Escuela Nacional) desde 1944, de la que fue director

GABINETES DEL PRESIDENTE JUAN BAUTISTA CEBALLOS	
6 de enero al 6 de febrero de 1853	
RELACIONES INTERIORES Y EXTERIORES:	
JOSÉ MIGUEL ARROYO	6 al 8 de enero de 1853
JUAN ANTONIO DE LA FUENTE	8 al 18 de enero de 1853
JOSÉ MIGUEL ARROYO	19 de enero al 6 de febrero de 1853
JUSTICIA:	
JOSÉ MARÍA DUBLÁN	6 al 8 de enero de 1853
JOAQUÍN LADRÓN DE GUEVARA	8 al 20 de enero de 1853
JOSÉ MARÍA DURÁN	21 de enero al 6 de febrero de 1853
GUERRA Y MARINA:	
PEDRO MARÍA ANAYA	6 al 8 de enero de 1853
SANTIAGO BLANCO	8 de enero al 2 de febrero de 1853
MANUEL MARÍA SANDOVAL	3 al 6 de febrero de 1853
HACIENDA:	
JOSÉ MARÍA URQUIDI	6 al 21 de enero de 1853
MANUEL MARÍA MERINO	22 de enero al 6 de febrero de 1853

(1972-76). Investigador (1961-) y director del Instituto de Investigaciones Económicas de la UNAM (1961-66). Ha sido oficial mayor de la Secretaría de Economía (1952-58). Trabajó para Nacional Financiera y el Banco de Crédito Ejidal. Ha colaborado en *Excélsior, Siempre!, Investigación Económica, El Trimestre Económico, Problemas del Desarrollo*. Entre sus libros se cuentan *México en la órbita imperial* (1970), *El imperio del dólar* (1978) y *El capital monopolista y la economía mexicana*.

CEDANO, JOSÉ MERCED ♦ n. en Tizapanito, hoy Villa Corona, y m. en Guadalajara, Jal. (1862-1949). Participó en actividades antiporfiristas desde 1892 y fue varias veces a la cárcel. Maderista en 1910. Fundó el Partido Liberal Rojo, anticlerical. Carrancista en 1914. Estuvo entre los fundadores del Partido Liberal Obrero de Jalisco (1917) y de la Liga de Comunidades Agrarias del mismo estado (1920). En 1921 pertenecía al Partido Nacional Agrarista.

CEDANO, MARCELINO ♦ n. en Teocuitatlán, hoy de Corona, Jal., y m. en el DF (1888-1962). Ejerció la docencia en Jalisco, Sonora y otros estados. Diputado al Congreso Constituyente (1916-17) por el distrito de Ixcuintla, territorio de Tepic. Pugnó por la erección del estado de Nayarit. Colaboró en *El Universal* de la ciudad de México y en periódicos de provincia.

CEDEÑO ANTE, ANTONIO MATEO ♦ n. en Tatalpa, Jal., y m. en Colima, Col. (1871-1957). Artista plástico. Fue maestro de varias generaciones de artistas colimenses. Dirigió el Museo Regional de Colima.

CEDILLO, JESÚS R. ♦ n. en Saltillo, Coah. (1965). Ha sido coordinador de *El Reporte* y director de las librerías universitarias de la Universidad Autónoma de Coahuila. Colaborador de las revistas *Aleph, Museo, La Revista* y *Rumbo*, así como en los diarios *La Vanguardia* y *El Sol del Norte*. Algunos de sus poemas se encuentran en libros colectivos. Autor del poemario *Ya el deseo es transparente* (1989).

CEDILLO, MAGDALENO ♦ n. y m. cer-

ca de Cd. del Maíz, SLP (1887-1917). Se adhirió con su familia a la revolución en 1911. Fue sucesivamente maderista, orozquista, huertista y convencionista. Murió a consecuencia de heridas que recibió en combate contra carrancistas.

CEDILLO, MARÍA MARCOS ♦ n. en Cd. del Maíz, SLP (1900-1933). En 1931 se inició como piloto aviador. Es considerada la primera mujer mexicana que se dedicó profesionalmente a tal oficio. Murió en un accidente aéreo.

Saturnino Cedillo

CEDILLO, SATURNINO ♦ n. cerca de Cd. del Maíz y m. en la sierra de San Luis, SLP (1890-1938). Tío de la anterior. En 1911, con otros miembros de su familia, bajo las órdenes de su hermano Magdaleno, se adhirió a la rebelión encabezada por Madero. Con éste en el poder se unió al alzamiento de Pascual Orozco. Reconoció al gobierno del dictador Victoriano Huerta y cuando era inminente su caída desertó. A fines de 1914 aparece como partidario de la Convención de Aguascalientes. Al triunfo del carrancismo se mantiene al frente de una gavilla que opera por su cuenta en la Huasteca potosina. En 1920 participa en la rebelión de Agua Prieta. Obregón lo nombra jefe de operaciones en San Luis Potosí y de esta manera inicia un cacicazgo que sólo desaparecerá a su muerte. Se opuso en 1923 a los delahuertistas. En 1926

combate a los cristeros en varias entidades. Se hace elegir gobernador de San Luis Potosí para el periodo 1927-31. General de división en 1928. Secretario de Agricultura con el presidente Ortiz Rubio (septiembre-octubre de 1931), ocupa la misma cartera en el segundo gabinete de Lázaro Cárdenas (junio de 1935 a agosto de 1937). Asesorado por militares extranjeros se levanta en armas contra el gobierno semanas después de la expropiación petrolera. Perseguido, murió en condiciones no aclaradas a manos de fuerzas que encabezaba el general Miguel Henríquez Guzmán.

CEDILLO VALDÉS, GONZALO ♦ n. en el DF (1945). Abogado por la UNAM. Perteneció al PRI, en el que fue subcoordinador nacional del CEN, dirigente distrital juvenil (1969-71), delegado de Acción Electoral y de Organización y Propaganda (1971-1991). Desde 1991 se afilió al PARM. Diputado federal (1991-94).

CEDRAL ♦ Municipio de San Luis Potosí situado en el extremo norte de la entidad, en los límites con Nuevo León. Limita por el sur con Matehuala. Superficie: 1,080.2 km². Habitantes: 17,051, de los cuales 3,799 forman la población económicamente activa. Hablan alguna lengua indígena 12 personas mayores de cinco años (náhuatl 9). El territorio, desértico en su mayor parte, sólo permite una agricultura de variedades resistentes (lechuguilla, palma, guayule).

CEDRÓN, JOSÉ ANTONIO ♦ n. en Argentina (1945). Poeta. Ha sido encargado de publicaciones del Archivo Administrativo e Histórico y de la Biblioteca del Estado de Puebla; y jefe de redacción de la revista *Acervo*. Colaborador de *Plural* y de *El Gallo Ilustrado*, suplemento del periódico *El Día*. Autor de *Viaje hacia todos* (1971), *La tierra sin segundos* (1974), *De este lado y del otro* (1982), *De persona a persona* (1984) y *Actas* (1986). En 1981 recibió una mención honorífica en los concursos Rubén Darío, en Nicaragua, y Carlos Pellicer, en México. Obtuvo el Premio de Poesía de Sinaloa (1985).

CEDROS ◆ Isla situada al norte del paralelo 28, frente a la costa de Baja California. La flanquea por el este la bahía de Sebastián Vizcaíno y por el oeste el océano Pacífico. Es de origen volcánico y mide casi 40 km. de longitud (norte-sur). Con 346 km² de superficie, es recorrida por una cordillera que alcanza hasta 1,200 m. de altura en el punto llamado Monte Aires.

CEDROS ◆ Río de Sonora que nace en la vertiente oeste de la sierra Madre Occidental, al sur del paralelo 28. Es afluente del Mayo. Se le conoce talarse en Paso del Norte. smo ◆ ☞ *Centro de Estudios Históricos del Movimiento Obrero Mexicano.*

CEJA MARTÍNEZ, JUSTO ◆ n. en el DF (1954). Licenciado en relaciones comerciales titulado en el IPN (1970-74). Ingresó al PRI en 1981 y desde ese año fue secretario particular de Carlos Salinas de Gortari, quien lo mantuvo en el cargo al convertirse en secretario de Programación y Presupuesto (1982-1988) y presidente de la República (1988-1994). Fue vicepresidente ejecutivo (1986-88) y presidente del consejo consultivo del Colegio Nacional de Licenciados en Relaciones Comerciales (1988-89).

CELADA, FERNANDO ◆ n. y m. en el DF (1871-1929). Periodista, poeta y dramaturgo. Escribió en periódicos obreros de vida efímera. Autor de poesía: *Cantos épicos a Juárez* (1904), *Martillos y yunques* (1908), *El himno de los martillos, De los crepúsculos rojos y Panorama de ensueño* (1918); y piezas teatrales: *En capilla* (1898) y *Alas huérfanas.* Al fallecer era juez de paz en Coyoacán.

CELADA SALMÓN, JUAN ◆ n. en Hermosillo, Son. (1916). Cursó la carrera de ingeniero electricista en la ESIME del IPN (1941) y la maestría en ingeniería eléctrica en el Tecnológico de Massachusetts. En el ITESM fue profesor y jefe del Departamento de Ingeniería Eléctrica (1946-60). Fue gerente y director técnico de la empresa Hylsa, donde experimentó métodos para purificar el hierro y reducir el costo de producción de aceros de alta calidad. Dirigió el Grupo Industrial Alfa hasta su jubilación, en 1982. Su invento, Proceso HYL, mediante el cual se obtiene el fierro esponja, es la principal aportación tecnológica de México a la industria siderúrgica mundial y cuenta con cerca de 400 patentes reconocidas en más de 60 países. Consejero de la Universidad de Monterrey, Ciudadano Distinguido de Torreón (1980), miembro del Consejo Consultivo de Ciencias de la Presidencia de la República y Premio Nacional de Ciencias y Artes en Diseño y Tecnología (1978). Recibió la Medalla al Mérito Nuevo León en Investigación Tecnológica en 1987.

CELAYA ◆ Municipio de Guanajuato situado en la región del Bajío cerca de los límites con Querétaro. El nombre es de origen vascuense y significa "tierra plana". Superficie: 579.3 km². Habitantes: 354,453, de los cuales 91,407 forman la población económicamente activa. Hablan alguna lengua indígena 523 personas mayores de cinco años (otomí 127 y mazahua 111). La cabecera, del mismo nombre, fue fundada como Villa de la Purísima Concepción de Celaya en 1571 y desde 1658 tiene el título de ciudad. Perteneció a la intendencia de Guanajuato desde 1784. El 20 de septiembre de 1810 fue ocupada por los insurrectos al mando de Miguel Hidalgo, quien ahí fue nombrado capitán general. Durante casi dos meses permaneció en poder de los independentistas, hasta que la ocupó Calleja y ordenó su fortificación, pues se hallaba en una región donde operaban exitosamente los destacamentos de patriotas. En 1821, al caer en poder de las fuerzas trigarantes, fue declarada independiente, seis meses antes de ser ocupada la ciudad de México. Los celayenses participaron en la guerra contra los invasores estadounidenses en 1846-47 y aportaron contingentes para la resistencia contra la intervención francesa y el imperio. A partir de 1911 estuvo en manos de las diversas facciones contendientes durante la revolución y fue escenario de las batallas en las que Obregón

Torre de agua, Celaya

perdió un brazo y derrotó definitivamente a Francisco Villa. Es un tradicional centro agrícola y ganadero famoso por sus dulces de leche, especialmente por la cajeta, y desde los años cuarenta se ha constituido en importante zona industrial dentro del corredor México-Guadalajara, en el que ocupa un punto clave por sus comunicaciones. Es sede de la diócesis del mismo nombre, erigida en 1974, que comprende la región este del estado de Guanajuato. La ciudad de Celaya es escenario de importantes celebraciones que atraen a gran número de turistas durante la Semana Santa y en diciembre, cuando se festeja a la Virgen de Guadalupe y se realizan posadas y pastorelas junto a vistosos nacimientos. Joyas arquitectónicas del lugar son el templo del Carmen, la iglesia y convento de San Francisco, el mercado principal, el puente de La Laja, las pinturas de Francisco Eduardo Tresguerras en la capilla de Cofrades y la casa-museo del mismo artista neoclásico.

CELAYA CELAYA, VÍCTOR HUGO ◆ n. en Atil, Son. (1952). Licenciado en economía por la Universidad de Sonora (1970-75) con maestría en administración por la Universidad de San Luis, EUA (1976-78). Desde 1973 es miembro del PRI, del que ha sido líder juvenil en Sonora (1974-75) y coordinador de divulgación ideológica del comité ejecutivo nacional (1981-82). Fue coordinador de acción social de la CNPP (1979-80). Ha sido jefe de Evaluación de la Campaña Nacional contra la Garrapata (1978), director de Administración y Finanzas del Conalep (1982), subdirector administrativo de la Dirección General de Gobierno (1984-85), coordinador de asesores del subsecretario (1985) y director general de la Comisión de Radiodifusión de la Secretaría de Gobernación (1985-88); y diputado federal (1988-91).

CELESTÚN ◆ Municipio costero de Yucatán situado al oeste de Mérida. Superficie: 868.63 km². Habitantes: 5,228, de los cuales 1,467 forman la población económicamente activa. La cabecera municipal es puerto de cabotaje. Hablan alguna lengua indígena 410 personas mayores de cinco años (maya 409).

CELORIO, GONZALO ◆ n. en el DF (1948). Escritor. Maestro en letras (literatura iberoamericana) por la UNAM (1974-79), de la que ha sido profesor (1976-), secretario de Extensión Académica de la Facultad de Filosofía y Letras (1982-86) y coordinador de Difusión Cultural (1989-1997) y director de la Facultad de Filosofía y Letras elegido para el periodo 1998-2001. También ha ejercido la docencia en El Colegio de México (1980-84). Colaborador de *Revista de la Universidad*, *Sábado*, *Diálogos*, *Alejandría*, *Plural*,

Jorge Cendejas

Artes de México, *Los Universitarios*, *Revista de Bellas Artes* y otras publicaciones. Coautor de *Español. Enseñanza media básica. Primer grado* (1975), *Español segundo grado. Enseñanza media básica* (1977) y *Español tercer grado: enseñanza media básica* (1977). Autor de ensayo: *El surrealismo y lo real maravilloso americano* (1976), *Tiempo cautivo: la catedral de México* (1980), *Para la asistencia pública* (1985), *Los subrayados son míos* (1987, Premio de Periodismo Cultural 1986) y *La épica sordina* (1990); de los volúmenes de crónica *Modus periendi* (1983) y *El alumno* (1998) y de la novela *Y retiemble en sus centros la tierra* (1999). Ingresó en 1997 a la Academia Mexicana (de la lengua) con el discurso *México, ciudad de papel*.

CELORIO GARRIDO, VÍCTOR MANUEL ◆ n. en el DF (1957). Escritor. Estudió letras en Santa Fe Community College de EUA. Autor de las novelas *El retorno* (1987) y *El unicornio azul* (1994) y de los libros de cuento *Espejo de obsidiana* (1984) y *Calaveritas de azúcar.*

CEMOS ◆ ☞ *Centro de Estudios del Movimiento Obrero y Socialista.*

CEMPOALA ◆ Zona arqueológica situada en el municipio de Úrsulo Galván, Veracruz. Fue la capital totonaca. Los aztecas la dominaron hasta la llegada de los españoles, cuando era un conjunto urbano de 30,000 habitantes, la mayoría de los cuales vivía en casas con techo de palma, diseminadas en los alrededores de las murallas que protegían los templos y palacios. Quedan en pie varios edificios que dan idea de la grandeza de esa cultura, como el Templo Mayor, de trece cuerpos escalonados, que estaba coronado por almenas, lo mismo que el Templo de las Chimeneas, de seis cuerpos escalonados.

CENAPRO ◆ ☞ *Centro Nacional de Productividad.*

CENCOS ◆ ☞ *Centro Nacional de Comunicación Social.*

CENDEJAS QUESADA, JORGE ◆ n. en Irapuato, Gto. (1935). Ingeniero en aeronáutica por el Instituto Politécnico Nacional. Fue director general de Aero-

náutica Civil (1977-80) y de Aeropuertos y Servicios Auxiliares (1980-82). Acusado de fraude y falsificación de documentos durante su gestión en el último de los cargos, fue encarcelado en julio de 1983. En diciembre de 1986 se le sentenció, junto con cinco de sus colaboradores, a seis años ocho meses de prisión.

CENICEROS, GUILLERMO ◆ n. en El Salto, Pueblo Nuevo, Dgo. (1940). Pintor. Estudió artes plásticas en la Universidad Autónoma de Nuevo León. Fue asistente de Siqueiros en la ejecución de algunos murales. Ha presentado exposiciones individuales en México, EUA y Venezuela. En mayo de 1987 fue inaugurada su obra de 600 metros cuadrados *Del códice al mural*, sobre la peregrinación de los nahuas de Aztlán al valle de México, con la que decoró la estación Tacubaya del Sistema de Transporte Colectivo. También es autor del mural de la estación Copilco del mismo sistema.

José Ángel Ceniceros

CENICEROS, JOSÉ ÁNGEL ◆ n. en Durango, Dgo., y m. en el DF (1900-1979). Profesor normalista, licenciado por la Escuela Libre de Derecho y y doctor en ciencias jurídicas por la UNAM, centros educativos en los que impartió cátedra. Desde los años veinte intervino en la elaboración y redacción de leyes y reglamentos. Subprocurador general de la República, subsecretario de Relaciones Exteriores en el gabinete de Lázaro Cárdenas y encargado del despacho

(1935); embajador en Cuba y Haití. Fue secretario de Educación Pública en el sexenio del presidente Ruiz Cortines (1952-58), cuando Othón Salazar encabezó el más importante movimiento magisterial en la historia de México; incapaz el gobierno de satisfacer las demandas de los educadores, los reprimió severamente y sus líderes fueron encarcelados. A lo largo de su vida colaboró en diversas publicaciones y dirigió el periódico *El Nacional*. Autor, entre otras obras, de *El derecho penal en la Rusia bolchevique* (1925), *El servicio militar obligatorio* (1933), *La inquietud educativa* (1934), *Discursos* (1935), *La actitud de México en sus relaciones internacionales* (1936) y *Martí: la tragedia como destino glorioso* (1947).

CENICEROS Y VILLARREAL, RAFAEL ◆ n. en Durango, Dgo., y m. en el DF (1855-1933). Ejerció la abogacía en Zacatecas, donde fue gobernador interino (1910-11). Colaboró en diversas publicaciones, dirigió el semanario religioso *La rosa del Tepeyac* y fue jefe de redacción de la *Revista Forense*. Autor de novelas: *La siega* (1905) y *El hombre nuevo* (1908); fábulas moralizantes: *Páginas para mis hijas* (s.f.); dramas: *La plenitud de los tiempos, Tempestades del alma, Proyectos de matrimonio, Flores de invierno, La tapatía* y *El vengador de la honra*; y cuentos que aparecieron en sus *Obras* (t. II, 1909).

CENIDIM ◆ ☞ *Centro de Investigación, Documentación e Información Musical.*

CENOTILLO ◆ Municipio de Yucatán situado al este de Mérida y al noroeste de Valladolid. Superficie: 614.43 km². Habitantes: 3,680, de los cuales 922 forman la población económicamente activa. Hablan alguna lengua indígena 410 personas mayores de cinco años (maya 409). Su principal atractivo son los cenotes.

CENTENO ÁVILA, JAVIER ◆ n. en el DF (1947). Abogado y maestro en ciencia política por la UNAM, donde es profesor. Pertenece al PFCRN. Diputado federal (1991-94).

CENTINELA ◆ Cerro del estado de Baja California situado al sur de la frontera con Estados Unidos, al oeste de Mexicali y al norte-noroeste de la laguna Salada.

CENTLA ◆ Municipio costero de Tabasco en los límites con Campeche. Superficie: 3,245.54 km². Habitantes: 77,543, de los cuales 16,550 forman la población económicamente activa. Hablan alguna lengua indígena 4,586 personas mayores de cinco años (chontal de Tabasco 4,479). El puerto de Frontera, cabecera del municipio y principal centro de comercio, fue fundado, como San Fernando de la Victoria, a fines del siglo XVIII. Luego se le conoció como Guadalupe de la Frontera y finalmente quedó sólo con su nombre actual. En sus alrededores hay una extensa zona con numerosas ruinas prehispánicas. Algunos investigadores creen que ahí se encontraba la ciudad llamada Tabasco por los conquistadores. Otros puntos de interés turístico son la Casa de la Aduana, de la época juarista, y el Mercado de Morelos, que tiene acceso directo al río Grijalba.

CENTRAL, MESA ◆ Planicie también llamada Mesa de Anáhuac que ocupa una franja del territorio nacional limitada al norte por las sierras Gorda y de Guanajuato, al sur por el Eje Volcánico, al oeste por la sierra Madre Occidental y al este por la sierra Madre Oriental. Se extiende sobre el sur de Zacatecas, por Aguascalientes y la porción oriental de Jalisco; el norte de Michoacán, gran parte de Guanajuato y Querétaro, el norte del estado de México, el sur de Hidalgo, Tlaxcala y la mayor parte de Puebla.

CENTRAL CAMPESINA INDEPENDIENTE ◆ Organización de solicitantes de tierras, ejidatarios, comuneros y asalariados rurales fundada en enero de 1963. En octubre de 1964 Alfonso Garzón Santibáñez, al frente de un grupo de choque, tomó por asalto los locales de la Central, que de esta manera quedó dividida en dos facciones, una encabezada por el comunista Ramón Danzós Palomino y otra por el propio Garzón, quien poco después sería convertido en diputado por el PRI. La CCI dirigida por Danzós se mantuvo con el mismo nombre hasta que en su tercer congreso, en el mes de noviembre del año 1975, se convirtió en Central Inde-

Centla, en Tabasco

pendiente de Obreros Agrícolas y Campesinos (☞).

CENTRAL INDEPENDIENTE DE OBREROS AGRÍCOLAS Y CAMPESINOS ◆

Agrupación que reúne a sindicatos agrícolas y organizaciones ejidales y comunales para la defensa de sus intereses. Presta también asesoría jurídica, política y técnica a sus agremiados y a quienes lo solicitan. Tiene su origen en la Central Campesina Independiente, que al dividirse en 1964 dio lugar a dos agrupaciones del mismo nombre, una de ellas encabezada por Ramón Danzós Palomino, quien encabeza la CIOAC desde su fundación en noviembre de 1975.

CENTRAL NACIONAL DE ESTUDIANTES DEMOCRÁTICOS ◆

Organización de alumnos de educación media y superior fundada el 29 de abril de 1966, después de tres años de trabajos preparatorios. Su primer presidente fue Enrique Rojas Bernal y el segundo y último Arturo Martínez Nateras. La CNED desapareció en medio de la represión desatada por el gobierno de Díaz Ordaz contra el movimiento estudiantil de 1968.

CENTRAL NACIONAL DE TRABAJADORES ◆

Organización fundada el 4 de diciembre de 1960 en San Luis Potosí. Reunió a grupos sindicales independientes del gobierno y al sector oficialista opuesto al Bloque de Unidad Obrera. En su constitución participaron el Sindicato Mexicano de Electricistas, el Sindicato de Trabajadores Electricistas de la República Mexicana, la Federación Revolucionaria de Obreros y Campesinos, la Confederación Revolucionaria de Obreros Textiles, la Federación de Obreros Revolucionarios y otras agrupaciones. Rafael Galván fue la figura principal de este organismo. Desapareció al constituirse el Congreso del Trabajo.

CENTRAL OBRERA, CAMPESINA Y POPULAR ◆

Organización sindical y agraria fundada el 23 de noviembre de 1986. La dirigía una secretaría general colectiva integrada por Luis Javier Valero, José Díaz Moll y Margarito Montes. Decía agrupar a 200,000 miembros provenientes en su mayoría de la Unión General de Obreros y Campesinos de México (UGOCM-Roja) y el Frente Democrático de Lucha Popular de Guadalajara. Alejandro Gascón Mercado, jefe del Partido de la Revolución Socialista, era el personaje más influyente dentro de esta central. Se extinguió en los años noventa.

CENTRAL ÚNICA DE TRABAJADORES ◆

Organización creada el 22 marzo de 1947 con los sindicatos de ferrocarrileros, telefonistas, la mayoría de las secciones del Sindicato de Petroleros y otros núcleos obreros. La dirección ferrocarrilera encabezada por Luis Gómez Zepeda y Valentín Campa terminó su gestión el 31 de enero de 1948 y Jesús *El Charro* Díaz de León se convirtió en el nuevo líder; éste dio la espalda a la Central. En octubre de 1949 se separó el Sindicato de Telefonistas y, de hecho, terminó la existencia siempre precaria de esta agrupación.

CENTRALISMO ◆

Corriente política que se empezó a manifestar desde 1813, cuando se constituyó la logia Escocesa en oposición a los cambios que permitía la Carta de Cádiz. Durante los últimos años de la colonia tuvo su principal apoyo en la jerarquía eclesiástica y los altos mandos del ejército realista. Consumada la independencia, agrupó a los defensores de un proyecto nacional que, respetando los privilegios del viejo orden, permitiera la transición al capitalismo por una vía semejante a la inglesa o la prusiana, esto es, mediante la alianza de la vieja aristocracia con la naciente burguesía, estratos sociales ante los que deberían subordinarse los intereses regionales y las demandas populares, para lo cual se requería de un Estado fuerte y autoritario, capaz de hacer frente a las inevitables tendencias disgregantes del momento, las cuales podían desmembrar el territorio nacional. La cohesión social, creían, se lograría mediante la sumisión hacia la autoridad y fortaleciendo el control ideológico de la Iglesia, lo que excluía la libertad de cultos. Su proyecto de nación fue derrotado en el Congreso Constituyente de 1823-24, pese a que contaban con representantes de ilustre pasado revolucionario, como fray Servando Teresa de Mier y Carlos María Bustamante. Durante la primera República Federal contaron con numerosos órganos de prensa, como *El Sol*, desde los cuales se atacaba el federalismo y a sus representantes, generalmente viejos insurgentes o simpatizantes de éstos, a quienes se tachaba de advenedizos e ignorantes. Los federalistas, agrupados entonces en la logia Yorkina, acusaban a los centralistas de constituir el "partido del inmovilismo". Desaparecidas las logias, centralistas y federalistas protagonizaron la vida política nacional. Los primeros defendieron la permanencia en México de los españoles acaudalados, apoyaron todas las intentonas golpistas y tuvieron a su máximo representante en Lucas Alamán, mezcla de intelectual, funcionario público y empresario. En dos ocasiones lograron instaurar formalmente la República Centralista (1835-41 y 1841-46). La gestión de sus gobiernos dio lugar a un repudio que se manifestó en grandes rebeliones indígenas, en la escisión de Texas, los pronunciamientos separatistas de otros estados y el desarme moral y político del país ante la agresión estadounidense de 1846-47, lo que significó la pérdida de medio territorio nacional. Incapaces de organizar la defensa ante los invasores, con su líder Antonio López de Santa Anna comprometido con el enemigo, los centralistas dejaron por herencia un país destruido y mutilado. Cinco años después de consumado este desastre, Santa Anna sería llamado por liberales y conservadores para un nuevo periodo al frente del gobierno. Ya en la Presidencia, investido de plenos poderes para gobernar durante un año sin ley fundamental, el 23 de abril procedió a expedir unas *Bases para la administración de la República hasta la promulgación de la Constitución*, mediante las cuales establecía nuevamente el centralismo, si bien evitaba emplear esa palabra. Este documento declaraba en receso las legislaturas locales y reglamentaba las funciones de los gobernadores de manera que los convertía en meros agentes del Presidente, convertido en una especie de monarca al que se debía llamar *Alteza Serenísima*, quien determinó suprimir la denominación de estados y sustituirla nuevamente por la de departamentos. En diciembre de 1854, el dictador hizo ratificar por plebiscito los plenos poderes de que disponía. En junio de 1855 Santa Anna preguntó al Consejo de Estado si ya debía convocarse al prometido Congreso Constituyente, a lo que respondió el Consejo que la nueva norma fundamental debía ser republicana y centralista. Meses después, la revolución de Ayutla puso término al centralismo de hecho y al proyecto de institucionalizar ese régimen. A mediados del siglo XIX los centralistas empezaron a llamarse *conservadores*. Se opusieron a la Constitución liberal de 1857, al proceso de Reforma que afectaba la propiedad material del clero y su poder ideológico basado en la intolerancia religiosa y su control de la enseñanza. Reorganizaron sus fuerzas y sumieron al país en otra guerra, la llamada de los Tres Años. Derrotados nuevamente voltearon al extranjero y entre ellos cobró fuerza la idea de traer un monarca extranjero, por encima de las pugnas partidistas entre los mexicanos, según decían. Así recurrieron a Napoleón III, quien envió a México sus ejércitos para imponer a Maximiliano de Habsburgo, con apoyo de austriacos y belgas. Hostilizados los invasores por la tenacidad guerrillera, franceses y otros europeos dejaron el país y el imperio se deshizo. Derrotados otra vez los conservadores y su proyecto centralista, una facción de los triunfantes liberales llevó al poder a Porfirio Díaz, quien consumó el sueño de un Estado fuerte y despótico, tolerante con el alto clero e implacable represor de todo movimiento popular. La revolución acabó con el sueño del viejo orden, pero a la vuelta de los años, en nombre de principios federalistas, el centralismo se cobró venganza.

CENTRO ◆ Municipio de Tabasco cuya cabecera, Villahermosa, es también capital del estado. Superficie: 1,765.88 km². Habitantes: 465,449, de los cuales 123,918 forman la población económicamente activa. Hablan alguna lengua indígena 14,803 personas mayores de cinco años (chontal de Tabasco 12,409 y chol 690). La cabecera, rodeada por los ríos Grijalva, Carrizal y Mezcalapa, se fundó el 24 de junio de 1596 como villa de San Juan Bautista o de San Juan de la Victoria. Tiene entre sus atractivos el Parque Museo de la Venta, dedicado a la cultura olmeca, y el Museo Regional de Antropología Carlos Pellicer Cámara, con obras de las culturas maya y olmeca. Cerca de este museo está la Laguna de la Pólvora, donde se halla un parque con cascadas artificiales, miradores, juegos infantiles, cafetería y otras instalaciones. En el Grijalva navega un buque de vapor cuyo restaurante ofrece comida típica tabasqueña y platillos internacionales. El parque Tomás Garrido Canabal comprende la Laguna de las Ilusiones y un zoológico regional. En el centro está el Museo de Cultura Popular, la zona peatonal de la Luz, la Catedral de Nuestro Señor de Tabasco, el Palacio de Gobierno y las plazas de Armas y Corregidora. En el norte de la capital está el conjunto urbano Tabasco 2000, que encierra el Palacio Municipal, un centro comercial, el Planetario y un centro de convenciones y el parque La Choca, donde existe un mapa del estado que muestra sus recursos y vías de comunicación. En el mes de abril se celebra en este conjunto la Feria del Desarrollo, que es la principal fiesta de esta entidad.

CENTRO ANTIRREELECCIONISTA ◆ Fue fundado el 22 de mayo de 1909 en la ciudad de México. El 29 de ese mes eligió su primera mesa directiva, que quedó integrada por Emilio Vázquez Gómez (presidente), Francisco I. Madero y Toribio Esquivel Obregón (vicepresidentes), Filomeno Mata, Paulino Martínez, Félix F. Palavicini y José Vasconcelos (secretarios). Su órgano fue *El Antirreeleccionista*, dirigido sucesivamente por Paulino Martínez, José Vasconcelos y Félix F. Palavicini. Se convirtió en Partido Nacional Antirreeleccionista (☞).

CENTRO DE ARTE DRAMÁTICO ◆ Institución para la enseñanza, experimentación y difusión del teatro. La dirige desde su fundación, en 1975, Héctor Azar. Tiene estatuto de Asociación Civil, de ahí su sigla CADAC. Se halla en las calles Centenario y Belisario Domínguez, en Coyoacán, Distrito Federal.

CENTRO DE CAPACITACIÓN CINEMATOGRÁFICA ◆ Institución de enseñanza inaugurada por Luis Buñuel a fines de agosto de 1975. Al cumplir diez años eran 85 los egresados y había producido 25 cortometrajes, 18 programas de televisión y un videoteatro. Han sido sus directores Carlos Velo, Alfredo Joskowitz, Eduardo Maldonado, Gustavo Montiel Pagés y Ángeles Castro Gurría.

CENTRO DE DOCUMENTACIÓN SOBRE CENTROAMÉRICA Y EL CARIBE ◆ Organismo fundado en febrero de 1986 bajo el patrocinio del Partido Revolucionario de los Trabajadores. Edita *Panorama de Centroamérica y el Caribe*, publicación bimestral cuyo primer número apareció en febrero de 1986. En el mismo mes del año siguiente se publicó el número ocho. Juan José González fue director hasta el 15 de febrero de 1987, día en que murió. Este Centro se extinguió poco tiempo después.

CENTRO DE ESTUDIOS ECONÓMICOS DEL SECTOR PRIVADO, ASOCIACIÓN CIVIL ◆ Instituto de investigación científica fundado en 1963, dependiente del Consejo Coordinador Empresarial, cuyo objetivo es realizar el análisis, diagnóstico y pronóstico de los fenómenos económicos de la empresa. Además de realizar seminarios y conferencias y de contar con un banco de datos y otorgar asesoría telefónica, el CEESP publica *Actividad Económica, Información Básica, Punto de Vista* y *Marco Macroeconómico*.

CENTRO DE ESTUDIOS ECONÓMICOS Y SOCIALES DEL TERCER MUNDO ◆ Institución de enseñanza, investigación y difusión de la realidad y perspectivas de las naciones pobres. Bajo la dirección de Rafael García de Quevedo, se abrió el 14 de septiembre de 1976, cuando finalizaba el sexenio presidencial de Luis Echeverría, quien más tarde quedó a la cabeza de este centro establecido como asociación civil y financiado por la ONU y el gobierno mexicano. Su sede se halla en San Jerónimo Lídice, Distrito Federal. En el periodo presidencial de Miguel de la Madrid le fue recortado y después cancelado el presupuesto federal, lo que motivó la reducción de sus actividades hasta un mínimo meramente simbólico. Después del 19 de septiembre de 1985, el licenciado Echeverría prestó las instalaciones del Ceestem a la Secretaría de Educación Pública, que había perdido numerosas edificaciones como resultado del sismo.

CENTRO DE ESTUDIOS DE HISTORIA DE MÉXICO CONDUMEX ◆ En 1964 la empresa Condumex, S.A., adquirió la colección de libros y documentos mexicanos del bibliófilo Luis Gutiérrez Cañedo. En la actualidad su acervo cuenta con más de 70 mil volúmenes que abarcan desde el siglo XV hasta la actualidad, entre los que destaca la colección virreinal más rica en su género con incunables americanos, crónicas religiosas y civiles y biografías. También tienen la correspondencia entre Porfirio Parra y Enrique C. Creel y los fondos de Dolores del Río. Organiza semestralmente conferencias y pláticas con temas específicos de la historia de México y anualmente publica facsimilares de sus ejemplares más raros. Su actual director es Manuel Ramos Medina.

CENTRO DE ESTUDIOS HISTÓRICOS DEL MOVIMIENTO OBRERO MEXICANO ◆ Institución creada en 1973 como fideicomiso del gobierno federal en el sexenio presidencial de Luis Echeverría. Su primer presidente fue Porfirio Muñoz Ledo, en su calidad de secretario del Trabajo y Previsión Social, y su director Enrique Suárez Gaona.

Desapareció en 1983 por decisión del Ejecutivo federal, encabezado entonces por Miguel de la Madrid. Durante su existencia organizó reuniones de historiadores, patrocinó investigaciones, editó varias colecciones de libros y la revista *Historia Obrera*.

CENTRO DE ESTUDIOS MARXISTAS ◆ Organismo autónomo del Partido Comunista Mexicano fundado en 1977. Su director fue Arnoldo Martínez Verdugo. Desapareció al fusionarse el PCM con otras organizaciones en el Partido Socialista Unificado de México (1981) y constituirse el Centro de Estudios del Movimiento Obrero y Socialista (☛).

CENTRO DE ESTUDIOS DEL MOVIMIENTO OBRERO Y SOCIALISTA ◆ Institución autónoma de investigación y difusión de la historia laboral mexicana. Se creó a fines de 1981. Arnoldo Martínez Verdugo es el director y Miguel Ángel Velasco el subdirector. Su antecedente es el Centro de Estudios Marxistas que aportó su patrimonio para la creación del CEMOS. Su principal patrocinador es el Partido Socialista Unificado de México. Editó libros y folletos y en 1999 publicaba el boletín *Memoria*.

CENTRO DE ESTUDIOS POLÍTICOS, ECONÓMICOS Y SOCIALES ◆ Denominación que adoptaba en cada estado de la República el Instituto de Estudios Políticos, Económicos y Sociales (IEPES) del PRI.

CENTRO HISTÓRICO DE LA CIUDAD DE MÉXICO ◆ En 1978, al descubrir unos trabajadores electricistas el monolito de la Coyolxauhqui, en la esquina de las calles Guatemala y Argentina, se inició un proceso de conservación y remozamiento de la llamada parte vieja de la capital del país. Las autoridades procedieron a establecer dos perímetros de la zona: el mayor de ellos delimitado al norte por las calles Degollado y Libertad, la plaza fray Bartolomé de las Casas y una línea sinuosa que abarca las manzanas que están frente a la acera norte del llamado Palacio de Lecumberri. Este queda dentro del límite oriente, línea que se extiende hasta el Eje Tres Norte, donde se quiebra hacia el poniente, hasta Eduardo Molina y, a partir de ahí, se desplaza en línea recta hacia el sur, hasta donde termina el parque Balbuena, en la calle Lucas Alamán, de donde se desplaza hacia el poniente hasta reencontrar la misma calle, que se interrumpe cuadras atrás, y seguir por Doctor Liceaga y Durango. En Durango la línea tuerce hacia el norte por Morelia, Versalles, Paseo de la Reforma, Jesús Terán y Zaragoza. El perímetro menor está delimitado hacia el norte por las calles de Mina, Eje Central, Perú, Chile, Comonfort, Paraguay, Brasil, Ecuador, Costa Rica, Aztecas, El Carmen, Plaza del Estudiante, callejón de Quintero, Bolivia y José Joaquín He-

Antigua Plazuela Guardiola, en el Centro Histórico de la Ciudad de México, según Casimiro Castro (s. XIX)

Centro Histórico de la Ciudad de México, según Casimiro Castro (s. XIX)

rrera; hacia el oriente por Leona Vicario, Guatemala y Anillo de Circunvalación; por el sur San Pablo e Izazaga; sigue la línea como límite poniente por el Eje Central, da vuelta hacia el oeste en avenida Juárez, tuerce de nuevo en José María Luis Mora, en Hidalgo y en Guerrero hasta encontrarse con Mina. El perímetro menor comprende la traza de Alonso García Bravo, de 1524, y una franja que se extiende hacia el oeste y en la cual se hallan la Alameda Central, el Palacio de Bellas Artes, los templos de San Diego (hoy Pinacoteca Virreinal), Santa Veracruz y San Juan de Dios; la iglesia y panteón de San Fernando, el templo de San Hipólito y el edificio anexo que fuera también hospital; el ex Hospital de la Mujer (hoy Museo Franz Mayer), el hotel de Cortés y otros monumentos de valor histórico o artístico. En el perímetro principal se encuentran

desde luego el Templo Mayor, la Plaza de la Constitución y los edificios que la rodean (la Catedral, el Palacio Nacional, la Suprema Corte de Justicia, el Departamento del Distrito Federal, el Nacional Monte de Piedad, el Portal de Mercaderes, el Hotel de la Ciudad de México, etcétera), los edificios que fueron de las preparatorias uno, dos, tres y siete (el primero de ellos sede de la Real y Pontificia Universidad de México), el Senado y la antigua Cámara de Diputados, la Academia de San Carlos, la Casa de la Primera Imprenta, la plaza de la Alhóndiga, la plaza Tolsá, donde está la escultura de Carlos IV (*El Caballito* y que comprende los palacios Postal, de Minería y de Comunicaciones; la plaza de Santo Domingo, con su templo, portal y la ex Aduana de Pulques; los ex conventos (anexos a los templos) de San Jerónimo, de la Merced, de Santa Inés y

de Jesús María; las iglesias de la Soledad, Loreto, Santa Catarina, la Candelaria, la Profesa, Regina Coeli, Jesús Nazareno, la Enseñanza, y otros; el hospital de Jesús, el Banco de México, el Colegio de las Vizcaínas, el ex Arzobispado, la antigua Casa de Moneda, las bibliotecas Nacional, del Congreso, Iberoamericana y otras; el Palacio de los Azulejos, las casas Borda, de Heras y Soto, del Diezmo, de don Juan Manuel, del marqués de Prado Alegre, del

La Plaza de Armas del Centro Histórico de la Ciudad de México, según Casimiro Castro (s. XIX)

marqués de Aguayo, del Apartado, de los condes de Santiago de Calimaya, del marqués de Jaral de Berrio (Palacio de Iturbide), de los marqueses de San Mateo de Valparaíso, del mayorazgo de Guerrero, de Miravalle, de los condes de San Bartolomé de Xala y de Humboldt; el Casino Español y muchas otras construcciones de interés histórico o estético. En 1980 fue declarado por decreto presidencial del 11 de abril "zona de monumentos históricos" y se constituyó e instaló el Consejo del Centro Histórico de la Ciudad de México, con sede en la Casa de los Condes de Heras y Soto, en Chile y Donceles. El Consejo tiene entre sus funciones la coordinación y promoción de las actividades del gobierno y de particulares tendientes a preservar el patrimonio urbano del área a su cargo, que comprende 1,436 edificaciones distribuidas en 688 manzanas. El 8 de diciembre de 1987, la UNESCO declaró dicha zona como Patrimonio Histórico y Cultural de la Humanidad. En diciembre de 1991 se constituyó el Patronato del Centro Histórico, A.C.

La Alameda Central en el Centro Histórico de la Ciudad de México, según Casimiro Castro (mediados del s. XIX)

Centro Histórico, Alameda Central hoy

CENTRO DE INVESTIGACIÓN CIENTÍFICA Y EDUCACIÓN SUPERIOR ◆ Institución pública de investigación y docencia con sede en Ensenada, Baja California. Otorga el grado de maestría. Sus áreas de trabajo son la oceanografía, la física y la geofísica.

CENTRO DE INVESTIGACIÓN CIENTÍFICA INGENIERO JORGE L. TAMAYO ◆ Institución fundada por decreto presidencial del 15 de agosto de 1979. A la fecha ha editado diversas obras, fruto de la investigaciones históricas, geográficas y económicas de Jorge L. Tamayo, Boris Rosen y otros investigadores. Su presidenta y fundadora es la viuda del fundador, Martha López Portillo.

CENTRO DE INVESTIGACIÓN, DOCUMENTACIÓN E INFORMACIÓN MUSICAL ◆ Institución creada en 1974 por decreto presidencial. Depende del Ins

El trigo, objeto de estudio del Centro de Investigación y Mejoramiento de Maíz y Trigo

tituto Nacional de Bellas Artes. Tiene como tarea el rescate y difusión de la música mexicana. Cuenta con una veintena de investigadores. Conocido por el acrónimo *Cenidim*, desde 1978 se le agregó el nombre "Carlos Chávez". A fines de 1986 su acervo bibliográfico constaba de 12,000 volúmenes; disponía de 6,500 publicaciones periódicas, 10,000 partituras, 15,000 programas, 4,000 fotografías y 854 grabaciones (discos, cintas y casetes). El Centro graba discos y edita partituras, revistas y libros.

CENTRO DE INVESTIGACIÓN Y ESTUDIOS AVANZADOS DEL INSTITUTO POLITÉCNICO NACIONAL ◆ Organismo público descentralizado creado por decreto presidencial de 1961. Se dedica a la investigación y la docencia de alto nivel en ciencia y tecnología.

CENTRO DE INVESTIGACIÓN, INFORMACIÓN Y DOCUMENTACIÓN DE LA DANZA ◆ Organismo dependiente del Instituto Nacional de Bellas Artes. Fue creado el 14 de enero de 1983 con objeto de que "rescate, recopile, documente, organice, investigue, conserve y archive todo lo relacionado con la danza, su historia, sus tradiciones, sus teorías y acervo". Ha editado varios libros y publica un *Boletín Informativo* y los *Cuadernos del CID Danza*.

CENTRO DE INVESTIGACIÓN Y MEJORAMIENTO DE MAÍZ Y TRIGO ◆ Organismo fundado en 1963. En 1966 se convirtió en asociación civil. Tiene su sede en una granja cercana a Texcoco. Se dedica a la experimentación de nuevas variedades de grano con el fin de aumentar la productividad agrícola. Imparte cursos a científicos genetistas y técnicos agrícolas. Recibe subsidio del gobierno mexicano, de la FAO y la Fundación Rockefeller. Conocido como CIMMYT, desde su creación fue dirigido por el Premio Nobel Norman Bourlag.

CENTRO LIBRE DE EXPERIMENTACIÓN TEATRAL Y ARTÍSTICA ◆ Organismo autónomo surgido en 1973 a raíz de un movimiento de los estudiantes de arte

dramático de la UNAM, quienes ocuparon el Foro Isabelino, local universitario, y lo adoptaron como sede. En sus inicios agrupó a gran número de críticos, autores, actores, directores y otros profesionales del arte dramático. Sin embargo, al cabo de varios meses de debates y una actividad escénica ininterrumpida quedaron únicamente los partidarios de un teatro abiertamente político, que hablara directamente al espectador de los problemas populares. Además del citado Foro de la calle Sullivan, CLETA se apoderó del auditorio abierto de la Casa del Lago del bosque de Chapultepec, donde domingo a domingo presentaba actores y cantantes. Hasta 1987, en medio de interminables escisiones y de una ininterrumpida actividad en universidades, sindicatos, colonias proletarias, núcleos campesinos y otros grupos marginados, el Centro mantenía su independencia, participaba en festivales de arte dramático, había organizado el primer Encuentro Latinoamericano de Teatro y contaba con un amplio archivo con manifiestos, proclamas,

El Centro de Investigación y Mejoramiento de Maíz y Trigo realiza importantes estudios sobre el maíz

boletines, periódicos, volantes, cartas, libretos y actas de discusiones internas. En los años noventa fueron desalojados del Foro Isabelino y de la Casa del Lago.

CENTRO MÉDICO NACIONAL ◆ Complejo hospitalario del Instituto Mexicano del Seguro Social construido entre 1961 y 1963. Erigido junto a los hospitales General, Infantil de México y de Cardiología, en la avenida Cuauhtémoc, constaba de edificios para alojar

Centro Médico Nacional Siglo XXI

las especialidades de ginecología y obstetricia, neumología, oncología y otras. El macrosismo de 1985 lo destruyó casi totalmente y ocasionó un número impreciso de muertos. Los técnicos advirtieron que no debía reconstruirse por las peligrosas condiciones del suelo y el Seguro Social optó por levantar edificios más pequeños. Desde entonces se le agregó "Siglo XXI" al nombre del conjunto.

CENTRO MEXICANO DE ESCRITORES ◆ Taller literario fundado en 1951 por iniciativa de Margaret Shedd. Ha sido sucesivamente apéndice del Mexico City College, del Instituto Mexicano Norteamericano de Relaciones Culturales y, a partir de 1958, organismo autónomo con estatuto de asociación civil. Se constituyó con un financiamiento proporcionado por la Fundación Rockefeller que se mantuvo como patrocinadora hasta 1965. Otras instituciones particulares han contribuido a su sostenimiento y el gobierno mexicano ha aumentado gradualmente sus contribuciones hasta hacerlas mayoritarias. Los órganos de gobierno son el consejo y la dirección. El primero ha sido presidido por Alfonso Reyes, Julio Jiménez Rueda, Carlos Prieto, Plácido García Reynoso, Antonio Carrillo Flores y Sergio García Ramírez. Sus directores han sido Margaret Shedd y Francisco Monterde. Secretario ejecutivo desde la fundación fue Felipe García Beraza.

Entre los escritores que han sido becarios del centro se cuentan Juan José Arreola, Rubén Bonifaz Nuño, Emilio Carballido, Alí Chumacero, Sergio Magaña, Ricardo Garibay, Rosario Castellanos, Héctor Azar, Juan Rulfo, Emmanuel Carballo, Jorge Ibargüengoitia, Tomás Segovia, Marco Antonio Montes de Oca, Carlos Fuentes, Juan García Ponce, Elena Poniatowska, Tomás Mojarro, Homero Aridjis, Xavier Wimer, Vicente Leñero, Miguel Sabido, Jaime Augusto Shelley, Armando Ayala Anguiano, Héctor Mendoza, Carlos Monsiváis, Gustavo Sainz, Salvador Elizondo, Fernando del Paso, Jaime Sabines, Juan Tovar, Ana Cecilia Treviño, René Avilés Fabila, Jorge Ayala Blanco, José Agustín, José Carlos Becerra, Nancy Cárdenas, Gerardo de la Torre, María Luisa Mendoza, José Emilio Pacheco, Esther Seligson, David Huerta, Elva Macías, Héctor Manjarrez, José Joaquín Blanco, Luis González de Alba, Ángeles Mastretta, Germán Castillo e Ignacio Solares.

CENTRO NACIONAL DE COMUNICACIÓN SOCIAL ◆ Asociación civil fundada en 1964 por José Álvarez Icaza, quien lo preside desde entonces. Fue hasta 1969 vocero episcopal. Difundió ampliamente el movimiento estudiantil de 1968 y después fue tribuna de personas y grupos reprimidos por razones políticas y económicas, así como de las víctimas de la injusticia social. En 1972

envió una delegación al Encuentro Latinoamericano de Cristianos por el Socialismo, en Santiago de Chile. En 1977 la policía al mando de Arturo Durazo Moreno asaltó la sede del Centro, robó sus archivos y clausuró sus oficinas. Una amplia protesta nacional e internacional obligó a las autoridades a permitir la reapertura de este organismo, más conocido como Cencos. En 1998 contaba con un equipo central integrado por 28 personas y representaciones en todos los estados del país. En su programa Red Nacional de Comunicadores Civiles participan miles de indios de diversas etnias, quienes hacen la promoción y defensa de los derechos humanos en sus propias lenguas.

CENTRO NACIONAL DE PRODUCTIVIDAD ◆ Asociación civil creada con el fin de elevar el rendimiento de las empresas mexicanas. Fue inicialmente un organismo privado que se financió con aportaciones de particulares. Su primer director fue José Ángel Conchello. En 1965 el gobierno federal se hizo cargo de su sostenimiento mediante un fideicomiso cuyo comité técnico nombró director a Miguel Bravo Jiménez, quien permaneció en ese cargo hasta 1983, año en que desapareció el Centro por disposición gubernamental y sus oficinas fueron ocupadas por la Secretaría del Trabajo. Durante su existencia editó cerca de 200 obras sobre el tema de su especialidad, el periódico *Cenapro* y la *Revista de Productividad*; produjo centenares de programas de radio y televisión, películas y audiovisuales en gran parte destinados a crear una cultura mexicana en materia de productividad.

CENTRO REGIONAL DE EDUCACIÓN FUNDAMENTAL PARA LA AMÉRICA LATINA ◆ Organismo creado en 1951 con el patrocinio del gobierno mexicano, la ONU, la UNESCO y la OEA. Tiene su sede en Pátzcuaro, Michoacán. Sus principales objetivos son la elaboración de material didáctico y la capacitación de personal docente para la formulación y aplicación de programas educativos. La planta estudiantil está integrada por becarios que proceden de diversos países latinoamericanos. Se le conoce también como Crefal.

CENTROAMÉRICA ◆ Porción ístmica del continente Americano que une las masas geológicas llamadas América del Norte y América del Sur. Geográficamente comprende Belice, Guatemala, El Salvador, Honduras, Nicaragua, Costa Rica y Panamá. En términos políticos suele mencionarse aparte a Panamá, debido a que este país formó parte de Colombia hasta 1903. Belice, país cuya jefatura de Estado está en manos de la corona británica, es reclamado por Guatemala como parte de su territorio. El resto de Centroamérica y Chiapas pertenecía a la Capitanía General de Guatemala cuando, en 1821, se consumó la independencia mexicana. Por medio del Acta de la Unión, el 5 de enero de 1822 las provincias de Centroamérica pasaron a formar parte del Imperio Mexicano. En el mismo año se realizaron elecciones y dichas provincias estuvieron representadas en el primer Congreso Constituyente. Disuelto éste por Iturbide y formada la Junta Instituyente, en ella hubo representantes de Chiapas, Guatemala, Honduras, Nicaragua y Costa Rica. A la caída del imperio, en 1823, 15 diputados representaron a la región centroamericanae en el restaurado Congreso. En el mismo año, sin embargo, se independizaron de México y surgió un Estado aparte al que se llamó Provincias Unidas de Centroamérica. Chiapas se reintegró a México en septiembre de 1824 y 18 años después el Soconusco, que quedaría dentro de la jurisdicción chiapaneca.

CENTURIÓN, MANUEL ◆ n. en Puebla, Pue., y m. en el DF (1883-1952). Escultor. Miembro de una familia de talladores de cantera. Estudió en San Carlos y en EUA. Participó en la insurrección maderista, en la que obtuvo el grado de coronel. Al producirse el golpe de Estado de Victoriano Huerta huyó a EUA, donde permaneció hasta 1922 dedicado a esculpir. Volvió a México y se incorporó al llamado renacimiento artístico. Cultivó un estilo académico que puede

observarse en la *Estatua ecuestre de Simón Bolívar* que se instaló en 1946 en Chapultepec y que fuera trasladada en 1975 a Veracruz. Es el autor de los *Relieves y frisos neoclásicos* del Banco de México, los relieves dedicados a las cuatro edades de México representadas por *Quetzalcóatl, Colón, Oriente* y *La Patria* en la sede de la SEP. Algunos motivos decorativos de la Secretaría de Salud son también obra suya.

CENTURIÓN AZCÁRRAGA, PEDRO ◆ n. y m. en Puebla, Pue. (1829-1911). Tío del anterior. Artista plástico. Fue director de la Academia de Bellas Artes de Puebla.

CEPEDA, FRANCISCO ◆ n. en España y m. en Chiapas (1532-1602). Fraile dominico. Llegó a Nueva España en la segunda mitad del siglo XVI. Fue provincial de la Orden de Santo Domingo en 1593. Se le debe la recopilación de trabajos conocida como *Artes de los idiomas chiapaneco, zoque, tzendal y chinanteco* (1560).

CEPEDA, VICTORIANO ◆ n. en Saltillo, Coah., y m. en la Cd. de México (1826-1892). Militar de carrera. Organizador y comandante de la Guardia Nacional de Coahuila (1849-58). Combatió a los conservadores durante las guerras de Reforma. Luchó contra la intervención francesa y el imperio. Obtuvo el grado de general brigadier. Gobernador de Coahuila (1867-73), abandonó el puesto para combatir el alzamiento del Plan de la Noria. Entre septiembre y noviembre de 1872 lo mantuvo prisionero el general Sóstenes Rocha, quien se vio obligado a liberarlo por intercesión del Congreso federal. Dejó el cargo al ser desconocido por la Legislatura local.

CEPEDA NERI, ÁLVARO ◆ n. en Cd. Obregón, Son. (1944). Licenciado en derecho por la UNAM (1962-66) y maestro en administración pública y ciencia política por la Universidad de Chile (1972-73). Ha sido asesor jurídico de varias dependencias gubernamentales. Ejerce el periodismo desde los 14 años. Ha colaborado en *El Día, Novedades, Excélsior, unomásuno, Punto, La Jornada* y *Siempre!* Autor de *La Contaduría*

Mayor de Hacienda (1974) y *El fin del mercado libre* (1985). Tiene en preparación el libro *La Constitución Política y la estructura del Estado.*

CEPEDA PERAZA, MANUEL ◆ n. y m. en Mérida, Yuc. (1828-1869). Subteniente a los 16 años, capitán a los 20 y coronel a los 22. Se pronunció contra el centralismo en 1853 junto con otros oficiales que fueron derrotados, por lo que huyó a EUA. Volvió al país a la caída de Santa Anna y se adhirió al movimiento antimilitarista de Yucatán. Nuevamente derrotado salió al extranjero para regresar al triunfo liberal. En 1858 fue nuevamente desterrado y pasó a Nuevo León, donde combatió a los conservadores durante la guerra de los Tres Años. En 1863 sale de Campeche con la intención de apoderarse de Sisal, pero es derrotado y deportado a Cuba. En 1864 el representante de Maximiliano le permitió volver y residió inactivo en Mérida. En 1866 un grupo de militares sublevados contra el imperio le nombra jefe de la revolución en Yucatán, donde realizó una exitosa campaña contra los imperiales hasta sitiar Mérida. Aprehendido Santa Anna al desembarcar en Yucatán, Peraza ordena fusilarlo, pero, disuadido por sus seguidores, lo envía prisionero ante Juárez. El 15 de junio de 1867 capituló Mérida y permitió la salida de los jefes imperiales, quienes habían sostenido la ciudad en la creencia de que Maximiliano trasladaría ahí la sede de la monarquía. Peraza se convirtió en gobernador y todavía debió sofocar un levantamiento. En julio del año siguiente fue elegido gobernador constitucional. Su mandato se caracterizó por la honradez de los funcionarios y la creación de una biblioteca, la Escuela Normal y el Instituto Literario.

CEPEDA TIJERINA, FILIBERTO ◆ n. en Saltillo, Coah. (1949). Ingeniero industrial por el Instituto Tecnológico Regional de Saltillo (1965-69). Coordinador de la carrera de ingeniería mecánica y eléctrica de la FES Cuautitlán de la UNAM (1977). Miembro del PRI desde 1962. En la Conasupo fue jefe de los departamentos de Planeación de Producción

(1975-76) y de Planeación Comercial (1976-77); y en la SEP director de Diagnóstico y Evaluación (1978-80) y director general de Institutos Tecnológicos (1980-85). Fue director general de Correos de la SCT (1985-86) y se mantuvo en el mismo cargo al transformarse esa dependencia en el Servicio Postal Mexicano (1985-). Pertenece al consejo editorial de la *Revista de Ingeniería Mecánica Eléctrica*. Pertenece a la Academia Mexicana de Ingeniería, al Colegio Nacional de Ingenieros Industriales y a la Sociedad Mexicana de Ingenieros. Vicepresidente de la Asociación de Ingenieros Mecánicos Electricistas Universitarios (1985-) y presidente de la Asociación de Ingenieros Industriales (1980-82).

CEPES ◆ ☛ *Centro de Estudios Políticos, Económicos y Sociales*.

CERA ALONSO, MANUEL DE LA ◆ n. en Veracruz, Ver. (1929). Abogado. Estudió en la Universidad Veracruzana y en la UNAM (1948-52), donde fue profesor, director general de Universidades y Escuelas Incorporadas (1966-67) y director general de Servicios Escolares (1968-69). Miembro del PRI. Ha sido subdirector general de Profesiones (1961-63) y director general de Promoción Cultural de la Secretaría de Educación (1979-82), jefe de Personal de la Secretaría de Comunicaciones y Transportes (1964-66), subgerente de Personal de la Compañía de Luz y Fuerza del Centro (1970-78), subdirector de Acción Cultural del ISSSTE (1982-86), director general del Instituto Nacional de Bellas Artes (1987-88), director de Promoción Cultural del Consejo Nacional para la Cultura y las Artes (1988-) y coordinador de Difusión Cultural de la Universidad Pedagógica Nacional.

CERBÓN SOLÓRZANO, JORGE ◆ n. en el DF (1930). Químico bacteriólogo (1952) doctorado en microbiología por el IPN (1961-1963). Profesor de la UNAM (1955-57 y 1961-65) y del Cinvestav (1965-), en donde ha sido coordinador académico del Departamento de Bioquímica (1968-71) y del área biológica (1973-75); jefe de Bioquímica (1975-

83) y asesor de la dirección (1983). En instituciones nacionales de salud de Estados Unidos desarrolló, por primera vez en el mundo, la tecnología científica para utilizar resonancia magnética nuclear en el estudio de las membranas biológicas, usando organismos vivos y no modelos artificiales, como se había hecho (1963-65). Otras investigaciones suyas alcanzaron el carácter de taxonomía oficial y se incluyeron en el Manual de Bergey, base fundamental de las clasificaciones microbiológicas. Autor de más de 50 artículos científicos publicados en revistas y libros especializados. Ha recibido las becas National Research Council, Estados Unidos (1969), Guggenheim (1972-73), National Research Council, Canadá (1976); la presea Miguel Othón Mendizábal (1979); y los premios Egresado Distinguido de la ENCB del IPN (1979), Mejor Trabajo de Investigación en el Área de Ciencias Biomédicas de la UAM y Nacional de Ciencias y Artes (1977).

CERDA, MARTHA ◆ n. en Guadalajara, Jal. (1945). Escritora. Abogada por la Universidad Autónoma de Guadalajara. Fundó la Escuela de Escritores de la Sogem en aquella ciudad. Miembro del consejo editorial de La Luciérnaga Editores. Ha publicado los volúmenes de cuento *Relevo* (Premio de cuento breve de la revista *El cuento,* 1986), *Juegos de damas* (1988), *La señora Rodríguez y otros mundos* (1990) y *De tanto contar* (1993); y de las novelas *Toda mi vida* y *Y apenas era miércoles* (1993). Becaria del National Endowment for the Arts de EUA (1993).

CERDA Y ARAGÓN, TOMÁS ANTONIO DE LA ◆ n. y m. en España (1638-1692). Vigésimo octavo virrey de la Nueva España, a la que llegó en 1680, año en que se produjo un levantamiento indígena en Nuevo México, que obligó a los europeos a evacuar la sitiada Santa Fe, capital de la provincia, para instalarse en Paso del Norte. Al año siguiente el virrey envió una fuerza militar para reprimir la insurrección, pero los indios se limitaron a hostigarla sin presentar batalla formal. En 1682

envió a 300 familias de españoles y mulatos a repoblar Santa Fe, medida que acompañó con un reforzamiento de las guarniciones de Nuevo México y sus alrededores. Durante su mandato se realizó un〔 〕 las Californias que〔 〕 completo fracaso.〔 〕 de 1683 piratas al〔 〕 de Lorencillo asal〔 〕 Veracruz, Campe〔 〕 y otros puertos del〔 〕 golfo ante la impotencia de las autoridades. En 1686 regresó a Madrid donde fungió como consejero de l〔 〕 del trono.

Retrato y firma de Gaspar de la Cerda Sandoval Silva y Mendoza

CERDA SANDOVAL SILVA Y MENDOZA, GASPAR DE LA ◆ n. y m. en España (1653-1697). Conde de Galve. Trigésimo virrey de Nueva España, a la que llegó en 1688. Organizó una flota para combatir a los piratas. En 1691, de acuerdo con órdenes de la corona, fundó escuelas para enseñar castellano a los indios. Mandó reprimir a los indígenas de Nueva Vizcaya y Texas, quienes se habían rebelado contra el maltrato de los españoles. Tomó el acuerdo de proseguir las obras de desagüe de la capital novohispana. Las malas cosechas originaron una hambruna en 1692, lo que fue causa de un motín en la ciudad de México, durante〔 〕 so fuego a los estab〔 〕 comerciales, el ed〔 〕 Ayuntamiento, la r〔 〕 cia del corregido〔 〕 horca y la picota〔 〕 la plaza principal.〔 〕 Como también re〔 〕 sultara incendiado〔 〕 el palacio virreinal, Cerda huyó cobardemente, po〔 〕 cual algún ingenio〔 〕 los humeantes muros de la construcción lo siguiente: *Este corral se alquila para gallos de la tierra y gallinas de Castilla*. La mengua en su prestigio no le impidió ordenar la ejecución de los líderes del

Retrato y firma de Tomás Antonio de la Cerda y Aragón

Dionisio Cerón

levantamiento. En 1695 mandó un contingente a rescatar la isla La Española de manos francesas y fundó Panzacola en la Florida. En 1696 volvió a España.

CERDÁN, JORGE ◆ n. y m. en Jalapa, Ver. (1897-1959). Abogado. Fue diputado local, tesorero del estado y gobernador constitucional de Veracruz (1940-44).

CEREIJIDO MATTIOLI, MARCELINO ◆ n. en Argentina (1929). Doctor en medicina por la Universidad de Buenos Aires (1957) con posgrado en Harvard (1964). Se especializó en nefrología y regresó a su país a impartir cátedra. Durante la dictadura argentina, cuando eran cesados los científicos por el gobierno militar, recibió la invitación del Departamento de Fisiología del Cinvestav, del Instituto Politécnico Nacional, para trabajar en México (1957). Obtuvo la nacionalidad mexicana en 1993. Autor, entre otras obras, de *Orden, equilibrio y desequilibrio, El tiempo,*

Cerralvo, Nuevo León

la vida y la muerte (1988, ensayo), *Mira Amalia* (obra de teatro), *An Introduction to the Study of Biological Membranes, La nuca de Houssay* (ensayo), *Ciencia sin seso, locura doble* (1994) y *Aquí me pongo a contar* (libro de relatos, ganador de los premios Hispanoamericano y Casa de la Cultura de Campeche). Ha recibido los reconocimientos Cátedra Patrimonial Nivel 1, del Conacyt; Líder en la Formación de Investigadores, otorgado por el Cinvestav, y el Premio Nacional de Ciencias y Artes, en la categoría de Ciencias Físico-Matemáticas y Naturales (1995).

CERNUDA, LUIS ◆ n. en España y m. en el DF (1904-1963). Al término de la guerra civil española, en la que tomó parte en el bando republicano, vivió en Escocia, Inglaterra y Estados Unidos, donde impartió clases de literatura en varias universidades. Llegó a México en 1951 y fue catedrático de la UNAM, tradujo a Hölderlin y Shakespeare y colaboró en *Excélsior, Novedades* y *El Nacional.* Considerado como uno de los mayores poetas españoles de México, aquí publicó *Variaciones sobre tema mexicano* (1952), *Pensamiento poético en lírica inglesa (siglo XIX)* (1957), *La realidad y el deseo* (quinta edición corregida y aumentada de su poesía, 1958), *Desolación de la quimera* (1962) y *Ocnos* (1963). También, durante su estancia en tierra mexicana, apareció en Madrid su *Estudio sobre poesía española contemporánea* (1957).

CERÓN, DIONISIO ◆ n. en Santa María Rayón, Méx. (1965). Maratonista. En 1990 implantó la marca mundial de medio maratón (1: 00: 46). En 1993 ganó los maratones de Rotterdam (2: 11: 06), Fukoka (2: 08: 56) y el de la ciudad de México (2: 14: 47). En 1992 impuso la marca del año en el maratón de Bepu, Japón (2: 08: 36). En 1994 y 1995 ganó el maratón de Londres (2: 08: 53 y 2: 08: 30), año en que ganó la medalla de plata en dicha prueba durante el Campeonato Mundial de Atletismo en Gotemburgo. Dos veces medallista de oro en la prueba de 10 mil metros planos en los Juegos Cen-

troamericanos de 1991 y 1993.

CERRALVO ◆ Isla de origen volcánico situada en el golfo de California frente a las costas de Baja California Sur, al norte del paralelo 24. Mide casi 30 km de largo por unos siete en su parte más ancha. Su mayor elevación alcanza 760 metros. El español Francisco de Ortega le dio nombre, en 1632, en honor del virrey Rodrigo Pacheco de Osorio, marqués de Cerralvo.

CERRALVO ◆ Municipio de Nuevo León, situado al noreste de Monterrey, cerca de los límites con Tamaulipas. Superficie: 949.8 km². Habitantes: 8,287, de los cuales 2,259 forman la población económicamente activa. La cabecera, Ciudad Cerralvo, situada al este de la sierra de Pichachos, fue fundada por Luis de Carvajal *El Viejo* a fines del siglo XVI y en el XVII recibió su actual nombre en honor del virrey Rodrigo Pacheco de Osorio, marqués de Cerralvo. Son de interés turístico la arquitectura colonial, el parque El Sabinal, los manantiales de las haciendas Benavides y Cabrera y el balneario de aguas termales El Nogalito.

CERRITOS ◆ Municipio de San Luis Potosí situado en el centro de la entidad, al este-noreste de la capital del estado. Superficie: 935 km². Habitantes: 21,308, de los cuales 5,364 forman la población económicamente activa. Hablan alguna lengua indígena cinco personas mayores de cinco años.

CERRO AZUL ◆ Municipio de Veracruz situado al norte de Poza Rica y al noreste de Tuxpan. Superficie: 92.5 km². Habitantes: 27,071, de los cuales 7,810 forman la población económicamente activa. Hablan alguna lengua indígena 514 personas mayores de cinco años (náhuatl 392). La cabecera, del mismo nombre, es desde principios de siglo uno de los principales centros petroleros del país.

CERRO GORDO ◆ Elevación situada entre Jalapa y el puerto de Veracruz. Fue escenario de una batalla durante la guerra contra la intervención estadounidense, los días 18 y 19 de abril de 1847. Los mexicanos sufrieron una completa derrota atribuible a la ineptitud o traición de Santa Anna, quien se negó a aceptar las sugerencias de su estado mayor y facilitó enormemente las maniobras del enemigo.

CERRO DE SAN PEDRO ◆ Municipio de San Luis Potosí situado en el centro de la entidad, al noreste de la capital del estado. Superficie: 147.6 km². Habitantes: 3,086, de los cuales 561 forman la población económicamente activa. Fue un importante centro minero.

CERVANTES, ENRIQUE ◆ n. y m. en el DF (1898-1953). Ingeniero. Trabajó como restaurador de edificios de valor artístico e histórico: la Casa del Alfeñique, en Puebla, y el Palacio Federal en Oaxaca, entre otros. Dio a conocer el testamento de Sor Juana, en 1949, así como obras coloniales inéditas. En tirajes limitados publicó colecciones de fotografías con diversos aspectos de ciudades coloniales (Taxco, Morelia, Oaxaca, etc.) y algunas obras sobre herrería y cerámica.

CERVANTES, FRANCISCO ◆ n. en Querétaro, Qro. (1938). Escritor. Realizó estudios de derecho en la Universidad Autónoma de Querétaro, institución de la que fue profesor. Becario de la Fundación Guggenheim (1977). Fue reportero policiaco. Ha colaborado en *Estaciones*, *Vuelta*, *Revista de la Universidad*, *Sábado*, *La Jornada Semanal*, *El Semanario de Novedades* y otras publicaciones literarias. Es un reputado conocedor de la poesía en lengua portuguesa, de la que es traductor, lo mismo que del libro *Vida y obra de Fernando Pessoa. Historia de una generación* (1986). Hizo la selección y el prólogo de la antología *Odisea de la poesía portuguesa* (1986). Su propia obra lírica está en *Los varones señalados* (1972), *Esa sustancia amarga* (1973), *Cantando para nadie* (1982), *Aulaga en la Maltrata* (1983), *Heridas que se alternan* (compilación de su obra, 1985), *Los huesos peregrinos* (1986), *El canto del abismo* (1987) *Materia de distintos lais* (1988), *El libro de Nicole* (1992) y *Regimiento de niebla* (1994). En 1987 apareció un volumen de narrativa: *Relatorio sentimental*. Autor del libro de

ensayos *Travesías brasileño-lusitanas* (1989). Ha recibido la Orden de Río Blanco del gobierno de Brasil, el Premio Xavier Villaurrutia 1982 y el Premio Querétaro 1986.

CERVANTES, JOSÉ MARÍA ◆ n. en Morelia, Mich., y m. en la Cd. de México (1806-1880). Médico. Como naturalista reunió una amplia colección de especies.

CERVANTES, JUAN DE ◆ n. y m. en la Cd. de México (1545-1614). Doctor por la Universidad de Salamanca. Ocupó diversos cargos en la jerarquía eclesiástica. Gobernó la arquidiócesis de México en ausencia del arzobispo Pedro Moya de Contreras (1596-1608). Obispo de Oaxaca a partir de 1608.

CERVANTES, JULIO MARÍA ◆ n. en Querétaro, Qro., y m. en la Cd. de México (1839-1909). Combatió la intervención francesa y el imperio. Al triunfo de la República fue gobernador de Querétaro (1867-71). A fines de 1869 debió dejar el cargo, acusado por el Congreso de asumir atribuciones que no le correspondían, en especial sobre el nombramiento de funcionarios. Después de un conflicto político que dividió a los queretanos, reasumió el puesto en julio de ese año. Combatió el levantamiento de Trinidad García de la Cadena y se opuso a la asonada de la Noria. Se vio en serios apuros económicos de carácter personal, pues se le adeudaban sus haberes como coronel y sus sueldos como gobernador. Fue también diputado federal.

CERVANTES, LEONEL DE ◆ n. en España y m. en la Cd. de México (¿1490-1555?). Vino a México como uno de los capitanes de Pánfilo de Narváez (1520). En 1525 fue designado alcalde de la ciudad de México.

CERVANTES, MAURICIO ◆ n. en el DF (1965). Pintor. Licenciado en Artes Visuales por la UNAM (1987-89), estudió en el Taller de Serigrafía de la Casa de Cultura de Puebla (1983-84) y en el taller de Ignacio Salazar (1989-91). Profesor de dibujo en la Escuela Nacional de Artes Plásticas de la UNAM (1990-91). Ha colaborado en la revista *Punto de*

Partida. Ha expuesto individual y colectivamente en museos y galerías del país. Obra suya forma parte del acervo del Instituto de Artes Gráficas de Oaxaca. Becario del Fonca (1993-94).

CERVANTES, MIGUEL ◆ n. y m. en la Cd. de México (1789-1864). Militar realista. Se adhirió al Plan de Iguala en 1821. General en 1825. Fue conservador en política. Alcalde de la ciudad de México en 1830 y gobernador del Distrito Federal en cuatro ocasiones (dos en 1830, una en 1831 y por último en agosto de 1847). Fue diputado al Congreso General.

CERVANTES, PEDRO ◆ n. en el DF (1933). Escultor. Estudió en la Academia de San Carlos. Se dedicó inicialmente a la cerámica (1956-60) y después trabajó metal soldado. Expone individualmente desde 1958. Sus obras se han llevado a diferentes ciudades de México y a países como Venezuela, Canadá, y Japón. Entre sus trabajos están el relieve mural del Banco de Fomento Cooperativo (DF, 1963), *El hombre y la pesca* (Alvarado, Ver., 1964), los relieves en bronce soldado del Banco del Atlántico (DF, 1966) y de la Financiera de Nuevo León (Monterrey, 1970), el relieve sobre aluminio *El águila y la serpiente* del Colegio de Arquitectos (DF, 1974), el relieve en concreto del edificio del IMCE *Los cuatro puntos cardinales* (DF, 1976), el mural en placa de acero de HYLSA *Trayectorias de acero* (DF, 1978), la escultura *Sinuosoidal* (Toluca, 1980) y *Sol de piedra*, en el Centro Ceremonial Otomí (Temoaya, 1980). Ha obtenido premios en la exposición Solar, de Bellas Artes (1968), en el Salón de la Escultura del Salón de la Plástica Mexicana (1972) y en el concurso Invitación a Diez Escultores (UNAM, 1976).

CERVANTES, RAFAEL ◆ n. en Monterrey, NL (1946). Estudió administración en el Instituto Tecnológico de Estudios Superiores de Monterrey y efectuó estudios de posgrado en la Universidad de Lovaina en Bélgica. En la Secretaría de Relaciones Exteriores ha sido secretario del ministro (1989-91), coordinador de asesores del Oficial Mayor, ministro de

Asuntos Especiales (1994-96) y director general de Relaciones Económicas con América Latina, Caribe y Asia Pacífico (1998-). Ha colaborado en la revista *Palabras* de Monterrey, y en *Sábado*, suplemento del diario *unomásuno*. Autor de los poemarios *Tiempo de escalpelo* (1968), *Polvo de espejos* (1985, Premio Latinoamericano de Poesía Colima 1983) y *Abril y otros poemas* (1987).

CERVANTES, VICENTE ◆ n. en España y m. en la Cd. de México (1755-1829). Farmacéutico. Llegó a la Nueva España en 1787. Al año siguiente figuró entre los fundadores del Jardín Botánico, donde en 1802 sucedió en la dirección a Martín de Sessé (☞). Publicó dos trabajos en la *Gaceta de Literatura* (1793-94) de Antonio Alzate. Tradujo al español el *Tratado elemental de química*, de Antonio Lavoisier, publicado en 1797 para uso de los estudiantes del Colegio de Minería. Dejó un *Ensayo a la materia médica vegetal de México*, obra editada en 1889.

CERVANTES ACUÑA, RAFAEL ◆ n. en Zacatecas, Zac. (1931). Licenciado en ciencias políticas y administración pública (1958-62) y maestro en derecho por la UNAM (1971-72). Miembro del PRI, en el que fue delegado en varios estados. Ha sido secretario adjunto de Alfonso Corona del Rosal (1963-70), subdirector de Bienes Muebles de la Secretaría del Patrimonio Nacional (1970-77), embajador de México en Uruguay (1978), diputado federal (1979-82) y senador por Zacatecas (1982-88).

CERVANTES AGUIRRE, ENRIQUE ◆ n. en Puebla, Pue. (1935). General de división. Estudió en el H. Colegio Militar (1952-54) y se diplomó de Estado Mayor en la Escuela Superior de Guerra (1960-62). Profesor de la Escuela Militar de Clases (1955-59), del Centro de Aplicación para Oficiales de las Armas (1963-64) y de la Escuela Superior de Guerra (1970-72). Ha sido secretario particular del secretario de Defensa Félix Galván (1976-78), agregado militar de la embajada en Madrid (1979-80), director general del H.

Colegio Militar (1980-82), comandante de la III región militar, con sede en Tuxtla Gutiérrez (1983-85), de la IV, con sede en Monterrey (1985-86), y de la I, con sede en la ciudad de México, del ejército mexicano (1988); agregado militar de la embajada en Washington (1986-88) y jefe del Departamento de Industria Militar (1988-1991), director general de fábricas (1991-94) y secretario de la Defensa Nacional (1994-).

CERVANTES AGUIRRE, JOSÉ TRINIDAD ◆ n. en Jamay, Jal. (1915). Licenciado en derecho por la UNAM (1939-45). Miembro de la Unión Nacional Sinarquista desde 1937. En 1978 ingresó al Partido Demócrata Mexicano, del que fue secretario de relaciones exteriores (1985-87). Ha sido subdirector de Relaciones Públicas y Prensa de la Secretaría de Salubridad y Asistencia (1977-84) y diputado federal (1985-88). Autor de *Alba patria* (1940), *La patria escondida* (1946), *El sinarquismo* (1975), *Laudanza de Jamay* (1978), *Laude a Guadalajara* (1981), *En pos de mi raíz* (1984), *Del arpa y la honda* (1987) y *Espigas del Oriente Medio* (1987).

CERVANTES AHUMADA, RAÚL ◆ n. en Amole, municipio de Guasave, Sin., y m. en el DF (1912-1997). Abogado. Estudió en la Escuela Nacional de Jurisprudencia de la UNAM, de la que fue maestro emérito. Especialista en derecho mercantil. Colaboró en diversas publicaciones periódicas (*Excélsior, Personas*, etc.). Autor de obras sobre temas jurídicos y los volúmenes *Relatos sinaloenses. Cuentos de un mentidero* (1942) y *Sinaloa, raíz y proyección de su historia* (1990).

CERVANTES CAMPOS, PEDRO ◆ n. en Aguascalientes, Ags. (1925). Abogado. Profesor de la UNAM (1981 y 1985-). Pertenece al PRI. Ha sido subdirector general de Gobierno del DDF (1953-57), jefe del Departamento de Convenios y Contratos de la SCOP (1965-77), subdirector de Legislación de la SAHOP (1977), director general de Asuntos Jurídicos de la Secretaría del Trabajo (1977-83), director de Contratos y ge-

rente jurídico de Aeropuertos y Servicios Auxiliares (1983-87) y director general de Asuntos Jurídicos de la SCT (1989-94). Autor de *Apuntamientos para una teoría del proceso laboral*.

CERVANTES CARVAJAL, LEONEL DE ◆ n. y m. en la Cd. de México (?-1637). En 1631 fue designado obispo de Guadalajara, donde autorizó el culto de la virgen de San Juan de los Lagos en 1634. En 1637 se le promovió a obispo de Oaxaca, pero no alcanzó a tomar posesión del cargo.

CERVANTES CORONA, JOSÉ GUADALUPE ◆ n. en El Teul, Zac. (1925). Profesor normalista y licenciado en derecho por la Universidad de Zacatecas, de la que ha sido catedrático. Miembro del PRI, en el que ha desempeñado diversas comisiones. Fue secretario de organización de la Confederación Nacional Campesina (1979). Ha sido jefe de prensa (1953-56), oficial mayor (1956-57) y secretario de Gobierno de Zacatecas, diputado federal (1961-64), senador de la República (1976-80), gobernador de Zacatecas (1980-86) y jefe de la Unidad de Apoyo a la Programación Regional de la Secretaría de Agricultura (1988-).

CERVANTES CORTÉS, ISAURO ◆ n. en Tecomaxtlahuaca, Oax. (1937). Profesor normalista titulado en la Escuela Nacional de Maestros (1951-53) y licenciado en derecho por la UNAM (1960-64), especializado en administración pública en el Instituto Nacional de Administración Pública (1974-76). Profesor de la UNAM, del INAP y de la

Raúl Cervantes Ahumada

Nova University de Florida. Pertenece al PRI desde 1957. Miembro fundador (1973) y coordinador general de secretarías del Movimiento Nacional Indígena (1973-78), oficial mayor del gobierno de Oaxaca (1978-80), coordinador general del Sistema de Telesecundaria de la SEP (1982), coordinador de la unidad de seguimiento de las giras presidenciales de la Secretaría de la Contraloría (1982-83), gerente de personal de Aeropuertos y Servicios Auxiliares (1984-86), subdirector de operación de la SCT en Veracruz (1985-86) y secretario de Administración del gobierno de Oaxaca (1986-).

CERVANTES DELGADO, ALEJANDRO ◆ n. en Chilpancingo, Gro. (1927). Profesor normalista y licenciado en economía por la UNAM (1958), de la que ha sido catedrático. Miembro del PRI, en el que fue director general del Instituto de Estudios Políticos, Económicos y Sociales (1978). Fue director de Estudios Técnicos y Económicos de la Secretaría del Patrimonio Nacional (1959-63), director general de Hacienda y Economía del estado de Guerrero (1963-65), subdirector de Asuntos Económicos Pesqueros de la SIC (1966-70), subdirector de Impuestos Interiores de la Secretaría de Hacienda (1971-72), subdirector de Planeación y contralor de los Ferrocarriles Nacionales (1972-73), diputado federal (1973-76), senador de la República (1976-81) y gobernador de Guerrero (1981-87).

CERVANTES GALVÁN, EDILBERTO ◆ n. en Linares, NL (1945). Licenciado en economía por la UANL (1963-68) y maestro en relaciones internacionales por El Colegio de México (1968-71) con estudios de doctorado en desarrollo en la Universidad de Sussex, Inglaterra (1973-75). En 1978 ingresó al PRI. Ha sido subdirector de Planeación del Conacyt (1976), subdirector de Programación de Educación, Cultura, Ciencia y Tecnología de la SPP (1976-79); subdirector de Planeación y director general de Planeación, Programación y Presupuesto de la Secretaría de Turismo (1979-81); director de

Apoyo a la Difusión y la Docencia de la Secretaría de Gobernación (1981-82); coordinador de asesores del subsecretario de Planeación Educativa (1982-83 y 1984-85) y director general de Evaluación Educativa de la SEP (1985-). Coautor de *Descentralización y democracia* (1986) y autor de *Las alternativas de desarrollo en la industria de bienes de capital* (1977).

CERVANTES MEDINA, ELEAZAR FELIPE ◆ n. en el DF (1952). Arquitecto titulado en el IPN (1973-77). Ha sido secretario general del mercado 35 de Azcapotzalco (1985-) y vicepresidente del Frente Único de Comerciantes en Pequeño de los Mercados Públicos de la Delegación Azcapotzalco (1987-). Ingresó al PAN en 1988. Diputado Federal a la LIV Legislatura (1988-91).

CERVANTES MUÑOZ CANO, FEDERICO ◆ n. en Oaxaca, Oax., y m. en el DF (1883-1966). Militar. Fue enviado a estudiar ingeniería militar en Europa. Volvió a México en 1913. Militó en el villismo. Fue representante de Felipe Ángeles en la Soberana Convención de Aguascalientes. Escribió *Felipe Ángeles y la revolución de 1913. Biografía* (1942).

CERVANTES OJEDA, PASCUAL ◆ n. en Guasave, Sin. (1948). Licenciado en derecho por la UNAM (1967-71). Desde 1969 es miembro del PRI. Ha sido subjefe de Prensa del Infonavit (1976-78), jefe de Prensa de la Secretaría de Gobernación (1978-79), jefe de Información de la Conasupo (1979-80), director de Información de la Secretaría de Hacienda (1980-82), coordinador de Comunicación Social del ISSSTE (1983-84), coordinador de Comunicación Social del gobierno mexiquense en Valle de Cuautitlán (1984-85) y subdirector de Comunicación Social del ISSSTE (1985-).

CERVANTES DEL RÍO, HUGO ◆ n. y m. en el DFR (1928-1989). Licenciado en derecho por la UNAM (1951), donde fue profesor (1950-65). Fue secretario particular del secretario de Marina (1952-54), director de Cuenta en la misma dependencia (1954), administrador de la aduana de Sonoíta (1955-58), teso-

rero del Ferrocarril Mexicano (1959), director general de Caminos y Puentes Federales de Ingresos (1959-65), gobernador designado del territorio de Baja California Sur (1965-70), secretario de la Presidencia de la República (1970-76), senador electo (1976) y director general de la Comisión Federal de Electricidad (1976-81).

CERVANTES RODRÍGUEZ, ISAÍAS ◆ n. en Celaya, Gto. (1903). Escultor. Estudió en la Academia de San Carlos en la ciudad de México (1922-27). Expuso caricaturas escultóricas en 1934. Desde entonces se han presentado sus obras en diversas ciudades mexicanas y en El Salvador e Italia. Obtuvo Medalla de Oro en la IV Exposición de Dibujo, Pintura, Escultura y Grabado del Instituto Nacional de Bellas Artes (1961).

CERVANTES DE SALAZAR, FRANCISCO ◆ n. en España y m. en la Cd. de México (1514-1575). Licenciado en cánones por la Universidad de Salamanca y, según afirmó, maestro en artes por Alcalá y doctor en teología por Sigüenza. Fue catedrático de retórica en Osuna. Llegó a México en 1551. El 3 de junio de 1553 fue el orador en el inicio de actividades de la Real y Pontificia Universidad de México, de la cual fue catedrático fundador de retórica, consiliario (1553) y rector en tres ocasiones (1554-55, 1567-68 y 1572-73). El 4 de octubre de 1553 obtuvo el grado de maestro en artes por la Universidad de México en sesión de claustro en que "le arguyó el maestro fray Alonso de la Veracruz". En 1556 se le reconoce no como doctor sino como bachiller en teología. En 1558 el ayuntamiento de la capital novohispana lo designa cronista de la ciudad de México. En el mismo año toma los hábitos sacerdotales y al siguiente figura como doctor por la Universidad de México. Autor de *Tres diálogos latinos*, *Túmulo imperial de la gran ciudad de México* y la *Crónica de Nueva España*, obras publicadas en los siglos XIX y XX.

CERVERA, CHALO ◆ n. en Campeche, Camp., y m. en el DF (1913-1991). Músico, cantante, arreglista y director de orquesta llamado Gonzalo Cervera. En su adolescencia vivió en Nueva Orleans, donde aprendió a tocar piano; a su regreso a México formó, con Arturo Romero, un grupo de música de cámara. Como pianista fue acompañante, entre otros, de los cantantes Agustín Lara, José Mojica, Edith Piaf, Juliette Greco, Alfonso Ortiz Tirado, Amparo Montes y Giuseppe di Stefano. Fue miembro de los elencos de las radiodifusoras XEW, XEQ y XEB. Con Alejandro Aura montó el espectáculo *La hora íntima de Agustín Lara*.

Chalo Cervera

CERVERA, JUAN ◆ n. en España (1933). Poeta. Reside en México desde 1968. Ha colaborado en diarios capitalinos y en publicaciones literarias. Fue jefe de Prensa del Canal 13 (1980). Ha hecho programas de radio y televisión sobre temas literarios. Autor de más de 40 títulos, la mayoría publicados en México, entre otros: *Estoy aquí, ¡Miradme!* (1971), *Coplas proverbiales* (1971), *Agonía de la fuga* (1973), *Evocación de López Velarde* (1974), *Corre que te corre al corro* (1976), *Juegos de alquimia* (1976), *Inventando el olvido* (1976), *Siete cantos a Eloísa y después* (1976), *La gloria del poeta* (1977), *Muriendo o lo que sea* (1977), *Donde esta noche es de día* (1978), *Si es que muero mañana* (1978), *El prisionero* (1978), *Vocación de ceniza* (1978), *En don de carne y hueso* (1978), *Profecía del polvo* (1979), *Desnudez en el universo* (1979), *Soliloquio sonámbulo por la raíz de la danza* (1981), *Sobre las piedras* (1981), *Contraseña* (1981), *En las nubes* (Premio Internacional de Poesía Azor, 1981), *Cerezas en el viento* (1982), *La locura tiene nombre* (1982), *Visión de la ebriedad* (1983), *Ácido mundo* (1983), *El caos es maravilloso, maravilloso es el caos* (1985), *El prisionero* (1986), *Claves de invierno* (1986), *Los dioses mueren mil veces* (1987), *Testimonios. Sonetos 1957-86* (1987), *Señora y niña mía* (1988), *El Soneto* (1991) *Esta sombra que pasa* (1992), *Silencios* (1993), *Bucareli* (1994), *Poesía de México y del mundo* (1994) y *La realidad no es nuestra* (1998). En 1984 apareció su único

volumen de cuentos, llamado *Los ojos de Ciro*.

CERVERA, PASTOR ◆ n. en Mérida, Yuc. (1915). Músico. Compositor, de la corriente de la trova yucateca. Autor, entre otras, de las canciones *Así te quiero, En tus ojos, Mi última canción, Amor y dolor* y *El collar*. En 1985 recibió un homenaje del Departamento del Distrito Federal y en 1997 en el teatro José Peón Contreras de Mérida. Ese mismo año grabó un disco con 12 canciones suyas cantadas a dúo con Armando Manzanero.

CERVERA BERRÓN, ERNESTO ◆ n. en Campeche, Camp., y m. en el DF (1885-1955). Médico. Obtuvo amplio reconocimiento como microbiólogo, especialidad que estudió en el Instituto Pasteur de París. En México fue catedrático de diversas escuelas y ocupó cargos públicos en el área de salud, entre otros la dirección del Instituto de Higiene.

CERVERA FLORES, MIGUEL ◆ n. en Mineral de Nueva Rosita, Coah. (1947). Actuario (1965-68) y matemático titulado en la UNAM (1966-68) y maestro en estadística por El Colegio de México (1969). Profesor de la UNAM desde 1968. Ha sido jefe de Procedimientos y subdirector de Generación de Información del Centro Nacional de Instrumentos y Estadísticas del Trabajo (1976-80), subdirector de Formulación y Evaluación de Proyectos y director de Estadísticas de Corto Plazo de la SPP (1981-86), director general de Información y Estadística de la Ssa (1986-88) y director general de Estadística de la SPP (1988-). Autor de *Tablas de vida económicamente activa* (1978) y *Tablas de estancia en los EUA para trabajadores mexicanos indocumentados* (1980).

CERVERA PACHECO, VÍCTOR ◆ n. en Mérida, Yuc. (1936). Realizó estudios en la Universidad de Yucatán, donde fue presidente de la Federación Estudiantil (1957-58). Miembro del PRI desde 1954, de cuyo comité ejecutivo nacional fue secretario de organización (1979-81), de acción campesina (1980-83) y general adjunto (1988). Ha sido diputado a la Legislatura yucateca (1962-64 y 1968-70) secretario general

de la Liga de Comunidades Agrarias de Yucatán, presidente municipal de Mérida (1971-72), diputado federal (1973-76 y 1982-84), senador de la República (1976-82), secretario general de la Confederación Nacional Campesina (1980-83), gobernador sustituto de Yucatán (1984-88), secretario de la Reforma Agraria en el gabinete de Carlos Salinas de Gortari (1988-94) y gobernador de Yucatán (1995-2001).

CERVEZA ◆ Bebida de bajo contenido de alcohol, producida mediante la fermentación de la malta (producto de la cebada). Otro de sus componentes básicos es el lúpulo, que le da su peculiar sabor y aroma. Se le supone originaria de Mesopotamia, de donde pasó a Egipto y de ahí, mediante los romanos, a Europa. En México el primero en producirla fue el conquistador Alonso de Herrera, dueño de la hacienda del Portal (que dio nombre a la colonia Portales del DF). Herrera solicitó el permiso respectivo en 1542 e inició la producción en 1549. Cinco años después Luis de Velasco, al extenderle la merced correspondiente, lo hacía como respuesta, decía el mismo virrey, a la promesa de que "haríades cerveza y aceite de nabeta, jabón y rubia, y para ello trairíades a esta Nueva España los maestres, calderas y aparejos y otras cosas convenientes para el beneficio de todo lo susodicho". Durante tres siglos la producción mexicana sería limitada y artesanal. El producto era poco apreciado y fácilmente perecedero. La producción moderna, industrial, se inició a mediados del siglo XIX. En 1845 existían en la capital del país las fábricas la Pila Seca, de Bernhard Bolgard, y La Candelaria, fundada por el bávaro Federico Herzog. Quince años después entró en operación la planta de San Diego, en la capital del país, y en 1865 empezó a operar la Compañía Cervecera de Toluca y México, para la cual se trajeron técnicos alemanes. También en el Distrito Federal se creó, en 1869, la empresa de Emil Dercher. Poco después el también alemán Juan Ohrner abrió una fábrica en Guadalajara. La producción en gran escala y la consecuente popularización de su consumo da inicio en 1890, cuando se pone en servicio en la ciudad de Monterrey, con 100 mil pesos de capital y 72 trabajadores, la Fábrica de Cerveza y Hielo Cuauhtémoc, con capacidad para producir anualmente un millón de litros de la bebida. Sólo cuatro años después se abrió en Orizaba, Veracruz, la fábrica de una firma competidora, de capital alemán, Guillermo Hasse y Compañía, que dos años después adoptaría el nombre que tiene hasta la fecha: Cervecería Moctezuma. En 1896 un grupo de alemanes fundó en Sonora una cervecería y en Chihuahua hizo lo propio la familia Terrazas (1896). En 1900 empezó a producir, en Mérida, la Cervecería Yucateca, inicialmente propiedad de la familia Ponce Cámara; mientras en Mazatlán, uno de los alemanes que fundaron la factoría sonorense decidió abrir su propia planta, que con el tiempo se convertiría en la Cervecería del Pacífico. Precisamente en 1899 la Cuauhtémoc abrió una empresa filial, también en Monterrey, para producir botellas. Trajo sopladores del extranjero e hizo una alta inversión. Pese a algunos problemas, para 1903 la misma empresa sustituyó los tradicionales tapones de corcho por las corcholatas. En torno de la cervecería surgieron otras empresas, a fin de producir los insumos necesarios. En 1918 eran 36 las firmas que se dedicaban a producir la bebida. Cuatro años después, con capital español, se estableció en el Distrito Federal la Cervecería Modelo, que en 1925 lanzó sus productos al mercado. Hasta entonces las empresas del ramo cubrían mercados locales o regionales. En 1929 la Cervecería Cuauhtémoc inició su expansión, para lo cual procedió a adquirir empresas ya existentes o a abrir nuevas plantas. En 1930 la Cuauhtémoc inició la sustitución de los barriles de madera por toneles de metal. La misma firma, a fines de los años cuarenta, en su planta de Tecate, Baja California, inició la producción de cerveza en lata; en 1953 introdujo en el mercado la botella color

ámbar, en 1964 empezó a emplear un bote que puede abrirse sin necesidad de abrelatas y en 1967 una botella con una aditamento que permite quitar sin dificultad la corcholata de otra botella similar. La producción en 1959 fue 801 millones de litros. Para 1964, el consumo anual por habitante era de 23 litros y se produjeron 845 millones de litros. En 1985 era de 2,721 millones de litros, con una valor de 257,877 millones de pesos. La producción mayor hasta entonces era la de 1981, cuando se elaboraron 2,863 millones de litros. En 1998 existían en el país 14 fábricas y la industria generaba 100,000 empleos directos y 200,000 indirectos. México ocupaba en el mundo el séptimo lugar en producción con 5,466 millones de litros, de los cuales se consumían en el país 4,700 millones de litros, 82.3 por ciento en botella, 17 por ciento en lata y el resto en barril para una ingestión de 49 litros per cápita. La importación en el mismo año fue de 37.2 millones de litros y la exportación de 778 millones de litros. México exportaba a 47 países y era el segundo proveedor de cerveza del mercado estadounidense.

CÉSAR, CORNELIO ADRIÁN ◆ n. en Holanda y m. ¿en México? (1572-¿1635?). Impresor. Llegó a México en 1596. En 1597 fue procesado por la Inquisición como luterano. Libre en los primeros años del siglo XVII volvió a ejercer el oficio.

CÉSAR, JOSÉ ANTONIO ◆ n. y m. en el DF (1923-1978). Fue director de la financiera Aceptaciones, del Banco de Londres y México (1966-75) y del Grupo Serfin (1975-77). Presidente de la Asociación de Banqueros de México (1966-67).

CÉSARMAN, EDUARDO ◆ n. en Chile (1931). Cardiólogo mexicano. Médico titulado en la UNAM (obtuvo el Premio Justo Sierra por obtener el promedio más alto de la generación 1949-54) con estudios de posgrado en Estados Unidos. Becario investigador (1960-62), médico adjunto (1962-65, 1967-71 y 1972-73) y jefe de Epidemiología y Prevención del Instituto Nacional de

Edecanes de la Compañía Cervacera Toluca & México en el carnaval de Mérida, 1894

Cardiología (1976-78); cardiólogo del Instituto Nacional Indigenista (1962-68), del American British Cowdray Hospital (1965), del Hospital Mocel (1971) y del Hospital Humana del Pedregal (1983). Desde 1950 ha ejercido la docencia en México y EUA. En la UNAM fue director general de Servicios Escolares (1965-66) y director del CCH (1970). Jefe de los Servicios Médicos de la CFE (1976-77), director general de Higiene Escolar de la SEP (1978-80) y jefe de Supervisión y Control del Área Médica del IMSS (1980) y director general de Cooperación Técnica y Científica de la SRE (1993-94). Coautor con N.A. Brachfeld de *A redefinition of the resting state of the myocardial cell* (1976), *Bioenergetics and Thermodynamics of the Cardiac Cycle* (1980) y *Termodinámica del corazón y del cerebro* (1981); con E. Moreno Cueto, J. Moguel Viveros, M.A. Díaz de Sandi y M.E. García Ugarte de *Sociología histórica de las instituciones de salud en México* (1982) y con F. Zertuche Muñoz de *Estadísticas para una sociología*

Cartel promocional de la Cervecería Cuahutémoc

Ruinas de la primera cervecería

Fernando
Césarman

del primer nivel de atención médica en el IMSS (1982). Autor de *Parámetros cardiológicos* (1968), *Aforismos farmacológicos y terapéuticos en cardiología* (1970), *Hombre y entropía* (1974), *La vida es riesgo* (1978), *Orden y caos. El complejo orden de la naturaleza* (1982), *Termodinámica del corazón y el cerebro* (1982), *Fuera de contexto* (1983), *Cuarto menguante* (1986), *Dicho en México* (1986), *Con alguna intención* (1987), *Morralla* (1989) y *Siete obras escogidas* (1999).

CÉSARMAN, FERNANDO ◆ n. en la Cd. de México (1925). Psicoanalista y ecologista. Hermano del anterior. Se tituló de médico cirujano en la UNAM (1949) y se especializó en la Escuela de Psiquiatría de Menninger Topeka, Arkansas (1954) y en la Asociación Psicoanalítica Internacional (1957). Profesor de la UNAM (1954-60). Cofundador de la Asociación Psicoanalítica Mexicana (1957), de la que ha sido catedrático desde 1960 y presidente (1976-78). Director de *Cuadernos*

de Psicoanálisis (1960). Delegado de México ante el Consejo de Asociaciones Psicoanalíticas Latinoamericanas (1971-75) y presidente de su Consejo (1977-80). Ha sido también miembro de los comités editoriales de las revistas *Prisma* (1985) y *Ecología* (1986). Ha participado en actividades ecologistas y pertenece al Grupo de los 100. En octubre de 1985 fue designado coordinador del Subcomité de Reordenación Ecológica del Programa de Reconstrucción del DF. Colabora en publicaciones científicas desde 1954. Ha escrito semanalmente para los diarios *El Día* (1970-74), *El Universal* (1975-77), *unomásuno* (1979-86) y *Excélsior* (1986-). Durante 1984 se encargó de la sección ecológica del programa de televisión *Para Gente Grande*. Autor de los libros *Ecocidio* (1972), *Freud y la realidad ecológica* (1974), *Homen o agressor. Estudio psicoanalítico de la destrucción del medio ambiente* (1975), *El ojo de Buñuel* (1978), *Crónicas ecológicas* (1979), *Yo, naturaleza* (1981), *Paisaje Roto. La ruta del ecocidio* (1984), *Una grieta en la pared* (novela, 1984), *Otra vez* (1986), *Conciencia ecológica* (1987) *Son muchos geranios* (poesía, 1992) y *Aún hay tiempo* (1993). Es miembro fundador de la Asociación Psicoanalítica Mexicana.

CÉSARMAN, TEODORO ◆ n. y m. en el DF (1923-1997). Cardiólogo. Hermano de los anteriores. Su segundo apellido era Vitis. Médico cirujano por la UNAM (1947). Estudió la licenciatura en filosofía en la UNAM. Médico interno y residente del Instituto Nacional de Cardiología (1948-50), donde fue jefe de residentes (1952-58), médico adjunto (1950-66) y miembro del consejo editorial de la revista *Archivos* (1954-70), en la que colaboró desde 1948. Cardiólogo del American British Cowdray Hospital desde 1956. Profesor de la Facultad de Medicina de la UNAM (1950-66). Ejerció la medicina privada desde 1949. Suman más de 320,000 sus consultas cardiológicas y 27,000 los expedientes de personas atendidas. Introdujo, con sus hermanos, el concepto de medicina humanista en el país.

Gerente de la Editorial Pax-México (1943-48). Fue presidente de la Junta de Vecinos de la Delegación Miguel Hidalgo y miembro del Consejo Consultivo del DDF (1971-76). Perteneció al comité editorial del *Journal* de la American Medical Association (1976-). Miembro del consejo consultivo del IEPES del PRI (1982). Formó parte de diversas corporaciones profesionales. Autor de dos canciones con música de Lan Adomián (1968) y del poemario *Quema mis versos* (1996). Premio de la Academia Nacional de Medicina (1959).

CÉSPEDES, ELISEO L. ◆ n. en Villa Escandón, hoy Cd. Xiconténcatl, Tams., y m. en Cuernavaca, Mor. (1892-1969). Revolucionario carrancista. Diputado por Veracruz al Congreso Constituyente (1916-17).

CETINA, GUTIERRE DE ◆ n. en España y m. en la Cd. de México (1520-¿1557?). Soldado de profesión que destacó como poeta de la corriente ítalo-clásica. Llegó a Nueva España en 1547, fue herido por un lío de faldas y para 1557 ya había muerto. Es autor del madrigal *Ojos claros, serenos*. En la recopilación *Flores de varia poesía*, hecha en México en 1577, figuran 71 sonetos, dos madrigales, tres octavas, dos estancias, una elegía, dos canciones y tres epístolas de Cetina, cuyas obras se editaron por primera vez en España a fines del siglo XIX.

CETTO KRAMIS, ANA MARÍA ◆ n. en el DF (1946). Física y maestra en ciencia física por la UNAM (1967 y 1971) y maestra en ciencias biofísicas por la Universidad de Harvard (1968). Ha sido profesora, consejera técnica (1974-75), coordinadora del Departamento de Física (1975-76) y directora de la Facultad de Ciencias de la UNAM (1978-86). Investigadora honoraria de la Universidad de Londres (1971-72) y de la Universidad de París (1976). Ha escrito medio centenar de ensayos en publicaciones especializadas. Coautora de *Mecánica* (1976) y *El mundo de la física* (1977). Autora de *La luz*. Miembro desde 1992 del Consejo del Movimien-

Foto: Michael Calderwood

Chacahua, en Oaxaca

to Pugwash que obtuvo el Premio Nobel de la Paz 1995.

CEUTA ◆ Estero de Sinaloa que tiene más de 50 kilómetros de longitud. Se halla al sur del río San Lorenzo y al norte de río Elota, en cuya desembocadura se halla la población de Ceuta. El estero o bahía está cerrado a casi todo lo largo por la península de Quevedo, que también da nombre a la extensa albufera.

CHABELO ◆ n. en León, Gto. (1935). Nombre profesional del actor Xavier López Rodríguez. Estudió producción de televisión, medicina y psiquiatría en la UNAM, actuación en la Escuela de Arte Dramático de Seki Sano y música. Ingresó a la televisión mexicana en 1951. Comenzó como secretario de Ramiro Gamboa, *Tío Gamboín*, quien en 1956 le dio la oportunidad de hacer un pequeño papel, el del niño Chabelo, en un programa de radio; a partir de entonces adoptó el personaje y lo llevó a la televisión. Ha conducido, entre otros, los programas de concurso o entretenimiento *Media hora con Chabelo*, *Jugarama* y *En familia con Chabelo* que se ha transmitido durante 31 años. Ha actuado, asimismo, en los programas *Ensalada de locos*, *Do-Re-Mi de Costa a Costa*, *Siempre en domingo*, *Los Beverly de Peralvillo* y *La carabina de Ambrosio*. También ha grabado 19 discos de larga duración y ha participado en una trein-

tena de películas. Es dueño de la agencia de publicidad y producción Xalo, que dirige.

CHABERT, JUAN LUIS ◆ n. en Francia y m. en la Cd. de México (1780-1861). Médico. Llegó a México hacia 1825. El presidente Victoria le encomendó un estudio sobre las enfermedades tropicales en Veracruz. Dirigió el hospital de San Carlos en el puerto de Veracruz y fue jefe de servicio en el de Inválidos. Cofundador de la primera Academia de Medicina, de la que fue vicepresidente (1843). Autor de *Memoria sobre la fiebre amarilla* (1826), *Reflexiones médicas y observaciones sobre la fiebre amarilla* (1828), *Del huaco y sus aplicaciones en la fiebre amarilla* (1832) y *Disertación sobre el Cholera morbus* (1833).

CHAC MOOL ◆ Nombre maya del jaguar. En 1874 se le dio igual denominación, impropiamente, a la escultura hallada en Chichén Itzá de un hombre semiacostado bocarriba. A partir de entonces se llama así a las figuras masculinas recostadas que descansan sobre los codos, con las piernas flexionadas. Tales monolitos provienen de diversas culturas prehispánicas. Generalmente tienen un receptáculo sobre el abdomen; esto permite suponer que se empleaban con fines ceremoniales, ya fuera para poner los corazones de los sacrificados o las ofrendas para las deidades de la lluvia.

CHACAHUA ◆ Bahía de la costa oaxaqueña situada sobre el paralelo 16, entre Pinotepa Nacional y Puerto Escondido. Está comunicada con la laguna del mismo nombre.

CHACAHUA ◆ Sistema lacustre del municipio de San Pedro Tututepec, Oaxaca. Está formado por lagunas de poca profundidad con aguas azufrosas y transparentes. Se halla unido por un canal a la bahía del mismo nombre, con la que forma un conjunto cuya extensión y límites varían de acuerdo con la época del año. El lugar tiene una espesa vegetación, numerosas aves, anfibios y mamíferos que se conservan relativamente protegidos por el aislamiento, pues no hay un buen camino que comunique con la carretera Puerto Escondido-Pinotepa Nacional.

Chac mool
en billete mexicano

CHACALA ◆ ☞ *Cihuatlán*.

CHACALTIANGUIS ◆ Municipio de Veracruz contiguo a Cosamaloapan, en los límites con Oaxaca. Es atravesado por el río Papaloapan y en su jurisdicción se halla la laguna de San Bartolo. Superficie: 557.68 km². Habitantes: 12,415, de los cuales 3,292 forman la población económicamente activa. Hablan alguna lengua indígena doce personas mayores de cinco años (mixteco 10).

CHACAMAX ◆ Río que nace en la vertiente norte de la sierra de Palenque, Chiapas; corre hacia el este hasta los límites con Tabasco, donde desvía su curso hacia el norte, luego al oeste y después nuevamente hacia el norte hasta unirse al Usumacinta cerca de

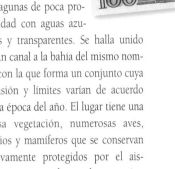

Chac mool

Foto: Fondo Editorial Grupo Azabache

la población de Emiliano Zapata. En todo este trayecto sirve de límite a las entidades citadas.

CHACEL ARIMÓN, BLANCA ◆ n. en España (1914). Sirvió al gobierno republicano durante la guerra civil española. En 1942 llegó a México, donde se dedicó a la docencia hasta 1981. Hizo traducciones del francés. La mayor parte de las obras de Carlo Coccioli fueron vertidas por ella al español. A partir de 1970 trabaja en la producción de esmaltes. Escribe en *Excélsior*.

CHACHALACAS ◆ Barra situada en el municipio de Úrsulo Galván, Veracruz.

CHACHITA, EVITA MUÑOZ ◆ n. en Orizaba, Ver. (1936). Actriz. Inició su carrera cinematográfica en 1941, en la película *El secreto del sacerdote*, a la que siguieron *¡Ay Jalisco no te rajes!* (1941), *Morenita clara*, *La pequeña madrecita* (1943), *Que verde era mi padre* (1945), *Yo tengo unos ojos negros*, *Chachita la de Triana*, *Nosostros los pobres* (1947), *Ustedes los ricos* (1948), *El cristo de mi cabecera*, *Las dos huerfanitas*, *La hija de la otra*, *Pepe el Toro* (1952), *Padre nuestro* (1953), *Mis padres se divorcian* (1957), *El hombre que me gusta* (1958), *El dengue del amor* (1965) y *La muerte es puntual* (1965), entre otras. Ha actuado en diversas obras de teatro, entre ellas *Zaa-zaa*, *Juegos de reinas*, *Las cosas simples*, *Los amores criminales de las vampiras morales*, *Vidas privadas*, *Despedida de soltera*. *Cueros y pieles*, *Travesuras de medianoche* y otras 40 obras. En televisión ha participado en varias telenovelas y en la serie *Nosotros los Gómez* (1987). Recibió tres veces la Diosa de Plata, una de ellas por mejor coactuación en *Cayó de la gloria el diablo* (1971), cuatro Estrellas de Oro, el Calendario Azteca de Oro y el Premio Nacional de Teatro, Cine y Televisión a la mejor actriz (1973). Recibió la medalla Eduardo Arozamena de la ANDA por sus 50 años de trayectoria en 1991.

CHACÓN, FELIPE NERI ◆ n. en Tulancingo, Hgo., y m. en la Cd. de México (1824-1907). Militar. Peleó contra los liberales durante la guerra de los Tres Años. Fue gobernador militar de Puebla (marzo de 1860 a enero de 1861). Sirvió a los invasores franceses y el imperio. Jefe político de Colima en 1867. Se adhirió al Plan de Tuxtepec y fungió como gobernador de los estados de Michoacán (1876) y México (noviembre de 1876).

CHACÓN, FRANCISCO DE PAULA ◆ n. en Guadalajara, Jal., y m. en la Cd. de México (1840-1904). Médico. Estudió en México y en Europa. Fue director de la Beneficencia Pública. Presidente de la Academia Nacional de Medicina (1889 y 1894).

CHACÓN, JOAQUÍN ARMANDO ◆ n. en Chihuahua, Chih. (1944). Estudió contaduría y administración de empresas, y teatro en la Escuela de Arte Teatral del INBA. Ha sido boxeador, actor, guionista de televisión y cine, reseñista de libros y editor de publicaciones literarias. Escribió el argumento de *La otra ciudad*, película realizada por Sergio Véjar y que obtuvo segundo lugar en el Concurso de Cine Experimental de 1967 y la Vela de Plata en el Festival de Venecia (1968). Fue director de la revista *Punto de Vida*. Ha colaborado en publicaciones culturales. Coautor de *El hombre equivocado* (1988). Autor de biografía: *Joaquín Armando Chacón de cuerpo entero* (1992); las novelas *Los largos días* (1973), *Las amarras terrestres* (1982) y *El recuento de los daños* (1987); del volumen de cuentos *Los extranjeros* (1983) y de las obras teatrales *Dos meridianos a la misma hora* (1969) e *Hijo del hombre*, con la que fue finalista del Premio Internacional Tirso de Molina, de Madrid (1975). En 1982 obtuvo los premios Hispanoamericano de Cuento Efraín Huerta y Magda Donato; y en 1987 los premios Novedades Diana y Tomás Valles en letras.

CHACÓN, NICOLÁS A. Y. ◆ n. en Cd. Camargo, Chih. (1866-?). Tomó parte en la insurrección maderista de 1910. Orozquista en 1912 y constitucionalista en 1914. En 1934 apoyó la candidatura a la Presidencia de la República de Antonio I. Villarreal.

CHACÓN ÍÑIGUEZ, ÓSCAR ◆ n. en Tamazula de Gordiano, Jal. (1945). Líder sindical. Hizo estudios de técnico en instalaciones eléctricas e industriales (1966-67). Miembro del PRI desde 1961. Fue secretario general de la sección LXXX (1980-83), secretario general adjunto (1981-83) y secretario general del comité ejecutivo nacional del Sindicato Azucarero (1983-). Diputado federal (1982-85).

CHACÓN PINEDA, NAZARIO ◆ n. en Juchitán, Oax., y m. en el DF (1919-1994). Escritor. Se tituló como profesor en la Escuela Nacional de Maestros y cursó el bachillerato de biología e hizo estudios de economía en la UNAM. Dio clases de lengua y literatura en secundarias. Escribió en *El Popular* y *El Nacional* y colaboró en revistas y suplementos literarios como *Vórtice* y *Metáfora*. Autor del libro de leyendas zapotecas *Estatua y danza* (1939); del poema *La canción de la sangre* (1965, ilustrado por Elvira Gascón) y *Poesía* (1991, con un retrato del autor ejecutado por Francisco Toledo).

CHACSINKÍN ◆ Municipio de Yucatán contiguo a Peto. Superficie: 158.4 km². Habitantes: 2,209, de los cuales 572 forman la población económicamente activa. Hablan alguna lengua indígena 1,858 personas mayores de cinco años (maya 1,823). Indígenas monolingües: 487.

CHACTÉ ◆ Río que nace en las Montañas del Norte de Chiapas, corre hacia el noroeste, penetra en Tabasco cerca de la población de Tapijulapa y se une al Chinal para tributar posteriormente en el Grijalva.

CHAD ◆ Estado africano situado al sur de Libia, al este de Sudán, al norte de la República Centroafricana y al oeste de Camerún, Nigeria y Níger. Superficie: 1,284,000 km², de los cuales 40 por ciento se hallan en el desierto del Sahara. La mitad de la cuenca del lago Chad pertenece a este país. Habitantes: 6,900,000, de los cuales 40 por ciento son musulmanes y otro tanto practica ritos ancestrales. Los idiomas oficiales son el árabe y el francés, si bien se habla un gran número de lenguas locales, sobre todo el sara. *Historia*: en torno al lago Chad se desarrollaron varias culturas africanas desde el siglo IX de la era contemporánea. En 1885, las potencias europeas reunidas en la Conferencia de Berlín le *otorgaron* a Francia el actual territorio de Chad, que debido a la enconada resistencia local sólo pudo ocupar a partir de 1920, cuando las tropas de la Legión Extranjera reprimieron ferozmente toda rebeldía. En 1930 se introdujo el cultivo del algodón, que hoy es la base de la economía. Las comunas tradicionales fueron obligadas a integrarse a la agricultura algodonera, cuyo producto era adquirido por un monopolio francés. El resultado fue la desintegración de la economía de subsistencia y hambrunas generalizadas y periódicas ante el abandono de otros cultivos. En 1956 se iniciaron las negociaciones entre un grupo de dirigentes chadianos y las autoridades de Francia, las que reconocieron la independencia política del país en 1960, aunque mantuvieron sus tropas de ocupación. El primer presidente fue Francois Tombalbaye, del Partido Progresista Chadiano. Su gestión se caracterizó por la ineptitud y la corrupción. En 1966 se inició una guerra de resistencia encabezada por el Frente de Liberación Nacional (Frolinat), con objeto de lograr la salida de las tropas francesas y la cabal independencia del país. En 1970 el Frolinat controlaba dos tercios del territorio nacional, pese a la activa intervención militar francesa. En 1975, ante el avance de las fuerzas patrióticas, desde París se orquestó un golpe de Estado, con la intención de pacificar al país mediante un mero cambio de personas en el gobierno, e impuso como presidente al general Félix Malloum. A su administración le correspondió acordar el establecimiento de relaciones diplomáticas con México, a nivel de embajadores, en febrero de 1976. El intercambio de representantes no se ha producido por la inestable situación del Estado africano. A mediados de la década de los setenta, ante el incremento de la presencia militar francesa, aumentó la

ayuda libia a las fuerzas guerrilleras del norte, que resultaron afectadas por una profunda división interna, al incorporarse Hisséne Habré al gobierno de Malloum como primer ministro. Una posibilidad de salida pacífica al conflicto se presentó en 1979, cuando se unificaron once organizaciones en el Gobierno Transitorio de Unidad Nacional, el que incluía a Habré en la cartera de Defensa. Sin embargo, por maniobras francesas Habré renunció y se desató nuevamente la guerra civil. En 1980, por petición del gobierno del norte, Libia envió dos mil soldados, artillería pesada y carros blindados. En diciembre de 1980 Habré huyó del país y se inició la desbandada de las tropas del sur, pero al año siguiente inició su reorganización con apoyo de Francia, Estados Unidos, Egipto y Sudán. El gobierno del norte, presidido por Goukouni Oueddei, resolvió pedir a Libia el retiro de sus tropas y reinició la ofensiva con sus propias fuerzas, a las que logró reunificar después de un periodo de dispersión. A fines de 1983 se creó el Ejército de Liberación Nacional y en 1984 el Consejo Nacional de Liberación que se impuso como meta el socialismo. En 1984 hubo una prolongada sequía, a la que siguió la hambruna, motines populares en el sur y la

emigración de 25,000 personas hacia la República Centroafricana. En 1985 había 3,000 soldados franceses en territorio de Chad, con el fin de mantener en el poder a Habré, en tanto que Libia prestaba apoyo logístico al gobierno del norte, encabezado por Oueddei. Una severa derrota militar, en 1990, obligó a Habré a huir del país.

CHAHUITES ◆ Municipio de Oaxaca situado en la costa del Pacífico y en los límites con Chiapas, en el extremo sureste de la región Istmo. Superficie: 160.75 km². Habitantes: 9,266, de los cuales 2,559 forman la población económicamente activa. Hablan alguna lengua indígena 600 personas mayores de cinco años (zapoteco 545). El mar Muerto ofrece varios atractivos al turismo, pero no se dispone de la necesaria infraestructura para atender a los visitantes.

CHALCATONGO DE HIDALGO ◆ Municipio de Oaxaca situado en la región Sierra Sur, cerca de la Mixteca. Superficie: 111 km². Habitantes: 7,881, de los cuales 1,682 forman la población económicamente activa. Cuenta con yacimientos minerales inexplotados. Hablan alguna lengua indígena 3,563 personas mayores de cinco años (mixteco 3,555). Indígenas monolingües: 51.

CHALCHICOMULA DE SESMA ◆

Chad

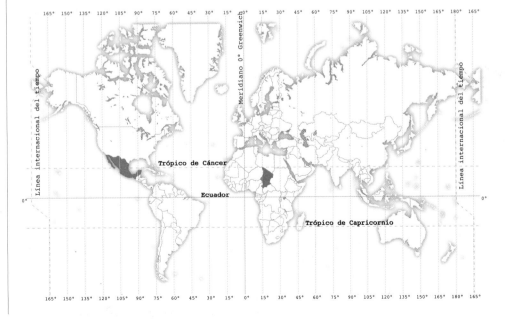

Cristo de Caña de Chalco, Estado de México

Municipio de Puebla situado al este de la capital del estado, en los límites con Veracruz. Superficie: 364.85 km². Habitantes: 37,089, de los cuales 9,017 forman la población económicamente activa. Hablan alguna lengua indígena 43 personas mayores de cinco años (náhuatl 25). La laguna de Quecholac atrae a gran número de visitantes. En septiembre se celebra la Feria de la Papa. Su cabecera es Ciudad Serdán.

CHALCHIHUITÁN ◆ Municipio de Chiapas situado en la zona centro-norte de la entidad, al este de la capital. Superficie: 74.5 km². Habitantes: 9,901, de los cuales 2,295 forman la población económicamente activa. Hablan alguna lengua indígena 7,806 personas mayores de cinco años (tzotzil 7,801). Indígenas monolingües: 4,741.

CHALCHIHUITES ◆ Municipio de Zacatecas situado en el noreste de la entidad, en los límites con Durango. Superficie: 983.62 km². Habitantes: 13,019, de los cuales 3,084 forman la población económicamente activa. Ha-

blan alguna lengua indígena nueve personas mayores de cinco años. El nombre proviene del náhuatl y se usaba para designar a las piedras verdes (jade, jadeita, esmeralda, etcétera). Cerca de la cabecera, fundada en el siglo XVI, existe una amplia zona arqueológica, presuntamente tolteca.

CHALCHIUITES ◆ Sierra del oeste de Zacatecas, situada en los límites con Durango. Se halla al norte de la sierra de Valparaíso y al sur de la de Sombrerete.

CHALCHIUCÍHUATL ◆ Uno de los nombres de la diosa náhuatl de la tierra, *Chicomecóatl*. Significa *mujer preciosa como la esmeralda.*

CHALCHIUHICUEYE O CHALCHIUHTLICUE ◆ Deidad femenina del agua entre los nahoas. Según Robelo, esposa de Tláloc que alumbró al mundo durante 312 años. De acuerdo con Sahagún se trata de la hermana de los dioses del agua. El nombre significa *la que tiene falda de esmeraldas.* Se le llamaba también Xochiquetzal, Macuilxóchiquetzalli y Atlacamani.

CHALCHIUTLANETZIN ◆ n. y m. en Tula (?-717). Príncipe chichimeca que gobernó a los toltecas desde 667 hasta su muerte.

CHALCO ◆ Municipio del Estado de México situado al sureste del Distrito Federal. Superficie: 233.88 km². Habitantes: 175,521, de los cuales 78,764 forman la población económicamente activa. Hablan alguna lengua indígena 3,880 personas mayores de cinco año (mixteco 2,379 y náhuatl 1,501). Desde el siglo XIII Chalco fue un importante señorío que constituía el núcleo de otros tres. Todos ellos fueron sometidos por Tenochtitlan hacia 1485. Ocupado por los conquistadores españoles, el antiguo señorío fue evangelizado por franciscanos que construyeron su iglesia a fines del siglo XVI. Hasta mediados del siglo XIX la ciudad estaba a orillas de un gran lago por el que se comunicaba con otras poblaciones del valle de México. El vaso fue desecado y sus tierras dedicadas al cultivo. A partir de los años setenta surgieron numerosos asentamientos irregulares, lo que incorporó a

Chalco al área metropolitana del valle de México y posteriormente con territorio y población de este municipio se constituyó el municipio Valle de Chalco Solidaridad. La cabecera es Chalco de Díaz Covarrubias. En la jurisdicción municipal se hallan varias zonas arqueológicas.

CHALMA ◆ Municipio de Veracruz situado en el norte de la entidad, al suroeste de Tantoyuca, en los límites con Hidalgo. Superficie: 199.05 km². Habitantes: 13,359, de los cuales 3,362 forman la población económicamente activa. Hablan alguna lengua indígena 5,621 personas mayores de cinco años (náhuatl 5,600). Indígenas monolingües: 416.

CHALMA ◆ Población del municipio de Malinalco, Estado de México. En la época prehispánica, dentro de una cueva existía un adoratorio dedicado a Tezcatlipoca. Hasta él llegaban peregrinos de diversos lugares, a veces distantes cientos de kilómetros. En 1539 los frailes agustinos sustituyeron a la deidad indígena por un Cristo Negro al que se trasladó el culto público. En la siguiente centuria gran número de ermitaños se concentraron en los alrededores y construyeron una capilla. Esta resultó tan concurrida que a fines del mismo siglo se construyó un templo más amplio, al que se hicieron mejoras pocos años después, en tanto que aumentaba el número de peregrinos que llegaban al lugar. A partir de entonces ha sufrido diversas modificaciones. El aspecto actual del santuario data de mediados de este siglo. La mayor afluencia de peregrinos se produce durante el primer viernes de Cuaresma, cuando se combinan ritos católicos y paganos, como el dedicado a Oztoteotl, deidad mazahua. La mayor parte de los visitantes, que se calcula suman cuatro millones cada año, se detienen al llegar en El Ahuehuete, donde se cubren de guirnaldas y participan en danzas tradicionales. Forma parte del ritual el baño en el río que cruza la población. Otra fecha importante es el día de la Ascención, cuando

Chalma, en el Estado de México

miles de peregrinos se concentran en este sitio para despedir al Dios Hijo entre cantos y bailes. El 29 de septiembre, día de San Miguel Arcángel, patrono del pueblo, peregrinos y lugareños celebran una solemne festividad en la que una multitud de niños vestidos de ángeles recorren las calles.

CHALMA ◆ Río que nace en la vertiente oeste de los montes de Ocuilan, en el Estado de México; corre hacia el sur, pasa por la población del mismo nombre y más adelante se le une el Malinalco; entra a Morelos, donde es conocido como Tetecala y tributa en el Amacuzac.

CHAMACO, JOE ◆ ver Joe Chamaco.

CHAMELA ◆ Bahía del municipio de La Huerta, Jalisco, situada al noroeste de Barra de Navidad. La rodean las puntas Chamela y Rivas. Cuenta con variados atractivos turísticos.

CHAMETLA ◆ Río de Sinaloa que en su origen, en la vertiente oeste de la sierra Madre Occidental, tiene el nombre de Baluarte. Recibe varios afluentes y pasa junto a Rosario y Chametla antes de desembocar en el Pacífico, al sur del paralelo 23.

CHAMIZAL, EL ◆ Parte del territorio nacional de aproximadamente 240 hectáreas que en 1864, por una desviación

del cauce del río Bravo, quedó del lado estadounidense. México reclamó a partir de 1866 la devolución de esa porción de tierra. Washington respondió afirmando que el río marcaba la línea fronteriza. En 1911 el laudo de una comisión internacional fue favorable a México, pero el gobierno estadounidense tardó 51 años en reconocer ese fallo. El presidente Adolfo López Mateos en 1964 recibió sólo 176.9 hectáreas, alrededor de 70 menos que las litigadas, y de esta manera se dio por satisfecha la reclamación mexicana. Se iniciaron entonces los trabajos para encauzar el río, con el fin de mantenerlo como línea fronteriza. Las obras se terminaron a fines del año siguiente.

CHAMPOTÓN ◆ Municipio de Campeche situado en los límites con Guatemala, Hopelchén y El Carmen. Superficie: 6,088.28 km². Habitantes: 69,193, de los cuales 19,206 forman la población económicamente activa. Hablan alguna lengua indígena 10,039 personas (maya 4,628, kanjobal 1,527 y chol 1,250). En la cabecera se conservan ruinas de la muralla que protegía la ciudad de los asaltos piratas durante la colonia.

CHAMPOTÓN ◆ Río de Campeche que nace cerca de la frontera con Quintana Roo, corre hacia el noroeste y en su curso recibe las aguas de varios afluentes hasta adquirir un caudal permanente. Desemboca en el Golfo de México junto a la localidad de Champotón.

Bahía de Chamela, en Jalisco

Champotón, Campeche

Río Champotón en Campeche

CHAMPOURCIN, ERNESTINA DE ◆ n. en España (1905). Poeta de la generación del 27. Invitada por Alfonso Reyes, llegó a México al final de la guerra civil española. Trabajó como traductora para diversas editoriales. Colaboró en *Romance* y *Rueca*. En su estancia mexicana publicó *El nombre que me diste* (1960), *Cárcel de los sentidos* (1964), *Hai-Kais espirituales* (1967) y *Cartas cerradas* (1968). Regresó a España después de la muerte de su esposo, Juan José Domenchina.

CHAMUCO, EL ◆ Revista mensual hecha por los caricaturistas *Rius*, *El Fisgón*, *Helguera*, *Patricio* y *Hernández*, con Ariel Rosales como editor en jefe. Tiene entre sus colaboradores a Jis y Trino. Su primer número apareció el 25 de febrero de 1996.

CHAMULA ◆ Municipio de Chiapas situado en el centro de la entidad, junto a San Cristóbal de Las Casas. Superficie: 82 km². Habitantes: 52,942, de los cuales 15,085 forman la población económicamente activa. Hablan alguna lengua indígena 44,222 personas mayores de cinco años (tzotzil 44,191). Indígenas monolingües: 27,995. Entre las fiestas más importantes están el cambio de autoridades indígenas, el primer día del año; San Sebastián, el 20 de enero; el Carnaval, la más interesante de las celebraciones, pues incluye mascarada, carreras con estandartes, baños colectivos en la poza pública, caminata sobre brazas, etcétera; Santa Rosa de Lima, el 30 de agosto y la Virgen del Rosario el 7 de octubre. Son muy apreciadas las artesanías del lugar, especialmente los bordados sobre lana y los cotones.

CHAMULAS ◆ Indios tzotziles del grupo zoque-maya que habitan al norte de San Cristóbal de Las Casas. Viven en pequeños núcleos de tres o cuatro familias, en chozas sin paredes. Practican la agricultura y elaboran artesanías, especialmente textiles. Sus ritos cristianos tienen fuertes resabios de cultos ancestrales, como puede verse en San

Chamulas

Juan Chamula. Víctimas de la miseria, la explotación y el analfabetismo, entre ellos existe un alto índice de alcoholismo.

CHAN, JUAN RAMÓN ◆ n. en Villa de Espita, Yuc. (1947). Pintor. Estudió en la Academia de San Carlos y en la Escuela de Pintura y Escultura La Esmeralda. Expuso por primera vez de manera individual en 1970, en la galería Ichcaanzihó de Mérida. Al año siguiente obtuvo el premio de pintura de la Feria de San Marcos y en 1972 participó en una muestra colectiva en el Palacio de Bellas Artes.

CHANAL ◆ Municipio de Chiapas situado en el centro de la entidad y contiguo a San Cristóbal de Las Casas. Superficie: 295.6 km². Habitantes: 7,645, de los cuales 2,121 forman la población económicamente activa. Hablan alguna lengua indígena 5,272 personas mayores de cinco años (tzeltal 5,546). Indígenas monolingües: 2,141.

CHANKOM ◆ Municipio de Yucatán situado al sur de Chichén Itzá. Superficie: 137.95 km². Habitantes: 4,100, de los cuales 1,155 forman la población económicamente activa. Hablan maya 3,464 personas mayores de cinco años (monolingües 1,162).

CHANONA, PACO ◆ n. en Tapachula, Chis. (1928). Nombre profesional del Publicista y compositor Francisco Chanona Camacho. Estuvo en la armada desde 1947 hasta 1951, cuando se dio de baja con el grado de teniente de corbeta. Trabajó para la CEIMSA y después se convirtió en publicista. En este oficio obtuvo cinco *Teponaxtlis* (por campaña de radio, campaña de televisión, tema

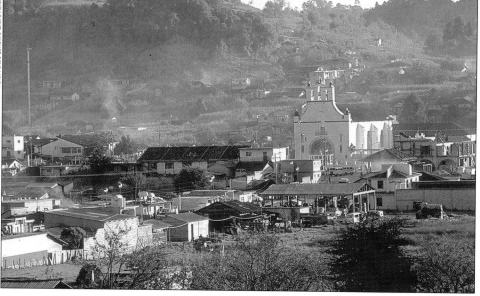

Chamula, Chiapas

musical, arreglos y producción) y el Premio Nacional de la Publicidad 1972. Autor de más de 500 canciones, entre ellas *Pulpa de tamarindo* y *Soy*, de las cuales se han grabado decenas de versiones.

CHANTICO ◆ Deidad del hogar y del fuego volcánico entre los nahoas. Era venerada por los orfebres de Xochimilco y tenía un templo en Tenochtitlan.

CHAO, MANUEL ◆ n. en Tuxpan, Ver., y m. en Cd. Jiménez, Chih. (1883-1924). Hijo de familia campesina. Hacia 1900 ejercía como profesor de primaria en el estado de Durango. Participó en la insurrección maderista de 1910. En 1912 luchó contra el orozquismo y al producirse el golpe de Victoriano Huerta se incorporó al constitucionalismo. Ya general de la División del Norte fue gobernador militar de Chihuahua (enero-mayo de 1914). Delegado a la Convención de Aguascalientes por las fuerzas villistas. Gobernador militar del Distrito Federal (diciembre de 1914 a enero de 1915). Al triunfo de los carrancistas se exilió en España y posteriormente en Costa Rica, donde encabezó la lucha armada que derrocó al gobierno usurpador de Felipe Tinoco, quien había dado un golpe de Estado al presidente constitucional Alfredo González Flores. Se le ofreció nombrarlo ministro de Guerra, puesto que rechazó. En 1921 volvió a tomar las armas en defensa de la soberanía costarricense sobre el territorio de Bocas de Toro, en disputa con Panamá. En 1923 regresó a México y se incorporó a la rebelión delahuertista. Fue aprehendido y fusilado.

CHAO EBERGENYI, GUILLERMO ◆ n. en Tuxpan, ver. (1946). Escritor. Estudió ciencias de la comunicación en la UNAM y en la George Washington University. Fue vicepresidente de Administración y Finanzas de la agencia United Press International (1986-88). En la Organización Editorial Mexicana, editora de *El Sol de México* y otros periódicos, ha sido director del diario *Esto* (1977-81), subdirector general, vicepresidente de Información y presidente de Tecnologías. Fue comentarista del programa de televisión *Para gente grande*. Autor de las novelas *De Los Altos* (1991), *Matar al manco* (Premio Internacional Novedades-Diana, 1994), *La mujer de San Pedro* (1997) y *Pelícano Brown* (1999).

CHAPA, JORGE A. ◆ n. en Monterrey, NL (1939). Licenciado en administración de empresas titulado en Washington, EUA (1957). Consejero del grupo Valores Corporativos y otras empresas. Fue presidente del Comité de Promoción del Patronato para la Construcción de la Nueva Basílica de Guadalupe. Ha sido presidente de la Cámara Nacional de Comercio de Monterrey, vicepresidente y presidente de la Confederación Nacional de Cámaras Nacionales de Comercio.

CHAPA, JUAN BAUTISTA ◆ n. en Italia y m. en Monterrey, NL (1611-1695). Llegó a Nueva España hacia 1630. Trabajó para el marqués de Aguayo y lo siguió en la expedición a Texas en 1686. En 1688 redactó el Acta de Fundación de la villa de Santiago de la Monclova. Vivió en Monterrey, donde fue procurador y comerciante. Autor de *Historia del Nuevo Reino de León, de 1650 a 1690* y posible coautor de la *Historia de Nuevo León, con noticias de Coahuila, Texas y Nuevo México*.

CHAPA, MARTHA ◆ n. en Monterrey, NL (1946). Estudió pintura con varios maestros hasta 1970, en que presentó su primera exposición en la galería Romano del DF. Desde 1975 ha expuesto en el extranjero. A mediados de los años setenta adoptó como tema la manzana, figura que hoy la caracteriza como pintora. Ha publicado dos carpetas de grabados. Escribe en *Excélsior*. En 1982 apareció *Cartas a Martha Chapa* con ilustraciones de la pintora y textos de David Alfaro Siqueiros, Antonio Amaral, Fernando Benítez, Francisco Corzas, José Luis Cuevas, Alí Chumacero, Germán Dehesa, José E. Iturriaga, Leonor Fini, Pedro Friedeberg, José Gómez Sicre, Andrés Henestrosa y Lupe Marín. Pita Amor escribió el libro *La manzana de Martha Chapa, 20 sonetos y una carta* (1986). Coautora, con Martha Ortiz Chapa, de *Cocina regia* (1989) y de *Sabor a eternidad* (1992). Autora de *La cocina mexicana y su arte* y *Cocinando la fruta prohibida*, ambos editados en España. Ha ilustrado los libros *Sin permiso*, *Quién es quién en la banca mexicana* (1984), *La enfermedad y el hombre*, de Federico Ortiz Quezada (1985) y *Consejos de mamá grande*.

CHAPA, PEDRO A. ◆ n. en Nuevo León (1890-1973). Participó en la revolución, en la que obtuvo el grado de coronel. Asistió al Congreso Constituyente como representante de Tamaulipas. Fue diputado a la XXIX Legislatura. Se dedicó a sus negocios.

Obra de Juan Bautista Chapa

Marta Chapa

Pablo Chapa Bezanilla

CHAPA BEZANILLA, PABLO ◆ n. en el DF (1951). Licenciado en derecho por la UNAM (1972-76) con maestría en el Instituto Nacional de Ciencias Penales (1980-81) y diplomado por el Centro de Estudios Judiciales del Tribunal Superior de Justicia del DF. En la Procuraduría General de Justicia del Distrito Federal fue agente del Ministerio Público (1978), jefe de Averiguaciones Previas (1983-85), subdirector y director del Sector Sur (1986-89), delegado regional en Coyoacán (1989), director de Control de Procesos (1989), delegado regional en Cuauhtémoc (1989-91), delegado regional en Miguel Hidalgo y Cuajimalpa (1991-92) y director general de Averiguaciones Previas (1992-94). Fue fiscal especial de la Procuraduría General de la República para los casos Colosio, Posadas y Ruiz Massieu (1995-97).

CHAPA GARZA, GENEROSO ◆ n. en Doctor González y m. en Monterrey, NL (?-1969). Abogado. Se desempeñó como profesor de la Universidad de su estado. Fue gobernador interino de Nuevo León durante la gestión de Aarón Sáenz (1929). Magistrado fundador del Tribunal Fiscal de la Federación (1936-).

CHAPA HERNÁNDEZ, MARÍA ELENA ◆ n. en Doctor González, NL (1944). Profesora normalista y licenciada en filosofía. Pertenece al PRI desde 1967. Ha sido jefa del Departamento de Promoción de la Salud de la SSA (1974-79), jefa del sector de investigación del Centro Regional de Educación Fundamental para la América Latina en Pátzcuaro (1978), subdirectora general del DIF (1979-84), secretaria técnica del Consejo Nacional de Población en Nuevo León (1985-88), diputada federal (1988-91) y senadora (1994-2000). Autora de *Introducción a la lógica* (1970), *Problemas filosóficos* (1972), *Técnicas dinámicas en la educación* (1973), *Sistemas abiertos de enseñanza* (1975), *Metodología de la investigación* (1978), *Educación permanente y universidad* (1979), *Categorías de aprendizaje en los adultos* (1980) y *Método de análisis para educar al adulto* (1986).

CHAPA DE MOTA ◆ Municipio del Estado de México situado en los límites con Hidalgo, al norte-noroeste del Distrito Federal. Superficie: 299.82 km². Habitantes: 20,939, de los cuales 4,322 forman la población económicamente activa. Hablan alguna lengua indígena 3,556 personas mayores de cinco años (otomí 3,550 y mazahua 6). Indígenas monolingües: 78.

CHAPA SALAZAR, ALEJANDRO HÉCTOR ◆ n. en Monterrey, E (1929). Licenciado en derecho y ciencias sociales por la Universidad de Nuevo León (1948-53) con estudios en administración en el Instituto Tecnológico de Estudios Superiores de Monterrey (1948-50). Profesor del Colegio Franco Mexicano (1953-55). Ingresó al PRI en 1964. Ha sido presidente de la Cámara Nacional de Comercio de Monterrey (1969-71), tesorero (1972-73 y 1980-82) y presidente municipal de San Pedro Garza García (1986-88), secretario del ayuntamiento de Monterrey (1982-85) y contralor general del gobierno de Nuevo León (1989-). Fue fundador de la Asociación de Pilotos de Aviones. Es miembro de la Unión Social de Empresarios.

CHAPA TIJERINA, ESTHER ◆ n. en Tampico, Tams., y m. en el DF (1904-1970). Se tituló en la Escuela Nacional de Medicina (1929), de la que fue profesora durante cuatro décadas. Fue la primera mujer que obtuvo una cátedra por oposición en la UNAM. Fue dirigente del movimiento femenino sufragista (1932). Cofundadora del Sindicato de Cirujanos del DF y de la Federación de Sindicatos de Trabajadores al Servicio del Estado. Activista de la candidatura de Miguel Alemán a la Presidencia de la República. Durante muchos años fue la dirigente del Frente Único pro Derechos de la Mujer. Formó parte de las mesas directivas del Instituto de Relaciones México-URSS y, posteriormente, de la Sociedad de Amistad Chino-Mexicana, al frente de la cual adoptó una posición maoísta en los años sesenta, durante la polémica entre los líderes de Moscú y Pekín. Colaboró en la revista *Flama* y en el diario *El Universal*.

CHAPAB ◆ Municipio de Yucatán contiguo a Tikul. Superficie: 168.62 km². Habitantes: 2,830, de los cuales 746 forman la población económicamente activa. Hablan maya 2,243 personas mayores de cinco años (monolingües: 212).

CHAPALA ◆ Lago situado en los estados de Jalisco y Michoacán. Extensión aproximada: 1,109 km². Área de la cuenca: 9,370 km². Es el embalse natural más grande del país. Lo alimentan los ríos Duero, Zula y, sobre todo, el Lerma. Tiene dos islas: Alacranes y

Chapa de Mota, Estado de México

Foto: Carlos Hahn

Chapala, Jalisco

Foto: Michael Calderwood

Chapala, Jalisco

Mezcala. Durante la guerra de independencia, el insurgente Marcos Castellanos se hizo fuerte en la isla de Mezcala, donde resistió durante casi cuatro años a los realistas. Durante el imperio de Maximiliano se creó la Compañía de Navegación y Comercio del Lago de Chapala. En 1895 surgió como centro turístico al establecerse varias hospederías de un ciudadano británico de apellido Crow. En el curso de la dictadura los inversionistas mexicanos se interesaron por crear otros negocios del ramo turístico, pues aumentaba año con año la afluencia de visitantes, entre los que se contaba el propio Porfirio Díaz. En los últimos años del porfiriato se construyó un bordo en su extremo oriente, obra que dio lugar al surgimiento del distrito de riego de la Ciénega de Chapala. Para 1920 llegaba hasta la población de Chapala el ferrocarril y una línea de vapores operaba en el lago. En los años treinta se construyó una carretera pavimentada a Guadalajara y en la década siguiente una autopista que se inauguró en 1952. En esos años se dotó a Chapala de la necesaria infraestructura para atender a los visitantes. El comercio y los servicios sufrieron un serio quebranto poco después, cuando por efecto de una sequía que duró casi un decenio (1947-56) y por la desviación de aguas del río Lerma hacia el Distrito Federal, el nivel del lago llegó a su cota más baja. Por la misma razón disminu-

yó el caudal del río Santiago, que nace en el lago, y las plantas hidroeléctricas dejaron de funcionar por falta de líquido, lo que originó una severa crisis económica en Guadalajara y sus alrededores, pues muchas empresas industriales y comerciales se vieron obligadas a cerrar. El nivel empezó a elevarse nuevamente en 1957. A partir de los años sesenta el lago se convirtió en depósito de materias contaminantes que arrastraba el río Lerma a su paso por las zonas industriales de los estados de México y Guanajuato. Hoy el lago se halla en peligro de extinguirse por efecto de la contaminación, que ha llegado a afectar seriamente la pesca y la agricultura.

CHAPALA ◆ Municipio de Jalisco situado en la ribera norte del lago del mismo nombre. Superficie: 385.58 km². Habitantes: 40,252, de los cuales 10,397 forman la población económicamente activa. Hablan alguna lengua indígena 47 personas mayores de cinco años (mixteco 24). La fundación de la cabecera data de la primera mitad del siglo XVI.

CHAPANTONGO ◆ Municipio de Hidalgo situado en el este de la entidad, al norte de Tula, en los límites con el Estado de México. Superficie: 298.1 km². Habitantes: 12,335, de los cuales 2,878 forman la población económicamente activa. Hablan alguna lengua indígena 28 personas mayores de cinco años.

CHAPARRO, BENJAMÍN M. ◆ n. en Guadalupe, Chih., y m. en Huatabampo, Son. (1890-1915). Participó en la revuelta maderista. Luchó después contra Pascual Orozco y combatió al gobierno golpista de Victoriano Huerta. Fue miembro del Estado Mayor de Álvaro Obregón. Murió como teniente coronel.

CHAPELA Y BLANCO, GONZALO ◆ n. en Tingambato, Mich., y m. en el DF (1910-1971). Se tituló como abogado en la Escuela Libre de Derecho. Periodista desde su adolescencia, colaboró en *Jueves de Excélsior, La Nación* y en *Novedades* apareció durante 27 años su columna "Marginales". Fue profesor en la Normal del Instituto Anglo-Español. Fue también músico. Dirigente de la Unión Nacional de Estudiantes Católicos, miembro del Movimiento Familiar Cristiano y miembro fundador del PAN. Fue diputado federal (1949-52). Autor de poesía: *El ala rota, Romance de la novia de piedra*. Perteneció a la Asociación Latinoamericana de Periodistas.

CHAPELA CASTAÑARES, GUSTAVO ADOLFO ◆ n. en el DF (1946). Ingeniero químico titulado en la UNAM, maestro en ingeniería química por la Universidad de Houston y doctor en ingeniería química por el Imperial College de

Gustavo Adolfo Chapela Castañares

Mural de Diego Rivera
en Chapingo

Londres. Profesor visitante de las universidades de Oxford y Minnesota. En la Universidad Autónoma Metropolitana, unidad Iztapalapa, ha sido profesor (1975-), secretario académico de la División de Ciencias Básicas (1977-78), secretario general (1979-80), rector interino (1980-81), director de la División de Ciencias Básicas (1981-85) y rector (1985-89); en la administración central de la UAM secretario auxiliar de planeación (1980-81) y rector general (1989). Director de Investigación Científica del Conacyt (1995-). Es miembro del Sistema Nacional de Investigadores, de la Sociedad Mexicana de Física y de las academias de la Investigación Científica y Mexicana de Ingeniería.

CHAPELA CASTAÑARES, JOSÉ IGNACIO ◆ n. en el DF (1949). Actuario (1967-70) y matemático titulado en la UNAM (1969-72), maestro en computación (1972-74) y en economía

(1974-76) y doctor en educación por la Universidad de California en Berkley (1976-78). Profesor de la UNAM (1971-72 y 1982-87). Miembro del PRI desde 1982. Ha sido director de Estadísticas Regionales del Instituto Nacional de Geografía y Estadística (1977-82), investigador del Instituto de Investigaciones en Matemáicas Aplicadas y Sistemas de la UNAM (1982), asesor del subsecretario de Planeación de la Secretaría de Comercio (1984-85), coordinador del Programa de Desarrollo de la Colonia Penal Federal de las Islas Marías (1986-88) y oficial mayor de la Procuraduría General de Justicia del Distrito Federal (1989-). En 1985 recibió mención honorífica del Premio de Administración Pública.

CHAPINGO ◆ Población del municipio de Texcoco, Estado de México (☞).

CHAPITAL, CONSTANTINO ◆ n. en Oaxaca, Oax., y m. en Puebla, Pue. (?-?). Abogado. Participó en la lucha antirreeleccionista. Del 2 al 4 de diciembre de 1911 fue gobernador interino de Oaxaca, en sustitución de Benito Juárez Maza. Era juez federal cuando murió.

CHAPITAL, CONSTANTINO ◆ n. en Oaxaca, Oax., y m. en el DF (1897-1943). Hijo del anterior. Participó en la revolución en el bando constitucionalista. Alcanzó el grado de coronel. Fue jefe de la Gendarmería Montada de la ciudad de México y de la Policía Judicial capitalina. Acompañó a Carranza cuando éste salió hacia Veracruz (1920). Fue agregado militar en Londres y diputado federal a la XXXVI Legislatura, donde se manifestó como cardenista. Representante del sector militar en el Partido de la Revolución Mexicana. Gobernador constitucional de Oaxaca (1936-1940). Concedió la autonomía al Instituto de Ciencias y Artes, hoy Universidad Autónoma Benito Juárez de Oaxaca. Al morir era director de la prisión militar de Santiago Tlatelolco.

CHAPITAL GUTIÉRREZ, SERGIO HUGO ◆ n. en el DF (1941). Licenciado en derecho por la UNAM (1958-62) con cursos de posgrado en las universidades Central de Quito (1963), Nacional de Tru-

jillo y Nacional de San Marcos de Lima (1963), y en la Escuela de Administración Pública de España (1964). Es profesor de la Universidad Iberoamericana y de la UNAM, donde fue miembro del Tribunal Universitario (1960-62). Miembro del PRI desde 1958, año en el que inició su carrera judicial. Ministro de la Suprema Corte de Justicia de la Nación (1986-95).

CHAPOY, AGUSTÍN ◆ n. en Francia y m. cerca de Sardinas, Coah. (1836-1892). Siendo niño fue llevado por sus padres a Estados Unidos. En 1854 se estableció en Monclova, Coahuila. Luchó contra la intervención francesa y asistió al sitio de Querétaro. Radicado en Cuatro Ciénegas combatió la rebelión del Plan de la Noria. Era candidato a gobernador de Coahuila cuando fue asesinado.

CHAPOY, FEDERICO ◆ n. en Múzquiz, Coah. (?-?). Participó en la revolución dentro del constitucionalismo. Como gobernador provisional de San Luis Potosí (1916) reabrió el Departamento del Trabajo e instaló la Comisión Local Agraria.

CHAPOY, SERGIO ◆ n. en Nadadores, Coah. (1938). Pintor. Estudió en la Escuela de Bellas Artes de Torreón, Coah. Fue becario del Instituto Nacional de Bellas Artes. Ha ilustrado libros y revistas. Expone individualmente su obra desde 1972.

CHAPULCO ◆ Municipio de Puebla situado al este de la capital del estado, en los límites con Veracruz, y contiguo a Tehuacán. Superficie: 146.7 km². Habitantes: 4,769, de los cuales 971 forman la población económicamente activa. Dispone de recursos minerales. Hablan alguna lengua indígena 20 personas mayores de cinco años (náhuatl 17).

CHAPULHUACÁN ◆ Municipio de Hidalgo situado en el norte de la entidad, en los límites con San Luis Potosí. Superficie: 239 km². Habitantes: 20,555, de los cuales 5,015 forman la población económicamente activa. Hablan alguna lengua indígena 1,118 personas mayores de cinco años (náhuatl 1,076). Indígenas monolingües: 60.

CHAPULTENANGO ◆ Municipio de Chiapas situado en el norte-noroeste de la entidad, cerca de los límites con Tabasco. Superficie: 161.5 km². Habitantes: 6,388, de los cuales 1,382 forman la población económicamente activa. Hablan alguna lengua indígena 4,319 personas mayores de cinco años (zoque 4,313). Indígenas monolingües: 57. En la cabecera municipal hay construcciones de la época colonial.

CHAPULTEPEC ◆ Bosque del Distrito Federal. Nezahualcóyotl edificó al pie del cerro una casa de campo y enriqueció la flora y la fauna del bosque. Moctezuma Ilhuicamina ordenó aprovechar las aguas del manantial e hizo construir un ducto hasta Tenochtitlan. Con él se inicia la costumbre de los emperadores de ordenar que se labraran sus retratos en las rocas del lugar. Moctezuma Xocoyotzin construyó un jardín botánico y un estanque para su recreo y la crianza de peces raros. Lugar sagrado donde sólo podían habitar los señores, fue defendido hasta el último momento contra los conquistadores. Al triunfo de éstos, Cortés se apropió del bosque, pero en 1534, por cédula real, pasó a ser propiedad de la ciudad de México. Los españoles construyeron un balneario para aprovechar las aguas de los manantiales e hicieron levantar otro acueducto para surtir a la ciudad de México. Éste, hasta fines del siglo XIX, iba por la actual avenida Chapultepec

Foto: MICHAEL CALDERWOOD

Agua y esparcimiento en Chapultepec

Obra realizada por \Diego Rivera en Chapultepec

Foto: MICHAEL CALDERWOOD

hasta la fuente del Salto del Agua. Todavía se conservan 36 de los 904 arcos originales. El surtidor que se halla junto a la estación Chapultepec del Metro es original, no así la fuente del Salto del Agua, réplica de la que se trasladó al Museo Nacional del Virreinato, en Tepotzotlán. En el mismo siglo XVI se construyó una capilla en lo alto del cerro, donde había también una guarnición militar. Ahí mismo se localizaba una casa de campo para uso de los virreyes. Uno de éstos, Matías de Gálvez, ordenó la reconstrucción de la casa para convertirla en un palacete al gusto afrancesado de la época. La obra fue terminada por su sucesor, Bernardo de Gálvez (1786), lo cual contribuyó a aumentar su celebridad de hombre mundano y dio argumentos a sus enemigos, que lo acusaban de poner más empeño en los asuntos personales que en los públicos. A la muerte de Gálvez el castillo pasó a ser propiedad de la ciu-

Foto: MICHAEL CALDERWOOD

Vista del Castillo de Chapultepec

Foto: Michael Calderwood

Fuentes ubicadas en Chapultepec

dad de México. Durante el gobierno de Guadalupe Victoria se instaló un jardín botánico donde hoy se halla el Museo de Arte Moderno. En 1842 el alcázar fue tomado como sede del Colegio Militar. Durante la intervención estadounidense se convirtió en fortaleza defendida heroicamente por los cadetes el 13 de septiembre de 1847. Destruido por efectos de esa batalla, el castillo quedó abandonado. En 1858 Miramón ordenó que el Colegio Militar se alojara

se modificara la distribución, le fuera agregada la escalera principal, se pusiera un elevador y se instalara un observatorio astronómico. Santiago Rebull se encargó de los decorados. En otra ala del castillo volvió a funcionar el Colegio Militar y sus instalaciones ocuparon toda la parte oeste del cerro. También durante el porfiriato se hicieron arreglos para darle al bosque un estilo francés, se creó el lago artificial con sus dos islas, en una de las cuales

Foto: Michael Calderwood

Zoológico de Chapultepec

de nuevo ahí, para lo cual se hicieron las adaptaciones indispensables. En 1864, a la llegada de Maximiliano a la capital, se iniciaron las obras de reconstrucción para convertirlo en residencia de la familia imperial. Asimismo, se abrió el Paseo de la Reforma que terminaba precisamente en Chapultepec, al pie del cerro, al cual se subía por un remozado camino. A la restauración de la República, Juárez habitó en el Palacio Nacional. Se convirtió de nuevo en residencia presidencial con Porfirio Díaz en el poder, quien autorizó que, sin alterar mayormente el proyecto imperial,

hay una réplica de la *Victoria de Samotracia*, y se construyeron alojamientos para los administradores del bosque, como la Casa Rosada, que fue durante varias décadas cuartel de guardabosques y, desde los años setenta, centro cultural de la delegación Miguel Hidalgo. El dictador hizo erigir la llamada Tribuna Monumental y la fuente de la Templanza; ordenó construir una caseta a la entrada del camino que subía al cerro (la actual Casa de los Espejos), hizo enrejar la ahora llamada parte vieja, puso en funcionamiento el zoológico (en 1890), cambió de sitio el jardín botánico y en el lugar que éste ocupaba se construyó el restaurante Chapultepec, en estilo *art nouveau*. La Casa del Lago fue edificada en 1910 para servir como sede del Automóvil Club, que tenía como presidente honorario a José Ives Limantour, miembro prominente del gabinete de Díaz. El Colegio Militar pasó en 1913 a Popotla. Carranza hizo colocar, frente al Paseo de

Patos en el lago de Chapultepec

la Reforma, los leones que iban a decorar el nunca construido Palacio Legislativo. También encomendó al arquitecto Rivas Mercado la construcción de la fachada sur del alcázar. En ese edificio, durante la presidencia de Álvaro Obregón, se instaló la Contraloría General de la Nación, dependencia que se mudó al Palacio Nacional en el periodo de Ortiz Rubio. El 5 de marzo de 1926 se publicó en el *Diario Oficial* el decreto del presidente Calles que convirtió la Casa del Lago en propiedad de la Secretaría de Agricultura y Fomento. En ese edificio estuvo la Comisión de Irrigación hasta 1929, cuando dejó el sitio a la Dirección de Estudios Biológicos que hasta entonces había dependido de la misma secretaría y que, por disposición de la Ley Orgánica que concedió autonomía a la Universidad Nacional, cedió a ésta tal dirección, que se convirtió en Instituto de Biología. El presidente Abelardo Rodríguez fue el último en utilizar el alcázar como residencia oficial, ya que por decreto del 3 de febrero de 1939, Lázaro Cárdenas trasladó la residencia de los presidentes a Los Pinos, donde se halla ahora. En 1944 en el castillo se instaló el Museo Nacional de Historia, inaugurado el 27 de septiembre. En marzo de 1947 se hallaron los restos de los seis cadetes que murieron defendiendo el castillo un siglo antes y el 27 de septiembre de 1952 sus restos se depositaron en el Monumento a los Niños Héroes, inaugurado ese día. El Auditorio Nacional y la contigua Unidad Artística y Cultural del Bosque entraron en servicio durante el periodo presidencial de Adolfo Ruiz Cortines, quien asimismo inauguró la fuente Monumental de Nezahualcóyotl, proyectada y decorada por Luis Ortiz Monasterio. En 1958 el Instituto de Biología se trasladó a la Ciudad Universitaria y la Casa del Lago quedó abandonada. El entonces jefe del Departamento del Distrito Federal advirtió a la UNAM que si no se daba mantenimiento a la construcción, ésta pasaría a poder del gobierno capitalino. Esta amenaza sobre el patrimonio universi-

Chicos y grandes disfrutan en Chapultepec

tario hizo que la Casa se convirtiera en centro cultural. En el sexenio de Adolfo López Mateos se amplió la superficie del bosque con los terrenos situados al oeste del Paseo de la Reforma, los que comprendían el campo de golf y otras instalaciones del Club Deportivo Chapultepec. En el mismo periodo se construyeron los museos del Caracol (oficialmente llamado La Lucha del Pueblo Mexicano por su Libertad), de Arte Moderno y Nacional de Antropología. Se puso en servicio la segunda sección, con sus dos lagos, las fuentes, los restaurantes, el tren, los museos Tecnológico y de Historia Natural y el área de juegos electromecánicos donde está la Montaña Rusa. En el periodo del presidente José López Portillo se construyó el Museo Rufino Tamayo y se instaló la roja pirámide que está frente a Antropología.

Juegos mecánicos en Chapultepec

CHAPULTEPEC ◆ Municipio del Estado de México situado al oeste del Distrito Federal, cerca de Toluca. Superficie: 18.75 km². Habitantes: 5,163, de los cuales 1,709 forman la población económicamente activa. Hablan alguna lengua indígena seis personas mayores de cinco años. La erección del municipio data de 1869.

CHARAPAN ◆ Municipio de Michoacán situado al oeste de Morelia y al sureste de Zamora. Superficie: 102.12 km². Habitantes: 12,003, de los cuales 2,650 forman la población económicamente activa. Hablan alguna lengua indígena 5,839 personas mayores de cinco años (tarasco 5,820). Indígenas monolingües: 749. El municipio se erigió el 23 de abril de 1861 con su actual nombre, que significa en chichimeca "lugar de tierra colorada".

CHARCAS ◆ Municipio de San Luis Potosí situado al norte de la capital del estado. Superficie: 2,339.9 km². Habitantes: 21,401, de los cuales 5,465 forman la población económicamente activa. Hablan alguna lengua indígena 11 personas mayores de cinco años (huasteco 7).

CHARCAS ◆ Sierra de San Luis Potosí situada al norte de la capital de la entidad y al sur del trópico de Cáncer, en el extremo oeste del valle de Charcas, mismo que limita por el este con la sierra de Coronado.

Claude Désiré Charnay

CHARLOT, JEAN ◆ n. en París, Francia, y m. en Honolulu, EUA (1898-1979). Su abuelo y bisabuelo habían vivido en México, adonde él llegó con su madre en 1921. Alfredo Ramos Martínez lo invitó a incorporarse a la Escuela al Aire Libre de Coyoacán. Trabajó en el estudio de Fernando Leal, quien lo relacionó con otros artistas mexicanos. Se incorporó al movimiento muralista y ejecutó *Masacre en el Templo Mayor* en el cubo de la escalera de la Preparatoria. Investigó con Xavier Guerrero sobre la técnica prehispánica del fresco. Publicó en *Revista de Revistas* un artículo que revaloraba al grabador popular José Guadalupe Posada, cuya obra, a partir de entonces, se convirtió en punto de referencia para los profesionales de la plástica nacional. Participó desde 1922 en el movimiento estridentista e ilustró

libros de Germán List Arzubide y Manuel Maples Arce. Realizó tres murales en el segundo patio de la Secretaría de Educación Pública: *Cargadores, Danza de los listones* y *Lavanderas*. También se encargó de varios de los escudos de las entidades federativas en el mismo edificio, a lo que llamó e"trabajo servil", pues carecía de toda creatividad. Fue cofundador del Sindicato de Pintores, Escultores y Grabadores Revolucionarios que editó el periódico *El Machete*. Reprodujo pinturas de la zona arqueológica de Chichén Itzá antes de salir de México, a principios de los años treinta, para instalarse definitivamente en Estados Unidos, donde ejecutó murales en diversas ciudades. Antes de morir publicó *The Mexican Mural Reinassance 1920-1925*, traducido al español y editado en México en 1985. Escribió también un apéndice para *José Clemente Orozco. El artista en Nueva York*.

CHARNAY, CLAUDE DESIRÉ ◆ n. y m. en Francia (1828-1915). Fotógrafo. Estuvo en México en 1857-59, en 1860, en 1880-82 y 1886. Visitó la capital del país y recorrió zonas arqueológicas del centro, sur y sureste del país. Publicó libros con vistas recogidas en sus expediciones: *Álbum fotográfico mexicano* (1860, con texto de Manuel Orozco y Berra), *Cités et ruines américaines* (1862), *Les Anciennes Villes de Nouveau Monde. Voyages d'Exploration au Mexique et dans l'Amérique Centrale* (1884) y *Viaje a Yucatán a fines de 1886* (1888). Perteneció a la Commision Cientifique du Mexique, que se formó en París bajo el patrocinio del Ministerio de Instrucción Pública durante la ocupación francesa.

CHARO ◆ Municipio de Michoacán que colinda por el oeste con Morelia. Superficie: 174.59 km². Habitantes: 17,908, de los cuales 4,480 forman la población económicamente activa. La erección municipal data del 24 de enero de 1930. El nombre significa "tierra del rey niño".

CHARRERÍA ◆ Práctica, con fines de diversión y lucimiento, de lances que forman parte del trabajo en un rancho de ganado mayor. Incluye la equitación

Charrería, deporte nacional

(doma y monta), el empleo de la soga de lazar y el manejo de reses. Los charros, que son quienes practican esta actividad, suelen vestir traje bordado compuesto de pantalón estrecho, chaqueta y sombrero de ala ancha y copa cónica. El complemento lo forman los botines de tubo con elástico, camisa blanca con corbata de moño y usualmente pistola. El traje femenino varía de acuerdo con la función que desempeñe la mujer en la exhibición, pues si sólo desfila puede vestir igual que el hombre, salvo por el pantalón, que sustituye con falda también bordada. Cuando las damas ejecutan suertes llevan una falda ancha, con holanes y crinolinas bajo las cuales van unas botas de agujetas, así como blusa abotonada con discretos

La charrería, gran tradición mexicana

Valentía y destreza,
requisitos del charro

exitosa gira por España. Todavía en la presente centuria era común que los toreros más reconocidos vistieran fuera del ruedo a la usanza charra, como Juan Belmonte. El espectáculo propiamente charro se independizó del toreo y el traje evolucionó, sobre todo por influencia del cine, hasta convertirse en el que hoy conocemos. En 1933, cuando la Confederación Deportiva Mexicana reconoció oficialmente a la charrería como deporte, ya existía la Asociación Na-

Foto: Carlos Hahn

holanes en el cuello y al extremo de las mangas. En las fiestas rancheras es una costumbre de varios siglos la práctica de las suertes charras, que dan pie para la exhibición de habilidades personales y de grupo. Este espectáculo se llevó a las ciudades después de la guerra contra la intervención francesa y el imperio, en la cual jugaron un papel decisivo los *chinacos*, antecesores de los charros. Como exhibición pública de paga, la charrería formó parte del toreo

Foto: Carlos Hahn

cional de Charros, que hizo construir el Rancho del Charro, en la colonia Polanco de la capital, donde el 22 de marzo de 1953 se ofreció la primera *escaramuza charra*, en la que participaron niños de seis a diez años de edad. La escaramuza marcó la incorporación plena de la mujer a la charrería. Hoy existen cientos de agrupaciones y un Museo de la Charrería que se halla en el Distrito Federal, en Bolívar e Izazaga.

Fotos: Carlos Hahn

Las diferentes suertes de la charrería requieren agilidad y valor

Foto: Carlos Hahn

Lucimiento y diversión, fines de la charrería

en las últimas décadas del siglo XIX, cuando destacó *El Charro* Ponciano Díaz Salinas, quien hizo ganar celebridad a miembros de su cuadrilla como Celso González y los hermanos Vicente y Agustín Oropeza, a los que llevó a una

La soga de lazar y el manejo de reses se incluyen en los lances de la charrería

FOTO: CARLOS HAHN

Elegantes trajes femeninos
en la charrería

FOTO: CARLOS HAHN

La silla de montar, elegante y esencial

FOTO: CARLOS HAHN

La pareja charra luce sus trajes

Típicos sombreros de charros

Suerte de
la charrería

FOTO: CARLOS HAHN

FOTO: CARLOS HAHN

Traje tradicional
del charro

FOTO: CARLOS HAHN

La mujer tambien tiene cabida en el espectáculo charro

CHATINOS ◆ Indios del suroeste de Oaxaca que pertenecen al grupo otomangue, subgrupo otomiano mixteco, familia zapoteca. De acuerdo con el censo de 1980 había 20,543 mayores de cinco años hablantes de chatino, concentrados principalmente en los municipios de Santos Reyes Nopala, Santa Cruz Zenzontepec, San Miguel Ponixtlahuaca, San Juan Quiahije, Santiago Yaitepec, San Juan Lachao, San Pedro Tututepec, Santa María Temaxcaltepec y Pluma Hidalgo. De acuerdo con el conteo de 1995, el número de hablantes se había elevado a 34,042. En la época prehispánica se cree que tenían su capital en Santiago Yaitepec, y con frecuencia estaban en conflicto con los zapotecas. A la llegada de los españoles resistieron los empeños por someterlos y acabaron refugiándose en las partes más altas e inaccesibles de la sierra, lo que explica que el rito católico que practican tenga muchos y muy notables elementos de su culto ancestral, como las ofrendas a los muertos, el sacrificio de animales y el empleo de la sangre de éstos para agradar a seres ultraterrenos. De acuerdo con la investigadora Carmen Cordero Avendaño, en sus ceremonias veneran al Santo Padre Sol, *Stina Jo'o Kuchá,* sus casas suelen tener altares dedicados a él y es habitual que se le rinda culto al amanecer y en el ocaso, aun en los templos católicos. La misma autora señala que también adoran a la tierra, fuente de vida, la madre dulce a la que se ofrece agua azucarada y algo de la comida de cada uno, pues también puede ser la madre dura, estéril. Una plegaria dice: "Sólo sabemos que reventamos de la tierra chatina porque el Santo Padre Sol así lo quiso. De sus efluvios, de sus rayos, de esas partes que no conocemos, esas nos dieron la vida y sólo el Santo Padre Sol nos la puede quitar. El es Dios. Los ojos del Sol son brillantes y traspasan, ven todo, no se le puede ocultar nada. El ordena y se pone triste y en cólera cuando no se cumple con su deseo; su luz divina se opaca, hay sombras, se pone oscura, hace frío y en nuestro corazón también. Sólo el Santo Padre Sol que nos dio la vida sabrá cuántos días vamos a estar en este mundo y cuándo nos vamos a ir a la otra vida. El se oculta y sale al día siguiente, él rige nuestra vida, de él dependemos. Cada día sale y desaparece". Después de la boda religiosa la pareja debe guardar buena conducta y abstenerse durante 13 días de relaciones sexuales. Los nacimientos tienen una peculiar ceremonia: el cordón umbilical es quemado con siete olotes y las cenizas se entierran en una ciénega. En un pequeño temascal se incineran una cabeza de iguana y alimentos, a fin de que el niño tenga un futuro saludable. A los muertos se les coloca en el suelo para que sean recibidos por la tierra. Luego los envuelven en un petate, los velan y un día después son sepultados con comida, agua y sus implementos de trabajo en miniatura. El novenario en honor de los difuntos incluye oraciones, baños de purificación y la abstinencia de relaciones sexuales para los deudos. Su principal fiesta religiosa en el santuario de Juquila, donde celebran al patrono durante ocho días, a partir del 7 de diciembre. En algunos pueblos el consejo de ancianos conserva la autoridad tradicional.

CHAURAND ARZATE, ALBERTO ◆ n. en Celaya, Gto. (1936). Estudió en la Facultad de Medicina de la UNAM (1953-56). Pertenece al PRI desde 1954, de cuyo CEPES de Querétaro fue director técnico (1982). Ha sido gerente de comercialización (1983), coordinador de comercialización (1984), subdirector de evaluación (1984-85) y director general del Servicio Público de Localización Telefónica, más conocido como Locatel, del DDF (1985-).

CHAUTENGO, LAGUNA DE ◆ Albufera del estado de Guerrero situada al este-sureste de Acapulco, al oeste del meridiano 99, en los municipios de Florencio Villarreal y Copala. Se puede practicar la pesca deportiva.

CHAVARRÍA ◆ Sierra de Durango y Sinaloa, situada en la vertiente oeste de la Sierra Madre Occidental.

CHAVARRÍA BONEQUI, CÉSAR ◆ n. en la Cd. de México (1928). Médico por la UNAM con posgrado en endocrinología pediátrica por la Universidad de Temple, Filadelfia, EUA. Director general del Hospital Infantil de México (1980-86). Pertenece a las academias nacionales de Medicina y Pediatría, así como a otras corporaciones científicas. Tiene dos libros y decenas de artículos y ensayos sobre su especialidad.

CHAVERO, ALFREDO ◆ n. y m. en la Cd. de México (1841-1906). Abogado liberal. Fue diputado federal. Combatió la intervención y el imperio y fue prisionero de los franceses. Al restaurarse la República dirigió *El Siglo XIX.* Fue oficial mayor de la Secretaría de Relaciones Exteriores, gobernador del Distrito Federal y director de la Escuela de Comercio. Reunió una de las bibliotecas más importantes del siglo XIX mexicano, la que acabó dispersa en varios países. Tuvo gran popularidad como autor dramático, pues incursionó en varios géneros teatrales. Entre sus piezas se cuentan: *Xóchitl* (1877), *Quetzalcóatl* (1878) y *Los amores de Alarcón.* Escribió también ensayos históricos sobre el Calendario Azteca, el Calendario de Palenque y el Tláloc de Coatlinchán. En este campo su obra mayor es el primer tomo de *México a través de los siglos,* titulado *Historia antigua y de la conquista.*

CHAVERO OCAMPO, ENRIQUE ◆ n. en Guadalajara, Jal. (1925). Tres veces diputado local en Jalisco y una diputado federal (1979-82). Fue secretario general de la CNOP en el mismo estado.

CHÁVEZ ◆ Sierra de Chihuahua situada en el oeste de la entidad. Cierra por el sur y el oeste la laguna Bavícora y prolonga por el noroeste la sierra de Choreachic.

CHÁVEZ, ALFREDO ◆ n. en Parral y m. en Chihuahua, Chih. (1891-1972). Empresario y político. Se tituló como ingeniero agrónomo en la Escuela Hermanos Escobar de Ciudad Juárez. Fue jefe de la policía estatal de Chihuahua (1931), recaudador de rentas, diputado local, gobernador interino en dos ocasiones (1936 y 1937) y constitucional en el periodo 1940-44, habiendo ganado la elección como candidato independiente; y senador de la República (1946-52).

Afredo Chavero

CHÁVEZ, CARLOS ◆ n. y m. en el DF (1899-1978). Músico. Estudió piano en México con Manuel M. Ponce (1910-16) y Pedro Luis Ogazón (1916-20) y composición con Juan B. Fuentes y el mismo Ponce. Entre 1925 y 1926 organizó los primeros conciertos con música de autores contemporáneos como Copland, Debussy, Bartok, De Falla, Stravinsky, Auric, Varese y Schoenberg. Residió en Nueva York (1926-28). Fundó y dirigió la Orquesta Sinfónica de México (1928-48). Fue director del Conservatorio Nacional (1928-33). Fundó la Academia de Historia y Bibliografía Musical, la Academia de Investigación de Música Popular y la Academia de Investigación Musical. Fue jefe del Departamento de Bellas Artes de la SEP (1933-34), director fundador de la revista *Nuestra Música* (1946) y director fundador del Instituto Nacional de Bellas Artes (1946-52). Miembro fundador de El Colegio Nacional (1943), de la Academia de Artes (1967), de la American Academia of Arts and Sciences (1959) y la American Academy of Arts and Letters (1960). Entre sus obras se cuentan *Fuego nuevo* (1921), *Preludio y fuga* (1917), *Nueva sinfonía* (1918), *Carnaval* (1918), *Páginas sencillas* (1920), *Fuego nuevo* (1921), *Tres hexágonos* (1923), *Sonatinas* (1924), *Antígona* (1932), *Sinfonía india* (1935), *Xochipilli, una imaginada música azteca* (1940), *Toccata para percusiones* (1942), *Clío* (1969) y *Discovery* (1969). Escribió los libros *Toward a new music* (*Hacia una nueva música*, 1937), *El pensamiento musical* y otros ensayos. Se le otorgaron los premios Caro de Boesi, en Venezuela (1954); Nacional de Artes y Ciencias, en México (1958); Kaussevitsky, en Suiza (1968), y Casa de las Américas, en Cuba (1973).

CHÁVEZ, DIEGO DE ◆ n. en España y m. en Valladolid (Morelia), Mich. (?-1573). Fraile agustino. Evangelizó en la región de Tierra Caliente. Designado obispo de Michoacán, murió antes de consagrarse.

CHÁVEZ, EUGENIO ◆ n. en el DF (1943). Escritor. Médico cirujano por la UNAM (1968). Se especializó en psiquia-tría en instituciones de México y del extranjero. Como cuentista está antologado en *Narrativa joven de México* (1969). Es autor de dos novelas: *En la oscuridad del tiempo* (1972) y *Licántropo* (1982).

CHÁVEZ, EZEQUIEL A. ◆ n. en Aguascalientes y m. en el DF (1868-1946). Licenciado en derecho por la Escuela Nacional de Jurisprudencia (1891). Fue catedrático universitario durante 55 años. Subsecretario de Instrucción Pública y Bellas Artes (1905-1911). Director de la Escuela Nacional Preparatoria y rector de la Universidad Nacional en dos periodos (1913-14 y 1923-24). Diputado federal y fundador de la Escuela Normal y de la Escuela de Altos Estudios (después Facultad de Filosofía y Letras). Autor de poesía: *Siete romances históricos mexicanos* y *Morelos frente al océano*; ensayos: *La obra literaria de Balbino Dávalos* (1930), *Ensayo de psicología de Sor Juana.* (1931), *Altamirano inédito y su novela inconclusa Atenea* (1935) y *Ensayo crítico sobre el diálogo lírico de don Justo Sierra y de don Joaquín Arcadio Pagaza* (1940); de una *Geografía de la República Mexicana*, unas *Notas sobre la instrucción pública en México de 1874 a 1921* y *Tres discursos sobre la Universidad Nacional*. Contribuyó decisivamente a la refundación de la Universidad Nacional en 1910 y ésta le otorgó el *doctorado honoris causa* (1910). La misma casa de estudios, ya autónoma, le concedió en 1945 maestro emérito y en 1966 se dio su nombre a un plantel de la Escuela Nacional Preparatoria. Miembro de la Academia Mexicana (de la lengua) y de la Academia Mexicana de la Historia. Miembro fundador de El Colegio Nacional (1943).

CHÁVEZ, GREGORIO ◆ n. en Oaxaca, Oax. (1830-?). Militar de carrera. Participó en las filas liberales durante la revolución de Ayutla y en las guerras de Reforma. Combatió la intervención francesa y el imperio. Gobernador de Oaxaca del 15 de mayo de 1890 al primero de diciembre de 1894. En ese lapso fue terminada la vía del Ferrocarril Mexicano del Sur, reformó la legislación educativa, transformó la Academia de Niñas en Escuela Normal de Profesoras e implantó un sistema de becas para estudiantes pobres. Promovió la apertura de empresas industriales en la entidad y fomentó otros sectores de la economía. Permitió que se encarcelara a periodistas que le exigieron cuentas.

CHÁVEZ, GUILLERMO F. ◆ n. en Navojoa, Son., y m. en Estación Laguna (1883-1917). Participó en la insurrección maderista. Combatió la asonada de Pascual Orozco. Después de Victoriano Huerta se incorporó al constitucionalismo bajo las órdenes de Álvaro Obregón, con quien llegó a general. Murió en un ataque villista.

CHÁVEZ, IGNACIO ◆ n. en Zirándaro (hoy Zirándaro de los Chávez), Mich., y m. en el DF (1897-1981). Médico titulado en la Universidad Nacional (1920) con cursos de posgrado en Europa. Rector de la Universidad Michoacana (1920-21), de donde fue profesor. Fundó el servicio de Cardiología en el Hospital General de México (1924). Fundó y dirigió la revista *Archivos Latinoamericanos de Cardiología y Hematología* (1930-43). Director de la Facultad de Medicina de la UNAM (1933-34) y del Hospital General de México (1936-39). Creó el Instituto Nacional de Cardiología que dirigió en dos periodos (1944-61 y 1976-79) y donde editó la revista *Archivos*. Miembro de los comités consultivos de la OMS (1955) y de la OEA (1958-66). Fue rector de la UNAM (1961-66), donde introdujo reformas en los planes de estudio y estableció normas más rígidas para el ingreso y permanencia de los estudiantes. Su autoritarismo motivó una huelga estudiantil, en el curso de la cual un grupo de alumnos de la Facultad de Derecho lo secuestró en la Rectoría y no le permitió salir hasta que aceptó firmar su renuncia. Autor, entre otras obras, de *Lecciones de clínica cardiológica* (1931), *Enfermedades del corazón, cirugía y embarazo* (1945), *México en la cultura médica* (1947) y *Desde la Rectoría* (1966, 2 tt.). Recibió un centenar de *doctorados o rectorados honoris causa*, la Medalla de

Oro del American College of Physicians (EUA, 1963), el Premio Nacional de Ciencias (1961) y la Medalla Belisario Domínguez (1975). Fundador y presidente honorario vitalicio de la Sociedad Mexicana de Cardiología y presidente de la Sociedad Interamericana de Cardiología (1946). Miembro fundador de El Colegio Nacional (1943).

CHÁVEZ, IGNACIO T. ◆ ?n. en Aguascalientes, Ags., y m. en la Cd. de México (1837-1908). Médico. Fue diputado y senador. Gobernador interino (1871 y 1872) y constitucional de Aguascalientes (1872-75). En ese cargo fundó el Instituto de Ciencias y el Hospital Civil del estado. Reformó la Constitución local para impedir la reelección. En la capital del país fue director del Hospital de Pobres y de la Escuela Industrial de Huérfanos.

CHÁVEZ, JULIO CÉSAR ◆ n. en Ciudad Obregón, Son. (1962). Boxeador. Se inició profesionalmente a los 17 años en 1980. Obtuvo el campeonato mundial superpluma del CMB en 1984, al derrotar al también mexicano Mario *Azabache* Martínez. También ha sido campeón mundial ligero de la AMB y del CMB y súperligero del CMB y de la FIB.

CHÁVEZ, ÓSCAR ◆ n. en el DF (1935). Estudió en la Escuela de Arte Teatral del INBA, en la Academia de Seki Sano y en la UNAM. En el teatro fue dirigido por Héctor Mendoza, Pilar Souza, Juan José Gurrola, José Luis Ibáñez, Ludwik Margules y José Estrada. A su vez, dirigió las puestas en escena de *Coloquio nocturno*, de Durremat; *Un hogar sólido* y *Ventura Allende*, de Elena Garro; *Almanaque de Juárez*, de Carballido; y *México 1900*, inspirada en el editor Vanegas Arroyo. Trabajó en las películas *Los caifanes*, *La generala* y *Fuego lento*, del realizador Juan Ibáñez; en *El oficio más antiguo*, de Luis Alcoriza; en *Santa* y *Flor de durazno*, de Emilio Gómez Muriel; *Las cadenas del mal*, de Díaz Morales; y *Las cautivas*, de José Luis Ibáñez. En Radio Universidad actuó en unas 200 representaciones, conducido por Enrique Lizalde, y él mismo dirigió alrededor de 300 radioteatros. Se presentó durante

Óscar Chávez

quince años en centros nocturnos, 13 de ellos con el grupo La Edad de Oro. En 1999 lo acompaña el trío Los Morales. Ha hecho canciones para cine y ha grabado medio centenar de discos en los que ha incluido más de 700 canciones. Cuenta con cientos de presentaciones en televisión, ha ofrecido recitales en las principales ciudades de México y ha asistido a festivales en varios países. Es representante de México ante el Comité Internacional Permanente de la Nueva Canción. Es autor de un fascículo de poesía editado por Mester (1980). Entre los premios recibidos están *El Heraldo de Plata* y la *Diosa de Plata* por su trabajo en *Los caifanes*, el *Heraldo* al mejor cantante folclórico del año (en tres ocasiones) y cuatro veces el *Discómetro* (1973, 1974, 1975 y 1976).

CHÁVEZ ALONZO, JOSÉ MARÍA ◆ n. en Encarnación de Díaz, Jal., y m. en Zacatecas, Zac. (1812-1864). Fue llevado en 1818 a Aguascalientes, donde pasó la mayor parte de su vida. Periodista. Se adhirió al Plan de Ayutla. En 1856 fundó *El Artesano*, uno de los primeros periódicos obreros del país. Combatió en las filas liberales durante las guerras de Reforma. Fue diputado, gobernador interino (1859) y constitucional de Aguascalientes (1862-64). En ese cargo impulsó la edificación del teatro de San Diego y del puente sobre el río Chicalote. Al ocupar los franceses Aguascalientes organizó y dirigió una fuerza militar. Fue hecho prisionero y fusilado por los invasores.

CHÁVEZ APARICIO, PEDRO ◆ n. en la Cd. de México y m. en Mazatlán, Sin. (1849-1883). Se tituló como médico en 1872 y ejerció su profesión en la capital y en Zacatecas. Destacó como músico. Perteneció a diversas agrupaciones de melómanos, fundó una orquesta en Zacatecas y dirigió la de Ángela Peralta durante una gira que ésta realizó por el país en 1882 y 1883.

CHÁVEZ BAEZA, JESÚS ◆ n. en El Tule, Chih. (1930). Tres veces secretario general de la sección 20 del Sindicato Nacional de Trabajadores Minero-Metalúrgicos. Diputado federal por Chihuahua (1979-82).

CHÁVEZ BASURTO, MARÍA DE JESÚS ◆ n. en Torreón, Coah. (1973). Ajedrecista. Se inició a los ocho años en el llamado juego-ciencia. A los diez años obtuvo el segundo lugar en el Campeonato Nacional celebrado en Durango. En 1985 se coronó invicta en el Campeonato Nacional Cerrado.

CHÁVEZ CARRERA, JESÚS ◆ n. en Piaxtla, municipio de Acatlán, Mor. (1886-). En marzo de 1911 se unió a la insurrección maderista. Se unió después a Zapata y participó en importantes combates. En 1919 acompañaba al *Caudillo del Sur* cuando lo asesinaron en Chinameca. Con siete heridas de bala logró escapar con el caballo *As de Oros* de Zapata. En 1980 vivía en Cuautla.

CHÁVEZ CARRILLO, JORGE ◆ n. en Colima, Col. (1921). Pintor. Estudió en la Academia de San Carlos (1941-42), en la Escuela La Esmeralda (1942-46) y en los talleres de Mariano Paredes (1950-53) y de Alfonso Michel (1952-53). Comenzó a exponer en 1949 y a la fecha ha montado más de veinte muestras en el país y el extranjero. Ha hecho pinturas murales para el palacio de gobierno de Colima (1953), la presidencia municipal de Valle de Álvarez, Col. (1956), el Aeropuerto Internacional de Manzanillo (1975) y la Universidad de Colima (1976).

CHÁVEZ CASTAÑEDA, RICARDO ◆ n. en el DF (1961). Escritor. Psicólogo por la UNAM. Participó en el taller de cuento de Edmundo Valadés (1987). Becario del INBA (1991-92) y del Fonca (1992-93). Ha colaborado en publicaciones literarias. Autor de cuento: *La zona de las mil puertas* (1991), *La noche seguía en casa* (1991), *Sinfonía patética la cruzada de los paladines opus 89* (1991), *El diario del perro muerto* (1992) y *La guerra enana del jardín* (1993); y de novela: *Los ensebados* (1993) y *El día del hurón* (1997). Primer lugar en el certamen estatal de cuento del Estado de México (1987), premio en la XIII Fiesta Latinoamericana de la Literatura (Argentina, 1987), primer lugar en el Concurso de Cuento Ecológico Universitario de la UNAM y la Sedue (1989), primer lugar en el concurso de cuento Salvador Gallardo, de Aguascalientes (1991), Premio Nacional de Cuento San Luis Potosí (1991) y Premio Nacional de Novela Juvenil FILIJ (1992).

José Chávez Morado

CHÁVEZ GARCÍA, GILBERTO ◆ n. en Cotija, Mich. (¿1886?-?). Pintor. Tomó sus primeras lecciones de Refugio González, madre de José Rubén Romero. A los once años de edad se trasladó a la capital del país, donde estudió en la Escuela de Bellas Artes. Fue profesor de la Academia de San Carlos. Se dedicó al paisaje y presentó exposiciones en la Ciudad de México, Morelia y Guadalajara.

CHÁVEZ GARCÍA, JOSÉ INÉS ◆ n. en Godino y m. en Purépero, Mich. (1889-1911). Durante la Revolución Mexicana se alistó en la fuerza de rurales. Desertó tras el asesinato de Madero y fue perseguido. Se unió a las fuerzas de Gertrudis Sánchez y luego a las de Amaro. Finalmente constituyó el Ejército Reorganizador Nacional que se dedicó a saquear poblados en Michoacán sin defender ninguna causa revolucionaria. Sus matanzas entre 1917 y 1918 le hicieron fama del bandolero más sanguinario de aquellos años. En la batalla de Patti, el general Norzagaray causó tremendos estragos entre los efectivos de Chávez. En Penjamillo, tras un combate de dos días con el general Pruneda, Chávez fue herido y su tropa diezmada. Murió contagiado de influenza española.

CHÁVEZ GONZÁLEZ, JOSÉ N. ◆ n. en Morelia, Mich. (1919). Estudió en la Escuela de Periodismo Carlos Septién García, de la que fue director (1954-59). Director fundador del semanario *Señal*. Colaborador de *El Universal* y *Excélsior*. Ha publicado cuentos firmados como *Josene*.

CHÁVEZ GUERRERO, HERMINIO ◆ n. en Tepecoacuilco de Trujano, Gro. (1918). Profesor normalista. Estudió la especialidad de geografía en la Escuela Normal Superior. Colaborador de *El Nacional*. Autor de los relatos *El guardatierra* (1965) y *Montañeros* (1965); la novela *Surianos* (1953) y la biografía *Valerio Trujano. El insurgente olvidado, héroe de los ciento once días* (1953). Becario del Centro Mexicano de Escritores (1951-1952).

CHÁVEZ HERNÁNDEZ, AUSENCIO ◆ n. en San Lucas, Mich. (1940). Licenciado en economía por la UNAM y maestro en desarrollo regional por el Comisariado del Plan Francés en Francia. Pertenece al PRI desde 1969 en el que fue subdirector general del IEPES (1980-81). Diputado local (1986-89). Ha sido subdirector de Electricidad (1970-72) y director de planeación pesquera (1972-74) en el Banco Nacional de Crédito Agrícola, dos veces secretario general de Gobierno en Michoacán (1974-80 y 1990-92), subdirector de planeación del ISSSTE (1985-86), delegado en Michoacán de la SARH (1989-90), gobernador interino de Michoacán (1992-1996), oficial mayor de la Secretaría de Gobernación (1996-97) y embajador en Ecuador (1998).

CHÁVEZ JOYA, HILARIO ◆ n. en el DF (1928). Fue ordenado sacerdote en 1950, y nombrado vicario general de los Misioneros de la Natividad de María. Es obispo prelado de Nuevo Casas Grandes desde 1977.

CHÁVEZ LÓPEZ, JULIO ◆ Ver. *López Chávez, Julio.*

CHÁVEZ MARTÍNEZ, HUMBERTO ◆ n. en el DF (1934). Arquitecto titulado en la UNAM, donde fue profesor (1960-63), así como en la Universidad Femenina de México (1956-60). Pertenece al PRI desde 1968. Ha sido subgerente (1967-70) y gerente de Habitación y Desarrollo Urbano de Banobras (1971-77), director general de Habitación Popular del DDF (1978), subdirector general del Fondo de Operación y Descuento Bancario a la Vivienda (1978-88) y director general de los fondos de Operación y Descuento Bancario a la Vivienda y de Garantía y Apoyo a los Créditos para la Vivienda del Banco de México (1982-88) y subsecretario de Vivienda de la Sedue (1988-). Es miembro del Colegio de Arquitectos de México.

CHÁVEZ MORADO, JOSÉ ◆ n. en Silao, Gto. (1909). Pintor, escultor y grabador. Hizo estudios en la Chouinard School of Arts de Los Angeles y en San Carlos. Fue profesor y jefe de la Sección de Enseñanza Plástica del INBA, donde dirigió el Taller de Integración Plástica y la Escuela de Diseño y Artesanías. Miembro del PCM, del PSUM, el PMS y el PRD. Fue miembro de la LEAR, que lo envió a España durante la guerra civil (1937). Ingresó en 1939 al Taller de Gráfica Popular. Secretario general del Sindicato de Profesores de Artes Plásticas (1941). Fundó y dirigió la galería Espiral. Con el pseudónimo de *Chon*, fue caricaturista de *Combate* (1941). Ha hecho escenografías y vestuarios para ballet. Miembro fundador de la Sociedad para el Impulso de las Artes Plásticas (1948) y del Salón de la Plástica Mexicana (1949). En 1962 fue de los artistas que se negaron a participar en la III Bienal de Bellas Artes, como protesta por el encarcelamiento de Siqueiros. Entre sus murales se cuentan el de la escalera de la Alhóndiga de Granaditas, el trabajo en mosaico de la Facultad de Ciencias de la Ciudad Universitaria (*El regreso de Quetzalcóatl* y *La conquista de la energía*), los mosaicos en muros exteriores de la SCOP (*El mundo azteca, La nacionalidad, El mundo maya* y *Mapas de transportes*), los murales en los laboratorios Ciba Geigy de la calzada de Tlalpan (*La magia y las ciencias médicas* y *La medicina prehispánica*), el relieve de la columna central del Museo de Antropología (*Imagen de México*), los relieves, incisiones y tallas ejecutados en el Centro Médico (seriamente afectados por el sismo de 1985), el relieve de la fachada del Palacio

Legislativo (1982), un muro de la Procuraduría General de la República (1988) y un mural sobre los sismos de 1985 que se encuentra en el Centro Médico Nacional Siglo XXI. Vicepresidente para América Latina del Consejo Mundial de las Artesanías de la UNESCO. Premio Nacional de Ciencias y Artes (1974) y miembro de la Academia de Artes (1985-). Es *doctor honoris causa* por la UNAM (1985).

CHÁVEZ MORADO, TOMÁS ◆ n. en Silao, Gto. (1914). Escultor, pintor y fotógrafo. Estudió en San Carlos. Profesor de artes plásticas. Trabajó con Fernando Gamboa en el rescate de la obra de José Guadalupe Posada (1943). Ha presentado exposiciones en locales de Bellas Artes y en galerías privadas. Obras suyas se encuentran en la Alhóndiga de Granaditas, de Guanajuato, en Acámbaro, en San Francisco del Rincón y el Distrito Federal, donde ejecutó el conjunto escultórico que ilustra la fundación de la ciudad y que se halla en la fuente del costado oriente del Departamento del Distrito Federal. De un busto de Zaragoza (1962) se hicieron casi 500 copias que se instalaron en escuelas primarias de diversos puntos del país y de su *Águila tendida* se hicieron 277 ejemplares para los señalamientos de la Ruta de la Independencia.

CHÁVEZ OJESTO, JULIO ◆ n. en el DF (1931). Licenciado en derecho por la UNAM (1950-54). Profesor de la Escuela Superior de Economía del Politécnico (1955-60) y de la Universidad del Valle de México (1962-70). Miembro del PRI desde 1950. Inició su carrera judicial en 1952. Ha sido secretario general del Sindicato Nacional de Trabajadores del Poder Judicial (1967-70), director jurídico de la FSTSE (1968-71), oficial mayor de la Suprema Corte de Justicia de la Nación (1974-80), juez décimo de distrito en materia penal (1980-86) y magistrado del Tribunal Colegiado del Décimo Circuito, Cuernavaca, Mor. (1986-).

CHÁVEZ OROZCO, LUIS ◆ n. en Irapuato, Gto., y m. en el DF (1901-1966). Historiador. Dirigió la colección *Documentos para la historia económica de México* (1933-36), editada por la Secretaría de Economía Nacional. Fue subsecretario de Educación (1936-38) y jefe del Departamento Autónomo de Asuntos Indígenas (1938-40). Secretario general del Sindicato Nacional de Trabajadores de la Educación (1941). Embajador en Honduras (1941-42). A su regreso trabajó en la selección de textos del primer volumen del *Archivo Histórico de Hacienda*, al que puso por título *La libertad de comercio en la Nueva España en la segunda década del siglo XIX* (1943). Posteriormente se encargó de la elaboración de varios volúmenes de la serie *Archivo Histórico Diplomático* de la Secretaría de Relaciones Exteriores. Fue nuevamente director de la colección *Documentos para la historia económica de México,* que editó esta vez el Banco Nacional de Crédito Agrícola (1954-58). Obras escritas por él son *El sitio de Puebla en 1863* (1927), *El sitio de Cuautla* (1931), *La civilización maya-quiché* (1932), *La civilización nahoa* (1933), *La industria de hilados y tejidos en México 1829-1842* (1933), *Tres capítulos e historia diplomática* (1935), *Revolución industrial, revolución política* (1937), *Historia económica y social de México* (1938) e *Historia de México. Época precortesiana* (1939).

CHÁVEZ OROZCO, MARÍA VICENTA DE SANTA DOROTEA *VICENTITA* ◆ n. y m. en Zapotlán el Grande (1887-1949). Fundó a comienzos del siglo y dirigió por 30 años la Congregación de Siervas de los Pobres, consagrada a la asistencia de enfermos y necesitados. En 1912 la congregación desarrolló una notable labor durante los terremotos que azotaron la región. En 1926 su capilla fue cerrada por la persecución religiosa. Fue beatificada por el Vaticano en 1997.

CHÁVEZ PADRÓN, MARTHA ◆ n. en Tampico, Tams. (1925). Licenciada (1948) y doctora en derecho por la UNAM (1954), donde ha sido profesora (1946-), al igual que de la Universidad Femenina de México (1952-53), la Escuela Bancaria y Comercial (1954) y la Escuela Nacional de Agricultura (1965). Desde 1946 pertenece al PRI, partido del que fue directora de Acción Social (1961-64). Pertenece al Consejo Nacional de Mujeres desde 1961. Fue directora general de Derechos Agrarios del DAAC (1964-67), consejera de la Presidencia (1967-70), integrante del Consejo Consultivo de la Ciudad de México (1968-72); directora general (1970-74) y subsecretaria de Nuevos Centros de Población Ejidal de la SRA (1975-76), senadora por Tamaulipas (1976-82), diputada federal (1982-85) y ministra de la Suprema Corte (1985-95). Coautora de *La obra jurídica mexicana* (1985) y autora de *Prometeo y yo* (1953), *Situación jurídica de la mujer en el Código Agrario* (1953), *Carta de Punta del Este* (1962), *El derecho agrario en México* (1964), *El proceso social agrario y sus procedimientos* (1971), *Cantos de juventud* (1976), *Suite tamaulipeca* (1979), *Preludio, muerte y resurrección del amor* (1986) y *Testimonios de una familia proletaria* (1988). Fue condecorada por el gobierno haitiano de François Duvalier (1965) y la Unión Femenina de Periodistas y Escritoras la designó "mujer de la década" (1981).

CHÁVEZ PÉREZ, RICARDO PEDRO ◆ n. en Guadalajara, Jal. (1945). Licenciado en derecho por la Universidad de Guadalajara (1963-68). Fue secretario de acción agraria (1968) y presidente del comité jalisciense del PRI (1983-86), partido al que pertenece desde 1963. Ha sido diputado federal (1976-79), secretario general del Comité Regional Campesino de La Barca (1977), secretario general de la Liga de Comunidades Agrarias y Sindicatos Campesinos de Jalisco (1977-79), presidente municipal de Zapopan (1980-82), diputado al Congreso local de Jalisco (1983) y director general de Organización Agraria de la SRA (1989-).

CHÁVEZ PRESA, JORGE ALEJANDRO ◆ n. en el DF (1959). Licenciado en economía por el ITAM (1978-82), maestro y doctor por la Universidad Estatal de Ohio, EUA (1983-88). Profesor del ITAM (1988-91) y de la UNAM (1982-83). Fue director de Planeación Estratégica en la Coordinación Ejecutiva de Mesa de Dinero Central de Somex (1988-89).

En la Secretaría de Hacienda ha sido director de Planeación Financiera en la Dirección General de Planeación Hacendaria (1989-91), director de Deuda Pública en la Dirección General de Crédito Público (1991-92) y director general de Política Presupuestaria (1992-94). Subsecretario de Política y Desarrollo de Energía de la SEMIP (1998-). Autor de *Mexico is* (1982) y *Economía de escala y de sinergia en la banca comercial mexicana* (1987).

CHÁVEZ QUIRARTE, PAULO CÉSAR TILÓN ◆ n. en Guadalajara (1976). Futbolista. Es mediocampista del equipo *Chivas* del Guadalajara. Con la selección nacional ha jugado las copas América de 1997 y 1999, pero éste último año no jugó.

CHÁVEZ RAIGOSA, JUAN DIEGO ◆ n. en Zacatecas, Zac. (1948). Ingeniero químico administrador titulado en el ITESM (1966-71) y maestro en sistemas por la UIA (1971-73). Miembro del PRI desde 1977. Ha sido encargado de la planeación de la producción de los Laboratorios Bristol de México (1972-77), jefe de la Unidad de Presupuesto de la SPP (1978-83); director de Ingresos (1983-86) y secretario de Finanzas del gobierno de Zacatecas (1986-).

CHÁVEZ RIVERA, IGNACIO ◆ n. en el DF (1928). Hijo de Ignacio Chávez (☞). Médico cirujano titulado en la UNAM (1946-52) especializado en cardionefrología en la Universidad de Harvard (1957-59). Durante 30 años trabajó en el Instituto Nacional de Cardiología hasta que, en 1989, fue nombrado su director general. Autor de *Coma, síncope y shock* (1969), *Cardioneumología fisiopatológica y clínica* (1974), *Cardiopatía isquémica* (1979), *Hipertensión arterial* (1984) y *Cardiopatía coronaria* (1989). Fue secretario general de la Sociedad Interamericana de Cardiología (1972-76), presidente de la Sociedad Mexicana de Cardiología (1976-78) y presidente de la Academia Nacional de Medicina (1985).

CHÁVEZ TROWE, JOSÉ ◆ n. en Torreón, Coah., y m. en el DF (1916-1988). Actor. Hijo de un empresario teatral. A los cinco años de edad se ini-

José Chávez Trowe en el papel de Benito Juárez

ció en los escenarios. En las carpas se presentaba como el *Pifas*. Durante los años treinta formó una pareja cómica con la que fue su esposa, Carmen Benítez. Cofundador de la Asociación Nacional de Actores. Trabajó en películas como *El gran calavera*, *Vino el remolino y nos alevantó*, *A sus órdenes, jefe* y otras en las que fue dirigido por Fernando de Fuentes, Juan Bustillo Oro, Emilio Gómez Muriel, Luis Buñuel, Julio Bracho, Alejandro Galindo, Emilio *Indio* Fernández y otros realizadores. Intervino en numerosas producciones estadounidenses con actores como Anthony Queen, Paul Newman, Charles Bronson, Robert Redford, Shirley MacLaine, Glenn Ford, etc. En los años sesenta actuó al lado de Pedro Armendáriz en la serie de televisión *Aquí está Pancho Villa*. Interpretó a Benito Juárez y Vicente Guerrero en otras teleseries.

CHÁVEZ VEGA, GUILLERMO ◆ n. y m. en Guadalajara, Jal. (1931-1990). Pintor. Estudió en la Academia de San Carlos y en la Academia de Artes Plásticas de Guadalajara. Su obra de caballete se ha expuesto en varios países. Dejó obra mural en Varsovia, Polonia (*Juárez*), en el Ayuntamiento de Zapopan, el Club de Yates de Chapala, en el Centro de Arte y Cultura de Tlaquepaque y en diversos edificios públicos y privados de Guadalajara.

CHAVINDA ◆ Municipio de Michoacán, situado en el noroeste del estado y colindante con Zamora. Superficie: 146.14 km². Habitantes: 11,103, de los cuales 2,395 forman la población económicamente activa. Hablan alguna lengua indígena 20 personas mayores de cinco años (purépecha 17). La erección municipal data del 20 de noviembre de 1861.

CHAVIRA, M. JOSÉ ◆ n. y m. en Colima, Col. (?-1932). Fue diputado local. Miembro del Partido Independiente. Por su actividad oposicionista fue aprehendido y enviado a Guadalajara en 1920. Regresa y contribuye al derrocamiento del gobernador Miguel Álvarez García y es nombrado gobernador interino en dos ocasiones (19 al 20 de mayo y primero al 15 de julio de 1920).

CHAVIRA BECERRA, CARLOS ◆ n. en Cd. Camargo, Chih. (1915). Miembro del Partido (de) Acción Nacional, en el que ha sido miembro del consejo regional y del comité regional de Chihuahua. Diputado federal en dos ocasiones (1961-64 y 1982-85). Autor de *La huella quedó atrás* y *La otra cara de México*.

CHAVOLLA RAMOS, FRANCISCO JAVIER ◆ n. en Autlán de la Grana, Jal. (1946). Estudió filosofía y teología en el Seminario de Tijuana y tomó diversos cursos en el Instituto Pontificio Teresianum de Roma. Fue ordenado sacerdote en la Catedral de Tijuana (1972), donde fue párroco de la iglesia de Nuestra Señora del Refugio, director espiritual del Seminario Mayor y vicario cooperador en la parroquia de la Inmaculada Concepción. Presidente nacional de Encuentros Matrimoniales. Obispo de la diócesis de Matamoros, Tamaulipas (1991-).

CHÁZARO LARA, RICARDO ◆ n. en Veracruz, Ver., y m. en el DF (1920-1993). Obtuvo su alta en la Escuela Naval Militar en 1937. Ganó el grado de almirante de la Armada de México en 1976. Fue ayudante del presidente Adolfo Ruiz Cortines, director general de Dragado de la Secretaría de Marina (1958-61), inspector general de Máquinas del Pacífico, subgerente técnico de la Marina en Petróleos Mexicanos (1970), y subsecretario (1970-76) y secretario de Marina (1976-82).

Ricardo Cházaro Lara

CHÁZARO ROCA, ÁNGEL ◆ n. en Orizaba, Ver. (1948). Ingeniero mecánico por el IPN (1963-69). Tomó un curso de ingeniería de costos y otro de administración en Estados Unidos (1971). Maestro en administración por la Universidad de Aston, Inglaterra (1973). Trabajó para empresas privadas hasta 1978, año en que ingresó al PRI. Ha o: sido gerente de Administración y Finanzas del Fideicomiso Campaña Nacional contra la Garrapata (1978-81), director de Finanzas de la Comisión de Aguas del Valle de México (1981-83) y director general de Tabamex (1982-).

CHECA, REPÚBLICA ◆ Estado de Europa oriental. Limita al noreste con Polonia, al sureste con Eslovaquia, al sur con Austria y al suroeste, oeste y noroeste con Alemania. Superficie: 78,864 km². Habitantes: 10,282,000 en 1998. La capital es Praga, con 1,210,000 habitantes en 1996. Otras ciudades importantes son Brno (388,900 habitantes en 1996), Ostrava (324,800), Pilsen (171,200) y Olomouc (104,800). La lengua oficial es el checo, aunque también se hablan moravo, eslovaco, polaco y alemán. La moneda es la corona. *Historia*: al inicio de la era presente, el actual territorio del país es ocupado por los romanos. Posteriormente llegaron al territorio algunas tribus eslavas, entre otras la de los Chek. En el siglo VIII, los ejércitos de Carlomagno invaden y ocupan el país, que entra así en la órbita cristiana. En el siglo IX los moravos constituyen su reino con eslovacos y checos. Un siglo después, Hungría es la potencia ocupante y poco después Moravia, para ser un feudo germano hasta fines del siglo XII, en que Otakar I es coronado rey para ser destronado poco después por los Habsburgo. En el siglo XIV, se funda en Praga la primera universidad de Europa central. En la centuria siguiente surge la conciencia nacionalista y estalla la guerra con los alemanes. En 1526 un Habsburgo ocupa nuevamente el trono, lo que implica una estrecha dependencia de Austria. En 1686 llega a Nueva España el jesuita moravo Adán Gilg, quien acompaña a Francisco Eusebio Kino en sus viajes por el noroeste de México, traza mapas de la región seri y de la Pimería Alta y escribe relaciones de sus experiencias y vocabularios de las lenguas indígenas. Al calor de las revoluciones europeas de 1848 hay un fuerte brote nacionalista que no llega a cristalizar en la autonomía. A fines del siglo XIX Tomás Mazarik funda un partido nacionalista. En 1916 se crea en Londres un Consejo Nacional Checoslovaco, especie de gobierno en el exilio, que es reconocido por los aliados al término de la primera guerra. Con el imperio Austro-Húngaro entre las potencias derrotadas, Checoslovaquia proclama su independencia el 28 de octubre de 1918. En 1922, México y Checoslovaquia establecen relaciones diplomáticas. A partir de 1933, con el ascenso de Hitler al poder, los nazis agitan entre la minoría alemana de Checoslovaquia la demanda de autonomía para la región de los Sudetes, contigua a Alemania. Francia e Inglaterra presionan al gobierno de Praga para concederla y después, en 1938, las mismas potencias aceptan otras reclamaciones de Hitler y obligan a Checoslovaquia a someterse a los nazis, cuyos ejércitos ocupan el país en marzo de 1939. México protesta por la agresión nazi ante la Sociedad de Naciones. La actividad de los demócratas checoslovacos era conocida por los mexicanos. En 1938 la revista *Ruta* había publicado un manifiesto antifascista de la Asociación de Escritores Checoslovacos. El texto estaba firmado por Josef y Karel Capek, Jan Cep, Jaroslav Durych, Fronticek Halas, Josef Hora, Janus Jelinek y Josef Knap. En la misma publicación se comenta *La época en que vivimos*, de Karel Capek, y se informa de su muerte. En 1939 se constituye la Agrupación de Amigos de Checoslovaquia, dirigida por Ezequiel A. Chávez. Esta sociedad reproduce un *Llamado* de la Academia Checa de Ciencias y Artes, la Academia de Artes Plásticas, el Conservatorio de Música y otras agrupaciones. Los firmantes dicen, ante la cobardía de las potencias europeas, que habían convalidado la agresión hitleriana contra Checoslovaquia: "lanzamos una enérgica protesta, inspirada en la conciencia que tenemos de la injusticia sin ejemplo con que se nos ha tratado, contra la manera vergonzosa con que ha sido comprada por Europa esa paz fementida". Con motivo de la ocupación alemana se suspenden las relaciones diplomáticas con México, pero nuestra Cancillería las reinicia con el gobierno checoslovaco en el exilio en 1942. Aquí vivió asilado el escritor comunista Ewin Egon Kisch, quien tuvo una activa participación en las sociedades democráticas de habla alemana, actuó como conferenciante, fue codirector de la editorial El Libro Libre, en la que apareció su obra *Feria de sensaciones* (1942). El mismo Kisch colaboró en la revista *Alemania Libre* con una serie de reportajes que reunió en el libro *Descubrimientos en México*. Al término de la segunda guerra mundial, Checoslovaquia no vuelve a sus antiguas fronteras, sino que tiene que ceder la Rutenia Subcarpática a la Unión Soviética. En 1946 se celebran elecciones y los comunistas obtienen cerca de 40 por ciento de los votos. Se forma un gobierno de coalición con Eduardo Benes como presidente y el líder comunista Clemente Gottwald como primer ministro. En 1948, en medio de una oleada de inestabilidad política, en la que llegó a existir un poder paralelo en manos de los *comités de acción*, organismos de base de la población, se produce un golpe de Estado incruento, mediante el cual los comunistas asumen plenos poderes. En mayo de ese año convocan a elecciones y anuncian haber obtenido cuatro de cada cinco votos. La nueva asamblea aprueba una Constitución que convirtió a Checoslovaquia en una República socialista, destituye a Benes y nombró presidente a Gottwald, quien muere en 1953. A éste lo sustituye en la dirección del Partido Comunista Antonin Novotny, quien en 1957 ocupa también la presidencia de la República. A partir de entonces son sofo-

Timbre de Checoslovaquia, antes de la existencia de la República Checa

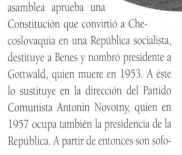

Muchachas de República Checa con el traje típico de su nación

cados los brotes de inconformidad de las minorías nacionales de diversos sectores de la sociedad, partidos de oposición y de los propios comunistas, disgustados con el modelo soviético de economía y el burocratismo de los gobernantes. En enero de 1968 el comité central del PC sustituye en la secretaría general a Novotny por Alexander Dubcek, quien encabeza un proceso de liberalización que se llama la Primavera de Praga, durante la cual Checoslovaquia muestra las posibilidades de un socialismo con amplias libertades. Los tanques del Pacto de Varsovia acaban con los cambios y mediante la ocupación militar se expulsa del PC a Dubcek y otros dirigentes demócratas. El intervencionismo de los soviéticos a través del Pacto de Varsovia es condenado por los partidos comunistas de varios países, incluido el de México. En 1957 se funda la Asociación Mexicana Checoslovaca de Intercambio Cultural, a la que pertenecen Carlos Pellicer, Fernando Benítez, Luis Sandi, Raúl Anguiano y otros personajes del medio cultural. En 1959 se establecen relaciones a nivel de embajadores entre México y Checoslovaquia. A partir de 1985, con la llegada al poder de Mijaíl Gorbachov en la Unión Soviética, se reaviva en Checoslovaquia la oposición democrática. En 1989, un conocido disidente, el dramaturgo Vaclav Havel, es condenado a nueve meses de prisión, pero por la presión popular, el gobierno tiene que liberarlo cuando cumplía la mitad de la pena. Mientras en las calles crecen las protestas, en la cúpula del Partido Comunista y el gobierno se suceden los reacomodos. Alexander Dubcek reaparece en público y habla ante un mitin de 250 mil personas. Una huelga general obliga al gobierno a un ajuste en el que ingresan al gabinete políticos no comunistas y se acepta la existencia legal del Foro Cívico, frente de los opositores al régimen. En el mismo año renuncia Gustav Husak, impuesto en el poder por los tanques soviéticos en 1969. Havel es designado presidente interino y Dubcek presidente de la Asamblea General. Al año siguiente el país se convierte en

República Checa y Eslovaca y Havel es reelegido. En 1991 crece la campaña separatista en Eslovaquia y al siguiente año se acuerda dividir pacíficamente la Federación Checoslovaca para dar origen a Eslovaquia (☞) y la República Checa, lo que ocurre el primero de enero de 1993. Vaclav Havel, quien era presidente checoslovaco, se convierte en presidente de la República Checa.

CHECA BUDIB, PEDRO ◆ n. en Líbano y m. en el DF (1891-1988). Empresario. Llegó a México en 1909. Hacia 1912 se estableció en El Oro. En 1945 pasó a la capital del país, donde fundó tres compañías textiles. Promovió la constitución de la Federación Latinoamericana de Entidades Libanesas y la Unión Mundial Libanesa. Aportó el fondo del Premio Líbano para premiar a quienes realizaran una acción destacada por otros seres humanos. Asimismo, instituyó la Fundación Pedro Checa en favor de estudiantes de bachillerato sin recursos económicos. Hizo construir de su peculio un hospicio para minusválidos. Recibió la Grand Croix Humanitaire de Francia (1956) y la Orden Nacional del Cedro de Líbano (1970).

CHECCHI, ANA ◆ n. en el DF (1960). Pintora. Estudió en el Instituto Statale d'Arte, de Roma, y en el Chelsea School of Art, de Londres. Volvió a México en 1980 y expone individualmente desde 1983. Ha presentado su obra en Italia (1983), Francia (1986) y México. Recibió mención honorífica del Crea en 1988.

CHEDRAUI, ANTONIO ◆ n. en Líbano (1932). Obispo de la Iglesia Católica Ortodoxa Griega. Hizo estudios religiosos en Trípoli. Fue ordenado diácono en 1952. Licenciado en filosofía por la Universidad de Atenas (1957). Fue secretario particular del patriarca Teodosio VI. En 1958 fue ordenado sacerdote y elevado a archimandrita. Vicario general de la arquidiócesis de Sudán (1959-63), vicario episcopal del norte de Líbano (1964-66) y obispo con el grado de Cesárea para México, Venezuela, Centroamérica y el Caribe desde 1966.

CHEJEL ◆ Río que forman en territorio de Chiapas varias corrientes nacidas en

Guatemala, al sur del paralelo 16. En territorio mexicano corre hacia el oeste-noroeste y desemboca en la presa de La Angostura. También es conocido como San Gregorio.

CHEMAX ◆ Municipio de Yucatán, situado en el este de la entidad, en los límites con Quintana Roo. Superficie: 1,028.56 km². Habitantes: 22,038, de los cuales 4,298 forman la población económicamente activa. Hablan alguna lengua indígena 18,326 personas mayores de cinco años (maya 18,321). Indígenas monolingües: 7,186.

CHEN CHARPENTIER, GILBERTO ◆ n. en el DF (1954). Fotógrafo. Ha expuesto su trabajo, individual o colectivamente, desde 1979 en diversas ciudades de México y el extranjero. Ha publicado fotografías y artículos en las revistas y periódicos *Houston Chronicle, unomás-uno, El Sol de México, México Desconocido, Fotozoom, Así es* y *Sectur.* Coautor de *La piel de las paredes* (1991). Autor de *Historia natural de las cosas* (1985), *En la Cuauhtémoc* (1988) y *Un día en la ciudad de México* (1991). Miembro (1983-), vocal (1985-87) y comisario (1987-) del Consejo Mexicano de Fotografía, donde ha impartido varios talleres. Hay obra suya en los museos de Culturas Populares, Nacional del Virreinato y de Arte Moderno de Querétaro, así como en el Consejo Mexicano de Fotografía, la Fototeca del INAHy la Casa del Lago.

CHENALHÓ ◆ Municipio de Chiapas, situado en la zona centro-norte de la entidad y contiguo a Chamula. Superficie: 139.1 km². Habitantes: 33,877, de los cuales 7,003 forman la población económicamente activa. Hablan alguna lengua indígena 23,925 personas mayores de cinco años (tzotzil 22,893 y tzeltal 1,032). Indígenas monolingües: 10,154. En la cabecera municipal las principales fiestas son el 20 de enero (San Sebastián), el 3 de mayo (la Santa Cruz), el 29 de junio (San Pedro Apóstol) y una semana después la *octava*, con procesiones y cantos; el 4 de agosto (Santo Domingo de Guzmán), el 15 (la Asunción de la Virgen María) y el

28 del mismo mes (San Agustín); el 8 de septiembre la Natividad y al día siguiente 10 (San Nicolás Tolentino y el Santo Cristo); el 4 de octubre (San Francisco de Asís), el 7 (la Virgen del Rosario) y el primero y 2 de noviembre (Todos los Santos y Fieles Difuntos). Por último, el 8 de diciembre se celebra a la Purísima Concepción.

CHENCINSKY VEKSLER, JACOBO ◆ n. en el DF (1934). Licenciado en letras y doctor en letras modernas por la UNAM, de la que ha sido profesor. Becario de El Colegio de México (1958-59) y del Centro de Estudios Literarios (1960-62 y 1964-66). Productor de televisión y guionista. Dirigió el Instituto de Intérpretes y Traductores. Colaborador de *Zócalo, Historia Mexicana* y *Revista de Filología Hispánica*. Preparó la edición del segundo tomo (teatro, 1965) de las *Obras* de Joaquín Fernández de Lizardi y colaboró en el primero y el tercero (poesía y fábulas, 1963; y periodismo, 1968). Autor del ensayo *El mundo metafórico de la lírica popular mexicana* (1961) y de las novelas *Las muertes de Edgardo* (1974) y *Siro* (1984).

CHERÁN ◆ Municipio de Michoacán, situado al oeste de Morelia. Superficie: 169.43 km². Habitantes: 16,259, de los cuales 3,358 forman la población económicamente activa. Hablan alguna lengua indígena 4,765 personas mayores de cinco años (purépecha 4,762). El municipio fue erigido el 20 de noviembre de 1861. El nombre significa "lugar de tepetate".

CHERNY, TERESA ◆ n. en el DF (1929). Escultora. Estudió decoración en la Universidad Motolinía e historia del arte en la Femenina. Asistió al taller de Robin Bond (1953) donde practicó pintura y grabado. En 1956 se inició en la escultura en Houston Texas, con Carma Anderson. Trabajó después bajo la dirección de Enrique Jolly y Mario Zamora. (1975-78). En San Diego estuvo en el taller de Shirley Lijtman y tomó clases de cerámica con Abel Ramírez. Participa en muestras colectivas desde 1975 y expone individualmente desde 1979. En 1978 obtuvo un premio de adquisición en el San Diego Art Institute.

CHESPIRITO ◆ ☞ *Gómez Bolaños, Roberto.*

CHETUMAL ◆ Bahía de Quintana Roo y Belice, situada en la parte sureste de la península de Yucatán, en el mar de las Antillas.

CHETUMAL ◆ Ciudad cabecera del municipio de Othón P. Blanco (☞). Es capital de Quintana Roo, y está situada en la frontera con Belice, en la bahía de Chetumal. Hasta 1936 se llamó Payo Obispo.

CHI, CECILIO ◆ n. en Tepich y m. en Chanchén, Yuc. (?-1848). Dirigente maya durante la guerra de castas. Su primer hecho de armas fue en 1847, al servicio de los blancos separatistas de Yucatán. Al ser asesinado el también líder maya Antonio Ay, se persiguió a otros jefes, entre ellos, Chi, a quien la tropa enemiga le quemó y saqueo su rancho, violando a una niña maya de 12 años. En represalia Chi tomó por asalto Tepich e inició una exitosa campaña. Se convirtió en experto en la guerra de guerrillas, pues tomaba uno a uno los puntos cercanos a las ciudades y las privaba de pertrechos, refuerzos y alimentos para después lanzarse al asalto. No ocupaba mucho tiempo las ciudades sino que acosaba a las tropas enemigas a lo largo de cientos de kilómetros de caminos, en los cuales era relativamente fácil emboscar al enemigo. En abril de 1848 rechazó el tratado que firmó el cacique Jacinto Pat con los blancos, lo detuvo y destruyó los tratados. Murió traicionado por su secretario.

CHI, GASPAR ANTONIO ◆ n. en Maní y m. en Mérida, Yuc. (1531-1610). Indio de la aristocracia maya. Fue evangelizado y se convirtió en intérprete al servicio de los españoles. Autor de una *Crónica* que sirvió de base a los primeros mayistas.

CHI GÓNGORA, WILBERT ◆ n. en Mérida, Yuc. (1938). Licenciado en biología. Miembro del PRI, donde fue subsecretario de organización del comité ejecutivo nacional. Fue oficial mayor y secretario general de la Liga de Comunidades Agrarias de Yucatán, oficial mayor (1980-83) y secretario de comercio exterior del comité ejecutivo nacional de la Confederación Nacional Campesina (1980-83). Ha sido senador suplente por Yucatán (1982-86), presidente del Ayuntamiento de Mérida y diputado federal (1985-88).

CHIAPA DE CORZO ◆ Municipio de Chiapas contiguo a la capital del estado. Superficie: 906.7 km². Habitantes: 58,825, de los cuales 12,689 forman la población económicamente activa. Hablan alguna lengua indígena 2,059 personas mayores de cinco años (tzotzil 1,201 y zoque 709). Indígenas monolingües: 138. Cerca de la cabecera municipal se halla una amplia zona arqueológica con ruinas olmecas. La ciudad cuenta con algunos monumentos coloniales, entre otros una fuente mudéjar que data del siglo XVI. Son muy visitados los balnearios Cahuaro, Nandacahuara y El Chorreadero, lugar donde hay varias cascadas. Tiene una artesanía variada: orfebrería, maderas laqueadas, alfarería, textiles, etcétera.

Fiesta grande de San Sebastian en Chiapa de Corzo, Chiapas

CHIAPAS ◆ Estado de la República situado en la frontera con Guatemala, en la costa del océano Pacífico. Colinda con Tabasco, Veracruz y Oaxaca. Superficie: 74,211 km² (3.8 por ciento del territorio nacional). La orografía de la entidad la componen franjas dispuestas diagonalmente (noroeste-sureste): las montañas del norte de Chiapas, la Meseta Central, depresión central, la sierra Madre de Chiapas y la llanura costera. La mayor elevación es el volcán Tacaná, con 4,110 metros de altura, ubicado sobre la sierra Madre de Chiapas, en la frontera con Guatemala. En la depresión central se halla el Cañón del Sumidero, cuyo fondo es recorrido por el río Grijalva. La hidrografía la integran más de cien ríos agrupados en cuatro cuencas: Grijalva, Suchiate-Coatán, Usumacinta y la formada por las corrientes que bajan de la sierra de Huitepec. Entre las lagunas importantes se cuentan la de Catazaja, que forman las avenidas del Usumacinta; la de Miramar, en la selva Lacandona; el conjunto lacustre de Montebello; esteros como el mar Muerto o Acapetagua y los embalses artificiales

Roberto Albores Guillén
gobernador constitucional
de Chiapas

Escudo del estado de Chiapas

como las presas de Chicoasén, Malpaso y La Angostura, las tres de mayor capacidad en el país (con 45 mil millones de metros cúbicos en total). Habitantes: 3,637,142 (1997), distribuidos en 111 municipios. El gobierno de Roberto Albores Guillén gestionó en 1999 la creación de siete nuevos municipios (Aldama, San Andrés Duraznal, Santiago El Pinar, Benemérito de las Américas, Maravilla Tenejapa, Montecristo de Guerrero y Marqués de Comillas) y proyectaba crear otros siete más durante su gestión. Para 1995, la población urbana

sumaba 1,582,392, y la rural 2,002,394; en ese año residía en la entidad 3.9 por ciento del total de la población nacional. El 6.2 por ciento de la población de Chiapas es inmigrante, y 2.31 nativa de otra entidad. El INEGI contabilizó en ese año que 768,720 personas mayores de cinco años hablaban alguna lengua indígena (tzeltal 279,015, tzotzil 260,026, chol 123,993, tojolabal 37,038, zoque 35, 965, kanjobal 10,558 y mame 7,347), y de ellas, 247,646 no dominaban el español. La taza de alfabetismo en 1995 era la menor de toda la República, con 73.8 por ciento entre los habitantes de 15 años y más (del promedio restante, 22.45 por ciento carecía

Tapachula, Chiapas

de instrucción primaria). *Economía*: la entidad aportaba en 1996 el 1.84 por ciento del producto interno bruto nacional. La población económicamente activa del estado era, en 1995, el 54 por ciento del total. *Historia*: existen vestigios humanos que datan de hace unos nueve mil años. Hace dos mil años los

Tuxtla Gutiérrez, Chiapas

mayas eran la etnia principal. A partir del siglo VI iniciaron grandes migraciones, se formaron pequeños grupos o se mezclaron con otras etnias. A lo largo de varios siglos edificaron los grandes centros ceremoniales de Palenque, Bonampak, Yaxchilán, Lacanjá y otros. Al llegar los indios chiapa del sur (probablemente de Nicaragua), sojuzgaron a varios señoríos mayas y de otras etnias. En el último cuarto del siglo XV los aztecas dominaron gran parte del actual territorio de Chiapas, pero no pudieron doblegar a los chiapa. A la llegada de los españoles habitaban la región los grupos citados, además de zoques (en el centro y centro-norte de la entidad), quelenes, tzeltales (centro), lacandones (en la margen izquierda del Usumacinta), mames (Soconusco) y otros grupos de menor importancia, algunos de ellos producto de divisiones de las mencionadas etnias. Los conquistadores se impusieron después de varios años de guerra (1522-28), echando mano de un armamento superior, de una hábil diplomacia que ahondó las divisiones interétnicas, y con la ayuda de las epidemias que diezmaban los ejércitos indígenas. Los chiapa ofrecieron una heroica resistencia y muchos prefirieron el suicidio antes que entregarse a los invasores. Pedro de Mazariegos fue el capitán español que consumó la conquista y fundó, el primero de marzo de 1528, la población llamada Villa Real, que con el paso del tiempo se convertiría en Villaviciosa, San Cristóbal de los Llanos y Chiapa de Corzo. A fines del mismo mes se fundó otra Villa Real. Para distinguirlas, una fue llamada Villa de Indios y la otra Villa de Españoles.

Mapa del
estado de Chiapas

Toniná, Chiapas

En materia religiosa no estaba definido a que diócesis pertenecía Chiapas y en 1536 hubo una disputa por los diezmos entre los obispos de Tlaxcala y Guatemala. En 1539 se erigió la diócesis de Chiapas y su primer obispo, Juan de Arteaga y Avendaño, murió sin haber entrado en su jurisdicción. Se nombró sucesor a Bartolomé de las Casas, quien llegó a Ciudad Real (hoy San Cristóbal) en 1545. Las Casas debió renunciar seis años después a causa de las violentas disputas que mantuvo con los encomenderos, quienes sometieron a los indios a toda clase de crueldades. Como respuesta se produjeron sublevaciones a lo largo de todo el periodo colonial. En 1542, Chiapas se convirtió en alcaldía mayor y pasó a formar parte de la Audiencia de los Confines, que comprendía

Iguanas de Chiapas

el sureste del actual territorio mexicano y Guatemala, Honduras y Nicaragua. La región del Soconusco se mantuvo como una provincia de menor rango, que dependía directamente de la corona en materia política, y en lo judicial de la Audiencia de Guatemala, hasta 1569 en que ésta la absorbió por completo. En 1668 la provincia de Chiapas se dividió en dos alcaldías mayores, una con cabecera en Ciudad Real y otra en San Marcos Tuxtla. La mayor rebelión indígena se produjo en 1712-13, cuando 32 pueblos tzotziles tomaron las armas para defenderse de los abusos de los españoles. Durante todo el periodo colonial se mantuvo la tensión entre los encomenderos, beneficiarios directos de la esclavitud, y los representantes de la Corona, obligados por su cargo a recaudar la mayor cantidad de impuestos para el rey, lo que explica su relativa defensa de los indios, quienes trabajando en sus comunidades se mantenían bajo el dominio directo de la Corona y eran sujetos de exacción fiscal, en tanto que al trabajar en las haciendas, bajo un régimen escla-

vista o servil, producían para los colonos blancos, los que se encargaban de recoger el tributo real, que llegaba fuertemente mermado a España. Chiapas se mantuvo al margen de la guerra de Independencia, con excepción de algunas incursiones insurgentes y de la batalla librada en abril de 1813 en Tonalá. El 28 de agosto de 1821, el párroco de Comitán, Matías Antonio de Córdoba, proclamó la Independencia de Chiapas respecto de España y el 3 de septiembre de 1821, ante la fuerza que había cobrado el movimiento trigarante, las autoridades de Chiapas, hasta entonces realistas, hicieron lo mismo y declararon su adhesión al Plan de Iguala. Poco después se envió a la Ciudad de México a Pedro José Solórzano, quien gestionó exitosamente la incorporación de Chiapas a México, formalizada por decreto de Iturbide el 16 de enero de 1822. Iturbide creó dos alcaldías mayores con jurisdicción sobre el actual territorio chiapaneco: una con cabecera en Totonicapan y otra en Quetzaltenango. En 1823, a la caída de Iturbide, los chiapanecos se dividen en dos grandes grupos: unos, en su mayoría iturbidistas, están por separarse de México, en tanto que el resto se inclina por permanecer como parte del país. Esta tendencia triunfa en 1824, mediante un plebiscito que ratifica la mexicanidad de Chiapas, por 96,829 votos, en tanto que 60,400 fueron por la anexión a Guatemala y 15,724 se declararon "neutrales". Así se decidió la incorporación de Chiapas a México, con excepción del partido del Soconusco, que se mantuvo como entidad independiente hasta 1841, cuando por decreto del gobierno centralista se le declara unido al Departamento de Chiapas y, por consiguiente, a México, pese a las protestas de Guatemala que se consideraba con derechos sobre ese territorio. El 18 de febrero de 1826 se firmó y juró la Constitución del estado. El primero de septiembre del mismo año se expide una Ley Agraria para la entidad. En 1829, se cambia por decreto el nombre de la capital del estado, Ciudad Real, que pasa

Lagunas de Montebello, Chiapas

a llamarse San Cristóbal de Las Casas. En 1830, Guatemala ocupa durante dos meses el Soconusco. Después de una consulta con diversos sectores políticos y sociales, se decide cambiar la sede de los poderes estatales a Tuxtla, el 21 de diciembre de 1832. En 1835 es derrocado el gobernador Joaquín Miguel Gutiérrez, defensor del federalismo, y se impone el régimen centralista. En 1842, Santa Anna incorpora el Soconusco a Chiapas y lo convierte así en parte de la República Mexicana. En enero de ese año se expide un decreto para dotar de tierras a las comunidades. Durante la invasión estadounidense de 1846-47 se forma la Guardia Nacional de Chiapas,

Palenque, Chiapas

pero la entidad se mantiene prácticamente al margen de la guerra. En noviembre de 1853 se rinde homenaje al ex gobernador Joaquín Miguel Gutiérrez y se agrega su apellido al nombre de la capital, que se llama desde entonces Tuxtla Gutiérrez. Con Ángel Albino Corzo a la cabeza triunfa en Chiapas la revolución de Ayutla, en 1855. Corzo, como gobernador del estado, afronta exitosamente la intentona del gobernador de Tabasco de anexarse una parte del territorio chiapaneco, caso que resuelve el Congreso nacional en favor de Chiapas en 1857. En ese año se produce en el Soconusco una revuelta separatista que es derrotada por fuerzas militares chiapanecas. El líder de la asonada, José María Chacón, se refugia en Guatemala. En 1858 los conservadores protagonizan un alzamiento. Chiapas se declara por defender la legalidad del gobierno juarista y Corzo lleva sus tropas hasta Tabasco, donde derrota a los conservadores. Vuelve a Chiapas y aplica las Leyes de Reforma. En 1860 vence la última resistencia de los conservadores, encabezados por el citado Chacón y Juan Ortega. Ante la amenaza de invasión francesa, Chiapas crea un contingente militar que se incorpora al Ejército de Oriente, comandado por Ignacio Zaragoza. En 1863 los imperialistas establecen un gobierno en San Cristóbal mientras los republicanos mantienen el suyo en Tuxtla. Al año siguiente son derrotados los conservadores y se decreta la pena de

muerte contra los que colaboren con los invasores franceses. El primero de abril de 1865 son derrotados definitivamente los imperialistas en Tapachula. A la restauración de la República cobra nueva vigencia el orden constitucional en Chiapas y la capital se traslada provisionalmente a Chiapa. Durante 1869 y

Cascadas de Misolhá, en Chiapas

La marimba, alegre instrumento que se toca en Chiapas

1870 tiene lugar la Guerra de Castas, en la que los chamulas reivindican sus derechos sobre la tierra y se oponen al régimen de servidumbre, al que los tenían sometidos los hacendados. El 26 de octubre de 1872, los poderes se trasladan a San Cristóbal de Las Casas. El Plan de Tuxtepec tiene la adhesión de amplias fuerzas chiapanecas y Porfirio Díaz se impone sin dificultad. Durante el porfiriato, los gobiernos estatales se caracterizan por su política de fomento a la industria, las grandes obras materiales y la represión a los opositores. En 1911, la revolución maderista tiene eco en Chiapas, donde liberales y conservadores dirimen añejas rencillas. Al producirse el golpe de Estado de Victoriano Huerta, es asesinado en la capital del país el senador chiapaneco Belisario Domínguez, después de que pronunciara un discurso condenando el cuartelazo. Huerta impone gobernadores mi-

Foto: Michael Calderwood

Laguna Naha, Chiapas

Foto: Fondo Editorial Grupo Azabache

Artesanías de Chiapas

litares a la entidad hasta la derrota de los federales, cuando llega al estado el general Jesús A. Castro, quien impone el orden constitucionalista y pone en vigor una Ley Agraria que es causa de un levantamiento promovido por los hacendados. Debido a que la lucha armada se prolongaría hasta 1920, al Constituyente de Querétaro asisten sólo cinco diputados chiapanecos de los siete que correspondían a la entidad. En 1923-24 el estado nuevamente se ve envuelto en la violencia a causa de la asonada delahuertista. Florinda Lazos León se convierte en la primera diputada local en 1926, cuando las mujeres chiapanecas se inician en el ejercicio del voto. En 1927, Chiapas rechaza la reforma constitucional para permitir la reelección en el cargo de Presidente de la República. El gobernador Carlos Amílcar Vidal es asesinado por su adhesión a la candidatura de Francisco R. Serrano. El gobernador Raimundo E. Enríquez impulsa la educación y lleva a cabo una amplia reforma agraria en la entidad durante su mandato (1928-34). Durante la gubernatura del coronel Victórico R. Grajales se aplica con todo rigor la Ley Calles, se cierran centros de

culto, imágenes religiosas y archivos eclesiásticos son destruidos y se persigue a sacerdotes y monjas. El mismo Grajales, con su comportamiento despótico, causa una sublevación de tzotziles y tzeltales. En septiembre de 1936 es desconocido Grajales, ya en abierto conflicto con el partido en el poder, el PNR. Hasta 1940 se acelera el reparto agrario y se aplican rigurosamente las leyes laborales. En diciembre de 1948 toma posesión de la gubernatura el general e ingeniero Francisco J. Grajales, quien aplica una política en beneficio de los empresarios, a tono con la que nacionalmente despliega el presidente Miguel Alemán. En 1971, durante el periodo de Manuel Velasco Suárez, se reintegran sus tierras a los lacandones. En 1960 se inicia la construcción de grandes presas en el estado, con las primeras obras de Malpaso, y en 1972 empieza la extracción de petróleo en la entidad, que llega a colocarse entre las principales productoras del país. En 1982 hizo erupción el volcán Chichón o Chichonal, lo que produjo un número indeterminado de muertos y fuertes pérdidas materiales. En 1981 se inicia una inmigración masiva de campesinos

Bello escenario natural cerca de Tapachula, Chiapas

Los combates duran varios días hasta que se decreta una tregua por ambas partes y el 21 de febrero se inician negociaciones entre una delegación de los rebeldes, encabezada por el subcomandante Marcos, y el comisionado para la paz por el gobierno federal, Manuel Camacho. El 28 se firman "34 compromisos por la paz", los que son rechazados en una consulta por "las bases" del EZLN. Del 7 al 10 de agosto del mismo año, con cinco mil participantes se celebra la Convención Nacional Democrática en San Cristóbal con una reunión en Aguascalientes, lugar contiguo a Guadalupe Tepeyac. En diciembre se constituye la Comisión de Concordia y Pacificación con parlamentarios de todas las fracciones del Congreso de la Unión. Del 19 al 29 de diciembre los zapatistas toman nueve alcaldías, bloquean carreteras y pistas

Colonos en la selva lacandona, Chiapas

guatemaltecos que, perseguidos por la dictadura militar de su país, huyen para salvar su vida. La primera reacción de las autoridades mexicanas es deportar a los refugiados, lo que condena a torturas y muerte a miles de ellos. Sin embargo, como aumentaba la inmigración, diversos organismos internacionales toman cartas en el asunto y el gobierno de José López Portillo se ve obligado a aplicar la tradicional política mexicana de asilo a perseguidos políticos. Chiapas llegó a albergar a más de 50 mil guatemaltecos, además de los aproximadamente 50 mil trabajadores migratorios, en su mayoría indocumentados, que trabajan en las fincas cafetaleras. El interés de Estados Unidos por alinear a México dentro de su política centroamericana se manifiesta en el caso de los refugiados, pues su presencia sirve para que el gobierno militar de Guatemala, activo colaborador de Washington, ordene o permita que uniformados de ese país violen la frontera y

cometan agresiones en suelo mexicano. En 1983 el presidente Miguel de la Madrid acuerda poner en marcha el Plan Chiapas, que preveé una alta inversión en favor del desarrollo económico y social de la zona limítrofe con Guatemala, el reforzamiento militar de la faja fronteriza y la construcción de una carretera paralela a la línea divisoria. Junto con esto se inicia el traslado de refugiados a Campeche, lejos de la frontera. En 1984 termina la era de los gobiernos militares en Guatemala, pero gran parte de los refugiados prefirieren no regresar por el momento a su país debido a las condiciones de inseguridad que prevalecen. El primero de enero de 1994, el grupo guerrillero llamado Ejército Zapatista de Liberación Nacional (☛), bajo el mando del "subcomandante Marcos", un hombre enmascarado al igual que sus compañeros, ataca destacamentos militares y toma San Cristóbal de Las Casas, Ocosingo, Altamirano, Chanal y Las Margaritas.

Cenote Azul Chinkoltik, Chiapas

cercanas a Guadalupe Tepeyac, mientras el obispo de San Cristóbal, Samuel Ruiz, hace un "ayuno por la paz". El 9 de febrero de 1995, el gobierno federal anuncia que aprehendió a varios militantes del EZLN, revela que el subcomandante Marcos es Rafael Sebastián Guillén Vicente y ocupa con sus tropas zonas que estaban en poder del zapatismo. El 22 de abril se inicia un nuevo diálogo en San Andrés Larráinzar y el 17 de febrero de 1996 se firman acuerdos, que por mutuo consentimiento de las partes, la Cocopa, transforma en un proyecto de reformas legales para ser presentado en forma conjunta por todas las fracciones al Congreso de la Unión. El gobierno de la República se retracta y opta por presentar otro proyecto de reformas, lo que no es aceptado por el EZLN. En noviembre de ese año se torna grave la situación de los grupos desplazados por el conflicto y se advierte el inminente riesgo de violencia. No se toman medidas precautorias y en diciembre un grupo armado asesina a hombres, mujeres y niños en el poblado de Acteal.

San Cristóbal, Chiapas

DISTRIBUCIÓN DE LA POBLACIÓN POR TAMAÑO DE LA LOCALIDAD

Más de 15,000
27.20%

Hasta 2,500
55.90%

Entre 2,500 y 15,000
16.90%

PROMEDIO DE ESCOLARIDAD DE LA POBLACIÓN DE 15 AÑOS Y MÁS, POR SEXO, 1995

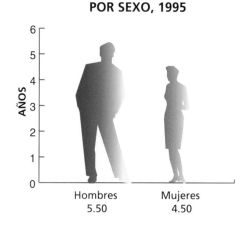

Hombres
5.50

Mujeres
4.50

Promedio 5 años

LONGITUD DE LA RED DE CARRETERAS POR SUPERFICIE DE RODAMIENTO, 1995

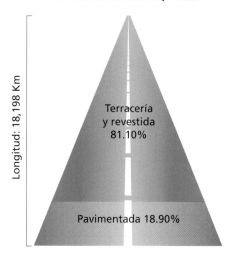

Longitud: 18,198 Km

Terracería y revestida
81.10%

Pavimentada 18.90%

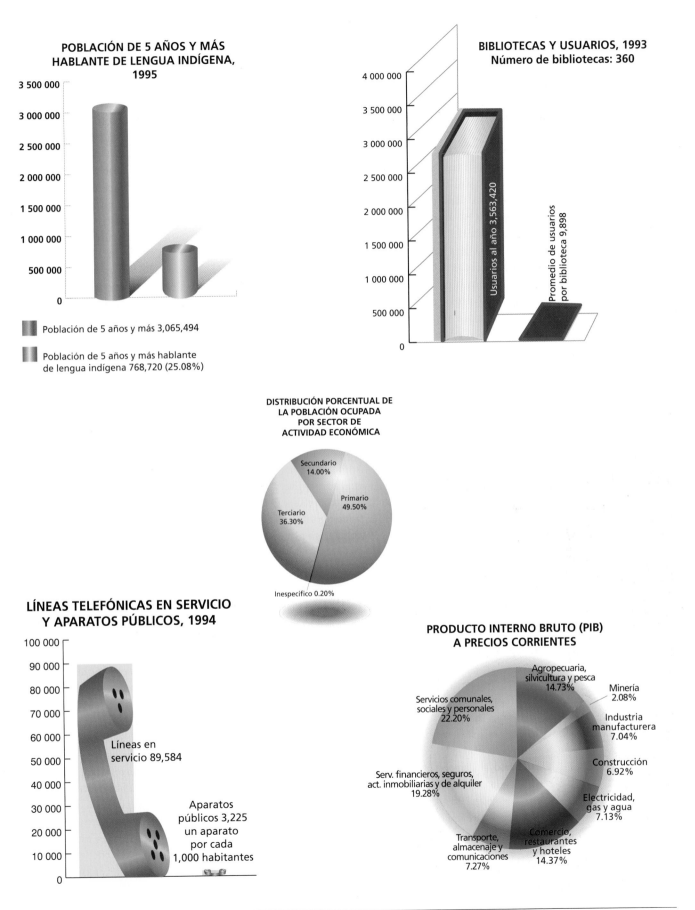

POBLACIÓN DE 5 AÑOS Y MÁS HABLANTE DE LENGUA INDÍGENA, 1995

Población de 5 años y más 3,065,494

Población de 5 años y más hablante de lengua indígena 768,720 (25.08%)

BIBLIOTECAS Y USUARIOS, 1993
Número de bibliotecas: 360

Usuarios al año 3,563,420

Promedio de usuarios por biblioteca 9,898

DISTRIBUCIÓN PORCENTUAL DE LA POBLACIÓN OCUPADA POR SECTOR DE ACTIVIDAD ECONÓMICA

Secundario 14.00%

Primario 49.50%

Terciario 36.30%

Inespecífico 0.20%

LÍNEAS TELEFÓNICAS EN SERVICIO Y APARATOS PÚBLICOS, 1994

Líneas en servicio 89,584

Aparatos públicos 3,225 un aparato por cada 1,000 habitantes

PRODUCTO INTERNO BRUTO (PIB) A PRECIOS CORRIENTES

Agropecuaria, silvicultura y pesca 14.73%

Minería 2.08%

Industria manufacturera 7.04%

Construcción 6.92%

Electricidad, gas y agua 7.13%

Comercio, restaurantes y hoteles 14.37%

Transporte, almacenaje y comunicaciones 7.27%

Serv. financieros, seguros, act. inmobiliarias y de alquiler 19.28%

Servicios comunales, sociales y personales 22.20%

CHIAPILLA ◆ Municipio de Chiapas, situado en el centro de la entidad, al este de Tuxtla Gutiérrez. Superficie: 86.9 km². Habitantes: 4,770, de los cuales 1,294 forman la población económicamente activa. Hablan alguna lengua indígena 85 personas mayores de cinco años (tzotzil 83).

CHIAUTEMPAN ◆ Municipio de Tlaxcala, situado en los límites con Puebla y contiguo a la capital del estado. Superficie: 101.4 km². Habitantes: 53,241, de los cuales 15,944 forman la población económicamente activa. Hablan alguna lengua indígena 1,875 personas mayores de cinco años (náhuatl 1,818). Tienen gran demanda los productos de lana que se expenden en la cabecera municipal, del mismo nombre, aunque conocida todavía como Santa Ana Chiautempan.

CHIAUTLA ◆ Municipio del Estado de México, situado en el este de la entidad. Colinda al sur con Texcoco. Superficie: 24.99 km². Habitantes: 16,602, de los cuales 4,193 forman la población económicamente activa. Hablan alguna lengua indígena 37 personas mayores de cinco años (náhuatl 31).

CHIAUTLA ◆ Municipio del estado de Puebla, situado en el suroeste de la entidad, en los límites con Morelos. Superficie: 685.05 km². Habitantes: 19,738, de los cuales 3,280 forman la población económicamente activa. Hablan alguna lengua indígena 55 personas mayores de cinco años (náhuatl 50). Del 8 al 12 de diciembre se celebra en la cabecera, antes llamada Chiautla de Tapia, una feria regional con bailes, juegos, exposiciones y otros atractivos. En noviembre de 1811, fuerzas insurgentes al mando de José María Morelos tomaron por asalto esta villa, que se hallaba en manos de los realistas.

CHIAUTZINGO ◆ Municipio de Puebla, situado al oeste de la capital del estado. Superficie: 44.66 km². Habitantes: 15,951, de los cuales 3,658 forman la población económicamente activa. Hablan alguna lengua indígena 218 personas mayores de cinco años (náhuatl 200). La cabecera es San Lorenzo Chiautzingo.

CHICANOS ◆ Nombre que se aplica a los mexicanos que residen en Estados Unidos y a sus descendientes. Desde principios de siglo el término se refería a los trabajadores mexicanos sin calificación profesional, que de esta manera eran diferenciados de los *pochos*, que tenían empleo más o menos estable, arraigo o por lo menos residencia fija en EUA. A fines de los años cincuenta, el término se hizo extensivo a todos los méxico-estadounidenses de escasos recursos económicos, y en la década siguiente "a todo norteamericano de ascendencia mexicana", si bien los hay que prefieren ser llamados "mexicanos", *mexican americans*, *spanish americans* (en especial quienes se consideran descendientes de europeos y no de indios, como sucede con algunas familias de Nuevo México), y también *hispanics*, como llaman las agencias noticiosas y las oficinas gubernamentales de EUA a las personas de origen hispanoamericano. Tino Villanueva dice que "chicano es el término actual que sugiere, entre otras cosas, autodeterminación, orgullo de etnicidad y concientización política". De entre quienes poseen tales características o sobre ellos se han publicado numerosas obras de ensayo, poesía, teatro y narrativa, que recogen y reflejan sus rasgos sociales y culturales. Existen también un cine con las mismas preocupaciones, un vigoroso movimiento pictórico con raíces en el muralismo mexicano y otras expresiones artísticas de esa que es la segunda minoría étnica de Estados Unidos (☞).

CHICAPA ◆ Río de la región ístmica de Oaxaca. Nace en la sierra de Niltepec y desemboca en la laguna Superior, en el golfo de Tehuantepec.

CHICAYÁN ◆ Río de Veracruz que nace en la sierra de Tantima, corre hacia el norte y tributa sus aguas en el Pánuco.

CHICHÉN ITZÁ ◆ Zona arqueológica maya del municipio de Tinum, Yucatán. Esta formada por los restos de una ciudad construida en dos épocas: una que va del siglo V al X y otra, propiamente maya-tolteca, del XI al XIII. Los españoles llegaron al lugar en 1527 y en el mismo siglo XVI estuvo ahí fray Diego de Landa. La exploración intensiva de la zona fue en el siglo XIX, época en la que estuvo sujeta al saqueo. A partir del año de 1923 se inició la restauración de algunas edificaciones.

CHICHIHUALCO ◆ Cabecera del municipio de Leonardo Bravo (☞), Guerrero.

CHICHIMECAS ◆ Nombre que recibían durante la colonia los indios nómadas del norte del país. Según algunos autores, así se llamaba a los *bárbaros* en la época prehispánica, pues literalmente, chichimeca significa *linaje de perros*. De acuerdo con fray Bernardino de Sahagún, había unos chichimecas "auténticos". Una parte de éstos, de filiación nahoa, se habría desplazado desde California y Arizona al centro de México en los siglos XII y XIII. Se cree que los señoríos de Tenayuca, Azcapotzalco, Tlaxcala y Texcoco eran chichimecas. Se supone que en el centro del país se sometieron a un amplio mestizaje, que se incrementó cuando los tenochcas emergieron como la etnia dominante, lo que también marcó la declinación de los chichimecas. Durante los primeros años del México virreinal fueron sometidos a una guerra de exterminio y obligados a asentarse en el actual estado de Guanajuato. Aunque existen algunos pequeños grupos en Querétaro y San Luis Potosí, el principal se halla en la Misión de Chichimecas, municipio de San Luis de la Paz, donde en 1980, según Lilian Scheffler, existían unos 1,600 "en un valle semiárido, atravesado por dos arroyos, clima seco, caluroso en verano y frío en invierno". Su idioma pertenece al grupo otomangue, tronco otopame, familia pame-jonaz. Viven en casas de adobe con techo de lámina de cartón. Visten igual que los campesinos de la región. Se dedican a cultivar sus tierras o se emplean como peones en las localidades cercanas. Producen cobijas de lana, costales de ixtle y otras artesanías. Los ancianos son respetados y consultados para los asuntos que interesan a la comunidad. Sus principales fiestas son la de San Luis Rey y la del 12 de diciembre, día de la Virgen de Guadalupe.

CHICHIMILÁ ◆ Municipio de Yucatán contiguo a Valladolid, en los límites con Quintana Roo. Superficie: 358.59 km². Habitantes: 5,834, de los cuales 1,302 forman la población económicamente activa. Hablan maya 4,886 personas mayores de cinco años (monolingües: 2,136).

CHICHIQUILA ◆ Municipio de Puebla, situado al este de la capital del estado, en los límites con Veracruz. Superficie: 100.78 km². Habitantes: 18,312, de los cuales 4,274 forman la población económicamente activa. Hablan alguna lengua indígena 4,231 personas mayores de cinco años (náhuatl 4,230).

CHICHINO LIMA, JESÚS ◆ n. en Puebla, Pue. (1942). Licenciado en derecho por la UNAM (1962). Fue jugador y entrenador de basquetbol y voleybol en la UNAM, donde presidió la Asociación de Basquetbol (1975-78) y ocupó el cargo de subdirector de Actividades Deportivas (1974-79). Director del plantel Popotla del Instituto Nacional del Deporte (1978) y presidente de la Confederación Deportiva Mexicana (1979-). Fue representante de la Federación Internacional de Deporte Universitario para América Latina (1980), vicepresidente de la Asamblea de Confederaciones Deportivas de América y tesorero del consejo supremo de la Asamblea Mundial de Confederaciones Deportivas (1981). En 1978 fue aceptado como miembro de número de la Academia Mexicana de Derecho del Deporte.

CHICHÓN O CHICHONAL ◆ Volcán del norte de Chiapas. Su altura es de 1,315 metros. A partir de noviembre de 1985 se produjo una inusitada actividad sísmica en Chapultenango y municipios aledaños y el 28 de marzo de 1982, aproximadamente a las 23: 30 horas, el volcán hizo erupción.

CHICO, JULIO ◆ n. en el DF (1947). Estudió en la Escuela Nacional de Artes Plásticas (1965-70). Participó en las obras de restauración del Palacio de Minería. En 1977 ingresó en el taller de grabado del Molino de Santo Domingo. Expone individualmente desde 1978. Ha presentado su obra en ciudades de

El Chichonal en Chiapas

México y Estados Unidos. Obtuvo mención honorífica en la Bienal de Maracaibo, Venezuela (1982). En 1984 asistió en Nueva York a un curso para elaborar papel a mano. Ha incursionado en la escultura.

CHICO, MARIANO ◆ n. en Guanajuato, Gto., y m. en Querétaro, Qro. (1796-1850). Militar de carrera. Fue elegido diputado por Guanajuato en 1831. Gobernador de California (1836). General en 1842. Gobernador interino y comandante militar (abril de 1842 a agosto de 1843) y gobernador Constitucional de Aguascalientes (agosto de 1844 a noviembre de 1845). Gobernador de Guanajuato (mayo-agosto de 1846). Combatió a los invasores estadounidenses en Veracruz.

CHICO CHE, FRANCISCO JOSÉ HERNÁNDEZ MANDUJANO ◆ n. en Villahermosa, Tab., y m. en el DF (1946-1989). Músico. Se inició con el grupo

Los Temerarios; creó el conjunto Los Bárbaros y por último Chico Che y la Crisis (originalmente llamado Chico Che y la Crisis del Imperialismo), con el que varias de sus composiciones, en las que combinaba el rock con la cumbia, ganaron popularidad: *¿Quén pompó?, Me pasas el resto, Los nenes con las nenas* y varias más.

CHICO GOERNE, LUIS ◆ n. en Guanajuato, Gto., y m. en el DF (1892-1960). Abogado. Magistrado del Supremo Tribunal Militar (1920), director de la Escuela Nacional de Jurisprudencia (1929-33), rector de la UNAM (1935-38) y ministro de la Suprema Corte de Justicia (1947-1960). Perteneció a diversas corporaciones profesionales, entre otras la Asociación Nacional de Abogados Mexicanos, que presidió, y la Unión Internacional de Abogados, de la que fue vicepresidente. Escribió *La Universidad y la inquietud de nuestro tiem-*

Chicoloapan, Estado
de México

po (1937), *México ante el pensamiento jurídico social de Occidente* (1955) y *La misión del derecho constitucional dentro de la crisis del derecho público de Occidente* (1955).

CHICO Y LINARES, JOSÉ MARÍA ◆ n. en Guanajuato, Gto., y m. en Monclova, Coah. (1786-1811). Abogado. Se unió a la causa de la independencia al ocupar los insurrectos la capital guanajuatense. Secretario particular de Hidalgo, quien lo designó ministro de Gracia y Justicia al ocupar Guadalajara. Fue apresado con los líderes insurgentes en Acatita de Baján, trasladado a Monclova para someterlo a juicio y después ejecutado en Chihuahua.

CHICO PARDO, LUIS ANTONIO ◆ n. en el DF (1940). Licenciado en economía (1958-62) y en derecho por la UNAM (1958-60), con estudios de posgrado en la London School of Economics (1963-65) y el Instituto Mexicano de Desarrollo (1974). Miembro del PRI. Ha sido

subgerente del Banco de México (1965-71), subdirector de Deuda Pública (1973-75) y coordinador técnico de la Dirección General de Crédito (1975-76) de la Secretaría de Hacienda, director del Banco Mexicano (1976), vicepresidente ejecutivo del Banco Mexicano Somex (1978-82) y director general del Banco BCH (1982-).

CHICO SEIN, VICENTE ◆ n. y m. en San Luis Potosí, SLP (¿1810?-1863). Abogado. Combatió a los conservadores durante la revolución de Ayutla y la guerra de los Tres Años. Fue gobernador de San Luis Potosí (mayo-septiembre de 1858 y febrero-marzo de 1863).

CHICOASÉN ◆ Municipio de Chiapas situado al norte de la capital del estado. Superficie: 82 km². Habitantes: 3,906, de los cuales 903 forman la población económicamente activa. Hablan alguna lengua indígena 355 personas mayores de cinco años (tzotzil 351). En la jurisdicción municipal existe una zona arqueológica. La planta hidroeléctrica de la presa de Chicoasén constituye otro atractivo turístico.

CHICOLOAPAN ◆ Municipio del Estado de México situado en el este de la entidad. Limita al norte con Texcoco. Superficie: 63.46 km². Habitantes: 71,351, de los cuales 16,097 forman la población económicamente activa. Hablan alguna lengua indígena 527 personas mayores de cinco años (mixteco 170 y otomí 142). La cabecera es Chicoloapan de Juárez. El municipio fue erigido en 1824.

CHICOMECÓATL ◆ Deidad nahoa de la agricultura. El nombre significa "siete serpientes", que era el día en que se le rendía culto. Sahagún la compara con la diosa Ceres de los romanos, pero Cecilio Robelo considera que se trataba de la personificación divina de la Tierra en su aspecto "de la esterilidad y del hambre".

CHICOMOZTOC ◆ "Lugar de las siete cuevas" de donde se supone que salieron las tribus nahoas, de las cuales algunas llegaron al valle de México para fundar México-Tenochtitlan. Área que comprende 216 hectáreas en el munici-

pio de Villanueva, Zacatecas. También se le conoce como La Quemada. En 1993 el gobierno federal la declaró zona de monumentos arqueológicos.

CHICOMUSELO ◆ Municipio de Chiapas, situado en el sureste de la entidad. Limita por el oeste con Angel Albino Corzo. Superficie: 958.9 km². Habitantes: 26,932, de los cuales 6,276 forman la población económicamente activa. Hablan alguna lengua indígena 111 personas mayores de cinco años (kanjobal 53).

CHICONAMEL ◆ Municipio de Veracruz, situado en el norte de la entidad, contiguo a Tantoyuca y en los límites con Hidalgo. Superficie: 133.25 km². Habitantes: 6,531, de los cuales 1,620 forman la población económicamente activa. Hablan náhuatl 3,913 personas mayores de cinco años. Indígenas monolingües: 226.

CHICONCUAC ◆ Municipio del Estado de México, situado en el este de la entidad, al norte de Texcoco. Superficie: 17.49 km². Habitantes: 15,448, de los cuales 3,866 forman la población económicamente activa. Hablan alguna lengua indígena 137 personas mayores de cinco años (náhuatl 132). El municipio fue erigido en 1868. La cabecera es Chiconcuac de Juárez y sus tejidos de lana atraen a gran número de visitantes.

CHICONCUAUTLA ◆ Municipio de Puebla, situado en el norte de la entidad. Superficie: 113.5 km². Habitantes: 11,481, de los cuales 2,858 forman la población económicamente activa. Hablan alguna lengua indígena 6,633 personas mayores de cinco años (náhuatl 6,619). Indígenas monolingües: 1,021. El balneario Atotonilco de Chiconcuautla constituye el principal atractivo turístico.

CHICONQUIACO ◆ Municipio de Veracruz, situado al noreste de Jalapa y al sur de Misantla. Superficie: 68.27 km². Habitantes: 11,951, de los cuales 3,204 forman la población económicamente activa. Hablan alguna lengua indígena 42 personas mayores de cinco años (totonaco 41).

CHICONTEPEC ◆ Municipio de Veracruz, situado en el norte de la entidad, al oeste de Tuxpan y en los límites con Hidalgo. Superficie: 978 km². Habitantes: 60,541, de los cuales 14,349 forman la población económicamente activa. Hablan alguna lengua indígena 41,788 personas mayores de cinco años (náhuatl 41,678). Indígenas monolingües: 3,676. La cabecera es Chicontepec de Tejeda.

CHICOTE, ARMANDO SOTO LAMARINA ◆ n. y m. en el DF (1909-1983). Fue soldado y banderillero antes de iniciarse como bailarín y cómico de carpa en 1927. En la fiesta brava, por su corta estatura, le llamaban *Chicuelo*, palabra que en la carpa se convirtió en *Chicote*. Trabajó en más de 200 películas, entre otras, *Juan sin miedo, Aquí están los Aguilares, La esquina de mi barrio, Jalisco canta en Sevilla, ¡Ay chaparros, cómo abundan!, El Tigre de Santa Julia, La ley del Gavilán, El Capitán Furia* y *Llámenme Mike.*

CHICXULUB PUEBLO ◆ Municipio de Yucatán, situado en la costa del golfo de México, al norte de Mérida y al este de Progreso. Superficie: 196.72 km². Habitantes: 3,423, de los cuales 910 forman la población económicamente activa. Hablan alguna lengua indígena 752 personas mayores de cinco años (maya 751). En 1997, diversos estudios científicos encontraron un cráter de impacto cuyo diámetro es de 250 kilómetros y cuya profundidad es de 1,100 metros bajo la superficie de la tierra.

CHIETLA ◆ Municipio de Puebla, situado al suroeste de la capital del estado, en los límites con Morelos. Superficie: 276.82 km². Habitantes: 35,859, de los cuales 8,131 forman la población económicamente activa. Hablan alguna lengua indígena 111 personas mayores de cinco años (mixteco 47 y náhuatl 39). En la jurisdicción hay balnearios de aguas termales y se practica la caza de paloma, conejo y liebre. El 4 de octubre es la principal fiesta del lugar.

CHIGMECATITLÁN ◆ Municipio de Puebla, situado al sur-sureste de la capital del estado. Superficie: 28.06 km². Habitantes: 1,104, de los cuales 363 forman la población económicamente activa. Hablan alguna lengua indígena 890 personas mayores de cinco años (mixteco 887). Indígenas monolingües: 198. Sus principales fiestas son el 13 de junio (San Antonio) y el 8 de diciembre, que es la celebración patronal.

CHIGNAHUAPAN ◆ Municipio de Puebla, situado en el norte de la entidad, en los límites con Hidalgo y Tlaxcala. Colinda por el norte con Zacatlán. Superficie: 591.92 km². Habitantes: 46,208, de los cuales 11,124 forman la población económicamente activa. Hablan alguna lengua indígena 120 personas mayores de cinco años (náhuatl 94). La mayor afluencia de turistas tiene lugar durante la Feria Regional, en la última semana de mayo. La cabecera cuenta con templos muy visitados, como la ermita de la Virgen del Ocote y la iglesia de la Virgen de la Salud. En la jurisdicción se puede practicar la caza del pato y el conejo, existen varios balnearios de aguas sulfurosas y la cascada, de 200 metros de altura, conocida como el Salto de Quetzalapan.

CHIGNANKANAB ◆ Laguna del municipio de José María Morelos, Quintana Roo. Está situada cerca de los límites con Yucatán.

CHIGNAUTLA ◆ Municipio de Puebla, situado en el noreste de la entidad, cerca de los límites con Veracruz. Superficie: 104.61 km². Habitantes: 18,275, de los cuales 3,666 forman la población económicamente activa. Hablan alguna lengua indígena 4,881 personas mayores de cinco años (náhuatl 4,868).

Chicoasén

Patricio Martínez,
gobernador
constitucional de
Chihuahua

CHIHUAHUA ◆ Estado de la República Mexicana situado en el norte del país. Limita al este con Coahuila, al sur con Durango, al suroeste con Sinaloa, al oeste con Sonora y al norte con Estados Unidos (Nuevo México y Texas). Superficie: 247,087 km². Por su extensión el estado más grande de México y ocupa 12.6 por ciento del territorio nacional. Cuenta con 67 municipios y la capital es la ciudad de Chihuahua. El este y suroeste de la entidad se halla ocupado por la Sierra Madre Occidental y sus estribaciones. El resto del territorio estatal se encuentra en el extremo norte de la Altiplanicie Mexicana. La

hidrografía chihuahuense está conformada por tres vertientes: la occidental, con corrientes formadas en la región serrana que se dirigen hacia el Golfo de California: ríos Papigóchic, Mayo y San Miguel; la interior, con los ríos Casas Grandes, Santa María y Carmen que tributan en las lagunas de Guzmán, Santa María y Patos; y la vertiente del Golfo de México, con el río Bravo y sus afluentes. Las presas más importantes del estado son La Boquilla, Luis L. León, Francisco I. Madero y El Tintero. Habitantes: 3'003,509 (según la estimación para julio de 1999), de los cuales 80.2 por ciento se encuentran concentrados en áreas urbanas y el resto en zonas rurales. La densidad de población es de 12.1 habitantes por km². Las principales ciudades son Juárez (1,093,331 habitantes), Chihuahua (674,223), Hidalgo del Parral (103,962), Delicias (100,586), Cuauhtémoc (86,701), Nuevo Casas Grandes (53,188), Camargo (38,559), Jiménez (33,075), Meoqui (19,182), Ojinaga (19,016) y Aldama (16,948). Según el conteo de 1995 del INEGI, la población económicamente activa era de 1'206,711 habitantes, de los cuales 19.8 por ciento se encontraban en el sector primario, 33.7 por ciento en el secundario y 46.3 por ciento en el terciario. El producto interno bruto del estado aumentó su participación en el PIB nacional de 3.9 por ciento en 1993, a 4.2 por ciento en 1996 (cuando se cuantificaba en $ 47'984,092, a precios de 1993), y para generarlo, el sector comercio aportaba 30 por ciento, el manufacturero 22 por ciento, el de servicios comunales 15 por ciento, el de

Zona de San José Backue achi en Chihuahua

La minería, importantísima actividad en la historia de Chihuahua servicios financieros 12 por ciento, transportes 9 por ciento, agropecuario 7 por ciento, construcción 3 por ciento y electricidad uno por ciento. Hablan alguna lengua indígena 67,930 mayores de cinco años (tarahumara 59,867 y tepehuano 3,986), de los cuales 10,214 no hablan español. La población alfabeta del estado es de 94.4 por ciento y la que carece de instrucción primaria, 5.35 por ciento (de 15 años y más). *Historia*: A la llegada de los españoles el territorio del actual estado de Chihuahua estuvo habitado por casi un centenar de etnias entre las cuales se contaban tarahumaras, apaches, comanches, guarojíos, julimes, tepehuanes y conchos. En Casas Grandes se hallan las ruinas de una ciudad construida, según se cree, por grupos nahoas que posteriormente emigraron hacia el sur. Los primeros europeos en llegar fueron los integrantes de la expedición encabezada por Álvar Núñez Cabeza de Vaca, quienes pasaron por Chihuahua en su largo recorrido desde Florida hasta Sinaloa. En la segunda mitad del siglo XVI se establecieron los primeros españoles en el sur de la entidad, donde se descubrió el mineral de Santa Bárbara y fueron establecidas varias haciendas ganaderas para proveer de carne a los fundos mineros de Zacatecas y Durango. Paralelamente se fundaron

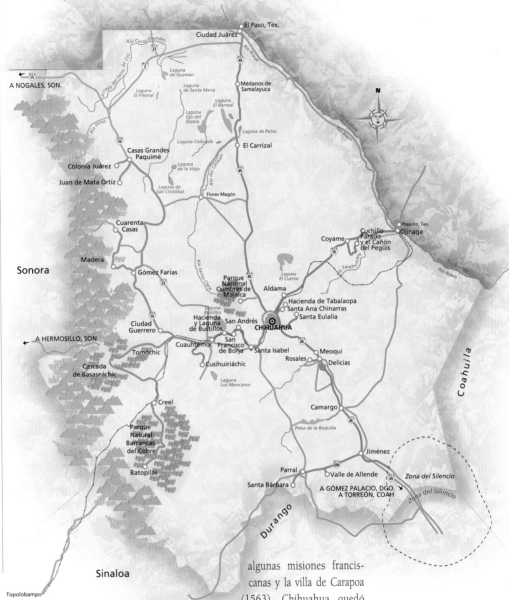

Mapa de Chihuahua

Basaseáchic, Chihuahua

algunas misiones franciscanas y la villa de Carapoa (1563). Chihuahua quedó como una provincia del reino de Nueva Vizcaya. En 1598 se estableció el puesto militar que con el tiempo sería conocido como El Paso y luego Ciudad Juárez. El dominio español fue inestable a lo largo del siglo XVI. Al iniciarse la siguiente centuria fue fundada la villa de Parras (primer lugar de Chihuahua donde se cultivó la vid) y se abrieron nuevas minas a la explotación, principalmente las de San José del Parral (1631). Conforme se abrían nuevos socavones se esclavizaba a mayor número de indios, por lo cual las sublevaciones fueron frecuentes en este siglo (tepehuanes, tobosos, conchos, tarahumaras, etc.). La pugna entre los dueños de

Ciudad Juárez, Chihuahua

minas y haciendas con los representantes de la Corona española, interesada en el tributo que debían entregar las comunidades indígenas, motivó que se expidieran disposiciones legales para que no se obligara a los indios a trabajar en los minerales. Tales disposiciones nunca tuvieron plena aplicación, pero demuestran la pugna que se mantuvo presente a lo largo de la Colonia entre los intereses de los colonos y del trono español. A principios del siglo XVIII, en torno

a una fundición, apareció el caserío que en 1708 sería convertido en el Real de San Francisco de Cuéllar, que en 1718 sería elevado al rango de villa de San Felipe el Real de Chihuahua. Apaches, tobosos y conchos protagonizaron las principales rebeliones indígenas de esta centuria. En 1790 la ciudad de Chihuahua se convirtió en sede de la comandancia de las Provincias Internas de Oriente y Occidente. Al estallar la guerra de Independencia, los realistas formaron varios contingentes que marcharon a combatir a los insurrectos, cuyos líderes, en su viaje a Estados Unidos en busca de per-

trechos, fueron aprehendidos en Acatita de Baján, Coahuila, y trasladados a la ciudad de Chihuahua, donde se les sometió a proceso y fueron ejecutados. En 1821 el ejército realista acantonado en Chihuahua se unió al Plan de Iguala y el gobernador Diego García Conde formalizó la adhesión de la provincia, la cual envió representantes al Congreso Nacional que poco después disolvería Iturbide, a quien las autoridades chihuahuenses se mantuvieron fieles después del pronunciamiento del Plan

Casa de Alvarado en Chihuahua

de 1825 el Congreso local juró la primera Constitución del estado. Entre 1830 y 1880 Chihuahua, además de padecer la inestabilidad política que afectó al resto del país, fue escenario de una feroz guerra racial que sólo terminó con el exterminio de comanches y apaches (☞). Al instaurarse el centralismo (☞). en el país, además de los colonos de Texas se sublevaron los de Nuevo México, quienes fueron derrotados por tropas enviadas desde Chihuahua, mismas que en otras ocasiones repelieron las incursiones de tropas texanas. En esos años el estado se convirtió en departamento. Al producirse la anexión de Texas a Estados Unidos, el gobernador liberal Ángel Trías organizó un contingente para resistir a la nación del norte. Derrocado en agosto de 1845, volvió al poder un año después y reanudó los aprestos militares para resistir la invasión estadounidense que se

La cultura tarahumara presente en Chihuahua

Platillos típicos de la ciudad de Chihuahua

Casacada de Basaeáchic en Chihuahua

de Casa Mata, hasta que la instalación de la República disuadió a los iturbidistas. El Congreso determinó dividir la Nueva Vizcaya en dos provincias, Durango y Chihuahua, las que volverían a quedar unidas por breve lapso dentro del estado Interno del Norte, que comprendía también Nuevo México. Sin embargo, el 6 de julio de 1824, el Constituyente resolvió la erección del estado de Chihuahua, que en lo militar quedó bajo la misma jurisdicción que Nuevo México. En diciembre

FOTO: MICHAEL CALDER WOOD

La sierra de El Niño
en Chihuahua

La actividad ganadera
de gran trascendencia
en Chihuahua

FOTO: FONDO EDITORIAL GRUPO ASABACHE

FOTO: FONDO EDITORIAL GRUPO ASABACHE

Ruinas de Paquime en Chihuahua

produjo en diciembre de 1846. La soldadesca intervencionista ocupó El Paso
del Norte en ese mes y la capital del
estado del 2 de marzo de 1847 hasta la
primera quincena de mayo, cuando la
evacuaron para avanzar sobre Saltillo.
Trías volvió a la ciudad de Chihuahua y
desde ahí prosiguió en su labor de organizar fuerzas contra los invasores. En
febrero de 1848 otra fuerza invasora
penetró en la entidad y, pese a que ya se
habían firmado los Tratados de Guadalupe Hidalgo, atacó a las tropas mexi-

canas e hizo prisioneros a
Trías y a decenas de ofi-
ciales, quienes fueron liberados meses después. Con
los Tratados, Chihuahua
perdió una ancha franja de
su territorio. Al restablecerse el orden se puso en
vigor la Constitución local
aprobada en 1847 y Trías
siguió como gobernador.
En esa función opuso

resistencia militar a la ocupación de La
Mesilla, pero Santa Anna le ordenó retirarse, pues ya había decidido vender a
los estadounidenses esta porción de
Chihuahua y del territorio nacional. El
tirano impuso entonces nuevas autoridades en el llamado departamento de
Chihuahua, las que al triunfo del Plan
de Ayutla fueron sustituidas, en tanto
que el estado enviaba representantes al
Constituyente de 1856-57. Al producirse la asonada conservadora de Tacu-

Foto: Michael Calderwood

Pinturas rupestres de Chihuahua

Catedral de Chihuahua

la oligarquía local no se pusiera de acuerdo, Porfirio Díaz impuso como gobernador al colimense Miguel Ahumada, quien gobernó hasta 1903 bajo la tónica dictatorial de poca política y mucha administración, por lo que se dio prioridad a las obras materiales. Terrazas volvió al gobierno en 1903 para dejar el cargo a Enrique C. Creel un año después. La gestión de éste se caracterizó por su ilimitado apoyo a los empresarios, la eliminación de toda democracia y el extraordinario endeudamiento público. En 1906 se produjo el levantamiento magonista de Ciudad Juárez. A partir de entonces se sucedieron las rebeliones contra la tiranía de Porfirio Díaz, quien se entrevistó en El Paso con William Taft, presidente de Estados Unidos. Creel dejó la gubernatura para ocupar la secretaría de Relaciones Exterio-

baya, el Congreso local desconoció a los alzados y expidió una nueva Constitución local. Asimismo, otorgó su reconocimiento a Benito Juárez como legítimo presidente de la República. Encabezados por Terrazas, los liberales chihuahuenses derrotaron a los conservadores. Convertido en gobernador al término de la guerra de los Tres Años, Terrazas puso en vigor las Leyes de Reforma y combinó hábilmente la conducción de los asuntos públicos con sus negocios particulares. Al producirse la intervención francesa el gobernador y la legislatura local regatearon su apoyo a la causa patriótica y Juárez ordenó la ocupación de Chihuahua por los ejércitos liberales, que impusieron de nuevo a Ángel Trías como gobernador. Perseguido, Juárez llegó a Chihuahua en septiembre de 1864. Ante el avance de franceses e imperialistas, el gobierno republicano salió de Chihuahua hacia Estados Unidos el 18 de diciembre de 1866. Al triunfo de los patriotas sobre el imperio Terrazas volvió a la gubernatura y en ese cargo combatió la asonada del Plan de la Noria. En 1876, el nuevo alzamiento de Porfirio Díaz, bajo el amparo del Plan de la Noria, contó en Chihuahua con el apoyo de Ángel Trías hijo. Pero la resistencia de diversos sectores de la entidad impidió el triunfo del cuartelazo, hasta que en febrero de 1877 fuerzas porfiristas llegadas de fuera impusieron el nuevo orden. Trías asumió el poder en agosto de ese año.

Lo sucedió Alberto Terrazas, quien obtuvo apoyo federal para combatir a los apaches hasta el exterminio. Terrazas fue suplido por políticos locales pero conservó una gran influencia sobre la vida del estado. En la última década del siglo XIX se produjeron varios levantamientos populares, el más importante de ellos fue el de Tomóchic, que dio tema a la novela de Heriberto Frías. Como

Foto: Fondo Editorial Grupo Asabache

Foto: Michael Calderwood

Precioso espectáculo de la
Barranca del Cobre,
en Chihuahua

el respeto a los intereses de los porfiristas e incapaz de impulsar una política
avanzada, el gobernador Aureliano S.
González debió afrontar varios alzamientos. Abraham González resolvió
ocupar de nuevo la gubernatura. En
este periodo los orozquistas ocuparon la
capital, que fue recuperada por las
fuerzas federales al mando de Victoriano Huerta, quien poco después daría
un golpe de Estado y haría aprehender
y asesinar a González. Chihuahua se
convirtió en una de las principales bases
revolucionarias. Después de la rendición del ejército federal, Villa se negó a
reconocer el mando de Carranza y tomó
como centro de operaciones a Chihuahua. En 1916, pretextando que habían
sido asesinados varios estadounidenses,
el gobierno de Washington ordenó la
invasión de territorio mexicano por una
fuerza al mando del general John J.
Pershing, en lo que se llamó la "expedición punitiva". Después de diez meses
de permanecer en Chihuahua, la soldadesca extranjera volvió a su país sin
más resultado que la presunta demostración de fuerza. Controlado el gobierno por los carrancistas, se estableció
la ley marcial hasta 1920 y se puso precio a la cabeza de Villa. En 1920 se
eligió gobernador de acuerdo con la
Carta de Querétaro, y al año siguiente se

res y le sucedió José María Sánchez. En
noviembre de 1910 estalló la insurrección maderista y el dictador recurrió
primero a Terrazas y luego a Ahumada
para aplacar la rebeldía, que tuvo su
mayor expresión en Chihuahua. Los
gobernadores porfiristas fracasaron y
Ahumada entregó el poder al antirreeleccionista Abraham González en junio
de 1911, quien resultó elegido gobernador constitucional en octubre, pero
obtuvo licencia para integrar el gabinete
de Francisco I. Madero. Entrampado en

Foto: Michael Calderwood

Tren Chihuahua-
Pacífico

expidió la quinta Constitución local, con lo que se inició la era de los gobiernos posrevolucionarios, apenas alterada por la asonada escobarista de 1929 y la intervención del gobierno federal para deponer gobernantes poco gratos a la autoridad central.

LONGITUD DE LA RED DE CARRETERAS POR SUPERFICIE DE RODAMIENTO, 1995

Longitud: 17,001 Km

Terracería y revestida 70.90%

Pavimentada 29.10%

PRODUCTO INTERNO BRUTO (PIB) A PRECIOS CORRIENTES

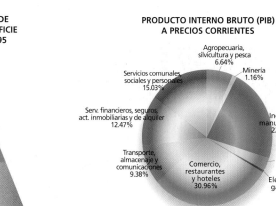

Agropecuaria, silvicultura y pesca 6.64%

Minería 1.16%

Servicios comunales, sociales y personales 15.03%

Serv. financieros, seguros, act. inmobiliarias y de alquiler 12.47%

Industria manufacturera 22.67%

Transporte, almacenaje y comunicaciones 9.38%

Comercio, restaurantes y hoteles 30.96%

Construcción 3.11%

Electricidad, gas y agua 0.50%

DISTRIBUCIÓN DE LA POBLACIÓN POR TAMAÑO DE LA LOCALIDAD

Más de 15,000 73.50%

Hasta 2,500 19.80%

Entre 2,500 y 15,000 6.70%

DISTRIBUCIÓN PORCENTUAL DE LA POBLACIÓN OCUPADA POR SECTOR DE ACTIVIDAD ECONÓMICA

Inespecífico 0.20%

Primario 19.80%

Terciario 46.30%

Secundario 33.70%

LÍNEAS TELEFÓNICAS EN SERVICIO Y APARATOS PÚBLICOS, 1994

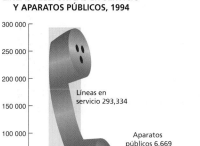

Líneas en servicio 293,334

Aparatos públicos 6,669 2 aparatos por cada 1,000 habitantes

POBLACIÓN DE 5 AÑOS Y MÁS HABLANTE DE LENGUA INDÍGENA, 1995

■ Población de 5 años y más 2,453,929

■ Población de 5 años y más hablante de lengua indígena 67,930 (2.77%)

PROMEDIO DE ESCOLARIDAD DE LA POBLACIÓN DE 15 AÑOS Y MÁS, POR SEXO, 1995

AÑOS

Hombres 7.50

Mujeres 7.40

Promedio 7.45 años

BIBLIOTECAS Y USUARIOS, 1993
Número de bibliotecas: 217

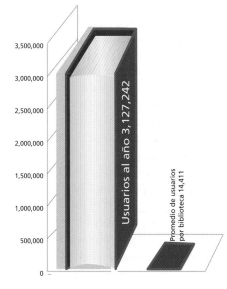

Usuarios al año 3,127,242

Promedio de usuarios por biblioteca 14,411

Chihuahua, capital del estado

CHIHUAHUA ◆ ? & Municipio del estado del mismo nombre. Su cabecera es capital de la entidad y sede de la diócesis del mismo nombre. Superficie: 9,219.33 km². Habitantes: 627,662, de los cuales 185,691 forman la población económicamente activa. Hablan alguna lengua indígena 2,463 personas mayores de cinco años (tarahumara 2,033). Indígenas monolingües: 113. El territorio municipal está cruzado por los ríos Chuviscar, Sacramento y Santa Isabel, así como el arroyo de Bachimba. En la jurisdicción se halla la laguna de Encinillas. A fines del siglo XVII se fundó la misión de Santa Eulalia de Mérida de Chihuahua, cuyos vecinos determinaron crear, en 1709, la población de Real de Minas de San Francisco de Cuéllar, que en 1718 se convirtió en villa de San Felipe el Real de Chihuahua. En 1823 se elevó al rango de ciudad con el nombre de Chihuahua. Durante la guerra de Independencia, después de ser aprehendidos los líderes en Acatita de Baján, fueron trasladados a la ciudad de Chihuahua. Hidalgo fue recluido en el templo de Loreto, en la torre derecha que aún se conserva. Entre los atractivos de la cabecera municipal están el Palacio Federal, construcción que data de 1910; el Palacio de Gobierno, edificado entre 1881 y 1892, y reconstruido después de un incendio en 1941; en esta construcción está el Altar de la Patria, en el lugar donde fue ejecutado Hidalgo por los realistas. Existe todavía la casa donde nació Agustín Melgar, uno de los niños héroes. Construcciones religiosas de interés arquitectónicos son la Catedral, cuya erección se inició en 1726 para concluir en 1757 y colocar las campanas en 1798; el templo de San Francisco, el más antiguo de la ciudad, iniciado en 1723, donde permaneció sepultado Hidalgo hasta 1823 en que se trasladaron sus restos a la capital del país; y'el Santuario de Guadalupe, construido entre 1792 y 1825. Una obra de primera importancia fue el acueducto levantado a partir de 1751, del cual se conservan restos en los barrios de los Arquitos y El Mortero. Las casas que habitaron Benito Juárez y Francisco Villa son monumentos estatales, lo mismo que la Rotonda de los Chihuahuenses Ilustres, donde están los restos de próceres como Agustín Melgar y Abraham González. De construcción reciente, pero de gran interés para los visitantes, es el Museo Regional, instalado en la porfiriana Quinta Gameros que después fue sede del Poder Judicial del estado. El museo, creado en 1961, fue reconstruido en 1971 y hasta ahí se llevó el mobiliario de la Casa Riquelme de la capital, en estilo *art nouveau* al igual que el edificio.

CHIHUE ◆ Río de Tamaulipas que nace en la vertiente este de la sierra Madre Oriental; corre hacia el sur, pasa al oeste de Ciudad Victoria y más adelante se une al Jaumave para tributar en el río Guayalejo.

CHIJOY O CHIXOY ◆ Río que nace en Guatemala, sirve de límite con México en el extremo este de Chiapas y se une al río de la Pasión para formar el Usumacinta.

CHIKINDZONOT ◆ Municipio de Yucatán situado al sur de Chichén Itzá, cerca de los límites con Quintana Roo. Superficie: 352.56 km². Habitantes: 3,397, de los cuales 798 forman la población económicamente activa. Hablan maya 1,106 personas mayores de cinco años (monolingües: 887).

CHILA ◆ Municipio de Puebla situado en el extremo sur de la entidad, en los límites con Oaxaca. Superficie: 126.29 km². Habitantes: 4,570, de los cuales 1,004 forman la población económicamente activa.

CHILA ◆ Río del sur de Nayarit que se forma con escurrimientos de las sierras de San Juan y de San Pedro, al norte de Compostela; corre hacia el oeste y desemboca en el océano Pacífico.

CHILA ◆ Laguna de 80 kilómetros cuadrados de superficie en el municipio de Pánuco, Veracruz. Desde 1982, los continuos derrames de petróleo han dañado el equilibrio ecológico disminuyendo la producción pesquera hasta en un 75 por ciento.

CHILA HONEY ◆ ☛ *Honey*, municipio de Puebla.

CHILA DE LA SAL ◆ Municipio de Puebla situado en el sur del estado, cerca de los límites con Oaxaca. Superficie: 199.01 km². Habitantes: 1,573, de los cuales 193 forman la población económicamente activa. Hablan alguna lengua indígena cinco personas mayores de cinco años.

CHILAPA ◆ Río de Oaxaca también conocido como Espíritu Santo. Nace en la vertiente sur de la Sierra de Niltepec, corre hacia el sur y desemboca en la Laguna Superior, en el Golfo de Tehuantepec.

CHILAPA ◆ Río de Tabasco. Es afluente del Grijalva.

CHILAPA ◆ Diócesis de la Iglesia católica en Guerrero desde 1870. En agosto de 1989 el obispo José María Hernández propuso trasladar su sede a Chilpancingo, la ciudad principal de esa jurisdicción religiosa. La decisión fue ratificada por el nuncio Girolamo Prigione en octubre de 1990 y se trasladó la sede diocesana a la parroquia de Santa María de la Asunción en Chilpancingo, templo en el que Morelos dio lectura a *Los Sentimientos de la Nación*. En 1993, tres mil fieles mostraron su oposición a que la catedral de Chilapa quedara reducida a parroquia tomando el templo.

CHILAPA DE ÁLVAREZ ◆ Municipio de Guerrero situado al este de Chilpancingo. Superficie: 556.8 km². Habitantes: 98,983, de los cuales 17,614 forman la población económicamente activa. Hablan alguna lengua indígena 32,952 personas mayores de cinco años (náhuatl 32,668). Indígenas monolingües: 10,914. La cabecera es sede de la diócesis de Chilapa. Las principales fiestas son la del barrio de San Juan (24 de junio), el día de la Asunción (15 de agosto), el día de Santa Gertrudis, con mojigangas, carrozas y danzas (16 de noviembre) y la Virgen de Guadalupe, con feria regional (del 8 al 12 de diciembre).

CHILAPILLA ◆ Río de Tabasco. Es afluente del Grijalva.

CHILCHOTA ◆ Municipio de Michoacán situado en el norte de la entidad, al oeste de la capital del estado. Superficie: 459.11 km². Habitantes: 29,223, de los cuales 7,169 forman la población económicamente activa. Hablan alguna lengua indígena 14,106 personas mayores de cinco años (purépecha 14,064). El municipio fue erigido en 10 de diciembre de 1831.

CHILCHOTLA ◆ Municipio de Puebla situado al este de la capital del estado, en los límites con Veracruz. Superficie: 94.4 km². Habitantes: 17,444, de los cuales 4,114 forman la población económicamente activa. Hablan alguna lengua indígena 2,098 personas mayores de cinco años (náhuatl 2,097).

CHILCUAUTLA ◆ Municipio de Hidalgo situado al noroeste de Pachuca. Superficie: 231.3 km². Habitantes: 14,744, de los cuales 3,429 forman la población económicamente activa. Hablan alguna lengua indígena 6,245 personas mayores de cinco años (otomí 6,236). Indígenas monolingües: 123.

CHILE ◆ Estado de Sudamérica. Limita al norte con Perú y al este con Bolivia y Argentina. Su territorio es una larga franja, de una anchura máxima de 402 kilómetros, bordeada al oeste por el océano Pacífico y al este por la cordillera de los Andes; la porción continental termina en el Estrecho de Magallanes, continúa en la parte occidental de la Tierra del Fuego y el archipiélago contiguo hasta el Cabo de Hornos y se prolonga en la Antártida, en la Tierra de O'Higgins y un triángulo de 37 grados que tiene por vértice el punto central del Polo Sur. Al oeste del continente se hallan varias islas también chilenas, como la de Pascua y las que forman el archipiélago Juan Fernández. Superficie: 756,945 km². Habitantes: 14,800,000. Santiago es la capital (5,077,000 habitantes en 1996) y otras ciudades importantes son: Concepción (350,000), Viña del Mar (322,000 habitantes), Valparaíso (282,000), Talcahuano (261,000), Temuco (239,500) y Antofagasta (243,000). El idioma oficial es el español, aunque se hablan

varias lenguas indígenas. La religión es la católica apostólica romana y la moneda es el peso. *Historia*: A la llegada de los españoles habitaban el actual territorio chileno diversas etnias: incas en el norte, araucanos o mapuches en el sur y otros grupos minoritarios. El paso de Magallanes por el estrecho que lleva su nombre (1520) fue el primer contacto con los europeos. Veinte años después Diego de Almagro llegó hasta el río Maule. En 1552 Pedro de Valdivia fundó la ciudad de su nombre y Concepción. Al año siguiente crece la

Chile

Trópico de Cáncer

Ecuador

resistencia araucana encabezada por el cacique Lautaro, quien muere en combate en 1557. Los españoles, comandados por García Hurtado de Mendoza, continúan sus expediciones en plan de conquista y en 1558 derrotan a los araucanos y toman prisionero a su líder Caupolicán, a quien torturan y asesinan. El siglo XVI termina sin que los españoles puedan imponerse. Una relativa estabilidad viven los conquistadores en la primera mitad de la siguiente centuria, la que es interrumpida en 1655 por un nuevo levantamiento de los araucanos, quienes se niegan a ser tratados como esclavos. Es sofocada la revuelta, pero el poder europeo se ejerce a plenitud sólo en la región norte y centro, cuyas ciudades costeras se hallan expuestas a las incursiones piratas. En 1747 se funda la Universidad de San Felipe en Santiago, ciudad que es sede de la Audiencia del mismo nombre y capitanía general del virreinato del Perú. Casi para finalizar el siglo es abolida la encomienda, con un considerable retraso respecto de México. En 1810 una junta presidida por Mateo de Toro Zambrano proclama la autonomía del país, que continúa formando parte del imperio español. Al año siguiente se establece el Congreso Nacional que prohíbe la importación de esclavos y considera libres a los hijos de éstos. José Miguel Carrera encabeza un movimiento por la plena independencia al que se une Bernardo O'Higgins y posteriormente José de San Martín. En 1818 se proclama la independencia y en abril se produce la victoria definitiva de los insurrectos. O'Higgins se convierte en director supremo de la naciente república y promulga una constitución liberal que le acarrea fuerte oposición. Durante su gobierno llegó a México el primer representante diplomático chileno, Juan Campiño. Renuncia y en 1833 el rico agiotista Diego Portales, presidente del país, promulga una nueva Constitución que hace de Chile una "república aristocrática", lo que favorece a los terratenientes y empresarios ligados al comercio con los ingleses, quienes se

benefician de las concesiones para explotar el salitre. También en 1833 llega a Santiago Juan de Dios Cañedo, primer representante diplomático mexicano acreditado en ese país. En 1836 Chile se opone a la confederación entre Perú y Bolivia y declara la guerra a ambos países. Tres años después obtiene la victoria. A mediados del siglo XIX, durante la llamada *fiebre del oro*, gran número de chilenos se desplazan por el Pacífico hacia California. En el largo viaje, Acapulco se convierte en puerto de paso obligado, lo que permite a no pocos viajeros establecerse temporalmente en la Costa Chica de los estados de Guerrero y Oaxaca, donde dejan algunas costumbres y expresiones folclóricas como las composiciones musicales llamadas *chilenas*, que se bailan de manera semejante a la cueca. De esos años data la leyenda de Joaquín Murrieta, hombre que radicado en Estados Unidos quitaba a los ricos para dar a los pobres. Mexicanos y chilenos discuten todavía sobre la nacionalidad de ese personaje. Antes de la intervención francesa se estableció en México la legación de Chile. El representante de ese país en Washington propuso a Estados Unidos, en 1862, que manifestara públicamente su oposición a que se impusiera en México una monarquía. Pese a lo anterior, en 1863 Ramón Sotomayor Balde, encargado de negocios de Chile, permaneció en la ciudad de México cuando el gobierno juarista advirtió que la sede de los poderes republicanos se trasladaba a San Luis Potosí. La permanencia de Sotomayor equivalía a un reconocimiento de hecho de las autoridades impuestas por los invasores franceses, por lo cual quedaron suspendidas las relaciones entre Chile y el legítimo gobierno de México. En noviembre de ese año, Pedro Porli, secretario de la legación, informó en Washington a Matías Romero que la decisión de Sotomayor había sido condenada por la opinión pública y las cámaras legislativas chilenas y que el diplomático tenía instrucciones para trasladarse a San Luis Potosí

y que, si esto no fuera posible, debía abandonar México. Contra la actitud de su embajador, Zacarías R. de Molina, originario de Concepción de Chile, vino a México en 1863, se incorporó a las fuerzas juaristas a las órdenes de Porfirio Díaz y tuvo una destacada actuación como teniente coronel médico. Por su comportamiento heroico durante el sitio de Puebla de 1863, fue condecorado al instalarse nuevamente los poderes federales en la ciudad de México (1867). En 1865, ante la acometida de las potencias europeas, Chile establece una alianza con Perú en contra de España, que intenta recuperar sus antiguas colonias. El presidente mexicano Manuel González ordena la apertura de la legación mexicana en Santiago, lo que sucede en 1877. En 1879 estalla otra vez la guerra contra Perú y Bolivia por los territorios limítrofes, donde se hallan las explotaciones de salitre. Chile vuelve a imponerse, gana un tercio de su actual territorio continental y Bolivia pierde su salida al mar. En 1891 se suicida el presidente Jorge Balmaceda, ante la imposibilidad de afectar los intereses extranjeros que dominan la minería. En medio de una guerra civil emerge como fuerza principal el ejército, prestigiado por sus campañas contra España, Bolivia y Perú y adiestrado por instructores prusianos. Desde principios del siglo XX se incrementa el intercambio entre los intelectuales chilenos y mexicanos, que tiene entre sus principales expresiones el aprecio de los mexicanos por Gabriela Mistral y de los chilenos por Alfonso Reyes. En 1925 Iglesia y Estado quedan separados por ley y se adopta el método universal y directo de votación para elegir presidente de la república. En el mismo año es derrocado Arturo Alessandri y el presidente mexicano Plutarco Elías Calles rompe relaciones con los golpistas chilenos. Los nexos diplomáticos se reanudan cuando Chile vuelve al orden constitucional. Un nuevo periodo de inestabilidad se vive en la segunda mitad de los años 20 y la primera de los treinta. El primer gobierno socialista chileno se impone en 1932 mediante un movimiento revolucionario que encabeza Marmaduke Grove, quien sólo permanece 12 días en el poder. En 1938 el Frente Popular, con apoyo comunista y socialista, lleva a la presidencia a Pedro Aguirre Cerda, quien gobierna hasta 1941. Después de su participación en el primer atentado contra Trotsky, el pintor David Alfaro Siqueiros se asila en Chile, donde ejecuta varios murales y estrecha las relaciones con los creadores de ese país. En este país también hay murales de Xavier Guerrero en Chillán, de Jorge González Camarena en Concepción y de Juan O'Gorman en el cerro de San Cristóbal, en Santiago. En los años cuarenta fue cónsul en México el poeta Pablo Neruda, desde antes admirado entre la intelectualidad mexicana. Al presidente Cerda le sucedió Juan Antonio Ríos, quien hizo una visita oficial a México en 1945 y dimitió al año siguiente por razones de salud. En 1946 ascendió al poder Gabriel González Videla, del Partido Radical, quien se plegó a los intereses estadounidenses al iniciarse la guerra fría y persiguió a los comunistas, sus antiguos aliados, así como a líderes sindicales y populares, a los que envió a campos de concentración. Pablo Neruda, senador desaforado, volvió a México en calidad de exiliado político. Aquí publicó por primera vez su *Canto general*, gracias a una suscripción pública promovida entre otros por el periodista Luis Suárez. La normalidad constitucional se restableció en 1952. En 1960 el presidente mexicano Adolfo López Mateos visitó a su colega chileno Jorge Alessandri y ambos firmaron varios tratados de cooperación. Durante el Campeonato Mundial de Futbol, celebrado en ese año en Chile, competidores y turistas mexicanos fueron objeto de innumerables manifestaciones de afecto. Una misión encabezada por Eva Sámano, esposa de López Mateos, asistió a la toma de posesión del presidente democristiano Eduardo Frei. En las elecciones de 1970 obtuvo la mayoría Salvador Allende, el candidato de la

Unidad Popular (coalición de socialistas, comunistas, cristianos y radicales de izquierda). Al cambio de presidente chileno México envió una misión especial encabezada por Agustín Yáñez, secretario de Educación. En 1971, cuando un sismo causó graves daños, Ester Zuno, esposa del presidente Luis Echeverría, llevó personalmente la ayuda mexicana. Los intercambios de todo tipo se intensificaron durante el gobierno de Allende. Los cancilleres de ambos países se entrevistaron en más de una ocasión y el presidente Echeverría estuvo en Santiago en misión oficial en abril de 1972, visita que fue correspondida por el doctor Allende en noviembre de ese año. Allende cayó asesinado mientras defendía, con las armas en la mano, la constitucionalidad chilena, rota el 11 de septiembre de 1973 por un golpe militar que, apoyado por Estados Unidos, acabó con la legalidad e implantó una dictadura encabezada por el general Augusto Pinochet. Los golpistas desataron la mayor represión en la historia de su país, encarcelaron a cientos de miles de chilenos, torturaron a decenas de miles y asesinaron o *desaparecieron* a muchos miles más. Al producirse el cuartelazo, la sede mexicana en Santiago se llenó de perseguidos. El embajador Gonzalo Martínez Corbalá, aun a costa de su vida, protegió a los refugiados y obtuvo salvoconductos para traerlos a México. Entre los asilados se contaron varios miembros del gabinete de Allende y la esposa de éste, Hortensia Bussi. Aún en junio de 1974, con la presencia en Chile del canciller mexicano, Emilio Rabasa, se seguían obteniendo salvoconductos (el número total de refugiados en la embajada y que lograron salir del país fue de 725). Cuando hubieron salido de Chile los amparados por la embajada mexicana, el gobierno de Luis Echeverría rompió relaciones con Pinochet (en 1974), aunque los intercambios comerciales nunca se suspendieron. Se calcula que de 1973 a 1981 llegaron a México unos diez mil refugiados. De ellos, una alta proporción se integró a la vida nacional,

a la que han prestado servicios invaluables en el aula, en las artes, en la ciencia, la administración y otros quehaceres. Bajo la presión popular Pinochet tuvo que aceptar el retorno de algunos exiliados, si bien éstos estuvieron sometidos a hostilidades que llegaron al homicidio, como sucedió con el periodista José Carrasco Tapia, quien después de vivir en México volvió a su patria para ser asesinado. A mediados de 1987 eran alrededor de 600 los chilenos residentes en México a los que la tiranía había declarado "impedidos" para el regreso. Pese a lo anterior, todos los que deseaban regresar pudieron hacerlo, especialmente después de que el 5 de octubre de 1988, mediante plebiscito, los chilenos rechazaron la reelección de Pinochet, quien a su pesar convocó a elecciones en las que, el 14 de diciembre de 1989, resultó triunfador el demócrata cristiano Patricio Aylwin, quien se vio obligado a mantener a Pinochet como jefe de las fuerzas armadas, debido a que así lo dispone la Constitución que hizo aprobar la dictadura en 1980. En 1990 se restablecieron las relaciones diplomáticas con México y en septiembre del año siguiente los presidentes de ambas naciones firmaron un tratado de libre comercio. Desde entonces, los embajadores mexicanos en Chile han sido Horacio Flores de la Peña y Jorge Eduardo Navarrete. En 1994 Chile se adhirió al Tratado de Tlatelolco, relativo a la proscripción de armas nucleares en América Latina. Ese mismo año, Canadá y México invitaron a Chile a incorporarse al Tratado de Libre Comercio de América del Norte. En 1997, mientras se sometía a exámenes médicos en Londres, Augusto Pinochet fue arrestado, a petición del juez español Baltasar Garzón, quien le sigue un juicio por tortura y asesinato de ciudadanos españoles durante la dictadura.

CHILICOTE, LLANOS DEL ◆ Planicie del noreste de Chihuahua, situada al sur de la frontera y de la ciudad de Ojinaga. El río Conchos cierra esta llanura por el oeste y el norte; al este se hallan los

Monedas de Chile

llanos de los Caballos Mesteños y al sur los llanos de los Gigantes.

CHILÓN ◆ Municipio de Chiapas situado en el norte de la entidad. Superficie: 241 km². Habitantes: 69,946, de los cuales 16,295 forman la población económicamente activa. Hablan alguna lengua indígena 55,442 personas mayores de cinco años (tzeltal 55,333). Indígenas monolingües: 24,865.

CHILPANCINGO DE LOS BRAVO ◆ Municipio de Guerrero que colinda por el sur con Acapulco. Superficie: 2,338.4 km². Habitantes: 170,638, de los cuales 37,378 forman la población económicamente activa. Hablan alguna lengua indígena 2,832 personas mayores de cinco años (náhuatl 1,143, tlapaneco 786 y mixteco 702). La cabecera es también capital del estado.

CHILTEPEC ◆ Barra y bahía del municipio de Paraíso, Tabasco.

CHIMAL, ALBERTO ◆ n. en Toluca, Edo. de Méx. (1970). Escritor. Ha sido becario del Fondo para la Cultura y las Artes del Estado de México y del Fondo Nacional para la Cultura y las Artes. Autor de *La Luna y 37 000 000 de libros* (cuento, 1990), *Yyz* (cuento, 1991), *Tradiciones y leyendas* (1996), *Vecinos de la tierra* (cuento y relato, 1996), *El rey bajo el árbol florido* (cuento, 1997), *El secreto del Gorco* (teatro infaltil, 1997) y *Bang Boom* (cuento, 1998). Está incluido en las antologías *Cuentistas de Tierra Adentro III* (1997) y *Apocalípticos* (1998). Premio Nacional de Cuento Nezahualcóyotl 1997, Premio FILIJ de Dramaturgia Infantil 1997) y Premio Nacional de Cuento Benemérito de América de la UABJO (1998).

CHIMAL, CARLOS ◆ n. en el DF (1954). Su nombre completo es Carlos Agustín Chimal García Pavón. Estudió un año de química y la licenciatura en letras hispánicas en la UNAM (1973-76). Tuvo en 1974 la beca de narrativa del INBA (1974). Ha sido redactor de la *Enciclopedia Infantil Colibrí* (1978-80), coordinador literario del programa de radio *Clásicos de la literatura mexicana* (1981), miembro del consejo editorial de *Ciencia y Perspectiva*, del Centro de Investigación y Estudios Avanzados del Politécnico (1981), traductor de la revista *Facetas* (1986), coordinador de la colección Naturaleza del Centro Universitario de Comunicación de la Ciencia. Ha colaborado en *Sucesos, El Cuento, Vuelta, Sábado, El Día* y *Excélsior*. Coautor de *Zepelín compartido* (cuentos, 1975) y autor de *Una bomba para Doménica* (cuentos, 1978), *Cuatro bocetos* (relatos, 1983), *Escaramuza* (novela, 1987) y *Cinco del águila* (relatos, 1990). Compilador y coautor de *Crines. Lecturas de rock* (1987).

CHIMALACATLÁN ◆ Zona arqueológica del estado de Morelos, situada a unos 30 kilómetros de Jojutla. Fue descubierta en 1899. Tiene ruinas con una antigüedad cercana a dos milenios sobre las cuales se hallan superpuestas otras construcciones.

CHIMALHUACÁN ◆ Municipio del Estado de México, situado al este del DF. Colinda con Texcoco y Nezahualcóyotl.

Superficie: 33.68 km². Habitantes: 412,014, de los cuales 66,775 forman la población económicamente activa. Hablan alguna lengua indígena 3,509 personas mayores de cinco años (mixteco 2,073 y náhuatl 1,436). La población que es hoy cabecera se fundó en 1265. Poco después de la conquista se introdujo la fiesta del Carnaval, que desde entonces se celebra ininterrumpidamente. La erección del municipio data de 1842. En la jurisdicción se halla una zona arqueológica. En la cabecera hay construcciones del siglo XVI. Cuenta con hábiles trabajadores de la cantera, quienes cultivan una tradición que se remonta a la época prehispánica. Forma parte del área metropolitana del valle de México y tiene una de las tasas de crecimiento demográfico más altas de país.

CHIMALHUACANOS ◆ Llamábase así a los pueblos del occidente del país agrupados en el siglo XV en la Confederación Chimalhuacana, integrada por los señoríos de Aztlán, Tonallan, Coliman y Xalisco.

CHIMALPAIN CUAUHTLEHUANITZIN, DOMINGO FRANCISCO DE SAN ANTÓN MUÑÓN ◆ n. en Amecameca, Edo. de Méx., y m. en la Cd. de México (1579-1660). Historiador indio. Era descendiente de los señores de Chalco. Escribió en náhuatl y se constituyó en una autoridad en asuntos de la antigüedad mexicana. Tradujo al náhuatl la *Historia de las conquistas de Hernando Cortés* de López de Gómara. Autor de *Ocho relaciones históricas, Memorial breve acerca de la fundación de Chimalhuacán* y *Relaciones originales de Chalco Amecamecan*.

CHIMALPOPOCA ◆ n. en Tenochtitlan y m. ¿en Azcapotzalco? (1397-1427). Tercer emperador azteca. Hijo de Huitzilíhuitl y nieto de Acamapichtli y Tezozomoc. Gobernó desde 1417. Se le atribuye el mejoramiento de las calzadas de Iztapalapa, Coyoacán, Tacuba y Nonoalco, así como la construcción del acueducto Zancopinco-Tenochtitlan. Apoyó a su abuelo Tezozomoc, señor de Azcapotzalco, contra los texcocanos. A la muerte de éste, al disputarse la suce-

Chimalpopoca tercer emperador azteca

Pila bautismal en Chimalhuacan, Estado de México, donde Sor Juana recibió el bautismo

sión dos de sus hijos, Tayautzin y Maxtla, se puso de parte del primero. Maxtla, vencedor de Tayautzin, declaró la guerra a los mexicas, ocupó y saqueó Tenochtitlan e hizo prisionero al emperador, a quien condujo en una jaula hasta Azcapotzalco, donde lo ejecutó. Otra versión señala que Chimalpopoca se suicidó y una tercera que los propios sacerdotes tenochcas le dieron muerte.

CHIMALTITÁN ◆ Municipio de Jalisco, situado en el norte de la entidad, en los límites con Nayarit y Zacatecas. Superficie: 970.03 km². Habitantes: 3,816, de los cuales 463 forman la población económicamente activa. Hablan alguna lengua indígena 14 personas mayores de cinco años (huichol 13).

CHINA ◆ Estado de Asia que limita al norte con Mongolia y Rusia, al noreste con Corea del Norte, al sur con Vietnam, Laos, Myanmar, India y Bután; al suroeste con Nepal e India; al oeste con Pakistán, Afganistán, Tayikistán y Kirguistán; y al noroeste con Kazajstán. Tiene costas en el este hacia los mares Amarillo y de China Oriental y al sureste hacia el mar de China Meridional. Comprende gran cantidad de islas, entre ellas las de Hainán y Taiwán. Con ésta, actualmente en poder de un gobierno apoyado por Estados Unidos, existe un conflicto, pues Pekín la considera una provincia en rebeldía y Taiwán se considera un Estado independiente. La ciudad de Hong Kong, ex colonia británica, fue devuelta a China en 1997 y la reintegración de Macao, ciudad que aún es colonia de Portugal, está previsto para antes de que finalice 1999. Habitantes: 1,261,400,000 en 1998. La capital es Pekín, que en 1990 tenía 5,769,607 habitantes. Otras ciudades de importancia son Shanghai (7,496,509 habitantes en 1990), Tianjin (4,574,689 habitantes), Shenyang (3,603,712), Cantón (2,914,218) y Hong Kong (6,600,000 en 1998). La religión con más adeptos es el budismo, a la que siguen por su feligresía el taoísmo y el confucianismo. El idioma oficial es el chino, originado en el mandarín

del norte. En amplias regiones del sur se habla cantonés. La moneda es el yuan. Historia: al norte de Pekín se encontraron restos del *Sinanthropus erectus*, uno de los fósiles humanos más antiguos que se conocen. Existen huellas de una cultura agrícola que data del tercer milenio a.n.e., a fines del cual se fundó la dinastía Hsia, fundadora del primer Estado chino. En el último cuarto del segundo milenio a.n.e. surgió la dinastía de los Shang, con sede en Hunán. Ésta fue sucedida por la dinastía Chou que se mantuvo en el poder hasta unos dos siglos a.n.e. y acabó por conformar la cultura china clásica. De sus últimos siglos data el surgimiento del confucianismo y el taoísmo. Hace unos dos mil años sobrevino un periodo de descomposición, durante el cual los señores pelearon entre sí hasta que se impuso la dinastía de los Chin (en el siglo II), que llevó a su término la unificación de China e impuso una administración rígidamente centralizada y jerarquizada. Junto a los Chin, que dieron su nombre al país, subsistieron otros señoríos, como el de los Han, que establecieron contacto con los romanos a través de la Ruta de la Seda, camino hacia el occidente. La segunda parte del anterior milenio estuvo dominada por

la dinastía Tang, que extendió su imperio a Corea y Anam y llegó por el occidente hasta los límites con el actual Afganistán. En el siglo X se vivió el periodo de las cinco dinastías, en el cual el imperio perdió Anam y se vio amenazado por el desmembramiento. La dinastía Sung se impuso sobre las diversas facciones en pugna e implantó un Estado rígidamente autoritario con capital en Kaifeng. En esta época (siglos X al XIII) cobraron auge las ciudades del sureste, se inventó la imprenta, y se descubrieron la pólvora y el compás magnético, lo que impulsó el comercio en el sureste asiático. Junto a estos progresos, China sufrió a principios del siglo XIII el embate de las fuerzas tártaras y mongolas de Gengis Khan y Kubilai Khan, quien fundó la dinastía de los Yuán. Ésta trasladó la capital a Pekín, generalizó el uso del papel moneda, recibió a Marco Polo e incrementó el comercio interior y exterior, bajo la protección mongola que cubría un territorio que llegaba hasta Europa oriental. El dominio mongol generó inconformidad en todas las capas sociales y terminó con la victoriosa insurrección acaudillada por el monje budista Chu Yuan Chang, en 1368, quien instauró la dinastía Ming, que se mantuvo en el

Timbre de China

China

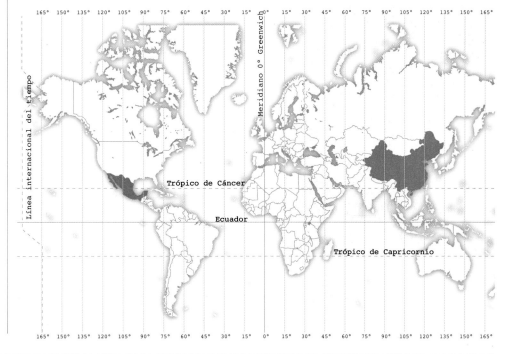

Niños de China

Efigie de Mao Tse Tung en un edificio público

poder del siglo XIV al XVII. Con capital en Nankín y desde principios del siglo XV en Pekín, esta dinastía fue promotora del neoclasicismo local y de un nacionalismo extremo; sometió nuevamente al reino de Anam, permitió el establecimiento de los portugueses en Macao y autorizó contactos de la corte con algunos enviados de las potencias europeas. En el siglo XVI se establecen los primeros contactos entre China y la Nueva España, mediante los galeones que efectuaban el viaje entre Asia y Acapulco. En el México de esos tiempos se empieza a llamar chinos, por extensión, a todos los asiáticos, especialmente a los esclavos traídos de oriente. Un grupo de éstos, dejados en libertad, fundaron en Acapulco, en el mismo siglo XVI, un barrio que se llamó "de los chinos", aunque pocos efectivamente lo fueran. La misma denominación se aplicó hasta bien entrado este siglo a las mujeres del pueblo, en tanto que a los hombres se les llamaba chinacos. Se dice que con esta acepción la voz es quechua. Asimismo, al galeón que llegaba de oriente, por lo general desde Manila, se le decía Nao de la China. En la primera mitad del siglo XVII avanzaron hacia el sur los manchúes y establecieron la dinastía Ching, que reinó hasta principios de la actual centuria. Los Ching practicaron una política de apertura hacia occidente, gracias a la cual pudieron establecerse en China algunos sacerdotes novohispanos, sobre todo jesuitas, que se dedicaron a evangelizar y llevaron el conocimiento occidental a las capas ilustradas de la sociedad china. En esa época Portugal instala bases en territorio chino. Hacia 1676 desembarcó en el país oriental el fraile mexicano Pedro de la Piñuela, quien vivió 27 años en China, fundó iglesias en Fu Kien, Kuan Tung y Kiang Gasai; fue provincial franciscano de Cantón y escribió un *Arte para aprender la lengua china* y una *Relación de los religiosos de San Francisco que han ido a predicar el Evangelio en China desde 1579 hasta 1700*. Esta obra se imprimió en la capital de Nueva España en 1700. En los siglos XVII y XVIII otras potencias europeas, echando mano de los más diversos medios, se establecen también en China. Gran Bretaña monopolizó el comercio del té y de la seda y, al considerar afectados sus intereses, desató la llamada Guerra del Opio (1839-42), en la cual derrotó a China y le impuso condiciones humillantes, como la apertura de puertos y la cesión de Hong Kong. La Rusia zarista y Japón se apoderaron de porciones de territorio en el noreste del país, Alemania asumió el control de Kiao Chou y Francia le quitó la península de Anam (Vietnam). En la segunda mitad del siglo XIX se produjo una corriente migratoria de China hacia tierras americanas. Los chinos, atraídos por el auge de California, trataban de llegar a Estados Unidos. Para lograrlo, en ocasiones desembarcaban en puertos mexicanos y trataban de cruzar la frontera por Sonora y Baja California. Otros llegaban a México expulsados del país del norte, en especial durante los años setenta, cuando arreciaron las campañas racistas que desembocaron en el Acta de Exclusión de 1882, que canceló la entrada de chinos a Estados Unidos. La presencia en México de los chinos motivó que sobre ellos se hicieran las afirmaciones más aventuradas e insultantes, debido a los prejuicios raciales. En 1875, el periódico *La Abeja* decía que "el carácter de los chinos es sanguinario, feroz, pero son sumamente hipócritas, cobardes y traicioneros." De acuerdo con Jorge Gómez Izquierdo, estudioso de la inmigración china, en 1884 se fundó la Compañía Mexicana de Navegación del Pacífico, representada por Luis Larraza,

Emilio Guillermo Voguel y Salvador Malo. Esta empresa firmó un contrato con la Secretaría de Fomento del gobierno porfirista, mediante el cual se comprometía a realizar doce viajes redondos al año para traer trabajadores asiáticos. Gómez Izquierdo señala que en 1890 se contrató el enganche de 500 braceros chinos para la construcción del ferrocarril de Tehuantepec y, al año siguiente, de otros tantos para las haciendas henequeneras de Yucatán. En Sonora, en el mismo año, el gobernador Ramón Corral informaba que había 229 chinos, a los que habría que agregar los que permanecían ilegalmente en la entidad. El tono antichino de ciertos medios periodísticos cobraría fuerza con el paso de los años. En 1901, el periódico *El Tráfico*, de Guaymas, Sonora, mostraría un racismo que abarcaba también a los mexicanos: "Los chinos mezclados con nuestras ínfimas clases no prometen, por cierto, el tipo de raza del porvenir: vigorosa, inteligente y activa que reclama la situación geográfica de nuestro país y las aspiraciones de la nación; sino el tipo de una nueva raza más degenerada aún que nuestras castas indígenas abyectas por naturaleza." Del mismo tenor fueron las conclusiones de la comisión nombrada por el dictador Porfirio Díaz para estudiar la inmigración asiática. Este organismo propuso rechazar a los chinos, a los que juzgaba de "baja condición y repugnantes costumbres", por considerar que no se amalgamaban con los pueblos modernos de origen europeo ni eran asimilables a la civilización occidental. Tales prejuicios contrariaban los hechos. Frugales y laboriosos, los chinos eran reconocidos por su disciplina laboral y, por tanto, por su alta productividad en el trabajo. Algunos de ellos contribuyeron decisivamente a la transformación de la economía en Sonora, donde ya desde la década de los ochenta Luis Chong había introducido el cultivo de arroz en Pótam, población del valle del Yaqui. Para 1903, diez de las 37 fábricas de zapatos de la entidad eran propiedad de chinos y otros, en la ciudad de México y otros puntos del país, tenían éxito como tenderos y restauranteros. En 1899 se firmó el Tratado de Amistad, Comercio y Navegación Chino-Mexicano, "que garantizaba el trato de súbdito de la nación más favorecida para los chinos en México y para los mexicanos en China" (Gómez Izquierdo), convenio que aquí no fue respetado. En China, después de la derrota ante Japón, en 1895, y debido a las crecientes imposiciones de las potencias, se desarrolló la sociedad secreta de los boxers, los que generaron un movimiento nacionalista que desembocó, en junio de 1900, en el asedio de las zonas ocupadas por extranjeros y de sus representaciones diplomáticas. Esto dio pretexto a las potencias para desatar la llamada Guerra de los Boxers, mediante la cual se impusieron a China onerosas indemnizaciones y mayores ventajas para los ocupantes. El país vivió entonces un periodo de occidentalización en varios órdenes y llegó a discutirse la implantación de una monarquía constitucional. En septiembre de 1910 se puso en servicio el Reloj Chino, ubicado en la glorieta de la avenida Bucareli y la calle Atenas, en la ciudad de México. En el mismo año, oficialmente,

Monje tibetano en el extremo occidental de China

había en México 13,203 chinos, muchos de ellos empleados en labores tan pesadas como la minería y la construcción de ferrocarriles. Sin embargo, eran víctimas de la xenofobia de los pequeños y medianos empresarios que veían en ellos a peligrosos competi-

La Gran Muralla China

Osos panda, nativos de China

dores. El antichinismo tenía también activos practicantes entre las capas proletarias. Ya desde 1906, el Partido Liberal Mexicano, influido por el sindicalismo estadounidense, planteaba la necesidad de prohibir la inmigración china. El Kuomintang, partido nacionalista fundado por un grupo de intelectuales y jóvenes militares acaudillados por Sun Yat-sen, surgió en 1911. Al año siguiente se produjo una revolución que acabó con la monarquía y se instauró la república. El general Yuang Che-kai se convirtió en presidente y Sun Yat-sen encabezó el Parlamento hasta su muerte, en 1916. Yuang gobernó con métodos despóticos que originaron la constitución de poderes locales ajenos al central, en tanto que el Kuomintang ganaba cada vez más adeptos. En México, en el periodo 1910-17, las diversas facciones revolucionarias acicatearon los sentimientos xenofóbicos de la población, especialmente contra los inmigrantes con menos posibilidades de defensa. El 15 de mayo de 1911, al entrar los revolucionarios en la ciudad de Torreón, al mando de Emilio Madero, hermano de Francisco, oficiales y tropa se dedicaron a saquear los negocios de chinos y 303 de éstos

fueron asesinados. El ministro chino protestó por la agresión contra sus connacionales y el presidente León de la Barra ofreció una indemnización de tres millones de pesos. Madero, ya en el poder, aumentó esa suma en cien mil pesos. Los días 23 y 24 de octubre de 1913, las fuerzas revolucionarias que habían ocupado Monterrey atacaron a la población china y saqueron sus negocios. A mediados de 1914 la Legación se vio obligada a protestar por las agresiones contra agricultores chinos en Durango, Chihuahua y Coahuila. Plutarco Elías Calles se distinguió por su racismo. En 1911 era secretario del Club Democrático de Sonora, que demandaba prohibir la inmigración de chinos, que entonces sumaban más de 4,000 en la entidad, de ellos 1,500 solamente en Cananea. Cuando Calles fue gobernador del estado, el alcalde de Magdalena, José María Arana, creó las primeras ligas antichinas, en tanto que el mandatario de la entidad discutía con sus colaboradores medidas como la expulsión y disponía crear barrios chinos, a la manera de los guetos judíos de Europa oriental. Adolfo de la Huerta, cuando era gobernador provisional de Sonora (1916-17), llegó a declarar su

alarma por la inmigración china, a la que juzgaba nociva y "alarmante". Carranza, quien tenía que afrontar las reclamaciones de la legación china, influyó para atenuar la campaña racista en Sonora, pero la entidad siguió sumida en el terror xenófobo, especialmente en Cananea y Magdalena, donde los presidentes municipales, Julián González y el citado Arana, destacaron "en las tareas de arrestar chinos y llamar a la población a saquear y clausurar sus negocios" (Gómez Izquierdo). El gobernador De la Huerta aseguraba que la tuberculosis, la tracoma, la sífilis y la sarna eran enfermedades "propias de ellos", por lo que prohibió a los chinos, que entonces eran más de seis mil en el estado, ejercer el comercio de comestibles. Asimismo, dispuso la reubicación de los que vivían en Cananea. Tales medidas fueron revocadas por anticonstitucionales y Arana, por orden presidencial, fue destituido de la alcaldía de Magdalena. En 1921 se fundó el Partido Comunista de China, que tuvo una activa participación dentro del Kuomintang. Éste, ya bajo la dirección de Chiang Kai-chek, llegó al poder después de una insurrección y, con el fin de congraciarse con las potencias occidentales, en 1927, en Shangai, realizó una matanza de comunistas, los que habían sido asesorados en esos años por Mijaíl Borodin (☞), promotor de la fundación del PC de México. Después de esa represión, Mao Tse-tung y Chen Tusiú reorganizaron el Partido Comunista, que se replegó a la provincia de Hunán. El 1921 el presidente Álvaro Obregón acordó un *modus vivendi* que le permitía limitar la inmigración de trabajadores chinos y, a la vez, seguir beneficiándose con la entrada de capitales de la misma procedencia y las compras de plata mexicana en China. Después de un enfrentamiento armado entre miembros de la logia Chee Kung Tong y del Kuomintang, Obregón expulsó de México a los dirigentes del primero de esos grupos, en tanto que los sectores antichinos reclamaban la deportación de todos los chinos del territorio nacional. Las trabas legales y la discriminación, que hablaba desde entonces del "peligro amarillo", no impidieron que, debido a la inestabilidad de su país, continuara la llegada de chinos durante los años veinte y treinta. La comunidad china de México sufrió en esos años la hostilidad de grupos fascistas que asaltaban negociaciones y ejecutaban matanzas, en tanto que pedían su expulsión. Una de las organizaciones fascistas más activas en esos años fue la Liga Pro-Raza, alentada por Calles y respaldada económicamente por cámaras de comercio, gobernadores y legisladores de Sonora, Baja California, Sinaloa, Chihuahua, Tamaulipas y Nayarit. Esta Liga ejecutó linchamientos, destruyó negocios y promovió un boicot contra el comercio chino que tuvo cierto éxito en La Laguna, en Tampico y en diversos puntos de Sonora. Por iniciativa de esas gavillas fascistas llegaron a colgarse en restaurantes y otros negocios cartelones con las palabras "No se admiten chinos". El racismo se expresó también en medidas de carácter oficial que se adoptaron en esas décadas: en 1923 el Congreso local de Sonora aprobó una reglamentación mediante la cual se prohibieron los matrimonios mixtos y se confinó a los chinos, a las mexicanas casadas con ellos y a sus hijos en ciertos barrios, además de fijarse multas a los chinos que hicieran vida marital con mexicanas; por los mismos días, en la Legislatura de Michoacán se pidió la prohibición de matrimonios mixtos y que se impidiera el ingreso de inmigrantes chinos; dos años después la Legislatura de Aguascalientes expidió un decreto que prohibía los matrimonios con chinos; bajo la presión de ciertos grupos empresariales, el gobierno de Pascual Ortiz Rubio restringió el ingreso de chinos; el Congreso de Chihuahua prohibió en 1932 los matrimonios mixtos, el presidente Abelardo L. Rodríguez ordenó la expulsión de cientos de familias chinomexicanas y en febrero de 1933 el Comité Antichino, con el consentimiento de las autoridades, secuestró a unos 130 chinos de varios municipios de Sinaloa a los que, después de golpearlos, desnudarlos y saquear sus tiendas y hogares, los puso en camiones y los sacó del estado; el vicecónsul chino presentó una protesta a la que el gobernador Manuel Páez respondió diciendo que no podía proteger a los ciudadanos chinos y que "sólo haría suspender temporalmente la detención y expulsión de chinos si el vicecónsul garantizaba la salida voluntaria de todos los ciudadanos chinos del estado de Sinaloa a la brevedad posible". En 1930 se constituyó la Liga Anti-China y Anti-Judía, de filiación nazi, que no tuvo empacho en dirigirse a Aarón Sáenz, secretario de Industria, Comercio y Trabajo, y pedirle "su valiosa ayuda" en favor de las actividades racistas de ese organismo. Otras bandas de ese carácter fueron la Liga Mexicana Anti-China Sinaloense y la Alianza Nacionalista Anti-China Chihuahuense. Ejemplo de la campaña para aterrorizar a la población es un volante de la Liga Mexicana Anti-China, donde ésta aseguraba que "más de 90 por ciento de los chinos están atacados de las terribles enfermedades, endémicas en ellos, de beri-beri, tracoma, sífilis y tuberculosis y estos flagelos de la humanidad son contagiosísimos y fácilmente trasmisibles en el arroz, frijol, azúcar, café, manteca, etcétera". Chiapas fue otra de las entidades donde los grupos fascistas mostraron mayor encono contra la población de origen chino, especialmente la dedicada al comercio. Sin embargo, en Sonora la cruzada racista fue más amplia. Entre 1932 y 1933 se realizó la expulsión de chinos, a los que se enviaba a Estados Unidos o a Sinaloa. El gobernador interino Ramón Ramos trató de disfrazar la persecución al declarar que "los chinos por (.) su inmutable idiosincrasia, prefirieron antes que acatar nuestras leyes, salir del país. No hubo acción coercitiva de parte del gobierno". La campaña hizo disminuir la población china de México de 15,976 en 1930 a 6,661 en 1940. Todavía en 1965 hubo quienes celebraron en Sonora aquella persecución, a la que se llamó "defensa de la nacionalidad y de la raza". En 1931 Japón ocupó Manchuria y en 1937 sus tropas llegaron hasta Pekín, donde establecieron un gobierno títere. Chiang Kai-chek se replegó al oeste del país y continuó combatiendo a los comunistas que efectuaron la Larga Marcha, caminata de 10 mil kilómetros que los llevó a Shangsí. El Kuomintang y los comunistas acordaron hacer frente común para resistir a la invasión japonesa. En 1945, derrotado Japón en la segunda guerra mundial, surgió de nuevo la pugna entre los comunistas y el Kuomintang y se reinició la guerra civil. Los primeros, apoyados por la Unión Soviética, procedían a repartir tierras entre los campesinos mientras que las fuerzas de Chiang Kai-chek, presa del divisionismo y la corrupción, se limitaban a reprimir a la población.

La Gran Muralla China

En 1949 los comunistas eran la fuerza predominante en China y Chiang Kai-chek, con apoyo de Estados Unidos, se refugió en la isla de Formosa (Taiwán), donde formó un gobierno reconocido por las potencias occidentales y los países sometidos a su influencia, entre otros México. Mao Tse-tung, por su parte, anunció en Pekín la instauración de la República Democrática Popular de China. Mao fue elegido presidente de la nueva república por la asamblea popular y Chou Enlai, otro dirigente histórico de la lucha armada y del PC, fue designado jefe de gobierno y ministro de relaciones exteriores. Tropas chinas ocuparon Tíbet en 1950 y en el mismo año miles de voluntarios fueron a Corea, país invadido por fuerzas militares de Estados Unidos y otros países. En 1958, durante la guerra fría, grupos de la ultraderecha mexicana, promotores antes de la expulsión de chinos, quisieron aparecer como sus abogados, pues con patrocinio de Washington realizaron una campaña que supuestamente pretendía la repatriación de familias chinomexicanas "amenazadas por el comunismo". En 1962 se produjo un choque armado en la frontera con la India. En 1959 Mao fue sustituido por Liu Chaochí en la Presidencia de la República y quedó con el cargo de presidente del PC. A partir de ese año empezaron a surgir graves diferencias entre los comunistas chinos y soviéticos, las que condujeron a una escisión del

China, Nuevo León

campo socialista y del comunismo mundial. Las relaciones entre los partidos comunistas de China y México quedaron suspendidas y aquí surgieron grupos maoístas, cuya principal actividad fue la difusión de literatura política china, especialmente el *Libro rojo de Mao Tse-tung*, del que circularon decenas de miles de ejemplares. En las calles mexicanas el nombre de Mao era coreado por la multitud durante las manifestaciones de 1968. En 1964 China hace detonar una bomba nuclear. Entre 1965 y 1975 se produjo la llamada *revolución cultural*, en la cual los maoístas, organizados en piquetes de *guardias rojos*, cometieron toda clase de tropelías: destruyeron discos con música de Beethoven, quemaron libros de los clásicos occidentales y sometieron a juicio público a dirigentes históricos del Partido Comunista, como Liu Chaochí y Deng Xiaoping. En esos años Francia, Canadá e Italia establecieron relaciones diplomáticas con el gobierno de Pekín y reconocieron que Taiwán forma parte de China. En 1971 la ONU admitió a China y le restituyó su lugar en el Consejo de Seguridad, el cual era ocupado por la representación de Taiwán. En el mismo año se establecieron las relaciones diplomáticas con México, que simultáneamente rompió con Taiwán, y fracasó un golpe de Estado encabezado por Lin Piao, quien era el sucesor de Mao. En 1972 el presidente estadounidense Richard M. Nixon visitó China y admitió que Taiwán formaba parte del país. En abril de 1973 el presidente mexicano Luis Echeverría hizo una visita oficial a China, donde se entrevistó con Mao, Chou y otros dirigentes. Como resultado de esas entrevistas se estrecharon las relaciones comerciales y culturales. Chou Enlai y Mao murieron en 1976. Les sucedió Hua Kuofeng. Jiang Quing, viuda de Mao, encabezó un intento de golpe de Estado que fracasó; fue recluida en prisión y se suicidó en 1991. Den Xiaoping, quien había sido víctima de una purga el año anterior, reasumió su cargo de viceprimer ministro en 1977.

En octubre del año siguiente el presidente mexicano José López Portillo hizo una visita oficial a China. En 1979 Washington y Pekín establecieron relaciones diplomáticas al nivel de embajadores y tropas chinas agredieron a Vietnam. Un año después Hua Kuofeng fue sustituido por Zao Ziyang como primer ministro y en 1981 dejó la jefatura del PC. En septiembre de ese año Zao Ziyang hizo una visita oficial a México y en diciembre de 1986 el presidente mexicano Miguel de la Madrid viajó a Pekín. En China está en curso una política de modernización que abre las puertas del país a la inversión extranjera, amplía los derechos (especialmente la libertad de tránsito) de los ciudadanos chinos y liga de nuevo al país con la cultura universal. En el Distrito Federal, el 20 de junio de 1980, fueron constituidas la Comunidad China de México, AC, y la Asociación Cultural Chino Mexicana a la que pertenecen destacados intelectuales y se dedica a promover el estudio y difusión de sus valores culturales, la práctica de deportes chinos y, cada 9 de febrero, la celebración del Año Nuevo Chino en la calle de Dolores de la capital del país y en otros puntos de la República. En Hong Kong y otros lugares hay sobrevivientes de la deportación de los años treinta, algunos de ellos nacidos en México. En junio de 1989, un movimiento estudiantil que propugnaba mayores libertades democráticas, fue reprimido sangrientamente en Tian Anmen (Plaza de la Paz Celestial); después de la matanza de estudiantes, el gobierno de Deng Xiaoping estableció el estado de sitio en Pekín, mismo que fue levantado en 1991. En abril de 1991, en Mexicali, 806 personas de la comunidad china recibieron documentos del gobierno mexicano que acreditan su residencia legal, pero los líderes de la comunidad china en Baja California calculan que 10 mil habitan ilegalmente la ciudad y que hay unos 60 mil en toda Baja California. Algunos estudios de mercado, sin embargo, calculan entre 80 y 130 mil el número de chinos indocumentados que están en Mexicali. Por el arraigo de la comunidad en esta población, es típica de Mexicali la comida china, con peculiaridades imitadas en otros países.

CHINA ◆ Municipio de Nuevo León, situado al sureste de la capital del estado, en los límites con Tamaulipas. Superficie: 3,940.6 km². Habitantes: 12,064, de los cuales 3,377 forman la población económicamente activa. Se sabe que la actual cabecera ya existía a principios del siglo XVIII, como el Rancho de China. En 1795 recibió el nombre de San Felipe de Jesús de China que luego cambió a Villa de China.

CHINA POBLANA ◆ Diversas versiones atribuyen este sobrenombre a Catarina de San Juan, hija del señor de Mogor, pequeño reino del Indostán donde fue tomada como esclava, vendida en Filipinas y de ahí traída a Nueva España a principios del siglo XVI, en tiempos en que se llamaba "chinos" a todos los individuos originarios de Asia. Hay un lugar de Afganistán que lleva el nombre de Mogor. Es muy problable que la vestimenta que portaba a su llegada, a la usanza oriental, fuera imitada en varios aspectos por las mujeres del pueblo y que este fenómeno diera lugar al surgimiento del traje de china poblana, pues vivió en Puebla en la casa de su amo Miguel de Sosa, quien la adquirió cuando aún era una niña. Pasó más de 70 años en México. Liberada por disposición testamentaria de su amo, fue casada con un esclavo de nombre Domingo Suárez, con quien se dice que llevó una vida casta. En vida se le atribuían visiones y actos de milagrería. Paradójicamente, las referencias de la época la mencionan como mujer de muy sencilla y pobre indumentaria. Murió en Puebla en 1688.

CHINAL ◆ Río que nace en la vertiente norte de las Montañas del Norte de Chiapas; penetra en Tabasco, se une al Puxcatán y al Puyacatengo y tributa en el Grijalva.

CHINAMECA ◆ Población del municipio de Ayala, Morelos, donde fue asesinado Emiliano Zapata.

CHINAMECA ◆ Municipio de Veracruz, situado en el sur de la entidad. Colinda con Coatzacoalcos y Minatitlán. Superficie: 157.1 km². Habitantes: 13,912, de los cuales 3,486 forman la población económicamente activa. Hablan alguna lengua indígena 155 personas mayores de cinco años (popoluca 69, náhuatl 49 y zapoteco 21).

CHINAMPA ◆ Armazón flotante sobre el cual se pone tierra cultivable. Su aplicación data de los tiempos prehispánicos, cuando los grupos que habitaban la región lacustre del valle de México se valían de ese procedimiento para contar con tierra labrantía y proveerse de alimentos. Con la urbanización impuesta por los europeos empezaron a desaparecer chinampas y canales. El crecimiento de la capital de la República casi acabó con unas y otros, que apenas subsisten en Xochimilco, Tláhuac y Milpa Alta.

CHINAMPA DE GOROSTIZA ◆ Municipio de Veracruz, situado al sur de Ozuluama y al norte de Naranjos, en el estero de Tamiahua. Superficie: 152.99 km². Habitantes: 14,557, de los cuales 3,544 forman la población económicamente activa. Hablan alguna lengua indígena 1,193 personas mayores de cinco años (huasteco 1,145).

CHINANTECOS ◆ Grupo étnico del norte de Oaxaca al que se atribuye origen olmeca. Ocupan la región de

China poblana

Chinantla, donde existe una amplia zona arqueológica con vestigios de una cultura que floreció entre los siglos XIII y XV. De acuerdo con el conteo de población de 1995 había en el país 116,906 hablantes de chinanteco mayores de cinco años, la mayoría en Oaxaca, distribuidos sobre todo en los

Chinantecos

municipios de San Lucas Ojitlán, San Juan Bautista Valle Nacional, San Juan Bautista Tuxtepec, San Felipe Usila, San Juan Lalana, Santiago Jocotepec, San José Chiltepec, San Pedro Sochiapan, San Juan Quiotepec, Santiago Comaltepec, Ayotzintepec y San Juan Bautista Tlacoatzintepec. Chinantla fue dominada por el emperador mexica Ahuízotl. A la llegada de los españoles ofrecieron una tenaz resistencia de la que existen testimonios. A lo largo de los siglos han preservado algunas costumbres que acentúan su peculiaridad cultural. Persiste entre ellos la familia patriarcal, en la que el primogénito hereda y distribuye los bienes del padre difunto. Los matrimonios son por acuerdo de las familias. El padre de la novia debe recibir una dote que comprende dinero y bienes de consumo inmediato como maíz, frijol, chocolate, cigarros y pan. La novia debe someterse a un baño purificado, después del cual se celebra la boda ante las autoridades civiles y religiosas, la que se festeja con una generosa comida, bebidas en abundancia y baile durante varias horas. Practican un catolicismo mezclado con ritos tradicionales, sobre todo el culto al dueño de los cerros y a un dios del maíz que posee ambos sexos. Los alumbramientos son atendidos por comadronas que suspenden a la parturienta del techo, atándola por las axilas, mientras manipulan para facilitar la expulsión, rezan, aplican sahumerios y tocamientos. El bebé es bañado de inmediato y el cordón umbilical y la placenta se entierran junto al fogón, en la cocina. Los muertos son velados durante todo un día y una noche, para lo cual los cadáveres deben permanecer en el suelo con flores a sus pies. Se cree que el alma es llevada a otro mundo por un perro negro. Poseen una música propia y sus textiles son inconfundibles para los conocedores. Las mujeres usan ropa de algodón, falda y huipil bordado por ellas mismas en telares de cintura, en tanto que los hombres llevan ropa de fabricación industrial.

CHINANTLA ◆ Municipio de Puebla situado en el sur de la entidad, cerca de los límites con Oaxaca. Superficie: 67.62 km². Habitantes: 2,356, de los cuales 478 forman la población económicamente activa.

CHINANTLA, LIENZO DE ◆ Documento que data probablemente del siglo XVII. Está pintado sobre tela (110 por 130 cm) y describe pueblos, montañas, caminos y ríos. "Las escenas, apenas visibles, en las que aparecen personas deben referirse a la historia o la genealogía de los caciques del territorio señalado" (*Los códices de México*, INAH, 1979). Fue hallado en Valle Nacional, Oaxaca, y se encuentra en la Biblioteca Nacional de Antropología e Historia.

CHINATÚ ◆ Río que nace en los Altos de la Tarahumara, en Durango, penetra en territorio de Chihuahua y se une al Loera para formar el río Verde, uno de los afluentes del Fuerte.

CHINICUILA ◆ Municipio de Michoacán, situado en los límites con Colima, cerca de la costa del Pacífico. Superficie: 807 km². Habitantes: 7,380, de los cuales 1,668 forman la población económicamente activa. Hablan alguna lengua indígena 14 personas mayores de cinco años. El municipio fue erigido en 1901. La cabecera es Villa Victoria.

CHÍNIPAS ◆ Río del suroeste de Chihuahua que se forma en la sierra Tarahumara. Se le conoce también como Oteros. En la frontera con Sinaloa se une al Septentrión para tributar en el río Fuerte.

CHÍNIPAS DE ALMADA ◆ Municipio de Chihuahua, situado en los límites con Sonora, al oeste-suroeste de la capital del estado. Superficie: 2,278.94 km². Habitantes: 7,233, de los cuales 1,841 forman la población económicamente activa. Hablan alguna lengua indígena 214 personas mayores de cinco años (tarahumara 115). En donde hoy se halla la cabecera, el jesuita Julio Pascual fundó en 1626 una misión que fue destruida por los indios seis años después. En 1676 ocurrió su refundación como Santa Inés de Chínipas. En marzo de 1865 se le concedió la categoría de villa y desde 1892 es cabecera del municipio, erigido en los primeros años de la independencia. Éste se convirtió en Chínipas de Almada por decreto de 1976, en honor del historiador Francisco R. Almada.

CHIPRE ◆ Estado insular del mar Mediterráneo situado frente a las costas de Turquía y Siria. Superficie: 9,221 km². Habitantes: 771,000 (1998). La capital es Nicosia (218,815 habitantes en 1993, incluyendo el sector dominado por Turquía) y otra ciudad importante es Limassol (137,000 habitantes en 1994). La población es de origen griego en 80 por ciento y el resto de ascendencia turca. Los idiomas de ambos grupos son oficiales. El primero practica la religión católica ortodoxa y el segundo la musulmana. La moneda oficial es la libra chipriota. El producto bruto per cápita era de 3,840 dólares en 1982. Historia: hay vestigios de una cultura establecida hace tres milenios en la isla. Posteriormente fue ocupada por diversas potencias europeas y asiáticas, debido a su estratégica posición. Desde el siglo XIX fue cedida por Turquía a Gran Bretaña. En la década de los años treinta cobró fuerza el movimiento que estaba por la anexión a Grecia. Al término de la segunda guerra mundial, con el arzobispo Vaneziz Makarios a la cabeza, surgió un movimiento independentista que llevó a la administración colonial a una crisis que estalló en 1955, cuando los gobiernos de Ankara y Atenas disputaban al de Londres el predominio sobre la isla. Se iniciaron negociaciones que desembocaron en la proclamación de la independencia, el 16 de agosto de 1960. Gran Bretaña conservó sus bases militares y Makarios asumió la presidencia del país y desplegó una política exterior independiente, con activa participación en el Movimiento de Países No Alineados. La minoría griega de ultraderecha promovió el odio contra los turcos, lo que produjo enfrentamientos que casi llevaron a una guerra entre Turquía y Grecia en 1963. En febrero de 1974 Chipre y México establecieron relaciones diplomáticas. Meses después, la minoría griega apoyó un golpe de Estado financiado y dirigido por el gobierno militar griego. Makarios marchó al exilio y 200 mil turcochipriotas fueron expulsados de la isla, lo que originó la intervención de tropas turcas, las que ocuparon norte y noreste del país, expulsaron a su vez a unos 200,000 grecochipriotas y proclamaron la presunta creación de un Estado Federado Turco Chipriota, al mando de Rauf Denktash. En diciembre del mismo año volvió Makarios y asumió la presidencia del gobierno con capital en Nicosia. Makarios murió en 1977 sin restaurar la unidad del país. Spyros Kyprianou le sucedió y prosiguió con la política de no alineamiento. En noviembre de 1983, en la zona ocupada por las tropas de Turquía, se proclamó la República Turca de Chipre del Norte, reconocida solamente por el gobierno de Ankara. En enero de 1985 y en febrero de 1990 Kyprianou y Denktash se reunieron en Nueva York sin que las negociaciones llevaran a algún acuerdo sustancial.

CHIQUIHUITLÁN DE BENITO JUÁREZ ◆ Municipio de Oaxaca, situado en el norte de la entidad, en la región Sierra Norte. Superficie: 38.27 km². Habitantes: 2,551, de los cuales 714 forman la población económicamente activa. Hablan alguna lengua indígena 1,618 personas mayores de cinco años (mazateco 1,468).

CHIQUILISTLÁN ◆ Municipio de Jalisco, situado al suroeste de la capital del estado. Superficie: 391.68 km². Habitantes: 5,144, de los cuales 1,197 forman la población económicamente activa.

CHIQUITO ◆ Río de Guerrero que se forma en la vertiente sur de la sierra Madre, corre hacia el sur y suroeste para tributar en el Tecpan, al norte de la población de este nombre.

CHIRINOS CALERO, PATRICIO ◆ n. en Pánuco, Ver. (1939). Licenciado en economía por la UNAM (1959-64), donde fue profesor (1964-72). Desde 1962 es miembro del PRI, en el que ha sido miembro de la dirección nacional

juvenil (1964-65), secretario de acción social de la Confederación Nacional de Organizaciones Populares (1971-72), secretario auxiliar del comité ejecutivo nacional (1971-72), subdirector del IEPES (1972-75), delegado del comité ejecutivo nacional en varias entidades (1972-75), miembro del equipo coordinador de la campaña del candidato presidencial Carlos Salinas (1987-88) y secretario de acción electoral del CEN (1988). Ha sido secretario auxiliar del jefe del Departamento del Distrito Federal (1968-70), diputado federal (1970-73), director general de Delegaciones de la Secretaría de Programación y Presupuesto (1982-87), secretario de Desarrollo Urbano y Ecología (1988-92) y gobernador de Veracruz (1992-98).

CHIRLÍN Y TAMARIZ, AGUSTÍN JOSÉ ◆ n. en Puebla, Pue., y m. en Escuinapa, Sin. (?-?). Estudiaba sagrados cánones en la Real y Pontificia Universidad de México cuando ingresó en la orden de los agustinos. Acompañó a Alejo García Conde, cuando éste fue nombrado intendente de Sonora y Sinaloa (1796). Fue cura de Arizpe, Sonora. En 1814 lo acusaron de hacer propaganda insurgente. Se escondió en la sierra durante 19 días pero fue aprehendido y llevado a pie a Chihuahua y de ahí a Durango. Liberado por influencia de García Conde se le asignó la parroquia de El Rosario. Promovió la adhesión al Plan de Iguala de las autoridades civiles y militares de El Rosario. Apoyó el Plan de Casa Mata y la instauración de la República federal. Se opuso a la división de Sonora y Sinaloa.

CHISME, DEL ◆ Río de Oaxaca que nace en la sierra Villa Alta, corre hacia el noreste y se une al Trinidad.

CHIVATO ◆ Punta de Baja California Sur situada al norte del paralelo 27. Cierra por el norte la bahía Santa Inés.

CHIXOY ◆ ☛ Chijoy o Chixoy.

CHOAPAS, LAS ◆ Municipio de Veracruz, situado en el extremo sur de la entidad, en los límites con Tabasco y Oaxaca. Superficie: 2,851.2 km². Habitantes: 75,372, de los cuales

20,125 forman la población económicamente activa. Hablan alguna lengua indígena 3,270 personas mayores de cinco años (zoque 1,241, toztzil 606, chinanteco 449, zapoteco 295, totonaco 246 y náhuatl 197). Indígenas monolingües: 230.

CHOCAMÁN ◆ Municipio de Veracruz, situado en la porción central del estado, cerca de los límites con Puebla. Colinda con Fortín y Coscomatepec. Superficie: 41.13 km². Habitantes: 14,293, de los cuales 3,732 forman la población económicamente activa. Hablan alguna lengua indígena 104 personas mayores de cinco años (náhuatl 103).

CHOCHOLÁ ◆ Municipio de Yucatán, situado en el este de la entidad, al sureste de la capital del estado. Superficie: 99.64 km². Habitantes: 3,969, de los cuales 1,088 forman la población económicamente activa. Hablan alguna lengua indígena 1,774 personas mayores de cinco años (maya 1,717).

CHOCHOS ◆ Indios que habitan en el distrito de Coixtlahuaca, en el norte-noroeste de Oaxaca. En 1980, según datos censales, había 12,310 hablantes de idioma chocho, de los cuales sólo quedaban 819 en 1995, según el conteo nacional de población. Su lengua pertenece al grupo otomangue, tronco savizaa, familia mazateco-popoloca. Practican el culto católico mezclado con la veneración a los señores de los cerros y manantiales, la madre de la tierra, deidades del viento, la lluvia y la Luna. Habitan en casas hechas de pencas de maguey o palma. Se dedican a la agricultura, la cría de animales domésticos y sobre todo la producción de artesanías, en especial los tejidos de palma y los chales de lana blanca llamados "lanillas". A los muertos se les ponen sus mejores ropas y se les vela en un improvisado altar doméstico al pie del cual se traza una cruz de cal. El velorio de la segunda noche, al que asisten los vecinos, es acompañado por música y se ofrecen bebidas y cigarros a los asistentes. Al término del novenario, el *compadre de levantada de cruz* recoge la cal del piso y la lleva a la tumba. En algunas de sus fiestas hay encuentros de pelota mixteca. Practican el trabajo comunal (tequio) y los ancianos son consultados para los asuntos de interés común.

CHOIX ◆ Municipio de Sinaloa, situado en el extremo norte de la entidad, en los límites con Sonora y Chihuahua. Superficie: 4,512.4 km². Habitantes: 36,532, de los cuales 6,137 forman la población económicamente activa. Hablan alguna lengua indígena 377 personas mayores de cinco años (tarahuamara 320). En el ejido El Reparo existe una zona donde pueden practicarse la caza (mayor y menor) y la pesca deportiva. En Chuchaca y Baca existen balnearios de aguas termales.

CHOIX ◆ Río de Sinaloa que se localiza en el extremo norte de la entidad. Lo forman escurrimientos de la sierra de Surotato. Corre hacia el noroeste y se une al Fuerte, cerca de los límites con Sonora y Chihuahua.

CHOLES ◆ Indios que habitan en el norte-noreste de Chiapas y las zonas aledañas de Tabasco. Son católicos pero veneran a deidades ancestrales como el Sol, la Luna, la lluvia y otras que habitan en cuevas y montañas, lugares que consideran sagrados. Rinden especial culto al Cristo Negro de Tila. Se hacen fiestas en los días de los santos patronos de cada pueblo y celebran el Carnaval y el Jueves de Corpus. En Semana Santa realizan procesiones. Se dedican principalmente a la agricultura. Viven en casas de varas recubiertas

Choix, Sinaloa

con barro, estiércol y paja con techos de zacate. El traje masculino tradicional, que consta de huaraches, camisa y calzón corto de manta con ceñidor azul o rojo, sólo es usado en la actualidad por los ancianos. Entre las mujeres sólo las casadas visten cotidianamente una especie de turbante azul y blusa blanca con bordados. Practican colectivamente las faenas del campo y producen cerámica, cestería y sombreros. De acuerdo con el conteo nacional de población de 1995, había 141,747 personas mayores de cinco años que hablaban chol, idioma del grupo maya-totonaco.

CHOLULA ◆ ☞ *San Pedro Cholula y San Andrés Cholula*, municipios de Puebla.

CHONTALCUATLÁN O MALINALTENANGO ◆ Río de los estados de México, Guerrero y Morelos. Nace en el Nevado de Toluca. Corre subterráneamente cinco kilómetros a su paso por las grutas de Cacahuamilpa. Al salir se une al San Jerónimo para desembocar en el Amacuzac.

CHONTALES ◆ Nombre que reciben varios grupos indígenas de Tabasco, Oaxaca y Centroamérica. Los de Tabasco habitan en seis municipios de esa entidad, en la zona llamada precisamente de la Chontalpa. A la llegada de los españoles era un importante señorío cuyo cacique era Talezcoob o Tabzcoob, que dio nombre a la región. Presentaron una valiente pero efímera resistencia a los conquistadores, a quienes acabaron sometiéndose. Aunque se hallan muy integrados al resto de la sociedad, subsisten algunos núcleos que han conservado

sus costumbres, como la autoridad de los ancianos y el arreglo de los matrimonios a cargo de los abuelos. Practican una mezcla de ritos cristianos y ancestrales. Se acostumbra el bautizo católico y luego otro casero, llamado *xek-meke*, "para despertar la mente del infante", dice Lilian Scheffler, en el cual el padrino o madrina, según sea niño o niña, pone en manos del bautizado los objetos que usará en su vida adulta y luego lo hace dar, montado sobre su cadera, tres vueltas al altar familiar. Algunas de sus comidas y bebidas hoy forman parte de la gastronomía tabasqueña (pozol, jorote, ulich, etc.). Habitan en casas rectangulares, de varas recubiertas de lodo y techo de palma. Sólo las personas ancianas se visten a la usanza tradicional: las mujeres de falda larga con olanes en el extremo, blusa de manga larga con bordados en el escote y la cabeza cubierta con un pañuelo. Los varones llevan huaraches, sombrero de palma, calzón y camisa de manta de cuello redondo. Se dedican principalmente a la agricultura y la pequeña ganadería. Pescan para consumo doméstico y producen tejidos de palma, jícaras labradas y objetos de cerámica. De acuerdo con el conteo nacional de población de 1995, había 36,430 hablantes de chontal de Tabasco mayores de cinco años. Esta lengua, de la que existen tres variantes dialectales, está clasificada en el grupo maya-totonaco, tronco mayense, familia mayense, subfamilia yax. Los hablantes de chontal de Oaxaca, también llamados tequistlatecos, eran 5,605 en 1995. Este grupo habita en el sur-sureste de ese estado. Su lengua pertenece al grupo joca-meridional, tronco yumapacua, y en la costa y la sierra se hablan variantes dialectales que llegan a imposibilitar el entendimiento entre los núcleos de una y otra región. En la época prehispánica vivieron enfrentados a los zapotecos. Las mujeres suelen usar todavía el traje tradicional, de falda larga de colores, huipil corto con bordados, rebozo y huaraches. Se dedican a la agricultura, la pequeña ganadería y la pesca. Producen mezcal y entre sus artesanías están los huipiles bordados, los objetos de barro, redes, petates y morrales de fibras naturales. Su religión es también una mezcla de cristianismo y ritos ancestrales ligados a la fertilidad de la tierra. Para pedir lluvias, el padre de familia, quien en esos días debe abstenerse de relaciones sexuales, de alcohol y tabaco, dirige las ceremonias en que se ofrenda copal o se sacrifica un guajolote, con cuya sangre se riega la tierra. Los ancianos tienen la máxima autoridad. La educación de los niños se basa en el ejemplo de los mayores y excluye los castigos. Se realizan fiestas en honor del santo patrono de cada localidad, ceremonias luctuosas durante la Semana Santa y en la costa se celebra ruidosamente el Carnaval, que termina al quemarse la palma bendecida el año anterior, lo que sirve para el Miércoles de Ceniza.

CHONTALPA ◆ ?Región de Tabasco que ocupa la parte occidental de la entidad.

CHONTLA ◆ Municipio de Veracruz, situado en el norte de la entidad, al oeste de Naranjos y al noroeste de Tuxpan. Superficie: 361.09 km². Habitantes: 15,641, de los cuales 3,881 forman la población económicamente activa. Hablan alguna lengua indígena 3,747 personas mayores de cinco años (huasteco 2,752 y náhuatl 989).

CHOREACHIC ◆ Sierra de Chihuahua, situada al oeste de la capital del estado. Prolonga hacia el sureste la sierra de Chávez. Tiene alturas superiores a 2,500 metros sobre el nivel del mar.

CHORNÉ Y SALAZAR, MARGARITA ◆ n. y m. en la Cd. de México (1864-1962). Estudió música en la capital del país y luego se inscribió en la Escuela Nacional de Odontología, donde recibió el título de cirujana dentista el 18 de enero de 1886, por lo que fue la primera mujer en ejercer tal especialidad y también la primera en obtener título dentro de las profesiones liberales. Recibió una condecoración del Institut du Midi, de Tolosa, Francia. Una agrupación de dentistas lleva su nombre.

CHÓVEL O CHOWELL, JOSÉ CASIMIRO ◆ n. en la Cd. de México y m. en Guanajuato, Gto. (1775-1810). Primer graduado en México como ingeniero de minas. Administraba la mina de la Valenciana en Guanajuato cuando entraron los insurgentes a la ciudad. Se incorporó a los independentistas con el grado de coronel, al mando de un regimiento de mineros. Al tomar Calleja la plaza ordenó su ejecución.

CHOY ◆ Río de San Luis Potosí que nace en la sierra del Abra, corre hacia el noreste y se une al Tamuín, afluente del Pánuco.

CHRISTLIEB IBARROLA, ADOLFO ◆ n. y m. en el DFF (1919-1969). Hizo estudios de filosofía y obtuvo la licenciatura en derecho por la UNAM (1941). Miembro fundador del PAN, partido del que llegó a ser presidente (1962-68). Diputado federal (1964-67). Escribió en las revistas *La Nación, Siempre!* y otras publicaciones. Autor de *Monopolio educativo y unidad nacional, La libertad de reunión* y otras obras.

CHUAYFFET CHEMOR, EMILIO ◆ n. en el DF (1951). Licenciado en derecho con mención honorífica por la UNAM (1970-74), de la que fue profesor (1974-87). Pertenece al PRI desde 1969. Ha sido secretario auxiliar del subsecretario del Trabajo (1974-76), subdelegado (1976-81) y delegado político del Departamento del Distrito Federal en Benito Juárez (1981), presidente municipal de Toluca (1982), secretario de Educación, Cultura y Bienestar (1983-87) y secretario de Gobierno del Estado de México (1987-89); titular de la Procuraduría Federal del Consumidor (1989-90), director general del Instituto Federal Electoral (1990-93), gobernador del Estado de México (1993-1995) y secretario de Gobernación (1995-97). Autor de *Introducción al derecho administrativo* (1980).

CHUCÁNDIRO ◆ Municipio de Michoacán contiguo a Morelia y situado cerca de los límites con Guanajuato. Superficie: 140.98 km². Habitantes: 8,198, de los cuales 1,777 forman la población económicamente activa. Hablan alguna

lengua indígena 15 personas mayores de cinco años. El nombre significa "lugar de arboledas". El municipio fue erigido el 21 de junio de 1878.

CHUCHO EL ROTO ◆ n. en la ciudad de México y m. en San Juan de Ulúa, Ver. (1842-1885). Ladrón. Un periódico lo calificó de "bandolero civilizado". Se dice que robaba a los ricos y que repartía el producto de sus hurtos entre los pobres. Fue detenido tres veces y otras tantas se escapó. Presumía de no matar a sus víctimas. Un jefe político del Estado de México ofreció dos mil pesos de recompensa por su captura y él respondió ofreciendo lo mismo por cualquier jefe político.

CHUMACERO, ALÍ ◆ n. en Acaponeta, Nay. (1918). Poeta. Estudió letras en la UNAM y El Colegio de México (1952). Perteneció al grupo editor de la revista *Tierra Nueva* (1939-42), de la que fue codirector. Editó la revista mensual *Calendario de Ramón López Velarde*. Dirigió algunos números de *Letras de México* (1937-47) y fue redactor de *El Hijo Pródigo* (1943-46). Ha colaborado en las principales publicaciones literarias. Como editor ha trabajado para el Fondo de Cultura Económica desde 1950. En la Secretaría de Educación Pública inició la colección Sepsetentas. Autor de *Páramo de sueños* (1944, premio Rueca al mejor libro de escritor joven), *Imágenes desterradas* (1948) y *Palabras en reposo* (1956). Su *Poesía completa* se publicó en 1979. Ha escrito prólogos para discos de la colección Voz Viva de la UNAM y para ediciones de las obras de Owen, Azuela, Villaurrutia y Alfonso Reyes. Fue becario del Centro Mexicano de Escritores (1952-53). Miembro de la Academia Mexicana (de la lengua), a la qe ingresó en 1964 con el discurso *Acerca del poeta y su mundo* (1965). Asesor literario de las becas Salvador Novo (1987-92) y del Centro Mexicano de Escritores (1987-). Ha recibido los premios Xavier Villaurrutia (1980), Rafael Heliodoro Valle (1985), Alfonso Reyes (1986), Nacional de Ciencias y Artes (1987), Amado Nervo (1993) y Nayarit (1993). Creador emérito por el SNCA (1993-).

Emilio Chuayffet Chemor

Alí Chumacero

Churubusco a finales
del s. XIX

CHUMACERO, BLAS ◆ n. y m. en Puebla, Pue. (1905-1997). Político y líder sindical. A los 12 años ingresó al ejército. A los 16 comenzó a trabajar como obrero textil en diversas fábricas poblanas, a la vez que cursaba la educación primaria. Concluyó por correspondencia la carrera de abogado por la Universidad Obrera de México (1940). A los 20 años comenzó su actuación sindical en la Confederación Sindicalista de Obreros y Campesinos de Puebla, de la crom. En 1928 rompió con la crom y participó en la fundación de la Confe-

Fachada de estilo
Churrigueresco

deración General de Obreros y Campesinos de México (1933) y en el Comité Nacional de Defensa Proletaria (1935). Cofundador de la Federación de Trabajadores de Puebla (1934), de la cual fue secretario general (1951-96). Cofundador de la ctm, en la cual fue secretario de organización (1943-46), secretario de trabajo y conflictos (1946-49) y presidente de la comisión nacional de justicia. Presidente de la Organización Regional Interamericana del Trabajo (1970-74). Fue diputado local (1936-38), seis veces diputado federal (1940-43, 1946-49, 1952-55, 1958-61, 1964-67 y 1985-88) y dos más senador de la República (1976-82 y 1988-91). Desde 1980 hasta su muerte ocupó el cargo de secretario general sustituto en la CTM. Fue militante del PNR, miembro constituyente del PRM (1938) y del PRI (1946), en el que fue secretario de acción obrera del comité ejecutivo nacional.

CHUMACERO, LOURDES ◆ n. y m. en el DF (1926-1996). Promotora de arte. Su nombre era Lourdes Gómez Luna, pero adoptó el apellido de su esposo, Alí Chumacero. Fundó el Departamento de Artes Plásticas del INBA en 1956. Fue directora del Salón de la Plástica Mexicana y de la galería José Clemente Orozco. Fundó y dirigió la Galería de Arte Contemporáneo Lourdes Chumacero, desde donde impulsó a Juan O'Gorman, Alfredo Zalce, José Chávez Morado, Ricardo Martínez, Luis Nishizawa y otros artistas.

CHUMACERO, LUIS ◆ n. en el DF (1950). Estudió en las facultades de Filosofía y Letras y de Ciencias de la UNAM. Becario de narrativa del INBA (1973-74). Fue agregado cultural de la embajada mexicana en Praga (1984-85). Investigador y redactor de *Tiempo de México*. Ha colaborado en *Sábado*, suplemento de *unomásuno*. Autor del volumen de cuentos *Casa llena* (1976).

CHUMATLÁN ◆ Municipio de Veracruz, situado al sur de Poza Rica, en los límites con Hidalgo. Superficie: 36.19 km². Habitantes: 3,209, de los cuales

660 forman la población económicamente activa. Hablan alguna lengua indígena 2,682 personas mayores de cinco años (totonaco 2,681). Indígenas monolingües: 611.

CHUMAYEL ◆ Municipio de Yucatán, situado en la zona centro de la entidad, al sureste de Mérida. Superficie: 45.99 km². Habitantes: 2,882, de los cuales 705 forman la población económicamente activa. Hablan maya 2,437 personas mayores de cinco años (monolingües: 394).

CHUMPÁN ◆ Río de Campeche formado por el Pejelagarto, el Pimiental y otras corrientes en los límites con Tabasco; corre hacia el norte y desemboca en la laguna Balchacab.

CHUPÍCUARO ◆ Zona arqueológica, situada en el municipio de Acámbaro, Guanajuato. Tiene vestigios de una cultura anterior al horizonte Clásico.

CHURINTZIO ◆ Municipio de Michoacán contiguo a La Piedad, cerca de los límites con Jalisco y Guanajuato. Superficie: 156.49 km². Habitantes: 8,263, de los cuales 2,298 forman la población económicamente activa. El nombre significa "lugar donde oscurece temprano". La erección del municipio data del 10 de diciembre de 1903.

CHURRIGUERESCO ◆ Estilo arquitectónico que corresponde a la última etapa del barroco. Se llama así por el arquitecto español José Benito de Churriguera (1665-1725) y se caracteriza por su exceso decorativo y el uso de la pilastra estípite (con la base más angosta que la parte superior, como pirámide invertida que descansa sobre una base). Corresponden al estilo churrigueresco o ultrabarroco las construcciones del segundo y parte del último tercio del siglo XVIII.

CHURUBUSCO ◆ Barrio de la delegación de Coyoacán, en el Distrito Federal. El nombre es una corrupción de Huitzilopochco, centro ceremonial fundado probablemente en el siglo XI. El nombre significa precisamente "en el templo de Huitzilopochtli", porque ahí existía un adoratorio visitado por habitantes de todo el valle de México. A la

FOTO: FONDO EDITORIAL GRUPO AZABACHE

llegada de los españoles era un importante señorío, pues se dice que había en él miles de casas. Frailes franciscanos construyeron una misión con las piedras del derruido adoratorio y posteriormente los dieguinos la ampliaron y le dieron carácter conventual. En el siglo XVI se edificó la iglesia de San Diego y el convento anexo. Durante la intervención estadounidense de 1847 se fortificó y una fuerza inexperta al mando del general Pedro María Anaya ofreció resistencia a los invasores hasta la última bala. Murieron 136 defensores. Muebles y objetos decorativos y sagrados fueron objeto de pillaje para los vencedores. Después de la Reforma el edificio fue Hospital Militar de Enfermedades Contagiosas y en 1917 se convirtió en museo, bajo la dirección de Jorge Enciso, quien encabezó la restauración del inmueble hasta abrirlo al público en 1921. Durante el sexenio del presidente José López Portillo, con Gastón García Cantú como director del Instituto Nacional de Antropología e Historia, se convirtió en Museo de las Intervenciones.

CHURUBUSCO ◆ Río de la capital del país hoy entubado. Sobre él corre la avenida de su nombre.

CHURUMUCO ◆ Municipio de Michoacán, situado en el sur de la entidad, en los límites con Guerrero. Superficie: 1,390.26 km². Habitantes: 15,006, de los cuales 2,691 forman la población económicamente activa. El nombre del lugar significa "pico de ave". En la cabecera se halla la parroquia de la que José María Morelos fue párroco en 1798. El municipio fue erigido el 31 de enero de 1930.

CHUVÍSCAR ◆ Río de Chihuahua que se forma con escurrimientos de la vertiente este de la sierra Madre Occidental. Forma la presa Chihuahua, cerca de la ciudad del mismo nombre; corre hacia el noreste y en la población de Aldama cambia su curso hacia el sureste hasta tributar en el Conchos.

CIANGHEROTTI, ALEJANDRO ◆ n. en Argentina y m. en el DF (1903-1975). Llegó a México antes de 1920. Na-

cionalizado mexicano. Trabajó en decenas de películas en las que hizo de galán lo mismo que de villano. Figura del teatro de comedia, actuó en varias piezas junto a Nadia Haro Oliva. Intervino en numerosos programas de radio y televisión.

CÍBOLA ◆ Nombre que el fraile franciscano Fray Marcos de Niza dio a una región situada al norte de Chihuahua, probablemente en Nuevo México. En busca de las siete ciudades de Cíbola y el reino de Quivira se realizó una infructuosa expedición encabezada por Francisco Vázquez de Coronado (1540-42). Cíbolo se llamaba al búfalo o bisonte americano, por lo cual es probable que se tratara de alguna llanura poblada por grandes manadas de esta especie, al sur del Gran Cañón de Colorado, cuyas formas bien pudieron producir un espejismo. Otra versión señala que en el noroeste de Nuevo México hay huellas de grupos humanos que datan de hace 7,000 años. Ahí floreció la cultura de los anazasi, quienes ya convertidos en agricultores fundaron una docena de poblaciones en las que, hacia los siglos XI y XII, levantaron construcciones de mampostería que abandonaron en el siglo XIII. El color ocre de las edificaciones, que adquieren un tono dorado con el sol del atardecer, despertó la codicia de los conquistadores que, al llegar, sólo encontraron caseríos desiertos. Estos fueron ocupados hacia el año 1700 por los navajos.

CICERO MAC-KINNEY, ROGER ◆ n. en Mérida, Yuc. (1929). Estudió periodismo en la Universidad Latinoamericana (1947-49). Es profesor del Seminario Conciliar de Mérida. Ejerce el periodismo. Pertenece al PAN desde 1969. Ha sido diputado federal en dos ocasiones (1982-85 y 1988-91). Es miembro del consejo editorial de *El Gotero*. Autor de *Poemas de tierra y sangre* (1960), *El indio, el amor y el mar* (1962), *Canto de acción y gracias y nueve poemas más* (1969), *Sonetos y reflexiones después de la lluvia* (1979), *Los poemas mayas* (1995), *El cuadernillo: antes del hombre el paraíso* (1977), *Las cartulinas*,

Poemas a la madre (1977) y *La patria también es duelo.*

CICLISMO ◆ En el porfiriato la bicicleta se popularizó entre los jóvenes de las clases pudientes, los que para espanto de los adultos circulaban velozmente por el Paseo de la Reforma y las calles céntricas de la capital. Bien pronto se organizaron carreras y se formaron clubes en México y las principales ciudades de provincia. El aparato servía para pasear por las calles y los más audaces realizaban excursiones a puntos cercanos a las ciudades. A principios de siglo existía el velódromo de la Piedad, en la actual colonia de los Doctores, en el que se efectuaban competencias. Con la revolución la bicicleta tuvo un empleo militar, especialmente en labores de mensajería. Terminada la guerra civil se le usó para el transporte y surgieron los primeros aparatos de carga. En los años veinte aumentó el número de mexicanos que practicaban el ciclismo deportivo. En 1931 se creó la Federación Ciclista Nacional y por esos días se inauguró el velódromo del Parque Deportivo Plutarco Elías Calles, en la capital, que por muchos años fue la principal pista para la práctica de este deporte. Causa y efecto de la popularidad del ciclismo fue el establecimiento en México de quien llegaría a ser considerado uno de los principales constructores de bicicletas: el italiano Jacinto Benotto, quien llegó al país en los años cuarenta y creó una empresa que se halla entre las principales de su género en el mundo y patrocina a corredores mexicanos en las pistas internacionales. El auge de la bicicleta como instrumento deportivo se inició con la celebración de la Vuelta de México, carrera que

Ciclistas de 1894

FOTO: EL MUNDO ILUSTRADO

Ciclistas a fines del siglo XIX

FOTO: BORIS DE SWAN

Ciclista de hoy

FOTO: CLAUDIA CONTRERAS

Bicicleta de montaña

organizada por la cadena periodística García Valseca se realizó anualmente a partir de 1948. Al año siguiente intervinieron en ella deportistas extranjeros y para hacer competitivos a los mexicanos el propio José García Valseca contrató a instructores extranjeros, como los franceses Debriacon, Lambertini, León Duau, Hugo Koblot y otros. Pronto los ciclistas mexicanos empezaron a viajar al extranjero y en 1952 asistieron al Campeonato Mundial celebrado en Luxemburgo. De la Vuelta de México surgieron ídolos populares como Ángel *Zapopan* Romero, Rafael Vaca, Felipe Liñán, Román Teja, el *Borrao* Cepeda, el *Pollero* García y otros. García Valseca, hombre de nego-

cios, aprovechó la popularidad de este deporte y fundó una fábrica de bicicletas para satisfacer el mercado que él mismo contribuyó a ampliar. Ante el éxito de la Vuelta de México, en la que participaban corredores extranjeros y los mejores de entre los mexicanos, el gobierno instituyó en 1954 la Vuelta de la Juventud, circuito que, a semejanza de Francia, quedaría reservado para los muchachos que todavía no alcanzaban la más alta categoría. En la práctica, ambas carreras, realizadas sobre rutas y con objetivos harto similares, compitieron entre sí y pocos años después García Valseca, quien también organizaba *vueltas* estatales, optó por no celebrar más la Vuelta de México. En los años sesenta se realizaban en México todo tipo de competencias de ciclismo. Como parte de las instalaciones para los Juegos Olímpicos de 1968 se construyó un nuevo velódromo, en el cual célebres corredores europeos han impuesto varias marcas mundiales. En 1984, en la Olimpiada de Los Angeles, José Manuel Youshimatz ganó una presea de bronce, primera medalla olímpica obtenida por México en este deporte. Cuatro años después, Raúl Alcalá, quien formaba parte de un equipo profesional holandés, obtuvo el octavo lugar en la Vuelta Ciclista de Francia, la más importante del mundo.

CID Y MULET, JUAN ◆ n. en España (1907). Republicano. Se asiló en México al término de la guerra civil española (1940). Autor, entre otras obras, de

un *Libro de oro del futbol mexicano* (1962-63) y de *México en un himno. Génesis e historia del Himno Nacional Mexicano* (1974).

CIEA-IPN ◆ ☞ *Centro de Investigación y Estudios Avanzados del Instituto Politécnico Nacional.*

CIECHANOWER KUTNER, MAURICIO ◆ n. en Argentina y m. en el DF (1935-1994). Productor y periodista. Radicó en México desde 1976. Fue profesor en la UNAM. Colaboró en *Excélsior, Las Horas Extras, El Universal, El Financiero* (1988-94), *Plural* y *Caballero*. Fue productor en Radio UNAM y Radio Educación, donde escribió las series *Buenos Aires Hora Tango, Función Trasnoche* y *El Octavo Día*. Autor de *Entrevistas, entrevidas* (1988).

CIÉNEGA, DE LA ◆ Arroyo de Baja California que se forma en la sierra de Juárez, cerca de la frontera con Estados Unidos; desciende por la ladera oeste y tributa en el río Las Palmas.

CIÉNEGA, LA ◆ Municipio de Oaxaca situado al sur de la capital del estado y contiguo a Zaachila. Superficie: 25.52 km². Habitantes: 3,075, de los cuales 842 forman la población económicamente activa. Hablan alguna lengua indígena seis personas mayores de cinco años. La cabecera es Ciénega de Zimatlán.

CIÉNEGA DE FLORES ◆ Municipio de Nuevo León situado al noreste de Monterrey. Superficie: 156.2 km². Habitantes: 8,586, de los cuales 2,131 forman la población económicamente activa. Hablan alguna lengua indígena doce personas mayores de cinco años (náhuatl 6).

CIENFUEGOS Y CAMUS, ADOLFO ◆ n. en Tixtla, Gro., y m. en el DF (1889-1943). Educador. En 1914 se incorporó a la revolución. Dos veces diputado al término de la lucha armada. Fue representante diplomático de México en Costa Rica, Cuba, República Dominicana, Chile y Guatemala, en los dos últimos como embajador.

CIENTÍFICOS ◆ ☞ *Unión Liberal.*

CIFUENTES, EDWIN ◆ n. en Guatemala (1926). Escritor. Estudió letras en la

Universidad de San Carlos en Guatemala. Radica en México desde 1981. Es investigador de la UAP. Autor de cuento: *Cuentos de tiempos universitarios* (1959); novela *Carnaval de sangre en mi ciudad* (1969), *Jesús Corleto* (1973), *Libres por el temor*, *El pueblo y los atentados* (1979), *La nueva esmeralda* (1987) y *El mensaje de Alma Cienfuegos* (1992); y poesía: *Contemporánea* (1968), *Poesía en Ciudad-Kaos* (1969), *Instantánea* (1970), *Poemas del desastre y otros poemas* (1981) y *Versión poética de Alma Cienfuegos y poemas solidarios* (1992); y teatro *Fiesta de enterradores* (1960). Medalla de oro en poesía del Instituto Guatemalteco de la Seguridad Social (1953) y en prosa de la Facultad de Humanidades de la USAC (1964). Premio de Novela Corta Bachiller Ocejo en Costa Rica (1972). Premio Testimonio 1989 del INBA y del gobierno de Chihuahua.

CIFUENTES, LUIS DE ◆ m. en la Cd. de México (?-1639). Doctor en cánones, catedrático de prima, consiliario (1597) y rector de la Real y Pontificia Universidad de México, desde el 10 de noviembre de 1638 hasta su muerte, ocurrida posiblemente a fines de abril.

CIFUENTES Y SOTOMAYOR, LUIS DE ◆ n. en España y m. en Mérida, Yuc. (1600-1676). Doctor en cánones por la Universidad de México, de la que fue rector (1655-56). En 1657 se le designó ministro provincial dominico y en 1659 obispo de Yucatán, cargo que ocupó hasta su muerte.

CIHUACÓATL ◆ Diosa madre del género humano para los grupos nahoas. El nombre significa "mujer-culebra". De acuerdo con algunas interpretaciones sólo tenía hijos por parejas y una de éstas la formaron Quetzalcóatl y Huitzilopochtli.

CIHUATLÁN ◆ Municipio de Jalisco situado en la costa del Pacífico y en los límites con Colima. Superficie: 713.70 km². Habitantes: 30,955, de los cuales 7,639 forman la población económicamente activa. Hablan alguna lengua indígena 121 personas mayores de cinco años (náhuatl 90). Barra de

Navidad se halla dentro de la jurisdicción jaliscience.

CIHUATLÁN ◆ Río que sirve como límite a los estados de Jalisco y Colima. Nace en la vertiente oeste de la sierra Madre Occidental, en territorio de Jalisco, y desemboca en la bahía de Santiago. Es conocido también como Chacala.

CIMATARIO ◆ Cerro de Querétaro situado al sureste de la capital del estado, al norte de la sierra de Amealco. Tiene 2,440 metros de altura.

CIMET SHOIJET, MICAEL ◆ n. en el DF (1954). Licenciado en ciencias de la computación por el Instituto de Tecnología de Israel (1972-76) diplomado en impuestos en el Instituto Tecnológico Autónomo de México (1988-89). Profesor de la UNAM, la UAM y el Instituto de Investigaciones en Matemáticas Avanzadas y Sistemas. Ha sido subdirector de Desarrollo de Sistemas Presupuestales de la SPP (1981-83) y subdirector de Soporte Técnico (1983-84), director de Procesamiento de Datos (1984-85) y director general de Informática del DDF (1985-87).

CIMMYT ◆ ☛ *Centro de Investigación y Mejoramiento de Maíz y Trigo.*

CINE, INICIOS DEL ◆ Medio de comunicación fundado en la captación y proyección de imágenes fotográficas a intervalos regulares con el fin de dar la apariencia de movimiento. Nacido como pasatiempo, evolucionó hasta convertirse en industria y vehículo artístico. Los franceses Louis y Auguste Lumière fueron los primeros en practicar una cinematografía básicamente como la actual, al exhibir en el Grand Café de París, en diciembre de 1895, nueve películas cuya proyección duraba apenas 20 minutos. Las cámaras y los proyectores eran invención y propiedad de los propios hermanos Lumière, quienes empezaron a venderlas en diversos países, entre ellos México, donde se hicieron las primeras proyecciones en el mismo año que en Londres, Berlín, Madrid y Bruselas. C. J. von Bernard y Gabriel Vayre, empleados de los Lumière, trajeron y operaron los

aparatos en el entresuelo de la droguería Plateros, el 14 de agosto de 1896. En la sesión proyectaron las breves cintas filmadas por sus patrones. Durante la siguiente exhibición, en el Castillo de Chapultepec y ante Porfirio Díaz, dieron a conocer los primeros cortos rodados en México por los mismos Bernard y Vayre: *Grupo en movimiento del general Díaz y de algunas personas de su familia; Escena en los baños de Pane; Escena en el Colegio Militar; Escena en el canal de la Viga y El general Díaz paseando por el bosque de Chapultepec.* En diciembre de ese año fueron a Guadalajara a continuar con sus proyecciones y filmaciones. Poco antes, en esa ciudad, se había mostrado al público el *Vitascopio* de Tomás Alva Edison y la película *El lazador mexicano.* En 1897 había proyectores en San Juan Bautista (Villahermosa), Tabasco, y la ciudad de Puebla, en tanto que pequeñas compañías se dedicaban a la exhibición en diversas poblaciones del país. Durante ese año surge el primer realizador mexicano, Ignacio Aguirre, quien filmó *Riña de hombres en el Zócalo y Rurales mexicanos al galope.* En 1898 se hicieron en la capital proyecciones que se anunciaban "en tercera dimensión", gracias al empleo del *Aristógrafo*, invento de Adrián Lavié que consistía en unos binoculares que en rápida alternancia permitían ver a un ojo y otro, lo que aumentaba la impresión de movimiento y daba profundidad a las vistas que se proyectaban sobre la pantalla a la velocidad entonces normal. En ese año se inicia como realizador Salvador Toscano, quien exhibió en el Cinematógrafo Lumière, una sala que instaló él mismo en la calle de Jesús María, sus primeras seis películas, entre las cuales estaban *Norte en Veracruz, El Zócalo, La Alameda y Corrida de toros en plazas mexicanas.* En ese tiempo la brevedad de la proyección (apenas seis minutos)

Porfirio Díaz en las primeras filmaciones realizadas en México

La linterna mágica de los primeros aparatos de proyección cinematográfica

no obstaba para que los espectadores debieran pagar 10 centavos por la entrada a cada función, en la que se escuchaba música de intérpretes nacionales o de un fonógrafo importado de Estados Unidos. Toscano pasó después a alternar la exhibición de sus filmes con la de películas adquiridas en Francia. Julio Lamadrid, Eduardo y Guillermo Alva, Manuel Becerril, Jesús H. Abitia y otros mexicanos tomaron la cámara y emularon a Toscano en su papel de reporteros cinematográficos, pues captaban escenas de hechos reales, periodísticos, que luego se proyectaban ante un público entre azorado y divertido. Junto al cine documental, Toscano también realizó algunos cortos con argumento, el primero de los cuales fue *Don Juan Tenorio*, teatro filmado que mostraba las posibilidades del cine como un medio peculiar de expresión artística. Toscano convirtió posteriormente el Gran Teatro Nacional de la calle de Plateros en sala de proyecciones y después abrió el Salón Rojo en la avenida Cinco de Mayo. Mientras en diversos lugares de provincia se daba a conocer la novedad del cine, en la capital continuaron abriéndose salas, las que en enero de 1900 eran 22, si bien 20 de ellas, ante la escasa variedad de material filmado, cerraron en el curso del año y los dueños de los proyectores se fueron a

Ahí está el detalle, con Mario Moreno Cantinflas y Sara García (1940)

recorrer la República y el sur de Estados Unidos para exhibir y filmar. Uno de estos exhibidores trashumantes fue Enrique Rosas, quien se inició a fines del siglo pasado y hacia 1905 ya filmaba él mismo su material, que se exhibía en diez salas de diferentes ciudades. En 1906 viajó a Europa, de donde volvió con un proyector que funcionaba sincronizado con un fonógrafo. Según Aurelio de los Reyes, Rosas, quien en 1919 realizaría la cinta *La banda del automóvil gris*, es "el iniciador del primer cine mexicano". Otro mérito puede adjudicársele a Rosas: ser el realizador del primer largometraje del cine mexicano, el documental *Fiestas presidenciales en Mérida*, de 1906, año en que había en la capital 16 salas y una de ellas, la Academia Metropolitana, podía recibir hasta 700 espectadores. Al concluir la dictadura de Díaz había en la capital más de medio centenar de salas. Emilio García Riera observa que el cine documental del porfiriato, y aun el producido bajo la presidencia de Madero, incurrió en el halago al gobernante en turno, tendencia que se modificó después del golpe de Estado de Victoriano Huerta, con todas las precauciones del caso. En lo que respecta a la censura, Ignacio Rivero, gobernador del Distrito Federal, fue el primero en designar inspectores para juzgar sobre lo que ellos entendían como moralidad en las pantallas. Al estallar la Revolución los cineastas intensificaron su labor de reporteros que recogieron las imágenes de un país convulso. Los hermanos Salvador, Guillermo y Eduardo Alva, con su tío Ramón, dejaron testimonios fílmicos, en dos largometrajes, de la batalla de Ciudad Juárez, *Insurrección en México*, y de la firma de los tratados en la misma población: *Conferencia de paz a orillas del río Bravo*. Con material filmado por Jesús H. Abitia se montó buena parte de *Epopeyas de la revolución mexicana*, en tanto que con los rollos dejados por Salvador Toscano, su descendiente Carmen elaboró *Epopeyas de la revolución mexicana* y la más conocida *Memorias de un mexicano*.

CINE MUDO INDUSTRIAL ◆ El cine documental sobrevivió algunos años a la Revolución, pero ya a partir de 1915 empezó a enfrentar la competencia de las películas de argumento, cuyo rodaje exigía una organización y especialización del trabajo propias de la gran industria. Las empresas productoras acabarían por desplazar el trabajo individual de los iniciadores. En 1916 se produjo en Yucatán, durante el gobierno de Salvador Alvarado, el largometraje de ficción *1810 ¡o los libertadores!*, de Carlos Martínez de Arredondo y Manuel Cicerol Sansores, quienes al año siguiente realizaron *El amor que triunfa*. En 1917, al imponerse la facción carrancista, se realiza y estrena en la capital *La luz*, de Manuel de la Bandera, que llegó a exhibirse en Italia. Con ella se inicia un auge que se extendería hasta 1923, en el cual se produjeron filmes como *Tabaré* de Luis Lezama (1917), *La banda del automóvil gris*, serie de episodios de Enrique Rosas (1919), o la primera versión de *Santa*, de Luis G. Peredo (1921). Según Manuel González Casanova, fue Rafael Pérez Taylor, colaborador de *El Universal*, quien bajo el pseudónimo de *Hipólito Seijas* inició la crítica cinematográfica en 1917. Para poner al cine, vehículo de comunicación cada vez más importante, bajo control del nuevo Estado revolucionario, el primero de octubre de 1919 entró en vigor un decreto de censura que fue impugnado por distribuidores y exhibidores, quienes proponían que tan debatida labor la efectuaran no funcionarios de la Secretaría de Gobernación sino "una corporación respetable, los Caballeros de Colón, por ejemplo". Testimonio de la fuerza que adquiría el cine industrial es la fundación, en 1919, de la Unión de Empleados de Cinematógrafo que se fusionaría con otras organizaciones en 1923 para crear el Sindicato de Empleados Cinematografistas. De 1922 data la creación del Sindicato de Actores, que más tarde se convertiría en Unión Mexicana de Actores, antecedentes de la ANDA. La producción en

La banda del automóvil gris (1919)

1921 fue de 22 cintas de largometraje, 15 de ellas de ficción. Para 1923 el total se había reducido a seis y ninguna de las cintas fue producida en provincia. Durante el resto de los años veinte el cine mudo se mantendría con notables altibajos, pues tuvo que afrontar la competencia de las cintas estadounidenses, producidas a un costo que multiplicaba cientos y miles de veces los precarios presupuestos de los filmes nacionales. En 1930 la producción anual de películas de largometraje fue de apenas dos, igual que en 1929. En la frontera entre la imagen muda y el cine sonoro visitó México Serguei M. Eisenstein. La revista *Contemporáneos*, en su número de mayo de 1931, publicó un texto del soviético y otro, sobre él, de quien fue su guía en este país: Agustín Aragón Leyva. En la misma entrega se anunciaba que "como filial de la Film Society de Londres y de la Ligue des Cineclubs de París, se ha organizado en México el Cineclub con un programa de acción idéntico al de todos los cineclubes del mundo, pero especialmente afín del Cineclub español". Entre las finalidades de la entonces flamante institución estaba "Procurar la exhibición de buenas películas europeas, americanas y asiáticas, y películas de vanguardia. Implantación del cinema educativo, con especial cuidado en la exhibición sistemática de películas científicas. Historia del cine por medio de exhibiciones retrospectivas. Conferencias de propaganda sobre la importancia estética, científica y social de la Cinematografía. Creación de ambiente propicio para que surja la Cinematografía mexicana". En el directorio de la agrupación figuraban como director artístico Bernardo Ortiz de Montellano, director técnico Emilio Amero, secretarios de hacienda Manuel Álvarez Bravo y María Izquierdo; secretario de propaganda Carlos Mérida, vocales María M. de Álvarez Bravo y Roberto Montenegro; y secretario general Agustín Aragón Leyva. Después se aclaraba que "nuestro ambiente es lo suficientemente culto y preparado para hacer posible la

existencia de un cineclub" y se presentaba al cine como "formidable vehículo de cultura".

CINE SONORO ◆ Si bien se considera que el cine sonoro mexicano nació en 1931 con la segunda versión de *Santa*, en realidad no hubo una frontera definida entre la época silente y la hablada. Antes de que se volviera a rodar *Santa* fueron producidas algunas películas a las que se dotó de sonoridad por diversos métodos, incluso mediante el empleo del fonógrafo, en tanto que a principios de los años treinta la mayoría de las pantallas seguían ocupadas por cintas mudas. Del mismo modo, actores, directores y productores del cine silente pasaron al sonoro, como fue el caso de Dolores del Río, Joaquín Pardavé, Alejandro Ciangherotti, Enrique Rosas, Miguel Contreras Torres, Carlos Noriega Hope y muchos otros. El año 1931 marca el inicio de un auge que se mantendría a lo largo de varios lustros, caracterizado por el ascenso sostenido de la producción. No casualmente es en 1934 cuando se abren los estudios de Cinematográfica Latinoamericana (CLASA). La relativa retracción de la industria del cine estadounidense durante la crisis económica de 1929-33 y la segunda guerra mundial, así como la escasa competencia que representaban otras cinematografías en español, le abrieron a México los mercados iberoamericanos. A ese éxito comercial contribuyó decisivamente la película *Allá en el Rancho Grande* (1936), de Fernando de Fuentes, que creó el género de charros y canciones en el que destacarían Tito Guízar, Jorge Negrete y Pedro Infante. En ese mismo año, la Secretaría de Educación Pública fundó la Filmoteca Nacional con el fin de preservar algunas películas mexicanas. También en 1936, Juan José Segura produjo varios cortos cinematográficos en color. En los años treinta se consolida la dinastía actoral de los hermanos Soler y surge a la fama Mario Moreno *Cantinflas*, que internacionalmente es el más conocido de los actores mexicanos. Es precisamente en 1938 cuando se impone una marca de

producción con 57 películas. En 1939 los asalariados de la producción, distribución y exhibición constituyen el STIC (Sindicato de Trabajadores de la Industria Cinematográfica, Similares y Conexos de la República Mexicana), cuya sección 7 fue ocupada

La perla película dirigida por Emilio *Indio* Fernández en 1945, con fotografía de Gabriel Figueroa

por la Asociación Nacional de Actores, nombre que había adoptado en 1934 el Sindicato Mexicano de Actores, surgido en 1930 al reorganizarse la vieja Unión Mexicana. En la década de los cuarenta se abren grandes estudios (Churubusco, Tepeyac, Azteca, Cuauhtémoc, México), se crean empresas distribuidoras de material fílmico, cadenas de salas de exhibición y otros negocios relacionados con el cine. De ahí que en 1942 se constituya la Cámara Nacional de la Industria Cinematográfica y dos años después la Asociación de Productores y Distribuidores de Películas Mexicanas. Entre los trabajadores surge una profunda división todavía vigente, pues de una escisión del STIC se crea el STPC (Sindicato de Trabajadores de la Producción Cinematográfica); las áreas de influencia de ambas organizaciones serían definidas por laudo del presidente Ávila Camacho en 1945, año en el que México produce 82 películas y el cine da ocupación a aproximadamente 4,000 personas. Desde luego, en ese tiempo se agregan otros nombres a la galería de celebridades fílmicas: María Félix, Pedro Armendáriz, Víctor Manuel Mendoza, Arturo de Córdova, Katy

Director y actores de *dos monjes*, película filmada en 1934

La Paloma película filmada en 1937

El callejón de los milagros, película de Jorge Fons

Principio y fin, película de Arturo Ripstein

Jurado, María Elena Marqués y otros actores que, junto a directores como Emilio *Indio* Fernández o Julio Bracho y fotógrafos como Gabriel Figueroa o Alex Phillips padre, llevaron a la cinematografía mexicana a obtener reconocimiento internacional. En 1942 Julián Carrillo (☞) hizo la música coral que acompaña las apariciones de la Guadalupana en *La Virgen Morena,* de Gabriel Soria, con lo que México fue el primer país que introdujo la música microtonal en el llamado séptimo arte. En no escasa medida contribuyeron al éxito los muchos actores, realizadores y técnicos que llegaron de otros países, especialmente de España, donde el triunfo franquista hizo emigrar a grandes talentos, entre otros Luis Buñuel, quien después de una breve y poco exitosa estancia en Estados Unidos se incorporaría al cine mexicano. A él, con *Los olvidados* (1951), corresponde el mayor mérito artístico dentro del tema de la pobreza urbana, explorado y explotado por otros directores como Alejandro Galindo, Ismael Rodríguez o Juan Bustillo Oro. En 1950 el cine mexicano había llegado a la cima en lo que a producción se refiere, pues de los estudios salieron 124 películas. Sin embargo, pese a algunos éxitos, se había iniciado su declinación, la que no impediría la producción de películas en color, la primera de las cuales, *La gaviota,* se rueda en 1954, año en el que la producción fue de 118 cintas, cifra que sólo sería superada en 1958, cuando por diferentes vías se produjeron 136. Desde luego, las películas de Buñuel seguirían obteniendo reconocimiento y filmes de otros directores, como Luis Alcoriza, Jomi García Ascot o Felipe Cazals, serían objeto de distinciones internacionales, pero se llegaría a 1970 en medio de una crisis notoria y profunda, ahondada por la repetición de historias gastadas (charros, cabareteras, luchadores, etc.), la desaparición de figuras taquilleras y una censura que sólo por excepción ha permitido abordar temas de interés social. De acuerdo con las cifras que aporta García Riera en su

Historia del cine mexicano, la producción de películas entre 1961 y 1965 fue de 71, 81, 83, 109 y 107, para cada uno de los años de este periodo y de 100, 91, 110, 89 y 93 en el lapso 1966-70. Junto a lo anterior, en los años cincuenta se crearon los cineclubes del Instituto Francés de América Latina y el de la UNAM, que se multiplicarían en la propia Universidad y en otras instituciones educativas de la capital y de provincia. En 1960, el 8 de julio, comenzó a funcionar la Filmoteca de la UNAM, rescatando películas aparentemente extraviadas, restaurándolas, catalogándolas y proyectándolas. Para 1967 comenzó a funcionar la Cinemateca Mexicana dependiente del INAH y de la SEP, que se dedicó a difundir obras importantes y poco conocidas del cine mundial. El 17 de enero de 1974 se inauguró la Cineteca Nacional, dependiente de la Dirección General de Cinematografía de la Secretaría de Gobernación. Participante en los cineclubes, al día sobre las novedades cinematográficas, alentado por veteranos como Francisco Pina, se formó el más importante grupo de críticos, mismo que incluía a Jomi García Ascot, José de la Colina, Salvador Elizondo, Gabriel Ramírez, Carlos Monsiváis, Eduardo Lizalde y García Riera, a quienes se agregarían Fernando Gou, Jorge Ayala Blanco y Tomás Pérez Turrent. Contaron con la simpatía y cooperación de Carlos Fuentes, que también ejerció la crítica, de José Luis Cuevas, Vicente Rojo, Manuel Barbachano, Juan Manuel Torres, Luis Vicens, Salomón Leiter, Paul Leduc, Rafael Corkidi y otros personajes. Desde el suplemento *México en la Cultura* o la *Revista de la Universidad,* lo mismo que a través de los siete números de *Nuevo Cine* y después, ya en los años sesenta, en el suplemento *La Cultura en México,* contribuyeron a la formación de un público más exigente y enterado. Una aportación en el mismo sentido hizo la Reseña de Festivales Cinematográficos, iniciada en 1958, que permitió conocer obras de Bergman, los grandes rea-

lizadores italianos o las figuras de la Nueva Ola francesa. En ese tiempo se creó también el Centro Universitario de Capacitación Cinematográfica (1963), dirigido por Manuel González Casanova, fundador del primer cineclub universitario y de la Cinemateca de la UNAM. Durante el sexenio 1970-76, Rodolfo Echeverría se hace cargo del Banco Cinematográfico y promueve una renovación del cine mexicano. Para hacerlo se apoya en su conocimiento de la industria (fue dirigente de la ANDA en su calidad de actor, llamado Rodolfo Landa), en las empresas que el Estado había adquirido a partir de 1958 (los Estudios Churubusco y la Compañía Operadora de Teatros) y, sobre todo, en el hecho de ser hermano del entonces presidente de la República, Luis Echeverría. Más empresas pasan a manos estatales, se crean cooperativas de producción y nuevos temas salvan los escollos de la censura. Para concretar la transformación que se había propuesto, Rodolfo Echeverría se apoya en algunos consagrados, como Emilio *Indio* Fernández, y da oportunidad a realizadores noveles: Juan Manuel Torres, Sergio Olhovich, Gonzalo Martínez, Julián Pastor, Jorge Fons, Felipe Cazals, José Estrada, Jaime Humberto Hermosillo, Arturo Ripstein, Alberto Bojórquez y otros que intentan tonificar al agonizante cine mexicano. Al margen de la estructura estatal algunos directores filman cintas de éxito comercial, como René Cardona o Alfonso Arau, en tanto que otros como Paul Leduc o Federico Weingartshofer experimentan con fórmulas temáticas y artísticas novedosas. La producción fue de 87, 89, 69, 65, 59 y 56 películas para cada uno de los años del lapso 1971-76, de las cuales fueron financiadas por el Estado 10, 28, 23, 24, 26 y 41, respectivamente. Los reconocimientos internacionales y algunos éxitos mercantiles evidencian lo acertado de esa múltiple búsqueda, misma que se ve abruptamente interrumpida con el cambio de sexenio, cuando Margarita López Portillo, hermana del presidente en turno, José

López Portillo, emerge como el personaje principal de radio, televisión y cinematografía. Ignorante de los medios que se han puesto en sus manos, la señora López Portillo comete un desatino tras otro y aun los aciertos, como la creación y funcionamiento de la Cineteca Nacional (consumida por un incendio en 1982), acaban en desastre. Para disimular sus propias fallas emplea su influencia en encarcelar a algunos de sus colaboradores, entre los que se contaban hombres de gran prestigio en el medio. A su amparo, los protegidos hacen negocios y la producción estatal se reduce cada vez más. En el sexenio 1976-82 se filman 77, 107, 113, 107, 97 y 87 cintas por año, de las cuales, respectivamente, son financiadas por el Estado 44, 29, 15, 5, 7 y 7. Al iniciarse el sexenio 1982-86, la cinematografía mexicana se reduce al burdo comercialismo de los productores privados y a los esfuerzos de algunos directores, actores y otros trabajadores del cine que recurren a la formación de cooperativas, al patrocinio de universidades y otras instituciones no gubernamentales en su afán de hacer un cine digno de tal nombre. Alberto Isaac, nombrado director de Cinematografía y luego del Instituto de Cine, por falta de presupuesto se ve imposibilitado para cumplir con su función y lo sustituye en el cargo una persona por completo ajena al medio. Los números de la producción de cintas de largo metraje con financiamiento estatal son 11, 20, 6 y 6 para cada uno de los años de 1983 a 1986. En 1986 se produjeron 87 filmes en México, 66 de compañías privadas mexicanas, 11 extranjeros, tres estatales y siete coproducciones de compañías mexicanas y extranjeras.

CINTA GUZMÁN, RICARDO ◆ n. en el DF (1941). Licenciado en sociología por la UNAM (1967), maestro en la misma especialidad por la Facultad Latinoamericana de Ciencias Sociales de Chile (1968) y doctor en ciencia política por la Universidad de Yale (1976). Profesor de la UNAM (1962-65 y 1969-70) y del Colegio de México (1966-81), donde

fue secretario general adjunto (1980-81) y coordinador académico del Centro de Estudios Sociológicos (1973-77 y 1978-79). Desde 1965 es miembro del PRI, en el que fue director del Instituto de Historia y Ciencia Política (1981-83). En el sector público ha desempeñado asesorías y en 1983 fue nombrado director general de Informática, Estadística y Documentación de la Secretaría de Pesca. Es coautor de *El Perfil de México en 1980* (1971) y de *La universidad y los grandes problemas nacionales* (1980). Pertenece a la Asociación Latinoamericana de Sociología, al Colegio Nacional de Sociólogos, al Consejo Mexicano de Ciencias Sociales y a la Sociedad Nacional de Planeación.

CINTALAPA ◆ Municipio de Chiapas situado en el oeste de la entidad, en los límites con Oaxaca. Superficie: 2,404.6 km². Habitantes: 63,600, de los cuales 16,321 forman la población económicamente activa. Hablan alguna lengua indígena 2,787 personas mayores de cinco años (tzeltal 2,497 y tzotzil 193). Indígenas monolingües: 526. En la cabecera, llamada Cintalapa de Figueroa, se realizan las fiestas de la Candelaria, el 2 de febrero, y de Santo Domingo, del 3 al 5 de agosto.

CINTALAPA ◆ Río de Chiapas que nace en la vertiente norte de la sierra Madre, corre hacia el noreste y en la población de Cintalapa cambia su curso hacia el este-sureste para unirse al Jiquipilas y formar el río de la Venta, alimentador de la presa Malpaso.

CINTEOTL O CINTÉOTL ◆ Deidad del maíz entre los aztecas. En ocasiones la representaban como un joven de gran fortaleza y a veces aparecía como mujer.

CIOAC ◆ ☛ *Central Independiente de Obreros Agrícolas y Campesinos.*

CIRCO ◆ Espectáculo en el que se presentan ejercicios acrobáticos y ecuestres, juegos malabares y de equilibrio, actos cómicos, animales amaestrados y otras atracciones. El nombre se originó en la antigua Roma, donde se llamaba de esta manera al recinto de forma circular en el que actuaban gladiadores, combatían hombres contra fieras o éstas

entre sí, se realizaban carreras de cuadrigas y se ofrecían diversos juegos al público que se hallaba sentado en las graderías, alrededor de la arena. Si bien el circo de hoy celebra sus funciones en locales de diferentes materiales y proporciones, todavía el más común es la carpa circular. El circo, en su forma moderna, data del último tercio del siglo XVII, cuando se prohibieron las representaciones teatrales de la comedia francesa y de la Comedia dell'Arte y el empresario inglés Phillip Astley presentó espectáculos ecuestres acompañados por otros actos en una pista circular. En México sus orígenes son prehispánicos. Para solaz de Moctezuma II y su corte actuaban maromeros, magos, bufones, prestidigitadores y otros personajes que forman parte del circo contemporáneo. En las fiestas populares de las culturas indígenas se presentaban espectáculos como el de los voladores de Papantla, contorsionistas y malabaristas que causaban azoro en la multitud por la destreza de sus ejecutantes. Tras la caída de Tenochtitlan, los artistas dejaron de estar al servicio de sus antiguos señores y se dispersaron. Se sabe que desde el siglo XVI grupos trashumantes de *maromeros* o *volatineros* actuaban en rancherías y por las calles de las ciudades. Las ferias y otras celebraciones los tenían como indispensables. La Inquisición, más de una vez, juzgó diabólica o herética la actuación de magos, prestidigitadores, bufones y otros artistas a quienes mandó a la hoguera. En la capital del país, durante las primeras décadas de vida independiente, el teatro de los Gallos, en la actual calle de

Espectáculo circense a finales del s. XIX

Colombia, alternaba el arte dramático, la ópera y los conciertos con las funciones del circo Green. Otras compañías se presentaron por esos años en el Coliseo Nuevo. En 1847 se instalaron en la esquina de la calle del Relox y el Puente del Santísimo unos jacalones convertidos en circos o "maromas" que se instalaban en terrenos desocupados y mal pavimentados, cubiertos con techos de tejamanil del cual pendían unos recipientes de hojalata con quinqués de aceite. El más concurrido de ellos era el circo Olímpico, del payaso, malabarista y titiritero José Soledad *Chole* Aycardo, quien formaba parte de un espectáculo más semejante al teatro de revista que al circo propiamente dicho. Las funciones se iniciaban a las cuatro de la tarde con la presencia de cirqueros y payasos acompañados por orquestas de músicos callejeros. Fue en 1867 cuando se presentó en la capital el circo de Giuseppe Chiarini, que trajo como estrella al trapecista inglés Jack Bell, cuyo hijo, el payaso Ricardo, sería estrella del Circo Orrin y posteriormente establecería su propia empresa; sería, además, el fundador de la primera dinastía de cirqueros mexicanos. Chiarini, por su parte, alojó su espectáculo en la calle de Gante, donde hoy se halla un templo metodista, y en 1873 presentó a unos acróbatas estadounidenses de apellido Orrin, que se quedarían en México. Por la misma época, entre otras compañías que hicieron su presentación destaca la de Albisu y Buislay, que ocupó la plaza de toros que había donde luego se construyó el edificio de la Lotería Nacional. El Circo-Teatro Orrin, propiedad de la dinastía mencionada, se abrió al público de la capital en 1881, inicialmente como circo Metropolitano. Estuvo en la plaza del Seminario, luego en la de Santo Domingo y por último, en un local hecho ex profeso, en la plaza de Villamil, donde permaneció hasta 1911. Otra familia que adquiriría fama en las carpas es la Atayde. Los hermanos Aurelio y Manuel Atayde fundaron en 1888 en Mazatlán, Sinaloa, la empresa más conocida del ramo, misma que ha

recorrido exitosamente toda América. Otros espectáculos de este ramo que se presentaron en la ciudad de México fueron el Gran Circo Cosmopolita (en la actual calle Ayuntamiento, en 1899), el Gran Circo Alemán de Hagenbeck (cerca de donde hoy es el cruce de Insurgentes y Reforma), el Treviño con su payaso Pirrín, sus enanos y sus desfiles de presentación por las calles de la ciudad (en Reforma y Artes, en 1901), el Gran Circo Victoria (en la calle Zarco, de la colonia Guerrero, en 1903), el Bell (en Revillagigedo y la actual avenida Juárez, en 1906), el Gran Circo Progresista (en la plaza de Las Vizcaínas, en 1907) y el estadounidense 101 Ranch con su máxima estrella Búfalo Bill (cerca de la estatua de Cuauhtémoc, en 1910). Otras compañías que se presentaron en el país fueron el Circo Argentino y los cubanos de Santos y Artigas, el Internacional, el Pubillones y el Gran Circo Beas Modelo, fundado en 1903 por Francisco Beas, de quien se dice que en los años de la revolución tuvo el patrocinio de Francisco Villa. El circo Unión se fundó en 1938 y la familia Fuentes Gasca, su propietaria desde entonces, ha creado otros circos como el Varnus, el Gigante Modelo, el Hermanos Fuentes Gasca, el Gasca y el Circo de Renato, que se ha presentado en Sudamérica. Han estado ligados al espectáculo circense la rumbera Meche Barba que antes de bailar fue trapecista, *Cantinflas,* quien montó algunos números humorísticos, el boxeador *Pipino* Cuevas, quien actuaba de payaso y fue empresario de este ramo. También como payaso actuó en diversas ocasiones el cantante Javier Solís y el compositor Juventino Rosas escribía música para el circo, como el vals *Sobre las olas,* pensado como música de fondo para dicho espectáculo. En 1985, el investigador Víctor Inzúa calculaba que había en el país unos 300 grupos circenses de diversos tamaños; sin embargo, para 1994 se calculaban apenas 150. La tradición del trapecio en México es la que más fama ha adquirido en el mundo. Alfredo y Eduardo Codona

causaron sensación en la primera mitad del siglo, Tito Gaona fue considerado el mejor de todos durante 25 años y Miguel Ángel Vázquez Rodríguez ejecutó en 1983 un cuádruple salto mortal en el Ringling Bros. and Barnum and Bailey, hazaña inscrita en el libro Guiness. La palabra *cirquero,* que designa al dueño del circo o a quien trabaja en él, es de origen mexicano.

CÍRCULO PROLETARIO ◆ Organización socialista fundada en la capital del país a fines de 1869, por iniciativa de Santiago Villanueva, con el fin de coordinar la actividad de las agrupaciones obreras del Valle de México. Se contaron entre sus miembros José María González, Juan de Mata Rivera, Evaristo Meza y Rafael Pérez de León. A propuesta de Francisco de Paula González, en enero de 1871 el Círculo llamó a fundar un Centro Regional de los Trabajadores Organizados, "a fin de defender los intereses del obrerismo más efectivamente". Como resultado, en marzo de ese año se creó el Gran Círculo de Obreros de México, primera central proletaria del país en la que se fundió la organización convocante.

CIREROL SANSORES, MANUEL ◆ n. y m. en Mérida (1890-1966). Hijo de Manuel Cirerol, gobernador de Yucatán en 1870. Estudió en el Instituto Literario de Mérida. Ejerció el periodismo entre 1907 y 1913. En 1911 se unió a la causa de Madero y participó en las luchas cívicas al lado de Salvador Alvarado y Felipe Carrillo Puerto. Se inició en el cine en 1915 con los documentales *Escenas del campamento del general Muñoz* y *Entrada de las fuerzas constitucionalistas.* Posteriormente fundó la empresa Cirmar Films en la que rodó los cortometrajes *El henequén de Yucatán, La voz de la raza*(1916), *Tiempos mayas* (1917). Asociado con Santos Badía, realizó cortos para el Partido Socialista de Yucatán: *Las jornadas agrarias* (1920), *Las visitas de Obregón* (1920), *Calles* (1921) y *Las campañas gubernamentales del doctor Álvaro Torres Díaz.* También hizo la comedia *Nidelvia* y produjo varias zarzuelas y revistas musicales. En 1925 se dedicó íntegramente al estudio de la historia y del arte maya. Trabajó para el departamento de Monumentos Prehispánicos del INAH. Autor de los libros *Yo no maté a Felipe Carrillo Puerto* (1937), *Problema henequero de Yucatán* (1940), *El castillo misterioso, templo piramidal maya de Chichén-Itzá* (1940), *La casa del coronel don Pablo González* (1943), *Arte pictórico de los antiguos mayas* (1943), *Viejo de Mérida* (1945) y *Chi-cheen Itsa* (1950).

CISNEROS, DIEGO ◆ n. en España y m. ¿en Perú? (?-?). Médico. Llegó a Nueva España hacia 1612 con el virrey Diego Fernández Córdoba, a quien siguió a Perú cuando fue trasladado en 1621. Autor de *Sitio, naturaleza y propiedades de la ciudad de México, aguas y vientos a que está sujeta y tiempos del año. Necesidad de su conocimiento para el ejercicio de la medicina* (1618).

CISNEROS, JOSÉ ANTONIO ◆ n. y m. en Mérida, Yuc. (1826-1880). Dramaturgo. Autor de *Diego el mulato, Celia, La muestra del paño* y *A Chan Santa Cruz*, sobre la guerra de castas.

CISNEROS ALARCÓN, DOMINGO ◆ n. en Monterrey, NL (1942). Escultor. Radica en Canadá desde 1974. Fue profesor y director del Departamento de Artes Indígenas del Manitou College La Macaza, de Quebec (1974-76). A partir de 1975 expone individualmente en Estados Unidos, Canadá y México.

CISNEROS CÁMARA, ANTONIO ◆ n. y m. en Mérida, Yuc. (1853-1906). Hijo del anterior. Fue diputado al Congreso de la Unión. Colaboró en periódicos yucatecos y escribió piezas teatrales: *De la cumbre al abismo, Primorosa, Sangre híbrida*, etcétera.

CISNEROS CÁMARA, ARTURO ◆ n. en Villahermosa, Tab., y m. en Mérida, Yuc. (1854-1887). Hermano del anterior. Ejerció el periodismo. Póstumamente se publicó su lírica reunida en *Composiciones poéticas* (1888).

CISNEROS FERNÁNDEZ, JOAQUÍN ◆ n. en Tlaxcala, Tlax. (1941). Licenciado en derecho por la UNAM (1960-66). Miembro del PRI desde 1959. Ha sido jefe de la oficina de control de calidad

del ISSSTE (1964-66), delegado político del DDF (1966-70), director administrativo del Fideicomiso Bahía de Banderas (1972-74), subdirector de Desarrollo Turístico Ejidal de la SRA (1975), presidente de la Junta de Electrificación Rural de Tlaxcala (1976-79), presidente del Patronato de la Feria de Tlaxcala (1978-82), presidente de la Junta Federal de Agua Potable (1980-83), director del Programa de Desarrollo Regional La Malitzin (1985-86) y secretario de Turismo del gobierno de Tlaxcala (1987-).

CISNEROS H., ISIDRO ◆ n. en el DF (1957). Licenciado en sociología por la UNAM (1978-81) y doctor en ciencia política por la Universidad de Florencia (1994). Profesor y coordinador de investigación de la Facultad Latinoamericana de Ciencias Sociales, sede México. Compiló *Los intelectuales y los dilemas políticos en el siglo XX* (1997). Autor de *Tolerancia y democracia* (1996), *Nuevas vías entre teoría y ciencia política* (1997) y *Los recorridos de la tolerancia*. Recibió el Contributo di Ricerca de la Fundación Luigi Einaudi, de Turín (1990) y fue premiado en el XI Certamen Latinoamericano de Ensayo Político de la revista Nueva Sociedad, de Caracas, venezuela (1996). Es miembro del Sistema Nacional de Investigadores.

CISNEROS MOLINA, JOAQUÍN ◆ n. y m. en Tlaxcala, Tlax. (1907-1991). Profesor normalista (1923) y licenciado en derecho por la UNAM (1936). Fue director de la Biblioteca de Hacienda (1935), cuatro veces secretario general de gobierno de Tlaxcala, diputado federal (1949-52), gobernador de Tlaxcala (1957-63), secretario privado del presidente Gustavo Díaz Ordaz (1964-70) y titular de la Unidad de Servicios Educativos a Descentralizar en Tlaxcala.

CISNEROS MONTES DE OCA, CARLOS ◆ n. en el DF (1930). General de división. Licenciado en administración militar por la Universidad del Ejército y Fuerza Aérea (1957-60). Es miembro del PRI desde 1951. En la Secretaria de la Defensa Nacional ha sido director de

Cartografía y jefe de la sección de Leyes (1978-79), director de la Escuela Militar de Clases (1980-82), comandante de la XXI zona militar (1982-85), director del H. Colegio Militar (1985-88) y director general del Instituto de Seguridad y Servicios Sociales para las Fuerzas Armadas Mexicanas (1988-).

CITLALTÉPETL ◆ Municipio del norte de Veracruz, situado al noroeste de Tuxpan. Superficie: 111.04 km². Habitantes: 11,638, de los cuales 2,603 forman la población económicamente activa. Hablan alguna lengua indígena 2,369 personas mayores de cinco años (náhuatl 2,342).

CITLALTÉPETL O PICO DE ORIZABA ◆ Es la mayor elevación del territorio nacional (más de 5,700 metros). Tiene origen volcánico y se halla en los límites de Puebla y Veracruz. Su última erupción fue en el siglo XVII.

CIUDAD ◆ Localidad del municipio de Pueblo Nuevo, Durango (☞).

Joaquín Cisneros

Foto: MICHAEL CALDERWOOD

Citlaltépetl o Pico de Orizaba

CIUDAD ACUÑA ◆ Cabecera del municipio de Acuña, Coahuila (☞).

CIUDAD ALEMÁN O CIUDAD MIGUEL ALEMÁN ◆ Población perteneciente al municipio de Cosamaloapan, Veracruz. Es la sede de las oficinas federales de la cuenca del Papaloapan. Se le dio el nombre en honor de Miguel Alemán González, general revolucionario, padre del ex presidente Miguel Alemán Valdés.

CIUDAD ALTAMIRANO ◆ Cabecera del municipio de Pungarabato, Guerrero (☞). Es sede de la diócesis del mismo nombre, erigida en 1965, que comprende parte de Guerrero y Michoacán.

CIUDAD CAMARGO ◆ Cabecera del municipio de Camargo, Tamaulipas (☞).

CIUDAD DEL CARMEN ◆ Cabecera del municipio de Carmen, Campeche (☞).

CIUDAD CONSTITUCIÓN ◆ Cabecera del municipio de Comondú, Baja California Sur (☞).

CIUDAD FERNÁNDEZ ◆ Municipio de San Luis Potosí contiguo a Río Verde y situado al este de la capital del estado. Superficie: 351.8 km². Habitantes: 38,351, de los cuales 8,062 forman la población económicamente activa. Hablan alguna lengua indígena 28 personas mayores de cinco años (huasteco 10). La cabecera, del mismo nombre, está separada de la población de Río Verde por la corriente del mismo nombre.

CIUDAD GUZMÁN ◆ Municipio de Jalisco, situado al sur de Guadalajara, cerca de los límites con Colima. Superficie: 295.29 km². Habitantes: 83,305, de los cuales 22,539 forman la población económicamente activa. Hablan alguna lengua indígena 110 personas mayores de cinco años. La cabecera, del mismo nombre, fue durante siglos conocida como Zapotlán, población que era capital de un señorío en la época prehispánica y que cayó en poder de los conquistadores en 1526. Situada en las faldas del nevado de Colima, sufrió graves daños durante el sismo de septiembre de 1985. Es sede de la diócesis del mismo nombre, creada en 1972. Al municipio también se le refiere como Zapotlán el Grande.

CIUDAD HIDALGO ◆ Cabecera del municipio de Suchiate, Chiapas, en la frontera con Guatemala. Es punto de tránsito entre Tapachula y Mazatenango, Guatemala. Dispone de un activo comercio.

CIUDAD HIDALGO ◆ Cabecera del municipio de Hidalgo, en el Estado de Michoacán. Se halla al este de la sierra de Mil Cumbres y lo cruza la carretera Zitácuaro-Toluca.

CIUDAD DE HUAJUAPAN DE LEÓN ◆ Municipio de Oaxaca, situado en el noroeste de la entidad, en los límites con Puebla. Superficie: 361.06 km². Habitantes: 47,827, de los cuales 10,136 forman la población económicamente activa. Hablan alguna lengua indígena 2,467 personas mayores de cinco años (mixteco 2,140 y náhuatl 157). Huajuapan significa "en el agua de los huajes". El nombre se le impuso en 1843 en honor del general Antonio de León, quien consolidó la independencia en el estado. Durante la guerra de independencia en la cabecera fueron sitiadas las fuerzas insurgentes por los realistas, del 5 de abril hasta el 23 de julio de 1812, día en que Morelos llegó para auxiliar a Trujano y rompió el cerco. La feria de Navidad, una de las principales fiestas de la localidad, se realiza en los portales de la plaza central. Otras celebraciones se llevan a cabo el 19 de marzo, día de San José, así como el 23 de marzo, cuando hay una feria regional. En ambas hay festejos y danzas regionales. La ciudad es sede de la diócesis del mismo nombre, erigida en 1903.

CIUDAD IXTEPEC ◆ Municipio de Oaxaca, cercano a Juchitán, en la región del Istmo. Superficie: 229.65 km². Habitantes: 21,498, de los cuales 5,980 forman la población económicamente activa. Hablan alguna lengua indígena 5,518 personas mayores de cinco años (zapoteco 5,133). La cabecera, del mismo nombre, está bien comunicada y es una de las principales localidades istmeñas. Un camino arbolado señala la entrada a la población, donde uno de los principales atractivos para el visitante es el mercado, en el que expenden la tradicional iguana y otros platillos regionales. Ahí mismo pueden adquirirse huipiles de finos bordados u orfebrería de oro. La principal fiesta es la Vela de San Jerónimo, que se realiza a fines de septiembre.

CIUDAD JUÁREZ ◆ ☞ *Juárez*, municipio de Chihuahua.

CIUDAD LERDO ◆ ☞ *Lerdo*, municipio de Durango.

CIUDAD MADERA ◆ ☞ *Madera*, municipio de Chihuahua.

CIUDAD MADERO ◆ Municipio del estado de Tamaulipas contiguo a Tampico. Está situado en los límites con Veracruz. Superficie: 62.86 km². Habitantes: 171,091, de los cuales 50,605 forman la población económicamente activa. Hablan alguna lengua indígena 1,208 personas mayores de cinco años (náhuatl 734 y huasteco 307). Es uno de los principales centros petroleros de la República. Cuenta con una playa que atrae al turismo regional. El municipio se erigió en 1940, pero la cabecera surgió como centro de población en medio del auge petrolero de las primeras décadas del siglo. En 1924 se le llamó oficialmente Villa Cecilia y seis años más tarde adoptó su nombre actual. En la década de los años cincuenta quedó separada de Tampico sólo por una calle y a partir de entonces ambas ciudades forman un mismo núcleo urbano.

CIUDAD MAGÚ ◆ Pueblo otomí llamado antiguamente Neztlihuacan. Está ubicado en el municipio de Villa Nicolás Romero, en el Estado de México. Desde 1737, por laudo virreinal, ratificado en 1858 por el presidente Benito Juárez, ha estado exento del pago de impuestos y alcabalas.

CIUDAD DEL MAÍZ ◆ Municipio de San Luis Potosí, situado en la región este de la entidad, al norte de Río Verde. Superficie: 3,850.6 km². Habitantes: 30,268, de los cuales 10,595 forman la población económicamente activa. Hablan alguna lengua indígena 123 personas mayores de cinco años (pame 114). La cabecera se encuentra ubicada en plena sierra Madre Oriental. En la década de los años treinta se llamó Magdaleno Cedillo.

CIUDAD MANTE ◆ Cabecera del municipio de El Mante, Tamaulipas (☞).

CIUDAD MANUEL DOBLADO ◆ Municipio de Guanajuato, situado al suroeste de León, en los límites con Jalisco. Superficie: 801.1 km². Habitantes: 37,776, de los cuales 8,031 forman la población económicamente activa. Hablan alguna lengua indígena 19 personas mayores de cinco años. Antes se llamaba San Pedro Piedra Gorda, actualmente lleva el nombre de quien fuera varias veces gobernador de Guanajuato. Las principales fiestas son el primero de enero, cuando se conmemora la fundación de la ciudad; el 3 de mayo, celebración del Señor de la Vidriera, y el 15 y 16 de septiembre, aniversario de la independencia nacional. Los lugares de mayor interés turístico son los jardines Juárez y principal, la Columna del Mercado y el Ojo de Agua del Carmen.

CIUDAD MENDOZA ◆ Cabecera del municipio de Camerino Z. Mendoza, Veracruz (☞).

CIUDAD DE MÉXICO ◆ ver *México*.

CIUDAD MIGUEL ALEMÁN ◆ Cabecera del municipio de Miguel Alemán, Tamaulipas (☞).

CIUDAD NEZAHUALCÓYOTL ◆ Cabecera del municipio de Nezahualcóyotl, Estado de México (☞).

CIUDAD OBREGÓN ◆ Cabecera del municipio de Cajeme, Sonora (☞).

CIUDAD PÉMEX ◆ Población del municipio de Macuspana, Tabasco.

CIUDAD REAL ◆ Nombre oficial de San Cristóbal de Las Casas, Chiapas, entre 1536 y 1839.

CIUDAD REAL, ANTONIO DE ◆ n. en España y m. en la Cd. de México (1551-1617). Fraile franciscano. Llegó a Nueva España a principios del último tercio del siglo XVI. Aprendió el maya y escribió un diccionario de esa lengua, así como sermones y una *Relación de las cosas que sucedieron al RP comisario general Alonso Ponce en las provincias de Nueva España*, obra en que narra las peripecias del superior de su orden, hos-

tilizado por las autoridades virreinales.

CIUDAD SAHAGÚN ◆ Población del municipio de Tepeapulco, Hidalgo (☞).

CIUDAD SANTOS ◆ Antiguo nombre del municipio de Tancanhuitz de Santos, San Luis Potosí (☞).

CIUDAD SERDÁN ◆ Cabecera municipal de Chalchicomula de Sesma, Puebla (☞).

CIUDAD VALLES ◆ Municipio de San Luis Potosí situado en la porción este de la entidad, en los límites con Tamaulipas. Superficie: 2,111.2 km². Habitantes: 143,277, de los cuales 38,922 forman la población económicamente activa. Hablan alguna lengua indígena 10,199 personas mayores de cinco años (huasteco 8,470 y náhuatl 1,637). Indígenas monolingües: 134. En la época prehispánica fue un importante núcleo de población de la cultura huasteca. La actual cabecera municipal fue fundada en 1553 por Nuño Beltrán de Guzmán como Villa de Santiago de los Valles Oxitipa. Poco después fue alcaldía mayor, dentro de la jurisdicción de Nueva Galicia. En el México independiente pasó a formar parte del estado de San Luis Potosí y en 1827 se elevó a la categoría de ciudad. En 1960 fue creada por El Vaticano la diócesis de Ciudad Valles, erigida al año siguiente, que comprende la Huasteca potosina y la hidalguense.

CIUDAD VICTORIA ◆ Cabecera del municipio de Victoria (☞.) Tamaulipas, y capital de esta entidad.

CIVEIRA TABOADA, MIGUEL ◆ n. en Mérida, Yuc., y m. en el DF (1916-1988). Historiador. Fue investigador del Archivo General de la Nación y profesor de la Universidad Autónoma del Estado de México. Promovió a compositores e intérpretes de la música yucateca. Colaboró en el *Boletín del Archivo General de la Nación*, en el *Boletín Bibliográfico de la Secretaría de Hacienda* y en los cotidianos *Excélsior, Novedades, El Nacional* y *El Diario de Yucatán*. Basado en *La tierra del faisán y del venado*, de Antonio Mediz Bolio, escribió el libreto para el espectáculo de luz y sonido *Uxmal: la ciudad de los espíritus que viven en el aire y en la tierra*. Autor de *Analectas folklóricas del*

Mayab (1945), *Tekax, cuna de inspiración de Ricardo Palmerín* (1973), *La ciudad de México en 500 libros* (1973), *Memorias de don Felipe de la Cámara y Zavala* (1975), *Izamal* (1976), *La canción yucateca* (1978), *Sensibilidad yucateca en la canción romántica* (1978), *El folklore literario y musical de México* (1979) y *Felipe Carrillo Puerto, mártir del proletariado nacional* (1986). Perteneció a la Sociedad Mexicana de Geografía y Estadística.

CIVIT VALLVERDU, DEOGRACIAS ◆ n. en España (1900). Escultor. Estudió en Barcelona. Republicano. Al término de la guerra civil española vino a México. En 1982 participó en la Trienal de Escultura del Instituto Nacional de Bellas Artes.

CLARIÓN ◆ Isla de origen volcánico del archipiélago de las Revillagigedo, de unos ocho kilómetros en su parte más larga y poco más de tres en la más ancha. En su territorio hay un puesto de la Armada.

CLARIOND REYES, BENJAMÍN ◆ n. en Monterrey, NL (1948). Licenciado en administración de empresas por el Instituto Tecnológico de Estudios Superiores de Monterrey (1970). Realizó cursos en el Instituto Panamericano de Alta Dirección de Empresas, en el Centro de Estudios Industriales de Ginebra (1976-77) y en The Wharton School, EUA (1981). Pertenece al PRI desde 1977. Ha sido gerente general de las empresas Clover (1973) y Zitro (1975), y gerente de mercadotecnia (1972), director general de ventas (1976-78) y director de la División de Sistemas Constructivos de las también privadas Industrias Monterrey (1984-). Diputado federal a la LIV Legislatura (1988-91). Es miembro de la Asociación Nacional para el Fomento de las Exportaciones Mexicanas, de las camaras del Hierro y del Acero y Nacional de la Industria del Vestido,

Ciudad Manuel Doblado, Guanajuato

Joaquín Clausell

que además presidió; del Centro Patronal de Nuevo León, de la Cruz Roja Mexicana y de la Liga de Empresarios Nacionalistas.

CLARISAS ◆ Integrantes de la segunda orden religiosa de San Francisco, fundada en 1212 por la italiana Santa Clara. A Nueva España vinieron monjas de tres ramas de la orden. Las primeras en llegar fueron las clarisas urbanistas que fundaron, entre 1570 y principios del siglo XVII los conventos de Santa Clara en la capital, Querétaro, Puebla y Atlixco. En el siglo XVIII arribaron las clarisas de la primera regla, que establecieron conventos en las ciudades de México, Valladolid (Morelia) y Antequera (Oaxaca). De reconocida maestría gastronómica, se les atribuye la creación del rompope y otros platillos como el mole poblano y los chiles en nogada.

CLARK FLORES, JOSÉ DE JESÚS ◆ n. en Durango, Dgo., y m. en el DF (1908-1971). Estudió en el Colegio Militar (1921-25). Se tituló como ingeniero civil en la Universidad de Guadalajara. Creador y comandante (1943-54) del Cuerpo General de Transmisiones del Ejército. General de división en 1964. Como empresario dirigió firmas constructoras, inmobiliarias y de otras ramas. Presidió la Federación Mexicana de Basquetbol, la Confederación Deportiva Mexicana, el Comité Olímpico Mexicano y la Organización Deportiva Panamericana.

CLAUSELL, JOAQUÍN ◆ n. en Campeche, Camp., y m. en las lagunas de Zempoala, Edo. de Méx. (1866-1935). Pintor. Cursó la carrera de derecho. Llegó a la ciudad de México tras enfrentarse con el gobernador campechano Joaquín Baranda, a inicios de la década de los ochenta. En los tribunales y en el periodismo defendió a los humildes. Caricaturista en su primera juventud, colaboró más tarde en periódicos antiporfiristas como *El Hijo del Ahuizote*, *El Monitor Republicano* y *El Universal*. Fundó y dirigió *El Demócrata* (1893), donde se publicó *Tomóchic*, de Heriberto Frías, lo que motivó la desaparición del periódico y un nuevo encarce-

lamiento de Clausell, quien se fugó de la prisión y se exilió en Estados Unidos y en París (1896) donde conoció la obra de Pisarro y los impresionistas. Regresó a México y se dedicó totalmente a la pintura a partir de 1900. Montó su estudio en la azotea de la casa de los condes de Calimaya, el actual Museo de la Ciudad de México. Paisajista, está considerado el principal exponente del impresionismo mexicano. Abandonó la pintura en 1910. Murió ahogado. Coautor de la novela *La golondrina*.

CLAVÉ, PELEGRÍN ◆ n. y m. en España (1810-1880). Pintor. Estudió en España e Italia. Llegó a México en 1846 para incorporarse como maestro en la Academia de San Carlos, que se reabrió en 1847. Sus enseñanzas fueron de corte clasicista, lo mismo que su pintura. Impulsó entre sus alumnos la creación de obras bíblicas y sobre historia del México precortesiano. Santiago Rebull y José Salomé Pina, dos de sus discípulos más notables, obtuvieron sendas becas para estudiar en Europa. Entre sus obras más conocidas se cuentan los retratos de personalidades mexicanas, entre ellos el del arquitecto Lorenzo de la Hidalga. Decoró la cúpula de la Profesa en 1867, pero estas pinturas desaparecieron en un incendio en 1915. En 1861 el presidente Juárez lo retiró de la dirección de San Carlos. Maximiliano lo puso de nuevo en ese puesto, en el que permaneció durante el imperio. Al triunfo de la República optó por volver a Europa, lo que hizo en 1868. Llevó consigo algunas obras realizadas durante su estancia en México, entre ellas *La dama del chal* y *La locura de la reina Isabel de Portugal*, que hoy se hallan en el Museo de Arte Moderno de Barcelona.

CLAVÉ ALMEIDA, EDUARDO ◆ n. en el DF (1951). Licenciado en periodismo por la UNAM (1977) y maestro en sociología por la Universidad Católica de Lovaina (1978-79). Fue reportero del canal 13 de televisión (1974-76), corresponsal en Europa del Instituto Latinoamericano de Estudios Transnacionales (1977-80), comentarista político del noticiero *Enlace* del Canal 11 (1981),

coordinador de Comunicación Social del ISSSTE (1982-85), subdirector ejecutivo de Difusión de Banco Mexicano Somex (1985-86), director de Mediodía, Servicios Editoriales (1987-96), director de Radio y Televisión de la PJDF (1998), conductor del programa Crónica de la democracia (1993-98), consejero electoral del DF (1997) y director general de Quejas y Denuncias de la Procuraduría Federal de Protección al Ambiente (1999-). Ha colaborado en *La Jornada*, *El Cotidiano*, *Siempre!* y otras publicaciones. Autor de *La crisis y la prensa* (1985) y *Conviérteme en tu olvido y otros relatos por el estilo* (1994). Miembro de la AMIC.

CLAVEL, ANA ◆ n. en el DF (1961). Su nombre completo es Ana María Gómez Clavel. Escribe cuentos que han aparecido en revistas y suplementos literarios. Autora de *El silencio de un pueblo llamado La Fiesta* (1980), *Fuera de escena* (1984) y *Amorosos de atar* (cuentos, 1991). En 1981 obtuvo segundo y tercer lugares en el concurso de cuento de la revista *Punto de Partida* de la UNAM; al año siguiente ganó el certamen semanal del diario *El Nacional*, en 1983 obtuvo el primer lugar en el Concurso de Cuento de Grandes Ideas de la UNAM y en 1991 el Premio Gilberto Owen.

CLAVIJERO, FRANCISCO JAVIER ◆ n. en Veracruz, Ver., y m. en Italia (1731-1787). Sacerdote jesuita desde 1748. Fue catedrático en las ciudades de México, Guadalajara y Morelia, donde contribuyó a renovar la enseñanza de la filosofía. Dominaba varias lenguas modernas, latín, griego, hebreo, náhuatl y otomí. Salió de Nueva España al producirse la expulsión de los jesuitas. En el exilio escribió su *Historia antigua de México*, publicada originalmente en español entre 1780 y 1781. En México se editó por primera vez en 1844. Es autor también de una *Historia antigua de California* que se editó póstumamente en Venecia (1789).

CLEMENTE, MAX ◆ n. en Tampico, Tams., y m. en el DF (?-1991). Nombre profesional del fotógrafo Maximino Clemente González. Estudió pintura, escultura y arte dramático antes de iniciarse en la fotografía en 1970. Hizo trabajos publicitarios y colaboró con sus gráficas en *Vogue* y otras publicaciones. Montó varias exposiciones de su obra en la capital de la República, donde destacó como retratista.

CLETA ◆ ☞ *Centro Libre de Experimentación Teatral y Artística.*

CLEZIO, JEAN MARIE LE ◆ n. en Francia (1940). Hizo en México su servicio social en el IFAL. Autor de *La Reve Mexicain* (1988) y *Haï* (1971). Premios Goncourt.

CLIEU, GABRIEL MATHEUS DE ◆ n. y m. en Francia (1686-1774). Militar de carrera radicado en Martinica. La corona francesa le entregó, en 1720, plantas de café para que intentara su aclimatación y explotación en América, lo que consiguió tres años después. Se dice que estuvo en Nueva España y se le menciona como introductor del café en México.

CLIMENT, ENRIQUE ◆ n. en España y m. en el DF (1897- 1980). Pintor. Republicano. Llegó al término de la guerra civil española (1939) y adquirió la nacionalidad mexicana. A partir de 1941 expuso en diversas ocasiones su obra en México y en 1972 una muestra de su trabajo se exhibió en Madrid. Como grabador trabajó metal, linóleo y otros materiales; participó en las bienales de Tokio de 1955 y 1957; en 1951 hizo una serie de 10 grabados en color, en 1975 otra de cinco mixografías y tres años después una más de seis.

CLIMENT BELTRÁN, JUAN BAUTISTA ◆ n. en España (1915). Licenciado en derecho por la Universidad de Valencia (1931-35) y doctor en derecho del trabajo por la UNAM (1951-52). Llegó exiliado a México al término de la guerra civil española. Profesor de la Universidad Autónoma del Estado de México (1980-85). Ha sido vicepresidente (1971-74) y presidente del Tribunal Administrativo de la Organización de Estados Americanos (1974-76), secretario general (1969-82) y secretario general de consultoría jurídica y documentación del Tribunal Federal de Conciliación y Arbitraje (1982-). Autor de *Formulario de derecho del trabajo* (1961).

CLINE, HOWARD FRANCIS ◆ n. y m. en EUA (1915-1971). Fue director de la Hispanic Foundation de la Biblioteca del Congreso de Washington. Escribió artículos y ensayos sobre México en publicaciones especializadas. Autor de *United States and Mexico* (1953).

CLIPPERTON ◆ Isla del Pacífico situada a 1,200 kilómetros de Acapulco y a unos 900 de las Revillagigedo. Mide seis kilómetros de largo por dos en su parte más ancha. Es de origen volcánico y coralino. Está rodeada de arrecifes de coral y es estación de paso para las aves, por lo que resulta también un enorme depósito de guano. Era un atolón deshabitado cuando en 1526 llegó a ella el español Álvaro de Saavedra Cerón, quien de acuerdo con las prácticas y el derecho de la época la hizo pertenecer al trono de Madrid. Los españoles la llamaron Médanos. Hacia 1705 o 1706 llegó a ella el inglés John Clipperton, quien dio su nombre a la isla y divulgó en Europa su existencia. En 1711 fue el francés Du Bocage quien la declaró "descubierta" y le llamó isla de la Pasión. Nadie reivindicó derechos sobre ella, por lo que al independizarse México de España la isla quedó como parte del territorio nacional. En 1854 el gobierno mexicano otorgó la primera concesión para la explotación del guano en Clipperton. La beneficiaria fue una compañía de mexicanos y franceses en la que éstos tenían el capital mayoritario. En 1858, el gobierno francés celebró un contrato con M. Lockhart, mediante el cual le garantizaba la explotación de los depósitos de guano de Clipperton. Fue en 1897 cuando el gobierno mexicano envió a la isla un destacamento de la Armada. En 1906 Francia envía una nota en la que reivindica hipotéticos derechos sobre ese territorio insular y propone a México someter el asunto a arbitraje internacional. La opinión generalizada fue que no se aceptara el arbitraje, pero al parecer pesó más la recomendación del poderoso ministro de Hacienda, José Ives Limantour de que se aceptara la intervención de un tercero, lo que ocurrió en 1909, año en que, casualmente, Limantour fue aceptado como miembro de la Academia Francesa, hasta ahora el único mexicano que ha recibido tal distinción. Después de un largo litigio, en 1931 Víctor Manuel II, rey de Italia, emitió un laudo en favor de Francia y contra todo derecho México fue despojado de ese territorio.

Francisco Javier Clavijero

Alacena en tres niveles, obra de Enrique Climent

Enrique Climent

CLOETE ◆ Población minera del municipio de Sabinas, Coahuila. Está comunicada con Saltillo y Piedras Negras por ferrocarril y carretera. Los obreros de los socavones de Cloete, junto con los de Nueva Rosita y Palaú, en demanda de mejores condiciones de trabajo y de respeto a su sindicato, protagonizaron en 1950-51 un movimiento de repercusión nacional (☞ *Nueva Rosita*).

CLOUTHIER DEL RINCÓN, MANUEL DE JESÚS ◆ n. y m. en Culiacán, Sin. (1934-1989). Empresario y político. Ingeniero agrónomo fitotecnista titulado en el Instituto Tecnológico de Estudios Superiores de Monterrey (1975). Hizo cursos de posgrado en Estados Unidos sobre asuntos agropecuarios, comercio exterior, administración de empresas y economía internacional. Profesor de biología de la Universidad Autónoma de Sinaloa (1958-59). Fue secretario del consejo de administración (1967-68) y presidente de la Asociación de Agricultores del Río Culiacán (1969-70), presidente de la Asociación Nacional de Productores de Hortalizas (1971-73), presidente fundador del Comité Tercero de Caminos Nacional de Sinaloa (1971-78), presidente fundador en Sinaloa (1974-78) y líder nacional del Consejo Coordinador Empresarial (1982), presidente de la Confederación Patronal de la República Mexicana (1978-80) y presidente del grupo mexicano del Comité de Hombres de Negocios México-Estados Unidos. Perteneció al Movimiento Familiar Cristiano. Fue candidato del Partido de Acción Nacional a la gubernatura de Sinaloa (1986) y a la Presidencia de la República (1988), y presidente del "gabinete alterno" del PAN (1989). Colaboró en *El Universal* y otras publicaciones. Murió en un accidente automovilístico.

Manuel de Jesús
Clouthier del Rincón

CLUFF, RUSELL M. ◆ n. en Colonia Juárez, Chih. (1946). Crítico literario. Reside en EUA desde 1968. Es maestro en letras hispánicas por la Universidad de Brigham Young, donde es profesor de literatura hispanoamericana y es coordinador de estudios latinoamericanos. Ha colaborado en *Hispamérica*, *Chasqui*, *Cuadernos Americanos*, *La Palabra y el Hombre*, *Revista Universidad de México* y otras publicaciones. Coautor de *Perfiles. Ensayos de literatura mexicana reciente* (1992) y del *Diccionario biobibliográfico de escritores de México 1920-1970* (1993). Autor de *Siete acercamientos al relato mexicano actual* (1987) y del *Panorama crítico-biobibliográfico del cuento mexicano* (1997).

CNC ◆ ☞ *Confederación Nacional Campesina.*

CNOP ◆ ☞ *Confederación Nacional de Organizaciones Populares.*

COACALCO DE BERRIOZÁBAL ◆ Municipio del Estado de México, situado al norte del Distrito Federal. Es parte del área metropolitana del Valle de México. Superficie: 44.97 km². Habitantes: 204,674, de los cuales 48,802 forman la población económicamente activa. Hablan alguna lengua indígena 800 personas mayores de cinco años (zapoteco 187 y náhuatl 170). El municipio fue erigido en 1862. La cabecera es San Francisco Coacalco.

COACOATZINTLA ◆ Municipio de Veracruz, situado al norte de Jalapa y al sur de Misantla. Superficie: 51 km². Habitantes: 6,584, de los cuales 1,404 forman la población económicamente activa. Hablan alguna lengua indígena 11 personas mayores de cinco años (náhuatl 9).

COAHUAYANA ◆ Municipio de Michoacán, situado en el extremo oeste de la entidad, en la costa del Pacífico y en los límites con Colima. Superficie: 505.67 km². Habitantes: 13.369, de los cuales 3,787 forman la población económicamente activa. Hablan alguna lengua indígena 28 personas mayores de cinco años (náhuatl 22). Fue erigido en 1937. La cabecera es Coahuayana de Hidalgo.

COAHUAYANA ◆ Río que sirve a Michoacán de límite con los estados de Jalisco y Colima. Sus afluentes más importantes nacen en las sierras del Tigre y Coalcomán.

COAHUAYUTLA DE JOSÉ MARÍA IZAZAGA ◆ Municipio de Guerrero, situado al norte de Zihuatanejo y en los límites con Michoacán. Superficie: 3,511.5 km². Habitantes: 15,246, de los cuales 1,389 forman la población económicamente activa. Hablan alguna lengua indígena siete personas mayores de cinco años. La cabecera es Coahuayutla de Guerrero.

Río Coahuayana

Panorámica de Saltillo,
capital del estado
de Coahuila

Rogelio Montemayor Seguy,
gobernador de Coahuila
(1993-1999)

COAHUILA DE ZARAGOZA ◆ Estado de la República Mexicana que limita al norte con Estados Unidos, al oeste con Chihuahua y Durango; al sur con Zacatecas y San Luis Potosí y al este con Nuevo León. Con 149,982 km². (7.6 por ciento del territorio nacional) ocupa por su área el tercer lugar entre las entidades federativas. Habitantes: 2,227,305 (estimación para 1997). Según el conteo de 1995 del INEGI, la

población urbana de la entidad totalizaba 1,917,349 personas y la población rural ascendía a 256,426. Ese mismo año hablaban alguna lengua indígena 2,039 personas mayores de cinco años (náhuatl 380, kikapú 322, mazahua 286 y zapoteco 130), de las cuales 253 eran monolingües. La población económicamente activa era 51.8 por ciento de quienes tenían 12 años y más. El 95 por ciento de los mayores de 15 años estaban alfabetizados y su escolaridad promedio

era de 8.12 años de estudio, la tercera más alta del país. En 1996 contribuia al producto interno bruto nacional con 3.1 por ciento. *Historia*: en la prehistoria, el actual territorio coahuilense fue recorrido por numerosos grupos nómadas que vivían de la recolección. Al arribar los primeros españoles sólo un pequeño núcleo, asentado en lo que hoy se conoce como comarca lagunera, practicaba la pesca y una rudimentaria agricultura. La conquista del territorio que los europeos llamaron Nueva Extremadura se inició en el último tercio del siglo XVI, cuando se instaló un puesto militar donde, en

El baile norteño típico
de Coahuila

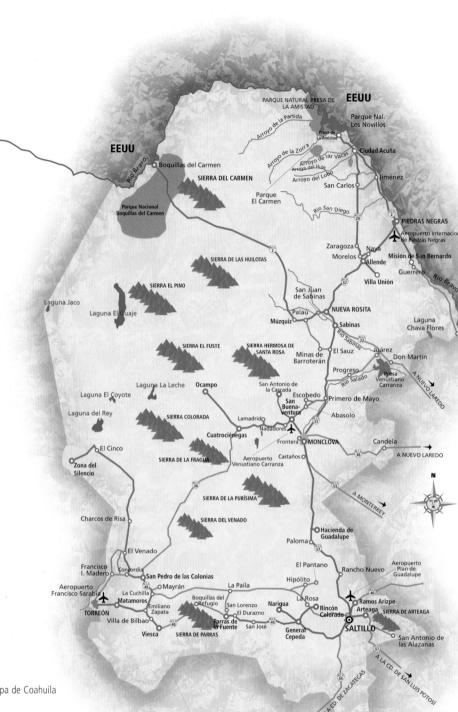

Mapa de Coahuila

Río Bravo
EEUU
Boquillas del Carmen
PARQUE NATURAL PRESA DE LA AMISTAD
EEUU
Parque Nal. Los Novillos
Arroyo de la Partida
Parque El Carmen
Arroyo de la Zorra
Presa de La Amistad
Ciudad Acuña
Arroyo de las Vacas
Arroyo del Hule
Arroyo del Lobo
Jiménez
SIERRA DEL CARMEN
San Carlos
Parque Nacional Boquillas del Carmen
Parque El Carmen
Río San Diego
PIEDRAS NEGRAS
Aeropuerto Internacional de Piedras Negras
Zaragoza
Nava
Morelos
Allende
Misión de San Bernardo
SIERRA DE LAS HUILOTAS
San Juan de Sabinas
Villa Unión
Guerrero
Río Bravo
SIERRA EL PINO
Laguna Jaco
Laguna El Guaje
Palaú
NUEVA ROSITA
Laguna Chava Flores
Hidalgo
Múzquiz
Sabinas
Río Sabinas
SIERRA EL FUSTE
SIERRA HERMOSA DE SANTA ROSA
El Sauz
Juárez
Don Martín
Minas de Barroterán
Progreso
Río Salado
Presa Venustiano Carranza
A NUEVO LAREDO
Laguna La Leche
Ocampo
San Antonio de la Cascada
Escobedo
San Buenaventura
Primero de Mayo
Laguna El Coyote
Lamadrid
Nadadores
Abasolo
Laguna del Rey
SIERRA COLORADA
Cuatrociénegas
Candela
El Cinco
SIERRA DE LA FRAGUA
Frontera
MONCLOVA
A NUEVO LAREDO
Zona del Silencio
Aeropuerto Venustiano Carranza
Castaños
SIERRA DE LA PURÍSIMA
A MONTERREY
Charcos de Risa
SIERRA DEL VENADO
Hacienda de Guadalupe
El Venado
Paloma
Francisco I. Madero
Concordia
El Pantano
Rancho Nuevo
Aeropuerto Plan de Guadalupe
Aeropuerto Francisco Sarabia
San Pedro de las Colonias
La Cuchilla
Mayrán
La Paila
Hipólito
Matamoros
Boquillas del Refugio
San Lorenzo
Narigua
La Rosa
Ramos Arizpe
TORREÓN
Emiliano Zapata
El Durazno
Rincón Colorado
Arteaga
SIERRA DE ARTEAGA
Villa de Bilbao
Parras de la Fuente
San José
General Cepeda
SALTILLO
Viesca
SIERRA DE PARRAS
San Antonio de las Alazanas
A LA CD. DE ZACATECAS
A LA CD. DE SAN LUIS POTOSÍ
N

hallarse una parte de la actual entidad coahuilense bajo la jurisdicción de Nueva Vizcaya, Luis de Carvajal el *Viejo* fundó Monterrey (San Luis) y Monclova (Almadén) con vecinos de Saltillo. Después de un intento frustrado, Parras se fundó en 1598. Casi un siglo después del arribo a Coahuila de los españoles, salió una expedición hacia el norte encabezada por el alcalde mayor de Saltillo, Antonio Balcárcel Rivadeneyra, quien fundó varias poblaciones y llegó hasta el río Bravo en 1675, después de lo cual avanzó hacia el norte hasta cerca de San Antonio de Béjar, ya en territorio de Texas. En 1769, lo que hoy es el te-

1577, se fundaría la Villa de Santiago del Saltillo del Ojo de Agua, que fue objeto de una amplia colonización a partir del año siguiente. Rodeados por tribus nómadas y belicosas, los colonos trataron por diversos medios de convertirlos al sedentarismo, para lo cual hicieron trasladar hasta Coahuila a 400 familias tlaxcaltecas que fundaron la villa de Nueva Tlaxcala, contigua a

Saltillo. Se ofrecieron tierras a las tribus locales, y a los tlaxcaltecas se les usó para vigilarlas y enseñarles a ejecutar las faenas del campo, misión que no pudo ser cumplida por la rebeldía y las deserciones de guachichiles y rayados, quienes veían en los tlaxcaltecas meros instrumentos de los conquistadores. Por

Foto: Michael Calderwood

Actividad urbana en Saltillo, Coahuila

Foto: Michael Calderwood

Ocorillo, planta típica
de Coahuila

Foto: Michael Calderwood

Boquillas del Carmen,
en Coahuila

rritorio de Coahuila pasó a depender de la Capitanía General de las Provincias Internas, con capital en Arizpe, y después de dividirse dicha capitanía en tres secciones, en 1785, Coahuila formó una sola jurisdicción con Texas, Nuevo León y Nuevo Santander. Esta disposición fue anulada por cédula real unos meses después, pero tiene importancia porque incorporó a Saltillo y Parras a Coahuila. En 1785 pasó a integrar las Provincias Internas de Oriente con Texas, Nuevo León y Tamaulipas, con capital en Monterrey. Saltillo sustituyó a Monclova como capital de Coahuila y se dieron a la entidad límites semejantes a

Foto: Michael Calderwood

Monclova, ciudad coahuilense

los actuales, con excepción de la frontera norte, que corría al sur de Béjar. Al proclamar Hidalgo la independencia, la noticia no tuvo mayor eco en Coahuila, donde la lucha contra la aridez y el permanente enfrentamiento con los indios nómadas hacían menos evidentes las diferencias entre criollos y españoles. Desde luego no habían faltado dificultades, pero los conflictos no alcanzaban

la relevancia que tenían en el centro del país. Las ideas independentistas fueron llevadas a Coahuila por las tropas de Mariano Jiménez, quien entró a Saltillo el 8 de enero de 1811 y desde ahí dirigió la insurrección en Nuevo León y Texas. En Saltillo confluyeron los líderes del movimiento, quienes luego de sufrir algunos reveses se dirigían al norte en busca de armas. A mediados de marzo

Torreón, Coahuila

Foto: Michael Calderwood

Teatro de la Ciudad
en Saltillo, Coahuila

Foto: Michael Calderwood

reiniciaron su viaje y el día 21 fueron aprehendidos los principales dirigentes en Acatita de Baján, hoy Baján, municipio de Castaños. Saltillo fue desalojada por los insurrectos y Coahuila volvió a poder de los realistas hasta la proclamación del Plan de Iguala, en 1821. En 1811 Coahuila estuvo representada en las Cortes de Cádiz por Miguel Ramos Arizpe, quien abogó por la fundación de un cen-

tro de enseñanza superior en Saltillo, pues los jóvenes debían desplazarse a Guadalajara o la ciudad de México para hacer sus estudios. En 1823, al instalarse el Congreso que aprobó la Constitución de 1824, Ramos Arizpe figuró nuevamente como representante de Coahuila y Texas, que con Nuevo León formaron el estado de Oriente (según decreto del 31 de enero de ese año)

y luego, ya sin Nuevo León, el de Coahuila y Texas (7 de mayo de 1824). La nueva entidad, con sólo 48,922 habitantes, fue considerada como la más pobre de la naciente República. En 1827 se aprobó la Constitución local y se eligió como primer gobernador a José María Viesca. En abril de 1833 se celebró en la villa de San Felipe de Austin una convención de los texanos, quienes solicitaron al gobierno mexicano la erección de Texas como estado de la Federación separado de Coahuila. Sthepen Fuller Austin se trasladó a la ciudad de México, donde el 5 de noviembre trató el asunto en una reunión con Antonio López de Santa Anna y su gabinete, de donde salió la promesa de atender los problemas administrativos, judiciales, de seguridad y comunicaciones que tenía Texas con el resto del país, aunque se pospuso para "tiempo oportuno" la erección del estado. El 7 de noviembre de 1835, una segunda convención proclamó la independencia de Texas. El gobierno central trató infructuosamente de rescatar esa parte del territorio coahuilense y nacional. Al unirse Texas a Estados Unidos (diciembre de

1845), México consideró inaceptable la anexión y Estados Unidos declaró la guerra en mayo de 1846. En noviembre de ese año los estadounidenses ocuparon Saltillo, donde encontraron una tenaz resistencia de los vecinos, a quienes Santa Anna abandonó a su suerte. La soldadesca invasora permaneció en la capital coahuilense hasta después de que se firmó el Tratado de Guadalupe (1848), mediante el cual México perdió aproximadamente la mitad de su territorio y Coahuila el que tenía al norte del río Bravo. Durante la revolución de Ayutla, Santiago Vidaurri anexó la entidad a Nuevo León. Juárez, en 1864, llevó su presidencia itinerante hasta Saltillo, donde afrontó la resistencia de Vidaurri y separó a Coahuila de Nuevo León para luego partir hacia Chihuahua, ante el acoso de los intervencionistas franceses, que en agosto ocuparon la capital del estado y en el curso de ese año otras poblaciones

Foto: Michael Calderwood

La industria automotriz es de gran importancia en Coahuila

importantes de la entidad. Los republicanos, organizados en guerrillas, hostilizaron permanentemente a los imperiales y llegaron a infligirles severas

Foto: Michael Calderwood

derrotas. Maximiliano dispuso una nueva división política del país y el territorio de Coahuila se redujo considerablemente. Al restaurarse la República, la entidad volvió a sus antiguos límites, se dio una nueva Constitución local y se creó el Ateneo Fuente. Durante las rebeliones de la Noria y Tuxtepec, la entidad fue escenario de combates entre los militares golpistas y tropas leales a la Constitución. Durante el porfiriato continuó la industrialización del estado, iniciada en los años posteriores al imperio; hubo un levantamiento encabezado por miembros de las familias Carranza y Madero contra la reelección del gobernador Garza Galán y otros de menor importancia; se dio impulso a la educación y a las obras materiales. En San Pedro de las Colonias apareció la primera edición del libro *La sucesión presidencial de 1910* (1909), escrito por Francisco I. Madero, miembro de una prominente familia de hacendados coahuilenses. Al año siguiente, el propio Madero encabezaría la rebelión que echó del poder a Porfirio Díaz, pero Coahuila tuvo escasa participación en esos hechos. Al triunfo maderista, Venustiano Carranza se convirtió en gobernador de la entidad y en 1913, al producirse el golpe de Estado de Victoriano Huerta y el asesinato de

Madero, encabezó a la facción constitucionalista que sería la triunfadora en la revolución. Carranza hizo público en marzo el Plan de Guadalupe y marchó hacia Sonora en busca de refuerzos. En abril de 1914, Villa encabezó la batalla y toma de Torreón que marcó el fin del huertismo. Coahuila todavía fue escenario de combates entre las facciones y, después de 1917, de inestabilidad ocasionada por los levantamientos que tuvieron lugar en la década de los años veinte. La era de los gobiernos constitucionales se inicia con Manuel Pérez Treviño (1925-29), a quien suceden Nazario Ortiz Garza (1929-33), Jesús Valdés Sánchez (1933-37), Pedro Rodríguez Triana (1937-41) y Benecio López Padilla (1941-45), quienes ocupan el poder estatal durante un cuatrienio cada uno. Les siguen Ignacio Cepeda Dávila (1945-47), Vicente A. Valerio (1947-48), Paz Faz Riza (marzo-junio de 1948) y Raúl López Sánchez (1948-51). Gobernadores sexenales han sido Román Cepeda Flores (1951-57), Raúl Madero González (1957-63), Braulio Fernández Aguirre (1963-69), Eulalio Gutiérrez Treviño (1969-75), Oscar Flores Tapia, quien renunció en su último año de gestión (1975-81); José Francisco Madero González (interino, 1981), José de las Fuentes Rodríguez (1981-87), Eliseo Mendoza Berrueto (1987-1993) y Rogelio Montemayor Seguy (1993-99). En las elecciones estatales de octubre de 1999, el PRI anunció el triunfo de su candidato a la gubernatura, Enrique Martínez y Martínez para el periodo 1999-2005.

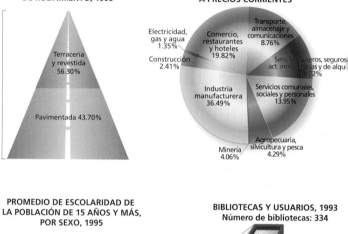

LONGITUD DE LA RED DE CARRETERAS POR SUPERFICIE DE RODAMIENTO, 1995

Longitud: 8,395 Km — Terracería y revestida 56.30%, Pavimentada 43.70%

PRODUCTO INTERNO BRUTO (PIB) A PRECIOS CORRIENTES

Electricidad, gas y agua 1.35%; Comercio, restaurantes y hoteles 19.82%; Transporte, almacenaje y comunicaciones 8.76%; Construcción 2.41%; Serv. financieros, seguros act. inmobiliarias y de alqu. 10.22%; Industria manufacturera 36.49%; Servicios comunales, sociales y personales 13.95%; Minería 4.06%; Agropecuaria, silvicultura y pesca 4.29%

DISTRIBUCIÓN PORCENTUAL DE LA POBLACIÓN OCUPADA POR SECTOR DE ACTIVIDAD ECONÓMICA

Secundario 36.40%, Terciario 53.30%, Primario 9.90%, Inespecífico 0.40%

PROMEDIO DE ESCOLARIDAD DE LA POBLACIÓN DE 15 AÑOS Y MÁS, POR SEXO, 1995

Hombres 8.30, Mujeres 8.00, Promedio 8.15 años

BIBLIOTECAS Y USUARIOS, 1993 — Número de bibliotecas: 334

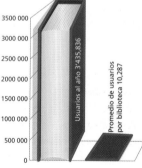

Usuarios al año 3'435,836; Promedio de usuarios por biblioteca 10,287

POBLACIÓN DE 5 AÑOS Y MÁS HABLANTE DE LENGUA INDÍGENA, 1995

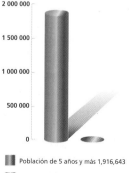

Población de 5 años y más 1,916,643
Población de 5 años y más hablante de lengua indígena 2,039 (0.11%)

DISTRIBUCIÓN DE LA POBLACIÓN POR TAMAÑO DE LA LOCALIDAD

Más de 15,000 82.90%; Hasta 2,500 11.80%; Entre 2,500 y 15,000 5.30%

LÍNEAS TELEFÓNICAS EN SERVICIO Y APARATOS PÚBLICOS, 1994

Líneas en servicio 222,508; Aparatos públicos 6,745; 3 aparatos por cada 1,000 habitantes

COAHUITLÁN ◆ Municipio de Veracruz, situado al suroeste de Poza Rica y al oeste de Papantla, en los límites con Puebla. Superficie: 95.41 km². Habitantes: 6,553, de los cuales 1,290 forman la población económicamente activa. Hablan alguna lengua indígena 3,179 personas mayores de cinco años (totonaco 3,160). La cabecera es Progreso de Zaragoza.

COALCOMÁN ◆ Nombre que adopta en Michoacán la Sierra Madre del Sur, entre el océano Pacífico y el río Tepalcatepec; desde el río Coahuayana, en los límites con Jalisco, hasta el Balsas, a donde llega paralelamente con la sierra Espinazo del Diablo.

COALCOMÁN ◆ Río de Michoacán que se forma en la sierra Madre del Sur, ahí conocida como Coalcomán, corre hacia el sur y desemboca en el océano Pacífico, adelante de la población Santa Cruz de Cachán, al sureste de la punta San Telmo, al norte del paralelo 18. El río también es conocido como Cachán.

COALCOMÁN DE VÁZQUEZ PALLARES ◆ Municipio de Michoacán, situado en el oeste-suroeste de la entidad, en los límites con Jalisco. Superficie: 3,604.33 km². Habitantes: 20,786, de los cuales 4,600 forman la población económicamente activa. Hablan alguna lengua indígena doce personas mayores de cinco años. El municipio fue erigido el 10 de diciembre de 1831. La cabecera es Coalcomán de Matamoros.

COANACOCH ◆ ¿n. en Texcoco y m. en Tabasco? (?-¿1525?). Señor texcocano que derrotó a los españoles antes de concentrar sus fuerzas en Tenochtitlan, donde combatió hasta caer prisionero junto a Cuauhtémoc. Era hijo de Nezahualpilli. Se supone que murió camino a las Hibueras, poco antes de que los conquistadores asesinaran al último emperador azteca.

COAPILLA ◆ Municipio de Chiapas, situado al norte de Tuxtla Gutiérrez. Superficie: 106.8 km². Habitantes: 6,435, de los cuales 1,602 forman la población económicamente activa. Hablan alguna lengua indígena 586 personas mayores de cinco años (tzotzil 740 y tzeltal 193).

COATECAS ALTAS ◆ Municipio de Oaxaca, situado al sur de la capital del estado y contiguo a Ejutla. Superficie: 125.03 km². Habitantes: 5,216, de los cuales 1,181 forman la población económicamente activa. Hablan alguna lengua indígena 2,505 personas mayores de cinco años (zapoteco 2,495). Indígenas monolingües: 111.

COATEPEC ◆ Municipio de Puebla, situado en el norte de la entidad, cerca de los límites con Veracruz. Superficie: 10.22 km². Habitantes: 867, de los cuales 279 forman la población económicamente activa. Hablan alguna lengua indígena 738 personas mayores de cinco años (totonaco 737). Indígenas monolingües: 68. El nombre significa "cerro de serpientes".

COATEPEC ◆ Municipio de Veracruz, contiguo a Jalapa. Superficie: 255.81 km². Habitantes: 70,430, de los cuales 20,378 forman la población económicamente activa. El café es el principal cultivo. Hablan alguna lengua indígena 125 personas mayores de cinco años (náhuatl 74 y totonaco 14). En la cabecera, del mismo nombre, la principal fiesta religiosa se ofrece a San Jerónimo, con procesiones, ofrendas florales, danzas y cantos. El paisaje representa otro atractivo para los visitantes.

COATEPEC DE LAS BATEAS ◆ Población del municipio de Tianguistenco, Estado de México.

COATEPEC COSTALES ◆ Población del municipio de Teloloapan, Guerrero.

COATEPEC HARINAS ◆ Municipio del Estado de México, situado al sur de Toluca y contiguo a Ixtapan de la Sal. Superficie: 177.4 km². Habitantes: 30,408, de los cuales 7,496 forman la población económicamente activa. Hablan alguna lengua indígena 46 personas mayores de cinco años. La cabecera se halla en las faldas del Nevado de Toluca.

COATETELCO ◆ Laguna de Morelos, situada al sur de Cuernavaca, en el municipio de Miacatlán.

COATLÁN DEL RÍO ◆ Municipio de Morelos, situado en el suroeste de la entidad, al suroeste de Cuernavaca, en los límites con los estados de México y Guerrero. Superficie: 83.55 km². Habitantes: 9,235, de los cuales 2,137 forman la población económicamente activa. Hablan alguna lengua indígena 13 personas mayores de cinco años (náhuatl 11). En la iglesia colonial de la cabecera se realizan durante la Semana Santa, escenificaciones de la Pasión, con improvisados actores locales. Las calles de la población son recorridas el Viernes de Dolores por una procesión de penitentes encapuchados que llevan espinas sobre las espaldas.

COATLICUE ◆ Deidad azteca de la tierra cuyo nombre significa "la de la falda de serpientes". De acuerdo con la mitología, era madre de la Luna y las estrellas. Al intentar éstas asesinarla fue salvada por Huitzilopochtli (el Sol), también hijo suyo.

COATLINCHAN, MAPA DE ◆ Documento del siglo XVI elaborado en Coatlinchán, Estado de México. Tiene en el centro el jeroglifo que representa a esta población y a su alrededor casas y otros poblados. Se hallan mezclados los caracteres latinos con la escritura jeroglífica. Se cree que servía para efectos catastrales. El original se halla en la Biblioteca Nacional de Antropología e Historia.

COATZACOALCOS ◆ Municipio del sur de Veracruz contiguo a Minatitlán. Superficie: 471.6 km². Habitantes: 259,096, de los cuales 75,807 forman la población económicamente activa. Hablan alguna lengua indígena 5,953 personas mayores de cinco años (zapoteco 3,345, náhuatl 1,035 y mixe 425). Es uno de los municipios de más acelerado crecimiento en el país. En la década 1960-70 creció a una tasa de 6.5 por ciento y entre 1970 y 1980 su población aumentó en dos veces y media. Tradicionalmente las principales actividades fueron la pesca, la ganadería y los cultivos de trópico húmedo. En los años setenta se inició la explotación en gran escala de sus yacimientos de hidrocarburos, lo que originó graves alteraciones ecológicas que han perjudicado a otros sectores de la economía. La

Cobá, Quintana Roo

cabecera municipal es el principal puerto petrolero del país. A la llegada de los españoles era un importante centro de la cultura olmeca. Fuerzas de los conquistadores al mando de Diego de Ordaz sometieron la ciudad y fundaron cerca de ahí la villa del Espíritu Santo en 1522. La explotación europea exterminó a la población indígena en dos siglos. El municipio se erigió en 1881. La cabecera se llamó Puerto México desde 1900 hasta 1936. Es sede de la diócesis del mismo nombre, erigida en 1984. Por su estratégica posición en el istmo de Tehuantepec, el puerto fue repetidas veces objeto de la codicia estadounidense, pues podía convertirse en uno de los extremos del varias veces proyectado canal interoceánico. Hoy es punto terminal del ferrocarril Coatzacoalcos-Salina Cruz que comunica ambos litorales.

COATZACOALCOS ◆ Río que nace en la sierra de Niltepec o Atravesada, en Oaxaca, estado donde recibe varios afluentes, entre ellos el Jaltepec, que desciende de la sierra de Mixes. En territorio de Veracruz el río Uspanapa le tributa sus aguas para convertirlo en la cuarta de las corrientes más caudalosas del país. La desembocadura se halla en el punto más al sur del golfo de México, junto a la población del mismo nombre. La longitud total es de unos 330 kilómetros y es en dos terceras partes navegable. Su escurrimiento anual promedio es de 22,400 millones de metros cúbicos y el área total de la cuenca es de 21,100 km².

COATZINGO ◆ Municipio de Puebla, situado al sur de la capital del estado. Superficie: 68.89 km². Habitantes: 3,164, de los cuales 768 forman la población económicamente activa. Hablan alguna

lengua indígena cinco personas mayores de cinco años.

COATZINTLA ◆ Municipio de Veracruz, contiguo a Poza Rica y Papantla. Superficie: 235.25 km². Habitantes: 36,902, de los cuales 9,316 forman la población económicamente activa. Hablan alguna lengua indígena 3,857 personas mayores de cinco años (totonaco 3,586, náhuatl 137 y otomí 102). Indígenas monolingües: 110. Durante la Semana Santa, en la cabecera se efectúan procesiones y hay una representación totonaca de la Pasión. El Sábado de Gloria se realiza la quema de Judas. El 25 de julio se festeja a Santiago Apóstol, patrono de la población, con procesiones, cantos y muy diversas danzas típicas y una feria regional.

COAXAMALUCAN ◆ Ganadería mexicana fundada por Carlos González Muñoz en la hacienda de San Lucas Coaxamalucan, municipio de Tetla, Tlaxcala. Su pie de simiente fue con vacas de Tepeyahualco, sementales de Piedras Negras y un toro-padre de Murube. Su presentación en corridas de toros fue en 1920 en un mano a mano entre Rodolfo Gaona el *Califa* y Domingo González *Dominguín*. Ha sido heredada por sus hijos directos.

COBÁ ◆ Zona arqueológica de Quintana Roo, situada en la parte continental del municipio de Cozumel, cerca de Chemax, Yucatán. Diseminadas sobre decenas de km cuadrados se hallan las ruinas de una ciudad maya que se empezó a construir hace más de dos mil años y que vivió su principal época entre los siglo VIII y IX. Se supone que estuvo habitada hasta la llegada de los españoles. Se han hallado más de 140 calzadas, algunas de las cuales tienen más de 100 Km de largo y hasta 20 metros de ancho. La construcción de caminos incluía pasos a desnivel, señalamientos y glorietas. La tecnología disponible para tales obras de ingeniería incluía un cilindro monolítico de cinco toneladas usado como aplanadora. Entre los edificios destaca la pirámide de Nohoch Mul, de 42 metros de altura.

COBIÁN, ANDRÉS ◆ n. en España y m.

en la Cd. de México (¿1615?-1673). Sacerdote jesuita. Vivió en Pátzcuaro, donde aprendió el tarasco. Fue provincial de la Compañía (1671-73).

COBO CALAMBRES, ROBERTO ◆ n. en el DF (1930). Su apellido materno es Romero. Se inició como bailarín solista en el teatro Lírico en 1950. Como actor cinematográfico ha participado en más de 60 películas, entre ellas *Los olvidados*, bajo la dirección de Luis Buñuel, y *El lugar sin límites*, de Arturo Ripstein, interpretaciones que le valieron sendos Arieles (1950 y 1974).

COBO COBITOS, ARTURO ◆ n. y m. en el DF (1931-1995). Actor y bailarín. Comenzó en el teatro infantil que dirigía Rogelio Zarzosa y Alarcón. Estudió en la escuela de teatro infantil del INBA. Comparsa de zarzuela y operetas. En 1949 se inició como bailarín de teatro de revista en la inauguración del Margo. Trabajó también en los teatros Iris, Lírico, Tívoli, Cervantes, Follies e Insurgentes. Hizo 35 películas y apareció en programas de televisión.

COBOS, CARLOS DE LOS ◆ n. en Matamoros, Tams. (1959). Futbolista. Jugó en la posición de defensa para el Club América. Formó parte del equipo representativo de México en el Campeonato Mundial de 1986. Fue director técnico de la Selección Olímpica de 1996.

COBOS BORREGO, ELEAZAR GUADALUPE ◆ n. en Zaragoza, Coah. (1941). Médico cirujano titulado en la UNAM (1959-64) especializado en endocrinología en el Hospital de Zona del IMSS en Monterrey (1969-70) y en endocrinología y nutrición en el Centro Médico La Raza (197-73). Investigador del Centro Médico Nacional (1965-67). Es miembro del PAN desde 1984; es consejero nacional (1988-) y presidente del comité directivo de Durango (1988-). Diputado federal a la LIV Legislatura (1988-91). Autor de *Recepción y reconstrucción experimental de la bifurcación traqueal* (1967), *Ctroacidosis diabética* (1972). Pertenece a la Coparmex y la Canaco.

COBRE, BARRANCA DEL ◆ Cañón situado en Chihuahua, en la sierra Tarahumara. En su parte más profunda se desplaza el río Urique, que en ese tramo corre de sureste a noroeste, antes de hacerlo de norte a sur.

COCA ÁLVAREZ, VICENTE LUIS ◆ n. en el DF (1948). Licenciado en derecho por la UNAM (1967-70), donde fue profesor (1972-78). Perteneció al PRI y su Corriente Democratizadora hasta 1987, cuando se afilió al Partido Auténtico de la Revolución Mexicana, del que fue presidente del comité directivo en el DF. En 1988 participó en la fundación del Partido de la Revolución Democrática. Ha sido agente del Ministerio Público en el Distrito Federal (1969-70); jefe del Departamento Jurídico (1973) y subdirector general de Quejas de la Secretaria de la Presidencia (1974-76), subdirector general Forestal y Ejidal de la SRA (1977), director de Asuntos Jurídicos del gobierno de Michoacán (1981-86), notario público en Morelia (1986), diputado federal (1988-91) y embajador de México en Filipinas (1992). Es miembro del Colegio de Abogados de México.

COCCIOLI, CARLO ◆ n. en Italia (1920). Vivió hasta su primera juventud en Libia, entonces colonia de Italia, en cuyo ejército fascista sirvió hasta la caída de Mussolini, cuando pasó a formar parte de la resistencia. Llegó a México en 1952 y desde entonces ha colaborado en diversas publicaciones, entre ellas *Excélsior*. Sus colaboraciones aparecidas en este diario entre 1977 y 1979 las reunió en el volumen *Los sexenios felices de Carlo Coccioli* (1987). Su libro más difundido es *Fabrizio Lupo*, escrito en francés y publicado originalmente en 1952. De su estancia en México son, entre otras obras, *Manuel el mexicano* (1957), *Omeyotl* (1962), *Los herederos de Moctezuma* (1965), *Yo Cuauhtémoc* (1966), *Hombres en fuga*, *El esperado*, *Los fanáticos*, *La sentencia del ayatola* (1988), *Pequeño karma* (1989) y *El guijarro blanco*, novela incluida en el libro *Dos veces México* (1998). En 1988 recibió el Premio Magda Donato de la Asociación Nacional de Actores.

COCHIMÍES ◆ Indios del grupo joca meridional, tronco yumapacua, que viven en Baja California, en los municipios de Ensenada, Tijuana y Tecate. En 1970 eran 149 mayores de cinco años, según datos censales. Se dedican a la agricultura de autoconsumo, la caza y la recolección; habitan en chozas de carrizo de planta cuadrada o rectangular. Con sus ritos animistas honran a las fuerzas naturales. Los curanderos hacen las veces de sacerdotes. Suelen destruir la casa de un difunto para evitar que regrese a perturbar a los vivos, y al año celebran un ritual en su honor. Su principal fiesta, dedicada a la fertilidad, coincide con la fecha que el santoral católico consagra a San Francisco. Sus artesanías se limitan a la producción de cestos de palma. En el censo de 1980 ya no aparece especificado el número de hablantes de su lengua.

COCHINILLA ◆ Insecto homíptero de la familia de los cóccidos que habita en el *Dactylopius cacti*, nopal común en México. En la época prehispánica se molía el animal para hacer un colorante, la grana, que bajo la dominación española llegó a tener gran importancia como tinte de uso textil, al extremo de que se reglamentó su producción para evitar falsificaciones. En el siglo XVII se creó el puesto de *juez de Grana*, cuyo titular era el encargado de atender los litigios surgidos en el comercio de esta mercancía y vigilar su pureza. Durante la colonia fue la principal mercancía de

Roberto Cobo

Foto: Ana Lourdes Herrera

Cochinilla

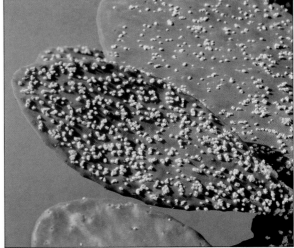

Foto: Carlos Hahn

exportación después de los metales preciosos. En el siglo XIX su cultivo perdió rentabilidad por la caída del precio, originada en la fabricación de sucedáneos, especialmente de productos sintéticos que finalmente redujeron la producción de grana a una escala meramente doméstica. En Oaxaca todavía tiene uso artesanal.

COCOM ◆ Dinastía a la que se atribuye ascendencia tolteca. Conquistó la mayor parte del imperio maya, instaló la sede de su gobierno en Mayapán y reinó despóticamente desde el siglo X hasta el XV en que sus representantes, los *cocomes*, fueron derrocados.

CÓCORIT ◆ Población del municipio de Cajeme, Sonora.

COCÓSPERA ◆ Río de Sonora que nace en la sierra de Cananea, corre hacia el suroeste y al sur de la sierra de Pinitos, se une al Alisos para formar el Magdalena.

COCOTITLÁN ◆ Municipio del estado de México, situado al sureste de Chalco y al noroeste de Amecameca. Superficie: 17.94 km². Habitantes: 9,290, de los cuales 2,187 forman la población económicamente activa. Hablan alguna lengua indígena nueve personas mayores de cinco años (náhuatl cinco y otomí cuatro). Su erección data de 1868.

COCOYOC ◆ Población del municipio de Yautepec, Morelos.

COCULA ◆ Municipio de Guerrero, contiguo a Iguala. Superficie: 339.2 km². Habitantes: 16,333, de los cuales 3,039 forman la población económicamente activa. Hablan alguna lengua indígena 45 personas mayores de cinco años (náhuatl 36).

COCULA ◆ Municipio de Jalisco, situado al suroeste de Guadalajara. Superficie: 431.94 km². Habitantes: 25,602, de los cuales 5,659 forman la población económicamente activa. Hablan alguna lengua indígena doce personas mayores de cinco años. La cabecera tiene su principal fiesta el primero de octubre, cuando se celebra a San Miguel Arcángel con procesiones, danzas y una feria regional que incluye desfile, palenque, fuegos artificiales y otros atractivos. Una

canción popular atribuye a Cocula el nacimiento del mariachi.

COCULA ◆ Río de Guerrero formado por varias corrientes que bajan de las sierras de Taxco, Teloloapan y Huitzuco. Corre hacia el sur y en la población de Balsas, se une al Mezcala.

CODALLOS, FELIPE ◆ n. en Trinidad de Barlovento (hoy Trinidad y Tobago) y m. en la Cd. de México (1790-1849). Militar realista. Combatió a los insurgentes. En 1821 se adhirió al Plan de Iguala. Apoyó el golpe de Estado de Bustamante. General de división en 1838. Gobernador de Puebla (1837-41). Combatió la invasión estadounidense de 1846-47.

CODALLOS, JUAN JOSÉ ◆ n. en Trinidad de Barlovento (hoy Trinidad y Tobago) y m. en Pátzcuaro, Mich. (1790-1931). Luchó en los ejércitos de Simón Bolívar antes de trasladarse a México, a donde llegó posiblemente en 1821. Al ser derrocado Guerrero se negó a reconocer al gobierno golpista de Bustamante y en 1830, cerca de Huetamo, hizo público un documento que se conoce como Plan de Codallos, en el cual exigía la restitución de las legislaturas, gobernadores y otros funcionarios destituidos por Bustamante y proponía que el Congreso federal decidiera cuál era el gobierno legítimo. De no aceptarse sus propuestas, llamaba a

Cocoyoc, Morelos

integrar una coalición de estados y a que los representantes de éstos formaran un gobierno provisional. El plan contó con la adhesión de varios jefes militares del partido popular y animó a Guerrero para organizar la resistencia contra la dictadura. Después de ofrecer varios combates, Codallos fue aprehendido y fusilado.

CÓDICE DE LOS SEÑORES DE SAN LORENZO AXOTLAN Y SAN LUIS HUEXOTLA ◆ Documento proveniente de Huexotla, municipio de Texcoco, Estado de México. Fue pintado hacia 1672 en papel europeo completado con amate en la orilla inferior. Es una relación en náhuatl, escrito con caracteres latinos, de los tributos que correspondía recabar a los caciques que dan nombre a este códice. El original se halla en la Biblioteca Nacional de Antropología e Historia.

CODINA, GENARO ◆ n. y m. en Zacatecas, Zac. (1852-1901). Cohetero de oficio y músico por afición. Fundó la Orquesta Típica Zacatecana. Compuso una gran cantidad de danzas, mazurcas, chotises, marchas y valses, entre ellos, *Grata ilusión, Presentimiento, Traje azul, Luz y Herlinda, Idilio* y *Duquesa*. Su obra más conocida es la *Marcha Zacatecas*, que fue utilizada por los liberales como himno nacional durante las guerras de Reforma, en oposición al himno santanista de González Bocanegra y Jaime Nunó.

CODORNIÚ Y FERRERAS, MANUEL ◆ n. en España y m. en la Cd. de México (¿1785?-1830). Periodista. Llegó a México con el virrey O'Donojú en agosto de 1821. Se quedó en el país e intervino activamente en la política nacional, primero como borbonista, y posteriormente, dentro de la logia escocesa, como impulsor del centralismo. Fue redactor del periódico *El Sol*, desde el cual mantuvo una permanente polémica con los yorkinos y sus órganos de prensa.

CODOVILLA, VITTORIO ◆ n. en Italia y m. en la URSS (1894-1980). Pasó muy joven a Argentina y ahí fundó el Partido Comunista (1918), del que fue diri-

gente hasta su muerte. Fue encarcelado y deportado en varias ocasiones. En los años treinta se convirtió en funcionario de la Internacional Comunista. En ese carácter actuó durante la guerra civil española, en la que mostró su dureza e intolerancia frente a trotskistas, anarquistas y aun con los comunistas que se atrevían a discutir sus órdenes. Al triunfo del franquismo vino a México, donde promovió grandes purgas que casi acabaron con el Partido Comunista Mexicano. Sus actividades sirvieron de pantalla para que el asesino de Trotsky (☞) cumpliera su cometido. En 1969 fue condecorado por el gobierno soviético.

COELLO TREJO, JAVIER ◆ n. en San Cristóbal de Las Casas (1948). Licenciado por la Escuela de Derecho de Chiapas (1967-72). Pertenece al PRI. Fue agente del Ministerio Público en Chiapa de Corzo, y luego adscrito a la Procuraduría de Justicia estatal, donde luego se desempeñó como secretario particular del procurador y director de Asuntos Administrativos; agente del Ministerio Público Federal y después supervisor de esta institución; coordinador general de la Campaña Permanente contra el Tráfico de Drogas de la Procuraduría General de la República y agente para Asuntos Especiales de esa dependencia (1977-82), puesto en el que cobró notoriedad por las aprehensiones de decenas de funcionarios y ex funcionarios públicos, a quienes se acusaba de fraudes reales o supuestos, se les obligaba a desembolsar lo presuntamente defraudado y se les sometía a juicios que evidenciaban la debilidad de las acusaciones. Las detenciones y los procesos fueron criticados y vistos como actos de arbitrariedad. Secretario general de Gobierno de Chiapas (1983-88), subprocurador de Investigación y Lucha Contra el Narcotráfico de la Procuraduría General de la República (1988-90) y titular de la Procuraduría Federal del Consumidor (1990-). Es miembro de la Barra Mexicana de Abogados.

COEN, ARNALDO ◆ n. en el DF (1941).

Pintor y grabador. Estudió arte publicitario. Asistió al taller de Lawrence Calgano. Hace pintura, escultura y grabado. En México y EUA ha presentado exposiciones individuales desde 1964 y obras suyas han sido incluidas en numerosas muestras colectivas en diversos países. Ha hecho escenografías para representaciones de teatro y ballet. Elaboró dos murales para el pabellón de México en la Expo 70 de Osaka, Japón. En 1967 fue becado por el gobierno francés.

COEN ANITÚA, ARRIGO ◆ n. en Italia (1913). Ha trabajado como publicista para diversas empresas, incluidas algunas en las que figuró como socio. Colaborador de varias publicaciones, ejerce actualmente el periodismo en *Excélsior*. Reconocido filólogo, publicó en 1948 el libro *El lenguaje que usted habla* y desde entonces en radio, televisión y prensa se ha dedicado a orientar sobre el buen uso de la lengua española. Autor también de *Para saber lo que se dice* (1987). Fue miembro de la Comisión de Defensa del Idioma Español. En 1986 recibió el Premio Melchor Ocampo de la Academia de la Investigación Científica de Michoacán. También es autor de *Para saber lo que se dice* (1968).

Arrigo Coen

COENEO ◆ Municipio de Michoacán contiguo a Morelia. Superficie: 400.91 km^2. Habitantes: 24,810, de los cuales 6,082 forman la población económicamente activa. Hablan alguna lengua indígena 3,789 personas mayores de cinco años (purépecha 3,785). Indígenas monolingües: 231. El municipio se fundó el 10 de diciembre de 1831. El nombre chichimeca significa "lugar de pájaros". Su cabecera es Coeneo de la Libertad.

COETZALA ◆ Municipio de Veracruz, situado al sur de Córdoba y contiguo a Zongolica. Superficie: 26.32 km^2. Habitantes: 1,699, de los cuales 408 forman la población económicamente activa. Hablan náhuatl 533 personas mayores de cinco años. Indígenas monolingües: 59.

COFRE DE PEROTE ◆ Montaña de ori-

Playa Cerritos, acuarela
de Edgardo Coghlan

gen volcánico, situada en el municipio del mismo nombre, en el estado de Veracruz. Por su altura, 4,250 metros, es la sexta elevación en el país. Debe su nombre a la forma cuadrangular de la cumbre. Se le conoce también como Neucampatépetl.

COGHLAN, EDGARDO ◆ n. en Los Mochis, Sin. (1928). Pintor. Estudió con Pastor Velázquez y Ricardo Bárcenas en la Escuela Nacional de Artes Plásticas de la UNAM y trabajó en el taller de Bardasano. Se ha especializado en la acuarela. Obras suyas figuran en museos del Estado de México y de su entidad natal, donde el Museo de Arte de Sinaloa posee una colección de sus trabajos. Es miembro fundador de la Sociedad Mexicana de Acuarelistas. En 1975 apareció su libro *Edgardo Coghlan:*

Mazatlán, obra a lápiz sobre papel de Edgardo Coghlan

dibujos, acuarelas, óleos. En 1954 se le impuso la Medalla del Círculo de Bellas Artes.

COHEN, EDUARDO ◆ n. y m. en el DF (1939-1995). Pintor. Estudió en el Mexico City College y en la Academia de San Carlos. Asistió a los talleres de Arnold Belkin, Silva Santamaría y Antonio Rodríguez Luna. Desde 1970 montó 26 exposiciones individuales en

Baile, obra de Eduardo Cohen

el país. Autor de los murales de la Sinagoga Shaaré Shalom (1979), *Fiestas y tiempos para la alegría* (sinagoga Eliahu Fasja, 1990), *Los profetas* (15 vitrales para el colegio Maguén David, 1991) y *Haremos al hombre* (18 vitrales para la

biblioteca del colegio Monte Sinaí, 1994). Autor de los libros *Hacia un arte existencial. Reflexiones de un pintor expresionista* (1993) y *Habitante del asombro* (1996). En 1997 la UNAM editó *Eduardo Cohen, 1939-1995. Los propósitos de la mirada.*

COHEN, SANDRO ◆ n. en EUA (1953). Poeta. Vive en México desde 1973; se naturalizó mexicano en 1982. Licenciado en letras por la Rutegrs Universty y doctor en letras por la UNAM, institución de la que es profesor. Ha sido jefe del área de literatura de la Universidad Autónoma Metropolitana. Fue codirector de la revista *Vaso Comunicante*. Colaborador de las revistas *Proceso, Casa del Tiempo, La Palabra y el Hombre, Revista de la Universidad, Tierra Adentro, Plural, La Semana de Bellas Artes* y *Vuelta*; de los suplementos *Revista Mexicana de Cultura* de *El Nacional* y *Sábado* de *unomásuno*; y de los diarios *El Universal* y *Excélsior*. Realizó las antologías *Palabra nueva. Dos décadas de poesía en México* (1981), *Antología poética de Elías Nandino* (1983) y *El asidero en la zozobra* (1983). Autor de *De noble origen desdichado* (1979), *A pesar del imperio* (1980), *Autobiografía del infiel* (1982), *Los cuerpos de la furia* (1983), *Línea de fuego* (1989), *Redacción sin dolor* (1994) y *Lejos del paraíso* (novela, 1997). Fue becario del INBA-Fonapas.

COHEN ALFIE, REGINA ◆ n. en EUA

(1955). Escritora. Vive en México desde 1958. Estudió antropología social en la Universidad Autónoma Metropolitana, unidad Iztapalapa. Miembro del taller literario de José Donoso. Colaboradora de las revistas *El Cuento, Punto de Partida* y *Encuentro* y del diario *El Nacional*. Cuentos suyos están incluidos en los volúmenes colectivos *Tiene que haber olvido* (1980), *Al vino, vino* (1982) y *Los tigres están ahí* (1983). Ha publicado libros de cuento: *Adentro el fuego* (1985), *Entre ruinas* (1992); y ensayo: *Los niños tienen la palabra* (1990). Fue becaria del INBA-Fonapas (1982-83).

COHEN OVED, SALOMÓN ◆ n. en Turquía (1899). Empresario. Llegó a México en 1914. Trabajó en un restaurante de Tampico y fue secretario de Francisco Villa y recaudador de rentas de la aduana de Veracruz. En 1982 fundó la Asociación Mexicano-Judía Pro México AC, por medio de la cual estableció el Centro de Rehabilitación y Educación Especial en Iztapalapa. En 1987 anunció la creación del Premio Pro México, destinado a las instituciones de asistencia social. Autor del libro *Memorias de un partiarca* (1993). El Instituto Mexicano de Cultura le entregó la Gran Cruz al mérito en Comunicación Humana (1992).

COHETO MARTÍNEZ, VITALICIO CÁNDIDO ◆ n. en San Miguel Talea de Castro, Oax. (1941). Profesor normalista titulado en el Instituto de Capacitación del Magisterio de Oaxaca (1963-65), licenciado en psicología por la Escuela Normal Superior de Oaxaca (1966-67) y maestro en psicología por la Normal Superior de México (1974); en 1984 asistió a un curso sobre derechos humanos en Costa Rica. Ingresó al PRI en 1968. Ha sido secretario general delegacional del SNTE en San Cristóbal de Las Casas (1971-72) y Amealco (1974-77), director regional en Querétaro y el estado de México del Instituto Nacional Indigenista (1974-77), jefe del Departamento de Educación Indígena en Oaxaca (1977-82) y director general de Educación Indígena de la SEP (1982-). Pertenece a la Alianza Nacional de Profesionales Indígenas Bilingües y al Instituto Indigenista Americano.

COHETZALA ◆ Municipio de Puebla, situado en el sureste de la entidad, en los límites con Guerrero. Superficie: 344.44 km². Habitantes: 1,806, de los cuales 281 forman la población económicamente activa. Hablan náhuatl 137 personas mayores de cinco años.

COHUECÁN ❖ Municipio de Puebla, situado al oeste-suroeste de la capital del estado, en los límites con Morelos. Superficie: 51.03 km². Habitantes: 4,538, de los cuales 903 forman la población económicamente activa. Hablan alguna lengua indígena 504 personas mayores de cinco años (náhuatl 503).

COICOYÁN ◆ Sierra de Oaxaca, situada en la región de la Mixteca. Es una formación transversal de la sierra Madre del Sur y la flanquean por el oeste el río Coicoyán, que la separa de la sierra de Pajaritos, y por el sur el río San Diego, afluente del Mixteco.

COICOYÁN ◆ Río de Oaxaca que se forma con los escurrimientos de la parte sur de la sierra del mismo nombre, a la que separa de la sierra de Pajaritos hasta atravesar ésta y penetrar en el estado de Guerrero, donde se une al río Tlapaneco. Se le conoce también con el nombre de Huacapa.

COICOYÁN DE LAS FLORES ◆ Municipio de Oaxaca, situado en el extremo occidental de la entidad, al oeste de Tlaxiaco y en los límites con Guerrero. Superficie: 105.89 km². Habitantes: 4,862, de los cuales 1,295 forman la población económicamente activa. Hablan alguna lengua indígena 3,443 personas mayores de cinco años (mixteco 3,342). Indígenas monolingües: 1,966.

COINDET, LEÓN ◆ n. y m. en Francia (?-1871). Médico. Llegó a México con el ejército intervencionista francés. Integrante fundador (1864) de la Sección de Ciencias Médicas de la Comisión Científica, Literaria y Artística de México, antecedente de la Academia de Medicina. Colaboró en la *Gaceta Médica de México* y escribió el libro *Le Mexique Consideré au Point de vue Médico-chirurgical*, publicado en París en 1867.

COINDREAU, JOSÉ LUIS ◆ n. en Monterrey, NL (1940). Dirigente empresarial. Estudió en la Universidad de Georgetown, EUA. Presidió la Cámara Nacional de Comercio de Monterrey (1973-74) y fue vicepresidente de la Confederación Patronal de la República Mexicana (1978-79).

COIXTLAHUACA ◆ ☞ San Juan Bautista *Coixtlahuaca*, municipio de Oaxaca.

COJUMATLÁN DE RÉGULES ◆ Cabecera del municipio de Régules (☞), Michoacán.

COLDWELL, PEDRO JOAQUÍN ◆ ☞ Joaquín Coldwell, *Pedro*.

COLEGIO DE ABOGADOS ◆ Corporación profesional fundada en 1759 y aprobada por la corona española en 1760. Se le dio el nombre de Ilustre y Real Colegio de Abogados. Sus funciones eran vigilar del cumplimiento de la ética gremial, velar por la exclusividad del ejercicio profesional y funcionar como mutualidad en beneficio de sus miembros. Perdió su carácter monopólico en 1824, cuando pasó a ser Ilustre y Nacional Colegio. En 1829 la afiliación empezó a ser voluntaria. En abril de 1861 fue suprimido por la Ley de Educación como órgano calificador de aspirantes a juristas y restablecido en julio del mismo año para cumplir con esa y otras funciones, entre otras la concerniente a la dirección de la Academia de Derecho Teórico-Práctico. En 1912 patrocinó la fundación de la Escuela Libre de Derecho.

COLEGIO DEL AIRE ◆ Institución de aviación fundada en 1915, cuando se inauguró la Escuela Militar y los talleres de construcción aeronáutica. En 1923, bajo el nombre de Escuela Militar Aeronáutica, se ubicaba en la colonia Doctores de la ciudad de México. Luego, pasó al edificio Azcárate, cerca del aeropuerto capitalino como Escuela Militar de Aplicación Aeronáutica. En 1932 se le trasladó a Monterrey. En 1951 se establece en el exconvento del Espítiru Santo en Zapopan, Jalisco,

Foto: Carlos Hahn

El Colegio de México

Timbre mexicano con memorativo de los 150 años del Colegio Militar

Antiguo plantel del Colegio Militar en Tacuba (1894)

Foto: El Mundo Ilustrado

donde adopta el nombre de Colegio del Aire. A pesar de que los egresados de la institución deben prestar sus servicios dentro de la Fuerza Aérea Mexicana el doble del tiempo que duró su instrucción, 65 por ciento de ellos son requeridos por diversas compañías aéreas privadas. Sus pistas pueden utilizarse como alternas a las del aeropuerto civil de Guadalajara.

COLEGIO DE ARQUITECTOS ◆ Corporación profesional fundada en 1946 como Colegio de Arquitectos Mexicanos, AC. En 1968 adoptó su actual nombre.

COLEGIO DE BACHILLERES ◆ Institución de enseñanza media superior fundada el 19 de septiembre de 1973 con estatuto de organismo público descentralizado. En 1974, en cinco planteles ubicados en diferentes puntos del DF, dio inicio sus actividades educativas.

COLEGIO DE CRISTO ◆ Edificio que albergó a la institución de ese nombre, abierta en 1612, y que tuvo como primer rector a Gaspar de Benavides y último a Juan Ignacio Aragonés, desde 1741 hasta 1744, cuando el Colegio fue cerrado por falta de fondos. La construcción se destinó entonces a vivienda de alquiler. Puesta a remate en 1857 por efecto de las Leyes de Reforma, pasó de uno a otro dueño. Declarado monumento colonial en 1931, tres años después su dueño, el ingeniero Eduardo Arochi, mandó derribar una parte para levantar un edificio, además de agregarle una planta a la construcción colonial. Ocupado por oficinas, el edificio fue adquirido por el Departamento de Distrito Federal y remozado en 1986. Al año siguiente se instaló ahí el Museo de la Caricatura. La Sociedad de Caricaturistas de México y el Salón de la Plástica Mexicana lo recibieron en custodia con la obligación de atender a su preservación. Está ubicado en la calle Donceles número 99, en el Centro Histórico.

COLEGIO DE MÉXICO, EL ◆ Institución de enseñanza superior e investigación, fundada como asociación civil el 8 de octubre de 1940. Su origen académico fue la Casa de España en México (☞) fundadora del Colegio junto con el gobierno federal, la Universidad Nacional Autónoma de

México, el Banco de México y el Fondo de Cultura Económica. En 1962 el gobierno le dio un estatuto semejante al de una universidad autónoma. La institución otorga los grados de maestro y doctor, edita libros y publica la *Nueva Revista de Filología Hispánica* (fundada en 1940), *Historia Mexicana* (fundada en 1951), *Foro Internacional* (fundada en 1960), *Estudios de Asia y África* (fundada en 1966), *Demografía y Economía* (fundada en 1967) y *Estudios Sociológicos* (1983). En 1986 se anunciaba la aparición de las revistas *Estudios Económicos* y *Estudios Demográficos y Urbanos* en el *Boletín Editorial* de la institución. Desde el número 13, en 1967, hasta el 131 de 1985, patrocinó *Diálogos*, que fundada y dirigida por Ramón Xirau llegó a convertirse en la publicación más representativa del Colegio, pese a que se originó en un proyecto independiente. En 1986, después de intentar un cambio en la dirección de ese órgano, las autoridades de la institución cancelaron la partida destinada a esta revista. Desde 1976 el Colegio tiene su domicilio en Camino al Ajusco y Anillo Periférico, en el Distrito Federal.

COLEGIO MILITAR ◆ Institución de enseñanza castrense fundada en 1822, en el ex Palacio de la Inquisición, bajo el nombre de Academia de Cadetes. Fue su primer director Manuel Mier y Terán. En 1823 adoptó la denominación de Colegio Militar y se instaló en Perote, Veracruz, para volver en 1828 a la ciudad de México y ocupar el edificio de Betlemitas (donde se halla el Museo del Colegio, en Tacuba y Filomeno Mata) y, a partir de 1835, el de Recogidas (donde existió el Conjunto Pino Suárez, destruido por el sismo de 1985). Los cadetes de Marina pertenecieron al Colegio desde 1837 hasta 1897, cuando se fundó la Escuela Naval de Veracruz. A partir de 1841 la sede estuvo en el Castillo de Chapultepec, donde en 1847 los cadetes participaron en su defensa contra los invasores estadounidenses. Después de la guerra se trasladó de nuevo a San Lucas hasta que

Colegio Militar actual

se efectuaron las reparaciones necesarias en el Alcázar de Chapultepec. A partir de 1858 la sede se instaló en el ex templo de San Pedro y San Pablo (en la calle del Carmen). Fue suprimido en 1860, al término de la guerra de los Tres Años, por el gobierno de Juárez, que en su lugar creó la Escuela Militar de Infantería y Caballería, en el ex convento de San Fernando, misma que cerró en 1863 con motivo de la invasión francesa. El Colegio fue restablecido al triunfo de la República (1867) y su sede fue el Palacio Nacional, de donde pasó al ex convento de Santa Catarina y luego al que fuera edificio del Arzobispado, en Tacubaya. En 1882 pasó de nuevo a Chapultepec, donde estuvo hasta 1913, cuando se instaló en el antiguo local de la Escuela Militar de Aspirantes. Clausurado en agosto de 1914 por el gobierno revolucionario, fue sustituido en 1916 por la Academia

del Estado Mayor, con sede en el ex convento de La Encarnación, en la actual calle de Argentina. Clausurada esta academia, el Colegio fue restablecido en 1920 y seis años después pasó a Popotla, donde permaneció hasta 1976, cuando ocupó sus actuales instalaciones en la carretera México-Cuernavaca.

COLEGIO NACIONAL, EL ◆ Institución de fomento y difusión de la cultura científica, filosófica y literaria creada por decreto presidencial del 8 de abril de 1943. Sus miembros (inicialmente 15 de los 20 previstos en el proyecto de fundación y 40 desde 1971) fueron designados por el gobierno, los primeros, y por la asamblea de colegiados, máxima autoridad, los posteriores. Los fundadores fueron Mariano Azuela, Alfonso Caso, Antonio Caso, Carlos Chávez, Ezequiel A. Chávez, Ignacio Chávez, Enrique González Martínez, Isaac Ochoterena, Ezequiel Ordóñez, José Clemente Orozco, Alfonso Reyes, Diego Rivera, Manuel Sandoval Vallarta, Manuel Uribe Troncoso y José Vasconcelos, todos finados. Su domicilio está en Luis González Obregón 33, en el Distrito Federal.

COLEGIO NACIONAL DE ECONOMISTAS ◆ Corporación profesional fundada en noviembre de 1952 con el nombre de Colegio de Economistas del Distrito Federal. En 1964 cambió su nombre por el de Colegio de Economistas de México y en 1971 por el actual. *El Economista Mexicano* se llama el órgano de la agrupación y tiene como director a Juan Pablo Arroyo (1998-).

Cadetes del Colegio Militar, cuando éste se encontraba en Tacuba (finales del s. XIX)

COLEGIO NACIONAL DE EDUCACIÓN PROFESIONAL TÉCNICA ◆ Institución de enseñanza de nivel medio creada en 1978. Tiene como fin formar cuadros calificados para la industria y los servicios. Cuenta con varios planteles en el área metropolitana del Valle de México. Se le conoce como Conalep.

Colegio Nacional de Economistas	
Presidentes	
Diego López Rosado	(1953-55),
Guillermo Martínez Domínguez	(1955-57),
Octaviano Campos Salas	(1957-59),
Federico Heuer Ritter	(1959-61),
Jorge de la Vega Domínguez	(1961-63),
Sabás Alarcón Robledo	(1963-65),
Francisco Argüello Castañeda	(1965-67),
Héctor Rodríguez Licea	(1967-69),
Carlos Torres Manzo	(1969-71),
Carlos Bermúdez Limón	(1971-73),
Jorge Tamayo López Portillo	(1973-75),
Rodolfo Becerril Straffon	(1975-77),
Armando Labra Manjarrez	(1977-79),
Manuel Aguilera Gómez	(1979-81),
Antonio Gazol Sánchez	(1981-83),
Roberto Dávila Gómez Palacio	(1983-85),
Gustavo Varela Ruiz	(1985-87),
Ángel Aceves Saucedo	(1987-89),
Arturo Salcido Beltrán	(1989-91),
Luis Ángeles Ángeles	(1991-93),
Enrique del Val Blanco	(1993-96),
Elena Sandoval Espinosa	(1996-98)
Juan Pablo Arroyo Ortiz	(1998-2000).

Colegio Militar en sus instalaciones de Popotla

Escudo del estado
de Colima

Fernando Moreno Peña, gobernador
constitucional del estado de Colima

Cascada El Salto, en Colima

Vista panorámica de la ciudad de Colima

COLIMA ◆ Estado de la República Mexicana situado en la costa del Pacífico. Limita al norte y al este con Jalisco y al sur con Michoacán. Superficie: 5,191 km^2 (0.26 por ciento del territorio nacional). Bajo la jurisdicción del gobierno estatal se hallan las islas Revillagigedo. El área de la entidad se halla entre la Sierra Madre Occidental y la Sierra Madre del Sur, de ahí que tres cuartas partes sean de lomeríos o montañas. Los principales ríos son el Cihuatlán, en el límite con Jalisco, el Coahuayana o Tuxpan en la frontera con Michoacán y el Armería, que atraviesa la entidad. Dispone de 160 kilómetros de litoral en el Pacífico y tiene varias lagunas, de las cuales la de Cuyutlán es la más importante. El clima es cálido subhúmedo con temperaturas promedio de 17 a 26 grados según la época del año. La precipitación media anual es de 870 mm. El estado tiene diez municipios: Armería, Comala, Coquimatlán, Cuauhtémoc, Ixtlahuacán, Manzanillo, Minatitlán, Tecomán, Villa de Álvarez y la capital, Colima. La población estimada en 1997 era de 515,313 habitantes. En 1995, la población urbana era de 415,984 y la rural de 72,044. Ese mismo año había, entre los mayores de cinco años, 1,599 que hablaban alguna lengua indígena (náhuatl 686, purépecha 463, zapoteco 102). Estaban alfabetizados 91.3 de los mayores de 15 años. El estado aportaba en 1996 al producto interno bruto 0.6 por ciento del total, con 6,977,551 millones de pesos a precios de 1993. Su población económicamente activa se

Artesanías de Colima

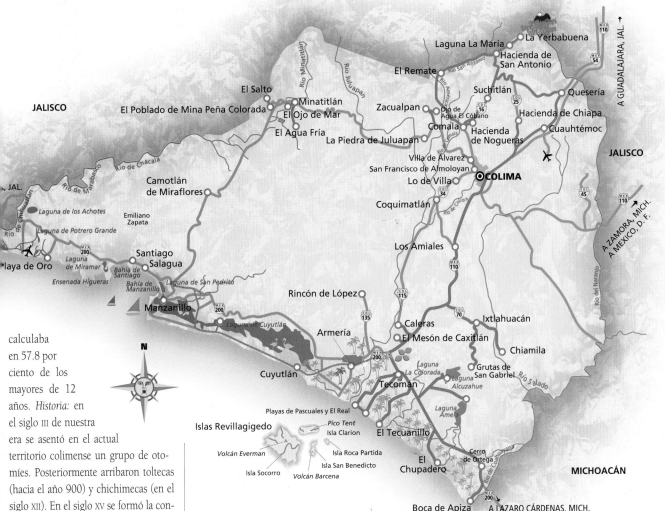

calculaba en 57.8 por ciento de los mayores de 12 años. *Historia:* en el siglo III de nuestra era se asentó en el actual territorio colimense un grupo de otomíes. Posteriormente arribaron toltecas (hacia el año 900) y chichimecas (en el siglo XII). En el siglo XV se formó la confederación chimalhuacana, en la que participaban etnias asentadas en la costa

Islas Revillagigedo

Pico Tent
Isla Clarion

Volcán Everman

Isla Roca Partida

Isla San Benedicto

Isla Socorro   *Volcán Barcena*

Mapa de Colima

del Pacífico, desde Colima hasta Nayarit. El señorío de Coliman tenía por sede el valle de Tecomán. Al cacique se le llamaba Colímotl o Coliman y sus guerreros, conocidos como tecos o tecomates, sentaron buena fama por su bravura, pues derrotaron a tres expediciones españolas antes de caer combatiendo ante la poderosa fuerza encabezada por Gonzalo de Sandoval. El mismo Sandoval, enviado por Cortés para extender las tierras conquistadas, fundó en 1523 la villa de San Sebastián de Colima. Hasta ahí llegó en 1540 el virrey Antonio de Mendoza, quien ordenó la construcción del camino real que uniría Colima con la ciudad de México. En 1575 Colima, alcaldía mayor, pasó a depender de la Real Audiencia de Nueva Galicia. En 1786 formó parte de

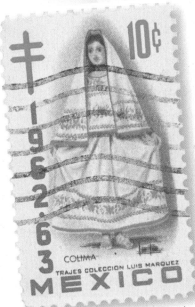

Timbre mexicano con el vestido típico de Colima

Foto: Fondo Editorial Grupo Azabache

Playa de El Real, en Colima

Foto: Fondo Editorial Grupo Azabache

Zona arqueológica La Campana, en Colima

la intendencia de Valladolid, y tres años después quedó bajo la jurisdicción de la intendencia de Guadalajara. Durante algunos meses de 1792, la parroquia de San Felipe de Jesús, en la villa de Colima, tuvo por cura a Miguel Hidalgo y Costilla. Al estallar la guerra de Independencia, el sacerdote José Antonio Díaz promovió la adhesión a los insurrectos, pero fue reprimido por los españoles que lo obligaron a huir hacia Guadalajara, donde Hidalgo lo nombró proveedor de sus ejércitos. El 8 de noviembre de 1810, al mando de José Antonio Torres, hijo del guerrillero conocido como el *Amo Torres*, entraron los rebeldes a la ciudad de Colima. Desalojados en mayo volvieron a tomarla en agosto para ser derrotados pocos días después. Partidas guerrilleras operaron en Colima hasta 1821, cuando la guarnición realista se adhirió al Plan de Iguala. En 1823 se constituyó el estado de Jalisco con los territorios de la antigua intendencia de Guadalajara. En el mismo año el ayuntamiento de la villa de Colima acordó separarse de Jalisco, que de acuerdo con el Acta Constitutiva de enero de 1824 quedó como territorio federal, hasta que en 1836 el gobierno centralista lo incorporó al departamento de Michoacán. En 1846 volvió a ser territorio federal y en 1857 el Congreso Constituyente le concedió el rango de estado libre y soberano, con Colima, elevada a la categoría de ciudad desde 1828, como capital, y el general liberal Manuel Álvarez como primer gobernador, asesinado durante un alzamiento conservador ese mismo año, por lo cual en 1860 Almoloyan fue llamada Villa de Álvarez. El general José Washington fungió como gobernador militar hasta la llegada de José Silverio Núñez, enviado por el gobierno juarista a reprimir a los amotinados y restaurar el orden constitucional. Núñez gobernó de septiembre de 1857 a enero de 58. Le sucedió Ricardo Palacio, quien fue anfitrión de Benito Juárez durante el paso de éste por Colima, lo que convirtió a la capital del estado en sede de la Presidencia de la República (24 de marzo al 8 de abril). El día 11 del mismo mes Juárez se embarcó en Manzanillo con rumbo hacia Panamá y EUA. Después de ser detenido por Degollado en Atenquique, Miramón entró en Colima el 23 de diciembre. Miguel Contreras Medellín, quien había asumido la gubernatura desde el 7 de agosto fue herido en el combate de San Joaquín, el 26 de diciembre, y moriría meses después. El militar conservador José María Mendoza se convirtió en gobernador militar hasta el 8 de abril de 1859, en que caída la plaza en poder de los liberales quedó Manuel Salazar al frente del Poder Ejecutivo del estado. En manos nuevamente de Miramón, Colima tuvo por gobernador al general Jerónimo Calatayud (diciembre de 1859 a abril de 1860). Asumió el cargo el 23 de abril el liberal Urbano Gómez, quien al año siguiente fue elegido de acuerdo con las disposiciones constitucionales. La guerra dictó los siguientes cambios: Salvador Brihuega (marzo-abril de 1862), Manuel F. Toro (abril-junio), Florencio Villarreal (junio-julio), de nuevo Toro (julio-octubre), Julio García (octubre-noviembre), Ramón R. de la Vega (noviembre de 1862 a febrero de 1863) y otra vez García. En noviembre de 1864 cayó la plaza en manos de los imperialistas y los franceses hicieron su entrada el día 5. En la división política dispuesta por Maximiliano, Colima fue departamento gobernado por un prefecto, José María Mendoza, designado

Gastronomía colimense

por el emperador. El 2 de febrero de 1867 los patriotas recuperaron la plaza y Ramón R. de la Vega fue otra vez gobernador de Colima, de nuevo convertido en estado, durante el periodo 1867-1869, en el cual creó escuelas, construyó un hospital, inauguró la línea telegráfica a Guadalajara y fomentó el establecimiento de industrias y otras negociaciones. Después de pedir licencia, pues había sido elegido para ocupar el cargo hasta 1871, le sucedieron Francisco J. Cueva y Francisco Santa Cruz. El ex gobernador Julio García, quien fue un héroe en la lucha contra franceses e imperiales, en 1872 secundó el Plan de la Noria y atacó Colima, mientras Porfirio Díaz desembarcaba en Manzanillo y cruzaba la entidad rumbo a Jalisco y Nayarit. Los alzados no tuvieron éxito y Santa Cruz fue relevado pacíficamente por Filomeno Bravo. En 1876 la Legislatura local desconoció al presidente Lerdo y José María Iglesias, autoinvestido como presidente, pasó por Colima para embarcarse en Manzanillo rumbo a Mazatlán y salir del país. Días antes ya el Congreso colimense había cambiado de bandera y había ofrecido su adhesión a Porfirio Díaz y al Plan de Tuxtepec. Doroteo López fue el general enviado por los

Actividad en Manzanillo, puerto de altura en el Pacífico colimense

Hacienda de chiapa,
antiguo ingenio azucarero
del siglo XIX

que entregó el poder. A lo largo del porfiriato se produjeron algunas obras materiales, como la construcción del ferrocarril Manzanillo-Colima y el Teatro Santa Cruz, rebautizado en 1914 como Hidalgo. Durante la lucha armada ocuparon el poder Miguel García Topete, José Trinidad Alamillo, Vidal Fernández, Miguel A. Morales, Julián Jaramillo, Juan A. Hernández, Antonio Delgadillo, Juan G. Cabral, Eduardo Ruiz, Ignacio Padilla, Juan José Ríos, Wistano L. Orozco, Rafael Gómez Espinosa, Miguel Orozco Camacho, Esteban Baca Calderón, de nuevo Juan José Ríos, Juan Jacobo Valadez y Francisco Ramírez Villarreal. Promul-

gada la Constitución de Querétaro, se eligió como gobernador a Felipe Valle (1917-19), en cuyo mandato se aprobó y entró en vigor la nueva Constitución local (agosto de 1917). Le sucedió Miguel Álvarez García (1919-23), carrancista que al caer el primer jefe súbitamente se adhirió al Plan de Agua Prieta. Después fue elegido por el Congreso Gerardo Hurtado Suárez, quien fue depuesto en dos ocasiones, primero por la asonada delahuertista y después por el cacique Higinio Álvarez, quien manipuló la diputación local para lograr su objetivo. Simón García (por pocos días) y luego Francisco Solórzano Béjar (éste hasta 1927) ocuparon el

tuxtepecanos para gobernar el estado, lo que hizo a la manera porfirista, al combinar una administración relativamente eficaz con un férreo autoritarismo, que incluyó privar de sus sueldos a los diputados locales para construir el Palacio de Gobierno, disposición que acabó por costarle la gubernatura. Desaparecidos los poderes en mayo de 1871, asumió el poder Pedro A. Galván, militar que entregó el cargo a Santa Cruz, que volvía mediante elecciones a la gubernatura. Durante el porfiriato, después de que terminara el periodo de Santa Cruz, en septiembre de 1883, se sucedieron en la gubernatura Miguel de la Madrid (septiembre-noviembre de 1883), Esteban García (1883-87), Gildardo Gómez (1887-93), de nuevo Santa Cruz (1893-1902) y Enrique O. de la Madrid (1902-11), quien se rindió ante las fuerzas revolucionarias, a las

Complejo turístico Las Hadas, en Colima

cargo. Laureano Cervantes Vázquez ocupó la gubernatura de 1927 a 1931. Desde este año hasta 1935 en que fue desaforado por el Congreso federal estuvo en el cargo Pedro Torres Ortiz. José Campero fue su sustituto hasta que asumió el puesto Miguel G. Santana (1935-39). Torres Ortiz volvió a ocupar el cargo, esta vez mediante elecciones, de 1939 a 1943. A partir de 1943 se iniciaron los periodos sexenales con Manuel Gudiño Díaz, a quien sucedió Jesús González Lugo, electo para el periodo 1949-55, desaforado en 1951 y sustituido por Francisco J. Yáñez Centeno hasta que se le repuso en el puesto. Los siguientes gobernadores fueron Rodolfo Chávez Carrillo (1954-61), Francisco Velasco Curiel (1961-67), Pablo Silva García (1967-73), Antonio Barbosa Heldt (1973), Leonel Ramírez García (septiembre-diciembre de 1973), Arturo Noriega Pizano (1974-79), Griselda Álvarez Ponce de León (1979-85), Elías Zamora Verduzco (1985-91), Carlos de la Madrid Virgen (1991-1997) y Fernando Moreno Peña (1997-).

LONGITUD DE LA RED DE CARRETERAS POR SUPERFICIE DE RODAMIENTO, 1995

Longitud: 1,954 Km

Terracería y revestida 57.50%

Pavimentada 42.50%

PRODUCTO INTERNO BRUTO (PIB) A PRECIOS CORRIENTES

Transporte, almacenaje y comunicaciones 15.63%

Comercio, restaurantes y hoteles 17.36%

Serv. financieros, seguros, act. inmobiliarias y de alquiler 13.67%

Electricidad, gas y agua 9.98%

Construcción 4.60%

Servicios comunales, sociales y personales 18.71%

Industria manufacturera 5.60%

Minería 6.56%

Agropecuaria, silvicultura y pesca 9.39%

PROMEDIO DE ESCOLARIDAD DE LA POBLACIÓN DE 15 AÑOS Y MÁS, POR SEXO, 1995

AÑOS

Hombres 7.70

Mujeres 7.30

Promedio 7.50 años

POBLACIÓN DE 5 AÑOS Y MÁS HABLANTE DE LENGUA INDÍGENA, 1995

Población de 5 años y más 432,843

Población de 5 años y más hablante de lengua indígena 1,599 (0.37%)

DISTRIBUCIÓN DE LA POBLACIÓN POR TAMAÑO DE LA LOCALIDAD

Más de 15,000 69.60%

Hasta 2,500 14.80%

Entre 2,500 y 15,000 15.60%

DISTRIBUCIÓN PORCENTUAL DE LA POBLACIÓN OCUPADA POR SECTOR DE ACTIVIDAD ECONÓMICA

Secundario 19.30%

Terciario 60.90%

Primario 19.40%

Inespecífico 0.40%

LÍNEAS TELEFÓNICAS EN SERVICIO Y APARATOS PÚBLICOS, 1994

Líneas en servicio 50,332

Aparatos públicos 1,813 4 aparatos por cada 1,000 habitantes

BIBLIOTECAS Y USUARIOS, 1993
Número de bibliotecas: 58

Usuarios al año 487,497

Promedio de usuarios por biblioteca 8,405

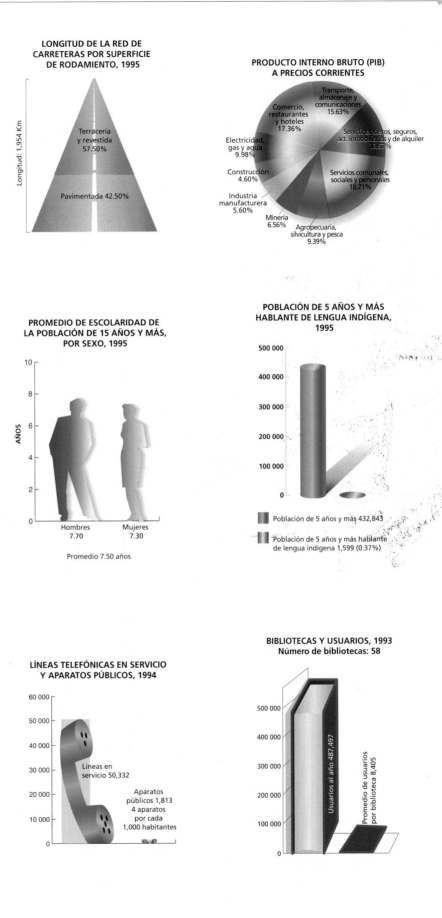

COLIMA ◆ Municipio en el que se halla la capital del estado del mismo nombre. Superficie: 668.2 km². Habitantes: 120,781, de los cuales 39,271 forman la población económicamente activa. Hablan alguna lengua indígena 239 personas mayores de cinco años (purépecha 76, náhuatl 43 y zapoteco 21). En la época prehispánica, cerca de la actual cabecera, había un asentamiento llamado Caxistlán y los españoles fundaron ahí, en 1523, la villa de San Sebastián, que en 1526 se cambió a su actual ubicación. En 1554, por disposición real, mudó su nombre a Santiago de los Caballeros de Colima. El título de ciudad de Colima le fue concedido por el Congreso General en 1828. Tres años antes tenía imprenta. Colima fue cabecera de alcaldía mayor, de partido, distrito y territorio antes de convertirse en capital del estado, en 1857. Es también sede de la diócesis de Colima, erigida en 1881 con una parte de la arquidiócesis de Guadalajara. Miguel Hidalgo fue, en 1792, cura de la parroquia de Colima. Del 24 de marzo al 8 de abril de 1858 la ciudad fue asiento del poder federal, al instalarse ahí el presidente Benito Juárez. Hay otras localidades de importancia en el municipio, entre ellas Lo de Villa, antigua ranchería convertida hoy en centro de peregrinación, especialmente el segundo martes de enero, día de Jesús Agonizante. En la cabecera se festeja el 2 de febrero a la Virgen de la Salud, y el tercer domingo de junio se celebra la fiesta popular de la bendición de los animales. Asimismo, el 5 de febrero hay corridas de toros y el público puede intentar suertes con el "toro de las once".

COLIMA, NEVADO DE ◆ Volcán extinguido situado en el sur de Jalisco, junto al Volcán de Colima y cerca del estado del mismo nombre. Su elevación es de 4,240 metros sobre el nivel del mar.

COLIMA, VOLCÁN DE ◆ Cráter activo contiguo al Nevado del mismo nombre. Está situado en el sur de Jalisco en la frontera con Colima. Su elevación es de 3,960 metros sobre el nivel del mar. Es él más activo de los volcanes mexicanos y en los últimos 500 años ha hecho erupción unas 30 veces. En 1962, 1976 y 1982 se han producido pequeñas emisiones de lava.

COLÍN, EDUARDO ◆ n. en la Cd. de México y m. en Cuernavaca, Mor. (1880-1945). Abogado. Fue subdirector de la Biblioteca Nacional, impartió diversas cátedras en planteles universitarios y sirvió en el cuerpo diplomático. Colaboró en la *Revista Moderna* y en *Savia Moderna*. Autor de poesía: *La vida intacta* (1916); fábula: *Mujeres* (1934); y ensayo: *Siete cabezas* (1921), *Verbo selecto* (1922) y *Riesgos* (1934).

COLÍN, JOSÉ LUIS ◆ n. en Salina Cruz, Oax. (1948). Crítico de arte en los periódicos *Excélsior*, *Ovaciones*, *El Sol de México*, *Novedades* y *El Nacional*. Autor de los poemarios *Últimos poemas a Hella*, *Palabras sin títulos*, *El sueño*, *Escenografías para suicidas* (1983), *De las celebraciones* (1985), *Cuerpo de cenit* (1987) y *Garabatos y grafismos de Eros* (1990).

COLÍN SÁNCHEZ, GUILLERMO ◆ n. en Atlacomulco, Méx., y m. en el DF (1924-1999) Abogado. Estudió en la UNAM, de donde fue profesor. Tomó cursos criminológicos en EUA y en Europa. Fue agente de la Policía Judicial del DF, agente del Ministerio Público del DF, juez de primera instancia en Texcoco, procurador de justicia del Estado de México, abogado consultor de la Secretaría de Recursos Hidráulicos, magistrado de los tribunales superiores de justicia del estado de México y del DF, director del registro público de la propiedad en el DF y director general de asuntos jurídicos de la Secretaría de Turismo (1989). Autor de las obras jurídicas: *Función social del Ministerio Público en México* (1952), *Procedimiento registral de la propiedad* (1972), *Legislación penal del Estado de México*, *Derecho mexicano de procedimientos penales* (1974), *Así habla la delincuencia en México* y *El ritmo de la ley*; ensayos biográficos: *Ignacio Zaragoza Seguín* (1963), *Ignacio Zaragoza. Evocación de un héroe* (1963) y *Morelos*; y memorias: *Añoranzas* (1958), *El Danubio, Estelaris, Mario Colín (vivencias del hermano ausente)* y *Quiero comprar un pedazo de mar*.

COLÍN SÁNCHEZ, MARIO ◆ n. en Atlacomulco, Estado de Méx., y m. en Cuernavaca, Mor. (1922-1983). Licenciado en derecho por la UNAM (1949). Fue director del Instituto Científico y Literario de su estado natal y tres veces diputado federal. Autor de semblanzas: *Ausencia de Marta de Teresa* (1944), *Semblanza de Isidro Fabela* (1944), *Isidro Fabela* (1945) *José Enrique Salara, benefactor de Almoloya de Alquilaras* (1948), *Francisco I. Madero* (1951) y *Semblanza de Agustín Millán* (1955); obras históricas: *Antecedentes agrarios del municipio de Atlacomulco* (1963) y *La imprenta en el norte del estado de México* (1968); discursos: *Páginas para la juventud, Salvemos al Instituto*, etcétera; Su obra mayor está constituida por recopilaciones de los trabajos de otros autores: Isidro Fabela, María Asúnsolo, Adolfo López Mateos y los escritores incluidos en la *Biblioteca enciclopédica del Estado de México*. Dirigió la colección *Testimonios de Atlacomulco* y elaboró el *Índice de documentos relativos a los pueblos del Estado de México* del Archivo General de la Nación.

COLINA, JOSÉ DE LA ◆ n. en España (1934). Escritor. En 1940 fue traído a México por sus padres, luego de una peregrinación por Francia, Bélgica, República Dominicana y Cuba, iniciada

José de la Colina

Nevado de Colima

tras la derrota de la República española. Destacó como crítico de cine a partir de los años cincuenta y en 1972 apareció un volumen que reúne sus artículos sobre el tema: *Miradas al cine*, nombre de la columna que en 1988 volvió a publicar en *La Cultura en México*, el suplemento de la revista *Siempre!* Un cuento suyo, *La lucha con la pantera*, fue llevado a la pantalla. Guionista premiado de las películas *Naufragio* y *El señor de Osanto*. Ha colaborado en las más importantes publicaciones literarias. Fue jefe de redacción de los suplementos *Sábado*, de *unomásuno* y *El Semanario*, de *Novedades*, mismo que ahora dirige. Pertenece al consejo de redacción de la revista *Vuelta*. Está incluido en varias antologías de cuentistas mexicanos. Autor de *Cuentos para vencer a la muerte* (1955), *Ven, caballo gris y otras narraciones* (1959), *El cine italiano* (1962), *La lucha con la pantera* (1962), *El mayor nacimiento del mundo y sus alrededores* (1982), *El cine del Indio Fernández* (1984) y *La tumba india* (1984). En 1986 apareció un libro de entrevistas con Luis Buñuel, *Prohibido asomarse al interior*, que realizó con Tomás Pérez Turrent. *Cándido Aristarco, El Cronista* y *Silvestre Lanza* son algunos de sus seudónimos.

COLINA, LOLITA DE LA ◆ n. en Tampico, Tams. (1940). Nombre profesional de la compositora María Dolores de la Colina. Fue locutora y es intérprete de sus propias canciones, entre las cuales se cuentan *Qué manera de perder, Es que estás enamorada* y otras que suman más de medio millar.

COLINA GURRÍA, RAÚL DE LA ◆ n. en España (1935). Arquitecto. Fue traído a México en 1939. Construyó la estación del ferrocarril Chihuahua a Pacífico, el hospital del IMSS en Tijuana, el club de golf y fraccionamiento Mexicali, los laboratorios Syntex y otras edificaciones. Colabora en la revista *México desconocido*.

COLINA RIQUELME, RAFAEL DE LA ◆ n. en Tulancingo, Hgo., y m. en EUA (1898-1995). Se incorporó a la revolución constitucionalista en 1916, bajo las

órdenes de Cándido Aguilar. Cuando éste fue designado secretario de Relaciones Exteriores, en 1918, ingresó en el servicio exterior. Fue cónsul general de México en Boston (1924-25), Nueva Orleans (1925-28), Laredo (1928-30), Los Ángeles (1930-32), San Antonio (1934-36) y Nueva York (1936-43); ministro plenipotenciario en Washington (1944-48) y embajador en Estados Unidos (1949-53). Participó en los trabajos previos a la constitución de las Naciones Unidas y fue representante permanente ante este organismo (1952-59) y vicepresidente de la delegación mexicana ante su asamblea general (1952-58); embajador en Canadá (1959-62) y Japón (1962-64) y representante permanente ante la Organización de Estados Americanos (1965). Autor de *Notas sobre las doctrinas Monroe y Drago, Evolución del derecho del mar en la América* y *El Protocolo de Reformas al Tratado Interamericano de Asistencia Recíproca*. En 1974 el Senado le impuso la Medalla Belisario Domínguez y en 1986, con asistencia del presidente Miguel de la Madrid, se le rindió un homenaje en el Palacio Nacional.

COLINA Y RUBIO, CARLOS MARÍA ◆ n. en Colima, Col., y m. en Puebla, Pue. (1813-1879). Doctor en teología. Obispo de Chiapas (1854-63) y de Puebla desde 1863 hasta su muerte.

COLINAS, CEFERINO ◆ n. en España (1901). Escultor. Estudió en la Escuela de Artes y Oficios de San Fernando, donde fue discípulo de Dalí. Fue becado a Roma y París. Perteneció al bando republicano durante la guerra civil española. Fue de los encargados de preservar el tesoro artístico del Museo del Prado. Al término de la guerra vino a México, donde fue profesor del Instituto Nacional de Bellas Artes; ha expuesto desde 1944. Entre sus obras se cuentan *Maternidad*, que estuvo en la Alameda Central del DF; los grupos *El deporte, El campesino* y *El obrero* en el edificio del gobierno de Torreón, Coahuila; el *Monumento al soldado* de la ciudad de Guanajuato; un *Hidalgo* y un

busto de Miguel Alemán en Jalapa, Veracruz.

COLIO GALINDO, HÉCTOR ◆ n. en el DF (1951). Técnico industrial, pertenece al PPS donde ha sido secretario general en Veracruz, secretario de política obrera del sector juvenil, secretario de organización y presidente del Comité Estatal de Veracruz. Diputado federal plurinominal (1988-91).

COLIPA ◆ Municipio de Veracruz situado al norte de Jalapa y contiguo a Misantla. Superficie: 143.94 km². Habitantes: 6,334, de los cuales 1,705 forman la población económicamente activa. Hablan alguna lengua indígena 22 personas mayores de cinco años.

COLL, JOSEFINA OLIVA DE & ☞ *Oliva Teixell de Coll, Josefina.*

COLL ALAS, ÓSCAR ◆ n. en España y m. en Cuernavaca, Mor. (1909-1967). Arquitecto. Militante comunista. Llegó a México después de la guerra civil española, en la que fue capitán de ingenieros en el bando republicano. Construyó casas y edificios en la capital. Colaboró con Félix Candela en el proyecto de la iglesia de Palmira, en Cuernavaca. Cofundador de la Escuela de Arquitectura de la Universidad de Morelos (1960).

COLL CARABIAS, CÉSAR LUIS ◆ n. en el DF (1948). Empresario. Ingeniero mecánico electricista titulado en la UNAM (1964-69). Profesor de la UNAM y de la Universidad del Valle de México (1969-70). Es miembro del PAN desde 1988. Ha sido director de Tequila Herradura (1974-77), gerente general del grupo Gorbea (1977), diputado federal (1988-91), alcalde de Guadalajara (1995-97) y secretario de Administración del Gobierno de Jalisco (1998-). Pertenece a la Cámara Regional de Cámaras Industriales del Estado de Jalisco, a la Cámara Regional de la Industria Tequilera y a la Unión de Crédito de las Industrias del Hule y Plásticos. En 1988 recibió el Diploma al Industrial del Año en la Rama Hulera.

COLL DE HURTADO, ATLÁNTIDA ◆ n. en Senegal (1941). Geógrafa. Hija de padres españoles republicanos que la

El Colmillo Público

trajeron a México en el año de su nacimiento. Obtuvo el doctorado en la UNAM, donde es catedrática de carrera desde 1969 e investigadora desde 1967. Entre los trabajos que ha publicado se cuentan *Fotointerpretación geomorfológica del cordón de dunas de la laguna del Marqués, estado de Veracruz* (1969), *El suroeste de Campeche y sus recursos naturales* (1975), *Quintana Roo: organización espacial* (1981) y *¿Es México un país agrícola? Un análisis geográfico* (1982).

COLLADO Y DE ALVA, CASIMIRO DEL ◆ n. en España y m. en la Cd. de México (1822-1898). Llegó a México en 1836. Fue miembro de la Academia de Letrán y el Liceo Mexicano. Colaboró en varias publicaciones mexicanas. Cofundador del periódico literario y teatral *El Apuntador* (1841) y de la Academia Mexicana (de la lengua). Autor de *Poesías* (1868) y *Últimas poesías 1852-1894* (1895).

COLLADO HERRERA, MARÍA DEL CARMEN ◆ n. en el DF (1951). Licenciada en historia por la UNAM con maestría en ciencias políticas por la Universidad de los Andes, de Mérida, Venezuela, donde fue profesora e investigadora; y doctora en historia por la UIA. Catedrática de la UAM, la UNAM y el Instituto Mora, donde fue coordinadora de las maestrías (1984-86). Escribe en publicaciones académicas. Coautora de *Nicaragua, una historia breve*. Autora de *La burguesía mexicana. El emporio Braniff y su participación política 1865-1920* y *Empresarios y políticos. Entre la restauración y la revolución 1920-24* (Premio Salvador Azuela del INEHRM 1995). Pertenece al Sistema Nacional de Investigadores.

COLLI MAS, JUAN DE DIOS ◆ n. en Calkiní, Camp. (1961). Estudió derecho en la Universidad Autónoma de Yucatán (1981). Desde 1983 es miembro del Partido Demócrata Mexicano, del que fue secretario de acción juvenil (1983). Diputado federal (1985-88).

COLMENA ◆ Sierra del suroeste de Tamaulipas que en su recorrido de norte a sur penetra en San Luis Potosí hasta tomar el nombre de sierra de los Arlequines.

COLMENA, LA ◆ Población del municipio de Atizapán de Zaragoza (☞).

COLMENARES, ALICIA ◆ n. en Orizaba, Ver., y m. en el DF (1922-1987). Compositora. Son suyas las canciones *Mi único pecado, Madre, bendita seas; Madre mía de Guadalupe* y *Vivir para quererte*. En 1981 hizo una serie de programas en Radio Centro y en 1987 recibió un homenaje en XEW. Han sido sus intérpretes Pedro Vargas, Olimpo Cárdenas y Juan Mendoza el *Tariácuri*. Perteneció a la Sociedad de Autores y Compositores de México.

COLMILLO PÚBLICO, EL ◆ Periódico antiporfirista de la capital del país. Se inició su publicación en 1903 y en julio de 1906 había llegado al número 145. Estuvo dirigido por el caricaturista Jesús Martínez Carrión (☞). Se dice que tiraba 25,000 ejemplares y en él colaboraron destacados periodistas de la época.

COLNETT ◆ Población, cabo y bahía del municipio de Ensenada, Baja California. El poblado se halla al sur de la cabecera municipal, a orillas del río San Rafael que desemboca en la bahía, junto al cabo, al sur del paralelo 31.

COLOMBIA ◆ País situado en el noroeste de América del Sur. Limita al oeste con Panamá y el océano Atlántico, al sur con Ecuador y Perú, al este con Brasil y Venezuela, y al norte con el mar Caribe. Superficie: 1,141,748 km². Habitantes: 37,700,000 en 1998. La capital es Santafé de Bogotá (con 6,314,305 habitantes en 1993) y otras ciudades de importancia son Cali (1,783,546 habitantes en 1993), Medellín (1,698,777), Barranquilla (1,095,425), Cartagena, Cúcuta y Bucaramanga. La moneda es el peso colombiano y el idioma oficial es el español. Su índice de analfabetismo es cercano a 20 por ciento. Su territorio estuvo habitado por chibchas, muiscas, moscas, caribes, panches, pijaos y otras etnias. En 1499 llegó a sus costas un grupo de europeos encabezados por Alonso de Ojeda, Juan de la Cosa y Américo Vespucio. En 1508 la corona española concedió a Ojeda el gobierno de lo que llamó Nueva Andalucía. En 1520, el rey autoriza a Bartolomé de las Casas a promover la colonización. En 1538 es fundada Santa Fe de Bogotá (hoy Bogotá), que los conquistadores harán capital de lo que llaman Reino de Nueva Granada, que en 1718 se convierte en virreinato y deja de depender de Perú. Entre 1723 y 1739 la Corona española suprime dicho virreinato,

Colombia

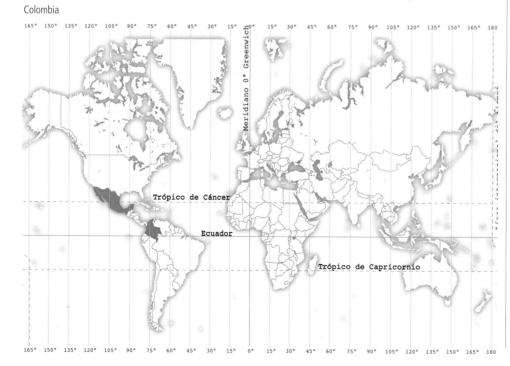

mismo que restablece en busca de una mejor explotación de sus riquezas. En 1781 José Antonio Galán encabeza el levantamiento "de los comuneros", que es cruelmente aplastado. Diez años después se crea *El Papel Periódico*, primera publicación impresa de aparición regular. En 1809 Camilo Torres exige iguales oportunidades y representación ante las Cortes a los habitantes de la metrópoli y las colonias españolas. En 1810 es destituido el virrey y al año siguiente el Congreso de Cundinamarca aprueba la Constitución en que esa antigua provincia, dirigida por una junta que preside el mexicano Ignacio Cabero y Cárdenas, proclama su independencia, la que defenderá con Simón Bolívar al frente de sus ejércitos. Camilo Torres, primer presidente de las Provincias Unidas, es asesinado por los españoles cuando éstos recuperan Cartagena. Tres años después Bolívar encabeza la marcha de las fuerzas insurgentes que toman Bogotá. En Angostura, Venezuela, se proclama la República de Gran Colombia con el Libertador como presidente. En los años veinte funge como representante colombiano en México Miguel de Santamaría, simpatizante de los centralistas, quien se opone activamente a la injerencia del embajador estadounidense Joel R. Poinsett en los asuntos nacionales. El primer representante mexicano ante el gobierno de Bogotá fue Manuel de la Peña y Peña, quien en 1847 ocuparía la Presidencia de la República. En 1830 se formaliza la separación de Venezuela y Ecuador de la República de Gran Colombia y los habitantes de los territorios que quedan forman la República de Nueva Granada. Bolívar fallece en ese mismo año y se desata una interminable guerra entre liberales y conservadores. En 1848 viene a México el cartagenero Juan García del Río, quien había sido ministro en varios gobiernos sudamericanos. Aquí se convirtió en asesor económico del presidente Santa Anna, a quien aconsejó refugiarse en Turbaco, donde el dictador mexicano reconstruyó la

Casa de Tejas y vivió en dos periodos: 1850-53 y 1855-58. En 1854 fue derrocado el dictador colombiano José María Melo, quien se trasladó a México. Aquí participó en las guerras de Reforma dentro del bando conservador hasta su fusilamiento, cerca de Comitán, Chiapas. En 1858 se constituyó la Confederación Granadina. En junio de 1862, cuando las tropas de Napoleón III habían iniciado la invasión de México, el presidente de Estados Unidos propuso a los gobiernos de Francia e Inglaterra enviar fuerzas militares a "proteger la seguridad del tránsito del istmo de Panamá". Enterado Benito Juárez, ordenó al encargado de negocios en Washington, Matías Romero, que entregara una nota al gobierno estadounidense para expresar su cabal desacuerdo ante la proyectada intervención en el entonces territorio colombiano, a lo que la Casa Blanca respondió que Estados Unidos no tenía "disposición de controvertir las miras generales del Gobierno de México sobre intervención extranjera en los asuntos políticos de las naciones americanas". Matías Romero, a su vez, contestó en impecable tono diplomático, en marzo de 1863, ratificando el derecho de México a exponer su punto de vista sobre el asunto y "expresando el placer tan profundo como sincero" del gobierno de Juárez ante "el *último* acuerdo del Presidente de los Estados Unidos sobre este asunto". Por su parte, el embajador de Colombia en Estados Unidos, M. Murillo, quien estaba en espera de que Washington reconociera al nuevo gobierno de su país para acreditarse, escribió a Romero para manifestarle su "viva satisfacción y gratitud" por haber expuesto "con suma habilidad" al Departamento de Estado "cuán penosa y alarmante impresión" había causado "el intento de enviar con el consentimiento o en asocio de Francia y de la Inglaterra, alguna fuerza al Istmo de Panamá a proteger una reacción del partido absolutista y traidor. alegando para ello el falso fundamento de estar amenazada la seguridad del tránsito". En

Timbre de Colombia

1863 una nueva Constitución creó los Estados Unidos de Colombia, cuyo Congreso acordó en 1865 un reconocimiento a la abnegación e "incontrastable perseverancia" de Benito Juárez "en la defensa de la independencia y libertad de su Patria", por lo cual declara que "dicho ciudadano ha merecido bien de la América". El reconocimiento se producía precisamente cuando las tropas de Napoleón III mantenían la ocupación de México y las autoridades republicanas vivían a salto de mata, de ahí el enorme valor de nombrar a Juárez benemérito continental. El nombre oficial cambia en 1886 por el actual de República de Colombia. En 1903 el Congreso se niega a ceder territorios a Estados Unidos para la construcción de un canal transístmico. Ese mismo año, con apoyo de Washington, Panamá se declara independiente y los estadounidenses obtienen una amplia faja del nuevo país. Colombia reconocerá la independencia panameña hasta 1921. En 1908 llegaron a tierra mexicana dos músicos colombianos, Adolfo Marín y Pedro León Franco, más conocido como el *Pelón Santa Marta*. A ellos se debe la introducción del bambuco, que hoy es uno de los ritmos más característicos de Yucatán. En la década de los treinta el presidente Alfonso López reparte tierras, reivindica la soberanía colombiana sobre sus recursos naturales y realiza algunas reformas de carácter avanzado. En el curso de la segunda guerra mundial el país se alinea entre las naciones antifascistas y la Iglesia

Timbre de Colombia

Católica Romana pierde el control ideológico que ejercía sobre la educación. En 1943 la representación colombiana en México se eleva al nivel de embajadores. El primero de ellos es Jorge Zalamea, hombre de letras que establece excelentes relaciones con intelectuales mexicanos, algunos de los cuales han estado en Bogotá como representantes de México: José Vasconcelos, José Muñoz Cota, Manuel Maples Arce, José C. Valadés y Víctor Manuel Barceló. Es también en la década de los cuarenta cuando llega a México el escultor Rodrigo Arenas Betancourt, uno de los grandes artistas plásticos de Colombia, quien se enrola en las misiones culturales de la SEP, que llevan la educación y el arte a los más apartados rincones del campo mexicano. Arenas Betancourt (☞), admirador del muralismo, se incorpora a organizaciones de artistas como el Taller de Gráfica Popular y realiza en México buena parte de su obra. En 1948 se produjo el llamado *bogotazo*, insurrección nacional desatada por el asesinato del dirigente Jorge Eliécer Gaytán. El presidente Mariano Ospina Pérez, lo mismo que Laureano Gómez, su sucesor, desatan una cruenta represión contra el movimiento popular hasta que se produce, en 1953, el golpe de Estado de Gustavo Rojas Pinilla, quien gobierna en forma populista y autoritaria hasta su derrocamiento en 1957. Se inicia entonces una era de gobiernos proestadounidenses. Mientras en amplias zonas de la república se despliega la resistencia guerrillera, un pacto entre los dos grandes partidos tradicionales, liberales y conservadores,

les permite pasarse unos a otros la presidencia, por la que desfilan Alberto Lleras Camargo, Guillermo León Valencia, Carlos Lleras Restrepo y Misael Pastrana Borrero, todos ellos distinguidos por su anticomunismo, que los llevó a convalidar las agresiones estadounidenses contra Cuba y a mantener cortadas las relaciones que existían hasta 1962. Alfonso López Michelsen, presidente entre 1974 y 1978, aplica la tibia reforma agraria aprobada en 1973 y reanuda relaciones con Cuba (1977), en tanto que reprime duramente las huelgas y combate a la guerrilla a todo costo. En 1979 se firma un nuevo pacto entre los dos partidos tradicionales, mismo que rechaza la Suprema Corte por considerarlo anticonstitucional. El presidente Julio César Turbay Ayala rompe nuevamente relaciones con Cuba aduciendo como pretexto la supuesta preparación de guerrilleros colombianos. En 1982 el conservador Belisario Betancur asume la presidencia y logra la incorporación de algunos grupos guerrilleros a la vida legal. Otras organizaciones opositoras se niegan a entregar las armas ante la creciente represión, que llega al extremo de lanzar a las fuerzas armadas contra un pequeño núcleo guerrillero que había tomado el Palacio de Justicia. En la acción mueren 35 atacantes, once magistrados y medio centenar más de personas. El presidente de México, Miguel de la Madrid Hurtado, felicita a su colega colombiano. México y Colombia formaron parte del grupo Contadora, que en los años ochenta trabajó intensamente para evitar una guerra abierta en Centroamérica. Como parte de ese esfuerzo, en noviembre de 1987 se celebró en Acapulco la Reunión de los Ocho, a la que asistió el presidente colombiano Virgilio Barco. En 1982 el gobierno mexicano impuso la Orden del Águila Azteca al colombiano Gabriel García Márquez (☞), Premio Nobel de Literatura, quien desde los años sesenta ha residido durante largas temporadas en México, donde ejerce el periodismo y ha escrito parte de su

obra. En 1998, según el Instituto Nacional de Migración, residían en México 12 mil colombianos.

COLOMBIA ◆ Poblado del municipio de Anáhuac, Nuevo León, situado en la frontera con Estados Unidos y en los límites con Coahuila.

COLOMBINO ◆ Códice proveniente de Tututepec, Oaxaca. Data del siglo XII y es el único original prehispánico que se conserva en México, en la Biblioteca Nacional de Antropología e Historia. Consta de 24 hojas de piel de 18.5 por 25.5 centímetros, dispuestas en forma de biombo. Era parte del códice Becker 1 que se halla en Viena. Narra parte de la historia de un señor mixteco. Se cree que hacia 1541 fue modificado en su disposición con el fin de respaldar las reclamaciones que, a mediados del siglo XVI, hacía el señor de Tututepec. Para hacerlo más comprensible se le agregaron nombres mixtecos escritos con caracteres latinos. En 1717 los mixtecos lo usaron como prueba en un litigio de tierras con el pueblo de San Miguel Sola. Estuvo en manos de particulares hasta que lo adquirió la Junta Colombina, que le dio nombre, integrada durante el porfiriato para conmemorar la llegada de Cristóbal Colón a América. Desde entonces se encuentra en poder de instituciones públicas.

COLOMBRES, JOAQUÍN ◆ n. en Puebla, Pue., y m. en Córdoba, Ver. (1827-1898). A los 13 años, cuando era cadete del Colegio Militar, tuvo su primer hecho de armas. Luchó contra los invasores estadounidenses, quienes lo hicieron prisionero y lo canjearon poco después por soldados de EUA. Asistió a las batallas de La Angostura, Molino del Rey y Chapultepec. Después de la guerra contra EUA realizó algunos trabajos civiles. En 1855 se adhirió al Plan de Ayutla. Combatió en el bando liberal en la guerra de los Tres Años. Oficial mayor de la Secretaría de Guerra y Marina (1861). El 5 de mayo de 1862 combatió a los franceses ya como coronel. Fue hecho prisionero y enviado a Francia. A su retorno, en 1867, aceptó a Maximiliano como gobernante y se retiró. Porfirio Díaz lo hizo volver al ejército y le dio el grado de general en 1890.

COLÓN ◆ Municipio de Querétaro situado al este y noreste de la capital de la entidad, en los límites con Guanajuato. Superficie: 764.9 km². Habitantes: 43,443, de los cuales 9,248 forman la población económicamente activa. Hablan alguna lengua indígena 32 personas mayores de cinco años (otomí 24).

COLÓN, CRISTÓBAL ◆ n. en Génova, hoy Italia, y m. en España (1451-1506). Navegante al servicio de la Corona española que desembarcó en tierra del continente después llamado América el 12 de octubre de 1492, y que durante los veinte años siguientes realizó tres expediciones por el mar Caribe, con lo que se inició la ocupación europea del continente. Se dice que entre 1476 y 1477, entonces bajo bandera portuguesa, navegó hacia el norte hasta tocar Groenlandia, hazaña que siglos antes correspondió a los nórdicos, que llegaron probablemente a la Florida. El arribo de Colón a América fue casual, pues topó con el continente cuando pretendía llegar hasta Asia realizando un viaje de circunnavegación, empresa financiada por capitales españoles y genoveses.

COLÓN DE PORTUGAL, PEDRO NUÑO ◆ n. en España y m. en la Cd. de México (?-1673). Arribó a Veracruz el 27 de septiembre de 1673 como vigésimo sexto virrey de Nueva España. Llegó a la ciudad de México enfermo y murió el 13 de diciembre.

COLONIA ◆ Periodo de la dominación española sobre el territorio y la población de lo que sería el Estado mexicano. Comprende desde la caída de Tenochtitlan (1521) hasta la consumación de la independencia nacional (1821). Durante ese tiempo el nombre del país fue Nueva España. El primer siglo y medio lo ocupó el proceso de conquista (*ver.* y paralelamente se fue imponiendo el poder de la Corona española, primero mediante Cortés y otros conquistadores y posteriormente

con base en las instituciones del virreinato. A la violencia de los europeos los indios opusieron una resistencia que no cesó a lo largo de los trescientos años de dominación española. Bernal Díaz del Castillo narra que fue enviado en la expedición que reprimió, en 1524, la sublevación indígena de Chiapas, motivada por los altos tributos. Por esa época, a causa de las violaciones, maltratos y raterías a manos de los españoles, la población de Pánuco se alzó contra los invasores y les causó 400 bajas; llegados los refuerzos que enviara Cortés al mando de Gonzalo de Sandoval, éste aplastó la rebelión y ordenó quemar vivos a cientos de prisioneros. Poco después se asesinó en la ciudad de México a 200 mexicas acusados de conjura; unos fueron vivos a la hoguera y otros perecieron *aperreados*, es decir, devorados por canes amaestrados para matar indios. El *aperreamiento* se realizaba en funciones públicas a las que se invitaba a la población, como sucedió en Guadalajara en 1541 con los chichimecas sublevados contra las crueldades de Nuño Beltrán de Guzmán. Entre 1526 y 1532 se produjeron motines en la región situada en los límites de los actuales estados de Michoacán y Colima; los indios esclavizados en las minas se levantaron contra sus explotadores y la fuerza de su movimiento dio nombre a esa zona, que desde entonces se conoció como Motines o Motines del Oro. En la segunda mitad del siglo XVI hubo dos grandes insurrecciones: una en Nueva Vizcaya, donde los indios exigían la devolución de cientos de mujeres raptadas por los conquistadores; fue de tal magnitud esta revuelta que Francisco de Urdiñola tuvo que aceptar la demanda indígena. La otra rebelión, protagonizada por los chichimecas, no pudo ser reprimida por los españoles y se mantuvo hasta fines de esa centuria. La ciudad de México fue escenario de levantamientos populares en 1559, 1624, 1651 y 1692, en todos los casos asociados a las hambrunas y la especulación con el maíz. En la primera mitad del

siglo XVII los tepehuanes mantuvieron en pie de guerra a Nueva Vizcaya sin que los conquistadores pudieran derrotarlos; los indios practicaron una suerte de estrategia guerrillera que sólo perdió eficacia por el desgaste natural de los años. Otra insurrección de grandes proporciones ocurrió en Tehuantepec hacia 1660. A fines del siglo XVII hubo cuatro levantamientos de los tarahumaras, el más importante de ellos acaudillado por Pablo Quihué. En los primeros años de la centuria siguiente la Huasteca fue escenario de una extendida sublevación contra los encomenderos. Al mando del caudillo Juan Calixto, los yaquis se sublevaron en 1740. En 1761 los mayas coronaron como rey a Jacinto Canek, quien encabezó una rebelión aplastada a sangre y fuego por las autoridades coloniales. Entre 1800 y 1801 sucedió en Nayarit la sublevación de coras y huicholes dirigidos por el indio Mariano. A lo anterior pueden agregarse otras sublevaciones de indios y negros, así como los brotes de nacionalismo que se observaban entre criollos y mestizos y que culminaron en la guerra de Independencia.

Estatua de Cristóbal Colón en el Paseo de la Reforma, DF

COLOR ROMERO, RICARDO ◆ n. en Morelia, Mich. (1940). Licenciado en derecho (1958-62) y en historia (1966) por la Universidad Michoacana de San Nicolás de Hidalgo, de la que fue profesor (1977-82). Ingresó al PRI en 1964. Ha sido agente del Ministerio Público (1963-66), jefe de averiguaciones públicas de la Procuraduría General de Justicia michoacana (1966), juez de Ario de Rosales (1964), Zitácuaro (1965) y Morelia (1971); y director de asuntos jurídicos (1980), presidente de la Junta de Conciliación y Arbitraje (1986) y procurador general de justicia del gobierno de Michoacán (1988).

COLORADA, LA ◆ Municipio de Sonora contiguo a Hermosillo y Guaymas. Superficie: 4,701.54 km². Habitantes: 2,390, de los cuales 950 forman la población económicamente activa. Hablan alguna lengua indígena siete personas mayores de cinco años.

Luis Donaldo
Colosio Murrieta

COLORADO ◆ Estado de EUA que limita al sur con Nuevo México, al oeste con Utah, al norte con Wyoming y Nebraska y al este con Kansas. Ocupa una superficie de 270,000 km², 66 por ciento de los cuales fueron territorio mexicano hasta 1848 en que mediante el Tratado de Guadalupe Hidalgo, impuesto por la fuerza de las armas, Estados Unidos se lo apropió.

COLORADO ◆ Río que se inicia en Estados Unidos y sirve de frontera con ese país a lo largo de unos 30 kilómetros de los 200 que recorre en territorio mexicano, donde forma una cuenca de 11,600 km², misma que cuenta con grandes obras de irrigación. Tiene un escurrimiento medio anual de 1,850 millones de metros cúbicos. También establexe el límite entre los estados de Baja California y Sonora. En su desembocadura, en forma de delta, se halla la isla Montague.

COLORADO, CARLOS ◆ n. en Barra de Santana, Tab., y m. en el km 30 de la carretera México-Querétaro (1936-1986). Músico popular. Estudió en la Escuela de Iniciación Musical de Bellas Artes, en el DF. En 1955 formó un conjunto llamado Tropical Santanera que poco después adoptó el nombre de Sonora Santanera, orquesta de la que fue director y arreglista. Autor de *Musita* y *Mi compadre*. Falleció en un accidente automovilístico.

COLORADO CALLES, AURELIANO ◆ n. en Huimanguillo y m. en el DF (1876-1945). Abogado. Fue magonista desde 1906. Participó en la insurrección maderista de 1910. Al producirse el golpe de Estado de Victoriano Huerta se unió al constitucionalismo. Fue secretario general de Gobierno del general Francisco J. Múgica, a quien suplió en la gubernatura de Tabasco (11 de febrero al 24 de marzo de 1916). Posteriormente fue senador de la República.

COLORADO CALLES, PEDRO CORNELIO ◆ n. en Huimanguillo y m. en Villahermosa, Tab. (?-1915). Participó en la insurrección maderista de 1910. Triunfante la rebelión volvió a las faenas agrícolas. Al producirse el golpe de Estado de Victoriano Huerta tomó de nuevo las armas dentro del constitucionalismo. Asistió a la batalla del Ébano a las órdenes de Jacinto B. Treviño. Designado gobernador de Tabasco, tomó posesión el 29 de agosto de 1915 y fue asesinado a la una de la mañana del día 30.

COLOSIO MURRIETA, LUIS DONALDO ◆ n. en Magdalena de Kino, Son., y m. en Tijuana, BC (1950-1994). Licenciado en economía por el ITESM (1972) y maestro en desarrollo regional y economía urbana por la Universidad de Pennsylvania (1974-76). Investigador del Instituto Internacional de Sistemas Aplicados de Viena, Austria, y profesor de la UNAM, El Colegio de México, la UAEM y la Universidad Anáhuac. En el PRI, partido al que perteneció desde 1966, fue subdirector de planeación del CEPES del DF, delegado de la CNOP en Sonora (1986), oficial mayor (1987-88), presidente del Comité Ejecutivo Nacional (1988-93) y candidato a la Presidencia de la República (1993-94). Fue subdirector de Política Económica (1980), director general de Programación Regional de la Secretaría de Programación y Presupuesto (1982-85) y secretario de Desarrollo Social (1993-94). Fue diputado federal (1985-88) y senador de la República (1988-94). Perteneció a la Liga de Economistas Revolucionarios. En 1989 fue elegido presidente de la Copppal. Fue asesinado.

Río Colorado

COLOTEPEC ◆ Río de Oaxaca que se forma en la vertiente sur de la sierra de Mihuatlán, corre hacia el suroeste y desemboca en el océano Pacífico, al sur de Puerto Escondido.

COLOTLÁN ◆ Municipio de Jalisco situado en el norte de la entidad, en los límites con Zacatecas. Superficie: 505.15 km². Habitantes: 16,011, de los cuales 4,061 forman la población económicamente activa. Hablan alguna lengua indígena 46 personas mayores de cinco años (huichol 41).

COLOTLÁN ◆ Río de Jalisco formado por el Jerez y el Tlaltenango, ambos nacidos en Zacatecas. Recorre el norte de Jalisco antes de convertirse en el Bolaños.

COLUMBUS ◆ Población de Nuevo México, Estados Unidos, situada en la frontera con México, frente a Palomas, Chihuahua. Francisco Villa encabezó el 9 de marzo de 1916 un asalto contra la localidad, lo que dio pretexto a Washington para enviar una "expedición punitiva" al mando del general John J. Pershing. Los invasores estadounidenses no pudieron encontrar a Villa y meses después, ante las protestas mexicanas, se retiraron.

COLUMNA DE LA INDEPENDENCIA ◆ Monumento del Distrito Federal que es uno de los símbolos de la capital del país. Se empezó a construir en 1902 y se terminó en 1910, sobre un proyecto del arquitecto Antonio Rivas Mercado, probablemente inspirado en uno similar de Lorenzo de la Hidalga. Tiene una altura de 36 metros desde la base. En la parte superior se halla una victoria alada, pieza de bronce de 6 metros 70 centímetros, conocida popularmente como El Ángel, y que es obra de Enrique Alciati al igual que las otras esculturas. El sismo de julio de 1957 derribó el Ángel, que fue sometido a restauración y colocado en su sitio en septiembre del año siguiente. Desde el mirador que se halla en la parte superior se lanzó un suicida en 1959. Durante los festejos populares a causa del Campeonato Mundial de Futbol de 1986, celebrado en México, resultaron deterioradas varias esculturas que fueron reparadas sin respetar en todos los casos las dimensiones originales, pues el pecho de algunas figuras femeninas fue reducido por los restauradores.

COLUNGA, ALEJANDRO ◆ n. en Guadalajara, Jal. (1949). Escultor. Hizo estudios de arquitectura. Se inició en la pintura en forma autodidáctica. Como ceramista ha experimentado auxiliado por artesanos de Tonalá, Jalisco. Fue becado por el Grupo Alfa para hacer investigaciones sobre arte africano. Trabaja barro, madera y bronce. Ha expuesto escultura en ciudades de México y Brasil.

COLUNGA, ENRIQUE ◆ n. en Celaya, Gto., y m. en Querétaro, Qro. (1876-1946). Abogado. Diputado al Congreso Constituyente de 1917. Gobernador interino de Guanajuato (1920), senador, secretario de Gobernación del presidente Álvaro Obregón (octubre de 1923 a noviembre de 1924) y gobernador constitucional del mismo estado (1923-27).

COLUNGA DÁVILA, MAURO ◆ n. en Santo Domingo, SLP, y m. en el DF (1933-1975). Estudió artes gráficas en Argentina. Colaboró en *Ábside* y fue jefe de redacción del *Boletín Salesiano*. Autor de *Cuentos* (1964), *Navidad potosina* (1965), *Nuestros hermanos los mixes* (1966), *Historia familiar* (1967), *Mamá* (1967) y *Papá* (1968).

COLUNGA ORNELAS, PAULO ◆ n. en San Luis Potosí, SLP, y m. en el DF (1854-1910). Ingeniero. Se dedicó al periodismo. Coeditor de *La Idea del Progreso* y director de *La Idea, La Aurora, La Quincena, El Búcaro* y *La Esmeralda*, revista ésta donde Manuel José Othón era redactor; entre 1901 y 1906 dirigió *El Contemporáneo* y *El Repórter*, publicaciones todas de San Luis Potosí. Autor de piezas teatrales: *Una señora de antaño, La política* (1979); y cuentos.

COMALA ◆ Municipio de Colima situado en el norte de la entidad, en los límites con Jalisco. Superficie: 254.09 km². Habitantes: 17,601, de los cuales 5,122 forman la población económicamente activa. Hablan alguna lengua indígena 17 personas mayores de cinco años (náhuatl 10). Está irrigado por el río Armería. El nombre de la cabecera, similar al del municipio, fue dado a conocer mundialmente por Juan Rulfo, quien ubicó en él la acción de su novela *Pedro Páramo*.

COMALCALCO ◆ Municipio de Tabasco situado al noroeste de Villahermosa. Superficie: 426.78 km². Habitantes: 156,334, de los cuales 34,399 forman la población económicamente activa. Hablan alguna lengua indígena 359 personas mayores de cinco años (náhuatl 98 y maya 92). Ubicado en el trópico húmedo, su producción de cacao es de primera importancia. A menos de cuatro kilómetros de la cabecera, del mismo nombre, se halla una zona arqueológica maya, contemporánea de Palenque, en la que destaca la construcción llamada Gran Acrópolis del Este, de 577 hectáreas de extensión. En el lugar se halla el llamado Museo de Sitio, inaugurado en 1984, con piezas arqueológicas descubiertas ahí mismo.

COMANCHES ◆ Indios nómadas que formaban la rama principal de los shoshones. A la llegada de los anglosajones a América habitaban la parte central del actual territorio de Estados Unidos. Despojados de sus tierras por los codiciosos blancos, privados de la cacería del búfalo, perseguidos y acosados fueron emigrando hacia el sur, donde las autoridades virreinales les hicieron una guerra permanente. Al consumarse la independencia viajó a la capital una delegación encabezada por el caudillo Guonique. El gobierno imperial, mediante el ministro de Relaciones Juan Francisco de Azcárate, llegó con ellos a un acuerdo mediante el cual las autoridades se comprometían a proteger sus derechos, en tanto que ellos declaraban su fidelidad a Iturbide, aceptaban sujetarse a las normas impuestas por el gobierno y nombraban un representante, con sede en Béjar, Texas, que se entendería directamente con Azcárate. A la

Columna de la Independencia

caída del imperio corrió el rumor de que miles de guerreros comanches, con el cacique Cadó a la cabeza, marchaban sobre la capital para reponer a Iturbide en el trono, lo que nunca llegó a comprobarse. Después de la guerra de 1847 contra México, las autoridades de EUA intensificaron las batidas contra las etnias rebeldes. Apaches y comanches se valieron entonces de la nueva frontera y, para eludir a sus perseguidores, huían hacia México, donde llegaron a penetrar cientos de kilómetros al sur. Hostilizados también por los mexicanos, sin abandonar su nomadismo, en la segunda mitad del siglo pasado fueron exterminados. Los sobrevivientes terminaron encerrados en campos de concentración llamados "reservas".

Combate órgano de la Liga Acción Política

COMAPA ◆ Municipio de Veracruz situado al sur de Jalapa, al norte de Córdoba y contiguo a Huatusco. Superficie: 319.97 km². Habitantes: 14,274, de los cuales 3,603 forman la población económicamente activa.

COMAS CAMPS, JUAN ◆ n. en España y m. en el DF (1900-1979). Republicano. Al término de la guerra civil española llegó a México (1939), país donde se naturalizó en 1940. Impartió cátedra en la ENAH, la Normal Superior y la UNAM. Trabajó también para el INAH. Secretario general (1949-55) y presidente del Instituto Indigenista Interamericano (1958-59). Perteneció al cuerpo de redacción de la revista *América Indígena* y *Boletín Indigenista*. Editó *Acta Americana* y dirigió *Anales de Antropología* (1964-72). Fue investigador y jefe de la sección de antropología del Instituto de Investigaciones Históricas de la UNAM, institución que lo declaró investigador emérito en 1975. Recibió el *doctorado honoris causa* de las universidades del Cuzco, Complutense de Madrid y San Marcos de Lima. La Fundación Wenner Green instituyó un premio con su nombre para la mejor investigación hecha por estudiantes de antropología. En 1978 le fue otorgado el Premio Malinowsky. Entre sus obras, varias de ellas traducidas a diversos idiomas, están *Conferencias de*

antropología y biotipología (1944), *Las razas humanas* (1946), *Origen y evolución del hombre* (1947), *Bibliografía morfológica humana de América del Sur* (1949), *Los mitos raciales* (1951), *Manual de antropología física* (1957), *Introducción a la prehistoria general* (1962), *Unidad y variedad de la especie humana* (1967), *Razas y racismo* (1972) y *Antología de Manuel Gamio* (selección, notas y prólogo, 1975).

COMBATE ◆ Órgano de la Liga de Acción Política. Se publicó semanalmente del primero de enero de 1941 hasta el 11 de agosto del mismo año. El director fue Narciso Bassols y la redacción estaba integrada por Emigdio Martínez Adame, Manuel Meza Andraca, Víctor Manuel Villaseñor y Ricardo J. Zevada. El caricaturista era *Chon* (José Chávez Morado). Se caracterizó por su antifascismo y su crítica a la política de Manuel Ávila Camacho. Primero abogó por la neutralidad de México en la segunda guerra mundial y cuando la Unión Soviética fue invadida por las tropas alemanas cambió radicalmente su posición. Mereció el homenaje de la sátira, pues llegó a circular un periódico de las mismas características tipográficas aunque de evidente tono paródico.

COMESAÑA, MARIÁNGELES ◆ n. en el DF (1948). Estudió en la Escuela Nacional de Antropología e Historia. Escribe poesía desde 1968. Ha colaborado en publicaciones literarias. Es autora de *Al oído de las cosas*, trabajo aparecido en el volumen colectivo *Donde conversan los amigos* (1982).

COMISIÓN CALIFICADORA DE PUBLICACIONES Y REVISTAS ILUSTRADAS ◆ Dependencia de la Secretaría de Gobernación encargada de extender certificados de licitud de título y contenido a las publicaciones que lo soliciten y, a juicio de los funcionarios de esta oficina, satisfagan los requisitos que debe cumplir un impreso para su circulación. También declara la ilicitud de publicaciones que no se ajustan a la reglamentación sobre la materia. Ha sido objeto de innumerables señalamientos desde su creación, pues de acuerdo con sus críti-

cos, al juzgar sobre el contenido moral de los impresos y determinar en cada caso lo que se ajusta a "las buenas costumbres" atenta contra los derechos constitucionales. Fue creada en 1947 como dependencia de la Secretaría de Gobernación. Se convirtió en dependencia de la Secretaría de Educación Pública en el sexenio 1976-82, pero la reforma administrativa de diciembre de 1982 la hizo pertenecer nuevamente a Gobernación.

COMISIÓN CIENTÍFICA, LITERARIA Y ARTÍSTICA DE MÉXICO ◆ Organismo creado en 1864 con la misión de fundar una institución semejante a la Academia Francesa, lo que sucedió al año siguiente, pues el 10 de abril de 1865 Maximiliano inauguraba la Academia Imperial de Ciencias y Literatura que desaparecería en 1866. La Academia de Medicina surgió de una sección de esta comisión.

COMISIÓN DE LA CUENCA DEL BALSAS ◆ Organismo creado en 1960 por el gobierno federal, con participación de representantes de los estados comprendidos en dicha cuenca, con el fin de lograr todo aprovechamiento posible a las aguas de los ríos Balsas, Tepalcatepec y afluentes, así como promover el desarrollo económico regional. La presidencia de la Comisión correspondía originalmente al titular de la Secretaría de Recursos Hidráulicos, y después de desaparecida ésta al secretario de Agricultura y Recursos Hidráulicos. Al frente de sus actividades se halla un vocal ejecutivo. Lázaro Cárdenas lo fue de 1960 a 1970. Le sucedió en el cargo Rubén Figueroa. Fue suprimida en 1978.

COMISIÓN DE LA CUENCA DEL PAPALOAPAN ◆ Organismo creado en 1947 por el gobierno federal con participación de representantes de los estados de Veracruz, Puebla y Oaxaca. Su finalidad era procurar el mejor aprovechamiento de las aguas del Papaloapan, sus afluentes y otros ríos de la misma región, así como estimular el desarrollo económico de dicha cuenca. Esta Comisión fue suprimida en 1986.

Comisión Federal de Electricidad

Comisión Federal de Electricidad

COMISIÓN FEDERAL DE ELECTRICIDAD ◆ Empresa creada como dependencia del Poder Ejecutivo Federal en 1937. Tiene carácter de organismo descentralizado desde 1948. En 1960 la mayor parte del sistema eléctrico nacional quedó bajo el control del Estado al adquirir éste los bienes de las empresas privadas. De esta manera, la Comisión fue el órgano encargado de ejecutar la disposición del artículo 27 constitucional, cuya adición se aprobó en diciembre de ese año: "Corresponde exclusivamente a la nación generar, conducir, transformar, distribuir y abastecer energía eléctrica que tenga por objeto la prestación de servicio público." La adquisición de las empresas privadas por el Estado se completó en el curso de los años sesenta. En 1974 se decretó que los activos de las antiguas compañías particulares, que seguían funcionando con autonomía administrativa, pasaran a formar parte del patrimonio de la Comisión, para lo cual se inició su proceso de liquidación.

COMISIÓN DE FOMENTO MINERO ◆ Organismo descentralizado de Estado creado en 1934 para estudiar y estimular la producción minera, asesorar a los productores en materia de comercialización y brindar financiamiento. La integran representantes del gobierno y de los empresarios del ramo.

COMISIÓN NACIONAL DE FRUTICULTURA ◆ Organismo descentralizado de Estado creado en 1961 para estudiar, asesorar e impulsar la producción frutícola y estimular su consumo.

COMISIÓN NACIONAL DE LA INDUSTRIA AZUCARERA ◆ Organismo descentralizado de Estado creado en diciembre de 1970 para estudiar y proponer medidas conducentes a la integración y reestructuración de la industria azucarera mexicana.

COMISIÓN NACIONAL DE LIBROS DE TEXTO GRATUITO ◆ Organismo creado en 1959 por iniciativa del secretario de Educación Pública Jaime Torres Bodet. Su primer presidente fue Martín Luis Guzmán. Funcionó como dependencia directa de la SEP hasta 1980, año en que se transformó en organismo público descentralizado del Estado. Se creó con el fin de coordinar la elaboración, edición, impresión y distribución de los libros de texto para todos los estudiantes de educación primaria. Se encarga también de la elaboración y producción de otros materiales didácticos.

COMISIÓN NACIONAL DE SALARIOS MÍNIMOS ◆ Organismo descentralizado de Estado creado en 1963. En él participan, en partes iguales, representantes del gobierno, los patrones y los trabajadores. Su finalidad es fijar los salarios mínimos, lo que se hacía ordi-

nariamente cada año y cada seis meses en la actualidad, y extraordinariamente cuando así lo resuelven las partes.

COMISIÓN PARA LA REGULARIZACIÓN DE LA TENENCIA DE LA TIERRA ◆ Organismo descentralizado de Estado creado en 1974 con el fin de estudiar y dictaminar los casos de asentamientos humanos irregulares en terrenos ejidales o comunales.

COMITÁN DE DOMÍNGUEZ ◆ Municipio de Chiapas situado al sureste de la capital del estado, cerca de la frontera con Guatemala. Superficie: 1,043.3 km². Habitantes: 95,260, de los cuales 23,941 forman la población económicamente activa. Hablan alguna lengua indígena 2,730 personas mayores de cinco años (tzeltal 1,165 y tojolabal 1,160). La cabecera se llamó Comitán de las Flores y tiene actualmente el mismo nombre del municipio en honor de Belisario Domínguez. No hay acuerdo sobre el significado de Comitán, pues se cree que quiere decir "lugar de ollas" y también "lugar donde abundan las fiebres". Se producen variadas artesanías (textiles, talabartería, cestería, cerería y orfebrería). Es muy solicitado el aguardiente del lugar. El turismo representa una considerable fuente de ingresos, pues la cabecera ofrece al visitante el atractivo de la arquitectura

Comisión Federal de Electricidad

Comitán de Domínguez,
Chiapas

colonial, ruinas prehispánicas, el Museo Belisario Domínguez y las fiestas tradicionales de San Sebastián (10 al 20 de enero), San Caralampio (4 al 21 de febrero), Santo Domingo (1o. de agosto), Todos los Santos y Fieles Difuntos (1o. y 2 de noviembre) y de la Virgen de Guadalupe (3 al 12 de diciembre).

COMITÉ ADMINISTRADOR DEL PROGRAMA FEDERAL DE CONSTRUCCIÓN DE ESCUELAS ◆ Organismo descentralizado de Estado creado en 1944 con el fin de estudiar planes generales y proyectos específicos de construcción de edificios escolares, actividad que dirige y coordina con presupuesto federal. Se le conoce por las siglas CAPFCE.

COMITÉ MANOS FUERA DE NICARAGUA ◆ Se fundó en la ciudad de México el 18 de enero de 1928 para coordinar la solidaridad con la lucha encabezada por Augusto César Sandino. Entre sus integrantes estaban Diego Ri-

vera, José Clemente Orozco, José María Benítez, Jesús Silva Herzog, Hernán Laborde y Julio Antonio Mella. El órgano de esta agrupación era *El Libertador*. Desapareció a principios de los años treinta. A fines de los setenta se creó un organismo de nombre similar con el fin de respaldar la revolución nicaragüense, el cual tuvo corta vida.

COMITÉ NACIONAL DE DEFENSA PROLETARIA ◆ Organización obrera creada en junio de 1935 para defender las reformas cardenistas. Se opuso a Plutarco Elías Calles y los líderes de la CROM. En sus *Bases* se establecía que "las agrupaciones pactantes se obligan a que, en el momento mismo en que aparezcan en el país manifestaciones de carácter fascista o de cualquier otra índole, que pongan en peligro la vida de las agrupaciones obreras o campesinas de la República, o los derechos fundamentales de la clase trabajadora, tales como: derecho de huelga, derecho de libre asociación, derecho de libre expresión del pensamiento revolucionario, derecho de manifestación pública o que el Estado tolere o fomente organizaciones con propósito o tendencia abiertamente contraria a tales derechos, irán a la huelga general. para oponerse a la implantación de una tiranía de este tipo". Participaron en la fundación la lombardista Confederación General de Obreros y Campesinos de México, la Confederación Sindical Unitaria de México (de orientación comunista) y los sindicatos de ferrocarrileros, telefonistas, electricistas, minero-metalúrgicos, tipógrafos, tranviarios y otros. Entre sus principales actividades destacan la organización de las manifestaciones contra Mussolini, por la invasión de Abisinia (octubre de 1935), la manifestación anticallista del 22 de diciembre y las luchas sindicales de la segunda mitad de 1935 y principios de 1936. Convocó al Congreso Nacional de Unificación Proletaria que se celebró en la ciudad de México entre el 21 y el 24 de febrero de 1936 y en el cual se constituyó la Confederación de Trabajadores de México, en la que se disolvió el Comité.

COMITÉ REGULADOR DEL MERCADO DE LAS SUBSISTENCIAS ◆ Organismo público creado en 1938 con el fin de efectuar operaciones de compra-venta al mayoreo y menudeo de productos de consumo básico y garantizar precios accesibles a los sectores sociales de bajos ingresos. Es uno de los antecedentes de la empresa Nacional Distribuidora, que precedió a la Compañía Exportadora e Importadora Mexicana, S.A. (Cimsa) y a la Compañía Nacional de Subsistencias Populares (Conasupo).

COMITÉ REGULADOR DEL MERCADO DEL TRIGO ◆ Organismo público creado en 1937 para intervenir en el comercio de este grano con el fin de garantizar el abasto. Desapareció al crearse el Comité Regulador del Mercado de las Subsistencias (☛).

COMITÉS CONSULTIVOS DE LOS ARTÍCULOS DE CONSUMO NECESARIO ◆ Organismos públicos creados en enero de 1940 junto con los comités de vigilancia del comercio de artículos de primera necesidad. Son antecedentes de la Compañía Nacional de Subsistencias Populares. Desaparecieron al crearse la empresa estatal Nacional Distribuidora (*ver*. en mayo de 1941.

COMONDÚ ◆ Municipio de Baja California Sur que ocupa la parte central del estado. Su cabecera municipal es Ciudad Constitución. Limita al norte con Mulegé y al sur con La Paz; al este con el golfo de California y al oeste con el océano Pacífico. Superficie: 16,858.3 km². Habitantes: 66,096, de los cuales 22,759 forman la población económicamente activa. Hablan alguna lengua indígena 423 personas (mixteco 363). Cuenta con importantes atractivos turísticos.

COMONFORT ◆ Municipio de Guanajuato situado en los límites con Querétaro y contiguo a Celaya. Superficie: 596.5 km². Habitantes: 61,986, de los cuales 13,759 forman la población económicamente activa. Hablan alguna lengua indígena cien personas mayores de cinco años (otomí 85). El nombre se le dio en honor de Ignacio Comonfort. Sus principales atractivos turísticos son

Comondú

Iglesia en Comonfort

la parroquia de San Francisco y la plaza central de la cabecera. Del 23 al 30 de noviembre se realiza una feria popular y grupos de danzantes le rinden culto a la Virgen de los Remedios.

COMONFORT, IGNACIO ◆ n. en Amozoc, Pue., y m. cerca de Chamacuero, Gto. (1812-1863). Por la estrechez económica de su familia dejó los estudios de derecho en el Colegio Carolino, hoy Universidad Autónoma de Puebla. Se incorporó a las fuerzas de Santa Anna y participó en acciones militares contra el entonces presidente Bustamante. Se le eligió diputado al Congreso en 1842, 1846 y 1848. Combatió a los invasores estadounidenses en 1847. Al término de la guerra fue senador. Durante la rebelión del Plan de Ayutla resistió el asedio de Santa Anna sobre Acapulco. Luego marchó a Estados Unidos, donde obtuvo recursos de un particular para continuar la guerra. Al triunfo del alzamiento fue ministro de Guerra en el gabinete de Juan Álvarez (octubre-diciembre de 1855), a quien sustituyó en la Presidencia de la República. Durante su primera estancia en ese puesto sofocó varias revueltas y promulgó la Ley de Desamortización de Bienes de Manos Muertas. El primero de diciembre de 1857 se convirtió en presidente constitucional y el día 11 anunció su adhesión al Plan de Tacubaya y disolvió el Congreso, con lo cual desconoció la Constitución aprobada en febrero de ese año. En enero de 1858, repudiado por los liberales y abandonado por los conservadores, salió nuevamente hacia Estados Unidos. En 1863 aceptó el ofrecimiento de Benito Juárez de incorporarse a la lucha contra los invasores franceses y fue muerto en un combate.

Ignacio Comonfort

COMPAÑÍA, LA ◆ Municipio de Oaxaca situado al sur de la capital del estado y contiguo a Ejutla de Crespo. Superficie: 93.13 km². Habitantes: 4,174, de los cuales 1,044 forman la población económicamente activa. Hablan

GABINETES DEL PRESIDENTE IGNACIO COMONFORT
11 de diciembre de 1855 al 21 de enero de 1858

RELACIONES EXTERIORES:

EZEQUIEL MONTES	11 al 13 de diciembre de 1855
LUIS DE LA ROSA	13 de diciembre de 1855 al 29 de agosto de 1856
JUAN ANTONIO DE LA FUENTE	30 de agosto al 13 de noviembre de 1856
MIGUEL LERDO DE TEJADA	13 de noviembre al 24 de diciembre de 1856
LUCAS DE PALACIO Y MAGAROLA	25 de diciembre de 1856 al 7 de enero de 1857
EZEQUIEL MONTES	8 de enero al 30 de abril de 1857
LUCAS DE PALACIO Y MAGAROLA	1 al 24 de mayo de 1857
JUAN ANTONIO DE LA FUENTE	25 de mayo al 4 de junio de 1857
SEBASTIÁN LERDO DE TEJADA	5 de junio al 16 de septiembre de 1857
LUCAS DE PALACIO Y MAGAROLA	17 de septiembre al 19 de octubre de 1857
JUAN ANTONIO DE LA FUENTE	20 de octubre al 11 de diciembre de 1857
L. DE PALACIO Y MAGAROLA	12 de diciembre de 1857 al 20 de enero de 1858

GOBERNACIÓN:

FRANCISCO DE PAULA CENDEJAS	11 al 13 de diciembre de 1855
JOSÉ MARÍA LAFRAGUA	13 de diciembre de 1855 al 31 de enero de 1857
IGNACIO DE LA LLAVE	1 de febrero al 17 de junio de 1857
JESÚS TERÁN	18 de junio al 16 de septiembre de 1857
FRANCISCO DE PAULA CENDEJAS	17 de septiembre al 8 de octubre de 1857
JOSÉ MARÍA CORTÉS Y ESPARZA	8 de octubre al 3 de noviembre de 1857
BENITO JUÁREZ	3 de noviembre al 11 de diciembre de 1857
J. MA. CORTÉS Y ESPARZA	12 de diciembre de 1857 al 20 de enero de 1858

JUSTICIA:

RAMÓN ISAAC ALCARAZ	11 al 13 de diciembre de 1855
EZEQUIEL MONTES	13 de diciembre de 1855 al 9 de diciembre de 1856
RAMÓN ISAAC ALCARAZ	9 de diciembre de 1856 al 13 de enero de 1857
JOSÉ MARÍA IGLESIAS	13 de enero al 25 de mayo de 1857
RAMÓN ISAAC ALCARAZ	26 de mayo al 6 de junio de 1857
ANTONIO GARCÍA	6 de junio al 16 de septiembre de 1857
RAMÓN ISAAC ALCARAZ	17 al 20 de septiembre de 1857
MANUEL RUIZ	20 de septiembre al 16 de diciembre de 1857
NICOLÁS PIZARRO SUÁREZ	17 de diciembre de 1857 al 20 de enero de 1858

FOMENTO:

MANUEL SILICEO	12 de diciembre de 1855 al 16 de septiembre de 1857
MANUEL OROZCO Y BERRA	17 de septiembre al 20 de octubre de 1857
BERNARDO FLORES	20 de octubre al 11 de diciembre de 1857
MANUEL OROZCO Y BERRA	12 de diciembre de 1857 al 20 de enero de 1858

GUERRA Y MARINA:

MANUEL MARÍA DE SANDOVAL	12 de diciembre de 1855 al 5 de abril de 1856
JOSÉ MARÍA YÁNEZ	6 al 29 de abril de 1856
MANUEL MARÍA DE SANDOVAL	30 de abril al 25 de mayo de 1856
JUAN SOTO	26 de mayo de 1856 al 16 de septiembre de 1857
MANUEL MARÍA DE SANDOVAL	17 y 18 de septiembre de 1857
JOSÉ GARCÍA CONDE	19 de septiembre de 1857 al 20 de enero de 1858

HACIENDA:

JOSÉ MARÍA URQUIDI	11 al 13 de diciembre de 1855
MANUEL PAYNO	14 de diciembre de 1855 al 5 de mayo de 1856
JOSÉ MARÍA URQUIDI	6 al 19 de mayo de 1856
MIGUEL LERDO DE TEJADA	20 de mayo de 1856 al 3 de enero de 1857

alguna lengua indígena 52 personas mayores de cinco años.

COMPAÑÍA EXPORTADORA E IMPORTADORA MEXICANA ◆ Empresa estatal con carácter de sociedad anónima creada en 1949 con el fin de regular el comercio interior y exterior de productos básicos. Sustituyó a Nacional Distribuidora. Desapareció al crearse la Compañía Nacional de Subsistencias Populares. Sus antecedentes son la empresa Nacional Distribuidora, S.A. de C.V. y el Comité Regulador del Mercado de Subsistencias (☞). Se le conoció por el acrónimo Ceimsa.

COMPAÑÍA NACIONAL DE SUBSISTENCIAS POPULARES ◆ Empresa creada por el gobierno federal en 1961 para sustituir a la Compañía Exportadora e Importadora Mexicana, S.A. (☞) y transformada por decreto presidencial en organismo descentralizado de Estado en 1965. Entre sus finalidades estaba la de regular el mercado de productos de consumo básico mediante la adquisición en México y el extranjero de tales mercaderías. Internamente operó sobre la base de precios de garantía para las cosechas, lo que constituía de hecho un seguro en favor de los campesinos. También actuó en el circuito de distribución como mayorista y minorista con el fin de ofrecer productos más baratos que los ofrecidos por el comercio privado. Disponía de varias empresas filiales, tales como Bodegas Rurales Conasupo (Boruconsa), Leche Industrializada Conasupo (Liconsa), Maíz Industrializado Conasupo (Minsa) y Distribuidora Conasupo (Diconsa). Conasupo fue suprimida en 1997.

COMPEÁN PALACIOS, MANUEL ◆ n. en el DF (1948). Licenciado en administración de empresas por la Universidad Iberoamericana (1968-72) con maestría por la Universidad de Harvard (1981-82). Miembro del PRI desde 1980. Ha sido subdirector (1978-79) y director (1980-83) de Difusión de la Secretaría de Hacienda, director de Prensa Extranjera y Relaciones Públicas de la Presidencia de la República (1983-85) y director general de Comunicación Social de la Secretaría de Relaciones Exteriores (1985-).

COMPOSTELA ◆ Municipio del sur de Nayarit situado en la costa del Pacífico y en los límites con Jalisco. Superficie: 1,847.6.7 km². Habitantes: 63,537, de los cuales 16,380 forman la población económicamente activa. Hablan alguna lengua indígena 97 personas mayores de cinco años (náhuatl 34). En su extenso litoral están las playas de Chacala, Peñita de Jaltemba, Rincón de Guayabitos, San Francisco y Sayulita, en el oeste, y Bucerías, Cruz de Guanacastle, Arena Blanca y Las Destiladeras en Bahía de Banderas; Jarretadera-Nuevo Vallarta, en la misma bahía, se anuncia como el fraccionamiento náutico más importante de América Latina. La carretera costera lleva hasta la punta Mita, que cierra la Bahía de Banderas por el norte, frente a las islas Marietas. La cabecera, llamada originalmente Santiago de Galicia de Compostela (1540), fue la capital de Nueva Galicia hasta 1560 en que los mandos se trasladaron a Guadalajara. Es, desde su fundación, sede del obispado del mismo nombre. Cuenta con arquitectura colonial. La fiesta principal es el 25 de julio, día de Santiago Apóstol, patrono de la localidad. Alrededor de ese día se celebra una feria regional. Otra fecha importante es el primer viernes de diciembre, cuando se festeja al Señor de la Misericordia. Los pobladores de los cuatro barrios se esmeran durante su participación en las danzas y los desfiles. También hay fuegos artificiales y otros atractivos.

COMPUTACIÓN ◆ A partir de 1928, diversas empresas nacionales, entre ellas Ferrocarriles Nacionales, Petróleos El Águila, Fábrica de Papel San Rafael, Banco de México y Compañía Mexicana de Luz y Fuerza Motriz, adquirieron equipos de procesamiento de datos de registro unitario de la compañía International Business Machines (IBM), establecida un año antes en el país. En 1930, los sistemas de clasificación contable de la misma empresa, con el modelo IBM 101, ayudaron a levantar el Censo Agropecuario. A principios de

(cotinuación)	
José María Urquidi	**4 de enero al 3 de marzo de 1857**
Juan Antonio de la Fuente	**4 de marzo al 16 de septiembre de 1857**
José María Urquidi	**17 de septiembre al 19 de octubre de 1857**
Manuel Payno	**20 de octubre al 11 de diciembre de 1857**
José María Urquidi	**11 de diciembre de 1857 al 20 de enero de 1858**

los años cincuenta llegaron a México equipos de cómputo pertenecientes a la primera generación. Tales equipos eran de bulbos y con conexiones de alambres, por lo que consumían grandes cantidades de energía y ocupaban amplios espacios, generalmente salas enteras; eran operados mediante un aparato perforador y lector de tarjetas. Comparados con los actuales tenían poca capacidad de memoria, trabajaban lentamente y su confiabilidad era escasa. En 1955, con Nabor Carrillo como rector y Alberto Barajas como coordinador del Consejo Técnico de Investigación Científica, en la UNAM se empezó a planear la creación de una dependencia especializada, lo que desembocó, el 8 de julio de 1958, en la apertura del Departamento de Cálculo Electrónico, que contaba con una IBM-650, máquina anticuada para esa época, pero la única que pudo ser alquilada por la institución, que debía pagar 25,000 pesos mensuales de renta, cuando el salario mínimo era de 336 pesos mensuales, de hecho, fue la primera computadora en América Latina. El doctor Sergio Beltrán fue nombrado director del Centro, que daba servicio a estudiantes, profesores e investigadores interesados en aplicar el entonces flamante instrumento a sus estudios, o bien en operar, programar e idear nuevas aplicaciones. A fines de 1959 fueron introducidas al mercado las computadoras de segunda generación, con memoria de ferrita y transistores en lugar de bulbos, lo que permitió aumentar su capacidad de memoria, redujo considerablemente el gasto de energía eléctrica y el tamaño de los equipos e hizo a éstos más rápidos y confiables. El Centro Nacional de Cál-

culo del Instituto Politécnico Nacional fue creado en 1961. Ahí se instaló un equipo 709 donado por la firma IBM, con memoria de ferrita pero que funcionaba todavía mediante bulbos. En el mismo año el Instituto Mexicano del Seguro Social adquirió una computadora IBM-7070, transistorizada y con memoria de ferrita. Para entonces el Centro de Cálculo de la UNAM daba servicio a varias instituciones públicas y, para satisfacer la creciente demanda, en 1962 adquirió una computadora Gamma-30 y una Bendix G-20. Al año siguiente la Secretaría de Hacienda y la empresa Colgate Palmolive adquirieron sendos equipos IBM-1401, en tanto que la Secretaría de Comercio se hizo de un sistema Univac de tarjetas perforadas. El Centro Nacional de Cálculo aumentó su capacidad de computación con un equipo analógico Pace 231-R y un IBM-1620, semejante al que tuvo el Tecnológico de Monterrey en 1964. A fines de 1963 se inició la comercialización de computadoras de la tercera generación, las que en lugar del voluminoso cableado tenían circuitos integrados monolíticos, lo que originó una nueva reducción del gasto de energía, el tamaño y el costo de los equipos, que empezaron a prescindir de las tarjetas perforadas, ganaron en rapidez y compatibilidad y permitían planear expansiones de capacidad. A mediados de los años sesenta, cuando el Banco Nacional de México adquirió dos computadoras General Electric que sustituyeron los equipos de registro unitario (que realizaban una sola operación cada vez), había en el país medio centenar de instalaciones de cómputo, cantidad que se incrementó al contar la Universidad Iberoamericana con una IBM-1620, al pasar a El Puerto de Liverpool la Gamma 30-S que había estado en la UNAM y al adquirir, entre varias secretarías de Estado, empresas privadas y el Centro Nacional de Cálculo del IPN, una computadora CDC 3,100. En 1966 la UNAM adquirió un equipo para usos exclusivamente administrativos (nómina y contabilidad) y al año siguiente fueron fundados el Laboratorio de Cibernética de la Facultad de Ciencias y la Dirección General de Sistematización de Datos, que en 1968 contaba con una IBM 360-40. En la segunda mitad de la década regresaron a México los primeros becarios enviados a hacer estudios de posgrado en la especialidad. Ellos forman lo que se conoce como la segunda generación de computólogos mexicanos, quienes trabajan para las instituciones de enseñanza superior, las empresas privadas y el sector público, donde promueven la sustitución de equipos obsoletos, forman nuevos especialistas y amplían el campo de aplicaciones de la computación. A esa generación pertenece el doctor Renato Iturriaga, segundo director del Centro de Cálculo de la UNAM, dependencia que en 1968 adquirió un equipo Burroughs B5,500. Al Centro se incorporó en 1969 la Unidad de Sistematización de Datos y se creó el CIMASS (Centro de Investigación en Matemáticas Aplicadas, Sistemas y Servicios), donde se constituyeron los primeros grupos de investigadores en computación y matemáticas aplicadas y se desarrollaron los grandes sistemas de cómputo de la propia Universidad, que en 1971 incrementó su capacidad con una Burroughs B6,500 y al año siguiente tendría una planta propia para garantizar el suministro ininterrumpido de energía eléctrica. A fines de los años sesenta entraron al mercado las minicomputadoras, a precios accesibles para empresas medianas. Por otra parte, la emisión de tarjetas de crédito bancarias originó una expansión de los sistemas computarizados de esas instituciones, que en 1972, a los clientes que requerían de efectivo, les dieron acceso a

sus sistemas en terminales remotas, llamadas cajas permanentes o cajeros automáticos, programadas para que el público pudiera efectuar de manera directa una operación que antes requería la presencia de un funcionario del banco. En 1973 el CIMASS se dividió en el Centro de Investigación en Matemáticas Aplicadas y Sistemas y el Centro de Servicios de Cómputo. Al año siguiente la UNAM adquirió un equipo B6,700, en 1976 uno similar para usos administrativos con terminales remotas y en 1978 un B7,800 para ser utilizado en el área académica, al que se adicionó un equipo para investigación y docencia. En esos años se crearon el Instituto de Investigación en Matemáticas Aplicadas, la Dirección General de Servicios de Cómputo Académico y la Dirección General de Servicios de Cómputo para la Administración; se fundó la maestría en ciencias de la computación, la carrera de ingeniería en computación y otras especialidades conexas, de donde ha salido un gran número de especialistas que se incorporan al sector público o a empresas privadas. En la primera mitad de los años setenta se inicia la cuarta generación en este campo con la producción en gran escala de circuitos integrados de alta densidad, lo que permite fabricar las microcomputadoras o computadoras personales, cuya popularización corresponde a los años ochenta, cuando suman cientos de miles los aparatos vendidos. El empleo de tales circuitos extiende sensiblemente la presencia de aparatos computarizados en la industria, el comercio y los servicios, lo mismo que a objetos de uso doméstico o personal como relojes, juguetes, radios, grabadoras, televisores u hornos. Es en 1982 cuando la UNAM pone en marcha el Programa Universitario de Cómputo. Hacia 1985, las grandes firmas bancarias amplían los servicios que pueden manejar directamente los clientes en las computadoras de estas instituciones, ya sea con claves telefónicas o mediante tarjeta de acceso a las terminales de uso público. En 1991, la UNAM adquirió una super-

computadora Cray. En 1998, se calculaba la existencia en México de 6 millones de computadoras instaladas, desde las personales hasta las de sistemas empresariales.

COMUNA, LA ◆ Periódico "bisemanal dedicado a la defensa de los principios radicales y órgano oficial del proletarismo en México". Aparecieron 20 números entre el 28 de junio y el 20 de septiembre de 1874. Fueron sus redactores J. Medina, Rafael de Zayas Enríquez, G. Gostowsky, C. Larrea y Mariano García. Según José C. Valadés, a partir del tercer número su tiraje fue de 4,500 ejemplares. Los editores se dividieron y desde el número 17, según el mismo autor, se le dio "una orientación reformista" y el tiraje descendió a mil ejemplares. Dirigido inicialmente por Medina, éste fue sustituido por Larrea. En el primer número se publicó la carta de un comunero que reivindicaba, ante la condena de la gran prensa de la época, la experiencia de la Comuna de París (ver *Francia* y llamaba a luchar "para borrar las fronteras entre los pueblos, para demoler los tronos y los gobiernos, para cambiar en ósculos de paz las frases de odio; para sustituir la tea por la antorcha, para reemplazar el retronar de los cañones con un himno grandioso, eterno, por haber obtenido una nación única, el mundo; una religión única, el trabajo; un dios único, la libertad". A partir del 24 de septiembre se llamó *La Comuna Mexicana* y se decía "periódico bisemanal dedicado a la defensa de las clases oprimidas del pueblo". Lo dirigió en este periodo Ignacio Bustamante. Dejó de publicarse el 24 de enero de 1875, cuando había llegado al número 28.

COMUNISMO ◆ Corriente de ideas que propugna el establecimiento de un sistema en el que los medios de producción y distribución sean de propiedad social, con el fin de satisfacer plenamente las necesidades materiales y culturales de todas las personas y favorecer el desarrollo armónico de cada una y del conjunto social. Sus antecedentes se remontan a la Grecia clásica, pasan por los utopistas del Renacimiento y los pensadores más radicales de la revolución francesa, principalmente Graco Babeuf, y desembocan en el socialismo utópico de la primera mitad del siglo XIX. Su cuerpo teórico está resumido en el *Manifiesto comunista* de 1848 y su práctica moderna se inicia con la fundación de la Asociación Internacional de Trabajadores (1864), más conocida como la primera Internacional, en la que Carlos Marx fue figura prominente. Esta organización fue perdiendo fuerza hasta desaparecer después de la escisión de los anarquistas, llamados a sí mismos comunistas libertarios en oposición a quienes ellos designan como comunistas autoritarios (los marxistas). En 1889 se fundó la segunda Internacional o Internacional Socialdemócrata, dividida al inicio de la primera guerra mundial, cuando los partidarios de la guerra se alinearon con sus respectivos gobiernos nacionales y fueron acusados por sus adversarios de traicionar el internacionalismo proletario. Entre los internacionalistas o pacificistas destacaba la fracción bolchevique del Partido Obrero Socialdemócrata Ruso, que encabezada por Vladimir Ilich Lenin tomó el poder en Rusia, en noviembre de 1917 (octubre en el viejo calendario). Esta formación política promovió entonces la fundación de la tercera Internacional, o Internacional Comunista, conocida asimismo por Comintern, fundada en 1919 y disuelta en 1943. En el siglo XIX, en México, fue el griego Plotino C. Rhodakanaty (☛) quien tuvo los primeros contactos con la Internacional. Éstos los mantuvo el Gran Círculo de Obreros de México. El 5 de febrero de 1872, el periódico *El Socialista* informaba de una "junta general de los miembros de la Internacional en Londres, presidida por Karl Marx". En esa reunión se expulsó a los anarquistas. En septiembre de 1873 se exhortó al Gran Círculo a enviar a un representante ante el Consejo de la Internacional que había trasladado su sede a Nueva York. En mayo de ese año los anarquistas identifican a Juan de

Mata Rivera como el "representante en esas regiones (México) del señor Marx". El 4 de julio de 1878 se fundó, en la ciudad de Puebla, el Partido Socialista Mexicano, cuyos integrantes declararon que se harían llamar comunistas "a fin de distinguirse de los que no aceptan que el proletariado se constituya en patido de clase". *El Socialista* también publicó, en 1883, un resumen de los *Estatutos* de la Internacional; el 12 de junio de 1884 la primera edición mexicana y latinoamericana del *Manifiesto comunista*; y, en 1885, *Miseria de la filosofía*, un fragmento de la obra de Marx. A todo esto deben agregarse las frecuentes referencias a Marx y la Internacional en la prensa obrera de la época. En 1889 llegó a México el alemán Pablo Zierold, quien mantenía correspondencia con Bebel, Liebknecht y Rosa Luxemburgo, dirigentes socialdemócratas europeos. Tradujo diversos textos marxistas y en 1911 fue cofundador del Partido Obrero Socialista. El triunfo de la revolución bolchevique en Rusia (1917), tuvo la simpatía de varios núcleos de activistas obreros y de personajes como Ricardo Flores Magón y Emiliano Zapata. El primero, que pronto se convertiría en crítico del partido de Lenin y Trotsky, se refirió varias veces en tono elogioso a la revolución soviética. Zapata, por su parte, escribió que "mucho ganaríamos, mucho ganaría la humana justicia, si todos los pueblos de nuestra América y todas las naciones de la vieja Europa comprendiesen que la causa del México revolucionario y la causa de Rusia son y representan la causa de la humanidad, el interés supremo de todos los pueblos oprimidos". En noviembre de 1919 se crea el Partido Comunista Mexicano, que en los años veinte y treinta impulsa huelgas laborales e inquilinarias, fomenta la organización obrera y popular y promueve el reparto de tierras. Producto parcial o total de esa actividad son las organizaciones inquilinarias, la Confederación General del Trabajo, la Confederación Sindical Unitaria de México, la Confederación de Trabajadores

de México, las ligas de comunidades agrarias y la Confederación Nacional Campesina, que de la divisa internacionalista de los comunistas ("¡Proletarios del mundo, uníos!") hizo una paráfrasis que adoptó como lema: "¡Campesinos de América, Uníos!". Los símbolos de los comunistas de todo el mundo son la bandera roja con el emblema de la hoz y el martillo, que representa a obreros y campesinos; la estrella roja de cinco puntas que simboliza la unión de los trabajadores de todos los continentes y el himno *La Internacional*. A fines de los veinte y principios de los treinta salen del PCM, expulsados o por su voluntad, varios militantes a los que se señala como afiliados al trotskismo (☛), una variante del comunismo. Durante la presidencia de Lázaro Cárdenas se adopta como oficial la educación socialista y se canta *La Internacional* en las escuelas. En esos años cobra relevancia Vicente Lombardo Toledano, político que se presentaba como marxista-leninista, invariable seguidor de las posiciones soviéticas en materia internacional, quien apoyó a los gobiernos llamados "revolucionarios", con excepción de 1952 en que fue candidato presidencial de las organizaciones de izquierda. En enero de 1937 Trotsky (☛) se asila en México, lo que motiva la permanente protesta de los lombardistas y comunistas partidarios de Stalin. A fines de los años treinta y a lo largo de la siguiente década, el PCM expulsa de sus filas a diversos núcleos de militantes, algunos de los cuales crean organizaciones que se consideran comunistas (Acción Socialista Unificada, Liga Socialista Mexicana, Movimiento de Reivindicación del Partido Comunista, etc.) y otros se convierten en colaboradores de Vicente Lombardo Toledano y lo acompañan en la fundación del Partido Popular (1947), internacionalmente alineado con el Partido Comunista de la Unión Soviética. Acción Socialista Unificada y el Movimiento Reivindicador se fusionan en 1950 y forman el Partido Obrero-Campesino Mexicano (POCM), que tiene

León Trotsky, organizador del Ejército Rojo

entre sus dirigentes a varios expulsados del Partido Comunista, como Valentín Campa, Hernán Laborde, Miguel Ángel Velasco, Carlos Sánchez Cárdenas y Miguel Aroche Parra. El POCM se divide en 1960 y un grupo en el que figura Campa se une al PCM, en tanto que otro, con Sánchez Cárdenas y Velasco a la cabeza, se incorpora al Partido Popular Socialista, la organización dirigida por Lombardo Toledano. En los años sesenta, como resultado de nuevas escisiones del PCM, se constituyen varios grupos llamados espartaquistas (la Liga Comunista, la Liga Leninista y otros), los que declaran como su objetivo crear un Partido Comunista que verdaderamente represente y dirija a la clase obrera. La polémica entre los partidos comunistas de China y la Unión Soviética ocasiona en México el nacimiento de grupos maoístas que perderán toda significación en los años setenta. Al influjo de la revolución cubana surgen núcleos guerrilleros como el dirigido por los hermanos Gámiz en Chihuahua (1965) y la Organización Nacional de Acción Revolucionaria (1967), encabezada por el médico Rafael Estrada Villa, provenientes del PPS. En 1966 son llevados a prisión, acusados de presunta actividad guerrillera, varios militantes del Movimiento Revolucionario del Pueblo, encabezado por Víctor Rico Galán; del trotskista Partido Obrero Revolucionario, en el que estaba Adolfo Gilly, y del espartaquista Movimiento de Izquierda Revolucionaria Estudiantil. En 1968, durante la represión del movimiento estudiantil, el Partido Comunista aporta el mayor número de presos políticos procesados, quienes saldrán en libertad entre 1971 y 1972. Es también en 1968 cuando se produce la primera discrepancia pública y profunda del PCM con los comunistas soviéticos, con motivo de la invasión de Checoslovaquia por las tropas del Pacto de Varsovia. A partir de entonces el PCM inicia una transformación que, después de varios años, lo convertiría en un partido plenamente autónomo en lo ideológico y preocupado por identificarse con la realidad mexicana. Al iniciarse la década de los setenta, sale del PPS un grupo encabezado por los veteranos comunistas Carlos Sánchez Cárdenas, Alberto Lumbreras, Miguel Ángel Velasco y Miguel Aroche Parra, quienes fundan el Movimiento de Acción y Unidad Socialista. En la primera mitad de los años setenta cobra auge el movimiento guerrillero, tanto urbano como rural. La mayoría de los grupos en armas se identifica como comunista, si bien eran ajenos y hasta contrapuestos al PCM y en algunos casos producto de escisiones de este partido. En 1978 se reconocen los derechos políticos del PCM y obtiene su registro electoral. De esta manera llega al Congreso de la Unión el primer grupo de diputados comunistas. En 1981 desaparece el PCM para constituir con otras agrupaciones, la mayoría de origen lombardista, el Partido Socialista Unificado de México, que mantuvo como su símbolo la hoz y el martillo. En 1987 el PSUM se fusionó con otras organizaciones para crear el Partido Mexicano Socialista, que a su vez se fusionó, en 1989, en el Partido de la Revolución Democrática, hecho que coincidió con la caída de los gobiernos comunistas en los países de economía centralmente planificada de Europa Oriental.

CONACYT ◆ ☞ *Consejo Nacional de Ciencia y Tecnología.*

CONAFRUT ◆ ☞ *Comisión Nacional de Fruticultura.*

CONALEP ◆ ☞ *Colegio Nacional de Educación Profesional Técnica.*

CONAMUP ◆ ☞ *Coordinadora Nacional del Movimiento Urbano Popular.*

CONANT, CARLOS ◆ n. y m. en Guaymas, Son. (1842-1907). Político porfirista. Se alzó en 1873 contra Pesqueira, gobernador de Sonora, y éste ordenó su fusilamiento, el que se conmutó por destierro del estado. En Chihuahua sirvió a las empresas extranjeras deslindadoras y mineras. En un conflicto laboral en Pinos Altos, Chih., reprimió una huelga con lujo de violencia y sometió a los obreros a un juicio militar en el que fungió como presidente de la corte marcial que sentenció a muerte a los trabajadores, ejecución que impidieron las autoridades civiles.

CONASUPO ◆ ☞ *Compañía Nacional de Subsistencias Populares.*

CONCAMÍN ◆ ☞ *Confederación de Cámaras Industriales.*

CONCÁN ◆ Sierra de Querétaro situada en el norte de la entidad, entre las sierras Pinal de Amoles y de Jalpan.

CONCANACO ◆ ☞ *Confederación de Cámaras Nacionales de Comercio.*

CONCEPCIÓN ◆ Bahía de Baja California Sur situada en el golfo de California, al sur del paralelo 27. Mide aproximadamente 70 kilómetros de largo por unos cinco de ancho.

CONCEPCIÓN ◆ Punta de Baja California Sur situada en el sitio más al norte de la península que cierra la bahía de Concepción.

CONCEPCIÓN ◆ Río de Sonora que corre al sur del paralelo 31. Lo forman varias corrientes que descienden de la sierra Madre Occidental (ríos Seco, Altar, Alisos, etc.) y de la Sierra de San Francisco (río Magdalena), misma que bordea por el norte antes de desembocar en el golfo de California.

CONCEPCIÓN, GREGORIO DE LA ◆ n. y m. en Toluca, Edo. de Méx. (1773-1843). Se llamó Gregorio Melero y Piña hasta tomar el hábito carmelita. Conoció a Hidalgo y otros líderes de la independencia desde 1808. Organizó el levantamiento en San Luis Potosí. Liberó a los presos políticos y al entrar en conflicto con el guerrillero Iriarte huyó a una hacienda cercana, donde el mando le hizo llegar el nombramiento de general. Confiscó armas y elementos de guerra para unirse a los insurrectos al mando de Jiménez. Ocupó brevemente Monterrey. En la junta de Saltillo, donde Hidalgo renunció al mando del ejército libertador, Gregorio de la Concepción fue designado vicario general castrense. Fue el primer aprehendido por la traición de Elizondo. Permaneció en prisión hasta 1816 en que fue desterrado a España. En 1820, al restablecerse la Constitución de Cádiz, fue indultado y volvió a México, donde el gobierno, al triunfo de la independencia, le concedió una modesta pensión. Escribió una *Relación* de sus andanzas.

CONCEPCIÓN BUENAVISTA ◆ Municipio de Oaxaca situado en el noreste de la Mixteca, en los límites con Puebla, al este-noreste de Huajuapan de León. Superficie: 357.23 km². Habitantes: 1,004, de los cuales 324 forman la población económicamente activa.

CONCEPCIÓN DE BUENOS AIRES ◆ Municipio de Jalisco situado al sur del lago de Chapala. Superficie: 455.13 km². Habitantes: 5,394, de los cuales 1,509 forman la población económicamente activa.

CONCEPCIÓN DEL ORO ◆ Municipio de Zacatecas situado en el noreste de la entidad, en los límites con San Luis Potosí y Coahuila. Superficie: 1,991.43 km². Habitantes: 12,557, de los cuales 4,022 forman la población económicamente activa. Hablan alguna lengua indígena cinco personas mayores de cinco años. La cabecera, del mismo nombre, es un importante centro minero desde la época colonial. Cuenta con atractivos arquitectónicos y el 8 de diciembre se celebra la fiesta de la Inmaculada Concepción, en la que destacan las danzas de Matachines.

CONCEPCIÓN PAPALO ◆ Municipio de Oaxaca situado en el norte de la entidad, al sur de Huautla y al norte de la capital del estado. Superficie: 94.41 km². Habitantes: 3,382, de los cuales 896 forman la población económicamente activa. Hablan alguna lengua indígena 1,692 personas mayores de cinco años (cuicateco 1,685).

CONCEPCIONISTAS ◆ Monjas pertenecientes a la Tercera Orden franciscana, llamada de la Inmaculada Concepción. Fueron las primeras religiosas en llegar a México, lo que hicieron en la tercera década del siglo XVI y en 1530 abrieron el primero de sus conventos, que llegaron a ser 14 distribuidos en la capital y otras ciudades de Nueva España. Se contaron en algún momento como las más numerosas del virreinato.

CONCORDIA ◆ Municipio de Sinaloa que limita con Mazatlán y Durango.

Superficie: 1,524.3 km². Habitantes: 27,783, de los cuales 7,478 forman la población económicamente activa. Hablan alguna lengua indígena 10 personas mayores de cinco años.

CONCORDIA ◆ Río de Chiapas que nace en la sierra Madre y describe una trayectoria de sur a norte hasta pasar el paralelo 16, donde tuerce hacia el este y, junto a la población de La Concordia, desemboca en la presa La Angostura.

CONCORDIA, LA ◆ Municipio de Chiapas situado al sureste de Tuxtla Gutiérrez y al sur de San Cristóbal de Las Casas. Superficie: 1,112.9 km². Habitantes: 37,456, de los cuales 8,516 forman la población económicamente activa. Hablan alguna lengua indígena 1,240 personas mayores de cinco años. Indígenas monolingües: 144. La fundación data de 1849. En la presa La Angostura se ofrece a los visitantes la posibilidad de practicar deportes acuáticos. A tres kilómetros de la cabecera existe la cueva El Raspado.

CONCHA, ANDRÉS DE ◆ n. en España y m. en la Cd. de México (?-¿1612?). Pintor, escultor, dorador y arquitecto. En 1567 fue contratado para ejecutar el retablo de Yanhuitlán, Oaxaca, por lo que se supone que llegó en 1568 a Nueva España. Se sabe que trabajó en San Agustín, que realizó "dos relicarios de madera que están en el altar mayor a los lados del Sagrario" y las andas de la custodia de la Catedral vieja de México (1602), así como un retablo para el templo oaxaqueño de Santo Domingo (1612). Hacia 1600 fue nombrado maestro mayor de las obras de la Catedral de México.

CONCHA MALO, MIGUEL ◆ n. en Querétaro, Qro. (1945). Religioso presbítero de la Orden de Predicadores o dominicos, de la que es provincial. Estudió teología en la Universidad Pontificia de Santo Tomás, en Roma, y se doctoró en Le Saulchoir, en París (1971). Es diplomado en ciencias sociales. Profesor (1972-81) del Instituto Superior de Estudios Eclesiásticos del que fue rector (1976-78), y de la licenciatura en ciencias teológicas (re-

Concordia, Sinaloa

conocida por la SEP) de la UIA (1973-). En la UNAM ha sido profesor desde 1979 e investigador del Instituto de Investigaciones Sociales. Presidente de la Sociedad Teológica Mexicana desde 1980. Participa en el Consejo de Redacción de las revistas *Signo* y *Puebla*. Ha colaborado en *Punto* (1983-), *unomásuno* (1977-83) y *La Jornada* (1984-). Coautor de *Cruz y resurrección, presencia y anuncio de una Iglesia nueva* (1978), *La Iglesia después de Medellín* (1978), *Cristianos por la revolución en América Latina* (1978), *La participación de los cristianos en el proceso popular de liberación en México* (1986) y del ensayo *La Virgen de Guadalupe y el nacionalismo mexicano desde las clases populares* del volumen *Hacia el nuevo milenio* (1986). Fundador y presidente del Centro de Estudios Sociales y Culturales Antonio de Montesinos (1979-) y del Centro de Defensa y Promoción de los Derechos Humanos Fray Francisco de Vitoria

Miguel Concha Malo

(1985-). Miembro de la Academia Mexicana de Derechos Humanos (1985-).

CONCHA MEDINA, GERARDO DE LA ◆ n. en el DF (1956). Escritor. Militó en organizaciones de izquierda. Trabajó en la Coordinación de Asesores de la Presidencia de la República (1988-94). Ha colaborado en *Sábado*, *La Cultura en México*, *El Ángel* y otras publicaciones. Autor del libro de cuentos *El diablo no es un ser vulgar* (1992) y de ensayo: *Sade: absoluto y posesión* (1989) y *El fin de lo sagrado. Catolicismo y modernidad en México* (1993).

CONCHELLO, JOSÉ ÁNGEL ◆ n. en Monterrey, NL y m. en el km 46 de la autopista México-Querétaro (1923-1998). Su apellido materno era Dávila. Licenciado en derecho por la UNAM (1943-50). Hizo estudios de posgrado en Canadá (1951). Profesor de las escuelas Bancaria y Comercial (1953) y de Periodismo Carlos Septién García (1964), y de la UIA (1966). Fue investigador de la Cámara de Comercio de Monterrey (1940-41), jefe del departamento de relaciones y promoción de la Concanaco (1945-47), jefe del Departamento de Estudios Económicos y editor del boletín *Confederación* de la Concamin (1947-53), gerente administrativo del Centro Nacional de Productividad (1953-57), jefe de relaciones públicas de la Cervecería Moctezuma (1957-62), miembro del consejo de la Concanaco (1963) y director de la Asociación Nacional de Anunciantes de México (1962-87). En el PAN, partido al que perteneció desde 1944, fue presidente del comité ejecutivo nacional (1972-75), presidente del comité del DF y, desde 1987, miembro del consejo y el comité ejecutivo nacionales (1987-). Fue diputado federal en tres ocasiones (1967-70, 1973-76 y 1985-88), miembro y coordinador de la bancada panista de la Asamblea de Representantes del Distrito Federal (1988-91) y senador de la República (1994-98). Dirigió *Confederación*, órgano de la Concamin (1947-53). Colaboró en *El Norte*, *El Universal*, *El Financiero*, *Siempre!* y los periódicos de la cadena Lemus. Autor de *Hacia una*

José Ángel Conchello

economía abierta (1968), *Agonía y esperanza* (1978), *Un estudio económico del Tercer Mundo*, *El trigo y la cizaña* (1980), *Devaluación 82. El principio del fin* (1982) y *El TLC, un callejón sin salida*.

CONCHITAS, LAS TRES ◆ Grupo vocal femenino integrado por las hermanas Cuca, Gudelia y Laura Rodríguez. Originarias de Tampico, Tams., comenzaron su carrera en 1944, en la estación WEFM de aquella ciudad. Trabajaron en la XEW al año siguiente, recomendadas por el pianista José Sabre Marroquín. Aparecieron en numerosos programas de radio de 15 minutos. Popularizaron el lema publicitario "Siga los tres movimientos de Fab: remoje, exprima y tienda" y cantaron los arreglos vocales de las canciones de Cri-Crí. Aparecieron esporádicamente en el programa televisivo *Nostalgia* conducido por Jorge Saldaña. El grupo se mantuvo activo hasta 1984, en que Gudelia falleció. Cuca murió al año siguiente.

CONCHOS ◆ Etnia que habitaba en la sierra Tarahumara hasta la llegada de los españoles, quienes los sometieron. Desaparecieron como comunidad por la rudeza de los trabajos que les impusieron y por la asimilación cultural.

CONCHOS ◆ Río de Chihuahua cuyos afluentes más altos nacen en las sierras Tarahuamara y de San José. En su trayecto hacia el este recibe varias corrientes, la principal de las cuales es el río Balleza. Alimenta la presa de la Boquilla. En Ciudad Camargo tuerce hacia el norte y luego cruza el cañón de Bachimba, donde recibe las aguas del arroyo del mismo nombre y del río San Pedro. Más al norte, en el punto donde el río Chuvíscar le tributa sus aguas, tuerce hacia el noreste hasta la ciudad de Ojinaga, donde se une al Bravo.

CONCHOS ◆ Río de Nuevo León y Tamaulipas que forman el Potosí y el Linares, los que se unen en territorio neoleonés al sur del paralelo 25. Corre hacia el este-noreste y se une al Burgos, ya en Tamaulipas, cerca de la población de Méndez, a partir de la cual es también conocido como San Fernando; tuerce hacia el este-sureste y en la po-

blación de San Fernando toma curso hacia el sur a lo largo de algunos kilómetros, después de lo cual corre de nuevo hacia el noreste hasta desembocar en la laguna Madre.

CONDE, JOAQUÍN ◆ n. en Veracruz y m. ¿en la Cd. de México? (1772-?). Periodista. Colaboró en el *Diario de México*, donde firmaba como Jacón Deoquín, Don Quino Ceja, Donec y El Curioso. Autor de versos y fábulas. Se cree que fue fundador de *El Noticioso General*.

CONDE, JOE ◆ n. en Mazatlán, Sin., y m. en el DF (1911-1996). Nombre profesional del boxeador José Alejandro Petrie Conde. Hacia 1930 se inició como pugilista y sostuvo unos 400 encuentros en más de 17 años sobre el cuadrilátero. Formó parte de la trilogía de la época de oro del boxeo mexicano junto con Rodolfo *Chango* Casanova y José Zurita. Se enfrentó a los mejores peleadores de su época, entre otros al tricampeón mundial Henry Armstrong, quien lo noqueó en 7 episodios en 1934. Al derrotar a Rodolfo *Chango* Casanova obtuvo el título nacional de peso pluma, mismo que perdió frente a Juan Zurita. Fue llamado *El Dandy* y *El Caballero del Ring*. Se retiró del boxeo en la arena Coliseo en 1943.

CONDE, JOSÉ S. ◆ n. en Coatepec y m. en Mahuixtlán, Ver. (1888-1917). Se tituló como profesor en la Normal de Jalapa. Fue director de escuela en Mocorito, Sinaloa. Asistió al Congreso Nacional de Educación (1910). Al triunfo de la insurrección maderista volvió a Coatepec. Organizó una partida para combatir la invasión estadounidense de 1914. Poco después se adhirió al zapatismo y obtuvo el grado de general de división. Murió en combate contra los carrancistas.

CONDE, MATÍAS ◆ n. en España y m. en el DF (1898-1982). Perteneció al bando republicano durante la guerra civil española. Se asiló en México en 1942. Autor de *Sol en los pomares: poemas de Asturias* (prólogo de José Vasconcelos, 1948) y *Cuatro romances de toreros* (1949).

Conchos, río de Chihuahua

CONDE, MANUEL DEL ◆ n. y m. en San Luis Potosí, SLP(1816- 1872). Fue ordenado sacerdote en 1839. Fue varias veces diputado local. Rector del Colegio Guadalupano Josefino. En 1855 se tituló como abogado. Colaboró en *La Razón*. Segundo obispo de San Luis Potosí (1869-72).

CONDE, ROSINA ◆ n. en Mexicali, BC (1954). Escritora. Licenciada en letras hispánicas por la UNAM. Ha sido editora en la SEP, la UAM-A, El Colegio de la Frontera Norte, el Centro Cultural Tijuana, el INEA-BC, la UABC, el Seminario Diocesano de Tijuana y El Colegio de México. Fundó las editoriales independientes Panfleto y Pantomima en el DF, y Desliz ediciones en Tijuana. Ha sido profesora de la UABC. Ha colaborado en *El Vaivén, Inventario, Tercera Llamada* (de la que también fue directora), *Revista de Humanidades, Caravelle, El Cuento Norte, Blanco Móvil, Tierra Adentro* y *El*

Correo Fronterizo. Ha publicado libros de cuento: *De infancia y adolescencia* (1982), *En la tarima* (1984), *El agente secreto* (1990), *Arrieras somos* (Premio Nacional de Cuento Gilberto Owen 1993, 1994) y *Embotellado de origen* (1994); poesía: *Poemas de seducción* (1981), *De amor gozoso* (1991) y *Bolereando el llanto* (1993); teatro: *En esta esquina* (en colaboración, 1989); novela: *La Genara* (1998); y la traducción del guión: *El primer emperador de la China* (producción chino-canadiense, 1989).

CONDE, TERESA DEL ◆ n. en el DF (1939). Licenciada en sociología (1959-62) y en historia (1971-74), maestra en historia del arte (1974-76) y doctora en historia por la UNAM (1984), donde es profesora e investigadora (1974-). Tomó cursos de posgrado en psicología clínica, en arte del Renacimiento e historia general del arte en la Università degli Studi, de Roma. Directora de Artes

Plásticas del INBA (1982-87) y del Museo de Arte Moderno (1990-). Colabora en el diario *unomásuno, La Jornada* y en otras publicaciones. Coautora de *El geometrismo mexicano* (1977), *Veinticinco años de humanidades en México* (1977), *Orozco, una relectura* (1983), *Praxis y filosofía* (1986). Ha escrito más de un centenar de presentaciones para catálogos de exposiciones (1974-86). Autora de *Julio Ruelas* (1975), *Vida de Frida Kahlo* (1976), *Un pintor mexicano y su tiempo* (1979), *Francisco Toledo* (1981), *José Clemente Orozco. Antología crítica* (1983), *Juan Soriano* (1984) y *The New Generations. Contemporary Mexican Art* (1985). Pertenece al Comité Internacional de Historia del Arte, a la sección México de la Asociación Internacional de Críticos de Arte y a la sección suiza de la Sociedad Internacional de Psicopatología de la Expresión. Fue becaria de la Fundación Guggenheim (1981).

CONDE DE LA GARMA, WILFREDO ◆ n. en Mérida, Yuc. (1949). Escritor. Licenciado en derecho por la UNAM y doctor en letras españolas por el Instituto Cultural Hispanoamericano. Ha sido secretario del colegio de literatura del Instituto Mexicano de Cultura. Colaborador de *Excélsior*. Autor de *José Manuel Othón y su literatura* (1963), *El retorno de Cristo* (1965), *El reino de Dios* (1965), *Estela y Rafael* (1966), *Mundo envenenado* (1974), *Proceso de Jesús* (1977) y *Agosto en nuestro amor* (1984). En 1981 recibió la Cruz de la Fraternidad de la Sociedad Wold City Zen.

CONDE ORTEGA, JOSÉ FRANCISCO ◆ n. en Atlixco, Pue. (1951). Escritor. Estudió letras hispánicas en la UNAM. Es profesor de la Universidad Autónoma Metropolitana, plantel Azcapotzalco. Colabora en el diario *unomásuno*, el suplemento *Sábado* y otras publicaciones. Coautor de *Amor de la calle* (crónicas, 1990) y de los volúmenes de ensayo *Un tal julio* (1985), *El retorno benéfico. Homenaje a Ramón López Velarde* (1988), *Apuntes cervantinos mexicanos* (1988), *Homenaje a Malcolm Lowry* (1989) y *En torno a la literatura*

Obra de Rosina Conde

Teresa del Conde

mexicana (1990). Autor de poesía: *Vocación de silencio* (1985), *La sed del marinero que regresa* (1988), *Para perder tus ojos* (1990), *Los lobos vienen del viento* (1992), *Intruso corazón* (1995) y *Estudios para un cuerpo* (1996); y de ensayo: *Joaquín Arcadio Pagaza y el siglo XIX mexicano* (1991).

CONDE PALAZUELOS, MANUEL ◆ n. en el DF (1941). Licenciado en derecho por la UNAM y maestro en economía y administración de empresas. Asesora o dirige varias empresas. Desde 1969 trabaja para IBM de México, de la que en 1981 fue nombrado director ejecutivo.

CONDELLE SOYA, NICOLÁS ◆ n. en España y m. en la Cd. de México (1790-¿1846?). Militar realista. Combatió a los insurgentes. Fungió como fiscal en el proceso seguido a Vicente Guerrero. Cuando fue gobernador de Aguascalientes (1842-43) se inició la construcción de la balaustrada del jardín de San Marcos. Participó en la campaña de Texas.

María Conesa

CONDÉS LARA, ENRIQUE ◆ n. en el DF (1949). Licenciado en historia por la UAP con maestría en historia regional por El Colegio de Puebla. En 1966 ingresó en el Movimiento de Izquierda Revolucionaria Estudiantil, brazo estudiantil de la Liga Comunista Espartaco (☛), y con otros miembros de ese grupo fue encarcelado bajo la acusación de colocar una bomba en la embajada de Bolivia como protesta por la muerte de Ernesto *Che* Guevara. Permaneció en prisión hasta 1973. En este año ingresó al PCM y fue secretario de organización en Puebla. En Nicaragua se incorporó al Frente Sandinista de Liberación Nacional y participó en los últimos meses de la guerra. En cumplimiento de una misión fue a Costa Rica, donde fue detenido. Se fugó en 1980 y volvió a México. En el XIX Congreso del PCM fue elegido miembro del comité central. Cofundador y miembro de la comisión ejecutiva federal del Partido de la Democracia Social (1998-). Ha colaborado en publicaciones periódicas del DF y la ciudad de Puebla. Coautor de *Asalto al cielo. Lo que no se ha dicho del 68* (1998).

Autor de los libros *La corriente democrática del SUTERM* (1989) y *Los últimos años del Partido Comunista Mexicano 1969-1981* (1990).

CONESA, MARÍA ◆ n. en España y m. en el DF (1892-1978). Su segundo apellido era Redo. En 1901 vino a México con la compañía de zarzuelas La Aurora Infantil. En 1907 se inició como primera tiple en el teatro Principal, con la obra que le dio nombre artístico: *La Gatita Blanca*. Fue primera figura del teatro de revista durante varias décadas. Actuó en la televisión en los años cincuenta y sesenta. Contó su vida a Enrique Alonso, autor de *María Conesa* (1987).

CONETO ◆ Sierra de Durango que continúa hacia el norte la sierra de la Silla. La bordean por el oeste el valle de Guatimapé y por el este los ríos San Juan y Nazas.

CONETO DE COMONFORT ◆ Municipio de Durango situado en el centro del estado y al norte de la capital de la entidad. Superficie: 1,324.9 km². Habitantes: 5,403, de los cuales 1,123 forman la población económicamente activa.

CONFEDERACIÓN DE CÁMARAS INDUSTRIALES ◆ Agrupación fundada en septiembre de 1918 con el fin de coordinar las actividades de los empresarios de la industria, representarlos como sector social ante el Estado y defender sus intereses generales. Se le conoce como Concamin y es, por ley, órgano de consulta del Estado. Tiene entre sus fines solicitar, cuando proceda, "la expedición de leyes, modificación o derogación de leyes o disposiciones administrativas con objeto de fomentar y proteger el desarrollo de la industria nacional". Forma parte del Consejo Coordinador Empresarial.

CONFEDERACIÓN DE CÁMARAS NACIONALES DE COMERCIO ◆ Agrupación fundada en 1917 por iniciativa gubernamental. Tiene como fines coordinar las actividades del pequeño, mediano y gran comercio, representar a los empresarios del ramo "ante toda clase de autoridades y organismos des-

centralizados de la Federación, los estados y los municipios" para defender sus intereses generales. Es órgano de consulta y colaboración del Estado". Se le conoce como Concanaco y es parte del Consejo Coordinador Empresarial.

CONFEDERACIÓN CAMPESINA MEXICANA ◆ Organización agraria fundada el 31 de mayo de 1933 en San Luis Potosí. Los promotores de su creación fueron los dirigentes de la fracción gobiernista de la Liga Nacional Agraria, Graciano Sánchez y León García, que pasaron a integrar la directiva de la nueva agrupación junto con Enrique Flores Magón. En la fundación participaron las ligas agrarias de Chihuahua, Michoacán, San Luis Potosí y Tamaulipas. Posteriormente se incorporaron las de Tlaxcala y el Estado de México. La CCM se declaró en favor de repartir los latifundios e impulsar al ejido, apoyó la candidatura de Lázaro Cárdenas a la Presidencia de la República y con éste en el poder aceptó su invitación para formar parte del Comité Organizador de la Unificación Campesina, que bajo la tutela del partido oficial y del mismo gobierno impulsó la formación de Ligas de Comunidades Agrarias y sindicatos de trabajadores del campo que pasarían a integrar el sector campesino del Partido de la Revolución Mexicana y posteriormente fundarían la CNC (☛). En el curso de estos hechos ejecutó la política de Lázaro Cárdenas destinada a dividir a los trabajadores del campo y la ciudad, por lo cual combatió los intentos de la CTM de formar sindicatos en el agro.

CONFEDERACIÓN GENERAL DE OBREROS Y CAMPESINOS DE MÉXICO ◆ Organización sindical fundada en 1933 y encabezada por Vicente Lombardo Toledano. Desapareció al fusionarse con otras organizaciones y crear la CTM en 1936.

CONFEDERACIÓN GENERAL DE LA REPÚBLICA MEXICANA ◆ Central de agrupaciones mutualistas fundada en el periodo presidencial de Francisco I. Madero. En 1912 pidió al Departamento del Trabajo mobiliario, un local para oficina, una máquina impresora y franquicia postal. Desapareció durante el gobierno de Victoriano Huerta.

CONFEDERACIÓN GENERAL DE TRABAJADORES ◆ Central obrera creada en febrero de 1921 durante la Convención Nacional Roja, asamblea convocada por las organizaciones sindicales dirigidas o influidas por comunistas y anarcosindicalistas. Fundada en el apoyo mutuo de sus integrantes, la CGT dio libertad a cada organización para decidir sobre la oportunidad de ir a la huelga, el boicot y el sabotaje de acuerdo con sus necesidades. Su objetivo final era la implantación del comunismo en una sociedad gobernada por consejos obreros y campesinos y no por partidos políticos. Se repudió a la CROM y a sus líderes y se acordó la adhesión a la Internacional Sindical Roja con sede en Moscú, en cuyo segundo congreso se envió como delegado al comunista Manuel Díaz Ramírez. Las grandes huelgas de los primeros años veinte fueron dirigidas, promovidas o apoyadas por la CGT. En su primer Congreso Ordinario las diferencias entre comunistas y anarquistas ocasionan la salida de los primeros y poco después, en medio de duras criticas a los dirigentes soviéticos, la CGT rompe con la Internacional Sindical Roja. En junio de 1928, en su sexto Congreso, la Confederación acordó enviar un delegado al congreso de la Asociación Internacional de Trabajadores y otro a la Conferencia Continental que entonces organizaba la Federación Obrera Revolucionaria Argentina. La CGT, como otras organizaciones independientes del gobierno, a partir del año siguiente sufriría los embates de la represión callista, que le restaron fuerza y efectivos. En esos años también resultó afectada por escisiones de dirigentes y sindicatos que se incorporaron a otras centrales. Algunos de ellos formarían parte de la CTM. En 1935 estableció una alianza con la antes odiada CROM para combatir a Cárdenas y el ascenso de las fuerzas sindicales que llvarían a la creación de la CTM. Sin embargo, la CGT, o una fracción de ella,

al transformarse el PNR en PRM, integró el sector obrero del renovado partido junto con la CTM. A fines de los años treinta era un pequeño núcleo de escasa importancia y como tal se mantendría durante varias décadas.

CONFEDERACIÓN NACIONAL AGRARISTA ◆ Organización fundada el 9 de marzo de 1923 por Gildardo Magaña, Andrés Molina Enríquez, Miguel Mendoza López, Saturnino Cedillo y otros miembros del Partido Nacional Agrarista. Entre sus objetivos estaba la reconstrucción de los ejidos, el fomento de la pequeña propiedad mediante el reparto de los latifundios y la dotación de tierras para nuevos centros de población. Esta Confederación se extinguió al llegar Calles al poder y dar todo su apoyo a la CROM y al Partido Laborista para la afiliación de campesinos. También influyó en su desaparición el auge de organizaciones como la Liga de Comunidades Agrarias de Veracruz, cuyos líderes influían en otras zonas del país y en 1926 llegarían a constituir la Liga Nacional Campesina.

CONFEDERACIÓN NACIONAL CAMPESINA ◆ Organización de ejidatarios, comuneros, solicitantes de tierras, asalariados y productores agrícolas fundada en agosto de 1938. Tuvo como antecedente el Comité Organizador de la Unificación Campesina, que bajo el mando del presidente del partido oficial incorporó a los líderes de varias organizaciones locales, de sindicatos de trabajadores agrícolas y de la Confederación Campesina Mexicana, todos integrantes del sector campesino del Partido de la Revolución Mexicana. Según los propios organizadores, en la reunión constituyente participaron 300 delegados que representaban a casi tres millones de campesinos. Su primer secretario general fue Graciano Sánchez. En sus primeros años de vida la CNC fue la única organización que representaba a la gente del agro en el sector campesino del PRI, lugar que en el curso de los años ha tenido que compartir con un número cada vez mayor de centrales. En 1979, de acuerdo con sus estatutos, la CNC

tenía como máximo órgano de gobierno al congreso nacional, debajo de éste al consejo nacional y después a los 32 miembros del comité ejecutivo nacional. Del consejo dependen los 22 organismos filiales y uniones nacionales por rama de producción. En el organigrama se hallan abajo del comité ejecutivo nacional las ligas de comunidades agrarias y sindicatos campesinos, bajo éste los 723 comités regionales y por último los 2,317 comités municipales.

CONFEDERACIÓN NACIONAL CATÓLICA DEL TRABAJO ◆ Central sindical creada en abril de 1922 durante el Congreso Católico Obrero celebrado en Guadalajara, con la representación de 353 organizaciones que aglutinaban a unos 20 mil trabajadores. Su primer dirigente fue Manuel de la Peza. Esta agrupación perdió fuerza al ser reprimidos sus miembros durante la guerra cristera. Su declive se acentuó en los años treinta y en 1946 desapareció formalmente al crearse la Asociación Nacional Guadalupana de Trabajadores.

CONFEDERACIÓN NACIONAL DE ORGANIZACIONES POPULARES ◆ Central creada en 1943 con las agrupaciones de empleados públicos, profesionales, trabajadores libres, empresarios de algunos sectores y otros núcleos sociales. Forma el sector popular del Partido Revolucionario Institucional. En 1999 la CNOP era dirigida por Elba Esther Gordillo.

CONFEDERACIÓN OBRERA REVOLUCIONARIA ◆ Central sindical creada por Ángel Olivo Solís y otros líderes obreros en abril de 1967 con organizaciones que antes pertenecieron a la Central Nacional de Trabajadores. Forma parte del sector obrero del PRI.

CONFEDERACIÓN REGIONAL OBRERA MEXICANA ◆ Central sindical creada en el tercer Congreso Nacional Obrero, celebrado en Saltillo en 1918, en el que Luis N. Morones fue elegido secretario general por 85 votos contra seis. Como lo indica el adjetivo "regional", que de-

Confederación Nacional Campesina

nota la orientación internacionalista de algunos de sus fundadores, esta agrupación adoptó diversos planteamientos de la tradición anarquista, entre otros la llamada "acción directa" y, como consecuencia, el rechazo a la participación en política electoral. Sin embargo, poco después de la fundación algunos líderes formaron el grupo Acción que a fines de 1919 se convirtió en Partido Laborista y apoyó la candidatura de Álvaro Obregón a la Presidencia de la República. Esta actitud motivó la salida de los sindicatos influidos por los anarquistas y comunistas que fundarían la CGT (☛). Triunfante la asonada de Agua Prieta (1920), los líderes cromianos reciben el apoyo de los generales sonorenses y la Confederación se convierte en la central oficial y la más numerosa de los años veinte, pues en 1927 llega a contar, según sus dirigentes, con dos millones y cuarto de miembros. La identidad de intereses entre los jefes de la CROM y el naciente Estado se hace más evidente cuando Plutarco Elías Calles nombra a Morones secretario de Industria, Comercio y Trabajo (1924-28). Durante la represión callista se inicia el declive de esta central, incapaz de controlar a sus propios miembros y de impedir la separación de importantes núcleos de trabajadores. Durante el sexenio de Lázaro Cárdenas se opuso a su política de reformas y apoyó la pretensión de Calles de continuar como "Jefe Máximo de la Revolución". Para el caso, con una plataforma anticomunista, integró con los restos de la CGT y otros grupos minoritarios la Alianza Nacional de Trabajadores Unificados, que al regresar Calles de su primer exilio (13 de diciembre de 1935) realizó un paro laboral en su apoyo. Todavía en 1936 realiza mítines y otras actividades contra Cárdenas, pero la constitución de la CTM (febrero de 1936) la había relegado, definitivamente, a un puesto muy secundario entre las organizaciones obreras. En 1942 firma con la CTM el Pacto de Unidad Sindical, con el fin de evitar las huelgas y en apoyo a la política de Ávila Camacho. En 1952 asistió a la constitución de la Alianza de Trabajadores Latinoamericanos Sindicalistas (Atlas) convocada por la peronista CGT argentina.

CONFEDERACIÓN REVOLUCIONARIA DE OBREROS Y CAMPESINOS ◆ Central sindical creada durante el Congreso de Unidad Proletaria en abril de 1952. Las organizaciones constituyentes fueron las confederaciones de Obreros y Campesinos de México, Proletaria Nacional y Nacional de Trabajadores, así como los restos de la Central Única de Trabajadores. Desde su fundación está afiliada al PRI.

CONFEDERACIÓN REVOLUCIONARIA DE TRABAJADORES ◆ Central sindical fundada en abril de 1953 por disidentes de la UGOCM. Pertenece al sector obrero del PRI.

CONFEDERACIÓN SINDICAL LATINOAMERICANA ◆ Organización creada en Montevideo por acuerdo del Congreso Sindical Latinoamericano, en mayo de 1929. Asistieron Siqueiros y Elías Barrios como delegados de la Confederación Sindical Unitaria de México, integrante de esta agrupación continental, la que en varias ocasiones haría llegar al gobierno mexicano su protesta por las agresiones contra los trabajadores y sus sindicatos.

CONFEDERACIÓN SINDICAL UNITARIA DE MÉXICO ◆ Organismo creado por iniciativa comunista a fines de enero de 1929 en la Asamblea Nacional de Unificación Obrera y Campesina, en la que participaron 397 delegaciones de organismos sindicales y campesinos y otro centenar envió su adhesión. Según los organizadores, la CSUM agrupaba a 116,000 trabajadores urbanos y a 300,000 del campo. En un primer comunicado que firmaba David Alfaro Siqueiros por el comité ejecutivo, la Confederación se declaró "ajena a todo compromiso con la pequeña burguesía gobernante". El mismo Siqueiros y Elías Barrios asistieron en Montevideo al Congreso Sindical Latinoamericano de Montevideo, en el cual se fundó la Confederación Sindical Latinoamericana, en mayo de ese año. La CSUM también participó en el Congreso Antiguerrero Latinoamericano celebrado en la misma ciudad uruguaya en marzo de 1933. En abril de ese año convoca a la Conferencia Nacional de Frente Único a la que envían delegados las organizaciones confederadas y decenas de sindicatos sin pertenencia a la CSUM. El 15 de junio de 1935 participa en la formación del Comité Nacional de Defensa Proletaria. En febrero de 1936 asiste al Congreso Nacional de Unificación Proletaria en el que acuerda su desaparición y se fusiona con otras organizaciones para formar la CTM.

CONFEDERACIÓN DE SINDICATOS OBREROS ◆ Central de Trabajadores fundada en el puerto de Veracruz, en enero de 1912, por iniciativa del Sindicato de Panaderos. Desapareció durante el gobierno de Victoriano Huerta.

CONFEDERACIÓN DE TRABAJADORES DE AMÉRICA LATINA ◆ Organización de sindicatos y centrales obreras fundada en la ciudad de México en septiembre de 1938. Celebró su primer congreso en México en noviembre de 1941 y el segundo en Cali, Colombia, en diciembre de 1944. El cuarto se realizó en Santiago de Chile en marzo de 1953. Participó en 1945 en la creación de la Federación Sindical Mundial. Vicente Lombardo Toledano la presidió hasta su desaparición en 1963.

CONFEDERACIÓN DE TRABAJADORES DE MÉXICO ◆ Central obrera creada en la capital de la República durante el Congreso Nacional de Unificación Proletaria, en febrero de 1936. Es, desde su nacimiento, la más numerosa organización sindical mexicana. Su primer secretario general fue Vicente Lombardo Toledano y Fidel Velázquez quedó como secretario de organización después de que los comunistas retiraron la candidatura de Miguel Ángel Velasco a ese puesto. En el segundo Congreso Nacional, celebrado en febrero de 1941, Lombardo terminó su periodo al frente de la Confederación y Fidel Velázquez ocupó la secretaría general, cargo en el que permaneció hasta su muerte (1997), con excepción del periodo cubierto por Fernando Amilpa (1947-50). Desde 1997, Leonardo Rodríguez Alcaine es secretario general. En 1942, con la CROM y otras organizaciones, aparece como signataria del Pacto de Unidad Sindical que la compromete a no recurrir a la huelga y a elevar la productividad. El 7 de abril de 1945 la CTM aparece como firmante del Pacto Industrial entre patrones y trabajadores con los mismos propósitos del anterior. En marzo de 1947, el cuarto Congreso Nacional Ordinario acuerda participar en la creación del Partido Popular. En octubre, el XXXII Consejo Nacional rechaza el acuerdo anterior y resuelve que todos los miembros de la CTM deberán ser del PRI. En la misma reunión se expulsa a tres líderes (Jacinto López, Alfonso Palacios y Javier Ramos Malzárraga). Sufre la escisión de varios sindicatos nacionales de rama que protagonizan diversos movimientos y son reprimidos por el gobierno sin que la CTM les proporcione solidaridad. En 1951 recibe a los asistentes al Congreso Obrero Regional Interamericano, en el cual se constituye la Organización Regional Interamericana del Trabajo, opuesta a la Confederación de Trabajadores de América Latina. En octubre de 1951 declara al presidente Miguel Alemán "Obrero de la Patria". Durante los años cincuenta y sesenta se opone a los principales movimientos sindicales y populares independientes del gobierno. En 1966 participa en la Asamblea del Proletariado de la que surge el Congreso del Trabajo. En la siguiente década, al suscitarse un conflicto en el Sindicato Único de Trabajadores Electricistas, toma partido por la facción encabezada por Leonardo Rodríguez Alcaine y contra la Tendencia Democrática que encabeza Rafael Galván. En la segunda mitad de los años setenta y la primera de los ochenta, apoya declarativamente las luchas de los telefonistas y promovió aumentos salariales de emergencia, así como la revisión de los salarios mínimos cada seis meses y no cada año. Agrupa federaciones estatales y sindicatos de rama. La máxima

autoridad es el congreso nacional, que debe reunirse sexenalmente; le sigue el consejo nacional, que sesiona cada tres meses, y luego está el comité nacional, dirección permanente de la central que es elegida por el congreso.

CONFEDERACIÓN DEL TRABAJO DE LA REGIÓN MEXICANA ◆ Organización surgida del Congreso Obrero Nacional celebrado en Veracruz, Ver., en marzo de 1916. Lo integraron las agrupaciones representadas en el Congreso, entre las cuales había 42 del estado sede, 18 de la capital y 13 de Guadalajara. Declaró, "como principio fundamental de la organización obrera" la lucha de clases y se disponía a aceptar como miembros a toda clase de trabajadores manuales e intelectuales, "sin distinción de credos, nacionalidades o sexo". Entre sus objetivos estaba la socialización de los medios de producción mediante la acción directa y rechazaba toda participación política. El secretario general del comité central, que habría de tener su sede en Orizaba, Veracruz, fue Herón Proal. No pudieron mantenerse los lazos orgánicos entre los integrantes, pero varios de ellos se prestaron solidaridad en los meses siguientes.

CONGO, REPÚBLICA DEMOCRÁTICA DEL ◆ Nación de África situada en el centro-sur del continente. Limita al noroeste y norte con la República Centroafricana, al norte con Sudán, al noreste con Uganda, al este con Ruanda, Burundi y Tanzania, al sureste y sur con Zambia, al suroeste con Angola y al oeste con el Congo. Por el oeste tiene una salida al océano Atlántico, entre Congo y Angola. Tiene una superficie de 2,345,490 km^2 (por su extensión ocupa el tercer lugar en el continente africano) y 49,139,000 habitantes (1998). Su capital es Kinshasa (con 4,655,313 habitantes en 1994). La moneda es el nuevo zaire. El idioma oficial es el francés y también se emplean el lingala, el kisuajili, el kikongo y numerosos dialectos. El país, con uno de los subsuelos más ricos del mundo, ocupa casi toda la cuenca del río Congo o Zaire. En su frontera con Uganda se

levanta la cordillera de Ruwenzori, donde se localizan las cumbres más altas del país. La República Democrática del Congo (RDC) produce la mitad del cobalto y seis por ciento del cobre que se consumen en el mundo y explota minas de uranio, estaño, manganeso, cinc y diamante industrial. *Historia*: los primeros grupos sedentarios fueron bantúes que llegaron a la cuenca del río Congo hace unos 2,000 años. Pueblos eminentemente agrícolas, conocieron el uso del hierro y el cobre. En 1482, el navegante portugués Diego Cao llegó a la desembocadura del río Congo, pero las exploraciones europeas no rebasaron la parte baja de su cuenca; así, los grupos bantúes desarrollaron en el interior del país numerosos Estados, como el reino Bacongo o Congo (en la actual República del Congo); el reino Bakuba, en el sur; el imperio Baluba, confederación de tribus unidas por el lenguaje kiswahili y establecidas en la actual provincia de Katanga; y el imperio Balunda, asentado en porciones de la RDC y de la actual Angola, que desempeñaba el papel de estación de tránsito en el tráfico de esclavos. Aun cuando el colonialismo europeo avanzó hacia el centro de África a partir de 1858, la colonización de la RDC no comenzó sino hasta que el periodista y aventurero inglés (radicado en Estados Unidos) Henry Morton Stanley lo recorrió desde el este hasta la desembocadura del Congo, entre 1874 y 1877; al servicio del rey Leopoldo II de Bélgica (quien fundaría en 1876 la Asociación Internacional Africana o Compañía de Katanga), Stanley consiguió firmar más de 400 tratados de comercio o protectorado con los jefes de casi todos los Estados bantúes. La firma de esos tratados y el subsecuente establecimiento de factorías belgas en la desembocadura del río, fueron el inicio de un sistema de explotación del país, saqueo que fue oficializado por la Conferencia de Berlín (1885) que dio nombre al Estado Libre del Congo como propiedad personal de Leopoldo II. Este monarca invirtió grandes capitales en la colonización y en 1890 debió recurrir a un préstamo de su gobierno, en virtud del cual dejó al país africano como herencia al gobierno belga. La explotación de los recursos congoleños y el despojo de los bienes de las tribus bantúes, cuyos Estados habían decaído años antes, hasta desaparecer como tales, provocó entre 1891 y 1899 numerosas revueltas autóctonas, en las que participaron incluso los miembros de la fuerza pública creada por Stanley. Carentes de definición política, tales revueltas fueron prontamente reprimidas. A la muerte de Leopoldo II (1906), Bélgica intensificó la explotación del país, llamado Congo Belga en 1907, y lo convirtió en colonia, en 1908. Al agudizarse el régimen de explotación aumentaron las sublevaciones bantúes y se incrementó la participación de la fuerza militar europea. Bélgica defendía de ese modo sus abastos metálicos, principalmente de cobre, provenientes de la provincia de Katanga y el próspero mercado de caucho y marfil. En 1950 surgió la primera organización independentista con cuadros políticos: el partido tribal Abaco, dirigido por Joseph Kasavubu. En 1957 algunas medidas liberalizadoras permitieron la aparición de partidos políticos en el Congo Belga. De inmediato se crearon numerosas agrupaciones con carácter localista. Sólo una de ellas planteó los problemas a escala nacional, descalificó las tendencias separatistas frente a las unitarias y planteó la necesidad de independizarse: el Movimiento Nacional Congoleño, dirigido por Patricio Lumumba. La reforma política dio pie en 1957 a la celebración de unas elecciones municipales, en las que Abaco captó 62 por ciento de los votos emitidos. En 1959, la represión policial a un mitin político pacífico desencadenó una nueva y más sangrienta revuelta, que exacerbó las pugnas interraciales. Para terminar con ella, el rey Balduino de Bélgica prometió la independencia, ante lo cual, los colonos blancos respondieron con actos terroristas hasta que, el 30 de junio de 1960, tras una reunión de dirigentes belgas y

congoleños en Bruselas, el Congo obtuvo la independencia como república parlamentaria. El Movimiento Nacional Congoleño ganó entonces las primeras elecciones nacionales; Lumumba, primer ministro, formó un gobierno cuyo presidente fue Kasavubu. Una semana después de la toma de posesión el ejército se amotinó y las tropas belgas intervinieron; simultáneamente, el líder tribal separatista Moisés Tshombe, dirigente del partido prooccidental Conakat, declaró la independencia de la provincia de Katanga, en tanto que Albert Kalongi hizo lo propio con la de Kasai. A petición de Lumumba los cascos azules de la ONU intervinieron en el Congo. La progresiva radicalización de Lumumba enfrentó a éste con Kasavubu y en septiembre de 1960 ambos se destituyeron recíprocamente. Al amparo de esta situación, Joseph Desiré Mobutu, jefe del ejército, dio un cuartelazo para apoyar a Kasavubu, quien ordenó la aprehensión de Lumumba, lo entregó a las tropas belgas aún estacionadas en Katanga para apoyar a Tshombe, y el 17 de enero de 1961 el primer ministro fue asesinado. En ese mismo año, mediante el acuerdo de Antananarivo, Katanga y Kasai se reincorporaron a la nación bajo un régimen confederado; el secretario general de la ONU, Dag Hammarskjold, concertó una conferencia con Tshombe, a realizarse en Rhodesia del Norte, actual Zambia, pero murió al desplomarse el avión en el que viajaba. Entre tanto, el Movimiento Nacional Congoleño, dirigido entonces por Antonio Gizenga, se refugió en las provincias orientales del país y sostuvo al gobierno legítimo que había encabezado Lumumba. Recibió el apoyo de los Estados revolucionarios de África y de los países socialistas. Por su parte, los seguidores de Kasavubu formaron otro gobierno, dirigido por Cirilo Adoula y apoyado por Francia y Estados Unidos, el que mantuvo una lucha civil contra los separatistas de Katanga hasta 1963, cuando se llegó a un acuerdo mediante el cual la provincia se reunía con la nación y Tshombe ocupaba el puesto de primer ministro.

Este inició una campaña contra Gizenga, para la cual contó con el apoyo de mercenarios belgas y estadounidenses. En 1964, con la ocupación de Stanleyville, el gobierno del Movimiento Nacional Congoleño fue derrotado. Se aprobó en ese año una nueva Constitución y se creó la República Democrática del Congo, tras lo cual los cascos azules abandonaron el país. A fines del mismo año se produjo un levantamiento campesino, dirigido por P. Mulele, situación que favoreció una tregua política entre Kasavubu y Tshombe, la que no duró mucho, pues en noviembre de 1965 volvieron a distanciarse. Mobutu dio un nuevo cuartelazo, asumió la jefatura del gobierno y sustituyó a Tshombe con Evaristo Kimba, pero el parlamento desautorizó tal designación y Mobutu reasumió el poder. Formó entonces un gobierno con él como presidente y con Leonard Mulamba como primer ministro. En ese mismo año, en las guerrillas de Mulele y del Movimiento Nacional Congoleño militó Ernesto *Che* Guevara (☞). En 1966 Mobutu disolvió el parlamento, asumió poderes legislativos y destituyó a Mulamba; africanizó los nombres de las ciudades congoleñas, reorganizó la división territorial y ordenó la ejecución de Kimba. Una Constitución presidencialista fue promulgada en 1967 y Mobutu creó el Movimiento Popular de la Revolución, único partido político autorizado y al que pertenecen todos los congoleños, obligadamente, desde su nacimiento. En 1968 fue ejecutado Mulele, con lo que desapareció la competencia política para Mobutu, el que en 1969 declaró héroe nacional a Lumumba. En 1970 Mobutu decretó una amnistía, tras ser elegido presidente, y un año más tarde cambió el nombre del país por el de Zaire y el suyo propio por el de Mobutu Sese Seko. En 1973 nacionalizó todas las propiedades extranjeras, que pasaron a manos del Estado en 1974. El 15 de junio de 1975, mismo año en el que México estableció relaciones diplomáticas con Zaire, fracasó un golpe militar dirigido por siete oficiales, quienes se proponían asesinar a Mobutu. Los rebeldes fueron ejecutados en septiembre del mismo año, tras un juicio sumario. Aun cuando Mobutu hizo alarde de una política antiestadounidense, en realidad su gobierno sirvió tradicionalmente a los intereses de Washington en el área: así, alojó y apoyó al llamado Frente Nacional de Liberación de Angola, dirigido por su cuñado, el agente de la CIA Holden Roberto. Estimuló el separatismo de la provincia petrolera angoleña de Cabinda y envió tropas a combatir junto al ejército de Sudáfrica contra Angola. En 1977 resurgió la lucha guerrillera en Zaire: el Frente Nacional de Liberación (FNL), con apoyo cubano, llevó adelante una gran ofensiva, tras la cual ocupó la provincia de Shaba, antes Katanga. Fuerzas de Zaire, Marruecos, Sudán y Uganda, asesoradas por mercenarios estadounidenses y europeos, fueron las encargadas de recuperar la región. No obstante, en 1978 el FNL repitió la ocupación, esta vez en Kolwezi y Mutshalaha. Esta segunda vez fueron los ejércitos marroquí, egipcio, belga y francés, con apoyo logístico de Estados Unidos, los encargados de recuperar esos territorios. A principios de los años noventa surgen brotes espontáneos de violencia, protagonizados tanto por militares como por estudiantes, contra el gobierno dictatorial de Mobutu. En 1992 el gobierno decide que el país se llame nuevamente Congo. En 1996 el gobierno desató una gran ofensiva (que incluyó la participación de combatientes de la derechista Unión para la Independencia Total de Angola y mercenarios sudafricanos y serbios) contra las zonas controladas por los rebeldes de la Alianza de Fuerzas Democráticas para la Liberación de Congo-Zaire, dirigidos por Laurent Kabila, al lado de quien, treinta años antes, había luchado el *Che* Guevara. La respuesta rebelde fue una contraofensiva que avanzó hasta la capital del país y tomó el control en 1997. Mobutu huyó a Marruecos y Ka-

bila asumió las funciones de presidente. En mayo de ese año el país adoptó el nombre de República Democrática del Congo.

CONGREGACIONALISMO ◆ Culto cristiano protestante fundado en 1582 por Robert Browne. Tiene por origen el puritanismo, del que se escindió por considerar inaceptable la subordinación de los fieles a una jerarquía. La máxima autoridad radica en la propia congregación, que se hace representar en una Junta Suprema por sus representantes y los pastores. En México son alrededor de tres mil los miembros de esta iglesia y están distribuidos en los estados de Sonora, Sinaloa, Nayarit y Jalisco, donde se halla la sede de la Junta Suprema.

CONGRESO GENERAL DE OBREROS DE LA REPÚBLICA MÉXICANA ◆ Asamblea de representantes de obreros y artesanos reunida en la capital del país e instalada el 5 de marzo de 1876. Sesionó lunes y jueves a partir de las 19 horas. Fue convocada por el Gran Círculo de Obreros y su periódico, *El Socialista*. El 17 de abril aprobó un documento en el que anunciaba su propósito de fundar una Gran Confederación y decía que el Congreso "quiere y necesita manifestarse ante el poder público, ante el capital, ante sus comitentes y ante sus enemigos con un programa que sea la bandera a la cual se agrupen todas las clases trabajadoras para alcanzar la autonomía, la exaltación y el progreso de la gran familia obrera. El medio principal, el medio próximo y necesario es la organización federal de las asociaciones de trabajadores, y siendo libres y soberanas para su régimen interior, tengan una luz común que los ligue a un centro". Se informaba también que el Congreso "expedirá una carta constitutiva que ya está discutiendo, encaminada a organizar provisionalmente la Confederación General". La asamblea se proponía pugnar por "la instrucción de los obreros adultos y la educación obligatoria de los hijos de éstos"; el establecimiento de talleres "para ir emancipando a los tra-

bajadores del yugo capitalista"; lograr "garantías políticas y sociales para los obreros y que el servicio militar no recaiga exclusivamente sobre ellos"; "la más completa libertad de conciencia y de cultos"; el nombramiento de "procuradores generales de los obreros, encargados de promover lo que fuere provechoso para los trabajadores ante las autoridades"; la fijación "del tipo de salario en toda la República (según lo requieran localidad y ramo), o sea, la valorización del trabajo por los mismos trabajadores, con el propio derecho con que los capitalistas ponen precio a los objetos que forman su capital"; "la variación del tipo de jornal cuando las necesidades del obrero lo exijan"; "atención directa al importante asunto de las huelgas" y "mejoramiento de las condiciones de la mujer". El 19 de abril un grupo de delegados del ala radical se separó del Congreso y, convocados por Francisco Zalacosta, se reunieron aparte. En mayo el grupo La Social decidió acreditar una delegación que incluía a dos mujeres. La asamblea, después de un largo debate y varias votaciones rechazó su acreditación, con argumentos semejantes a los que expuso el periódico *El Socialista*, el que dijo que "la razón y la conveniencia y el decoro de la mujer" se oponían. "El teatro de la mujer es el hogar", sentenció ese órgano. El 29 de mayo un grupo de líderes del Gran Círculo inició la publicación del periódico lerdista *La Bandera del Pueblo* y se produjo otra escisión. Después de esa fecha, de 135 representantes no llegaron a reunirse más de 36, con excepción del 24 de agosto, y algunas sociedades retiraron la acreditación a sus delegados por lerdistas. Las sesiones del 22 y el 26 de junio se suspendieron por falta de quórum. El 16 de septiembre fue sancionada, sin aprobación definitiva, el Acta Constitutiva de la Gran Confederación de las Asociaciones de Trabajadores de los Estados Unidos Mexicanos" que debía esperar a la celebración de su asamblea constitucional para empezar a funcionar. En octubre, el periódico *El Hijo del Trabajo* expone su deseo de que "ese respetable cuerpo (el Congreso) no acabe de morir (y), que se reorganice enviando a él hombres de acción y verdaderamente obreros". El 26 de noviembre las tropas de los golpistas tuxtepecanos ocupan el local del Congreso, el ex Colegio de San Gregorio, y el 28 se pide a Porfirio Díaz el desalojo. El 14 de enero la "Mesa de la Asamblea de Representantes" de la Gran Confederación declara que "habiendo cesado las circunstancias anormales por que ha atravesado el país y que determinaron al Congreso Obrero a clausurar sus sesiones", se convoca para reanudarlas. El 20 de agosto de 1877 un anónimo redactor de *El Socialista* reseña una reunión del Congreso y concluye: "lo que hemos presenciado sólo nos ha parecido un club político, donde a imitación del año pasado, son más los gobiernistas que los independientes".

CONGRESO NACIONAL SOCIALISTA ◆ Fue convocado por el Partido Socialista Mexicano a mediados de marzo de 1919 para celebrarse a partir del 15 de junio. Se invitaba a partidos socialistas, sindicatos, ligas de resistencia y periódicos obreros a enviar uno o dos delegados. Entre sus objetivos estaba "declarar solemnemente qué fines persiguen los socialistas" y enviar un delegado al Congreso Internacional (socialdemócrata) de Berna. Se proponía el voto ciudadano desde los 18 años para hombres y mujeres, abolición de las corridas de toros, supresión del Senado, semana laboral de 44 horas, nacionalización de las minas, seguro obligatorio de enfermedad y accidentes de trabajo, escuela racionalista, prohibición del trabajo a menores de 16 años, establecimiento de jurados para juzgar delitos que llevaran a prisión, autonomía municipal, impuesto progresivo a los que ganaran más de mil pesos, libertad de prensa, derecho de referéndum y prohibición de las bebidas alcohólicas. Firmaban la convocatoria Adolfo Santibáñez, Francisco Cervantes López, Felipe Dávalos y Timoteo García. La asamblea se celebró del 25 de agosto al 4 de septiembre

de 1919. Participaron Jacinto Huitrón, representante del anarcosindicalismo; Luis N. Morones y Samuel O. Yúdico, de la CROM, quienes se retiraron en el curso del Congreso; José Allen y Eduardo Camacho, del Grupo de Jóvenes Socialistas Rojos; Manabendra Nat Roy y Evelyn Trent-Roy; Frank Seaman, quien había eludido el reclutamiento en Estados Unidos; Adolfo Santibáñez, Francisco Hernández López y otros miembros del Partido Socialista de México; el sindicalista Leonardo Hernández; Miguel A. Quintero y Miguel A. Reyes del Partido Socialista Michoacano; Aurelio Pérez y Pérez, del Partido de Trabajadores de Puebla; José I. Medina y Francisco Vela, de la Cámara Obrera de Zacatecas y su periódico *Alba Roja*; Linn A.E. Gale y Fulgencio C. Luna, del *Gale's Magazine*. En la reunión se resolvió constituir el Partido Nacional Socialista que dos meses después se transformó en Partido Comunista de México.

CONGRESO OBRERO NACIONAL O CONVENCIÓN OBRERA ◆ Se reunió en el puerto de Tampico en octubre de 1917, convocado por la Casa del Obrero Mundial de ese puerto y organizado por un Comité Pro-Convención Obrera. Ahí se produjo un áspero debate entre las diversas corrientes representadas (anarquismo, anarcosindicalismo, socialismo, liberalismo y reformismo). La asamblea fue objeto de una intensa campaña de la prensa, que la veía como una junta de conspiradores anarquistas o un acto germanófilo y hasta villista. Las autoridades trataron de sabotear la reunión, para lo cual se aprehendió a algunos delegados, se expulsó del país al "comunista español" Jorge D. Borrán y se asesinó al líder obrero capitalino José Barragán Hernández. Uno de los últimos actos del Congreso fue convocar a una manifestación pública, en el mismo puerto, contra el militarismo y como protesta por el asesinato de Barragán. La fuerza pública impidió el acto. Los delegados resolvieron crear un comité central permanente con sede en Torreón, Coa-

huila, cuyo gobierno apoyó la convocatoria a otro congreso, el que se realizó en Saltillo, en mayo de 1918.

CONGRESO OBRERO NACIONAL DE SALTILLO ◆ Se reunió en Saltillo del 1 al 12 de mayo de 1918. Fue convocado y financiado por el gobernador de Coahuila Gustavo Espinosa Mireles, figura prominente del Partido Cooperatista, "para estudiar y discutir los problemas que más hondamente afectan al obrero mexicano, con exclusión absoluta de todo asunto de carácter político o religioso". Jacinto Huitrón fue elegido secretario general y Luis N. Morones secretario del interior. Estuvieron representadas agrupaciones de los estados de México, Nuevo León, Durango, Tamaulipas, San Luis Potosí, Aguascalientes, Zacatecas, Michoacán, Jalisco, Guanajuato, Querétaro, Hidalgo, Tlaxcala, Puebla, Veracruz y, naturalmente Coahuila, así como del Distrito Federal. El acuerdo más importante fue crear la Confederación Regional Obrera Mexicana (☛). El Congreso también se manifestó en favor del reparto agrario y expuso su voluntad de cooperar moral y materialmente con el gobierno en la aplicación de los preceptos constitucionales.

CONGRESO OBRERO DE LA REPÚBLICA MEXICANA ◆ Se le llamó "segundo" por considerar primero al reunido en 1876. Se instaló el 3 de enero de 1880 en el teatro Morelos de la ciudad de México. Fue convocado el 2 de septiembre anterior por el Gran Círculo de Obreros de Zacatecas con el fin de crear una nueva organización ante lo que se juzgó como la entrega de los líderes del Gran Círculo a Porfirio Díaz. Asistieron representantes de La Social, de sociedades disidentes del Gran Círculo y de diversas secciones del Partido Socialista Mexicano (☛). El 9 de enero se retiró un grupo de delegados comprometidos con la candidatura presidencial de Trinidad García de la Cadena. El día 23 se puso a discusión un proyecto de objetivos del Congreso, que le asignaba la tarea de "ser la expresión de las agrupaciones obreras y sociedades de la República que se adhieran al Congreso. Estudiar y discutir todos los problemas político-sociales que interesen al trabajo y a las relaciones de éste con el capital y proponer, deliberar y poner en práctica los medios que se adopten para mejorar las condiciones de la clase obrera y del proletariado en general. Se declara que sólo se apoyará —agregaba el texto— el derecho de la insurrección si se intentara arrebatar cualquier otro de los derechos naturales del hombre, pues nunca se lanzará a vías de hecho por cuestiones de personalidades, sino sólo para defender los principios que proclama". La asamblea se proponía "aconsejar y orientar la marcha de las sociedades obreras. Establecer relaciones con las sociedades obreras del extranjero. Patrocinar las huelgas justificadas, nombrar delegados a los congresos internacionales (y) luchar por el aumento de jornales a los labradores y trabajadores de las minas." Se proponía también constituir una "Gran Confederación de Trabajadores Mexicanos" y definir "su alcance frente al problema de la revolución social". La primera mesa directiva la integraron M. Raz y Guzmán, presidente; José Rico y Francisco P. Urgell, secretarios. El 23 de enero, con 33 delegados presentes, éstos fueron sustituidos por J. B. Villarreal, presidente; José María González, vicepresidente; Félix Riquelme, Manuel Chacón, Juan O. Orellana y el citado Urgell como secretarios. Debido a la baja asistencia, el 1 de febrero se decidió suspender los trabajos para reanudarlos dos meses después, en espera de que más sociedades enviaran representantes. Para atender los asuntos del Congreso se eligió una comisión permanente que integraron José María González, Urgell, Ordóñez, Francisco P. Montiel y Fortino Diosdado. La reapertura de las sesiones fue el 20 de abril. Ahí, el delegado del Gran Círculo de Zacatecas, convocante, anunció que su organización se retiraba para apoyar la candidatura de García de la Cadena. Considerando estéril continuar los trabajos, el PSM y varias delegaciones

optaron por dejar el Congreso. A fines del mismo mes quedó constituida la Gran Confederación de Trabajadores Mexicanos y el Congreso decidió dejar nuevamente de sesionar y nombró una comisión permanente. La Confederación no tuvo mayor beligerancia, aunque se dice que mostró alguna actividad en 1881. En diciembre de ese año, el presidente Manuel González ordenó la clausura del Congreso, permitió su reapertura en marzo del año siguiente y lo cerró en definitiva en 1883.

CONGRESO OBRERO SOCIALISTA DE YUCATÁN ◆ Reunión celebrada en Motul, en marzo de 1918, por el Partido Socialista Obrero de Yucatán que ahí se transformó en Partido Socialista del Sureste.

CONGRESO PRELIMINAR OBRERO ◆ Reunión convocada por la Federación de Sindicatos Obreros del Distrito Federal y realizada en el puerto de Veracruz, del 5 al 17 de marzo de 1916, "con objeto de buscar de común acuerdo el camino eficaz por el que deberán marchar en el futuro los trabajos de propaganda, organización gremial y demás actos económicos y sociales del elemento productor", así como "poner coto a la orgía de oro y sangre disfrutada plácidamente por la clase privilegiada". Lo presidió Herón Proal. La asamblea se realizó después de que Carranza ordenara la clausura de la Casa del Obrero Mundial e hiciera aprehender a varios líderes obreros. Asistieron delegados de agrupaciones de Veracruz, Jalisco, Colima, Michoacán, Hidalgo, Oaxaca, Puebla y el Distrito Federal. Los presentes acordaron firmar un pacto de solidaridad y elevar una protesta ante la represión desatada por los carrancistas contra los trabajadores; exigieron la libertad de los líderes presos y resolvieron constituirse en Confederación del Trabajo de la Región Mexicana (☛). Asimismo, hicieron público su objetivo de socializar los medios de producción recurriendo a la acción directa, pues se rechazó la participación en política electoral. Heriberto Jara, entonces gobernador de Veracruz, invitado a asistir a

un mitin convocado por el Congreso, se negó por las críticas hechas al gobierno de Carranza, "que les ha prestado y sigue prestando apoyo (a los trabajadores) para el logro de su mejoramiento". Jara agregaba que tanto él como el "gobierno general" reprobaban a los congresistas, "pues consideran que se han apartado del camino que deberían seguir para obtener su mejoramiento sano".

CONGRESO DEL TRABAJO ◆ Organismo en el que están representados los sindicatos y las centrales del sector obrero del PRI, la Federación Sindical de Trabajadores al Servicio del Estado (FSTSE) del sector popular del mismo partido y algunas agrupaciones independientes como los sindicatos de Telefonistas de la República Mexicana y Mexicano de Electricistas y la Asociación Sindical de Pilotos Aviadores. Se fundó en febrero de 1966 durante la Asamblea Nacional Revolucionaria del Proletariado Mexicano, en la que participaron dos mil delegados representantes de 27 organizaciones. En la misma reunión se declararon disueltos el Bloque de Unidad Obrera y la Central Nacional de Trabajadores. De acuerdo con sus estatutos debe realizarse una asamblea cada cuatro años, disposición que no se ha cumplido. Su presidente cambia semestralmente.

CONGRESO DE UNIDAD PROLETARIA ◆ Reunión celebrada por varias organizaciones sindicales en la capital de la República en abril de 1952. En ella se acordó la constitución de la Confederación Revolucionaria de Obreros y Campesinos.

CONGRESO DE LA UNIÓN ◆ ☛ *Poder Legislativo.*

CONGRESOS CONSTITUYENTES ◆ ☛ *Poder Legislativo.*

CONKAL ◆ Municipio de Yucatán contiguo a Mérida. Superficie: 57.48 km². Habitantes: 7,003, de los cuales 2,144 forman la población económicamente activa. Hablan alguna lengua indígena 1,883 personas mayores de cinco años (maya 1,879).

CONQUISTA DE MÉXICO ◆ Proceso militar, diplomático, cultural y económico mediante el cual España se apoderó de los territorios que posteriormente formarían el Estado mexicano. Se inició en 1517 con la exploración capitaneada por Francisco Hernández de Córdoba, quien enviado por el gobernador de Cuba, Diego Velázquez, tocó tierra en la península de Yucatán. Al año siguiente se realizó otra expedición, encabezada por Juan de Grijalva, quien recorrió la costa del golfo de México, desde Campeche hasta el sur del actual estado de Tamaulipas, después de lo cual volvió a La Habana. Un tercer viaje fue dirigido por Hernán Cortés, quien con 11 embarcaciones, 518 soldados, 16 caballos y 10 cañones salió en febrero de 1519 de Cuba hasta llegar a Cozumel, donde rescató a Jerónimo de Aguilar, náufrago de otra expedición que se convirtió en su intérprete. Se encaminó la flota hacia el golfo de México bordeando la península de Yucatán y arribó a las costas de Tabasco donde sometió a los indios, quienes le obsequiaron 20 mujeres, entre ellas Malintzin, quien traducía a De Aguilar del náhuatl al maya y éste se comunicaba en español con Cortés. La siguiente escala fue San Juan de Ulúa y cerca de ahí Cortés ordenó la constitución de un ayuntamiento que él mismo encabezó y enseguida fundaron la Villa Rica de la Vera Cruz. Fue luego a Cempoala, donde mediante un acuerdo diplomático que incluyó regalos, promesas y amenazas, pues se confundía a Cortés con Quetzalcóatl, obtuvo la adhesión de los totonacas del lugar, hasta entonces dominados por los aztecas. A partir de ese momento se inició la hostilidad contra los funcionarios del temeroso Moctezuma. También en Cempoala se inició la destrucción del patrimonio indígena, especialmente de los templos y las deidades labradas en piedra que eran sustituidas por imágenes cristianas. A fin de evitar el regreso a Cuba de los menos resueltos, Cortés ordenó la destrucción de sus naves, salvo dos pequeñas embarcaciones en una de las cuales envío a sus representantes hacia España, a fin de que informaran a la Corona de lo obtenido. Pese a las súplicas y advertencias de Moctezuma destinadas a disuadirlos de su proyectado viaje a México-Tenochtitlan, el 16 de junio inició la expedición hacia el altiplano con seis cañones, 16 hombres de a caballo y 400 de a pie. Mientras avanzaba recibió a comisionados del mismo Moctezuma, quienes le pedían suspender su viaje, y a representantes de señoríos bajo poder azteca, los que le ofrecían su fidelidad y sus servicios para combatir a los mexicas. A fines de agosto entró al reino de Tlaxcala. Ahí los guerreros de varios señoríos tlaxcaltecas lo obligaron a presentar batalla. Cortés los venció y obligó a someterse, aunque les dio el trato de aliados. El 14 de octubre ocupó Cholula y realizó una de las mayores carnicerías de la conquista. El 8 de noviembre llegaron los europeos a Tenochtitlan. Fueron recibidos, obsequiados y alojados por Moctezuma. Antes de una semana, luego de hacer un reconocimiento del terreno, los españoles quemaron vivo, en plena plaza mayor, a un señor azteca al que acusaban de haber dado muerte a dos soldados blancos. Lejos de cobrar el agravio, Moctezuma se recluyó en su palacio y ahí mismo lo hizo prisionero Cortés, quien de inmediato ordenó apoderarse del oro y otras riquezas que se hallaran, para lo cual envío hombres a explorar el istmo de Tehuantepec, mientras la soldadesca se entregaba al pillaje. En mayo de 1520 llegó a tierra mexicana Pánfilo de Narváez, al mando de una poderosa fuerza militar. Su misión era aprehender a Cortés y llevarlo a Cuba para responder ante Velázquez de desacato, pues el gobernador se había opuesto a su viaje. Narváez fue derrotado por Cortés y sus aliados. Pedro de Alvarado, quien se había quedado en Tenochtitlan al mando de otra fuerza, ejecutó mientras tanto otra matanza que encendió los ánimos de los mexicas, que vieron caer ante la crueldad de los conquistadores a hombres, ancianos, mujeres y niños. La bestialidad de los soldados europeos ocasionó el levantamiento de los aztecas, quienes los sitiaron en su alojamiento. Al regreso de Cortés, temeroso de que los indios tomaran por asalto el cuartel español, el capitán ordenó a Moctezuma que calmara el ánimo de sus vasallos. Lo intentó, pero no fue obedecido por sus súbditos, quienes desde ese momento fueron dirigidos por Cuitláhuac, quien encabezó el hostigamiento hacia los invasores. Como la situación se tornaba difícil para los españoles, Cortés decidió proceder a una retirada táctica, llevando consigo dos quintas partes del botín, lo que correspondía al monarca de Castilla y lo suyo. La huida se produjo la noche del 30 de junio de 1520 y aproximadamente donde hoy es la Alameda Central fueron atacados por los aztecas, quienes infligieron a los europeos y sus aliados la mayor derrota, pues murieron 200 españoles, dos mil indios colaboracionistas y cerca de 50 caballos, además de que perdieron la artillería. Los invasores lograron llegar a Popotla, donde se hallan los restos del "Árbol de la Noche Triste", bajo el cual se dice que lloró Cortés esta derrota. Después de un breve descanso continuaron hasta el actual parque de Los Remedios. En los días siguientes Cortés encaminó sus fuerzas hacia Tlaxcala, para lo cual hizo un rodeo de Tenochtitlan por el norte. En Otumba tuvieron una escaramuza con los mexicas, pero lograron pasar y llegaron a territorio de sus aliados. Además de las pérdidas humanas y materiales, los españoles tuvieron otra igualmente costosa: la del prestigio. A partir de entonces ellos y sus caballos dejaron de ser considerados dioses. Cortés decidió entonces proceder con extrema crueldad para atemorizar a los indecisos y doblegar toda resistencia. Inició una campaña en los dominios aztecas situados al sur de la capital. Sus tropas procedieron a asesinar a los hombres, violar a las mujeres, destruir hogares, quemar los campos y marcar con fierro al rojo vivo a los sobrevivientes, incluidos los niños. Paralelamente intentaba ganar aliados con regalos y la promesa de seguridad. Esta venta de protección, combinada con su sanguinario despliegue de terror, le dio buenos resultados, pues logró aislar a los aztecas de otros pueblos. Por esos días otro elemento, que a final de cuentas sería decisivo, intervino en favor de los conquistadores: a lo largo de dos meses

Tenochtitlan fue azotada por una plaga de viruela, enfermedad desconocida entre los pobladores de América. Esta primera epidemia causó miles de muertes, incluso la de Cuitláhuac, emperador entonces de los aztecas. Aislada y debilitada la población de la capital, Cortés, quien contaba de nuevo con artillería, hizo construir 13 bergantines que llevó hasta Texcoco, ciudad que convirtió en su cuartel general. Desde ahí lanzó el grueso de sus fuerzas sobre las poblaciones del sur del valle de México, las que cayeron una a una pese a la tenaz resistencia de sus habitantes. Después procedió de la misma manera con las localidades del norte del valle. Emprendió posteriormente una campaña para aislar a Tenochtitlan de sus aliados y acometió contra Tlayacapan, Oaxtepec y Cuernavaca. Sufrió fuertes bajas y debió regresar al valle de México, donde sostuvo otra feroz batalla contra los xochimilcas, quienes estuvieron a punto de darle muerte. Los españoles marcharon entonces hacia el noreste y nuevamente rodearon Tenochtitlan por el poniente y el norte para dirigirse a Texcoco, siempre en medio de la hostilidad indígena. Ahí Cortés organizó el asalto final contra la capital mexica. Tres ejércitos, al mando de Alvarado, Cristóbal de Olid y Gonzalo de Sandoval respectivamente, atacarían desde diferentes puntos (Tacuba, Coyoacán e Iztapalapa) en tanto que Cortés comandaría el ataque naval al frente de una flota de 13 bergantines. Además del millar de españoles, Cortés contaba con unos 80 mil soldados indios. Con toda esas fuerzas, puso sitio a Tenochtitlan y le cortó el agua. Tomó después los puestos avanzados y estrechó el cerco. Atacó luego algunas fortificaciones en plena ciudad y llegó el 19 de junio de 1521 hasta el Templo Mayor. Los aztecas se replegaron hacia Tlatelolco, con avanzadillas que hostilizaban al enemigo. El día 30 Cortés ordenó cargar contra el cuartel mexica y sus huestes llegaron hasta el mercado y el templo, pero el ejército azteca ya bajo el mando de Cuauhtémoc les infligió grandes pérdidas, los hizo batirse en retirada

y cortó sus líneas, lo que dejó aislado al ejército central de las fuerzas estacionadas en el sur y en el noreste. Cortés se mantuvo en la retaguardia planeando un nuevo ataque, el que se produjo el 19 de julio. A principios de agosto los aztecas sólo ocupaban la porción noreste de Tlatelolco, habían perdido a casi 10 mil hombres y el hambre y las enfermedades mermaban todavía más sus fuerzas. El 13 de agosto, sin posibilidad de resistir, un pequeño grupo encabezado por Cuauhtémoc trató de romper el cerco, pero fueron hechos prisioneros. Caída Tenochtitlan desaparecía el principal obstáculo para el avance de los europeos. Cortés lanzaba a sus capitanes en busca de nuevas posesiones, las que vivirían en una prolongada inestabilidad, con sus habitantes indígenas sujetos a la más despiadada explotación, víctimas de las enfermedades traídas por los europeos, del hambre y el trabajo forzado. La población del México central, calculada para 1519 en 25 millones de personas, se reduciría a poco más de un millón en 1536. El proceso de la conquista propiamente dicho no terminaría sino hasta la segunda mitad del siglo XVII, pues la resistencia indígena fue vencida, pero no eliminada. El episodio más dramático y decisivo fue la caída de Tenochtitlan, que ilustra la manera brutal en que se impuso el mestizaje del que surgió la nación mexicana (ver *Colonia*).

CONSEJO COORDINADOR EMPRESARIAL ◆ Organismo del sector privado constituido el 5 de agosto de 1976. Están representados en él la Asociación Mexicana de Instituciones de Seguros, la Asociación Mexicana de Intermediarios Bursátiles, la Asociación de Banqueros de México, la Confederación de Cámaras Nacionales de Comercio, la Confederación de Cámaras Industriales, la Confederación Patronal de la República Mexicana, el Consejo Mexicano de Hombres de Negocios y el Consejo Nacional Agropecuario. Tiene como objetivos coordinar las actividades de los citados grupos, servir a éstos de foro, fungir como vocero del sector empresarial, concertar esfuerzos en la realización de tareas de interés común, constituir un puente entre el sector privado y el gobierno, y defender las libertades fundamentales del hombre. Forman parte del Consejo Coordinador Empresarial: el Centro de Estudios Económicos del Sector Privado (CEESP), el Centro de Estudios Sociales, el Centro de Estudios Fiscales y Legislativos y el Consejo Empresarial Mexicano para Asuntos Internacionales. En 1997 tenía 905 mil 107 afiliados.

CONSEJO DE INDIAS ◆ ☞ *Consejo Real y Supremo de las Indias.*

Consejo Nacional de Ciencia y Tecnología

CONSEJO NACIONAL DE CIENCIA Y TECNOLOGÍA ◆ Organismo descentralizado de Estado creado el 23 de diciembre de 1970 con el fin de promover, coordinar y asesorar el desarrollo de las investigaciones y actividades en materia de ciencia y tecnología y procurar la mejor aplicación de los recursos nacionales en este campo.

CONSEJO NACIONAL PARA LA CULTURA Y LAS ARTES ◆ Creado en diciembre de 1988 por iniciativa del presidente Carlos Salinas de Gortari para reunir bajo la coordinación de un solo organismo las diversas instituciones culturales del país, así como para proponer y realizar una política cultural nacional. Para tales efectos se definieron los siguientes programas: preservación y difusión del patrimonio cultural; aliento a la creatividad artística y a la difusión de las artes; preservación y difusión de las culturas populares; fomento del libro y de la lectura; cultura a través de los medios audiovisuales de comunicación; educación e investigación en el campo de la cultura y las artes; y coordinación de proyectos estratégicos y acciones de vocación nacional. Para la preservación y difusión del patrimonio cultural el CNCA compromete al INAH en lo referente a monumentos arqueológicos y, al INBA, en lo relacionado con monumentos artísticos. Además, creó la Comisión Nacional para la Preservación del Patrimonio Cultural que comenzó el registro del patrimonio cultural del país. Para la preservación y difusión de las culturas populares se crearon los programas de

Apoyo a la Cultura Popular en la Zona Metropolitana de la Ciudad de México y el de Apoyo a las Culturas Municipales y Comunitarias y se respalda la labor que realizaba ya el Fondo Nacional para el Fomento de las Artesanías. Para cumplir sus labores el CNCA se apoya en las instituciones que dependían de la Subsecretaría de Cultura de la SEP: INBA, INAH, Radio Educación, Instituto Mexicano de Cinematografía, Fondo de Cultura Económica, Fondo Nacional para el Fomento de las Artesanías, Festival Internacional Cervantino, Centro Cultural Tijuana, Direcciones Generales de Bibliotecas, Publicaciones, Culturas Populares, Promoción Cultural y Programa Cultural de las Fronteras y otras, como la Cineteca Nacional. Asimismo, se creó el Fondo Nacional para la Cultura y las Artes, encargado de atraer y administrar los recursos económicos.

CONSEJO NACIONAL DE POBLACIÓN ◆ Inició actividades en 1974. Se fundó por disposición de la Ley General de Población. Participan en él representantes de las secretarías de Gobernación, Educación Pública, Salud, Hacienda, Relaciones Exteriores, Trabajo y Previsión Social, Programación y Presupuesto y Reforma Agraria. En 1986, siendo su director ejecutivo Rafael M. Salas, recibió el Premio de Población de la ONU.

CONSEJO NACIONAL DE LA PUBLICIDAD ◆ Fundado el 24 de noviembre de 1959 por la invitación del presidente Adolfo López Mateos a los publicistas para que cooperasen "con las causas cívicas al servicio de los más altos intereses de México". Entre las campañas que el CNP ha realizado para la televisión se cuentan: "Lo hecho en México está bien hecho", "Ayude un poco aflojando un foco", "Adopta un árbol", "Usted decide si se embaraza" y "La familia pequeña vive mejor".

CONSEJO NACIONAL DE RECURSOS PARA LA ATENCIÓN DE LA JUVENTUD ◆ Organismo descentralizado de Estado que tiene por función promover el desarrollo integral de la juventud. Hasta el 30 de noviembre de 1977 se llamó Instituto Nacional de la Juventud

Mexicana. El 13 de diciembre de 1988 apareció en el *Diario Oficial de la Federación* el decreto que lo suprimió.

CONSEJO NACIONAL DE TURISMO ◆ Órgano de promoción y consulta creado por decreto del 8 de diciembre de 1961. Su nacimiento obedeció al interés del presidente Adolfo López Mateos por incorporar a los ex mandatarios a la gestión pública, de ahí que a la cabeza de esta institución haya figurado Miguel Alemán Valdés. A la muerte de éste el Consejo fue suprimido.

CONSEJO REAL Y SUPREMO DE LAS INDIAS ◆ Órgano administrativo y judicial creado en 1519 por Carlos I (Carlos V de Alemania) como una sección del Consejo de Castilla, dotado de autonomía en 1524 y reglamentado por las ordenanzas de 1542, 1571 y 1623. Fue rector de la política en las colonias de España. Expedía normas de aplicación obligatoria en los dominios del trono de Madrid; dirigía los asuntos hacendarios y administrativos; organizaba las flotas y proponía funcionarios y obispos para las posesiones peninsulares; controlaba la Casa de Contratación y fungía como tribunal de primera y segunda instancia. Dirigió también la recopilación de las leyes de Indias. Lo integraban juristas, teólogos y algunos ex funcionarios coloniales. Con la centralización del poder por los borbones, la función del Consejo decayó en el curso del siglo XVIII.

CONSERVATORIO ARTÍSTICO-INDUSTRIAL ◆ Organización mutualista fundada por Epifanio Romero y Juan Cano, en una asamblea celebrada en el teatro Nuevo México, en el verano de 1867. Benito Juárez y el general Francisco Mejía fueron designados presidente y vicepresidente honorarios. El coronel Miguel Rodríguez donó 2,000 pesos para establecer una escuela y F. Muñoz Ledo ofreció obsequiar una biblioteca a la agrupación. Meses después el Congreso de la Unión acordó darle un subsidio de 1,200 pesos anuales. La sede fue el ex templo de San Pedro y San Pablo. El 1868 se fusionó con la Sociedad Artístico-Industrial (☞).

CONSERVATORIO NACIONAL DE MÚSICA ◆ Institución educativa abierta en enero de 1868. Se creó por iniciativa de la Sociedad Filarmónica Mexicana en el edificio de la Universidad, cedido por el presidente Juárez a esta agrupación. La planta docente, planes de estudio y métodos de enseñanza fueron aportados por la Academia de Música de la profesora Luz Oropeza, centro escolar que sostenía el ayuntamiento capitalino, y la Academia de Música que dirigía Agustín Caballero, la de mayor tradición hasta entonces, pues había sido fundada en 1838. Caballero fue nombrado director, pero en su calidad de sacerdote se negó a protestar el cumplimiento de las leyes, impugnadas entonces por la Iglesia, y si bien quedó como profesor de varias materias, cedió la dirección al cantante Agustín Balderas. Las materias que se impartían eran: órganos de la voz y del oído, filosofía, estética de la música, biografía de sus hombres célebres, estudio de trajes y costumbres, pantomima, declamación, solfeo, canto, instrumento de arco, de madera y de latón, piano, arpa y órgano; armonía y melodía; composición e instrumentación. Colaboraron estrechamente con el Conservatorio las orquestas de la Ópera y de Santa Cecilia, el Orfeón Alemán, las bandas de la Ciudad de México y la Austriaca. Además se impartieron cursos libres de canto coral a los que asistían, obreros que al poco tiempo integraron el Orfeón Popular y el Orfeón del Águila Mexicana, bajo la dirección de Julio Ituarte. Los socios pudientes de la Sociedad Filarmónica patrocinaron la construcción del Teatro del Conservatorio, edificado sobre un proyecto de García Cubas y abierto el 27 de enero de 1874. A la muerte de Balderas en 1881 ocupó la dirección Alfredo Bablot, musicólogo francés que militó en la causa juarista durante la intervención. A él le correspondió integrar la Orquesta del Conservatorio con músicos de las disueltas orquestas de la Ópera y de Santa Cecilia. Al frente del conjunto quedó José Rivas, quien ocupó interinamente la dirección del centro escolar durante un viaje de Bablot a Francia, en 1889, y en forma definitiva a la muerte de éste, en 1892. Durante su periodo al frente de la institución se creó la Escuela de Piano del Conservatorio, a cargo de Carlos J. Meneses, y se formó a músicos que adquirirían celebridad: Julián Carrillo, Luis G. Saloma y otros. El primero de enero de 1907 asumió la dirección el pianista Ricardo Castro, quien murió poco después. Lo sucedió Gustavo E. Campa, que fue enviado por el gobierno a perfeccionar sus conocimientos en Europa. En su lugar quedó Carlos J. Meneses hasta septiembre de 1909 en que volvió Campa. Lo sustituyó en 1913 Julián Carrillo, quien promovió una profunda reforma educativa en el plantel, que incluyó la libertad de los alumnos para seleccionar a sus profesores. Menos de un año estuvo Carrillo al frente del Conservatorio. La guerra civil en que se debatía el país terminó con lo que pudiera llamarse la primera época de esta institución.

CONSTANCIA DEL ROSARIO ◆ Municipio de Oaxaca ubicado al suroeste de Tlaxiaco y contiguo a Putla de Guerrero, en los límites con Guerrero. Superficie: 298.54 km². Habitantes: 2,976, de los cuales 542 forman la población económicamente activa. Hablan alguna lengua indígena 1,366 personas mayores de cinco años (mixteco 1,014 y triqui 331). Indígenas monolingües: 489. Se produce un mezcal muy apreciado en la región.

CONSTANZÓ, MIGUEL ◆ n. en España y m. en la Cd. de México (?-1814). Ingeniero militar. Llegó a México en 1764. Impartió cátedra en San Carlos. Levantó planos de la ciudad de México y de varios puntos de la costa oriental de la Baja California. Participó en la construcción del templo de San José, la ampliación de la Casa de Moneda y el canal del desagüe. Tuvo a su cargo las obras de ampliación del fuerte de San Diego, en Acapulco, y supervisó el de San Juan de Ulúa. Construyó el Palacio de Gobierno de San Luis Potosí y la Casa de Moneda de Zacatecas. Escribió un *Diario históri-*co de los viajes por mar y tierra hechos en el norte de la California (1771).

CONSTITUCIÓN DE APATZINGÁN ◆ ☞ *Decreto Constitucional para la Libertad de la América Mexicana.*

CONSTITUCIÓN FEDERAL DE LOS ESTADOS UNIDOS MEXICANOS (1824) ◆ Ley fundamental aprobada por el Congreso el 3 de octubre de 1824 y publicada el día 5 del mismo mes. La elaboró el Congreso Constituyente que inició sus trabajos en noviembre de 1823. Tuvo como antecedentes la Carta de Cádiz, el Plan de Iguala y los Tra-

DIRECTORES DEL CONSERVATORIO NACIONAL DE MÚSICA	
AGUSTÍN CABALLERO	1866-77
ANTONIO BALDERAS	1877-82
FRANCISCO J. ANDRADE	1882
ALFREDO BABLO	1882-92
JOSÉ RIVAS	1892-1906
RICARDO CASTRO	1907
GUSTAVO E. CAMPA	1907-13
CARLOS J. MENESES	INTERINO 1908-09
JULIÁN CARRILLO	1913-14
JESÚS GALINDO Y VILLA	INTERINO 1914
RAFAEL J. TELLO	1914-15
LUIS MOCTEZUMA	RENUNCIÓ SIN TOMAR POSESIÓN, EL 22 DE AGOSTO DE 1915
JOSÉ ROMANO MUÑOZ	1915-17
EDUARDO GARIEL	1917-20
JULIÁN CARRILLO	1920- 23
CARLOS DEL CASTILLO	1923-28
CARLOS CHÁVEZ	1929-34
SILVESTRE REVUELTAS	INTERINO 1933
MANUEL M. PONCE	INTERINO 1933-34
ESTANISLAO MEJÍA	1934-38
JOSÉ ROLÓN	1938
ALBERTO GARCÍA DE MENDOZA	1938-41
SALVADOR ORDÓÑEZ OCHOA	1941- 45
FRANCISCO AGEA	1945-47
BLAS GALINDO	1947-60
JOAQUÍN AMPARÁN	1960- 67
FRANCISCO SAVÍN	1967-70
SIMÓN TAPIA COLMAN	1971
MANUEL ENRÍQUEZ	1972- 73
VÍCTOR URBÁN	1974-77
ARMANDO MONTIEL OLVERA	1977-83
ALBERTO ALBA	1983
LEOPOLDO TÉLLEZ	1984-

tados de Córdoba, el Reglamento Político Provisional del Imperio y el Acta Constitutiva de la Nación Mexicana del 31 de enero de 1824. La Constitución de 1824 estuvo vigente hasta 1835, cuando fue suplantada por el Proyecto de Bases para la Nueva Constitución, al año siguiente por las Bases y Leyes Constitucionales de la República Mexicana (las *Siete Leyes*) y en 1843 por Las Bases de Organización Política de la República Mexicana (*Bases Orgánicas*). Se restableció parcialmente en 1846 y con el añadido del Acta de Reformas propuesto por Mariano Otero entró cabalmente en vigor en mayo de 1847. En 1853 Santa Anna la desconoció de hecho al promulgar las Bases para la Administración de la República y diversos decretos. Al triunfo de la revolución de Ayutla, en 1855, la norma de 1824 cobró de nuevo vigencia, si bien al año siguiente el presidente Comonfort emitió un decreto que contenía el Estatuto Orgánico Provisional que regiría en espera de que el Congreso Constituyente reunido a partir de febrero de 1856 aprobara una nueva Constitución.

CONSTITUCIÓN FEDERAL DE LOS ESTADOS UNIDOS MEXICANOS (1857)

◆ Ley fundamental aprobada y jurada por el Congreso Constituyente de 1856-57 y por el presidente Ignacio Comonfort el 5 de febrero de 1857 y promulgada el 11 de marzo del mismo año. Se elaboró sobre un proyecto presentado por Ponciano Arriaga, José María del Castillo Velasco, José María Cortés, León Guzmán, José María Mata y Mariano Yáñez. Los conservadores se negaron a aceptar la nueva Constitución y Comonfort la desconoció en diciembre de ese año, al dar un golpe de Estado y encarcelar a diversos ciudadanos, entre ellos a Benito Juárez, presidente de Suprema Corte a quien formalmente correspondía la Presidencia en un caso semejante. Al fracasar su golpe, Comonfort huyó y Juárez, en libertad, ocupó el Poder Ejecutivo, mientras los conservadores designaban a Zuloaga como presidente. Acosada la capital por los reaccionarios, Juárez, con la legitimidad

constitucional, inició su presidencia itinerante en enero de 1858. Durante la guerra de los Tres Años y durante la intervención francesa y el imperio haría valer la Carta de 1857. Al triunfo republicano continuó en vigor y formalmente lo estuvo hasta 1917, año en que diversos planes y pronunciamientos la modificaron de hecho. Al reunirse el Congreso Constituyente de 1916-17, Carranza intentó mantener esta Constitución con algunas reformas, pero los diputados, si bien la tomaron como base, elaboraron una norma fundamental distinta.

CONSTITUCIÓN POLÍTICA DE LA MONARQUÍA ESPAÑOLA

◆ Ley fundamental que rigió en España y sus dominios. Fue elaborada y firmada por los diputados a las Cortes Constituyentes de Cádiz el 19 de marzo de 1812. En Nueva España se juró el 30 de septiembre. En la redacción y aprobación de la Carta de Cádiz, como también se le conoce, participaron 15 diputados por las provincias mexicanas: Pedro Bautista Pino (Nuevo México), José Ignacio Beye de Cisneros (ciudad de México), José Eduardo de Cárdenas y Romero (Tabasco), José Cayetano de Foncerrada (Valladolid), Miguel González y Lastiri (Yucatán), José Miguel Gordoa (Zacatecas), Juan José Güereña (Nueva Vizcaya), José Miguel Guridi y Alcocer (Tlaxcala), Joaquín Maniau y Torquemada (Veracruz), Mariano Mendiola y Velarde (Querétaro), Manuel María Moreno (Sonora), Octaviano Obregón (Guanajuato), Antonio Joaquín Pérez y Martínez Robles (Puebla), José Miguel Ramos Arizpe (Coahuila) y José Simeón de Uría (Guadalajara). En mayo de 1814 Fernando VII anuló esta Constitución que volvió a entrar en vigor hasta 1820. Un año después México se convertiría en país independiente y adoptaría una legislación propia.

CONSTITUCIÓN POLÍTICA DE LOS ESTADOS UNIDOS MEXICANOS

◆ Ley fundamental actualmente en vigor, aprobada, firmada y jurada por el Congreso Constituyente y por Venustiano Carranza, en su calidad de primer jefe del triunfante Ejército Constitu-

cionalista, el 31 de enero de 1917. Fue promulgada el 5 de febrero y tuvo vigencia a partir del primero de mayo del mismo año. Se elaboró con base en un proyecto presentado por Venustiano Carranza que era apenas un conjunto de reformas a la Carta de 1857, de la que efectivamente conservó muchos rasgos. Sin embargo, según los juristas es un documento distinto en el que se matiza el liberalismo del documento anterior por la introducción de los derechos sociales, la cual se debió a las intervenciones de la llamada ala izquierda del Constituyente, en la cual participaron Heriberto Jara, Luis G. Monzón, Francisco J. Múgica, Héctor Victoria, Esteban Baca Calderón, Alfonso Cravioto, Froylán G. Manjarrez y otros legisladores calificados de socializantes. La Constitución de 1917 ha sido reformada más de 300 veces en casi 60 años de vigencia.

CONSULADO

◆ Corporación de los grandes comerciantes encargada de proteger los intereses de sus miembros, arbitrar en los conflictos de intereses surgidos entre ellos y asegurar y promover el funcionamiento oligopólico del movimiento de mercancías. Tiene su origen en el *Consolato del Mare* que existió en las ciudades-Estado de Italia desde el siglo XI; pasó a la península Ibérica en el siglo XIV y se extendió por España en esa y la siguiente centuria. En 1590 un grupo de mercaderes de la Nueva España solicitó al trono español su autorización para erigir aquí esta institución, lo que fue concedido dos años después. La agrupación tenía como autoridad máxima una Junta de Gobierno de 30 miembros, la que elegía un juez, dos cónsules y cinco diputados. Con sede en la ciudad de México, el Consulado controlaba el movimiento de los puertos de Veracruz y Acapulco. "Los reyes de España —dice el historiador Enrique Semo—, que siempre estaban necesitados de dinero, se dirigieron más de una vez al consulado para solicitar préstamos o 'donativos'. Los virreyes hacían lo mismo y acudían a él para el financiamiento de conocidas obras públicas. Naturalmente tales servicios se pagaban con privilegios y prerrogativas muy importantes." Entre las obras costeadas por el Consulado se cuentan el Hospital de Betlemitas y el canal de Huehuetoca, pero su intervención principal se produjo en la construcción de caminos (sobre todo el de México a Veracruz por Orizaba), en la erección de la Aduana de la capital y en el acondicionamiento de las instalaciones de los principales puertos. Durante dos siglos el Consulado de la capital fue el único de la Nueva España. La fuerza de tal monopolio, condenada por el virrey Revillagigedo a fines del siglo XVIII, significó un serio obstáculo para el desarrollo de la economía local, pues los grandes comerciantes, dice el mismo autor, "propiciaron la supresión de la naciente industria de la seda, apoyaron las ordenanzas que restringían el desarrollo de obrajes que competían con las importaciones e hicieron una guerra despiadada a otras industrias. También propiciaron diferentes formas de control de precios y monopolios que acentuaban la explotación del campo por la ciudad y la apropiación del producto excedente de los artesanos y pequeños productores". Para restarle fuerza al organismo de la ciudad de México, en 1795 se crearon los de Veracruz y Guadalajara. Todos fueron suprimidos en los primeros años del México independiente, incluido el de Puebla, autorizado por Iturbide en 1821.

CONTADORA ◆ Grupo formado por Colombia, México, Panamá y Venezuela. Su constitución se produjo en enero de 1983, cuando en la isla panameña de Contadora se reunieron los cancilleres de estas cuatro naciones con el fin de analizar la situación centroamericana y elaborar propuestas destinadas a lograr una convivencia pacífica en la región, donde Nicaragua era objeto de agresiones lanzadas desde Honduras por tropas reclutadas, entrenadas, armadas y pagadas por Estados Unidos. Otros países del área donde se vivían conflictos que podían desbordar las fronteras del área eran El Salvador, en guerra

civil, y Guatemala, país en el que la violencia institucional había ocasionado el paso a México, como refugiados, de entre 50,000 y 80,000 personas amenazadas en su integridad física. En julio de 1983, en Cancún, se reunieron los presidentes de las cuatro naciones de Contadora para discutir medidas en pro de la distensión en la zona. En agosto de 1985 los cancilleres de Argentina, Brasil, Perú y Uruguay constituyeron el Grupo de Apoyo a Contadora. Si bien no pudo evitar la violencia y la injerencia de Washington, los analistas consideran que impidió una guerra abierta entre los países de la región y la intervención directa de tropas estadounidenses en Nicaragua. Por sus esfuerzos en favor de la paz recibió los premios Príncipe de Asturias (1985) y Beyond War (1986). El grupo empezó a declinar en mayo de 1986, cuando los presidentes de las repúblicas centroamericanas se reunieron en Esquipulas, Guatemala, y llegaron a diversos acuerdos para despejar tensiones en el área.

CONTEMPORÁNEOS ◆ Revista mensual publicada en la ciudad de México. El primer número fue el correspondiente a junio de 1928 y el último, 42-43, a noviembre-diciembre de 1931. Aparecieron como editores hasta el numero 19, de diciembre de 1929, Bernardo J. Gastélum, Bernardo Ortiz de Montellano, Jaime Torres Bodet y Enrique González Rojo. En el tomo V, que incluye los números 15 a 19 (agosto-diciembre de 1929), aparece Ortiz de Montellano como director. En el índice del tomo VI, que incluye los números 20 a 22, figuran como "redactores" Ermilo Abreu Gómez, Genaro Estrada, Gastélum, Enrique González Rojo, José y Celestino Gorostiza, Samuel Ramos, Rubén Salazar Mallén, Jaime Torres Bodet y Xavier Villaurrutia. A partir de julio de 1930 los editores recurren a los números dobles: 26-27 de julio-agosto de 1930, 28-29 de septiembre-octubre y 30-31 de noviembre-diciembre del mismo año. Se regulariza la aparición mensual desde el número 32, correspondiente a enero de 1931, pero las tres

últimas entregas son bimestrales: números 38-39 de julio-agosto de 1931, 40-41 de septiembre-octubre y 42-43 de noviembre-diciembre del mismo año. Tuvo como antecedentes las revistas *Falange* y *Ulises*, en las que coincidieron varios de sus colaboradores, a quienes se considera desde entonces como el grupo de "Los Contemporáneos", cuya importancia, dijo María del Carmen Millán, destaca por "la obra individual y colectiva que dejaron, por el interés que despertaron hacia todas las literaturas, especialmente la francesa, por la conciencia que tuvieron de las responsabilidades del escritor y la necesidad de extremar el rigor de su formación intelectual. La misión de este grupo fue, según Villaurrutia, la de poner a México en circulación con lo universal". Ligado por la amistad y las afinidades literarias, "Los Contemporáneos" negaron siempre que hubieran sido un grupo en sentido estricto, si bien Torres Bodet lo aceptó de alguna manera: "la unidad de nuestro pequeño grupo no obedecía tanto a la disciplina de una capilla cuanto a una simple coincidencia en el tiempo: a eso que algunos llaman la complicidad de una generación". Ese núcleo incluía al propio Torres Bodet, José Gorostiza, Ortiz de Montellano, Salvador Novo, Enrique González Rojo, Xavier Villaurrutia, Gilberto Owen, Jorge Cuesta, Carlos Pellicer y Elías Nandino, en torno de quienes trabajaron muchos escritores, algunos ya citados aquí. La nómina de colaboradores de la publicación abarca a mexicanos y extranjeros: Gabriel García Maroto, Miguel Othón de Mendizábal, Genaro Estrada, Celestino Gorostiza, Carlos Díaz Dufoo, hijo, Mariano Azuela, Julio Jiménez Rueda, Julio Torri, Jorge Mañach, Antonio Médiz Bolio, Andrés Henestrosa, Octavio G. Barreda, Juan (*sic*) Charlot, Manuel Toussaint, Benjamín Jarnés, Alfonso Reyes, Juana de Ibarbourou, Jesús Acevedo, Juan Marinello, Samuel Ramos, Luis Cardoza y Aragón, Manuel Azaña, Gerardo Diego, Eduardo Villaseñor, Luis Chávez

Revista *Contemporáneos* que se editó en 1928

Orozco, Pablo González Casanova, Felipe Teixidor, León Felipe, Pablo Neruda, Manuel Altolaguirre, Manuel Romero de Terreros, Francisco Monterde, Renato Leduc, Antonio Castro Leal, Jorge Luis Borges, Vicente Huidobro y Ángel Zárraga. Entre los autores traducidos están Juan (*sic*) Cocteau, Paul Valéry, William Blake, Aaron Copland (artículo sobre Carlos Chávez), André Gide, André Maurois, Paul Eluard, Jules Romains, Waldo Frank, Paul Morand, T. S. Elliot, Thornton Wilder, St. John Perse, Sergei Eisenstein y Langston Hughes. Se reproduce obra de Agustín Lazo, Tamayo, Carlos Mérida, Giorgio de Chirico, Orozco, Julio Castellanos, Rodríguez Lozano, Man Ray, Matisse, Pablo Picasso, Braque, Cézanne, Vlaminck, María Izquierdo, Carlos Orozco Romero, Tamiji Kitagawa, Salvador Dalí, Roberto Montenegro, Joan Miró, Emilio Amero, Francisco Díaz de León, Manuel Álvarez Bravo, Alfredo Zalce y Edward Weston.

Gloria Contreras

CONTEPEC ◆ Municipio de Michoacán situado en el noreste de la entidad, en los límites con el estado de México. Superficie: 325.49 km². Habitantes: 28,257, de los cuales 6,295 forman la población económicamente activa. Hablan alguna lengua indígena 16 personas mayores de cinco años. El municipio fue erigido el 24 de julio de 1857. El nombre en náhuatl significa "cerro de la olla".

CONTLA, JOSÉ IGNACIO, NACHO ◆ n. en Torreón, Coah., y m. en el DF (1910-1973). Cómico. Se inició como actor infantil en Ciudad Juárez. Ya adulto se trasladó al DF, donde actuó en carpas en los años treinta, pasó luego al teatro de revista y en la década de los cincuenta formó un trío humorístico con Pompín Iglesias y Susana Cabrera, con quienes hizo una exitosa serie de televisión.

CONTLA DE JUAN CUAMATZI ◆ Municipio de Tlaxcala situado al noreste de la capital del estado y contiguo a Chiautempan. Superficie: 16.8 km². Habitantes: 26,740, de los cuales 6,144 forman la población económicamente activa. Hablan alguna lengua indígena 5,037 personas mayores de cinco años (náhuatl 5,009).

CONTLAN(¿CZ?)INCO, MAPA DE ◆ Documento proveniente de Contlan(¿cz?)inco, Tlaxcala. Fue elaborado en el siglo XVIII. Se trata de un óleo sobre tela de 74 por 54 centímetros. Acompañada de textos en español, la representación del paisaje, las personas y las construcciones son plenamente europeas, si bien algunos caminos tienen huellas humanas, a la usanza prehispánica. El original se halla en la Biblioteca Nacional de Antropología e Historia.

CONTOY ◆ Isla situada en el Caribe, frente a las costas de Quintana Roo, al este de cabo Catoche y al norte de Cancún. Tiene una superficie aproximada de 60 kilómetros cuadrados. También es conocida como isla de los Pájaros. Es reserva de vida silvestre.

CONTRALORÍA GENERAL DE LA NACIÓN ◆ Dependencia del Poder Ejecutivo Federal creada en 1917 para cuidar de la legalidad en el manejo que hacían los funcionarios de los fondos públicos. En 1929 se le mencionaba como Contraloría de la Federación. En enero de 1933 fue suprimida y sus funciones pasaron a la Secretaría de Hacienda.

CONTRERAS, CALIXTO ◆ n. en Ávila, Dgo., y m. cerca de Cuencamé, Dgo. (1862-1918). Minero. Fue a la cárcel por defender los derechos agrarios de los comuneros de Ocuila y Santiago. Participó en la rebelión maderista. En 1913 se alzó en armas contra Victoriano Huerta. Militó en el villismo. Asistió a la Convención de Aguascalientes. Murió en combate contra las fuerzas carrancistas.

CONTRERAS, CARLOS ◆ n. en Aguascalientes, Ags., y m. en el DF (1892-1970). Arquitecto. Hijo de Jesús F. Contreras. Estudió en EUA. Impartió cátedra en las universidades de Columbia y Nacional de México. Perteneció a varias agrupaciones profesionales y fue vicepresidente (1939-65) de la International Federation for Housing and Planning, con sede en La Haya. Representó en México a la Fundación Guggenheim desde 1939 hasta 1965. Elaboró los planos reguladores de Acapulco, Guadalajara, Matamoros, Mexicali, Monterrey, Veracruz y la capital de la República.

CONTRERAS, FRANCISCO, PANCHO ◆ n. en el DF (1934). Jugador de tenis. Su segundo apellido es Serrano. A los 17 años, en pareja con Joaquín Reyes, fue campeón nacional de dobles. Continuó becado en Estados Unidos en aprendizaje de este deporte, mientras cursaba la carrera de administración de empresas. Formó parte del equipo mexicano de Copa Davis, del que fue capitán a los 22 años y su dirigente en 1975. Jugó en la serie final de este certamen contra Australia en 1962. Trabaja como comentarista deportivo de televisión.

CONTRERAS, GLORIA ◆ n. en el DF (1938). Bailarina y coreógrafa. Estudió en México con Nelsy Dambré (1946-54) y en Nueva York con Pierre Vladimirov, Felia Doubrovska, Anatole Oboukhoff, Muriel Stuart y George Balanchine en la School of American Ballet (1956-64) y con Carola Trier (1958-65). Fue bailarina del Ballet de Nelsy Dambré (1950-53), del Ballet Concierto (1953-55), del Royal Winnipeg Ballet (1955-56), de The Gloria Contreras Dance Company (Nueva York, 1962-70) y del Taller Coreográfico de la UNAM (1970-86), del que es fundadora y directora. Sus coreografías figuran en el repertorio de compañías mexicanas y extranjeras. Como intérprete se presentó en un millar de funciones. Es autora de 138 coreografías y de ellas las más celebradas son *Huapango*, con música de Moncayo (1959); *El mercado*, de Blas Galindo (1959); *Sensemayá*, de Revueltas (1965); *Eioua*, de Machaut (1962); *Sonata*, de Stravinsky (1966); *La muerte de un cazador*, de Mahler (1967); *Danza para mujeres*, de Pergolese (1970);

Interludia, de Henze (1970); *Integrales*, de Varese (1971); *8 x jazz*, de Dave Brubeck (1973); e *Imágenes del quinto sol*, de Federico Ibarra (1984). Ha escrito sobre danza para algunos diarios y revistas del DF. Autora de los libros *Contrología* (1980, 1997) y *Ballet paso a paso* (1990 y 1993). Becaria del Sistema Nacional de Creadores de Arte (1994-97). Ha recibido premios de la Unión Mexicana de Cronistas de Teatro y Música (1970 y 1984), el Premio Ixtlilton y Medalla de Oro en el Festival Mundial del Folklore de Guadalajara (1972), la Copa de Plata a la Excelencia Artística de la revista *Ópera Popular* de Estados Unidos (1981), dos veces la medalla Una Vida en la Danza del INBA (1985 y 89) y el Premio Universidad Nacional (1995).

CONTRERAS, JESÚS F. ◆ n. en Aguascalientes, Ags., y m. en la Cd. de México (1866-1902). Escultor. Su nombre completo era Jesús Fructuoso Contreras Chávez. Hijo de un militar juarista. Estudió en San Carlos con Miguel Noreña, de quien fue ayudante, y a partir de 1887 en París, donde se relacionó con Bertholdi, autor de la estatua de La Libertad que está frente a Nueva York. Retornó a México en 1890 y tres años después abrió la Fundición Artística Mexicana, en la que figuraba Porfirio Díaz como presidente del consejo y de donde salieron importantes obras de varios artistas, incluido el propio Contreras. Es autor de la estatua ecuestre del general Zaragoza que se halla en Puebla; la del general Ramón Corona, en Guadalajara; la de Juárez, en Chihuahua; de Zaragoza y Manuel Acuña, en Saltillo; la de González Ortega, en Zacatecas, y las de Galeana, De la Fuente, López Cotilla y Primo Verdad que están en el Paseo de la Reforma, de bustos de Justo Sierra y Federico Gamboa; del Monumento a la Paz de Guanajuato y de los relieves del Monumento a la Raza. Contrajo cáncer y los médicos le amputaron el brazo derecho, pese a lo cual todavía ejecutó varias obras, entre ellas *Desespoir* y *Malgré Tout* (Primer Premio en la Exposición

Universal de París de 1900), que hasta 1985 permanecieron en la Alameda Central de la ciudad de México y ahora están en Aguascalientes.

CONTRERAS, MANUEL MARÍA ◆ n. y m. en la Cd. de México (1833-1902). Matemático. Combatió a los invasores estadounidenses en la guerra de 1847. Se tituló como ingeniero ensayador y de minas. Impartió cátedra en la Escuela Nacional Preparatoria y en la de Ingenieros. Fue director de la Normal, diputado, senador y presidente del ayuntamiento capitalino. Autor de libros sobre diversas ramas de la matemática.

CONTRERAS, TINO ◆ n. en Chihuahua, Chih. (1926). Músico. Pianista y arreglista de jazz. Con su propio grupo se ha presentado en México y en el extranjero y ha grabado varios discos. Entre sus obras más populares pueden mencionarse *Luna tasqueña*, *La rana loca*, *Bella Chihuahua*, *Azúcar y sal*, *Blues siete cuartos*, una *Misa en jazz* y *Jazz mariachi*. Compuso música incidental para las películas *Los tres farsantes*, *Tin Tán Crusoe* y *Un yucateco honoris causa*. Escribió el libro *Mi amor, el jazz* (1986).

CONTRERAS, VÍCTOR MANUEL ◆ n. en Guadalajara, Jal. (1941). Escultor. Estudió con Ignacio Asúnsolo y a partir de 1957 en EUA, Alemania y Francia. En 1969 fundó el Museo de Arte Contemporáneo de la Universidad Autónoma de Guerrero. Entre sus obras se cuentan las ejecutadas en Chilpancingo: *Proyección del hombre hacia el futuro* e *Himno al trabajo* (Palacio de Gobierno, 1972); *Escudo* (en el mismo lugar, 1973), *A la madre* (Alameda, 1973) y el monumento *A los Niños Héroes de Chapultepec* (Alameda, 1974). Su escultura *Las manos de Dios* se halla en la Universidad de Misioneros de Estados Unidos. En 1963 ganó un Primer Premio de Escultura, en París, y en 1975 obtuvo un primer lugar en EUA por su relieve en bronce *El bien y el mal* que se halla en el Palacio de Justicia del Hamilton Country, de Chatanooga.

CONTRERAS, YURIRIA ◆ n. en el DF (1962). Locutora y actriz. Estudió actuación en el Centro Universitario de

Teatro. Comenzó a trabajar en Radio UNAM (1980) como locutora de programas breves y noticiarios. Actualmente, elabora guiones y produce, además de entrevistar y conducir. También ha trabajado en Dimensión 1380. Premio Azteca de Oro a la mejor locutora de la Ampryt (1990).

CONTRERAS ALCOCER, ÁNGEL ◆ n. y m. en Puebla, Pue. (1847-1905). Médico. Impartió cátedra en el Colegio Carolino. Autor de *La anestesia y la técnica de cloroformización* y de obras sobre cirugía.

CONTRERAS ALATORRE, JORGE EDUARDO ◆ n. en el DF (1949). Contador público por la UNAM con estudios de posgrado en administración. Miembro del PRI. Ha sido subdirector de Contraloría de la SEP (1977-78), subdirector general de Contabilidad de la SCT (1978-79); subdirector de Normas (1978-81), director de Normatividad para la Auditoría (1981-82) y director general de Control y Auditoría Gubernamental de la SPP (1982); y subtesorero (1982-85), director general de Acción Social, Cívica y Cultural (1985-88) y delegado del DDF en Álvaro Obregón (1988-). Autor de *La creatividad en la administración pública* (1974).

CONTRERAS CALLEJA, ANTONIA ◆ n. en el DF (1957). Locutora. Licenciada en geografía por la UNAM, de la que es profesora desde 1978. Condujo el noticiario televisivo *Última Edición* del canal 7 (1986-).

CONTRERAS CALLEJA, ROBERTO ◆ n. en el DF (1935). Desde 1952 es miembro del PRI. En la Presidencia de la República fue coordinador de la Oficina de Prensa (1958-64), jefe de Prensa de la Dirección General de Difusión (1964-70), director adjunto de Comunicación Social (1977-79) y director de Información de la Dirección General de Comunicación Social (1982). Ha sido secretario auxiliar del jefe del DDF (1971-76), director general de Comunicación Social de la SHCP (1986-88) y

Jesús Contreras

director general de la Unidad de Comunicación Social de la Sedue (1988-).

CONTRERAS CANTÚ, JOAQUÍN ◆ n. en Tampico, Tams. (1937). Licenciado en derecho. Profesor del Instituto de Ciencias Tecnológicas de Tampico y de la Universidad Autónoma de Tamaulipas, donde ha sido jefe de la División de Estudios Superiores. Desde 1955 es miembro del PRI, del que fue presidente estatal en Tamaulipas (1983). Ha sido presidente de la Junta de Mejoras Materiales de Tampico y alcalde del mismo municipio (1981-83); coordinador de Comunicación Social y Relaciones Públicas y secretario general del gobierno de Tamaulipas (1983-84), diputado federal (1985-88) y delegado del DDF en Benito Juárez (1988-). Es miembro del Instituto Mundial de Estudios de Política de la Tierra, con sede en Harvard.

CONTRERAS COLIMA, ESTANISLAO ◆ n. en Zacoalco de Torres, Jal. (1936). Escultor. Estudió en la Escuela de Artes Plásticas de la Universidad de Guadalajara, donde es profesor de escultura y cerámica. Trabajó como restaurador del Instituto de Antropología e Historia. Ha presentado exposiciones individuales desde 1962, entre otras la de 1970 en el Museo de Arte Moderno de la capital del país. En 1962 y 1965 ganó el Premio Jalisco y ha obtenido tres menciones en otras tantas bienales de escultura del INBA.

CONTRERAS CONTRERAS, FRANCISCO ◆ n. en Morelos, municipio de Tamazula, Jal. (1947). Licenciado en economía. Trabaja como profesor universitario. Ha sido secretario de organización de la CNOP en Jalisco, secretario general del PRI en el mismo estado, presidente municipal de Tuxpan, Jal. (1974-76) y diputado federal (1985-88).

CONTRERAS FLORES, ROMMEL ◆ Cortázar, Gto. (1955). Profesor normalista titulado en la Escuela Normal Rural de Tepaltepec (1971-75) y licenciado en ciencias sociales por la Escuela Normal Superior de Nayarit (1976-81). Fue miembro del comité central (1975) y secretario de Organización del PST

(1983-88) y del PFCRN (1988-). Ha sido secretario general de la Unión Nacional de Trabajadores Agrícolas (1982-83) y de la Unión Estatal de Colonias (1985-88), regidor de Cortázar (1986-88), secretario de asalariados del campo de la Central Campesina Cardenista (1988-89) y diputado federal (1988-91). Colaborador del periódico *AM Celaya*.

CONTRERAS GUERRERO, JAIME ◆ n. en el DF (1933). Estudió en el Colegio Militar (1949-51). Es licenciado en administración militar por la Escuela Superior de Guerra (1958-60) y asistió a un curso de posgrado en defensa continental en el Colegio Interamericano de Defensa de EUA (1969-70). Desde 1952 es miembro del PRI. Fue agregado militar adjunto en la embajada mexicana en Washington (1970-71), delegado por el Ejército Mexicano ante la Junta Interamericana de Defensa y ante la Comisión México-EUA de Defensa Conjunta, ambas con sede en EUA (1970-72); subjefe (1972) y jefe de la sección segunda del Estado Mayor de la Secretaría de la Defensa Nacional (1973-74); jefe del Estado Mayor de la X Zona Militar (1975), comandante del XXVI Batallón de Infantería (1975-76), subjefe del Estado Mayor de la misma Secretaría (1976-79), agregado militar en la embajada mexicana en España (1979-81), director del Colegio Militar (1983-84), jefe de la delegación mexicana a la XIII Junta de Ejércitos Americanos celebrada en Bogotá (1985), comandante de la XXI Zona Militar (1985-86), presidente del Supremo Tribunal Militar (1986-) y subsecretario de la Defensa Nacional (1994-).

CONTRERAS MEDELLÍN, MIGUEL ◆ n. en Guadalajara y m. en Sayula, Jal. (1824-1860). Abogado. Participó en la guerra de 1847 contra los invasores estadounidenses. Ocupó puestos públicos en Jalisco. Combatió contra los conservadores durante la guerra de los Tres Años. Gobernador de Colima en 1858, 1859 y 1860. Murió a consecuencia de las heridas recibidas en combate.

CONTRERAS DE OTEYZA, PEDRO ◆ n. en el DF (1955). Tomó un curso de

capacitación museográfica con Paul Coremans y asistió al Taller de Escultura del Centro de Artes Plásticas del Seguro Social (1974-77). Ha trabajado como museógrafo y profesor de modelado. Definido como escultor de estilo semifigurativo, ha participado en exposiciones colectivas desde 1973.

CONTRERAS SOTO, EDUARDO ◆ n. en el DF (1965). Investigador especializado en música mexicana del periodo nacionalista. Licenciado en literatura dramática por la UNAM. Investigador del Centro Nacional de Información y Documentación Musical del INBA desde 1989. Ha publicado los ensayos *Eduardo Hernández Moncada* (1993) y *La música de Silvestre Revueltas para el cine y la escena*.

CONTRERAS TORRES, MIGUEL ◆ n. en Michoacán y m. en el DF (1904-1981). Cineasta. Militó en el ejército constitucionalista, del que filmó algunas batallas. Se retiró en 1923 con el grado de mayor. Se inició en el cine mudo como actor y productor con la película *El Zarco* (1920). Escribió, dirigió y protagonizó *El caporal* (1921), *El sueño del caporal* (1922), *De raza azteca* (1921), *El hombre sin patria* (1922), *Almas tropicales* (1923), *Aguiluchos mexicanos* (1924) y *México militar* (1925). En el cine sonoro dirigió, entre otras, las cintas *Revolución o La sombra de Pancho Villa* (1932), *Juárez y Maximiliano* (1934), *¡Viva México!* (1934), *No te engañes corazón* (presentación de Cantinflas en el cine, 1936), *Simón Bolívar* (1941), *Caballería del imperio* (1942), *El padre Morelos* (1943), *El Rayo del Sur* (1943) *La vida inútil de Pito Pérez* (1943), *Bamba* (1948), *Soy mexicano de acá de este lado* (1951) y *Tehuantepec* (1953), *Pueblo en armas* (1958) y *¡Viva la soldadera!* (1958). Fue también autor de guiones, adaptador y productor. En México y España rodó *Oro, sangre y sol* (1923) y *Sangre en el ruedo o Bajo el cielo de España* (1952); en Cuba *Ejército cubano* (1926); en México, España y EUA *El relicario* (1926); en España y Francia *El león de la sierra Morena* (1927); en

Nueva York *No matarás* (¿1934?); en Hollywood *Soñadores de la gloria*; en Londres *White Hall* y, en Guatemala, *El hermano Pedro* (1964).

CONTRI, SILVIO ◆ n. en Italia y m. en Francia (?-1933). Arquitecto. Llegó a México en 1892. Se naturalizó estadounidense en 1904, pero en 1923 adoptó la nacionalidad mexicana. En la ciudad de México realizó las casas particulares de Uruguay 49 y Versalles 49; la tumba de José María Mata en el panteón de Dolores (1899), el Palacio de las Comunicaciones, desde 1981 Museo Nacional de Arte, en la calle de Tacuba (1902-11); el edificio High Life, situado en la esquina de Madero y Gante (1922); y el del diario *Excélsior*, en Paseo de la Reforma (1922).

CONVENCIÓN, LA ◆ Diario de la Soberana Convención Revolucionaria. El número uno se publicó el 19 de octubre de 1914 en Aguascalientes. Heriberto Frías aparecía como director y Rafael E. Machorro como jefe de redacción. Posteriormente, conforme la Convención cambiaba su sede, el periódico se editaba en la ciudad que ocupaba el gobierno: San Luis Potosí, la ciudad de México (a partir del 16 de diciembre) y Cuernavaca.

CONVENCIÓN DE GENERALES Y GOBERNADORES ◆ Asamblea convocada por Venustiano Carranza el 4 de septiembre de 1914, en cumplimiento de las reformas al Plan de Guadalupe de julio del mismo año, las cuales establecían que una vez derrotado Victoriano Huerta se llamaría a una reunión donde estuvieran representadas todas las facciones a razón de un delegado por cada mil hombres de tropa. La Convención se inició en la ciudad de México el primero de octubre pero sin la asistencia de los representantes villistas y zapatistas. El día 6 acordaron trasladarse a un punto neutral y se dirigieron a la ciudad de Aguascalientes mientras reiteraba la invitación a los jefes de la División del Norte y del Ejército Liberador del Sur para que enviaran delegados, lo que sucedió poco después. En Aguascalientes los

integrantes de la asamblea decidieron llamarla Soberana Convención Revolucionaria. Carranza, para aceptar sus acuerdos, puso como condición que se les quitara el mando a Villa y a Zapata, en cuyo caso él estaría dispuesto a renunciar a todo cargo. Como sus rivales no aceptaron se retiró a Veracruz y las tropas convencionistas ocuparon la ciudad de México, donde se designó presidente a Eulalio Gutiérrez el 5 de noviembre y el 6 tomó posesión del cargo. El 13 de enero de 1915 Gutiérrez intentó quitar el mando a Villa y a Zapata, lo que dejó sin sustento a su gobierno. La Convención eligió entonces a Roque González Garza como presidente el 16 de enero y diez días después abandonaba la capital ante el amago de los carrancistas. Luego de permanecer en Cuernavaca regresó a la ciudad de México el 10 de marzo. Las diferencias de los zapatistas con González Garza se ahondaron y la Convención designó como presidente a Francisco Lagos Cházaro el 10 de junio. Al mes de nombrado el nuevo gobierno éste debió ir hacia Toluca por la amenaza que representaba el ejército carrancista. Volvió días después para salir definitivamente el primero de agosto. Toluca cayó en poder del constitucionalismo el 10 de octubre y el presidente convencionista se vio obligado a huir, con lo que terminó la vida de la Convención.

CONVERGENCIA DEMOCRÁTICA ◆ Partido político creado en 1998. Obtuvo su registro ese mismo año. Dante Delgado Rannauro es presidente de su Comité Directivo Nacional, del que también forman parte Enrique Herrera (secretario general), Cuauhtémoc Velasco Oliva y Adán Pérez Utrera (presidente y secretario de Acuerdos de su Consejo Político Nacional).

CONWAY, GEORGE ROBERT GRAHAM ◆ n. en Inglaterra y m. en Canadá (1873-1945). Ingeniero civil. Trabajó en México, a partir de 1907, para varias empresas extranjeras. Reunió aquí una colección bibliográfica de temas mexicanos, una parte de la cual quedó en el

país en manos de particulares y del Tecnológico de Monterrey. Escribió *An Englishman and the Mexican Inquisition 1556-1560* (1927), *La Noche Triste Documents* (1943), *The Last Will Hernan Cortes* (1943), *Rowing Around Tenochtitlan* y una obra sobre el caricaturista Ernesto García Cabral.

CONZATTI, CASSIANO ◆ n. en Italia y m. en Oaxaca, Oax. (1862-1951). Botánico. Llegó a México en 1885. Fue asistente de Enrique Rébsamen, a quien sustituyó como director de la Normal de Veracruz (1889). Luego dirigió la Escuela Modelo de Orizaba (1890) y después la Normal de Oaxaca (1891). Autor de una extensa obra en la que destaca *La flora taxonómica mexicana*, en 14 tomos.

COOK, KARL R. ◆ n. en EUA y m. en la Cd. de México (1861-1964). Delincuente que perteneció a la pandilla de Billy the Kid. Perseguido, cruzó la frontera hacia México en 1885. Aquí se estableció e hizo fortuna. Fue el fraccionador de los terrenos que hoy constituyen la colonia Roma.

COOPERATIVISMO ◆ Doctrina social que propugna la constitución voluntaria de empresas para beneficio de quienes las integran. Esta forma de organización es autogestionaria, basada en la democracia interna. En ella todos los miembros tienen los mismos derechos y sus obligaciones varían de acuerdo con sus capacidades, las que determinan el pago que recibe cada uno. Es una forma de empresa privada en la cual son los propios trabajadores quienes reciben la ganancia. Hay cooperativas de producción, de consumo y de crédito, aunque suelen reunir dos o más de estos giros. Sus orígenes teóricos se hallan en las utopías. Las primeras fueron constituidas en Inglaterra a principios del siglo XIX. A mediados de esa centuria se extendió tal forma de asociación impulsada por autores anarquistas como Proudhon, quienes veían en el cooperativismo la forma más eficaz de contrarrestar la explotación capitalista y llegaban al extremo de considerarlas la base de una revolución social. En México la discusión sobre el cooperativismo se inició en los años setenta del siglo XIX. Con más de un milenio de tradición en el trabajo comunitario, la idea de crear cooperativas no parecía ajena a los trabajadores mexicanos. En 1872, el periódico *El Socialista* reproducía un discurso de Juan de Mata Rivera, quien decía a los miembros de las sociedades mutualistas entonces en auge: "necesitamos movilizar los fondos que comenzamos a acumular, acometiendo empresas lucrativas, creando sociedades cooperativas". Al año siguiente, el carpintero Ricardo B. Valeti insistía en el punto ante el Círculo de Obreros de México: "No es el socorro mutuo donde la juventud obrera tiene fundadas sus lisonjeras esperanzas; no es eso lo que ella ambiciona; el mutualismo no ha de ser, por más que se quiera decir, el que ha de levantarnos de la abyección en que hoy estamos postrados. Ya no más cofradías, fundemos sociedades cooperativas, de consumo, sociales e internacionales, y éstas sí, no lo dudéis, nos levantarán y engrandecerán; por todas partes talleres, fábricas, molinos y empresas de ferrocarrileros veréis gracias a esas benéficas sociedades que convierten al obrero en propietario y que lo impulsan al estudio del arte y el oficio a que se ha dedicado para su perfecta construcción". En los años setenta y ochenta del siglo XIX surgieron decenas de cooperativas, sobre todo en la capital, donde el mutualismo contaba con más adeptos y, principalmente, porque ahí se hallaba el mayor número de artesanos desplazados por la industria. Hubo cooperativas de consumo, las menos; nacieron otras de producción, creadas incluso para financiar huelgas como la de sombrereros de 1875, y las había también de crédito, como la Caja Cooperativa de la Sociedad del Ramo de Sastrería, la Caja Popular Mexicana, el Banco Social del Trabajo, el Banco Popular de Obreros, el Banco Nacional de Obreros y el Banco de Empleados. Muchas de estas organizaciones tuvieron una vida efímera y algunas no pasaron de meros proyectos. Entre las

causas que frenaron su desarrollo se cuenta el hecho que unos socios fueran accionistas y otros asalariados. La causa estaba en que los artesanos difícilmente poseían el capital suficiente para integrar las sociedades en un plano de igualdad. En los años ochenta Porfirio Díaz promovió la creación de cooperativas agrarias. Sin embargo, movido por su desconfianza hacia todo lo que significara autonomía de los trabajadores, aplastó los sueños autogestionarios. En 1897 las cooperativas agrarias, por decisión del dictador, desaparecieron para que su lugar fuera ocupado por las compañías colonizadoras. No sólo las asociaciones del campo fueron reprimidas. Todas las cooperativas fueron declaradas ilegales y poco después se promulgó una reglamentación que condicionaba su existencia al total control del gobierno. Sería en los inicios del siglo XX cuando se volviera a discutir el tema. En medio del fermento de la revolución surgía, una y otra vez, la idea de establecer cooperativas para resolver problemas sociales como el desempleo y el hambre. La Constitución de 1917 hace diversas referencias a las "asociaciones o sociedades cooperativas" y las pone bajo el tutelaje del Estado. Bajo una evidente influencia del viejo anarquismo, diversos grupos políticos veían en las cooperativas la fórmula de emancipación de los trabajadores. En agosto de 1917 se fundó el Partido Nacional Cooperatista, el segundo en importancia bajo la presidencia de Venustiano Carranza. Este partido, creado por Jorge Prieto Laurens, Rafael Pérez Taylor y otros políticos de la época, contaba con el apoyo del secretario de Gobernación Manuel Aguirre Berlanga y del gobernador de Coahuila, Gustavo Espinosa Mireles. En 1920 apoyó la candidatura de Álvaro Obregón y obtuvo la mayoría en la Cámara de Diputados, lo que no sirvió mayormente a la causa del cooperativismo. En 1923 desapareció durante la asonada delahuertista. La primera Ley de Cooperativas entró en vigor en 1928 y fue sustituida en 1933 y 1938. En los años ochenta se modi-

ficó el régimen fiscal sobre cooperativas y esta forma de organización perdió su atractivo.

COORDINADORA NACIONAL DEL MOVIMIENTO URBANO POPULAR ◆ Organización fundada en la ciudad de Durango, en abril de 1981, durante el segundo Encuentro Nacional de Movimientos Populares, al que asistieron más de 2,000 delegados de 60 agrupaciones de colonos e inquilinos de 14 estados de la República Mexicana, entre otros el Comité de Defensa Popular Francisco Villa, de Chihuahua; el Consejo General de Colonias de Acapulco; el Comité de Defensa Popular de Durango; la Unión de Colonias Populares del DF y el Frente Popular Tierra y Libertad de Monterrey. Tuvo como antecedente la Coordinadora Nacional Provisional del Movimiento Popular, creada en Monterrey, en mayo de 1980, durante el primer Encuentro Nacional de Colonias Populares, donde estuvieron representadas 20 organizaciones. En mayo de 1982 se celebró el tercer Encuentro Nacional del Movimiento Urbano Popular, en Acapulco, Guerrero. Participa en el Frente Nacional por la Defensa del Salario, Contra la Austeridad y la Carestía (FNDSCAC). Desde noviembre de 1981 publica el boletín *Conamup*, que es también la abreviatura que identifica a la Coordinadora.

COORDINADORA NACIONAL PLAN DE AYALA ◆ Organización agrarista fundada en 1979. Agrupa a solicitantes de tierras, ejidatarios, comuneros y asalariados del campo.

COORDINADORA NACIONAL DE TRABAJADORES DE LA EDUCACIÓN ◆ Organización constituida en 1979 que aglutina a las principales corrientes no priistas del Sindicato Nacional de Trabajadores de la Educación.

COPAINALÁ ◆ Municipio de Chiapas situado al norte de Tuxtla Gutiérrez, cerca de los límites con Veracruz. Superficie: 330.4 km². Habitantes: 17,035, de los cuales 4,314 forman la población económicamente activa. Hablan alguna lengua indígena 1,475 personas mayores de cinco años (zoque 1,002 y tzotzil 463). Cuenta con atractivos para el turismo como una zona arqueológica y lugares del río Zacalapa donde se puede practicar la pesca deportiva.

COPALA ◆ Municipio de Guerrero situado en la costa del océano Pacífico, al este de Acapulco, cerca de los límites con Oaxaca. Superficie: 344.4 km². Habitantes: 12,814, de los cuales 2,500 forman la población económicamente activa. Hablan alguna lengua indígena 156 personas mayores de cinco años (mixteco 71 y amuzgo 44). Fue asentamiento de población de origen africano. Cuenta con playas y otros lugares que pueden convertirse en centros de atracción turística.

COPALILLO ◆ Municipio de Guerrero situado en el noreste de la entidad, cerca de los límites con Puebla. Superficie: 898.6 km². Habitantes: 14,090, de los cuales 1,874 forman la población económicamente activa. Hablan alguna lengua indígena 9,409 personas mayores de cinco años (náhuatl 9,401). Indígenas monolingües: 3,401.

COPANATOYAC ◆ Municipio de Guerrero situado al este de Chilpancingo, cerca de los límites con Oaxaca. Superficie: 388.4 km². Habitantes: 14,126, de los cuales 2,197 forman la población económicamente activa. Hablan alguna lengua indígena 11,122 personas mayores de cinco años (mixteco 5,985 y náhuatl 5,028). Indígenas monolingües: 3,401.

COPÁNDARO ◆ Municipio de Michoacán contiguo a Morelia y situado cerca de los límites con Guanajuato. Superficie: 130.63 km². Habitantes: 9,677, de los cuales 1,665 forman la población económicamente activa. Hablan alguna lengua indígena ocho personas mayores de cinco años. El municipio se erigió el 31 de octubre de 1949. El nombre significa "lugar de aguacate". En la cabecera, Copándaro de Galeana, situada a orillas del lago de Cuitzeo, la principal fiesta es el martes de Carnaval, cuando los danzantes bailan todo el día, en medio de una feria regional con baile de disfraces, fuegos artificiales, *toritos* y charreadas.

COPILCO ◆ Centro arqueológico situado en el sur de la zona urbana del DF. En 1917 se encontraron objetos y restos humanos que datan de hace unos 2,500 años.

COPLAND, AARON ◆ n. y m. en EUA (1900-1990). Músico. Inició sus estudios profesionales en Nueva York. En Francia, asistió a la Escuela de Música del Palacio de Fontainebleu y al Conservatorio de París. Fue discípulo de Nadia Boulanger. Volvió a Estados Unidos en 1923, año en que se estrenó su *Primera sinfonía para órgano y orquesta*. Fue becario de la Fundación Guggenheim. Dirigió la Liga de Compositores Americanos. Fundó la Copland Sessions Concerts para difundir e impulsar la música nueva. A fines de los años veinte conoció en Nueva York a Carlos Chávez y éste lo invitó a venir para "un concierto completo con sus obras" y para que escribiera algo de tema mexicano. Visitó el país por primera vez en 1932, de donde resultó *Salón México*, una de sus obras más populares e interpretadas, que incorporó elementos escuchados en ese centro de baile y en las canciones *El mosco*, *El palo verde* y *La Jesusita*. *Salón México* fue estrenada en 1937 por la Orquesta Sinfónica de México, dirigida por el propio Chávez. También compuso "tres bosquejos latinoamericanos": *Paisaje mexicano* (1959), *Danza de Jalisco* (1959) y un *Estribillo* (1971), que si bien consideró venezolano, "es el que acusa mayor admiración de Copland por Carlos Chávez", según dice la musicóloga Tita Valencia.

COQUEETAÁ ◆ Principal deidad masculina zapoteca. Se le llama *Leta ahuila* o *Coqueehilá* en su advocación de dios de los muertos. Su consorte es Xonaxihuilia.

COQUET LAGUNES, BENITO ◆ n. en Jalapa, Ver., y m. en el DF (1913-1993). Abogado por la Universidad Veracruzana. Participó en la campaña presidencial de José Vasconcelos. Vicepresidente de la Confederación Nacional de Estudiantes (1934). Director general de Educación Extraescolar y Estética (Bellas Artes) de la SEP. Diputado fede-

ral (1943-46). Autor de la Ley que creó el Premio Nacional de Ciencias y Artes y miembro de la comisión dictaminadora de la reforma al artículo tercero constitucional. Oficial mayor de la Secretaría de Gobernación (1946-47), embajador en Cuba (1947-52), subsecretario (1952-55) y secretario de la Presidencia (1955-58) y director general del IMSS (1958-64). Autor de *Ensayo histórico-político sobre los habitantes indígenas del estado de Veracruz* (1939), *Notas para una semblanza de México* (1952), discursos, ensayos aparecidos en publicaciones especializadas y artículos periodísticos.

COQUET RAMOS, JUAN BENITO ◆ n. en Jalapa, Ver. (1959). Licenciado en derecho por la Universidad Anáhuac (1979-81), de la que ha sido profesor. Miembro del PRI desde 1980, año en que se incorporó al sector público, donde ha sido jefe de asesores del secretario de Gobierno B del DDF (1983), secretario particular del jefe del Departamento del Distrito Federal, Ramón Aguirre (1983-86) y coordinador de asesores del mismo funcionario (1986-88). Autor de *Ciudad devastada* (poesía, 1988).

COQUIMATLÁN ◆ Municipio de Colima que ocupa la parte central del estado. Superficie: 320.19 km². Habitantes: 16,939, de los cuales 4,724 forman la población económicamente activa. Hablan alguna lengua indígena 15 personas mayores de cinco años.

CORA, JOSÉ ZACARÍAS ◆ n. en Puebla, Pue., y m. en la Cd. de México (1752-¿1818?). Escultor. Es autor del *San Cristóbal* que figura en el templo del mismo nombre en la capital poblana. Llamado por Tolsá ejecutó las estatuas de las torres de la Catedral Metropolitana.

CORA VILLEGAS, JOSÉ ANTONIO ◆ n. y m. en Puebla, Pue. (1713-1785). Escultor. Existen obras suyas en los templos del Carmen, San Cristóbal y La Merced en la ciudad de Puebla. También se le conoce como Villegas Cora.

CORAL CASTILLA, ELENA ELFI ◆ n. en Chetumal, Q. Roo (1946). Contadora pública titulada en la Universidad Autónoma de Yucatán (1966-71) con estudios de especialización en el Centro de Estudios Científicos y Tecnológicos de Chetumal (1973). Pertenece al PRI desde 1970. Ha sido contadora general (1983-86), subsecretaria de Finanzas (1984-87) y contralora de Quintana Roo (1987); y diputada federal (1988-91).

CORAS ◆ Indios de Nayarit que habitan en la sierra Madre Occidental en los límites con Jalisco. El nombre que se dan en su lengua, *náayarite*, lo aplicaron los españoles a la provincia y luego estado de Nayarit. La cultura cora floreció entre los años 400 y 900, en la fase llamada antigua que tuvo por principal ciudad a Centispac, y de 900 a 1200, cuando se desarrolló el aprovechamiento de los metales y surgieron centros urbanos y ceremoniales como Amapa, La Yesca e Ixtlán. Los coras ofrecieron una tenaz resistencia a los conquistadores, quienes llegaron a la región en 1524, se apoderaron de sus tierras y sometieron a miles de ellos a la esclavitud de la encomienda. El pillaje, las

violaciones, matanzas y toda clase de abusos que cometían los españoles ocasionaron huidas masivas hacia los lugares más inaccesibles de la sierra. Desde ahí, los indios bajaban periódicamente sobre las ciudades en son de guerra. Su rebeldía era castigada con el *herraje*, la marca en la cara o en la espalda con fierro al rojo vivo. En 1541 Tenamaxtli acaudilló el último gran levantamiento del siglo XVI. Las autoridades virreinales no repararon en medios hasta sofocar la revuelta. El reino de Nueva Galicia tuvo por capital a Compostela y esta ciudad fue sede de una de las diócesis más importantes de la Colonia, lo que demuestra el interés de los conquistadores por doblegar la resistencia cora y, por supuesto, explotarlos junto con sus tierras y riquezas. Los esfuerzos del gobierno colonial sólo fructificaron parcialmente, pues durante los siglos XVI y XVII no pudieron penetrar en la sierra. A principios del siglo XVIII los coras tomaron Acaponeta. Desde Guadalajara se enviaron tropas españolas que fueron exterminadas. El rey mismo ordenó que se emplearan todos

los recursos para someter a los indios, "quitando ese lunar que tanto afea a la cristiandad de estos dilatados reinos". No era la intolerancia religiosa lo único que movía a Felipe V. El monarca español tenía en mente las riquezas del Nayar, sobre las cuales, en el primer número de su *Gaceta*, Castorena decía: "Es el Nayari una Provincia, ó Reyno de Indios, que tiene de largo 100 leguas. Sus fructos son Cera fina, Miel de avejas, Algodón y otras frutas de tierra fría, y caliente, porque en su distancia logra estos dos temperamentos. Son tan ricos los minerales de que abunda, que los indios sólo con quemar las piedras sacan la plata, en unos texitos que llaman *Tepuzques*, de cuyas piedras se ha mandado por su Excelencia hazer fundición, para ver si la Plata tiene ley de Oro." En acatamiento de la real instrucción, y para que los coras renegaran de sus creencias, se envió a convencerlos al hábil fraile Antonio Margil de Jesús, pero sus prédicas y sus regalos fueron rechazados. Ante ese fracaso se mandó en 1716 otro contingente militar, pero los indios se replegaron sin ofrecer com-

Semana Santa cora en Jesús María, Nayarit

bate. Un nuevo intento de acercamiento pacífico fue el origen de una entrevista que concedió el virrey a un grupo de notables, a quienes intentó convencer, mediante halagos y amenazas, de las bondades del vasallaje. Los representantes indígenas no contradijeron al funcionario de la Corona española y regresaron a sus tierras, donde se rompió el contacto con ellos. Las autoridades coloniales recurrieron otra vez a las armas y en 1722, de acuerdo con la versión de la *Gaceta*, "Aviendo llegado el Gobernador Don Juan Flores de San Pedro, y requerido de paz a los rebeldes nayaritas, una y otra vez, y ofreciéndoles partidos muy útiles, los despreciaron, y confiados en la aspérisima montaña que llaman La Mesa, donde ellos se avían fortificado y tenían su templo, ó *Huey Calli*, en que adoraban al Sol, en la figura esculpida en el vaso, a quien llamaban *Tonati*, y el dicho cadáver del gran Nayari, con otros dos irritaban con improperios a los Españoles, tanto que determinaron asaltarlos". Agrega el citado periódico que el ataque se produjo el sábado 17 y que los indios ofrecieron resistencia "animados del apóstata llamado *Taguitole*, que con desmedida furia se defendía y procuraba hacer mucho daño con un crecido alfange (arma muy ussada en esta Nación aun entre los muchachos, por aver entre ellos muchos Herreros que los forxen) y confiando en el sitio de su fortaleza y dificultad de su subida provocaban a los españoles, solicitando hazerles gran daño, con innumerables flechas y piedras que disparaban de las hondas y peñascos que arrojaban de las eminencias, con tal ímpetu, que tocando en los árboles los hazía astillas y dando en otras piedras las hazían pedazos que ofendían también a los Soldados, y fue Dios servido que rompiendo tantos peligros a costa de gran trabajo subieron 25 soldados españoles y 50 indios de los amigos sin pérdida de algún hombre ni más que ocho heridos y puestos en fuga los indios iban arrojando sus armas y ropas por huir más desembarazados, y desamparado su *Huey Calli* lo ocuparon los

nuestros despojándole del ídolo *Tonati* y *Vaso del sacrificio*, con el principal Cadáver del gran Nayari (cuyo nombre lo dio a todo este Reyno) a quien ellos llamaban *Guayco*, que en su idioma significa *Tercero* y éste se llevó a México con el alfanje de *Taguitole*". Los coras sobrevivientes fueron pasados por las armas o enviados a campos de concentración a los que llamaron pueblos de indios. En los primeros años del siglo XIX se produciría otra rebelión, acaudillada por el indio Mariano, quien fue derrotado. Todavía protagonizaron una de las más grandes rebeliones indígenas del siglo XIX, la iniciada en 1857, cuando la Ley de Manos Muertas, puesta en vigor por los liberales, amenazó con la extinción de la etnia, pues se abrían las puertas para que se les despojara legalmente de las tierras comunales. Manuel Lozada, el *Tigre de Alica*, fue quien encabezó los ejércitos indígenas, que bajo la bandera de los conservadores combatieron éxitosamente durante la guerra de los Tres Años, al extremo de apoderarse de todo Nayarit, gran parte de Jalisco y el sur de Sinaloa. Al triunfo liberal aceptaron someterse, pero al no tener garantías de que respetarían sus derechos agrarios, optaron por volver a la sierra, donde bajo el cacicazgo de Lozada se creó un Estado autónomo *de facto*, con sus propias fuerzas armadas, administración fiscal y de justicia. Combatido de nuevo por el gobierno liberal, sus partidas bajaban del monte para ocupar poblaciones de tres estados. En agosto de 1863 Lozada se adhirió al imperio y al año siguiente sus tropas ocuparon Mazatlán. El primero de diciembre de 1866, luego de negociar con los republicanos, los ejércitos coras se declararon neutrales. Después del triunfo juarista se respetó a la comunidad e incluso se creó un distrito militar que dependía directamente de las autoridades federales. De esta manera los coras volvieron a vivir con la autonomía por la que habían luchado a lo largo de siglos. Sin embargo, en 1873, al cambiar las condiciones del país por la muerte de Juárez, los coras se sintieron de nuevo

amenazados por la voracidad que despertaban sus tierras y el autoritarismo de los militares. Lozada lanzó entonces un Plan Libertador de los Pueblos de la Sierra de Alica, en el que se denunciaba la explotación y vejaciones a que eran sometidos los indígenas. Intentó tomar Guadalajara y fue detenido por Ramón Corona, quien ordenó perseguirlo. El general José Ceballos le infligió una nueva derrota, lo aprehendió y fue pasado por las armas, con lo cual las fuerzas rebeldes se fragmentaron y sólo algunos grupos se mantuvieron en combate hasta los primeros años del presente siglo. Durante el porfiriato fueron víctimas de la leva, a la que escapaban refugiándose en la serranía. La revolución pasó por abajo de sus montañas, aunque algunos núcleos de ellos fueran incorporados a una u otra de las facciones en pugna. Durante la rebelión cristera grupos coras hicieron suyas las demandas agrarias de ese movimiento, en tanto que otros fueron armados por el gobierno para combatir a sus hermanos o protegerse de las bandas que actuaban por su cuenta. En 1986 viven en sus pueblos y sus contactos con el resto de la población nayarita se limitan al intercambio comercial. Sólo ocasionalmente obtienen algunos beneficios de la llamada civilización, por ejemplo, durante los periodos preelectorales. Su alejamiento del resto de la población ha permitido que en buena medida se preserve su cultura, pese a que, según datos del censo de 1980, sólo quedaban 12,240 mayores de cinco años (11,518 en Nayarit), de los cuales no hablaban español 3,307.

CORBALÁN, PEDRO ◆ n. en España y m. en Álamos, Son. (?-1797). Militar. Llegó a Nueva España en 1766. Al año siguiente fue enviado como comisario de guerra a Sonora, donde ocupó interinamente la gubernatura (1770-72). Por disposición real fue nuevamente gobernador de la provincia, de 1776 a 1787.

CÓRCEGA, MIGUEL ◆ n. en el DF (1931). Actor. Se inició en 1946. Fue miembro de la Compañía Nacional de Teatro. En cine ha trabajado en *La dama del velo* (1948), *Padre nuestro* (1953), *Y

Dios la llamó tierra (1960) y otras películas. Ha actuado en decenas de obras teatrales, como *Amores en la montaña* (1946), *Sueño de una noche de verano* (1948), *Las manos sucias* (1950), *Las cosas simples* (1950), *Los prodigiosos* (1961), *La Celestina* (1968), *Las tres hermanas* (1977) y *Tiempo de ladrones* (1984). Entre 1962 y 1975 llevó a escena como director *La esposa constante*, de Maugham; *Muchacha de campo*, de Odets; *Una pura y dos con sal*, de González Caballero; *Salpícame de amor*, de Mendoza; *La guerra de las gordas*, de Novo, y otras obras. Desde mediados de los setenta se dedicó a la dirección de telenovelas. En 1995 era director del Instituto de Arte Helénico.

CORDERA CAMPOS, ROLANDO ◆ n. en Manzanillo, Col. (1942). Economista. Estudió en la UNAM y en Londres. Profesor de la Escuela Nacional de Economía. Fue coordinador del Centro de Capacitación de la SPP (1977-78) y subdirector general de Financiera Nacional Azucarera (1978-80). Miembro del Movimiento de Liberación Nacional (1964-66). Cofundador del SPAUNAM y del STUNAM. Cofundador y dirigente del Movimiento de Acción Popular (1981), del PSUM (1981-87) y del PMS (1987-). Diputado federal a la LII Legislatura (1982-85). Colaborador de *unomásuno*, *La Jornada* y *El Nacional*; consejero editorial de *Nexos* y director de *Investigación Económica*. Condujo en televisión el programa *Nexos*. Coautor con Carlos Tello de *La disputa por la nación* (1981). Autor de *Las decisiones del poder* (1989). Miembro del Colegio Nacional de Economistas.

CORDERO, ANTONIO ◆ n. en España y m. en Durango, Dgo. (1753-1823). Militar realista. Combatió a los insurgentes. Gobernador de Sonora y Sinaloa (1814-17), de Coahuila (1817) y Nueva Vizcaya (1818). De nuevo gobernador de Sonora y Sinaloa en 1820 juró e hizo jurar la Constitución de Cádiz. Se negó a secundar el Plan de Iguala. Autor de una obra sobre los comanches.

CORDERO, JOAQUÍN ◆ n. en la Cd. de México (1926). Actor. Hizo estudios sacerdotales y asistió a la Escuela Libre de Derecho. Se inició en el cine en 1946. Ha trabajado en más de 130 películas, entre otras *Se la llevó el Remington* (1948), *Quinto patio* (1950), *Pepe el Toro* (1952), *Yo soy gallo dondequiera* (1952), *Mi novio es un salvaje* (1953), *El río y la muerte* (1954), *Los tres Villalobos* (1954), *La venganza de los tres Villalobos* (1954), *Los aventureros* (1954), *Vaya tipos* (1954), *Tres bribones* (1954), *Fugitivos* (1955), *Tierra de hombres* (1956), *El boxeador* (1957), *Sucedió en México* (1957), *Manicomio* (1957), *Flor de canela* (1957), *Un chico valiente* (1958), *¡Qué bonito es el amor!* (1959), y *Réquiem por un canalla*. Obtuvo un Ariel por su actuación en *Las dos huerfanitas* (1951) y una Diosa de Plata por *Tiburoneros* (1953). Ha intervenido en unas 30 obras teatrales y en más de 15 telenovelas, y se ha presentado en diversos escenarios y en televisión como cantante. Autor de *Anécdotas de un actor* (1990).

CORDERO, JOSÉ ◆ n. en Valle de San Bartolomé (Allende) y m. en Chihuahua, Chih. (1798-1867). Fue jefe político (1833) y gobernador constitucional de Chihuahua (1852-56). Combatió a los apaches con extrema crueldad. Sirvió al imperio de Maximiliano.

CORDERO, JOSÉ MARÍA ◆ n. y m. en Puebla, Pue. (1856-1935). Abogado y escritor. Fue procurador de justicia de Tlaxcala. Autor de fábulas.

CORDERO, JUAN ◆ n. en Teziutlán, Pue., y m. en la Cd. de México (1824-1884). Pintor. Ingresó a los 16 años en la Academia de San Carlos. En julio de 1844 se embarcó para Italia, donde se inscribió en la Academia de San Lucas. En Roma conoció al ex presidente Anastasio Bustamante, quien le consiguió nombramiento como agregado en la embajada mexicana ante El Vaticano. Uno de sus primeros trabajos fue un retrato de su maestro Natal de Carta, cuadro que pasó a las galerías de San Lucas. En 1845 ganó un concurso en la Scuola del Nudo. Otras creaciones de esa época son los retratos de los escultores Pérez y Valero, de los arquitectos Agea y su *Autorretrato* (1847); una *Anunciación* y *Moisés en Raphidín*, que envió a México; *Colón ante los Reyes Católicos*, cuadro que fue muy apreciado (1850); y *El Redentor y la mujer adúltera* (1853), que trajo a su regreso a México, donde su exhibición suscitó cierta polémica (1854). Rechazó la subdirección de San Carlos, para no ser subordinado de Pelegrín Clavé (☞). Retrató a Antonio López de Santa Anna y su esposa Dolores Tosta. El dictador, para recompensarlo, lo nombró director de la citada academia, lo que fue rechazado por la Junta Directiva de la institución. Decoró los templos de Jesús María, Santa Teresa y la cúpula de San Fernando. A la restauración de la República hizo un retrato de Gabino Barreda y éste le pidió realizar en la Escuela Nacional Preparatoria el mural *Triunfos de la ciencia y el trabajo sobre la envidia y la ignorancia* (1874), por el cual recibió como pago una corona de laurel en oro y el elogio de los liberales. Esta obra fue destruida en 1900 por orden de Vidal Castañeda y Nájera, entonces director del plantel. Hasta su muerte continuó con su obra de caballete.

CORDERO, SALVADOR ◆ n. y m. en la Cd. de México (1876-1951). Hizo estudios de derecho en la Universidad Nacional, pero se dedicó a la literatura. Profesor de la Escuela Nacional Preparatoria, el Colegio Militar y la Escuela de Artes y Oficios. Bibliotecario de la Secretaría de Relaciones Exteriores. Miembro de la Academia Mexicana (de la lengua). Autor de *Memorias de un juez de paz* (1910), *Semblanzas lugareñas* (1917), *Barbarismos, galicismos y solecismos de uso más frecuente* (1918), *La literatura durante la guerra de independencia* (1920) y *Memorias de un alcalde* (1921). Escribió también *El Brincón* (1921), libro de lectura para alumnos de primaria.

CORDERO, VÍCTOR ◆ n. y m. en la Cd. de México (1914-1986). Su segundo apellido era Aurrecochea. Compositor de más de 2,000 canciones, algunas tan populares como *Juan Charrasqueado*, *Mi casita de paja*, *Golondrina de ojos negros*,

El ojo de vidrio, Gabino Barrera y *El loco*, que popularizó Javier Solís. También se contaron entre sus intérpretes Pedro Infante, Jorge Negrete, Antonio Aguilar, Lola Beltrán y Luis Aguilar.

CORDERO AMADOR, RAÚL ◆ n. en Costa Rica y m. en el DF (1896-1989). Vino a México en 1921 y se naturalizó mexicano en 1930. Profesor de literatura en la Escuela Normal Superior y en el Centro de Enseñanza para Extranjeros de la UNAM (1922-89). Cofundador y presidente de la Academia Mexicana de la Educación (1959-65). Presidió en 1965 la Asamblea Mundial de Educación celebrada en México. Escribió semblanzas sobre personajes como Altamirano, Martí, Tagore, Juana de Ibarbourou y Sarmiento. Colaboró en los diarios *El Nacional*, *El Universal*, *Excélsior* y *Novedades*; en la revista *La República*, y en *La Cultura en México*, suplemento de la revista *Siempre!* Autor de una *Historia del café en América* y de *El silencio de las palabras*. Masón de grado 33, fue Comendador del Supremo Consejo de México.

CORDERO AVENDAÑO, CARMEN ◆ n. en Oaxaca, Oax. (?). Licenciada en derecho por la Universidad Autónoma Benito Juárez de Oaxaca, doctora en derecho internacional por la Universidad de Phmom Penh, Vietnam, y doctora en etnología por la Escuela Práctica de Altos Estudios, de Francia. Autora de *La semejanza entre khmers, mayas y aztecas*, editado en París; *Contribución al estudio del derecho consuetudinario triqui*, *Supervivencia de un derecho consuetudinario en el valle de Tlacolula* y *Stina Jo'o Kuchá. El Santo Padre Sol* (obra sobre la cultura chatina, con ilustraciones de Leonel Maciel, 1987).

CORDERO GARCÍA, EMILIO ◆ n. en Tampico, Tams. (1940). Obrero petrolero. Estudió preparatoria. Miembro del PRI. Secretario de educación y previsión social del comité ejecutivo nacional del Sindicato de Trabajadores Petroleros de la República Mexicana (1980-84). Diputado federal por Tamaulipas (1985-88).

CÓRDOBA ◆ Municipio de Veracruz situado en la parte central del estado, cerca de Orizaba. Superficie: 139.01 km². Habitantes: 168,760, de los cuales 48,357 forman la población económicamente activa. Hablan alguna lengua indígena 2,264 personas mayores de cinco años (náhuatl 855, mazateco 747, mixteco 213 y zapoteco 181). Por su ubicación, en la ruta México-Veracruz, es un importante centro comercial. Un grupo de encomenderos de Huatusco fundó la cabecera en 1618, de acuerdo con la instrucción expedida el año anterior por el virrey Diego Fernández de Córdoba, de quien tomó el nombre la naciente villa, erigida como puesto de defensa contra las guerrillas de negros que habían huido de la esclavitud. Como los fundadores fueran 30 españoles jefes de familia, se le llamó también Ciudad de los Treinta Caballeros. A fines del siglo XVII se erigió ahí el monasterio de San Antonio de Padua. Desde su fundación hasta 1787 fue capital de la provincia del mismo nombre que abarcaba la zona central del actual estado de Veracruz. En 1821 Iturbide y O'Donojú firmaron en esta población los Tratados de Córdoba (☞) que establecían la separación de México del imperio español. En 1830 se elevó al rango de ciudad. Durante la intervención francesa fue base de los invasores para sus actividades contrainsurgentes. En 1873 quedó comunicada por ferrocarril con la ciudad de México y el puerto de Veracruz, lo que acrecentó su importancia.

CÓRDOBA, CONSTANCIO ◆ n. en Real del Monte, Hgo. (1920). Jugador de basquetbol hasta 1941, árbitro en 1942 y entrenador, a partir del mismo año, de equipos de primera fuerza y de las selecciones nacionales femeniles desde 1955.

CÓRDOBA, FRANCISCO *PANCHO* ◆ n. en Pichucalco, Chis., y m. en Cuernavaca, Mor. (1916-1990). Actor. Su apellido materno era Ramírez. Realizó estudios en la Escuela Nacional de Ciencias Biológicas del IPN. Se inició en el cine en *El buen ladrón* y a partir de entonces trabajó en unas 60 películas, entre otras *El siete leguas*, *La risa de la ciudad*, *Caras nuevas*, *Locura del rock and roll*, *Cuando los hijos se van*, *Fe, esperanza y caridad* y *Tarahumara*. Dirigió la cinta *Los destrampados* (1971). Militó en el Sindicato de Actores Independientes desde su fundación (1977). Obtuvo la Diosa de Plata en 1971 y 1972, por su actuación en *Sin salida* y en *Mecánica nacional*.

CÓRDOBA, JORGE ◆ n. en el DF (1953). Estudió ingeniería civil en el IPN y música en el Conservatorio Nacional, donde da clases de solfeo y organiza los conciertos de Nuevos Compositores (1976). Realizó estudios de dirección en el New England Conservatory, de Boston. Fue miembro del cuerpo de investigación del Cenidim y en 1980 fundó y dirigió el Coro de la Orquesta Mexicana de la Juventud. Autor de *Remembranza de Lan Adomián* (tres piezas para trombón y piano).

CÓRDOBA, JUAN DE ◆ n. en España y m. en Oaxaca, Oax. (1503-1595). Soldado español. En 1543 tomó el hábito dominico y fue varias veces provincial de su orden hasta que en 1570 sus subordinados lo obligaron a dimitir por autoritario. Autor de un vocabulario zapoteco. Su apellido aparece también como Córdova.

CÓRDOBA, ROBERTO ◆ n. y m. en la Cd. de México (1899-1967). Abogado. Sirvió en el cuerpo diplomático mexicano. Fue embajador en Costa Rica (1942) y juez del Tribunal de La Haya (1954).

CÓRDOBA, TIRSO RAFAEL ◆ n. en Morelia, Mich., y m. en Puebla, Pue. (1838-1889). Político conservador. Estuvo al servicio del imperio de Maximiliano. En 1878 se incorporó al sacerdocio. Fue miembro de la Academia Mexicana de la Lengua. Autor de trabajos de tema histórico y obras literarias: *Poesías* (1872), *Manual de literatura hispano-mexicana* (1879), etcétera.

CÓRDOBA HERRERA, CÉSAR ◆ n. en Pichucalco, Chis., y m. en el DF (1882-1958). Abogado. Fue subjefe del Departamento de Asuntos Agrarios y Colonización y representante de México en varios países europeos. Gobernador interino de Chiapas en 1925. Durante su gestión se reconoció a la mujer el derecho a ser elegida para ocupar cargos públicos.

CÓRDOBA LOBO, FERNANDO ◆ n. en Huatusco, Ver. (1937). Abogado por la UNAM. Ha sido jefe del departamento cultural del Instituto Nacional de la Juventud (1965-69), diputado federal en dos ocasiones (1967-70 y 1988-91), director general de quejas de la Presidencia de la República (1970-76), subdirector general jurídico de la Secretaría de Asentamientos Humanos (1977-78) y oficial mayor (1982-83), director de administración de Caminos y Puentes Federales de Ingresos (1984), dos veces diputado federal (1988-1991), delegado del PRI en Nuevo León (1990-91 y 1994) y director general de Averiguaciones Previas de la PGR (1995). Autor de *Perspectivas para un país en transformación. Los mitos políticos.*

Arnaldo Córdova

CÓRDOBA MONTOYA, JOSEPH-MA-RIE ◆ n. en Francia (1950). Tiene nacionalidad mexicana desde el 10 de mayo de 1985. Ingeniero titulado en la Escuela Politécnica de París (1970-73) y maestro en filosofía por La Sorbona (1970-73) con estudios de doctorado en la Universidad de Stanford (1974-77). Profesor de la Universidad de Pennsylvania (1978-79) y de El Colegio de México (1979). Pertenece al PRI desde 1980, donde fungió como asesor del director general del IEPES (1982) y del candidato a la Presidencia de la República (1987-88). Colaboró con Jacques Attali, jefe de asesores del entonces candidato presidencial francés Francois Mitterránd (1974), y con el director de Investigaciones del Ministerio

Arturo de Córdova

de la Reforma Agraria de Argelia. En México ha sido asesor del director de Política de Ingresos de la Secretaría de Hacienda (1979), director de Planea-

ción Regional (1980-81), director general de Política Económica y Social (1982-83 y 1985-87), jefe de asesores del secretario en la Secretaría de Programación (1983-85) y nombrado jefe de la Oficina de Coordinación de la Presidencia de la República (1988-1994), director general de Secretariado Técnico de Gabinetes (1988-1994) y representante de México ante el BID (1994-95).

CÓRDOVA, ARNALDO ◆ n. en el DF (1937). Licenciado en derecho por la Universidad Michoacana (1956-60), doctor en filosofía del derecho por la Universita degli Studi de Roma (1963) y doctor en ciencia política por la UNAM (1970-73). Ha sido profesor e investigador de la Universidad Michoacana y de la UNAM. Fue miembro de la Juventud Comunista, cofundador del Movimiento de Acción Popular (1981) y del PSUM (1981), partido que lo hizo diputado plurinominal a la LII Legislatura. Autor de *La formación del poder político en México* (1972), *La ideología de la Revolución Mexicana* (1973), *La formación del nuevo régimen* (1973), *La política de masas del cardenismo* (1974), *Sociedad y Estado en el mundo moderno* (1974), *El pensamiento social y político de Molina Enríquez* (1979), *La política de masas y el futuro de la izquierda en México* (1979), *La clase obrera en la historia de México. En una época de crisis 1928-1934* (1979). En 1988 recibió la beca Guggenheim.

CÓRDOVA, ARTURO DE ◆ n. en Mérida, Yuc., y m. en el DF (1908-1973). Nombre profesional del actor Arturo García Rodríguez. Estudió en Argentina. Volvió a México en 1930. Fue locutor en Mérida y en la capital con su nombre original. Actuó en más de 300 películas. La primera fue *¿Por quién doblan las campanas?*, rodada en Hollywood. En México se inició en *Celos* (1935) y luego actuó en *Cielito lindo* (1936), *Ave sin rumbo* (1937), *La sandunga* (1937), *La paloma* (1937), *Hombres del mar* (1938), *La casa del ogro* (1938), *La bestia negra* (1938), *Refugiados en Madrid* (1938), *Mientras México duerme* (1938), *La*

noche de los mayas (1939), *Cuando la tierra tembló* (1940), *El secreto del sacerdote* (1940), *Mala hierba* (1940), *El milagro de Cristo* (1941), *Cinco minutos de amor* (1941), *El conde de Montecristo* (1941), *¡Ay que tiempos, señor don Simón!* (1941), *La selva de fuego* (1945), *Su última aventura* (1946), *Cinco rostros de mujer* (1946), *Algo flota sobre el agua* (1947), *La diosa arrodillada* (1947), *Medianoche* (1948), *En la palma de tu mano* (1950), *Furia roja* (1950), *El hombre sin rostro* (1950), *La ausente* (1951), *Te sigo esperando* (1951), *Mi esposa y la otra* (1951), *Paraíso robado* (1951), *Él* (1952), *En la palma de tu mano* (1952), *Cuando levanta la niebla* (1952), *El rebozo de Soledad* (1952), *Fruto prohibido* (1952), *Reportaje* (1953), *El valor de vivir* (1953), *Amor en cuatro tiempos* (1954), *Un extraño en la escalera* (1954), *Bodas de oro* (1955), *Feliz año, amor mío* (1955), *La ciudad de los niños* (1956), *Canasta de cuentos mexicanos* (1956), *Mi esposa me comprende* (1957), *La herida luminosa* (1957), *Mis padres se divorcian* (1957), *Ama a tu prójimo* (1958), *Miércoles de ceniza* (1958), *La cigüeña dijo sí* (1958), *El hombre que me gusta* (1958) y *El amor que yo le di* (1959), entre otras. Filmó también en Cuba, Brasil, España, Venezuela y Argentina. Obtuvo Arieles por *En la palma de tu mano*, *Las tres perfectas casadas* y *Feliz año, amor mío*. En 1971 la Asociación Nacional de Actores le otorgó la medalla Virginia Fábregas por su trayectoria en el cine.

CÓRDOVA, MATÍAS DE ◆ n. en Tapachula y m. en Chiapa de Corzo, Chis. (1768-1828). Fraile dominico. Se le atribuye la introducción de la imprenta en Chiapas, donde fundó el periódico *El Pararrayos*. Cofundador de la Sociedad Económica de Amigos del País que realizó estudios geográficos y económicos de Chiapas. Escribió ensayo, poesía y fábulas, de las cuales sólo se conserva una: *La tentativa del león y el éxito de su empresa.* Fue autor de un texto sobre la *Utilidad de que todos los indios y ladinos se vistan y calcen a la española, y medios de conseguirlo sin vio-*

lencia, coacción y mandato.

CÓRDOVA JUST, ARTURO ◆ n. en el DF (1952). Estudió teatro en la Escuela de Arte Teatral del Instituto Nacional de Bellas Artes, francés en París y cine en Suiza. Perteneció a los talleres literarios de Jaime Augusto Shelley y Enrique González Rojo. Ha sido guionista de radio y ha colaborado en diversas publicaciones literarias y cinematográficas, como *Otro Cine, Diorama de la Cultura, La Palabra y el Hombre, Plural, Casa del Tiempo, Siempre!* y *Sol y Fiesta*, así como en el diario *El Financiero*. Autor de los poemarios *Los otros días, Atarjeas* (1986) y *Retratos junto a la ¿¿orca??* (1990). En 1987 publicó *Efectos especiales*.

CÓRDOVA LEYVA, ROBERTO ◆ n. en Mexicali, BC (1956). Fotógrafo. Estudió turismo en la Universidad Autónoma de Baja California. Ha sido jefe de Comunicación y Diseño de la Secretaría de Turismo en Tijuana (1985), corresponsal de la agencia Imagenlatina (1987-89) y fundador de la Agencia de Información del Noroeste (1989). Ha colaborado en las revistas *Proceso, Cultura Norte, Cultura Sur, México Indígena, Cambio 16, Macrópolis, Mira, Esquina Baja* y *Memoranda,* y en los periódicos *Zeta, Cambio 21, Diario 29, San Diego Tribune, Boston Globe* y *New York Times.* También trabajó como fotógrafo de prensa para la PGR (1992). Está incluido en *Bajo la luz de un sol abrazador, tres fotógrafos mexicalenses* (1991) y *Tercera llamada-Catálogo Calendario* (1991). Recibió la beca del PACMYC (1994). Primer lugar del concurso Imágenes de la Frontera (1992).

COREA ◆ País del extremo oriente de Asia dividido en dos Estados. Está situado en la península del mismo nombre que rodean los mares de Japón por el este y Amarillo por el oeste. Al norte limita con China y la ex URSS. Corea del Norte se llama oficialmente República Popular Democrática de Corea. Limita al norte con China y al sureste con Corea del Sur. Tiene costas al sur y al oeste en la bahía de Corea y al este en el mar del Japón. Superficie: 122,762 km². Habitantes: 23,348,000 en 1998. Su capital es Pyongyang (2,355,000 habitantes en 1987). Otras ciudades de importancia son Hamhung (701,000 habitantes) y Chongjin (520,000). Corea del Sur se llama oficialmente República de Corea. Limita al noroeste con Corea del Norte y tiene costas en el mar Amarillo, al oeste; en el mar de la China Oriental, al sur; y el mar del Japón, al este y norte. Superficie: 99,394 km². Habitantes: 46,109,000 en 1998. Su capital es Seúl (10,229,262 habitantes en 1995). Otras ciudades de importancia son Pusán (3,813,814 habitantes) y Taegu (2,449,139). En ambos Estados el idioma oficial es el coreano, aunque también se habla chino y japonés, y la divisa es el won, aunque con distintos sistemas monetarios. En el curso del tercer milenio a.n.e. fue poblado por tribus tungusas. En los primeros siglos de la presente era surgieron pequeños Estados. El de Silla, bajo influencia china, unificó al país. A una nueva división siguió la reunificación llevada a término en el siglo X por la dinastía Kyoro, de Pyongyang, que dio su nombre a la nación. Sucesivas invasiones mongolas provocaron la caída de esta dinastía y el ascenso de otra, la de los Yi, que gobernó desde el siglo XIV hasta 1910 con sede en Seúl. Amenazada permanentemente por China y Japón, Corea libró

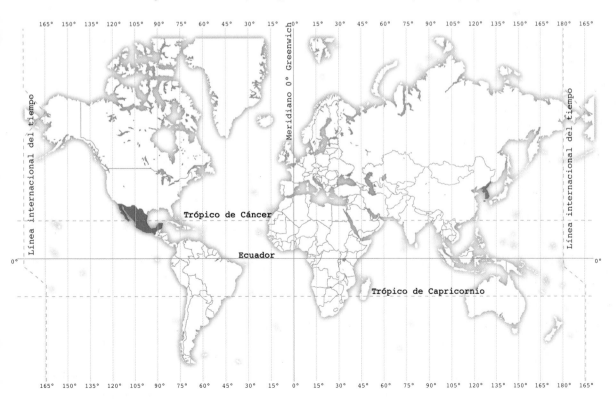

Corea

batallas contra ambos y alternativamente fue dominio de una u otra desde el siglo XVII. En el último cuarto de la pasada centuria sufrió también la intervención de Estados Unidos y varias potencias europeas que le impusieron tratados humillantes. Japón, después de las guerras libradas exitosamente contra China y la Rusia zarista, en 1905 sometió de nuevo a Corea y en 1910 le dio estatuto de colonia. Precisamente en 1905, según cuenta José Sánchez Pac en sus *Memorias* (1973), con la anuencia del gobierno de Porfirio Díaz, pero sin que mediara convenio alguno con las autoridades de Corea, se organizó en el puerto de Inchón el reclutamiento de trabajadores para los campos henequeneros de Yucatán, con un contrato por cuatro años. Los requisitos para esos *braceros* eran ser menores de 40 años y no mutilados. Podían viajar mujeres solamente como acompañantes de sus maridos. Eran admitidos, pero no reconocidos como trabajadores, los menores de 15 años. Los 1,033 enganchados con otro millar de mujeres y niños salieron de Corea a fines de enero y llegaron a Salina Cruz el 15 de abril de 1905. En la travesía murieron dos adultos y un infante. Por ferrocarril fueron trasladados a Coatzacoalcos, de donde los llevaron en barco a Progreso y de ahí a Mérida de nuevo en tren. En la misma estación ferroviaria fueron seleccionados y enviados a 22 haciendas, donde, separados de los trabajadores indígenas, debían cumplir altas cuotas de producción en un trabajo que desconocían, por lo que las mujeres y los niños ayudaban a los varones a cumplir con su tarea. Al igual que los peones, tenían prohibido abandonar las haciendas. A los que intentaban huir se les azotaba, lo que causó una insurrección en la hacienda de Chen Che. El hacendado, atemorizado por lo sucedido, no tomó represalias y se reanudó el trabajo. En 1909, al terminar el contrato, fueron echados de las haciendas y se concentraron en Mérida, donde algunos obtuvieron empleo como sirvientes domésticos, otros decidieron viajar a distintos puntos del país y los más se quedaron a contratarse, generalmente como destajistas, en las mismas haciendas. Se sabe que los emigrantes fueron a lugares tan distantes como Campeche, Monterrey, ciudad de México, Tampico, Coatzacoalcos y Frontera, Tabasco. Del mismo modo fueron a trabajar a diversos ingenios azucareros de Veracruz, pero la mayoría volvió a Mérida. Al parecer, quienes se dedicaron a la pesca en Coatzacoalcos fueron los más exitosos, sobre todo porque sus mujeres instalaron puestos en los que vendían pescado. Los que tenían a Mérida por base entraron en contacto con la comunidad de origen chino, lo que les permitió adquirir alimentos y utensilios orientales. Con el tiempo, muchos de estos inmigrantes castellanizaron o transformaron sus nombres. Así, Choe se convirtió en Sánchez, Soo en Sour, Sosa o Sauci; Koo en Corona; Rhi o Hi en Díaz o Hisi; Kim en Quin o King; y Kang en Canga o Cangas. En Mérida coincidió la noticia de la anexión de Corea a Japón con los preparativos de la asamblea para fundar la Sociedad Coreana de Yucatán, la que se constituyó con alrededor de 900 miembros, con Sin Kuang Ik como presidente, Hi Myong Huong como secretario y Hi Chong Hoo como tesorero. Se promovió la educación de la comunidad, la que se basó en el libro *Chon Cha Mun* (cultura de las mil letras). De los ingresos de la sociedad se acordó ceder la mitad para la liberación de Corea. A la constitución de la sociedad asistieron Pang Jua Chung, enviado por la asociación coreana de Los Ángeles, California, y Juang Sa Yong, quien convirtió al protestantismo a los coreanos de Yucatán, quienes en su mayoría pasaron a la Iglesia Adventista en los años veinte, sin abandonar sus tradiciones ni la moral confuciana. José Sánchez Pac afirma que al producirse la anexión a Japón, se hallaba en camino hacia México Yun Chi Joo, quien venía en calidad de embajador. Cuando estalló la Revolución Mexicana, un grupo de jóvenes coreanos fundó un colegio de educación marcial, llamado Suk-Mu Jak-Kyo, que duró poco tiempo en funciones, pues pronto marchó una veintena de muchachos a incorporarse al constitucionalismo, donde hubo un mayor Choo y otros oficiales. En 1919, en Corea, un amplio movimiento de resistencia fue aplastado por las tropas japonesas mediante asesinatos masivos de la población civil. Después de la represión se instaló en Shangai, China, con Singman Rhee a la cabeza, un gobierno provisional al que enviaban contribuciones económicas las comunidades coreanas de todo el mundo, incluida la de Yucatán. A principios de los años veinte fueron enganchados para trabajar en Cuba 350 coreanos, quienes salieron de Mérida con un contrato por cuatro años. En la misma época existía en Frontera una Asociación Nacional Coreana similar a la yucateca, dirigida por Kong In Dok, y en la ciudad de México otra fundada probablemente desde 1910. Entre 1930 y 1931 se naturalizó un grupo de coreanos, lo que les facilitó adquirir algunas propiedades para su comunidad. Durante los años treinta, los comunistas coreanos organizaron en el norte de su país la resistencia contra los japoneses, quienes fueron derrotados y expulsados, con el apoyo soviético, en 1945. En México, durante la segunda guerra mundial, todos los súbditos de los gobiernos del Eje Roma-Berlín-Tokio fueron requeridos por las autoridades. Los coreanos resultaron afectados temporalmente por esa medida hasta comprobarse que, lejos de colaborar con los opresores de su país, simpatizaban con la independencia de su patria. En los años cuarenta, entre los dirigentes de la Asociación Coreana del Distrito Federal, que llegó a tener unos 150 afiliados, se contaban Juang Poo, Roberto Lee, José Han, Lee Chun Yok,

Yu-Ki Rin, Lee-Kyung-Che y el citado José Sánchez Pac. Esta agrupación desapareció a fines de los años cuarenta, al fallecer Juang Poo, su principal animador. Al término de la segunda guerra mundial, cuando la Unión Soviética ocupó el norte y Estados Unidos el sur, se estableció el paralelo 38 como línea de separación entre ambas zonas. En mayo de 1948 los estadounidenses crearon en el sur la República de Corea y en unas elecciones repudiadas por los principales partidos Syngman Rhee resultó presidente. En septiembre del mismo año se constituyó en el norte la República Democrática Popular de Corea, con Kim Il Sung como primer ministro (es presidente desde 1972). En los mismos días la URSS retiró sus fuerzas de la península. El gobierno del sur, encabezado por Syngman Rhee, aplastó varias manifestaciones populares que demandaban la reunificación sin intervención extranjera. En 1950, en coincidencia con un levantamiento en el sur, fuerzas militares del norte cruzaron el paralelo 38 y, pese a la presencia de tropas estadounidenses, Rhee fue desconocido. Desde Washington, Harry S. Truman ordenó a las fuerzas armadas de su país la invasión masiva del territorio coreano y, después de eso, apoyándose en el control que entonces ejercía Estados Unidos sobre la mayoría de la ONU, esta organización autorizó la intervención militar, a la que se agregaron pequeños contingentes de diversos países occidentales o bajo la influencia de éstos. Ante esa agresión, el gobierno de Kim Il Sung pidió voluntarios a China, que envió a 200 mil hombres, veteranos de la lucha contra Japón y de la guerra civil, los que avanzaron incontenibles sobre el territorio ocupado por los estadounidenses, al extremo de que el general Douglas MacArthur pidió a Washington autorización, que se le negó, para emplear armas nucleares contra China y Corea. En julio de 1951 se iniciaron negociaciones entre ambos bandos. En el mismo año, mientras en Estados Unidos se producían grandes movilizaciones civiles contra la guerra, el presidente mexicano Miguel Alemán enviaba ayuda a la facción sostenida por Washington. Dos años después se firmó el armisticio que nuevamente fijó la línea de demarcación en el paralelo 38, con una franja desmilitarizada de dos kilómetros a ambos lados de la frontera. A partir de entonces gobierna en el norte Kim Il Sung, en tanto que en el sur, pese a ser sostenido por tropas estadounidenses, acantonadas ya sin autorización de la ONU, Syngman Rhee tuvo que renunciar en 1960 ante la fuerza de las manifestaciones populares que lo acusaron de dictador. México recibió en 1956 a un embajador viajero de Rhee. En noviembre de 1961 visitó la capital mexicana el cónsul de Corea del Sur en Los Ángeles, quien ofreció un subsidio de su gobierno para que fuera reconstituida la Sociedad Coreana, ya sólo con descendientes de inmigrantes, quienes eligieron presidente a Sánchez Pac, secretaria a Rosa María Guillén y tesorero a Rodolfo Kim. En ese año, un golpe de Estado llevó al poder al general Park Chung Hee, quien se mantuvo en la presidencia hasta 1979, cuando fue asesinado por un grupo de sus colaboradores. A principios de 1962 estuvo en México el embajador sudcoreano en Washington y días después, el 26 de enero, se establecieron las relaciones diplomáticas entre México y la República de Corea. A partir de 1965, Park colaboró con Estados Unidos en la guerra de Vietnam, mediante el envío de contingentes militares. En 1971, durante su primer informe presidencial, el presidente Luis Echeverría acusó a Corea del Norte de entrenar guerrilleros mexicanos. En los años setenta existía en Tijuana una sociedad coreana con cientos de miembros. En 1977 vino a México el embajador norcoreano en La Habana y en ese año, con José López Portillo en la Presidencia de la República, fueron establecidas las relaciones diplomáticas con la República Popular Democrática de Corea y desde entonces México mantiene nexos del más alto nivel con ambos Estados coreanos. En 1980 un golpe de Estado llevó al poder en el sur al general Chun Doo Hwan, quien gobernó hasta 1988. Lo sucedió en el poder Roh Tae Woo, a quien las protestas obligan a convocar en 1992 a las primeras elecciones totalmente civiles. Kim Young Sam fue elegido presidente y tomó posesión un año después. En 1995 los ex presidentes Chun y Roh fueron juzgados y condenados, el primero por sedición y el segundo por corrupción. Ambos fueron a prisión. En el mismo año murió el dirigente del norte, Kim Il Sung y Yong Il asumió el mando político y militar. En 1997 una hambruna azota el norte. A partir de la segunda mitad de la década de los noventa, la zona fronteriza del estado de Baja California ha visto llegar una paulatina invasión de empresas surcoreanas de aparatos eléctricos y electrónicos, como Samsung, LG o Daewoo, cuyo interés es el de maquilar a bajo precio en territorio mexicano para, desde ahí, dirigirse al mercado de Estados Unidos.

CORELLA, DIÓDORO ◆ n. en Arizpe, Son., y m. en la Cd. de México (1838-1876). Participó como teniente en el bando liberal durante la guerra de los Tres Años. Combatió la intervención francesa y el imperio. Cayó prisionero en Oaxaca y conducido a Puebla juró lealtad a Maximiliano. Enviado a Mazatlán para organizar a las fuerzas imperialistas, tuvo una entrevista con el general Ramón Corona, a quien le ofreció combatir de nuevo junto a los republicanos. Corona le encomendó una misión confidencial en las filas enemigas. En marzo de 1866 fue acusado por los franceses de propalar información falsa y una corte marcial lo desterró a San Francisco. Volvió a México en ese mismo año y en Durango se reincoporó al ejército nacional y después de varias batallas asistió al sitio de Querétaro y al triunfo republicano en 1867. En 1872 combatió la insurrección del Plan de la Noria y asumió el mando político y militar en San Luis Potosí. En 1876 luchó contra el alzamiento porfirista del Plan de Tuxtepec. Murió a consecuencia de las heridas recibidas en combate, ya como general de división.

CORELLA, EMILIANO M. ◆ n. en Banámichi, Son. (1891-?). Fue miembro de la legislatura sonorense que desconoció a Carranza. Firmante del Plan de Agua Prieta. Diputado federal en 1924 y senador (1930-34). Fue secretario general de Gobierno (1933) y gobernador sustituto de Sonora (1934-35).

CORELLA, FRANCISCO DE PAULA ◆ n. en Hermosillo, Son. (1905). Fue tres veces gobernador interino de Sonora (octubre y diciembre de 1940 y junio de 1941).

CORELLA, GABRIEL ◆ n. en Arizpe y m. en Guaymas, Son. (1830-1883). Combatió en las filas liberales durante la guerra de los Tres Años. Luchó después contra la intervención francesa y el imperio al mando de la Segunda Brigada Republicana de Sonora.

CORELLA, RAFAEL ÁNGEL ◆ n. y m. en Arizpe, Son. (1817-1891). Militar de carrera. Persiguió a seris, apaches y yaquis. En 1847 combatió a los invasores estadounidenses. Participó en las filas liberales durante la guerra de los Tres Años. En 1859 fue jefe político y militar de Sinaloa. Luchó contra la intervención francesa y el imperio. En 1872 se opuso al alzamiento del Plan de la Noria.

CORELLA GILSAMANIE-GO, NORBERTO ◆ n. en EUA (1928). Licenciado en administración de empresas por el ITESM. Pertenece al PAN desde 1962, donde ha sido secretario de Relaciones del CEN, presidente del Comité Estatal en Sonora, jefe regional en Baja California y miembro del consejo y del comité ejecutivo nacional. Presidente municipal de Mexicali (1968), diputado federal (1988-91) y senador (1994-2000). Fundó la Federación Estatal de Cámaras de Comercio de Baja California.

Rafael Corkidi

CORELLA GILSAMANIEGO, ARMANDO ◆ n. en EUA (1945). Licenciado en administración de empresas por el ITESM. Cursó estudios de alta dirección empresarial en Holanda. Milita en el PAN desde 1969. Fue presidente del Consejo Empresarial de Mexicali. Oficial mayor del gobierno de Baja California (1989-1995).

CORIA, ALBERTO ◆ n. en Paracho, Mich., y m. en el DF (1892-1960). Combatió contra el gobierno golpista de Victoriano Huerta. Abogado en 1929 por la Universidad Michoacana, de la que fue regente. Procurador de Justicia de Michoacán (1931-32). Él y Alberto Bremauntz redactaron el proyecto constitucional que, aprobado por el Congreso de la Unión, implantó la educación socialista en 1933.

CORKIDI, MATUSHA ◆ n. en Egipto y m. en el DF (1922-1987). Escultora. Asistió como oyente a la Academia de San Carlos. Impartió clases particulares de escultura desde 1955. Incursionó en la fotografía y la literatura. Expuso en México y Estados Unidos. Su obra *Zoe* se halla en el Parque de Esculturas de Acapulco, Guerrero. Era miembro de la Sociedad Mexicana de Artistas.

CORKIDI, RAFAEL ◆ n. en Puebla, Pue. (1921). Se inició como reportero fílmico en el noticiario *Cinescopio*. Ha sido fotógrafo de varias películas experimentales, entre otras *El despojo* (1960), de Antonio Reynoso; y *Fando y Lis*, *El topo* y *La montaña sagrada*, las tres dirigidas por Alejandro Jodorowski. Escribió, dirigió e hizo la fotografía de *Ángeles y querubines* (1971), *Auandar Anapu* (1973) y *Pafnucio Santo*. Es autor de la obra teatral *Los divinos placeres del libertinaje o los infortunios de la virtud*.

CORKIDI BLANCO, GABRIEL ◆ n. en el DF (1956). Licenciado en ingeniería electrónica y de comunicaciones por la UIA, doctorado por la Universidad de París en ingeniería biológica y médica (1989). En la UNAM se ha desempeñado como investigador del Centro de Instrumentos (1981-), coordinador de la Unidad de Digitalización y Procesamiento de Imágenes y coordinador

del grupo universitario interinstitucional de Procesamiento Digital de Imágenes en Biomedicina. Ha ganado dos veces el Premio Nacional Indetel en Comunicaciones y Electrónica (1980-82). Premio Nacional de Ingeniería Biomédica (1985).

CORKIDI NACACH, EZEQUIEL ◆ n. en el DF (1960). Pintor. Realizó estudios en la escuela de Arthur Krohnengold (1974-78), en la Academia de San Carlos (1980), y en la Escuela de Pintura y Escultura La Esmeralda (1980). En 1988 obtuvo mención honorífica en el Concurso Pictórico de la Comunidad Sefaradí. Expuso por primera vez en 1989, en el Centro Deportivo Israelita.

CORNEJO, FRANCISCO ◆ n. en La Paz, BCS, y m. en el DF (1893-1963). Estudió en San Carlos con Germán Gedovius. En 1911 se fue a Estados Unidos, donde continuó sus estudios de pintura y empezó a ejecutar cuadros de temas mexicanos que tenían gran demanda. Fue decorador, director artístico de la revista *México* (San Francisco, California, 1925), director artístico de publicidad de la Huasteca Petroleum Company hasta 1938 y fundador del Rancho del Artista.

CORNEJO, GERARDO ◆ n. en Tarachi, Son. (1937). Escritor. Licenciado en derecho y maestro en estudios latinoamericanos por la UNAM. Ha sido rector de El Colegio de Sonora en Hermosillo (1982-1994) y coordinador para la región norte del programa de enseñanza de la Sociedad General de Escritores de México. Ha publicado las antologías: *Cuéntame uno (narradores sonorenses)* (1986) e *Inventario de voces: antología de la literatura sonorense* (1989). Autor de cuento: *El solar de los silencios* (1983), y *Como temiendo al olvido* (1994); ensayo: *El desarrollo de la comunidad en México y su legislación* (1967), *La contribución de los escritos científicos sociales al conocimiento de la realidad indígena latinoamericana* (1981), *Políticas culturales y creación individual* (1984), *Las dualidades fecundas* (1986), *Historia contemporánea de Sonora* (1986); y novela: *La sierra y el viento* (1977) y *Al norte del milenio* (1989).

Presidente fundador de la Sociedad General de Escritores Sonorenses.

CORNEJO, MIGUEL ÁNGEL ◆ n. en el DF (1947). Conferencista. Su segundo apellido es Rosado. Estudió contaduría en la UNAM. Ha impartido clases en el IPN. Trabajó en asesorías a empresas (1970). Fundó el Colegio de Graduados en Alta Dirección (1982) de cuyos diplomados y maestrías sobre productividad, sicología, sociología, historia, metafísica, excelencia y medicina sicosomática han egresado más de 10 mil personas. También imparte conferencias privadas.

CORNEJO FRANCO, JOSÉ ◆ n. en Tepatitlán y m. en Guadalajara, Jal. (1900-1977). Historiador. Catedrático de la Universidad de Guadalajara. Miembro de la Academia Mexicana de la Historia. Autor de *Guadalaxara colonial* (1938), *Testimonio de Guadalajara* (1945), *Figura y genio de fray Luis del Refugio de Palacio y Basave* (1946) y *Reseña de la Catedral de Guadalajara* (1960).

CORNYN, JOHN HUBERT ◆ n. en Canadá y m. en el DF (1876-1941). Llegó a México en 1900. Profesor de la Universidad Nacional desde 1910. Aprendió náhuatl y realizó estudios sobre poesía indígena. Colaboró en diversas publicaciones del país y del extranjero sobre temas mexicanos. Escribió *Díaz y México* (1910), *Aztec Metric Literature* (1926), *Aztec Literature* (1939).

CORONA ◆ Río de Tamaulipas formado por escurrimientos de la vertiente este de la sierra Madre Oriental, al suroeste de Ciudad Victoria. Corre hacia el noreste, se le une el Arroyo Grande y en la presa Las Adjuntas o Vicente Guerrero se une al Soto la Marina.

CORONA, ANTONIO ◆ n. en Guadalajara, Jal. (1808-¿1860?). Militar conservador. Combatió a los estadounidenses en 1846-47. Gobernador de Veracruz (1853-55) y gobernador militar del DF (1859). Miramón lo incluyó en su gabinete como ministro de Guerra y Marina (abril de 1859 a agosto de 1860 y agosto-diciembre de

1860) y de Gobernación (julio de 1859 a agosto de 1860). Al término de la guerra de los Tres Años se perdió su rastro.

CORONA, FERNANDO DE JESÚS ◆ n. en Coscomatepec y m. en Córdoba, Ver. (1818-1891). Abogado. Sufrió la hostilidad de los santanistas por sus ideas liberales. Presidente del Tribunal Superior de Justicia de Veracruz (1861-) y gobernador sustituto del estado (marzo a junio de 1861). Se negó a colaborar con la intervención francesa y el imperio. A la restauración de la República fue diputado local, magistrado de la Suprema Corte de Justicia de la Nación y nuevamente presidente del Tribunal Superior de Veracruz y, en esa calidad, gobernador sustituto en enero de 1868, agosto-octubre de 1869 y junio-octubre de 1870.

CORONA, ISABELA ◆ n. en Guadalajara y m. en el DF (1913-1993). Actriz. Nombre profesional que impuso el Dr. Atl a la actriz Isabel Refugio Corona Pérez Frías. Se inició en el teatro en la compañía de Alfredo Gómez de la Vega, con *La antorcha escondida* (1927). Participó después en el Teatro de Ulises, de Antonieta Rivas Mercado, junto a Salvador Novo, Celestino Gorostiza, Clementina Otero y Xavier Villaurrutia. Fundó con Julio Bracho el Teatro Orientación, entonces en la sede de la Secretaría de Educación, con el que dieron a conocer obras de Cocteau, O'Neill y Lenormand. También con Bracho organizó el Teatro Universitario. Trabajó en el cine a partir de 1939, en *La noche de los mayas*, y participó en cientos de películas. En los últimos años actuó en *El infierno de todos tan temido* y *La tía Alejandra*. Intervino en varias telenovelas (*Muchacha italiana viene a casarse*, *Vanessa*, *El Maleficio* y otras). Recibió en 1971 la Diosa de Plata a la mejor actriz del año por la cinta *Los indolentes*. La Asociación Nacional de Actores le entregó la medalla Eduardo Arozamena por sus 50 años en los escenarios.

CORONA, LAURA ◆ n. en el DF (1965). Compositora. Estudió en el Conser-

vatorio Nacional. Alumna del taller de composición de Mario Lavista. Ha asistido a cursos con Franco Donattoni, Steffano Scodanibbio, Ricardo Gallardo y Julio Briseño. Ha trabajado la música concreta y ha escrito música de cámara.

CORONA, JOSÉ NICANOR ◆ n. en Valle de Santiago, Gto., y m. en San Luis Potosí, SLP (1825-1883). Estudió en el Seminario de Morelia del que llegó a ser rector. Fue ordenado sacerdote en 1848 y se recibió de abogado en 1849. Fue cura de Guanajuato y Celaya. Obispo de San Luis Potosí (1873-1883).

Antonio Corona

CORONA, RAMÓN ◆ n. en Tuxcueca y m. en Guadalajara, Jal. (1837-1889). Dejó de trabajar como minero para participar en la guerra de los Tres Años en el bando liberal. Operó en Nayarit y Jalisco. Posteriormente combatió a Manuel Lozada, *El Tigre de Alica*, sin derrotarlo por completo. Al producirse la invasión francesa, sin recursos para sostener un cuerpo de ejército, se puso al mando de grupos guerrilleros. En 1966 Juárez lo nombra general en jefe del Ejército de Occidente, con el cual inflige varias derrotas a los imperialistas, ocupa Guadalajara y asiste al sitio y ocupación de Querétaro. A la restauración de la República continúa como jefe militar de Jalisco. En 1873 enfrenta de nuevo a los ejércitos coras de Manuel Lozada en la batalla de La Mojonera, de la que resulta vencedor. En 1874 marcha a Europa donde a lo largo de 11 años cumple misiones diplomáticas en Portugal y España. En 1885, Porfirio Díaz apoyó sus pretensiones de gobernar Jalisco y en tal cargo dobló el número de escuelas públicas, estableció un montepío, asistió a la inauguración del ferrocarril México-Guadalajara y abrió la primera institución bancaria estable que operó en el estado. Fue asesinado.

Ramón Corona

CORONA, SERGIO ◆ n. en Pachuca, Hgo. (1928). Su segundo apellido es Ortega. Estudió danza en el INBA y becado en Cuba. Se inició como bailarín en 1947 y como actor cinematográfico en 1955. Formó con su cuñado, Alfonso Arau, la pareja de bailarines cómicos Corona y Arau, que actuó durante los años cincuenta en teatro, televisión y centros nocturnos, además de aparecer en la película *Caras nuevas*. Solista desde 1959, continuó trabajando en el cine, en teatro (en las obras *Del sótano al cielo, Manicomio privado, No, no, Nanette, La fiaca* y *Sugar*, comedia musical); en televisión, donde hizo el programa *Hogar, dulce hogar,* y en centros nocturnos, donde es una de las figuras más populares. Secretario de conflictos de la Asociación Nacional de Actores (1988-).

CORONA BLAKE, EDUARDO ◆ Autlán, Jal., y m. en el DF (1919-1999). Cineasta. Fue el primer mexicano en participar en el Festival de Berlín, donde obtuvo un premio de la OCIC por su primera película *El camino de la vida,* misma con la que ganó un Ariel (1956). Entre su extensa filmografía destacan *Cabaret trágico* (1957), *Sed de amor* (1958), *La mujer y la bestia* (1958), *Yo pecador* (1959), *El mundo de los vampiros* (1960), *El cielo y la tierra, El pecado de una madre, Fiebre de juventud, El Centauro Pancho Villa y Más allá de la violencia*. Además, se hizo famoso por dirigir cintas en que aparece el luchador *Santo, el enmascarado de plata* como *Santo contra las mujeres vampiro* (que compitió en los festivales de San Sebastián y Sitges y permaneció dos años en exhibición en Madrid, 1962) y *Santo en el museo de cera* (1963). Miembro de la Academia de Ciencias y Artes Cinematográficas y a la Sociedad General de Escritores de México.

CORONA CADENA, EVANGELINA ◆ n. en San Antonio Coaxomulco, Tlax. (1938). Costurera. Secretaria general del Sindicato Nacional de Trabajadores de la Costura (1985-91). Diputada federal por el PRD (1991-94).

CORONA MUÑOZ, GUILLERMO ◆ n. en Guadalajara, Jal. (1927). Estudió en la Universidad Militar Latinoamericana. Ingresó al servicio exterior en 1949. Como encargado de negocios, instaló las embajadas mexicanas en China (1972-73), Tanzania (1974), Argelia (1974-75) e Irán (1975-76). Formó parte de la misión permanente de México ante la ONU (1973-74). Ha sido encargado de negocios en Dinamarca (1975) y embajador en Filipinas concurrente en Singapur (1978-80), en Líbano concurrente en Chipre (1980-82), en Indonesia concurrente en Malasia y Singapur (1982-91) y en Israel (1991-).

CORONA DEL ROSAL, ALFONSO ◆ n. en Ixmiquilpan, Hgo. (1906). General y abogado. Estudió en el Colegio Militar (1921-23), del que fue profesor (1923-33). Sirvió en el Regimiento de Guardias Presidenciales. Entre 1927 y 1929 participó en diversos hechos de armas, en la guerra cristera. Cursó el bachillerato en la Escuela Nacional Preparatoria (1930-31) y se tituló como licenciado en derecho en la UNAM (1937), donde fue profesor. En 1938 fue delegado militar a la asamblea constituyente del Partido de la Revolución Mexicana, en el que fue subjefe de la secretaría de acción militar. Miembro del comité nacional de propaganda del candidato a la presidencia Manuel Ávila Camacho (1939-40). Formó parte de su equipo de polo. Fue diputado federal (1940-43), secretario de Trabajo del DDF y secretario particular del jefe de esta dependencia, Javier Rojo Gómez (1944-46); senador (1946-52), gerente del Banco del Ejército y la Armada (1952-56), gobernador constitucional de Hidalgo (1957-58), presidente del PRI 63, dejó el cargo en 1958 al ser designado presidente del comité ejecutivo nacional del PRI (1958-64), secretario del Patrimonio Nacional (1964-66) y jefe del DDF (1966-70) en el gabinete de Gustavo Díaz Ordaz. Como jefe del DDF inició la construcción del Metro y puso en operación las primeras líneas. Cuando gobernaba la capital se produjo el movimiento estudiantil de 1968, al que respondió el gobierno con la persecución masiva, la cárcel y el asesinato de participantes en la protesta cívica. En 1986 su partido le rindió homenaje y le impuso la Medalla al Mérito Revolucionario. Autor de *La guerra, el imperialismo, el Ejército Mexicano* (1989).

CORONA DEL ROSAL, GERMÁN ◆ n. en Ixmiquilpan, Hgo. (1932). Estudió preparatoria. Miembro del PRI, en el que ha sido delegado del comité ejecutivo nacional en Durango, Aguascalientes y Chiapas. Fue director general de Investigaciones Políticas de la Secretaría de Gobernación (1952), vocal ejecutivo del Patrimonio Indígena del Valle del Mezquital (1958-69), senador por Hidalgo (1970-76), delegado del Departamento del Distrito Federal en Gustavo A. Madero (1976-81) y dos veces diputado federal por Hidalgo (1985-88 y 1991-94).

CORONA SÁNCHEZ, FRANCISCO JAVIER ◆ n. en Soltepec, Tlax. (1937). Licenciado en economía por la UNAM (1957-61). Profesor de la Universidad Autónoma de Guanajuato (1962) y del Centro de Estudios Técnicos y Superiores de Baja California (1973). Pertenece al PRI. Ha sido subdirector de Estímulos Fiscales al Comercio Exterior (1977-78), subdirector de Política Fronteriza (1978-79), director de Asuntos Fronterizos (1980-82) y director de Operación Aduanera de la Secretaría de Hacienda (1982-86); secretario de Finanzas del gobierno de Tlaxcala (1986-). Es miembro del Colegio Nacional de Economistas.

CORONA SAPIÉN, NORMA ◆ n. y m. en Culiacán, Sin (1952-94). Abogada y activista. Era estudiante cuando dirigió un movimiento que logró la renuncia del rector de la Universidad Autónoma de Sinaloa, Gonzalo Armienta Calderón. Formó, junto con un grupo de profesionistas, la Comisión de Defensa de los Derechos Humanos en su estado natal mediante la cual combatió los actos de tortura y la impunidad de la PGR y de los grupos de narcotraficantes locales. Investigó las muertes de los periodistas Roberto Ornelas, Manuel Burgueño Orduño y Odilón López Urías. Debido a una campaña suya, el

Congreso de Sinaloa tipificó, el 15 de mayo de 1994, la tortura como un delito por el que no se alcanza libertad bajo fianza. Fue asesinada a tiros el 21 de mayo de ese mismo año, en plena calle, saliendo de sus oficinas.

CORONADO & ISLOTES SITUADOS A UNAS SIETE MILLAS DE LAS COSTAS DE BAJA CALIFORNIA Y 10 MILLAS ◆ al sur de la línea fronteriza. Se les conoce como Coronado Norte, Coronado Centro, Coronado Sur y Pilón de Azúcar. Son de jurisdicción federal y el primero de ellos está habitado.

CORONADO ◆ Municipio de Chihuahua situado al sureste de Parral y en los límites con Durango. Superficie: 1,756.06 km². Habitantes: 2,862, de los cuales 820 forman la población económicamente activa. Hablan alguna lengua indígena 20 personas mayores de cinco años (tarahumara 19). El municipio se constituyó en 1860. Llamado inicialmente Río Florido, el actual nombre se le puso en honor del combatiente liberal José Esteban Coronado.

CORONADO ◆ Sierra de San Luis Potosí que cruza el paralelo 23, al este del meridiano 101, y se prolonga en la sierra de Catorce.

CORONADO, ESTEBAN ◆ n. en Tacupeto, Son., y m. en Tepic, Nay. (1822-1859). Abogado. Combatió a los invasores estadounidenses en 1846-47. Diputado constituyente (1856-57). Participó en el bando liberal durante la guerra de los Tres Años. Fue gobernador de Tamaulipas (1857) y Durango (1858), donde aplicó rigurosamente las Leyes de Reforma. Murió a consecuencia de las heridas que recibió en combate.

CORONADO, JUAN ◆ n. en el DF (1943). Profesor de la Facultad de Filosofía y Letras de la UNAM. Ha sido colaborador de *Sábado*, suplemento del diario *unomásuno*. Autor de ensayos: *La palabra en movimiento* (1976), *Paradiso múltiple* (1982), sobre la obra de José Lezama Lima, y *Fabuladores de dos mundos* (1985).

CORONADO, MARIANO ◆ n. y m. en Guadalajara, Jal. (1852-1927). Abogado. Fue secretario de gobierno de Jalisco, diputado federal y senador. Miembro de la Academia Mexicana (de la lengua). Autor de *Elementos de derecho constitucional mexicano* (1885).

CORONADO ORGANISTA, SATURNINO ◆ n. y m. en Guadalajara, Jal. (1892-1992). Licenciado en derecho por la Universidad de Guadalajara, de la que fue rector. En 1913, luego de la asonada huertista, fue secretario de Gobierno de Jalisco por 23 días. Gobernador interino (1947), diputado federal (1949-1952), senador de la República (1952-58), diputado local (1965-68) y, durante muchos años, tesorero del comité ejecutivo estatal del PRI.

CORONADO ORTEGA, CARLOS ◆ n. en el DF (1945). Pintor. Estudió en la Academia de Pintura de la Universidad de Hermosillo y en La Esmeralda. Tomó cursos con Armando Torres Michúa y con Leticia Ocharán. Expone individualmente desde 1962. Su obra se ha expuesto en museos y galerías de México y Estados Unidos. Ha ejecutado 34 murales entre los que destacan *El tianguis* en la botica popular de Caléxico, EUA; *Quetzalcóatl*, en el Centro de Gobierno de Tijuana; *Frontera norte*, en el Crea de Tijuana; y *Río Colorado*, en el Yuma Convention Center, EUA. Presea Cuauhtémoc del Gobierno de la República (1976). Primer premio en dibujo de la II Bienal Plástica de Baja California (1971). Primer lugar en pintura de la V y VI bienales plásticas de Baja California (1985 y 1987).

CORONADOS ◆ Isla de Baja California Sur situada frente al municipio de Loreto, al norte de la isla del Carmen.

CORONANGO ◆ Municipio de Puebla situado al oeste de la capital del estado, en los límites con Tlaxcala. Superficie: 37 km². Habitantes: 25,179, de los cuales 5,038 forman la población económicamente activa. Hablan alguna lengua indígena 128 personas mayores de cinco años (náhuatl 119).

CORONEL, EDUARDO R. ◆ n. y m. en Jalapa, Ver. (1861-1935). Se tituló de médico en la ciudad de México. Fue profesor de la preparatoria y de la normal de Jalapa, en la que llegó a ser director. Antirreeleccionista en 1910. Escribió en publicaciones locales y dirigió el periódico *Dos de Abril*. Autor de una *Filosofía de la historia* y de *Apuntes de higiene escolar*.

CORONEL, MARTÍN ◆ n. en el DF (1963). Estudió cerámica con Marco Kampfer y pintura con Vicente Gandía. Asistió al taller de su padre Pedro Coronel. Ha expuesto su trabajo en diversas ciudades del país. Se ha especializado en la cerámica policromada.

CORONEL, PEDRO ◆ n. en Zacatecas, Zac., y m. en el DF (1923-1985). Pintor, escultor y grabador. Estudió en La Esmeralda (1940-45), donde impartió clases de escultura. En París asistió a los talleres de Breuer y Brancusi. Expuso en México desde 1956 y a partir de 1961 en el extranjero. En sus viajes por decenas de países reunió una colección de objetos artísticos que se expuso en Bellas Artes bajo el título de El Universo de Pedro Coronel, que ahora se aprecia en Zacatecas en el museo que lleva el nombre del artista. En 1974 realizó un mural en la sede de la OIT, en Ginebra. Algunas de sus obras más importantes son *Toro mujiendo a la luna* (1958), *La lucha* (1959), *La guerra florida*, *La primavera* o *Los personajes del callejón azul*, *Los deshabitados*, *Los hombres huecos*, *El sol es una flor*, *Año I Luna* (1969), *Alfar de los sueños*, *Habitantes de amaneceres*, *Bodas solares*, *Camino de soles* y *Poética lunar*. Su trabajo como escultor es también reconocido internacionalmente. Justino Fernández publicó el libro *Pedro Coronel, pintor y escultor* (1971). Recibió los premios Nacional de Pintura del INBA (1959), José Clemente Orozco de la II Bienal Panamericana, celebrada en México (1959) y el Nacional de Ciencias y Artes (1984).

CORONEL, RAFAEL ◆ n. en Zacatecas, Zac. (1933-?). Pintor. Hizo estudios en la Escuela Nacional de Arquitectura y luego pasó a la Academia de San Carlos. A partir de 1956 presentó exposiciones de su obra en México, Estados Unidos, Japón, Puerto Rico y Brasil. Obtuvo el Premio Córdoba (Sao Paulo, Brasil,

Formas vegetales
de Pedro Coronel

Rafael Coronel

Foto: *El Mundo Ilustrado*

Ramón Corral

1965) y el Primer Premio en la Bienal de Tokio, Japón (1975). Existe obra suya en museos de México y del extranjero. Reunió una de las mayores colecciones de máscaras mexicanas, que se exhibe parcialmente en el museo zacatecano que lleva su nombre.

CORONEO ◆ Municipio de Guanajuato situado en el sureste de la entidad, en los límites con Querétaro y Michoacán. Superficie: 458.5 km². Habitantes: 9,466, de los cuales 2,105 forman la población económicamente activa. Hablan alguna lengua indígena 16 personas mayores de cinco años. En la época prehispánica fue centro de población otomí conquistado por los purépechas. Es muy apreciada la alfarería del lugar, de barro rojo vidriado decorada con motivos zoomorfos y vegetales. Se elaboran sarapes, jorongos y otros artículos de lana. El 25 de octubre es la principal fiesta religiosa en la cabecera.

Estatua de Hidalgo en
Corralejo, Guanajuato

Foto: Fondo Editorial Grupo Azabache

CORPANCHO, MANUEL NICOLÁS ◆ n. en Perú y m. en alta mar entre Sisal y La Habana (1830-1863). Médico, poeta y diplomático. Llegó a México en marzo de 1862 como encargado de negocios y cónsul general de su país. Propuso al gobierno de Juárez un tratado de "Unión Continental" (☛), mismo que ya habían firmado Perú, Chile y Ecuador. México aceptó y fue firmado el 21 de junio. Simpatizante de la causa republicana, protegió a los liberales cuando las tropas francesas ocuparon la capital. Fue expulsado por los imperialistas en agosto de 1863. Se embarcó en Veracruz con la idea de llegar a Nueva York y desde ahí regresar para unirse a los juaristas. Murió al incendiarse y hundirse el vapor *México* en el trayecto a La Habana. Durante su estancia en México publicó el primer tomo de la antología *Flores del nuevo mundo. Tesoro del Parnaso americano*.

CORRAL, ATILANO ◆ n. en San Andrés de la Sierra y m. en Estación Reforma, Chih. (?-1917). Participó en las revolución dentro de las fuerzas de Francisco Villa. Perteneció a los Dorados. Murió en combate.

CORRAL, RAMÓN ◆ n. en Álamos, Son., y m. en Francia (1854-1912). Siendo niño, su padre lo hizo firmar una protesta contra la instauración de la monarquía en 1863. Trabajó después en un centro minero y en 1873 se trasladó a Álamos donde dirigió los periódicos antipesqueiristas *El Fantasma* y *La Voz de Álamos*. Se levantó en armas contra el gobernador y, derrotado, huyó a Chihuahua, de donde volvió a Sonora en 1876. Participó en las sociedades mutualistas y en 1877 fue diputado al Congreso local, el que le tocó presidir. Entonces, ligado al cacique Luis E. Torres, inició una carrera política que lo llevó a ocupar la secretaría de gobierno del estado, una diputación federal, la vicegubernatura y el puesto de gobernador (1887-91 y 1895-99), desde el cual promovió importantes obras materiales bajo la tónica porfiriana de poca política y mucha administración. Ya entre los favoritos de Porfirio Díaz, el dic-

tador lo impuso en 1900 como gobernador del Distrito Federal y luego lo designó secretario de Gobernación (1903). Fungió como vicepresidente entre 1904 y 1911, cuando desde París envió su renuncia al cargo.

CORRAL ARREDONDO, JOSÉ ANDRÉS ◆ n. en Colorada, Chih. (1946). Sacerdote. Estudió humanidades y filosofía en el Seminario Conciliar de Chihuahua, teología en el colegio de Moctezum en EUA y escritura sagrada en el Pontificio Instituto Bíblico de Roma. Profesor en el Seminario Mayor de Durango. Vicerrector y prefecto del Pontificio Colegio Mexicano en Roma. Secretario ejecutivo de la Comisión Pastoral del Episcopado Nacional. Primer obispo de la diócesis de Parral, creada en 1992.

CORRAL MARTÍNEZ, BLAS ◆ n. en Presidios, Dgo. (1883-1947). Se incorporó a la rebelión maderista en 1911. Después del golpe de Estado de Victoriano Huerta sirvió en el constitucionalismo. Gobernador militar de Chiapas (1915-16). Fue presidente del Supremo Tribunal Militar, oficial mayor (1941) y subsecretario de la Defensa Nacional (1942). Gobernador constitucional de Durango elegido para el periodo 1944-50.

CORRALEJO ◆ Población del estado de Guanajuato que perteneció al municipio de Pénjamo y hoy se halla en la jurisdicción de Abasolo. En 1753, cuando nació ahí Miguel Hidalgo y Costilla (☛), era la hacienda de San Diego de Corralejo, que estaba bajo la administración de su padre, Cristóbal Hidalgo y Costilla, quien vivía en el lugar con su esposa Ana María Gallaga.

CORRALES AYALA, RAFAEL ◆ n. en Guanajuato, Gto. (1925). Su apellido materno es Espinoza. Licenciado en derecho por la UNAM (1944-48), de la que fue jefe de Extensión Universitaria (1948-51). Fue secretario general del comité ejecutivo nacional del PRI (1957-58), partido al que pertenece desde 1951. Ha sido representante del gobierno de Guanajuato en el DF (1949-51), asesor del procurador general de la

República (1947-52), jefe de Prensa de la Presidencia (1952-53), diputado federal en dos ocasiones (1955-58 y 1979-82); director general de Información (1954), contralor (1982-83) y oficial mayor de la Secretaría de Gobernación (1983-85); presidente del Tribunal Federal de Arbitraje para los Trabajadores al Servicio del Estado (1960), secretario general del Departamento de Turismo (1960-62), director general de la Lotería Nacional (1964-70), asesor del presidente del BID (1973-77), secretario del Comité Coordinador de las Instituciones Nacionales de Crédito (1977-78) y gobernador de Guanajuato (1985-91). Fue director de la *Revista de la Universidad* (1948-50). Presidió la Asociación Cívica Álvaro Obregón (1949-52).

CORRALES GONZÁLEZ, JOSÉ DE JESÚS ◆ n. en Guanajuato, Gto. (1920). Ingeniero en minas y metalurgista por la Universidad de Guanajuato (1940-44) y licenciado en derecho por la UNAM (1961). Ha sido profesor en instituciones de enseñanza superior. Miembro del PRI desde 1966. Trabajó para la Compañía Real del Monte y Pachuca de 1947 a 1960. Jefe del Registro Público de Minería de la Secretaría del Patrimonio Nacional (1960-70); subdirector (1971-77) y director general de Minas de la Sepafin (1978-82) y director general de Minas de la SEMIP (1982-). Cofundador de la Asociación de Ingenieros de Minas, Metalurgistas y Geólogos de México, de la que fue presidente (1978-80). Cofundador del Colegio de Ingenieros de Minas, Petroleros y Geólogos de México.

CORREA, ASCENCIÓN ◆ n. en Santiago Ixcluintla, Nay., y m. en Colima, Col. (1829-1870). Combatió a los invasores estadounidenses en la guerra del 47. Participó en el bando liberal en las guerras de Reforma y posteriormente combatió la intervención francesa y el imperio hasta alcanzar el grado de coronel.

CORREA, EDUARDO J. ◆ n. en Aguascalientes, Ags., y m. en el DF (1874-1964). Abogado. Apoyó la causa maderista y fue diputado a la XXVI Legislatura. Fundó los periódicos *Iris* y *La Juventud* y participó con el *doctor Atl.* en la publicación del primer diario aguascalentense: *El Horizonte.* Con Fernández Ledesma y López Velarde fundó *El Observador* y a partir de 1912 dirigió *La Nación,* órgano del Partido Nacional Católico, organización política de la que dejó inédita una historia. Colaboró en varios periódicos en defensa de sus tesis conservadoras, como *Excélsior, Diario de Yucatán* y *El Porvenir.* Escribió las biografías de varios obispos, poemarios: *Líquenes* (1906), *Oropeles* (1907), *En la paz del Otoño* (1909); y novelas: *Las almas solas* (s.f.), *El precio de la dicha* (1929), *La sombra de un prestigio* (1931), *El milagro de milagros* (1935), *Un viaje a Termópolis* (1936) y *Los impostores* (1938).

CORREA, JOSÉ MARÍA ◆ n. en Nopala y m. en la Cd. de México (?-¿1831?). Insurgente. Se dice que su segundo nombre era Manuel o Miguel. Era cura de Nopala en 1810 y tomó las armas hacia 1811. Su primera batalla fue contra el comandante realista Andrade, que resultó derrotado. Participó en otros combates exitosos y estuvo a punto de aprehender al obispo Cabañas. Acudió a Zitácuaro y estuvo en la derrota insurgente en ese lugar. Escoltó a la Junta, que lo nombró brigadier, cuando ésta se trasladó a Tlalchapa. Volvió a Nopala a reclutar adictos a la causa independentista y reunir elementos de guerra. Fue sorprendido y derrotado. Huyó y bajo las órdenes de Rayón asistió a la batalla de Tenango. Estuvo en la defensa del Veladero y, derrotado, volvió nuevamente a Nopala. De ahí lo envió Rayón a Ixmiquilpan. Enfermo, se acogió al indulto. Recluido en La Profesa, en la ciudad de México, se escapó en octubre de 1813 para unirse a las fuerzas de Morelos, quien le dio el grado de mariscal de campo. Participó en la última campaña de éste, quien lo envió a Veracruz en auxilio de Rosains, de quien se convirtió en lugarteniente. Actuó también bajo las órdenes de Victoria antes de ser enviado como comandante a Uruapan, donde se hallaba la Junta independentista. Tomó parte en otras batallas de resultado adverso y marchó a Tehuacán a unirse a Terán. Al capitular éste quedó como prisionero de guerra, confinado a la ciudad de Puebla. Consiguió que se le enviara interinamente al curato de Real del Monte. A la consumación de la independencia alegó haber proporcionado ayuda material e información tanto a Guerrero como a Iturbide. Demandó se le restituyera el curato de Nopala, que había ganado por oposición, pero no le fue concedido.

CORREA, JUAN ◆ ¿n. en México y m. en Guatemala? (?-¿1740?). Pintor. Las referencias más antiguas que se tienen de él datan de 1674, cuando trabajaba en la ciudad de México. Los estudiosos sitúan su producción entre lo mejor del arte virreinal. Sus obras se encuentran en España, Guatemala y, por supuesto, México. En el templo de San Diego, en Aguascalientes, está *Escenas de la vida de San Francisco* y en la capital del país se hallan, en la capilla del Rosario de Azcapotzalco, *Escenas de la vida de la virgen María; La entrada a Jerusalén* y *La Asunción* en la sacristía de la Catedral Metropolitana; *Santa María Magdalena,* en la Purísima y otros en La Soledad y en museos públicos. *El apocalipsis,* que se hallaba en el altar del Perdón, en Catedral, fue consumido por el fuego.

CORREA AYALA, TOMÁS ◆ n. en el DF (1942). Desde 1987 milita en el PFCRN, del que fue secretario del Frente Obrero Sindical. Antes estuvo afiliado al PST, donde fue secretario del Frente Obrero Nacional y presidente del Comité Estatal del Estado de México. Diputado Federal (1991-94).

CORREA CESEÑA, JOSÉ MANUEL ◆ n. en Guadalajara, Jal. (1947). Abogado titulado en la Universidad de Guadalajara. Fue secretario de Prensa (1969-71) y presidente de la Federación de Estudiantes de Guadalajara (1973-75), y director del Departamento Escolar (1976-77), director de la *Revista* y secretario general de la Universidad de Guadalajara (1982-89). Pertenece al PRI.

La Corregidora de Enrique Alciati en el DF.

Timbres mexicanos

Ha sido diputado a la Legislatura de Jalisco (1977-79) y secretario de Educación y Cultura del gobierno de Jalisco (1989-). Fue secretario general de la Confederación de Jóvenes Mexicanos (1974-77).

CORREA LÓPEZ, ANTONIO ◆ n. en Cd. Hidalgo, Mich. (1936). Contador público. Profesor de la Escuela Bancaria y Comercial (1958-62) y del Instituto Politécnico Nacional (1965-78). Miembro del PRI. Ha sido presidente de la Unión Nacional de Pequeños Propietarios Forestales (1980-) y secretario de asuntos forestales de la Confederación Nacional de la Pequeña Propiedad (1982-). Diputado federal por Michoacán (1985-88).

CORREA MENA, LUIS HUMBERTO ◆ n. en Mérida, Yuc. (1960). Militó en el PAN desde 1979, partido en el que fue consejero estatal (1987-98) y presidente del Comité Municipal de Mérida (1988-91). Ha sido dos veces diputado federal (1991-94 y 1997-2000). En 1998 renunció a dicho partido y se retiró de toda actividad política.

CORREA VILLALOBOS, FRANCISCO ◆ n. en Monterrey, NL (1938). Licenciado en derecho por la Universidad de Nuevo León (1955-60) y en relaciones internacionales por El Colegio de México (1961-65), donde fue profesor investigador (1974-76) y secretario de la revista *Foro Internacional* (1965-66). Desde 1960 es miembro del PRI. Ingresó al servicio exterior en 1965. Embajador en Honduras (1985-88). Coautor de *Estudio amplio sobre los efectos de las armas nucleares* (1981) y *Preparación de una campaña mundial de desarme* (1981).

CORREA ZAPATA, ALBERTO ◆ n. en Teapa, Tab., y m. en la Cd. de México (1857-1909). Pedagogo. Ocupó diversos puestos públicos en el ramo educativo. En su estado natal se le llamó "El Apóstol de la Enseñanza".

CORREA ZAPATA, DOLORES ◆ n. en Teapa, Tab., y m. en la Cd. de México (1853-1924). Educadora y poetisa. Fue profesora normalista. Escribió artículos y ensayos sobre temas pedagógicos, así como libros de texto para enseñanza primaria. Su obra poética está en los libros *Estelas y bosquejos* (1886) y *Mis liras* (1917).

CORREA ZAPATA, JUAN ◆ n. en Teapa, Tab., y m. en el DF (1857-1946). Ejerció el periodismo en impresos de la capital y de los estados. Publicó poesía, *Insomnios y nostalgias*.

CORREDOR ESNAOLA, JAIME ◆ n. en España (1946). Licenciado en economía por la UNAM (1965-69), maestro por la Northwestern University (1970-72) y doctor por la Universidad de Stanford (1973-74). Profesor del ITAM (1975). Desde 1974 es miembro del PRI. Ha sido asesor del secretario de Hacienda (1974-75) y del director general de Energéticos de la Secretaría del Patrimonio (1975-76); subcoordinador de la oficina de asesores del presidente de la República (1976-82), director general de Banca Cremi (1982-88), director general de Banco Internacional (1988-), presidente de la Asociación Mexicana de Bancos (1989-), director de Aeropuertos y Servicios Auxiliares

(1994-96) y director de Banobras (1996-). Coautor de *Las relaciones México-Estados Unidos* (1981) y autor de *The Effects of the Financial System on the Distribution of Income and Wealth in Mexico* (1976). Miembro del Colegio Nacional de Economistas, de la International Association of Energy Economists y del Oxford Energy Policy Club.

CORREGIDORA ◆ Municipio de Querétaro situado al sur de la capital del estado, en los límites con Guanajuato. Superficie: 245.8 km^2. Habitantes: 59,855, de los cuales 12,122 forman la población económicamente activa. Hablan alguna lengua indígena 140 personas mayores de cinco años (otomí 65 y náhuatl 26). Su cabecera se llama El Pueblito Villa Corregidora.

CORREGIDORA, LA ◆ Estatua sedente de Josefa Ortiz de Domínguez realizada por el escultor italiano Enrique Alciati y vaciada en bronce en la Fundición Artística Mexicana de Jesús F. Contreras. Se halla en la plaza de Santo Domingo, en la capital del país, y fue inaugurada el 5 de febrero de 1900.

CORREGIMIENTOS ◆ Jurisdicciones políticas y territoriales en que estaban divididas durante el siglo XVI las gubernaturas y capitanías generales dependientes de las audiencias. Los titulares eran llamados corregidores. En el curso de la época colonial fueron sustituidos por alcaldes mayores, pero al proclamarse la independencia subsistían algunos corregimientos como el de Querétaro.

CORREO ◆ En el México prehispánico los comerciantes, además de cumplir con las exigencias propias de su oficio, se encargaban de llevar objetos y recados de terceros entre una y otra población. Salvador Novo les atribuye haber conducido la noticia del desembarco español a Moctezuma, aunque de acuerdo con otras versiones los emperadores disponían de su propio servicio de mensajería, mediante el cual estaban al día sobre todo lo referente a los asuntos de su imperio. En las primeras décadas de la Colonia, la correspondencia de las autoridades era trasladada por jinetes. Los particulares empleaban el mismo método a un costo tan elevado que sólo era permisible para los encomenderos y la jerarquía religiosa. El resto de la población novohispana debía esperar a que algún amigo viajara para mandar con él recados y objetos. Como la incomunicación favorecía los intereses locales de los conquistadores, Felipe II ordenó en 1580 la creación de un servicio de correos, que se otorgó en concesión (merced real) a Martín de Olivares, cuya oficina se instaló atrás del actual Palacio Nacional, precisamente en Correo Mayor y Soledad. De inmediato se abrió una sucursal en Veracruz y poco después se abrió la ruta México-Puebla-Oaxaca y posteriormente México-Querétaro-Guanajuato. Como aún así era posible retrasar la correspondencia, según conviniera a las autoridades locales, en 1615 Felipe III, para garantizar un movimiento más rápido del correo, dictó diversas medidas, las cuales incluían un detallado trazo de las rutas que había de seguir. Además de los intereses de la burocracia local, otros factores causaban la lentitud e inoperancia del servicio, entre ellos la inseguridad derivada de las rebeliones de negros, indios y otros núcleos sociales, los intereses regionales de los señores novohispanos y el bandolerismo. Aunque a mediados del siglo XVIII se había creado un servicio semanario a varias ciudades, por lo general la correspondencia se enviaba en grandes caravanas de arrieros bien armados que la transportaban junto con sus mercaderías. Las reformas borbónicas transformaron el correo, en 1765, en un ser-

Timbres mexicanos

vicio público manejado por el Estado, pese a lo cual siguió en buena medida en manos de particulares, pues se requería de éstos para la comunicación con la mayor parte del país, ya que el servicio oficial sólo llegaba a las grandes ciudades y a los minerales de importancia. A fines del mismo siglo se emitió una Ordenanza General de Correos, Postas, Caminos y demás ramos agregados a la Superintendencia General de Correos. Fue hasta 1856 cuando se instituyó el uso de la estampilla con previo pago del porte, que hasta entonces corría por cuenta del destinatario y era una relativa garantía de que la pieza sería entregada. De las precariedades del sistema postal de entonces habla elocuentemente el hecho de que las oficinas de correos no llegaban a medio centenar. A la restauración de la República había crecido considerablemente el movimiento de correspondencia, que ya en 1873 era de 4.3 millones de piezas. En 1878, con el ingreso de México en la Unión Postal Universal y los inicios de la dictadura porfirista, el país debió adoptar medidas para satisfacer las necesidades planteadas por la economía

Edificio de Correos
en la Ciudad de México

y se implantó un sistema de correos semejante, en algunos aspectos, al que regía en la mayoría de los países industrializados. En 1884 se puso en vigor un Código Postal que rigió por 10 años y en 1895 cobró vigencia otro que normaría el funcionamiento del ramo durante varias décadas. Las modificaciones jurídicas estaban dictadas por un movimiento cada vez mayor, pues si en 1889 era de casi 27 millones de piezas, al finalizar el siglo había superado los 122 millones y al estallar la revolución era de alrededor de 200 millones de piezas postales, incremento que se explica por la extensión de la red ferrocarrilera, que alcanzó casi 12 mil kiló-

Colección "México Exporta" de timbres mexicanos

Timbres mexicanos

Correro Americano del Sur

metros al terminar el porfiriato, y por la obligación de las empresas ferroviarias de transportar gratuitamente la carga postal. Una muestra de la importancia que adquirió el ramo durante la dictadura fue la construcción, entre 1902 y 1907, del Correo Mayor o Central que se halla en la calle Tacuba esquina con San Juan de Letrán (Eje Central) en la ciudad de México. El arquitecto parmesano Adamo Boari lo proyectó y construyó en estilo italianizante con herrería florentina. El edificio constituye una especie de monumento a la importancia que llegó a adquirir en correo dentro de la economía porfirista, misma que decayó explicablemente durante la lucha armada de 1910-17, época en que el sistema postal sufrió un retroceso tan serio, que sería hasta mediados de los años veinte cuando se llegaría a un movimiento de correspondencia semejante al de 1910. Sin embargo, fue en 1917 que se inició en el mundo el servicio postal aéreo, cuando el piloto aviador Horacio Ruiz Gaviño transportó correspondencia entre Pachuca y la capital a bordo de un biplano de fabricación nacional con motor Hispano-Suiza.

CORREO AMERICANO DEL SUR ◆ Periódico insurgente que editaban las fuerzas de José María Morelos en Oaxaca. Se conocen 39 números ordinarios, aparecidos entre el 25 de febrero y el 25 de noviembre de 1813, más cinco ediciones extraordinarias del mismo año. Lo redactaron el sacerdote José Manuel de Herrera y Carlos María de Bustamante, quien posiblemente se incorporó a partir del número cinco, en el que publicó una carta a Morelos en la que explicaba sus razones para incorporarse a las fuerzas insurgentes. Se imprimía en la prensa del también sacerdote

Idiáquez. El periódico, predominantemente informativo, abundaba en partes de guerra. Dio cabida a algunas reflexiones sobre la guerra en curso y sus objetivos, pero no alcanzó la altura de su antecesor, el *Semanario Patriótico Americano*, en lo que hoy llamaríamos teoría política.

CORREO DE LA FEDERACIÓN MEXICANA ◆ Fue el más importante de los periódicos yorkinos. Mantuvo una tenaz polémica con *El Sol*, órgano de la logia escocesa. Consideró un derecho y un deber la militancia de los ciudadanos en partidos políticos. Fue un firme defensor de la democracia, el federalismo y la libertad de prensa. En sus páginas se planteó por primera vez la necesidad de la tolerancia religiosa. Ante la ruindad de los ataques escoceses contra Vicente Guerrero por su falta de estudios, replicó que "la escuela de la revolución proporciona conocimientos que no se encuentran en los libros". Se empezó a publicar el 1 de noviembre de 1826 y dejó de aparecer a principios de junio de 1830, bajo la hostilidad del gobierno golpista de Anastasio Bustamante. Lorenzo de Zavala, su principal redactor y animador, fue obligado a renunciar al periódico en marzo de 1830, "amenazado de las venganzas ministeriales".

CORREO GERMÁNICO, EL ◆ Periódico que apareció en la capital del 1 de agosto al 14 de octubre de 1876. Lo fundaron Isidoro Epstein y Othón E. Brackel-Welda para difundir la cultura alemana en México. Se editaba en español y los domingos tenía una sección en alemán.

CORREO DE JALISCO, EL ◆ Diario de Guadalajara aparecido el 7 de abril de 1895. Era vespertino y estuvo dirigido por Victoriano Salado Álvarez y Manuel M. González, hasta que por un cambio de dueño se puso al frente Antonio Ortiz Gordoa. De aparición irregular en algunos periodos, fue matutino y tuvo por lo menos

dos suplementos dominicales en otras tantas épocas: *El Domingo* y *El Correo Literario*.

CORREO DE LOS NIÑOS, EL ◆ Periódico capitalino aparecido el 11 de febrero de 1872. Miguel de Quesada fue editor y redactor responsable. El periódico se presentaba como "Semanario dedicado a la niñez mexicana" y se proponía instruir y divertir, pues publicaba cuentos y asuntos relacionados con los programas escolares. Tuvo una vida irregular y dejó de publicarse en 1883.

CORREO POLÍTICO, ECONÓMICO Y LITERARIO, EL ❖ Periódico aparecido en Zacatecas en 1825. De filiación federalista y democrática, intervino en el debate político de la época y algunos de sus editoriales fueron reproducidos por las publicaciones de la ciudad de México. Sus redactores eran Marcos Esparza y Fernando Calderón. Patrocinado por el gobernador federalista Francisco García Salinas, sobrevivió al golpe de Bustamante, que acabó con la prensa yorkina de la capital. Desapareció en 1835 bajo la represión del régimen centralista.

CORREO DE SAN LUIS, EL ◆ Periódico porfirista aparecido en San Luis Potosí el 26 de septiembre de 1882. De vida irregular, fue semanario y diario en diferentes épocas. Lo dirigieron Jesús Ortiz, Manuel Puga y Acal y Aurelio P. Fernández. Entre sus redactores figuró Manuel J. Othón. Dejó de existir en 1896.

CORREO SEMANARIO, EL ◆ Periódico yorkino de la capital. Se publicó entre 1826 y 1827.

Correo de Sotavento

CORREO SEMANARIO POLÍTICO Y MERCANTIL DE MÉXICO, EL ◆ Suplemento dedicado a los negocios por la *Gaceta de México*. Se publicó entre 1809 y 1810.

CORREO DE LAS SEÑORAS, EL ◆ Semanario aparecido en la ciudad de México entre 1883 y 1894. Su fundador y director fue José Adrián M. Rico. Argumentó en favor de la instrucción femenina. Contó con la colaboración de Riva Palacio, Payno, Peza, Justo Sierra, Nervo, Díaz Mirón, Gutiérrez Nájera y Luis G. Urbina. María del Refugio Argumedo de Ortiz, Refugio Barragán de Toscano, Rosa Carreto Isaura V. del Castillo y otras mujeres colaboraron en sus páginas.

CORREO DE SOTAVENTO, EL ◆ Periódico bisemanal aparecido en Tlacotalpan, Veracruz, en 1867. Lo dirigieron Juan Malpica, padre e hijo.

CORREO DE TABASCO, EL ◆ Periódico semanario aparecido en Villahermosa (San Juan Bautista), Tabasco, de 1909 a 1912 bajo la dirección de José Gurdiel Fernández.

CORREO DE ZACATECAS, EL ◆ Semanario aparecido en Zacatecas, Zac., en junio de 1902. Existió hasta 1910. Su director fue Delfino Salas.

CORRIENTES ◆ Cabo del noroeste de Jalisco situado en el océano Pacífico. Es el punto más al sur de la bahía de Banderas.

CORRIPIO AHUMADA, ERNESTO ◆ n. en Tampico, Tams. (1919). Fue ordenado sacerdote en Roma (1942). Ha sido obispo auxiliar (1953-56) y titular de Tamaulipas (1956-58), obispo de Tampico (1958-67), arzobispo de Oaxaca (1967-76), arzobispo de Puebla (1976-77) y arzobispo primado de México (1977-). Es cardenal desde 1979.

CORRO, JOSÉ JUSTO ◆ n. y m. en Guadalajara, Jalisco (1794-1864). Abogado. Fue ministro de Justicia y Negocios Eclesiásticos (marzo de 1835 a febrero de 1836) en el gabinete de Miguel Barragán. A la muerte de éste fue nombrado presidente (febrero de 1836 a abril de 1837). Durante su gestión fracasó la campaña de Texas por la traición de Santa Anna, a quien Corro

no se atrevió a enjuiciar; se suspendieron las relaciones con Washington y fueron promulgadas las Siete Leyes, especie de constitución centralista.

CORTAZAR ◆ Municipio del sur de Guanajuato contiguo a Salamanca. Superficie: 342.6 km^2. Habitantes: 80,185, de los cuales 19,724 forman la población económicamente activa. Hablan alguna lengua indígena 38 personas mayores de cinco años (otomí 14). Se producen artesanías de paja, especialmente canastas y petates. Las fiestas de la Santa Cruz (3 de mayo), de Corpus y Todos los Santos (1 de noviembre) atraen a gran número de turistas. La cabecera municipal era población otomí (Jali Hui) en la época prehispánica. Al someterla los aztecas le llamaron Amolli, los conquistadores Amoles y posteriormente adoptó su actual nombre en honor de Luis de Cortazar y Rábago, gobernador de Guanajuato (1837-39).

CORTAZAR, JOAQUÍN ◆ n. en Monterrey, NL, y m. en Chihuahua, Chih. (1846-1905). Abogado. Fue varias veces diputado por Chihuahua y gobernador sustituto de esta entidad en diversas ocasiones entre 1894 y 1903.

CORTAZAR, MANUEL DE ◆ n. en Celaya, Gto., y m. en la Cd. de México (1787-1846). Se tituló como abogado en 1807. Las autoridades coloniales lo deportaron a España en 1814 por colaborar con la insurgencia. Representante de Guanajuato ante las Cortes. Jefe político de Guanajuato (junio de 1823 a

marzo de 1824). Diputado en 1836, trabaja en la elaboración de las Siete Leyes. Miembro del Consejo de Estado en 1838.

CORTAZAR Y RÁBAGO, LUIS DE ◆ n. en Victoria Cortazar, municipio de Jaral del Progreso, y m. en Guanajuato, Gto. (?-1840). Militar de carrera. Fue gobernador de Guanajuato (1837-40).

CORTE, DEL ◆ Laguna de Campeche situada al este del meridiano 92 y al norte del paralelo 18. La forman los ríos Palizada, El Este y otras corrientes. Se comunica con la laguna de Términos.

CORTÉS, BUSI ◆ n. en el DF (1950). Estudió ciencias de la comunicación en la Universidad Iberoamericana. Directora de cine egresada del Centro de Capacitación Cine-

Ernesto Corripio Ahumada

José Justo Corro

GABINETES DEL PRESIDENTE JOSÉ JUSTO CORRO
(27 de febrero de 1836 al 19 de abril de 1837)

RELACIONES INTERIORES Y EXTERIORES	
J. M. ORTIZ MONASTERIO	27 de febrero de 1836 al 19 de abril de 1837
JUSTICIA	
JOAQUÍN DE ITURBIDE	27 de febrero de 1836 al 19 de abril de 1837
GUERRA Y MARINA	
JOSÉ MARÍA TORNEL	27 de febrero al 9 de septiembre de 1836
IGNACIO DEL CORRAL	10 de septiembre de 1836 al 19 de abril de 1837
HACIENDA	
RAFAEL MANGINO	27 de febrero al 20 de septiembre de 1836
IGNACIO ALAS	21 de septiembre al 18 de diciembre de 1836
JOSÉ MARÍA CERVANTES	19 de diciembre de 1836 al 19 de abril de 1837

matográfica, donde trabajó como bibliotecaria y profesora. En 1967 participó en un grupo de teatro experimental. Fue guionista de televisión para el Conacyt. Para la SEP realizó los programas de televisión *De la vida de las mujeres*. Es miembro consultivo del Imcine. Fue asistente de dirección de programas culturales de Felipe Cazals y Alfredo Joskowicz. Ha dirigido *El secreto de Romelia* (1989, premio a la *opera prima* en el Festival de La Habana 1989, premiada en 1990 en Nueva York como mejor película latina y ganadora de tres *Arieles*), *Hotel Villa Goerne*, *El lugar del corazón* y *Serpientes y escaleras*.

CORTÉS, HERNÁN ◆ n. y m. en España (1485-1547). Cursó dos años de jurisprudencia en la Universidad de Salamanca. En 1504, fracasado en los estudios, viajó a La Española, posesión gobernada por un pariente suyo, quien lo hizo participar en acciones militares y como premio le dio una encomienda. Sedujo a Catalina Juárez y fue encarcelado, pero recuperó su libertad mediante el matrimonio, que lo convirtió en pariente político de Diego Velázquez, a quien acompañó a La Fernandina (Cuba), donde por su actuación en hechos de guerra se le premió con otra encomienda y más tarde fue alcalde de Santiago. Enterado de las riquezas del continente, Velázquez armó una nueva expedición y puso a Cortés al frente de ella, pero después intentó quitarle el mando por temor a la autonomía de éste. Enterado Cortés aceleró los preparativos y el 18 de febrero de 1518 zarpó del cabo de San Antón con 11 embarcaciones, 19 monturas, 14 cañones, medio millar de soldados, un centenar de marineros y 200 esclavos. El día 21 tocó Cozumel, donde rescató a Jerónimo de Aguilar. Rodeó la península de Yucatán y en las actuales costas de Tabasco, el 22 de marzo, tuvo su primer combate, del que resultó vencedor. Como trofeo de guerra le fueron regaladas 20 esclavas, entre ellas Malinche, que sería su traductora y amante. El 21 de abril Cortés y los suyos arribaron a San Juan de Ulúa, y el 9 de julio fundó la Villa Rica de la Vera Cruz y designó el ayuntamiento que lo nombró capitán general y justicia mayor, con lo cual se independizó formalmente de Velázquez y se aseguró una quinta parte del botín de guerra. Amagos de violencia y empleo de la brutalidad, habilidad diplomática para explotar el odio de los núcleos indígenas sometidos a los aztecas y el hecho de ser confundido con Quetzalcóatl, fueron elementos que permitieron a Cortés ganarse a los totonacos como aliados e imponerles su ley y religión, como después lo haría con otros grupos. A fin de evitar titubeos entre su propia gente, mandó hundir sus barcos, con lo que daba a entender que sólo se podía caminar hacia adelante, hacia Tenochtitlan. A mediados de julio emprendió el ascenso hacia el valle de México. Entró en territorio de los tlaxcaltecas y después de vencerlos en varios combates logró hacerlos sus aliados. Como no estuviera seguro de su lealtad, para amedrentarlos ejecutó una bárbara matanza en Cholula, ciudad tlaxcalteca, el 18 de octubre de 1519. Prosiguió para entrar al valle de México por el paso que lleva su nombre. De ahí descendió a Amecameca y después de un breve descanso continuó su marcha por varios poblados hasta llegar a Iztapalapa, donde fue recibido por Cuitláhuac. El 8 de noviembre entró a México-Tenochtitlan y aproximadamente en el actual cruce de Pino Suárez y República de El Salvador los recibió Moctezuma. Hospedados los españoles en el palacio de Axayácatl, se dedicaron a recorrer la ciudad e indagar sobre sus fortificaciones. Seis días después de su arribo, Cortés hizo detener a Moctezuma y ordenó a la soldadesca iniciar el pillaje. Al llegar noticias del desembarco de Pánfilo de Narváez en Veracruz, quien llegaba con la orden de apresar a

Retrato y firma
de Hernán Cortés

Mapa propiedad de Hernán Cortés en que se señalan distintos puntos geográficos de la costa occidental de la Nueva España (primera mitad del s. XVI)

Cortés y llevarlo a Cuba, el capitán se dirigió de inmediato hacia la costa y, para ganar tiempo, intentó convertir en aliado a Narváez. En medio de las negociaciones desató en Cempoala un ataque en el que la fuerza expedicionaria enviada desde Cuba tuvo que rendirse y sumarse a sus ejércitos. Cortés, después de tomar algunas medidas en Veracruz, volvió a la capital azteca, donde los tenochcas se habían insurreccionado como respuesta a la matanza de niños, mujeres y hombres desarmados durante una ceremonia religiosa en el Templo Mayor. La carnicería fue ejecutada por Pedro de Alvarado y sus hombres, quienes quedaron sitiados por la indignada multitud. Cortés ordenó a Moctezuma que restableciera el orden. Cuando desde arriba del Palacio de Axayácatl el emperador quiso acatar las instrucciones del capitán extranjero, el pueblo le propinó una pedrea. Poco después moría el temeroso emperador, mientras los invasores continuaban sitiados. En ese trance, Cortés optó por huir, desde luego llevando consigo el botín, lo que dificultó sus movimientos y fue objeto de una severa derrota. Con quienes pudieron salvarse, huyó hacia Tlaxcala. En el camino todavía debieron afrontar otro ataque mexica en el cual Cortés resultó herido y perdió dos dedos de la mano izquierda. Durante su convalecencia, el conquistador elaboró un plan cuyo fin era tomar Tenochtitlan. El plan consistió en apoderarse de las bases de aprovisionamiento situadas al sur de la capital mexica, para luego proceder a estrechar el cerco tomando las poblaciones contiguas a ésta. Así lo hicieron los españoles, pero la resistencia de los aztecas y sus aliados impidió el éxito de la empresa, al extremo de que Cortés y sus ejércitos debieron regresar a su base en Texcoco. Sin embargo, un elemento no militar intervino en favor de los conquistadores, pues: entre septiembre y noviembre, durante el breve reinado de Cuitláhuac, se produjo una epidemia de viruela que duró 70 días y mató, según algunos historiadores, a tres y medio millones de indígenas, habitantes de Te-

nochtitlán y de otras poblaciones del altiplano. La mortandad dio ocasión a Cortés de reagrupar fuerzas y a principios de junio de 1521 lanzó, por tierra y por agua, lo que esperaba fuera el asalto final, para lo cual dispuso de 80 mil indios aliados, 13 bergantines, cañones, arcabuces, ballestas, fuerzas de caballería e infantería españolas. Sin alimentos y sin agua potable, la ciudad, llena de cadáveres y de sobrevivientes ciegos a causa de la viruela, esperó el ataque. Aún así, la rápida victoria que esperaba Cortés se convirtió en una feroz batalla casa por casa. Artillería y caballería de los conquistadores lograban abrir boquetes en la defensa de los aztecas, pero éstos, apenas podían reponerse, estaban de nuevo en sus puestos e incluso emprendían ataques y obligaban a los invasores a la retirada en medio de grandes pérdidas de ambos bandos. Cortés ofreció la paz, pero los mexicas la rechazaron sabedores de lo que significaba. La guerra se prolongó hasta el 13 de agosto, en que Cuauhtémoc y sus oficiales fueron hechos prisioneros, cuando ya el imperio azteca se reducía a unos cuantos metros cuadrados. Con Tenochtitlan destruida, Cortés se retiró a Coyoacán, donde se hizo erigir un palacio, en cuyas paredes escribía la soldadesca sus reclamaciones por la insaciable codicia de su jefe. Uno de aquellos soldados, según refiere Bernal, escribió: "Triste está la ánima mea hasta que todo el oro que tiene tomado Cortés y escondido, lo vea". El capitán "se enojó" y amenazó con castigar "a los ruines desvergonzados", pero con el fin de calmar la sed de oro de su tropa ordenó torturar a Cuauhtémoc y a otros señores para que revelaran dónde estaba el tesoro que buscaban. El suplicio fue inútil, pero le dio tiempo a Cortés de organizar otras conquistas para sosegar a sus oficiales, a quienes envió al occidente (Juan Álvarez Chico, Alonso de Ávalos y Gonzalo de Sandoval), al sur (Francisco de Orozco y Pedro de Alvarado) y, por mar, a Honduras (Cristóbal de Olid). En 1522 Cortés fue designado gobernador y capitán general

de Nueva España; ordenó construir una nueva ciudad sobre las ruinas de Tenochtitlan e hizo traer a su esposa, Catalina Juárez, quien murió poco después. Como De Olid se rebelara, fue a buscarlo en las selvas de Tabasco. En el camino hizo colgar a Cuauhtémoc y como Cristóbal de Olid hubiera sido ejecutado, Cortés, informado de que en la capital novohispana había sido destituido del cargo de gobernador, regresó a la ciudad de México, donde ya había sido sofocado el alzamiento. Pese a lo anterior, semanas después sería sometido a un juicio de residencia, para el cual llegó a México el juez Luis Ponce de León, quien venía también a fungir como autoridad suprema de Nueva España. A los 15 días murió el juez a resultas de una indigestión, por lo cual se señaló a Cortés como homicida. Lo sustituyó Marcos de Aguilar, muerto a principios de 1527, y en su lugar quedó Alonso de Estrada, quien desterró a Cortés, que debió viajar a España. El emperador, que había recibido grandes sumas enviadas por su capitán, lo recibió muy bien y le concedió en la península un feudo con 23 mil vasallos, así como el título de marqués del Valle de Oaxaca, todo a condición de que no intentara regresar a México, donde la audiencia lo acusó de quitar a la Corona parte del botín que le correspondía y de asesinar a Catalina Juárez. Debió permanecer en España para litigar contra sus acusadores. Ahí volvió a casarse y permaneció hasta 1530, cuando volvió a Nueva España con la única condición de que no entrara en la ciudad de México. Se estableció en Cuernavaca y desde ahí envió expediciones a diversas zonas e incluso encabezó él mismo la que se dirigió a la Baja California, en 1535. En 1540 fue a España y ahí le tocó marchar a la desastrosa campaña de Argel, en 1541. Seis años después murió en Castilleja de la Cuesta. En 1566 trajeron sus restos a Nueva España. Actualmente se hallan en el Hospital de Jesús.

CORTÉS, LUIS ◆ n. en Cuernavaca (1525-?). Hijo del anterior y de Elvira de Hermosillo. Fue llevado a España en 1540 y regresó a México en 1563. Fue alcalde mayor de Texcoco. Involucrado en la conjura de 1565 con sus hermanos, ambos llamados Martín, fue procesado y enviado a la península en 1567. Sirvió en la campaña de Orán (Argelia) y se le permitió volver a la Nueva España, donde murió a fines del siglo XVI.

CORTÉS, MAPY ◆ n. y m. en Puerto Rico (1918-1998). Actriz. En México participó, entre otras, en las películas *La liga de las canciones* (1941), *El conde de Montecristo* (1941), *Cinco minutos de amor* (1941), *El gendarme desconocido* (1941), *¡Ay que tiempos señor don Simón!* (1941), *Las cinco noches de Adán* (1942), *El globo de Cantolla* (1943), *Un beso en la noche* (1944), *La hija del regimiento* (1944), *Amor de una vida* (1945), *El amor las vuelve locas* (1945), *Los maridos engañan de 7 a 9* (1945), *Las tandas del principal* (1949) y *Recién casados, no molestar* (1950). También hizo cine en Hollywood y Puerto Rico.

CORTÉS, MARTÍN ◆ n. en la Cd. de México y m. ¿en España? (1522-¿1595?). Hijo de Hernán Cortés y la Malinche. Llevado a España en su niñez, volvió a México en 1563 y tomó parte en la conjura de 1565. Fue torturado y procesado. Se le envió a la península, donde su caso fue revisado y se le condenó a no volver a América.

CORTÉS, MARTÍN ◆ ☞ *Cortés Zúñiga, Martín.*

CORTÉS ARÁOZ, ANTONIO ◆ n. en el DF (1943). Pianista, director y compositor. Estudió en la Escuela Nacional de Música y tomó cursos con Rodolfo Halffter, Jean Etienne Marie y Karlheinz Stockhausen. Desde 1968 inició una carrera como concertista y a partir de 1975 ha sido director musical de teatro universitario. Fue jefe de foro de la Sala de Conciertos Nezahualcóyotl del Centro Cultural Universitario (1976-78) y es profesor en el Centro de Capacitación de Actores, de Televisa. Ha colaborado en el suplemento cultural *Los Universitarios*. Autor de *Por las estrellas altas* para voz y piano (1969), *Fantasía sono-*

Félix Cortés Camarillo

ra IV para coro, piano a cuatro manos y percusiones (1970), *Sonata* para clarinete y piano (1971), *Machadas* para piano, clarinete y soprano (1973) y *Cuentos* (1978), entre otras obras. Premio Pablo Casals en 1966 por su suite para piano *Niños para adultos*.

CORTÉS BARGALLÓ, LUIS ◆ n. en Tijuana, BC (1952). Estudió música, comunicación y letras mexicanas. Asistió al taller de poesía de Huberto Batis. Ha colaborado en los suplementos *Sábado* y *La Cultura en México*. Fue miembro del consejo de redacción de la revista *El Zaguán* y en la Universidad Autónoma de Baja California dirigió *Amerindia*. Diseñó y coordinó la colección de poesía "Los libros del salmón" de editorial Penélope. Está incluido en *Asamblea de poetas jóvenes de México* y en *Signos reunidos*. Autor de *Terrario* (1979), *El circo silencioso* (1985), y *Al margen indomable* (1997).

CORTÉS DE CÁDIZ ◆ ☞ *Constitución Política de la Monarquía Española.*

CORTÉS CAMARILLO, FÉLIX ◆ n. en Monterrey, NL (1943). Estudió teatro en la Universidad Carolina de Praga, Checoslovaquia, donde fue locutor, reportero, redactor y editorialista de *Radio Praga* (1962-69). Ha colaborado en *El Tiempo, Vida Regiomontana, La Capital* (1970) y *La Cultura en México*, suplemento de la revista *Siempre!* donde hacía crítica de teatro. En la empresa Televisa fue jefe de redacción del noticiero *24 Horas* (1970-73), subdirector de Información y subdirector general de la Dirección de Noticiarios (1973-78); director general del programa *60 Minutos* (1978) y conductor de *Noche a Noche*. En 1986 se incorporó a la empresa Univisión, filial estadounidense de Televisa.

CORTÉS CERVANTES, MARÍA TERESA ◆ n. en Taxco de Alarcón, Gro. (1955). Maestra normalista. Profesora del Instituto Tecnológico de Taxco (1984). Pertenece al PAN desde 1983, del que fue secretaria del interior del comité directivo en Guerrero. Ha sido diputada a la Legislatura de Guerrero (1983-86) y diputada federal (1988-91).

CORTÉS Y FRÍAS, JOSÉ ◆ n. en Jalapa, Ver., y m. en la Cd. de México (1842-1893). Militar liberal. Combatió la intervención y el imperio. Tomó parte en la batalla del 5 de mayo de 1862, en el sitio de Querétaro y otros hechos de armas. Gobernador de Veracruz (1883-84).

CORTÉS GARCÍA, JULIÁN ◆ n. en Zacatecas, Zac. (1920). Escultor. Estudió en San Carlos (1937-41) y en la Escuela de Enseñanzas Especiales de Jalapa. Como profesor ha trabajado para planteles de la UNAM y la Secretaría de Educación Pública. Trabaja madera, cerámica, plata y bronce. Ha sido premiado en la I Bienal Nacional de Escultura del INBA (1962), en la Sección de Maestros (1963), en el Concurso de Maestros de Bellas Artes (1967), en el Primer Salón de Invierno de Escultura del Museo de Arte Moderno (1971), etc. En 1968 obtuvo el Trofeo de la Ciudad de México.

CORTÉS HERRERA, VICENTE ◆ n. en Guanajuato, Gto., y m. en España (1889-1963). Ingeniero civil. En 1938 fue nombrado gerente de Petróleos Mexicanos. Fue subsecretario de Comunicaciones y Obras Públicas con los presidentes Cárdenas y Ávila Camacho.

CORTÉS JUÁREZ, ERASTO ◆ n. en Tepeaca, Pue., y m. en el DF (1900-1972). Grabador. Estudió en la Academia de San Carlos (1917-22) y en la Escuela de Pintura al Aire Libre de Coyoacán. Fue profesor de dibujo en escuelas primarias desde 1923, en la Normal desde 1938 y en La Esmeralda y San Carlos (1946-56). Participó en exposiciones colectivas pintura y grabado en 1923 y 1927. Miembro del grupo 30-30 (1927) y de la Liga de Escritores y Artistas (1935). En 1948, después de adquirir una formación autodidáctica, se dedica al grabado y escribe crítica de artes plásticas en *El Nacional*, donde también es ilustrador. En 1949 se presenta su primera exposición individual y en ese mismo año es cofundador de la Sociedad Mexicana para el Impulso de las Artes Plásticas. En 1953 ingresa en la Sociedad Mexicana de Grabadores y entre 1954 y 1956 asiste al Taller de Gráfica Popular. Fue director de la Galería de Arte de la Sociedad de Amigos del Libro (1955), fundó el Taller de Artes Plásticas de la Universidad de Sinaloa (1957) y la primera Sala de Cultura, en Culiacán, Sinaloa (1961). Perteneció al Salón de la Plástica Mexicana desde 1961 hasta 1969. Fue también director de la Sala de Arte de la Asociación Mexicana de la Educación (1962), subdirector técnico del Centro Cultural Ignacio Ramírez, de San Miguel Allende (1962-65), y presidente de la corresponsalía del Seminario de Cultura Mexicana en la misma población (1965-67). Autor de *Fisonomías de animales* (1950), *El grabado contemporáneo* (1951), *Héroes de la patria* (1960) y *Calendario histórico guanajuatense* (1967). Premio Maestro Justo Sierra de la Escuela Nacional de Artes Plásticas (1949) y Premio de Grabado en los concursos de la Secretaría de Recursos Hidráulicos y la Universidad Nicolaíta (1953). Miembro de la Academia de Artes (1970-).

CORTÉS LOBATO, VITERBO ◆ n. en Jalapa, Ver. (1927). Médico veterinario zootecnista por la UNAM. Tomó un curso de genética avícola en College Station (EUA). Es miembro del PPS, donde ha sido secretario general en Nayarit (1952), secretario de finanzas del comité del DF (1959-65) y secretario de educación política del comité estatal de Veracruz (1980-82). Diputado federal (1982-85). Fue jefe del Departamento de Avicultura de la Secretaría de Agricultura (1956-68 y 1975-78). Fue presidente del Colegio de Médicos Veterinarios Zootecnistas.

CORTÉS SILVA, PORFIRIO ◆ n. en Guadalajara, Jal. (1929). Licenciado en derecho. Profesor de la Universidad de Guadalajara. Miembro del PRI. Ha sido secretario de organización de la CROC en Jalisco, miembro del Congreso local en dos ocasiones (1965-68), presidente municipal de San Pedro Tlaquepaque (1983-85) y cuatro veces diputado federal (1958-61, 1970-73, 1976-79 y 1985-88).

CORTÉS TAMAYO, RICARDO ◆ n. en Guadalajara, Jal. (1911). Hizo estudios de derecho en la UNAM. Era estudiante cuando se inició en el periodismo. Ha escrito para *El Popular, La Prensa, La Prensa Gráfica, El Nacional, Diario de la Tarde, Diario de México, Excélsior* y *El Día*, donde aparece su sección "Del Zócalo al Periférico". Autor de *Los mexicanos se pintan solos* (1966) y *Tipos populares de la ciudad de México* (1974). Premio Nacional de Periodismo en el género de crónica (1980).

CORTÉS ZÚÑIGA, MARTÍN ◆ n. en Cuernavaca y m. en España (1533-1589). Hijo de Hernán Cortés y Juana de Zúñiga. Heredó el título de marqués del Valle de Oaxaca y la fortuna de su padre. Fue llevado a España en 1540 y volvió a México en 1563. Cortejado por los hijos de los primeros conquistadores, que veían en él a un líder, se vio implicado en una conspiración contra la Corona, debido al conflicto existente entre los intereses del rey y los que defendían los hacendados novohispanos. En el fondo del asunto estaba el pago del tributo, que el trono español pretendía allegarse de manera directa, lo que requería de la relativa libertad de los indios. La muerte de Luis de Velasco, en 1564, creó un vacío de poder que quisieron llenar los encomenderos. La Audiencia, que gobernaba interinamente, hizo aprehender a los hijos de Cortés y los sometió a proceso. Martín fue acusado de querer convertirse en rey y separar al país de la metrópoli. El virrey Gastón de Peralta, a su arribo a la ciudad de México, se encargó personalmente del asunto, puso en libertad a los hermanos Cortés y los remitió a España. Martín fue sometido a juicio y condenado a destierro y el pago de cuantiosas multas. En 1574 se levantó la pena de exilio que pesaba sobre los hermanos y fueron autorizados a regresar a Nueva España. Cortés Zúñiga optó por permanecer en la península.

CORTINA CARBAJAL, MARTÍN ◆ n. en Tlacotepec, Ver., y m. en el DF (1886-1963). Escritor. Autor de la novela *Un tlacuache vagabundo* y de *Leyendas mexicanas*.

CORUÑA, AGUSTÍN DE LA ◆ n. en España y m. en Colombia (1510-1590).

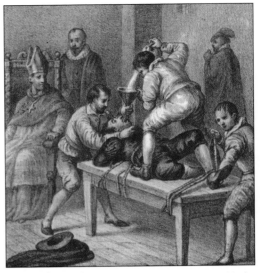

Martirio de
Martín Cortés
Zúñiga

Fraile agustino. Llegó a la Nueva España hacia 1530. Evangelizó en la Montaña de Guerrero. Autor de una *Relación histórica de la conquista espiritual de Chilapa y Tlapa* y *Varios cantares para el uso de los indios de Chilapa*.

CORUÑA, MARTÍN DE LA ◆ n. en España y m. en Pátzcuaro, Mich. (1493-1552). Llegó a la Nueva España entre los primeros franciscanos. Evangelizó en Michoacán, donde destruyó imágenes de los dioses tarascos y fundó el convento de Tzintzuntzan. Autor de una *Relación de Michuacán* que entregó al virrey Antonio de Mendoza.

CORZAS, FRANCISCO ◆ n. y m. en el DF (1936-1983). Pintor y grabador. Estudió en México, en La Esmeralda (1951-55), y en Italia, donde residió algunas temporadas. Expuso individualmente desde 1958 y presentó su primera muestra individual en Bellas Artes en 1972. Lublin Press Inc. de Nueva York le publicó 10 litografías en 1969. En 1973 ejecutó las pinturas *Profeta* y *Plegaria* para el Museo Vaticano. Al año siguiente participó en las bienales internacionales de Oslo, Frenchen (RFA) y San Juan de Puerto Rico. En 1973 se editó en Roma el portafolio *Umbrío por la pena*; en 1974 realizó las litografías de un álbum editado en París y en 1975 ejecutó otras obras para empresas comerciales de México. En 1967 obtuvo la beca *Des Arts* del gobierno francés.

Cosalá, Sinaloa

CORZO, ANGEL ALBINO ◆ n. y m. en Chiapa (hoy de Corzo), Chis. (1816-1875). Combatió a los conservadores en 1848, durante la revolución de Ayutla y en la guerra de los Tres Años. Fue gobernador interino del estado (1855) y electo (1856-61). En ese cargo juró la Constitución de 1857 y aplicó las Leyes de Reforma. Evitó la secesión del Soconusco, promovida por Guatemala; reglamentó el ejercicio de las profesiones y creó la primera escuela indígena de la entidad. Reelegido en 1861, se retiró por enfermedad hasta junio de 1862, cuando el estado se hallaba movilizado para repeler la intervención francesa. Después de dos meses, la enfermedad lo obligó nuevamente a pedir licencia que se le concede. En 1866 tiene su última actuación pública al pedir el regreso de la entidad al orden constitucional roto por la guerra.

COS, JOSÉ MARÍA ◆ n. en Zacatecas, Zac., y m. en Pátzcuaro, Mich. (¿1770?-1819). Su apellido materno era Pérez. Doctor en teología por la Universidad de Guadalajara (1798). Fue ordenado sacerdote en 1798 o 1789. Fue párroco de La Yesca, Nayarit, y de Burgo de San Cosme (hoy Villa de Cos), Zacatecas. Al estallar la guerra de Independencia se hallaba en Zacatecas. Sospechoso de simpatizar con los rebeldes fue enclaustrado en el convento de San Francisco, en Querétaro, donde permaneció entre enero y octubre de 1811. Luego viajó a la ciudad de México, donde se entrevistó con el virrey Venegas, quien le recriminó su conducta y le ordenó regresar de inmediato a Burgo de San Cosme. En el camino fue aprehendido por una partida insurgente y llevado ante Rayón, quien en febrero de 1812 lo nombró vicario general castrense. En marzo redactó el *Manifiesto de la Nación Americana a los europeos de este continente* y los *Planes de paz y guerra*, documentos en los que se establece que "la soberanía reside en la masa de la nación" y la no subordinación de América a España. Tales papeles fueron quemados en la Plaza Mayor de la capital. En abril inició en Sultepec la publicación de el *Ilustrador Nacional*, cuyos primeros números se imprimieron con tinta de añil y tipos de madera hechos a mano. Poco después recibió un retal de imprenta enviado por los Guadalupes (☞) y sacado de la ciudad de México por Leona Vicario, en el cual editó el *Ilustrador Americano*, que mereció la réplica del bibliógrafo Beristáin, quien publicó a su vez el *Verdadero Ilustrador Americano*. Cos, por su parte, respondió en forma pormenorizada y contundente a su adversario en el *Semanario Patriótico Americano*, otro órgano de la insurgencia. A fines de 1812, enviado por Liceaga, organiza una fuerza en las cercanías de Dolores y fracasa en el intento de tomar Guanajuato en abril de 1813. Se repliega a la sierra Gorda y hacia mayo ya se encontraba de nuevo con Liceaga en Michoacán. En septiembre llegó a Chilpancingo y se le designó diputado por Veracruz al Congreso insurgente reunido en esta ciudad. Se dice que por estar enfermo no firmó el Decreto Constitucional de Apatzingán, obra de esa asamblea (1814). A mediados de 1815 integra, con Morelos y Liceaga, el triunvirato en el que se deposita el Poder Ejecutivo. El 30 de agosto rompe con los órganos estatales de la insurgencia y los difama, organiza una fuerza para combatirlos y es apresado por Morelos. Condenado a muerte por un tribunal revolucionario, se le conmuta la pena por prisión perpetua, con el pueblo de Taretan por cárcel. A la caída de Morelos es puesto en libertad y participa infructuosamente en algunas actividades políticas. A fines de 1816, enfermo y decepcionado, con la insurgencia en declive, acaba de renegar de sus convicciones y solicita el indulto. Éste se le concede bajo condiciones humillantes que acepta. Al morir se hallaba confinado en Pátzcuaro por las autoridades coloniales.

COS, MARTÍN PERFECTO DE ◆ n. en Veracruz y m. en Minatitlán, Ver. (1800-1854). Militar realista. Se adhirió al Plan de Iguala en 1821 y en 1823 al de Casa Mata. Tomó parte en las guerras de Texas, donde fue hecho prisionero. En 1847 combatió a los invasores estadounidenses. Fue jefe político del territorio de Tehuantepec durante el último periodo presidencial de Santa Anna.

COSALÁ ◆ Municipio de Sinaloa, situado en los límites con Durango y contiguo a Culiacán. Superficie: 2,665.12 km². Habitantes: 17,641, de los cuales 3,713 forman la población económicamente activa. Hablan alguna lengua indígena seis personas mayores de cinco años. La cabecera municipal fue sede de los poderes estatales en los primeros años del México republicano y en 1864 se escenificó en este lugar una batalla entre patriotas e imperiales. Vencieron los segundos y ejecutaron una matanza de civiles.

COSAMALOAPAN ◆ Municipio de Veracruz, situado al suroeste de Alvarado, al oeste de Coatzacoalcos y al sur del puerto de Veracruz, en los límites con Oaxaca. Superficie: 581.3 km². Habitantes: 79,845, de los cuales 22,924 forman la población económicamente activa. Hablan alguna lengua indígena 1,896 personas mayores de cinco años (chinanteco 1,546). La cabecera se llama Cosamaloapan de Carpio, en honor del poeta y médico Manuel Eulogio Carpio Hernández, nativo del lugar. En la época prehispánica era un centro en el que confluían los comerciantes de varios grupos étnicos. A la llegada de los españoles formaba parte del imperio mexica. Durante la colonia mantuvo su importancia, acrecentada por las plantaciones cañeras y la producción de azúcar. La población ofreció resistencia a los invasores estadounidenses en 1847 y a los franceses durante la intervención y el imperio. En 1910, la antigua villa adquirió rango de ciudad. El municipio fue erigido el 4 de junio de 1918. En la jurisdicción se halla Ciudad Alemán, sede de las oficinas federales de la Cuenca del Papaloapan, río que cruza el territorio municipal.

COSAUTLÁN DE CARVAJAL ◆ Municipio de Veracruz, situado al sur de Jalapa y al norte de Córdoba, en los límites con Puebla, y contiguo a Coatepec y Huatusco. Superficie: 72.38 km^2. Habitantes: 14,268, de los cuales 3,979 forman la población económicamente activa. Hablan alguna lengua indígena 10 personas mayores de cinco años.

COSCOMATEPEC ◆ Municipio de Veracruz, situado al norte de Orizaba, contiguo a Huatusco y cerca de los límites con Puebla. Superficie: 130.78 km^2. Habitantes: 38,528, de los cuales 9,145 forman la población económicamente activa. Hablan alguna lengua indígena 59 personas mayores de cinco años (náhuatl 47). La cabecera, antes San Juan Coscomatepec, se llama Coscomatepec de Bravo en honor del caudillo insurgente Nicolás Bravo, quien resistió en esta población el sitio que le pusieron los realistas desde abril hasta octubre en que rompió el cerco.

COSGAYA CEBALLOS, ARTURO ◆ n. y m. en Mérida, Yuc. (1869-1937). Músico. Fundó la Compañía Juvenil Yucateca para la interpretación de composiciones del género lírico. Autor de zarzuelas: *Rebelión*, *El príncipe rojo*, etc; y de la ópera *Xunáan Tunich* (*Mujer de piedra*).

COSGAYA Y RUBIO, JUAN DE DIOS ◆ n. y m. en Mérida, Yuc. (1777-1844). Estudió navegación y se dedicó a esta actividad durante varios años. Después fue militar realista. Se adhirió al Plan de Iguala. Gobernador de Yucatán en 1834 y en 1840.

COSÍO ◆ Municipio de Aguascalientes, situado en el extremo norte de la entidad, en los límites con Zacatecas. Superficie: 152.6 km^2. Habitantes: 12,136 de los cuales 2,574 forman la población económicamente activa. El municipio,

fundado en 1857, tomó el nombre de Felipe Cosío Gutiérrez de Velasco, quien fuera gobernador del estado de 1850 a 1853.

COSÍO DURÁN, MANUEL ◆ n. en el DF (1953). Licenciado por la Escuela Libre de Derecho. En 1979 ingresó al Servicio Exterior. En la Secretaría de Relaciones Exteriores ha sido jefe del Departamento de Agregados Culturales, director del Instituto Cultural Mexicano en Washington y del Centro Cultural de México en París; ministro encargado de Asuntos Culturales en las embajadas de EUA, Francia y director general del Acervo Histórico Diplomático (1998-).

COSÍO VIDAURRI, GUILLERMO ◆ n. en Guadalajara, Jal. (1929). Licenciado en derecho por la Universidad de Guadalajara (1948-53), de la cual fue profesor (1956-66 y 1972-74). Es miembro del PRI desde 1947, en el que fue secretario del comité directivo en Jalisco (1961), delegado del CEN en varios estados, secretario general del CEN (1981) y secretario del comité directivo en el DF (1984). Fue secretario de organización de la CNOP (1975). Ha sido juez de Ameca (1954-55), diputado al Congreso local de Jalisco (1959), director de Cuenta y Administración de la Secretaría de Agricultura (1966), dos veces diputado federal (1967-70 y 1976-79), presidente municipal de Guadalajara (1971-73); oficial mayor (1979-80) y subsecretario de Organización de la SRA (1980-81), subsecretario B de la Secretaría del Trabajo (1981), director general del Sistema de Transporte Colectivo de la ciudad de México (1982-85), secretario general de Gobierno del DDF (1985-88) y gobernador de Jalisco (1989-92), cargo al que se vio obligado a renunciar después del estallido del drenaje en Guadalajara.

COSÍO VILLEGAS, DANIEL ◆ n. y m. en la Cd. de México (1898-1976). Licenciado en derecho por la UNAM (1925), hizo la maestría en filosofía en la Escuela de Altos Estudios y tomó cursos de economía en Harvard, economía agrícola en Wisconsin, avicultura en Cornell; asistió a la Escuela de Econo-

mía en Londres y como oyente a la Escuela Libre de Ciencias Políticas de París. Profesor en instituciones de enseñanza superior, fue secretario general de la Universidad Nacional (1929-31), fundador y director de la carrera de economía (1933-34); director fundador del Fondo de Cultura Económica (1934-40) y de su publicación *El Trimestre Económico* (hasta 1948). Asesor de la SHCP y del Banco de México. En 1937, siendo encargado de la Legación de México en Lisboa, Portugal, promovió la recepción del exilio español en México. Fundó con Alfonso Reyes la Casa de España, convertida luego en El Colegio de México, del cual fue secretario tesorero (1940-57), director de *Historia Mexicana* (1951-61), fundador de *Foro Internacional* (1960) y presidente (1957-63). Ejerció el periodismo desde 1919. Al morir escribía en *Excélsior*. Autor de creación literaria: *Miniaturas mexicanas* (1922) y la novela *Nuestro pobre amigo* (1924); trabajos económicos como *La cuestión arancelaria en México* (1932), *Estudio sobre la creación de un organismo económico-financiero panamericano* (1933) y *Aspectos concretos del problema de la moneda en Montevideo* (1934); obras de crítica política: *El sistema político mexicano* (1972), *El estilo personal de gobernar* (1974) y *La sucesión presidencial*; ensayos históricos: *Porfirio Díaz en la revuelta de La Noria* (1953), *La Constitución de 1857 y sus críticos*, entre otros. Dirigió la *Historia moderna de México* y la *Historia de la revolución mexicana*. Premio Nacional de Ciencias y Artes. En 1976 se publicaron sus *Memorias*.

COSÍO VILLEGAS, ISMAEL ◆ n. y m. en el DF (1902-1986). Hermano del anterior. Obtuvo en 1926 el título de médico en la Universidad Nacional, de la que fue catedrático hasta 1965. Destacó como neumólogo y formó a varias generaciones de profesionales de esa especialidad. Dirigió la Campaña Nacional contra la Tuberculosis (1929-49). Fue jefe de los pabellones de tuberculosos (1929-36) del Hospital General. Jefe de servicio (1936-56) y director del

Daniel Cosío Villegas en retrato al óleo de Jorge González Camarena

Sanatorio de Huipulco (1956-65). Presidente de la Sociedad Mexicana de Neumología y Cirugía de Tórax (1941-42), de la Unión Latinoamericana de Sociedades de Tisiología (1949) y de la Academia Nacional de Medicina (1961). Publicó más de un centenar de artículos en revistas especializadas y los siguientes libros: *Patología del aparato respiratorio* (1937), *Los abscesos del pulmón* (1940) y *Problemas del aparato respiratorio y tuberculosis* (1947). Coautor de *Aparato respiratorio. Patología, clínica y terapéutica* (1975). Participó en el movimiento médico (☛), de 1964-65 motivo por el cual el gobierno del presidente Gustavo Díaz Ordaz lo retiró de todo puesto público y lo sometió a una infamante campaña de hostilidad que se prolongó hasta su muerte. Desde 1965 se vio obligado a ejercer únicamente la medicina privada.

Cosío Villegas Chapa, Raúl ◆ n. y m. en la Cd. de México (1928-1998). Estudió medicina, música, teatro, filosofía y ciencias políticas en la UNAM. Fue alumno de Santos L. Carlos, Rafael S. Tello, Luis Herrera de la Fuente, Rodolfo Halffter e Igor Markevitch, con quienes aprendió piano, armonía, análisis musical, composición y dirección. Fue concertista y compuso algunas obras antes de dedicarse a la crítica musical en el diario *Excélsior* (1972-79). Escribió también en *unomásuno*. Dirigió Radio UNAM y Actividades Musicales de la misma institución.

Cosmos, Ángel ◆ n. y m. en España (1949-1994). Licenciado en filosofía y letras y en periodismo por la Universidad de Friburgo, Suiza. Fundador y director del Certamen de Cine Didáctico de Valencia (1977-78). Creador y director de la colección artística interdisciplinaria Nueva Escritura, de editorial Euskal Videa. Llegó a México en 1983. Cofundador de la Colección Hispano Mexicana de Música Contemporánea (discos), director de la revista *Fotozoom* (1983-89) y cofundador del grupo multidisciplinario Música de Cámara. Autor de *Transiciones de la poesía en la España de la posguerra 1939-1953*

(1987). Creó y dirigió la revista en video *Video Front*.

Cosolapa ◆ Municipio de Oaxaca, situado en el extremo norte de la entidad, al noroeste de Tuxtepec, en los límites con Veracruz. Superficie: 149.27 km^2. Habitantes: 14,547, de los cuales 3,927 forman la población económicamente activa. Hablan alguna lengua indígena 650 personas mayores de cinco años (náhuatl 365, mixteco 134 y mazateco 102).

Cosoleacaque ◆ Municipio de Veracruz, situado en el sur de la entidad y contiguo a Minatitlán. Se halla en la parte norte del istmo de Tehuantepec, en la cuenca del río Coatzacoalcos. Superficie: 234.42 km^2. Habitantes: 64,796, de los cuales 11,949 forman la población económicamente activa. Hablan alguna lengua indígena 5,136 personas mayores de cinco años (náhuatl 4,590 y zapoteco 338). Es uno de los principales productores de hidrocarburos del país. La contaminación ha afectado seriamente las actividades agropecuarias, tradicionalmente importantes.

Cosoltepec ◆ Municipio de Oaxaca, situado en el norte de la Mixteca, en los límites con Puebla y al norte de Huajuapan de León. Superficie: 81.65 km^2. Habitantes: 1,065, de los cuales 190 forman la población económicamente activa. Hablan alguna lengua indígena 302 personas mayores de cinco años (mixteco 302). Se producen tejidos de palma e ixtle.

Coss, Francisco ◆ n. en Ramos Arizpe y m. en Saltillo, Coah. (1880-1961). Militó en el magonismo y participó en la batalla de Las Vacas. A fines de 1910 se incorporó a la rebelión maderista. Después del golpe de Victoriano Huerta tomó de nuevo las armas a las órdenes de Pablo González. Gobernador militar de Puebla en dos ocasiones (agosto de 1914 y diciembre de 1914 a mayo de 1915). Se adhirió al Plan de Agua Prieta (1920). En 1923 se unió a la asonada delahuertista. Derrotada ésta marchó a Estados Unidos, de donde regresó a fines de los años treinta. Reingresó al ejército en

1942 como general de división.

Coss, Joaquín ◆ n. en España y m. en el DF (1866-1947). Llegó a México en 1902, donde actuó con Esperanza Iris y Virginia Fábregas. Fue también productor de teatro y de cine. A partir de 1917 dirigió cintas como *En defensa propia*, *La tigresa* y otras. Actuó en *Sobre las olas* (versión de 1933).

Cossío, José Antonio ◆ n. en el DF (1933). Actor radiofónico y declamador. Se inició como locutor a los 14 años de edad en una radiodifusora poblana. Participó en numerosas radionovelas (entre ellas *San Martín de Porres* y *El extraño amor de Xaviera*) y en 1984 comenzó una gira por todo el país como declamador, misma que en 1986 llevó a España. Grabó *Mi cristo roto*, el disco de declamación más vendido de América Latina. Presidió la Asociación de Locutores de México (1994-97). Ha recibido discos de plata por sus ventas y los premios Rosa de Oro, Águila de Oro, Azteca de Oro y el Micrófono de Oro. La cadena radiofónica Ser de España le entregó el premio Ondas (1994).

Cossío Anaya, David Alberto ◆ n. en San Luis Potosí, SLP, y m. en Monterrey, NL (1883-1939). Se inició en el periodismo en 1904. En 1906 se estableció en Monterrey, donde escribió para diversas publicaciones y dirigió *La Semana*, a la que cambió el nombre para llamarla *Azteca* (1921). Fue senador y secretario general de Gobierno de Nuevo León. Autor de poesía: *Vidas soñadas* (1908), *Veneros del alma* (1914), *Humo* (1916), *La hora romántica* (1918), *Madrigales* (1926), *Guirnaldas* (1926), *Púas* (1929), *Manantiales eternos* (1930) y *Guirnalda y otros poemas* (1933); obras de teatro: *La conquista del aire* (1907), *La rebelde* (1913), *Deuda de gloria* (1915), *El abismo* (1916), *Doña Blanca de Ondroza* (1918), *El diablo romántico* (1923), *Mujeres de acción* (1933), *Los amigos del señor gobernador* (1934), *La casa del pecado* y *La alegría de la neurastenia*; novela: *Los cakchiqueles* (1930) y *El paraíso de los turistas* (1933); y una *Historia de Nuevo León* (6 t., 1925-26).

COSSÍO Y COSSÍO, JOSÉ LORENZO ◆ n. y m. en el DF (1902-1975). Abogado. Consejero de cuatro presidentes, se autoexilió en la isla de Creta, Grecia, donde hizo excavaciones arqueológicas. Primer delegado en Coyoacán (1929). Fundó la revista *Coyoacán ilustrado.* Estimuló la creación de la Escuela de Pintura al Aire Libre de Coyoacán, dirigida por el escultor Mardonio Magaña. Editor de facsimilares y documentos extraños. Publicó los libros *Coyoacán, capital de la Nueva España* y *Tres monografías.* Medalla de Oro al Mérito del gobierno griego.

COSSÍO ROBELO, FRANCISCO ◆ n. y m. en la Cd. de México (1880-1946). Periodista. Era secretario de redacción de *México Nuevo* cuando se adhirió al antirreeleccionismo (1909). Fue detenido antes del estallido de la insurrección maderista. Liberado en 1911, se incorporó a la redacción de *Nueva Era,* periódico gobiernista. Fue enviado por Madero a combatir a los zapatistas. Después del golpe de Victoriano Huerta militó en el constitucionalismo a las órdenes de Lucio Blanco y Pablo González. Fue jefe de Policía de la capital en 1914. Se unió al levantamiento de Agua Prieta. Murió siendo general de división.

COSSÍO SILVA FUENTES, LUIS EDUARDO ◆ n. en el DF (1934). Licenciado en economía por la UNAM (1958). Profesor de la UNAM (1960), de la CEPAL (1963), del ITAM (1966) y del CEMLA (1973). Miembro del PRI. En el gobierno federal ha sido director de Planeación de la Secretaría de la Hacienda (1977) secretario técnico del comité consultivo de Banco Mexicano Somex (1982-88) y coordinador de asesores del secretario de Energía (1989-). Fue investigador de El Colegio de México (1955-61) y formó parte del equipo que dirigido por Daniel Cosío Villegas, escribió el volumen *El porfiriato. Vida económica* (1965) de la *Historia Moderna de México.* Autor de *50 años después, Cuentas nacionales y acervos consolidados y por tipo de actividad económica 1950-67* (1969).

COSSÍO Y SOTO, JOSÉ LORENZO ◆ n. en Tulancingo, Hgo., y m. en el DF (1864-1941). Abogado. Cofundador de la Concanaco y la Concamin. Miembro de la Sociedad Mexicana de Geografía y Estadística y de la Academia de la Historia. Autor de *Cómo y por quiénes se ha monopolizado la propiedad rústica en México* (1911), *Monopolio y fraccionamiento de la propiedad rústica* (1914), *Apuntes para el estudio de la propiedad* (1914), *El Real Patrimonio y la propiedad privada* (1918) y *El gran despojo nacional. De manos muertas a manos vivas* (1945). Escribió también *Del México viejo* (1935) y una *Guía retrospectiva de la ciudad de México* (1941).

COSTA, CÉSAR ◆ n. en el DF (1945). Nombre profesional de César Roel Schreurs. Licenciado en derecho por la UNAM. Empezó como cantante en el conjunto de rock los *Black Jeans,* en el que Plácido Domingo tocaba el piano, dirigía los coros y hacía la segunda voz. Después, ya como solista, se dedicó a interpretar en español la baladas del cantautor canadiense Paul Anka. Se ha presentado en teatro y cabaret en Estados Unidos, Centro y Sudamérica. Ha grabado 35 discos y aparecido en 14 películas. Es dueño de la empresa Costa Films. Presidente de la Fundación Académica de la Industria de la Música. También conductor de televisión, ha participado en *El Show de las Estrellas, La carabina de Ambrosio, Un día en la vida de, Papá Soltero, Un nuevo día* y *Al fin de semana.* Con la canción *Tierno* obtuvo el segundo lugar en el festival de la OTI.

COSTA, DALMAU ◆ n. en España y m. en el DF (1902-1974). Estuvo en el bando republicano durante la guerra civil española. Fue oficial mayor del gobierno de Cataluña. En 1939 se asiló en México y se naturalizó en 1940. Fundó los restaurantes Ambassadeurs, La Cava, Del Parque y Del Lago. Fundó y presidió la Asociación Mexicana de Restauranes. Obtuvo diversas distinciones por su labor gastronómica.

COSTA, OLGA ◆ n. en Alemania y m. en Guanajuato, Gto. (1913-1993). Pintora. Hija del compositor ruso Jacobo Kostakovsky. Llegó a México en 1925. Desde 1929 estudió piano y danza. Fue discípula de Carlos Mérida en la Academia de San Carlos (1933). Después estudió litografía con Emilio Amero y asistió al taller de José Chávez Morado, su marido desde 1935. Expuso su obra a partir de 1945. Cofundadora de la galería Espiral (1941), de la Sociedad de Arte Moderno (1943), del Salón de la Plástica Mexicana (1950) y del Frente Nacional de Artes Plásticas. Creó, con Fernando Gamboa, la Sociedad de Arte Moderno. En 1951 le fue encargado el óleo de gran formato *La vendedora de frutas,* su obra más conocida. Ha realizado escenografías y ejecutó el mural *El balneario de agua hedionda,* en Cuautla, Mor. (1952). Estableció su residencia definitiva en Guanajuato desde 1966, donde ella y su marido organizaron el Museo de la Alhóndiga de Granaditas, fundaron el Museo del Pueblo (1979), para el que donaron parte de su colección, y crearon el Museo Casa Olga Costa-José Chávez Morado, con 293 piezas de su propiedad. Premio Nacional de Ciencias y Artes.

COSTA AMIC, BARTOLOMÉ ◆ n. en Cataluña, España (1911). Licenciado en administración pública. Vino a México por primera vez en 1936 como parte de una delegación deportiva de la República Española. Volvió en 1940, ya como asilado. Se asoció con Julián Gorkín y los hermanos Kluger para fundar la empresa Publicaciones Panamericanas. En 1941 fue cofundador de Ediciones Quetzal y al año siguiente estableció B. Costa Amic Editor Impresor, firma que ha dado a conocer a gran cantidad de autores. En 1954 fundó también Libro Mex Editores. Autor de *León Trosky y Andreu Nin: dos asesinatos del stalinismo. Aclarando la historia* (1994).

COSTA CHICA ◆ Llanura costera del estado de Guerrero que se extiende desde el río Papagayo hasta el occidente de Oaxaca. De acuerdo con otra versión, va desde Acapulco hasta el oeste de Oaxaca.

COSTA GRANDE ◆ Llanura costera del estado de Guerrero que se halla entre Acapulco y Papanoa. De acuerdo con

César Costa

otra versión, se extiende desde Acapulco hasta la desembocadura del río Balsas.

COSTA JOU, RAMÓN ◆ n. en España y m. en el DF (1911-1987). Perteneció al bando republicano durante la guerra civil española. Al término de ésta se asiló en Francia y República Dominicana. Pasó a México en 1945. Trabajó en el Centro Psicopedagógico de Orientación. En los años sesenta radicó en Cuba, donde colaboró en la formación de maestros y la aplicación de nuevos métodos de enseñanza. Al volver (1967) fundó la escuela Ermilo Abreu Gómez. Es uno de los introductores de la escuela activa. Autor de *La educación en la familia* (1953), *La enseñanza del lenguaje a través de los textos* (1959), *A propósito de la escuela activa* (1974) y *Patricio Redondo y la técnica Freinet* (1974).

COSTA DE MARFIL, REPÚBLICA DE ◆ Nación de África, independiente desde 1960. Se halla situada en el noreste del golfo de Guinea. Limita al oeste con Liberia y Guinea, al norte con Malí y Burkina Faso y al este con Ghana. Superficie: 322,463 km^2. Habitantes: 14,292,000 en 1998. La capital es Yamoussoukro (106,786 habitantes en 1988) y otras ciudades importantes son Abidján (la antigua capital), Bouaké y Daloa. La lengua oficial es el francés y se emplean también el diula en el norte, el baoulé en el centroeste y el bete en el sudeste. La población la componen cinco grandes grupos étnicos: krus, akans, voltas, mandes y malinkes. Los europeos iniciaron el saqueo de colmillos y la trata de esclavos desde el siglo XV. En los buques negreros llegaron a México, en especial de 1580 a 1640, esclavos procedentes del grupo akan y de otras etnias. Colonia francesa desde 1843, el gobierno de París la incluyó en 1895 en el territorio que designó como África Occidental Francesa (con Senegal, Malí, Guinea y después Chad y Burkina Faso). En 1946 fue fundada la Unión Democrática Africana, que bajo el liderazgo del hacendado

Moneda de Costa Rica

Timbre de Costa Rica

Félix Houphouet Boigny se propuso lograr la independencia de las citadas naciones. Huelgas, manifestaciones y otras formas de lucha fueron empleadas por los pueblos de esas naciones. Costa de Marfil obtuvo un estatuto de autonomía en 1958 y la independencia política dos años después. Houphouet Boigny fue elegido presidente y como tal se opuso a la unidad política con otras naciones que formaban parte del África Occidental Francesa y que han obtenido la independencia por separado. Una política de mano dura y la imposición de bajos salarios dieron cierta estabilidad al naciente país hasta que en 1968 estallaron motines populares. El gobierno acusó a la Unión Soviética de provocar desórdenes, rompió relaciones con Moscú y reprimió ferozmente las manifestaciones de descontento. En 1975 estableció relaciones diplomáticas con México y ambos países acordaron intercambiar embajadores. En el mismo año la presión popular logró la excarcelación de 5,000 presos políticos. A fines de esa década se inició una crisis económica que terminó con casi 20 años de altas tasas de crecimiento. Las exportaciones agrícolas descendieron a la cuarta parte, se cerró la mitad de las empresas abiertas entre 1966 y 76 y el desempleo abierto llegó a 45 por ciento. La deuda externa se quintuplicó entre 1981 y 1985 y al año siguiente llegó a 7,000 millones de dólares. De acuerdo con el FMI se recortó drásticamente el gasto público y en 1983 se produjeron grandes movilizaciones de estudiantes y profesores. Pese a lo anterior, el octogenario gobernante Houphouet Boigny (muerto en 1993) decidió construir una nueva capital en Yamoussoukro, el pueblo donde nació.

COSTA RICA, REPÚBLICA DE ◆ Estado de Centroamérica. Limita por el norte con Nicaragua y por el sureste con Panamá. El este da al mar Caribe y el sur y el oeste al océano Pacífico. Superficie: 51,100 Km^2. Habitantes: 3,700,000 en 1998, de los cuales, en 1996, vivían en San José, la capital, 324,011; en Alajue-

la 49,568, en Cartago 119,299 y en Puntarenas 101,167. El español es la lengua oficial y la moneda es el colón. La tasa de analfabetismo es inferior a 10 por ciento. A la llegada de los españoles habitaban el territorio pequeños grupos de chorotegas, huetares y brucas. Los conquistadores acentuaron la despoblación con las matanzas de indios y las enfermedades, al extremo de que no pudo implantarse la encomienda y la agricultura quedó en manos de pequeños propietarios, trabajadores ellos mismos, cuyo espíritu solidario permitiría el surgimiento, a principios del siglo XIX, de la más estable democracia latinoamericana. En 1564 Juan Vázquez de Coronado, primer gobernador español, estableció la capital de la provincia de Costa Rica en Cartago. Desde 1570 Costa Rica perteneció a la Capitanía General de Guatemala, la que se independizó de España en 1821, al hacerlo también México. Al año siguiente las provincias de la Capitanía acuerdan incorporarse al imperio de Iturbide. Al caer éste se constituyen las Provincias Unidas de Centroamérica, independientes de México, país con el que se establecen relaciones diplomáticas a partir de 1831. Por problemas nunca superados, Costa Rica se escinde en 1838. La capital, desde 1823, es San José. En 1842, Francisco Morazán es designado Jefe Supremo. En su intento de reagrupar a las provincias centroamericanas es aprehendido y fusilado. En 1848 se proclama la independencia absoluta y José María Castro Madriz es elegido presidente de la República. A mediados del siglo XIX, fuerzas al mando del presidente Juan Rafael Mora Porras rechazan el intento de invasión encabezado por el filibustero estadounidense William Walker. Durante un siglo el país disfruta de estabilidad mientras liberales y conservadores se disputan electoralmente el poder. En 1942 los gobiernos de México y San José acuerdan que sus representantes diplomáticos tengan el rango de embajadores y al año siguiente realiza una visita oficial el presidente costarricense Rafael Ángel Calderón Guardia. En 1946 hace lo mismo su sucesor, Teodoro Picado. Ambos son recibidos por Manuel Ávila Camacho, mandatario mexicano. En 1948 el Congreso califica de fraudulentas las elecciones que daban el triunfo a la oposición, lo que ocasiona una insurrección popular, que triunfa con José Figueres al frente. Se convoca a una asamblea constituyente que da por válido el triunfo de Otilio Ulate Blanco, del Partido de Liberación Nacional, cuyos representantes retendrán la presidencia hasta 1966. En 1955, un contingente armado por el dictador nicaragüense Anastasio Somoza intenta invadir Costa Rica y es rechazado. José Figueres, ya como presidente, hace una visita oficial a México en 1956. Diez años después, el Partido de Liberación Nacional es desplazado del poder, al obtener el triunfo electoral José Joaquín Trejos Fernández, quien intercambia visitas con el presidente mexicano Gustavo Díaz Ordaz, con quien firma diversos convenios de colaboración. Figueres recupera la presidencia para Liberación Nacional en 1970 y hace una visita de Estado al mandatario mexicano Luis Echeverría en 1971. En 1976, como presidente electo, José López Portillo visita San José, a donde vuelve como mandatario al año siguiente, en tanto que su colega costarricense, Daniel Odúber, viene a México en 1977 y 78. El mismo López Portillo intercambia visitas con el sucesor de Odúber, Rodrigo Carazo Odio, en 1979 y 80, y en 1982 hace una visita a México el presidente Luis Alberto Monge. Existen convenios postales y migratorios desde las primeras décadas del siglo, pero es hasta la segunda mitad de la centuria cuando se formalizaron acuerdos para intensificar el intercambio comercial, cultural y técnico entre ambas naciones. En los años ochenta, la crisis centroamericana impulsó al gobierno mexicano a incrementar con los países del área los contactos bilaterales y multilaterales, como los realizados mediante el Grupo de Contadora, que no contó con las simpatías del gobierno

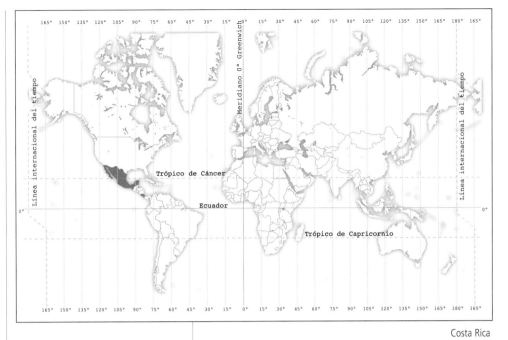

Costa Rica

de San José. Bajo la presidencia de Monge, Costa Rica desplegó una política abiertamente hostil hacia Nicaragua, lo que estuvo a punto de llevar a ambos países al enfrentamiento bélico por un incidente menor. En marzo de 1985 México suspendió los suministros de petróleo que ambas naciones recibían en condiciones favorables, según lo establecido en el Acuerdo de San José. Esta actitud, de acuerdo con algunos observadores, obligó a los dos gobiernos centroamericanos a darle una salida negociada a su conflicto, que de estallar hubiera tenido consecuencias incalculables para toda la región. En 1987 vino al país el mandatario costarricense Óscar Arias, quien recordó que sus paisanos y ex presidentes Ángel Calderón Guardia y José Figueres vivieron asilados en México. En 1991 los gobiernos de México, Costa Rica, El Salvador, Guatemala, Honduras y Nicaragua acordaron integrar las economías de sus países en los siguientes seis años.

COSTA RICA ◆ Población del municipio de Culiacán, Sinaloa.

COSTANTINI, HUMBERTO ◆ n. y m. en Argentina (1924-1987). Escritor. Por motivos políticos, vivió asilado en México entre 1976 y 1982. Trabajó como corrector de originales en el diario *unomásuno*. Autor de la novela *De dio-

ses, hombrecitos y policías* (Premio Casa de las Américas 1979) y de *Una pipa larga, larga, con cabeza de jabalí* (Premio de Obras de Teatro para Niños 1981). Obtuvo el Premio Latinomericano de Cuento (1978).

COSTE SETIÉN, JORGE ◆ Córdoba, Ver. (1959). Escultor. Licenciado en biología por la UNAM. Comenzó a exponer su obra en el Jardín del Arte de San Ángel (1987). Ha expuesto su trabajo en diversas galerías.

COSTEMALLE BOTELLO, JOSÉ ERNESTO ◆ n. en Chihuahua, Chih. (1938). Contador público por la UNAM (1956-60), en la que ha sido profesor (1962-65 y 1974-77). Desde 1967 es miembro del PRI. A partir de 1960, con excepción del periodo 1962-66 en que fue contador general de Reynolds Aluminio, ha trabajado para el sector público, donde ha sido coordinador de Auditoría Externa de la Sepanal (1967-69), subdirector de Control de Organismo Descentralizados de la Sepafin (1970); gerente de finanzas (1971-76), subdirector de Administración y Finanzas (1976-82) y director general de Conasupo (1982-88). Es miembro del Patronato del Colegio de Bachilleres y del Patronato de la UNAM. Pertenece al Colegio de Contadores Públicos y al Instituto Mexicano de Contadores Públicos.

COSTERO TUDANCA, ISAAC ◆ n. en España y m. en el DF (1903-1979). Médico. Hizo estudios de matemáticas superiores, biología y patología animal. Fue profesor en la Universidad de Valladolid (1931-36). Se asiló en México al término de la guerra civil española (1939). Fue jefe del Laboratorio de Investigaciones Anatomopatológicas del Hospital General; profesor de anatomía patológica de la UNAM y jefe del Servicio de Anatomía Patológica del Instituto de Cardiología (1944-79). Fue también fundador de la Escuela de Biología, Bacteriología y Parasitología (hoy Ciencias Biológicas) del IPN y del Laboratorio de Neuromorfología Celular del Instituto Nacional de Neurología (1974). Autor de *Pío del Río Ortega* (1943), *Desarrollo de la anatomía patológica en México* (1946), *Tratado de anatomía patológica* (1946), *Manual didáctico de anatomía patológica* (1949) y de la autobiografía *Crónica de una vocación científica* (1977), entre otras obras. Fue secretario de la Sociedad Española de Biología (1929), presidente de la Sociedad Latinoamericana de Anatomía Patológica y presidente de la Academia Nacional de Medicina de México (1968). *Doctor honoris causa* de las universidades de Puerto Rico (1967), Barcelona (1972) y de la UNAM (1979). Premio Nacional de Ciencias 1978.

COTA, RAÚL ANTONIO ◆ n. en La Paz, BCS (1947). Poeta. Es fundador y director de la revista literaria *La Cachora* de Baja California Sur. Coautor de *Mar de sombras* (1987). Autor de *Refugio de ballenas* (1980), *De cetáceos y de bestias* (1981), *Del fuego y del cuerpo* (1985) *De los viajes en general* (1985); y *La estética del mar y del desierto* (1987). Obtuvo el Premio Latinoamericano de Poesía Colima en 1984.

COTA ARMENTA, EDUARDO ◆ n. en Empalme, Son. (1920). Licenciado en administración de empresas. Trabaja para compañías ferroviarias desde 1951. En Ferrocarriles Nacionales de México ocupó diversos cargos hasta llegar a la dirección general que ocupó de 1982 a 1986.

COTA MONTAÑO, LEONEL ◆ n. en Santiago, BCS (1956). Estudió ciencias políticas en la UNAM (1975-79) y un posgrado en administración de empresas en el IPN (1980). Fue profesor de la Universidad Autónoma de Baja California Sur y de la UAM. Ha sido director general de desarrollo (1987-89) y secretario general del Ayuntamiento de La Paz (1990-92), director del Instituto de Capacitación para los Trabajadores del Estado de BCS (1985) y diputado federal (1994-95). Perteneció al PRI, partido con el que fue presidente municipal de la Paz (1996-98). En 1998 se afilió al PRD y como candidato de este partido fue elegido gobernador de Baja California Sur para el periodo 1999-2005.

COTAXTLA ◆ Municipio de Veracruz, situado al suroeste del puerto del mismo nombre y al este de Córdoba. Superficie: 659.68 km^2. Habitantes: 18,179, de los cuales 4,803 forman la población económicamente activa. Hablan alguna lengua indígena trece personas mayores de cinco años.

COTAXTLA ◆ Río de Veracruz que nace en el Pico de Orizaba, toma dirección noroeste-sureste hasta la población de Cotaxtla, donde tuerce hacia el noreste hasta unirse al Jamapa, cerca de su desembocadura en Boca del Río, al sur del puerto de Veracruz. En su trayecto adquiere diversos nombres (Coscomatepec, Atoyac y Cotaxtla).

COTIC, JAYA ◆ n. en Oaxaca (1934). Escritora. Es autora del poemario *Sedimentos*, prologado por Gonzálo Celorio y con ilustraciones de Rodolfo Aguirre Tinoco (1989). Segundo lugar en el Concurso Nacional de Poesía Efraín Huerta (1985) y mención honorífica en el Premio Latinoamericano de Poesía de Colima (1985).

COTIJA ◆ Municipio de Michoacán, situado en el noroeste de la entidad, al oeste de Morelia y al sur de Jiquilpan. Superficie: 543.17 km^2. Habitantes: 22,171, de los cuales 4,828 forman la población económicamente activa. Hablan alguna lengua indígena 22 personas mayores de cinco años (purépecha 17). Fue fundado el 10 de diciembre de

1831. El nombre, chichimeca, significa "sitio donde la garganta es más ancha". La cabecera es Cotija de la Paz. Son muy apreciados sus productos lácteos.

COTO, LUIS ◆ n. en Toluca, Edo. de Méx., y m. en la Cd. de México (1830-1891). Pintor paisajista. Estudió en San Carlos, donde fue discípulo de Pelegrín Clave y Eugenio Landesio, a quien llegaría a sustituir en la cátedra. Fue director del Instituto Científico y Literario de Toluca. Ejecutó cuadros religiosos *El bautismo de Cristo*, de tema histórico: *La Noche Triste, Netzahualcóyotl salvado de sus perseguidores por dos campesinos;* escenas urbanas: *Estación del tren de Tlalpan* y paisajes: *Ahuehuetes de Chapultepec, El valle de Toluca, La Colegiata de Guadalupe*, etcétera.

COUTIÑO COS, AMADOR ◆ n. en Chiapa de Corzo y m. en Tuxtla Gutiérrez, Chis. (1894-1966). Licenciado en derecho por la Universidad Nacional de México. Fue diputado al Congreso de la Unión, procurador de Justicia del Distrito y Territorios Federales, gobernador interino de Chiapas (en 1928 y 1936) y presidente del Tribunal de Justicia de esa entidad.

COUTIÑO RUIZ, ORALIA ◆ n. en Chiapa de Corzo, Chis. (1930). Licenciada en derecho (1949-53) con maestría en derecho del trabajo por la UNAM (1970-71) y maestría en derecho internacional privado por la Universidad de Guadalajara, España (1975). Desde 1976 pertenece al PRI. Fue secretaria de Audiencia y Acuerdos (1954-69) y auxiliar dictaminadora de la Junta Federal de Conciliación y Arbitraje. En el IMSS fue directora de la Casa de la Asegurada (1956-58) y directora de los centros de Seguridad Social para el Bienestar Familiar Tepeyac y Xola, así como supervisora de Cooperativas de los Centros de Seguridad Social. Fue secretaria de asuntos jurídicos (1976-79) y secretaria general (1979-82) del Sindicato Nacional de Trabajadores de la Secretaría del Trabajo y Previsión Social; directora nacional femenil de la FSTSE(1980-83) y asesora de esta organización. Diputada por Chiapas (1982-85).

COUTO, JOSÉ BERNARDO ◆ n. en Orizaba y m. en la Cd. de México (1803-1862). Abogado y político conservador. Fue varias veces diputado y senador. Electo al Congreso Constituyente de 1856-57, no asistió a las sesiones. En 1842-43 formó parte de una comisión consultora sobre derecho autoral. Ministro de Justicia (agosto-octubre de 1845) con el presidente José Joaquín de Herrera. Integrante de la comisión que negoció con los invasores estadounidenses y firmó el Tratado de Guadalupe en 1848. Miembro honorario de la Academia de Bellas Artes (1844) y presidente de esa institución (1852-60). Miembro de la Sociedad Mexicana de Geografía y Estadística (1852). La Universidad Nacional de México le concedió un doctorado en derecho civil que puede considerarse *honoris causa*, pues fue por iniciativa de la propia casa de estudios (1853). Fue también rector del Colegio de Abogados y miembro correspondiente de la Real Academia Española. Autor de *La mulata de Córdoba* y *Discurso sobre la Constitución de la Iglesia* (1858). Luego de su muerte apareció su *Diálogo sobre la pintura en México* (1872). Tradujo el *Arte poética* de Horacio y escribió una biografía de Manuel Carpio. Colaboró con varios artículos biográficos en los tomos dedicados a México del *Diccionario universal de historia y geografía* (1856).

COUTTOLENC, JOSÉ MARÍA ◆ n. en Puebla, Pue., y m. en la Cd. de México (?-1900). Organizó un contingente para apoyar la asonada del Plan de Tuxtepec. Porfirio Díaz lo hizo gobernador de Puebla (1876-77). Al morir era senador de la República.

COVANTES, HUGO ◆ n. en Mexicali, BC (1935). Escritor, pintor y periodista. Estudió literatura francesa en la UNAM (1960-61), el IFAL (1961-62) y en la Universidad de París. Tomó cursos en la Escuela Superior de Periodismo de París (1963-64). Fue redactor de *Visión* (1961-62) y *Novedades* (1969-70), subdirector de *Acanto* (1970-71), subjefe del Departamento de Literatura del INBA

(1971-72), jefe de redacción de *Claudia* (1974-75), fundador de *Galerías* (1979), jefe del Banco de Información del IMSS (1980-83), encargado del área editorial (1983-85) y asesor editorial de la subgerencia de comunicación de Pemex (1986-90); director de *Tiempos Modernos* (1985) y director fundador de *Arte y Energéticos* (1988). Expuso por primera vez, de manera individual, en 1971, en el Casino de Mexicali, y en los años noventa sumaba más de 30 exposiciones individuales y ocho colectivas. Ha colaborado en los principales suplementos culturales. Coautor del *Diccionario biográfico enciclopédico de la pintura mexicana* (1979) y autor de *Cinco pintores de la fantasía* (1974), *Evangelina Elizondo* (1975), *La pintura de Jorge Espinosa* (1981), *El grabado mexicano en el siglo xx* (1982), *La pintura mexicana de la ingenuidad* (1984), *El caso del Museo Tamayo* (1985), *Sócrates* (teatro, 1986), *La devaluación autoral de los pintores* (1986), *La nucleoelectricidad. Una tecnología en crisis* (1987) y *Energía solar* (1990). Es miembro de la Sociedad Mexicana de Artes Plásticas y del Salón de la Plástica Mexicana..

COVARRUBIAS, LUIS ◆ n. en la Cd. de México y m. en Poza Rica, Ver. (1918-1987). Pintor. Hermano de Miguel *El Chamaco* Covarrubias. Ejecutó murales en el Museo de la Ciudad de México y en los hoteles Camino Real y Ritz de la capital del país, donde también hizo escenografías y expuso su obra de caballete en 1975, en el Museo de Arte Moderno. Colaboró con Pedro Ramírez Vázquez en el Museo Nacional de Antropología. Coautor con Román Piña Chan de *El pueblo del jaguar*.

COVARRUBIAS, MIGUEL ◆ n. en Jalapa, Ver., y m. en Francia (1856-1924). Diplomático. Fue encargado de negocios en Estados Unidos, en sustitución de Matías Romero (1893-96), en Alemania y Rusia. Ocupó la cartera de Relaciones Exteriores en el gabinete de Adolfo de la Huerta (del 15 de junio al primero de agosto de 1920) y fue, representante de México ante el gobierno alemán (1921).

COVARRUBIAS, MIGUEL EL CHAMA-CO ◆ n. y m. en la Cd. de México (1904-1957). A partir de 1924 hizo escenografías en París y Nueva York. Colaboró con sus caricaturas en *New Yorker*, *Vogue* y sobre todo *Vanity Fair*, revista en la que retrató a la llamada alta sociedad neoyorkina. Viajó por Europa, Africa y Asia. Reunió una importante colección de arte de varios países, de la cual presentó dos muestras, una en Nueva York (*South Sea Art*) y otra en México (*Arte Indigena Americano*). En 1940 pintó dos mapas de América con ilustraciones sobre producción económica y asuntos folklóricos. Otros dos, de la República Mexicana (1947), los ejecutó para el hotel del Prado de la capital. En esta obra, uno de sus ayudantes fue Arnoldo Martínez Verdugo, después líder comunista y candidato presidencial, a quien ocultó en su casa cuando era perseguido por razones políticas en 1952. También es autor del mural que se halla en el Museo de Artes e Industrias Populares (1951), en el DF. Fue profesor de varias materias en la Escuela Nacional de Antropología, jefe del Departamento de Danza de Bellas Artes y director de la escuela de esta dependencia. *The Prince of Walles and Other Famous Americans* (1925), colección de caricaturas, es quizá el más celebrado de sus libros. Es también autor de *The Bali Island* (1937), *Mexico South* (1946), *The Eagle, the Jaguar and the Serpent* (1954) e *Indian Art of Mexico and Central America* (1957).

Obra de Miguel *El Chamaco* Covarrubias

COVARRUBIAS ACOSTA, JOSÉ ◆ n. en Jalapa, Ver., y m. en el DF (?-1935). Se tituló de ingeniero en la ciudad de México. En 1914 se adhirió al constitucionalismo. Con Pastor Rouaix contribuyó a elaborar la política agraria de Carranza. Fue jefe de Correos y de 1920 a 1932 director de la Lotería Nacional. Escribió sobre temas agrarios.

COVARRUBIAS ACOSTA, MIGUEL ◆ n. en Jalapa, Ver., y m. en Francia (1856-1924). Ingresó al servicio exterior a fines del siglo XIX. En 1900 fue encargado de negocios de Alemania y después en Rusia. Secretario de Relaciones Exteriores con el presidente Adolfo de la Huerta (1920). En 1921 fue ministro de México en Berlín y luego en París, donde murió.

COVARRUBIAS GAITÁN, FRANCISCO ◆ n. en el DF (1944). Obtuvo la licenciatura en arquitectura (1963-67) y la maestría en desarrollo urbano en la UNAM (1968-70). Hizo estudios de posgrado en desarrollo urbano en la Universidad de Londres (1975). Profesor de la UNAM, la UAEM y de El Colegio de México. Miembro del PRI. Ha sido director general de Desarrollo Urbano y Vivienda (1976-78) y director general de Equipamiento Urbano y Vivienda de la SAHOP (1978-82); y subsecretario de la Sedue (1986-). Autor de *Las misiones de la sierra Gorda y Querétaro. Rescate patrimonial*. Pertenece al Colegio de Arquitectos de México, a la Sociedad Interamericana de Planificación y a la Unión Internacional de Arquitectos. Fue presidente de la Sociedad Mexicana de Planificación (1977-81).

COVARRUBIAS IBARRA, MIGUEL ◆ n. en Guadalajara, Jal. (1930). Pertenece al PRI desde 1958. Editorialista de los diarios *El Occidental* y *Ocho columnas* de Guadalajara. Ha sido tesorero general de Jalisco, presidente del Patronato de Reconstrucción de la Zona Afectada del Sector Reforma, presidente del Consejo de Administración de Servicios y Transportes y del Consejo de Pensiones. Presidente municipal de Guadalajara, diputado local y senador de la República (1997-2003).

COVARRUBIAS Y MEJÍA, JOSÉ MARÍA ◆ n. en Querétaro, Qro., y m. en la Cd. de México (1826-1867). Se doctoró en derecho canónico en la Universidad de México, de la que fue rector desde 1853 hasta su clausura en 1857. En Roma fue consagrado obispo de Oaxaca y tomó posesión en 1865.

COVARRUBIAS Y MUÑOZ, BALTASAR ◆ n. en la Cd. de México y m. en Valladolid, hoy Morelia, Mich. (1560-1622). Fraile agustino. Fue obispo de Asunción, Paraguay, y de Cáceres, Filipinas, antes de serlo de Oaxaca (1605-1608) y de Michoacán (1608-1622).

COVIÁN PÉREZ, MIGUEL ◆ n. en Mérida, Yuc. (1930). Licenciado en derecho por la UNAM. Miembro del PRI, donde ha sido secretario de acción popular y de organización en el DF, presidente del VII comité distrital de la capital, subsecretario y secretario de organización, oficial mayor, delegado en varios estados y representante del comité ejecutivo nacional ante la Comisión Federal Electoral. Fue diputado federal (1964-67); director de Trabajo y Previsión Social, delegado en Gustavo A. Madero y asesor del jefe del Departamento del Distrito Federal; embajador en Cuba, subdirector administrativo del ISSSTE, asesor del secretario de Comercio y director general de Asuntos Jurídicos de la Secretaría de Gobernación (1995). Autor de *Derecho de reunión*, *Apuntes de teoría política* y otras obras.

COWDRAY, WEETMAN D. PEARSON LORD ◆ n. y m. en Inglaterra (1856-1927). Empresario. Fundó y dirigió la compañía petrolera El Águila (1907) e inició las obras del ferrocarril de Tehuantepec. Fundó el hospital Inglés (*American-British Cowdray Hospital*). En su país fue ministro de la Real Fuerza Aérea durante la primera guerra mundial y rector de la Universidad de Aberdeen.

COX, PATRICIA ◆ n. en Oaxaca, Oax. (1911). Escritora. Su primer apellido es Bustamante. Llegó en 1929 a la ciudad de México y estudió en el Museo de Arqueología. Promovió la defensa de los escritores mediante una campaña que desembocó en la Junta de Derechos de Autor que se realizó en Washington en 1946. Ha colaborado en *Excélsior* y otras publicaciones. Escribió una biografía de José Luis Rodríguez Alconedo. Es autora de *Cuauhtémoc*, *El secreto de Sor Juana*, *Doña Marina* y *El Batallón de San Patricio*, que en varias ediciones suma más de cien mil ejemplares vendidos.

COXCATLÁN ◆ Municipio de Puebla, situado al sureste de Tehuacán, en los límites con Oaxaca. Superficie: 304.89 km². Habitantes: 17,399, de los cuales 4,246 integran la población económicamente activa. Hablan alguna lengua indígena 5,813 personas mayores de cinco años (náhuatl 339). Se cultiva caña de azúcar para abastecer el ingenio de Calipan, en el valle de Tehuacán. La principal festividad es la dedicada a San Juan Evangelista, el 27 de diciembre.

COXCATLÁN ◆ Municipio de San Luis Potosí, ubicado en el sureste de la entidad, al sur de Ciudad Valles y al norte de Tamazunchale. Superficie: 115.6 km². Habitantes: 16,799, de los cuales 4,302 forman la población económicamente activa. Hablan alguna lengua indígena 12,349 personas mayores de cinco años (náhuatl 12,300). Indígenas monolingües: 1,316.

COXQUIHUI ◆ Municipio de Veracruz, situado en los límites con Puebla, al sursuroeste de Papantla. Superficie: 86.37 km². Habitantes: 14,225, de los cuales 3,262 forman la población económicamente activa. Hablan alguna lengua indígena 9,026 personas mayores de cinco años (totonaco 8,991). Indígenas monolingües: 1,747.

COYAME ◆ Municipio de Chihuahua, situado al noreste de la capital del estado, cerca de la frontera con Estados Unidos. Superficie: 7,877.62 km². Habitantes: 2,114, de los cuales 807 forman la población económicamente activa. Hablan alguna lengua indígena 19 personas mayores de cinco años (tarahumara 18). La cabecera, Santiago de Coyame, fue fundada en 1715 por Juan Antonio Trasviña y Retes como Misión de San Antonio de Coyame. En 1780 fue un presidio o fuerte militar conocido como El Príncipe.

Coyame, municipio de Chihuahua

COYOACÁN ◆ Delegación del Distrito Federal en la que se halla el barrio del mismo nombre. Límita al norte con las delegaciones Benito Juárez e Iztapalapa; al este con Iztapalapa y Xochimilco; al sur con Tlalpan y al este con Álvaro Obregón. Superficie: 54.4 km². Habitan-

lo que hoy es el centro de Coyoacán. A fines de la misma centuria fue dominado por los tecpanecas. Hacia 1431, al establecerse la Triple Alianza, pasó a poder de los mexicas. Después de la caída de Tenochtitlan, Cortés se instaló en Coyoacán, en el palacio del cacique que ya bautizado se conoció como Juan Bautista Ixtolinque. Ahí estuvo hasta 1524 la capital de Nueva España y se fundó el primer ayuntamiento del Valle de México, en funciones hasta la desaparición de los municipios en el Distrito Federal. Del siglo XVI datan la construcción del templo de San Juan Bautista (iglesia de Coyoacán) y del convento de Churubusco. Dieciochescas son las casas de Ordaz y Alvarado y el llamado Palacio de Cortés, donde hoy se halla la sede de las autoridades delegacionales; el templo y plaza de la Conchita y la capilla de San Antonio Panzacola que está en Francisco Sosa y avenida Universidad. El viejo barrio de Coyoacán conserva algunas casonas decimonónicas. En el presente siglo se creó el espacio conocido como Los Vi-

edificación de la Ciudad Universitaria en los años cincuenta tuvo varios efectos: unió el barrio tradicional de Coyoacán a la capital de la República, se abrieron nuevas avenidas (Universidad, Vito Alessio Robles, Churubusco) y gran número de universitarios, antes pobladores del centro de la ciudad, establecieron su residencia en el sur del Distrito Federal. De esta manera, a lo largo de las tres últimas décadas, y especialmente en los setenta y ochenta, se creó un nuevo polo cultural: se abrieron al público teatros, cines y librerías, éstas con cafetería anexa; nació y murió la Cineteca de los estudios Churubusco, se puso en servicio el Centro Cultural Universitario (llamado familiarmente *Cultisur*), nacieron galerías, talleres y escuelas; restaurantes y bares, centros comerciales y negociaciones de múltiples giros, todo lo cual conforma un ambiente cosmopolita, en medio del cual se manifiesta lo tradicional, como la ceremonia del "Grito de Independencia" en la plaza principal.

COYOLXAUHQUI ◆ Diosa de la Luna para los aztecas, quienes la consideraban hermana de Huitzilopochtli, dios del sol, y de las estrellas. Según el mito, aliada con éstas intentó matar a su madre, Coatlicue, por lo cual Huitzilopochtli la castigó cortándole la cabeza.

Coyolxauhqui

Coyoacán, en el Distrito Federal

tes: 653,489 (1995), de los cuales 228,009 forman la población económicamente activa, dedicada a la producción manufacturera, el comercio y los servicios. Hablan alguna lengua indígena 8,434 personas mayores de cinco años (náhuatl 2,515, otomí 1,047, mixteco 1,014 y zapoteco 966). A mediados del siglo XIV los chalcas establecieron un señorío en

veros, a orillas del río Magdalena; el fotógrafo Guillermo Kahlo adquirió la casa que habitaría su hija Frida (Londres 47), y donde viviría Trotsky antes de mudarse a Viena y Churubusco; surgió el Anahuacalli, museo proyectado por Diego Rivera que guarda una importante colección de objetos prehispánicos y algunas obras del artista. La

Coyolxauhqui

COYOMEAPAN ◆ Municipio de Puebla, situado en el extremo sureste de la entidad, en los límites con Oaxaca. Superficie: 229.62 km². Habitantes: 11,229, de los cuales 2,530 forman la población económicamente activa. Hablan alguna lengua indígena 9,473 personas mayores de cinco años (náhuatl 9,316). Indígenas monolingües: 3,855. La cabecera es Santa María Coyomeapan.

COYOTE O EL COYOTE ◆ Río de Sonora, situado en el norte de la entidad. Lo forman el río El Plomo y otras corrientes que descienden de las sierras del Cobre y del Humo. En la llanura costera, al este de Caborca, tributa en el Concepción.

COYOTEPEC ◆ Municipio del Estado de México, situado al norte del Distrito Federal, contiguo a Tepotzotlán y cerca de los límites con Hidalgo. Superficie: 44.97 km². Habitantes: 30,619, de los cuales 6,414 forman la población económicamente activa. Hablan alguna lengua indígena 389 personas mayores de cinco año (náhuatl 343 y purépecha 46). Su cabecera es San Vicente Coyotepec.

COYOTEPEC ◆ Municipio de Puebla, situado al sureste de la capital de la entidad, al este de Tehuacán y cerca de los límites con Oaxaca. Superficie: 103.33 km². Habitantes: 2,145, de los cuales 570 forman la población económicamente activa. Hablan alguna lengua indígena 170 personas mayores de cinco años (popoloca 168).

COYUCA ◆ Laguna de origen marino situada en la costa del Pacífico, al noroeste de Acapulco, Guerrero.

COYUCA DE BENÍTEZ ◆ Municipio de Guerrero, situado en la Costa Grande y colindante con Acapulco, Chilpancingo y Atoyac. Superficie: 1,602.9 km². Habitantes: 67,490, de los cuales 14,441 forman la población económicamente activa. Hablan alguna lengua indígena 177 personas mayores de cinco años (náhuatl 90). En la cabecera la fiesta principal es el 25 de julio, cuando se celebra al Santo Patrono de la población con cantos y danzas típicas.

Fotografía y firma de Simón cravioto

En un vado del río Aguas Blancas, que nombra a una localidad de casi 4,000 habitantes, el 28 de junio de 1995 la policía estatal disparó contra un grupo de campesinos que se dirigían a una reunión política, causando la muerte de 17 personas. Justo un año después, en 1996, durante un mitin conmemorativo de la matanza de Aguas Blancas, en ese mismo lugar, se dio a conocer el grupo guerrillero Ejército Popular Revolucionario.

COYUCA DE CATALÁN ◆ Municipio de Guerrero, situado al noreste de Zihuatanejo y en los límites con Michoacán. Superficie: 2,136.4 km². Habitantes: 44,834, de los cuales 8,106 forman la población económicamente activa. Hablan alguna lengua indígena nueve mayores de cinco años.

COYULA, FERNÁNDEZ LUIS ◆ n. en Veracruz, Ver., y m. en la Cd. de México (1885-1920). Fue secretario de Félix F. Palavicini, quien al fundar *El Universal* lo designó editorialista. Fue presidente municipal de la ciudad de México (1920).

COYUQUILLA ◆ Río de Guerrero que desciende de las Cumbres de la Tentación, hace un recorrido de norte a sur, siguiendo el paralelo 101, y desemboca en el Pacífico, al norte de la población de Papanoa, en la bahía de Tequepa.

COYUTLA ◆ Municipio de Veracruz, situado al suroeste de Poza Rica, en los límites con el estado de Puebla. Superficie: 312.56 km². Habitantes: 20,885, de los cuales 4,511 forman la población económicamente activa. Hablan alguna lengua indígena 12,444 personas mayores de cinco años (totonaco 12,165, otomí 147 y náhuatl 130). Indígenas monolingües: 1,217. En la cabecera existe una cruz tallada, en torno a la cual se desenvuelve la principal fiesta de la población, el primero de diciembre, día de San Andrés, con danzas tradicionales.

COZCATZIN O VERGARA ◆ Códice náhuatl que refiere los hechos acaecidos entre 1439 y 1572, especialmente la guerra entre tenochcas y tlatelolcas. Se pintó y escribió después de la conquista. El documento, que tomó el nombre del cacique Juan Luis Cocatzin, se halla en la Biblioteca de París.

COZUMEL ◆ Isla del mar Caribe, situada frente a las costas de Quintana Roo, estado al que pertenece. Mide 490 km². Es uno de los más importantes centros turísticos del país.

COZUMEL ◆ Municipio de Quintana Roo, situado al sur del paralelo 21. Limita al norte con Benito Juárez y Lázaro Cárdenas, al oeste con Yucatán y al sur con Felipe Carrillo Puerto. Comprende la isla del mismo nombre, donde está la sede del ayuntamiento. Superficie: 2,413 km². La décima parte del territorio es insular. Habitantes: 48,385, de los cuales 16,777 forman la población económicamente activa. Hablan alguna lengua indígena 8,340 personas mayores de cinco años (maya 8,217). Además de la isla de Cozumel, otros puntos de atractivo turístico en el municipio son Tulum, Xel-Ha, Cobé, Xcaret y Xcacel.

CRABB, HENRY A. ◆ n. en EUA y m. en Caborca (?-1857). Fue cónsul estadounidense en Baja California. En 1857 penetró en México al mando de un centenar de mercenarios. Su finalidad era apoderarse de una franja de territorio sonorense en los límites con Estados Unidos. Después de seis días de combate los aventureros fueron derrotados y fusilados.

CRANE, HART ◆ n. en EUA y m. en el golfo de México (1899-1932). Poeta. Vivió en el Distrito Federal durante los años veinte con la escritora Catherine Anne Porter e hizo amistad con numerosos artistas. Escribió en Mixcoac el poema "*The Broken Tower*", sobre México. Se suicidó arrojándose al agua desde el barco en que volvía a su país. Autor de *Edificios blancos* (1926) y *El puente* (1930).

CRAVIOTO, SIMÓN ◆ n. en Huauchinango, Pue., y m. en la Cd. de México (?-1906). Combatió durante las guerras de Reforma. Participó en la victoriosa batalla de Puebla del 5 de mayo de 1862. Durante el imperio se retiró a la vida privada. En 1876 se adhirió al Plan de Tuxtepec. Gobernador de Hidalgo (primero de abril de 1881 al 31 de marzo de 1885).

CRAVIOTO CISNEROS, OSWALDO ◆ n. en Pachuca, Hgo. (1918). Militar de carrera. Estudió en el Colegio Militar, donde fue profesor, y en la Escuela Superior de Guerra. Asistió a un curso en la escuela del ejército estadounidense en la Zona del Canal de Panamá. Miembro del PRI, en el que coordinó la campaña electoral del candidato presidencial Gustavo Díaz Ordaz (1963-64) y ocupó la secretaría de organización del comité ejecutivo nacional (1965-68). En Hidalgo fue director general de Seguridad, oficial mayor y gobernador interino y sustituto del estado (1958-63). Senador de la República (1964-70) y director del Banco del Ejército y la Armada. Era coronel en 1969.

CRAVIOTO MEJORADA, ALFONSO ◆ n. en Pachuca, Hgo., y m. en el DF (1884-1955). A los 16 años editó en Pachuca *El Desfanatizador*, órgano de los liberales hidalguenses. Colaboró en *Regeneración*, el periódico de los Flores Magón, con quienes trabó relación desde 1901. En la ciudad de México estudió abogacía y asistió a la reinstalación del club liberal Ponciano Arriaga. Luego fue cofundador y vicepresidente del club Redención. En 1903 estuvo medio año en la cárcel por participar en una manifestación contra Porfirio Díaz. Al optar los Flores Magón por el anarquismo, el liberal Cravioto se alejó de ellos. Con la fortuna que heredó de su padre patrocinó la revista *Savia Moderna* (1906), que dirigió junto con Luis Castillo Ledón. Miembro de la Sociedad de Conferencias, que luego sería el Ateneo de la Juventud. Diputado por el Partido Constitucional Progresista, el de Madero, perteneció a la XXVI Legislatura, disuelta por Victoriano Huerta (1912-13). Fue director del Departamento de Bellas Artes (1914), oficial mayor y subsecretario de Instrucción Pública encargado del despacho con Carranza (1916); diputado al Congreso Constituyente de 1916-17, diputado federal (1917-18); senador de la República (1918-24 y 1952-55) y representante diplomático de México en Guatemala, Chile, Holanda, Bélgica, Cuba, y Bolivia. Miembro de la Academia Mexicana de la Historia y de la Academia Mexicana (de la lengua). Autor de *Germán Gedovius* (1916), *Eugenio*

Carriere (1916), *Aventuras intelectuales a través de los números* (1937) y *El alma nueva de las cosas viejas* (1921).

CRAVIOTO MORENO, RAFAEL ◆ n. en Huauchinango, Pue., y m. en la Cd. de México (1829-1903). Padre del anterior. Con el grado de capitán de la Guardia Nacional combatió a los invasores estadounidenses en 1846-47. Participó en la guerra de Reforma dentro del bando liberal. Era ayudante del general Miguel Negrete durante la batalla de Puebla, el 5 de mayo de 1862. Por méritos en campaña llegó al generalato a los 34 años. Desde fines de 1863 dirigió la lucha guerrillera contra los franceses en el distrito de Huauchinango. Sin medios para proseguir la lucha, fingió aceptar la sumisión al imperio a fin de que se pagaran los haberes a su tropa. Lo consigió pero se descubrió su estratagema y resultó encarcelado durante año y medio. En diciembre de 1866 se evadió de la prisión y procedió a reorganizar sus fuerzas. Asistió a la toma de Puebla, el 2 de abril de 1867, y once días después ocupó la Villa de Guadalupe. A la restauración de la República fue diputado y tomó las armas para oponerse al Plan de la Noria. Muerto Juárez se adhirió al Plan de Tuxtepec y Porfirio Díaz lo nombró comandante militar y gobernador interino de Hidalgo (1876). Ganó dos veces las elecciones para gobernador (1877-81 y 1889-97). cargo en el que prestó especial atención a la enseñanza, pero desatendió los asuntos agrarios, persiguió a los periodistas independientes y se enriqueció. Su carrera política terminó por una desavenencia con Díaz.

CRAVIOTO MUÑOZ, JOAQUÍN ◆ n. en Pachuca, Hgo., y m. en el DF (1922-1998). Médico graduado en la Escuela Médico-Militar (1945) y maestro en ciencias sanitarias por la Escuela de Higiene (1947), con estudios de posgrado en pediatría, bioquímica y radioquímica en Estados Unidos y Suecia. Pionero de los estudios sobre desnutrición infantil. Trabajó como investigador en el Hospital Infantil de México (1948-72), fue jefe del Departamento de Investigación en el Hospital del Niño IMAN (1972-76),

director del Instituto Nacional de Ciencias y Tecnología (1976-90) y subjefe de la división de Nutrición Aplicada de la FAO. Publicó más de 400 investigaciones en revistas especializadas. Fue miembro de 24 sociedades científicas. Fundador y presidente honorario de la Asociación de Investigación Pediátrica A.C. Fue investigador nacional emérito (1991). En 1966 publicó en la revista *Pediatrics* un artículo sobre las consecuencias neurológicas de la desnutrición, mismo que el Institute for Scientific Information cataloga de "documento clásico", por "su relevante y significativa contribución al progreso del conocimiento científico y citas a nivel universal en más de 165 artículos". Recibió 35 distinciones entre las que destacan los premios de la Academia de la Investigación Científica (1962), el Nacional de Ciencias (1975), el Reina Sofía de España (1974) y el Internacional de Nutrición del Reino Unido (1988).

CREA ◆ ☞ *Consejo Nacional de Recursos para la Atención de la Juventud.*

CRECIENTE ◆ Isla de Baja California Sur situada en el litoral del Pacífico, al norte del paralelo 24 y al oeste del meridiano 112. Cierra por el sur, entre la isla Santa Margarita y tierra firme, la bahía de las Almejas; y por el oeste y suroeste la bahía Santa Marina.

CREEL, ENRIQUE C. ◆ n. en Chihuahua, Chih., y m. en el DF (1854-1931). Empresario y político porfirista. Doctor en derecho por la Universidad de Pensilvania. Fue cuatro veces diputado local en Chihuahua y en tres ocasiones diputado federal por el mismo estado más otra por Durango. Gobernador sustituto (1904-06) y electo de Chihuahua para el periodo 1907-1911. Embajador en Estados Unidos (1906-07). Secretario de Relaciones Exteriores (mayo de 1910 a marzo de 1911). Al triunfo de la revolución se exilió. Fundador de la Cámara de Comercio de Chihuahua. Presidió la Asociación de Banqueros de la República Mexicana y la Sociedad Mexicana de Geografía y Estadística. Autor de *Los bancos de México, Agricultura y agrarismo* y otras obras.

Retrato y firma de
Enrique C. Creel

CREEL DE LA BARRA, ENRIQUE ◆ n. en el DF (1927). Hijo de Enrique Creel Terrazas y Leonor León de la Barra y Torres. Estudió letras francesas y obtuvo la licenciatura en derecho por la UNAM (1948). Tomó cursos de posgrado en derecho laboral internacional en la Organización Internacional del Trabajo (Suiza, 1950-51). Miembro del PRI. Ha sido director general de Promoción y de Delegaciones en la Secretaría de Turismo (1962-65), subdirector financiero del Fondo de Operación y Descuento Bancario a la Vivienda (1965-71), director de Instituciones de Crédito de la Comisión Nacional Bancaria (1971-76), presidente de esta comisión (1976-82) y director general de Banobras (1982-). Es miembro de la *National Association of Insurance Commissioners* y fue presidente fundador de la Comisión de Organismos de Supervisión y Regulación Bancaria de América Latina y del Caribe (1981-82).

CREEL MIRANDA, SANTIAGO ◆ n. en el DF (1954). Licenciado en derecho por la UNAM con maestría por la Universidad de Michigan y estudios de posgrado en la Universidad de Georgetown. Se dedicó al ejercicio de la abogacía hasta 1994, cuando fue nombrado por el Congreso consejero ciudadano del Instituto Federal Electoral (1994-96). Diputado federal por el Partido de Acción Nacional a la LVII Legislatura (1997-2000). Escribe en el diario *Reforma*.

CREFAL ◆ ☞ *Centro Regional de Educación Fundamental para América Latina*.

CREMOUX, RAÚL ◆ n. en el DF (1946). Licenciado en ciencias y técnicas de la información por la UIA (1962-66). Posgraduado en la Universidad de Altos Estudios de Comunicación de París, Francia, donde también asistió a un curso teórico-práctico en la Casa de Radio y TV (1966-68). Profesor en la UNAM y en la UAM-X. Ha sido investigador del Conacyt, jefe de servicios informativos en la Telecadena Mexicana, director de noticias del Núcleo Radio Mil, jefe del Departamento de Cine, Radio y TV de la Rectoría de la UNAM y coordinador de asesores del secretario de Comunicaciones y Transportes. Ha colaborado en los diarios *unomásuno, El Sol de México, El Occidental, Excélsior* y *El Universal* y en revistas de México y otros países. Coautor de *El desafío mexicano* (1982), *Política cultural del estado* (1983) y *Patologías de la gran ciudad* (1991). Autor de *La televisión y los estudiantes* (1968), *¿TV o prisión electrónica?* (1974), *La publicidad os hará libres* (1975), *La crisis energética* (1981), *Legislación en radio y televisión* (1982), *Acciones para mejorar el medio ambiente* (1991), *Comunicación en cautiverio* (1992), *Nosotros México* (1993), *Democracia en marcha* (1994), *Retratos de Sonora* (1995), *Retratos de luz* (1995), *Comodidades peligrosas* (1996), *De la obsidiana al uranio* (1996), *La morada de los mexicanos* (1997), *Información, pero sin excesos* (1997), *Alrededor de la casa* (1998) y *Se hace camino al andar* (1998). Es miembro del Pen Club, del Consejo de Ciencia y Cultura y miembro votante del *International Broadcasting Institute*.

CRESPO, MANUEL SABINO ◆ n. en Ejutla, Oax., y m. en Apan, Hgo. (1778-1815). Era cura de Río, Hondo, Oaxaca, al ocupar Morelos la provincia. Se incorporó a la insurgencia en 1812. Se le eligió diputado suplente por Oaxaca al Congreso de Chilpancingo pero ocupó la curul por ausencia del titular, José María de Murguía y Galardi. Al trasladarse el Congreso a Tehuacán él marchó a Zacatlán para unirse a las fuerzas de Rayón. Derrotado éste en septiembre de 1814 Crespo, herido, fue apresado por los realistas y fusilado el 14 de octubre de ese año.

CRESPO Y MARTÍNEZ, GILBERTO ◆ n. en Veracruz, Ver., y m. en Viena, Austria (1852-1916). Ingeniero de minas. Oficial mayor y subsecretario de Fomento (1892-99) en uno de los gabinetes de Porfirio Díaz. Primer representante diplomático de México, como ministro plenipotenciario y enviado extraordinario, ante la República de Cuba (1900-1906). Desempeñó el mismo puesto ante el imperio Austro-Húngaro (1906-11). Nombrado embajador en EUA en junio de 1911, tomó posesión del cargo al mes siguiente. Renunció en abril de 1912 y permaneció en Washington hasta abril, cuando marcha a Viena a hacerse cargo de la legación mexicana.

CRESPO Y MONROY, BENITO ◆ n. en España y m. en Puebla, Pue. (1673-1737). Obispo de Durango (1723-34) y de Puebla (1734-37). Autor de *Cartas pastorales y edictos* (1735).

CRESPO DE LA SERNA, JORGE JUAN ◆ n. y m. en el DF (1887-1978) Cursó el bachillerato en letras y ciencias en La Habana. Hizo estudios de pintura e historia del arte en Viena (1906-12), ciudad en la que inició en 1911 una carrera diplomática que lo llevó a EUA, Costa Rica y Cuba, donde fue miembro de la Asociación de Pintores y Escultores de La Habana (1916-21) y expuso su obra por primera vez. Con Diego Rivera y Lombardo Toledano formó el Grupo Solidario del Movimiento Obrero (1922). Cofundador del Sindicato de Pintores, Escultores, Dibujantes, Grabadores y Similares. Ingresó en el Partido Comunista, del que en abril de 1923 fue miembro suplente de su dirección. En 1927-32, en Estados Unidos, impartió cursos en Chouinard School of Art y en otros centros de enseñanza. Trabajó como pintor decorador en Los Ángeles, California, y fue ayudante de Orozco en la ejecución del *Prometeo*, en la Universidad de Pomona (1931). En 1934 trabajó de nuevo con Orozco, ya en México, en *Catarsis*, en el Palacio de Bellas Artes. Entre 1935 y 38 militó en la LEAR (☞). A partir de 1943 colaboró en diarios del DF. Cofundador de la Asociación Mexicana de Críticos de Arte (1948). Autor de decenas de ensayos periodísticos, textos de presentación, conferencias y libros, entre los cuales se cuentan: *Pintores y escultores italianos de los siglos XIII, XIV y XV. Doce medallones* (1956); *Julio Ruelas en la vida y en el arte* (1968) y *El arte y la vida de Jorge González Camarena* (1976). En 1968 fue miembro fundador de la Academia de Artes y la Asociación Internacional de Críticos de Arte lo nombró presidente honorario.

CREVENNA, ALFREDO B. ◆ n. en Alemania y m. en el DF (1914-1996). Cineasta. Ingeniero químico por la Universidad de Oxford. Antes de la segunda guerra mundial dirigió en Alemania *La princesa Turandot* (1936). Vino en 1938 y se naturalizó mexicano en 1941. Ayudante de Chano Urueta en *La noche de los mayas.* Escritor y guionista, adaptó el guión de *¡Ay, qué tiempos, señor don Simón!,* Fue productor de varias películas de Luis Buñuel. En 1956 fue jefe de la delegación mexicana en el Festival de Cannes. Dirigió unas 150 películas, entre ellas *Adán, Eva y el diablo* (1944, su primer largometraje en México), *Algo flota sobre el agua* (1947), *La dama del velo* (1948), *Mi esposa y la otra* (1951), *La rebelión de los colgados* (1954, codirigida con Emilio Fernández), *Talpa* (1955, primera película mexicana filmada en cinemascope y color), *El hombre que logró ser invisible* (1957), *Gutierritos* (1959), *Neutrón, el enmascarado negro* (1964), *Santo el enmascarado de plata contra la invasión de los marcianos* (1966), *Más buenas que el pan* (1984), *Rumbera caliente* (1987), *El chile* (1989) y otras. *Recibió* en Berlín (1950) el premio a la mejor película extranjera por *Muchachas de uniforme,* otro en el festival de Venecia (1954) por *La rebelión de los colgados,* y en Cannes el premio a la mejor película folklórica con *Talpa* (1955).

CREVENNA HORNEY, PEDRO BOLONGARO ◆ n. en Alemania y m. en el DF (1940-1988). Nieto de la psicóloga Karen Horney e hijo del anterior. Médico cirujano por la UNAM (1963), donde fue profesor y funcionario académico de la Facultad de Medicina (1969-88); y maestro en salud pública por la Universidad de Harvard (1968). Hizo estudios en epidemiología y control de enfermedades transmisibles en Checoslovaquia (1974) e India (1975). Militó en el PCM y el PSUM. Fue investigador del Departamento de Estudios Sociales de la CEIMSA (1961), del Instituto de Investigaciones Médicas del Hospital General de la SSA y del Laboratorio Central del Hospital Infantil de México (1964-67); jefe del Laboratorio de Aná-

lisis Clínicos y médico externo del Hospital General (1966-67), jefe de laboratorios del Hospital Infantil de Iztapalapa (1967), jefe del Departamento de Medicina Preventiva en el territorio de Baja California (1968), subdirector del Centro de Salud Dr. González Rivero (1969-70), jefe del Departamento de Investigación y Estandarización de Nuevas Pruebas Diagnósticas en los Laboratorios Clínicos de México (1969-70), jefe del Programa de Fiebre Reumática y Accidentes de la Dirección General de Salubridad en el DF (1970), jefe de Medicina Preventiva y profesor del Hospital Infantil del IMAN (1971-73), profesor de la ENAH (1972), de la Escuela de Salud Pública (1973-85) y de la UAM-X, donde fue cofundador de la maestría en medicina social (1975-83); asesor del Conacyt (1976-77), Escribió en publicaciones especializadas. Autor de *Salud y medicina* (1977) y coautor de *Seis aspectos del México real* (1979) y *Las transnacionales de la salud. El caso de la industria químico-farmacéutica en México* (1983).

CRISOL ◆ Órgano del Bloque de Obreros Intelectuales. El primer número apareció en enero de 1929 bajo la dirección de Juan de Dios Bojórquez. Publicada mensualmente al principio, su aparición se hizo irregular. En junio de 1938, al dejar de editarse, habían aparecido 99 números.

CRISTEROS ◆ La Constitución de 1917 redefinió el campo de acción de los ministros religiosos y de los propios cultos, lo que la jerarquía católica consideró inaceptable. Los artículos tercero, quinto, 24, 27 y 130 fueron especialmente impugnados. Por otra parte, los caudillos regionales procedieron a reprimir a todo grupo social adverso o meramente sospechoso de disidencia, por lo cual sacerdotes y monjas, conservadores en su mayoría, fueron considerados como enemigos. Algunos gobernadores, con apoyo en su fuerza militar, se excedieron en la aplicación de los preceptos constitucionales y persiguieron a los religiosos, los hicieron objeto de vejaciones y aun de asesinatos, todo lo cual ocasionó una respuesta

cada vez más beligerante de parte del clero. El 14 de mayo de 1925 se fundó la Liga Nacional de Defensa Religiosa, movimiento laico de abierto carácter antigobiernista cuyas actividades atizaron la discordia. El presidente Plutarco Elías Calles respondió con diversas medidas, entre otras la promulgación (2 de julio de 1926) de las reformas al Código Penal, mediante las cuales se reglamentaban las normas constitucionales en materia de cultos. El Episcopado, con el respaldo del Vaticano, promovió entonces actos de rebeldía civil, como el cierre de templos, el boicot y otras manifestaciones pasivas que se realizaban paralelamente a operaciones violentas y tan disímbolas como la creación de piquetes obreros rompehuelgas o de campesinos que tomaban en sus manos la justicia agraria, olvidada por el gobierno. Hubo también alzamientos en diversos puntos del país. El presidente Plutarco Elías Calles procedió contra los rebeldes en varios frentes: decretó que los templos que no sirvieran para el culto fueran destinados a otros fines; contra el sindicalismo católico lanzó a las organizaciones cromistas que dirigía su ministro de Trabajo, Luis N. Morones; para contener las demandas campesinas se recurrió a la represión y para disminuir la influencia de la jerarquía católica romana dio su apoyo a una Iglesia Católica Mexicana, encabezada por algunos sacerdotes que estuvieron dispuestos a hacerle el juego a Calles. Durante ese año y el siguiente prosiguió la hostilidad entre las partes y en enero de 1927 se generalizó la insurrección, que movilizó a grandes masas de católicos en los estados de Jalisco, Colima, Nayarit, Guanajuato, Michoacán y Zacatecas. La rebelión estalló al grito de "¡Viva Cristo Rey!", de ahí el nombre de cristeros que se dio a los insurrectos. De acuerdo con algunas versiones, el gobierno promovió el conflicto para limitar el poder regional de algunos caudillos revolucionarios o de caciques

Crisol

aliados a la jerarquía eclesiástica. El fin último era imponer plenamente el nuevo Estado, el nuevo orden. Los rebeldes combinaban el empleo de la guerrilla con las batallas frontales de grandes contingentes. Para hacer frente al alzamiento, entre 1927 y 1929 las autoridades destinaron entre 25 y 45 por ciento del presupuesto nacional al gasto militar, pese a lo cual no pudieron obtener una victoria contundente con las armas. Después de dos años y medio de matanzas, pillaje, violaciones y toda clase de crueldades por ambas partes, en junio de 1929 terminó el conflicto mediante un arreglo entre el gobierno del presidente Emilio Portes Gil y la jerarquía eclesiástica, representada por el obispo Leopoldo Ruiz y Flores. Los templos se devolvieron a los sacerdotes y éstos aceptaron volver a oficiar. Se procedió a cesar la represión sobre los rebeldes y a poner en libertad a los encarcelados. Las organizaciones laicas fueron reorganizadas y los ministros católicos volvieron a tomarse las libertades de hecho que tenían durante el porfiriato, a cambio de lo cual continuaron privados de derechos como ciudadanos mexicanos. Algunos contingentes armados, contrarios a todo arreglo con el gobierno, se transformaron en bandas que continuaron actuando, ya sólo en su provecho, durante varios años.

CRISTO, JOSEFINA ◆ n. en Oaxaca, Oax. (1932). Fundadora de la revista *Notiatlas*. Autora de los poemarios *Buscar amor* (1977), *Frente al espejo* (1978), *Me detuve a mirar* (1980) y *El sueño y yo* (1983); y del volumen de cuentos *Los méritos* (1979).

CRIVELLI, CAMILO ◆ n. y m. en Italia (1874- 1954). Sacerdote jesuita. Llegó a México en 1896, donde fue provincial (1919-1925). Autor de un *Directorio protestante de la América Latina* (1933).

CROACIA, REPÚBLICA DE ◆ Estado europeo del mar Adriático. Limita al noroeste y norte con Eslovenia, al norte con Hungría, al este con Yugoslavia y al este y sureste con Bosnia y Herzegovina. Superficie: 56,538 km². Habitantes: 4,404,000 en 1998. La capital es Zagreb

Pareja croata vestida a la manera tradicional de su país

(867,865 habitantes en 1991). Otras ciudades importantes son Split (200,459 habitantes en 1991), Rijeka (167,964) y Osijek (129,792). La lengua oficial es el croata. Historia: los primitivos habitantes de la región, los avar, fueron barridos por una migración masiva de jruatis o croatas, que llegaron de Ucrania en el siglo VI de nuestra era. Los croatas fueron convertidos al cristianismo en ese mismo siglo. En el siglo VIII se crearon los ducados de Panonia y de Dalmacia, que en el año 812 quedaron incluidos en los imperios Franco, el primero, y Bizantino, el segundo, aunque ambos se independizaron antes de acabar el siglo IX. En el año 880 Panonia y Dalmacia se unen como Croacia y designan rey de los croatas a Branislav. Durante el siglo X la hegemonía bizantina amenaza constantemente a Croacia, pero en 1058 el líder Petar Kreshimir desafía a Bizancio y extiende sus fronteras hasta el mar Adriático, por un lado, y el río Danubio, por el otro. En 1089, al entrar en guerra la Iglesia contra los seléucidas, el dirigente croata Dimitri Zvonimir da su apoyo al papa, lo que causa una rebelión popular y la consiguiente guerra civil, que concluye cuando se impone nuevamente el dominio bizantino. En 1091 Lazslo I de Hungría ocupa Panonia y la convierte en diócesis de Zagreb. Dos años después, el croata Petar Svacic se proclama rey y es atacado por la Iglesia y por las fuerzas

húngaras, que lo derrotan en 1097. En el siglo XII Croacia queda completamente sometida a Hungría. En 1578 las naciones europeas crean en la región croata de Krajina la zona de defensa contra el avance otomano. En el siglo XVII, alejada la amenaza otomana, Croacia vuelve a ser vasalla de Hungría y en 1724 queda incorporada, como parte integrante, al imperio húngaro. En 1832 el conde Juraj Draskovic se erige en líder de la resistencia nacionalista croata contra Hungría, con el apoyo del movimiento ilirio de Ljudevit Gaj, quien pretende unir y emancipar a todos los pueblos eslavos del sur (o yugoslavos). En 1867, al crearse el imperio Austrohúngaro, los croatas se niegan a ser incorporados. Un año después se firma el acuerdo de Nagodba, que reconoce a Croacia como Estado autónomo federado del imperio Austro-húngaro, pero la resistencia nacionalista croata continúa y es contraatacada con una campaña de "austrohungarización". En 1905 unen esfuerzos los nacionalistas croatas y yugoslavos, lo que agudiza la represión austrohúngara. Al fin de la primera guerra mundial, se crea el Estado federado de Yugoslavia (☞) y Croacia se integra en él. En 1991, a causa de la oposición serbia a que el croata Stipe Mesic llegara a la presidencia rotativa de Yugoslavia, los croatas votan por constituirse en nación independiente, lo que desata una ofensiva de los serbios y la intervención de una fuerza de paz de la ONU, que no puede evitar la ocupación serbia de Krajina. México estableció relaciones diplomáticas con Croacia en mayo de 1992. En 1995, luego de tres años sin hostilidades, los croatas atacan y recuperan Krajina, y un año después la ONU condena las violaciones a los derechos humanos cometida por los serbios en esa región. La paz entre las ex repúblicas yugoslavas se firmó en 1996. En febrero de 1997 Roberta Lajous se acreditó como embajadora concurrente de México.

CROCKETT, DAVID ◆ n. en EUA y m. en El Álamo, Texas (1786-1836). Participó en el despojo de tierras a comunidades indígenas de EUA. Fue dos veces representante al Congreso de EUA por Tennessee. Al perder las elecciones para un tercer mandato dijo a sus votantes: "Por mí pueden irse todos ustedes al infierno, que yo me voy a Texas". Trabajó por la colonización de ese territorio mexicano con núcleos de población anglosajona y posteriormente promovió que esa provincia se separara de México. Reclutó mercenarios para oponerse al ejército mexicano. En la batalla de El Álamo, ante la superioridad de sus enemigos, huyó a esconderse en un almacén, donde al verse descubierto se rindió y fue fusilado. De modo interesado, en Estados Unidos se le ha convertido en un héroe.

CRODA RODRÍGUEZ, EBERTO ◆ n. en Congregación Ignacio Zaragoza, Ver. (1949). Economista por la Universidad Veracruzana. (1978-82). Pertenece al PFCRN desde 1987, en el que ha sido secretario de Organización, de Asuntos Electorales y de Educación Política. En el PST fue secretario político central en Veracruz. Diputado federal (1991-94).

CROIX, CARLOS FRANCISCO DE ◆ n. en Flandes y m. en España (1699-1786). Militar español. Era general cuando fue designado cuadragésimo quinto virrey de Nueva España, a la que llegó en 1766. En ese mismo año instauró un sistema de leva por sorteos que provocó actos de desobediencia pública en Valladolid y Pátzcuaro. Reprimió a pimas y seris. Ejecutó la orden de expulsión de los jesuitas, lo que provocó motines populares que fueron aplastados. En 1768 prohibió la circulación del *Diario Literario* de Alzate. Al año siguiente fundó la Lotería de la Nueva España, antecedente de la Lotería Nacional. Abrió algunos centros de enseñanza del castellano para indios, con el fin de alejarlos de su lengua y sus costumbres. En 1771 mandó una fuerza militar contra los apaches y se produjo el alzamiento de los mineros de Pachuca, antes de entregar el mando a su sucesor, Bucareli y Ursúa.

CROIX, TEODORO DE ◆ n. en Flandes y m. en España (1717-1791). Llegó a la Nueva España en 1766 en el séquito de su hermano, el virrey Carlos Francisco, quien le nombró capitán de su guardia. En ese puesto participó en la represión de los motines ocasionados por la expulsión de los jesuitas. Volvió a España como brigadier general en 1770. Seis años después retornó para asumir el puesto de gobernador de las Provincias Internas, cargo en el que se mantuvo hasta 1783, cuando fue enviado como virrey a Perú.

CROSS, ELSA ◆ n. en el DF (1946). Poeta. Doctora en filosofía por la UNAM, donde es profesora. Hizo estudios de filosofía oriental en la India (1983-84). Colaboradora de *Diálogos*, *Diorama de la Cultura*, *La Gaceta del FCE*, *La Palabra y el Hombre*, *Revista de Bellas Artes*, *Revista de la Universidad*, *Vuelta*, *La Jornada*, *Excélsior*, *El Urogallo* (España). Autora de *Naxos* (1966), *El amor es más oscuro* (1969), *Peach melba* (1970), *La dama de la torre* (1972), *Tres poemas* (1981), *Bacantes* (1982), *Baniano* (1986), *Con canto malabar* (1987), *Pasaje de fuego* (1987), *Espejo al sol* (1989), *El diván de Antar* (1990), *Jaguar* (1991), *Casuarinas* (1992), *Moira* (1993), *Poemas desde la India* (1993) y *Urracas* (1996). Es autora del ensayo *La realidad transfigurada en torno a las ideas del joven Nietzsche* (1985); de la antología *Elva Macías* (1992). Participó en el International Writing Program en Iowa, EUA. Becaria del Centro Mexicano de Escritores (1971-72 y 1979-80), del INBA-Fonapas (1981) y del Fonca (1990-91). Pertenece al Sistema Nacional de Creadores de Arte (1994-2000). Ha recibido los premios Diana Moreno Toscano (1967), Nacional de Poesía Joven (1971), Aguascalientes (1989) y Jaime Sabines (1992).

CROSTHWAITE, LUIS HUMBERTO ◆ n. en Tijuana, BC (1963). Escritor. Autor de los libros de cuento: *Marcela y el rey al fin juntos* (1989), *Mujeres en traje de baño* (1990), *El gran Preténder* (1992) y *No quiero escribir, no quiero* (1993). Premio Testimonio Chihuahua-INBA por *Lo que estará en mi corazón* (1992). Premio Nacional Décimo Aniversario del Centro Toluqueño de Escritores (1993). Becario del Fonca (1990-91).

CRUCES ◆ Sierra situada entre las cadenas montañosas del Ajusco, Monte Alto y Monte Bajo, con las que forma la separación natural de los valles de México y Toluca.

CRUICKSHANK GARCÍA, GERARDO ◆ n. en Tehuantepec, Oax. (1911). Ingeniero civil por la UNAM (1929-33). Ha impartido cátedra en México y en el extranjero. Fue subsecretario de Planeación de la Secretaría de Recursos Hidráulicos (1971-76) y ocupó el mismo cargo en la Secretaría de Agricultura y Recursos Hidráulicos (1977-80). Vocal ejecutivo de la Comisión del Lago de Texcoco (1980-). Pertenece a la Academia Mexicana de Ingeniería, al Colegio de Ingenieros Civiles, a la Sociedad Mexicana de Fotogrametría, Fotointerpretación y Geodesia (de la que es presidente) y a las sociedades Mexicana e Interamericana de Planificación. Recibió el Premio al Mérito de la Administración Pública. Premio Raúl Sandoval del Colegio de Ingenieros Civiles (1986). Premio Nacional de Ingeniería Sanitaria y Ambiental (1993-94).

CRUICKSHANK GARCÍA, JORGE ◆ n. en Tehuantepec, Oax., y m. en el DF (1915-1989). Estudió ingeniería. Fundó con Ramírez y Ramírez y Carnero Checa el grupo marxista El Insurgente. Confundador del Partido Popular en 1948 y participante en la transformación de ese agrupamiento en Partido Popular Socialista (1961). Fue miembro de su comité central desde 1960 y secretario general a partir de 1968. Diputado federal en tres ocasiones (1964-67, 1970-73 y 1982-85). Senador por la Coalición PRI-PPS (1976-82). Colaboró en *El Universal* (1970-71) y en *Excélsior* (1979-89). Autor de *En la trinchera de Vicente Lombardo Toledano* (1978). Recibió la Presea de Oro de la Sociedad de Amistad de la República Democrática de Alemania.

CRUILLAS ◆ Municipio de Tamaulipas situado al sur de Reynosa y al noreste de Ciudad Victoria. Superficie: 1,618.37 km². Habitantes: 2,476, de los cuales 588 forman la población económicamente activa. Hablan alguna lengua indígena seis personas mayores de cinco años.

Elsa Cross

Retrato y firma de Carlos Francisco de Croix

CRUZ, LA ◆ Cabecera del municipio de Elota, Sinaloa (☞).

CRUZ, LA ◆ Municipio de Chihuahua, situado al sureste de la capital del estado y contiguo a Camargo. Superficie: 1,035.88 km². Habitantes: 3,844, de los cuales 1,113 forman la población económicamente activa. Hablan tarahumara cinco personas mayores de cinco años. La cabecera municipal fue fundada el 27 de abril de 1779 por José Joaquín Ugarte y el municipio se erigió en 1868.

CRUZ, FRANCISCO JAVIER *EL ABUELO* ◆ n. en Cedral, SLP (1967). Futbolista. Jugó con el club Monterrey. A petición del público fue incluido en la Selección Nacional que participó en el Campeonato Mundial México 86.

CRUZ, JORGE ◆ n. en el DF (1948). Licenciado en ciencias políticas por la UNAM. Ha colaborado en *Excélsior, El Nacional, El Sol de México* y *Novedades*. Autor del ensayo *Homenaje a Miguel Grau* (1977) y de los poemarios *Impertinencias* (1978), *Fantasmas de cristal* (1982) y *Memoria de entresueño* (1985).

CRUZ, JOSÉ DE LA ◆ n. en España y m. en Francia (1786-1856). Militar realista. Vino a Nueva España en 1810. Combatió el movimiento de independencia. Fue presidente de la audiencia de Guadalajara, comandante y gobernador de Nueva Galicia (1811-21). Salió de México al triunfo del Plan de Iguala.

CRUZ, JOSÉ ASCENSIÓN DE LA ◆ n. en San Luis Potosí y m. en el DF (1912-1972). Fue secretario particular de Saturnino Cedillo. A la muerte de éste se instaló en la capital del país donde fundó y dirigió la revista *Tierra*. Escribió panfletos y el fascículo *San Luis Potosí, hermosa ciudad colonial y moderna* (1962).

CRUZ, JOSÉ LUIS ◆ n. en Tapachula, Chis. (1952). Estudió arte dramático en el Instituto Nacional de Bellas Artes y en el Centro Universitario de Teatro. Fue jefe de Teatro de la UNAM. A partir de 1971 trabajó como actor en puestas como *Woyzeck*, de Büchner (1974), e *In memoriam*, de Luis de Tavira. Dirigió la obra *La muerte accidental de un anarquista*, de Darío Fo (1984-85).

CRUZ, JUAN ◆ n. y m. en el DF (1914-1991). Escultor. Su segundo apellido era Reyes. Estudió en La Esmeralda y en San Carlos con Fidias Elizondo e Ignacio Asúnsolo, de quien sería ayudante en el monumento a Álvaro Obregón. Fue profesor de La Esmeralda. Con Rómulo Rozo, Francisco Zúñiga y Germán Cueto creó la Escuela de Talla Directa. En 1952 se realizó una exposición de su obra en el Tecnológico de Monterrey. Entre sus obras están la escultura de Alberto Balderas en la Plaza México, la cabeza de *Juárez*, de tres metros de altura, en Jojutla, Morelos, de una estatua de Juárez para Colombia (junto con Guillermo Ruiz), una estatua de Morelos para Panamá y *Paz maternal*. Obtuvo en 1946 el Primer Lugar en el Concurso del IV Centenario de Cervantes (México, DF) y en 1950 se le concedió la beca Guggenheim, que le permitió hacer estudios en Nueva York. Con su obra *Tres elementos* ganó el Concurso Internacional de Nagoya en 1987. En 1990 participó en la muestra Maestros Fundadores de la Escuela Mexicana de Escultura, en el Palacio de Bellas Artes.

CRUZ, JUANA INÉS DE LA ◆ ☞ *Juana Inés de la Cruz*.

CRUZ, MANUEL ENCARNACIÓN ◆ n. en Tuxtla Gutiérrez, Chis., y m. en la Cd. de México (1859-1925). Abogado. Fue magistrado de la Suprema Corte (1917), presidente del Tribunal Superior de Justicia del Distrito y Territorios Federales y gobernador interino de Chiapas (1923). Autor de una *Síntesis de legislación agraria* (1913) y del ensayo *El gobierno de gabinete y la evolución del parlamentarismo en Inglaterra* (1918).

CRUZ, MARCO ANTONIO ◆ n. en Puebla, Pue. (1957). Fotógrafo. Estudió en la Escuela Popular de Arte de la Universidad Autónoma de Puebla (1973-77) y en la Escuela de Diseño y Artesanías del INBA (1977-79). Trabajó como laboratorista con Héctor García (1978). Ha trabajado para *Interviú en Lucha* (1980), *Oposición* (1980-82), *Así es* (1982-84) y *La Jornada* (1984-86). Fundador del grupo Fotógrafos Unidos (1981) y de la agencia Imagenlatina (1984-). Ha par-

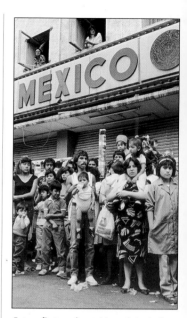

Fotografía tomada por Marco Antonio Cruz

ticipado en una docena de exposiciones colectivas y en 1981 presentó su primera muestra individual. Sus gráficas han sido incluidas en un portafolio de la revista *Foto Zoom*, la *Agenda* de la UNAM 1981, el folleto *Miradas que suben* y los libros *El magisterio en lucha, La imagen del poder y el poder de la imagen, Obreros somos* y la edición *El mundo en imágenes* y el número del quincuagésimo aniversario de la revista *Life* (1985 y 1986). Hizo la selección de obra y preparó la edición de *Fotografía de prensa en México* (1992). Primer Lugar en el IV Concurso de Fotografía Antropológica del INAH (1984) y Primer Lugar en el primer Concurso de Fotografía del PSUM (1986). En 1986 obtuvo la Beca de Producción de la IV Bienal de Fotografía en el Salón Nacional de Artes Plásticas del INBA.

CRUZ, RAMÓN G. ◆ n. en Temores, Chih. y m. en el DF (1890-1993). Ingeniero por la Escuela de Agronomía de los Hermanos Escobar en Ciudad Juárez, Chih. Desde 1924 radicó en la ciudad de México y ese mismo año fundó la primera empresa que fabricó llantas y cámaras para automóviles en el país, hulera El Popo. En 1934 se asoció con la General Tire Rubber Co. Durante la segunda guerra mundial organizó una empresa en Cuatro Ciénegas, Coah., dedicada a la explotación del arbusto guayule. Fundó y organizó la Cámara Nacional de la Industria Hulera, de la cual fue su primer presidente.

CRUZ, ROBERTO ◆ n. en Guazapan, Chih., y m. en Los Mochis, Sin. (1888-1990). Participó en la revolución constitucionalista a partir de 1913. Se adhirió al Plan de Agua Prieta en 1920. Obtuvo el grado de general. Fue subsecretario de Guerra y Marina, jefe de operaciones militares en Puebla e inspector de policía de la ciudad de México en 1927, cuando le correspondió llevar el caso de Miguel Agustín Pro (☞) y dirigir su fusilamiento. Se unió a la rebelión escobarista en 1929, por lo que fue expulsado del ejército. Reingresó al mismo en 1943 y se jubiló en 1950. Murió a los 102 años de edad.

CRUZ, SOR JUANA INÉS DE LA ◆ ☞ *Juana Inés de la Cruz.*

CRUZ AEDO, MIGUEL ◆ n. en Guadalajara, Jal., y m. en Durango, Dgo. (1826-1859). Participó en la rebelión del Plan de Ayutla. Fue secretario de gobierno en Jalisco, con Pedro Ogazón, y gobernador de Durango (1858-59). Murió durante un motín.

CRUZ AZUL ◆ Equipo de futbol creado el 22 de mayo de 1927 por Guillermo Álvarez Macías, director general y fundador de la empresa cementera La Cruz Azul ubicada en Jasso, Hidalgo. El equipo ingresó al torneo de segunda división profesional en la temporada 1961-62. En 1964, dirigido por el húngaro Jorge Marik, ascendió a la primera división profesional en la que ha ganado los campeonatos de liga 1968-69, 1971-72, 1972-73, 1973-74, 1978-79, 1979-80 y el torneo de invierno 1997, así como el torneo México 70.

CRUZ BARBOSA, FÉLIX ◆ n. en Torreón, Coah. (1961). Futbolista. Jugó en un club japonés antes de integrarse al equipo de los *Pumas* de la UNAM. Formó parte de la Selección Nacional en medio centenar de partidos, entre otros los del Campeonato Mundial México 86.

CRUZ BLANCA NEUTRAL POR LA HUMANIDAD ◆ Institución fundada en 1911 en la capital del país. Promotora de su creación fue Elena Arizmendi Mejía, quien reunió a un grupo de médicos, estudiantes de medicina y simples voluntarios dispuestos a actuar en los campos de batalla. Durante el gobierno maderista adquirió personalidad jurídica y se dedicó a auxiliar a las víctimas de accidentes. En 1936 el gobierno de la República la suprimió, por lo que debió recurrir a los tribunales, donde fue reconocida como institución de servicio público. En el sexenio de Manuel Ávila Camacho su actividad se orientó principalmente hacia la construcción de obras para la asistencia social.

CRUZ BEAUREGARD, JORGE LUIS ◆ n. en el DF (1934). Ingeniero civil (1954-58) especializado en administración y costos (1963) en la UNAM. Desde 1957 es miembro del PRI. Ha sido jefe del Departamento de Control de Obras de la Secretaría de Marina (1970), jefe del Departamento de Presupuesto y Precios

Unitarios (1974) y director de Programación de la Secretaría de Recursos Hidráulicos (1978); gerente de Construcciones Pesadas (1979) y gerente del Proyecto Dos Bocas del Grupo Protexa (1980); director técnico de Ingenieros y Arquitectos de México (1982); delegado promotor del Sureste (1984) y director general de Servicios Portuarios de Progreso-Yukalpetén de la Comisión Nacional Coordinadora de Puertos y director general del Sistema Portuario Tampico-Altamira de Puertos Mexicanos de la SCT (1989-).

CRUZ Y CELIS, JOSÉ ◆ n. en Puebla, Pue., y m. en el DF (1883-1952). Empresario. Fue presidente de la Confederación de Cámaras Nacionales de Comercio (1928-33), de la Cámara Nacional de la Industria de Transformación (1942-43) y de la Confederación de Cámaras Industriales (1943-44).

CRUZ CHÁVEZ, ALFREDO KID RAPIDEZ ◆ n. en Cuba y m. en el DF (1919-1990). Fue boxeador en su juventud y más tarde se convirtió en entrenador. Vino a México hacia 1960 y fue el entrenador de José Ángel *Mantequilla* Nápoles, Ultiminio Ramos y *Baby* Luis, entre otros pugilistas.

CRUZ GARCÍA, HÉCTOR ◆ n. en Chimalhuacán, Edo. de Méx. (1934). Pintor y escultor. Estudió en La Esmeralda y en el Taller de Integración Plástica del INBA. Ha sido profesor de esas instituciones y de San Carlos. Expone en México y en el extranjero desde mediados de los años cincuenta. Obtuvo en 1955 el Primer Premio de Escultura del DDF con la obra *Cabeza de juchiteca* y en 1969 ganó el premio de adquisición del INBA por su obra *Erosión*. Dirigió el Salón de la Plástica Mexicana y la Sociedad Mexicana de Artistas Plásticos.

CRUZ LORETO, APOLINAR DE LA ◆ n. en Temoaya. estado de México (1948). Miembro del PRI desde 1965. Ha sido presidente del Supremo Consejo Otomí (1977-79 y 1981-84) y coordinador general del Consejo Nacional de Pueblos Indígenas (1981-84). Diputado federal por el XVII distrito del Estado de México (1982-85).

Equipo Cruz Azul

Cruz Medina, José Ciriaco ◆ n. en Villa de Pozos y m. en San Luis Potosí, SLP (1882-1957). Pedagogo. Participó en el magonismo, del que se separó para adherirse a la causa maderista. Se le eligió diputado en 1917 y senador en 1924. Ocupó cargos en el sector educativo. Colaboró en diversos periódicos y dirigió *El Fantasma*. Autor de un volumen de poesía: *Ayer* (1927).

Cruz y Moya, Juan José de la ◆ n. en España y m. en la Cd. de México (¿1706?-1760). Fraile dominico. Llegó a la Nueva España en 1753 y escribió una *Historia de la santa y apostólica provincia de Santiago de Predicadores en la Nueva España*.

Cruz Navarro, Ana Elena ◆ n. en el DF (1952). Licenciada en comunicación por la UIA con estudios en los Estudios Universal de EUA, en la BBC de Londres, en la Sociedad Francesa de la Producción Audiovisual, de cine científico en el Museo de Historia Natural de París. Ha hecho programas de radio y televisión para el Conacyt, y la Cámara de Diputados. Ha producido *Matilde y sus amigos*, *Mezclilla*, *Para ver y oír*, *Creadores de tierra adentro* y *Homenaje a los grandes maestros del arte y la cultura* para el Canal 13 de Imevisión. Ha dirigido los documentales *Soy geógrafa* (1974), *Temascal, un ecosistema creado por el hombre* (1975), *Temascal: la vida de sus pobladores* (1975) y *La piscicultura en Veracruz* (1975-76). Guionista de las radionovelas *El águila y la serpiente* (1979), *La sombra del caudillo* (1979) y *Los de abajo* (1979-80) transmitidas por Radio Educación, y de los documentales *Las entrañas de México* (1984), *La Catedral Metropolitana* (1985), *México, la gran capital* (1986) y *México, una ciudad para el medio ambiente* (1990). Primer lugar en el Premio Latinoamericano de Radionovela Histórica de La Habana (1980). Premio Nacional de Periodismo (1992).

Cruz Pineda, Cecilio de la ◆ n. en Juchitán, Oax. (1948). Licenciado en relaciones comerciales por el IPN (1969-72) y maestro en administración pública por el Columbia College Panamerican (1982-84). Profesor del IPN

(1969-76). Fue subsecretario de capacitación política del CEN del PRI (1981-82), partido al que pertenece desde 1969. Ha sido presidente del Frente Estudiantil Mexicano (1972-73), director de Difusión Cultural (1974-77) y secretario general del IPN (1986-87), director administrativo de Educación Tecnológica Agropecuaria de la SEP (1978-84) y diputado federal en dos ocasiones (1973-76 y 1988-91).

Cruz Ramos, Alberto de la ◆ n. en Tuxtepec, Oax. (1928). Ingeniero geógrafo por la Escuela Naval Militar (1945-50), maestro en administración naval, planificación y seguridad nacional (1972) y doctor en estudios estratégicos por el Centro de Estudios Superiores Navales (1982). Ha sido profesor de la citada escuela (1963-64) y del Centro de Estudios Superiores Navales (1975-77), del que ha sido subdirector (1975-77) y director (1986-88). Ha sido comandante de buque de guerra (1965-71), comandante del resguardo aduanal de la Secretaría de Hacienda (1972-74), jefe del Estado Mayor de las zonas navales IX y XI (1977-78), comandante del sector naval militar en Santa Rosalía, BCS (1978-80), segundo vocal de la Comisión de Leyes y Reglamentos de la Armada (1981), subinspector general de Marina (1983), comandante del sector naval en Cozumel (1984-85), comandante de las zonas navales X y XII (1985-86), agregado naval de la embajada de México en Brasil y concurrente en Argentina y Uruguay (1988-90) y presidente de la Junta de Almirantes (1990-).

Cruz Reyes, Juan ◆ n. en la Cd. de México (1914). Escultor, estudió en la Academia de San Carlos (1931-33) con los maestros Carlos Lazo, Francisco de la Torre, Germán Gedovius, Fidias Elizondo e Ignacio Asúnsolo. Fue profesor en la Escuela de Talla Directa, en el Taller Libre de Escultura (1937), en La Esmeralda (1940-67) y en el Instituto Tecnológico de Monterrey (1947) y director de los talleres de cerámica del Centro Superior de Artes Aplicadas del INBA (1956). En 1938 fue invitado por

el alcalde de Bogotá a instalar un taller de fundición artística en la capital colombiana. Ha expuesto, individual o colectivamente, en México, Monterrey y Nueva York. Autor, entre otras, de las esculturas *Cabeza de Cristo* (1951), *Las dolientes* (1984) y *Prehispánica* (1984). Algunas de sus obras se hallan en el Museo de Arte Moderno de Nueva York. Cofundador de la Sociedad de Escultores de México (1941). Obtuvo la Beca Guggenheim (1950-51). De 1980 a 1989 funcionó el Patronato Artístico Juan Cruz, dedicado a fomentar la obra del artista. Diploma de honor de la Sociedad Artística del Tecnológico de México (1944), primer lugar en el concurso del Cuarto Centenario de Cervantes (1947), medalla de plata por su colaboración artística en el Museo Nacional de Antropología e Historia (1962), primer lugar en el concurso de la estatua de Benito Juárez del SNTE (1966), diploma de reconocimiento por 30 años de labor docente (1968), primer premio en el concurso del monumento al Héroe de Nacozari (1968) y distinción especial de la ciudad de Nagoya, Japón (1987).

Cruz Roja ◆ Sociedad filantrópica internacional de carácter privado fundada en Ginebra, Suiza, en 1863. En sus inicios atendía exclusivamente a los heridos de guerra y después pasó a socorrer a las víctimas de toda clase de siniestros. Desde el siglo XIX surgieron sociedades en otros países, mismas que hoy integran la Federación de Sociedades Nacionales de la Cruz Roja, la Media Luna Roja y León y Sol Rojos. La Asociación Mexicana de la Cruz Roja empezó a actuar en 1907. En 1910 obtuvo el reconocimiento del gobierno porfirista y en 1912 el de la Cruz Roja Internacional. En 1966 cambió su denominación por Cruz Roja Mexicana.

Cruz Romo, Gilda ◆ n. en Guadalajara, Jal. (1936). Soprano. Estudió a partir de 1960 en el Conservatorio Nacional de Música con Ángel R. Esquivel. En la Scala de Milán estudió con Nicola Recigno y Naldini, y en Nueva York con Alberta Masiello. Se inició en Bellas

PRESIDENTES DE LA CRUZ ROJA	
Manuel Mondragón	1910
Eduardo Liceaga	1910-12
Rafael Pardo	1912-15
Julio García	1915
José R. Aspe	1915-30
Juan Villarreal	1930-32
Alejandro Quijano	1932-56
Guillermo Barroso Corichi	1956-57
Juan Lainé	1957
Ernesto J. Amézcua	1957-61
César Santos Galindo	1961-64
José Barroso Chávez	1964-70 y 1980-84
Salvador López Chávez	1970-73
Enrique Madero Olivares	1973-77
Miguel de la Vega y de la Vega	1977-79
Luis Guzmán de Alba	1979-80
Alberto Franco Sarmiento	1984
José Barroso Chávez	1999
Rafael Moreno Valle	1999

Artes acompañada por la Sinfónica Nacional, dirigida en esa ocasión por Carlos Chávez. Ingresó después a la Ópera Nacional. En 1966 cantó como solista del Ballet Folklórico de México en una gira por Centroamérica y Oceanía. Desde los años setenta se presenta en los más importantes escenarios del mundo. Su primera aparición internacional fue en Dallas, EUA. Ha cantado en la New York City Opera y el el Metropolitan Opera House en Nueva York, en el Covent Garden de Londres y en el teatro de la Scala en Italia. Entre las distinciones que ha recibido se cuentan sus triunfos en concursos internacionales, entre ellos el del Metropolitan Opera House de Nueva York (1970) y el Concurso Internacional de Canto de Tokio (1976). La Scala de Milán la escogió como protagonista de *Aída* para actuar en el teatro Bolshoi.

CRUZ SÁNCHEZ, ANTONIO ◆ n. en Chichontepec, Ver. (1935). Licenciado en economía por el IPN (1958-62). Es miembro del PRI desde 1962. Ha sido diputado al Congreso local de Veracruz (1968-70), vicepresidente del Instituto Político Agrario (1972-75), secretario

general de la Liga de Comunidades Agrarias y Sindicatos Campesinos de Veracruz (1987-88) y diputado federal (1988-91).

CRUZ VELASCO, FRANCISCO DE LA ◆ n. en Oaxaca (1926). Cursó la licenciatura en derecho en la UNAM, después de ser analfabeto hasta los 32 años. Dirigió organizaciones de taxistas, obreros y colonos en Morelos, Tamaulipas, Guerrero y el Distrito Federal, donde desde 1962 acaudilló a los habitantes de lo que llegaría a ser el Campamento 2 de Octubre, uno de los asentamientos irregulares más grandes del país. Fue candidato a gobernador de Oaxaca por el Partido Socialista de los Trabajadores. Estuvo en prisión desde 1981. En agosto de 1989 la asamblea del Campamento 2 de octubre lo desconoció como líder y lo acusó de lesiones y malversación de fondos.

CRUZ VERDE ◆ Institución de servicio médico dependiente del DF creada en 1909 por el presidente Porfirio Díaz con el nombre de Servicios Médicos Municipales del DF cuya plantilla se reducía a un médico, un practicante, dos enfermeras y dos camilleros. En los años cuarenta se buscó un símbolo para los servicios, adoptándose la cruz, como la Cruz Roja y la Blanca, pero con otro de los colores de la bandera nacional. Posteriormente su nombre oficial fue Servicios Médicos de la Policía y Servicios Médicos del DDF, aunque la Cruz Verde permaneció como insignia hasta los años ochenta. Su lema era: "Por la Cruz Verde responderá la propia vida".

CUADERNOS AMERICANOS ◆ Revista fundada en 1942 por Jesús Silva Herzog, quien la dirigió hasta su muerte en 1985. En sus páginas se publicaron por primera vez trabajos como *El laberinto de la soledad*, de Octavio Paz. En 1986 (números 4, 5 y 6) la dirigió Manuel Garrido, quien antes había sido jefe de redacción (1985). Con fecha enero-febrero de 1987 apareció el primer número de su nueva época, esta vez como publicación de la Universidad Nacional Autónoma de México, dirigida por Leopoldo Zea. Concepción Barajas,

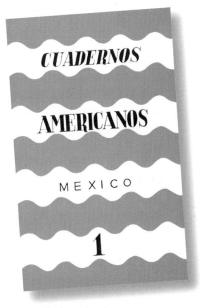

Cuadernos Americanos

quien es también fundadora de la publicación, es su administradora.

CUADERNOS DEL VALLE DE MÉXICO ◆ Revista literaria y política de la que aparecieron sólo dos números (septiembre de 1933 y enero de 1934). Eran sus editores Rafael López Malo, Octavio Paz, Salvador Toscano, Enrique Ramírez y Ramírez y José Alvarado. Los tres primeros continuaban así la tarea iniciada en *Barandal*. En ella se publicó "Desde el principio", poema de Paz no recogido en sus libros, y "Un fantasma recorre Europa" y "Volver a empezar", de Rafael Alberti.

CUADERNOS POLÍTICOS ◆ Publicación trimestral de ciencias sociales. La primera entrega es de 1974 y hasta 1987 habían aparecido 51 números. Neus Espresate figura como editora y el consejo editorial lo integran Bolívar Echeverría, Olac Fuentes Molinar, Rubén Jiménez Ricárdez, Asa Cristina Laurell, Héctor Manjarrez, Ruy Mauro Marini y Carlos Pereyra (finado en 1988). Han colaborado en la revista Jorge Alcocer, Louis Althusser, Alejandro Álvarez, Perry Anderson, Giovanni Arrighi, Vania Bambirra, Barri Carr, Roberto Castañeda Rodríguez, James D. Cockcroft, Arnaldo Córdova, Agustín Cueva, Néstor García Canclini, Adolfo Gilly, Gustavo Gordillo, Gilberto Guevara Niebla, Andre

Cuadernos del Valle de México

Gunder Frank, Salvador Hernández, Eric Hobsbawm, Juan Felipe Leal, Michael Löwy, Carlos Monsiváis, Ludolfo Paramio, Luisa Paré, Olga Pellicer, Fernando Rello, Adolfo Sánchez Vázquez, Göran Therborn y Arturo Warman.

CUADRA PALAFOX, MIGUEL ÁNGEL ◆ n. en San Luis Potosí, SLP (1940). Ingeniero agrónomo (1958-64) y maestro por la Escuela Nacional de Agricultura (1965-67), y doctor en economía agraria por la Universidad de Illinois (1968-70). Es miembro del PRI desde 1965. Ha sido director del Centro de Economía Agraria de la Universidad Autónoma de Chapingo (1971-74), de la que también fue profesor (1967-74); subdirector del Centro de Investigaciones del Desarrollo Rural de la Presidencia de la República (1975-77), subdirector general de Desarrollo Rural (1977-78), director general de Programación Regional (1978-79) y director de Programas Especiales de la SPP (1979-81); director general del Programa de Empleo Rural (1983) y asesor del titular de la SRA (1985-86); coordinador general de programas de la Comisión Nacional de Alimentación (1986-87), secretario de Programación y Presupuesto del gobierno de San Luis Potosí (1988) y director general de Investigación, Extensión y Educación Superior de la SARH (1988-). Coautor de *Administración y desarrollo de los recursos hidraúlicos en el noreste de México, un análisis de alternativas* (1973) y *Desarrollo de las estructuras agrarias de la América Latina* (1974); y autor de *Introducción al análisis de la economía agrícola* (1966), *La agricultura en el desarrolo económico* (1967) y *Comentarios sobre la necesidad de aumentar la investigación científica y tecnológica en los países en desarrollo* (1972).

CUADRIELLO AGUILAR, CARLOS ◆ n. en el DF (1945). Licenciado en filosofía por el Instituto Libre de Filosofía (1963-68) y licenciado en relaciones industriales por la Universidad Iberoamericana (1970-74), de la cual es profesor desde 1974. Pertenece al PRI desde 1985. Ha sido gerente de relaciones de Mobil Oil de México (1972-79), gerente de rela-

ciones industriales de Federal Mogul (1980-81), director de recursos humanos de Grupo Cuervo (1981-84), jefe de la Unidad de Análisis de Información (1986-88) y subdirector de Finanzas de la Presidencia (1988), y secretario adjunto del presidente Carlos Salinas de Gortari (1988-94).

CUAJIMALPA DE MORELOS ◆ Delegación del Distrito Federal. Limita al noreste con la delegación Miguel Hidalgo, al este con Álvaro Obregón y al norte, oeste y suroeste con el estado de México. Superficie: 72.9 km². Habitantes: 136,873 (1995), de los cuales 30,792 forman la población económicamente activa, dedicada principalmente a la construcción, la producción manufacturera, las tareas agropecuarias y la explotación de minas y canteras. Hablan alguna lengua indígena 1,048 personas mayores de cinco años (náhuatl 272, otomí 199 y mazahua 164). La jurisdicción abarca parcialmente la sierra de las Cruces y tiene elevaciones hasta de 3,775 metros sobre el nivel del mar (cerro de San Miguel, en el Desierto de los Leones). La localidad de Cuajimalpa, donde está la sede delegacional, fue un poblado (Cuauhximalpan) perteneciente a Azcapotzalco hasta que hacia 1430 fue dominado por los tenochcas, quienes le concedieron una relativa autonomía dentro de la jurisdicción de Tlacopan. Después de la caída de Tenochtitlan, los conquistadores ocuparon (1527) terrenos de Cuajimalpa para la cría de ovejas y Cortés, desde luego, la consideró parte de sus posesiones, lo que le fue confirmado al otorgársele el marquesado del Valle de Oaxaca, que comprendía un territorio indeterminado que iba desde Coyoacán hasta la costa del Pacífico sur. Una parte de la actual delegación fue utilizada para la cría de ovejas, en tanto que los habitantes del pueblo, siguiendo la tradición, se desempeñaban como leñadores, pues Cuajimalpa significa "sobre las astillas de madera" o, para usar un término contemporáneo, "aserradero", lo que originó el escudo delegacional: un hacha clavada en un tronco derriba-

do. A mediados del siglo XVI ya existía un mesón conocido como la Venta de Doña Marina, propiedad de Marina Gutiérrez Flores. A la orilla del camino real de Toluca, la Venta, como sencillamente se conoció después, fue un lugar de paso obligado para los que viajaban entre Toluca y la ciudad de México. En 1573 la autoridad virreinal ordenó iniciar los estudios para llevar agua de Cuajimalpa a la capital novohispana, lo que se hizo a principios del siglo XVII, por los años en que se inició la construcción del Santo Desierto de Quauhximalpan, luego conocido como Desierto de los Leones. Este conjunto fue reedificado a partir de 1722, debido a los daños que le habían causado dos incendios y los temblores de tierra. Durante la guerra de Independencia, después de la batalla del Monte de las Cruces, los insurgentes llegaron hasta Cuajimalpa. A partir de entonces se le consideró un sitio estratégico, por ser la entrada occidental a la ciudad de México. El Congreso Constituyente de 1824 estableció la residencia de los poderes en el Distrito Federal, que comprendía un radio de dos leguas en torno a la Plaza Mayor. De este modo Cuajimalpa quedó en el Estado de México, dentro del partido de Coyoacán. Para 1856 formaba parte de la municipalidad de Santa Fe, en la prefectura de Tacubaya. En 1861 Cuajimalpa eligió su primer ayuntamiento y el 8 de febrero de 1862 el presidente Benito Juárez hizo publicar su acuerdo para erigir el municipio respectivo, dentro de la jurisdicción de la prefectura de Tacubaya, Distrito Federal. Después de la guerra contra los franceses y el imperio, en la cual participaron los habitantes de Cuajimalpa, entre los contingentes que dispersó la paz algunos pasaron al bandolerismo. Las montañas y bosques de Cuajimalpa les sirvieron de escenario durante varios lustros, hasta que llegó a imponerse el orden porfiriano. De acuerdo con la Ley de Organización Política y Municipal del Distrito Federal, del 26 de marzo de 1903, Cuajimalpa se convirtió en prefectura, y si bien subsistió el municipio, éste fue despojado de personalidad jurídica, bienes y derechos, mismos que pasaron a ser del Distrito Federal. En la revolución, el actual territorio de la delegación fue campo de actividad de las partidas zapatistas que, agrupadas, presentaron combate en forma más de una vez. Por decreto del 23 de febrero de 1916, Álvaro Obregón consideró erigido el estado del Valle de México y dentro de él quedó comprendida Cuajimalpa, hasta que la entrada en vigor de la Constitución de 1917 la reintegró al Distrito Federal. Según la Ley Orgánica del 28 de diciembre de 1928, puesta en vigor el primero de enero de 1929, fue suprimido el municipio de Cuajimalpa y erigida la delegación, que desde el 29 de diciembre de 1970 se llama oficialmente Cuajimalpa de Morelos.

CUAJINICUILAPA ◆ Municipio costero de Guerrero situado en los límites con Oaxaca. Superficie: 857.1 km². Habitantes: 25,057, de los cuales 5,617 forman la población económicamente activa. Hablan alguna lengua indígena 836 mayores de cinco años (amuzgo 423 y mixteco 379).

CUALAC ◆ Municipio de Guerrero situado en la región de la Montaña, cerca de los límites con Puebla y Oaxaca. Superficie: 196.8 km². Habitantes: 6,157, de los cuales 781 forman la población económicamente activa. Hablan alguna lengua indígena 1,028 personas mayores de cinco años (náhuatl 1,021). La cabecera era asentamiento de población antes de la conquista. Ahí se conserva un documento, llamado precisamente Códice Cualac, elaborado a fines del siglo XVI o principios del XVII sobre la evangelización en esa área.

CUALE, DEL ◆ Sierra de Jalisco situada al sur de la bahía de Banderas, cerca de los límites con Nayarit. Forma el cabo Corrientes. Es una de las estribaciones de la sierra Madre Occidental.

CUAMATZI, JUAN ◆ n. en San Bernardino Contla y m. en Panzacola, Tlax. (1879-1911). Indio de una vieja familia tlaxcalteca. Era tejedor de sarapes. Militó en organizaciones antiporfiristas. Participó en la rebelión maderista. Fue aprehendido y fusilado.

CUAPIAXTLA ◆ Municipio de Tlaxcala situado en el este de la entidad, en los límites con Puebla. Superficie: 123 km². Habitantes: 10,089, de los cuales 2,179 forman la población económicamente activa. Hablan alguna lengua indígena diez personas mayores de cinco años (náhuatl 5).

CUAPIAXTLA DE MADERO ◆ Municipio de Puebla situado en el centro de la entidad, al este de la capital del estado. Superficie: 25.52 km². Habitantes: 5,662, de los cuales 1,144 forman la población económicamente activa. Hablan alguna lengua indígena 49 personas mayores de cinco años (náhuatl 42). Cuenta con yacimientos de ónix. El vino de frutas tiene gran demanda regional.

CUÁQUEROS ◆ Grupo religioso que encabezado por James Fox se apartó de la Iglesia Anglicana en 1647. El nombre proviene del verbo inglés to quak (temblar), pues en la época en que eran perseguidos solían repetir la advertencia bíblica: "¡temblad, pecadores!", por lo cual acabó por llamárseles quakers (tembladores) y a sus reuniones quaker meetengs, nombre que en Estados Unidos se da a una reunión con poca charla. Los cuáqueros se llaman a sí mismos Sociedad de los Amigos, Iglesia de la Luz o Amigos de la Luz. Operan sin jerarquía, aunque eligen representantes; respetan y ejercen el libre albedrío dictado por la lectura e interpretación personal de la Biblia y no practican el culto externo. Con fuerte presencia en Estados Unidos, en el siglo XIX se produjeron entre ellos diversas escisiones. Por su vocación filantrópica y su pacifismo merecieron en 1947 el Premio Nobel de la Paz. Su labor de proselitismo en México se inició alrededor de 1870.

CUATE, JESÚS CHUCHO ◆ n. en Axochiapan, Mor. (1923). Fue boxeador amateur (1936-40) y profesional (1941-47). Fungió como asistente de Manuel Moreno y de Lupe Sánchez y en 1960 se inició como manejador de boxeo. Dirigió a Rafael Herrera, quien obtuvo un campeonato mundial de pugilismo.

CUATROCIÉNEGAS ◆ Municipio de Coahuila situado en el centro de la entidad, al oeste de Monclova y al norte de Parras. Superficie: 7,860.6 km². Habitantes: 12,899, de los cuales 3,516 forman la población económicamente activa. Hablan alguna lengua indígena seis personas. La cabecera se llama Cuatrociénegas de Carranza en honor de Venustiano Carranza, nativo del lugar, quien fuera primer jefe constitucionalista y presidente de la República. La principal fiesta es en julio, cuando se realiza la Feria de la Uva.

Cuatrociénegas, Coahuila

CUAUCÓATL ◆ Según el mito mexica, sacerdote que en unión de Axolohua salió a buscar el lugar en que debía fundarse Tenochtitlan de acuerdo con las instrucciones de Huitzilopochtli.

CUAUHQUETZALTZIN ◆ Cacique que reagrupó a los otomíes después de la caída de Xaltocan. Su señorío, que llegó hasta el Mezquital, tuvo por capital a Otumba.

CUAUHTÉMOC ◆ Delegación del Distrito Federal. Limita al norte con Azcapotzalco y Gustavo A. Madero; al este con Venustiano Carranza, al sur con Iztacalco, Benito Juárez y Miguel Hidalgo y al oeste con Miguel Hidalgo y Azcapotzalco. Superficie: 31.5 km². Habitantes: 540,282 (1995), de los cuales 354,745 forman la población económicamente activa, dedicada principalmente al comercio, los servicios y la producción manufacturera. Hablan alguna lengua indígena 8,057 personas mayores de cinco años (náhuatl 1,865, otomí 1,198, yaqui 1,182, mazahua 971 y mixteco 705). Dentro de la jurisdicción se halla el llamado Centro Histórico de la Ciudad de México (☞), se concentra casi 70 por ciento de las actividades económicas del Distrito Federal y existe el más alto índice de museos, bibliotecas, teatros y cines por kilómetro cuadrado de todo el país. Con la capital del país encerrada en sus límites durante más de cinco siglos, la suya es, también, la historia de la ciudad de México. Tenochtitlan, capital mexica, se fundó y creció dentro de los límites de la actual delegación, sobre un lago al que la población fue ganando terreno. El 8 de noviembre de 1519 los españoles llegaron a la urbe azteca y después de casi dos años de intensa actividad diplomática, ideológica y militar, sobre las ruinas de la ciudad, se alzaron victoriosos en medio de miles de cadáveres insepultos y entre una multitud de hombres, mujeres y niños hambrientos, mutilados o ciegos por

Delegación Cuahutémoc
del Distrito Federal

Foto: Carlos Hahn

efecto de la viruela. Ante la insalubridad de la que fuera capital del imperio más poderoso de Mesoamérica, mientras los indios la saneaban y reconstruían, los conquistadores se retiraron a Coyoacán, donde se efectuó el reparto del botín, que comprendía lotes para los vencedores dentro de los muros de Tenochtitlan, en tanto que a sus aliados y a los vencidos los mandaron a vivir fuera. Sobre la traza de Alonso García Bravo, especie de plano regulador de la época que respetó canales y calzadas de Tenochtitlan, se inició la reedificación: se levantaron las casas de Hernán Cortés y de otros conquistadores; en torno a lo que hoy conocemos como Zócalo se empezaron a construir la primera catedral, la Casa de Moneda y el Palacio del Ayuntamiento y se remozaron, en estilo español, las llamadas Casas Viejas de Moctezuma; los frailes dominicos hicieron erigir el convento y plaza de Santo Domingo en tanto que los franciscanos, en la actual avenida Madero, dirigieron la construcción de su convento; el hospital de Jesús, fundado por el propio Cortés, ya existía para mediados de siglo, lo mismo que el templo de la Purísima Concepción (en Belisario Domínguez), el Colegio de Niñas y el de San Juan de Letrán. Por esas fechas la capital de la Nueva España contaba con plaza de toros, Casa de Moneda, inaugurada en 1535, imprenta (1539) y Universidad (1553). Alentada por la conquista de nuevos territorios y financiada por el botín de guerra, la fiebre constructora se manifestó durante todo el siglo XVI. Para 1600 la nueva ciudad, a lo largo de la actual calle de Peralvillo, llegaba hasta Tlatelolco y por el este hasta lo que hoy es Anillo de Circunvalación. Permanentemente amenazada por las inundaciones debido a su origen lacustre, en la época colonial se realizaron grandes obras de desagüe, como las iniciadas por Enrico Martínez en 1607. Al iniciarse el siglo XVIII, lo que ahora llamaríamos la mancha urbana rebasó el actual Eje Central para unir a San Hipólito y su hospital anexo con la capital. A fines de la misma centuria la

población iba más allá de Anillo de Circunvalación y entraba en lo que ahora son las colonias Tránsito, Obrera, de los Doctores, Juárez, Buenavista y Guerrero. En ese tiempo la ciudad sabía de las ventajas de contar con un periódico (en 1722 se publicó la primera *Gaceta*), se había creado la Lotería (1770-71), se contaba ya con el Monte de Piedad (1775) y un cuerpo de policía, en cuyo auxilio llegaría el alumbrado público, instalado por disposición del virrey Güemes Pacheco. En el Ayuntamiento capitalino México vivió el primer intento de independencia, durante el movimiento encabezado por Francisco Primo de Verdad y Ramos que fracasó en parte por la indecisión del virrey Iturrigaray y porque la fuerza militar estaba del lado de los peninsulares, a los que acaudilló Gabriel Yermo. Pese a la mejoría que experimentaron las comunicaciones con la creación de diversas rutas de diligencias que llegaban a la ciudad o salían de ella, la capital no experimentó cambios radicales. Lo mismo sucedió con el constante flujo de los ejércitos traídos durante las convulsiones militares del siglo XIX. La ocupación de estadounidenses y franceses tampoco significó transformaciones radicales en el aspecto urbanístico. En cambio, la aplicación de las Leyes de Reforma motivó la destrucción o el fraccionamiento de conventos y otras propiedades eclesiásticas, con lo que se pusieron a la venta numerosos lotes y se abrieron nuevas calles, como la actual 5 de Mayo, Gante, 16 de Septiembre, Leandro Valle y otras que alteraron la fisonomía citadina. En el último tercio del siglo coincidieron el crecimiento de la ciudad con una notable mejoría en sus comunicaciones, debido a la introducción del ferrocarril y a la entrada en operación del servicio de tranvías, primero de mulas y después eléctricos. Los autobuses se pondrían en servicio a partir de 1912. Durante el porfiriato se poblaron las colonias Juárez y Santa María la Ribera, los pequeños talleres situados en Chimalpopoca y San Antonio Abad cedieron su lugar a varias empresas industriales, las que desecaron los pantanos para instalarse; se construyeron los palacios Postal, de Comunicaciones y de Bellas Artes; se inició la edificación de la Cámara de Diputados en Donceles y Allende y el Palacio Legislativo, que acabó convirtiéndose en Monumento a la Revolución; se inauguró la Columna de la Independencia, el Hemiciclo a Juárez, el Museo de Historia Natural del Chopo y otros edificios públicos. De importancia urbana fueron el poblamiento de la colonia Roma y la creación de los fraccionamientos que luego serían las colonias Condesa, Hipódromo y de los Arquitectos o Tabacalera; el agregado de un tercer piso al Palacio Nacional en 1927 y, en 1934, la terminación del Palacio de Bellas Artes, la construcción del edificio de Seguros La Nacional, la apertura de la avenida 20 de Noviembre y la ampliación Niño Perdido y avenida Juárez. Por esos años se terminaron también el Palacio de Justicia, sede de la Suprema Corte, y el mercado Abelardo L. Rodríguez con el teatro del Pueblo. El 1928 fue aprobada la Ley Orgánica del Distrito Federal, puesta en vigor el primero de enero de 1929, mediante la cual se suprimieron los municipios y se privó a los capitalinos del derecho a elegir a sus gobernantes. En la década de los treinta la ciudad rebasó los límites de la actual delegación Cuauhtémoc. De los años cuarenta data la apertura del Anillo de Circunvalación, que nunca pasó de su fase inicial, la terminación del edificio nuevo del Departamento del Distrito Federal y el inicio de la Torre Latinoamericana, concluida en la segunda mitad de los años cincuenta. Entre 1946 y 1952, con Fernando Casas Alemán como jefe del Departamento Central, se inauguró el Conjunto Urbano Miguel Alemán y se inició la construcción del Viaducto Piedad, que continuaría en sexenios posteriores con Ernesto P. Uruchurtu (1952-65), quien puso en servicio la nueva estación ferrocarrilera de Buenavista, acompañó al presidente Adolfo López Mateos en la inauguración de la Unidad Nonoalco-

Tlatelolco, construyó mercados, amplió Izazaga, Hidalgo, Pino Suárez y el Paseo de la Reforma y convirtió en vía rápida San Antonio Abad. Con Alfonso Corona del Rosal como jefe del DDF se inició la construcción del Metro, del que se puso en servicio la línea uno (que corre por Izazaga) en septiembre de 1969, la dos (que va por avenida Hidalgo, Tacuba, Pino Suárez y San Antonio Abad) en agosto de 1970 y la tres (por Zarco, Balderas, Niños Héroes y Pasteur) en noviembre del mismo año, en el cual se aprobó la nueva Ley Orgánica del Distrito Federal que erigió la delegación Cuauhtémoc, cuando ya la ciudad de México carecía de límites geográficos y jurídicos precisos. Durante el sexenio del presidente Luis Echeverría, con Octavio Sentíes en la jefatura del Departamento del Distrito Federal, se suspendió la construcción de nuevas líneas del Metro y se dio preferencia a una obra de alto costo y escasa rentabilidad social: el Circuito Interior, que limita por el norte y el poniente a la delegación. En 1978 se descubrió la Coyolxauhqui y se iniciaron los trabajos del Centro Histórico, mismos que transformaron la fisonomía de la *parte vieja* de la capital. En 1979, al construirse los ejes viales, nuevamente se modificó significativamente el conjunto urbano. La vida dentro de la delegación fue parcelada por las nuevas avenidas (Eje Central, 1 y 2 Norte; 1, 2 y 2 A Sur; 1, 2 y 3 Poniente, etcétera). Para dar paso a los automóviles, la estatua ecuestre de Carlos IV, fue trasladada de la confluencia de Juárez, Cuauhtémoc, Rosales y Paseo de la Reforma a la calle de Tacuba, en la plaza Tolsá. En 1985, el mayor daño causado por los sismos de septiembre se localizó en la delegación Cuauhtémoc, donde hubo miles de muertos, un número similiar de lesionados y más de 200,000 personas quedaron sin hogar. La desaparición de cientos de construcciones afectadas por el temblor y la posterior tarea de reconstrucción han transformado nuevamente grandes espacios de la jurisdicción y, sobre todo, la vida dentro de ella,

pues más de 40,000 familias que antes, en su mayoría, vivían en condiciones de extrema insalubridad, hoy disponen de casas-habitación modestas pero con todos los servicios, en vecindades cuyo proyecto arquitectónico respetó generalmente, las características de la zona y la opinión de los habitantes.

CUAUHTÉMOC ◆ Municipio de Colima contiguo a la capital del estado y situado en el noreste de la entidad, en los límites con Jalisco. Superficie: 373.16 km². Habitantes: 25,462, de los cuales 7,068 forman la población económicamente activa. Hablan alguna lengua indígena 150 personas mayores de cinco años (náhuatl 144).

CUAUHTÉMOC ◆ Municipio de Chihuahua situado en la porción central de la entidad, al oeste de la capital del estado. Superficie: 3,018.85 km². Habitantes: 120,140, de las cuales 34,287 forman la población económicamente activa. Hablan alguna lengua indígena 637 personas mayores de cinco años (tarahumara 559). Se erigió el 12 de julio de 1927. La cabecera se llamó hasta entonces San Antonio de los Arenales y fue elevada al rango de ciudad el 9 de enero de 1948. En su jurisdicción se hallan decenas de colonias menonitas establecidas en 1929, famosas por sus productos lácteos y en las cuales se habla un dialecto proveniente del alto alemán. Las aves migratorias son un atractivo para los cazadores.

CUAUHTÉMOC ◆ Municipio de Zacatecas situado en los límites con Aguascalientes, al sureste de la capital del estado. Superficie: 336.5 km². Habitantes: 10,389, de los cuales 2,013 forman la población económicamente activa. A la cabecera, del mismo nombre, la llaman todavía San Pedro Piedra Gorda, como se designó a esa villa en su fundación.

CUAUHTÉMOC ◆ n. en Tenochtitlan y m. en Izancánac (1502-1525). Último emperador mexica. Hijo de Ahuízotl y la princesa tlatelolca Tilalcápatl (otras versiones señalan que su madre era una princesa chontal y que nació en 1496). Recibió la educación religiosa y militar correspondiente a su clase. Al llegar los

Cuauhtémoc en un timbre mexicano

españoles era un *tlacatecutli* (oficial militar de alto rango) y no parece haber creído que fueran enviados de Quetzalcóatl, pues al desatar Alvarado la matanza del Templo Mayor, encabezó un contingente que derrotó a 400 hombres armados de ballestas y arcabuces, después de lo cual hostilizó a las fuerzas de Cortés que volvían del encuentro con Narváez. Cuando el atemorizado Moctezuma por órdenes de Cortés pidió a su pueblo sumisión ante los invasores, de entre la multitud surgió la voz de Cuauhtémoc que le increpó y llamó a la desobediencia, con lo cual se inició la pedrea que hirió a Xocoyotzin. Durante la retirada de los europeos se cuenta que Cuauhtémoc tuvo una decisiva participación en la batalla que fue de la Noche Triste para los españoles. A los 18 o 24 años, ya señor de Tlatelolco, sacerdote del culto a Huitzilopochtli y caballero águila, asumió el mando de los ejércitos aztecas al ascender Cuitláhuac al trono (junio de 1520). En diciembre de ese año murió Cuitláhuac, debido a una epidemia de viruela, y Cuauhtémoc asumió el poder sin ceremonias. Desplegó entonces una gran actividad diplomática tratando de ganar aliados entre sus antiguos vasallos, a los que prometió no cobrar más tributo en tanto que les advertía del peligro que significaba para ellos la caída de Tenochtitlan, ciudad que fortificó en espera del ataque de Cortés, quien contaba con más de 80 mil hombres. Este sitió la capital por agua y tierra a partir de enero y la victoria rápida que esperaba se convirtió en una larga guerra de posiciones, en la cual los diezmados tenochcas, al mando de su emperador, rechazaron las cargas de caballería y de

artillería que enviaba Cortés. Coronado formalmente, Cuauhtémoc rechazó las demandas de rendición que le hizo llegar el invasor. En mayo se produjo un ataque masivo por las calzadas de Iztapalapa, Popotla y el oeste y de nuevo fueron rechazados los europeos. Al mes siguiente intentó Cortés llegar hasta el Templo Mayor, lo que consiguió por poco tiempo. Sin agua ni alimentos, en medio de los muertos por sucesivas epidemias, con gran parte de sus soldados ciegos por la viruela, Cuauhtémoc optó por replegarse a Tlatelolco, hasta donde lo acosaron los conquistadores, adueñados ya de Tenochtitlan a fines de julio. El 13 de agosto, con el territorio azteca reducido a unos cuantos metros cuadrados, el emperador y un grupo de leales trataron de huir, pero fueron aprehendidos y encarcelados. Días después, presionado Cortés por su soldadesca, que le pedía parte del botín, acusó a Cuauhtémoc de ocultar un gran tesoro y ordenó torturarlo para que dijera dónde estaban sus riquezas. El suplicio, consistente en echar aceite hirviendo en sus pies, resultó inútil, pues no parece haber existido tal tesoro. El caudillo mexica quedó inválido y, al igual que otros dignatarios indígenas, fue dejado como señor de Tlatelolco (1521-23), para auxiliar a los conquistadores en funciones judiciales y administrativas, especialmente en la recaudación de tributos. Héctor Manuel Romero publicó una cédula de la época en la que se asienta: "Yo, el gran señor Cuauhtemoctzin, nunca dejé de cuidar las aguas o la laguna, todo aquello que nos pertenece, que siempre los defendí con mis valerosos capitanes en grandes guerras, mirando lo venidero. y así lo hagan los que tuvieren mando y señorío sobre la tierra, que amparen a los pobres como yo los he amparado y defendido". El temor de Cortés a que encabezara un levantamiento lo hizo llevarlo consigo en su expedición a las Hibueras, en la que ordenó que el jefe azteca fuera ahorcado. No se sabe con precisión dónde murió y no hay certidumbre sobre el lugar en el que se hallan sus restos.

CUAUHTÉMOC PALETA, IGNACIO ◆ n. en Cuautlancingo, Pue. (1921). Líder obrero. Licenciado en derecho por la UNAM (1952-57). Desde 1947 es miembro del PRI. Ha sido secretario general del Sindicato de Obreros Progresistas de Mirafuentes, Nogales (1944), de la Federación Nacional Textil de la Confederación Regional Obrera Mexicana (1961-63, 1963-65, 1967-69, 1974-76 y 1976-83) y de la propia CROM (1970-72). Presidió la Coalición Nacional Obrera de la Rama del Algodón (1966-68) y la Mutualidad Nacional de Trabajadores de la Rama Textil del Algodón (1974-75). Diputado por el DF al Congreso de la Unión (1982-85 y 1988-91).

CUAUTINCHÁN, MAPAS DE ◆ Documentos procedentes de Cuautinchán, Puebla (☞), elaborados en el siglo XVI. Uno es propiedad de particulares, otro se halla en la Biblioteca Nacional de París y los dos restantes en la Biblioteca Nacional de Antropología e Historia. De éstos, el número tres data aproximadamente de 1533. Está hecho sobre una hoja de papel amate de 92 por 112 centímetros. El dibujo del poblado y sus alrededores se ajusta a las normas prehispánicas, pese a la influencia europea que denota en la representación de las sierras de Amozoc y de Tepeaca. El número cuatro fue hecho hacia 1563 sobre una hoja de papel amate de 113 por 158 centímetros. Se le considera el más tardío y, consecuentemente, el de estilo más europeo. En él los pueblos están dibujados como planos en los que se observan las manzanas cuadradas y las calles. Los caminos son líneas dobles paralelas, pero con huellas de pies dentro. Los cerros están representados en perspectivas que cambian según la ubicación y tiene caracteres latinos y escritura jeroglífica.

CUAUHTLATOA ◆ Primer señor de Tlatelolco después de obtenida la independencia de Azcapotzalco. Gobernó de 1428 a 1460 y extendió las actividades comerciales de su pueblo.

CUAUHXICALLI O CUAUXICALLI ◆ Piedra con un hueco donde se depositaban los corazones de los sacrificados en el Templo Mayor de Tenochtitlan. La palabra significa literalmente "jícara del águila", pues los corazones de las víctimas eran llamados "tunas de águila" (*cuaunochtli*). En el Museo Nacional de Antropología existe el cuauxicalli del Tigre, monolito que se empleaba en el Templo Mayor.

CUAUTEMPAN ◆ Municipio de Puebla situado en el norte de la entidad. Limita con Tetela de Ocampo y con Zacatlán. Superficie: 85.47 km². Habitantes: 8,524, de los cuales 1,888 forman la población económicamente activa. Hablan alguna lengua indígena 5,769 personas mayores de cinco años (náhuatl 5,756). Indígenas monolingües: 454. Su cabecera es San Esteban Cuautempan.

CUAUTEPEC ◆ Municipio de Guerrero situado en la Costa Chica, al este de Acapulco. Superficie: 414.3 km². Habitantes: 13,815, de los cuales 2,608 forman la población económicamente activa. Hablan alguna lengua indígena 150 personas mayores de cinco años (mixteco 117).

CUAUTEPEC DE HINOJOSA ◆ Municipio de Hidalgo situado al este-sureste de Pachuca, en los límites con Puebla. Superficie: 372.6 km². Habitantes: 43,906, de los cuales 9,161 forman la población económicamente activa. Hablan alguna lengua indígena 131 personas mayores de cinco años (náhuatl 96). La cabecera se llama Cuautepec de Hinojosa en honor de Pedro Hinojosa, militar liberal que fue senador por Hidalgo.

CUAUTINCHÁN ◆ Municipio de Puebla contiguo a la capital del estado. Superficie: 136.5 km². Habitantes: 6,323, de los cuales 1,208 forman la población económicamente activa. Hablan alguna lengua indígena 156 personas mayores de cinco años (náhuatl 155). En la jurisdicción existen yacimientos de ónix. Del siglo XVI datan los llamados *Mapas de Cuauhtinchan*, representaciones cartográficas del antiguo señorío (☛).

CUAUTITLÁN ◆ Municipio del Estado de México. Forma parte del área metropolitana del Valle de México. Se halla al norte del Distrito Federal. Superficie: 37,39 km². Habitantes: 57,373, de los cuales 15,222 forman la población económicamente activa. Hablan alguna lengua indígena 161 personas mayores de cinco años (otomí 93 y mazateco 68). Antigua zona lechera, hoy es un centro industrial en el que tienen gran importancia el comercio y los servicios. La cabecera se llamó Cuautitlán de Romero Rubio en honor de la esposa de Porfirio Díaz, Carmen Romero Rubio. El principal atractivo turístico lo constituyen las ruinas de un convento franciscano del siglo XVI y la iglesia anexa de la centuria posterior, con pinturas del flamenco Martín de Vos y en el atrio una cruz labrada.

CUAUTITLÁN DE GARCÍA BARRAGÁN ◆ Municipio de Jalisco situado en el suroeste de la entidad, en los límites con Colima. Superficie: 1,178.67 km². Habitantes: 15,532, de los cuales 3,310 forman la población económicamente activa. Hablan alguna lengua indígena 125 personas mayores de cinco años (náhuatl 115).

CUAUTITLÁN IZCALLI ◆ Municipio del estado de México contiguo a Cuautitlán, Atizapán de Zaragoza y Tlalnepantla, al norte del Distrito Federal. Forma parte del área metropolitana del Valle de México. Superficie: 109.99 km². Habitantes: 417,647, de los cuales 100,841 forman la población económicamente activa. Hablan alguna lengua indígena 789 personas mayores de cinco años (náhuatl 492 y zapoteco 287).

CUAUTLA ◆ Municipio de Jalisco situado en la porción oeste de la entidad, en la sierra Madre Occidental, al sur de Mascota y contiguo a Talpa de Allende y Tomatlán. Superficie: 255.02 km². Habitantes: 2,479, de los cuales 683 forman la población económicamente activa. En 1976, en las cercanías de la cabecera, se hizo el descubrimiento de una zona arqueológica con restos de construcciones y monolitos que datan de unos 4,500 años, en lo que pudo ser un observatorio astronómico.

CUAUTLA ◆ Municipio de Morelos situado al este de Cuernavaca. Super-

ficie: 181.43 km². Habitantes: 142,446, de los cuales 37,549 forman la población económicamente activa. Hablan alguna lengua indígena 4,191 personas mayores de cinco años (náhuatl 3,128 y mixteco 755). Indígenas monolingües: 46. La cabecera, Cuautla de Morelos, ha sido escenario de importantes acontecimientos históricos. Ahí fueron sitiadas, el 17 de febrero de 1812, las fuerzas insurgentes de Morelos por los ejércitos realistas de Calleja. El cerco se hizo total a partir del 3 de marzo y luego de dos meses de sostener la posición sin alimentos y con armamento deficiente, los rebeldes rompieron el sitio el 3 de mayo ante la impotencia de las fuerzas colonialistas, lo que acrecentó el prestigio militar de Morelos. Durante la revolución de 1910-17 la ciudad fue ocupada en diversas ocasiones por las tropas zapatistas, reclutadas en sus alrededores. En la segunda mitad del presente siglo la calurosa ciudad se ha convertido en centro turístico y en ella poseen casas de campo miles de familias del Distrito Federal.

CUAUTLANCINGO ◆ Municipio de Puebla contiguo a la capital del estado, en los límites con Tlaxcala. Superficie: 33.17 km². Habitantes: 39,514, de los cuales 7,526 forman la población económicamente activa. Hablan lenguas indígenas 239 personas mayores de cinco años (náhuatl 143). Su cabecera es San Juan Cuautlancingo.

CUAUXÓLOTL ◆ Según Robelo, dios águila adorado en Tlatelolco.

CUAXOMULCO ◆ Municipio de Tlaxcala situado al este de la capital del estado. Superficie: 19.7 km². Habitantes: 3,887, de los cuales 792 forman la población económicamente activa. Hablan náhuatl nueve personas mayores de cinco años.

CUAYUCA DE ANDRADE ◆ Municipio de Puebla situado al sur de la capital del estado. Superficie: 160.75 km². Habitantes: 3,694, de los cuales 756 forman la población económicamente activa. Hablan alguna lengua indígena 11 personas mayores de cinco años. Su cabecera es San Pedro Cuayuca.

CUBA ◆ República latinoamericana que ocupa la isla mayor del archipiélago de las Antillas. Se halla al sur de la península de Florida (EUA), al este-noreste de la península mexicana de Yucatán y al oeste de la isla La Española. Cierra el golfo de México por el este y el mar Caribe o de las Antillas por el norte. Superficie, comprendida la isla de la Juventud y 1,600 cayos: 114,524 km². Habitantes: 11,100,000 en 1998, de los cuales 67 por ciento forman la población urbana y 31 por ciento la económicamente activa. La capital es La Habana (2,241,000 habitantes en 1995) y otras ciudades importantes son Santiago de Cuba (440,084 habitantes en 1994), Camagüey (293,961) y Holguín (242,085). La moneda es el peso. Idioma: español. Religión mayoritaria: católica romana. Constitucionalmente "todo el poder pertenece al pueblo trabajador, que lo ejerce por medio de las asambleas del Poder Popular", organizadas local, provincial y nacionalmente. El Partido Comunista, único permitido, de acuerdo con la Constitución es "fuerza dirigente superior de la sociedad y del Estado". El país tiene la más baja tasa de analfabetismo de América Latina. La medicina pública es de las mejores del mundo y la esperanza de vida es de 72 años para los hombres y más de 75 para las mujeres. *Historia:* a la llegada de los europeos habitaban el país indios guanajatabeyes, siboneyes y taínos. Colón arribó a la isla el 27 de octubre de 1492. En 1510, al mando de Diego Velázquez, llegó la primera expedición de conquista. Los españoles derrotaron a los indios acaudillados por el cacique Hatuey, pese a la heroica resistencia de éstos. En 1512 Velázquez establece un ayuntamiento en Baracoa, donde instala la capital; tres años después funda San Cristóbal de La Habana cerca de donde se halla desde 1519; en 1517 manda una expedición a tierras mexicanas y al año otra, la encabezada por Hernán Cortés que culminará en la conquista de Tenochtitlan. Es el mismo Velázquez quien introduce el cultivo de la caña de azúcar. El exter-

minio de los indios y la creciente demanda de fuerza de trabajo en las plantaciones lo lleva a importar esclavos africanos, lo que se prolongará hasta el siglo XIX. Desde mediados del siglo XVI viajan a México, para estudiar en su universidad, los hijos de familias cubanas acomodadas. Uno de ellos, Pedro de Recabarren, es rector en 1685-86. En 1607 la isla se divide en dos jurisdicciones administrativas: La Habana y Santiago. Entre 1717 y 1727 los trabajadores del tabaco protagonizan varias sublevaciones que son aplastadas por los colonialistas. Al año siguiente se funda la Universidad de La Habana. En 1762 los ingleses ocupan La Habana y se retiran un año después. En 1812 José Antonio Aponte encabeza una rebelión de esclavos que es aplastada. En 1817, en la fuerza internacionalista que encabeza Francisco Javier Mina, desembarcan en México varios cubanos, entre ellos el médico Joaquín Infante, editor del *Boletín de la División Ausiliar de la República Mexicana,* quien es aprehendido por los realistas y enviado como prisionero a La Habana. Cuando la mayoría de los países latinoamericanos logran su independencia, Cuba y Puerto Rico permanecen como colonias de España, situación que se prolongará todo el siglo XIX. En 1821 las autoridades españolas descubren la conspiración de los Caballeros Racionales en la que participa José María Heredia (☛), quien huye a Estados Unidos. Ahí es invitado por el presidente Guadalupe Victoria para venir a México, lo que hace en 1825. Aquí destaca en la vida intelectual y política mientras intenta organizar la liberación de su patria. En 1823 Guadalupe Victoria y el cubano Simeón de Chávez fundan en Veracruz la logia llamada Gran Legión Mexicana del Águila Negra, con amplia participación de antillanos que tienen por objetivo la libertad de su patria. En 1824 Santa Anna pide autorización para organizar una expedición destinada a echar a los españoles de Cuba, pero el proyecto se frustra. Al año siguiente un grupo de exiliados constituye en México la

Junta Promotora de la Libertad Cubana, que opera con el respaldo de prominentes funcionarios públicos. Por ese tiempo México y Colombia acuerdan trabajar conjuntamente para liberar a la Gran Antilla, donde la presencia colonial española es amenaza permanente contra la soberanía de ambos países. El gobierno de Washington, entonces en buenas relaciones con el de Madrid, impide que prospere el acuerdo. En 1826 el Senado mexicano aprueba que se organice una expedición para echar a los españoles de la isla y acabar así con la base logística de los realistas que ocupan San Juan de Ulúa. Nuevamente interviene Washington para evitarlo. Cuando es inminente un desembarco español en las costas mexicanas, que llevará a cabo Isidro Barradas, Victoria decreta la autorización para que tropas mexicanas se dirijan a Cuba a combatir a los colonialistas. En el mismo año, 1828, el ministro de Guerra, Vicente Guerrero, ordena al coronel José Basadre trasladarse a Haití para organizar ahí una expedición con destino a Cuba, lo que se frustra por varias razones. En 1836, al iniciarse la era de los gobiernos centralistas, España reconoce la independencia de México a cambio de que este país no intente liberar a Cuba. Las guerras civiles y el relativo predominio conservador impiden cualquier acción militar en solidaridad con la Cuba sojuzgada. Sin embargo, la presencia de patriotas cubanos en México es bien acogida. Uno de ellos, de apellido Bobadilla, combate la invasión estadounidense de 1847; después figurará en el bando liberal y le tocará también pelear contra los intervencionistas franceses. En 1850, con letra del poeta cubano José Miguel Lozada y música de Carlos Bochsa, se estrenó un *Himno Nacional Mexicano* que no llegó a popularizarse. En el mismo año Narciso López zarpa de las costas de Yucatán y toma la ciudad de Cárdenas, pero luego es derrotado; en 1851 organiza una nueva expedición, pero es aprehendido y ejecutado. Durante las guerras de Reforma y la inter-

Monedas de Cuba

vención francesa, los camagüeyanos Rafael y Manuel Quesada luchan en las fuerzas liberales y llegan a ser conocidos como los *generales juaristas* o *generales mexicanos*. Secretario particular y agente confidencial de Juárez es otro patriota cubano, Pedro Santacilia. Socio de Santacilia en Nueva Orleans era Domingo Goicuría, quien colaboró activamente en el envío de pertrechos para las fuerzas juaristas y tuvo una actuación decisiva en el incidente de Antón Lizardo, en el que fueron capturadas las embarcaciones de los conservadores, con lo que cesó el bloqueo de Veracruz. Al triunfo de la República varios cubanos se hallaban en México, entre ellos el poeta Juan Clemente Zenea, quien ya en su tierra morirá fusilado por su actuación patriótica. En 1868 Carlos Manuel de Céspedes da el Grito de Yara, que marca el inicio de la Guerra Grande o de los Diez Años, la cual termina con el Pacto de Zanjón sin que se logre la independencia. Las actividades de los patriotas cubanos son vistas con simpatía en México y el manifiesto del 10 de octubre de 1868, llamado *El Grito de Yara*, se publica íntegro en la prensa. Los Quesada combaten entonces por la libertad de su patria y en sus filas figuran el general José Inclán Riasco, el coronel Luis Palacios, el capitán Carlos Zimmerman, Ramón Cantú, José Medinas, Rafael Estévez, Miguel Embil, Felipe Herreros, Gabriel González Galván y otros mexicanos, varios de ellos veteranos de la lucha contra la intervención francesa. Mientras tanto, en México se organizaron actos de solidaridad con los independentistas antillanos y el Congreso aprueba pedir al Poder Ejecutivo que se reconozca a los patriotas cubanos como parte beligerante. Al mitin convocado para celebrar el primer aniversario del Grito de Yara, pese a su enfermedad, asiste Margarita Maza de Juárez, esposa del presidente. Altamirano, Guillermo Prieto y otros destacados liberales realizan una incesante actividad solidaria con la lucha de los isleños. La ejecución del independentista Domingo Goicuría

es motivo de una gran pena en la familia de Benito Juárez, a quien había acompañado en su destierro en Nueva Orleans y quien fue, asimismo, un eficaz agente de la República. Terminada la guerra de los Diez Años muchos cubanos se asilaron en México, país que se benefició con su actividad como fundadores de periódicos, catedráticos y profesionales altamente calificados. Entre éstos llegó José Martí, en 1875, para desplegar una intensa actividad como periodista, dramaturgo y político sensible a las luchas populares. Participa en las agrupaciones mutualistas y escribe en apoyo de las huelgas obreras. Se va de México después del triunfo de los generales tuxtepecanos, pero sigue escribiendo sobre este país y advierte lúcidamente sobre las amenazas a su soberanía en artículos que se publican en varios países del continente. La pugna por la independencia se reinicia en 1879, cuando el general Calixto García encabeza una campaña que dura un año, en lo que se llama la Guerra Chiquita. En 1892 José Martí funda el Partido Revolucionario Cubano e inicia con Máximo Gómez y Antonio Maceo los preparativos para un nuevo alzamiento que se produce tres años después, con el Grito de Baire, el 24 de febrero. En 1894 Martí estuvo fugazmente en México, donde se dedicó a contrarrestar la actividad diplomática y propagandística de los españoles, fundó dos clubes de emigrados cubanos (el Josefa Ortiz de Domínguez y el Miguel Hidalgo) y se dice que obtuvo una colaboración económica de Porfirio Díaz para su causa. Al año siguiente moriría en Dos Ríos, provincia de Oriente, el 19 de mayo. Su última carta fue para Manuel Mercado, su amigo mexicano. A fines del año siguiente muere también Maceo, pese a lo cual la insurgencia continúa en pie. En 1898, en la bahía de La Habana, vuela el acorazado estadounidense *Maine*, lo que da a Washington pretexto para declarar la guerra a España, que cede a Estados Unidos a fines de ese año Cuba, Puerto Rico, Filipinas y la isla de Guam. En

Billete cubano

1899 la Casa Blanca nombra gobernador de Cuba al general Leonard Wood, quien estará en el mando tres años, durante los cuales se reúne una asamblea constituyente que elabora una Constitución a la que se agrega, por imposición de Washington, la Enmienda Platt, que da derecho de intervención a los estadounidenses y les permite disponer del territorio cubano para instalar bases militares, entre otras la de Guantánamo, todavía en su poder. Desde el primer momento, el gobierno mexicano reconoce la independencia cubana y ambos países acuerdan intercambiar embajadores. En 1902 toma posesión como presidente Tomás Estrada Palma, quien se reelige fraudulentamente en 1906, pero una movilización popular lo obliga a renunciar y Washington manda de nuevo a su soldadesca al mando del secretario de Marina Taft, quien se autonombra gobernador. Los *marines* permanecen en la isla hasta 1909, cuando asume la presidencia el general José Miguel Gómez, quien reprime una insurrección de ex esclavos y en 1912 Estados Unidos envía nuevamente a sus infantes de marina. En 1913 asume el poder Mario García Menocal, sostenido por la presencia de las tropas de EUA, que permanecen en la isla hasta 1919. Le sucede Alfredo Zayas Alonso (1921-25). De 1910 a 1917 en Cuba se produjeron repetidas muestras de simpatía hacia los revolucionarios mexicanos. El periódico habanero *Tierra* demanda la libertad de Ricardo Flores Magón, preso en Estados Unidos, se crea en La Habana la revista *Cuba y México*, en noviembre de 1911, en la cual se exalta la figura de Madero. Cuando se produjo el golpe de Estado de Victoriano Huerta, el embajador de Cuba en México, Manuel Márquez Sterling, abogó repetida e infructuosamente por la vida de Madero y Pino Suárez, cuyo asesinato fue condenado por varios periódicos habaneros, en los cuales apareció la convocatoria para el mitin en que una muchedumbre lanza vivas a Madero y pide el rompimiento de relaciones con Huerta. Otra multitud, encabezada por el secretario de Estado Manuel Sanguily, recibe en el puerto de La Habana a la familia Madero, la que permanece varios días en la isla arropada por el cariño de los antillanos. El gobierno cubano retiró a su representante de México. La intervención estadounidense de 1914, cuando desembarcaron *marines* en Tampico y Veracruz, fue severamente condenada por el sector democrático de la sociedad y la prensa cubanas, que festejarían la caída de Huerta y seguirían paso a paso las incidencias del movimiento revolucionario, entre otras lo ocurrido durante el gobierno de Salvador Alvarado en Yucatán, en el cual fungió como jefe del Departamento del Trabajo el cubano Carlos Loveira. El representante de Zapata en La Habana, general Genaro Amezcua, es objeto de entrevistas periodísticas y envía para su publicación en el diario *El Mundo*, donde aparece, el primero de mayo de 1918, una carta del caudillo suriano que en uno de sus párrafos dice: "Mucho ganaríamos, mucho

ganaría la humana justicia, si todos los pueblos de nuestra América y todas las naciones de la vieja Europa comprendiesen que la causa del México revolucionario y la causa de la Rusia irredenta son y representan la causa de la humanidad, en interés supremo de todos los pueblos oprimidos". En 1924 se funda el Partido Comunista Cubano con la activa participación de un mexicano conocido por su seudónimo de Enrique Flores Magón. Al año siguiente viene a México el líder comunista de los universitarios Julio Antonio Mella, quien en La Habana fuera discípulo de Díaz Mirón y aquí se inscribe en la Escuela Nacional de Jurisprudencia y destaca, pese a su juventud, entre los líderes del Partido Comunista Mexicano, del que el 30 de junio de 1928 es designado secretario nacional interino. En Cuba, en ese mismo año, llega a la presidencia Gerardo Machado, quien asume facultades dictatoriales y persigue a sus opositores, al extremo de enviar pistoleros a México para asesinar a Mella, lo que sucede en enero de 1929, motivando una gran manifestación de duelo popular y las protestas de obreros y universitarios que demandan el rompimiento de relaciones con el dictador Machado. En el Congreso, el diputado comunista Hernán Laborde denuncia que los hermanos mexicanos Raúl y José Sancho han sido asesinados en Cuba por

órdenes del dictador, mientras que otros connacionales se hallan perseguidos o en prisión por motivos políticos. Debido a lo anterior, por el asesinato de Mella y en solidaridad con ese pueblo antillano, demanda el rompimiento de relaciones con el gobierno machadista. En 1933 una huelga general encabezada por los comunistas obliga al dictador Gerardo Machado a huir. Ocupa la presidencia Carlos Manuel de Céspedes hijo, quien es derrocado por un golpe militar encabezado por el sargento Fulgencio Batista. En 1934 es derogada la Enmienda Platt. Se produce un periodo de inestabilidad política hasta 1940 en que se aprueba una nueva Constitución y Batista es elegido presidente. Le sucede Carlos Prío Socarrás, quien es derrocado por otro golpe militar del ya general Batista, quien gobierna en medio de una corrupción escandalosa, mientras florecen el juego, la prostitución y la delincuencia bajo la dirección de mafiosos estadounidenses. El 26 de julio de 1953 un grupo de jóvenes encabezados por el abogado Fidel Castro, ex candidato a diputado del Partido Ortodoxo, intenta tomar el cuartel Moncada. El asalto fracasa y en la refriega o después, en manos de policías y soldados batistianos, perecen 80 rebeldes. Castro y varios de sus compañeros van a prisión. Durante el juicio, el líder hace una larga intervención política para justificar su acción contra la dictadura. El alegato termina con las palabras "¡Condenadme, no importa. La historia me absolverá!". En mayo de 1955 el Congreso dicta una amnistía y Fidel Castro y sus compañeros de lo que ya entonces se llama Movimiento Revolucionario 26 de Julio quedan en libertad. Poco después salen hacia México. Aquí organizan un grupo expedicionario al que se une el médico argentino Ernesto *Che* Guevara. Todos ellos reciben adiestramiento físico del luchador Arsacio Vanegas Arroyo, hijo del editor de José Guadalupe Posada. En junio de 1956 varios integrantes del grupo, entre ellos Fidel, son detenidos por agentes de la Dirección Federal de

Cuba

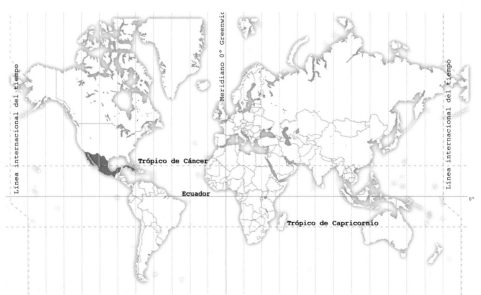

Seguridad, quienes los encarcelan y torturan durante varias semanas, hasta que quedan en libertad por la decisiva intervención de Lázaro Cárdenas. A fines de 1956 parte de Tuxpan y el yate *Granma* con los expedicionarios, entre los que va el mexicano Alfonso Guillén-Zelaya, años más tarde comandante del ejército isleño. Al desembarcar en Cuba caen en manos de los soldados batistianos y sólo 12 logran escapar. Ellos integran, con Fidel y Raúl Castro, el núcleo de una guerrilla que en sólo dos años se convierte en poderoso ejército que barre a las fuerzas gubernamentales y pone en fuga al dictador. El primero de enero de 1959 entra en La Habana el Ejército Rebelde y Fidel Castro llega el día 8. Sorteando los obstáculos que ponen los políticos de viejo cuño y en medio de la hostilidad estadounidense, Castro promulga una Ley de Reforma Agraria en 1959 y al año siguiente se nacionalizan grandes propiedades, entre ellas las estadounidenses. Amplios sectores de la sociedad mexicana realizan demostraciones de apoyo a la Revolución cubana y Oswaldo Dorticós, presidente cubano, es recibido en visita oficial por su homólogo mexicano Adolfo López Mateos. En 1961, después de romper relaciones con La Habana, el gobierno de John F. Kennedy financia, entrena y arma una expedición de 1,500 exiliados y mercenarios a sueldo de Washington. En México una manifestación multitudinaria recorre las calles y desemboca al anochecer en el Zócalo, donde el ex presidente Lázaro Cárdenas demanda el apoyo total para Cuba ante la agresión estadounidense. La fuerza armada enviada por Kennedy desembarca en Playa Girón y en menos de 72 horas es derrotada por el ejército revolucionario y las milicias cubanas. Castro proclama la implantación del socialismo. Al año siguiente, en una acción orquestada por EUA, Cuba es expulsada de la OEA en la reunión de Punta del Este. El canciller mexicano Manuel Tello, presente en la reunión, declara al marxismo-leninismo incompatible con el hemisferio occidental, lo que da el pretexto para que todos los gobiernos latinoamericanos, con la paradójica pero explicable excepción del mexicano, rompan relaciones con La Habana, en tanto que Estados Unidos bloquea la isla para impedir el paso de ayuda militar, alimentos, medicinas y otros artículos necesarios para la sobrevivencia del país. La Unión Soviética instala cohetes en Cuba y Washington desata una crisis que hace retirarlos a Nikita Jruschov. A los problemas políticos se suman los naturales y en 1963 el huracán *Flora* causa grandes pérdidas materiales y humanas en la isla. En 1965 el Partido Unido de la Revolución Socialista se convierte en Partido Comunista de Cuba. Durante el sexenio del presidente Díaz Ordaz, el gobierno impide varias transacciones comerciales con Cuba, mientras que permite, al igual que su antecesor, Adolfo López Mateos, que los viajeros que llegan de La Habana sean fotografiados e interrogados. En 1974 Panamá y Venezuela restablecen las relaciones diplomáticas con La Habana. En 1975 el presidente mexicano Luis Echeverría hace una visita de Estado a Cuba, donde le ofrecen una multitudinaria y entusiasta recepción. En 1979 el presidente mexicano José López Portillo recibe al líder cubano Fidel Castro en Cozumel y en agosto del año siguiente le devuelve la visita; en 1981 Castro es recibido en Cancún y ambos mandatarios firman un acuerdo de intercambio tecnológico y comercial. Cuba dio todo su apoyo a las iniciativas mexicanas dentro del Grupo Contadora para evitar la intervención externa en Centroamérica y garantizar la paz en la región. En los días posteriores al sismo del 19 de septiembre de 1985 Cuba envió ayuda en considerable volumen a los mexicanos y después ha prestado su concurso económico y de otro tipo para la reconstrucción de escuelas y otras obras. Desde 1985 Cuba aboga porque no se pague la deuda externa de los países pobres. En 1995 el gobierno cubano firmó el Tratado de Tlatelolco, que pretende mantener a Latinoamérica libre de armas nucleares. En 1996 México y Canadá unieron esfuerzos diplomáticos para oponerse a la ley estadounidense Helms-Burton, que pretende imponer sanciones a las empresas que hagan negocios con Cuba sobre propiedades de Estados Unidos confiscadas por la revolución.

CUBERO SEBASTIÁN, PEDRO ◆ n. y m. en España (1645- 1697). Llegó a Nueva España en 1678 después de dar la vuelta al mundo por Asia. Atravesó el país y se embarcó en Veracruz de vuelta a España, para ser el primer viajero que efectuara una travesía alrededor de la tierra de oeste a este. En Madrid publicó una *Breve relación de la peregrinación que ha hecho de la mayor parte del mundo don Pedro Cubero Sebastián con las cosas más singulares que le han sucedido y visto entre tan bárbaras naciones, su religión, ritos, ceremonias y otras cosas memorables y curiosas que ha podido inquirir, con el viaje por tierra desde España hasta las Indias Occidentales.*

CUBILETE ◆ Cerro de origen volcánico situado en la sierra de Guanajuato cerca de Silao. Tiene 2,480 metros de altura sobre el nivel del mar. En su cima se construyó un templo encima del cual se halla la más grande escultura mexicana de Cristo.

CUBILLAS, ALBERTO ◆ n. en Guaymas y m. en Hermosillo, Son. (1856-1932). Militar y político porfirista. Diputado a cuatro legislaturas. Se le eligió vicegobernador de Sonora (1907) y ocupó interinamente la gubernatura en 1907, 1908 y del 18 de marzo de 1909 al 27 de mayo de 1911, cuando la rebelión maderista lo obligó a renunciar.

CUBILLAS, FERNANDO ◆ n. en San Miguel de Horcasitas y m. en Hermosillo (¿1814?-1870). Presidente municipal de Guaymas (1843). Combatió la intervención estadounidense. Fue diputado federal y gobernador interino de Sonora (1851-53). En este cargo afrontó la invasión de los filibusteros al mando de Raousset de Boulbon.

Alberto Cubillas

Cerro el Cubilete

FOTO: FONDO EDITORIAL PROMEXA

CUBRÍA PALMA, JOSÉ LUIS ◆ n. en Jalapa, Ver. (1927). Ingeniero mecánico naval titulado en la Escuela Naval Militar (1942-47) y arquitecto naval titulado en el Massachusetts Institute of Technology (1958). Profesor de la Universidad Veracruzana (1959-60). Ha sido director de Astilleros de Salina Cruz (1966-68), director general de Construcciones Navales (1968-70), director general de Astilleros de Veracruz (1970) y oficial mayor de la Secretaría de Marina (1970-76); gerente general de Abastecimientos de la CFE (1977-80), coordinador de Delegaciones Federales de la Secretaría de Pesca (1982-88) y director general de Puertos y Marina Mercante de la SCT (1988-94).

CUCAPÁS ◆ Indios que habitan en el norte de Baja California, en el territorio montañoso cercano a Sonora. Su lengua pertenece al grupo joca-meridional, tronco yumapacua. Fueron evangelizados a fines del siglo XVI. Sus casas tienen paredes de carrizo o madera con techos generalmente de paja. Visten a la usanza común. Tienen pequeños sembradíos, pero se dedican principalmente a la caza, la recolección y la pesca. Suelen emplearse como obreros agrícolas. Producen pulseras, aretes y otros objetos de ornato con chaquira. A sus difuntos los sepultan con bebida, alimentos y las que en vida fueron sus pertenencias. En algunos casos se destruye la casa del muerto a fin de que no intervenga más en la actividad de los vivos. Aunque entre ellos la evangelización se inició desde fines del siglo XVI, practican todavía ritos animistas. La fiesta principal, el 4 de octubre, está dedicada a San Francisco, pero es más que nada una fiesta de la fertilidad. Cuentan con un jefe que hace las veces de juez entre ellos y de representante ante las autoridades. Según el censo indígena de 1972 la etnia la componían 186 personas, pero no aparecieron en el Censo General de Población de 1980. Sin embargo, según el censo de 1990 había 153, en tanto que de acuerdo con el conteo de 1995 había 141 hablantes de la lengua.

Retrato y firma de
José Tomas de Cuéllar

CUCAPÁS ◆ Sierra de Baja California que se extiende con dirección noroeste-sureste. Prolonga hacia el norte la sierra Mayor y ambas se hallan en la ribera oriental de la laguna Salada, al sur de Mexicali.

CUCARACHA, LA ◆ Canción que entonaban las fuerzas populares durante la revolución de 1910-17. Se dice que la cantaban desde el siglo XIX en lugares tan distantes como Yucatán, Tuxpan o el estado de Morelos. De acuerdo con la versión más aceptada, el pianista Rafael Sánchez Escobar, quien trabajaba en Monterrey, la enseñó a los jefes carrancistas con una letra que decía originalmente: *La cucaracha, la cucaracha ya no puede caminar porque le falta, porque le falta cuartilla para almorzar. Si te ves con Severiana le dices que aquí le traigo le dices que aquí le traigo pa' que tenga en la mañana.* La tropa transformaría convenientemente la letra para su regocijo y ésta quedaría así: *La cucaracha, la cucaracha ya no puede caminar porque no tiene, porque le falta mariguana que fumar.*

CUCURPE ◆ Municipio de Sonora, situado al noreste de Hermosillo y al sur de Nogales. Superficie: 1,778.55 km². Habitantes: 913, de los cuales 374 forman la población económicamente activa. Las principales fiestas son la de San Juan Bautista (24 de junio) y la de San Pedro y San Pablo (29 de junio), con danzas típicas y feria popular.

CUCHARAS ◆ Sierra de Tamaulipas, situada al sur de Ciudad Mante en los límites con San Luis Potosí. Es una de las cadenas orográficas paralelas a la vertiente este de la sierra Madre Oriental.

CUCHILLA, DE LA ◆ Nombre que toma la cresta de la sierra Madre del Sur entre las Cumbres de Dolores y la depresión ahora ocupada por las aguas de la presa del Infiernillo.

CUE CÁNOVAS, AGUSTÍN ◆ n. en Villahermosa, Tab., y m. en el DF (1913-1971). Estudió derecho y se dedicó a la enseñanza de la historia. Fue profesor de la Escuela Nacional de Maestros, de la Normal Superior, del Politécnico, la UNAM y otras instituciones. Fue ani-

mador y dirigente de la Tribuna Libre de México, sociedad de debates. Ejerció el periodismo en diversas publicaciones. Autor de *Historia mexicana* (2 t., 1959 y 1962), *Historia política de México* (1961), *México ante la intervención* (1966), *Los EE. UU. y el México olvidado* (1970) y otras obras. En 1988 apareció la antología, preparada por Enrique Avila Carrillo, *El pensamientos de Agustín Cue Cánovas.*

CUE MERLO, EDUARDO ◆ n. en la Cd. de México y m. en Puebla, Pue. (1909-1981). Empresario y político. Miembro del PRI. Fue presidente municipal de Puebla (1960-63 y 1975-78) y senador (1964-70).

CUE MONTEAGUDO, GABINO ◆ n. en Oaxaca, Oax. (1966). Licenciado en economía por el ITESM, donde fue profesor, y maestro en dirección económico-financiera por la Universidad Complutense de Madrid (1990) con estudios de doctorado en hacienda y economía del sector público. Miembro del PRI. Fue director de Asuntos Intrainstitucionales de la Coordinación Metropolitana del DDF (1992-94). Ha sido secretario técnico del gobernador de Oaxaca (1995-96), del Poder Ejecutivo de la misma entidad (1996-98), del subsecretario de Gobierno de la Secretaría de Gobernación (1999) y del secretario de Gobernación (1999-). Ha colaborado en la revista *Auditoría y Contabilidad* y fue columnista del periódico *Noticias de Oaxaca.*

CUE SARQUÍS, IRMA ◆ n. en Tierra Blanca, Ver. (1938). Licenciada en derecho por la UNAM (1955-59). Pertenece desde 1967 al PRI, en el que ha sido secretaria general del CEN (1983-86). Fue agente del Ministerio Público Federal (1960-61), directora de Consultoría Jurídica del Conacyt (1974-75), directora general de Estudios Jurídico-Administrativos de la Coordinación de Estudios Administrativos de la Presidencia (1977-82), diputada federal por Veracruz (1982-85) y subdirectora jurídica del ISSSTE (1986-87). Ministra de la Suprema Corte de Justicia de la Nación (1987-1995). Coautora de *La* empresa pública en México (1976) y autora de *El control de la empresa pública* (1979), *Regulación constitucional de la empresa* (1980) y *La Suprema Corte de Justicia de la Nación. Propuesta pública de reorganización* (1983). En 1980 recibió el Premio a la Investigación de la Presidencia de la República.

CUÉLLAR, JOSÉ TOMÁS DE ◆ n. y m. en la Cd. de México (1830-1894). Estudió en los colegios de San Gregorio, San Ildefonso y Militar así como en la Academia de San Carlos. Participó en la defensa de Chapultepec contra los invasores estadounidenses. Periodista desde los 20 años, escribió en los principales órganos de su tiempo. En 1868 participó en la fundación de La Bohemia Literaria, grupo al que perteneció hasta su desaparición en 1872. Era el editor del órgano de esa sociedad, *La Linterna Mágica*, nombre que dio a dos series de novelas. Cofundador de *La Ilustración Potosina* (1869). Se incorporó en 1872 al cuerpo diplomático y sirvió en Washington hasta 1882. Fue oficial mayor de la Secretaría de Relaciones Exteriores (1887-1890). En 1892 fue nombrado miembro correspondiente de la Real Academia Española. Autor de piezas de teatro: *Deberes y sacrificios* (1855), *Arte de amar, Natural y figura, El viejecito Chacón, ¡Qué lástima de muchachos!, Azares de una venganza, Un viaje a Oriente, Redención, Cubrir las apariencias* y una *Pastorela*; poesía: *Obras poéticas* (1856), *Versos* (1891); novelas: *Historia de Chucho el Ninfo, Isolina la ex figurante, La jamonas, Las gentes que "son así"* y *Gabriel el cerrajero* (primera serie de *La linterna mágica*, 1871-72); *Baile y cochino* (1889), *Los mariditos, Los fuereños, La Noche Buena* (segunda serie de *La linterna mágica*, ambas publicadas bajo el pseudónimo de *Facundo*, 1890). Agrupó sus artículos periodísticos para publicarlos con formato de libro.

CUÉLLAR, MARGARITO ◆ n. en Cd. del Maíz, SLP (1956). Poeta. Radica en Monterrey. Estudió periodismo en la Universidad Autónoma de Nuevo León. Colabora en los suplementos culturales de *El Porvenir, El Norte, El Nacional, El Heraldo de México* y *Siempre!* Es coordinador del taller de poesía de la Casa de la Cultura de Monterrey. En 1983 realizó la antología *Veinte años de poesía de Monterrey 1962-82* (1983). Autor de *Que el mar abra sus puertas para que entren los pájaros* (1982), *Hoy no es ayer* (1983), *Estas calles de abril* (1985) y *Batallas y naufragios* (1986). En 1985 obtuvo el Premio Nacional de Poesía de la Universidad Autónoma de Zacatecas.

CUÉLLAR, RAFAEL ◆ n. en Santa Ana Chiautempan, Tlax., y m. en la Cd. de México (1831-1887). Sin estudios militares llegó a general brigadier. Participó en las guerras de Reforma y combatió la intervención francesa y el imperio. Fue gobernador de Guerrero en 1877 y en 1880-81.

CUÉLLAR, RAMÓN ◆ n. en la Cd. de México y m. en Chihuahua, Chih. (1839-1917). Acompañó al gobierno juarista en su peregrinaje hacia el norte. A la restauración de la República ocupó cargos públicos menores. En 1884 fue durante tres meses gobernador sustituto de Chihuahua.

CUÉLLAR, ROGELIO ◆ n. en el DF (1951). Fotógrafo. Su apellido materno es Ramírez. Estudió pintura en la Academia de San Carlos, de donde egresó en 1967; dibujo en la Escuela Libre de Arte y Publicidad, periodismo en la Carlos Septién García y cine en el Centro Universitario de Estudios Cinematográficos. Ha sido fotógrafo oficial del Festival Cervantino (1973-78) y de la Orquesta Filarmónica de las Américas (1978-79). Ha trabajado para la revista *Proceso* y fue jefe de fotografía del diario *La Jornada*. Ha presentado una veintena de exposiciones individuales. Premio Nacional de Periodismo (1973). Son suyas las fotos del libro de Myriam Moscona *De frente y de perfil* (1994).

CUÉLLAR HERNÁNDEZ, JAVIER ◆ n. el DF (1948). Licenciado en derecho por la Universidad Iberoamericana (1969-71), de la que fue profesor (1984-85). Secretario de ecología del PRI (1984-85), partido al que pertenece desde 1974. Ha sido director de Control de Fondos y Valores (1982) y director de estudios legales de la Secretaría de Hacienda (1988), coordinador de Unidades Delegacionales del DDF (1986-88) y director general de Normas de la Secofi (1988-).

CUENCA, AGUSTÍN F. ◆ n. y m. en la Cd. de México (1850-1884). Ejerció el periodismo. Escribió una biografía: *Ángela Peralta de Castera* (1873); la obra teatral *La cadena de hierro* (1876) y poesía que apareció póstumamente con prólogo de Manuel Toussaint: *Poemas selectos* (1920).

Retrato y firma de Agustín F. Cuenca

CUENCA DARDÓN, JOSÉ CUAUHTÉMOC ◆ n. en Tlaxmalac, Gro. (1950). Licenciado en administración de empresas por la UNAM (1967-72) diplomado en programación de la inversión pública, ONU-Presidencia de la República (1975). Profesor del Instituto Nacional de Administración Pública (1981-85). Ha sido gerente de Desarrollo Organizacional de Banco Mexicano Somex (1978-79), director de normatividad e investigación de las secretarías de Programación (1980-82) y de la Contraloría (1983-84) y director general de Servicios Urbanos del Departamento de Distrito Federal (1988-94).

Ramón Cuéllar

CUENCA DÍAZ, HERMENEGILDO ◆ n. en el DF y m. en Tijuana, BC (1902 1977). Militar. Estudió en la Escuela Superior de Ingenieros Mecánicos Electricistas y las escuelas superiores de Aplicación y de Guerra. Era cadete del Colegio Militar cuando escoltó a Carranza hasta Algibes, Puebla, en 1920. Fue comandante de varias zonas militares, subjefe y jefe del Estado Mayor de la Secretaría de la Defensa Nacional. General de división en 1958, senador suplente (1964-66) y propietario (1966-70) por Baja California y secretario de la Defensa Nacional (1970-76).

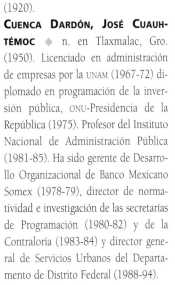

Octavio Paz, en fotografía de Rogelio Cuéllar

CUENCAMÉ ◆ Municipio de Durango, situado al noreste de la capital del estado, en los límites con Coahuila y Zacatecas. Superfcie: 4,797.6 km². Habitantes: 34,660, de los cuales 8,499 forman la población económicamente activa. Hablan alguna lengua indígena 15 personas mayores de cinco años. La cabecera es Cuencamé de Ceniceros.

CUENTAS, DIEGO A. DE LAS ◆ n. en Acámbaro, Gto., y m. en Guadalajara, Jal. (?-1744). Pintor. Existen obras suyas en el Museo de Guadalajara, en la Catedral tapatía, en el Santuario de Guadalupe de la misma ciudad; en la basílica de Zapopan y en el templo de La Profesa de la capital de la República.

CUERÁMARO ◆ Municipio de Guanajuato, situado en el suroeste de la entidad. Superficie: 249 km². Habitantes: 24,512, de los cuales 4,857 forman la población económicamente activa. Hablan alguna lengua indígena nueve personas mayores de cinco años.

CUERAUÁPERI ◆ Deidad tarasca que representaba a la Luna en su papel procreador. Se le creía mujer del Sol.

CUERNAVACA ◆ Municipio de Morelos, situado en el noroeste de la entidad, en los límites con el estado de México. Superficie: 244.71 km². Habitantes: 316,782, de los cuales 98,430 forman la población económicamente activa. Hablan alguna lengua indígena 2,696 personas mayores de cinco años (náhuatl 1,652 y mixteco 272). La cabecera municipal tiene una larga historia. Mil años antes de la conquista el lugar ya estaba habitado y llegaría a ser un importante centro de los tlahuicas, última de las tribus nahuas que llegaron al valle de México, de donde pasaron al contiguo valle de Cuernavaca. Su nombre era Cuauhnáhuac, lugar de árboles o junto a los árboles. Los conquistadores lo convirtieron en Cuernavaca al fundar su villa en ese lugar, caído en su poder dos meses después de la derrota de Tenochtitlan. Formó parte del marquesado de Oaxaca concedido a Hernán Cortés y ahí se instaló el militar extremeño a su regreso de España. Se convirtió en ciudad en 1834. En 1855 ahí se reunió la junta que el 4 de octubre eligió presidente interino a Juan Álvarez, quien despachó en esta localidad hasta el 11 de diciembre, por lo que en ese lapso fue sede del Poder Ejecutivo Federal. En 1861 la Legislatura del Estado de México, al que pertenecía, le llamó Cuernavaca de Iturbide. Durante el imperio, Maximiliano instaló en el Jardín Borda su palacio de verano. Al triunfo de la República se erigió el estado de Morelos y el decreto correspondiente se publicó el 17 de abril de 1869. El 16 de noviembre la Legislatura local declaró a Cuernavaca capital de la nueva entidad federativa. Perdió esta calidad entre el 11 de mayo de 1874 y el 1 de enero de 1876, cuando los poderes estatales se trasladaron a Cuautla. En 1891 se erigió la diócesis de Cuernavaca, con sede en esta ciudad y que comprendía todo el estado. En diciembre de 1897 llegó el ferrocarril. En mayo de 1911 Zapata ocupó la plaza y en junio recibió la visita de Madero. Después de la ocupación por tropas federales, al firmarse los Tratados de Teoloyucan, Zapata ocupó nuevamente la ciudad y al rechazar Carranza las demandas contenidas en el Plan de Ayala, el caudillo suriano rompió las hostilidades contra los constitucionalistas. En la capital morelense recibió a Felipe Ángeles, quien le trasmitió la invitación de Villa para que asistiera a la Convención, para esos días ya instalada en Aguascalientes. Del 26 de enero al 10 de marzo de 1915 los órganos de gobierno de la Convención se instalaron en Cuernavaca, con lo cual la ciudad volvió a convertirse en sede del Poder Ejecutivo Federal. La ciudad caería después en manos de uno y otro bando hasta quedar en poder de los carrancistas, quienes en enero de 1919 nombraron gobernador interino a José G. Aguilar, quién trasladó la capital a Cuautla en ese mismo año. Cuernavaca es uno de los principales centros turísticos del país y lugar donde se halla el mayor número de casas de campo de los capitalinos pudientes. En ella han vivido celebridades como Erich Fromm, Malcolm Lowry, Siqueiros, etc. Entre sus principales atractivos están el Palacio de Cortés, el Jardín Borda y la Catedral, edificaciones de la época colonial. En el Palacio de Cortés hay pinturas de Diego Rivera, en tanto que el hotel Casino de la Selva encierra una de las pinacotecas más importantes del país, con un amplio catálogo de obras de Siqueiros y otros pintores. Cerca de la ciudad hay varios centros arqueológicos e innumerables balnearios.

CUERNAVACA ◆ Valle situado al sur del Distrito Federal, del cual lo separa la sierra del Ajusco. Otras cadenas orográficas que delimitan el valle son las de Jumiltepec y Miacatlán, por el oeste, así como la de Yautepec por el nornoreste.

CUESTA, FERNANDO ◆ n. en Totolapa, Mor., y m. en Ures, Son. (1794-1858). Militar realista. Combatió a los insurgentes. Se adhirió al Plan de Iguala. Fue gobernador de Sonora (septiembre de 1846 a enero de 1847).

CUESTA, FRANCISCO DE LA ◆ n. en España y m. en Valladolid, hoy Morelia, Mich. (1655-1724). Fue obispo de Manila. Llegó a Nueva España en 1724 para asumir el obispado de Michoacán, en el cual permaneció menos de un mes.

CUESTA, JORGE ◆ n. en Córdoba, Ver., y m. en el DF (1903- 1942). Estudió ciencias químicas en la capital. Desde fines de los años veinte hasta su muerte colaboró en las más importantes revistas literarias y el diario *El Universal*, donde publicó la mayor parte de su obra. Formó parte del grupo de los Contemporáneos. Autor de una *Antología de la poesía mexicana moderna* (1928) y del ensayo *El plan contra Calles* (1934). En 1942, en un sobretiro de la revista *Tierra Nueva*, se publicó una primera antología de su obra lírica: *Poesía*, con prólogo de Alí Chumacero. Una edición posterior, con notas introductorias de Elías Nandino y Rubén Salazar Mallén, apareció bajo el título de *Poesía de Jorge Cuesta* (1958). En 1964 se editaron en cuatro tomos sus *Poemas y ensayos*, con prólogo de Luis Mario Schneider y recopilación y notas de éste y Miguel Capistrán.

CUETLAXCOHUAPAN ◆ Códice elaborado en la ciudad de Puebla entre 1531 y 1533. Está trabajado sobre papel europeo (50.7 por 35.8 centímetros) y se cree que por mano europea, lo que resulta un caso insólito. Se refiere a los tratos con los escribanos indios para el desempeño de su oficio. El original se halla en la Biblioteca Nacional de Antropología e Historia.

CUETO, LOLA ◆ n. y m. en el DF (1897-1978). Pintora y grabadora. Su nombre completo era Dolores Velázquez de Cueto. Estudió en la Academia de San Carlos y en la Escuela de Pintura al Aire Libre de Santa Anita. Estuvo en Europa entre 1927 y 1932. Expuso su obra en México, Francia, Holanda y Estados Unidos. A partir de 1933 promovió en México el teatro guiñol y llegó a publicar un libro con reproducciones de títeres mexicanos.

CUETO, GERMÁN ◆ n. y m. en la Cd. de México (1893-1975). Escultor. Estudió en México y en Europa. A su regreso (1917) trabajó con Asúnsolo en las esculturas de la SEP. Durante un nuevo viaje por Europa, a partir de 1927, entró en contacto con la vanguardia y trató a Picasso y Brancussi. Se inició entonces en el abstraccionismo y expuso en París, donde participó en la Galería de los Sobreindependientes. En 1954 estuvo becado en Suecia como ceramista, comenzó a trabajar el esmalte y expuso en Estocolmo y Gotemburgo. A su regreso se convirtió en profesor de La Esmeralda y de la Escuela de Diseño y Artesanías de la Ciudadela. Su primera exposición (*Máscaras*) la presentó en el Café de Nadie de los estridentistas, en 1926. Entre sus obras están dos máscaras de bronce en el desaparecido cine del Prado, el medallón de bronce de Manuel M. Ponce en la sala del mismo nombre del Palacio de Bellas Artes, el *Altar de la paz* (talla en piedra) en el Museo de Arte Moderno, la *Estatua de minero* de Zacualpan, Estado de México; los retratos de personajes clásicos en la Biblioteca México de la Ciudadela capitalina; *El corredor*, en la Ciudad Universitaria (Ruta de la

Amistad, 1968) y la escultura monumental en plomo del conjunto urbano Torres de Mixcoac. En 1965 y 1967 obtuvo menciones honoríficas en las bienales de escultura del INBA por sus obras *Caminante* y *Circunvolución en forma de cabeza*. Miembro fundador de la Academia de Artes.

CUETO, JOSÉ B. ◆ n. en Veracruz, Ver., y m. en la Cd. de México (1842-1913). Militar. Luchó contra la intervención francesa y el imperio. Era comandante militar de Yucatán cuando se autodesignó gobernador (19 de junio al 14 de agosto de 1873). Fue destituido y enviado a la capital del país por fuerzas federales que envió el presidente Lerdo.

CUETO, PABLO ◆ n. en el DF (1953). Escultor. Estudió en la capital de la República. Trabaja con plásticos, metales, madera y otros materiales. Ha participado desde 1977 en exposiciones colectivas.

CUETO RAMÍREZ, LUIS ◆ n. y m. en el DF 1901-1977). Ingresó en el Colegio Militar en 1924. Combatió la asonada escobarista. Comandante de la VII Zona Militar, en Tamaulipas (1952-55). Ya como general, fue jefe de la policía del Distrito Federal (1958-69). En ese puesto reprimió las huelgas de ferrocarrileros (1959), profesores y médicos (1965). El movimiento estudiantil de 1968, repetidamente agredido por la fuerza pública, tuvo entre sus principales exigencias el cese de Raúl Mendiolea Cerecero, subjefe de la policía capitalina, y el del propio Cueto.

CUETZALA DEL PROGRESO ◆ Municipio de Guerrero, situado al noroeste de Chilpancingo y al suroeste de Iguala, Teloloapan y Zumpango, en la cuenca del río Mezcala. Superficie: 499.8 km². Habitantes: 9,653, de los cuales 2,331 forman la población económicamente activa. Hablan alguna lengua indígena 225 personas mayores de cinco años (náhuatl 219).

CUETZALAN DEL PROGRESO ◆ Municipio de Puebla, situado al noreste de la capital del estado, en la vertiente noreste de la sierra de Zacapoaxtla, cerca

de los límites con Veracruz. Superficie: 135.22 km². Habitantes: 39,866, de los cuales 9,573 forman la población económicamente activa. Entre las artesanías del lugar destacan los textiles (jorongos, rebozos, sarapes, etc.). Hablan alguna lengua indígena 24,689 personas mayores de cinco años (náhuatl 24,637). Indígenas monolingües: 6,010. La cabecera municipal, Ciudad de Cuetzalan, está situada en un lomerío, por lo cual sus calles son de pendiente muy inclinada, las banquetas suelen tener escaleras y las casas están techadas con teja roja. El campanario del panteón tiene forma piramidal, con las aristas cubiertas por 800 cántaros de barro dispuestos de tamaño mayor en la base y menor en la parte más alta. En los alrededores están las grutas Carcomidas y de Zoquiapan, así como el ca-

Cuetzalan del Progreso, Puebla

Zona arqueológica de Cuetzalan del Progreso en Puebla

ñón de Apulco, donde se halla la cascada de la Gloria. Hay también una zona arqueológica con vestigios de la cultura totonaca. La Feria del Café se celebra del 10 al 15 de octubre y la del Huipil en los primeros días de octubre. Coincide con la festividad de San Francisco, a la que asisten danzantes y los voladores de Papantla. El tianguis dominical atrae a gran cantidad de visitantes.

CUEVA, ÁLVARO ♦ n. en Monterrey, NL (1968). Periodista de espectáculos desde 1987. Escribe sobre televisión en *Reforma*, *Tele Guía* y otras publicaciones. Participa en programas de radio, como en De Revista, en XEW AM, y ha estado en emisiones de televisión como *Ventaneando*. Autor del libro *Lágrimas de cocodrilo* (1998).

CUEVA, AMADO DE LA ♦ n. y m. en Guadalajara, Jal. (1891-1926). Estudió pintura en Guadalajara y en Roma (1919-21). Perteneció al Centro Bohemio de la capital tapatía. Problemas de salud le impidieron tomar las armas durante la revolución. Estuvo entre los fundadores del Centro Bohemio de Jalisco. Entre 1921 y 1924 fue asistente de Diego Rivera en los murales de la Escuela Nacional Preparatoria y la Secretaría de Educación. Suyos, pero de estilo riverista, son los paneles *La danza de los Santiaguitos* y *El torito* (1923). Volvió a Guadalajara y en esa ciudad colaboró con el gobernador José Guadalupe Zuno y trabajó con Siqueiros en la

Álvaro Cueva

decoración del Paraninfo de la Universidad (ex templo de Santo Tomás).

CUEVA, EUSEBIO DE LA ♦ n. en Cerralvo y m. en Monterrey, NL (1893-1943). Colaboró en *Nueva Era* y *El Porvenir*. Dirigió *La Semana*, *Gil Blas* y *El Porvenir Ilustrado*. Gobernador interino de Nuevo León en dos ocasiones (1923). Publicó poesía: *Ondas de la vida* (1912), *El libro de los poemas* (1928), etc; novelas: *La sombra del maestro* (1920) y narraciones cortas; y crónicas de viaje: *Por tierras de Quevedo y de Cervantes* (1917).

CUEVA, FRANCISCO JAVIER ♦ n. en Zamora, Mich., y m. en Colima, Col. (1829-1894). Médico por la Universidad de Guadalajara. Radicó en la ciudad de Colima. Combatió la intervención francesa y el imperio. Gobernador interino de Colima (junio-diciembre de 1869).

CUEVA, MARIO DE LA ♦ n. y m. en el DF (1901-1981). Interrumpió la carrera de medicina y se graduó como abogado en la Escuela Nacional de Jurisprudencia (1925). Hizo estudios de filosofía e historia en la Escuela de Altos Estudios y de derecho y filosofía en la Universidad de Berlín (1932-33). Abogado litigante (1925-31). Profesor universitario de 1929 a 1971. Secretario general (1938-40) y rector de la UNAM (diciembre de 1940 a junio de 1942). Director de la Facultad de Derecho (1952-54) y coordinador de Humanidades (1961-66) de la misma casa de estudios, que le otorgó el título de profesor emérito y el doctorado *honoris causa*. Fue presidente de la Junta Federal de Conciliación y Arbitraje (1947). Dirigió las comisiones de proyectos para la Ley Federal del Trabajo de 1970. Entre sus libros están *El derecho mexicano del trabajo* (1939), *Teoría del Estado* (1950), *Hermann Heller y la doctrina de la soberanía, El nuevo derecho mexicano del trabajo* y *La idea del Estado*. Otras distinciones recibidas incluyen el doctorado *honoris causa* de la Universidad de El Salvador, la calidad de miembro honorario del Instituto Argentino de Derecho del Trabajo, una condecoración impuesta por el gobierno venezolano y el Premio Nacio-

nal de Ciencias (1978).

CUEVA DÍAZ, HÉCTOR DE LA ♦ n. en el DF (1956). Hizo estudios de psicología en la UNAM. Fue dirigente estudiantil de la Preparatoria Popular Liverpool (1972-74). Ingresó en 1972 a la Juventud Marxista Revolucionaria que al año siguiente se convirtió en Liga Socialista, de la que fue fundador. Al escindirse esta organización formó parte de la Liga Socialista Fracción Bolchevique Leninista y fue miembro de su comité central. Ingresó en el PRT en 1977, año en el que formó parte de la dirección de ese partido en la capital del país; en 1979 fue elegido miembro del comité central y en 1980 del buró político. Fue director del órgano partidario *Bandera Socialista* (1980-82) y responsable sindical (1984-85).

CUEVA DEL RÍO, ROBERTO ♦ n. en Puebla, Pue., y m. en el DF (1908-88). Pintor. Estudió en la Academia de San Carlos, donde tuvo como maestros a Germán Gedovius, Leandro Izaguirre y Alfredo Ramos Martínez. Fue director de la Escuela de Bellas Artes de la Universidad Michoacana de San Nicolás de Hidalgo e impartió cátedra en varios planteles de la UNAM. Fue dibujante del diario *Excélsior*, en el que fungió como ayudante de Ernesto García Cabral. Realizó su primera exposición (caricaturas y dibujos) en 1928. Se inició como muralista en 1926 (obras en escuelas públicas) y ha ejecutado este tipo de pintura en casas particulares, la embajada de México en Washington (1933-40), el Teatro del Pueblo (1937), la Quinta Eréndira de Pátzcuaro (1938), en la sede del Congreso de Michoacán (1944), el ex Convento de San Francisco en Pachuca (1956), el Palacio de Gobierno de Chilpancingo (1957), el Palacio de Cortés en Cuernavaca (1963), el Senado de la República (1966), el Palacio Municipal de Acapulco (1973), el Patrimonio Indígena del Valle del Mezquital, el hotel Casino de la Selva de Cuernavaca y otros sitios públicos. En los años ochenta trabajó en las ilustraciones de la *Enciclopedia de México*.

CUEVAS, ALEJANDRO ◆ n. y m. en la Cd. de México (1870-1940). Músico y escritor. Autor de narrativa: *Cuentos macabros* (1903); piezas de teatro: *Estrategia militar* (1888), *Líbranos, Señor* (1888), *Gotas de Rocío* (1894), *La golondrina* (1898), *Vísperas de examen* (1903), *El sueño de un vals* (1912), *Gaviotas* (1919), etc. y zarzuelas y operetas: *Morgana* (1920) e *Il tranello* (1922).

CUEVAS, FÉLIX ◆ n. en España y m. en la Cd. de México (?-1918). Empresario. Al morir dejó una cuantiosa fortuna destinada a dar vivienda a familias humildes. Con su legado se adquirieron predios para construir una escuela para niños desvalidos, misma que opera actualmente la fundación Rafael Dondé en la colonia de los Doctores de la capital de la República.

CUEVAS, JOSÉ A. ◆ n. y m. en la Cd. de México (1894-1961). Ingeniero. Fue catedrático de diversos centros de enseñanza. Director de la Escuela Nacional de Ingeniería (1924-29). Proyectó y dirigió la construcción del antiguo edificio de la Lotería Nacional, con cimentación flotante de gran resistencia sísmica. Posteriormente se dio rigidez a los cimientos y en el terremoto de septiembre de 1985 la construcción resultó dañada. Autor de *La cimentación por flotación* (1936) y *El subsuelo de la ciudad de México y el hundimiento acelerado e irregular de ella* (ponencia presentada ante el XVI Congreso Internacional de Planificación y de la Habitación).

CUEVAS, JOSÉ JACINTO ◆ n. y m. en Mérida, Yuc. (1821-1878). Músico. Creó la Academia Musical del Instituto Literario de Yucatán, fundó la Banda del Estado de Yucatán y promovió la formación de la Sociedad Filarmónica de Mérida que dio origen al Conservatorio Yucateco. Compuso canciones y el *Himno Yucateco*, adoptado como tal por la Legislatura de la entidad en 1868.

CUEVAS, JOSÉ LUIS ◆ n. en el DF (1934). Artista plástico. Estudió en La Esmeralda y en el Mexico City College. Su primera exposición fue en 1948. En los años cincuenta, junto con otros artistas, hizo una campaña por el reconocimiento de la plástica ajena a la escuela mexicana de pintura y publicó su ensayo *La cortina de nopal* (1957). Durante ese año bautizó la parte comercial y turística de la colonia Juárez de la capital como "Zona Rosa". Durante los sesenta se convirtió en un artista apreciado mundialmente, tanto por sus exposiciones en países americanos y europeos como por sus libros, su permanente polémica con los representantes del realismo mexicano, sus frecuentes declaraciones, los *Cuevas Art Festival* de Acapulco, su incursión en el teatro como escenógrafo, la película documental *José Luis Cuevas*, su actuación en el filme *Los amigos* y la ejecución de un "mural efímero" en 1967. La muestra colectiva Confrontación 66, en el Palacio de Bellas Artes, representó un reconocimiento de la plástica nueva dentro de la cual era figura destacada. Durante el movimiento estudiantil de 1968, en compañía de otros artistas, expresó su solidaridad con los jóvenes al pintar sobre las láminas que cubrían la mutilada estatua del ex presidente Miguel Alemán, en la Ciudad Universitaria. En Estados Unidos tomó parte en mítines contra la guerra de Vietnam. En 1970 lanzó su candidatura independiente para diputado por la Zona Rosa del DF. En 1982 montó una decena de exposiciones simultáneas. En el museo que lleva su nombre, en la ciudad de México, se puede apreciar una parte importante de su obra. Ha colaborado en *México en la Cultura*, *La Cultura en México*, *El Búho*, *El Universal* y otras publicaciones. Ha hecho ilustraciones para *Life*, *Playboy* y otras publicaciones internacionales. Es autor *The worlds of Kafka and Cuevas* (1957), *Cuevas por Cuevas* (1965), *Crime by Cuevas* (1968), *Homage to Quevedo* (1969), *Cuevario* (1986), *Historias del viajero* (1987), *Historias para una exposición* (1988) y varias colecciones de litografías. Primer Premio Internacional de Dibujo de la quinta Bienal de São Paulo, Brasil (1959); el Premio del Arts Director Club de Filadelfia (1964); el Premio Madeco de la segunda Bienal de Santiago de Chile (1965), el Premio Internacional de Grabado de la Trienal de Nueva Delhi (1968), el Primer Premio de la tercera Bienal de Grabado de San Juan de Puerto Rico (1977) y el Premio Nacional de Ciencias y Artes (1981).

CUEVAS, JOSÉ *PIPINO* ◆ n. en Santo Tomás, municipio de Zempoala, Hgo. (1957). Boxeador. Se inició como amateur en 1973 y al año empezó su carrera profesional en peso gallo. Campeón nacional de peso *welter* en 1975 y mundial (versión de la Asociación Mundial de Boxeo) de la misma división, en julio de 1976, cuando venció por la vía rápida al puertorriqueño Ángel Espada. En 1980 fue derrotado por Tommy Hearns, quien le quitó el título de campeón que defendió 12 veces. Se retiró del boxeo y se dedicó al arte circense. En 1987 regresó brevemente y sin éxito a los cuadriláteros.

CUEVAS, LUIS GONZAGA ◆ n. en Lerma, Edo. de Méx., y m. en la Cd. de México (1799-1867). Abogado. Fue prefecto de la ciudad de México (1825). Trabajó en el servicio exterior y representó a México en Prusia y Francia. Ministro de Relaciones con los presidentes Bustamante (21 de abril al 26 de octubre de 1837 y del 10 de enero al 13 de noviembre de 1838), y Herrera (7 de diciembre de 1844 al 13 de agosto de 1845 y 15 de noviembre de 1848 a 2 de mayo de 1849) y secretario de la misma cartera con Zuloaga (24 de enero al 9 de julio de 1858). Fue también senador y miembro del Consejo de Estado. Fue uno de los firmantes, por la parte mexicana, del Tratado de Guadalupe Hidalgo (1848). Pese a su ideología conservadora, rechazó formar parte de la Junta de Notables de 1863 y del Consejo Imperial de Maximiliano. Autor de *El porvenir de México, o sea juicio sobre su estado político, de 1821 a 1851* (3 t., 1851, 52 y 57).

Auguste Bolte, obra de José Luis Cuevas

J. L. Cuevas

José Luis Cuevas

Luis G. Cuevas

CUEVAS, RAFAEL ♦ n. y m. en la Cd. de México (1883-1942). Escritor. Autor de poesía: *Presencia del mundo* (1935) y *Amapola del tiempo* (1942). El INBA publicó póstumamente sus ensayos críticos: *Panorámica de las letras* (3 t., 1956).

CUEVAS AGUIRRE Y ESPINOSA, JOSÉ FRANCISCO DE ♦ n. y m. en la Cd. de México (¿1697-1759?). Abogado por la Real y Pontificia Universidad de México. Fue procurador y regidor perpetuo de la capital de Nueva España. Autor de un *Extracto de los autos de diligencia, y reconocimiento de los ríos, lagunas, vertientes y desagües de la capital de México, y su Valle; de los caminos para su comunicación, y su comercio, de los daños que se vieron; remedios que se arbitraron; de los puntos en particular decididos* (1748).

CUEVAS ARGÜELLO, FRANCISCO ♦ n. y m. en Morelia, Mich. (1885-1918). Estudió en el Colegio de San Nicolás. Escribió poesía: *Flor de fango y Encuentros.*

CUEVAS CANCINO, FRANCISCO ♦ n. en la Cd. de México (1921). Diplomático. Licenciado por la Escuela Libre de Derecho (1943) con maestría en derecho civil por la McGill University de Canadá (1946). Ha sido profesor y director de estudios internacionales de la Universidad de las Américas (1954-59) y director del Centro de Estudios Internacionales de El Colegio de México (1961-62), donde fue editor de *Foro Internacional* (1961-62). Ingresó en el servicio exterior en 1946. Obtuvo el rango de embajador en 1965 y como tal ha servido en la ONU (1965-70 y 1978-79), la UNESCO (1971-75), Brasil (1979-80), Bélgica (1980-83), Gran Bretaña (1983-86) y Austria (1986-90). Cónsul general en París (1976). Delegado de México ante el Organismo Internacional de Energía Atómica (1986-). Editor de *Porvenir de México* (1961) y de *Pacto de familia* (1963). Coautor de *Foreign Policies of Nations* (1963) y autor de *La Nulité des Actes Juridiques* (1947), *La doctrina de Suárez en el derecho natural* (1952), *Roosevelt y la buena vecindad* (1955), *Del Congreso de Panamá a la Conferencia de Caracas* (1979), *Tratado sobre la organización internacional* (1962),

Alonso de Cuevas y Dávalos

Bolívar y el ideal bolivariano del libertador y de la novela *La pradera sangrienta* (1991). Fue becario de las fundaciones Guggenheim, 1950 y Rockefeller, 1961.

CUEVAS Y DÁVALOS, ALONSO DE ♦ n. y m. en la Cd. de México (1590-1665). Doctor en teología por la Real y Pontificia Universidad de México, de la que fue rector (1632-33). Rechazó la diócesis de Chiapas. Obispo de Oaxaca (1658-64) y de México (1664-65).

CUEVAS FERNÁNDEZ, ROBERTO ♦ n. en el DF (1957). Realizó estudios de letras españolas y antropología en la Universidad Veracruzana. Perteneció a los talleres literarios de Juan Vicente Melo y Marco Tulio Aguilera. Guionista del programa radiofónico *La linterna mágica*, por el que obtuvo el Premio Nacional de Radio al Mejor Argumento 1983. Ha sido guionista de la Unidad de Televisión Educativa y Cultural de la SEP. Autor de un *Manual para dibujar historietas* y del libro de poesía *Alrevestiario* (1986) y de los volúmenes de cuentos y relatos *Donde se cuentan vidas que vidas parecen (y semejanzas por el estilo)* (1980) y *Fantasías* (1982).

CUEVAS Y GARCÍA, MARIANO ♦ n. y m. en la Cd. de México (1879-1949). Historiador jesuita. Escribió *Historia de la Iglesia en México* (5 t. 1921-28), *Historia de la nación mexicana* (1940) e *Historia antigua de México* (1945), entre otras obras.

CUEVAS GARGOLLO, LUCRECIA ♦ n. en Cd. Victoria, Tams. (1950). Escultora. Estudió en La Esmeralda (1972-75). Tomó cursos de dibujo con Robin Bond y de esmalte con Elvira Gascón. Trabaja diversos materiales. Expone individualmente desde 1976. Entre sus obras se cuentan la escultura monumental del cementerio Parque Memorial (Naucalpan); *Triunfo*, en el Colorado Mountain College, de Vail, Colorado; y el *Cristo* de la parroquia de San Agustín en Lomas Verdes, Estado de México.

CUEVAS DE LÓPEZ, ELIZABETH ♦ n. en Hecelchacán, Camp. (1941). Profesora normalista. Pertenece al PRI. Fue secretaria de finanzas de la sección IV del Sindicato Nacional de Trabajadores

de la Educación (1980-82) y secretaria femenil de la CENOP. Ha sido directora federal de Educación Primaria en Campeche (1983-84) y directora general de Servicios Coordinados de Educación en el mismo estado (1985). Diputada local (1977-80), senadora suplente por Campeche (1982-88) y diputada federal por la misma entidad (1985-88).

CUEVAS M., GABRIEL ♦ n. y m. en Puebla, Pue. (1875-1942). Militar de carrera. Reprimió a los indígenas en la península de Yucatán. Combatió a los revolucionarios. Se incorporó al constitucionalismo después de los Tratados de Teoloyucan y ocupó diversos cargos en instituciones militares. Alcalde de Atlixco (1940) y secretario del ayuntamiento de Puebla (1941). Autor de *El glorioso Colegio Militar Mexicano* y otras obras.

CUEVAS MANTECÓN, RAÚL ♦ n. en el DF (1918). Licenciado en derecho por la UNAM (1936-40), donde fue profesor (1952-72). Se dedicó al ejercicio libre de su profesión (1941-50). Ha sido subsecretario de Acuerdos (1960-65), secretario general (1966-72) y ministro de la Suprema Corte de Justicia de la Nación (1973-).

CUEVAS MELKEN, NORMA ELIZABETH ♦ n. en Hecelchakan, Camp. (19-40). Profesora normalista por la Universidad de Campeche (1957-61) especializada en ciencias biológicas en la Normal Superior de Yucatán (1974-79). Desde 1961 pertenece al PRI. Fue secretaria general de la Asociación Nacional Femenil Revolucionaria (1986) y secretaria general del comité estatal de Colima (1987). Líder del Congreso de Campeche (1977-80), directora de Educación Primaria (1983-84), directora general de Servicios Coordinados de Educación Pública de la misma entidad (1985-86) y senadora propietaria por ese estado (1985-88).

CUEVAS PACHÓN, JOSÉ ♦ n. y m. en Mérida, Yuc. (¿1864?-1923). Músico. Estudió en Mérida y en el Conservatorio de la capital de la República. Fundó el Instituto Musical de Mérida (1905) y la Orquesta Sinfónica de Yucatán, de la que fue el primer director.

CUICACALLI ◆ Escuela de canto de los aztecas.

CUICATECOS ◆ Indios de Oaxaca que habitan en los distritos de Cuicatlán y Nochistlán. Fueron sojuzgados por los aztecas. Viven en una región de difícil acceso, en la que se refugiaron para escapar de la esclavitud a que pretendían someterlos los conquistadores españoles. El cuicateco es una lengua del grupo otomangue, tronco savizaa, familia mixteca. De acuerdo con el censo de 1980, había 14,155 hablantes de cuicateco, número que disminuyó a 12,605, según el conteo de población de 1995. Los principales núcleos de esta etnia viven en San Juan Tepeuxila, San Andrés Teotilalpan, Santos Reyes Pápalo, Concepción Pápalo, Santa María Pápalo, San Juan Bautista Cuicatlán, Santa María Tlalixtac y San Pedro Teutila, municipios de Oaxaca. Sus casas varían de acuerdo con la zona en que viven: son de paredes de adobe y techo de lámina o teja en los poblados mayores, en tanto que las rurales están construidas de carrizo o palos cubiertos de barro en las partes frías y de zacate en las calientes. El traje típico de las mujeres consiste en huipil de manta bordado, falda estampada y rebozo, en tanto que los hombres, cada vez menos, usan calzón de manta ajustado en los tobillos. Los matrimonios son gestionados por un *huehuetlataco* que representa a la familia del novio y es el encargado de llevar la dote. A los difuntos se les vela junto a una cruz de arena y flores y son sepultados con toda su ropa e instrumentos de trabajo o, en ocasiones, sólo con unos granos de cacao. Se les reza durante nueve días, al término de los cuales levantan la cruz y la llevan al sepulcro. Es creencia que las almas de los muertos recorren los caminos que el difunto transitó en vida. Practican una mezcla de catolicismo con elementos animistas: veneran al Señor del Cerro (*Sa Ikó*) en el cerro Cheve, cerca de Tlalixtac, en ceremonias dirigidas por los brujos o curanderos y en las cuales se sacrifican animales. Para no despertar la ira de los *chaneques* (duendes) se les

hacen ofrendas. Celebran varias fechas del santoral católico, de acuerdo con la localidad. Durante el Carnaval se efectúa la danza de los huehuetones, con hombres disfrazados de mujeres.

CUICUILCO ◆ Zona arqueológica del Distrito Federal, situada en la delegación de Tlalpan. Bajo la lava del volcán Xitle se encontró una pirámide circular de 138 metros de diámetro que posiblemente data del siglo v a.n.e., aunque otros objetos tienen una antigüedad que se calcula hasta 10 siglos.

CUICHAPA ◆ Municipio de Veracruz situado al sureste de Córdoba. Superficie: 69.92 km². Habitantes: 11,047, de los cuales 2,831 forman la población económicamente activa. Hablan alguna lengua indígena 220 personas mayores de cinco años (náhuatl 187).

CUILAPAN DE GUERRERO ◆ Municipio de Oaxaca situado al sur de la capital del estado y contiguo a Zaachila. Superficie: 49.75 km². Habitantes: 11,235, de los cuales 2,506 forman la población económicamente activa. Hablan alguna lengua indígena 110 personas mayores de cinco años (mixteco 52). Cerca de la cabecera existe una zona arqueológica con restos de las culturas mixteca y zapoteca. Un convento del siglo XVI es actualmente la sede del Museo Etnológico, Colonial y de Arte Moderno, y del Centro de Estudios Históricos. Anexo al convento está una iglesia que tuvo techo de dos aguas. En ella se conservan pinturas murales del virreinato. El municipio lleva su actual nombre porque en 1831 ahí fue fusilado Vicente Guerrero. Aún se conserva la celda donde estuvo prisionero.

CUITLÁHUAC ◆ Municipio de Veracruz situado al este-sureste de Córdoba y contiguo a Paso del Macho. Superficie: 129.96 km². Habitantes: 22,643, de los cuales 6,049 forman la población económicamente activa. Hablan alguna lengua indígena 116 personas mayores de cinco años (náhuatl 38, mixteco 30 y mazateco 26). Un alto porcentaje de su población es de origen africano.

CUITLÁHUAC ◆ n. y m. en Tenochtitlan (1476-1520). Décimo y penúltimo

emperador azteca. Era señor de Iztapalapa cuando su hermano, Moctezuma Xocoyotzin, ocupó el trono y lo nombró comandante de sus ejércitos, al frente de los cuales combatió contra los mixtecos. A la llegada de los españoles a Tenochtitlan, éstos lo encarcelaron junto con otros dignatarios. Liberado después de la matanza del Templo Mayor se negó a apaciguar al pueblo y, lejos de eso, procedió a organizar sus fuerzas para la guerra, en tanto que desplegaba una activa diplomacia ante tlaxcaltecas, cholultecas y tarascos, a fin de ganarlos como aliados o mantenerlos neutrales. Obtuvo un éxito parcial con sus embajadores y, a la muerte de Moctezuma, propinó a los españoles la más severa derrota que sufrirían en tierra americana, en la batalla que los conquistadores llamaron de la Noche Triste (30 de junio de 1520). Expulsados los invasores de la capital tenochca, volvió a preparar la defensa, mientras se incineraban los cadáveres de las víctimas que estaban en calles y canales y se levantaban los escombros producidos por la artillería española. Se le eligió como monarca y nombró a Cuauhtémoc jefe de los ejércitos aztecas. Recibió la diadema de emperador el 17 de septiembre y mientras proseguía los trabajos de fortificación, en medio de una terrible epidemia de viruela, contrajo la enfermedad y murió el 5 de diciembre.

Cuitláhuac

CUITZEO ◆ Lago situado al norte de Morelia, Mich. La mayor parte de su área está en el estado de Michoacán y el resto en Guanajuato. Su cuenca mide 4,100 km². y la superficie del vaso es de aproximadamente 1,080 km². Es la tercera extensión lacustre natural del país.

CUITZEO ◆ Municipio de Michoacán situado al noreste de Morelia. Una parte de su área está ocupada por el lago del mismo nombre. Superficie: 247.02 km². Habitantes: 25,609, de los cuales 6,177 forman la población económicamente activa. Hablan alguna lengua indígena 22 personas mayores de cinco años (mazahua 11). La erección del municipio data del 10 de diciembre de 1831. El nombre significa en tarasco "lugar de tinajas junto al agua", pues la cabecera, Cuitzeo del Porvenir, se halla en una península que penetra hasta el centro del lago, a 1,883 metros sobre el nivel del mar. Estaba habitado siglos antes de la conquista por otomíes, nahuas y finalmente tarascos. Después de la conquista fue parte de una encomienda y en el último tercio del siglo XVI se le dio categoría de corregimiento. En 1563 contó con su primer templo católico, anexo a un convento agustino, construcción que era una verdadera fortaleza, incluso almenada, para resistir los ataques indígenas. Tiene pinturas de los siglos XVI y XVII. Se le dio rango de villa desde 1858. En 1865 fue escenario de una feroz batalla, en la cual triunfaron los republicanos sobre los imperiales. El puente que atraviesa el lago fue terminado en 1882 y sobre él corre una carretera pavimentada.

CUITZMALA ◆ Río de Jalisco situado en el sur de la entidad. Lo forman varias

FOTO: FONDO EDITORIAL GRUPO AZABACHE

Catedral de Culiacán, Sinaloa, edificio de la segunda parte del siglo XIX

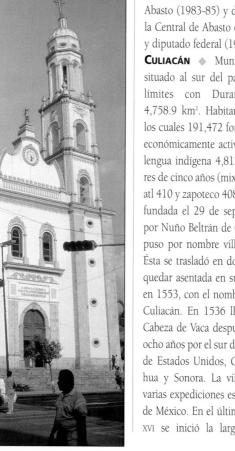

corrientes que descienden de la sierra Madre Occidental, desciende con trayectoria noreste-suroeste y desemboca en el océano Pacífico al sur de la punta Farallón, cerca del meridiano 105.

CUKIER, GOLDE ◆ n. en el DF y m. en Michoacán (1948-1986). Graduada en el Seminario Israelita para Maestras, realizó estudios de posgrado en Biblia, pensamiento judaico e historia del Medio Oriente en el Instituto Gold, en Israel. Dedicada a la actividad docente, fue también ensayista y cuentista, así como editorialista de *Ovaciones* (1980-82) y *Excélsior* (1982-86). Coautora, con Esther Shabot, de *Panorama del Medio Oriente contemporáneo* (1988). Murió en un accidente aéreo.

CULEBRO SILES, JAVIER ◆ n. en Comitán, Chis. (1946). Economista. Pertenece al PRI. Ha sido gerente de almacenes de la Distribuidora Conasupo (1971), gerente de prensa y difusión de Conasupo (1975), coordinador ejecutivo de la Dirección de Empresas Comerciales de Conasupo (1983), subcoordinador general de Abasto (1983-85) y director general de la Central de Abasto del DDF (1985-88) y diputado federal (1988-91).

CULIACÁN ◆ Municipio de Sinaloa situado al sur del paralelo 25, en los límites con Durango. Superficie: 4,758.9 km². Habitantes: 696,262, de los cuales 191,472 forman la población económicamente activa. Hablan alguna lengua indígena 4,812 personas mayores de cinco años (mixteco 2,808, náhuatl 410 y zapoteco 408). La cabecera fue fundada el 29 de septiembre de 1531 por Nuño Beltrán de Guzmán, quien le puso por nombre villa de San Miguel. Ésta se trasladó en dos ocasiones hasta quedar asentada en su lugar definitivo, en 1553, con el nombre de San Miguel Culiacán. En 1536 llegó Alvar Núñez Cabeza de Vaca después de su viaje de ocho años por el sur del actual territorio de Estados Unidos, Coahuila, Chihuahua y Sonora. La villa fue base para varias expediciones españolas del norte de México. En el último tercio del siglo XVI se inició la larga decadencia de

Culiacán. A fines del siglo XVIII tenía 10,808 habitantes, de ellos 2,662 españoles y sus descendientes. Al dividirse las provincias de Sonora y Sinaloa, en 1823, Culiacán quedó como capital de ésta y se le elevó al rango de ciudad. Al constituirse el estado de Occidente la capital se trasladó a El Fuerte, luego a Cosalá. En 1830 el estado se dividió nuevamente y Culiacán volvió a ser capital de Sinaloa, convertida ya en estado de la Unión. En 1842 se inició la construcción de la catedral y del colegio de San Juan Nepomuceno. Entre 1846 y 47 se construyeron los portales, la Casa de Moneda y la fábrica textil El Coloso. En junio de 1851 una epidemia de cólera causó la muerte de la mitad de la población. A consecuencia de la epidemia y en medio de la inestabilidad política que le siguió, la capital se trasladó a Mazatlán. En 1864, en un lugar cercano a Culiacán, se derrotó a franceses e imperiales, quienes nunca pudieron ocupar la ciudad. En 1873, por decreto del gobernador Eustaquio Buelna, se le restituyó a Culiacán la categoría de capital del estado. La diócesis de Culiacán se creó en 1884. Durante la revolución, por la ciudad pasaron las tropas de diversos bandos. La erección del municipio data de 1914. Población de poca importancia pese a ser capital, en los años cuarenta experimentó un súbito crecimiento en el que confluyeron decisivamente dos hechos: como Japón controlaba los mercados de opiáceas, Washington solicitó al gobierno mexicano le abasteciera de amapola, para lo cual se estimuló la producción de adormidera en Sinaloa. A lo anterior debe agregarse la introducción de la agricultura de riego, que multiplicó el rendimiento de los cultivos, especialmente los destinados a la exportación. De esta manera se presentó una prosperidad sin precedente en la que florecieron toda clase de negocios.

CULIACÁN ◆ Río de Sinaloa formado por los ríos Humaya, Surutato y otras corrientes que bajan de la sierra Madre Occidental y surten la presa Adolfo

López Mateos. Al salir de ésta toma el nombre de Culiacán, corre hacia el sur y en la población de este nombre tuerce hacia el oeste hasta Navolato, donde vira hacia el sur hasta desembocar en la ensenada del Pabellón o Pabellones.

CULTURA EN MÉXICO, LA ◆ Suplemento del semanario *Siempre!* Fue fundado por el grupo de intelectuales que dirigidos por Fernando Benítez hacían *México en la Cultura*, suplemento del diario *Novedades*. Al salir de ahí por razones políticas, con el patrocinio del presidente Adolfo López Mateos crearon la nueva publicación, cuyo primer número apareció con fecha 21 de febrero de 1962. Después del asesinato del líder agrarista Rubén Jaramillo, denunciado ampliamente en *La Cultura en México*, López Mateos retiró el subsidio y José Pagés Llergo, director de *Siempre!*, asumió los gastos. Con Vicente Rojo como diseñador, Benítez dirigió el suplemento hasta 1972, cuando después de algunos números realizados por Carlos Fuentes la tomó en sus manos Carlos Monsiváis en calidad de coordinador de un consejo de redacción del que se retiraron en 1977, "por razones ideológicas y culturales", Jorge Aguilar Mora, Héctor Manjarrez, David Huerta y Paloma Villegas. A Rojo lo sustituyó como diseñador Bernardo Recamier. Rogelio Naranjo fue el ilustrador en la época de Monsiváis. En 1987 asumió la dirección Paco Ignacio Taibo II, quien rebautizó el suplemento como *La Cultura en México en la Cultura*, con Gerardo de la Torre en la jefatura de redacción. Un año después Margarita Michelena, nueva directora, por nombramiento de José Pagés Llergo, retomó el nombre original del suplemento y logró que José de la Colina volviera a ejercer la crítica cinematográfica. Desde 1991 Ignacio Solares es el director y José Gordon el jefe de redacción del suplemento, ahora integrado al cuerpo de la revista. Lo sobresaliente de la producción cultural mexicana y universal de un cuarto de siglo se halla en esta publicación, lo mismo que los grandes fenómenos sociales de su tiempo: el movimiento estudiantil de 1968, las matanzas del 2 de octubre de ese año y del 10 de junio de 1971; la batalla de los electricistas de la Tendencia Democrática, la reforma política de 1977-78, la bonanza petrolera, el auge de la izquierda, la crisis económica y otros hechos del México contemporáneo, lo mismo que los grandes acontecimientos internacionales: la pugna chino-soviética, el surgimiento del ecologismo, el feminismo y el movimiento *gay*; los Beatles y la adicción masiva a las drogas; la guerra de Vietnam, la revolución cubana, el triunfo sandinista o la actitud genocida del líder kampucheano Pol Pot. La larga lista de quienes en diferentes épocas han publicado en ese suplemento incluye a Luis Miguel Aguilar, Carmen Alardín, José Antonio Alcaraz, Federico Álvarez, Homero Aridjis, Jaime Avilés, René Avilés Fabila, Jorge Ayala Blanco, Juan Bañuelos, Roger Bartra, Huberto Batis, José Carlos Becerra, Hermann Bellinghausen, José Joaquín Blanco, Manuel Blanco, Julieta Campos, Luis Cardoza y Aragón, Adolfo Castañón, Rosario Castellanos, Ricardo Castillo, Félix Cortés Camarillo, José Luis Cuevas, Alberto Dallal, Olivier Debroise, Edmundo Domínguez Aragonés, Salvador Elizondo, José Ramón Enríquez, Evodio Escalante, Sergio Fernández, Víctor Flores Olea, Enrique Florescano, Jomi García Ascot, Gastón García Cantú, Juan García Ponce, Sergio García Ramírez, Emilio García Riera, Luis González de Alba, Henrique y Pablo González Casanova, Luis González y González, Sergio González Rodríguez, Enrique González Rojo, Efraín Huerta, Jorge Ibargüengoitia, Fernando de Ita, José Agustín, Jaime Labastida, Eduardo Lizalde, Juan Vicente Melo, María Luisa Mendoza, Augusto Monterroso, Marco Antonio Montes de Oca, Sergio Nudelstejer, Roberto Diego Ortega, José Emilio Pacheco, Federico Patán, Octavio Paz, Ernesto de la Peña, Emiliano Pérez Cruz, José María y Rafael Pérez Gay, Carlos Pereyra, Francisco Pina, Sergio Pitol, Elena Poniatowska, Armando Ramírez, Jorge Ayala Blanco, Jaime Reyes, José Revueltas, Jaime Sabines, Antonio Saborit, Gustavo Sáinz, Tomás Segovia, Enrique Semo, Carlos Solórzano, Juan Manuel Torres, Juan Tovar, Mario del Valle, Ricardo Yáñez, Gabriel Zaid, y muchos más. Los autores del llamado *boom* latinoamericano colaboraron en el suplemento o se vieron ampliamente comentados en él, como fue el caso de José Lezama Lima, Gabriel García Márquez, Juan Rulfo, Mario Vargas Llosa, José Donoso, Juan Carlos Onetti, Jorge Luis Borges, Julio Cortázar, Eliseo Diego, Guimaraes Rosa, etc. En la publicación han aparecido textos de o sobre Broch, Canetti, Michel Foucault, Deleuze, Sartre, Guattari, Habermas, Hobsbawn, Calvino, Umberto Eco, Dario Fo, Susan Sontag, Rudolf Bahro, Kolakowsky, Sciascia, Gore Vidal, Agnes Heller y otros personajes de la cultura contemporánea.

La Cultura en México

CUMPAS ◆ Municipio de Sonora situado en la parte centro-noreste de la entidad, al este de Hermosillo. Limita al noreste con Nacozari y al oeste, con Banámichi. Superficie: 2,013.5 km². Habitantes: 6,639, de los cuales 1,959 forman la población económicamente activa. La principal fiesta del lugar es la de San Isidro, el 15 de mayo.

CUMPLIDO, IGNACIO ◆ n. en Guadalajara, Jal., y m. en la Cd. de México (1811-1887). A los 18 años dirigió la imprenta donde se editaron los principales periódicos yorkinos (*El Correo de la Federación, El Fénix de la Libertad, El Atleta*) y sufrió la hostilidad del gobierno de Bustamante cuando éste los clausuró. Fue a Nueva Orleans en 1838 para adquirir un retal de imprenta. No pudo traerlo a México por el bloqueo de los puertos. Regresó con múltiples problemas y aquí fue encarcelado por publicar un folleto de José María Gutiérrez de Estrada. A su salida de prisión se le

Ignacio Cumplido

nombró intendente de cárceles (1840). El 8 de octubre de 1841 inició la publicación de *El Siglo XIX*, el periódico más importante de la centuria pasada y el primero elaborado mediante una división del trabajo que incluía, como asalariados, a redactores profesionales. En ese órgano, que cubrió varias etapas, experimentó con los avances técnicos de la época, como la máquina de vapor y la impresora de cilindros. Diputado (1842) y senador (1844). Fundó una escuela de impresores. Los aprendices trabajaban en su imprenta a cambio de alimento, vestido y enseñanza. Fue diputado (1842) y senador (1844). Combatió a los invasores estadounidenses en 1847. A principios de los años cincuenta viajó a Europa, de donde trajo la maquinaria entonces más moderna. Durante la intervención francesa cerró su imprenta y dejó de publicar el periódico desde el mismo día en que Juárez salió de la capital, aunque acabó por aceptar públicamente el imperio. A la caída de éste reabrió la negociación y volvió a editar el diario. Fue el primer gran empresario de la prensa mexicana. Editó también libros, calendarios, folletería y publicaciones periódicas de carácter artístico, como *El Museo Mexicano*, *El Presente Amistoso de las Señoritas Mexicanas* y otras. Autor de unas *Impresiones de viaje* (1884).

CUMPLIDO, JUAN NEPOMUCENO ◆ n. y m. en Guadalajara, Jal. (1794-1851). Abogado. Liberal federalista. Fue gobernador interino (1827-28 y 1848) y constitucional (1830) del estado de Jalisco.

CUNCUNUL ◆ Municipio de Yucatán contiguo a Valladolid. Superficie: 315.52 km². Habitantes: 1,245, de los cuales 309 forman la población económicamente activa. Hablan maya 982 personas mayores de cinco años (monolingües 289).

CUNDUACÁN ◆ Municipio de Tabasco situado en los límites con Chiapas. Superficie: 1,017.11 km². Habitantes: 97,698, de los cuales 21,730 forman la población económicamente activa. Hablan alguna lengua indígena 154 personas mayores de cinco

años (el chontal de Tabasco 80).

CUPATITZIO ◆ Río de Michoacán que nace en la sierra de Apatzingán. En su trayecto hacia el Tepalcatepec, del que es tributario, da lugar a la cascada la Tzaráracua, al sur de Tancítaro.

CUPIDO ROSALES, CECILIO ◆ n. en Cunduacán y m. en Villahermosa, Tab. (1883-1959). Músico popular. Compuso la música de más de 600 canciones, entre ellas *Las blancas mariposas*, representativa de Tabasco, que tiene letra de José Claro García.

CUQUÍO ◆ Municipio de Jalisco situado al noreste de Guadalajara, en lo límites con Zacatecas. Superficie: 880.96 km². Habitantes: 17,034, de los cuales 3,794 forman la población económicamente activa. Hablan alguna lengua indígena siete personas mayores de cinco años.

CURICÁUERI ◆ Dios tarasco de la creación y del fuego. Se le representaba con un Sol.

CURIEL, FERNANDO ◆ n. en el DF (1942). Licenciado en derecho por la UNAM donde ha sido director de Radio Universidad (1978-80), director general de Difusión Cultural (1981-82) y coordinador de Extensión Universitaria (1985-). Fue también agregado cultural en la embajada mexicana en Managua (1982) y subdelegado del DDF en Venustiano Carranza (1983-84). Ha colaborado en las principales publicaciones literarias. Autor de antologías: *Páginas escogidas de Lorenzo de Zavala* (1972), *Diego Rivera y los escritores mexicanos* (1986) y *Medias palabras* (correspondencia entre Alfonso Reyes y Martín Luis Guzmán, 1991); biografía: *El cielo no se abre* (sobre Alfonso Reyes, 1989) y *Fernando Curiel de cuerpo entero* (1991); ensayos: *¡Dispare, Margot, dispare!*, *Fotonovela rosa, fotonovela roja* (1978), *Prensa y radio en México* (1978), *La radiodifusora universitaria* (1981), *Perfil de la cultura en la UNAM* (1981), *La querella de Martín Luis Guzmán* (1983), *La telaraña magnética o el lenguaje de la radio* (1983), *La escritura radiofónica. Manual para guionistas* (1984), *Cartas madrileñas. Homenaje a Alfonso Reyes* (1989), *Mal de ojo. Iniciación a la literatura icónica*

(1989); crónicas y reportajes: *¡Que viva Londres!* (1973), *Paseando por Plateros* (1982) y *Tercera función o crónica y derrota de la cultura*; cuentos: *Momentos de vida*, *Centinela de vista* (1984), *Ciudad tatuada* (1986) y *Navaja* (1991); y novelas: *La aproximación* (1970) y *Manuscrito hallado en un portafolios* (1981). Preparó la edición de *Tarda necrofilia. Itinerario de la segunda Revista Azul* (1996). Premio Xavier Villaurrutia 1980 por el ensayo-reportaje *Onetti. Obra y calculado infortunio*. Premios José Revueltas (1983) y Nacional de Biografía (1989).

CURIEL, GONZALO ◆ n. en Guadalajara y m. en el DF (1904-1958). Músico. Trabajó con su orquesta en la XEW desde la fundación de esta radioemisora (1935). Su primera composición es *He querido olvidar*. Hizo la música de algunas películas, entre otras *Payasadas de la vida* (1934), *Eugenia Grandet* (1942), por la que recibió un Ariel, y *Cita con la muerte* (1948). Compuso obras de concierto lo mismo que canciones tan populares como *Vereda tropical*, *Confidencias*, *Tú*, *Caminos de ayer* y *Anoche*. Cofundador de la Sociedad de Autores y Compositores de México.

CURIEL, LUIS DEL CARMEN ◆ n. en Guadalajara, Jal., y m. ¿en la Cd. de México? (1846-1930). Abogado. Combatió la intervención francesa y el imperio. Gobernador de Jalisco en dos ocasiones (1890-91 y 1893-1903) y de Yucatán (marzo-junio de 1911). Senador a la XXVI Legislatura. General de brigada en 1892. Se retiró del ejército en 1913.

CURIEL GALLEGOS, RAFAEL ◆ n. en Cd. Valles, SLP, y m. en el DF (1883-1855). Ingeniero por el Instituto Científico y Literario de San Luis Potosí. Antirreeleccionista, participó en la insurrección de 1910. Al triunfo del maderismo fue diputado por su entidad a la XXVI Legislatura, misma que disolvió Victoriano Huerta, quien lo encarceló. Ya en libertad se unió al constitucionalismo. Retirado a la vida privada fue elegido diputado al Congreso Constituyente de 1916-17. En 1920-21 fungió como gobernador interino de San Luis Potosí.

Cusi, Dante ✦ n. en Italia y m. en la Cd. de México (1848-1928). Llegó a México en 1887. Adquirió terrenos al sur de Uruapan y creó las poblaciones de Lombardía y Nueva Italia. Para elevar la productividad de sus tierras hizo construir una obra de riego (el Sifón del Marqués) que todavía se halla en operación. Lázaro Cárdenas, en 1938, expropió el extenso campo agrícola y promovió la creación de una cooperativa ejidal. El mismo Cárdenas hizo levantar un monumento al empresario italiano.

Cusihuiriachi ✦ Municipio de Chihuahua situado al suroeste de la capital del estado. Limita por el norte con Cuauhtémoc. Superficie: 1,810.32 km². Habitantes: 6,198, de los cuales 1,921 forman la población económicamente activa. Hablan tarahumara 36 personas mayores de cinco años. En 1701 se le dio categoría de alcaldía mayor con el nombre de La Concepción. Es municipio desde 1820. La cabecera estuvo en el viejo mineral de San Bernabé. La actual cabecera se llamaba Santa Rosa. En 1866 hubo en el lugar una batalla entre republicanos e imperiales, de la que resultaron vencedores los segundos.

Cuspinera Maillard, Armando ✦ n. y m. en el DF (1899-1981). Se tituló como contador en la Escuela Superior de Comercio y Administración (1917), de la que fue director al fundarse el Instituto Politécnico Nacional, donde fue su segundo director general. Ocupó el cargo de gerente del Banco Hipotecario.

Custodio, Álvaro ✦ n. en España (1914-¿?). Su nombre completo es Álvaro Muñoz Custodio. Licenciado en derecho por la Universidad Central de Madrid. Actuó en el grupo de teatro universitario La Barraca dirigido por Federico García Lorca. Trabajó en el servicio diplomático de la República Española. Al triunfo del franquismo vivió en República Dominicana y en Cuba (1940-44). Pasó en 1944 a México, donde ha sido crítico de cine de *Excélsior*, colaborador de *Cuadernos Americanos*, *Revista de la Universidad*, *Novedades* y otras publicaciones. Fue director de las ediciones del Teatro Clásico de México y de la revista *Notas y Comentarios* (1966-1973). Dirigió programas de televisión. Creó y dirigió la compañía Teatro Español de México (1953-73), con la cual montó obras del Siglo de Oro y de autores contemporáneos. Autor, entre otras obras, de *Notas sobre el cine* (1952), *Lope, Calderón y Shakespeare. Comparación de estilos dramáticos* (1969), *Los muñecos no están de acuerdo* (1972), *La puerta del paraíso; Los nueve montes pelados; El milagro de las tres cruces; El patio de monipodio* (1973), *El corrido popular mexicano* (Madrid, 1975) y *El regreso de Quetzalcóatl* (1991, leyendas nahuas dramatizadas). La Agrupación Mexicana de Críticos Teatrales le concedió el premio al mejor director en 1953, 1958, 1968 y 1973. En 1978 volvió a España, donde es corresponsal del semanario mexicano *Siempre!*

Cutzamala ✦ Río de Michoacán que nace en la sierra de Mil Cumbres y con dirección norte-sur corre a descargar en el Balsas, cerca de Ciudad Altamirano, después de recibir las aguas de varias corrientes, entre ellas los ríos Zitácuaro y Temascaltepec. En el sexenio 1976-82 se iniciaron las obras para llevar agua de este río al Distrito Federal, lo que implica su traslado a lo largo de cientos de kilómetros y su bombeo a más de mil metros de altura.

Cutzamala de Pinzón ✦ Municipio de Guerrero situado en los límites con Michoacán. Superficie: 611.1 km². Habitantes: 26,672, de los cuales 5,307 forman la población económicamente activa. Hablan alguna lengua indígena nueve personas mayores de cinco años.

Cuyameyalco Villa de Zaragoza ✦ Municipio de Oaxaca situado en el norte de la entidad, al sur de Huautla. Superficie: 81.65 km². Habitantes: 4,094, de los cuales 1,113 forman la población económicamente activa. Hablan alguna lengua indígena 1,006 personas mayores de cinco años (mixteco 960).

Cuyoaco ✦ Municipio de Puebla situado al noreste de la capital del estado y al sur de Chignahuapan. Superficie: 294.68 km². Habitantes: 13,754, de los cuales 2,724 forman la población económicamente activa. Hablan alguna lengua indígena 157 personas mayores de cinco años (náhuatl 152).

Cuyutlán ✦ Laguna de Colima formada por aguas marinas y algunas corrientes temporales. De acuerdo con la época llega a medir hasta 50 kilómetros de largo. La limita por el oeste-noroeste el puerto de Manzanillo y por el sur llega hasta las inmediaciones del río Armería. La separa del Pacífico una faja de tierra en cuyo extremo sur-sureste se halla la población de Cuyutlán, municipio de Armería, donde se puede observar la *ola verde*, que llega a medir más de 40 metros de altura. El vaso también es conocido como laguna de los Caimanes, por la abundancia de largartos que hubo hasta hace pocos años. Las salinas locales son altamente productivas.

Cuzamá ✦ Municipio de Yucatán situado en la parte central de la entidad y contiguo a Izamal. Superficie: 150.73 km². Habitantes: 4,102, de los cuales 920 forman la población económicamente activa. Hablan alguna lengua indígena 2,856 personas mayores de cinco años (maya 2,854). Indígenas monolingües: 135.

Río Cutzamala

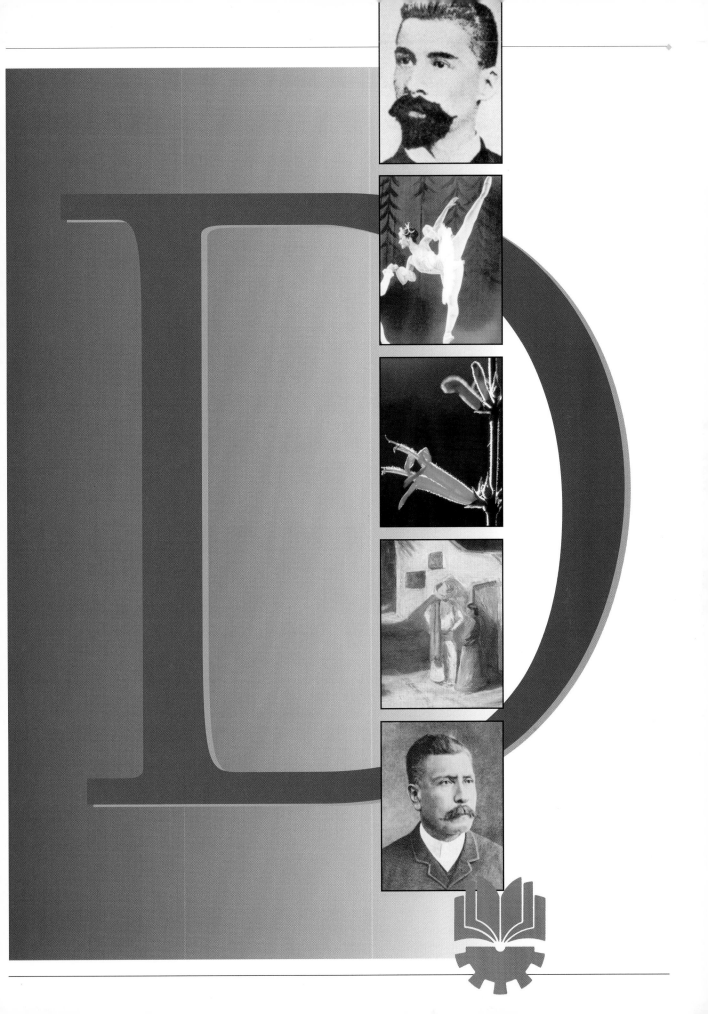

DABROWSKI, ANDREA ◆ n. en el DF (1952). Periodista. Realizó estudios de civilización francesa en La Sorbona de París, Francia, de antropología en la ENAH y de arte y pintura en el San Francisco Art Institute de EUA. Escribe para publicaciones extranjeras desde 1982: *Time, US News & World Report, Deutsche Welle, The Washington Post, The Times, The Sunday Times, San Francisco Chronicle* y para la BBC de Londres y la Radio Exterior de España. Fue consultora del Alto Comisionado de la ONU para Refugiados (1993). En 1994 fue coordinadora de información internacional de la campaña presidencial de Cuauhtémoc Cárdenas. Autora de *Pedimos la palabra* (1995).

DACAL ALONSO, ANGEL ◆ n. en el DF (1940). Licenciado en física y maestro y doctor en ciencias por la UNAM, institución en la que se ha desempeñado como profesor (1966-) así como investigador, jefe del Departamento de Colisiones y secretario académico del Instituto de Física. Ha sido asesor del Instituto Nacional de Investigaciones Nucleares, investigador visitante del Laboratorio Lawrence Berkeley y miembro del Sistema Nacional de Investigadores. Ha publicado varios artículos en revistas especializadas.

DACIANO, JACOBO ◆ n. en Dinamarca y m. en México (?-¿1574?). Fraile franciscano. Llegó a Nueva España entre 1525 y 1530. Conocedor profundo del griego y el hebreo, aprendió el tarasco al radicar en Michoacán, a partir de 1541, donde se dedicó a la evangelización. Se dice que fue el primero en dar la comunión a los indios.

DAHOMEY ◆ ☞ *Benin.*

DALLAL, ALBERTO ◆ n. en el DF (1936). Hizo estudios de ingeniería y arquitectura en la UNAM, donde ha sido profesor, jefe de redacción (1963-69) y director de la *Revista de la Universidad de México* (1992-), jefe del Departamento de Distribución de Libros Universitarios (1966-67), coordinador de Difusión Cultural (1968-69), investigador del Instituto de Investigaciones Estéticas (1975-), y director general de Radio Universidad de México (1989-91). Fue

jefe de redacción de *Diálogos* (1970-81) y jefe de Publicaciones de El Colegio de México (1972-80); director de la *Revista Mexicana de Cultura,* suplemento de *El Nacional* (1976-79), y director del noticiero *Hoy en la Cultura,* de Canal 11. Autor de teatro: *El hombre debajo del agua* (1962) y *Siete piezas para la escena* (1970); novela: *El poder de la urraca* (1969), *Las ínsulas extrañas* (1970), *Mocambo* (1976) y *Todo el hilo.* (1986); cuento: *Géminis* (1974) y *El árbol de turquesa* (1983); ensayo: *Discurso de la danza y aspectos de la preparación humanística y científica* (1969), *El amor por las ciudades* (1972), *Gozosa revolución* (1973), *Efectos, rastros, definiciones* (1977), *La danza moderna en México* (1977), *Sobre algunos lenguajes subterráneos* (1979), *La danza contra la muerte* (1979, premio Magda Donato), *Alfredo Zalce* (1982), *Guillermo Meza* (1985), *Periodismo y literatura* (1985) y *Lenguajes periodísticos* (1989); crítica e investigación: *La danza moderna* (1975), *El "dancing" mexicano* (1982, premio Xavier Villaurrutia), *Fémina-danza* (1985), *La danza en situación* (1985), *La danza en México* (1986), *Cómo acercarse a la danza* (1988), *La danza en México. Segunda parte* (1989), *La mujer en la danza* (1990), *El aura del cuerpo* (1990) y *Lenguajes periodísticos* (1990); reportaje: *Tres actores mexicanos* (1979) y *Louis Falco* (1979); y poesía: *Despeñadero* (1981). Fue becario del Centro Mexicano de Escritores (1963-64).

DALTON, MARGARITA ◆ n. en el DF (1943). Escritora. Estudió antropología en la ENAH. Fue directora general del Instituto Oaxaqueño de las Culturas (1993-99). Ha colaborado en revistas y suplementos literarios. Es autora de la novela *Larga sinfonía en D* (1968) y del libro de cuentos *Al calor de la semilla* (1971).

DAMIRÓN, CLEMENCIA ◆ n. en la República Dominicana y m. en el DF (1914-1990). Poetisa naturalizada mexicana. Escribió letras para canciones, algunas de las cuales fueron arregladas por Federico Baena y grabadas. Su obra, editada en libro o publicada en diversos medios, se reeditó en 1991 en dos volú-

menes: *El entierro es a las cuatro* y *Me lo dijo el viento.* Perteneció a la Fraternidad de Damas, que presidió varias ocasiones.

DANEL JANET, FERNANDO ◆ n. en el DF (1952). Estudió filosofía en las universidades Central de Madrid, de Comillas de Madrid y de Munich, y derecho en la UIA (1970-75). Ha sido profesor de la UAM (1974-) y otros centros de estudios superiores de México y otros países. Coordinador del Consejo Latinoamericano de Ciencias Sociales (1985-), secretario académico de la Coordinación de Humanidades de la UNAM (1985-86), asesor de políticas culturales de la SEP (1987-88), asesor del jefe del DDF (1988), director de la Colección Política de Alianza Editorial y miembro del consejo directivo de la Fundación Cambio XXI, del PRI (1991-). Autor de *Conocimiento y diseño* (1978), *Balance y perspectivas del corporativismo* (1988) y *Las reformas del Estado (Historia comparada, estrategias actuales y prospectiva)* (1993).

DANZA ◆ En el México prehispánico, Macuilxóchitl era la deidad de la música y la danza, actividades que formaban parte de la vida social y religiosa. Los jóvenes que asistían al calmécac o al telpochcalli eran adiestrados en el arte de la danza y se les enseñaba a respetar sus rigurosas normas. De acuerdo con Sahagún, al caer la tarde los muchachos debían bailar, y quienes no cumplían con el ejercicio o cometían faltas durante su desarrollo, eran objeto de sanciones que podían llegar a la muerte. Según Chavero, la danza era obligatoria para hombres y mujeres jóvenes. Cuando eran reunidos, "los mancebos de cada calpulli sacaban de la mano a las jóvenes del mismo barrio y comenzaban a bailar en torno a los músicos". Dice Clavijero que "bailaban unas veces en círculo y otras en fila, en ciertas ocasiones hombres solos y en otras hombres y mujeres. Los nobles se vestían para el baile con sus trajes de gala. y los plebeyos se disfrazaban a guisa de animales con vestidos de papel, de plumas o de pieles". El mismo Clavijero habla también del "baile pequeño" y el "baile grande". El primero "se hacía en los

Alberto Dallal

palacios para diversión de los señores o en los templos por devoción particular, o en las casas cuando había boda o alguna función doméstica". Del segundo dice que "se hacía en las plazas principales o en el atrio inferior del templo mayor; era diferente al primero en el orden, en la forma y en el número de los que lo componían (y) era tan considerable, que solían bailar juntos muchos centenares de personas, formando dos o tres círculos concéntricos, según el número de los que concurrían. A poca distancia de ellos se formaban otros círculos de personas de clase inferior y después de otro pequeño intervalo, otros mayores compuestos de jóvenes". En las grandes festividades, como en la celebración de la fertilidad, bailaban "aquellos mancebos y aquellas mozas, aderezados de guirnaldas y sartales a los cuellos de maíz reventados puestos en orden y en rengleras los unos frontero de los otros bailaban y cantaban y al son de un tambor que les tañían cantores en loor de aquel ídolo y de la solemnidad a cuyo canto todos los señores y viejos y gente principal respondían haciendo su rueda y baile como lo tienen de costumbre teniendo a los mozos y mozas en medio a cuyo espectáculo concurría toda la ciudad" (Sahagún). Los españoles combatieron toda forma de culto a las deidades locales, pero como subsistiera la danza, la incorporaron a las celebraciones cristianas, permitieron el baile en los atrios y en algunos casos dentro del templo, e hicieron variar el objeto de veneración, mediante innumerables adaptaciones coreográficas y de la indumentaria, a fin de ajustar el baile a las condiciones del culto importado. *Los voladores* de Papantla, el *Venado* de los yaquis o los *Acatlaxquis* de la sierra Norte de Puebla se cuentan entre las no pocas danzas autóctonas que han llegado hasta nuestros días. Otras han sobrevivido con las modalidades anotadas y continúan cumpliendo una función principalmente religiosa, en algunos casos dirigida a la veneración clandestina de dioses propios, como sucede entre algunas etnias. Los evange-

lizadores también enseñaron a los indios algunas danzas europeas, como *Los Santiagos* o *Moros y Cristianos*. Para su exclusivo disfrute, los conquistadores introdujeron las danzas europeas que, a diferencia de las indígenas, eran para practicarse en salones, no en lugares abiertos, y con fines eminentemente lúdicos, de diversión, sin el tono doliente, suplicante de muchos bailes locales. Pese a las precauciones de los blancos, a fin de evitar la contaminación coreográfica, una y otra vertiente de la danza acabaron por influirse. En el siglo XVII son varias las capas sociales que se agitan con los mismos ritmos, lo que origina advertencias y reprobaciones que con todo recato reproducen las *Gacetas*. El afrancesamiento del último tercio de esa centuria altera la paz de las buenas conciencias, alarmadas por la contradanza. Los tocamientos y contoneos que se juzgan excesivos son reprobados sin misericordia, pero nada los detiene. A fines de ese siglo empiezan a visitar México grupos europeos de ballet o meros solistas, desconocidos al otro lado del Atlántico, pero que en México se convierten en célebres figuras de la escena. A principios de la pasada centuria ya existía el gusto por los más diversos bailes, como lo muestra una crónica del *Diario de México*, con fecha 26 de julio de 1807: "un paso de dos hecho con la superioridad del señor Demoulin. Las chaconas y pasacalles de Dupré, las piezas que bailaban Vestris y la señora Lany, un minuet, una contradanza, una alemanda, un bolero, ejecutados con maestría, ocupando aquí su lugar debido el rorro, la jarana, el jarave y otros sonecitos de nuestro país, piececillas cortas animadas de entusiasmo y viveza, chispillas llenas de fuego, chiste y gracia". El bolero, la contradanza y el minuet eran bailes de las clases pudientes. Por otra parte, pese a su incorporación a la coreografía formal, el jarabe continuaría siendo una danza del pueblo, para ejecutarlo en sus fiestas y en los figones, entre enormes cazuelas de mole y barricas de pulque junto a las cuales se desplazan la china y su com-

Danzas populares en México el siglo XIX

pañero. En plena guerra de Independencia, las celebraciones de ambos bandos incluyen bailes. En esos años, la púdica sociedad virreinal se estremece con las denuncias que llegan al Santo Oficio acerca del "pecaminoso e inhonesto baile introducido en el día con el nombre de vals, que ha transportado a este reino las corrompidas máximas de la desgraciada Francia". Los que se entregaban al desenfrenado ritmo no eran "solamente hombres vulgares y dados a la libertad" sino "también sujetos de distinción y carácter". La descripción de tan demoniaca danza era como sigue: "para comenzar a bailar toman a su compañera de la mano, siendo esto entre muchas parejas de hombres y mujeres de todos estados, comenzando a dar vueltas como locos se van enlazando cada uno con la suya, de manera que, la sala donde se ejecuta el enredo que forman, figura una máquina a la manera de los tornos que usan los que fabrican la seda, es una verdadera y bien concertada máquina donde traman y urden el modo de engañar y corromper a las jóvenes inocentes, atrayéndoles la voluntad con dichos salados y estimulantes, sin temor de que profanan con ellos su honestidad, antes bien, continúan variando con muchas posturas indecorosas, procurando cada uno en las que hace (a su idea y antojo) que sean de aquellas más adecuadas para manifestar su dañada intención y las significativas de sus desordenados

El Cascanueces por el Taller coreográfico de la UNAM

apetitos, brotando de cada uno de sus movimientos la devoradora llama de la concupiscencia que se encierra en su dañado corazón". El triunfo del Plan de Iguala se celebra, por supuesto, con bailes callejeros y de salón. Estos continúan durante el primer imperio y resisten su caída y el arribo de la era republicana, en la cual Vicente Guerrero es acusado de jugador y mujeriego, pues se le ve con frecuencia en los bailes. Durante la epidemia de cólera de 1833, el pueblo canta y baila *El telele*, imitando el rictus de los moribundos a causa de ese mal. Tanta es su popularidad que las autoridades acaban por prohibirlo. En las Fuentes Brotantes, en Tlalpan, los multitudinarios bailes dominicales acaban frecuentemente en borrachera y riña colectiva. Un testimonio de 1840 elogia la gracia y agilidad de las jarochas para bailar la *Bamba*. En la misma década, los polkos toman su nombre de la danza en boga. Al ocupar la ciudad de México en 1847, la soldadesca estadounidense se reune a bailar con las "Margaritas", como se llama a las prostitutas. Los mexicanos, en respuesta, hacen muy popular el son *La pasadita*, en el cual se satiriza a los invasores y sus ocasionales parejas. En plena intervención francesa, los emperadores ofrecen grandes saraos en el alcázar de Chapultepec o asisten a los muchos que se les ofrecen, en los cuales se baila la polka y la mazurka. Por su parte, los republicanos, en la precariedad material en que se hallan, pueden dar a Juárez, el líder itinerante, recep-

ciones que incluyen varias horas de música y baile. Son días en que los soldados franceses estrechaban a las hijas de la *buena sociedad* y, por su parte, los guerrilleros chinacos y sus mujeres, en las guaridas serranas, bailan *Adiós Mamá Carlota*. El porfiriato vuelve a establecer una estratificación social que se refleja en el baile: los pudientes danzan en Palacio, en el Jockey Club o en los salones de moda; la plebe en la ranchería, el barrio, la vecindad. México recibe a compañías de ballet segundonas en Europa, pero muy apreciadas por el público local. Es en los años del caudillo tuxtepecano cuando cobra carta de naturalización "lo mexicano", poco importa que los indios de Saturnino Herrán parezcan dioses de la Grecia Clásica, el hecho es que se busca un arte nacional, y en medio de ese afán se rescatan algunas danzas folklóricas, como es el caso del jarabe. En 1910 se rompe el orden tan detalladamente impuesto por Díaz y una masa de millones de seres se lanza a combatir por todo el país. Hay poco tiempo para diversiones, pero eso no impide que caudillos como Obregón, Villa o el propio Carranza se lancen a la pista cuando hay ocasión. Triunfante el Estado revolucionario, se reanudan las presentaciones de artistas europeos, entre los cuales viene un conjunto de artistas rusos encabezado por Ana Pavlova. La diva y su grupo asisten a una demostración popular de jarabe y lo incorporan a su repertorio coreográfico. Así, mientras los generales triunfadores ofrecen grandes saraos a los que tarda en asistir la desplazada aristocracia porfiriana, la gente común vuelve a las fiestas de ranchería y de barriada, añade el baile a las tradicionales posadas y a toda celebración digna de ese nombre. Para su deleite, empiezan a surgir salones populares y hasta hubo un audaz que en los años veinte intentó alquilar el semiconstruido Palacio de Bellas Artes para convertirlo en sala de baile. En 1920 se abre el Salón México y en los años treinta el Salón Colonia. El primero excitó de tal manera a Aarón Co-

pland (☞), que escribe una composición titulada precisamente *Salón México*. En esos lugares el danzón (☞) es la música indiscutiblemente favorita y disfrutada. También, bajo el amparo del nuevo orden, los bailes populares son ejecutados en todas las escuelas del país. El gobierno organiza compañías de danza folclórica que recogen y estilizan bailables de varias épocas, desde la era prehispánica hasta nuestros días. La danza escénica cuenta, asimismo, con el apoyo estatal. En 1931 se crea la Escuela de Danza del Departamento de Bellas Artes y sus primeros directores son Carlos Mérida y Carlos Orozco Romero, pintores ambos. Ahí se imparte enseñanza de ballet clásico junto a materias como bailes mexicanos y bailes populares extranjeros. No casualmente, el primer espectáculo público que ofrecen los alumnos y profesores de la escuela es un Festival de Danzas Mexicanas, con coreografía de Gloria Campobello. Ésta y su hermana Nellie fundan el Ballet de la Ciudad de México y forman a varias generaciones de artistas. En 1934, poco antes de que fuera inaugurado el Palacio de Bellas Artes, viene por primera vez a México la bailarina estadounidense Waldeen, quien se presenta en algunos escenarios con números de danza moderna, lo que constituye una revelación en el mundillo artístico mexicano. En la misma década se abre la Academia de Estrella Morales, por donde pasan alumnas como Josefina Lavalle, Amalia Hernández y Guillermina Bravo. Ésta es invitada por Waldeen, en 1939, a formar parte de su grupo, el primero de danza moderna que hubo en México. En ese año, al frente de un grupo de bailarinas estadounidenses se presenta también Ana Sokolow, fundadora del grupo La Paloma Azul, quien al igual que Waldeen influye decisivamente en el curso de la danza mexicana. El país vive el último tramo del sexenio cardenista y en todas las manifestaciones artísticas está presente el nacionalismo revolucionario, el afán de rescatar lo propio y darle proyección universal. En ese contexto, es del todo natural que coreógrafos y bailarines cuenten con el concurso de otros creadores (músicos, pintores y escritores), entre ellos los españoles exiliados al término de la guerra civil (Halffter y Bergamín, por citar sólo dos). En 1947 se funda la Academia de la Danza Mexicana del INBA, que aporta los elementos para integrar, en 1949, el Ballet Oficial de Bellas Artes. En 1949 el INBA funda su Departamento de Teatro y Danza, a cargo de Fernando Wagner. Un año después se transforma en Departamento de Danza y lo dirige Miguel Covarrubias, quien a principios de los cincuenta invita a México a José Limón, a quien había conocido en Nueva York. En la misma época, Guillermina Bravo funda el Ballet Nacional y empiezan a destacar figuras como Ana Mérida, Josefina Lavalle, Lupe Serrano y Amalia Hernández, quien crea en 1952 el Ballet Folclórico de México. En 1956, la Academia de la Danza Mexicana y el Ballet de Bellas Artes se separan: la primera tendería a ser un taller de coreografía y a preparar nuevos cuadros, mientras el segundo se dedicaría a la investigación e interpretación de la danza. Al terminar la década de los años cincuenta declina el intenso movimiento dancístico nacional. Surge, sin embargo, una segunda generación de coreógrafos y bailarines (Luis Fandiño, Raúl Flores Canelo, Carlos Gaona y la italiana Rossana Filomarino). Autónomo, pero con amplísimo apoyo institucional, el Ballet Folclórico de Amalia Hernández recorre el mundo. Hacia 1964 el ballet clásico se refugia en el Instituto Nacional de Bellas Artes, con la Compañía Nacional de Danza, que a partir de 1977 tendrá carácter plenamente institucional. Es hasta los años setenta cuando se inicia un nuevo auge. Regresa a México Gloria Contreras, quien había pasado 14 años en Nueva York estudiando y trabajando con George Balanchine. La Contreras funda el Taller Coreográfico de la UNAM en el cual se combina un grupo de artistas veteranos con bailarines muy jóvenes, lleva el ballet a todas las escuelas

y fuera del ámbito universitario; organiza una escuela de danza e impone la costumbre de dialogar con los espectadores al término de cada función, lo que permite crear en pocos años un público para los espectáculos dancísticos, hecho que se refleja en un aumento constante del número de asistentes. Ballet Independiente, Ballet Contemporáneo, Ballet Teatro del Espacio y Danza Libre Universitaria son algunas de las compañías más estables de los últimos lustros. Junto a ellas surgen y desaparecen decenas de grupos que, pese a su precariedad económica, muestran el creciente interés por la danza, como lo prueba la celebración del Día Internacional de la Danza, organizado por la Coordinación de Danza del INBA que, en los foros del Centro Nacional de las Artes atrajo, el 29 de abril de 1999, a más de 90 mil espectadores en 14 horas de actividades y con la presencia de más de mil bailarines y 80 compañías.

DANZÓN ◆ Género musical nacido en Cuba a partir de la contradanza española, sazonada con la cadencia e instrumentación caribeñas, y llegado a México, vía Veracruz, a fines del siglo XIX. En 1879, según los estudiosos, en Cuba tuvo gran éxito *A las alturas de Simpson*, el danzón más antiguo que se conoce. Uno de los primeros registros del danzón en México se encuentra en la novela *Santa* (1903), de Federico Gamboa, que hace aparecer a ese ritmo antillano en un baile de la burguesía porfiriana. Después de sonar en los barrios pobres de Veracruz, pasó a la ciudad de México, donde tuvo muy buena acogida. En la segunda década del siglo XX el danzón rivalizaba con los valses y las polkas que, en toda fiesta, bailaban las clases populares. En lugares como Xochimilco, Tláhuac o Iztapalapa el danzón se ligó con los festejos religiosos de la Semana Santa o del 12 de diciembre. Era costumbre de los chinamperos de Xochimilco hacer peregrinaciones los Viernes de Dolores al Zócalo, por el canal de La Viga y bordeando las lagunas de Balbuena y Jamaica, a ritmo de danzón, por lo que cerca de una de las

paradas de ese camino, en Santa Anita, se abrió en 1908 el salón Los Sabinos, uno de los más famosos salones de baile de la ciudad de México a principios de siglo. En 1905 se inauguró la Quinta Corona, en el norte de la capital, y a partir de entonces proliferaron los sitios dedicados a bailar danzón, algunos de los cuales alcanzaron cierto renombre: el Mignon, en Mixcoac; la Quinta La Granja, en la calzada de Guadalupe, y el salón Academia Metropolitana, en la plaza Santos Degollado. En la Quinta Corona los parroquianos podían bailar, tomar atole y comer tamales, todo por seis centavos. La Quinta Corona tuvo una rival, la Quinta La Granja: los clientes de ambos salones danzoneros desarrollaron una gran rivalidad. A la Academia Metropolitana, inaugurada en 1908 en el centro de la ciudad, iban burócratas y empleados pertenecientes a la clase media. Fue precisamente en la Academia donde se realizaron los primeros concursos de danzón. Vinieron después el Cervantes (abierto en 1909 cerca de la cárcel de Lecumberri), el Olimpia o Progreso y el Bucareli Hall. En 1910 se inauguró el Alhambra y durante los siguientes diez años, el Tívoli, el Azteca y el Allende. En 1920 se inauguró el Salón México, abierto a parroquianos de cualquier estrato social. En el Salón México se dieron a conocer Tiburcio Hernández *Babuco*, Amador Prieto Dimas y Consejo Valiente Robert, conocido como *Acerina*. Otros salones dedicados al danzón se inauguraron después: el Colonia (abierto en 1923 en la colonia Obrera, aún activo), Los Ángeles (inaugurado en 1937 en la colonia Guerrero y aún en funcionamiento), La Playa (en Tepito), el Unión (Peralvillo), el Smyrna Club (en Izazaga, donde solía bailar Adalberto Martínez, *Resortes*. el Fénix, el Anáhuac, el Champotón, el Yate de la Alegría y el Astoria. A ellos se sumó, en la década de los cincuenta, el California Dancing Club, que si bien en sus orígenes estaba dedicado exclusivamente al danzón, al correr del tiempo ha incorporado todo tipo de ritmos tropicales y afrocaribeños e incluso música de la llamada "onda grupera". En la década de los 90, el compositor sonorense, Arturo Márquez, ha compuesto una serie de obras sobre este género, de las cuales el *Danzón número 2* para orquesta sinfónica (1992) ha tenido un éxito tan extraordinario en las salas de conciertos mexicanas y extranjeras como el que en su momento tuvo el *Huapango* de José Pablo Moncayo.

DANZÓS PALOMINO, RAMÓN ◆ n. en Bacadéhuachi, Son. (1918). Profesor normalista (1937). Al tiempo que ejercía el magisterio participó en luchas agrarias desde 1935. Fue militante y miembro de la dirección del PCM (1936-81), fundador y militante del PSUM (1981-87), el PMS (1987-89), el PRD (1989-) y Democracia Social. Por acuerdo del PCM, contribuyó a la fundación del Partido Popular (1948-53). Desde 1942 es miembro de la mesa directiva de la Federación de Obreros y Campesinos del Sur de Sonora. Presidente de la Sección Sonora de la Unión de Empleados y Trabajadores del Banco Nacional de Crédito Ejidal (1945-47). Fue secretario general de la CCI (1964-75), luego convertida en CIOAC. Vicepresidente de la Unión Internacional de Sindicatos de Trabajadores de la Agricultura, Bosques y Plantaciones (1966-). Es presidente de la Unión Nacional de Crédito Agropecuario, Forestal y de Agroindustrias de Ejidatarios, Comuneros y Pequeños Propietarios Minifundistas. Fue candidato a gobernador de Sonora (1958) y a la Presidencia de la República por el FEP (1963-64). Diputado federal (1979-82 y 1985-88). Por motivos políticos ha estado en prisión siete veces en Sonora (1943, 1949-53, 1956, 1958 y 1967-68); una en Nueva York, de donde fue deportado a París (1953); dos en Puebla (1964-65 y 1973-74); y en el DF (1967) y (1969-71).

DARIÉN, JEBERT ◆ n. y m. en el DF (1921-1990). Actor y director de teatro, televisión y cine. Su nombre era Jebert Walla Martínez. Estudió actuación y dirección en el INBA y, becado en París, dirección teatral. Profesor del Instituto Andrés Soler. Pionero de los teleteatros en México, en los canales 13 y 11 de televisión montó obras clásicas y del teatro del absurdo. Actuó profesionalmente por primera vez en la obra teatral *Salomé* (1944) y continuó en *Casa de Muñecas*. En cine participó en las películas *San Felipe de Jesús*, *Furia roja* y *La mujer del puerto*. Dirigió, entre otras obras de teatro, *La puta respetuosa* (1948), *Hoy invita la Güera* (1955), *Maxtla*, *El Rabinal Achí*, *Los Persas*, *A puerta cerrada*, *El diablo y el buen Dios*, *Loa al divino Narciso*, *La cena del rey Baltasar*, *Diferente*, *Antígona* y *El vuelo* (1990, su última puesta en escena). Miembro de la Asociación Nacional de Actores desde 1962. Medalla Virginia Fábregas por 25 años de actividad profesional.

D'ARTIGUES BEAUREGARD, KATIA ◆ n. en el DF (1972). Periodista. Estudió ciencias de la comunicación en la Universidad Anáhuac. Reportera fundadora del periódico *Reforma* en 1993. En 1994 cofundó la sección de Espectáculos de *El Financiero* donde también se encarga de la sección *Escenas* y de la columna *La créme de la créme*. También colabora en el programa *En blanco y negro* de Multivisión y conduce el programa *El Zoológico* en FM Globo.

DARWIN, CHARLES ROBERT ◆ n. y m. en Gran Bretaña (1809-1892). Naturalista. En 1859 publicó *On the Origin of Species by Means of Natural Selection or the Preservation of Favoured Races on the Struggle for Life*, conocido en español sencillamente como *El origen de las especies*. Las ideas darwinianas empezaron a difundirse en los círculos intelectuales en los años setenta y, al triunfo del Plan de Tuxtepec, pasaron a formar parte de la ideología oficial. Según José Ruiz de Esparza, estudioso del tema, "con su tesis de supervivencia del más apto, el evolucionismo, que llega a México en los albores del porfiriato, permite al grupo gobernante y a los científicos que rodean a Díaz justificar su posición de poder". De acuerdo con el mismo autor, "antes de finalizar el siglo se enseña ya oficialmente el evolucionismo en la Escuela Normal, y son los maestros egresados de ella quienes se encargarán de transmitirlo. En la difusión del darwinismo intervienen de manera muy importante el maestro Justo Sierra y su hermano Santiago".

DAU FLORES, ALFONSO ◆ n. en Magdalena, Jal. (1934). Licenciado en economía por la Universidad de Guadalajara, de la que fue profesor. Fundador, presidente y director general del periódico tapatío *Siglo 21*.

DAU FLORES, ENRIQUE ◆ n. en Magdalena, Jal. (1933). Ingeniero civil por la Universidad de Guadalajara (1950-55), de la que fue profesor (1957-62 y 1964-67). Miembro del PRI desde 1962. Trabajó para empresas privadas. En el sector público ha sido director de Vivienda del Ayuntamiento de Guadalajara (1970-73), director general de Tecnología para la Autoconstrucción (1977-78) y director general de Agua Potable y Alcantarillados de la SAHOP (1978-82); director general de Agua Potable y Alcantarillados de la Sedue (1982-85), director del Programa de Reconstrucción Habitacional Fase II en el DF (1986-88), secretario de Desarrollo Urbano y Rural del gobierno de Jalisco (1989-91) y presidente municipal de Guadalajara (1991-93), cargo al que debió renunciar por el estallido del drenaje que costó numerosas vidas.

DAUAJARE TORRES, FÉLIX ◆ n. en San Luis Potosí, SLP (1920). Licenciado en derecho por la Universidad Autónoma de San Luis Potosí, donde hizo estudios de letras españolas. Fue presidente de la Junta de Conciliación y Arbitraje, diputado federal y director de Educación Pública en la entidad. Autor de poesía: *De tu mar y de mi sueño* (1952), *Definiciones* (1960), *Cuarta dimensión* (1963), *El que domina la aurora* (1963), *La razón de la noche* (1965), *Teotihuacán. Nice* (1965), *El reino milenario* (1966), *Xipe Totec* (1967), *Diario de soledad y comunicación* (1968) y *Color de fuego y tiempo* (1969).

DÁVALOS, BALBINO ◆ n. en Colima, Col., y m. en el DF (1866-1951). Abogado. Diplomático desde 1897. Fue encargado de negocios de la embajada mexicana en Washington (1906-1907 y

1909-1910). Profesor de las universidades de Columbia, Minesota y Nacional de México, de la que fue rector interino. Colaboró en la *Revista Azul*, la *Revista Moderna* y otras publicaciones literarias. Tradujo del alemán (Lumholtz), francés (Gautier, Verlaine), inglés (Poe, Longfellow, Whitman) e italiano (Stechetti). Parte de sus traducciones del francés y el inglés las reunió en *Musas de Francia* (1913) y *Musas de Albión* (1930). Autor de *Ensayo de crítica literaria. Sobre la poesía horaciana en México* (1901), *La rima en la antigua poesía clásica romana* (1930) y el volumen de poesía *Las ofrendas* (1909). En la Academia Mexicana (de la lengua) fue miembro correspondiente desde 1901 y de número desde 1909.

DÁVALOS, FELIPE ◆ n. en el DF (1942). Pintor y grabador. Estudió en la Academia Libre de Arte y Publicidad, en La Esmeralda y en la Escuela de Diseño y Artesanías. Ha expuesto en México y en Estados Unidos. Obtuvo el Primer Premio Internacional para Libros Infantiles Ezra Jack Keats (1986), por *Un asalto mayúsculo*, obra de Vicky Nizri que él ilustró.

DÁVALOS, MARCELINO ◆ n. en Guadalajara, Jal., y m. en la ciudad de México (1871-1923). Abogado. Se incorporó a la revolución en las fuerzas de Carranza y fue oficial mayor de la Secretaría de Relaciones Exteriores, donde fungió como encargado del despacho (diciembre de 1914 a enero de 1915). Diputado constituyente (1916-17) y a otras legislaturas. Colaboró en *El Universal* y en publicaciones literarias. En su bibliografía hay piezas teatrales: *El último cuadro* (1900), *Guadalupe* (1903), *Así pasan* (1908), *Jardines trágicos* (1909), *Águilas y estrellas* (1916), etc; cuentos: *Carne de cañón* (1915); y poesía: *Mis dramas íntimos, Iras de bronce*, etc.

DÁVALOS, RAFAEL ◆ m. en Guanajuato, Gto. (¿1782?-1810). Insurgente. Estudió en el Colegio de Minería. Trabajaba en la mina La Valenciana, en Guanajuato, a la llegada de las fuerzas de Hidalgo, a las que se unió bajo el mando de José Casimiro Chovell. Fue aprehendido al ocupar Calleja la plaza y fusilado.

DÁVALOS, TRINIDAD ◆ n. y m. en Toluca, Edo. de Méx. (¿1825?-1885). Abogado. Fue profesor del Instituto Literario de Toluca, del que llegó a ser director en dos ocasiones.

DÁVALOS COTONIETO, PEDRO ◆ n. en el DF (1945). Pintor, grabador y escultor. Estudió en la Escuela Nacional de Artes Plásticas, donde ha sido profesor. Expone desde 1968. Hizo dos reproducciones de la Coyolxauhqui que se hallan en Japón. Es autor del *Ocelotl Cuahuxicalli* de la Central de Autobuses Poniente del Distrito Federal.

DÁVALOS HURTADO, EUSEBIO ◆ n. y m. en la Cd. de México (1909-1968). Se tituló en la Escuela Nacional de Medicina Homeopática (1938) y en la Nacional de Antropología e Historia (1944). Obtuvo la maestría en la UNAM y estudió en París con el etnólogo Paul Rivet. Fue director de la Escuela Nacional de Antropología e Historia (1950), del Museo Nacional de Antropología (1952-56) y del Instituto Nacional de Antropología e Historia (1956-68). Desde este puesto promovió la construcción de los museos de Antropología y del Virreinato, así como las obras de preservación de Teotihuacán. Ocupó la presidencia del Consejo Internacional de Museos de la UNESCO (1957). Colaboró en publicaciones especializadas y dirigió el *Boletín Bibliográfico de Antropología Americana* (1953-58). Autor de *Temas de antropología física* (1966), *Alimentos básicos e inventiva culinaria del mexicano* (1966) y *Oro y piedras finas en el México prehispánico* (1969).

DÁVALOS MARTÍNEZ, VENTURA ◆ n. en San Luis Potosí, SLP, y m. en la Cd. de México (1858-1926). Hizo estudios sacerdotales y de leyes en el Instituto Literario del estado. Fue cofundador de *El Defensor Católico* (1875) y colaborador de *El Pensamiento, La Industria, La Voz de San Luis* y otras publicaciones.

DAVID, JULIA ◆ ☞ Ramírez David, Julieta.

DAVID DAVID, SAMI ◆ n. en Acapetahua, Chis. (1950). Licenciado en ciencias políticas y administración pública por la UNAM (1969-73). Desde 1967 es miembro del PRI; fue presidente de la comisión nacional de información del comité ejecutivo nacional (1987), miembro del consejo consultivo del IEPES y redactor del periódico *El Revolucionario*. Fue director administrativo de la CNOP, secretario particular del secretario de Gobernación, director general de Banobras y director general de Investigaciones Políticas de la Secretaría de Gobernación; diputado federal en dos ocasiones (1982-85 y 1988-91) y senador (1994-2000). Pertenece al Instituto Nacional de Administración Pública y al Colegio de Licenciados en Ciencias Políticas y Administración Pública. En 1978 recibió el Premio Nacional de Administración Pública.

DÁVILA, AMPARO ◆ n. en Pinos Altos, Zac. (1928). Escritora. Ha colaborado en *Estilo* y *Cuadrante* de San Luis Potosí; *Ariel* y *Summa*, de Guadalajara; y en las revistas *de Bellas Artes, de la Literatura Mexicana* y *de la Universidad*, en la capital del país. Autora de poesía: *Salmos bajo la luna* (1950), *Meditaciones a la orilla del sueño* (1954) y *Perfil de soledades* (1954); y cuento: *Tiempo destrozado* (1959), *Muerte en el bosque* (1959), *Música concreta* (1964), *Árboles petrificados* (1977) y *Amparo Dávila* (1992). Becaria del Centro Mexicano de Escritores (1966-67) y premio Xavier Villaurrutia (1977).

DÁVILA, COSME ◆ n. en Cerritos, SLP, y m. en el DF (1873-1946). Perteneció a la Unión Sindical de Sastres. Participó en la revolución dentro de las filas del constitucionalismo. Diputado por San Luis Potosí al Congreso Constituyente (1916-17). Se dio de baja en 1918 y volvió a su oficio.

DÁVILA, DANIEL ◆ n. y m. en Puebla, Pue. (1843-1924). Pintor. Estudió en San Carlos Con Rebull y Velasco. Fue director de la Academia de Bellas Artes de Puebla durante 26 años. Con su cuadro *Indolencia* ganó un premio en 1881. Obras suyas se encuentran en iglesias de Puebla y Oaxaca.

DÁVILA, GREGORIO ◆ n. en Ameca y m. en Guadalajara, Jal. (1810-1868). Abogado. Fue gobernador de Jalisco en 1852, en 1856 y en 1856-57.

Marcelino Dávalos

DÁVILA, JOSÉ MARÍA ◆ n. en Mazatlán, Sin., y m. en Cuernavaca, Mor. (1897-1973). Fue dos veces diputado federal, senador por Sinaloa y gobernador de esta entidad (1936-38). Ocupó otros cargos públicos y fue embajador en Brasil y Guatemala.

DÁVILA AGUIRRE, VICENTE ◆ n. en Ramos Arizpe, Coah., y m. en el DF (1887-1960). Ingeniero mecánico con estudios en Saltillo y EUA. Antirreeleccionista. Diputado local en Coahuila cuando ocurrió el cuartelazo de Victoriano Huerta. Se une al ejército constitucionalista en el que alcanza el grado de general. En 1923 participó en la rebelión delahuertista. Gobernador provisional de San Luis Potosí en 1915. Senador de la República (1958-60).

DÁVILA GARIBI, IGNACIO ◆ n. en Guadalajara, Jal., y m. en el DF (1888-1981). Abogado. Profesor de la UNAM y otros centros de estudio. Ejerció el periodismo desde su adolescencia. Autor de una copiosa obra en la cual se hallan *Breves apuntes sobre el episcopado mexicano* (1910), *Episodios de la vida de Nezahualcóyotl* (1913), *La obra civilizadora de los misioneros de la Nueva Galicia* (1917), *Memorias tapatías* (1920), *Colección de documentos históricos inéditos o muy raros referentes al arzobispado de Guadalajara* (6 t., 1922-27), *Manual de historia de Jalisco* (1927), *Los aborígenes de Jalisco* (1933), *La toponimia mexicana en boca de nuestros pregoneros, copleros, cancioneros y otros ingenios populares* (1946), *Genealogía de don Miguel Hidalgo y Costilla* (1951). Perteneció a la Sociedad Mexicana de Geografía y Estadística, a las academias Mexicana de Genealogía y Heráldica, Mexicana de la Historia y Mexicana de la Lengua.

DÁVILA GÓMEZ PALACIO, ROBERTO ◆ n. en el DF (1931). Licenciado en economía por la UNAM (1959), donde fue profesor (1959-63). Miembro del PRI. Ha sido director de Asuntos Económicos Internacionales de la Secretaría de Industria y Comercio (1970-76), director general de Cooperación Económica Internacional de la Secretaría de Comercio (1976-82) y director general

de Transacciones Internacionales de la SEMIP (1982-). Presidente del Colegio Nacional de Economistas (1983-85).

DÁVILA MARTÍNEZ, GUILLERMO ◆ n. en Guadalajara, Jal. (1925). Empresario y político. Estudió contaduría. Desde 1959 es miembro del PRI. Presidente del Consejo de Administración de Transportes Norte de Sonora (1974-83), de Transportes Caballero Azteca (1975-83), de Central de Autobuses Hermosillo (1975-83) y de Central de Autobuses Morelia (1981-83). Fue también tesorero de Viajes Mexicorama (1976-83). Ha ocupado cargos directivos en la Cámara Nacional de Transportes y Comunicaciones. Diputado federal (1982-85).

DÁVILA MENDOZA, MIGUEL ÁNGEL ◆ n. en el DF (1934). Contador público (1963) con maestría (1964) y doctorado por el IPN (1965). Miembro del PRI desde 1972. Ha sido subdirector (1971-74) y director general de Egresos de la Secretaría de Hacienda (1975-76); director adjunto de la Asociación Hipotecaria Mexicana (1977-78), director corporativo de Planeación Financiera de Somex (1978-79); director general de Política Presupuestal (1979-81) y subsecretario de Presupuesto de la SPP (1981-82); director general de Fertimex (1982-88) y delegado del DDF en Magdalena Contreras (1988-). Fue presidente del Grupo México de la Asociación Internacional de Contadores (1966) y presidente fundador de la Asociación Mexicana de Presupuesto Público (1981-82).

DÁVILA NARRO, JESÚS ◆ n. en Saltillo, Coah. (1947). Egresado de la Escuela Superior de Maestros de Saltillo (1965-69) y licenciado en derecho (1971) y en lengua y literatura españolas por la Universidad de Coahuila (1975). Profesor de la UNAM. Desde 1969 es miembro del PRI, del que ha sido comisionado ante la Comisión Federal Electoral (1982). Diputado federal y comisionado de la Cámara de Diputados ante la Comisión Federal Electoral (1973-76), asesor de la Secretaría de Relaciones Exteriores (1976-77), director general del Consejo Editorial de la PGR (1979-82), gerente general de Desarrollo de la Comunidad en Fona-

tur (1980-82), subsecretario de Gobernación (1982-84) y delegado en Cuauhtémoc (1994-96). Autor de *Un día con el señor presidente* (1969) y *Participación legislativa 1973-76* (1976).

DÁVILA PADILLA, AGUSTÍN ◆ n. en la Cd. de México y m. en Santo Domingo (1562-1604). Fraile dominico. Impartió cátedra en la Real y Pontificia Universidad de México. Salió de Nueva España en 1593. En 1599 fue designado arzobispo de Santo Domingo. Autor de una *Historia de la provincia de Santiago de México* (1596) en la que narra lo realizado por su orden en Nueva España.

DÁVILA Y PRIETO, JESÚS ◆ n. y m. en Monterrey, NL (1805-1875). Abogado. Fue el primer director del Colegio Civil (1839) y gobernador de Nuevo León (1939-41).

DÁVILA RODRÍGUEZ, FRANCISCO JOSÉ ◆ n. en Monterrey, NL (1946). Empresario. Licenciado en economía por el ITESM. Militante del PRI desde 1970. Ha sido presidente de la Cámara Nacional de Autotransporte de Carga, de la Alianza de Transporte de América del Norte, Unión de Crédito del Autotransporte de Carga, Instituto Nacional de Capacitación y Adiestramiento para Trabajadores del Autotransporte, grupo empresarial ATMM, club de futbol Santos Laguna, Fundación Colosio, Cambio XXI en Coahuila y Confederación Nacional de Autotransportistas, así como vicepresidente de la Cruz Roja de Torreón. Diputado federal (1991-94) y senador (1994-2000).

DAVINO, DUILIO ◆ n. en León, Gto. (1976). Futbolista. Su nombre completo es Duilio César Jean Pierre Davino Rodríguez. Defensa central de los equipos Tecos y América, sucesivamente. Como seleccionado nacional participó en los Juegos Olímpicos de Atlanta (1996), en la Copa América (1997) y en el Campeonato Mundial de Francia (1998).

DAVÓ LOZANO, JORGE ◆ n. y m. en el DF (1920-1996). Periodista. Fue reportero de las revistas *Hoy, Mañana, Siempre!* y de los diarios *Novedades* y *Excélsior* (1953-68). Dirigió *Ovaciones* y *La Voz de la Frontera*, en Tijuana, donde también fundó *El Centinela*. Premio Nacional de Periodismo en 1986.

DEBERNARDI DEBERNARDI, RODOLFO
◆ n. en Nogales, Ver. (1940). Militar egresado del Colegio del Aire, licenciado y maestro en administración sobre seguridad y defensa nacionales, estudió mando y estado mayor aéreo en la Escuela Superior de Guerra y se especializó en inteligencia policial y antiterrorismo en Francia. Fue director de operaciones aéreas (1989) y director general de servicios aéreos de la PGR, delegado en Tamaulipas de la Procuraduría Federal del Consumidor y miembro del Estado Mayor de la Secretaría de Seguridad Pública del DDF. Secretario de Seguridad Pública del Gobierno del DF (1997-98).

DEBROISE, OLIVIER ◆ n. en Israel (1952). Reside en México desde 1970. Ha colaborado en *La Cultura en México*, *unomásuno*, *La Jornada* y otras publicaciones, donde han aparecido sus trabajos de crítica de artes plásticas. Autor de *Diego de Montparnasse* (biografía, 1979), *Figuras en el trópico* (ensayo, 1984), *Antonio Ruiz, El Corcito* (1987), *Sobre la superficie bruñida de un espejo* (en colaboración, 1989) y *Alfonso Michel, el desconocido* (1992). Ha escrito el texto de los catálogos de varias exposiciones y es también autor de las novelas *En todas partes, ninguna* (1985) y *Lo peor sucede al atardecer* (1990). Se encargó de la antología de textos y, con Alba C. de Rojo, hizo la investigación y selección de fotos para el libro *Rivera. Iconografía personal* (1986).

DECENA TRÁGICA ◆ Nombre que se da a los hechos ocurridos en la capital de la República del 9 al 19 de febrero de 1913, cuando se sublevó un grupo de generales porfiristas encabezado por Bernardo Reyes, quien murió en el intento de tomar el Palacio Nacional. Atrincherados en la Ciudadela, los alzados hostilizaron a la población civil y causaron cientos de muertos. Victoriano Huerta, comandante de las fuerzas supuestamente leales, se reunió en la sede diplomática de Estados Unidos con Félix Díaz, hasta entonces jefe de la asonada, y ambos, junto con el embajador

Henry Lane Wilson, decidieron aprehender al presidente Francisco I. Madero y al vicepresidente José María Pino Suárez para que el propio Huerta, luego de un interinato de 45 minutos de Pedro Lascuráin, asumiera la presidencia. Poco después serían asesinados Madero y Pino Suárez.

DECORME, GERARD ◆ n. en Francia y m. en EUA (1874-1965). Jesuita. Llegó a México alrededor de 1893, y de 1899 a 1913 fue a radicar en Estados Unidos. Autor de una *Historia de la Compañía de Jesús en la República Mexicana durante el siglo XIX*. Los tomos sucesivos de esta obra fueron publicados originalmente en 1914, 1921 y 1959 (el cuarto volumen quedó inédito). Publicó también *La obra de los jesuitas mexicanos en la época colonial, 1572-1767* (1941).

DECRETO CONSTITUCIONAL PARA LA LIBERTAD DE LA AMÉRICA MEXICANA
◆ Ley fundamental elaborada por el Congreso convocado por José María Morelos con carácter constituyente. La asamblea se instaló en Chilpancingo el 14 de septiembre de 1813. Estuvo integrada por dos diputados elegidos popularmente, José Murguía por Oaxaca y José M. Herrera por Tecpan; y tres designados, Ignacio López Rayón, José María Liceaga y Sixto Verduzco, vocales de la Junta de Zitácuaro; más Carlos María de Bustamante, José María Cos y Andrés Quintana Roo en calidad de suplentes. Rayón presentó un proyecto conocido por los *Elementos Constitucionales*, en tanto que Morelos hizo leer en la inauguración del Congreso sus Sentimientos de la Nación, conjunto de propuestas que tomaron en cuenta los representantes, en especial la reasunción de la soberanía nacional y, por lo tanto, el desconocimiento de Fernando VII o de quien ocupare el trono español como monarca de los mexicanos. Empujado por los riesgos de la guerra, el Congreso tuvo que desplazarse por un amplio territorio mientras proseguía sus debates, hasta que en el Palacio Nacional del Supremo Congreso Mexicano en Apatzingán, el 22 de octubre de 1814, "año quinto de la independencia", fue san-

cionada por los diputados José María Liceaga, por Guanajuato y presidente del cuerpo constituyente; José Sixto Verduzco, por Michoacán; José María Morelos, por el Nuevo Reino de León; José Manuel de Herrera, por Tecpan; José María Cos, por Zacatecas; José Sotero de Castañeda, por Durango; Cornelio Ortiz de Zárate, por Tlaxcala; Manuel de Alderete y Soria, por Querétaro; Antonio José Moctezuma, por Coahuila; José María Ponce de León, por Sonora, y Francisco de Argándar, por San Luis Potosí. Firmaron como secretarios, Remigio de Yarza y Pedro José Bermeo. Una nota de Yarza asentó que Rayón, Quintana Roo, Bustamante, Manuel Sabino Crespo y Antonio de Lesma, "aunque contribuyeron con sus luces a la formación de este decreto, no pudieron firmarlo por estar ausentes al tiempo de la sanción, enfermos unos y otros empleados en diferentes asuntos al servicio de la patria". El documento fue publicado para su observancia el 24 de octubre de 1814 y tuvo vigencia en las zonas liberadas.

DEGOLLADO ◆ Municipio de Jalisco situado en el este de la entidad, en los límites con Michoacán y Guanajuato. Superficie: 305.05 km². Habitantes: 21,018, de los cuales 4,895 forman la población económicamente activa. Hablan alguna lengua indígena cinco personas mayores de cinco años.

DEGOLLADO ◆ Principal teatro de Guadalajara. Se construyó por iniciativa de Antonio Pérez Verdía, sobre un proyecto de Jacobo Gálvez. Santos Degollado, gobernador de Jalisco, ordenó la

Timbre mexicano con el tema del Decreto Constitucional para la Libertad de la América Mexicana

Olivier Debroise

Teatro Degollado, en Guadalajara, Jalisco

edificación mediante decreto del 12 de diciembre de 1855. Las obras se iniciaron en febrero siguiente y el 5 de marzo de 1856 el propio general Degollado puso la primera piedra. En 1858, con motivo de la guerra de los Tres Años, se suspendió la construcción, que fue reiniciada en 1859, cuando se terminó la bóveda central. Las interrupciones fueron frecuentes debido a la inestable situación que afrontaba el país. Llamado Juan Ruiz de Alarcón en sus inicios, al morir Degollado a manos de los conservadores, el gobernador de Jalisco, general Pedro Ogazón, ordenó que se pusiera al foro el nombre del combatiente liberal. En 1866, con los franceses e imperiales apoderados de Guadalajara, se le llamó de Alarcón y se ordenó al arquitecto Gálvez habilitar la parte interior, a fin de estrenarlo el 13 de septiembre de 1866, pese a que entonces no contaba con los pisos superiores. En esa fecha se presentó la compañía de Annibale Bianchi, quien se hallaba en México, y Ángela Peralta fue la protagonista de *Lucia di Lammermoor*, de Gaetano Donizetti. Los trabajos de edificación se reanudaron diez años después de la restauración republicana y cuando ya había triunfado el golpe de Estado de Porfirio Díaz, conocido como Plan de Tuxtepec. Fermín González Riestra, entonces gobernador, acordó en 1877 que se continuara la construcción del teatro al que otra vez se llamó Degollado. Fue entonces cuando se levantó el arco del escenario, se efectuaron diversos cambios y Felipe Castro pintó los murales conocidos como *Las famas y El tiempo y las horas*. En 1909 fue remozado, y el pintor Roberto Montenegro se encargó de la nueva ornamentación. Durante el gobierno de Juan Gil Preciado (1959-65) el teatro fue sometido a una reparación general, se unificaron las fachadas laterales y se sustituyó en el tímpano del pórtico el mosaico de Montenegro por un altorrelieve de mármol (*Apolo y las musas*).

DEGOLLADO, SANTOS ◆ n. en Guanajuato, Gto., y m. en

Santos Degollado

Salazar, Edo. de Méx. (1811-1861). Político liberal. Partidario del federalismo, participó en su primer hecho de armas en 1836. Cayó en prisión y poco después fue liberado. En 1839, después de incorporarse a otro levantamiento, vuelve a prisión y de nuevo liberado colabora con Melchor Ocampo en el gobierno de Michoacán. Incorporado al ejército, se adhiere en 1854 al Plan de Ayutla. Al triunfo de los rebeldes se le nombra gobernador de Jalisco (1855-56). Juárez lo designa en 1858 ministro de Guerra y general en jefe de las fuerzas republicanas y en 1860 ministro de Relaciones. En este año ordenó requisar un millón de pesos que un grupo de comerciantes pretendía sacar del país, hecho que le costó ser procesado. En 1861, al ser asesinado Melchor Ocampo, pidió su reincorporación a filas, lo cual se le concedió. Murió en el enfrentamiento con los conservadores en los Llanos de Salazar. Poco exitoso estratego, mostró sus mejores dotes en la organización de ejércitos, varios de los cuales creó a partir de cero.

DEHESA, CARMEN ◆ n. y m. en Jalapa, Ver. (1906-1998). Poetisa y pintora. Estudió restauración de arte en París, Boston y Washington. Bisnieta de Valentín Gómez Farías y nieta del ex gobernador veracruzano, Teodoro Dehesa.

DEHESA, GERMÁN ◆ n. en el DF (1944). Su segundo apellido es Violante. Estudió letras hispánicas en la UNAM, donde es profesor de literatura desde 1966. Hace guiones de televisión desde 1976. Condujo los programas *La Almohada*, en el Canal 13, y *El Ángel de la Noche*, en el Canal 40. Es colaborador de los diarios *El Norte*, *Reforma* y *Mural*, donde publica la columna "Gaceta del Ángel" (1993-). Dirigió la obra teatral

Foto: Fabrizio León

Germán Dehesa

Hedda Gabler (1981) y los *sketches* titulados *Tratadeus*, *Zedilleus*, *Cardeneus* y otros. Es autor de la "pastorela para tiempos de crisis" *Y después actuaremos nosotros* y del libro *Fallaste corazón* (textos periodísticos, 1996).

DEHESA, TEODORO A. ◆ n. y m. en Jalapa, Ver. (1848-1936). Político porfirista. Diputado local en 1872. Porfirio Díaz lo hizo director de la Aduana de Veracruz (1880-92), diputado federal, senador y gobernador de Veracruz (1892-1911). Becó a Diego Rivera para que estudiara en Europa. Cuando triunfó el maderismo se asiló en Cuba. Volvió a México durante el gobierno de Victoriano Huerta y, a la caída de éste, Carranza ordenó la confiscación de sus propiedades. Se fue a Estados Unidos y de ahí a Cuba. Regresó a principios de los años veinte, pero no volvió a intervenir en política.

DELAHANTY, GUILLERMO ◆ n. en Durango, Dgo. (1945). Licenciado, maestro y doctor en psicología por la Universidad Iberoamericana. Ha sido coordinador de psicología de la Universidad Autónoma Metropolitana plantel Xochimilco. Colaborador de las revistas *Pantalla*, *Casa del Tiempo*, *Encuentro de la Juventud*, *Eterofonía*, *Dialéctica* y *Foro Universitario*. Autor de *Woody Allen: masoquismo irónico o crítica al sometimiento* (1981), *Tabú del incesto* (1982), *Nostalgia y pesimismo: teoría crítico-musical* (1983), *Juego y socialización: el proceso de interacción de gemelos tarahumaras* (1986), *Imaginación y crisis: el modelo psicoanalítico social de Erik H. Erikson* (1987), *Génesis de la noción del dinero en el niño* (1992) y *Carácter e ideología* (1993).

DÉLANO, LUIS ENRIQUE ◆ n. y m. en Chile (1907-1985). Escritor, periodista y diplomático. Becado, estudió en España entre 1934 y 1937. Fue cónsul de Chile en México (1940-46) y Nueva York (1946-49) y embajador del gobierno de Salvador Allende en Suecia (1971-73). Dirigió varias revistas en su país. Pasó largas temporadas en México. Autor de los volúmenes de cuento *La niña de la prisión*, *Viajes de sueño* y *Luces en la isla*, y de las novelas *Balmaceda*, *Puerto* de fuego, *El rumor de la batalla*, *La base*, *En la ciudad de los césares*, *El viento del rencor* y *La luz que falta*, así como dos libros de memorias: *Aprendiz de escritor* y *Sobre todo Madrid*. Premio Nacional de Periodismo de Chile en 1969.

DÉLANO, POLI ♦ n. en España (1936). Escritor de nacionalidad chilena. Estudió literatura inglesa en la Universidad de Santiago de Chile, de la cual fue profesor hasta 1973, cuando a causa del golpe de Estado de Augusto Pinochet se asiló en México (1974-84). Aquí coordinó talleres literarios, fue miembro del consejo editorial de la revista *La Brújula en el Bolsillo* y colaboró, entre otros, en el diario *Excélsior* y en la revista *Plural*. Desde Chile, donde regresó al terminar el régimen de Pinochet, ha colaborado en la revista *Milenio*. Autor de los volúmenes de cuento: *Gente solitaria* (1960), *Amaneció nublado* (1962), *Cuadrilátero* (1962), *Cero a la izquierda* (1966), *Cambalache* (1968), *Vivario* (1970), *Como buen chileno* (1973), *Cambio de máscara* (1973), *El dedo en la llaga* (1974), *Sin morir del todo* (1975), *Dos lagartos en una botella* (1976), *En este lugar sagrado* (1977), *La misma esquina del mundo* (1981), *El hombre de la máscara de cuero* (1982), *Piano-bar de solitarios* (1983), *El verano del murciélago* (1984), *25 años y algo más* (1985), *¿Pequeña yo?*, *Como una terraza en la quebrada* (1988), *Cuentos escogidos* (1994) y *Solo de saxo* (1997). En 1998 apareció la novela *En este lugar sagrado*. Premio Alerce de la Sociedad de Escritores de Chile (1962), Premio Casa de las Américas (1972), Premio Nacional de Cuento (1975), Premio Toluca 1980, Premio *Plural* de Cuento (1980) y Premio Hispanoamericano de Cuento del INBA (1981). Fue presidente de la Sociedad de Escritores de Chile (1988).

DELÉCOLE SILBERLING, ANNE ♦ n. en Francia (1954). Egresó del Conservatorio de París e hizo estudios de musicología en la Universidad de París. Formó parte del Ballet Nacional de la Ópera de París, donde trabajó con Rudolf Nureyev, Paul Taylor, Merce Cunningham, George Skibine, Roland Petit y Maurice Béjart. Desde 1982 reside en México, donde ha sido asistente de la dirección de Difusión Cultural de la UNAM, asesora del secretario técnico del Consejo Nacional para la Cultura y las Artes (1994) y directora de Apoyo al Desarrollo Artístico del Fonca (1995-). Desde 1987 ejerce la crítica musical y dancística. Ha escrito en *Mira*, *Comala*, suplemento de *El Financiero*, y otras publicaciones. También, como promotora cultural, dirige la carrera de varios músicos y bailarines.

DELGADILLO, ANTONIO ♦ n. en Tepic, Nay., y m. en Poncitlán, Jal. (1881-1914). Militar porfirista. Combatió la insurrección encabezada por Madero. Apoyó el golpe de Estado de Victoriano Huerta. Gobernador militar de Colima (14 de enero al 20 de julio de 1914). Durante la invasión estadounidense de ese año ordenó quemar el muelle de Manzanillo para dificultar el desembarco enemigo. Murió fusilado por los constitucionalistas.

DELGADILLO, DANIEL ♦ n. en Atizapán de Zaragoza y m. en el DF (1872-1933). Educador. Estudió en la Escuela Normal de Maestros (1893). Fue profesor de primaria, secundaria, normal y preparatoria. Colaboró en publicaciones periódicas sobre temas educativos. Ocupó diversos cargos en la Secretaría de Educación, donde llegó a ser jefe de la Sección Técnica de la Dirección General de Educación. Entre sus libros se cuentan *Leo y escribo*, *La República Mexicana* y otros textos escolares que fueron empleados a lo largo de varias décadas.

DELGADILLO, TOMÁS ♦ n. en Tepic, Nay., y m. en Zapopan, Jal. (1881-1915). Militar porfirista. Reprimió a los mayas y a los yaquis. Combatió la rebelión maderista y defendió al gobierno golpista de Victoriano Huerta. El Congreso de Colima lo declaró ciudadano de la entidad y gobernador del estado (1914). Murió fusilado.

DELGADO, ANTONIO ♦ n. en Xicoténcatl, Tams. (1941). Escritor. Licenciado en lengua y literatura hispánicas por la UNAM. Ha asistido a cursos con Elías Nandino, Julieta Campos y Augusto Monterroso. Colaborador de las revistas *Mester*, *Tierra Adentro*, *Cosmos*, *Latitudes* y *La Semana de Bellas Artes*, entre otras, y de los suplementos culturales de *Excélsior*, *Ovaciones*, *El Nacional* y *El Heraldo de México*. Autor de *La hora de los unicornios* (cuentos, 1976), *A causa de los equinoccios* (Premio Hispanoamericano de Cuento 1978), *Figuraciones en el fuego* (Premio Nacional de Novela 1979), *Sólo la ciudad es real* (1982), *Libro del mal amor* (1988, finalista en el Premio Internacional de Poesía de la Universidad Veracruzana) y *Diálogo con las sombras* (cuento, 1994). Presidente de la Asociación de Escritores de México (1989-91).

DELGADO, JOSÉ ♦ n. en Tepic, Nay., y m. en Chihuahua, cerca de la frontera con EUA (1851-1915). Militar porfirista. Retirado en 1892, volvió a las armas en noviembre de 1911. Apoyó el cuartelazo de Victoriano Huerta, quien lo convirtió en gobernador militar de Zacatecas (17 de junio al 11 de noviembre de 1914) y general de división. A la caída de Huerta se unió a la Convención, poco después desertó y fue fusilado por los villistas cuando intentaba llegar a Estados Unidos.

DELGADO, JUAN ♦ n. y m. en Uruapan, Mich. (1830-1894). Educador. Luchó contra la intervención francesa y el imperio a las órdenes de Vicente Riva Palacio. Al triunfo de la República volvió a trabajar en la enseñanza.

DELGADO, MARÍA ELENA ♦ n. en Monclova, Coah. (¿1930?). Escultora. Estudió pintura y escultura en el Instituto Tecnológico de Monterrey y tomó cursos sobre diversas técnicas, uso de materiales y cerámica. Expone individualmente desde 1956 en México y Estados Unidos. Ha participado en decenas de muestras colectivas. En 1964 hizo un busto de John F. Kennedy para el pabellón de México en la Feria Mundial de Nueva York. En Monterrey hizo un mural de escultopintura de 20 por 2 metros para el teatro Juárez (1956); esculturas para el teatro Teresa (1956), la Ciudadela de la Pinacoteca (1959), el teatro Principal (1959) y la biblioteca del Tecnológico (1965). Es fundadora del Ateneo de Arte de la Academia Me-

Obra literaria de Poli Délano

xicana de Bellas Artes, de la Sociedad Mexicana de Artes Plásticas y de la Asociación Mexicana de Artes Plásticas. Pertenece al Salón de la Plástica Mexicana.

DELGADO, RAFAEL ◆ n. en Córdoba y m. en Orizaba, Ver. (1853-1914). Ejerció el magisterio en Orizaba y Jalapa. En la ciudad de México colaboró en periódicos como *El Tiempo, El País* y *La Revista Moderna.* En 1913 fue director general de Educación Pública de Jalisco. Autor de obras teatrales: *La caja de dulces, Una taza de té* (1878), *Antes de la boda* (1885); narraciones breves: *Cuentos y notas* (1902); poesía: *Sonetos* (1940); novela corta: *Historia vulgar* (1904); y novela: *La calandria* (1890), *Angelina* (1893) y *Los parientes ricos* (1901-1902). Escribió también discursos y libros de texto. Sus obras completas fueron editadas por la Universidad Veracruzana en 1953. Miembro correspondiente de la Academia Mexicana de la Lengua desde 1892 y de número a partir de 1896.

DELGADO, RENÉ ◆ n. en el DF (1954). Licenciado en periodismo y comunicación colectiva por la UNAM (1973-77). Ha sido guionista reportero del programa *Del hecho al dicho* (1978-80), y reportero (1978-80) y jefe de información del noticiario *Enlace* del canal 11 de televisión (1980); reportero del periódico *unomásuno* (1980-84), del semanario *Punto* (1982) y del programa *Detrás del Canal 13* (1983-84); agregado cultural y de información de la embajada mexicana en Bélgica (1984-87), reportero del diario *La Jornada* (1987-90) y del programa de televisión *A la misma hora* (1988); comentarista del programa radiofónico *Enfoque financiero* de Stereo Cien, subdirector de la revista *Este País* (1991-93), comentarista del programa de radio *Para empezar,* columnista de *El Financiero* (1991-92), subdirector editorial de *Reforma* y director de *Enfoque,* suplemento político de ese diario (1993-). Fue reportero para el documental *Historias prohibidas de Pulgarcito* (Paul Leduc, 1980). Coautor de *México: el reclamo democrático, El futuro de la izquierda* y *La organización de las elecciones.* Autor de *La oposición: debate por la nación* (1988),

Foto: DAR

René Delgado

Justino Delgado Caloca

Ovando y Gil. Crimen en vísperas de elecciones (1989) y la novela *El rescate* (1993).

DELGADO, RICARDO ◆ n. en el DF (1948). Boxeador. Obtuvo medalla de oro en los Juegos Olímpicos de 1968, compitiendo en la categoría de peso mosca. Vive en Mérida, donde es entrenador de pugilismo.

DELGADO ARTEAGA, JESÚS ÓSCAR ◆ n. en la Cd. de México (1926). Licenciado en derecho por la UNAM (1948-52), institución de la que fue profesor. Es miembro del PRI desde 1950. Ha sido delegado agrario en el DF (1971-77) y consejero agrario de la Secretaría de la Reforma Agraria (1977-78), jefe de la oficina agraria de la delegación Xochimilco del DDF (1983-87) y miembro de la Asamblea de Representantes del Distrito Federal (1988-91).

DELGADO ALTAMIRANO, JUAN B. ◆ n. en Querétaro, Qro., y m. en la Cd. de México (1868-1929). Hizo estudios literarios en la ciudad de México. Se adhirió al maderismo en 1910. Fue secretario del vicepresidente José María Pino Suárez. Al producirse el golpe de Estado de Victoriano Huerta se afilió al constitucionalismo. Fue jefe del Departamento Consular en Veracruz y después desempeñó misiones diplomáticas en Nicaragua, España, Italia, Japón y Costa Rica. Autor de una amplia obra poética: *Juveniles* (1894), *Natura* (1895), *Canciones surianas* (1900), *Poemas de los árboles* (1907), *Poemas de la naturaleza* (1908), *El cancionero nómada* (1912), *Gesta de mi ciudad* (1913), *Florilegio de poetas revolucionarios* (1916), *París y otros poemas* (1919), *Las canciones del sur* (1923), etc. Escribió también *Nuevas orientaciones de la poesía femenina, Letras diplomáticas,* semblanzas y textos críticos. Miembro correspondiente de la Academia Mexicana desde 1918 y de número a partir de 1923.

DELGADO ARTEAGA, JESÚS ÓSCAR ◆ n. en la Cd. de México (1926). Licenciado en derecho por la UNAM (1948-52), donde ha sido profesor. Priísta desde 1950. Fue delegado agrario en el DF (1971-77) y consejero agrario de la SRA (1977-78); jefe de oficina en la Secretaría

de Turismo (1978-83), jefe de la Oficina Agraria de la delegación Xochimilco (1983-87); secretario de la FOP en Xochimilco (1983-87), secretario de la Junta de Vecinos de Xochimilco (1986-89) y miembro de la Asamblea de Representantes del Distrito Federal (1988-91).

DELGADO CALOCA, JUSTINO ◆ n. en Amatitlán, Jal. (1921). Miembro del PRI desde 1947. Ha sido secretario del Interior (1954-55), de Organización (1957-58) y de Acción Política (1961-63), y secretario general de la Alianza de Empleados en Hoteles, Restaurantes y Bares de Jalisco (1963-); secretario de Organización de la Federación de Trabajadores de Jalisco, regidor de Guadalajara (1971-73), secretario de Previsión y de Acción Política del Sindicato Nacional Gastronómico, diputado a la Legislatura de Jalisco (1980-82), diputado federal (1985-88) y senador de la República (1988-).

DELGADO Y CORONA, JULIO ◆ n. en San Andrés Chalchicomula, Pue., y m. en el DF (1888-1940). Abogado y escritor. Trabajó en el ramo judicial. En publicaciones periódicas (*Puebla Ilustrada, La Espiga de Oro*) publicó poemas que reunió en el volumen *Preludios* (1925).

DELGADO ESTEVA, LUIS ALBERTO ◆ n. en Campeche, Camp. (1925). Ingeniero civil titulado en la Universidad Autónoma de Puebla (1946-51). Milita en el PAN desde 1964, partido de cuyo comité regional en Chiapas fue secretario de prensa y propaganda (1982-86). Fundador del Movimiento Restaurador de la Democracia Sindical (1957). Ha sido secretario del trabajo del Sindicato de Telefonistas de la República Mexicana (1959-63), director de planeación del Ayuntamiento de Tuxtla Gutiérrez (1977-80), secretario del trabajo del Sindicato Unico de Trabajadores y Empleados Municipales (1979-81) y diputado federal (1988-91).

DELGADO NAVARRO, JUAN ◆ n. en Palo Alto, municipio de Tecolotlán, Jal. (1934). Profesor normalista titulado en la Escuela Nacional de Maestros (1946) y licenciado en economía por la UNAM (1953). Profesor de la UNAM (1956 y 1958), el IPN (1960-62) y la Universidad de Guadalajara (1956). Ingresó al PRI en 1962. Ha sido director de Promoción Económica (1967-71) y tesorero general del gobierno de Jalisco (1971-73), presidente municipal de Guadalajara (1974-76), coordinador de Apoyos Financieros y Fiscales en Estados y Municipios de la Secretaría de Hacienda (1977-79), diputado federal (1979-82), director general (1983) y director general adjunto del Banco Latino (1984-85), director corporativo de Banpaís (1986-89) y secretario de Promoción y Desarrollo Económico de Jalisco (1989-). Fue vicepresidente del Colegio Nacional de Economistas (1965-66).

DELGADO RAMÍREZ, CELSO HUMBERTO ◆ n. en Tepic, Nay. (1942). Licenciado en derecho por la UNAM (1960-64) especializado en la Escuela de Ciencias Políticas y Sociales. Desde 1959 pertenece al PRI, del que ha sido secretario general (1979), presidente en el Distrito Federal (1979-82) y subsecretario de organización del CEN (1979). Ha sido secretario de acción política (1965-68) y presidente de la Confederación de Jóvenes Mexicanos (1968-71); diputado federal (1970-73) secretario de prensa y propaganda (1971-72) y presidente del Consejo Nacional extraordinario de la CNC (1972); embajador en Egipto (1972), Argelia (1973), Argentina (1975) y Cuba (1975); director general de la Unidad de Coordinación del Sector Agrario y consejero suplente ante los consejos administrativos de organismos del mismo sector (1980); senador de la República (1982-87) y gobernador de Nayarit, elegido para el periodo 1987-93. Desde 1997 es secretario técnico del Consejo Político Nacional del PRI.

DELGADO RANNAURO, DANTE ALFONSO ◆ n. en Alvarado, Ver. (1950). Licenciado en derecho por la Universidad Veracruzana (1969-73). En el PRI, partido al que perteneció, fue coordinador del Movimiento Nacional de la Juventud Revolucionaria en Veracruz (1967) y presidente del comité directivo estatal en la misma entidad (1985-86).

Ha sido delegado del Instituto Nacional de la Juventud Mexicana en Veracruz (1971-73), secretario auxiliar del secretario privado del presidente de la república (1974), subdirector de Autorizaciones del Departamento de Pesca (1977-78), subdirector de Delegaciones Generales (1978-79) y delegado en Yucatán, Oaxaca y Veracruz de la SEP (1979-83); subsecretario (1983-85) y secretario general de gobierno de Veracruz (1986-88), diputado federal (1985-86) y gobernador interino de Veracruz (1988-93). Fue embajador de México en Italia (1993) Estuvo en la cárcel, acusado de fraude. Tras abandonar el PRI, fundó el partido político Convergencia Democrática (1997). Autor de *Hacia la integración latinoamericana* (1972).

DELHUMEAU, ANTONIO ◆ n. en el DF (1944). Sociólogo. Estudió en la Facultad de Ciencias Políticas y Sociales de la UNAM, donde ha sido profesor, investigador, coordinador de investigación (1970-73) y jefe (1973-74) del Departamento de Ciencias de la Comunicación; coordinador de Extensión Universitaria (1978) y director (1979-81) de la misma facultad. Autor de *El hombre teatral* (1986).

DELHUMEAU, EDUARDO ◆ n. en Chihuahua, Chih., y m. en la Cd. de México (1866-1929). Fue secretario de Gobierno en Chihuahua, diputado federal (1908-1910). Procurador general de la República durante la presidencia de Alvaro Obregón (1922) y asesor del presidente Plutarco Elías Calles. Autor de *La cuenta corriente, Nuevo sistema de enjuiciamiento civil* (1917) y *La administración de justicia*.

DELICIAS ◆ Municipio de Chihuahua situado al sureste de la capital del estado. Superficie: 335.43 km². Habitantes: 110,876, de los cuales 35,455 forman la población económicamente activa. Hablan alguna lengua indígena 180 personas mayores de cinco años (tarahumara 133). La cabecera, Ciudad Delicias desde 1960, fue un caserío que creció en torno a la Estación Delicias del ferrocarril. El 7 de enero de 1935 se erigió el municipio en terrenos antes pertene-

Plaza principal de Delicias, Chihuahua

cientes a Rosales, Meoqui y Saucillo. La caza y la pesca son los principales atractivos turísticos. En la primera semana de agosto se realiza la Fiesta de la Uva, y del 26 de septiembre al 3 de octubre se celebra la Feria Regional Agrícola e Industrial.

DELORME CAMPOS, JORGE ◆ n. en Guadalajara y m. en Chapala, Jal. (1867-1926). Abogado. Fue diputado local y federal. En el gabinete de Carranza fue oficial mayor de Relaciones Exteriores (1914). Escribió poemas para publicaciones periódicas.

DELTORO, ANTONIO ◆ n. en España (1910). Licenciado en derecho y filosofía y letras. Durante la República Española fue secretario de la Dirección General de Bellas Artes y colaboró en el salvamento artístico del Museo del Prado y del Museo de Liria. Vino a México en 1942, donde fue profesor de literatura del Instituto Luis Vives (1941-51). Después trabajó para empresas químico-farmacéuticas.

DELTORO, ANTONIO ◆ n. en el DF (1947). Poeta. Estudió economía en la UNAM. Ha sido profesor de las universidades autónomas Nacional de México y Metropolitana. Fue jefe de redacción de *Iztapalapa*, revista de la UAM. Colaborador de *La Cultura en México*, suplemento de la revista *Siempre!*, y de *Sábado*, suplemento del diario *unomásuno*.

Celso Humberto Delgado

Dante Alfonso
Delgado Rannauro

Autor de los poemarios *Algarabía inorgánica* (1979), *Juegos y escarabajos*, aparecido en el volumen colectivo *Donde conversan los amigos* (1982), *¿Hacia dónde es aquí?* (1984), *Balanza de sombras* (Premio Nacional de Poesía Aguascalientes 1996) y *Desde una banca del parque* (1998).

DEMETRIO, LUIS ◆ n. en Mérida, Yuc. (?). Cantante y compositor. Comenzó como cantante en la orquesta de Dámaso Pérez Prado y luego participó en las de Luis Alcaraz e Ismael Díaz, así como en la Orquesta América. Ha participado como actor en varias películas. Autor de las canciones "Vamos a conocernos mejor", "Bravo", "La puerta", "Secuéstrame" y "Si Dios me quita la vida", entre otras.

Carlos Denegri

Portada de obra de
Gerardo Deniz

DEMICHELIS, TULIO ◆ n. en Argentina y m. en España (1915-1992). Cineasta. Exiliado por el peronismo, vivió en México entre 1952 y 1957. Radicado en España desde 1957. Dirigió las cintas *Arrabalera*, *Docksud*, *Carmen de la Ronda*, *La mujer perdida*, *Más fuerte que el amor*, *Viva España*, *Un extraño en la escalera*, *El misterio de Eva Perón* y *La Golfa*.

DEMOCRACIA CRISTIANA ◆ ☞ *Internacional Demócrata Cristiana*.

DEMOCRACIA SOCIAL ◆ Partido político creado en 1998. Lo dirige Gilberto Rincón Gallardo (☞), quien antes militó en el Partido de la Revolución Democrática. Según su declaración de principios "Democracia Social se ve a sí misma como una comunidad crítica que intenta ofrecer alternativas para resolver la pobreza y la desigualdad en nuestro país. Una comunidad crítica que reconoce en los valores de la democracia su principal matiz cultural; que cree en la necesidad de reformular las relaciones entre el Estado y la sociedad; que confía en la posibilidad de un desarrollo respetuoso de la otredad, de las distintas formas de vida, en un marco económico caracterizado por la certidumbre. En Democracia Social proponemos la creación de un nuevo movimiento de reforma que, sin provocar la ruptura social y política de nuestro país, y reconociendo las reglas de la economía de mercado, nos permita encontrar los medios para realizar aquellos objetivos que la sociedad mexicana comparte. Por ello, cuatro valores inspiran nuestra vocación política: la convicción democrática, la libertad del ciudadano, la solidaridad entre los seres humanos y el desarrollo de nuestro país". La agrupación obtuvo su registro provisional ante el Instituto Federal Electoral en 1999.

DEMÓCRATA, EL ◆ Diario de información general publicado en la ciudad de México de 1914 a 1926. Carrancista y germanófilo en sus inicios, su línea editorial tuvo variaciones de acuerdo con la situación del país. Su primer director fue Rafael Martínez *Rip-Rip*, a quien sucedieron el obregonista Vito Alessio Robles (1920-23), Benigno Valenzuela (1923-24), José Manuel Puig Casauranc (1924), de nuevo Valenzuela y por último Luis Monroy (1925-26).

DENEGRE-VAUGHT, LIVINGSTON ◆ n. en Cd. del Carmen, Camp. (1939). Licenciado en comunicación por la Universidad de Carleton, Canadá (1960). Hizo estudios de literatura inglesa (1960-63). Es profesor de la Universidad Autónoma Metropolitana. Fue jefe de Difusión del Instituto Nacional de Bellas Artes (1970-72). Colaboró en *Novedades*, *El Heraldo de México* y *Diario del Sureste*. Ha hecho programas periodísticos para radio y televisión. Autor de *La eterna antorcha de Arlington* (1964), *Tríptico erótico* (1969), *Yo, Livingston. La piedra viva* (1970) y *La semiótica, la comunicación y la ideología* (1980).

DENEGRI, CARLOS ◆ n. en Argentina y m. en el DF (1910-1970). Periodista. Hijo de Ramón P. de Negri (☞). Modificó su apellido. Estudió filosofía en la Universidad de Lovaina. Fue uno de los creadores de la columna política (tuvo las llamadas "Buenos días", "Miscelánea de todos los jueves" y "Miscelánea dominical") y un influyente personaje de la vida nacional. Corresponsal durante la segunda guerra mundial. Entrevistó, entre otros, a Franklin D. Roosevelt, Chiang Kai-shek, Golda Meir, Jrushov, Nasser, Gandhi, Nehru y Francisco Franco; cubrió el juicio a Eichman, la muerte del papa Juan XXIII y la visita a Africa del papa Paulo VI. Fue el primer periodista en tener un programa de opinión en la televisión. Trabajó en *Excélsior* durante más de 32 años. Los políticos menores le temían y otros lo utilizaban. Murió asesinado. El columnista estadounidense Drew Pearson lo catalogó como "uno de los diez mejores reporteros del mundo". Autor de *Clave* (poesía), *Luces rojas en el canal* (reportajes de la segunda guerra mundial), *20 estados de ánimo* y *El tercer frente* (1966).

DENIZ, GERARDO ◆ n. en España (1934). Seudónimo del poeta Juan Almela Castell. Al término de la guerra civil española fue traído a México (1942). Es traductor y se dedica al trabajo editorial. Ha publicado textos en *Vuelta*, *Revista Universidad de México*, *Plural*, *La Semana Cultural* de *Novedades* y en otras publicaciones literarias. Una parte de su obra se encuentra recogida en diversas antologías. Autor de *Adrede* (1970), *Gatuperio* (1978), *Enroque* (1985), *Picos pardos* (1987), *Grosso modo* (1988), *Amor y oxidente* (Premio Xavier Villaurrutia 1991), *Alebrijes* (1992) y *Op. cit.* (1992). Becario del Consejo Nacional para la Cultura y las Artes (1989-90). Miembro del Sistema Nacional de Creadores (1993-1999).

DENIZ MACÍAS, JOSÉ ADÁN ◆ n. en Colima, Col. (1950) En 1972 abandonó el seminario y viajó a trabajar a Estados Unidos. Para acreditarse como ciudadano estadounidense compró documentos falsos, de tan buena factura que en el

El Demócrata

país del norte pudo enrolarse en la marina, en la base naval de San Diego. Trabajó en el portaaviones *Nimitz*. Cuando decidió regresar a México debió devolver los documentos falsos, que serían reutilizados por quienes se los proporcionaron, quienes dieron por muerto a Deniz en 1975. Así, su falsa viuda cobró una importante suma por el seguro de vida, con lo que Deniz compró tierras en California y las dedicó a la floricultura. Volvió a Colima, pero ya con documentos auténticos visitaba California periódicamente para cuidar su negocio. Se afilió al PAN, fue candidato a diputado federal y en 1994 ganó las elecciones, pero su contrincante priista reveló la historia de su falsa muerte, por lo que el PAN le pidió su renuncia.

DEPARTAMENTO DEL TRABAJO ◆ Dependencia del Poder Ejecutivo creada a propuesta del presidente Francisco I. Madero, quien mandó la iniciativa de ley al Congreso en septiembre de 1911. La Cámara de Diputados tardó dos meses en decidir si procedía discutir el asunto. Una vez aprobado se envió al Senado, que lo aprobó en la sesión del 11 de diciembre de ese año. La oficina se abrió formalmente el 2 de enero de 1912, con Antonio Ramos Pedrueza como director y 12 empleados encargados de "recoger, clasificar y publicar datos sobre el empleo". Estaba facultado para mediar en los conflictos laborales, a solicitud de las partes, mediante su delegado general Santiago Sierra. En 1912 convocó a una convención de la industria textil en la que participaron representantes laborales. Mostró predilección por las organizaciones obreras moderadas.

DERBA, MIMÍ ◆ n. y m. en el DF (?-1953). Nombre profesional de Herminia Pérez de León. Actriz, escritora y cantante de operetas y zarzuelas que cobró fama por su belleza en los años de la revolución. Sobresalió en el teatro de revista, en el que fue la estrella de *El país de la metralla*, de José F. Elizondo. Fundó, con Enrique Rosas y el general carrancista Pablo González, la firma productora Azteca Films, para la que

protagonizó cuatro de las primeras cinco películas, escribió dos guiones y, presuntamente, dirigió el largometraje *La tigresa* (1917). En 1938 se retiró del teatro. Actuó, entre otras, en las películas *Dos corazones* (1919), *Santa* (1931), *La soñadora*, *En la sombra*, *Alma de sacrificio*, *La caza de la zorra* (1945), *Ustedes los ricos* (1948), *Inmaculada* (1950) y *Casa de muñecas* (1953). Autora del volumen de crónicas *Realidades* (1925).

DERBEZ, ALAIN ◆ n. en el DF (1956). Músico, periodista y poeta. Licenciado en historia por la UNAM. Tuvo la beca Salvador Novo de narrativa (1979-80) y la INBA-Fonapas de poesía (1982-83). Toca saxofón, acordeón y piano. Es productor y conductor de radio, donde ha hecho, entre otros programas, *La noche de un día difícil*, que se transmitía por Radio Educación. Fue director de Asuntos Culturales del municipio de Zacatecas. Ha colaborado con textos literarios y crónica musical en *unomásuno*, *Sábado*, *Revista de la Universidad*, *La Brújula en el bolsillo*, *La Onda*, *Melodía*, *Punto*, *La Jornada* y *Reforma*, entre otras publicaciones. Cofundador de la revista literaria *Sabe usté ler?* (1981). Está incluido en las antologías *Asamblea de poetas jóvenes*, de Gabriel Zaid, *Qué onda con la música popular mexicana* y otras. Preparó la antología *Todo se escucha en silencio. El blues y el jazz en la literatura* (1988). Coautor de *Crines, lecturas de rock* (1984), y autor de los poemarios *Zenón tuvo razón* (1979), *Para mirar el ruido* (1984) y *Desnudo con la idea de encontrarte* (1985), *Textos de misoginia antes del fin del mundo* (1985) y *Amar en baños públicos* (1992); de los libros sobre música *Hasta donde nos dé el tiempo* (1987) y *Con el blues se hace amor* (1987), del volumen de relatos *Los usos de la radio* (1988) y del libro de *Cuentos de la región del polvo y de la región del moho* (1990).

DERBEZ, SILVIA ◆ n. en San Luis Potosí, SLP (1930). Actriz. Estudió danza y actuación con Blanca Estela Pavón, María Elena Márquez y Queta Lavat. Hizo la carrera de secretaria trilingüe. Se inició en el cine con la película *Tarzán y las sirenas*. Ha trabajado en *Dicen que soy

mujeriego* (1948), *La farsante*, *Salón México*, *El seminarista*, *Se murió don Porfirio*, *Dos huerfanitas*, *Mamá nos quita los novios*, *Con quién andan nuestras hijas*, *Morir de pie*, *Dos mujeres y un hombre*, *Cruz de amor*, *Baile mi rey*, *La mujer X*, *El rey de México* y otras cintas. Ha participado en las obras teatrales *Miseria*, *Las locuras de un ángel*, *Diez, el marido perfecto*, *Don Juan Tenorio* y *El estanquillo*, entre otras. Se dedica principalmente a la televisión, para la cual ha actuado, entre otras, en las telenovelas *Senda prohibida* (primera telenovela mexicana), *Corona de lágrimas*, *Paso al abismo*, *No quiero lágrimas*, *Elena*, *Cruz del amor*, *Angelitos negros*, *El amor tiene cara de mujer*, *Un ángel en el fango*, *Amor sublime*, *Ven conmigo*, *Acompáñame*, *Vamos juntos*, *Elisa*, *Mamá campanita* y *Simplemente María*. Ha sido actriz, guionista y conductora de programas de radio. Tiene una academia de danza y otra de actuación.

DERBEZ DEL PINO, JULIO ◆ n. en el DF (1958). Economista titulado en la UNAM. Es miembro del PRI desde 1976. Ha sido jefe de la Unidad de Apoyo a la Difusión de la Coordinación General de Delegaciones Regionales de la SPP (1979-81), asesor del director de Banrural (1982-84), coordinador de asesores del secretario de Agricultura (1984-88) y director general de la Comisión Nacional del Cacao (1988-). Autor de *Pláticas*, *Público* (novela, 1993), *Al día siguiente* (cuentos, 1995), *El color de la montaña* (cuento infantil, 1996) y *Venus o el nacimiento de Enriqueta* (novela, 1998).

D'ERZELL, CATALINA ◆ n. en Silao, Gto., y m. en el DF (1897-1950). Nombre profesional de Catalina Dulché Escalante. Periodista y dramaturga. Colaboró en el diario *Excélsior* y escribió *Cumbres de nieve* (1923), *El pecado de las mujeres* (1925), *La razón de la culpa*, *Una hora de cristal*, *Maternidad*, *Los hijos de la otra*, *El rebozo azul* y otras piezas de teatro. Recibió las Palmas Académicas de Francia por su libro *Los hijos de Francia* (1949).

DESCOMBEY, MICHEL ◆ n. en Francia (1933). Bailarín y coreógrafo. Se estableció en México desde 1975. Fue primer bailarín (1959) y director de la

Mimí Derba

Silvia Derbez

El Día

compañía de danza de la Ópera de París (1965-69). Director fundador del Ballet Studio de la Opera (1967). Director del Ballet de la Ópera de Zurich (1971-73). Se estableció en México en 1975, codirigió el Ballet Independiente y desde 1977 es director asociado, con Gladiola Orozco, del Ballet Teatro del Espacio. Sus coreografías, más de 50, están en el repertorio de compañías de Francia, Israel, Japón, Suiza y Alemania. Autor, entre otras, de las coreografías *Círculo*, *La muerte del cisne*, *A Rudolf Nureyev*, *Pavana para un amor muerto*, *Año cero*, *La ópera descuartizada* y *Conquistas*. Francia le otorgó la Orden de las Artes y Letras y lo nombró caballero de la Legión de Honor (1985). Recibió la Orden del Águila Azteca en 1994.

DESCHAMPS, EDUARDO ◆ n. en Tuxpan, Ver. (1930). Periodista. Estudió matemáticas y periodismo. Fue miembro del PPS y del PSUM (1982-87) y cofundador del PMS (1987-). Trabajó como locutor (1952) y reportero de *El Sol de la Huaxteca* (1953). En la casa *Excélsior* fue reportero, jefe de información y coordinador de espectáculos de la segunda edición de *Ultimas Noticias* (1955-57), reportero, corrector y secretario de redacción del diario *Excélsior*; colaborador del *Noticiero Excélsior* de televisión y responsable de la revista semanal *Jueves de Excélsior* en el canal 5 (1958-64); responsable del vespertino dominical *Lunes de Excélsior*, del *Magazine* del diario y del diseño de las secciones de rotocolor (1964-67); y creador de *Olimpo de México*, sección cultural del citado cotidiano (1968). Cofundador y subdirector de ediciones especiales de *unomásuno* (1977-78), colaborador del semanario *Así Es*, órgano del PSUM (1982), cofundador del Buró de Información, Documentación y Análisis (1982), colaborador (1982) y coordinador de corresponsales de la agencia *Notimex* (1986). Miembro de la Unión de Periodistas Democráticos.

DESPERTADOR AMERICANO, EL ◆ Periódico insurgente publicado por las fuerzas de Miguel Hidalgo durante la ocupación de Guadalajara. Fungió como editor el sacerdote Francisco Severo Mal-

El Despertador Americano

donado. El primer número de este órgano, subtitulado *Correo Político Económico de Guadalajara*, apareció el jueves 20 de diciembre de 1810, el segundo el día 27 del mismo mes; el tres, "Extraordinario", el sábado 29; el 4 se fechó el jueves 3 de enero de 1811; el 5 con fecha 10 de enero; el 6, también "Extraordinario", el 11 de enero; el séptimo y último salió el jueves 17 de enero de 1811. Con este órgano del movimiento de Independencia se inicia la existencia de la prensa mexicana de combate.

D'ESTRABAU, GILBERTO ◆ n. en Cd. Juárez, Chih. (1937). Periodista. Cursó la carrera de medicina y la licenciatura en ciencias políticas en la UNAM. Ha colaborado en *Nosotros*, *Siempre!*, *Revista de Revistas*, *Últimas Noticias* y *Excélsior*. Fue subdirector de *Plural* (1976-78). Autor de *Juegos de palabras* (ensayos, 1984).

DEVLYN, FRANK J. ◆ n. en EUA y m. en el DF (1896-1961). Médico y optometrista. En 1936 instaló una óptica en Ciudad Juárez, desde la que se creó el Grupo Ópticas Devlyn que se extendió por todo México y, en la década de los noventa, hacia Centroamérica y Sudamérica. El grupo incluye la fábrica de lentes de plástico más grande de América Latina y la mayor importadora de cristales ópticos. En 1996, en su honor, se creó la Fundación Devlyn.

D'HARCOURT GOT, JOAQUÍN ◆ n. en Cuba y m. en el DF (1896-1970). En España, donde nacieron sus padres, fue

jefe de servicios quirúrgicos del ejército republicano durante la guerra civil. Vino a México como asilado político. Fue catedrático de la Escuela Médico Militar y de la UNAM. Primer presidente del Ateneo Español de México (1949-68). Escribió para revistas especializadas. Autor de *Enciclopedia manual de ciencias médicas* (1945), *Traumatología quirúrgica general y especial* (1945) y *Relación biográfica de la vida amorosa, fructífera y creadora de una pareja ejemplar: Consuelo Bastos y Dr. Manuel Bastos* (1969).

DÍA, EL ◆ Cotidiano del Distrito Federal cuyo primer número apareció el 26 de junio de 1962. Es editado por Publicaciones Mexicanas, Sociedad Cooperativa Limitada. El fundador y primer director, hasta su fallecimiento en 1981, fue Enrique Ramírez y Ramírez. Le sucedieron en el puesto Socorro Díaz y José Luis Camacho López, este último destituido en 1998 por la asamblea de cooperativistas, quienes crearon una dirección colegiada. La misma asamblea destituyó al presidente del consejo editorial, Enrique Ramírez Cisneros, hijo del fundador del diario. De línea antiimperialista, estuvo tradicionalmente identificado con los sectores avanzados del gobernante Partido Revolucionario Institucional. Cuenta con el suplemento cultural *El Gallo Ilustrado*.

DÍA DE LAS MADRES ◆ Se celebra el 10 de mayo. Fue adoptado popularmente por iniciativa de Rafael Alducin,

Portada de *Excélsior* del 10 de mayo de 1921 en que se anuncia la celebración del Día de las Madres

director del diario *Excélsior*, quien con apoyo del comercio organizado promovió en 1922 que, al igual que en Estados Unidos, donde se hacía desde 1908, se agasajara a las progenitoras en una fecha especial. A la vuelta de pocos años, el "Día de la Madre", transformado ya en "Día de las Madres", en plural, se convirtió en una de las principales fiestas celebradas nacionalmente.

DÍA DEL MAESTRO ◆ Se celebra el 15 de mayo. Fue instituido por decreto del presidente Venustiano Carranza de fecha 23 de noviembre de 1917, publicado el 5 de diciembre siguiente en el *Diario Oficial*.

DÍA DEL TRABAJO ◆ Se celebra el primero de mayo. Fue adoptado por la Segunda Internacional, en su reunión de París en 1889, para conmemorar la huelga de los obreros de la empresa McCormick y la represión que llevó al cadalso a varios de sus dirigentes, llamados desde entonces los *Mártires de Chicago*. En México se realizaron actos en recintos cerrados desde la última década del siglo pasado. En 1912, el Partido Socialista Obrero realizó un mitin y al año siguiente la Casa del Obrero Mundial (☞) organizó la primera manifestación pública en esa fecha. Durante el gobierno de Álvaro Obregón se le institucionalizó como "fiesta de los trabajadores" (1923), y a partir de entonces una gran marcha obrera dirigida por el sindicalismo oficialista pasa ante el Palacio Nacional. Desde los años cincuenta se realizan manifestaciones paralelas, organizadas por los sindicatos independientes, las que más de una vez han terminado reprimidas por la fuerza pública.

DIÁLOGOS ◆ Revista literaria fundada y dirigida por Ramón Xirau. El primer número apareció en 1964. La publicación fue patrocinada durante los primeros dos años por Enrique P. López. A partir del número 13, correspondiente a febrero de 1967, la revista fue editada por El Colegio de México, institución que le retiró el apoyo financiero al llegar al número 131, de noviembre de 1985. Fueron sus jefes de redacción José Emilio Pacheco, Homero Aridjis,

Vicente Leñero y Alberto Dallal. En su extensa nómina de colaboradores estuvieron Raymond Aron, Jorge Luis Borges, Noam Chomsky, Henri Michaux y Octavio Paz.

DIARIO DE JALISCO ◆ Primer periódico cotidiano de Guadalajara. Empezó a publicarse el primero de julio de 1887 y dejó de aparecer en 1908. Lo fundó el español Rafael León de Azúa.

DIARIO LITERARIO DE MÉXICO ◆ Publicación no cotidiana de José Antonio Alzate donde sólo, de manera ocasional, se abordaron temas literarios. El primer número apareció en marzo de 1768. Se trataban asuntos científicos y Alzate daba consejos útiles sobre agricultura, minería y otras materias.

DIARIO DE MÉXICO ◆ Cotidiano del Distrito Federal que en 1954 adoptó este nombre. Antes fue el semanario y luego diario deportivo *Aquí*. El 23 de junio de 1966, en la primera plana del periódico, aparecieron cambiados dos pies de foto: en una aparecía una enorme imagen del entonces presidente Gustavo Díaz Ordaz, tras la mesa de honor de una convención de gasolineros, y en la otra unos changos. El texto que quedó bajo la gráfica donde figuraba Díaz Ordaz decía: "Se enriquece el zoológico. En la presente gráfica aparecen algunos de los nuevos ejemplares adquiridos por las autoridades para divertimiento de los capitalinos." El 3 de agosto, el encabezado principal del rotativo rezaba así: "El Presidente Díaz Ordaz ordena la muerte del *Diario de México*". Un error de imprenta origina la grave determinación". Ahí mismo se informaba que ese periódico, del que dependían 200 familias, estaba en evidente peligro, pues "la casi totalidad de las dependencias oficiales" habían dejado de pagarle publicidad y en algunos casos se negaba información a los reporteros, por lo que, decía, "hacemos públicamente responsable al ciudadano Gustavo Díaz Ordaz, presidente de la República, de la suerte que corra este periódico". Semanas después desapareció. Reinició su publicación en el siguiente sexenio (1971) y dejó de cir-

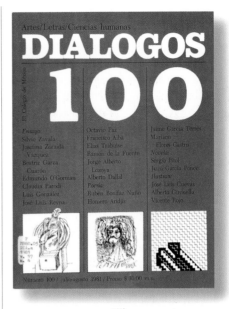

Diálogos

cular nuevamente en 1982, para volver a publicarse años después. Su director y fundador, Federico Bracamontes, recibió el Premio Nacional de Periodismo en 1979.

DIARIO DE MÉXICO ◆ Primer cotidiano de Nueva España. Empezó a publicarse el primero de octubre de 1805 y suspendió su aparición el 10 de diciembre de 1812; salió de nuevo el 20 de diciembre de ese año y su último número tiene fecha del 4 de enero de 1817. Los fundadores fueron el abogado dominicano Jacobo de Villaurrutia y el escritor oaxaqueño Carlos María Bustamante. En la segunda época, el editor responsable fue Juan Wenceslao Sánchez de la Barquera. En sus páginas se reunieron los más importantes poetas neoclásicos de México, se dio cuenta del movimiento literario y teatral de la época, se dialogó con los lectores, colaboraron Iturbide y Calleja, se elogió la labor social del párroco de Dolores (antes de 1810) y, por

Diario de México de 1806

primera vez, de manera expresa, se planteó la necesidad de debatir los asuntos públicos, los fenómenos políticos. Napoleón fue ensalzado como encarnación de las ideas revolucionarias de Francia y, después de la invasión de España, se convirtió en la figura más execrada por los editores. En su nómina de escritores figuraron los integrantes de la Arcadia Mexicana (Navarrete, Lacunza, Sánchez de Tagle, etc.), Lizardi, Quintana Roo, Agustín Pomposo Fernández y muchos más. De especial valor es la crónica costumbrista, medio de ejercer la crítica social en las condiciones de una censura feroz, que sólo aflojó los controles en el cortísimo periodo en que rigió la libertad de prensa, establecida en la Carta de Cádiz (1812). Las actividades políticas de Villaurrutia (participante en el intento autonomista de 1808) y de Bustamante (elegido diputado a Cortes en 1812), los convirtieron en víctimas de la represión y los alejaron del *Diario*. Bustamante se convertiría en uno de los principales periodistas de la insurgencia.

Diario de Yucatán

DIARIO DEL SURESTE ◆ Periódico de Mérida. Su primer número se publicó el 20 de noviembre de 1931. Entre los promotores de su fundación estaba el entonces gobernador de Yucatán y presidente del Partido Socialista del Sureste, Bartolomé García Correa, quien pretendía, con ese medio, apoyar al régimen de Plutarco Elías Calles y oponerse al antigobiernista *Diario de Yucatán*. A partir de entonces, el *Diario del Sureste* quedó ligado a los gobiernos del PNR, PRM y PRI. Editado en principio por la Compañía Periodística del Sureste, en 1936 se hizo cargo del diario la empresa Talleres Gráficos del Sudeste. Su primer director fue Joaquín Ancona Albertos (1931-34), quien instaló la sede del diario en el predio que ocupa, hasta la fecha, en la capital yucateca.

Enrique Díaz

DIARIO DE YUCATÁN ◆ Periódico fundado por el maderista Carlos R. Menéndez. Su primer número apareció el 31 de mayo de 1925. *El Diario de Yucatán*, tradicionalmente antigobiernista, ha sufrido numerosas agresiones: la primera, en 1932, cuando el entonces gobernador, Bartolomé García Correa (impulsor del *Diario del Sureste*), estableció un boicot comercial y detuvo a varios trabajadores del cotidiano; y la más reciente, en septiembre de 1992, con el envío de un paquete explosivo al director, Carlos R. Menéndez Navarrete, cuya casa había sido apedreada y pintarrajeada días antes.

DÍAZ, ANA LILIA ◆ n. en el DF (1979). Bailarina. Pertenece al elenco de la Compañía Nacional de Danza. En 1999 recibió el Trofeo Arabesque de París, Francia, y el Premio Terpsichore de Bélgica. En el mismo certamen ganó además el *Prix Coeur du Public*.

DÍAZ, ENCARNACIÓN ◆ n. en Mayalán y m. en Hueyitlapan, Gro. (?-1916). Participó en la insurrección maderista. Asistió a la toma de Huitzuco, Tlaltizapán e Iguala. Se adhirió al Plan de Ayala y combatió a las órdenes de Emiliano Zapata. Luchó contra el gobierno golpista de Victoriano Huerta. Tomó Olinalá en septiembre de 1913 y al año siguiente su actuación fue decisiva en la toma de Chilpancingo. Murió en combate. Fue sepultado en Apango, Guerrero.

DÍAZ, ENRIQUE ◆ n. y m. en el DF (1895-1961). Periodista. Se inició en *El País* (1911). En 1918 se incorporó al ejército y obtuvo el grado de capitán. Al darse de baja volvió al periodismo y trabajó en los diarios *El Demócrata* y *El Universal*, así como en *Hoy, Todo, Mañana* y *Revista de América*. Fundó la Asociación Mexicana de Fotógrafos de Prensa, misma que presidió (1947-48).

DÍAZ, FÉLIX ◆ n. en Oaxaca y m. en Chacalapa, Oax. (1833-1872). Estudió en el Colegio Militar. Estuvo en el bando conservador durante la guerra de los Tres Años. En 1860 se había pasado a las filas liberales y participó, con su hermano Porfirio, en la toma de Oaxaca. Combatió la intervención francesa y el imperio. Gobernador militar de Oaxaca del primero de diciembre de 1867 al 9 de noviembre de 1871, cuando renuncia para secundar el Plan de la Noria. Derrotado por las tropas federales, fue perseguido por los rebeldes juchitecos, quienes no olvidaban su actitud despótica cuando reprimió el levantamiento de Tehuantepec, dos años antes. Fue aprehendido y ejecutado.

DÍAZ, FÉLIX ◆ n. en Oaxaca, Oax., y m. en Veracruz, Ver. (1868-1945). Hijo del anterior. Se graduó como ingeniero militar. Su tío Porfirio lo incorporó a su Estado Mayor y luego lo hizo diputado federal por Oaxaca. En 1902 quiso ser gobernador de esta entidad, pero su tío decidió mandarlo como cónsul a Chile. Después lo convirtió en jefe de la Policía capitalina y del Estado Mayor presidencial. El 4 de mayo de 1911, el Congreso local lo designó gobernador interino de Oaxaca, pero se vio obligado a renunciar el 3 de junio siguiente, pues ocho días antes su tío había dejado la Presidencia del país. En octubre de 1912 encabezó en Veracruz un frustrado alzamiento contra Madero. Llevado a corte

Félix Díaz

marcial fue hallado culpable y sentenciado a muerte, pena que se le conmutó por la de prisión en la capital del país. En febrero de 1913 otra asonada lo sacó de la cárcel y participó en la Decena Trágica. Muerto Bernardo Reyes en su intentona de tomar Palacio Nacional, Félix Díaz se puso al frente del cuartelazo y acordó con Victoriano Huerta, dirigidos ambos por Henry Lane Wilson, el derrocamiento y posterior asesinato de Madero y Pino Suárez. Huerta ocuparía la silla presidencial y convocaría a elecciones en las que Félix Díaz sería el candidato del gobierno golpista. Sin embargo, Huerta lo envió como embajador al Japón y ahí terminó su carrera política.

DÍAZ, JESÚS ◆ n. en Paracho y m. en Uruapan, Mich. (1822-1865). Liberal. Se adhirió al Plan de Ayutla y combatió hasta la derrota de Santa Anna. Peleó contra los conservadores durante la guerra de los Tres Años. Combatió la intervención francesa y el imperio. Murió fusilado.

DÍAZ, JOSÉ DE JESÚS ◆ n. en Jalapa, Ver., y m. en Puebla, Pue. (1809-1846). A los doce años se unió al Ejército Trigarante y siguió durante varios años la carrera de las armas. A partir de 1829 publicó poesías en periódicos de la época y fue redactor del *Diario del Gobierno*. Fundó *El Zempoalteca*. Fue el padre de Juan y Francisco Díaz Covarrubias (☞).

DÍAZ, MARIANO ◆ n. y m. en Aguascalientes, Ags. (1829-1873). Combatió en las filas liberales durante la guerra de Reforma. Luchó contra la intervención francesa y el imperio. Cayó prisionero y al recuperar la libertad se reincorporó al combate. Fue oficial mayor encargado del despacho en el Ministerio de Guerra (1865).

DÍAZ, MARICARMEN ◆ n. en San Pedro Totoltepec, Edo.de Méx. (1971). Atleta desde 1961. En los Juegos Centroamericanos de 1990 ganó medallas de oro en las competencias de tres mil y de diez mil metros. Ha ganado la carrera de San Silvestre, en Brasil (fue la primera mexicana en ganar esta competencia en 1989 y 1990) y la de San Fernando, en Uruguay (1991).

DÍAZ, PORFIRIO ◆ n. en Oaxaca, Oax., y m. en Francia (1830-1915). Sus padres, originarios de la Mixteca, son José Cruz Díaz y Petrona Mori. Hace estudios inconclusos de derecho en el Instituto de Ciencias y Artes de Oaxaca.

Se alista para luchar contra la intervención estadounidense de 1847 sin llegar a combatir. Se adhiere al Plan de Ayutla. Pelea contra los conservadores en la guerra de los Tres Años. General y diputado en 1861. Durante la intervención francesa asiste a la batalla de Puebla de 1862 y al año siguiente, en la misma ciudad, es derrotado y hecho prisionero. Logra escaparse y vuelve a las armas. Toma Taxco y ocupa Oaxaca, donde se convierte en gobernador, del primero de diciembre de 1863 al 12 de febrero de 1864. En esa ciudad rechaza a los emisarios de Maximiliano que lo invitan a convertirse en colaboracionista y amenaza con fusilar a cualquier otro enviado que llegue con el mismo ofrecimiento. El 8 de febrero de 1865, sin armamento, se ve obligado a entregar la plaza a los invasores, quienes lo aprehenden. De nuevo logró evadirse y, en septiembre de 1865, ya como divisionario, obtiene el triunfo en Tehuitzingo e inicia una impresionante cadena de victorias entre las que destacan la que obtiene en La Carbonera, lo que le permite recuperar Oaxaca y convertirse otra vez en gobernador (31 de octubre al 11 de diciembre de 1866), la batalla del 2 de abril, cuando retoma Puebla, y la ocupación de la ciudad de México, el 21 de junio de 1867, con lo cual finaliza la guerra contra el imperio. En las elecciones de 1867 se presenta como candidato a presidente, pero Juárez es reelegido. En 1868 se le otorga licencia para dejar el ejército. En 1871 presenta de nuevo su candidatura a la Presidencia de la República, y el Congreso reelige a Juárez para otro periodo. En noviembre de ese año lanza el Plan de la Noria, mediante el cual desconoce a Benito Juárez, y se levanta en armas. El Plan estipula "que ningún ciudadano se imponga y perpetúe en el ejercicio del poder". La rebelión es derrotada y Díaz abandona el país. En 1872, al morir Juárez, Díaz se acoge a la amnistía que dicta Lerdo de Tejada, quien termina el periodo presidencial para el que Juárez había sido reelecto. En 1875 el Congreso reelige a Lerdo y

Porfirio Díaz

Díaz lanza el Plan de Tuxtepec y encabeza un levantamiento que derroca a Lerdo. Asume provisionalmente la Presidencia de la República el 28 de noviembre de 1876 y, ocho días después, la deja al general Juan N. Méndez. Cumplida la formalidad, el Congreso lo designa presidente para el periodo 1877-1880. A cargo del Poder Ejecutivo promueve una reforma constitucional para impedir la reelección en periodos sucesivos, combate el bandolerismo, mina el poder local de los gobernadores, reorganiza el erario y ordena aplastar una rebelión que se produce en Veracruz. En 1880 lo sustituye Manuel González y él ocupa la Secretaría de Fomento. Del primero de diciembre de 1881 al 27 de julio de 1882 ocupa de nuevo la gubernatura de Oaxaca. En este periodo introduce el alumbrado en la capital de la entidad, construye el puente sobre el río Atoyac, funda la Escuela de Artes y Oficios, inaugura una sucursal del Monte de Piedad, sustituye la Guardia Nacional del estado por el cuerpo de gendarmería llamado Guardianes de Oaxaca, promueve la construcción del ferrocarril de Tehuantepec y sanea la hacienda pública. Después de una licencia que le permite organizar las fuerzas políticas en que habrá de apo-

FOTO: EL MUNDO ILUSTRADO

Porfirio Díaz en la portada de *El Mundo Ilustrado* del 17 de septiembre de 1899

Porfirio Díaz

GABINETES DEL PRESIDENTE PORFIRIO DÍAZ

23 DE NOVIEMBRE AL 6 DE DICIEMBRE DE 1876

RELACIONES EXTERIORES

MANUEL ROMERO RUBIO, ED*	23 al 28 de noviembre de 1876
IGNACIO L. VALLARTA	28 de noviembre al 6 de diciembre de 1876

GOBERNACIÓN

PROTASIO TAGLE

JUSTICIA

IGNACIO RAMÍREZ

FOMENTO

VICENTE RIVA PALACIO

GUERRA Y MARINA

PEDRO OGAZÓN

HACIENDA

JUSTO BENÍTEZ	16 de febrero de 1877 al 30 de noviembre de 1880

RELACIONES EXTERIORES

IGNACIO L. VALLARTA	16 de febrero al 31 de mayo de 1877 y 23 de junio de 1877 al 6 de mayo de 1878
JOSÉ FERNÁNDEZ, ED*	1 al 22 de junio de 1877, 6 de mayo al 19 de junio de 1878 y 23 de septiembre al 21 de nov. de 1880
JOSÉ MARÍA MATA	20 de junio al 17 de septiembre de 1878
ELEUTERIO ÁVILA, ED*	17 de septiembre de 1878 al 26 de enero de 1879
MIGUEL RUELAS	27 de enero al 31 de marzo de 1879, 17 de abril al 12 de dic. de 1879 y 12 de feb. al 22 de sep. de 1880
JULIO ZÁRATE, ED*	12 de diciembre de 1879 al 12 de febrero de 1880
IGNACIO MARISCAL	22 al 30 de noviembre de 1880

GOBERNACIÓN

PROTASIO TAGLE	17 de febrero al 23 de mayo de 1877
TRINIDAD GARCÍA DE LA CADENA	24 de mayo de 1877 al 8 de abril de 1879
EDUARDO C. PANKHURST	9 de abril de 1879 al 20 de enero de 1880
FELIPE BERRIOZÁBAL	21 de enero al 30 de noviembre de 1880

JUSTICIA

IGNACIO RAMÍREZ	17 de febrero al 23 de mayo de 1877
PROTASIO TAGLE	24 de mayo de 1877 al 15 de noviembre de 1879
JUAN N. GARCÍA	16 de noviembre al 19 de diciembre de 1879
IGNACIO MARISCAL	19 de diciembre de 1879 al 22 de noviembre de 1880

FOMENTO

VICENTE RIVA PALACIO	17 de febrero de 1877 al 30 de noviembre de 1880

GUERRA Y MARINA

PEDRO OGAZÓN	17 de febrero de 1877 al 28 de abril de 1878
MANUEL GONZÁLEZ	28 de abril de 1878 al 15 de noviembre de 1879
CARLOS PACHECO	15 de noviembre de 1879 al 30 de nov. de 1880

HACIENDA

JUSTO BENÍTEZ	17 de febrero al 11 de mayo de 1877
FRANCISCO DE LANDERO Y COS	12 al 23 de mayo de 1877
MATÍAS ROMERO	24 de mayo de 1877 al 4 de abril de 1879
JOSÉ HIPÓLITO RAMÍREZ	5 al 8 de abril de 1879
TRINIDAD GARCÍA DE LA CADENA	9 de abril de 1879 al 23 de enero de 1880
JOSÉ J. TORO	24 de enero al 15 de noviembre de 1880

1 DE DICIEMBRE DE 1884 AL 25 DE MAYO DE 1911

RELACIONES EXTERIORES

JOSÉ FERNÁNDEZ, ED*	1 al 31 de diciembre de 1884
JOAQUÍN BARANDA, ED*	1 al 18 de enero de 1885
IGNACIO MARISCAL	19 de enero de 1885 al 11 de mayo de 1890; 16 de septiembre de 1890 al 5 de enero de 1898; 12 de enero de 1898 al 20 de septiembre de 1899; 13 de noviembre de 1899 al 20 de agosto de 1903 y 17 de diciembre de 1903 al 16 de abril de 1910
MANUEL AZPÍROZ	12 de mayo al 15 de septiembre de 1890 y 6 al 12 de enero de 1898
JOSÉ MORÍA GAMBOA, ED*	30 de septiembre al 12 de noviembre de 1899
JOSÉ ALGARA, ED*	21 de agosto al 16 de diciembre de 1903
FEDERICO GAMBOA, ED*	16 de abril al 3 de mayo de 1910
ENRIQUE C. CREEL	4 de mayo de 1910 al 26 de marzo de 1911
VICTORIANO SALADO ÁLVAREZ, ED*	27 al 31 de marzo de 1911
FRANCISCO LEÓN DE LA BARRA	1 de abril al 25 de mayo de 1911

GOBERNACIÓN

MANUEL ROMERO RUBIO	1 de diciembre de 1884 al 3 de octubre de 1895
MANUEL GONZÁLEZ COSÍO	21 de octubre de 1895 al 11 de enero de 1903
RAMÓN CORRAL	16 de enero de 1903 al 25 de marzo de 1911

JUSTICIA E INSTRUCCIÓN PÚBLICA

JOAQUÍN BARANDA	1 de diciembre de 1884 al 10 de abril de 1901
JUSTINO FERNÁNDEZ	19 de abril de 1901 al 16 de mayo de 1905

JUSTICIA

JUSTINO FERNÁNDEZ	16 de mayo de 1905 al 25 de marzo de 1911
DEMETRIO SODI	25 de marzo al 25 de mayo de 1911

FOMENTO

CARLOS PACHECO	1 de diciembre de 1884 al 21 de marzo de 1891
MANUEL FERNÁNDEZ LEAL	8 de enero de 1892 al 11 de enero de 1903
MANUEL GONZÁLEZ COSÍO	12 de enero de 1903 al 21 de marzo de 1905
BLAS ESCONTRÍA	24 de marzo de 1905 al 20 de mayo de 1907
OLEGARIO MOLINA	20 de mayo de 1907 al 25 de marzo de 1911
MANUEL MARROQUÍN RIVERA	25 de marzo al 25 de mayo de 1911

GUERRA Y MARINA

PEDRO HINOJOSA	1 de diciembre de 1884 al 19 de marzo de 1896
FELIPE BERRIOZÁBAL	20 de marzo de 1896 al 9 de enero de 1900
BERNARDO REYES	25 de enero de 1900 al 24 de diciembre de 1902
FRANCISCO Z. MENA	16 de enero de 1903 al 15 de marzo de 1905
MANUEL GONZÁLEZ COSÍO	21 de marzo de 1905 al 25 de mayo de 1911

HACIENDA

MANUEL DUBLÁN	1 de diciembre de 1884 al 31 de mayo de 1891
BENITO GÓMEZ FARÍAS	12 de junio al 30 de octubre de 1891
MATÍAS ROMERO	1 de enero de 1892 al 7 de mayo de 1893
JOSÉ IVES LIMANTOUR	8 de mayo de 1893 al 25 de mayo de 1911

COMUNICACIONES Y OBRAS PÚBLICAS

MANUEL GONZÁLEZ COSÍO	13 DE MARZO DE 1891 AL 21 DE OCTUBRE DE 1895
FRANCISCO Z. MENA	14 DE NOVIEMBRE DE 1895 AL 22 DE DICIEMBRE DE 1907
LEANDRO FERNÁNDEZ	23 DE DICIEMBRE DE 1907 AL 24 DE MARZO DE 1911

GABINETE DEL PRESIDENTE PORFIRIO DÍAZ 1 DE DICIEMBRE DE 1884 AL 25 DE MAYO DE 1911 (CONTINUACIÓN)	
COMUNICACIONES Y OBRAS PÚBLICAS	
NORBERTO DOMÍNGUEZ	25 DE MARZO AL 25 DE MAYO DE 1911
INSTRUCCIÓN PÚBLICA Y BELLAS ARTES	
JUSTO SIERRA	1 DE DICIEMBRE DE 1905 AL 24 DE MARZO DE 1911
JORGE VERA ESTAÑOL	24 DE MARZO AL 25 DE MAYO DE 1911
ED*= ENCARGADO DEL DESPACHO	

yarse nacionalmente, vuelve a la gubernatura el primero de diciembre para dejar el cargo el 3 de enero de 1883, cuando va a la capital a ocupar nuevamente la Secretaría de Fomento. En 1884 vuelve a la Presidencia, reforma la Constitución a fin de poder reelegirse indefinidamente, e inicia una gestión caracterizada por las grandes obras materiales y el aplastamiento de toda disidencia, lo que resume en la frase "poca política y mucha administración". De su gestión destaca el tendido de líneas telegráficas por todo el país, la construcción de 20,000 kilómetros de vías férreas, la electrificación de diversas zonas del país, la protección a la industria y el capital extranjero y el saneamiento de las finanzas públicas. La colonización tiene cierto auge gracias a la rapaz labor de las compañías deslindadoras, que despojan a los pueblos de tierras comunales en beneficio de los hacendados y las empresas que operan en el ramo. Se estimula la llamada alta cultura pero, al término de gestión, el analfabetismo era de 80 por ciento. La persecución de los opositores y las matanzas contra obreros y campesinos generan una inconformidad que estalla en noviembre de 1910, al reelegirse de nueva cuenta. La rebelión, encabezada por Francisco I. Madero lo obliga a dimitir, y el 31 de mayo de 1911 sale de México a bordo del vapor Ipiranga. Viaja por Europa y se establece finalmente en París, donde muere.

DÍAZ, SOCORRO ◆ n. en Pueblo Juárez, municipio de Coquimatlán, Col. (1949). Periodista. Su segundo apellido es Palacios. Licenciada por la Escuela de Periodismo Carlos Septién García (1966-70). Tomó cursos de literatura en la UNAM (1968-70), donde también ejerció la docencia (1977-80). Pertenece al PRI, partido en el que ha sido presidenta de la comisión nacional de ideología (1982-87), vicepresidenta de la comisión dictaminadora de la Declaración de Principios (1985) y secretaria general del partido. Senadora (1982-88) y diputada federal (1988-91). Presidenta de la Gran Comisión de la Cámara de Diputados en 1991, fue la primera mujer en ocupar ese cargo. Fue reportera y jefa de información del vespertino *Crucero* (1969-71); comentarista en los programas de televisión *Rueda de Prensa* (1972), *Mujeres de México y A Media Tarde* (1974-79); y, en el periódico *El Día*, articulista y editorialista (1972-80), jefa de redacción (1973-75), directora del suplemento *El Gallo Ilustrado* (1975-77), subdirectora (1977-80), integrante del Consejo de Dirección (1980-81) y directora general (1981-93). Ha sido subsecretaria de Protección Civil y Prevención y Readaptación de la Secretaría de Gobernación (1993-94) y directora de Liconsa (1995-). Es miembro de la Academia Mexicana de Derechos Humanos, del Ateneo Jaime Torres Bodet y de la Organización Internacional de Periodistas. Ha recibido los premios Nacional de Periodismo (1977) y Especial de Periodismo de la Asociación de Periodistas Oaxaqueños (1979); la presea Ciudadanos Ejemplares de Colima (1981) y la medalla a la Mujer del Año (1981).

DÍAZ AGUILAR, NICOLÁS ◆ n. en San Luis Potosí, SLP (1918). Estudió en el Seminario de San Luis Potosí y en la Universidad Gregoriana de Roma para ordenarse sacerdote en 1942. Asistió al Instituto de Música Sacra de Roma. Director de la Escuela de Música del Instituto Potosino de Bellas Artes. Escribe crítica musical en *Momento* y fundó y dirigió *Vas Electionis*. Autor de *Percepción y gozo de la música* (inédito).

DÍAZ AGUIRRE, JUAN FRANCISCO ◆ n. en el DF (1944). Licenciado en economía por la UNAM (1963-75) diplomado en las universidades de Loyola y Georgetown. Profesor de la Universidad Autónoma de Morelos (1969). Pertenece al PRI desde 1962. Ha sido director regional en Centroamérica y el Caribe de ORIT (1971-73), fundador y miembro del CEN del Sindicato Nacional de Profesionistas (1976-), secretario general de la Federación Interamericana de Trabajadores de la Salud (1986-89), presidente de administración y finanzas del Congreso del Trabajo (1986-89), secretario general del Sindicato Nacional de Trabajadores del ISSSTE (1987-90), diputado federal (1988-91), secretario de control y gestión de la FSTSE (1989-92).

DÍAZ ALFARO, SALOMÓN ◆ n. en Santa Cruz de Villagómez, Mich. (1953). Licenciado en derecho por la UNAM (1973), institución de la que fue asesor del abogado general (1977), jefe del Departamento de Proyectos Legislativos (1979) y director general de Estudios y Proyectos Legislativos (1980-81). Es miembro del PRI. Ha sido subdirector consultivo de asuntos jurídicos de la Secretaría de Gobernación (1983), director general de Asuntos Jurídicos de la SSA (1983-85) y director general Jurídico y de Estudios Legislativos del DDF (1988-). Coautor de *El conflicto laboral en la UNAM en 1977* (1980) y *Contratación colectiva del personal académico en el derecho comparado*, y autor de *Derecho constitucional a la protección de la salud* (1983).

DÍAZ ARCINIEGA, VÍCTOR ◆ n. en el DF (1952). Estudió comunicación y literatura. Investigador del Departamento

Socorro Díaz

de Humanidades de la UAM-Azcapotzal-co. Autor de *Querella por la "cultura revolucionaria"* (1990). Ha preparado o coordinado, *Memoria personal de un país* (1991, memorias de Alejandro Gómez Arias), *Premio Nacional de Ciencias y Artes 1945-1990* (1991) e *Historia de la casa. Fondo de Cultura Económica 1934-94* (1994).

DÍAZ ARIAS, JULIÁN ◆ n. en el Edo. de Méx. y m. en el DF (1910-1992). Ingeniero mecánico electricista, titulado en 1932, y licenciado en economía por la UNAM (1944). Profesor del Politécnico (1938-58) y de la UNAM (1945-65). Fue oficial mayor del gobierno de la entidad (1951-52) y presidente del Consejo de la Dirección de Pensiones Civiles del Estado de México (1952-53); jefe de Inmuebles y Construcciones del Seguro Social (1953-58), oficial mayor (1958-59) y subsecretario de Industria y Comercio (1959-61); director general y apoderado de las empresas eléctricas nacionalizadas (1960-62); director general de Financiera Nacional Azucarera (1962-65 y 1972-73); director adjunto de Nacional Financiera (1965-72); coordinador de Obras del estado de México (1973-75), director del Programa de Diagnóstico de las Empresas Ejidales (1975-76) y director general del Sistema de Transporte Colectivo-Metro del DF (1976-82).

DÍAZ BALLESTEROS, ENRIQUE ◆ n. en Morelia, Mich. (1916). Licenciado en derecho por la UNAM (1935-39). Fue miembro del PNR desde 1935, cofundador del PRM y del PRI. Trabaja para el sector público desde 1938. Ha sido jefe del departamento jurídico del Ingenio Zacatepec (1952-59), de Ferrocarriles Nacionales de México (1955-61), abogado consultor de la Procuraduría General de la República (1953-54), gerente de Administración (1961-65), gerente general (1965-68), subdirector de Operación (1970-76) y director general de Conasupo (1976 y 1979-82); director general de Servicios Metropolitanos del DDF (1977), subsecretario de Planeación (1977-78) y de Regulación y Abasto de la Secretaría de Comercio (1978-79); comisario del sector transportes de la

Enrique Díaz Ballesteros

Secretaría de la Contraloría General de la Nación (1983-88), asesor del Presidente de la República (1982-88), subsecretario de Abasto y Control de la Secretaría de Comercio (1988-89) y asesor del secretario de Comercio (1989-). Pertenece a la Barra de Abogados de la República Mexicana.

DÍAZ BARRETO, PASCUAL ◆ n. en Zapopan, Jal., y m. en el DF (1876-1936). Se ordenó sacerdote en 1899. Consagrado obispo de Tabasco de 1923, el gobernador Garrido Canabal lo expulsó del estado. En 1927, durante la guerra cristera, vivió fuera del país. Tomó parte en las negociaciones para poner fin al conflicto entre la Iglesia y el Estado. Arzobispo de México (1929-36).

DÍAZ BARRIGA, FRANCISCO ◆ n. en Salvatierra, Gto. (1876-1928). Hizo estudios de ingeniería. Fue diputado suplente a la XXVI Legislatura y diputado al Congreso Constituyente (1916-17).

DÍAZ BARRIGA, GUILLERMINA ◆ n. en Morelia, Mich. (1938). Escultora. Estudió con Dolores Díez de Sollano, Carlos Orozco Romero, Mariano Paredes y Enrique Lazcano antes de ingresar en La Esmeralda. Participa en exposiciones colectivas desde 1971. En 1971 obtuvo un premio en el Salón Anual de Escultura. Elaboró dos bustos de oro, copias de Tolsá que regaló el presidente López Portillo a los reyes de España.

DÍAZ BATLETT, TOMÁS ◆ n. en Tenosique, Tab., y m. en el DF (1919-1957). Médico cirujano (1945). Escribió poesía: *Bajamar* (1951), *Con displicencia de árbol* (1955) y *Oficio de cadáver* (1958).

DÍAZ DE BONILLA, ANTONIO ◆ n. en Tulancingo, Hgo., y m. en la Cd. de México (1801-1865). Militar conservador. En 1858 ocupó la gubernatura de Puebla. Colaboró con la intervención francesa y el imperio.

DÍAZ CAMACHO, ALEJANDRO ◆ n. en Cananea, Son. (1943). Arquitecto titulado en la UNAM (1962-69), donde también hizo un curso de posgrado en arquitectura del paisaje (1974). Miembro del PRI desde 1976. Ha sido subdirector de Presupuesto de Desarrollo Social

de la SPP (1978), coordinador general SAHOP-Coplamar y director general SAHOP-Sedue (1980), director general de Promoción Ambiental y Participación Comunitaria de la Sedue (1984-).

DÍAZ CÁRDENAS, LEÓN ◆ n. en Piedras Negras, Coah., y m. en San Luis Potosí, SLP (1912-1941). Estudió la normal en San Luis Potosí, donde trabajó en el diario *Vanguardia*. En 1930 se trasladó a la capital del país. Colaboró en *El Maestro Rural*, *Revista Mexicana de Educación* y *Revista de Pedagogía*. Fundó y dirigió la Biblioteca Popular y el Calendario Escolar en el cotidiano *El Nacional*.

Primera página del libro de Bernal Díaz sobre la Conquista de México

DÍAZ DEL CASTILLO, BERNAL ◆ n. en España y m. en Guatemala (¿1492?-¿1585?). Militar. Viajó a Cuba (1514) y sus primeros contactos con México se produjeron durante las expediciones de Francisco Hernández de Córdoba y Juan de Grijalba (1517-18), en las cuales se embarcó. Se alistó en la fuerza que Hernán Cortés trajo a México en 1519 y, bajo las órdenes de Pedro de Alvarado, participó en los más importantes acontecimientos de la conquista, incluidas matanzas de población inerme como la de Cholula y la tortura aplicada a Cuauhtémoc. Inconforme con la parte del botín que le tocó, fue a España a pedir tierras e indios. Regresó en 1541 a Nueva España y viajó luego a Guatemala, donde se le dio un corregimiento (hacienda con indios). Ya viejo, para refutar diversas versiones sobre la conquista, especialmente la *Historia general de las Indias* de López de Gómara, escribió su *Historia verdadera de la conquista de la Nueva España*, publicada por primera vez en Madrid en 1632. Su obra constituye una defensa de las atrocidades y el pillaje español y, a la vez, una de las principales fuentes de la historia mexicana. El libro, que exalta a la soldadesca europea, desde el punto de vista literario está considerado como una de las obras cimeras de la épica universal.

DÍAZ CASTRO, ANA GLORIA ◆ n. en el DF (1947). Estudió artes plásticas en La Esmeralda (1966-71), donde ha sido profesora (1974-76). Asistió al taller de gobelinos de la Escuela de Diseño y Artesanías bajo la dirección de Pedro Preux (1971-73). Investigadora y coordinadora del Centro de Investigación y Experimentación Plástica del INBA (1976-82). Expone desde 1967.

DÍAZ CASTRO, OLGA VICENTA ◆ n. en Río Verde, SLP (1905). En 1945 se estableció en Tijuana, donde ha colaborado en *El Sembrador, El Heraldo* y *El Mexicano*. Autora de poesía: *Olvido* (1944), *Mariposas* (1945) y *Pétalos* (1967).

DÍAZ CERECEDO, CÁNDIDO ◆ n. en Chicontepec, Ver. (1927). Profesor normalista (1951) y licenciado en derecho (1959). Fue maestro de enseñanza primaria y secundaria durante 35 años. Miembro del PST desde 1979. Ha sido presidente municipal de Chicontepec, Veracruz; candidato del PST a la Presidencia de la República (1982) y diputado federal plurinominal por el mismo partido (1982-85). Autor de *Función educativa del Estado*.

DÍAZ CÓRDOVA, HOMERO ◆ n. en Comitán, Chis. (1948). Contador público por la Universidad del Valle de México (1968-72). Miembro del PRI desde 1963. Ha sido secretario particular del oficial mayor (1977-78), director general de Administración (1978-79) y oficial mayor de la PJDF (1979-80); asesor (1980), jefe de la Unidad de Administración de la Oficialía Mayor (1980-82), delegado en Tláhuac del DDF (1982-85), diputado federal (1985-88)

y jefe de asesores del gobernador de Chiapas (1988-). Miembro del Colegio de Contadores Públicos.

DÍAZ DE COSSÍO CARBAJAL, ROGER ◆ n. en Gran Bretaña (1931). Mexicano por nacimiento. Ingeniero civil titulado en la UNAM (1954), maestro en ciencias (1957) y doctor en ingeniería civil por la Universidad de Illinois, EUA (1959). Jefe de la División de Doctorado de la Facultad de Ingeniería e investigador (1959-70) y director del Instituto de Ingeniería de la UNAM (1966-69). Ha sido director general de Programación de la Secretaría de Comercio (1976-77); director general de Coordinación y Planeación Educativa (1970-76), del Consejo Nacional de Fomento Educativo (1977), de Publicaciones y Bibliotecas de la SEP (1978) y subsecretario de Cultura y Recreación de la misma dependencia (1978-82); subdirector general de Servicios Sociales y Culturales del ISSSTE (1982-88), director general de Cooperación Técnica y Científica y director del programa de Comunidades de Mexicanos en el Extranjero de la SRA (1998-92). Autor de *Concreto reforzado* (1971), *Sobre la educación y la cultura* (1977) y *Hacia una política cultural* (1988). Miembro de la Academia de Ingeniería, de la Academia de la Investigación Científica y del Colegio de Ingenieros Civiles de México.

DÍAZ COVARRUBIAS, FRANCISCO ◆ n. en Jalapa, Ver., y m. en Francia (1833-1889). Estudió en el Colegio de Minería, donde se graduó de ingeniero topógrafo y fue posteriormente catedrático. Dirigió el levantamiento de la carta geográfica del valle de México y precisó la posición de la capital del país. Durante la intervención francesa y el imperio residió en Tamaulipas. Al ser restaurada la República fue oficial mayor de la Secretaría de Fomento. Al morir, era cónsul general en París. Entre las obras que escribió se cuentan: *Nuevos métodos astronómicos* (1867) y *Tratado de topografía, geodesia y astronomía* (1870). Escribió también un informe del *Viaje de la comisión astronómica mexicana al Japón para observar*

el tránsito del planeta Venus por el disco del Sol (1876).

DÍAZ COVARRUBIAS, JOSÉ ◆ n. en Jalapa, Ver., y m. en la Cd. de México (1842-1883). Abogado liberal. Fue diputado federal. Secretario de Justicia e Instrucción Pública en el gabinete de Lerdo de Tejada (1873 a 1876). Escribió *La instrucción pública en México* y un *Tratado de derecho internacional*.

DÍAZ COVARRUBIAS, JUAN ◆ n. en Jalapa, Ver., y m. en la Cd. de México (1837-1859). Colaboró en los principales periódicos de la época (*El Siglo XIX, El Monitor Republicano*, etc). Autor de poesía: *Páginas del corazón* (1857); prosas varias: *Impresiones y sentimientos* (1857); y novelas: *Gil Gómez el Insurgente o la hija del médico* (1858), *La clase media* (1858) y *El diablo en México* (1858). Estudiaba medicina cuando decidió incorporarse a los servicios de sanidad de los ejércitos liberales. Fue aprehendido por las tropas conservadoras, y Leonardo Márquez ordenó fusilarlo junto con otros médicos.

DÍAZ DÍAZ, DANIEL ◆ n. en Huandacareo, Mich. (1934). Se tituló de ingeniero en la UNAM (1951-55), hizo un curso de posgrado en la CEPAL (1962), obtuvo la maestría en el Centre d'Etudes des Programmes Economiques de Francia (1963-64) y tomó un curso de administración pública en la UNAM (1964). Profesor de la UNAM (1965-82). Desde 1956 es miembro del PRI. Ha sido director general de Planeación y Programa (1966-72) y de Programación de la SOP (1972-76); director general de Análisis de Inversiones de la SAHOP (1977-82); subsecretario de Infraestructura (1982-85) y titular de la SCT (1985-). Autor del ensayo "Infraestructura del transporte", aparecido en *El perfil de México en 1980* (1969), y de "Planeación, construcción y conservación de carreteras", texto publicado en *Carreteras y transportes de México* (1975). Presidente del Colegio de Ingenieros Civiles de México (1982). Pertenece a la Academia Mexicana de Ingeniería y a la Sociedad Mexicana de Planificación.

Timbre dedicado a Francisco Díaz Covarrubias

DÍAZ DUFOO, CARLOS ◆ n. en Veracruz, Ver., y m. en el df (1861-1941). En la capital española se inició en el periodismo con sus colaboraciones en *El Globo*, publicación de Emilio Castelar, y en *Madrid Cómico*. Regresó a México en 1884 y escribió en *La Prensa*, de Agustín Arroyo de Anda, y *El Nacional* de Gonzalo Esteva. En 1887 dirigió *El Ferrocarril Veracruzano*, en el puerto de Veracruz, y posteriormente, en Jalapa, *La Bandera*. Instigado por Díaz Mirón sostuvo un duelo del que salió vencedor y decidió volver a la capital del país, donde se incorporó a *El Siglo XIX* y *El Universal*. Fundó con Gutiérrez Nájera la *Revista Azul* (1894) que luego dirigió. Era diputado en 1896 cuando fundó, con Rafael Reyes Spíndola, *El Imparcial*, periódico del que fue jefe de redacción y director hasta 1912, en que pasó con el mismo cargo a *El Mundo*. Dirigió *El Economista Mexicano* (1901-1911). Colaborador de *Revista de Revistas* y editorialista fundador de *Excélsior* (1917-). Escribió con los pseudónimos de Argos, Monaguillo, Pistache, Petit Bleu, Cualquiera, El Implacable y Gran Eleazar. Autor de obras teatrales: *Entre vecinos* (1885), *De Gracias* (1885), *Padre Mercader* (1929), *La fuente del Quijote* (1930), *La jefa*, *Sombras de mariposas* (1937) y *Palabras*; y de narrativa: *Cuentos nerviosos* (1901). Prologó *Hojas sueltas*, de Gutiérrez Nájera, publicó una biografía de *Ignacio Torres Adalid* (1912) y otras de *Limantour*; escribió sobre temas socioeconómicos: *Les Finances du Mexique*, *México y los capitales extranjeros* (1918), *Una victoria financiera* (1920), *La cuestión del petróleo* (1921), *Comunismo contra capitalismo* y otras obras.

Firma de Carlos Díaz Dufoo

Rosita Díaz Gimeno

DÍAZ DUFOO, CARLOS ◆ n. y m. en la Cd. de México (1888-1932). Hijo del anterior. Escribió *Epigramas* (1927) y dos piezas teatrales aparecidas en la revista *Contemporáneos*: *Temis municipal* (1931) y *El barco* (1931).

DÍAZ DU-POND, CARLOS ◆ n. en el DF (1912). Escenógrafo de ópera. Desde 1924, a los 12 años, asistió constantemente a escuchar ópera, primero al Teatro Arbeu y luego al Palacio de Bellas Artes. Como asiduo asistente a la galería de ambos teatros, en alguna ocasión le ofrecieron ser comparsa y aceptó. Debutó con la ópera *Payasos*, de Leoncavallo. Se fue a Nueva York y ahí continuó su carrera. De regreso en México colaboró en *Excélsior* (1950-52). En un viaje a Italia, a inicios de los años 50, inició su amistad con María Callas. Como director de escena debutó en Monterrey en 1953, con *Aída*. Dirigió 52 óperas hasta su retiro, por algunas de las cuales fue premiado. Es autor de *La ópera en México (1924-1984)*.

DÍAZ ENCISO, ADRIANA ◆ n, en Guadalajara, Jal. (1964). Cursó la licenciatura en comunicación en el ITESO. Ha escrito guiones para televisión y es letrista de varias canciones del grupo de rock Santa Sabina. Dirige un taller de literatura y es correctora del FCE. Colabora en revistas y suplementos culturales. Autora del ensayo *Magali Lara: tras la voz del cuerpo vegetal* (1994); de los poemarios *Sombra abierta* (1987), *Pronunciación del deseo (de cara al mar)* (1993) y *Hacia la luz* (1997); de la antología *Poesía reciente de Jalisco* (1989) y de las novelas *La sed* y *¡El amor!* Obtuvo la beca Jóvenes Creadores del Fonca (1991-92) y la del Centro Mexicano de Escritores (1994-95).

DÍAZ Y ESCUDERO, LEOPOLDO ◆ n. en Alcozauca y m. en Chilapa, Gro. (1880-1950). Ordenado sacerdote en 1903, fue párroco de Acapulco y obispo de Chilapa desde 1930 hasta su muerte.

DÍAZ GALINDO, SEVERO ◆ n. en Sayula y m. en Guadalajara, Jal. (1876-1956). Se ordenó sacerdote en 1900. Dedicado a la ciencia, fue director del Observatorio Vulcanológico de Zapotlán el Grande (Ciudad Guzmán) y de la Escuela Libre de Ingenieros. Dictó conferencias, asistió a congresos científicos y escribió para la prensa diaria y publicaciones especializadas. Autor de una amplia obra en la que están *Estudios de meteorología mexicana* (1907), *Elementos de astronomía y meteorología* (1928), etc.

DÍAZ DE GAMARRA Y DÁVALOS, JUAN BENITO ◆ n. en Zamora, Mich., y m. en San Miguel el Grande, Gto. (1745-1783). Filósofo. Estudió en el Colegio de San Ildefonso y en la Universidad de Pisa, donde se doctoró en cánones. Radicó en San Miguel el Grande, donde impartió cátedra en el colegio del lugar. Autor de *Academias filosóficas* y *Elementa recentioris Philosophiae*, ambas obras aparecidas originalmente en 1774, y de *Errores del entendimiento humano* (1781). Escribió también *Academias de geometría* (1782) y una biografía de sor María Teresa de la Trinidad.

DÍAZ GIMENO, ROSITA ◆ n. en España y m. en EUA (1911-1986). Actriz. Hija de Juan Negrín. Filmaba en Córdoba cuando se produjo el cuartelazo de 1936 en España y fue aprehendida por los fascistas. Mediante un canje de presos quedó en libertad y se exilió en Estados Unidos y luego en México, donde actuó en la película *Pepita Jiménez* (1945), bajo la dirección de Emilio *Indio* Fernández. Trabajó también en las cintas *El último amor de Goya* (1945) y *El canto de la sirena* (1946), así como en las obras de teatro *Té y simpatía*, *La visita de la vieja dama*, *Jano tiene cara de mujer* y *La casa de té de la luna de agosto*.

DÍAZ GONZÁLEZ, PRISCILIANO ◆ n. en Calimaya, Edo. de Méx., y m. en la Cd. de México (1826-1894). Abogado. Fue diputado constituyente en 1856-57. Sirvió al imperio de Maximiliano. Al ser restaurada la República fue nuevamente diputado por el Estado de México en varias ocasiones. Se adhirió al Plan de Tuxtepec y fue diputado por Jalisco en dos ocasiones y senador por Morelos. Asistió como delegado al Congreso Obrero de 1876, en el que redactó el *Manifiesto* de esta organización, en la que participó en el ala derecha y se opuso a los comuneros, a la Internacional y al socialismo. Colaboró en periódicos de Toluca y en *El Nacional* de la ciudad de México, donde dirigió *La Constitución*.

DÍAZ GUTIÉRREZ, MARIANO ◆ n. en Salina Cruz, Oax. (1944). Egresado de la Escuela Nacional de Maestros (1962), especializado en educación de deficientes mentales (1966), maestro en sicología educativa por la Escuela Normal Superior (1971) y maestro en ciencias sociales por el Centro de Investigación para la Integración Social, donde fue investigador, director del área sicopedagógica y coordinador del programa de licenciatura en ciencias sociales (1977-83). Ha sido jefe del Departamento de Educación Básica (1974-76) y coordinador académico del Instituto de Investigación e Integración Social de Oaxaca (1976-77). En la Dirección General de Educación Primaria fue subdirector de estudios académicos (1983) y director técnico (1983-86 y 1989). Asesor de la Subsecretaría de Educación Elemental de la SEP (1986-89) y rector de la Universidad Pedagógica Nacional (1990-).

DÍAZ-INFANTE, JUAN JOSÉ ◆ n. en el DF (1936). Arquitecto egresado de la UNAM (1959). Profesor de la UIA y la UNAM. Dirigió la Escuela de Arquitectura de la Universidad Anáhuac. Trabajó como diseñador industrial para las empresas DM Nacional e Industrias Ruiz Galindo. Entre sus numerosas obras arquitectónicas se cuentan las sedes de la delegación Venustiano Carranza, de American Express, Seguros Tepeyac (en México, Guadalajara y León) y de Probursa; la Bolsa Mexicana de Valores, las torres ICA, Logar, Diamante y Borbón, el Núcleo Radio Mil y el edificio Estela 2000 (en Barcelona). Ha construido, entre otros, los centros comerciales Minimax (dos en la ciudad de México), Colón (en Mérida), Velázquez (en Madrid), Granduxer (en Barcelona) y Colonia Alemán (en Mérida); las terminales de autobuses de Oaxaca, San Cristóbal de las Casas y TAPO; el Club Náutico de Tequesquitengo, el Centro Asturiano de Polanco y el de Cuautla; los hoteles Emporio, en el DF y Las Truchas; los edificios Topacio y Europlaza Lufthansa, en el DF; el edificio industrial de Texmelucan, la Universidad de Oaxaca, el Colegio Simón Bolívar y el cine Venustiano Carranza. Como diseñador gráfico ha creado diversos logotipos (Electropura, ADO y Larín) y ha diseñado revistas. Ha colaborado en publicaciones especializadas en arquitectura y diseño. Autor de los libros *Díaz-Infante visto por Díaz-Infante* y *Díaz-Infante visto por Miguel Ángel*, y del folleto *Kaliscomia* (1987). Fundador de la Asociación de Diseñadores Industriales, miembro fundador de la Academia Mexicana de Arquitectura, miembro de la Society of Plastic Engineers, de EUA.

DÍAZ INFANTE, JUAN JOSÉ ◆ n. en el DF (1961). Estudió fotografía en el Instituto Brooks, de Santa Bárbara, California. Ha trabajado para diversas publicaciones. Su especialidad es la fotografía de tema arquitectónico. Cofundador e integrante del grupo multidisciplinario Música de Cámara.

DÍAZ INFANTE, LUIS ◆ n. en León, Gto., y m. en el DF (1899-1962). Abogado. Fue subprocurador general de la República y presidente de la Suprema Corte de Justicia de la Nación. Gobernador sustituto de Guanajuato del 30 de octubre de 1948 al 25 de septiembre de 1949.

DÍAZ INFANTE ARANDA, ERNESTO ◆ n. en el DF (1930). Licenciado en derecho por la Universidad Autónoma de San Luis Potosí (1950-54). Subdirector fundador de la Escuela de Economía y Administración de la Universidad Autónoma de Baja California (1961-65). Inició su carrera judicial en 1959. Ha sido presidente del Primer Tribunal Colegiado en Materia Civil del primer circuito (1970, 1972 y 1974); ministro de la Suprema Corte de Justicia de la Nación (1979-90) y presidente de la Sala Auxiliar de la Corte (1982). En 1993 se convirtió en prófugo de la justicia, acusado de recibir más de medio millón de dólares por dejar en libertad a Alejandro Braun Díaz, violador y asesino de una niña de seis años.

DÍAZ INFANTE DE LA MORA, MANUEL ◆ n. en Aguascalientes, Ags. (1949). Licenciado en derecho por la UNAM (1968-72), donde cursó las especialidades en derecho constitucional y administrativo (1975). Hizo estudios de

Juan José Díaz-Infante

posgrado en derecho en la Universidad Panamericana (1980-82). Profesor de la UNAM (1979). Miembro del PRI desde 1971. Fue subdirector de Fomento Cooperativo de la SIC (1976). En el Infonavit fungió como secretario particular del subdirector financiero (1977-79) y director de Crédito (1979-81). Ha sido secretario técnico del presidente Miguel de la Madrid (1982), secretario adjunto del Presidente de la República (1982-85), delegado del DDF en Miguel Hidalgo (1985-88) y miembro de la Asamblea de Representantes del Distrito Federal (1988-91).

DÍAZ INFANTE ORTUÑO, AUGUSTO ◆ n. en Ocampo, Gto., y m. en San Luis Potosí, SLP (1911-1986). Médico cirujano por la UNAM (1936) con cursos de posgrado en Alemania, Francia y Estados Unidos. Rector de la Universidad Autónoma de San Luis Potosí (1948-50), donde ejerció la docencia. Fue director médico y presidente de la Cruz Roja potosina. Colaboró en revistas especializadas. Miembro de la Sociedad Mexicana de Nutrición y Endocrinología.

DÍAZ JÁCOME, ADALBERTO ◆ n. en Villa de Cuichapa, Ver. (1928). Líder agrario. Pertenece al PRI. Ha sido presidente municipal de Villa de Omealca (1964-67), secretario de colonización y vivienda (1965) y secretario general de la Liga de Comunidades Agrarias y Sindicatos Campesinos de Veracruz (1984-87), presidente de la Unión Local de Productores de Caña de Azúcar (1978), presidente municipal de Cuichapa (1979-82), diputado a la Legislatura veracruzana (1983-86) y diputado federal (1988-91).

DÍAZ DE LEÓN, FRANCISCO ◆ n. y m. en Aguascalientes, Ags. (1837-1903). Desde niño aprendió el oficio de tipógrafo en la ciudad de México. Sirvió a Maximiliano, quien lo nombró director de la Imprenta Imperial y lo condecoró. A la restauración de la República montó un taller propio que tuvo gran prestigio. En 1879 creó, con fondos de su peculio, el Asilo de Mendigos. Pasó sus últimos años en Aguascalientes.

DÍAZ DE LEÓN, FRANCISCO ◆ n. en Aguascalientes, Ags., y m. en el DF (1897-1975). Grabador, hijo del anterior. Estudió dibujo y pintura en Aguascalientes. En 1917 se inscribió en la Academia de Bellas Artes, donde fue discípulo de Saturnino Herrán, Leandro Izaguirre y Germán Gedovius. Fue de los primeros siete alumnos de la Escuela de Pintura al Aire Libre de Chimalistac. En 1922 se inició como grabador y se convirtió en precursor del movimiento gráfico mexicano. En ese mismo año ingresó al Consejo Cultural y Artístico de la ciudad de México. Maestro de la Academia de Bellas Artes (1920-25), director de la Escuela de Pintura al Aire Libre de Tlalpan (1925-32), profesor de grabado en San Carlos (1928-33), cofundador de la Sala de Arte de la Secretaría de Educación (1930), director de la Escuela Nacional de Artes Plásticas (1933), profesor de grabado en la Escuela para Trabajadores número uno (1934-37) y director y catedrático de la Escuela de Artes del Libro que proyectó y fundó (1938-56). Fue director artístico de la revista *Mexican Art & Life* (1939). En 1970 se le organizó una exposición de homenaje en Aguascalientes y luego en la Biblioteca Nacional de México. Dictó conferencias y escribió artículos sobre grabado y grabadores. Autor de *Gahona y Posada, grabadores mexicanos* (1973) y *De Juan Ortiz a J. Guadalupe Posada. Esquema de cuatro siglos de grabado en México* (1973). Ingresó en el Seminario de Cultura Mexicana en 1942, en la Asociación In-

ternacional de Grabadores XILON en 1953, en la Academia de Artes en 1968 y en la Asociación Mexicana de Artes Plásticas en 1970. Premio Nacional de Ciencias y Artes (1969).

DÍAZ DE LEÓN, JESÚS ◆ n. en Aguascalientes, Ags., y m. en la Cd. de México (1851-1919). Médico y lingüista. Fue director del Museo Zoológico de Tacubaya y del Museo de Historia Natural. Fundó el periódico *El Instructor*. Produjo poesía que publicó en diversos periódicos. Tradujo *El cantar de los cantares*. Autor de *Ensayos etimológicos* y un *Curso de raíces griegas*. Escribió también un *Compendio de etnografía general* (1895).

DÍAZ DE LEÓN, RAFAEL ◆ n. y m. en San Luis Potosí, SLP (1895-1948). Abogado. Estudió en la Escuela Nacional de Jurisprudencia y en la Escuela Libre de Derecho. Profesor de la Escuela Normal y del Instituto Científico y Literario de San Luis Potosí. Fundó *El Correo de San Luis*. Autor de creación literaria: *Ensoñaciones* (1910), *El sermón de la montaña* (1918), *Por los pobres* (1921), *Semidiosa* (con portada de Ernesto García Cabral, 1923) y *Jai-Kais* (1938). Preparó una *Antología de poetas potosinos* (inédita). Escribió también semblanzas: *Nuestros prohombres* (1926), *Biografía del primer gobernador de San Luis Potosí* (1927), *Homenaje a Juan Sarabia* (1933) y *Los autores el Himno Nacional* (1937).

DÍAZ DE LEÓN SAGAÓN, MARCO ANTONIO ◆ n. en Apan, Hgo. (1941). Licenciado en derecho (1961-65) y maestro en ciencias penales por la UNAM, institución de la que es profesor (1971-73 y 1978-). Es miembro del PRI. Ha sido secretario general del Sindicato de Trabajadores del Tribunal Contencioso Administrativo del DF (1972-73), jefe del Departamento de Inspección Federal del Trabajo de la Secretaría del Trabajo (1974-75), jefe del Departamento Técnico Contencioso del ISSSTE (1976), director de Relaciones Laborales de la SEP (1981-82) y director general de Control de Procesos de las procuradurías General de la República

(1983-88) y General de Justicia del Distrito Federal (1988-). Autor de *Teoría de la acción penal* (1974), *Las pruebas en el derecho procesal del trabajo* (1981) y *Tratado sobre las pruebas penales* (1982). Pertenece al Colegio de Ciencias Penales.

DÍAZ DE LEÓN VALDIVIA, JORGE ◆ n. en Aguascalientes, Ags. (1934). Estudió ingeniería agronómica. Miembro del PRI, del que ha sido director estatal juvenil, presidente del CDE de Aguascalientes y secretario particular del presidente nacional del partido. Fue secretario de la FSTSE en Aguascalientes (1959-61), secretario general del Sindicato Nacional de Trabajadores de la SAG (1962-65), secretario de relaciones internacionales de la FSTSE (1964-67) y, en la CNC, secretario de acción cooperativa (1980-83) y de acción agrícola (1983-86). En la Comisión de Zonas Aridas se desempeñó como delegado en Aguascalientes (1971-74) y director de Desarrollo Socioeconómico (1977-78). Tres veces diputado federal (1964-67, 1979-82 y 1985-88).

DÍAZ LOMBARDO, ANTONIO ◆ n. y m. en el DF (1903-1992). Empresario y político. Fundó el Banco de Transportes y Aeronaves de México, compañía que presidió; dirigió la Agencia Central Ford y, durante 30 años, ocupó la secretaría general de la Alianza de Camioneros. Fungió como vicepresidente de la Asociación Nacional de Banqueros. Durante el sexenio del presidente Miguel Alemán fue director general del Instituto Mexicano del Seguro Social (1946-52) y presidente del Comité Interamericano de Seguridad Social (1952).

DÍAZ LOMBARDO, MIGUEL ◆ n. y m. en la Cd. de México (1868-1924). Licenciado en derecho por la Escuela Nacional de Jurisprudencia. Secretario de Instrucción Pública en el gabinete de Madero (noviembre de 1911 a febrero de 1912) y representante diplomático de México en París (1912-13). Se incorporó a las fuerzas de Villa en 1914 y siguió con él durante la lucha de facciones. Al triunfo de los carrancistas se estableció en Estados Unidos, donde fue representante de Villa, a quien criticó por su acuerdo con los rebeldes del Plan de Agua Prieta. Con Felipe Ángeles y otros revolucionarios fundó la Junta Liberal.

DÍAZ MERCADO, JOAQUÍN ◆ n. y m. en el DF (1894-1939). Bibliotecario. Fue secretario particular del general Cándido Aguilar. Autor de *Bibliografía del estado de Veracruz, 1794-1910* y *Bibliografía sumario de Baja California.*

DÍAZ MIRÓN, MANUEL ◆ n. y m. en Veracruz, Ver. (1821-1895). Ejerció el periodismo y dirigió una publicación propia: *El Veracruzano.* Fue gobernador de Veracruz. Escribió poemas y el volumen *Ensayos literarios* (1865).

DÍAZ MIRÓN, SALVADOR ◆ n. y m. en Veracruz, Ver. (1853-1928). Hijo del anterior. Político y poeta. Estudió en Jalapa. Se inició a los 14 años en el periodismo. Escribía en *El Pueblo* cuando fue deportado por razones políticas a Estados Unidos (1876). Colaboró en publicaciones literarias y dirigió *El Veracruzano,* diario de su padre, *El Diario, El Orden* y el periódico gobiernista *El Imparcial* (1913-14). Hombre prepotente y de incontenible violencia, hirió a varias personas y mató a dos, una bala le inutilizó el brazo izquierdo y estuvo en prisión en dos ocasiones por sus pleitos. Durante el porfiriato fue diputado en varias ocasiones. Apoyó al gobierno golpista de Victoriano Huerta. De 1914 a 1920 se exilió en España y Cuba. En 1874 ya era un poeta reconocido y para 1886 fue incluido en la antología *El parnaso mexicano.* En 1895 publicó en Estados Unidos y en 1900, en París, su libro *Poesías.* Un año después se editó en Jalapa su libro principal, *Lascas.* En 1918 apareció en México *Poemas.* Sus *Poesías completas,* con prólogo y notas de Antonio Castro Leal, se publicaron en 1941.

DÍAZ MOLL, JOSÉ LUIS ◆ n. en Ixtlahuaca, Edo. de Méx. (1958). Licenciado en psicología por la UAEM (1976-80), de la que es profesor desde 1981; maestro en sociología por la Universidad de París (1982-84). Fue miembro del PMT y presidente del

comité mexiquense de esa organización, la que dejó en 1988 para figurar entre los fundadores del Movimiento al Socialismo. Diputado federal a la LIII Legislatura (1985-88).

DÍAZ MORA, MARGARITA ◆ n. en el DF (1951). Poeta y dramaturga. Licenciada en filosofía por la Universidad de La Habana. Es profesora del Instituto de Arte Escénico. Autora de las obras de teatro *Juguemos a la verdad* (estrenada en 1978) *La mariposa incorruptible* (estrenada en 1980), y de los poemarios *En mil pedazos* (1986) y *De todos y de nadie* (1987). En 1978 ganó el Primer Concurso de la Sociedad de Escritores de México.

DÍAZ MORALES, IGNACIO ◆ n. y m. en Guadalajara, Jal. (1905-1992). Ingeniero civil y arquitecto, graduado en la Escuela Libre de Ingenieros de Guadalajara (1928), donde fue condiscípulo de Luis Barragán. Profesor de la Escuela de Arquitectura del ITESO y fundador de la Escuela de Arquitectura de la Universidad de Guadalajara (1951). Proyectó y construyó estaciones del Ferrocarril Sudpacífico (1930-38), fue presidente del Plano Regulador de Guadalajara (1943). Entre sus obras arquitectónicas se cuentan la Cruz de Plazas de la Catedral de Guadalajara (1935), el hotel Playa de Cortés, en Guaymas (1936), el edificio Plaza, el paseo del Hospicio Cabañas, la capilla del Colegio de las Mercedarias y el templo de Jesús Niño. Restauró y remodeló la catedral de Tuxtla Gutiérrez. Colaboró en la revista *Bandera de Provincias.* Heredero de la biblioteca de Luis Barragán, la donó a la Fundación de Arquitectura Tapatía. Miembro de la National Geographic Society. Premio Nacional de Ciencias y Artes en 1989.

DÍAZ MOTA, HOMERO ◆ n. en Cd. Victoria, Tams. (1922). Licenciado en derecho por la UNAM (1946-51). Fue miembro del PRI desde 1947. Ingresó al Partido Demócrata Mexicano en 1984. Ha sido abogado de diversos bancos (1955-78), secretario del Ayuntamiento de Matamoros (1980-82) y diputado federal (1985-88).

DÍAZ NIETO, JUAN LUIS ◆ n. en el DF (1939). Escultor. Estudió dibujo y pintura con Bardasano (1956-59) y con Guillermo Silva; artes visuales en la Academia de San Fernando de Madrid (1959-60); artes plásticas en San Carlos arquitectura en la UNAM (1960-63), y escultura en la Escuela de Bellas Artes Taller 17, de París, con el profesor Hayter (1976). Ha sido profesor de la UNAM y otras instituciones de enseñanza superior. Se dedica a la investigación desde 1969. Director fundador del Instituto Sedue (1983-86). Ha participado en más de 40 exposiciones colectivas en México y en el extranjero. Muestras individuales de su trabajo se han presentado en la capital del país, en Toluca, Varsovia y Santo Domingo. Entre sus obras públicas se cuentan el mural escultórico de madera tensada del Instituto de Intérpretes y Traductores (DF, 1970), la escultura en madera ten-

Obra de Juan Luis Díaz Nieto

Casa en Guadalajara, Jalisco, obra de Ignacio Díaz Morales

sada del Club de Industriales (DF, 1972), la escultura en acero tensado de Editorial Posada (1973), la Fuente de Concreto del Club de Golf Baja Mar (BC, 1975), la escultura de tierra, concreto y tabique del libramiento de la carretera de Villahermosa, Tab. (1976), y el *Cubo* de concreto armado de la Cineteca Nacional. Autor de *Patern Based on an Arry of Numbers Derived from the Double-Entry Multiplication* (1977). Es miembro de la Cité Internationale des Arts, de París, y del grupo Gucadigose.

DÍAZ ORDAZ ◆ ☞ *Villa Díaz Ordaz*.
DÍAZ ORDAZ, GUSTAVO ◆ n. en San Andrés Chalchicomula (hoy Cd. Serdán), Pue., y m. en el DF (1911-1979).

Licenciado en derecho (1937) por el Colegio del Estado (hoy Universidad Autónoma de Puebla), del que fue profesor y vicerrector. Fue presidente del Tribunal Superior de Justicia de Puebla, diputado federal (1943-46) y senador (1946-52) por el mismo estado; director general de Asuntos Jurídicos y oficial mayor de la Secretaría de Gobernación (1953-58), secretario de Gobernación (1958-1963), presidente de la República (1964-70) y embajador en España (1977). Durante su periodo como presidente la economía creció a una tasa promedio de siete por ciento, se amplió la infraestructura, mejoraron sustancialmente las comunicaciones, el reparto agrario fue de más de cuatro millones de hectáreas y se abrieron centros de enseñanza técnica. Durante ese sexenio se introdujo en México el uso de las tarjetas de crédito, se creó el Instituto Mexicano del Petróleo, se inició la construcción del Metro y el drenaje profundo en el DF. Para la realización de la XIX Olimpiada y de la Copa Mundial de Futbol se levantaron, ampliaron o mejoraron las instalaciones deportivas sin importar el costo. Fueron canceladas las concesiones para exploración petrolera y se fijó en una franja de 12 millas el mar patrimonial. A iniciativa de México se empezó a firmar el Tratado de Tlatelolco, cuyo nombre oficial es Protocolo para la Proscripción de las Armas Nucleares en América Latina. Estados Unidos hizo la entrega física de El Chamizal, acordada por López Mateos, y se resolvió el litigio sobre el llamado Corte de Ojinaga. Cuando tropas enviadas por Washington ocuparon la República Dominicana, en 1965, Díaz Ordaz sólo externó su preocupación, pero se opuso a la creación de una llamada Fuerza Interamericana de Paz; faltó a sus compromisos en la pactada venta de productos agropecuarios a Cuba y se negó a retirarle el fuero a Humberto Carrillo Colón, miembro del personal diplomático de la embajada de México en La Habana y espía al servicio de Estados Unidos. En materia de política interior reprimió el movimiento nacional de los médicos de instituciones públicas que demandaban condiciones de trabajo decorosas (1965); encarceló a los integrantes de varias organizaciones

GABINETES DEL PRESIDENTE GUSTAVO DÍAZ ORDAZ 1 de diciembre de 1964 al 30 de noviembre de 1970	
GOBERNACIÓN:	
LUIS ECHEVERRÍA ÁLVAREZ	1 de diciembre de 1964 al 10 de noviembre de 1969
MARIO MOYA PALENCIA	11 de noviembre de 1969 al 30 de noviembre de 1970
RELACIONES EXTERIORES:	
ANTONIO CARRILLO FLORES*	1 de diciembre de 1964 al 30 de noviembre de 1970
HACIENDA Y CRÉDITO PÚBLICO:	
ANTONIO ORTIZ MENA	1 de diciembre de 1964 al 13 de agosto de 1970
HUGO B. MARGÁIN	14 de agosto al 30 de noviembre de 1970
EDUCACIÓN PÚBLICA:	
AGUSTÍN YÁÑEZ	1 de diciembre de 1964 al 30 de noviembre de 1970
DEFENSA NACIONAL:	
MARCELINO GARCÍA BARRAGÁN	1 de diciembre de 1964 al 30 de noviembre de 1970
OBRAS PÚBLICAS:	
GILBERTO VALENZUELA	1 de diciembre de 1964 al 30 de noviembre de 1970
AGRICULTURA Y GANADERÍA:	
JUAN GIL PRECIADO	1 de diciembre de 1964 al 1 de octubre de 1970
MANUEL BERNARDO AGUIRRE	2 de octubre al 30 de noviembre de 1970
INDUSTRIA Y COMERCIO:	
OCTAVIANO CAMPOS SALAS	1 de diciembre de 1964 al 30 de noviembre de 1970
RECURSOS HIDRÁULICOS:	
JOSÉ HERNÁNDEZ TERÁN	1 de diciembre de 1964 al 30 de noviembre de 1970
SALUBRIDAD Y ASISTENCIA:	
RAFAEL MORENO VALLE	1 de diciembre de 1964 al 15 de agosto de 1968
SALVADOR ACEVES PARRA	17 de agosto de 1968 al 30 de noviembre de 1970
PATRIMONIO NACIONAL:	
ALFONSO CORONA DEL ROSAL	1 de diciembre de 1964 al 20 de septiembre de 1966
MANUEL FRANCO LÓPEZ	21 de septiembre de 1966 al 30 de noviembre de 1970
MARINA:	
ANTONIO VÁZQUEZ DEL MERCADO	1 de diciembre de 1964 al 30 de noviembre de 1970
COMUNICACIONES Y TRANSPORTES:	
JOSÉ ANTONIO PADILLA SEGURA	1 de diciembre de 1964 al 30 de noviembre de 1970
PRESIDENCIA:	
EMILIO MARTÍNEZ MANATOU	1 de diciembre de 1964 al 30 de noviembre de 1970
TRABAJO Y PREVISIÓN SOCIAL:	
SALOMÓN GONZÁLEZ BLANCO	1 de diciembre de 1964 al 30 de noviembre de 1970
DEPARTAMENTO DE ASUNTOS AGRARIOS Y COLONIZACIÓN:	
NORBERTO AGUIRRE PALANCARES	1 de diciembre de 1964 al 30 de noviembre de 1970
DEPARTAMENTO DEL DISTRITO FEDERAL:	
ERNESTO P. URUCHURTU	1 de diciembre de 1964 al 14 de septiembre de 1966
ALFONSO CORONA DEL ROSAL	21 de septiembre de 1966 al 30 de noviembre de 1970
DEPARTAMENTO DE TURISMO:	
AGUSTÍN SALVAT	1 de diciembre de 1964 al 30 de noviembre de 1974

*El subsecretario Gabino Fraga se encargó del despacho en sus ausencias.

políticas a las que se acusó de "guerrilleras", entre éstas el grupo encabezado por el abogado laboral Adán Nieto Castillo, el núcleo trotskista en el que militaba Adolfo Gilly, a los militantes del Movimiento Revolucionario del Pueblo, que dirigía el periodista Víctor Rico Galán, y a los integrantes del Movimiento de Izquierda Revolucionaria Estudiantil, entre los cuales se contaba el después diputado por el PSUM Antonio Gershenson. La represión policiaca contra grupos juveniles hizo estallar el movimiento estudiantil de 1968 (☛), que alcanzó dimensión nacional y durante meses mantuvo en huelga a la UNAM, el Politécnico, Chapingo, las normales y otros centros de educación superior. El 2 de octubre, después que delegados estudiantiles sostuvieran varias pláticas con los representantes "extraoficiales" del presidente, Jorge de la Vega Domínguez y Andrés Caso Lombardo, se realizó un mitin en la Plaza de las Tres Culturas, en Tlatelolco. En medio de la multitud inerme y pacífica se deslizó un grupo de empistolados que para su identificación tenían guante blanco o la mano envuelta en un pañuelo. Estos, a una señal con luces de bengala, ocuparon el edificio Chihuahua, donde estaba la tribuna del mitin, y abrieron fuego contra los manifestantes que se hallaban en la explanada y los soldados que en ese momento cerraron el cerco sobre la plaza. Tan sorprendidos como los estudiantes y mezclados con éstos, los militares disparaban en todos los sentidos, con lo cual se desató un fuego cruzado que duró casi dos horas, hasta que los propios pistoleros de guante blanco se identificaron como miembros del batallón Olimpia y la superioridad impuso orden. El resultado fue una carnicería. El gobierno dio como cifra oficial menos de 30 muertos, en tanto que la prensa extranjera, cuyos corresponsables presenciaron los hechos y aun resultaron heridos, mencionaba cientos y miles de muertos. Entre las innumerables manifestaciones de protesta por el asesinato masivo, estuvo la renuncia de

Octavio Paz a la embajada de México en la India. En el informe del primero de septiembre de 1969, con las cárceles llenas de presos políticos, Díaz Ordaz declaró textualmente, al referirse a los hechos que culminaron en la matanza de civiles y soldados: "Asumo íntegramente la responsabilidad personal, ética, social, jurídica, política e histórica". En 1977, al establecerse relaciones diplomáticas con el reino de España, Díaz Ordaz fue designado embajador en Madrid, lo que motivó la renuncia del embajador en París, Carlos Fuentes, quien se negó a tenerlo como colega después de que en *Tiempo mexicano* (1971) había dicho de él: "Salido de los bajos fondos del cacicazgo avila-camachista en Puebla, acostumbrado a ascender cubriendo los crímenes de sangre y dinero de la plutocracia poblana, aprovechando las infinitas posibilidades del lacayismo que ofrece la política versallesca y confidencial creada por el PRI, escogido para la presidencia por discutibles méritos de servicial amistad hacia su predecesor López Mateos, casi por un capricho de éste, sin auténtica consulta con la ciudadanía en general, o con los miembros del PRI en particular, merced a un simple dictado por el que el rey en turno premia al más atento de sus cortesanos, el que arrima las sillas y finge entusiasmo por el box y las carreras de automóviles, y embriagado, una vez en el poder, por las posibilidades del lujo y la riqueza y el capricho sin sanción y la venganza impune contra todos los años de mediocridad, humillación, lambisconería y dietas de chilaquiles y tacos de nenepile. El Thiers mexicano no podía responder ni con generosidad ni comprensión ni inteligencia, al desafío de la juventud que ponía en entredicho el estado de cosas, que permitió que llegara a la Presidencia de la República un hombre apenas capaz de ejercer la Presidencia Municipal de San Andrés Chalchicomula".

DÍAZ ORDAZ, JOSÉ MARÍA ◆ n. en Oaxaca y m. cerca de Ixtlán, Oax. (1815-1860). Licenciado en derecho

por el Instituto de Ciencias y Artes de Oaxaca. Creó, con Ignacio Mejía el primer batallón de la Guardia Nacional, del que fue coronel. Fue diputado constituyente (1856-57). Al desplazarse Benito Juárez a la ciudad de México para ocupar el ministerio de Gobernación en el gabinete de Comonfort, fue gobernador interino (25 de octubre de 1857 al 2 de diciembre de 1858). Rechazó la asonada del Plan de Tacubaya y el autogolpe de Estado de Comonfort. Convocó a elecciones y resultó elegido gobernador constitucional. El 2 de diciembre pidió licencia para tomar las armas y combatir a los conservadores, que amenazaban la capital del estado. Como ordenara la retirada de sus tropas en Tehuacán, por la superioridad del enemigo, le fue quitado el mando por el Congreso de Oaxaca. El presidente Juárez le restituyó la gubernatura, que reasumió el 22 de diciembre de 1859. En la batalla de Santo Domingo del Valle, donde sufrieron una derrota decisiva los

Gustavo Díaz Ordaz

conservadores, Díaz Ordaz fue herido mortalmente y murió cuando lo trasladaban a Ixtlán. El Congreso local lo declaró benemérito del estado y mártir de la libertad.

DÍAZ Y DE OVANDO, CLEMENTINA ◆ n. en el DF (1915). También se dice que nació en EUA en 1916. Doctora en letras españolas por la UNAM (1968), donde ha sido profesora, investigadora y directora del Instituto de Investigaciones Estéticas (1968-74), consejera universitaria (1937-38 y 1968-74), primera mujer integrante de la Junta de Gobierno (1976-86), investigadora emérita (1983), consejera de la Fundación UNAM (1987) y primera cronista de la Universidad (1994-). Fue investigadora titular en el INAH y la primera mujer en ingresar a la Academia Mexicana de la Historia (1965). Fue becaria del Centro Mexicano de Escritores (1953-54) y pertenece a su comité directivo desde 1966. Designada directora de la Biblioteca de México, rechazó el cargo (1996). Autora de *Agua, viento, fuego y tierra en el Romancero Español* (1944), *Acerca de las redondillas de sor Juana Inés de la Cruz. Versos pretéritos en García Lorca.* (1947), *La poesía del padre Luis Felipe Neri de Alfaro* (1947), *El romancero y la Conquista de México* (1949), *Un pintor colombiano en México* (1950), *El Colegio Máximo de San Pedro y San Pablo* (1951), *Baja California en el mito* (1952), *Otro plagio y otro seudónimo del Duque Job* (1970), *Romance y corrido, 25 estudios de folklore* (1971), *La Escuela Nacional Preparatoria. Los afanes y los días 1867-1910* (1972), *La Ciudad Universitaria de México. Reseña histórica 1929-1955* (1979), *Crónica de una quimera. Una inversión norteamericana en México en 1879* (1988) y *Memoria de un debate 1880* (1990). Se encargó de anotar y prologar las *Obras completas* de Juan Díaz Covarrubias (1959). Es consejera de la Comisión Nacional de Derechos Humanos. Es parte del Sistema Nacional de Investigadores. Pertenece a la Academia Mexicana de la Lengua (1985), Premio UNAM (1988), Mujer del Año (1995) y Medalla Ezequiel Montes (1996).

Clementina Díaz y de Ovando

DÍAZ PEDROZA, MIGUEL ÁNGEL ◆ n. en Achotal, Ver. (1938). Licenciado en derecho por la UNAM (1959-63). Profesor de la Universidad Villa Rica de Veracruz (1976-79). Es miembro del PRI desde 1956. Ha sido agente del Ministerio Público (1971), administrador de Aduanas (1972-79), presidente de la comisión veracruzana de Vigilancia del Padrón Electoral (1980-81); subdirector de Asuntos Jurídicos (1982-83) y director de Planeación de la Dirección General de Aduanas de la Secretaría de Hacienda (1984), diputado al Congreso local de Veracruz (1986-89); director general de Patrimonio (1984-86) y secretario general de Gobierno de Veracruz (1989-). Autor de *Los calendarios electorales* (1969).

DÍAZ PÉREZ DUARTE, ALEJANDRO ◆ n. en el DF (1945). Ingeniero mecánico electricista titulado en la UIA (1963-67) especializado en ingeniería económica en Alemania (1968-69). Es miembro del PAN desde 1964, partido en el que ha sido consejero nacional y regional (1984-) y secretario de comunicación del comité ejecutivo nacional (1984-). Fue gerente de distribución y tráfico (1980-82) y gerente general de logística de la empresa Kimberly Clark de México (1982-88). Diputado federal a la LIV Legislatura (1988-91) y secretario técnico del Comité de Asuntos Internacionales de la Cámara de Diputados (1997-).

DÍAZ DE QUINTANILLA DE EVIA Y VALDÉS, FRANCISCO DIEGO ◆ n. en España y m. en Oaxaca (?-1856). Perteneció a la Orden de San Benito. Obispo de Durango a partir de 1640, se alineó con su colega poblano, Juan de Palafox, en su lucha contra la burocracia virreinal y los jesuitas, lo que estuvo a punto de provocar una insurrección en la diócesis, pues los miembros de la Compañía habían jugado un papel clave en la pacificación. El gobernador de la provincia, Diego Fajardo, para impedir mayores problemas, desterró a Quintanilla y, como respuesta, éste lo excomulgó. En 1654 pasó a la diócesis de Oaxaca, donde, en sus dos años de go-

bierno tuvo una áspera relación con los dominicos y excomulgó al corregidor de Antequera. Su nombre aparece también como Francisco Díaz de Quintanilla y Hevia Valdés.

DÍAZ RAMÍREZ, MANUEL ◆ n. en Veracruz y m. en el DF (1888-1962). Obrero cigarrero. Fue magonista. En Estados Unidos militó en la International Workers of the World (IWW). Ya en México, en diciembre de 1919, fue cofundador del grupo Antorcha Libertaria. Ingresó en el Partido Comunista Mexicano en 1920. En febrero de 1921 compartió la secretaría de ese partido con José Allen y José C. Valadés, y en septiembre, ya solo en el cargo, fue al Congreso de la Internacional Comunista celebrado en Moscú, donde conoció a Lenin. En mayo de 1922 fue elegido secretario general del Sindicato Inquilinario del DF y en ese cargo estuvo al frente de la huelga de alquileres. Dirigió la revista *Vida Nueva* (1920-), órgano del grupo cultural del mismo nombre y luego de la Federación Comunista del Proletariado (agosto de 1920-), de la que fue secretario del exterior (1920-21). Cofundador de la CGT (febrero de 1921), a la que representó ante la Internacional Sindical Roja. En septiembre de 1925 era dirigente de la *local* de Jalapa cuando fue expulsado del PCM, para ser readmitido en marzo de 1926. Delegado de México ante la Comintern (1927-), a la que se dedicó profesionalmente durante varios años. El primero de mayo de 1952 fue aprehendido junto con Carlos Sánchez Cárdenas y Mario H. Rivera, quienes se convirtieron en los primeros procesados por el delito de disolución social. Escribió el libro *Apuntes sobre el movimiento obrero y campesino de México* (1936), que en los años ochenta fue señalado por Paco Ignacio Taibo II como producto del plagio de la obra *El socialismo mexicano en el siglo XIX*, de Valadés.

DÍAZ REDONDO, REGINO ◆ n. en España (1932). Periodista. Nacionalizado mexicano. Hizo estudios de derecho. Ingresó a la casa *Excélsior* en 1959 como reportero suplente de *Últimas Noticias*; a partir de 1968 fue director de la segunda edición de este diario, y desde 1970 de *Lunes de Excélsior*; presidente del Consejo de Administración (1971-72 y 1975-76) y presidente del Consejo de Vigilancia (1973-74) de esa cooperativa editorial. Director general de *Excélsior* de 1976 en adelante. Premio Nacional de Periodismo en las especialidades de reportaje (1975) y entrevista (1985). En 1990 recibió la Orden del Sol, del gobierno peruano.

DÍAZ ROIG, MERCEDES ◆ n. en España (1929). Fue traída a México en 1942. Licenciada en lengua y literatura españolas por la UNAM (1970) y doctora en letras por el Colegio de México (1975), de donde es investigadora. Colaboró en la preparación del *Cancionero folklórico de México* (1977-81) y con Teresa Miaja elaboró *Naranja dulce limón partido. Antología de la lírica infantil mexicana* (1979). Autora de *El romancero y la lírica popular moderna* (1976), *Lo maravilloso y lo extraordinario en el romancero tradicional* (1977) y *El romancero tradicional de México* (1980).

DÍAZ ROMERO, JUAN ◆ n. en Putla, Oax. (1930). Profesor normalista y licenciado en derecho por la UNAM (1957-61). Maestro de escuela primaria (1951-63) y profesor del Instituto Superior de Estudios Comerciales (1963-67). Miembro del PRI desde 1955. Inició su carrera judicial en 1962. Ha sido magistrado fundador (1971-74) y magistrado presidente (1973) del Tribunal de lo Contencioso Administrativo del DF, juez supernumerario en el DF (1975-76), juez cuarto en materia administrativa del DF (1976-77), magistrado del primer Tribunal Colegiado del Primer Circuito en Materia Civil (1977-86), ministro (1986-94), presidente de la Cuarta Sala (1990), miembro de la comisión de Gobierno y Administración (1993-94) y ministro y presidente de la Segunda Sala en Materia Administrativa y Laboral de la Suprema Corte de Justicia de la Nación (1995-).

DÍAZ SALINAS, PONCIANO ◆ n. en Atenco, Edo. de Méx., y m. en la Cd. de México (1858-1899). Torero y charro. Recibió la alternativa en 1879. Se presentó en España con un espectáculo charro-taurino. Murió a consecuencia de una cornada.

DÍAZ SERRANO, JORGE ◆ n. en Nogales, Son. (1921). Ingeniero mecánico electricista por el IPN (1941). Estuvo becado como ingeniero de pruebas de motores de combustión en fábricas de Estados Unidos (1943-45). Cursó la maestría en historia del arte y luego la de historia de México en la UNAM (1970-76). Ha sido inspector de maquinaria de la Comisión Nacional de Irrigación (1941-42), encargado del Departamento de Diesel y Locomotoras de Fairbanks Morse de México (1945-46), fundador de las empresas contratistas Electrificación Industrial, Servicios Petroleros EISA, Perforaciones Marinas del Golfo, Dragados y Compañía del Golfo de Campeche (1956-65); supervisor de fabricación de equipos de perforación para pozos petroleros de Astilleros de Veracruz (1962-64), fundador en EUA de la compañía perforadora Golden Lane Trirring (1965-70) y representante de General Motors (1969-73). En septiembre de 1975 se retiró de todas sus empresas. Fue director de Petróleos Mexicanos (1976-81), embajador en Moscú (1981-82) y senador por Sonora, elegido para el sexenio 1982-88. En 1983, acusado de diversos delitos cometidos presuntamente durante su gestión al frente de Pemex, fue desaforado por el Congreso. Embargados sus bienes por el Estado, encarcelado desde el 31 de julio de ese año, fue sometido a dos juicios. En uno de ellos fue declarado culpable de fraude (1987). Quedó en libertad el 30 de julio de 1988. Ha colaborado en *Siempre!* y *Excélsior*. Autor de la novela *Polvo enamorado* (1991).

DÍAZ SOTO Y GAMA, ANTONIO ◆ n. en San Luis Potosí, SLP, y m. en el DF (1880-1967). Abogado por el Instituto Científico y Literario de San Luis Potosí (1901). Antirreeleccionista. Cofundador del Club Liberal Ponciano Arriaga (1899). Fue desterrado por las autoridades porfiristas y se exilió en Estados Unidos (1902-1904). Al triunfo de la rebelión encabezada por Madero fue diputado (1912-13), y con Juan Sarabia presentó un proyecto de Ley Agraria. Participó en la Casa del Obrero Mundial. Después del golpe de Victoriano Huerta se unió al zapatismo y se convirtió en su principal teórico. Fue delegado a la Convención de Aguascalientes (1915). En 1920 se adhirió al Plan de Agua Prieta, fundó el Partido Nacional Agrarista y volvió a ser diputado federal en cuatro ocasiones. En 1923 condenó la rebelión encabezada por Adolfo de la Huerta y apoyó la candidatura de Calles a la Presidencia. En los años veinte incorporó a su concepción del agrarismo algunas ideas de León Tolstoi y evolucionó hacia una especie de socialismo cristiano. En 1934 participó en la Confederación Revolucionaria de Partidos Independientes, que sostuvo la candidatura de Antonio I. Villarreal a la Presidencia de la República. Fue profesor de la UNAM, donde estaba considerado como una autoridad en derecho agrario. Autor de *La revolución agraria del sur y Emiliano Zapata, su caudillo* (1960).

DÍAZ THOMÉ LOPEZLIRA, HUGO ENRIQUE ◆ n. en el DF (1957). Estudió derecho en la UNAM (1977-80). Desde 1974 es miembro del PRI, en el que fue delegado y secretario auxiliar del comité ejecutivo nacional y presidente de la comisión de promoción y gestoría del Movimiento Nacional de la Juventud Revolucionaria. Fue gestor ante demanda pública de la Presidencia de la República (1976-79) y diputado por el XXI distrito del estado de México (1982-85).

DÍAZ DE LA VEGA, CLEMENTE ◆ n. en Zacualpan, Edo de Méx. (1920). Estudió en el Instituto Científico y Literario del Estado de México, donde fue profesor y fundador de la estación de radio local. Miembro del PRI. Como periodista ha dirigido en Toluca *Columnas, El Demócrata* y *Fuerza Nueva*; y en el Distrito Federal *Liberación*

Jorge Díaz Serrano

Antonio Díaz Soto y Gama

Agraria, Agro, Mundo Agrícola e Industrial y *Mercados de México*. Durante varios años condujo los programas Agroespectador y *Mundo Agrícola* en el Canal 11. Autor de *Biografía del licenciado Adolfo López Mateos* (1958), *El pensamiento agrario del licenciado Adolfo López Mateos* (1958), *López Mateos y su gobierno* (1964), *Perfiles de Mexicanos. Biografías de hombres del Estado de México* (1969), *Luis Echeverría ante la problemática del campo* (1970), *Un gobierno a la altura de la época* (1975), *El Savonarola laico* (1975) y *Horacio Zúñiga. Semblanza biográfica* (1976).

DÍAZ DE LA VEGA, RÓMULO ◆ n. en la Cd. de México y m. en Puebla, Pue. (1804-1877). Militar de carrera. Luchó contra los federalistas. Combatió a los franceses durante la guerra de los Pasteles y a los estadounidenses en la intervención de 1846-47. Fue enviado preso a EUA. Después de firmarse los Tratados de Guadalupe volvió a México y ocupó la comandancia en varios departamentos del país. Gobernador de Yucatán (1853-54), de Tamaulipas (enero-abril de 1855) y del Distrito Federal (1955) al triunfo del Plan de Ayutla. Presidente *de facto* del 12 de septiembre al 4 de octubre de ese año. En 1856 volvió al bando conservador, y en 1859 Miramón lo designó gobernador de la capital. Integró la Junta de Notables que eligió a Maximiliano como emperador en 1863 y, en consecuencia,

Rómulo Díaz de la Vega

GABINETE DEL PRESIDENTE RÓMULO DÍAZ DE LA VEGA
12 de septiembre al 4 de octubre de 1855
RELACIONES EXTERIORES
JOSÉ MIGUEL ARROYO
GOBERNACIÓN
JOSÉ GUADALUPE MARTÍNEZ
JUSTICIA
JOSÉ MARÍA DURÁN
FOMENTO
MIGUEL LERDO DE TEJADA
GUERRA Y MARINA
MANUEL MARÍA DE SANDOVAL
HACIENDA
PEDRO FERNÁNDEZ DEL CASTILLO

sirvió a la intervención francesa y al imperio.

DÍAZ VELÁZQUEZ, HUGO ◆ n. en la Cd. de México (1913). Estudió en el Instituto Tecnológico Industrial (1934-35) e hizo un curso de perforación petrolera (1936). Miembro del PRI desde 1954. Secretario general del Sindicato Nacional de Trabajadores de la Industria Automotriz Integrada, Similares y Conexos de la República Mexicana (1969-86). Ha ocupado cargos dirigentes en la Federación de Trabajadores del Estado de México y fue vicepresidente del Comité Nacional de Capacitación y Adiestramiento de la Industria Automotriz. Diputado federal (1976-79 y 1982-85).

DÍAZ VIDAURRI, ENRIQUE ◆ n. en Ciudad Juárez, Chihuahua (1930). Vitralista. Actuó como torero en México, España y Portugal. Estudió en la Escuela de Diseño y Artesanías. Dominó el dibujo en forma autodidáctica. Asistió al taller de vitral de Francisco Marco.

DÍAZMERCADO, MARIO ◆ n. en el DF (1950). Estudió letras españolas y arte dramático en la UNAM. Se inició como actor en 1967. En 1971 ingresó a Radio Educación, donde ha sido locutor, guionista y productor de, entre otros programas, *Sinapsis*. En 1973 se incorporó a la televisión estatal como guionista del programa *Pampa Pipiltzin*. Es productor y conductor de *Videomundo*, en el Canal 7.

DÍAZMUÑOZ, EDUARDO ◆ n. en el DF (1954). Músico. Hizo la música para la película *Motel*, de Luis Mandoki, y durante la filmación de *El golpe* interpretó al piano el tema de la cinta. Director de la Sinfónica del Conservatorio Nacional (1976-77), director fundador de la Filarmónica de la Ciudad de México (1978-79), director musical y fundador de L´Academie Tecquepegneuse (1979-80), director asociado de la Filarmónica de la UNAM (1981-84), director fundador de la Filarmónica del Conservatorio Nacional, director invitado de la Sinfónica del Sodre, en Uruguay (1985-89), director de la Sinfónica del Estado de

México (1985-89, con la que obtuvo el premio de la Asociación Nacional de Críticos de Teatro en 1986) y director invitado permanente de la Sinfónica Nacional de Argentina (1991-) y de la Filarmónica de la Ciudad de México (1992-). Es director de la Sinfónica Carlos Chávez (1996-), de Programas y Coros, de Orquestas Juveniles de México y de la Escuela de Música Ollin Yoliztli (1996-). También compositor, algunas de sus obras han sido interpretadas en México, Francia, Argentina, Uruguay y Estados Unidos. Instituyó el Concurso Felipe Villanueva de composición.

DÍAZMUÑOZ, RICARDO ◆ n. en el DF (1942). Ha participado en el teatro como autor, director y escenógrafo, por lo que obtuvo un reconocimiento en Lima, Perú (1967). Director fundador de la revista *Imagen de México* y, con Agustín Monsreal, de la editorial La Bolsa y la Vida. Colaborador de las revistas *El Cuento*, *El Rehilete* y *Latitudes* y del diario *Excélsior*. Está incluido en la antología *El cuento erótico en México* y en *Poesía erótica mexicana*. Autor del poemario *Horas trémulas* (1959), de la obra de teatro *Imágenes y sinfonía en loco menor* (1967), de los ensayos *Eros primitivo* (1975), *Carnaval* (1976) y *El vudú* (1976), y de la novela *Así sea*, que en 1985 obtuvo el Premio Juan Rulfo de Primera Novela.

DICTAMEN, EL ◆ Vespertino veracruzano, llamado originalmente *El Dictamen Público*, editado por Francisco J. Miranda y por Víctor Rivera Lorenzo. El número uno se publicó el 16 de septiembre de 1898. Su primer director fue el propio Miranda, quien en 1904 vendió el diario a Juan M. Foronda, su siguiente director. Éste, a su vez, en 1905 lo vendió al abogado regiomontano José Hinojosa. En 1912, aún con su denominación original, fue adquirido por Juan Malpica Silva, quien redujo el nombre del periódico y lo transformó en matutino. El siguiente dueño y director de *El Dictamen* fue Juan Malpica Mimendi, hijo de Malpica Silva, quien a su vez heredó el medio a su hija, Bertha Malpica de Ahued, en 1994. Es el diario más antiguo de México y el segundo más antiguo de América Latina, después de *El Mercurio*, de Chile. Anuncia que tiene un tiraje de 40 mil ejemplares diarios y 80 mil los domingos.

DIEGO-FERNÁNDEZ DE VIDAURRAZA, SALVADOR ◆ n. en la Cd. de México (1879-?). Abogado. Se adhirió al constitucionalismo. Durante la presidencia de Carranza fue oficial mayor de la Secretaría de Relaciones Exteriores, encargado del despacho (17 de marzo al 18 de mayo y de junio a octubre de 1919). En enero de 1920 renunció a la Oficialía Mayor al ser designado consejero de la Embajada de México en Washington con categoría de enviado extraordinario y ministro plenipotenciario, cargo que desempeñó hasta el triunfo de la rebelión de Agua Prieta, cuando se vio obligado a renunciar. Desempeñó otras misiones diplomáticas y escribió *La influencia azteca en la República Mexicana*, *Los colegios y la cultura en la Nueva España*, *La independencia de Panamá ante el derecho de gentes*, *Los pactos de Bucareli con los Estados Unidos*, *La doctrina Estrada*, *El arte en Nueva España* y otras obras.

DIÉGUEZ, MANUEL M. ◆ n. en Guadalajara, Jal., y m. en Tuxtla Gutiérrez, Chis. (1874-1924). Sirvió en la marina de guerra durante el porfiriato (1899-). En 1905 era minero en Cananea, donde fundó la Unión Liberal Humanidad. En 1906 estuvo entre los dirigentes de la huelga de Cananea, que acabó reprimida. Por su participación en esa gesta permaneció encarcelado en San Juan de Ulúa hasta el triunfo de la rebelión maderista (1911). Presidente municipal de Cananea (1912-13). Al producirse el golpe de Estado de Victoriano Huerta se incorporó a la lucha revolucionaria dentro del constitucionalismo. Gobernador de Jalisco (1914-15 y 1919), promovió una avanzada legislación laboral que estableció la jornada máxima de nueve horas, descanso semanal, salario mínimo y otras disposiciones en favor de los trabajadores. Ya como general de división volvió a ser gobernador interino y constitucional de

Jalisco (1916-1917). Desempeñó comisiones militares en diversas entidades de la República. En 1920 negó su adhesión al Plan de Agua Prieta. Tres años después se unió a la rebelión delahuertista, cayó prisionero en combate y fue fusilado.

DIÉGUEZ ARMAS, ROBERTO ◆ n. en el DF (1947). Contador público titulado en la UNAM (1965-70). Miembro del PRI desde 1979. Ha sido subdirector de Estudios Financieros (1976-77) y subdirector (1977-79) y director de Deuda Pública de la Secretaría de Hacienda (1979-82); director general del Banpeco (1982-88) y director general de Banco del Pequeño Comercio (1988-). Miembro del Colegio de Contadores Públicos de México y del Instituto Nacional de Contadores Públicos al Servicio del Estado.

DIEGUINOS ◆ Religiosos franciscanos. Los primeros llegaron a Nueva España en 1576. Su primera iglesia (donde hoy se halla la Pinacoteca Virreinal) la empezaron a levantar en la ciudad de México en 1591 y la abrieron al culto en 1621. En torno de ella construyeron uno de los 16 conventos que llegaron a tener, tres en la capital (México, Churubusco y Tacubaya) y uno en Puebla, Oaxaca, Taxco, Pachuca, Acapulco, Querétaro, San Martín Texmelucan, Cuautla, Guanajuato, Aguascalientes y Valladolid. En 1602 se creó la Provincia de México. De acuerdo con las Leyes de Reforma, en 1860 fueron exclaustrados.

DIEMECKE, ENRIQUE ◆ n. en el DF (1952). Músico. Estudió piano, corno francés, piano y percusiones en la academia de sus padres, en Monterrey; violín con Henryk Szering y dirección orquestal en la Universidad Católica de Washington. Fue discípulo de Charles Bruck y subdirector asistente en la Escuela Pierre Monteux, de EUA. Estudió ópera y dirección de grupos artísticos en Viena (1983). Se inició profesionalmente a los 13 años como violinista de la Sinfónica de Guanajuato y a los 18 pasó a la Sinfónica del Estado de México. Realizó una serie de presenta-

ciones en España y Alemania al frente de la Orquesta de Cámara Canadiense. Durante tres años fue director asistente de la Filarmónica de Rochester. Ha sido director titular de la Sinfónica de Xalapa (1980-81), de la Nacional de Bellas Artes (1981-82) y de la Orquesta Vida y Movimiento (1982-83); director asociado de la Filarmónica de la UNAM (1981-), director de la Compañía Nacional de Ópera (1982-) y director residente de la Orquesta de Cámara de Saint Paul, Minnesota, de la Orquesta del Teatro de Bellas Artes (1987) y de la Sinfónica de Flint, EUA (1989). También ha sido director invitado de numerosos conjuntos sinfónicos. En 1990 fue nombrado director de la Orquesta Sinfónica Nacional y en 1995, director general de la New Zealand Auckland Philarmonia. Ha grabado música de Revueltas, Chávez, Moncayo, Zyman, Contreras, Lavista, Villalobos y Prokofief. En 1983 ganó el Concurso Internacional Exxon para Directores de Orquesta. Medalla Mozart (1991).

DIETERICH, HEINZ ◆ n. en la RFA (1943). Licenciado en sociología por la Universidad Johann Wolfgang Goethe (1973) y doctor en ciencias sociales por la Universidad de Bremen, Alemania (1976). Fue discípulo de Teodoro Adorno y de Jürgen Habermas. Ha sido profesor invitado en las universidades Goethe, Simon Fraser (Canadá), Columbia (EUA), Nacional Autónoma de Nicaragua y de Cádiz. Radicado en México desde 1976, ha sido profesor de la UNAM y de la UAM Xochimilco (1977-), presidente y coordinador general del Foro Internacional "Emancipación e Identidad de América Latina: 1492-1992" (1988-), editor de la revista *América, la Patria Grande* (1988-) y director del Center for International Studies (1990-). Colaborador de los periódicos *unomásuno* y *La Jornada* y de la revista *Nexos*. Autor o coautor-editor de *Guía de investigación científica*, *Relaciones de producción y tenencia de la tierra en el México antiguo*, *Wittfogel y el despotismo oriental*, *Produktionsverhaeltnisse in Lateinamerika* (*Relaciones de producción en*

Manuel M. Diéguez

Foto: FABRIZIO LEÓN

Heinz Dieterich

Latinoamérica), Sieger und besiegte im fuenfhunderjaehrigen reich, Nuestra América frente al V Centenario, 1492-1992: La interminable conquista, Estados Unidos y el terrorismo internacional (1988, con introducción de Noam Chomsky), *La destrucción de las Indias. Crónicas de la conquista, Das fuenfhundertjaehrige reich* y *La sociedad global. Educación, mercado y democracia* (1996, en colaboración con Noam Chomsky).

DIEZ, ROLO ◆ n. en Argentina (1949). Nombre profesional del escritor Rolando Aurelio Diez Suárez. Hizo estudios de derecho, sociología y cine. En Argentina combatió la dictadura de Juan Carlos Onganía, por lo que estuvo preso. Vive en México desde 1976. Autor de las novelas *Los compañeros, Vladimir Ilich contra los uniformados, Paso del tigre, Mato y voy, Una baldosa en el valle de la muerte, Gatos de azotea, Luna de escarlata* y *Gambito de dama* (1998, premio Dashiell Hammett). Ha ganado los premios nacionales de historieta y de guión para televisión.

DÍEZ DE ARMENDÁRIZ, LOPE ◆ n. en Quito, Ecuador (1575-?). En 1635 entró en la ciudad de México para fungir como XVI virrey de Nueva España. Durante su gestión se construyó el tajo de Nochistongo para dar salida a las aguas del Valle de México. Asimismo, ordenó limpiar las acequias, todo con el fin de evitar las inundaciones de la capital. En 1639 hizo publicar el bando que establecía la abolición de la esclavitud de los indios en tanto que subsistía la de los negros. Creó la Armada de Barlovento con el fin de proteger el comercio marítimo y las ciudades costeras del Golfo de México. Envió una expedición a las Californias, que fracasó, y otra hacia el norte que fundó en el Nuevo Reino de León la villa de Cadereyta, nombre adoptado en honor del propio virrey, que tenía el título de Marqués de Cadereyta. En 1640 terminó su gestión.

DÍEZ DE LA BARRERA, IGNACIO ◆ n. y m. en la Cd. de México (?-1709). Doctor en cánones por la Real y Pontificia Universidad de México, de la que fue consiliario (1690-91) y dos veces

Firma de Lope Díez de Armendáriz

candidato a rector (1691 y 1692). Décimo obispo de Durango (1705-1709). Escribió *De testamundis* (también citado como *De testamentis*), *De probationibus* y *De praesuntionibus*, lecturas de la cátedra de teología.

DÍEZ DE LA BARRERA, JUAN ◆ m. en la Cd. de México (?-¿1678?). En 1652 era canónigo y se le tenía por notable en la Real y Pontificia Universidad de México, de la que fue rector en dos ocasiones (1656-57 y 1666-67). En 1666 era doctor en cánones y chantre de la Catedral. Estuvo en la terna para vicecancelario en 1670.

DÍEZ BARROSO, VÍCTOR MANUEL ◆ n. y m. en el DF (1890-1936). Dramaturgo. Autor de *Entre cuentos, La muñeca rota, Niños* (1914), *Véncete a ti mismo, Las pasiones mandan, Buena suerte* (1925), *Una lágrima, Una Farsa* (1926) y las obras publicadas o estrenadas póstumamente *Estampas* (1932), *Él y su cuerpo* y *Siete obras en un acto.*

DÍEZ-CANEDO, ENRIQUE ◆ n. en España y m. en el DF (1879-1944). Escritor. Fue funcionario de la República Española y embajador de su país en Argentina y Uruguay. Al término de la guerra civil en su país vino a México (1939), donde fue catedrático de la UNAM y El Colegio de México. Destacó como crítico literario. Colaborador de *Romance, El Hijo Pródigo, Letras de México,* etc. En México han sido publicadas las siguientes obras suyas: *El teatro y sus enemigos* (1939), *Las cien mejores poesías españolas* (1940), *El desterrado* (1940), *La nueva poesía* (1941), *Juan Ramón Jiménez en su obra* (1944), *Letras de América. Estudio sobre las literaturas continentales* (1944), *Jardinillo de Navidad y Año Nuevo* (1944), *Epigramas americanos* (1945), *Conversaciones literarias* (1964), *Estudios de poesía española contemporánea* (1964) y *Artículos de crítica teatral* (1968). Fue miembro de la Real Academia Española.

DÍEZ-CANEDO, JOAQUÍN ◆ n. en España y m. en el DF (1917-1999). Hijo del anterior. Estudió letras españolas en la Universidad Central de Madrid. Fundó y dirigió en Madrid la revista li-

Joaquín Díez-Canedo

teraria *Floresta.* Fue soldado republicano durante la guerra civil española, al término de la cual vino a México (1940). Maestro en letras españolas por la UNAM. Trabajó siete años como maestro de secundaria y en el Fondo de Cultura Económica de 1942 1961, cuando renunció al cargo de gerente general. Ahí tradujo del inglés *Las corrientes literarias de la América Hispánica,* de Pedro Henríquez Ureña. Con Francisco Giner de los Ríos dirigió la colección Nueva Floresta de la Editorial Stylo. En 1962 fundó la Editorial Joaquín Mortiz, cuyo nombre se originó en el pseudónimo *M. Ortiz* que empleó en su correspondencia desde el Madrid franquista. En Mortiz publicó a los autores de mayor renombre y, sobre todo, dio a conocer a decenas de escritores mexicanos jóvenes. En 1983 recibió el Premio Nacional Juan Pablos al mérito editorial, en 1990 la Cruz de Isabel la Católica del gobierno español y en 1993 el Premio Alfonso Reyes.

DÍEZ-CANEDO MANTECA, ENRIQUE ◆ n. en España (1911). Abogado por la Universidad de Madrid con posgrado en las universidades de Bonn y Berlín. Fue llamado a filas por la República Española durante la guerra civil. Al triunfo franquista salió hacia Francia donde estuvo internado en un campo de concentración. Pasó a México en 1939 y aquí fue profesor de secundaria y de la UNAM. Ha hecho traducciones del francés. Desde 1945, hasta su jubilación en 1972, trabajó como editor en la subsede mexicana de la Comisión Económica para América Latina.

DÍEZ GUTIÉRREZ, CARLOS ◆ n. en Cd. del Maíz y m. en San Luis Potosí, SLP (¿1836?-1898). Abogado. Participó en las guerras de Reforma dentro de las filas liberales. Combatió la intervención francesa y el imperio. Se adhirió al Plan de la Noria y al de Tuxtepec. Situado en el círculo de favoritos de Porfirio Díaz, fue gobernador y comandante militar de San Luis Potosí (1876-81), secretario de Gobernación (1880-84), senador y nuevamente gobernador (1884-98), cargo para el que se reeligió varias veces. Durante su gestión llegó el ferrocarril a la capital potosina. Reprimió los movimientos campesinos e indígenas.

DÍEZ RUANO, DOMINGO ◆ n. en Cuernavaca, Mor., y m. en el DF (1831-1934). Se tituló en la Escuela Nacional de Ingenieros (1908). Diputado local en Morelos, fue encarcelado junto con el gobernador y otros legisladores por Victoriano Huerta. Libre en 1914, prestó servicios a los revolucionarios constitucionalistas. Hizo reconocer la jurisdicción de Morelos sobre 3,583 hectáreas que reclamaba el estado de Guerrero. Fue director de Obras Públicas en su estado natal. Autor de *El cultivo e industria de la caña de azúcar* (1921), *Reseña histórica de la distribución política del territorio morelense* (1932), *El estado de Morelos y sus derechos territoriales* (1932) y una *Bibliografía del estado de Morelos* (1933).

DÍEZ DE SOLLANO Y DÁVALOS, JOSÉ MARÍA DE JESÚS ◆ n. en San Miguel el Grande y m. en León, Gto. (1820-1881). Doctor en Teología por la Universidad de México. Fue rector de la Universidad después del cierre de ésta (1856-67). En 1864 fue nombrado obispo de León, diócesis que gobernó hasta su muerte. Fue un defensor de la filosofía escolástica.

DÍEZ DE URDANIVIA, FERNANDO ◆

n. en Puebla, Pue., y m. en el DF (1897-1966). Egresado de la Escuela Libre de Derecho. Periodista desde 1917, empezó a trabajar en el semanario poblano *El Progreso*. En 1920 fundó en la ciudad de México la *Revista Social* y colaboró en *El Amigo de la Verdad* (1922), *La Crónica* de Puebla (1925) y *La Época* de Guadalajara (1925), donde dirigió *El Heraldo* en ese mismo año. Regresó a la ciudad de México y reinició la publicación de *El País*. Fundador de la Asociación Católica de la Juventud Mejicana y promotor de la rebelión cristera, lo que le valió ser expulsado a Estados Unidos, donde dirigió *El Diario de El Paso* y, en Los Ángeles, *La Libertad*. Regresó a México a fines de 1931, publicó la revista *Actualidades*, colaboró en *El Universal* (1932-37) y en *Excélsior* (1939-42), dirigió *El Occidental* de Guadalajara (1942) y publicó el semanario *Verbo*. En 1948 regresó a la ciudad de México para hacerse cargo de la sección editorial de *Excélsior* y escribir editoriales en *Ultimas Noticias* hasta 1957. Director fundador de la escuela de periodismo Carlos Septién García (1949-52), editorialista y jefe de la sección editorial de *Novedades* (1957-65), fundador y director de la sección editorial de *El Heraldo de México* (1965-66). Utilizó, entre otros, los pseudónimos de Hernán Díaz y Jorge Ferrer; fue colaborador del *Diario de Yucatán*, *El Porvenir* de Monterrey, *La Opinión* de Puebla, *El Siglo* de Torreón, *Revista de Revistas*, *Revista Nacional* y *Toso*. Colaboró en el programa televisivo de Carlos Denegri. Autor de la novela *Pasó la horda*, el ensayo *Mitos de la historia* y de *La situación de México y la sucesión presidencial* (1940). Su cuento "Flor de naranjo" ganó un premio en 1932 en *El Universal*.

DÍEZ DE URDANIVIA, MARIANO ◆ n. en Puebla, Pue., y m. en el DF (1892-?). Firmaba como Mariano D. Urdanivia. Realizó estudios de medicina y derecho, que interrumpió. Se inició en el periodismo en 1911, en *El Imparcial*, para el que cubrió la Decena Trágica, entre otros hechos. Se incorporó a las fuerzas

carrancistas, en las que alcanzó el grado de mayor. Fue reportero de *La Revolución* (1915), del vespertino *El Nacional* (1915), de *La Opinión*, de Veracruz (1917), y de *El Demócrata* (1919). En Chihuahua fundó *El Diario*. Fue jefe de redacción de *El Universal Gráfico*, jefe de redacción y director (1938) de *La Prensa* y director del *Diario Oficial de la Federación* (1962). Diputado federal (1918) y cónsul general en Chile (1944). Miembro de la Liga de Periodistas (1923) que más tarde se convirtió en el Sindicato Nacional de Redactores, y miembro fundador y primer presidente del Club de Periodistas de México.

DIGUET, LEÓN ◆ n. y m. en Francia (1859-1927). Etnólogo. Estuvo en México de 1889 a 1892 y de 1893 a 1913. Encabezó diversas exploraciones. Escribió *Relation sommaire d'un voyage au versant occidental du Mexique* (1898), *La Sierra du Nayarit et ses Indigènes* (1899), *Le Chimalhuacan et ses Populations avant la Conquete Espagnole* (1903) y *Le Peyote et son Usage chez les Indiens du Nayarit* (1907).

DIHIGO, MARTÍN *EL MAESTRO* ◆ n. y m. en Cuba (?-1971). Beisbolista. Jugó en las llamadas Ligas Negras de Estados Unidos. Llegó a México en 1971, contratado por el *Águila* de la Liga Mexicana. En la temporada de 1938, jugando para el *Veracruz*, fue campeón bateador (0.387 de porcentaje) y líder en carreras limpias admitidas (0.90 de porcentaje), en juegos ganados (18-2) y en ponches (184). También formó parte de los equipos *México*, *Torreón*, *Nuevo Laredo* y *San Luis*. Se convirtió en entrenador luego de su retiro como pítcher y en 1942 condujo al *Saltillo* al campeonato de la Liga Mexicana. Poco después de su muerte, la agencia cubana de noticias Prensa Latina lo calificó como el mejor beisbolista de la isla de todos los tiempos.

DILIÁN, IRASEMA ◆ n. en Polonia y m. en Italia (1929-1996). Pasó su niñez en Brasil e Italia. En 1947 estudiaba mecanografía cuando tomó un trabajo de *extra* en el cine italiano, donde se

Carlos Díez Gutiérrez

FOTO: ARCHIVO XAVIER ESPARZA

convirtió en actriz. Participó en numerosas películas en Italia y en 1950 llegó a México, actuó en la cinta *Muchachas de uniforme* y la empresa Clasa Films la contrató en exclusiva. En 1951 fue declarada una de las diez estrellas más populares del cine nacional. Actuó en *Fruto prohibido*, *Paraíso robado*, *Dos mundos y un amor*, *Angélica*, *La desconocida*, *Pedro y Carolina*, *Abismos de pasión* y *Las infieles*. Trabajó después en las industrias fílmicas cubana y española.

DINAMARCA, REINO DE ◆ Estado europeo que ocupa la mayor parte de la península de Jutlandia y un archipiélago de 438 islas, 97 de ellas habitadas, de las cuales Sjaelland, Fyn, Lolland y Bornholm son las más importantes. Limita al norte con el canal de Skagerrak, al este con el mar Báltico, al sur con Alemania y al oeste con el mar del Norte. La superficie total es de 43,092 km². Bajo jurisdicción danesa se hallan las islas Feroe, situadas entre Islandia

Moneda del Reino de Dinamarca

Timbre del Reino de Dinamarca

Dinero del Reino de Dinamarca

Guardia enfrente del Palacio Real de Dinamarca

y el archipiélago Británico, con 1,399 km², y la isla de Groenlandia, que se localiza en la parte noreste del continente americano y tiene un área de 2,175,600 km², de los cuales sólo están libres de hielo 341,700 km². Población: 5,270,000 (1998). La capital, ubicada en la isla Sjaelland, es Copenhague, que en 1994 tenía 1,342,289 habitantes. Otras ciudades importantes son Aarhus (209,404 habitantes en 1994), Odense (143,029) y Aalborg (116,567). La población es mayoritariamente luterana. El idioma oficial es el danés y es obligatorio el aprendizaje del inglés y una tercera lengua. La moneda es la corona danesa. *Historia*: el actual territorio de Dinamarca fue poblado hacia el siglo VI por grupos escandinavos procedentes

de Suecia, los cuales resistieron el avance de Carlomagno en el siglo IX pero adoptaron el cristianismo en la siguiente centuria, cuando se inicia la expansión danesa con la conquista de Inglaterra, Noruega, Schleswig y el sur de Suecia. Si bien Inglaterra se independiza en el siglo XI, las conquistas prosiguen y los territorios daneses llegan a abarcar los actuales países nórdicos más Estonia y Livonia. Esa hegemonía se pierde en el curso de los siglos XVI y XVII, cuando el reino se ve reducido a sus actuales proporciones. Fue en el siglo XVI cuando el fraile Jacobo Daciano vino a México y se estableció en Michoacán (1541), donde aprendió el purépecha y se dice que fue el primero en dar la comunión a los indios, cuando se discutía si tenían alma. En la siguiente centuria, un grupo de piratas daneses resultó abandonado en tierra, en la costa de Oaxaca, por el capitán inglés de su embarcación. Los escandinavos se avecindaron en la población de Pochutla y ahí se casaron con indígenas a quienes enseñaron su lengua, lo mismo que a sus hijos y nietos. A fines del siglo XVIII es abolida la servidumbre en Dinamarca y se libera la fuerza de trabajo en favor del naciente capitalismo. Pese a su empeño de mantenerse neutral, un bombardeo inglés sobre Copenhague empuja a Dinamarca a una alianza con Napoleón. Derrotado éste, las potencias vencedoras se apoderan de territorio danés. En

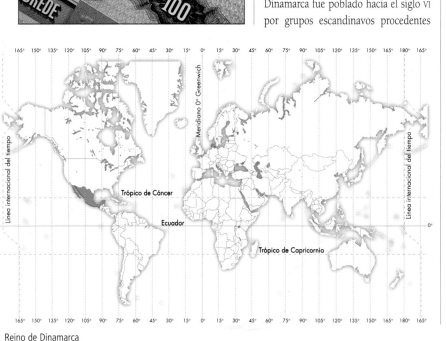

Reino de Dinamarca

1827, por gestiones del embajador en los Países Bajos, Manuel Eduardo de Gorostiza, se firma el primer Tratado de Cooperación y Comercio entre México y el reino danés. Hacia 1840 vino a México el botánico Federico Miguel Liebmann, quien recorrió varias regiones del país y reunió una colección de 40,000 plantas mexicanas con las que regresó a su patria en 1843. Durante su estancia en Pochutla, Oaxaca, le sorprendió escuchar a los morenos habitantes de la población charlando en un arcaico pero familiar idioma: era el mismo que habían diseminado los piratas dos siglos antes. A la vuelta de pocos años desaparecerían los últimos pochutecos hablantes de danés. En 1849, después de las revueltas que sacuden a toda Europa, Dinamarca adopta una Constitución democrática. En 1864 las potencias alemanas, Austria-Hungría y Prusia, le arrebatan los territorios de Schleswig-Holstein. El rey Cristian IX reconoce el imperio "mexicano" de Maximiliano e intercambian representantes. Posteriormente, el mismo rey estrecha las relaciones con México en los años del porfiriato, pues se firman un convenio postal y otro sobre amistad y comercio, en tanto que una delegación especial asiste a las fiestas del centenario de la independencia mexicana. De gran utilidad para el tratamiento de las enfermedades tropicales fueron los estudios realizados en México por Harald Seidelin, quien durante la primera década del siglo radicó en Mérida, Yucatán, donde fundó laboratorios de patología, fundó una biblioteca especializada y formó a varios especialistas. Durante la primera guerra mundial se declara país neutral, vende a Estados Unidos las Islas Vírgenes y reconoce la independencia de Islandia, país que decide adoptar un régimen republicano. Como consecuencia de los Tratados de Versalles recupera en 1920 una parte de Schleswig, misma que pierde de nuevo en 1939 al ser ocupado todo el país por las tropas hitlerianas. Liberada en 1945, poco después los socialdemócratas llegan al poder y

hacen ingresar a su país en la Organización del Tratado del Atlántico Norte (OTAN). En 1968 termina la era socialdemócrata cuando una coalición de derecha obtiene el triunfo electoral. Dos años después los daneses aprueban por plebiscito el ingreso en la Comunidad Económica Europea. El 13 de junio de 1971, estudiantes daneses y latinoamericanos tomaron la embajada mexicana en Copenhague, como protesta por la matanza del Jueves de Corpus en el Distrito Federal, ocurrida tres días antes. Al año siguiente fue coronada la reina Margarita. En 1975 visita oficialmente a México el primer ministro Anker Jorgensen, quien en ese mismo año tiene que dejar el cargo, cuando las elecciones llevan de nuevo a los socialdemócratas al gobierno. Cuatro años después se concede a Groenlandia una autonomía relativa. En 1983 se manifiestan 200,000 personas contra la instalación de cohetes estadounidenses en la más amplia demostración antibélica en la historia danesa. Desde mediados de los ochenta Dinamarca afronta serios problemas demográficos. Tiene una población

Vista de Copenhague

mayoritariamente madura o anciana y mueren más personas de las que nacen.

DINERO ◆ En la época prehispánica se emplearon diversos objetos como medios de pago y unidades de cuenta. Canutillos de plumas de ave rellenos de polvo de oro, el cacao, ciertas mantas, objetos de jade, conchas de un determinado tipo, plumas de quetzal, algunos objetos de cobre y de otros materiales cumplían estas funciones porque eran resistentes al uso, fá-

Frente y vuelta de billetes de la década de 1970

Billetes mexicanos de la
década de 1980

cilmente transportables, aceptados por todos los involucrados en los intercambios y aptos para medir los valores de otras mercancías y servicios. El requisito de divisibilidad se cumplía debido a que el cacao hacía las veces de moneda fraccionaria. Los conquistadores cometieron repetidos fraudes monetarios al intercambiar metales preciosos por baratijas. La reina Juana *la Loca* autorizó en 1535 el establecimiento de la Casa de Moneda de México, la primera *ceca* de Nueva España, que al año siguiente hizo su primera acuñación: una moneda de ocho reales de plata con la efigie de Carlos I y el escudo de España. Esta casa se hallaba en el costado norte de lo que hoy es el Palacio Nacional, precisamente en la calle que todavía se conoce como Moneda. Ahí se acuñó principalmente plata, y sólo a partir de 1675 se emitieron monedas de oro, aunque la suma de éstas fue treinta veces menor que el total de metal argentífero troquelado. Aunque se sabe de una emisión de moneda de cobre a mediados del siglo XVI, ésta careció de acep-

Monedas mexicanas del Siglo XX

tación entre los indios. Como moneda fraccionaria se usaron a lo largo de la colonia los tlacos y pilones, que equivalían, respectivamente, a un octavo y a un dieciseisavo de real. Los había de cartón, cuero y metales no preciosos y eran emitidos por haciendas, obrajes, minas y establecimientos comerciales donde podían hacerse valer, lo mismo que en el área de influencia de tales negociaciones. No fue sino hasta 1814 cuando se volvió a emitir oficialmente circulante de cobre, salido de la Casa de Moneda de la capital novohispana. De esta manera el tlaco empezó a ser sustituido por el cuarto de real, o cuartilla, y el pilón por el ochavo o media cuartilla. Durante la guerra de Independencia, sin autorización de la Corona española, se abrieron casas de moneda en Zacatecas (1810), Chihuahua (1810), Sombrerete (1810), Durango (1811), Catorce (18-11), Guadalajara (1812-15 y 1818-22) y Guanajuato (1813 y 1821-22). También se hicieron emisiones, para circulación meramente local, en Real de Catorce, Nueva Vizcaya, Oaxaca y Valladolid. Los insurgentes, por su parte, remarcaron las monedas realistas o hicieron emisiones con validez en las zonas liberadas. De especial importancia fueron la casa de moneda de Guanajuato, fundada por Hidalgo, las emisiones de la Junta Provisional Gubernativa y las que hizo Morelos en las fundiciones de varias ciudades que llegó a controlar, donde produjo monedas vaciadas con el arco y la flecha junto a la leyenda *sud*. Durante el imperio de Iturbide se imprimieron billetes de uno, dos y diez pesos, sustituidos en 1823 por

nuevos billetes de igual denominación. Estas dos primeras emisiones de papel moneda tuvieron poco éxito por falta de aceptación popular. Entre 1829 y 1835 se hicieron grandes acuñaciones de cobre que facilitaron la labor de los falsificadores. En Álamos, Sonora, se acuñó bronce para uso local entre 1828 y 1829. La casa de moneda de Culiacán inició labores en 1846, en principio con autorización del gobierno estatal y posteriormente del poder federal. En 1857 se adoptó el sistema métrico decimal y cinco años después las casas de moneda de México, San Luis Potosí y Chihuahua hicieron las primeras acuñaciones bajo la nueva norma. En Sonora se hicieron las últimas acuñaciones del sistema real, pues de la casa de moneda de Álamos salió la última moneda de dos reales, en 1872, y de su similar de Hermosillo la de ocho escudos de oro, en 1873. Bajo la ocupación francesa, en febrero de 1865, el Banco de Londres y México y Sudamérica puso en circulación billetes de cinco pesos, a los que siguieron los de otras denominaciones. A partir de entonces se hicieron normales y nacionalmente aceptadas las operaciones con papel moneda. En Chihuahua, el Banco de Santa Eulalia inició sus emisiones en 1875. En la década de los ochenta otros bancos hicieron lo mismo y el Monte de Piedad, que antes había emitido unos certificados pagaderos a la vista, en 1881 puso en circulación billetes que tres años después, en medio de una crisis económica internacional, ya no podía respaldar, lo que originó retiros de pánico de los bancos, que se vieron en serios aprietos para satisfacer a los tenedores de papel moneda. El presidente Manuel González hizo acuñar moneda de níquel de dos y cinco centavos en 1882.

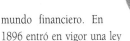

Monedas mexicanas

A fines del año siguiente, una nueva y voluminosa emisión de las mismas denominaciones excedió con mucho las necesidades de moneda fraccionaria, por lo que también se empleaban en transacciones de monto mayor, con las naturales molestias para vendedores y compradores. Para aceptarlas, algunos comerciantes imponían un descuento que aumentó en cuestión de días hasta llegar al 25 por ciento, lo que el 20 de diciembre produjo en la ciudad de México un motín que amenazó con linchar al propio Manuel González, quien después bajó de su carruaje y sólo pudo apaciguar los ánimos con la promesa de amortizar el níquel, lo que hizo de inmediato, en tanto que al día siguiente mandó apresar a varios generales acusados de sedición. En 1884, como consecuencia de la crisis económica, se fusionaron los bancos Nacional Mexicano y Mercantil, que crearon de esta manera el Nacional de México, al que el gobierno otorgó privilegios que le garantizaban un virtual monopolio, pues los pagos del público al fisco tenían que hacerse con sus papeles y las firmas de la competencia vieron aumentar los requisitos para su funcionamiento, en tanto que se suspendieron las autorizaciones para la apertura de nuevos bancos emisores. Quienes pusieran billetes en circulación, previa autorización del gobierno, debían respaldar la emisión con un 33 por ciento del valor en títulos de la deuda pública o en efectivo, en tanto que otro 33 por ciento lo debía guardar el propio banco. El Banco de Londres fue el principal afectado por estas medidas y recurrió al amparo. El juicio no llegó a término porque se recurrió a un convenio bilateral con el Poder Ejecutivo, lo que sentó el precedente para que la Secretaría de Hacienda obrara de manera discrecional hasta causar un amplio desorden en el mundo financiero. En 1896 entró en vigor una ley federal de instituciones de crédito que estimuló el surgimiento de bancos regionales, los que se agruparon en el Banco Central Mexicano, con lo que dieron circulación nacional a sus emisiones y entraron en franca competencia con el Nacional y el de Londres. En 1905 se cerraron todas las casas de moneda del país, excepto la capitalina. A la caída de Porfirio Díaz, operaban en el país 24 bancos de emisión. La inescrupulosidad con que eran manejados los fondos bancarios y la inestable situación política del país desembocó en otra crisis de insolvencia, en diciembre de 1912, cuando los emisores sólo tenían 92 millones de pesos para respaldar los 304 que sumaban sus depósitos y emisiones. La situación empeoró durante la dictadura de Victoriano Huerta, quien permitía nuevas emisiones a cambio de recibir empréstitos destinados a financiar las actividades militares. De ahí que Carranza declarara fraudulentos los billetes del Banco Nacional y prohibiera su circulación, en tanto que, a su vez, emitía papel moneda del constitucionalismo. Derrotado Huerta, la lucha entre las diversas facciones revolucionarias motivó que cada bando hiciera sus propios billetes, los que eran aceptados en una región mientras la facción emisora la dominaba, pero al ser desplazada llegaba otro grupo a dar curso forzoso a su papel moneda, con lo cual los billetes anteriores perdían todo valor, se convertían en lo que el ingenio popular llamó *bilimbiques*. Esta violenta sustitución de unos billetes por otros obligaba a nuevas y mayores emisiones, algunas de las cuales no alcanzaban a salir de la imprenta. Al ocupar los constitucionalistas la capital del país, Carranza, para acabar con la anarquía monetaria, hizo emitir el primero de mayo de 1916 los billetes llamados "infalsificables", cuyo valor se desplomó meses después, al extremo de que en julio cada peso se recibía en algunos negocios a sólo dos centavos, lo que fue uno de los motivos de la huelga general de 1916 (☞). En 1917 los infalsificables fueron retirados de la circulación y los intercambios mercantiles, como sucedió en varios momentos de la lucha armada, se hicieron con las pocas monedas metálicas que había en circulación o mediante trueque, con cheques de bancos locales y confiables, con vales de gobiernos municipales, cámaras de comercio, establecimientos privados de varios giros y aun de particulares. Don Venustiano ordenó revisar la contabilidad de los bancos y se encontró que de las 24 firmas emisoras nueve estaban en situación harto precaria y las restantes se hallaban en quiebra. Ante tal situación, por decreto del 15 de septiembre de 1916 incautó la banca y dispuso de sus existencias. En 1921 Álvaro Obregón la devolvió a sus antiguos dueños y en 1925 el presidente Plutarco Elías Calles promulgó la ley que creó el Banco de México, que quedaría como único

Tarjetas bancarias, forma moderna de dinero

emisor autorizado. Durante la persecución religiosa, los cristeros (☞) acuñaron monedas de latón. De China, donde circulaba moneda de plata mexicana desde la colonia, llegó la orden para que la casa de moneda de la capital hiciera lo que fue la última emisión mexicana que circuló en ese país asiático. Los billetes emitidos por el Banco de México hasta principios de los años setenta fueron impresos por el American Bank Note Co., de Estados Unidos. En diciembre de 1969 se inauguró en la ciudad de México la Fábrica de Billetes, que elabora desde entonces el papel moneda. Contigua a ésta, a fines de 1970 entró en funcionamiento la nueva Casa de Moneda, que desde 1850 había estado en la calle del Apartado, en el centro de la capital mexicana. La continua devaluación ocurrida durante el sexenio de Miguel de la Madrid motivó que en 1993, al llegar el tipo de cambio con el dólar a mil pesos, se quitaran tres ceros a la moneda y se sustituyeran los viejos por nuevos pesos.

DISCÍPULOS DE CRISTO ◆ Iglesia de las llamadas protestantes, con bases calvinistas, fundada en Estados Unidos hacia 1810 por el ex católico, ex anglicano y ex presbiteriano Thomas Campbell. Practican dos sacramentos: el bautismo y la semanal Cena del Señor, equivalente a la comunión católica romana. Consideran a la Iglesia indivisible y por lo tanto hombres y mujeres pueden y deben ejercer el sacerdocio, bautizar, bendecir e impartir el pan. Están organizados en congregaciones autónomas y cada grupo elige pastores. En 1895 contaban con un centro de actividad en Ciudad Juárez y para 1901 con otro en Monterrey: la Misión de la Puerta Abierta. En 1906 la Iglesia se dividió

en dos ramas, Cristianos y Discípulos. Los que han actuado en México son los segundos. Se calcula que este culto cuenta con miles de adeptos.

DISEÑO GRÁFICO ◆ Disciplina que trata de la producción, circulación y consumo de mensajes visuales que se valen de imágenes y textos. Su historia tiene antecedentes que pueden encontrarse en el México prehispánico, donde los jeroglifos que representan a una localidad o un gobernante son muestras elocuentes de la capacidad plástica y de abstracción de quienes los elaboraron. Otro ejemplo de diseño gráfico son las figuras reproducibles por medio de pintaderas, cilindros con un relieve en su parte exterior que al rodarse entintados sobre tela, papel y aun la piel humana permitían la impresión de las figuras grabadas. En el México colonial, con la llegada de la imprenta, el grabado se convierte en un elemento de primera importancia en la ilustración de los libros y hojas sueltas. Sin embargo, el mismo impresor se encargaría de seleccionar la tipografía y combinarla con los elementos icónicos. Los carteles taurinos son una muestra del diseño gráfico virreinal que sobrevive hasta hoy. Los periódicos, a partir de su surgimiento en el siglo XVIII, se valieron de lo que hoy conocemos como diseño gráfico para hacerse más atractivos para el público lector. La *Gaceta* de Sahagún tenía el cabezal adornado con un águila mexicana. En el México independiente la introducción de la caricatura y la litografía transformaron los impresos. Los italianos Galli y Linati, editores con el cubano Heredia de *El Iris* (1926), son los primeros en recurrir al empleo de esos elementos gráficos, pese a que en

su época tienen un valor autónomo, esto es, resultan prescindibles en el conjunto del periódico. Buenas expresiones de diseño gráfico se pueden hallar en los letreros de los establecimientos comerciales, visualmente atractivos, incitadores, y en los almanaques, periódicos cuya producción, más sosegada por ser anual, permitía una elaboración artística, en la que son frecuentes las reminiscencias del rococó. Por otra parte, en los impresos cívicos se echará mano de las herencias napoleónicas, con su abundancia de bustos heroicos, trompetas y tambores bélicos, armas y demás parafernalia guerrera. En la segunda mitad del siglo XIX, el desarrollo de la producción industrial obligó a la elaboración de etiquetas, empaques y otros impresos que distinguieran claramente el producto que amparaban. Esto significó un empujón para el diseño, que seguiría fuertemente influido por las producciones europeas, en especial las provenientes de Francia. Casimiro Castro fue el más destacado diseñador gráfico de la segunda mitad del siglo XIX. Dotado para el dibujo, el grabado y la pintura, trabajó en el taller de Decaen, ilustró libros, hizo letreros comerciales y anuncios en cromolitografía. En el último cuarto de la misma centuria, José Guadalupe Posada se dio a conocer como ilustrador y diseñador a quien se debe gran número de anuncios, etiquetas, portadas de libros, cancioneros y otros trabajos comerciales. Posada representa la vertiente plebeya del diseño, pues obligado por las prisas se aparta de las corrientes hegemónicas en la producción gráfica del porfiriato: el utilitarismo anglosajón propio de los anuncios de ferretería o de la Emulsión de

Logotipos de varios
diseñadores mexicanos

Scott, con su perdurable imagen del hombre cargando un bacalao, y la exquisitez europeísta *art nouveau*, con sus trazos orientaloides y su lánguida sensualidad. En el cambio de siglo, con el advenimiento de medios de impresión que a mayor tiraje permiten costos más bajos, el diseño gráfico y los medios de comunicación masiva estrechan su maridaje. Los grandes periódicos de la época, especialmente *El Imparcial*, abren sus páginas a los anuncios de particulares que así pueden llegar a decenas de miles de lectores. El diseño, con las explicables limitaciones de la lucha revolucionaria, tiene interesantes expresiones en la segunda década del siglo. En los años veinte, pese al predominio de las manifestaciones mercantiles, la expresión gráfica recibe nuevas influencias. Las principales aportaciones para una transformación del lenguaje visual vienen desde el movimiento muralista y del campo del grabado, que experimenta con nuevas formas de expresión en esa época. El movimiento estridentista, con su culto al industrialismo y la geometría urbana, introduce heterodoxas ilustraciones: en lugar de orlas y guirnaldas, chimeneas fabriles y siluetas de grandes edificios; engranes y aviones sustituyen a las damas adormiladas y en medio de otras innovaciones, por primera vez, el diseño mexicano parece buscar una forma propia y actual. El surgimiento del periódico *El Machete*, con ilustraciones de Orozco y otros grandes artistas, manifiesta la misma búsqueda. En el terreno del diseño comercial, se empieza a hablar de los "dibujantes publicitarios" y se abren por entonces las primeras academias particulares para formarlos. Durante varias décadas se encargarán de los trabajos comerciales, mientras grabadores y dibujantes con pretensiones estéticas, además de sus incursiones en la ilustración de libros, se harán cargo de la propaganda política. Hay desde luego excepciones, como Ernesto García Cabral, quien destaca como portadista, o el pintor Francisco Cornejo, director artístico de la revista

México que se editaba en Los Ángeles (1925), quien introdujo los temas pintorescos en la publicidad, cuyo mexicanismo hasta entonces no pasaba de los trazos de presunta inspiración mayista o aztecoide, los que experimentaron un resurgimiento bajo la influencia del *art-déco*. Algunas publicaciones contratan "directores artísticos" que se encargan no sólo de las ilustraciones sino también del formato general. Con la crisis económica de 1929-33 surgen en Estados Unidos escuelas de dibujo publicitario que se anuncian en revistas mexicanas y a cambio de unos dólares envían el curso completo por correo. Un grupo de grabadores de la Liga de Escritores y Artistas Revolucionarios fundó, en 1937, el Taller de Gráfica Popular, que como su preocupación y tarea central tendrá la elaboración de carteles, volantes, periódicos y folletos antifascistas. Es en medio de ese auge de la propaganda política que Diego Rivera funda, en 1938, el Taller de Carteles y Letras dentro de la Academia de San Carlos. Poco después el taller se transforma en la carrera de dibujo publicitario. También de 1938 data la fundación de la Escuela de Artes del Libro, proyectada por Francisco Díaz de León. En la misma época, varios maestros de San Carlos, encabezados por Ricardo Bárcenas y Adrián Durán, ganador de varios premios publicitarios en los años cuarenta y cincuenta, fundan la Escuela Libre de Arte y Publicidad. Lanzado al exilio por el desenlace de la guerra civil española, llega a México en 1939 el pintor republicano

Miguel Prieto. Artista de sólida formación académica, dueño de una amplia cultura, con experiencia como escenógrafo y propagandista político, en México aprende los rudimentos de la tipografía y colabora en *Romance*, revista de los refugiados peninsulares. En 1948 es llmado por Fernando Benítez para encargarse del diseño de *México en la Cultura*, suplemento del diario *Novedades*, donde ensaya nuevas

formas, lo mismo que en la *Revista de la Universidad* y en los libros, carteles y escenografías que produce. Junto a él se capacita un joven pintor interesado en el diseño gráfico, Vicente Rojo, quien a la muerte de Prieto (1956) lo sustituye y desarrolla las ideas del maestro hasta convertirlas en algo propio y original, ajeno por completo a las dos vertientes del diseño de entonces: el barroquismo realista o la frialdad del dibujo publicitario. Rojo, especialmente con la fundación de la Imprenta Madero, ofrece libros, carteles, folletos, catálogos y otros impresos de una elegancia sobria, distinta, capaz de darle identidad gráfica a la propia imprenta y a sus clientes. Rojo también trabaja por su cuenta y en los años sesenta se afirma como el creador de un nuevo diseño, de línea audaz y atractiva. Informado sobre lo que se hace en otras partes en materia de diseño, trabaja hasta la simplificación extrema de los elementos sin renunciar al toque estético; echa mano de los altos contrastes, mezcla la fotografía y el dibujo, persigue imágenes insólitas, falta al respeto a la tipografía tradicional y deforma las letras, las exprime y las somete para dotarlas de una nueva dignidad; ensaya y transforma, avanza y hace escuela. La revolución cubana estimula esa búsqueda de una nueva expresión latinoamericana. Mucho de lo que se hace en la isla es

La Escuela Libre de Arte y Publicidad ofrece importantes muestras de diseño gráfico

asimilado por los diseñadores mexicanos. Impulsado por el auge del estructuralismo, adquiere relevancia en Europa y Estados Unidos el fenómeno conocido como *metáfora de los signos*, que en el campo de la gráfica se manifiesta en la elaboración de formas extremadamente simplificadas, claras y convincentes. Esta corriente, también llamada expresionismo abstracto, tiene entre sus más destacados representantes a Lance Wyman, quien encabezó el principal equipo de diseño que trabajó en la simbología de los XIX Juegos Olímpicos. El mismo Lyman se encargaría de la señalización y los logotipos del Metro y sus estaciones, con lo cual ejercería una influencia perdurable en la gráfica mexicana. La vertiente de la propaganda, sin abandonar del todo el realismo socializante, asimiló con prontitud las aportaciones de Lyman. El movimiento estudiantil de 1968 generó una gráfica que parodiaba los símbolos olímpicos y simultáneamente creaba expresiones nuevas, peculiares. Los alumnos de artes plásticas y otras escuelas se dedicaron a elaborar, en condiciones artesanales, innumerables carteles en los que se empleaba todo recurso visual, con resultados que variaban de acuerdo con el talento de cada creador. De este modo, la paloma de la paz de Beatriz Colle Corcuera, imagen precisa y eficaz, atravesada por un puñal representaría el asesinato de la juventud; el pie del corredor se transformaría en una bota castrense; el logotipo de las competencias de remo en una fila de afiladas bayonetas; una macana, el perfil de un tanque o el casco y la máscara del granadero simbolizarían la represión; las

La sirena

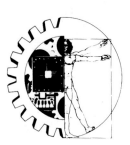

siluetas de grupos deportivos en plena competencia fueron suplidas por jóvenes perseguidos y golpeados por la policía. La nueva gráfica había generado un diseño contestatario. Había surgido una nueva comunicación visual, de notable valor persuasivo y valores estéticos reconocidos. Empresas privadas e instituciones del sector público ordenarían sus logotipos o cambiarían sus anticuados emblemas por los signos sencillos, abstractos y convincentes del nuevo diseño. Los dibujantes publicitarios no habían sido formados para responder a esa demanda, si bien entre ellos había algunos de talento. Por otra parte, la erupción política de 1968 había puesto en evidencia el desfasamiento entre la educación y el mercado profesional. La Universidad Iberoamericana instituyó en 1968 cursos de diseño gráfico y un año después creó la licenciatura respectiva, con una planta de profesores entre los que se contaban varios diseñadores del Comité Olímpico. En la década de los setenta se fundó la carrera de diseño gráfico en la Escuela de Diseño y Artesanías, en las universidades Nacional Autónoma de México, Autónoma Metropolitana, Anáhuac, de Guadalajara, Autónoma de Guadalajara y del Estado de Hidalgo. El diseño gráfico había adquirido carta de naturalización en México y se le reconocían sus bondades como instrumento de los anuncios mercantiles e institucionales. A principios de los años setenta estuvo en México el cartelista polaco Wiktor Gorka quien impartió cursos en varias instituciones educativas. En 1975 Abelardo Rodríguez elaboró el logotipo de la Unión de Periodistas Democráticos; durante la campaña electoral de 1976, el arquitecto Pedro Ramírez Vázquez coordinó todo lo referente a propaganda gráfica del candidato del PRI a la Presidencia de la República y en 1977 Luis Almeida y Jorge Gleason le dieron a la revista *Proceso* su cabezal definitivo. A Pablo Rulfo se debe principalmente la presentación del diario *unomásuno* y el formato inicial del suplemento *Sábado*. Bernardo Recamier se encargó del di-

seño de *Nexos* durante sus primeros años y Rafael López Castro hizo el diseño original de *El Machete* (1980). En 1982 se admitió al diseño gráfico como expresión artística, al presentarse en el Museo de Arte Moderno una amplia exposición del Grupo Madero, en el que, además de Rojo, se contaban Luis Almeida, Peggy Espinosa, Adolfo Falcón, María Figueroa, Efraín Herrera, Isaac Víctor Kerlow, Rafael López Castro, Germán Montalvo, Azul Morris, Bernardo Recamier, Pablo Rulfo, María Shelley, Aurora Suárez, Marco Valdivia y Fernando Vergara. Los integrantes de éste no eran los únicos diseñadores buenos, desde luego, pero en ellos se rendía homenaje a los profesionales de esta disciplina. Para 1985 existía, presidido por Carlos Fernández de la Reguera, el Colegio de Diseñadores Industriales y Gráficos de México, A.C., organismo que integró con Félix Beltrán, Graham Edwards y Ernesto Lehfeld un jurado para seleccionar los mejores diseños de marcas, símbolos y logotipos. De esta manera se escogió el logotipo del Festival Internacional Cervantino, de Almeida; el de Santiago Textil, debido a Jorge Canales Romo; el de Distribuidora de la Torre, de Carmen Cordera Lascuráin; el de Plasticlip, de Eduardo Téllez; y el de Progrupo, de Joe Vera y Barry Cox. Entre los símbolos gráficos más conocidos están el del IMSS, estilizado por Canales Romo; los de Gamesa o Emyco, del Laboratorio de Diseño de Cartón y Papel de México, que estilizó el de Cementos Tolteca; los nuevos logos de Pemex, Almacenes García y Cervecería Cuauhtémoc se deben a Design Center; el de Canal 11 a María Elena López Díaz; el del Instituto Mexicano de la Radio, a José Antonio Pérez Esteva; de Graham Edward son los de Yom-Yom, Alpura, Comercial Mexicana y Hickok; el de Resistol es obra de Mario López S. y el de Teléfonos de México lo tiene acreditado Hugo Sergio Herrerías; Fernando Mercado hizo el de Mac'Ma; Joe Vera y Paco Téllez el de Somex; María Teresa Thomé y Rosalino Cano el de Sidena; Ernesto

Lehfeld se encargó de la identificación gráfica de Moto Islo, la Asociación Mexicana de Embotelladores y el Instituto Mexicano de Opinión Pública; Pablo Meyer ejecutó el logotipo del Instituto José María Luis Mora; a Jorge Reyes Villalobos se le cuentan los de Barcel y D'Bebé; Morris Savariego hizo el de la Coordinación de Difusión de la Facultad de Psicología; Daniel Castelao y María del Carmen Nuño el diseño de Zodiaco, de la Lotería Nacional; María del Carmen Nuño, el de Inverlat; Marina Moreli y Juan Tamayo el de Hoteles El Presidente y el Hospital de México. Alfonso Capetillo y Asociados son los autores del diseño de la revista *Obelisco*. Vicente Rojo creó los diseños iniciales de la *Revista de Bellas Artes* (1982), de *México en el Arte* (1983) y del diario *La Jornada* (1984). En 1985 Roberto Iturbe y Eduardo Téllez iniciaron la publicación de *Marcas, símbolos y logos en México*, libro de aparición periódica que difunde trabajos de la especialidad. En 1988 el Museo del Chopo presentó una exposición retrospectiva de Rafael López Castro, acaso la primera en México que exhibió en grandes espacios las realizaciones de un diseñador. Una similar de Vicente Rojo se montó en 1990 en el Museo Carrillo Gil, donde se pudo observar la evolución de este maestro de varias generaciones. Un año después, en el mismo lugar, se puso la muestra Diseño antes del Diseño que revaloró a los grandes creadores que antes se llamaban dibujantes publicitarios, especialmente a Francisco Díaz de León y a Gabriel Fernández Ledesma. Con la SRE, el DDF, el CNCA, el INBA y la UNAM como organizaciones convocantes, la organización de Trama Visual y el patrocinio de otras instituciones, como la UAM, desde 1990 se celebra la Bienal de Diseño, certamen que se acompaña de la correspondiente exposición, conferencias, cursos, publicaciones y otras actividades con la participación de lo más granado del diseño mundial.

DISEÑO INDUSTRIAL ◆ Disciplina que trata del proyecto y elaboración de objetos de uso susceptibles de producirse en serie y de la adecuación de las formas con el fin de optimar la función de tales objetos. La cubana Clara Porcet organizó en el Palacio de Bellas Artes la primera exposición nacional de diseño industrial, con la intención de mostrar que no había necesidad de copiar del extranjero. Sólo la cuarta parte de los productos exhibidos era de producción industrial y el resto artesanal. La misma exposición se montó en la Ciudad Universitaria, auspiciada por Carlos Lazo Barreiro, dentro del VII Congreso Panamericano de Arquitectos (1953). A la inauguración de esa muestra en el recinto universitario asistieron, entre otros, Walter Gropius, Joseph Albers, Hannes Meyer, Herbert Bayer, Marcel Breuer, Mies van der Rohe y Frank Lloyd Wright, entre otros. Entonces, además de la cubana Clara Porcet, los principales diseñadores eran los hermanos Van Beuren, fabricantes de muebles que habían estudiado en la Bauhaus, el inglés Philip Guilmant, la firma Domus, Javier Echeverría y Juan José Díaz Infante, quienes diseñaron para la firma Vitrofibras casas prefabricadas, Horacio Durán, que producía lámparas, y Ernesto Gómez Gallardo, elaborador de muebles populares. La enseñanza de esta especialidad se formalizó en los años cincuenta al fundarse la Escuela de Diseño y Artesanías, con Carlos Lazo Barreiro al frente, quien instituyó los Talleres de Artesanos Carlos Lazo del Pino. En 1969, con José Chávez Morado como director, se empezó a dar importancia a la relación entre diseño y procesos industriales. Para entonces ya existía en la Universidad Iberoamericana la carrera de diseño industrial, creada en 1961. El 1966 se instituyó el programa de Adiestramiento Rápido de Mano de Obra (ARMO), del Centro Nacional de Productividad, mediante el cual se impartían cursos de envase y embalaje, lo que estimuló, con las limitaciones del caso, el desarrollo del diseño en esta área de aplicación. En 1974 se fundó la Escuela de Diseño Industrial en Monterrey y el rector Pedro Ramírez Vázquez estableció la División de Ciencias y Artes para el Diseño en la Universidad Autónoma Metropolitana (Azcapotzalco), dirigida por el arquitecto Martín Gutiérrez, con la pretensión de impulsar "las disciplinas relacionadas con el espacio que habita el hombre, los objetos de los que se sirve y los medios por los que se comunica" y de preparar profesionales que creen, de acuerdo con las condiciones del país, diseños en los que se utilicen con un máximo de eficacia los materiales y las técnicas de realización. Asimismo, "se concede importancia al conocimiento y evaluación del diseño en el medio mexicano a través del tiempo, para lograr una liga directa con nuestro pasado histórico y obtener de sus raíces el carácter nacional". A mediados de los años setenta, gracias a un convenio entre el gobierno mexicano y la Organización de las Naciones Unidas para el Desarrollo Industrial (ONUDI), se fundó el Instituto Mexicano de Envase y Embalaje, que fue inaugurado por el secretario de Industria y Comercio, José Campillo Sainz. En 1981 se constituyó la Academia Mexicana de Diseño con Pedro Ramírez Vázquez, Juan Antonio Madrid Vargas, Alejandro Lazo Margáin, Juan Manuel Aceves Cano, María Aguirre de Martínez de Velasco, Agustín Aguirre, María Elena Carral, Carlos Carrillo Soberón, Javier Castellot, Cristina Chávez Hernández, Rafael Davidson, Dante Escalante, Renato Garza González, Marcos Gojman, Agnes Goudet Bec, Sergio Guerrero Morales, Vicente Gutiérrez Llaguno, Pedro Ycaza Conde, Óscar Salinas Flores, Juan Francisco Teuscher Torres y Ana Thiel Bauer. El consejo directivo lo forman Alejandro Lazo Margáin, Efrén González, Luis Fuentes y Ponte, Manuel Lugo Gaytán; Manuel Álvarez Fuentes, José Antonio Mijares, Jesús Vilchis Alanís, Amilio Martín Velasco, Alfredo Moreno de la Colina, Claudio Rodríguez Álvarez y Fray Medina de la Cerda. Entre los miembros de honor se cuentan Tapio Wirkkala, Timo Sarpaneva, Raymond Leory, Kenji Ekuan, Dieter Rams, Gillo Dorfles, Bruno Sacco y George Nelson.

La ciudad de México en imagen de Casimiro Castro (siglo XIX)

Rosario Robles Berlanga, jefa de Gobierno del Distrito Federal

DISTRITO FEDERAL ◆ Territorio de 1,479 km² donde se asientan los poderes federales. Se halla a más de 2,240 metros sobre el nivel del mar y ocupa la cuenca del valle de México, limitada por las sierras de Guadalupe (al norte), la Nevada (al este), la del Ajusco (al sur) y la de las Cruces (al oeste). La superficie del valle estaba cubierta de lagos cuya desecación se inició en la época prehispánica. Los ríos, también abundantes hace cinco siglos, han sido entubados. Habitantes: en 1997 su

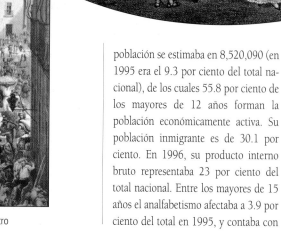

Actividad comercial en el centro de la ciudad de México a mediados de siglo XIX, según Casimiro Castro

población se estimaba en 8,520,090 (en 1995 era el 9.3 por ciento del total nacional), de los cuales 55.8 por ciento de los mayores de 12 años forman la población económicamente activa. Su población inmigrante es de 30.1 por ciento. En 1996, su producto interno bruto representaba 23 por ciento del total nacional. Entre los mayores de 15 años el analfabetismo afectaba a 3.9 por ciento del total en 1995, y contaba con

Estandarte de la
ciudad de México

Salto del Agua, en el Distrito
Federal en el siglo XIX según
Casimiro Castro

San Ángel al sur de la
Ciudad de México,
en el siglo XIX

pañol. *Historia:* existen rastros de una cultura que se asentó en Cuicuilco hace 2,000 años hasta que la erupción del Xitle la hizo desaparecer. En los siglos XII y XIII arribaron tribus nahuatlacas que en 1325 fundaron México-Tenochtitlan, ciudad que se convirtió en capital del vasto imperio mexica o azteca. En 1519 llegaron los españoles y dos años después habían conquistado la urbe tenochca, víctima de las epidemias traídas por los europeos. Los españoles destruyeron lo que la guerra había dejado de la antigua ciudad y construyeron una nueva con las mismas piedras para establecer la capital de Nueva España. Durante la Colonia, en la ciudad de México se levantaron grandes construcciones religiosas, gubernamentales y de particulares. Consumada la independencia del país, en ella estableció su capital el imperio de Iturbide. A la caída de éste, la Constitución Federal de los Estados Unidos Mexicanos, promulgada el 4 de octubre de 1824, otorgó al Congreso, entre sus facultades exclusivas (artículo

el más alto promedio de escolaridad en el ámbito nacional, con 9.39 años cursados en promedio. Su tasa de crecimiento promedio anual de la población es la menor del país, con 0.54. En 1995 hablaban alguna lengua indígena 100,890 (náhuatl 28,309, otomí 14,938, mixteco 13,571, yaqui 12,750, mazahua 7,142, mazateco 5,253, mixe 2,675, maya 1,727 y purépecha 1,229), de los que 297 no dominaban el es-

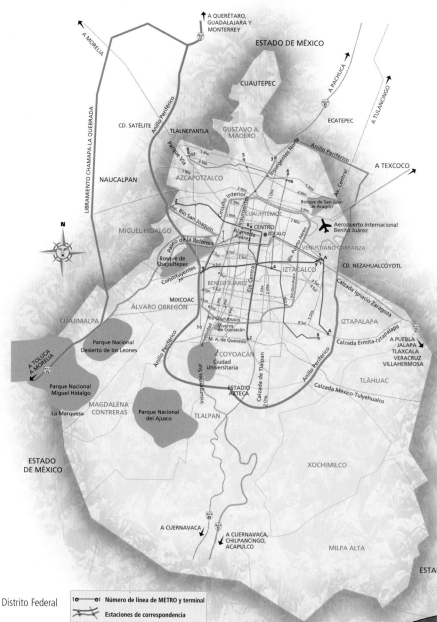

Centro Histórico de la
ciudad de México

Distrito Federal

	Número de línea de METRO y terminal
	Estaciones de correspondencia

50), la de "Elegir un lugar que sirva de residencia a los supremos poderes de la federación, y ejercer en su distrito las atribuciones del poder legislativo de un estado", lo mismo que "Variar esta residencia cuando lo juzgue necesario" (fracciones XXVIII y XXIX). El Congreso, según su decreto del 18 de noviembre del mismo año, determinó que el Distrito Federal quedaría ubicado en un territorio circular, "cuyo centro sea la plaza de esta ciudad (México) y su radio de dos leguas", lo que implicó

Museo del
Papalote en
el Distrito Federal

Foto: Pablo Cervantes

Foto: Pablo Cervantes

La ardilla se puede encontrar
en los jardines del DF

El conejo teporingo y el gato montés,
fauna típica del cerro del ajusco, al sur
del DF, en peligro de extinción

Foto: Michael Calderwood

Paseo de la Reforma en el Distrito Federal

quitar esa extensión al Estado de México y mudar la capital de éste. En 1836 el Distrito Federal desapareció junto con los estados, que se convirtieron en departamentos. Las Bases Orgánicas de 1843 restauraron el Distrito de México, como se le llamó entonces, que era simultáneamente Departamento del mismo nombre y comprendía Tlalnepantla y Coyoacán. Durante el último periodo presidencial de Antonio López de Santa Anna, éste decidió (1854) constituir el Distrito de México con San Cristóbal Ecatepec, la mitad del lago de Texcoco, Iztapalapa, Xochimilco, Tlalpan, San Ángel, Mixcoac, Santa Fe, Los Remedios, San Bartolo y Tlalnepantla, todo lo cual quedaba bajo la jurisdicción del gobierno

Plaza de toros México
en el DF

central, si bien con autonomía municipal para la ciudad de México. El Congreso Constituyente de 1857 restituyó
el nombre de Distrito Federal y estableció que, en caso de mudarse los poderes
nacionales, en el territorio de éste se
erigiría el estado del Valle de México. El
6 de mayo de 1861 Benito Juárez expide un decreto mediante el cual se divide
el DF en la municipalidad de México y
los partidos de Guadalupe
Hidalgo, Xochimilco, Tlalpan y Tacubaya. En la
primera, "las funcio-
nes de la autoridad
local serán desem-

Una banda de música toca en el zócalo, al fondo se aprecia la catedral Metropolitana de la ciudad de México

El estadio Azteca, corazón futbolero de México al sur del DF

La salvia, flora típica del DF

así como 13 delegaciones: Guadalupe Hidalgo, Ixtacalco, Ixtapalapa, Xochimilco, Milpa Alta, Tláhuac, Tlalpan, Coyoacán, General Anaya, San Ángel, Magdalena Contreras, Cuajimalpa y Atzcapotzalco. De esta manera se privó a los habitantes del Distrito Federal del derecho a elegir a sus autoridades, cuyo nombramiento se convirtió en atribución exclusiva del Presidente de la República. En 1941 se redujo el número de jurisdicciones del Distrito Federal: ciudad de México, Gustavo A. Madero (antes Guadalupe Hidalgo), Ixtacalco, Ixtapalapa, Tláhuac, Xochimilco, Milpa Alta, Tlalpan, Coyoacán,

Sistema de Transporte Colectivo, Metro, en el Distrito Federal

peñadas por el gobernador" y en los partidos, decía el texto, "habrá prefectos cuyo nombramiento y remoción corresponde al gobernador". A este mismo funcionario correspondió establecer las villas, poblaciones y barrios de cada demarcación, "oyendo el parecer de los Ayuntamientos". El imperio de Maximiliano hizo desaparecer de nuevo los estados e incorporó la capital al departamento del Valle de México. A la derrota del imperio el territorio volvió a tener la división política dispuesta por la Constitución de 1857. Durante el porfiriato (1898) se fijaron los límites actuales del Distrito Federal y al año siguiente dentro de él se erigieron, distribuidos en siete prefecturas, 22 municipios: la ciudad de México, Guadalupe Hidalgo, Ixtacalco, Ixtapalapa,

Hastahuacán, Atenco, Tulyehualco, Xochimilco, Mixquic, Tláhuac, Milpa Alta, Actopan, Ostotepec, Tlalpan, Coyoacán, San Ángel, Mixcoac, Santa Fe, Cuajimalpa, Tacubaya, Tacuba y Atzcapotzalco. El número de municipios se redujo a 13 en 1903: la ciudad de México, Guadalupe Hidalgo, Ixtapalapa, Milpa Alta, Xochimilco, Tlalpan, Coyoacán, San Ángel, Mixcoac, Cuajimalpa, Tacubaya, Tacuba y Atzcapotzalco. La Constitución de 1917 mantuvo las características políticas, administrativas y territoriales del Distrito Federal. El 28 de agosto de 1928, una reforma constitucional eliminó los municipios y el 10 de enero de 1929 se creó el Departamento Central, que comprendía como una sola jurisdicción la ciudad de México, Tacubaya y Mixcoac,

Foto: Michael Calderwood

Desfile del 16 de Septiembre en el DF

Álvaro Obregón (que fue San Ángel hasta 1931), Magdalena Contreras y Cuajimalpa. La última modificación se produjo en 1970, cuando "el Distrito Federal o Ciudad de México" quedó dividido en 16 delegaciones: Cuauhtémoc, Gustavo A. Madero, Venustiano Carranza, Iztacalco, Iztapalapa, Tláhuac, Milpa Alta, Xochimilco, Tlalpan, Coyoacán, Benito Juárez, Álvaro Obregón, Magdalena Contreras, Cuajimalpa

de Morelos, Miguel Hidalgo y Azcapotzalco. Se ha señalado que "el Distrito Federal o Ciudad de México" no pueden ser conceptos equivalentes, pues la capital de una entidad no es igual al

estado del que forma parte. Sin embargo, subsiste la indefinición jurídica y la ciudad de México no existe formalmente. Una vieja demanda de la izquierda capitalina es la creación del estado del Valle de México, integrado por municipalidades al igual que el resto de las entidades federativas, donde los ciudadanos tienen la libertad de elegir a sus autoridades. En 1986, todos los partidos de oposición representados en la Cámara de Diputados presentaron una iniciativa de ley para crear el estado de Anáhuac en el territorio que actualmente se designa como Distrito Federal y había la opinión de que tal estado debería incluir a los municipios de la zona conurbada de la capital del país. En diciembre de 1986, a la petición de que los capitalinos pudieran elegir a sus autoridades, éstas respondieron con la creación de una Asamblea de Representantes de escasas atribuciones, la cual se tranformó en la Asamblea Le-

Plaza de las Tres Culturas
en Tlatelolco

Foto: Michael Calderwood

Foto: Carlos Hahn

Aeropuerto Internacional de la ciudad de México

gislativa del Distrito Federal, y sus miembros son electos por voto popular. En 1997 por primera vez se eligió al jefe de gobierno capitalino por voto directo, universal y secreto, resultando triunfador Cuauhtémoc Cárdenas Solórzano con más de 50 por ciento de los sufragios. En septiembre de 1999, Cárdenas renuncia y Rosario Robles toma su lugar.

Cuerpo de bomberos de la ciudad de México

DISTRIBUCIÓN DE LA POBLACIÓN POR TAMAÑO DE LA LOCALIDAD, 1995

- Más de 15,000 98.60%
- Entre 2,500 y 15,000 1.10%
- Hasta 2,500 0.30%

DISTRIBUCIÓN PORCENTUAL DE LA POBLACIÓN OCUPADA POR SECTOR DE ACTIVIDAD ECONÓMICA, 1995

- Terciario 76.90%
- Secundario 22.10%
- Primario 0.40%
- Inespecífico 0.60%

PRODUCTO INTERNO BRUTO (PIB) A PRECIOS CORRIENTES

- Serv. financieros, seguros, act. inmobiliarias y de alquiler 17.05%
- Servicios comunales, sociales y personales 33.13%
- Agropecuaria, silvicultura y pesca 0.12%
- Transporte, almacenaje y comunicaciones 10.97%
- Industria manufacturera 18.83%
- Minería 0.07%
- Comercio, restaurantes y hoteles 21.14%
- Construcción 3.99%
- Electricidad, gas y agua 0.37%

LÍNEAS TELEFÓNICAS EN SERVICIO Y APARATOS PÚBLICOS, 1994

Líneas en servicio 2,133,574

Aparatos públicos 55,820 7 aparatos por cada 1,000 habitantes

POBLACIÓN DE 5 AÑOS Y MÁS HABLANTE DE LENGUA INDÍGENA, 1995

- ■ Población de 5 años y más 7,689,652
- ■ Población de 5 años y más hablante de lengua indígena 100,890 (1.31%)

PROMEDIO DE ESCOLARIDAD DE LA POBLACIÓN DE 15 AÑOS Y MÁS, POR SEXO, 1995

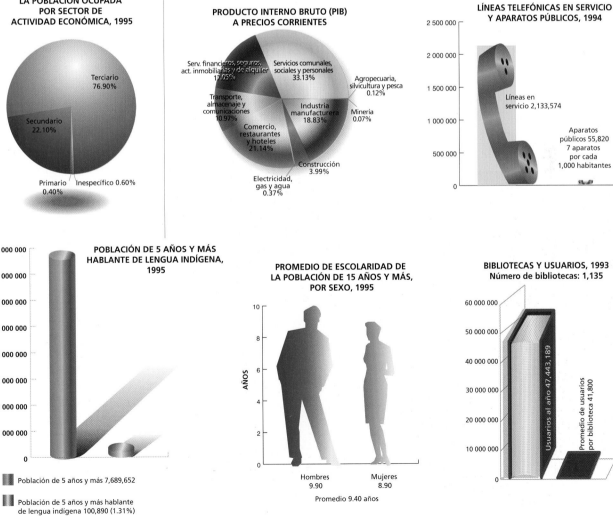

AÑOS

Hombres 9.90

Mujeres 8.90

Promedio 9.40 años

BIBLIOTECAS Y USUARIOS, 1993
Número de bibliotecas: 1,135

Usuarios al año 47,443,189

Promedio de usuarios por biblioteca 41,800

DIVISADEROS ◆ Municipio de Sonora, situado en el este de la entidad, cerca de los límites con Chihuahua. Superficie: 617.69 km². Habitantes: 807, de los cuales 236 forman la población económicamente activa. La erección del municipio data del 15 de abril de 1932. Cuenta con recursos minerales. La principal fiesta de la cabecera es el 16 de julio, cuando se festeja a la Virgen del Carmen.

DIVISIÓN DEL NORTE ◆ Nombre que recibió en 1913 la fuerza que encabezaba Francisco Villa. Carranza se negó a considerarla cuerpo de ejército, como lo hizo con los contingentes que encabezaban Obregón en el noroeste y Pablo González en el noreste, pues de esa manera disminuía, así fuera formalmente, la jerarquía del general norteño.

DOBLADO, MANUEL ◆ n. en San Pedro Piedra Gorda, Gto., y m. en EUA (1818-1865). Abogado. Fue gobernador interino de Guanajuato (1846). Elegido para ser gobernador constitucional en el mismo año, no pudo ocupar el cargo por no llenar el requisito de edad mínima. Diputado en 1847 se opone al Tratado de Guadalupe Hidalgo. En ese año es de nuevo gobernador interino. En 1854 apoyó el Plan de Ayutla, fue nuevamente gobernador interino hasta 1857 en que resultó elegido para el periodo 1857-61. Dejó el cargo en 1858 para tomar las armas contra los conservadores. Volvió a la gubernatura guanajuatense en 1860-61 y poco después se integró al gabinete de Juárez como ministro de Relaciones Exteriores (diciembre de 1861 a agosto de 1862). En 1863 se reincorporó a filas para luchar contra los invasores franceses. Fue gobernador militar de Jalisco (noviembre de 1863 a enero de 1864). Acompañó a Juárez hasta el Paso del Norte, de donde marchó enfermo al extranjero. Estuvo en La Habana y murió en Nueva York.

DOCTOR, DEL ◆ Sierra de Querétaro, situada al sur del paralelo 21 y al norte del valle de Tequisquiapan, en los límites con Hidalgo.

DOCTOR ARROYO ◆ Municipio de Nuevo León, situado en el sur de la entidad, en los límites con Tamaulipas y San Luis Potosí. Superficie: 5,106.2 km². Habitantes: 37,363, de los cuales 9,734 forman la población económicamente activa. Hablan alguna lengua indígena 14 personas mayores de cinco años. El nombre del municipio se adoptó en honor del doctor José Francisco Arroyo, canónigo de la catedral de Monterrey y dos veces diputado local. Del 15 al 22 de marzo se festeja en la cabecera a San José, patrono del lugar.

DOCTOR BELISARIO DOMÍNGUEZ ◆ Municipio de Chihuahua, situado cerca de la capital del estado, al suroeste del municipio de Chihuahua. Superficie: 636.33 km². Habitantes: 4,648, de los cuales 1,322 forman la población económicamente activa. Hablan alguna lengua indígena 19 personas mayores de cinco años (tarahumara 18). La cabecera municipal fue originalmente la ranchería tarahumara de Teteaqui, convertida en 1641 en congregación de indios a la que se puso por nombre San Lorenzo. A mediados de los años treinta adoptó su actual denominación.

DOCTOR COSS ◆ Municipio de Nuevo León, situado al este de la capital del estado, en los límites con Tamaulipas. Superficie: 664.6 km². Habitantes: 2,286, de los cuales 718 forman la población económicamente activa. El nombre se adoptó en memoria del doctor José María Coss, periodista de la insurgencia.

DOCTOR GONZÁLEZ ◆ Municipio de Nuevo León, situado en el centro de la entidad, al noreste de la capital del estado. Superficie: 701.8 km². Habitantes: 2,912, de los cuales 768 forman la población económicamente activa. Hablan alguna lengua indígena cinco personas mayores de cinco años. El nombre se adoptó en memoria del doctor José Eleuterio González, gobernador y benemérito del estado. El principal atractivo turístico del municipio son las pinturas rupestres de los cerros del Fraile y del Papagayo.

DOCTOR MORA ◆ Municipio de Guanajuato, situado en el noreste de la entidad, cerca de los límites con San Luis Potosí y Querétaro. Superficie: 290.9 km². Habitantes: 18,660, de los cuales 3,904 forman la población económicamente activa. En la cabecera, Villa Doctor Mora, la festividad religiosa más importante ocurre durante la Semana Santa y las fechas cívicas más celebradas son el 15 y el 16 de septiembre, cuando se conmemora la independencia.

Ruinas de la hacienda de Albercones en Doctor Arroyo, Nuevo León

Portón de la Presidencia Municipal de Doctor González, Nuevo León

DOGER GUERRERO, ENRIQUE ◆ n. en Puebla, Pue. (1957). Médico cirujano y partero (1980) y maestro en ciencias fisiológicas (1989) por la Universidad Autónoma de Puebla, con especialidad en planeación y administración de la educación superior por el INAP. En la Universidad Autónoma de Puebla ha sido investigador desde 1983, secretario académico de la maestría en ciencias fisiológicas (1989-90), coordinador del Departamento de Ciencias Fisiológicas (1990), secretario de Investigación y Asuntos de Posgrado (1990-91), vicerrector de Investigación y Estudios de Posgrado (1991-97) y rector para el periodo 1997-2001.

DOHENY, EDWARD L. ◆ n. y m. en EUA (1865-1935). Vino a México a trabajar en las obras del Ferrocarril Central. Hacia 1900 descubrió los yacimientos petroleros de la Faja de Oro y amasó una gran fortuna. Fundó la Huasteca Petroleum Company y otras empresas. Financió la contrarrevolución y se caracterizó por el trato despótico que daba a los mexicanos. Durante el porfiriato y aun después no pagó impuestos por sus cuantiosas exportaciones de petróleo.

DOLORES ◆ Panteón del Distrito Federal creado en 1879 por Juan Manuel Benfield. En 1880 el gobierno adquirió el cementerio donde en 1876 se había inaugurado oficialmente la Rotonda de los Hombres Ilustres. En 1999 el panteón aún se hallaba en servicio.

DOLORES, CUMBRES DE ◆ Sierra de Guerrero que forma parte del macizo principal de la sierra Madre del Sur. Se halla al sur de la sierra de la Cuchilla y al norte y noroeste de las Cumbres de la Tentación. Limita al oeste y suroeste con el océano Pacífico, donde forma algunas bahías como la de Zihuatanejo. Su mayor altura es el cerro de Chotla, con 2,468 metros sobre el nivel del mar.

DOLORES HIDALGO ◆ Municipio de Guanajuato situado en el centro-norte de la entidad, contiguo a la capital del estado. Superficie: 1,590 km². Habitantes: 118,972, de los cuales 24,511 forman la población económicamente activa. Hablan alguna lengua indígena 67 personas mayores de cinco años (mazahua 30). La cabecera es Villa Dolores Hidalgo. En la época prehispánica era conocida como Cocomacan, "lugar de tórtolas", y desde 1643 se le impuso el nombre de Congregación de Nuestra Señora de Dolores. En 1863 se elevó la población a la categoría de ciudad por decreto del presidente Benito Juárez, quien le llamó Dolores Hidalgo en honor de Miguel Hidalgo y Costilla, quien iniciara el movimiento de independencia en el atrio de la parroquia local. Esta iglesia, construida en 1712, así como la casa de Hidalgo, constituyen los principales atractivos turísticos. La fiesta más importante es la conmemoración de la independencia. Uno de cada seis años asiste el presidente de la República a encabezar la ceremonia del Grito.

DOLUJANOFF, EMMA ◆ n. en la ciudad de México (1922). Estudió medicina en la UNAM y se especializó en neurología y psiquiatría. Colaboradora de *Novedades*, *El Universal* y *Página Médica*. Coautora de *Los narradores ante el público* (1967). Autora de la novela *Adiós Job* (1977); los relatos *Las muñecas* (1957), *Cuentos del desierto* (1959) y *La calle del fuego* (1966). Becaria del Centro Mexicano de Escritores (1957-58 y 1958-59).

DOMECQ, BRIANDA ◆ n. en Nueva York, EUA (1942). Llegó a México en 1951. Es licenciada en letras hispánicas

Retablo del crucero de la parroquia de Nuesta Señora de los Dolores en Dolores de Hidalgo, Guanajuato

por la UNAM y doctora por El Colegio de México. Ha colaborado en las revistas *El Cuento*, *Punto de Partida*, *Revista de la Universidad*, *La Palabra y el Hombre* y *Revista de Bellas Artes*, así como en los diarios *Excélsior* y *El Universal*. Autora de las novelas *Once días y algo más* (1979; referente al secuestro del que fue víctima en octubre de 1978) y *La insólita historia de la Santa de Cabora* (1990); del volumen de cuentos *Bestiario doméstico* (1982) y de los ensayos *Voces y rostros del Bravo* (1982), *Acechando al unicornio. La virginidad en la literatura mexicana* (1988) y *Mujer que publica, mujer pública* (1994).

DOMECQ, PEDRO ◆ n. en España y m. en EUA (1903-1983). Vitivinicultor. En 1949 llegó a México y un lustro después fundó la firma que lleva su nombre, similar a la de España pero independiente de ella pese a los nexos familiares. Promovió la apertura de grandes extensiones semiáridas, antes improductivas, al cultivo de la vid. Creó la Fundación Cultural Domecq que tiene su sede en Coyoacán.

Brianda Domecq

DOMENCHINA, JUAN JOSÉ ◆ n. en España y m. en el DF (1898-1959). Poeta. Miembro de la generación española del 27. Estudió letras en la Universidad de Madrid. Colaboró con su nombre y bajo el pseudónimo de Gerardo Rivera en publicaciones peninsulares como *El Sol* y la *Revista de Occidente*. Durante la guerra civil española militó en el bando republicano. Fue secretario de Manuel Azaña y director de Propaganda en Valencia. Llegó a México en 1939, luego de la derrota de la República. Fue profesor de la Casa de España y de El Colegio de México. Crítico literario en *Hoy, Mañana, Tiempo, Romance* y otras revistas. Traductor de Henri Pirenne y Rainer María Rilke. Durante su residencia en México publicó *Poesías escogidas 1915-1939* (1940), *Antología de la poesía española contemporánea* (1941), *Destierro* (1942), *Tercera elegía jubilar* (1944), *Pasión de sombra* (1944) *Tres elegías jubilares* (1946), *Exul umbra* (1948), *Perpetuo arraigo* (1949) y *El extrañado 1948-57* (1958). *Poemas y fragmentos inéditos 1944-1959* apareció póstumamente (1964).

DOMENE BERLANGA, JUAN JOSÉ ◆ n. en Monterrey, NL (1945). Licenciado en economía por el Instituto Tecnológico de Estudios Superiores de Monterrey (1965-69), posgraduado en finanzas en Michigan y Dallas (1970-72). Es miembro del PRI desde 1976. Ha sido subdirector de Planeación y Coordinación Presupuestal (1975) y secretario particular del secretario de Hacienda (1977); gerente de promoción de la Presidencia de la República (1978), subdirector de finanzas de Pemex (1982), director general de Fomento Industrial Somex (1983-86) y director adjunto de Crédito y Financiamiento Industrial de Nacional Financiera (1988-).

DOMENE VÁZQUEZ, JESÚS FRANCISCO ◆ n. en San Pedro de las Colonias, Coah. (1925). Licenciado en estudios orientales por la Universidad Fu Jen, de Taiwán (1947-49), donde fue profesor (1963-69). Licenciado en filosofía (1949-53) y maestro en filosofía y sinología por la Universidad Ateneo de Filipinas (1956-60), en la que ejerció la

Hugo Domenzáin Guzmán

Alberto Domingo

docencia (1954-55), y doctor en filosofía y sinología por la Universidad de Roma (1960-63). Ha sido consejero en la embajada mexicana en Pekín (1972-78), ministro en Corea (1978-79), la URSS (1979-82) y China (1982-85), y embajador en Australia, Fiji y Nueva Zelanda (1985-89) y en Indonesia (1990-). Autor de *Perssonality in the writings of Confucius* (1960) y *Comportamiento humano* (1966).

DOMENZÁIN GUZMÁN, HUGO ◆ n. en el DF (1933). Médico cirujano ortopedista titulado en la UNAM (1951-56), especializado en cirgujía ortopédica por The Barbeton Citizens Hospital, EUA (1957-60). Profesor de la UNAM (1963-84). Ingresó al PRI en 1963. Ha sido jefe del servicio de ortopedia del Hospital Infantil Inguarán (1964-70), director del Hospital Regional de Topilejo (1970-72), director del Hospital de Urgencias Coyoacán Xoco (1973-78), secretario general del Sindicato de Trabajadores del ISSSTE (1978-81), diputado federal (1979-82), presidente de la Comisión de Salud (1980-82) y secretario del comité ejecutivo nacional de CNOP (1986-), senador de la República (1988-) y secretario general de la FSTSE (1989-). Pertenece a la Asociación Nacional de Traumatología.

DOMINGO, ALBERTO ◆ n. en el DF (1926). Periodista. Hizo estudios de medicina y antropología. Se inició en *La Prensa* como aprendiz y ahí mismo empezó a cubrir las fuentes policiacas. Fue cantinero en la casa de Graciela Olmos, la *Bandida*. Pasó al diario *Zócalo* y luego a *Mañana, Revista de América, Cinema Reporter* y *Zas*. En 1959 fue herido en Sonora por denunciar la existencia de latifundios en poder de la familia de un caudillo de la revolución. En el mismo año, por informar con veracidad sobre el movimiento ferrocarrilero, fue vetado en algunas publicaciones y se vio obligado a dejar *Impacto*. Se integró plenamente al semanario *Siempre!* donde colaboraba desde 1954 y José Pagés Llergo le había quitado el apellido Gutiérrez. Ahí publicó durante más de 20 años la sección *La Vida Airada*, misma que dejó en los setenta para

Plácido Domingo

crear *Águila o Sol*. En los años sesenta colaboró en *Política* y fue de los pocos periodistas que se manifestaron en favor de los movimientos juveniles. Condenó la represión y defendió a los presos políticos. Escribió para la prensa comunista hasta la década de los setenta. Fue colaborador de planta del programa de televisión *Para Gente Grande* (1980-90). Premio de la Asociación Mexicana de Periodismo (1959), Premio del Certamen Nacional del Club de Periodistas (1977 y 1978) y Premio Nacional de Periodismo (1987).

DOMINGO, PLÁCIDO ◆ n. en España y m. en Naucalpan, Estado de Méx. (1907-1987). Cantante. Su segundo apellido era Ferrer. En 1946 vino por primera vez a México con el grupo de Federico M. Torroba y después, formó una compañía propia con su esposa Pepita Embil. Difundió la zarzuela en varios países latinoamericanos. Se le llegó a considerar el mejor cantante del género ligero. En 1948 estableció su residencia definitiva en México. Se retiró de los escenarios en 1960.

DOMINGO, PLÁCIDO ◆ n. en España (1941). Hijo del anterior. Tenor. En 1949 fue traído a la ciudad de México por sus padres, el barítono Plácido Domingo y la soprano Pepita Embil. Aquí inició sus estudios musicales con un maestro particular y después en el Conservatorio Nacional de Música. Inició su carrera profesional como barítono en 1956, en la zarzuela *Gigantes y cabezudos*. Intervino con papeles secundarios en obras musicales de teatro e hizo arreglos para César Costa y Enrique Guzmán. Perteneció a la Ópera Nacional de Bellas Artes (1959-61), en la que interpretó solamente papeles de tenor. En 1961 se presentó en Estados Unidos. Formó parte de la Ópera Nacional de Israel (1962-65) y de la New York City Opera (1965-). Ha grabado decenas de discos, algunos con música popular mexicana, y ha sido protagonista de películas como *Carmen* y *Otelo*. Después del terremoto que sacudió a la capital mexicana en septiembre de 1985, en el que perdió a cuatro familiares, a lo largo de muchos días ayudó a coordinar las labores de rescate de los atrapados y dedicó todo un año de su vida profesional a presentaciones benéficas, con el fin de reunir fondos para ayudar a los damnificados. El gobierno le otorgó en septiembre de 1986 la Medalla de Reconocimiento Internacional 19 de Septiembre y le impuso la Órden del Águila Azteca. Autor de *Mis primeros cuarenta años* (1983). Premio Príncipe de Asturias (1991).

DOMINGO ARENAS ◆ Municipio de Puebla, situado al oeste de la capital de la entidad y totalmente rodeado por el territorio de Huejotzingo. Superficie: 10.22 km². Habitantes: 5,011, de los cuales 1,086 forman la población económicamente activa. Hablan alguna lengua indígena 316 personas mayores de cinco años (náhuatl 314). Tomó el nombre del guerrillero tlaxcalteca que combatió en la revolución.

DOMINGO ARENAS ◆ ☞ *Muñoz de Domingo Arenas*, municipio de Tlaxcala.

DOMINGO ARGÜELLES, JUAN ◆ n. en Chetumal, QR (1958). Poeta y crítico literario. Licenciado en letras hispánicas por la UNAM. Coordinó el programa editorial del gobierno de Tabasco y ha trabajado en la Dirección General de Publicaciones del CNCA. Fue reportero del periódico *El Día* y el editor de *Tierra Adentro*. Ha colaborado en las principales revistas y suplementos literarios.

Autor de antología: *Quintana Roo, una literatura sin pasado* (1991), *El fin de la nostalgia, nueva crónica de la ciudad de México* (con Jaime Valverde, 1992) y *Los libros y los lectores en la voz de los poetas* (1993); narrativa: *Cruz y ficciones* (1992), y poesía: *Esto no es todo* (mención honorífica del Premio de Poesía Raúl Garduño 1981), *De donde no seremos nunca* (1982), *Poemas de invierno sobre los huesos de un poeta* (1982), *Yo no creo en la muerte* (1982), *Merecimiento del alba* (1986), *Los desenamorados* (1987), *Como el mar que regresa* (1990), *Canciones de la luz y la tiniebla* (1991), *Agua bajo los puentes* (1992) y *A la salud de los enfermos* (1995). Ha ganado los premios de los Juegos Florales de los 450 años de Oaxaca (1982), de Poesía Ciudad del Carmen (1986), Efraín Huerta, de Tampico (1987), Nacional de Poesía Gilberto Owen, de Sinaloa (1992) y de Poesía Aguascalientes (1995).

DOMÍNGUEZ, ALBERTO ◆ n. en San Cristóbal de Las Casas, Chis., y m. en el DF (1921-1975). Compositor. Dominaba varios instrumentos. Formó una orquesta en Nueva York y fue pianista de Xavier Cugat. Hizo la música de un centenar de películas. Autor de *Miénteme, Sin saber por qué, Destino, Al son de la marimba, Cadenas malditas, Frenesí, Perfidia, Hilos de plata, Mala noche*, etcétera.

DOMÍNGUEZ, ARMANDO *CHAMACO* ◆ n. en San Cristóbal de Las Casas, Chis., y m. en el DF (1927-1985). Hizo estudios de ingeniería que abandonó para dedicarse a la música. Formó parte de la Lira de San Cristóbal en la segunda época de este conjunto. Posteriormente fundó su propia orquesta y difundió las composiciones de su hermano Alberto.

DOMÍNGUEZ, BELISARIO ◆ n. en Comitán, Chis., y m. en la Cd. de México (1863-1913). Su apellido materno era Palencia. Médico cirujano y oculista por la Universidad de París (1890). En 1903 publicó *Chiapas*, texto en el que denunciaba la miseria de ese estado. Al año siguiente publica en Comitán el periódico literario *El Vate*, del que aparecen cuatro números. En 1905 entró en conflicto con el gobernador de la en-

tidad, Rafael Pimentel. El problema no trasciende porque en esos días se produjo el cambio de poderes en el estado. En 1911 fue elegido presidente municipal de Comitán y senador suplente por Chiapas. Defendió con éxito la permanencia de los poderes estatales en Tuxtla contra quienes querían trasladarlos a San Cristóbal. Al morir el senador propietario ocupó un escaño en el Congreso. Ante el cuartelazo de Victoriano Huerta, intentó pronunciar un discurso de condena en el Senado, lo que fue impedido por el presidente de esa cámara. Domínguez hizo imprimir y publicar su texto, en el que llamaba a Huerta asesino y traidor y pedía a los mexicanos su derrocamiento. El dictador, como respuesta, ordenó su asesinato, el que ocurrió en Coyoacán el 7 de octubre. El 24 de junio de 1952, el Senado de la República instituyó la Medalla Belisario Domínguez para otorgarla cada 7 de octubre a un mexicano distinguido. El decreto respectivo fue publicado en el *Diario Oficial* el 28 de enero de 1953.

DOMÍNGUEZ, BENJAMÍN ◆ n. en Jiménez, Chih. (1942). Pintor. Estudió en la Academia de San Carlos (1962-68).

Belisario Domínguez

Obra de Benjamín Domínguez

Ha sido profesor de arte, pintura y grabado (1970-88) en México, Chihuahua y La Paz. Durante diez años se dedicó al grabado. En 1970 ingresó en el equipo de museografía del Museo del Virreinato, en Tepotzotlán. Fue diseñador de ropa y joyería, instaló un taller de teñido de telas y otro de serigrafía; dio clases de arte para niños en el Museo Nacional de Antropología e Historia. Ha expuesto individual o colectivamente en varias ciudades de México, Uruguay, EUA y Suiza. Ha participado en la Cabalgata de Arte Mexicano (1963) y en las bienales de grabado de Córdoba (Argentina) y La Habana. Primer lugar de grabado en la Academia de San Carlos (1963), primer lugar de grabado en la UAG (1963), segundo lugar de pintura en el Injuve (1967), primer lugar de pintura Friends of Acapulco Art (1983), premio Tomás Valles en el área de Bellas Artes (Chihuahua, 1986). Nombrado Hijo Predilecto de Jiménez, una calle de esa ciudad lleva su nombre.

DOMÍNGUEZ, COLUMBA ◆ n. en Guaymas, Son. (1929). Actriz de cine.

Columba Domínguez

Trabajó en *Río escondido, Pueblerina, La bien amada, esposas infieles, El tejedor de milagros, Ladrón de cadáveres, La virtud desnuda, Ánimas Trujano, La fuerza de los humildes* y varias más. Fue dirigida en sus mayores éxitos por Emilio *Indio* Fernández. En Italia filmó *La hiedra*. Obtuvo el Ariel por coactuación femenina en *Maclovia* (1949).

DOMÍNGUEZ, EDMUNDO ◆ n. en España y m. en Guadalajara, Jal. (1899-1976). Fue vicepresidente de la Unión General de Trabajadores y comisario del ejército de la República Española. Al término de la guerra civil vino a México (1939). Aquí publicó *Los vencedores de Negrín* (1940) y *Mosaico* (1964).

DOMÍNGUEZ, JOSÉ AGUSTÍN ◆ n. en Zaachila y m. en Oaxaca, Oax. (¿1806?-1869). Obispo de Oaxaca (1854-1869). Santa Anna lo condecoró con la Orden de Guadalupe y lo designó consejero honorario de Estado.

DOMÍNGUEZ, JOSÉ PANTALEÓN ◆ n. y m. en Comitán, Chis. (1821-1894). Político y militar liberal. Combatió a los conservadores durante las guerras de Reforma. Luchó contra la intervención francesa y el imperio. Gobernador de Chiapas (1863-1875). Durante su gestión reprimió el movimiento chamula conocido como la guerra de castas de Chiapas. Fue depuesto por el Congreso local.

DOMÍNGUEZ, LEANDRO ◆ n. y m. en Campeche, Camp. (¿1825?-1868). Combatió a los invasores estadounidenses en Veracruz (1847). Fue de los que pugnaron por la creación del estado de Campeche. En 1864 combatió la intervención francesa y el imperio, por lo que en 1866 fue desterrado a La Habana. En 1867 se reincorporó a las filas republicanas.

DOMÍNGUEZ, MANUEL ◆ n. en Querétaro, Qro., y m. en la Cd. de México (1830-1910). Médico por la Escuela Nacional (1954), de la que fue director. Presidió la Academia Nacional de Medicina (1887). Fue también diputado, senador y gobernador del DF.

DOMÍNGUEZ, MIGUEL ◆ n. y m. en la Cd. de México (1756-1830). Abogado por la Real y Pontificia Universidad de México. Miembro del Colegio de Abo-

Miguel Domínguez

gados desde 1785. Corregidor de Querétaro a partir de 1802. En 1805 fue cesado temporalmente a causa de sus diferencias con el virrey Iturrigaray sobre la confiscación de los fondos de obras pías. La Corte lo reinstaló en el cargo. En 1808 simpatizó con la causa autonomista. En su casa se efectuaron presuntas tertulias literarias, en el curso de las cuales se discutía sobre la independencia de México. A las reuniones, en las que fungía como anfitriona la esposa del corregidor, Josefa Ortiz de Domínguez, asistían Hidalgo, Allende, Aldama y otros personajes que encabezarían el movimiento insurgente. Cuando se descubrió que tales tertulias formaban parte de una conspiración, aparentó estar al margen del asunto y él mismo encabezó la pesquisa sobre el asunto. Pese a lo anterior fue detenido y casi de inmediato puesto en libertad. Permaneció en su puesto hasta 1813, cuando fue destituido por el virrey Calleja y detenida su esposa, a la que él mismo defendió en la ciudad de México, donde se le siguió pagando el sueldo de corregidor hasta 1820. En 1823 formó parte del Poder Ejecutivo y en 1824 fue elegido presidente de la Suprema Corte de Justicia, cargo en el que se mantuvo hasta su muerte.

DOMÍNGUEZ, NORBERTO ◆ n. en Parral, Chih., y m. en el DF (1867-1931). Ingeniero por la Escuela de Minas de la ciudad de México. Fue director general de Correos y secretario de Comunicaciones y Obras Públicas de Porfirio Díaz (marzo-mayo de 1911). Diputado federal en 1920. Fundador y director de la Cámara Nacional de Minería. Fue catedrático en instituciones de enseñanza media y superior. Autor de *Estudios fiscales sobre el presupuesto de egresos*.

DOMÍNGUEZ, ORALIA ◆ n. en San Luis Potosí (1922). Mezzosoprano. Estudió en el Conservatorio Nacional de Música. Se inició profesionalmente en el Coro de la Ópera Nacional y muy pronto hizo papeles de solista. En 1953 fue a Europa y después de presentarse en varios países se quedó en Milán, Italia, donde actuaba en el teatro de la Scala. Ha venido a México en varias ocasiones, en las cuales se ha presentado en Bellas Artes.

DOMÍNGUEZ AGUIRRE, ERNESTO ◆ n. en Ixmiquilpan, Hgo., y m. en el DF (1897-1969). Meteorólogo. Estudió en la UNAM y asistió a un curso de posgrado en Washington, EUA. Fundó el Centro de Previsión del Golfo en Veracruz (1923) y la Facultad de Ingeniería de la Universidad Veracruzana, de la que fue primer director. Autor de *Meteorología náutica*.

DOMÍNGUEZ Y AMESCUA, VIRGILIO ◆ n. y m. en el DF (1905-1985). Licenciado en derecho por la UNAM (1933). Se especializó en derecho de amparo. Ejerció el magisterio en la propia Universidad Nacional y en otras instituciones. Presidente de la Barra Mexicana-Colegio de Abogados (1961-63) y presidente honorario vitalicio de la misma.

DOMÍNGUEZ ARAGONÉS, EDMUNDO ◆ n. en España (1938). Periodista y escritor. Fue traído a México al término de la guerra civil española. Adoptó la nacionalidad mexicana en 1958. Estudió filosofía y letras en la Universidad de Guadalajara. Dirigió el suplemento cultural de *La Opinión* (1961), fundó el diario *La Calle* y fue jefe de redacción de las revistas *IPN* y *Solidaridad*, subdirector de *El Gallo Ilustrado*, suplemento de *El Día*, director editorial de *El Sol de México* y director general de la Organización Editorial Mexicana. Ha sido director de Comunicación Social del Departamento de Pesca (1980-82) y sub-

director de supervisión de la Dirección de Análisis de la Dirección General de Radio, Televisión y Cinematografía de la Secretaría de Gobernación. Colaborador de revistas, suplementos literarios y de los diarios *El Occidental* y *El Informador* de Guadalajara, y *El Universal* y *Excélsior* de la ciudad de México. Participó como actor en las películas *Calzonzin inspector*, *Morir a sangre fría*, *El recurso del método*, *La mujer perfecta* y *La viuda de Montiel*. Es comentarista de radio y televisión. Coautor, con María Luisa Mendoza, de *Dos palabras, dos* (1972) y, *Allende el Bravo* (1973). Autor de *Ondas y vuelo* (poesía, 1966), *Vietnam, crimen del imperialismo* (crónica, 1968), *Argón 18 inicia* (novela, 1971), *Crónica de una asamblea* (1972), *Donde el agua es blanca como el gis* (1973), *Qué piensan los dirigentes políticos mexicanos* (entrevistas, 1975), *El ladrido del cuervo* (novela, 1976), *Tres extraordinarios* (entrevistas, 1980), *La fiera de piel pintada* (Premio de Novela Policial Plaza y Janés 1986), *Todos los años un mes* (novela, 1986), *Contra mitos del mexicano* (ensayo, 1986) y *La vida no acaba en marzo* (teatro, 1991).

DOMÍNGUEZ BORRÁS, ABEL ◆ n. en San Cristóbal de Las Casas, Chis., y m. en el DF (1902-1987). Músico. Estudió en el Conservatorio Nacional. Dominaba varios instrumentos. En 1928 formó con sus hermanos Francisco, Ernesto y Gustavo el conjunto la Lira de San Cristóbal, que se presentó desde 1930 en la radiodifusora XEW y en escenarios de México y del extranjero. Es compositor de las canciones *Tu imagen*, *Hay que saber perder*, *Es por tí* y muchas más. La melodía *Mi tormento* fue interpretada en la película *Hombres de presa*, que protagonizó John Wayne.

DOMÍNGUEZ COTA, JUAN ◆ n. en La Purísima, BC (1888-?). Minero. Tomó parte en la huelga de Cananea en 1906. Participó en la revolución. Durante la presidencia de Madero luchó contra el orozquismo. Al producirse el golpe de Estado de Victoriano Huerta se unió al constitucionalismo. Carrancista durante la lucha de facciones. Se adhirió al Plan de Agua Prieta en 1920. Se opuso a la

rebelión delahuertista en 1923-24; aprehendió al general Serrano en 1927 y estando en su poder fue fusilado con sus compañeros; combatió a los cristeros en 1928 y a los escobaristas al año siguiente. General de división en 1929. Fue gobernador de Baja California Sur (1932-38).

DOMÍNGUEZ MANZO, JOSÉ ◆ n. en la Cd. de México y m. en EUA (1784-1834). Abogado por el Colegio de San Nicolás de Valladolid. En 1821 se adhirió al Plan de Iguala y fue secretario de Iturbide. Ministro de Justicia y Negocios Eclesiásticos durante la regencia y el primer imperio. Guadalupe Victoria lo nombró ministro plenipotenciario ante el Congreso de Anfictionía celebrado en Panamá. Fue desterrado en 1833.

DOMÍNGUEZ MICHAEL, CHRISTOPHER ◆ n. en el DF (1962). Escritor. Estudió sociología en la UAM-X (1980-84). Fue dirigente de la comisión nacional juvenil del PCM (1977-80). Ha escrito en *El Machete*, *Cultura y Política*, *La Gaceta del FCE*, *Nexos*, *Territorios*, *unomásuno*, *La Jornada*, *La Cultura en México*, *Vuelta* y otras publicaciones. Fue crítico literario de *Proceso*, editor y jefe de redacción de *El Buscón* (1983), redactor del Fondo de Cultura Económica, miembro del Consejo de Redacción de las revistas *Vuelta* (1989-1998) y *Letras Libres* (1999-), jefe del Departamento Editorial de Difusión Cultural de la UAM y encargado de la revista *Casa del Tiempo* (1984-85); jefe de redacción de *La Orquesta* (1986-) y consejero editorial del suplemento *El Ángel* del periódico *Reforma* (1993-) y de la revista *Letras Libres* (1999-). Autor de una *Antología de la narrativa mexicana del siglo XX* (2 t., 1989), de la *Literatura mexicana del siglo XX* (en coautoría con José Luis Martínez, 1995), de *José Vasconcelos. Obra selecta* (1992) y de los libros de ensayo *Jorge Cuesta y el demonio de la política* (1987), *La utopía de la hospitalidad* (1993), *Tiros en el concierto, Literatura mexicana del siglo XX* (1997) y *Servidumbre y grandeza de la vida literaria* (1998); y de la novela: *William Pescador* (1997). Becario del INBA en crítica literaria (1984-86) y del Fonca

(1991-92). Desde 1993 pertenece al SNCA.

DOMÍNGUEZ MURO, ALFREDO ◆ n. en el DF (1952). Ingeniero mecánico por la Universidad Iberoamericana. Fue campeón nacional de motonáutica durante siete años. En 1975 se inició en el periodismo en la revista *Automundo* y en la sección de deportes del diario *El Heraldo*. Poco después se incorporó como comentarista a la televisión estatal, donde participó en programas como *DeporTV* y los noticiarios *Desde Temprano* y *Día a Día*. Trabajó en la empresa Multivisión y desde 1995 es director de deportes y conductor de Televisa. Colabora en el diario *Reforma*.

DOMÍNGUEZ PORTAS, ALFREDO ◆ n. en Mérida, Yuc., y m. en el DF (1892-1937). Músico. Estudió en Mérida y en la capital del país. Fue profesor del Conservatorio Nacional y crítico musical de *Excélsior* y otras publicaciones capitalinas. Fundó *Ariel*, órgano del Ateneo Musical Mexicano. Compuso preludios, obras para piano y piezas cortas.

DOMÍNGUEZ Y SALDÍVAR, JOSÉ DEL CARMEN PEPE ◆ n. en Dzidzantún, Yuc., y m. en Cuba (¿1905?-1950). Músico. Trabajó como maestro rural en Yucatán. Formó el Quinteto Mérida (1926) con el cual se presentó en diversas ciudades de la República y en el extranjero. Creó también la Orquesta Típica de Yucaltepén que ofreció un recital en Bellas Artes (1944). Autor de canciones populares: *El pájaro azul, Linda muñequita, El día que me quieras*, etcétera.

DOMÍNGUEZ Y SUÁREZ, LUIS FELIPE ? n. en Balancán, Tab., y m. en Jalapa, Ver. (?-1930). Primo de José María Pino Suárez. Participó en la insurrección maderista y obtuvo el grado de coronel. Llegó a general durante la lucha contra Victoriano Huerta. Fue gobernador de Tabasco (septiembre de 1914).

DOMÍNGUEZ TORIX, JOSÉ LUIS ◆ n. en la Cd. de México (1925). Médico cirujano titulado en la UNAM (1943-48) posgraduado en el Instituto Nacional de Nutrición (1950-53). Profesor de la UNAM (1976-). Es director general del Centro Nacional de Transfusión Sanguínea de la Secretaría de Salud desde 1982. Per-

tenece a la Asociación Mexicana de Patología Clínica y al Grupo Cooperativo Latinoamericano de Hemostasis.

DOMÍNGUEZ VARGAS, SERGIO ◆ n. en Puebla, Pue. (1929). Licenciado (1946-51) y doctor en derecho por la UNAM (1958-63), donde ha sido profesor desde 1954, director de Intercambio Académico (1966-67), de Servicios Escolares (1967-69), de Incorporación y Revalidación de Estudios (1969-70) y secretario general de la institución (1973-77). Desde 1950 es miembro del PRI, del que fue representante ante la Comisión Federal Electoral (1964). Fue director general de Servicios Administrativos del DDF (1970-73) y director general de Incorporación y Revalidación de la SEP (1982-). Autor de *Teoría económica* (1960). Presidente de la Sección Mexicana de la Comisión Internacional de Juristas.

DOMINICA, COMUNIDAD DE ◆ Estado del Caribe que ocupa la mayor de las islas de Barlovento, en el extremo este del archipiélago de las Antillas. Superficie: 751 km². Habitantes: 71,000 en 1998. La capital es Roseau (15,853 habitantes en 1991). La católica romana es la religión mayoritaria. El inglés es la lengua oficial y se habla un idioma con elementos del francés y de dialectos africanos. Cristóbal Colón llegó a la isla

el 3 de noviembre de 1493. Los españoles no la habitaron y en 1627 la ocuparon los británicos, quienes tampoco le dieron importancia, lo que facilitó el asentamiento de colonos franceses. Éstos llevaron esclavos africanos y vivieron en permanente pugna con los ingleses hasta la firma de un tratado por medio del cual los gobiernos de Londres y París renunciaban a su posesión (1660). Pese a ello los franceses fueron el núcleo más influyente hasta 1759, cuando la armada británica desembarcó tropas. En 1778 Francia recuperó su posesión, para perderla nuevamente en 1805 a manos de los ingleses. Durante más de un siglo formó parte de la colonia de Sotavento, hasta 1840 en que fue adscrita a la de Barlovento. En 1958 Dominica se incorpora a la Federación de las Indias Occidentales, protectorado británico, y en 1967 se convierte en Estado asociado del Reino Unido. Fracasada y disuelta la Federación en 1975, Londres concede en 1978 la independencia y se instaura la República. En 1980 Mary Eugenia Charles, del conservador Partido de la Libertad, desplaza del poder al laborista Oliver Seraphine y se convierte en primera ministra, con lo que es la primera mujer en ocupar la jefatura de un gobierno antillano. En 1983, de acuerdo con Estados Unidos, promueve

El mar antillano rodea las islas de Comunidad de Dominica

la invasión de Granada. México y Dominica mantienen relaciones diplomáticas.

DOMINICANA, REPÚBLICA ◆ Estado latinoamericano que comparte con Haití el territorio de la isla La Española, la más grande de las Antillas Mayores después de Cuba. Superficie: 48,671 km². Habitantes: 8,232,000 (1998). La capital es Santo Domingo (2,138, 262 habitantes en 1993), llamada Ciudad Trujillo durante la dictadura de Rafael Leónidas Trujillo. Otras ciudades importantes son Santiago de los Caballeros y La Vega. El idioma oficial es el español y la religión mayoritaria el catolicismo romano. La moneda es el peso dominicano. *Historia*: Cristóbal Colón llegó el 5 de diciembre de 1492 a la isla, llamada Quisqueya por sus habitantes (taínos, caribes, lucayos y ciguayos), que de varios cientos de miles que eran al arribo de los europeos se redujeron a sólo 10,000 por las matanzas, la sobrexplotación y las crueldades de los conquistadores, lo que motivó la petición de fray Bartolomé de Las Casas para que se importaran esclavos africanos destinados a ejecutar los trabajos pesados. En 1504 El Vaticano instituye ahí el primer obispado de América y el gobierno español crea en 1511 la primera audiencia del hemisferio occidental. En 1538 se funda la Universidad de Santo Tomás de Aquino, que se disputa con la de San Marcos de Lima ser la más antigua del continente. Desde fines del siglo XVI hasta 1697 las ciudades dominicanas son asediadas por los piratas ingleses y franceses que se apoderan de la isla de la Tortuga y ocupan algunas zonas del territorio occidental. En 1697 España cedió a Francia la parte occidental y en 1777 la totalidad de la isla. En 1804 Haití se independiza y cinco años después España recupera la porción oriental. En 1805 el dominicano Jacobo de Villaurrutia funda el primer cotidiano de Nueva España, el *Diario de México*. Villaurrutia tendría una participación destacada en el intento autonomista mexicano que encabezó Primo de Verdad y Ramos en 1808, lo que dio pretexto a las autoridades coloniales para deste-

rrarlo. En 1821 José Núñez de Cáceres proclama la independencia del oriente de la isla, llamado entonces el Haití Español, lo que motiva la intervención del otro Haití, república gobernada por afroamericanos que se posesiona de la totalidad de la isla. Núñez de Cáceres, quien también luchó por la independencia de Puerto Rico, pasó a Venezuela y luego vino a refugiarse en México. Establecido en Ciudad Victoria, fue fiscal del Tribunal Superior de Justicia y de Hacienda. En 1833 el Congreso de Tamaulipas lo declaró Ciudadano Benemérito. La República Dominicana se instauró en 1844, al triunfar la insurrección encabezada por Juan Pablo Duarte. En 1861 el presidente Pedro Santana anexiona la Dominicana a España, pero dos años después estalla una rebelión de los mulatos y tras dos años de lucha se restablece la independencia. En 1869 otro presidente, Buenaventura Báez, pretende reducir al país a la condición de colonia, esta vez de Estados Unidos. El intento fracasa. México y la República Dominicana firman un tratado de amistad en 1892. En 1905 Washington envía tropas a ocupar las aduanas y dos años después impone al país un tratado que le da derecho a intervenir. A México, en los últimos años del porfiriato, llegan los dominicanos Pedro y Max Henríquez Ureña, quienes con Alfonso Reyes, José Vasconcelos, Antonio Caso y otro jóvenes de entonces fundan el Ateneo de la Juventud. El primero colaboró en *Savia Moderna*, origen del grupo ateneísta, y ambos dejaron una huella profunda en la intelectualidad mexicana, a la que de alguna manera orientaron durante su estadía en el país y aun después, mediante su obra en la que hay abundantes referencias a México y sus escritores. En los años veinte llegó a México Manuel Cestero quien colaboró en *Falange* y fue profesor de los cursos de verano de la

Trópico de Cáncer

Ecuador

Trópico de Capricornio

90°   75°   60°   45°   30°   15°

República Dominicana

Universidad Nacional. En 1916 Estados Unidos agrede nuevamente a Dominicana e instala un gobierno militar que perdura hasta 1924, año en que retira algunas tropas y deja las necesarias para seguir controlando las aduanas, principal fuente de ingresos fiscales. En 1929 se establecen relaciones diplomáticas al más alto nivel entre México y Dominicana. En 1930 Rafael Leónidas Trujillo, jefe de la Guardia Nacional creada por Estados Unidos, da un golpe de Estado e instaura una férrea tiranía y aun se da el lujo de imponer a algunos de sus subordinados en la presidencia, la que mantiene bajo su control. Trujillo, a lo largo de tres décadas de gobierno terrorista, mandó asesinar a decenas de miles de opositores políticos y competidores empresariales; llegó a poseer 90 por ciento de la industria, una alta proporción del comercio y los servicios y casi tres cuartas partes de la tierra cultivable. Habiendo monopolizado la economía a ese extremo, resultaba un mal socio y Estados Unidos, para presionarlo, echó mano de la OEA, que en la sexta Reunión de Cancilleres resolvió el rompimiento colectivo con el gobierno de Ciudad Trujillo, nombre que puso el tirano a Santo Domingo. México acató la disposición de la OEA y suspendió relaciones en 1961. El paso siguiente correspondió a la Agencia Central de Inteligencia estadounidense, que montó la operación para matar a Trujillo, su aliado de tres décadas. En 1962 se restablecieron las relaciones entre México y la Dominicana. Liquidado el dictador se desatan las pugnas entre sus seguidores hasta que mediante un golpe de Estado se instaura un gobierno provisional que convoca a elecciones (1963). En éstas obtiene el triunfo el demócrata Juan Bosch, quien hace una visita oficial a México en 1964, año en que es derrocado por un cuartelazo, después del cual los militares imponen un triunvirato y México suspende otra vez las relaciones diplomáticas y da asilo a gran número de demócratas dominicanos. En 1965 estalla una amplia insurrección popular con el fin de que Bosch vuelva a la presidencia. Ante el avance del movimiento constitucional que encabeza el coronel Francisco B. Caamaño, nuevamente desembarcan tropas de Estados Unidos para impedir el triunfo de los insurgentes. En México decenas de miles de manifestantes marchan por la capital para expresar su condena a la agresión. Diez días después otros gobiernos controlados por Washington envían fuerzas militares para combatir al pueblo dominicano. Estados Unidos usa nuevamente a la Organización de Estados Americanos, esta vez para imponer un gobierno que convoque a elecciones y le abra el paso a la presidencia a Joaquín Balaguer, simpatizante de Washington. El gobierno de Gustavo Díaz Ordaz contribuye a la

Magda Donato

Soumaya Domit Gemayel

legitimación del orden impuesto por los ejércitos ocupantes y restablece apresuradamente las relaciones en 1966. Cuatro años después se firma un convenio de intercambio cultural entre ambas naciones. En 1980 el presidente dominicano Antonio Guzmán Fernández hace una visita oficial a México y el mandatario mexicano José López Portillo se entrevista con su homólogo Salvador Jorge Blanco en octubre de 1982.

DOMINICOS ◆ Religiosos de la orden de Predicadores fundada en 1215 por Santo Domingo de Guzmán, con base en la regla de San Agustín y algunas normas premonstratenses. El Vaticano puso en sus manos el Tribunal de la Inquisición. La orden ha dado varios papas y figuras intelectuales como Tomás de Aquino, Savonarola y Campanella. Los primeros dominicos llegaron a Nueva España en 1526. Durante la Colonia gozaron de gran influencia, pues además de manejar el Santo Oficio y dar 19 obispos novohispanos, tenían una presencia determinante en la Real y Pontificia Universidad y en la esfera del poder civil. Compitieron con los franciscanos y los jesuitas en influencia y su expansión motivó que a mediados del siglo XVII estuvieran distribuidos en cuatro provincias: Santiago de México, creada en 1532; San Vicente de Chiapas y Guatemala, en 1551; San Hipólito de Oaxaca, en 1595; y Puebla, en 1656. A esta orden perteneció el padre Las Casas.

DOMIT, ANTONIO ◆ n. en Líbano y m. en el DF (1903-1966). Llegó a México en 1930. Fundó la empresa Calzado Domit (1932) y otras productoras de insumos para la industria zapatera, en la que introdujo materiales y técnicas de avanzada. Estableció una cadena de expendios para sus productos. Presidió la Cámara Nacional de la Industria del Calzado. En Polanco, en la que fuera su residencia, su hijo Michel instaló la sede de la Fundación Cultural Antonio Domit (1986).

DOMIT GEMAYEL, SOUMAYA ◆ n. y m. en el DF (1949-1999). Hija del anterior y sobrina del ex presidente del Líbano Amín Gemayel. Creó la Asocia-

ción de Superación por México, la Fundación Telmex y la Fundación Mexicana para la Salud. Estableció en 1987 el programa Diálisis y Trasplante Renal en los rubros de infraestructura hospitalaria y de donación de órganos. Por este programa se dotó de equipo de cómputo al Registro Nacional de Trasplantes, de electroencefalograma a la Cruz Roja y de diálisis al Hospital Español Mexicano; igualmente se crearon los laboratorios de histocompatibilidad en el Hospital ABC de México, en el Centro Hospitalario de Hermosillo y en el Instituto Nacional de Pediatría, entre otros. Impulsó la creación del Premio Bienal Grupo Carso de Trasplantes de Órganos. En 1998 el Centro Mexicano de Filantropía reconoció sus esfuerzos para la creación de una cultura integral de donación de órganos, desde los legales correspondientes, hasta la infraestructura hospitalaria requerida. Impulsó la creación del museo Soumaya, el cual exhibe la colección de su esposo, Carlos Slim.

DON BULLEBULLE ◆ Periódico publicado en Mérida, Yucatán, en 1847. El ilustrador era Gabriel Vicente Gahona, caricaturista que firmaba como *Picheta* y cuya obra, aguda sátira de costumbres, dio trascendencia a esta publicación.

DON FERRUCO ◆ n. y m. ¿en el DF? (1910-1990). Titiritero llamado Gilberto Ramírez Alvarado. Fue maestro de varias generaciones de titiriteros. Su trabajo aparecía constantemente en el cine y la televisión nacionales. Publicaba el boletín bimestral *Hojas del Titiritero Independiente*. Autor de *Teatro de títeres para niños de 3 a 80 años*.

DON SIMPLICIO ◆ Semanario "burlesco, crítico y filosófico" aparecido en la capital del país entre 1845 y 1847. Era publicado "por unos simples" entre los cuales estaban Guillermo Prieto, Ignacio Ramírez y el joven Francisco Zarco. Es una publicación clásica en el género de la sátira política.

DONATO, MAGDA ◆ n. en España y m. en el DF (1902-1966). Su nombre original era Carmen Nelken Masberger. Esposa de Salvador Bartolozzi. Ejerció el periodismo en España, donde inició su carrera como actriz. Simpatizante de la causa republicana, vino a México al año siguiente del fin de la guerra civil española. Actuó en el Teatro Caracol. Participó en las películas *La liga de las muchachas, Curvas peligrosas, El amor no es negocio,* más tarde en varios programas de televisión. Tradujo, adaptó y presentó en México obras de autores extranjeros, como *Las sillas,* de Ionesco. Autora de *La estrella fantástica* (cuento infantil ilustrado por Jesús Ortiz Tajonar, 1989), *El niño del mazapán y la mariposa de cristal* (cuento infantil ilustrado por José Chávez Morado, 1990) y *Pinocho en la isla de Calandrajo. Patas arriba, patas abajo* (ilustrado por Salvador Bartolozzi, 1990). En 1960 obtuvo el premio a la mejor actriz concedido por la Agrupación de Críticos de Teatro. Por disposición testamentaria se creó el Premio Magda Donato, administrado por la Asociación Nacional de Actores y con un jurado que integran un sacerdote católico, un pastor protestante, un rabino, el presidente de la Liga Defensora de Animales y un escritor. Lo han recibido por su obra escrita, a partir de 1967, José Emilio Pacheco, Ramón Xirau, Augusto Monterroso, Luisa Josefina Hernández, María Luisa Mendoza, Angelina Muñiz, Tomás Segovia, Mada Carreño, Enrique Krauze, Jaime García Terrés, Esther Seligson, Alberto Dallal, Uwe Frish, Margo Glantz, Joaquín Armando Chacón, Miguel León Portilla, José Luis González y Gabriel Zaid. Por el programa de televisión *Encuentro* lo recibió Álvaro Gálvez y Fuentes en 1973.

DONATO GUERRA ◆ Municipio del Estado de México situado al poniente de Toluca, en los límites con Michoacán. Superficie: 301.07 km². Habitantes: 24,787, de los cuales 4,664 forman la población económicamente activa. Hablan alguna lengua indígena 4,043 personas mayores de cinco años (mazahua 4,039). Indígenas monolingües: 4,039. El municipio se llamó Asunción Malacatepec hasta 1880 cuando le agregó el nombre del prócer liberal. La cabecera se llamó Asunción Donato Guerra, hoy Villa Donato Guerra.

DONDÉ, OLGA ◆ n. en Campeche, Camp. (1937). Pintora, grabadora y escultora. Autodidacta. Ha diseñado portadas de discos, vestuario y escenografías. Fundó la galería El Taller, la Editorial Domés, el grupo Artistas de lo Insólito (1976) y el Foro de Arte Contemporáneo (1978). Expone individual y colectivamente, en México y en el extranjero, desde 1968. La casa que habita en Cuernavaca fue construida sobre un proyecto arquitectónico y escultórico de su creación. Diseñó la escenografía y el vestuario de la obra teatral *Las tandas de Tlancualejo* (1975).

DONDÉ, RAFAEL ◆ n. en Campeche, Camp., y m. en el DF (1832-1911). Abogado. Fue diputado local en Morelos e Hidalgo y federal. Estuvo con Juárez durante su presidencia itinerante. Era presidente del Senado al triunfar el alzamiento de Tuxtepec (1876). Por disposición testamentaria aportó los fondos para crear y sostener escuelas para niñas sin recursos económicos y el centro de formación obrera para varones que lleva su nombre.

DONDÉ ESCALANTE, PEDRO ◆ n. en el DF (1938). Licenciado en economía por el Instituto Tecnológico Autónomo de México (1958-62) con estudios de posgrado en Harvard (1964-66) y en el Ipade (1973-74). Ha sido subdirector del Fondo de Promoción de Infraestructura Turística (1968-72), gerente del Fondo Nacional de Turismo (1974-77), gerente del Banco de México (1977-82), subsecretario de Planeación de la Secretaría de Turismo (1982-85), y director del Fideicomiso para el Desarrollo Comercial (1985-88) y del Fondo de Equipamiento Industrial del Banco de México (1988-). Miembro del Colegio Nacional de Economistas.

DONDÉ IBARRA, JOAQUÍN ◆ n. en Campeche y m. en Mérida, Yuc. (1827-1875). Químico farmacéutico. Fundó la primera fábrica de cerillos de la península de Yucatán e introdujo innovacio-

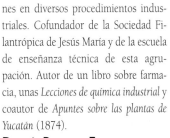

Retrato y casa de Emilio Dondé Preciat

nes en diversos procedimientos industriales. Cofundador de la Sociedad Filantrópica de Jesús María y de la escuela de enseñanza técnica de esta agrupación. Autor de un libro sobre farmacia, unas *Lecciones de química industrial* y coautor de *Apuntes sobre las plantas de Yucatán* (1874).

DONDÉ PRECIAT, EMILIO ◆ n. en Campeche, Camp., y m. en la Cd. de México (?-1905). Arquitecto. Elaboró el proyecto sobre el cual se construyó la Cámara de Diputados de Donceles y Allende, obra que dirigió en sus inicios y concluyó Mauricio de Maria y Campos en 1910. Otro proyecto suyo es el templo de San Felipe, en la avenida Madero de la capital.

DONIOL, JUAN ENRIQUE ANTONIO ◆ n. y m. en Francia (1818-1906). Elaboró un fantástico plan para "regenerar" a los indios de América. En 1867 escribió una carta a Benito Juárez para pedir su patrocinio y convertirse en "comandante" de los ejércitos de "aborígenes" que lucharían por la libertad. Autor de *Voyage Pittoresque dans la Basse Auvergne* y otros libros.

DONIZ, RAFAEL ◆ n. en el DF (1948). Fotógrafo. Se inició profesionalmente en 1971. Estudió con Manuel Álvarez Bravo (1973-76). Ha participado más de treinta exposiciones colectivas y ha montado más de 15 de muestras individuales de su trabajo. Sus obras han aparecido en la *Revista de Bellas Artes, Artes Visuales* y en la publicación inglesa

Creative Camera. Autor de los libros *Juchitán* (1983), *Sobre alguno lenguajes subterráneos* (1983), *Casa santa* (1986) y *Bonampak* (1989). Son suyas las ilustraciones de *La cocina mexicana* (1987). Tomas suyas aparecen en más de una veintena de libros de arte e historia.

DONOSO PAREJA, MIGUEL ◆ n. en Guayaquil, Ecuador (1932). Escritor. Estudió derecho en la Universidad Estatal de Guayaquil. Llegó a México en 1964, donde vivió hasta 1982. Profesor de la UNAM. Fue jefe de las secciones internacional, de espectáculos y cultural del periódico *El Día*. Ha hecho crítica literaria en diversas publicaciones. Fue jefe de producción de Editorial Extemporáneos y director de Editorial Bogavante. Coordinó talleres literarios en varias ciudades mexicanas. En el Instituto Nacional de Bellas Artes fue jefe de Promoción Literaria, coordinador nacional de talleres y director de la revista *Tierra Adentro* (1978-82). Colaboró en *Siempre!*, *Revista de la Universidad* y en el suplemento dominical del diario *Ovaciones*. Coautor, con Gustavo Sainz, de una *Antología de poesía erótica* (1972). Realizó las antologías *Prosa joven de América Hispana* (1972), *Poesía rebelde de América* (1972), *La violencia en Ecuador* (1973) y *Todo el destino a pie. Poetas latinoamericanos caídos en la lucha por la liberación nacional* (1979). Autor de *Krelko* (cuentos, 1962), *Primera canción del exiliado* (poesía, 1966), *El hombre que mataba a sus hijos* (cuentos, 1968), *Henry Black* (novela, 1969), *La hora del lobo* (crítica, 1970), *Chile: cambio de gobierno o toma del poder* (ensayo, 1972), *Día tras día* (novela, 1976), *Cantos para celebrar una muerte* (poesía, 1977), *Nunca más el mar* (novela, 1981), *Lo mismo que el olvido* (novela, 1986) y *Hoy empiezo a acordarme* (novela, 1994).

DOPORTO RAMÍREZ, HÉCTOR ◆ n. en Cd. Delicias, Chih. (1943). Licenciado en derecho por la UNAM (1962-66). Es miembro del PRI desde 1969. Ha sido jefe de la oficina administrativa de la comisión mixta de planeación del DDF (1966-67) y jefe de la Unidad Técnica de Actas y Estudios (1971-85), prose-

José Luis Dorantes Segovia

Manú Dornbierer

cretario general (1985-88) y secretario general del IMSS (1988-).

DORADOR, SILVESTRE ◆ n. en Aguascalientes, Ags., y m. en Durango, Dgo. (1870-1930). Tipógrafo. Promotor del mutualismo. Participó en la rebelión maderista. En 1912, cuando era presidente municipal de Durango, fundó una colonia obrera. Fue encarcelado al producirse el golpe de Victoriano Huerta, experiencia que narró en su libro *Mi prisión* (1916). Liberada la plaza por los revolucionarios, fue puesto en libertad y ocupó de nuevo la alcaldía. Diputado constituyente por Durango (1916-17). Volvió a ocupar la presidencia municipal de Durango y una diputación federal (1926-28).

DORANTES, PRUDENCIANO ◆ n. en Temascalcingo, Estado de México, y m. en la Cd. de México (1840-1907). Abogado por el Colegio de San Nicolás, de Morelia. Gobernador de Michoacán (1881-84). Durante ese periodo llegó a Morelia el primer ferrocarril (1883), se abrieron oficinas bancarias, fue inaugurada la calzada que cruza el lago de Cuitzeo, se pusieron en servicio los tranvías, fueron abiertos el Monte de Piedad, el Palacio de Justicia y una sección de maternidad en el Hospital de Morelia. Fue después magistrado de la Suprema Corte de Justicia.

DORANTES AGUILAR, GERARDO LUIS ◆ n. en el DF (1945). Ingeniero químico por la UNAM (1965-69), doctor en economía industrial por la Escuela Práctica de Altos Estudios de París (1970-72) y maestro en ciencias y técnicas de la comunicación por la UNAM (1979). Miembro del PRI desde 1973. En la UNAM fue coordinador del Proyecto de Nuevos Centros Universitarios (1972-73), coordinador ejecutivo del Servicio Social Integral (1973-75), director general de Actividades Socioculturales (1975-76) y secretario de la Rectoría (1979-81). En el gobierno federal ha sido director general de Comunicación Social de la Coordinación de Servicios de Salud de la Presidencia de la República (1981-82), director general de Comunicación Social de la Secretaría de

Salud (1982-88) y director general de Comunicación de la UNAM (1997). Autor de *Planeación educativa integral* (1980) y *Prensa y derecho a la información* (1981). Miembro del Colegio de Ingenieros Químicos, de la Asociación Mexicana de Planificación, de la Sociedad Química de México y de otras corporaciones profesionales.

DORANTES JARAMILLO, MARÍA TERESA ◆ n. en el DF (1959). Licenciada en economía por el IPN (1981-88) y en derecho por la UNAM (1985-88). En el Partido Auténtico de la Revolución Mexicana ha sido secretaria de acción femenil municipal (1978-80), subdirectora de acción social (1982-84), secretaria de vivienda del Estado de México (1983-84), subdirectora de relaciones públicas (1984-85) y secretaria del Comité Ejecutivo Nacional (1986-87). Regidora de Nezahualcóyotl (1985-87) y diputada federal (1988-91).

DORANTES SEGOVIA, JOSÉ LUIS ◆ n. en Tula, Hgo. y m. en el DF (1934-1997). Licenciado en derecho por la UNAM (1955-59). Miembro del PRI desde 1953. En el Sindicato Nacional de Trabajadores de Hacienda fue secretario general de la sección XV (1966-69 y 1974-75), secretario de servicios sociales (1969-72) y secretario general del comité ejecutivo nacional (1975-78); en la FSTSE fue secretario de la Dirección Nacional de la Vivienda (1971-73), secretario de trabajo y conflictos (1977-80) y secretario general (1980-83). Fue vicepresidente (1981-82) y presidente del Congreso del Trabajo (1982-83). Diputado federal (1973-76) y senador por Hidalgo (1982-88). Autor de *El origen del Sindicato de Hacienda en el sindicalismo mexicano institucionalizado* (1978), *Testimonios históricos de la FSTSE. La lucha por una ley protectora de los trabajadores y el surgimiento de la Federación de Sindicatos de Trabajadores al Servicio del Estado* (1982) e *Historia del movimiento sindical de los trabajadores del Estado de México* (1982).

DORESTE, TOMÁS ◆ n. en España (1925). Estudió en Barcelona, Bruselas y Madrid. En México, donde ha vivido gran parte de su vida, ha colaborado en publicaciones literarias. Autor de *Los secretos de la gran pirámide*, *Un extraterrestre llamado Moisés*, *La Atlántida, un enigma resuelto*; *Guía extraterrestre de México*, *Grandes temas de lo oculto y lo insólito* y *La maldición de la Casa Blanca* (1982).

DORIA, JUAN C. ◆ n. en Villagrán (antes Real de Borbón), Tams., y m. en Pachuca, Hgo. (1839-1869). Abogado. Combatió la intervención francesa y el imperio bajo las órdenes de Mariano Escobedo. Fue oficial mayor de la Secretaría de Guerra y gobernador interino de Nuevo León (1866) y provisional de Hidalgo (1869).

DORNBIERER, MANÚ ◆ n. en el DF (1936). Periodista y escritora. Ha colaborado en decenas de diarios, entre otros *Novedades* (1973-84), *Excélsior* (1984-) y *La Opinión*, de Los Ángeles, Cal., así como en las revistas: *Siempre!* (1977-), *Kena*, *Claudia*, *Cosmopolitan*, *Nueva Vida*, *Play Boy* (EUA), *Planete* (Francia) y *Nueva Dimensión* (España). Ha recopilado su obra periodística en *Ave César* (1982), *Satiricosas I* (1984), *Satiricosas II* (1986), *Satiricosas III* (1987), *Satiricosas IV* y *Satiricosas V* (1995). *Epílogo* (1989). Es autora de dos volúmenes de cuentos: *La grieta* (1978) y *Sonrío, luego existo* (1983) y *En otras dimensiones* (1996); y de las novelas *El bien y el mal* (1987), *Los indignos*. *Sonata para percusiones* (1988), *Los periodistas mueren de noche* (1992) y *Matacandela* (1996). En 1981 recibió el Premio Fernández de Lizardi en artículo de fondo, del Certamen Nacional de Periodismo. También ha publicado *La guerra de las drogas* (1991), y *El Prinosaurio* (1994).

DORRA, RAÚL ◆ n. en Argentina (1937). Escritor. Licenciado en letras modernas por la Universidad Nacional de Córdoba. Llegó a México en 1976, donde se graduó como doctor en letras por la UNAM. Profesor de las universidades Nacional de Córdoba, Católica de Cuyo (Argentina) y Autónoma de Puebla. Ha sido coordinador de la maestría en ciencias del lenguaje de la UAP. Colaborador de las revistas *La Palabra y el*

Hombre, *Dialéctica* y *Comunidad*, entre otras. Autor del volumen de cuentos *Aquí en el destierro* (1967), de las novelas *Sermón sobre la muerte* (1978), *La pasión, los trabajos y las horas de Damián* (1979) y *La canción de Eleonora* (1981); y de los ensayos *Los extremos del lenguaje en la poesía tradicional española* (1981), *La literatura puesta en juego* (1986) y *Profeta sin honra* (1994).

DOSAL, HERMINIA ◆ n. en el DF (1946). Fotógrafa. Estudió comunicación en la Universidad Iberoamericana y tomó cursos de iluminación e impresión con Jim Hubbard y Steve Sabo. Ha trabajado para agencias de publicidad y colaborado en *Interviú*, *Cosmopolitan*, *Excélsior* y otras publicaciones. Se inició en la fotografía artística en 1972 y expuso por primera vez en 1975. A partir de entonces su obra se ha exhibido decenas de veces en México y otros países.

DOSAL, JUAN ◆ n. en Toluca, Estado de Méx. (1943). Fue futbolista profesional. Jugó con el equipo Toluca, con el que obtuvo los campeonatos de liga 1966-67 y 1967-68. Campeón de los Juegos Panamericanos de Winnipeg, Canadá (1967). Fue seleccionado nacional de 1966 a 1970. Se retiró en 1971 para iniciarse en la televisión como cronista de futbol. Fue jefe de la sección deportiva del noticiero *Hoy Mismo* del Canal 2. Es comentarista de noticiarios en Televisa. Autor de *México 86* (1986), *Italia 90* (1990) y *Hugo, mi amigo* (1990).

DOSAL DE LA VEGA, JOSÉ RAMÓN ◆ n. en el DF (1937). Licenciado en derecho por la UNAM (1955-59). Profesor de la UNAM (1979-84) y de la Uniersidad Anáhuac (1983-84). Pertenece al PRI desde 1972. Ha sido jefe del departamento de cobranzas legales de la Union Carbide (1961-67), jefe del departamento legal de la Fundidora Monterrey (1967-75), director técnico jurídico de la SIC (1976), jefe del departamento legal del Infonavit (1976-81), asesor jurídico del gobierno de Tlaxcala (1981) y director general jurídico (1985-88) y director general de Asuntos Jurídicos de la Secretaría de Agricultura (1988-). Pertenece a la Barra Mexicana de Abogados.

DOSAMANTES, FRANCISCO ◆ n. y m. en el DF (1911-1986). Estudió artes plásticas en San Carlos y litografía con Emilio Amero. Integrante del grupo 30-30 a fines de los años veinte. Viajó a Nueva York donde residió y expuso su obra (1931-32). Regresó a México y se incorporó a las Misiones Culturales de la Secretaría de Educación, con las cuales trabajó de 1932 a 1937 y de 1941 a 1945. Miembro de la Liga de Escritores y Artistas Revolucionarios y fundador del Taller de Gráfica Popular (1937). Profesor de dibujo en secundarias, encabezó el Sindicato de Maestros de Artes Plásticas (1937-41). Fundó la Escuela Artística de Campeche (1941). Su obra mural la ejecutó en escuelas rurales y en la Casa de Morelos, en Carácuaro, Michoacán. En 1946 presentó una exposición en la ciudad de México, misma que después recorrió varias ciudades de Estados Unidos. Miembro del Salón de la Plástica Mexicana. En su producción sobresale su obra como grabador.

DOT ARXER, ANTONIO ◆ n. en Cataluña, España, y m. en EUA (?-1972). Fue funcionario en el gobierno republicano de la Generalitat de Cataluña. Vino a México al término de la guerra civil española. Colaboró en diversas publicaciones. Presidió el Instituto Catalán de Cultura y fue vicepresidente del Orfeón Catalán de México.

DOUGLAS, MARÍA ◆ n. y m. en el DF

María Douglas

Gerardo Murillo, el *Dr. atl*

Foto: Museo de Arte de Sinaloa

Pareja en el portón obra del Dr. Atl Museo de Arte Moderno de Sinaloa

Francis Drake

(1925-1973). Actriz. Se inició profesionalmente en 1944 con una obra de Oscar Wilde. Trabajó en *Angelitos negros, Casa de muñecas* y otras películas. Sus mayores éxitos los obtuvo en la representación de la *Medea*, de Jean Anhouil, y *El gesticulador*, de Rodolfo Usigli.

DOVALÍ JAIME, ANTONIO ◆ n. en Zacatecas, Zac., y m. en el DF (1905-1981). Se tituló de ingeniero en la UNAM (1930), donde fue director de la Facultad de Ingeniería (1959-66) y miembro de la Junta de Gobierno (1966-75). Ocupó los cargos de subsecretario de Obras Públicas (1949), director del Instituto Mexicano del Petróleo (1966-70) y director general de Petróleos Mexicanos (1970-76). Premio Nacional de Ingeniería. Fue miembro de la junta de honor del Colegio de Ingenieros Civiles y presidente honorario de la Asociación de Ingenieros y Arquitectos de México.

DOZAL, JUAN ◆ n. en Cd. Guerrero, Chih., y m. en Mazatlán, Sin. (?-1915). Fue antirreeleccionista y participó en la revuelta maderista. Al producirse el golpe de Estado de Victoriano Huerta se incorporó a las fuerzas de Francisco Villa. Ya como general ocupó Tepic y fungió como gobernador militar del ahora estado de Nayarit (1914-15).

DR. ATL ◆ n. en Guadalajara, Jal., y m. en el DF (1875-1964). Su nombre era Gerardo Murillo Cornadó. Estudió pintura en San Carlos y marchó becado a Europa, donde asistió a los cursos de Antonio Labriola, Enrico Ferri, Emilio Durkheim, Georges Sorel y Henri Bergson; visitó los museos y conoció el arte europeo de diversas épocas, entró en contacto con algunas figuras artísticas y se relacionó con los socialistas italianos y franceses. En 1900 obtuvo en París una medalla de plata por el autorretrato que presentó en la Exposición Internacional. En esa época adoptó el que sería su nombre definitivo (*Atl* significa agua en náhuatl y el título de doctor se debe a sus estudios en La Sorbona). De regreso se liga al grupo de la revista *Savia Moderna*, difunde el impresionismo y arremete contra el decadentismo de otras corrientes pictóricas que todavía tenían adeptos en México, lo que llevará a la huelga de 1911 en San Carlos, al frente de la cual estaban los jóvenes pintores inconformes con el anacrónico academicismo de la institución y sus profesores. En 1906 organiza una exposición con obra de Diego Rivera, Rafael Ponce de León y Francisco de la Torre. Para 1910 funda un Centro Artístico, institución que se propone tomar los muros, lo que se frustra por el estallido de la rebelión maderista. Vuelve a París, donde publica *Action d'Art* y, según se dice, *La Revolución de Mexique*, órganos en los que expone sus concepciones artísticas y explica las causas del movimiento que envuelve a su pueblo. Al retornar nuevamente al país, a fines de 1913, se une al carrancismo y dirige su periódico, *La Vanguardia* (Veracruz, 1914). Durante dos años despliega una gran actividad en varios frentes. Como agente del constitucionalismo, realiza ante los zapatistas gestiones que fracasan, pero en cambio se anota un gran éxito al ganar a la Casa del Obrero Mundial para su facción, mediante la creación de los Batallones Rojos. Establecido el gobierno de Carranza en la capital de la República, *Atl* es director de Bellas Artes y de la Academia de San Carlos. Al término de la lucha armada se retira a pintar y a estudiar vulcanología, las que tendrá como actividades principales durante el resto de su vida. Otro asunto ocupa su atención desde principios de los años veinte: el ascenso del fascismo en Europa, causa que asume y lo lleva a convertirse en su defensor, para lo cual funda el periódico *Acción Mundial*. En el campo de la pintura, Atl se convierte en un solitario que produce una extensa y peculiar obra paisajista de tema volcánico. En su producción ensaya la óptica curva, fabrica pinturas (los *atl-colors*) y emprende otras búsquedas técnicas, en las que sobresale su frustrado proyecto de fundar una gran ciudad del arte (Olinka), en las inmediaciones de Pihuamo, Jalisco. Dejó una extensa obra escrita, pues colaboró desde los 14 años en periódicos mexicanos y europeos (entre éstos los órganos comunistas de Italia y Francia, *Avanti* y *L'Humanité*; publicó folletos y libros fascistas y antisemitas; obras de creación literaria: *Cuentos bárbaros, Cuentos de todos colores, Gentes profanas en el convento*, etc.; trabajos de vulcanología: *La actividad del Popocatépetl, Cómo nace y crece un volcán*; y crítica de arte: *Las artes populares de México* y *El paisaje*. Un ensayo, *Las iglesias de México* y otros. Sus restos están en la Rotonda de los Hombres Ilustres. Premio Nacional de Ciencias y Artes (1958).

DRAKE, FRANCIS ◆ n. y m. en Inglaterra (1543-1596). Sirvió en la flota de John Hawkins, tratante de esclavos y pirata que fue derrotado frente a Veracruz en 1568. Luego se alistó en la fuerza inglesa que reprimió el movimiento inde-

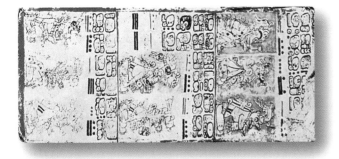
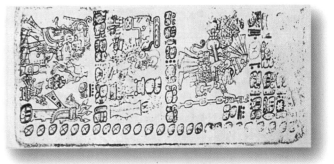

Códice Dresde

pendentista de Munster, en Irlanda. En 1572 ya era capitán de navío y a partir de entonces realizó incursiones piratas contra buques y posesiones españolas, amparado extraoficialmente por la Corona británica. Realizó un viaje de circunnavegación (1577-80) en el que continuó con los actos de pillaje. Al tocar la bahía de San Francisco desembarcó y llamó al lugar Nueva Albión. La reina británica Isabel I le otorgó el título de *sir* a su regreso a Londres. En 1587 hundió en Cádiz la armada española. En ese año se alistó en México una escuadra que saliendo de Acapulco debía combatirlo en el Pacífico, pero él se hallaba al otro lado del mundo. En 1588 fue ascendido a vicealmirante de la marina británica. El cine estadounidense lo convirtió en héroe.

DRESDE ◆ Códice maya pintado sobre papel en el siglo XII o XIII. No hay certeza sobre si se trata del original o de una copia elaborada en el siglo XV. Es de carácter calendárico, astronómico y religioso. Se halla en la Biblioteca Estatal de Sajonia, en Dresde, Alemania Democrática. Durante la segunda guerra mundial resultó deteriorado como consecuencia de los bombardeos.

DRESSER, DENISE ◆ n. en el DF (1963). Licenciada en relaciones internacionales (1981-85), con maestría y doctorado en ciencia política por la Universidad de Princeton, EUA. Es profesora en el ITAM. Ha sido investigadora visitante en la Universidad de California, San Diego, en la Universidad del Sur de California, en el Diálogo Interamericano en Washington y en la Uni-

versidad de Georgetown. Es asesora de la revista *Este País* y colabora en *Reforma, La Opinión, Los Angeles Times* y *The Globe and Mail*. Ha sido comentarista en Radio Red y del programa *Detrás de la Noticia*. Participó en la conducción del programa *Entre versiones* del Canal 40. Autora de *Neopopulist Solutions to Neoliberal Problems: Mexico's National Solidarity Program*. Recibió la beca Fulbrigth.

DREYFUS CORTÉS, GEORGES ◆ n. ¿en el DF? (1949). Bioquímico graduado en laUNAM. Investigador del Departamento de Bioenergética del Instituto de Fisiología Celular de la UNAM (1982-). Beca Guggenheim (1990-91). Autor de *El mundo de los microbios*. Miembro de la Sociedad Mexicana de Bioquímica.

DRIBEN, LELIA ◆ n. en Santa Fe, Argentina (1944). Licenciada en letras modernas por la Universidad de Córdoba. Estudió cursos de posgrado en la UNAM. En 1976 abandonó Argentina ante la dictadura militar y se exilió en México en 1977. Desde 1978 ejerce la crítica de arte en México y en Buenos Aires. Su primera permanencia prolongada en México ocurrió entre 1977 y 1986. En 1995 volvió a radicar en México. Ha colaborado en *Sábado* de *unomásuno, El Universal, Revista de la Universidad, Vuelta, La Jornada Semanal, Saber Ver, Letras Libres* y *Crónica*. Autora de *José Francisco, la pintura de lo inasible* (ensayo, 1986), *Melesio Galván, el artista secreto* (ensayo, 1993), *Donde ellos vivían* (novela, 1997) y *Vicente Rojo, el arte de las variaciones sutiles* (inédito). Radica alternativamente en México y Argentina. Profesora del departamento de His-

toria del Arte en la Universidad Iberoamericana.

DROMUNDO, BALTAZAR ◆ n. en Parral, Chih., y m. en el DF (1906-1987). Su segundo apellido era Chorné. Licenciado en derecho por la Universidad Nacional de México, casa de estudios donde participó destacadamente en la lucha por la autonomía en 1929, sobre la cual escribió un libro. Profesor de diversas materias en instituciones de enseñanza media y superior. Fue agente del Ministerio Público, secretario particular del gobernador de Durango (1936-40), diputado por el PRI (1954-57) y funcionario del Departamento del Distrito Federal. Autor de *Negra Caiyu. Poemas y romances* (1932), *Emiliano Zapata* (biografía, 1936), *Elogio a la lealtad* (ensayo, 1935), *Lenin* (ensayo), *Vida de Simón Bolívar* (1935), *Villa y la Adelita. Romance histórico en prosa* (1936) y *Romances* (1937).

DRUCKER COLÍN, RENÉ ◆ n. en el DF (1937). Médico por la UNAM (1962), maestro en psicofisiología por la Northern Illinois University (1964) y doctor en fisiología por la Universidad de Saskatchewan, Canadá (1971), instituciones donde ha sido investigador. En la UNAMha sido jefe del Departamento de Psicobiología de la Facultad de Psicología (1972-73), jefe de los departamentos de Fisiología y de Neurociencias del Centro de Investigaciones en Fisiología Celular (1985-) y coordinador del posgrado en ciencias biomédicas y coordinador de investigación de la Facultad de Medicina. Fue también investigador del Instituto Miles de Terapéutica Expe-

Antonio Dovalí Jaime

René Drucker Colín

Manuel Dublán

Luis Humberto Ducoing

rimental (1971-73). Su trabajo teórico-práctico con Ignacio Madrazo ha abierto amplias posibilidades de cura a los afectados por el mal de Parkinson. Tiene casi 200 trabajos aparecidos en las principales publicaciones especializadas y forma parte del comité editorial de varias de ellas o es su dictaminador externo. Editor de la sección de Biología Molecular del *Sleep Research Online* (1997). Coautor de los libros *Neurohumoral Coding of Brain Function* (1974), *The Neurobiology of Sleep and Memory* (1977), *The Functions of Sleep* (1979), *Temas selectos de fisiología celular* (1980), *Brain Mechanisms of Sleep* (1985) e *In Vivo Release of Neuroactive Substances: Metods and Perspectives* (1985). Pertenece a sociedades médicas de México y otros países. Es examinador externo para donativos de la National Science Foundation de Estados Unidos. Fue becario del Foundation's Fund for Research in Psychiatry (1973-74) y de la Fundación Guggenheim (1980-81), es investigador nacional (1984) y ha recibido, entre otros, los premios del Fondo para la Investigación Médico-Farmacéutica de México (1975), Nacional de Ciencias y Artes (1987), UNAM (1988), José María Morelos y Pavón, de la UAEM (1988), la Medalla al Mérito Benito Juárez y el Premio Fundación Mexicana para la Salud (1995).

DUARTE RIVAS, RODOLFO ◆ n. en Tuxpan, Ver. (1945). Licenciado en derecho por la Universidad Veracruzana (1961-65), posgraduado en la UNAM (1969-71). Pertenece al PRI. Ha sido oficial mayor del ayuntamiento de Veracruz (1967-69), abogado del Sindicato de Cargadores de ese puerto (1968), jefe del Departamento de lo Contencioso de la SCT (1969-71), apoderado legal del Ferrocarril Sonora-Baja California, director general de transportes terrestres del Aeropuerto Internacional Benito Juárez de la ciudad de México (1976), director general de asuntos jurídicos (1977-79) y presidente de la Comisión Calificadora de Publicaciones y Revistas

Ilustradas de la Secretaría de Gobernación (1977-79), director jurídico de la Constructora Nacional de Carros de Ferrocarril (1979-82), director general de Servicios Jurídicos de la SEP (1982-84), director general de Patrimonio Inmobiliario Federal de la Sedue (1984-88) y diputado federal (1988-91).

DUBLÁN, MANUEL ◆ n. en Oaxaca, Oax., y m. en la Cd. de México (1830-1891). Licenciado en derecho por el Instituto de Ciencias y Artes de Oaxaca, del que posteriormente fue director. Cofundador en Oaxaca del llamado partido de los *borlados*, nombre que se daba a los liberales moderados. Se opuso a la intervención francesa y al imperio. Dos veces diputado. Defendió en el Congreso el alzamiento del Plan de Tuxtepec. Porfirio Díaz lo hizo secretario de Hacienda (1884-1891).

DUBOIS, OCTAVIO ◆ n. en Misantla, Ver., y m. en el DF (1879-1934). Se tituló en la Escuela Nacional de Ingenieros, de la que llegó a ser director. Fue oficial mayor y subsecretario de la secretaría de Hacienda (1923-27 y 1932).

DUBY, GERTRUDE ◆ n. en Suiza y m. en San Cristóbal de Las Casas, Chis. (1901-1993). Estudió horticultura y ciencias sociales y trabajó como corresponsal de periódicos suizos en varios países europeos. Fue encarcelada en Italia por protestar contra el régimen fascista. Viajó aEUA, donde colaboró con una organización que sacaba de Europa a los perseguidos por el régimen nazi. Impulsada por la lectura de *México, tierra india*, de Jacques Soustelle, en 1940 llegó a México, donde escribió reportajes sobre los indios y realizó una serie de entrevistas con mujeres que participaron en la revolución. En 1943 participó en la primera brigada indigenista gubernamental a la selva Lacandona y desde entonces fijó su residencia en Chiapas, donde conoció a Frans Blom (☞), con quien se casó. Ambos fundaron en 1955 el Centro de Investigaciones Científicas, en el que reunieron más de 60 mil fotografías y 10 mil libros sobre Chiapas y los lacandones. La que fuera casa de ambos en San Cristóbal, y

sede de su Centro, se llama Na-Bolom (Casa del Jaguar) y está abierta al público. Autora de *Miseria y atraso destruyen la selva Lacandona, Arrasan con la selva Lacandona, La selva asesinada, Los lacandones, su pasado y su presente* (1944), *¿Hay razas inferiores?* (1946), *Chiapas indígena* (1961) y, en colaboración con Franz Blom, *La selva lacandona* (1957). En 1991 le fue otorgado el premio Juchimán de Plata (símbolo de la cultura olmeca), que otorgan el gobierno de Tabasco y la Universidad Benito Juárez Autónoma de Tabasco.

DUCH, JUAN ◆ n. en Mérida, Yuc. (1920). Periodista. Su segundo apellido es Colell. Se inició profesionalmente a los 17 años. Colaboró en *Política, Sucesos, El Día, El Universal* y el semanario *Siempre!* Fundó y dirigió *Juzgue* (1973). Durante varias décadas fue miembro del Partido Comunista Mexicano, del que se retiró hacia 1972, después de haber sido corresponsal en Moscú del órgano *La Voz de México*. Autor de *Ayeres en desorden* (prosas varias, 1994) y de poesía: *Viaje interior* (1944), *Canto a Gustavo Río* (1950), *Por el mar* (1955), *Poemas de Cuba sí y otros de yanquis, no!* (1961), *Abuelo/Taller* (1978) y *Poemas* (obra reunida, 1980). Premio de Periodismo José Pagés Llergo (1987).

DUCOING GAMBA, LUIS HUMBERTO ◆ n. en San Luis de la Paz, Gto. (1937). Licenciado en derecho por la Universidad de Guanajuato. Miembro del PRI, en el que ha desempeñado diversas comisiones desde 1960. Dentro del partido ha sido miembro del comité ejecutivo nacional (secretario de acción política). En la Confederación Nacional Campesina fungió como presidente de la comisión política. Ha sido diputado federal en dos ocasiones (1964-67 y 1970-73). En la segunda de ellas fue presidente de la Gran Comisión y de la Comisión Permanente del Congreso de la Unión. Gobernador constitucional de Guanajuato (1973-79).

DUEÑAS, GUADALUPE ◆ n. en Guadalajara, Jal. (1920). Escritora. Hizo estudios de letras españolas en la UNAM. Ha sido censora de cine y medios de comunicación electrónica. Publicó poemas en revistas literarias e hizo guiones para televisión, más de treinta telenovelas están basadas en sus cuentos. Fue redactora de *Ábside*. Coautora de *Girándula* (1978). Autora de la novela *Tiene la noche un árbol* (1958, premio José María Vigil); los relatos *Las ratas y otros cuentos* (1954), *No moriré del todo* (1972), *Imaginaciones* (1977) y *Antes del silencio* (1991). En el volumen *Imaginaciones* (1977) reunió semblanzas de escritores. Fue becaria del Centro Mexicano de Escritores (1961-62).

DUEÑAS, VICTORIO V. ◆ n. en Villahermosa y m. en Jalpa, Tab. (1822-1885). Estudió en Campeche y Estados Unidos. Combatió contra la intervención francesa y el imperio. Fue gobernador de Tabasco.

DUEÑAS GONZÁLEZ, HÉCTOR ◆ n. en Villa de Álvarez, Col. (1930). Profesor normalista titulado en la Universidad Popular del Estado, Colima (1947-50) y licenciado en derecho por la UNAM (1954-59). Miembro del PRI desde 1948. Ha sido miembro del comité ejecutivo nacional del SNTE (1958-70), oficial mayor de la FSTSE (1970-73); director de Adquisiciones (1974-75), de Cultura (1976-78) y de Relaciones Nacionales e Internacionales del ISSSTE (1978-79); y secretario general de Gobierno de Colima (1985).

DUEÑAS PULIDO, ANTONIO ◆ n. en Pajacuarán, Mich. (1940). Licenciado en derecho por la Universidad Patricio Lumumba, de Moscú (1960-65), especializado en relaciones en El Colegio de México (1967-68) y en diplomacia en el Instituto Internacional de Administración Pública, de Francia (1973-74). Profesor de la UNAM (1967-78). Ha sido subdirector general adjunto de Asuntos Culturales (1974-78), director general para Europa Oriental y la URSS de la Secretaría de Relaciones Exteriores (1985-90) y embajador en Turquía concurrente en Irán (1990-). Fue presidente de la Asociación del Servicio Exterior Mexicano (1976-78).

DUERO ◆ Río de Michoacán. Nace en la sierra de Chilchotla, corre de sureste a noroeste, atraviesa el valle de Zamora y descarga en el Lerma, cerca de la desembocadura de éste en el lago de Chapala, antes de lo cual entra en la presa Urepétiro.

DUFFY TURNER, ETHEL ◆ ☞ *Turner, Ethel Duffy.*

DUGÉS, ALFREDO AUGUSTO ◆ n. en Francia y m. en Guanajuato, Gto. (1826-1910). Médico y naturalista. En 1852 llegó a México, donde realizó diversas investigaciones y dibujos sobre flora, fauna y mineralogía. Radicado desde 1870 en Guanajuato, impartió cátedra en el Colegio del estado. Perteneció a la Sociedad Antonio Alzate. Autor, entre otras obras, de *Vertebrados de la República Mexicana* y *La fauna de Guanajuato* (1868).

DUGÉS, EUGENIO ROMAIN D. ◆ n. en Francia y m. en Morelia, Mich. (1833-1895). Hermano del anterior. Naturalista. En 1865 llegó a México, donde, después de trabajar en el estado de Guanajuato, aceptó la dirección del Departamento de Historia Natural del Museo Michoacano, donde colaboró con Nicolás León. Destacó como especialista en coleópteros, sobre los cuales dejó inédito un extenso manuscrito.

DULTZIN DUBÍN, DANIEL ◆ n. en el DF (1953). Licenciado en economía por la UNAM (1972-76) con maestría en teoría de la crisis obtenida en Francia (1985-86). Ha sido jefe del Departamento de Economía Internacional de la Secretaría de Programación y Presupuesto (1977), consejero económico de las embajadas mexicanas en París (1978-87) y Londres (1987-89), director general de Relaciones Económicas Multilaterales de la Secretaría de Relaciones Exteriores (1989-90) y director general de Relaciones Económicas para Europa, Asia y África de la misma dependencia del gobierno federal.

DUPUY SANTIAGO, HÉCTOR MANUEL ◆ n. en el DF (1958). Cursó la carrera de literatura dramática en la UNAM. Es profesor en la Escuela de Arte Teatral de Bellas Artes y en la UNAM. Dirige desde 1979 el Laboratorio Teatral Identidad. De 1974 a 1987 había actuado en 22 obras, dirigido 25 y escrito 35, entre otras *Afanisis, Ángel, Contracción, Cuentos rojos, Drácula, El buzón del amor, El caballero de la poesía, El juego del terror, El presupuesto, Ensayo, La comezón, La decisión, La fiesta, La loca aventura de la felicidad, La meta, Macrina, Noche de amor, Por orden superior, René, Romea y Julieto, Sábados y domingos, Sobrevivir y Venusiteatro.*

DUPLÁN, ÓSCAR E. ◆ n. en Pichucalco, Chis., y m. en el DF (1890-1942). Militó en el antirreeleccionismo desde 1909. Trabajó en la diplomacia y fue oficial mayor encargado del despacho de la Secretaría de Relaciones Exteriores (diciembre de 1932) y representante de México en Colombia.

DUPLÁN MALDONADO, CARLOS ◆ n. en Pichucalco, Chis., y m. en el DF (1890-1959). Hizo estudios superiores en el Colegio del Estado, en Puebla, y en la Blis Electrical School de Washington, EUA. Fue diputado por el Distrito Federal al Congreso Constituyente (1916-17); jefe del Departamento de Comercio de la Secretaría de Industria y Comercio.

DUPLESSIS, PAUL ◆ n. y m. en Francia (1815-1865). Estuvo en México por lo menos en una ocasión a mediados del siglo XIX. Autor de *Aventures Mexicaines, La Sonora, el capataz y el gambusino, Esquisse de Moeurs Mexicaines* (1852), *Un mundo desconocido o viajes contemporáneos por Méjico* (1861).

DUPRÉ CENICEROS, ENRIQUE ◆ n. en Gómez Palacio, Dgo., y m. en el DF (1914-1988). Político. Se tituló como ingeniero. Perteneció al PRI. Trabajó para la Secretaría de Recursos Hidráulicos, donde ocupó diversos cargos. Fue senador por Durango (1958-62) y gobernador de esta entidad de 1962 a 1966. Al morir era asesor de la Secretaría de Agricultura.

DUQUE, FERNANDO ◆ n. en Cocula y m. en Guadalajara, Jal. (1792-1854). Militar realista. Combatió a los insurgentes y en 1821 se adhirió al Plan de Iguala. General en 1839, fue gobernador de Sinaloa en dos ocasiones.

DURÁN, CÓDICE ◆ Conjunto de láminas en las que se narra la historia de los

Imagen en el Códice Durán referente a la fundación de Tenochtitlan

mexicas desde su salida de Aztlán hasta la caída de Tenochtitlan. Describe también los ritos, costumbres, fiestas y otros datos de interés sobre los aztecas. La colección forma parte de la *Historia de las Indias* de fray Diego Durán, a quien se atribuye el copiado de los jeroglíficos. El documento, que se halla en la Biblioteca Nacional de Madrid, también es conocido como *Atlas Durán*.

DURÁN, DIEGO ◆ n. en España y m. en la Cd. de México (¿1537?-1588). Fue traído a México siendo niño. Profesó como fraile dominico en 1556. Autor de obras basadas en documentos originales de la cultura náhuatl: *Ritos, fiestas y ceremonias de los antiguos mexicanos* (1570), *Calendario antiguo* (1579) y su *Historia de las Indias de Nueva España e islas de tierra firme* (1867 y 1880).

DURÁN, FRANCISCO ◆ n. en el DF (1946). Escritor. Licenciado en letras por la UNAM, maestro en estudios latinoamericanos por la Universidad de Texas en Austin y doctor por la Universidad de Albuquerque. Profesor de la UNAM (1975-) y de la Universidad de las Américas, donde es coordinador de estudios generales. Ha sido coordinador de actividades artísticas y culturales de la Asociación Mexicana de Bancos y editor de las revistas *Anuario Financiero de México*, *Boletín Agropecuario* y *Revista Bancaria*. Colaboró en la revista *Diálogos*. Junto con Leonor Hernández realizó la compilación *José María Lafragua, obra bibliográfica, hemerográfica y documental* (1986). Autor de los volúmenes de cuentos *Se sufre ajeno* (1983) y *Como en botica* (1986), de la novela *La breña* (1984) y del ensayo *El doble en la literatura latinoamericana: Fuentes, Cortázar, Arguedas, Borges y Chase* (1987).

DURÁN, GABINO ◆ n. en Chihuahua y m. en El Mezquite, Sin. (¿1880?-1915). Participó en la insurrección maderista bajo las órdenes de Francisco Villa, quien le otorgó el grado de coronel. En la lucha de facciones permaneció en la División del Norte. Murió en combate contra los carrancistas.

DURÁN, JOSÉ IGNACIO ◆ n. en Puebla, Pue., y m. en la Cd. de México (1799-1868). Médico. Impartió cátedra en varios centros educativos. En 1835 desempeñó misiones diplomáticas en Francia e Italia, donde asistió a cursos sobre su especialidad. Director de la Escuela Nacional de Medicina (1846-68). Miembro fundador de la Academia Nacional de Medicina (1864) y de la Sociedad Filarmónica (1865).

DURÁN, LIN ◆ n. en Chihuahua, Chih. (1928). Nombre profesional de Lidia Durán Navarro. Fue discípula de Waldeen y se inició profesionalmente en su compañía. Después formó parte del Ballet Nacional, en el que figuró como solista. Se retiró en 1961. Coordinó el Seminario de la Danza Contemporánea y Experimentación Coreográfica y luego dirigió la Escuela de Perfeccionamiento Vida y Movimiento. Fundó y dirigió la Escuela Nacional de Danza Contemporánea y el Centro Superior de Coreografía (1978-82). Es directora del Centro de Investigación Coreográfica. Ha colaborado en publicaciones periódicas sobre temas dancísticos. Autora de *La danza mexicana en los sesenta (1960-1969)* (1991).

DURÁN GILI, MANUEL ◆ n. en Cataluña, España (1925). Salió de España al término de la guerra civil y llegó a México en 1942. Estudió derecho y letras hispánicas en la UNAM. Se doctoró en lenguas romances en la Universidad de Princeton e hizo un curso de posgrado en La Sorbona. Es catedrático y director del Departamento de Español y Portugués de la Universidad de Yale. Miembro del consejo editorial de las revistas *Hispanic Review, World Literature Today* y otras. En México publicó *Puente* (1946), *Las deudas públicas y el derecho internacional* (1950), *Ciudad asediada* (1954), *La paloma azul* (1959), *El lugar del hombre* (1965), *Cuentos y crónicas de Amado Nervo* (1971), *Tríptico mexicano: Juan Rulfo, Carlos Fuentes, Salvador Elizondo* (1973), *Antología de la revista Contemporáneos* (1974), *El lago de los signos* (1978) y *El tres es siempre mágico* (1981). En Buenos Aires apareció su libro *Genio y figura de Amado Nervo* (1968).

DURÁN DE HUERTA, GUSTAVO ◆ n. y m. en el DF (1916-1996). Periodista. Su segundo apellido era Martínez del Campo. Pasante de ingeniería (a la que dedicó diez años), dejó esta profesión para comenzar su carrera en el diarismo en 1949. Ingresó como reportero a *Excélsior*. Ahí recorrió todos los aspectos del trabajo periodístico. Dirigió *Revista de Revistas*. En sus últimos años fue coordinador de las páginas editoriales. Premio Nacional de Periodismo 1986.

DURÁN JUÁREZ, LEONARDO ◆ n. en Silao, Gto. (1938). Estudió en el Instituto de Capacitación José Antonio Urquiza, de León, Guanajuato (1955-58). Desde 1971 es miembro del Partido Demócrata Mexicano, en el que ha sido presidente nacional del comité promotor (1972) y consultor nacional (1980-87). Pertenece a la Unión Nacional Sinarquista, de la que fue jefe regional en Guanajuato (1969) y secretario de organización nacional (1980-85). Diputado federal plurinominal (1985-88).

DURÁN LOERA, IGNACIO ◆ n. en el DF (1943). Licenciado en derecho por la UNAM (1962-66) y en cine por la London Film School de Inglaterra (1970-72). Profesor y director de la Escuela de Comunicación Social de la Universidad Anáhuac. Miembro del PRI desde 1967. Fue asesor jurídico del Sindicato de Trabajadores de la Producción Cinematográfica (1969-70). En el sector público ha sido realizador de cine y televisión de la Secretaría de Educación y del Canal 13 (1973-75), subdirector general del Instituto Nacional de Bellas Artes (1976-82), ministro de la embajada mexicana en Suecia (1982-83), director general de la Unidad de Televisión Educativa de la Secretaría de Educación Pública (1983-88) y director del Instituto Mexicano de Cinematografía dependiente del Consejo Nacional para la Cultura y las Artes (1988). Fue director de Contenido de Televisión Azteca y desde 1999 es director de Talento Artístico y Compras de la misma empresa.

DURÁN NAVARRO, HORACIO ◆ n. en la Cd. de México (1923). Estudió en la Escuela Nacional de Agricultura, donde hizo la especialización en industrias; fue alumno de Jesús Guerrero Galván en la ENAP, estudió escenografía teatral en el Laboratorio de Actores de Seki Sano, pedagogía, pintura y psicología del arte con el maestro Robin Bond en el Royal College of Arts y llevó un curso de diseño en la promoción de las exportaciones en la Escuela de Economía de Helsinki. Hizo trabajos de diseño escenográfico para el grupo de teatro experimental de Hebert Darién y para el Ballet Nacional dirigido por Guillermina Bravo (1948-50). Ha sido profesor en la UNAM (1958-) y en la UIA (1959-), donde fue colaborador del programa de diplomado en diseño industrial (1960). En 1969 fundó la carrera de diseño industrial en laUNAM, que dirigió hasta 1975. En 1981 fue profesor fundador del posgrado de diseño industrial de la Facultad de Arquitectura, del que es coordinador. Ha sido colaborador de *Excélsior* y *El Día*. Desde 1950 ha diseñado muebles para casa y oficina, así como diversos proyectos arquitectónicos y trabajos de diseño gráfico. Fue portadista del Fondo de Cultura Económica. Premio de diseño México 83 (1983) y reconocimiento al mérito universitario por 25 años de labor docente (1987). Socio fundador de la Asociación Mexicana de Diseñadores (1959),

secretario de Diseñadores Industriales de México (1971), asesor del Centro de Diseño del IMCE (1971-76), miembro del Instituto Nacional de Diseño Industrial y Gráfico (1981), socio de honor del Colegio de Diseñadores Industriales y Gráficos de México y de la Academia Mexicana de Diseño.

DURÁN PAYÁN, SILVIA ◆ n. en Morelia, Mich. (1947). Licenciada en filosofía por laUNAM, institución de la que es profesora. Ha sido directora de la sección de libros de la revista *Plural*. Colaboradora de *La Brújula en el Bolsillo, El Heraldo de México, Excélsior* y *Revista de Bellas Artes*. Autora de *Arte e ideología* (1973), *La filosofía y las ciencias sociales* (1976) y *El problema de la conformación artística en dos novelas de Revueltas* (1976).

DURÁN REVELES, JOSÉ LUIS ◆ n. en el DF (1961). Ingeniero Industrial. Pertenece desde 1985 al PAN en el que ha sido jefe juvenil municipal en Naucalpan (1986-87) y en el Estado de México (1987-89), secretario de organización del comité ejecutivo mexiquense (1991-94) y candidato a gobernador del Estado de México (1999). Diputado federal (1991-94). Es presidente municipal de Naucalpan elegido para el periodo 1997-2000.

DURÁN SOLÍS, LEONEL ◆ n. en el DF (1931). Etnólogo y maestro en antropología por la ENAH y posgraduado por la Escuela de Altos Estudios de París. Ha sido miembro del PRI. En la Secretaría de Educación Pública fue director técnico (1977-79), subdirector general (1979-82), director general de Culturas Populares (1982-85) y subsecretario de Cultura (1985-88). Director del Centro de Investigación y Estudios Superiores en Antropología Social (1986) y presidente del Comité Técnico para el Fondo Nacional para el Fomento de la Danza Popular Mexicana (1979) y director del Instituto Coahuilense de Cultura (1992-98). Autor de ensayos incluidos en los libros *El etnodesarrollo y la problemática cultural en México, La cultura popular* (1982) y *Cultura popular e identidad nacional* (1982) y autor de *Ideario político de Lázaro Cárdenas* (1972), *El etno-*

desarrollo y la problemática cultural en México (1981) y *La cultura popular.* Miembro del Colegio Mexicano de Antropólogos y de la Sociedad Mexicana de Planificación.

DURAND, JOSÉ ◆ n. y m. en Perú (1925-1990). Vivió en México de 1947 a 1953. Estudió en El Colegio de México y fue profesor de laUNAM. Hizo grupo con Juan José Arreola, Ernesto Mejía Sánchez, Rubén Bonifaz Nuño, Augusto Monterroso y Henrique González Casanova. Aquí publicó su libro *Ocaso de sirenas* (1949). Después marchó a Estados Unidos, donde fue profesor de la Universidad de Berkeley e investigó y difundió la literatura latinoamericana. Colaboró en el suplemento *Sábado* del diario *unomásuno*. Escribió el guión del ballet *La manda*, basado en el cuento *Talpa*, de Juan Rulfo. En 1987 se anunció la aparición de *Desvariante*, volumen de cuentos escritos durante su estancia en México en los años cincuenta.

DURANGO ◆ Municipio del estado del mismo nombre, situado en la porción centro-sur de la entidad. Superficie: 10,041.6 km². Habitantes: 464,566, de los cuales 122,209 forman la población económicamente activa. Hablan alguna lengua indígena 1,013 personas mayores de cinco años (tepehuan 433 y náhuatl 124). La cabecera, Victoria de Durango, es también capital del estado y en la Colonia lo fue de Nueva Vizcaya, cuando se le llegó a llamar Guadiana, nombre del valle en que está enclavada. Su fundación data del 18 de julio de 1563. Se halla a 1,893 metros sobre el nivel del mar, a 895 kilómetros del Distrito Federal, a 253 de Torreón, a 290 de Zacatecas y a 848 de Nuevo Laredo, Tamaulipas. Cuenta con atractivos turísticos como el balneario Navacoyan, arquitectura colonial (la misión de Analco, la Catedral, el Palacio de Gobierno y la Casa del Conde de Súchil) y decimonónica (Palacio Municipal), museos, el parque Guadiana, el cerro del Mercado, la Villa del Oeste y Chupaderos, sitios donde se han filmado decenas de películas mexicanas y extranjeras.

Angel Sergio Guerrero Mier

DURANGO ◆ Estado de la República Mexicana que limita al noroeste y al norte con Chihuahua, al este con Coahuila y Zacatecas, al sur casi toca con Jalisco y colinda con Nayarit y al oeste con Sinaloa. Superficie: 123,181 km² (cuarto lugar en el país por su extensión, que representa 6.3 por ciento del total nacional). La mayor parte del territorio de la entidad se halla sobre la sierra Madre Occidental y sus estribaciones, en tanto que en el oriente, en torno a la Comarca Lagunera, están las sierras del Rosario y Pedro del Gallo. La porción plana del estado pertenece, en el norte, a la región de los bolsones y en el sur a la parte septentrional del Eje Neovolcánico. El sistema hidrográfico está integrado en tres vertientes: la del Pacífico, con ríos que nacen en la parte oeste de la sierra Madre Occidental (ríos Huamayo, San Lorenzo, Culiacán Piaxtla y otros); la del interior, de cuencas cerradas (el Nazas es el principal río); y la del Golfo (ríos Florido y San Juan, tributarios del Conchos). La entidad tiene 39 municipios y es Nuevo Ideal el

La Quebrada, en Durango

En el Bosque deNiebla
se puedeapreciar
este tipo de orugas

Biznaga planta típica
de Durango

Durango capital
del estado

Mapa del estado
de Durango

ESTADO DE
CHIHUAHUA

A JIMÉNEZ, CHIH.

A HIDALGO DEL PARRAL

Villa O.
Pereyra

Villa
Ocampo

Canutillo

Ceballos

ESTADO DE
COAHUILA

Puerta
de Cabrera

Villa Hidalgo

Tlahualilo

Guanaceví

San Bernardo

Santa María
del Oro

Indé

Bermejillo

San Francisco de Horizonte

El Lucero

El Zape

Presa
Lázaro Cárdenas

El Palmito

Mapimí

A FCO. I MADERO

General
Escobedo

San Pedro
del Gallo

Dinamita

León Guzmán

GÓMEZ PALACIO

Tepehuanes

La Goma

Cd. Lerdo

Presidios

San Luis
del Cordero

Nazareno

San José de la Boca

Paso nacional

La Loma

Villa Juárez

Abasolo

Río Nazas

Rodeo

Nazas

La Perla

La Tembladera
de Derrumbe

Las Herreras

Santiago
Papasquiaro

Cuneto de
Comonfort

Pedriceña

Velardeña

Gárame de Abajo

Laguna de
Santiaguillo

Pasaje

Cuencamé

San Nicolás
de Arriba

San Juan
del Río

Peñón
Blanco

Gral. Simón
Bolívar

Est. Simón

Santa María
de Oláez

Río San Lorenzo

Diez de
Octubre

La Soledad
Gra. Arnulfo R. Gómez

Fco. Javier
Mina

Santa Catalina

Ignacio
Ramírez

Gral. Jesús
Agustín Castro

Santa
Clara

Guadalupe
de San Juan

San Miguel
de las Cruces

Canatlán

D. Guerra

Pánuco de Coronado

Ignacio Allende

San José de Reyes

F. J. Madero

E. Zapata

Nicolás Bravo

Carranza

G. Victoria

Gral. Calixto
Contreras

Felipe Carrillo Puerto

A JUAN ALDAMA

Villa
Montemorelos

Antonio Amaro

Cuauhtémoc

Ramón Corona

DURANGO

Hidalgo

Ignacio López Rayón

Otinapa

Tuitán

Cieneguilla

San Antenógenes

ESTADO DE
SINALOA

El Salto

Presa
Guadalupe
Victoria

Nombre
de Dios

Villa Unión

Constancia

A FRESNILLO

Ciudad

Parque Nacional
Puerto de Los Ángeles

S.J. de La
Parrilla

V. guerrero

Los Altares

Francisco
Javier

Súchil

ESTADO DE
ZACATECAS

A CONCORDIA, SIN.

Mezquital

Potrerillo

Río Mezquital

ESTADO DE
NAYARIT

ESTADO DE
JALISCO

de más re-
ciente crea-
ción. Habitantes:
1,449,036 (1997), que
representan 1.6 (en 1995)
por ciento de la población total
del país. El producto interno del estado
en 1996 fue equivalente al 1.33 por ciento del total nacional. El porcentaje de la
población económicamente activa en
1995 fue de 53.2 por ciento del total de
los mayores de 12 años y el alfabetismo,
93 por ciento (7 por ciento de analfabetismo). Hablan alguna lengua indígena
20,281 personas mayores de cinco años
(tepehuan 16,874, huichol 1,321, ná-

huatl 691 y tarahumara 490), de los
cuales 1,945 no dominan el español.
Historia: a la llegada de los españoles el
principal grupo étnico del actual territorio duranguense era el tepehuano. Los
conquistadores fundaron la hoy ciudad
de Durango en 1563, la que junto con las
extensiones circundantes pasó a formar
parte del reino de Nueva Vizcaya. A principios del siglo XVII los indios acaxees y

Campo agrícola de Gómez Palacio, Durango

xiximes se rebelaron contra la explotación a que eran sometidos por los europeos. Fueron ferozmente reprimidos. Los tepehuanos protagonizaron otro movimiento semejante en la misma centuria, pero ante las tropas españolas optaron por refugiarse en zonas inaccesibles y desde ahí lanzar ataques contra los colonizadores, en una guerra de guerrillas que se mantuvo a lo largo de todo el periodo virreinal. En 1620 fue erigida la diócesis de Durango con jurisdicción sobre los inmensos territorios de Nueva Vizcaya y Nuevo México. En 1786 se formó la intendencia de Durango y por esa época se crearon las diócesis de Sonora y Sinaloa que se le segregaron a la de Durango. En los inicios de la guerra de Independencia, la causa insurgente contó con la simpatía de algunos miembros del bajo clero. Las autoridades, por su parte, recurrieron al método de leva para organizar contingentes de apoyo a los realistas. Fue hasta la firma del Pacto Trigarante cuando la agitación volvió a Durango, donde Pedro Celestino Negrete derrotó a los españoles e impuso autoridades adictas a la independencia, que se juró solemnemente el 9 de septiembre de 1821. En el Acta Cons-titutiva de enero de 1824 se creaba el estado Interno del Norte, que comprendía a Durango,

Nopales de Durango

Chihuahua y Nuevo México. El Congreso Constituyente, sin embargo, modificó esa disposición y por decreto del 22 de mayo de 1824 dispuso la creación del estado de Durango. El Congreso local se instaló el 30 de junio de ese año y expidió la primera Constitución de la entidad el primero de septiembre de 1825. Al año siguiente tomó posesión Santiago Baca Ortiz como primer gobernador constitucional. Durante el periodo de gobiernos centralistas Durango se convirtió en departamento, al igual que los demás estados de la República. Las autoridades

Actividad ganadera en Durango

locales persiguieron a apaches y comanches y se puso un precio mayor a las cabezas de los muertos que la entrega de los vivos, lo que estimuló la cacería mercenaria de esos y otros indios. Campo de la lucha política en que se debatía el país entero, Durango vio repetirse los pronunciamientos militares. En 1856 tuvo en el Congreso Constituyente a los diputados Marcelino Castañeda, Francisco Gómez Palacio y Francisco Zarco. El 26 de agosto de 1857 se expidió una nueva Constitución local, ajustada al espíritu de la Reforma y promulgada por el gobernador José de la Bárcena. Un nuevo alzamiento militar puso temporalmente a Durango bajo control de los conservadores, quienes fueron derrotados a mediados de 1858 para gobernar precariamente la entidad hasta 1860 en que la capital del estado cayó en manos del bandolero español Do- mingo Cajén, quien fue derrotado y fusilado a fines de ese año. Durante la intervención francesa los imperiales mantuvieron la ocupación de Durango dos años. Al ser restaurada la República el constituyente Francisco Gómez Palacio fue gobernador durante un año. Las asonadas de La Noria y Tuxtepec tuvieron adeptos en el estado, acaudillados por Juan Manuel Flores, quien fue nombrado gobernador por los alzados en 1877 y resultó elegido en 1880. La política de cooptación de Porfirio Díaz dio

por resultado que se incorporaran a la administración pública muchos de sus antiguos opositores, entre ellos Gómez Palacio, quien volvió a ser gobernador. En 1891 se elevó a la categoría de arquidiócesis la jurisdicción religiosa de Durango. El balance de los gobiernos porfiristas en la entidad es semejante al que puede hacerse del país: grandes obras públicas, modernidad para un pequeño núcleo social y despojo y explotación para amplios sectores, a los que se mantenía silenciados, sin derecho a manifestar su oposición. Desde 1909 hubo actos antirreeleccionistas en la capital del estado, misma que visitó Madero en 1910. Diversos grupos antiporfiristas se levantaron en armas a fines de ese año y, tras

Foto: Pablo Cervantes

Bromelia,
planta que se
puede encontrar en el
Bosque de Niebla, Durango

Foto: Michael Calderwood

La producción de leche es
una actividad muy
importante en Durango

Foto: Pablo Cervantes

Bosque de
Niebla, Durango

el trunfo la rebelión, (julio de 1911), tomó posesión como gobernador Luis Alonso Patiño. Luego del golpe de Victoriano Huerta, el 18 de junio los constitucionalistas ocuparon la ciudad de Durango y Pastor Rouaix fue designado

entidad se vio envuelta en la guerra cristera hasta la pacificación obtenida por acuerdo entre las autoridades civiles y religiosas. En 1929 el gobernador Juan Gualberto Amaya se sumó a la asonada escobarista. El Congreso de la Unión desconoció en 1935 a Carlos Real y en 1966 a Enrique Dupré Ceniceros.

Foto: Pablo Cervantes

Catedral de Durango

Bolsón de Mapimí, en Durango

gobernador, puesto desde el cual convirtió a la entidad en base revolucionaria y expidió la Ley Agraria del 3 de octubre de 1913. Durante la lucha de facciones se alternaron las autoridades de uno y otro bando. Domingo Arrieta, elegido gobernador constitucional en agosto de 1917,

fue el encargado de promulgar la nueva Constitución local el 6 de octubre de ese año. En 1923, en la región de Tepehuanes, Francisco Villa, oriundo de la entidad pero que había actuado fuera de ésta durante la década anterior, se alzó en armas sin tener éxito. A partir de 1927 la

DISTRIBUCIÓN PORCENTUAL DE LA POBLACIÓN OCUPADA POR SECTOR DE ACTIVIDAD ECONÓMICA, 1995

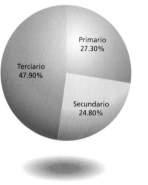

Primario 27.30%
Terciario 47.90%
Secundario 24.80%

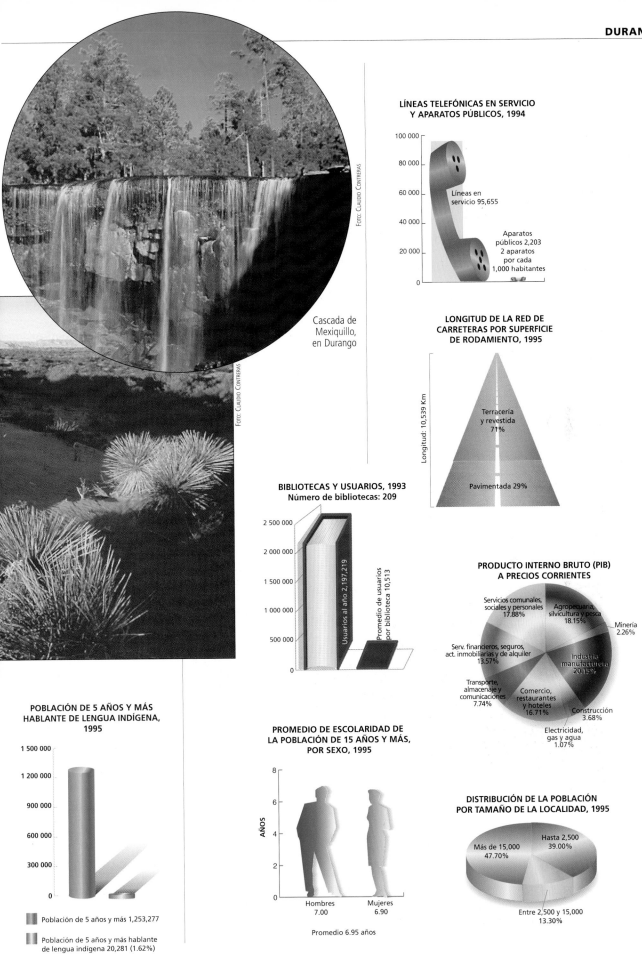

Foto: Claudio Contreras

Cascada de
Mexiquillo,
en Durango

Foto: Claudio Contreras

**LÍNEAS TELEFÓNICAS EN SERVICIO
Y APARATOS PÚBLICOS, 1994**

Líneas en
servicio 95,655

Aparatos
públicos 2,203
2 aparatos
por cada
1,000 habitantes

100 000
80 000
60 000
40 000
20 000
0

**LONGITUD DE LA RED DE
CARRETERAS POR SUPERFICIE
DE RODAMIENTO, 1995**

Longitud: 10,539 Km

Terracería
y revestida
71%

Pavimentada 29%

BIBLIOTECAS Y USUARIOS, 1993
Número de bibliotecas: 209

2 500 000
2 000 000
1 500 000
1 000 000
500 000
0

Usuarios al año 2,197,219

Promedio de usuarios
por biblioteca 10,513

**PRODUCTO INTERNO BRUTO (PIB)
A PRECIOS CORRIENTES**

Servicios comunales,
sociales y personales
17.88%

Agropecuaria,
silvicultura y pesca
18.15%

Minería
2.26%

Industria
manufacturera
20.15%

Serv. financieros, seguros,
act. inmobiliarias y de alquiler
13.57%

Transporte,
almacenaje y
comunicaciones
7.74%

Comercio,
restaurantes
y hoteles
16.71%

Construcción
3.68%

Electricidad,
gas y agua
1.07%

**POBLACIÓN DE 5 AÑOS Y MÁS
HABLANTE DE LENGUA INDÍGENA,
1995**

1 500 000
1 200 000
900 000
600 000
300 000
0

**PROMEDIO DE ESCOLARIDAD DE
LA POBLACIÓN DE 15 AÑOS Y MÁS,
POR SEXO, 1995**

8
6
4
2
0

AÑOS

Hombres
7.00

Mujeres
6.90

Promedio 6.95 años

**DISTRIBUCIÓN DE LA POBLACIÓN
POR TAMAÑO DE LA LOCALIDAD, 1995**

Más de 15,000
47.70%

Hasta 2,500
39.00%

Entre 2,500 y 15,000
13.30%

Población de 5 años y más 1,253,277

Población de 5 años y más hablante
de lengua indígena 20,281 (1.62%)

DURANGO ◆ Sierra del estado del mismo nombre situada en el suroeste de la entidad, sobre la sierra Madre Occidental.

DURAZO MORENO, ARTURO ◆ n. en Cumpas, Son. (1924). Policía. Hizo estudios en la Escuela Superior de Comercio y Administración y trabajó en el Banco de México (1944-48). Fue inspector de tránsito en el DF (1948-50), agente y comandante de la Dirección Federal de Seguridad (1958); y comandante de la Policía Judicial Federal (1962-). Amigo de la infancia del presidente José López Portillo, éste lo hizo director general de Policía y Tránsito del Distrito Federal, puesto en el que permaneció de 1976 a 1982. En ese cargo creó el Colegio de Policía, López Portillo lo nombró General a pesar de la oposición de la cúpula militar, la Asociación Nacional de Locutores le entregó el Micrófono de Oro (1980), fue designado "Funcionario del Año" en 1980 y recibido como miembro de la Legión de Honor. En 1983 la prensa dio a conocer algunas de sus posesiones, que incluían gigantescas mansiones en Tlalpan y en Zihuatanejo, una colección de armas y otra de automóviles, así como diversos objetos de alto valor. Se procedió penalmente contra él y después de un largo proceso se logró su extradición de

Arturo Durazo Moreno

Estados Unidos, luego de haberlo perseguido por varios päises. En 1987, encarcelado, sometido a proceso y con la opinión pública en contra, ganó un litigio por difamación contra su presunto biógrafo, José González González, autor del libro *Lo negro del Negro*.

DURÓN, JESÚS ◆ n. en Rincón de Romos, Ags. (1907). Pianista. Estudió en el Conservatorio Nacional de Música y en Nueva York con Joseph Levin. Vivió en Nueva York, donde ofreció recitales, dirigió el Coro de Manhattan y trabajó con los conjuntos de danza de Martha Graham y Ana Sokolow. A su retorno al país fue solista de la Orquesta Sinfónica Nacional, dirigió el Coro de Bellas Artes y fue jefe del Departamento de Música de Bellas Artes (1952-58), institución de la que fue coordinador general (1958-64).

DURÓN, LUISA ◆ n. en el DF (1939). Hija del anterior. Clavecinista. Estudió en el Conservatorio Nacional de México y en el de París. Tuvo como maestros a Robert Beyron Lacroix, Nadia Boulanger y Gustav Leonhardt. Se presentó como recitalista en varias ciudades europeas hasta 1963, cuando volvió al país, donde ha tenido numerosas presentaciones como solista. Fundó el Trío Pro Música y ha sido profesora del Conservatorio y de la Escuela Nacional de Música de la UNAM.

DURÓN, OLGA ◆ n. en el DF (1954). Estudió sociología en la Facultad de

Jesús Durón

Ciencias Políticas y Sociales de la UNAM, donde ha sido profesora. Se dedicó durante varios años a la fotografía y presentó algunas exposiciones en la capital del país. En Radio Educación produjo los programas *Huaraches de ante azul* y *Picudos y chipocludos* (1984-85) y realizó y condujo *Una costra porosa* (1984-88). Trabaja para TVUNAM y colabora en el programa *Para ver y oír*. Autora del libro *Yo, porro* (1985).

DUSSEL, ENRIQUE ◆ n. en Mendoza, Argentina (1934). Filósofo. Se tituló en la Universidad Nacional del Cuyo (1957). Doctor por la Universidad Central de Madrid (1959). Licenciado en teología por el Instituto Católico de París (1965). Doctor en historia por Universidad de París (1965). *Doctor honoris causa* en teología por la Universidad de Friburgo. Es profesor de la UNAM y de la UAM. Presidente de la Comisión de Estudios de Historia de la Iglesia en América Latina. Miembro de la Asociación Mundial de Filosofía de Friburgo, entre otras asociaciones. Autor de *Filosofía de la liberación* (1977), *La producción teórica de Marx. Un comentario a los Grundisse* (1985), *Hacia un Marx desconocido. Un comentario a los manuscritos del 61-63* (1988), *El último Marx (1863-1882) y la liberación latinoamericana. Un comentario a la tercera y cuarta redacción de El Capital* (1990).

DUVALIER, ARMANDO ◆ n. en Pijijiapan, Chis. (1914). Poeta. Autor de *Con el hermano Francisco de Asís, Elocuencia del corazón, Retornelas, Tibor, Poetas chiapanecos, Cuando te nombro Chiapas, Mariposas de laca, Tribulaciones por un joven dinosaurio, La poesía de José Emilio Grajales, Poesía negra americana, La niña y su hipotenusa* y *Canto de amor a Chiapas*, entre otras obras.

DYCHTER POLTOLAREK, AARÓN ◆ n. en Puebla, Pue. (1952). Licenciado en economía por la Universidad de las Américas (1970-73), con maestría (1973-75) y doctorado (1976-79) en economía por la Universidad George Washington, de Estados Unidos, de la que fue profesor (1975-77), lo mismo que del ITAM (1980-82). Desde 1976 pertenece al PRI. Ha sido subdirector del Sector Externo (1979-81) y director de Política Económica y Social de la Dirección General de Política Económica y Social de la SPP (1981-82), director general de Política Energética de la Semip (1983-1990); coordinador de asesores de la Subsecretaría de Programación y Presupuesto (1990-91), jefe de la Unidad de Inversiones de la Subsecretaría de Normatividad y Control Presupuestal (1992) y jefe de la Unidad de Inversiones, Energía e Industria de la Secretaría de Hacienda (1993-94). Subsecretario de Transporte de la SCT (1994-). Pertenece al Colegio Nacional de Economistas.

DYER CASTAÑEDA, JAIRO R. ◆ n. en Chalchihuites y m. en Sombrerete, Zac. (1869-1925). Se tituló en la Escuela Nacional de Medicina en 1895. Miembro del antirreeleccionista Partido Liberal Zacatecano en 1910. Fue consejero de varios jefes revolucionarios. Diputado por Zacatecas al Congreso Constituyente (1916-17) e intervino en la redacción del artículo 123. Volvió a ser diputado en la XXVII Legislatura. Autor de un estudio sobre el tifo.

DZAN ◆ Municipio de Yucatán, situado al sur de Mérida, contiguo a Tikul, cerca de los límites con Campeche. Superficie: 61.31 km². Habitantes: 4,181, de los cuales 1,092 forman la población económicamente activa. Hablan alguna lengua indígena 3,193 personas mayores de cinco años (maya). Indígenas monolingües: 273.

DZEMUL ◆ Municipio de Yucatán, situado en el norte de la entidad, en la costa del Golfo de México. Limita por el sur con Motul. Superficie: 112.41 km². Habitantes: 3,261, de los cuales 862 forman la población económicamente activa. Hablan alguna lengua indígena 1,255 personas mayores de cinco años (maya 1,253).

DZIB, CARLOS ◆ n. en Progreso, Yuc., y m. en el DF (1939-1984). Caricaturista. Se inició en *La Gallina*, colaboró en *La Garrapata, Personas, Novedades* y otras publicaciones. Autor de cuatro libros de cartones, entre ellos *La autopsia dirá si vive* y *Forzudos contra mañosos* (1986). Obtuvo en 1981 el Gran Prix de Montreal.

DZIDZANTÚN ◆ Municipio de Yucatán, situado en el norte de la entidad, en la costa del Golfo de México. Limita por el sur con Temax. Superficie: 198 km². Habitantes: 7,675, de los cuales 2,087 forman la población económicamente activa. Hablan alguna lengua indígena 1,178 personas mayores de cinco años (maya 1,776).

DZILAM DE BRAVO ◆ Municipio de Yucatán situado en el norte de la entidad, en la costa del Golfo de México. Limita por el sur con Buctzotz. Superficie: 241.43 km². Habitantes: 2,219, de los cuales 534 forman la población económicamente

activa. Hablan alguna lengua indígena 198 personas mayores de cinco años (maya 197).

DZILAM GONZÁLEZ ◆ Municipio de Yucatán situado en el norte de la entidad, en la costa del Golfo de México. Limita con Dzidzantún, Dzilam de Bravo, Buctzotz y Temax. Superficie: 545.45 km². Habitantes: 5,682, de los cuales 1,451 forman la población económicamente activa. Hablan alguna lengua indígena 1,480 personas mayores de cinco años (maya).

DZITÁS ◆ Municipio de Yucatán situado en la porción centro-este de la entidad, al norte de Chichén Itzá. Superficie: 456.03 km². Habitantes: 3,461, de los cuales 989 forman la población económicamente activa. Hablan alguna lengua indígena 2,080 personas mayores de cinco años (maya 2,076). Indígenas monolingües: 105.

DZONCAUICH ◆ Municipio de Yucatán situado en la porción centro-noreste de la entidad. Limita con Temax y Buctzotz. Superficie: 355.12 km². Habitantes: 2,844, de los cuales 629 forman la población económicamente activa. Hablan alguna lengua indígena 1,788 personas mayores de cinco años (maya).

Mole completa del convento de Santa Catarina, en Dzidzantún

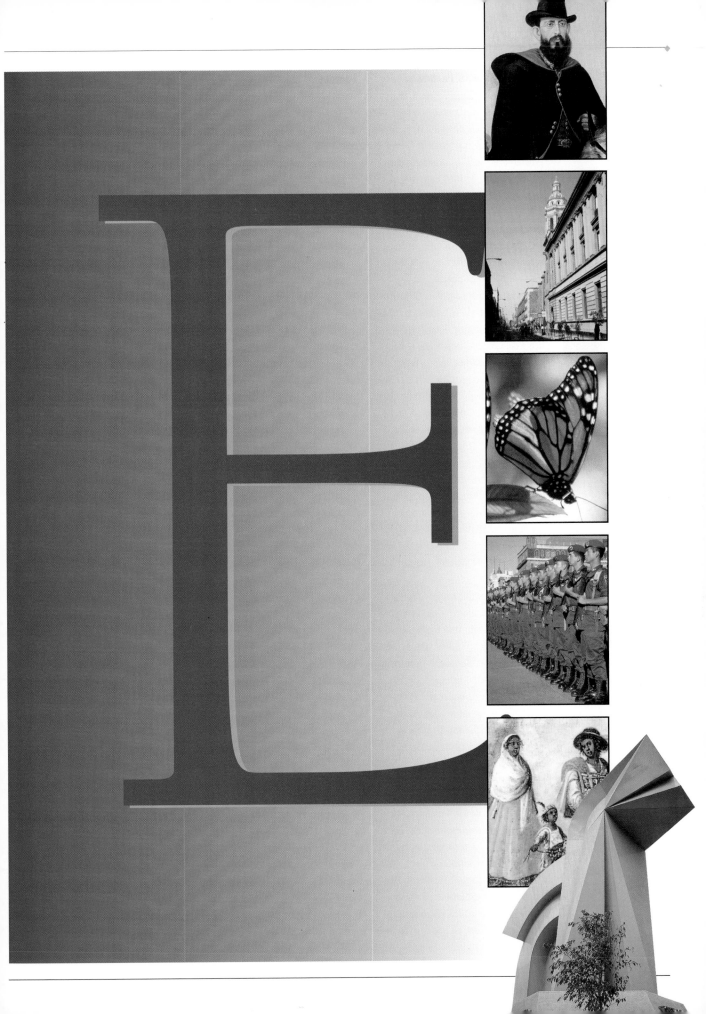

Foto: Eikon

Juan Francisco Ealy Ortiz

Foto: Eikon

Luis Marcelo Ebrard Casaubon

EALY ORTIZ, JUAN FRANCISCO ◆ n. en Torreón, Coahuila (1942). Economista por la UNAM. En 1961 comenzó a trabajar en el área administrativa de *El Universal*, en donde ha sido gerente general (1964-66) y director general (1968). A partir de 1969 es presidente y director general de *El Universal, Compañía Periodística Nacional*, casa editora *El Universal, El Universal Gráfico* y *La Afición*, adquirido este último diario por el consorcio periodístico en 1980 y vendido en 1999. Fue director del consejo de la Comisión Nacional de Libros de Texto Gratuitos (1970), director de la junta de Consejo de PIPSA, vicepresidente del Consejo Nacional de la Publicidad y presidente de la Asociación de Editores de Periódicos Diarios de la República Mexicana (1971-77). Miembro fundador (1980) y presidente (1981-82) de la Junta Asesora Latinoamericana de la UPI. Miembro de la junta directiva del Festival Internacional Cervantino desde 1981. Doctor *honoris causa* por la Universidad de Tri State, en Angola, Indiana. Miembro del consejo directivo de esa universidad desde 1998. Desde 1996 es miembro de la *Conference Board* y participante activo del *State of the World Forum*.

ÉBANO ◆ Municipio de San Luis Potosí situado en el extremo este de la entidad, en los límites con Veracruz y Tamaulipas. Superficie: 375 km². Habitantes: 38,989, de los cuales 10,020 forman la población económicamente activa. Hablan alguna lengua indígena 2,994 personas mayores de cinco años (huasteco 1,890 y náhuatl 1,086). En la cabecera, entonces sólo un caserío en torno a la estación del ferrocarril Tampico-San Luis Potosí, se libró una prolongada batalla entre fuerzas villistas y carrancistas, desde fines de 1914 en que se produjeron las primeras escaramuzas, hasta mayo de 1915, cuando Villa ordenó la retirada sin haber tomado la plaza, pese a los repetidos ataques que lanzó. Posteriormente, la explotación de importantes yacimientos de hidrocarburos convirtieron a Ébano en uno de los principales centros petroleros del país.

EBERGENYI, EMILIO ◆ n. en el DF (1950). Actor y locutor. Su segundo apellido es Matos. Hizo estudios de ingeniería civil en la Universidad Iberoamericana. En 1974 se inició como locutor en Radio Educación, donde ha tenido varios programas. Se le han encomendado controles remotos dentro y fuera del país, entre éstos el realizado desde el frente de la guerra marrueco-sajarahuí. Conductor de *Esta noche jazz* en Canal 11 y de *Vámonos tocando* en Canal 13. En el teatro lo han dirigido José Caballero en *El destierro*, de Juan Tovar, y en *Camille*, de Hugo Hiriart; Ludwik Margules en *De la vida de las marionetas*, de Igmar Bergman; José Luis Cruz en *La muerte accidental de un anarquista*, de Darío Fo, y en *La noche de Pirandello*, versión de Hugo Hiriart; y Franco I. Guzmán en *Calígula probablemente* (1995), del mismo Guzmán. Trabajó en las películas *Calacan*, de Luis Kelly Ramírez; *El Chidoguán*, de Alfonso Arau, y *El imperio de la fortuna*, de Arturo Ripstein.

EBRARD CASAUBON, MARCELO LUIS ◆ n. en el DF (1959). Licenciado en relaciones internacionales por El Colegio de México (1977-81) y especializado en la Escuela Nacional de Administración Pública de Francia (1984). Perteneció al PRI (1978-95) y es cofundador y secretario general del Partido del Centro Democrático (1999). Se ha desempeñado como asesor del subsecretario de Desarrollo Regional (1983) y director de Programas Especiales de la SPP (1984); jefe de la Unidad de Información Documental (1986) y coordinador de asesores del titular de la Sedue (1987); y director general de Gobierno (1988-1991), secretario general de Estudios y Proyectos Institucionales (1991-1992) y como secretario general de Gobierno (1992-93) y subsecretario B del DDF (1993-94). En octubre de 1995 renunció al PRI junto con Manuel Camacho Solís. Diputado federal independiente (1997-2000).

ECATEPEC ◆ Municipio del Estado de México situado al norte del Distrito Federal. Forma parte del área conurbada del valle de México. Superficie: 126.17 km². Habitantes: 1,457,124, de los cuales 380,350 forman la población económicamente activa. Hablan alguna lengua indígena 6,756 personas mayores de cinco años (náhuatl 3,622 y otomí 3,114). Indígenas monolingües: 61. La cabecera se llama Ecatepec de Morelos en honor de José María Morelos, quien fuera fusilado en este lugar por las autoridades virreinales en 1815. A la llegada de los españoles era un poblado rodeado de lagos. Durante la Colonia se construyeron los templos de Santo Tomás (siglo XVI) y San Antonio (siglo XVII), así como una casa de descanso para los virreyes, misma que hoy es la sede del Museo Morelos. La población todavía es conocida por el que fuera su nombre oficial hasta 1877: San Cristóbal Ecatepec. Es uno de los más importantes centros industriales de la República.

ECATZINGO ◆ Municipio del Estado de México situado en el extremo sureste de la entidad, en los límites con Morelos. Superficie: 54.97 km². Habitantes: 6,949, de los cuales 1,158 forman la población económicamente activa. Hablan alguna lengua indígena 13 personas mayores de cinco años.

ECHAGARAY, DOMINGO ◆ n. en Zacatlán, Pue., y m. en Morelia, Mich. (1803-1854). Combatió a los invasores estadounidenses. En 1854, Santa Anna lo hizo general de división y gobernador de Michoacán. Murió al tomar Morelia las fuerzas liberales.

ECHÁIZ, JESÚS ◆ n. en Maravatío, Mich., y m. en la ciudad de México (1831-1883). Escritor. Estudió leyes en el Colegio de San Nicolás, en Morelia. Radicó luego en la ciudad de México, donde colaboró en periódicos de la época y publicó *Horas perdidas* (1865), *El paladín extranjero. Crónicas de la independencia* (1871) y *La envenenadora* (1875).

ECHÁNOVE, POLICARPO ANTONIO DE ◆ n. en España y m. en Mérida (?-1819). A fines del siglo radicaba ya en Yucatán. Fue funcionario del gobierno colonial. Autor de *Cuadro estadístico de Yucatán en 1814*.

ECHÁNOVE TRUJILLO, CARLOS ALBERTO ◆ n. en Mérida, Yuc., y m. en el DF (1907-1976). Licenciado en derecho por la Universidad del Sureste (1931). Dirigió, entre 1945 y 1947, la elaboración y publicación de los ocho tomos de la *Enciclopedia Yucatanense* (1945-47). Es también autor de *Diccionario de sociología*, de varias biografías y otras obras.

ECHAURI, MANUEL ◆ n. en la ciudad de México (1914). Grabador y pintor. Estudió en la Escuela de Pintura al Aire Libre de Tlalpan (1928), en la Academia de San Carlos (1932-34) y en la Escuela de Artes del Libro (1943). Fue profesor de esta escuela y de La Esmeralda. Fue discípulo de Francisco Díaz de León, Tamiji Kitagawa y Carlos Alvarado Lang. Cofundador de la Liga de Escritores y Artistas Revolucionarios (1933), de la Sociedad Mexicana de Grabadores (1947) y de la Sociedad para el Impulso de las Artes Plásticas (1948). Miembro del Salón de la Plástica Mexicana. Ha participado en más de 200 exposiciones.

ECHÁVARRI, JOSÉ ANTONIO ◆ n. en España y m. en EUA (1792-1834). Militar realista. Combatió a los insurgentes. En 1821 se adhirió al Plan de Iguala e Iturbide lo designó gobernador de Puebla (1823). En 1824 se unió al Plan de Casa Mata. Involucrado en la conspiración de Arenas huyó del país.

ECHAVARRÍA, FRANCISCO DE JESÚS MARÍA ◆ n. en Bacubirito, Sin., y m. en Saltillo, Coah. (1858-1954). Fue ordenado sacerdote en 1886. Vicario de la Catedral de Culiacán y obispo de Saltillo desde 1905 hasta su muerte.

ECHAVARRÍA, JOSÉ MARÍA ◆ n. en Santiago Papasquiaro, Dgo., y m. en Parral, Chih. (1777-1843). Se tituló como abogado en Durango. Radicó en Parral donde fue alcalde y diputado al Congreso local de Chihuahua en varias ocasiones. Vicegobernador y gobernador sustituto (1835), rechazó serlo interino en 1838. Diputado al Congreso General en 1836.

ECHAVE IBÍA, BALTAZAR ◆ n. y m. en la ciudad de México (¿1583-1660?). Pintor. Se le atribuyen algunas pinturas que se hallan en el Museo de San Carlos

(*San Juan Evangelista, Retrato de una dama, Magdalena penitente* y otras).

ECHAVE ORIO, BALTAZAR ◆ n. en España y m. en la ciudad de México (?-1620). Padre del anterior. Es conocido por Echave EL VIEJO. Llegó a Nueva España en 1543. Pintor renacentista al que se atribuyen *La flagelación* y el *Martirio de San Ponciano* que están en la Catedral Metropolitana; la *Anunciación* y la *Porciúncula* del templo de Santiago Tlatelolco; la *Gloria de San Ignacio* (1610) y el *Martirio de San Cipriano* (1612) que se hallan en la Profesa.

ECHAVE RIOJA, BALTAZAR ◆ n. y m. en la ciudad de México (1632-1682). Nieto del anterior. Se le atribuyen las cinco *Escenas de la vida de Santa Teresa* que están en la capilla de San Pedro de la Catedral Metropolitana; el *Triunfo de la Iglesia* y el *Triunfo de la religión*, copias de Rubens que se hallan en la catedral de Puebla; el *Entierro de cristo* y una copia del *Martirio de San Pedro Arbués* de Murillo, éstos en la colección del Museo de San Carlos.

ECHEGARAY, MIGUEL MARÍA ◆ n. en Jalapa, Ver., y m. en la ciudad de México. (1816-1891). Combatió a los invasores estadounidenses en 1847. Apoyado por los conservadores fue gobernador de Puebla (20 de diciembre de 1857 al 7 de marzo de 1858). Durante las guerras de Reforma quiso mantener una tercera posición y lanzó infructuosamente el Plan de Navidad. Luchó contra la intervención francesa y el imperio hasta febrero de 1865 en que se rindió. En 1876 apoyó a José María Iglesias en la disputa por la Presidencia de la República.

ECHEVARRÍA, NICOLÁS ◆ n. en Tepic, Nay. (1947). Cineasta. Estudió arquitectura en Tepic y música con Carlos Chávez en la ciudad de México. Cofundador del grupo Quanta, que tocaba con los instrumentos creados por Julián Carrillo. Asistió a la Milenium Film Workshop de Nueva York en EUA. Obtuvo la beca de la Fundación Guggenheim en 1985. Se ha especializado en documentales sobre los indios de México. En su trabajo destacan los cortometrajes *Judea* (1973), *Semana entre los coras* (1973),

Huicholes, gente del peyote, Hikuri Tame, Los conventos franciscanos en el antiguo señorío Teochichimeca, Flor y canto (premio de cortometraje en Cracovia) y *El eclipse*. Además de los documentales *María Sabina, mujer espíritu* (1978), *Tesgüinada* (1979), *Semana santa tarahumara* (1979, Ariel), *Poetas campesinos* (1981), *Niño Fidencio, el taumaturgo de Espinazo* (1990). Su primer largometraje, *Cabeza de Vaca* (1990), ganó dos premios Makila del Festival de Biarritz y el de la Organización Católica Internacional en el Festival de La Habana.

ECHEVARRÍA DOMÍNGUEZ, ANTONIO ◆ n. en Santiago Ixcuintla, Nay. (1944). Contador público por la Universidad de Guadalajara. Profesor (1968-71) y tesorero general de la Universidad Autónoma de Nayarit (1971-72). Ha sido tesorero de la Feria de Tepic (1968-71), secretario de la Comisión Tripartita de Nayarit, secretario de Finanzas (1976-81, 1981-83) y secretario de Fomento a las Actividades Económicas y Productivas (1983-87) del gobierno del estado de Nayarit (1983-87). Fue director de embotelladora del Nayar, S.A. (1972-75), presidente del consejo de administración de Grupo Empresarial Álica, presidente de la delegación Tepic de Canacintra y tesorero del Comité Estatal para el Fomento y Protección Pecuaria de Nayarit. Como candidato de una coalición encabezada por el PRD y el PAN, fue elegido gobernador de Nayarit para el periodo 1999-2005.

ECHEVERRÍA, BOLÍVAR ◆ n. en Ecuador (1941). *Magister artium* en filosofía por la Freie Universität de Berlín; licenciado en filosofía, maestro y doctor en economía por la UNAM, donde es profesor en varias facultades. Autor de *El discurso crítico de Marx, El problema de la nación desde la crítica de la economía política* y *Las ilusiones de la modernidad*.

ECHEVERRÍA, FRANCISCO JAVIER ◆ n. en Jalapa, Ver., y m. en la ciudad de México (1797-1852). Empresario y político. Radicó en la capital desde 1834, después de haber sido diputado local en Veracruz. Fue ministro de Hacienda de Santa Anna (mayo-septiembre de 1834) y de Bustamante (julio de 1839 a mar-

José Antonio Echávarri

Antonio Echevarría Domínguez

zo de 1841). Presidente de la República en ausencia de Bustamante (22 de septiembre al 10 de octubre de 1841). Fue diputado en 1850. Fue acusado de hacer grandes negocios en su doble calidad de hombre de empresa y funcionario público. Ejerció la filantropía y perteneció al patronato de la Academia de San Carlos.

ECHEVERRÍA, MANUEL ◆ n. en el DF (1942). Novelista. Es autor de *Último sol* (1968), *Las manos en el fuego* (1970), *Un redoble muy largo* (1974), *El enviado especial* (1984) y *La noche del grito* (1987).

ECHEVERRÍA, MIGUEL ◆ n. en Durango, Dgo. y m. en Guadalajara, Jal. (1917-1988). Fotógrafo. En 1955 se estableció en Guadalajara, donde presentó su primera exposición en 1963 en la Casa de la Cultura Jalisciense. Fue director de la Escuela de Artes Plásticas y de la Facultad de Arquitectura de la Universidad de Guadalajara. En 1966 participó en los Salones Internacionales de Fotografía de Ingaterra y la India. En 1968 ganó un premio en Bulgaria, con un estudio fotográfico de una cabaña en el Popocatépetl. Entre 1970 y 1988 realizó más de 70 exposiciones de su trabajo fotográfico en México y el extranjero (Los Ángeles, Berlín, San Francisco, Toronto, Austin, Caracas).

ECHEVERRÍA ÁLVAREZ, LUIS ◆ n. en la ciudad de México (1922). Licenciado en derecho por la UNAM. Desde 1944 es miembro del PRI, donde fue secretario particular del entonces presidente de ese partido, Rodolfo Sánchez Taboada,

Foto: Guillermo Aguilera

Luis Echeverría Álvarez

secretario de prensa y oficial mayor del comité ejecutivo nacional. Colaboró en el diario *El Nacional*. Ha sido director de Administración de la Secretaría de Marina, oficial mayor de la Secretaría de Educación Pública (1952-58), subsecretario (1958-63) y secretario de Gobernación (1963-69), candidato del PRI a la Presidencia (1969-70), presidente de la República (1970-76), presidente del Centro de Estudios Económicos y Sociales del Tercer Mundo (1976-), embajador de México ante la UNESCO (1977) y en Australia, Nueva Zelanda y Fiji (1978-80), y presidente del Consejo Directivo de la Asociación Latinoamericana para los Derechos Humanos elegido para el trienio 1989-91. Durante su sexenio al frente del Poder Ejecutivo se erigieron los estados de Baja California Sur y Quintana Roo (1974). Su periodo presidencial se caracterizó en lo económico por el abandono verbal del modelo seguido por el país durante 20 años, el llamado "desarrollo estabilizador", pero se limitó a hacer algunas modificaciones que sólo empeoraron la situación económica. Su retórica populista dio pretexto para que disminuyera la inversión privada, por lo cual condenó a los grandes empresarios, pero les permitió aumentar sustancialmente la tasa de ganancia. Se duplicaron la producción de petróleo, electricidad y acero; la extensión de la red caminera y la deuda externa. Se negó a implantar el control de cambios pese a la fuga de divisas. Cuando la presión de los hechos hizo insostenible la paridad, devaluó el peso a me-

nos de la mitad del tipo de cambio que había mantenido desde 1954, lo que propició más especulación y una inflación que llegó a ser de 27 por ciento en el último año de su gestión. Creó el Instituto Mexicano de Comercio Exterior (IMCE). El 1 de enero de 1975, los antiguos departamentos de Turismo y de Asuntos Agrarios y Colonización se convirtieron en secretarías de Turismo y de la Reforma Agraria, respectivamente. En materia agraria se procedió al reparto de 16 millones de hectáreas y al término de su periodo se entregó a los campesinos una extensión de 100 mil hectáreas en los valles del Yaqui y del Mayo, medida que irritó a los grupos conservadores mexicanos y extranjeros, al extremo de que las agencias noticiosas internacionales difundieron que se había producido un golpe militar en México. La política social se concretó, entre otros hechos, en la creación y funcionamiento del Instituto del Fondo Nacional de la Vivienda para los Trabajadores (Infonavit), del Instituto y la Procuraduría del Consumidor. En la ciudad de México se construyó más del 80 por ciento del Sistema de Drenaje Profundo y se llevó a cabo el Circuito Interior, pero se interrumpieron por completo las obras de expansión del Servicio de Transporte Colectivo (Metro). Se fundaron la Universidad Autónoma Metropolitana y el Colegio de Bachilleres. Desplegó una activa política exterior. Hizo 40 visitas de Estado a diversos países acompañado de una gran comitiva que en el caso de su encuentro con el presidente argentino llegó al extremo de fletar un avión para transportar a más de un centenar de intelectuales que aceptaron acompañarlo. Pronunció discursos en la ONU, la UNESCO, la ONUDI, la FAO y otros organismos internacionales. Sus propagandistas trataron de que se le concediera el Premio Nobel de la Paz y que fuera elegido secretario general de la ONU. Fracasaron en ambos propósitos. En su tiempo, México participó en la creación del Sistema Económico Latinoamericano (Sela) y de la empresa Naviera

GABINETE DEL PRESIDENTE FRANCISCO JAVIER ECHEVERRÍA (22 de septiembre al 10 de octubre de 1841)	
MINISTERIO DE RELACIONES EXTERIORES	
SEBASTIÁN CAMACHO	22 de septiembre al 10 de octubre
MINISTERIO DEL INTERIOR	
JOSÉ MARÍA JIMÉNEZ	22 de septiembre al 3 de octubre
JOAQUÍN DE ITURBIDE	4 al 10 de octubre
MINISTERIO DE GUERRA Y MARINA	
JUAN N. ALMONTE	22 de septiembre al 10 de octubre
MINISTERIO DE HACIENDA	
MANUEL MARÍA CANSECO	22 de septiembre al 10 de octubre

GABINETE DEL PRESIDENTE LUIS ECHEVERRÍA ÁLVAREZ

(1 de diciembre de 1970 al 30 de noviembre de 1976)

GOBERNACIÓN		*EDUCACIÓN PÚBLICA*	
MARIO MOYA PALENCIA	1 de diciembre de 1970 al 30 de noviembre de 1976	VÍCTOR BRAVO AHÚJA	1 de diciembre de 1970 al 30 de nov. de 1976
RELACIONES EXTERIORES		*SALUBRIDAD Y ASISTENCIA*	
EMILIO O. RABASA	1 de diciembre de 1970 al 28 de diciembre de 1975	JORGE JIMÉNEZ CANTÚ	1 de diciembre de 1970 al 3 de marzo de 1975
ALFONSO GARCÍA ROBLES	29 de diciembre de 1975 al 30 de nov. de 1976	GINÉS NAVARRO DÍAZ	4 de marzo de 1975 al 30 de noviembre de 1976
DEFENSA NACIONAL		*TRABAJO Y PREVISIÓN SOCIAL*	
HERMENEGILDO CUENCA DÍAZ	1 de diciembre de 1970 al 30 de nov. de 1976	RAFAEL HERNÁNDEZ OCHOA	1 de diciembre de 1970 al 20 de sep. de 1972
MARINA		PORFIRIO MUÑOZ LEDO	21 de septiembre de 1972 al 23 de sep. de 1975
LUIS M. BRAVO CARRERA	1 de diciembre de 1970 al 30 de noviembre de 1976	CARLOS GÁLVEZ BETANCOURT	24 de septiembre de 1975 al 30 de nov. de 1976
HACIENDA Y CRÉDITO PÚBLICO		*PRESIDENCIA DE LA REPÚBLICA*	
HUGO B. MARGÁIN	1 de diciembre de 1970 al 31 de mayo de 1973	HUGO CERVANTES DEL RÍO	1 de diciembre de 1970 al 2 de octubre de 1975
JOSÉ LÓPEZ PORTILLO	1 de junio de 1973 al 25 de septiembre de 1975	IGNACIO OVALLE FERNÁNDEZ	3 de octubre de 1975 al 30 de noviembre de 1976
MARIO RAMÓN BETETA	26 de septiembre de 1975 al 30 de nov. de 1976	*REFORMA AGRARIA***	
PATRIMONIO NACIONAL		AUGUSTO GÓMEZ VILLANUEVA	1 de diciembre de 1970 al 23 de sep. de 1975
HORACIO FLORES DE LA PEÑA	1 de diciembre de 1970 al 2 de enero de 1975	FÉLIX BARRA GARCÍA	24 de septiembre de 1975 al 30 de nov. de 1976
FRANCISCO JAVIER ALEJO	3 de enero de 1975 al 30 de noviembre de 1976	*TURISMO****	
INDUSTRIA Y COMERCIO:		AGUSTÍN OLACHEA BORBÓN	1 de diciembre de 1970 al 2 de noviembre de 1973
CARLOS TORRES MANZO	1 de diciembre de 1970 al 17 de diciembre de 1973	JULIO HIRSCHFIELD ALMADA	3 de noviembre de 1973 al 30 de nov. de 1976
JOSÉ CAMPILLO SAINZ	18 de diciembre de 1973 al 30 de nov. de 1976	*DEPARTAMENTO DEL DISTRITO FEDERAL*	
AGRICULTURA Y GANADERÍA		ALFONSO MARTÍNEZ DOMÍNGUEZ	1 de diciembre de 1970 al 15 de junio de 1971
MANUEL BERNARDO AGUIRRE	1 de diciembre de 1970 al 31 de diciembre de 1973	OCTAVIO SENTÍES GÓMEZ	16 de junio de 1971 al 30 de noviembre de 1976
OSCAR BRAUER HERRERA	1 de enero de 1974 al 30 de noviembre de 1976		
COMUNICACIONES Y TRANSPORTES			
EUGENIO MÉNDEZ DOCURRO	1 de diciembre de 1970 al 30 de noviembre de 1976	* ENCARGADO DEL DESPACHO	
OBRAS PÚBLICAS		** FUE DEPARTAMENTO DE ASUNTOS AGRARIOS Y COLONIZACIÓN HASTA EL 31 DE	
LUIS ENRIQUE BRACAMONTES	1 de diciembre de 1970 al 30 de noviembre de 1976	DICIEMBRE DE 1974	
RECURSOS HIDRÁULICOS		*** FUE DEPARTAMENTO DE TURISMO HASTA EL 31 DE DICIEMBRE DE 1974	
LEANDRO ROVIROSA WADE	1 de diciembre de 1970 al 21 de agosto de 1976		
LUIS ROBLES LINARES*	22 de agosto al 30 de noviembre de 1976		

Multinacional del Caribe (Namucar). Por su iniciativa, la ONU aprobó la Carta de Derechos y Deberes Económicos entre los Estados. En esos años (1970-76) se estrecharon las relaciones con Cuba, hasta entonces meramente formales, y se expresó una amplísima simpatía por el gobierno constitucional chileno del doctor Salvador Allende. Cuando se produjo el cuartelazo que derrocó a Allende, se concedió asilo a miles de chilenos y, una vez que se obtuvo el salvoconducto para los refugiados en la embajada mexicana, se rompieron las relaciones con el gobierno golpista de Augusto Pinochet. La política de asilo se hizo extensiva a perseguidos políticos de origen latinoamericano y a bastantes españoles. Al dictarse sentencia de muerte contra un grupo de militantes autonomistas vascos, México rompió las relaciones comerciales y aun las comunicaciones con el gobierno fascista de Francisco Franco. Durante su gestión se promulgó (el 29 de diciembre de 1970) una nueva Ley Orgánica del Distrito Federal, que lo dividió en las 16 delegaciones que ahora lo componen. Era secretario de Gobernación cuando se produjo el movimiento estudiantil popular de 1968, el cual fue víctima de una feroz represión que culminó con la matanza de gente inerme el 2 de octubre de ese año. Como candidato a la Presidencia y en los inicios de su gestión al frente del Poder Ejecutivo, intentó ganarse a los intelectuales y puso en práctica una política de acercamiento a las universidades. Entre los primeros ganó algunos adeptos, especialmente con el ofrecimiento de una "apertura democrática" que nunca se concretó. El 10 de junio de 1971 se produjo otra matanza de estudiantes en la capital. Negó que fuera responsable del crimen, prometió aclarar el asunto y castigar a los culpables, lo que no cumplió. Entre 1971 y 1972 fueron liberados los presos políticos que estaban en prisión por órdenes de Gustavo Díaz Ordaz, pero eso no detuvo el auge del movimiento guerrillero que se expresó en el surgimiento de varios grupos armados, a los cuales se reprimió echando mano de todos los recursos, entre ellos la tortura, la desaparición y el asesinato. En el último año de su gobierno quiso ser recibido en la UNAM y el resultado fue que los grupos de izquierda condenaran su presencia en el *campus* y que núcleos de filiación desconocida, posiblemente de manera espontánea, lo obligaran a salir en medio de una pedrea. En los inicios de su sexenio alentó una relativa apertura a la crítica periodística. En los mismos años, representantes de su gobierno destruyeron y confiscaron los talleres de la revista *Por qué?*, prohibieron la circulación de *Eros*, publicación erótico-política, y al salir Julio Scherer con cientos de periodistas de la casa *Excélsior*, se acusó a Echeverría de intervenir en el conflicto habido en esa editorial, lo que motivó un distanciamiento entre un amplio sector de los intelectuales y el Estado.

ECHEVERRÍA ÁLVAREZ, RODOLFO ◆ n. en la ciudad de México (1917). Hermano del anterior. Licenciado por la Escuela Libre de Derecho (1940). Político y actor. Fue abogado consultor del Partido de la Revolución Mexicana (1940-45), secretario particular del secretario general de ese partido y del PRI (1945) y secretario de acción política del comité directivo del PRI en el DF. Asesor, secretario general de la Sección de Actores y secretario general del comité central del STPC, jefe del Departamento Jurídico del SME (1943-53), secretario general de la ANDA (1953-66), dos veces diputado federal (1952-55 y 1958-61), senador suplente y director del Banco Nacional Cinematográfico (1970-76), puesto en el que fundó la Corporación Nacional Cinematográfica y del Centro de Capacitación Cinematográfica. Con el nombre artístico de Rodolfo de Anda, participó en la Compañía de Teatro de la Facultad de Filosofía y Letras, en el Teatro Orientación, fue fundador del Teatro Universitario (1937) y a partir de 1939 estuvo en las compañías de Fernando Soler, Alfredo Gómez de la Vega, INBA y Rosita Díaz Gimeno. Actuó en las películas *María* (1938), *La noche de los mayas* (1939), *Dicen que soy mujeriego* (1948), *Azahares para tu boda* (1950), *Reportaje* (1953), *El rapto* (1953), *La rosa blanca* (1953), *El joven Juárez* (1954),

Rodolfo Echeverría Ruiz

Ensayo de un crimen (1955), *La tercera palabra* (1955), *Aquí está Heraclio Bernal* (1957), *Miércoles de ceniza* (1958), *Las aventuras de Chucho el Roto* (1959), *Ojos tapatíos* (1960), *Viento negro* (1964) y *Morelos* (1965). Autor de *El actor frente al derecho* (París, 1957) y de *La Asociación Nacional de Intérpretes* (1960). En 1977 recibió un Ariel "en reconocimiento a su labor excepcional en beneficio del cine mexicano".

ECHEVERRÍA CASTELLOT, EUGENIO ◆ n. en Ciudad del Carmen, Camp. (1924). Ingeniero petrolero por el Instituto Politécnico Nacional (1947). Director fundador de la Escuela de Ingeniería de la Universidad de Campeche (1960). Director de Obras Públicas del estado (1951-67), presidente municipal de Campeche (1959-61) y gobernador del estado del mismo nombre (1979-85).

ECHEVERRÍA DEL PRADO, VICENTE ◆ n. en Pénjamo, Gto., y m. en el DF (1898-1976). Poeta. Estudio el bachillerato en la ciudad de México y la carrera de arquitecuira en Guadalajara. Fue profesor de matemáticas en el Instituto Politécnico Nacional. Colaboró en *Summa*, *Estaciones* y otras revistas literarias. Autor de *Voces múltiples* (1927), *Vida suspensa* (1933), *De la materia suspirable* (1945), *Tallos de abismo* (1946), *Perfiles inviolados* (1947), *Carta de Intemporalidades & a Iberoamérica. Sonetos.* (1948), *En tiempo de gacela* (1949), *Con el silencio en cruz* (1950), *Los mármoles furtivos* (1952) y *Tres mil sonetos* (1975).

ECHEVERRÍA RUIZ, RODOLFO ◆ n. en el DF (1946). Licenciado en derecho por la UNAM (1964-68). Miembro del PRI desde 1960, en el que fue líder juvenil nacional (1965-67), oficial mayor (1970-76), miembro del consejo consultivo del CEN (1987-), miembro del consejo editorial de la revista *Línea* (1988) y candidato a la presidencia del CEN (1999). Secretario coordinador de la Gran Comisión de la Cámara de Senadores (1970-71), dos veces diputado federal (1973-76, 1991-94), subsecretario de Gobernación (1976-78), subsecretario de Trabajo y Previsión Social (1978-82), embajador en Cuba (1982-84) y en

España (1995-97), subdirector de Petróleos Mexicanos (1985-87) y secretario general adjunto de Coordinación Metropolitana del DDF (1988-1991). Ha sido profesor en el Icap (1971-72) y en la Escuela Superior de Guerra (1976-77). Miembro de la Corriente Renovadora del PRI desde 1998.

ECHEVERRÍA ZUNO, ÁLVARO ◆ n. en el DF (1947). Estudió economía en el ITAM. Fue delegado de la SARH en Morelos, gobernador suplente del Fondo Internacional de Desarrollo Agrícola (FIDA) y representante permanente ante la FAO. Desde 1995 es subsecretario de Organización y Desarrollo de la SRA.

ECHEVERRÍA ZUNO, BENITO ◆ n. en el DF (1959). Licenciado y doctor en ciencias sociales por la Universidad de París. Miembro del PRI desde 1979. Ha sido delegado de Turismo en Francia (1990-93) y director general de Promoción para Europa y Latinoamérica de la Secretaría de Turismo (1993-).

ECHEVERRÍA ZUNO, LUIS VICENTE ◆ n. en el DF (1945). Licenciado en economía por la UNAM (1963-67). En Francia hizo un curso de posgrado sobre planeación económica (1968). Ha sido responsable del Sistema de Información para la Programación Económica y Social de la Presidencia de la República (1971-76), delegado fiduciario del Fondo del Programa de Descentralización de las Explotaciones Lecheras del DF (1973-), subdirector técnico fiduciario (1977-83) y coordinador de Programas Ganaderos de Banrural (1984-).

ECHEVERRÍA ZUNO, MARÍA ESTHER ◆ n. en el DF (1950). Licenciada en antropología social por la UIA (1969-74), donde fue coordinadora del trabajo de campo (1973). Investigadora del INAH (1974-). Pertenece al PRI. Ha sido investigadora del Consejo Nacional de Cultura y Recreación de los Trabajadores. (1976), jefa de la Oficina de Orientación Habitacional del Infonavit (1979-80); jefa del Departamento de Difusión (1981-87) y directora del Museo Nacional de Culturas Populares (1988); subdelegada en Coyoacán (1989), directora general del Fonart

(1989-). Coordinó la edición de *Recetario mexicano del maíz* (1982) y *La expresión artística popular* (1983). Coautora de *Historia del Museo Nacional de Culturas Populares* (1986). Autora de *Historia de la antropología social* (1986).

ECHEVERRÍA ZUNO, RODOLFO ◆ n. y m. en el DF (1952-1983). Licenciado en economía por el ITAM. Fue director de Planeación de la Comisión del Balsas, director general y coordinador general de Desarrollo Agroindustrial de la Secretaría de Agricultura y Ganadería.

ECHEVERZ Y SUBÍZAR, AGUSTÍN DE ◆ n. y m. en España (1646-?). Gobernador y capitán general del Nuevo Reino de León (1682-87). Inició su ejercicio del poder neoleonés en 1684. Durante su gestión se fundó San Miguel de Aguayo, hoy Bustamante.

ECOLOGISMO ◆ Corriente social que aboga por la conservación de los recursos y equilibrios naturales y se opone a la degradación del ambiente causada por agentes contaminantes producidos o empleados por seres humanos. La palabra ecología se incorporó al lenguaje común en la década de los setenta, pero un siglo antes, en 1866, el primero en emplearla fue el biólogo alemán Ernesto Enrique Haeckel, quien la definió, dice Enrique Beltrán, como "la parte de la biología que se ocupa de estudiar las relaciones de los organismos vivientes entre sí y con el ambiente inanimado que los rodea". Según Javier Calvillo, la ecología "establece que todas las formas de vida son interdependientes", que "la estabilidad (unidad, seguridad, armonía) de los ecosistemas depende de su diversidad (complejidad)", por lo que "un ecosistema que contenga cien especies distintas será más estable que otro que tenga solamente tres"; y, por último, "que todas las materias primas son limitadas (alimentos, agua, aire, minerales, energías) y que existen límites al crecimiento de todos los sistemas vivos. determinados por el tamaño de la tierra y por la limitada cantidad de energía que nos llega del sol". En México las organizaciones ecologistas tienen como principales antecedentes la Sociedad Mexicana de Historia Natural (1868), la Liga Infantil Protectora de las Aves (1909), la Sociedad Forestal Mexicana, fundada en 1921 por Miguel Ángel de Quevedo bajo el lema "Es preservar la vida trabajar por el árbol"; y el Instituto Mexicano de Recursos Naturales Renovables, AC, creado en 1952. En México, durante la década de los sesenta, se observó con cierta desconfianza el debate ecologista que tenía como escenarios Europa, Japón, Canadá y Estados Unidos. Se consideraba que era asunto exclusivo de los países industrializados, pero no un problema para las sociedades que, como la mexicana, pugnaban por su industrialización. Pese a lo anterior, se produjeron algunas expresiones ecologistas, aún sin llamarse así, como las protagonizadas por quienes fundaron comunas para vivir en contacto con la Naturaleza. Asimismo, en 1968 se creó el Instituto de Ecología. En los años setenta la contaminación del aire en el área metropolitana del valle de México se convirtió en algo evidente, lo que estimuló el surgimiento de los primeros grupos propiamente ecologistas y se inicia el recuento y la reflexión sobre los desequilibrios naturales causados por la acción del hombre, en especial en los bosques, la atmósfera y las aguas. El 1971 se instaló, con representantes del gobierno, los trabajadores y los patrones, la Comisión Jurídica para la Prevención y Control de la Contaminación Ambiental y entró en vigor la primera Ley Federal de Protección Ambiental. Asimismo, se fundó el Centro de Investigaciones Ecológicas del Sureste. Al año siguiente, el presidente Luis Echeverría decretó la creación, en la Secretaría de Salubridad y Asistencia, de la Subsecretaría de Mejoramiento del Ambiente. Por esos días surgió el Centro de Ecodesarrollo. En 1973, Fernando González Gortázar funda y preside Pro Hábitat, AC, y un año después se crea Bioconservación, AC. En 1975 se instituyó la Academia Mexicana de Derecho Ambiental. Al inicio del periodo presidencial de José López Portillo, por primera vez se produce en México un amplio debate sobre el uso de la energía atómica, cuando se discute en el Congreso el proyecto de Ley Nuclear (1977). En esta ocasión, la defensa que hacen los trabajadores nucleares de su sindicato pone en segundo término los riesgos de la energía atómica. Otro asunto que motiva la intervención de los ecologistas es la destrucción del

En bosques del centro del país es posible admirar las mariposas monarca, especie que atrae la atención de grupos ecologistas y de turistas.

Foto: Carlos Hahn

Foto: Claudio Contreras

El Grupo de los Cien, en su labor en defensa de la naturaleza mexicana, trabaja en la preservación de distintas especies animales, tales como el lobo mexicano (arriba) y el monstruo de Gila (abajo).

Foto: Claudio Contreras

Monstruo de Gila

equilibrio natural en las regiones donde opera Pemex y, en especial, el derrame en el golfo de México del pozo petrolero Ixtoc (1979), hecho que provoca una amplia protesta de muy diversos sectores sociales, lo que a su vez motiva una airada respuesta del entonces presidente José López Portillo, para quien resultan inaceptables las críticas. Como asociación civil se constituyó en 1977 el Grupo de Estudios Ambientales y al año siguiente, en busca de un empleo más racional de los recursos naturales, se creó el Grupo de Tecnología Alternativa. En 1978 un grupo de personas en-

Coatí (también llamado pisote o tejón), especie protegida por grupos ecologistas

El cuidado de los espacios naturales es de gran trascendencia dentro del trabajo ecologista. Arriba: un bosque de coníferas

Ocelote, especie en peligro de extinción

cabezadas por José Álvarez Icaza, fundó el Frente de Defensa de los Recursos Naturales, que se mantuvo en actividad hasta 1981. De 1979 data Conservación AC, organismo privado. En 1980 surgieron la asociación civil Pro Mariposa Monarca, la Fundación de Ecodesarrollo Xochicalli, la Asociación de Tecnología Apropiada y la Asociación Nacional de Energía Solar; al año siguiente se constituyeron Pronatura, AC, y el

La tortuga de carey, especie animal en peligro de desaparecer

Grupo del Sol. En 1981 los voceros del Sindicato Único de Trabajadores de la Industria Nuclear se enfrentan a los ecologistas, especialmente en las páginas del diario *unomásuno*, en una prolongada polémica sobre la instalación de un reactor nuclear experimental en la ribera del lago de Pátzcuaro, mismo que finalmente no se instala, debido a la movilización de los vecinos de la zona y de sus simpatizantes de otros lugares. En ese proceso surgen agrupaciones de carácter netamente ecologista, como el Comité de Defensa Ecológica de Michoacán (con Fernanda Navarro, José Arias, Jean Robert, Ramón Martínez Ocaranza y otras personas), la Organización Ribereña contra la Contaminación del Lago de Pátzcuaro (integrada por indios de la región), el Centro de Estudios Sociales y Ecológicos de Pátzcuaro, Michoacán, y el Comité de Defensa Ecológica de México. También en 1981, se funda en la capital del país el Movimiento Ecologista Mexicano, que seis años después decía contar con 4,000 miembros. Por los mismos días, Mauricio Schoijet inicia en la Universidad Autónoma Metropolitana (plantel Xochimilco) un seminario de ecología social, cuyos participantes publican "una pequeña revista" acerca del tema, publicación que desaparece después del tercer número, cuando la División de Ciencias Sociales le retira el apoyo. Otras agrupaciones ecologistas nacidas en los años ochenta son la Asociación Eco-

lógica de Coyoacán (1982), Sobrevivencia, AC (1983), el Consejo para la Conservación del Patrimonio Ecológico y Cultural del Valle de Tulancingo (1983), Pro Ecología de Colima (1983), la Sociedad Pro Defensa del Lago de Chapala (1983), Amigos de la Naturaleza (1984), el Taller de Urbanismo Alternativo (1984), el Grupo Ecológico de Aguascalientes (1984), la Alianza Ecologista Nacional (1984), la Red Nacional de Formación Ambiental (1984), la Fundación Mexicana para la Restauración Ambiental (1985), la Federación Conservacionista Mexicana (1985) y el Grupo de Estudios Sociedad Naturaleza (1985). Durante la campaña electoral de 1982, algunos partidos recogieron diversos problemas de orden ambiental e hicieron propuestas para su solución. A partir del 1 de enero de 1983 la anti-

La yuca, especie vegetal que se encuentra protegida

gua Secretaría de Asentamientos Humanos y Obras Públicas se transformó en la Secretaría de Desarrollo Urbano y Ecología, con lo cual se amplió el campo de atención a los problemas ambientales, antes limitados a sus aspectos relacionados con la salud. Por otra parte, como respuesta a la creciente inquietud social por la degradación del medio, en el Plan Nacional de Desarrollo 1983-88 se in-

Reserva de la Biosfera de Banco Chinchorro, en Cayo Centro, Quintana Roo

Foto: Claudio Contreras

cluyó un apartado sobre ecología y al año siguiente se dio a conocer el Programa Nacional de Ecología 1984-88. En enero de 1984 se descubrió en Arizona, EUA, un camión cargado con material radiactivo. Había salido de Chihuahua y su carga la constituían unas varillas que al fabricarse fueron fundidas con cobalto 60, procedente de una bomba médica de desecho con la cual no se tuvo ninguna precaución y se dejó abandonada a bordo de una camioneta en Ciudad Juárez, donde alguien la perforó y permitió que escapara su contenido. La cápsula fue a parar a la fundidora donde se produjeron las varillas y de ahí salieron éstas a contaminar en una amplia área geográfica de México y Estados Unidos. Los ecologistas denunciaron entonces la irresponsabilidad de las autoridades y su falta de control sobre materiales altamente peligrosos. En marzo de 1985 apareció en algunos diarios de la capital la *Declaración de los Cien*, alegato ecologista firmado por un centenar de prominentes intelectuales mexicanos, quienes denuncian "la falta de acción de las autoridades responsables". Dos años después, varios personajes del mismo grupo aparecen en diversos canales de televisión haciendo llamados a evitar la contaminación y cuidar el ambiente. En noviembre de 1985 se celebra en el Distrito Federal el primer Encuentro Nacional de Ecologis-

tas, con representantes de un centenar de agrupaciones, quienes acuerdan manifestarse "contra la puesta en marcha de la ya obsoleta núcleoeléctrica de Laguna Verde", que a su juicio "constituye una grave amenaza no sólo a los ecosistemas, sino también para más de un millón de pobladores de la región". En abril de 1986 se decretó que la región donde se alberga la mariposa monarca fuera declarada santuario. A fines del mismo año, en varios puntos del valle de México, aves migratorias se desploman muertas sin explicación aparente. Las autoridades insisten en que son casos de fatiga, pero los ecologistas responden que se debe a la irrespirable atmósfera capitalina. En marzo de 1987 se logró suspender el proyecto de los

gobiernos mexicano y guatemalteco para construir cuatro plantas hidroeléctricas sobre el río Usumacinta. En junio, el Programa de las Naciones Unidas para el Medio Ambiente premió la labor del Grupo de los Cien. En marzo del mismo año, según datos de Alfonso Ciprés Villarreal, presidente del Movimiento Ecologista Mexicano, existían en el país 233 grupos ecologistas, varios de los cuales fundaron el Partido Verde Mexicano en julio de 1987. Para entonces, la contaminación de las grandes ciudades, agravada por las nuevas gasolinas, así como la desaparición de zonas boscosas y especies animales, formaba parte de la conciencia social. Sin embargo, en el centro de la movilización ecologista estaba la oposición a la política nuclear del Estado, especialmente a la apertura de la planta eléctrica de Laguna Verde, Veracruz. El ecologismo era ya una corriente que se expresaba en forma multitudinaria y ordenada, sobre todo en el estado de Veracruz, donde se halla instalada la planta. Hasta mediados de 1988, las movilizaciones habían obliga-

Foto: Michael Calderwood

Maguey en flor, especie defendida por grupos ecologistas

La reserva de la biosfera de Bahía Perula, en Jalisco, se encuentran protegida debido a una importante labor ecologista

La Bahía Perula, en Jalisco

Foto: Claudio Contreras

Foto: Claudio Contreras

El pinacate

do al gobierno a aplazar la entrada en funcionamiento de la nucleoeléctrica, pero el proyecto no se había cancelado y la amenaza de una catástrofe seguía presente. Debido a la creciente conciencia ecologista, en enero de 1987 se inició una campaña para evitar que 7 mil toneladas de leche con residuos radiactivos se destinara al consumo de la población. Después de varios meses se logró que fuera regresada a los proveedores irlandeses. El 1 de marzo de 1988 entró en vigor la nueva Ley Ecológica. En los primeros años de la década de los noventas obtuvo su registro oficial el Partido Verde Ecologista de México (☞) que tiene representantes en el Congreso de la Unión y en varios congresos locales.

ECONOMÍA ◆ Conjunto de actividades encaminadas a la producción y distribución de artículos y servicios destinados a satisfacer necesidades sociales. En el México prehispánico había básicamente dos economías: la que practicaban los grupos nómadas que habitaban el norte del país, dedicados a la caza, la pesca y la recolección; y la del centro y el sur, con una población sedentaria que tenía a la agricultura como su principal actividad y medio de vida. Los instrumentos empleados por los primeros, que deambulaban más o menos al norte del paralelo 22, eran arco y flecha, cuchillos de

piedra y otros objetos igualmente rudimentarios. En la porción agrícola del México antiguo, que además de la parte situada al sur del paralelo 22 comprendía también los actuales estados de Nayarit y Sinaloa, florecieron diversas culturas: la maya, entre los siglos IV y IX de la era presente, y en las centurias cuarta y quinta la tarasca y la náhuatl. Estas culturas contaban con arcaicos instrumentos de labranza, pero en las tres se requería del uso masivo de la fuerza de trabajo y de una muy compleja organización del trabajo a causa del exceso o falta de líquido, que en el caso de los mayas y los nahuas del valle de México llevó a la construcción de grandes obras hidráulicas. Los aztecas y los pueblos bajo su dominio practicaban la avicultura en pequeña escala, la cría de mamíferos domésticos, la caza, la pesca, la recolección de hongos, raíces, hojas, frutos y otras partes útiles de las plantas, así como la captura o el cultivo de insectos. Los granos del cacao eran usados como moneda. El maguey y el algodón proporcionaban la fibra para las prendas de vestir y otros usos. En el valle de México la agricultura se practicaba en *chinampas* (☞), en la desembocadura de grandes ríos se aprovechaban las avenidas y en la mayor parte del México antiguo se empleaba el sistema

de roza, consistente en desmontar y desbrozar una porción de tierra, frecuentemente quemando la maleza, para despejar un área y cultivarla en promedio unos tres años, pues los rendimientos disminuyen en cada cosecha. El sistema de roza era el más usado por los núcleos aislados. Las grandes ciudades requerían de una agricultura estable, como la que permiten por ejemplo las chinampas, las que sin embargo no bastaban para alimentar a una urbe como Tenochtitlan, que debía recurrir al sometimiento de otros grupos a los que pedía tributo. Los aztecas, pese a que llegaron a dominar gran parte de Mesoamérica, no contaban con armas metálicas. Sin embargo, trabajaban metales preciosos y no preciosos con fines ornamentales; conocían el cobre y echaban mano del estaño, el zinc y el plomo para producir diversas aleaciones. No conocían el arado ni empleaban la rueda para el transporte, pese a que con ella elaboraban carros de juguete. Tampoco utilizaban la navegación a vela, todo lo cual hacía más lentos y difíciles los desplazamientos. La cerámica y los textiles tuvieron un apreciable desarrollo, construían casas de materiales resistentes y otros edificios de piedra. A la llegada de los españoles existía una amplia especialización y división del trabajo, no sólo en la esfera de la producción, sino aun en la de distribución, pues había mercados misceláneos y algunos en los que sólo se encontraba un tipo de mercancías, ya fuesen esclavos, objetos ornamentales, animales o alfarería. Había también una severa reglamentación de los gremios. La tierra, el principal medio de producción, estaba en manos de las comunidades para su cultivo y usufructo, pero no era en rigor propiedad de alguien ni era objeto que se pudiera vender y comprar. Aunque en teoría el gobernante, déspota al que pagaban tributo los pueblos bajo su dominio y aun el propio, podía disponer de la tierra y sus habitantes, ambos elementos constituían la base que sustentaba su poder, por lo cual una política prudente lo obligaba a preserver el orden de cosas. Los pequeños señoríos que se hallaban fuera del valle de México, eran comunidades agrarias que tenían una economía de autoconsumo; es decir, producían apenas lo suficiente para satisfacer sus necesidades y algún tipo de mercancías aptas para el tributo y el intercambio. El conjunto de esas actividades de producción y distribución, así como las relaciones establecidas entre productores, distribuidores y consumidores, formaba una compleja estructura que fue destruida casi totalmente por los conquistadores. La población del México central, calculada en unos 25 millones de habitantes en 1519, disminuyó hasta poco más de un millón en 1605 a causa de la guerra, la sobreexplotación, las hambrunas y las enfermedades traídas de Europa. *La Colonia*: Hasta la llegada de Colón a tierras americanas, España era uno de los países donde existían importantes enclaves del capitalismo embrionario, como Cataluña y el País Vasco. Sin embargo, como la unificación política fue encabezada por Castilla, reino militarmente poderoso, pero atrasado en lo económico, en la política española prevalecieron los intereses medievales asociados a la Corona. De esta manera, a la colonias americanas se les impuso un sistema feudal o, más propiamente, se sobreimpuso el feudalismo al viejo sistema de comunidades. Los europeos se calcula que trajeron alrededor de 200 nuevas especies agrícolas, entre ellas el trigo, el arroz y la caña de azúcar. Junto a esos cultivos llegaron también el arado, la azada y otros aperos de labranza. A los conquistadores se debe la introducción de la ganadería, con su producción de carne, cuero y sebo, así como el consecuente desarrollo del transporte con el uso de bestias de carga y tiro. Especial atención se puso en la explotación tecnificada y en gran escala de los recursos minerales, sobre todo de los metales preciosos, en los cuales se veía la posibilidad de una riqueza fácil y rápida. Los indios, considerados súbditos de la Corona desde el siglo XVI, durante todo el periodo colonial fueron

Las castas inferiores en la estructura económica de la Colonia

vistos como seres de menor discernimiento que los europeos, por lo cual fueron *encomendados* y luego *repartidos* a los conquistadores, que pese a las disposiciones legales los redujeron a la esclavitud. El exterminio de los indios mediante la violencia o la sobreexplotación fue causa de la importación de esclavos, aunque éstos nunca constituyeron la mayor parte de la fuerza de trabajo. De los indios, sólo se salvaron de la servidumbre los que huyeron a zonas inaccesibles y en algunos casos los que permanecieron en sus antiguas comunidades. Los que cayeron bajo encomiendas o repartos pagaban tributo al rey, pero se suponía que lo entregaban al hacendado para que éste lo hiciera llegar a la Corona española. Los comuneros, por su parte, debían pagar el tributo directamente a los funcionarios reales, para lo cual los antiguos señores indígenas fueron convertidos en burócratas que se encargaban de recabar lo que luego entregaban al representante del rey. Tal tributo podía ser en especie, en dinero, en trabajo o en una combinación de dos o más de estas formas. Por supuesto, la Iglesia también se beneficiaba del sistema tributario. Si bien la minería, suministradora de metales preciosos a la Corona, se desarrolló considerablemente durante este periodo. El crecimiento de otras ramas de la producción se vio impedido por los intereses monopólicos de la península: quienes comerciaban con mercancía de oriente lograron que se prohibiera la producción de seda en América, cultivos como la vid y el olivo estuvieron

sujetos a severas reglamentaciones que impidieron el desenvolvimiento de las industrias conexas; en cambio, la producción de cacao y vainilla cobró importancia porque estaba dirigida a la exportación. Esto fue más notorio en el caso de los colorantes. El añil, traído de España, y la grana o cochinilla, producto autóctono, se convirtieron en mercancías a las que sólo superaban en importancia los metales preciosos. La principal industria europea de la época, la textil, requería de tintes y la Nueva España los produjo en grandes cantidades. Joyería y orfebrería fueron renglones destacados en la producción del virreinato. La cerámica y la jarciería eran artesanías que ocupaban mucha mano de obra. El obraje, antecedente de la empresa industrial, tuvo también un desarrollo considerable durante la Colonia, sobre todo en las ramas textil, cigarrera, de loza, vidriera y algunas otras que requerían grandes cantidades de mano de obra (el estanco del tabaco tenía 8,000 obreros en 1764), bajo una amplia división y especialización del trabajo y en ocasiones con maquinaria que se contaba entre la más avanzada de la época. Entre los impedimentos para un mayor desarrollo de la economía, deben contarse las rígidas normas que imponían los gremios (el individuo era alguien sólo en función de su pertenencia a una comunidad indígena, una cofradía, asociación, etcétera), la falta de caminos y la inseguridad de los que se abrieron, las escasas innovaciones tecnológicas, que sólo beneficiaron a los sectores más ligados a las necesidades de la península, y el desarrollo de la usura en favor de la Iglesia, que llegó a poseer más de la mitad de la tierra cultivable y a controlar aproximadamente dos terceras partes de ella. A lo anterior debe agregarse la expoliación a que fue sujeta la Colonia mediante los más variados impuestos, las remisiones de fondos del clero, los préstamos no recuperables a la Corona, el consumo suntuario, el gasto no productivo (palacetes, templos, etc.), la baja tasa de inversión y reinversión (los capitales fluían hacia Europa, a donde esperaban volver los españoles enriquecidos), y la inexistencia de mano de obra libre, pues la mayor parte de la fuerza de trabajo se hallaba en esclavitud o servidumbre, carente de enseñanza e impedida de trasladarse a donde fuera necesaria (en 1810 sólo 100 mil campesinos no se hallaban bajo el dominio de algún hacendado). Por otra parte, no existía algo semejante a un mercado nacional. Existían mercados regionales, generalmente pequeños, especializados en la producción de ciertas mercancías destinadas a la exportación. Esos mercados regionales crecían en torno a los minerales (90 por ciento de la plata que se extraía de los socavones era enviada a la península) y constaban de una gran hacienda agrícola y ganadera, en la que podía haber comunidades enteras tan subordinadas al dueño de la mina, como los artesanos y obreros de los obrajes locales. *México independiente:* al advenimiento de la independencia, México era un país destruido por 11 años de guerra, sin capitales productivos y sin fuerza de trabajo calificada. Para los grupos que aspiraban dirigir al país, eran dos los modelos deseables para ingresar, como se decía entonces, en el concierto de las naciones civilizadas: Inglaterra y Estados Unidos. Los conservadores se identificaban con el capitalismo británico, producto de la alianza entre la vieja aristocracia terrateniente y la burguesía en ascenso, con instituciones democráticas a las que sólo tenían acceso los propietarios, una clara diferenciación de las clases y un centra-

La policía montada vigila el desarrollo de actividades económicas en un mercado en México durante el siglo XIX

lismo que garantizaba, además de la cohesión del país, la continuidad de las instituciones legadas por el virreinato. Lucas Alamán fue el más lúcido representante de esa corriente, en la que él mismo jugó el papel de funcionario público que aprovechaba su posición en beneficio de sus negocios y de las clases a las que quería servir, para lo cual promovió la creación del Banco de Avío, institución de fomento a la industria y a las actividades productoras de materias primas destinadas a su transformación. La otra corriente política se identificaba con el federalismo estadounidense, la democracia representativa, la educación universal, la desaparición de privilegios y las oportunidades sin condiciones de clase social. Lorenzo de Zavala fue el más destacado exponente de esta concepción y llevarla hasta sus últimas consecuencias lo hizo acabar convertido en el primer vicepresidente de Texas. La postura de los escoceses o centralistas, con todo lo que significaba de continuismo, resultaba inaceptable para un pueblo que había padecido 300 años de coloniaje. La visión yorkina o federalista, por su parte, era inaplicable en un país donde no existían pequeños granjeros ni tradiciones democráticas, sino campesinos bajo régimen servil y en la práctica sin derechos. El resultado fue que ambas corrientes fracasaran en sus

repetidos arribos al gobierno. En medio de todo, los segundos se anotaron los mayores éxitos en su tarea de modernizar al país: la Constitución de 1824 inauguró una tradición federalista que se ha conservado en los textos legales, aunque la realidad ha sido tercamente centralista. Otro logro fue que al afectar las propiedades de la Iglesia, se vigorizó el mercado y se abrió la posibilidad de hacer productivas las inmensas riquezas del clero. Las guerras del siglo XIX tuvieron varios resultados. Por una parte se movilizó fuerza de trabajo calificada y fueron destruidos inmensos recursos; por otro lado, la leva o la convicción liberaron grandes contingentes de mano de obra que irían a la industria o sencillamente se incorporarían al proletariado urbano. De esa manera quedaba satisfecha una necesidad básica del capitalismo para su expansión: la existencia de fuerza de trabajo libre. Algunas medidas jurídicas influyeron decisivamente en el curso de la economía mexicana. En diciembre de 1821, Iturbide, para congraciarse con los comerciantes, autorizó la libre importación de mercancías de todos los países, lo que activó el mercado interno y benefició a los consumidores, al mismo tiempo que arruinaba a los industriales. La medida fue rectificada por el Congreso en 1824, cuando se adoptó un sistema proteccionista que perduraría hasta los años cincuenta, con el resultado de una industria sin competencia que descuidó la productividad y la calidad, todo a costa de salvaguardar el mercado interno, en el que artículos malos eran vendidos a precios exorbitantes, y eso si podían obtenerse, pues las disposiciones legales no sólo prohibían importar lo que se fabricaba en México, sino aun lo que pudiera producirse aquí. La existencia del Banco de Avío (1832-42), idea de Alamán, permitió que fondos estatales se destinaran a apoyar a empresarios privados. Los principales proyectos que financió el Banco fueron ocho industrias textiles, cuatro fundiciones y nueve empresas agrícolas. Los préstamos por compadrazgo impidieron recuperar créditos, lo que sumado al cese del apoyo estatal ocasionó el cierre de la institución. El mismo Alamán creó la Dirección Nacional de Industrias (1842-1853), organismo que asesoraba a gobierno y empresarios, el cual se proponía capacitar mano de obra y recopilar información, elaborar estadísticas y otros estudios. Resultado también de la iniciativa alamanista fue la creación de la Junta Directiva de Fomento a la Industria, órgano que representa un antecedente de las cámaras empresariales, y la fundación de las Juntas de Fomento de Artesanos, precursoras del mutualismo. Pese a los conflictos internos y las agresiones del exterior, la industria tuvo cierta expansión; por ejemplo, la producción de hilazas fue de 63,000 libras en 1828 y de 2,783,800 en 1845; la manta pasó de 109,300 piezas en 1828 a 641,200 en 1845. En 1843, de las 59 fábricas de textiles de algodón, 34 eran de motor hidráulico y dos de vapor. La agresión de Estados Unidos en 1846-47 afectó el desarrollo de la economía, pero ya en 1854 había en el país cuatro fábricas de vidrio, ocho de papel, seis de textiles de lana y 70 de textiles de algodón. Con todo, el grueso de la producción manufacturera era predominantemente artesanal. Por otra parte, la producción de metales preciosos creció al 2.1 por cien-

to anual entre 1825 y 1853. Un impedimento para que el Estado jugara el papel de promotor de la industrialización fue el crónico déficit de las finanzas gubernamentales. La hacienda pública nació endeudada y los sucesivos gobiernos, impedidos de obtener una recaudación suficiente en el interior a causa de las guerras y el bandolerismo, echaban mano de empréstitos usurarios que originaron más de un conflicto. Si bien la base de la economía seguía siendo agraria, la producción de manufacturas iba cobrando una importancia relativa cada vez mayor. Muestra de ello es la creación de organizaciones, como la Sociedad de Artesanos, creada en Guadalajara en 1850, y la Sociedad de Socorros Mutuos, de la ciudad de México (1853). La Constitución de 1857 atacó los privilegios de las corporaciones y, de esta manera, la fuerza de trabajo dejó de estar sujeta a las rígidas normas de los gremios. A las fuerzas del mercado se dejó la regulación de la oferta y la demanda, lo mismo que las relaciones entre patrones y obreros. Las Leyes de Reforma llevaron a término la adaptación del marco jurídico a las exigencias del capitalismo, pues liberaron los *bienes de manos muertas* (de la Iglesia y de las comunidades indígenas) y los sujetaron a compra y venta. Contra lo que esperaban sus partidarios, Maximiliano no se opuso a la legislación liberal en lo referente a la propiedad. Se afanó en proteger a los empresarios, para lo que echó mano de la fuerza pública, pero no dio marcha atrás en lo referente a la legislación liberal. Por lo demás, los capitalistas de la época hicieron buenos negocios con los liberales y los conservadores, en la República y bajo el imperio. Un ejemplo de esta adaptabilidad es la vida de Antonio Escandón, principal empresario del transporte en el siglo XIX, la de Isidoro de la Torre, comerciante y especulador que se convirtió en personaje clave en la industria azucarera durante varias décadas, o la de Patricio Milmo, irlandés llegado a México en 1848 y que al amparo de su suegro, el

cacique Santiago Vidaurri, se convirtió en poseedor del principal poder económico en el norte del país. La entrada al mercado de los bienes de manos muertas, medida típicamente capitalista, tuvo por contrapartida el fortalecimiento de la gran hacienda, trabajada con el sistema de peonaje, forma de relación laboral en la que coexistían mecanismos capitalistas, como el salario junto a normas propias del feudalismo, y el acasillamiento, esto es, la permanencia forzada de los trabajadores en las haciendas. La industrialización fue el objetivo de los sucesivos gobiernos que cubren la segunda parte del siglo XIX. Liberales y conservadores, republicanos e imperiales, lerdistas y porfiristas persiguen el progreso y éste, según lo entienden, sólo puede venir junto con la industrialización, a la que se identificó con la locomotora de vapor. Hacia 1850 la mitad de las importaciones nacionales provenían de Inglaterra, 17 por ciento de Estados Unidos, una proporción igual de Francia, siete por ciento de Alemania y cinco por ciento de España y Cuba. El tendido de vías férreas, del centro hacia los puertos o hacia la frontera norte, integraría al país a la economía mundial, sobre todo a la estadounidense. Tan fue así, que en 1900 ya Estados Unidos era el proveedor de 51 por ciento de las compras mexicanas en el extranjero y para 1910 ese porcentaje aumentaría hasta 56 por ciento, mientras la participación inglesa en las importaciones descendería a 17 y 11 por ciento, respectivamente, el de Francia a 10 en 1900 y a nueve en 1910, en tanto que aumentaría el porcentaje de Alemania a 10 y 12 por ciento, y el de España (Cuba incluida) a 10 y 11 por ciento en 1900 y 1910, respectivamente. En 1895 el sector agropecuario generaba 40 por ciento del producto interno bruto, en tanto que la producción de manufacturas, minería y energía tenía en total 20 por ciento. En 1910 el sector agropecuario generaba 35 por ciento del producto interno bruto y los otros sectores mencionados sumaban 25 por ciento. Esos números indican el avance de la industrialización y, por tanto, del capitalismo, a lo que debe agregarse que la producción agropecuaria de materias primas crecía a tasas hasta seis veces superiores a la producción de alimentos. El sector agropecuario se hallaba ya subordinado a las necesidades de la expansión industrial, pero el acasillamiento de los peones y la economía cerrada de las haciendas constituían un freno para la integración nacional de la economía. La Revolución Mexicana de 1910-17 daría respuesta a ese problema.

ECONOMISTA MEXICANO, EL ◆ Publicación aparecida por primera vez el 4 de febrero de 1886. Ha tenido diversas épocas y formatos. Desde 1964 es órgano del Colegio Nacional de Economistas.

ECUADOR ◆ Estado de América del Sur. Se halla en la costa del Pacífico y lo atraviesa la línea del Ecuador. Limita al norte con Colombia y al este y el sur con Perú. Superficie: 283,561 km². (incluye las islas Galápagos). Habitantes: 12,200,000 en 1998. La capital es Quito, con una población estimada de 1,500,000 habitantes. Otras ciudades importantes son Guayaquil (2,000,000 habitantes), Cuenca (255,000) y Machala (185,000). La lengua oficial es el español y 40 por ciento de la población habla quechua. La religión predominante es la católica apostólica romana. La moneda es el sucre. El territorio del país está dividido en tres porciones: la selva, la sierra y la costa. Ésta es la parte más poblada. Chibchas, chimúes y otras etnias habitaron el actual territorio de Ecuador hasta su sometimiento por los incas, quienes impusieron el quechua como lengua, en la segunda mitad del siglo XV. La conquista estuvo encabezada por Sebastián de Benalcázar, quien aprovechó la rivalidad entre los príncipes Huáscar y Atahualpa. Benalcázar y Diego de Almagro fundaron Quito sobre las ruinas de la ciudad incaica (1534) y al año siguiente los españoles fundan Guayaquil. Eugenio el *Indio* Espejo, médico y periodista, divulgó las ideas iluministas y está considerado el principal precursor de la inde-

Timbres ecuatorianos

pendencia ecuatoriana. En 1809, Juan Pío Montúfar proclamó la independencia, que se consumó hasta 1820, cuando Bolívar y Sucre derrotaron a los realistas para que Ecuador, con su territorio que entonces era de un millón de km², formara parte de la Gran Colombia. En 1828-29 entra en guerra con Perú y pierde la cuarta parte de su superficie y al año siguiente se retira de la Gran Colombia. El primer presidente es el conservador Juan José Flores, a quien sucede en 1835 Vicente de Rocafuerte, liberal que sirvió a México como un eficaz propagandista de la causa independentista en Estados Unidos y como representante diplomático en Londres, de 1825 a 1830. Las relaciones diplomáticas que existían con Ecuador mediante la Gran Colombia se establecieron directamente entre ambos países en 1838. Uno de los representantes ecua-

Moneda de Ecuador

torianos en México fue el liberal Eloy Alfaro, quien como presidente de su país consumaría la separación entre la Iglesia y el Estado e intentaría una reforma agraria. En el siglo XX, Ecuador se vio obligado a ceder a Brasil cerca de medio millón de km², y en 1916 otra porción de su territorio a Colombia para quedar en su extensión actual. Con fuerte presencia primero del capital inglés y luego del estadounidense, el país ha sido víctima de inestabilidad política y exportador de materias primas a las potencias occidentales (caucho, plátano y ahora hidrocarburos). Desde 1943 las relaciones diplomáticas se elevaron al rango de embajadores.

ECUANDUREO ◆ Municipio de Michoacán situado al noroeste de Morelia, cerca de los límites con Guanajuato y Jalisco. Superficie: 336.25 km². Habitantes: 16,582, de los cuales 4,035 forman la población económicamente activa. Ha-

Ecuador

blan alguna lengua indígena 2,230 personas mayores de cinco años (purépecha 2,229). El municipio se fundó el 10 de diciembre de 1831. El nombre significa "lugar donde venden carbón".

EDER, RITA ◆ n. en el DF (1943). Crítica de arte. Licenciada en historia por la UNAM (1969) y maestra en historia del arte por la Universidad Estatal de Ohio (1973). Es profesora de la UNAM desde 1965 e investigadora (1975-) y directora del Instituto de Investigaciones Estéticas (1991-98). Ha impartido cátedra en las universidades de Ohio, de las Américas e Iberoamericana. Fue asesora del Museo de Antropología para la exposición *Historia de la fotografía en México* (1977-78). Ha colaborado como crítica en Canal 11 (programa *Así fue la semana*, 1984-85), en la sección cultural de *El Universal* (1985), así como en *El Nacional* y *Plural*. Coautora de *Enciclopedia de las artes* (1976), *Dadá. Documentos* (1977), *Diego Rivera* (1978), *Dicotomía entre arte popular y arte culto* (1979), *El trabajo y los trabajadores en la historia de México* (1979), *Artes visuales e identidad en América Latina* (1982), *Wand Bild Mexico* (1982), *Orozco, una relectura* (1983), *El arte efímero en el mundo hispánico* (1983), *Cleber Lobo Machado* (1983), *Historia del arte mexicano* (1983), *Arte moderno en América Latina* (1984), *A la intemperie o la pureza del grabado* (1986) y *Teoría social del arte. Bibliografía comentada* (1986). Autora de *Gironella* (1981), *Helen Escobedo. La escultura contemporánea en México y las propuestas de.* (1982), *Marta Palau: la intuición y la técnica* (1985) y *Arte mexicano contemporáneo 1968-1985* (1988).

EDUARDO NERI ◆ municipio de Guerrero. contiguo a Chilpancingo. Superficie: 1,289.6 km². Habitantes: 37,633, de los cuales 6,543 forman la población económicamente activa. Hablan alguna lengua indígena 6,349 personas mayores de cinco años (náhuatl 6,294). Indígenas monolingües: 581. Su cabecera es Zumpango del Río, nombre anterior del municipio.

EDUCACIÓN ◆ En el México prehis-

pánico todos los grupos étnicos, aun los nómadas, contaban con algún tipo de educación. Según Alfredo López Austin, "transmitían por generaciones el conocimiento de los ciclos calendáricos, vitales tanto para los cazadores-recolectores como para los agricultores del desierto; el conocimiento de las propiedades de cada especie vegetal, en las diversas partes de las plantas, para la producción de alimentos, medicamentos, instrumentos, materiales de construcción, armas y vestidos; el conocimiento de los animales comestibles, tóxicos o fieros, de sus costumbres y sus ciclos vitales; el conocimiento de los minerales, del clima, de la aparición de las aguas y, en el caso de los agricultores, de la construcción de canales. Transmitían también el conocimiento de las épocas de reunión de los diversos grupos humanos dispersos para el intercambio de mujeres y formación de jóvenes matrimonios; de las reglas de cortesía ante parientes, aliados y enemigos; de la construcción de resguardos y habitaciones". La importancia política que tenían los mexicas a la llegada de los españoles ha permitido un conocimiento más amplio de sus formas educativas. Fue Moctezuma Ilhuicamina quien ordenó que hubiera una escuela en cada *calpulli* (☛) de Tenochtitlan. La escuela del barrio era llamada *telpochcalli*. Era, más precisamente, un templo-escuela al que las familias enviaban a sus hijos. Éstos formaban parte, agrega López Austin, "de una casa colectiva de varones o de doncellas en las que no sólo se organizaba el servicio eclesiástico, se proporcionaban conocimientos y se modelaba la moral de jóvenes y niños; el templo-escuela era también una casa de producción", pues los varones acudían a las siembras colectivas. Además, se preparaba a los muchachos para la guerra y, "cuando el mancebillo tenía vigor suficiente, se le enviaba a combate como cargador de vituallas. Si el bisoño se animaba con el fragor de la lucha, alentado por las enseñanzas de sus maestros, intentaría sus primeras intervenciones guerreras",

pues por méritos bélicos se otorgaban ascensos en la jerarquía. Se supone que los padres y la escuela conjuntaban esfuerzos para iniciar a los estudiantes en los oficios que correspondían a su barrio. En la sociedad tenochca, además del plebeyo *telpochcalli*, dedicado a Tezcatlipoca, existía el *calmécac*, encomendado a la protección de Quetzalcóatl, y al que asistían los hijos de la nobleza, si bien podía admitirse a jóvenes de familias plebeyas con buena posición social y suficientes recursos económicos. Había otras escuelas que mencionan los cronistas, como el *Tlamacazcalli*, especie de centro de altos estudios, y el *cuicacalli*, conservatorio de música y danza. Había una amplia diversidad de castigos y se dice que podían llegar hasta la ejecución de quien cometiera una falta muy grave. Instrumentos de primera importancia en la formación de las nuevas generaciones eran los *huehuetlatolli*, "ilación de fórmulas estereotipadas, de ceremoniosos consejos, de metáforas, puede creerse que de lágrimas y sollozos. Su uso estaba restringido, pues sólo se pronunciaban en las situaciones y acontecimientos solemnes: el nacimiento, la llegada del niño a la edad de la razón, el ingreso al templo-escuela o la salida de él, el ma-

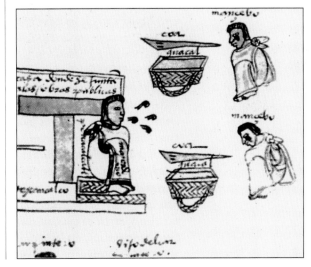

La producción de plátanos es importante para la economía ecuatoriana

Fragmento del Códice Mendocino que muestra a un anciano instruyendo a dos mancebos

Distintas maneras de evangelizar a los indios en la Nueva España

trimonio, el conocimiento de la preñez, el parto o la defunción. También los había cortesanos y en ellos se amonestaba a los nobles y al pueblo, robusteciendo la aceptación de una moral rígida y del sacrificio en aras del bienestar común". *Época colonial*: para los conquistadores lo urgente era imponer sus valores y creencias, no impartir educación en el sentido moderno del término. Por eso mismo, del templo-escuela, institución que existía en toda Mesoamérica, tomaron lo más conveniente para sus fines de sometimiento: "la retórica asociada al ceremonial, el rigor de la vida de los internos y su formación moral" (López Austin). Aún así, la penetración cultural de los conquistadores encontró dificultades de orden diverso. La primera era el idioma, y si bien algunos de ellos se dedicaron a estudiar lenguas indígenas, nunca fueron suficientes para imponer su religión a los vencidos. Otro obstáculo para la penetración de las ideas europeas fue la explicable desconfianza que los blancos, religiosos o no, producían en las familias indias, las que en muchos casos preferían matar a sus hijos antes que permitir su adoctrinamiento por los vencedores. Fernando el *Católico* dispuso que cada encomendero enseñara a leer y escribir a uno de los indios bajo su control, para que éste sirviera a la catequización de los dominados. Los frailes recurrieron a otras fórmulas para evangelizar: enseñaban cantos, danzas y juegos colectivos, o bien transformaban convenientemente los propios de cada grupo étnico para hacer divertida la enseñanza del catecismo; también traducían libros religiosos y los editaban en lenguas indígenas, siempre en pocos ejemplares, y en algunos casos enseñaban a leer y escribir en castellano para contar con intérpretes y divulgadores de su doctrina. La enseñanza de artes y ofi-

cios fue no el fin, sino el medio para ganar adeptos a los que se facilitaba el ascenso social. Pero las enseñanzas profanas no podían incluir algunas disciplinas que los conquistadores consideraban peligrosas: montar a caballo, fabricar y manejar armas y embarcaciones, etc. La Corona ordenó recoger a los niños mestizos, generalmente fruto de violaciones y, por tanto, hijos indeseados de india y español, para quienes se crearon algunos hospicios donde, por disposición real, debían ser alfabetizados. El interés de la Corona por mantener a la sociedad rígidamente compartimentada, llevó a la creación de instituciones para la educación exclusiva de los indios, como el Colegio de Santa Cruz de Tlatelolco; para mestizos, como los colegios de la Caridad (para niñas) y de San Juan de Letrán (para varones). Los negros, mulatos y otras castas no tenían acceso a la escuela o su ingreso resultaba sumamente difícil. La Universidad de México, que inició sus labores en 1553, era para criollos y peninsulares, aunque es de suponerse que podían ingresar los hijos de la nobleza indígena reconocida por la Corona. Por lo demás, la educación universitaria resultaba inaccesible para los sectores dominados, pues debía pagarse un alto precio para la obtención de cualquier grado académico, además de los costos que implicaba la pompa en torno al examen recepcional. El voto de humildad de los franciscanos los llevó a trabajar con las clases sociales subalternas, en tanto que los jesuitas se encargaron de lo más selecto de la educación superior (colegios de San Pedro y San Pablo y de San Ildefonso, de lo que hoy llamaríamos nivel superior; y el de San Gregorio, de nivel medio superior destinado a los indios). Agustinos y dominicos controlaron la Universidad durante casi tres siglos. A fines del siglo XVII, un obstáculo insalvable para la educación generalizada era que la mayoría de la población no hablaba español. De ahí que la Corona dictara la orden de castellanizar a los indios (1683), que por supuesto no se acató. La educación

novohispana, pese a la sistemática discriminación racial y clasista, había experimentado algunos avances. Sin embargo, sufrió un severo golpe con la expulsión, en 1767, de los jesuitas, quienes contaban entonces con 24 colegios, 10 seminarios o internados y 19 escuelas. Otras órdenes se hicieron cargo de los centros escolares dirigidos por la Compañía, pero muchos de ellos fueron cerrados o sufrieron un sensible deterioro académico. A fines del siglo XVIII, con los vientos de la Ilustración soplando sobre Nueva España, Carlos III ordenó que se alfabetizara en todos los pueblos, disposición que desde luego no podría cumplirse por impracticable, pues faltaban profesores, cartillas, presupuesto y deseos de hacerlo. El virrey Iturrigaray, en 1794, confesaría el reiterado fracaso de la educación elemental al informar al trono que sólo existían 10 escuelas primarias en todo el virreinato. En contraste, a fines del siglo XVIII se produjo la apertura de la Escuela de Grabado (1778), la Academia de San Carlos (1781), el Jardín Botánico (1788) y el Colegio de Minería (1791). Evidentemente, la clientela de los centros de educación superior estaba constituida por los hijos de criollos y peninsulares, únicos con posibilidades de tener educación elemental. *México independiente*: los insurgentes mostraron su preocupación por el analfabetismo en que se encontraba el país. Rayón, en sus *Elementos constitucionales*, proponía una "absoluta libertad de imprenta en puntos puramente científicos y políticos, con tal que estos últimos observen las miras de ilustrar". Morelos, en *Sentimientos de la Nación*, pedía que las leyes contribuyeran a alejar del pobre la ignorancia y condicionaba la aceptación de extranjeros a que fueran "capaces de instruir". La llamada *Constitución de Apatzingán* insiste en el asunto y apunta a romper con el monopolio educativo de la Iglesia. El artículo 38 señala que "Ningún género de cultura, industria o comercio puede ser prohibido a los ciudadanos", en tanto que el 39 dice que "La instrucción, como necesaria a todos los ciudadanos, debe ser favorecida por la sociedad con todo su poder". El *Reglamento Provisional Político del Imperio Mexicano*, del 18 de diciembre de 1822, establece que el gobierno "expedirá reglamentos y órdenes oportunas conforme a las leyes, para promover y hacer que los establecimientos de instrucción y moral pública existentes hoy, llenen los objetos de su institución, debida y provechosamente, en consonancia con el actual sistema político". Por otra parte, el mismo documento ordena a los ayuntamientos y pueblos "promover la instrucción" sin omitir diligencia. Los miembros del partido escocés promovieron el establecimiento, en 1822, de la Compañía Lancasteriana, que actuaría durante todo el siglo XIX y mostraría sus bondades en un país sin suficientes profesores. Su método consistía en convertir en maestros a los alumnos más adelantados, los que extendían la enseñanza bajo la guía de sus mentores. Además, el lancasterianismo concedía gran importancia al uso de material didáctico de producción casera, como los letreros con tipos de grandes dimensiones o los mapas, que también podían producirse manualmente y cuyo uso se generalizó en la segunda mitad de la centuria. Fueron Eduardo Turrea de Liniers e Ignacio Rivoll los fundadores de este tipo de escuelas y a ellos se debe la creación, en 1823, de la Escuela Mutua Normal "Filantropía", establecida en el ex convento de betlemitas de la ciudad de México. La *Constitución de 1824* dejaba la educación básica en manos de los gobiernos estatales y al Congreso General le confería la facultad de "Promover la ilustración: asegurando por tiempo limitado derechos exclusivos a los autores por sus respectivas obras, estableciendo colegios de marina, artillería e ingenieros; erigiendo uno o más establecimientos en que se enseñen las ciencias naturales y exactas, políticas y morales, nobles artes y lenguas". La enseñanza constituía una preocupación para todos los sectores involucrados directamente en la actividad política. En ésta como en otras

materias, el problema lo constituían, en buena medida, los intereses tradicionales de la oligarquía. La Iglesia controlaba por diversas vías la educación y no estaba dispuesta a abandonar su monopolio. Para los federalistas, como lo planteó Vicente Guerrero al asumir la Presidencia de la República, la educación popular debía constituir una fórmula eficaz para que todos accedieran a una efectiva igualdad. La fuerza inicial del federalismo estimuló el surgimiento de centros de estudios superiores en diversos estados: Oaxaca (1823), Mérida (1824), Chiapas (1826), Chihuahua (1827), Estado de México (1827), etc. Durante la primera Reforma (1833) se iniciarían los cambios necesarios para hacerle frente al analfabetismo y la escasez de cuadros calificados. Gómez Farías cerró la Universidad, reducto conservador, por "perniciosa e inútil" y en su lugar creó seis centros de estudios superiores; destinó a la enseñanza bienes incautados a la Iglesia y creó la Dirección General de Instrucción Pública, con autoridad en el Distrito y territorios federales, la que ordenó abrir escuelas primarias en cada parroquia. El intento transformador fue suspendido por Santa Anna en 1834 y, por ley, la educación vuelve a quedar en manos de la Iglesia. En medio de las convulsiones de la época hubo logros evidentes, pues para 1843 existían 1,310 escuelas primarias, lancasterianas la mayoría. El déficit crónico del erario impedía a los gobiernos hacerse cargo efectivamente de la educación, de ahí que la tarea, sobre todo en la enseñanza básica, quedara en manos de núcleos de particulares y que se diera autoridad a la Compañía Lancasteriana para su trabajo. La *Constitución* de 1857 condensó las aspiraciones liberales en materia de educación, pues al implantar la libertad de cultos la enseñanza era también libre. La guerra de los Tres Años y luego la intervención francesa retrasarían la puesta en práctica de los preceptos constitucionales. Al caer el imperio de Maximiliano, el gobierno liberal despliega una intensa labor educativa. Por princi-

pio de cuentas, le resulta insuficiente la Ley de 1861 que omitía los aspectos metodológicos y dejaba el campo libre a la concepción escolástica. El secretario de Justicia e Instrucción Pública, Antonio Martínez de Castro, formó una comisión para estudiar el asunto. Ésta la integraron Francisco Díaz Covarrubias, como presidente, y Gabino Barreda, Pedro Contreras Elizalde, Ignacio Alvarado, Eulalio M. Ortega y José Díaz Covarrubias. Los comisionados, influidos decisivamente por el positivista Barreda, elaboraron un proyecto que después de pasar por el Congreso se convirtió en la Ley Orgánica de Instrucción Pública en el Distrito Federal, del 2 de diciembre de 1867. Esta Ley, reformada en 1869, prescribía que "habrá en el Distrito Federal, costeadas por los fondos municipales, el número de escuelas de instrucción primaria de niños y niñas que exijan su población y sus necesidades", más cuatro financiadas por el gobierno federal. "La instrucción primaria —dice el documento— es gratuita para los pobres y obligatoria". La Ley dictaba también diversos ordenamientos sobre lo que hoy llamaríamos educación media y superior y que entonces se englobaba en el rubro de "educación secundaria", que comprendía la escuela secundaria propiamente dicha, para hombres y mujeres, la preparatoria, la normal, la de sordomudos, de artes y oficios, de bellas artes y las especializadas en disciplinas que corresponden a las profesiones libres, además de un observatorio astronómico, un jardín botánico y una academia nacional de ciencias y literatura. En enero del año siguiente se expidió el reglamento respectivo. Como es explicable, en diversas entidades se procedió a organizar la educación de manera semejante y para 1871 existían 5,000 escuelas en el territorio nacional. Fue durante el gobierno de Lerdo de Tejada cuando se prohibió la enseñanza religiosa en las escuelas públicas (1874). Sin embargo, los levantamientos militares impidieron la plena aplicación de los preceptos inspirados o dictados por Gabino Barreda.

La maestra rural, mural de Diego Rivera alusivo a la educación

El ascenso de Porfirio Díaz al poder significó la pacificación forzosa del país, al extremo de que el lema barredista de "Libertad, orden y progreso" fue adoptado por el gobierno como "Paz, orden y progreso", en tanto que a la Escuela Preparatoria le asignaron el de "Amor, orden y progreso". Según las ideas de aquella época, el orden era requisito para el progreso, pero tal orden debía ser entendido, no como producto de la libertad, sino de la sumisión. En este ambiente, tres seminarios diocesanos se transforman en universidades: Mérida (1885), México (1896) y Puebla (1907). Durante el porfiriato las escuelas preparatoria y superiores disfrutaron de ciertos privilegios y, por ejemplo, la enseñanza normal experimentó cierto auge, sobre todo en Veracruz por la meritoria labor de Enrique Laubscher y Enrique Rébsamen, mientras la educación básica quedó relegada. En 1893, de menos de 12 millones de personas que componían la población total del país, cuatro millones eran indios, de los cuales sólo 1 por ciento sabía leer y escribir. En 1895 un 86 por ciento de los mexicanos era analfabeto. En 1910 el gobierno reunificó las escuelas superiores en la Universidad Nacional de México, que fue reabierta por Justo Sierra, quien como secretario de Instrucción Pública extendió su patrocinio a otros centros de enseñanza superior. Sin embargo, en el mismo año, el analfabetismo era de 80 por ciento en el país. La Revolución Mexicana ocasionó, co-

mo es explicable, problemas como el cierre de escuelas o el abandono de muchos planteles, pero eso no significó, ni mucho menos, que se olvidaran los problemas de la educación. Éstos estuvieron presentes en los debates del Congreso Constituyente que desembocaron en el artículo tercero, cuyo texto decía: "La educación que imparta el Estado —Federación, Estados, Municipios— tenderá a desarrollar armónicamente todas las facultades del ser humano y fomentará en él, a la vez, el amor a la patria y la conciencia de la solidaridad internacional en la independencia y en la justicia". El criterio rector de las actividades educativas debía ser "por completo ajeno a cualquier doctrina religiosa y, basado en los resultados del progreso científico, luchará contra la ignorancia y sus efectos, las servidumbres, los fanatismos y los prejuicios". La enseñanza sería democrática y nacional; fomentaría el respeto a la persona y a la familia y el aprecio a la fraternidad y la igualdad humanas, por lo que rechazaría la discriminación por motivos de raza, sexo o credo religioso. Se autorizaba a los particulares a impartir educación, pero se establecía el deber de recabar el permiso del gobierno, que podía ser negado o revocado "sin que contra tales resoluciones proceda juicio o recurso alguno". Los particulares que se dedicaran a la enseñanza tendrían que hacerlo apegados al espíritu y la letra del artículo tercero y deberían cumplir los planes y programas oficiales. "Las corporaciones religiosas, los ministros de los cultos, las sociedades por acciones" dedicadas a la enseñanza no podrían hacerlo "en forma alguna en planteles en que se imparta educación primaria, secundaria y normal y la destinada a obreros y campesinos". Quedaba también al Estado la facultad de retirar "discrecionalmente, en cualquier tiempo, el reconocimiento de validez oficial a los estudios hechos en planteles particulares". La educación primaria se establecía como obligatoria y la estatal, de cualquier tipo, gratuita. La Iglesia Católica y otros núcleos conservadores

reaccionaron activamente contra las disposiciones constitucionales, en tanto que el naciente Estado revolucionario iba tomando las riendas de la educación con la providencial ayuda de un gran número de maestros metodistas o educados en escuelas de esa tendencia. Maderistas de la primera hora y, después, constitucionalistas la mayoría, colaboraron ampliamente con Carranza, entre otros Andrés Osuna, agente del primer jefe en Estados Unidos, de donde a principios de 1916 se le hizo venir para encargarse de la Dirección de Educación Pública del Distrito y Territorios Federales, cargo que competía y acabó por desplazar a la Secretaría de Instrucción que ocupaba Félix Palavicini. Otra muestra de esa influencia fue que Carranza, apenas ocupada la capital en 1915, aceptó enviar a Estados Unidos, para estudiar el funcionamiento de las escuelas normales, a un grupo de 100 profesores encabezados por Benjamín N. Velasco, director del Instituto Metodista de Querétaro. Osuna, a quien Carranza consideraba "excepcionalmente apto y buen pedagogo", creó el Consejo Técnico de la Educación, promovió el establecimiento de escuelas industriales y combatió con severidad la corrupción y la ineptitud, lo que le valió ser víctima de una virulenta campaña en la que pretendían descalificarlo señalándolo como proyanqui y "protestante". Alguna razón tenían los críticos de Osuna, pero Carranza, señala Jean Pierre Bastian, "supo aprovechar el elemento reformista del protestantismo mexicano. Entendió muy bien que estos cuadros intermedios eran capaces de asegurar un liderazgo popular permitiendo controlar los procesos demasiado radicales, zapatistas u obreros". De esta manera los protestantes ocuparon varias posiciones estratégicas: el joven Moisés Sáenz fue designado director de la Preparatoria (1916) y Alfonso Herrera secretario de la Universidad. La caída de Carranza motivó el desplazamiento de muchos de estos funcionarios, aunque algunos de ellos, visionarios, se adhirieron al Plan de Agua Prieta y a la vuelta de poco tiempo estaban de nuevo en posiciones clave. En 1921, por iniciativa de José Vasconcelos, el presidente Álvaro Obregón creó la Secretaría de Educación Pública, con el mismo Vasconcelos como titular, quien organizó la primera campaña nacional de alfabetización, editó a los clásicos en grandes tirajes, patrocinó la pintura mural, abrió escuelas técnicas y agrícolas e impulsó decididamente la educación rural. En 1924 dejó Vasconcelos el puesto de secretario y la cartera fue ocupada por José Manuel Puig Casauranc, quien abandonó algunas tareas iniciadas por su antecesor, pero mantuvo el apoyo a los maestros rurales, quienes fueron las principales víctimas de los cristeros, que veían en ellos meros agentes del gobierno. En pleno conflicto religioso, cobró relevancia la figura de Moisés Sáenz, para entonces subsecretario de Educación, y hombre capaz de movilizar a cientos de maestros protestantes, líderes de opinión y, por tanto, capaces de movilizar a su vez a otros grupos de profesores covertidos, dice Bastian, en "pastores maestros" que "eran la contrapartida a la vez secular y religiosa del cura y del partido católico, en particular donde no había escuela laica". Concluido el conflicto con la Iglesia, Narciso Bassols fue secretario de Educación, pero al aplicar los preceptos constitucionales levantó en su contra una oleada de histeria que lo señalaba como "comunista". En esta campaña participaron la Iglesia, los núcleos tradicionales de la derecha y los grupos fascistas admiradores de Mussolini. Bassols debió renunciar a la cartera de Educación, pero pronto se retomarían varias de sus ideas en lo que se llamó la "educación socialista", adoptada por el Partido Nacional Revolucionario durante la campaña electoral de Lázaro Cárdenas y hecha ley por el Congreso y el Ejecutivo en octubre de 1934. De esta manera cristalizaba uno de los proyectos de Vicente Lombardo Toledano, quien 10 años antes había dicho: "El proletariado no puede ya seguir disputando conceptos pedagógi-

cos importados para afirmar sus conquistas y alcanzar el de su programa. Preconiza, en suma, una escuela proletaria, socialista, combativa, que oriente y destruya prejuicios". Al asumir Cárdenas la Presidencia, procedió a implantar la educación socialista, que sujeta a muy diversas interpretaciones puede definirse por su pretensión de estar basada en conceptos rigurosamente científicos, en el colectivismo de tendencia marxista, en la solidaridad de los mexicanos entre sí, sobre todo los humildes, y de éstos con otros pueblos; para ser socialista tal educación tenía que ser universal o por lo menos generalizada, de ahí el impulso que recibió desde el gobierno y los sindicatos la tarea de los maestros rurales; para hacer honor al apelativo de socialista, en las escuelas se cantaba el *Himno Nacional* junto a *La Internacional*. Por supuesto, ahí donde los profesores y profesoras podían sobreponerse al pudor dictado por la moral en boga, también se impartía educación sexual, lo que fue causa de más de un escándalo. Como era de esperarse, la Iglesia y sus agrupaciones laicas se movilizaron contra una educación de ese talante, a la que consideraban enemiga de la libertad de enseñanza, de la religión, la moral, la familia y, por supuesto, la propiedad privada. Los sacerdotes promovieron el ausentismo a las escuelas públicas y el desacato a la ley de los planteles privados. El gobierno respondió con la clausura de establecimientos particulares y el asunto llegó a su clímax cuando se decretó la nacionalización de los locales donde se impartiera a más de nueve niños educación que no fuera socialista. La derecha se refugió entonces en la Universidad Nacional, de donde fue echado Lombardo Toledano por considerarlo el representante principal del marxismo. Pese al escándalo que suscitó, la educación socialista careció de fuerza e implantación en la sociedad. Las causas que explican este fenómeno son varias: que no correspondía a la ideología y las necesidades propias de una economía de mercado, esto es, capitalista; que su

fuerza principal provenía del aparato estatal, sobre todo del Poder Ejecutivo, y que el cambio en la Presidencia de la República dejó a este tipo de enseñanza sin su principal defensor, Lázaro Cárdenas; que los sindicatos y organizaciones campesinas que la habían hecho suya cambiaron de orientación al asumir el poder Manuel Ávila Camacho. Con éste en el mando del país, se promulgó una nueva Ley Orgánica de la Educación y en 1945 se modificó el texto constitucional para quitarle el término que había sido causa de la discordia. La política de unidad nacional requería otro tipo de enseñanza. La matrícula escolar en educación básica creció ininterrumpidamente la mayor parte de las segunda mitad del siglo XX, pero en la década de los noventa inició un decrecimiento debido, según el Consejo Nacional de Población, a la disminución de la población infantil. Tan sólo del ciclo escolar 1996-1997 al ciclo 1997-1998, la matrícula disminuyó en 63 mil 200 alumnos, mientras que el personal docente se redujo en 2 mil 392 profesores. Los diagnósticos oficiales preveían la disminución de la matrícula en educación primaria en un millón de alumnos.

La Secretaría de Educación Pública, fundada en 1921, ocupó el edificio del Convento de la Encarnación

FOTO: FONDO EDITORIAL GRUPO AZABACHE

EDUCACIÓN ESPECIAL ◆ Es la instrucción para personas atípicas o con requerimientos especiales. El antecedente más antiguo en México se ubica en la época prehispánica, cuando el emperador Moctezuma estableció un hospital "para inválidos" en Culhuacán. Durante la Conquista, Vasco de Quiroga fundó en 1532 el asilo para niños expósitos. En 1861 el presidente Benito Juárez expidió una ley que establecía la escuela para sordomudos y en 1867 se fundó la Escuela Normal encargada de formar profesores con la orientación especial para impartir la instrucción a sordomudos. En 1870, el filántropo Ignacio Trigueros estableció una escuela para invidentes. A finales del siglo XIX se formuló una incipiente política educativa de carácter especial por parte del Estado, que por primera vez preveía la existencia de instituciones para individuos con deficiencias sensoriales. En el siglo XX, el oftalmólogo y neurólogo José de Jesús González, autor del ensayo *Los niños anormales psicológicos*, fundó con sus propios recursos, en León, Guanajuato, la primera escuela para niños con deficiencias psicomotrices. Durante el gobierno de Plutarco Elías Calles, en 1925, se abrió el Departamento de Psicopedagogía e Higiene con la finalidad de conocer las constantes del desarrollo físico y mental de los niños mexicanos.

El 10 de diciembre de 1926 fue inaugurado el Tribunal para Menores con el propósito de procurar la regeneración de infractores menores de 15 años. En 1927, la Facultad de Filosofía y Letras de la Universidad Nacional incluyó en su plan de estudios dos cursos especiales, sobre histología vegetal y deficiencias mentales, que fueron impartidos por Carlos Reiche y Roberto Solís Quiroga. Éste se había iniciado en la "educación de anormales", como se le conocía entonces, al desempeñar el cargo de jefe de la sección médica del Tribunal para Menores, e intervino en la experiencia de la escuela Gelación Gómez que dependía de la UNAM. Fue este médico el que planteó al entonces al ministro de Educación Pública, Ignacio García Téllez, la necesidad de institucionalizar la educación especial en nuestro país, pretensión que se vio cristalizada con la inclusión de un apartado especial referente a la protección de los deficientes mentales por parte del Estado en la Ley Orgánica de Educación. El 7 de junio de 1943, bajo el auspicio del secretario de Educación, Octavio Véjar Vázquez, se creó la Escuela Normal de Especialización para impartir la carrera de maestro especialista en educación de anormales mentales y menores infractores, con un plan de estudios de dos años. Su primer director fue el doctor Roberto Solís Qui-

roga. A principios de la última década del siglo XX las carreras que impartía la Escuela Normal de Especialización ya tenían grado de licenciatura y se habían formado 16 mil maestros en diferentes especialidades, como audición y lenguaje, deficientes mentales, ciegos y débiles visuales, inadaptados e infractores, trastornos neuromotores y problemas de aprendizaje.

EDZNÁ ◆ Zona arqueológica maya situada en el municipio de Campeche, Campeche.

EFRÉN ◆ ☞ *Maldonado, Efrén.*

EGERTON, DANIEL THOMAS ◆ n. en Inglaterra y m. en la ciudad de México (1800-1842). Llegó a México por primera vez en 1834 y tomó apuntes de varios lugares de México, mismos que le sirvieron para elaborar un álbum de litografías que se publicó en Londres en 1840 bajo el título de *Vistas de México*. En una segunda estancia fue asesinado junto con su pareja.

EGIPTO, REPÚBLICA ÁRABE DE ◆ Estado situado en el noreste de África. Limita al norte con el mar Mediterráneo, al noreste con Israel, al este con el mar Rojo, al sur con Sudán y al oeste con Libia. Superficie: 1,001,449 km². Habitantes: 66,000,000 en 1998, de los cuales 99 por ciento viven en el delta del río Nilo, que representa un tercio del territorio. La capital es El Cairo, que aloja en su área metropolitana a 10 millones de personas. Otras ciudades importantes son Alejandría (3,700,000 habitantes en 1996) y Giza (2,150,000 habitantes). La religión mayoritaria es el islamismo. El árabe es el idioma oficial. *Historia:* hay rastros de grupos humanos que habitaron Egipto hace unos 8,000 años. Dos grandes civilizaciones estaban constituidas a mediados del cuarto milenio a.n.e., el Bajo y el Alto Egipto. El segundo acabó por dominar al primero y una vez unificados ambos reinos (a fines del cuarto milenio a.n.e.), se formó un imperio que, con altibajos y bajo el dominio de diversas culturas (asirios, persas, griegos y romanos), vivió diversas épocas de esplendor, con una economía fuertemente centralizada

La Universidad Nacional Autónoma de México, el más importante centro de estudios del país

Foto: CARLOS HAHN

y una alta capacidad de organización, a fin de realizar grandes obras hidráulicas y de otra índole, como las célebres pirámides. Durante el predominio de los griegos y los romanos, Alejandría contaba con la mayor biblioteca de su tiempo, por lo que se convirtió en una de las ciudades más influyentes de la antigüedad. Su importancia creció bajo el imperio bizantino, pues era la sede del patriarcado del mismo nombre, que poseía grandes latifundios. La conversión al islamismo se produjo a partir de la conquista por los árabes, en el siglo VII, quienes fundaron El Cairo, ciudad que para fines del primer milenio de la era presente era la más culta y poblada del mundo musulmán. Se maneja la hipótesis de que los egipcios pudieron realizar viajes intercontinentales que los pusieron en contacto con la América precortesiana y que el mítico Quetzalcóatl bien pudo ser uno o más de ellos, pues aparece en diversas culturas. Hasta principios del siglo XVI Egipto dominó el paso entre Europa y Asia, por lo cual mantuvo un estrecho contacto con las ciudades-Estado como Barcelona, Venecia y otras donde la burguesía iba ganando terreno. En el siglo XVI el país cayó bajo dominio de los turcos, situación que, con excepción del breve periodo napoleónico, perduró hasta fines del siglo XIX, cuando los ingleses ocuparon el país y lo gobernaron. Gran Bretaña declaró a Egipto protectorado en 1914, pero debió enfrentar una fuerte oposición nacionalista que llevó a concederle una cierta autonomía en 1922 y la independencia en 1936. Faruk, rey pro británico, gobernó en medio de una corrupción total hasta 1952, cuando fue derrocado por un grupo de jóvenes militares encabezados por Mahoma Naguib, quien proclamó la república. Un nuevo golpe de Estado, que derrocó a Naguib y llevó al poder a Gamal Abdel Nasser, quien en 1956 nacionalizó el canal de Suez, hasta entonces en manos de intereses francoingleses. Los gobiernos de París y Londres enviaron tropas e Israel invadió la Faja de Gaza y el Sinaí. Como la Unión Soviética advirtiera

que estaba dispuesta a dar todo su apoyo militar a Egipto, los invasores europeos se retiraron en acatamiento de una decisión de la ONU, no así los contingentes israelíes. En 1958, Siria y Egipto formaron la República Árabe Unida, de la que Siria se retiró en 1961. México y la RAU formalizaron relaciones en 1958. Nasser proscribió al Partido Comunista Egipcio y encarceló a sus dirigentes, nacionalizó la mayor parte de las empresas extranjeras y con apoyo soviético construyó grandes obras de infraestructura, como la presa de Asuán. En 1967 decidió bloquear el canal de Suez para impedir el paso de embarcaciones de países que apoyaban a Israel. El gobierno de este país ocupó entonces todo el Sinaí hasta el canal. A Nasser, muerto en 1970, le sucedió Anuar Sadat, quien rompió los vínculos de Egipto con los soviéticos y se convirtió en aliado de Estados Unidos. Washington y El Cairo restablecieron sus relaciones diplomáticas, rotas desde 1967, y el presidente estadounidense Richard M. Nixon visitó Egipto en 1974. Sadat reabrió el canal de Suez en 1975 y después de otras dos desastrosas guerras con Israel propuso la paz entre ambos Estados, la que fue apadrinada por EUA y se firmó en 1979 tras un bienio de negociaciones. Al año siguiente Israel devolvió dos terceras partes del Sinaí y ambas naciones intercambiaron embajadores. En 1975 el presidente mexicano Luis Echeverría hizo una visita de Estado a Egipto, donde se entrevistó con Sadat. Éste vino a México en enero de 1981 para reunirse con el entonces mandatario, José López Portillo. Sadat llevó a cabo un proceso de reprivatización de la tierra y desnacionalización de la economía. La vida del gobernante terminó mediante un atentado en 1981. Le sucedió en la presidencia Mahoma Hosni Mubarak, quien se ha dedicado a restaurar las relaciones políticas con los países árabes y africanos.

EGIPTOLOGÍA, ASOCIACIÓN MEXICANA DE ◆ Se funda en enero de 1996 con la finalidad de difundir el conocimiento histórico–académico de la antigua cultura egipcia. La AMEAC desarro-

Esculturas egipcias

lla una amplia labor cultural mediante cursos, conferencias, publicaciones, visitas guiadas y viajes anuales a Egipto. La revista trimestral *El Escriba* es su órgano de difusión.

EGUÍA LIS, JOAQUÍN ◆ n. y m. en la ciudad de México (1833-1917). Abogado. Estudió en el Colegio de San Ilde-

República Árabe de Egipto

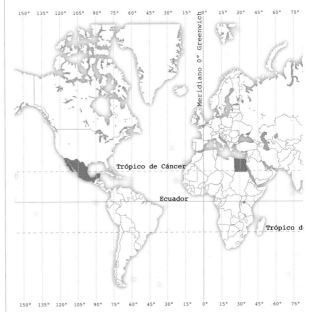

El Cairo

Julieta Egurrola

fonso, del cual fue rector durante el imperio de Maximiliano. En la República restaurada participó en comisiones gubernamentales. Rector de la Universidad Nacional de México (1910-13).

EGUIARA Y EGUREN, JUAN JOSÉ ◆ n. y m. en la ciudad de México 1696-1763). Doctor en teología por la Real y Pontificia Universidad de México, de la que fue rector (1749-50). Ocupó diversos cargos eclesiásticos y rechazó el obispado de Yucatán. Escribió *Selectae dissertationes mexicanas* (1746) y la obra que le ha ganado reconocimiento como uno de los más importantes bibliógrafos mexicanos: *Bibliotheca mexicana*, obra que llega hasta la *letra jota* y de la que sólo vio publicado el primer tomo (1755).

EGUILUZ LÓPEZ, BENJAMÍN ◆ n. y m. en el DF (1911-1966). Médico por la Escuela Nacional de Medicina de la UNAM, de la que fue profesor. Director del Hospital de Gineco-Obstetricia del IMSS (1960-65). Coeditor de la *Revista Médica* (1965-66). Escribió trabajos médicos: *Esterilidad* (1949), *Relaciones entre la ginecología y la obstetricia* (1962), *Control de la natalidad* (1963) y otros. Autor de obras literarias: *Virginidad intacta, Glafira,* etc., y el ensayo *Aportaciones de los médicos mexicanos a la literatura* (1951).

EGURROLA, JULIETA ◆ n. en el DF (1954). Actriz. En 1973 ingresó al Centro Universitario de Teatro, donde tuvo como maestro a Héctor Mendoza. Ha participado en más de 30 obras de teatro profesional. Destacan *Tío Vania,* con la cual fue nombrada la mejor actriz del

año; *Cenizas,* que le mereció el reconocimiento de revelación juvenil; *Crímenes del corazón,* en donde compartió el premio de mejor actriz con sus compañeras Christian Bach y Margarita Sanz; *Santa,* con la que se presentó en el Festival Bittef de Yugoslavia; y *Querida Lulú,* que le valió el Premio de la Asociación Mexicana de Críticos de Teatro (1988). También ha participado en telenovelas como *Pobre señorita Limantour, Quinceañera, El retorno de Diana Salazar, Bodas de Odio* y *Yo compro a esa mujer.*

EHÉCATL ◆ Deidad del viento entre los nahuas. Era una de las advocaciones de Quetzalcóatl.

EHRENBERG, FELIPE ◆ n. en el DF (1943). Artista plástico. Estudió con John Martin en Canadá y con Erich Duggen en Alemania, y en la Escuela de Artesanías del INBA (1959-61). Expone desde 1960. Trabajó en el New York Graphic Workshop (1965) y en el Taller de Artes Gráficas de la Escuela de Arte Slade de Londres (1969-). Fundador del Centro de Arte y Artesanías (1964), del Salón Independiente (1968-71), del Comité de Nuevo Arte Latinoamericano de Nueva York (1969), del Taller Polígono (1970), de la editorial inglesa Beau Geste Press/Libro Acción Libre (1971), del Grupo Proceso Pentágono (1976), del Consejo Mexicano de Fotografía (1977), del Frente Mexicano de Trabajadores de la Cultura (1978), del Centro de Ejercicios Culturales de Xico y del Centro Francisco Díaz de León de Tepito (1985). Ha ilustrado libros. Director fundador de la sección cultural del *Mexico City Times,* edición en inglés de *Ovaciones* (1963); editor de arte de la revista *Mexico This Month* (1963-64). codirigió la revista *Schmuck* (1971). Ha escrito en *El Sol de México, Ovaciones, El Corno Emplumado, La Garrapata, Oposición, Punto* y otras publicaciones. Dirigió la película experimental *Es como una enfermedad-II parte o La Poubelle* (1971). Coautor de *7-77* (1971) y autor de los libros-objeto *Cantata dominical, Flechas, Generación I, La docena y el pilón* y *Pussywillow.* Participó en la VII Bienal de París (1971), en la III Bienal de

Grabado de Bradford, Inglaterra (1972), en la exposición de Nueva Poesía Ovum 10 en Uruguay y Chile (1972), en el Festival Sum de Islandia (1972), en la X Exhibición Internacional de Arte Gráfico en Liubliana, Yugoslavia (1973). Beca Guggenheim (1975). Premio Femirama otorgado por el Salón Codex de Pintura Latinoamericana (1968, Buenos Aires) y Premio Perpetua 1974 de la Asociación de Arte Regional de Suroeste del Consejo Británico de Arte. Medalla Roque Dalton (1986). Candidato a diputado por el PSUM (1982).

EHRMANN, CARLOS ALBERTO ◆ n. y m. en Francia (?-1871). Médico. Vino a México con las fuerzas intervencionistas francesas. Fue presidente de la Sección Médica de la Comisión Científica, Literaria y Artística, de la cual surgió la Academia Nacional de Medicina en 1864.

EIBENSCHUTZ HARTMAN, JUAN ◆ n. en el DF (1935). Ingeniero mecánico electricista por la UNAM (1952-58), con posgrado en ingeniería nuclear en el Instituto de Ciencias y Técnicas Nucleares de Francia (1959-60). Trabajó como investigador en la Comisión de Estudios Nucleares de Francia (1960), en el Instituto de Ingeniería de la UNAM (1961) y en la división de reactores de la Organización Internacional de Energía Atómica (1962-64). Miembro del PRI desde 1964. Ha sido secretario ejecutivo de la Comisión de Energéticos de la Sepanal (1974-76), director general de Energía de la Sepafin (1976-80) y subdirector y coordinador general de la Comisión Interna de Planeación, Administración y Programación (1980-90), así como subdirector de Distribución de la CFE (1998). Pertenece a la Academia Mexicana de Ingeniería, al Colegio de Ingenieros Mecánicos Electricistas, a la Conferencia Mundial de Energía y al Institute of Electric and Electronic Engineers.

EIBENSCHUTZ HARTMAN, ROBERTO ◆ n. en el DF (1939). Arquitecto titulado en la UNAM (1957-61); realizó estudios de maestría en la UNAM (1968-70) y se especializó en el International Institute for Aerial Survey and Earth Sciences, Holanda (1972). Profesor de la UAM (1975-

76), la UNAM (1986) y del Instituto Tecnológico de Massachusetts (1986). Ha sido director de la División de Tecnología del Instituto de Acción Urbana del Estado de México (1970-75), director general de Centros de Población de la SAHOP (1977-82), director general del Fondo Nacional de Habitaciones Populares (1982-85), subsecretario de Desarrollo Urbano de la Sedue (1985-86); y secretario (1976), rector del plantel Xochimilco de la UAM (1986-90) y secretario de Desarrollo Urbano y Vivienda del gobierno del DF (1997-). Coautor de *Reforma urbana y desarrollo regional* (1988) y *Las ciudades mexicanas en la última década del siglo XX* (1989).

EISENBERG, ABEL ◆ n. y m. en la ciudad de México (1916-1996). Su segundo apellido era Abbe. Se graduó como pianista, violinista, compositor y director de orquesta en el Conservatorio Nacional de Música. Cofundador del Cuarteto México, en ocasiones tocó con el Cuarteto Lener; fue violinista de la Orquesta Sinfónica de México y de la Orquesta Sinfónica Nacional. En 1944 sustituyó a Leopoldo Stokowsky en la dirección de un concierto en Bellas Artes. Fue primera viola y subdirector de la Orquesta Filarmónica de La Habana. En 1946 reorganizó la Orquesta Sinfónica Nacional de Santo Domingo, que dirigió hasta 1951. Fundó y dirigió el Coro Universitario de la República Dominicana y en ese país dio clases de apreciación musical. Ha sido profesor del Conservatorio y de la Escuela Nacional de Música, así como director del Coro Azamir. Ha dirigido orquestas en Canadá, Estados Unidos, Israel y Francia. Ganó la Lira de Oro del SUTM del DF. Recibió la Medalla al Mérito Blas Galindo y al morir era director de la Camerata de Tlaxcala.

EISENSTEIN, SERGUEI ◆ n. en Letonia y m. en la URSS (1898-1948). Cineasta. Su filmografía incluye *El acorazado Potiomkin, Octubre, Iván el Terrible* y otras obras. En 1921 era diseñador y codirector de teatro del *Proletkultur* cuando le encargaron la escenografía y el vestuario de la versión teatral del cuento *El mexicano*, de Jack London. Fue su primer contacto con México, a donde vino en diciembre de 1930, invitado entre otros por Diego Rivera y David Alfaro Siqueiros y patrocinado por Upton Sinclair, para filmar una película que debería llamarse *¡Que viva México!*, misma que no pudo concluir en 11 meses de estancia, durante la cual fue encarcelado por las autoridades callistas. En esa cinta trabajaron con él Adolfo Best Maugard, Isabel Villaseñor y Agustín Aragón Leyva, entre otros. Ganó amigos entre los artistas mexicanos, colaboró en la revista *Contemporáneos* e hizo una gran cantidad de dibujos sobre lugares y personajes del país. Con lo filmado aquí se han hecho algunas cintas como *Tormenta sobre México, El tiempo bajo el sol* y *Eisenstein en México*, así como escenas de varios filmes, entre otros *¡Viva Villa!*, y hasta anuncios comerciales. *El proyecto mexicano de Eisenstein* es un filme editado por Jay Leyda, de tres horas de duración, hecho con los rollos almacenados en el Museo de Arte Moderno de Nueva York. En el borrador del guión de su película dejó algunas ideas sobre el país: "La gran sabiduría de México sobre la muerte. La unidad de muerte y vida. El paso de una y el nacimiento de la siguiente. El círculo eterno. Y la sabiduría aún mayor de México: el *disfrute* de este círculo eterno. Día de los muertos en Mexico".

EJÉRCITO ◆ Entre los aztecas la preparación militar era obligatoria para los jóvenes varones. Como parte de su formación general aprendían las artes de la guerra: los hijos de la aristocracia en el *Calmécac* y los muchachos plebeyos en el *Telpochcalli*. La oficialidad, lo mismo que la jerarquía eclesiástica y los gobernantes, salía de la primera de estas instituciones. El resto de la población masculina aportaba los contingentes para las guerras de defensa, de conquista y *florales*. En éstas el objetivo era capturar prisioneros para sacrificarlos a Huitzilopochtli. La actividad bélica, asimismo, era casi el único camino para el ascenso social, pues al guerrero que se distinguía en combate se le ascendía en la jerarquía castrense y era objeto de muy diversos privilegios. Después de la conquista, los españoles establecieron un amplio sistema militar integrado por milicias, con un pequeño contingente que podía considerarse como ejército regular. La alta oficialidad era designada por las autoridades peninsulares y los mandos medios se reclutaban entre las familias criollas. Allende, Aldama y otros próceres de la independencia formaban parte de la oficialidad de esas milicias, las que tenían diversos nombres. Durante los años de la insurgencia, las fuerzas patrióticas se formaron mediante la incorporación de voluntarios, en tanto que el ejército realista incorporó plenamente a las milicias y recurrió a la leva (reclutamiento forzado de ciudadanos). El primer ejército del México independiente resultó de la fusión de las fuerzas armadas realistas con los núcleos guerrilleros insurgentes. Predominaba en él la vieja oficialidad colonial y en su mayor parte se inclinaron por defender la política centralista hasta su derrota a manos del ejército liberal durante las guerras de Reforma. En 1822 se creó la Escuela de Cadetes y al año siguiente el Colegio Militar, que tuvo su primera sede en Perote. Durante las guerras de Texas y cuando se produjo la intervención estadounidense, ese ejército, más preocupado por obtener empleos bien remunerados y otros privilegios, se mostró poco apto para el combate y sus jefes, principalmente Santa Anna, actuaron impulsados por la cobardía, cuando no por la traición, con

El Ejército Mexicano

FOTO: CARLOS HAHAN

El ejército mexicano en
el siglo XIX

Timbres mexicanos
con el tema de la historia
del ejército en nuestro país

las excepciones conocidas. Pese al desastre que en términos militares significó la guerra contra los estadounidenses, la oficialidad continuó como la principal fuerza política hasta el triunfo de la revolución de Ayutla, cuando un ejército popular, dirigido por viejos insurgentes o por oficiales improvisados, echó del poder a Santa Anna, acabó con los fueros militares y combatió a los restos de sus fuerzas, que se reagrupaban una y otra vez. El Colegio Militar, cuyos cadetes combatieron heroicamente contra los invasores estadounidenses, había sido un reducto de los conservadores, por lo cual fue suprimido por los liberales en 1860. Ese mismo ejército popular salió triunfador de las guerras de Reforma y se enfrentó a los franceses, quienes tenían el más poderoso aparato bélico de ese tiempo y contaron con los despojos del viejo ejército conservador, al que reorganizaron y pertrecharon para su beneficio. Ante la invasión, las fuerzas patrióticas operaron como un ejército regular, luego se dispersaron en infinidad de grupos guerrilleros que no dieron descanso a los invasores y en la fase final se reagruparon. Después de una larga guerra, incapaces de imponer una solución de fuerza, los franceses se vieron obligados a salir de México y el imperio de Maximiliano se vino abajo. Al ser restaurada la República, se reabrió el Colegio Militar y los generales triunfantes emergieron del conflicto como el sector con más influencia, la que hicieron sentir durante el alzamiento del Plan de la

Noria (1871) y, sobre todo, al triunfo del Plan de Tuxtepec, que convirtió a Porfirio Díaz, hazañoso general, en el hombre fuerte del país. Éste incorporó a su gobierno a los viejos militares liberales y a no pocos conservadores, con los cuales estructuró un ejército integrado con tropas de leva y oficialidad adiestrada en el Colegio Militar y por expertos venidos del extranjero, sobre todo de Alemania. La función del ejército porfiriano fue mantener el orden encabezado por el dictador y aplastar toda disidencia. La rebelión maderista de 1910 dio a conocer a un gran número de estrategos sin formación castrense, entre ellos Francisco Villa, Álvaro Obregón y Emiliano Zapata. Al producirse el golpe de Estado de Victoriano Huerta, algunos oficiales del ejército federal se incorporaron a las fuerzas revolucionarias, entre ellos Felipe Ángeles, hombre de genio militar que sirvió en la División de Norte. Año y medio después del cuartelazo de Huerta, el viejo ejército capituló y fue disuelto. Asimismo, Carranza decretó la supresión del Colegio Militar, que volvió a abrirse hasta 1920. Se inició entonces la lucha entre las facciones revolucionarias, en la cual resultó vencedor Álvaro Obregón, el más brillante de los generales constitucionalistas. En 1920, asesinado Zapata y anulado Villa, Carranza fue derrocado y ejecutado por los generales adheridos al Plan de Agua Prieta, encabezados por Obregón, quien fue presidente de 1920 a 1924. Durante su periodo al frente del Poder Ejecutivo debió afrontar la asonada que encabezó el general Adolfo de la Huerta, quien había sido su compañero desde el inicio de la revolución. Plutarco Elías Calles, sucesor de Obregón, sabedor de que las fuerzas armadas revolucionarias no estaban del todo unificadas, como lo demostrarían las revueltas encabezadas por Arnulfo R. Gómez (1927) y Gonzalo Escobar (1929), promulgó un conjunto de leyes y reglamentos para la institución militar, que incluían la revalidación del grado para los altos oficiales, y encargó al secretario de Guerra

y Marina, Joaquín Amaro, la reorganización y modernización de las fuerzas armadas. Amaro impuso disciplina, especialmente entre los generales, combatió la corrupción, profesionalizó los cuadros militares y mejoró en todos sentidos al ejército. Para llevar a cabo esta labor, le favoreció su permanencia al frente de la Secretaría de Guerra y Marina hasta 1931 y la creación del Partido Nacional Revolucionario, que en su sector militar reunió a los más connotados e influyentes oficiales. El mismo Amaro fue quien dirigió las actividades bélicas contra el movimiento cristero de 1926 a 1929. Lázaro Cárdenas, durante su sexenio como presidente, sometió a los mandos a un cambio permanente hasta que dispuso de hombres de confianza en todos los puestos clave, lo que le permitió enfrentar con éxito las intentonas golpistas de Elías Calles. En ese periodo se alzó el general Saturnino Cedillo, pero fue derrotado con relativa facilidad. Otras insubordinaciones, aunque de menor magnitud y trascendencia, se vivieron en los lustros posteriores al sexenio de Cárdenas. En 1938, al transformarse el PNR en Partido de la Revolución Mexicana, se conservó la estructura de cuatro sectores: obrero, campesino, popular y militar. Sin embargo, en diciembre de 1940, cuando se iniciaba el sexenio de Manuel Áila Camacho, el último general presidente, desapareció el sector militar y los soldados quedaron adscritos a otros sectores según la actividad que desempeñaran fuera del instituto armado. Era, quizá, la consecuencia de que la principal oposición electoral de 1940 la hubiera encabezado el también general Juan Andrew Almazán. En 1942, al declarar México la guerra a las potencias fascistas (Alemania, Italia y Japón), Ávila Camacho llamó a colaborar a los principales caudillos, como Cárdenas y Elías Calles, y reincorporó al servicio activo a otros generales. Fue en ese tiempo que Joaquín Amaro preparó el estudio *Problemas de nuestra defensa nacional*. Durante el proceso electoral de 1952, el candidato del partido oficial fue un civil que durante la revolución había obtenido el grado de capitán primero, Adolfo Ruiz Cortines. La principal oposición a su candidatura la encabezó el general Miguel Henríquez Guzmán, cuyos partidarios fueron objeto de represión. Para dar cauce institucional a las inquietudes políticas de los militares oposicionistas, en 1954 se fundó el Partido Auténtico de la Revolución Mexicana (PARM), desde el cual se denunció que el gobierno alemanista se había desviado de los objetivos del movimiento armado de 1910. El PARM, hasta 1988, no tuvo nunca más fuerza que aquella que quería concederle el gobierno, lo que explica que los militares hayan tenido que compartir posiciones con los civiles dentro de dicha organización. Aunque el empleo de la fuerza militar para tareas policiacas es tradicional en México, con el presidente López Mateos se utilizó en gran escala ante las movilizaciones de petroleros, telegrafistas, maestros y otros sectores que demandaban respeto a sus derechos laborales y a su autodeterminación en materia sindical. La intervención del ejército llegó a su clímax en el aplastamiento del movimiento ferrocarrilero, cuando los uniformados prácticamente se hicieron cargo de un servicio público manejado por civiles aún durante la revolución. El sucesor de López Mateos, Gustavo Díaz Ordaz, empleó al ejército para reprimir los movimientos estudiantiles que se produjeron en todo el país. El 2 de octubre de 1968, ejército y manifestantes fueron víctimas de una trampa tendida por fuerzas que dependían directamente del mismo Díaz Ordaz, quien asumió plena y públicamente la responsabilidad por la matanza. El saldo oficial fue de varias decenas de muertos, aunque los representantes de la prensa internacional presentes en la matanza mencionaron cientos y hasta miles de víctimas, entre ellas algunos militares. Era secretario de la Defensa Nacional el general Marcelino García Barragán, a quien, según diversas versiones, quisieron convencer de que asumiera la presidencia ante la

manifiesta ineptitud de Díaz Ordaz para resolver políticamente los conflictos. Si es que los hubo, García Barragán rechazó tales ofrecimientos. En el sexenio de Luis Echeverría nuevamente el ejército cobró preponderancia, al asumir el peso de la lucha contra la guerrilla rural, debido sobre todo a la falta de cauces políticos para la expresión de la disidencia, como había sucedido en los sexenios anteriores. En esos años se construyeron las nuevas instalaciones del Colegio Militar dentro de lo que se llamó la Universidad Militar, en la carretera de México a Cuernavaca. La función represiva del ejército disminuyó a partir de la reforma política de 1977, que amplió las posibilidades de participación electoral. En la década de los ochenta el mayor despliegue de las fuerzas armadas se centró en el combate a la producción y tráfico de drogas, lucha en la que han caído elementos de tropa, clases y oficiales. El Ejército Mexicano es el único de Latinoamérica que en más de 60 años no ha sido protagonista de un golpe de Estado. Los estudiosos lo atribuyen a que su oficialidad no proviene de las capas oligárquicas, como sucede en otros países del continente, sino del proletariado y los sectores sociales medios. Desde el sofocamiento de los brotes guerrilleros surgidos en los años setenta, el ejército no había vuelto a entrar en combate, sino hasta 1994, tras el alzamiento zapatista en Chiapas. Desde el inicio de los noventa el Ejército Mexicano venía aumentando su gasto y su número de efectivos, pero a partir del surgimiento del EZLN y otros grupos guerrilleros, como el EPR, su reforzamiento fue una de las prioridades de la administración pública federal. De acuerdo con la *US Arms Control and Disarmament Agency*, mientras que en 1981 las fuerzas armadas mexicanas habían erogado alrededor de 809 millones de dólares, en 1991 su gasto alcanzó mil 185 millones de dólares; en el mismo lapso, los efectivos del Ejército Mexicano pasaron de 125 mil a 175 mil. En tanto, el Balance Militar 1992-1993, elaborado por *The International Institute*

for Strategic Studies-United Kingdom (1994), establecía que el Ejército Mexicano contaba hasta esa fecha con más de 60 mil reservistas, 38 zonas militares, 38 cuarteles, un batallón de blindados, 19 batallones de caballería motorizada, un batallón de infantería mecanizada, tres regimientos de artillería, 80 batallones de infantería, tres brigadas de infantería (cada una con tres batallones de infantería y un batallón de artillería), una brigada de guardias presidenciales, una brigada especializada en operaciones aéreas (tres batallones), así como unidades de apoyo e ingeniería de defensa aérea. Según la misma fuente, el armamento principal del Ejército Mexicano estaba compuesto hasta 1994 por 350 aviones y helicópteros de reconocimiento M-8, Links, M-11 VBL, DN-3, DN-5, Caballo, Mowag y Mex 1; 110 blindados de transporte personal HWK-11, M-3, VCR. Además, 18 cañones de 75 milímetros M-116, 100 cañones de 105 milímetros M-2A1/M3. M-101 y M-56; cinco cañones de 75 milímetros M-8 de autopropulsión, mil 500 morteros, armas guiadas antitanque Milán (incluyendo 8M-11), 30 armas antitanque de 37 milímetros M-3 y 40 armas antiaéreas de 12-7 milímetros M-55. Según dicho balance, el Ejército Mexicano es el tercero del área en gasto militar, sólo superado por Estados Unidos y Cuba, y por encima de Guatemala, El Salvador, Honduras, Nicaragua, Panamá y Costa Rica.

Timbres mexicanos con el tema de la historia del ejército en nuestro país

Ejército de la Revolución Mexicana

EJÉRCITO POPULAR REVOLUCIONARIO (EPR)

◆ Grupo guerrillero de orientación marxista-leninista que proclama el cambio de gobierno a través de la lucha armada. Surgido de la unión de 14 organizaciones guerrilleras, tiene su vertiente principal en el Partido de los Pobres (PDLP) y el Partido Revolucionario Obrero Clandestino Unión del Pueblo (PROCUP). La presencia de estos dos grupos alcanzaba, antes de la aparición pública del EPR en 1996, los estados de Guerrero, Oaxaca, Hidalgo, Veracruz, Chiapas, San Luis Potosí, Estado de México y el mismo Distrito Federal. Otros componentes del EPR son residuos de la Organización Nacional de Acción Revolucionaria, que inició la etapa de las guerrillas en el México contemporáneo con el asalto al cuartel Madera en Chihuahua (1967); la Organización Revolucionaria Armada del Pueblo; Comandos Francisco Villa y Morelos; los sobrevivientes de las Brigadas Genaro Vázquez; la Brigada 18 de Mayo; las llamadas Células Comunistas; la Brigada de los Trabajadores y la Brigada Campesina de Ajusticiamiento, entre otras. El origen ideológico del EPR proviene de la Unión del Pueblo, antecedente del PROCUP, cuyo ideólogo fue el guatemalteco José María Ortiz Vides, quien planteó la propuesta de una guerra popular prolongada, al estilo de las luchas del pueblo vietnamita y del Ejército Guerrillero de los Pobres de Guatemala. Unión del Pueblo nació en Oaxaca con ramificaciones en la Huasteca Hidalguense. En su evolución hacia el PROCUP adquirió una tendencia más terrorista que guerrillera: entre 1971 y 1977 reivindicó la explosión de 79 bombas en el Distrito Federal, Oaxaca, Guadalajara, Naucalpan, Morelia y Puebla. Según datos oficiales de la Secretaría de Gobernación, entre 1990 y 1996 realizó 20 actos terroristas, de los 60 que efectuó en 32 años. A la muerte de Lucio Cabañas en 1964, sus compañeros sobrevivientes fueron abrigados por el PROCUP. Después de salir a la luz pública en 1985, el PDLP y en 1986 el PROCUP, a través de sendas entrevistas periodísticas, relataron el nacimiento de sus vínculos, el fortalecimiento de sus contactos y coordinación a lo largo de los años y su fusión en un solo mando. Posteriormente congregarían a 14 grupos, confluencia de la que nacería el EPR, que en 1996 apareció públicamente en la sierra del estado de Guerrero. Sólo en esa entidad contaban al momento de su aparición con una columna en la Costa Chica, otra en la Costa Grande y una tercera en la región de la Montaña, con un total de 300 elementos al menos, bien entrenados y con armamento. Las zonas de acción eperrista, de acuerdo con investigadores del tema y según los propios comunicados de los guerrilleros, se ubican en lugares inaccesibles donde prevalece la pobreza, como las sierras de Puebla, Querétaro, Oaxaca, Michoacán y Guerrero; las huastecas de San Luis Potosí, Veracruz e Hidalgo; la selva de Chiapas y las zonas urbanas marginadas del Distrito Federal y el Estado de México. Entre el 3 y el 9 de diciembre de 1996, el EPR lanzó una campaña que llamó "de Propaganda Armada Revolucionaria", a través de mítines, distribución de panfletos, retenes informativos en algunas carreteras y pintas de bardas, sobre todo en los estados de Veracruz, Tamaulipas, San Luis Potosí, Oaxaca y Guerrero; en la sierra Norte de Puebla, en los municipios mexiquenses de la zona metropolitaba del valle de México y en las delegaciones capitalinas de Gustavo A. Madero y Tláhuac.

EJÉRCITO DE SALVACIÓN

◆ Organización evangélica militarizada fundada en Londres en 1865. De ahí se extendió a otras ciudades británicas y luego a diversos países de Europa y a las posesiones inglesas. Después de llegar a Estados Unidos pasó a México (1937), donde se dedica a tareas religiosas y filantrópicas. En decenas de ciudades mexicanas son familiares los uniformes azules con vivos guindas de sus miembros. Una de sus fuentes de financiamiento son las limosnas que recogen en la calle.

EJÉRCITO ZAPATISTA DE LIBERACIÓN NACIONAL

◆ Grupo guerrillero asentado en los Altos de Chiapas que surgió a la luz pública el 1 de enero de 1994, al tomar en ataque armado las alcaldías chiapaneacas de San Cristóbal de las Casas, Ocosingo, Altamirano, Chanal y Las Margaritas. Al día siguiente lanzó la Declaración de la Selva Lacandona, en donde, bajo la consigna "Justicia y Dignidad", declaró la guerra al entonces presidente Carlos Salinas y anunciaba su pretensión de avanzar a la capital del país, vencer al Ejército Federal y deponer al gobierno constituido. De acuerdo con un informe de Inteligencia Militar difundido por la prensa capitalina en los meses posteriores al alzamiento, el EZLN tiene sus orígenes en un grupo guerrillero surgido en 1971 denomina-

Foto: Dante Bucio

Integrantes del Ejército Zapatista de Liberación Nacional en enero de 1994 do Fuerzas Armadas de Liberación Nacional, cuyo primer campamento de adiestramiento y endoctrinamiento se encontraba en Ocosingo, Chiapas. Según el mismo informe, en los dos años posteriores se incorporaron a las FALN militantes de la Asociación Cívica Nacional Revolucionaria y del Comité de Lucha Revolucionaria. Entre 1973 y 1974 fueron reducidos por el Ejército Federal. Según la misma fuente, los rebeldes se habrían reagrupado en 1983 bajo las siglas de FZLN. En los primeros días del alzamiento de 1994, cerca de 2 mil rebeldes armados con rifles R-15 y calibre 22 se enfrentan al ejército federal en la zona montañosa de Ocosingo y San Cristóbal y secuestraron al ex gobernador de Chiapas, Absalón Castellanos, anunciaron su enjuiciamiento y posterior fusilamiento. El presidente Carlos Salinas declaró el cese de hostilidades y nombró al ex regente capitalino y ex canciller Manuel Camacho como Comisionado para la Paz y la Reconciliación en Chiapas. El líder militar y vocero del EZLN es el llamado "Subcomandante insurgente Marcos", quien desde el primer día del alzamiento lanzó un mensaje por la radio y ha sostenido contacto con la opinión pública a través de comunicados a las publicaciones capitalinas *El Financiero, La Jornada* y *Proceso*, y el diario chiapaneco *El Tiempo*. El 21 de febrero las delegaciones del gobierno federal y del EZLN inciaron un diálogo en busca de acuerdos de paz en la Catedral de San Cristóbal de las Casas. El obispo Samuel Ruiz García asumió el papel de mediador entre las partes, presidiendo lo que más tarde sería la Comisión Nacional de Intermediación (Conai). El día 28 se firmaron los "34 compromisos para la paz en Chiapas", que fueron sometidos a una consulta interna de la organización guerrillera, la cual finalmente rechazó la propuesta gubernamental. El 10 de junio siguiente el EZLN lanzó una convocatoria a la sociedad civil del país para lograr por la vía civil "las transformaciones que la nación necesita" a través de una Convención Nacional Democrá-

tica. El entonces candidato presidencial del PRI Ernesto Zedillo, declaró que las negociaciones habían sido un fracaso y al día siguiente Camacho renunció como comisionado para la paz y señaló que el candidato "debilitó la línea de negociación política". Del 7 al 10 de agosto se realizó en San Cristóbal de las Casas la Convención Nacional Democrática a la que asistieron cerca de 5 mil convencionistas de todo el país. El 10 de octubre la organización rebelde rompió el diálogo con el gobierno. El 18 de noviembre el EZLN advirtió que sus armas están listas para levantarse en las montañas del norte, noroccidente, del sur, oriente y centro del territorio nacional. En diciembre se integró una Comisión de Concordia y Pacificación para Chiapas (Cocopa), conformada por legisladores de todos los partidos representados en el Congreso de la Unión. El día 19 el EZLN tomó seis alcaldías, bloqueó carreteras y 45 pistas cercanas a Guadalupe Tepeyac. Samuel Ruiz García inició un ayuno por la paz. El 29 los rebeldes se replegaron. El 1 de enero de 1995, en el aniversario del alzamiento, los convocaron a la conformación de un Movimiento para la Liberación Nacional, cuyo objetivo, será la instauración de un gobierno de transición, un congreso constituyente y una nueva carta magna. El 9 de febrero el gobierno federal lanzó una ofensiva contra los rebeldes y recuperó la zona de Guadalupe Tepeyac, anunció la aprehensión de varios militantes zapatistas y dio a conocer que un profesor tamaulipeco de filosofía, que responde al nombre de Sebastián Guillén Vicente, es el llamado Subcomandante Marcos, a quien el presidente Zedillo había ordenado capturar. La captura fracasa, pero hay varios muertos y heridos de ambos bandos y las manifestaciones públicas en la ciudad de México y en varias ciudades de Latinoamérica, Estados Unidos y Europa presionan y consiguen detener la ofensiva federal. El 22 de abril se inició una nueva fase del diálogo. Después de varios esfuerzos, se reunieron las representaciones del gobierno federal y del

EZLN en San Andrés Larráinzar, Chiapas, donde se firmaron acuerdos de paz el 17 de febrero de 1996. Las partes acordaron que la Cocopa diera forma jurídica a tales acuerdos y los presentara al Congreso de la Unión como iniciativa de reformas constituciones y legales, pero el gobierno federal rechazó el documento de los legisladores. En diciembre del mismo año un grupo de paramilitares asesinó a una veintena de personas, mayoritariamente niños y mujeres, incluso embarazadas, en el poblado de Acteal, en la zona de influencia de la guerrilla zapatista. La acción mereció diferentes protestas internacionales. Las autoridades judiciales consignaron a algunos responsables de la matanza. En agosto de 1999, la construcción de una carretera hacia la zona de mayor influencia zapatista generó un nuevo enfrentamiento entre las bases zapatistas y el ejército federal.

EJUTLA ◆ Municipio de Jalisco situado en la porción centro-suroeste de la entidad, al suroeste de Guadalajara. Superficie: 472.21 km². Habitantes: 2,265, de los cuales 544 forman la población económicamente activa.

EJUTLA DE CRESPO ◆ ☛ *Heroica Ciudad Ejutla de Crespo*, municipio de Oaxaca.

EKO, HÉCTOR DE LA GARZA BATORSKI ◆ n. en Monterrey, NL (1958). Caricaturista. Estudió diseño gráfico en la Universidad Iberoamericana (1978-82) y tomó un curso de cartel con Wiktor Gurkha. Hizo escenografías para la Dirección de Radio, Televisión y Cinematografía de la Secretaría de Gobernación (1976-78), trabajó en agencias de publicidad (1978-81) y en el PRI (1981-82). Ha sido cartonista e ilustrador del periódico *unomásuno* y del suplemento *Sábado* (1982-), así como de la revista *Encuentro* (1983-) y del diario *El Financiero* (1993-). Es ilustrador del suplemento político *Bucareli Ocho*, de *El Universal* (1998-), y desde 1999 colabora en la revista *Letras Libres*. Autor de *Denisse* (1987).

ELEMENTOS CONSTITUCIONALES ◆ Proyecto de Constitución preparado por

Héctor de la Garza Batorski, caricaturista conocido como *Eko*

el jefe insurgente Ignacio López Rayón, quien lo envió a José María Morelos para que fuera debatido por el Congreso de Chilpancingo. Este órgano hizo suyas algunas propuestas de ese texto, pero se basó sobre todo en los *Sentimientos de la Nación*, del mismo Morelos, para elaborar el *Decreto Constitucional para la Libertad de la América Mexicana*.

ELGUERO, FRANCISCO ◆ n. y m. en Morelia, Mich. (1856-1932). Abogado. Fue uno de los líderes del Partido Nacional Católico. Diputado federal por Zamora a la Legislatura que disolvió Victoriano Huerta (1912-13). Se exilió en 1914. Vivió en EUA y sobre todo en La Habana, Cuba, donde colaboró en el *Diario de la Marina* y coeditó con otros mexicanos la revista *América Española*. Regresó a México en 1919 y dos años después reinició la publicación de *América Española*. Publicó sus artículos periodísticos en libros. Autor de *Algunos versos* (1906) y de *Historia de las Leyes de Reforma hasta la caída del general Díaz. Recuerdos de un desterrado*.

ELGUERO, JOSÉ ◆ n. en Morelia, Mich., y m. en el DF (1887-1939). Periodista. Residió desde su juventud en la capital, donde fue editorialista de *El País*, diario que dirigió cuando tenía 25 años de edad. Fue subdirector de *América Española* (1921-22). Colaborador de *Revista de Revistas* y de *Excélsior* hasta su muerte. En 1930 asistió a la inauguración de la Casa del Periodista de Madrid con la representación del Sindicato Mexicano de Periodistas. Autor de *Una polémica en torno a frailes y encomenderos* (1938), *Ayer, hoy y mañana* (1941) y *España en los destinos de México* (1942).

ELHÚYAR Y DE ZUBICE, FAUSTO DE ◆ n. y m. en España (1755-1833). Estudió mineralogía en París y Freiberg. Era profesor de la Escuela de Minas de Vergara, Vizcaya, cuando estudió el tungsteno o wolframio, que con su hermano Juan José logró aislar en 1788. Acompañado por un grupo de técnicos alemanes, en el mismo año pasó a Nueva España como intendente general de Minas. Fundó y fue el primer direc-

tor del Real Seminario de Minería (1788-1821). Al triunfo de la independencia volvió a España, donde reorganizó la actividad minera de su país. Autor de *Indagaciones sobre la amonedación en Nueva España* (1818) y *Memoria sobre el influjo de la minería en la agricultura, población civilización de Nueva España* (1825). Su apellido aparece también como Elhúyar.

ELÍAS, ALFONSO DE ◆ n. y m. en el DF (1902-1984). Músico. Estudió en el Conservatorio Nacional y en la academia de José F. Valázquez. Fue maestro en su propia academia, en el Conservatorio y en la Escuela Nacional de Música. Escribió sinfonías, sonatas, misas, un réquiem y otras composiciones.

ELÍAS, ARTURO M. ◆ n. en Guaymas, Son., y m. en el DF (1872-1934). Sirvió en el cuerpo consular durante el porfiriato y la dictadura de Victoriano Huerta. Se reincorporó al servicio exterior de 1924 a 1928. Director de Establecimientos Militares Fabriles (1929-30), director de Correos en dos ocasiones y gobernador del territorio norte de Baja California (agosto-septiembre de 1932).

ELÍAS, FRANCISCO S. ◆ n. en Tecoripa y m. ¿en Hermosillo, Son.? (1882-1963). Participó en la revolución constitucionalista como agente financiero en Estados Unidos. Se adhirió al Plan de Agua Prieta en 1920. Fue gobernador de Sonora en tres ocasiones (1921-22, 1922-23 y 1929-31) y secretario de Agricultura y Fomento en el gabinete de Ortiz Rubio (octubre de 1931 a septiembre de 1932).

ELÍAS, JUAN JOSÉ ◆ n. en Arizpe y m. en Cananea Vieja, Son. (1824-1865). Militar de carrera. Luchó contra la invasión filibustera de Crabb. Murió en combate contra la intervención francesa y el imperio.

ELÍAS, MANUEL DE ◆ n. en el DF (1940). Músico. Hijo y discípulo de Alfonso de Elías. A los 14 años se presentó como compositor con la obra *Pequeños corales* para coro mixto de capilla. Asistió luego al Conservatorio y a la Escuela Nacional de Música. Estudió piano con Gerard Kaemper (1957) y

Bernard Flavigny (1959 y 1961). Participó en el taller de composición de Carlos Chávez (1960) y en los de Música Concreta (1967) y de Música Electrónica con Jean-Etienne Marie (1968). Tomó un curso con Stockhausen (1968), otro de dirección orquestal con Ernest Herbet-Contwig, uno más con con Luis Herrera de la Fuente (1968-72). Formó el grupo experimental Proa (1964). Dirigió la Sinfónica de Guanajuato, organizó el Festival Debussy y reorganizó la Escuela de Música de la Universidad de Guanajuato (1964-65) de la que fue director (1965-67). Dirigió la Orquesta de Cámara de la Radio y Televisión de Bélgica (1974-75). Fundó y dirigió el Instituto de Música y el coro de la Universidad Veracruzana (1976). Organizó el Festival Internacional de Música de Xalapa (1976). Asistió en París a la Tribuna Internacional de Compositores (1979). En 1980 fundó la Orquesta Sinfónica de Veracruz (1980). Fue director artístico de la Orquesta de Cámara de Bellas Artes (1984-86), director de la Orquesta Filarmónica de Jalisco (1987-90) y director de Música del INBA (1991-). Ha sido director huésped en los festivales de Otoño de Varsovia, Interamericano de Washington, de París, Interamericano de Nueva York e Internacional de Música Contemporánea de España. Tiene más de 150 composiciones, entre las cuales se cuentan *In memory of Ben Selekman*, *Speculamen*, *Vitral No. 3* (1969), *Sonata No. 4* (1971) y *Sonata No. 5* (1972), *Sonata No. 7*, *Obertura-poema*, para coro, órgano y alientos; *Sine nomine* (1975), *Homenaje a Pablo Neruda* (1976), *Sonata No. 9* (1979), *Sinfonieta, Fantasía, Mictlán-Tlatelolco, Canto fúnebre y Septiembre de 1985*. Miembro de la Academia de las Artes. Creador Emérito por el SNCA, Medalla Mozart y Premio Nacional de Ciencias y Artes (1992).

ELÍAS AYUB, ALFREDO ◆ n. en el DF (1950). Ingeniero civil por la UNAM (1968-73) y maestro en administración de empresas por la Universidad de Harvard (1973-75). Desde 1978 es miembro del PRI. Ha sido director de

Alfredo Elías Ayub

Fausto de Elhúyar

Coordinación y Programación (1977-79), subdirector general (1980) y director general del Fonapas (1981-83); subdirector (1978-79) y director de la Escuela de Ingeniería de la Universidad Anáhuac (1979), coordinador ejecutivo de la SAHOP (1983-85), secretario particular del gobernador del Estado de México (1985-86) y, en la SEMIP, secretario particular (1986) y coordinador de asesores del titular (1986-88) y subsecretario de Minas e Industria Básica (1988-94).

ELÍAS CALLES, PLUTARCO ◆ n. en Guaymas, Son., y m. en el DF (1877-1945). Hijo de Plutarco Elías Lucero y María de Jesús Campuzano. Su padrastro, Juan B. Calles, le dio el otro apellido. Maestro de primaria. Trabajó en la tesorería de Guaymas, de donde fue despedido al no poder comprobar un faltante (1899). Vivió después en Fronteras, Son., donde fue secretario del ayuntamiento. En 1911 se le nombró comisario de Agua Prieta, donde dispuso la defensa del lugar ante un eventual ataque magonista. En el mismo año fue candidato a diputado por Guaymas, pero perdió la elección ante Adolfo de la Huerta. En 1912 creó la Brigada Calles y, como capitán, participó en un combate en Nacozari. Al año siguiente se levantó en armas contra el gobierno de Victoriano Huerta y operó bajo las órdenes de Obregón, quien le dio grado de teniente coronel y meses después de coronel. Después de una campaña irregular, en enero de 1915 ya era general brigadier y poco después de brigada. En agosto Carranza lo designó comandante militar y gobernador. Con tales títulos combatió al villismo, cerró el Tribunal Superior de Justicia, en manos de porfiristas; expulsó a los sacerdotes, implantó la *ley seca*, decretó la validez del divorcio, estableció el salario mínimo y eliminó las exenciones de impuestos; abrió bibliotecas, creó una escuela normal y otra para huérfanos, a la vez que obligó a terratenientes y empresarios a sostener centros de primera enseñanza. En mayo de 1916 dejó la gubernatura y, como comandante, se lanzó contra los

yaquis. En 1917, al convocarse a elecciones de acuerdo con la nueva Constitución, resultó elegido gobernador. Asumió el cargo a fines de junio, pero dos semanas después pidió licencia para tomar de nuevo las armas. Volvió a la gubernatura un año después, con más poder que en las dos ocasiones anteriores, y le correspondió promulgar la nueva Constitución local y expedir una ley laboral y otra agraria. En octubre de 1919, Carranza lo designó secretario de Industria y Comercio, puesto que ocupó hasta febrero de 1920, cuando regresó a Sonora de nuevo como comandante militar, ya como general de división, para incorporarse a la campaña de Obregón a la Presidencia y a la conspiración contra Carranza que cobraría forma en el Plan de Agua Prieta, el 23 de abril. Triunfante el movimiento de los generales sonorenses, ocupó la cartera de Guerra y Marina en el gabinete de Adolfo de la Huerta

Plutarco Elías Calles

(1920) y de Gobernación, ya con el presidente Álvaro Obregón. En 1923 fue designado candidato a la Presidencia y alternó su campaña con las

GABINETE DEL PRESIDENTE PLUTARCO ELÍAS CALLES	
1 de diciembre de 1924 al 30 de noviembre de 1928	
GOBERNACIÓN:	
ROMEO ORTEGA	1 de diciembre de 1924 al 7 de enero de 1925
GILBERTO VALENZUELA	8 de enero al 25 de agosto de 1925
ADALBERTO TEJEDA	26 de agosto de 1925 al 18 de agosto de 1928
EMILIO PORTES GIL	18 de agosto al 30 de noviembre de 1928
RELACIONES EXTERIORES:	
AARÓN SÁENZ	1 de diciembre de 1924 al 1 de mayo de 1927
GENARO ESTRADA, SUBSECRETARIO ENCARGADO DEL DESPACHO	1 de mayo de 1927 al 30 de noviembre de 1928
GUERRA Y MARINA:	
JOAQUÍN AMARO	1 de diciembre de 1924 al 30 de noviembre de 1928
HACIENDA Y CRÉDITO PÚBLICO:	
ALBERTO J. PANI	1 de diciembre de 1924 al 28 de enero de 1927
LUIS MONTES DE OCA	16 de febrero de 1927 al 30 de noviembre de 1928
INDUSTRIA, COMERCIO Y TRABAJO:	
LUIS N. MORONES	1 de diciembre de 1924 al 31 de julio de 1928
JOSÉ MANUEL PUIG CASAURANC	1 de agosto al 30 de noviembre de 1928
AGRICULTURA Y FOMENTO:	
LUIS L. LEÓN	1 de diciembre de 1924 al 30 de noviembre de 1928
EDUCACIÓN PÚBLICA:	
JOSÉ MANUEL PUIG CASAURANC	1 de diciembre de 1924 al 22 de agosto de 1928
MOISÉS SÁENZ	23 de agosto al 30 de noviembre de 1928
COMUNICACIONES Y OBRAS PÚBLICAS:	
ADALBERTO TEJEDA	1 de diciembre de 1924 al 25 de agosto de 1925
EDUARDO ORTIZ	26 de agosto de 1925 al 20 de junio de 1926
RAMÓN ROSS	21 de junio de 1926 al 30 de noviembre de 1928

actividades militares, pues participó en el combate a la rebelión delahuertista. Ya como presidente electo viajó al extranjero donde se entrevistó con los jefes de Estado de Alemania, Francia y EUA. A su regreso, el 1 de diciembre, asumió la Presidencia con el país gravemente afectado por los destrozos de tantos años de guerras intestinas, con los campos abandonados, las ciudades hambrientas y una desconfianza generalizada, en la que influía decisivamente el caos monetario y la pobreza del erario. A todo eso deben agregarse las diferencias entre los revolucionarios, la sistemática labor de desestabilización de la Iglesia y la vieja oligarquía, así como una de las más feroces campañas de la prensa estadounidense en defensa de los terratenientes y empresas petroleras de esa nacionalidad, que poseían cuantiosos intereses en México. Para poner orden en el ejército, Calles obligó a la alta oficialidad a revalidar su grado y encargó a Joaquín Amaro, secretario de Guerra y Marina, modernizar y profesionalizar las fuerzas armadas. A fin de impulsar la producción agropecuaria promovió la legislación en materia agraria, irrigación y crédito para el campo, en tanto que fundó los bancos Ejidal y Agrícola; abrió cuatro escuelas y reestructuró la de Chapingo y la de Medicina Veterinaria. Asimismo, mantuvo en funcionamiento las Misiones Rurales, que incluían técnicos agrícolas, y estableció escuelas rurales que llevaron a cerca de 3,500 profesores al campo. Destinó fuertes partidas a la creación de infraestructura para el campo mediante la construcción de presas y nuevos caminos y repartió más de tres millones de hectáreas en favor de 300 mil familias campesinas. En lo referente a los trabajadores urbanos, promulgó las leyes reglamentarias de los artículos cuarto y 123, para normar las relaciones laborales, tuteló la sindicalización y, en favor de los empleados estatales; se expidió la Ley General de Pensiones Civiles, en tanto que se estimuló la creación y funcionamiento de cooperativas. El respaldo al movimiento obrero se dio en el

Cristeros

marco de un rígido control de los trabajadores, mediante la Confederación Regional Obrera Mexicana, el Partido Laborista y el líder de ambos agrupamientos, Luis N. Morones, a quien designó secretario de Industria, Comercio y Trabajo, quien de hecho nombraba a los ocupantes de las agregadurías obreras de las embajadas mexicanas, puestos también creados en esa época. Durante su periodo presidencial se construyó la carretera México-Puebla y se iniciaron la México-Acapulco y México-Laredo, habiéndose concluido de ésta el tramo México-Pachuca; fue terminado el ferrocarril del Sudpacífico; el servicio postal fue reorganizado y se inauguró la primera ruta aérea de correo (México-Tuxpan-Tampico); se estableció la comunicación telefónica con Estados Unidos y Gran Bretaña, además de que se produjo una amplia legislación sobre comunicaciones. En política económica se procedió a crear nuevos impuestos, gravando los ingresos personales, los giros de comercio, industria, agricultura y finanzas, todo lo cual permitió al gobierno allegarse nuevos recursos y abatir el déficit público. Para ordenar el sistema financiero se creó la Comisión Nacional Bancaria, organismo regulador, se expidió la Ley General de Instituciones de Crédito y se fundó el Banco de México, que pasaría a ser la única institución emisora de moneda. Las realizaciones en política internacional fueron la firma o aplicación de tratados comerciales con dos naciones y el incremento de las exportaciones a otros países; el inicio de relaciones con Hungría y la Unión Soviética y el restablecimineto de los nexos con Gran Bretaña. A lo anterior debe agregarse el énfasis latinoamericanista, pues las representaciones de México en Guatemala, La Habana y Buenos Aires se convirtieron en embajadas, en tanto que la Cancillería rompió relaciones con el gobierno usurpador de Chile cuando se produjo el golpe de Estado contra Arturo Alessandri, en 1925. El clero católico desplegó una intensa campaña contra diversas normas legales. Calles respondió con la

expulsión de sacerdotes extranjeros y el cierre de locales religiosos. La jerarquía eclesiástica convocó a sus organizaciones laicas para responder con la violencia, previa autorización del papa Pío XI, y se desató el conflicto cristero, en el que ambos bandos cometieron innumerables atrocidades. En ese tiempo, México hizo frente a una campaña estadounidense contra el artículo 27 constitucional, que reivindica la propiedad originaria de la nación sobre sus tierras y aguas. Calles rechazó con energía las presiones de Washington, pero se mostró cauteloso en su trato con EUA. En 1927 reformó la Constitución para permitir que Obregón volviera a la Presidencia, lo que originó protestas y asonadas que fueron sofocadas con la mayor violencia. Como resultado de esa represión fueron ejecutados los generales Arnulfo R. Gómez y Francisco R. Serrano. Cuando Obregón era presidente electo, un atentado le quitó la vida. En su último informe de gobierno, Calles anunció que no intentaría reelegirse. A unos días de haber dejado la Presidencia se puso al frente de una comisión que fundaría, el 4 de marzo de 1929, el Partido Nacional Revolucionario (hoy PRI), al que han pertenecido todos los presidentes de México, todos los gobernadores hasta 1981 y todos los senadores, salvo uno, hasta 1988. Así terminó la época de los regateos entre los generales revolucionarios y se inició lo que Calles entendía como era institucional, en la que él sería llamado "Jefe Máximo de la Revolución" y acatado como tal durante los periodos presidenciales de Emilio Portes Gil, Pascual Ortiz Rubio y Abelardo L. Rodríguez. El *maximato*, como fue llamada la época en que los presidentes reconocían como superior jerárquico a Calles, se caracterizó por un conservadurismo cada vez mayor del ex presidente y por su activa intervención en la vida institucional del país, tuviera o no cargos gubernamentales. En 1935, después de que expresara su desacuerdo con la política del general Lázaro Cárdenas, salió a Sinaloa y posteriormente a Los Ángeles, mientras grandes manifestaciones callejeras lo llamaban "traidor a la causa revolucionaria". En diciembre de 1935 regresó al país y Cárdenas destituyó a los funcionarios civiles y militares que fueron a recibirlo. Como ocurrieran sabotajes de gravedad y continuara su intervención a fin de someter a Cárdenas, Calles, Morones, Luis L. León, ex presidente del PNR, y Melchor Ortega fueron expulsados del país el 1 de abril de 1936. Calles se asiló en San Diego, California. En 1941 volvió al país, ya bajo el mandato de Manuel Ávila Camacho.

ELÍAS CALLES ÁLVAREZ, FERNANDO ◆ n. en Hermosillo, Son. (1940). Licenciado en derecho por la UNAM, donde fue profesor (1975-81). Desde 1959 es miembro del PRI. Coordinador de federaciones estatales de la CNOP (1975-76). Ha sido diputado federal (1973-76), representante del gobierno de Sonora en el DF (1973-75), subdirector general de Organización y Capacitación Pesquera (1977), director general de delegaciones de la Secretaría de Educación (1978-82), director general del Colegio Nacional de Educación Profesional Técnica (1982-83); director general de Gobierno (1983-85) y subsecretario de la Secretaría de Gobernación (1985-88); y subsecretario de Coordinación Educativa de la Secretaría de Educación Pública (1988-1993).

ELÍAS CALLES SÁENZ, FERNANDO ◆ n. en Monterrey, NL (1930). Contador por la Escuela Bancaria y Comercial y la Escuela Superior de Comercio. Hizo un curso de posgrado en la Universidad Libre de Bruselas, Bélgica. Fue profesor de la Escuela Superior de Guerra, de la UNAM, El Colegio de México y la Universidad Autónoma de Zacatecas. Miembro del PRI desde 1958. Pertenece al servicio exterior desde 1956. Ha sido subdirector del Servicio Diplomático (1970-71), secretario particular del subsecretario de Relaciones (1972-74), director general para África y Asia (1979-83) y embajador en Etiopía (1975-77), Turquía y Pakistán (1977-79) y en Argelia, Túnez y la República Árabe Sajaraui Democrática (1984-).

ELÍAS GONZÁLEZ, JOSÉ MARÍA ◆ n. en Arizpe, Son. (1793-?). Militar de carrera. Combatió la insurgencia. En 1821 se adhirió al Plan de Iguala. Fue diputado local y al Congreso General (1842). Gobernador sustituto de Sonora (1843). Combatió la invasión estadounidense (1947). Retirado del ejército desde 1851, en 1862 se ofreció para pelear contra la intervención francesa. Se ignora el lugar y fecha de su muerte.

ELÍAS GONZÁLEZ, RAFAEL ◆ n. en Banámichi y m. en Arizpe, Son. (1774-1840). Bisabuelo de Plutarco Elías Calles. Presidente municipal de Arizpe en 1830 y 1833. Gobernador sustituto de Sonora (1837).

ELÍAS GONZÁLEZ, SIMÓN ◆ n. en Banámichi, Son., y m. en Chihuahua, Chih. (1772-1841). Hermano del anterior. Militar. Fue vocal de la corte marcial que dictó sentencia de muerte contra los caudillos de la independencia. En 1821 se adhirió al Plan de Iguala. Diputado al Congreso General y a la Junta Nacional Instituyente (1822). Gobernador constitucional del estado de Occidente (1825-26) y de Chihuahua (1826, octubre de 1827 a febrero de 1828 y 1838).

ELÍAS HERRANDO DE BALLESTEROS, EMILIA ◆ n. en España y m. en el DF (1900- 1975). Vino a México al término de la guerra civil española. Aquí fue profesora de la Escuela Normal Superior, de la Escuela Nacional de Maestros y de la Normal de Pachuca. Autora de *La concentración de la enseñanza en la escuela primaria* (1940), *La lengua nacional en los textos literarios* (1942), *Educación comparada, Ciencia de la educación*, etcétera.

ELÍAS PAULLADA, AUGUSTO ◆ n. en el DF (1928). Estudió derecho en la UNAM. Se inició como publicista en 1945 y desde 1953 es presidente de la empresa fundada por su padre, Augusto Elías Riquelme (☞), agencia que es la segunda en importancia entre las mexicanas y la quinta entre todas las que trabajan en México. Maneja la imagen de varias de las principales empresas que operan en el país. Entre las frases publi-

citarias de su creación se cuentan "Nuestro siguiente programa se ve mejor en un Philips" y "Si hay Bacardí hay ambiente".

ELÍAS RIQUELME, AUGUSTO ◆ n. en España y m. en el DF (1893-1953). Publicista. Después de la primera guerra mundial viajó a Estados Unidos, de donde pasó México. Comenzó a trabajar en la elaboración de *El Aviso Oportuno de El Universal*. Colaboró con Martín Luis Guzmán, director del periódico *El Mundo*, y más tarde fue nombrado jefe del departamento de publicidad de la *Cervecería Modelo*. Fundador de la agencia Grant Advertising, al lado de Will C. Grant. En 1944 fundó la agencia publicitaria que lleva su nombre.

ELÍAS ROBLES, HÉCTOR ◆ n. en la ciudad de México (1921). Ingeniero geógrafo por la Escuela Naval Militar (1944). Ha sido comandante de buques de la Armada, jefe de operaciones del Estado Mayor Naval de la Flotilla de Operaciones del Pacífico y comandante de la octava flotilla; en la Secretaría de Marina ha ocupado los puestos de jefe de Servicios e Inversiones, subdirector y director de Seguridad Social, jefe del Estado Mayor de la octava zona naval, comandante del sector naval de Salina Cruz, Oax., comandante de las zonas navales V y XII, jefe del Estado Mayor de la Armada, presidente de la Junta de Almirantes, director de la Escuela de Clases y Marinería y presidente de la Junta Naval de la Armada de México. Fue agregado naval en la embajada de México en Washington.

ELÍO BERNAL, MARÍA LUISA ◆ n. en España (1929). Actriz y escritora. De familia republicana, llegó a México al término de la guerra civil española (1940). Aquí estudió teatro con Seki Sano. Participó en el grupo Poesía en Voz Alta. Ha colaborado en el suplemento de *Novedades* y en la *Revista de la Universidad*, entre otras publicaciones. Ha escrito cuentos y ha hecho guiones de cine, como el de la película de Jomi García Ascot *El balcón vacío* (1961), en la que también actuó. A ella y a su esposo, Jomi García Ascot, dedicó Gabriel

Ventana y días, obra al óleo y cera sobre tela de Arturo Elizondo

García Márquez su novela *Cien años de Soledad* (1967). Autora de la novela *Tiempo de llorar* (1988).

ELIZACOCHEA, MARTÍN ◆ n. en España y m. en Valladolid, hoy Morelia, Mich. (1679-1756). Ocupó varias dignidades en la Catedral de México. Fue obispo de Cuba, de Durango (1736-45) y de Michoacán (1745-56).

ELÍZAGA, JOSÉ MARIANO ◆ n. y m. en Valladolid, hoy Morelia, Mich. (1786-1842). Músico. Estudió en México y en Morelia. A los cinco años de edad ingresó al Colegio de Infantes de la Catedral Metropolitana de la Ciudad de México, y dos años después regresó a Valladolid, donde estudió en el Colegio de Niños bajo la tutela de José María Carrasco. Cofundador de la primera Sociedad Filarmónica y del primer Conservatorio Nacional de Música (1825). Compuso misas y otras piezas religiosas, así como música profana. Escribió unos *Elementos de música*.

ELIZARRARÁS, JESÚS ◆ n. en Guanajuato (1908). Compositor, productor de radio y televisión, y musicólogo conocido como "El cantor de Guanajuato". Estudió la carrera de pianista en el Conservatorio Nacional de Música. En 1941 ingresó en la agencia publicitaria de Augusto Elías, Grant Advertising, en donde aprendió producción radiofónica con el estadounidense Bucky Harris, uno de los mejores productores de la época. Fue en esa época cuando se tituló como productor de Televisión en el Columbia College de Chicago. Fue productor radiofónico de los programas Quién es quién, en la XEQ; La Doctora Corazón, Así es mi tierra, Noches tapatías, Poemas y cantares, Mi álbum musical y varios más en la XEW y Radio Educación. Es autor de las canciones *Tierra de mis amores, Tus ojos cafés, Tengo a quien querer, Par de estrellas, Dos corazones, Estrellita de Acapulco* y *Rincón bohemio,* entre otras.

ELIZALDE, JOSÉ MARÍA ◆ n. en Tepezalá, Ags. (1876-?). Fue antirreeleccionista. Participó en la insurrección encabezada por Madero. Gobernador constitucional de Aguascalientes (1923-24), ocupó el cargo durante algunos meses hasta su destitución. Apoyó la candidatura presidencial de José Vasconcelos.

ELIZONDO, ALFREDO ◆ n. en Coahuila y m. en Texcatitlán, Edo. de Méx. (¿1880?-1918). Maderista. Combatió el levantamiento de Pascual Orozco. Al golpe de Victoriano Huerta se unió al zapatismo y luego pasó a operar bajo las órdenes del carrancista Pablo González. Obregón lo designó gobernador de Michoacán (1915-17), donde fundó la Escuela Normal de Morelia. Murió asesinado.

ELIZONDO, ARTURO ◆ n. en el DF (1956). Pintor. Estudió en la Universidad de las Américas (diseño gráfico, 1977), en La Esmeralda (1981), en la división de posgrado de San Carlos (1984) y en la Escuela de San Jorge, en Barcelona. Trabajó como maestro en San Miguel de Allende y en la escuela de pintura del INBA. Ha expuesto colectivamente desde 1981 e individualmente desde 1987 en diversas ciudades de México y Estados Unidos. Mención honorífica en la Bienal Rufino Tamayo del INBA (1988) y premio de adquisición en el séptimo Encuentro de Arte Joven en Aguascalientes.

ELIZONDO, CARLOS ◆ n. en la ciudad de México (1924). Egresó de la Facultad de Jurisprudencia (1948) y cursó la maestría en Letras en la UNAM. Delegado en la ONU en Ginebra, Nueva York y Viena (1965-1970). Director del Instituo de Investigaciones Estéticas (1968-74). Colaborador de *El Universal.* Autor de los ensayos *La pugna sagrada, ensayo sobre la obra poética de Salvador Díaz Mirón* (1981), *La lucha latinoamericana* (1982), *La silla embrujada* (1987), *Vida y grandeza de Nezahualcóyotl* (1996) y *El escorpión de oro* (1996); las novelas *Universidad* (1953, Premio Lanz Duret), *Los ángeles llegaron a Sodoma* (1977), *La carretera, un réquiem para Santa Rosalía* (1980), *Génesis 2000* (1981), *El alma errante* (1982), *El umbral del infierno* (1986), *Ésta es mi sangre* (1991); y las piezas teatrales *La décima musa* (1979), *Pasión y muerte de una computadora* (1992), *El sueño y la agonía* (1995). Becario del Centro Mexicano de Escritores (1954-55).

ELIZONDO, EVANGELINA ◆ n. en el DF (1929). Su nombre completo es Emma Evangelina Ernestina Elizondo López. Estudió danza clásica, baile flamenco, canto, guitarra, dirección orquestal. Recibió enseñanzas de pintura con Bardasano y otros maestros hasta 1950 en que se inició como actriz en una adaptación de *Los de abajo,* de Mariano Azuela, dirigida por Víctor Moya. Se empleó su voz para versión en español del filme *La Cenicienta,* de Walt Disney. Trabajó en programas de radio en la Cadena de Oro y XEW. Hizo temporadas de teatro de revista en el Arbeu, con Severo Mirón, y en el Iris, con Paco Sierra. La primera de las películas en que actuó fue *Las locuras de Tin Tan.* Posteriormente se presentó con su orquesta, que había sido de Pérez Prado, en Estados Unidos, Centro y Sudamérica. Retirada de los espectáculos volvió a estudiar pintura, esta vez con Froylán Ojeda e Ignacio Aguirre. Expone individualmente desde 1973.

ELIZONDO, FIDIAS ◆ n. en Monterrey, NL, y m. en el DF (1891-1979). Estudió dibujo y escultura en la Academia de

San Carlos. En el año de 1910, al fundarse la Unión de Alumnos Pintores y Escultores de la Escuela Nacional de Bellas Artes, fue designado vocal por el área de escultura. Participó en la "Huelga Renovadora" del 28 de junio de 1911, declarada por deficiencias educativas contra el director Antonio Rivas Mercado. Continuó su aprendizaje en Europa y durante la primera guerra mundial colaboró en la defensa de Francia. Después del conflicto estuvo en Barcelona hasta 1921, año en que volvió a México. Aquí trabajó en la Escuela al Aire Libre de Coyoacán y, a partir de 1925, en San Carlos. En 1922 obtuvo la medalla de oro otorgada durante la XXXII Exposición Internacional de la Escuela Nacional de Bellas Artes, en Río de Janeiro, Brasil, con la presentación de figuras de cabezas aborígenes talladas en madera. Cofundador del Círculo de Escultores de México. Entre sus obras se cuentan *La Ola*, en el Centro Cultural Coyoacanense, del DF; una *Santísima Trinidad*, en Irapuato, Guanajuato; el *Cristo Rey* de la iglesia del mismo nombre, en Monterrey, NL; y el *Monumento a Cristo Rey* que remata el cerro del Cubilete, en Silao, Guanajuato. Autor del libro *Cuentos en bajorrelieve* (1976).

ELIZONDO, IGNACIO ◆ n. en Salinas (hoy Salinas Victoria), NL (1780-1813). Militar realista. Se incorporó a la insurgencia en enero de 1811. Traicionó la causa y tendió la emboscada de Acatita de Baján en que cayeron los primeros líderes de la independencia. Murió asesinado.

ELIZONDO, JOSÉ F. ◆ n. en Aguascalientes, Ags., y m. en el DF (1880-1943). Tenía alrededor de 20 años cuando se estableció en la capital. Ejerció el periodismo. Empleó el pseudónimo de *Pepe Nava* en la sección humorística "La Vida en Broma" y el de *Kien* para firmar los epigramas que publicaba en *Excélsior*. Autor de libretos para zarzuelas y revistas musicales: *Chin-chun-chan* (1904), *El país de la metralla* (1913), *La onda fría*, *Las musas del país*, *Los Kilométricos*, *La Gran Avenida*, *La Mosca*, *El Champion*, *Se*

suspende el estreno, *El heredero del trono*, *El Diablo*, *El surco*, *Tenorio–Sam*, *Salón Valverde*, *A la Habana me voy*, *19-16*, *Las perlas del Manzanares*, *Así son ellas*, *The Land of Joy*, *La señorita 1918*, *Tonadillas y cantares*, *Don 19*, *La ciudad de los fotingos*, *19-20*, *El tren de la ilusión*, *La peliculera*, *A las doce y un minuto*, *La Torre de Babel*, *La vendedora de besos* y otras que suman más de 40. En 1917 se estrenó en Nueva York su comedia *The Land of Joy*.

ELIZONDO, RAFAEL ◆ n. en Múzquiz, Coah. y m. en el DF (1930-1984). Músico. Estudió en los conservatorios de México y Moscú. Compositor de música para teatro, suites de ballet (*Danzas de hechicería*, *Comentarios a Coatlicue*) y otras piezas (*Tres cantos de vida y muerte*, *Cuarteto de cuerdas*, *Juego de pelota*).

ELIZONDO, SALVADOR ◆ n. en la ciudad de México (1903). Productor de cine. Estudió en las universidades de Columbia y París y en el Kaiser Wilhelm Institut de Berlín. En 1935 fundó la compañía ELSA, con la que produjo *Hoy comienza la vida* (Juan José Segura, 1935). Más tarde fue cofundador y gerente de CLASA Films Mundiales y de Reforma Films. Produjo, entre otras, las películas *Vámonos con Pancho Villa* (Fernando de Fuentes, 1935), *Allá en el rancho grande* (De Fuentes, 1936), *¡Ay Jalisco no te rajes!* (Joselito Rodríguez, 1941), *Doña Bárbara* (De Fuentes, 1943), *Vértigo* (Antonio Momplet, 1945), *Cinco rostros de mujer* (Martínez Solares, 1946), *Salón México* (Fernández, 1948), *La dama del alba* (Gómez Muriel, 1949), *Peregrina* (Chano Urueta, 1950), *Paraíso robado* (Julio Bracho, 1951), *Fruto prohibido* (Alfredo B. Crevenna, 1952), *Los orgullosos* (Yves Allégret, 1953), *Retorno a la juventud* (Juan Bustillo Oro, 1953), *La red* (Fernández, 1953), *Playa prhibida* (Julián Soler, 1958) y *Chucho el roto* (Miguel M. Delgado, 1959).

ELIZONDO, SALVADOR ◆ n. en el DF (1932). Escritor, hijo del anterior. Su segundo apellido es Alcalde. Estudió literatura inglesa en la Universidad de Ottawa, alta cultura de la civilización francesa en la Universidad para Extranjeros de Perugia, asistió al Institut des

Etudes Cinématographiques de París y a la Universidad de Cambridge, donde se diplomó. En México estudió artes plásticas en La Esmeralda y en la Academia de San Carlos y letras inglesas en la UNAM, donde ha sido profesor desde 1964. Hizo estudios de chino en El Colegio de México (1963-64). Becario (1963-64) y asesor literario del Centro Mexicano de Escritores (1968-83). Colaborador de publicaciones literarias de México y el extranjero, como *Film and Filming Positif*, *Nivel*, *Nuevo Cine*, *Poesía*, *El Rehilete*, *Siempre!*, *Siglo*, *Revista de la Universidad*, *Excélsior* (1972-76) y *unomásuno*, entre otros. Miembro de los consejos de redacción de *Plural* (1971-76) y *Vuelta* (1976), jefe de redacción de *Estaciones* y director fundador de *S. Nob*. Dirigió la película *Los hombres huecos* (1958). Autor de poesía: *Poemas* (1960) y *Cuaderno de noche* (1986); narrativa: *Farabeuf o la crónica de un instante* (1965), *Narda o el verano* (1966), *El hipogeo secreto* (1968), *El retrato de Zoe y otras mentiras* (1969), *El grafógrafo* (1973), *Miscast* (1981), *Camera lúcida* (1983) y *Elsinore* (1988); ensayo: *Luchino Visconti* (1963), *Cuaderno de escritura* (1969), *Regreso a casa* (1982), *Contextos* (1973), *Teoría del infierno y otros ensayos* (1992) y autobiografía: *Salvador Elizondo* (1966). Realizó también las películas *The Hollow Men* y *Apocalypse 1900*. Becario de las fundaciones Ford (1965) y Guggenheim (1968-69 y 1973-74) y del Conaculta (1988-89). Premio Xavier Villaurrutia (1965) y Premio Nacional de Ciencias y Artes (1990). Miembro de la Academia Mexicana (de la Lengua, 1981), de El Colegio Nacional (1981) y del Sistema Nacional de Creadores Artísticos (1994-).

FOTO: PAULINA LAVISTA

Salvador Elizondo, autor de *Farabeuf o la crónica de un instante*

ELIZONDO ELIZONDO, RICARDO ◆ n. en Monterrey, NL (1950). Se inició a los 17 años como escritor. Es licenciado en economía por el Tecnológico de Monterrey (1975) y maestro en historia por la UNAM. Colabora en el diario *El Norte* de la capital neoleonesa. Autor de

Indices del periódico oficial de Nuevo León 1827-1976 (6 tt., 1977-80), de *Límites, mercedes y fundaciones* (1978), de un *Catálogo de papelería eclesiástica de Nuevo León 1566-1857* (1979), de una *Geografía de Nuevo León* (1981), de la novela *70 veces siete* (1987) y de los libros de cuentos *Relatos de mar, desierto y muerte* (1980) y *Maurilia Maldonado y otras simplezas* (1987). Obtuvo el primer premio en el Concurso de Cuento de Zacatecas (1980).

ELIZONDO LOZANO, EDUARDO A. ◆ n. en Monterrey, NL (1922). Abogado. En su estado natal ha sido agente del Ministerio Público, defensor de oficio, tesorero general del gobierno (1961-65), rector de la Universidad Autónoma de Nuevo León (1965-67) y gobernador de la entidad (1967-73).

ELIZONDO TORRES, RODOLFO ◆ n. en Durango, Dgo. (1946). Licenciado en administración de empresas por el ITESM. Miembro del PAN, ha sido presidente del Comité Directivo Estatal de Durango (1984-86) y consejero nacional. Gerente administrativo de Aerosierra de Durango (1973-74), gerente de la Empacadora CDJ (1974-75), gerente de ventas de Productora de Triplay (1977-78), gerente general de Sucesores de Jesús N. Elizondo (1978-83), gerente de Especies y Alimentos, presidente municipal de Durango (1984-86), diputado federal plurinominal a la LIV Legislatura (1988-1991) y senador (1997-2003).

ELIZUNDIA TREVIÑO, ÓSCAR ◆ n. en el Distrito Federal (1958). Abogado por la UIA. Realizó maestría en administración pública en la Universidad de Harvard. Miembro del PRI desde 1979. Ha sido coordinador auxiliar de la Comisión Nacional de Alimentación (1984); coordinador de asesores de la Contraloría General (1985) y asesor especial del jefe del DDF (1987); jefe de la Unidad de Audiencias de la Presidencia de la República (1987-88); coordinador de asesores del subsecretario de Programación y Presupuesto (1988) y cónsul general de México en Miami, Estados Unidos (1998-).

Aquiles Elorduy

Casa en Elota, Sinaloa

ELORDUY, AQUILES ◆ n. en Aguascalientes, Ags., y m. en el DF (1875-1964). Licenciado por la Escuela Nacional de Jurisprudencia. Participó en el antirreeleccionismo. Fue diputado a la XXVI Legislatura (1911-13). Retirado de la política durante un cuarto de siglo, en 1940 fue candidato independiente al gobierno de Zacatecas, diputado del Partido de Acción Nacional por Aguascalientes y senador de la República por el PRI (1952-58). Colaboró en *Excélsior* y en *Siempre!* y fundó y dirigió la revista *La Reacción*, de filiación anticardenista (1938-39). Autor de las obras teatrales *Los juguetes* (1931), *La mano izquierda, Mi cuarto a espadas* y *Una canción de Tata Nacho y unos versos de Manuel Acuña.*

ELORDUY, ERNESTO ◆ n. en Zacatecas, Zac., y m. en la ciudad de México (1854-1913). Músico. Estudió en Alemania armonía y piano con Clara Schumann y Anton Rubinstein, entre otros maestros, y en París con Mathias, discípulo de Chopin. A su regreso a México ganó fama como pianista de extraordinaria destreza. Compuso mazurcas, valses y numerosas obras para piano; la opereta *Hojas de álbum* y la ópera *Zulema*, en la que se advierte la influencia que recibió durante una estancia en Turquía. Ésta, con libreto de Rubén M. Campos, fue instrumentada para gran orquesta por Ricardo Castro y

presentada con coros en el teatro del Conservatorio.

ELORDUY, EUGENIO ◆ n. en EUA (1940). Tiene la nacionalidad mexicana. Licenciado en administración de empresas por el ITESM. Milita en el PAN desde 1968. Ha sido candidato por ese partido a diputado federal (1974), a presidente municipal de Mexicali (1983) y a senador de la República (1988). En 1983, luego de denunciar un fraude electoral en su contra, formó un Cabildo Popular en Méxicali para oponerlo al ayuntamiento gobernado por el PRI. Fue coordinador de la campaña de Ernesto Ruffo a la gubernatura de Baja California en 1989 y en 1989 fue nombrado secretario de Finanzas del gobierno bajacaliforniano.

ELORREAGA, FRANCISCO DE ◆ n. en Parral, Chih., y m. en Durango, Dgo. (?-1855). Abogado. Vivió desde niño en Durango, donde fue jefe de la Guardia Nacional, diputado local, senador y gobernador del estado en tres ocasiones (1828-29, 1833 y 1845-46). Fue candidato a la Presidencia de la República en 1846.

ELOTA ◆ Municipio de Sinaloa situado en la costa. Limita por el noroeste con Culiacán. Superficie: 1,518.15 km². Habitantes: 34,490, de los cuales 7,770 forman la población económicamente activa. Hablan alguna lengua indígena 816 personas mayores de cinco años (mixteco 787). Tiene un litoral de 45 kilómetros. El balneario de aguas termales de Pabellón Colorado, la playa de Ceuta y la bahía de Tempehuaya son los principales centros turísticos de la jurisdicción. Se puede practicar la caza (pato, venado, coyote, gato montés, paloma) y la pesca deportiva en esteros y bahías, así como en el río Elota. La Cruz es cabecera municipal.

ELOTA ◆ Río que nace en Durango en la sierra Madre Occidental, con el nombre de San José de Viborillas; en su trayecto hacia el oeste se le unen otras corrientes; entra en Sinaloa, donde toma el nombre de Elota, tuerce hacia el sur, cruza el paralelo 24 y desemboca en el Pacífico, después de pasar por la población de Santa Cruz de Elota.

ELOXOCHITLÁN ◆ Municipio de Hidalgo contiguo a Molango, situado al norte de Pachuca, en la porción centro-norte de la entidad. Superficie: 200.4 km². Habitantes: 2,784, de los cuales 973 forman la población económicamente activa. Hablan alguna lengua indígena 13 personas mayores de cinco años (otomí 8 y náhuatl 5).

ELOXOCHITLÁN ◆ Municipio de Puebla situado en el sureste de la entidad, al este de Tehuacán y en los límites con Veracruz. Superficie: 109.71 km². Habitantes: 9,166, de los cuales 2,051 forman la población económicamente activa. Hablan alguna lengua indígena 7,438 personas mayores de cinco años (náhuatl 7,415). Indígenas monolingües: 2,671.

ELOXOCHITLÁN DE FLORES MAGÓN ◆ Municipio de Oaxaca situado en la región Sierra Norte, al norte de Huautla, cerca de los límites con Puebla. Superficie: 28.07 km². Habitantes: 3,124, de los cuales 1,096 forman la población económicamente activa. Hablan alguna lengua indígena 2,519 personas mayores de cinco años (mazateco 2,518). Indígenas monolingües: 645. La cabecera está en una zona montañosa, con paisajes que constituyen un atractivo para el turismo. Cerca se hallan las grutas de Nindodage, con 19 galerías exploradas. Hay varias zonas arqueológicas.

EMBIL, PEPITA ◆ n. en España y m. en Naucalpan, Edo. de Méx. (1918-1994). Soprano. Estudió música en París. Se inició como solista en el Orfeón Donostiarra de San Sebastián y más tarde actuó en el Teatro del Liceo de Barcelona. En 1940 se inició como zarzuelista en *Sor Navarra*. Vivió en México desde los años cuarenta hasta su muerte. Se retiró en los años sesenta. En 1941 contrajo nupcias con Plácido Domingo Ferrer, matrimonio que procreó dos hijos, María José, y el tenor Plácido Domingo.

EMERICH, LUIS CARLOS ◆ n. en Culiacán, Sin. (1939). Arquitecto titulado en la UNAM (1962). Ha colaborado en las revistas *La Capital*, *Cuadernos del viento* , *Nagoya Latin-American Art Gallery* , *El Rehilete* , *Revista de Bellas Artes* y *Revista de la Universidad*; en *La Cultura en México*, suplemento de *Siempre!*; y en los diarios *El Día*, *Ovaciones* y *El Universal*. Subdirector artístico de los libros de Texto Gratuito de la SEP (1970-75). Está incluido en la antología *Onda y escritura en México* (1971). Autor del volumen de cuentos *Under* (1981) y del ensayo *Figuraciones y desfiguros de los 80* (1989), que reúne artículos de crítica publicados en el diario *Novedades*. Becario del Centro Mexicano de Escritores (1968-69). Desde 1990 es curador independiente.

EMILIANO ZAPATA ◆ Municipio de Hidalgo situado en el extremo sur de la entidad, en los límites con Tlaxcala y el Estado de México. Superficie: 36 km². Habitantes: 12,208, de los cuales 2,871 forman la población económicamente activa. Hablan alguna lengua indígena 24 personas mayores de cinco años (náhuatl 21).

EMILIANO ZAPATA ◆ Municipio de Morelos situado entre Cuernavaca y Cuautla. Superficie: 66.71 km². Habitantes: 49,773, de los cuales 9,916 forman la población económicamente activa. Hablan alguna lengua indígena 420 personas mayores de cinco años (náhuatl 263). La cabecera se llamó San Francisco Zacualpan.

El río Elota, en Sinaloa, en una acuarela del pintor Edgardo Coghlan

EMILIANO ZAPATA ◆ Municipio de Tabasco situado al este de Villahermosa, en los límites con Campeche y Chiapas. Superficie: 743.66 km². Habitantes: 25,500, de los cuales 6,755 forman la población económicamente activa. Hablan alguna lengua indígena 130 personas mayores de cinco años. La cabecera se llamó San Agustín y Montecristo. Desde 1927 tiene su actual nombre. Está ubicada a 140 kilómetros de la capital del estado. Desde ahí se puede ir a las numerosas lagunas del municipio, donde se practica la pesca y otros deportes acuáticos. Cuenta con el museo de Arqueología del Parqueológico y el museo Emiliano Zapata, con una sección dedicada a este revolucionario, otra al poeta Carlos Pellicer y una más a la historia de la entidad.

EMILIANO ZAPATA ◆ Municipio de Tlaxcala situado al norte de Terrenate. Para crearlo se tomó parte del territorio de este último. Colinda con Tlaxco y limita con Puebla. Habitantes: 3,059. Cuenta con 19 localidades.

EMILIANO ZAPATA ◆ Municipio de Veracruz contiguo a Jalapa. Superficie: 394.82. Habitantes: 40,111, de los cuales 10,763 forman la población económicamente activa. Hablan alguna lengua indígena 45 personas mayores de cinco años (náhuatl 14). La cabecera es Dos Ríos.

Luis Carlos Emerich

Timbres de Emiratos Árabes Unidos con el tema de la conquista del espacio por parte de los Estados Unidos y la URSS

Timbres de Emiratos Árabes Unidos con el tema de la pintura

Emmanuel

EMIRATOS ÁRABES UNIDOS ◆ País del Oriente Medio situado en la península Arábiga, con costas en los golfos Pérsico y de Omán. Limita al oeste con Qatar, al norte y este con Omán y al sur y este con Arabia Saudita. Superficie: 83,600 km². Habitantes: 2,353,000 en 1998, de los cuales poco menos de 2 millones son inmigrantes. La capital es Abu Dabi, con 363,432 habitantes en 1989. La lengua es el árabe. La religión es islámica del culto sunnita. Su territorio está compuesto por unas 200 islas y la porción continental es desértica. Fue ocupado por los ingleses a principios del siglo XIX, cuando era transitado por tribus nómadas y la escasa población sedentaria se agrupaba en pequeños señoríos que resistieron al invasor hasta que en 1853 se firmó una tregua, de ahí que a la región se le llamara Costa de Tregua. En 1892 los señores aceptan el protectorado de Gran Bretaña y en 1952 forman el Consejo de Estados de la Tregua, que en 1971, al salir las tropas inglesas, se transforma en una federación que adopta el nombre de Emiratos Árabes Unidos. En el mismo año el *sha* de Irán ocupó las islas Tomb e impuso en cierta medida su protectorado sobre los Emiratos, situación que se modificó con el reconocimiento de Arabia Saudita, lo que ha permitido una política de equilibrio entre los dos poderosos estados vecinos. El país es el tercer productor de hidrocarburos del Oriente Medio. México y los Emiratos Árabes Unidos establecieron relaciones diplomáticas durante el sexenio del presidente Luis Echeverría.

EMMANUEL ◆ n. en el DF (1955). Nombre profesional del cantante de música popular Jesús Acha Martínez. Fue torero. Algunas de sus canciones más conocidas son *Todo se derrumbó, Al final, Este terco corazón, Sólo, sólo, Toda la vida, La séptima luna, Chica de humo, Xochimilco* y otras. Autor del libro *Páginas calladas* (1993).

EMPALME ◆ Municipio de Sonora situado en la costa del golfo de California. Limita con Guaymas. Superficie: 5,426.6 km². Habitantes: 48,607, de los cuales 14,227 forman la población económicamente activa. Hablan alguna lengua indígena 344 personas mayores de cinco años (yaqui 147). El nombre proviene de la unión de las vías del ferrocarril del Sudpacífico con la ruta a Guaymas.

EMPARAN, JOSÉ DE ◆ n. y m. en Veracruz, Ver. (1814-1866). Abogado liberal. Fue gobernador de Veracruz (1853-55), secretario de Fomento (diciembre de 1859) y encargado del despacho de Relaciones Exteriores (de marzo a septiembre de 1860) con el presidente Benito Juárez.

ENCAJONADO ◆ Río que nace en el extremo este de Oaxaca, en la vertiente norte de la sierra Atravesada; corre hacia al noreste y entra en territorio de Chiapas, donde se une al río de la Venta y va a desembocar en la presa de Malpaso.

ENCANTADA, DE LA ◆ Cerro de Baja California situado en la sierra de San Pedro Mártir, sobre el paralelo 31. Tiene 3,069 metros de altura.

ENCANTADA, DE LA ◆ Sierra de Coahuila situada al sur de las serranías del Burro, al norte de la sierra Hermosa de Santa Rosa y al sureste de la sierra del Carmen, a la que prolonga aproximadamente hasta la confluencia del meridiano 102 y el paralelo 28.

ENCARNACIÓN ◆ Río del extremo noreste de Jalisco que corre hacia el suroeste hasta unirse al Aguascalientes. Es tributario del río Verde, afluente del Santiago.

ENCARNACIÓN DE DÍAZ ◆ Municipio de Jalisco situado en el noreste de la entidad, en la región de los Altos. Colinda con Aguascalientes. Superficie: 1,220.16 km². Habitantes: 45,525, de los cuales 11,641 forman la población económicamente activa. Hablan alguna lengua indígena 23 personas mayores de cinco años.

ENCINA, JUAN DE LA ◆ n. en España y m. en el DF (1890-1963). Su nombre era Ricardo Gutiérrez Abascal hasta adoptar el pseudónimo que lo dio a conocer como crítico de arte. Llegó a México al término de la guerra civil española (1939). Fue profesor de El Colegio de México, de la Academia de San Carlos y de las universidades de Michoacán, Guadalajara y Nuevo León. Colaboró en *Romance* y otras publicaciones. Autor de *El mundo histórico y poético de Goya* (1939), *El paisaje moderno* (1939), *La nueva plástica* (1941), *El paisajista José Velasco* (1943), *El Greco, estudio biográfico y crítico* (1944), *Estudios sobre arte mexicano* (1945), *Historia de la pintura de Occidente* (1945), *Vida y milagros de Vicente Van Gogh* (1946), *La pintura italiana del Renacimiento* (1949), *La pintura española* (1951), *El estilo* (1957) y *El espacio* (1958).

ENCINA RODRÍGUEZ, DIONISIO ◆ n. en el mineral La Revancha, municipio de La Blanca, hoy Pánfilo Natera, Zac., y m. en Torreón, Coah. (1907-1982). Fue minero, capintero y herrero. En junio de 1929 ingresó en la Juventud Comunista. En agosto de 1936 fue de los dirigentes de la huelga de 104 sindicatos de trabajadores agrícolas de la Laguna que culminó, el 6 de octubre, con la entrega de tierras que hizo Lázaro Cárdenas. En 1937 se incorporó al comité central del Partido Comunista Mexicano, del que fue secretario general después de echar de la organización a Hernán Laborde y Valentín Campa (1939). Bajo su dirección y la influencia de Earl Browder, Vittorio Codovilla y otros enviados de la Internacional, procedió a la expulsión de todo miembro disidente, indicó a los obreros que debían renunciar al derecho de huelga durante la guerra, disolvió las células de fábrica, trató de que los comunistas fueran aceptados en el PRM, se adhirió a la política de unidad nacional del gobierno, condenó las movilizaciones sindicales independientes, rechazó la unificación del PCM con otras agrupaciones marxistas y en materia internacional asumió acríticamente las posiciones de Moscú. En mayo de 1952 fue brevemente detenido. Asistió en 1956 al XX Congreso del Partido Comunista de la Unión Soviética. En septiembre de 1957 fue obligado por la mayoría del comité central a aceptar una política unitaria con el Partido Obrero Campesino Mexicano y en agosto de 1959 tuvo que compartir la secretaría general del partido con Manuel Terrazas y Arnoldo Martínez Verdugo. Por la participación de los comunistas en el movimiento ferrocarrilero, fue preso político de 1959 a 1967.

ENCINAS, RAMÓN ◆ n. en Álamos y m. en Guaymas, Son. (1812-1874). Fue magistrado del Tribunal Superior de Justicia (1860 y 1868) y gobernador provisional de Sonora (julio y agosto de 1856).

ENCINAS AGUAYO, EMMA CATALINA ◆ n. en Mineral de Dolores, Chihuahua y m. en el DF (1909-90). Aviadora. Estudió en la Escuela de Aviación de Chihuahua, establecida por el gobernador de esa entidad, coronel Rodolfo Fierro. Realizó su primer vuelo el 20 de noviembre de 1932 piloteando un *Spartan Tormenta*, en los llanos del Primer Regimiento de Aviación de Balbuena, en el Distrito Federal. Fue llevada en hombros por sus compañeros hasta la Plaza de la Constitución.

ENCINAS JOHNSON, LUIS ◆ n. y m. en Hermosillo, Son. (?-1992). Fue diputado local en su estado natal, rector de la Universidad de Sonora y gobernador de esa entidad electo para el periodo 1961-67.

ENCINAS RODRÍGUEZ, ANTONIO ◆ n. en España y m. en el DF (1892-1974). Médico republicano. Llegó a México al término de la guerra civil española (1939). Se naturalizó mexicano. Fue jefe de Pediatría del Sanatorio Español. Hizo investigaciones sobre el factor RH y sobre la nutrición de los lactantes. Impartió cursos de capacitación a médicos y enfermeras.

ENCINAS RODRÍGUEZ, ALEJANDRO ◆ n. en el DF (1954). Licenciado en economía por la UNAM (1973-76). Fue miembro del PCM. Cofundador del PSUM (1981-87), en el que formó parte del comité mexiquense (1982-86), del PMS (1987) y el PRD (1989). Candidato del PRD al gobierno del Estado de México (1993). Secretario de Conflictos del Sindicato de Trabajadores de la Universidad Autónoma de Chapingo (1980-82) y su representante ante la Junta Federal de Conciliación y Arbitraje (1981-84). Fue jefe del Departamento de Información (1983-84) y coordinador de Extensión Universitaria de la UACH (1984-86), en la que fue profesor (1979-86). Diputado federal 1985-88 y 1991-94. Secretario de Medio Ambiente del gobierno del DF (1997-). Autor de *Ejido, estado y movimiento campesino* (1984), *Reporte y cronología del movimiento campesino e indígena 1982-1985* (1985) y *Las movilizaciones campesinas del 10 de abril* (1986).

ENCISO, CENOBIO ◆ n. en Tequila y m. en Guadalajara, Jal. (1849-1903). Abogado. Ejerció el periodismo y dirigió *El Litigante* desde 1889 hasta su muerte. Autor de *La erección del estado de Nayarit* (1880) y otros trabajos.

ENCISO, IGNACIO ◆ n. en Atlixco y m. en Puebla, Pue. (1835-1897). Abogado. Fue magistrado del Tribunal Superior de Justicia de su entidad natal y gobernador de Puebla (1884).

ENCISO, JORGE ◆ n. en Guadalajara, Jal., y m. en el DF (1883-1969). Pintor. Se inició como caricaturista en *Revalúo*, periódico que editó con Carlos Basave del Castillo Negrete. Luego hizo cartones para *La Crónica, Tic-Tac* y *Tilín-Tilín*, periódicos tapatíos. Pasó después a la ciudad de México y colaboró en *Multicolor* (1911-13), donde empleó el seudónimo de *XXX*, y en *El Ahuizote* el de *Pedro Malabehar* (1911-12). En 1905

Cerro de la Encantada, en Baja California

presentó una exposición de su pintura en Guadalajara y en 1907 y 1909 hizo lo mismo en la capital del país. Por encargo de Justo Sierra decoró las escuelas Gertrudis de Armendáriz y Vasco de Quiroga, en la actual colonia Morelos del DF. Estudió en la Academia de San Carlos y en Europa (1913-15). De vuelta en el país fungió como profesor de la Academia Nacional de Bellas Artes. Ilustró el periódico *El Zancudo* (1917) y ocupó dos veces la jefatura del Departamento de Bellas Artes. Fue ins-

Paisaje de Jorge Enciso (1910)

pector y luego director de Monumentos Coloniales y Artísticos. En los años cincuenta estuvo en la Subdirección del Instituto Nacional de Antropología e Historia. Estudioso de las *pintaderas*, publicó el libro *Sellos del México antiguo* (1942).

ENCOMIENDA ◆ Institución castellana que data de la baja Edad Media. Consiste en la cesión de una superficie de tierras con todo y habitantes en favor de un noble para que se encargara de su explotación y defensa. Tal cesión la podían hacer el rey, la Iglesia, una orden militar o un aristócrata influyente. En las posesiones españolas del Caribe los capitanes hicieron, sin que. mediara reglamentación, las primeras encomiendas. Los beneficiados, llamados *encomenderos*, fueron los soldados peninsulares que, al no encontrar oro en las cantidades que esperaban, debieron conformarse con esta forma de enriquecimiento, para lo cual sometieron a los indios a un régimen de trabajos forzados que llevó a la extinción de las etnias antillanas. La Corona española expidió diversas normas en 1501, 1503, 1509, 1512 y 1513. En ellas se establecía la obligación de los encomenderos de evangelizar, enseñar el castellano y proteger a sus *encomendados*, quienes estaban obligados a prestar servicios personales al encomendero y a la Iglesia, así como a entregar tributo al rey. En Nueva España, Cortés procedió también a repartir tierras e indios y en 1524 expidió las primeras ordenanzas. De acuerdo con el derecho español todas las tierras conquistadas pertenecían a la Corona y sus habitantes eran súbditos del rey. Éste concedía las encomiendas de manera directa a través de sus representantes y nunca en forma definitiva, es decir, se daban a los conquistadores por un máximo de cinco generaciones. Esta precaria tenencia de la tierra empujaba a los españoles a concentrar la mano de obra a las actividades que les garantizaran una riqueza fácil y rápida (sobre todo la minería), a descuidar la agricultura y llevar a sus límites la explotación, con la consi-

guiente mortandad de sus encomendados. El decrecimiento de la población llegó a preocupar seriamente a la Corona, pues significaba una disminución en el tributo que recibía de los indios. De ahí que expidiera nuevas ordenanzas en 1528 y 1536 para controlar los abusos y garantizar mínimamente la supervivencia de sus vasallos los encomendados y la entrega del respectivo tributo. En 1542, Carlos V expidió normas que prohibían la transmisión hereditaria de las encomiendas, lo que de hecho implicaba su desaparición a corto plazo, y trató de proteger a las comunidades indígenas, mucho más provechosas para la Corona, pues le aportaban un tributo equivalente hasta un 30 por ciento de su producción agrícola y artesanal. Con el mismo propósito, dispuso la concentración forzada de indios en las llamadas *congregaciones*, a fin de mantener a los insumisos bajo control y efectuar más fácilmente el cobro del tributo. Las disposiciones reales provocaron la inconformidad y la rebeldía de los conquistadores, por lo cual Carlos V dio marcha atrás y procedió a legalizar los *repartimientos de indios*, que reglamentaban el trabajo en las minas, el campo y las obras públicas, prohibían formalmente la esclavitud, autorizaban la herencia de las tierras a una segunda generación y se facultaba a los españoles para recibir tributo. De hecho prosiguieron la sobreexplotación, los abusos y la crueldad (marcar con hierro a los indios, por ejemplo), como lo prueba la incesante mortandad. La población pasó de 16,800,000 habitantes en 1532 a 6,300,000 en 1548, a 2,650,000 en 1568 y a 1,075,000 en 1605. A la Corona le interesaba recibir el tributo de los indios y por eso mismo llegó a afectar los intereses de los encomenderos. Sin embargo, también le interesaba fortalecer al núcleo de españoles en las tierras conquistadas, pues eran los representantes de sus intereses coloniales frente a los indios, a quienes se consideró inferiores, al extremo de discutir si tenían alma y si eran o no siervos por naturaleza. La encomienda fue

renovada en 1629 y 1704 y, pese a que fue abolida en 1718 y 1721, subsistió hasta la segunda mitad del siglo XVIII, cuando resultó adversa a los intereses del absolutismo borbón. Con otros nombres y en otras condiciones, la encomienda estaría presente en la hacienda mexicana y en el peonaje, forma de explotación que en mucho se parece a la institución colonial.

ENDAYA Y HARO, MANUEL JOSÉ ◆ n. en Filipinas y m. en España (?-1735). Obispo de Oviedo (1725-). Recibió la designación para ocupar el arzobispado de México, pero la muerte le impidió tomar posesión.

ENGELS, FEDERICO ◆ n. en Alemania y m. en Inglaterra (1820-1895). Escritor, empresario y político. Es uno de los principales teóricos del socialismo moderno. Asistió a cursos de filosofía en la Universidad de Berlín. Sus ideas han ejercido una notoria influencia entre los socialistas mexicanos. Fue compañero de actividades políticas de Carlos Marx (☞), con quien escribió diversos trabajos y al que sirvió de mecenas para que éste realizara lo más importante de su producción teórica, especialmente *El capital*, de la que preparó y editó los tomos II y III. Hay referencias a México en varias de sus obras. Sobre la intervención estadounidense de 1847 que concluyó en la pérdida de la mitad del territorio mexicano, escribió en enero de 1848: "En América hemos presenciado la conquista de México, la que nos ha complacido. Constituye un progreso, también, que un país ocupado hasta el presente exclusivamente de sí mismo, desgarrado por perpetuas guerras civiles e impedido de todo desarrollo, un país que en el mejor de los casos estaba a punto de caer en el vasallaje industrial de Inglaterra, que un país semejante sea lanzado por la violencia al movimiento histórico. Es en interés de su propio desarrollo que México estará en el futuro bajo la tutela de los Estados Unidos. Es en interés del desarrollo de toda América que los Estados Unidos, mediante la ocupación de California, obtienen el predominio sobre el océano Pacífico. ¿Pero quién, volvemos a interrogar, saldrá gananciosa, por lo pronto, de la guerra? Sólo la burguesía. Los norteamericanos, en California y Nuevo México, adquieren terreno para crear allí nuevo capital; vale decir, para que surjan nuevos burgueses y se enriquezcan los antiguos, puesto que todo capital que hoy se produce cae en las manos de la burguesía. ¿Y el proyectado corte del istmo de Tehuantepec, a quiénes favorece sino a los armadores estadounidenses? ¿La primacía sobre el océano Pacífico, en provecho de quiénes redunda, sino de los mismos potentados navieros? ¿Quién abastecerá de productos industriales a la nueva clientela de los mismos, formada en los países conquistados, sino los fabricantes norteamericanos?". En otro artículo, publicado un año después, volvió sobre el asunto: "¿Acaso es una desgracia que la magnífica California haya sido arrancada a los perezosos mexicanos que no sabían qué hacer con ella? ¿Lo es que los enérgicos yanquis, mediante la rápida explotación de las minas de oro que existen allí, aumenten los medios de circulación, concentren en la costa más apropiada de ese apacible océano, en pocos años, una densa población y un activo comercio, creen grandes ciudades, establezcan líneas de barcos de vapor, tiendan un ferrocarril de Nueva York a San Francisco, abran en realidad por primera vez el océano Pacífico a la civilización? La 'independencia' de algunos españoles en California y Texas sufrirá con ello, tal vez; la 'justicia' y otros principios morales quizás sean vulnerados aquí y allá, ¿pero, qué importa esto frente a tales hechos histórico-universales?" Sus opiniones se modificarían durante la intervención francesa, cuando escribió varios artículos sobre el asunto que aparecieron firmados por Marx en el periódico *New York Daily Tribune*. En una carta a August Bebel, fechada en 1888, al referirse a los descalabros políticos del canciller alemán Bismarck, estableció un símil histórico con la retirada de México de las tropas francesas (1866) y el desastre de Napoleón III en Sedán (1870), cuando tenía por comandante de sus ejércitos a Aquiles Bazaine: "Nuestro bonapartismo está entrando tal vez en su periodo mexicano. Si éste llega, llegará nuestro 1866 y pronto 1870, esto es, desde adentro, un Sedán interior. ¡Enhorabuena!".

ENRÍQUEZ, ALBERTO ◆ n. en Aquismón, SLP (1950). Escritor. Estudió odontología y psicología. Fundador del taller literario de la Casa de la Cultura de San Luis Potosí. Autor del libro de cuentos *De cuerpo entero* (1979), *Tierra adentro* (1980) y coautor del volumen de poesía *Declaro sin escrúpulo*. Obtuvo en 1980 el Premio Nacional de Poesía de Mérida con el libro *Fatiga azul de marinero*. Premio Hispanoamericano de Cuento, INBA (1980), y Premio Bellas Artes de Literatura, por *Hoy las violetas duermen* (1981).

ENRÍQUEZ, IGNACIO ◆ n. en Chihuahua, Chih. y m. en Tlalnepantla, Edo. de Méx. (1889-1974). Se tituló de ingeniero en EUA. Fue ayudante del gobernador Abraham González. Se incorporó al constitucionalismo en 1913. Combatió a la Convención. Llegó al generalato en 1916. Gobernador provisional (septiembre de 1915 a marzo de 1916 y 1918) y constitucional de Chihuahua (1920-24); Presidente municipal de la ciudad de México (1915), oficial mayor de la Secretaría de Guerra y Marina (1916-17), y diputado constituyente que no llegó a ocupar su curul (1916-17). En 1920 se adhirió al Plan de Agua Prieta. En 1952 era dirigente de la Confederación Nacional Anticomunista. Autor de *Una democracia económica*.

ENRÍQUEZ, JOSÉ RAMÓN ◆ n. en el DF (1945). Estudió letras en la UNAM (1965-68), donde ha sido director del CITRU y del Centro Universitario de Teatro. Tomó cursos de teatro en el INBA (1968-70) y en la Real Escuela Superior de Arte Dramático de Madrid (1973). Fue director de ediciones de Grijalbo (1974-77), la UAP (1983-84) y Océano (1985-86) y asesor del director del FCE (1978-82). Desde 1974 colabora en publicaciones culturales. Fue jefe de redacción de la revista *El Machete* (1981). Conductor y guionista del programa *A Fondo*, del Canal 11 (1979-80) y guionista y comentarista de libros de Canal 13. Ha actuado bajo la dirección de Ignacio Retes e Ignacio Solares y ha dirigido en teatro obras del mismo Solares: *El jefe máximo* (1992), *Desenlace* (1992), *El gran elector* (1993), *La flor amenazada* (1995) y *Los mochos* (1997); *El Edipo imaginario*, de A. Castillo (1993); *La vela de la luna loca*, de A. Sotomayor (1994, Premio a mejor dirección de la UCCT); *El animal de Hungría* (1997) y *El villano en su rincón*, de Lope de Vega (1997); *El maleficio de la mariposa* (Premio a mejor teatro estudiantil de la AMCT, 1998) y *Las bicicletas de Buster Keaton*, de García Lorca (1999); y *Libro del buen amor*, del Arcipreste de Hita (1999). Ha hecho textos para ópera y obras musicales: *Ritual de estío* (música de Millie Bermejo, 1970), *Orestes parte, Canciones de amor, Rito del reencuentro, Leoncio y Lena* (versión de la obra de Büchner, 1981), *Madre Juana* (Premio Wilberto Cantón 1983) y *Lamentaciones* (todas con música de Federico Ibarra). Autor de ensayo: *Pánico Escénico* (1998); y de poesía: *Ritual de estío* (1970), *Imagen protegida* (1975) y *Figuras del Pantheón* (1984), *Supino rostro arriba* (1999); teatro: *Vaqueros* (1969), *Ciudad sin sueño* (1982), *Héctor y Aquiles* (1980), *El fuego* (1985), *Nuestro viaje* (1985), *Orestes parte* (1987), *La pasarela. Homenaje a Copi* (1989), *Jubileo* (1992), *La cueva de Montesinos* (1995) y *La rodaja* (1996), entre otras.

José Ramón Enríquez

ENRÍQUEZ, MANUEL ◆ n. en Ocotlán, Jal., y m. en el DF (1926-1994). Músico. Discípulo de Manuel Bernal Jiménez en composición. Estudió en la Julliard School of Music de Nueva York (1955-58). Asistió a los Cursos Internacionales de Música Nueva, en Darmstadt, Alemania. Profesor de la Escuela Superior de Música, la Escuela de Música de la UNAM y el Conservatorio Nacional, del que fue director (1971). Jefe del Departamento de Música del INBA (1974-), director del Cenidim (1977) y director del Taller Musical del Instituto Cultural Mexicano de San Antonio, Texas. Fue concertino de la Sinfónica de Guadalajara (1949-55), violinista de la Sinfónica Nacional (1958-60) y concertino de la Orquesta de Cámara del Patronato de la Sinfónica Nacional (1965-). Fundador del Cuarteto México (1962), del grupo interdisciplinario El Carro de Osiris (1978) y del Cuarteto Novart (1978). Cofundador de las agrupaciones Nueva Música de México (1960), de la Sociedad Mexicana de Música Contemporánea (1969) y de la Asociación Mexicana de Música Nueva, de la que fue presidente (1977). Su catálogo comprende más de 70 obras, muchas de ellas interpretadas y grabadas en el extranjero. Becario de la Fundación Guggenheim (1971). Miembro del Seminario de Cultura Mexicana (1979-) y miembro de la Academia de Artes. Recibió el Premio Jalisco (1954), la medalla José Clemente Orozco (1958), el Premio Elías Sourasky (1971), una Diosa de Plata de Pecime (1971), y el Premio Nacional de Ciencias y Artes (1983), entre otras distinciones.

Luis Enríquez de Guzmán

ENRÍQUEZ, RAYMUNDO E. ◆ n. en Villa de Corzo, Chis., y m. en el DF (1893-1968). Ingeniero. Durante la revolución militó en el constitucionalismo. Fue diputado a la XXVIII legislatura, gobernador constitucional de Chiapas (1928-1932) y representante de México en Ecuador.

ENRÍQUEZ DE ALMANZA, MARTÍN ◆ ¿n. en España y m. en Perú? (?-?). Cuarto virrey de Nueva España, a la que llegó en 1568. Desalojó a los piratas de la isla de Sacrificios, en Veracruz. A su arribo a la capital arbitró en un conflicto entre los franciscanos y clérigos de otras órdenes, en el cual resolvió en contra de los primeros, lo que le ganó su antipatía. Combatió a los indios en Zacatecas. En su tiempo entró en funciones la

Retrato y firma de Martín Enríquez de Almanza

Inquisición y se establecieron los jesuitas y otras órdenes religiosas; se inició la construcción de la catedral y realizó obras para evitar las inundaciones. En 1580 salió a ocupar el virreinato de Perú.

ENRÍQUEZ CABOT, JUAN ◆ n. en el DF (1959). Licenciado en gobierno y economía y maestro en administración por la Universidad de Harvard. Miembro del PRI desde 1977, ha sido coordinador en la Subdirección de Estudios Políticos del IEPES (1981- 82) y director de Prensa Extranjera (1987-88). Director de Programas Especiales de la SPP (1982), asesor del titular de la Sedue (1987) y director general de Servicios Metropolitanos del DDF (1988-1993). Es miembro fundador del Partido del Centro Democrático (1997).

ENRÍQUEZ CALLEJA, ISIDORO ◆ n. en España y m. en el DF (1900-1971). Republicano. Al término de la guerra civil vino a México, donde fue cofundador del Laboratorio Psicobiológico del Colegio Militar, profesor de lengua y literatura españolas en el Instituto Politécnico Nacional, la Escuela Nacional Preparatoria y la Academia Hispano Mexicana. Destacó como conferencista. Colaboró en *Las Españas* y en otras publicaciones. Autor de *El concepto social de la educación; La literatura en la escuela; Proyecciones gongorinas; Las tres celdas de Sor Juana* (1953) y *Tercer curso de lengua y literatura* (1954).

ENRÍQUEZ FÉLIX, JOSÉ JAIME ◆ n. en Zacatecas, Zac. (1948). Ingeniero mecánico electricista por la UAZ (1966-70), maestro en administración por la UNAM (1972-75), donde fue profesor (1974-85) y doctor en gestión por la Universidad de París (1979-80 y 1985-86). En la Universidad Tecnológica de México fue director de la Preparatoria (1975-79), director general (1981-84), vicerrector (1986-87) y rector (1988). Fue secretario de finanzas (1988-89) y de relaciones del PFCRN (1989). Cofundador del PRD (1989-). Diputado federal (1988-1991) y candidato al gobierno de Zacatecas (1992). Autor de *Álgebra aplicada a la administración y la economía*

(1976), *Matemáticas financieras* (1977), *Estadística* (1980) y *Cálculo diferencial e integral* (1983). Representante en México de Las Grandes Escuelas de Francia (1985), presidente de la Sociedad de Egresados de la Universidad Autónoma de Zacatecas (1977) y miembro del Colegio Nacional de Licenciados en Administración.

ENRÍQUEZ DE GUZMÁN, LUIS ◆ ¿n. y m. en España? (¿1610?-?). Conde de Alba de Liste. Nombrado en 1648 virrey de Nueva España, llegó en 1650 acompañado del visitador Pedro de Gálvez. En 1651, propuesto su hijo para rector de la Real˜ y Pontificia Universidad de México, ordenó que no se diera curso a la elección "para que no se pervierta el orden y estatutos observados". Reprimió a los tarahumaras e hizo ahorcar a su caudillo Teporaca. En 1652 logró un acuerdo entre los jesuitas y el vicario de la diócesis poblana, Juan Merlo de la Fuente, con lo que se atenuó la pugna eclesiástica iniciada en tiempo del obispo Juan de Palafox y Mendoza (☛). En su afán conciliador, obró por lo menos con disimulo frente a la corrupción, como lo demuestra el caso de su secretario, Ventura Garín, quien en sólo 13 meses de gestión amasó una fortuna de 50,000 pesos. Una prolongada sequía fue causa de hambre en el centro del país y de un epidemia de viruela. Salió a ocupar el virreinato de Perú en 1653.

ENRÍQUEZ DE RIVERA, PAYO ◆ n. y m. en España (¿1610?-1684). Maestro en teología por la Universidad de Osuna. Obispo de Guatemala (1657-1667). Promovido al obispado de Michoacán, no ocupó el cargo, pues fue designado arzobispo de México (1667-1681). Virrey de Nueva España (1673-1680). Realizó obras de desagüe, mejoras en el palacio virreinal, construyó puentes, renovó la calzada de Guadalupe, inició la reedificación del incendiado templo de San Agustín, reprimió la sublevación indígena de Nuevo México e hizo fundar Paso del Norte (1677).

ENRÍQUEZ DE RIVERA, EMILIA ◆ n. en Toluca, Edo. de Méx. y murió en el DF (1881-1942). Periodista. Ejerció esta profesión desde su adolescencia en la revista pedagógica *El educador moderno*. Colaboró en *La Prensa* y *Novedades*. Fundadora y directora durante 29 años de la revista *El Hogar* (1913), que apareció inicialmente como suplemento de *Revista de Revistas*.

ENRÍQUEZ RODRÍGUEZ, ENRIQUE A. ◆ n. en Toluca, Edo. de Méx., y m. en el DF (1887-1941). Licenciado en derecho por la Escuela de Jurisprudencia del Estado de México (1913). Fue profesor y director del Instituto de Toluca. Diputado por Texcoco al Congreso Constituyente (1916-17). Desempeñó diversos cargos diplomáticos en Centro y Sudamérica.

ENRÍQUEZ ROSADO, JOSÉ DEL CARMEN ◆ n. en Ixtepec, Oax. (?). Técnico en computación electrónica por la Escuela Técnica Juan de Dios Bátiz del IPN (1963-67). Miembro del Frente Popular Independiente del Valle de México (1976-78) y secretario general del Movimiento Revolucionario del Pueblo (1982-87). Militante del PMS, fue miembro del consejo nacional (1987-89) y secretario general en el Estado de México (1988-89). Cofundador del PRD (1989-). Coordinador de la Comisión Coordinadora de Trabajadores (1974-76) y diputado federal plurinominal a la LIV Legislatura (1988-91).

ENRÍQUEZ RUBIO, ERNESTO ◆ n. en el DF (1945). Licenciado por la Escuela Libre de Derecho (1963-67), licenciado en administración por el ITAM (1964-67) y maestro en gobierno por la Universidad Americana (1969-71), especializado en economía en el Instituto de Integración Iberoamericana (1974). Miembro del PRI desde 1969. Ha sido director adjunto del IMCE (1979-80), coordinador de Planeación de la Productora Mexicana de Tubería (1981-82), director ejecutivo del Banco Mexicano Somex (1985), asesor del director general de ASA (1986) y subdirector general de Ferrocarriles Nacionales de México (1986-88). En la Secretaría de Agricultura, fúe oficial mayor (1982-84) y subsecretario de Ganadería (1988-). Vicepresidente del Patronato Nacional de los

Centros de Integración Juvenil (1980-).

ENRÍQUEZ SAVIGNAC, ANTONIO ◆ n. en el DF (1931). Licenciado en administración de empresas por la Universidad de Ottawa, Canadá (1951-55) y maestro en la misma especialidad por Harvard (1956-57). Miembro del PRI desde 1959. Ha sido oficial de préstamos del BID (1960-63), director general del Fonatur (1969-76), subsecretario de Planeación de la Secretaría de Turismo (1976-77), director de Promoción Industrial de Banamex (1977-81), subdirector de finanzas de Pemex, (1981-82), subsecretario de Hacienda y Crédito Público (1982), secretario de Turismo (1982-1988) y secretario general de la Organización Mundial de Turismo (1989-). Es caballero de la Legión de Honor de Francia.

ENRÍQUEZ TOLEDO Y ALMENDÁRIZ, ALONSO ◆ n. en España y m. en Irimbo, Mich. (?-1628). Fraile mercedario. Obispo de Cuba (1622) y de Michoacán.

ENSÁSTIGA SANTIAGO, LEOPOLDO ◆ n. y m. en el Distrito Federal (1959-1996). Fundó el Centro de Arte Popular Latinoamericano. Se integró al Movimiento Urbano Popular en 1978 y fue promotor de la Coordinadora Popular de Iztacalco. Militó en la Unión de Colonias Populares de Iztacalco. Fue miembro de la I Legislatura de la Asamblea de Representantes del Distrito Federal (1994-96).

ENSENADA ◆ Municipio de Baja California que ocupa la mayor parte de la entidad. Limita con Tijuana, Tecate, Mexicali, el estado de Baja California Sur, el océano Pacífico y el golfo de California. Superficie: 51,952.26 km². Habitantes: 315,289, de los cuales 88,320 forman la población económicamente activa. Hablan alguna lengua indígena 13,954 personas (mixteco 7,755, zapoteco 1,789 y triqui 1,289). Indígenas monolingües: 690.

Eos ◆ Revista literaria aparecida en Guadalajara, Jalisco, entre julio y octubre de 1943. Se publicaron cuatro números. Los editores eran Juan José Arreola y Arturo Rivas Sainz.

EPATLÁN ◆ Municipio de Puebla situado al sur de la capital del estado. Superficie: 72.72 km². Habitantes: 4,872, de los cuales 894 forman la población económicamente activa. Hablan alguna lengua indígena 18 personas mayores de cinco años (náhuatl 17). El 20 de mayo de 1876 se escenificó en la cabecera una batalla entre tropas leales al gobierno de Lerdo y fuerzas porfiristas, las que fueron derrotadas después de varias horas de combate.

EPAZOYUCAN ◆ Municipio de Hidalgo contiguo a la capital de la entidad. Superficie: 174.7 km². Habitantes: 10,146, de los cuales 2,576 forman la población económicamente activa. Hablan alguna lengua indígena 26 personas mayores de cinco años (náhuatl 17). En la cabecera hay una iglesia del siglo XVI.

EPISCOPAL ◆ Nombre que se da a la Iglesia Católica Apostólica Anglicana, surgida después de que el rey británico Enrique VIII entró en conflicto con El Vaticano, que no lo autorizó a divorciarse de Catalina de Aragón. El monarca publicó el Acta de Soberanía (1534) que ponía bajo la jurisdicción del trono a la Iglesia de Inglaterra y desconocía, por tanto, la autoridad espiritual del papa. El rey disolvió las órdenes religiosas y confiscó los bienes del clero, con lo cual se allegó recursos para estimular el desarrollo industrial y convertir a la flota británica en la más poderosa de Europa. La nueva Iglesia, conocida como Anglicana, se convirtió en oficial y los católicos fueron perseguidos. El nuevo culto introdujo diversas reformas bajo la influencia luterana, pero conservó básicamente los elementos del catolicismo romano, como el bautismo y la eucaristía. El monarca inglés está reconocido como máxima autoridad, la que delega en el obispo de Canterbury. Hacia 1980 tenía más de 70 millones de adeptos. Existen algunas variantes, por ejemplo, la Iglesia Anglicana de Estados Unidos, que no reconoce la autoridad del soberano británico. Al restaurarse en México la República, llegaron de Estados Unidos los primeros predicadores de este culto. En 1906 adoptó

El Planetario Luis Enrique Erro que se encuentra en la Unidad Profesional Zacatenco del IPN lleva el nombre del ilustre astrónomo mexicano.

la denominación de Iglesia Episcopal de México. Existen tres diócesis en el país: centro-sur, occidente y norte, con sus respectivas sedes en el Distrito Federal, Guadalajara y Monterrey. Cuenta con 125 templos y entre mexicanos y extranjeros residentes se calcula en cerca de 25,000 el número de sus adeptos.

EPITACIO HUERTA ◆ Municipio de Michoacán situado en el extremo noreste de la entidad, en los límites con los estados de México, Guanajuato y Querétaro. Superficie: 175 km². Habitantes: 15,400, de los cuales 4,400 forman la población económicamente activa. Hablan alguna lengua indígena 16 personas mayores de cinco años (otomí 10). La erección del municipio data del 15 de febrero de 1862.

EPPENS HELGUERA, FRANCISCO ◆ n. en San Luis Potosí, SLP, y m. en el DF (1913-1990). Pintor, escultor y grabador. Estudió en la Academia de San Carlos, donde Enrique Ugarte fue su maestro de dibujo e Ignacio Asúnsolo de escultura. Ejecutó escenografías para cine. Trabajó como diseñador de timbres postales y fiscales. Perteneció al grupo del Rancho del Artista fundado por Francisco Cornejo. Hizo el dibujo del Escudo Nacional que tiene carácter oficial desde 1969. En su amplia producción como muralista destacan sus obras en el edificio del PRI, en las facultades de Odontología y Medicina de la Ciudad Universitaria; en la Unidad Independencia, en el hospital Infantil, en el edificio de Petróleos Mexicanos (los altorrelieves del astabandera) y en el Club Suizo de México, todos en el Distrito

Federal; en el teatro Morelos, de Aguascalientes; en el Centro Nuclear de Salazar, Estado de México; en Celulosa de Chihuahua, en el Correo de Zacatecas y en Poza Rica, Veracruz (los relieves del monumento a los periodistas muertos). En 1984 su cartel *¡Alto!*, de tema pacifista, fue premiado en la Unión Soviética.

EPR ◆ ☞ *Ejército Popular Revolucionario.*

EPSTEIN, ISIDORO ◆ n. en Alemania y m. en la ciudad de México (?-1894). Judío alemán llegado a México en 1851. Radicó en Aguascalientes, donde fue profesor de matemáticas y alemán en el Instituto Científico y Literario y jefe de estadística del gobierno estatal. En 1855 hizo el mapa oficial de la entidad. Entre 1863 y 1868 radicó en Monterrey donde fue catedrático del Colegio Civil e hizo el levantamiento cartográfico del estado. Vivió también en Zacatecas y la ciudad de México. Fue profesor del Colegio Militar y trabajó para la legación alemana. Fundó periódicos en la ciudad de México (*Vorwaerts, Deutsche Zeitung von Mexiko y Germania*, en alemán, aparecidos en 1870, 1875 y 1886), en Zacatecas (*El Jornalero de la Prensa*, 1864) y en San Antonio, Texas (*Atalaya de Texas y El Mexicano de Texas*, 1869). Autor de *Tratado de mecánica aplicada* (1882), *La mortalidad en México* (1893) y *El censo de Aguascalientes* (1894).

ERAZO Y OCAMPO, IGNACIO ◆ n. y m. en la ciudad de México (1807-1870). Médico cirujano por la Universidad de México. Fue profesor del Establecimiento de Ciencias Médicas. Cofundador de la Academia de Medicina de 1836 y de la Sección Médica de la Comisión Científica que dio lugar a la actual academia (1864).

ERDMANN BALTAZAR, MERCEDES ◆ n. en Tijuana, BC (1955). Licenciada en derecho. Pertenece al PRI, en el que ha sido secretaria general del comité directivo estatal de la Anfer. Ha sido secretaria femenil del comité directivo estatal, secretaria jurídica y secretaria femenil de la CNOP; abogada del Departamento de Asuntos Jurídicos de la Secretaría de Salud y asesora jurídica de Inmobiliaria Baja California. Diputada federal por Baja California a la LIV Legislatura (1988- 1991).

ERONGARÍCUARO ◆ Municipio de Michoacán situado al oeste de Morelia y contiguo a Pátzcuaro. Superficie: 215.99 km². Habitantes: 13,357, de los cuales 3,121 forman la población económicamente activa. Hablan alguna lengua indígena 2,850 personas mayores de cinco años (purépecha 2,839). El municipio fue erigido el 10 de diciembre de 1831. El nombre significa "lugar de atalaya". Se cuenta que cuando André Breton visitó este lugar, encargó le hicieran una mesa de acuerdo con un dibujo que él mismo elaboró. Cuando el carpintero le entregó el mueble Breton quedó sorprendido, pues unas patas eran más cortas que otras y la cubierta tenía forma trapezoidal, similar al dibujo en perspectiva que había hecho el escritor surrealista.

ERRO, LUIS ENRIQUE ◆ n. y m. en el DF (1897-1955). Ingeniero civil con estudios en ciencias sociales. Durante sus años estudiantiles se ligó a grupos literarios y dirigió las revistas *Gladios* (1916) y *San-ev-ank* (1918), en las que se iniciaron Carlos Pellicer, Jaime Torres Bodet, Carlos Chávez, Antonio Castro Leal, Federico Mariscal, José Gorostiza y otras figuras de la cultura mexicana. Participó en la revuelta delahuertista y, derrotada ésta, marchó al exilio. A su retorno al país fue director de Enseñanza Técnica y de Estadística Económica. Diputado federal (1933-34). Dedicado a la astronomía, fundó el Observatorio de Tonantzintla (1941), del cual fue director hasta 1950. Fundó y editó *The Astronomical Journal*. Autor de *Axioma, el pensamiento matemático contemporáneo* (1944) y de la novela *Los pies descalzos* (1950).

ERTZE GARAMENDI, RAMÓN ◆ n. en España y m. en Bélgica (1911-1974). Sacerdote y periodista. Se doctoró en historia y ciencias sociales en la Universidad de Lovaina. Se exilió en México después de la guerra civil española y se naturalizó mexicano. Estuvo a cargo del templo de San Lorenzo, en el Distrito Federal, y fue canónigo de la Catedral Metropolitana a partir de 1965. Cofundador de la Escuela de Periodismo Carlos Septién García, catedrático de la Universidad Iberoamericana y articulista de *Excélsior* y otras publicaciones.

ESCALANTE, ANTONIO ◆ n. en Hermosillo y m. en Estación Torres, Son. (1835-1897). Hacendado. Colaboró con las fuerzas republicanas durante la intervención francesa y el imperio. Vicegobernador de Sonora para el periodo 1881-83, fue gobernador sustituto en noviembre de 1882.

ESCALANTE BEATRIZ ◆ n. en el Distrito Federal (1961). Escritora. Estudió pedagogía en la UNAM y se doctoró en ciencias de la educación por la Universidad Complutense de Madrid. Ha colaborado en *Plural, Siempre!, Los Universitarios, Excélsior, El Sol de México, unomásuno,* y *El Nacional.* Autora de *Tiempo Mágico* (cuentos, 1989), *Fábula de inmortalidad* (novela, 1995) y *El paraíso doméstico y otros cuentos para mujeres* (1995).

ESCALANTE, CONSTANTINO ◆ n. y m. en la ciudad de México (1836-1868). Fue el caricaturista de la primera época de *La Orquesta*, periódico liberal que supo mantener su independencia frente al poder e hizo una dura crítica de la actuación de Benito Juárez. Al llegar los franceses a la capital, Escalante se ocultó en Pachuca, de donde fue traído en una jaula y encarcelado (1863-64). A su salida se reintegró al trabajo y, pese a las severas disposiciones en materia de prensa, expresó su rechazo a los invasores y al imperio. Trabajó también para *El Impolítico*.

ESCALANTE, EVODIO ◆ n. en Durango, Dgo. (1946). Licenciado en derecho y maestro en letras hispanoamericanas por la UNAM. Es profesor e investigador de literatura y lingüística en la Universidad Autónoma Metropolitana, donde fue director de Difusión Cultural y director de la revista *Casa del Tiempo* (1983-86). Ha colaborado en *unomásuno* y en diversas publi-

caciones literarias. Perteneció al consejo de redacción de las revistas *La Mesa Llena* y *¿Sabe Ud. ler?* Realizó la antología *Poetas de una generación* (1988). Coautor del poemario *Crónicas de viaje* (1975). Autor de ensayo: *José Revueltas. Una literatura del lado moridor, Tercero en discordia, La intervención literaria. Crítica sobre Rulfo, Fuentes, Chumacero, Spota, González Rojo* (1988) y *Las metáforas de la crítica* (1998); y de poesía: *Dominación de Nefertiti* (1977), *La noche de Sun Ra* (1979), *Todo signo es contrario* (1988) y *Relámpago a la Izquierda* (1997).

ESCALANTE, FÉLIX MARÍA ◆ n. en Puebla, Pue., y m. en la ciudad de México (1820-1861). Poeta. Combatió a los invasores estadounidenses en 1847. Colaboró en el *Presente Amistoso*, el *Museo Mexicano* y otras publicaciones de la época. En 1849 obtuvo el segundo lugar en un concurso convocado por la Academia de Letrán para elegir letra del Himno Nacional. Autor de un volumen de poesías aparecido en 1856.

ESCALANTE, JUAN FRANCISCO ◆ n. en Arizpe, Son., y m. en La Paz, BC (1792-1872). Fue ordenado sacerdote en 1819. Era párroco de Hermosillo cuando fue elegido diputado por Sonora y Sinaloa al Congreso General (1822). Fue reelegido en 1825. Senador por el estado de Occidente (1827-30). Obispo titular de Anastasiópolis y vicario apostólico de Baja California (1855).

Foto: ARTURO FUENTES

Evodio Escalante

ESCALANTE, JULIÁN ◆ n. en Arizpe y m. en Hermosillo, Son. (1807-1877). Fue secretario de gobierno (1844), en tres periodos magistrado del Supremo Tribunal de Justicia, diputado local, vicegobernador constitucional (1869-71) y gobernador sustituto (15 de diciembre de 1869 a 14 de junio de 1870).

ESCALANTE, LEONARDO ◆ n. en Arizpe, Son. (?-1844). Luchó contra los insurgentes. Se adhirió al Plan de Iguala en 1821. Diputado local. Vicegobernador del estado de Occidente (1830-34) y gobernador sustituto. Al crearse el estado de Sonora es gobernador provisional (1831-32) y *de facto* (1838). Fue también diputado local. Reprimió las sublevaciones yaquis y persiguió a los apaches, en un encuentro con los cuales murió.

ESCALANTE, SALVADOR ◆ n. en Morelia, Mich., y m. cerca de Teloloapan, Gro. (1859-1912). Desde 1909 fue subprefecto de Santa Clara del Cobre, donde el 10 de mayo de 1911 se levantó en armas contra la dictadura porfirista. Apoyó la candidatura de Miguel Silva González, quien ocupó la gubernatura de Michoacán en 1912. Se le envió a combatir a los zapatistas que operaban en la cuenca del río Balsas y murió en combate.

ESCALANTE, TOMÁS ◆ n. en Chinapa y m. en Hermosillo, Son. (1764-1848). Ocupó diversos cargos en el gobierno colonial. Diputado al Congreso Constituyente del estado de Occidente (1824). Era nuevamente diputado en 1831 cuando asumió con carácter de sustituto la gubernatura de Sonora (marzo-abril).

ESCALANTE AGUILAR, MANUEL ROBERTO ◆ n. en Valladolid, Yuc. (1963). Pianista. Cursó la carrera de ingeniería. Inició sus estudios musicales a los siete años. En 1979 se presentó como solista con la Orquesta Sinfónica de Yucatán. Después asistió al curso de actualización pianística con Reah Sadowsky, en Querétaro (1981) y en 1985 fue alumno de Hans Graf en el Conservatorio Mozarteum de Salzburgo, ciudad donde ofreció un recital. En 1986 obtuvo el Premio María Teresa Rodríguez.

ESCALANTE GONZALBO, FERNANDO ◆ n. en el DF (1962). Estudió relaciones internacionales y es doctor en sociología por El Colegio de México, del que es profesor. Ejerció la docencia en el Instituto Ortega y Gasset de Madrid. Colabora en *El Universal*, *Nexos* y otras publicaciones. Es autor de *La política del error* (1991), *Ciudadanos imaginarios* (1992) y *El Principito o al político del porvenir* (1995).

ESCALANTE Y ARVIZU, MANUEL ◆ n. en Arizpe y m. en Hermosillo, Son. (?-1851). Diputado al Congreso Constituyente del estado de Occidente (1824). Primer gobernador constitucional de Sonora (1832- 36) y primero también designado por el gobierno centralista. Reprimió a yaquis y apaches.

ESCALANTE Y MENDOZA, MANUEL ◆ n. en Perú y m. en Salvatierra, Gto. (?- 1708). Doctor en cánones por la Real y Pontificia Universidad de México (1667), de la que fue rector en cuatro ocasiones (1686-87, 1694-95, 1696-97 y 1697-98). Fue vicario capitular de México (1698-99), obispo de Durango (1699-1704) y de Michoacán (1704-1708).

ESCALANTE Y MORENO, JOSÉ ◆ n. en Arizpe y m. en Hermosillo, Son. (1809-1870). Ocupó diversos cargos públicos y fue gobernador designado de Sonora (abril-junio de 1861).

ESCALANTE PALMA, PEDRO ◆ n. en Mérida, Yuc., y m. en la ciudad de México (?-1904). Dramaturgo. Ejerció el periodismo. Autor de *La cuarta plana*, obra que se estrenó en la capital del país con la actuación de Esperanza Iris.

ESCALONA Y CALATAYUD, JUAN JOSÉ DE ◆ n. en España y m. cerca de Valladolid, hoy Morelia, Mich. (1675-1737). Doctor en teología. Fue obispo de Caracas y de Michoacán (1729-37). Terminó las torres y el pórtico de la catedral y construyó el templo de los Urdiales, en Morelia.

ESCAMILLA BALLESTEROS, VIRGILIO ALFONSO ◆ n. en Jalapa, Ver. (1961). Diputado federal plurinominal del Partido de la Revolución Democrática a la LIV Legislatura (1988-91).

ESCAMILLA ELIZONDO, ALBERTO ◆ n. en Monterrey, NL (1943). Contador público (1967) y maestro en administración de empresas por el Instituto Tecnológico de Estudios Superiores de Monterrey (1970-73), especializado en finanzas en la Universidad Autónoma de Nuevo León (1973-74). Ingresó al PRI en 1967, del que fue responsable de las finanzas del comité de campaña en 1970. Ha sido gerente del departamento internacional de Financiera Aceptaciones (1970-76), tesorero del Grupo Industrial Alfa (1976-78), director de finanzas de Casolar (1978-79) y secretario de Fomento Agropecuario del gobierno de Nuevo León (1985-). Pertenece a la Unión Ganadera de Nuevo León.

ESCAMILLA ORNELAS, ANTERO ◆ n. en Linares y m. en Monterrey, NL (1919-1986). Camarógrafo. Fundó el Noticiero Continental. Fue el primer mexicano en filmar con película de 35 milímetros. Fue también fundador de Documentales de México y participó en varias películas de largo metraje.

ESCANDÓN, ANTONIO ◆ n. en Puebla, Pue., y m. en España (1824-1877). Manejó negocios de su hermano Manuel y algunos propios. Formó parte de la llamada diputación que en 1863 llevó a Maximiliano "los votos por los cuales la nación lo llama a reinar a México", según dice un informe de la época.

ESCANDÓN, JOSÉ DE ◆ n. en España y m. en Santander, hoy Tamaulipas (1700-1770). Llegó a México de 15 años, cuando desembarcó en Yucatán como cadete de la Compañía de Caballeros Montados Encomenderos de la Ciudad de Mérida. Contribuyó al desalojo de los ingleses de la laguna de Términos. En 1727 reprimió la sublevación de los pames en Celaya. En 1732 cumplió la misma función contra los mineros de Guanajuato. Combatió otra sublevación indígena en San Miguel el Grande (1734). En 1749 sofocó en Querétaro un motín popular causado por el hambre. Por su crueldad fue llamado en Querétaro "exterminador de los indios pames". En el mismo año encabezó la conquista y colonización del Seno Mexicano (Tamaulipas), región a la que se llamó Nuevo Santander, donde gobernó hasta su muerte e hizo grandes negocios con las tierras conquistadas, la crianza y exportación de ganado y la trata de esclavos, pues antes de venderlos obligaba a los indios a prestarle servicios. Autor de una *Descripción de la costa del Seno Mexicano*.

ESCANDÓN, MANUEL ◆ n. en Orizaba, Ver., y m. en la ciudad de México (1808-1862). El periódico *El Siglo XIX* lo llamó "el capitalista más emprendedor, más activo, más inteligente". Tuvo intereses en los ramos agrícola, minero, inmobiliario, financiero, comercial, textil y de transportes. Hizo 11 viajes a Europa. Estableció la primera línea de diligencias entre México y Puebla (1830), que posteriormente amplió a Veracruz y luego se transformó en una amplia red de transporte que comunicaba la capital con varias de las principales ciudades del país. En torno a este negocio florecieron otros bajo el amparo de los sucesivos gobiernos nacionales, pese a la filiación conservadora de Escandón, de quien en 1846 dijo José María Luis Mora que conspiraba en Europa para traer la monarquía a México, cuando las tropas estadounidenses ya se hallaban en el país. En 1856 obtuvo la concesión para construir el ferrocarril México-Veracruz, misma que vendió después a capitalistas de Francia durante la intervención. Desde 1835 realizaba préstamos con intereses usurarios al gobierno, lo que hizo crecer su influencia al extremo de que en 1855 el ministro de Hacienda, Manuel Olazagarre, era un "antiguo empleado de Manuel Escandón. quien lo colocó al frente del tesoro". De esta manera garantizaba el pago de los créditos en las condiciones más ventajosas. Él y uno de sus socios, Mackintosh, representaron en Europa al gobierno en las negociaciones sobre deuda externa y Mariano Otero los acusó de querer arreglar el asunto en su favor y en contra de las finanzas públicas. Fue repetidamente señalado como contrabandista y él mismo dejó una carta dirigida a su hermano Joaquín en que hace referencia a esta actividad. Alexis de Gabriac, diplomático francés, lo llamó "el agiotista más desvergonzado de la República".

ESCANDÓN Y BARRÓN, PABLO ◆ n. y m. en la ciudad de México (1857-1926). Latifundista y militar. Porfirio Díaz lo hizo gobernador de Morelos, puesto en el que se mantuvo de marzo de 1909 a mayo de 1911. Durante su gestión quitó tierras a los pueblos y extendió sus propiedades. Se exilió en Estados Unidos de 1911 a 1920.

ESCANDÓN Y CAVANDI, PABLO ◆ n. en España y m. en Puebla, Pue. (1770-1824). Comerciante asturiano fundador de la dinastía de hombres de empresa. Llegó a Nueva España a fines del siglo XVIII. En 1796 se casó en Orizaba, Veracruz, con Guadalupe Garmendia y Mosquera. Al morir tenía varios negocios y dejó una herencia de 119,096 pesos que correspondió administrar a sus hijos José Joaquín y Manuel.

ESCÁRCEGA ◆ Municipio de Campeche creado en 1991. Está situado al oeste de Champotón y al norte de El Carmen. Superficie: 4,569.64 km². Habitantes: 48,144, de los cuales 11,821 forman la población económicamente activa. Hablan alguna lengua indígena 2,710 personas mayores de cinco años (chol 1,340, maya 958 y tzeltal 121).

ESCARCEGA LÓPEZ, EVERARDO ◆ n. en Hidalgo del Parral, Chihuahua y m. en la ciudad de México (1935-91). Profesor rural e historiador. Fue diputado federal por el estado de Chihuahua, oficial mayor de la CNC y director general de diversas dependencias de la SRA, así como subdirector del Centro de Estudios Históricos del Agrarismo en México. Coordinó los 11 volúmenes de la *Historia de la Cuestión Agraria Mexicana*. Autor de *Inafectabilidad Agraria y Pequeña Propiedad* y de *La Recomposición de la propiedad social como precondición necesaria para refuncionalizar el ejido en el orden económico productivo*.

ESCLAVITUD ◆ Antes de la llegada de los europeos existía entre los aztecas y otros grupos el esclavismo. Nunca constituyó la forma predominante de producción. El esclavo era considerado como un miembro de la familia, sujeto a tutoría. En los primeros años de la conquista, los españoles sometieron a la población indígena a la esclavitud. Como tal práctica afectara los intereses de la Corona, que de esta manera se veía privada del tributo que podían entregarle las comunidades, se estimuló la importación de esclavos procedentes de África y Asia, aunque algunos núcleos indígenas continuaron sometidos a la posesión de los encomenderos y los beneficiarios de los repartos. En muchos casos la esclavitud indígena se disfrazó con la introducción de un salario más formal que real, pues el trabajador vivía atado al patrón por las deudas, lo que involucraba a su descendencia. Durante la Colonia, sobre todo en el siglo XVI, hubo también esclavos árabes y aun europeos, como algunos provenientes de las islas de habla catalana y de otros lugares del mediterráneo. En la prensa colonial eran comunes los anuncios de compra-venta de esclavos o aquellos que los reclamaban por haberse fugado, como es el caso del aviso aparecido en la *Gaceta* el 14 de enero de 1784: "Quien supiere de dos mulatas esclavas, la una nombrada María

Josefa y la otra Eusebia Josefa Machuca, la primera alobada, pelilasio, ojos chicos, alta de cuerpo y de proporcionado grueso, con unas enaguas de carmín y otras azules, paño de encantos de colores, u otro azul y blanco de Ozumba; la otra entrecana, mediana de cuerpo, delgada, ojos saltones y sin un diente en el lado derecho, vestida en los términos que la primera, y con un paño azul y plata, ocurra a dar razón a la justicia más cercana, respecto a ir fugitivas de las casas de sus amos." El primero en proclamar la abolición de la esclavitud en México fue Miguel Hidalgo, quien en Guadalajara expidió un decreto el 6 de diciembre de 1810. En 1813, Morelos hizo lo propio y al consumarse la independencia se creó una comisión encargada de elaborar un dictamen sobre esta forma de sometimiento que afectaba entonces a unas 3,000 personas, de acuerdo con dicha comisión. La esclavitud persistió en el México independiente, pues en 1829 el presidente Vicente Guerrero decretó nuevamente su abolición. Su explotación debió continuar, pues la Constitución de 1857 la prohibió en forma expresa. En 1865, Maximiliano de Habsburgo autorizó el establecimiento en México de colonias de confederados que podrían traer a sus esclavos. La *Ley de Colonización* del 5 de septiembre decía en su

La esclavitud en América

artículo sexto: "Los inmigrantes que deseraren traer consigo o hacer venir operarios en número considerable, de cualquier raza que sean, quedan autorizados para verificarlo; pero estos operarios estarán sujetos a un reglamento protector especial". Tal reglamento en realidad era para la protección de los dueños, pues les garantizaba que los esclavos estarían a su servicio entre 5 y 10 años, y en caso de muerte del *operario*, "el patrón se considerará como tutor de los hijos y éstos permanecerán a su servicio hasta su mayor edad bajo las mismas condiciones que en que los estaba el padre". Además, para garantizar un estricto control sobre los esclavos, se establecía que "todo operario tendrá una libreta refrendada por la autoridad local en la cual se expresarán su filiación, la indicación del lugar en que trabaja y un certificado de su vida y costumbres. En caso de variar de patrón, en la libreta se expresará el consentimiento de su patrón anterior". Para 1866, cuando el derrumbe del imperio empezaba a verse como algo inminente, los confederados desistieron del proyecto y los que ya se hallaban en México volvieron a Estados Unidos. En 1895, el gobierno de Porfirio Díaz otorgó una concesión a la Compañía Agrícola Tlahualilo de Durango, formada por capitalistas estadounidenses y dirigida por un tal W.H. Ellis, para traer 20,000 negros de Georgia y Alabama, mano de obra barata que debía mantenerse separada de la población mexicana, con lo que de hecho se garantizaba el control de los esclavistas dueños de la empresa. El experimento fue financiado por los círculos racistas del sur, que de esa manera pretendían sacar de su país a los negros, y alentado por las autoridades estadounidenses, que nada hicieron por impedir la leva y deportación de población negra. Sin embargo, fueron menos de mil los que llegaron a tierra mexicana y meses después 200 de ellos estaban muertos, entre 400 y 500 se hallaban enfermos y el resto vagaba por el desierto. La colonización negra fracasó y con ella el intento de establecer

un enclave esclavista en México. En su obra *El Capital*, Carlos Marx dijo que el peonaje era la forma que adoptaba en México la esclavitud. El sistema de las haciendas estaba basado en la explotación de los peones y sus familias, que mediante instituciones como la tienda de raya los mantenían permanentemente endeudados y hacían de ellos prisioneros de los hacendados, pues a los trabajadores les estaba prohibido contratarse en otra parte o dedicarse a alguna actividad por cuenta propia. La revolución acabaría en buena medida con el peonaje, pues la Constitución de 1917 señala, en su artículo 2°, que "está prohibida la esclavitud en los Estados Unidos Mexicanos. Los esclavos del extranjero que entren al territorio nacional alcanzarán, por ese solo hecho, su libertad y la protección de las leyes". (☛ *África*).

ESCOBAR, JOSÉ GONZALO ◆ n. en Mazatlán, Sin., y m. en el DF (1892-1969). En 1913 se levantó en armas contra el gobierno golpista de Victoriano Huerta y se incorporó al movimiento constitucionalista. En 1920 se unió a la rebelión del Plan de Agua Prieta. Combatió la rebelión delahuertista en 1924 y la encabezada por Arnulfo R. Gómez en 1927. Estuvo al frente de la asonada de 1929, a la que llamó "Movimiento Renovador". Derrotado, se exilió en Canadá, donde presidió la Asociación Canadiense Interamericana. Volvió a México en 1943.

ESCOBAR, MANUEL MARÍA ◆ n. en Guatemala y m. en Campeche, Camp. (1807-1891). Militar de carrera. Sirvió a Santa Anna, quien le dio el grado de general y lo designó gobernador de Tabasco (1853-55).

ESCOBAR, REFUGIO ◆ n. y m. en el DF (?-1959). Actriz de radio. Condujo programas e hizo muy popular el personaje *Cuca la Telefonista*. Fue esposa de Tomás Perrín.

ESCOBAR, RÓMULO ◆ n. en Paso del Norte, hoy Ciudad Juárez, Chih., y m. en Magdalena, Son. (1882-1946). Agrónomo. Estudió en la Escuela Nacional de Agricultura, de la que fue director

(1907-1909). Fundó la Escuela Particular de Agricultura de Ciudad Juárez (1906) y fue subsecretario de Fomento (1913) y gobernador interino de Chihuahua (1930). Autor de una *Enciclopedia agrícola y de conocimientos afines*, *La producción agrícola en México*, *El problema agrario* y otras obras sobre el campo.

ESCOBAR, SEBASTIÁN ◆ n. y m. en Tuxtla Gutiérrez, Chis. (1831-1893). Combatió la intervención francesa y el imperio. Se adhirió al Plan de Tuxtepec (1875) y fue gobernador interino de Chiapas (1 de diciembre de 1877 al 29 de julio de 1878). Durante su gestión, San Cristóbal de las Casas quedó unida telegráficamente con Villahermosa, Tabasco.

ESCOBAR BENAVENTE, JUAN VALENTÍN ◆ n. en España y m. en el DF (1903-1981). Ingeniero industrial. Sirvió a la República Española. Vino a México al término de la guerra civil (1939) y dos años después adoptó la nacionalidad mexicana. Trabajó en Somex (1942-50) y luego fue gerente de Aceros Esmaltados, Nueva San Isidro y otras empresas. En 1974 fue designado asesor técnico de la Comisión Coordinadora de la Industria Siderúrgica.

ESCOBAR FERNÁNDEZ, JOSÉ ◆ n. en el DF (1943). Pintor. Estudió en la Escuela de Pintura y Escultura La Esmeralda. Expuso por primera vez en 1974, en la Galería de Arte Michelet, y desde entonces ha presentado su obra en una decena de lugares, entre otros la Galería del Auditorio Nacional y la galería José María Velasco del INBA.

ESCOBAR DE ROCABRUNA, MARÍA LUISA ◆ n. en San Luis Potosí, SLP, y m. en el DF (1885-1965). Soprano. Estudió en el Conservatorio Nacional de Música, en Francia e Italia. Hizo presentaciones en Estados Unidos, en varios países europeos y latinoamericanos. Cantó al lado de Enrico Caruso cuando se presentó en México en 1919. A partir de los años treinta se dedicó a la docencia en la Escuela Nacional de Música.

ESCOBAR TOLEDO, SAÚL ALFONSO ◆ n. en el DF (1952). Licenciado en economía por la UNAM, donde ha ejercido la docencia (1975-77). Profesor de la Universidad de Chapingo (1976-77) y en la ENAH (1981-94). Fue delegado del Consejo Nacional de Huelga por la Preparatoria 6. Es miembro del PRD desde 1989, donde formó parte de la dirección nacional. Diputado federal (1994-97). Subsecretario de Trabajo y Previsión Social del Gobierno del Distrito Federal (1997-). Autor de *Las empresas paraestatales en México, el caso de la industria petroquímica y El cardenismo (1934-40)*, y de otros títulos sobre seguridad social en México.

ESCOBEDO ◆ Municipio de Coahuila situado en el este de la entidad, al norte de Monclova y cerca de los límites con Nuevo León. Superficie: 973.9 km². Habitantes: 2,843, de los cuales 754 forman la población económicamente activa.

ESCOBEDO, AUGUSTO ◆ n. en el DF (1914) y m. en Cuernavaca (1995). Estudió música. Se dedicó a la pintura durante varios años. Empezó como escultor autodidacto en 1953 y tres años después se inició como profesor de la especialidad en la Universidad de Morelia. Ha trabajado varios materiales, en especial el ónix. Desde 1955 ha presentado exposiciones individuales en diversas ciudades de México, Estados Unidos y Canadá y ha participado en más de 60 muestras colectivas. Entre sus obras se hallan *Fuente de los niños jugando* (DF, 1957), *Pareja de bailarines* (Teatro de la Danza, 1958), la *Fuente de la alegría* (Durango, Dgo., 1958), *La ronda* (INPI del DF, 1958), los monumentos a *Aquiles Serdán* (DF), *Morelos* (Durango), *Gregorio Méndez* (Villahermosa), *Lauro Aguirre* (Escuela Nacional de Maestros), al *Doctor Cárdenas* (Cárdenas, Tab.), *La alegría de vivir* y la *Fuente de las tres gracias* (Montreal, Canadá), *Atleta con antorcha* (Aeropuerto del DF) y la *Fuente de niños jugando* (Estudios Universal, California). Ha recibido el Primer Premio de Escultura en el concurso de la revista *Visión* (DF, 1956), el Premio de la Exposición de Escultura Contemporánea (Universidad de Chihuahua, 1964 y 1965) y el Premio Adquisición del Mexican Master's Show (National Armory de Washington, 1976).

ESCOBEDO, FEDERICO ◆ n. en Salvatierra, Gto., y m. en Puebla, Pue. (1874-1949). Poeta. Hizo estudios sacerdotales en Puebla, Michoacán y España. Fue ordenado sacerdote en 1889. Autor de *Algunas poesías* (1897), *Carmina latina* (1902), *Odas breves* (1902), *Poesías* (1903), *Sonetos varios* (1905), *Poesías* (con prólogo de Antonio Caso, 1923), *Flores del huerto clásico y joyas literarias desconocidas* (1932) y *Aromas de leyenda* (1941).

ESCOBEDO, HELEN ◆ n. en el DF (1934). Escultora. Estudió humanidades en la Universidad Motolinía y escultura en el Mexico City College. Maestra en escultura por el Royal Art College de Londres (1952-54). Expone su obra desde 1956. Ha sido jefa de Artes Plásticas del Museo Universitario de Ciencias y Arte (1961-74), directora de Museos y Galerías de la UNAM (1974-78), directora técnica del Museo Nacional de Arte (1981-82) y directora del Museo de Arte Moderno (1982-84). Divide su producción en "ambientes" (efímeros y permanentes) y esculturas propiamente dichas. De los primeros, ambientes efímeros, ha realizado *Paisaje blanco* (II Salón Independiente, UNAM, 1969), *Ambiente gráfico* (III Salón Independiente, UNAM, 1970), *Corredor blanco con bosque* (Museo de Arte Moderno, 1977), *Arcada de papel* (Nueva Orleans, 1976), *Ambiente total* (Hartnell College, Salinas, Cal., 1977), *Marcos móviles* (Galerías Pecanins, 1977), *Mural efímero* (Chapultepec, 1980), *Travesía alfabética* (Museo Carrillo Gil, 1980), *Alternatives in Space* (Nueva Orleans, 1981), *Nubes de tormenta sobre Berlín* (Berlín, 1981), *Nubes de tormenta sobre México* (Museo Carrillo Gil, 1983), *Cinco ambientes exteriores* (Universidad de Scripps, California, 1983) y *Otoño se vislumbra* (Casa del Lago, 1984). Entre los permanentes se cuentan *Ambiente total* (1971) y *Corredor* (Colegio Montessori, México, 1978). Entre sus esculturas públicas están el *Mercurio* de la casa matriz de Bancomer (1966), la *Escultura-fuente* del hotel Aristos (1967), *Puertas al viento*, en la Ruta de la Amistad (1968); *Señales*, en Auckland, Nueva Zelanda (1971); las *Torres vibrantes*, de Monterrey, NL. (1979); *La serpiente*, Centro Cultural Universitario (1980) y *Barda caída*, en la ENEP (1982). Participó en la creación del *Espacio escultórico* de la UNAM (1978-80). Beca Guggenheim 1990- 91.

ESCOBEDO, JESÚS ◆ n. en El Oro, Edo. de Méx. (1918-1978). Grabador. Estudió en el Centro Popular de Pintura Santiago Rebull (1928-34), donde tuvo entre sus maestros a Gabriel Fernández Ledesma y Everardo Ramírez. Miembro de la Liga de Escritores y Artistas Revolucionarios (1935-38). Beca Guggenheim (1945). Hizo una colección de ocho litografías con la ciudad de Nueva York como tema. Ilustró el libro *Lecturas hispanoamericanas*, texto para la enseñanza del español en Estados Unidos.

Helen Escobedo

FOTO: HÉCTOR HERRERA

ESCOBEDO, JOSÉ G. ◆ n. en Zacatecas, Zac., y m. en el DF (1900-1961). Obrero tipógrafo. Se afilió muy joven al anarquismo y publicó el periódico proletario *Alba Roja* (1918-20). Participó después en la Confederación Regional Obrera Mexicana, en la que fue miembro del comité central. Se separó de la CROM y contribuyó a fundar la Confederación General de Trabajadores. En ese tiempo colaboró en los diarios *El Heraldo de México* y *El Demócrata*. A partir de los años treinta, ya en el sindicalismo oficial, escribió sobre temas obreros. Escribió *La batalla de Zacatecas. Tres años de realizaciones ferrocarrileras* (1928) y antes, con Rosendo Salazar, *Las pugnas de la gleba* (1923).

ESCOBEDO, MARIANO ◆ n. en Galeana, NL, y m. en Tacubaya, DF (1826-1902). Agricultor y comerciante que en 1846 y 1847 combatió a los invasores estadounidenses. En 1854 se adhirió al Plan de Ayutla y, con el grado de capitán, luchó con regular fortuna contra las fuerzas de Santa Anna bajo las órdenes de los generales Vidaurri y Zuazua. Al triunfo liberal permaneció en el ejército y reprimió a los indios nómadas de Nuevo León. Fiel a la Constitución de 1857 tomó parte en la guerra de los Tres Años. Prisionero de los conservadores, logró escapar y se reincoporó a filas. Combatió la intervención francesa desde Acultzingo. Reorganizó el Ejército del Norte y ocupó Monterrey. Juárez lo designó gobernador de Nuevo León en 1865. Al año siguiente vuelve a Monterrey y ejerce de nuevo el Poder Ejecutivo en el estado. En este periodo reabre el Colegio Civil. Estuvo al mando de las fuerzas que sitiaron y ocuparon Querétaro en 1867, ya como jefe de operaciones del ejército republicano. Al triunfo de la República es gobernador de San Luis Potosí y con el presidente Lerdo de Tejada ocupa el cargo de secretario de Guerra y Marina (31 de agosto a 20 de noviembre de 1876). Fue también diputado y presidente de la Suprema Corte de Justicia.

Mariano Escobedo

Blas Escontría

ESCOBOSA, FRANCISCO ◆ n. en San Miguel de Horcasitas y m. en Hermosillo, Son. (1787-1845). Era funcionario del gobierno realista cuando se consumó la independencia en 1821. A partir de entonces fue partidario de Iturbide hasta la caída de éste. Fue diputado al Congreso Constituyente del estado de Occidente (1824) y gobernador del mismo (abril-mayo de 1830). Diputado al Congreso Constituyente del estado de Sonora (1831).

ESCOFET ARTIGAS, ALBERTO ◆ n. en España (1933). Hijo de padres republicanos. Fue traído a México en 1942. Ingeniero mecánico electricista por la UNAM (1951- 56). Ha sido profesor en las universidades de Sonora (1960) e Iberoamericana (1963-66). En la Comisión Federal de Electricidad ocupó, entre otros cargos, los de subgerente de Planeación y subgerente de Operación (1962-73), asesor de la Comisión de Energéticos (1974-76), gerente de Operación (1978-80) y director general (1981-82). Ha sido también director general de Uramex (1983-85) y subsecretario de Minas e Industria Básica (1985-88) y de Energía de la Secretaría de Energía, Minas e Industria Paraestatal (1988-). Pertenece a la Academia de Ingeniería, al Colegio de Ingenieros Mecánicos Electricistas y otras corporaciones profesionales.

ESCOFET ARTIGAS, FRANCISCO ◆ n. en España (1940). De familia republicana, fue traído a México después de la guerra civil española (1942). Ha sido gerente ejecutivo del hotel El Presidente de Acapulco (1962-65), gerente del restaurante La Cava (1966-71), gerente de ventas y operaciones del hotel Marriot (1971-73), director de la División Hoteles de Nacional Hotelera (1973-76), gerente del restaurante La Cava (1976-), presidente de la Asociación Mexicana de Ejecutivos de Ventas de Hoteles (1973-74) y consejero de esa agrupación.

ESCOFET ARTIGAS, JORDI ◆ n. en España (1927). Llegó a México en 1942. Naturalizado mexicano. Ha sido gerente de los restaurantes La Cava (1954-64) y Del Lago (1964-90) y director general de La Cava y del Ambassadeurs (1964-); presidente y consejero de la Asociación Mexicana de Restaurantes (1979-), miembro del Consejo de Convenciones y Visitantes de la Ciudad de México y consejero internacional de la National Restaurant Asociation desde 1977.

ESCOLAPIAS ◆ Congregación de religiosas católicas fundada en España por Paula Montal en 1886, bajo la idea de "salvar a las familias educando a las niñas·en el santo temor de Dios". Sus normas, aprobadas por el papa León XIII en 1887, son una adaptación de las constituciones de los padres escolapios. En 1976 llegaron a México las primeras monjas de esta orden y en los años noventa trabajaban en los estados de Guanajuato, Tlaxcala, Querétaro y Baja California.

ESCONTRÍA, BLAS ◆ n. en San Luis Potosí, SLP, y m. en la ciudad de México (1847-1906). Estudió en el Colegio de Minería. Diputado federal (1876), director del Instituto Científico y Literario de San Luis Potosí (1896), gobernador interino (1898) y constitucional de San Luis Potosí (1898-1902). Secretario de Fomento en el gabinete de Porfirio Díaz (marzo de 1905 a mayo de 1907).

ESCOTO, MIGUEL ◆ n. y m. en Colima, Col. (1832-1888). Militante liberal. Diputado al Congreso Constituyente de Colima (1857) y oficial mayor del gobierno estatal. Durante la guerra de los Tres Años combatió a los conservadores.

ESCOTO GONZÁLEZ, BLANCA LETICIA ◆ n. en Guadalajara, Jal. (1944). Realizó estudios de desarrollo humano en el ITESO (1976-79) y de filosofía práctica en la Escuela de Londres, de Guadalajara (1980-83). Pertenece al PAN desde 1978, donde ha sido miembro del comité directivo estatal de Jalisco (1982), presidenta de Promoción Femenina (1982- 83) y consejera del comité estatal (1983-84). Ha sido agente de fianzas de las compañías Fianzas de México y Fianzas Monterrey (1980). Diputada federal por Jalisco a la LIV Legislatura (1988-91).

ESCRIBANO, MARISSA ◆ n. en el DF (1960). Estudió periodismo en San Diego, California, y ciencias y técnicas de la información en México. Se inició a los 17 años como productora y locutora en Radio Educación. Ingresó a la televisión estatal en 1980 como comentarista del noticiero *6: 30 PM*. Ha conducido los programas *Cinecomentarios, Para leer y escuchar* y *Jueves de estreno*.

ESCUDERO, JUAN B. ◆ n. en Hidalgo del Parral y m. en Chihuahua, Chih. (1811-1876). Fue diputado local y ocupó diversos cargos públicos en Chihuahua, estado que gobernó interinamente en 1872 y 1873.

ESCUDERO, ROBERTO ◆ n. en el DF (1940). Estudió en la Facultad de Filosofía y Letras de la UNAM. Es profesor de la UAM. Fue delegado por su escuela al Consejo Nacional de Huelga durante el movimiento estudiantil de 1968. Perseguido durante varios meses, el 26 de julio de 1969 se asiló en la embajada de Chile en México, de donde fue enviado a Santiago. Regresó al país en 1971. Ha colaborado en *unomásuno, Nexos, La Jornada* y otras publicaciones. Fue miembro del consejo editorial de *Cuadernos Políticos* y director de las revistas *Punto Crítico* (1971-) y *Territorios* (1982-84). Coautor del libro *Ajuste de Cuentas* (1980) y prologuista de *México 68: juventud y revolución*, de José Revueltas.

ESCUDERO ÁLVAREZ, HIRAM ◆ n. en Morelia, Mich. (1935). Licenciado por la Escuela Libre de Derecho (1954-58). Profesor de la UIA (1986-). Pertenece al PAN desde 1954, en el que ha sido dirigente nacional juvenil (1955), secretario de Acción Electoral del CEN y miembro del Consejo en el Distrito Federal y del Consejo Nacional (1995-). Ha sido abogado postulante desde 1958, cuatro veces diputado federal (1970-73, 1979-82, 1988- 91, 1994-95), miembro de la Asamblea Legislativa del Distrito Federal (1991-1994) y subprocurador general de la República (1995-1997).

ESCUDERO REGUERA, JUAN RANULFO ◆ n. en Acapulco y m. El Raicero, Gro. (1890- 1923). Estudió en Oakland, California, para técnico mecánico electricista. En Estados Unidos fue influido por el magonismo. A su regreso a Acapulco conducía una lancha para servicio del turismo. Promovió la creación de la Liga de Trabajadores a Bordo de los Barcos y Tierra (1913), la que exigió jornada de ocho horas, descanso semanal, aumento de salario y otras prestaciones, lo que dio pretexto a las autoridades para desterrarlo del puerto. Vivió en Salina Cruz y luego en México, donde se incorporó a la Casa del Obrero Mundial y militó en el anarquismo. Posteriormente, desde Veracruz, sostuvo correspondencia con Ricardo Flores Magón. Volvió a su tierra en 1918 y realizó mítines y diversas actividades que culminaron en la creación del Partido Obrero de Acapulco. Editó el periódico *Regeneración*, que se distribuía en una amplia región de Guerrero. Señalado como *bolchevique*, ganó las elecciones para presidente municipal de Acapulco (1919-22). Desde ese puesto expidió normas de policía y salubridad; promovió la organización popular, la creación de cooperativas de producción y consumo, la educación básica y la construcción de la carretera que uniría al puerto con la capital del estado. En abril de 1921 fue elegido diputado al Congreso de la entidad. Presionado por las autoridades federales, protectoras de los empresarios acapulqueños, el presidente municipal se vio obligado a pedir licencia en dos ocasiones. Publicó el periódico *El Mañana Rojo*, fundó varias empresas colectivas, entre otras una cooperativa de pescadores. Como creciera la popularidad de Escudero, los comerciantes del puerto ofrecieron 18 mil pesos a quien lo matara. Sufrió varios atentados y en una ocasión, cuando la guarnición local se proponía aprehenderlo, fue herido. El jefe militar incendió el palacio municipal, lo localizó y le disparó un tiro en la cabeza, al que sobrevivió. Como consecuencia de estos hechos perdió el brazo derecho y quedó paralizado de medio cuerpo. Cuando se hubo repuesto se convirtió en impulsor de las demandas agraristas. En julio de 1922 resultó elegido diputado federal. Desconocido el ayuntamiento acapulqueño por el Congreso local, al celebrarse nuevas elecciones otra vez salió triunfante Escudero, quien rindió la protesta de ley el 1 de enero de 1923. En diciembre de ese año, los militares delahuertistas, con el patrocinio de los comerciantes, detuvieron a Juan, Felipe y Francisco Escudero, los condujeron a un lugar llamado El Aguacatillo y ahí los pasaron por las armas. Juan recibió el tiro de gracia, pero aún así sobrevivió hasta el día siguiente, cuando era llevado por sus seguidores a Acapulco.

ESCUDERO Y ECHÁNOVE, PEDRO ◆ n. en Campeche, Camp., y m. en la ciudad de México (1818-1897). Diputado constituyente por Yucatán (1856-57). Se adhirió al imperio y Maximiliano lo designó ministro de Justicia y Negocios Eclesiásticos (noviembre de 1864 a agosto de 1866).

ESCUDERO LÓPEZ PORTILLO, FRANCISCO ◆ n. en Guadalajara y m. en la ciudad de México (1876-1928). Abogado. Representante por Sonora a la diputación que disolvió Victoriano Huerta. Secretario de Relaciones Exteriores (octubre-diciembre de 1913) en el primer gabinete de Venustiano Carranza. Se pasó a la facción encabezada por Francisco Villa y en el gabinete que éste formó en Chihuahua fue ministro de Hacienda e Industria (1914). Figuró también en el gobierno convencionista de Roque González Garza. Elaboró una ley agraria aceptada por Villa.

ESCUDO NACIONAL ◆ De acuerdo con la leyenda, Tenochtitlan se fundó en un islote donde se encontró un águila sobre un nopal devorando una serpiente. Tal imagen aparecería en diversos documentos de la Colonia. En el siglo XVIII, a tono con el incipiente nacionalismo, la *Gaceta* de Sahagún emplearía la misma representación para decorar su cabezal. Durante la guerra de Independencia, Morelos

Escudo Nacional

empleó una bandera blanca almenada en azul en la que al centro, sobre tres arcos salidos del agua, se hallaba un águila, coronada y con las alas abiertas, parada sobre un nopal. Consumada la separación de España, Iturbide decretó el 2 de noviembre de 1821 que la bandera mexicana fuera una de colores y disposición como la actual, la que en el centro debería tener el águila coronada, de perfil, con las alas caídas, descansando sobre el nopal. En 1823, a la caída del primer imperio, Francisco Molinos del Campo, jefe político del Distrito Federal, y Fernando Navarro, de la Secretaría de Estado, publicaron el decreto en el cual se determinaba "que el escudo sea el Águila Mexicana parada en el pie izquierdo sobre un nopal, que nazca de una peña entre las aguas de la laguna; y agarrando con el derecho una culebra en actitud de despedazarla con el pico y que orlen este blasón dos ramas, la una de laurel y la otra de encina, conforme al diseño que usaba el gobierno de los primeros defensores de la Independencia". El decreto agregaba "que en cuanto al Pabellón Nacional, se esté alapostado hasta aquí, con la única diferencia de colocar a el águila sin corona, lo mismo que deberá hacerse en el escudo". Durante las guerras de Reforma el águila de los liberales veía hacia la izquierda, en tanto que el ave del pabellón conservador volteaba a la derecha. El 20 de septiembre de 1863, la llamada regencia del imperio dispuso que el ave del escudo estuviera de frente y coronada, agregando en la parte superior un penacho supuestamente azteca. El 10 de abril de 1865, Maximiliano eliminó el penacho y decretó que el ave estaría de frente bajo una corona imperial. En noviembre del mismo año le agregó otros detalles heráldicos, hizo voltear el águila hacia la izquierda y la serpiente apareció en la garra derecha. Al triunfo de las armas republicanas se usaron diversas variantes del escudo liberal. El 30 de diciembre de 1880 un decreto de Porfirio Díaz dispuso que el águila se representara de frente, con las alas abiertas y en actitud majestuosa, lo que fue interpretado de muy diversas maneras por los dibujantes. Carranza la hizo aparecer de perfil, con la cabeza hacia la izquierda, posición que conserva hasta la fecha. El 5 de febrero de 1934 el presidente Abelardo L. Rodríguez ordenó modificaciones y lo mismo hizo Gustavo Díaz Ordaz, quien por decreto del 20 de diciembre de 1967, publicado el 17 de agosto del año siguiente, oficializó la representación que hizo Francisco Eppens Helguera del águila mostrando el perfil izquierdo, apoyada en la garra izquierda y sujetando con la derecha y el pico la serpiente; al centro de la parte inferior se halla una peña de la que salen dos pencas de nopal hacia la derecha y otras dos floreadas, más grandes y altas, hacia la izquierda; las alas, en actitud vigorosa, tienen su extremo superior más arriba que la cabeza, ligeramente agachada; una rama de encino a la izquierda y otra de laurel a la derecha forman una orla semicircular que rodea hasta media altura el total de la representación. Precisamente por aparecer el águila agachada, el presidente Luis Echeverría ordenó en 1973 un nuevo diseño, el actual, en que puede apreciarse el ave más esbelta y erguida, con el penacho erizado y las alas más juntas, en tanto que el nopal se extiende horizontalmente. Este escudo, el oficial, está grabado al reverso de las monedas en circulación.

ESCUELA INTERNACIONAL DE ARQUEOLOGÍA Y ETNOLOGÍA AMERICANAS

◆ Institución creada por convenio de los gobiernos mexicano y alemán, la Hispanic Society of America y las universidades de Harvard, Columbia y Pensilvania. Con la finalidad de realizar estudios e impartir enseñanza sobre el pasado prehispánico de México y Mesoamérica, inició sus actividades en enero de 1911. Dejó de funcionar en 1920. Fueron sus directores Eduardo Seler, Franz Boas y Manuel Gamio.

ESCUELA LIBRE DE DERECHO

◆ Institución de estudios jurídicos fundada en 1912, después del cese del porfirista Jorge Vera Estañol como director de la Escuela Nacional de Jurisprudencia. Madero asistió a la inauguración del plantel el 24 de julio del año citado. El primer rector, Luis Méndez, declaró en la apertura: "Dios, autor de las buenas leyes e inspirador de las buenas obras, haga que esta institución viva y prospere". En la primera planta de profesores estuvieron, entre otros, Miguel S. Macedo, Demetrio Sodi, Francisco León de la Barra, Emilio Rabasa, José Natividad Macías, José María Lozano, Carlos Díaz Dufoo, Antonio Caso, Eduardo Pallares y el propio Vera Estañol, todos ellos promotores de la fundación de la escuela. A los estudiantes que contribuyeron a su creación del plantel los encabezó Ezequiel Padilla. De sus aulas han salido el empresario y diplomático José Gómez Gordoa, el ex dirigente de la Asociación de Padres de Familia (de escuelas particulares) Ramón Sánchez Medal, el ex candidato presidencial del PAN José González Torres, el subsecretario de Comercio Adolfo Hegewich, Luis Pazos, los dirigentes empresariales Carlos Sánchez Mejorada y Fernando Illanes Ramos; y Luis de la Peza, miembro del Tribunal Contencioso Electoral.

ESCUELA MÉDICO MILITAR

◆ Institución inaugurada por Venustiano Carranza el 12 de octubre de 1916. Su existencia se formalizó por decreto del 1 de enero de 1917 e inició cursos el 15 de marzo. Su organizador fue el médico Guadalupe Gracia García. En sus inicios se llamó oficialmente Escuela Médico Militar Constitucionalista, nombre que luego se simplificó para quedar como hoy se conoce.

ESCUELA NACIONAL DE ANTROPOLOGÍA E HISTORIA

◆ Comenzó sus actividades el 20 de enero de 1910, como Escuela Internacional de Arqueología y

Etnografía Americanas, la que fue creada a partir de una iniciativa del Congreso de Americanistas, con un patronato integrado por representantes del gobierno de México y Prusia, así como de las universidades de Columbia, Harvard y Pennsilvania, bajo la promoción de la Hispanic Society of Washington. En 1938 se integró a la Escuela Nacional de Ciencias Biológicas del IPN y desde 1942 depende del Instituto Nacional de Antropología e Historia, organismo descentralizado de la SEP. Recibió su actual nombre en 1946. Imparte licenciaturas, maestrías y doctorados en antropología, arqueología e historia. Cuenta con aproximadamente 2,000 alumnos.

ESCUELA NACIONAL DE MAESTROS

◆ Institución de enseñanza normal fundada en 1887. El 17 de diciembre de 1885 el Congreso facultó al Poder Ejecutivo para crear una Escuela para Profesores. Ignacio Manuel Altamirano, quien desde 1882 trabajaba por encargo de la Secretaría de Justicia e Instrucción Pública en la elaboración del proyecto respectivo, lo presentó el 24 de febrero de 1886 y fue discutido por Justo Sierra, Joaquín Baranda, Luis E. Ruiz, Miguel Serrano y otros pedagogos de la época, entre los cuales destacaba Enrique Laubscher. Reformado de acuerdo con los resultados del debate, el proyecto de Altamirano fue enviado al Congreso, que lo aprobó para que pudiera abrirse la Escuela Nacional de Maestros.

ESCUELA NACIONAL DE PINTURA Y ESCULTURA LA ESMERALDA ◆ ☛ *Esmeralda, La.*

ESCUELA DE PERIODISMO CARLOS SEPTIÉN GARCÍA ◆ Fundada en la ciudad de México en 1949 y patrocinada por Acción Católica Mexicana, de la que se independizó en 1966. Ha sido dirigida, sucesivamente, por Fernando Díez de Urdanivia, Carlos Septién García (la escuela adquirió su nombre cuando éste periodista murió, siendo director de la misma), José N. Chávez González, Carlos Alvear Acevedo y Alejandro Avilés. este último formuló el plan de

estudios, exigió como requisito de ingreso el certificado de secundaria y creó la carrera de redactor y reportero gráfico, de nivel medio; obtuvo, asimismo, el reconocimiento oficial a la licenciatura en periodismo. La sede de la institución se halla actualmente en Basilio Badillo 43, donde antes estuviera la Escuela Libre de Derecho.

ESCUELA DE LA RAZÓN Y DEL SOCIALISMO ◆ Centro de enseñanza establecido en Chalco, Estado de México, por Plotino C. Rhodakanaty en enero de 1860. Por la mañana, según su fundador, se educaba a "infinidad de niños semidesnudos, temblando de frío y de hambre", quienes "aprenden no solamente las primeras letras del castellano, sino también las primeras nociones de la libertad". Por la tarde el plantel atendía a peones de la región, los que asistían a recibir clases de alfabetización, oratoria, etc. La escuela servía para la difusión de las ideas socialistas y muchos de los alumnos se adhirieron al anarquismo. Rhodakanaty dejó la dirección en 1867 y volvió a la capital del país. Al frente quedó Francisco Zalacosta (☛) hasta 1868. En 1869 se refugió ahí Julio Chávez López (☛), dirigente de un levantamiento agrarista, y un piquete de soldados intentó aprehenderlo junto con algunos compañeros, quienes se resistieron y protegidos por los habitantes del pueblo pudieron huir. Después del derrumbe de las organizaciones obreras, a fines de los años setenta, Rhodakanaty intentó reabrirla, pero fracasó. Algunos autores la llaman Escuela de Chalco, Escuela Moderna o Escuela del Rayo y del Socialismo.

ESCUELA DE TALLA DIRECTA ◆ ☛ *Escuelas de Pintura al Aire Libre y Esmeralda, La.*

ESCUELAS DE PINTURA AL AIRE LIBRE ◆ La primera se creó en 1913, en Santa Anita, por iniciativa de Alfredo Ramos Martínez. Dos años antes se había producido una huelga estudiantil en la Academia de San Carlos que terminó con la intervención de la fuerza pública y la expulsión de varios mucha-

chos. Algunos de éstos serían alumnos de la Escuela de Santa Anita, llamada por ellos Barbizón, como referencia al pueblo francés donde, deseosos de estar en contacto con la Naturaleza, se instalaron los paisajistas precursores del impresionismo (1850). Desaparecido este plantel en 1915 por decreto de Carranza, otro conflicto en San Carlos, en 1920, lleva a Ramos Martínez nuevamente a la dirección, desde la cual funda la segunda de estas escuelas, en Chimalistac, con Ramón Alva de la Canal, Francisco Díaz de León, Manuel Fernández Ledesma, Fernando Leal, Enrique Ugarte, Bolaños y Emilio García Cahero como alumnos, a los que se suman Leopoldo Méndez y Fermín Revueltas. Al año siguiente la escuela se traslada a la ex hacienda de San Pedro Mártir, en Coyoacán, a la que llega Jean Charlot, quien despierta el interés por el grabado en madera. En 1923, José Vasconcelos invita a varios alumnos de la Escuela de Pintura al Aire Libre (EPAL) a decorar los muros de San Ildefonso. Dos años después se abren las escuelas de Xochimilco, dirigida por Vera de Córdoba; de Tlalpan, por Francisco Díaz de León; y de Guadalupe Hidalgo, con Fermín Revueltas como director. En 1926 se presenta en Madrid, París y Berlín una exposición de obras de los alumnos de estas escuelas. En ese año se crean tres nuevos planteles de las mismas características, llamados Centros Populares de Pintura (CCP), dos de ellos en la capital del país. En 1927 se fundan los CPP de San Pablo en la calle del Hormiguero, con Fernández Ledezma al frente; y el de Nonoalco, bajo la dirección de Fernando Leal; desaparece la Escuela de Guadalupe Hidalgo y se abren una en Los Reyes, Coyoacán, de la que se encarga Alfredo Cabrera, y otra en Cholula, encabezada por Revueltas; se crean la Escuela Libre de Pintura y Escultura de Michoacán, bajo la dirección de Antonio Silva, y la Escuela Libre de Escultura y Talla Directa, en el ex convento de La Merced del DF, dirigida por Guillermo Ruiz. Hasta 1929 las EPAL dependieron de la Escuela Nacional de

Bellas Artes (Academia de San Carlos) y en ese año quedaron bajo jurisdicción del Departamento de Bellas Artes de la Secretaría de Educación Pública, si bien siguieron recibiendo una insuficiente subvención de la UNAM. El único número de *El Tlacuache. Cuaderno de la Escuela al Aire Libre*, apareció en 1930, año en que, bajo la dirección de Eduardo Hidalgo, se fundó otra de estas escuelas en Acatzingo, Morelos, en tanto en Cuba se abrieron cuatro planteles de carácter similar, organizados por el crítico español Gabriel García Maroto. Dos años después, con patrocinio municipal y dirigida por Tamiji Kitagawa, se estableció otra escuela en Taxco, Guerrero. Por esos días, con Rufino Tamayo como jefe del Departamento de Bellas Artes de la SEP, cada EPAL y CPP adopta el nombre de Escuela Libre de Pintura. Se establecen requisitos para el ingreso y la enseñanza adopta un sesgo académico, lo que aunado a la crónica escasez de recursos complica la vida de estos centros educativos, antes sostenidos en buena medida por el entusiasmo y la iniciativa de profesores y alumnos. Antes de acabar 1932 fue cerrada la escuela de Tlalpan y al año siguiente desapareció la de Nonoalco. En 1935 se suprimió el presupuesto para estos planteles y dos años después cerró la última escuela sobreviviente, la de Taxco.

ESCUINAPA ◆ Municipio de Sinaloa situado en el extremo sur de la entidad, en los límites con Nayarit. Superficie:

Tamales barbones, platillo típico de Escuinapa, Sinaloa

1,633.22 km². Habitantes: 49,474, de los cuales 3,253 forman la población económicamente activa. Hablan alguna lengua indígena 130 personas mayores de cinco años (tepehuano 64). El primer ayuntamiento se constituyó en 1815. La cabecera es Escuinapa de Hidalgo.

ESCUINTLA ◆ Municipio de Chiapas situado en el sur de la entidad, cerca de la frontera con Guatemala y del océano Pacífico. Superficie: 206.2 km². Habitantes: 26,282, de los cuales 5,824 forman la población económicamente activa. Hablan alguna lengua indígena 65 personas mayores de cinco años (mame 32). Una zona arqueológica y la cerámica laqueada constituyen los principales atractivos turísticos.

ESCULTURA ◆ En forma autónoma o integrada a la arquitectura, la escultura prehispánica se ejecutó con fines ornamentales, civiles y, sobre todo, rituales. En el periodo preclásico (años 1500 a 100 a.n.e.) fueron los olmecas quienes produjeron las piezas más notables: las cabezas colosales, monolitos de rasgos negroides y casco guerrero. En el periodo clásico (años 100 a.n.e al 800 d.n.e.) florecieron las ciudades de Teotihuacán en el altiplano y Monte Albán y el Tajín en el sur. En las tres se fundieron armónicamente con la arquitectura las formas escultóricas, en especial los relieves. En el clásico maya, que los estudiosos prolongan hasta el año 900, estelas, mascarones, columnas humanoides, serpientes emplumadas y otros trabajos fueron esparcidos en una región que abarca la península de Yucatán, Tabasco y Chiapas. Al clásico tardío o postclásico temprano corresponde Tula, ciudad tolteca donde se encontraron relieves, estatuas, columnas y otras piezas que revelan la maestría de sus escultores. En el periodo postclásico, cancelado por la conquista, destaca el arte de México-Tenochtitlan, abundante en relieves, cerámica artística y grandes monolitos, entre los cuales se cuentan el Cuauhxicali ocelotl, la Coatlicue, la Cabeza de Caballero Águila, la Piedra de Tizoc, las

serpientes emplumadas y la Piedra del Sol o Calendario Azteca. Durante el reinado de Ahuízotl, este emperador mexica hizo esculpir la pirámide monolítica de Malinalco, monumento único en su género. De especial interés, por ser la única cultura donde se elaboraron figuras humanas ajenas a la solemnidad del arte prehispánico, son las caritas sonrientes totonacas. "De todas las artes que florecieron en México a la llegada de los españoles, la escultura era la que había alcanzado un grado de mayor perfeccionamiento", dice Manuel Toussaint, quien agrega que "frente a esta escultura de inusitado vigor, los europeos traen su escultura gótico-isabelina y su escultura renacentista". La escultura novohispana del siglo XVI, trabajada sobre modelos impuestos por los españoles, conserva sin embargo fuertes rasgos indígenas en la forma, las técnicas, los temas y hasta en los materiales empleados, como el *tzompantle*, con el que se produjeron esculturas religiosas de las que estaban necesitados los clérigos para su tarea evangelizadora. Canteros y talladores indios trabajaron para sus nuevos amos bajo el anonimato al que estaban acostumbrados. Sobreviven los nombres de ciertos europeos (los canteros Juan de Entrambas Aguas, Pedro Vázquez, Diego Díaz de Lisboa o Lisbona y Bartolomé Coronado y el entallador Juan de Arrúe). La arquitectura de los primeros años coloniales, de austero utilitarismo, estuvo supeditada a las necesidades defensivas e ideológicas de los españoles. En la segunda mitad del siglo XVI, con el país más o menos bajo su control, funcionarios reales, grandes comerciantes, encomenderos y mineros hacen del derroche una virtud. Se erigen entonces algunas construcciones renacentistas y, cuando en España se empieza a abandonar, cobra fuerza el estilo plateresco, con su abundancia de elementos decorativos que marcarían el arte mexicano hasta el primer tercio del siglo XVII. Mansiones de particulares, edificios públicos y templos son ornamentados con abundancia de elementos preciosistas en los que se requiere el trabajo de los escultores para labrar puertas, hacer relieves en la cantera y elaborar estatuas y otras figuras voluminosas destinadas a servir como elementos decorativos, complementarios de la arquitectura, aun de la renacentista, que pese a su sobriedad no pudo escapar a la contaminación plateresca. Toussaint menciona como escultores renacentistas a García de Salamanca, Juan Fernández y Juan Rodríguez, entalladores; el flamenco Adrián Suster, autor de los coros de Santo Domingo y la Catedral vieja; Luis de Arcieniega, a quien se atribuyen los retablos de la iglesia franciscana de Tula y el gran retablo de Huejotzingo; Andrés de Concha, quien se encargó del tallado del retablo principal de la misma catedral; donde la sillería del coro fue obra de Juan Montaño; Mateo Merodio, Pedro Serrano, Martín de Oviedo y Manuel de Biera, quien tuvo un ayudante indio, Juan Lázaro. En Querétaro figuraron Francisco Martínez, quien esculpió un *San Diego de Alcalá*, y el fraile Sebastián Gallegos, al que se acredita el *Jesús Nazareno de los Terceros*, hecho para la iglesia del Tercer Orden, un *Jesús Crucificado* que elaboró para la capilla de San Benito del cementerio franciscano, el *Señor del Huertecillo* de la iglesia de Guadalupe y la *Santa María del Pueblito*. En la parroquia vieja de Taxco, el retablo fue ejecutado por Pedro de Torrejón hacia 1634-37. Torquemada menciona a Miguel Mauricio, indio "aventajadísimo" de Santiago Tlatelolco, con "obras mucho más estimadas que las de algunos escultores españoles". En el plateresco resulta más difícil establecer la autoría de las obras escultóricas, pues sobre el diseño del arquitecto, manos anónimas, con frecuencia indias, se encargaron de la ejecución. Así sucedió en la capilla abierta de Tlalmanalco, en el templo dominico de Chimalhuacán Chalco, en la capilla del hospital franciscano de Acámbaro, en el templo agustino de Tlamaco, Hidalgo, y en el franciscano de Erongarícuaro, Michoacán; en el templo principal de Xochimilco, el hospital de

Uruapan, la iglesia franciscana de Calpan, las portadas de los conventos agustinos de Actopan e Ixmiquilpan, la portada lateral de la iglesia de Cholula ("de un plateresco que casi llega a la locura", según Toussaint) y muchas otras. La portada de la iglesia de Cuitzeo se atribuye a un autor de nombre náhuatl: Juan de Metl. En la primera mitad del siglo XVII el protestantismo fue derrotado en los países del Meditarráneo. El triunfo de la contrarreforma fue celebrado por el arte barroco con sus obras de exagerada monumentalidad y grandilocuencia, las que expresaban también el afán de orden que caracterizó al absolutismo. El ascetismo de principios del siglo XVII venció temporalmente los excesos platerescos. Ejemplos de esto son, en el Distrito Federal, la desnudez del templo de San Lorenzo, la iglesia de Jesús María, la capilla de la Concepción, el templo de San Antonio Abad y la iglesia de Santa Clara, entre otras. La austeridad tuvo un triunfo efímero, pues los que habían hecho la América querían demostrar su opulencia y patrocinaron obras ciertamente lujosas como se aprecia en Santa Teresa la Antigua, San Bernardo y San Agustín, donde estuvo la Biblioteca Nacional. Ya de principios del siglo XVIII son La Profesa, Corpus Christi y San Juan de Dios, en los que trabajaron profusamente los labradores de cantera y los imagineros o escultores propiamente dichos. En la ciudad de Puebla destacan San Cristóbal y Santo Domingo. En el mismo estado sobresalen el templo mercedario de Atlixco y el de Quechólac, en ruinas, "perfecto ejemplar del barroco". En Oaxaca, entre otros monumentos, destacan por su decorado el templo de la Compañía, calificado de ecléctico, San Agustín y La Soledad ("Joya de este barroco rico"). En Guadalajara la iglesia de Santa Mónica es muestra del barroco opulento, lo mismo que el templo de Tlaquepaque y las ruinas de Santa Cruz de las Flores. En el este del

Estado de México, con un marcado sello popular, se cuentan la capilla de San Antonio, la iglesia de la Concepción, la capilla de Tlaichiapan, las arcadas de Papalotla y la alterada capilla del Molino de las Flores. Muestras de esta arquitectura que mucho requirió de trabajo escultórico son las catedrales de Durango y Chihuahua. Para Toussaint, al barroco *rico* siguió el *exuberante*, cuyas principales muestras son la capilla del Rosario, en Puebla, y el templo de Santo Domingo, en Oaxaca. Encuadrados en la misma categoría, sin alcanzar la altura de esas dos, se cuentan la capilla del Santo Cristo, de Tlacolula, Oaxaca; el templo de Acatepec y la iglesia de Tonantzintla, en el estado de Puebla; el camarín de la Virgen en el Santuario de Ocotlán, Tlaxcala; el camarín de San Miguel Allende, Guanajuato, y el de Tepotzotlán, Estado de México, así como la Catedral de Zacatecas. En la estatuaria destacó Juan de Sole González, quien cinceló las figuras de piedra blanca que decoran la portada del Perdón de la catedral poblana;

Foto: Claudio Contreras

Casa de Montejo, en Mérida, Yucatán

Foto: Claudio Contreras

Escultura prehispánica en La Venta, Tabasco

Retablo churrigueresco
en el templo de
San Agustín,
en Salamanca

Escultura de Vasco
de Quiroga, "tata Vasco",
en Zamora, Michoacán

Foto: Carlos Hahn

Pedro García Ferrer, autor del tabernáculo y de los cuatro ángeles de las
pechinas de la cúpula del mismo edificio; en la catedral de México, la portada
principal está decorada por un *San
Pedro* de Miguel Jiménez y un *San Pablo*
de Nicolás Jiménez. Entre las obras de
sillería destaca la del salón El Generalito, de la Escuela Nacional Preparatoria, la del coro de la Catedral de
México, de Juan de Rojas; y las obras
similares de la Catedral de Puebla, la del
Convento de San Fernando, trasladada
a la basílica de Guadalupe, y el coro de
la catedral de Durango. Salvador de
Ocampo, Juan de Rojas, Pedro Nolasco
y Antonio Roa, Velasco y el mestizo Matías Juárez se contaron entre los escultores capitalinos más solicitados; en
Puebla brillaron Pedro de Maldonado,
quien labró el retablo de Santo
Domingo, Laureano Ramírez, autor del
retablo de San Francisco Javier del
Colegio de San Pedro y San Pablo; y
Francisco López, quien ejecutó las
estatuas del retablo de la parroquia de
Taxco. Algunos autores consideran
el estilo churrigueresco, injustamente llamado así por el arquitecto español José Benito de Churriguera, como la culminación
del barroco e incluso lo
llaman ultrabarroco. Ma-

nuel Toussaint, por su parte, establece
diferencias entre el barroco y el churrigueresco. Señala que mientras el
primero empleaba la columna cilíndrica
y la espiral o salomónica, el segundo se
apoyaba en el estípite, columna en
forma de pirámide invertida, esbelta y
trunca; el churrigueresco se vale de
"paralelepípedos, cartones sobrepues-
tos, medallones, guirnaldas, ramos, festones. Todo el adorno está esculpido a
base de vegetales sobre fondos geomé-
tricos. El estípite es aislado o se adhiere
al paño del retablo", en cuyo caso se
conoce como "pilastra-estípite". Otra
diferencia básica es que en el barroco la
ornamentación está al servicio de la
arquitectura, en tanto que en el churrigueresco se pierde "esa lógica del arte
clásico para alterar las proporciones,
variar los perfiles, vulnerar el principio

básico de toda edificación que exige la
ligereza ascendente y el respeto claro
por las leyes de la pesantez". A lo anterior debe agregarse "otra característica
de este arte (que) consiste en trasmutar
los materiales de construcción, faltando
así a la más elemental ley de la arquitectura: la piedra se labra como si fuera
madera o viceversa; a veces se llega a
esculpir la cantera imitando cortinajes,
bambalinas, cordones y borlas". Muestras del churrigueresco con amplio trabajo escultórico son, en la capital del
país, el Sagrario (del arquitecto Lorenzo
Rodríguez), la Santísima Trinidad, la
Santa Veracruz, la portada lateral de San
Francisco y la Enseñanza; en Querétaro
el claustro de San Agustín, atribuido a
Mariano de las Casas, y los interiores de
Santa Rosa y Santa Clara, en especial de
ésta, decorada "en la forma más fantás-

El Caballito, estatua ecuestre del rey español Carlos IV, obra de Manuel Tolsá

tica que concebirse pueda". En Puebla, cuyos templos contaban quizá con la mayor riqueza churrigueresca de Nueva España, pocos monumentos sobrevivieron a la destrucción causada por la fiebre neoclásica, entre ellos la parroquia de San José, la iglesia de Santa Catarina y dos retablos de Santo Domingo, además de la fachada de San Francisco, de la que se encargó José Buitrago. En Guanajuato pertenecen a esta corriente la portada de San Diego y el conjunto de la Compañía, "que puede considerarse entre los más ricos exteriores", con esculturas que "son también de primer orden"; y el templo de la Valenciana, "ejemplar prócer de arte churrigueresco". En Salamanca se cuentan la fachada de la parroquia y el interior de San Agustín. En San Miguel Allende la portada de la Santa Casa y la fachada de San Francisco, similar a la de Dolores. En San Luis Potosí, la capilla de Aránzazu; en Morelia, la portada de la Merced; en Tlalpujahua, Michoacán, la parroquia; en Hidalgo, la fachada del templo parroquial de Atilalaquia y el retablo principal de la parroquia de Apan, así como la capilla de Ixmiquilpan; en Guadalajara, la portada y retablos de Aránzazu; en Lagos de Moreno la parroquia; en Oaxaca, la fachada de San Francisco; en Yucatán los templos de Sacalcén, Sotuta, Ixcabá, Dzemel, Hocabá, Mame y Maní; la iglesia de la Candelaria, en Mérida, y el convento franciscano de Valladolid. Las obras mayores, siguiendo a Toussaint, son Santa Prisca de Taxco, de los arquitectos Durán y Juan Caballero, con retablos de Isidoro Vicente de Balbás; el templo de Ocotlán, en Tlaxcala, con interiores del indio Francisco Miguel; y el templo de San Martín, en el seminario de San Martín, en Tepotzlán, cuyos 11 retablos, ejecutados entre 1755 y 1758, son para el multicitado Toussaint "magníficas plegarias hechas materia para ensalzar. la grandeza de Dios". El mismo autor concluye sobre el churrigueresco: "Su génesis sigue un desarrollo ascendente en complicación, como en todo barroco: es tímido al principio, audaz después, loco

al final". Esa locura explica por qué "los grandes templos barrocos y churriguerescos. constituyen en esencia obras escultóricas más que de arquitectura", pero precisamente por ese énfasis en la decoración, "desmerece en la obra personal, en la estatua", que denota "una ausencia casi total del espíritu creador". En la escultura churrigueresca destaca Jerónimo de Balbás, el introductor del estípite, autor en la catedral de México del retablo de la capilla real del ciprés, destruido a mediados del siglo XIX. También en la catedral, José Eduardo de Herrera y Domingo Arrieta ejecutaron las tribunas voladas del coro. Los hermanos Felipe, José, Carlos e Hipólito Ureña son los autores del retablo de los gallegos en la capilla del Tercer Orden de San Francisco, en el DF, y de la mesa central de la sacristía de San Francisco, en Toluca. José Antonio Villegas Cora, llamado Cora *el Viejo*, ejecutó en su nativa Puebla una *Purísima*, una *Santa Ana* y un *San Joaquín* para el templo de San Cristóbal; un *San José* para San Pablo; un *San Francisco* para el templo dedicado a este santo; esculturas de la *Virgen del Carmen* y de la *Virgen de la Merced* para los conventos respectivos; las efigies del *Salvador* y de un *Patriarca*, un *San Ignacio* y un *San Francisco Javier*, así como muchas otras imágenes religiosas. En Querétaro destacaron Francisco Martínez Gudiño, autor de los retablos de Santa Clara; Ignacio Mariano de las Casas, ejecutor del templo y claustro de San Agustín, a quien se atribuyen los retablos de Santa Rosa y el coro de Santa Clara; y Bartolico, quien dejó un *Jesús Nazareno*. En el último cuarto del siglo XVIII, a tono con las ideas racionalistas del iluminismo francés y el no menos afrancesado absolutismo de los borbones, se impone en Nueva España el estilo neoclásico, que se adentraría hasta las profundidades del territorio decimonónico, destruyendo a su paso monumentos góticos, renacentistas y barrocos. El neoclásico fue arte oficial y para consagrarlo se le erigió como templo la Academia de San Carlos (1781). Sumo sacerdote

de este culto estético fue el catalán Miguel Constanzó, quien como artista fue un buen cartógrafo, pues realizó mapas de varias regiones novohispanas. Este ingeniero, como parte de su cruzada antibarroca, recomendaba sustituir los nichos exteriores, pues decía, "las imágenes de los santos tienen mui poco culto en las calles y su lugar propio es en los templos". Proponía colocar, a cambio, "un escudo de armas o algunos trofeos", objetos de la liturgia cívico-militar que interesaba al Estado de los Borbones, empeñado en imponer un orden supuestamente más racional. Para no dejar dudas sobre la obligatoriedad de las normas neoclásicas, los arquitectos, "antes de empezar cualquier obra", debían presentar los planos a la Junta Superior de Gobierno "y sujetarse sin réplica ni excusa alguna a las correcciones que se hicieran de ellos, con apercibimiento de que, en caso de contravención, se les castigaría severamente". Para fortuna del patrimonio cultural mexicano, el auge de esta escuela concluyó con la consumación de la independencia, aunque varias décadas después todavía se edificaban o alteraban irremisible-mente, de acuerdo con los cánones académicos, iglesias, residencias y obras pú-

Collar, escultura de Beatriz Caso Lombardo

blicas. Pese a su rigidez, los neoclásicos dejaron algunas construcciones de mérito, como el Palacio de Minería, de Tolsá; el templo de Loreto, de Ignacio Castera y Agustín Paz; la fuente del Salto del Agua, de autor anónimo; y la antes barroca iglesia del Carmen, el puente sobre el río de La Laja y el obelisco de la plaza principal de Celaya, debidos a Tresguerras, a quien sin certeza se atribuyen numerosas obras en Guanajuato, Querétaro, San Luis Potosí y otros estados. La arquitectura despojó de algunas funciones a la escultura, por ejemplo en la hechura de retablos, donde se hizo innecesaria la intervención directa de los artistas. Quedó, sin embargo, un amplio campo para la imaginería que pocos supieron o pudieron ocupar. Manuel Tolsá, traído de España a la

El Caballito, escultura de Sebastián en el DF

Academia de San Carlos como director de escultura, fue el artista sobresaliente en el género, si bien se ha señalado su proclividad a inspirarse y hasta copiar obras europeas. Fue él quien sustituyó un retablo en el templo barroco de Santo Domingo por otro de corte neoclásico que, en opinión de Toussaint, es de bellas proporciones, pero totalmente ajeno al conjunto en que está enclavado. En la Catedral Metropolitana, que se encargó de terminar, está su conjunto escultórico *Fe, Esperanza y Caridad*, que remata la fachada principal. Su obra mayor es *El Caballito*, estatua ecuestre de Carlos IV en la que, según el mismo Toussaint, "la adulación logra el retrato de dos brutos, pero en forma artística de primer orden". Santiago Cristóbal de Sandoval y su hijo Ignacio, indios de Santiago, se encargaron de ejecutar las figuras de *San Ambrosio, San Jerónimo, San Felipe de Jesús, San Hipólito, San Casiano* y *San Isidoro* para la torre vieja de la catedral, en tanto que José Zacarías Cora realizó las otras dos figuras de esa torre y las ocho de la nueva. De éste son también numerosas esculturas hechas en Puebla, entre otras un *San Felipe Neri* de la iglesia de la Concordia y el *San Agustín* del templo del mismo nombre. José Santos Castillo, Mariano Paz y Nicolás Girón se encargaron de festones, tulipanes, flameros, macetones y macollas de la fachada catedralicia. Pedro Patiño Ixtolinque, hijo de mestiza y discípulo de Sandoval y Tolsá, tomó la mascarilla funeraria de José María Morelos y realizó el retablo mayor del Sagrario, estatuas para los retablos de Santo Domingo y la Profesa, los *Ángeles* y *San Pedro*, del ciprés de la catedral poblana, una *Dolorosa* que estuvo en la Profesa, tres efigies

de la *Purísima Concepción* para los templos de San Diego y Santa Teresa, de la capital, y San Antonio, de Querétaro, así como un crucifijo con el que juraron los constituyentes en 1857. En Querétaro, los escultores principales del periodo neoclásico son los llamados tres Marianos: Perusquía, Arce y Montenegro. El primero, maestro de los otros dos, dejó, dice José Juan Tablada, "imágenes de particular belleza" en su ciudad natal, como *La Piedad* y el *Cristo de la Cruz*, de la iglesia de Santa Clara, así como en Guadalajara y Lagos. El segundo, también discípulo de Tolsá, es autor de la *Piedad* de San Francisco y del *Santiago* de la capital queretana. En Guadalajara destacó Victoriano Acuña, pupilo de Perusquía, quien cinceló *Las Tres Virtudes* del exterior del Sagrario tapatío. La guerra de 1810-1821, la pobreza del erario y la inestabilidad política del México independiente causaron un estancamiento general al que no escapó la vida cultural. La Academia de San Carlos estuvo cerrada o inactiva hasta los años cuarenta. Por otra parte, la estatuaria, arte de gran costo, quedó en manos de los discípulos de Tolsá, cada vez menos requeridos por su principal cliente, la Iglesia, poco interesada en hacer ostentación de su riqueza, para entonces en la mira de los liberales. En 1843, Antonio López de Santa Anna, a quien habrían de llevar al lienzo y a la piedra con aire napoleónico, emitió un decreto para "dar impulso y fomento a las academia de las tres nobles artes (San Carlos), que será la honra de la nación luego que produzca los frutos que deben esperarse de sus adelantos". Tales adelantos, según el documento, sólo podrían obtenerse mediante la contratación de directores, para las especialidades de pintura, escultura y grabado, seleccionados "de entre los mejores artistas que hay en Europa". Con el mismo fin se otorgarían premios a los alumnos más aventajados, un número suficiente de becas para seguir estudios en el propio establecimiento y seis para continuar el aprendizaje al otro lado del Atlántico. Santa Anna dispuso también que el ministro de México en Roma convocara anualmente a un concurso de pintura y escultura, con el fin de recabar, mediante "un premio de consideración por el mejor cuadro y otro por la mejor escultura que se presente", obras de mérito "para formar una buena galería de pinturas y aumentar la de escultura". El gobierno dotaría a la Academia de un fondo, del cual la tercera parte debía destinarse a la adquisición del edificio en que se hallaba su sede. Los buenos deseos del gobierno centralista tardaron en concretarse, pues el establecimiento se reabrió en 1847, y es de suponerse que la invasión estadounidense alteró el orden del claustro. Director de escultura de la Academia fue Francisco de Terrazas, hijo de Clemente del mismo apellido, quien realizó algunas estatuas de la Basílica de Guadalupe que durante mucho tiempo se atribuyeron equivocadamente a Tolsá. Terrazas fue sustituido por uno de los directores importados de Europa, el catalán Manuel Vilar, quien llegó a México con Pelegrín Clavé (1846). Fue él quien introdujo las concepciones del romanticismo y transformó la enseñanza de esta especialidad, hasta entonces anclada en los formulismos neoclásicos y reducida a la copia de láminas.

Además de formar a los escultores más destacados de la segunda mitad del siglo XIX, el mismo Vilar dejó varias obras, entre otras el *Cristóbal Colón* que se halla en la Plaza de Buenavista, en la capital del país, pieza terminada en 1852, pero fundida 40 años después. A Pelegrín Clavé se deben las exposiciones anuales que se montaban en San Carlos. En la quinta de esas muestras, correspondiente a 1853, un altorrelieve alegórico de *La Paz*, de Martín Soriano, fue considerado como "el trabajo de más importancia de cuantos han ejecutado hasta ahora los discípulos del señor Vilar". También a Soriano se debe el *San Lucas* trabajado en mármol para la Escuela de Medicina (1860). Más trascendente que la obra de Soriano fue, sin embargo, la de otro pupilo del mismo Vilar: Miguel Noreña, quien llevó a su cima el indigenismo académico, sobre todo en el *Cuauhtémoc* (1887) que se halla en el cruce de las avenidas Insurgentes y Reforma, en la capital del país. Del mismo Noreña es el bajorrelieve que presenta el encuentro del emperador mexica con Hernán Cortés, en el citado

monumento, cuyo proyecto general, del ingeniero Francisco M. Jiménez, fue terminado por Ramón Agea. Tal monumento es, según Justino Fernández, "el único de importancia artística, por su originalidad y cualidades intrínsecas, que produjo el siglo XIX". Otras obras de Noreña son la estatua sedente de Benito Juárez que está en el Palacio Nacional, fundida con cañones tomados a los conservadores durante la guerras de Reforma, y el *Monumento Hipsográfico* dedicado a Enrico Martínez que se instaló a un costado de la Catedral Metropolitana. Otros escultores del paso de un siglo a otro son Gabriel y Enrique Guerra. El jalisciense Gabriel Guerra realizó el paño del *Martirio de Cuauhtémoc*, en el monumento dedicado al héroe indígena, cinceló *Las burlas del amor*, el monumento a Salazar y Arteaga, de Uruapan; el de Hidalgo, en Dolores, Guanajuato; y las estatuas de Zarco y Revueltas del Paseo de la Reforma. El jalapeño Enrique Guerra, quien estudió en París y fue influido por Rodin (1900-1906), ejecutó los bajorrelieves *Asesinato de César* y *Coroliano*; cuatro esculturas destinadas a la fachada del antiguo edificio de la Secretaría de Relaciones Exteriores que acabaron una en

Obra de Helen Escobedo en el Espacio Escultórico de la UNAM en la Ciudad de México

Chapultepec, *Templanza*, y el resto en Jalapa: *Fuerza, Justicia y Prudencia*; retratos y estatuas de figuras públicas como el educador Enrique Rébsamen, el músico Carlos J. Meneses, Luis G. Urbina y, entre otros, Teodoro A. Dehesa, gobernador veracruzano que lo becó para estudiar en Europa. La otra gran figura de este periodo es Jesús F. Contreras, autor de *Malgré Tout*, obra que estuvo en la Alameda Central hasta que fue sustituida por un copia y llevado el original al Museo Nacional de Arte. Del mismo Contreras son las estatuas de Zaragoza, que se halla en Puebla; de Ramón Corona, en Guadalajara; de Benito Juárez, en Chihuahua; y las de Galeana, De la Fuente, López Cotilla y Primo de Verdad en el Paseo de la Reforma. Se le debe también el *Monumento a la Paz*, de la ciudad de Guanajuato. Otra aportación de Contreras a la escultura mexicana la hizo como fundidor, en lo que mostró aptitud en el *Cuauhtémoc* de Noreña, la *Corregidora* de Alciati y otras piezas. Porfirio Díaz quiso legitimarse en monumentos y, al igual que Santa Anna, le pareció mejor recurrir a los servicios de arquitectos y escultores extranjeros que entonces vinieron en buen número para realizar obras destinadas a edificios públicos. Solamente en el Palacio de Bellas Artes (☞), proyecto de Adamo Boari, contribuyeron con

Pájaro y alacrán, escultura en bronce (1978) de Francisco Toledo

Foto: DAR

trabajo escultórico Antonio Boni, Leonardo Bistolfi, Gianetti Fiorenzo, Geza Maroti y Agustín Querol. Fue el último auge de la escultura académica europeizante. Hasta entonces, señala Jorge Juan Crespo de la Serna, en México los artistas "no producen lo que se produce en Europa, sino con varias décadas de atraso. Las ideas estéticas llegan al continente americano cuando allá se ha terminado de polemizar en torno de ellas, cuando han triunfado y por ende empiezan a periclitar". A lo anterior hay que agregar el desprecio que merecía el arte popular. Olivier Debroise cita un texto de Bernardo Couto, escrito en 1880, en el que se expresa sin rodeos el racismo artístico: "Todo indica que en las razas indígenas no estaba despierto el sentido de la belleza, que es de donde procede el arte. Mas sea lo que fuere de las obras de los indios, ellas nada tenían que hacer con la pintura que hoy usamos, la cual es toda europea, y vino después de la conquista. Si los mexicanos pintaban (y en efecto pintaron mucho), ése es un hecho suelto que precedió al origen del arte entre nosotros". La revolución demolería tales concepciones. Para empezar, en 1911, al triunfo de la insurrección maderista, se produjo un movimiento estudiantil en la Escuela Nacional de Bellas Artes (San Carlos). Era la respuesta de los jóvenes al arcaísmo de la enseñanza académica, en momentos en que corrientes como el fauvismo, el cubismo y el futurismo habían irrumpido en el arte europeo. La protesta fue organizada por la Sociedad de Alumnos de Pintores y Escultores, dirigida por José de Jesús Ibarra, a la que pertenecían, entre otros, Orozco, Siqueiros, Alva de la Canal, Ernesto García Cabral y el escultor Ignacio Asúnsolo. Como consecuencia de ese movimiento llegaría a la dirección de la

otra vez llamada Academia Nacional de Bellas Artes, Alfredo Ramos Martínez, quien en 1913 fundó en Santa Anita la primera de las Escuelas de Pintura al Aire Libre (☞), las que abrieron sus puertas a niños y adultos sin reparar en antecedentes de escolaridad. Como resultado de ese interés por un arte popular, en 1927 se abriría la Escuela de Talla Directa, antecedente de La Esmeralda (☞). Un nuevo brote de rebeldía estudiantil en San Carlos, en 1920, precedió al surgimiento del movimiento muralista, inaugurado por Roberto Montenegro y otros artistas en 1921. En torno al muralismo se gestó también una corriente escultórica de un realismo nacionalista, informada sobre el desarrollo de este arte en el extranjero e interesada en recoger en forma innovadora elementos precolombinos y de la cultura popular, todo con la pretensión de devolverlos al pueblo en forma de arte público y, de ser posible, monumental. Asúnsolo, expulsado de San Carlos en 1910, había participado en la revolución antes de ir a estudiar en la Escuela de Bellas Artes de París, donde trató a los grandes maestros. Vasconcelos lo hizo volver, junto con Diego Rivera, para incorporarlo a sus proyectos de arte monumental. Para el patio de la SEP le encargó las estatuas de *Justo Sierra, Amado Nervo, Sor Juana y Rubén Darío* y las figuras de *Mireva, Apolo y Dionisio* que adornan el frontispicio de esa secretaría. Comisionado también por Vasconcelos, ejecutó una escultura de *Gabriela Mistral* (1923); en el Estado de México dejó *Plenitud de la vida* y *La Senectud*, para el monumento a los fundadores del Instituto Científico y Literario de la entidad. Suyos son también el Monumento a Álvaro Obregón (1933), *La familia proletaria* (1934) y el *Monumento al Soldado*, obras representativas de ese arte nuevo, frecuentemente politizado que se buscaba plasmar en los muros, el papel pautado, el libro o la piedra. Ayudante de Asúnsolo en la SEP fue Germán Cueto, quien cristalizó en la escultura los postulados del estridentismo (☞). También llamado por Vasconcelos vino de Nueva York, donde tenía por mecenas a Enrico Carusso, el escultor Juan Olaguíbel, a quien se encargó el Monumento a la Patria del Castillo de Chapultepec. Después haría la fuente de Petróleos, la estatua del general Anaya, el Pípila de Guanajuato, un Morelos en Cuernavaca, un Díaz Mirón en Veracruz y un Juárez en Nuevo Laredo. Su obra más célebre, *La Flechadora*, conocida popularmente como la *Diana Cazadora*, protagonizó uno de los más graves incidentes de censura sobre el arte, pues la esposa de un ex presidente juzgó ofensiva la desnudez de la escultura y ordenó que fuera cubierta. El propio Olaguíbel le colocó un taparrabos metálico que se mantuvo como prueba de la impudicia de ciertas mentalidades feudales. Lorenzo Rafael fue otro de los llamados por Vasconcelos y desde los años veinte se ha dedicado a la estatuaria cívica dentro de una línea neoclasicista. Con una obra menos cuantiosa, pero ampliamente reconocida, se cuenta Carlos Bracho, quien hizo la cabeza en basalto de *Silvestre Revueltas* que se halla en el vestíbulo de Bellas Artes. Oliverio Martínez ejecutó los grupos escultóricos que rematan las columnas del Monumento a la Revolución (1933), en colaboración con Ernesto Tamariz Galicia, quien desde 1928 se ha dedicado a sembrar las ciudades mexicanas de estatuas y monumentos cívicos, entre otros el dedicado a los Niños Héroes, en Chapultepec (1951). A él se deben también algunos ejemplares de estatuaria religiosa, como las esculturas de ónix del altar central de la Catedral Metropolitana. Igualmente prolífico ha sido Federico Canessi, ayudante de Oliverio Martínez en el Monumento a la Revolución, quien es autor de numerosas obras públicas, como los monumentos a la Bandera de Iguala y Dolores Hidalgo, así como esculturas, bustos y cabezas de personajes como Vicente Lombardo Toledano, Carmen Serdán, José María Luis Mora, Heriberto Jara, Adolfo de la Huerta, Mahatma Gandhi, Sun Yat Sen y Lázaro Cárdenas. Hizo una cabeza monumen-

tal de Hidalgo que se halla en la sede de la UNESCO, en París. Es suyo el mural en relieve de la presa Nezahualcóyotl, de Malpaso, Chiapas, así como los monumentos a Salvador Allende, de Ciudad Sahagún, a Juan Escutia, de Acapulco, a Felipe Ángeles, de Pachuca, y Alfredo V. Bonfil, de Aguascalientes, entre otros. Antonio Ruiz, quien durante 17 años fue director de La Esmeralda, oficializó ahí los dogmas del realismo nacionalista y socializante. Al tamaño de su idea de un arte monumental, realizó un *Morelos* de 40 metros de altura sobre la isla de Janitzio, Michoacán, pero también ejecutó obras en una escala más modesta, como el altorrelieve en bronce sobre el *Congreso de Apatzingán*, de sólo cuatro por ocho metros (1950). Fidias Elizondo, en una vertiente ideológica apartada del izquierdismo de sus compañeros de generación, hizo una obra monumental destinada a la admiración popular, como lo demuestra su *Cristo Rey* del cerro del Cubilete. El costarricense Francisco Zúñiga, además de sus famosas *gordas*, ha ejecutado monumentos, estatuas, relieves y bustos dedicados a exaltar valores cívicos y artísticos, tanto en México, donde reside desde 1936, como en su país. De cuantiosa y peculiar obra pública que muestra su evolución formal es Luis Ortiz Monasterio, a quien se deben la fuente del teatro al aire libre del parque México (1929), los relieves del frontispicio de la Normal (1948), las esculturas del Monumento a la Madre (1949), la Fuente de Nezahualcóyotl, en Chapultepec (1956), el conjunto de la Plaza Cívica de la Unidad Independencia del IMSS (1962), la fuente monumental del Centro Médico Nacional (1964) y el relieve *Cuauhtémoc en la defensa de México-Tenochtitlan*, en Oaxtepec (1964). De Federico Cantú, autor del emblema del Seguro Social, son numerosos trabajos religiosos y grandes relieves, como el mural tallado sobre la roca que se halla en la carretera Linares-Galeana (1961) o la inconclusa *Tira de la peregrinación* de 500 metros cuadrados en la Unidad Cuauhtémoc, en Naucalpan. De Luis Arenal es la cabeza mo-

numental de Juárez que se halla en Iztapalapa, DF. Entre los extranjeros que se unieron a la renovación del arte mexicano se cuenta Carlos Mérida, pintor y grabador que a partir de los años cuarenta desarrolló un amplio trabajo de escultura mural. El colombiano Rómulo Rozo llegó en 1931 a México, donde cinceló *Pensamiento* (indio ensarapado y con sombrero que duerme sobre sus rodillas) y el indigenista Monumento a la Patria de Mérida, Yucatán. Paisano de Rozo, Rodrigo Arenas Betancourt llegó hacia 1943 y cuatro años después ya había ejecutado una obra para una empresa particular. En 1949 hizo la primera versión del *Prometeo* que en 1954 quedaría instalado en la Ciudad Universitaria, en el mismo año en que se inauguró su *Cuauhtémoc* en la SCOP. Después haría numerosas obras públicas para diversas ciudades mexicanas y colombianas. Herbert Hofmann-Ysenbourg, alemán antifascista que arribó al país en los años cuarenta, en colaboración con varios arquitectos ha realizado una obra pública en la que se incluyen las iglesias de la Purísima, en Monterrey, el Altillo y la Santa Cruz, así como la celosía de Nacional Financiera, en el DF. Los españoles republicanos José y Kati Horna continuaron en México con su trabajo surrealista. Julián Martínez Sotos, de los Niños de Morelia (☛), es creador de una amplia obra pública: el *Francisco Villa* del parque de los Venados, el *León Felipe* sentado de Chapultepec, el Juan Bautista de Anza que tiene ejemplares en Hermosillo, Phoenix y San Francisco, etc. Diego Rivera, en sus últimos años, diseñó, entre otros, los relieves del Cárcamo del Lerma, en Chapultepec (1949-

La Flechadora, más conocida como *La Diana cazadora*, obra de Juan Olaguíbel

FOTO: CARLOS HAHN

51) y del exterior del estadio de la Ciudad Universitaria. David Alfaro Siqueiros, desde los años cincuenta, incursionó en la esculto-pintura y aun ejecutó una pieza que se halla afuera de la Sala de Arte Público Siqueiros, en Polanco, DF. Rufino Tamayo, por su parte, realizó en 1940 una *Cabeza monumental* que se halla en Nueva York y

La giganta, obra de José Luis Cuevas

FOTO: JORGE CONTRERAS CHACEL

volvió a la escultura 40 años después, cuando elaboró varias piezas, entre otras la que se encuentra en el Centro Cultural Universitario. Jorge González Camarena fue otro de los pintores que incursionaron en la escultura en los años cincuenta. Un caso semejante es el del pintor y grabador Alfredo Zalce, autor de relieves en el DF y Michoacán, estado donde existen numerosos monumentos, bustos y cabezas que son obra suya. El pintor, grabador y caricaturista José Chávez Morado trabaja escultomurales desde principios de los años cincuenta y cancelería metálica y tallas a partir de los sesenta. Es suya la fachada en relieve del Palacio Legislativo de San Lázaro. Tomás Chávez Morado se ha dedicado íntegramente a la escultura y su producción cívica cuenta con centenares de piezas. José Kuri Breña es autor de obras para instituciones públicas y privadas. Son apreciadas sus figuras de mujer y ha tenido éxito como diseñador de orfebrería. En los años cincuenta, en la plástica nacional se gestó un movimiento renovador, basado en un alegato pluralista en contra de la concepción de exclusividad de la escuela mexicana, sintetizada por Siqueiros en la frase "no hay más ruta que la nuestra". Participantes destacados de ese cambio que siguió muy diversas trayectorias, fueron José Luis Cuevas, principal propagador de la nueva causa; Pedro Coronel, que dio con su obra irrefutables argumentos en favor del cambio; Federico Silva, con su acento en el arte cinético; Gunther Gerzso (escultura de la entrada a Monterrey por la carretera de Saltillo), Juan Soriano (piezas de cerámica, bronce y madera), Alberto Gironella (cuadros trabajados con cajas, madera y objetos varios), Mathias Goeritz (*El animal* de la entrada al Pedregal de San Ángel, *Ruta de la amistad*, etc.), Iker Larrauri (*Sol de viento* del Museo Nacional de Antropología), Waldemar Sjolander (con obra en el Museo de Arte Moderno y una prolongada labor docente en La Esme-

ralda y San Carlos), Feliciano Béjar (*Magiscopio*), Geles Cabrera (coautora de las esculturas del Periférico de Villahermosa), Manuel Felguérez (mural de hierro del cine Diana y *La llave de Kepler* en el Espacio Escultórico), Pedro Friedeberg (de su amplia obra la producción más conocida la forman las sillas-mano y las mesas-mano), Vicente Rojo (escultura monumental del Periférico de Monterrey), Fernando García Ponce (Pabellón de México en la Hemisfair), Helen Escobedo (*Mercurio* de Bancomer, *Puertas al viento* en la Ruta de la Amistad, *La Serpiente* en el Espacio Escultórico), Fernando González Gortázar (*La gran espiga* de Tlalpan y Tasqueña, en el DF; *La gran puerta, La hermana agua* y *Torre de los cubos*, en Guadalajara), Ángela Gurría (*Estación Uno* en la Ruta de la Amistad y *Homenaje a la ceiba* del hotel Presidente Chapultepec) y el pintor Vlady, quien ha ejecutado algunos bronces. Otros escultores prefirieron mantenerse dentro de un realismo clasicista, ajeno a todo debate estético, como Augusto Bozzano, el autor de los monumentos a Jorge Negrete, Elvira Quintana, Juárez, Cuauhtémoc, Manuel J. Othón y al maestro (Chapultepec); Humberto Peraza, quien ha cobrado fama por sus piezas de tema taurino, si bien ha ejecutado numerosas estatuas clacisistas de próceres y artistas populares; y el que fue escultor predilecto de quienes encargan obras públicas, Octavio Ponzanelli, realizador, entre incontables obras, de las numerosas esculturas que adornan las residencias de Tlalpan y Zihuatanejo que fueron de Arturo Durazo. Adolfo Villa González se ha ocupado de temas religiosos, cívicos e indigenistas. Entre sus obras se cuenta la cabeza colosal de *López Mateos*, de 13.5 metros de altura. Nacido en 1945, Cuauhtémoc Zamudio despunta como el más prolífico continuador de los tres últimos citados, pues hasta 1982 había ejecutado ya medio centenar de piezas, entre otras el monumento a Fidel Velázquez, en Monterrey, NL, así como el monumento al papa Juan Pablo II, en la misma ciudad. Entre los escultores de

Dos hombres, obra de Antonio López Sáenz

FOTO: MUSEO DE ARTE DE SINALOA

talento de la última promoción sobresalen Xavier Meléndez (monumento de la Plaza de la Alianza, de Monterrey), Carol Miller (felinos de la fuente de entrada a Torres de San Ángel), Charlot Yazbeck (*La familia*, en la Unidad López Mateos del IMSS, DF; 18 obras del Parque Escultórico de Cuautitlán Izcalli, *Los Novios* y *Adagio*, en el Circuito Interior del DF, etc.), Brian Nissen (cajas, relieves, murales y otras obras en diversos materiales), Ricardo Regazzoni (geometrista que diseñó el Jardín de las Esculturas, en Washington, DC), Ismael Guardado (*Prometeo* de la Universidad Autónoma de Zacatecas), Francisco Moyao (escultura integral en la Unidad Tecamachalco de la ESIA), Hersúa (*Símbolo de las ciencias y las humanidades* y *Ave dos*, en el Centro Cultural Universitario), Saúl Kaminer (*Memoria ancestral*), Diego Mattahi (esculturas monumentales del Centro Postal Mecanizado de Buenavista y del Instituto Mexicano del Petróleo), Francisco Toledo (cerámica y piezas de formato pequeño) y Enrique Cabajal, más conocido como Sebastián, quien cuenta con la más amplia producción de monumentos urbanos de tendencia geometrista. En 1977 la UNAM convocó a un grupo de seis escultores para elaborar y concretar el proyecto del Espacio Escultórico. Los elegi-

dos fueron Mathias Goeritz, Federico Silva, Manuel Felguérez, Helen Escobedo, Sebastián y Hersúa. La idea, en principio, era dotar a la Ciudad Universitaria de "un espacio o ambiente que contuviera o estuviera constituido por formas escultóricas. una obra en la cual el espacio fuera, de una manera indudable, parte integral del resultado último". Después de largas sesiones de discusión, de asimilar la experiencia de cada uno y vencer el inevitable individualismo; luego de presentar muy diversos proyectos que se reelaboraron una y otra vez, de confrontar los planes con las limitaciones económicas y técnicas, se tuvo como resultado una escultura circular de 120 metros de diámetro, con 64 módulos colocados simétricamente en un anillo de piedra, dentro del cual está la lava del Xitle despojada de tierra y vegetación. En las inmediaciones de este "homenaje abierto a la Naturaleza", como lo definió Helen Escobedo, se localizan obras individuales igualmente integradas al paisaje, todo lo cual forma un conjunto de excepción en la plástica contemporánea y es una síntesis de la tenaz, múltiple y contradictoria búsqueda de la escultura mexicana del siglo XX.

ESCUTIA, JUAN ◆ n. en Tepic, Nay., y m. en la ciudad de México (1827-1847). Es uno de los Niños Héroes de Chapultepec. Se le atribuye haber saltado desde lo alto del castillo, envuelto en la Bandera Nacional, cuando se hizo inútil toda defensa.

ESLOVENIA, REPÚBLICA DE ◆ Estado europeo. Limita al norte con Austria, al noroeste con Hungría, al este y sur con Croacia, al suroeste con el mar Adriático y al oeste con Italia. Superficie: 20,251 km². Habitantes: 1,955,000 en 1995. La capital es Liubliana (276,119 habitantes en 1995). La lengua oficial es el esloveno. Profesa la religión católica 83.6 por ciento de la población. La moneda es el tolarji. *Historia:* para los acontecimientos anteriores a 1991, ver *Yugoslavia.* En 1991, Eslovenia declaró su independencia de la Federación Yu-

goslava, por lo que Belgrado ordenó un ataque aéreo contra Liubliana, primera ciudad europea bombardeada desde el fin de la segunda guerra mundial. Por gestiones de la Comunidad Europea, Yugoslavia cesó sus ataques y en octubre de ese año Eslovenia formalizó su independencia y el primer país en reconocer al naciente Estado fue El Vaticano. En 1992 fue admitido en la ONU y en mayo de ese mismo año México y Eslovenia establecieron relaciones diplomáticas.

ESMERALDA, LA ◆ Escuela Nacional de Pintura y Escultura llamada así por el antiguo nombre de la calle donde está ubicada. Tuvo como antecedente la Escuela Libre de Escultura y Talla Directa, más conocida como Escuela de Talla Directa, fundada en 1927 en el ex Convento de La Merced, donde la dirigió Guillermo Ruiz Reyes. Durante el sexenio de Lázaro Cárdenas el plantel, acorde con los vientos políticos del momento, se orientó hacia una revaloración de la cultura popular, en tanto que se procuró extender la enseñanza

Juan Escutia

República de Eslovenia

plástica hacia los trabajadores y sus hijos. Con los alumnos se pretendía, según palabras de Carlos Bracho, "inculcarles el realismo y el amor por los tipos y temas nacionales, animarlos a emprender obras de proporciones monumentales y vincularlas con la lucha artística y social". Tales planteamientos llevaron al abandono de las normas académicas tradicionales y la escuela se convirtió en un taller donde se hacían trabajos particulares. Después de estar en El Cacahuatal (donde ahora está el hospital Juárez) y en la calle San Ildefonso, la institución se trasladó a su actual domicilio, donde en 1942 el director Antonio Ruiz reorganizó el plantel, se elaboraron planes y programas de estudios para dar al aprendizaje práctico una base teórica. Entre los profesores se contó entonces con Diego Rivera, Frida Kahlo, Feliciano Peña, Federico Cantú, Manuel Rodríguez Lozano, Francisco Zúñiga, Germán Cueto y Agustín Lazo. Otros directores fueron Carlos Alvarado Lang (1957-60), Fernando Castro Pacheco (1960-72), Benito Messeguer (1972-76), Rolando Arjona Amabilis (1976-85) y Lorenzo Guerrero Ponce (1985-). Han sido estudiantes de La Esmeralda, entre otros, Gilberto Aceves Navarro, Arnold Belkin, los hermanos Castro Leñero, Pedro

Timbres españoles con temas artísticos

Puerta del Sol, en Madrid, a principios del siglo xx

y Rafael Coronel, Francisco Corzas, José Luis Cuevas, Manuel Felguérez, Luis Nishizawa, Mario Orozco Rivera, Fanny Rabell y Vicente Rojo.

ESMERALDA ◆ n. en Morelia, Mich. y m. en el DF (1928-1992). Nombre artístico de Gabriela Haro Cabello, intérprete de boleros. Se inició como cantante en la XEW al lado de figuras como Consuelo Velázquez y Álvaro Gálvez y Fuentes. Fue interprete de Agustín Lara, quien le pidió que estrenara "Madrid" en 1947. Trabajó en un prograrama de radio durante dos años al lado de Pedro Infante y también alternó con Jorge Negrete. En el cine compartió créditos con el propio Pedro Infante y Blanca Estela Pavón, Joaquín Pardavé y Sara García en películas como *Cuando lloran los valientes, Dos pesos dejada, Curvas peligrosas, Mi Marido* y *Melodías Inolvidables.* En 1972 la ANDA le impuso la medalla Virginia Fábregas.

ESPAÑA ◆ Estado de Europa que ocupa casi 85 por ciento de la península Ibérica. Limita al noreste con Francia y Andorra y al oeste con Portugal. Tiene costas hacia el mar Cantábrico por el norte, al océano Atlántico por el suroeste y al mar Mediterráneo por el sur y el este. Forman parte de su territorio las islas Canarias y las Baleares, así como Gibraltar, donde se halla una base militar británica. Ocupa los territorios de Ceuta y Melilla en África. Superficie: 504,782 km². Habitantes: 39,350,000 (estimación para 1997). El idioma oficial es el español y en las comunidades autónomas también la lengua propia (catalán, vascuense, gallego, valenciano). La capital es Madrid (3,029,734 habitantes en 1995). Otras ciudades importantes son Barcelona (1,614,571), Valencia (763,299) y Sevilla (719,588). Moneda: peseta. *Historia:* se han encontrado objetos que prueban la existencia de seres humanos en la península desde hace medio millón de años. Las pinturas rupestres demuestran que había una cultura considerablemente desarrollada con una antigüedad de 12,000 a 27,000 años. Se conocen también objetos metálicos que datan de unos cuatro y medio milenios. Hace 3,000 años los

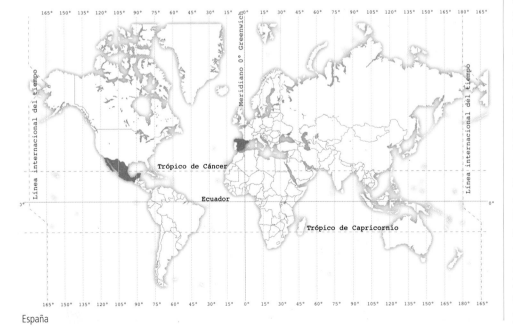

España

fenicios fundaron las ciudades de Gades (Cádiz) y Malaca (Málaga). Por esa época se desarrolló la cultura de los tartesios y poco después los celtas hicieron su entrada a la península. Griegos y cartagineses fundaron colonias en la costa del Mediterráneo. A fines del siglo III a.n.e. los romanos iniciaron la conquista del territorio que llamaron Hispania. La resistencia contra los invasores tuvo su culminación en el heroísmo de los defensores de Numancia, que prefirieron morir antes que rendirse. A principios del siglo V de la presente era, ante la decadencia de Roma, godos y alanos penetran en España. A fines del siglo VI el rey Recaredo se convierte al catolicismo e intenta la unificación del país. Al iniciarse el siglo VIII, la aristocracia se divide por cuestiones dinásticas y un sector de los nobles pide ayuda a los árabes para recuperar el trono. De este modo, en menos de 20 años, los musulmanes se posesionan de casi toda España e imponen un Estado multirracial en el que conviven el islamismo con las religiones católica y judía. Tal pluralismo permite un florecimiento cultural, pese a la división en reinos autónomos tributarios del califato de Córdoba. El dominio árabe estuvo sometido a una prolongada resistencia que cobró fuerza al iniciarse el presente milenio, cuando Navarra, bajo el emperador Sancho III, se convierte en un potencia dentro de la península, pues somete a Aragón, Cataluña, Castilla y León. Esa política expansionista la continúan su hijo Fernando I y su nieto Alfonso VI. Mediante la guerra y los matrimonios de conveniencia se modifica la división política española, ante la tenacidad árabe por mantener sus posesiones. Fernando *el Católico* completa la llamada reconquista de España al tomar Granada en 1492, el mismo año en que Cristóbal Colón llega a tierras americanas y que la Corona decreta la expulsión de moros y judíos. A la muerte de Fernando la Corona pasa a poder de su nieto Carlos I de España y V de Alemania, así como emperador del Sacro Imperio Romano Germánico. Con él en el trono acaece la

México dio refugio a una gran cantidad de milicianos españoles a raíz de la guerra civil española

caída de Tenochtitlan, cuya resistencia representó el mayor obstáculo para la conquista de México, donde los españoles impusieron a sangre y fuego un dominio tres veces centenario. Como todo colonialismo, el español se caracterizó por sus crueldades sin límite, las que incluían el despojo, la esclavitud, la violación, el asesinato, la marca con fierro candente de los indios *encomendados*, castigos como el *aperreamiento* (ejecución de indios por destazamiento mediante perros amaestrados) y la infinita variedad de torturas de la Inquisición. El coloniaje también significó miseria, hambrunas, analfabetismo generalizado y sumisión forzada a los valores y creencias traídos de Europa. Por otra parte, durante los tres siglos de poder español se produjeron movimientos tendientes a constituir un poder con autonomía de la Corona, cuyos intereses estaban representados por los conquistadores y sus descendientes, quienes a la vez compe-

tían con el trono en la expoliación de los indios. Las encomiendas y repartos, de acuerdo con las normas legales, nunca fueron permanentes. Estaban limitadas a un corto número de generaciones (en alguna época sólo a dos), lo que constituía un motivo de inseguridad para los propietarios. De ahí que se buscara una riqueza rápida echando mano de todos los recursos, como el sometimiento de comunidades enteras a diversos grados de servidumbre, la sobreexplotación de la mano de obra y la correspondiente mortandad que esto ocasionaba. De esta manera se le arrancaba al trono una parte considerable del tributo que imponía a las comunidades, lo que motivó la expedición de leyes, nunca cabalmente cumplidas, tendientes a preservar a los núcleos indígenas y liberarlos de la esclavitud, pues sólo en relativa libertad podían ser tributarios directos del trono. En el regateo por el tributo, entre la Corona y los españoles avecin-

Timbres españoles con temas artísticos

Atentado contra los reyes
de España el 31 de mayo
de 1906

dados en América, se halla la raíz de
conspiraciones como la encabezada por
Martín Cortés en 1565 y las revueltas
protagonizadas por los peninsulares en
diversos momentos del dominio español. Durante los siglos XVI, XVII y XVIII,
países como Inglaterra y Holanda desarrollaron su economía hacia un horizonte industrial, capitalista. España,
que a fines del siglo XV contaba con centros de producción con la tecnología y
la organización más avanzadas, experimentó un retroceso relativo, pues su
fuerza provenía de la expoliación de sus
colonias, cuyas minas de metales preciosos y la explotación de una fuerza de
trabajo extraordinariamente barata le
permitieron poner en circulación grandes cantidades de oro y plata en Europa,
al mismo tiempo que era la principal
afectada por la inflación. España se convirtió en "las Indias de otros países
europeos", pues transfería los valores
americanos a otras naciones de las que
adquiría créditos usurarios y mercancías
que no podía producir en cantidad y
calidad satisfactorias. Solamente entre
1503 y 1660 extrajo de América 500
millones de pesos de oro, primero por el
pillaje de los conquistadores y después
por la apertura de más y más minerales.
En 1740, menos de la vigésima parte de
los productos de importación consumi-
dos en las colonias americanas era de
origen peninsular. Los comerciantes
españoles, que tenían el monopolio en
las posesiones americanas de la Corona,

eran meros intermediarios de los fabricantes de otros países europeos, con
quienes también existía complicidad
para, ilegalmente, pasar ciertas mercancías al otro lado del Atlántico. Hacia
1750 el contrabando llegó a calcularse
en la mitad de lo que representaba el
comercio legal. En la misma época, se
considera que el comercio se hallaba en
manos de no españoles en 90 por ciento y que más de 95 por ciento de la
plata que arribaba a la península pasaba
a otros países europeos. De acuerdo con
el historiador Enrique Semo, "económicamente hablando, la Corona sólo tuvo
un interés en América: la obtención de
la plata necesaria para el financiamiento
de los exorbitantes gastos que imponía
el imperio". A principios del siglo XIX
los peninsulares eran una ínfima
minoría de la población blanca, dentro
de la cual los criollos constituían el sector social más amplio. Discriminados
por los nacidos en España, entre ellos
cobró fuerza la idea de independizarse.
La invasión napoleónica de la península
estimuló en los criollos el sentimiento
autonomista, que tuvo su principal
expresión en la actitud adoptada por el
ayuntamiento de la ciudad de México
de acuerdo con el virrey Iturrigaray.
Fueron precisamente los españoles residentes en México los que depusieron al
virrey y aplastaron el intento separatista. En la misma lógica marcharon
varias conspiraciones. El movimiento
independentista de 1810, encabezado
por criollos, evolucionó hasta convertirse en una expresión de lucha de
clases en la cual mestizos e indios se
convirtieron en protagonistas. Las autoridades virreinales juraron y pusieron
en vigor la liberal Carta de Cádiz en
1812. Poco después suspendieron los
principales derechos que esa Constitución concedía a los ciudadanos, pues
abría la puerta a la libertad de prensa y
a otros derechos igualmente peligrosos
para el orden colonial. Reducida la insurgencia a pequeños núcleos que operaban sobre todo en el sur y en el noreste del país, vino a México una fuerza
expedicionaria internacionalista enca-

bezada por un liberal español, Francisco Javier Mina, cuya lucha contra el despotismo no reconocía fronteras. En
1821 fueron nuevamente los criollos los
que, ante la nueva entrada en vigor de la
Constitución gaditana, optaron por separarse de España. Al consumarse la independencia de México algunos peninsulares decidieron regresar a Europa. La
mayoría se quedó a luchar por la supervivencia del viejo orden, para lo cual se
alió al clero y otros sectores monárquicos. De esta manera apoyaron la coronación de Iturbide y, más tarde, agrupados en la logia escocesa, pugnaban
clandestinamente por traer un gobernante de la casa de Borbón. En su afán
de mantener los antiguos privilegios,
algunos sectores de españoles llegaron a
la sedición. Joaquín Arenas, un sacerdote dieguino conocido por sus hechos
delictivos, encabezó en 1827 una frustrada revuelta en la que tomó parte por
lo menos un agente enviado por la Corona, Eugenio de Aviraneta. En medio
de una situación polarizada por los
problemas sociales y las pugnas políticas, este levantamiento exacerbó los
ánimos y en diciembre se aprobó la Ley
de Expulsión de extranjeros que afectó
especialmente a los españoles. En 1829,
España envió la expedición de Barradas
con fines de reconquista, lo que ahondó
el sentimiento antiespañol. Con los
conservadores en el poder, al imponerse
la república centralista, los exiliados tuvieron ocasión de volver para recuperar
sus propiedades y ocupar de nuevo los
cargos que tenían. Fue precisamente en
1836 cuando España reconoció la independencia de México. A fines de diciembre de 1839 llegó a México el primer representante diplomático español,
Ángel Calderón de la Barca, cuya
esposa, Frances Erskine Inglis, publicó
en 1843, bajo el título de *La vida en
México durante una residencia de dos años
en ese país*, las cartas que había enviado
a su familia, en las cuales aborda con
agudeza la situación política, hace la
semblanza de varios personajes y
describe las costumbres de un pueblo
al que llegó a apreciar. Varios oficiales

nacidos en España se distinguieron en las guerras de Texas y contra los invasores estadounidenses en 1846-47. Destacó en la lucha contra la intervención el padre Jarauta (☞), nativo de Zaragoza, que organizó un grupo guerrillero con el que hostilizó a los invasores durante todo el año 1847 en las cercanías del puerto de Veracruz. Inconforme con la firma del Tratado de Guadalupe Hidalgo, que formalizó el despojo de medio territorio nacional, Jarauta cruzó el país para unirse a otros combatientes y fue fusilado por órdenes de Bustamante. En su mayoría conservadores, cayeron junto con la república centralista y su líder Santa Anna. Como las leyes de Reforma afectaran los intereses de súbditos de la Corona, especialmente religiosos de diversas órdenes, las relaciones entre ambos países se suspendieron en 1857. En diciembre de 1861, después de que Benito Juárez había decretado la suspensión del pago de la deuda externa, se presentaron en Veracruz buques de guerra de España, a los que se unieron en enero otros de Inglaterra y Francia. Manuel Doblado, secre-

tario de Relaciones Exteriores, dio una amplia explicación sobre la imposibilidad de México para cubrir sus adeudos, misma que aceptaron los representantes de Inglaterra y España, los que decidieron retirarse. Al frente de la flota española venía Juan Prim y Prats, quien se opuso al proyecto francés de establecer en México, mediante la violencia, una monarquía. Los franceses siguieron con su plan y, al ser impuesto Maximiliano, el trono español le dio su reconocimiento. En las filas juaristas hubo españoles que lucharon contra la intervención y el imperio, como el médico Fortunato G. Arce y el legendario Nicolás de Regules (☞), veterano de la guerra carlista que había sido miembro del estado mayor del *Espartero*. Regules llegó a México en 1846 y luchó contra los invasores estadounidenses en 1847, participó en la revolución del Plan de Ayutla, estuvo en las filas liberales durante la guerra de los Tres Años y fue uno de los generales juaristas durante el combate contra la intervención francesa y el imperio. En octubre de 1867, desde París, Emilio Castelar inició sus colaboraciones con el diario mexicano *El Monitor Republicano*. En su primer artículo señala que es "imposible, puramente imposible comenzar una correspondencia que yo espero sea larga, sin saludar ese gobierno que ha salvado la de-

Rendición de los españoles en Tampico

mocracia y que ha cerrado para siempre las puertas de la América a las amenazas e invasiones de la Europa monárquica". Juárez, al enterarse del levantamiento español de 1868, escribió a un amigo: "Grandes son, sin duda, los inconvenientes que tienen todavía los españoles para realizar en la práctica un Gobierno republicano, basado en los principios democráticos; pero esto no debe en manera alguna arredrar a los caudillos del movimiento, porque mayor será la gloria que obtengan en el triunfo si logran, como deseo, llevar a cabo su propósito salvador".

Catedral de Sevilla

Billete español de 1925

Timbres españoles con temas artísticos

En octubre de 1868, el representante mexicano en Francia, Armand Montluc, como "fiel intérprete" de Juárez, escribe al general Juan Prim "asegurando que México será una de las primeras naciones en adherir al nuevo gobierno de España" y expresa sus deseos para un pronto restablecimiento de relaciones. En junio de 1869, Juan Prim responde a un diputado conservador que había llamado a México "República menguada" y, por tanto, se oponía al restablecimiento de relaciones entre ambos países: "No es menguado ciertamente —dijo Prim en las Cortes— un pueblo que ha sabido sostener su independencia con el aliento del mexicano, oponiéndose no sólo a las fuerzas reaccionarias de su país, sino también a las poderosas fuerzas extranjeras que le atacaron". En defensa de lazos de nuevo tipo con las repúblicas iberoamericanas, Prim argumentó: "Hubo tiempos no muy lejanos en que los gobiernos de España pretendieron, cuando menos, imponerles su influencia y, como lo hicieron con arrogancia, esto sólo bastó para que la altivez de aquellos hombres de nuestra raza se exaltara, haciéndoles renegar de su origen y maldecir hasta la sangre que circula por sus venas, declarándose enemigos de todo cuanto fuera español. Pero el gobierno se impone la satisfactoria y patriótica misión de reconquistar el aprecio, la amistad y el cariño de aquellos hombres". Posteriormente, ya como cabeza de gobierno, Prim escribió una carta confidencial a Juárez proponiéndole el restablecimien-

to de relaciones, a lo que el presidente mexicano contestó afirmativamente, enfatizando "las justas simpatías que inspira a México la gloriosa revolución de España". Pese al interés de ambas partes, las negociaciones concluyeron hasta 1871, con Amadeo de Saboya en el trono. En 1875 surgieron de nuevo diferencias entre ambos países, las que ocasionaron que el representante diplomático de la corona, Rafael Merry del Val, no fuera aceptado por el gobierno mexicano. A la derrota de la Primera República Española (1874) vinieron a México una gran cantidad de perseguidos políticos, los que difundieron aquí las ideas socialistas y anarquistas. Pese a las excelentes relaciones entre el trono peninsular y la dictadura de Porfirio Díaz, México hizo públicas sus simpatías por la independencia de Cuba, que junto con Puerto Rico fueron las últimas colonias españolas en América. Otra oleada de migrantes políticos arribó a México después de la Semana Trágica de Barcelona (1909). Muchos de ellos figuraron en los grupos anarquistas y socialistas que surgieron al triunfo de la revuelta encabezada por Francisco I. Madero y más tarde formaron parte de la Casa del Obrero Mundial. La estancia en Madrid de Alfonso Reyes, quien fue encargado de negocios de México, contribuyó a tender puentes entre la intelectualidad de ambos países. El gobierno español mantuvo las relaciones con el gobierno golpista de Victoriano Huerta, por lo que las fuerzas constitucionalistas consideraron suspendidos los nexos con Madrid hasta 1916 en que se restablecieron. Ramón del Valle-Inclán, quien había venido durante el porfiriato, volvió en 1921 y se entusiasmó con los cambios que experimentaba el país, mismos que difundió en el extranjero. Su simpatía por la reforma agraria y otros procesos revolucionarios ocasionó la protesta de los españoles pudientes de México, a los que había llamado "el extracto de la barbarie ibérica". Más tarde, en Nueva York, dijo de sus críticos: "Encarnan el espíritu más reaccionario, enemigos de

la justicia e ignorantes de las cualidades del indio mexicano, a cuya raza pertenecieron Juárez, Altamirano y el mismo general Díaz". En 1931, después de la dimisión del dictador Primo de Rivera y de que Alfonso XIII abdicara al trono, se restauró la república y las relaciones entre ambos países se elevaron al rango de embajadores. El 8 de julio de 1936, al producirse la asonada contra el gobierno legítimo de España, el presidente mexicano Lázaro Cárdenas condenó a los golpistas y el apoyo que recibían del gobierno nazi de Alemania y de los fascistas italianos. México envió armas y ayuda de otro tipo a los republicanos, en cuyas filas combatió la brigada Francisco Javier Mina, integrada por mexicanos, además de que destacados intelectuales como Octavio Paz, David Alfaro Siqueiros y Juan de la Cabada estuvieron en la península para mostrar su solidaridad con la república agredida. Al triunfo de los fascistas México abrió sus puertas a los exiliados republicanos. Antes, en 1937, Cárdenas había traído a un grupo de 400 huérfanos de guerra y en 1938 a un núcleo de intelectuales que aquí fundaron la Casa de España, base de El Colegio de México. Entre éstos se hallaban Juan de la Encina, Adolfo Salazar, José Gaos, Enrique Díez-Canedo, José Moreno Villa y otros que no se hallaban en armas en su tierra y representaban una carga para el gobierno republicano. Poco después se les unirían León Felipe, Joaquín Xirau, Agustín Millares, Álvaro de Albornoz y muchos más que llegaron en los penosos viajes del buque Sinaia, símbolo de la migración. No se conoce la cifra exacta de españoles asilados en México, pero los cálculos oscilan entre 20,000 y 50,000. Entre éstos hubo un grupo de alta calificación profesional que destacó en las letras, la pintura y la música; en la arquitectura y el cine; las ciencias biológicas, las sociales y las exactas; en la radio, la televisión y la prensa. A ellos se debe la fundación de importantes instituciones de cultura y, en buena medida, la formación de varias generaciones de mexicanos. Esa solidaridad múltiple con los republicanos se expresó también en el reconocimiento de su gobierno en el exilio y hubo día en que, primero el Salón de Cabildos y luego el viejo barrio de San Ángel, en la capital mexicana, fueron territorio español durante algunas horas, por acuerdo del Congreso, para que ahí sesionaran las Cortes errantes (1945). México mantuvo relaciones diplomáticas con el gobierno republicano español en el exilio hasta el 18 de marzo de 1977, para que 10 días después se establecieran con la monarquía que había sucedido al dictador Francisco Franco, muerto en 1975. Los nexos con la España franquista, extraoficialmente, se mantuvieron en el plano comercial y cultural y sólo se cancelaron en septiembre de 1975, cuando cinco autonomistas vascos fueron condenados a muerte por los tribunales peninsulares. El presidente Luis Echeverría resolvió suspender todo trato comercial, se cerró la agencia EFE, se cancelaron los vuelos y las comunicaciones, mientras la delegación mexicana en la ONU solicitaba la expulsión de los representantes franquistas. Antes de un mes de haberse reanudado las relaciones diplomáticas vino a México el primer ministro Adolfo Suárez y en noviembre el presidente mexicano José López Portillo visitó España. Un año después recibió a los reyes de España. En junio de 1983 vino Felipe González, presidente del gobierno socialista, quien al año siguiente fue anfitrión del presidente Miguel de la Madrid. En 1987 estuvieron en México los monarcas españoles, Juan Carlos de Borbón y la reina Sofía. En ese año el intercambio comercial entre ambos países se había multiplicado 10 veces en relación con 1977. En 1991, Juan Carlos de Borbón asistió a la primera Cumbre Iberoamericana, realizada en Guadalajara, México. A partir de 1995 el gobierno mexicano, sin juicio previo ni apelación posible, entregó al Estado español a ciudadanos de origen vasco a los que tachó de delincuentes comunes, pese a que se trataba de perseguidos políticos. En 1996, en Madrid, los gobiernos de México y de España firmaron siete convenios de cooperación bilateral. De acuerdo con datos del INEGI en 1998 había 69 mil españoles asentados en México.

ESPAÑA, MIGUEL ◆ n. en el DF (1953). Futbolista. Jugó con el equipo *Pumas* de la Universidad Nacional Autónoma de México. Hasta el inicio del Campeonato Mundial de 1986 había participado en 42 partidos con la selección nacional mexicana de la especialidad. En 1998 jugaba con el equipo Santos-Laguna.

ESPAÑA MORALES, CRESCENCIANO ◆ n. en Puebla (1938). Cursó la primaria en su estado natal. Miembro del PRI desde 1971. Fue regidor del municipio de Puebla, diputado local en el Congreso poblano, y Senador en las legislaturas LVI y LVII. Secretario General del Sindicato de Trabajadores en General de Diversas Industrias y Similares del Estado de Puebla, FTP-CTM.

ESPAÑA PEREGRINA ◆ Revista publicada por la Junta de Cultura Española, organización de republicanos españoles asilados en México al término de la guerra civil. Sus nueve números aparecieron en 1940. En ella colaboraron los más prestigiados escritores peninsulares del exilio.

ESPAÑITA ◆ Municipio de Tlaxcala situado al noroeste de la capital del estado, en los límites con Puebla. Superficie: 137.3 km². Habitantes: 6,859, de los cuales 1,578 forman la población económicamente activa. Hablan alguna lengua indígena 12 personas mayores de cinco años.

ESPARTAQUISMO ◆ Corriente de la izquierda marxista que sostiene la "inexistencia histórica del Partido Comunista" en México y que, por tanto, considera necesario dotar al proletariado de una cabeza que lo dirija hacia la revolución socialista. La primera organización de este carácter la fundaron a fines de 1960 José Revueltas, Eduardo Lizalde y otros ex miembros del PCM y del Partido Obrero Campesino Mexicano. Se nutrió también de militantes provenientes del movimiento social acaudillado por Rubén Jaramillo. Entre los principales grupos se cuentan la Alianza Revolucionaria Espartaco, el Partido Comunista Bolchevique, las ligas Leninista Espartaco, Comunista Espartaco y Comunista por la Construcción del Partido Revolucionario del Proletariado; el Partido Mexicano del Proletariado y el Movimiento Marxista-Leninista Mexicano. Su historia, a lo largo de los años sesenta y principios de los setenta, está caracterizada por escisiones, fusiones, expulsiones y el surgimiento de grupúsculos fuertemente influidos por el maoísmo y alineados junto a las posiciones de Pekín durante la polémica chino-soviética.

ESPARZA OTEO, ALFONSO ◆ n. en Aguascalientes, Ags., y m. en el DF (1894-1950). Músico. Estudió con Manuel M. Ponce y otros maestros. Se inició como compositor a los 16 años y desde los 12 ofrecía recitales. Interrumpió su carrera para incorporarse a la revolución en las filas villistas. En 1918 se instaló en la capital del país y dos años después se le confió la dirección de la Orquesta Típica Presidencial (1920-28). Formó con Mario Talavera y Manuel Esperón el Trío Veneno. Residió en Nueva York donde fue funcionario de casas grabadoras. Hizo presentaciones en varios países de América. Cofundador del Sindicato Mexicano de Autores, Compositores y Editores de Música y de la Unión de Directores de Orquesta. Escribió revistas musicales y fue secretario de la Federación Teatral. Ocupó la jefatura de la Sección Folklórica de Bellas Artes. Su primer éxito internacional fue *Un viejo amor*, al que siguieron *Golondrina mensajera, Te he de querer, El adolorido, Déjame llorar, Pajarillo barranqueño, Mentirosa* y muchos más.

ESPARZA REYES, J. REFUGIO ◆ n. en Villa Juárez, Ags. (1921). Profesor normalista. Miembro del PRI, en el que ha sido presidente estatal de ese partido en Aguscalientes (1962-68). Ocupa puestos de dirección en el sindicalismo magisterial desde 1946. Fue secretario particular del secretario general de la Confederación Nacional Campesina (1968-70). Diputado local (1962-64) y

La reina Sofía de España en Oaxaca, México, 1990

Foto: Ulises Castellanos

Beatriz Espejo

Xavier I. Esparza

federal (1967-70). Oficial mayor del Departamento de Asuntos Agrarios y Colonización (1970-74) y gobernador constitucional de Aguascalientes (1974-80). *Autor de Charlas informales. Algo de política y otras facetas* (1998).

ESPARZA SANTIBÁÑEZ, XAVIER ISIDORO ◆ n. en Gómez Palacio, Dgo. (1942). Profesor por la Normal de Salaices, Chih. Estudió teatro en el INBA y periodismo en la Escuela Carlos Septién García. Fue profesor de primaria en Madera, Chihuahua (1958). Militó en la Juventud Comunista de México y en el Movimiento Revolucionario del Magisterio. Pasó al DF en 1962 y fue actor de teatro. Fundador de *La Verdad, Semanario del Valle de México* (1965), jefe de redacción de *La Voz de Tlalnepantla* (1967-70); director de *El Noticiero del Valle de México* (1974-76) y de *El Noticiero de Acapulco* (1977). Fue secretario y tesorero municipal de Isidro Fabela, estado de México (1970-72) y fundador de la Casa de Cultura de Tlalnepantla (1972). Autor de *En los pequeños hormigueros, El coronel Nicolás Romero, benemérito del estado de México; Álbum de mis recuerdos, La revolución en la Laguna, Identidad municipal: Nicolás Romero; San Ildefonso, 150 años de historia;* y *Semblanza de Fidel Velázquez*. Ganador del primer concurso de monografías del estado de México (1972). Es cronista de Isidro Fabela, Jilotzingo y Nicolás Romero, donde reside desde 1965.

ESPEJEL HERNÁNDEZ, CARLOS ◆ n. y m. en el DF (1934-1989). Fue secretario particular del contralor general de la Comisión del Papaloapan (1954), secretario particular del director del Centro Coordinador Indigenista del INI (1955-57), investigador del Departamento de Estadísticas Económicas de la SCT (1957-59), secretario particular del director de Administración de la SOP (1960-65), jefe del Departamento de Compras (1966-68) y director del Museo Nacional de Artes e Industrias Populares del INI (1968-76); jefe del Departamento de Control de Inventarios (1977-79) y secretario particular del director de Normas Comerciales de la Secofi (1979-80); subdirector de Recursos Humanos y Materiales del Fondeport de la SCT (1980-89) y director general del Fonart (1989). Autor de *El juguete de barro* (1970), *Las artesanías tradicionales* (1971), *Mexican folk art* (1971), *Cerámica popular mexicana* (1975), *Artesanía popular mexicana* (1976), *Juguetes mexicanos* (1977), *Guía artesanal del estado de México* (1984) y *Colección Nelson Rockefeller* (1987).

ESPEJO, BEATRIZ ◆ n. en Veracruz, Ver. (1939). Licenciada, maestra (1963) y doctora en letras españolas por la UNAM (1984), donde es profesora e investigadora. Fue becaria del Centro Mexicano de Escritores (1970-71). Fue jefa de Acción Educativa del DDF (1972-78). Fundó y dirigió la publicación literaria *El Rehilete* (1961-71). Ha colaborado en las principales publicaciones literarias. Autora de cuento: *La otra hermana* (1978) y *Muros de azogue* (1979); biografía: *Vida y obra de Leonardo da Vinci* (1968); crónica: *Oficios y menesteres* (1988); ensayo: *La prosa española en los siglos XVI y XVII* (1971), *Julio Torri, voyeurista desencantado* (1986) y la *Historia de la pintura mexicana* y entrevista: *Palabra de honor* (1991). Ha escrito prólogos y sus cuentos aparecen en las antologías *Anuario del cuento mexicano* (1961, 62 y 63), *Jaula de Palabras*, de Gustavo Sáinz, *14 mujeres escriben cuentos*, de Elsa de Llarena, y *Narrativa hispanoamericana 1816-1981*, de Ángel Flores. Pertenece al Sistema Nacional de Investigadores. Entre 1966 y 1971 fue tesorera, secretaria y vicepresidenta de la Asociación de Escritores de México, y en 1968-69 fungió como secretaria del PEN Club de México. Premio Nacional de Periodismo y Premio Magda Donato. Obtuvo el Premio Nacional de Cuento de San Luis Potosí por *Alta Costura* (1996).

ESPEJO, FERNANDO ◆ n. en Mérida, Yuc. (1929). Escritor y cineasta. Cofundador, en Mérida, de la revista literaria *Voces Verdes* (1951). Radicado en el DF desde los años cincuenta, se ha dedicado al cine documental y publicitario. Autor de los poemarios *La flauta de la caña* (1960), *Como un antiguo caracol* (1970) y *La flauta y el caracol* (1984). Como cineasta ha ganado los premios León de Plata, en Cannes; Clío, en Nueva York, y el Hollywood Annual Award. En 1987 recibió la Medalla Yucatán.

ESPEJO, PEDRO ◆ n. y m. en la ciudad de México (1817-67). Militar de carrera. Combatió a los invasores estadounidenses en 1847 y las incursiones filibusteras de Rausset de Baoulbon y de Guaymas. Santa Anna lo designó gobernador de Sonora (mayo-septiembre de 1855). Conservador, se alzó contra la Constitución de 1857. Después colaboró con la intervención francesa y el imperio. Al triunfo de la República fue detenido por traidor.

ESPELETA, RAFAEL ◆ n. en Durango y m. en el DF (?-1940). Abogado. Fue jefe de la defensoría de oficio en el gobierno constitucionalista (1914), procurador general de la República (enero a julio de 1915), diputado por San Juan del Río, Durango, al Congreso Constituyente (1916-17) y jefe del Departamento Consultivo de la Secretaría de Gobernación (1920).

ESPERANZA ◆ Municipio de Puebla situado al este de la capital del estado, en los límites con Veracruz. Superficie: 116.09 km^2. Habitantes: 12,115, de los cuales 3,043 forman la población económicamente activa. Hablan alguna lengua indígena siete personas mayores de cinco años.

ESPERANZA ◆ Población del municipio de Cajeme, Sonora.

ESPERANZA IRIS ◆ Teatro capitalino abierto al público el 18 de mayo de 1918. Lo construyó el arquitecto Federico Mariscal sobre los cimientos del antiguo teatro-circo Xicoténcatl. Su propietaria fue la cantante Esperanza Iris, quien habitó en los altos del edificio. A la muerte de ésta adquirió el inmueble el gobierno del Distrito Federal y lo convirtió en inmueble teatral, llamado Teatro de la Ciudad.

ESPERÓN, MANUEL ◆ n. en la ciudad de México (1911). Compositor, su segundo apellido es González. Ingeniero eléctrico por el IPN, estudió artes plásticas, dibujo, escultura, pintura, talla directa y grabado en madera. Estudió en la Escuela Popular Nocturna de Música. Autor de música popular, desde 1933 ha musicalizado unas 700 películas. Autor, entre otros, de los temas *Mi cariñito*, *¡Ay, Jalisco, no te rajes!*, *Así se quiere en Jalisco*, *Traigo un amor*, *Cocula*, *Noche plateada*, *Tequila con limón*, *Serenata tapatía*, *Amorcito corazón*, *No volveré*, *Flor de azalea*, *La mujer del puerto* y *A la orilla del mar*. Es jurado de la Academia Mexicana de Artes y Ciencias Cinematográficas. Ha recibido diversos reconocimientos: Medalla de Oro RCA, Premio Ariel, por *Cantaclaro* (1945), Premio Ariel por *Cuando me vaya* (1953), medalla de oro Gonzalo Curiel (1958), medalla de oro Mario Talavera, por 25 años de composición, Lira de Oro (1976) y Premio Nacional de Ciencias y Artes (1989). En 1966 el gobierno de Jalisco los nombró hijo adoptivo y en 1991 la Dirección General de Radio, Televisión y Cinematografía le rindió un homenaje en la Cineteca Nacional.

ESPIGA AMOTINADA, LA ◆ Grupo literario que formaban Juan Bañuelos, Jaime Labastida, Óscar Oliva, Jaime Augusto Shelley y Eraclio Zepeda. Cultivadores de formas distintas de expresión, los unía su interés por las letras y su identificación con los grandes movimientos sociales de los años cincuenta y sesenta, lo que los llevó a militar en organizaciones de izquierda. Agustí Bartra, con quien se reunían fre-

cuentemente, se contó entre quienes estimularon su vocación literaria. Publicaron dos libros colectivos de poesía: *La espiga amotinada* (1960) y *Ocupación de la palabra* (1965).

ESPINAL ◆ Municipio de Veracruz contiguo a Papantla y situado en los límites con Puebla. Superficie: 307.63 km². Habitantes: 24,869, de los cuales 5,579 forman la población económicamente activa. Hablan alguna lengua indígena 9,787 personas mayores de cinco años (totonaco 9,698 y náhuatl 82). Indígenas monolingües: 636.

ESPINAL, EL ◆ Municipio de Oaxaca situado en la región del Istmo. Colinda con Juchitán de Zaragoza. Superficie: 82.93 km². Habitantes: 7,921, de los cuales 2,245 forman la población económicamente activa. Hablan alguna lengua indígena 3,490 personas mayores de cinco años (zapoteco 4,429).

ESPINASA, JOSÉ MARÍA ◆ n. en el DF (1957). Es egresado del Centro Universitario de Estudios Cinematográficos, donde se tituló con la película *Santa Fe de la laguna*. Fue maestro del Instituto de Cultura Superior y jefe de Relaciones de la Dirección de Difusión Cultural de UAM (1985-86). Dirige el suplemento *Ovaciones en la Cultura* y la editorial Juan Pablos. Ha colaborado en *El Machete*, *Casa del Tiempo*, *El Semanario*, *Revista Mexicana de Cultura* y otras publicaciones literarias. Fue codirector de la revista *Intolerancia* y director de *La Orquesta*. Su producción poética está en *Son de cartón* (1978), *Cronologías* (1980), *Aprendizaje* (1981) y *Piélago* (1990).

ESPINASA CLOSAS, JUAN ◆ n. en España y m. en el DF (1926-1990). La guerra civil española lo separó de sus padres, con quienes se reunió en México en 1944. Maestro en filosofía por la UNAM. Profesor de varias instituciones. Director fundador del Instituto de Cultura Superior. Ha cultivado el cuento, el ensayo y la crítica de cine. Colaborador de *Clavileño* (1948). Autor de *Ideas de México* (1953).

ESPINAZO DE AMBROSIO ◆ Sierra de Nuevo León y Coahuila situada al norte de las Cumbres de Monterrey. Se le co-

noce también como Espinazo de Anhelo.

ESPINAZO DEL DIABLO ◆ Elevaciones de la sierra Madre Occidental situadas en Michoacán, al sureste de la sierra de Coalcomán. La presa del Infiernillo las separa de la sierra de la Cuchilla y del estado de Guerrero.

ESPINAZO DEL DIABLO ◆ Sierra de Durango y Sinaloa tendida en forma transversal a la sierra Madre Occidental. Está flanqueada al norte por el río Piaxtla y al sur por el río Presidio, que la separa de la sierra de las Ventanas.

ESPINO, CARLOS ◆ n. en el DF (1953). Escultor. Estudió artes plásticas en la Escuela de Artesanías de la Basílica de Guadalupe y en la Escuela Nacional de Artes Plásticas. Cofundador del taller El Árbol. Colaboró con Ponzanelli. Ha participado en exposiciones colectivas desde 1974. Entre sus obras están un busto de Guerrero (Chimalhuacán, 1978), un busto de Sor Juana (Acapulco, 1979) y el Monumento a Joaquín Capilla del parque Plan Sexenal de la Ciudad de México (1980).

ESPINO, HÉCTOR ◆ n. en Chihuahua, Chih. y m. en Monterrey, NL (1939-1997) Beisbolista. Se inició en la liga Mexicana en 1959 con el equipo *Dorados* de Chihuahua. En la temporada invernal, en la liga del Pacífico, jugó 23 temporadas con los *Naranjeros* de Hermosillo, cuyo parque lleva ahora su nombre. Estableció 11 marcas y comparte seis más en el beisbol nacional, entre otras el mayor número de *hits* (2,752), de carreras producidas (1,573) y de cuadrangulares (453). Se retiró el 19 de julio de 1984.

ESPINO CLAVILLAZO, ANTONIO ◆ n. en Teziutlán, Pue. y m. en la ciudad de México (1910-1993). Cómico de carpa, actividad que no ha abandonado hasta su muerte. Actuaba inicialmente con los motes de *Chumiate*, *Clavitos* y *Clavillo*. Hizo programas de televisión y ha filmado 32 películas, entre ellas *Pobre millonario*, *La movida chueca* y *Monte de Piedad*.

ESPINOSA, ALFREDO ◆ n. en Delicias, Chih. (1954). Escritor. Autor de los volúmenes de poesía; *El corazón a mi piel untado Desfiladero* y *Tatuar el humo*;

Antonio Espino Clavillazo

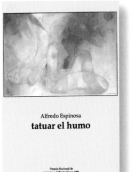

Alfredo Espinosa
tatuar el humo

Libro de poesía de Alfredo Espinosa

ensayo: *Chicanos, pachucos y cholos*, y novela: *Infierno grande* (novela). Premio Nacional de Poesía Zacatecas (1987), Premio Chihuahua de Literatura (1989) y Nacional de Literatura Gilberto Owen (Sinaloa, 1991).

ESPINOSA, ANTONIO ◆ n. en Tacámbaro y m. en Morelia, Mich. (1825-1873). Era estudiante cuando se incorporó a la revolución de Ayutla. Participó en las guerras de Reforma dentro de las filas liberales. Combatió la intervención francesa y el imperio. Editó *El Sol de Ayutla, El Látigo, El Progreso Social* y otros periódicos.

ESPINOSA, GONZALO ◆ n. en San Luis Potosí, SLP, y m. en el DF (1877-1930). Periodista. Trabajó en el *Monterrey News* de la capital de Nuevo León. Radicado en la ciudad de México fue reportero de *The Mexican Herald*. Estuvo en *Excélsior* desde los inicios de este diario, donde llegó a ser jefe de redacción y director de *Jueves de Excélsior*.

ESPINOSA, ISIDRO FÉLIX DE ◆ n. en Querétaro, Qro., y m. en la ciudad de México (1679-1755). Franciscano. Fue ordenado sacerdote en 1700. Trabajó como misionero en Texas, donde fundó varias misiones. Escribió un *Diario derrotero de la nueva entrada a la provincia de Texas, año 1716*, una *Crónica de la provincia franciscana de los apóstoles San Pedro y San Pablo de Michoacán*, una *Crónica apostólica y seráfica de todos los colegios de Propaganda Fide de esta Nueva España de misioneros franciscanos observantes* (1746) y otras obras.

ESPINOSA, PABLO ◆ n. en Córdoba, Ver. (1956). Periodista. Fue subjefe del Prensa del INBA (1980-82). Colaboró en *El Fígaro, Cineguía* y otras publicaciones. Ha sido reportero de las secciones culturales de *El Nacional* (1983-84) y *La Jornada* (1984-). Autor de *Si me han de matar mañana lo redacto de una vez* (1987) y *No por mucho madrugar se redacta más temprano*. Premio de Periodismo Cultural 1986.

ESPINOSA, RAFAEL ◆ n. en Puebla. (1803-?). Militar y político conservador. En junio de 1821 se unió como soldado raso al Ejército Trigarante. Combatió la invasión estadounidense. Jefe político de Baja California después de firmarse los Tratados de Guadalupe, rindió en 1851 un informe sobre la situación de ese territorio. General en 1855. Fue diputado. Se levantó en armas contra la Constitución de 1857. Fue gobernador de Puebla del 8 al 30 de marzo de 1858. La Junta Superior de Gobierno instalada por los franceses lo designó miembro de la Asamblea de Notables en representación de Baja California. Se dice que vivió 120 años.

ESPINOSA BAVARA, JUAN ◆ n. y m. en Acaponeta, Nay. (1876-1950). Profesor de primaria. Se unió a la insurrección maderista en 1910. Durante la lucha de facciones militó en el carrancismo. Diputado al Congreso Constituyente por el distrito de Ixtlán, ahora Nayarit (1916-17). Fungió como senador en dos ocasiones.

ESPINOSA BECERRA, ANDRÉS ◆ n. en Córdova, Veracruz (1958). Autor del poemario *Motivos del Acordeón*, que le mereció el Premio de Poesía Cuauhtémoc (1996), mismo que otorga el Festival de las Tres Culturas, celebrado anualmente en la ciudad de Cuauhtémoc, Chihuahua.

ESPINOSA CORIA, RAFAEL ◆ n. en Tlaucualpicán, municipio de Chiautla, Pue. (?-1916). Estudió teneduría de libros en el Colegio del Estado. Se incorporó a la revolución en 1910. Participó en el alzamiento zapatista contra Madero, luchó contra la dictadura de Victoriano Huerta y al desatarse la lucha de facciones se mantuvo dentro del Ejército del Sur. Gobernador de Puebla (16 de diciembre de 1914 al 8 de enero de 1915). Murió asesinado.

ESPINOSA Y DÁVALOS, PEDRO ◆ n. en Tepic, Nay., y m. en la ciudad de México (1793-1866). Doctor en teología por la Universidad de Guadalajara, de la que fue profesor. Diputado al Congreso de Jalisco. Coeditor de *El Defensor de la Religión* (1827-30). Activo militante conservador, se opuso a la Reforma y fue desterrado por Juárez en 1861. Volvió al país amparado por la intervención francesa. Fue el último obispo (1853-62) y el primer arzobispo de Guadalajara (1862-66).

ESPINOSA HERRERA, ESPERANZA ◆ n. en Durango, Dgo. (1933). Hizo estudios de técnica administrativa. Trabaja en el Instituto de Seguridad y Servicios Sociales para los Trabajadores del Estado. Pertenece al Partido de Acción Nacional. Fue diputada federal (1982-85).

ESPINOSA LAGUNA, TOMÁS ◆ n. en el DF y m. en Ciudad Nezahualcóyotl, Edo. de Méx. (1947-1992). Estudió letras españolas y teatro en la UNAM. Fue profesor de dramaturgia en el Laboratorio de Teatro Campesino e Indígena de Tabasco (1984-87). Ha escrito crítica teatral en *Su otro yo, Tiempo* y *Punto*. Ha publicado cuentos en *El Gallo Ilustrado*, suplemento del diario *El Día*, en la *Revista Mexicana de Cultura* de *El Nacional*, en *Diorama de la Cultura*, de *Excélsior*, y la revista *El Cuento*. Su relato "Beauty Parlor" está incluido en la antología de Edmundo Valadés *El libro de la imaginación* (1976). Prologó la edición en español de *Luisa Josefina Hernández. Teoría y práctica del drama*, de John Kenneth Knowles (1980). Hizo la selección y el prólogo de la antología de teatro infantil *Detrás de una margarita* (1983). Escribió los textos del libro *ABC de títeres* (1984). Participó con Margarita Mendoza López y Daniel Salazar en la investigación y realización de *Teatro mexicano del siglo XX. 1900-1986. Catálogo de obras* (1987). Colaboró, bajo la coordinación de Emmanuel Carballo, en la elaboración de las fichas de dramaturgos para la segunda edición de la *Enciclopedia de México*. De su producción dramática se han publicado en la revista *Tramoya Enexemplos* (seis obras en un acto), *La televisión enterrada* (infantil) y *Las nictálopes*. Autor de las obras de teatro *Santísima la nauyaca* (montada por Faustino Pérez Vidal en 1981 y por Morris Savariego en 1986), *Cacos* (1989) y *María o la sumisión o La checada* (1991).

ESPINOSA LÓPEZ, LUIS ◆ n. en Ocozocuautla, Chis., y m. en el DF (1886-1926). Antirreeleccionista desde 1909. Se unió al constitucionalismo después del golpe de Victoriano Huerta. Fundó en su estado los periódicos *Chiapas Nuevo* y *El Regenerador* y en la capital del país la revista *Chiapas*. Diputado por el distrito de Mihuatlán al Congreso Constituyente (1916-17) y después fungió en varias ocasiones como diputado local. Fue asesinado en la Cámara de Senadores. Autor de *Rastro de sangre* (obra sobre el triunfo maderista publicada en 1912) y *El pueblo no necesita un gran gobernante* (1920).

ESPINOSA MEJÍA, EZEQUIEL ◆ n. en San Felipe, Qro. (1941). Estudió bachillerato. Miembro del PRI. Ha ocupado cargos en la dirección queretana de este partido. Fue presidente de la comisión de honor y justicia, secretario de educación y secretario general del Sindicato de Trabajadores de la Industria Textil y Similares de la República Mexicana (1960-73); secretario general del Sindicato de Trabajadores de Celanese de Querétaro (1973-76), secretario general adjunto y titular de la Federación de Trabajadores de Querétaro desde 1968 y secretario general de la sección 77 del Sindicato Nacional Textil (1985). Ha sido diputado local (1970-73 y 1976-79) y federal (1985-88).

ESPINOSA MIRELES, GUSTAVO ◆ n. en Anhelo, Coah., y m. en el DF (1897-1943). Se incorporó al constitucionalismo en 1913. Fue secretario particular de Carranza, gobernador provisional (septiembre de 1915 a abril de 1917) y constitucional de Coahuila (15 de diciembre de 1917 al 6 de mayo de 1920), oficial mayor de la Secretaría de Comunicaciones, presidente de la empresa Mexicana de Aviación, diputado federal, director de la Compañía Exportadora de Petróleo Nacional (1938-39) y gerente de Productora e Importadora de Papel. En 1918 patrocinó el Congreso Obrero de Saltillo en el que se constituyó la Confederación Regional Obrera Mexicana.

ESPINOSA MIRELES, JORGE ◆ n. en el DF (1930). Empresario. Se tituló como contador público en la UNAM. Fue director financiero de Teléfonos de México. Fundó en 1961 la empresa Printaform, inicialmente productora de formas con-

tables, luego de equipo electrónico de oficina, lo que desde 1984 incluye microcomputadoras. Exporta parte de su producción a diversos países y cuenta en Estados Unidos con la firma comercializadora Enform, que vende computadoras personales y componentes.

ESPINOSA DE LOS MONTEROS, ANTONIO ◆ n. en Culiacán, Sin., y m. en el DF (1904-1959). Licenciado en derecho por la UNAM, donde fue cofundador de la Escuela Nacional de Economía. Embajador de México en Washington (octubre de 1945-octubre de 1948). En 1952 participó en la campaña electoral de Miguel Henríquez Guzmán por la Presidencia de la República.

ESPINOSA DE LOS MONTEROS, JUAN JOSÉ ◆ n. y m. en la ciudad de México (¿1768-1840?). Abogado litigante. Miembro del partido yorkino. En el gabinete del presidente Guadalupe Victoria fue oficial mayor encargado del despacho de la Secretaría de Relaciones Exteriores (9 de julio de 1826 al 5 de marzo de 1828) y secretario de Justicia (8 de marzo de 1828 al 31 de marzo de 1829). Diputado liberal (1833-34), defendió en el Congreso la primera Reforma.

ESPINOSA PABLOS, MARCO ANTONIO ◆ n. en Guasave, Sin. (1937). Licenciado en derecho y doctor en ciencias económicas. Ha ocupado cargos dirigentes en la Confederación Nacional Campesina, entre otros el de secretario de acción agraria (1983-85). Diputado federal (1970-73 y 1985-88).

ESPINOSA PEÑARRIETA, FRANCISCO ◆ n. en Orizaba, Ver., y m. en la ciudad de México (1863-1924). Maderista desde 1909. Al producirse el golpe de Estado de Victoriano Huerta se unió al constitucionalismo. Carranza lo designó secretario de Gobierno de Guerrero en 1915. Fue diputado suplente por el DF al Congreso Constituyente (1916-17). Fue secretario de Gobierno en Guerrero (1915), Guanajuato (1917) y Jalisco (1920).

ESPINOSA DE LOS REYES DÁVILA, JORGE ◆ n. en el DF (1954). Licenciado en economía por el ITAM (1973-77), diplomado en desarrollo económico (1978) y maestro en derecho y diploma-

cia por la Universidad Fletcher School-Tufts, de Massachusetts (1979-81). Profesor del ITAM (1980-82). Miembro del PRI desde 1981. Ha sido analista del Departamento de Estudios Económicos de la Secretaría de Hacienda (1975-76), analista de la Subsecretaría de Planeación de la Secretaría de Comercio (1977), economista de la Dirección de Investigación Económica (1978-82) y jefe de la Oficina de Organismos Financieros Internacionales del Banco de México (1983); director coordinador de Información y Evaluación (1984-87) y director general de Delegaciones (1988) de la SPP y director general de Banca de Desarrollo de la Secretaría de Hacienda (1988-). Primer lugar de tesis en el Premio Nacional de Economía de Banamex (1978).

ESPINOSA DE LOS REYES SÁNCHEZ, JORGE ◆ n. en la ciudad de México (1920). Padre del anterior. Licenciado en economía por la UNAM (1940-44). Asistió a un curso en la Universidad de Chile (1942) e hizo un posgrado en la Universidad de Londres (1945-47). Ha sido profesor del Mexico City College (1948-49), de la UNAM (1949-60), del Tecnológico de México (1953-54) y del Centro de Estudios Monetarios Latinoamericanos (1954-59). Fue director de la Escuela Superior de Economía del Politécnico (1960-63). Miembro del PRI. En el sector público ha sido subdirector de Inversiones Públicas de la Secretaría de la Presidencia (1959); director general de Industria (1959-61) y oficial mayor de la SIC (1961-64); subdirector comercial de Pemex (1964-76), subdirector general del Banco de México (1976-77), director general de Nacional Financiera (1977-82) y embajador de México en Estados Unidos (1982-) y director general de Afore XXI (1996-98). Autor de *Relaciones económicas entre México y Estados Unidos 1870-1910* (1951) y del ensayo "La distribución del ingreso nacional" aparecido en el libro colectivo *Problemas del desarrollo económico de México* (1958). Pertenece al Colegio Nacional de Economistas. Es doctor *honoris causa* por la Universidad de Nuevo México.

ESPINOSA DE LOS REYES SÁNCHEZ, MARIO ◆ n. en el DF (1930). Hermano del anterior. Licenciado en economía por el ITAM (1949-53) con posgrado en teoría y política fiscal por Harvard (1958-59). Tomó un curso de alta dirección de empresas en el IPADE (1981-82). Miembro del PRI desde 1957. Ha sido subdirector de Asuntos Arancelarios y subdirector general de Estudios Hacendarios de la Secretaría de Hacienda (1957-68); embajador en Paraguay y representante de México ante la Asociación Latinoamericana de Libre Comercio (1968-70); director de Relaciones Económicas Internacionales de la SRE y secretario del consejo de administración del IMCE (1970-76); contralor general de la Lotería Nacional (1976-82) y director general del Patronato del Ahorro Nacional (1983-).

ESPINOSA SAUCEDO ARMILLITA, FERMÍN ◆ n. en Saltillo, Coah., y m. en el DF (1911-1978). Torero. Se inició a los 13 años como novillero. Recibió la alternativa en México en 1927 y al año siguiente la confirmó en Barcelona a manos de su hermano Juan. Dejó la fiesta brava en los años cincuenta. Inicialmente llamado *Armillita Chico* para diferenciarlo de su hermano Juan, acabó por compartir con éste el sobrenombre de *Armillita*, a secas.

ESPINOSA SAUCEDO ARMILLITA, JUAN ◆ n. en Saltillo, Coah., y m. en el DF (1904-1964). Torero. Se inició como novillero en 1923 y recibió la alternativa de manos de Rodolfo Gaona en 1924. Se cortó la coleta en 1932 y pasó a formar parte de la cuadrilla de su hermano Fermín como banderillero.

ESPINOSA VERA, CÉSAR HORACIO ◆ n. en el DF (1939). Escritor. Fundó el grupo Cafés Literarios la Juventud (1962-63), para el que editó *Búsqueda. Hoja Literaria de la Juventud* (1963). Asistió al taller literario de Juan José Arreola y escribió en *Mester* (1963-64). Fue coordinador del taller literario del Instituto Nacional de la Juventud Mexicana y editor de su órgano *Volantín* (1964-65). Participó en los grupos de arte alternativo La Perra Brava (1975-76), La Coalición (1976) y El Colectivo (1977-79), así como en el Frente Mexicano de Trabajadores de la Cultura (1977-83). Dirigió el programa cultural Periódico Vivo del STUNAM (1975-76). Editó los periódios *Venceremos, Enlace, Suntu* y *A Propósito*, del mismo sindicato (1976-84). Coordinó el Núcleo Post-Arte-México, organizó la primera y segunda bienales internacionales de Poesía Visual y editó la carta-revista *Postextual* (1985-88). Entre 1964 y 1980 colaboró en en la revista *Mañana*, en el suplemento *México en la Cultura de Novedades* y en los diarios capitalinos *El Día, El Universal, unomásuno* y *La Jornada*, así como en *El Porvenir* de Monterrey, *El Diario del Yaqui* de Hermosillo y *El Diario de Yucatán* de Mérida. Miembro del consejo editorial de *Zurda* (1986-). Autor de *Nuevas estructuras de poder en México* (1972), *Ideología y comunicación política* (1981) y *Signos corrosivos* (antología de poesía concreta, visual y experimental, 1987). Fue secretario de prensa y propaganda de la UPD y editor del órgano *Galera* (1977-78).

ESPINOSA VELASCO, GUILLERMO ◆ n. en el DF (1947). Matemático por la UNAM (1965-69), especializado en análisis matemático por la Universidad de Wisconsin (1968-69) y maestro en antropología por la UIA (1984-85) y en sociología por la UNAM (1965-69). Ha sido profesor en El Colegio de México y en la UNAM. Director de Procuración de Justicia (1989-92) y director general del Instituto Nacional Indigenista (1992-).

ESPINOSA VILLARREAL, ÓSCAR ◆ n. en el DF (1953). Licenciado en administración por la UNAM (1972-79). Miembro del PRI desde 1975. Ha sido director de Tesorería (1982) y director general de Tesorería y Crédito (1984) del gobierno del Estado de México; diputado al Congreso mexiquense (1984-86), secretario particular del gobernador del Estado de México (1986), director de

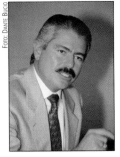

Óscar Espinosa Villareal

José Ángel Espinosa
Ferrusquilla

Manuel Espinosa Yglesias

Banca de Inversión de Nacional Financiera (1987), presidente de la Comisión Nacional de Valores (1989-91), director general de Nacional Financiera (1991-94), jefe del DDF (1994-97) y secretario de Turismo (1997-). Director general de la Asociación Mexicana de Casas de Bolsa (1980-81). Es miembro del Instituto Mexicano de Ejecutivos de Finanzas.

ESPINOSA YGLESIAS, MANUEL ◆ n. en Puebla, Pue. (1909). Financiero. Estudió teneduría de libros. En 1930, al morir su padre, quedó al frente de los negocios familiares. En 1931 se asoció para la construcción de cines con William Jenkins, quien en 1944 lo designó gerente de la Compañía Operadora de Teatros, puesto en el que hizo altamente rentable la explotación de dulcerías en las salas de exhibición; al año siguiente le encomendó la administración del ingenio de Atencingo y en 1949 ingresó como suplente en el consejo de administración del Banco de Comercio, en el que luego fue consejero propietario (1951), director (1955), director general (1959) y presidente (1961). Desde este puesto convirtió a la institución, llamada luego Bancomer, en la mayor del país, con oficinas en varias ciudades del extranjero. Desde 1963 es presidente de la Fundación Mary Street Jenkins y del Patronato de la Universidad de las Américas. En 1980 la revista *Town Country* lo llamó "el hombre más rico y el mayor filántropo de México". Medalla Ignacio Zaragoza del Congreso de Puebla (1991).

ESPINOZA ARAGÓN FERRUSQUILLA, JOSÉ ÁNGEL ◆ n. en Choix, Sin. (1923). Actor y compositor. Estudió en el Conservatorio Nacional de Música. En 1938 se inició como actor de radio, en XEQ, haciendo el papel de un personaje llamado *Ferrusquilla*, nombre que se integró profesionalmente al suyo. Durante varios lustros trabajó como imitador y desde 1940 tuvo el programa *El hombre de las mil voces*. Ha actuado en el cine mexicano y en más de 50 películas extranjeras. En su obra de compositor destacan las canciones *Cariño nuevo, Échame a mí la culpa, El tiempo que te quede libre, La ley del monte* y otras que han logrado una duradera popularidad.

ESPINOZA CONTRERAS, MARIO ◆ n. en Tepic, Nay. (1949). Ministro católico. Estudió Humanidades y Filosofía en el seminario de la capital nayarita. Se ordenó como sacerdote el 14 de julio de 1973. Obtuvo la licenciatura en Teología Espiritual en la Universidad Pontificia Gregoriana de Roma. Fue rector de la Residencia Sacerdotal de la Universidad Pontificia de México. En 1996 fue designado obispo de la diócesis de Tehuacán por Juan Pablo II.

ESPINOZA LEAL, DEMETRIO ERNESTO ◆ n. en Huatusco, Ver. (1930). Agricultor. Miembro del PRI. Fue secretario de crédito (1963) de la Confederación Nacional Campesina, a cuya dirección ha representado en diversas entidades. Secretario general de la Unión Nacional de Empresas Colectivas Cafetaleras (1983-). Fue miembro del Patronato de la Universidad Veracruzana (1978-82) y diputado federal (1982-85).

ESPINOZA MARTÍNEZ, RAÚL OCTAVIO ◆ n. en Ciudad Guzmán, Jal. (1952). Licenciado en derecho. Miembro del PAN. Diputado federal por Jalisco a la LIV Legislatura (1988-).

ESPINOZA ULLOA, JORGE ◆ n. en Mexicali y m. en el Distrito Federal (?-1985). Fue director del STC Metro durante la gestión de Octavio Sentíes como jefe del Departamento del Distrito Federal y presidió el Colegio de Ingenieros Mecánicos y Electricistas (1967-1968).

ESPÍRITU SANTO ◆ Isla del golfo de California que cierra por el este la bahía de La Paz. Tiene elevaciones de casi 600 metros.

ESPÍRITU SANTO O VENUSTIANO CARRANZA ◆ Bahía de Quintana Roo situada al sur de la bahía de la Asunción o Emiliano Zapata y al norte del paralelo 19. La limitan las puntas Santa Rosa y Herrero. Tiene amplias playas y en sus aguas se puede practicar la pesca deportiva.

ESPÍRITU SANTO TAMAZULAPAN ◆ ☞ *Tamazulapan del Espíritu Santo.*

ESPIRITUALISMO TRINITARIO MARIANO ◆ Religión nacida en la ciudad de México en 1866. La fundó, con el nombre de Iglesia Mexicana Patriarcal de Elías, un ex seminarista llamado Roque Rojas, quien aseguraba que, estando en trance, veía al profeta Elías. Tal Iglesia tuvo buena acogida entre la clase obrera urbana, que se sentía oprimida por la jerarquía católica. Tomó el carácter trinitario cuando se implantó en sus fieles la creencia en la trilogía divina de Jesús, Moisés y Elías. Los fieles de este culto creen, asimismo, en el Gran Jehová y son milenaristas, es decir, piensan que con la fundación de su Iglesia se inicia una nueva época de la humanidad. Entre los seres tutelares de este culto están también la virgen María y los espíritus de luz, media luz y oscuridad. Los fieles de esta religión han rescatado prácticas de la medicina tradicional y prehispánica mexicana; emplean la herbolaria y los masajes, combinándolos con "pases magnéticos" y limpias; sin embargo, atribuyen las facultades curativas de sus técnicas a los "agentes sobrenaturales" que pueblan sus templos. En sus más de 100 años de existencia, el Espiritualismo Trinitario Mariano ha ganado adeptos en otras ciudades y áreas rurales del país y aun en algunas zonas de Estados Unidos, El Salvador, Puerto Rico y Japón. En 1976, en el Congreso Internacional de Americanistas celebrado en París, se mencionó al Espiritualismo Trinitario Mariano (cuyos miembros dicen ser varios millones) como "una religión de los

marginados de México, dado que en ella encuentran ayuda para la solución de sus problemas cotidianos, curación, consejos y seguridad, los miembros de las clases desposeídas". En diciembre de 1990, 12 adeptos de este culto murieron intoxicados con gas mientras celebraban una ceremonia en Tijuana.

ESPITA ◆ Municipio de Yucatán situado en el este de la entidad. Colinda con Tizimín. Superficie: 496.91 km². Habitantes: 12,288, de los cuales 2,954 forman la población económicamente activa. Hablan alguna lengua indígena 7,794 personas mayores de cinco años (maya 528).

ESPONDA, JUAN M. ◆ n. en Tuxtla Gutiérrez, Chis. (1897-). Participó en la facción constitucionalista durante la revolución. Se adhirió al Plan de Agua Prieta en 1920. Fue gobernador interino de Chiapas (1944-47).

ESPONDA ESPINOSA, BLANCA RUTH ◆ n. en Jiquipilas, Chis. (1946). Licenciada en derecho por la UNAM (1965-69) y doctora por la Ludwig-Maximilians-Universität de la RFA (1970-72). Profesora de la Universidad Anáhuac (1974-79), la UNAM y la UAEM. Pertenece al PRI desde 1963. Ha sido promotora de inversiones extranjeras y editora de la revista *Investors Mexican Letters* (1964-68), asistente del gerente de proyectos de Alcan Aluminio (1968-69); jefa de Convenios y Normas Internacionales (1972-75), coordinadora de Asuntos Internacionales (1975-78), directora general del Instituto Nacional de Estudios del Trabajo (1980-83) y asesora del subsecretario del Trabajo de la STPS (1982-83); consejera comercial de la embajada mexicana en Cuba (1983-85), dos veces diputada federal (1985-88 y 1991-94), secretaria de la Conferencia de la Unión Interparlamentaria Mundial (1986) y senadora por Chiapas a la LIV Legislatura (1988-91). Autora de *México, país de trabajadores* (1973) y *Los trabajadores en 1985*.

ESPONDA VILA, RAFAEL ◆ n. en Tuxtla Gutiérrez, Chis. (1908). Se tituló de cirujano dentista. Es escultor autodidacto. Entre sus obras están el *Monu-*

mento a *Victorico Grajales* (Chiapa de Corzo, 1945), la *Cabeza del General Tiburcio Fernández* (Villaflores, Chis., 1952), el *Busto del doctor Juan Climaco* (Tonalá, Chis., 1965), el *Busto de Francisco Contreras* (Tuxtla Gutiérrez, Chis., 1967) y el *Encuentro de Moctezuma y Cortés* que se halla en Los Pinos.

ESPRESATE PONS, TOMÁS ♦ n. en España (1904). Combatió en el bando republicano durante la guerra civil española. Al triunfo de los fascistas pasó a Francia y en 1942 vino a México, donde fundó una empresa exportadora de telas, Crédito Editorial (1946), la Librería Madero (1948) y la Imprenta Madero (1951).

ESPRESATE XIRAU, NEUS ♦ n. en España (1934). La guerra civil española la separó de su familia, con la que se reunió en México en 1946. Estudió en el Instituto Luis Vives. Adquirió la nacionalidad mexicana. Fundó, con José Azorín y Vicente Rojo, la Editorial Era, en la que ocupa la gerencia general. Premio Arnaldo Orfila de la Feria Internacional del Libro de Guadalajara (1995).

Neus Espresate Xirau

ESQUEDA, ERNESTO ♦ n. en el DF (1918). Artista plástico. Estudió en San Carlos, donde fue discípulo de Ignacio Asúnsolo, Manuel Silva Guerrero y Juan Olaguíbel. Fue ayudante de éste y de Fidias Elizondo. Ha hecho trabajos para Felguérez y García Ponce. Es profesor de la Escuela Nacional de Artes Plásticas desde 1974. Ha elaborado herramienta para grabadores y escultores. En 1967 hizo la cruz de bronce con paloma de alumnio para la iglesia del Espíritu Santo de Laredo, Texas.

ESQUEDA, XAVIER ♦ n. en el DF (1943). Artista plástico. Expuso individualmente en 1965 en la galería capitalina de Antonio Souza. A partir de entonces ha presentado decenas de muestras de su trabajo en México, Estados Unidos, Canadá, Gran Bretaña y Colombia. Ha trabajado también la escultura. Obtuvo en 1968 el Premio Bellas Artes de Pintura.

ESQUEDA LLANES, MARÍA CLAUDIA ♦ n. en el.DF (1959). Licenciada en derecho por la UNAM (1978-82) con especialidad en derecho laboral por la Universidad Panamericana (1987). Pertenece al PRI desde 1982. En la CTM ha sido secretaria de la Comisión de Prensa y Propaganda (1982-88) y presidenta del Instituto de Estudios Jurídicos, Económicos, Políticos y Sociales del comité ejecutivo de la Federación de Trabajadores del Distrito Federal (1988-). Ha sido representante suplente ante la Junta Local de Conciliación y Arbitraje del Distrito Federal (1983), miembro de la Comisión Consultiva de Seguridad e Higiene del Trabajo en el DDF (1984) y diputada federal por el DF a la LIV Legislatura (1988-91).

ESQUEDA NEGRETE, HUMBERTO ♦ n. en el DF (1942). Licenciado en derecho por la Universidad Autónoma de Nuevo León (1961-63). Miembro del PARM desde 1980, ha sido coordinador en el municipio de Atizapán (1981), presidente del comité municipal de Tlalnepantla (1981), coordinador de campañas electorales (1984) y presidente estatal interino en el Estado de México (1988). Diputado federal plurinominal a la LIV Legislatura (1988-1991).

ESQUER APODACA, SALVADOR ♦ n. en La Guasa, Sin. (1917) y m. en la ciudad de México (1995). Mecánico. Miembro del PRI desde 1952. Fue secretario general de la sección 12 (1950-52), secretario de Conflictos y Previsión Social (1954-57), secretario de Trabajo (1957-81) y secretario general (1981-88) del CEN del Sindicato de Trabajadores de la Industria Azucarera y Similares de la República Mexicana; delegado a la Conferencia de la Unión Internacional de Trabajadores de la Alimentación en Buenos Aires (1975) y en Ginebra (1986); delegado al Consejo Internacional de la OIT en Ginebra (1976 y 1982); delegado a la Reunión Interamericana de Trabajadores Agrícolas en Honduras (1982); miembro de los comités ejecutivo y administrativo y presidente del Comité Coordinador de Filiales de la Unión Internacional de Trabajadores de la Alimentación. Diputado federal (1970-73, 1979-82 y 1985-88) y senador por Sinaloa a la LIV Legislatura (1988-91).

Obra pictórica de Xavier Esqueda

ESQUERRA CORPUS, JOSÉ ZEFERINO ◆ n. en Charcas, SLP (1936). Licenciado en derecho por la UASLP (1964-68). Pertenece al PAN desde 1958 en el que ha sido oficial mayor del comité en San Luis Potosí (1967-71), secretario general (1979-81) y colaborador (1979-85) del comité regional, consejero nacional (1981-83) y consejero estatal (1979-85 y 1987). Ha sido empleado del Banco del Interior (1957-67) y abogado postulante (1967). Diputado federal plurinominal a la LIV Legislatura (1988-). Profesor en la UASLP (1975-) y en el ITESM (1984-85).

ESQUINCA, JORGE ◆ n. en el DF (1957). Poeta. Estudió comunicación en el Instituto Tecnológico y de Estudios Superiores de Occidente, de Guadalajara, ciudad donde reside. Fundó la editorial Cuarto Menguante (1982). Ha colaborado en *Tierra Adentro*, *Universidad de Guadalajara*, *La Cultura en México* y otras publicaciones literarias. Dirigió la revista *La Capilla* (1981-83) y *Nostromo*, suplemento cultural del diario tapatío *Siglo XXI* (1993-94). Hizo la antología de Elías Nandino *Costumbre de morir a diario* (1982), prologó *Álbum de zoología*, de José Emilio Pacheco (1985) prologó y seleccionó con Carlos Gómez Jones *Vaso natural*, antología de figuras poéticas sobre el agua (1994). Coautor, con *Las zorras y el mar*, del libro colectivo *Luna que se quiebra* (1985). Autor de *En recuerdo del polvo* (1980), *La noche en blanco* (1983), *Augurios* (1984), *Alianza de los reinos* (1988), *Paloma de otros diluvios* (1990), *Ejercicio del agua que arde* (antología, 1994) y *Paso de Ciervo* (1998). Premio de Poesía Aguascalientes 1990 por *El cardo en la voz*.

ESQUIVEL, LAURA ◆ n. en el DF (1950). Escritora. Su novela *Como agua para chocolate* (1989) se mantuvo en la lista de éxitos editoriales del *New York Times* por más de un año, fue llevada al cine con éxito, fue traducida a 30 idiomas y vendió más de tres millones de ejemplares en poco menos de una década. Autora de *La ley del amor* , novela "multimedia", cuyo libro viene acompañado de un disco compacto; y de *Íntimas suculencias* (1999).

ESQUIVEL, ÓSCAR *RÁPIDO* ◆ n. y m. en el DF (1932-1986). Cronista de beisbol. Su segundo apellido era Avilés. En los años cincuenta era técnico de cabina en cierta difusora cuando, por ausencia del comentarista, se le encargó reseñar un partido. A partir de entonces fue una de las voces más identificables en la transmisión deportiva. En sus últimos años era cronista oficial del equipo *Diablos Rojos*. Por su ingenio y rapidez de respuesta le pusieron el sobrenombre con que lo conocieron los radioescuchas. "Salud, amigos", frase que repetía con frecuencia cuando estaba ante el micrófono, pasó a formar parte del habla popular.

ESQUIVEL OBREGÓN, TORIBIO ◆ n. en León, Gto., y m. en el DF (1861-1945). Abogado. Fue profesor de las universidades de México, Columbia y Nueva York. Colaboró en *El Liceo Mexicano*, *El Tiempo*, *México Nuevo*, *Excélsior* y otros periódicos. Fue uno de los dirigentes del Partido Antirreeleccionista. Se distanció de Madero cuando éste era presidente. Fue secretario de Hacienda (febrero-julio de 1913) en el gobierno golpista de Victoriano Huerta. Al caer éste se exilió durante más de una década en Estados Unidos. Autor de más de medio centenar de libros, entre los que se cuentan *Influencia de España y los Estados Unidos sobre México* (1918), *La Constitución de Nueva España y la primera Constitución del México independiente* (1925), *El indio en la historia de México* (1926), *Hernán Cortés y el derecho internacional en el siglo XVI* (1939), *La propaganda protestante en México a la luz del derecho internacional y del más alto interés de la nación* (1946) y *Apuntes para la historia del derecho en México* (4 t., 1937-47). Fue miembro de la Academia Mexicana de la Historia correspondiente de la Española (1939-45) y de otras corporaciones.

ESQUIVEL RODRÍGUEZ, DOMINGO ◆ n. en Jimulco, Coah. (1917). Fue dirigente ejidal en la región lagunera (1937-40). Integró la mesa directiva de la Confederación Campesina Independiente (1961-65). Es uno de los líderes de la Unión Nacional de Trabajadores del Sector Campesino del Partido Socialista de los Trabajadores. Diputado federal (1982-85).

ESTACIO, JUAN ◆ n. en Portugal y m. en España (?-1553). Fraile agustino. Llegó a la Nueva España en 1539 y se dedicó a evangelizar en la Huasteca. Fue provincial de la orden de 1544 a 1549, años en los que fundó los monasterios de Puebla, Huejutla y Tepecuacuilco. En 1550 marchó a Perú con el virrey Mendoza. Dos años después rechazó el obispado de Guadalajara.

Poemario con el cual Jorge Esquinca obtuvo el Premio de Poesía Aguascalientes 1990

ESTACIONES ◆ Revista literaria trimestral creada y coeditada por Alfredo Hurtado y Elías Nandino hasta el número 10 y el segundo hasta el 20, cuando puso la publicación en manos de Gustavo Saínz. Andrés Henestrosa figuró como coeditor en los números 11 y 12. Jefes de redacción fueron José de la Colina, en el número 11, y Alí Chumacero del 12 al 20. La dirección colectiva de los 12 primeros números la integraron, además de Hurtado, Nandino y Henestrosa, Alí Chumacero, José Luis Martínez (quien no escribió para la revista), Enrique Moreno de Tagle (desde el número 5), Carlos Pellicer, Salvador Reyes Nevares (desde el número 5) y Fernando Sánchez Mayans. La dirección fue sustituida por un comité de redacción que apareció en los números 13 a 20 con Francisco Cervantes, Leopoldo Chagoya, Mauricio de la Selva, Raúl Renán González, Juan Vicente Melo, Ernesto Mejía Sánchez, Carlos Monsiváis, Lazlo Moussong, José Emilio Pacheco, Hugo Padilla, Sergio Pitol, Elena Poniatowska, Gustavo Sainz y el mismo Sánchez Mayans. En el primer número, aparecido en la primavera de 1956, se decía

Foto: Catalina Herrera

Laura Esquivel

que la publicación estaba "animada del propósito de juntar en sus páginas, sin distinción de tendencias o grupos, a todos los escritores mexicanos". A partir del número 6 se publicó el suplemento *Ramas Nuevas*, para escritores jóvenes, bajo la coordinación de José Emilio Pacheco, a quien se unió Carlos Monsiváis en el número 8, cuando el suplemento quedó sin nombre, antes de convertirse en *Laberinto 14* en el número 10.

ESTADOS UNIDOS DE AMÉRICA ◆

Nación que tiene la mayor parte de su territorio en América del Norte, al sur de Canadá y al norte de México, con costas en el Pacífico y el Atlántico; posee también Alaska e islas Vírgenes, compradas respectivamente a Rusia (1866) y Dinamarca (1917), y Hawaii, reino ocupado en 1893 y anexionado en 1898.; Administra, mediante fideicomiso de las Naciones Unidas, la Micronesia; dispone de islas e islotes en el Pacífico (Tutuila, las Midway, las Wake, los atolones Johnston y Palmira, Howland, Jarvis y Baker) y Navassa en el Caribe; mantiene desde 1898 la ocupación de Puerto Rico (☞) y desde 1903 de la Zona del Canal de Panamá (☞), ésta en proceso de devolución; y cuenta con bases militares en decenas de países. La

Estados Unidos y México, con las diversas fronteras que han tenido

superficie continental, con Alaska y Hawaii, es de 9,529,063 km². Habitantes: 274,028,000 en 1998. La capital es Washington y las ciudades más importantes son Nueva York, Los Ángeles, Chicago, San Francisco, Filadelfia, Houston, Detroit, Dallas, San Diego y Baltimore, todas ellas en el centro de núcleos urbanos de varios millones de habitantes. Predominan las religiones cristianas. La moneda es el dólar. *Historia*: a fines del siglo XV el actual territorio estadounidense estaba habitado por grupos en su mayoría nómadas. Algunos practicaban la agricultura y la crianza de animales domésticos. Se han encontrado huellas de navegantes vikingos que se cree recorrieron la costa atlántica del continente desde Groenlandia hasta Florida. El genovés Giovanni Cabotto fue el primer navegante que bajo bandera inglesa tocó las costas del actual territorio estadounidense, precisamente en Delaware. La Florida fue explorada por los españoles en 1513 y desde ahí, en 1539, partió una expedición que llegó hasta el golfo de California, al mando de Álvar Núñez Cabeza de Vaca, en 1542. Hernando de Soto recorrió el río Misisipí y Francisco Vázquez de Coronado una gran extensión al norte de Texas. El primer asentamiento de población anglosajona se produjo en Jamestown, hoy Virginia, en 1607. En 1620 llegó a Plymouth, Massachusetts, a bordo del buque *Mayflower*, un grupo de peregrinos que

huía de la persecución religiosa en Inglaterra. Como tuvieran un viaje azaroso, habían terminado sin provisiones. Los indios les dieron la bienvenida y les ofrecieron alimentos, hecho que hoy se conmemora como el *Día de Acción de Gracias*. Desde esa fecha se fundaron colonias que en 1733 sumaban 13. En 1774 se instaló el Congreso Continental de Filadelfia que protestó por los altos impuestos que les fijaba la Corona británica. Después de negociaciones infructuosas y ante el despliegue represivo de las fuerzas inglesas, se instaló el segundo Congreso de las 13 colonias, el cual declaró las hostilidades a Inglaterra y puso en pie de guerra un ejército al mando de Jorge Washington. El 4 de julio de 1776 el Congreso declaró la independencia y con la ayuda de Francia, Holanda y España los ingleses fueron derrotados en 1781. Dos años después el trono británico reconoció la independencia de Estados Unidos, aunque durante varias décadas continuaron los actos hostiles. En 1787 se aprobó la Constitución que todavía rige en ese país y a la que se han hecho 26 enmiendas. En su redacción intervinieron Benjamín Franklin, James Madison, Alexander Hamilton y Jorge Washington, quien fue elegido presidente de la república en 1789. Desde 1801 la capital es la ciudad de Washington, en el distrito de Columbia, tomado en 1791 del territorio de Maryland. Conforme se creaban nuevos estados

El Gran Cañón del Colorado en Estados Unidos

éstos se incorporaban a la Unión. En 1812 el presidente Thomas Jefferson compró a Francia el territorio de la Luisiana, que antes había sido español. En el mismo año, durante el intento británico de reconquista, dos mexicanos, Juan Pablo Anaya y José Gutiérrez de Lara, participaron a las órdenes del general Andrew Jackson en la defensa de Nueva Orleans. Cuatro años después Estados Unidos se apoderó de la Florida, hecho aceptado formalmente por España en 1819. Un año antes se había expedido un decreto, según el cual se consideraría un "delito castigado con severas penas" el hecho de que cualquier ciudadano estadounidense "comience o emprenda, provea o prepare los medios para que se organice alguna expedición o empresa militar que deba llevarse a cabo" desde Estados Unidos "contra el territorio o los dominios de algún príncipe o Estado extranjeros, o de alguna colonia, distrito o pueblo con quien los Estados Unidos se encuentren en paz". En el mismo año James Long, al frente de 300 hombres, toma la población de Nacogdoches y proclama a Texas "república libre e independiente". Al año siguiente los mismos aventureros se apoderan de otros puntos y forman un consejo que trabaja por la separación de Texas respecto de Nueva España. Junto a esos casos de filibusterismo, hubo también una corriente de simpatía por la independencia mexicana, la cual se expresó en la participación de algunos ciudadanos estadounidenses en la insurgencia, como fue el caso de Nicolás Colee, fusilado por los realistas en 1812, o de Juan Ramsey, John Hennesy, el comandante Nicholson, los capitanes Lawrence Christie y James Denver o Devers, un combatiente de apellido Burke, el comandante Young, quien encabezaba a un grupo que no hablaba español, y Samuel Bangs, integrantes de la fuerza expedicionaria de Francisco Javier Mina.; El médico Hennesy y el comandante Young murieron en combate en 1817, en tanto que Bangs, hecho prisionero, vivió para

ser el introductor de la imprenta en el norte del país. John Davis Bradburn vino también con la expedición de Mina; , y a la muerte de éste mantuvo la lucha guerrillera en Michoacán y luego se unió a Guerrero; indultado en 1820 se incorporó al Ejército Trigarante; enemigo de la esclavitud, fue hostilizado por los colonos texanos, a quienes combatió dentro de las filas del Ejército Mexicano. No menos importante fue la contribución de William David Robinson a la causa insurgente, pues desde 1816 colaboró estrechamente con los agentes de la independencia mexicana en Nueva Orleans, a quienes brindó a ayuda económica. Después vino a México y se incorporó a las fuerzas de Guadalupe Victoria, se unió luego a Terán y cayó prisionero en Veracruz; lo llevaron de una cárcel a otra hasta que en España logró escapar y escribió unas *Memorias de la Revolución Mexicana, incluyendo un relato de la expedición del general Xavier Mina*, las que se publican en Londres en 1821. Otro estadounidense que destacó en la guerra de independencia fue Peter Ellis Bean, quien fue capitán de Morelos y su agente confidencial en Nueva Orleans; combatió también bajo las órdenes de Nicolás Bravo y de Ignacio López Rayón; en la época independiente, como coronel del Ejército Mexicano, Bean, fue representante del gobierno central en Texas, donde se opuso a la secesión y fue encarcelado por los colonos; puesto en libertad regresó al país y murió en Jalapa en 1843. En 1819 España cedió a Estados Unidos la porción del territorio novohispano situada entre los ríos Sabinas y Mermentos. Al consumarse la independencia de México, en Estados Unidos se reúnen reclamaciones de ciudadanos de ese país contra México, en tanto que los sectores expansionistas proponen formar un ejército para invadir la nación del sur. Joel R. Poinsett, agente de Washington, señala al gobierno mexicano los límites que deben existir entre ambos países, de acuerdo con los cuales más de la mitad del territorio nacional debe pasar a manos de Estados Unidos,

El Capitolio en Washington, D.C., Estados Unidos

pretensión que confirman algunos mapas oficiales de EUA. En 1822 el presidente estadounidense James Monroe, anuncia el reconocimiento de la independencia de las naciones iberoamericanas y su rechazo a la injerencia europea, lo que sintetiza en la fórmula "América para los americanos". En septiembre de 1823 el presidente John Quincy Adams designa ministro plenipotenciario al mismo Poinsett, quien recibe del secretario de Estado Henry Clay instrucciones para insistir en la cuestión de límites, comprar Texas e impedir que México asile a los esclavos que huyen de los estados sureños de la Unión. En 1825 un grupo de colonos estadounidenses de Texas acuerda establecer la República de Fredonia, que debería llegar hasta el río Bravo. Simultáneamente, Poinsett demanda al presidente Guadalupe Victoria la venta de Texas. En 1827 se firma un tratado de límites que confirma la demarcación establecida en 1819 con los representantes de España. Pese a la doctrina Monroe, Washington interviene en favor de España durante el intento de reconquista de México, pues a la fuerza que desembarca Isidro Barradas en Tampico le proporciona la corbeta *Binham*, de la armada estadounidense.

Paralelamente, el presidente Andrew Jackson ofrece a México, para que haga frente a los gastos de guerra, un crédito que debería tener como garantía el territorio de Texas. Vicente Guerrero, ya en la Presidencia, rechaza nuevos ofrecimientos de Poinsett para la adquisición de Texas, en tanto que aumentan los grupos de estadounidenses armados que ocupan Texas. Con el argumento de que Punta Pecana (Pecan Point) pertenece a Estados Unidos, el gobernador de Arkansas alienta el establecimiento de 500 familias estadounidenses en ese lugar (1831). El general Manuel Mier y Terán responde instalando aduanas en varios lugares cercanos para evitar el paso ilegal de personas y otros tipos de contrabando. Los estadounidenses responden atacando el puesto aduanal de la boca del río Brazos, mediante disparos de artillería de tres embarcaciones de la marina de EUA. En febrero de 1832 el representante diplomático de Washington, fracasados los intentos de compra de territorio, sugiere que se proporcione a México un crédito hipotecario con Texas como garantía. Al mes siguiente México protesta oficialmente por la falsificación de dinero mexicano en EUA y por la participación de embarcaciones estadounidenses en actos hostiles contra México. El embajador Butler reitera en junio la oferta de comprar Texas, lo que según él resultaría ventajoso para México ante el peligro de una rebelión de los colonos. En

Batalla de Palo Alto, durante la guerra entre México y Estados Unidos (1847)

agosto llega a Texas Sam Houston, ex gobernador de Tenesí, quien conspira para organizar un levantamiento armado, en tanto que se margina a los mexicanos de dos convenciones de colonos estadounidenses en las que se propone adoptar la Constitución de Massachusetts. A lo largo de 1833 y 1834 aumenta la inmigración de estadounidenses que entran ilegalmente en Texas. Los colonos se rebelan nuevamente contra el establecimiento de aduanas (1834). A mediados de 1835 Lorenzo de Zavala, la figura más brillante de los yorkinos, deja la embajada mexicana en París y anuncia que va a cuidar de sus intereses en Texas, donde poseía una concesión de tierras para colonizar, sólo superada en extensión por la de Esteban Austin. Federalista convincente y admirador declarado de la organización política de Estados Unidos, Zavala fue enemigo de la República Centralista instaurada por Santa Anna. De ahí que pugnara por la secesión de Texas, a lo que contribuyó decisivamente con su prestigio político y sus dotes organizativas. El 20 de diciembre de 1835, después de varios incidentes armados, Texas declara su independencia, mientras en diversos puntos de Estados Unidos se reclutan mercenarios para combatir contra México. En abril del año siguiente México rechaza la pretensión de Washington de declarar su neutralidad en el conflicto de Texas, pues eso equivalía a reconocer como parte beligerante a los colonos y, de hecho, la independencia texana. En el mismo mes el general Edmund Gaines ocupa Nacogdoches, en tanto que en el Senado de Estados Unidos se discute la "necesidad" de que Texas sea parte de ese país. Por su lado, David G. Burnett, presidente de Texas, declara la conveniencia de incorporarse a EUA. En la segunda mitad de 1836 el presidente Andrew Jackson declara ante el Senado que hay motivos que "justificarían a los ojos de todas las naciones la guerra inmediata". El 7 de febrero de 1837 el Senado de Estados Unidos reconoce la independencia de Texas. Días después barcos de EUA capturan el

buque mexicano *General Urrea* mientras se organiza un flota naval estadounidense, al mando de A. J. Dallas, quien poco después ocupa la isla de Sacrificios, frente a Veracruz, en represalia por la detención de buques de guerra texanos y con el pretexto de proteger los intereses comerciales de EUA. En 1841, en Washington, el presidente John Tyler ordena al ejército aprestarse para defender Texas. El ministro de Relaciones Exteriores José María Bocanegra presenta una nota de protesta al Departamento de Estado de EUA, en la que dice: "La causa de Texas no parece sino cosa americana, y se hace valer y se deja correr y fomentar la idea de que nada sería actualmente más popular en Estados Unidos que la declaración de guerra contra México". En octubre de 1842 un grupo de estadounidenses al mando de Thomas *Ape* Jones desembarca en Monterrey, California. Otro grupo hace lo mismo en San Diego. En diciembre de 1843, Washington ofrece a México comprar el territorio comprendido al norte del paralelo 39, mientras los agentes de la Casa Blanca agitan a la población texana para que pida su anexión a EUA. En junio de 1844 el presidente Tyler ordena al general Edmund Gaines que penetre en territorio de Texas, mientras la marina estadounidense mantiene bloqueado el puerto de Veracruz para evitar el envío de refuerzos. El embajador Shanon amenaza al gobierno de México advirtiéndole que su país no está dispuesto a permitir que se haga la guerra a Texas. En octubre, James K. Polk, presidente electo de EUA, aboga por obtener la anexión de Texas "en cualquier forma". En febrero de 1845 se produce un nuevo amago de la marina de EUA contra Veracruz, mientras el Congreso de ese país aprueba la anexión de Texas. Al mes siguiente se ordena al general Zachary Taylor que penetre en Texas, cuya anexión se consuma el 28 de mayo de 1845. Dos meses después se da la orden de ocupar California y amagar los puertos de Tampico y Veracruz. John Slidell, enviado de la Casa Blanca, ofrece al presidente Arista comprar California y Nuevo México. En enero de 1846 es ocupado el puerto de San Francisco, California, y luego Mazatlán y Acapulco. En marzo de 1846 Polk pide al Congreso declarar el estado de guerra contra México, lo que sucede el 11 de mayo, cuando la marina recibe órdenes de bloquear todos los puertos mexicanos de ambos litorales. A mediados de ese mes, mercenarios estadounidenses al mando del coronel Price asesinan a 150 mexicanos, entre hombres, mujeres y niños, en Taos, Nuevo México. El 27 de marzo concluye la defensa de Veracruz, después de que los estadounidenses habían disparado 6,700 proyectiles sobre la población civil. En septiembre cae la ciudad de México y, ante la resistencia de la población civil, se producen actos de pillaje por parte de la soldadesca invasora, que en su búsqueda del botín viola recintos religiosos. El presidente Polk dispone cobrar impuestos a los mexicanos "en virtud del derecho de conquista" y porque son sujetos de "vasallaje temporal". Después de firmado el tratado que daba término a las hostilidades, soldados estadounidenses agreden a la población y en la capital del país el general Winfield Scott ordena azotar a los patriotas. Muchos de los mexicanos que se quedaron en el territorio ocupado fueron víctimas de despojo, de linchamiento o vendidos como esclavos, especialmente los niños. En medio de esa que fue "la guerra más injusta jamás habida", como dijo Ulises Grant en sus *Memorias*, hubo estadounidenses que se opusieron a la política expansionista. Uno de ellos fue George Ryerson, colono tejano que tomó las armas en favor de México; después, Ryerson colonizó el norte de Baja California y fue prefecto de ese partido (1885-88). En marzo de 1848, el general William C. Lane comunicó a Ángel Trías, gobernador de Chihuahua, su intención de ocupar el territorio de La Mesilla. Por su parte, James Gadsen, enviado de la Casa Blanca ante Santa Anna, vuelto al poder para su último periodo, advirtió: "El

Valle de la Mesilla tiene que pertenecer a Estados Unidos por indemnización convenida o porque lo tomaremos". Poco después el dictador, urgido de dinero, aceptó 20 millones de pesos de los cuales sólo recibió siete. En los años cincuenta del siglo XIX se producen varias incursiones filibusteras contra México, todas organizadas y armadas en territorio de Estados Unidos, pese a los tratados internacionales que obligaban a las autoridades de ese país a impedirlo: en octubre de 1851 el intendente general del ejército de EUA, Joseph G. Moorehead, penetra en suelo mexicano al mando de una fuerza mercenaria y ataca varias poblaciones de Sonora; otro grupo ataca La Paz y uno más Mazatlán. En 1853 William Walker realiza dos expediciones contra México. En diciembre del mismo año penetra en aguas mexicanas Raousett de Boulbon al mando de dos embarcaciones y 1,200 hombres. En 1858 el Departamento de Estado, para reconocer al gobierno de Juárez, pone como condición la entrega de Baja California y el derecho de paso por el istmo de Tehuantepec. Buchanan, ocupante de la Casa Blanca, propone al Congreso establecer un protectorado sobre Sonora y otros territorios mexicanos. El mismo personaje plantea comprar la Baja California y amplias porciones de Sonora y Chihuahua. En el mismo año, Samuel Houston intenta establecer un protectorado más ambicioso, pues incluye a todo México en su plan. Abraham Lincoln obtiene el triunfo en las elecciones presidenciales de 1860 y al año siguiente se inicia la guerra por la secesión de los estados esclavistas del sur. En enero de 1862 Napoleón III desembarca tropas en Veracruz y se inicia la intervención francesa en México. El gobierno de Lincoln, en medio de una guerra civil y temeroso de entrar en conflicto con una potencia europea, prohibió la venta de armas a las partes beligerantes en México, lo que favorecía a los invasores, que tenían su fuente de aprovisionamiento en otra parte. Thomas Corwin, embajador de Lincoln, propone a

México, ante la inminencia de la invasión europea, la hipoteca de territorios de los estados del norte del país. En 1861, como parte de los preparativos bélicos, Forey adquiere en Nueva Orleáns medios de transporte para las tropas francesas, que en 1862 reciben armas y municiones de Estados Unidos, mientras en San Francisco los enviados de Napoleón III reclutan mercenarios para combatir en México y, por otra parte, el 29 de octubre de 1862 las autoridades impiden que 20 estadounidenses antiimperialistas viajen a México para unirse a las fuerzas de Juárez. La guerra civil estadounidense termina en 1865 con la derrota de los esclavistas. Fue entonces cuando, con pleno consentimiento de las autoridades imperiales, penetró en territorio mexicano una división montada de los confederados, al mando de un tal Shelby, quienes venían dispuestos a sostener a Maximiliano. Cuenta Roberto Casellas que en Matehuala, en agosto de 1865, la soldadesca sureña asistió al regimiento francés al mando del mayor Pierron, quien de esa manera pudo romper el sitio de los juaristas. Shelby y sus oficiales se entrevistaron con Maximiliano, a quien le ofrecieron reclutar 40,000 confederados para sustituir a los franceses cuando éstos regresaran a Europa. Como el Habsburgo temiera depender de un cuerpo extranjero tan numeroso, rechazó la oferta y el contingente se disolvió. Algunos soldados se unieron a los suavos, otros regresaron a Monterrey y algunos

General Winfield Scott, líder de las tropas estadounidenses durante la guerra de 1847

Portada de *Apuntes para la historia de la guerra entre México y los Estados Unidos*, publicado en 1849

Paisaje invernal en Alaska, Estados Unidos

más optaron por fundar una colonia, al amparo de un decreto imperial del 5 de septiembre de 1865, que les otorgaba la libertad de culto y garantías para traer y tener esclavos supuestamente en calidad de peones. Para el nuevo asentamiento, llamado Carlota, se escogió una lugar de varios miles de hectáreas en el valle de Córdoba y a fines de ese año había 98 familias viviendo en el lugar. A mediados de 1866, una partida republicana al mando del coronel Figueroa cayó sobre la zona y produjo grandes daños, lo que bastó para que fracasara el experimento. Algunas familias se quedaron a vivir cerca de Córdoba y Shelby creó otra colonia cerca del río Tuxpan, pero sobre esta cayeron 2,000 hombres de las fuerzas republicanas, quienes al grito de "¡Muera el gringo!" barrieron con el asentamiento. Algunos

Reunión entre los generales Scott y Villa durante la Revolución Mexicana

sobrevivientes se incorporaron a las fuerzas imperiales y Maximiliano impuso a Shelby la Orden de Guadalupe. Estabilizada la situación en Estados Unidos, la Casa Blanca, que levantó el embargo y permitió nuevamente la venta de armas y otros elementos militares, preguntó al gobierno francés cuánto tiempo más esperaba permanecer en México. Corwin, para entonces ex representante de EUA en México, gestionó que el presidente estadounidense recibiera a Luis de Arroyo, cónsul de Maximiliano en Nueva York, quien buscaba el reconocimiento de Washington en favor del emperador. La audiencia le fue negada. Lo mismo sucedió cuando, con el mismo fin, los solicitantes fueron Mariano Degollado y el marqués de Montholon. La causa mexicana despertó simpatías en amplios sectores estadounidenses. En carta del primero de septiembre de 1865, José María Carbajal informaba a Benito Juárez que se preparaba en Estados Unidos una fuerza de 10,000 voluntarios para combatir en México junto a los republicanos. "El Gral. Wallace —decía Carbajal—, en caso de que así lo dispusiere el Supremo Gobierno, tiene la mayor facilidad para que las tropas que aliste lleguen a 20 o 30 mil hombres". Juárez rechazó el concurso de tal contingente "para no dar pretexto a los enemigos del gobierno". Las fuerzas juaristas, reducidas a sus propios medios, organizadas en grupos guerrilleros que acabaron por constituir un ejército, aprovisionadas con las armas que quitaban al enemigo, obligaron a los franceses a salir y derrotaron a los imperialistas sin ayuda externa. Así lo reconoció Barney, secretario de Estado de EUA, quien ante los que decían que el triunfo mexicano se debía a la ayuda de Washington, declaró a Matías Romero: "El pueblo mexicano ha salido victorioso sin auxilio extranjero. Muchísimas personas de la mayor valía en Estados Unidos reconocen avergonzadas la verdad de esto". En 1871 Juárez rechazó firmar un convenio que autorizaba a tropas estadounidenses el cruce de la frontera para perseguir

indios, lo que no impidió que el general McKenzie penetrara en territorio mexicano, destruyera un poblado de kikapúes y robara caballos. Lerdo de Tejada rechazó un tratado similar en 1875 y en el mismo año un grupo de soldados estadounidenses asaltó Camargo. En 1877 el presidente de EUA se negó a recibir a José María Mata, enviado extraordinario y ministro plenipotenciario de Porfirio Díaz. En el mismo año, de manera oficial, la Casa Blanca ordenó al general Edward O. C. Ord invadir territorio mexicano en persecución de indios rebeldes o delincuentes. Por esos días, con el disimulo de las guarniciones fronterizas y aun la participación de soldados estadounidenses, bandas cada vez más numerosas asaltaban ranchos mexicanos y regresaban a protegerse en Estados Unidos. Otra forma de agresión era dar armas a los indios a condición de que salieran de territorio estadounidense hacia México. En 1878 tropas de EUA cruzan repetidamente la frontera y en abril de 1879 es una fuerza de 600 hombres la que penetra en territorio nacional, supuestamente en persecución de los apaches, lo que motiva la presentación de una nota de protesta ante la Casa Blanca. Las invasiones continúan a lo largo de 1880, 81 y 82. En 1885 Washington se apropia de Cayo Arenas y otros islotes guaneros de la Sonda de Campeche, los que devuelve a México hasta 1894. Todos estos hechos no impidieron un mejoramiento gradual de las relaciones, pues en 1898 la legación mexicana en Washington se eleva al rango de embajada y Matías Romero es su titular. Por su parte, la Casa Blanca designa para similar cargo en México a Powell Clayton. A la muerte de Juárez, México adquiría de Estados Unidos sólo la cuarta parte de sus importaciones, en tanto que en 1910 le compraba el 56 por ciento. Las exportaciones tuvieron una evolución semejante y, ya en 1890, la inversión de Estados Unidos en México era superior a la que tenía en Canadá, su principal cliente. Tales inversiones, que eran de 202 millones de dólares en

1897, aumentaron a 672 millones en 1908. En el otoño de 1909 se efectúa por primera vez una reunión de los presidentes de ambos países, cuando Porfirio Díaz y William H. Taft se encuentran en Ciudad Juárez y en El Paso. Mientras se estrechaban las relaciones de todo tipo entre la Casa Blanca y el gobierno de Díaz, vino a México el periodista John Kenneth Turner, quien recorrió el país y narró en publicaciones estadounidenses los horrores de la dictadura porfirista. Sus artículos se reunirían en un libro clásico sobre aquellos tiempos: *México bárbaro*. El mismo Turner, lo mismo que otros personajes y agrupamientos del movimiento obrero de EUA, prestarían su ayuda a los magonistas y enemigos del dictador. Durante la insurrección maderista, Washington desplegó efectivos militares a lo largo de la frontera y ordenó a sus buques de guerra fondear en puertos mexicanos. En su periodo presidencial, Francisco I. Madero expidió diversas disposiciones para controlar la extracción de petróleo y gravar tanto la producción como la exportación. En respuesta, Henry Lane Wilson, embajador de Estados Unidos, dirigió una conspiración que concluyó en el Pacto de la Embajada, firmado por jefes militares mexicanos, quienes destituyeron y asesinaron a Madero y Pino Suárez para imponer la dic-

Estatua de la Libertad, en Estados Unidos

tadura de Victoriano Huerta. En la preparación del golpe militar jugaron un papel importante las reclamaciones que hacía el propio Wilson al gobierno por supuestos perjuicios causados a ciudadanos estadounidenses, todos ellos exagerados o carentes de fundamento, como la demanda presentada por Paul Hudson, propietario del diario capitalino *Mexican Herald*, quien pedía se le restituyera el subsidio que le había asignado Porfirio Díaz como parte de su política para controlar a la prensa. Victoriano Huerta, después de su golpe de Estado, le daría a Hudson 15,000 pesos oro para hacer propaganda en favor de su gobierno en Estados Unidos. Si bien la embajada estadounidense dirigió el golpe que llevó al poder a Huerta, y ambos países mantuvieron al frente de sus respectivas embajadas a un encargado de negocios, Washington no reconoció a gobierno alguno y entre 1913 y 1915 mantuvo sus naves de guerra en aguas mexicanas frente a los puertos de Guaymas, Tampico y Veracruz. Ninguno de los gobiernos existentes dio su consentimiento para esa violación de la soberanía. Solamente en Tampico había 75 naves de guerra, con 695 cañones y 65,850 hombres. El 19 de abril de 1914 el presidente Woodrow Wilson solicitó y obtuvo del Congreso de su país la autorización para emplear la fuerza contra México. El 21 de abril de 1914 Washington hizo anclar en Veracruz 29 buques de guerra, diez naves de transporte, dos de aprovisionamiento y tres del servicio militar de sanidad. De ellos desembarcaron 1,500 hombres perfectamente armados que vencieron la resistencia de apenas 100 soldados, los cadetes de la Escuela Naval Militar y grupos de civiles. En la noche de ese día eran 300 los mexicanos asesinados por los agresores. Al día siguiente, el almirante F. F. Fletcher se erige en contralor y declara que la invasión es "para inspeccionar la administración pública a causa de los disturbios que actualmente reinan en Mé-

Adolfo Ruiz Cortines, Dwight Eisenhower y Louis St Laurent, mandatarios de México, Estados Unidos y Canadá, se reunieron en 1956

xico". Otro desembarco se produce en esos días en Salina Cruz, Oaxaca, mientras las naves de la armada estadounidense amagan puertos en ambos litorales. El 24 de abril de 1913 el gobierno de Huerta, mediante su canciller José López Portillo y Rojas, declaró el rompimiento de relaciones y retiró a su representante en Washington. Los enviados confidenciales de Carranza siguieron en esa ciudad. Como contrapartida a la hostilidad de la Casa Blanca contra el pueblo mexicano, varios estadounidenses se jugaron la vida en los campos de batalla para informar a su país sobre lo que realmente pretendían los revolucionarios. Entre esos periodistas destacó John Reed, quien con los artículos publicados en *The Mases*, *Metropolitan Magazine* y otras publicaciones formó su libro *México insurgente*, uno de los testimonios más veraces y contundentes sobre la revolución y el villismo. A fines de diciembre de 1915 Woodrow Wilson reconoció al de Carranza como gobierno *de facto*, procedió al intercambio de embajadores y prohibió la venta de armas a fuerzas contrarias al constitucionalismo. Como represalia, Francisco Villa, el principal afectado por la medida, atacó la población de Columbus, Nuevo México, el 9 de marzo de 1916, lo que dio pretexto a Washington para invadir nuevamente México, esta vez mediante la *expedición punitiva* realizada por una fuerza al mando del general John J. Pershing, quien se internó en Chihua-

El edificio Chrysler en Nueva York, Estados Unidos

FOTO: JORGE CONTRERAS CHACEL

John F. Kennedy y Adolfo López Mateos, presidentes de Estados Unidos y México, respectivamente, en encuentro de estadistas en 1962

hua el 15 de marzo de 1916. Carranza protestó por la intromisión y fuerzas constitucionalistas combatieron y derrotaron a los invasores en El Carrizal, el 21 de junio, mientras los villistas hicieron la guerra de guerrillas a los estadounidenses, que sólo eran dueños del terreno que pisaban. México retiró a su embajador en Washington en septiembre para hacerlo volver en octubre, después de que, ante el fracaso de Pershing, la Casa Blanca aceptó negociaciones con los enviados de Carranza, quienes en noviembre lograron la firma de un convenio, en el cual Estados Unidos se comprometía a retirar a sus tropas, lo que no se inició hasta el 5 de febrero de 1917, cuando en Querétaro era aprobada la Constitución. En septiembre el ex primer jefe, ya como presidente, informa de nuevas agresiones estadounidenses que comprenden amagos contra puertos y buques mexicanos, desembarcos ilegales, embargos de mercancías, vuelos militares sobre territorio nacional y asesinatos en la frontera. En el informe del primero de septiembre de 1918 refiere nueve

invasiones y otros actos hostiles. Carranza reclama infructuosamente lo robado de la aduana de Veracruz por los jefes militares estadounidenses durante la ocupación. Por presiones de Washington, México no es admitido en la Sociedad de Naciones, que se funda en 1919. Por su parte, la delegación mexicana ante la Conferencia de Paz de París reitera su rechazo a la doctrina Monroe. A partir de 1917, el eje de la propaganda estadounidense contra México fue la Constitución, específicamente las disposiciones que limitan el derecho de propiedad. Las empresas petroleras constituyeron la fuerza más activa en su intento de preservar las concesiones y ventajas otorgadas durante el porfiriato. A fines de 1919, al constituirse el Partido Comunista Mexicano, aparecen varios estadounidenses entre sus fundadores y militantes de la primera hora: Linn A. E. Gale, Robert Haberman, Richard Francis Phillips (*Frank Seaman*), Mike Gold, Carleton Beals, Bertram D. Wolfe y otros que llegan a ocupar posiciones de dirección en el PCM y, gracias a su trabajo, se conocen traducciones de los clásicos del marxismo e información sobre el movimiento obrero en otras partes del mundo. Al triunfo de Plan de Agua Prieta (1920) Washington niega su reconocimiento a los gobiernos de Adolfo de la Huerta y Álvaro Obregón. Pone como condiciones el que se den garantías a los intereses estadounidenses, especialmente que no se apliquen retroactivamente las disposiciones constitucionales, y que se firme un tratado de amistad y comercio. El 3 de septiembre de 1923, después de que se acordó reanudar el pago de la deuda externa, se acreditaron simultáneamente encargados de negocios *ad ínte-*

rim en ambas capitales y luego de obligar a México a firmar otros instrumentos bilaterales, con el reconocimiento de las reclamaciones estadounidenses por hechos sucedidos entre noviembre de 1910 y mayo de 1920, se reanudan las relaciones a nivel de embajadores (1925). Entre 1923 y 1927 radica en México, con su compañera Tina Modotti, Edward Weston, quien ejercerá una influencia decisiva en la fotografía mexicana contemporánea. Varias de sus obras de tema mexicano figuran en sus libros y aparecen en antologías de la fotografía universal. Tras él vendrán decenas de artistas deseosos de conocer la obra de los muralistas y de convertirse en sus discípulos, cuando no de estampar ellos mismos su talento en las paredes mexicanas, como fue el caso de las hermanas Marion y Grace Greenwood, que bajo la guía de Diego Rivera decoraron áreas del mercado Abelardo L. Rodríguez, lo mismo que Pablo O'Higgins, quien decidió quedarse aquí para siempre. Otros pintores que pasaron por México fueron Charles y Jackson Pollock, quienes fueron discípulos de Siqueiros. Por su parte, en Estados Unidos hubo mecenas de la pintura mexicana y el reconocimiento de Orozco y otros artistas en ese país se debe a personajes como Alma Reed, la mujer que inspiró la canción *Peregrina* y que fue una activa promotora de los pintores mexicanos en Nueva York. En 1927, durante el alzamiento encabezado por Arnulfo R. Gómez, las compañías petroleras amenazaron con pedir tropas a Washington para garantizar sus intereses. Lázaro Cárdenas, entonces comandante del Sector Militar de Tampico, ordenó volar las instalaciones petroleras cuando el primer invasor tocara tierra mexicana. El mismo Cárdenas hubo de padecer una feroz campaña de la prensa estadounidense y las presiones de Washington por su política reformista. Cuando el hombre de Jiquilpan decretó la expropiación petrolera, en 1938, el diputado Joseph Kennedy, cabeza de la célebre dinastía, dijo que México era

Timbres de Estados Unidos

una nación de bandidos. Por esos días, sin embargo, Cárdenas había logrado la derogación del artículo octavo del Tratado de Límites de 1853, el cual daba paso libre a los estadounidenses a través del istmo de Tehuantepec. El 21 de junio la Casa Blanca exigió el pago de los predios de estadounidenses afectados por la reforma agraria desde 1927 y propuso someter a arbitraje internacional casos como la expropiación petrolera. Cárdenas respondió que se pagaría conforme las condiciones del país lo permitieran y rechazó el arbitraje en asuntos que sólo competían a la soberanía nacional. Durante la segunda guerra mundial, Estados Unidos realizó discretas gestiones para que se le permitiera instalar una base militar en la península de Baja California. Como no tuviera éxito, se especuló con la posibilidad cierta de que tratara de ocupar por la fuerza esa parte del territorio nacional. El presidente Ávila Camacho designó entonces a Lázaro Cárdenas comandante de la Zona Especial del Pacífico y éste dio la orden de disparar ante cualquier intento estadounidense de ocupar tierra mexicana. La disposición se mantuvo después del 11 de septiembre de 1942, cuando Cárdenas fue designado secretario de la Defensa Nacional. En 1943, en pleno conflicto con los países del eje, los presidentes Franklin Delano Roosevelt y Manuel Ávila Camacho sostuvieron sendas reuniones en Monterrey, Nuevo León, y Corpus Christi, Texas. Cuatro años después intercambiaron visitas los presidentes Miguel Alemán y Harry S. Truman, cuando se iniciaba la guerra fría y Washington promovía una campaña anticomunista. Adolfo Ruiz Cortines y Dwight D. Eisenhower se reunieron en la frontera en 1953 y en EUA tres años después. López Mateos se entrevistó con Eisenhower en Acapulco (1958) y en Washington (1959) y recibió a John F. Kennedy en el Distrito Federal (1962); en los años en que se produjo la invasión estadounidense de la República Dominicana y se inició la *escalada* en Vietnam, Gustavo Díaz

Ordaz se reunió con Lyndon B. Johnson en el DF (1965), en la Presa de la Amistad (1966) y en El Chamizal (1967). El mismo Díaz Ordaz, a quien Estados Unidos devolvió físicamente el territorio de El Chamizal, tuvo entrevistas con Richard M. Nixon en la Presa de la Amistad (1969), en Puerto Vallarta y San Diego (1970). Luis Echeverría viajó a Washington en 1972 para reunirse con Nixon y se encontró en 1974 con Gerald Ford en la frontera (Nogales, Sonora, y Tabuc, Arizona). José López Portillo se reunió tres veces con James Carter, dos en EUA (1977 y 1979) y una en la capital mexicana (1979). Con Ronald Reagan sostuvo dos encuentros, ambos en territorio estadounidense, en junio y septiembre de 1981. Miguel de la Madrid Hurtado, ya como presidente constitucional, recibió a Reagan en México en 1983 y 1986 y lo visitó en 1984 y 1986. En septiembre de 1985, a raíz del terremoto que causó graves daños en el Distrito Federal y la pérdida de miles de vidas, el gobierno de Estados Unidos donó un millón de dólares en efectivo y proporcionó diversos tipos de ayuda humanitaria. Nancy Reagan, esposa del presidente estadounidense, vino a México a presentar las condolencias de su país. A fines de 1986 el Congreso estadounidense aprobó la ley Simpson-Rodino, que afectó a los mexicanos que van a trabajar al país del norte, lo que repercutió negativamente en el conjunto de la economía nacional. Otro punto de desacuerdo fue la política hacia Centroamérica, pues México, a través del Grupo Contadora y en otros foros trabajó tenazmente por la paz, en tanto que Estados Unidos entrenaba, armaba y subvencionaba a los grupos mercenarios llamados *contras* que combatían al gobierno legalmente constituido de Nicaragua. El gobierno del presidente Carlos Salinas de Gortari se caracterizó por su acercamiento al gobierno y los inversionistas de Estados Unidos, adoptó numerosas medidas para eliminar restricciones al libre flujo del capital y de las mercancías, lo que repercutió en una amplia apertura co-

mercial que tuvo su punto culminante el primero de enero de 1994, con la entrada en vigor del Tratado de Libre Comercio de América del Norte, entre Canadá, Estados Unidos y México. A principios de 1995, una nueva crisis financiera obligó al gobierno mexicano del presidente Ernesto Zedillo a gestionar cuantiosos empréstitos en el extranjero. Para apoyar a las autoridades mexicanas, el gobierno estadounidense gestionó la apertura de una línea de crédito por 50 mil millones de dólares. Como parte de la nueva política hacia Estados Unidos, México aceptó entregar a la justicia de aquel país a connacionales con juicios pendientes aquí y omitió protestar por los secuestros de ciudadanos mexicanos de este lado de la frontera, los que eran enviados a territorio estadounidense para ser sometidos a juicio. Pese a lo reiterados gestos de amistad del gobierno mexicano, en 1996 el gobernador de California, Pete Wilson, firmó una orden ejecutiva, llamada "iniciativa 187", que prohíbe a las instituciones de educación superior y otras dependencias estatales ofrecer beneficios a los inmigrantes ilegales, la mayoría de los cuales son mexicanos. Tal iniciativa fue suspendida ese mismo año por una corte federal y desechada definitivamente en 1999. Desde 1996, México y Canadá unen esfuerzos diplomáticos para oponerse a la ley estadounidense Helms-Burton, que pretende imponer sanciones a las empresas que hagan negocios con Cuba sobre propiedades de Estados Unidos confiscadas durante la Revolución cubana. Entre 1994 y 1998, algo más de 100 ciudadanos mexicanos recibieron asilo político en Estados Unidos. A mediados de la década de los noventa había poco más de 800 familias estadounidenses establecidas en México de muchos años atrás, las que cuentan con numerosas organizaciones (más de 63 sólo en el DF), la mayoría de ellas coligadas en la American Society of Mexico. De acuerdo con el INEGI, en 1998 había 116 mil estadounidenses asentados en México. Entre 1909 y 1999 sumaban casi 60 los

Timbres de Estados Unidos

George Bush, ex presidente de Estados Unidos, apoyó la creación del Tratado de Libre Comercio

encuentros oficiales entre los presidentes de México y Estados Unidos de América.

ESTADOS UNIDOS MEXICANOS ◆ Nombre oficial de la República Mexicana desde 1824. Dejó de serlo durante la república centralista y el imperio (☞ *México*).

ESTANCOS ◆ Monopolios constituidos en las colonias españolas por disposición de la Corona a fin de ejercer un control directo sobre materias cuyo comercio era fuente importante de ingresos fiscales para el trono español. Su manejo estaba a cargo de las autoridades virreinales o de particulares que recibían su concesión. Constituían también un mecanismo de protección para los intereses de productores y comerciantes peninsulares. El estanco del tabaco llegó a ser el más importante a fines de la colonia, pues manejaba una fábrica de cigarros con varios miles de obreros que laboraban bajo un régimen de amplia división y organización del trabajo. Las cuentas que se conocen del estanco de los naipes permiten conocer la inclinación de los habitantes de Nueva España por los juegos de azar, pues solamente en 1794 se vendieron 120,000 juegos de naipes. Existían otros estancos o monopolios, como el del hielo.

ESTANZUELA, MESA DE ◆ Planicie del sur de Zacatecas situada en los límites con Jalisco, entre las sierras de Bolaños y Morones, al norte del río Santiago.

ESTAÑOL, BRUNO ◆ n. en Frontera, Tab. (1945). Médico neurólogo titulado en la UNAM (1963-68). Es jefe del Servicio de Neurología Clínica del Centro Médico Nacional. Autor de *Ni el reino de otro mundo* (1988, Premio de Cuento San Luis Potosí), *Fata Morgana* (novela, 1989) y *El féretro de Cristal* (1992). Ha recibido menciones honoríficas en el Concurso de Cuento Plural (1986) y en el Concurso Nacional de Cuento de Ciencia Ficción de Puebla (1986). Premio Nacional de Literatura José Fuentes Mares (1992).

ESTAVILLO LAGUNA, HORACIO ◆ n. en el DF y m. cerca de Maravatío, Gto. (1931-1986). Licenciado en derecho

por la UNAM (1950-54). En 1957 ingresó en el PRI, del que fue coordinador de prensa (1981-82). Se inició en el periodismo en 1952. Fue reportero de los diarios *Esto* y *Novedades* (1957-60), jefe de prensa de la primera Reseña Cinematográfica (1960), reportero fundador de la agencia Informex (1960-71) y secretario general del sindicato de esta empresa (1965-67); asesor de la Dirección General de Difusión y Relaciones Públicas de la Presidencia de la República (1963-71), director de Información de los noticieros de Telesistema Mexicano (1969-72), director general de la agencia Notimex (1972-76), director de la Editorial Popular de los Trabajadores (1978-81) y director general de Comunicación Social de la Secretaría de Pesca (1982-86). Miembro fundador de la Plataforma de Profesionales Mexicanos (1957).

ESTAVILLO MUÑOZ, JAVIER ◆ n. en Guadalajara, Jal. (1945). Licenciado en derecho por la UNAM (1964-68), en la que ha sido profesor. Desde 1961 es miembro del PRI. Fue coordinador de Servicios Sociales (1977-79) y secretario ejecutivo de la Unidad de Promoción Voluntaria de la Secretaría de Gobernación (1979-82). Director general de Acuacultura de la Secretaría de Pesca (1983-88).

ESTE, DEL ◆ Laguna de Campeche situada al sur de la laguna de Términos. En ella desembocan los ríos Palizada y del Este.

ESTEFAN ACAR, JOSÉ ◆ n. en Tehuantepec, Oax. (1934). Miembro del PRI desde 1967. Ha sido coordinador de la Confederación de Organizaciones Populares en Oaxaca (1970) y secretario general de la Federación estatal de esa agrupación (1981-82). Diputado federal (1970-73 y 1982-85). Director general de Turismo (1980) y director general de Información del gobierno de Oaxaca (1980-81).

ESTEINOU MADRID, JAVIER ◆ n. en el DF (1949). Licenciado en ciencias y técnicas de la información y maestro en sociología por la UIA y doctor en ciencias políticas por la UNAM. Ha sido

investigador en el Departamento de Educación y Comunicación de la UAM-X y del Centro de Servicios y Promoción Social de la UIA y director del Centro de Documentación e Investigación para la Comunicación Masiva de la UAM. Miembro del consejo editorial de la *Revista Mexicana de Comunicación*. Autor de *Los medios de comunicación y la construcción de la hegemonía*, *Los medios de comunicación en el capitalismo avanzado: acumulación, ideología y poder*, *El sistema de satélites Morelos y su impacto en la sociedad mexicana* y de *Hacia la primavera del espíritu nacional* (1989). Pertenece al comité ejecutivo de la Asociación Mexicana de Investigadores de la Comunicación.

ESTEVA, ADALBERTO A. ◆ n. en Jalapa, Ver., y m. en España (1863-1914). Colaboró en la *Revista Azul* y el periódico *El Nacional*. Diputado federal (1890-1912). Delegado por el Congreso de la Unión a las fiestas por el centenario de la Carta de Cádiz. Fue director del Departamento de Trabajo de la Secretaría de Industria y Comercio. Al morir era cónsul de México en Barcelona. Sus poesías las recogió en dos tomos: *El libro del amor* (con prólogo de Gutiérrez Nájera) y *El libro azul* (con prólogo de Díaz Mirón). Recopiló en 14 tomos la *Legislación mexicana* y escribió la obra *Derecho usual*. Publicó en dos volúmenes una *Antología Mexicana* de creación literaria para uso escolar y fue coautor de la selección lírica *Parnaso mexicano* (1906). También fue autor de *México poético* y *México pintoresco*.

ESTEVA, CARLOS ◆ n. en el DF (?). Violinista graduado en el Conservatorio Nacional (1964), estudió música de cámara y dirección de orquesta con Imre Hartmann, Henryk Szeryng, León Spierer, Ruggiero Ricci, Igor Markevitch, Eduard Fendler y León Barzin, así como en el Centro de Estudios Orquestales de Inglaterra (1985). Ha sido profesor en el Colegio Alemán, la Escuela Moderna Americana y de la Escuela Superior de Música del INBA. Ha sido fundador y director de las orquestas Clásica de México (1973-88), Sinfónica de Pemex (1981-82), de Cámara de la Ciudad (1968-72), de Cámara Juvenil (1970-80) y de la Camerata de Pemex (1982-88). Miembro de la Academia Hispanoamericana de Artes, Ciencias y Letras.

ESTEVA, CAYETANO ◆ n. y m. en Oaxaca, Oax. (1833-1920). Educador y periodista. Trabajó con el pedagogo Abraham Castellanos. Fue director de la biblioteca estatal de Oaxaca y fundador de una escuela para voceadores. Colaboró en los principales periódicos de la entidad. Escribió un trabajo sobre la imprenta en el estado y una *Nociones elementales de geografía histórica del estado de Oaxaca* (1913).

ESTEVA, GONZALO A. ◆ n. en Veracruz, Ver., y m. en Italia (1843-1927). Hizo estudios inconclusos de derecho en la ciudad de México. Colaboró en *El Nacional*, *El Federalista* y *El Renacimiento*. Fue diputado y senador por Veracruz. Trabajó para el servicio exterior mexicano. Autor de *Tres poesías*, *Amor que mata* y *Soledad la diosa*.

ESTEVA, GUSTAVO ◆ n. en el DF (1936). Se tituló como licenciado en relaciones industriales e hizo estudios de posgrado en economía y otras materias. Se ha dedicado principalmente a la sociología. Ejerció la docencia en la UNAM y otros centros de enseñanza superior (1957-82). Ha colaborado en publicaciones especializadas y de información general. Es director de *El Gallo Ilustrado*, suplemento de *El Día* (1983-). Coautor, con David Barkin, de *Inflación y democracia. El caso de México* (1979). Autor, entre otras obras, de *Principales exportaciones de México* (1964), *El comercio de manufacturas y semimanufacturas de ex-*

portación entre los países en vías de desarrollo (1965), *El mercado del maíz* (1971), *El mercado de productos farmacéuticos* (1972), *Economía y enajenación* (1978), *El Estado y la comunicación* (1979) y *La batalla del México rural* (1980), *Mitos de la inflación y otros* (1982). Premio Nacional de Economía Política.

ESTEVA, JOSÉ IGNACIO ◆ n. en Veracruz, Ver., y m. en Tehuacán, Pue. (?-1830). Político federalista. Fue diputado por Veracruz al primer Congreso Constituyente disuelto por Iturbide y miembro de la Junta Representativa. Ocupó diversos cargos en Veracruz y fue ministro de Hacienda en el gabinete del triunvirato que asumió el Supremo Poder Ejecutivo a la caída de Iturbide (9 de agosto al 10 de octubre de 1824). Ocupó la misma cartera (octubre de 1824 a septiembre de 1825; noviembre de 1825 a marzo de 1827, y marzo de 1828 a enero de 1829) y la de Guerra y Marina con el presidente Victoria (8 de junio al 14 de julio de 1825). Fue gran maestre de la logia yorkina y dentro de ésta compitió con Vicente Guerrero por la candidatura a la Presidencia de la República.

ESTEVA, JOSÉ MARÍA ◆ n. en Veracruz y m. en Jalapa, Ver. (1818-1904). Político conservador. Fue elegido senador por Veracruz en 1850. Sirvió a la intervención francesa y el imperio como prefecto de Puebla (1864) y ministro de gobernación (1865-66). A la caída de Maximiliano se exilió en Cuba y volvió a México en 1871 amparado por la ley de amnistía. Al morir era director del Colegio de Veracruz. Su obra poética comprende *Poesías* (1850), *La mujer blanca* (1868) y *Poesías sentimentales y filosóficas* (1884). En 1894 publicó *Tipos veracruzanos y composiciones varias*.

ESTEVA MARABOTO, LUIS ◆ n. en el DF (1935). Ingeniero graduado en la UNAM (1958), maestro en ciencias por el Tecnológico de Massachusetts y doctor en ingeniería por la UNAM (1968). Profesor e investigador del Instituto de Ingeniería de la UNAM, del que fue sub-

director y director (1983-91). Se ha especializado en ingeniería sísmica; los resultados de sus estudios en ese campo se han incorporado a los reglamentos de construcción en varias zonas del país. Ha sido miembro de la Junta Directiva del Colegio de Bachilleres y del Consejo Directivo del Instituto Nacional de Investigaciones sobre Recursos Bióticos. Asesor de la OEA, la UNESCO y del Banco Mundial, ha sido vicepresidente de la Asociación Internacional de Ingeniería Sísmica y presidente de la Sociedad Mexicana de Ingeniería Sísmica. Investigador nacional desde 1984, ha recibido los premios de la Academia Nacional de la Investigación Científica (1970), Luis Elizondo (1978), Nacional de Investigación José A. Cuevas del Colegio de Ingenieros Civiles de México (1980) y Nacional de Ciencias y Artes (1982).

Gonzalo Esteva

ESTEVA RUIZ, ROBERTO ◆ n. y m. en el DF (1875-1967). Licenciado por la Escuela Nacional de Jurisprudencia (1908) y doctor por la Facultad de Derecho de la Universidad Nacional de México, de la que fue profesor. Director del Museo Nacional de Arqueología, Historia y Etnografía. Secretario de Relaciones Exteriores en el gobierno golpista de Victoriano Huerta (mayo a julio de 1914). Al triunfo del constitucionalismo se exilió en España y luego en Cuba. Fue miembro del Tribunal de Justicia de la Haya.

ESTÉVEZ, MARÍA TOMASA ◆ m. en Salamanca, Gto. (¿1790?-1814). Se sabe que nació en el actual estado de Guanajuato. Se unió al movimiento de independencia pocos días después de iniciado. Sirvió como informante de los insurrectos. Sorprendida en tal actividad, fue apresada por los realistas y Agustín de Iturbide ordenó que fuera fusilada.

José Ignacio Esteva

ESTÉVEZ MENDOZA, IGNACIO ◆ n. en Toluca, estado de Méx. (1928). Escultor

Gustavo Esteva

autodidacto. Su materia de trabajo es la chatarra. En 1976 fue admitido en el Jardín del Arte y ha participado en exposiciones colectivas desde el mismo año. Ha presentado muestras individuales de trabajo en la capital del país. Entre sus obras están el *Monumento al minero* (Pachuca, 1975) y *Fuego nuevo* (Chapultepec, 1981).

ESTÉVEZ NENNINGER, MANUEL PATRICIO ◆ n. en Guadalajara, Jal. (1947). Ingeniero químico-biólogo por la Universidad de Sonora (1967-72). Militó en el Partido Laboral Mexicano. Miembro del PARM desde 1985 donde ha sido delegado especial en Baja California, Baja California Sur, Sinaloa y Sonora y presidente del comité directivo estatal de Sonora (1985-88). Ha sido profesor de educación secundaria y director del Proyecto Siglo XXI (1980-82). Diputado local en Sonora (1985-88) y diputado federal a la LIV Legislatura (1988-). Autor de *Sonora se juega la República* (1981). Presidente de la Federación de Estudiantes Universitarios en Sonora (1969-71).

ESTONIA, REPÚBLICA DE ◆ Estado de Europa, en las costas del mar Báltico. Limita al este con Rusia y al sur con Letonia. Superficie: 45,100 km². Habitantes: 1,429,000 en 1998. Su capital es Tallin (434,763 habitantes en 1996). El estonio es el idioma oficial y también se habla ruso. La moneda es la corona estonia. *Historia*: el actual territorio estonio fue ocupado originalmente por los maarahuas, quienes sufrieron las sucesivas invasiones de los vikingos noruegos, de los daneses, suecos y rusos. En 1226 hicieron su entrada los Caballeros Teutónicos, quienes cristianizaron por la fuerza a los estonios. En 1561 se disuelve la orden de los Caballeros Teutónicos y Estonia, que tres años antes había resistido las incursiones de Iván el Terrible, es sometida por los suecos, quienes posteriormente detienen las invasiones rusa (1581), polaca (1629) y danesa (1645). No obstante, en 1709 Rusia controla Estonia. En 1721, con los estonios totalmente avasallados, las aristocracias rusa y alemana dominan la

nación. En 1811 el zar Alejandro I declara la abolición del vasallaje en Estonia, aunque la aristocracia alemana mantiene el control de la vida del país. Entre 1882 y 1893 se produce una intensa campaña de "rusificación" de la vida cultural y política de Estonia, lo que genera migraciones masivas hacia Estados Unidos y Australia. En 1905 una rebelión nacionalista es sofocada y 328 líderes independentistas son ejecutados en la horca. En 1917 Estonia se independiza de Rusia, pero a fines de ese mismo año vuelve a quedar bajo el dominio de Moscú. En 1991 Estonia se separa de la Unión Soviética (☞) y un año más tarde se aprueba su Constitución. Su primer presidente, Lennart Meri, es designado en 1992. México estableció relaciones diplomáticas con Estonia en 1992. En 1995 Meri realizó una visita oficial a México.

ESTRADA, AGUSTÍN ◆ n. en Ciudad Guerrero, Chih., y m. en Celaya, Gto. (?-1915). Participó en la insurrección maderista desde 1910 y obtuvo el grado de coronel. Combatió a los orozquistas. Después del golpe de Estado de Victoriano Huerta militó en las fuerzas de Francisco Villa. Murió en combate.

ESTRADA, ALONSO DE ◆ n. en España y m. en la ciudad de México (?-¿1537?). Se cree que era hijo natural de Fernando el Católico. Recibió educación en el palacio real y fue almirante de la flota española. En 1524 se hallaba en Nueva España, a donde llegó enviado por Carlos I con el nombramiento de tesorero. Cortés, al partir a las Hibueras, lo designó miembro del triunvirato que gobernó del 12 de octubre al 29 de diciembre de 1524. Destituido por el ayuntamiento de la ciudad de México, volvió a formar parte de otro triunvirato del 17 de febrero al 20 de abril de 1525 y de nuevo fue marginado por intrigas de Gonzalo de Salazar y Pedro Almíndez Chirino, quienes ordenaron no se reconociera autoridad a Estrada so pena de 100 azotes y confiscación de bienes. Al enterarse de los sucesos, Cortés envió una carta con la orden de destituir a Salazar y Almíndez. De esta ma-

nera Estrada y Rodrigo de Albornoz integraron un diunvirato que gobernó del 29 de enero al 24 de junio de 1526, cuando Cortés regresó a la capital novohispana. Estrada compartió con Gonzalo de Sandoval los cargos de justicia y alcalde mayor encargado de la gobernación, del 2 de marzo al 22 de agosto de 1527, y con Luis de la Torre hasta el 8 de diciembre. Terminada su gestión se quedó a radicar en la ciudad de México, donde era propietario de un molino de harina. Se sabe que estaba vivo en 1533 y en una carta al rey, Antonio de Mendoza se refiere a él como difunto.

ESTRADA, ANTONIO ◆ n. en Huazamota, municipio de Mezquital, Dgo., y m. en el DF (1927-1968). Escritor. Su apellido materno era Muñoz. Fue hijo del coronel cristero Florencio Estrada, muerto en combate en 1936, al final de la segunda guerra cristera. Estudió en la Escuela de Periodismo Carlos Septién García (1953-54). Entre 1961 y 1962, cuando vivía en San Luis Potosí, militó en el movimiento navista. Fue reportero de *El Universal Gráfico* (1955-68), y colaborador del diario *El Universal* y de las revistas *Mundo Mejos, Señal, Gente, Siempre!* y *El Cuento* (1964-65). Autor de la novela *Rescoldo* (1961), del volumen de relatos *La sed junto al río* (1961) y del reportaje político *La grieta en el yugo* (1963). Dejó inédita la novela *Los indomables*. En 1963, con el cuento "Vente, pasmao", ganó el concurso mensual de la *Revista de la Semana* de *El Universal*. Acerca de *Rescoldo*, el investigador Jean Meyer ha escrito: "Un lenguaje perfectamente dominado al servicio de un pensamiento tan claro como simple, hace de este libro el mejor libro, obra novelesca u obra histórica, escrito sobre los cristeros".

ESTRADA, ARTURO ◆ n. en Panindícuaro, Mich. (1925). Pintor. Estudió en La Esmeralda, donde fue discípulo de Frida Kahlo, quien en 1945 gestionó su primera exposición en Bellas Artes. A partir de entonces ha presentado muestras de su trabajo en diversas ciudades de México, China, Alemania, Estados Unidos y casi todos los países de Europa oriental. Fue ayudante de José Clemente Orozco en la Normal (1947), de Diego Rivera en la decoración del estadio de la Ciudad Universitaria (1952) y de Juan O'Gorman en el conjunto scop (1953). Ha ejecutado murales en Cuautla (cine Narciso Mendoza, 1952), en la Planta Potabilizadora de Nuevo Laredo (mosaico, 1957), en San Luis Potosí (Casa de la Juventud, 1961), en Angangueo (escuela Bartolomé de Medina, 1964), en el Museo Nacional de Antropología (1964) y en el Centro Médico de la ciudad de México. En 1957 recibió el premio de la William and Norma Copley Foundation y diez años después otro del Instituto Nacional de Bellas Artes. Premio del Salón de la Plástica Mexicana (1985).

ESTRADA, BARTOLOMÉ ◆ n. en España y m. ¿en la ciudad de México? (1625-¿1684?). Fue contador del Real Tribunal de Cuentas de México. En 1677 se le designó gobernador y capitán general de Nueva Vizcaya.

ESTRADA, CLAUDIO ◆ n. en Veracruz, Ver., y m. en el DF (1911-1984). Guitarrista y compositor. Durante siete años actuó con Antonio Bibriesca, Ramón Donadío y David Moreno en el programa de televisión *Guitarras*. En radio hizo a lo largo de una década *Una voz y una guitarra* en XEW. Autor de canciones como *Todavía no me muero*, *Quiéreme*, *Ocaso* y otras que interpretaron Los Panchos, Pedro Infante y diversos cantantes.

ESTRADA, DOCTRINA ◆ ☞ *Estrada, Genaro*.

ESTRADA, ENRIQUE ◆ n. en Mayahua, Zac., y m. en el DF (1889-1942). Estudiaba en Guadalajara cuando se unió a la insurrección maderista. Al golpe de Victoriano Huerta se adhirió al constitucionalismo. Fue delegado a la Convención de Aguascalientes. Gobernador interino (octubre de 1916 a abril de 1917) y electo de Zacatecas (julio-agosto y octubre-moviembre de 1917). Participó en la rebelión de Agua Prieta y fue subsecretario de Guerra y Marina con Obregón (1921-22). Intervino en las rebeliones delahuertista y escobarista. Después de exiliarse en Estados Unidos, volvió a México para ser diputado, senador y director de Ferrocarriles Nacionales. Al morir era divisionario.

ESTRADA, ENRIQUE ◆ n. en Tapachula, Chis. (1942). Pintor. Su segundo apellido es Gasca. Estudió en la Escuela Nacional de Artes Plásticas de la UNAM (1960-65), donde ha sido profesor, y estuvo en el Taller de David Alfaro Siqueiros (1966-67). Entre 1966 y 1997 presentó 16 exposiciones individuales de su obra y participó en un centenar de colectivas en México Estados Unidos, India, Israel, Cuba, Francia y Yugoslavia. Ha hecho escenografías y es autor de un mural en la Fábrica Techo Eterno Eureka del DF (1968) y de otro, *Historia de Sonora*, en el Palacio de Gobierno de Hermosillo (1981-84). Pertenece al Sistema Nacional de Creadores (1995-).

ESTRADA, FRANCISCO ◆ n. en Palmillas y m. en Nuevo Laredo, Tams. (1835-1917). Militar de carrera. Se inició como soldado raso. Combatió en las filas liberales durante la guerra de Reforma. Luchó contra la intervención francesa y el imperio. General en 1879. En abril de 1914, viejo y enfermo, se ofreció para participar en la resistencia contra los invasores estadounidenses.

ESTRADA, GENARO ◆ n. en Mazatlán, Sin., y m. en la ciudad de México (1887-1937). Estudió en Mazatlán, donde se inició en el periodismo. Fue profesor de la Escuela Nacional Preparatoria. Trabajó desde 1923 para la Secretaría de Relaciones Exteriores, en la que fue subsecretario encargado del despacho con Calles (mayo de 1927 a noviembre de 1928) y durante todo el periodo presidencial de Portes Gil (diciembre de 1928 a febrero de 1930), y secretario con Pascual Ortiz Rubio (febrero de 1930 a enero de 1932). Entonces enunció la doctrina que lleva su nombre, mediante el documento enviado a los representantes de México en el extranjero, con fecha 27 de septiembre de 1930: , donde asienta que ante el establecimiento de gobiernos *de facto* en otros países, México no es partidario "de otorgar reconocimientos porque considera que ésta es una prác-

Figura de Pérgamo, obra de Arturo Estrada (1996)

tica denigrante, que sobre herir la soberanía de otras naciones, coloca a éstas en el caso de que sus asuntos puedan ser calificados, en cualquier sentido, por otros gobiernos, quienes de hecho asumen una actitud de crítica al decidir favorable o desfavorablemente sobre la legalidad de regímenes extranjeros", de ahí que la posición de México se restrinja "a mantener o retirar cuando lo crea procedente a sus agentes diplomáticos y a continuar aceptando, cuando también lo considere procedente, a los similares agentes diplomáticos que las naciones respectivas tengan acreditados en México, sin calificar, ni precipitadamente ni *a posteriori*, el derecho que tengan las naciones extranjeras para aceptar, mantener o substituir a sus gobiernos o autoridades". Fue embajador de México en España, Turquía y la Sociedad de Naciones (1931). Bibliófilo y bibliógrafo, dirigió para la Cancillería las colecciones *Monografías Bibliográficas Mexicanas* (1925) y la del Archivo Histórico Diplomático Mexicano. Escribió obras históricas: *Un siglo de relaciones internacionales de México* y *Visionarios de la Nueva España*. Fue el antologador de *Poetas nuevos de México* (1916). Autor de poesía: *Crucero* (1928), *Escalera (tocata y fuga)* (1929), *Paso a nivel* (1933) y *Senderillos a ras* (1934); novela: *Pero Galín* (1926) y el

Genaro Estrada

Retrato de la niña Lorenza, óleo sobre tela de José María de Estrada (1839)

ensayo *Genio y figura de Picasso* (1936). En 1988 se inició la publicación de sus *Obras completas*, compiladas por Luis Mario Schneider. Miembro de la Academia Mexicana de la Lengua y de la Academia Mexicana de la Historia.

ESTRADA, JOSÉ MARÍA DE ◆ n. y m. en Guadalajara, Jal. (¿1810-1862?). Pintor. Estudió en Guadalajara. Destacó como retratista. Existen obras suyas en museos de Guadalajara y el Distrito Federal.

ESTRADA, JOSEFINA ◆ n. en el DF (1957). Escritora. Estudio Ciencias de la Comunicación en la UNAM. Trabajó durante 15 años en la Dirección de Literatura del INBA. Impartió talleres literarios en el reclusorio femenil de Tepepan. Ha colaborado en *unomásuno* e imparte clases de periodismo y comunicación en el Sistema de Universidad Abierta de la UNAM. Cuentos suyos han sido incluidos en las antologías *Jaula de palabras* (Gustavo Sainz, 1980) y *Narrativa hispanoamericana 1816-1981* (Ángel Flores, 1985). Coautora de *Los 7 pecados capitales* (1989, cuentos). Autora de *Malagato* (1990, cuentos), *Para morir iguales* (crónicas, 1991) y de las novelas *Desde que Dios amanece* (1995) y *Virgen de medianoche* (1996).

ESTRADA, JUAN DE ◆ n. y m. en España (?-1579). Fraile dominico hijo de Alonso de Estrada. Residió en Nueva España muchos años. Tradujo del griego la *Escala espiritual* de San Juan Clímaco, libro del que no se conocen ejemplares pero que, por diversas referencias, está considerado como el primero que se imprimió en México.

ESTRADA, JULIO ◆ n. en el DF (1943). Músico. Estudió en la Escuela Nacional de Música, en el Taller de Carlos Chávez (composición), con Bernard Muench (composición y piano), con Nadia Bou-

langer, Messiaen, Xenakis y Pousseur. Fue investigador de la Coordinación de Humanidades (1973-77) y del Instituto de Investigaciones Estéticas de la UNAM. Colaborador de Radio UNAM, director del grupo Pro Nueva Música (1969-73) y de la Compañía Musical de Repertorio Nuevo (1979-81). Entre sus composiciones están *Tres instantes* (1966), *Solo para uno* (1971), *Fuga en cuatro dimensiones* (1974), *Talla del tiempo* (1979) y *Eva-On* (1981). Coordinó la edición de *La música en México* (4 t., 1984-86).

ESTRADA, MARIANA ◆ n. y m. en Cuitzeo, Mich. (1840-1896). Compiló su poesía en dos libros: *El placer de las musas* y *La lluvia de lágrimas o Perlas del dolor*.

ESTRADA AGUIRRE, JOSÉ ◆ n. y m. en el DF (1938-1986). Actor y director teatral y cinematográfico. Entre las últimas obras que llevó a la escena se cuentan *El jardín de las delicias* y *Muchacha del alma*. Se inició como realizador con un episodio, escrito por él mismo, de la película *Siempre hay una primera vez* (1969). Después hizo *Para servir a usted*, *Cayó de la gloria el diablo* (1971) *Uno y medio contra el mundo* (1971), *El profeta Mimí* (1972), dos cintas más con *Chabelo* como protagonista en 1973; luego *El albañil* (1974), *Recodo del purgatorio* (1975), *Maten al león* (1975; Premio a la Mejor Película en el Festival de Cartagena, Colombia, en 1977); *Los indolentes* (1977; Premio de Crítica en el Festival de Tashkent, URSS); *Angela Morante, ¿crimen o suicidio?* (1978), *¡Pum!* (1980), *La pachanga* (1981) y *Mexicano, tú puedes* (Primer Premio en el Festival de Tashkent y Diosa de Plata a la mejor película). Cuando falleció estaba por iniciar el filme *Mariana, Mariana*, basado en la novela *Las batallas en el desierto*, de José Emilio Pacheco, de la cual había escrito el guión, que fue premiado con el Ariel de 1987. Era secretario general del Sindicato de Trabajadores de la Producción Cinematográfica, líder de la Sección de Autores y Adaptadores de la misma agrupación y vicepresidente de la Sociedad General de Escritores de México, de la que fue miembro fundador.

ESTRADA CASTRO, SALVADOR ◆ n. en el DF (?). Periodista. Egresado de la Escuela Carlos Septién García. Ha trabajado en Novedades y el Diario de la Tarde. En 1970 ingresó como reportero a la Dirección de Noticieros de Televisa. Fue corresponsal de guerra en El Salvador. En su carrera como publirrelacionista ha estado adscrito a la oficina de prensa de los Juegos Olímpicos de 1968, fue subdirector de Información de la SCT (1976-78), jefe de Prensa del Banco Obrero (1981) y de la FSTSE (1996-98). Autor de *Diálogos con Fidel* (entrevista) y *Yo, corresponsal de guerra* (crónicas).

ESTRADA FEUDÓN, ENRIQUE ◆ n. en Guadalajara, Jal. (1927). Médico cirujano por la Universidad de Guadalajara, donde es profesor desde 1955. Ha ocupado en ese centro de estudios la dirección de los institutos de Ciencias Biológicas y de Botánica. Fue funcionario del ayuntamiento de Zapopan. Autor de obras sobre temas de medicina, psicología, psiquiatría, filosofía y ciencias naturales. Premio Jalisco (1985).

ESTRADA ITURBIDE, MIGUEL ◆ n. y m. en Morelia, Mich. (1908-1997). Estudió en la Escuela Libre de Derecho de Michoacán y obtuvo la licenciatura en el Colegio Civil de Guanajuato (1932). Profesor de la Sociedad de Trabajadores de Michoacán (1926) y director fundador de la Academia Técnica de Instrucción Comercial (1936). Cofundador de la Unión Nacional de Estudiantes Católicos (1931). En el Partido de Acción Nacional, del que fue fundador, se desempeñó como miembro de la comisión redactora de los principios de doctrina de ese partido (1939), director del comité regional en Michoacán (1939-56), consejero nacional emérito, diputado federal (1964-67) y miembro de la dirección nacional.

ESTRADA MARTÍNEZ, LUIS ◆ n. en el DF (?) Divulgador científico. Acreedor al premio *Kalinga* que otorga la UNESCO (1974) por la difusión de la ciencia en el idioma español. Fundador del Centro Universitario de Comunicación de la

Ciencia y de la revista *Física* (1974), que más tarde se habría de convertir en *Naturaleza*, debido a la amplitud de los temas que manejaba y cuya tarea se enriquecería con la organización de talleres, exposiciones, cursos, encuentros interdiciplinarios, así como con la creación y difusión de audiovisules. Ingresó al Seminario de Cultura Mexicana en 1990.

ESTRADA RAMÍREZ, FELIPE ◆ n. en Tepeji del Río, Hidalgo (1962). Estudio en la ENAP y ha expuesto de manera individual y colectiva desde 1987. Premio de Viñeta (1986). Segundo lugar en "Una interpretación moderna de El Quijote de la Mancha" organizada por el Museo Nacional de la Estampa (1988). Premio de Adquisición en el IX Encuentro Nacional de Arte Joven. Obtuvo menciones honoríficas en la Bienal de San Juan (1992) y en la Nacional Diego Rivera (1992).

ESTRADA REYNOSO, ROQUE ◆ n. en Moyahua, Zac., y m. en el DF (1883-1966). En 1904 estudiaba en la Escuela de Jurisprudencia de Guadalajara cuando el gobernador Miguel Ahumada lo expulsó a causa de sus actividades socialistas, que comprendían la publicación del periódico magonista *Aurora Social*, el que editaba con Miguel Mendoza López. Después de militar en el Partido Liberal Mexicano se afilió al maderismo (1909). Cofundador del Centro Antirreeleccionista de México, participó en la campaña electoral de Francisco I. Madero, de quien fue secretario y corredactor del Plan de San Luis. Integró la Junta Revolucionaria de San Antonio y participó en la insurrección iniciada el 20 de noviembre de 1910. En 1912 se distanció de Madero. Después del golpe de Estado de Victoriano Huerta tomó las armas. Prisionero de los federales hasta abril de 1914, salió para unirse al constitucionalismo. Fue secretario particular de Carranza (septiembre-diciembre de 1914) y luego operó bajo las órdenes de Manuel M. Diéguez en la División de Occidente, donde llegó a general brigadier. Gobernador provisional de Zacatecas

(1915) y secretario de Justicia con Carranza (1916). Era diputado federal por Zacatecas cuando el Partido Reconstructor Jalisciense lo propuso para ocupar la Presidencia de la República (1920), candidatura a la que renunció. Ejerció la abogacía hasta 1923 en que se adhirió al alzamiento delahuertista. Derrotado, se exilió en Estados Unidos. Volvió a México en 1929 y fue magistrado y presidente de la Suprema Corte de Justicia. Fue diputado a la XXXVI Legislatura. Autor de *La revolución y Francisco I. Madero* (1912), *Momento psicológico* (1915), *Liberación* (1933) y una colección de semblanzas sobre los presidentes mexicanos. Recibió la medalla Belisario Domínguez en 1957.

ESTRADA RODRÍGUEZ, CIRILO ◆ n. y m. en Matehuala, SLP (1888-1953). Trabajó como minero. Después de una residencia en la ciudad de México volvió a su tierra, donde dirigió los periódicos *Matehuala* (1918-29), *Nuevo Día* (1933-55) y *Plenitud* (1923); y las revistas *Iris* (1924-27) y *Luz de Matehuala* (1928-29). Autor de poesía: *Vida y milagro* (1921), *Misterio* (1921), *Capullo* (1928) e *Iris* (1928). Escribió también obras históricas: *Documentos aclaratorios para establecer si pudo o no ser 1550 el año de fundación del primitivo Matehuala* (1950) y *Gajos de historia* (recopilación de textos de varios autores sobre Matehuala, 1951-52).

ESTRADA RODRÍGUEZ, GERARDO ◆ n. en el DF (1946). Doctor en sociología por la Ecole des Hautes Estudies en Sciences Sociales de París. Profesor de la UNAM, donde fue secretario de asuntos escolares en la Facultad de Ciencias Políticas y Sociales (1970-75) y director de Difusión Cultural (1979-80). Ha sido director de Radio Educación, emisora de la Secretaría de Educación Pública (1977); director de la Casa de México en París (1983-87), director general del Instituto Mexicano de la Radio de la Secretaría de Gobernación (1988-91), director general del Programa Cultural de las Fronteras (1991-92) y era desde 1992 director general del Instituto

Nacional de Bellas Artes. Ha colaborado en *Revista de la Universidad, Etcétera* y *Revista Mexicana de Ciencia Política*; del suplemento *La Cultura en México*, de *Siempre!*, y de los diarios *unomásuno, El Día, Le Monde Diplomatique* y *La Jornada*. Coautor de *Revolución tecnológica, universidad y desarrollo* (1988) y *Ciencia política, democracia y desarrollo* (1989). Es miembro fundador del Colegio de Sociólogos. Pertenece a la Asociación Internacional de Sociología de Madrid, al Instituto Internacional de Sociología de Bruselas y a la Asociación Internacional de Ciencia Política de Washington.

ESTRADA SÁMANO FERNANDO ◆ n. en Morelia, Mich. (1941). Hijo de Miguel Estrada Iturbide. Licenciado en letras clásicas por el ITESO, y en filosofía, con doctorado en ciencia política, por la Fordham Columbia University, EUA. Ha sido profesor de la UIA (1969-78), de la Gutenberg Universitat (1979-80), de la Universidad de las Américas (1981) y de la Universidad de California, EUA (1986). Miembro del PAN desde 1970, donde ha sido consejero nacional (1973-77, 1990-) y asesor del presidente del CEN (1990). Fue dos veces diputado federal (1973-76, 1991-94) y candidato a gobernador de Michoacán. Coautor de *Nueva Ley Federal de Educación* (1975) y de *Democracia para la justicia en la libertad* (1990). Autor de *Cultura política y procesos educativos* (1973).

ESTRADA Y ZENEA, ILDEFONSO ◆ n. en Cuba y m. en la ciudad de México (?-1912). Por sus actividades independentistas se vio obligado a salir de su país. Llegó a Mérida en 1869 donde fundó el periódico *El Iris*, continuó la edición de *El Periquito*, trabajó en el diario oficial *La Razón del Pueblo* y en *La Aurora*, publicó un *Calendario de las damas* y el *Romance histórico y geográfico de Yucatán*, por lo cual recibió un "voto de gracias" del Congreso local. Editó también el *Diccionario de los niños* y *El Avisador*. Perteneció a las agrupaciones culturales de la capital yucateca. En 1871 fundó en Campeche el colegio El Porvenir y la

Roque Estrada Reynoso

Gerardo Estrada

Textos de poetas
estridentistas

Academia Literaria y Filarmónica, dirigió *La Esperanza* y continuó con *El Periquito*, periódico infantil que publicó en diversas ciudades durante 14 años. Después se instaló en Veracruz, donde creó *La Opera*, órgano especializado en espectáculos, y redactó el *Diario Oficial* del estado. Obtuvo por oposición la dirección de la Escuela del Hospicio y fue socio fundador de la Asociación de Profesores de Veracruz. En esos días el presidente Benito Juárez le concedió la ciudadanía mexicana. Residió brevemente en Orizaba, donde fundó el periódico *La Prensa* e inició la publicación del *Album Orizabeño*. En 1874 se estableció en la capital del país, desde la cual informó en ese año que había alfabetizado a 3,000 soldados. También creó varias escuelas primarias para miembros del ejército, todo lo cual le valió que le fuera otorgado el grado de coronel de infantería. En la ciudad de México fundó el periódico *La Milicia* y publicó *El Album del Ejército, La Primavera, Flores de Mayo, El Calendario de los Niños, La Abeja, La Novedad, El Mutualista* y *La Comedia*, así como un *Manual de gobernadores y jefes políticos* (1878). Hacia 1880 volvió a Cuba, pero a principios del siglo ya había regresado a México, donde en 1906 se estrenó su drama *Juárez*. En 1870, en Mérida, se había llevado a escena *Luisa Sigea (la Minerva de Toledo)*.

ESTRATEGIA ◆ Revista bimestral fundada en diciembre de 1974. Aparece puntualmente desde entonces. Se ocupa de analizar asuntos políticos y económicos con un enfoque marxista-leninista, doctrina que ha defendido frente a las nuevas corrientes de izquierda. La dirección colectiva estaba integrada por Alonso Aguilar Monteverde, Fernando Carmona, Jorge Carrión e Ignacio Aguirre.

ESTRELLA ◆ Punta de Baja California situada en el golfo de California, al sur de la bahía de San Felipe y del paralelo 31.

ESTRELLA, DE LA ◆ Cerro de origen volcánico situado en la delegación de Iztapalapa, en el Distrito Federal. Antes de la llegada de los españoles ahí se realizaba la ceremonia del Fuego Nuevo al iniciarse cada ciclo de 52 años, de acuerdo con el calendario azteca. Probablemente durante la colonia se empezó a representar la pasión de Jesucristo, que culmina con la crucifixión en lo alto del cerro, escenificación a cargo de aficionados que atrae a decenas de miles de personas el viernes de Semana Santa y que ha sido objeto de crónicas y obras de artistas plásticos.

ESTRIDENTISMO ◆ Movimiento artístico mexicano que surgió influido por el dadaísmo, el ultraísmo español y el futurismo italiano y ruso. Su irrupción fue en diciembre de 1921, cuando apareció *Actual No. 1*, "Hoja de Vanguardia. Comprimido estridentista de Manuel Maples Arce". Este fue una especie de manifiesto abundante en neologismos en el que sostiene que "la verdad estética es tan sólo un estado de emoción incoercible desarrollado en un plano extravasal de equivalencia integralista", para terminar en tono chocarrero con las palabras: "Muera el cura Hidalgo, abajo San Rafael, San Lázaro, Esquina, se prohíbe fijar anuncios". En la hoja número cuatro resume el credo del movimiento y se declara partidario de "la belleza actualista de las máquinas, de los puentes gimnásticos recientemente extendidos sobre las vertientes por músculos de acero, el humo de las fábricas, las emociones cubistas de los grandes trasatlánticos con humeantes chimeneas de rojo y negro, anclados horoscópicamente junto a los muelles efervescentes y congestionados, el régimen industrialista de las grandes ciudades palpitantes, las blusas azules de los obreros explosivos en esta hora emocionante y conmovida". A diferencia de los planteamientos futuristas, Maples Arce acentuaba la importancia del "vértice estupendo del minuto presente; atalayado en el prodigio de su emoción inconfundible y único instante meridiano, siempre el mismo y renovado siempre". Además de Maples Arce, quien señalaba a los pintores "la necesidad de una nueva sintaxis colorística", otros miembros destacados de esta corriente fueron Germán List Arzubide y Arqueles Vela, con quienes participaron Leopoldo Méndez, Ramón Alva de la Canal, Germán Cueto, Jean Charlot, Fermín Revueltas y otros artistas. En la capital del país el punto de reunión era el Café de Nadie, ubicado en la avenida Jalisco (hoy Alvaro Obregón) número 100, en la colonia Roma. En ese lugar, cuyo menú tenía la inscripción *"Merde pour les bourgoises"*, se realizó en abril de 1924 una exposición colectiva de pintura, grabado y dibujo con lectura de textos y la participación de "músicos estridentistas", bajo el patrocinio de *Irradiador*, "revista orientada por David Alfaro Siqueiros", según dice Stefan Baciu. Bajo el gobierno veracruzano del general Heriberto Jara, Maples Arce ocupó un puesto público en Jalapa, ciudad a la que llevó a sus compañeros y bautizó como Estridentópolis. Ahí, de abril de 1926 a mayo de 1927, se editó la revista *Horizontes*, dirigida por List Arzubide. En ella colaboraron con textos o ilustraciones, aparte de los mencionados, José Clemente Orozco y Rufino Tamayo. Tuvieron contacto con el estridentismo Diego Rivera, Edward Weston, Tina Modotti, Mayakovsky y otros creadores mexicanos y extranjeros. En movimiento declinó en 1928.

ETCHOJOA ◆ Municipio costero de Sonora situado en el sur de la entidad. Limita con Cajeme, Navojoa y Huatabampo. Superficie: 1,220.23 km².

Jirafas al atardecer en Etiopía

Habitantes: 57,299, de los cuales 19,916 forman la población económicamente activa. Hablan alguna lengua indígena 10,922 personas mayores de cinco años (mayo 10,824). Indígenas monolingües: 60.

Etienne Llano, Pedro René ◆ n. en Ciudad Victoria, Tamps. (1950). Licenciado en derecho y en economía. Fue comisario político del PST en la zona norte, secretario general de los Trabajadores Democráticos y secretario general de los Trabajadores Agrícolas. Fue diputado federal plurinominal a la LIV Legislatura (1988-91).

Etiopía, República Federal Democrática de ◆ Estado de África situado en el noreste del continente. Limita al norte con Eritrea, al noreste con Djibouti, al este y sureste con Somalia, al sur con Kenia y al oeste con Sudán. Superficie: 1,128,221 km². Habitantes: 60,000,000 (estimación para 1999). La capital es Addis Abeba (2,316,400 habitantes en 1994). Dire Dawa, con 194,587 habitantes en 1994, es la segunda ciudad en importancia. La moneda es el birr. El idioma oficial es el amárico. Se habla italiano, inglés, árabe, somalí y un centenar de lenguas locales. La religión predominante es la ortodoxa

etíope. La minoría religiosa de los *falashas*, también llamados judíos negros, atrajo la atención mundial en los años ochenta por su emigración a Israel, pues se trata de un grupo que practica una forma arcaica de judaísmo, anterior a la *Torá. Historia:* Hace por lo menos tres mil quinientos años el país fue poblado por grupos semíticos. Medio milenio después se fundó el reino de Axum o Aksum. Se dice que Menelik o Manelic, el primer rey o *negus*, era hijo de Salomón y la reina de Saba. Durante el dominio romano del norte de África, Etiopía representó un freno para los europeos. La cristianización se produjo hacia el siglo IV y en la siguiente centuria, cuando el reino experimentó cierta expansión, predominó la variante monofisita predicada por el griego Eutiques. Derrocada la monarquía en el siglo X, Yekuno Amlak la restauró 300 años después y se produjo un florecimiento

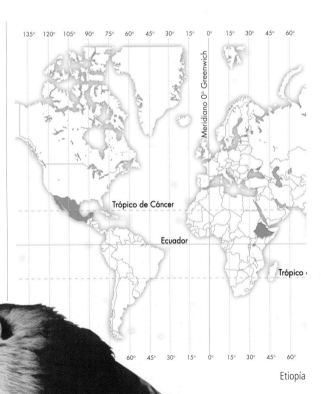

León africano

Etiopía

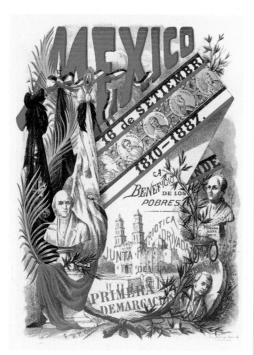

Litografía de Casimiro Castro aparecida en *México 1900*, libro de Luis Everaert

de la economía y la cultura. La expansión turca del siglo XVI hizo caer en manos musulmanas una parte de Etiopía, que gracias a una alianza con Portugal pudo impedir la caída total, aunque no un nuevo derrocamiento de la monarquía y el desmembramiento del país en pequeños señoríos. El reino y el poder centralizado fueron restaurados hasta 1855, cuando el cacique de Asmara se hizo coronar *negus* con el nombre de Teodoro II, quien en 1867 fue derrocado por los ingleses, quienes lo sometieron a prisión, donde se suicidó. Juan IV fue un dócil servidor de los británicos. Le sucedió Menelik II, quien negoció un acercamiento a Italia que le permitió equilibrar fuerzas entre las potencias coloniales. Sin embargo, posteriormente rompió con Italia y derrotó a las fuerzas de ese país, pero el gobierno de Roma logró que se le reconociera autoridad sobre Eritrea. En 1930 ocupa el trono Haile Selassie y seis años después las fuerzas de Benito Mussolini invaden Etiopía, o Abisinia, como se le llamaba entonces. México protesta enérgicamente ante la Liga de las Naciones. En 1941 tropas británicas desalojan a los fascistas italianos y reinstalan en el trono a Haile Selassie. En 1950 por resolución de la ONU, Eritrea

se convierte en estado federado de Etiopía, país que dos años después establece relaciones diplomáticas con México a nivel de misión permanente. En 1954 el rey etíope hace una visita oficial a México y al año siguiente el país se convierte en monarquía constitucional, pero Selassie se hace llamar "León de Judá" y "Rey de Reyes". En 1958 se constituye el Frente de Liberación de Eritrea. Las relaciones con México se elevan a nivel de embajada en 1961. En 1962, luego de que dos años antes había derrotado un golpe de Estado y ya enfrentaba la actividad guerrillera, el *negus* convierte a Eritrea en provincia de su imperio, mientras trabaja para fundar la Organización de Unidad Africana, lo que se concreta en 1963 y logra que la sede sea Addis Abeba (nombre que significa "nueva flor"). Posteriormente, Selassie impulsa el Movimiento de Países No Alineados, pero su despotismo estimula la rebeldía interna, la actividad guerrillera se intensifica y en 1974 se produce un golpe militar, mediante el cual Selassie es sustituido por su hijo, el Parlamento es disuelto y se integra un gobierno provisional. Al año siguiente se proclamó la República y Selassie muere en prisión. En 1977 un nuevo golpe de Estado lleva al poder a Mengistu Haile Mariam, quien dos años después anuncia la creación de lo que será el Partido Obrero del Pueblo, que en 1984 se transforma en Partido de los Trabajadores de Etiopía, país que al año siguiente sufre una larga sequía con la hambruna consiguiente, que se calcula mató a casi medio millón de personas. En 1989 México cerró su embajada en Addis Abeba "por razones económicas". En 1991 Haile Mariam es derrocado por las Fuerzas Populares Democráticas Revolucionarias y huye a Zimbabwe, mientras continúan en armas más de diez organizaciones rebeldes, entre ellas la de los separatistas eritreos. En 1993 se reúnieron todas las facciones en lucha para acordar la paz y la reconstrucción de Etiopía y el gobierno etíope reconoció la independencia de Eritrea.

ETLA ◆ Distrito geográfico de Oaxaca.

ETLA ◆ ☞ *Guadalupe Etla, Nazareno Etla, Reyes Etla, San Agustín Etla, San Pablo Etla, Soledad Etla y Villa de Etla* (antes *San Pedro y San Pablo Etla*).

ETZATLÁN ◆ Municipio de Jalisco situado al oeste de Guadalajara, en los límites con Nayarit. Superficie: 306.27 km². Habitantes: 16,927, de los cuales 4,513 forman la población económicamente activa. Hablan alguna lengua indígena 26 personas mayores de cinco años. Cerca de la cabecera municipal hay una zona arqueológica en la cual se localizó una tumba dentro de una gruta.

EUGENIA ◆ Punta de Baja California Sur situada en la costa del océano Pacífico, al sur del paralelo 28. Cierra por el sur la bahía Sebastián Vizcaíno.

EUROZA DE YAÑEZ, OFELIA ◆ n. en Oaxaca, Oax., y m. en el DF (1890-1987). Pianista. Estudió en el Conservatorio Nacional de Música. Participó en la emisión inaugural de la estación radiofónica XEW en 1930, y trabajó en ella hasta 1948, cuando se incorporó al equipo de la XEX.

EVERAERT DUBERNARD, LUIS ◆ n. en el DF (1923). Cronista de Coyoacán. Ingeniero químico por la UNAM, también realizó estudios de física. Desde 1948 trabaja en el ramo industrial de los acabados textiles. Colaborador ·de *Claridades, Excélsior, Revista de Revistas*, del periódico *México-Tenochtitlan, Novedades* y *La Plaza*. Es promotor de las marchas anuales Fray Martín de Valencia, para el rescate ecológico de la

Excélsior anuncia en su ejemplar del viernes 25 de octubre de 1929 el crack de la bolsa de Nueva York

zona Tlalmanalco-Ayotzingo. Autor de *Coyoacán a vuelapluma*, *De Barceloneta a la República Mexicana*, *El ex-voto como expresión popular, artística e histórica* (Premio Nezahualcóyotl 1985 del Instituto Cultural Domecq), *Cien años de la Compañía Industrial de Orizaba*, *La ciudad de México en el siglo XIX*, *Tres grandes colegios de la Nueva España*, *Anecdotario y crónica de Coyoacán* y *Antología coyoacanense*. Ex presidente de la Sociedad Defensora del Tesoro Artístico de México, miembro de la Asociación Nacional de Cronistas de Ciudades Mexicanas, de la Sociedad Mexicana de Geografía y Estadística (presidente de su Sección de Historia), de la Sociedad de Amigos de la Catedral, de la Sociedad Mexicana de Amigos de España, del Patronato Amigos del Centro Histórico de Coyoacán, de la Sociedad de Amigos del Museo de Culturas Populares; miembro honorario de la Sociedad Mexicana de Arquitectos Restauradores y miembro de número de la Academia Hispanoamericana de Ciencias, Artes y Letras. Presea Jesús Meyer Ríos (1985) de la Sociedad de Estudios Históricos de Texcoco. Primer premio en el concurso Relatos de Coyoacán (1987) de la Dirección de Culturas Populares.

EXAMEN ◆ Revista literaria que dirigió Jorge Cuesta. El primer número apareció en agosto de 1932 y el tercero y último en noviembre del mismo año. Publicó textos de Julio Torri, Carlos Díaz Dufoo *jr.*, Aldous Huxley, Samuel

Primera plana de Excélsior, el 5 de enero de 1935, con la noticia del New Deal de Roosevelt, en Estados Unidos

Edificio del periodico
Excelsior

Ramos, Salvador Novo, Carlos Pellicer, Luis Cardoza y Aragón, José Gorostiza, Xavier Villaurrutia, Celestino Gorostiza y Rubén Salazar Mallén. Una novela de éste, *Cariátide*, de la que se publicaron fragmentos en los dos primeros números, motivó que algunos diarios capitalinos, incluido el periódico comunista *El Machete*, realizaran una campaña contra la revista. *Excélsior* dijo que "jamás en la historia del periodismo mexicano habíanse dado a la luz pública palabras tan soeces" y exhortó al procurador de justicia y al inspector de policía a confiscar el número dos de la publicación y a consignar "a los responsables a la autoridad competente, porque se trata de un verdadero delito y de poner a salvo la moralidad y la decencia, gravemente ofendidas". Cuesta respondió que "el comercio de *Excélsior*, en cuanto a su contenido moral, consiste en dos cosas: primera, halagar a quienes le dan dinero por leer el periódico, y segunda, halagar a quienes le dan dinero por otro concepto: los anunciantes, por ejemplo. Su 'moral' tiene que llenar este requisito: producir utilidades". El juez Jesús

Zavala falló en favor de Salazar Mallén y la revista.

EXCÉLSIOR ◆ Diario del Distrito Federal que se anuncia como "El periódico de la vida nacional". El primer número apareció el domingo 18 de marzo de 1917. Rafael Alducin fue su fundador y presidente (1917-24). La casa editora del periódico se convirtió en cooperativa en 1932. Los directores han sido José E. Campos (1922-24), Consuelo Thomalen viuda de Alducin (presidenta, 1924-27), Adolfo Leal de los Santos (vicepresidente, 1924-27), Manuel L. Barragán (1927), Abel R. Pérez (presidente del consejo de administración, 1927-31), Juan M. Durán y Casahonda (1931-32), Rodrigo de Llano (1932-63), Manuel Becerra Acosta, padre (1963-68), Julio Scherer García (1968-76), Víctor M. Velarde (director técnico, 1976) y Regino Díaz Redondo (1976-). Eduardo Aguilar fue el primer gerente (1924-27), Pablo Langarica tuvo el título de administrador (1927) y Guillermo Enrique Simoní el de gerente general (1932). Los otros gerentes han sido Francisco Pizarro Suárez (1931-32), Gilberto

Figueroa (1934-62), J. de Jesús García (1962-69), Alberto Ramírez de Aguilar (1969-70), Hero Rodríguez Toro (1970-76) y Juventino Olivera López (1976-).

EXELENTE AZUARA, ELPIDIA ◆ n. en Llamatlán, Ver. (1949). Pertenece desde 1965 al PRI, en el que ha coordinado campañas estatales de candidatos a diputados, alcaldes y gobernador (1975-80). Diputada federal por Veracruz (1982-85).

EXPANSIÓN ◆ Revista quincenal publicada en el Distrito Federal por Expansión, SA. El primer número apareció el 21 de enero de 1969 bajo la dirección

Marcha popular en apoyo de la decisión del presidente Cárdenas del Río de expropiar el petróleo mexicano

Excélsior anuncia el 19 de marzo de 1938 la expropiación del petróleo

de Gustavo Romero Kolbeck y, de acuerdo con el editorial, se proponía ser "una revista de negocios de primera clase con la que el empresario pudiera identificarse y que sirviera a la vez como medio de comunicación entre los hombres de negocios del país". La publicación informa sobre el estado y las tendencias de las diversas ramas de la actividad económica, los proyectos más importantes, las firmas de más tradición o de mayor pujanza, los hombres de negocios más destacados, el mundo financiero, las políticas internas y externas de las empresas más exitosas, el papel de los ejecutivos, la situación del mercado, el pensamiento de los teóricos y otros temas de interés para sus lectores. Anualmente publica la lista de las 500 empresas más importantes de México.

EXPROPIACIÓN PETROLERA ◆ Nacionalización de las empresas petroleras decretada por el presidente Lázaro Cárdenas el 18 de marzo de 1938, después de que, en noviembre de 1936, el Sindicato de Trabajadores Petroleros de la República Mexicana, constituido en agosto de 1935, demandó a las empresas del ramo la firma de un contrato colectivo que incluía la exclusividad de contratación y un aumento de salarios. Como la respuesta de la parte patronal no satisfizo las demandas del sindicato, éste inició una huelga el 31 de mayo de 1937, misma que levantó el 9 de julio con la promesa de las autoridades de que una comisión efectuaría un estudio de la situación económica de

las empresas. El informe rendido por la Comisión Pericial reveló que las compañías en cuestión podían conceder aumentos por un total de 26 millones de pesos, toda vez que sus utilidades en 1934 habían sido de 52 millones, en 1935 de 62 millones y en 1936 de 56 millones. Con base en estos resultados, la Junta Federal de Conciliación y Arbitraje emitió su dictamen, mismo que no fue acatado por la parte patronal, que decidió solicitar el amparo a la Suprema Corte de Justicia de la Nación. Esta negó el recurso solicitado y las empresas se declararon en rebeldía. Los obreros se prepararon para reiniciar la huelga, en tanto que exigían al gobierno la cancelación de las concesiones otorgadas a las firmas del ramo. Ante la intransigencia patronal, el presidente de la República, Lázaro Cárdenas, procedió a la expropiación, lo que afectó a 17 compañías extranjeras. La medida produjo una airada reacción en los círculos

El presidente Lázaro Cárdenas del Río anuncia el decreto de expropiación del petróleo el 18 de marzo de 1938

Timbre conmemorativo de la expropiación petrolera

gobernantes y empresariales de Estados Unidos y de los países europeos, los que aplicaron a México un boicoteo que incluía la negativa a comprarle hidrocarburos, el retiro de personal especializado y de equipos que se pudieron llvar; el bloqueo económico, la suspensión de adquisiciones de plata mexicana, la exigencia de que los gobiernos estadounidense e inglés demandaran la devolución de lo expropiado, el debate parlamentario sobre la "conveniencia de invadir México", el financiamiento y asesoría para el frustrado cuartelazo de Saturnino Cedillo y, tras de toda esa actividad, una intensa campaña contra México y el presidente Cárdenas en la prensa internacional. El pueblo mexicano dio un apoyo irrestricto a la medida, pues salió a las calles a manifestar su compromiso con la nacionalización, acudió a los puntos señalados por el gobierno para hacer donativos, destinados a pagar lo expropiado, y respaldó sin reservas a los trabajadores petroleros, que pese a las limitaciones del momento hicieron trabajar la industria. Al mismo tiempo, en decenas de países las calles eran escenario de grandes manifestaciones de solidaridad con los mexicanos y de admiración por su presidente.

EXTORAZ ◆ Río que nace en las estribaciones del noroeste de la sierra Gorda, en Guanajuato, cruza el estado de Querétaro siguiendo el paralelo 21 y en los límites con Hidalgo descarga en el Moctezuma. Su nombre aparece con distinta ortografía.

EYIPANTLA, SALTO DE ◆ Cascada del río San Andrés, situada en el municipio de San Andrés Tuxtla Veracruz. Tiene más de 40 metros de altura y se halla cerca de la cabecera municipal, unos 20 kilómetros al oeste de la laguna de Catemaco.

EZCURDIA, ALBERTO DE ◆ n. Guanajuato, Gto., y m. en el DF (1917-1970). Se tituló como abogado en la Escuela Libre de Derecho. En España tomó el hábito dominico y estudió filosofía. Al volver a México fue profesor de la Facultad de Filosofía y Letras de la UNAM, colaboró en diversas publicaciones y participó en la fundación de la Parroquia Universitaria, más tarde Centro Universitario Cultural, uno de los primeros centros del pensamiento católico progresista.

EZCURDIA CAMACHO, MARIO ◆ n. en el DF (1925). Periodista. Es miembro del PRI, partido en el que fundó y dirigió el órgano teórico *Línea* (1972-75). Se inició en el periodismo en 1943 como ayudante de redacción en la revista *Hoy*. Ha sido jefe de redacción de *Así* (1948), director de *Escena* (1949); redactor de *El Popular* (1950-52), *Impacto* (1953-55) y *Ovaciones* (1953-55); director fundador de la revista *Al Día* (1955-58), subjefe (1956-58) y jefe de Prensa de la Presidencia de la República (1958-64); autor de la columna "Las Cuentas Claras" de *El Universal* bajo el pseudónimo de José C. Álvarez y con su propia firma (1961-62 y 1973-74); autor de la columna "De la política" de *El Día* (1969-72 y 1977-82), comentarista y productor de programas periodísticos en el Canal 13 de televisión (1974-76), articulista (1976-78) y director general del diario *El Nacional* (1982-). Autor de la novela *El gran juego*, de la crónica *Operación Europa* y de los ensayos *Análisis teórico del PRI*, *La prioridad es el hombre* (1981) y *Miguel de la Madrid, el hombre, el candidato* (1982). Reunió una selección de artículos en *De la política*. Ha recibido condecoraciones de varios países. Premio Nacional de Periodismo en 1980 y 1982.

EZEQUIEL MONTES ◆ Municipio de Querétaro situado al este de la capital de la entidad, en los límites con Hidalgo. Superficie: 278.4 km². Habitantes: 25.605, de los cuales 5,730 forman la población económicamente activa. Hablan alguna lengua indígena 170 personas mayores de cinco años (otomí 162).

EZETA GÓMEZ PORTUGAL, HÉCTOR MANUEL ◆ n. en el DF (1939). Licenciado en derecho por la UNAM, donde fue subdirector de Relaciones e Intercambio Cultural y director general de Información. Ha tomado cursos de posgrado en Suiza, Yugoslavia, República Dominicana, Costa Rica y México. Desde 1957 es miembro del PRI, donde ha desempeñado diversas comisiones. Fue jefe de Prensa y Relaciones Públicas de Bellas Artes, secretario particular del subsecretario y subdirector general de Información de la Secretaría de Gobernación, director general de Información y Relaciones de la Secretaría de Comercio y Fomento Industrial, director de Recursos Humanos de la Secretaría de Educación, secretario técnico de la Comisión Nacional para la Defensa del Idioma Español, director general de la agencia Notimex y embajador para Asuntos Especiales del Caribe de la Secretaría de Relaciones Exteriores. Autor de *Derecho legislativo mexicano* (1979).

EZLN ◆ ☞ *Ejército Zapatista de Liberación Nacional*.

EZQUERRO, CARLOS M. ◆ n. en Concordia, Sin., y m. en el DF (1866-?). Antirreeleccionista. Participó en la campaña electoral de Madero. Diputado a la XXVI Legislatura, la que disolvió Victoriano Huerta. Secretario de Hacienda con Carranza (septiembre de 1914). Diputado al Congreso Constituyente (1916-17).

EZQUERRO PERAZA, ROBERTO *TITUS* ◆ n. y m. en el DF (1897-1955). Médico por la Universidad Nacional de México (1923), donde fue profesor. Fue jefe del Departamento de Higiene del DF. Fundador (1950) y dos veces presidente de la Academia de Historia de la Medicina. Coautor de *Los hospitales de México* (1936). Autor de ensayos históricos: *Los directores de la Facultad de Medicina* (1933), *El hospital Juárez* (1934), y de cuento: *En la sala de espera. Cuentos médicos humorísticos* (1932), *En serio y en broma* (1935), *Un libro sin título* (1939), *Pláticas a los niños mexicanos. Cuentos de educación higiénica* (1940) y *Auscultado* (1944)

Mario Ezcurdia Camacho

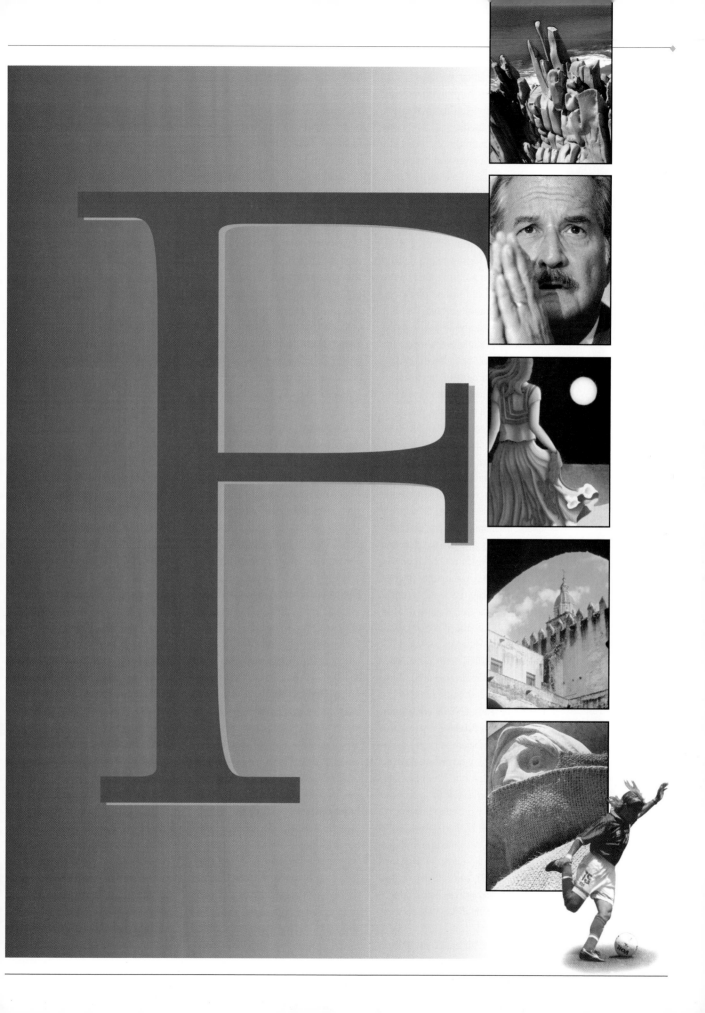

FA-CHA ◆ ☞ *Zamarripa, Ángel.*

FABELA, ISIDRO ◆ n. en Atlacomulco, Edo. de Méx., y m. en Cuernavaca, Mor. (1882-1964). Estudió en la Escuela Nacional de Jurisprudencia (1908). Fue profesor de la Universidad Nacional y otras instituciones. Secretario de actas del Ateneo de la Juventud en 1910, cuando cofundó el Club Liberal Progresista y el periódico *La Verdad*. Jefe de defensores de oficio del DF (1911), miembro de la Legislatura que disolvió Victoriano Huerta (1913). Después de un breve exilio en Cuba fue oficial mayor del gobierno de Sonora (1913) y oficial mayor encargado del despacho de Relaciones Exteriores con Venustiano Carranza (16 de diciembre de 1913 al 10 de diciembre de 1914); representante diplomático de Carranza ante Francia, Inglaterra, Italia, España, Argentina, Chile, Uruguay, Brasil y Alemania (1915-20). Diputado federal (1920-22), juez por la parte mexicana en la Comisión de Reclamaciones México-Italia (1929-33), presidente de la primera Conferencia Agrícola de Ginebra (1938), miembro de la Corte de La Haya (1938-64) y juez de ese organismo (1946-52); delegado ante la Liga de las Naciones y la Organización Internacional del Trabajo (1937-40) y representante de ésta en la Conferencia del Trabajo de La Habana (1940). Encabezó la delegación mexicana a la tercera Conferencia del Caribe (1940). Gobernador del estado de México (1942-45). Autor de cuentos: *La tristeza del amo* (1911) y *Cuentos de París* (1960); semblanzas: *Carranza* (s.f.), *Paladines de la libertad* (1958); recopilación: *Arengas revolucionarias* (1916); y numerosos ensayos, entre los que destacan: *Los Estados Unidos contra la libertad* (1920), *La Sociedad de las Naciones y el continente americano ante la guerra de 1939-40* (1940), *Azaña y la política de México hacia la República Española* (1943), *Cartas al presidente Cárdenas* (1947), *La Conferencia de Caracas y la actitud anticomunista de México* (1954) e *Historia diplomática de la revolución mexicana* (2 t., 1958 y 1959). Miembro de la Academia Mexicana (de

Isidro Fabela

la lengua) y de la American Society of International Law. Doctor *honoris causa* por la UNAM. Recibió la Medalla Belisario Domínguez.

FABIÁN Y FUERO, FRANCISCO ◆ n. y m. en España (1719-1801). Obispo de Puebla de 1765 a 1773, cuando pasó a ocupar el arzobispado de Valencia.

FABIÉ, RAMÓN ◆ n. en Filipinas y m. en Guanajuato, Gto. (1785-1810). Estudió ingeniería en el Colegio de Minería de la ciudad de México. Trabajaba en Guanajuato cuando la ciudad fue ocupada por los insurgentes. Por adherirse a la causa independentista, al ocupar Calleja la plaza, fue ahorcado.

FABILA ALBA, SADOT ◆ n. en el DF (1943). Periodista. Fue reportero de los periódicos *El Popular* (1960-61) y *El Día* (1962-1981). Jefe de Información de la Presidencia de la República (1981-82), reportero (1982), coordinador de la sección política (1982-84) y director de Operaciones (1990-92) de Notimex; director de Servicios e Información del ISSSTE (1984-88), director de Información de la Cámara de Diputados (1988-1989) y director general de Comunicación Social de la Secretaría de Salud. Colabora en el diario *La Crónica de Hoy* (1999-).

FABILA HERNÁNDEZ, SADOT ◆ n. en Valle de Bravo, Méx., y m. en el DF (1920-1985). Estudió en la Escuela Nacional de Agricultura de Chapingo. Fue miembro del Partido Comunista Mexicano y del grupo El Insurgente. Cofundador del Partido Popular. Escribió para los periódicos *El Popular, La Prensa, El Día, El Nacional* y *Excélsior*. Articulista de la agencia Notimex. Cofundador de la revista *Cuentalia*. Autor de *La huelga de Nueva Rosita, No te quiebres, vale* y *Patria o muerte*.

FABILA MELÉNDEZ, ANTONIO ◆ n. en Oaxaca, Oax. (1942). Licenciado en economía por la UNAM (1960-64) con posgrado en la Universidad de Zagreb (1965-69). Desde 1964 es miembro del PRI, en el que ha sido director del Centro de Estudios Políticos, Económicos y Sociales (1975-76), secretario general (1980) y presidente (1980-82) del co-

mité estatal en Oaxaca. Fue secretario particular del oficial mayor de la Secretaría de la Presidencia (1971-72), vocal del Comité Promotor del Desarrollo en Oaxaca (1972-76), representante de la SPP en la misma entidad y gerente de Recursos Humanos de Aeroméxico (1977-80). Diputado federal (1982-85). Presidió la Liga de Economistas Revolucionarios de Oaxaca (1980-83).

FABILA MONTES DE OCA, ALFONSO ◆ n. en Amanalco de Becerra, Edo. de Méx., y m. en el DF (1897-1960). Antropólogo. Estudió en universidades de Estados Unidos. A su regreso a México colaboró con Manuel Gamio. Fue inspector de Misiones Culturales Rurales de la SEP, consejero del Departamento de Asuntos Indígenas, director del ensayo piloto de la UNESCO en Nayarit e investigador del Instituto Nacional Indigenista. Dirigió el Centro Coordinador Indigenista en Yucatán. Escribió creación literaria: *Sangre de mi sangre* (1924), *Los brazos en cruz* (1929), *Hoz: seis cuentos mexicanos de la revolución* (1934), *Aurora campesina* (1941), *Norte* (1943), *Entre la tormenta* (1946) y *Sur* (1952); y los ensayos *El problema de la emigración de obreros y campesinos mexicanos* (1929), *Las tribus yaquis de Sonora: su cultura y su anhelada autodeterminación* (1940), *La tribu kikapoo de Coahuila* (1945), *El ensayo piloto mexicano de educación pública en Santiago Ixcuintla, Nayarit* (1952), *Los otomianos de Zitácuaro* (1959) y *Los huicholes de Jalisco* (1959). En 1987 se le concedió, *post mortem*, la presea Manuel Gamio al Mérito Indigenista.

FABILA MONTES DE OCA, GILBERTO ◆ n. en Amanalco de Becerra, Edo. de Méx., y m. en el DF (1892-1966). Ingeniero agrónomo por la Escuela Nacional de Agricultura, donde fue profesor durante más de 20 años. Fue varias veces diputado local en el estado de México y senador por la misma entidad. Autor de *Fraccionamiento de latifundios* (1925), *Ponencia sobre las leyes agrarias vigentes y memorándum relativo a la cuestión agraria en México* (1933), *Síntesis de los debates suscitados en el seno de la Gran*

Comisión Agraria, nombrada por la H. Cámara de Diputados para estudiar la reforma de las leyes agrarias vigentes (1933), *Economía de la agricultura* (1937), *El comercio exterior de México 1938-39* (1940), *Administración rural: economía de la organización y manejo de la empresa agrícola* (1947) y *Un gobernador* (1952).

FABRE DEL RIVERO, CARLOS ◆ n. en Puebla, Pue. (1937). Licenciado en derecho y actuario por la UAP (1962), de la que fue profesor (1964-67). Desde 1955 es miembro del PRI. Fue presidente municipal suplente de Puebla (1969-71), oficial mayor de la SIC (1970-76), secretario general del Infonavit (1970-76), asesor del gobierno de Tlaxcala (1977-81) y delegado del DDF en Cuauhtémoc (1982-85), puesto al que renunció un mes después de los sismos, cuando su jurisdicción resultó la más afectada del país. En 1968 fue designado *Ejecutivo Distinguido del Año* por la Asociación de Ejecutivos de Ventas.

FÁBREGAS, MANOLO ◆ n. en España y m. en el DF (1921-1996). Nombre profesional del actor y empresario teatral Manuel Sánchez Navarro Schiller. Adoptó como propio el apellido de su abuela, Virginia Fábregas. Actor de cine y teatro desde 1936, director escénico y empresario. En el teatro fue protagonista de *Sexteto, El tren de Venecia, El gran cardenal, Brujería, La señora Ana luce sus medallas, El aprendiz de amante* y *La enemiga,* todas puestas en el Teatro Ideal, al que en 1965 dio el nombre de Manolo Fábregas. En 1951 se presentó por primera vez en el Palacio de Bellas Artes en *La culta dama,* de Salvador Novo, obra a la que siguieron *Contigo, pan y cebolla,* de Eduardo de Gorostiza, y *Mi cuarto a espadas,* de Aquiles Elorduy. En la sala Cinco de Diciembre actuó y dirigió *Siete años de comezón* (1955). En 1956 alquiló el Teatro Insurgentes, donde, a partir de *Testigos de cargo,* montó decenas de obras, buen número de ellas del género musical, algunas muy exitosas, como *El violinista en el tejado.* Contratadas por él llegaron a México Amparo Rivelles, Aurora Bautista y Niní

Marshall. Entre 1952 y 1955, presentó más de 150 piezas dramáticas en el canal 4 de televisión. Trabajó en más de 60 películas, entre las que destacan *La herencia macabra* (1939), *Del rancho a la capital* (1941), *El intruso, La mujer legítima* (1945), *Arrabalera* (1949), *El asesino* (1954), *Lagunilla mi barrio* (1980) y muchas más. En la escena tuvo varios éxitos, entre otros el de personaje principal en *El violinista en el tejado.* Obtuvo una Diosa de Plata por su actuación en *Mecánica nacional* (1972).

FÁBREGAS, VIRGINIA ◆ n. en la hacienda de Oacalco, municipio de Yautepec, Mor., y m. en el DF (1870-1950). Actriz. Se tituló como profesora normalista en 1896. Durante dos años se dedicó a la docencia con sordomudos. Actuó en diversas obras con fines benéficos antes de iniciarse profesionalmente en el teatro en 1892, en *Un crítico incipiente,* de Etchegaray. En las primeras décadas del siglo XX se presentó con su propia compañía en países latinoamericanos y europeos, donde le llamaban la *Sarah Bernhardt mexicana o de América"* . Entre sus principales éxitos escénicos se cuentan *La dama de las camelias, Fedora, La mujer X, Doña Diabla* y *¿Quo vadis?* En terrenos del antiguo Teatro Renacimiento construyó un teatro al que puso su nombre, a cuya inauguración asistió Porfirio Díaz. En Hollywood trabajó en las cintas *La fruta amarga* y *La sangre manda.* En México protagonizó las películas *Abnegación,* de Rafael Portas, y *La casa de la zorra.* Por disposición del entonces presidente Miguel Alemán, sus restos se hallan en la Rontonda de los Hombres Ilustres del DF. El gobierno de Francia le otorgó las Palmas Académicas (1908).

Foto: Armando Herrera

Manolo Fábregas

FÁBREGAS PUIG, ANDRÉS ◆ n. en Tuxtla Gutiérrez, Chiapas (1945). Etnólogo egresado de la ENAH con doctorados en la UIA y en la Universidad del Estado de Nueva York, instituciones en las que ha sido profesor. Fue investigador del Departamento de Antropología Social en la UIA (1969-70) y director de proyectos de investigación académica en el INAH, la UAM y el CIESAS. Se ha desempeñado como investigador en las universidades Autónoma Metropolitana, Católica del Ecuador (1978), Nacional de Costa Rica (1979), así como en la ENAH (1984-85) y en el Colegio de Michoacán (1985). Pertenece al Sistema Nacional de Investigadores (1983). Fue director general del Instituto Chiapaneco de Cultura (1991). Ha sido columnista de *Novedades de Quintana Roo* y de *El Universal* y ha escrito diversos ensayos en revistas especializadas. Autor de *Antropología política: una antología* (1976), *La formación histórica de una región: los Altos de Jalisco* (1986), *Retrovisión y perspectiva del Soconusco* (1986) y *Una reflexión teórica antropológica* (1991).

FÁBREGAS ROCA, ANDRÉS ◆ n. en España y m. en Tuxtla Gutiérrez, Chis. (1910-1990). Educador. Militó en el Partido Obrero de Cataluña. Fue diputado a las Cortes españolas. Combatió al fascismo durante la guerra civil española y luego de la derrota de la República se exilió en Francia, donde permaneció en un campo de concentración hasta 1940, cuando se embarcó hacia México. Fundador y presidente del Ateneo de Ciencias y Artes de Chiapas, fue el primer presidente de la junta de gobierno de la Universidad Autónoma de Chiapas (1974).

FABREGAT, JOSÉ JOAQUÍN ◆ n. en España y m. en la ciudad de México (?-1807). Grabador. Llegó a México en 1787 y fue catedrático de su especialidad en la Academia de San Carlos. Tomando como base un dibujo de Rafael Ximeno hizo su *Vista de la Plaza Mayor de México* (1796). En 1807 se encargó de trabajar la lámina mediante la cual se reprodujo el plano de la capital trazado por García Conde.

Obra de José Joaquín Fabregat

FABRÉS Y COSTA, ANTONIO ◆ n. y m. en España (1845-?). Artista académico que estuvo en México entre 1903 y 1906, lapso en el cual fue maestro en la Academia de San Carlos. Contribuyó a reorganizar esa institución en la que tuvo entre sus discípulos a Orozco, Rivera, Montenegro y Saturnino Herrán.

FÁBULA ◆ Revista literaria que imprimía Alejandro Gómez Arias con Miguel N. Lira en una pequeña imprenta propiedad de éste. Apareció mensualmente entre enero y septiembre de 1934.

FACHA, JOSÉ MARÍA ◆ n. en San Luis Potosí, SLP, y m. en el DF (¿1880?-1957). Hizo estudios de jurisprudencia en el Instituto Científico y Literario de la capital potosina, donde participó en la organización del Primer Congreso Liberal. Dirigió el periódico *La Pluma* y escribió para *El Demófilo* (1902) y la *Revista Moderna*. Autor de poesía: *Idilio bucólico* (1900), *Ónices* (inédito) y *Sanguina* (inédito); cuentos: *De Rembrandt* (inédito) y otras obras que no publicó.

FACIO, JOSÉ ANTONIO ◆ n. en Veracruz, Ver., y m. en Francia (1790-1836). Militar realista. En 1821 se adhirió al Plan de Iguala. Durante la presidencia de Guadalupe Victoria perteneció al partido escocés. Estuvo encargado de realizar las investigaciones en torno a la conspiración de Arenas. Sus conclusiones fueron publicadas bajo el título de *Pedimento fiscal del señor coronel José Antonio Facio en la causa formada al religioso dieguino fray Joaquín de Arenas por el delito de alta traición, visto en consejo de guerra ordinario.* (1827). En el frustrado alzamiento de Nicolás Bravo contra el presidente Guadalupe Victoria, en enero de 1828, fungió como uno de los coordinadores de la asonada en la capital. Derrotados los rebeldes en Tulancingo, se ocultó. En el gabinete de Anastasio Bustamante fue ministro de Guerra y Marina (de enero de 1830 a enero de 1832). A la caída de ese gobierno fue sometido a juicio por urdir el complot que llevó al asesinato de Vicente Guerrero. Huyó del país y se refugió en París, donde murió después de publicar en 1835 una *Memoria que sobre los sucesos del tiempo de su ministerio y sobre la causa intentada contra los cuatro ministros del excelentísimo señor vicepresidente, don Anastasio Bustamante, presenta a los mexicanos el general, ex ministro.*

FADANELLI, GUILLERMO J. ◆ n. en el DF (1960). Videoasta y escritor. Guionista y director de los videos *Alpura fresa* y *El secuestro de Montserrat*. Dirige la revista *Moho*. Es uno de los autores de la llamada literatura basura. Ha publicado *El día que la vea la voy a matar* (relatos, 1992), *La otra cara de Rock Hudson* (Premio Nacional de Novela Impac-Conarte e ITESM, 1998) y *Para ella todo suena a Frank Purcel* (1999).

FAESLER, JULIO ◆ n. en el DF (1930). Su segundo apellido es Carlisle. Licenciado en derecho y en economía por la UNAM Miembro del PAN desde 1996. Fue director general de Bancomext. Diputado federal para el periodo 1997-2000. Es articulista del diario *Reforma* desde 1993.

FAGOAGA, FRANCISCO ◆ n. y m. en la ciudad de México (1788-1851). Fue diputado a las Cortes de Cádiz en 1820. Volvió en 1823 y se le nombró alcalde de la capital. Fue tres veces senador y secretario de Relaciones en el gabinete de Melchor Múzquiz (20 de agosto al 24 de diciembre de 1832). En ejecución de la voluntad testamentaria de su hermano, José Francisco, realizó obras de beneficencia.

FAJARDO DE LA MORA, MARIO ◆ n. en Sinaloa (1953). Licenciado en administración de empresas por la Universidad La Salle, con maestría en el ITESM y doctorado en la UNAM. Fue catedrático del ITAM(1983) y del ITESM (1986-96). Tesorero del Grupo Vitro (1978-80). En el gobierno del estado de México ha sido director general del Centro de Artesanía Mexiquense (1987), subdirector de Promoción Industrial (1988-90) de la Secretaría de Desarrollo Económico, director general de Documentación y Análisis de la Dirección General de Comunicación Social (1990-93), director general de Fomento Agroindustrial (1993-97) y coordinador de Estudios y Proyectos Especiales de la Secretaría de Desarrollo Agropecuario (1997-99).

FALANGE, LA ◆ Publicación que se presentaba como "Revista de Cultura Latina". Aparecieron siete números entre el primero de diciembre de 1922 y octubre del año siguiente. Jaime Torres Bodet y Bernardo Ortiz de Montellano fueron los editores del primer número y presumiblemente de los siguientes, aunque sus nombres, a partir de la segunda entrega, sólo aparecieron en la extensa lista de redactores que incluía a Pedro y Aurelio de Alba, Adolfo Best Maugard, Enrique Fernández Ledesma, Julio Jiménez Rueda, Manuel

FABULA
HOJAS DE MEXICO

LAS IMPRIMEN ALEJANDRO GOMEZ ARIAS Y MIGUEL N LIRA

FEBRERO   1934

Toussaint, Rafael Heliodoro Valle y Xavier Villaurrutia. Entre los ilustradores se contaron Diego Rivera, Roberto Montenegro, Abraham Ángel, Manuel Rodríguez Lozano, Miguel Covarrubias y Carlos Mérida. Publicó textos de Ermilo Abreu Gómez, Ricardo Arenales, Rafael Arévalo Martínez, Rubén Darío, el *Dr. Atl*, Genaro Estrada, Luis Garrido, Enrique González Martínez, Luis González Obregón, Enrique González Rojo, Juana de Ibarbourou, Ramón López Velarde, María Enriqueta, Tristán Marof, Gabriela Mistral, Francisco Monterde, Salvador Novo, Gilberto Owen, Ezra Pound, Samuel Ramos, Alfonso Reyes, José Santos Chocano, José Juan Tablada, Julio Torri, Miguel de Unamuno, Artemio de Valle-Arizpe, José Vasconcelos y Paul Verlaine.

FALCÓN ◆ n. en Nuevo Laredo, Tams. (1957). Nombre profesional del caricaturista Manuel Héctor Falcón Morales. Estudió ciencias de la comunicación. Fue uno de los codirectores de la revista *Galimatías* y participó en las secciones *Monobloc: todos venimos del mono*, en el diario *El Occidental*, de Guadalajara, y *La croqueta: humor perro*, en el periódico capitalino *La Jornada*. Ha colaborado en *El Nacional Dominical* y *Nexos*. Es cartonista del diario *Reforma*. Coautor del libro *La croqueta: humor perro* (1987). Reunió parte de su trabajo en *La rueda de la fortuna* (1991).

FALCÓN, HÉCTOR ◆ n. en Jalpa de Méndez, Tab. (1906). En 1920 se estableció en la capital del país donde trabajó en los diarios *El Universal, El Globo, El Heraldo de México, El Demócrata, Excélsior* y las revistas *Actual, Continental, Mañana, Hoy, Todo, Revista de Revistas, Antena Cómica, Don Timorato* y otras. Fundó el semanario infantil *Piocha*. Durante varias décadas fue cartonista editorial de *Novedades*. Firmaba sus trabajos como *Cadena M.*

FALCONI, JOSÉ ◆ n. en Tuxtla Gutiérrez, Chis. (1953). Poeta. Estudió periodismo. Ha coordinado talleres literarios. Autor de *Cercadas palabras* (1979), *Aguamuerte* (1982) y *Escribo un árbol* (1992). Fue becario del Consejo Nacional de Ciencia y Tecnología. Ha recibido los premios Nacional de Poesía Carlos Pellicer (1978) y de Poesía de Chiapas (1979).

FALCONI CASTELLANOS, JOSÉ ◆ n. en Tuxtla Gutiérrez, Chis., y m. en Poza Rica, Ver. (1922-1970). Periodista y poeta. Trabajó en diarios capitalinos. Murió cuando *cubría* la campaña electoral del candidato a la Presidencia Luis Echeverría. Su primer libro de poemas fue *Canto a la vida*. En 1953 publicó *Padre Hidalgo*, primer lugar en el concurso convocado por el diario *Novedades*. Su último libro, titulado *Cauces*, apareció con 28 ilustraciones del grabador Jesús Álvarez Amaya.

FALSO ◆ Cabo de Baja California Sur situado en el extremo sur de la península, en la costa del Pacífico, aproximadamente sobre el paralelo 23.

FAMOSO GÓMEZ, LUIS ◆ n. en el DF (1944). Boxeador. Sostuvo 153 combates como aficionado y 105 como profesional. *Guantes de oro* en 1961 y cam-

peón nacional gallo en 1963, participó en los Juegos Panamericanos de Río de Janeiro (1963).

FANDIÑO IGLESIAS, RICARDO ◆ n. en España y m. en el DF (1900-1963). Médico. Llegó a México en 1939 al término de la guerra civil española. Se incorporó a los servicios sanitarios del Ejército Mexicano, donde alcanzó el grado de teniente coronel (1958). Fue también pediatra del IMSS desde 1945 hasta su muerte. En México publicó artículos y ensayos en revistas especializadas y aparecieron las obras *La tuberculosis en la infancia* (1941) y *Síndromes meníngeos y su tratamiento* (1946). Dejó inédito el trabajo *Mujer, matrimonio y maternidad*.

FARALLÓN ◆ Punta de la costa de Jalisco que cierra por el sur la bahía de Careyes.

FARBER BEJARANO, GUILLERMO ALFONSO ◆ n. en Mazatlán, Sin. (1951). Escritor y periodista. Licenciado en ciencias y técnicas de la comunicación por la UIA y maestro en administración por el ITESM. Fue gerente de Información de Seguros Monterrey (1973-77), subdirector de Mercadotecnia de Seguros La Comercial (1978-84), director general de Transtal (1984-86, 1988 y 1989-), director de ventas de Panamerican de México (1986-88). Asesor de la Dirección General de Radio, Televisión y Cinematografía de la Secretaría de Gobernación (1988-1989), director A de la Presidencia de la República (1995-96), socio y director de CIE (1996-) y asesor de la Contraloría del DF (1996-98), de la Dirección de Comunicación Social del gobierno del DF (1998), del delegado en Benito Juárez (1998-99) y de la presidencia de Contaduría Mayor de Hacienda de la ALDF. Se inició como periodista en *La Capital* (1969-70). Ha colaborado en *Novedades* (1984-85) y las publicaciones de la casa *Excélsior* (1985-). Articulista humorístico de *Contenido* (1987-). Ha sido comentarista político en Radio 13 (1997-98) y Radio Fórmula (1998-). Dirigió el suplemento *Basura*, de la revista *Época* (1994). Compilador de *Al pie de la letra: algunas*

Julio Faesler

El caricaturista Falcón

lecturas inevitables en teoría de la comunicación (1984) y *Más allá de lo imaginado (antología de ciencia ficción mexicana)* (1990). Como *Gumaro Morones* firmó los libros *El mexicano diseñado por el !enemigo!* (ensayo, 1976) y *El miccionario Morones* (1978). Autor de *Quince cuentos de hoy* (1970), *Elogio de la locura de un ave desairada* (prosa, 1976), *La computadora domada* (ensayo, 1979), *Roque Toribio Pingüino* (prosa, 1981), *El cerebrito de bolsillo* (1982), *Más diseños del enemigo* (1986), *Epidramas* (1991 y 1992), *A imagen y semejanza* (novela, 1992), *Política de competencia en México: Desregulación económica 1989-1993* (ensayo, 1993), *Te vi pasar* (novela, 1996), *Francisco R. Serrano: un héroe desconocido de Sinaloa* (1996), *Tres candidatos en busca de una ciudad* (coautor, 1997), *Adiccionario del chacoteo* (1997), *Zorros, jaguares y chacales: crónica de la inseguridad pública en México* (1997), *Fobaproa: bomba de tiempo* (1998) y *Recuentos del éxodo* (1999).

Foto: Dante Bucio

Arsenio Farell Cubillas

FARELL CUBILLAS, ARSENIO ◆ n. en la ciudad de México (1921). Licenciado (1940-44) y doctor en derecho por la UNAM (1950-51), donde fue profesor y consejero técnico (1956-73), así como secretario del Patronato (1952-66). Catedrático de la UIA (1967-68). Se dedicó al ejercicio libre de su profesión y asesoró sindicatos. Presidente de la Cámara Nacional de la Industria Azucarera y Alcoholera hasta 1973. Ha sido director general de la CFE (1973-76), director general del IMSS (1976-82) y secretario del Trabajo y Previsión Social en los gobiernos de Miguel de la Madrid (1 de diciembre de 1982 al 30 de noviembre de 1988) y de Carlos Salinas de Gortari (1988-1994). Coordinador general de Seguridad Pública (1994-96) y secretario de Contraloría y Desarrollo Administrativo con el presidente Ernesto Zedillo (1996-). Autor de *Jurisdicción contenciosa y jurisdicción voluntaria: criterios de diferenciación, La evolución histórica y jurídica del derecho de autor en México, El sistema mexicano de derechos de autor, Delitos contra el derecho de autor* y *El conflicto colectivo económico frente a la huel-*

ga. Pertenece a la Academia Mexicana de Derecho Procesal y a la Asociación Internacional de Seguridad Social. Presidió el Comité Interamericano de Seguridad Social.

FARFÁN, CONSTANCIO *EL CRISTO* ◆ n. en Tenextepango, municipio de Villa de Ayala, Mor., y m. en Izúcar de Matamoros, Pue. (?-1917). Se incorporó a la revolución en 1911. Permaneció con Zapata cuando éste se levantó en armas contra Madero. Lo mismo hizo al producirse el cuartelazo de Victoriano Huerta y durante la lucha de facciones. Murió por las heridas que recibió en combate.

FARFÁN DE GARCÍA MONTERO, CRISTINA ◆ n. en Mérida, Yuc., y m. en Villahermosa, Tab. (1846-1880). Escribió poesía para publicaciones de Yucatán y Tabasco. En Mérida creó la revista *La Siempreviva* y en Villahermosa, donde radicó gran parte de su vida, fundó el colegio El Recreo del Hogar.

FARÍAS, GOGY ◆ n. en el DF (1943). Artista plástica. Su nombre completo es Georgina Farías de Arellano. Es dibujante y grabadora pero se le conoce fundamentalmente por su escultura en bronce, ónix y mármol. Estudió artes plásticas en la UIA y asistió a los talleres vespertinos de La Esmeralda. Trabajó en el estudio de pintura de Edgardo Coghlan y de C. Espinoza de los Monteros (1962-68), así como en el taller de escultura en porcelana de Los Ángeles (1968) y en el taller de Mario Zamora (1976). Sus obras se exhiben en 17 países del mundo. Dentro y fuera del país ha participado en 53 exposiciones, tanto individuales como colectivas. Entre sus esculturas más célebres están *El señor de la divina misericordia* (1994) que fue obsequiada al papa Juan Pablo II, y *Los indomables* (1998) que se encuentra en El Chamizal. En su producción destacan las obras en bronce *La familia* (1980) y *El gobernante* (1981), donadas al bosque de Chapultepec; *San Agustín* (1983), en el monasterio de St. Claude, en Nueva Jersey; *Gracia y alegría* (1991) en Toluca y, *Madre Trinidad Cabrera* (1993), en León, Guanajuato.

FARÍAS, LUIS M. ◆ n. en Monterrey, NL, y m. en Cuautla, Mor. (1920-99). Su nombre completo era Luis Marcelino Farías Martínez. Licenciado en derecho por la UNAM. Fue locutor de la XEW y secretario general del sindicato de esta radiodifusora (1945-56). Cofundador y primer presidente de la Asociación Nacional de Locutores. Trabajó en el Canal 2 y fungió como secretario general del Sindicato de Televicentro (1952-56). Tres veces diputado federal (1955-58, 1967-70 y 1979-82), fue director de Información de la Secretaría de Gobernación (1958-64), oficial mayor del Departamento de Turismo (1964-67) y senador elegido para el periodo 1970-76; pidió licencia al ser designado gobernador sustituto de Nuevo León (1971-73). También fue consultor del DDF, miembro de la Comisión Nacional de Fomento del Empleo y presidente municipal de Monterrey (1985-88). Autor de *Reformas constitucionales en materia de amparo* (1952), *El sentido de la revolución* (1957), *El amparo: equilibrio entre el poder y el ciudadano* (1957) y *El tema de la Universidad* (1960).

FARÍAS Y ÁLVAREZ DEL CASTILLO, IXCA ◆ n. y'm. en Guadalajara, Jal. (1874-1948). Estudió pintura en París. Dirigió el Museo de Guadalajara desde su fundación. Autor de *Biografías de pintores jaliscienses, Artes populares en México* y el volumen de relatos costumbristas *Como me lo contaron te lo cuento.*

FARÍAS DE ISASSI, TERESA ◆ n. en Saltillo, Coah. (1878-?). Escritora. Muy joven se estableció en San Luis Potosí. Autora de las piezas teatrales *Cerebro y corazón* (1907, obra premiada en el concurso de la Secretaría de Instrucción Pública y Bellas Artes), *Sombra y luz* (1912), *Como las aves* (1919), *The Sentence of Death* (Nueva York, 1925), *Páginas de la vida* (¿1942?) y *Nuevos horizontes* (¿1942?). Escribió también la novela *Nupcial.*

FARÍAS MACKEY, MARÍA EMILIA ◆ n. en el DF (1949). Hija de Luis M. Farías. Estudió letras clásicas en la UNAM (1968-70). Licenciada (1973) y maestra en sociología por la UIA (1977), donde fue profesora (1975-78). Hizo estudios de posgrado en la Universidad de París (1979-80). Desde 1971 pertenece al PRI, en el que fue jefa de la unidad de análisis de la secretaría particular del entonces candidato Miguel de la Madrid (1981-82) y vicecoordinadora de Asuntos Internacionales del CEN (1999-). Ha sido directora de Quejas de la Presidencia de la República (1982-85), diputada federal (1985-88) y subprocuradora social del DDF (1989-94).

FARILL, MANUEL ◆ n. en el DF (1945). Escritor. Colaboró en *Revista de la Universidad*. Publicó sus primeros textos de creación en *Punto de Partida*. Está antologado en *Narrativa joven de México* (1969). Autor de la novela *Los hijos del polvo*.

FARRERA ARAUJO, EMILIO ◆ n. en el DF (1950). Escultor. Estudió con Víctor Trapote (1966-68) y en la Academia de San Carlos (1970-73). Asistió a las clases de Waldemar Sjölander en La Esmeralda, trabajó con técnicos marmoleros para dominar su técnica y estuvo becado en la Saint Martin School of Arts. Ha presentado exposiciones en el Distrito Federal. Su obra *La nueva Tenochtitlan* se halla en el bosque de Chapultepec, del DF.

FASCISMO ◆ Doctrina que niega el valor de la democracia y plantea como necesidad el establecimiento de un gobierno autoritario y la obediencia a los jefes; propone el agrupamiento de los diversos sectores de la sociedad en corporaciones supeditadas al Estado, por lo cual rechaza la independencia de los sindicatos y otras organizaciones clasistas de los trabajadores. Ultranacionalista, desprecia la solidaridad entre los pueblos, promueve el militarismo, la discriminación racial y el anticomunismo. Acepta las religiones cuando no resultan contrapuestas a sus fines de pleno control sobre las conciencias. En la tercera y cuarta décadas del siglo XX surgieron importantes movimientos de este carácter en Italia y Alemania que llevaron al poder a Mussolini y Hitler, quienes dieron su apoyo económico, militar y propagandístico a Francisco Franco, quien después de una cruenta

guerra civil derrocó a las legítimas autoridades republicanas. En México se organizaron núcleos de filiación fascista durante los años veinte, pero fue a principios de la siguiente década cuando cobraron cierto auge agrupaciones de ese carácter como el Comité Pro-Raza y el grupo Patria, Justicia y Libertad, los cuales eran antisemitas y anticomunistas, disponían de contingentes armados y coincidían en su simpatía por los regímenes totalitarios de Italia y Alemania. Más activamente agresivas fueron organizaciones surgidas después, como Acción Revolucionaria Mexicanista (☞), fundada en 1934; la Liga Antichina y Antijudía (1935) y la Unión Nacionalista Mexicana (1935). La primera de éstas, cuyos miembros eran conocidos como los *Dorados* o *Camisas Doradas*, una noche asaltó propiedades de judíos, a quienes sometió a toda clase de vejaciones, lo que originó protestas de sindicatos, partidos democráticos, de la oficina del Socorro Rojo Internacional y de la representación estadounidense. Posteriormente, los *Dorados* asaltaron el local del Partido Comunista Mexicano, entonces ubicado en la calle de Cuba, y la sede del Socorro Rojo Internacional corrió la misma suerte. El 20 de noviembre de 1935, provistos de armas de fuego, los fascistas hicieron una demostración de fuerza frente al Palacio Na-

cional, a lo que respondieron los miembros del Frente Único del Volante, quienes arremetieron con sus taxis contra las formaciones de caballería de los *Dorados*, que a su vez iniciaron una balacera en la que resultaron seis personas muertas y decenas heridas. Ante semejantes despliegues de violencia, el presidente Lázaro Cárdenas proscribió al grupo Acción Revolucionaria Mexicanista. Como el gobierno se mostrara enérgico frente a la violencia, los fascistas optaron por dar otra apariencia a sus actividades. Así surgieron la Confederación de la Clase Media, la Legión Mexicana Nacionalista (integrada en 1937 por comerciantes del mercado capitalino de La Merced) y otros grupos que tenían en su membrete la palabra "nacionalista" o "nacional". La más importante y perdurable de esas organizaciones es la Unión Nacional Sinarquista, creada en León, Guanajuato, el 23 de mayo de 1937, con el impulso del Centro Anticomunista, que había sido fundado bajo la influencia del profesor nazi Hellmuth Oskar Schreiter. Se calcula que los sinarquistas llegaron a contar con medio millón de afiliados, sometidos a una férrea disciplina y encuadrados en una estructura de rigurosos mandos verticales. Se les acusó de intentar la separación de Baja California y de participar en la frustrada rebelión de

Saturnino Cedillo y adeptos de San Luis Potosí, de tendencias fascistas, se opusieron al cardenismo

Saturnino Cedillo (1938), quien tenía en su estado mayor a varios militares alemanes de filiación nazi, como Ernst von Merck, que fungía como inspector general de sus tropas. Durante esta asonada, Nicolás Rodríguez, jefe de los *Camisas Doradas*, lanzó desde Texas un manifiesto en el que llamaba a derrocar a Cárdenas y ordenó cruzar la frontera a varias partidas, las que atacaron poblaciones de Tamaulipas mientras sus aviones soltaban volantes antisemitas que elogiaban a Hitler. Derrotados militarmente, algunos miembros de Acción Revolucionaria Mexicanista se incorporaron al Partido Nacional de Salvación Pública, fundado a principios de 1939, entre otros, por Adolfo León Ossorio (☛). Éste había sido germanófilo durante la primera guerra mundial y después de un largo destierro volvió a México en 1934. Participó en 1938 en el Centro Unificador de la Revolución, formado para apoyar la candidatura de Juan Andreu Almazán, pero rompió con éste, quien se opuso al empleo de la violencia. Otros grupos filonazis fueron el Partido Demócrata Nacional y el Partido Nacionalista Mexicano, creado en 1936 bajo los auspicios de la Unión Nacional de Veteranos de la Revolución. Este grupo, en 1936, ofrecía "su cooperación y ayuda a toda organización, dentro de la República, que esté en pugna con el comunismo o con cualquier movimiento de carácter subversivo". Al año siguiente, pistoleros de esta Unión asesinaron a dos agraristas en La Laguna. De la misma filiación fueron Vanguardia Nacionalista, cuyos miembros fueron acusados por el asesinato del comunista David Herrera (1937); la Unión Corporativa Nacionalista (1937) y el Frente Constitucional Democrático Mexicano, fundado en 1938 por Ramón F. Iturbe y Bolívar Sierra, quienes habían sido expulsados del Partido de la Revolución Mexicana por fascistas. En 1938 apareció un Partido Anticomunista. Durante la segunda guerra mundial, los grupos fascistas mexicanos continuaron su actuación y tuvieron el concurso de intelectuales destacados como Antonio Ca-

so y Rodulfo Brito Foucher, rector de la Universidad Nacional. José Vasconcelos dirigió la revista *Timón*, financiada por la embajada alemana, y Diego Arenas Guzmán estuvo al frente de *El Hombre Libre*, publicación creada en 1929 para respaldar la campaña vasconcelista y posteriormente inclinada hacia el fascismo. Después de que los nazis hundieran varias embarcaciones mexicanas, el gobierno de Manuel Ávila Camacho hizo declaración formal de guerra contra las potencias del Eje Roma-Berlín-Tokio y las actividades de los grupos fascistas fueron penalizadas, aunque mantuvieron cierta presencia hasta la derrota de la Alemania nazi. Después de la guerra, varios de esos grupos reorientaron su actividad, a tono con la campaña macartista desatada en Washington, cuya política halló buenos aliados en los grupos filonazis, como el Partido Nacionalista Mexicano, al que revivieron los vientos de la guerra fría, y el Frente Popular Anti Comunista de México, fundado por Jorge Prieto Laurens en 1951 y especialmente activo en los años sesenta, cuando bajo diversos membretes trató de disfrazar su raíz ideológica y, en su afán de confundir, llegó al extremo de acusar de fascista a Lázaro Cárdenas. Del mismo tenor fue la actuación del llamado Frente Cívico de Afirmación Revolucionaria, creado hacia 1961, y de otras organizaciones, que con la bandera del anticomunismo han combatido la democracia.

FAT ◆ ☛ *Frente Auténtico del Trabajo.*

FAULHABER KAMMAN, JOHANA ◆ n. en Alemania (1911). Llegó a México en 1936 y se naturalizó mexicana en 1942. Maestra en ciencias antropológicas por la ENAH, donde ha dado clases de alemán y de antropología, así como en El Colegio de México y la UNAM. Coautora de *Somatometría de los indios triques de Oaxaca* (1965), *La evolución humana* (1979), *El análisis de cúmulos aplicados a datos longitudinales del crecimiento* (1979), *Investigación longitudinal del crecimiento* (1976) y *El crecimiento infantil en México* (1984). Autora de dos de los tomos de *Historia del estado de Veracruz* (1955).

FAUSTO, GUADALUPE ◆ n. en La Paz, BCS (1958). Escritora. Coautora del libro de poesía *Por la piel* (1986). En 1984 recibió el Premio de Poesía Leopoldo Ramos y el Premio Estatal de Literatura Manuel Torre Iglesias en la categoría de narrativa. Ha sido becaria del Ayuntamiento de la Paz.

FAZ SÁNCHEZ, SALOMÓN ◆ n. en San Carlos, Coah. (1936). Ingeniero agrónomo. Fue consejero del Banco de Crédito Rural del Noroeste. En 1982 presidía la Confederación Nacional de la Pequeña Propiedad, organismo perteneciente al PRI. Fue diputado federal por Sonora (1979-82).

FE ÁLVAREZ, FRANCISCO ◆ n. en España (1917). Periodista. Estudió medicina en Valencia. Vino en 1942 y se naturalizó mexicano en 1949. Colaboró en *El Nacional*, *El Universal Gráfico*, *El Informador* y otras publicaciones. Fue subdirector en México de la agencia France Press y director fundador de la Agencia Mexicana de Noticias. Ha sido jefe de servicios internacionales y editorialista de *Excélsior* (1970-76). Fundador, articulista y director de Información de *Proceso* (1976-83). Director de *El Mañana*, diario de Nuevo Laredo (1985-). Autor de *Tetralogía sobre un tema de danza* (teatro, 1952), *Libro de las oraciones* (poesía, 1958), *Fedro* (novela, 1962), *Esta cosa de vivir* (teatro, 1967) y *En busca de Quibiria* (1989).

FEBLES, JULIA DOMINGA ◆ n. y m. en Mérida, Yuc. (1870-1940). Ejerció el periodismo en publicaciones yucatecas con el pseudónimo de *Julia*. Autora de *Poesías* (1900), con prólogo de José Peón Contreras.

FEBLES Y VALDÉS, MANUEL DE JESÚS ◆ n. y m. en la ciudad de México (?-?). Cirujano por la Real Escuela de Cirugía y doctor en medicina por la Real y Pontificia Universidad de México (1812), de la que fue catedrático. Fue el último titular del Protomedicato de la Nueva España. Desplegó gran actividad durante la epidemia de cólera de 1833 y publicó una *Cartilla vulgar para conocer y curar el Chólera morbus*. Autor de una *Noticia de las leyes y órdenes de policía que* *rigen a las profesiones del arte de curar* (1830).

FDOMEZ o FEDOMEZ ◆ ☞ *Frente Democrático Oriental de México Emiliano Zapata.*

FEDERACIÓN COMUNISTA DEL PROLETARIADO MEXICANO ◆ Organización fundada el 19 de septiembre de 1920. Tuvo como base a los militantes del Gran Cuerpo Central de Trabajadores, anarquistas y marxistas. El telefonista Alberto Araoz de León fue el secretario general. Su órgano era *Vida Nueva*, dirigido por Manuel Díaz Ramírez. Convocó a un Congreso Rojo que se celebró en febrero de 1921, con delegados de unos 30,000 obreros. Ahí desapareció al surgir la Confederación General de Trabajadores (☞).

FEDERACIÓN COMUNISTA DE PUEBLOS INDÍGENAS ◆ Organización de efímera vida creada en agosto de 1920 por iniciativa de Úrsulo Galván. Contó con representantes agrarios de Zacapu, Opopeo, Jesús Huiramba, Huichauqueo, San Andrés, Zirándaro, Cucuchucho y Santa María Tancícuaro.

FEDERACIÓN DE ESCRITORES Y ARTISTAS PROLETARIOS ◆ Organización fundada en 1935 por José Muñoz Cota. Participaron en ella José Chávez Morado, Raúl Anguiano, Silvestre Revueltas, Blas Galindo, José Pablo Moncayo, Luis Sandi, Jesús Durón, Jerónimo Baqueiro Foster, Daniel Ayala y Jacobo Kostakovsky. Según decía Juan de la Cabada, la intención de Muñoz Cota era hacerle contrapeso a la Liga de Escritores y Artistas Revolucionarios, pero en una asamblea celebrada en el mismo año sus integrantes acordaron sumarse a la Liga.

FEDERACIÓN DE JÓVENES COMUNISTAS ◆ Organización fundada el 16 de septiembre de 1919 en la capital del país como filial del Partido Nacional Socialista de México, mismo que en noviembre se transformaría en Partido Comunista Mexicano. Entre los primeros dirigentes de la Federación, que con los años se convertiría en Juventudes Comunistas o Juventud Comunista, están José C. Valadés, Felipe Carrillo Puerto, Rosendo Gómez Lorenzo y Jesús T. Bernal.

FEDERACIÓN DE PARTIDOS DEL PUEBLO MEXICANO ◆ Coalición electoral constituida en julio de 1951 para sostener la candidatura a la Presidencia de la República del general Miguel Henríquez Guzmán. Era una formación heterogénea a la que dieron fuerza y prestigio algunos veteranos de la revolución, diputados constituyentes y personajes del ala izquierda del cardenismo. Durante la campaña electoral sus miembros fueron hostilizados por fuerzas oficialistas. El primero de mayo de 1952 sufrieron una agresión de grupos paramilitares y lo mismo sucedió el 7 de julio, al término de la campaña. En 1954 el gobierno le retiró el registro electoral. A partir de entonces se inició la disolución del organismo partidario y varios de sus miembros más destacados tomaron otro rumbo: César Martino, entonces presidente de la Unión de Federaciones Campesinas de México, se dedicó a atender sus negocios; Marcelino García Barragán llegaría a ser secretario de la Defensa Nacional (1964-70) y Francisco Martínez de la Vega diputado por el PRI y gobernador de San Luis Potosí. Otros miembros destacados fueron Pedro Martínez Tornell, presidente de la Federación, Francisco J. Múgica, Gonzalo Bautista, Wenceslao Labra, Vicente Estrada Cajigal, Luis Chávez Orozco y Raúl Castellanos. Pese a todo, un núcleo continuó despachando en las oficinas centrales, junto al templo de San Hipólito, en el Distrito Federal. En 1988 figuraba como secretario general Andrés Rodríguez Meza.

FEDERACIÓN DE SINDICATOS DE EMPRESAS DE BIENES Y SERVICIOS ◆ Agrupación de sindicatos constituida el 26 de abril de 1990, bajo el impulso del dirigente del sindicato de Teléfonos de México, Francisco Hernández Juárez, quien fue el primer secretario general. Entre los gremios fundadores de esa organización están los de pilotos aviadores, sobrecargos de aviación, telefonistas y electricistas. Para 1996 la Fesebes agrupaba ya a 24 sindicatos, algunos de los cuales formaron parte alguna vez de la Federación de Sindicatos

de Trabajadores al Servicio del Estado.

FEDERACIÓN DE SINDICATOS DE TRABAJADORES AL SERVICIO DEL ESTADO ◆ Organización que agrupa a los empleados públicos. Se fundó el 5 de diciembre de 1938 y forma parte de la Confederación de Organizaciones Populares que constituye el sector popular del Partido Revolucionario Institucional. Es una de las agrupaciones fundadoras del Congreso del Trabajo.

FEDERALISMO ◆ Corriente política que pugna por la existencia de una república formada sobre la base de un pacto entre los estados que la constituyan, los que deberán ser libres y soberanos en lo que atañe a su régimen interior y en todo aquello que no se oponga a las bases de dicho pacto. En México, a la caída del imperio de Iturbide, el primer Congreso Constituyente acordó "que el gobierno puede proceder a decir a las provincias estar el voto de su soberanía por el sistema de república federada" (12 de junio de 1823). El anterior comunicado obedecía a la urgencia de evitar que continuara la escisión de provincias, en un momento, dice Jesús Reyes Heroles, "en que las fuerzas centrífugas predominaban". Instalado el segundo Congreso Constituyente, el 3 de noviembre de 1823, los diputados estu-

Detalle de la obra de Juan O'Gorman sobre la Independencia de México, en el que destacan Guerrero, Matamoros, Ramos Arizpe y otros héroes que crearon la Constitución de 1824

vieron de acuerdo en aprobar la forma de república representativa para el país, pero el debate se centró en si ésta debía ser federal o centralista. En favor de ésta posición se argüía que la naciente república debía ser una e indivisible y que la mejor manera de lograrlo era mediante una autoridad central fuerte, capaz de imponerse a los intereses y cacicazgos locales que, con los territorios librados a su voluntad, podían separarse de la nación en cuanto lo quisieran sin importarles el bien general. Lorenzo de Zavala, quien sería el más brillante de los teóricos del federalismo, al inicio de la discusión tenía sus dudas sobre este sistema y advertía sobre lo "más temible en el día", que era la "separación de las provincias, queriendo formar cada una estado separado de la metrópoli". Había que evitarlo, pero advertía que "sin fuerzas, sin recursos, sin elementos para gobernarse por sí, se reduciría a la nación al triste estado de las provincias de Buenos Aires, entregadas al capricho de la aristocracia, con la diferencia de

Alegoría de la Constitución de 1857 en *México a través de los siglos*

que habiendo mucha mayor ilustración en aquella parte de la América, nuestros desastres tendrán mayor duración y acaso costarán mucha sangre". Los federalistas respondían invocando la definición de Montesquieu sobre el régimen al que aspiraban: "Esta forma de gobierno es una convención, por la cual varios cuerpos políticos consienten en devenir ciudadanos de un estado más grande que ellos quieren formar. Es una sociedad de sociedades, que forma una nueva, que pueda engrandecerse por nuevos asociados que se hayan unido". Fray Servando, en abono de su posición, llegó a decir que la naturaleza misma "nos ha centralizado", a lo que el citado Reyes Heroles comenta que "la geografía lo desmiente. Ni grandes ríos navegables, ni grandes planos que faciliten las comunicaciones, ni unidad de clima y de razas y cientos de dialectos distintos. Ciertamente que la geografía, la naturaleza, no nos llevaba al régimen centralista". Otro argumento de Fray Servando se refería a la falta de cuadros políticos y a los costos del federalismo: "en las más de las provincias apenas hay hombres aptos para enviar al Congreso General; ¡y quieren tenerlos para congresos provinciales, poderes ejecutivos y judiciales, ayuntamientos, etcétera! No alcanzan las provincias a pagar sus diputados al Congreso central, ¡y quieren echarse a cuestas todo el tren y el peso enorme de los empleados de una soberanía!" La respuesta la darían los hechos, pues, siguiendo a Reyes Heroles, "es posible que los hombres no estuvieran en aptitud de gobernar el país; pero, en todo caso, sí lo estaban para gobernar su aldea o región. En cuanto al costo de la administración, éste lo iba a fijar el país. No era un costo determinado que el país dijera lo cubro o no lo cubro, puedo pagarlo o no. Eran las condiciones de la nación las que iban a determinar el costo de nuestra administración". Por lo demás, la presión de las provincias sobre sus diputados en favor del sistema federal se debía a que estaban hartas del despotismo y la ineficiencia del centro para ofrecerles

servicios. De esta manera, dice Felipe Tena Ramírez que "para asegurar el sistema federal", al que se llamó "punto cierto de unión de las provincias", "norte seguro al gobierno general" y "garantía natural" para los pueblos, el 24 de enero de 1824 se aprobó el *Acta Constitutiva de la Federación Mexicana*, que fue Ley Fundamental en tanto continuaban los debates que desembocaron en la *Constitución Federal de los Estados Unidos Mexicanos*, firmada el 4 de octubre del mismo año y publicada al día siguiente, en la cual se establecía que "La nación mexicana adopta para su gobierno la forma de república representativa popular federal". Bien pronto, durante la presidencia de Guadalupe Victoria, federalismo y centralismo identificarían a los dos principales partidos, con intereses que rebasaban el mero enunciado jurídico y se desbordaban hacia posiciones políticas de todo orden. En el bando federalista, que se agruparía en la logia yorkina, participaban los representantes de sectores tradicionalmente marginados, los que, con la mira puesta en la experiencia de Estados Unidos, esperaban justicia, igualdad, libertades individuales, democracia, educación y oportunidades para que el grueso de la población accediera a una vida digna. En la oposición, centralista por tradición e intereses, se reunieron la vieja aristocracia colonial, el alto clero y la naciente burguesía, representada por Lucas Alamán, quien veía con admiración el curso de la historia inglesa, donde capitalistas y terratenientes, con apoyo en el sistema monárquico y la jerarquía eclesiástica, habían conciliado sus intereses para avanzar hacia una impetuosa industrialización. Los defensores del viejo orden recurrieron a levantamientos militares y otras fórmulas en su afán de abolir el sistema federal. Por ejemplo, mediante el soborno y el chantaje lograron que el Congreso declarara presidente electo a Manuel Gómez Pedraza. Como respuesta, los yorkinos organizaron el levantamiento conocido como Motín de la Acordada (☛) para que se reconociera a Vicente Guerrero, su más destacado líder popular, como presidente de la República. Guerrero dejó el poder por un golpe de Estado que llevó a la Presidencia a Anastasio Bustamante, quien encomendó a su ministro Lucas Alamán, con la paradójica complicidad del Senado, la implantación de un centralismo de hecho (1830-31), a lo que se procedió con apoyo militar, desconociendo gobernadores y legislaturas locales. Subsistía el ordenamiento constitucional, pero los centralistas lo aplicaban a su modo. El periódico yorkino *El Atleta* se preguntaba: "¿Cómo es la federación que quieren?", a lo que respondía: "Estableciendo en ella la aristocracia y el feudalismo; plantar en México lo que en Francia se llamó *cour pléniere*; una asamblea compuesta de una caterva de condes, alto clero y otros personajes que tengan influencia y poder, y en los estados unas juntas, como llama un inglés *country gentlemen*, de caballeros de provincia, a fin de que, afianzando así su representación la aristocracia, (se mantenga) el pueblo en sus antiguas cadenas". Después de un breve intervalo federalista en el que se produjo la primera Reforma, encabezada por Valentín Gómez Farías, Antonio López de Santa Anna disolvió el Congreso (1834), lo que motivó que Michoacán, Jalisco, San Luis Potosí y Zacatecas formaran una coalición en defensa del sistema federal, lo que equivalía a reasumir su soberanía, pues el pacto en que se sostenía la Federación, a la que estaban unidos voluntariamente, había sido roto. Texas se separó de México, en tanto que Querétaro y Puebla desconocieron a Santa Anna, pero éste sofocó la rebeldía de los dos últimos; en el caso de Puebla después de mantener un asedio de dos meses sobre la capital del estado. Las restantes entidades sólo lo reconocieron cuando prometió convocar a elecciones para integrar el Poder Legislativo, lo que hizo poco después. Con los federalistas desconcertados o perseguidos, los centralistas tuvieron mayoría en el nuevo Congreso, que inauguró sus trabajos el 4 de enero de 1835. Una de las primeras medidas de

esta asamblea fue retirar a Gómez Farías el nombramiento de vicepresidente que poseía y designar como sustituto de Santa Anna al general aristócrata Miguel Barragán. La siguiente medida legislativa fue suprimir las milicias cívicas, fuerza que permitía a los estados garantizar su soberanía. Zacatecas rechazó el acuerdo del Congreso y se declaró en estado de guerra, pero el propio Santa Anna encabezó con éxito a los ejércitos que marcharon a aplastar la insurrección. En cambio, fracasó rotundamente en la también escindida Texas, donde fue derrotado. El 3 de octubre, constituido como Cámara única, el Poder Legislativo resolvió adoptar formalmente el sistema centralista, declaró disueltas las legislaturas de los estados, que quedaron convertidos en departamentos, y puso a las autoridades locales bajo el control directo del poder central. El 29 de diciembre de 1836 fue sustituida la Constitución federalista de 1824 por las llamadas Siete Leyes Constitucionales. El abandono del federalismo tendría nefastas consecuencias para la integridad del país. Los federalistas se reorganizaron y en 1840 el general Anastasio Torrens encabezó en Yucatán una revuelta que lo llevó al poder peninsular, donde restableció el régimen federal, en tanto que el Congreso local, entonces dividido en dos cámaras, declaró rotas las relaciones con México y aprobó una Constitución local como norma superior. En octubre del año siguiente la Cámara de Diputados aprobó la independencia total de Yucatán, a lo que se opuso el Senado local. Fue por esos días que Yucatán firmó un tratado de amistad y comercio con la ya constituida República de Texas. Con Santa Anna nuevamente en el poder central, Andrés Quintana Roo fue a Mérida, donde el 28 de diciembre de 1841 consiguió la reincorporación de Yucatán. Como Santa Anna desconociera lo convenido, la península repudió nuevamente al poder central y se separó de la República. El Congreso General de 1842 excluyó el 7 de mayo a los diputados yucatecos y declaró enemigo de la nación al que se

empeñaron en llamar "departamento" de Yucatán. El enemigo real del Congreso era el presidente Nicolás Bravo, quien en diciembre disolvió la asamblea y designó a 80 notables para integrar una junta que debería elaborar una nueva Constitución. Por otra parte, el Ejecutivo envió tropas para someter a los separatistas y el 18 de marzo de 1843 se declaró la guerra a los yucatecos, que no pudieron ser vencidos por la fuerza. La resistencia federalista fue derrotada en las negociaciones, pues en diciembre, a cambio de algunas concesiones, el gobierno de Yucatán aceptó el régimen centralista y sus Bases Orgánicas, sancionadas el 12 de junio por la Junta Nacional Instituyente y publicadas por Santa Anna el 14, día en que se liberó a cuatro diputados del Congreso de 1842, acusados de urdir un plan federalista. Como el gobierno central no cumpliera sus promesas, el primero de enero de 1846 Yucatán desconoció nuevamente al poder central. En agosto de ese año, un Congreso sin representación yucateca y en el que predominaban moderados y puros, restableció la Constitución de 1824 en todo el país, pero los campechanos, que pertenecían a un estado que abarcaba toda la península, exitosamente se levantaron en armas con la exigencia de poner en vigor la Constitución de Yucatán de 1841. El gobierno peninsular se declaró neutral ante la guerra entre México y Estados Unidos y en septiembre de 1847, por medio del enviado Justo Sierra O'Reilly, ofreció a Washington su incorporación a Estados Unidos. Después de que México perdiera la mitad de su territorio, la Constitución federal de 1824 se mantuvo vigente dentro de la precariedad política de la situación. El 17 de agosto de 1848 Yucatán se reincorporó a México, pero

Constitución Política de los Estados Unidos Mexicanos de 1917

Retrato y firma de Nicolás Bravo, enemigo del Congreso en 1842

Interior de la Cámara de Diputados en 1913, año del golpe de Estado de Victoriano Huerta

quedaba la demostración contundente de que el centralismo, lejos de poseer las supuestas bondades cohesionadoras que le atribuían sus publicistas, fue una de las causas de que se perdiera sin remedio la mitad del territorio nacional. Después de varios levantamientos de los centralistas, éstos, conocidos ya como conservadores, trajeron a Santa Anna de su exilio en Colombia y en 1853 lo reinstalaron en la Presidencia, investido de plenos poderes para gobernar sin Constitución, pues la norma federal de 1824 fue derogada y otra vez los estados fueron sustituidos por departamentos, las legislaturas locales suprimidas y las autoridades sujetas al control del centro. En este último periodo de gobierno se confirmó la función disgregadora del centralismo, pues Santa Anna enajenó otra porción de territorio nacional, La Mesilla, que vendió por algunos millones de dólares. Nuevamente fue en Yucatán donde se produjo un levantamiento federalista, encabezado por el coronel Sebastián Molas, quien fue derrotado y fusilado en noviembre. El primero de marzo de 1854 se proclamó el Plan de Ayutla, en el que se hacía referencia a los estados y no departamentos. El texto fue reformado el 11 de marzo en Acapulco y las modificaciones men-

cionaban al sistema federal. El movimiento, conocido como revolución por sus alcances, triunfó el 9 de agosto de 1855, cuando Santa Anna abandonó el poder definitivamente. Se convocó al Congreso Constituyente de 1856-57 en el cual ya la disputa no fue entre federales y centralistas, sino en torno a la reglamentación del federalismo, a fin de evitar conflictos de poderes e indefinición de jurisdicciones. Ponciano Arriaga sintetizó su propuesta sobre el particular diciendo que "para todo lo concerniente al poder de la Federación desaparecen, deben desaparecer los estados; para todo lo que pertenece a éstos desaparece, debe desaparecer el poder de la Federación". De esta manera, en el artículo 40 de la Constitución de 1857 quedó asentado que "es voluntad del pueblo mexicano constituirse en una República representativa, democrática, federal, compuesta de estados libres y soberanos en todo lo concerniente a su régimen interior; pero unidos en una Federación establecida según los principios de esta ley fundamental". La indiscutible convicción federalista de los constituyentes no impidió que fuera suprimido el Senado, donde cada estado de la República está representado en igualdad de número y condición. Se

consideró más importante dotar de fuerza, facultades y medios al Poder Legislativo (☞), para oponer un contrapeso real al autoritarismo inherente a la institución presidencial mexicana. Los liberales debatirían durante varios años sobre la conveniencia de establecer el Senado. Por el momento, lo urgente era hacer valer la Constitución, desconocida a fines de 1857 por los conservadores y el propio presidente que la había jurado y publicado, Ignacio Comonfort. A éste, de acuerdo con el propio ordenamiento constitucional, lo sustituyó el hombre que encabezaba la Suprema Corte de Justicia, Benito Juárez, quien se empeñó en mantener vigente el documento. La guerra de los Tres Años se decidió con el triunfo de los liberales, que durante 1861 trataron de organizar un país devastado por medio siglo de conflictos, asonadas y dictaduras. La posibilidad de reconstruir a México se vio interrumpida nuevamente a fines de ese año por la intervención extranjera, primero de España, Inglaterra y Francia y, luego, sólo de esta potencia, cuyas tropas entraron en la ciudad de México en junio de 1863 y procedieron a designar a quienes debían dar su aval al imperio de Maximiliano, quien llegó a ponerse la corona un año después. En 1865 el Habsburgo, que partía del supuesto de que no existían estados ni Federación, hizo una división política en 50 departamentos que nunca llegó a tener cabal. vigencia. Juárez, por su parte, en las condiciones impuestas por la guerra, se mantuvo en el afán de hacer respetar la Constitución, el sistema federal y la soberanía de los estados. Con Francia acosada por otras potencias europeas, la salida de las tropas napoleónicas precipitó el final del imperio. El fusilamiento del emperador y de algunos colaboracionistas acabó con el proyecto de Napoleón III y la Constitución volvió a cobrar vigencia en todo el territorio nacional. Juárez fue reelegido presidente y volvió a plantearse la restauración del Senado. En el debate sobre el asunto, la argumentación central giró en torno a las facultades del

Poder Legislativo, pues para un sector de éste, la división en dos cámaras significaba fortalecer al Presidente en perjuicio de las atribuciones de los legisladores. En la disputa sobre el equilibrio de los poderes, que finalmente se resolvió en favor del Ejecutivo, resultó más importante la representatividad de las entidades federativas. La Cámara de Senadores se abrió en 1875 y poco después se produjo la asonada del Plan de Tuxtepec, que le permitió a Porfirio Díaz ser presidente durante 30 de los siguientes 34 años. En ese periodo, con la Constitución de 1857 en vigor, el federalismo se convirtió en letra muerta. El caudillo militar ejerció una autoridad que frecuentemente rebasaba la de los gobernadores. La oposición se refirió a esa inexistencia de hecho del federalismo. El Programa del Partido Liberal Mexicano planteaba la "supresión de los jefes políticos" y reintegrar a Yucatán el territorio de Quintana Roo, separado por mera disposición administrativa. Por su parte, Francisco I. Madero, en el Plan de San Luis, señalaba que "la división de los poderes, la soberanía de los Estados, la libertad de los ayuntamientos y los derechos del ciudadano, sólo existen escritos en nuestra Carta Magna" y decía que los gobernadores eran designados por el dictador. En su punto cuarto, sin esperar la decisión de las entidades federativas sobre su régimen interno, declaraba "ley suprema de la República, el principio de no reelección del presidente y vicepresidente de la República, gobernadores de los estados y presidentes municipales". Prometía, asimismo, que "Tan pronto como la capital de la República y más de la mitad de los estados de la Federación, estén en poder de las fuerzas del pueblo, el presidente provisional (que sería el mismo Madero) convocará a elecciones generales extraordinarias". El mismo presidente nombraría gobernadores provisionales, quienes convocarían a elecciones locales cuando fuera posible, "a juicio del presidente provisional". "Se exceptúan de esta regla los estados que de dos años a esta parte, han sostenido

campañas democráticas, para cambiar de gobierno, pues en esto se considerará gobernador provisional, al que fue candidato del pueblo, siempre que se adhiera activamente a este plan". Cuando el presidente no hubiera hecho la designación o el nombrado rechazara el cargo, los jefes de armas de la entidad lo elegirían "a reserva de que su nombramiento sea ratificado por el presidente provisional". Al triunfo de la insurrección, las prevenciones para controlar los gobiernos de los estados tuvieron su respuesta en el zapatista Plan de Ayala, en el que se acusaba a Madero de haber "hecho del sufragio efectivo una sangrienta burla al pueblo, ya imponiendo contra la voluntad del mismo pueblo en la vicepresidencia de la República al licenciado José María Pino Suárez, ya a los gobernadores de los estados designados por él, como el llamado general Ambrosio Figueroa, verdugo y tirano del pueblo de Morelos". Por lo anterior, se señalaba que "ha sido claro y patente que ha ultrajado la soberanía de los estados". El plan llamaba a derrocar al gobierno maderista y, una vez triunfante la nueva insurrección, "los principales jefes revolucionarios" del país designarían un presidente provisional y, a su vez, "los principales jefes revolucionarios de cada estado, en junta, designarán al gobernador provisional del estado a que correspondan y este elevado funcionario convocará a elecciones para la debida organización de los poderes públicos, con el objeto de evitar consignas forzadas que labran la desdicha de los pueblos como la tan conocida consigna de Ambrosio Figueroa". El golpe de Estado de Victoriano Huerta canceló el combate entre Madero y el zapatismo. La Cámara de Senadores, supuesta representación de las entidades federativas, aprobó por mayoría el cuartelazo y varios gobernadores hicieron lo mismo. Ante esta situación, el gobernador de Coahuila, Venustiano Carranza, reunió a un grupo de "jefes y oficiales de fuerzas constitucionalistas" en la hacienda de Guadalupe, quienes firmaron un plan en el que se denunciaba que "algu-

nos gobiernos de los estados de la Unión han reconocido al gobierno ilegítimo impuesto por la parte del ejército que consumó la traición, mandado por el mismo general Huerta, a pesar de haber violado la soberanía de esos estados, cuyos gobernadores debieron ser los primeros en desconocerlo". Por lo anterior se combatiría a los poderes locales que aceptaran a Huerta 30 días después de publicado el plan. En éste se asentaba que al triunfo de la insurrección, "el ciudadano que funja como primer jefe del Ejército Constitucionalista en los estados cuyos gobiernos hubieren reconocido al de Huerta, asumirá el cargo de gobernador provisional y convocará a elecciones locales". Al triunfo del constitucionalismo, Carranza convocó al Congreso Constituyente que inició sus labores el primero de diciembre de 1916. En esa ocasión dirigió un mensaje a los diputados, en el que recordó que "ha sido hasta hoy una promesa vana el precepto que consagra la federación de los estados que forman la República Mexicana, estableciendo que ellos deben ser libres y soberanos en cuanto a su régimen interior, ya que la historia del país demuestra que, por regla general y salvo raras ocasiones, esa soberanía no ha sido más que nominal, porque ha sido el Poder central el que siempre ha impuesto su voluntad, limitándose las autoridades de cada estado a ser los instrumentos ejecutores de las órdenes de aquél. Ha sido también vana la promesa de la Constitución de 1857, relativa a asegurar a los Estados la forma republicana, representativa y popular, pues a la sombra de este principio, que también es fundamental en el sistema de gobierno federal adoptado para la nación entera, los poderes del centro se han injerido en la administración interior de un Estado cuando sus gobernantes no han sido dóciles a las órdenes de aquellos, o sólo se ha dejado que en cada entidad se entronice un verdadero cacicazgo, que no otra cosa ha sido, casi invariablemente, la llamada administración de los

Retrato y firma de Ignacio Comonfort, personaje central en el conflictivo proceso de la Constitución de 1857

gobernadores que ha visto la nación desfilar en aquellas". Carranza refirió cómo no sólo el Poder Ejecutivo local estaba subordinado al Federal, sino que aun "la autoridad judicial de la Federación" fue "revisora de todos los actos de las autoridades judiciales de los estados", injerencia que se manifestó "ya con motivo de un interés político, ya para favorecer los intereses de algún amigo o protegido". La Constitución de 1917 dice, en su artículo 40, que "es voluntad del pueblo mexicano constituirse en una República representativa, democrática, federal, compuesta de estados libres y soberanos en todo lo concerniente a su régimen interior; pero unidos en una federación establecida según los principios de esta ley fundamental". El artículo 41 expresa que "El pueblo ejerce su soberanía por medio de los Poderes de la Unión, en los casos de la competencia de éstos, y por los de los estados, en lo que toca a sus regímenes interiores, en los términos respectivamente establecidos por la presente Constitución Federal y las particulares de los estados, las que en ningún caso podrán contravenir las estipulaciones del Pacto Federal". La misma Constitución divide el Poder Legislativo en dos cámaras, la de Senadores, donde cada entidad federativa tiene dos representantes, y la de Diputados, en la que se halla representada proporcionalmente la población, "sin que en ningún caso la representación de un estado pueda ser menor de dos diputados de mayoría". Es facultad del Senado, de acuerdo con la fracción VI del artículo 76, "Resolver las cuestiones políticas que surjan entre los poderes de un estado cuando alguno de ellos ocurra con ese fin al Senado, o cuando, con motivo de dichas cuestiones, se haya interrumpido el orden constitucional mediante un conflicto de armas". Es también atribución de la Cámara de Senadores "Declarar, cuando hayan desaparecido todos los poderes constitucionales de un estado, que es llegado el caso de nombrarle un gobernador provisional, quien convocará a elecciones conforme

a las leyes constitucionales del mismo estado. El nombramiento de gobernador se hará por el Senado, a propuesta de terna del Presidente de la República, con aprobación de las dos terceras partes de los miembros presentes, y en los recesos, por la Comisión Permanente, conforme a las mismas reglas". Existen otras disposiciones en la ley fundamental que norman el pacto federal y fijan los límites para la soberanía de los estados. Para su régimen interior, la Constitución dicta que los estados adoptarán "la forma de gobierno republicano, representativo, popular, teniendo como base de su división territorial y de su organización política el municipio libre". Asimismo, determina las relaciones entre los poderes estatales y los municipios, pone seis años como el tiempo máximo que puede permanecer un gobernador en funciones, prohíbe la reelección de que ocuparen el cargo mediante "elección popular, ordinaria o extraordinaria" y señala que "nunca podrán ser electos para el periodo inmediato: a) El gobernador sustituto constitucional, o el designado para concluir el periodo en caso de falta absoluta del constitucional, aun cuando tenga distinta denominación (y) b) El gobernador interino, el provisional o el ciudadano que, bajo cualquier denominación, supla las faltas temporales del gobernador, siempre que desempeñe el cargo los dos últimos años del periodo". Asimismo, "Sólo podrá ser gobernador constitucional de un estado un ciudadano mexicano por nacimiento y nativo de él, o con residencia efectiva no menor de cinco años inmediatamente anteriores al día de la elección". La Constitución también norma en algunos aspectos los poderes Legislativo y Judicial de las entidades federativas. "Los estados no pueden, en ningún caso:

"I) Celebrar alianza, tratado o coalición con otro estado ni con las potencias extranjeras;

"II) (Derogada);

"III) Acuñar moneda, emitir papel moneda, estampillas ni papel sellado;

"IV) Gravar el tránsito de personas o cosas que atraviesen su territorio;

"V) Prohibir ni gravar, directa ni indirectamente, la entrada a su territorio, ni la salida de él, a ninguna mercancía nacional o extranjera;

"VI) Gravar la circulación ni el consumo de efectos nacionales o extranjeros, con impuestos o derechos cuya exacción se efectúe por aduanas locales, requiera inspección o registro de bultos o exija documentación que acompañe la mercancía;

"VII) Expedir ni mantener en vigor leyes o disposiciones fiscales que importen diferencias de impuestos o requisitos por razón de la procedencia de mercancías nacionales o extranjeras, ya sea que estas diferencias se establezcan respecto de la producción similar de la localidad, o ya entre producciones semejantes de distinta procedencia;

"VIII) Contraer directa o indirectamente obligaciones o empréstitos con gobiernos de otras naciones, con sociedades o particulares extranjeros, o cuando deban pagarse en moneda extranjera o fuera del territorio nacional;

Los estados y los municipios no podrán contraer obligaciones o empréstitos sino cuando se destinen a inversiones públicas productivas, inclusive los que contraigan organismos descentralizados y empresas públicas, conforme a las bases que establezcan las legislaturas en una ley y por los conceptos y hasta por los montos que las mismas fijen anualmente en los respectivos presupuestos. Los ejecutivos informarán de su ejercicio al rendir la cuenta pública, y,

"IX) Gravar la producción, el acopio o la venta del tabaco en rama, en forma distinta o con cuotas mayores de las que el Congreso de la Unión autorice".

Según el artículo 118 constitucional tampoco pueden "sin consentimiento del Congreso de la Unión:

"I) Establecer derechos de tonelaje; ni otro alguno de puertos, ni imponer contribuciones o derechos sobre importaciones y exportaciones;

"II) Tener, en ningún tiempo, tropa permanente ni buques de guerra, y,

"III) Hacer la guerra por sí a alguna potencia extranjera, exceptuando los casos de invasión y de peligro tan inminente, que no admita demora. En estos casos se dará cuenta inmediata al Presidente de la República".

De acuerdo con el artículo 119, "Cada estado tiene obligación de entregar, sin demora, los criminales de otro estado o del extranjero a las autoridades que los reclamen.

"En estos casos, el auto del juez que mande cumplir la requisitoria de extradición será bastante para motivar la detención por un mes, si se tratare de extradición entre los estados, y por dos meses cuando fuere internacional."

Los gobernadores, dice el artículo 120, "están obligados a publicar y hacer cumplir las leyes federales". El artículo 121 norma los "actos públicos, registros y procedimientos judiciales" que son obligatorios para todos los estados, según lo siguiente:

"I) Las leyes de un estado sólo tendrán efecto en su propio territorio y, por consiguiente, no podrán ser obligatorias fuera de él;

"II) Los bienes muebles e inmuebles se regirán por la ley del lugar de su ubicación;

"III) Las sentencias pronunciadas por los tribunales de un estado sobre derechos reales o bienes inmuebles ubicados en otro estado, sólo tendrán fuerza ejecutoria en éste cuando así lo dispongan las propias leyes.

"Las sentencias sobre derechos personales sólo serán ejecutadas en otro estado cuando la persona condenada se haya sometido expresamente, o por razón de domicilio, a la justicia que las pronunció y siempre que haya sido citada personalmente para ocurrir al juicio;

"IV) Los actos del estado civil ajustados a las leyes de un estado tendrán validez en los otros; y,

"V) Los títulos profesionales expedidos por las autoridades de un estado, con sujeción a sus leyes serán respetados en los otros."

Por último, el artículo 122 establece que "Los poderes de la Unión tienen el deber de proteger a los estados contra toda invasión o violencia exterior. En cada caso de sublevación o trastorno interior les prestarán igual protección, siempre que sean excitados por la legislatura del estado, o por su Ejecutivo, si aquella no estuviere reunida".

FEDERALISTA, EL ◆ Periódico fundado por Andrés Quintana Roo. Sirvió a la oposición contra Anastasio Bustamante y sorteó los obstáculos impuestos a la prensa. Apareció entre el 11 de enero y el 23 de abril de 1831. Sabino Ortega fungió como director.

FEDERALISTA, EL ◆ Periódico que apareció el 2 de enero de 1871. A la muerte de Juárez apoyó a Lerdo y se opuso a la rebelión de Tuxtepec. Se dice que era propiedad de Alfredo Bablot. Colaboraron en sus páginas Manuel Gutiérrez Nájera, José Martí y otros escritores liberales.

FEGGO, FELIPE GALINDO ◆ n. en Cuernavaca, Mor. (1957). Estudió pintura. Se inició como caricaturista en *La Garrapata*. Colaboró en *másomenos*, suplemento del diario *unomásuno*. En 1982 se estableció en Nueva York, donde trabaja para varias publicaciones.

FEHER, EDUARDO LUIS ◆ n. en Cacalilao, Ver. (1940). Licenciado (1964) y doctor en derecho por la UNAM (1969), donde es profesor desde 1966. Hizo estudios de posgrado en Estados Unidos e Israel. Es director del Centro Deportivo Israelita. Ha colaborado en *El Sol de México*, *Excélsior*, *Últimas Noticias* y otras publicaciones. Autor de cuento:

El Federalista, 1831

Los ignorados. (1963), *Viaje en nube equivocada* (1963) y *Juana ni tanto y otras extrañas historias* (1980), *Bibelot* (1982), *Monte septimus* (1986) y *La fiesta de las serpientes y otras historias francamente venenosas* (1992); novela: *Omicrón* (1980); poesía: *Búsqueda sin fin* (1974) *Quadrant* (1987); y ensayo: *La discriminación social y jurídica* (1964), *Educación y leyes antidiscriminatorias* (1973), *Continuidad* (1974), *Humor blanco de un poeta negro* (1975), *El choque de las culturas hispanoindígenas* (1976), *Galería de talentos* (1977), *Don Porfirio, ¿socialista?* (1978), *Astrolabio perdido* (Premio Internacional de Literatura Fernando Jeno, 1985) y *La solemnidad del burro y otros maltrechos escritos* (1990). Presidente del Instituto Mexicano de Cultura (1984).

FÉJERVÁRY-MAYER, CÓDICE ◆ Documento de carácter mitológico escrito en piel de venado, presumiblemente antes de la Conquista. Fue hallado en la Mixteca Alta. Consta de 23 secciones. Se

Códice Féjerváry-Mayer

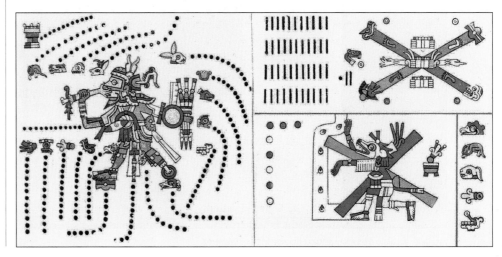

halla en la biblioteca de Liverpool. Su nombre está compuesto por los apellidos de sus dos primeros propietarios.

FELGUÉREZ, MANUEL ◆ n. en la Hda. de San Agustín Valparaíso, Zac. (1928). Pintor. Estudió en 1948 en la Escuela Nacional de Artes Plásticas, dnde ha sido profesor; en la ENAH, en la Grand Chaumiere y en el taller de Brancusi. Hizo un curso de civilización francesa en la Sorbona y otro de dibujo en el Louvre. En México tomó un curso de arte moderno con Justino Fernández en la UNAM (1952). Fue becario de la Academia Coloroussi, en París (1954-55). Desde 1954 expone individualmente. Entre sus obras se cuentan una celosía hecha en el centro nocturno Los Globos (DF, 1959), los murales en hierro del cine Diana (DF, 1961), la barda escultórica del Palacio Municipal de Nuevo Laredo (1964), el telón vitral de la Casa de la Paz (DF, 1964), el mural *La esclavitud de Egipto* de la sinagoga David Maguen (DF, 1965), la fachada de concreto de la galería Juan Martín (1966), una escultura para la Olimpiada México (1968), la decoración de Imprenta Madero (1969), el mural exterior del Cen-

tro de Arte Contemporáneo (Guadalajara, 1971), los murales del Centro Cultural Alfa de Monterrey (1978) y de la Torre II de Humanidades de la Ciudad Universitaria del DF (1978). Participó en la creación del Espacio Escultórico de la UNAM (1979-80). Durante el movimiento estudiantil de 1968 coordinó la ejecución del mural colectivo que se realizó sobre las láminas que cubrían la destruida estatua del ex presidente Miguel Alemán, en la Ciudad Universitaria de la capital. Ha hecho también escenografías, esculturas artesanales y museografías. Miembro de la Academia de Artes (1973-). Beca Guggenheim (1974). En 1955 ganó el Primer Premio de Escultura de la Casa de México en París, en 1975 Gran Premio de Honor en la XIII Bienal de Sao Paulo, Brasil (1975). Premio Nacional de Artes (1988).

FELIPE, LEÓN ◆ ☞ *León Felipe.*

FELIPE I ◆ n. en Alemania y m. en España (1478-1506). Era llamado Felipe el Hermoso. Hijo de Maximiliano I de Alemania. Como esposo de Juana la Loca, quien heredó de Isabel la Católica el trono de Castilla, reclamó la corona para sí al evidenciarse la perturbación

mental de su mujer. Obtuvo suficiente apoyo de la aristocracia y logró reducir a Fernando el Católico al reino de Aragón en 1506. Su ejercicio del poder terminó en ese mismo año y le sucedió en el trono su hijo Carlos, que fue primero de España y V de Alemania.

Felipe II

FELIPE II ◆ n. y m. en España (1527-1598). En 1543 actuó como regente de los reinos hispánicos. Sucedió en el trono español a su padre Carlos I (Carlos V de Alemania) y heredó de él las posesiones de la Corona, con excepción del título de emperador de la Casa de Austria y sus dominios, de donde se derivó un conflicto por otras posesiones, entre ellas los Países Bajos, litigio que adoptó la forma de una guerra religiosa y acrecentó la intolerancia en materia de cultos, para lo cual vigorizó el tribunal de la Inquisición y dio su apoyo a las llamadas *Instrucciones nuevas* que le dieron mayores atribuciones y severidad (1561). A partir de entonces el llamado Santo Oficio fungió como perseguidor de disidentes religiosos y dependencia policiaca en favor de los intereses políticos de la Corona. Se le llamó "el rey prudente" por su lentitud para tomar decisiones, lo que propició la creación de numerosos cuerpos de asesores con su burocracia y ocasionó un sostenido aumento de los gastos administrativos del Estado. A lo largo de su reinado inició varias guerras, las que financió mediante cargas tributarias cada vez mayores de las colonias. Reprimió los brotes autonómicos de los conquistadores y sus descendientes, como

FOTO: MUSEO DE ARTE DE SINALOA

Escultura, aluminio cromado y pintado, obra de Manuel Felguérez

fue el caso de la conjura encabezada por Martín Cortés.

FELIPE III ◆ n. y m. en España (1578-1621). Hijo del anterior, a quien sucedió en el trono español en 1598. Hombre indeciso y de escasa inteligencia, sus aduladores le llamaron "el rey bueno". Prosiguió las guerras emprendidas por su antecesor e inició otras, instigado por sus consejeros, lo que motivó gastos que ni siquiera el tributo proveniente de América en cantidades cada vez mayores pudo sufragar.

FELIPE IV ◆ n. y m. en España (1605-1665). Hijo del anterior a quien sucedió en el trono en 1621. Depositó en su preceptor, el duque-conde de Olivares, la conducción del gobierno. Como para las nuevas guerras no bastaba el tributo de las colonias americanas, Olivares trató de obligar a Cataluña a aumentar su contribución para los gastos militares, a lo que se negaron los catalanes, quienes se levantaron en armas en 1640 en lo que se llamó la guerra de los segadores, que duró hasta 1642. También en 1640 estalló una rebelión popular en Portugal, que obtuvo su independencia de España. Al año siguiente fue reprimida una conspiración separatista en Andalucía y dos años después Olivares presentó su renuncia, lo que no evitó que continuara la declinación del poder español en Europa. Madrid reconoció la independencia de Holanda en 1648 y en 1659 perdió ante Francia otras posesiones. Fueron numerosos sus desatinos en el gobierno de las colonias. En 1624 el virrey de Nueva España, Diego Carrillo de Mendoza, entró en conflicto con el arzobispo de México y los intereses de los criollos, quienes encabezaron una rebelión popular que obligó a Carrillo a huir. Dos años después el holandés Pit Hein se apoderó de la flota que llevaba a España 12 millones de pesos. En 1627 se produjo una inundación en la ciudad de México. Como el virrey Rodrigo de Pacheco y Osorio no continuara con las obras de desagüe, un bienio después el anegamiento fue catastrófico, al extremo de que las aguas tardaron cuatro años en retirarse. Mayor desacierto del

rey fue nombrar como su representante a Juan de Palafox y Mendoza, quien se dedicó a intrigar contra el virrey hasta lograr su destitución. Durante el virreinato de Lope Díez de Armendáriz, y ante la notoria disminución del tributo que recibía de las comunidades indígenas, diezmadas por la sobreexplotación, Felipe IV resolvió abolir la esclavitud de los indios, aunque quedó vigente la de los negros. Díez de Armendáriz también fue víctima de las intrigas de Palafox. Durante el reinado de Felipe IV, la Corona fue incapaz de proteger las ciudades costeras, asediadas por los piratas.

FELIPE V ◆ n. en Francia y m. en España (1683-1746). Llamado Felipe de Anjou. Nieto de Luis XIV de Francia, quien lo impuso como rey de España en 1700. Como otras potencias europeas disputaban con Francia sobre la sucesión española, se desató una guerra que culminó con los tratados de Utrecht y Rastadt (1713 y 1714) que costaron a Madrid la pérdida definitiva de los Países Bajos, Italia, Menorca y Gibraltar. En 1723 cedió el trono a su hijo Luis I para presentarse como aspirante a la Corona francesa. Como no fuera considerado en esa sucesión retomó el poder en 1724. El boato de la corte española fue financiado con recursos provenientes de sus dominios de ultramar, los cuales eran transferidos a otros países europeos, los que controlaban el comercio a través del Atlántico. Las flotas españolas cruzaban el mar cada cinco o seis años y apenas uno de cada diez navíos con mercaderías era de bandera española y menos de la vigésima parte de las mercancías traídas a América era de origen español. Se calcula que a mediados del siglo XVIII, 95 por ciento de la plata americana que entraba a España servía para pagar créditos y mercancías adquiridos en otros países europeos. Mientras eso sucedía, en las colonias la población indígena y mestiza era víctima de severas hambrunas y epidemias. En México, durante el reinado de Felipe IV, se presentaron epidemias ligadas a falta de alimentos básicos en 1710-11, 1714, 1727-28, 1731, 1734-39 y 1742.

FELIPE CARRILLO PUERTO ◆ Municipio de Quintana Roo que limita con Cozumel, José María Morelos y Othón P. Blanco. Se halla en los límites con Yucatán. Superficie: 10,248.63 km². Habitantes: 56,001, de los cuales 12,665 forman la población económicamente activa. Hablan alguna lengua indígena 37,212 personas mayores de cinco años (maya 36,929). A mediados del siglo XIX, durante la guerra de Castas, donde hoy se halla la cabecera los guerreros mayas fundaron un poblado en torno a un cenote que consideraban sagrado por haberse hallado ahí una cruz parlante que recibía voz de un ventrílocuo. Era un lugar de difícil acceso que se convirtió en santuario hasta donde llegaban peregrinos de toda la península. Ahí mismo se erigió la capital del rudimentario estado de los mayas insumisos. La población se llamó Chan Santa Cruz (chan significa pequeña) y durante medio siglo resistió los embates del ejército de los blancos, quienes al entrar victoriosos, a principios de mayo de 1901, convirtieron templos y escuelas en cuarteles y prostíbulos. Junto con la tropa llegó el ferrocarril, indispensable para sacar el chicle que se explotaba mediante el trabajo semiesclavo de los mayas. El general Ignacio Bravo dio su nombre al lugar que pasó a llamarse Santa Cruz de Bravo. Durante una estancia de diez años, el militar porfirista amasó una cuantiosa fortuna, pues disponía de una numerosa fuerza de trabajo casi gratuita que constituían los prisioneros enviados hasta ahí desde diversos lugares del país. Con el triunfo de la revolución maderista Bravo dejó de ser la autoridad indiscutida. En 1915, el general Salvador Alvarado, que impuso el dominio constitucionalista sobre toda la península, ordenó que los blancos y ladinos abandonaran la ciudad y la devolvió a sus legítimos dueños, los ma-

Felipe III

Felipe IV

Felipe V

FOTO: FONDO EDITORIAL GRUPO AZABACHE

Felipe Carrillo Puerto,
un municipio de Quintana
Roo

Felipe de Jesús

yas, que encabezados por los generales Lupe Tun y Sil May, volvieron a llamarla Chan Santa Cruz, pero lejos de habitarla acabaron de destruirla para erradicar a los malos espíritus. Dos años después Francisco May, convertido en cacique, autorizó la instalación de la firma chiclera Martín y Martínez. May fue a la capital y se entrevistó con Venustiano Carranza, quien lo invistió como autoridad formal. Los indios se convirtieron en chicleros y todo pareció marchar bien hasta que la crisis económica de 1929 causó el derrumbe de precios y los mayas se negaron a seguir trabajando para beneficio de los blancos. En agosto de 1929, Plutarco Elías Calles, secretario de Guerra y Marina, decidió proteger la producción de chicle y envió un poderoso contingente para imponer el orden. Todavía hubo enfrentamientos

armados en 1933, pero el Estado revolucionario había decidido incorporar a esos mayas al mercado y no permitió nuevos brotes de desorden. En 1958 Santa Cruz quedó unida por una carretera de terracería a otras ciudades de la península y, en 1974, al erigirse el estado de Quintana Roo, se creó el municipio que adoptó el nombre de Felipe Carrillo Puerto, al igual que la cabecera.

FELIPE DE JESÚS ◆ n. en la ciudad de México y m. en Japón (1572-1597). Primer y único santo mexicano. Su nombre, antes de tomar los hábitos, fue Felipe de las Casas Martínez o Canales Martínez. Muy joven ingresó en el convento franciscano de Santa Bárbara, en Puebla, de donde salió para trabajar como platero y marchar luego a Filipinas, donde llevó una vida licenciosa. En Manila, en 1592, ingresó al conven-

to de Santa María de los Ángeles, donde dos años después profesó. En 1596 se embarcó hacia México, donde debía ordenarse, y el navío en que viajaba fue llevado por una tormenta a las costas de Japón. Felipe de Jesús se dirigió a Meaco, donde residía el superior de los franciscanos y ahí, en diciembre de 1596, fue hecho prisionero con otros religiosos. El 5 de febrero siguiente 23 de ellos, incluido Felipe, fueron ejecutados mediante crucifixión en Nagasaki. En 1616 se inició el proceso de beatificación que concluyó el papa Urbano VIII en 1627. En 1629 el ayuntamiento de la ciudad de México "lo juró por patrono de la ciudad". El presidente Guadalupe Victoria decretó que el 5 de febrero fuera fiesta nacional, en honor del llamado "protomártir mexicano". Pío IX lo canonizó en 1862.

FÉLIX, MARÍA ◆ n. en Alamos, Son. (1914). Actriz. Se inició en el cine en 1942 con la película *El Peñón de las Ánimas*. Ha trabajado junto a los galanes cinematográficos más populares (Jorge Negrete, Pedro Infante, Pedro Armendáriz) y bajo la dirección de realizadores como Emilio *Indio* Fernández. Fernando de Fuentes la dirigió en la adaptación cinematográfica de la novela *Doña Bárbara*, de Rómulo Gallegos, película que se llamó *Doña Diabla* y que, por la coincidencia de caracteres entre el personaje y la actriz, hizo que fuera llamada *La Doña*. Filmó en Francia y Estados Unidos; Diego Rivera la pintó y varios poetas le dedicaron sus versos. La leyenda en torno a su persona creció por los romances reales o que el pueblo le atribuía con figuras de la política y del espectáculo. Participó en la telenovela *La Constitución* en los años setenta y, pese a reiteradas promesas de retornar al cine, no ha vuelto a filmar una película. Obtuvo el *Ariel* por su actuación en las películas *Enamorada* (1947), *Río Escondido* (1949) y *Doña Diabla* (1950). En 1986 le fue entregado un *Ariel* especial como reconocimiento a su trayectoria cinematográfica.

FÉLIX CASTRO, ENRIQUE *EL GUACHO* ◆ n. en Culiacán, Sin., y m. en el DF (1911-1965). Estudió en el Colegio Civil Rosales de Culiacán y en la Escuela Nacional de Maestros. Fue director de Educación de Sinaloa (1945-50) y secretario general de la Universidad Socialista del Noroeste. Colaboró en varias publicaciones locales con artículos, poemas y ensayos y fue cofundador de la revista *Resumen* (1948).

FÉLIX FLORES, RODOLFO ◆ n. en el DF (1952). Ingeniero civil por la UNAM (1970-74) y maestro en planeación por la Universidad de Stanford (1976-77). Ha sido subdirector de Planeación de la Secretaría de Asentamientos Humanos y Obras Públicas (1980), director general del CINADI del gobierno del Estado de México (1983), director técnico de Caminos y Puentes Federales (1985) y director general de Operación Minero-Metalúrgica de la SEMIP (1986-). Profesor de la UNAM (1977-79).

FÉLIX SERNA, FAUSTINO ◆ n. en Pitiquito, Son., y m. en EUA (1914-1986). Empresario y político. Fue secretario general del Sindicato de Floteros del Valle del Yaqui y dueño de una cadena estatal de periódicos. Dos veces presidente municipal de Cajeme y gobernador de Sonora (1967-73).

FÉLIX VALDÉS, RODOLFO ◆ n. en Nacozari, Son (1922). Ingeniero civil titulado en la UNAM (1941-45), institución donde fue profesor (1948-66), secretario (1954-58) y coordinador y jefe de la Sección de Planeación de la División de Estudios Superiores de la Facultad de Ingeniería (1965-75). Miembro del PRI desde 1960. Consultor del DDF (1957-

58) y del Banco Mundial (1978-79). Ha sido jefe del Departamento de Planeación (1959), director general de Planeación y Programa (1960-66) y subsecretario de Obras Públicas (1966-82); consejero de Caminos y Puentes Federales de Ingresos (1966-82), de Banobras (1966-82), de Aeropuertos y Servicios Auxiliares (1971-82) y de la Unidad Forestal Vicente Guerrero (1974-82); miembro de la Comisión de Vigilancia del Infonavit (1973-82), coordinador de la Subcomisión Técnica Permanente de la Comisión Intersecretarial Consultiva de la Obra Pública (1981-82), secretario de Comunicaciones y Transportes en el gabinete del presidente Miguel de la Madrid (1982-85) y gobernador constitucional de Sonora (1985-91). Es miembro de la Academia Mexicana de Ingeniería, de la Asociación de Ingenieros y Arquitectos de México y de la Sociedad Mexicana de Ingenieros.

FEM ◆ Revista dedicada a la difusión y análisis de la situación de la mujer. El primer número apareció en octubre de 1976. La edita Nueva Cultura Feminista, AC. Se inició con una dirección colectiva que integraban la hoy desaparecida Alaíde Foppa, Lourdes Arizpe, Margarita García Flores, Marta Lamas, Carmen Lugo, Margarita Peña, Elena Poniatowska y Elena Urrutia. Fundada con una periodicidad trimestral, ha tenido dificultades para aparecer regularmente. En 1986 las editoras acordaron sustituir la dirección colegiada por la individual que ocupó Berta Hiriart (1986-87), a quien sucedió Esperanza Brito de Martí.

FEMAT RAMÍREZ, LEONARDO ◆ n. en el DF (1944). Licenciado en economía por la UNAM (1966) con posgrado en desarrollo económico en la Escuela de Altos Estudios de París (1968). Ha sido director adjunto de la revista *Investigación Económica* (1965), profesor (1965-74), asesor de la dirección (1968-69) y jefe de la Oficina de Pasantes de la Escuela Nacional de Economía de la UNAM (1969-70). Miembro del PRI. Fue secretario general del Sindicato de la Agencia Mexicana de Noticias (1968-69), secre-

FOTO: ARMANDO HERRERA

María Félix

tario de Prensa y Propaganda de la CNC (1969-70); secretario de Información y Relaciones Públicas (1970-74) y secretario coordinador de la Gran Comisión del Senado (1975); oficial mayor de la Cámara de Diputados (1976-79), coordinador de la asesoría técnica del ISSSTE (1980), asesor del subsecretario de Gobernación (1982-85), director general de Comunicación Social de la Sedue (1986-88) y director general de Difusión del DDF (1988-1993). Ha ejercido el periodismo en *La Prensa, Excélsior, Últimas Noticias* y *Siempre!* Obtuvo mención honorífica en el concurso de ensayo sobre Benito Juárez (1972).

FEMAT RAMÍREZ, ROBERTO ◆ n. en el DF (1951). Licenciado en derecho por la UNAM (1971-75). En la SRA fue subdirector general de Desarrollo Turístico Ejidal (1976-77), subdirector de Operación de la Dirección General de Servicios Ejidales y Comunales (1977-79) y coordinador de asesores del titular de la dependencia (1983-85). Ha sido coordinador general de Comunicación Social del ISSSTE (1979-82) y jefe del Departamento de Comunicación Social de la CFE (1985). Autor de *Los partidos políticos en México* (1985).

FEMINISMO ◆ Movimiento que persigue la plena emancipación de la mujer mediante la igualdad jurídica, económica, política y social respecto del hombre. Tiene sus antecedentes en la Revolución Francesa y en diversas doctrinas socialistas del siglo XIX. En México, durante la guerra de Independencia cobraron relevancia figuras como Josefa Ortiz de Domínguez y Leona Vicario. Hubo otras, como la *Güera* Rodríguez, que asumieron derechos que la ley no les concedía. Sin embargo, la mujer permaneció a la sombra de las actividades y decisiones masculinas. En las *Gacetas* del siglo XVIII, en el *Diario de México* a partir de 1805 y en otras publicaciones quedaba expuesto con claridad el papel que socialmente se asignaba a las mujeres: "guardianas del hogar", "esposas amantísimas" y "madres abnegadas". Estas ideas no variaron al surgir las primeras publicaciones para ellas, como el *Calendario de las Señoritas Mejicanas* (1838), el *Semanario de las Señoritas Mexicanas* (1841), el *Panorama de las Señoritas* (1842) y *La Camelia* (1853). En septiembre de 1862, estando en curso la intervención francesa, la participación femenina se organiza en torno a la Sociedad Ignacio Zaragoza, en la que figuran Margarita Maza de Juárez, Altagracia P. de Morales, Dolores Escalera, Dolores Delgado de Alcalde, Dolores

Margarita Maza de Juárez

Herrero de Bravo, Luz Zamora de Herrera, Josefina Broz de Riva Palacio y Juana Maza de Dublán. A la restauración de la República (1867), Juárez expide la Ley Orgánica de Instrucción Pública en el Distrito Federal, mediante la cual, además de los planteles municipales, se establece la apertura de cuatro más a cargo de la federación, tres para niños y una para niñas, y se crea la escuela secundaria "de personas del sexo femenino", donde las alumnas permanecerían cinco años, tres de secundaria propiamente dicha y dos del actual bachillerato. En la inauguración de la secundaria femenina, acto al que asistió Juárez, la directora del plantel, María de Belem Méndez y Mora, informó que las estudiantes recibirían enseñanza sobre "matemáticas puras, idiomas español, francés, inglés e italiano, geografía y cosmografía, teneduría de libros, historia universal y de México, cronología, medicina doméstica, jardinería y horticultura, moral, dibujo, música vocal e instrumental, toda clase de costuras, bordados, tejidos, flores de mano, pasamanería, etc." Las alumnas, diría la funcionaria, "de aquí saldrán honestas, instruidas y económicas; obreras útiles, que entrarán en los talleres con la conciencia de su aptitud, se harán respetar y economizarán el fruto de su trabajo. Las más acomodadas podrán abrir sus

establecimientos en competencia con las extranjeras y dirigirlos con el mismo acierto, economía y arte que ellas; podrán dedicarse al comercio, como lo hacen en los Estados Unidos y otros países de Europa. De aquí saldrán las artistas y las profesoras". La misma ley establecía algunas diferencias para dar el título de profesor a hombres o a mujeres, y a éstas, cuando impartían enseñanza secundaria a niñas, les asignaba un sueldo igual al de un profesor o profesora de primaria de primera clase. En 1869 se reformó la Ley de Instrucción y con cargo al erario federal se acordó abrir cuatro escuelas para niños y otras tantas para niñas, además de una para adultos varones y otra para mujeres adultas, ambas nocturnas. También se suprimieron los estudios normalistas. Inspiradora de los cenáculos literarios, la mujer sólo fue admitida en ellos hasta 1871, cuando a iniciativa de Alberto G. Bianchi se les da ingreso en la Sociedad Literaria La Concordia. Es hasta 1873 cuando aparece un periódico elaborado exclusivamente por mujeres, *Hijas del Anáhuac*, en el que se esbozan, así sea tímidamente, algunos planteamientos feministas: "La mujer —dice— es un ser nacido para gozar; sin embargo, su corazón guarda siempre una historia de amargura. el mundo cruel no la comprende. Algunos creen que la mujer nació para esclava y la hacen su víctima". En el número dos se le exalta como madre y esposa y se pregunta al lector: "¿La queréis heroína? Id entonces a los campos de batalla y la encontraréis cerca del moribundo, y si es necesario, presentará su pecho para defenderle; le brindará el agua si tiene sed, el lecho si necesita de reposo; y ¿sabéis en cambio de tanta abnegación y sufrimiento lo que obtiene? El yugo, la opresión, la indiferencia; he aquí el premio de tanto amor y ternura". La ocupación de fuerza de trabajo femenina, obra del industrialismo, se produjo en condiciones discriminatorias y con frecuencia humillantes, al extremo de que las huelgas de la época tenían entre sus demandas centrales la exigencia de respeto para las

Foto: Archivo Casasola

Manifestación de la CROM a favor de los derechos de la mujer

Los cambios en la vestimenta feminina han reflejado cambios sociales

mujeres y de salario igual para trabajo igual, con independencia del sexo. Según Clementina Díaz y de Ovando, fue en 1875 cuando por primera vez en la ciudad de México las mesas de un restaurante, el Café de Verolí, estuvieron atendidas por mujeres, lo que provocó comentarios burlones de Juan Pablo de los Ríos, *Nataniel*, en el periódico *El Eco de Ambos Mundos*: "Según las tendencias de los elegantes del gran mundo, el traje más a propósito para las *meseras*, sería el que usó nuestra madre Eva". Pese a lo anterior, el periodista señaló que "ya se hacía sentir la necesidad de proporcionar al sexo débil algún nuevo recurso para vivir, y no cabe duda de que el más a propósito es el servicio de esa clase de establecimientos, el de las tiendas y aun el de los escritorios, donde podrán encontrar su bienestar por medio del trabajo, muchas mujeres que hoy tienen que vivir en la miseria más espantosa o que se entregan a la prostitución". Del mismo tono fue un editorial de *El Siglo XIX* que comentó el caso de las meseras: "El dique a la prostitución es el trabajo y cuando éste abunde, la cifra de las reputaciones manchadas disminuirá notablemente". Interesantes por varios motivos son las coplas de un tal *JMV*, quien comparó a México con la isla de San Balandrán, aquélla que la mentalidad de la edad media imaginaba gobernada por mujeres:

*Hoy comienzan por meseras
y ya hay encuadernadoras,
mañana habrá cargadoras
y también carretoneras,
remendonas y cocheras,
algunas se volverán,
los hombres ya no tendrán
agujero en que meterse,
pues México va a volverse
la isla de San Balandrán.
Muchas serán carpinteras,
albañilas y pintoras;
otras serán majadoras
de fragua, y también herreras,
usarán sus chaparreras
de vaqueta y cordobán
y según las cosas van
si ellas ejercen las artes
veremos en todas partes
la isla de San Balandrán.*

Los núcleos socialistas entendían que la liberación de la mujer se produciría junto con la emancipación del conjunto de la sociedad. Plotino C. Rhodakanaty, en 1876, al reiniciar sus labores el grupo La Social, dice a las mujeres presentes: "Ya no seréis de hoy en adelante esclavas pasivas de vuestro hogar. Que la costura y la cocina sean en buena hora de vuestro resorte, pero no permitáis jamás que nadie os avasalle dedicándoos a tan serviles ocupaciones y ahogando en ellas vuestra dignidad para abusar así de vuestra ignorancia. La ilustración, el estudio de las ciencias exactas, el ejercicio de las profesiones y

de las artes y aún vuestro voto público en las asambleas legislativas son vuestro apanaje y os pertenecen en derecho, puesto que la filosofía racional os concede iguales facultades intelectuales, morales y físicas que al hombre, que es vuestro compañero, no vuestro amo y señor". Sin embargo, en el mismo año, el Congreso Obrero se negó, luego de un prolongado debate y de varias votaciones, a acreditar mujeres como delegadas a esa reunión. En la prensa de la época, sobre todo en los periódicos obreros, se produjo una amplia polémica sobre el asunto. La batalla perdida por las mujeres proletarias la reiniciaron, por otros medios, sus congéneres de sectores sociales acomodados. En 1886 Margarita Chorné, al titularse como dentista, recibió el primer título profesional expedido en México a una mujer. En ese año Laureana Wright de Kleinhans aparece como directora literaria de *Violetas del Anáhuac*, publicación que se anunciaba como "periódico literario redactado por señoras", en el que se exponen claramente planteamientos del feminismo moderno, como la demanda de voto para la mujer y la igualdad de derechos. Director y administrador de este órgano era Ignacio Pujol. En la misma línea se mantuvo *La Mujer Mexicana*, aparecida en 1904 bajo la dirección de Dolores Correa Zapata. El *Periódico de las Señoras*, publicado entre mayo y diciembre de 1896, también fue redactado exclusivamente por mujeres y dirigido por Guadalupe F. viuda de Gómez Vergara. Como instrumento de lucha política había aparecido en 1901 *Vésper*, periódico editado y dirigido por Juana Belén Gutiérrez de Mendoza, quien pasaría por el magonismo y el zapatismo para convertirse después en feminista. El Partido Liberal Mexicano reivindicó los derechos de la mujer y un buen número de sus clubes contaron con amplia participación femenina, lo mismo que los movimientos de huelga que reprimiera ferozmente la dictadura. El grupo magonista Hijas de Anáhuac se fundó en Tizapán, DF, a fines de 1907, con obreras textiles de las fábricas de la zona, como María del Carmen y Catalina Frías, Justa Vega, Eligia Pérez, Leonila Aguilar, María Gómez, Carlota Lira, Concepción Espinosa y Josefa Ortega. La agrupación llegó a tener 300 afiliadas. Las más activas fueron las hermanas Frías, que sufrieron persecución y fueron encarceladas por la dictadura. Al escindirse los enemigos del porfirismo en dos grandes alas, la magonista y la maderista, ambas tuvieron el concurso de las mujeres, aunque la tendencia maderista, a la que pertenecían la Liga Femenil de Propaganda Política y el Club Femenil Hijas de Cuauhtémoc, no incluía entre sus propósitos la emancipación femenina. En los últimos años del porfiriato

El activismo feminista a partir de la Revolución asomó en la creación del Partido Feminista Revolucionario

surgieron diversas agrupaciones de mujeres, todas ellas de tendencia mutualista o filantrópica, como la Sociedad Protectora de Mujeres. De la precaria incorporación femenina a la enseñanza superior dan cuenta las cifras: en 1910 no pasaban de una decena las que habían obtenido un título profesional y las profesoras normalistas eran apenas un centenar. A lo largo de la lucha armada, desde el 18 de noviembre de 1910 hasta el 5 de febrero de 1917 en que se promulgó la Constitución de Querétaro, las mujeres estuvieron en la primera línea de combate, desde Carmen Serdán hasta las integrantes del Grupo Sanitario Ácrata, salido de la Casa del Obrero Mundial (☛) cuando

los batallones rojos marcharon en apoyo del carrancismo. Del grupo formaron parte, entre otras, Judith Acevedo, Adela Arellano, Manuela y Pina Barrionuevo, Carmen Brothers, Soledad Buendía, Cristina Camacho, Refugio Castañeda, Clotilde Céspedes, Sara Céspedes Noriega, Eduarda Cisneros, Luz Chirino Ruiz, Jovita Estrada, Elvira García, Lucrecia González, Tirsa Hernández, Genoveva Hidalgo (secretaria general), Ángela Inclán, Luz Lavanderos, Ángela Martínez, María Olaeta, Paula Osorio (proveedora), Maclovia Pacheco, Guadalupe Peláez, Francisca Pérez, María Pimentel, Catalina Prenis, Cristina y Sara Ramírez, Alma Ramos, Aurora de la Riva, Maura Rosas, Victoria Rojas, Isabel Salazar, Eduwiges Sánchez, María de la Luz Solano, Esther e Ignacia Torres, Carmen y Margarita Velázquez. El Congreso Constituyente, integrado en exclusiva por varones, mostró poco reconocimiento a la labor femenina en los campos de batalla y no les concedió el voto ni la igualdad que demandaban revolucionarias como Hermila Galindo, editora de *Mujer Moderna*. En lo referente a los derechos de la mujer, lo más avanzado que dejó el carrancismo fueron la Ley de Divorcio de 1914, que daba relativa libertad a la mujer separada, y la Ley de Relaciones Familiares, que estableció la igualdad conyugal y otorgó a la mujer el derecho de contraer obligaciones de carácter laboral y mercantil. La Soberana Convención Revolucionaria, por su parte, emitió un decreto destinado a "favorecer la emancipación de la mujer mediante una juiciosa ley sobre el divorcio, que cimente la unión conyugal sobre la mutua estimación o el amor, y no sobre las mezquindades del prejuicio social". Vanguardista en sus planteamientos aunque pobre en sus resultados prácticos, fue el Primer Congreso Feminista celebrado en Mérida, en 1915, convocado por el gobernador Salvador Alvarado y presidido por Adolfina Valencia de Ávila. Ahí se discutió ampliamente la situación subordinada de la mujer, pero no se acordó de-

mandar el derecho al sufragio. En el mismo año, en Tabasco, Francisco J. Múgica convocó al Primer Congreso Femenil Nacional. En el Congreso Socialista de Motul, Yucatán, celebrado en marzo y abril de 1918, se habló de la doble explotación de la mujer en su centro de trabajo y en el hogar y se demandaba el sufragio femenino. En la comisión que redactó el dictamen sobre el asunto participó la profesora Elena Torres. En mayo, en el Congreso Obrero de Saltillo del que surgió la CROM, Vicenta Cabrera representó al Sindicato Femenil de Oficios Varios, de Tampico, y María R. viuda de Álvarez llevó la representación del Sindicato de Señoras y Señoritas de Nuevo Laredo. En el *Pacto de Solidaridad* acordado en la fundación de la CROM, se decía que "los elementos confederados se obligan a procurar la participación directa de la mujer dentro de las organizaciones, y contraen el compromiso de luchar activamente porque el trabajo de la mujer, cuando sea idéntico al del hombre, tenga la misma retribución". A fines del mismo año apareció en Guadalajara, bajo el lema "Por la liberación de la mujer", el periódico *Iconoclasta*, dirigido por las profesoras anarquistas Trinidad Hernández Cambre y Ana Berta Romero, ambas dirigentes del Centro Radical Femenino. Por esos días empezó a funcionar en la capital del país el grupo Alma Roja formado por obreras textiles, bordadoras y telefonistas, mientras en Zacatecas surgía el Centro Femenino de Estudios Sociales. En mayo de 1919 varios núcleos laborales fueron a la huelga. Como las autoridades trataran de poner en funcionamiento los tranvías, las maestras, también en huelga, se tiraron en las vías para impedir el paso de los vehículos. Un periódico señaló: "eso es el feminismo". Juana Belén Gutiérrez de Mendoza (☛), directora del periódico *El Desmonte*, daba su respaldo a las luchas obreras y combatía las trabas religiosas a la liberación de la mujer. Por su parte, la comunista Evelyn Trent Roy, desde *El Heraldo* y *El Socialista*, señalaba el notorio aumento de la mano de obra femenina después de la revolución y el surgimiento del feminismo, al que llamaba "gloria y esperanza de nuestra edad". Definía al "verdadero espíritu del feminismo" como la cooperación no sólo para resolver los problemas de su sexo sino los de toda la sociedad. En julio llegó Elena Torres a la capital, enviada por el Partido Socialista Yucateco y entre septiembre y octubre, junto con Evelyn T. Roy, Thoberg de Haberman y las profesoras María del Refugio García y Estela Carrasco, fundó el Consejo Nacional de Mujeres, del que fue vicepresidenta, en tanto que Juana Belén Gutiérrez de Mendoza fue elegida para ocupar la presidencia. El Consejo demandaba igualdad de oportunidades y salario igual a trabajo igual; regeneración de las prostitutas, moralidad igual para ambos sexos, fundación de guarderías, dormitorios y comedores para las obreras y sus hijos, así como el derecho a votar y ser votadas para cargos de elección popular. Editó la revista *La Mujer*, dirigida por Julia Nava Ruisánchez. Integrante del Partido Socialista del Sureste al igual que Elena Torres, Elvia Carrillo Puerto estuvo entre las convocantes al congreso de obreras y campesinas que se realizó al año siguiente en el Distrito Federal, foro en el que se levantó la demanda de iguales derechos para hombres y mujeres. La misma Elvia, en 1922, editó en Mérida con Rosa Torres el periódico *Rebeldía*. Elvia Carrillo Puerto, la poeta Beatriz Peniche y la profesora Raquel Dzib Cicero fueron diputadas a la XVIII Legislatura local de Yucatán, en tanto que las educadoras Genoveva Pérez y Rosa Torres ocuparon sendas regidurías en el ayuntamiento de Mérida (1923-24). En ese año, en el puerto de Veracruz, las prostitutas se organizan para apoyar la huelga inquilinaria y reclamar respeto para sus derechos como personas y trabajadoras, para lo cual se incorporan a la huelga y simbólicamente queman sus colchones, a los que llaman "instrumentos de trabajo" (ver *Huelga de prostitutas*). En abril de 1923, Concha Michel, Sara López, Luz García y Laura Men-

doza constituyeron la Sección Femenina del Partido Comunista Mexicano (PCM). En mayo de 1923 se celebró en la capital el Primer Congreso Nacional Feminista, en el cual se levantaron nuevamente las demandas de sufragio femenino y de igualdad política de hombres y mujeres. También se pidió la apertura de guarderías infantiles, casas de maternidad y espacios separados en los centros de detención policiaca. Otra demanda que ahí se expuso y continúa vigente fue la de establecer una misma moral sexual. Como parte de ese igualitarismo se pidió implantar la coeducación. En el mismo año, el estado de San Luis Potosí concedió a las mujeres el derecho a votar y ser votadas en elecciones municipales. Dos años después, la legislatura de Chiapas concedió la ciudadanía a los hombres y mujeres de 18 años cumplidos y en 1926 Florinda Lazos León se convirtió en la primera diputada local en la entidad. En 1927 María Ríos de Cárdenas edita *Mujer*. El Código Civil de 1928 amplió las facultades de la mujer en materia de contratación y otras obligaciones a condición de no descuidar la administración doméstica. El Frente Unido Pro Derechos de la Mujer, que decía contar con 60 mil integrantes, surgió en 1930. Al año siguiente, un grupo de mujeres, en que se contaban Florinda Lazos León y las profesoras René Rodríguez y Ana María Hernández, convocó a lo que sería el primer Congreso Nacional de Mujeres Obreras y Campesinas, celebrado en el Distrito Federal, del primero al 5 de octubre. Participaron delegadas de la capital y 12 estados de la República. Alicia E. Reyes y Romualda Villaseñor representaron a la Liga Anticlerical Mexicana; Luz T. Ramírez a la Confederación Campesina y Obrera de Chiapas; María G. González al Club Liberal de Mujeres Reformistas; María del Refugio García a la Federación Obrera Femenina de Tamaulipas; Antonio T. Alanís y Cecilio Silva a la Unión Nacionalista Mexicana; Alfonsina González, Amparo Morales, Victoria Zepeda, Cruz S. de los Ríos y Alfonsina N. viuda de González a

Despertar combativo de las mujeres

la colonia agrícola El Impulso Mexicano; Paula Núñez, María de la Luz Uribe y Julia Nava de Ruisánchez a la Asociación Cristiana Femenina y *El Sembrador*; Fanny Manrique a la Liga Feminista de Yucatán y al Partido Feminista Revolucionario; y la profesora Eufrasia Pantoja al Partido Feminista Revolucionario de Guanajuato. Presidente y vicepresidente honorarios fueron Pascual Ortiz Rubio y Saturnino Cedillo, presidente de la República y secretario de Industria y Fomento, respectivamente. El temario expresó la composición heterogénea de la reunión, pues incluía asuntos como la creación de cooperativas y de un "banco familiar campesino"; organización de la mujer para el trabajo rural; la educación de los niños, "el desarrollo de una campaña nacionalista" y "la situación civil y política de la mujer". Eufrasia Pantoja fungió como presidenta y secretarias fueron Luisa Landa y Fanny González, delegadas por Yucatán y Coahuila. Las posiciones que polarizaron la reunión fueron representadas por María Ríos y la profesora michoacana María Refugio García. La primera abogó por formar una agrupación exclusivamente femenina que presidiría la gobiernista Florinda Lazos León, y la otra señalaba que la mujer, con la cooperación del hombre, debía luchar en defensa de sus derechos. Otro debate se suscitó cuando

Las nuevas generaciones de mujeres conocen mejores posibilidades de desarrollo personal

Edelmira L. viuda de Escudero hizo un planteamiento sufragista, a lo que respondió Elisa Zapata Vela: "Necesitamos librarnos económicamente antes de exigir el voto". Pese a esta intervención, el Congreso se manifestó en favor de los derechos políticos plenos para la mujer. El día 3 asistió a las deliberaciones el presidente Pascual Ortiz Rubio con un comitiva que sólo incluía hombres. En una carta del 8 de octubre enviada al periódico *El Nacional*, órgano del partido oficial, las organizadoras afirmaban "estar con los hombres de la Revolución, principalmente con el presidente de la República y con el general Calles" y protestaban "por los conceptos atrevidos y aventurados que las comunistas vertieron" y el desorden que se produjo en la reunión, "al grado de provocar la disolución del Congreso". Tan abrupto final no desanimó a las organizadoras, que del 25 al 30 de noviembre de 1933 celebraron un segundo Congreso, que en la "plataforma de honor" tuvo al oficial mayor del Departamento del Trabajo y a la "comisión permanente" del primer congreso: René Rodríguez, presidenta; Paula Vera de Mallén y María Luisa Robert de Landa, secretarias; y Roberta de Landa, Prudencia Montaña, Marcelina Santana y Florencia Fuentes como vocales. El temario propuesto incluía salario mínimo para empleadas y obreras, crear departamentos especiales, "servidos por mujeres, que defienda y orienten a obreros y campesinos, en las secretarías de Economía, Agricultura, y Departamentos del Trabajo y del Distrito Federal"; establecimiento de un Banco Refaccionario de Cooperativas Femeninas y "formar un programa de obra educacional constructiva dentro de los lineamientos de la revolución". Entre las delegadas se contaron Paz Meraz Rivera y Fidelia Brindis por la Confederación Nacional de Agrupaciones Magisteriales; María del Refugio Delgado por la Sociedad Mexicana de Eugenesia; María A. Díaz, Belén Martínez y Guadalupe Muñoz por el Círculo Feminista de Occidente, de Guadalajara; Enriqueta de Parodi, enviada por el gobierno de Sonora; Ángela Castaños, por el de Chiapas; Elvira Vargas por el de Nayarit; Eloísa Amaya del Valle, del Partido Feminista de Tabasco, y Sara M. del Castillo, enviadas por el gobierno de esa entidad. Leonor González asistió por la Liga Femenil Alejandra Kolontay, de Nuevo León; Pilar Núñez e Isabel Chávez por el Club Feminista de la Ranchería de Tepehuaje; Laura C. Sunes se acreditó por el Bloque Obrero y Campesino de México; Salomé Caídas por la Liga Regional Campesina Tuxtepecana de Oaxaca; Enriqueta L. de Pulgarán por la Unión Femenina Racionalista del puerto de Veracruz; Blanca Lydia Trejo por el Frente Clasista de Durango; Isabel Sánchez y Leonor González por la Cámara Unitaria; Luz Jiménez y Consuelo Uranga por la Confederación Sin-dical Unitaria de México; la misma Uranga, Pilar Montoya, Margarita Nú-ñez, Luz Encinas y Esperanza Jiménez por el Sindicato Unitario del Vestido; Olga Maya y Dolores Gómez por el Círculo Femenil Cultura de México, del DF; Dolores Hernández y Julia Sánchez por el Comité de Desocupados de la Colonia Morelos; María Teresa Tronconis por la Unión de Profesoras de las Escuelas Técnicas Industriales; y Rosa Narváez y Guadalupe Russ por la Unión Sindicalista de Profesores del DF. El congreso fue inaugurado por Juan de Dios Bojórquez, representante del presidente de la República. Se discutieron numerosos asuntos más relacionados con los niños que con las mujeres; la profesora Guadalupe Gutiérrez Joseph habló de las diferencias entre feminismo y femineidad. Elvia Carrillo Puerto, presidenta de la Liga Orientadora de Acción Femenina, se preguntó "¿Cómo conseguir que se respete a las mujeres que trabajan?" y, Elodia Cruz Figueroa, Sofía Villa de Buentello y Elena García de Sánchez de Facio abordaron el tema del sufragio para la mujer. Lydia Trejo denunció el "dominio tiránico del hombre"; Elvira Vargas presentó una amplia ponencia sobre la situación laboral de la mujer y las comunistas, en especial Consuelo Uranga, denunciaron los atropellos del gobierno, lo que motivó el retiro de algunas delegadas. Florinda Lazos propuso crear una Liga Feminista Internacional, pero Consuelo Uranga, "por su hablar sólido y conceptuoso, lleno de argumentos firmes y por su entusiasmo en la defensa, pudo fácilmente destruir la ponencia de la señorita Lazos", comentó el periódico *El Mundo*. La actuación de la Uranga, en cambio, fue reprobada en un editorial de *Excélsior* titulado "Comunismo feminista". La sesión del 27 de noviembre debió ser muy acalorada, pues las delegadas gobiernistas llamaron a la policía, que al día siguiente llegó a aprehender a las comunistas, "en virtud de que las mismas habían vertido conceptos inconvenientes contra algunas autoridades". La mesa directiva del Congreso protestó por la detención de Rosa Narváez e I. Chávez, tachó de "completamente arbitraria" la actuación de los uniformados y solicitó al presidente de la República "garantías para todas las congresistas". *Excélsior* volvió al ataque contra el ala izquierda del congreso en un editorial titulado "¡Las mujeres al hogar!", el que constituía una condena al feminismo en general. Consuelo Uranga, de nuevo en libertad, volvió al Congreso para asegurar que el feminismo "es una teoría burguesa" y que "el comunismo aboga por la lucha de clases y no de sexos". Respondieron a Uranga las gobiernistas Rosa María Cárdenas, de la Confederación Femenil Mexicana, y Florinda Lazos, del Bloque Nacional de Mujeres Revolucionarias. Ésta sentenció que "el comunismo no se adapta a la idiosincrasia de nuestro pueblo" y que "el feminismo tiene su razón de existir porque las agrupaciones mixtas únicamente trabajan por el más fuerte, que es el hombre". A petición de Uranga, en la sesión del 29 se aprobó que los debates se centraran en tres grandes temas: la paz, la educación y los derechos de la mujer. A petición de la misma congresista se aprobó demandar la creación de un seguro social a cargo de los patrones y el Estado. Otra comunista aprehendida en esos días fue Benita Galeana (☞). En la sesión del 30 de noviembre, Dolores Gómez propuso suspender el pago de la deuda externa, oponerse a los ceses y ajustes de personal, rechazar el servicio militar obligatorio, condenar la intervención estaounidense en Cuba y la "incursión imperialista" de Japón en China, así como "la política criminal del gobierno de Alemania", puntos que fueron aprobados. Al discutirse el sufragio, Florinda Lazos León se opuso arguyendo que la mujer no necesita ejercerlo en forma directa, pues "puede hacerlo a través de sus hombres". Uranga respondió tildando al voto indirecto de "procedimiento sucio", y repudió "los atractivos sexuales de la mujer como arma política", para concluir proponiendo que grupos clasistas, entre otras reivindicaciones, pugnaran por los derechos cívicos de la mujer, lo que fue aprobado. El Bloque Nacional de Mujeres Revolucionarias desconoció los citados acuerdos. El desquite para las mujeres gobiernistas se produjo en el tercer Congreso, inaugurado en Guadalajara el 13 de septiembre de 1934, en el cual se aseguraron una amplia mayoría en su favor desde el registro de credenciales, que quedó en manos de Guadalupe Martínez V., presidenta del Círculo Femenino de Occidente, y Socorro Suárez, jefa de la

Sección Femenil del Partido Nacional Revolucionario. Las agrupaciones representadas fueron: Confederación Obrera de Jalisco, Bloque Femenil Revolucionario, Trabajadoras de Fábricas de Cartón, Frente Izquierdista Femenil contra los Enemigos de la Revolución, Sociedad de Alumnas de la Escuela Preparatoria de Señoritas, Círculo Feminista de Occidente, Empleadas del Teatro, Unión de Educadoras Jaliscienses, Sección Femenil del PNR, Círculo Feminista de Jilotlán, Trabajadoras de Molinos de Nixtamal, Sociedad Rosaura Zapata, Sindicato de Obreras Revolucionaria de la Bonetería Francesa, Liga Feminista de Cocula, Unión Mutualista de Empleadas de Teatro, Sociedad de la Escuela Preparatoria, Unión de Expendedoras de Masa, Confederación Obrera de Jalisco, Sindicato de Elaboradoras de Tortillas, Unión Feminista de Revolucionarias, Sociedad Mutualista de Comerciantes en Pequeño, Liga de Comerciantes en Pequeño, Unión de Expendedores de Carbón Vegetal, Agrupación Evolucionista Femenil, Círculo Socialista Femenil, Círculo Socialista de Educadoras, Grupo de Maestras Revolucionarias, Sociedad Estudiantil Norma, las secciones femeniles del partido gubernamental en Zapoltitic, Zapotlanejo, Tlaquepaque, Ixtalhuacán de los Membrillos, Quitupan, San Gabriel, Chapala, Ciudad Guzmán, El Grullo, Tecolotlán, Ocotlán, Techaluta y Jilotlán; el Bloque Nacional de Mujeres Revolucionarias, Federaciones Femeninas del DF, Unión Revolucionaria de Torteadoras, Vanguardia de Maestras Revolucionarias Jóvenes, Liga Feminista de Ameca, Confederación Obrera y Campesina del estado de Chiapas, Club Femenil Águila, Cámara del Trabajo de León, Liga Feminista Número Tres de Chapala, Liga Feminista de Jocotepec, Unión Feminista de Comerciantes

Adela Formoso de Obregón Santacilia, fundadora del Ateneo de las Mujeres

de Puestos en el Mercado de la Merced del DF, Unión Feminista Racionalista de Veracruz y la Liga Feminista Racionalista de Guadalajara. En el Congreso privó un tono anticlerical y socializante, de acuerdo con el momento que vivía el Partido Nacional Revolucionario, con Lázaro Cárdenas como ganador de las elecciones de julio anterior. Se aprobó por supuesto apoyar la "educación socialista" y en la clausura, con la asistencia de funcionarios y el jefe del PNR en el estado, habló el gobernador interino de Jalisco, Ignacio Jacobo. Las principales discrepancias se produjeron entre las mismas militantes del partido oficial y, finalmente, la presidencia de la comisión permanente fue para Socorro Suárez, jefa de la sección femenil del PNR, con quienes figuraron Rebeca Hernández, secretaria; Braulia Maciel, subsecretaria; Eloísa Gómez de Flores, jefa

El porcentaje de niñas escolarizadas ha aumentado en México

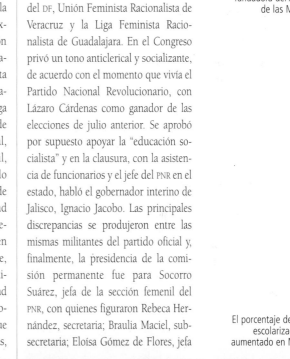

del Departamento Agrario; Ana María G. de López, jefa del Departamento Educativo; María Inés Negrete de Terán, jefa del Departamento Político; y María Ocampo, vocal. En 1935 se constituyó el Frente Único Pro Derechos de la Mujer, que aglutinaba a grupos oficialistas lo mismo que a núcleos comunistas y sindicalistas e individualidades sin militancia partidaria, quienes por lo menos desde 1932 celebraban el 8 de marzo como Día de la Mujer Trabajadora. También en 1932 cobró cierta relevancia la Liga Orientadora de Acción Femenina, que tenía a Elvia Carrillo Puerto como secretaria general y en otros cargos dirigentes a Guadalupe Gutiérrez de Joseph, Josefina Rivera Torres, Otilia Zambrano y Aurora Herrera de Nobregas. Al Frente pertenecieron Frida Khalo, Esther Chapa, Consuelo Uranga y Adelina Zendejas. Si bien contaban con un amplio programa en el que destacaba la defensa de la soberanía nacional, se reivindicaba nuevamente el derecho al sufragio femenino. En 1933, a su regreso de un viaje a Moscú, Concha Michel había expresado sus discrepancias con la línea femenil de la Internacional Comunista. La dirección del PCM tachó sus críticas de "concepciones antimarxistas sobre el papel de la mujer trabajadora", la expulsó de la organización y aun se aventuró a profetizar que, en lo sucesivo, las actividades de la Michel tendrían "un carácter

Nancy Cárdenas, luchadora feminista

Martha Lamas

Cerca de una tercera parte de la población económicamente activa en México está formada por las mujeres.

contrarrevolucionario". En 1934 existía en el Distrito Federal un Club Internacional de Mujeres que se mantuvo en actividad por lo menos hasta 1940. En el mismo año, Emmy Ibáñez fundó el Ateneo Mexicano de Mujeres (☛) y en 1935 el grupo Acción Cívica Femenina, del que fue presidenta. En 1936 se fundó el Comité Femenino Interamericano Pro Democracia, de carácter antifascista. En las elecciones de diputados federales de 1937, el PNR lanzó la candidatura de dos mujeres para sendos distritos de Michoacán y Guanajuato. Ambas fueron declaradas ganadoras, pero inexplicablemente no llegaron a ocupar su curul. En el mismo año, el presidente Cárdenas envió al Senado una iniciativa para dar el voto a la mujer. El proyecto fue *congelado* en la Cámara de Diputados por la creencia de que el sufragio femenino beneficiaría a la ultraderecha. De poco sirvió la actividad desplegada por diversos núcleos, como la Unión de Mujeres Americanas, el Consejo Nacional del Sufragio Femenino y el grupo Leona Vicario, que mediante marchas, mítines y otros medios trataban de obtener la ciudadanía de la mujer. Algunas intelectuales se valían de la prensa para respaldar la causa sufragista y demandaban también que se reconociera la capacidad de la mujer para ocupar puestos públicos. Entre éstas estaban Graciela Amador, Concha Michel, Macrina Rabadán y Adela Formoso de Obregón Santacilia. La actividad sufragista tuvo diversas expresiones en esos años y el 19 de mayo de 1939 se celebró una manifestación que exigió el voto para la mujer. En 1940 existía la Unión Femenina Iberoamericana. La actividad de las mujeres dentro del partido oficial desembocó en la creación del Comité Nacional Femenil, que apoyó la candidatura de Manuel Ávila Camacho. En ese organismo participaron Amalia Caballero de Castillo Ledón, Marta Andrade, María Lavalle Urbina y Josefina Vicens. Al asumir la Presidencia, Ávila Camacho designó por primera vez a una mujer como embajadora, Palma Gui-

llén, y a otra, Matilde Rodríguez Cabo, la nombró jefa del Departamento de Previsión Social de la Secretaría de Gobernación. En 1941 empezó a publicarse la revista literaria *Rueca*, que seguiría apareciendo hasta 1948, en la que sólo escribieron mujeres; las editoras eran Carmen Toscano, María Ramona Rey, Pina Suárez Frausto, Ernestina de Champourcín y Emma Soto. En 1942, al declarar México la guerra a las potencias fascistas, el Frente se transformó en Comité Coordinador de Mujeres para la Defensa de la Patria. Terminado el conflicto, el Comité adoptó el nombre de Bloque Nacional de Mujeres, el que luego fue la Unión Democrática de Mujeres Mexicanas, agrupación en la que participaban militantes de diversas corrientes políticas. En enero de 1944 apareció el primer número de *Ideas*, revista del Ateneo Mexicano de Mujeres que continuó apareciendo hasta diciembre de 1947, año en que se concedió a la mujer el derecho a votar y ser votada en elecciones municipales. Virginia Soto, en Dolores Hidalgo, Guanajuato, se convirtió en la primera alcaldesa mexicana. El 30 de abril de 1948, el representante del gobierno mexicano firmó en Bogotá la Convención Interamericana sobre Concesión de Derechos Civiles a la Mujer, pero fue hasta el 17 de octubre de 1953, durante el sexenio del presidente Adolfo Ruiz Cortines, cuando se emitió el decreto mediante el cual las mexicanas mayores de 21 años obtuvieron por fin el derecho a elegir y ser elegidas para todos los cargos. En los comicios de 1955 se eligió a las primeras cinco diputadas federales: Remedios Albertina Ezeta (Estado de México), Marcelina Galindo Arce (Chiapas), Margarita García Flores (Nuevo León), Aurora Jiménez (Baja California) y María Guadalupe Ursúa (Jalisco). En 1958, al entrar en funciones como Presidente de la República, Adolfo López Mateos designó subsecretaria de Asuntos Culturales de la Secretaría de Educación Pública a Amalia Caballero de Castillo Ledón. María Cristina Salmorán de

Tamayo fue nombrada ministra de la Suprema Corte de Justicia y otras mujeres ocuparon cargos de importancia, tales como Griselda Álvarez, quien ocupó la Dirección de Acción Social de la SEP. En 1964 se celebra el Primer Congreso Femenil de Unidad del cual surge la Unión Nacional de Mujeres Mexicanas, en la que se agrupan el Comité Permanente Pro Congresos Americanos de Mujeres, el Comité Coordinador Femenino por la Defensa de la Patria, la Unión Democrática de Mujeres Mexicanas, la Unión de Trabajadoras Mexicanas y el grupo Vanguardia de la Mujer Mexicana. La Unión asume plenamente la causa de la emancipación de la mujer y la sitúa como parte de la lucha por la democracia y el socialismo. Consecuente con esa concepción, demanda la libertad de los presos políticos y participa en las movilizaciones de 1968. Con decenas de miles de afiliadas, forma parte de la Federación Democrática Internacional de Mujeres. Fue también en 1964 cuando por primera vez hubo mujeres en los escaños del Senado: Alicia Arellano Tapia, que ya había sido diputada, y María Lavalle Urbina, quien ocupó por un periodo la presidencia de esa Cámara. En el mismo año fueron elegidas diputadas Marta Andrade, entonces ya de Del Rosal, y María Zaleta de Elsner, una fue la primera mujer en presidir la diputación y la otra también primera en contestar un informe presidencial (1966). El feminismo contemporáneo se inicia en 1971 con la fundación del grupo Mujeres en Acción Solidaria. Tres años después, de una escisión del MAS surge el Movimiento de Liberación de la Mujer. En ese año se reforma el artículo cuarto de la Constitución de la República y entra en vigor la Ley General de Población, con lo cual queda establecida jurídicamente la igualdad de los cónyuges para decidir sobre el número de hijos y la planificación familiar. Se discute sobre el aborto en la Cámara de Diputados, pero no se modifica la legislación. En 1975 se celebró en México el Congreso Internacional de Mujeres con-

vocado por la Organización de las Naciones Unidas. Lo presidió el procurador general de la República, Pedro Ojeda Paullada. Varios grupos feministas integraron el Frente de Mujeres contra el Año Internacional de la Mujer, al que denunciaron como una "manipulación de nuestras capacidades, de nuestras energías y de nuestras vidas" con objeto de "canalizar nuestro potencial físico y político hacia la continuidad del sistema capitalista". Se hicieron entonces diversas reformas a la legislación y se anunció que en México se había llegado a la plena igualdad jurídica del hombre y la mujer. Desde luego no era cierto, pues subsisten normas discriminatorias, como las que prohíben a la mujer interrumpir la gestación o las que la obligan, si es casada, a recabar el consentimiento del marido para obtener un pasaporte. También en 1975, de una escisión del Movimiento de Liberación de la Mujer surge el Colectivo La Revuelta, que edita un boletín y posteriormente se encarga de elaborar una página feminista en el diario *unomásuno* (1979-81). También en 1975 un grupo de mujeres decide publicar *Fem* (☛), que aparece al año siguiente y llegaría a ser la publicación de más larga vida en su género. De 1976 data la fundación, como "grupo autónomo de teoría y práctica feministas", del Colectivo de Mujeres del Partido Revolucionario de los Trabajadores. Un año después surge el grupo Lesbos de mujeres homosexuales, se celebra el primer Simposio Mexicano-Centroamericano de Investigaciones sobre la Mujer y se funda la Coalición de Mujeres Feministas con integrantes del Movimiento Nacional de Mujeres, Lesbos, el Movimiento Feminista Mexicano, el Movimiento de Liberación de la Mujer y el Colectivo de Mujeres, grupos que se proponen pugnar por el aborto libre y gratuito y luchar permanentemente contra la violación y el maltrato a las mujeres. En ese año la Coalición entrega a la Cámara de Diputados un documento para fundamentar su demanda de despenalización del aborto.

Foto: Graciela Iturbide

A pesar de los avances en legislación feminista, la situación social y económica de la mujer en México sigue siendo desfavorable. Fotografía *La cantera II*, 1991

El Frente Nacional de Lucha por la Liberación y los Derechos de las Mujeres (Fnalidm) se constituye en 1979 con representantes de partidos de izquierda, organizaciones sindicales y grupos feministas y de homosexuales. Se edita *La mitad de la revolución*, órgano de las militantes del Partido Comunista. En un mitin ante la Cámara de Diputados, el Fnalidm entrega a la diputación comunista un proyecto de ley de maternidad voluntaria. En Colima, Griselda Álvarez, candidata del PRI, obtiene la mayoría de los votos y se convierte en la primera mujer en gobernar un estado de la República. La segunda sería Beatriz Paredes, en Tlaxcala. En el sexenio del presidente José López Portillo (1976-82) Rosa Luz Alegría, a quien se dio la cartera de Turismo, se convirtió en la primera mujer en ocupar una secretaría de Estado. En 1994 María de los Ángeles Moreno se convirtió en presidenta del PRI y en 1999 Amalia García ocupó un cargo similar en el PRD. En 1997, de acuerdo con el INEGI, había 45 millones 683 mil 991 mexicanos y 48 millones 032 mil 341 mexicanas. En 1995, en todas las edades del grupo de mexicanos de entre 6 y 14 años el porcentaje de mujeres que saben leer y escribir superaba ligeramente al de los hombres (86.4 por ciento en total contra 85.4). Del to-tal de la población femenina de 15 años y más, 11.9 por ciento se encontraba sin instrucción, 21.7 por ciento tenía la primaria incompleta, 19.2 la tenía completa, 20.5 por ciento tenía secundaria, 18 por ciento preparatoria y 8.2 por ciento contaba con instrucción superior. En la población de 15 años y más, aunque hay aún más mujeres analfabetas que hombres, este índice se redujo ligeramente en el grupo femenino entre 1990 y 1995 (de 3,856,549 a 3,829,019), mientras que en el de los hombres se elevó (de 2,305,113 a 2,393,794). En cuanto a la población alfabetizada de 15 años y más, la cifra femenina creció de 21,778,422 en 1990 a 26,383,159 en 1995, mientras que la masculina tuvo un ascenso menor, de 21,575,645 a 25,995,002. En ese mismo grupo de edad y sexo existe la tendencia a equiparar el grado promedio de escolaridad, que en las mujeres avanzó una décima más que el promedio varonil en cinco años: en 1995 la población masculina promediaba 7.5 años de estudios y la femenina 7 años (En 1990 era de 6.9 y 6.3, respectivamente). Desde 1980 a 1997, el porcentaje de mujeres inscritas en educación superior al inicio de cursos se había elevado de 33.8 a 45.6 por ciento. De 1990 a 1995 la población femenina dedicada al hogar había tenido una reducción de 3.6 puntos porcentuales en la llamada población económicamente inactiva. En 1995, del total de la población económicamente activa, el 32.8 por ciento eran mujeres, de las cuales 71.7 por ciento se ubicaban en el sector terciario (comercio, gobierno y otros servicios), 18.4 por ciento en el secundario (sobre todo en la manufactura) y 9.4 por ciento en el primario (predominando en la agricultura).

FENELÓN DE UVILLOS, JUAN FRANCISCO ◆ n. en Francia y m. en Zinatlán, Oax. (1835-1893). Se tituló como médico en la Universidad de París. Llegó a México hacia 1860, donde revalidó su tituló. Ejerció en Oaxaca, Guadalajara y la ciudad de México. Miembro fundador de la Academia de Medicina en 1864. Colaboró con numerosas entregas en la *Gaceta Médica de México* y en *La Escuela de Medicina*.

FÉNIX DE LA LIBERTAD, EL ◆ Periódico aparecido el 7 de diciembre de 1831 como semanario. Sus redactores eran Vicente de Rocafuerte, Juan Rodríguez Puebla y Mariano Riva Palacio. Varios días antes, mediante carteles pegados en los muros se anunció su publicación como órgano "de la oposición", lo que cumplió tan cabalmente que se calcula que era multado cada mes. Denunció las trabas puestas a la libertad de prensa por el gobierno de Bustamante, que una y otra vez intentó clausurarlo como había hecho con otros. En enero de 1832 llegó a plantear que "la separación del clero de los negocios públicos es el principio dominante de nuestro siglo". Pidió la dimisión del gabinete bustamantista y señaló a Alamán como autor de ataques contra el Poder Legislativo; a Facio, secretario de Guerra, como responsable de la muerte de Guerrero; y al ministro de Hacienda, Mangino, de ejercer el nepotismo y al de Justicia de déspota. Cuando logró la dimisión de varios ministros pidió la del propio presidente en funciones, Bustamante, a quien llamó "usurpador". Calificó los comicios de 1832, celebrados bajo un régimen militarista, de "farsa electoral" y acusó al grupo de Alamán de manipular el proceso. El 16 de octubre fue suspendida su publicación, la que se reanudó el 29 de diciembre, al reiniciarse el gobierno de Gómez Pedraza, y el 3 de enero de 1833 se convirtió en diario. Pidió que se enjuiciara a los ministros de Bustamante y señaló que en el Congreso de 1831-32 predominaban los sacerdotes, hacendados y hombres ricos que sólo veían por el interés de su clase. Como los liberales esperaban la ejecución de reformas económicas y políticas, el periódico recordó a los ministros: "la guerra ha sido terminada, pero no la revolución". Abogó por la libertad de cultos y la nacionalización de los bienes de la Iglesia, "tribuna de impostura y mentira". Sin embargo, al intentar Lorenzo Zavala el reparto de las tierras del clero entre los campesinos del Estado de México, *El Fénix* tildó de imprudente la medida y pidió se le examinara cuidadosamente. Apoyó la candidatura de Santa Anna a la Presidencia y la de Gómez Farías a la vicepresidencia, quienes resultaron triunfadores. Abogó entonces por destinar lo que se gastaba en cátedras de latín, teología, filosofía y retórica a la educación básica para niños hijos de trabajadores del campo y la ciudad. Informó sobre los intentos del Congreso por reducir los efectivos del ejército y abogó por la creación de milicias cívicas que sustituyeran a las tropas, si bien advirtió al gobierno que debía manejarse con cuidado para "no producir alarmas sin buscar resultados", lo que juzgaba "un error imperdonable en política". Cuando Gómez Farías estuvo a cargo de la Presidencia, presumiblemente disfrutó de subsidio oficial, pues el Congreso aprobó que se diera hasta 30,000 pesos anuales a periódicos "que rectifiquen los extravíos de la opinión pública". Al retomar Santa Anna su cargo, se opuso a las reformas emprendidas por Gómez Farías y se apoyó en los conservadores, a lo que replicó *El Fénix*: "Desgraciado el general Santa Anna; va a correr la suerte de Iturbide, pues hoy es el instrumento de los enemigos de la Federación". Cinco días después, el 4 de junio de 1834, el periódico se despidió de sus lectores con estas palabras: "César ha pasado el Rubicón, ya se ha declarado tirano".

FENOCHIO Y DE LA ROSA, ALFREDO ◆ n. en Oaxaca, Oax., y m. en Puebla, Pue. (1869-1934). Fue telegrafista del Ferrocarril Mexicano. Se tituló de farmacéutico en el Colegio del Estado de

Puebla. Fundó el periódico *Alborada* en Oaxaca y escribió para la *Revue Scientifique* de París. Autor de un tratado sobre electricidad premiado en Estados Unidos.

FENTANES, BENITO ◆ n. en Cosamaloapan y m. en Veracruz, Ver. (1870-1953). Profesor normalista. Escribió libros de texto para primaria. Impartió cátedra en las preparatorias de Jalapa y Veracruz y en la Escuela Naval de ese puerto. Fundó el periódico *Grano de Arena*. Diputado en 1918. Sus obras poéticas son *Jaspes y bronces* (1898), *Fosforescencias* (1903) y *De primavera y otoño* (1922). Escribió también un volumen de cuentos, *Huerto de dolor* y otro de crítica gramatical, *Espulgos del lenguaje*.

FEP ◆ ☞ *Frente Electoral del Pueblo*.

FERIA, PEDRO DE ◆ n. en España y m. en San Cristóbal de Las Casas, Chis. (1524-1588). Fraile dominico. En 1575 fue designado obispo de Chiapas. Autor de una *Doctrina* (1577) en español y zapoteco y de una *Relación* sobre su obispado que se publicó hasta 1899.

FERNÁNDEZ, ADELA ◆ n. en el DF (1942). Escritora, hija de Emilio el *Indio* Fernández. Estudió música y pintura. Dirigió los cortos cinematográficos *Claroscuro* (1966) y *Cotidiano surrealismo*. En teatro ha escrito y dirigido los monólogos *El sepulturero, Ciborea, madre de Judas; Feliz a quemarropa; Sin sol, ¿hacia dónde mirarán los girasoles?* En el género dramático también ha escrito *La prodigiosa* y *La tercera soledad*. Autora de los libros de relatos *El perro* (1975) y *Duermevelas* (1986), y del libro de gastronomía *La tradicional cocina mexicana y sus mejores recetas* (1990).

FERNÁNDEZ, ALEJANDRO ◆ n. en el DF (1967). Cantante del género ranchero. Ha actuado en cine al lado de su padre, el también cantante Vicente Fernández (☞). Ha efectuado giras por Centro y Sudamérica. Algunas de sus intepretaciones más exitosas han sido *Como quien pierde una estrella, Nube viajera* y *Necesito olvidarla*.

FERNÁNDEZ, ANDREA ◆ n. en Magdalena, Son. (1955). Periodista y locutora.

Estudió ciencias de la comunicación en la UIA (1971-75), donde hizo cursos de posgrado en la misma disciplina (1972-73). En la UNAM fue profesora de radioperiodismo (1982) y tomó clases de didáctica general, serigrafía y diseño gráfico (1973-77). Trabajó en la agencia de publicidad MacKann Erickson como productora de radio. Fue redactora de las revistas *Adiestramiento* (1973) y *Actualidad* (1973-74). Ha colaborado en el periódico *Barricada*, de Nicaragua, y en *unomásuno , Proceso, El Universal* y *Revista del Consumidor*. Productora, guionista y locutora de Radio Educación (1978-88), Radio Sandino de Nicaragua (1980-81), La Voz de Nicaragua (1982), TV-UNAM (1983-85), Radio Universidad (1984-86) e Imevisión (1987). Fue investigadora de la *Enciclopedia de la música en México* (1979-80). Textos suyos figuran *Los artesanos hablan* (1980) y *Los días de Manuel Buendía* (1984).

FERNÁNDEZ, ÁNGEL ◆ n. en el DF (1925). Se inició en el periodismo en 1948 en la agencia AP. Fue corresponsal de diarios de provincia y de 1950 a 1960 trabajó para la casa *Excélsior* como redactor y lector de los noticiarios deportivos de esta empresa. Se inició en la radio en XEW y XEDF, estación para la cual hizo un programa en el que llegó a transmitir desde un helicóptero. Su voz se hizo célebre en la XEB con el programa *El juego de hoy* (1953-58), en el cual, basado en información cablegráfica, reseñaba un encuentro de grandes ligas y daba a los oyentes la impresión de transmitir desde el escenario mismo del partido de beisbol. Dirigió las revistas *Hit, Box y Lucha, Beisbol* y *Futbol*. Ha sido columnista de los diarios *El Universal* y *El Heraldo*. En 1955 se incorporó a la televisión como reseñista de box y beisbol. En 1961 empezó una exitosa carrera como cronista de futbol de la televisión. Introdujo un estilo salpicado de frases que muy pronto fueron parte del habla popular y, cuando se producía una anotación, se caracterizó por la prolongadísima pronunciación de la palabra "gol". Ha narrado más de 10,000 partidos de futbol por televi-

sión. En el campeonato mundial de futbol de Francia 98 fue comentarista de la empresa Televisa. Autor de *Esto es futbol soccer: el juego del hombre* (1994).

FERNÁNDEZ, ÁNGEL JOSÉ ◆ n. en Jalapa, Ver. (1953). Estudió letras españolas. Autor de dos volúmenes de poesía: *Sombras, voces y presagios* y *Sobre la muerte*. En 1978 obtuvo el tercer lugar en el Premio Nacional de Poesía Joven Francisco González León.

FERNÁNDEZ, ANGELINES ◆ n. en España y m. en el DF (1922-1989). Actriz. Su segundo apellido era Abad. Se inició profesionalmente en España en la comedia musical *Carlo Monte en Monte Carlo* (1939). Llegó a México por primera vez en 1947, con la compañía de Niní Montáin, pero se quedó en Cuba, donde trabajó en radionovelas. En 1950 se instaló en la capital mexicana. Su actividad principal ha sido la actuación televisiva, en especial en el programa *Chespirito*, donde interpretó a Doña Nachita y a *La Bruja del 71*. En cine actuó, entre otras, en las películas *El charro negro, El esqueleto de la señora Morales, Diario de una madre, El chanfle, El charrito* y *Don ratón y don ratero*.

FERNÁNDEZ, ARMANDO ◆ n. en el DF (1955). Jugador de waterpolo. Formó parte del conjunto de la Armada de México, con el que ganó dos campeonatos nacionales (1971 y 1972). Participó en el equipo mexicano que obtuvo la medalla de oro en la especialidad en los Juegos Panamericanos de 1975, donde también fue campeón individual de goleo. En los Juegos Olímpicos de Montreal resultó subcampeón individual de goleo con 21 tantos (1976). Marchó a Hungría, donde jugó con el Honved, equipo con el que obtuvo el campeonato junior de ese país. Pasó en 1979 al Spandau 04, de la República Federal de Alemania, con el que ganó 10 campeonatos nacionales y la Copa de Europa en 1982, 1984 y 1985. Adquirió la nacionalidad alemana y perteneció a la selección alemana de waterpolo que obtuvo el cuarto lugar en los Juegos Olímpicos de Seúl en 1988, año en que se retiró.

Alejandro Fernández

Emilio *Indio* Fernández y Dolores del Río en *Flor Silvestre*, 1943

Emilio *Indio* Fernández

Claudia Fernández

FERNÁNDEZ, AUGUSTO ◆ n. en España y m. en el DF (1887-1975). Fue ilustrador de revistas y locutor del bando republicano durante la guerra civil española. Llegó a México después del triunfo franquista. Aquí publicó *Estampas de Don Quijote de la Mancha* (1946).

FERNÁNDEZ, CLAUDIA ◆ n. en el DF (1969). Periodista. Licenciada en comunicación por la UIA (1987-91) y maestra en periodismo internacional por la Universidad del Sur de California en Los Ángeles (1995-96), donde obtuvo el Premio Penny Lernoux por excelencia académica (1996). Fue reportera de *El Financiero* (1990-95) y de *El Universal* (1996-99). Coautora de la biografía *Emilio Azcárraga Milmo* (1999). Fundadora de Periodistas de Investigación y de la Sociedad de Periodistas.

FERNÁNDEZ, DARÍO ◆ n. en Puebla, Pue., y m. en la Ciudad de México (1885-1946). Médico graduado en 1910 en la Escuela Nacional de Medicina y profesor de esa institución a partir de 1915. Hizo estudios de posgrado en Francia. Fue el primer mexicano en practicar exitosamente diversas intervenciones (neumotomía, gastroentero-

tomía). Miembro de la Academia Nacional de Medicina y cofundador de la Academia de Cirugía. Doctor *honoris causa* por la Universidad de Costa Rica. Autor de *El bocio en México* (1933).

FERNÁNDEZ, EMILIO *INDIO* ◆ n. en Hondo, municipio de Sabinas, Coah., y m. en el DF (1904-1986). Su segundo apellido era Romo. Algunas fuentes dicen que nació en Torreón. A los 12 años se incorporó a la revolución y obtuvo el grado de capitán de caballería. Durante los años veinte estuvo en Hollywood, donde lo apodaron *El Indio*. Fue extra de cine, actor de papeles secundarios y bailarín. A su regreso a México actuó en *Corazón bandolero* (1934), primera de las 43 cintas en las que apareció; fue protagonista de *Janitzio* (1934) y se inició como director con *La isla de la pasión* (1941). En 1943 formó equipo con el guionista Mauricio Magdaleno y el fotógrafo Gabriel Figueroa. "Fue el más grande realizador del cine mexicano en su Época de Oro y el máximo representante del nacionalismo en el terreno fílmico", según el crítico Jorge Ayala Blanco, quien señala que entre los filmes dirigidos por él se cuentan "por lo menos diez de los indiscutibles clásicos de nuestra cinematografía": *Flor silvestre* (1943), *María Candelaria* (1943), *La perla* (1945), *Enamorada* (1946), *Río Escondido* (1947), *Salón México* (1948), *Pueblerina* (1948), *La malquerida* (1949), *Víctimas del pecado* (1950) y *Una cita de amor* (1956). A las anteriores películas se agregan, dentro del total de 42 que dirigió, *La red, Las abandonadas, Bugambilia, Islas Marías, México norte, El puño del amo, Un dorado de Villa, La Choca* y *Zona Roja*. Recibió numerosos premios internacionales. En 1976 la Asociación Nacional de Actores le otorgó la Medalla Eduardo Arozamena por sus 50 años como actor.

FERNÁNDEZ, EDUARDO ◆ n. en el DF (1954). Licenciado en administración de empresas y en derecho por la UNAM. Ha sido subgerente consultivo de Banca Central (1984-87), gerente de Disposiciones Cambiarias (1987-89), gerente jurídico (1989-90) y director de Dispo-

siciones de Banca Central (1990-94) del Banco de México. Es presidente de la Comisión Nacional Bancaria y de Valores (1995-).

FERNÁNDEZ, ESTHER ◆ n. en Mascota, Jal. (1917). Actriz. Se inició en el cine en 1933 como extra. Fue protagonista de las películas *Allá en el Rancho Grande* (1936), *Los de abajo* (1939), *Santa* (versión de 1943), *Cantaclaro* (1945), *Su última aventura* (1946), *Ramona* (1946), *A la sombra del puente* (1946), *La nave siniestra* (1946), *De pecado en pecado* (1947), *La carne manda* (1947), *Sólo Veracruz es bello* (1948), *La Santa del barrio* (1948), *Hipólito el de Santa* (1949), *Cuatro vidas* (1949), *Surcos de sangre* (1949), *Doña Perfecta* (1950), *Flor de sangre* (1950), *Los hijos de Rancho Grande* (1956) y otras que suman más de medio de centenar. En 1943 recibió el Premio Nacional de Actuación. En 1986 la Asociación Nacional de Actores le entregó la Medalla Eduardo Arozamena por sus 50 años como actriz. Retirada del cine, se dedica a la pintura, la que combina con ocasionales actuaciones televisivas, como su participación en la telenovela *Simplemente María*.

FERNÁNDEZ, EUSTAQUIO ◆ n. en Tula, Tams., y m. en la ciudad de México (1780-1843). Teólogo y político conservador. Fue vocal de la Diputación Provincial de las Cuatro Provincias Internas de Oriente (1820) y en el México independiente figuró tres veces como diputado local. En 1825 fue representante de Tamaulipas al Congreso General y en 1842 figuró en la Legislatura que expidió las Bases Constitucionales. Publicó una *Memoria Instructiva* que dirigió la provincia de Nuevo Santander a su diputado a las Cortes Españolas (1820).

FERNÁNDEZ, FERNANDO ◆ n. en Puebla, Pue., y m. en el DF (1885-1970). Grabador. Trabajó en la Imprenta Artística de Puebla antes de pasar a la ciudad de México, donde ingresó a la Casa de Moneda. Venustiano Carranza lo becó para estudiar en la American Banknote Co., de Washington, EUA. Fue luego a Nueva York, donde diseñó maquinaria para imprimir marcas de seguridad en billetes de banco y otros valores. De regreso a México, en los años veinte, produjo el torno geométrico, para elaborar billetes infalsificables, fundó con Thomas de la Rue la Compañía Mexicana Impresora de Valores e instaló el equipo impresor de papel moneda del Banco de México. Posteriormente abrió la empresa Fernando Fernández Grabador.

FERNÁNDEZ, FERNANDO ◆ n. en Puebla, Pue. (1916). Cantante y compositor. Se inició profesionalmente a los 17 años en Monterrey. Se estableció en 1936 en la capital del país, donde se presentó en la radiodifusora XEW. Actuó en las películas *Enamorada* (1946), *Río Escondido* (1947) y *Callejera* (1949), *Duelo en las montañas* (1949), *Una piedra en el zapato* (1955), *El correo del norte* (1960) y *La máscara de la muerte* (1960). Dirigió *El fistol del diablo* (1958) y otras cintas basadas en la obra de Manuel Payno. Tuvo éxito con sus interpretaciones de *Conozco a los dos*, *Quinto patio*, *Aventurera*, *Amor, amor, amor* y otras canciones. Recibió la medalla Eduardo Arozamena de la ANDA en 1996.

FERNÁNDEZ, FERNANDO ◆ n. en el DF (1964). Licenciado en lengua y literaturas hispánicas por la UNAM, donde fue profesor de literatura. Ha ejercido la docencia en el Instituto Luis Vives y en la Universidad de Bucknell, Pennsylvania, EUA (1991-92). Coordinador de la revista universitaria de poesía *Alejandría* (1986-88). Director de Gatuperio Editores, que edita la revista *Viceversa* (1992), misma que también dirige. Ha sido consejero de la mesa directiva de la CANIEM (1995-96). Tuvo la beca Salvador Novo (1988) y la del Centro Mexicano de Escritores (1989). Ha colaborado en revistas y suplementos literarios. Autor del libro de poemas *Ora Pluma* (1999).

FERNÁNDEZ, FREDY *EL PICHI* ◆ n. y m. en el DF (1934-1995). Su nombre era Alfredo de Jesús Fernández Sáenz. Actor de cine y televisión. Debutó a los nueve años de edad en la cinta *Cristóbal Colón* (1943). Simultáneamente ingresó al Teatro Infantil de Bellas Artes, donde

participó en diversas obras. Actuó en las cintas *El médico de las locas* (1943), *Tribunal de justicia* (1943), *Bartolo toca la flauta*, *Arsenio Lupín* (1945), *La otra* (1946), *La bien pagada* (1947), *Tania, la bella salvaje* (1947), *Supersabio* (1948) y *Secretos entre mujeres* (1948). Adquirió fama como pareja artística de Evita Muñoz *Chachita* (☞) en *Ustedes los ricos* (1948), parte de la trilogía del director Ismael Rodríguez que incluye *Nosotros los pobres* y *Pepe El Toro*. A partir de entonces se convirtió en uno de los actores juveniles más cotizados de la época. Participó en alrededor de 30 películas bajo la dirección de Ismael y Joselito Rodríguez, Miguel Zacarías, Alejandro Galindo, Luis Alcoriza, René Cardona, Julián Soler, Raúl de Anda, Joaquín Pardavé e Ícaro Cisneros, entre otros. Con *Chachita* volvería a reunirse en la década de los ochenta en el programa televisivo *Nosotros los Gómez*. Una de sus últimas incursiones televisivas fue en el programa sabatino *Mi barrio*. Recibió la medalla Eduardo Arozamena de la ANDA en 1993.

FERNÁNDEZ, GABRIEL ◆ n. en el DF (1936). Billarista. Ha sido campeón nacional de primera fuerza (1957), tercer lugar en el Campeonato Mundial de Billar (1971) y tres veces campeón mundial (1973, 1977 y 1979).

FERNÁNDEZ, GUILLERMO ◆ n. en Guadalajara, Jal. (1934). Poeta. Estudió letras españolas y biblioteconomía en la UNAM. Ha ejercido el periodismo cultural en diversas publicaciones de México e Italia. Es fundador del suplemento literario *Las Ventanas*, de *La Guía* de Zamora. Ha colaborado en *Los Universitarios*, *Revista de la Universidad*, *Siempre!*, *Periódico de Poesía* y *Excélsior*. Impartió cursos de poesía italiana contemporánea en la UNAM (1984) y la Universidad Autónoma de Oaxaca (1985), en la UAM, en la Universidad de Guadalajara y en la Universidad de Campeche. Autor de los volúmenes de poesía *Visitaciones* (1964), *La palabra a solas* (1965), *La hora y el sitio* (1973), *Antología poética* (1981), *El reino de los ojos* (1983), *Bajo llave* (1983), *El asidero de la zozobra*

(1983), *La flor avara* (1989) y de varios ensayos sobre poesía mexicana, así como de traducciones.

FERNÁNDEZ, JAIME ◆ n. en Monterrey, NL (1927). Actor y político. Ha trabajado en cerca de 200 películas, entre ellas *El rebozo de Soledad*, *La rebelión de los colgados* y *Talpa*. Fue secretario general de la Asociación Nacional de Actores (1963-78), vicepresidente de la Federación Internacional de Actores (1968-72) y secretario general del Sindicato de Trabajadores de la Producción Cinematográfica. Durante su gestión al frente de la ANDA fue acusado de autoritarismo, excesivo apego al cargo e ineptitud para defender los intereses gremiales, a consecuencia de lo cual organización se dividió y surgió el Sindicato de Actores Independientes (☞). Fue diputado federal por el PRI (1970-73). Obtuvo un Ariel por su actuación en la cinta *Robinson Crusoe* (1956) y una Diosa de Plata por su desempeño en *Tarahumara* (1965). Recibió la medalla Eduardo Arozamena de la ANDA en 1996.

FERNÁNDEZ, JOSÉ ◆ n. y m. en Silao, Gto. (1837-1894). Fue cinco veces oficial mayor y una subsecretario de Relaciones Exteriores, secretaría en la que se encargó del despacho de mayo a junio de 1878, septiembre a noviembre de 1880, enero de 1883, junio de 1883 a febrero de 1884 y de febrero a noviembre de 1884.

FERNÁNDEZ, JOSÉ DE JESÚS ◆ n. y m. en Santa Inés, municipio de Zamora, Mich. (1869-1928). Sacerdote católico ordenado en 1890. Fue obispo titular de Tloe y coadjutor de Zamora (1899-1921), y abad de Guadalupe (1921-28).

FERNÁNDEZ, JOSÉ RAMÓN ◆ n. en Puebla, Pue. (1945). Locutor. Realizó estudios de administración de empresas. Jugó futbol en los equipos de aficionados Llanes y Deportivo Español de la Liga Española de Puebla (1963-70). En 1970 se inició como comentarista deportivo en la televisión poblana, de la que pasó en 1973 al Canal 8 y luego al Canal 13 del DF, para el cual ha trabajado como cronista en los campeonatos mundiales de futbol de

Esther Fernández

José Ramón Fernández

Ramón Fernández

Alemania (1974), Argentina (1978), España (1982), México (1986), Italia (1990), Estados Unidos (1994) y Francia (1998), así como en los Juegos Olímpicos de Montreal (1976), Moscú (1980), Los Ángeles (1984), Seúl (1988), Barcelona (1992) y Atlanta (1996). Desde 1973 conduce el programa *DeporTV* y desde 1986 *Los protagonistas*, cuya versión radiofónica se inició en 1990. Fue gerente de Eventos Deportivos de Imevisión. Cuando la televisora estatal pasó a manos privadas y se convirtió en Televisión Azteca, empezó su programa *En Caliente*, que transmite hasta la fecha. En 1996 fue nombrado vicepresidente de Deportes de TV Azteca e ingresó al consejo directivo de la empresa.

FERNÁNDEZ, JUSTINO ◆ n. y m. en la ciudad de México (1828-1911). Abogado. Diputado constituyente por el Estado de México (1856-57). Gobernador de Hidalgo (abril de 1873 a noviembre de 1876). En el Porfiriato fue varias veces diputado, director de la Escuela Nacional de Jurisprudencia (1885-1901), ministro de Justicia e Instrucción Pública (abril de 1901 a mayo de 1905) y de Justicia (mayo de 1905 a marzo de 1911).

FERNÁNDEZ, JUSTINO ◆ n. y m. en el DF (1904-1972). Hijo del anterior. Historiador y crítico de arte. Maestro en historia (1953) y doctor en filosofía (1954) por la UNAM, en cuyo Instituto de Investigaciones Estéticas empezó a trabajar en 1936 y dirigió de 1956 a 1968. Fundó la cátedra de historia del arte en la Facultad de Filosofía y Letras (1944). En su obra se cuentan monografías de Taxco, Morelia, Pátzcuaro y Uruapan, los catálogos anuales de las exposiciones de arte de 1945 a 1971, con excepción de 1953 y 1962, así como los libros *El arte moderno en México: breve historia; siglos XIX y XX* (1937), *El grabado en lámina en la Academia de San Carlos durante el siglo XIX* (1938), *José Clemente Orozco: forma e idea* (1942), *José Clemente Orozco* (1944), *Litógrafos y grabadores contemporáneos* (1944), *Prometeo: ensayo sobre pintura contemporánea* (1945), *Catálogo de construcciones*

Uno de los libros de Justino Fernández

religiosas del estado de Yucatán (1945), *Diego Rivera* (1946), *Rufino Tamayo* (1948), *Orozco, Rivera y Siqueiros: Painters of Liberties* (1948), *Sobre pintura mexicana contemporánea* (1949), *El Palacio de Minería* (1951), *Arte moderno y contemporáneo de México* (1952), *Folklore mexicano* (1953), *Documentos para la historia de la litografía en México* (1955), *Arte mexicano: de sus orígenes a nuestros días* (1958), *Coatlicue: estética del arte indígena* (1959), *El Retablo de los Reyes: estética del arte de la Nueva España* (1959), *Roberto Montenegro* (1962), *Miguel Ángel: de su alma* (1964), *Mexican Art* (1965), *El arte del siglo XIX en México* (1967), *Museo Nacional de Historia: Castillo de Chapultepec* (1967) y *Pedro Coronel: pintor y escultor* (1971), entre otros. Miembro del Instituto Internacional de Historia del Arte, de París (1959-72); del Consejo Consultivo del gobierno mexicano ante la UNESCO (1960-72); de la Academia Mexicana de la Lengua (1965-72); de la Academia de Artes (1968-72) y de la Academia Mexicana de la Historia (1970-72). Premio Nacional de Ciencias y Artes (1969).

FERNÁNDEZ, LEANDRO ◆ n. en San Diego Mancha, Dgo., y m. en la ciudad de México (1851-1921). Hizo estudios superiores en la Escuela Nacional de Ingeniería, en la de Comercio, en el Conservatorio y en instituciones de EUA. Construyó el Palacio de Comunicaciones. Fue director del Colegio de Minería, así como de las Casas de Moneda y del Observatorio Astronómico Central. Gobernador de Durango (1897-1903) y secretario de Comunicaciones y Obras Públicas (de diciembre de 1907 a marzo de 1911).

FERNÁNDEZ, MARTÍN ◆ n. en España y m. en Tepotzotlán, Edo. de Méx. (1549-1619). Jesuita. Fue rector del Colegio de Valladolid, en dos ocasiones del Colegio de Puebla y en tres del Colegio Máximo. Fue provincial de la Compañía en Nueva España. Escribió una biografía de Juan de la Plaza y un *Manual del buen novicio*.

FERNÁNDEZ, MIGUEL ÁNGEL ◆ n. en San Juan de los Llanos, Pue., y m. en el DF (1890-1945). Estudió en la Academia de San Carlos y la Escuela Normal de la ciudad de México. Participó en la contrarrevolución con las fuerzas orozquistas. A partir de 1921 trabajó con Manuel Gamio en diversas exploraciones arqueológicas. En Estados Unidos y en México se dedicó también a la pintura. Cofundador de la Escuela de Bellas Artes de Mérida. Escribió diversos trabajos sobre las culturas mesoamericanas.

FERNÁNDEZ, OCTAVIANO ◆ n. en La Piedad, Mich., y m. en la ciudad de México (1838-1901). Político liberal. Combatió la intervención francesa y el imperio. Se adhirió al Plan de Tuxtepec en 1876. Gobernador interino de Michoacán (1879-81) y senador por esa entidad.

FERNÁNDEZ, RAMÓN ◆ n. en San Luis Potosí, SLP, y m. en Cuernavaca, Mor. (1833-1905). Político liberal. Se adhirió al Plan de Tuxtepec en 1876. El presidente Manuel González lo designó gobernador del Distrito Federal (1881-84). Fue embajador en Francia y senador. Autor de *La Francia actual*.

FERNÁNDEZ, ROBERTO DONATO ◆ n. en Tlalixcoyan, Ver., y m. en el DF (1883-1938). Militó en el carrancismo. En 1926, ya como teniente coronel, protagonizó un alzamiento cerca de Acapulco. Fue derrotado y aprehendido. Al quedar en libertad fundó el periódico *El Insurgente*. Autor de *Los gobernantes de México desde Agustín de Iturbide hasta Plutarco Elías Calles*.

FERNÁNDEZ, SERGIO ◆ n. en la ciudad de México (1926). Escritor. Doctor en letras españolas por la UNAM, institución de la que ha sido profesor desde 1955. Ha colaborado en publicaciones literarias durante varias décadas. Autor de ensayo: *Ideas sociales y políticas en el Infierno de Dante y en Los sueños de Quevedo* (1953), *Cinco escritores hispanoamericanos* (1958), *Ensayos sobre literatura española de los Siglos XVI y XVII* (1961) o *El amor condenado y otros ensayos* (1982), *Las grandes figuras españolas del renacimiento y el barroco* (1966), *Retratos del fuego y la ceniza* (1968), *Homenajes* (1972), *Miscelánea de mártires*

(1973) y *La copa derramada: sonetos de amor y discreción de Sor Juana Inés de la Cruz* (1986); y novela: *Los signos perdidos* (1958), *En tela de juicio* (1964), *Los peces* (1968), *Segundo sueño* (1976) y *Los desfiguros de mi corazón* (1986). Profesor emérito de la UNAM, obtuvo, entre otros, los premios Xavier Villaurrutia (1980) y UNAM (1988).

FERNÁNDEZ, TALINA ◆ n. en el DF (1944). Actriz y locutora de radio y televisión. Comenzó en los años sesenta como parte del equipo de comediantes de Raúl Astor y fue luego reportera y lectora de noticias de los programas informativos de Televisa. Ha conducido programas como *Talinísima*, en Radio Red y otros en la televisión.

FERNÁNDEZ, VICENTE ◆ n. en Huentitán El Alto, Jal. (1940). Cantante del género ranchero. Se inició como integrante de un mariachi. Integró brevemente un trío con Federico Méndez y Pedro Ramírez. Ha actuado en palenques, teatro, televisión y cine. Han sido exitosas sus interpretaciones *Soy un pobre vagabundo*, *El Rey*, *Motivos*, *Si nos dejan*, *De qué manera te olvido*, *Cruz de olvido*, *La ley del monte* y *Mujeres divinas*, entre otras. El gobierno del estado de Jalisco le otorgó la Presea José Clemente Orozco en 1991.

FERNÁNDEZ AGUIRRE, ARTURO ◆ n. y m. en Puebla, Pue. (¿1887?-1974). Licenciado en derecho por el Colegio del Estado (1913). Fue director de la Normal de Puebla y profesor del citado colegio, más tarde convertido en Universidad Autónoma de Puebla, en la que presidió la Junta de Gobierno (1961-62). Gobernador interino de la entidad (del 13 al 23 de marzo de 1961). Autor de un *Tratado de bienes y sucesiones*.

FERNÁNDEZ AGUIRRE, BRAULIO ◆ n. en Torreón, Coah. (1942). Licenciado en administración de empresas. Miembro del PRI, en el que ha sido dirigente municipal en Torreón (1970-73) y delegado del comité ejecutivo nacional en Yucatán (1979). Fue miembro del comité ejecutivo de la Federación de Pequeños Propietarios Agrícolas y Ganaderos de Coahuila. Diputado a la Legislatura de su estado natal (1979-82), presidente municipal de Torreón (1982-84), senador (1970-76) y dos veces diputado federal (1985-88 y para el periodo 1997-2000).

FERNÁNDEZ ALATORRE, JOSÉ DE JESÚS ◆ n. en la ciudad de México (1928). Licenciado (1952-56), maestro y doctor en derecho por la UNAM (1966-68). Desde 1954 es miembro del PRI, en el que ha desempeñado diversos cargos y comisiones. Fue presidente de la comisión de Justicia del Sindicato de Telefonistas de la República Mexicana (1950-52), asesor de esta organización (1958-60), del Sindicato de Trabajadores Electricistas de la República Mexicana (1962-65) y de la Central Nacional de Trabajadores (1964-65). Trabajó como abogado en la Comisión Federal de Electricidad (1965-82) y fue consultor jurídico de Nacional Financiera (1970-77). Diputado federal por el DF (1982-85).

FERNÁNDEZ DE ALBA, LUZ ◆ n. en el DF (1941). Estudió en la Escuela Nacional de Ciencias Químicas de la UNAM. Ha colaborado en *El Corno Emplumado*, en *Plural* (primera época), *Nexos*, *La Semana de Bellas Artes* y *El Cuento*. Fue agregada cultural en la embajada de México en Australia y subdirectora de la Cineteca Nacional (1983). Autora de la novela *Boca de la necesidad* (1987) y del ensayo *Del tañido al arte de la fuga: una lectura crítica de Sergio Pitol* (1999). Fue becaria INBA-Fonapas.

FERNÁNDEZ ALBARRÁN, JUAN ◆ n. en Toluca, Edo. de Méx., y m. en el DF (1901-1972). Abogado por la Universidad Nacional. Fue presidente municipal de Toluca, secretario general de Gobierno del Estado de México (1937-41), diputado federal por esa entidad, oficial mayor del Departamento de Asuntos Agrarios y Colonización, secretario general del PRI y gobernador del Estado de México (1963- 69).

FERNÁNDEZ ALLENDE, MANUEL ◆ n. en el DF (1942). Licenciado en derecho por la UNAM (1968). Fue profesor y director de la preparatoria del Colegio Francés Hidalgo. Fundador de la Procuraduría Federal del Consumidor, de la que ha sido subprocurador jurídico (1976-82), subprocurador de Servicios al Consumidor (1983-89) y desde 1989 representante ante Consumers International en América Latina y el Caribe. Ha recibido reconocimientos de organizaciones latinoamericanas por su defensa de los derechos del consumidor.

FERNÁNDEZ ARTEAGA, JOSÉ ◆ n. en Santa Inés, municipio de Zamora, Mich. (1933). Sacerdote católico ordenado en 1957. Estudió en el Seminario Pontificio de Montezuma, en Nuevo México. Ha sido obispo de Apatzingán (1974-80) y de Colima (1980-88), y arzobispo coadjutor de Chihuahua (1988-).

FERNÁNDEZ DE BAEZA, PEDRO ◆ n. en la ciudad de México y m. en Guadalajara, Jal. (?-1655). Doctor en derecho por la Universidad de Salamanca. Fue gobernador de Nueva Galicia (1643-1655). Autor de *Diputaciones salmantinenses*.

FERNÁNDEZ BALBUENA, ROBERTO ◆ n. en España y m. en el DF (1891-1966). Arquitecto, fotógrafo y pintor. Estudió en Roma y fue profesor en la Escuela de Artes y Oficios de Madrid. Después de la guerra de España, donde sirvió al gobierno republicano como director en funciones del Museo del Prado, vino a México, donde adquirió la nacionalidad en 1940. Fundó la empresa constructo-

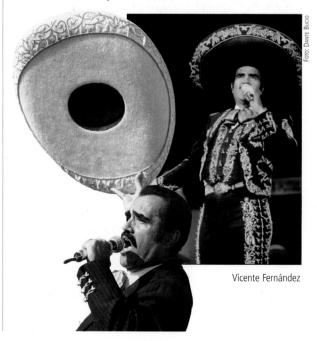

Vicente Fernández

ra Técnicos Asociados y después se dedicó a la pintura. Expuso su obra en el país y en el extranjero (EUA, Italia, España). Al morir se presentó una muestra de su obra en el Palacio de Bellas Artes.

FERNÁNDEZ BARAJAS, SILVESTRE ◆ n. en San Francisco del Rincón, Gto. (1946). Estudió administración de empresas en la Universidad del Valle de México. Miembro del PRI desde 1976, donde fue subsecretario de Financiamiento Interno (1991). Diputado federal (1991-94). Fue presidente de la Cámara de la Industria Electrónica (1976-80) y de la Confederación de Cámaras Industriales (1981-87). En 1999 era precandidato del PRI al gobierno del D.F.

FERNÁNDEZ BLANCO, ANTONIO ◆ n. en España y m. en el DF (1903-1973). Empresario vitivinícola. Fue presidente de la Asociación de Industriales del Estado de México y de la Asociación Nacional de Vitivinicultores. Cofundador y presidente de la Fraternidad Iberoamericana.

FERNÁNDEZ DE BONILLA, ALONSO ◆ n. en Córdoba, Ver., y m. en Perú (?-1596). Fue fiscal de la Inquisición y obispo de Guadalajara. Se hallaba en Lima como visitador general cuando se le designó arzobispo de México, para lo cual fue consagrado en la Catedral de Lima, ciudad en la que falleció.

FERNÁNDEZ BUSTAMANTE, ADOLFO ◆ n. en Córdoba, Ver., y m. en el DF (1898-1957). Licenciado en derecho por la Universidad de Yucatán (1924). Trabajó como traductor de inglés y francés. Fue secretario general de la Unión Nacional de Autores (1941), del Sindicato de Argumentistas y Adaptadores Cinematográficos (1948), de la Sección de Directores y del Sindicato de Trabajadores de la Producción Cinematográfica. Autor de guiones para cine y de libretos para teatro de revista: *Cuadros y pintores* (1919), *El calendario del año* (1921); y comedia: *El crimen de Insurgentes* y *Judith*.

FERNÁNDEZ CASANOVA, GERARDO ◆ n. en el DF (1943). Químico. Miembro del PRI. Fue director general de la

Diego Fernández de Cevallos

Fátima Fernández Christlieb

Paulina Fernández Christlieb

Cámara Nacional de la Industria de Transformación (1974-75), gerente general de la Asociación Nacional de la Industria Química (1974-75), subdirector de Capacitación Agraria de la Secretaría de la Reforma Agraria, gerente de Promoción del Fondo Nacional de Fomento Ejidal (1975-76), subdirector técnico de Organización de Productores Agrícolas y Forestales de la Secretaría de Agricultura y Ganadería (1979-81) y director general de la Comisión de Regularización del Suelo en el Estado de México. Diputado federal por el Estado de México (1985-88).

FERNÁNDEZ DEL CASTILLO, ANTONIO ◆ n. y m. en el DF (1908-95). Escritor. Abogado por la UNAM. Impartió clases en la Facultad de Comercio de la UNAM, en la Escuela Libre de Derecho y en el Colegio Militar. Fue vocal de la Junta de Asistencia Privada del DF. Autor de *La pena obrera, Legislación obrera en México, Cómo nació la Ley Federal del Trabajo, Tacubaya: historia, leyendas y personajes* y *La vida fecunda de María Ernestina Larráinzar,* entre otros títulos. Fue presidente de la Academia Nacional de Historia y Geografía y secretario de la Sociedad Mexicana de Geografía y Estadística. Miembro de la Barra Mexicana de Abogados.

FERNÁNDEZ DEL CASTILLO, FRANCISCO ◆ n. y m. en el DF (1864-1936). Trabajó para el Archivo General de la Nación y la Dirección de Monumentos Coloniales. Autor de unos *Apuntes para la historia de San Ángel* (1913), *Libros y libreros del siglo XVI* (1914), *Algunos documentos nuevos sobre Bartolomé de Medina* (1927) y textos biográficos sobre Alzate y Catalina Juárez, la primera mujer del conquistador Hernán Cortés.

FERNÁNDEZ DEL CASTILLO, GERMÁN ◆ n. y m. en el DF (1902-1958). Titulado en la Escuela Libre de Derecho, de la que fue profesor y rector. Fue presidente del Colegio de Abogados y sirvió como jurista a diversas instituciones públicas y privadas.

FERNÁNDEZ DEL CASTILLO DE CAMPO, FRANCISCO ◆ n. y m. en el DF (1899-1983). Médico por la Universi-

dad Nacional. Fue decano y varias veces director interino de la Facultad de Medicina, secretario de la Academia Nacional de Medicina, cofundador y presidente de la Sociedad Mexicana de Historia y Filosofía de la Medicina. Colaboró en publicaciones especializadas y empleó el seudónimo de *Bernardino de Buelna.*

FERNÁNDEZ DE CEVALLOS RAMOS, DIEGO ◆ n. en el DF (1941). Licenciado en derecho por la UNAM (1960-64). Profesor de la UIA desde 1964. Miembro del PAN desde 1959, donde fue secretario nacional de Acción Juvenil, consejero nacional y miembro de la comisión política (1959-91) y candidato a la Presidencia de la República (1994). Diputado federal plurinominal y coordinador del grupo parlamentario del PAN en la LV Legislatura (1991-1993).

FERNÁNDEZ CHRISTLIEB, FÁTIMA ◆ n. en el DF (1949). Licenciada en ciencias de la comunicación por la UIA (1975), licenciada y maestra en sociología por la UNAM (1971-80), diplomada en historia de la ciencia por el ITAM. En la UNAM ha sido profesora, coordinadora del Comité de Investigación del Consejo Nacional para la Enseñanza y la Investigación de las Ciencias de la Comunicación, coordinadora del área de Humanidades del Grupo Interdisciplinario de Actividades Espaciales y directora general de TV-UNAM (1993-95). Miembro del consejo editorial de la *Revista Mexicana de Ciencias Políticas y Sociales* y corresponsal de *Telos.* Colaboró en el diario *unomásuno*, en la revista *Proceso* y en el diario *La Jornada,* del que fue fundadora y secretaria de los consejos editorial y de administración. Fue miembro del primer consejo editorial externo de la sección de Cultura del diario *Reforma* y miembro de los consejos editoriales de *Nexos* y la *Revista Mexicana de Comunicación.* Forma parte del consejo de administración de la revista *Este País.* Es colaboradora del informativo *Monitor* de Radio Red. Tiene ensayos incluidos en los libros colectivos *México hoy* (1979), *México ante la crisis* (1985), *Televisa, el quinto* *poder* (1985), *México mañana* (1986) y *Las actividades espaciales en México* (1987). Autora de *Los medios de difusión masiva en México* (1982, con 11 reediciones), *La radio mexicana: centro y regiones* (1990) y *Avatares del teléfono en México* (1991). Presidió la Asociación Mexicana de Investigadores de la Comunicación (1979-80).

FERNÁNDEZ CHRISTLIEB, PAULINA ◆ n. en el DF (1953). Licenciada y doctora en ciencia política por la UNAM. Ha hecho cursos de posgrado sobre el capital monopolista de Estado (1980), procesos de trabajo y organización obrera (1980), derecho electoral (1985) y otros. Posdoctorado en Paris. Profesora de la Facultad de Ciencias Políticas y Sociales de la UNAM desde 1976. Ha impartido cursos en diversas instituciones de enseñanza superior. Fue analista y coordinadora del Centro de Investigaciones Histórico-Políticas de la Casa de los Estados de la Presidencia de la República (1975-76). Ha colaborado en *unomásuno*, *Punto*, *Crítica Política*, *Nexos*, *La Jornada* y otras publicaciones. Ha hecho guiones de radio. Coautora de *En el sexenio de Tlatelolco 1964-70* (1985), *Elecciones y partidos en México* (1986) y de *La transición difícil* (1998). Autora de *El espartaquismo en México* (1978).

FERNÁNDEZ CLÉRIGO, LUIS ◆ n. en España y m. en el DF (1883-1948). Jurista. Fue diputado a (¿Cortes?) y ocupó diversos cargos en España. Al término de la guerra civil llegó a México como refugiado político. Aquí fue presidente en funciones del gobierno republicano español en el exilio (1945-47). Entre su obra publicada en México se cuentan *Aspectos de Quevedo* (1947) y *Petrarca y Miguel Ángel* (1947).

FERNÁNDEZ DE CÓRDOBA, DIEGO ◆ n. y m. en España (1578-1630). Décimo tercer virrey de Nueva España. Llegó a la ciudad de México en octubre de 1612. Continuó con las obras de desagüe de la capital, para lo que hizo traer de Francia al especialista Adrián Boot. En 1613 reprimió una sublevación indígena en Sinaloa y tres años

después otra de los tepehuanes, para lo que destinó grandes recursos de las cajas de Durango y Zacatecas. En 1616 la hambruna azotó al país a causa de una prolongada sequía. Dio su nombre a la ciudad de Córdoba, fundada para combatir a los negros que se habían rebelado contra la esclavitud. A fin de aplicar más estrictamente los impuestos a la producción minera, creó el Tribunal de Tributos y Repartimiento de Azogue. Durante su gestión se produjo un gran incendio en el puerto de Veracruz. En 1621 fue enviado como virrey a Perú.

Retrato y firma de Diego Fernández de Córdoba

FERNÁNDEZ DE CÓRDOBA, IGNACIO ◆ n. y m. en Valladolid, hoy Morelia, Mich. (1777-1816). Médico titulado en la Universidad de Madrid. Ejerció profesionalmente en Valladolid. Autor de *Fábulas escogidas*. (1828).

FERNÁNDEZ DE CÓRDOBA, JOAQUÍN ◆ n. en Morelia, Mich., y m. en el DF (1913-1977). Escritor. Dirigió la *Revista Mexicana de Cultura*, suplemento literario de *El Nacional* (1962-68). Autor de *Verdadero origen de la imprenta en Morelia* (1949) y *Tesoros bibliográficos de México en los Estados Unidos* (1959).

FERNÁNDEZ DE LA CUEVA, FRANCISCO ◆ n. y m. en España (1619-1676). Vigésimo segundo virrey de la Nueva España y segundo grande de España designado para ocupar este

cargo. Era duque de Alburquerque. Durante su gobierno (1653-1660) diversificó el comercio con Asia, aumentó los envíos de plata a España, ordenó poblar Nuevo México con cien familias que fundaron la villa que se llamó de Alburquerque en su honor, aplicó rigurosamente las restricciones legales que existían contra los negros y elevó sustancialmente la recaudación de tributo real, evitando que se quedara en los bolsillos de los funcionarios. Envió a las diversas provincias emisarios encargados de cobrar los gravámenes, en lo que obtuvo un gran éxito. Ante el general relajamiento de las costumbres, llamó la atención a los provinciales de las órdenes mendicantes. Asimismo, pidió a la península más frailes para atenuar la creciente influencia de los criollos, que consideraba peligrosa para las costumbres y, sobre todo, para los intereses coloniales. Su dureza, manifestada en un aumento de las ejecuciones, motivó una notoria disminución de la delincuencia. En 1656 logró que la Catedral, cuya construcción aceleró mediante trabajo diurno y nocturno, fuera consagrada. Tuvo dificultades con varios obispos que llegaron al extremo de producirse mutuos desaires públicos. El 12 de marzo de 1660, cuando se hallaba en la Catedral, un soldado de su guardia intentó asesinarlo. El frustrado magnicida fue ejecutado y Fernández volvió a España en septiembre. Fue también virrey de Sicilia (1668-70).

FERNÁNDEZ DE LA CUEVA ENRÍQUEZ, FRANCISCO ◆ n. en Italia y m. en España (?-1733). Trigésimo cuarto virrey de la Nueva España. Durante su mandato (1702-1710) introdujo el boato de los borbones entre las clases pudientes e hizo cambiar para su entrada en la capital los uniformes de la guardia. Con España enfrentada a Holanda e Inglaterra ordenó confiscar las propiedades de los súbditos de esos países, obligó al clero, en cumplimiento de la orden de Felipe V, a entregar a la Corona la décima parte de sus bienes e

Retrato y firma de Francisco Fernández de la Cueva Enríquez

ingresos y, por último, tuvo que remitir a la metrópoli la totalidad de las rentas públicas. Para aplacar la rebeldía de los indios pimas hizo pasar a degüello a hombres, mujeres y niños. El lujo de palacio contrastaba con la creciente miseria popular y el bandolerismo se acrecentó, debido también a que los empleados públicos no recibían sus sueldos.

FERNÁNDEZ DOBLADO, LUIS ◆ n. en Tuxpan, Ver. (1926). Licenciado en derecho por la UNAM (1944-48). Profesor de la UNAM (1958-), la Escuela Libre de Derecho (1959-60), la UANL (1970) y el Instituto de Especialización Judicial de la Suprema Corte (1979-83). Ingresó al PRI en 1944. Se dedicó al ejercicio libre de su profesión entre 1948 y 1960. Ha sido secretario de Acuerdos del Tribunal Superior de Justicia (1956-58), secretario de Estudio y Cuenta de la Suprema Corte (1960-67), agente del Ministerio Público Federal (1962) y del fuero común (1963); juez de distrito (1967-71), magistrado de circuito (1978-81) y ministro de la Suprema Corte de Justicia de la Nación (1981-94). Autor de *Culpabilidad y error* (1950). Miembro de la Academia Mexicana de Ciencias Penales, de la Asociación Nacional de Abogados y de la Asociación Internacional de Derecho Penal.

FERNÁNDEZ DE ECHEVERRÍA Y VEYTIA, MARIANO ◆ n. y m. en Puebla, Pue. (1718-1780). Licenciado en derecho por la Universidad de México. Amigo de Boturini y Clavijero. Autor de *Historia antigua de México* (1836), *Baluartes de México* (1820) e *Historia de Puebla de los Ángeles* (1931).

FERNÁNDEZ ESPERÓN, IGNACIO ◆ n. y m. en el DF (1894-1968). Estudió piano en la ciudad de México con la señora Macedonia Alcalá y Salvador Ordóñez, en Nueva York con Edgar Varese y en París con Paul le Flem. Sirvió en el cuerpo consular mexicano seis años en EUA y ocho en Francia. Cofundador del Sindicato Mexicano de Autores, Compositores y Editores de Música (1939), que se convertiría en Sociedad de Autores y Compositores de México, de la cual sería presidente, lo mismo que de la Unión Latinoamericana de Sociedades de Autores y Compositores. Fue director de la Orquesta Típica de la Ciudad de México. Compuso alrededor de 85 canciones, la primera escrita a los 19 años ("Carlota"), y después vendrían las que han sido más populares: "Borrachita", "Menudita", "Adiós mi chaparrita" y "Nunca, nunca". Recibió las Palmas Académicas de Francia y el Premio Emilio Azcárraga (1967). Miembro fundador de la Academia de Artes.

FERNÁNDEZ FARIÑA, FEDERICO ◆ n. en San Andrés Tuxtla, Ver. (1940). Licenciado en derecho por la UNAM (1962). Miembro del PRI. Ha sido agente del Ministerio Público (1965), auxiliar del procurador general de la República (1967), profesor de la Escuela Nacional Preparatoria (1967-72), subdirector general de Averiguaciones Previas de la PGR (1976), procurador general de Justicia de Veracruz (1980), director general de Responsabilidades de los Servidores Públicos de la Secretaría de la Contraloría (1984), asesor de Información Especializada del presidente de la República (1984), diputado federal por Veracruz (1985-88) y director general de Procedimientos Penales en Delitos Relacionados con Estupefacientes y Psicotrópicos de la PGR (1988-94). Presidió la Asociación de Funcionarios Federales de Veracruz (1974-75).

FERNÁNDEZ Y FERNÁNDEZ, RAMÓN ◆ n. en Gutiérrez, Zac., y m. en el DF (1906-1987). Hizo sus estudios profesionales en las escuelas Nacional de Agricultura y Nacional de Economía de la UNAM, de las que fue profesor, al igual que de la Universidad Central de Venezuela. Se desempeñó como investigador del Centro de Economía Agrícola. El año en que murió había recibido el título de profesor-investigador emérito del Colegio de Posgraduados de Chapingo.

FERNÁNDEZ FLORES, MANUEL ◆ n. en Nogales, Ver. (1933). Hizo estudios de derecho. Desde 1952 pertenece al Partido Popular Socialista, donde forma parte del comité central (1963-) y de la dirección nacional (1975-). En el Sindicato Mexicano de Electricistas ha sido secretario del Interior (1969-74), secretario del Exterior (1977-79) y secretario general (1979-83). Fue delegado a cuatro congresos de la Federación Sindical Mundial: Moscú (1961), Varna (1974), Praga (1978) y La Habana (1982). Presidente de la Federación de Sindicatos de la Industria Eléctrica de América Latina y el Caribe (1982). Delegado fundador (1965) y miembro de la comisión ejecutiva del Congreso del Trabajo (1979-83). Secretario general de la Alianza Nacional de Trabajadores. Diputado federal (1985-88). Fue candidato a la jefatura de gobierno de la Ciudad de México (1997).

FERNÁNDEZ GARDEA, JESÚS ALFREDO ◆ n. en Mexicali, BC (1952). Licenciado en filosofía por la UNAM e ingeniero eléctrico por el IPN. Como militante del Partido Socialista de los Trabajadores fue secretario juvenil y estudiantil en Michoacán, comisario central en Campeche, secretario general de la Juventud Socialista de los Trabajadores y secretario general de ese partido en Sinaloa. Cofundador del Partido del Frente Cardenista de Reconstrucción Nacional. Profesor en la Universidad Michoacana de San Nicolás de Hidalgo (1974-76). Fue diputado federal plurinominal a la LIV Legislatura (1988-1991).

FERNÁNDEZ GARZA, MAURICIO ◆ n. en Monterrey, NL (1950). Ingeniero industrial graduado en la Purdue University, con maestría en administración por el ITESM. Milita en el PAN desde 1966, donde ha sido consejero estatal y nacional. Fue presidente municipal de San Pedro Garza García y es senador para el periodo 1994-2000. Ha sido consejero de Bancomer, Grupo Alfa, Pigmentos y Óxidos, Sigma Alimentos, Alpek y Versax. Presidente del Consejo de Textile Corporation (1992). Presidente del Consejo de Especialidades Cerveceras (1998). Presidente de la Sociedad Numismática de Monterrey. Autor de *Las monedas municipales.*

FERNÁNDEZ GAVALDÓN, MATÍAS SALVADOR ◆ n. en Ciudad Camargo, Chih. (1930). Comerciante y miembro del PAN, diputado federal plurinominal a la LIV Legislatura (1988-91).

FERNÁNDEZ GÓMEZ, RUBÉN ◆ n. en el DF (1911). Médico veterinario por la UNAM (1931), donde fue profesor durante 20 años. Fue director de Higiene Veterinaria y de Salubridad en el Distrito Federal, dentro de la SSA (1942-46); director general de la Industria de la Leche de la Secretaría de Agricultura y Ganadería (1952-58), asesor del Banco Nacional Agropecuario y del Banco Nacional de Crédito Rural (1965-76) y subsecretario de Ganadería de la SARH (1976-82).

FERNÁNDEZ GONZÁLEZ, ALONSO ◆ n. en la ciudad de México (1927). Ingeniero graduado en el IPN y doctor en física por la Universidad de Manchester. Ha sido director del Instituto de Física de la UNAM (1971-74), presidente de la Academia de la Investigación Científica (1973-74), rector fundador de la UAM-Iztapalapa (1974-78), director fundador del Departamento de Medicina Nuclear de la Universidad Autónoma de Yucatán (1978-80) y de la Unidad Mérida del Cinvestav (1980-88), consultor del Conacyt y del IPN e investigador nacional. Desde 1989 colabora como profesor titular en el Centro de Investigación Interdisciplinaria para el Desarrollo Integral Regional del IPN, Unidad Oaxaca. Ha recibido las medallas Miembro Distinguido del Instituto de Física y Universitarios Distinguidos de la UNAM; ; Lázaro Cárdenas, del IPN; los premios Elías Sourasky y a la Investigación 1992, dado por el IPN; reconocimientos al mérito en ciencia y tecnología del Conacyt y del gobierno del estado de Oaxaca y de Plata de la Asociación Nacional de Energía Solar. *Doctor honoris causa* por la UAM, misma que dio su nombre al edificio de posgrado y educación continua. Vive en Oaxaca desde 1989.

FERNÁNDEZ GRANADOS, ENRIQUE ◆ n. y m. en la ciudad de México (1867-1920). Fue profesor de literatura en centros de enseñanza media y superior. Miembro de la Academia Mexicana (de la Lengua) desde 1920 y secretario de la institución (1916-19). Escribió poesía: *Mirtos* (1889), *Margaritas* (1891) y *Odas, madrigales y sonetos* (1918).

FERNÁNDEZ GRANADOS, JORGE ◆ n. en el DF (1965). Poeta. Estudió guionismo y literatura en la Sogem. Ha elaborado guiones para televisión, algunos de ellos para el programa *Hora Marcada* (1989), de Televisa. Ha colaborado en *Excélsior, Casa del Tiempo, Crónica, Macrópolis, La Gaceta del FCE, La Jornada Semanal, Lectura, Revista Mexicana de Cultura, Sábado, Letras Libres, Milenio, Universidad de México* y *Viceversa*, entre otras publicaciones. Coautor de *Entretejedura* (1988). Autor del relato "El cartógrafo" (1996); de poesía: *La música de las esferas* (1990, premio literario nacional de las juventudes Alfonso Reyes 1989, *El ángel ebrio* (1992), *Resurrección* (1995, Premio Jaime Sabines), *Xihualpa* (1997); y de guión: *Laberintos* (1989, premio del Banco de Guiones de la Sogem). Becario del Centro Mexicano de Escritores (1988-89), del INBA (1991-92) y del Fonca (1992-93). Premio nacional de cuento Irma Sabina Sepúlveda (1993).

FERNÁNDEZ GUAL, ENRIQUE ◆ n. en España y m. en el DF (1907-1973). Militó en el bando republicano durante la guerra civil española. Llegó en 1939 y adoptó la nacionalidad mexicana. Aquí fungió como maestro de historia del arte y traductor. Fue presidente del Patronato de la Orquesta Sinfónica Nacional y del Patronato del Museo de San Carlos, institución de la que fue director. Colaboró en gran número de publicaciones como crítico de arte. Autor de *Repertorio de capiteles mexicanos* (1949) y *Alfaro Siqueiros* (1948).

FERNÁNDEZ GUARDIOLA, AUGUSTO ◆ n. en España (1921). Neurólogo. Al término de la guerra civil pasó a Francia como exiliado político. Viajó después a Nicaragua y a mediados de los años

cuarenta llegó a México. Naturalizado mexicano. Se tituló como médico en la UNAM, donde hizo un curso en neuropsiquiatría (1953-55). Es doctor en neurofisiología por la Facultad de Ciencias de Marsella (1959). Trabajó para la SSA y la UNAM. Residió en Cuba (1963-65) y a su regreso se incorporó al Instituto de Neurología. Autor de *La aventura del cerebro* (1964) y *La conciencia: el problema mente-cerebro* (1979). Recibió los premios Nacional de la Industria Químico-Farmacéutica (1972 y 1973); Doctor Eduardo Liceaga de la Academia Nacional de Medicina (1975) y Chinoin Alejandro Celis (1977). Presidente de la Sociedad Mexicana de Neurología y Psiquiatría (1974) y del Capítulo Mexicano de la Sociedad Internacional de Cronobiología (1981).

FERNÁNDEZ GÜELL, ROGELIO ◆ n. en Costa Rica y m. en el DF (1883-1918). Se desempeñó como director de la Biblioteca Nacional. Escribió la novela *Lux y umbra* (1911), *Los Andes y otros póemas* (1913), *El moderno Juárez: estudio sobre la personalidad de D. Francisco I. Madero* (1911), *Episodios de la Revolución Mexicana* (1914) y obras sobre espiritismo.

FERNÁNDEZ HURTADO, ERNESTO ◆ n. en Colima, Col. (1921). Licenciado en economía por la UNAM con maestría en la misma especialidad por la Universidad de Harvard (1948). Miembro del PRI. En el Banco de México fue jefe de la Oficina Técnica (1948-55), gerente de Cambios (1955-60), subdirector (1960-70) y director general (1970-76). Director general de BCH (1978-82) y de Bancomer (1982-85). Autor de *50 años de banca central*. Es miembro del Colegio Nacional de Economistas y de las academias de Derecho Internacional y Mexicana de Finanzas.

FERNÁNDEZ IGLESIAS, ROBERTO ◆ n. en Panamá (1941). Poeta. Vive en Toluca desde 1957. Licenciado y doctor en letras por la UAEM, donde ha sido profesor. Editó el suplemento literario *Vitral* a fines de los años ochenta y es editor de la colección Carta Literaria de la Tribu TunAstral, de los cafés literarios

TunAstral, los cuales coordina desde 1991. Autor de *Recits* (1969), *Los recién llegados* (1969), *Literatura y realidad* (1981), *Dieciocho narraciones breves* (1984), y de los poemarios *Cartas* (1969), *Sie7e* (1971), *Canciones retorcidas* (1973), *Soñar tu sombra* (1974), *El gran desnudo y primer placer* (1983), *Celebrar la palabra* (1984), *Retrato parcial* (1985) y *Trastienda* (1994). Ha recibido los premios Tototzin (1983), Estatal de Cuento (1984) y Estatal de Poesía (1984).

FERNÁNDEZ ÍMAZ, ESTEBAN ◆ n. en Ponas y m. en Durango, Dgo. (1852-1920). Político porfirista. Licenciado en derecho por el Instituto Juárez (1878), del que llegó a ser director. Fue secretario de Gobierno (1867-68 y 1877-80), diputado local (1880-82), magistrado del Supremo Tribunal de Justicia de la entidad y gobernador de Durango (septiembre de 1904 a abril de 1911).

FERNÁNDEZ DE IPENZA, ANDRÉS ◆ n. y m. en España (?-1643). Doctor en cánones por la Universidad de Ávila. Estuvo en México una temporada acompañando a su tío, el arzobispo Manso y Zúñiga (☛). Regresó a España. La muerte le impidió asumir el obispado de Yucatán, para el que fue designado en 1643.

FERNÁNDEZ DE JÁUREGUI, JUAN MANUEL ◆ n. en Querétaro y m. en la ciudad de México (?-1871). Abogado. Gobernador de Querétaro (1849-50). Durante la guerra de los Tres Años fue ministro de Gobernación en los gabinetes de los conservadores Félix Zuloaga (julio-diciembre de

Retrato y firma de José Joaquín Fernández de Lizardi y timbre postal en su honor

El beso (paisaje parisino), obra a tinta sobre papel de Gabriel Fernández Ledesma, 1940

1858), Manuel Robles Pezuela (diciembre de 1858 a enero de 1859) y José Mariano Salas (enero-febrero de 1859).

FERNÁNDEZ DE LARA, JOSÉ ◆ n. y m. en Puebla, Pue. (1846-1895). Escritor. Fundó sociedades literarias, colaboró en periódicos locales y escribió poesía. Autor de la novela *El sendero del crimen*.

FERNÁNDEZ LEAL ◆ Códice mixteco de tema histórico que data del siglo XVI. El documento, trabajado sobre una tira de papel de 36 cm. de ancho por casi tres metros de largo, fue conservado por los señores de Quiotepec, Oaxaca, y sus descendientes. Debe su nombre a que al editarse en 1895 le fue dedicado al ministro de Fomento, Manuel Fernández Leal. En la actualidad se halla en la colección Bancroft de la Universidad de California en Berkeley.

FERNÁNDEZ LEAL, MANUEL ◆ n. en Jalapa, Ver., y m. en la ciudad de México (1831-1909). Participó en la Comisión de Límites México-EUA. Fue oficial mayor (1881-1891) de la Secretaría de Fomento y titular de esta cartera (1891-1900). Murió siendo director de la Casa de Moneda.

FERNÁNDEZ LEDESMA, ENRIQUE ◆ n. en Pinos, Zac., y m. en el DF (1888-1939). Vivió en Aguascalientes, donde fue jefe de redacción de *La Prensa*

(1910-13) y director de *El Noticiero* y fundó con Ramón López Velarde la revista *Bohemio*. Residió desde 1920 en la capital del país, donde ejerció el periodismo. Diputado por Aguascalientes (1920-22) y director de la Biblioteca Nacional (1929-35). Dirigió la página literaria de *El Universal* (1922-26) y la de Excélsior (1926-28). Autor de poesía: *Con la sed en los labios* (1919); prosas varias: *Viajes al siglo XIX* (1933) y *Galería de fantasmas* (1939); cultivó también la crítica artística: *La gracia de los retratos antiguos* (1950); y es autor de una *Historia crítica de la tipografía en la ciudad de México* (1933-34).

FERNÁNDEZ LEDESMA, GABRIEL ◆ n. en Aguascalientes, Ags., y m. en el DF (1900-1982). Vivió hasta los 17 años en la ciudad de Aguascalientes, donde fundó el Círculo de Artistas Independientes. Luego se instaló en la capital del país para disfrutar de una beca que le permitió estudiar en San Carlos. En los años veinte participó, como creador, en la transformación de la plástica mexicana y en 1926 fundó y dirigió la revista *Forma*. Escribió a lo largo de varias décadas sobre arte en diversas publicaciones. Activo participante en las escuelas de pintura al aire libre, en 1929 fue comisionado para llevar una exposición de éstas a España, donde publicó *Quince grabados en madera*. Con Díaz de León y Montenegro fundó en 1931 la Sala de Arte de la Secretaría de Educación. En ese año expone en Europa y en 1933 es designado subdirector de Bellas Artes. Cofundador de la Liga de Escritores y Artistas Revolucionarios (1934) y de la Unión de Trabajadores de Teatro de Bellas Artes (1936). Fue jefe de la Oficina Editorial de la Secretaría de Educación (1935), representante de la LEAR en Europa (1938-39) y subjefe del Departamento de Danza del INBA (1953-56). Decoró muros y techos del hotel del Prado (1947-50). En 1944 recibió la beca Guggenheim que le permitió trabajar en el libro *Vida de la muerte*.

FERNÁNDEZ DE LEÓN, DIEGO ◆ n. en España y m. en la ciudad de México (?- 1710). Instaló una imprenta en Puebla en 1683. En 1692 abrió un establecimiento semejante en la capital novohispana.

FERNÁNDEZ DE LIZARDI, JOSÉ JOAQUÍN ◆ n. y m. en la ciudad de México (1776-1827). Fue juez interino en Acapulco y a fines de 1811 era teniente de justicia en Taxco. Fue encarcelado, acusado de entregar armas a los insurgentes. Se ignora cuándo quedó en libertad, pero en 1812 publicó poemas en el *Diario de México*. El 9 de octubre de 1812, cuatro días después de entrar en vigor la Constitución de Cádiz, que establecía la libertad de prensa, publicó el periódico *El Pensador Mexicano*. En diciembre de ese año dedicó un número a dar consejos al virrey Venegas, a la manera de Maquiavelo en *El Príncipe*, por lo que el 7 de diciembre volvió a la cárcel. Desde ahí siguió editando su periódico hasta el 10 de enero del año siguiente. Al ocupar Calleja el puesto de virrey publicó una *Proclama del Pensador a los habitantes de México en obsequio del excelentísimo señor don Félix Calleja del Rey*. Consigue la revisión de su caso y es puesto en libertad en julio de 1813. En septiembre de ese año reaparece *El Pensador Mexicano*, donde hace una crítica de la Inquisición. Previendo las consecuencias de atacarla,

edita de inmediato un *Suplemento Extraordinario* en el que baja el tono de sus apreciaciones sobre el clero. En febrero de 1814 canta loas a los realistas y se refiere a los insurgentes como los "miserables vencidos". Ese año la publicación desaparece. En 1815 y 1816 editó los periódicos *Las Sombras de Heráclito y Demócrito*, el *Caxoncito de la Alacena* y la *Alacena de Frioleras*, de corta vida. Al restaurarse la Inquisición dejó el periodismo y se dedicó a la novela: *El Periquillo Sarniento* (1816), *Noches tristes* (1818) y *La quijotita y su prima* (1818). Después vuelve a la producción de folletos: *El voto de México en la muerte de la reina nuestra señora* (1819), *Las quejas de los ahorcados* (1819) y *Diálogo ideal por el Pensador Mexicano entre Juan Diego y Juan Bernardino* (1820). En mayo de 1820 se pone nuevamente en vigor la Carta de Cádiz y Lizardi publica los 24 números de *El Conductor Eléctrico*. En 1821 se une al Ejército Trigarante y se le encarga la imprenta de Tepotzotlán, donde también es redactor de folletos independentistas y de los periódicos *Buscapiés* y *Diario Político y Militar Mejicano*. Al consumarse la independencia apoya la coronación de Iturbide; pero con éste en el poder edita un folleto que contiene una alegoría del próximo fin de imperio, y otro, titulado *Por la salud de la patria se desprecia una corona* (1823), en el que pide al emperador que abdique y se instaure la República. De 1823 es su obra dramática *El unipersonal de don Agustín de Iturbide, emperador que fue de México*. En 1825 se le confiere el puesto de redactor de la *Gaceta del Gobierno*. Edita el *Correo Semanario de México* (24 números, 1826-27). En 1832 se publica su novela *Vida y hechos del famoso caballero don Catrín de la Fachenda*, que había esperado editor durante 12 años.

FERNÁNDEZ MACGREGOR, GENARO ◆ n. y m. en el DF (1883-1959). Licenciado en derecho por la Escuela Nacional de Jurisprudencia (1907), de la que fue profesor. Trabajó en el servicio exterior. Fue juez de la Corte de La Haya.

Enrique y Gabriel Fernández Ledesma, ca. 1907

Fundó la *Revista Mexicana de Derecho Internacional*. Rector de la UNAM (marzo de 1945 a febrero de 1946). Autor de narrativa: *Novelas triviales* (1918) y *Mies tardía* (1939); ensayos y semblanzas: *Apunte crítico sobre el arte contemporáneo* (1931), *La santificación de Sor Juana*

Caballero tigre, acrílico sobre papel de Gabriel Fernández Ledesma, 1958

COLECCIÓN DE FEDERICO GERTZ MANERO

(1932), *Carátulas* (1935), *Mora redivivo* (1938), *Genaro Estrada* (1938) y *En la era de la mala vecindad* (1960); y memorias: *Notas de un viaje extemporáneo* (1952) y *El río de mi sangre* (1969). Miembro de la Academia Mexicana (de la Lengua) desde 1920.

FERNÁNDEZ-MACGREGOR MAZA, JAIME ◆ n. y m en el DF (1923-1997). Hizo estudios de medicina en la UNAM (1943-46) y de químico bacteriólogo y parasitólogo en el IPN (1946-50). Ha sido primer y segundo secretario, consejero y ministro de la embajada mexicana en Washington (1962-69); director del Servicio Diplomático de la Secretaría de Relaciones Exteriores (1969-73), representante de Petróleos Mexicanos en Nueva York (1975-77), cónsul general en Río de Janeiro, Brasil (1978-79), embajador en Panamá (1980-86) y en Bulgaria (1986).

FERNÁNDEZ MANERO, VÍCTOR ◆ n. en Villahermosa, Tab. (1898). Médico. Fue diputado federal, funcionario de la Secretaría de Educación y embajador en Francia. Gobernador sustituto de Tabasco (de abril de 1936 a diciembre de 1938).

FERNÁNDEZ MANTECÓN, JUAN NEPOMUCENO ◆ m. en Puebla, Pue. (?-1865). Militar realista. Era comandante de Tlacotalpan cuando se declaró partidario del Plan de Iguala. Antonio López de Santa Anna lo envió a jurar la independencia en Tabasco, lo que hizo en Huimanguillo el 25 de junio de 1822 y en San Juan Bautista (Villahermosa) el 8 de septiembre del mismo año. Al día siguiente asumió la gubernatura de la provincia por unos días. Durante su breve gestión puso en libertad a los presos políticos y fue elegido el primer ayuntamiento de la capital tabasqueña.

FERNÁNDEZ MÁRQUEZ, PABLO ◆ n. en España y m. en Yugoslavia (1905-1973). Estudió dibujo científico en la Escuela de Artes y Oficios de Madrid, donde se tituló con 12 menciones honoríficas. Fue profesor de la especialidad en su país. Republicano, vino al término de la guerra civil española como exiliado político y adoptó la nacionalidad mexicana. Fue profesor del IPN (1940-44) y de

Jorge Fernández Menéndez

la Escuela Nacional Preparatoria. Terminó con mención honorífica un curso de historia del arte en París, donde impartió cátedra en escuelas industriales. Trabajó como asesor de altos funcionarios y desempeñó puestos públicos. Ejerció la crítica de artes plásticas en publicaciones periódicas desde 1948 hasta su muerte. Autor de un *Tratado de dibujo lineal, geométrico y de proyecciones* (1947), de un *Estudio sobre los personajes de La Celestina* (1947) y del volumen de cuentos sobre la guerra civil española *Abel y Abel* (1942). Fue miembro de la Sección Mexicana de la Asociación Internacional de Críticos de Arte, de la Academia Rafael Urbino, de Italia, y del *Comité de Patronage* de las bienales internacionales de cerámica, con Picasso y el ministro de Asuntos Culturales de Francia. En 1972 ingresó en la Academia de Artes. Recibió condecoraciones de Francia, Italia y Brasil.

FERNÁNDEZ MARTÍNEZ, ENRIQUE ◆ n. en Guanajuato y m. en San Miguel Allende, Gto. (1896-1968). Fue diputado federal y gobernador provisional (diciembre de 1935 a abril de 1937) y constitucional de Guanajuato (abril de 1939 a septiembre de 1943).

FERNÁNDEZ MARTÍNEZ, LUIS ◆ n. en San Felipe Torres Mochas, Gto., y m. en el DF (1892-1934). Estudió en el Colegio Civil de la ciudad de Guanajuato. Ejerció el periodismo. Fue diputado por su estado natal al Congreso Constituyente (1916-17). Ocupó también una curul en la XXVIII Legislatura (1918-20).

FERNÁNDEZ MENÉNDEZ, JORGE ◆ n. en Chile (1955). Periodista. En su país natal colaboró en diferentes publicaciones en el área de deportes. Vivió en Brasil y Suecia. Vino en 1980 y en 1985 se naturalizó mexicano. Ha trabajado en los diarios *unomásuno* y *El Financiero*. Fue director de la revista *Rock & Pop* (1993-95). Es comentarista del noticiario radiofónico *Para Empezar* y conductor del programa *Punto de Partida*, en Multivisión.

FERNÁNDEZ MUÑIZ, BERTA ESTHER ◆ n. en España (1931). Académica, actriz y cantante. Es mexicana por natu-

ralización. Estudió arte dramático en la Universidad de La Habana y Psicología en la UNAM, donde realizó una maestría en psicología clínica. Fue profesora-investigadora del Departamento de Educación y Comunicación y coordinadora de la Licenciatura en Psicología de la UAM-X. Colaboradora de distintas publicaciones académicas. Actriz del Teatro Universitario de La Habana y de la Compañía Las Máscaras, de Cuba. Primera voz del grupo folclórico Candil. Intérprete de canciones de Federico García Lorca en la compañía de Pilar Rioja. Ha grabado tres discos con música hispanoamericana y uno con el grupo Embrujo Flamenco.

FERNÁNDEZ NEIVA, RODRIÍGO ◆ n. en Colombia (1959). Arquitecto y diseñador. Estudió arquitectura en la Universidad Nacional de Colombia y diseño industrial en la Scuola di Disegno de Milán. Desde 1975 se ha desempeñado como docente en diversas universidades colombianas y a partir de 1983 en la Escuela de Diseño del INBA, la que dirige desde 1997. Colaboró como experto en diseño en la OEA y es fundador de la Asociación Colombiana de Diseñadores. Sus trabajos han sido expuestos en Cuba, Polonia, Estados Unidos, Brasil, Colombia, México y Venezuela. Es colaborador de revistas especializadas.

FERNÁNDEZ OSORIO-TAFALL, BIBIANO ◆ n. en España y m. en el DF (1903-1990). En la segunda república española fue alcalde de Pontevedra y, durante la guerra civil, secretario de Trabajo y Gobernación y comisario general de Defensa. Fue uno de los impulsores de los trabajos del Estatuto de Galicia (1936) y presidió la asamblea de ayuntamientos de esa provincia. En 1939 se exilió en Francia de donde pasó a Estados Unidos y finalmente a México (1941). Fue profesor en la UNAM y el IPN. En 1948 se incorporó a la ONU, donde fue director de la Oficina Regional de la FAO en Chile, Indonesia y Egipto y dirigió las operaciones de las Naciones Unidas en el Congo (1964).

FERNÁNDEZ DE OVIEDO Y VALDÉS, GONZALO ◆ n. en España y m. en

Santo Domingo (1478-1557). Hizo 12 viajes entre América y Europa a partir de 1514. En 1532 fue nombrado cronista general de Indias. Autor de un *Sumario de la historia natural de las Indias* (1526) y de la *Historia general y natural de las Indias* que se publicó parcialmente en 1535.

FERNÁNDEZ DE PALOS, JOSÉ ◆ n. en Nueva Galicia y m. en la ciudad de México (?-1749). Doctor en filosofía y teología por la Real y Pontificia Universidad de México, de la que fue catedrático de prima y de Biblia, así como rector en 1731-32 y 1732-33.

FERNÁNDEZ DE LA PEÑA, JUAN ◆ n. en España y m. en la ciudad de México (?-1774). Grabador. Vino a México hacia 1760, contratado para desempeñarse como grabador mayor de la Casa de Moneda.

FERNÁNDEZ PÉREZ, MANUEL ◆ n. en el Distrito Federal (1959). Es licenciado en economía egresado del ITAM (1982), maestro (1983) y doctor en organización industrial y comercio internacional por la Universidad Estatal de Chicago (1986). En el ITAM ha sido profesor y funcionario académico (1983-87). Miembro del PRI desde 1980. Ha sido director de Política de Impuestos Directos (1980-82), asesor del subsecretario de Ingresos (1982-88) y director de Análisis Económico de la Secretaría de Hacienda y Crédito Público (1988); miembro de los consejos editorial y de redacción de El Colegio de México (1985), consultor de la CEPAL (1987) y del Banco Mundial (1987-88). Coordinador del Programa de Desregulación Económica (1988-90) y director general de Fomento Industrial de la Secofi (1990-94).

FERNÁNDEZ PONTE, FAUSTO ◆ n. en Coatzacoalcos, Ver. (1936). Periodista. Estudió derecho en la Universidad Veracruzana. A los 15 años se inició en el periodismo publicando crónicas para *La Opinión*, de Minatitlán. En Coatzacoalcos fundó y dirigió el semanario *Vidriera* (1953-54). Director de los diarios *Tabloide* (1960) y *Sotavento*, de Coatzacoalcos (1962-63). Fundador del diario *Política,* de Xalapa (1987).

Reportero de *El Diario de Xalapa* y de *Zócalo* (1958), de *Excélsior* (1969-86), del que fue corresponsal en la ONU, Washington y Los Ángeles, y para el cual cubrió la guerra de Vietnam. A lo largo de su carrera entrevistó jefes de Estado y de gobierno de América, Asia y África, entre ellos a Lyndon Johnson, Richard Nixon, Jimmy Carter y Bill Clinton. Editor de la sección internacional y columnista de *El Financiero* (1991-96). Ha sido columnista también de *El Economista* y *El Día*. Becario de The World Press Institute (1966-67).

FERNÁNDEZ DEL REAL, CARLOS ◆ n. en Marruecos y m. en Puebla, Pue. (1920-1994). Abogado. Vivió en España hasta los 18 años. Obtuvo la nacionalidad mexicana en 1941. Licenciado en derecho por la UNAM, trabajó en la Junta Federal de Conciliación y Arbitraje. A partir de 1964 representó jurídicamente a empresas farmacéuticas de Guadalajara, Puebla y el DF. Después del movimiento estudiantil de 1968 se dedicó a la defensa de presos políticos, entre ellos Víctor Rico Galán, Adolfo Gilly, Raúl Álvarez Garín, Gilberto Guevara Niebla y Salvador Martínez della Rocca. Solicitó juicio político para el presidente Gustavo Díaz Ordaz. Representó a diferentes organizaciones sindicales, entre ellas al STUNAM y el sindicato de *La Jornada* (diario en el que colaboraba y de cuyo consejo de administración era miembro) y militó en el PSUM, el PMS y el PRD.

FERNÁNDEZ DE RECAS, GUILLERMO ◆ n. y m. en el DF (1894-1965). Genealogista. Dirigió interinamente la Biblioteca Nacional. Autor de *Aspirantes americanos a cargo del Santo Oficio* (premio Basanta de la Riva 1956), *Cacicazgos y nobiliario indígena de la Nueva España* (1961), *Mayorazgo de la Nueva España* (1965) y *Nómina de bachilleres, licenciados y doctores en medicina* (premio Recas).

FERNÁNDEZ REYES, AGUSTÍN ◆ n. en Nuevo Laredo, Tams., y m. en el DF (1920-1991). Actor. Hermano del *Indio* Fernández. Inició su carrera en la película *La isla de la pasión* (1941). En Es-

paña filmó *Nosotros dos*; en Buenos Aires *La Tierra de Fuego se apaga* y en La Habana, *La rosa blanca*. Fue iniciador del Canal 8 y participó en las series de televisión *Encadenados, Fray Diablillo* y *Los Hermanos Coraje*. Participó en películas mexicanas como *Bugambilia, La perla, El fugitivo, Lola Casanova, Pueblerina, La malquerida, La negra Angustias, Víctimas del pecado, Enamorada, Rosauro Castro, Noche de fantasmas, El revoltoso* y *Crucero*, entre otras. Recibió la Medalla Virginia Fábregas de la ANDA por 25 años de trayectoria (1973).

FERNÁNDEZ Y RODRÍGUEZ, JOSÉ ◆ n. en Silao y m. en Guanajuato, Gto. (1837-1894). Hizo estudios inconclusos de medicina. Fue director del Colegio de Guanajuato, senador por el mismo estado y oficial mayor de la Secretaría de Relaciones Exteriores, encargado del despacho en junio de 1877, en mayo-junio de 1878, en septiembre-noviembre de 1880, en enero de 1883 y de junio de 1883 a febrero de 1884, cuando fue designado subsecretario y siguió a cargo del despacho hasta el último día de noviembre de ese año. Al día siguiente era de nuevo oficial mayor y se encargó por última vez del despacho hasta el 31 de diciembre. Al morir era secretario general de Gobierno en Guanajuato. Autor de poesía: *La sombra de Morelos* y *A España*.

FERNÁNDEZ ROJAS, JOSÉ ◆ n. en Guadalajara, Jal. (1885-?). Fue director del diario *La Prensa*, de San Antonio, Texas, y de *La Opinión*, de Los Ángeles. Autor de obras históricas: *La revolución mexicana: de Porfirio Díaz a Victoriano Huerta* (1913), *El Congreso Constituyente de 1916 y 1917* (en colaboración, 1917).

FERNÁNDEZ ROJO, MANUEL ◆ n. y m. en Culiacán, Sin. (1780-1834). Estudió derecho en la Universidad de México. Gobernador intendente de las provincias de Sonora y Sinaloa (agosto-diciembre de 1818), alcalde de Culiacán (1823) y diputado al Congreso General (1823-24). Al morir era magistrado del Supremo Tribunal de Justicia de Sinaloa.

FERNÁNDEZ RUIZ, JORGE ◆ n. en Guadalajara, Jal. (1930). Licenciado en derecho por la Universidad de Guadalajara (1952), licenciado en economía por el IPN (1974), doctor en derecho por la UNAM (1977) y maestro en administración por el Instituto de Estudios Superiores en Administración Pública (1978). Profesor del IPN (1977-80) y de la UNAM (1981-88). Ingresó al PRI en 1949. Ha sido subdirector de Caminos y Puentes Federales de Ingresos (1966-76), subdirector de Almacenes Nacionales de Depósito (1976-78), director general de Recursos Humanos de la SRA (1978-79), subdirector del ISSSTE (1979-82), subdirector del Sistema de Transporte Colectivo de la ciudad de México (1982-84), director general del Servicio de Transportes Eléctricos del DDF (1985-88) y secretario de Vialidad y Transporte del gobierno de Jalisco (1989). Autor de *Un reformador y su reforma* (1981), *El Estado empresario* (1982) y *Juárez y sus contemporáneos* (1986).

José María
Fernández Unsaín

FERNÁNDEZ RUIZ, TIBURCIO ◆ n. en La Experiencia, Chis., y m. en el DF (1887-1950). Se incorporó a la revolución en 1911. Al triunfo del maderismo se trasladó a la ciudad de México, donde inició estudios de derecho, mismos que dejó al producirse el golpe de Estado de Victoriano Huerta. Durante la lucha de facciones fue el principal dirigente villista en su estado natal. En 1917 derrotó a los carrancistas y tomó Tuxtla Gutiérrez, donde reinstaló la XXVIII Legislatura local, disuelta desde 1914. Se mantuvo en campaña hasta 1920, cuando apoyó el Plan de Agua Prieta. Gobernador constitucional de Chiapas (1920-24) y senador por la entidad (1924-28). General de división desde 1923.

FERNÁNDEZ DE SAN SALVADOR, AGUSTÍN POMPOSO ◆ n. en Toluca, Edo. de Méx., y m. en la ciudad de México (1756-1842). Descendiente de Ixtlixóchitl, último señor de Texcoco. Abogado. Rector de la Real y Pontificia Universidad de México de marzo a noviembre de 1799 y en los periodos 1802-1803 y 1821-22. Colaboró en el

Diario de México y otras publicaciones. Escribió contra el movimiento de independencia, pero en los hechos actuó con disimulo y protegió a partidarios de la insurgencia como su hijo Manuel, a Leona Vicario, de la que era tutor, y a Andrés Quintana Roo, a quien dio empleo en su bufete jurídico. Entre sus textos se cuentan *La América llorando por la temprana muerte de su amado, su padre, su bien y sus delicias, el excelentísimo señor don Bernardo de Gálvez.* (1787), *Los dulcísimos amores* (poemas, 1802), *Las fazañas de Hidalgo, Quixote de nuevo cuño, facedor de tuertos.* (1810), *Desengaños que a los insurgentes de Nueva España, seducidos por los francmasones de Napoleón, dirige la verdad de la religión católica y la experiencia* (1812) y *Los jesuitas quitados y restituidos al mundo: historia de la antigua California* (1816).

FERNÁNDEZ DE SAN SALVADOR, MANUEL ◆ n. en la ciudad de México y m. cerca de Salvatierra, Gto. (?-1813). Hijo del anterior. En 1812 se unió a los insurgentes comandados por Rayón. Murió en combate.

FERNÁNDEZ SÁNCHEZ, JAIME ◆ n. en el DF (1953). Licenciado en derecho. Miembro del PAN. Diputado federal por el DF a la LIV Legislatura (1988-1991).

FERNÁNDEZ DE SANTA CRUZ Y SAHAGÚN, MANUEL ◆ n. en España y m. en Tepeojuma, Pue. (1637-1699). Doctor en teología por la Universidad de Salamanca. Fue designado obispo de Chiapas (1672), pero estando aún en España se le otorgó el obispado de Guadalajara, del que tomó posesión en 1675. Al año siguiente fue trasladado al de Puebla, en el que murió. Polemizó con Sor Juana Inés de la Cruz bajo el pseudónimo de Sor Filotea. Rechazó los nombramientos de virrey y arzobispo de México.

FERNÁNDEZ SOUZA, JORGE A. ◆ n. en Mérida, Yuc. (1948). Licenciado en derecho por la UNAM (1969-73) y maestro por la Escuela de Altos Estudios en Ciencias Sociales, de París (1976-78). Ha sido investigador de la Universidad de Yucatán (1976-79) y profesor (1982-), jefe del Departamento de Derecho

(1986-89) y director de la División de Ciencias Sociales (1989-93) de la UAM-A (1982-). Fue asesor de la Comisión Nacional de Intermediación en Chiapas (1994-98) y miembro del Consejo de la Judicatura del Distrito Federal (1995-97). Es delegado del gobierno del Distrito Federal en Miguel Hidalgo (1997-).

FERNÁNDEZ TOMÁS, RAFAEL ◆ n. en el DF (1940). Ingeniero civil por la UNAM y licenciado en sociología por la UIA. Cofundador del PST, del que fue secretario de Finanzas, y del PFCRN, en el que se desempeñó como secretario de Organización (1989-90) y secretario general (1991). Diputado federal plurinominal por el PFCRN (1991-94).

FERNÁNDEZ UNSAÍN, JOSÉ MARÍA ◆ n. en Argentina y m. en el DF (1919-1997). Escritor. Estudió medicina y se doctoró en psicología en la Universidad de Buenos Aires. Fue secretario de Eva Perón y director del Instituto Nacional de Cultura y del Teatro Nacional de Argentina. Llegó a México en los cincuenta por motivos políticos. Se inició como guionista de cine en 1958 y sólo en el año siguiente fue autor del argumento o adaptación de 11 películas. Entre 1966 y 1970 dirigió 12 cintas, entre ellas *Un largo viaje hacia la muerte* (1967). Fue presidente de la Sociedad de Escritores Cinematográficos, de Radio y Televisión (1968-76), la que continuó presidiendo una vez transformada en Sociedad General de Escritores de México (1976-97). Ocupó cargos directivos en la Confederación Internacional de Sociedades Autorales. Autor del poemario *Cristal de juventud* (1940) y del *Libro del mucho amor*. En 1988 se le impuso la Orden del Águila Azteca. Premio Martín Fierro (1946) como mejor poeta latinoamericano y Premio del Teatro Nacional de Buenos Aires (1948).

FERNÁNDEZ URBINA, JOSÉ MARÍA ◆ n. en Durango, Dgo., y m. en el DF (1898-1975). Escultor. En 1912 ingresó en la Academia de San Carlos, de la que a partir de 1916 fue profesor. En los años veinte, becado por el gobierno de Álvaro Obregón, recorrió Europa. Ejecutó las estatuas de Bartolomé de Las

Casas (junto a la Catedral Metropolitana), de Don Quijote y Sancho Panza (en Chapultepec), Madero (Los Pinos), Carranza (malecón de Veracruz) y Justo Sierra, así como bustos de Juárez (en el Recinto de Homenaje a Juárez), Díaz Mirón, Moisés Sáenz y Ramón Beteta, entre otros. Reconstruyó El Ángel de la columna de la Independencia, destruido por el sismo de julio de 1957.

FERNÁNDEZ DE URIBE Y CASAREJO, JOSÉ PATRICIO ◆ n. en la ciudad de México y m. en Tlalpan (1742-1796). Maestro en filosofía y doctor en teología por la Real y Pontificia Universidad de México, de la que fue profesor y rector (febrero-noviembre de 1779). Reputado como guadalupanista, publicó *Sermón de Nuestra Señora de Guadalupe* (1777), *Censura del sermón del P. Mier* (1796) y *Disertación histórico-crítica sobre la aparición del Tepeyac* (1801).

FERNÁNDEZ VARELA MEJÍA, HÉCTOR ◆ n. en el DF (1933). Médico cirujano por la UNAM (1951-56). Profesor de la Facultad de Medicina desde 1958. Miembro del PRI. Fue director de los hospitales infantiles del DDF en Villa Gustavo A. Madero (1973-74) y San Juan de Aragón (1974-75). Subsecretario de Servicios de Salud de la Secretaría de Salubridad y Asistencia (1981-85) y director general del Instituto Nacional de Pediatría (1985). Es coautor de un *Manual de pediatría* (1980). Pertenece a la Academia Americana de Pediatría. Fue presidente de la Sociedad de Pediatría del Seguro Social (1971-73) y de la Asociación Mexicana de Pediatría (1976-78).

FERNÁNDEZ VELASCO, ARMANDO ◆ n. y m. en el DF (1911-1978). Empresario. Cofundador del Banco del Atlántico. Presidió la Confederación de Cámaras Nacionales de Comercio, la Confederación Patronal de la República Mexicana, el Consejo Coordinador Empresarial y la Asociación de Charros del Pedregal.

FERNÁNDEZ VIOLANTE, MARCELA ◆ n. en el DF (1942). Estudió literatura dramática en la UNAM y cine en el Centro Universitario de Estudios Cinematográficos, del que fue directora. Ha sido jurado de los festivales de Moscú, de La Habana y de Huelva. Es miembro consultivo de la Sogem y representante de la American Cinemateque desde 1983. Secretaria general de la Sección de Directores y secretaria general del STPC. Ha dirigido las películas *De todos modos Juan te llamas, Cananea, Misterio* (1979), *El país de los pies ligeros, Nocturno amor que te vas* y *Golpe de suerte.*

FERNANDO V ◆ n. y m. en España (1452-1516). Rey de España llamado el *Católico.* Heredero de la corona de Aragón desde 1461, donde reinó como Fernando II desde 1479. En 1474 contrajo matrimonio con Isabel de Castilla y se convirtió en corregente de este dominio, donde fue reconocido como Fernando V. Gobernó directamente Aragón y se encargó de la política exterior del reino de su esposa, a quien apoyó activamente en su intolerancia ante judíos, musulmanes y practicantes de cultos no católicos. En 1492 culminó la guerra contra los moros y Cristóbal Colón, con el amparo jurídico y el parcial financiamiento de Isabel llegó a América, lo que reforzó el poder español. En 1493 recuperó Cerdeña y la zona pirenaica llamada el Rosellón. Sometió a Nápoles al dominio español, anexó a Castilla el reino de Navarra y en África invadió Melilla y Mazalquivir. Fue designado regente de Castilla al morir Isabel (1504), pero la nobleza lo obligó a ceder el lugar a Juana la Loca, cuya demencia puso el gobierno en manos de su marido, Felipe *el Hermoso.* Muerto éste en 1506, Fernando ocupó de nuevo la regencia, pero dejó el gobierno en poder del cardenal Francisco Jiménez de Cisneros. Posteriormente delegó el poder de Aragón en un regente. Legó todas sus posesiones a su nieto Carlos.

FERNANDO VI ◆ n. y m. en España (1713-1759). Rey de España y sus posesiones (1746-1759). Segundo hijo de Felipe V. Dio fin a la guerra con Austria mediante la cesión a su hermanastro de los ducados de Parma, Plasencia y Guastalla. Mantuvo la neutralidad española ante Francia e Inglaterra, pese a los requerimientos de alianza que le hicieron. Durante su periodo en el trono fueron virreyes de Nueva España Francisco de Güemes y Horcasitas y Agustín de Ahumada y Villalón. En 1747 Güemes hizo la jura de Fernando VI, aumentó los ingresos públicos y los tributos para la Corona, en medio de la hambruna (1748) que originó una epidemia de viruela con miles de muertos. Pese a la piratería, la expansión minera y el ajuste de los mecanismos hacendarios permitieron que el tributo real pagado por novohispanos alcanzara en el decenio 1750-1760 un promedio de 651,297, la cifra más alta de las conocidas hasta entonces y superior a la del decenio siguiente.

FERNANDO VII ◆ n. y m. en España (1784-1833). Hijo de Carlos IV y María Luisa de Parma. Libró una permanente disputa con su madre y el consejero real favorito de ésta, Manuel Godoy. Viudo en 1806, pidió a Napoleón por esposa a una princesa Bonaparte. Instigado por el emperador francés alentó una conspiración de los enemigos de Godoy que incluía, de ser necesario, el derrocamiento de Carlos IV. Descubierta la conjura, en 1807, Fernando delató a los involucrados a fin de obtener el perdón. En mayo de 1808 promovió el motín de Aranjuez que obligó a Carlos IV a abdicar en su favor. Napoleón, quien había ocupado el territorio español, ordenó a Fernando VII trasladarse a Bayona, donde lo hizo prisionero e instaló en el trono de Madrid a su hermano José Bonaparte. En la ciudad de México, conocida la noticia de la aprehensión de Fernando VII, el ayuntamiento, encabezado por el virrey Iturrigaray, promovió un movimiento autonomista para dejar al Bonaparte sin tributos. El alto clero y los comerciantes peninsulares radicados en México, viendo afectados sus intereses inmediatos y advertidos de que el movimiento podía desembocar en la independencia total, depusieron a Iturrigaray. Los criollos novohispanos no cejaron en su intención de separarse de la España invadida. En septiembre de 1810 Hidalgo

Fernando VI

Fernando VII

proclamó la independencia y se inició entonces un largo debate armado en torno a Fernando VII. Mientras el pueblo español resistía a la potencia ocupante y en América criollos y peninsulares se mataban por él, Fernando se humillaba ante el emperador francés. Como creciera el movimiento independentista en América, Napoleón decidió reinstalarlo en el trono español. En 1814 asumió de nuevo la Corona y de inmediato derogó la Constitución de Cádiz, restauró el absolutismo y persiguió a los liberales. En 1820 una rebelión militar obligó a Fernando a jurar la Constitución, que nuevamente tuvo vigencia en América. Pero ya era tarde, la independencia de México se consumó en septiembre de 1821. El rey español, mientras tanto, conspiraba para derogar otra vez la Constitución, lo que consiguió en octubre de 1823, cuando los ejércitos de la Santa Alianza invadieron España y reimplantaron el absolutismo, dentro del cual se manejó Fernando hasta su muerte. Todavía intentó la reconquista de México, pues mantuvo San Juan de Ulúa como cabeza de playa hasta fines de 1825 y en 1829 envió la fuerza expedicionaria de Isidro Barradas (☞), que al ser derrotada acabó con las pretensiones del monarca.

FERRANDO, SALVADOR ◆ n. en Tlacotalpan y m. en Veracruz, Ver. (1835-1890). Pintor. Estudió en Roma. Radicó en Europa más de dos décadas. En 1872 volvió a México. Vivió un tiempo en la capital del país antes de volver a Tlacotalpan, donde ejecutó gran parte de su obra.

FERRANDO BRAVO, GERARDO ◆ n. en el DF (1945). Ingeniero mecánico electricista por la UNAM y maestro en ingeniería industrial por la Universidad de Stanford (1971). En la UNAM ha sido subdirector general de Planeación (1974-77), coordinador de Administración Escolar (1977-78), secretario general administrativo (1978-81) y tesorero (1992-). Miembro del PRI. Trabajó como director de la empresa privada Ena Consultores (1981). Delegado del DDF en Venustiano Carranza (1982-83). Director general

del Sistema de Transporte Colectivo (Metro; 1983-88). Pertenece a varias corporaciones académicas y profesionales.

FERRARA, VICENTE ◆ n. en Italia y m. en Monterrey, NL (1858-1938). Empresario. Tenía nueve años cuando su padre lo trajo a México. Se dedicó a la agricultura en Coahuila. En 1892 fue cofundador del Banco de Nuevo León. Participó en la creación de varias empresas industriales, entre ellas la Fundidora de Fierro y Acero de Monterrey.

FERRARI PARDIÑO, RAMÓN ◆ n. en Boca del Río, Ver. (1955). Ha sido regidor y alcalde de Boca del Río, coordinador general del Programa de Acuacultura de la Secretaría de la Reforma Agraria, director de Adquisiciones, Almacenes e Inventarios de la Secretaría de Gobernación, director de delegaciones de la zona norte de la SEP, diputado federal a la LV Legislatura (1991-94) y secretario de Desarrollo Agropecuario y Pesquero del gobierno de Veracruz (1994).

FERRARI PÉREZ, FERNANDO ◆ n. en Lagos, Jal., y m. en la ciudad de México (?-1927). Naturalista. Impartió cátedra en escuelas capitalinas. Formó un herbario que se destruyó cuando lo trasladaban a EUA. Trabajó para los museos Nacional y de Historia Natural.

FERREIRA, JESÚS M. ◆ n. en Hermosillo, Son., y m. en Guadalajara, Jal. (¿1880?-1940). A la caída de Madero se alzó en armas contra el dictador Victoriano Huerta. Gobernador provisional de Nayarit (mayo de 1917 a enero de 1918). En 1920 se adhirió al Plan de Agua Prieta. En 1929 salió del país, involucrado en el alzamiento escobarista.

FERREL, FRANCISCO ◆ n. y m. en el estado de Sinaloa (1830-1872). Combatió la intervención y el imperio. Fue jefe político y comandante militar de Álamos. Se adhirió al Plan de la Noria y murió en combate contra las fuerzas juaristas.

FERREL Y FÉLIX, JOSÉ ◆ n. en Hermosillo, Son., y m. en el DF (1865-1954). Abogado. Se inició en el periodismo en *El Correo de la Tarde*, de Mazatlán. Se trasladó a la ciudad de México y fundó el periódico antipor-

firista *El Demócrata*. Autor de *Los de la mutua de elogios* (1892) y *Reproducciones* (1895). Fue candidato a gobernador de Sinaloa (1909).

FERRER, MANUEL ◆ n. en Misantla y m. en Tlapacoyan, Ver. (1831-1865). Combatió en Puebla en 1863 contra los invasores franceses. Cayó prisionero. Logró fugarse y se reincorporó a la lucha. Participó en diversas batallas en el sur de Veracruz y en Oaxaca. Murió en combate.

FERRER, MIGUEL ÁNGEL ◆ n. en el DF (1948). Estudió en la Escuela Nacional de Maestros y en la Superior de Economía del IPN, de la que es profesor desde 1968. Fue funcionario del Conapo (1976), de la Secretaría de Hacienda (1977-78) y de la Presidencia de la República (1979-81). Ha sido editorialista en *Últimas Noticias, Excélsior, El Financiero, Siempre!, El Universal, El Universal Gráfico, La Afición, Impacto y El Día*. Fue subjefe de Redacción de *Siempre!* y jefe de Redacción de *Impacto*. Recibió un premio del Club de Periodistas de México (1996) y la Medalla Rafael Ramírez SEP-SNTE (1997). Editor del mensuario *Gente y Sociedad*, publicación de *El Día*, desde 1997. Miembro del jurado calificador del Certamen Nacional del Club de Periodistas de México.

FERRER ARGOTE, CARLOS ◆ n. en el DF (1940). Licenciado en relaciones internacionales por El Colegio de México (1963) con posgrado en la Brown University, de EUA (1965). Trabaja para el servicio exterior mexicano desde 1964. Ha sido asesor jurídico de la Liga de Comunidades Agrarias y Sindicatos Campesinos en Puebla (1963-64), vicecónsul (1964-66), tercero, segundo y primer secretario de las embajadas en Jamaica, Bolivia y Ghana (1967-72), encargado de negocios en Ghana, concurrente en Senegal y Marruecos (1972-74); subdirector de Archivo (1975-78) y director general de Archivo, Biblioteca y Publicaciones de la Secretaría de Relaciones Exteriores (1978-79); cónsul en Sacramento, California, (1979-82) y embajador en Etiopía (1982) y en Haití.

FERRER ESPEJO Y CIENFUEGOS, JOSÉ
◆ n. y m. en la ciudad de México (1800-1881). Se tituló en la Real Escuela de Cirugía de México. Fue médico militar. Estableció la práctica de la autopsia clínica sistemática e introdujo el empleo del ácido acético para tratar los tumores.

FERRER MARTÍ, JOAQUÍN ◆ n. y m. en Villa de Jalpa, Tab. (1799-1861). Político liberal. Gobernador de Tabasco en 1852. Fue derrocado por un alzamiento de los conservadores.

FERRER DE MENDIOLEA, GABRIEL ◆ n. en Mérida, Yuc., y m. en el DF (1904-1967). Historiador. Licenciado en derecho por la Escuela Nacional de Jurisprudencia. Profesor de la Universidad Nacional. Cofundador y primer presidente de la Academia Nacional de Historia y Geografía. Escribió en gran número de publicaciones periódicas. Colaborador de la *Enciclopedia Yucatanense*. Autor de *Nuestra ciudad, Mérida de Yucatán* (1938), *Izamal: monografía histórica* (1940), *Don Pancho Sosa* (1943), *El maestro Justo Sierra* (1944) y *Francisco I. Madero* (1945).

FERRER RODRÍGUEZ, EULALIO ◆ n. en España (1921). Publicista. Llegó al país al término de la guerra civil española y obtuvo la nacionalidad mexicana en 1949. Fue profesor del ITESM y de la UIA. Fundador y director de Anuncios Modernos (1947-60), fundador y presidente de Publicidad Ferrer (1960-) y de Comunicología Aplicada de México (1975). Creó en 1973 el concurso La Letra Impresa. Coordinó el programa de televisión *Encuentro* (1973). Presidente del consejo editorial de *Cuadernos de Comunicación* (1975). En 1988 creó el Museo del Quijote, en Guanajuato. Autor de numerosas obras, entre las que destacan: *Enfoques sobre la publicidad* (1963), *Diálogo publicitario* (1968), *La publicidad, profesión intelectual* (Premio Libro del Año 1972), *La publicidad: textos y conceptos* (1980), *El lenguaje de la publicidad en Latinoamérica* (1985), *La historia de los anuncios por palabras* (1987), *Entre alambradas* (memorias, 1988) y *Los lenguajes del color* (1999). Ha recibido numerosas distinciones y pertenece a sociedades mexicanas y ex-

Eulalio Ferrer

tranjeras. Miembro de la Academia Mexicana (de la lengua). Ha sido presidente del Ateneo Español de México (1979-80), secretario general de la Confederación Latinoamericana de la Publicidad (1959-62) y presidente del Instituto Mexicano de Estudios Publicitarios (1966-69). *Doctor honoris causa* por la Universidad Complutense de Madrid.

FERRETIS, JORGE ◆ n. en Río Verde y m. cerca de San Luis Potosí, SLP (1902-1962). Dirigió en San Luis los periódicos *La Voz* y *Potosí*. Fue oficial mayor de la Cámara de Diputados (1937-41), diputado local (1952-55) y federal (1955-57). Al morir, en un accidente automovilístico, era director general de Cinematografía de la Secretaría de Gobernación. Autor de *¿Necesitamos inmigración?* (recopilación de artículos, 1934); de novelas: *Tierra Caliente: los que sólo saben pensar* (1935), *El sur quema: tres novelas de México* (1937), *Cuando engorda el Quijote* (1937) y *San Automóvil* (contiene *En la tierra de los pájaros que hablan, Carne sin luz* y la que da título al libro, 1938); y cuentos: *Hombres en tempestad* (1941), *El coronel que asesinó un palomo y otros cuentos* (1952) y *Libertad obligatoria* (1967).

FERREYRA CARRASCO, CARLOS ◆ n. en Morelia, Mich. (1938). Periodista. Estudió contaduría en la Escuela Bancaria y Comercial (1957-58) y periodismo en la Universidad de La Habana, Cuba (1971-72). Fue profesor de la UNAM (1975-77). Ha sido reportero de la revista *Sucesos* (1963-66), corresponsal de la agencia Prensa Latina (1966-73), reportero de *Excélsior* (1973-76), *El Sol de México* (1976-77) y *unomásuno* (1978-81); subdirector de Información de la SRE (1981), subdirector general de Notimex (1981-82), director general adjunto de Publicaciones y Bibliotecas de la SEP (1982-84), coordinador de Información del Senado de la República (1985-94) y coordinador de Comunicación Social del CNCA (1995-96). Es editor de la sección internacional y jefe de corresponsales en el exterior del periódico *El Universal*. Coautor de *La batalla por Nicaragua* (1980) y autor de *El Instituto Lingüístico de Verano* (1979). Obtuvo mención honorífica en el Certamen del Club de Periodistas de México (1978) y el Premio Nacional de Periodismo de Cuba (1968 y 1970).

FERRIZ SANTA CRUZ, PEDRO ◆ n. en Piedras Negras, Coah. (1921). Licenciado en derecho y en historia por la UNAM, de la que fue profesor, lo mismo que de la Escuela Bancaria y Comercial, donde ejerció la docencia durante 30 años. Se inició como locutor en 1943 en la XELA. En 1950 se inició en la televisión, cuando ésta empezaba, con el noticiero Belmont. Desde entonces trabaja para canales privados y públicos, en los que ha tenido éxito en programas de concursos (*El gran premio de los 64,000 pesos* y *Las 13 preguntas del 13*). Ha sido locutor de la Presidencia de la República (1958-64), presidente de la Asociación Nacional de Locutores, director de la agencia Notimex y de la Corporación Mexicana de Radio y Televisión (Imevisión). Autor de *Un mundo nos vigila, Los hombres del ovni, Los ovnis y la arqueología de México, ¿Dónde quedó el arca de la alianza?, Los ovnis y yo* (1994) y otros libros donde amplía las hipótesis que ha sostenido en sus programas de televisión sobre la existencia de seres extraterrestres. También publicó *Reflexiones sobre la muerte* (1994). En 1987 se le otorgó el Trofeo de Honor de la Asociación Nacional de Locutores y el Mercurio de los Comunicadores de Radio y Televisión. Fue candidato a la Presidencia de la República por el PFCRN (1994).

Pedro Ferriz Santa Cruz

Ferrocarril
de Cuernavaca, 1897

FERROCARRILES ◆ Doce años después de entrar en servicio el primer tren público, en Inglaterra, se extendió en México la concesión para construir una vía férrea (1837). El beneficiario fue el ex ministro de Hacienda Francisco Arrillaga, quien debía comunicar el puerto de Veracruz con la capital del país. Arrillaga fracasó y fue en 1842 cuando Antonio López de Santa Anna otorgó una nueva concesión. Hasta 1849 los beneficiarios sólo pudieron tender cuatro kilómetros de una vía que se iniciaba en el citado puerto. Procedieron después a vender sus derechos y quien los adquirió, el español Antonio Garay, concesionario de la ruta que atravesaría el istmo de Tehuantepec, llevó la línea transitable hasta El Molino, a 14 kilómetros de Veracruz. Esa primera ruta ferroviaria fue inaugurada el 16 de septiembre de 1850. Como las condiciones de la concesión fueran lesivas para el erario, el presidente Mariano Arista la revocó, pero Santa Anna, en su última vuelta al poder, ratificó la concesión y dio nuevas ventajas. Fue el mismo Arista quien determinó que el Estado interviniera directamente en la construcción de caminos de fierro y una dependencia del Ministerio de Fomento colocó rieles hasta Tejería, 12 y medio kilómetros más adelante. En julio de 1857 se puso en servicio el tramo de México a la Villa de Guadalupe, construido mediante la concesión otorgada por el presidente Comonfort a la familia Escandón en 1856. En 1858, Manuel

Escandón (☞) declaraba: "Desde que hubo en Europa ferrocarriles, la idea de hacer uno en México ha sido en mí una especie de manía. Considero que lo que me queda por hacer en la tierra es esta obra clásica. Mis recursos los he empleado sin tasa en el negocio, excediendo ya de 2,000,000 de pesos los que van invertidos hasta el presente". Esa especie de manía llevó a los conservadores Escandón a asociarse, primero, con los vencedores de Ayutla Guillermo Prieto, Benito Juárez y otros prominentes liberales. En 1861 pidieron al clero mexicano que invirtiera en la obra, poniendo como ejemplo las actividades financieras del Vaticano. Al término de la guerra de los Tres Años, lograron que el gobierno juarista los eximiera de diversas obligaciones que incluía la concesión, entre otras la de entregar el 20 por ciento de las utilidades que arrojara la obra. Para estimular a los concesionarios, Juárez les cedió la mitad de los terrenos baldíos deslindados en el istmo de Tehuantepec y, en Sonora, estableció un impuesto adicional de 15 por ciento a las importaciones que sería para beneficio de los Escandón y les entregó, entre otras cosas, dos millones de pesos en bonos con cargo al erario. Cuando los franceses desembarcaron en Veracruz, los Escandón lograron que el ejército invasor les diera casi dos millones de pesos para financiar el tendido de 60 kilómetros de vía entre Tejería y Paso del Macho. A la restauración de la República, la empresa de los Escandón

fue acusada de malos manejos y de haber vendido la concesión a los invasores. El asunto se discutió en el Congreso y los delitos eran de conocimiento público. Juárez, según Matías Romero, no perdió de vista "la gran importancia de acelerar la conclusión de la vía férrea. y lejos de usar severidad, fue sobradamente benigno y generoso, indultando a la compañía" (noviembre de 1868). Para entonces faltaba unir Apizaco con Paso del Macho, lo que procedió a hacer un equipo de técnicos británicos y mexicanos. En septiembre de 1869 se terminó la ruta México-Puebla y el primero de enero de 1873 fue la inauguración oficial de la vía México-Veracruz, que a partir de entonces, en sus 423 kilómetros, sería transitada por los convoyes del Ferrocarril Mexicano. La construcción de caminos metálicos se intensificó durante el Porfiriato, cuando las empresas disfrutaron de estímulos como la subvención en metálico por cada kilómetro construido, que llegó a ser de mil pesos en el caso del Ferrocarril Kansas City, México y Oriente, proyecto que elaboró Albert K. Owen (☞). El tendido de las vías muestra inequívocamente la incorporación de México al mercado mundial, pues los convoyes debían comunicar con los puertos de ambos litorales o con la frontera norte. Otras rutas de importancia fueron la del Ferrocarril Central, de México a Ciudad Juárez, inaugurada el 22 de marzo de 1884 (1,970 km). Esta empresa construyó un ramal de

Estación ferroviaria en Tres Marías, Morelos, a finales del siglo XIX

Irapuato a Manzanillo, mediante el cual se comunicaba con Guadalajara. En 1880 se iniciaron los trabajos para unir Nogales con Guadalajara. La concesión se otorgó a un grupo de inversionistas estadounidenses, quienes con intervención del Estado vendieron su parte a la empresa South Pacific Rail Road (1904). La vía fue terminada hasta 1927. En 1881 el Ferrocarril Internacional penetraba desde Piedras Negras hasta Torreón y en 1892 llegaba a Durango. También en 1881 el Ferrocarril Interoceánico, que pretendía unir Acapulco con Veracruz, puso en servicio la vía México-Cuautla. En 1892, mediante la unión de diversos tramos llegó a unir Puente de Ixtla con Veracruz. La vía Salina Cruz-Coatzacoalcos fue concluida en octubre de 1894 para ser recorrida por el Ferrocarril de Tehuantepec, empresa de capital inglés. De 1888 data la inauguración del Ferrocarril Nacional, empresa extranjera que unió la ciudad de México con Nuevo Laredo mediante 1,300 kilómetros de vía. Sus ramales llegaron a sumar alrededor de 1,100 kilómetros. En 1899 fue promulgada la Ley General de Ferrocarriles, con la que por primera vez se reglamentó el otorgamiento de concesiones y se sujetaba expresamente a las compañías constructoras, en su mayoría estadounidenses, a la legislación nacional. En el mismo año se terminaron los trabajos del Ferrocarril México-Cuernavaca y el Pacífico para unir la ciudad de México con la capital de Morelos. La ruta se extendió hasta el Balsas en 1901. También en 1899 se puso en servicio el primer tramo (Chihuahua-Santa Isabel) de lo que debía ser el Ferrocarril Chihuahua-Pacífico y que quedó en Chihuahua-Ciudad Juárez. El puerto de Manzanillo fue conectado a Guadalajara en 1909. El total de vías tendidas hasta 1910 era de poco menos de 20,000 kilómetros, de los cuales se trabajaban 19,100. La abrumadora presencia estadounidense en el ramo ferroviario produjo fundados temores entre los capitalistas mexicanos. José Ives Limantour, secretario de Hacienda de Porfirio Díaz, advertía

en 1906: "esa concentración que pone en manos de empresas extranjeras la suerte económica de extensas regiones, las lleva a ejercer una influencia poderosísima en la política". Como consecuencia, en 1908 el gobierno creó la empresa de participación estatal Ferrocarriles Nacionales de México, en la que se fusionaron el Ferrocarril Central Mexicano (México-Ciudad Juárez), el Nacional (México-Laredo) y el Internacional (Piedras Negras-Durango), compañías que fueron generosamente indemnizadas. De este modo, la empresa paraestatal absorbió 11,000 kilómetros de vías del total existente. En 1914 Venustiano Carranza expidió un decreto mediante el cual todas las líneas férreas quedaron bajo control del gobierno constitucionalista. La excepción la constituyeron los ferrocarriles de Yucatán, que al año siguiente pasaron a ser manejados por el gobierno estatal, situación que se prolongó hasta 1968 en que, ya en quiebra, fueron cedidos a la administración federal. En mayo de 1916 estalló la huelga entre los trabajadores ferrocarrileros; Obregón hizo arrestar a los dirigentes y les recordó que, por el decreto de Carranza, se les consideraba miembros del Ejército Constitucionalista. Una nueva huelga ferrocarrilera se registró en Sonora en 1920, cuyo objeto era el

reconocimiento por parte de los empresarios de la Confederación de Sociedades Ferrocarrileras. La huelga fue duramente reprimida por el ejército. En 1926 Plutarco Elías Calles entregó las empresas ferroviarias a quienes presentaron títulos de propiedad. Para mayo de 1936, cuando estaba a punto de estallar la huelga de 45 mil ferrocarrileros, el presidente Cárdenas la declaró ilegal y, ante la inminente intervención de las fuerzas armadas, los trabajadores decidieron no instalar las banderas rojinegras. Al mes siguiente, la CTM efectuó un paro nacional en apoyo a los ferrocarrileros, al que se sumaron los estudiantes de educación superior. En 1937 la mayoría de las empresas pasó a manos de la nación por decreto de Lázaro Cárdenas, quien entregó la empresa a los trabajadores. La administración obrera, pese al entusiasmo de los ferrocarrileros, fracasó ante la negativa del gobierno para elevar las tarifas y de esa manera eliminar el subsidio que favorecía, como hoy, a las grandes empresas usuarias. De esta manera los ferrocarriles volvieron a manos del Estado. En 1954, durante el sexenio presidencial de Adolfo Ruiz Cortines, se creó la Compañía Nacional Constructora de Carros de Ferrocarril, a fin de producir en el país el equipo rodante. Poco después,

Estación del ferrocarril en El Oro, Estado de México

FOTO: MICHAEL CALDERWOOD

El ferrocarril, importantísimo medio de transporte en la historia de México

Timbre mexicano con el tema del ferrocarril Chihuahua- Pacífico

esa empresa se convertiría en exportadora de los carros que antes debían adquirirse en el extranjero. En 1958 se inició un amplio movimiento laboral para poner al frente del sindicato a genuinos representantes de los trabajadores. Se produjo un forcejeo entre los obreros, por un lado, y el gobierno y la empresa por el otro. El asunto terminó con la intervención del ejército, la detención de miles de trabajadores y el encarcelamiento hasta 11 años de los principales dirigentes: Demetrio Vallejo y Valentín Campa. La vía más importante tendida en el México posrevolucionario es la del Ferrocarril Chihuahua-Pacífico, que une la ciudad de Chihuahua con Topolobampo, Sinaloa. En 1984 la longitud total de las vías sumaba 25,840 kilómetros, sólo 26 por ciento más que tres cuartos de siglo antes. En el mismo año, la fuerza tractiva era de 4,457,370 caballos de fuerza; los carros de carga (furgones, jaulas, góndolas, tolvas, tanques y refrigeradores) eran 52,142 y los carros para otros usos sumaban 1,467, de los cuales 378 servían para el transporte de pasajeros en primera clase, 465 en segunda y 252 como dormitorios. También en 1984 fueron transportados 24 millones de pasajeros (5,950 millones de pasajeros-kilómetro); se movieron 73 millones de toneladas de carga (44,591 millones de toneladas-

kilómetro). Los ferrocarriles mexicanos mueven 80 veces menos carga que los soviéticos, 32 veces menos que los estadounidenses, 15 veces menos que los chinos, cinco veces menos que los canadienses, cuatro veces menos que los indios y tres veces menos que los polacos. En 1994, ocho talleres ferroviarios fueron entregados en concesión a las empresas Morrison Knudsen, GEL-Alsthom, Gimco y Gatx. En 1995 se acordó pasar a manos privadas los ferrocarriles, para lo cual se modificó el artículo 28 de la Constitución en materia ferrocarrilera, lo que apareció en el *Diario Oficial de la Federación* del 2 de marzo, en tanto que la Ley Reglamentaria del Servicio Ferroviario se publicó en el mismo órgano, pero el 12 de mayo del mismo año. El 23 de junio de 1997 el Ferrocarril del Noroeste fue entregado a la empresa privada Transportación Ferroviaria Mexicana (conformada por Transportación Marítima Mexicana y Kansas City Southern Industries); el 18 de febrero de 1998 se entregó Ferrocarriles Pacífico Norte a Ferrocarril Mexicano (Ferro-mex, grupo de Jorge Larrea y la Union Pacific); el 26 de abril siguiente la Sociedad Grupo Acerero del Norte-Peñoles tomó posesión de lo que fue Ferrocarriles Coahuila-Durango; el 28 de mayo de 1998 se entregó el Ferrocarril Terminal del Valle de México y,

el 8 de diciembre del mismo año, el conjunto de empresas Tribasa-Inbursa-Omnitrax-Kingsley Groups tomó el control del Ferrocarril del Sureste.

FIALLO O FIAYO, EVARISTO ◆ n. en Cuba y m. en Tehuacán, Pue. (?-1815). Llegó a Veracruz con una fuerza realista que los españoles hicieron venir de La Habana. Desertó y se unió al movimiento independentista. Fue miembro de la Junta Gubernativa Americana de Naolinco, Veracruz (1812). En 1814 Rosains lo envió con Rayón en busca de entendimiento entre las fuerzas insurrectas. Fracasada su misión, ya bajo las órdenes de Manuel Mier y Terán, combatió en la Mixteca. Acusado de permitir abusos de su tropa contra la población civil, fue llevado a Tehuacán y pasado por las armas.

FIELD JURADO, FRANCISCO ◆ n. en Campeche, Camp., y m. en la ciudad de México (1882-1924). También se dice que nació en Palizada, Campeche. Miembro del Partido Cooperatista. Simpatizante de la rebelión dela huertista. Representaba en el Senado a Campeche cuando el gobierno obregonista hizo aprobar por el Congreso los Tratados de Bucareli. Como Field se opuso a que se leyeran, fue asesinado y secuestrados tres senadores que lo apoyaron. El único colega capaz de protestar por el crimen fue Vito Alessio Robles, quien acusó al líder laborista Luis N. Morones de ser el autor intelectual del asesinato.

FIELDS, JAMES L. ◆ n. en EUAy m. en el DF (?-1977). Técnico en sonido. Trabajó para el cine mexicano, en el que formó a gran número de sonidistas.

FIERRO, JULIETA ◆ n. en el DF (1951). Su nombre completo es Julieta Norma Fierro Gossman. Astrónoma. Maestra en Ciencias por la UNAM, se especializó en la Unión Soviética, en el laboratorio en que se encuentra el famoso telescopio Bolshoi. Investigadora nacional, participó en el diseño de Universum, así como de los museos de ciencias de Chilpancingo, Aguascalientes, León, Arecibo (Puerto Rico), y del Museo del Niño de Texas. Ha publicado más de 30 libros sobre su especialidad y es colaboradora habitual de varios diarios capitalinos. Fue vicepresidenta (1994) y presidenta (1997) de la Unión Astronómica Internacional. Premio Kalinga de la UNESCO por divulgación científica (1995) y Premio Klumpke-Roberts, de la Sociedad Astronómica del Pacífico (1998).

FIERRO, OMAR ◆ n. en el DF (1933). Deportista. Jugó futbol americano en las categorías juvenil (1949-50), intermedia (1951) y mayor (1952-53, 1955-56 y 1965). Con el equipo del IPN, en el que portaba el número 45, participó en el encuentro con que fue inaugurado el estadio de la Ciudad Universitaria (1952). En 1965, cuando el Politécnico perdía 13-12 y faltaban sólo 30 segundos para finalizar el partido, corrió más de 80 yardas con el balón para dar el triunfo a su equipo. También practicó lucha grecorromana y diversas modalidades de atletismo. En los Juegos Panamericanos de Venezuela obtuvo medalla de bronce en lanzamiento de bala. Jugó futbol *soccer* en segunda división con el equipo de del Politécnico (1954) y durante cuatro años permaneció en la organización del club de beisbol Tigres de la Liga Mexicana (1960-63).

FIERRO, RODOLFO L. ◆ n. en El Charay, Sin., y m. en Nuevo Casas Grandes, Chih. (1880-1915). Era ferrocarrilero cuando se incorporó a la revolución (1913). Se inició como pagador de los ejércitos de Villa, quien le dio el grado de general. En 1915, sin tener órdenes, durante la batalla de León mandó ocupar una posición, lo que ocasionó grandes pérdidas humanas entre los *Dorados*, por lo que Villa ordenó fusilarlo. Herido, se le trasladó a Chihuahua, donde fue perdonado. Asistió a los combates de Celaya, fue herido en Trinidad y derrotado por Diéguez en Lagos. Ocupó León, Pachuca y la capital del país a mediados del mismo año. Volvió a ser derrotado en Salvatierra y Valle de Santiago. Murió ahogado. Era el encargado de ejecutar a los prisioneros del villismo y le tocó fusilar a Tomás Urbina y al británico William Benton, lo que ocasionó un conflicto internacional. Es el protagonista de "La

fiesta de las balas" en el libro *El águila y la serpiente*, de Martín Luis Guzmán.

FIERRO BRITO, FRANCISCO JAVIER ◆ n. en el DF (1957). Poeta. Ha ejercido el periodismo cultural en varios medios de la capital mexicana. Autor del poemario *Anunciación: canto de amor y rebelión* (1986).

FIERRO Y TERÁN, FILEMÓN ◆ n. en Huichapan, Hgo., y m. en Ciudad Victoria, Tams. (1859-1905). Estudió en el Seminario Conciliar de Durango y en el Colegio Pío Latino de Roma. Fue obispo de Tamaulipas (1897-1905).

FIERRO VILLALOBOS, ROBERTO ◆ n. en Ciudad Guerrero, Chih., y m. en el DF (1897-1985). Participó en el movimiento maderista. En 1913 se incorporó a la División del Norte, en la que fue jefe de la escolta de Francisco Villa. En 1917, disuelta la División del Norte, se adhirió al carrancismo en la ciudad de Chihuahua. Trabajó en Hollywood como extra. En 1923, de regreso en México y con el grado de capitán de caballería, fue enviado a estudiar aviación en la escuela de Balbuena. Como piloto tomó parte en acciones de guerra contra los rebeldes delahuertistas, cristeros y escobaristas. Su avión fue baleado en varias ocasiones y dos veces derribado. Hizo vuelos de exhibición y fue el primero en volar sin escalas en las rutas Mexicali-México, México-La Habana y Nueva York-México (1930). Fue gobernador interino de Chihuahua (1931) y tres veces fungió como jefe de la Fuerza Aérea Mexicana, una de ellas durante la segunda guerra mundial. Recibió condecoraciones de más de 60 países. En 1981 era general de división retirado y había elaborado un proyecto para crear la Secretaría de Aeronáutica y el Espacio.

FIGUEROA, ANDRÉS ◆ n. en Chaucingo, Gro., y m. en el DF (1884-1936). Antirreeleccionista en 1910. En 1913 tomó las armas contra el gobierno golpista de Victoriano Huerta. Se adhirió al Plan de Agua Prieta en 1920. General de división desde 1929. Fue el segundo secretario de Guerra y Marina en el gabinete de Lázaro Cárdenas (junio-octubre de 1935).

FIGUEROA, GABRIEL ◆ n. y m. en el DF (1908-1997). Su segundo apellido era Mateos. Abandonó los estudios en el Conservatorio Nacional y en San Carlos. Se inició como fotógrafo de tomas fijas en 1932, en la película *Revolución*, de Miguel Contreras Torres. Trabajó como iluminador y después del rodaje de *María Elena* fue a Hollywood a estudiar fotografía cinematográfica con Gregg Toland (1933). En 1934 se reincorporó al cine mexicano en *El escándalo*, bajo la dirección de Chano Urueta. A principios de los cuarenta fundó con Urueta, Emilio Gómez Muriel, Miguel Delgado y otros cineastas la empresa Films Mundiales. Hizo varias cintas con John Ford (entre otras *La noche de la iguana* y *El fugitivo*) y 20 con Emilio el *Indio* Fernández. De las decenas de películas que fotografió destacan *Allá en el Rancho Grande* (1936), *Jalisco nunca pierde* (1937), *Mientras México duerme* (1938), *La noche de los mayas* (1939), *María Candelaria* (1943), *La perla* (1947), *Pueblerina* (1948), *Divinas palabras* (1977), *Los hijos de Sánchez* (1977) y *Bajo el volcán* (1983), por varias de las cuales fue premiado en México y el extranjero. Premio Nacional de Ciencias y Artes (1971), Premio Salvador Toscano (1972), Ariel de Oro por su contribución al cine (1987), Presea Ciudad de México (1991) y Premio al mejor fotógrafo por la Academia Americana de Cinematografistas (1994).

Filemón Fierro y Terán

Fotografía de
Gabriel Figueroa

Rubén Figueroa Figueroa

Genovevo Figueroa
Zamudio

FIGUEROA, GILBERTO ◆ n. en Puente de Ixtla, Mor. y m. en el DF (1900-1962). Fue gerente general de *Excélsior* (1934-1962).

FIGUEROA, IGNACIO ◆ n. en Juliantla y m. en Cocula, Gro. (1834-1873). Militar desde 1853. Participó en la rebelión de Ayutla. Militó en las filas liberales durante las guerras de Reforma. Combatió la intervención francesa y el imperio. General en 1871. Murió asesinado.

FIGUEROA, JERÓNIMO DE ◆ n. y m. en la ciudad de México (1604-1683). Indio jesuita. Trabajó como misionero entre los tarahumaras y tepehuanos, de cuyas lenguas escribió un vocabulario. Fue rector del Colegio Máximo de la Compañía de Jesús.

FIGUEROA, JOSÉ SECUNDINO ◆ n. en Jonacatepec, Mor., y m. en Monterrey, Cal., ahora EUA (?-1835). Insurgente. Fue secretario particular de Vicente Guerrero. Intervino en las negociaciones que llevaron al abrazo de Acatempan y a la firma del Plan de Iguala. Iturbide lo condecoró al triunfo de la independencia. Fue comandante general de Cuernavaca, del estado de Occidente y de Durango. Se opuso al Plan de Jalapa. Al morir era jefe político de las Californias.

FIGUEROA, PRISCILIANO ◆ n. en la ciudad de México y m. en Monterrey, NL (1850-?). Médico. Fue presidente municipal de Guaymas (1885-95), donde construyó el hospital civil. En 1895 fue elegido vicegobernador de Sonora y fue gobernador sustituto de junio de 1896 a octubre de 1897. Luego se estableció en Monterrey y representó a Nuevo León en un congreso médico celebrado en la capital del país (1906).

FIGUEROA, RUFFO ◆ n. en Huitzuco, Gro., y m. en el DF (1905-1967). Fue diputado por el Distrito Federal, senador por Guerrero, líder de la Confederación Nacional de Organizaciones Populares, subdirector del ISSSTE y gobernador del entonces territorio de Quintana Roo (1965-67).

FIGUEROA ALCOCER, RUBÉN ◆ n. en Huitzuco, Gro. (1941). Hijo de Rubén Figueroa Figueroa. Licenciado en derecho por la UNAM. Es uno de los dirigentes de la Alianza de Camioneros de México. Ha sido coordinador de transporte en dos campañas presidenciales del PRI, partido al que pertenece. Fue representante general del gobierno de Quintana Roo (1964-66), subdirector general del Sistema de Transporte Colectivo del DF, director general de Transporte de Sidermex, director general del Combinado Industrial Sahagún (1970-76) y dos veces diputado federal (1979-82 y 1988-91). Desde 1976 es presidente del Comité de Ruta del Transporte de Carga en Guerrero, Morelos y Michoacán. Ingresó al Senado para ocupar un escaño de 1991 a 1997, pero no concluyó el periodo para ser gobernador de Guerrero, electo para el periodo 1993-99, puesto al que renunció luego de la matanza de campesinos en el vado de Aguas Blancas, municipio de Coyuca de Benítez, a manos de la policía estatal.

FIGUEROA Y BRAVO, ANTONIO DE ◆ n. en España y m. en la Villa Imperial del Potosí, hoy Bolivia (?-¿1620?). Fue gobernador de Yucatán (1610-17) y oidor de la Audiencia de México (1612).

FIGUEROA ESQUINCA, RODULFO ◆ n. y m. en Cintalapa, Chis. (1866-1899). Poeta. Hizo estudios de medicina en la ciudad de México, mismos que concluyó en Guatemala (1891). Colaboró en publicaciones periódicas. En 1896 publicó su libro de poemas *Pinceladas*. Póstumamente aparecieron *Lira chiapaneca* (1927) y *Poesías románticas* (1966).

FIGUEROA FIGUEROA, RUBÉN ◆ n. en Huitzuco de los Figueroa, Gro., y m. en el DF (1908-1991). Ingeniero topógrafo e hidrólogo por la UNAM. Fue profesor de la Escuela Normal de Chilpancingo. Diputado federal (1940-43 y 1964-67), senador por Guerrero (1970-74), vocal ejecutivo de la Comisión del Balsas (1974). Fue secuestrado por el guerrillero Lucio Cabañas, quien lo retuvo en su poder de mayo a septiembre de 1974, cuando fue encontrado por el ejército, después de que se pagó un fuerte rescate por su liberación. En 1943 fundó la empresa Autotransportes Figueroa. Presidente del consejo de administración de Autobuses Blancos (1948-91). A partir de 1951 fue secretario general y desde 1955 presidente de la Alianza de Camioneros de México hasta la municipalización del transporte en el DF (1982). Gobernador de Guerrero (1975-81). En 1979, al referirse a los precandidatos del PRI a la Presidencia de la República, declaró: "la caballada está flaca".

FIGUEROA GARCÍA DE LETONA, MARÍA DE LA LUZ ◆ n. y m. en Saltillo, Coah. (1895-1975). Pintora. Trabajó preferentemente el óleo. Participó en exposiciones colectivas en varias ciudades de la República y en Sevilla, España, donde obtuvo Medalla de Plata.

FIGUEROA MACÍAS, DIEGO ◆ n. y m. en Guadalajara, Jal. (1916-1956). Abogado, escritor y director escénico. Autor de la novela *1929* y de las piezas teatrales *Los poseídos*, *El pasajero olvidó algo*, *El primer caudillo*, *La dama era federal* (Premio INBA), *Un cuarto independiente* (Premio Jalisco), *Los personajes se odian*, *Joven en el círculo*, *El fígaro*, *La resistencia*, *El lazo roto*, *Pueblo adentro* y *La otra cara de la luna*.

FIGUEROA MATA, AMBROSIO ◆ n. en Huitzuco y m. en Iguala, Gro. (1869-1913). En 1898 se alistó en la Segunda Reserva Militar. Antirreeleccionista en 1910. Participó en la rebelión maderista. Fue gobernador de Morelos (octubre de 1911 a julio de 1912) y combatió a los zapatistas. Reconoció al gobierno golpista de Victoriano Huerta, pero los partidarios de éste lo fusilaron.

FIGUEROA MATA, FRANCISCO ◆ n. en Huitzuco, Gro. (1872-1936). Hermano del anterior. Profesor normalista por el Instituto Literario de Chilpancingo. Participó en la insurrección maderista. Gobernador de Guerrero (mayo-junio de 1911). Se levantó contra Victoriano Huerta bajo las órdenes de su hermano Rómulo, de quien fue delegado a la Convención de Aguascalientes. Secretario de Gobierno de Zacatecas (1915). Diputado por el distrito de Iguala, Guerrero, al Congreso Constituyente (1916-17). Murió en un accidente.

FIGUEROA MATA, RÓMULO ◆ n. y m. en Huitzuco, Gro. (1863-1945). Era pequeño empresario cuando se adhirió al antirreeleccionismo. En febrero de 1911, junto con sus hermanos, participó en la insurrección encabezada por Madero. Al triunfo de éste combatió a los zapatistas. En 1913 se levantó en armas contra Victoriano Huerta y se adhirió al carrancismo. Combatió en los estados de México, Guerrero y Michoacán a las órdenes del general Gertrudis Sánchez. Fue delegado a la Convención, cuando ésta sesionaba en la capital del país. Luchó contra los villistas y tomó parte en las principales batallas. Fue gobernador militar de Zacatecas (agosto de 1915 a abril de 1916). En 1920 se unió a la rebelión de Agua Prieta. Era jefe de operaciones militares en Guerrero en 1923, cuando se adhirió a la asonada delahuertista. Fue derrotado y mantenido en prisión hasta 1925 en que fue puesto en libertad.

FIGUEROA NICOLA, CRISTÓBAL BENJAMÍN ◆ n. en Cumpas, Son. (1947). Médico cirujano por la UNAM (1967-71), especializado en cirugía general y oftalmología en el ISSSTE (1976-79). Miembro del PAN, en el que ha ocupado diversos cargos en el comité directivo regional de Sonora. Ha sido jefe de residentes del hospital 20 de Noviembre y jefe nacional de residentes del ISSSTE. Diputado federal (1985-88). Pertenece al Consejo Mexicano de Estrabismo y a las sociedades Oftalmológica del Noroeste y Mexicana de Oftalmología.

FIGUEROA Y SILVA, ANTONIO DE ◆ n. en España y m. en Yucatán (?-1733). Gobernador y capitán general de Yucatán (1724-1733). Después de la hambruna que azotó a la península en 1727, a fin de evitar que la fuerza de trabajo fuera diezmada nuevamente, solicitó y obtuvo la reglamentación real del trabajo de los indios.

FIGUEROA ZAMUDIO, GENOVEVO ◆ n. en Cuitzeo, Mich. (1941). Oftalmólogo titulado en la Universidad Michoacana de San Nicolás de Hidalgo (1964) y doctor en oftalmología por el IMSS (1970). Ingresó al PRI en 1966. Ha sido secretario general del Hospital Infantil Eva Sámano de López Mateos

(1965), profesor (1961-86) y rector de la Universidad Michoacana (1976-79), vicepresidente (1978-79) y secretario general de la Asociación Nacional de Universidades e Institutos de Enseñanza Superior (1986-88), diputado federal (1979-82), diputado a la Legislatura michoacana (1986-88) y gobernador interino de Michoacán (1988-92). Fue coordinador del grupo parlamentario del PRI en el Senado durante la LVI Legislatura y la mayor parte de la LVII. Embajador en Argentina (1999-). Miembro fundador de la Sociedad Oftalmológica (1970). En 1988 recibió la Presea Cliserio Villafuerte.

FIJI, REPÚBLICA DE ◆ Estado que ocupa el archipiélago del mismo nombre en el océano Pacífico, entre Samoa y Vanuatu (Nuevas Hébridas) y al este de Australia. Superficie: 18,274 km² distribuidos en nueve islas y más de 300 islotes y cayos de origen volcánico. La capital es Suva y se halla en la isla Viti Levu. Habitantes: 796,000 en 1998, 43 por ciento de origen melanesio y alrededor de 50 por ciento descendientes de hindúes, llevados a fines del siglo XIX y principios del presente. La lengua oficial es el inglés. También se habla fijiano y hindi. Los primeros europeos, capitaneados por el holandés Abel Tasman, llegaron al archipiélago en 1643. A mediados de la pasada centuria, al convertirse el rey Tokombau al cristianismo, los ritos animistas dejaron de ser predominantes. Con la llegada de población india, el culto predominante ha

Paisaje de playa en la República de Fiji

sido el hinduista, al que siguen el metodismo y el islamismo. En 1876, el país fue tomado para su administración por los británicos, quienes llevaron pobladores de la India. En 1970, Fiji pudo tener un gobierno independiente e ingresó en la ONU. La reina Isabel de Inglaterra es la jefa de Estado. Las relaciones diplomáticas de México con Fiji, establecidas el 31 de agosto de 1975, las atiende el embajador en Australia.

FILIO, CARLOS ◆ n. en Oaxaca, Oax., y m. en el DF (1884-1948). Ejerció el periodismo en la ciudad de Oaxaca y después en la capital del país, donde trabajó para varias publicaciones. Autor de *El libro de las anécdotas* (1915), *Estampas oaxaqueñas* (1935) y *Tierras de Centroamérica* (1946).

Habitante de la República de Fiji

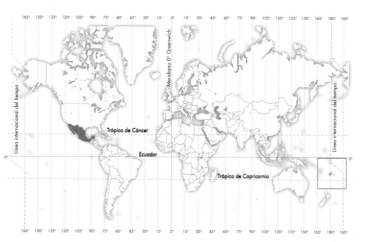

República de Fiji

Timbre mexicano que conmemora cuatro siglos de amistad mexicano-filipina

Timbre de Filipinas

FILIPINAS, REPÚBLICA DE ◆ Estado del océano Pacífico, situado en el archipiélago del mismo nombre, al sur-suroeste de Japón, al sur de Taiwán, al este de Vietnam y al norte de Malasia e Indonesia. Tiene jurisdicción sobre siete mil islas, islotes o arrecifes cuya superficie, incluidas las aguas interiores, es de 300,076 km². La población en 1998 era de 72,944,000 habitantes. De las 700 islas habitadas, las principales son Mindanao y Luzón. En ésta se hallan la capital, Manila, y la ciudad de Quezón, los dos principales centros urbanos del país, con 1,654,761 y 1,989,419 habitantes en 1995, respectivamente. La lengua oficial es el tagalo, pero el inglés es de uso corriente en documentos oficiales y obligatorio en la educación. También se habla español y algunas lenguas locales. Los portugueses, al mando de Francisco Serrano, fueron los primeros europeos en llegar al país (1512). Nueve años después arribó Magallanes y dijo tomar posesión de esas tierras en nombre del trono español. A partir de entonces se inició la conquista, proceso que se prolongaría hasta el último tercio del siglo. La base de operaciones de los españoles fue el territorio mexicano, desde el cual partían las embarcaciones con soldados y pertrechos. Una de esas expediciones, enviada por el virrey Antonio de Mendoza, fue capitaneada por Ruy López de Villalobos, quien llegó a Luzón (1543), isla que bautizó como Filipina en honor de quien gobernaría como Felipe II y cuyo nombre sería dado a todo el archipiélago. La conquista propiamente dicha, de crueldad semejante a la de América, fue iniciada en 1565 por Miguel López de Legazpi, quien en diciembre del año anterior partió de Barra de Navidad, en México, acompañado de Andrés de Urdaneta, fraile agustino que había participado en el viaje de Villalobos. El regreso, efectuado por una ruta situada al norte de la seguida en el viaje de ida, permitió establecer un tránsito regular entre España y Asia, en el cual Filipinas y Nueva España participaban activamente como exportadores así como países de paso para productos de otras regiones. A la embarcación que recorría el trayecto entre ambos países se le llamó la nao de la China, y a los filipinos que llegaron como esclavos se les denominaba también "chinos". Entre las múltiples versiones que existen sobre el origen de la china poblana, una establece que se trataba de una filipina llegada a México en el galeón de Manila, que trajo también diversas especias, el mango y el tamarindo, los biombos y los después mexicanísimos paliacates, de origen presumiblemente indostánico. Desde México salían también los frailes que iban a evangelizar las nuevas posesiones españolas, tarea en la que su éxito no fue tan completo como en América. Durante los siglos XVII y XVIII hubo varios brotes de rebeldía contra los españoles. En coincidencia con los movimientos insurgentes de Iberoamérica, a principios del siglo XIX se gestó en Filipinas un movimiento independentista que fue salvajemente sofocado. En 1892 se creó la Liga Filipina, con José Rizal y Alonso al frente, para poner fin al dominio español. Rizal fue hecho prisionero y finalmente ejecutado por las autoridades coloniales. Pero el movimiento insurgente crecía, y en 1897, las partes en conflicto acordaron una tregua para negociar. Al año siguiente, la armada estadounidense derrotó a la española en Cavite, y Emilio Aguinaldo proclamó ahí mismo la independencia. Sin embargo, las potencias europeas, mediante el Tratado de París, convirtieron a Filipinas en colonia de Estados Unidos. Aguinaldo, líder de la insurgencia, rechazó el nuevo poder colonial y se mantuvo en guerra contra las fuerzas enviadas por Washington, hasta que en 1901 fue aprehendido y encarcelado. El filipino Fulgencio C. Luna se hallaba en México en 1919. Aquí participó en la redacción del *Gale's Magazine* y en el Congreso Nacional Socialista, del que se separó para formar el Partido Comunista de México, que dirigía Linn E. Gale, con quien fue expulsado del país en abril o mayo de 1921. En 1935 se promulgó una Constitución que concedió una limitada autonomía al país. Manuel L. Quezón, elegido presidente, hizo una visita a México y se entrevistó con Lázaro Cárdenas, quien en esa ocasión externó su esperanza de que las potencias llegaran a respetar a los países débiles, lo que era una expresión de apoyo a la independencia total de Filipinas. A fines de 1941 se inició el desembarco japonés que culminó con la invasión de todo el país, la salida de los estadounidenses y la instalación de un gobierno pelele. Aguinaldo se convirtió, entonces, en colaborador de los invasores. Al poderío japonés resistieron los guerrilleros comunistas en las montañas y selvas, en tanto que la marina de Estados Unidos se hizo cargo de la guerra regular, en la que participaron soldados mexicanos, como los integrantes del Escuadrón 201. Al término de la segunda guerra mundial, Estados Unidos, otra vez potencia ocupante, reconoció la independencia condicionada de Filipinas, que quedó en manos del gobierno encabezado por Manuel Roxas. En las montañas, los guerrilleros continuaron el combate por la independencia total hasta 1954, en que se vieron obligados a rendirse. En el mismo año, Filipinas se incorporó al Tratado del Sudeste Asiático,

República de Filipinas

organización militar dirigida por Washington. México, que envió una delegación a Manila en 1946 para participar en las celebraciones de la independencia, mantuvo con Filipinas diversos contactos diplomáticos que se formalizaron en 1953 con el intercambio de encargados de negocios. En 1960 visitó la capital mexicana el entonces vicepresidente Diosdado Macapagal, quien al año siguiente asumiría la Presidencia. Adolfo López Mateos, titular del Poder Ejecutivo mexicano, hizo una visita de Estado a Filipinas en 1962, ocasión en la que se entrevistó con el legendario Emilio Aguinaldo. Para 1963 las relaciones diplomáticas se elevaron al nivel de embajadores. En 1978, el mandatario mexicano, José López Portillo, hizo una visita de Estado a Filipinas, donde fue recibido por Ferdinand Marcos, formalmente presidente de esa nación, pero en realidad un dictador que extendió su gestión desde 1965 hasta 1986, cuando fue derribado por un movimiento popular que llevó al poder, con la anuencia de Estados Unidos, a Corazón Aquino. El mismo Marcos estuvo en México en octubre de 1981. A unos 60 kilómetros de Manila existe una población que lleva por nombre México, donde los insurgentes comunistas asesinaron en la década de los ochenta al alcalde, y en cuya área hay una base militar de Estados Unidos.

FILISOLA, VICENTE ◆ n. en Italia y m. en la ciudad de México (1785-1850). Militar realista. Vino a México durante la guerra de Independencia. En 1821 se adhirió al Plan de Iguala y le correspondió encabezar el primer contingente del Ejército Trigarante, que entró en la capital del país. Llegó al generalato en 1823. Participó en la expedición santanista contra la República de Texas (1836) y fue duramente censurado por su actuación en la guerra. Al morir era presidente del Supremo Tribunal de Guerra. Autor de una *Memoria para la guerra de Tejas* (1848).

FILOMARINO, ROSSANA ◆ n. en Italia (1949). Bailarina y coreógrafa. Se inició a los cinco años en la Academia Na-

cional de Danza, en Roma. Becada, estudió tres años en Nueva York. Llegó a México en 1966 y se integró al Ballet Nacional. Ha impartido cátedra en la Academia de la Danza Mexicana y en la Escuela Nacional de Danza del Ballet Folclórico de México. Entre sus coreografías destaca *Metamorfosis* (1993). Desde 1996 es directora de la Compañía de Danza de la Universidad Veracruzana.

FILOMENO MATA ◆ Municipio de Veracruz, situado al este de Papantla, en los límites con Puebla. Superficie: 62.51 km². Habitantes: 9,746, de los cuales 1,616 forman la población económicamente activa. Hablan alguna lengua indígena 8,156 personas mayores de cinco años (totonaco 8,133). Indígenas monolingües: 4,013. La cabecera, del mismo nombre, se llamó Santo Domingo Mextitlán y el municipio, Santo Domingo.

FINAL ◆ Punta de Baja California, situada al sur del paralelo 30. Cierra por el sur la bahía San Luis Gonzaga.

FINANCIERO, EL ◆ Diario de circulación nacional editado en el Distrito Federal por el grupo Sefi. El primer número apareció el 15 de octubre de 1981. Aun cuando maneja información política, laboral, internacional, académica, cultural y deportiva, su especialidad son los temas financieros (secciones bursátiles, de divisas, materias primas, bienes raíces, seguros, análisis técnicos de empresas e industrias públicas y privadas). El director es Rogelio Cárdenas Sarmiento.

FINISTERRE, ALEJANDRO ◆ n. en España (1919). Seudónimo de Alejandro Campos Ramírez. Escritor, editor y promotor cultural. Inventor del *futbolito*. Exiliado al término de la guerra civil española, en la que participó dentro del bando republicano, se estableció en México en 1954. Dirigió *Ecuador O O' O". Revista de Poesía Universal*, en la cual se dio a conocer la producción de numerosos autores mexicanos y extranjeros. Colaboró en *El Nacional*. Volvió a España en 1961 pero se mantuvo ligado a México. Creó el Premio Ecuador de Poesía (1968), el Premio Internacional de Cuento León Felipe (1969), el Pre-

mio Vasco de Quiroga (1970) y el Premio Internacional de Literatura Humorística Mario Moreno Cantinflas (1970). Autor de *Cantos quintos* (1936), *Cantos esclavos* (1948), *18 de julio* (1956), *Cumbres borrascosas* (1956), *Café, coña y puro* (1956), *M. Rail* (1964), *Con, sin, sobre, tras la poesía* (1959) y la obra dramática para ballet *Del amor y de la muerte* (1961). En 1982 se le rindió un homenaje en la Facultad de Filosofía y Letras de la UNAM.

FINK, EMMA ◆ n. en Celaya, Gto., y m. en el DF (1904-1966). Actriz. Trabajó en decenas de películas y centenares de obras de teatro. Hizo radio y televisión. Destacó en papeles cómicos.

FINLANDIA, REPÚBLICA DE ◆ Estado del norte de Europa. Limita al noroeste con Suecia, al este con Rusia y al norte con Noruega. Tiene costas en el mar Báltico y en los golfos de Finlandia y Botnia, los que reciben aguas de la corriente del golfo, cuya relativa calidez hace tolerable el clima del país, que tiene la tercera parte de su territorio dentro del Círculo Polar Ártico. Superficie: 338,145 km². Habitantes: 5,150,000 en 1998. Los idiomas oficiales son el finés o finlandés (hablado por más de 90 por ciento de la población) y el sueco. La capital es Helsinki (532,000 habitantes estimados en 1997).Otras ciudades importantes son Espoo, Tampere y Vantaa. Poblado originalmente por lapones, durante los primeros siglos de la era presente recibe corrientes migratorias procedentes de Estonia. En los

Alejandro Finisterre al lado de una estatua de León Felipe

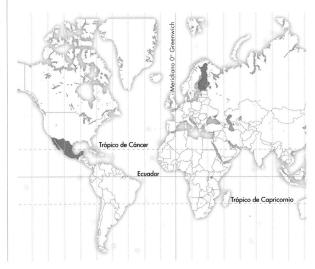

República de Finlandia

Plaza en Finlandia

Dinero finlandés

Timbres de Finlandia

Panorámica de
ciudad finlandesa

inicios del actual milenio, el país es ocupado por los suecos, y pese a la oposición de los rusos se prolongó hasta principios del siglo XIV, cuando los zares aceptan "el derecho" de Suecia sobre ese territorio. En el siglo XVIII, después de vencer a los ejércitos suecos, el zar Pedro el Grande incorpora Finlandia al imperio ruso, si bien le concede una relativa autonomía y autoriza el funcionamiento de un parlamento. Estos derechos son abolidos por el zar Nicolás II en 1897. Cuando este autócrata es derrocado (febrero de 1917), Finlandia proclama su independencia. En 1918 el gobierno soviético, obligado por las potencias centrales, renuncia, entre otros territorios, a Finlandia, donde una insurrección obrera es aplastada por el ejército. En 1920, Moscú reconoce la independencia de Finlandia y regresa Petsamo. En 1922, Suecia devuelve el archipiélago Ahvenanmaa. En 1936, México y Finlandia firman un tratado de amistad. Tres años después, como conse-

cuencia del pacto Ribbentrop-Molotov, Stalin ataca Finlandia, a quien apoyan Francia e Inglaterra con voluntarios, pertrechos de guerra y la amenaza de ataques contra diversas zonas de la Unión Soviética. El presidente mexicano, Lázaro Cárdenas, protesta por la agresión contra "un país pequeño y débil". La resistencia finesa se prolonga hasta el año siguiente e incluso obliga al gobierno soviético a negociar. La URSS se queda con la parte oriental de Finlandia. Al romper Hitler el pacto de no agresión con Moscú, el gobierno de Finlandia ordena al ejército marchar contra los soviéticos. Detenidas las divisiones nazis frente a Moscú y Leningrado, el Ejército Rojo inicia su avance hacia el occidente. En septiembre de 1944 se firma un armisticio mediante el cual Finlandia se obliga a pagar una fuerte indemnización de guerra y a ceder nuevamente Petsamo y otros territorios. Las relaciones con la potencia vecina mejoran relativamente en los años siguientes y, en 1948, se firma un tratado de amistad entre ambos países. Al año siguiente las cancillerías de México y Finlandia acuerdan intercambiar embajadores, para lo cual se acredita como concurrente el representante finés en Estados Unidos. Una amplia delegación mexicana participó en los Juegos Olímpicos celebrados en Helsinki en 1952 y, al año siguiente, se acredita en esa capital el primer embajador de México. En ferbrero de 1975, durante la conferencia Norte-Sur efectuada en Cancún, Quintana Roo, se entrevistan el presidente mexicano, Luis Echeverría

Iglesia en Finlandia

Álvarez, y su homólogo finlandés, Urho Kekkeonen. En febrero de 1999, el presidente Martti Ahtissari es el primer presidente de ese país en realizar una visita de Estado a México.

FISCHER, AGUSTÍN ◆ n. en Alemania y m. en la ciudad de México (1825-1887). Luterano convertido al catolicismo. Fue cura en Parral y Taxco. Maximiliano lo designó capellán imperial y, posteriormente, su secretario. En 1865 lo envió con una misión secreta a entrevistarse con el papa. A la restauración de la República fue encarcelado durante algunos meses. Al ser liberado marchó a Europa con los austriacos que vinieron por el cadáver de Maximiliano de Habsburgo. Tiempo después regresó a hacerse cargo del curato de San Cosme, donde murió. Reunió una extensa colección de libros destinada a integrar la Biblioteca Imperial, parte de la cual vendió en Europa.

FISCHER SÁNCHEZ, ARMANDO ◆ n. y m. en el DF (1928-1989). Periodista desde fines de los años cuarenta. Trabajó en *El Mundo*, de Tampico, y en *Novedades*; fue jefe de prensa de la Secretaría de Agricultura y Ganadería y coordinador de información del DDF, del IMSS y del Congreso mexiquense. Desde 1979 hasta su muerte publicó la columna "A río revuelto" en el periódico *Últimas Noticias*.

Paisaje campestre en Finlandia

Desfile en una calle de Helsinki, Finlandia

FISGÓN, EL ◆ n. en el DF (1956). Nombre profesional del caricaturista Rafael Barajas Durán. Se tituló como arquitecto en la UNAM (1978), donde ha sido profesor. Ha colaborado en las revistas *La Garrapata*, *Quecosaedro* y *Nexos*, y en los diarios *unomásuno* y *La Jornada*. Codirector de las revistas humorísticas *El Chahuistle* (1994-95) y *El Chamuco* (1996-). Coautor con Helguera (☞) de los libros de caricatura política *El sexenio me da risa* (1994) y *El sexenio ya no me da risa* (1995). Autor de un *Calentario* para 1983 y otro para 1984; de *Sobras escogidas* (1986), *Me lleva el TLC* (1993) y *Cruentos policiacos* (1998). Se dedica también a la animación cinematográfica. En 1987 recibió el Premio Manuel Buendía de la Unión de Periodistas Democráticos.

FIX-ZAMUDIO, HÉCTOR ◆ n. en la ciudad de México (1924). Licenciado (1956) y doctor (1972) en derecho por la UNAM, donde ha sido profesor (1966-) y director del Instituto de Derecho Comparado y del Instituto de Investigaciones Jurídicas (1966-78). Durante 19 años trabajó para el Poder Judicial, de donde se retiró en 1964. Autor de una extensa bibliografía en la que se cuentan los libros *El juicio de amparo* (1964), *Principios esenciales del proceso fiscal federal mexicano* (1966), *Constitución y proceso civil en Latinoamérica* (1974), *Los tribunales constitucionales y los derechos humanos* (1980), *La protec-* *ción jurídica y procesal de los derechos humanos ante las jurisdicciones nacionales* (1982), *Introducción a la justicia administrativa en el ordenamiento mexicano* (1983), *Metodología, docencia e investigación jurídicas* (2a. ed., 1984) y *Latinoamérica: Constitución, proceso y derechos humanos* (1989). Miembro de El Colegio Nacional (1974-), de la Academia Nacional de Derecho de Argentina (1980) y de la Comisión Nacional de Derechos Humanos (1998). Premio de la Academia de la Investigación Científica (1963), Premio Nacional de Ciencias y Artes (1982), *doctor honoris causa* por la Universidad de Sevilla (1983), investigador nacional (1984-) e investigador emérito de la UNAM (1987).

FLANDRAU, CHARLES M. ◆ n. y m. en EUA (1871-1938). Residió una temporada en Misantla, Veracruz, durante el porfiriato. Escribió el libro *Viva México*, editado en Estados Unidos. La obra fue considerada difamatoria por los censores del dictador Díaz.

FLASHNER, ANA ◆ n. en el DF (1942). Estudió historia en la UNAM. Fue agregada cultural en la embajada de México en Israel durante el sexenio de Gustavo Díaz Ordaz. Colabora en el periódico *El Día* y en publicaciones literarias. Coautora del poemario *Por la piel* (1986) y autora de *Con el sol en los dedos* (1979) y *Háblale a la tierra* (1986).

FLAVIO, CARLOS ◆ n. en Guanamé, SLP, y m. en el DF (1861-1944). Músico.

Fue maestro de Julián Carrillo, y cuando éste llegó a director del Conservatorio le dio plaza de profesor. Autor de una *Teoría de la transposición*.

FLETCHER, SIMÓN ◆ n. en EUA y m. Guadalajara, Jal. (?-1811). Participó en el movimiento por la independencia. Hidalgo le dio el grado de capitán de artillería. En la batalla del Puente de Calderón fue herido y aprehendido por los realistas, quienes por órdenes de Calleja lo sacaron del hospital para fusilarlo.

FLON TEJEDA, MANUEL ◆ m. cerca de Guadalajara, Jal. (?-1811). Fue gobernador de Puebla (1786-1810). Al estallar el movimiento independentista fue llamado a filas. A las órdenes de Calleja asistió a la toma de Guanajuato, donde dio la orden de pasar a degüello a la población civil, lo que impidió parcialmente el sacerdote Belaunzarán. Participó en la batalla de Puente de Calderón, y al perseguir a los insurrectos, éstos lo aprehendieron y ejecutaron.

FLOR Y CASANOVA, NOE DE LA ◆ n. en Teapa, Tab., y m. en el DF (1902-1985). Licenciado en derecho por la UNAM (1930), donde fue profesor (1937-42). Participó en el movimiento de huelga que obtuvo la autonomía de esa casa de estudios (1929). Fue el último gobernador de Tabasco en cumplir un periodo constitucional de cuatro años, del primero de enero de 1943 al 31 de diciembre de 1946. Autor de *Díaz Mirón y otros poemas*, *Madre revolución* y *Paisaje nada más*.

FLOR NAVARRO, JOSÉ ◆ n. en Parras de la Fuente, Coah., y m. en Monterrey, NL (1892-1960). Participó en la revolución. Ejerció el periodismo en la capital de Nuevo León en *El Porvenir* y otras publicaciones. Solía firmar con el pseudónimo *Modesto I. Manso* y el anagrama *Flora Barrón*. Escribió monografías sobre varias poblaciones de Nuevo León y Coahuila.

Autocaricatura de *El Fisgón*

Parroquia de la Santa Cruz, en Florencio Villarreal, Guerrero

Edmundo Flores

Códice florentino

FLORENCIA, FRANCISCO DE ◆ n. en Florida, entonces dominio español, y m. en la ciudad de México (1620-1695). Jesuita. Fue procurador de la provincia de México en Roma y de todas las provincias americanas. Autor de una amplia obra histórica: *Menologio de los varones más señalados en perfección religiosa de la provincia de la Compañía de Jesús de Nueva España* (1661), *Historia de la provincia de la Compañía de Jesús de Nueva España* (1694) y otras.

FLORENCIO VILLARREAL ◆ Municipio de Guerrero, situado en la Costa Chica, al sur de Acapulco y contiguo a San Marcos y Copala. Superficie: 372.9 km². Habitantes: 17,319, de los cuales 3,211 forman la población económicamente activa. Hablan alguna lengua indígena 24 personas mayores de cinco años (amuzgo 13). Su cabecera es Cruz Grande.

FLORENTINO ◆ Códice posterior a la conquista. Es copia de otro empleado para sus investigaciones por Sahagún, quien la envió al Vaticano. Se halla en la biblioteca Medicea Laurentiana de Florencia. Contiene gran número de ilustraciones y textos en náhuatl y español.

FLORES, ÁNGEL ◆ n. y m. en Culiacán, Sin. (1883-1924). Participó en la insurrección maderista. Se unió al constitucionalismo en 1913. Defendió Navojoa de los maytorenistas. Destacó en el sitio de Hermosillo, cuando salió al frente de una columna y derrotó a las fuerzas de Villa. Alcanzó el generalato. En 1920 se adhirió al Plan de Agua Prieta y fue divisionario y gobernador de Sinaloa (1920-24). Grupos conservadores promovieron su candidatura a la Presidencia contra la de Calles. Se dice que murió envenenado.

FLORES, BERNARDO ◆ n. en San Luis Potosí, SLP, y m. en Lagos, Jal. (1814-1882). Fue varias veces alcalde de Lagos, donde residió la mayor parte de su vida. Fundó ahí un pequeño museo arqueológico y creó el primer periódico del lugar, *El Diablo Cojuelo*. Fungió como ministro de Fomento con Ignacio Comonfort, del 20 de octubre al 11 de diciembre de 1857.

FLORES, BERNARDO MONITO ◆ n. en el DF (1923). Se inició como boxeador aficionado en 1943 y dos años después obtuvo los Guantes de Oro en la división mosca junior (1945). Se convirtió en pugilista profesional y en 1946 ganó el campeonato nacional de peso mosca y, al año siguiente, el de categoría gallo. Estuvo entre los diez mejores peleadores del mundo en ambas categorías.

FLORES, BLANCA DE ◆ n. en Tampico, Tams. (1921). Poeta. Estudió lietaratura hispánica en la UNAM y en la Universidad Panamericana. Fundadora y presidenta de la Casa de la Poesía (1987). Autora de *Signos de soledad* (1975), *Tiempo niño* (1978), *Desde mi barca* (1981) y *Deshabitada noche* (1985). Fue galardonada con la Jaiba de Oro (1991) que otorga el Centro Tampico, México, por su trayectoria literaria.

FLORES, CORA ◆ n. en San Luis Potosí, SLP (1939). Bailarina. Debutó profesionalmente en el Ballet Concierto de México, hoy Compañía Nacional de Danza. Bailarina fundadora del Ballet Folclórico de México (1959), con el que participó en presentaciones en Estados Unidos y Europa, una de las cuales mereció el Premio de las Naciones. En 1963 ingresó al Ballet Folclórico del IMSS, con el que se presentó en Israel, Filipinas, Portugal y Hong Kong. Ingresó al Taller Coreográfico de la UNAM con la presentación de la obra *Zapata*, de Guillermo Arriaga (1971). Actuó como bailarina huesped de la CND. Directora de la Compañía Nacional de Danza de Costa Rica (1987-1991), con la que realizó giras en Nicaragua, Guatemala, Brasil y México. Diploma Una Vida en la Danza del Cenidim. Premio José Limón (1997).

FLORES, CRISTÓBAL ◆ n. en España y m. ¿en Jalisco? (?-?). Vino con Hernán Cortés a México y participó en la conquista de Tenochtitlan. Fue regidor y alcalde ordinario de la ciudad de México (1526-27). Bajo las órdenes de Nuño Beltrán de Guzmán tomó parte en la conquista del occidente del país, en el curso de la cual se supone que murió.

FLORES, CHAVA ◆ ☞ *Flores Rivera, Salvador*.

FLORES, DAMIÁN ◆ n. en Tetipac, Gro., y m. en la ciudad de México (1854-1927). Ingeniero por la Escuela de Minería. Fue profesor en la Escuela Nacional Preparatoria y en centros de enseñanza superior. Hizo exploraciones mineras. Durante el porfiriato fue diputado federal y gobernador de Guerrero (1907-1911).

FLORES, EDMUNDO ◆ n. en el DF (1918). Ingeniero agrónomo por la Escuela Nacional de Agricultura de Chapingo (1940); maestro (1947) y doctor en economía (1948) por la Universidad de Wisconsin, EUA. Ha sido profesor de Chapingo y la UNAM, donde dirigió la revista *Investigación Económica*, de la Escuela Nacional de Economía. Ha impartido conferencias en decenas de países y prestado asesoría a instituciones nacionales y organismos internacionales como la FAO, el BID y la CEPAL. Embajador permanente ante la FAO (1973-74) y en Cuba (1975). Director del Consejo Nacional de Ciencia y Tecnología (1976-82). Miembro del Comité Asesor de la ONU sobre Ciencia y Tecnología. Autor de *Tratado de economía agrícola* (1961), *Vieja revolución, nuevos problemas* (1970) y dos tomos de memorias: *Historias de Edmundo Flores. Autobiografía 1919-1950* (1983) y *Antesalas del poder* (1986).

FLORES, EFRÉN ◆ n. en el DF (1955). Licenciado en economía por la Universidad Anáhuac. Es asesor financiero de entidades públicas y privadas. En el canal 13 de televisión coordinó la información económica del noticiero *Desde Temprano* (1983-85), dirigió el programa semanal *Cifra* (1985) y desde 1986 condujo *Monitor Financiero*.

FLORES, ESTEBAN ◆ n. en Chametla y m. cerca de Mazatlán, Sin. (1870-1927). Periodista y poeta. En Sinaloa fue director de Instrucción Pública y de los diarios *El Correo de la Tarde* (1895-1905) y del *Periódico Oficial del Estado*. Colaboró o fue redactor en *Arte*, *Argos*, *Pegaso* y otras publicaciones literarias, así como de *El Imparcial*, *El Mundo* y otros cotidianos. En 1915 fue pagador de las fuerzas zapatistas. Fue jefe del Departamento del Trabajo en la Secretaría del ramo (1922 y 1924) y jefe de prensa de la Secretaría de Gobernación (1923). Murió asesinado. Autor de un estudió sobre la inmigración asiática en Sonora y Sinaloa. Póstumamente, con prólogo de Enrique González Martínez, se publicó un volumen de su poesía: *La visión dispersa* (1938).

FLORES, GABRIEL ◆ n. en Arenal, Jal. (1930). Pintor. Ha ejecutado murales en Guadalajara (Palacio Municipal, Casa de la Cultura, Universidad de Guadalajara), Zamora (Banco de Zamora) y en la capital del país (Castillo de Chapultepec).

FLORES, HELIO ◆ n. en Jalapa, Ver. (1938). Caricaturista. Firma sus trabajos como *Helioflores*. Estudió arquitectura en la Universidad Veracruzana y diseño gráfico en The School of Visual Arts de Nueva York. Se inició profesionalmente en *La Gallina* y el *Diario de Xalapa* (1959). En los años sesenta se estableció en la capital del país, donde ha colaborado en *El Mitote Ilustrado*, *Novedades*, *Siempre!*, *La Jornada* y otras publicaciones. Fundador y codirector de la revista *La Garrapata*. Es cartonista editorial de *El Universal*. Ha reunido sus cartones en los libros *Aventuras extravagantes* (1986) y *Viacrucis* (1989). Pertenece a la Sociedad Mexicana de Caricaturistas. Premiado en Cuba y Bulgaria. Ha obtenido el Gran Prix del Salón Internacional de la Caricatura de Montreal en dos ocasiones (1971 y 1989), y el Premio Nacional de Periodismo (1986). Publicó una antología de sus cartones del periodo 1987-1994 en el libro *Un sexenio inolvidable* (1995).

FLORES, HERNÁN ◆ n. en España y m. ¿en Guadalajara? (?-¿1562?). Llegó muy joven a Nueva España. Participó en la conquista del occidente del país bajo las órdenes de Nuño Beltrán de Guzmán. Colonizó el antiguo asiento de Guadalajara y fue alcalde de Nochistlán y Tacotán. Participó en las gestiones para cambiar la capital de Nueva Galicia de Compostela a Guadalajara.

FLORES, JESÚS ALONSO ◆ n. en Guanajuato, Gto., y m. en la ciudad de México (1835-1909). Militar liberal. Combatió a los conservadores durante las guerras de Reforma y luchó contra la intervención francesa.

FLORES, JESÚS SANSÓN ◆ n. en Morelia, Mich. y murió en Mexicali, BC. (1909-1966). Poeta y diplomático. Su primer libro de poesía fue *Clarinadas* (1932). Era conocido como "el poeta del proletariado". Secretario de la embajada de México en España cuando ocurrió el cuartelazo franquista. Autor de *Bajo el sol de España* (1938), *Canción de odio* (1939), *Hampa* (1941), *Oración a Morelia* (1941), *Evocación de abril* (1941), *El camino perdido* (1954) y *Antología de poesía revolucionaria* (1963).

FLORES, JOSÉ FELIPE ◆ n. en Ciudad Real de Chiapas y m. en España (1751-1824). Médico. Se graduó como bachiller en medicina (1773) en la Real y Pontificia Universidad de San Carlos, cuando ésta se hallaba en Santiago de los Caballeros de Guatemala. Al ser destruida la ciudad por un terremoto, ayudó a combatir una epidemia de tifo. Al trasladarse la Universidad a la Nueva Guatemala, continuó sus estudios hasta doctorarse en 1780, año en que se presentó una epidemia de viruela, de la que salvó a miles de personas mediante vacunación, que se hizo por primera vez en ese país. Su método consistía en producir ampollas en los brazos y sobre ellos aplicar durante 24 horas un algodón empapado en la serosidad de una viruela madura. Fue catedrático de prima de medicina en la misma casa de estudios, creó en 1789 maniquíes desarmables para la clase de anatomía, antes de que se produjeran en Europa e inventó aparatos para la enseñanza de la física y la fisiología animal. Es autor del folleto *Específico nuevamente descubierto en el reino de Guatemala, para la curación radical del horrible mal del cangro* (1782). Esta obra, que recomendaba comer albóndigas de lagartija de Amatitlán (*Lacerta agilis*) para la cura del cáncer, se reeditó poco después en la Nueva España, donde mereció un comentario de Antonio León y Gama, en Francia (1784) y en Italia, traducida por Carlos María Toscanelli, quien extendió los presuntos beneficios de la gastronomía lacértida a los pacientes de lepra y enfermedades venéreas. En 1793, por cédula real, se convirtió en el primer protomédico legal de Guatemala. En 1797, pensionado por la Corona española, inició un viaje por Estados Unidos y Europa. Se instaló en Madrid, donde trabajó en el perfeccionamiento de los telescopios de reflexión y en la corrección de la aberración cromática en las lentes de refracción; en la preservación de alimentos, sobre lo que publicó *Experimentos sobre la conservación de las carnes* (1811); y en la navegación por energía hidráulica, campo en el que llegó a presentar, en 1814, un modelo de barco de vapor. El gobierno español le prohibió volver a América. Algunos de sus textos aparecieron en la *Gaceta de Guatemala* (1797).

FLORES, JOSÉ GUADALUPE ◆ n. en Arandas, Jal. (1947). Estudió en la Escuela Superior de Música Sacra de Guadalajara y en la Escuela de Música de la Universidad de Guadalajara. En Alemania hizo cursos de perfeccionamiento en piano y dirección de orquesta. Fue pianista de las orquestas Sinfónica de Guadalajara y Sinfónica de Radio Saarbrucken (RFA). Fundó la Orquesta de Cámara de Guadalajara. Ha sido director asociado de las orquestas sinfónicas de Guadalajara y Jalapa (1977) y de la Filarmónica de la ciudad de México (1978); director de la Orquesta de Cámara de Bellas Artes (1979), director titular de la Orquesta de Cámara de Bellas Artes (1979-84) y adjunto de la Sinfónica Nacional (1984-85); director de la Orquesta Sinfónica de Guadalajara (1986) y de la Orquesta Sinfónica de Xalapa (1987-90). Ejecutante huesped

Foto: DAR

Helio Flores

Juan Manuel Flores

Retrato y firma de
Manuel Antonio Flores

Cosmovitral,
obra de Leopoldo Flores

en la Sinfónica de Victoria y en la Sinfónica de Windsor, Canadá; en la filarmónica de Macedonia y en las orquestas nacionales de Guatemala y Costa Rica. Premio de las Artes (1989) que otorga el gobierno de Jalisco.

FLORES, JUAN MANUEL ◆ n. en Indé y m. en Santiago Papasquiaro, Dgo. (1831-1897). Persiguió a los indios nómadas. Se dedicó a la agricultura y la minería. Participó en la asonada de la Noria contra el gobierno de Benito Juárez. Combatió en Sinaloa y Durango. En Parral, Chihuahua, le tocó escoltar a Porfirio Díaz. En 1876 se sumó al alzamiento de Tuxtepec y fue nombrado gobernador y comandante general de Durango. Convocó a elecciones y tomó posesión, esta vez como gobernador constitucional, para el periodo 1877-1880. Se hizo reelegir para el cargo en 1884 y en él se mantuvo hasta su muerte. Díaz le dio el generalato.

FLORES, LEOPOLDO ◆ n. en Tenancingo, Edo. de Méx. (1934). Artista plástico. En 1969 inició el movimiento Mural-pancarta, que consistía en pintar grandes telas que colocaba en la fachada de los edificios. Su obra de caballete la expuso individualmente desde 1963. De 1973 a 1978 ejecutó la obra *Aratmósfera*, en la cual pintó una montaña y un estudio de la Ciudad Universitaria de Toluca, para un total de 24 mil metros cuadrados. En 1976, con escritores y músicos, promovió el movimiento Arte Abierto. Es autor del *Cosmovitral* del Jardín Botánico de Toluca (1980), de los murales transportables *El hilo de Ariadna* (1983), del *Vitro Plafón* de la Casa de la Cultura de Tlalpan y del *Vitromural* de un edificio en Le Boulou, Francia (1984), del mural *Alianza de las culturas*, en la Alianza Francesa de Toluca (1985), de otro mural en el Palacio Legislativo de la capital mexiquense (1985); y la *Cúpula* de la Coordinación de la Investigación Científica de la UAEM (1986). Presea José María Velasco del Estado de México (1983).

FLORES, LUCAS ◆ n. en Jaral del Progreso, Gto., y m. en Puruándiro, Mich. (¿1785?-1818). Insurgente. Organizó y dirigió una guerrilla que operó en El Bajío desde 1813 hasta su muerte. En 1817 se negó a colaborar con Mina. Murió fusilado por los propios insurgentes, quienes lo acusaron de buscar el indulto.

FLORES, LUIS ◆ n. en España y m. en la ciudad de México (?-1635). Fraile franciscano. Vino a Nueva España como comisario general de su orden. Se encargó de dirigir las obras del desagüe.

FLORES, LUIS ◆ n. en el DF (1962). Futbolista. Jugó con el equipo Universidad de México. Hasta 1986 había jugado 44 partidos con la selección nacional. En la Copa FIFA 1986 participó en cinco juegos. Al término de este torneo fue contratado por el club español Gijón, con el que jugó una temporada. En 1987 se reincorporó al club Universidad, en el que jugó hasta su retiro.

FLORES, MALVA ◆ n. en el Distrito Federal (1961). Su segundo apellido es García. Poeta y narradora. Maestra en Letras Hispánicas por la UNAM. Becaria del INBA (1985-86) y del FONCA (1993-94). Autora de *Agonía de falenas* (cuento, 1988) y *Las otras marcas* (cuento, 1992) *Figuras a contraluz* (poesía, 1991). Premio de Poesía Elías Nadino (1991) por *Pasión de Caza* y Premio Nacional de Poesía Aguascalientes (1999) por *Casa Nómada*.

FLORES, MANUEL ◆ n. en Guanajuato, Gto., y m. en la ciudad de México (1853-1924). Médico. Trabajó para el Hospital Militar. Fue director general de Enseñanza Primaria y Normal y diputado a varias legislaturas desde 1892. Colaboró en *El Imparcial*, *Excélsior* y otras publicaciones. Autor de un *Tratado elemental de pedagogía* y un libro de viajes. Recibió las Palmas Académicas y la Legión de Honor de Francia.

FLORES, MANUEL ANTONIO ◆ n. y m. en España (?-1799). Militar. Fue virrey de Nueva Granada (1775-1787) y de Nueva España (1787-1789). Puso su mayor empeño en la reorganización de los destacamentos militares. Protegió a los mineros y profesores de mineralogía enviados por la corona española (1788). Dejó el cargo por motivos de salud.

FLORES, MANUEL M. ◆ n. en San Andrés Chalchicomula, Pue., y m. en la ciudad de México (1840-1885). Estudió en el Colegio de Minería. Perteneció a las principales sociedades literarias de su tiempo. De ideas liberales, fue perseguido y desterrado durante la intervención francesa. Diputado por Puebla al Congreso de la Unión. Tradujo poesía del inglés, el francés y el alemán. Su propia obra lírica fue inspirada, en gran parte, por Rosario de la Peña, la musa de los protagonistas del romanticismo mexicano. Autor de *Pasionarias* (1874) y *Páginas locas* (1878). Póstumamente aparecieron *Poesías inéditas* (prólogo de José Juan Tablada, 1910) y *Rosas caídas* (1953).

FLORES, MIGUEL ÁNGEL ◆ n. en el DF (1948). Poeta. Licenciado en economía por el Instituto Politécnico Nacional. Colabora en la sección cultural de la revista *Proceso*. En la UAM ha sido profesor de tiempo completo y jefe de actividades culturales. Reportero de Canal 11. Ha preparado antologías de Leopold S. Sneghor, Alejandra Pizarnik, Paul Claudel y Wallace Stevens y realizado diversas traducciones. Está incluido en las antologías *La rosa de los vientos*, de Bernardo Ruiz (1979); *Cinco poetas jóvenes*, de Anamari Gomís con prólogo de Francisco Monterde (1977); *Palabra nueva*, de Sandro Cohen (1981) y *Poetas de una generación*, de Jorge González de León (1981). Coautor de *Cinco poetas jóvenes* (1975). Autor de los poemarios

Laberinto (1978), *Contrasuberna* (1981), *Ciudad decapitada* (1983), *Saldo ardiente* (1985), *Sombra de vida* (1986) y *Erosiones y desastres* (1987), *Plegaria* (1987), *Transcripciones* (1991) *Antevíspera* (1993) e *Isla de Invierno* (1996); ensayos: *Horas de recreo* (1988) y *Del tiempo que pasa* (1993). Becario del Centro Mexicano de Escritores (1972-73). Premio Nacional de Poesía Aguascalientes (1980).

FLORES, NICOLÁS ◆ n. en Pisaflores y m. ¿en Pachuca?, Hgo. (1884-1933). Castellanizó el apellido italiano Fiori. Participó en la insurrección maderista en 1911. Combatió al dictador Victoriano Huerta. Durante la lucha de facciones se mantuvo en el constitucionalismo. Fue gobernador provisional de Hidalgo, de agosto a diciembre de 1914 y de agosto de 1915 hasta 1917, cuando fue elegido gobernador constitucional. Durante su gestión quitó a los municipios los nombres de santos, legisló en beneficio de los trabajadores y se crearon el Departamento del Trabajo y la Comisión Local Agraria. En 1920 se adhirió al Plan de Agua Prieta. En 1921 entregó la gubernatura y, dos años después, se unió a la rebelión delahuertista.

FLORES, TEODORO ◆ n. en San Antonio Eloxochitlán, Oax., y m. en la ciudad de México (¿1830?-1893). Padre de los hermanos Flores Magón. Combatió a los invasores estadounidenses en 1847. Militó en las filas liberales durante la revolución de Ayutla y la guerra de los Tres Años. Luchó contra la intervención francesa y el imperio. Participó en la rebelión del Plan de Tuxtepec. Decepcionado de Porfirio Díaz, se retiró del ejército con el grado de teniente coronel.

FLORES, TEODORO ◆ n. y m. en el DF (1873-1955). Ingeniero de minas y metalurgia por la Escuela Nacional de Ingeniería. Cofundador de la Sociedad Geológica Mexicana (1904). Impartió cátedra en la Universidad Nacional y fue director del Instituto de Geología. Autor de *Geología minera de México*, *Carta geológica de la República Mexicana* y otros trabajos.

FLORES, TEÓDULO CARLOS ◆ n. en Monclova, Coah. (1934). Poeta. Autor de *El amor y su nunca* (1987).

FLORES AGUIRRE, JESÚS ◆ n. en General Cepeda, Coah., y m. en Cuba (1904-1961). Licenciado en derecho por la UNAM. Trabajó en el servicio exterior mexicano desde 1947. Colaboró en publicaciones de Saltillo, Monterrey y la capital del país. Elaboró, con Federico Berrueta Ramón, la antología *Once poetas de Nueva Extremadura?* Su producción lírica se halla en *Horizontes grises* (1925), *Ruda labor y otros poemas* (1927), *Soledad y estío* (1941), *De la tierra el agua y el viento* (1947), *Romances del viejo Perú* (1948), *México esdrújulo* (1950), *Ruda labor. Un soneto cada domingo* (1954) y *La anunciación del maíz* (1955).

FLORES ALATORRE, ALFREDO ◆ n. en Matamoros, Coah., y m. en Villahermosa, Tab. (1890-1942). Participó en la insurrección maderista. Se unió luego a Pascual Orozco. Después del golpe de Estado de Victoriano Huerta se adhirió al constitucionalismo. General brigadier en 1915. Fue jefe de guarnición en varias plazas y director general de Armas de la Secretaría de Guerra.

FLORES ALATORRE, FRANCISCO ◆ n. y m. en Puebla, Pue. (1838-1897). Abogado y político conservador. Fundó el Colegio de Artes y Oficios así como los periódicos *El Amigo de la Verdad* (1871) y *La Voz de Alerta*. Autor de *El pueblo cautivo, Los dos estandartes* y *Jalapa. Leyendas fantásticas*.

FLORES ALATORRE, JUAN JOSÉ ◆ n. en Aguascalientes, Ags., y m. en la ciudad de México (1766-1851). Abogado. Fue diputado a Cortes por Zacatecas. En el México independiente fungió como magistrado de la Suprema Corte de Justicia. Fue presidente de la Academia de Jurisprudencia.

FLORES DE ALDANA, RODRIGO ◆ n. en España (1618-?). Gobernador de Cuba (1662-63) y de Yucatán (1663-64 y 1667-69). Dos veces fue destituido por la Audiencia de México.

FLORES CABALLERO, ROMEO RICARDO ◆ n. en Monterrey, NL (1935).

Doctor en filosofía. Desde 1961 es profesor en centros de enseñanza superior. Miembro del PRI, en el que fue dirigente del sector juvenil (1951-54). Ha sido coordinador del Centro de Documentación de la Secretaría de la Presidencia (1971), coordinador académico y secretario adjunto de El Colegio de México (1970-72), director de Asuntos Internacionales de la Secretaría del Patrimonio Nacional (1974-76), coordinador de delegaciones del IMSS (1976-77), director de la Industria Metal Mecánica Paraestatal de la Sepafin (1978-79), secretario de Educación y Cultura del gobierno de Nuevo León (1985), diputado federal (1985-88), cónsul general de México en Los Ángeles (1988-91) y director general de Imevisión (1991-). Es miembro de la Asociación Internacional de Historiadores.

FLORES CANELO, RAÚL ◆ n. en Monclova, Coah., y m. en el DF (1929-1992). Bailarín y coreógrafo. Su nombre era Raúl Flores González. Estudió Artes Plásticas en el Arizona State College en EUA y en la Academia de San Carlos, y danza en la Academia de la Danza Mexicana del INBA y en el Ballet Nacional de México de Guillermina Bravo, con Ana Mérida, Xavier Francis, José Limón, Ana Sokolow y David Wood. En los años cincuenta participó en el movimiento renovador de la danza moderna mexicana. En el Ballet Nacional de Guillermina Bravo fue bailarín, solista y coreógrafo, también fue solista de la Compañía Oficial del INBA. Realizó giras por la URSS, China, Rumania, Francia, Holanda, Centroamérica, Cuba y EUA. Fundó el Ballet Independiente en 1966 junto con otros bailarines profesionales, compañía de la que fue, hasta su muerte, director y coreógrafo principal. Fue coreógrafo huésped de la Compañía Oficial de Danza del INBA y del Conjunto Nacional de Danza de Cuba. Autor de coreografías caracterizadas por su inspiración popular y su crítica social: *Adán y Eva* (1955), *Pastorela* (1958), *Librium* (1967), *Plagios* (1968), *El Fin* (1969), *Elegía* (1970), *Ciclo* (1972), *La espera*

(1973), *Solo* (1977), *El hombre y la danza* (1978), *Jaculatoria* (1979), *De jaulas y mariposas* (1980), *De aquí, de allá y de acullá* (1980), *Queda el viento* (1981), *Bagatelas* (1982), *Un tango* (1983), *Huapango para la paz* (1987), *Terpsícore en México* (1987), *Poeta* (1988), *Preguntas nocturnas* (1989), *Pervertida* (1990), *María de la O* (1991) y *Divertimento para caballos* (1991). Fue becario de la Fundación Ford. En 1990 recibió el Premio Nacional de Danza José Limón, del Instituto Nacional de Bellas Artes y el gobierno de Sinaloa.

FLORES CASTELLANOS, PETRONILO ◆ n. en Unión de Tula, Hgo., y m. en el DF (1890-1957). Participó en la revolución en el bando constitucionalista. Fue jefe del Estado Mayor del general Agustín Olachea Avilés. Gobernador de Baja California Sur (1956-57).

FLORES CASTRO, MARIANO ◆ n. en el DF (1948). Estudió historia (1965) y derecho (1968-71) en laUNAM; literatura francesa en la Universidad de Friburgo, Suiza (1974),; y relaciones internacionales en El Colegio de México (1983). Asistió al taller de poesía de Juan Bañuelos (1968-69) y al de ensayo de Salvador Elizondo (1969). Ha sido jefe de Ediciones de la Secretaría de la Presidencia (1972), agregado cultural en las embajadas mexicanas en Costa Rica (1973) y Suiza (1974-75) y en la delegación permanente ante la UNESCO (1975-78); jefe de actividades culturales de la Universidad Autónoma Metropolitana plantel Azcapotzalco (1978-80), director de Artes Plásticas del Instituto Nacional de Bellas Artes (1981-82), corrector del Fondo de Cultura Económica (1982-83), asesor del subsecretario de Cultura (1983-86) e investigador asociado del Centro de Investigaciones y Estudios Superiores en Antropología Social (1986-). Ha colaborado en *Excélsior, El Día, El Nacional, unomásuno , Vuelta, Plural, Diálogos* y otras publicaciones. Autor de poesía: *Turangalia* (1976), *Desierto atestado* (1978), *Los cuartetos* (1978), *El hijo de Hipotenusa* (1979), *Espectro de la danza* (1980) y *Figura entre dos océanos* (1985); y novela: *Asalto al museo* (1989).

FLORES CORTÉS, DEMIÁN ◆ n. en Oaxaca (1971). Pintor. Estudió Artes Plásticas en la ENAP. Ha presentado exposiciones individuales en El Ágora del Estado de México, en Casa Universitaria del Libro, en el Polifórum Cultural Siquieros y en la galería Luis Nishizawa de la ENAP. Ha participado en la VI Bienal Diego Rivera, en Guanajuato; la IV Trienal Internacional de Arte en Majdanek, Polonia; XIII Miniprint Internacional de Cadaqués, España; y la primera Bienal Internacional de Gráfica, en Maastricht, Holanda. X Premio Internacional de Grabado Máximo Ramos, en Ferrol, España. Premio de Adquisición del II Concurso Nacional de Grabado José Guadalupe Posada (1994).

FLORES CUEVAS, EDMUNDO ◆ n. en Toluca, Estado de Méx., y m. en el DF (1916-1973). Publicó cuentos desde 1938 y se inició en el periodismo en 1947. Colaboró en *Revista de Revistas* y fue jefe de redacción de los diarios toluqueños *El Sol* y *La Extra*. Autor de *Las moscas* (cuentos, 1968). En 1945 ganó el concurso de cuento de *El Nacional* y dos certámenes convocados por *El Universal*.

FLORES CURIEL, ROGELIO ◆ n. en Tepic, Nay. (1924). Estudió en el Colegio Militar y se graduó con honores en la Escuela del Estado Mayor del Colegio Nacional de Guerra de EUA. Miembro del PRI. Fue agregado militar en la embajada mexicana en El Salvador (1959-61), senador suplente por Nayarit (1964-70), subdirector del Colegio Militar (1968-69) y jefe de la policía del DF (1970-71), cargo al que se vio obligado a renunciar después de que una manifestación estudiantil fuera atacada por un grupo paramilitar, el 10 de junio de 1971. Gobernador de Nayarit (1975-81).

FLORES DÍAZ, JORGE ◆ n. en Mazatlán, Sin., y m. en el DF (1896-1979). Colaboró en periódicos capitalinos sobre temas históricos. Autor de una extensa obra en la que se cuentan *Viaje a Texas en 1828-29* (1939), *Lorenzo de Zavala y su misión diplomática en Francia* (1951) y *El primer proyecto para fundar el Colegio Militar de México* (1964).

FLORES GÓMEZ, FÉLIX ◆ n. en Vella de Purificación, Jal. (1952). Licenciado en derecho por la Universidad de Guadalajara, donde ha sido profesor. Miembro del PRI. Fue vicepresidente de la Confederación de Jóvenes Mexicanos (1974-76), presidente de la Federación de Estudiantes de Guadalajara (1975-77), delegado de la Secretaría de la Reforma Agraria en Tlaxcala y el Estado de México (1981). Director del Sistema de Transporte Colectivo de Guadalajara y presidente de Clubes Unidos de Jalisco (1981-85). Diputado federal por Jalisco (1976-79 y 1985-88).

FLORES GONZÁLEZ, HOMERO ◆ n. en Toluca, Edo. de México (1937). Piloto aviador. Ha sido presidente de la Organización Iberoamericana de Pilotos (1980), secretario general de la Asociación Sindical de Pilotos Aviadores (1982-85 y 1988-91) y presidente del Congreso del Trabajo (septiembre de 1983 a julio de 1984). Durante su gestión al frente de este organismo se estableció la revisión semestral de los salarios mínimos.

FLORES GUERRERO, RAÚL ◆ n. en el DF y m. en EUA (1930-1960). Estudió arquitectura e historia en la UNAM. Destacó desde muy joven como historiador y crítico de arte. Autor de *Las capillas posas de México* (1951), *Cinco pintores mexicanos* (1957), *Antología de artistas mexicanos del siglo XX* (1958) y *Arte mexicano. Época prehispánica* (1962). En 1990 apareció una recopilación de sus últimos artículos sobre danza, llamado *La danza moderna mexicana 1953-59*.

FLORES MAGÓN, ENRIQUE ◆ n. en Teotitlán del Camino, hoy de Flores Magón, Oax., y m. en el DF (1877-1954). Estudiaba en la capital del país cuando, en 1892, participó en las manifestaciones contra la tercera reelección de Porfirio Díaz. Muy joven se inició en el periodismo junto a sus hermanos Jesús y Ricardo. Con éste evolucionó hacia el anarquismo y fue expulsado del país en 1904. Vivió en diversas ciudades de Estados Unidos y en San Luis Misouri. Fue de los redactores del Programa del Partido Liberal Mexicano y uno de los editores de *Regeneración* (☞), organizó la red clandestina para la distribución de este periódico en México. En Estados Unidos fue perseguido y varias veces encarcelado. Después de la muerte de su hermano Ricardo regresó a México (1923), tuvo diferencias con otros militantes magonistas y acabó por retirarse a la vida privada.

FLORES MAGÓN, JESÚS ◆ n. en Teotitlán del Camino, hoy de Flores Magón, Oax., y m. en el DF (1871-1930). Hermano del anterior. Desde niño vivió en la capital del país, donde trabajó para sostener sus estudios y, después, para ayudar a sus hermanos. Tomó parte en las manifestaciones antiporfiristas de 1892. Se tituló como abogado en 1897. Fundó con sus hermanos el periódico *Regeneración* en el que fungió inicialmente como director. Fue encarcelado varias veces por sus críticas al sistema judicial. Asistió como delegado a la Convención de Clubes Liberales de San Luis Potosí (1901). Fue expulsado del país y en Estados Unidos se ahondaron las diferencias políticas con sus hermanos, quienes habían asumido ideas más radicales. Regresó a México a la caída de Díaz. En el gabinete del presidente Francisco I. Madero fue subsecretario de Justicia y secretario de Gobernación (febrero a noviembre de 1912). Renunció cuando se le propuso ocupar la cartera de Fomento. Al producirse el golpe de Estado de Victoriano Huerta fue de nuevo desterrado. A su retorno se dedicó al ejercicio de su profesión.

FLORES MAGÓN, RICARDO ◆ n. en San Antonio Eloxoxhitlán, hoy de Flores Magón, Oax., y m. en EUA (1873-1922). Hermano de los dos anteriores. Era niño cuando se trasladó a la ciudad de México, donde hizo sus estudios. En 1892 fue encarcelado por primera vez por tomar parte en manifestaciones antiporfiristas. En 1893 ingresó en la Escuela Nacional de Jurisprudencia, donde no pudo concluir los estudios. En el mismo año se inició como redactor de *El Demócrata*. Fundó con sus hermanos *Regeneración* (1900), periódico que pasó de la crítica del sistema judicial a la impugnación global del

Estado porfirista. Asistió como delegado a la Convención de Clubes Liberales de San Luis Potosí (1901). En 1902 dirigió *El Hijo del Ahuizote*. Encarcelado una y otra vez, en 1904 fue obligado a exiliarse en Estados Unidos, desde donde continuó editando *Regeneración*. En San Luis Misouri publicó el Programa del Partido Liberal, organización de la que era presidente. Este programa marcó las diferencias de los militantes que habían evolucionado hacia el socialismo anarquista con el ala moderada del partido, en la que estaba Jesús Flores Magón. Perseguido por la policía de Díaz, los detectives de la agencia Pinkerton y las propias autoridades estadounidenses, Ricardo y dos de sus compañeros fueron detenidos en agosto de 1907. Desde la cárcel dirigió el levantamiento de junio de 1908 (acción de Las Vacas y Palomas). Luego de permanecer tres años en prisión volvió a sus actividades políticas. En 1911 Madero, ya en la Presidencia, invitó a los magonistas a colaborar. Ricardo rechazó el ofrecimiento por considerar que Madero no se proponía llevar a cabo los cambios que requería el país. "La libertad política sin la libertad económica es una mentira", señaló en una ocasión. En el mismo año el Partido Liberal organizó una fuerza internacionalista para apoderarse de Baja California. Por su cortedad de vista y precaria salud, Ricardo dirigió desde Los Ángeles la frustrada operación. Después, los dirigentes del Partido Liberal entraron en contacto con las fuerzas de Villa sin éxito. Con el zapatismo debieron vencerse desconfianzas mutuas antes de iniciar una larga colaboración, la que incluyó el ofrecimiento de Zapata de dar facilidades para la publicación del periódico magonista. Consecuente con sus ideas, Flores Magón se opuso a los que deseaban la entrada de Estados Unidos en la primera guerra mundial. Advirtió que se trataba de una carnicería, en la que los proletarios eran mera carne de cañón. Su pacifismo fue pretexto para que el gobierno de Estados Unidos lo encarcelara nuevamente. El Congreso mexicano acordó

Ricardo Flores Magón

concederle una pensión, la que él rechazó firmemente, recordando a los legisladores que su lucha era contra el Estado y que ellos lo representaban. Trasladado a la prisión federal de Leavenworth, Kansas, fue sometido a un riguroso régimen para privarlo de sol y aire fresco. Se le negó atención médica y nada se hizo por impedir la gravedad de sus males. Su compañero Librado Rivera acusó a los carceleros de asesinato. Su cadáver, traído al país, dio ocasión para manifestaciones tumultuarias en cada estación, donde el pueblo salió a rendirle homenaje. En su trabajo periodístico, altamente apreciado por pensadores como Emma Goldman y Diego Abad de Santillán, recurrió a diversos géneros para hacer llegar sus ideas a los lectores. Se han publicado decenas de antologías de sus artículos, obras de teatro, cuentos y otros textos.

FLORES MAGÓN Y LÓPEZ, RICARDO ◆ n. en el DF (1949). Licenciado en actuaría (UNAM, 1972) con estudios de posgrado en administración pública y planificación. Fue líder juvenil del PRI en el primer distrito electoral (1967) antes de pasar al PARM. Trabajó para la Secretaría de Marina (1968-71). Fue secretario auxiliar del secretario de Comunicaciones y Transportes (1974-76), asesor del secretario de Programación y Presupuesto (1978-79) y diputado federal (1979-82).

FLORES MARTÍNEZ, BENITO ◆ n. en Villa de Fuentes, Coah., y m. en el DF (1868-1943). Abogado. Fue ministro de la Suprema Corte, juez del Tribunal de

La Haya, gobernador del Distrito Federal y subsecretario de Industria, Comercio y Trabajo. Autor de *El juicio de amparo en el derecho mexicano*.

FLORES MONTES, FRANCISCO ◆ n. en Torreón, Coah., y m. en el DF (1919-1984). Pintor. Pasó su niñez en Estados Unidos. Fue machetero y boxeador en su juventud. Está considerado como uno de los precursores de la historieta mexicana. Trabajó para los diarios de José García Valseca. Destacó como dibujante y pintor de temas taurinos, especialidad en la que se inició en la desaparecida plaza Vista Alegre.

FLORES MORALES, MARÍA ADELINA ◆ n. y m. en San Cristóbal de Las Casas, Chis. (1895-1963). Pedagoga. Durante casi medio siglo estuvo al frente del colegio La Enseñanza. Fundó centros de alfabetización, el internado para mujeres y la Escuela Nocturna para Obreros. Luchó por el respeto a los indios.

FLORES MORALES, VÍCTOR FÉLIX ◆ n. en Veracruz (1939). Dirigente ferrocarrilero. Miembro del PRI desde 1994. Inició su carrera como guardacrucero en la Compañía Terminal Ferrocarrilera de Veracruz y llegó a trenero. Perteneció al grupo sindical de Jorge Peralta Vargas. Ha sido segundo vocal del Comité de Vigilancia y Fiscalización (1986-89), secretario de la rama de trenes (1989-91), Tesorero (1991-94) y secretario general nacional del Sindicato de Trabajadores Ferrocarrileros de la República Mexicana (1995-).Presidente del Congreso del Trabajo (1996). Diputado federal a la LVII Legislatura (1997-2000).

FLORES MUÑOZ, GILBERTO ◆ n. en Compostela, Nay., y m. en el DF (1908-1978). Ingeniero. Fue diputado en dos ocasiones, senador (1940-45), gobernador de Nayarit (1946-51) y secretario de Agricultura y Ganadería (1952-58). Figuró como precandidato a la Presidencia de la República en 1957. Desde 1976 hasta su muerte fue vocal ejecutivo de la Comisión Nacional de la Industria Azucarera. Murió asesinado.

FLORES MUÑOZ, JUAN JESÚS ◆ n. en el DF (1953). Miembro del PRI desde 1980, se ha desempeñado como integrante del Comité de Reconstrucción (1985) y presidente del Consejo en el quinto distrito electoral capitalino (1987). Trabajador de la Secretaría de Salud (1986-). Ha sido jefe de manzana (1986) y miembro de la Asamblea de Representantes del Distrito Federal (1988-91).

FLORES NAVA, AMÉRICO JAVIER ◆ n. en Tantoyuca, Ver. (1942). Capitán de navío. Licenciado en derecho por la Universidad Veracruzana (1960-64), con cursos de posgrado en la UNAM (1966), en el Centro de Estudios Superiores Navales (1975), la PJDF (1976) y la Universidad de los Andes, Venezuela (1980). Miembro del PRI. Ha sido juez mixto municipal en Poza Rica (1965) y agente del Ministerio Público del DF (1973-76). En la Secretaría de Marina se ha desempeñado como subjefe del Departamento de Servicios Económicos de Seguridad Social (1966), subjefe del Departamento de Justicia Naval (1967-68), asesor jurídico del Estado Mayor (1968-69), oficial mayor del Supremo Tribunal de Justicia Militar (1969-71), defensor de oficio naval ante los Tribunales Militares (1972-73), asesor jurídico de la Junta Naval Militar (1973-76), secretario particular del subsecretario de Marina (1976-82), director general de Información y Relaciones Públicas (1982-83) y director general de Comunicación Social (1983-88). Diputado federal (1988-91). Autor de *Breves consideraciones sobre derecho ambiental* (1981).

FLORES OLAGUE, JESÚS ◆ n. en Zacatecas, Zac. (1947). Poeta. Autor de *Péndulo y esfera*, *Meditación en cuatro tiempos* (1991) y *Ceniza del Alba* (1996).

FLORES OLEA, VÍCTOR ◆ n. en Toluca, Estado de Méx. (1932). Licenciado en derecho.por la UNAM (1956) con estudios de posgrado en las universidades de Roma (1956-57) y París (1957-58), el Instituto de Estudios Políticos de París (1957-58) y la London School of Economics and Political Science (1969-70), de las cuales ha sido profesor. Coordinador de los cursos de invierno (1965-69) y del Centro de

Foto: Dante Bucio

Víctor Flores Olea

Estudios Latinoamericanos (1966-69) y director de la Facultad de Ciencias Políticas y Sociales de la UNAM (1970-75). Embajador en la Unión Soviética (1975-76), en Mongolia (1976) y la UNESCO (1978-82); subsecretario de Cultura y Recreación de la SEP (1976-78), subsecretario de Asuntos Multilaterales de la SRE (1982-88) y presidente del Consejo Nacional para la Cultura y las Artes (1989-92). En los años ochenta ha presentado exposiciones de fotografía. Colabora en *Nexos* y *La Jornada*. Coautor de *Social Science in Latin America* (1967) e *Iglesia, subdesarrollo y revolución* (1968), *Il movimiento studentesco messicano* (1969), entre otras obras. Autor de *Política y dialéctica* (1964), *Socialismo y política en América Latina* (1966), *Guía del estudiante de ciencias políticas y administrativas* (1967), *Ensayo sobre la soberanía del Estado* (1968), *Marxismo y democracia socialista* (1968), *Relación de Contadora* (1988) *México entre las naciones* (1989), *Tiempo de Olvido* (novela, 1992), *La espiral sin fin. Ensayo político sobre el México actual* (1994) y *Entre la idea y la mirada, ¿Qué democracia para México?* (1997). *Tres historias de mujer* (narrativa, 1999), También ha publicado fotografía, *Los encuentros* (1988).

FLORES DE LA PEÑA, HORACIO ◆ n. en Saltillo, Coah. (1923). Licenciado en economía por la UNAM posgraduado en la Universidad Americana de Washington. Fue profesor (1955-66) y director de la Escuela Nacional de Economía de la UNAM (1965-66). Es miembro del PRI desde 1956. Ha sido director de Planeación Universitaria de la UNAM (1966-70), secretario de Patrimonio Nacional en el gobierno de Luis Echeverría Álvarez (primero de diciembre de 1970 al 2 de enero de 1975), presidente del Centro de Investigación y Docencia Económica (1974-77) y embajador en Francia (1977-82), Unión Soviética y Mongolia (1983-88), Italia y FAO (1988-90), Chile (1990-93) y República Checa (1993-). Escribe en el diario *La Jornada*. Coautor de *La planeación de la educación superior* (1970) y *El perfil de México en 1980* (1978). Autor de *Los obstáculos al desarrollo económico* (1974) y *Teoría y práctica del desarrollo* (1975). Ha publicado ensayos en libros colectivos. Miembro del Colegio Nacional de Economistas y de la Asociación Internacional de Economistas.

FLORES PÉREZ, FERNANDO ◆ n. en el DF (1946). Licenciado en derecho por la Universidad Iberoamericana (1964-68). Ha sido abogado en la Consultoría Jurídica (1969-70) y director jurídico (1975-78) del Combinado Industrial Sahagún (1969-70), secretario particular del director general de Ferronales (1970-73), asesor jurídico del secretario del Patrimonio Nacional (1973-75), director de la revista *Dinamismo* y director corporativo de Asuntos Jurídicos de Dina (1978-82) y en el IMSS, coordinador general de Delegaciones (1982-83) y subdirector general administrativo (1984-).

FLORES PRIETO, ELIHER SAÚL ◆ n. en Parral, Chih. (1941). Licenciado en economía por la UNAM (1964-68), cursó contaduría y computación en Estados Unidos. Miembro del PAN, en el que ha sido oficial mayor del Comité Interdistrital y del Comité Municipal en Ciudad Juárez, así como vocero oficial. Ha sido regidor del municipio de Ciudad Juárez (1980-83) y diputado federal por Chihuahua a la LIV Legislatura (1988-91).

FLORES RAMÍREZ, MIGUEL ◆ n. en Cuernavaca, Mor. (1938). Poeta. Hizo estudios de letras españolas en la UNAM y obtuvo la licenciatura en contaduría pública en el IPN. Ha colaborado en revistas y suplementos literarios. Fue coeditor de las publicaciones *Xilote* y *Manatí*. Está incluido en *Poesía erótica mexicana* (1982) y *Antología de la poesía hispanoamericana* (Callao, Perú, 1977). Preparó, con Linda Scheer, *Poetry of Transition. Mexican Poetry of the 1960 & 1970s* (1984). Coautor de *Las primeras notas del laúd* (1977). Autor de *Cortos de palabra* (1973), *Anunciaciones* (1973), *El ojo de la cerradura* (1976), *Poemas habaneros* (1982), *Miramientos* (1983), *Artefactos* (1984), *Así como sueña* (1985) y *Garabato* (1986).

FLORES RIVAS, EDGARDO ◆ n. en Cananea, Son. (1946). Diplomado en derecho internacional por la Universidad de Londres (1971-74) y licenciado en sociología por la UAM-A (1974-78). En la SRE ha sido canciller de segunda en Australia (1967-70), vicecónsul en Belice (1971), cónsul titular en Rotterdam (1972), segundo secretario en la embajada en Gran Bretaña (1972-74), cónsul en San Diego (1974-75), secretario del subsecretario de Relaciones Exteriores (1976), coordinador del Programa de las Naciones Unidas para el Medio Ambiente (1977-78), subdirector general de Protección y profesor en el Instituto Matías Romero de Estudios Diplomáticos (1979-82), cónsul en Nueva York (1982-85) y en El Paso (1985-86), director general de Protección y Servicios Consulares (1986-88), director general de Asuntos Consulares (1988-89) y embajador en Perú (1989-). Fue investigador en asuntos de seguridad social del IMSS (1978).

FLORES RIVERA, SALVADOR CHAVA ◆ n. y m. en el DF (1920-1987). Estudió en la Escuela Superior de Comercio y Administración. Trabajó en seis películas. Compuso más de 300 canciones que recogen el folclor urbano: *El chico temido de la vecindad*, *La tertulia*, *Los 15 años de Espergencia*, *Vino la Reforma*, *Cerró sus ojitos Cleto*, *Sábado Distrito Federal*, *Ingrata pérfida*, *A qué le tiras cuando sueñas mexicano*, entre ellas.

Hasta mediados de los años ochenta hacía presentaciones personales en las que interpretaba sus canciones. Autor de un volumen de memorias: *Mi barrio y mi pueblo*.

FLORES SÁNCHEZ, ÓSCAR ◆ n. y m. en Chihuahua, Chih. (?-1986). Abogado. Fue subsecretario de Ganadería (1946-52), director de la Comisión México-Norteamericana para la Erradicación de la Fiebre Aftosa (1950-51), senador por Chihuahua (1952-58), gobernador de esta entidad (1968-74) y procurador general de la República (1976-82).

FLORES SOLANO, JORGE ◆ n. en el DF (1937). Licenciado en economía. Ha sido profesor de la UNAM, el IPN, Chapingo y el ITAM. Miembro del PRI. Fue subdirector de Finanzas Públicas (1969-77), director de Política Tributaria (1977-78) y de Política de Impuestos Indirectos (1978-80); administrador fiscal de la Región Golfo-Centro (1981-83) y de la Región Norte del DF de la Secretaría de Hacienda y Crédito Público (1983-85). Diputado federal (1985-88). Miembro del Colegio Nacional de Economistas.

FLORES TAPIA, ÓSCAR ◆ n. y m. en Saltillo, Coah. (1917-1998). Profesor normalista. Participó en la fundación del Movimiento de Liberación Nacional. Varias veces dirigente del PRI en Coahuila, presidente de la comisión editorial (1972-73) y secretario de acción popular del Comité Ejecutivo Nacional de ese partido (1972-73). Fue secretario general de la CNOP (1972-74). Senador por Coahuila (1970-75) y gobernador de esa entidad (1975-81). Autor de novelas: *Vida y muerte de Cástulo Ratón* (1949), *Herodes* (1956) y *La casa de mi abuela* (1959); de poesía: *Retablo* (1952) y *Versos* (1962); cuentos: *Los sueños del hombre* (1961) y *Te espero en el infierno* (1962); semblanzas y ensayos : *Miguel Ramos Arizpe* (1957), *Infierno, paraíso y purgatorio de Dante* (1965), *La Reforma, la intervención y el imperio 1864-1867* (1966), *Francisco I. Madero* (1967), *Juárez en la poesía* (1972) y *El señor gobernador* (1984).

FLORES Y TRONCOSO, FRANCISCO DE ASÍS ◆ n. en Silao, Gto., y m. en el DF (1852-1931). Médico y escritor. Colaboró en *El Siglo XIX*, *El Diario del Hogar* y otras publicaciones de la capital. Autor de poesía, una novela (*Leonor*) y obras históricas: *Historia de la medicina*, *La medicina entre los indios mexicanos antes de la conquista*, etcétera.

FLORES VALDÉS, JORGE ANDRÉS ◆ n. en el DF (1941). Doctor en física por la UNAM (1965), en donde ha sido profesor, investigador, director del Instituto de Física (1974-82), del Museo de las Ciencias (1989-92), del Centro Universitario de Comunicación de la Ciencia (1989-) y de Universum (1992-). Realizó estudios de posdoctorado en la Universidad de Princeton (1965-67) y en el International Centre for Theoretical Physics, de Trieste, Italia (1969). Director de la *Revista Mexicana de Física* (1969-73), subsecretario de Investigación Científica y Educación Superior de la SEP (1982-85) y miembro del Consejo Editorial de la revista *Ciencia y Desarrollo*, del Conacyt. Autor de *La gran ilusión I. El monopolo magnético*, *La gran ilusión II. Los cuarks*, *La gran ilusión III. Las ondas gravitacionales* y *La gran ilusión IV. La fusión fría*, entre otras obras. Miembro del Sistema Nacional de Investigadores desde 1985. Presidente de la Sociedad Mexicana de Física (1973-75), de la Sociedad Mexicana para la Divulgación de la Ciencia y la Técnica, y de la Academia de la Investigación Científica (1975-76), misma que le otorgó el Premio de Ciencias en 1972. Ha recibido, además, la Medalla de Universitario Distinguido (1982), el Distinguished Lecturer, otorgado por la Universidad de Texas; los premios Universidad Nacional de Investigación en Ciencias Exactas (1988), Alfonso Pruneda (1991), Joan Antonio Samaranch, de la Olimpiada Cultural en Barcelona (1992), Kalinga, de la UNESCO (1992) y el Nacional de Ciencias y Artes (1994).

FLORES ZARAGOZA, REYES RODOLFO ◆ n. en Ayotlán, Jal. (1933). Licenciado en derecho por la Universidad de Guadalajara, donde ha sido profesor y director de la Preparatoria Tres. Miembro del PRI, en el que fue dirigente juvenil, director del Centro de Estudios Políticos, Económicos y Sociales, presidente del comité estatal de Jalisco y delegado del Comité Ejecutivo Nacional en varias entidades. Ha sido oficial mayor del Ayuntamiento de Guadalajara (1968-70), jefe del Departamento Jurídico del gobierno de Jalisco (1970-73), senador suplente y propietario y tres veces diputado (1973-76, 1979-82 y 1985-88).

FLORESCANO MAYET, ENRIQUE ◆ n. en San Juan Coscomatepec, Ver. (1937). Licenciado en derecho y en historia por la Universidad Veracruzana (1956-60), maestro en historia por El Colegio de México (1963-64) y doctor por La Sorbona (1966-67). Profesor en centros de enseñanza superior. Miembro del PRI. Ha sido jefe del Departamento de Investigaciones Históricas (1971-77), director de Estudios Históricos (1977-82) y director general del INAH (1982-88); y coordinador de Proyectos Históricos del Consejo Nacional para la Cultura y las Artes (1988-). Es presidente del Comité Técnico del Fondo de Estudios e Investigación Ricardo J. Zevada y de la Fundación Nexos, A.C. (1991-). Director de *Historia Mexicana* (1971-73) y director-fundador de *Nexos* (1978-82). Coautor de *Agricultura e industria textil de Veracruz* (1965), *Bibliografía general del maíz en México* (1966), *El sector externo y la organización espacial y regional de México 1521-1910* (1974) y *Epoca Colonial*, en *Historia Gráfica de México.*(1988). Coordinador de *El patrimonio nacional de México* (2 t., 1997). Autor de *Precios del maíz y crisis agrícolas en México 1708-1910* (1969), *Estructuras y problemas agrarios de México 1500-1821* (1971), *Origen y desarrollo de los problemas agrarios de México 1500-1821* (1976), *México en 500 libros* (1987), *Memoria mexicana* (1987), *El nuevo pasado mexicano* (1991), *Tiempo, espacio y memoria histórica entre los mayas* (1992) y *El mito de Quetzalcóatl* (1993). Beca Guggenheim 1990-91. Es miembro de la Academia de la Investigación Científica. Presidió el Comité Mexicano de Ciencias Históricas (1975-78), afiliado al Comité Internacional de Ciencias Históricas. Premio Fray Bernardino de Sahagún (1970) y Premio de Ciencias Sociales de la Academia de la Investigación Científica (1976). En 1988 ingresó en la Academia Mexicana de la Historia. Pertenece al Sistema Nacional de Investigadores (1990).

FLÓREZ Y GUTIÉRREZ DE TERÁN, JUAN MARÍA ◆ m. en la ciudad de México (?-1871). Fue diputado, senador, gobernador del Distrito Federal (1847) y del Estado de México (1849), así como presidente del ayuntamiento de la capital.

FLORIDO ◆ Río que nace en la vertiente este de la sierra Madre Occidental, en el estado de Durango. Corre con dirección oeste-noroeste a este-sureste, recibe el caudal del Canutillo, entra en Chihuahua y le tributan los ríos Valsequilla y Valle de Allende; después de pasar por Ciudad Jiménez corre hacia el noroeste, recibe las aguas del Parral y cerca de Ciudad Camargo se une al Conchos.

FMI ◆ ☞ *Fondo Monetario Internacional*.

FOGLIO MIRAMONTES, FERNANDO ◆ n. en Temosachic, Chih., y m. en el DF (1906-1972). Ingeniero agrónomo por la Escuela Superior de Agricultura de Ciudad Juárez (1925). En el periodo presidencial de Lázaro Cárdenas fue director de Estadística y subsecretario de Agricultura (1938-40). Jefe del Departamento Agrario (1940- 44), gobernador de Chihuahua (1944-50) y director general del Banco Nacional de Crédito Ejidal desde 1970 hasta su muerte. Su cadáver fue trasladado a Tijuana. Autor de una *Geografía económica agrícola de Michoacán* (1936).

FOIX, PERE ◆ n. y m. en Cataluña (?-1978). Historiador y periodista. Fue miembro del equipo editor de las revistas *Mañana* y *Acción*, de Barcelona, y redactor de los diarios *El Pueblo Gallego*, de Vigo, y *Solidaridad Obrera* y *La Humanitat* de la capital catalana. Combatió en favor de la República durante la guerra civil española y al triunfo del fascismo se exilió en México, donde vivió hasta 1978. Aquí se dedicó a la historia y escribió una biografía de Lázaro Cárdenas. Autor de *Juárez* (1949).

FOLKLORISTAS, LOS ◆ Grupo musical constituido en 1966 en el Distrito Federal para "interpretar y difundir por todos los medios a su alcance la música folklórica y el nuevo canto latinoamericano". Hasta de 1999 habían ofrecido cerca de 3,000 recitales en México y decenas de países de América y Europa. Han grabado 25 discos de larga duración en México 14 CD; en Francia tres; dos en Argentina, Alemania, Brasil y España; uno en Italia y otro en Cuba. Sus integrantes manejan alrededor de un centenar de instrumentos. Han hecho cortos para cine y televisión. En 1970 fundaron la Peña de los Folkloristas que, hasta 1975 en que la cerraron, fue escenario de los principales artistas latinoamericanos del género. Forman el conjunto Olga Alanís, Gabriela Rodríguez, Efrén Vargas, Enrique Hernández, Adrián Nieto, José Ávila y René Villanueva. Gabriel Armendáriz es el técnico sonidista.

FOLLIES BERGERE ◆ Teatro de la ciudad de México. Fue inaugurado en 1936. Cantinflas tuvo ahí una exitosa temporada. Manuel Medel, Palillo, Borolas y otros cómicos pasaron por este escenario en sus mejores momentos. Fue cerrado a raíz del sismo de 1957. Reabierto años después volvió a ser clausurado.

FONAPAS ◆ ☞ *Fondo Nacional para Actividades Sociales.*

FONART ◆ ☞ *Fondo Nacional para el Fomento de las Artesanías.*

FONCERRADA MORENO, JUAN ◆ n. y m. en el DF (1935-1993). Licenciado en economía por la UNAM (1953-57), donde fue profesor (1960-63). Miembro del PRI desde 1972. Fue coordinador general de delegaciones del Infonavit (1973-76), director de Análisis de la Dirección General de Crédito de la Secretaría de Hacienda (1978-80), jefe de asesores del secretario de Hacienda (1982), director del Banco Refaccionario de Jalisco (1982) y oficial mayor

de la Secretaría de Hacienda (1982-86). Autor del *Manual de disposiciones sobre fomento industrial* y del *Manual de estímulos fiscales a la exportación y ventas fronterizas.* Miembro del Colegio Nacional de Economistas y cofundador de la Asociación Nacional de Economistas Consultores.

FONDO DE CULTURA ECONÓMICA ◆ Empresa editorial fundada en 1934 por Daniel Cosío Villegas, Emigdio Martínez Adame, Gonzalo Robles, Jesús Silva Herzog y Eduardo Villaseñor, quienes constituyeron el primer cuerpo directivo. A ellos se adhirieron Manuel Gómez Morín y Adolfo Prieto. Cosío Villegas fue su primer director (1934-48) y le sucedieron en el cargo Arnaldo Orfila Reynal (1948-65), Salvador Azuela (1965-70), Antonio Carrillo Flores (1970-72), Francisco Javier Alejo (1972-76), José Luis Martínez (1976-82), Jaime García Terrés (1983-89) y Miguel de la Madrid Hurtado (1989-). Entre 1973 y 1976 Guillermo Ramírez fue director adjunto. Cuenta Cosío Villegas en sus memorias que, a mediados de la década de los veintes, un grupo de jóvenes alumnos de Derecho se empeñó en el estudio de una disciplina prácticamente desconocida en México, aun en los ámbitos académicos: La economía. El grupo fundó la Escuela de Economía como filial de la Facultad de Derecho de la Universidad Nacional, con lo que se tornó imperativo traducir y publicar textos de economía. Proyecto descomunal, se le ofreció a la editorial española Espasa Calpe, que lo rechazó. La solución fue fundar el FCE, que inició operaciones con un capital de 22 mil pesos. En 1934 apareció el primer número de la revista de la editora *El Trimestre Económico,* y en 1935 vieron la luz los dos primeros títulos: *El dólar plata,* de William P. Shea, traducido por Salvador Novo, y *Karl Marx,* de Harold J. Laski, traducido por Antonio Castro Leal. En sus inicios esta casa editora fue un fideicomiso ejercido por el Banco Nacional Hipotecario Urbano y de Obras Públicas. En 1943 el Banco de México se convirtió en fiduciario; el 6

El moderno edificio del Fondo de Cultura Económica, obra de Teodoro González de León

de diciembre de 1967 cedió sus derechos de fideicomitente al Gobierno Federal representado por la Secretaría de Hacienda y en 1977 tales derechos quedaron en manos de la Secretaría de Educación Pública. El Fondo sucursales en Buenos Aires (1945), Santiago de Chile (1954), Madrid (1963), Caracas (1973) Bogotá (1975) y Lima (1975). En 1972 puso en servicio dos librerías en la capital mexicana y al año siguiente cinco más; entre 1974 y 75 se abrió otra librería en el Distrito Federal y cuatro en provincia. Durante 1973 se creó Ediciones FCE España y la empresa filial Fondo de Cultura Internacional. Dos años después se adquirieron dos plantas industriales y fue constituida la firma Comercial Fondo de Cultura. En 1976 se fundaron las filiales Fondo de Información y Computación, Distribuidora Nacional FCE, Audiovisual Fondo de Cultura, Agencia Literaria e Inmobiliaria Fondo de Cultura Económica. Al año siguiente se cancelaron varias de las empresas filiales y salvo una librería las demás pasaron a manos de la Secretaría de Educación. En ese año sólo quedaron como parte del sistema Fondo de Cultura la propia editorial, la Distribuidora Nacional y Fondo de Cultura Internacional, así como las plantas industriales; Ediciones FCE España y las sucursales iberoamericanas. A inicios de la última década del siglo XX, el FCE había publicado 4 mil títulos y alrededor de 4 millones de ejemplares, es decir, un promedio de 3 mil libros por día. Su primer domicilio estuvo en la calle Madero número 32, de donde pasó a Río Pánuco 63 y de ahí a sus propias instalaciones en avenida Universidad 975, construidas por el arquitecto Enrique de la Mora y Palomar, con una Minerva-cariátide del escultor H. Hoffman-Isenburg. Más tarde se instalaría definitivamente en su edificio de la carretera Picacho-Ajusco construido por el arquitecto Teodoro González de León. En 1989 el FCE obtuvo el Premio Príncipe de Asturias de Comunicación, por el amplio programa de publicaciones y por su labor intelectual, sostenida ininterrumpidamente por más de medio siglo.

FONDO MONETARIO INTERNACIONAL

◆ Organismo financiero multinacional que inició sus actividades en 1945. Nació como consecuencia de los acuerdos adoptados el año anterior en Bretton-Woods, EUA, por delegados de 44 países, entre ellos México. Los Estados integrantes tienen cuotas diferentes y, de acuerdo con ellas, disponen de un cierto número de votos y de un monto de divisas proporcional a su aportación. México puso uno por ciento de los recursos iniciales del Fondo. Concebido para armonizar los intereses monetarios y comerciales de sus integrantes, procurar la estabilidad cambiaria y contribuir a la implantación de un sistema generalizado de pagos, el Fondo se ha convertido en instrumento de las potencias occidentales, especialmente de Estados Unidos, que aporta la cuarta parte de las cuotas, lo que sumado a las aportaciones de otros países

industrializados representa alrededor de tres cuartas partes de los recursos totales, en tanto que los países llamados en vías de desarrollo han puesto aproximadamente un 25 por ciento de los recursos. Así, dichas potencias, de acuerdo con su particular interés, imponen sus decisiones a otros países miembros. Desde 1970 se asigna a los Estados integrantes una cantidad determinada de derechos especiales de giro (DEG), valores contabilizados en dólares que sirven para hacer frente a los desequilibrios de la balanza de pagos. Cuando las dificultades financieras de una nación adquieren gravedad, ésta envía una "carta de intención" al FMI y éste, si la aprueba, facilita recursos adicionales al solicitante. Tal mecanismo permite a las grandes potencias, que tienen la decisión en sus manos, intervenir en la política económica de los países pobres, lo que vulnera la independencia de éstos. El FMI, para respaldar los proyectos de las naciones llamadas en vías de desarrollo, impone condiciones como, por ejemplo, reducir el gasto público, liberalizar precios, disminuir los salarios en términos reales y dar facilidades a la inversión extranjera. En los países pobres, donde el Estado es el principal inversionista y de cuyo gasto depende en buena medida la actividad económica, la política del FMI impide el crecimiento del producto, abate el nivel de vida de la población, encarece los bienes y servicios, ocasiona desempleo y propicia la fuga de divisas.

FONDO NACIONAL PARA ACTIVIDADES SOCIALES

◆ Organismo del sector público creado por decreto presidencial publicado el 31 de enero de 1977. Se le asignaron tareas de promotor del bienestar social y de difusor cultural. Puesto bajo el mando de la esposa del Presidente en turno, duplicó funciones con las diversas dependencias del Estado encargadas de las mismas labores. A mediados de los años ochenta otro decreto ordenó su liquidación y desaparición.

FONDO NACIONAL PARA EL FOMENTO DE LAS ARTESANÍAS

◆ Fideico-

miso del gobierno federal creado el 28 de mayo de 1974. Tiene entre sus fines preservar, comercializar y difundir la obra de los artesanos mexicanos. Han sido sus directores Tonatiuh Gutiérrez (1974-77), Rodolfo Becerril Straffon (1977-86), María del Carmen Elías Bachir (1986-94) y María Esther Echeverría Zuno (1994-).

FONDO PIADOSO DE LAS CALIFORNIAS

◆ Se constituyó, mediante donativos de particulares, por disposición de Carlos II para financiar la misión evangelizadora de los jesuitas en ambas Californias. Los bienes que integraban el fondo eran propiedad de la corona, lo que persistió al ser expulsados los jesuitas en 1767 y al abolir el papa Clemente XIV la compañía en 1773. Al consumarse la independencia el fondo pasó a manos del Estado mexicano. En 1834, al erigirse la diócesis de California, el primer obispo, Francisco García Diego y Moreno, se convirtió en administrador del fondo. Después de la guerra del 47, en la cual México perdió la mitad de su territorio, las misiones de la Alta California dejaron de pertenecer a la Iglesia mexicana. Los Tratados de Guadalupe Hidalgo obligaban a Estados Unidos a responsabilizarse por las reclamaciones de quienes hubiesen quedado en territorios que pasaron a su jurisdicción. En 1859 los obispos de San Francisco y Monterrey, California, solicitaron al gobierno de Estados Unidos que reclamara ante el de México los intereses del Fondo que, según ellos, les correspondían. El gobierno de Washington demandó al de México por lo anterior y ambos acordaron integrar una Comisión Mixta para analizar ésta y otras reclamaciones. Para decidir si la comisión daba entrada a la exigencia estadounidense, los representantes de ambas naciones recurrieron al arbitraje del embajador británico en Washington, quien no dictaminó solamente si procedía dar curso a la reclamación, sino que juzgó sobre el caso y emitió sentencia, condenando a México a pagar la mitad de los intereses que demandaban los obispos californianos, que era poco más de 900,000 dólares. Durante el porfiriato, las exigencias de los jerarcas eclesiásticos estadounidenses se renovaron. Pidieron entonces el pago de los intereses que hubiera rendido el Fondo desde 1870. El caso se remitió en 1902 al Tribunal de La Haya, que con él inició sus actividades, y de nuevo México perdió el caso, resultando obligado a pagar cerca de millón y medio de dólares de intereses presuntamente vencidos y a dar a los obispos de California 43,000 dólares anuales a partir de entonces. Durante más de medio siglo, el caso dio pie a forcejeos diplomáticos y a reiteradas reclamaciones de los obispos estadounidenses por la morosidad de supuesto deudor. En el sexenio de Adolfo López Mateos el caso nuevamente fue objeto de negociaciones junto con la reclamación sobre El Chamizal. La parte mexicana logró que Estados Unidos renunciara al pago anual a perpetuidad a cambio de 716,546 dólares que se pagaron en 1967 y el asunto quedó liquidado.

FONS, JORGE ◆ n. en Tuxpan, Ver. (1938). Cineasta. Estudió en el Centro Universitario de Estudios Cinematográficos. Hizo estudios de teatro con Seki Sano y Enrique Ruelas. Dirigió la obra de teatro *El corrido de Pablo Damián* de Héctor Azar. Fue asistente del fotógrafo Walter Reuter. En septiembre de 1986 fue elegido secretario general de la Sección de Autores del Sindicato de Trabajadores de la Producción Cinematográfica. Se inició como director con el episodio *La sorpresa* de la película *Trampas de amor* (1968), que ganó la Diosa de Plata. Fue el realizador de un episodio en los filmes *Tú, yo, nosotros* (1970) y *Fe, esperanza y caridad* (1972). Entre las cintas que ha realizado se cuentan *El quelite* (1969), *Los cachorros* (1971), *Yori, Cinco mil dólares de recompensa, Los albañiles* (1976), *Así es Vietnam* (documental, 1980), *Templo mayor, Indira, Diego, Rojo Amanecer* y *El callejón de los milagros* (1994), ganadora del Premio de Fecimex a la mejor película, de mención especial en el Festival de Berlín, once Arieles, cinco Diosas de Pla-

ta, un Heraldo y de la Espiga de Plata del Festival de Valladolid.

FONSECA, JOSÉ URBANO ◆ n. y m. en la ciudad de México (1792-1871). Durante la invasión estadounidense de 1847 fundó el hospital de San Pablo para atender heridos de guerra. Fue ministro de Justicia (septiembre de 1851 a septiembre de 1842) y de Relaciones Interiores y Exteriores (marzo de 1852) con el presidente Mariano Arista. Se le dio el título de director honorario de la Academia de San Carlos. Creó la Escuela de Sordomudos y fue cofundador del Conservatorio y la Escuela Nacional de Agricultura. Colaboró con los invasores franceses y el imperio de Maximiliano.

FONSECA ÁLVAREZ, GUILLERMO ◆ n. en San Luis Potosí, SLP (1934). Licenciado en derecho por la UASPL, de la que fue profesor. Miembro del PRI, dentro del cual ha sido presidente del comité estatal potosino, director general del IEPES, presidente del comité del Distrito Federal, secretario general de la CNOP, delegado ante la Comisión Federal Electoral y ante la Copppal. Fue agente del Ministerio Público, dos veces diputado federal, presidente municipal de la capital potosina, senador de la República, gobernador de San Luis Potosí (1973-79), subsecretario de Asuntos Agrarios de la SRA (1981-82), gerente general del CAPFCE (1988- 92) y oficial Mayor de la SSA (1992-94).

FONSECA GARCÍA, JORGE ◆ n. en Teopisca, Chis. (1947). Es físico matemático por el IPN (1964-67) y doctor en física y matemáticas por la Universidad de Sheffield, Inglaterra (1968-71). Profesor e investigador del IPN. También ha ejercido la docencia en el ITAM y el Conacyt. Trabaja desde 1967 para el sector público, en el que ha sido gerente de Materiales del ININ (1979-80), coordinador del Comité de Evaluación de Programas de Posgrado en Metalurgia del Conacyt (1984-), director del Centro de Ingeniería y Desarrollo Industrial de la SEP (1984-85) y coordinador del Instituto Mexicano de Investigaciones en Manufacturas Metal-

mecánicas del mismo Conacyt (1985-). Autor de *Análisis de la situación actual de grupos que prestan servicios a la industria metalúrgica y de manufacturas metálicas* (1972), *Propagación transiente de grietas dinámicas* (1972), *Problemas lineales de grietas* (1973) y *Expansión de una grieta antiplanar de forma autosimilar general* (1973).

FONSECA NOTARIO, FRANCISCO MANUEL ◆ n. en el DF (1939). Licenciado en relaciones internacionales por la UNAM (1957-61). Miembro del PRI desde 1969. Ha sido jefe del Departamento Editorial del ISSSTE (1967-71), subdirector de Notimex (1968-70), director general de la Comisión de Radiodifusión de la Secretaría de Gobernación (1970-77), director de Promoción y Publicidad de Fonatur (1979-83); secretario de la Delegación Benito Juárez (1983- 84), director de Turismo del DDF (1984) y director general de Comunicación Social de la PGR (1985-88).

FONTANALS MATEU, MANUEL ◆ n. en Cataluña, España, y m. en el DF (1895-1972). Llegó a México en 1936 con la compañía teatral de Margarita Xirgu. En 1938 se inicia como escenógrafo cinematográfico con *María*, de Chano Urueta. Participó en más de 200 películas, entre ellas *Miente y serás feliz*, que le mereció un premio de la Asociación de Periodistas Cinematográficos, y *El niño y la niebla, La culta dama* y *El castillo de la pureza*, por las que ganó Arieles (1954, 1958 y 1973). Destacó también como escenógrafo teatral y decorador de interiores.

FONTANELLY VÁZQUEZ, ALEJANDRO ◆ n. Centla y m. Villahermosa, Tab. (1953-99). Pintor. Realizó estudios en la Universidad Autónoma de Tabasco, en la UNAM, en la UAM y en el INBA. Expuso en galerías de Nueva York y Cuba. Los desnudos son tema recurrente en su obra, aunque también realizó retratos como los de Carlos Pellicer y Emiliano Zapata. Miembro fundador del grupo Arte y Movimiento. Militó en el PRD, donde se desempeñó como secretario de Cultura y Propaganda del comité estatal tabasqueño.

Rojo Amanecer,
película de Jorge Fons

FOPPA FALLA, ALAÍDE ◆ n. en España y m. en Guatemala (1914-1982). Poeta. Pasó la niñez en Argentina y la juventud en Italia y España. Vivió desde 1944 en Guatemala donde se casó con el político comunista Alfonso Solórzano, a quien en 1954 acompañó en su exilio mexicano de 20 años. Aquí fue profesora de literatura italiana en la UNAM, donde fundó la cátedra de sociología de la mujer. Colaboró en *La Onda*, suplemento de *Novedades*, y en otras publicaciones literarias de la capital del país. Fundó y dirigió el programa *Foro de la mujer* en Radio Universidad. Cofundadora de Nueva Cultura Feminista, asociación editora de la revista *Fem*, a cuya dirección colectiva perteneció. A fines de 1980, en Guatemala, fue secuestrada por un comando militar y asesinada por sus captores después de un año de privación de la libertad. Su obra lírica está en los volúmenes *Poesías* (1945), *La sin ventura* (1955), *Los dedos de mi mano* (1958), *Aunque es de noche* (1959), *Guirnalda de primavera* (1965), *Elogio de mi cuerpo* (1970) y *Las palabras y el tiempo* (1979), todos, salvo los dos primeros, editados en México, donde también apareció *La poesía de Miguel Ángel* (1966), con traducción, prólogo y un poema de ella misma. Tradujo asimismo *El ave fénix*, de Paul Elouard, y *Los sepulcros, sonetos y una oda*, de Ugo Foscolo. Sus *Obras completas* aparecieron en 1982. En 1952 obtuvo el primer lugar del Certamen Centroamericano de Poesía y Letras con *Aunque es de noche*.

FOREY, ELÍAS FEDERICO ◆ n. y m. en Francia (1804-1872). Militar. Dirigió la intervención francesa desde octubre de 1862. Ocupó Puebla y México, instauró la Junta de Notables y gobernó hasta octubre de 1863.

FORMA ◆ Revista fundada y dirigida por Gabriel Fernández Ledesma con el patrocinio de la Secretaría de Educación Pública y la Universidad Nacional de México. Está considerada la primera publicación latinoamericana especializada en artes plásticas y artesanías. El número uno corresponde a octubre de

Elías Federico Forey

1926 y el séptimo y último a 1928 sin que especifique fecha. Como "censor", en su calidad de representante de las instituciones patrocinadoras, figuró Salvador Novo, quien llegó a insertar, bajo un artículo de Anita Brenner sobre Siqueiros, que *Forma* acogía la obra de este pintor "por lo que de firme expresión plástica significa, sin que le interesen, ni menos apruebe sus ideas filosóficas o políticas".

FORMOSO DE OBREGÓN SANTACILIA, ADELA ◆ n. y m. en el DF (1905-1981). Feminista y pedagoga. Creó con Luis G. Saloma la primera orquesta mexicana integrada exclusivamente por mujeres (1926). Formó parte del Ateneo Mexicano de Mujeres (1934-). Fundó la Universidad Femenina de México (1943) y la de Guadalajara (1951). Presidenta de la Asociación Mexicana pro Nutrición Infantil y del Comité Mexicano pro Niños Desvalidos (1948). Autora de *Espejito de infancia*, *Adolescencia* y la pieza teatral *Ya nalté*.

FORNÉS, ROSITA ◆ n. en Nueva York, EUA (1923). Cubana por naturalización. Vedete. Su nombre real es Rosalía Palet Bonavía. Inició su carrera en la compañía que dirigía el músico Ernesto Lecuona. Trabajó en México en teatro de revista con presentaciones en los teatros Tívoli y Lírico. Contrajo nupcias con el cómico Manuel Medel, de quien tuvo una hija. Trabajó en 15 películas mexicanas. En 1990 se presentó en el Distrito Federal, Guadalajara y Monterrey con el espectáculo *Un reencuentro con México*.

FORTÍN ◆ Municipio de Veracruz contiguo a Córdoba. Superficie: 73.21 km². Habitantes: 42,990, de los cuales 11,388 forman la población económicamente activa. Hablan alguna lengua indígena 365 personas mayores de cinco años (náhuatl 268). La cabecera es Fortín de las Flores y ahí se produjo la primera batalla contra los invasores franceses en 1862.

FORTSON, JAMES R. ◆ n. en el DF (1938). Periodista. Se tituló como contador público en Estados Unidos. Colaboró en publicaciones neoyorquinas

antes de fundar en México *D'Etiqueta* (1962), *Caballero* (1965), *Dos: él y ella* (1969), *El* (1971), *Ella* (1971), *Eros* (1975), *Revista del Consumidor* (1976) y *Papeles* (1977-). Ha colaborado en *El Sol de México*, *Excélsior* y otros diarios capitalinos. Conductor de los programas *Aplausos*, *Ciudad-ciudad*, *Conversaciones con Jimmy Fortson*, *La tribuna de la opinión pública*, *Visita y opinión*, *Forjadores del México moderno*, *Cara a cara* y *La pareja humana*, en los Canales 11 y 13 de televisión. Director del Instituto Cultural Domecq. En 1975 el gobierno prohibió la revista *Eros*. El y otros intelectuales denunciaron el hecho como lesivo a la libertad de expresión. Coautor de *Perfil de un escritor* y *El reto*. Autor de *Perspectivas mexicanas desde París. Un diálogo con Carlos Fuentes* (1974) y de *Cara a cara*, título que ha dado a varios volúmenes de entrevistas. Bajo su coordinación se escribieron y editaron los libros *Los gobernantes de Oaxaca. Historia 1823-1986* (1986), *Los gobernantes de Querétaro. Historia 1823-1987* (1987), *Los gobernantes de Nuevo León. Historia 1823-1989* (1989), *El dinero de plástico* (1990) y *Cuauhtémoc Cárdenas, un perfil humano* (1997). Ha recibido dos premios del Club de Periodistas de México (1974 y 1979); el Premio Nacional al Arte Editorial (1978-79) y un Teponaxtli de Malinalco como entrevistador del año (1981).

FOSSEY, MATHIEU DE ◆ n. y m. Francia (1805-¿1870?). Vino a México en 1831 como integrante de la expedición que habría de fundar una colonia en Coatzacoalcos. Fracasada esta experiencia, radicó en las ciudades de Veracruz, México y Colima. En ésta fue nombrado director de Educación. Salió del país a mediados de siglo. Autor de *Viaje a México* (1844) y *Le Mexique* (1857).

FOSTER, JOHN WATSON ◆ n. y m. en EUA (1836-1917). Abogado. Se mantuvo en el bando antiesclavista durante la guerra civil de su país. Fue representante diplomático del gobierno estadounidense en México durante el gobierno de Lerdo de Tejada. Se negó a reconocer a Porfirio Díaz. Fungió como asesor de la embajada mexicana en Washington. Autor de varias obras de interés para México: *France, le Mexique et les Etats Confédérés* (1863), *Maximilian and his Mexican Empire* (1905) y *Diplomtic Memoirs* (1909, editada aquí como *Memorias diplomáticas de Mr. Foster sobre México*, 1929).

FOTOGRAFÍA ◆ Se atribuye a Leonardo da Vinci el descubrimiento de la cámara oscura, hacia el año 1500, pero en rigor la fotografía se inicia con el empleo de las sales de plata, cuya sensibilidad a la luz fue descubierta en el siglo XVIII. Nicéforo Niepce fue el primero en sensibilizar una placa con tales sustancias a fin de obtener la imagen no sólo de siluetas sino también de objetos con volumen (1826). Louis Jacques Mandé Daguerre, colaborador de Niepce, perfeccionó los descubrimientos de éste e introdujo innovaciones que contribuyeron decisivamente a la popularización de la fotografía, entre otras la fijación permanente de las imágenes captadas (1838). Si bien Daguerre no pudo explotar industrialmente sus descubrimientos y los cedió al Estado francés, pronto se conoció en todo el mundo el daguerrotipo, cámara oscura capaz de imprimir imágenes por el efecto de la luz sobre placas de plata con un soporte de cobre sensibilizadas con vapores de yodo o bromuro de plata, las que debían someterse a un complicado proceso de revelado para tener las fotografías deseadas en un solo ejemplar, pues no eran reproducibles, de ahí que a las impresiones también se les llamara daguerrotipos. Los aparatos de Niepce y Daguerre fueron imitados y comercializados. Algunos de estos artefactos llegaron a México en la cuarta década del siglo pasado. Según el maestro en Ciencias y Artes de la Imagen, Fernando Osorio Alarcón, los primeros equipos de daguerrotipo llegaron a México el 3 de diciembre de 1839 importados por los hermanos Laverger, aunque se cree que el primero en disponer de un daguerrotipo fue el secretario de la legación francesa, Jean Louis de Gross, quien estuvo aquí entre 1832 y 1836.

Existen daguerrotipos tomados en México entre 1839 y 1842, que fueron exhibidos en Museo Internacional de Fotografía y cine de Nueva York en 1997. Se trata de imágenes del Palacio de Minería, el Fuerte de San Juan de Ulúa, la Catedral Metropolitana, el monumento a Carlos IV y el calendario azteca, fotos que pertenecen a la colección de Gabriel Cromer. Sobre la autoría de dichos daguerrotipos, Fernando Osorio Alarcón establece la hipótesis de que las placas pudieron haber sido tomadas por Fanny Calderón de la Barca con un equipo de daguerrotipo que el pintor William Prescott le envió desde Boston, aunque una carta de la marquesa, de fecha 20 de noviembre de 1841, revela que fue su marido quien se ocupó en captar imágenes. La época de que datan las placas fue establecida a partir de que en una de ellas aparece El Parián, edificio que fue derruido en 1843. En enero de 1840 Louis Prélier se estableció en Plateros 9, donde presentó al público su aparato para captar imágenes. Lo mismo hizo el estadounidense H. J. Halsey, quien abrió su taller en Cadena 13, en la capital del país. Al año siguiente el estadounidense R. W. Hoit puso un negocio en el hotel Iturbide, también en la capital, y a la península de Yucatán llegó el alemán Emmanuel de Friedrichsthal, quien llevaba consigo un daguerrotipo para tomar vistas de las ruinas mayas. En la ciudad de Campeche lo mostró a todo aquel que lo solicitaba y algunos ciudadanos fueron retratados por él. John Lloyd Stephens, quien recorrió las ruinas mayas, fue su competidor en Mérida, donde hizo retratos mientras emprendía su segundo viaje con fines arqueológicos. Al año siguiente, Filogonio Daviette empezó a vender "vistas de la villa y templo de Nuestra Señora de Guadalupe", dice Olivier Debroise, a lo que siguió la reproducción de la tilma de Juan Diego e imágenes de santos. Pronto, entre los sectores acomodados de la sociedad mexicana surgieron aficionados que empleaban los aparatos para tomas familiares o de paisajes.

Solamente entre 1840 y 1844, según el mismo Debroise, se importaron unos cincuenta daguerrotipos, además de diversos accesorios. Se abrieron estudios en varias ciudades mientras otros fotógrafos llevaban su cámara al hombro, como el francés Tifferau, quien viajó por Tamaulipas, Colima y Jalisco haciendo retratos y captando el paisaje. Durante la intervención estadounidense de 1846-47, varios fotógrafos acompañaron al ejército invasor y dejaron para la posteridad interesantes vistas de las ciudades ocupadas y de sus habitantes. Esa es, además, la más antigua guerra de la que existen testimonios fotográficos. En 1850 había en la capital siete estudios de otros tantos fotógrafos. A partir de los años cincuenta se inició

Aparato fotográfico de fines del siglo XIX

El fotógrafo del pueblo, dibujo aparecido en *El Mundo Ilustrado*

El Mundo Ilustrado

la popularización de la fotografía, sobre todo del retrato, al imprimirse sobre papel sensible lo captado por la placa, procedimiento que permite obtener más de un ejemplar y fue fundamental para reducir costos del hasta entonces aristocrático arte. Fue en 1859 cuando ocurrió el primer debate público que tuvo como tema la fotografía. Rodolfo Díaz González discutió con Jean Mari Balbontin sobre la calidad de los "retratos de bulto" que éste ofrecía. En 1860 la capital contaba ya con treinta estudios y los retratistas más solicitados eran Rodolfo Jacobi, Orellana, los citados Balbontín y Díaz González, Curtis y Chauner, Maxwell y Pleasants, Latapí y Martell. En ese año Julio Michaud publicó el *Album fotográfico mexicano* con tomas de la capital hechas por Désiré Charnay (a quien no se da crédito) y texto de Orozco y Berra. Durante la intervención y el imperio vino un nutrido grupo de fotógrafos extranjeros, esta vez franceses, con la tarea de captar imágenes de los ejércitos de Napoleón III, de los emperadores y sus cortesanos, quienes competían en la exhibición de sus vanidades ante la lente. Sólo en 1864 se abrieron 21 estudios fotográficos, lo que muestra el interés de los retratados por perpetuarse en imagen. Idos los invasores y fusilado el emperador, fueron los triunfantes generales del liberalismo los que posaron para las cámaras. A la muerte de Juárez, en 1872, los señores Cruces y Campa declararon que habían vendido 20 mil copias del retrato del ex presidente. Dos años más tarde, estos mismos fotógrafos inciarían un proyecto más ambicioso: editaron en tarjetas de visita una célebre "Galería de gobernantes, con los retratos de los personajes que han ejercido el poder en México desde Iturbide hasta Lerdo". Otros fotógrafos imitaron el plan con éxito, ampliando la serie a diputados y senadores. Los pioneros de estas "series" elaboraron entonces algo diferente, el conjunto de placas "Tipos mexicanos", trabajo que habría de ser premiado en la Exposición Internacional de Filadelfia en 1876. Los personajes de la vida civil también se pusieron ante la cámara y sus imágenes resultaban cada vez más nítidas por el continuo perfeccionamiento que experimentaba la fotografía en Europa y Estados Unidos. Olivier Deborise señala que desde el momento en que los químicos mejorados y las lentes más precisas de los aparatos daguerrianos lograron "capturar" la figuar humana y reducir el tiempo de las sesiones de pose de 20 minutos a sólo uno, los fotógrafos se abocaron casi exclusivamente al retrato. Esa amplia clientela era atendida en la capital por los 74 estudios fotográficos registrados, donde había especialistas en retoque y coloreado. Además, ya había daguerrotipistas establecidos en las ciudades más importantes de México como Veracruz, Puebla y Guadalajara. En mayo de 1872, un periodista comentó en *Le Trait d'Union*, periódico en francés publicado en la ciudad de México, que "el arte de la fotografía se ha vuelto en nuestros días de una aplicación tan general, que las familias tienen a su fotógrafo como a su abogado o a su médico de cabecera". En 1888 George Eastman patentó la primera cámara ligera, portátil, con un mecanismo mucho menos complejo. MM. Concha, en 1880, y Natalia Banquedano en 1895, son las primeras mujeres fotógrafas reconocidas como

Foto de un fotógrafo callejero de Agustín Casasola

Tina Modotti en su exposición

tales. En su primer número, del 4 de noviembre de 1894, *El Mundo Ilustrado*, semanario que se editaba en Puebla, publicó las fotos en medio tono de varios ciclistas, sin embargo, sería en su segundo número, del 11 de noviembre del mismo año, en que una foto noticiosa ocuparía casi toda la portada. Era una toma nocturna del interior del teatro de la Paz, de San Luis Potosí, en la función inaugural. El autor de la toma fue Emilio G. Lobato. La apertura de talleres de rotograbado abrió paso a la fotografía periodística y para 1906, además del célebre Agustín V. Casasola, trabajaban como fotógrafos de prensa Antonio Garduño, Jerónimo Hernández, Manuel Ramos, Abraham Lupercio, Víctor León, Luis Santamaría, Adrián Hernández y Ezequiel Álvarez Tostado, la mayor parte de los cuales anduvo con los ejércitos revolucionarios. Entre los corresponsales de guerra que estuvieron en México durante la revolución, vinieron algunos con sus cámaras, el más famoso de los cuales es el estadounidense John Reed. Otros, radicados en México desde antes, como Hugo Brehme, realizaron una obra en la que plasmaron estampas revolucionarias cuyo valor crece con el tiempo. La primera guerra mundial hizo necesario perfeccionar las máquinas fotográficas. Las firmas que se disputaban el mercado internacional pusieron a sus investigadores y técnicos a producir película más rápida, sistemas de revelado e impresión menos complicados y cámaras más pequeñas y ligeras. Por su calidad o su publicidad, una marca destacó sobre las demás: *Kodak*, nombre que, por extensión, se dio durante muchos años a toda cámara portátil. Ésta permitió a los reporteros gráficos estar en el lugar mismo del acontecimiento y captar, lejos de toda pose, a los personajes involucrados. Como, según el decir inglés, las buenas noticias no son noticias, las fotos periodísticas captaron imágenes generalmente crueles. Alfonso Reyes, hacia 1917, comentó sobre una de esas gráficas periodísticas: "La Kodak nos ha revelado —eternizándolo por

ahora— lo que no hubiéramos querido saber. Ya no puede haber alegría en la tierra: ya la Kodak fijó y coaguló el dolor fluido, la gota de sangre del instante. Reactivo abominable del tiempo, su gota casi imperceptible (chischás) congeló todo el aire, todo el ambiente, cogiendo vivos a los hombres que circulaban por él". El trabajo realizado por los fotógrafos durante la revolución mexicana estimuló la conciencia gremial. En 1920, sabedores de que su trabajo ya era parte indispensable del que hacer periodístico, crean la primera Asociación de Fotógrafos de Prensa, con una mesa directiva integrada por Tarditi, Víctor y Miguel Casasola, Rodolfo Toquero, Manuel Melhado, Ezequiel Carrasco, Alvarez Tostado, José Isaac Moreno, Alberto Garduño, Jerónimo Hernández, Abraham Lupercio, Samuel Tinoco y León León. Junto a éstos, que

Los Mayo salen a la calle a captar escenas cotidianas

podrían considerarse los hombres de acción, había crecido la importancia de los fotógrafos de estudio. Entre éstos cabe citar al judeoalemán Guillermo Kahlo, quien durante el porfiriato hizo tomas de los principales edificios mexicanos de varias épocas y que después puso un estudio en el centro de la ciudad de México. Caso aparte es el guanajuatense Romualdo García, autor de retratos por encargo, quien estampó personajes, diferencias sociales y acti-

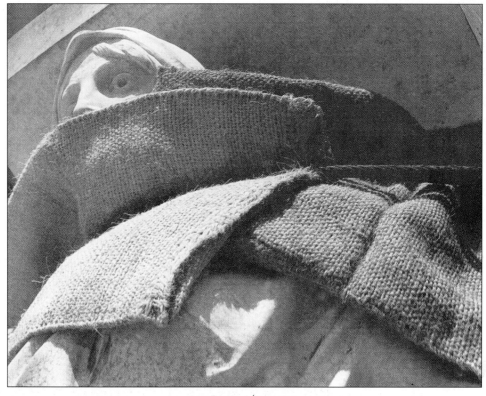

Foto de Manuel Álvarez Bravo

Retrato de Inés Amor realizado por Lola Álvarez Bravo

tudes de una época, todo dentro de su taller. Durante los años veinte destaca Luis Márquez, quien trabaja en su estudio y fuera de él, con lo que logra afinar un estilo en el que destaca el pintoresquismo. Con el surgimiento y desarrollo de la plástica mexicana, son atraídos a México fotógrafos como Alfred Stieglitz, Edward Weston, quien aquí maduró como artista, y su entonces compañera

Nacho López retrata personajes de la ciudad

y discípula, Tina Modotti, la que a fines de esa década era una figura del mundillo cultural y expuso sus fotografías en la Universidad, en una muestra presentada por David Alfaro Siqueiros. La obra de Weston y la Modotti fueron objeto de análisis en la revista *Forma*, donde Diego Rivera escribió un artículo sobre el trabajo de la italiana. El soviético Serguei Eisenstein, director de cine y también fotógrafo, visitó el país en 1929. Sus tomas de México y los mexicanos se reúnen en una exposición que al abrirse al público es presentada por Salvador Novo, quien dice: "es tan legítimo el suscitar una emoción estética por medio de los pinceles como de la Kódak, porque esta emoción depende no de los materiales sino del gusto". En 1923 el entonces muy joven Manuel Álvarez Bravo conoce a Brehme y aprende de él. Poco después trata a Weston y a Tina Modotti. Esta será una influencia determinante en el quehacer de Álvarez Bravo, marcado por el interés social. Otros fotógrafos transitarán, cada uno a su manera, por el mismo camino: Lola Álvarez Bravo, Agustín Jiménez, que pronto opta por el cine, Nacho López, Héctor García, Enrique Bordes Mangel y varios más. Armando Salas Portugal seguiría una ruta distinta, pero profundamente arraigada en lo nacional. La fotografía mexicana se enriquecerá durante los años treinta y cuarenta con las visitas al país de grandes profesionales de la cámara como Paul Strand, Robert Capa y Henri Cartier-Bresson, quien viene por primera vez a México en 1934. En esos años Gabriel Fernández Ledesma escribe una obra que se editaría hasta 1950, pero que indica el interés por el tema: *La gracia de los retratos antiguos*. En 1939, con la experiencia ganada durante la guerra civil española, llegan a México los hermanos Faustino y Paco Mayo, cuyos nombres originales habían sido Faustino del Castillo y Francisco Souza. Como símbolo de su vocación social cambiaron sus apellidos y se hermanaron después de la represión del Día del Trabajo, en el Madrid de 1930, y desde entonces fueron simplemente

Nacho López y su visión de México

los Mayo. A ellos se unieron Julio en 1947 y Pablo en 1952. Trabajando por su cuenta o al servicio de una u otra publicación, los Mayo dan al oficio un tono profesional hasta entonces desconocido. Ellos trabajan cada día, bajo cualquier clima y condición. No hay en su labor preocupaciones esteticistas. "Lo que se busca —dice Faustino— es la imagen del momento político, del instante no solamente noticioso sino histórico". Resultado de ese trabajo de varias décadas es un archivo donde se guardan los acontecimientos clave de la vida nacional. Con ellos el fotógrafo de prensa, hasta entonces anónimo, empieza a obtener crédito por su trabajo. Ese reconocimiento a los reporteros gráficos será una lucha que se resolverá hasta fines de los años setenta, cuando ya parece indiscutido el derecho de los fotógrafos a ver su nombre impreso junto a su trabajo. En la década de los sesenta se consolidó otro grupo de fotógrafos entre los cuales están la también

grabadora Mariana Yampolsky, Pedro Meyer, Enrique Bostelman, José Luis Neyra, Bernice Kolko y algunos otros que, junto a los Álvarez Bravo, los Mayo, Salas Portugal, Héctor García y Nacho López, demuestran con su trabajo que la fotografía mexicana va en ascenso. Prueba del interés que existe por intercambiar puntos de vista y formar a gente nueva es la creación del grupo Arte Fotográfico (1963), del Club Fotográfico de México (1964) o el Grupo 35 (1968). El Grupo Arte Fotográfico estaba integrado por Alan Rosemberg, Antonio Arenas, Antonio Pla, Miracle, Blas Cabrera, Carlos Fernández, David Warman, Héctor Rivera, Jacobo Shein, José Luis del Campo, Luis Tejedo, Manuel Edo, Manuel Monroy, Pedro Figueras, Pedro Meyer y Raúl Díaz González. De vida más o menos precaria y breve, estos núcleos dejan experiencias que serán muy útiles en posteriores intentos de organización. Mientras tanto, surgen

nuevos talentos o se reconoce el de fotógrafos con varios años de trabajo: Lázaro Blanco, Graciela Iturbide y Rogelio Cuéllar son algunos de estos casos. Un nuevo y más duradero intento de organización cristaliza en 1977 con la fundación del Consejo Mexicano de Fotografía, que al año siguiente participa en la creación del Consejo Latinoamericano de Fotografía y organiza el segundo Coloquio Latinoamericano de la especialidad. En 1977 se funda la Fototeca Nacional, que tiene por sede el viejo convento de San Francisco, en la ciudad de Pachuca. Creada originalmente para alojar el valioso Archivo Casasola, al paso del tiempo se ha hecho de nuevos acervos, entre los que destacan una colección de más de ochenta negativos de Tina Modotti, parte del archivo de las revistas *Todo* y *Hoy*, entre otros. A fines de la década de los setenta se produce un giro en la fotografía periodística. En el diario *unomásuno* se reúne en torno al vetera-

Héctor García muestra otro México

Retrato de
Rufino Tamayo en
su taller realizado
por Rogelio Cuéllar

no Héctor García un grupo de jóvenes fotógrafos entre los que están Christa Cowrie, Pedro Valtierra, Marta Zarak y Aarón Sánchez. En ellos se reúne la preocupación por *la noticia* y una búsqueda estética que se realiza con ojos nuevos. En las ceremonias públicas no meten en cuadro el presídium sino lo más ilustrativo de actores y espectadores; van al Congreso y retratan a los diputados dormidos; en la calle recogen imágenes de la vida cotidiana, con su pintoresquismo y sus miserias. Los personajes de la vida pública son sorprendidos en actitudes humanas, lejos del acartonamiento acostumbrado; los rostros pueden ser solemnes, pero se busca arrancarles una expresividad ajena a las fórmulas tradicionales del retrato. Habiéndose dispersado el grupo de *unomásuno*, Pedro Valtierra encabezó en los inicios del diario *La Jornada* (1984) a otros fotógrafos: Marco Antonio Cruz,

Mujeres de Acteal, de Pedro Valtierra, Premio Rey de España 1998

Fabrizio León, Andrés Garay, Luis Humberto González, Rubén Pax y Frida Hartz, quienes durante varios meses profundizan en el nuevo reportaje gráfico que convierte al ciudadano común en protagonista. Algunos fotógrafos de ese periódico fundan en 1986 la agencia Imagen Latina, en la que están el propio Pedro Valtierra, Marco Antonio Cruz, Andrés Garay, Rubén Pax, Herón Alemán y Arturo Fuentes. Hacia 1990 Valtierra se separa y funda Cuartoscuro. En los años noventa abre sus puertas el Centro de la Imagen y Fotozoom deja de ser la única revista estable, pues aparecen *Luna Córnea*, dirigida por Pablo Ortiz Monasterio, y *Cuartoscuro*, del mismo Pedro Valtierra. Olivier Debroise publica una historia de la fotografía en México y surgen algunos críticos, entre los cuales descuella José Antonio Rodríguez. En 1997, el pintor Francisco Toledo funda en Oaxaca un museo de la fotografía y diversas instituciones muestran un interés sin precedente por las imágenes puestas en papel sensible.

FOUCHER, MANUEL ◆ n. y m. en San Juan Bautista, hoy Villahermosa, Tab. (1835-1882). Escritor y político conservador. Publicó poemas en diversos periódicos del sureste. Colaboró con los invasores franceses y el imperio de Maximiliano. Se exilió al triunfo de las armas republicanas. Regresó al país al amparo de la amnistía. Fue diputado al Congreso local y gobernador interino en 1880. Al año siguiente fue vicegobernador y gobernador interino de Tabasco (18 de marzo al 2 de noviembre). Murió asesinado.

FOURNIER VILLADA, RAOUL ◆ n. y m. en el DF (1900-1984). Se tituló como médico cirujano en la Universidad Nacional de México (1924) e hizo cursos de posgrado en Francia. Profesor y director de la Facultad de Medicina de la UNAM (1954-62). Fue director general de Asistencia en el Distrito Federal (1941-44), trabajó para el Instituto de Enfermedades Tropicales, donde fungió como jefe de servicio clínico (1945-54); se desempeñó como jefe de servicio del Hospital General (1945) y senador de la República (1958-64). Colaboró en revistas especializadas, fundó la *Prensa Médica Mexicana* (1936). Autor de *La urbanidad y otros cuentos* (1953), *Bibliografía mexicana del absceso hepático* (1956) y *El cristal con que se mira. La cursilería y padecimientos afines* (1980). Presidió la Academia Nacional de Medicina (1949-51).

FOX, VÍCTOR ◆ Pseudónimo con el que los publicistas Rafael Cutberto Navarro y Modesto Vázquez firmaron los capítulos tanto de la radionovela como de la historieta *Kalimán* desde principios de los años sesenta.

FOX CRUZ, MIGUEL ANGEL ◆ n. en

Los Mochis, Sin. (1939). Contador público por la UNAM (1958-62). Desde 1958 es miembro del PRI, en el que fue director general del CEPES de Sinaloa (1981-82). Fue director de Auditoría (1965) y contralor general de la SRH (1965-70); subdirector del Sector Agropecuario de la Dirección General de Egresos de la Secretaría de Hacienda (1972-76); subdirector general de Gasto Público de la Dirección General de Egresos de la SPP (1977-78), director general de Administración de la SRA (1978-80), secretario de Administración del gobierno de Sinaloa (1981-82), director general del Banco Occidental y del Banco del Noroeste (1982), oficial mayor de la SRA (1983-86) y director general de Astilleros Unidos de Ensenada de la SCT (1986-).

FOX QUEZADA, VICENTE ◆ n. en el Distrito Federal (1942). Administrador de empresas por la UIA (1999). Diplomado en Alta Gerencia en la Universidad de Harvard. Es promotor de la UIA, sede León. Desde 1988 es miembro del PAN, en el que fue secretario de Finanzas del comité estatal de Guanajuato. Ha sido supervisor de distrito (1965), gerente de zona (1966), gerente regional (1968), director de Operaciones (1970), director de Mercadotecnia (1971) y presidente de Coca Cola de México (1975-79); director general de Planeación Estratégica del Grupo Fox (1979-1988); consejero de Nafinsa, Inverlat, de la Cámara del Calzado, de la Cámara México-Americana de Comercio, vicepresidente de la asociación de industriales de Guanajuato; diputado federal electo por el tercer distrito de León (1988-91); candidato al gobierno de Guanajuato (1991). Gobernador del estado de Guanajuato (1995-1999). Candidato del PAN a la presidencia de la República (1999). Ha sido articulista de *El Universal, El Financiero, Excélsior* y de diarios guanajuatenses.

Foto: EIKON

Vicente Fox Quezada

FRAGA MAGAÑA, GABINO ◆ n. en Morelia, Mich., y m. en el DF (1899-1982). Licenciado en derecho por la Universidad Nacional, en la que fungió como catedrático, miembro de la Junta de Gobierno y del Patronato. Fue presidente de la Comisión Nacional Bancaria, ministro de la Suprema Corte de Justicia y subsecretario de Relaciones Exteriores (1964-70). Autor de *Derecho administrativo*, libro de texto en escuelas de derecho del país. En 1966 la UNAM lo designó Profesor Emérito.

FRAGA MOURET, GABINO ◆ n. en el DF (1943). Hijo del anterior. Licenciado en derecho por la UNAM (1962-66). Miembro del PRI, en el que fue secretario particular del presidente del comité ejecutivo nacional (1973-75) y miembro de la comisión redactora del *Plan Básico de Gobierno 1976-82*. Ha sido asesor de la dirección general de Pemex (1965-66) y representante de esta empresa en Europa (1967-73); secretario particular del director general del IMSS (1975-76); director general de Gobierno de la Secretaría de Gobernación (1976-79), asesor del titular de esta dependencia (1979-80) y coordinador de la Comisión Mexicana de Ayuda a Refugiados (1980-81); asesor del titular de la SPP (1980-81); secretario general del IMSS (1982-85), subsecretario de Vivienda (1985-88) y titular de sedue (1988) y Subsecretario de asuntos religiosos (1995-96)..

FRAGOSO FRAGOSO, MARCO ANTONIO ◆ n. en Ecatepec de Morelos, Estado de México. (1943). Estudió en la Saint John's University de Minnesota, EUA. Miembro del PAN, del que fue secretario de organización en Tehuacán, Pue. Es intérprete, traductor y profesor de idiomas. Diputado federal (1982-85).

FRAGOSO MARTÍNEZ, GUILLERMO ◆ n. en Ecatepec de Morelos, Edo de Méx. (1938). Licenciado en derecho por la Universidad Autónoma del Estado de México (1957-61). Miembro del PRI desde 1957. Fue agente del Ministerio Público (1961-69), secretario del Ayuntamiento (1972-75) y presidente municipal de Ecatepec (1976-78), diputado

por el Estado de México (1978-81), presidente de la Comisión de Box y Lucha Libre de la misma entidad y diputado federal (1982-85).

FRAILE, DEL ◆ Sierra de Nuevo León, situada al norte de Monterrey y tendida casi sobre el paralelo 26. Forma parte de la sierra Madre Oriental.

FRAILES, LOS ◆ Formación rocosa, situada en Baja California Sur, al norte de la bahía del mismo nombre y al sur del Trópico de Cáncer. Es conocida mundialmente por la oquedad que da paso al mar.

FRAIRE, ISABEL ◆ n. en el DF (1934). Poeta. Estudió en la Facultad de Filosofía y Letras de la UNAM. Ha colaborado en las principales publicaciones literarias del país. Realiza traducciones del inglés. Autora de *Poemas* (1958), *Sólo esta luz* (1969), *Poemas en el regazo de la muerte* (Premio Villaurrutia 1978) y *Poesía de Isabel Fraire* (1980) y *Puente colgante* (1997). En 1976 seleccionó, tradujo y prologó *Seis poetas de lengua inglesa*.

FRANCÉS, JOSÉ MARÍA ◆ n. en Cataluña, España y m. en el DF (1890- 1966). Al término de la guerra civil española se refugió en México, donde publicó *Trece cuentos y medio* (1954), *Titanes de la libertad, Francisco Villa, México y Manila, Heraclio Bernal, El hombre que volvió del cielo* (1963), *Memorias de un cero a la izquierda* (1962) y otras obras.

FRANCES, LEOPOLDO ◆ n. en Veracruz (?). Actor de cine y cantante. Inició su carrera artística a la edad de cuatro años. En los años treintas actuó en las carpas alternando con *Palillo, Borlas, Bigotón Castro, Cantinflas, Shilinsky* y Pepe Guizar. Fue cantante de las orquestas de Mario Ruiz Armengol, Luis Alcaráz, Alberto el *Chamaco* Domínguez y Juan S. Garrido. Sus interpretaciones tuvieron gran éxito en Nueva York, donde radicó algunos años. Durante trabajó para el cine europeo. Participó en las cintas *Dios creó a la mujer*, con Brigitte Bardot y Michel Morgan; *Los Orgullosos*, con Gerarld Phillipe; *Alí Babá y los 40 ladrones; El Puerto del deseo*, con Jean Gabin, y *Shaitán, el diablo del Desierto*. También actuó en algunas películas mexicanas. Volvió a México en 1985.

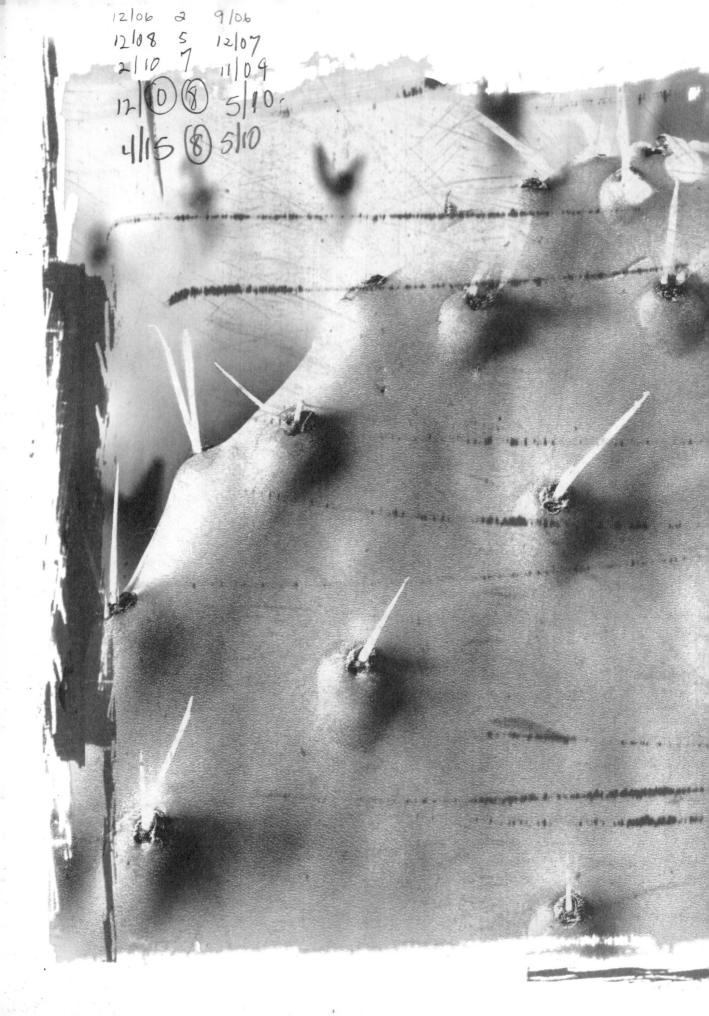